INCLUS DANS VOTRE ACHAT
VOTRE OUVRAGE ACCESSIBLE EN LIGNE

sur **www.rfedition.com**

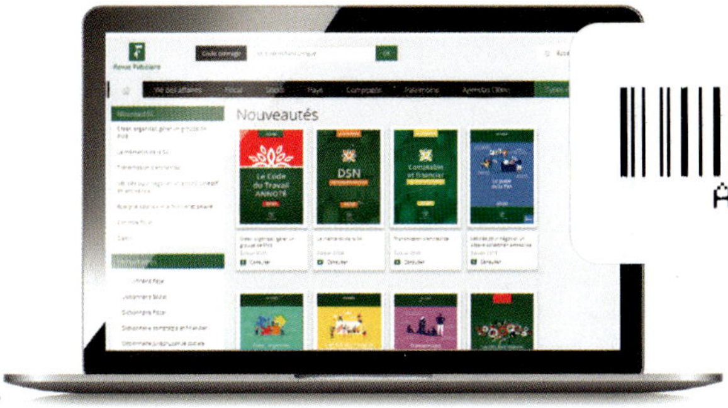

AF855558

> **Accédez à la dernière version** à jour de la réglementation

> **Consultez votre ouvrage** où que vous soyez

> **Recherchez rapidement** par mots clés

> Retrouvez **l'ensemble de vos éditions**

1 SCANNEZ ce QR Code

OU

1 ENTREZ CE CODE UNIQUE sur le site

IDENTIFIANT UNIQUE

00A8-7D37-405C-AED9-4F74

2 REMPLISSEZ LE FORMULAIRE et recevez vos identifiants* par e-mail

* Vos identifiants sont uniques et personnels. Tout partage et reproduction sont strictement interdits et soumis au droit d'auteur. ** Jusqu'à la sortie d'une nouvelle édition.

Revue Fiduciaire

320195012

LES CODES

LE CODE DU TRAVAIL

7e ÉDITION

À jour au JO du 15 septembre 2020

Groupe Revue Fiduciaire - 100, rue La Fayette - 75485 Paris Cedex 10 - grouperf.com

100 rue La Fayette - 75485 Paris Cedex 10
Dépôt légal octobre 2020 - ISBN 978-2-7579-0798-6

Achevé d'imprimer sur les presses de l'imprimerie Jouve-Print
733 Rue Saint-Léonard – 53100 Mayenne – octobre 2020

Table générale

Un véritable Guide : la Table de Référence pour un accès Facile à l'article recherché

Pour accéder directement à l'article recherché, utilisez la Table de référence

Le Code du Travail a choisi de regrouper sous les articles législatifs en **L** les articles réglementaires en **R** (décrets en Conseil d'État), **R*** (décrets en Conseil des ministres) et en **D** (décrets simples) qui en précisent l'application.

Pour un accès facile et rapide à l'article recherché, la « **Table de référence** », page LI, permet de retrouver instantanément à quelle page du code se trouve inséré chaque article, le système de présentation adopté conduisant en effet à ce que les articles réglementaires ne se suivent pas toujours dans leur ordre numérique.

L. 1132-1	112	
– 2	113	
– 3	113	← page
– 3-1	113	
– 3-2	113	
– 3-3	113	
– 4	113	
L. 1133-1	113	← numéro de l'article
– 2	113	
– 3	113	
– 4	113	
– 5	114	
L. 1134-1	114	← articles en L du Livre I de la Partie I
– 2	114	
– 3	114	
– 4	114	
– 5	114	
L. 1141-1	115	
L. 1142-1	115	
– 2	115	
– 2-1	115	
.../...		

R. 1111-1	111	
R. 1142-1	115	← articles en R du Livre I de la Partie I
R. 1143-1	117	
.../...		
D. 1143-2	117	
– 3	117	
– 4	117	
– 5	117	
– 6	117	
– 7	117	
– 8	118	
– 9	118	← articles en D du Livre I de la Partie I
– 10	118	
– 11	118	
– 12	118	
– 13	118	
– 14	118	
– 15	118	
.../...		

Présentation du code

Dans sa présentation officielle, Le Code du Travail est organisé en deux parties : une partie législative et une partie réglementaire. La première contient tous les articles précédés de la lettre « L ». La seconde contient, dans un ensemble désormais unique, les articles précédés des lettres R, R* et D, correspondant aux dispositions relevant respectivement de décrets en Conseil d'État, en Conseil des ministres et de décrets simples.

Afin de rendre leur étude plus abordable, nous avons choisi de présenter Le Code du Travail en rapprochant les articles réglementaires des articles législatifs auxquels ils se rapportent.

• Les articles en L (dispositions législatives), maintenus à leur place normale compte tenu de la numérotation décimale retenue par le codificateur (L. 1111-1, L. 1111-2), sont suivis, s'il en existe et lorsque cela est possible, des articles en R, R* ou D (dispositions réglementaires) qui se rattachent directement à eux.

• Sur le plan typographique, des caractères différents ont été choisis pour les dispositions législatives (articles en L) et pour les dispositions réglementaires (articles en R, R* et D).

• Les textes modifiant les articles du Code du Travail de 2008 figurent entre parenthèses, dans le corps même de l'article concerné. Voir par exemple :

Art. L. 1131-2. (L. 2017-86 du 27 janv. 2017, art. 214, JO 28) Dans toute entreprise employant au moins...

• Lorsque seule une partie d'un article est modifiée (alinéa, phrase ou groupe de mots), elle apparaît entre guillemets à la suite du texte qui en est à l'origine. Voir par exemple :

Art. D. 1143-7. Un (D. 2011-1830 du 6 déc. 2011, JO 8) « contrat pour la mixité des emplois et l'égalité professionnelle entre les femmes et les hommes », ouvrant...

Pour vous guider dans votre étude :

• Une table analytique.

• Une table de référence de couleur grise. Elle permet de retrouver instantanément à quelle page du code se trouve inséré chaque article, le système de présentation qui a été adopté conduisant en effet à ce que les articles réglementaires ne se suivent pas toujours dans leur ordre numérique.

• Une table alphabétique.

Les applications développées par le Groupe Revue Fiduciaire ont été conçues pour vous permettre de gagner un temps précieux et pour faciliter votre travail au quotidien. Nous nous sommes appuyés sur les études que nous avons menées auprès des professionnels pour rester au plus près de vos habitudes d'utilisation.

Téléchargez l'application gratuite GRF+ grâce aux liens disponibles sur « www.grouperf.com/apps/ » ou en tapant « GRF+ » sur l'*Apple Store* ou le *Play Store.*

L'application de « papier connecté » GRF+ vous permet d'effectuer des recherches dans l'ensemble du code en scannant la couverture du livre. Elle permet également de savoir quels articles ont été ajoutés, modifiés ou abrogés en scannant les pages sur lesquelles vous travaillez.

Pages

Sommaire

PREMIÈRE PARTIE

LES RELATIONS INDIVIDUELLES DE TRAVAIL

LIVRE Ier

DISPOSITIONS PRÉLIMINAIRES

Pages

LIVRE II

LE CONTRAT DE TRAVAIL

Pages

Pages

LIVRE III

LE RÈGLEMENT INTÉRIEUR ET LE DROIT DISCIPLINAIRE

LIVRE IV

LA RÉSOLUTION DES LITIGES - LE CONSEIL DE PRUD'HOMMES

Pages

LIVRE V

DISPOSITIONS RELATIVES À L'OUTRE-MER

Pages

DEUXIÈME PARTIE

LES RELATIONS COLLECTIVES DE TRAVAIL

LIVRE Ier

LES SYNDICATS PROFESSIONNELS

Pages

LIVRE II

LA NÉGOCIATION COLLECTIVE - LES CONVENTIONS ET ACCORDS COLLECTIFS DE TRAVAIL

Pages

Pages

LIVRE III

LES INSTITUTIONS REPRÉSENTATIVES DU PERSONNEL

Pages

LIVRE IV

LES SALARIÉS PROTÉGÉS

Pages

Pages

LIVRE V

LES CONFLITS COLLECTIFS

LIVRE VI

DISPOSITIONS RELATIVES À L'OUTRE-MER

Pages

Troisième partie

DURÉE DU TRAVAIL, SALAIRE, INTÉRESSEMENT, PARTICIPATION ET ÉPARGNE SALARIALE

LIVRE Ier

DURÉE DU TRAVAIL, REPOS ET CONGÉS

Pages

Pages

LIVRE III

DIVIDENDE DU TRAVAIL : INTÉRESSEMENT, PARTICIPATION ET ÉPARGNE SALARIALE

Pages

Pages

LIVRE IV

DISPOSITIONS RELATIVES À L'OUTRE-MER

QUATRIÈME PARTIE

SANTÉ ET SÉCURITÉ AU TRAVAIL

LIVRE Ier

DISPOSITIONS GÉNÉRALES

LIVRE II

DISPOSITIONS APPLICABLES AUX LIEUX DE TRAVAIL

Pages

LIVRE III

ÉQUIPEMENTS DE TRAVAIL ET MOYENS DE PROTECTION

LIVRE IV

PRÉVENTION DE CERTAINS RISQUES D'EXPOSITION

LIVRE V

PRÉVENTION DES RISQUES LIÉS À CERTAINES ACTIVITÉS OU OPÉRATIONS

Pages

LIVRE VI

INSTITUTIONS ET ORGANISMES DE PRÉVENTION

LIVRE VII

CONTRÔLE

Pages

LIVRE VIII

DISPOSITIONS RELATIVES À L'OUTRE-MER

Pages

CINQUIÈME PARTIE

L'EMPLOI

LIVRE Ier
LES DISPOSITIFS EN FAVEUR DE L'EMPLOI

Pages

LIVRE II

DISPOSITIONS APPLICABLES À CERTAINES CATÉGORIES DE TRAVAILLEURS

Pages

LIVRE III

SERVICE PUBLIC DE L'EMPLOI ET PLACEMENT

LIVRE IV

LE DEMANDEUR D'EMPLOI

Pages

LIVRE V

DISPOSITIONS RELATIVES À L'OUTRE-MER

Pages

SIXIÈME PARTIE

LA FORMATION PROFESSIONNELLE TOUT AU LONG DE LA VIE

LIVRE Ier

PRINCIPES GÉNÉRAUX ET ORGANISATION INSTITUTIONNELLE DE LA FORMATION ET DE L'ORIENTATION PROFESSIONNELLES

LIVRE II

L'APPRENTISSAGE

Pages

Pages

LIVRE III
LA FORMATION PROFESSIONNELLE

Pages

SEPTIÈME PARTIE

DISPOSITIONS PARTICULIÈRES À CERTAINES PROFESSIONS ET ACTIVITÉS

LIVRE Ier

JOURNALISTES PROFESSIONNELS, PROFESSIONS DU SPECTACLE, DE LA PUBLICITÉ ET DE LA MODE

Pages

LIVRE II

CONCIERGES ET EMPLOYÉS D'IMMEUBLES À USAGE D'HABITATION, EMPLOYÉS DE MAISON ET SERVICES À LA PERSONNE

LIVRE III

VOYAGEURS, REPRÉSENTANTS OU PLACIERS, GÉRANTS DE SUCCURSALES, ENTREPRENEURS SALARIÉS ASSOCIÉS D'UNE COOPÉRATIVE D'ACTIVITÉ ET D'EMPLOI ET TRAVAILLEURS UTILISANT UNE PLATEFORME DE MISE EN RELATION PAR VOIE ÉLECTRONIQUE

LIVRE IV

TRAVAILLEURS À DOMICILE

LIVRE V

DISPOSITIONS RELATIVES À L'OUTRE-MER

Pages

HUITIÈME PARTIE

CONTRÔLE DE L'APPLICATION DE LA LÉGISLATION DU TRAVAIL

LIVRE Ier

INSPECTION DU TRAVAIL

LIVRE II

LUTTE CONTRE LE TRAVAIL ILLÉGAL

Pages

Pages

LIVRE III

DISPOSITIONS RELATIVES À L'OUTRE-MER

Table de référence

Texte du code du travail

CHAPITRE PRÉLIMINAIRE

Dialogue social

Art. L. 1. Tout projet de réforme envisagé par le Gouvernement qui porte sur les relations individuelles et collectives du travail, l'emploi et la formation professionnelle et qui relève du champ de la négociation nationale et interprofessionnelle fait l'objet d'une concertation préalable avec les organisations syndicales de salariés et d'employeurs représentatives au niveau national et interprofessionnel en vue de l'ouverture éventuelle d'une telle négociation.

À cet effet, le Gouvernement leur communique un document d'orientation présentant des éléments de diagnostic, les objectifs poursuivis et les principales options.

Lorsqu'elles font connaître leur intention d'engager une telle négociation, les organisations indiquent également au Gouvernement le délai qu'elles estiment nécessaire pour conduire la négociation.

Le présent article n'est pas applicable en cas d'urgence. Lorsque le Gouvernement décide de mettre en œuvre un projet de réforme en l'absence de procédure de concertation, il fait connaître cette décision aux organisations mentionnées au premier alinéa en la motivant dans un document qu'il transmet à ces organisations avant de prendre toute mesure nécessitée par l'urgence.

Art. L. 2. Le Gouvernement soumet les projets de textes législatifs et réglementaires élaborés dans le champ défini par l'article L. 1, au vu des résultats de la procédure de concertation et de négociation, à la Commission nationale de la négociation collective [, de l'emploi et de la formation professionnelle] dans les conditions prévues [à l'article] L. 2271-1.

Art. L. 3. Chaque année, les orientations de la politique du Gouvernement dans les domaines des relations individuelles et collectives du travail, de l'emploi et de la formation professionnelle, ainsi que le calendrier envisagé pour leur mise en œuvre sont présentés pour l'année à venir devant la Commission nationale de la négociation collective [, de l'emploi et de la formation professionnelle]. Les organisations mentionnées à l'article L. 1 présentent, pour leur part, l'état d'avancement des négociations interprofessionnelles en cours ainsi que le calendrier de celles qu'elles entendent mener ou engager dans l'année à venir. Le compte rendu des débats est publié.

Chaque année, le Gouvernement remet au Parlement un rapport faisant état de toutes les procédures de concertation et de consultation mises en œuvre pendant l'année écoulée en application des articles L. 1 et L. 2, des différents domaines dans lesquels ces procédures sont intervenues et des différentes phases de ces procédures.

Première partie

LES RELATIONS INDIVIDUELLES DE TRAVAIL

LIVRE Ier

DISPOSITIONS PRÉLIMINAIRES

TITRE Ier

CHAMP D'APPLICATION ET CALCUL DES SEUILS D'EFFECTIFS

Chapitre unique

Art. L. 1111-1. Les dispositions du présent livre sont applicables aux employeurs de droit privé ainsi qu'à leurs salariés.

Elles sont également applicables au personnel des personnes publiques employé dans les conditions du droit privé, sous réserve des dispositions particulières ayant le même objet résultant du statut qui régit ce personnel.

Art. L. 1111-2. Pour la mise en œuvre des dispositions du présent code, les effectifs de l'entreprise sont calculés conformément aux dispositions suivantes :

1° Les salariés titulaires d'un contrat de travail à durée indéterminée à temps plein et les travailleurs à domicile sont pris intégralement en compte dans l'effectif de l'entreprise ;

2° Les salariés titulaires d'un contrat de travail à durée déterminée, les salariés titulaires d'un contrat de travail intermittent, les salariés mis à la disposition de l'entreprise par une entreprise extérieure (L. 2008-789 du 20 août 2008, art. 3, JO 21) « qui sont présents dans les locaux de l'entreprise utilisatrice et y travaillent depuis au moins un an, ainsi que » les salariés temporaires, sont pris en compte dans l'effectif de l'entreprise à due proportion de leur temps de présence au cours des douze mois précédents. Toutefois, les salariés titulaires d'un contrat de travail à durée déterminée et les salariés mis à disposition par une entreprise extérieure, y compris les salariés temporaires, sont exclus du décompte des effectifs lorsqu'ils remplacent un salarié absent ou dont le contrat de travail est suspendu, notamment du fait d'un congé de maternité, d'un congé d'adoption ou d'un congé parental d'éducation ;

3° Les salariés à temps partiel, quelle que soit la nature de leur contrat de travail, sont pris en compte en divisant la somme totale des horaires inscrits dans leurs contrats de travail par la durée légale ou la durée conventionnelle du travail.

Art. R. 1111-1. En application de l'article L. 1111-2, les salariés mis à disposition par une entreprise de travail temporaire, un groupement d'employeurs ou une association intermédiaire ne sont pas pris en compte pour le calcul des effectifs de l'entreprise utilisatrice pour l'application des dispositions légales relatives à la tarification des risques accident du travail et maladie professionnelle qui se réfèrent à une condition d'effectif.

Art. L. 1111-3. Ne sont pas pris en compte dans le calcul des effectifs de l'entreprise :

1° Les apprentis ;

2° Les titulaires d'un contrat initiative-emploi, pendant la durée (L. 2012-1189 du 26 oct. 2012, art. 7, JO 27, entrée en vigueur le 01.11.2012) « d'attribution de l'aide financière mentionnée à l'article L. 5134-72 » ;

3° (Abrogé) ;

4° Les titulaires d'un contrat d'accompagnement dans l'emploi (L. 2008-1249 du 1er déc. 2008, art. 18, JO 3, en vigueur au 01.01.2010) « pendant la durée » (L. 2012-1189 du 26 oct. 2012, art. 7, JO 27, entrée en vigueur le 01.11.2012) « d'attribution de l'aide financière mentionnée à l'article L. 5134-30 » ;

5° (Abrogé);

6° Les titulaires d'un contrat de professionnalisation jusqu'au terme prévu par le contrat lorsque celui-ci est à durée déterminée ou jusqu'à la fin de l'action de professionnalisation lorsque le contrat est à durée indéterminée.

Toutefois, ces salariés sont pris en compte pour l'application des dispositions légales relatives à la tarification des risques d'accidents du travail et de maladies professionnelles.

TITRE II

DROITS ET LIBERTÉS DANS L'ENTREPRISE

Chapitre unique

Art. L. 1121-1. Nul ne peut apporter aux droits des personnes et aux libertés individuelles et collectives de restrictions qui ne seraient pas justifiées par la nature de la tâche à accomplir ni proportionnées au but recherché.

TITRE III

DISCRIMINATIONS

Chapitre Ier

Champ d'application

Art. L. 1131-1. Les dispositions du présent titre sont applicables aux employeurs de droit privé ainsi qu'à leurs salariés.

Elles sont également applicables au personnel des personnes publiques employé dans les conditions du droit privé.

Art. L. 1131-2. (L. 2017-86 du 27 janv. 2017, art. 214, JO 28) Dans toute entreprise employant au moins trois cents salariés et dans toute entreprise spécialisée dans le recrutement, les employés chargés des missions de recrutement reçoivent une formation à la non-discrimination à l'embauche au moins une fois tous les cinq ans.

Chapitre II

Principe de non-discrimination

Art. L. 1132-1. Aucune personne ne peut être écartée d'une procédure de recrutement (L. 2019-486 du 22 mai 2019, art. 190, JO 23) «ou de nomination» ou de l'accès à un stage ou à une période de formation en entreprise, aucun salarié ne peut être sanctionné, licencié ou faire l'objet d'une mesure discriminatoire, directe ou indirecte, (L. 2008-496 du 27 mai 2008, art. 6, JO 28) «telle que définie à l'article 1er de la loi n° 2008-496 du 27 mai 2008 portant diverses dispositions d'adaptation au droit communautaire dans le domaine de la lutte contre les discriminations,» notamment en matière de rémunération, au sens de l'article L. 3221-3, de mesures d'intéressement ou de distribution d'actions, de formation, de reclassement, d'affectation, de qualification, de classification, de promotion professionnelle, de mutation ou de renouvellement de contrat en raison de (L. 2017-256 du 28 févr. 2017, art. 70, JO 1er mars) «son origine, de son sexe, de ses mœurs, de son orientation sexuelle, de son identité de genre, de son âge, de sa situation de famille ou de sa grossesse, de ses caractéristiques génétiques, de la particulière vulnérabilité résultant de sa situation économique, apparente ou connue de son auteur, de son appartenance ou de sa non-appartenance, vraie ou supposée, à une ethnie, une nation ou une prétendue race, de ses opinions politiques, de ses activités syndicales ou mutualistes

(L. 2019-1461 du 27 déc. 2019, art. 86, I, JO 28) «, de son exercice d'un mandat électif », de ses convictions religieuses, de son apparence physique, de son nom de famille, de son lieu de résidence ou de sa domiciliation bancaire, ou en raison de son état de santé, de sa perte d'autonomie ou de son handicap, de sa capacité à s'exprimer dans une langue autre que le français. »

Art. L. 1132-2. Aucun salarié ne peut être sanctionné, licencié ou faire l'objet d'une mesure discriminatoire mentionnée à l'article L. 1132-1 en raison de l'exercice normal du droit de grève.

Art. L. 1132-3. Aucun salarié ne peut être sanctionné, licencié ou faire l'objet d'une mesure discriminatoire pour avoir témoigné des agissements définis aux articles L. 1132-1 et L. 1132-2 ou pour les avoir relatés.

Art. L. 1132-3-1. (L. 2011-939 du 10 août 2011, art. 9, JO 11) Aucun salarié ne peut être sanctionné, licencié ou faire l'objet d'une mesure discriminatoire mentionnée à l'article L. 1132-1 en raison de l'exercice des fonctions de juré ou de citoyen assesseur.

Art. L. 1132-3-2. (L. 2013-404 du 17 mai 2013, art. 19, JO 18) Aucun salarié ne peut être sanctionné, licencié ou faire l'objet d'une mesure discriminatoire mentionnée à l'article L. 1132-1 pour avoir refusé en raison de son orientation sexuelle une mutation géographique dans un État incriminant l'homosexualité.

Art. L. 1132-3-3. (L. 2013-1117 du 6 déc. 2013, art. 35, JO 7) Aucune personne ne peut être écartée d'une procédure de recrutement ou de l'accès à un stage ou à une période de formation en entreprise, aucun salarié ne peut être sanctionné, licencié ou faire l'objet d'une mesure discriminatoire, directe ou indirecte, notamment en matière de rémunération, au sens de l'article L. 3221-3, de mesures d'intéressement ou de distribution d'actions, de formation, de reclassement, d'affectation, de qualification, de classification, de promotion professionnelle, de mutation ou de renouvellement de contrat, pour avoir relaté ou témoigné, de bonne foi, de faits constitutifs d'un délit ou d'un crime dont il aurait eu connaissance dans l'exercice de ses fonctions.

(L. 2016-1691 du 9 déc. 2016, art. 10, JO 10) «Aucune personne ne peut être écartée d'une procédure de recrutement ou de l'accès à un stage ou à une période de formation professionnelle, aucun salarié ne peut être sanctionné, licencié ou faire l'objet d'une mesure discriminatoire, directe ou indirecte, notamment en matière de rémunération, au sens de l'article L. 3221-3, de mesures d'intéressement ou de distribution d'actions, de formation, de reclassement, d'affectation, de qualification, de classification, de promotion professionnelle, de mutation ou de renouvellement de contrat, pour avoir signalé une alerte dans le respect des articles 6 à 8 de la loi n° 2016-1691 du 9 décembre 2016 relative à la transparence, à la lutte contre la corruption et à la modernisation de la vie économique.

En cas de litige relatif à l'application des premier et deuxième alinéas, dès lors que la personne présente des éléments de fait qui permettent de présumer qu'elle a relaté ou témoigné de bonne foi de faits constitutifs d'un délit ou d'un crime, ou qu'elle a signalé une alerte dans le respect des articles 6 à 8 de la loi n° 2016-1691 du 9 décembre 2016 précitée, il incombe à la partie défenderesse, au vu des éléments, de prouver que sa décision est justifiée par des éléments objectifs étrangers à la déclaration ou au témoignage de l'intéressé. » Le juge forme sa conviction après avoir ordonné, en cas de besoin, toutes les mesures d'instruction qu'il estime utiles.

Art. L. 1132-4. Toute disposition ou tout acte pris à l'égard d'un salarié en méconnaissance des dispositions du présent chapitre est nul.

Chapitre III

Différences de traitement autorisées

Art. L. 1133-1. (L. 2008-496 du 27 mai 2008, art. 6, JO 28) L'article L. 1132-1 ne fait pas obstacle aux différences de traitement, lorsqu'elles répondent à une exigence professionnelle essentielle et déterminante et pour autant que l'objectif soit légitime et l'exigence proportionnée.

Art. L. 1133-2. (L. 2008-496 du 27 mai 2008, art. 6, JO 28) «Les différences de traitement fondées sur l'âge ne constituent pas une discrimination lorsqu'elles sont objectivement et raisonnablement justifiées par un but légitime, notamment par le souci de préserver la santé ou la sécurité des travailleurs, de favoriser leur insertion professionnelle, d'assurer leur emploi, leur reclassement ou leur indemnisation en cas de perte d'emploi, et lorsque les moyens de réaliser ce but sont nécessaires et appropriés. »

Ces différences peuvent notamment consister en :

1° L'interdiction de l'accès à l'emploi ou la mise en place de conditions de travail spéciales en vue d'assurer la protection des jeunes et des travailleurs âgés ;

2° La fixation d'un âge maximum pour le recrutement, fondée sur la formation requise pour le poste concerné ou la nécessité d'une période d'emploi raisonnable avant la retraite.

Art. L. 1133-3. Les différences de traitement fondées sur l'inaptitude constatée par le médecin du travail en raison de l'état de santé ou du handicap ne constituent pas une discrimination lorsqu'elles sont objectives, nécessaires et appropriées.

Art. L. 1133-4. Les mesures prises en faveur des personnes handicapées et visant à favoriser l'égalité de traitement, prévues à l'article L. 5213-6 ne constituent pas une discrimination.

Art. L. 1133-5. (L. 2014-173 du 21 févr. 2014, art. 15, II, JO 22) Les mesures prises en faveur des personnes résidant dans certaines zones géographiques et visant à favoriser l'égalité de traitement ne constituent pas une discrimination.

Art. L. 1133-6. (L. 2016-832 du 24 juin 2016, JO 25) Les mesures prises en faveur des personnes vulnérables en raison de leur situation économique et visant à favoriser l'égalité de traitement ne constituent pas une discrimination.

Chapitre IV

Actions en justice

SECTION 1. Dispositions communes

Note Les sections 1 et 2 de ce chapitre sont issues de la loi 2016-1547 du 18 novembre 2016, art. 87, I, JO 19.

Art. L. 1134-1. Lorsque survient un litige en raison d'une méconnaissance des dispositions du chapitre II, le candidat à un emploi, à un stage ou à une période de formation en entreprise ou le salarié présente des éléments de fait laissant supposer l'existence d'une discrimination directe ou indirecte (L. 2008-496 du 27 mai 2008, art. 6, JO 28) «telle que définie à l'article 1er de la loi n° 2008-496 du 27 mai 2008 portant diverses dispositions d'adaptation au droit communautaire dans le domaine de la lutte contre les discriminations ».

Au vu de ces éléments, il incombe à la partie défenderesse de prouver que sa décision est justifiée par des éléments objectifs étrangers à toute discrimination.

Le juge forme sa conviction après avoir ordonné, en cas de besoin, toutes les mesures d'instruction qu'il estime utiles.

Art. L. 1134-2. Les organisations syndicales représentatives au niveau national, au niveau départemental (Ord. 2008-205 du 27 févr. 2008, JO 1er mars) « ou de la collectivité » (Ord. 2017-1491 du 25 oct. 2017, art. 2, 1°, JO 26, entrée en vigueur le 01.01.2018) « en Guadeloupe, en Guyane, en Martinique, à Mayotte, à La Réunion » (Ord. 2008-205 du 27 févr. 2008, JO 1er mars) « , à Saint-Barthélemy et à Saint-Martin », ou dans l'entreprise peuvent exercer en justice toutes les actions résultant de l'application des dispositions du chapitre II.

Elles peuvent exercer ces actions en faveur d'un candidat à un emploi, à un stage ou une période de formation en entreprise, ou d'un salarié, dans les conditions prévues par l'article L. 1134-1.

L'organisation syndicale n'a pas à justifier d'un mandat de l'intéressé. Il suffit que celui-ci ait été averti par écrit de cette action et ne s'y soit pas opposé dans un délai de quinze jours à compter de la date à laquelle l'organisation syndicale lui a notifié son intention d'agir.

L'intéressé peut toujours intervenir à l'instance engagée par le syndicat.

Art. L. 1134-3. Les associations régulièrement constituées depuis cinq ans au moins pour la lutte contre les discriminations ou œuvrant dans le domaine du handicap peuvent exercer en justice toutes actions résultant de l'application des dispositions du chapitre II.

Elles peuvent exercer ces actions en faveur d'un candidat à un emploi, à un stage ou une période de formation en entreprise ou d'un salarié dans les conditions prévues à l'article L. 1134-1, sous réserve de justifier d'un accord écrit de l'intéressé.

L'intéressé peut toujours intervenir à l'instance engagée par l'association et y mettre un terme à tout moment.

Art. L. 1134-4. Est nul et de nul effet le licenciement d'un salarié faisant suite à une action en justice engagée par ce salarié ou en sa faveur, sur le fondement des dispositions du chapitre II, lorsqu'il est établi que le licenciement n'a pas de cause réelle et sérieuse et constitue en réalité une mesure prise par l'employeur en raison de cette action en justice. Dans ce cas, la réintégration est de droit et le salarié est regardé comme n'ayant jamais cessé d'occuper son emploi.

(Ord. 2017-1387 du 22 sept. 2017, art. 3, 1°, JO 23) « Lorsque le salarié refuse de poursuivre l'exécution du contrat de travail, les dispositions de l'article L. 1235-3-1 sont applicables. »

Art. L. 1134-5. (L. 2008-561 du 17 juin 2008, JO 18) L'action en réparation du préjudice résultant d'une discrimination se prescrit par cinq ans à compter de la révélation de la discrimination.

Ce délai n'est pas susceptible d'aménagement conventionnel.

Les dommages et intérêts réparent l'entier préjudice résultant de la discrimination, pendant toute sa durée.

SECTION 2. Dispositions spécifiques à l'action de groupe

Art. L. 1134-6. Sous réserve des articles L. 1134-7 à L. 1134-10, le chapitre Ier du titre V de la loi n° 2016-1547 du 18 novembre 2016 de modernisation de la justice du XXIe siècle s'applique à l'action de groupe prévue à la présente section.

Art. L. 1134-7. Une organisation syndicale de salariés représentative au sens des articles L. 2122-1, L. 2122-5 ou L. 2122-9 peut agir devant une juridiction civile afin d'établir que plusieurs candidats à un emploi, à un stage ou à une période de formation en entreprise ou plusieurs salariés font l'objet d'une discrimination, directe ou indirecte, fondée sur un même motif figurant parmi ceux mentionnés à l'article L. 1132-1 et imputable à un même employeur.

Une association régulièrement déclarée depuis au moins cinq ans intervenant dans la lutte contre les discriminations ou œuvrant dans le domaine du handicap peut agir aux mêmes fins, pour la défense des intérêts de plusieurs candidats à un emploi ou à un stage en entreprise.

(L. 2017-86 du 27 janv. 2017, art. 212, JO 28) « Pour l'application du présent article, l'organisation syndicale mentionnée au premier alinéa peut, si elle le souhaite, recueillir l'aide d'une association mentionnée au deuxième alinéa. »

Art. L. 1134-8. L'action peut tendre à la cessation du manquement et, le cas échéant, en cas de manquement, à la réparation des préjudices subis.

Sauf en ce qui concerne les candidats à un emploi, à un stage ou à une période de formation, sont seuls indemnisables dans le cadre de l'action de groupe les préjudices nés après la réception de la demande mentionnée à l'article L. 1134-9.

Art. L. 1134-9. Par dérogation à l'article 64 de la loi n° 2016-1547 du 18 novembre 2016 de modernisation de la justice du XXIe siècle, préalablement à l'engagement de l'action de groupe mentionnée à l'article L. 1134-7, les personnes mentionnées au même article L. 1134-7 demandent à l'employeur, par tout moyen conférant date certaine à cette demande, de faire cesser la situation de discrimination collective alléguée.

Dans un délai d'un mois à compter de la réception de cette demande, l'employeur en informe le (Ord. 2017-1386 du 22 sept. 2017, art. 4, 1°, JO 23, entrée en vigueur au plus tard le 01.01.2018) « comité social et économique », ainsi que les organisations syndicales représentatives dans l'entreprise. À la demande du (Ord. 2017-1386 du 22 sept. 2017, art. 4, 1°, JO 23, entrée en vigueur au plus tard le 01.01.2018) « comité social et économique », ou à la demande d'une organisation syndicale représentative, l'employeur engage une discussion sur les mesures permettant de faire cesser la situation de discrimination collective alléguée.

L'action de groupe engagée pour la défense des intérêts de plusieurs candidats à un emploi, à un stage ou à une période de formation en entreprise ou de plusieurs salariés peut être introduite à l'expiration d'un délai de six mois à compter de la demande tendant à faire cesser la situation de discrimination collective alléguée ou à compter de la notification par l'employeur du rejet de la demande.

Art. L. 1134-10. Lorsque l'action tend à la réparation des préjudices subis, elle s'exerce dans le cadre de la procédure individuelle de réparation définie au chapitre Ier du titre V de la loi n° 2016-1547 du 18 novembre 2016 de modernisation de la justice du XXIe siècle.

Le (Ord. 2019-964 du 18 sept. 2019, art. 35, JO 19, entrée en vigueur le 01.01.2020) « tribunal judiciaire » connaît des demandes en réparation des préjudices subis du fait de la discrimination auxquelles l'employeur n'a pas fait droit.

TITRE IV

ÉGALITÉ PROFESSIONNELLE ENTRE LES FEMMES ET LES HOMMES

Chapitre Ier

Champ d'application

Art. L. 1141-1. Les dispositions du présent titre sont applicables aux employeurs de droit privé ainsi qu'à leurs salariés.

Elles sont également applicables au personnel des personnes publiques employé dans les conditions du droit privé.

Chapitre II

Dispositions générales

Art. L. 1142-1. Sous réserve des dispositions particulières du présent code, nul ne peut :

1° Mentionner ou faire mentionner dans une offre d'emploi le sexe ou la situation de famille du candidat recherché. Cette interdiction est applicable pour toute forme de publicité relative à une embauche et quels que soient les caractères du contrat de travail envisagé ;

2° Refuser d'embaucher une personne, prononcer une mutation, résilier ou refuser de renouveler le contrat de travail d'un salarié en considération du sexe, de la situation de famille ou de la grossesse sur la base de critères de choix différents selon le sexe, la situation de famille ou la grossesse ;

3° Prendre en considération du sexe ou de la grossesse toute mesure, notamment en matière de rémunération, de formation, d'affectation, de qualification, de classification, de promotion professionnelle ou de mutation.

Art. L. 1142-2. (L. 2008-496 du 27 mai 2008, art. 6, JO 28) « Lorsque l'appartenance à l'un ou l'autre sexe répond à une exigence professionnelle essentielle et déterminante et pour autant que l'objectif soit légitime et l'exigence proportionnée, les interdictions prévues à l'article L. 1142-1 ne sont pas applicables. »

Un décret en Conseil d'État détermine, après avis des organisations d'employeurs et de salariés représentatives au niveau national, la liste des emplois et des activités professionnelles pour l'exercice desquels l'appartenance à l'un ou l'autre sexe constitue la condition déterminante. Cette liste est révisée périodiquement.

Art. R. 1142-1. Les emplois et activités professionnelles pour l'exercice desquels l'appartenance à l'un ou l'autre sexe constitue la condition déterminante sont les suivants :

1° Artistes appelés à interpréter soit un rôle féminin, soit un rôle masculin ;

2° Mannequins chargés de présenter des vêtements et accessoires ;

3° Modèles masculins et féminins.

Art. L. 1142-2-1. (L. 2015-994 du 17 août 2015, art. 20, JO 18) Nul ne doit subir d'agissement sexiste, défini comme tout agissement lié au sexe d'une personne, ayant pour objet ou pour effet de porter atteinte à sa dignité ou de créer un environnement intimidant, hostile, dégradant, humiliant ou offensant.

Art. L. 1142-3. Est nulle toute clause d'une convention ou d'un accord collectif de travail ou d'un contrat de travail qui réserve le bénéfice d'une mesure quelconque, à un ou des salariés, en considération du sexe.

Toutefois, ces dispositions ne sont pas applicables lorsque cette clause a pour objet l'application des dispositions relatives :

1° À la protection de la grossesse et de la maternité, prévues aux articles L. 1225-1 à L. 1225-28;

2° À l'interdiction d'emploi prénatal et postnatal, prévues à l'article L. 1225-29;

3° À l'allaitement, prévues aux articles L. 1225-30 à L. 1225-33;

4° À la démission de la salariée en état de grossesse médicalement constaté, prévues à l'article L. 1225-34;

5° Au congé de paternité (L. 2012-1404 du 17 déc. 2012, art. 94, II, JO 18) «et d'accueil de l'enfant», prévues aux articles L. 1225-35 et L. 1225-36;

6° Au congé d'adoption, prévues aux articles L. 1225-37 à L. 1225-45.

Art. L. 1142-4. Les dispositions des articles L. 1142-1 et L. 1142-3 ne font pas obstacle à l'intervention de mesures temporaires prises au seul bénéfice des femmes visant à établir l'égalité des chances entre les femmes et les hommes, en particulier en remédiant aux inégalités de fait qui affectent les chances des femmes.

Ces mesures résultent :

1° Soit de dispositions réglementaires prises dans les domaines du recrutement, de la formation, de la promotion, de l'organisation et des conditions de travail ;

2° Soit de stipulations de conventions de branches étendues ou d'accords collectifs étendus ;

3° Soit de l'application du plan pour l'égalité professionnelle entre les femmes et les hommes.

Art. L. 1142-5. Il incombe à l'employeur de prendre en compte les objectifs en matière d'égalité professionnelle entre les femmes et les hommes dans l'entreprise et les mesures permettant de les atteindre :

1° Dans les entreprises dépourvues de délégué syndical ;

2° Dans les entreprises non soumises à l'obligation de négocier en application des articles (L. 2008-789 du 20 août 2008, art. 9, JO 21) « L. 2232-21 et L. 2232-24»;

3° Dans les entreprises non couvertes par une convention ou un accord de branche étendu relatif à l'égalité salariale entre les femmes et les hommes.

Art. L. 1142-6. (Ord. 2014-699 du 26 juin 2014, art. 1er, JO 27) Dans les lieux de travail ainsi que dans les locaux ou à la porte des locaux où se fait l'embauche, les personnes mentionnées à l'article L. 1132-1 sont informées par tout moyen du texte des articles 225-1 à 225-4 du code pénal.

Chapitre II bis

Mesures visant à supprimer les écarts de rémunération entre les femmes et les hommes dans l'entreprise

Note Ce chapitre a été introduit par la loi 2018-771 du 5 septembre 2018, art. 104, I, JO 6, entrée en vigueur au plus tard le 01.01.2019 pour les entreprises de plus de 250 salariés et au plus tard le 01.01.2020 pour les entreprises de 50 à 250 salariés (loi précitée, art. 104, X).

Art. L. 1142-7. L'employeur prend en compte un objectif de suppression des écarts de rémunération entre les femmes et les hommes.

Art. L. 1142-8. Dans les entreprises d'au moins cinquante salariés, l'employeur publie chaque année des indicateurs relatifs aux écarts de rémunération entre les femmes et les hommes et aux actions mises en œuvre pour les supprimer, selon des modalités et une méthodologie définies par décret.

Art. L. 1142-9. Dans les entreprises d'au moins cinquante salariés, lorsque les résultats obtenus par l'entreprise au regard des indicateurs mentionnés à l'article L. 1142-8 se situent en-deçà d'un niveau défini par décret, la négociation sur l'égalité professionnelle prévue au 2° de l'article L. 2242-1 porte également sur les mesures adéquates et pertinentes de correction et, le cas échéant, sur la programmation, annuelle ou pluriannuelle, de mesures financières de rattrapage salarial. En l'absence d'accord prévoyant de telles mesures, celles-ci sont déterminées par décision de l'employeur, après consultation du comité social et économique. La décision est déposée auprès de l'autorité administrative dans les mêmes conditions que le plan d'action mentionné à l'article L. 2242-3. L'autorité administrative peut présenter des observations sur les mesures prévues par l'accord ou la décision de l'employeur.

Art. L. 1142-10. Dans les entreprises d'au moins cinquante salariés, lorsque les résultats obtenus par l'entreprise, au regard des indicateurs mentionnés à l'article L. 1142-8, se situent en deçà d'un niveau défini par décret, l'entreprise dispose d'un délai de trois ans pour se mettre en conformité. À l'expiration de ce délai, si les résultats obtenus sont toujours en deçà du niveau défini par décret, l'employeur peut se voir appliquer une pénalité financière. Dès lors qu'une pénalité lui est appliquée sur le fondement du présent alinéa, l'employeur ne peut se voir appliquer la pénalité financière prévue à l'article L. 2242-8.

Le montant de la pénalité prévue au premier alinéa du présent article est fixé au maximum à 1 % des rémunérations et gains au sens du premier alinéa de l'article L. 242-1 du code de la sécurité sociale et du premier alinéa de l'article L. 741-10 du code rural et de la pêche maritime versés aux travailleurs salariés ou assimilés au cours de l'année civile précédant l'expiration du délai mentionné au premier alinéa du présent article. Le montant est fixé par l'autorité administrative, dans des conditions prévues par décret. En fonction des efforts constatés dans l'entreprise en matière d'égalité salariale entre les femmes et les hommes ainsi que des motifs de sa défaillance, un délai supplémentaire d'un an peut lui être accordé pour se mettre en conformité.

Le produit de cette pénalité est affecté au fonds mentionné à l'article L. 135-1 du code de la sécurité sociale.

Art. D. 1142-2. (D. 2019-15 du 8 janv. 2019, JO 9, entrée en vigueur le 01.01.2019) Pour les entreprises de plus de deux cent cinquante salariés, les indicateurs mentionnés à l'article L. 1142-8 sont les suivants :

1° L'écart de rémunération entre les femmes et les hommes, calculé à partir de la moyenne de la rémunération des femmes comparée à celle des hommes, par tranche d'âge et par catégorie de postes équivalents ;

2° L'écart de taux d'augmentations individuelles de salaire ne correspondant pas à des promotions entre les femmes et les hommes ;

3° L'écart de taux de promotions entre les femmes et les hommes ;

4° Le pourcentage de salariées ayant bénéficié d'une augmentation dans l'année de leur retour de congé de maternité, si des augmentations sont intervenues au cours de la période pendant laquelle le congé a été pris ;

5° Le nombre de salariés du sexe sous-représenté parmi les dix salariés ayant perçu les plus hautes rémunérations.

Ces indicateurs sont calculés selon les modalités définies à l'annexe I figurant à la fin du présent chapitre. En cas de constitution d'un comité social et économique au niveau d'une unité économique et sociale reconnue par accord collectif ou par décision de justice entre plusieurs entreprises juridiquement distinctes, les indicateurs sont calculés au niveau de l'unité économique et sociale.

Art. D. 1142-2-1. (D. 2019-15 du 8 janv. 2019, JO 9, entrée en vigueur le 01.01.2019) Pour les entreprises de cinquante à deux cent cinquante salariés, les indicateurs mentionnés à l'article L. 1142-8 sont les suivants :

1° L'écart de rémunération entre les femmes et les hommes, calculé à partir de la moyenne de la rémunération des femmes comparée à celle des hommes, par tranche d'âge et par catégorie de postes équivalents ;

2° L'écart de taux d'augmentations individuelles de salaire entre les femmes et les hommes ;

3° Le pourcentage de salariées ayant bénéficié d'une augmentation dans l'année suivant leur retour de congé de maternité, si des augmentations sont intervenues au cours de la période pendant laquelle le congé a été pris ;

4° Le nombre de salariés du sexe sous-représenté parmi les dix salariés ayant perçu les plus hautes rémunérations.

Ces indicateurs sont calculés selon les modalités définies à l'annexe II figurant à la fin du présent chapitre. En cas de constitution d'un comité social et économique au niveau d'une unité économique et sociale reconnue par accord collectif ou par décision de justice entre plusieurs entreprises juridiquement distinctes, les indicateurs sont calculés au niveau de l'unité économique et sociale.

Art. D. 1142-3. (D. 2019-15 du 8 janv. 2019, JO 9, entrée en vigueur le 01.01.2019) Le niveau de résultat obtenu par l'entreprise au regard des indicateurs définis aux articles D. 1142-2 et D. 1142-2-1 est déterminé selon les modalités fixées aux annexes I et II figurant à la fin du présent chapitre.

Art. D. 1142-4. (D. 2019-15 du 8 janv. 2019, JO 9, entrée en vigueur le 01.01.2019) Le niveau de résultat mentionné à l'article D. 1142-3 est publié annuellement, au plus tard le 1er mars de l'année en cours, au titre de l'année précédente, sur le site internet de l'entreprise lorsqu'il en existe un. À défaut, il est porté à la connaissance des salariés par tout moyen.

Art. D. 1142-5. (D. 2019-15 du 8 janv. 2019, JO 9, entrée en vigueur le 01.01.2019) Les indicateurs définis aux articles D. 1142-2 et D. 1142-2-1, ainsi que le niveau de résultat mentionné à l'article D. 1142-3, sont mis à la disposition du comité social et économique, selon la périodicité fixée à l'article D. 1142-4, dans les conditions prévues au deuxième alinéa de l'article L. 2312-18. Les résultats sont présentés par catégorie socio-professionnelle, niveau ou coefficient hiérarchique ou selon les niveaux de la méthode de cotation des postes de l'entreprise. Ces informations sont accompagnées de toutes les précisions utiles à leur compréhension, notamment relatives à la méthodologie appliquée, la répartition des salariés par catégorie socio-professionnelle ou selon les niveaux de la méthode de cotation des postes de l'entreprise et, le cas échéant, des mesures de correction envisagées ou déjà mises en œuvre.

Les dispositions prévues au premier alinéa s'appliquent également dans les cas, prévus aux annexes I et II, où certains indicateurs ne peuvent pas être calculés. Dans ce cas, l'information du comité social et économique est accompagnée de toutes les précisions expliquant les raisons pour lesquelles les indicateurs n'ont pas pu être calculés.

L'ensemble de ces informations est également transmis aux services du ministre chargé du travail selon un modèle et une procédure de télédéclaration définis par arrêté du ministre chargé du travail.

Art. D. 1142-6. (D. 2019-15 du 8 janv. 2019, JO 9, entrée en vigueur le 01.01.2019) Les mesures de correction et, le cas échéant, la programmation de mesures financières de rattrapage salarial, prévues à l'article L. 1142-9, doivent être mises en œuvre dès lors que le niveau de résultat mentionné à l'article D. 1142-3 est inférieur à soixante-quinze points.

Art. D. 1142-7. (D. 2019-15 du 8 janv. 2019, JO 9, entrée en vigueur le 01.01.2019) Chaque directeur régional des entreprises, de la concurrence, de la consommation, du travail et de l'emploi désigne un ou plusieurs référents chargés d'accompagner les entreprises de cinquante à deux cent cinquante salariés, à leur demande, pour le calcul des indicateurs mentionnés à l'article D. 1142-2 et, le cas échéant, pour la définition des mesures adéquates et pertinentes de correction.

Art. D. 1142-8. (D. 2019-15 du 8 janv. 2019, JO 9, entrée en vigueur le 01.01.2019) L'entreprise ne peut se voir appliquer la pénalité mentionnée à l'article L. 1142-10 avant l'expiration d'un délai de trois ans à compter de la publication d'un niveau de résultat de moins de soixante-quinze points. Si elle atteint un niveau de résultat au moins égal à soixante-quinze points avant l'expiration de ce délai, un nouveau délai de trois ans lui est accordé pour mettre en œuvre des mesures de correction à compter de l'année où est publié un niveau de résultat inférieur à ce nombre.

L'entreprise dont l'effectif atteint cinquante salariés a trois ans pour appliquer les dispositions prévues aux articles D. 1142-4 à D. 1142-6. Les modalités de calcul des effectifs sont celles prévues aux articles L. 1111-2, L. 1111-3 et L. 1251-54.

Art. D. 1142-9. (D. 2019-15 du 8 janv. 2019, JO 9, entrée en vigueur le 01.01.2019) Lorsque l'agent de contrôle de l'inspection du travail constate que le niveau de résultat mentionné à l'article D. 1142-3, est, depuis trois ans, inférieur à soixante-quinze points, il transmet au directeur régional des entreprises, de la concurrence, de la consommation, du travail et de l'emploi un rapport sur cette situation.

Art. D. 1142-10. (D. 2019-15 du 8 janv. 2019, JO 9, entrée en vigueur le 01.01.2019) Lorsque le directeur régional des entreprises, de la concurrence, de la consommation, du travail et de l'emploi envisage de prononcer la pénalité mentionnée à l'article L. 1142-10, il en informe l'employeur, par tout moyen permettant de conférer date certaine de sa réception par le destinataire, dans un délai maximum de deux mois à compter de la date de transmission du rapport mentionné à l'article D. 1142-9.

Il invite l'employeur à lui présenter ses observations et à justifier, le cas échéant, des motifs de sa défaillance dans un délai d'un mois. Ce délai peut être prorogé d'un mois à la demande de l'intéressé, si les circonstances ou la complexité de la situation le justifient. L'employeur peut à sa demande être entendu.

Art. D. 1142-11. (D. 2019-15 du 8 janv. 2019, JO 9, entrée en vigueur le 01.01.2019) Le directeur régional des entreprises, de la concurrence, de la consommation, du travail et de l'emploi tient compte des mesures prises par l'entreprise en matière d'égalité salariale entre les femmes et les hommes, de la bonne foi de l'employeur, ainsi que des motifs de défaillance dont il a justifiés, soit pour accorder à l'employeur le délai supplémentaire d'une durée maximale d'un an prévu à l'article L. 1142-10, pour atteindre le niveau de résultat mentionné à l'article D. 1142-3, soit pour déterminer le montant de la pénalité.

Au titre des motifs de défaillance, sont notamment prises en compte :

1° La survenance de difficultés économiques de l'entreprise ;

2° Les restructurations ou fusions en cours ;

3° L'existence d'une procédure collective en cours.

Art. D. 1142-12. (D. 2019-15 du 8 janv. 2019, JO 9, entrée en vigueur le 01.01.2019) Lorsque le directeur régional des entreprises, de la concurrence, de la consommation, du travail et de l'emploi décide d'accorder un délai supplémentaire à l'employeur, il lui notifie sa décision, par tout moyen permettant de conférer date certaine de sa réception par le destinataire, dans le délai de deux mois à compter de l'expiration du délai prévu au deuxième alinéa de l'article D. 1142-10.

Art. D. 1142-13. (D. 2019-15 du 8 janv. 2019, JO 9, entrée en vigueur le 01.01.2019) La pénalité mentionnée à l'article L. 1142-10 est calculée sur la base des revenus d'activité, tels qu'ils sont pris en compte pour la détermination de l'assiette des cotisations définie à l'article L. 242-1 du code de la sécurité sociale et de celle définie à l'article L. 741-10 du code rural et de la pêche maritime dus au cours de l'année civile précédant l'expiration du délai de trois ans laissé à l'entreprise pour se mettre en conformité.

Art. D. 1142-14. (D. 2019-15 du 8 janv. 2019, JO 9, entrée en vigueur le 01.01.2019) Le directeur régional des entreprises, de la concurrence, de la consommation, du travail et de l'emploi adresse à l'employeur, par tout moyen permettant de conférer date certaine de sa réception par le destinataire, une notification motivée du taux de pénalité qui lui est appliqué, dans le délai de deux mois à compter de l'expiration du délai prévu au deuxième alinéa de l'article D. 1142-10. Il lui demande de communiquer en retour les revenus d'activité servant de base au calcul de la pénalité conformément aux dispositions de l'article D. 1142-13 dans le délai de deux mois. À défaut, la pénalité est calculée sur la base de deux fois la valeur du plafond mensuel de la sécurité sociale, par salarié de l'entreprise et par mois compris dans l'année civile mentionnée à l'article D. 1142-13.

Le directeur régional des entreprises, de la concurrence, de la consommation, du travail et de l'emploi établit un titre de perception et le transmet au directeur départemental ou, le cas échéant, régional des finances publiques qui en assure le recouvrement comme en matière de créance étrangère à l'impôt et au domaine.

ANNEXES

ANNEXE I
MODALITÉS DE CALCUL ET D'ÉVALUATION DES INDICATEURS DÉFINIS À L'ARTICLE D. 1142-2 POUR LES ENTREPRISES DE PLUS DE 250 SALARIÉS

1. Période de référence

L'employeur peut choisir la période de douze mois consécutifs servant de période de référence pour le calcul des indicateurs.

Les indicateurs sont calculés chaque année par l'employeur, au plus tard le 1er mars de l'année en cours, à partir des données de la période de référence annuelle choisie par l'employeur qui précède l'année de publication des indicateurs.

2. Salariés à prendre en compte pour le calcul des indicateurs

L'effectif des salariés à prendre en compte pour le calcul des indicateurs est apprécié sur la période de référence annuelle choisie par l'employeur.

Les apprentis, les titulaires d'un contrat de professionnalisation, les salariés mis à la disposition de l'entreprise par une entreprise extérieure, les salariés expatriés, ainsi que les salariés absents plus de la moitié de la période de référence annuelle considérée ne sont pas pris en compte dans les effectifs de l'entreprise pour le calcul des indicateurs.

Les caractéristiques individuelles des salariés suivantes sont appréciées au dernier jour de la période de référence annuelle choisie par l'employeur ou au dernier jour de présence du salarié dans l'entreprise :

- l'âge ;
- le niveau ou coefficient hiérarchique en application de la classification de branche ;
- le niveau selon la méthode de cotation des postes de l'entreprise ;
- la catégorie socioprofessionnelle.

3. Eléments de la rémunération à prendre en compte pour le calcul des indicateurs

La rémunération de chaque salarié, au sens de l'article L. 3221-3, est reconstituée en équivalent temps plein sur la période de référence annuelle considérée. Les indemnités de licenciement et de départ à la retraite, les primes liées à une sujétion particulière qui ne concerne pas la personne du salarié, les primes d'ancienneté, les heures supplémentaires, les heures complémentaires, ainsi que les versements effectués au titre de l'intéressement et de la participation ne sont pas pris en compte.

4. Méthode de calcul des indicateurs et barème à appliquer aux résultats ainsi obtenus

Les indicateurs définis à l'article D. 1142-2 sont calculés et évalués selon un barème allant de 0 à 100 points, conformément aux tableaux suivants :

4.1. Indicateur relatif à l'écart de rémunération entre les femmes et les hommes

Indicateur	Méthode de calcul	Résultats obtenus	Nombre de points
Ecart de rémunération entre les femmes et les hommes (1° de l'article D. 1142-2)	a) Les salariés sont répartis en groupe, selon quatre tranches d'âge et par catégorie de postes équivalents. Les tranches d'âge sont les suivantes : - moins de 30 ans ; - de 30 à 39 ans ; - de 40 à 49 ans ; - et 50 ans et plus. S'agissant des catégories de postes équivalents, l'employeur peut répartir les salariés, après consultation du comité social et économique, par niveau ou coefficient hiérarchique, en application de la classification de branche ou d'une autre méthode de cotation des postes. La méthode de cotation des postes est adoptée après avis du comité social et économique. Si l'employeur ne souhaite pas répartir les salariés par niveau ou coefficient hiérarchique ou selon une autre méthode de cotation des postes, ou si ces méthodes de répartition ne permettent pas de calculer l'indicateur, il répartit les salariés entre les quatre catégories socioprofessionnelles suivantes : - ouvriers ; - employés ; - techniciens et agents de maîtrise ; - ingénieurs et cadres. b) Seuls les groupes comprenant au moins trois hommes et au moins trois femmes sont pris en compte. Si, en application de cette règle, le calcul de l'indicateur par niveau ou coefficient hiérarchique, dans les conditions prévues au a), est rendu impossible, au regard du critère défini au paragraphe 5.1, le classement par niveau ou coefficient hiérarchique n'est pas retenu et les salariés sont regroupés selon les quatre catégories socioprofessionnelles définies au même a). c) La rémunération moyenne des femmes et des hommes est calculée pour chacun des groupes ainsi constitué en calculant le salaire en équivalent temps plein pour chaque salariés puis en en faisant la moyenne. d) L'écart de rémunération est calculé, en pourcentage, pour chacun des groupes, en soustrayant la rémunération moyenne des femmes à la rémunération moyenne des hommes et en rapportant ce résultat à la rémunération moyenne des hommes. e) Dans les groupes constitués par catégorie socioprofessionnelle, le seuil de pertinence des écarts est de 5 %. Dans les groupes constitués par niveau ou coefficient hiérarchique, le seuil de pertinence des écarts est de 2 %. Lorsque l'écart de rémunération est positif, le seuil de pertinence est déduit de l'écart, sans toutefois pouvoir l'amener à devenir négatif (plancher à zéro). Lorsque l'écart de rémunération est négatif, le seuil de pertinence est ajouté à l'écart, sans toutefois pouvoir l'amener à devenir positif (plafond à zéro). f) Les écarts ainsi ajustés en fonction des seuils pour chacun des groupes sont multipliés par le ratio de l'effectif du groupe à l'effectif total des groupes pris en compte, puis additionnés pour obtenir l'écart global de rémunération entre les femmes et les hommes. g) Le résultat final est la valeur absolue de l'écart global de rémunération, arrondie à la première décimale.	Egal à 0 %	40 points
		Supérieur à 0 % et inférieur ou égal à 1 %	39 points
		Supérieur à 1 % et inférieur ou égal à 2 %	38 points
		Supérieur à 2 % et inférieur ou égal à 3 %	37 points
		Supérieur à 3 % et inférieur ou égal à 4 %	36 points
		Supérieur à 4 % et inférieur ou égal à 5 %	35 points
		Supérieur à 5 % et inférieur ou égal à 6 %	34 points
		Supérieur à 6 % et inférieur ou égal à 7 %	33 points
		Supérieur à 7 % et inférieur ou égal à 8 %	31 points
		Supérieur à 8 % et inférieur ou égal à 9 %	29 points
		Supérieur à 9 % et inférieur ou égal à 10 %	27 points
		Supérieur à 10 % et inférieur ou égal à 11 %	25 points
		Supérieur à 11 % et inférieur ou égal à 12 %	23 points
		Supérieur à 12 % et inférieur ou égal à 13 %	21 points
		Supérieur à 13 % et inférieur ou égal à 14 %	19 points
		Supérieur à 14 % et inférieur ou égal à 15 %	17 points
		Supérieur à 15 % et inférieur ou égal à 16 %	14 points
		Supérieur à 16 % et inférieur ou égal à 17 %	11 points
		Supérieur à 17 % et inférieur ou égal à 18 %	8 points
		Supérieur à 18 % et inférieur ou égal à 19 %	5 points
		Supérieur à 19 % et inférieur ou égal à 20 %	2 points
		Supérieur à 20 %	0 point

4.2. Indicateurs relatifs aux écarts de taux d'augmentations individuelles et de promotions entre les femmes et les hommes

Indicateur	Méthode de calcul	Résultats obtenus	Nombre de points
Ecart de taux d'augmentations individuelles (hors promotion) entre les femmes et les hommes (2° de l'article D. 1142-2)	a) Les salariés sont répartis en 4 groupes selon les quatre catégories socioprofessionnelles définies au paragraphe 4.1. b) Seuls les groupes comprenant au moins dix femmes et dix hommes sont pris en compte. c) Dans chacun des groupes, les taux d'augmentations des femmes et des hommes sont calculés, en pourcentage, comme la proportion de salariés augmentés au cours de la période de référence. Sont uniquement prises en compte les augmentations individuelles (1) ne correspondant pas à des promotions (2). d) L'écart de taux d'augmentations est calculé, en points de pourcentage, pour chacun des groupes, en soustrayant le taux d'augmentations des femmes au taux d'augmentations des hommes. e) Les écarts ainsi obtenus sont multipliés par le ratio de l'effectif du groupe à l'effectif total des groupes pris en compte, puis additionnés pour obtenir l'écart global de taux d'augmentations entre les femmes et les hommes. f) Le résultat final est la valeur absolue de l'écart global de taux d'augmentations, arrondie à la première décimale.	Inférieur ou égal à 2 points de %	20 points
		Supérieur à 2 et inférieur ou égal à 5 points de %	10 points
		Supérieur à 5 et inférieur ou égal à 10 points de %	5 points
		Supérieur à 10 points de %	0 point
Ecart de taux de promotions entre les femmes et les hommes (3° de l'article D. 1142-2)	a) Les salariés sont répartis en 4 groupes selon les quatre catégories socioprofessionnelles définies au paragraphe 4.1. b) Seuls les groupes comprenant au moins dix hommes et dix femmes sont pris en compte. c) Dans chacun des groupes, les taux de promotions des femmes et des hommes sont calculés, en pourcentage, comme la proportion de salariés ayant bénéficié d'une promotion (2) au cours de la période de référence. Les augmentations exclues du calcul de l'indicateur défini au (1) au motif qu'elles correspondent à des promotions doivent être prises en compte. d) L'écart de taux de promotions est calculé, en points de pourcentage, pour chacun des groupes, en soustrayant le taux de promotions des femmes au taux de promotions des hommes. e) Les écarts ainsi obtenus sont multipliés par le ratio de l'effectif du groupe à l'effectif total des groupes pris en compte, puis additionnés pour obtenir l'écart global de taux de promotions entre les femmes et les hommes. f) Le résultat final est la valeur absolue de l'écart global de taux de promotions, arrondie à la première décimale.	Inférieur ou égal à 2 points de %	15 points
		Supérieur à 2 et inférieur ou égal à 5 points de %	10 points
		Supérieur à 5 et inférieur ou égal à 10 points de %	5 points
		Supérieur à 10 points de %	0 point

(1) La notion d'augmentation individuelle correspond à une augmentation individuelle du salaire de base du salarié concerné.
(2) La notion de promotion retenue correspond au passage à niveau ou un coefficient hiérarchique supérieur.

4.3. Indicateur relatif au pourcentage de salariées ayant bénéficié d'une augmentation dans l'année suivant leur retour de congé de maternité

Indicateur	Résultats obtenus	Nombre de points
Pourcentage de salariées revenues de congé maternité pendant l'année de référence et ayant bénéficié d'une augmentation à leur retour pendant cette même période, si des augmentations sont intervenues durant la durée de leur congé (4° de l'article D. 1142-2)	Egal à 100 %	15 points
	Inférieur à 100%	0 point

4.4. Indicateur relatif au nombre de salariés du sexe sous-représenté parmi les dix salariés ayant perçu les plus hautes rémunérations

Indicateur	Méthode de calcul	Résultats obtenus	Nombre de points
Nombre de salariés du sexe sous-représenté parmi les dix salariés ayant perçu les plus hautes rémunérations (5° de l'article D. 1142-2)	L'indicateur est le plus petit des deux nombres suivants : le nombre de femmes et le nombre d'hommes parmi les salariés ayant perçu les 10 plus hautes rémunérations (nombres compris entre 0 et 10).	4 ou 5 salariés	10 points
		2 ou 3 salariés	5 points
		0 ou 1 salarié	0 point

5. Niveau de résultat

Le niveau de résultat obtenu par l'entreprise au regard des indicateurs définis à l'article D. 1142-2 correspond à la somme des points obtenus pour chacun des indicateurs en application du barème prévu au paragraphe 4.

5.1. Détermination du niveau de résultat en cas d'indicateurs incalculables

Des indicateurs peuvent ne pas être calculables dans les cas suivants :
- pour le calcul de l'indicateur défini au 1° de l'article D. 1142-2 : parce que l'effectif total retenu, en application des modalités de calcul définies au paragraphe 4.1, est inférieur à 40 % de l'effectif devant être pris en compte pour le calcul de l'ensemble des indicateurs, selon les dispositions prévues au paragraphe 2 ;
- pour le calcul des indicateurs définis aux 2° et 3° de l'article D. 1142-2 : soit parce qu'aucune promotion ou aucune augmentation individuelle n'est intervenue au cours de la période de référence annuelle considérée, soit parce que l'effectif total retenu, en application des modalités de calcul définies au paragraphe 4.2, est inférieur à 40 % de l'effectif devant être pris en compte pour le calcul de l'ensemble des indicateurs, selon les dispositions prévues au paragraphe 2 ;
- pour le calcul de l'indicateur défini au 4° de l'article D. 1142-2 : parce qu'aucun retour de congé maternité n'est intervenu au cours de la période de référence annuelle considérée ou qu'aucune augmentation n'est intervenue durant la durée de ces congés.

Pour les cas énumérés ci-dessus, lorsqu'un ou plusieurs indicateurs ne sont pas calculables, les autres indicateurs sont calculés. Le nombre total de points ainsi obtenus est ramené sur cent en appliquant la règle de la proportionnalité.

Dès lors que le nombre maximum de points pouvant être obtenus, au total, par l'entreprise, avant application de la règle de la proportionnalité, est inférieur à soixante-quinze points, le niveau de résultat mentionné au premier alinéa du paragraphe 5 ne peut être déterminé pour la période de référence annuelle considérée. Le fait de ne pas pouvoir déterminer le niveau de résultat n'exonère pas l'entreprise de son obligation de mettre les indicateurs qui peuvent être calculés à disposition du comité social et économique, ainsi que des services du ministre chargé du travail selon les modalités fixées à l'article D. 1142-5.

5.2. Prise en compte des mesures de correction

Afin de ne pas pénaliser les entreprises prenant des mesures adéquates et pertinentes et, le cas échéant, programmant des mesures financières de rattrapage salarial, en application de l'article L. 1142-9, lorsque l'indicateur défini au 1° de l'article D. 1142-2 est calculable et que l'entreprise n'obtient pas la note maximale pour cet indicateur :
- elle obtient le maximum de points à l'indicateur défini au 2° de l'article D. 1142-2 si les écarts constatés à cet indicateur favorisent la population ayant la rémunération la plus faible au regard des résultats obtenus à l'indicateur 1° ;
- elle obtient le maximum de points à l'indicateur défini au 3° de l'article D. 1142-2 si les écarts constatés à cet indicateur favorisent la population ayant la rémunération la plus faible au regard des résultats obtenus à l'indicateur 1°.

ANNEXE II
MODALITÉS DE CALCUL ET D'ÉVALUATION DES INDICATEURS DÉFINIS À L'ARTICLE D. 1142-2-1 POUR LES ENTREPRISES ENTRE 50 ET 250 SALARIÉS

1. Période de référence

L'employeur peut choisir la période de douze mois consécutifs servant de période de référence pour le calcul des indicateurs.

Les indicateurs sont calculés chaque année par l'employeur, au plus tard le 1er mars de l'année en cours, à partir des données de la période de référence annuelle choisie par l'employeur qui précède l'année de publication des indicateurs.

L'employeur peut décider de calculer l'indicateur relatif aux augmentations individuelles, défini au 2° de l'article D. 1142-2-1, sur une période de référence pluriannuelle, à partir des données des deux ou trois années précédentes. Son caractère pluriannuel peut être révisé tous les trois ans.

2. Salariés à prendre en compte pour le calcul des indicateurs

L'effectif des salariés à prendre en compte pour le calcul des indicateurs est apprécié sur la période de référence annuelle choisie par l'employeur.

Les apprentis, les titulaires d'un contrat de professionnalisation, les salariés mis à la disposition de l'entreprise par une entreprise extérieure, les salariés expatriés, ainsi que les salariés absents plus de la moitié de la période de référence considérée ne sont pas pris en compte dans les effectifs de l'entreprise pour le calcul des indicateurs.

Les caractéristiques individuelles des salariés suivantes sont appréciées au dernier jour de la période de référence annuelle choisie par l'employeur ou au dernier jour de présence du salarié dans l'entreprise :
- l'âge ;
- le niveau ou coefficient hiérarchique en application de la classification de branche ;
- le niveau selon la méthode de cotation des postes de l'entreprise ;
- la catégorie socioprofessionnelle.

3. Eléments de la rémunération à prendre en compte pour le calcul des indicateurs

La rémunération de chaque salarié, au sens de l'article L. 3221-3, est reconstituée en équivalent temps plein sur la période de référence annuelle considérée. Les indemnités de licenciement et de départ à la retraite, les primes liées à une sujétion particulière qui ne concerne pas la personne du salarié, les primes d'ancienneté, les heures supplémentaires, les heures complémentaires, ainsi que les versements effectués au titre de l'intéressement et de la participation ne sont pas pris en compte.

4. Méthode de calcul des indicateurs et barème à appliquer aux résultats ainsi obtenus

Les indicateurs définis à l'article D. 1142-2-1 sont calculés et évalués selon un barème allant de 0 à 100 points, conformément aux tableaux suivants :

4.1. Indicateur relatif à l'écart de rémunération entre les femmes et les hommes

Indicateur	Méthode de calcul	Résultats obtenus	Nombre de points
Ecart de rémunération entre les femmes et les hommes (1° de l'article D. 1142-2-1)	a) Les salariés sont répartis en groupe, selon quatre tranches d'âge et par catégorie de postes équivalents. Les tranches d'âge sont les suivantes : - moins de 30 ans ; - de 30 à 39 ans ; - de 40 à 49 ans ; - et 50 ans et plus. S'agissant des catégories de postes équivalents, l'employeur peut répartir les salariés, après consultation du comité social et économique, par niveau ou coefficient hiérarchique, en application de la classification de branche ou d'une autre méthode de cotation des postes. La méthode de cotation des postes est adoptée après avis du comité social et économique. Si l'employeur ne souhaite pas répartir les salariés par niveau ou coefficient hiérarchique ou selon une autre méthode de cotation des postes, ou si ces méthodes de répartition ne permettent pas de calculer l'indicateur, il répartit les salariés entre les quatre catégories socioprofessionnelles suivantes : - ouvriers ; - employés ; - techniciens et agents de maîtrise ; - ingénieurs et cadres. b) Seuls les groupes comprenant au moins trois hommes et trois femmes sont pris en compte. Si, en application de cette règle, le calcul de l'indicateur par niveau ou coefficient hiérarchique, dans les conditions prévues au a), est rendu impossible, au regard du critère défini au paragraphe 5.1, le classement par niveau ou coefficient hiérarchique n'est pas retenu et les salariés sont regroupés selon les quatre catégories socioprofessionnelles définies au même a). c) La rémunération moyenne des femmes et des hommes est calculée pour chacun des groupes ainsi constitué, en calculant le salaire en équivalent temps plein pour chaque salariés puis en en faisant la moyenne. d) L'écart de rémunération est calculé, en pourcentage, pour chacun des groupes, en soustrayant la rémunération moyenne des femmes à la rémunération moyenne des hommes et en rapportant ce résultat à la rémunération moyenne des hommes. e) Dans les groupes constitués par catégorie socioprofessionnelle, le seuil de pertinence des écarts est de 5 %. Dans les groupes constitués par niveau ou coefficient hiérarchique, le seuil de pertinence des écarts est de 2 %. Lorsque l'écart de rémunération est positif, le seuil de pertinence est déduit de l'écart, sans toutefois pourvoir l'amener à devenir négatif (plancher à zéro). Lorsque l'écart de rémunération est négatif, le seuil de pertinence est ajouté à l'écart, sans toutefois pouvoir l'amener à devenir positif (plafond à zéro). f) Les écarts ainsi ajustés en fonction des seuils pour chacun des groupes sont multipliés par le ratio de l'effectif du groupe à l'effectif total des groupes pris en compte, puis additionnés pour obtenir l'écart global de rémunération entre les femmes et les hommes. g) Le résultat final est la valeur absolue de l'écart global de rémunération, arrondie à la première décimale.	Egal à 0 %	40 points
		Supérieur à 0 % et inférieur ou égal à 1 %	39 points
		Supérieur à 1 % et inférieur ou égal à 2 %	38 points
		Supérieur à 2 % et inférieur ou égal à 3 %	37 points
		Supérieur à 3 % et inférieur ou égal à 4 %	36 points
		Supérieur à 4 % et inférieur ou égal à 5 %	35 points
		Supérieur à 5 % et inférieur ou égal à 6 %	34 points
		Supérieur à 6 % et inférieur ou égal à 7 %	33 points
		Supérieur à 7 % et inférieur ou égal à 8 %	31 points
		Supérieur à 8 % et inférieur ou égal à 9 %	29 points
		Supérieur à 9 % et inférieur ou égal à 10 %	27 points
		Supérieur à 10 % et inférieur ou égal à 11 %	25 points
		Supérieur à 11 % et inférieur ou égal à 12 %	23 points
		Supérieur à 12 % et inférieur ou égal à 13 %	21 points
		Supérieur à 13 % et inférieur ou égal à 14 %	19 points
		Supérieur à 14 % et inférieur ou égal à 15 %	17 points
		Supérieur à 15 % et inférieur ou égal à 16 %	14 points
		Supérieur à 16 % et inférieur ou égal à 17 %	11 points
		Supérieur à 17 % et inférieur ou égal à 18 %	8 points
		Supérieur à 18 % et inférieur ou égal à 19 %	5 points
		Supérieur à 19 % et inférieur ou égal à 20 %	2 points
		Supérieur à 20 %	0 point

4.2. Indicateur relatif à l'écart de taux d'augmentations individuelles entre les femmes et les hommes

Indicateur	Méthode de calcul	Résultats obtenus	Nombre de points
Ecart de taux d'augmentations individuelles entre les femmes et les hommes (2° de l'article D. 1142-2-1)	a) Les taux d'augmentations des femmes et des hommes sont calculés, en pourcentage, comme la proportion de salariés augmentés au cours de la période de référence. Sont prises en compte toutes les augmentations individuelles (1), qu'elles correspondent ou non à une promotion. b) L'écart absolu de taux d'augmentations est égal à la valeur absolue de la différence entre le taux d'augmentations des hommes et le taux d'augmentations des femmes. c) L'écart en nombre de salariés est obtenu en appliquant l'écart absolu de taux d'augmentations calculé au b), au nombre de femmes, ou au nombre d'hommes pris en compte dans le calcul, en choisissant le plus petit de ces deux nombres. d) L'écart en points de pourcentage et le nombre de salariés sont arrondis à la première décimale. e) Le barème est appliqué à l'écart en points de pourcentage et à l'écart en nombre de salariés, et le résultat correspondant au nombre de points le plus élevé est retenu.	Inférieur ou égal à 2 points de % Ou à 2 salariés	35 points
		Supérieur à 2 et inférieur ou égal à 5 points de % Ou supérieur à 2 salariés et inférieur ou égal à 5 salariés	25 points
		Supérieur à 5 et inférieur ou égal à 10 points de % Ou supérieur à 5 salariés et inférieur ou égal à 10 salariés	15 points
		Supérieur à 10 points de % ou plus de 10 salariés	0 point

(1) La notion d'augmentation individuelle correspond à une augmentation individuelle du salaire de base du salarié concerné.

4.3. Indicateur relatif au pourcentage de salariées ayant bénéficié d'une augmentation dans l'année suivant leur retour de congé de maternité

Indicateur	Résultats obtenus	Nombre de points
Pourcentage de salariées revenues de congé maternité pendant l'année de référence et ayant bénéficié d'une augmentation à leur retour pendant cette même période, si des augmentations sont intervenues durant la durée de leur congé (4° de l'article D. 1142-2)	Egal à 100 %	15 points
	Inférieur à 100 %	0 point

4.4. Indicateur relatif au nombre de salariés du sexe sous-représenté parmi les dix salariés ayant perçu les plus hautes rémunérations

Indicateur	Méthode de calcul	Résultats obtenus	Nombre de points
Nombre de salariés du sexe sous-représenté parmi les dix salariés ayant perçu les plus hautes rémunérations (4° de l'article D. 1142-2-1)	L'indicateur est le plus petit des deux nombres suivants : le nombre de femmes et le nombre d'hommes parmi les salariés ayant perçu les 10 plus hautes rémunérations (nombres compris entre 0 et 10).	4 ou 5 salariés	10 points
		2 ou 3 salariés	5 points
		0 ou 1 salarié	0 point

5. Niveau de résultat

Le niveau de résultat obtenu par l'entreprise au regard des indicateurs définis à l'article D. 1142-2-1 correspond à la somme des points obtenus pour chacun des indicateurs en application du barème prévu.

5.1. Détermination du niveau de résultat en cas d'indicateurs incalculables

Des indicateurs peuvent ne pas être calculables dans les cas suivants :

- pour le calcul de l'indicateur défini au 1° de l'article D. 1142-2-1 : parce que l'effectif total retenu, en application des modalités de calcul définies au paragraphe 4.1, est inférieur à 40 % de l'effectif devant être pris en compte pour le calcul de l'ensemble des indicateurs, selon les dispositions prévues au paragraphe 2 ;
- pour le calcul de l'indicateur défini au 2° de l'article D. 1142-2-1 : soit parce qu'aucune augmentation individuelle n'est intervenue au cours de la période de référence considérée, soit parce que l'entreprise ne comporte pas au moins cinq femmes et cinq hommes en application des dispositions prévues au paragraphe 2 ;
- pour le calcul de l'indicateur défini au 3° de l'article D. 1142-2-1 : parce qu'aucun retour de congé maternité n'est intervenu au cours de la période de référence annuelle considérée ou qu'aucune augmentation n'est intervenue durant la durée de ces congés.

Pour les cas énumérés ci-dessus, lorsqu'un ou plusieurs indicateurs ne sont pas calculables, les autres indicateurs sont calculés. Le nombre total de points ainsi obtenus est ramené sur cent en appliquant la règle de la proportionnalité.

Dès lors que le nombre maximum de points pouvant être obtenus, au total, par l'entreprise, avant application de la règle de la proportionnalité, est inférieur à soixante-quinze points, le niveau de résultat mentionné au premier alinéa du paragraphe 5 ne peut être déterminé pour la période de référence considérée. Le fait de ne pas pouvoir déterminer le niveau de résultat n'exonère pas l'entreprise de son obligation de mettre les indicateurs qui peuvent être calculés à disposition du comité social et économique ainsi que des services du ministre chargé du travail selon les modalités fixées à l'article D. 1142-5.

5.2. Prise en compte des mesures de correction

Afin de ne pas pénaliser les entreprises prenant des mesures adéquates et pertinentes et, le cas échéant, programmant des mesures financières de rattrapage salarial, en application de l'article L. 1142-9 : lorsque l'indicateur défini au 1° de l'article D. 1142-2-1 est calculable et que l'entreprise n'obtient pas la note maximale pour cet indicateur, elle obtient le maximum de points à l'indicateur défini au 2° du même article si les écarts constatés à cet indicateur favorisent la population ayant la rémunération la plus faible au regard des résultats obtenus à l'indicateur 1.

Chapitre III

Plan et contrat pour l'égalité professionnelle

SECTION UNIQUE. Plan pour l'égalité professionnelle

Art. L. 1143-1. Pour assurer l'égalité professionnelle entre les femmes et les hommes, les mesures visant à établir l'égalité des chances prévues à l'article L. 1142-4 peuvent faire l'objet d'un plan pour l'égalité professionnelle négocié dans l'entreprise.

Ces mesures sont prises au vu notamment (L. 2015-994 du 17 août 2015, art. 18, XIV, 1°, JO 18, entrée en vigueur le 01.01.2016) « des données mentionnées au 1° *bis* de l'article L. 2323-8».

Art. L. 1143-2. Si, au terme de la négociation, aucun accord n'est intervenu, l'employeur peut mettre en œuvre le plan pour l'égalité professionnelle, sous réserve d'avoir préalablement consulté et recueilli l'avis du (Ord. 2017-1386 du 22 sept. 2017, art. 4, 2°, JO 23, entrée en vigueur au plus tard le 01.01.2018) « comité social et économique ».

Art. L. 1143-3. Le plan pour l'égalité professionnelle s'applique, sauf si l'autorité administrative s'y oppose, dans des conditions déterminées par voie réglementaire.

SECTION 1 (RÉGLEMENTAIRE). Convention d'étude

Art. R. 1143-1. Toute entreprise de moins de trois cents salariés peut conclure avec l'État une convention lui permettant de recevoir une aide financière afin de faire procéder à une étude portant sur :

1° Sa situation en matière d'égalité professionnelle ;

2° Les mesures à prendre pour rétablir l'égalité des chances entre les femmes et les hommes.

Art. D. 1143-2. La convention d'étude est conclue après avis du (D. 2017-1819 du 29 déc. 2017, art. 3, 1°, JO 30, entrée en vigueur le 01.01.2018) « comité social et économique, s'il existe ».

Art. D. 1143-3. La convention d'étude fixe :

1° L'objet, le contenu, le délai de réalisation et les conditions de diffusion de l'étude ;

2° Le montant de l'aide financière de l'État.

Art. D. 1143-4. Pour chaque convention, l'aide financière de l'État est au plus égale à 70 % des frais d'intervention hors taxe du consultant chargé de l'étude.

Elle ne peut excéder 10 700 €.

Art. D. 1143-5. Le (D. 2017-1819 du 29 déc. 2017, art. 3, 2°, JO 30, entrée en vigueur le 01.01.2018) « comité social et économique est consulté » sur l'étude réalisée dans les conditions prévues à l'article R. 1143-1 et les suites à lui donner.

L'étude est également communiquée aux délégués syndicaux.

L'étude et les avis recueillis sont communiqués au (D. 2009-1377 du 10 nov. 2009, JO 13 ; D 2010-687 du 24 juin 2010, JO 25 ; voir D. 2010-1582 du 17 déc. 2010, JO 18, pour outre-mer) « directeur régional des entreprises, de la concurrence, de la consommation, du travail et de l'emploi ».

SECTION 2 (RÉGLEMENTAIRE). Plan pour l'égalité professionnelle

Art. D. 1143-6. Le (D. 2009-1377 du 10 nov. 2009, JO 13 ; D. 2010-687 du 24 juin 2010, JO 25 ; voir D. 2010-1582 du 17 déc. 2010, JO 18, pour outre-mer) « directeur régional des entreprises, de la concurrence, de la consommation, du travail et de l'emploi » peut s'opposer, en application de l'article L. 1143-3, au plan pour l'égalité professionnelle. Il émet un avis écrit et motivé dans un délai de deux mois suivant la date de sa saisine.

SECTION 3 (RÉGLEMENTAIRE). Contrat pour la mixité des emplois et l'égalité professionnelle entre les femmes et les hommes

Sous-section 1. Conclusion et objet du contrat

Art. D. 1143-7. Un (D. 2011-1830 du 6 déc. 2011, JO 8) « contrat pour la mixité des emplois et l'égalité professionnelle entre les femmes et les hommes », ouvrant droit à l'aide financière de l'État prévue à la sous-section 2, est conclu entre l'État et l'employeur, après avis des organisations syndicales de salariés représentatives au plan national implantées dans l'entreprise si elles existent.

Art. D. 1143-8. Le (D. 2011-1830 du 6 déc. 2011, JO 3) « contrat pour la mixité des emplois et l'égalité professionnelle entre les femmes et les hommes » ne peut intervenir qu'après :

1° Soit la conclusion d'un accord collectif de travail comportant des actions exemplaires en faveur de l'égalité professionnelle entre les femmes et les hommes ;

2° Soit l'adoption d'un plan pour l'égalité professionnelle ;

(D. 2011-1830 du 6 déc. 2011, JO 8) « 3° Soit l'adoption d'une ou plusieurs mesures en faveur de la mixité des emplois. »

Art. D. 1143-9. Le (D. 2011-1830 du 6 déc. 2011, JO 8) « contrat pour la mixité des emplois et l'égalité professionnelle entre les femmes et les hommes » précise :

1° L'objet et la nature des engagements souscrits par l'employeur ;

2° Le montant de l'aide de l'Etat et ses modalités de versement ;

3° Les modalités d'évaluation et de contrôle de la réalisation des engagements souscrits.

Art. D. 1143-10. Les engagements souscrits par l'employeur dans le (D. 2011-1830 du 6 déc. 2011, JO 8) « contrat pour la mixité des emplois et l'égalité professionnelle entre les femmes et les hommes » doivent avoir pour but de contribuer significativement à la mise en place de l'égalité professionnelle entre les femmes et les hommes dans l'entreprise (D. 2011-1830 du 6 déc. 2011, JO 8) « ou l'établissement, ou de contribuer à développer la mixité des emplois, » par l'adoption de mesures de sensibilisation, (D. 2011-1830 du 6 déc. 2011, JO 8) « d'embauche, » de formation, de promotion et d'amélioration des conditions de travail.

Art. D. 1143-11. Le (D. 2011-1830 du 6 déc. 2011, JO 8) « contrat pour la mixité des emplois et l'égalité professionnelle entre les femmes et les hommes » est conclu au nom de l'État par le préfet de région.

Si son champ d'application excède le cadre régional, le contrat est conclu par le ministre chargé des droits des femmes.

Sous-section 2. **Aide financière de l'État**

Art. D. 1143-12. La participation financière de l'État aux dépenses directement imputables à la réalisation du (D. 2011-1830 du 6 déc. 2011, JO 8) « contrat pour la mixité des emplois et l'égalité professionnelle entre les femmes et les hommes », déduction faite de la taxe sur la valeur ajoutée, est calculée dans la limite maximale d'un pourcentage variable selon la nature et le contenu des actions :

1° 50 % du coût d'investissement en matériel lié à la modification de l'organisation et des conditions de travail ;

2° 30 % des dépenses de rémunération exposées par l'employeur pour les salariés bénéficiant d'actions de formation au titre et pendant la durée de la réalisation du plan pour l'égalité professionnelle. Sont exclues de l'aide éventuelle les augmentations de rémunérations, quelles qu'en soient les modalités, acquises par les salariés du fait de la réalisation du plan ;

3° 50 % des autres coûts.

Art. D. 1143-13. (D. 2011-1830 du 6 déc. 2011, JO 8) Pour le bénéfice de l'aide financière, les actions en faveur des salariés sous contrat à durée déterminée et des salariés intérimaires sont prises en compte lorsque leur contrat, ou la durée de leur mission, est d'une durée supérieure ou égale à six mois.

Art. D. 1143-14. L'aide de l'État prévue à l'article (D. 2011-1830 du 6 déc. 2011, JO 8) « D. 1143-12 » n'est pas cumulable avec une aide publique ayant un objet identique.

Art. D. 1143-15. En cas de non-respect du (D. 2011-1830 du 6 déc. 2011, JO 8) « contrat pour la mixité des emplois et l'égalité professionnelle entre les femmes et les hommes » par l'entreprise, l'aide de l'État fait l'objet d'un ordre de reversement.

Sous-section 3. **Suivi et évaluation**

Art. D. 1143-16. Le (D. 2017-1819 du 29 déc. 2017, art. 3, 3°, JO 30, entrée en vigueur le 01.01.2018) « comité social et économique est régulièrement informé » de l'exécution des engagements souscrits par l'employeur dans le (D. 2011-1830 du 6 déc. 2011, JO 8) « contrat pour la mixité des emplois et l'égalité professionnelle entre les femmes et les hommes ».

Art. D. 1143-17. Le compte rendu de l'exécution des engagements souscrits par l'employeur dans le (D. 2011-1830 du 6 déc. 2011, JO 8) « contrat pour la mixité des emplois et l'égalité professionnelle entre les femmes et les hommes » est adressé au (D. 2009-1377 du 10 nov. 2009, JO 13 ; D. 2010-687 du 24 juin 2010, JO 25 ; voir D. 2010-1582 du 17 déc. 2010, JO 18, pour outre-mer) « directeur régional des entreprises, de la concurrence, de la consommation, du travail et de l'emploi » et au (D. 2009-1484 du 3 déc. 2009, JO 4) « directeur départemental de la cohésion sociale et de la protection des populations ou directeur départemental de la cohésion sociale ».

Art. D. 1143-18. Au terme du (D. 2011-1830 du 6 déc. 2011, JO 8) « contrat pour la mixité des emplois et l'égalité professionnelle entre les femmes et les hommes », une évaluation des engagements souscrits et des mesures concrètes mises en œuvre est réalisée sous la responsabilité de l'employeur signataire du contrat.

Cette évaluation est transmise au (D. 2009-1377 du 10 nov. 2009, JO 13 ; D. 2010-687 du 24 juin 2010, JO 25 ; voir D. 2010-1582 du 17 déc. 2010, JO 18, pour outre-mer) « directeur régional des entreprises, de la concurrence, de la consommation, du travail et de l'emploi » et au (D. 2009-1484 du 3 déc. 2009, JO 4) « directeur départemental de la cohésion sociale et de la protection des populations ou directeur départemental de la cohésion sociale ».

Chapitre IV

Actions en justice

Art. L. 1144-1. Lorsque survient un litige relatif à l'application des dispositions des articles L. 1142-1 et L. 1142-2, le candidat à un emploi, à un stage ou à une période de formation ou le salarié présente des éléments de fait laissant supposer l'existence d'une discrimination, directe ou indirecte, fondée sur le sexe, la situation de famille ou la grossesse.

Au vu de ces éléments, il incombe à la partie défenderesse de prouver que sa décision est justifiée par des éléments objectifs étrangers à toute discrimination.

Le juge forme sa conviction après avoir ordonné, en cas de besoin, toutes les mesures d'instruction qu'il estime utiles.

Art. L. 1144-2. Les organisations syndicales représentatives au niveau national ou dans l'entreprise peuvent exercer en justice toutes actions résultant de l'application des articles L. 3221-2 à L. 3221-7, relatifs à l'égalité de rémunération entre les femmes et les hommes.

Elles peuvent exercer ces actions en faveur d'un candidat à un emploi, à un stage ou à une période de formation ou d'un salarié.

L'organisation syndicale n'a pas à justifier d'un mandat de l'intéressé. Il suffit que celui-ci ait été averti par écrit de cette action et ne s'y soit pas opposé dans un délai de quinze jours à compter de la date à laquelle l'organisation syndicale lui a notifié son intention d'agir.

L'intéressé peut toujours intervenir à l'instance engagée par le syndicat.

Art. L. 1144-3. Est nul et de nul effet le licenciement d'un salarié faisant suite à une action en justice engagée par ce salarié ou en sa faveur sur le fondement des dispositions relatives à l'égalité professionnelle entre les femmes et les hommes lorsqu'il est établi que le licenciement n'a pas de cause réelle et sérieuse et constitue en réalité une mesure prise par l'employeur en raison de cette action en justice. Dans ce cas, la réintégration est de droit et le salarié est considéré comme n'ayant jamais cessé d'occuper son emploi.

(Ord. 2017-1387 du 22 sept. 2017, art. 3, 1°, JO 23) «Lorsque le salarié refuse de poursuivre l'exécution du contrat de travail, les dispositions de l'article L. 1235-3-1 sont applicables. »

Chapitre V

Instances concourant à l'égalité professionnelle

Art. L. 1145-1. (L. 2016-1088 du 8 août 2016, art. 19, JO 9) Le Conseil supérieur de l'égalité professionnelle entre les femmes et les hommes participe à la définition et à la mise en œuvre de la politique menée en matière d'égalité professionnelle entre les femmes et les hommes.

Un décret en Conseil d'État détermine les conditions d'application du présent article.

SECTION UNIQUE (RÉGLEMENTAIRE). Conseil supérieur de l'égalité professionnelle entre les femmes et les hommes

Sous-section 1. **Missions**

Art. D. 1145-1. Le Conseil supérieur de l'égalité professionnelle entre les femmes et les hommes participe à la définition et à la mise en œuvre de la politique menée en matière d'égalité professionnelle entre les femmes et les hommes.

Art. D. 1145-2. Le Conseil supérieur est consulté :

1° Sur les projets de lois et de décrets ayant pour objet d'assurer l'égalité professionnelle entre les femmes et les hommes ;

2° Sur les textes relatifs à des conditions particulières de travail propres à l'un ou l'autre sexe.

Art. D. 1145-4. Le Conseil supérieur peut procéder à des études et à des recherches, susciter ou favoriser des initiatives et faire des propositions tendant à améliorer l'égalité professionnelle entre les femmes et les hommes. (D. 2013-371 du 30 avril 2013, JO 3 mai) « Ses travaux peuvent notamment porter sur l'articulation des temps, les modes de gardes, les congés familiaux, les systèmes de représentation dans l'entreprise, le harcèlement sexuel et moral, la formation initiale et continue et la diversification des choix professionnels des filles et des garçons, la création et la reprise d'entreprises par les femmes. »

Art. D. 1145-4-1. (D. 2013-371 du 30 avril 2013, JO 3 mai) Sauf dispositions législatives contraires, les administrations de l'État et les établissements publics de l'État sont tenus de communiquer au conseil supérieur les éléments d'information et les études dont ils disposent et qui apparaissent nécessaires au conseil pour l'exercice de ses missions. Le conseil leur fait connaître ses besoins afin qu'ils soient pris en compte dans leurs programmes de travaux statistiques et d'études.

Art. D. 1145-5. Le Conseil supérieur établit un rapport annuel d'activité qui est rendu public.

Art. D. 1145-6. Tous les deux ans, le ministre chargé des droits des femmes adresse au Conseil supérieur un rapport faisant l'état de l'égalité professionnelle entre les femmes et les hommes et mentionnant les suites données aux avis émis par le conseil.

Ce rapport comporte, en particulier :

1° Un bilan des activités menées en matière d'égalité professionnelle entre les femmes et les hommes par :

a) (D. 2014-524 du 22 mai 2014, art. 16, JO 24) « Pôle emploi » ;

b) (D. 2016-1539 du 15 nov. 2016, art. 6, JO 17, entrée en vigueur au plus tard le 01.01.2017) « L'établissement mentionné à l'article L. 5315-1 du code du travail » ;

c) L'Agence nationale pour l'amélioration des conditions de travail ;

d) Les services d'inspection du travail ;

2° Un compte rendu des travaux réalisés sur l'égalité professionnelle entre les femmes et les hommes par la Commission nationale de la négociation collective (D. 2018-1262 du 26 déc. 2018, art. 1er, III, JO 28, entrée en vigueur le 01.01.2019) « , de l'emploi et de la formation professionnelle » en application du 8° de l'article L. 2271-1 ;

(D. 2013-371 du 30 avril 2013, JO 3 mai) « 3° Un bilan des actions réalisées en matière d'articulation des temps et de modes de garde ;

4° Un bilan des actions engagées en matière d'orientation et de mixité dans les filières scolaires et de l'enseignement supérieur ainsi qu'en matière de mixité dans les métiers. »

Au vu du rapport qui lui est adressé, le Conseil supérieur émet un avis rendu public.

Sous-section 2. **Composition**

Art. D. 1145-7. Le Conseil supérieur de l'égalité professionnelle entre les femmes et les hommes comprend :

1° Sept représentants de l'État, dont :

a) Le ministre chargé des droits des femmes ou son représentant, président ;

b) Le ministre chargé du travail ou son représentant, vice-président ;

c) Le ministre chargé de l'emploi ou son représentant, vice-président ;

d) Le ministre chargé de la formation professionnelle ou son représentant, vice-président ;

e) Le (D. 2013-371 du 30 avril 2013, JO 3 mai) « directeur général de la cohésion sociale » ;

f) Le directeur général de la forêt et des affaires rurales du ministère chargé de l'agriculture ;

g) Le directeur général de l'enseignement scolaire au ministère de l'éducation nationale ;

2° Trois directeurs d'établissement public :

a) Le directeur de (D. 2014-524 du 22 mai 2014, art. 16, JO 24) « Pôle emploi » ;

b) Le directeur de l'Agence nationale pour l'amélioration des conditions de travail ;

c) Le directeur de (D. 2016-1539 du 15 nov. 2016, art. 6, JO 17, entrée en vigueur au plus tard le 01.01.2017) « l'établissement mentionné à l'article L. 5315-1 du code du travail » ;

3° Neuf représentants des salariés désignés sur proposition des organisations syndicales représentatives au niveau national, à raison de :

a) Trois représentants sur proposition de la Confédération générale du travail (CGT) ;

b) Deux représentants sur proposition de la Confédération française démocratique du travail (CFDT) ;

c) Deux représentants sur proposition de la Confédération générale du travail-Force ouvrière (CGT-FO) ;

d) Un représentant sur proposition de la Confédération française de l'encadrement-Confédération générale des cadres (CFE-CGC) ;

e) Un représentant sur proposition de la Confédération française des travailleurs chrétiens (CFTC) ;

4° Neuf représentants des employeurs, à raison de :

a) Cinq membres désignés sur proposition du Mouvement des entreprises de France (MEDEF), parmi lesquels un représentant au titre des entreprises moyennes et petites ;

b) Un membre désigné après consultation du MEDEF représentant les entreprises publiques ;

c) Un membre désigné sur proposition de la Confédération générale des petites et moyennes entreprises (CGPME) ;

d) Un membre représentant les professions agricoles désigné sur proposition de la Fédération nationale des syndicats d'exploitants agricoles (FNSEA) et de la Confédération nationale de la mutualité, de la coopération et du crédit agricoles (CNMCCA) ;

e) Un membre représentant les employeurs artisans désigné sur proposition de l'Union professionnelle artisanale (UPA) ;

5° Neuf personnalités désignées en raison de leur compétence ou de leur expérience.

Art. D. 1145-8. Les organisations d'employeurs et de salariés mentionnées aux 3° et 4° de l'article D. 1145-7 proposent, en même temps que des membres titulaires et en nombre égal, des membres suppléants.

Art. D. 1145-9. Les représentants titulaires et suppléants des employeurs et des salariés ainsi que les personnes désignées en raison de leur compétence sont nommés au Conseil supérieur pour une durée de trois ans par arrêté du ministre chargé des droits des femmes.

Art. D. 1145-10. Le mandat des membres du Conseil supérieur est renouvelable.

En cas de décès, de démission ou de perte de leur mandat, les membres sont remplacés pour la période restant à courir.

Art. D. 1145-11. Un membre suppléant ne peut assister aux séances du Conseil supérieur ou de ses commissions qu'en cas d'absence du membre titulaire.

Art. D. 1145-12. Les fonctions de membre du Conseil supérieur ne sont pas rémunérées.

Des frais de déplacement et de séjour peuvent être alloués aux membres du Conseil ainsi qu'aux personnes mentionnées à l'article D. 1145-17, dans les conditions fixées par arrêté conjoint du ministre chargé des droits des femmes et du ministre chargé du budget.

Sous-section 3. **Organisation et fonctionnement**

Art. D. 1145-13. Le Conseil supérieur de l'égalité professionnelle entre les femmes et les hommes est placé auprès des ministres chargés des droits des femmes, du travail, de l'emploi et de la formation professionnelle.

Art. D. 1145-14. Le Conseil supérieur élabore son règlement intérieur.

Art. D. 1145-15. Le Conseil supérieur constitue en son sein une commission permanente qui prépare les travaux du conseil et qui peut être consultée, en cas d'urgence, en ses lieu et place.

La commission permanente est présidée par le président du Conseil supérieur ou son représentant et comprend :

1° Cinq membres du Conseil supérieur, choisis parmi les membres mentionnés aux 1° et 2° de l'article D. 1145-7 ;

2° Cinq membres du Conseil supérieur représentant les salariés, choisis parmi les membres mentionnés au 3° de ce même article ;

3° Cinq membres du Conseil supérieur représentant les employeurs, choisis parmi les membres mentionnés au 4° de ce même article ;

4° Cinq membres du Conseil supérieur, choisis parmi les personnalités désignées en raison de leur compétence mentionnées au 5° de ce même article ;

(D. 2013-371 du 30 avril 2013, JO 3 mai) « 5° Le secrétaire général du conseil supérieur mentionné à l'article D. 1145-18. »

Art. D. 1145-16. Les membres de la commission permanente et leurs suppléants sont désignés pour trois ans, sur proposition du Conseil supérieur, par arrêté du ministre chargé des droits des femmes.

Art. D. 1145-17. Le Conseil supérieur peut constituer des commissions spécialisées et des groupes de travail pour l'étude des questions relevant de sa compétence.

Les membres du Conseil supérieur représentant les employeurs et les salariés peuvent se faire assister d'un expert de leur choix dans ces formations.

Les commissions spécialisées et les groupes de travail peuvent s'adjoindre toute personne qualifiée dans les matières étudiées par eux.

Art. D. 1145-18. (D. 2013-371 du 30 avril 2013, JO 3 mai) Le conseil supérieur est assisté par un secrétaire général placé auprès du président, nommé pour trois ans par arrêté du ministre en charge des droits des femmes.

Le secrétaire général anime les travaux des groupes de travail et commissions du conseil. Il propose un programme de travail pour l'année à venir, soumis à l'approbation du conseil et rend compte au conseil des travaux de l'année écoulée. Il prépare le rapport annuel d'activité mentionné à l'article D. 1145-5.

Pour l'exercice de ses missions, le secrétaire général est assisté par le service des droits des femmes et de l'égalité entre les femmes et les hommes de la direction générale de la cohésion sociale.

Art. D. 1145-19. Le Conseil supérieur se réunit au moins une fois par an, sur convocation de son président ou à la demande de la majorité de ses membres.

La commission permanente se réunit au moins deux fois par an dans les mêmes conditions.

L'ordre du jour du Conseil supérieur et celui de la commission permanente sont fixés par le président. Sauf cas d'urgence, l'ordre du jour est adressé aux intéressés quinze jours avant la date de la réunion.

Chapitre VI

Dispositions pénales

Art. L. 1146-1. Le fait de méconnaître les dispositions relatives à l'égalité professionnelle entre les femmes et les hommes, prévues par les articles L. 1142-1 et L. 1142-2, est puni d'un emprisonnement d'un an et d'une amende de 3 750 €.

La juridiction peut également ordonner, à titre de peine complémentaire, l'affichage du jugement aux frais de la personne condamnée dans les conditions prévues à l'article 131-35 du code pénal et son insertion, intégrale ou par extraits, dans les journaux qu'elle désigne. Ces frais ne peuvent excéder le montant maximum de l'amende encourue.

Art. L. 1146-2. Les dispositions des articles 132-58 à 132-62 du code pénal, relatives à l'ajournement du prononcé de la peine, sont applicables en cas de poursuites pour infraction aux dispositions des articles L. 1142-1 et L. 1142-2, sous réserve des mesures particulières suivantes :

1° L'ajournement comporte injonction à l'employeur de définir, après consultation du (Ord. 2017-1386 du 22 sept. 2017, art. 4, 2°, JO 23, entrée en vigueur au plus tard le 01.01.2018) « comité social et économique », et dans un délai déterminé, les mesures propres à assurer dans l'entreprise en cause le rétablissement de l'égalité professionnelle entre les femmes et les hommes ;

2° L'ajournement peut également comporter injonction à l'employeur d'exécuter dans le même délai les mesures définies.

La juridiction peut ordonner l'exécution provisoire de sa décision.

Art. L. 1146-3. À l'audience de renvoi et au vu des mesures définies et, le cas échéant, exécutées par l'employeur, la juridiction apprécie s'il y a lieu de prononcer une dispense de peine.

Toutefois, lorsque le délai prévu au 2° de l'article L. 1146-2 n'a pas été respecté, la juridiction peut prononcer un nouvel et dernier ajournement et donner un nouveau délai au prévenu pour exécuter l'injonction.

TITRE V

HARCÈLEMENTS

Chapitre Ier

Champ d'application

Art. L. 1151-1. Les dispositions du présent titre sont applicables aux employeurs de droit privé ainsi qu'à leurs salariés.

Elles sont également applicables au personnel des personnes publiques employé dans les conditions du droit privé.

Art. L. 1151-2. (L. 2019-486 du 22 mai 2019, art. 11, VI, 1°, JO 23, entrée en vigueur le 01.01.2020) Pour l'application du présent titre, l'effectif salarié et le franchissement d'un seuil d'effectif sont déterminés selon les modalités prévues à l'article L. 130-1 du code de la sécurité sociale.

Chapitre II

Harcèlement moral

Art. L. 1152-1. Aucun salarié ne doit subir les agissements répétés de harcèlement moral qui ont pour objet ou pour effet une dégradation de ses conditions de travail susceptible de porter atteinte à ses droits et à sa dignité, d'altérer sa santé physique ou mentale ou de compromettre son avenir professionnel.

Art. L. 1152-2. Aucun salarié, (L. 2012-954 du 6 août 2012, JO 7) « aucune personne en formation ou en stage » ne peut être sanctionné, licencié ou faire l'objet d'une mesure discriminatoire, directe ou indirecte, notamment en matière de rémunération, de formation, de reclassement, d'affectation, de qualification, de classification, de promotion professionnelle, de mutation ou de renouvellement de contrat pour avoir subi ou refusé de subir des agissements répétés de harcèlement moral ou pour avoir témoigné de tels agissements ou les avoir relatés.

Art. L. 1152-3. Toute rupture du contrat de travail intervenue en méconnaissance des dispositions des articles L. 1152-1 et L. 1152-2, toute disposition ou tout acte contraire est nul.

Art. L. 1152-4. L'employeur prend toutes dispositions nécessaires en vue de prévenir les agissements de harcèlement moral.

(Ord. 2014-699 du 26 juin 2014, art. 2, JO 27) « Les personnes mentionnées à l'article L. 1152-2 sont informées par tout moyen du texte de l'article 222-33-2 du code pénal. »

Art. L. 1152-5. Tout salarié ayant procédé à des agissements de harcèlement moral est passible d'une sanction disciplinaire.

Art. L. 1152-6. Une procédure de médiation peut être mise en œuvre par toute personne de l'entreprise s'estimant victime de harcèlement moral ou par la personne mise en cause.

Le choix du médiateur fait l'objet d'un accord entre les parties.

Le médiateur s'informe de l'état des relations entre les parties. Il tente de les concilier et leur soumet des propositions qu'il consigne par écrit en vue de mettre fin au harcèlement.

Lorsque la conciliation échoue, le médiateur informe les parties des éventuelles sanctions encourues et des garanties procédurales prévues en faveur de la victime.

Chapitre III

Harcèlement sexuel

Art. L. 1153-1. (L. 2012-954 du 6 août 2012, JO 7) Aucun salarié ne doit subir des faits :

1° Soit de harcèlement sexuel, constitué par des propos ou comportements à connotation sexuelle répétés qui soit portent atteinte à sa dignité en raison de leur caractère dégradant ou humiliant, soit créent à son encontre une situation intimidante, hostile ou offensante ;

2° Soit assimilés au harcèlement sexuel, consistant en toute forme de pression grave, même non répétée, exercée dans le but réel ou apparent d'obtenir un acte de nature sexuelle, que celui-ci soit recherché au profit de l'auteur des faits ou au profit d'un tiers.

Art. L. 1153-2. Aucun salarié, (L. 2012-954 du 6 août 2012, JO 7) «aucune personne en formation ou en stage, aucun candidat à un recrutement, à un stage ou à une formation» en entreprise ne peut être sanctionné, licencié ou faire l'objet d'une mesure discriminatoire, directe ou indirecte, notamment en matière de rémunération, de formation, de reclassement, d'affectation, de qualification, de classification, de promotion professionnelle, de mutation ou de renouvellement de contrat pour avoir subi ou refusé de subir (L. 2012-954 du 6 août 2012, JO 7) «des faits de harcèlement sexuel tels que définis à l'article L. 1153-1, y compris, dans le cas mentionné au 1° du même article, si les propos ou comportements n'ont pas été répétés.»

Art. L. 1153-3. Aucun salarié, (L. 2012-954 du 6 août 2012, JO 7) « aucune personne en formation ou en stage » ne peut être sanctionné, licencié ou faire l'objet d'une mesure discriminatoire pour avoir témoigné (L. 2012-954 du 6 août 2012, JO 7) « de faits » de harcèlement sexuel ou pour les avoir relatés.

Art. L. 1153-4. Toute disposition ou tout acte contraire aux dispositions des articles L. 1153-1 à L. 1153-3 est nul.

Art. L. 1153-5. L'employeur prend toutes dispositions nécessaires en vue de prévenir les (L. 2012-954 du 6 août 2012, JO 7) «faits» de harcèlement sexuel (L. 2014-873 du 4 août 2014, art. 42, JO 5) «, d'y mettre un terme et de les sanctionner».

(Ord. 2014-699 du 26 juin 2014, art. 3, JO 27) «Dans les lieux de travail ainsi que dans les locaux ou à la porte des locaux où se fait l'embauche, les personnes mentionnées à l'article L. 1153-2 sont informées par tout moyen du texte de l'article 222-33 du code pénal (L. 2018-771 du 5 sept. 2018, art. 105, I, JO 6, entrée en vigueur au plus tard le 01.01.2019) « ainsi que des actions contentieuses civiles et pénales ouvertes en matière de harcèlement sexuel et des coordonnées des autorités et services compétents. La liste de ces services est définie par décret. »

Art. D. 1151-1. (D. 2019-15 du 8 janv. 2019, JO 9, entrée en vigueur le 01.01.2019) L'information prévue au second alinéa de l'article L. 1153-5 précise l'adresse et le numéro d'appel :

1° Du médecin du travail ou du service de santé au travail compétent pour l'établissement ;

2° De l'inspection du travail compétente ainsi que le nom de l'inspecteur compétent ;

3° Du Défenseur des droits ;

4° Du référent prévu à l'article L. 1153-5-1 dans toute entreprise employant au moins deux cent cinquante salariés ;

5° Du référent prévu à l'article L. 2314-1 lorsqu'un comité social et économique existe.

Art. L. 1153-5-1. (L. 2018-771 du 5 sept. 2018, art. 105, II, JO 6, entrée en vigueur au plus tard le 01.01.2019) Dans toute entreprise employant au moins deux cent cinquante salariés est désigné un référent chargé d'orienter, d'informer et d'accompagner les salariés en matière de lutte contre le harcèlement sexuel et les agissements sexistes.

Art. L. 1153-6. Tout salarié ayant procédé à des (L. 2012-954 du 6 août 2012, JO 7) «faits» de harcèlement sexuel est passible d'une sanction disciplinaire.

Chapitre IV

Actions en justice

Art. L. 1154-1. Lorsque survient un litige relatif à l'application des articles L. 1152-1 à L. 1152-3 et L. 1153-1 à L. 1153-4, le candidat à un emploi, à un stage ou à une période de formation en entreprise ou le salarié (L. 2016-1088 du 8 août 2016, art. 3, JO 9) «présente des éléments de fait laissant supposer» l'existence d'un harcèlement.

Au vu de ces éléments, il incombe à la partie défenderesse de prouver que ces agissements ne sont pas constitutifs d'un tel harcèlement et que sa décision est justifiée par des éléments objectifs étrangers à tout harcèlement.

Le juge forme sa conviction après avoir ordonné, en cas de besoin, toutes les mesures d'instruction qu'il estime utiles.

Art. L. 1154-2. Les organisations syndicales représentatives dans l'entreprise peuvent exercer en justice toutes les actions résultant des articles L. 1152-1 à L. 1152-3 et L. 1153-1 à L. 1153-4.

Elles peuvent exercer ces actions en faveur d'un salarié de l'entreprise dans les conditions prévues par l'article L. 1154-1, sous réserve de justifier d'un accord écrit de l'intéressé.

L'intéressé peut toujours intervenir à l'instance engagée par le syndicat et y mettre fin à tout moment.

Chapitre V

Dispositions pénales

Art. L. 1155-1. Le fait de porter ou de tenter de porter atteinte à l'exercice régulier des fonctions de médiateur, prévu à l'article L. 1152-6, est puni d'un emprisonnement d'un an et d'une amende de 3750 €.

Art. L. 1155-2. (L. 2012-954 du 6 août 2012, JO 7) « Sont punis d'un an d'emprisonnement et d'une amende de 3750 € les faits de discriminations commis à la suite d'un harcèlement moral ou sexuel définis aux articles L. 1152-2, L. 1153-2 et L. 1153-3 du présent code. »

La juridiction peut également ordonner, à titre de peine complémentaire, l'affichage du jugement aux frais de la personne condamnée dans les conditions prévues à l'article 131-35 du code pénal et son insertion, intégrale ou par extraits, dans les journaux qu'elle désigne. Ces frais ne peuvent excéder le montant maximum de l'amende encourue.

TITRE VI

CORRUPTION

Note Ce titre a été introduit par la loi 2007-1598 du 13 novembre 2007, JO 14.

Chapitre unique

Note L'article L. 1161-1 qui figurait dans ce chapitre a été abrogé par la loi 2016-1691 du 9 décembre 2016, art. 15, JO 10.

LIVRE II

LE CONTRAT DE TRAVAIL

TITRE Ier

CHAMP D'APPLICATION

Chapitre unique

Art. L. 1211-1. Les dispositions du présent livre sont applicables aux employeurs de droit privé ainsi qu'à leurs salariés.

Elles sont également applicables au personnel des personnes publiques employé dans les conditions du droit privé, sous réserve des dispositions particulières ayant le même objet résultant du statut qui régit ce personnel.

TITRE II

FORMATION ET EXÉCUTION DU CONTRAT DE TRAVAIL

Chapitre Ier

Formation du contrat de travail

SECTION 1. Dispositions générales

Art. L. 1221-1. Le contrat de travail est soumis aux règles du droit commun. Il peut être établi selon les formes que les parties contractantes décident d'adopter.

Art. L. 1221-2. (L. 2008-596 du 25 juin 2008, JO 26) « Le contrat de travail à durée indéterminée est la forme normale et générale de la relation de travail. »

Toutefois, (L. 2008-596 du 25 juin 2008, JO 26) « le contrat de travail peut » comporter un terme fixé avec précision dès sa conclusion ou résultant de la réalisation de l'objet pour lequel il est conclu dans les cas et dans les conditions mentionnés au titre IV relatif au contrat de travail à durée déterminée.

Art. L. 1221-3. Le contrat de travail établi par écrit est rédigé en français.

Lorsque l'emploi qui fait l'objet du contrat ne peut être désigné que par un terme étranger sans correspondant en français, le contrat de travail comporte une explication en français du terme étranger.

Lorsque le salarié est étranger et le contrat constaté par écrit, une traduction du contrat est rédigée, à la demande du salarié, dans la langue de ce dernier. Les deux textes font également foi en justice. En cas de discordance entre les deux textes, seul le texte rédigé dans la langue du salarié étranger peut être invoqué contre ce dernier.

L'employeur ne peut se prévaloir à l'encontre du salarié auquel elles feraient grief des clauses d'un contrat de travail conclu en méconnaissance du présent article.

Art. L. 1221-4. Les procédures d'enchères électroniques inversées étant interdites en matière de fixation du salaire, tout contrat de travail stipulant un salaire fixé à l'issue d'une telle procédure est nul de plein droit.

Art. L. 1221-5. Toute clause attributive de juridiction incluse dans un contrat de travail est nulle et de nul effet.

SECTION 2. Recrutement

Art. L. 1221-6. Les informations demandées, sous quelque forme que ce soit, au candidat à un emploi ne peuvent avoir comme finalité que d'apprécier sa capacité à occuper l'emploi proposé ou ses aptitudes professionnelles.

Ces informations doivent présenter un lien direct et nécessaire avec l'emploi proposé ou avec l'évaluation des aptitudes professionnelles.

Le candidat est tenu de répondre de bonne foi à ces demandes d'informations.

Art. L. 1221-7. (L. 2015-994 du 17 août 2015, art. 48, JO 18) « Les informations mentionnées à l'article L. 1221-6 et communiquées par écrit par le candidat à un emploi peuvent être examinées dans des conditions préservant son anonymat. »

Les modalités d'application du présent article sont déterminées par décret en Conseil d'État.

Art. L. 1221-8. Le candidat à un emploi est expressément informé, préalablement à leur mise en œuvre, des méthodes et techniques d'aide au recrutement utilisées à son égard.

Les résultats obtenus sont confidentiels.

Les méthodes et techniques d'aide au recrutement ou d'évaluation des candidats à un emploi doivent être pertinentes au regard de la finalité poursuivie.

Art. L. 1221-9. Aucune information concernant personnellement un candidat à un emploi ne peut être collectée par un dispositif qui n'a pas été porté préalablement à sa connaissance.

SECTION 3. Formalités à l'embauche et à l'emploi

Sous-section 1. Déclaration préalable à l'embauche

Art. L. 1221-10. L'embauche d'un salarié ne peut intervenir qu'après déclaration nominative accomplie par l'employeur auprès des organismes de protection sociale désignés à cet effet.

L'employeur accomplit cette déclaration dans tous les lieux de travail où sont employés des salariés.

Art. L. 1221-11. Le non-respect de l'obligation de déclaration préalable à l'embauche, constaté par les agents mentionnés à l'article L. 8271-7, entraîne une pénalité dont le montant est égal à trois cents fois le taux horaire du minimum garanti prévu à l'article L. 3231-12.

Art. L. 1221-12. Un décret en Conseil d'État détermine :

1° Les conditions dans lesquelles la déclaration préalable à l'embauche est réalisée ;

2° Les modalités de recouvrement de la pénalité prévue à l'article L. 1221-11.

Art. L. 1221-12-1. (L. 2013-1203 du 23 déc. 2013, art. 27, II, B, JO 24) Sont tenus d'adresser les déclarations préalables à l'embauche par voie électronique :

1° Les employeurs dont le personnel relève du régime général de sécurité sociale, autres que les particuliers employant un salarié à leur service, et dont le nombre de déclarations préalables à l'embauche accomplies au cours de l'année civile précédente excède un seuil fixé par décret ;

2° Les employeurs dont le personnel relève du régime de protection sociale agricole et dont le nombre de déclarations préalables à l'embauche accomplies au cours de l'année civile précédente excède un seuil fixé par décret.

Le non-respect de cette obligation entraîne l'application d'une pénalité, fixée par décret, dans la limite de 0,5 % du plafond mensuel de la sécurité sociale par salarié, recouvrée et contrôlée selon les règles, garanties et sanctions relatives au recouvrement des cotisations de sécurité sociale. Les pénalités dues au titre d'une année civile sont versées au plus tard à la première date d'exigibilité des cotisations de sécurité sociale de l'année suivante.

SECTION 1 (RÉGLEMENTAIRE). Déclaration préalable à l'embauche

Sous-section 1. Mentions obligatoires et portée de la déclaration

Art. R. 1221-1. La déclaration préalable à l'embauche comporte les mentions suivantes :

1° Dénomination sociale ou nom et prénoms de l'employeur, code APE, adresse de l'employeur, numéro du système d'identification du répertoire des entreprises et de leurs établissements (D. 2011-681 du 16 juin 2011, JO 18, entrée en vigueur le 01.08.2011) « ainsi que le service de santé au travail dont l'employeur dépend s'il relève du régime général de sécurité sociale » ;

2° Nom, prénoms, (D. 2011-681 du 16 juin 2011, JO 18, entrée en vigueur le 01.08.2011) « sexe », date et lieu de naissance du salarié ainsi que son numéro national d'identification s'il est déjà immatriculé à la sécurité sociale ;

3° Date et heure d'embauche ;

4° (D. 2011-681 du 16 juin 2011, JO 18, entrée en vigueur le 01.08.2011) « Nature, durée du contrat ainsi que durée de la période d'essai éventuelle pour les contrats à durée indéterminée et les contrats à durée déterminée dont le terme ou la durée minimale excède six mois ;

5° Lorsqu'il s'agit de l'embauche d'un salarié agricole, les données nécessaires au calcul par les caisses de mutualité sociale agricole des cotisations dues pour l'emploi de salariés agricoles, à l'affiliation de ces mêmes salariés aux institutions mentionnées à l'article L. 727-2 du code rural et de la pêche maritime et à l'organisation de (D. 2016-1908 du 27 déc. 2016, art. 3, 1°, JO 29, entrée en vigueur le 01.01.2017) « la visite d'information et de prévention ou de l'examen médical d'aptitude à l'embauche prévus » (D. 2017-1311 du 29 août 2017, JO 31) « aux articles R. 717-13 et R. 717-16 » du même code. »

Art. R. 1221-2. (D. 2011-681 du 16 juin 2011, JO 18, entrée en vigueur le 01.08.2011) Au moyen de la déclaration préalable à l'embauche, l'employeur accomplit les déclarations et demandes suivantes :

1° L'immatriculation de l'employeur au régime général de la sécurité sociale, s'il s'agit d'un salarié non agricole, prévue à l'article R. 243-2 du code de la sécurité sociale (D. 2019-1517 du 30 déc. 2019, art. 2, JO 31, entrée en vigueur le 01.01.2020) « , ou l'immatriculation de l'employeur à l'établissement national des invalides de la marine, si la déclaration est relative à un marin salarié » ;

2° L'immatriculation du salarié à la caisse primaire d'assurance maladie prévue à l'article R. 312-4 du code de la sécurité sociale ou, s'il s'agit d'un salarié agricole, à la caisse de mutualité sociale agricole prévue à l'article R. 722-34 du code rural et de la pêche maritime (D. 2019-1517 du 30 déc. 2019, art. 2, JO 31, entrée en vigueur le 01.01.2020) « ou, s'il s'agit d'un marin salarié, à l'établissement national des invalides de la marine, en application des articles L. 5551-1 et L. 5551-2 du code des transports » ;

3° L'affiliation de l'employeur au régime d'assurance chômage prévue à l'article R. 5422-5 du présent code ;

4° La demande d'adhésion à un service de santé au travail, s'il s'agit d'un salarié non agricole, prévu à l'article L. 4622-7 du présent code ;

5° (D. 2016-1908 du 27 déc. 2016, art. 3, 2°, JO 29, entrée en vigueur le 01.01.2017) « La demande de visite d'information et de prévention prévue au deuxième alinéa de l'article L. 4624-1 du présent code ou la demande d'examen médical d'aptitude à l'embauche prévu à l'article L. 4624-2 du présent code », ou, s'il s'agit d'un salarié agricole, (D. 2017-1311 du 29 août 2017, JO 31) « aux articles R. 717-13 et R. 717-16 » du code rural et de la pêche maritime ;

6° La déclaration destinée à l'affiliation des salariés agricoles aux institutions prévues à l'article L. 727-2 du code rural et de la pêche maritime.

Sous-section 2. **Organisme destinataire**

Art. R. 1221-3. (D. 2011-681 du 16 juin 2011, JO 18, entrée en vigueur le 01.08.2011) La déclaration préalable à l'embauche est adressée par l'employeur :

1° Soit à l'organisme de recouvrement des cotisations du régime général de sécurité sociale dans le ressort territorial duquel est situé l'établissement devant employer le salarié (D. 2016-1908 du 27 déc. 2016, art. 3, 3°, JO 29, entrée en vigueur le 01.01.2017) « et au service de santé au travail mentionné au 1° de l'article R. 1221-1 » ;

2° Soit, s'il s'agit d'un salarié relevant du régime de la protection sociale agricole, à la caisse de mutualité sociale agricole du lieu de travail de ce salarié ;

(D. 2019-1517 du 30 déc. 2019, art. 2, JO 31, entrée en vigueur le 01.01.2020) « 3° Soit, s'il s'agit d'un salarié relevant du régime spécial des marins, à l'union pour le recouvrement des cotisations de sécurité sociale et d'allocations familiales mentionnée à l'article L. 213-4 du code de la sécurité sociale. »

Art. R. 1221-4. (D. 2011-681 du 16 juin 2011, JO 18, entrée en vigueur le 01.08.2011) La déclaration préalable à l'embauche est adressée au plus tôt dans les huit jours précédant la date prévisible de l'embauche.

Sous-section 3. **Transmission**

Art. R. 1221-5. (D. 2011-681 du 16 juin 2011, JO 18, entrée en vigueur le 01.08.2011) La déclaration préalable à l'embauche est effectuée par voie électronique.

À défaut d'utiliser la voie électronique, la déclaration est effectuée au moyen d'un formulaire fixé par arrêté des ministres chargés du travail et de la sécurité sociale, ainsi que, lorsque la déclaration concerne un salarié relevant du régime de protection sociale agricole, du ministre chargé de l'agriculture.

L'employeur adresse ce formulaire, signé par lui, à l'organisme mentionné à l'article R. 1221-3 par télécopie ou par lettre recommandée avec demande d'avis de réception.

Lorsqu'il est transmis par télécopie, l'employeur conserve l'avis de réception émis par l'appareil et le document qu'il a transmis jusqu'à réception du document prévu à l'article R. 1221-7.

Lorsqu'il est transmis par lettre recommandée avec avis de réception, celle-ci est envoyée au plus tard le dernier jour ouvrable précédant l'embauche, le cachet de la poste faisant foi. L'employeur conserve un double de la lettre et le récépissé postal jusqu'à réception du document prévu à l'article R. 1221-7.

L'indisponibilité de l'un des moyens de transmission mentionnés ci-dessus n'exonère pas l'employeur de son obligation de déclaration par l'un des autres moyens.

Art. R. 1221-6. (D. 2011-681 du 16 juin 2011, JO 18, entrée en vigueur le 01.08.2011) Lorsque la déclaration est effectuée par voie électronique par un employeur relevant du régime général de sécurité sociale préalablement inscrit à un service d'authentification, la formalité est réputée accomplie au moyen de la fourniture du numéro d'identification de l'établissement employeur, du numéro national d'identification du salarié s'il est déjà immatriculé à la sécurité sociale et s'il a déjà fait l'objet d'une déclaration préalable à l'embauche dans un délai fixé par arrêté ainsi que des mentions prévues aux 3° et 4° de l'article R. 1221-1.

Sous-section 4. **Preuve de la déclaration préalable à l'embauche**

Art. R. 1221-7. (D. 2011-681 du 16 juin 2011, JO 18, entrée en vigueur le 01.08.2011) « L'organisme destinataire adresse à l'employeur un document accusant réception de la déclaration et mentionnant les informations enregistrées, dans les cinq jours ouvrables suivant celui de la réception du formulaire de déclaration. »

À défaut de contestation par l'employeur des informations figurant sur ce document, dans le délai de deux jours ouvrables suivant la réception de celui-ci, le document (D. 2011-681 du 16 juin 2011, JO 18, entrée en vigueur le 01.08.2011) « constitue une preuve » de la déclaration.

Art. R. 1221-8. L'employeur conserve l'avis de réception jusqu'à (D. 2011-681 du 16 juin 2011, JO 18, entrée en vigueur le 01.08.2011) « l'accomplissement de la déclaration prévue par l'article R. 243-14 du code de la sécurité sociale pour les salariés non agricoles et par l'article R. 741-2 du code rural et de la pêche maritime pour les salariés agricoles ».

Sous-section 5. **Documents à remettre au salarié**

Art. R. 1221-9. Lors de l'embauche du salarié, l'employeur lui fournit (D. 2011-681 du 16 juin 2011, JO 18, entrée en vigueur le 01.08.2011) « une copie de la déclaration préalable à l'embauche ou de l'accusé de réception ».

(D. 2011-681 du 16 juin 2011, JO 18, entrée en vigueur le 01.08.2011) « Cette obligation de remise est considérée comme satisfaite dès lors que le salarié dispose d'un contrat de travail écrit, accompagné de la mention de l'organisme destinataire de la déclaration. »

Sous-section 6. **Contrôle et sanctions administratives**

Art. R. 1221-12. Sur toute demande des agents de contrôle mentionnés à l'article L. 8271-7, l'employeur :

1° Présente l'avis de réception de la déclaration préalable à l'embauche (D. 2011-681 du 16 juin 2011, JO 18, entrée en vigueur le 01.08.2011) « s'il est encore tenu de le conserver en application de l'article R. 1221-8 » ;

2° Communique, tant qu'il n'a pas reçu l'avis de réception, les éléments leur permettant de vérifier qu'il a bien procédé à la déclaration préalable à l'embauche du salarié.

Art. R. 1221-13. La pénalité prévue à l'article L. 1221-11 en cas de non-respect de l'obligation de déclaration préalable à l'embauche est recouvrée selon les modalités et dans les conditions fixées :

1° Dans les secteurs autres que le secteur agricole, à l'article (D. 2011-681 du 16 juin 2011, JO 18, entrée en vigueur le 01.08.2011) « R. 243-19 » du code de la sécurité sociale ;

2° Dans le secteur agricole, à l'article L. 725-3 du code rural (Ord. 2010-462 du 6 mai 2010, JO 7) « et de la pêche maritime ».

Sous-section 7. **Obligations de l'organisme destinataire**

Note Cette sous-section a été introduite par le décret 2011-681 du 16 juin 2011, JO 18, entrée en vigueur le 01.08.2011.

Art. R. 1221-14. L'organisme mentionné à l'article R. 1221-3 communique les renseignements portés sur la déclaration préalable à l'embauche à chaque administration, service, organisme ou institution concerné par l'une ou l'autre des déclarations ou demandes prévues à l'article R. 1221-2, selon leurs compétences respectives.

Ces destinataires finaux sont seuls compétents pour apprécier la validité des déclarations et informations transmises les concernant.

Art. R. 1221-15. Les modalités de la transmission mentionnée à l'article R. 1221-14 sont fixées par voie de conventions passées :

1° Soit par l'Agence centrale des organismes de sécurité sociale avec :

a) Le ministre chargé du travail ;

b) (D. 2014-524 du 22 mai 2014, art. 16, JO 24) « Pôle emploi » ;

c) La Caisse nationale de l'assurance maladie ;

d) La Caisse nationale d'assurance vieillesse ;

2° Soit par la caisse centrale de la Mutualité sociale agricole avec :

a) Le ministre chargé du travail ;

b) (D. 2014-524 du 22 mai 2014, art. 16, JO 24) « Pôle emploi » ;

c) Les institutions de retraite complémentaire et de prévoyance mentionnées à l'article L. 727-2 du code rural et de la pêche maritime.

Ces conventions prévoient les modalités de rémunération du service rendu par l'organisme ou la caisse mentionné à l'article R. 1221-3.

Art. R. 1221-16. L'organisme mentionné à l'article R. 1221-3 conserve les données qui y sont portées pendant un délai de six mois suivant la date de leur réception pour les besoins des administrations, services, organismes ou institutions concernés.

Art. R. 1221-17. L'organisme mentionné à l'article R. 1221-3 transmet à (D. 2014-524 du 22 mai 2014, art. 16, JO 24) « Pôle emploi » les informations suivantes portées sur la déclaration préalable à l'embauche :

1° Les éléments d'identification de l'employeur ;

(D. 2012-927 du 30 juil. 2012, JO 1er août) « 2° Le numéro national d'identification du salarié ; »

(D. 2012-927 du 30 juil. 2012, JO 1er août) « 3° » La date d'embauche du salarié, son sexe et sa date de naissance ;

(D. 2012-927 du 30 juil. 2012, JO 1er août) « 4° » La nature et la durée du contrat de travail ;

(D. 2012-927 du 30 juil. 2012, JO 1er août) « 5° » La durée de la période d'essai.

Art. R. 1221-18. (D. 2014-1371 du 17 nov. 2014, JO 18) À partir des données de la déclaration préalable à l'embauche que lui transmet l'organisme mentionné à l'article R. 1221-3, la Caisse nationale d'assurance vieillesse des travailleurs salariés vérifie que le numéro d'inscription au répertoire national d'identification des personnes physiques (NIR) ou le numéro identifiant d'attente (NIA) du salarié porté sur ladite déclaration correspond aux données d'état civil qui figurent sur cette même déclaration.

En cas d'absence de numéro d'inscription au répertoire national d'identification des personnes physiques et de numéro identifiant d'attente ou en cas de numéro d'inscription au répertoire national d'identification des personnes physiques ou de numéro identifiant d'attente erroné dans la déclaration préalable à l'embauche, la Caisse nationale d'assurance vieillesse des travailleurs salariés renvoie à l'organisme mentionné à l'article R. 1221-3 un bilan d'identification comprenant, lorsqu'elle a pu retrouver celui-ci, le numéro d'inscription au répertoire national d'identification des personnes physique ou numéro identifiant d'attente à utiliser. L'organisme mentionné à l'article précité avise l'employeur de la disponibilité de ce bilan d'identification afin que, notamment, il rectifie ou complète les données transmises dans la déclaration sociale nominative.

Sous-section 8. **Obligation de dématérialisation**

Note Cette sous-section a été introduite par le décret 2014-628 du 17 juin 2014, JO 19, entrée en vigueur le 01.10.2014.

Art. D. 1221-18. I. — Les employeurs dont le personnel relève du régime général de sécurité sociale, autres que les particuliers employant un salarié à leur service, qui ont accompli plus de 50 déclarations préalables à l'embauche au cours de l'année civile précédente sont tenus d'adresser ces déclarations par voie électronique.

II. — Les employeurs dont le personnel relève du régime de protection sociale agricole qui ont accompli plus de 50 déclarations préalables à l'embauche au cours de l'année civile précédente sont tenus d'adresser les déclarations préalables à l'embauche par voie électronique.

Art. D. 1221-19. La méconnaissance de l'obligation de déclaration préalable à l'embauche dématérialisée entraîne l'application d'une pénalité égale, par salarié, à 0,5 % du plafond mensuel de la sécurité sociale.

Sous-section 2. **Registre unique du personnel**

Art. L. 1221-13. Un registre unique du personnel est tenu dans tout établissement où sont employés des salariés.

Les noms et prénoms de tous les salariés sont inscrits dans l'ordre des embauches. Ces mentions sont portées sur le registre au moment de l'embauche et de façon indélébile.

(L. 2014-788 du 10 juil. 2014, art. 3, JO 11) « Les nom et prénoms des stagiaires (L. 2017-86 du 27 janv. 2017, art. 20, I, 1°, JO 28) « et des personnes volontaires en service civique au sens de l'article L. 120-1 du code du service national » accueillis dans l'établissement sont inscrits dans l'ordre d'arrivée, dans une partie spécifique du registre unique du personnel. »

Les indications complémentaires à mentionner sur ce registre, soit pour l'ensemble des salariés, soit pour certaines catégories seulement, (L. 2014-788 du 10 juil. 2014, art. 3, JO 11) « soit pour les stagiaires (L. 2017-86 du 27 janv. 2017, art. 20, I, 2°, JO 28) « et les personnes volontaires en service civique » mentionnés au troisième alinéa, » sont définies par voie réglementaire.

Art. D. 1221-23. Les indications complémentaires portées sur le registre unique du personnel pour chaque salarié, mentionnées au troisième alinéa de l'article L. 1221-13, sont les suivantes :

1° La nationalité ;

2° La date de naissance ;

3° Le sexe ;

4° L'emploi ;

5° La qualification ;

6° Les dates d'entrée et de sortie de l'établissement ;

7° Lorsqu'une autorisation d'embauche ou de licenciement est requise, la date de cette autorisation ou, à défaut, la date de la demande d'autorisation ;

8° Pour les travailleurs étrangers assujettis à la possession d'un titre autorisant l'exercice d'une activité salariée, le type et le numéro d'ordre du titre valant autorisation de travail ;

9° Pour les travailleurs titulaires d'un contrat de travail à durée déterminée, la mention « contrat à durée déterminée » ;

10° Pour les salariés temporaires, la mention « salarié temporaire » ainsi que le nom et l'adresse de l'entreprise de travail temporaire ;

11° Pour les travailleurs mis à disposition par un groupement d'employeurs, la mention « mis à disposition par un groupement d'employeurs » ainsi que la dénomination et l'adresse de ce dernier ;

12° Pour les salariés à temps partiel, la mention « salarié à temps partiel » ;

13° Pour les jeunes travailleurs titulaires d'un contrat d'apprentissage ou de professionnalisation, la mention « apprenti » ou « contrat de professionnalisation ».

Art. D. 1221-23-1. (D. 2014-1420 du 27 nov. 2014, JO 30) Pour chaque stagiaire mentionné au troisième alinéa de l'article L. 1221-13, les indications complémentaires, portées sur le registre unique du personnel ou pour les organismes ne disposant pas d'un registre unique du personnel dans tout autre document permettant de suivre les conventions de stage, sont les suivantes :

1° Les nom et prénoms du stagiaire ;

2° Les dates de début et de fin de la période de formation en milieu professionnel ou du stage ;

3° Les nom et prénoms du tuteur ainsi que le lieu de présence du stagiaire.

Art. D. 1221-24. (D. 2015-364 du 30 mars 2015, art. 9, JO 31, entrée en vigueur le 01.05.2015) Une copie des titres autorisant l'exercice d'une activité salariée des travailleurs étrangers est annexée au registre unique du personnel et rendue accessible aux (D. 2017-1819 du 29 déc. 2017, art. 3, 39°, JO 30, entrée en vigueur le 01.01.2018) « membres de la délégation du personnel du comité social et économique » et aux fonctionnaires et agents chargés de veiller à l'application du présent code et du code de la sécurité sociale. Elle est tenue à leur disposition soit dans l'établissement, soit sur chaque chantier ou lieu de travail distinct de l'établissement pour ceux des travailleurs étrangers qui y sont employés.

Art. D. 1221-24-1. (D. 2015-364 du 30 mars 2015, art. 9, JO 31, entrée en vigueur le 01.05.2015) (D. 2020-916 du 28 juil. 2020, JO 29, entrée en vigueur le 30.07.2020) « Les accusés de réception » des déclarations de détachement mentionnées aux articles R. 1263-3, R. 1263-4 et R. 1263-6 (D. 2020-916 du 28 juil. 2020, JO 29, entrée en vigueur le 30.07.2020) « sont annexés au registre unique du personnel et rendus accessibles » aux (D. 2017-1819 du 29 déc. 2017, art. 3, 39°, JO 30, entrée en vigueur le 01.01.2018) « membres de la délégation du personnel du comité social et économique » et aux fonctionnaires et agents chargés de veiller à l'application du présent code et du code de la sécurité sociale. (D. 2020-916 du 28 juil. 2020, JO 29, entrée en vigueur le 30.07.2020) « Ils sont tenus » à leur disposition soit dans l'établissement, soit sur chaque chantier ou lieu de travail distinct de l'établissement pour ceux des travailleurs détachés qui y sont employés.

Art. D. 1221-25. Les mentions relatives à des événements postérieurs à l'embauche (D. 2014-1420 du 27 nov. 2014, JO 30) « du salarié, ou à l'arrivée du stagiaire » sont portées sur le registre unique du personnel au moment où ceux-ci surviennent.

Art. R. 1221-26. Les mentions portées sur le registre unique du personnel sont conservées pendant cinq ans à compter de la date à laquelle le salarié (D. 2015-1359 du 26 oct. 2015, JO 28) « ou le stagiaire » a quitté l'établissement.

Art. L. 1221-14. Il peut être dérogé à la tenue du registre unique du personnel, pour tenir compte du recours à d'autres moyens, notamment informatiques, dans les conditions prévues à l'article L. 8113-6.

Art. D. 1221-27. Lorsque l'employeur recourt à un support de substitution pour la tenue du registre unique du personnel, les exigences des articles D. 8113-2 et D. 8113-3 sont applicables.

Dans ce cas, l'employeur adresse à l'inspection du travail l'avis (D. 2017-1819 du 29 déc. 2017, art. 3, 40°, JO 30, entrée en vigueur le 01.01.2018) « du comité social et économique prévu à l'article L. 2315-5 ».

Art. L. 1221-15. Le registre unique du personnel est tenu à la disposition (Ord. 2017-1386 du 22 sept. 2017, art. 4, 72°, JO 23, entrée en vigueur au plus tard le 01.01.2018) « du comité social et économique » et des fonctionnaires et agents chargés de veiller à l'application du présent code et du code de la sécurité sociale.

Art. L. 1221-15-1. (L. 2014-790 du 10 juil. 2014, art. 2, JO 11) La déclaration mentionnée au I de l'article L. 1262-2-1 est annexée au registre unique du personnel de l'entreprise qui accueille les salariés détachés.

Sous-section 3. **Autres formalités**

Art. L. 1221-16. Dans certains établissements ou professions, définis par voie réglementaire, l'employeur informe le service public de l'emploi de toute embauche ou rupture du contrat de travail.

Art. D. 1221-28. Les dispositions de la présente sous-section sont applicables aux entreprises et établissements de cinquante salariés et plus.

Art. D. 1221-29. Dans les huit premiers jours de chaque mois, l'employeur adresse (D. 2010-1334 du 8 nov. 2010, JO 10, entrée en vigueur le 01.01.2011) « à la direction de l'animation de la recherche, des études et des statistiques (DARES) » le relevé des contrats de travail conclus ou rompus au cours du mois précédent.

Cette disposition ne s'applique pas au contrat de travail à durée déterminée conclu pour une durée maximum d'un mois non renouvelable.

Art. D. 1221-30. Le relevé mensuel des contrats de travail contient les mentions suivantes :

1° Le nom et l'adresse de l'employeur ;

2° La nature de l'activité de l'entreprise ;

3° Les nom, prénoms, nationalité, date de naissance, sexe, emploi et qualification des salariés dont le contrat de travail a été conclu ou rompu ;

4° La date d'effet des contrats de travail ou de leur rupture avec, en cas de licenciement pour motif économique, l'indication de la nature de ce motif.

Art. D. 1221-31. Sur demande expresse des services chargés du contrôle de l'emploi, l'employeur communique l'adresse des salariés dont le contrat de travail a été conclu ou rompu, mentionnés au 3° de l'article D. 1221-30.

Art. L. 1221-17. Outre la déclaration préalable à l'embauche prévue à l'article L. 1221-10, une déclaration préalable est effectuée :

1° Lorsqu'un établissement, ayant cessé d'employer du personnel pendant six mois au moins, se propose d'en employer à nouveau ;

2° Lorsqu'un établissement employant du personnel change d'exploitant ;

3° Lorsqu'un établissement employant du personnel est transféré dans un autre emplacement ou s'il fait l'objet d'extension ou de transformation entraînant une modification dans les activités industrielles et commerciales.

Art. R. 1221-32. La déclaration préalable prévue à l'article L. 1221-17 est accomplie par l'employeur. Dans le cas prévu au 2° de ce même article, la déclaration est accomplie par le nouvel employeur, par lettre recommandée adressée à l'inspection du travail.

Le récépissé de la lettre est présenté par l'employeur sur demande de l'inspection du travail à la première visite de celle-ci.

Art. R. 1221-33. La déclaration préalable précise :
1° Celui des cas prévus à l'article L. 1221-17 auquel elle répond ;
2° Le nom et l'adresse du déclarant ;
3° L'emplacement de l'établissement ;
4° La nature exacte des industries ou des commerces exercés.

Art. R. 1221-34. En cas d'expatriation du salarié d'une durée supérieure à un mois, le document remis par l'employeur au salarié mentionne également :
1° La durée de l'expatriation ;
2° La devise servant au paiement de la rémunération ;
3° Les avantages en espèces et en nature liés à l'expatriation ;
4° Les conditions de rapatriement du salarié.

Est considéré comme expatrié, au sens du présent article, le salarié exerçant son activité professionnelle dans un ou plusieurs États autres que la France et dont le contrat de travail est soumis à la législation française.

Art. R. 1221-35. La modification d'une ou plusieurs des informations mentionnées à l'article (D. 2011-681 du 16 juin 2011, JO 18, entrée en vigueur le 01.08.2011) « R. 1221-34 » fait l'objet d'un document remis par l'employeur au salarié au plus tard un mois après la date de la prise d'effet de cette modification.

Art. L. 1221-18. (L. 2007-1786 du 19 déc. 2007, art. 16, V, JO 21) Tout employeur de personnel salarié ou assimilé est tenu d'adresser à l'organisme chargé du recouvrement des cotisations et contributions sociales dont il relève, au plus tard le 31 janvier de chaque année, une déclaration indiquant le nombre de salariés partis en préretraite ou placés en cessation anticipée d'activité au cours de l'année civile précédente, leur âge et le montant de l'avantage qui leur est alloué. Cette déclaration indique également le nombre de mises à la retraite d'office à l'initiative de l'employeur intervenant dans les conditions des articles L. 1237-5 à L. 1237-10 et le nombre de salariés âgés de (L. 2008-1330 du 17 déc. 2008, art. 90, JO 18) «cinquante-cinq ans et plus licenciés ou ayant bénéficié de la rupture conventionnelle mentionnée à l'article L. 1237-11» au cours de l'année civile précédant la déclaration.

Le défaut de production, dans les délais prescrits, de cette déclaration entraîne une pénalité dont le montant est égal à six cents fois le taux horaire du salaire minimum de croissance. Cette pénalité est recouvrée par l'organisme chargé du recouvrement des cotisations et contributions sociales dont relève l'employeur. Son produit est affecté à la Caisse nationale d'assurance vieillesse.

Le modèle de déclaration est fixé par arrêté conjoint du ministre chargé de la sécurité sociale et du ministre chargé de l'emploi.

L'obligation de déclaration mentionnée au premier alinéa ne s'applique qu'aux employeurs dont au moins un salarié ou assimilé est parti en préretraite ou a été placé en cessation anticipée d'activité (L. 2008-1330 du 17 déc. 2008, art. 90, JO 18) «ou a été mis en retraite à l'initiative de l'employeur au cours de l'année civile précédente ainsi qu'aux employeurs dont au moins un salarié âgé de cinquante-cinq ans ou plus a été licencié ou a bénéficié de la rupture conventionnelle mentionnée à l'article L. 1237-11 au cours de l'année civile précédente ».

SECTION 4. Période d'essai

Note Cette section a été introduite par la loi 2008-596 du 25 juin 2008, JO 26.

Art. L. 1221-19. Le contrat de travail à durée indéterminée peut comporter une période d'essai dont la durée maximale est :
1° Pour les ouvriers et les employés, de deux mois ;
2° Pour les agents de maîtrise et les techniciens, de trois mois ;
3° Pour les cadres, de quatre mois.

Art. L. 1221-20. La période d'essai permet à l'employeur d'évaluer les compétences du salarié dans son travail, notamment au regard de son expérience, et au salarié d'apprécier si les fonctions occupées lui conviennent.

Art. L. 1221-21. La période d'essai peut être renouvelée une fois si un accord de branche étendu le prévoit. Cet accord fixe les conditions et les durées de renouvellement.

La durée de la période d'essai, renouvellement compris, ne peut pas dépasser :

1° Quatre mois pour les ouvriers et employés ;

2° Six mois pour les agents de maîtrise et techniciens ;

3° Huit mois pour les cadres.

Art. L. 1221-22. Les durées des périodes d'essai fixées par les articles L. 1221-19 et L. 1221-21 ont un caractère impératif, à l'exception :

- de durées plus longues fixées par les accords de branche conclus avant la date de publication de la loi n° 2008-596 du 25 juin 2008 portant modernisation du marché du travail ;
- de durées plus courtes fixées par des accords collectifs conclus après la date de publication de la loi n° 2008-596 du 25 juin 2008 précitée ;
- de durées plus courtes fixées dans la lettre d'engagement ou le contrat de travail.

Art. L. 1221-23. La période d'essai et la possibilité de la renouveler ne se présument pas. Elles sont expressément stipulées dans la lettre d'engagement ou le contrat de travail.

Art. L. 1221-24. En cas d'embauche dans l'entreprise (L. 2011-893 du 28 juil. 2011, art. 28, JO 29) « dans les trois mois suivant l'issue » du stage intégré à un cursus pédagogique réalisé lors de la dernière année d'études, la durée de ce stage est déduite de la période d'essai, sans que cela ait pour effet de réduire cette dernière de plus de la moitié, sauf accord collectif prévoyant des stipulations plus favorables. (L. 2011-893 du 28 juil. 2011, art. 28, JO 29) « Lorsque cette embauche est effectuée dans un emploi en correspondance avec les activités qui avaient été confiées au stagiaire, la durée du stage est déduite intégralement de la période d'essai.

Lorsque le stagiaire est embauché par l'entreprise à l'issue d'un stage d'une durée supérieure à deux mois, au sens de l'article (L. 2014-788 du 10 juil. 2014, art. 4, JO 11) « L. 124-6» du code de l'éducation, la durée de ce stage est prise en compte pour l'ouverture et le calcul des droits liés à l'ancienneté. »

Art. L. 1221-25. Lorsqu'il est mis fin, par l'employeur, au contrat en cours ou au terme de la période d'essai définie aux articles L. 1221-19 à L. 1221-24 ou à l'article L. 1242-10 pour les contrats stipulant une période d'essai d'au moins une semaine, le salarié est prévenu dans un délai qui ne peut être inférieur à :

1° Vingt-quatre heures en deçà de huit jours de présence ;

2° Quarante-huit heures entre huit jours et un mois de présence ;

3° Deux semaines après un mois de présence ;

4° Un mois après trois mois de présence.

La période d'essai, renouvellement inclus, ne peut être prolongée du fait de la durée du délai de prévenance.

(Ord. 2014-699 du 26 juin 2014, art. 19, JO 27) « Lorsque le délai de prévenance n'a pas été respecté, son inexécution ouvre droit pour le salarié, sauf s'il a commis une faute grave, à une indemnité compensatrice. Cette indemnité est égale au montant des salaires et avantages que le salarié aurait perçus s'il avait accompli son travail jusqu'à l'expiration du délai de prévenance, indemnité compensatrice de congés payés comprise. »

Art. L. 1221-26. Lorsqu'il est mis fin à la période d'essai par le salarié, celui-ci respecte un délai de prévenance de quarante-huit heures. Ce délai est ramené à vingt-quatre heures si la durée de présence du salarié dans l'entreprise est inférieure à huit jours.

Chapitre II

Exécution et modification du contrat de travail

SECTION 1. Exécution du contrat de travail

Art. L. 1222-1. Le contrat de travail est exécuté de bonne foi.

Art. L. 1222-2. Les informations demandées, sous quelque forme que ce soit, à un salarié ne peuvent avoir comme finalité que d'apprécier ses aptitudes professionnelles.

Ces informations doivent présenter un lien direct et nécessaire avec l'évaluation de ses aptitudes.

Le salarié est tenu de répondre de bonne foi à ces demandes d'informations.

Art. L. 1222-3. Le salarié est expressément informé, préalablement à leur mise en œuvre, des méthodes et techniques d'évaluation professionnelles mises en œuvre à son égard.

Les résultats obtenus sont confidentiels.

Les méthodes et techniques d'évaluation des salariés doivent être pertinentes au regard de la finalité poursuivie.

Art. L. 1222-4. Aucune information concernant personnellement un salarié ne peut être collectée par un dispositif qui n'a pas été porté préalablement à sa connaissance.

Art. L. 1222-5. L'employeur ne peut opposer aucune clause d'exclusivité pendant une durée d'un an au salarié qui crée ou reprend une entreprise, même en présence de stipulation contractuelle ou conventionnelle contraire. Toutefois, cette interdiction ne s'applique pas à la clause d'exclusivité prévue par l'article L. 7313-6 pour les voyageurs, représentants ou placiers.

Lorsqu'un congé pour la création ou la reprise d'entreprise est prolongé dans les conditions prévues (L. 2016-1088 du 8 août 2016, art. 9, III, 1°, JO 9) «aux articles L. 3142-111, L. 3142-117 et L. 3142-119», les dispositions du premier alinéa s'appliquent jusqu'au terme de la prolongation.

Le salarié reste soumis à l'obligation de loyauté à l'égard de son employeur.

Art. D. 1222-1. Le délai d'un an pendant lequel l'employeur ne peut opposer la clause d'exclusivité prévue à l'article L. 1222-5 court à compter :

1° Soit de l'inscription du salarié au registre du commerce et des sociétés ou au répertoire des métiers ;

2° Soit de sa déclaration de début d'activité professionnelle agricole ou indépendante.

SECTION 2. Modification du contrat de travail pour motif économique

Art. L. 1222-6. Lorsque l'employeur envisage la modification d'un élément essentiel du contrat de travail pour l'un des motifs économiques énoncés à l'article L. 1233-3, il en fait la proposition au salarié par lettre recommandée avec avis de réception.

La lettre de notification informe le salarié qu'il dispose d'un mois à compter de sa réception pour faire connaître son refus. (Ord. 2014-326 du 12 mars 2014, art. 109, JO 14, entrée en vigueur le 01.07.2014) « Le délai est de quinze jours si l'entreprise est en redressement judiciaire ou en liquidation judiciaire. »

À défaut de réponse dans le délai d'un mois, (Ord. 2014-326 du 12 mars 2014, art. 109, JO 14, entrée en vigueur le 01.07.2014) « ou de quinze jours si l'entreprise est en redressement judiciaire ou en liquidation judiciaire,» le salarié est réputé avoir accepté la modification proposée.

SECTION 4. Télétravail

Note Cette section a été introduite par la loi 2012-387 du 22 mars 2012, art. 46, JO 23.

Art. L. 1222-9. (L. 2018-217 du 29 mars 2018, art. 11, I, 1°, JO 31) I. — Sans préjudice de l'application, s'il y a lieu, des dispositions du présent code protégeant les travailleurs à domicile, le télétravail désigne toute forme d'organisation du travail dans laquelle un travail qui aurait également pu être exécuté dans les locaux de l'employeur est effectué par un salarié hors de ces locaux de façon volontaire en utilisant les technologies de l'information et de la communication.

Est qualifié de télétravailleur au sens de la présente section tout salarié de l'entreprise qui effectue, soit dès l'embauche, soit ultérieurement, du télétravail tel que défini au premier alinéa du présent I.

Le télétravail est mis en place dans le cadre d'un accord collectif ou, à défaut, dans le cadre d'une charte élaborée par l'employeur après avis du comité social et économique, s'il existe.

En l'absence d'accord collectif ou de charte, lorsque le salarié et l'employeur conviennent de recourir au télétravail, ils formalisent leur accord par tout moyen. (L. 2018-771 du 5 sept. 2018, art. 68, I, 1°, JO 6) «Lorsque la demande de recours au télétravail est formulée par un travailleur handicapé mentionné à l'article L. 5212-13 du présent code ou un proche aidant mentionné à l'article L. 113-1-3 du code de l'action sociale et des familles, l'employeur motive, le cas échéant, sa décision de refus. »

II. — L'accord collectif applicable ou, à défaut, la charte élaborée par l'employeur précise :

1° Les conditions de passage en télétravail, en particulier en cas d'épisode de pollution mentionné à l'article L. 223-1 du code de l'environnement, et les conditions de retour à une exécution du contrat de travail sans télétravail ;

2° Les modalités d'acceptation par le salarié des conditions de mise en œuvre du télétravail ;

3° Les modalités de contrôle du temps de travail ou de régulation de la charge de travail ;

4° La détermination des plages horaires durant lesquelles l'employeur peut habituellement contacter le salarié en télétravail.

(L. 2018-771 du 5 sept. 2018, art. 68, I, 2°, JO 6) « 5° Les modalités d'accès des travailleurs handicapés à une organisation en télétravail, en application des mesures prévues à l'article L. 5213-6. »

III. — Le télétravailleur a les mêmes droits que le salarié qui exécute son travail dans les locaux de l'entreprise.

L'employeur qui refuse d'accorder le bénéfice du télétravail à un salarié qui occupe un poste éligible à un mode d'organisation en télétravail dans les conditions prévues par accord collectif ou, à défaut, par la charte, motive sa réponse.

Le refus d'accepter un poste de télétravailleur n'est pas un motif de rupture du contrat de travail.

L'accident survenu sur le lieu où est exercé le télétravail pendant l'exercice de l'activité professionnelle du télétravailleur est présumé être un accident de travail au sens de l'article L. 411-1 du code de la sécurité sociale.

Art. L. 1222-10. Outre ses obligations de droit commun vis-à-vis de ses salariés, l'employeur est tenu à l'égard du salarié en télétravail :

(Ord. 2017-1387 du 22 sept. 2017, art. 21, 2°, JO 23) « 1° » D'informer le salarié de toute restriction à l'usage d'équipements ou outils informatiques ou de services de communication électronique et des sanctions en cas de non-respect de telles restrictions ;

(Ord. 2017-1387 du 22 sept. 2017, art. 21, 2°, JO 23) « 2° » De lui donner priorité pour occuper ou reprendre un poste sans télétravail qui correspond à ses qualifications et compétences professionnelles et de porter à sa connaissance la disponibilité de tout poste de cette nature ;

(Ord. 2017-1387 du 22 sept. 2017, art. 21, 2°, JO 23) « 3° » D'organiser chaque année un entretien qui porte notamment sur les conditions d'activité du salarié et sa charge de travail.

Art. L. 1222-11. En cas de circonstances exceptionnelles, notamment de menace d'épidémie, ou en cas de force majeure, la mise en œuvre du télétravail peut être considérée comme un aménagement du poste de travail rendu nécessaire pour permettre la continuité de l'activité de l'entreprise et garantir la protection des salariés.

SECTION 5. Mobilité volontaire sécurisée

Note Cette section a été introduite par la loi 2013-504 du 14 juin 2013, art. 6, JO 16.

Art. L. 1222-12. Dans les entreprises et les groupes d'entreprises, au sens de l'article L. 2331-1, d'au moins trois cents salariés, tout salarié justifiant d'une ancienneté minimale de vingt-quatre mois, consécutifs ou non, peut, avec l'accord de son employeur, bénéficier d'une période de mobilité volontaire sécurisée afin d'exercer une activité dans une autre entreprise, au cours de laquelle l'exécution de son contrat de travail est suspendue.

Si l'employeur oppose deux refus successifs à la demande de mobilité, l'accès au (Ord. 2019-861 du 21 août 2019, art. 1er, 4°, JO 22) « congé spécifique mentionné à l'article L. 6323-17-1 » est de droit pour le salarié, sans que puissent lui être opposées la durée d'ancienneté mentionnée à l'article (Ord. 2019-861 du 21 août 2019, art. 1er, 1°, JO 22) « L. 6323-17-1 » ou les dispositions (Ord. 2019-861 du 21 août 2019, art. 1er, 1°, JO 22) « définies par décret en Conseil d'État ».

Art. L. 1222-13. La période de mobilité volontaire sécurisée est prévue par un avenant au contrat de travail, qui détermine l'objet, la durée, la date de prise d'effet et le terme de la période de mobilité, ainsi que le délai dans lequel le salarié informe par écrit l'employeur de son choix éventuel de ne pas réintégrer l'entreprise.

Il prévoit également les situations et modalités d'un retour anticipé du salarié, qui intervient dans un délai raisonnable et qui reste dans tous les cas possible à tout moment avec l'accord de l'employeur.

Art. L. 1222-14. À son retour dans l'entreprise d'origine, le salarié retrouve de plein droit son précédent emploi ou un emploi similaire, assorti d'une qualification et d'une rémunération au moins équivalentes ainsi que du maintien à titre personnel de sa classification. (L. 2014-288 du 5 mars 2014, art. 5, I, 8°, JO 6) «Il bénéficie de l'entretien professionnel mentionné au I de l'article L. 6315-1.»

Art. L. 1222-15. Lorsque le salarié choisit de ne pas réintégrer son entreprise d'origine au cours ou au terme de la période de mobilité, le contrat de travail qui le lie à son employeur est rompu. Cette rupture constitue une démission qui n'est soumise à aucun préavis autre que celui prévu par l'avenant mentionné à l'article L. 1222-13.

Art. L. 1222-16. L'employeur communique semestriellement au (Ord. 2017-1386 du 22 sept. 2017, art. 4, 20°, JO 23, entrée en vigueur au plus tard le 01.01.2018) « comité social et économique » la liste des demandes de période de mobilité volontaire sécurisée avec l'indication de la suite qui leur a été donnée.

Chapitre III

Formation et exécution de certains types de contrats

SECTION 2. Contrat de mission à l'exportation

Art. L. 1223-5. Un accord collectif de branche ou d'entreprise détermine les contrats de travail conclus pour la réalisation d'une mission à l'exportation accomplie en majeure partie hors du territoire national, dont la rupture à l'initiative de l'employeur à la fin de la mission n'est pas soumise aux dispositions relatives au licenciement économique.

Art. L. 1223-6. L'accord collectif de branche ou d'entreprise prévoyant la mise en place du contrat de mission à l'exportation fixe notamment :

1° Les catégories de salariés concernés ;

2° La nature des missions à l'exportation concernées ainsi que leur durée minimale, qui ne peut pas être inférieure à six mois ;

3° Les contreparties en termes de rémunération et d'indemnité de licenciement accordées aux salariés, sans que cette indemnité puisse être inférieure au montant de l'indemnité légale de licenciement attribué à due proportion du temps sans condition d'ancienneté et quel que soit l'effectif de l'entreprise ;

4° Les garanties en termes de formation pour les salariés concernés ;

5° Les mesures indispensables au reclassement des salariés.

S'il s'agit d'un accord collectif de branche, il fixe également la taille et le type d'entreprises concernées.

Art. L. 1223-7. Les dispositions en matière de protection sociale de la branche ou de l'entreprise sont applicables au bénéficiaire du contrat de mission à l'exportation.

SECTION 3. Contrat de chantier ou d'opération

Note Cette section est issue de l'ordonnance 2017-1387 du 22 septembre 2017, art. 30, JO 23.

Art. L. 1223-8. Une convention ou un accord collectif de branche étendu fixe les conditions dans lesquelles il est possible de recourir à un contrat conclu pour la durée d'un chantier ou d'une opération.

À défaut d'un tel accord, ce contrat peut être conclu dans les secteurs où son usage est habituel et conforme à l'exercice régulier de la profession qui y recourt au 1er janvier 2017.

Ce contrat est conclu pour une durée indéterminée.

Art. L. 1223-9. La convention ou l'accord collectif prévu à l'article (Ord. 2017-1718 du 20 déc. 2017, art. 1er, I, 1°, JO 21) « L. 1223-8 » fixe :

1° La taille des entreprises concernées ;

2° Les activités concernées ;

3° Les mesures d'information du salarié sur la nature de son contrat ;

4° Les contreparties en termes de rémunération et d'indemnité de licenciement accordées aux salariés ;

5° Les garanties en termes de formation pour les salariés concernés ;

6° Les modalités adaptées de rupture de ce contrat dans l'hypothèse où le chantier ou l'opération pour lequel ce contrat a été conclu ne peut pas se réaliser ou se termine de manière anticipée.

Chapitre IV

Transfert du contrat de travail

Art. L. 1224-1. Lorsque survient une modification dans la situation juridique de l'employeur, notamment par succession, vente, fusion, transformation du fonds, mise en société de l'entreprise, tous les contrats de travail en cours au jour de la modification subsistent entre le nouvel employeur et le personnel de l'entreprise.

Art. L. 1224-2. Le nouvel employeur est tenu, à l'égard des salariés dont les contrats de travail subsistent, aux obligations qui incombaient à l'ancien employeur à la date de la modification, sauf dans les cas suivants :

1° Procédure de sauvegarde, de redressement ou de liquidation judiciaire ;

2° Substitution d'employeurs intervenue sans qu'il y ait eu de convention entre ceux-ci.

Le premier employeur rembourse les sommes acquittées par le nouvel employeur, dues à la date de la modification, sauf s'il a été tenu compte de la charge résultant de ces obligations dans la convention intervenue entre eux.

Art. L. 1224-3. Lorsque l'activité d'une entité économique employant des salariés de droit privé est, par transfert de cette entité, reprise par une personne publique dans le cadre d'un service public administratif, il appartient à cette personne publique de proposer à ces salariés un contrat de droit public, à durée déterminée ou indéterminée selon la nature du contrat dont ils sont titulaires.

Sauf disposition légale ou conditions générales de rémunération et d'emploi des agents non titulaires de la personne publique contraires, le contrat qu'elle propose reprend les clauses substantielles du contrat dont les salariés sont titulaires, en particulier celles qui concernent la rémunération.

(L. 2016-483 du 20 avril 2016, art. 40, IV, JO 21) « Les services accomplis au sein de l'entité économique d'origine sont assimilés à des services accomplis au sein de la personne publique d'accueil. »

(L. 2009-972 du 3 août 2009, art. 24, JO 6) « En cas de refus des salariés d'accepter le contrat proposé, leur contrat prend fin de plein droit. La personne publique applique les dispositions relatives aux agents licenciés prévues par le droit du travail et par leur contrat. »

Art. L. 1224-3-1. (L. 2009-972 du 3 août 2009, art. 25, JO 6) Sous réserve de l'application de dispositions législatives ou réglementaires spéciales, lorsque l'activité d'une personne morale de droit public employant des agents non titulaires de droit public est reprise par une personne morale de droit privé ou par un organisme de droit public gérant un service public industriel et commercial, cette personne morale ou cet organisme propose à ces agents un contrat régi par le présent code.

Le contrat proposé reprend les clauses substantielles du contrat dont les agents sont titulaires, en particulier celles qui concernent la rémunération.

En cas de refus des agents d'accepter le contrat proposé, leur contrat prend fin de plein droit. La personne morale ou l'organisme qui reprend l'activité applique les dispositions de droit public relatives aux agents licenciés.

Art. L. 1224-3-2. (Ord. 2017-1387 du 22 sept. 2017, art. 34, JO 23) Lorsqu'un accord de branche étendu prévoit et organise la poursuite des contrats de travail en cas de succession d'entreprises dans l'exécution d'un marché, les salariés du nouveau prestataire ne peuvent invoquer utilement les différences de rémunération résultant d'avantages obtenus, avant le changement de prestataire, par les salariés dont les contrats de travail ont été poursuivis.

Art. L. 1224-4. Un décret en Conseil d'État détermine les modalités d'application des articles L. 1224-1 et L. 1224-2.

Chapitre V

Maternité, paternité, adoption et éducation des enfants

SECTION 1. Protection de la grossesse et de la maternité

Sous-section 1. Embauche, mutation et licenciement

Art. L. 1225-1. L'employeur ne doit pas prendre en considération l'état de grossesse d'une femme pour refuser de l'embaucher, pour rompre son contrat de travail au cours d'une période d'essai ou, sous réserve d'une affectation temporaire réalisée dans le cadre des dispositions des articles L. 1225-7, L. 1225-9 et L. 1225-12, pour prononcer une mutation d'emploi.

Il lui est en conséquence interdit de rechercher ou de faire rechercher toutes informations concernant l'état de grossesse de l'intéressée.

Art. R. 1225-1. Pour bénéficier de la protection de la grossesse et de la maternité, prévue aux articles L. 1225-1 et suivants, la salariée remet contre récépissé ou envoie par lettre recommandée avec avis de réception à son employeur un certificat médical attestant son état de grossesse et la date présumée de son accouchement ou la date effective de celui-ci, ainsi que, s'il y a lieu, l'existence et la durée prévisible de son état pathologique nécessitant un allongement de la période de suspension de son contrat de travail.

Art. R. 1225-3. Pour l'application des dispositions du présent chapitre, les formalités sont réputées accomplies au jour de l'expédition de la lettre recommandée avec avis de réception.

Art. L. 1225-2. La femme candidate à un emploi ou salariée n'est pas tenue de révéler son état de grossesse, sauf lorsqu'elle demande le bénéfice des dispositions légales relatives à la protection de la femme enceinte.

Art. L. 1225-3. Lorsque survient un litige relatif à l'application des articles L. 1225-1 et L. 1225-2, l'employeur communique au juge tous les éléments de nature à justifier sa décision.

Lorsqu'un doute subsiste, il profite à la salariée enceinte.

Art. L. 1225-3-1. (L. 2016-41 du 26 janv. 2016, art. 87, I, 1°, JO 27) Les articles L. 1225-1, L. 1225-2 et L. 1225-3 sont applicables aux salariées bénéficiant d'une assistance médicale à la procréation conformément à l'article L. 2141-2 du code de la santé publique.

Art. L. 1225-4. Aucun employeur ne peut rompre le contrat de travail d'une salariée lorsqu'elle est en état de grossesse médicalement constaté, pendant l'intégralité des périodes de suspension du contrat de travail auxquelles elle a droit au titre du congé de maternité, qu'elle use ou non de ce droit, (L. 2016-1088 du 8 août 2016, art. 10, 1°, JO 9) «et au titre des congés payés pris immédiatement après le congé de maternité» ainsi que pendant les (L. 2016-1088 du 8 août 2016, art. 10, 1°, JO 9) «dix» semaines suivant l'expiration de ces périodes.

Toutefois, l'employeur peut rompre le contrat s'il justifie d'une faute grave de l'intéressée, non liée à l'état de grossesse, ou de son impossibilité de maintenir ce contrat pour un motif étranger à la grossesse ou à l'accouchement. Dans ce cas, la rupture du contrat de travail ne peut prendre effet ou être notifiée pendant les périodes de suspension du contrat de travail mentionnées au premier alinéa.

Art. L. 1225-4-1. (L. 2014-873 du 4 août 2014, art. 9, JO 5) Aucun employeur ne peut rompre le contrat de travail d'un salarié pendant les (L. 2016-1088 du 8 août 2016, art. 10, 2°, JO 9) «dix» semaines suivant la naissance de son enfant.

Toutefois, l'employeur peut rompre le contrat s'il justifie d'une faute grave de l'intéressé ou de son impossibilité de maintenir ce contrat pour un motif étranger à l'arrivée de l'enfant.

Art. L. 1225-4-2. (L. 2020-692 du 8 juin 2020, art. 8, JO 9) Aucun employeur ne peut rompre le contrat de travail d'un salarié pendant les treize semaines suivant le décès de son enfant âgé de moins de vingt-cinq ans ou de la personne âgée de moins de vingt-cinq ans dont le salarié a la charge effective et permanente.

Toutefois, l'employeur peut rompre le contrat s'il justifie d'une faute grave de l'intéressé ou de son impossibilité de maintenir ce contrat pour un motif étranger au décès de l'enfant.

Art. L. 1225-5. Le licenciement d'une salariée est annulé lorsque, dans un délai de quinze jours à compter de sa notification, l'intéressée envoie à son employeur, dans des conditions déterminées par voie réglementaire, un certificat médical justifiant qu'elle est enceinte.

Ces dispositions ne s'appliquent pas lorsque le licenciement est prononcé pour une faute grave non liée à l'état de grossesse ou par impossibilité de maintenir le contrat pour un motif étranger à la grossesse ou à l'accouchement.

Art. R. 1225-2. En cas de licenciement, le certificat médical justifiant que la salariée est enceinte, prévu à l'article L. 1225-5, est adressé par lettre recommandée avec avis de réception.

Art. L. 1225-6. Les dispositions des articles L. 1225-4 et L. 1225-5 ne font pas obstacle à l'échéance du contrat de travail à durée déterminée.

Sous-section 2. **Changements temporaires d'affectation**

§ 1. Nécessité médicale

Art. L. 1225-7. La salariée enceinte peut être affectée temporairement dans un autre emploi, à son initiative ou à celle de l'employeur, si son état de santé médicalement constaté l'exige.

En cas de désaccord entre l'employeur et la salariée ou lorsque le changement intervient à l'initiative de l'employeur, seul le médecin du travail peut établir la nécessité médicale du changement d'emploi et l'aptitude de la salariée à occuper le nouvel emploi envisagé.

L'affectation dans un autre établissement est subordonnée à l'accord de l'intéressée.

L'affectation temporaire ne peut excéder la durée de la grossesse et prend fin dès que l'état de santé de la femme lui permet de retrouver son emploi initial.

Le changement d'affectation n'entraîne aucune diminution de rémunération.

Art. L. 1225-8. Lorsque la salariée reprend son travail à l'issue du congé de maternité et si pendant sa grossesse elle a fait l'objet d'un changement d'affectation dans les conditions prévues au présent paragraphe, elle est réintégrée dans l'emploi occupé avant cette affectation.

§ 2. Travail de nuit

Art. L. 1225-9. La salariée en état de grossesse médicalement constaté ou ayant accouché, qui travaille de nuit dans les conditions déterminées à l'article (L. 2016-1088 du 8 août 2016, art. 8, XI, 1°, JO 9) « L. 3122-5 », est affectée sur sa demande à un poste de jour pendant la durée de sa grossesse et pendant la période du congé postnatal.

Elle est également affectée à un poste de jour pendant la durée de sa grossesse lorsque le médecin du travail constate par écrit que le poste de nuit est incompatible avec son état. Cette période peut être prolongée pendant le congé postnatal et après son retour de ce congé pour une durée n'excédant pas un mois lorsque le médecin du travail constate par écrit que le poste de nuit est incompatible avec son état.

L'affectation dans un autre établissement est subordonnée à l'accord de la salariée.

Le changement d'affectation n'entraîne aucune diminution de la rémunération.

Art. L. 1225-10. Lorsque l'employeur est dans l'impossibilité de proposer un autre emploi à la salariée travaillant de nuit, il lui fait connaître par écrit, ainsi qu'au médecin du travail, les motifs qui s'opposent à cette affectation.

Le contrat de travail de la salariée est alors suspendu jusqu'à la date du début du congé légal de maternité et éventuellement durant la période complémentaire qui suit la fin de ce congé en application de l'article L. 1225-9.

La salariée bénéficie d'une garantie de rémunération pendant la suspension du contrat de travail, composée de l'allocation journalière prévue à l'article L. 333-1 du code de la sécurité sociale et d'une indemnité complémentaire à la charge de l'employeur, calculée selon les mêmes modalités que celles prévues à l'article L. 1226-1, à l'exception des dispositions relatives à l'ancienneté.

Art. L. 1225-11. Les dispositions du présent paragraphe ne font pas obstacle à l'application des dispositions des articles :

1° L. 1225-4, relatif à la protection contre la rupture du contrat de travail d'une salariée en état de grossesse médicalement constaté ;

2° L. 1225-17, relatif au congé de maternité ;

3° L. 1225-29, relatif à l'interdiction d'emploi postnatal et prénatal ;

4° L. 1226-2, relatif à l'inaptitude consécutive à une maladie ou un accident non professionnel constatée par le médecin du travail ;

(L. 2016-1088 du 8 août 2016, art. 102, I, 1°, JO 9, entrée en vigueur au plus tard le 01.01.2017) « 4° *bis* L. 1226-10, relatif à l'inaptitude consécutive à un accident du travail ou à une maladie professionnelle ;»

5° (L. 2016-1088 du 8 août 2016, art. 102, I, 1°, JO 9, entrée en vigueur au plus tard le 01.01.2017) « L. 4624-3 et L. 4624-4, relatifs » aux mesures individuelles pouvant être proposées par le médecin du travail.

§ 3. Exposition à des risques particuliers

Art. L. 1225-12. L'employeur propose à la salariée qui occupe un poste de travail l'exposant à des risques déterminés par voie réglementaire un autre emploi compatible avec son état :

1° Lorsqu'elle est en état de grossesse médicalement constaté ;

2° Lorsqu'elle a accouché, compte tenu des répercussions sur sa santé ou sur l'allaitement, durant une période n'excédant pas un mois après son retour de congé postnatal.

Art. L. 1225-13. La proposition d'emploi est réalisée au besoin par la mise en œuvre de mesures temporaires telles que l'aménagement de son poste de travail ou son affectation dans un autre poste de travail. Elle prend en compte les conclusions écrites du médecin du travail et les indications qu'il formule sur l'aptitude de la salariée à exercer l'une des tâches existantes dans l'entreprise.

Ces mesures temporaires n'entraînent aucune diminution de la rémunération.

Art. L. 1225-14. Lorsque l'employeur est dans l'impossibilité de proposer un autre emploi à la salariée, il lui fait connaître par écrit, ainsi qu'au médecin du travail, les motifs qui s'opposent à cette affectation temporaire.

Le contrat de travail de la salariée est alors suspendu jusqu'à la date du début du congé de maternité et, lorsqu'elle a accouché, durant la période n'excédant pas un mois prévue au 2° de l'article L. 1225-12.

La salariée bénéficie d'une garantie de rémunération pendant la suspension du contrat de travail, composée de l'allocation journalière prévue à l'article L. 333-1 du code de la sécurité sociale et d'une indemnité complémentaire à la charge de l'employeur, selon les mêmes modalités que celles prévues par les dispositions mentionnées à l'article L. 1226-1, à l'exception des dispositions relatives à l'ancienneté.

Art. R. 1225-4. Pour bénéficier de la garantie de rémunération prévue au troisième alinéa de l'article L. 1225-14 et lorsque les conditions de ce même article sont remplies, la salariée doit avoir occupé un poste de travail l'ayant exposée à l'un des risques suivants :

1° Agents toxiques pour la reproduction de catégorie 1 ou 2 ;

2° Produits antiparasitaires dont l'étiquetage indique qu'ils peuvent provoquer des altérations génétiques héréditaires ou des malformations congénitales et produits antiparasitaires classés cancérogènes et mutagènes ;

3° Benzène ;

4° Plomb métallique et ses composés ;

5° Virus de la rubéole ou toxoplasme ;

6° Travaux en milieu hyperbare dès lors que la pression relative maximale (D. 2011-45 du 11 janv. 2011, JO 13) « est supérieure à 100 hectopascals ».

Art. L. 1225-15. Les dispositions du présent paragraphe ne font pas obstacle à l'application des articles :

1° L. 1225-4, relatif à la protection contre la rupture du contrat de travail d'une salariée en état de grossesse médicalement constaté ;

2° L. 1226-2, relatif à l'inaptitude consécutive à une maladie ou un accident non professionnel constatée par le médecin du travail ;

(L. 2016-1088 du 8 août 2016, art. 102, I, 2°, JO 9, entrée en vigueur au plus tard le 01.01.2017) « 2° *bis* L. 1226-10, relatif à l'inaptitude consécutive à un accident du travail ou à une maladie professionnelle ;»

3° (L. 2016-1088 du 8 août 2016, art. 102, I, 2°, JO 9, entrée en vigueur au plus tard le 01.01.2017) « L. 4624-3 et L. 4624-4, relatifs » aux mesures individuelles pouvant être proposées par le médecin du travail.

Sous-section 3. **Autorisations d'absence et congé de maternité**

Art. L. 1225-16. La salariée bénéficie d'une autorisation d'absence pour se rendre aux examens médicaux obligatoires prévus par l'article L. 2122-1 du code de la santé publique dans le cadre de la surveillance médicale de la grossesse et des suites de l'accouchement.

(L. 2016-41 du 26 janv. 2016, art. 87, 2°, JO 27) « La salariée bénéficiant d'une assistance médicale à la procréation dans les conditions prévues au chapitre Ier du titre IV du livre Ier de la deuxième partie du code de la santé publique bénéficie d'une autorisation d'absence pour les actes médicaux nécessaires. »

(L. 2014-873 du 4 août 2014, art. 11, JO 5) « Le conjoint salarié de la femme enceinte (L. 2016-41 du 26 janv. 2016, art. 87, 2°, JO 27) « ou bénéficiant d'une assistance médicale à la procréation » ou la personne salariée liée à elle par un pacte civil de solidarité ou vivant maritalement avec elle bénéficie également d'une autorisation d'absence pour se rendre à trois de ces examens médicaux obligatoires (L. 2016-41 du 26 janv. 2016, art. 87, 2°, JO 27) « ou de ces actes médicaux nécessaires pour chaque protocole du parcours d'assistance médicale » au maximum. »

Ces absences n'entraînent aucune diminution de la rémunération et sont assimilées à une période de travail effectif pour la détermination de la durée des congés payés ainsi que pour les droits légaux ou conventionnels acquis par la salariée au titre de son ancienneté dans l'entreprise.

Art. L. 1225-17. La salariée a le droit de bénéficier d'un congé de maternité pendant une période qui commence six semaines avant la date présumée de l'accouchement et se termine dix semaines après la date de celui-ci.

À la demande de la salariée et sous réserve d'un avis favorable du professionnel de santé qui suit la grossesse, la période de suspension du contrat de travail qui commence avant la date présumée de l'accouchement peut être réduite d'une durée maximale de trois semaines. La période postérieure à la date présumée de l'accouchement est alors augmentée d'autant.

Lorsque la salariée a reporté après la naissance de l'enfant une partie du congé de maternité et qu'elle se voit prescrire un arrêt de travail pendant la période antérieure à la date présumée de l'accouchement, ce report est annulé et la période de suspension du contrat de travail est décomptée à partir du premier jour de l'arrêt de travail. La période initialement reportée est réduite d'autant.

Art. L. 1225-18. Lorsque des naissances multiples sont prévues, la période de congé de maternité varie dans les conditions suivantes :

1° Pour la naissance de deux enfants, cette période commence douze semaines avant la date présumée de l'accouchement et se termine vingt-deux semaines après la date de l'accouchement. La période de suspension antérieure à la date présumée de l'accouchement peut être augmentée d'une durée maximale de quatre semaines. La période de vingt-deux semaines postérieure à l'accouchement est alors réduite d'autant ;

2° Pour la naissance de trois enfants ou plus, cette période commence vingt-quatre semaines avant la date présumée de l'accouchement et se termine vingt-deux semaines après la date de l'accouchement.

Art. L. 1225-19. Lorsque, avant l'accouchement, la salariée elle-même ou le foyer assume déjà la charge de deux enfants au moins ou lorsque la salariée a déjà mis au monde au moins deux enfants nés viables, le congé de maternité commence huit semaines avant la date présumée de l'accouchement et se termine dix-huit semaines après la date de celui-ci.

À la demande de la salariée et sous réserve d'un avis favorable du professionnel de santé qui suit la grossesse, la période de suspension du contrat de travail qui commence avant la date présumée de l'accouchement peut être réduite d'une durée maximale de trois semaines. La période postérieure à la date présumée de l'accouchement est alors augmentée d'autant.

Lorsque la salariée a reporté après la naissance de l'enfant une partie du congé de maternité et qu'elle se voit prescrire un arrêt de travail pendant la période antérieure à la date présumée de l'accouchement, ce report est annulé et la période de suspension du contrat de travail est décomptée à partir du premier jour de l'arrêt de travail. La période initialement reportée est réduite d'autant.

La période de huit semaines de congé de maternité antérieure à la date présumée de l'accouchement peut être augmentée d'une durée maximale de deux semaines. La période de dix-huit semaines postérieure à la date de l'accouchement est alors réduite d'autant.

Art. L. 1225-20. Lorsque l'accouchement intervient avant la date présumée, le congé de maternité peut être prolongé jusqu'au terme, selon le cas, des seize, vingt-six, trente-quatre ou quarante-six semaines de suspension du contrat auxquelles la salariée a droit, en application des articles L. 1225-17 à L. 1225-19.

Art. L. 1225-21. Lorsqu'un état pathologique est attesté par un certificat médical comme résultant de la grossesse ou de l'accouchement, le congé de maternité est augmenté de la durée de cet état pathologique dans la limite de deux semaines avant la date présumée de l'accouchement et de quatre semaines après la date de celui-ci.

Art. L. 1225-22. Lorsque l'enfant est resté hospitalisé jusqu'à l'expiration de la sixième semaine suivant l'accouchement, la salariée peut reporter à la date de la fin de l'hospitalisation tout ou partie du congé auquel elle peut encore prétendre.

Art. L. 1225-23. Lorsque l'accouchement intervient plus de six semaines avant la date prévue et exige l'hospitalisation postnatale de l'enfant, le congé de maternité est prolongé du nombre de jours courant de la date effective de l'accouchement au début des périodes de congé de maternité mentionnées aux articles L. 1225-17 à L. 1225-19.

Art. L. 1225-24. Le congé de maternité entraîne la suspension du contrat de travail. La salariée avertit l'employeur du motif de son absence et de la date à laquelle elle entend y mettre fin.

La durée de ce congé est assimilée à une période de travail effectif pour la détermination des droits que la salariée tient de son ancienneté.

Art. D. 1225-4-1. La salariée avertit son employeur, en application du premier alinéa de l'article L. 1225-24, par lettre recommandée avec avis de réception ou remise contre récépissé.

Art. L. 1225-25. À l'issue du congé de maternité, la salariée retrouve son précédent emploi ou un emploi similaire assorti d'une rémunération au moins équivalente.

Art. L. 1225-26. En l'absence d'accord collectif de branche ou d'entreprise déterminant des garanties d'évolution de la rémunération des salariées pendant le congé de maternité et à la suite de ce congé au moins aussi favorables que celles mentionnées dans le présent article, cette rémunération, au sens de l'article L. 3221-3, est majorée, à la suite de ce congé, des augmentations générales ainsi que de la moyenne des augmentations individuelles perçues pendant la durée de ce congé par les salariés relevant de la même catégorie professionnelle ou, à défaut, de la moyenne des augmentations individuelles dans l'entreprise.

Cette règle n'est pas applicable aux accords collectifs de branche ou d'entreprise conclus antérieurement à l'entrée en vigueur de la loi n° 2006-340 du 23 mars 2006 relative à l'égalité salariale entre les femmes et les hommes.

Art. L. 1225-27. La salariée qui reprend son activité à l'issue d'un congé de maternité a droit à (L. 2014-288 du 5 mars 2014, art. 5, I, 9°, JO 6) «l'entretien professionnel mentionné au I de l'article L. 6315-1.»

Art. L. 1225-28. (L. 2014-1554 du 22 déc. 2014, art. 45, VI, JO 24) «En cas de décès de la mère au cours de la période d'indemnisation définie au premier alinéa de l'article L. 331-6 du code de la sécurité sociale, le père peut suspendre son contrat de travail pendant une période au plus égale à la durée d'indemnisation restant à courir, définie au même premier alinéa, le cas échéant reportée en application du deuxième alinéa du même article. »

L'intéressé avertit son employeur du motif de son absence et de la date à laquelle il entend mettre fin à la suspension de son contrat de travail. Le père bénéficie alors de la protection contre le licenciement prévue aux articles L. 1225-4 et L. 1225-5.

(L. 2012-1404 du 17 déc. 2012, art. 94, III, JO 18) «Lorsque le père de l'enfant n'exerce pas son droit, le bénéfice de celui-ci est accordé au conjoint salarié de la mère ou à la personne (L. 2014-1554 du 22 déc. 2014, art. 45, VI, JO 24) «salariée » liée à elle par un pacte civil de solidarité ou vivant maritalement avec elle. »

Sous-section 4. **Interdiction d'emploi prénatal et postnatal**

Art. L. 1225-29. Il est interdit d'employer la salariée pendant une période de huit semaines au total avant et après son accouchement.

Il est interdit d'employer la salariée dans les six semaines qui suivent son accouchement.

Sous-section 5. **Dispositions particulières à l'allaitement**

Art. L. 1225-30. Pendant une année à compter du jour de la naissance, la salariée allaitant son enfant dispose à cet effet d'une heure par jour durant les heures de travail.

Art. R. 1225-5. L'heure prévue à l'article L. 1225-30 dont dispose la salariée pour allaiter son enfant est répartie en deux périodes de trente minutes, l'une pendant le travail du matin, l'autre pendant l'après-midi.

La période où le travail est arrêté pour l'allaitement est déterminée par accord entre la salariée et l'employeur.

À défaut d'accord, cette période est placée au milieu de chaque demi-journée de travail.

Art. R. 1225-6. La période de trente minutes est réduite à vingt minutes lorsque l'employeur met à la disposition des salariées, à l'intérieur ou à proximité des locaux affectés au travail, un local dédié à l'allaitement.

Art. L. 1225-31. La salariée peut allaiter son enfant dans l'établissement.

Art. L. 1225-32. Tout employeur employant plus de cent salariées peut être mis en demeure d'installer dans son établissement ou à proximité des locaux dédiés à l'allaitement.

Art. R. 1225-7. Les caractéristiques du local dédié à l'allaitement, prévu à l'article L. 1225-32, figurent aux articles R. 4152-13 et suivants.

Art. L. 1225-33. Un décret en Conseil d'État détermine, suivant l'importance et la nature des établissements, les conditions d'application de la présente sous-section.

Sous-section 6. **Démission**

Art. L. 1225-34. La salariée en état de grossesse médicalement constaté peut rompre son contrat de travail sans préavis et sans devoir d'indemnité de rupture.

SECTION 2. Congé de paternité et d'accueil de l'enfant

Art. L. 1225-35. (L. 2012-1404 du 17 déc. 2012, art. 94, I, JO 18) «Après la naissance de l'enfant et dans un délai déterminé par décret, le père salarié ainsi que, le cas échéant, le conjoint salarié de la mère ou la personne salariée liée à elle par un pacte civil de solidarité ou vivant maritalement avec elle bénéficient d'un congé de paternité et d'accueil de l'enfant » de onze jours consécutifs ou de dix-huit jours consécutifs en cas de naissances multiples.

Le congé de paternité (L. 2012-1404 du 17 déc. 2012, art. 94, I, JO 18) «et d'accueil de l'enfant » entraîne la suspension du contrat de travail.

Le salarié qui souhaite bénéficier du congé de paternité (L. 2012-1404 du 17 déc. 2012, art. 94, I, JO 18) «et d'accueil de l'enfant » avertit son employeur au moins un mois avant la date à laquelle il envisage de le prendre, en précisant la date à laquelle il entend y mettre fin.

(L. 2018-1203 du 22 déc. 2018, art. 72, III, JO 23) «Par dérogation aux trois premiers alinéas, lorsque l'état de santé de l'enfant nécessite son hospitalisation immédiate après la naissance dans une unité de soins spécialisée définie par arrêté des ministres chargés de la santé et de la sécurité sociale, le congé de paternité et d'accueil de l'enfant est de droit pendant la période d'hospitalisation, dans la limite d'une durée maximale déterminée par décret. »

Art. D. 1225-8. Le congé de paternité (D. 2019-630 du 24 juin 2019, JO 25, entrée en vigueur le 01.07.2019) « et d'accueil de l'enfant prévu aux trois premiers alinéas de l'article L. 1225-35 » est pris dans les quatre mois suivant la naissance de l'enfant.

Le congé peut être reporté au-delà des quatre mois dans l'un des cas suivants :

1° L'hospitalisation de l'enfant. Le congé est pris dans les quatre mois qui suivent la fin de l'hospitalisation ;

2° Le décès de la mère. Le congé est pris dans les quatre mois qui suivent la fin du congé dont bénéficie le père en application de l'article L. 1225-28.

Art. D. 1225-8-1. (D. 2019-630 du 24 juin 2019, JO 25, entrée en vigueur le 01.07.2019) En sus du congé mentionné à l'article L. 1225-35, le père, le conjoint de la mère ou la personne liée à elle par un pacte civil de solidarité ou vivant maritalement avec elle a droit au congé de paternité et d'accueil de l'enfant en cas d'hospitalisation immédiate de l'enfant après la naissance mentionné au quatrième alinéa du même article, pendant toute la période d'hospitalisation dans une ou plusieurs unités de soins spécialisés mentionnées dans l'arrêté prévu au même alinéa, pendant une durée maximale de trente jours consécutifs. Le congé est pris dans les quatre mois suivant la naissance de l'enfant.

Le salarié bénéficiant de ce congé en informe son employeur sans délai en transmettant un document justifiant de cette hospitalisation.

Art. L. 1225-36. À l'issue du congé de paternité (L. 2012-1404 du 17 déc. 2012, art. 94, I, JO 18) «et d'accueil de l'enfant », le salarié retrouve son précédent emploi ou un emploi similaire assorti d'une rémunération au moins équivalente.

SECTION 3. Congés d'adoption

Art. L. 1225-37. Le salarié à qui l'autorité administrative ou tout organisme désigné par voie réglementaire confie un enfant en vue de son adoption a le droit de bénéficier d'un congé d'adoption d'une durée de dix semaines au plus à dater de l'arrivée de l'enfant au foyer. Ce congé peut précéder de sept jours consécutifs, au plus, l'arrivée de l'enfant au foyer.

Le congé d'adoption est porté à :

1° Dix-huit semaines lorsque l'adoption porte à trois ou plus le nombre d'enfants dont le salarié ou le foyer assume la charge ;

2° Vingt-deux semaines en cas d'adoptions multiples.

Art. R. 1225-9. Le congé d'adoption bénéficie au salarié qui s'est vu confier un enfant par le service départemental d'aide sociale à l'enfance, l'Agence française de l'adoption ou tout autre organisme français autorisé pour l'adoption.

Art. L. 1225-38. Le congé d'adoption suspend le contrat de travail.

Pendant la suspension, les parents salariés bénéficient de la protection contre le licenciement prévue aux articles L. 1225-4 et L. 1225-5. L'application de ces articles ne fait pas obstacle à l'échéance du contrat de travail à durée déterminée.

Art. L. 1225-39. Le licenciement d'un salarié est annulé lorsque, dans un délai de quinze jours à compter de sa notification, l'intéressé envoie à son employeur, dans des conditions déterminées par voie réglementaire, une attestation justifiant l'arrivée à son foyer, dans un délai de quinze jours, d'un enfant placé en vue de son adoption. Cette attestation est délivrée par l'autorité administrative ou par l'organisme autorisé pour l'adoption qui procède au placement.

Ces dispositions ne s'appliquent pas lorsque le licenciement est prononcé pour une faute grave non liée à l'adoption ou par impossibilité de maintenir le contrat de travail pour un motif étranger à l'adoption.

Art. R. 1225-10. L'attestation justifiant l'arrivée d'un enfant, mentionnée à l'article L. 1225-39, est délivrée par le président du (D. 2013-938 du 18 oct. 2013, art. 1er, JO 20) « Conseil départemental ».

Art. R. 1225-11. Le salarié avertit son employeur, en application de l'article L. 1225-39, du premier alinéa de l'article L. 1225-42 et de l'article L. 1225-46, par lettre recommandée avec avis de réception ou remise contre récépissé.

Art. L. 1225-40. Lorsque la durée du congé d'adoption est répartie entre les deux parents, l'adoption d'un enfant par un couple de parents salariés ouvre droit à onze jours supplémentaires de congé d'adoption ou à dix-huit jours en cas d'adoptions multiples.

La durée du congé ne peut être fractionnée qu'en deux périodes, dont la plus courte est au moins égale à onze jours.

Ces deux périodes peuvent être simultanées.

Art. L. 1225-41. Le salarié titulaire de l'agrément mentionné aux articles L. 225-2 et L. 225-17 du code de l'action sociale et des familles bénéficie du congé d'adoption lorsqu'il adopte ou accueille un enfant en vue de son adoption par décision de l'autorité étrangère compétente, à condition que l'enfant ait été autorisé, à ce titre, à entrer sur le territoire national.

Art. L. 1225-42. Le salarié avertit l'employeur du motif de son absence et de la date à laquelle il entend mettre fin à la suspension de son contrat de travail.

La durée du congé d'adoption est assimilée à une période de travail effectif pour la détermination des droits que le salarié tient de son ancienneté.

Art. L. 1225-43. À l'issue du congé d'adoption, le salarié retrouve son précédent emploi ou un emploi similaire assorti d'une rémunération au moins équivalente.

Art. L. 1225-44. En l'absence d'accord collectif de branche ou d'entreprise déterminant des garanties d'évolution de la rémunération des salariés, pendant le congé d'adoption et à la suite de ce congé, au moins aussi favorables que celles mentionnées dans le présent article, cette rémunération, au sens de l'article L. 3221-3, est majorée, à la suite de ce congé, des augmentations générales ainsi que de la moyenne des augmentations individuelles perçues pendant la durée de ce congé par les salariés relevant de la même catégorie professionnelle ou, à défaut, de la moyenne des augmentations individuelles dans l'entreprise.

Cette règle n'est pas applicable aux accords collectifs de branche ou d'entreprise conclus antérieurement à l'entrée en vigueur de la loi n° 2006-340 du 23 mars 2006 relative à l'égalité salariale entre les femmes et les hommes.

Art. L. 1225-45. Toute stipulation d'une convention ou d'un accord collectif de travail comportant en faveur des salariées en congé de maternité un avantage lié à la naissance s'applique de plein droit aux salariés en congé d'adoption.

Art. L. 1225-46. Tout salarié titulaire de l'agrément mentionné aux articles L. 225-2 et L. 225-17 du code de l'action sociale et des familles a le droit de bénéficier d'un congé d'adoption internationale et extra-métropolitaine non rémunéré lorsque, en vue de l'adoption d'un enfant, il se rend à l'étranger (Ord. 2017-1491 du 25 oct. 2017, art. 2, 2°, JO 26, entrée en vigueur le 01.01.2018) « dans une collectivité régie par l'article 73 ou l'article 74 de la Constitution » ou en Nouvelle-Calédonie, depuis un département métropolitain, (Ord. 2017-1491 du 25 oct. 2017, art. 2, 2°, JO 26, entrée en vigueur le 01.01.2018) « une autre collectivité régie par l'article 73 de la Constitution » ou depuis (Ord. 2008-205 du 27 févr. 2008, JO 1er mars) «Saint-Barthélemy, Saint-Martin ou » Saint-Pierre-et-Miquelon.

Le droit au congé est ouvert pour une durée maximale de six semaines par agrément.

Le salarié informe son employeur au moins deux semaines avant son départ du point de départ et de la durée envisagée du congé.

Le salarié a le droit de reprendre son activité initiale lorsqu'il interrompt son congé avant la date prévue.

À l'issue de son congé, le salarié retrouve son précédent emploi ou un emploi similaire assorti d'une rémunération au moins équivalente.

Art. L. 1225-46-1. (L. 2014-288 du 5 mars 2014, art. 5, I, 10°, JO 6) Le salarié qui reprend son activité initiale à l'issue des congés d'adoption mentionnés à la présente section a droit à l'entretien professionnel mentionné au I de l'article L. 6315-1.

SECTION 4. Congés d'éducation des enfants

Sous-section 1. Congé parental d'éducation et passage à temps partiel

Art. L. 1225-47. Pendant la période qui suit l'expiration du congé de maternité ou d'adoption, tout salarié justifiant d'une ancienneté minimale d'une année à la date de naissance de son enfant, adopté ou confié en vue de son adoption, ou de l'arrivée au foyer d'un enfant qui n'a pas encore atteint l'âge de la fin de l'obligation scolaire a le droit :

1° Soit au bénéfice d'un congé parental d'éducation durant lequel le contrat de travail est suspendu ;

2° Soit à la réduction de sa durée de travail, sans que cette activité à temps partiel puisse être inférieure à seize heures hebdomadaires.

Art. L. 1225-48. Le congé parental d'éducation et la période d'activité à temps partiel ont une durée initiale d'un an au plus. Ils peuvent être prolongés deux fois pour prendre fin au plus tard au terme des périodes définies aux deuxième et (L. 2014-873 du 4 août 2014, art. 8, JO 5) «quatrième » alinéas, quelle que soit la date de leur début.

Le congé parental d'éducation et la période d'activité à temps partiel prennent fin au plus tard au troisième anniversaire de l'enfant.

(L. 2014-873 du 4 août 2014, art. 8, JO 5) « En cas de naissances multiples, le congé parental d'éducation peut être prolongé jusqu'à l'entrée à l'école maternelle des enfants. Pour les naissances multiples d'au moins trois enfants ou les arrivées simultanées d'au moins trois enfants adoptés ou confiés en vue d'adoption, il peut être prolongé cinq fois pour prendre fin au plus tard au sixième anniversaire des enfants. »

En cas d'adoption d'un enfant de moins de trois ans, le congé parental et la période d'activité à temps partiel prennent fin à l'expiration d'un délai de trois ans à compter de l'arrivée au foyer de l'enfant.

Lorsque l'enfant adopté ou confié en vue de son adoption est âgé de plus de trois ans mais n'a pas encore atteint l'âge de la fin de l'obligation scolaire, le congé parental et la période d'activité à temps partiel ne peuvent excéder une année à compter de l'arrivée au foyer.

Art. L. 1225-49. En cas de maladie, d'accident ou de handicap graves de l'enfant appréciés selon des modalités définies par décret en Conseil d'État, le congé parental et la période d'activité à temps partiel prennent fin au plus tard une année après les dates limites définies à l'article L. 1225-48.

Art. R. 1225-12. Pour l'application de l'article L. 1225-49 :

1° La gravité de la maladie ou de l'accident est constatée par un certificat médical qui atteste également que l'état de l'enfant rend nécessaire la présence d'une personne auprès de lui pendant une période déterminée ;

2° Le handicap grave de l'enfant est établi dès lors que ce handicap ouvre droit à l'allocation d'éducation spéciale prévue à l'article L. 541-1 du code de la sécurité sociale.

Art. L. 1225-50. Le salarié informe son employeur du point de départ et de la durée de la période pendant laquelle il entend bénéficier soit d'un congé parental d'éducation, soit d'une réduction de sa durée du travail.

Lorsque cette période suit immédiatement le congé de maternité ou le congé d'adoption, le salarié informe l'employeur au moins un mois avant le terme de ce congé. Dans le cas contraire, l'information est donnée à l'employeur deux mois au moins avant le début du congé parental d'éducation ou de l'activité à temps partiel.

Art. R. 1225-13. Les informations et demandes motivées prévues aux articles L. 1225-50 à L. 1225-52 sont adressées à l'employeur par lettre recommandée avec avis de réception ou remise contre récépissé.

Art. L. 1225-51. Lorsque le salarié entend prolonger ou modifier son congé parental d'éducation ou sa période d'activité à temps partiel, il en avertit l'employeur au moins un mois avant le terme initialement prévu et l'informe de son intention soit de transformer le congé parental en activité à temps partiel, soit de transformer l'activité à temps partiel en congé parental.

Toutefois, pendant la période d'activité à temps partiel ou à l'occasion des prolongations de celle-ci, le salarié ne peut pas modifier la durée du travail initialement choisie sauf accord de l'employeur ou lorsqu'une convention ou un accord collectif de travail le prévoit expressément.

Art. L. 1225-52. En cas de décès de l'enfant ou de diminution importante des ressources du foyer, le salarié a le droit :

1° S'il bénéficie du congé parental d'éducation, soit de reprendre son activité initiale, soit d'exercer son activité à temps partiel dans la limite de la durée initialement prévue par le contrat de travail ;

2° S'il travaille à temps partiel pour élever un enfant, de reprendre son activité initiale et, avec l'accord de l'employeur, d'en modifier la durée.

Le salarié adresse une demande motivée à l'employeur un mois au moins avant la date à laquelle il entend bénéficier de ces dispositions.

Art. L. 1225-53. Le salarié en congé parental d'éducation ou qui travaille à temps partiel pour élever un enfant ne peut exercer par ailleurs aucune activité professionnelle autre que les activités d'assistance maternelle définies par le titre II du livre IV du code de l'action sociale et des familles.

Art. L. 1225-54. La durée du congé parental d'éducation est prise en compte pour moitié pour la détermination des droits que le salarié tient de son l'ancienneté.

Art. L. 1225-55. À l'issue du congé parental d'éducation ou de la période de travail à temps partiel ou dans le mois qui suit la demande motivée de reprise de l'activité initiale mentionnée à l'article L. 1225-52, le salarié retrouve son précédent emploi ou un emploi similaire assorti d'une rémunération au moins équivalente.

Art. L. 1225-56. Au cours du congé parental d'éducation ou d'une période d'activité à temps partiel pour élever un enfant, le salarié a le droit de suivre, à son initiative, (L. 2018-771 du 5 sept. 2018, art. 4, IV, 1°, JO 6) «un bilan de compétences ».

Pendant cette période, il n'est pas rémunéré.

Il bénéficie de la législation de sécurité sociale relative à la protection en matière d'accidents du travail et de maladies professionnelles prévue à l'article L. 6342-5 pour les stagiaires de la formation professionnelle.

Art. L. 1225-57. Le salarié qui reprend son activité initiale à l'issue du congé parental d'éducation (L. 2014-288 du 5 mars 2014, art. 5, I, 11°, JO 6) «ou d'une période d'activité à temps partiel pour élever un enfant » a droit à (L. 2014-288 du 5 mars 2014, art. 5, I, 11°, JO 6) «l'entretien professionnel mentionné au I de l'article L. 6315-1».

(L. 2014-873 du 4 août 2014, art. 12, JO 5) «Au cours de cet entretien, l'employeur et le salarié organisent le retour à l'emploi du salarié ; ils déterminent les besoins de formation du salarié et examinent les conséquences éventuelles du congé sur sa rémunération et l'évolution de sa carrière.

À la demande du salarié, l'entretien peut avoir lieu avant la fin du congé parental d'éducation. »

Art. L. 1225-58. Le salarié bénéficiant d'un congé parental d'éducation ou exerçant son activité à temps partiel pour élever un enfant bénéficie de plein droit du bilan de compétences mentionné à l'article L. 6313-1, dans les conditions d'ancienneté mentionnées à l'article L. 1225-47.

Art. L. 1225-59. Le salarié reprenant son activité initiale bénéficie d'un droit à une action de formation professionnelle, notamment en cas de changement de techniques ou de méthodes de travail.

Le salarié peut également bénéficier de ce droit avant l'expiration de la période pendant laquelle il entendait bénéficier d'un congé parental d'éducation ou d'une période d'activité à temps partiel. Dans ce cas, il est mis fin au congé parental d'éducation ou à l'exercice d'une activité à temps partiel pour élever un enfant.

Sous-section 2. **Congés pour maladie d'un enfant**

§ 1. Congé pour enfant malade

Art. L. 1225-61. Le salarié bénéficie d'un congé non rémunéré en cas de maladie ou d'accident, constatés par certificat médical, d'un enfant de moins de seize ans dont il assume la charge au sens de l'article L. 513-1 du code de la sécurité sociale.

La durée de ce congé est au maximum de trois jours par an. Elle est portée à cinq jours si l'enfant est âgé de moins d'un an ou si le salarié assume la charge de trois enfants ou plus âgés de moins de seize ans.

§ 2. Congé de présence parentale

Art. L. 1225-62. Le salarié dont l'enfant à charge au sens de l'article L. 513-1 du code de la sécurité sociale et remplissant l'une des conditions prévues par l'article L. 512-3 du même code est atteint d'une maladie, d'un handicap ou victime d'un accident d'une particulière gravité rendant indispensables une présence soutenue et des soins contraignants bénéficie, pour une période déterminée par décret, d'un congé de présence parentale.

Le nombre de jours de congés dont peut bénéficier le salarié au titre du congé de présence parentale est au maximum de trois cent dix jours ouvrés. (L. 2019-1446 du 24 déc. 2019, art. 69, II, 1°, JO 27, entrée en vigueur au plus tard le 30.09.2020) « Le salarié peut, avec l'accord de son employeur, transformer ce congé en période d'activité à temps partiel ou le fractionner. »

La durée initiale du congé est celle définie dans le certificat médical mentionné à l'article L. 544-2 du code de la sécurité sociale. (L. 2019-180 du 8 mars 2019, JO 10) «Cette durée peut faire l'objet d'un nouvel examen dans les conditions fixées au second alinéa du même article L. 544-2. Au-delà de la période déterminée au premier alinéa du présent article, le salarié peut à nouveau bénéficier d'un congé de présence parentale, dans le respect des dispositions du présent article et des articles L. 1225-63 à L. 1225-65 du présent code, dans les situations mentionnées aux 1° et 2° de l'article L. 544-3 du code de la sécurité sociale. »

Art. R. 1225-15. Pour l'application de l'article L. 1225-62, la particulière gravité de la maladie, de l'accident ou du handicap ainsi que la nécessité d'une présence soutenue et de soins contraignants sont attestées par un certificat médical.

Ce certificat précise la durée prévisible de traitement de l'enfant.

Art. D. 1225-16. La période maximale pendant laquelle un salarié peut pour un même enfant et par maladie, accident ou handicap bénéficier des jours de congé de présence parentale est fixée à trois ans.

Art. D. 1225-17. (D. 2020-470 du 23 avril 2020, JO 25) « La » durée initiale de la période au cours de laquelle le salarié bénéficie du droit à congé de présence parentale fait l'objet d'un nouvel examen (D. 2020-470 du 23 avril 2020, JO 25) « dans les conditions prévues à l'article D. 544-2 du code de la sécurité sociale. Ce nouvel examen » donne lieu à un certificat médical, tel que prévu à l'article R. 1225-15 et qui est adressé à l'employeur.

En cas de prolongation au-delà de la durée du congé de présence parentale prévu antérieurement, les conditions de prévenance de l'employeur prévues à l'article L. 1225-63 s'appliquent.

Art. L. 1225-63. Le salarié informe l'employeur de sa volonté de bénéficier du congé de présence parentale au moins quinze jours avant le début du congé.

(L. 2019-1446 du 24 déc. 2019, art. 69, II, 2°, JO 27, entrée en vigueur au plus tard le 30.09.2020) « Chaque fois qu'il souhaite prendre une demi-journée, un jour ou plusieurs jours de congé, il en informe l'employeur au moins quarante-huit heures à l'avance. En cas de dégradation soudaine de l'état de santé de l'enfant ou en cas de situation de crise nécessitant une présence sans délai du salarié, ce dernier peut bénéficier de ce congé immédiatement. »

Art. R. 1225-14. Au moins quinze jours avant le début du congé de présence parentale, le salarié informe son employeur par lettre recommandée avec avis de réception ou remise contre récépissé de sa volonté de bénéficier de ce congé. Il joint un certificat médical.

Art. L. 1225-64. À l'issue du congé de présence parentale, le salarié retrouve son précédent emploi ou un emploi similaire assorti d'une rémunération au moins équivalente.

En cas de décès de l'enfant ou de diminution importante des ressources du foyer, le salarié qui a accompli la formalité prévue à l'article L. 1225-52 retrouve son précédent emploi ou un emploi similaire assorti d'une rémunération au moins équivalente.

Art. L. 1225-65. La durée du congé de présence parentale est prise en compte (L. 2019-180 du 8 mars 2019, JO 10) «en totalité » pour la détermination des droits que le salarié tient de son ancienneté (L. 2019-180 du 8 mars 2019, JO 10) «dans l'entreprise ».

§ 3. Don de jours de repos à un parent d'enfant décédé ou gravement malade

Note Ce paragraphe a été introduit par la loi 2014-459 du 9 mai 2014, JO 10.

Art. L. 1225-65-1. Un salarié peut, sur sa demande et en accord avec l'employeur, renoncer anonymement et sans contrepartie à tout ou partie de ses jours de repos non pris, qu'ils aient été affectés ou non sur un compte épargne temps, au bénéfice d'un autre salarié de l'entreprise qui assume la charge d'un enfant âgé de moins de vingt ans atteint d'une maladie, d'un handicap ou victime d'un accident d'une particulière gravité rendant indispensables une présence soutenue et des soins contraignants. Le congé annuel ne peut être cédé que pour sa durée excédant vingt-quatre jours ouvrables.

(L. 2020-692 du 8 juin 2020, art. 3, I, 2°, JO 9) «Un salarié peut, dans les mêmes conditions, renoncer à tout ou partie de ses jours de repos non pris au bénéfice d'un autre salarié de l'entreprise dont l'enfant âgé de moins de vingt-cinq ans est décédé. Cette possibilité est également ouverte au bénéfice du salarié au titre du décès de la personne de moins de vingt-cinq ans à sa charge effective et permanente. Cette renonciation peut intervenir au cours de l'année suivant la date du décès. »

Le salarié bénéficiaire d'un ou plusieurs jours cédés en application (L. 2020-692 du 8 juin 2020, art. 3, I, 2°, JO 9) « des deux premiers alinéas » bénéficie du maintien de sa rémunération pendant sa période d'absence. Cette période d'absence est assimilée à une période de travail effectif pour la détermination des droits que le salarié tient de son ancienneté. Le salarié conserve le bénéfice de tous les avantages qu'il avait acquis avant le début de sa période d'absence.

Art. L. 1225-65-2. La particulière gravité de la maladie, du handicap ou de l'accident mentionnés au premier alinéa de l'article L. 1225-65-1 ainsi que le caractère indispensable d'une présence soutenue et de soins contraignants sont attestés par un certificat médical détaillé, établi par le médecin qui suit l'enfant au titre de la maladie, du handicap ou de l'accident.

Sous-section 3. Démission pour élever un enfant

Art. L. 1225-66. Pour élever son enfant, le salarié peut, sous réserve d'en informer son employeur au moins quinze jours à l'avance, rompre son contrat de travail à l'issue du congé de maternité ou d'adoption ou, le cas échéant, deux mois après la naissance ou l'arrivée au foyer de l'enfant, sans être tenu de respecter le délai de préavis, ni de devoir de ce fait d'indemnité de rupture.

Art. R. 1225-18. Le salarié informe son employeur de sa démission, en application de l'article L. 1225-66, par lettre recommandée avec avis de réception ou remise contre récépissé.

Il adresse à l'employeur sa demande de réembauche, en application de l'article L. 1225-67, par lettre recommandée avec avis de réception ou remise contre récépissé.

Art. L. 1225-67. Dans l'année suivant la rupture de son contrat, le salarié peut solliciter sa réembauche.

Le salarié bénéficie alors pendant un an d'une priorité de réembauche dans les emplois auxquels sa qualification lui permet de prétendre.

L'employeur lui accorde, en cas de réemploi, le bénéfice de tous les avantages qu'il avait acquis au moment de son départ.

Art. R. 1225-19. Les propositions d'embauche par priorité faites par l'employeur conformément à l'article L. 1225-67 sont adressées au salarié par lettre recommandée avec avis de réception.

Le refus par le salarié de ces propositions est adressé à l'employeur dans la même forme.

Art. L. 1225-68. Le salarié réembauché dans l'entreprise en application de l'article L. 1225-67 bénéficie d'un droit à une action de formation professionnelle, notamment en cas de changement de techniques ou de méthodes de travail.

SECTION 5. Sanctions

Art. L. 1225-70. Toute convention contraire aux articles L. 1225-1 à L. 1225-28 et L. 1225-35 à L. 1225-69, relatifs à la maternité, la paternité, l'adoption et l'éducation des enfants est nulle.

Art. L. 1225-71. (Ord. 2017-1387 du 22 sept. 2017, art. 3, 2°, JO 23) L'inobservation par l'employeur des dispositions des articles L. 1225-1 à L. 1225-28 et L. 1225-35 à L. 1225-69 peut donner lieu, au profit du salarié, à l'attribution d'une indemnité déterminée conformément aux dispositions de l'article L. 1235-3-1.

SECTION 6. Dispositions d'application

Art. L. 1225-72. Un décret en Conseil d'État détermine les modalités d'application des articles L. 1225-1 à L. 1225-28 et L. 1225-35 à L. 1225-69 ainsi que le régime des sanctions applicables à l'employeur qui méconnaît leurs dispositions.

Chapitre VI

Maladie, accident et inaptitude médicale

SECTION 1. Absences pour maladie ou accident

Art. L. 1226-1. Tout salarié ayant (L. 2008-596 du 25 juin 2008, JO 26) « une année » d'ancienneté dans l'entreprise bénéficie, en cas d'absence au travail justifiée par l'incapacité résultant de maladie ou d'accident constaté par certificat médical et contre-visite s'il y a lieu, d'une indemnité complémentaire à l'allocation journalière prévue à l'article L. 321-1 du code de la sécurité sociale, à condition :

1° D'avoir justifié dans les quarante-huit heures de cette incapacité (L. 2015-1702 du 21 déc. 2015, art. 63, II, JO 22) « , sauf si le salarié fait partie des personnes mentionnées à l'article L. 169-1 du code de la sécurité sociale »;

2° D'être pris en charge par la sécurité sociale ;

3° D'être soigné sur le territoire français ou dans l'un des autres États membres de la Communauté européenne ou dans l'un des autres États partie à l'accord sur l'Espace économique européen.

Ces dispositions ne s'appliquent pas aux salariés travaillant à domicile, aux salariés saisonniers, aux salariés intermittents et aux salariés temporaires.

Un décret en Conseil d'État détermine les formes et conditions de la contre-visite mentionnée au premier alinéa.

Le taux, les délais et les modalités de calcul de l'indemnité complémentaire sont déterminés par voie réglementaire.

Art. D. 1226-1. L'indemnité complémentaire prévue à l'article L. 1226-1 est calculée selon les modalités suivantes :

1° Pendant les trente premiers jours, 90 % de la rémunération brute que le salarié aurait perçue s'il avait continué à travailler ;

2° Pendant les trente jours suivants, deux tiers de cette même rémunération.

Art. D. 1226-2. Les durées d'indemnisation sont augmentées de dix jours par période entière de cinq ans d'ancienneté en plus de la durée (D. 2008-716 du 18 juil. 2008, JO 19) « d'une année » requise à l'article L. 1226-1, sans que chacune d'elle puisse dépasser quatre-vingt-dix jours.

Art. D. 1226-3. Lors de chaque arrêt de travail, les durées d'indemnisation courent à compter du premier jour d'absence si celle-ci est consécutive à un accident du travail ou à une maladie professionnelle, à l'exclusion des accidents de trajet.

(D. 2008-716 du 18 juil. 2008, JO 19) « Toutefois, dans tous les autres cas, le délai d'indemnisation court au-delà de sept jours d'absence. »

Art. D. 1226-4. Pour le calcul des indemnités dues au titre d'une période de paie, il est tenu compte des indemnités déjà perçues par l'intéressé durant les douze mois antérieurs, de telle sorte que si plusieurs absences pour maladie ou accident ont été indemnisées au cours de ces douze mois, la durée totale d'indemnisation ne dépasse pas celle applicable en application des articles D. 1226-1 et D. 1226-2.

Art. D. 1226-5. Sont déduites de l'indemnité complémentaire les allocations que le salarié perçoit de la sécurité sociale et des régimes complémentaires de prévoyance, mais en ne retenant dans ce dernier cas que la part des prestations résultant des versements de l'employeur.

Art. D. 1226-6. Lorsque les indemnités de la sécurité sociale sont réduites du fait, notamment, de l'hospitalisation ou d'une sanction par la caisse du non respect de son règlement intérieur, elles sont réputées servies intégralement pour le calcul de l'indemnité complémentaire.

Art. D. 1226-7. La rémunération à prendre en considération pour le calcul de l'indemnité complémentaire est celle correspondant à l'horaire pratiqué pendant l'absence du salarié dans l'établissement ou partie d'établissement.

Toutefois, si l'horaire des salariés a été augmenté par suite de l'absence du salarié, cette augmentation n'est pas prise en considération pour la fixation de la rémunération.

Art. D. 1226-8. L'ancienneté prise en compte pour la détermination du droit à l'indemnité complémentaire s'apprécie au premier jour de l'absence.

Art. L. 1226-1-1. (L. 2010-1594 du 20 déc. 2010, art. 84, II, JO 21) Le contrat de travail d'un salarié atteint d'une maladie ou victime d'un accident non professionnel demeure suspendu pendant les périodes au cours desquelles il suit les actions mentionnées à l'article L. 323-3-1 du code de la sécurité sociale dans les conditions prévues à ce même article.

SECTION 2. Inaptitude consécutive à une maladie ou un accident non professionnel - Maladie grave

Sous-section 1. Inaptitude consécutive à une maladie ou un accident non professionnel

Art. L. 1226-2. Lorsque (L. 2016-1088 du 8 août 2016, art. 102, I, 3°, JO 9, entrée en vigueur au plus tard le 01.01.2017) « le salarié victime d'une maladie ou d'un accident non professionnel » est déclaré inapte par le médecin du travail (L. 2016-1088 du 8 août 2016, art. 102, I, 3°, JO 9, entrée en vigueur au plus tard le 01.01.2017) « , en application de l'article L. 4624-4,» à reprendre l'emploi qu'il occupait précédemment, l'employeur lui propose un autre emploi approprié à ses capacités (Ord. 2017-1387 du 22 sept. 2017, art. 7, 1°, JO 23) «, au sein de l'entreprise ou des entreprises du groupe auquel elle appartient le cas échéant, situées sur le territoire national et dont l'organisation, les activités ou le lieu d'exploitation assurent la permutation de tout ou partie du personnel.

(Ord. 2017-1718 du 20 déc. 2017, art. 1er, I, 2°, JO 21) «Pour l'application du présent article, la notion de groupe désigne le groupe formé par une entreprise appelée entreprise dominante et les entreprises qu'elle contrôle dans les conditions définies à l'article L. 233-1, aux I et II de l'article L. 233-3 et à l'article L. 233-16 du code de commerce. »

Cette proposition prend en compte (L. 2016-1088 du 8 août 2016, art. 102, I, 3°, JO 9, entrée en vigueur au plus tard le 01.01.2017) « , après avis (Ord. 2017-1386 du 22 sept. 2017, art. 4, 73°, JO 23, entrée en vigueur au plus tard le 01.01.2018) « du comité social et économique lorsqu'il existe »,» les conclusions écrites du médecin du travail et les indications qu'il formule sur (L. 2016-1088 du 8 août 2016, art. 102, I, 3°, JO 9, entrée en vigueur au plus tard le 01.01.2017) « les capacités » du salarié à exercer l'une des tâches existantes dans l'entreprise. (L. 2016-1088 du 8 août 2016, art. 102, I, 3°, JO 9, entrée en vigueur au plus tard le 01.01.2017) « Le médecin du travail formule également des indications sur la capacité du salarié à bénéficier d'une formation le préparant à occuper un poste adapté. »

L'emploi proposé est aussi comparable que possible à l'emploi précédemment occupé, au besoin par la mise en œuvre de mesures telles que mutations, (L. 2016-1088 du 8 août 2016, art. 102, I, 3°, JO 9, entrée en vigueur au plus tard le 01.01.2017) « aménagements, adaptations ou transformations de postes existants » ou aménagement du temps de travail.

Art. L. 1226-2-1. (L. 2016-1088 du 8 août 2016, art. 102, I, 4°, JO 9, entrée en vigueur au plus tard le 01.01.2017) Lorsqu'il est impossible à l'employeur de proposer un autre emploi au salarié, il lui fait connaître par écrit les motifs qui s'opposent à son reclassement.

L'employeur ne peut rompre le contrat de travail que s'il justifie soit de son impossibilité de proposer un emploi dans les conditions prévues à l'article L. 1226-2, soit du refus par le salarié de l'emploi proposé dans ces conditions, soit de la mention expresse dans l'avis du médecin du travail que tout maintien du salarié dans un emploi serait gravement préjudiciable à sa santé ou que l'état de santé du salarié fait obstacle à tout reclassement dans un emploi.

L'obligation de reclassement est réputée satisfaite lorsque l'employeur a proposé un emploi, dans les conditions prévues à l'article L. 1226-2, en prenant en compte l'avis et les indications du médecin du travail.

S'il prononce le licenciement, l'employeur respecte la procédure applicable au licenciement pour motif personnel prévue au chapitre II du titre III du présent livre.

Art. L. 1226-3. Le contrat de travail du salarié déclaré inapte peut être suspendu pour lui permettre de suivre un stage de reclassement professionnel.

Art. L. 1226-4. Lorsque, à l'issue d'un délai d'un mois à compter de la date de l'examen médical de reprise du travail, le salarié déclaré inapte n'est pas reclassé dans l'entreprise ou s'il n'est pas licencié, l'employeur lui verse, dès l'expiration de ce délai, le salaire correspondant à l'emploi que celui-ci occupait avant la suspension de son contrat de travail.

Ces dispositions s'appliquent également en cas d'inaptitude à tout emploi dans l'entreprise constatée par le médecin du travail.

(L. 2012-387 du 22 mars 2012, art. 47, JO 23) « En cas de licenciement, le préavis n'est pas exécuté et le contrat de travail est rompu à la date de notification du licenciement. Le préavis est néanmoins pris en compte pour le calcul de l'indemnité mentionnée à l'article L. 1234-9. Par dérogation à l'article L. 1234-5, l'inexécution du préavis ne donne pas lieu au versement d'une indemnité compensatrice. »

Art. L. 1226-4-1. (L. 2008-596 du 25 juin 2008, JO 26) En cas de licenciement prononcé dans le cas visé à l'article (L. 2016-1088 du 8 août 2016, art. 102, I, 5°, JO 9, entrée en vigueur au plus tard le 01.01.2017) « L. 1226-2-1 », les indemnités dues au salarié au titre de la rupture sont prises en charge soit directement par l'employeur, soit au titre des garanties qu'il a souscrites à un fonds de mutualisation.

La gestion de ce fonds est confiée à l'association prévue à l'article L. 3253-14.

Art. L. 1226-4-2. (L. 2011-525 du 17 mai 2011, art. 49, JO 18) Les dispositions visées à l'article L. 1226-4 s'appliquent également aux salariés en contrat de travail à durée déterminée.

Art. L. 1226-4-3. (L. 2011-525 du 17 mai 2011, art. 49, JO 18) La rupture du contrat à durée déterminée prononcée en cas d'inaptitude ouvre droit, pour le salarié, à une indemnité dont le montant ne peut être inférieur à celui de l'indemnité prévue à l'article L. 1234-9. Cette indemnité de rupture est versée selon les mêmes modalités que l'indemnité de précarité prévue à l'article L. 1243-8.

Sous-section 2. **Maladie grave**

Art. L. 1226-5. Tout salarié atteint d'une maladie grave au sens du 3° et du 4° de l'article L. 160-14 du code de la sécurité sociale bénéficie d'autorisations d'absence pour suivre les traitements médicaux rendus nécessaires par son état de santé.

SECTION 3. Accident du travail ou maladie professionnelle

Sous-section 1. **Champ d'application**

Art. L. 1226-6. Les dispositions de la présente section ne sont pas applicables aux rapports entre un employeur et son salarié victime d'un accident du travail ou d'une maladie professionnelle, survenu ou contractée au service d'un autre employeur.

Sous-section 2. **Suspension du contrat et protection contre la rupture**

Art. L. 1226-7. Le contrat de travail du salarié victime d'un accident du travail, autre qu'un accident de trajet, ou d'une maladie professionnelle est suspendu pendant la durée de l'arrêt de travail provoqué par l'accident ou la maladie.

Le contrat de travail est également suspendu pendant le délai d'attente et la durée du stage de réadaptation, de rééducation ou de formation professionnelle que doit suivre l'intéressé, conformément à l'avis de la commission des droits et de l'autonomie des personnes handicapées mentionnée à l'article L. 146-9 du code de l'action sociale et des familles. Le salarié bénéficie d'une priorité en matière d'accès aux actions de formation professionnelle.

(L. 2010-1594 du 20 décembre 2010, art. 84, II, JO 21) « Le contrat de travail est également suspendu pendant les périodes au cours desquelles le salarié suit les actions mentionnées à l'article L. 323-3-1 du code de la sécurité sociale dans les conditions prévues à ce même article, en application du quatrième alinéa de l'article L. 433-1 du même code. »

La durée des périodes de suspension est prise en compte pour la détermination de tous les avantages légaux ou conventionnels liés à l'ancienneté dans l'entreprise.

Art. L. 1226-8. À l'issue des périodes de suspension définies à l'article L. 1226-7, le salarié retrouve son emploi ou un emploi similaire assorti d'une rémunération au moins équivalente (L. 2016-1088 du 8 août 2016, art. 102, I, 6°, JO 9, entrée en vigueur au plus tard le 01.01.2017) « , sauf dans les situations mentionnées à l'article L. 1226-10».

Les conséquences de l'accident ou de la maladie professionnelle ne peuvent entraîner pour l'intéressé aucun retard de promotion ou d'avancement au sein de l'entreprise.

Art. L. 1226-9. Au cours des périodes de suspension du contrat de travail, l'employeur ne peut rompre ce dernier que s'il justifie soit d'une faute grave de l'intéressé, soit de son impossibilité de maintenir ce contrat pour un motif étranger à l'accident ou à la maladie.

Art. L. 1226-9-1. (L. 2020-546 du 11 mai 2020, art. 6, JO 12, entrée en vigueur le 12.05.2020) Les dispositions de la présente sous-section s'appliquent en cas de mise en quarantaine au sens du 3° du I de l'article L. 3131-15 du code de la santé publique.

Sous-section 3. **Inaptitude consécutive à un accident du travail ou à une maladie professionnelle**

Art. L. 1226-10. Lorsque (L. 2016-1088 du 8 août 2016, art. 102, I, 7°, JO 9, entrée en vigueur au plus tard le 01.01.2017) « le salarié victime d'un accident du travail ou d'une maladie professionnelle » est déclaré inapte par le médecin du travail (L. 2016-1088 du 8 août 2016, art. 102, I, 7°, JO 9, entrée en vigueur au plus tard le 01.01.2017) « , en application de l'article L. 4624-4,» à reprendre l'emploi qu'il occupait précédemment, l'employeur lui propose un autre emploi approprié à ses capacités (Ord. 2017-1387 du 22 sept. 2017, art. 7, 2°, JO 23) «, au sein de l'entreprise ou des entreprises du groupe auquel elle appartient le cas échéant, situées sur le territoire national et dont l'organisation, les activités ou le lieu d'exploitation assurent la permutation de tout ou partie du personnel ».

Cette proposition prend en compte, après avis (Ord. 2017-1386 du 22 sept. 2017, art. 4, 61°, JO 23, entrée en vigueur au plus tard le 01.01.2018) « du comité [social et économique]», les conclusions écrites du médecin du travail et les indications qu'il formule sur (L. 2016-1088 du 8 août 2016, art. 102, I, 7°, JO 9, entrée en vigueur au plus tard le 01.01.2017) « les capacités » du salarié à exercer l'une des tâches existant dans l'entreprise. (L. 2009-1437 du 24 nov. 2009, art. 9, JO 25) «Le médecin du travail formule également des indications sur l'aptitude du salarié à bénéficier d'une formation (L. 2016-1088 du 8 août 2016, art. 102, I, 7°, JO 9, entrée en vigueur au plus tard le 01.01.2017) « le préparant à occuper » un poste adapté. »

L'emploi proposé est aussi comparable que possible à l'emploi précédemment occupé, au besoin par la mise en œuvre de mesures telles que mutations, (L. 2016-1088 du 8 août 2016, art. 102, I, 7°, JO 9, entrée en vigueur au plus tard le 01.01.2017) « aménagements, adaptations ou transformations de postes existants » ou aménagement du temps de travail.

(Ord. 2017-1718 du 20 déc. 2017, art. 1er, I, 3°, JO 21) «Pour l'application du présent article, la notion de groupe désigne le groupe formé par une entreprise appelée entreprise dominante et les entreprises qu'elle contrôle dans les conditions définies à l'article L. 233-1, aux I et II de l'article L. 233-3 et à l'article L. 233-16 du code de commerce. »

Art. R. 1226-9. La transformation d'un poste réalisée en application de l'article L. 1226-10 peut donner lieu à attribution de l'aide financière prévue à l'article L. 5213-10.

Art. L. 1226-11. Lorsque, à l'issue d'un délai d'un mois à compter de la date de l'examen médical de reprise du travail, le salarié déclaré inapte n'est pas reclassé dans l'entreprise ou s'il n'est pas licencié, l'employeur lui verse, dès l'expiration de ce délai, le salaire correspondant à l'emploi que celui-ci occupait avant la suspension de son contrat de travail.

Ces dispositions s'appliquent également en cas d'inaptitude à tout emploi dans l'entreprise constatée par le médecin du travail.

Art. L. 1226-12. Lorsque l'employeur est dans l'impossibilité de proposer un autre emploi au salarié, il lui fait connaître par écrit les motifs qui s'opposent au reclassement.

L'employeur ne peut rompre le contrat de travail que s'il justifie soit de son impossibilité de proposer un emploi dans les conditions prévues à l'article L. 1226-10, soit du refus par le salarié de l'emploi proposé dans ces conditions (L. 2016-1088 du 8 août 2016, art. 102, I, 8°, JO 9, entrée en vigueur au plus tard le 01.01.2017) « , soit de la mention expresse dans l'avis du médecin du travail que tout maintien du salarié dans l'emploi serait gravement préjudiciable à sa santé ou que l'état de santé du salarié fait obstacle à tout reclassement dans l'emploi ».

(L. 2016-1088 du 8 août 2016, art. 102, I, 8°, JO 9, entrée en vigueur au plus tard le 01.01.2017) « L'obligation de reclassement est réputée satisfaite lorsque l'employeur a proposé un emploi, dans les conditions prévues à l'article L. 1226-10, en prenant en compte l'avis et les indications du médecin du travail. »

S'il prononce le licenciement, l'employeur respecte la procédure applicable au licenciement pour motif personnel prévue au chapitre II du titre III.

Sous-section 4. **Indemnités et sanctions**

Art. L. 1226-13. Toute rupture du contrat de travail prononcée en méconnaissance des dispositions des articles L. 1226-9 et L. 1226-18 est nulle.

Art. L. 1226-14. La rupture du contrat de travail dans les cas prévus au deuxième alinéa de l'article L. 1226-12 ouvre droit, pour le salarié, à une indemnité compensatrice d'un montant égal à celui de l'indemnité compensatrice de préavis prévue à l'article L. 1234-5 ainsi qu'à une indemnité spéciale de licenciement qui, sauf dispositions conventionnelles plus favorables, est égale au double de l'indemnité prévue par l'article L. 1234-9.

Toutefois, ces indemnités ne sont pas dues par l'employeur qui établit que le refus par le salarié du reclassement qui lui est proposé est abusif.

Les dispositions du présent article ne se cumulent pas avec les avantages de même nature prévus par des dispositions conventionnelles ou contractuelles en vigueur au 7 janvier 1981 et destinés à compenser le préjudice résultant de la perte de l'emploi consécutive à l'accident du travail ou à la maladie professionnelle.

Art. L. 1226-15. Lorsqu'un licenciement est prononcé en méconnaissance des dispositions relatives à la réintégration du salarié, prévues à l'article L. 1226-8, le tribunal saisi peut proposer la réintégration du salarié dans l'entreprise, avec maintien de ses avantages acquis.

Il en va de même en cas de licenciement prononcé en méconnaissance des dispositions relatives au reclassement du salarié déclaré inapte prévues aux articles L. 1226-10 à L. 1226-12.

(Ord. 2017-1387 du 22 sept. 2017, art. 3, 3°, JO 23) « En cas de refus de réintégration par l'une ou l'autre des parties, le juge octroie une indemnité au salarié dont le montant est fixé conformément aux dispositions de l'article L. 1235-3-1. Elle se cumule avec l'indemnité compensatrice et, le cas échéant, l'indemnité spéciale de licenciement, prévues à l'article L. 1226-14. »

Lorsqu'un licenciement est prononcé en méconnaissance des dispositions du (L. 2016-1088 du 8 août 2016, art. 102, I, 9°, JO 9, entrée en vigueur au plus tard le 01.01.2017) « dernier » alinéa de l'article L. 1226-12, il est fait application des dispositions prévues par l'article L. 1235-2 en cas d'inobservation de la procédure de licenciement.

Art. L. 1226-16. Les indemnités prévues aux articles L. 1226-14 et L. 1226-15 sont calculées sur la base du salaire moyen qui aurait été perçu par l'intéressé au cours des trois derniers mois s'il avait continué à travailler au poste qu'il occupait avant la suspension du contrat de travail provoquée par l'accident du travail ou la maladie professionnelle.

Pour le calcul de ces indemnités, la notion de salaire est définie par le taux personnel, les primes, les avantages de toute nature, les indemnités et les gratifications qui composent le revenu.

Art. L. 1226-17. En cas de procédure de sauvegarde, de redressement ou de liquidation judiciaire, les dispositions relatives aux créances salariales mentionnées aux articles L. 3253-15, L. 3253-19 à L. 3253-21 sont applicables au paiement des indemnités prévues aux articles L. 1226-14 et L. 1226-15.

Sous-section 5. **Salarié titulaire d'un contrat de travail à durée déterminée**

Art. L. 1226-18. Lorsque le salarié victime d'un accident ou d'une maladie professionnelle est titulaire d'un contrat de travail à durée déterminée, l'employeur ne peut rompre le contrat au cours des périodes de suspension du contrat que s'il justifie soit d'une faute grave de l'intéressé, soit d'un cas de force majeure.

Art. L. 1226-19. Les périodes de suspension du contrat de travail consécutives à un accident du travail ou à une maladie professionnelle ne font pas obstacle à l'échéance du contrat de travail à durée déterminée.

Toutefois, lorsque ce contrat comporte une clause de renouvellement, l'employeur ne peut, au cours des périodes de suspension, refuser le renouvellement que s'il justifie d'un motif réel et sérieux, étranger à l'accident ou à la maladie. À défaut, il verse au salarié une indemnité correspondant au préjudice subi, qui ne peut être inférieure au montant des salaires et avantages que le salarié aurait reçus jusqu'au terme de la période de renouvellement prévue au contrat.

Art. L. 1226-20. Lorsque le salarié est titulaire d'un contrat à durée déterminée, les dispositions des deuxième et (L. 2016-1088 du 8 août 2016, art. 102, I, 10°, JO 9, entrée en vigueur au plus tard le 01.01.2017) « dernier » alinéas de l'article L. 1226-12 et des articles L. 1226-14 à L. 1226-16, relatives aux conditions de licenciement d'un salarié victime d'un accident du travail ou d'une maladie professionnelle, ne sont pas applicables.

Si l'employeur justifie de son impossibilité de proposer un emploi, dans les conditions prévues aux articles L. 1226-10 et L. 1226-11, au salarié déclaré inapte titulaire d'un tel contrat ou si le salarié refuse un emploi offert dans ces conditions (L. 2016-1088 du 8 août 2016, art. 102, I, 10°, JO 9, entrée en vigueur au plus tard le 01.01.2017) « ou si l'avis du médecin du travail mentionne expressément que tout maintien du salarié dans l'emploi serait gravement préjudiciable à sa santé ou que l'état de santé du salarié fait obstacle à tout reclassement dans l'emploi », l'employeur est en droit de (L. 2011-525 du 17 mai 2011, art. 49, JO 18) «procéder à la rupture » du contrat.

(L. 2011-525 du 17 mai 2011, art. 49, JO 18) «Les dispositions visées aux articles L. 1226-10 et L. 1226-11 s'appliquent également aux salariés en contrat de travail à durée déterminée.

La rupture du contrat ouvre droit, pour le salarié, à une indemnité dont le montant ne peut être inférieur au double de celui de l'indemnité prévue à l'article L. 1234-9. Cette indemnité de rupture est versée selon les mêmes modalités que l'indemnité de précarité prévue à l'article L. 1243-8.»

Art. L. 1226-21. Lorsque le salarié (L. 2016-1088 du 8 août 2016, art. 102, I, 11°, JO 9, entrée en vigueur au plus tard le 01.01.2017) « n'est pas déclaré inapte » à l'issue des périodes de suspension, la rupture du contrat de travail à durée déterminée par l'employeur en méconnaissance des dispositions de l'article L. 1226-8 ouvre droit à une indemnité correspondant au préjudice subi. Cette indemnité ne peut être inférieure au montant des salaires et avantages qu'il aurait reçus jusqu'au terme de la période en cours de validité de son contrat.

Il en va de même pour un salarié déclaré inapte en cas de rupture par l'employeur en méconnaissance des dispositions des articles L. 1226-10 et L. 1226-11 ou du deuxième alinéa de l'article L. 1226-20.

Art. L. 1226-22. En cas de procédure de sauvegarde, de redressement ou de liquidation judiciaire, les dispositions relatives aux créances salariales mentionnées aux articles L. 3253-15, L. 3253-19 à L. 3253-21 sont applicables au paiement des indemnités prévues aux articles L. 1226-20 et L. 1226-21.

SECTION 4. Dispositions particulières aux départements de la Moselle, du Bas-Rhin et du Haut-Rhin

Art. L. 1226-23. Le salarié dont le contrat de travail est suspendu pour une cause personnelle indépendante de sa volonté et pour une durée relativement sans importance a droit au maintien de son salaire.

Toutefois, pendant la suspension du contrat, les indemnités versées par un régime d'assurances sociales obligatoire sont déduites du montant de la rémunération due par l'employeur.

Art. L. 1226-24. Le commis commercial qui, par suite d'un accident dont il n'est pas fautif, est dans l'impossibilité d'exécuter son contrat de travail a droit à son salaire pour une durée maximale de six semaines.

Pendant cette durée, les indemnités versées par une société d'assurance ou une mutuelle ne sont pas déduites du montant de la rémunération due par l'employeur. Toute stipulation contraire est nulle.

Est un commis commercial le salarié qui, employé par un commerçant au sens de l'article L. 121-1 du code de commerce, occupe des fonctions commerciales au service de la clientèle.

Chapitre VII

Dispositions pénales

Art. L. 1227-1. Le fait pour un directeur ou un salarié de révéler ou de tenter de révéler un secret de fabrication est puni d'un emprisonnement de deux ans et d'une amende de 30 000 €.

La juridiction peut également prononcer, à titre de peine complémentaire, pour une durée de cinq ans au plus, l'interdiction des droits civiques, civils et de famille prévue par l'article 131-26 du code pénal.

Art. R. 1227-1. Le fait de ne pas procéder à la déclaration préalable à l'embauche, prévue à l'article L. 1221-10, dans les conditions déterminées aux articles R. 1221-1 à R. 1221-6, est puni de l'amende prévue pour les contraventions de la cinquième classe.

Art. R. 1227-2. Est puni de l'amende prévue pour les contraventions de la quatrième classe le fait :

1° De contrevenir aux dispositions de l'article (D. 2011-681 du 16 juin 2011, JO 18, entrée en vigueur le 01.08.2011) « R. 1221-9 relatives à la remise d'une copie de la déclaration préalable à l'embauche ou de l'accusé de réception » au salarié ou, à défaut, de ne pas délivrer au salarié de contrat écrit accompagné de la mention de l'organisme destinataire de la déclaration préalable d'embauche ;

(D. 2011-681 du 16 juin 2011, JO 18, entrée en vigueur le 01.08.2011) « 2° De ne pas présenter à toute réquisition des agents de contrôle mentionnés à l'article L. 8271-7 l'avis de réception prévu par l'article R. 1221-7 s'il est encore tenu de le conserver en application de l'article R. 1221-8 ou, tant qu'il n'a pas reçu cet avis, de ne pas leur communiquer les éléments leur permettant de vérifier qu'il a procédé à la déclaration préalable à l'embauche du salarié, en méconnaissance des dispositions de l'article R. 1221-12. »

Art. R. 1227-3. Le fait de ne pas informer le service public de l'emploi d'une embauche ou de la rupture d'un contrat de travail, en méconnaissance des dispositions de l'article L. 1221-16 et de l'arrêté pris pour son application, est puni de l'amende prévue pour les contraventions de la quatrième classe.

Art. R. 1227-4. Le fait de ne pas fournir les renseignements prévus aux articles (D. 2009-289 du 13 mars 2009, JO 15) « D. 1221-30 et D. 1221-31 », relatifs au relevé mensuel des contrats de travail, est puni de l'amende prévue pour les contraventions de la quatrième classe.

Art. R. 1227-5. Est puni des amendes prévues pour les contraventions de la cinquième classe le fait de méconnaître les dispositions :

1° Des articles L. 1225-1 à L. 1225-28 ainsi que celles des articles R. 1225-1, R. 1225-3, R. 1225-4, R. 1225-11, relatives à la protection de la grossesse et de la maternité ;

2° Des articles L. 1225-35 et L. 1225-36, relatives au congé de paternité ;

3° Des articles L. 1225-37 à L. 1225-45, relatives au congé d'adoption ;

4° Des articles L. 1225-47 à L. 1225-52 et L. 1225-55, relatives au congé parental et au passage à temps partiel pour l'éducation d'un enfant ;

5° Des articles L. 1225-66 et L. 1225-67, relatives à la démission pour élever un enfant.

La récidive de la contravention prévue au présent article est réprimée conformément aux articles 132-11 et 132-15 du code pénal.

Art. R. 1227-6. Le fait de méconnaître les dispositions des articles L. 1225-29 à L. 1225-33, relatives à l'interdiction d'emploi prénatal et postnatal ainsi qu'à l'allaitement, est puni de l'amende prévue pour les contraventions de la cinquième classe, prononcée autant de fois qu'il y a de salariés concernés par l'infraction.

La récidive de la contravention prévue au présent article est réprimée conformément aux articles 132-11 et 132-15 du code pénal.

En cas de pluralité de contraventions entraînant les peines de la récidive, l'amende est appliquée autant de fois qu'il a été relevé de nouvelles infractions.

Art. R. 1227-7. Est puni de l'amende prévue pour les contraventions de la quatrième classe le fait de méconnaître les dispositions :

(D. 2009-289 du 13 mars 2009, JO 15) « 1° » Des articles L. 1221-13 (D. 2015-364 du 30 mars 2015, art. 9, JO 31, entrée en vigueur le 01.05.2015) « , L. 1221-15 et L. 1221-15-1, » D. 1221-23 à R. 1221-26, relatives au registre unique du personnel ;

(D. 2009-289 du 13 mars 2009, JO 15) « 2° » Des articles L. 1221-17 et R. 1221-32 à R. 1221-33, relatives aux autres cas de déclaration préalable.

Cette amende est appliquée autant de fois qu'il y a de personnes employées dans des conditions susceptibles d'être sanctionnées au titre des dispositions de cet article.

TITRE III

RUPTURE DU CONTRAT DE TRAVAIL À DURÉE INDÉTERMINÉE

Chapitre Ier

Dispositions générales

Art. L. 1231-1. Le contrat de travail à durée indéterminée peut être rompu à l'initiative de l'employeur ou du salarié (L. 2008-596 du 25 juin 2008, JO 26) «, ou d'un commun accord,» dans les conditions prévues par les dispositions du présent titre.

Ces dispositions ne sont pas applicables pendant la période d'essai.

Art. L. 1231-2. Les dispositions du présent titre ne dérogent pas aux dispositions légales assurant une protection particulière à certains salariés.

Art. L. 1231-3. Les dispositions du présent titre sont applicables lorsque le salarié est lié à plusieurs employeurs par des contrats de travail.

Art. L. 1231-4. L'employeur et le salarié ne peuvent renoncer par avance au droit de se prévaloir des règles prévues par le présent titre.

Art. L. 1231-5. Lorsqu'un salarié engagé par une société mère a été mis à la disposition d'une filiale étrangère et qu'un contrat de travail a été conclu avec cette dernière, la société mère assure son rapatriement en cas de licenciement par la filiale et lui procure un nouvel emploi compatible avec l'importance de ses précédentes fonctions en son sein.

Si la société mère entend néanmoins licencier ce salarié, les dispositions du présent titre sont applicables.

Le temps passé par le salarié au service de la filiale est alors pris en compte pour le calcul du préavis et de l'indemnité de licenciement.

Art. L. 1231-6. Un décret en Conseil d'État détermine les modalités d'application du présent chapitre.

Art. L. 1231-7. (L. 2019-486 du 22 mai 2019, art. 11, VI, 2°, JO 23, entrée en vigueur le 01.01.2020) Par dérogation aux articles L. 1111-2 et L. 1111-3, pour l'application de la section 2 du chapitre IV du présent titre, un décret en Conseil d'État fixe les conditions dans lesquelles l'effectif salarié et les règles de franchissement des seuils d'effectif sont déterminés.

Art. R. 1231-1. Lorsque les délais prévus par les dispositions légales du présent titre expirent un samedi, un dimanche ou un jour férié ou chômé, ils sont prorogés jusqu'au premier jour ouvrable suivant.

Chapitre II

Licenciement pour motif personnel

SECTION 1. Cause réelle et sérieuse

Art. L. 1232-1. (L. 2008-596 du 25 juin 2008, JO 26) Tout licenciement pour motif personnel est motivé dans les conditions définies par le présent chapitre.

Il est justifié par une cause réelle et sérieuse.

SECTION 2. Entretien préalable

Art. L. 1232-2. L'employeur qui envisage de licencier un salarié le convoque, avant toute décision, à un entretien préalable.

La convocation est effectuée par lettre recommandée ou par lettre remise en main propre contre décharge. Cette lettre indique l'objet de la convocation.

L'entretien préalable ne peut avoir lieu moins de cinq jours ouvrables après la présentation de la lettre recommandée ou la remise en main propre de la lettre de convocation.

Art. R. 1232-1. La lettre de convocation prévue à l'article L. 1232-2 indique l'objet de l'entretien entre le salarié et l'employeur.

Elle précise la date, l'heure et le lieu de cet entretien.

Elle rappelle que le salarié peut se faire assister pour cet entretien par une personne de son choix appartenant au personnel de l'entreprise ou, en l'absence d'institutions représentatives dans l'entreprise, par un conseiller du salarié.

Art. L. 1232-3. Au cours de l'entretien préalable, l'employeur indique les motifs de la décision envisagée et recueille les explications du salarié.

Art. L. 1232-4. Lors de son audition, le salarié peut se faire assister par une personne de son choix appartenant au personnel de l'entreprise.

Lorsqu'il n'y a pas d'institutions représentatives du personnel dans l'entreprise, le salarié peut se faire assister soit par une personne de son choix appartenant au personnel de l'entreprise, soit par un conseiller du salarié choisi sur une liste dressée par l'autorité administrative.

La lettre de convocation à l'entretien préalable adressée au salarié mentionne la possibilité de recourir à un conseiller du salarié et précise l'adresse des services dans lesquels la liste de ces conseillers est tenue à sa disposition.

Art. R. 1232-2. Le salarié qui souhaite se faire assister, lors de l'entretien préalable à son licenciement, par un conseiller du salarié communique à celui-ci la date, l'heure et le lieu de l'entretien.

Le salarié informe l'employeur de sa démarche.

Art. R. 1232-3. Le conseiller du salarié confirme au salarié sa venue ou lui fait connaître immédiatement et par tous moyens qu'il ne peut se rendre à l'entretien.

Art. L. 1232-5. Un décret en Conseil d'État détermine les modalités d'application de la présente section.

SECTION 3. Notification du licenciement

Art. L. 1232-6. Lorsque l'employeur décide de licencier un salarié, il lui notifie sa décision par lettre recommandée avec avis de réception.

Cette lettre comporte l'énoncé du ou des motifs invoqués par l'employeur.

Elle ne peut être expédiée moins de deux jours ouvrables après la date prévue de l'entretien préalable au licenciement auquel le salarié a été convoqué.

Un décret en Conseil d'État détermine les modalités d'application du présent article. (Ord. 2017-1387 du 22 sept. 2017, art. 4, I, JO 23, entrée en vigueur au plus tard le 01.01.2018) « (L. 2018-217 du 29 mars 2018, art. 11, I, 2°, JO 31) « Un arrêté du ministre chargé du travail fixe » les modèles que l'employeur peut utiliser pour procéder à la notification du licenciement. »

Art. R. 1232-13. (D. 2017-1702 du 15 déc. 2017, JO 17) Dans les quinze jours suivant la notification du licenciement, le salarié peut, par lettre recommandée avec avis de réception ou remise contre récépissé, demander à l'employeur des précisions sur les motifs énoncés dans la lettre de licenciement.

L'employeur dispose d'un délai de quinze jours après la réception de la demande du salarié pour apporter des précisions s'il le souhaite. Il communique ces précisions au salarié par lettre recommandée avec avis de réception ou remise contre récépissé.

Dans un délai de quinze jours suivant la notification du licenciement et selon les mêmes formes, l'employeur peut, à son initiative, préciser les motifs du licenciement.

SECTION 4. Conseiller du salarié

Art. L. 1232-7. Le conseiller du salarié est chargé d'assister le salarié lors de l'entretien préalable au licenciement dans les entreprises dépourvues d'institutions représentatives du personnel.

Il est inscrit sur une liste arrêtée par l'autorité administrative après consultation des organisations représentatives d'employeurs et de salariés au niveau national, dans des conditions déterminées par décret.

La liste des conseillers comporte notamment le nom, l'adresse, la profession ainsi que l'appartenance syndicale éventuelle des conseillers. Elle ne peut comporter de conseillers prud'hommes en activité.

Art. L. 1232-8. Dans les établissements (L. 2012-387 du 22 mars 2012, art. 43, 3°, JO 23) « d'au moins onze salariés », l'employeur laisse au salarié investi de la mission de conseiller du salarié le temps nécessaire à l'exercice de sa mission dans la limite d'une durée qui ne peut excéder quinze heures par mois.

Art. L. 1232-9. Le temps passé par le conseiller du salarié hors de l'entreprise pendant les heures de travail pour l'exercice de sa mission est assimilé à une durée de travail effectif pour la détermination de la durée des congés payés, du droit aux prestations d'assurances sociales et aux prestations familiales ainsi qu'au regard de tous les droits que le salarié tient du fait de son ancienneté dans l'entreprise.

Ces absences sont rémunérées par l'employeur et n'entraînent aucune diminution des rémunérations et avantages correspondants.

Art. L. 1232-10. Un décret détermine les modalités d'indemnisation du conseiller du salarié qui exerce son activité professionnelle en dehors de tout établissement ou dépend de plusieurs employeurs.

Art. L. 1232-11. Les employeurs sont remboursés par l'État des salaires maintenus pendant les absences du conseiller du salarié pour l'exercice de sa mission ainsi que des avantages et des charges sociales correspondants.

Art. L. 1232-12. L'employeur accorde au conseiller du salarié, sur la demande de ce dernier, des autorisations d'absence pour les besoins de sa formation. Ces autorisations sont délivrées dans la limite de deux semaines par période de trois ans suivant la publication de la liste des conseillers sur laquelle il est inscrit.

Les dispositions des articles (L. 2016-1088 du 8 août 2016, art. 33, VI, JO 9) « L. 2145-5 » à (L. 2016-1088 du 8 août 2016, art. 33, VII, JO 9) « L. 2145-10 », (L. 2016-1088 du 8 août 2016, art. 33, X, JO 9) « et L. 2145-12 », relatives au congé de formation économique, sociale et syndicale, sont applicables à ces autorisations.

Art. L. 1232-13. Le conseiller du salarié est tenu au secret professionnel pour toutes les questions relatives aux procédés de fabrication.

Il est tenu à une obligation de discrétion à l'égard des informations présentant un caractère confidentiel et données comme telles par l'employeur.

Toute méconnaissance de cette obligation peut entraîner la radiation de l'intéressé de la liste des conseillers par l'autorité administrative.

Art. L. 1232-14. L'exercice de la mission de conseiller du salarié ne peut être une cause de rupture du contrat de travail.

Le licenciement du conseiller du salarié est soumis à la procédure d'autorisation administrative prévue par le livre IV de la deuxième partie.

Art. D. 1232-4. La liste des conseillers du salarié est préparée par le (D. 2009-1377 du 10 nov. 2009, JO 13 ; D. 2010-687 du 24 juin 2010, JO 25 ; voir D. 2010-1582 du 17 déc. 2010, JO 18, pour outre-mer) « directeur régional des entreprises, de la concurrence, de la consommation, du travail et de l'emploi », après consultation des organisations d'employeurs et de salariés représentatives au niveau national siégeant à la Commission nationale de la négociation collective (D. 2018-1262 du 26 déc. 2018, art. 1er, III, JO 28, entrée en vigueur le 01.01.2019) « , de l'emploi et de la formation professionnelle », dont les observations sont présentées dans le délai d'un mois.

Les conseillers du salarié sont choisis en fonction de leur expérience des relations professionnelles et de leurs connaissances du droit social.

Ils exercent leurs fonctions à titre gratuit.

Art. D. 1232-5. La liste des conseillers du salarié est arrêtée dans chaque département par le préfet et publiée au recueil des actes administratifs de la préfecture.

Elle est tenue à la disposition des salariés dans chaque section d'inspection du travail et dans chaque mairie.

Art. D. 1232-6. La liste des conseillers du salarié est révisée tous les trois ans.

Elle peut être complétée à tout moment si nécessaire.

Art. D. 1232-7. Les frais de déplacement et de séjour hors de leur résidence supportés par les médiateurs, les experts et les personnes qualifiées, pour l'accomplissement de leur mission, leur sont remboursés dans les conditions prévues par la réglementation en vigueur pour les fonctionnaires de l'État.

Art. D. 1232-8. Le conseiller du salarié qui a réalisé au moins quatre interventions au cours de l'année civile peut bénéficier d'une indemnité forfaitaire annuelle dont le montant est fixé par arrêté conjoint des ministres chargés du budget et du travail.

Art. D. 1232-9. L'employeur est remboursé mensuellement par l'État des salaires maintenus en application des dispositions de l'article L. 1232-9 ainsi que de l'ensemble des avantages et des charges sociales correspondant qui lui incombent.

Lorsque l'horaire de travail est supérieur à la durée légale, la charge des majorations pour heures supplémentaires est répartie entre l'État et l'employeur. Cette répartition est réalisée proportionnellement au temps passé par le conseiller du salarié respectivement au sein de son entreprise et dans l'exercice de sa fonction d'assistance.

Ce remboursement est réalisé au vu d'une demande établie par l'employeur et contresignée par le conseiller du salarié mentionnant l'ensemble des absences de l'entreprise ayant donné lieu à maintien de la rémunération ainsi que les autres éléments nécessaires au calcul des sommes dues. Cette demande de remboursement est accompagnée d'une copie du bulletin de paie correspondant ainsi que des attestations des salariés bénéficiaires de l'assistance.

En cas d'employeurs multiples, il est produit autant de demandes de remboursement qu'il y a d'employeurs ayant maintenu des salaires.

Art. D. 1232-10. Par dérogation aux dispositions de l'article D. 1232-9, le conseiller du salarié rémunéré uniquement à la commission est indemnisé directement dans les conditions prévues par le présent article.

Pour chaque heure passée entre 8 heures et 18 heures dans l'exercice des fonctions de conseiller, le conseiller du salarié rémunéré uniquement à la commission perçoit une indemnité horaire égale à 1 / 1 900 des revenus professionnels déclarés à l'administration fiscale l'année précédente.

À cet effet, l'intéressé produit copie de sa déclaration d'impôts ainsi qu'une attestation de revenus délivrée par le ou les employeurs.

Art. D. 1232-11. Le salarié qui exerce son activité professionnelle en dehors de tout établissement, à l'exception des salariés mentionnés à l'article D. 1232-10, a droit à ce que les heures passées à l'exercice des fonctions de conseiller du salarié entre 8 heures et 18 heures soient considérées, en tout ou partie, comme des heures de travail et payées comme telles par l'employeur.

Ce dernier est remboursé intégralement dans les conditions prévues à l'article D. 1232-9.

Art. D. 1232-12. Le conseiller du salarié peut être radié de la liste par le préfet, dans les conditions prévues à l'article L. 1232-13.

Chapitre III

Licenciement pour motif économique

SECTION 1. Champ d'application

Art. L. 1233-1. Les dispositions du présent chapitre sont applicables dans les entreprises et établissements privés de toute nature ainsi que, sauf dispositions particulières, dans les entreprises publiques et les établissements publics industriels et commerciaux.

SECTION 2. Dispositions communes

Sous-section 1. Cause réelle et sérieuse

Art. L. 1233-2. (L. 2008-596 du 25 juin 2008, JO 26) Tout licenciement pour motif économique est motivé dans les conditions définies par le présent chapitre.

Il est justifié par une cause réelle et sérieuse.

Sous-section 2. Définition du motif économique

Art. L. 1233-3. Constitue un licenciement pour motif économique le licenciement effectué par un employeur pour un ou plusieurs motifs non inhérents à la personne du salarié résultant d'une suppression ou transformation d'emploi ou d'une modification, refusée par le salarié, d'un élément essentiel du contrat de travail, consécutives (L. 2016-1088 du 8 août 2016, art. 67, JO 9, entrée en vigueur le 01.12.2016) « notamment :

1° À des difficultés économiques caractérisées soit par l'évolution significative d'au moins un indicateur économique tel qu'une baisse des commandes ou du chiffre d'affaires, des pertes d'exploitation ou une dégradation de la trésorerie ou de l'excédent brut d'exploitation, soit par tout autre élément de nature à justifier de ces difficultés.

Une baisse significative des commandes ou du chiffre d'affaires est constituée dès lors que la durée de cette baisse est, en comparaison avec la même période de l'année précédente, au moins égale à :

a) Un trimestre pour une entreprise de moins de onze salariés ;

b) Deux trimestres consécutifs pour une entreprise d'au moins onze salariés et de moins de cinquante salariés ;

c) Trois trimestres consécutifs pour une entreprise d'au moins cinquante salariés et de moins de trois cents salariés ;

d) Quatre trimestres consécutifs pour une entreprise de trois cents salariés et plus ;

2° À des mutations technologiques ;

3° À une réorganisation de l'entreprise nécessaire à la sauvegarde de sa compétitivité ;

4° À la cessation d'activité de l'entreprise.

La matérialité de la suppression, de la transformation d'emploi ou de la modification d'un élément essentiel du contrat de travail s'apprécie au niveau de l'entreprise. »

(Ord. 2017-1387 du 22 sept. 2017, art. 15, JO 23) «Les difficultés économiques, les mutations technologiques ou la nécessité de sauvegarder la compétitivité de l'entreprise s'apprécient au niveau de cette entreprise si elle n'appartient pas à un groupe et, dans le cas contraire, au niveau du secteur d'activité (Ord. 2017-1718 du 20 déc. 2017, art. 1er, I, 4°, JO 21) «commun à cette entreprise et aux » entreprises du groupe auquel elle appartient, établies sur le territoire national (L. 2018-217 du 29 mars 2018, art. 11, I, 3°, JO 31) «, sauf fraude. »

(Ord. 2017-1718 du 20 déc. 2017, art. 1er, I, 4°, JO 21) «Pour l'application du présent article, la notion de groupe désigne le groupe formé par une entreprise appelée entreprise dominante et les entreprises qu'elle contrôle dans les conditions définies à l'article L. 233-1, aux I et II de l'article L. 233-3 et à l'article L. 233-16 du code de commerce. »

Le secteur d'activité permettant d'apprécier la cause économique du licenciement est caractérisé, notamment, par la nature des produits biens ou services délivrés, la clientèle ciblée, (Ord. 2017-1718 du 20 déc. 2017, art. 1er, I, 4°, JO 21) «ainsi que » les réseaux et modes de distribution, se rapportant à un même marché. »

(Ord. 2017-1387 du 22 sept. 2017, art. 11, JO 23) «Les dispositions du présent chapitre sont applicables à toute rupture du contrat de travail résultant de l'une des causes énoncées au présent article, à l'exclusion de la rupture conventionnelle visée aux articles L. 1237-11 et suivants et de la rupture d'un commun accord dans le cadre d'un accord collectif visée aux articles L. 1237-17 et suivants. »

Art. R. 1233-2-2. (D. 2017-1702 du 15 déc. 2017, JO 17) Dans les quinze jours suivant la notification du licenciement, le salarié peut, par lettre recommandée avec avis de réception ou remise contre récépissé, demander à l'employeur des précisions sur les motifs énoncés dans la lettre de licenciement.

L'employeur dispose d'un délai de quinze jours après la réception de la demande du salarié pour apporter des précisions s'il le souhaite. Il communique ces précisions au salarié par lettre recommandée avec avis de réception ou remise contre récépissé.

Dans un délai de quinze jours suivant la notification du licenciement et selon les mêmes formes l'employeur peut, à son initiative, préciser les motifs du licenciement.

Sous-section 3. **Obligations d'adaptation et de reclassement**

Art. L. 1233-4. Le licenciement pour motif économique d'un salarié ne peut intervenir que lorsque tous les efforts de formation et d'adaptation ont été réalisés et que le reclassement de l'intéressé ne peut être opéré (L. 2015-990 du 6 août 2015, art. 290, I, JO 7) « sur les emplois disponibles, situés sur le territoire national dans l'entreprise ou les autres entreprises du groupe dont l'entreprise fait partie » (Ord. 2017-1387 du 22 sept. 2017, art. 16, JO 23) « et dont l'organisation, les activités ou le lieu d'exploitation assurent la permutation de tout ou partie du personnel.

(Ord. 2017-1718 du 20 déc. 2017, art. 1er, I, 5°, JO 21) « Pour l'application du présent article, la notion de groupe désigne le groupe formé par une entreprise appelée entreprise dominante et les entreprises qu'elle contrôle dans les conditions définies à l'article L. 233-1, aux I et II de l'article L. 233-3 et à l'article L. 233-16 du code de commerce. »

Le reclassement du salarié s'effectue sur un emploi relevant de la même catégorie que celui qu'il occupe ou sur un emploi équivalent (L. 2010-499 du 18 mai 2010, JO 19) « assorti d'une rémunération équivalente ». À défaut, et sous réserve de l'accord exprès du salarié, le reclassement s'effectue sur un emploi d'une catégorie inférieure.

(Ord. 2017-1387 du 22 sept. 2017, art. 16, JO 23, entrée en vigueur au plus tard le 01.01.2018) « L'employeur adresse de manière personnalisée les offres de reclassement à chaque salarié ou diffuse par tout moyen une liste des postes disponibles à l'ensemble des salariés, dans des conditions précisées par décret. »

Les offres de reclassement proposées au salarié sont écrites et précises.

Art. D. 1233-2-1. (D. 2017-1725 du 21 déc. 2017, JO 22) I. — Pour l'application de l'article L. 1233-4, l'employeur adresse des offres de reclassement de manière personnalisée ou communique la liste des offres disponibles aux salariés, et le cas échéant l'actualisation de celle-ci, par tout moyen permettant de conférer date certaine.

II. — Ces offres écrites précisent :

a) L'intitulé du poste et son descriptif ;
b) Le nom de l'employeur ;
c) La nature du contrat de travail ;
d) La localisation du poste ;
e) Le niveau de rémunération ;
f) La classification du poste.

III. — En cas de diffusion d'une liste des offres de reclassement interne, celle-ci comprend les postes disponibles situés sur le territoire national dans l'entreprise et les autres entreprises du groupe dont l'entreprise fait partie.

La liste précise les critères de départage entre salariés en cas de candidatures multiples sur un même poste, ainsi que le délai dont dispose le salarié pour présenter sa candidature écrite.

Ce délai ne peut être inférieur à quinze jours francs à compter de la publication de la liste, sauf lorsque l'entreprise fait l'objet d'un redressement ou d'une liquidation judiciaire.

Dans les entreprises en redressement ou liquidation judiciaire, ce délai ne peut être inférieur à quatre jours francs à compter de la publication de la liste.

L'absence de candidature écrite du salarié à l'issue du délai mentionné au deuxième alinéa vaut refus des offres.

Sous-section 4. **Critères d'ordre des licenciements**

Art. L. 1233-5. Lorsque l'employeur procède à un licenciement collectif pour motif économique et en l'absence de convention ou accord collectif de travail applicable, il définit les critères retenus pour fixer l'ordre des licenciements, après consultation du (Ord. 2017-1386 du 22 sept. 2017, art. 4, 3°, JO 23, entrée en vigueur au plus tard le 01.01.2018) « comité social et économique ».

Ces critères prennent notamment en compte :

1° Les charges de famille, en particulier celles des parents isolés ;
2° L'ancienneté de service dans l'établissement ou l'entreprise ;

3° La situation des salariés qui présentent des caractéristiques sociales rendant leur réinsertion professionnelle particulièrement difficile, notamment celle des personnes handicapées et des salariés âgés ;

4° Les qualités professionnelles appréciées par catégorie.

(L. 2013-504 du 14 juin 2013, art. 20, I, JO 16) «L'employeur peut privilégier un de ces critères, à condition de tenir compte de l'ensemble des autres critères prévus au présent article. »

(Ord. 2017-1387 du 22 sept. 2017, art. 18, JO 23) «Le périmètre d'application des critères d'ordre des licenciements peut être fixé par un accord collectif.

En l'absence d'un tel accord, ce périmètre ne peut être inférieur à celui de chaque zone d'(Ord. 2017-1718 du 20 déc. 2017, art. 1er, I, 6°, JO 21) «emplois » dans laquelle sont situés un ou plusieurs établissements de l'entreprise concernés par les suppressions d'(Ord. 2017-1718 du 20 déc. 2017, art. 1er, I, 6°, JO 21) «emplois ». »

Les conditions d'application de l'avant-dernier alinéa du présent article sont définies par décret.

Art. R. 1233-1. Le salarié qui souhaite connaître les critères retenus pour fixer l'ordre des licenciements adresse sa demande à l'employeur, en application des articles L. 1233-17 et L. 1233-43, par lettre recommandée avec avis de réception ou remise contre récépissé, avant l'expiration d'un délai de dix jours à compter de la date à laquelle il quitte effectivement son emploi.

L'employeur fait connaître les critères qu'il a retenus pour fixer l'ordre des licenciements, en application de l'article L. 1233-5, par lettre recommandée avec avis de réception ou remise contre récépissé, dans les dix jours suivant la présentation ou de la remise de la lettre du salarié.

Ces délais ne sont pas des délais francs. Ils expirent le dernier jour à vingt-quatre heures.

Art. D. 1233-2. (D. 2015-1637 du 10 déc. 2015, JO 12) Les zones d'emploi mentionnées à l'avant dernier alinéa de l'article L. 1233-5 sont celles référencées dans l'atlas des zones d'emploi établi par l'Institut national de la statistique et des études économiques et les services statistiques du ministre chargé de l'emploi.

Art. L. 1233-6. Les critères retenus par la convention et l'accord collectif de travail ou, à défaut, par la décision de l'employeur ne peuvent établir une priorité de licenciement à raison des seuls avantages à caractère viager dont bénéficie un salarié.

Art. L. 1233-7. Lorsque l'employeur procède à un licenciement individuel pour motif économique, il prend en compte, dans le choix du salarié concerné, les critères prévus à l'article L. 1233-5.

SECTION 3. Licenciement de moins de dix salariés dans une même période de trente jours

Sous-section 1. Procédure de consultation des représentants du personnel propre au licenciement collectif

Art. L. 1233-8. L'employeur qui envisage de procéder à un licenciement collectif pour motif économique de moins de dix salariés dans une même période de trente jours réunit et consulte (Ord. 2017-1387 du 22 sept. 2017, art. 20, 1°, JO 23) «le comité social et économique dans les entreprises d'au moins onze salariés », dans les conditions prévues par la présente sous-section.

(Ord. 2017-1387 du 22 sept. 2017, art. 20, 1°, JO 23) «Le comité social et économique rend son avis dans un délai qui ne peut être supérieur, à compter de (Ord. 2017-1718 du 20 déc. 2017, art. 1er, I, 7°, JO 21) «la date de la première réunion » au cours de laquelle il est consulté, à un mois. (Ord. 2017-1718 du 20 déc. 2017, art. 1er, I, 7°, JO 21) «En l'absence d'avis rendu dans ce délai », le comité social et économique est réputé avoir été consulté. »

Art. L. 1233-9. Dans les entreprises dotées d'un comité (Ord. 2017-1386 du 22 sept. 2017, art. 4, 76°, JO 23, entrée en vigueur au plus tard le 01.01.2018) « social et économique » central d'entreprise, l'employeur réunit le comité (Ord. 2017-1386 du 22 sept. 2017, art. 4, 76°, JO 23, entrée en vigueur au plus tard le 01.01.2018) « social et économique » central et le ou les comités (Ord. 2017-1386 du 22 sept. 2017, art. 4, 76°, JO 23, entrée en vigueur au plus tard le 01.01.2018) « sociaux et économiques » d'établissements intéressés dès lors que les mesures envisagées excèdent le pouvoir du ou des chefs d'établissement concernés ou portent sur plusieurs établissements simultanément.

Art. L. 1233-10. L'employeur adresse aux représentants du personnel, avec la convocation à la réunion prévue à l'article L. 1233-8, tous renseignements utiles sur le projet de licenciement collectif.

Il indique :

1° La ou les raisons économiques, financières ou techniques du projet de licenciement ;

2° Le nombre de licenciements envisagé ;

3° Les catégories professionnelles concernées et les critères proposés pour l'ordre des licenciements ;

4° Le nombre de salariés, permanents ou non, employés dans l'établissement ;

5° Le calendrier prévisionnel des licenciements ;

6° Les mesures de nature économique envisagées ;

(Ord. 2017-1387 du 22 sept. 2017, art. 20, 2°, JO 23) « 7° Le cas échéant, les conséquences des licenciements projetés en matière de santé, de sécurité ou de conditions de travail. »

Sous-section 2. **Procédure à l'égard des salariés**

§ 1. Entretien préalable

Art. L. 1233-11. L'employeur qui envisage de procéder à un licenciement pour motif économique, qu'il s'agisse d'un licenciement individuel ou inclus dans un licenciement collectif de moins de dix salariés dans une même période de trente jours, convoque, avant toute décision, le ou les intéressés à un entretien préalable.

La convocation est effectuée par lettre recommandée ou par lettre remise en main propre contre décharge. Cette lettre indique l'objet de la convocation.

L'entretien préalable ne peut avoir lieu moins de cinq jours ouvrables après la présentation de la lettre recommandée ou la remise en main propre de la lettre de convocation.

Art. L. 1233-12. Au cours de l'entretien préalable, l'employeur indique les motifs de la décision envisagée et recueille les explications du salarié.

Art. L. 1233-13. Lors de son audition, le salarié peut se faire assister par une personne de son choix appartenant au personnel de l'entreprise.

Lorsqu'il n'y a pas d'institutions représentatives du personnel dans l'entreprise, le salarié peut se faire assister soit par une personne de son choix appartenant au personnel de l'entreprise, soit par un conseiller du salarié choisi sur une liste dressée par l'autorité administrative.

La lettre de convocation à l'entretien préalable adressée au salarié mentionne la possibilité de recourir à un conseiller et précise l'adresse des services où la liste des conseillers est tenue à la disposition des salariés.

Art. L. 1233-14. Un décret en Conseil d'État détermine les modalités d'application du présent paragraphe.

§ 2. Notification du licenciement

Art. L. 1233-15. Lorsque l'employeur décide de licencier un salarié pour motif économique, qu'il s'agisse d'un licenciement individuel ou inclus dans un licenciement collectif de moins de dix salariés dans une même période de trente jours, il lui notifie le licenciement par lettre recommandée avec avis de réception.

Cette lettre ne peut être expédiée moins de sept jours ouvrables à compter de la date prévue de l'entretien préalable de licenciement auquel le salarié a été convoqué.

Ce délai est de quinze jours ouvrables pour le licenciement individuel d'un membre du personnel d'encadrement mentionné au 2° de l'article (Ord. 2016-388 du 31 mars 2016, art. 1er, 1°, JO 1er avril, entrée en vigueur le 01.02.2017) « L. 1441-13 ».

Art. L. 1233-16. La lettre de licenciement comporte l'énoncé des motifs économiques invoqués par l'employeur.

Elle mentionne également la priorité de réembauche prévue par l'article L. 1233-45 et ses conditions de mise en œuvre.

(Ord. 2017-1387 du 22 sept. 2017, art. 4, II, JO 23, entrée en vigueur au plus tard le 01.01.2018) « Un (L. 2018-217 du 29 mars 2018, art. 11, I, 4°, JO 31) «arrêté du ministre chargé du travail » fixe les modèles que l'employeur peut utiliser pour procéder à la notification du licenciement. »

Art. L. 1233-17. Sur demande écrite du salarié, l'employeur indique par écrit les critères retenus pour fixer l'ordre des licenciements.

Art. L. 1233-18. Un décret en Conseil d'État détermine les modalités d'application du présent paragraphe.

Sous-section 3. **Information de l'autorité administrative**

Art. L. 1233-19. L'employeur qui procède à un licenciement collectif pour motif économique de moins de dix salariés dans une même période de trente jours informe l'autorité administrative du ou des licenciements prononcés.

Art. D. 1233-3. En cas de licenciement pour motif économique de moins de dix salariés dans une même période de trente jours, l'employeur informe par écrit le (D. 2009-1377 du 10 nov. 2009, JO 13 ; D. 2010-687 du 24 juin 2010, JO 25 ; voir D. 2010-1582 du 17 déc. 2010, JO 18, pour outre-mer) « directeur régional des entreprises, de la concurrence, de la consommation, du travail et de l'emploi » des licenciements prononcés dans les huit jours de l'envoi des lettres de licenciement aux salariés concernés.

L'employeur précise :

1° Son nom et son adresse ;

2° La nature de l'activité et l'effectif de l'entreprise ou de l'établissement ;

3° Les nom, prénoms, nationalité, date de naissance, sexe, adresse, emploi et qualification du ou des salariés licenciés ;

4° La date de la notification des licenciements aux salariés concernés.

Art. L. 1233-20. Le procès-verbal de la réunion (Ord. 2017-1386 du 22 sept. 2017, art. 4, 74°, JO 23, entrée en vigueur au plus tard le 01.01.2018) « du comité social et économique consulté » sur un projet de licenciement collectif pour motif économique est transmis à l'autorité administrative.

SECTION 4. Licenciement de dix salariés ou plus dans une même période de trente jours

Sous-section 1. **Dispositions générales**

§ 1. Possibilité d'un accord et modalités spécifiques en résultant

Art. L. 1233-21. Un accord d'entreprise, de groupe ou de branche peut fixer, par dérogation aux règles de consultation des instances représentatives du personnel prévues par le présent titre et par le livre III de la deuxième partie, (Ord. 2017-1718 du 20 déc. 2017, art. 1er, I, 8°, JO 21) «les modalités d'information et de consultation du comité social et économique et, le cas échéant, le cadre de recours à une expertise par ce comité » lorsque l'employeur envisage de prononcer le licenciement économique (L. 2012-387 du 22 mars 2012, art. 43, 2°, JO 23) «d'au moins dix salariés » dans une même période de trente jours.

Art. L. 1233-22. L'accord prévu à l'article L. 1233-21 fixe les conditions dans lesquelles (Ord. 2017-1387 du 22 sept. 2017, art. 20, 4°, JO 23) «le comité social et économique »:

1° Est réuni et informé de la situation économique et financière de l'entreprise ;

2° Peut formuler des propositions alternatives au projet économique à l'origine d'une restructuration ayant des incidences sur l'emploi et obtenir une réponse motivée de l'employeur à ses propositions ;

(Ord. 2017-1387 du 22 sept. 2017, art. 20, 4°, JO 23) «3° Peut recourir à une expertise. »

Art. L. 1233-23. L'accord prévu à l'article L. 1233-21 ne peut déroger :

(L. 2013-504 du 14 juin 2013, art. 18, I, JO 16) «1°» Aux règles générales d'information et de consultation du (Ord. 2017-1386 du 22 sept. 2017, art. 4, 20°, JO 23, entrée en vigueur au plus tard le 01.01.2018) « comité social et économique » prévues aux articles L. 2323-2, L. 2323-4 et L. 2323-5;

(L. 2013-504 du 14 juin 2013, art. 18, I, JO 16) «2°» À la communication aux représentants du personnel des renseignements prévus aux articles L. 1233-31 à L. 1233-33;

(L. 2013-504 du 14 juin 2013, art. 18, I, JO 16) «3°» Aux règles de consultation applicables lors d'un redressement ou d'une liquidation judiciaire, prévues à l'article L. 1233-58.

Art. L. 1233-24. Toute action en contestation visant tout ou partie d'un accord prévu à l'article L. 1233-21 doit être formée, à peine d'irrecevabilité, avant l'expiration d'un délai de trois mois à compter de la date du dépôt de l'accord prévu à l'article L. 2231-6.

Art. L. 1233-24-1. (L. 2013-504 du 14 juin 2013, art. 18, I, JO 16) Dans les entreprises de cinquante salariés et plus, un accord collectif peut déterminer le contenu du plan de sauvegarde de l'emploi mentionné aux articles L. 1233-61 à L. 1233-63 ainsi que les modalités de consultation du (Ord. 2017-1386 du 22 sept. 2017, art. 4, 17°, JO 23, entrée en vigueur au plus tard le 01.01.2018) « comité social et économique » et de mise en œuvre des licenciements. Cet accord est signé par une ou plusieurs organisations syndicales représentatives ayant recueilli au moins 50 % des suffrages exprimés en faveur d'organisations reconnues représentatives au premier tour des dernières élections des titulaires au (Ord. 2017-1386 du 22 sept. 2017, art. 4, 17°, JO 23, entrée en vigueur au plus tard le 01.01.2018) « comité social et économique », quel que soit le nombre de votants (Ord. 2017-1718 du 20 déc. 2017, art. 1er, I, 9°, JO 21) «, ou par le conseil d'entreprise dans les conditions prévues à l'article L. 2321-9». L'administration est informée sans délai de l'ouverture d'une négociation en vue de l'accord précité.

Art. L. 1233-24-2. (L. 2013-504 du 14 juin 2013, art. 18, I, JO 16) L'accord collectif mentionné à l'article L. 1233-24-1 porte sur le contenu du plan de sauvegarde de l'emploi mentionné aux articles L. 1233-61 à L. 1233-63.

Il peut également porter sur :

1° Les modalités d'information et de consultation du (Ord. 2017-1387 du 22 sept. 2017, art. 20, 5°, JO 23) «comité social et économique » (L. 2016-1088 du 8 août 2016, art. 94, I, 2°, JO 9) «, en particulier les conditions dans lesquelles ces modalités peuvent être aménagées en cas de projet de transfert d'une ou de plusieurs entités économiques prévu à l'article L. 1233-61, nécessaire à la sauvegarde d'une partie des emplois »;

2° La pondération et le périmètre d'application des critères d'ordre des licenciements mentionnés à l'article L. 1233-5;

3° Le calendrier des licenciements ;

4° Le nombre de suppressions d'emploi et les catégories professionnelles concernées ;

5° Les modalités de mise en œuvre des mesures de formation, d'adaptation et de reclassement prévues (Ord. 2017-1387 du 22 sept. 2017, art. 17, 1°, JO 23) «à l'article L. 1233-4».

Art. L. 1233-24-3. (L. 2013-504 du 14 juin 2013, art. 18, I, JO 16) L'accord prévu à l'article L. 1233-24-1 ne peut déroger :

1° À l'obligation d'effort de formation, d'adaptation et de reclassement incombant à l'employeur en application (Ord. 2017-1387 du 22 sept. 2017, art. 17, 2°, JO 23) «de l'article L. 1233-4»;

2° Aux règles générales d'information et de consultation du (Ord. 2017-1386 du 22 sept. 2017, art. 4, 20°, JO 23, entrée en vigueur au plus tard le 01.01.2018) « comité social et économique » prévues aux articles L. 2323-2, L. 2323-4 et L. 2323-5 (Ord. 2017-1718 du 20 déc. 2017, art. 1er, I, 11°, JO 21) «sauf lorsque l'accord est conclu par le conseil d'entreprise ;»

3° À l'obligation, pour l'employeur, de proposer aux salariés le contrat de sécurisation professionnelle prévu à l'article L. 1233-65 ou le congé de reclassement prévu à l'article L. 1233-71;

4° À la communication aux représentants du personnel des renseignements prévus aux articles L. 1233-31 à L. 1233-33;

5° Aux règles de consultation applicables lors d'un redressement ou d'une liquidation judiciaire, prévues à l'article L. 1233-58.

§ 1 bis. Document unilatéral de l'employeur

Note Ce paragraphe a été introduit par la loi 2013-504 du 14 juin 2013, art. 18, II, JO 16.

Art. L. 1233-24-4. À défaut d'accord mentionné à l'article L. 1233-24-1, un document élaboré par l'employeur après la dernière réunion du (Ord. 2017-1386 du 22 sept. 2017, art. 4, 20°, JO 23, entrée en vigueur au plus tard le 01.01.2018) « comité social et économique » fixe le contenu du plan de sauvegarde de l'emploi et précise les éléments prévus aux 1° à 5° de l'article L. 1233-24-2, dans le cadre des dispositions légales et conventionnelles en vigueur.

§ 2. Modifications du contrat de travail donnant lieu à dix refus ou plus

Art. L. 1233-25. Lorsqu'au moins dix salariés ont refusé la modification d'un élément essentiel de leur contrat de travail, proposée par leur employeur pour l'un des motifs économiques énoncés à l'article L. 1233-3 et que leur licenciement est envisagé, celui-ci est soumis aux dispositions applicables en cas de licenciement collectif pour motif économique.

§ 3. Licenciements successifs

Art. L. 1233-26. Lorsqu'une entreprise ou un établissement (Ord. 2017-1387 du 22 sept. 2017, art. 20, 6°, JO 23) «employant habituellement au moins cinquante salariés» a procédé pendant trois mois consécutifs à des licenciements économiques de plus de dix salariés au total, sans atteindre dix salariés dans une même période de trente jours, tout nouveau licenciement économique envisagé au cours des trois mois suivants est soumis aux dispositions du présent chapitre.

Art. L. 1233-27. Lorsqu'une entreprise ou un établissement (Ord. 2017-1387 du 22 sept. 2017, art. 20, 7°, JO 23) «employant habituellement au moins cinquante salariés» a procédé au cours d'une année civile à des licenciements pour motif économique de plus de dix-huit salariés au total, sans avoir été tenu de présenter de plan de sauvegarde de l'emploi en application de l'article L. 1233-26 ou de l'article L. 1233-28, tout nouveau licenciement économique envisagé au cours des trois premiers mois de l'année civile suivante est soumis aux dispositions du présent chapitre.

Sous-section 2. **Procédure de consultation des représentants du personnel**

§ 1. Réunions des représentants du personnel

Art. L. 1233-28. L'employeur qui envisage de procéder à un licenciement collectif pour motif économique (L. 2012-387 du 22 mars 2012, art. 43, 2°, JO 23) «d'au moins dix salariés» dans une même période de trente jours réunit et consulte (Ord. 2017-1386 du 22 sept. 2017, art. 4, 15°, JO 23, entrée en vigueur au plus tard le 01.01.2018) « le comité social et économique » dans les conditions prévues par le présent paragraphe.

Art. L. 1233-29. Dans les entreprises ou établissements employant habituellement moins de cinquante salariés, l'employeur réunit et consulte (Ord. 2017-1386 du 22 sept. 2017, art. 4, 62°, JO 23, entrée en vigueur au plus tard le 01.01.2018) « le comité social et économique.

Ce dernier tient » deux réunions, séparées par un délai qui ne peut être supérieur à quatorze jours.

Art. L. 1233-30. (L. 2013-504 du 14 juin 2013, art. 18, III, JO 16) « I. —» Dans les entreprises ou établissements employant habituellement (L. 2012-387 du 22 mars 2012, art. 43, 8°, JO 23) «au moins cinquante salariés», l'employeur réunit et consulte le (Ord. 2017-1387 du 22 sept. 2017, art. 20, 8°, JO 23) «comité social et économique» (L. 2013-504 du 14 juin 2013, art. 18, III, JO 16) «sur :»

(L. 2013-504 du 14 juin 2013, art. 18, III, JO 16) «1° L'opération projetée et ses modalités d'application, conformément à l'article (L. 2015-994 du 17 août 2015, art. 18, XIV, 2°, JO 18, entrée en vigueur le 01.01.2016) « L. 2323-31 »;

2° Le projet de licenciement collectif : le nombre de suppressions d'emploi, les catégories professionnelles concernées, les critères d'ordre et le calendrier prévisionnel des licenciements, les mesures sociales d'accompagnement prévues par le plan de sauvegarde de l'emploi (Ord. 2017-1387 du 22 sept. 2017, art. 20, 8°, JO 23) «et, le cas échéant, les conséquences des licenciements projetés en matière de santé, de sécurité ou de conditions de travail».

Les éléments mentionnés au 2° du présent I qui font l'objet de l'accord mentionné à l'article L. 1233-24-1 ne sont pas soumis à la consultation du (Ord. 2017-1387 du 22 sept. 2017, art. 20, 8°, JO 23) «comité social et économique» prévue au présent article.»

Le (Ord. 2017-1387 du 22 sept. 2017, art. 20, 8°, JO 23) «comité social et économique» tient (L. 2013-504 du 14 juin 2013, art. 18, III, JO 16) «au moins» deux réunions (L. 2013-504 du 14 juin 2013, art. 18, III, JO 16) «espacées d'au moins quinze jours.»

(L. 2013-504 du 14 juin 2013, art. 18, III, JO 16) «II. — Le (Ord. 2017-1387 du 22 sept. 2017, art. 20, 8°, JO 23) «comité social et économique» rend ses deux avis dans un délai qui ne peut être supérieur, à compter de la date de sa première réunion au cours de laquelle il est consulté sur les 1° et 2° du I, à :»

1° (L. 2013-504 du 14 juin 2013, art. 18, III, JO 16) «Deux mois» lorsque le nombre des licenciements est inférieur à cent ;

2° (L. 2013-504 du 14 juin 2013, art. 18, III, JO 16) «Trois mois» lorsque le nombre des licenciements est au moins égal à cent et inférieur à deux cent cinquante ;

3° (L. 2013-504 du 14 juin 2013, art. 18, III, JO 16) «Quatre mois» lorsque le nombre des licenciements est au moins égal à deux cent cinquante.

Une convention ou un accord collectif de travail peut prévoir des délais (L. 2013-504 du 14 juin 2013, art. 18, III, JO 16) «différents».

(L. 2013-504 du 14 juin 2013, art. 18, III, JO 16) « En l'absence d'avis du (Ord. 2017-1387 du 22 sept. 2017, art. 20, 8°, JO 23) « comité social et économique » dans ces délais, celui-ci est réputé avoir été consulté. »

Art. L. 1233-31. L'employeur adresse aux représentants du personnel, avec la convocation à la première réunion, tous renseignements utiles sur le projet de licenciement collectif.

Il indique :

1° La ou les raisons économiques, financières ou techniques du projet de licenciement ;

2° Le nombre de licenciements envisagé ;

3° Les catégories professionnelles concernées et les critères proposés pour l'ordre des licenciements ;

4° Le nombre de salariés, permanents ou non, employés dans l'établissement ;

5° Le calendrier prévisionnel des licenciements ;

6° Les mesures de nature économique envisagées ;

(Ord. 2017-1387 du 22 sept. 2017, art. 20, 9°, JO 23) « 7° Le cas échéant, les conséquences de la réorganisation en matière de santé, de sécurité ou de conditions de travail. »

Art. L. 1233-32. Outre les renseignements prévus à l'article L. 1233-31, dans les entreprises de moins de cinquante salariés, l'employeur adresse aux représentants du personnel les mesures qu'il envisage de mettre en œuvre pour éviter les licenciements ou en limiter le nombre et pour faciliter le reclassement du personnel dont le licenciement ne pourrait être évité.

Dans les entreprises (L. 2012-387 du 22 mars 2012, art. 43, 9°, JO 23) « d'au moins cinquante salariés », l'employeur adresse le plan de sauvegarde de l'emploi concourant aux mêmes objectifs.

Art. R. 1233-6. (D. 2013-554 du 27 juin 2013, JO 28) Dans les entreprises de moins de cinquante salariés, l'employeur communique au directeur régional des entreprises, de la concurrence, de la consommation, du travail et de l'emploi les modifications qui ont pu être apportées aux mesures prévues à l'article L. 1233-32 ainsi qu'au calendrier de leur mise en œuvre.

Art. L. 1233-33. (L. 2013-504 du 14 juin 2013, art. 18, IV, JO 16) L'employeur met à l'étude, dans le délai prévu à l'article L. 1233-30, les suggestions relatives aux mesures sociales envisagées et les propositions alternatives au projet de restructuration mentionné à l'article (L. 2015-994 du 17 août 2015, art. 18, XIV, 2°, JO 18, entrée en vigueur le 01.01.2016) « L. 2323-31 » formulées par le (Ord. 2017-1386 du 22 sept. 2017, art. 4, 20°, JO 23, entrée en vigueur au plus tard le 01.01.2018) « comité social et économique ». Il leur donne une réponse motivée.

§ 2. Assistance d'un expert

Art. L. 1233-34. (Ord. 2017-1387 du 22 sept. 2017, art. 20, 11°, JO 23, entrée en vigueur au plus tard le 01.01.2018) Dans les entreprises d'au moins cinquante salariés, lorsque le projet de licenciement concerne au moins dix salariés dans une même période de trente jours, le comité social et économique peut, le cas échéant sur proposition des commissions constituées en son sein, décider, lors de la première réunion prévue à l'article L. 1233-30, de recourir à une expertise pouvant porter sur les domaines économique et comptable ainsi que sur (L. 2018-217 du 29 mars 2018, art. 11, I, 5°, JO 31) « la santé, la sécurité ou » les effets potentiels du projet sur les conditions de travail.

Les modalités et conditions de réalisation de l'expertise, lorsqu'elle porte sur un ou plusieurs des domaines cités au premier alinéa, sont déterminées par un décret en Conseil d'État.

L'expert peut être assisté dans les conditions prévues à l'article (Ord. 2017-1718 du 20 déc. 2017, art. 1er, I, 12°, JO 21) « L. 2315-81 ».

Le comité social et économique peut également mandater un expert afin qu'il apporte toute analyse utile aux organisations syndicales pour mener la négociation prévue à l'article L. 1233-24-1.

Le rapport de l'expert est remis au comité social et économique et, le cas échéant, aux organisations syndicales, au plus tard quinze jours avant l'expiration du délai mentionné à l'article L. 1233-30.

Art. L. 1233-35. (Ord. 2017-1387 du 22 sept. 2017, art. 20, 12°, JO 23) L'expert désigné par le comité social et économique demande à l'employeur, (Ord. 2017-1718 du 20 déc. 2017, art. 1er, I, 13°, JO 21) « dans les dix jours à compter de sa désignation », toutes les informations qu'il juge nécessaires à la réalisation de sa mission. L'employeur répond à cette demande dans les huit jours.

Le cas échéant, l'expert demande, dans les dix jours, des informations complémentaires à l'employeur, qui répond à cette demande dans les huit jours à compter de la date à laquelle (Ord. 2017-1718 du 20 déc. 2017, art. 1er, I, 13°, JO 21) «la demande de l'expert» est formulée.

Art. L. 1233-35-1. (Ord. 2017-1387 du 22 sept. 2017, art. 20, 13°, JO 23) Toute contestation relative à l'expertise est adressée, avant transmission de la demande de validation ou d'homologation prévue à l'article L. 1233-57-4, à l'autorité administrative, qui se prononce dans un délai de cinq jours. Cette décision peut être contestée dans les conditions prévues à l'article L. 1235-7-1.

Art. R. 1233-3-1. (D. 2013-554 du 27 juin 2013, JO 28) Lorsque l'expert du (D. 2017-1819 du 29 déc. 2017, art. 3, 4°, JO 30, entrée en vigueur le 01.01.2018) « comité social et économique » est saisi, l'absence de remise du rapport mentionné à l'article L. 1233-35 ne peut avoir pour effet de reporter le délai prévu à l'article L. 1233-30.

Art. R. 1233-3-2. (D. 2017-1819 du 29 déc. 2017, art. 3, 75°, JO 30, entrée en vigueur le 01.01.2018) Lorsque l'expertise prévue au 2° de l'article L. 2315-85 porte sur plusieurs champs, elle donne lieu à l'établissement d'un rapport d'expertise unique.

L'expert désigné par le comité social et économique peut s'adjoindre la compétence d'un ou plusieurs autres experts sur une partie des travaux que nécessite l'expertise.

L'expert désigné vérifie alors que ces derniers disposent des compétences nécessaires au bon déroulement de la mission d'expertise ou, le cas échéant, de l'habilitation prévue à l'article L. 2315-96.

Art. R. 1233-3-3. (D. 2017-1819 du 29 déc. 2017, art. 3, 75°, JO 30, entrée en vigueur le 01.01.2018) Les contestations relatives à l'expertise prévue à l'article L. 1233-34 doivent être dûment motivées et adressées au directeur régional des entreprises, de la concurrence, de la consommation, du travail et de l'emploi territorialement compétent, par tout moyen permettant de conférer une date certaine :

1° Par l'employeur, s'agissant du choix de l'expert, de la nécessité, du coût prévisionnel, de l'étendue, de la durée de l'expertise ;

2° Par le comité social et économique lorsque les conditions fixées aux articles L. 2315-82 et L. 2315-83 ne sont pas réunies.

Le directeur régional se prononce dans un délai de cinq jours à compter de la date de réception de la demande. Une copie de la décision est adressée aux autres parties.

§ 3. Consultation du comité social et économique central

Art. L. 1233-36. Dans les entreprises dotées d'un (Ord. 2017-1387 du 22 sept. 2017, art. 20, 15°, JO 23) «comité social et économique central», l'employeur consulte le comité central et le ou les (Ord. 2017-1387 du 22 sept. 2017, art. 20, 15°, JO 23) «comités sociaux et économiques d'établissement» intéressés dès lors que les mesures envisagées excèdent le pouvoir du ou des chefs d'établissement concernés ou portent sur plusieurs établissements simultanément. Dans ce cas, le ou les (Ord. 2017-1387 du 22 sept. 2017, art. 20, 15°, JO 23) «comités sociaux et économiques d'établissement» tiennent leurs réunions après (L. 2013-504 du 14 juin 2013, art. 18, VII, JO 16) «celles» du (Ord. 2017-1387 du 22 sept. 2017, art. 20, 15°, JO 23) «comité social et économique central» tenues en application de l'article L. 1233-30. (L. 2013-504 du 14 juin 2013, art. 18, VII, JO 16) «Ces réunions ont lieu dans les délais prévus à l'article L. 1233-30.»

Si la désignation d'un (Ord. 2017-1387 du 22 sept. 2017, art. 20, 15°, JO 23) «expert» est envisagée, elle est effectuée par le (Ord. 2017-1387 du 22 sept. 2017, art. 20, 15°, JO 23) «comité social et économique central», dans les conditions (L. 2013-504 du 14 juin 2013, art. 18, VII, JO 16) «et les délais prévus» au paragraphe 2.

Art. L. 1233-37. Lorsque le (Ord. 2017-1387 du 22 sept. 2017, art. 20, 16°, JO 23) «comité social et économique central» recourt à l'assistance d'un (Ord. 2017-1387 du 22 sept. 2017, art. 20, 16°, JO 23) «expert», (L. 2013-504 du 14 juin 2013, art. 18, VIII, JO 16) «l'article L. 1233-50 ne s'applique» pas.

Sous-section 3. **Procédure à l'égard des salariés**

§ 1. Entretien préalable

Art. L. 1233-38. Lorsque l'employeur procède au licenciement pour motif économique (L. 2012-387 du 22 mars 2012, art. 43, 2°, JO 23) «d'au moins dix salariés» dans une même période de trente jours et qu'il existe un (Ord. 2017-1386 du 22 sept. 2017, art. 4, 4°, JO 23, entrée en vigueur au plus tard le 01.01.2018) « comité social et économique » dans l'entreprise, la procédure d'entretien préalable au licenciement ne s'applique pas.

Un décret en Conseil d'État détermine les modalités d'application du présent article.

§ 2. Notification du licenciement

Art. L. 1233-39. (L. 2013-504 du 14 juin 2013, art. 18, IX, JO 16) «Dans les entreprises de moins de cinquante salariés,» l'employeur notifie au salarié le licenciement pour motif économique par lettre recommandée avec avis de réception.

La lettre de notification ne peut être adressée avant l'expiration d'un délai courant à compter de la notification du projet de licenciement à l'autorité administrative.

Ce délai ne peut être inférieur à (L. 2013-504 du 14 juin 2013, art. 18, IX, JO 16) «trente jours.»

Une convention ou un accord collectif de travail peut prévoir des délais plus favorables aux salariés.

(L. 2013-504 du 14 juin 2013, art. 18, IX, JO 16) «Dans les entreprises de cinquante salariés ou plus, lorsque le projet de licenciement concerne dix salariés ou plus dans une même période de trente jours, l'employeur notifie le licenciement selon les modalités prévues au premier alinéa du présent article, après la notification par l'autorité administrative de la décision de validation mentionnée à l'article L. 1233-57-2 ou de la décision d'homologation mentionnée à l'article L. 1233-57-3, ou à l'expiration des délais prévus à l'article L. 1233-57-4.

Il ne peut procéder, à peine de nullité, à la rupture des contrats de travail avant la notification de cette décision d'homologation ou de validation ou l'expiration des délais prévus à l'article L. 1233-57-4.»

Art. L. 1233-42. La lettre de licenciement comporte l'énoncé des motifs économiques invoqués par l'employeur.

Elle mentionne également la priorité de réembauche prévue par l'article L. 1233-45 et ses conditions de mise en œuvre.

(Ord. 2017-1387 du 22 sept. 2017, art. 4, II, JO 23, entrée en vigueur au plus tard le 01.01.2018) « Un (L. 2018-217 du 29 mars 2018, art. 11, I, 6°, JO 31) «arrêté du ministre chargé du travail » fixe les modèles que l'employeur peut utiliser pour procéder à la notification du licenciement. »

Art. L. 1233-43. Sur demande écrite du salarié, l'employeur indique par écrit les critères retenus pour fixer l'ordre des licenciements.

Art. L. 1233-44. Un décret en Conseil d'État détermine les modalités d'application des premier et deuxième alinéas de l'article L. 1233-39 et des articles L. 1233-42 et L. 1233-43.

§ 3. Priorité de réembauche

Art. L. 1233-45. Le salarié licencié pour motif économique bénéficie d'une priorité de réembauche durant un délai d'un an à compter de la date de rupture de son contrat s'il en fait la demande au cours de ce même délai.

Dans ce cas, l'employeur informe le salarié de tout emploi devenu disponible et compatible avec sa qualification. En outre, l'employeur informe les représentants du personnel des postes disponibles.

Le salarié ayant acquis une nouvelle qualification bénéficie également de la priorité de réembauche au titre de celle-ci, s'il en informe l'employeur.

§ 4. Mesures de reclassement interne

Note Ce paragraphe a été introduit par la loi 2013-504 du 14 juin 2013, art. 18, XI, JO 16.

Art. L. 1233-45-1. Dans les entreprises de cinquante salariés ou plus, l'employeur peut, après avis favorable du (Ord. 2017-1386 du 22 sept. 2017, art. 4, 20°, JO 23, entrée en vigueur au plus tard le 01.01.2018) « comité social et économique », proposer des mesures de reclassement interne avant l'expiration du délai mentionné à l'article L. 1233-30.

Sous-section 4. **Information et intervention de l'autorité administrative**

§ 1. Information de l'autorité administrative

Art. L. 1233-46. L'employeur notifie à l'autorité administrative tout projet de licenciement pour motif économique (L. 2012-387 du 22 mars 2012, art. 43, 2°, JO 23) « d'au moins dix salariés » dans une même période de trente jours.

Lorsque l'entreprise est dotée de représentants du personnel, la notification est faite au plus tôt le lendemain de la date prévue pour la première réunion prévue aux articles L. 1233-29 et L. 1233-30.

La notification est accompagnée de tout renseignement concernant la convocation, l'ordre du jour et la tenue de cette réunion. (L. 2013-504 du 14 juin 2013, art. 18, XII, JO 16) « Au plus tard à cette date, elle indique, le cas échéant, l'intention de l'employeur d'ouvrir la négociation prévue à l'article L. 1233-24-1. Le seul fait d'ouvrir cette négociation avant cette date ne peut constituer une entrave au fonctionnement du (Ord. 2017-1386 du 22 sept. 2017, art. 4, 20°, JO 23, entrée en vigueur au plus tard le 01.01.2018) « comité social et économique ». »

Art. R. *1233-3-4. (D. 2013-554 du 27 juin 2013, JO 28) L'autorité administrative mentionnée aux articles L. 1233-39, L. 1233-46, L. 1233-48 à L. 1233-50, L. 1233-53 et L. 1233-56 à L. 1233-57-8 est le directeur régional des entreprises, de la concurrence, de la consommation, du travail et de l'emploi dont relève l'établissement en cause.

Art. R. 1233-3-5. (D. 2013-554 du 27 juin 2013, JO 28) Lorsque le projet de licenciement collectif porte sur des établissements relevant de la compétence de plusieurs directeurs régionaux des entreprises, de la concurrence, de la consommation, du travail et de l'emploi, l'employeur informe le directeur régional du siège de l'entreprise de son intention d'ouvrir une négociation en application de l'article L. 1233-24-1. L'employeur notifie à ce directeur son projet de licenciement en application de l'article L. 1233-46. En application de l'article L. 1233-57-8, (D. 2020-88 du 5 févr. 2020, art. 1er, 3°, JO 6) « le directeur régional des entreprises, de la concurrence, de la consommation, du travail et de l'emploi compétent est celui dans le ressort duquel se situe le siège de l'entreprise.

En cas d'unité économique et sociale, le directeur compétent est celui dans le ressort duquel se situe le siège de l'entreprise principale.

En cas d'accord de groupe, le directeur compétent est celui dans le ressort duquel se situe le siège de l'entreprise dominante.

En cas d'entreprise internationale dont le siège est situé à l'étranger, le directeur compétent est celui dans le ressort duquel se situe la succursale dont le nombre d'emplois concernés est le plus élevé. ».

Le directeur régional des entreprises, de la concurrence, de la consommation, du travail et de l'emploi compétent informe l'employeur de sa compétence par tout moyen permettant de conférer une date certaine.

L'employeur en informe, sans délai et par tout moyen, le (D. 2017-1819 du 29 déc. 2017, art. 3, 5°, JO 30, entrée en vigueur le 01.01.2018) « comité social et économique » ainsi que les organisations syndicales représentatives.

Art. D. 1233-4. (D. 2013-554 du 27 juin 2013, JO 28) La notification du projet de licenciement prévue à l'article L. 1233-46 est adressée par la voie dématérialisée au directeur régional des entreprises, de la concurrence, de la consommation, du travail et de l'emploi.

Outre les renseignements prévus au troisième alinéa de l'article L. 1233-46, la notification précise :

1° Le nom et l'adresse de l'employeur ;

2° La nature de l'activité et l'effectif de l'entreprise ou de l'établissement ;

3° Le nombre des licenciements envisagés ;

4° Le cas échéant, les modifications qu'il y a lieu d'apporter aux informations déjà transmises en application de l'article L. 1233-31 ;

5° En cas de recours à un expert-comptable par le (D. 2017-1819 du 29 déc. 2017, art. 3, 4°, JO 30, entrée en vigueur le 01.01.2018) « comité social et économique », mention de cette décision ;

6° Le cas échéant, la signature d'un accord collectif en application des articles L. 1233-21 et L. 1233-24-1. Une copie de cet accord est alors jointe à la notification.

Art. L. 1233-48. L'ensemble des informations communiquées aux représentants du personnel lors de leur convocation aux réunions prévues par les articles L. 1233-29 et L. 1233-30 est communiqué simultanément à l'autorité administrative.

L'employeur lui adresse également les procès-verbaux des réunions. Ces procès-verbaux comportent les avis, suggestions et propositions des représentants du personnel.

Art. D. 1233-5. Les informations et documents destinés aux représentants du personnel prévus à l'article L. 1233-48 sont adressés (D. 2013-554 du 27 juin 2013, JO 28) « par la voie dématérialisée » simultanément au (D. 2009-1377 du 10 nov. 2009, JO 13; D. 2010-687 du 24 juin 2010, JO 25; voir D. 2010-1582 du 17 déc. 2010, JO 18, pour outre-mer) « directeur régional des entreprises, de la concurrence, de la consommation, du travail et de l'emploi. »

Les informations et documents destinés au (D. 2017-1819 du 29 déc. 2017, art. 3, 35°, JO 30, entrée en vigueur le 01.01.2018) « comité social et économique central », en application de l'article L. 1233-51, sont adressés au (D. 2009-1377 du 10 nov. 2009, JO 13; D. 2010-687 du 24 juin 2010, JO 25; voir D. 2010-1582 du 17 déc. 2010, JO 18, pour outre-mer) « directeur régional des entreprises, de la concurrence, de la consommation, du travail et de l'emploi » du siège.

Art. L. 1233-49. Lorsque l'entreprise est dépourvue de (Ord. 2017-1386 du 22 sept. 2017, art. 4, 75°, JO 23, entrée en vigueur au plus tard le 01.01.2018) « comité social et économique » et est soumise à l'obligation d'établir un plan de sauvegarde de l'emploi, ce plan ainsi que les informations destinées aux représentants du personnel mentionnées à l'article L. 1233-31 sont communiqués à l'autorité administrative en même temps que la notification du projet de licenciement. En outre, le plan est porté à la connaissance des salariés par (Ord. 2014-699 du 26 juin 2014, art. 5, JO 27) « tout moyen » sur les lieux de travail.

Art. R. 1233-9. Lorsqu'il n'existe (D. 2017-1819 du 29 déc. 2017, art. 3, 6°, JO 30, entrée en vigueur le 01.01.2018) « pas de comité social et économique dans l'entreprise », les informations mentionnées à l'article L. 1233-31, le plan de sauvegarde de l'emploi et les renseignements prévus au 1° de l'article R. 1233-6 sont adressés (D. 2013-554 du 27 juin 2013, JO 28) « par la voie dématérialisée » au (D. 2009-1377 du 10 nov. 2009, JO 13; D. 2010-687 du 24 juin 2010, JO 25; voir D. 2010-1582 du 17 déc. 2010, JO 18, pour outre-mer) « directeur régional des entreprises, de la concurrence, de la consommation, du travail et de l'emploi » en même temps que la notification du projet de licenciement prévue à l'article L. 1233-46.

Art. D. 1233-10. En cas d'absence de (D. 2017-1819 du 29 déc. 2017, art. 3, 7°, JO 30, entrée en vigueur le 01.01.2018) « comité social et économique, par suite d'une carence constatée dans les conditions prévues à l'article L. 2314-9 », l'employeur joint à la notification du projet de licenciement le procès-verbal de carence établi conformément à ces articles (D. 2013-554 du 27 juin 2013, JO 28) « et l'adresse par la voie dématérialisée ».

Art. L. 1233-50. Lorsque le (Ord. 2017-1387 du 22 sept. 2017, art. 20, 17°, JO 23) « comité social et économique » recourt à l'assistance d'un (Ord. 2017-1387 du 22 sept. 2017, art. 20, 17°, JO 23) « expert », l'employeur (L. 2013-504 du 14 juin 2013, art. 18, XIV, JO 16) « en informe » l'autorité administrative. Il lui transmet également (L. 2013-504 du 14 juin 2013, art. 18, XIV, JO 16) « son rapport et » les modifications éventuelles du projet de licenciement.

Art. L. 1233-51. Lorsque le projet de licenciement donne lieu à consultation du (Ord. 2017-1387 du 22 sept. 2017, art. 20, 18°, JO 23) « comité social et économique central », l'autorité administrative du siège de l'entreprise est informée de cette consultation et, le cas échéant, de la désignation d'un (Ord. 2017-1387 du 22 sept. 2017, art. 20, 18°, JO 23) « expert ».

§ 2. Intervention de l'autorité administrative concernant les entreprises non soumises à l'obligation d'établir un plan de sauvegarde de l'emploi

Art. L. 1233-53. (L. 2013-504 du 14 juin 2013, art. 18, XV, JO 16) « Dans les entreprises de moins de cinquante salariés, l'autorité administrative vérifie, dans le délai de vingt et un jours à compter de la date de la notification du projet de licenciement, que : »

1° Les représentants du personnel ont été informés, réunis et consultés conformément aux dispositions légales et conventionnelles en vigueur ;

2° Les obligations relatives à l'élaboration des mesures sociales prévues par l'article L. 1233-32 ou par des conventions ou accords collectifs de travail ont été respectées ;

3° Les mesures prévues à l'article L. 1233-32 seront effectivement mises en œuvre.

Art. L. 1233-56. Lorsque l'autorité administrative relève une irrégularité de procédure au cours des vérifications qu'elle effectue, elle adresse à l'employeur un avis précisant la nature de l'irrégularité constatée. Elle envoie simultanément copie de ses observations au (Ord. 2017-1386 du 22 sept. 2017, art. 4, 5°, JO 23, entrée en vigueur au plus tard le 01.01.2018) « comité social et économique ».

(L. 2013-504 du 14 juin 2013, art. 18, XV, JO 16) «L'autorité administrative peut formuler des observations sur les mesures sociales prévues à l'article L. 1233-32.»

L'employeur répond aux observations de l'autorité administrative et adresse copie de sa réponse aux représentants du personnel. Si cette réponse intervient après le délai d'envoi des lettres de licenciement prévu à l'article L. 1233-39, celui-ci est reporté jusqu'à la date d'envoi de la réponse à l'autorité administrative. Les lettres de licenciement ne peuvent être adressées aux salariés qu'à compter de cette date.

Art. D. 1233-11. (D. 2013-554 du 27 juin 2013, JO 28) Le directeur régional des entreprises, de la concurrence, de la consommation, du travail et de l'emploi adresse les pièces suivantes à l'employeur :

1° L'avis écrit mentionné à l'article L. 1233-56, en cas de licenciement de dix salariés ou plus sur une même période de trente jours ;

2° Les propositions et les observations prévues aux articles L. 1233-57 et L. 1233-57-6 lorsqu'un plan de sauvegarde de l'emploi doit être élaboré.

§ 3. Intervention de l'autorité administrative concernant les entreprises soumises à l'obligation d'établir un plan de sauvegarde de l'emploi

Art. L. 1233-57. L'autorité administrative peut présenter toute proposition pour compléter ou modifier le plan de sauvegarde de l'emploi, en tenant compte de la situation économique de l'entreprise.

Ces propositions sont formulées avant la dernière réunion du (Ord. 2017-1386 du 22 sept. 2017, art. 4, 7°, JO 23, entrée en vigueur au plus tard le 01.01.2018) « comité social et économique ». Elles sont communiquées à l'employeur et au (Ord. 2017-1386 du 22 sept. 2017, art. 4, 7°, JO 23, entrée en vigueur au plus tard le 01.01.2018) « comité social et économique ». (L. 2013-504 du 14 juin 2013, art. 18, XVII, JO 16) «L'employeur adresse une réponse motivée à l'autorité administrative. »

En l'absence de représentants du personnel, ces propositions ainsi que la réponse motivée de l'employeur à celles-ci, qu'il adresse à l'autorité administrative, sont portées à la connaissance des salariés par voie d'affichage sur les lieux de travail.

Art. L. 1233-57-1. (L. 2013-504 du 14 juin 2013, art. 18, XVIII, JO 16) L'accord collectif majoritaire mentionné à l'article L. 1233-24-1 ou le document élaboré par l'employeur mentionné à l'article L. 1233-24-4 sont transmis à l'autorité administrative pour validation de l'accord ou homologation du document.

Art. D. 1233-14. (D. 2013-554 du 27 juin 2013, JO 28) La demande de validation de l'accord mentionné à l'article L. 1233-24-1 ou d'homologation du document unilatéral mentionné à l'article L. 1233-24-4 est adressée au directeur régional des entreprises, de la concurrence, de la consommation, du travail et de l'emploi par la voie dématérialisée.

En cas de procédure de sauvegarde, de redressement ou de liquidation judiciaire, la demande est envoyée par voie dématérialisée au plus tard le lendemain de la dernière réunion du (D. 2017-1819 du 29 déc. 2017, art. 3, 4°, JO 30, entrée en vigueur le 01.01.2018) « comité social et économique » mentionnée aux II et III de l'article L. 1233-58.

Art. L. 1233-57-2. (L. 2013-504 du 14 juin 2013, art. 18, XVIII, JO 16) L'autorité administrative valide l'accord collectif mentionné à l'article L. 1233-24-1 dès lors qu'elle s'est assurée de :

1° Sa conformité aux articles L. 1233-24-1 à L. 1233-24-3;

2° La régularité de la procédure d'information et de consultation du (Ord. 2017-1386 du 22 sept. 2017, art. 4, 19°, JO 23, entrée en vigueur au plus tard le 01.01.2018) « comité social et économique »;

3° La présence dans le plan de sauvegarde de l'emploi des mesures prévues aux articles L. 1233-61 et L. 1233-63;

(L. 2014-856 du 31 juillet 2014, art. 21, JO 1er août) «4° La mise en œuvre effective, le cas échéant, des obligations prévues aux articles L. 1233-57-9 à L. 1233-57-16, L. 1233-57-19 et L. 1233-57-20.»

Art. L. 1233-57-3. (L. 2013-504 du 14 juin 2013, art. 18, XVIII, JO 16) En l'absence d'accord collectif ou en cas d'accord ne portant pas sur l'ensemble des points mentionnés aux 1° à 5° de l'article L. 1233-24-2, l'autorité administrative homologue le document élaboré par l'employeur mentionné à l'article L. 1233-24-4, après avoir vérifié la conformité de son contenu aux dispositions législatives et aux stipulations conventionnelles relatives aux éléments mentionnés aux 1° à 5° de l'article L. 1233-24-2, la régularité de la procédure d'information et de consultation du (Ord. 2017-1386 du 22 sept. 2017, art. 4, 19°, JO 23, entrée en vigueur au plus tard le 01.01.2018) « comité social et économique », (L. 2014-856 du 31 juillet 2014, art. 21, JO 1er août) «le respect, le cas échéant, des obligations prévues aux articles L. 1233-57-9 à L. 1233-57-16, L. 1233-57-19 et L. 1233-57-20» et le respect par le plan de sauvegarde de l'emploi des articles L. 1233-61 à L. 1233-63 en fonction des critères suivants :

1° Les moyens dont disposent l'entreprise, l'unité économique et sociale et le groupe ;

2° Les mesures d'accompagnement prévues au regard de l'importance du projet de licenciement ;

3° Les efforts de formation et d'adaptation tels que mentionnés aux articles L. 1233-4 et L. 6321-1.

Elle s'assure que l'employeur a prévu le recours au contrat de sécurisation professionnelle mentionné à l'article L. 1233-65 ou la mise en place du congé de reclassement mentionné à l'article L. 1233-71.

Art. L. 1233-57-4. (L. 2013-504 du 14 juin 2013, art. 18, XVIII, JO 16) L'autorité administrative notifie à l'employeur la décision de validation dans un délai de quinze jours à compter de la réception de l'accord collectif mentionné à l'article L. 1233-24-1 et la décision d'homologation dans un délai de vingt et un jours à compter de la réception du document complet élaboré par l'employeur mentionné à l'article L. 1233-24-4.

Elle la notifie, dans les mêmes délais, au (Ord. 2017-1386 du 22 sept. 2017, art. 4, 20°, JO 23, entrée en vigueur au plus tard le 01.01.2018) « comité social et économique » et, si elle porte sur un accord collectif, aux organisations syndicales représentatives signataires. La décision prise par l'autorité administrative est motivée.

Le silence gardé par l'autorité administrative pendant les délais prévus au premier alinéa vaut décision d'acceptation de validation ou d'homologation. Dans ce cas, l'employeur transmet une copie de la demande de validation ou d'homologation, accompagnée de son accusé de réception par l'administration, au (Ord. 2017-1386 du 22 sept. 2017, art. 4, 20°, JO 23, entrée en vigueur au plus tard le 01.01.2018) « comité social et économique » et, si elle porte sur un accord collectif, aux organisations syndicales représentatives signataires.

La décision de validation ou d'homologation ou, à défaut, les documents mentionnés au troisième alinéa et les voies et délais de recours sont portés à la connaissance des salariés par voie d'affichage sur leurs lieux de travail (Ord. 2014-699 du 26 juin 2014, art. 6, JO 27) «ou par tout autre moyen permettant de conférer date certaine à cette information ».

Art. D. 1233-14-1. (D. 2013-554 du 27 juin 2013, JO 28) Le délai prévu à l'article L. 1233-57-4 court à compter de la réception par le directeur régional des entreprises, de la concurrence, de la consommation, du travail et de l'emploi du dossier complet.

Le dossier est complet lorsqu'il comprend les informations permettant de vérifier le contenu du plan de sauvegarde de l'emploi, les modalités d'information et de consultation du (D. 2017-1819 du 29 déc. 2017, art. 3, 4°, JO 30, entrée en vigueur le 01.01.2018) « comité social et économique », la pondération et le périmètre d'application des critères d'ordre des licenciements, le calendrier des licenciements, le nombre de suppressions d'emploi et les catégories professionnelles concernées, et les modalités de mise en œuvre des mesures de formation, d'adaptation et de reclassement et, lorsqu'un accord est conclu en application de l'article L. 1233-24-1, les informations relatives à la représentativité des organisations syndicales signataires.

Lorsque le dossier est complet, le directeur régional des entreprises, de la concurrence, de la consommation, du travail et de l'emploi en informe, sans délai et par tout moyen permettant de donner date certaine, l'employeur, le (D. 2017-1819 du 29 déc. 2017, art. 3, 5°, JO 30, entrée en vigueur le 01.01.2018) « comité social et économique » ainsi que les organisations syndicales représentatives en cas d'accord collectif mentionné à l'article L. 1233-24-1.

Lorsque la demande porte sur un accord partiel et sur un document unilatéral mentionnés à l'article L. 1233-57-3, les délais mentionnés à l'article L. 1233-57-4 sont de quinze jours pour l'accord et de vingt et un jours pour le document unilatéral.

Lorsqu'un accord collectif a été conclu en application de l'article L. 1233-24-1, il est déposé dans les conditions définies à l'article L. 2231-6.

Art. D. 1233-14-2. (D. 2013-554 du 27 juin 2013, JO 28) La décision du directeur régional des entreprises, de la concurrence, de la consommation, du travail et de l'emploi visée à l'article L. 1233-57-4 est adressée par tout moyen permettant de conférer une date certaine à l'employeur et au (D. 2017-1819 du 29 déc. 2017, art. 3, 9°, JO 30, entrée en vigueur le 01.01.2018) « comité social et économique » et, lorsqu'un accord collectif a été conclu en application de l'article L. 1233-24-1, aux organisations syndicales représentatives signataires.

L'envoi de la décision de l'administration s'effectue au plus tard le dernier jour du délai mentionné au premier alinéa de l'article L. 1233-57-4.

Art. L. 1233-57-5. (L. 2013-504 du 14 juin 2013, art. 18, XVIII, JO 16) Toute demande tendant, avant transmission de la demande de validation ou d'homologation, à ce qu'il soit enjoint à l'employeur de fournir les éléments d'information relatifs à la procédure en cours ou de se conformer à une règle de procédure prévue par les textes législatifs, les conventions collectives ou un accord collectif est adressée à l'autorité administrative. Celle-ci se prononce dans un délai de cinq jours.

Art. D. 1233-12. (D. 2013-554 du 27 juin 2013, JO 28) La demande mentionnée à l'article L. 1233-57-5 est adressée par le (D. 2017-1819 du 29 déc. 2017, art. 3, 8°, JO 30, entrée en vigueur le 01.01.2018) « comité social et économique », ou, en cas de négociation d'un accord mentionné à l'article L. 1233-24-1 par les organisations syndicales représentatives de l'entreprise, au directeur régional des entreprises, de la concurrence, de la consommation, du travail et de l'emploi compétent en application des articles R. 1233-3-4 et R. 1233-3-5, par tout moyen permettant de conférer une date certaine.

La demande est motivée. Elle précise les éléments demandés et leur pertinence.

Le directeur régional des entreprises, de la concurrence, de la consommation, du travail et de l'emploi se prononce après instruction dans un délai de cinq jours à compter de la réception de la demande.

S'il décide de faire droit à la demande, le directeur régional adresse une injonction à l'employeur par tout moyen permettant de lui conférer une date certaine. Il adresse simultanément une copie de cette injonction à l'auteur de la demande, au (D. 2017-1819 du 29 déc. 2017, art. 3, 4°, JO 30, entrée en vigueur le 01.01.2018) « comité social et économique » et aux organisations syndicales représentatives en cas de négociation d'un accord mentionné à l'article L. 1233-24-1.

Art. L. 1233-57-6. (L. 2013-504 du 14 juin 2013, art. 18, XVIII, JO 16) L'administration peut, à tout moment en cours de procédure, faire toute observation ou proposition à l'employeur concernant le déroulement de la procédure ou les mesures sociales prévues à l'article L. 1233-32. Elle envoie simultanément copie de ses observations au (Ord. 2017-1386 du 22 sept. 2017, art. 4, 5°, JO 23, entrée en vigueur au plus tard le 01.01.2018) « comité social et économique » et, lorsque la négociation de l'accord visé à l'article L. 1233-24-1 est engagée, (Ord. 2017-1718 du 20 déc. 2017, art. 1er, I, 14°, JO 21) « le cas échéant » aux organisations syndicales représentatives dans l'entreprise.

L'employeur répond à ces observations et adresse copie de sa réponse aux représentants du personnel et, le cas échéant, aux organisations syndicales.

Art. L. 1233-57-7. (L. 2013-504 du 14 juin 2013, art. 18, XVIII, JO 16) En cas de décision de refus de validation ou d'homologation, l'employeur, s'il souhaite reprendre son projet, présente une nouvelle demande après y avoir apporté les modifications nécessaires et consulté le (Ord. 2017-1386 du 22 sept. 2017, art. 4, 20°, JO 23, entrée en vigueur au plus tard le 01.01.2018) « comité social et économique ».

Art. D. 1233-14-3. (D. 2013-554 du 27 juin 2013, JO 28) En cas de décision de refus de validation ou d'homologation, le (D. 2017-1819 du 29 déc. 2017, art. 3, 4°, JO 30, entrée en vigueur le 01.01.2018) « comité social et économique » est consulté préalablement à la nouvelle demande sur l'accord collectif ou le document unilatéral après que les modifications nécessaires ont été apportées.

Le projet modifié et l'avis du (D. 2017-1819 du 29 déc. 2017, art. 3, 4°, JO 30, entrée en vigueur le 01.01.2018) « comité social et économique » sont transmis à l'administration par tout moyen permettant de conférer une date certaine.

Art. L. 1233-57-8. (L. 2013-504 du 14 juin 2013, art. 18, XVIII, JO 16) L'autorité administrative compétente pour prendre la décision d'homologation ou de validation mentionnée à l'article L. 1233-57-1 est celle du lieu où l'entreprise ou l'établissement concerné par le projet de licenciement collectif est établi. Si le projet de licenciement collectif porte sur des établissements relevant de la compétence d'autorités différentes, (D. 2020-88 du 5 févr. 2020, art. 1er, 1°, JO 6) « l'autorité administrative compétente est désignée dans les conditions prévues par décret en Conseil d'État ».

SECTION 4 BIS. Obligation de rechercher un repreneur en cas de projet de fermeture d'un établissement

Note La section a été introduite par la loi 2014-384 du 29 mars 2014, art. 1er, I, JO 1er avril.

Sous-section 1. Information des salariés et de l'autorité administrative de l'intention de fermer un établissement

§ 1. Information des salariés

Art. L. 1233-57-9. Lorsqu'elle envisage la fermeture d'un établissement qui aurait pour conséquence un projet de licenciement collectif, l'entreprise mentionnée à l'article L. 1233-71 réunit et informe le (Ord. 2017-1386 du 22 sept. 2017, art. 4, 20°, JO 23, entrée en vigueur au plus tard le 01.01.2018) « comité social et économique », au plus tard à l'ouverture de la procédure d'information et de consultation prévue à l'article L. 1233-30.

Art. R. 1233-15. (D. 2015-1378 du 30 oct. 2015, JO 31) Est un établissement au sens de l'article L. 1233-57-9 une entité économique assujettie à l'obligation de constituer un (D. 2017-1819 du 29 déc. 2017, art. 3, 36°, JO 30, entrée en vigueur le 01.01.2018) « comité social et économique d'établissement ».

Constitue une fermeture au sens de l'article L. 1233-57-9 la cessation complète d'activité d'un établissement lorsqu'elle a pour conséquence la mise en œuvre d'un plan de sauvegarde de l'emploi emportant un projet de licenciement collectif au niveau de l'établissement ou de l'entreprise.

Constitue également une fermeture d'établissement la fusion de plusieurs établissements en dehors de la zone d'emploi où ils étaient implantés ou le transfert d'un établissement en dehors de sa zone d'emploi, lorsqu'ils ont pour conséquence la mise en œuvre d'un plan de sauvegarde de l'emploi emportant un projet de licenciement collectif.

Art. L. 1233-57-10. L'employeur adresse aux représentants du personnel, avec la convocation à la réunion prévue à l'article L. 1233-57-9, tous renseignements utiles sur le projet de fermeture de l'établissement.

Il indique notamment :

1° Les raisons économiques, financières ou techniques du projet de fermeture ;

2° Les actions qu'il envisage d'engager pour trouver un repreneur ;

3° Les possibilités pour les salariés de déposer une offre de reprise, les différents modèles de reprise possibles, notamment par les sociétés prévues par la loi n° 78-763 du 19 juillet 1978 portant statut des sociétés coopératives de production, ainsi que le droit des représentants du personnel de recourir à un expert prévu à l'article L. 1233-57-17.

Art. L. 1233-57-11. Dans les entreprises dotées d'un comité (Ord. 2017-1386 du 22 sept. 2017, art. 4, 76°, JO 23, entrée en vigueur au plus tard le 01.01.2018) « social et économique » central d'entreprise, l'employeur réunit et informe le comité (Ord. 2017-1386 du 22 sept. 2017, art. 4, 76°, JO 23, entrée en vigueur au plus tard le 01.01.2018) « social et économique » central et les comités (Ord. 2017-1386 du 22 sept. 2017, art. 4, 76°, JO 23, entrée en vigueur au plus tard le 01.01.2018) « sociaux et économiques » d'établissement intéressés dès lors que les mesures envisagées excèdent le pouvoir des chefs d'établissement concernés ou portent sur plusieurs établissements simultanément. Dans ce cas, les comités (Ord. 2017-1386 du 22 sept. 2017, art. 4, 76°, JO 23, entrée en vigueur au plus tard le 01.01.2018) « sociaux et économiques » d'établissement tiennent leur réunion après la réunion du comité (Ord. 2017-1386 du 22 sept. 2017, art. 4, 76°, JO 23, entrée en vigueur au plus tard le 01.01.2018) « social et économique » central d'entreprise tenue en application de l'article L. 1233-57-9.

§ 2. Information de l'autorité administrative et des collectivités territoriales

Art. L. 1233-57-12. L'employeur notifie sans délai à l'autorité administrative tout projet de fermeture d'un établissement mentionné à l'article L. 1233-57-9.

L'ensemble des informations mentionnées à l'article L. 1233-57-10 est communiqué simultanément à l'autorité administrative. L'employeur lui adresse également le procès-verbal de la réunion mentionnée à l'article L. 1233-57-9, ainsi que tout renseignement concernant la convocation, l'ordre du jour et la tenue de cette réunion.

Art. L. 1233-57-13. L'employeur informe le maire de la commune du projet de fermeture de l'établissement. Dès que ce projet lui a été notifié, l'autorité administrative en informe les élus concernés.

Art. R. 1233-15-1. (D. 2015-1378 du 30 oct. 2015, JO 31) L'autorité administrative visée aux articles L. 1233-57-13 et L. 1233-57-21 est le préfet du département dans lequel l'établissement a son siège.

Le directeur régional des entreprises, de la concurrence, de la consommation, du travail et de l'emploi dans le ressort duquel se trouve l'établissement en cause ainsi que, le cas échéant, celui désigné en application de l'article R. 1233-3-5, est destinataire des informations et rapports mentionnés aux articles L. 1233-57-12, L. 1233-57-17 et L. 1233-57-20.

La notification du projet de fermeture prévue au premier alinéa de l'article L. 1233-57-12 est adressée, par tout moyen permettant de conférer une date certaine.

Sous-section 2. **Recherche d'un repreneur**

§ 1. Obligations à la charge de l'employeur

Art. L. 1233-57-14. L'employeur ayant informé le (Ord. 2017-1386 du 22 sept. 2017, art. 4, 20°, JO 23, entrée en vigueur au plus tard le 01.01.2018) « comité social et économique » du projet de fermeture d'un établissement recherche un repreneur. Il est tenu :

1° D'informer, par tout moyen approprié, des repreneurs potentiels de son intention de céder l'établissement ;

2° De réaliser sans délai un document de présentation de l'établissement destiné aux repreneurs potentiels ;

3° Le cas échéant, d'engager la réalisation du bilan environnemental mentionné à l'article L. 623-1 du code de commerce, ce bilan devant établir un diagnostic précis des pollutions dues à l'activité de l'établissement et présenter les solutions de dépollution envisageables ainsi que leur coût ;

4° De donner accès à toutes informations nécessaires aux entreprises candidates à la reprise de l'établissement, exceptées les informations dont la communication serait de nature à porter atteinte aux intérêts de l'entreprise ou mettrait en péril la poursuite de l'ensemble de son activité. Les entreprises candidates à la reprise de l'établissement sont tenues à une obligation de confidentialité ;

5° D'examiner les offres de reprise qu'il reçoit ;

6° D'apporter une réponse motivée à chacune des offres de reprise reçues, dans les délais prévus à l'article L. 1233-30.

§ 2. Rôle du comité social et économique

Art. L. 1233-57-15. Le (Ord. 2017-1386 du 22 sept. 2017, art. 4, 20°, JO 23, entrée en vigueur au plus tard le 01.01.2018) « comité social et économique » est informé des offres de reprise formalisées, au plus tard huit jours après leur réception. Les informations qui lui sont communiquées à ce titre sont réputées confidentielles dans les conditions prévues à l'article L. 2325-5. Il peut émettre un avis, dans les délais prévus à l'article L. 1233-30, participer à la recherche d'un repreneur et formuler des propositions.

Art. L. 1233-57-16. Si le (Ord. 2017-1386 du 22 sept. 2017, art. 4, 20°, JO 23, entrée en vigueur au plus tard le 01.01.2018) « comité social et économique » souhaite participer à la recherche d'un repreneur, l'employeur lui donne accès, à sa demande, aux informations mentionnées aux 4° à 6° de l'article L. 1233-57-14.

Art. L. 1233-57-17. Le (Ord. 2017-1386 du 22 sept. 2017, art. 4, 20°, JO 23, entrée en vigueur au plus tard le 01.01.2018) « comité social et économique » peut recourir à l'assistance d'un expert de son choix rémunéré par l'entreprise.

Cet expert a pour mission d'analyser le processus de recherche d'un repreneur, sa méthodologie et son champ, d'apprécier les informations mises à la disposition des repreneurs potentiels, d'étudier les offres de reprise et d'apporter son concours à la recherche d'un repreneur par le (Ord. 2017-1386 du 22 sept. 2017, art. 4, 20°, JO 23, entrée en vigueur au plus tard le 01.01.2018) « comité social et économique » et à l'élaboration de projets de reprise.

L'expert présente son rapport dans les délais prévus à l'article L. 1233-30.

Lorsque le (Ord. 2017-1386 du 22 sept. 2017, art. 4, 20°, JO 23, entrée en vigueur au plus tard le 01.01.2018) « comité social et économique » recourt à l'assistance d'un expert, l'employeur en informe sans délai l'autorité administrative.

Art. L. 1233-57-18. Dans les entreprises dotées d'un comité (Ord. 2017-1386 du 22 sept. 2017, art. 4, 76°, JO 23, entrée en vigueur au plus tard le 01.01.2018) « social et économique » central d'entreprise, les comités (Ord. 2017-1386 du 22 sept. 2017, art. 4, 76°, JO 23, entrée en vigueur au plus tard le 01.01.2018) « sociaux et économiques » d'établissement exercent les attributions confiées au (Ord. 2017-1386 du 22 sept. 2017, art. 4, 20°, JO 23, entrée en vigueur au plus tard le 01.01.2018) « comité social et économique » en application des articles L. 1233-57-15 à L. 1233-57-17, L. 1233-57-19 et L. 1233-57-20, dans la limite des pouvoirs confiés aux chefs de ces établissements.

§ 3. Clôture de la période de recherche

Art. L. 1233-57-19. L'employeur consulte le (Ord. 2017-1386 du 22 sept. 2017, art. 4, 20°, JO 23, entrée en vigueur au plus tard le 01.01.2018) « comité social et économique » sur toute offre de reprise à laquelle il souhaite donner suite et indique les raisons qui le conduisent à accepter cette offre, notamment au regard de la capacité de l'auteur de l'offre à garantir la pérennité de l'activité et de l'emploi de l'établissement. Le (Ord. 2017-1386 du 22 sept. 2017, art. 4, 20°, JO 23, entrée en vigueur au plus tard le 01.01.2018) « comité social et économique » émet un avis sur cette offre dans un délai fixé en application de l'article L. 2323-3.

(L. 2016-1088 du 8 août 2016, art. 94, I, 3°, JO 9) «Lorsque la procédure est aménagée en application de l'article L. 1233-24-2 pour favoriser un projet de transfert d'une ou de plusieurs entités économiques mentionné à l'article L. 1233-61, l'employeur consulte le (Ord. 2017-1386 du 22 sept. 2017, art. 4, 20°, JO 23, entrée en vigueur au plus tard le 01.01.2018) « comité social et économique » sur l'offre de reprise dans le délai fixé par l'accord collectif mentionné à l'article L. 1233-24-2.»

Art. L. 1233-57-20. Avant la fin de la procédure d'information et de consultation prévue à l'article L. 1233-30, si aucune offre de reprise n'a été reçue ou si l'employeur n'a souhaité donner suite à aucune des offres, celui-ci réunit le (Ord. 2017-1386 du 22 sept. 2017, art. 4, 20°, JO 23, entrée en vigueur au plus tard le 01.01.2018) « comité social et économique » et lui présente un rapport, qui est communiqué à l'autorité administrative. Ce rapport indique :

1° Les actions engagées pour rechercher un repreneur ;

2° Les offres de reprise qui ont été reçues ainsi que leurs caractéristiques ;

3° Les motifs qui l'ont conduit, le cas échéant, à refuser la cession de l'établissement.

Art. L. 1233-57-21. Les actions engagées par l'employeur au titre de l'obligation de recherche d'un repreneur sont prises en compte dans la convention de revitalisation conclue entre l'entreprise et l'autorité administrative en application des articles L. 1233-84 à L. 1233-90.

(L. 2014-856 du 31 juillet 2014, art. 22, JO 1er août) «Eu égard à la capacité de l'employeur à éviter les licenciements ou à en limiter le nombre par la cession de l'établissement concerné par le projet de fermeture, attestée par les rapports mentionnés aux articles L. 1233-57-17 et L. 1233-57-20, l'autorité administrative peut demander le remboursement des aides pécuniaires en matière d'installation, de développement économique, de recherche ou d'emploi attribuées par une personne publique à l'entreprise, au titre de l'établissement concerné par le projet de fermeture, au cours des deux années précédant la réunion prévue au I de l'article L. 1233-30 et après l'entrée en vigueur de la loi n° 2014-856 du 31 juillet 2014 relative à l'économie sociale et solidaire. »

Art. R. 1233-15-2. (D. 2015-1378 du 30 oct. 2015, JO 31) Au regard des rapports mentionnés aux articles L. 1233-57-17 et L. 1233-57-20, le préfet du département dans lequel l'établissement a son siège, après avoir recueilli les observations de l'entreprise, s'il décide de demander le remboursement des aides publiques mentionné au deuxième alinéa de l'article L. 1233-57-21, notifie sa décision dans un délai d'un mois maximum à compter de sa décision de validation ou d'homologation mentionnées respectivement aux articles L. 1233-57-2 et L. 1233-57-3.

Il adresse une copie de sa décision aux personnes publiques chargées du recouvrement.

Sous-section 3. **Dispositions d'application**

Art. L. 1233-57-22. Un décret en Conseil d'État détermine les modalités d'application de la présente section.

SECTION 5. Licenciement économique dans le cadre d'une sauvegarde, d'un redressement ou d'une liquidation judiciaire

Art. L. 1233-58. (L. 2013-504 du 14 juin 2013, art. 18, XX, JO 16) « I. —» En cas de redressement ou de liquidation judiciaire, l'employeur, l'administrateur ou le liquidateur, selon le cas, qui envisage des licenciements économiques, (L. 2013-504 du 14 juin 2013, art. 18, XX, JO 16) «met en œuvre un plan de licenciement dans les conditions prévues aux articles L. 1233-24-1 à L. 1233-24-4.»

(L. 2013-504 du 14 juin 2013, art. 18, XX, JO 16) «L'employeur, l'administrateur ou le liquidateur, selon le cas, réunit et consulte le (Ord. 2017-1386 du 22 sept. 2017, art. 4, 22°, JO 23, entrée en vigueur au plus tard le 01.01.2018) « comité social et économique » dans les conditions prévues à l'article (L. 2015-994 du 17 août 2015, art. 18, XIV, 2°, JO 18, entrée en vigueur le 01.01.2016) « L. 2323-31 » ainsi qu'aux articles :»

1° L. 1233-8, pour un licenciement collectif de moins de dix salariés ;

2° L. 1233-29, premier alinéa, pour un licenciement (L. 2012-387 du 22 mars 2012, art. 43, 2°, JO 23) «d'au moins dix salariés» dans une entreprise de moins de cinquante salariés ;

3° L. 1233-30, (L. 2013-504 du 14 juin 2013, art. 18, XX, JO 16) «I à l'exception du dernier alinéa, et (Ord. 2017-1718 du 20 déc. 2017, art. 1er, I, 15°, JO 21) «dernier alinéa» du II», pour un licenciement (L. 2012-387 du 22 mars 2012, art. 43, 2°, JO 23) «d'au moins dix salariés» dans une entreprise (L. 2012-387 du 22 mars 2012, art. 43, 9°, JO 23) «d'au moins cinquante salariés»;

(Ord. 2014-326 du 12 mars 2014, art. 110, JO 14, entrée en vigueur le 01.07.2014) « 4° L. 1233-34 et L. 1233-35 premier alinéa et, le cas échéant, (Ord. 2014-699 du 26 juin 2014, art. 20, JO 27) « L. 2325-35 et L. 4614-12-1» du code du travail relatifs au recours à l'expert »;

(Ord. 2014-326 du 12 mars 2014, art. 110, JO 14, entrée en vigueur le 01.07.2014) « 5° » L. 1233-31 à L. 1233-33, L. 1233-48 et L. 1233-63, relatifs à la nature des renseignements et au contenu des mesures sociales adressés aux représentants du personnel et à l'autorité administrative ;

(Ord. 2014-326 du 12 mars 2014, art. 110, JO 14, entrée en vigueur le 01.07.2014) « 6° » L. 1233-49, L. 1233-61 et L. 1233-62, relatifs au plan de sauvegarde de l'emploi ;

(Ord. 2014-326 du 12 mars 2014, art. 110, JO 14, entrée en vigueur le 01.07.2014) « 7° » (L. 2013-504 du 14 juin 2013, art. 18, XX, JO 16) « L. 1233-57-5 et L. 1233-57-6, pour un licenciement d'au moins dix salariés dans une entreprise d'au moins cinquante salariés.

II. — Pour un licenciement d'au moins dix salariés dans une entreprise d'au moins cinquante salariés, l'accord mentionné à l'article L. 1233-24-1 est validé et le document mentionné à l'article L. 1233-24-4, élaboré par l'employeur, l'administrateur ou le liquidateur, est homologué dans les conditions fixées aux articles L. 1233-57-1 à L. 1233-57-3, aux deuxième et troisième alinéas de l'article L. 1233-57-4 et à l'article L. 1233-57-7.

(L. 2015-990 du 6 août 2015, art. 291, JO 7) «Par dérogation au 1° de l'article L. 1233-57-3, sans préjudice de la recherche, selon le cas, par l'administrateur, le liquidateur ou l'employeur, en cas de redressement ou de liquidation judiciaire, des moyens du groupe auquel l'employeur appartient pour l'établissement du plan de sauvegarde de l'emploi, l'autorité administrative homologue le plan de sauvegarde de l'emploi après s'être assurée du respect par celui-ci des articles L. 1233-61 à L. 1233-63 au regard des moyens dont dispose l'entreprise. »

(Ord. 2014-326 du 12 mars 2014, art. 110, JO 14, entrée en vigueur le 01.07.2014) « À titre exceptionnel, au vu des circonstances et des motifs justifiant le défaut d'établissement du procès-verbal de carence mentionné à l'article L. 2324-8, l'autorité administrative peut prendre une décision d'homologation. »

Les délais prévus au premier alinéa de l'article L. 1233-57-4 sont ramenés, à compter de la dernière réunion du (Ord. 2017-1386 du 22 sept. 2017, art. 4, 22°, JO 23, entrée en vigueur au plus tard le 01.01.2018) « comité social et économique », à huit jours en cas de redressement judiciaire et à quatre jours en cas de liquidation judiciaire.

L'employeur, l'administrateur ou le liquidateur ne peut procéder, sous peine d'irrégularité, à la rupture des contrats de travail avant la notification de la décision favorable de validation ou d'homologation, ou l'expiration des délais mentionnés au (L. 2015-990 du 6 août 2015, art. 291, JO 7) «quatrième» alinéa du présent II.

En cas de décision défavorable de validation ou d'homologation, l'employeur, l'administrateur ou le liquidateur consulte le (Ord. 2017-1386 du 22 sept. 2017, art. 4, 22°, JO 23, entrée en vigueur au plus tard le 01.01.2018) « comité social et économique » dans un délai de trois jours. Selon le cas, le document modifié et l'avis du (Ord. 2017-1386 du 22 sept. 2017, art. 4, 22°, JO 23, entrée en vigueur au plus tard le 01.01.2018) « comité social et économique » ou un avenant à l'accord collectif sont transmis à l'autorité administrative, qui se prononce dans un délai de trois jours.

En cas de licenciements intervenus en l'absence de toute décision relative à la validation ou à l'homologation ou en cas d'annulation d'une décision ayant procédé à la validation ou à l'homologation, le juge octroie au salarié une indemnité à la charge de l'employeur qui ne peut être inférieure aux salaires des six derniers mois. L'article L. 1235-16 ne s'applique pas.

(L. 2015-990 du 6 août 2015, art. 291, JO 7) «En cas d'annulation d'une décision de validation mentionnée à l'article L. 1233-57-2 ou d'homologation mentionnée à l'article L. 1233-57-3 en raison d'une insuffisance de motivation, l'autorité administrative prend une nouvelle décision suffisamment motivée, dans un délai de quinze jours à compter de la notification du jugement à l'administration. Cette décision est portée par l'employeur à la connaissance des salariés licenciés à la suite de la première décision de validation ou d'homologation, par tout moyen permettant de conférer une date certaine à cette information.

Dès lors que l'autorité administrative a édicté cette nouvelle décision, l'annulation pour le seul motif d'insuffisance de motivation de la première décision de l'autorité administrative est sans incidence sur la validité du licenciement et ne donne pas lieu au versement d'une indemnité à la charge de l'employeur.»

III. — En cas de licenciement d'au moins dix salariés dans une entreprise d'au moins cinquante salariés prévu par le plan de sauvegarde arrêté conformément à l'article L. 626-10 du code de commerce, les délais prévus au premier alinéa de l'article L. 1233-57-4 du présent code sont ramenés, à huit jours.

(Ord. 2014-326 du 12 mars 2014, art. 110, JO 14, entrée en vigueur le 01.07.2014) « Ils courent à compter de la date de réception de la demande de validation ou d'homologation qui est postérieure au jugement arrêtant le plan. » Lorsque l'autorité administrative rend une décision de refus de validation ou d'homologation, l'employeur consulte le (Ord. 2017-1386 du 22 sept. 2017, art. 4, 22°, JO 23, entrée en vigueur au plus tard le 01.01.2018) « comité social et économique » dans un délai de trois jours. Selon le cas, le document modifié et l'avis du (Ord. 2017-1386 du 22 sept. 2017, art. 4, 22°, JO 23, entrée en vigueur au plus tard le 01.01.2018) « comité social et économique », ou un avenant à l'accord collectif, sont transmis à l'autorité administrative, qui se prononce dans un délai de trois jours. »

Art. R. 1233-7. (D. 2013-554 du 27 juin 2013, JO 28) En cas de procédure de sauvegarde, l'employeur ou l'administrateur transmet une copie du jugement mentionné à l'article L. 626-11 du code de commerce au directeur régional des entreprises, de la concurrence, de la consommation, du travail et de l'emploi.

En cas de redressement ou de liquidation judiciaire, l'employeur, l'administrateur ou le liquidateur transmet une copie du jugement de redressement ou de liquidation judiciaire au directeur régional des entreprises, de la concurrence, de la consommation, du travail et de l'emploi.

Art. L. 1233-59. Les délais prévus à l'article L. 1233-15 pour l'envoi des lettres de licenciement prononcé pour un motif économique ne sont pas applicables en cas de redressement ou de liquidation judiciaire.

Un décret en Conseil d'État détermine les modalités d'application du présent article.

Art. L. 1233-60. En cas de redressement ou de liquidation judiciaire, l'employeur, l'administrateur ou le liquidateur, selon le cas, informe l'autorité administrative avant de procéder à des licenciements pour motif économique, dans les conditions prévues aux articles L. 631-17, L. 631-19 (II), L. 641-4, dernier alinéa, L. 641-10, troisième alinéa, et L. 642-5 du code de commerce.

Art. L. 1233-60-1. (Ord. 2014-326 du 12 mars 2014, art. 111, JO 14, entrée en vigueur le 01.07.2014) En cas de redressement judiciaire ou de liquidation judiciaire, lorsque l'employeur envisage la modification d'un élément essentiel du contrat de travail pour l'un des motifs économiques énoncés à l'article L. 1233-3, il en fait la proposition au salarié par lettre recommandée avec avis de réception.

La lettre de notification informe le salarié qu'il dispose d'un délai de quinze jours à compter de sa réception pour faire connaître son refus.

À défaut de réponse dans ce délai, le salarié est réputé avoir accepté la modification proposée.

SECTION 6. Accompagnement social et territorial des procédures de licenciement

Sous-section 1. Plan de sauvegarde de l'emploi

Art. L. 1233-61. Dans les entreprises (L. 2012-387 du 22 mars 2012, art. 43, 9°, JO 23) «d'au moins cinquante salariés », lorsque le projet de licenciement concerne (L. 2012-387 du 22 mars 2012, art. 43, 1°, JO 23) «au moins dix salariés » dans une même période de trente jours, l'employeur établit et met en œuvre un plan de sauvegarde de l'emploi pour éviter les licenciements ou en limiter le nombre.

Ce plan intègre un plan de reclassement visant à faciliter le reclassement (Ord. 2017-1718 du 20 déc. 2017, art. 1er, I, 16°, JO 21) «sur le territoire national» des salariés dont le licenciement ne pourrait être évité, notamment celui des salariés âgés ou présentant des caractéristiques sociales ou de qualification rendant leur réinsertion professionnelle particulièrement difficile.

(L. 2016-1088 du 8 août 2016, art. 94, I, 1°, JO 9) «Lorsque le plan de sauvegarde de l'emploi comporte, en vue d'éviter la fermeture d'un ou de plusieurs établissements, le transfert d'une ou de plusieurs entités économiques nécessaire à la sauvegarde d'une partie des emplois et lorsque ces entreprises souhaitent accepter une offre de reprise, les dispositions de l'article L. 1224-1 relatives au transfert des contrats de travail ne s'appliquent que dans la limite du nombre des emplois qui n'ont pas été supprimés à la suite des licenciements, à la date d'effet de ce transfert.»

Art. L. 1233-62. Le plan de sauvegarde de l'emploi prévoit des mesures telles que :

1° Des actions en vue du reclassement interne (Ord. 2017-1718 du 20 déc. 2017, art. 1er, I, 17°, JO 21) «sur le territoire national,» des salariés sur des emplois relevant de la même catégorie d'emplois ou équivalents à ceux qu'ils occupent ou, sous réserve de l'accord exprès des salariés concernés, sur des emplois de catégorie inférieure ;

(L. 2016-1088 du 8 août 2016, art. 94, I, 4°, JO 9) «1° *bis* Des actions favorisant la reprise de tout ou partie des activités en vue d'éviter la fermeture d'un ou de plusieurs établissements ;»

2° Des créations d'activités nouvelles par l'entreprise ;

3° Des actions favorisant le reclassement externe à l'entreprise, notamment par le soutien à la réactivation du bassin d'emploi ;

4° Des actions de soutien à la création d'activités nouvelles ou à la reprise d'activités existantes par les salariés ;

5° Des actions de formation, de validation des acquis de l'expérience ou de reconversion de nature à faciliter le reclassement interne ou externe des salariés sur des emplois équivalents ;

6° Des mesures de réduction ou d'aménagement du temps de travail ainsi que des mesures de réduction du volume des heures supplémentaires réalisées de manière régulière lorsque ce volume montre que l'organisation du travail de l'entreprise est établie sur la base d'une durée collective manifestement supérieure à trente-cinq heures hebdomadaires ou 1 600 heures par an et que sa réduction pourrait préserver tout ou partie des emplois dont la suppression est envisagée.

Art. L. 1233-63. Le plan de sauvegarde de l'emploi détermine les modalités de suivi de la mise en œuvre effective des mesures contenues dans le plan de reclassement prévu à l'article L. 1233-61.

Ce suivi fait l'objet d'une consultation régulière et détaillée du (Ord. 2017-1386 du 22 sept. 2017, art. 4, 6°, JO 23, entrée en vigueur au plus tard le 01.01.2018) « comité social et économique dont l'avis est » (L. 2013-504 du 14 juin 2013, art. 18, XXIV, JO 16) «transmis à l'autorité administrative ».

L'autorité administrative est associée au suivi de ces mesures (L. 2013-504 du 14 juin 2013, art. 18, XXIV, JO 16) «et reçoit un bilan, établi par l'employeur, de la mise en œuvre effective du plan de sauvegarde de l'emploi ».

Art. D. 1233-14-4. (D. 2013-554 du 27 juin 2013, JO 28) Le bilan de la mise en œuvre effective du plan de sauvegarde de l'emploi mentionné à l'article L. 1233-63, dont le contenu est fixé par arrêté du ministre chargé de l'emploi, est réalisé à la fin de la mise en œuvre des mesures de reclassement prévues aux articles L. 1233-65 ou L. 1233-71. Dans un délai d'un mois après cette date, il est adressé au directeur régional des entreprises, de la concurrence, de la consommation, du travail et de l'emploi compétent par voie dématérialisée.

Art. L. 1233-64. Les maisons de l'emploi peuvent participer, dans des conditions fixées par voie de convention avec les entreprises intéressées, à la mise en œuvre des mesures relatives au plan de sauvegarde de l'emploi.

Sous-section 2. **Contrat de sécurisation professionnelle**

Note Cette sous-section a été introduite par la loi 2011-893 du 28 juillet 2011, art. 41, JO 29.

Art. L. 1233-65. Le contrat de sécurisation professionnelle a pour objet l'organisation et le déroulement d'un parcours de retour à l'emploi, le cas échéant au moyen d'une reconversion ou d'une création ou reprise d'entreprise.

Ce parcours débute par une phase de prébilan, d'évaluation des compétences et d'orientation professionnelle en vue de l'élaboration d'un projet professionnel. Ce projet tient compte, au plan territorial, de l'évolution des métiers et de la situation du marché du travail.

Ce parcours comprend des mesures d'accompagnement, notamment d'appui au projet professionnel, ainsi que des périodes de formation et de travail.

Art. L. 1233-66. Dans les entreprises non soumises à l'article L. 1233-71, l'employeur est tenu de proposer, lors de l'entretien préalable ou à l'issue de la dernière réunion des représentants du personnel, le bénéfice du contrat de sécurisation professionnelle à chaque salarié dont il envisage de prononcer le licenciement pour motif économique. (L. 2015-990 du 6 août 2015, art. 293, JO 7) « Lorsque le licenciement pour motif économique donne lieu à un plan de sauvegarde de l'emploi dans les conditions prévues aux articles L. 1233-24-2 et L. 1233-24-4, cette proposition est faite après la notification par l'autorité administrative de sa décision de validation ou d'homologation prévue à l'article L. 1233-57-4. »

À défaut d'une telle proposition, l'institution mentionnée à l'article L. 5312-1 propose le contrat de sécurisation professionnelle au salarié. Dans ce cas, l'employeur verse à l'organisme chargé de la gestion du régime d'assurance chômage mentionné à l'article L. 5427-1 une contribution égale à deux mois de salaire brut, portée à trois mois lorsque son ancien salarié adhère au contrat de sécurisation professionnelle sur proposition de l'institution mentionnée au même article L. 5312-1.

(L. 2012-1189 du 26 oct. 2012, art. 9, I, JO 27, entrée en vigueur le 01.01.2013) « La détermination du montant de cette contribution et son recouvrement, effectué selon les règles et sous les garanties et sanctions mentionnées au premier alinéa de l'article L. 5422-16, sont assurés par l'institution mentionnée à l'article L. 5312-1. Les conditions d'exigibilité de cette contribution sont précisées par décret en Conseil d'État. »

Art. L. 1233-67. L'adhésion du salarié au contrat de sécurisation professionnelle emporte rupture du contrat de travail. Toute contestation portant sur la rupture du contrat de travail ou son motif se prescrit par douze mois à compter de l'adhésion au contrat de sécurisation professionnelle. Ce délai n'est opposable au salarié que s'il en a été fait mention dans la proposition de contrat de sécurisation professionnelle.

Cette rupture du contrat de travail, qui ne comporte ni préavis ni indemnité compensatrice de préavis ouvre droit à l'indemnité prévue à l'article L. 1234-9 et à toute indemnité conventionnelle qui aurait été due en cas de licenciement pour motif économique au terme du préavis ainsi que, le cas échéant, au solde de ce qu'aurait été l'indemnité compensatrice de préavis en cas de licenciement et après défalcation du versement de l'employeur représentatif de cette indemnité mentionné au 10° de l'article L. 1233-68. Les régimes social et fiscal applicables à ce solde sont ceux applicables aux indemnités compensatrices de préavis.

(L. 2014-288 du 5 mars 2014, art. 1er, I, 5°, JO 6 entrée en vigueur le 01.01.2015) « Après l'adhésion au contrat de sécurisation professionnelle, le bénéficiaire peut mobiliser le compte personnel de formation mentionné à l'article L. 6323-1. »

Pendant l'exécution du contrat de sécurisation professionnelle, le salarié est placé sous le statut de stagiaire de la formation professionnelle.

Le contrat de sécurisation professionnelle peut comprendre des périodes de travail réalisées dans les conditions prévues au 3° de l'article L. 1233-68.

Art. L. 1233-68. Un accord conclu et agréé dans les conditions prévues à la section 5 du chapitre II du titre II du livre IV de la cinquième partie (L. 2018-771 du 5 sept. 2018, art. 64, I, JO 6, entrée en vigueur le 01.01.2019) « , à l'exception de l'article L. 5422-20-1 et du second alinéa de l'article L. 5422-22, » définit les modalités de mise en œuvre du contrat de sécurisation professionnelle, notamment :

1° Les conditions d'ancienneté pour en bénéficier ;

2° Les formalités afférentes à l'adhésion au contrat de sécurisation professionnelle et les délais de réponse du salarié à la proposition de l'employeur ;

3° La durée du contrat de sécurisation professionnelle et les modalités de son éventuelle adaptation aux spécificités des entreprises et aux situations des salariés intéressés, notamment par la voie de périodes de travail effectuées pour le compte de tout employeur, à l'exception des particuliers, dans le cadre des contrats de travail à durée déterminée prévus à l'article L. 1242-3, renouvelables une fois par dérogation à l'article L. 1243-13, et des contrats de travail temporaire prévus à l'article L. 1251-7;

4° Le contenu des mesures mentionnées à l'article L. 1233-65 ainsi que les modalités selon lesquelles elles sont financées, notamment au titre du (L. 2014-288 du 5 mars 2014, art. 1er, I, 4°, JO 6, entrée en vigueur le 01.01.2015) « compte personnel de formation », et mises en œuvre par l'un des organismes assurant le service public de l'emploi, y concourant ou y participant mentionnés aux articles L. 5311-2 à L. 5311-4;

5° Les dispositions permettant d'assurer la continuité des formations engagées durant le contrat de sécurisation professionnelle ;

6° Les modalités de reprise éventuelle du contrat de sécurisation professionnelle après son interruption du fait d'une reprise d'emploi ;

7° Les obligations du bénéficiaire du contrat de sécurisation professionnelle et les conditions dans lesquelles le contrat peut être rompu, en cas de manquement à ces obligations, à l'initiative des organismes chargés de la mise en œuvre des mesures mentionnées au 4° ;

8° Le montant de l'allocation et, le cas échéant, des incitations financières au reclassement servies au bénéficiaire par l'institution mentionnée à l'article L. 5312-1 pour le compte de l'organisme chargé de la gestion du régime d'assurance chômage mentionné à l'article L. 5427-1, ainsi que les conditions de suspension, d'interruption anticipée et de cumul de cette allocation avec d'autres revenus de remplacement ;

9° Les conditions dans lesquelles les règles de l'assurance chômage s'appliquent aux bénéficiaires du contrat de sécurisation professionnelle, en particulier les conditions d'imputation de la durée d'exécution du contrat sur la durée de versement de l'allocation d'assurance mentionnée à l'article L. 5422-1;

10° Les conditions dans lesquelles participent au financement des mesures prévues au 4° :

a) L'organisme chargé de la gestion du régime d'assurance chômage mentionné à l'article L. 5427-1;

b) Les employeurs, par un versement représentatif de l'indemnité compensatrice de préavis dans la limite de trois mois de salaire majoré de l'ensemble des cotisations et contributions obligatoires afférentes.

À défaut d'accord ou d'agrément de cet accord, les modalités de mise en œuvre et de financement du contrat de sécurisation professionnelle sont déterminées par décret en Conseil d'État.

Art. L. 1233-69. (L. 2015-990 du 6 août 2015, art. 294, III, JO 7) « L'employeur contribue au financement du contrat de sécurisation professionnelle par un versement représentatif de l'indemnité compensatrice de préavis, dans la limite de trois mois de salaire majoré de l'ensemble des cotisations et contributions obligatoires afférentes. »

(L. 2012-1189 du 26 oct. 2012, art. 9, II, JO 27, entrée en vigueur le 01.01.2013) « La détermination du montant de (L. 2015-990 du 6 août 2015, art. 294, III, JO 7) « ce versement » et leur recouvrement, effectué selon les règles et sous les garanties et sanctions mentionnées au premier alinéa de l'article L. 5422-16, sont assurés par l'institution mentionnée à l'article L. 5312-1. Les conditions d'exigibilité de (L. 2015-990 du 6 août 2015, art. 294, III, JO 7) « ce versement » sont précisées par décret en Conseil d'État. »

(Ord. 2019-861 du 21 août 2019, art. 1er, 3°, JO 22) « L'État et l'organisme mentionné à l'article L. 5427-1 peuvent contribuer au financement des dépenses engagées dans le cadre du contrat de sécurisation professionnelle, y compris les dépenses liées aux coûts pédagogiques des formations. »

Les régions peuvent contribuer au financement de ces mesures de formation dans le cadre de la programmation inscrite dans le contrat de plan régional de développement des formations (L. 2014-288 du 5 mars 2014, art. 23, XII, JO 6) « et de l'orientation » professionnelles mentionné à l'article L. 214-13 du code de l'éducation.

Art. L. 1233-70. Une convention pluriannuelle entre l'État et des organisations syndicales de salariés et d'employeurs représentatives au niveau national et interprofessionnel détermine les modalités de l'organisation du parcours de retour à l'emploi mentionné à l'article L. 1233-65 et de la mise en œuvre, du suivi et de l'évaluation des mesures qu'il comprend. Cette convention détermine notamment les attributions des représentants territoriaux de l'État dans cette mise en œuvre et les modalités de désignation des opérateurs qui en sont chargés.

Une convention pluriannuelle entre l'État et l'organisme chargé de la gestion du régime d'assurance chômage mentionné à l'article L. 5427-1 détermine les modalités de financement du parcours de retour à l'emploi mentionné à l'article L. 1233-65 et des mesures qu'il comprend. Une annexe financière est négociée annuellement entre l'État et l'organisme chargé de la gestion du régime d'assurance chômage mentionné à l'article L. 5427-1.

À défaut de ces conventions, les dispositions qu'elles doivent comporter sont déterminées par décret en Conseil d'État.

Art. D. 1233-49. (D. 2015-1749 du 23 déc. 2015, JO 26, entrée en vigueur le 01.01.2016) En application de l'article L. 1233-69 du présent code, les (L. 2018-771 du 5 sept. 2018, art. 45, II, JO 6) « opérateurs de compétences » financent 20 % du coût pédagogique total de chacune des actions de formation prévues à l'article L. 1233-65, à l'exception des frais de transport, de repas et d'hébergement.

Art. D. 1233-50. (D. 2015-1749 du 23 déc. 2015, JO 26, entrée en vigueur le 01.01.2016) Lorsque l'accord-cadre mentionné à l'article L. 6332-21 du présent code prévoit le financement des mesures prévues à l'article L. 1233-65, les (L. 2018-771 du 5 sept. 2018, art. 45, II, JO 6) « opérateurs de compétences » répondent aux appels à projet mentionnés à l'article R. 6332-106 pour bénéficier du financement du fond paritaire de sécurisation des parcours professionnels à hauteur de 80 % du montant du coût pédagogique de chaque formation ainsi que, le cas échéant, des frais de transport, de repas et d'hébergement.

Par dérogation à l'article D. 1233-49, à défaut de réponse à l'appel à projet mentionné au premier alinéa, l'(L. 2018-771 du 5 sept. 2018, art. 45, II, JO 6) « opérateur de compétences » finance la totalité du coût pédagogique de chaque formation ainsi que, le cas échéant, les frais de transport, de repas et d'hébergement.

Art. D. 1233-51. (D. 2015-1749 du 23 déc. 2015, JO 26, entrée en vigueur le 01.01.2016) Lorsqu'une entreprise a conclu un accord en application du premier alinéa de l'article L. 6331-10, l'employeur verse à l'(L. 2018-771 du 5 sept. 2018, art. 45, II, JO 6) « opérateur de compétences », désigné par l'accord de branche dont l'entreprise relève, tout ou partie du montant pris en charge par l'organisme en application de l'article D. 1233-49, dans la limite du montant de la contribution définie à l'article L. 6331-10, afin de financer les mesures de formation prévues à l'article L. 1233-65.

Dans l'hypothèse où une entreprise ne peut procéder à ce versement, ce montant reste à la charge de l'(L. 2018-771 du 5 sept. 2018, art. 45, II, JO 6) « opérateur de compétences » désigné par l'accord de branche dont l'entreprise relève.

Pour l'application de l'article R. 6331-13, ce versement est pris en compte dans le total des dépenses effectivement consacrées par l'employeur au financement du compte personnel de formation de ses salariés.

Sous-section 3. **Congé de reclassement**

Art. L. 1233-71. Dans les entreprises ou les établissements (L. 2012-387 du 22 mars 2012, art. 43, 18°, JO 23) «d'au moins mille salariés », ainsi que dans les entreprises mentionnées à l'article L. 2331-1 et celles (L. 2016-1088 du 8 août 2016, art. 96, JO 9) «répondant aux conditions mentionnées aux articles L. 2341-1 et L. 2341-2», dès lors qu'elles emploient au total au moins mille salariés, l'employeur propose à chaque salarié dont il envisage de prononcer le licenciement pour motif économique un congé de reclassement qui a pour objet de permettre au salarié de bénéficier d'actions de formation et des prestations d'une cellule d'accompagnement des démarches de recherche d'emploi.

La durée du congé de reclassement ne peut excéder (L. 2013-504 du 14 juin 2013, art. 20, II, JO 16) «douze » mois.

Ce congé débute, si nécessaire, par un bilan de compétences qui a vocation à permettre au salarié de définir un projet professionnel et, le cas échéant, de déterminer les actions de formation nécessaires à son reclassement. Celles-ci sont mises en œuvre pendant la période prévue au premier alinéa.

L'employeur finance l'ensemble de ces actions.

Art. L. 1233-72. Le congé de reclassement est pris pendant le préavis, que le salarié est dispensé d'exécuter.

Lorsque la durée du congé de reclassement excède la durée du préavis, le terme de ce dernier est reporté jusqu'à la fin du congé de reclassement.

Le montant de la rémunération qui excède la durée du préavis est égal au montant de l'allocation de conversion mentionnée au 3° de l'article L. 5123-2. Les dispositions des articles L. 5123-4 et L. 5123-5 sont applicables à cette rémunération.

Art. L. 1233-72-1. (L. 2011-893 du 28 juil. 2011, art. 42, JO 29) Le congé de reclassement peut comporter des périodes de travail durant lesquelles il est suspendu. Ces périodes de travail sont effectuées pour le compte de tout employeur, à l'exception des particuliers, dans le cadre de contrats de travail à durée déterminée tels que prévus à l'article L. 1242-3, renouvelables une fois par dérogation (Ord. 2017-1718 du 20 déc. 2017, art. 1er, I, 18°, JO 21) «aux articles L. 1243-13 et L. 1243-13-1», ou de contrats de travail temporaire tels que prévus à l'article L. 1251-7. Au terme de ces périodes, le congé de reclassement reprend. (L. 2013-504 du 14 juin 2013, art. 20, III, JO 16) «L'employeur peut prévoir un report du terme initial du congé à due concurrence des périodes de travail effectuées.»

Art. L. 1233-73. Les partenaires sociaux peuvent, dans le cadre d'un accord national interprofessionnel, prévoir une contribution aux actions engagées dans le cadre du congé de reclassement.

Art. L. 1233-74. Les maisons de l'emploi peuvent participer, dans des conditions fixées par voie de convention avec les entreprises intéressées, à la mise en œuvre des mesures relatives au congé de reclassement.

Art. L. 1233-75. Les dispositions de la présente sous-section ne sont pas applicables aux entreprises en redressement ou en liquidation judiciaire.

Art. L. 1233-76. Un décret en Conseil d'État détermine les modalités d'application des articles L. 1233-71 à L. 1233-73.

§ 1 (réglementaire). Proposition du congé de reclassement

Art. R. 1233-17. L'employeur informe et consulte le (D. 2017-1819 du 29 déc. 2017, art. 3, 10°, JO 30, entrée en vigueur le 01.01.2018) « comité social et économique » sur les conditions de mise en œuvre du congé de reclassement lors des réunions prévues aux articles L. 1233-8, en cas de licenciement de moins de dix salariés dans une même période de trente jours, et L. 1233-28, en cas de licenciement de dix salariés ou plus dans une même période de trente jours.

Art. R. 1233-18. Lorsque l'employeur établit un plan de sauvegarde de l'emploi, les conditions de mise en œuvre du congé de reclassement sont fixées dans ce plan.
Lorsqu'il n'est pas tenu d'établir ce plan, l'employeur adresse aux représentants du personnel un document précisant les conditions de mise en œuvre du congé de reclassement, avec les renseignements prévus aux articles L. 1233-10, en cas de licenciement de moins de dix salariés dans une même période de trente jours, L. 1233-31 et L. 1233-32, en cas de licenciement de dix salariés ou plus dans une même période de trente jours.

Art. R. 1233-19. Lors de l'entretien préalable prévu à l'article L. 1233-11, en cas de licenciement de moins de dix salariés dans une même période de trente jours, l'employeur informe le salarié des conditions de mise en œuvre du congé de reclassement.
Lorsque l'employeur n'est pas tenu de convoquer les salariés à cet entretien, en cas de licenciement de dix salariés ou plus dans une même période de trente jours, il les informe, à l'issue de la dernière réunion du (D. 2017-1819 du 29 déc. 2017, art. 3, 11°, JO 30, entrée en vigueur le 01.01.2018) « comité social et économique », des conditions de mise en œuvre du congé de reclassement.

Art. R. 1233-20. Dans la lettre de notification du licenciement prévue aux articles L. 1233-15, en cas de licenciement de moins de dix salariés dans une même période de trente jours, et L. 1233-39, en cas de licenciement de dix salariés ou plus dans une même période de trente jours, l'employeur propose au salarié le bénéfice du congé de reclassement.

Art. R. 1233-21. Le salarié dispose d'un délai de huit jours à compter de la date de notification de la lettre de licenciement pour informer l'employeur qu'il accepte le bénéfice du congé de reclassement.
L'absence de réponse dans ce délai est assimilée à un refus.

§ 2 (réglementaire). Mise en œuvre du congé de reclassement

Art. R. 1233-22. En cas d'acceptation par le salarié du bénéfice du congé de reclassement, celui-ci débute à l'expiration du délai de réponse prévu à l'article R. 1233-21.

Art. R. 1233-23. Le congé de reclassement permet au salarié de bénéficier des prestations d'une cellule d'accompagnement des démarches de recherche d'emploi et d'actions de formation destinées à favoriser son reclassement professionnel.

Pendant ce congé, le salarié peut également faire valider les acquis de son expérience ou engager les démarches en vue d'obtenir cette validation.

Art. R. 1233-24. La cellule d'accompagnement des démarches de recherche d'emploi assure :

1° Une fonction d'accueil, d'information et d'appui au salarié dans ses démarches de recherche d'emploi ;

2° Un suivi individualisé et régulier du salarié ;

3° Les opérations de prospection et de placement de nature à assurer le reclassement du salarié.

Art. R. 1233-25. Les prestations proposées par la cellule d'accompagnement sont accomplies soit par un prestataire choisi par l'employeur, soit par des salariés de l'entreprise désignés par l'employeur.

Art. R. 1233-26. La cellule d'accompagnement doit disposer des moyens nécessaires pour lui permettre de remplir sa mission.

Un ou plusieurs salariés peuvent lui apporter leur concours, après accord de l'employeur.

Art. R. 1233-27. Lorsque le salarié accepte le bénéfice du congé de reclassement, un entretien d'évaluation et d'orientation est accompli par la cellule d'accompagnement. Cet entretien a pour objet de déterminer le projet professionnel de reclassement du salarié ainsi que ses modalités de mise en œuvre.

À l'issue de cet entretien, la cellule d'accompagnement remet à l'employeur et au salarié un document précisant le contenu et la durée des actions nécessaires en vue de favoriser le reclassement.

Lorsque l'entretien d'évaluation et d'orientation n'a pas permis de définir un projet professionnel de reclassement, la cellule d'accompagnement informe le salarié qu'il peut bénéficier du bilan de compétences prévu par l'article L. 1233-71 et réalisé selon les modalités prévues par les articles R. 1233-35 et (D. 2018-1330 du 28 déc. 2018, art. 1er, JO 30, entrée en vigueur le 01.01.2019) « R. 6313-4 ». Ce bilan a pour objet d'aider le salarié à déterminer et approfondir son projet professionnel de reclassement et prévoit, en tant que de besoin, les actions de formation nécessaires à la réalisation de ce projet ainsi que celles permettant au salarié de faire valider les acquis de son expérience. Lorsque sont proposées de telles actions, l'organisme chargé de réaliser le bilan de compétences communique à la cellule d'accompagnement les informations relatives à leur nature, à leur durée et à leur mise en œuvre. Au vu de ces informations, la cellule établit le document prévu au deuxième alinéa.

Art. R. 1233-28. Au vu du document remis par la cellule d'accompagnement à l'employeur et au salarié, conformément au deuxième alinéa de l'article R. 1233-27, l'employeur précise dans un document :

1° Le terme du congé de reclassement ;

2° Les prestations de la cellule d'accompagnement dont il peut bénéficier ;

3° Selon les cas, la nature précise des actions de formation ou de validation des acquis de son expérience, ainsi que le nom des organismes prestataires de ces actions ;

4° L'obligation de donner suite aux convocations qui lui sont adressées par la cellule d'accompagnement ;

5° La rémunération versée pendant la période du congé de reclassement excédant la durée du préavis ;

6° Les engagements du salarié pendant le congé de reclassement et les conditions de rupture de ce congé définies aux articles R. 1233-34 et R. 1233-36.

Art. R. 1233-29. Le document prévu à l'article R. 1233-28 est établi en double exemplaire dont l'un est remis au salarié.

Chaque exemplaire est revêtu de la signature du salarié et de l'employeur préalablement à la réalisation des actions prévues dans le cadre du congé de reclassement.

Art. R. 1233-30. Le salarié dispose d'un délai de huit jours pour signer le document prévu à l'article R. 1233-28 à compter de la date de sa présentation.

Si, à l'issue de ce délai, le document n'a pas été signé, l'employeur notifie au salarié la fin du congé de reclassement par lettre recommandée avec avis de réception. Si le préavis est suspendu, la date de présentation de cette lettre fixe le terme de la suspension du préavis.

Art. R. 1233-31. L'employeur fixe la durée du congé de reclassement entre quatre et (D. 2013-554 du 27 juin 2013, JO 28) « douze » mois. La durée fixée peut être inférieure à quatre mois sous réserve de l'accord exprès du salarié.

Lorsque le salarié suit une action de formation ou de validation des acquis de l'expérience, la durée du congé de reclassement ne peut être inférieure à la durée de ces actions dans la limite de (D. 2013-554 du 27 juin 2013, JO 28) « douze » mois.

Art. R. 1233-32. Pendant la période du congé de reclassement excédant la durée du préavis, le salarié bénéficie d'une rémunération mensuelle à la charge de l'employeur.

Le montant de cette rémunération est au moins égal à 65 % de sa rémunération mensuelle brute moyenne soumise aux contributions mentionnées à l'article L. 5422-9 au titre des douze derniers mois précédant la notification du licenciement.

Il ne peut être inférieur à un salaire mensuel égal à 85 % du produit du salaire minimum de croissance prévu à l'article L. 3231-2 par le nombre d'heures correspondant à la durée collective de travail fixée dans l'entreprise.

Il ne peut non plus être inférieur à 85 % du montant de la garantie de rémunération versée par l'employeur en application des dispositions de l'article 32 de la loi n° 2000-37 du 19 janvier 2000 relative à la réduction négociée du temps de travail.

Chaque mois, l'employeur remet au salarié un bulletin précisant le montant et les modalités de calcul de cette rémunération.

Art. R. 1233-33. Pendant la durée du congé de reclassement, le salarié suit les actions définies dans le document prévu à l'article R. 1233-28 et participe aux actions organisées par la cellule d'accompagnement.

Art. R. 1233-34. Lorsque le salarié s'abstient, sans motif légitime, de suivre les actions mentionnées à l'article R. 1233-33 ou de se présenter aux entretiens auxquels il a été convoqué par la cellule d'accompagnement, l'employeur lui notifie, par lettre recommandée avec avis de réception ou remise contre récépissé, une mise en demeure de suivre les actions prévues ou de donner suite aux convocations qui lui ont été adressées.

L'employeur précise dans ce courrier que si le salarié ne donne pas suite à la mise en demeure dans un délai fixé par celle-ci, le congé de reclassement sera rompu.

Si, à l'issue de ce délai, le salarié n'a pas donné suite à la mise en demeure, l'employeur lui notifie la fin du congé de reclassement par lettre recommandée avec avis de réception.

Si le préavis est suspendu, la date de présentation de cette lettre fixe le terme de la suspension du préavis.

Art. R. 1233-35. Le bilan de compétences mis en œuvre dans le cadre d'un congé de reclassement est réalisé après la conclusion d'une convention tripartite dans les conditions prévues aux articles (D. 2018-1330 du 28 déc. 2018, art. 1er, JO 30, entrée en vigueur le 01.01.2019) « R. 6313-4 à R. 6313-8 ».

Art. R. 1233-36. Si le salarié retrouve un emploi pendant son congé de reclassement, il en informe l'employeur par lettre recommandée avec avis de réception ou remise contre récépissé. Il précise la date à laquelle prend effet son embauche.

Cette lettre est adressée à l'employeur avant l'embauche.

La date de présentation de cette lettre fixe la fin du congé de reclassement et, si le préavis est suspendu, le terme de sa suspension.

Sous-section 5. **Revitalisation des bassins d'emploi**

Art. L. 1233-84. Lorsqu'elles procèdent à un licenciement collectif affectant, par son ampleur, l'équilibre du ou des bassins d'emploi dans lesquels elles sont implantées, les entreprises mentionnées à l'article L. 1233-71 sont tenues de contribuer à la création d'activités et au développement des emplois et d'atténuer les effets du licenciement envisagé sur les autres entreprises dans le ou les bassins d'emploi.

Ces dispositions ne sont pas applicables dans les entreprises en redressement ou en liquidation judiciaire.

Art. L. 1233-85. Une convention entre l'entreprise et l'autorité administrative, conclue dans un délai de six mois à compter de la notification prévue à l'article L. 1233-46, détermine, le cas échéant sur la base d'une étude d'impact social et territorial prescrite par l'autorité administrative, la nature ainsi que les modalités de financement et de mise en œuvre des actions prévues à l'article L. 1233-84.

La convention tient compte des actions de même nature éventuellement mises en œuvre par anticipation dans le cadre d'un accord collectif relatif à la gestion prévisionnelle des emplois et des compétences ou prévues dans le cadre du plan de sauvegarde de l'emploi établi par l'entreprise (L. 2016-1088 du 8 août 2016, art. 97, 1°, JO 9) « ou prévues dans le cadre d'une démarche volontaire de l'entreprise faisant l'objet d'un document-cadre conclu entre l'État et l'entreprise. Le contenu et les modalités d'adoption de ce document sont définis par décret. »
Lorsqu'un accord collectif de groupe, d'entreprise ou d'établissement prévoit des actions de telle nature, assorties d'engagements financiers de l'entreprise au moins égaux au montant de la contribution prévue à l'article L. 1233-86, cet accord tient lieu, à la demande de l'entreprise, de la convention prévue au présent article entre l'entreprise et l'autorité administrative, sauf opposition de cette dernière motivée et exprimée dans les deux mois suivant la demande.

Art. L. 1233-86. Le montant de la contribution versée par l'entreprise ne peut être inférieur à deux fois la valeur mensuelle du salaire minimum de croissance par emploi supprimé. Toutefois, l'autorité administrative peut fixer un montant inférieur lorsque l'entreprise est dans l'incapacité d'assurer la charge financière de cette contribution.

En l'absence de convention signée ou d'accord collectif en tenant lieu, les entreprises versent au Trésor public une contribution égale au double du montant prévu au premier alinéa.

Art. L. 1233-87. Lorsqu'un licenciement collectif effectué par une entreprise (L. 2012-387 du 22 mars 2012, art. 43, 9°, JO 23) « d'au moins cinquante salariés » non soumise à l'obligation de proposer un congé de reclassement affecte, par son ampleur, l'équilibre du ou des bassins d'emploi dans lesquels elle est implantée, l'autorité administrative, après avoir, le cas échéant, prescrit une étude d'impact social et territorial prenant en compte les observations formulées par l'entreprise concernée, intervient pour faciliter la mise en œuvre d'actions de nature à permettre le développement d'activités nouvelles et atténuer les effets de la restructuration envisagée sur les autres entreprises dans le ou les bassins d'emploi. L'autorité administrative intervient en concertation avec les organismes participant ou concourant au service public de l'emploi mentionnés aux articles L. 5311-2 et suivants et, le cas échéant, avec la ou les maisons de l'emploi.

L'entreprise et l'autorité administrative définissent d'un commun accord les modalités selon lesquelles l'entreprise prend part, le cas échéant, à ces actions, compte tenu notamment de sa situation financière et du nombre d'emplois supprimés.

Les dispositions du deuxième alinéa ne sont pas applicables aux entreprises en redressement ou en liquidation judiciaire.

Art. L. 1233-88. Les actions prévues aux articles L. 1233-84 et L. 1233-87 sont déterminées après consultation des collectivités territoriales intéressées, des organismes consulaires et des partenaires sociaux membres de la commission paritaire interprofessionnelle régionale.

Leur exécution fait l'objet d'un suivi et d'une évaluation, sous le contrôle de l'autorité administrative, selon des modalités définies par décret. Ce décret détermine également les conditions dans lesquelles les entreprises dont le siège n'est pas implanté dans le bassin d'emploi affecté par le licenciement collectif contribuent aux actions prévues.

Art. L. 1233-89. Les procédures prévues à la présente sous-section sont applicables indépendamment des autres procédures prévues par le présent chapitre.

Art. L. 1233-90. Les maisons de l'emploi peuvent participer, dans des conditions fixées par voie de convention avec les entreprises intéressées, à la mise en œuvre des mesures relatives à la revitalisation des bassins d'emploi.

Art. L. 1233-90-1. (L. 2016-1088 du 8 août 2016, art. 97, 2°, JO 9) Une convention-cadre nationale de revitalisation est conclue entre le ministre chargé de l'emploi et l'entreprise lorsque les suppressions d'emplois concernent au moins trois départements.

Il est tenu compte, pour la détermination du montant de la contribution mentionnée à l'article L. 1233-86, du nombre total des emplois supprimés.

La convention-cadre est signée dans un délai de six mois à compter de la notification du projet de licenciement mentionnée à l'article L. 1233-46.

Elle donne lieu, dans un délai de quatre mois à compter de sa signature, à une ou plusieurs conventions locales conclues entre le représentant de l'État et l'entreprise. Ces conventions se conforment au contenu de la convention-cadre nationale.

§ 1 (réglementaire). Revitalisation par les entreprises soumises à l'obligation de proposer le congé de reclassement

Art. D. 1233-37. Le préfet conclut la convention prévue à l'article L. 1233-85 (D. 2017-1724 du 20 déc. 2017, JO 22) « ou à l'article L. 1237-19-10 » et assure le suivi et l'évaluation des actions prévues (D. 2017-1724 du 20 déc. 2017, JO 22) « aux articles L. 1233-84, L. 1233-87 et L. 1237-19-9 ».

Art. D. 1233-38. Lorsqu'une entreprise mentionnée à l'article L. 1233-71 procède à un licenciement collectif (D. 2017-1724 du 20 déc. 2017, JO 22) « ou à une rupture conventionnelle collective mentionnée à l'article L. 1237-19 », le ou les préfets dans le ou les départements du ou des bassins d'emploi concernés lui indiquent, dans un délai (D. 2013-554 du 27 juin 2013, JO 28) « d'un mois » à compter de la notification (D. 2013-554 du 27 juin 2013, JO 28) « de la décision administrative de validation ou d'homologation mentionnée à l'article L. 1233-57-4 » (D. 2017-1724 du 20 déc. 2017, JO 22) « ou de la décision administrative de validation de l'accord collectif mentionnée à l'article L. 1237-19-3 », après avoir recueilli ses observations, si elle est soumise à l'obligation de revitalisation des bassins d'emploi (D. 2017-1724 du 20 déc. 2017, JO 22) « instituée aux articles L. 1233-84 et L. 1237-19-9. »

À cet effet, (D. 2017-1724 du 20 déc. 2017, JO 22) « ils apprécient si le licenciement ou la rupture conventionnelle collective affectent, par leur ampleur », l'équilibre du ou des bassins d'emploi concernés en tenant notamment compte du nombre et des caractéristiques des emplois susceptibles d'être supprimés, du taux de chômage et des caractéristiques socio-économiques du ou des bassins d'emploi et des effets du licenciement (D. 2017-1724 du 20 déc. 2017, JO 22) « ou de la rupture conventionnelle collective » sur les autres entreprises de ce ou ces bassins d'emploi.

Ils peuvent également demander à l'entreprise de réaliser, (D. 2013-554 du 27 juin 2013, JO 28) « dès la notification du projet prévu à l'article L. 1233-46, une étude d'impact social et territorial qui doit leur être adressée au plus tard avant la fin du délai mentionné à l'article L. 1233-30 ».

(D. 2017-1724 du 20 déc. 2017, JO 22) « Dans le cadre de la rupture conventionnelle collective, le ou les préfets dans le ou les départements du ou des bassins d'emploi concernés peuvent demander à l'entreprise de réaliser l'étude d'impact social et territorial dès la notification de l'ouverture de la négociation prévue à l'article L. 1237-19, qui doit lui ou leur être adressée au plus tard le jour de la transmission de l'accord pour validation prévue à l'article L. 1237-19-3. »

Art. D. 1233-39. L'entreprise informe dans un délai d'un mois à compter de la notification de la décision prévue à l'article D. 1233-38, le ou les préfets dans le ou les départements concernés si elle entend satisfaire à cette obligation par la voie d'une convention signée avec l'État ou par celle d'un accord collectif.

Dans ce dernier cas, l'entreprise leur transmet également la copie de cet accord, son récépissé de dépôt et l'ensemble des informations, notamment financières, permettant d'évaluer la portée des engagements y figurant.

Lorsque le siège de l'entreprise n'est pas situé dans le ou les bassins d'emploi concernés, elle désigne, en outre, une personne chargée de la représenter devant le ou les préfets dans le ou les départements.

Art. D. 1233-40. La convention mentionnée (D. 2017-1724 du 20 déc. 2017, JO 22) « aux articles L. 1233-85 et L. 1237-19-10 » comporte notamment :

1° Les limites géographiques du ou des bassins d'emploi affectés par le licenciement collectif (D. 2017-1724 du 20 déc. 2017, JO 22) « ou par la rupture conventionnelle collective » et concernés par les mesures qu'elle prévoit ;

2° Les mesures permettant la création d'activités, le développement des emplois et l'atténuation des effets du licenciement envisagé (D. 2017-1724 du 20 déc. 2017, JO 22) « ou de la rupture conventionnelle collective » sur les autres entreprises dans le ou les bassins d'emploi concernés, ainsi que, pour chacune d'entre elles, les modalités et les échéances de mise en œuvre et le budget prévisionnel et, le cas échéant, le ou les noms et raisons sociales des organismes, établissements ou sociétés chargés pour le compte de l'entreprise de les mettre en œuvre et les financements qui leur sont affectés ;

3° La durée d'application de la convention qui ne peut dépasser trois ans, sauf circonstances particulières ;

4° Le montant de la contribution de l'entreprise par emploi supprimé et le nombre d'emplois supprimés au sens de l'article D. 1233-43 ;

5° Les modalités de suivi et d'évaluation des mesures mises en œuvre.

Art. D. 1233-41. (D. 2016-1473 du 28 oct. 2016, JO 3 nov.) « I — » Les mesures engagées avant la signature de la convention peuvent être prises en compte dans le cadre de cette dernière lorsqu'elles contribuent à la création d'activités, au développement des emplois et permettent d'atténuer les effets du licenciement envisagé (D. 2017-1724 du 20 déc. 2017, JO 22) « ou de la rupture conventionnelle collective » sur les autres entreprises dans le ou les bassins d'emploi (D. 2017-1724 du 20 déc. 2017, JO 22) « concernés ».

Les mesures envisagées sous la forme de l'octroi d'un prêt aux mêmes fins sont valorisées à hauteur d'un coût prévisionnel tenant compte du coût de gestion du prêt, du coût du risque et du coût de l'accès au financement. Cette valorisation ne peut dépasser 30 % des sommes engagées.

Les mesures envisagées au même titre sous la forme de la cession d'un bien immobilier sont valorisées à hauteur de la différence entre la valeur de marché du bien, déterminée après avis (D. 2014-552 du 27 mai 2014, art. 17, JO 29) « du directeur départemental ou, le cas échéant, régional des finances publiques », et sa valeur de cession.

(D. 2016-1473 du 28 oct. 2016, JO 3 nov.) « II. — Les mesures prévues dans le cadre d'une démarche volontaire de l'entreprise peuvent être prises en compte selon les modalités définies au I, lorsqu'elles sont engagées dans les deux ans précédant la notification de la décision prévue à l'article D. 1233-38 et qu'elles font l'objet d'un document-cadre conclu avec le représentant de l'État dans le département. Ce document-cadre détermine :

1° Les limites géographiques du ou des bassins d'emplois d'intervention ;

2° La nature des mesures et le montant auquel chacune est valorisée pour venir en déduction du montant de la contribution (D. 2017-1724 du 20 déc. 2017, JO 22) « prévue aux articles L. 1233-86 et L 1237-19-11 » ;

3° La date de début de mise en œuvre de chacune des mesures ;

4° Les modalités de suivi et d'évaluation des mesures.

L'entreprise transmet le bilan de la mise en œuvre des mesures au représentant de l'État dans le département, au plus tard dans un délai d'un mois à compter de la notification de la décision prévue à l'article D. 1233-38. »

Art. D. 1233-42. Pour le suivi et l'évaluation de la mise en œuvre de revitalisation des bassins d'emploi, il est institué un comité présidé par le ou les préfets dans le ou les départements concernés, associant l'entreprise, les collectivités territoriales intéressées, les organismes consulaires et les partenaires sociaux membres de la ou des commissions paritaires interprofessionnelles régionales concernées.

Le comité se réunit au moins une fois par an, sur la base du bilan, provisoire ou définitif, transmis préalablement par l'entreprise au ou aux préfets et justifiant de la mise en œuvre de son obligation.

Le bilan définitif évalue notamment l'impact sur l'emploi des mesures mises en œuvre et comprend les éléments permettant de justifier le montant de la contribution de l'entreprise aux actions prévues.

Art. D. 1233-43. Pour le calcul de la contribution instituée à l'article L. 1233-84, le nombre d'emplois supprimés (D. 2017-1724 du 20 déc. 2017, JO 22) « est égal au nombre de salariés dont le licenciement est envisagé », duquel est déduit le nombre de salariés dont le reclassement, dans l'entreprise ou dans le groupe auquel elle appartient, est acquis sur le ou les bassins d'emploi affectés par le licenciement collectif, à l'issue de la procédure de consultation des représentants du personnel prévue aux articles L. 1233-8 et L. 1233-9, en cas de licenciement de moins de dix salariés dans une même période de trente jours, et L. 1233-28 à L. 1233-30, en cas de licenciement de dix salariés ou plus dans une même période de trente jours.

(D. 2017-1724 du 20 déc. 2017, JO 22) « Pour le calcul de la contribution prévue à l'article L. 1237-19-9, le nombre d'emplois supprimés est égal au nombre de ruptures de contrat de travail prévues dans le cadre de l'accord portant rupture conventionnelle collective, duquel est déduit le nombre d'emplois pourvus sur le même poste de travail en remplacement des salariés dont le contrat de travail a été rompu en application de l'article L. 1237-19 sur le ou les bassins d'emplois concernés. »

Lorsque le ou les préfets dans le ou les départements concernés estiment, après avoir recueilli l'avis du comité départemental d'examen des problèmes de financement des entreprises compétent ou du comité interministériel de restructuration industrielle, que l'entreprise est dans l'incapacité d'assurer la charge financière de la contribution (D. 2017-1724 du 20 déc. 2017, JO 22) « instituée aux articles L. 1233-84 et L. 1237-19-11 », ils peuvent en diminuer le montant.

Art. D. 1233-44. (D. 2017-1724 du 20 déc. 2017, JO 22) « En l'absence de convention signée dans les délais prévus aux articles L. 1233-85 et L. 1237-19-10 ou d'accord collectif de travail en tenant lieu, le préfet du département où est situé l'établissement qui procède au licenciement ou à la rupture conventionnelle collective établit un titre de perception pour la contribution prévue au deuxième alinéa des articles L. 1233-87 et L. 1237-19-11. »

Le préfet transmet ce titre au (D. 2014-552 du 27 mai 2014, art. 17, JO 29) « directeur départemental ou, le cas échéant, régional des finances publiques » qui en assure le recouvrement.

§ 2 (réglementaire). Revitalisation par les entreprises non soumises à l'obligation de proposer le congé de reclassement

Art. D. 1233-45. Lorsqu'une entreprise mentionnée à l'article L. 1233-87 procède à un licenciement collectif, le ou les préfets dans le ou les départements du ou des bassins d'emploi concernés apprécient si ce licenciement affecte, par son ampleur, l'équilibre de ce ou ces bassins d'emploi en tenant notamment compte du nombre et des caractéristiques des emplois susceptibles d'être supprimés, du taux de chômage et des caractéristiques socio-économiques du ou des bassins d'emploi et des effets du licenciement sur les autres entreprises de ce ou ces bassins d'emploi et le lui indiquent.

Dans ce cas, l'entreprise désigne, lorsque son siège n'est pas situé dans le ou les bassins d'emploi concernés, une personne chargée de la représenter devant le ou les préfets.

Art. D. 1233-46. Le ou les préfets, dans un délai de six mois à compter de la notification prévue à l'article L. 1233-46, et dans les conditions et selon les modalités prévues par les articles L. 1233-87 et L. 1233-88, définissent les actions mises en œuvre pour permettre le développement d'activités nouvelles et atténuer les effets de la restructuration envisagée sur les autres entreprises dans le ou les bassins d'emploi.

Art. D. 1233-47. Une convention conclue entre le ou les préfets du ou des départements intéressés et l'entreprise détermine les modalités de la participation, le cas échéant, de celle-ci aux actions mises en œuvre.

Le volume de cette participation est pris en compte pour l'attribution des aides aux actions de reclassement et de reconversion professionnelle prévues à l'article L. 5123-1.

Art. D. 1233-48. Au plus tard trois ans après la notification des licenciements prévue à l'article L. 1233-46, le ou les préfets réunissent le comité de suivi dans les conditions et selon les modalités prévues à l'article D. 1233-42.

SECTION 7. Mesures d'adaptation

Art. L. 1233-91. Des décrets en Conseil d'État peuvent déterminer les mesures d'adaptation nécessaires à l'application des dispositions relatives au licenciement pour motif économique dans les entreprises tenues de constituer un (Ord. 2017-1386 du 22 sept. 2017, art. 4, 20°, JO 23, entrée en vigueur au plus tard le 01.01.2018) « comité social et économique » ou des organismes en tenant lieu en vertu soit de dispositions légales autres que celles figurant dans le code du travail, soit de stipulations conventionnelles.

Chapitre IV

Conséquences du licenciement

SECTION 1. Préavis et indemnité de licenciement

Sous-section 1. Préavis et indemnité compensatrice de préavis

Art. L. 1234-1. Lorsque le licenciement n'est pas motivé par une faute grave, le salarié a droit :

1° S'il justifie chez le même employeur d'une ancienneté de services continus inférieure à six mois, à un préavis dont la durée est déterminée par la loi, la convention ou l'accord collectif de travail ou, à défaut, par les usages pratiqués dans la localité et la profession ;

2° S'il justifie chez le même employeur d'une ancienneté de services continus comprise entre six mois et moins de deux ans, à un préavis d'un mois ;

3° S'il justifie chez le même employeur d'une ancienneté de services continus d'au moins deux ans, à un préavis de deux mois.

Toutefois, les dispositions des 2° et 3° ne sont applicables que si la loi, la convention ou l'accord collectif de travail, le contrat de travail ou les usages ne prévoient pas un préavis ou une condition d'ancienneté de services plus favorable pour le salarié.

Art. L. 1234-2. Toute clause d'un contrat de travail fixant un préavis d'une durée inférieure à celui résultant des dispositions de l'article L. 1234-1 ou une condition d'ancienneté de services supérieure à celle énoncée par ces mêmes dispositions est nulle.

Art. L. 1234-3. La date de présentation de la lettre recommandée notifiant le licenciement au salarié fixe le point de départ du préavis.

Art. L. 1234-4. L'inexécution du préavis de licenciement n'a pas pour conséquence d'avancer la date à laquelle le contrat prend fin.

Art. L. 1234-5. Lorsque le salarié n'exécute pas le préavis, il a droit, sauf s'il a commis une faute grave, à une indemnité compensatrice.

L'inexécution du préavis, notamment en cas de dispense par l'employeur, n'entraîne aucune diminution des salaires et avantages que le salarié aurait perçus s'il avait accompli son travail jusqu'à l'expiration du préavis, indemnité de congés payés comprise.

L'indemnité compensatrice de préavis se cumule avec l'indemnité de licenciement et avec l'indemnité prévue à l'article L. 1235-2.

Art. L. 1234-6. En cas d'inexécution totale ou partielle du préavis résultant soit de la fermeture temporaire ou définitive de l'établissement, soit de la réduction de l'horaire de travail habituellement pratiqué dans l'établissement en deçà de la durée légale de travail, le salaire à prendre en considération est calculé sur la base de la durée légale ou conventionnelle de travail applicable à l'entreprise, lorsque le salarié travaillait à temps plein, ou de la durée du travail fixée dans son contrat de travail lorsqu'il travaillait à temps partiel.

Art. L. 1234-7. La cessation de l'entreprise ne libère pas l'employeur de l'obligation de respecter le préavis.

Art. L. 1234-8. Les circonstances entraînant la suspension du contrat de travail, en vertu soit de dispositions légales, soit d'une convention ou d'un accord collectif de travail, soit de stipulations contractuelles, soit d'usages, ne rompent pas l'ancienneté du salarié appréciée pour la détermination de la durée du préavis prévue aux 2° et 3° de l'article L. 1234-1.

Toutefois, la période de suspension n'entre pas en compte pour la détermination de la durée d'ancienneté exigée pour bénéficier de ces dispositions.

Sous-section 2. **Indemnité de licenciement**

Art. L. 1234-9. Le salarié titulaire d'un contrat de travail à durée indéterminée, licencié alors qu'il compte (Ord. 2017-1387 du 22 sept. 2017, art. 39, JO 23) « 8 mois d'ancienneté ininterrompus » au service du même employeur, a droit, sauf en cas de faute grave, à une indemnité de licenciement.

Les modalités de calcul (L. 2008-596 du 25 juin 2008, JO 26) « de cette indemnité » sont fonction de la rémunération brute dont le salarié bénéficiait antérieurement à la rupture du contrat de travail. Ce taux et ces modalités sont déterminés par voie réglementaire.

Art. R. 1234-1. L'indemnité de licenciement prévue à l'article L. 1234-9 ne peut être inférieure à une somme calculée par année de service dans l'entreprise et tenant compte des mois de service accomplis au-delà des années pleines. (D. 2017-1398 du 25 sept. 2017, JO 26) « En cas d'année incomplète, l'indemnité est calculée proportionnellement au nombre de mois complets. »

Art. R. 1234-2. (D. 2017-1398 du 25 sept. 2017, JO 26) L'indemnité de licenciement ne peut être inférieure aux montants suivants :

1° Un quart de mois de salaire par année d'ancienneté pour les années jusqu'à dix ans ;

2° Un tiers de mois de salaire par année d'ancienneté pour les années à partir de dix ans.

Art. R. 1234-4. Le salaire à prendre en considération pour le calcul de l'indemnité de licenciement est, selon la formule la plus avantageuse pour le salarié :

(D. 2017-1398 du 25 sept. 2017, JO 26) « 1° Soit la moyenne mensuelle des douze derniers mois précédant le licenciement, ou lorsque la durée de service du salarié est inférieure à douze mois, la moyenne mensuelle de la rémunération de l'ensemble des mois précédant le licenciement ; »

2° Soit le tiers des trois derniers mois. Dans ce cas, toute prime ou gratification de caractère annuel ou exceptionnel, versée au salarié pendant cette période, n'est prise en compte que dans la limite d'un montant calculé à due proportion.

Art. R. 1234-5. L'indemnité de licenciement ne se cumule pas avec toute autre indemnité de même nature.

Art. L. 1234-10. La cessation de l'entreprise ne libère pas l'employeur de l'obligation de verser, s'il y a lieu, l'indemnité de licenciement prévue à l'article L. 1234-9.

Art. L. 1234-11. Les circonstances entraînant la suspension du contrat de travail, en vertu soit de dispositions légales, soit d'une convention ou d'un accord collectif de travail, soit de stipulations contractuelles, soit d'usages, ne rompent pas l'ancienneté du salarié appréciée pour la détermination du droit à l'indemnité de licenciement.

Toutefois, la période de suspension n'entre pas en compte pour la détermination de la durée d'ancienneté exigée pour bénéficier de ces dispositions.

Sous-section 3. **Cas de force majeure**

Art. L. 1234-12. La cessation de l'entreprise pour cas de force majeure libère l'employeur de l'obligation de respecter le préavis et de verser l'indemnité de licenciement prévue à l'article L. 1234-9.

Art. L. 1234-13. Lorsque la rupture du contrat de travail à durée indéterminée résulte d'un sinistre relevant d'un cas de force majeure, le salarié a droit à une indemnité compensatrice d'un montant égal à celui qui aurait résulté de l'application des articles L. 1234-5, relatif à l'indemnité compensatrice de préavis, et L. 1234-9, relatif à l'indemnité de licenciement.

Cette indemnité est à la charge de l'employeur.

Sous-section 4. **Dispositions particulières au secteur public**

Art. L. 1234-14. Les dispositions des articles L. 1234-1, L. 1234-8, L. 1234-9 et L. 1234-11 sont applicables, dès lors que les intéressés remplissent les conditions prévues par ces articles :

1° Aux agents et salariés, autres que les fonctionnaires et les militaires, mentionnés à l'article L. 5424-1 ;

2° Aux salariés soumis au même statut légal que celui d'entreprises publiques.

Sous-section 5. **Dispositions particulières aux départements de la Moselle, du Bas-Rhin et du Haut-Rhin**

Art. L. 1234-15. Le salarié a droit à un préavis :

1° D'un jour lorsque sa rémunération est fixée par jour ;

2° D'une semaine lorsque sa rémunération est fixée par semaine ;

3° De quinze jours lorsque sa rémunération est fixée par mois ;

4° De six semaines lorsque sa rémunération est fixée par trimestre ou par période plus longue.

Art. L. 1234-16. Ont droit à un préavis de six semaines :

1° Les professeurs et personnes employées chez des particuliers ;

2° Les commis commerciaux mentionnés à l'article L. 1226-24 ;

3° Les salariés dont la rémunération est fixe et qui sont chargés de manière permanente de la direction ou la surveillance d'une activité ou d'une partie de celle-ci, ou ceux à qui sont confiés des services techniques nécessitant une certaine qualification.

Art. L. 1234-17. Pendant le préavis, l'employeur accorde au salarié qui le demande un délai raisonnable pour rechercher un nouvel emploi.

Art. L. 1234-17-1. Les dispositions de la présente sous-section s'appliquent à défaut de dispositions légales, conventionnelles ou d'usages prévoyant une durée de préavis plus longue. Elles s'appliquent également à la rupture du contrat de travail à durée indéterminée à l'initiative du salarié.

Sous-section 6. **Dispositions d'application**

Art. L. 1234-18. Un décret en Conseil d'État détermine les modalités d'application des articles L. 1234-1 à L. 1234-14.

SECTION 2. Documents remis par l'employeur

Sous-section 1. **Certificat de travail**

Art. L. 1234-19. À l'expiration du contrat de travail, l'employeur délivre au salarié un certificat dont le contenu est déterminé par voie réglementaire.

Art. D. 1234-6. Le certificat de travail contient exclusivement les mentions suivantes :

1° La date d'entrée du salarié et celle de sa sortie ;

2° La nature de l'emploi ou des emplois successivement occupés et les périodes pendant lesquelles ces emplois ont été tenus.

Sous-section 2. **Reçu pour solde de tout compte**

Art. L. 1234-20. (L. 2008-596 du 25 juin 2008, JO 26) Le solde de tout compte, établi par l'employeur et dont le salarié lui donne reçu, fait l'inventaire des sommes versées au salarié lors de la rupture du contrat de travail.

Le reçu pour solde de tout compte peut être dénoncé dans les six mois qui suivent sa signature, délai au-delà duquel il devient libératoire pour l'employeur pour les sommes qui y sont mentionnées.

Art. D. 1234-7. Le reçu pour solde de tout compte est établi en double exemplaire. Mention en est faite sur le reçu.

L'un des exemplaires est remis au salarié.

Art. D. 1234-8. Le reçu pour solde de tout compte est dénoncé par lettre recommandée.

Sous-section 3 (réglementaire). **Attestation d'assurance chômage**

Art. R. 1234-9. L'employeur délivre au salarié, au moment de l'expiration ou de la rupture du contrat de travail, les attestations et justifications qui lui permettent d'exercer ses droits aux prestations mentionnées à l'article L. 5421-2 et transmet (D. 2011-138 du 1er févr. 2011, JO 3) « sans délai » ces mêmes attestations à (D. 2014-524 du 22 mai 2014, art. 16, JO 24) « Pôle emploi ».

(D. 2011-138 du 1er févr. 2011, JO 3, entrée en vigueur le 01.01.2012) « Les employeurs (D. 2019-1586 du 31 déc. 2019, JO 1er janv. 2020, entrée en vigueur le 01.01.2020) « d'au moins onze salariés » effectuent cette transmission à Pôle emploi par voie électronique, sauf impossibilité pour une cause qui leur est étrangère, selon des modalités précisées par un arrêté du ministre chargé de l'emploi. »

Art. R. 1234-5-1. (D. 2019-1586 du 31 déc. 2019, JO 1er janv. 2020, entrée en vigueur le 01.01.2020) Pour l'application de la présente section 2, l'effectif salarié et les règles de franchissement de seuils d'effectif sont déterminés selon les modalités prévues à l'article L. 130-1 du code de la sécurité sociale.

Art. R. 1234-10. Un modèle d'attestation est établi par (D. 2008-1010 du 29 sept. 2008, art. 7, JO 30) « l'organisme gestionnaire du régime d'assurance chômage ».

Art. R. 1234-11. Les entreprises de travail temporaire, pour leurs salariés titulaires d'un contrat de mission, et les associations intermédiaires, pour leurs salariés embauchés en contrat de travail à durée déterminée en vue d'être mis à disposition, peuvent ne remettre les attestations et justifications mentionnées à l'article R. 1234-9 que sur demande du salarié, à la condition que le contrat de travail mentionne le droit pour le salarié d'obtenir sans délai ces documents dès le jour d'expiration du contrat.

Art. R. 1234-12. Pour les entreprises de travail temporaire, les relevés mensuels des contrats de mission, prévus à l'article L. 1251-46, tiennent lieu d'attestation pour leurs salariés qui en sont titulaires, sous réserve de la production, par leur employeur, des informations complémentaires figurant dans le modèle d'attestation prévu à l'article R. 1234-10.

Chapitre V

Contestations et sanctions des irrégularités du licenciement

SECTION 1. Dispositions communes

Art. L. 1235-1. (L. 2013-504 du 14 juin 2013, art. 21, I, JO 16) «En cas de litige, lors de la conciliation prévue à l'article L. 1411-1, l'employeur et le salarié peuvent convenir ou le bureau (L. 2015-990 du 6 août 2015, art. 258, I, 3°, JO 7) «de conciliation et d'orientation» proposer d'y mettre un terme par accord. Cet accord prévoit le versement par l'employeur au salarié d'une indemnité forfaitaire dont le montant est déterminé, sans préjudice des indemnités légales, conventionnelles ou contractuelles, en référence à un barème fixé par décret en fonction de l'ancienneté du salarié.

Le procès-verbal constatant l'accord vaut renonciation des parties à toutes réclamations et indemnités relatives à la rupture du contrat de travail prévues au présent chapitre.»

(L. 2013-504 du 14 juin 2013, art. 21, I, JO 16) «À défaut d'accord, le juge,» à qui il appartient d'apprécier la régularité de la procédure suivie et le caractère réel et sérieux des motifs invoqués par l'employeur, forme sa conviction au vu des éléments fournis par les parties après avoir ordonné, au besoin, toutes les mesures d'instruction qu'il estime utiles.

(L. 2013-504 du 14 juin 2013, art. 21, I, JO 16) «Il justifie dans le jugement qu'il prononce le montant des indemnités qu'il octroie.»

Si un doute subsiste, il profite au salarié.

Art. D. 1235-21. (D. 2016-1582 du 23 nov. 2016, JO 25) Le barème mentionné au premier alinéa de l'article L. 1235-1 est défini comme suit :

– deux mois de salaire si le salarié justifie chez l'employeur d'une ancienneté inférieure à un an ;

– trois mois de salaire si le salarié justifie chez l'employeur d'une ancienneté au moins égale à un an, auxquels s'ajoute un mois de salaire par année supplémentaire jusqu'à huit ans d'ancienneté ;

– dix mois de salaire si le salarié justifie chez l'employeur d'une ancienneté comprise entre huit ans et moins de douze ans ;

– douze mois de salaire si le salarié justifie chez l'employeur d'une ancienneté comprise entre douze ans et moins de quinze ans ;

– quatorze mois de salaire si le salarié justifie chez l'employeur d'une ancienneté comprise entre quinze ans et moins de dix-neuf ans ;

– seize mois de salaire si le salarié justifie chez l'employeur d'une ancienneté comprise entre dix-neuf ans et moins de vingt-trois ans ;

– dix-huit mois de salaire si le salarié justifie chez l'employeur d'une ancienneté comprise entre vingt-trois ans et moins de vingt-six ans ;

– vingt mois de salaire si le salarié justifie chez l'employeur d'une ancienneté comprise entre vingt-six ans et moins de trente ans ;

– vingt-quatre mois de salaire si le salarié justifie chez l'employeur d'une ancienneté au moins égale à trente ans.

Art. L. 1235-2. (Ord. 2017-1387 du 22 sept. 2017, art. 4, III, JO 23, entrée en vigueur au plus tard le 01.01.2018) Les motifs énoncés dans la lettre de licenciement prévue aux articles L. 1232-6, L. 1233-16 et L. 1233-42 peuvent, après la notification de celle-ci, être précisés par l'employeur, soit à son initiative soit à la demande du salarié, dans des délais et conditions fixés par décret en Conseil d'État.

La lettre de licenciement, précisée le cas échéant par l'employeur, fixe les limites du litige en ce qui concerne les motifs de licenciement.

À défaut pour le salarié d'avoir formé auprès de l'employeur une demande en application de l'alinéa premier, l'irrégularité que constitue une insuffisance de motivation de la lettre de licenciement ne prive pas, à elle seule, le licenciement de cause réelle et sérieuse et ouvre droit à une indemnité qui ne peut excéder un mois de salaire.

En l'absence de cause réelle et sérieuse du licenciement, le préjudice résultant du vice de motivation de la lettre de rupture est réparé par l'indemnité allouée conformément aux dispositions de l'article L. 1235-3.

Lorsqu'une irrégularité a été commise au cours de la procédure, notamment si le licenciement d'un salarié intervient sans que la procédure requise aux articles L. 1232-2, L. 1232-3, L. 1232-4, L. 1233-11, (Ord. 2017-1718 du 20 déc. 2017, art. 1er, I, 19°, JO 21) « L. 1233-12 et L. 1233-13» ait été observée ou sans que la procédure conventionnelle ou statutaire de consultation préalable au licenciement ait été respectée, mais pour une cause réelle et sérieuse, le juge accorde au salarié, à la charge de l'employeur, une indemnité qui ne peut être supérieure à un mois de salaire.

Art. L. 1235-2-1. (Ord. 2017-1387 du 22 sept. 2017, art. 4, IV, JO 23) En cas de pluralité de motifs de licenciement, si l'un des griefs reprochés au salarié porte atteinte à une liberté fondamentale, la nullité encourue de la rupture ne dispense pas le juge d'examiner l'ensemble des griefs énoncés, pour en tenir compte, le cas échéant, dans l'évaluation qu'il fait de l'indemnité à allouer au salarié, sans préjudice des dispositions de l'article L. 1235-3-1.

Art. L. 1235-3. Si le licenciement d'un salarié survient pour une cause qui n'est pas réelle et sérieuse, le juge peut proposer la réintégration du salarié dans l'entreprise, avec maintien de ses avantages acquis.

(Ord. 2017-1387 du 22 sept. 2017, art. 2, 2°, JO 23) «Si l'une ou l'autre des parties refuse cette réintégration, le juge octroie au salarié une indemnité à la charge de l'employeur, dont le montant est compris entre les montants minimaux et maximaux fixés dans le tableau ci-dessous.

Ancienneté du salarié dans l'entreprise (en années complètes)	Indemnité minimale (en mois de salaire brut)	Indemnité maximale (en mois de salaire brut)
0	Sans objet	1
1	1	2
2	3	3,5
3	3	4
4	3	5
5	3	6
6	3	7
7	3	8
8	3	8
9	3	9
10	3	10
11	3	10,5
12	3	11
13	3	11,5
14	3	12
15	3	13
16	3	13,5
17	3	14
18	3	14,5
19	3	15
20	3	15,5
21	3	16
22	3	16,5
23	3	17
24	3	17,5
25	3	18
26	3	18,5
27	3	19
28	3	19,5
29	3	20
30 et au-delà	3	20

En cas de licenciement opéré dans une entreprise employant habituellement moins de onze salariés, les montants minimaux fixés ci-dessous sont applicables, par dérogation à ceux fixés à l'alinéa précédent :

Ancienneté du salarié dans l'entreprise (en années complètes)	**Indemnité minimale (en mois de salaire brut)**
0	Sans objet
1	0,5
2	0,5
3	1
4	1
5	1,5
6	1,5
7	2
8	2
9	2,5
10	2,5

Pour déterminer le montant de l'indemnité, le juge peut tenir compte, le cas échéant, des indemnités de licenciement versées à l'occasion de la rupture (L. 2018-217 du 29 mars 2018, art. 11, I, 7°, JO 31) « , à l'exception de l'indemnité de licenciement mentionnée à l'article L. 1234-9 ».

Cette indemnité est cumulable, le cas échéant, avec les indemnités prévues aux articles L. 1235-12, L. 1235-13 et L. 1235-15, dans la limite des montants maximaux prévus au présent article. »

Art. L. 1235-3-1. (Ord. 2017-1387 du 22 sept. 2017, art. 2, 3°, JO 23) L'article L. 1235-3 n'est pas applicable lorsque le juge constate que le licenciement est entaché d'une des nullités prévues au deuxième alinéa du présent article. Dans ce cas, lorsque le salarié ne demande pas la poursuite de l'exécution de son contrat de travail ou que sa réintégration est impossible, le juge lui octroie une indemnité, à la charge de l'employeur, qui ne peut être inférieure aux salaires des six derniers mois.

(L. 2018-217 du 29 mars 2018, art. 11, I, 8°, JO 31) «Les nullités mentionnées au premier alinéa sont celles qui sont afférentes à :

1° La violation d'une liberté fondamentale ;

2° Des faits de harcèlement moral ou sexuel dans les conditions mentionnées aux articles L. 1152-3 et L. 1153-4;

3° Un licenciement discriminatoire dans les conditions mentionnées aux articles L. 1132-4 et L. 1134-4;

4° Un licenciement consécutif à une action en justice en matière d'égalité professionnelle entre les femmes et les hommes dans les conditions mentionnées à l'article L. 1144-3, ou à une dénonciation de crimes et délits ;

5° Un licenciement d'un salarié protégé mentionné aux articles L. 2411-1 et L. 2412-1 en raison de l'exercice de son mandat ;

6° Un licenciement d'un salarié en méconnaissance des protections mentionnées aux articles L. 1225-71 et L. 1226-13.»

L'indemnité est due sans préjudice du paiement du salaire, lorsqu'il est dû en application des dispositions de l'article L. 1225-71 et du statut protecteur (Ord. 2017-1718 du 20 déc. 2017, art. 1er, I, 20°, JO 21) «dont bénéficient certains salariés en application du chapitre Ier du Titre Ier du livre IV de la deuxième partie du code du travail », qui aurait été perçu pendant la période couverte par la nullité et, le cas échéant, (Ord. 2017-1718 du 20 déc. 2017, art. 1er, I, 20°, JO 21) «sans préjudice » de l'indemnité de licenciement légale, conventionnelle ou contractuelle.

Art. L. 1235-3-2. (Ord. 2017-1387 du 22 sept. 2017, art. 2, 4°, JO 23) Lorsque la rupture du contrat de travail est prononcée par le juge aux torts de l'employeur ou fait suite à une demande du salarié dans le cadre de la procédure mentionnée à l'article L. 1451-1, le montant de l'indemnité octroyée est déterminé selon les règles fixées à l'article L. 1235-3 (L. 2018-217 du 29 mars 2018, art. 11, I, 9°, JO 31) «, sauf lorsque cette rupture produit les effets d'un licenciement nul afférent aux cas mentionnés au 1° à 6° de l'article L. 1235-3-1, pour lesquels il est fait application du premier alinéa du même article L. 1235-3-1».

Art. L. 1235-4. Dans les cas prévus aux articles (L. 2016-1088 du 8 août 2016, art. 122, 2°, JO 9) « L. 1132-4, L. 1134-4, L. 1144-3, L. 1152-3, L. 1153-4,» L. 1235-3 et L. 1235-11, le juge ordonne le remboursement par l'employeur fautif aux organismes intéressés de tout ou partie des indemnités de chômage versées au salarié licencié, du jour de son licenciement au jour du jugement prononcé, dans la limite de six mois d'indemnités de chômage par salarié intéressé.

Ce remboursement est ordonné d'office lorsque les organismes intéressés ne sont pas intervenus à l'instance ou n'ont pas fait connaître le montant des indemnités versées.

(L. 2018-771 du 5 sept. 2018, art. 64, II, JO 6, entrée en vigueur le 01.01.2019) « Pour le remboursement prévu au premier alinéa, le directeur général de Pôle emploi ou la personne qu'il désigne au sein de Pôle emploi peut, pour le compte de Pôle emploi, de l'organisme chargé de la gestion du régime d'assurance chômage mentionné à l'article L. 5427-1, de l'État ou des employeurs mentionnés à l'article L. 5424- 1, dans des délais et selon des conditions fixés par décret en Conseil d'État, et après mise en demeure, délivrer une contrainte qui, à défaut d'opposition du débiteur devant la juridiction compétente, comporte tous les effets d'un jugement et confère le bénéfice de l'hypothèque judiciaire. »

Art. R. 1235-1. (D. 2019-252 du 27 mars 2019, JO 30, entrée en vigueur le 01.04.2019) I. — Lorsqu'un conseil de prud'hommes a ordonné d'office le remboursement des allocations de chômage, le greffier du conseil de prud'hommes, à l'expiration du délai d'appel, adresse à Pôle emploi une copie certifiée conforme du jugement en précisant si ce dernier a fait ou non l'objet d'un appel.

Cette copie est transmise à la direction régionale de cet établissement située dans le ressort de la juridiction qui a rendu le jugement.

II. — Lorsque le remboursement des allocations de chômage a été ordonné d'office par une cour d'appel, le greffier de cette juridiction adresse à Pôle emploi, selon les formes prévues au deuxième alinéa du I, une copie certifiée conforme de l'arrêt.

III. — Lorsque le licenciement est jugé comme résultant d'une cause réelle et sérieuse ne constituant pas une faute grave ou lourde, une copie du jugement est transmise à Pôle emploi dans les conditions prévues au deuxième alinéa du I.

Art. R. 1235-2. (D. 2019-252 du 27 mars 2019, JO 30, entrée en vigueur le 01.04.2019) I. — Pour l'application de l'article L. 1235-4, lorsque le jugement ordonnant d'office le remboursement par l'employeur fautif de tout ou partie des allocations de chômage est exécutoire, Pôle emploi peut mettre en demeure cet employeur de rembourser tout ou partie des allocations de chômage.

II. — Le directeur général de Pôle emploi adresse à l'employeur, par tout moyen donnant date certaine à sa réception, une mise en demeure qui comporte :

1° La dénomination et l'adresse de Pôle emploi ;

2° La dénomination et l'adresse de l'employeur et, le cas échéant, de l'organe qui le représente légalement, mentionnées dans le jugement ordonnant d'office le remboursement par l'employeur fautif de tout ou partie des allocations de chômage ;

3° Le motif, la nature et le montant des sommes dont le remboursement a été ordonné ;

4° Les périodes couvertes par les versements donnant lieu à recouvrement ;

5° La copie du jugement ordonnant d'office le remboursement par l'employeur fautif de tout ou partie des allocations de chômage.

Art. R. 1235-3. (D. 2019-252 du 27 mars 2019, JO 30, entrée en vigueur le 01.04.2019) I. — Si la mise en demeure reste sans effet au terme du délai d'un mois à compter de sa notification, le directeur général de Pôle emploi peut délivrer la contrainte prévue à l'article L. 1235-4.

II. — La contrainte est notifiée au débiteur par tout moyen donnant date certaine à sa réception ou est signifiée au débiteur par acte d'huissier de justice. À peine de nullité, la notification comprend :

1° La référence de la contrainte ;

2° La référence du jugement ordonnant d'office le remboursement par l'employeur fautif de tout ou partie des allocations de chômage ;

3° La preuve de la réception de la notification de la mise en demeure mentionnée à l'article R. 1235-2 ;

4° Le motif, la nature et le montant des sommes réclamées et les périodes couvertes par les versements donnant lieu à recouvrement ;

5° Le délai dans lequel l'opposition doit être formée ;

6° L'adresse de la juridiction compétente pour statuer sur l'opposition et les formes requises pour sa saisine ;

7° Le fait qu'à défaut d'opposition dans le délai indiqué à l'article R. 1235-4, le débiteur ne peut plus contester la créance et peut être contraint de la payer par toutes voies de droit.

L'huissier avise dans les huit jours l'organisme créancier de la date de signification.

Art. R. 1235-4. (D. 2019-252 du 27 mars 2019, JO 30, entrée en vigueur le 01.04.2019) Le débiteur peut former opposition dans les quinze jours à compter de la notification de la contrainte auprès du greffe de la juridiction dans le ressort de laquelle est domicilié son siège social, s'il s'agit d'une personne morale, ou lui-même, s'il s'agit d'une personne physique :

1° Par déclaration ;

2° Par tout moyen donnant date certaine à la réception de cette opposition.

L'opposition est motivée. Une copie de la contrainte contestée y est jointe.

Cette opposition suspend la mise en œuvre de la contrainte.

Art. R. 1235-5. (D. 2019-252 du 27 mars 2019, JO 30, entrée en vigueur le 01.04.2019) Dans les huit jours suivants la réception de l'opposition, le greffe de la juridiction informe par tout moyen donnant date certaine à la réception de cette information le directeur général de Pôle emploi.

Dès qu'il a connaissance de l'opposition, le directeur général adresse à la juridiction copie de la contrainte et de la mise en demeure, ainsi que la preuve de leur réception par le débiteur.

Art. R. 1235-6. (D. 2019-252 du 27 mars 2019, JO 30, entrée en vigueur le 01.04.2019) Le greffier convoque l'employeur et Pôle Emploi par tout moyen donnant date certaine à la réception de cette convocation quinze jours au moins avant la date de l'audience.

Art. R. 1235-7. (D. 2019-252 du 27 mars 2019, JO 30, entrée en vigueur le 01.04.2019) Les parties sont autorisées à formuler leurs prétentions et leurs moyens par écrit sans se présenter à l'audience. Le jugement rendu dans ces conditions est contradictoire.

Le juge peut ordonner que les parties se présentent devant lui. Dans ce cas, si aucune des parties ne se présente, la juridiction constate l'extinction de l'instance. Celle-ci rend non avenue la contrainte délivrée par Pôle emploi.

Art. R. 1235-8. (D. 2019-252 du 27 mars 2019, JO 30, entrée en vigueur le 01.04.2019) Le (D. 2019-966 du 18 sept. 2019, art. 8, JO 19, entrée en vigueur le 01.01.2020) « tribunal judiciaire » statue sur l'opposition quel que soit le montant des allocations dont le remboursement a été réclamé. Le jugement du tribunal se substitue à la contrainte délivrée par Pôle emploi.

Le tribunal statue à charge d'appel lorsque le montant de la demande excède le taux de sa compétence en dernier ressort.

Lorsqu'elle est susceptible d'appel, la décision de la juridiction, statuant sur l'opposition, est exécutoire de droit à titre provisoire.

Art. R. 1235-9. (D. 2019-252 du 27 mars 2019, JO 30, entrée en vigueur le 01.04.2019) Si, dans son opposition, l'employeur prétend que le remboursement des allocations de chômage a été ordonné dans un cas où cette mesure est exclue par la loi, le (D. 2019-966 du 18 sept. 2019, art. 8, JO 19, entrée en vigueur le 01.01.2020) « tribunal judiciaire » renvoie l'affaire à la juridiction qui a statué aux fins d'une rétractation éventuelle du jugement sur ce point.

La rétractation ne peut en aucun cas remettre en question la chose jugée entre l'employeur et le travailleur licencié, ni l'appréciation portée par la juridiction sur l'absence de cause réelle et sérieuse du licenciement ou de sa nullité.

Le greffier du (D. 2019-966 du 18 sept. 2019, art. 8, JO 19, entrée en vigueur le 01.01.2020) « tribunal judiciaire » transmet aussitôt le dossier de l'affaire à cette juridiction.

Le greffier de la juridiction qui a statué convoque Pôle emploi et l'employeur, selon le cas, devant le bureau de jugement du conseil de prud'hommes ou devant la chambre sociale de la cour d'appel, quinze jours au moins à l'avance, par tout moyen permettant de donner date certaine à sa réception.

La juridiction qui a statué se prononce sur l'ensemble du litige résultant de l'opposition et est habilitée à liquider la somme due par l'employeur à Pôle emploi.

La décision prononcée sur la demande de rétractation est mentionnée sur la minute et sur les expéditions du jugement.

L'auteur d'une demande dilatoire ou abusive de rétractation peut être condamné à une amende civile de 15 euros à 1 500 euros.

Art. R. 1235-10. (D. 2019-252 du 27 mars 2019, JO 30, entrée en vigueur le 01.04.2019) En cas de pourvoi en cassation dirigé contre une décision qui a condamné un employeur pour licenciement sans cause réelle et sérieuse ou licenciement nul en application des dispositions des articles L. 1132-4, L. 1134-4, L. 1144-3, L. 1152-3, L. 1153-4, L. 1235-3 et L. 1235-11, la cassation du chef de la décision précitée emporte cassation du chef de la décision qui ordonne d'office le remboursement des indemnités de chômage.

Art. L. 1235-5. (Ord. 2017-1387 du 22 sept. 2017, art. 2, 5°, JO 23) Ne sont pas applicables au licenciement d'un salarié de moins de deux ans d'ancienneté dans l'entreprise et au licenciement opéré dans une entreprise employant habituellement moins de onze salariés, les dispositions relatives au remboursement des indemnités de chômage, prévues à l'article L. 1235-4, en cas de méconnaissance des articles L. 1235-3 et L. 1235-11.

Art. L. 1235-6. Un décret en Conseil d'État détermine les modalités d'application de la présente section.

SECTION 2. Licenciement pour motif économique

Sous-section 1. Délais de contestation et voies de recours

Art. L. 1235-7. (Ord. 2017-1387 du 22 sept. 2017, art. 5, JO 23) Toute contestation portant sur le licenciement pour motif économique se prescrit par douze mois à compter de la dernière réunion du comité social et économique ou, dans le cadre de l'exercice par le salarié de son droit individuel à contester le licenciement pour motif économique, à compter de la notification de celui-ci.

Art. L. 1235-7-1. (L. 2013-504 du 14 juin 2013, art. 18, XXV, JO 16) L'accord collectif mentionné à l'article L. 1233-24-1, le document élaboré par l'employeur mentionné à l'article L. 1233-24-4, le contenu du plan de sauvegarde de l'emploi, les décisions prises par l'administration au titre de l'article L. 1233-57-5 et la régularité de la procédure de licenciement collectif ne peuvent faire l'objet d'un litige distinct de celui relatif à la décision de validation ou d'homologation mentionnée à l'article L. 1233-57-4.

Ces litiges relèvent de la compétence, en premier ressort, du tribunal administratif, à l'exclusion de tout autre recours administratif ou contentieux.

Le recours est présenté dans un délai de deux mois par l'employeur à compter de la notification de la décision de validation ou d'homologation, et par les organisations syndicales et les salariés à compter de la date à laquelle cette décision a été portée à leur connaissance conformément à l'article L. 1233-57-4.

Le tribunal administratif statue dans un délai de trois mois. Si, à l'issue de ce délai, il ne s'est pas prononcé ou en cas d'appel, le litige est porté devant la cour administrative d'appel, qui statue dans un délai de trois mois. Si, à l'issue de ce délai, elle ne s'est pas prononcée ou en cas de pourvoi en cassation, le litige est porté devant le Conseil d'État.

Le livre V du code de justice administrative est applicable.

Sous-section 2. Actions en justice des organisations syndicales

Art. L. 1235-8. Les organisations syndicales de salariés représentatives peuvent exercer en justice toutes les actions résultant des dispositions légales ou conventionnelles régissant le licenciement pour motif économique d'un salarié, sans avoir à justifier d'un mandat de l'intéressé.

Le salarié en est averti, dans des conditions prévues par voie réglementaire, et ne doit pas s'y être opposé dans un délai de quinze jours à compter de la date à laquelle l'organisation syndicale lui a notifié son intention.

À l'issue de ce délai, l'organisation syndicale avertit l'employeur de son intention d'agir en justice.

Le salarié peut toujours intervenir à l'instance engagée par le syndicat.

Art. D. 1235-18. Lorsqu'une organisation syndicale a l'intention d'exercer une action en justice en faveur d'un salarié, en application de l'article L. 1235-8, elle l'en avertit par lettre recommandée avec avis de réception.

Si le salarié ne s'y est pas opposé, l'organisation syndicale avertit l'employeur dans les mêmes formes de son intention d'agir en justice.

Art. D. 1235-19. La lettre recommandée avec avis de réception adressée au salarié indique la nature et l'objet de l'action envisagée par l'organisation syndicale représentative.

Elle mentionne en outre :

1° Que l'action est conduite par l'organisation syndicale qui pourra exercer elle-même les voies de recours contre le jugement ;

2° Que le salarié peut, à tout moment, intervenir dans l'instance engagée par l'organisation syndicale ou mettre un terme à cette action ;

3° Que le salarié peut faire connaître à l'organisation syndicale son opposition à l'action envisagée dans un délai de quinze jours à compter de la date de réception.

Art. D. 1235-20. Passé le délai prévu au 3° de l'article D. 1235-19, l'acceptation tacite du salarié est réputée acquise.

Sous-section 3. **Éléments à communiquer au juge**

Art. L. 1235-9. En cas de recours portant sur un licenciement pour motif économique, l'employeur communique au juge tous les éléments fournis aux représentants du personnel en application du chapitre III ou, à défaut de représentants du personnel dans l'entreprise, tous les éléments fournis à l'autorité administrative en application de ce même chapitre.

Un décret en Conseil d'État détermine les modalités d'application du présent article.

Sous-section 4. **Sanction des irrégularités**

Art. L. 1235-10. (L. 2013-504 du 14 juin 2013, art. 18, XXVI, JO 16) «Dans les entreprises d'au moins cinquante salariés, lorsque le projet de licenciement concerne au moins dix salariés dans une même période de trente jours, le licenciement intervenu en l'absence de toute décision relative à la validation ou à l'homologation ou alors qu'une décision négative a été rendue est nul.

En cas d'annulation d'une décision de validation mentionnée à l'article L. 1233-57-2 ou d'homologation mentionnée à l'article L. 1233-57-3 en raison d'une absence ou d'une insuffisance de plan de sauvegarde de l'emploi mentionné à l'article L. 1233-61, la procédure de licenciement est nulle.»

(L. 2013-504 du 14 juin 2013, art. 18, XXVI, JO 16) «Les deux premiers alinéas ne sont pas applicables aux» entreprises en redressement ou liquidation judiciaires.

Art. L. 1235-11. Lorsque le juge constate que le licenciement est intervenu alors que la procédure de licenciement est nulle, conformément aux dispositions (L. 2013-504 du 14 juin 2013, art. 18, XXVII, JO 16) «des deux premiers alinéas» de l'article L. 1235-10, il peut ordonner la poursuite du contrat de travail ou prononcer la nullité du licenciement et ordonner la réintégration du salarié à la demande de ce dernier, sauf si cette réintégration est devenue impossible, notamment du fait de la fermeture de l'établissement ou du site ou de l'absence d'emploi disponible.

Lorsque le salarié ne demande pas la poursuite de son contrat de travail ou lorsque la réintégration est impossible, le juge octroie au salarié une indemnité à la charge de l'employeur qui ne peut être inférieure aux salaires des (Ord. 2017-1387 du 22 sept. 2017, art. 2, 6°, JO 23) «six» derniers mois.

Art. L. 1235-12. En cas de non-respect par l'employeur des procédures de consultation des représentants du personnel ou d'information de l'autorité administrative, le juge accorde au salarié compris dans un licenciement collectif pour motif économique une indemnité à la charge de l'employeur calculée en fonction du préjudice subi.

Art. L. 1235-13. En cas de non-respect de la priorité de réembauche prévue à l'article L. 1233-45, le juge accorde au salarié une indemnité qui ne peut être inférieure à (Ord. 2017-1387 du 22 sept. 2017, art. 2, 7°, JO 23) «un» mois de salaire.

Art. L. 1235-14. Ne sont pas applicables au licenciement d'un salarié de moins de deux ans d'ancienneté dans l'entreprise et au licenciement opéré par un employeur employant habituellement moins de onze salariés, les dispositions relatives à la sanction :

1° De la nullité du licenciement, prévues à l'article L. 1235-11 ;

2° (Supprimé) ;

3° Du non-respect de la priorité de réembauche, prévues à l'article L. 1235-13.

Le salarié peut prétendre, en cas de licenciement abusif, à une indemnité correspondant au préjudice subi.

Art. L. 1235-15. Est irrégulière toute procédure de licenciement pour motif économique dans une entreprise où le (Ord. 2017-1386 du 22 sept. 2017, art. 4, 14°, JO 23, entrée en vigueur au plus tard le 01.01.2018) « comité social et économique n'a » pas été mis en place alors qu'elle est assujettie à cette obligation et qu'aucun procès-verbal de carence n'a été établi.

Le salarié a droit à une indemnité à la charge de l'employeur qui ne peut être inférieure à un mois de salaire brut, sans préjudice des indemnités de licenciement et de préavis.

Art. L. 1235-16. (L. 2013-504 du 14 juin 2013, art. 18, XXVIII, JO 16) L'annulation de la décision de validation mentionnée à l'article L. 1233-57-2 ou d'homologation mentionnée à l'article L. 1233-57-3 pour un motif autre que celui mentionné (L. 2015-990 du 6 août 2015, art. 292, JO 7) « au dernier alinéa du présent article et » au deuxième alinéa de l'article L. 1235-10 donne lieu, sous réserve de l'accord des parties, à la réintégration du salarié dans l'entreprise, avec maintien de ses avantages acquis.

À défaut, le salarié a droit à une indemnité à la charge de l'employeur, qui ne peut être inférieure aux salaires des six derniers mois. Elle est due sans préjudice de l'indemnité de licenciement prévue à l'article L. 1234-9.

(L. 2015-990 du 6 août 2015, art. 292, JO 7) « En cas d'annulation d'une décision de validation mentionnée à l'article L. 1233-57-2 ou d'homologation mentionnée à l'article L. 1233-57-3 en raison d'une insuffisance de motivation, l'autorité administrative prend une nouvelle décision suffisamment motivée dans un délai de quinze jours à compter de la notification du jugement à l'administration. Cette décision est portée par l'employeur à la connaissance des salariés licenciés à la suite de la première décision de validation ou d'homologation, par tout moyen permettant de conférer une date certaine à cette information.

Dès lors que l'autorité administrative a édicté cette nouvelle décision, l'annulation pour le seul motif d'insuffisance de motivation de la première décision de l'autorité administrative est sans incidence sur la validité du licenciement et ne donne lieu ni à réintégration, ni au versement d'une indemnité à la charge de l'employeur. »

Art. L. 1235-17. Un décret en Conseil d'État détermine les modalités d'application des articles L. 1235-11 à L. 1235-14.

Chapitre VI

Rupture de certains types de contrats

SECTION 2. Contrat de mission à l'exportation

Art. L. 1236-7. La rupture à l'initiative de l'employeur du contrat de mission à l'exportation prévu à l'article L. 1223-5 est soumise aux dispositions du chapitre II relatives au licenciement pour motif personnel.

SECTION 3. Contrat de chantier ou d'opération

Note Cette section est issue de l'ordonnance 2017-1387 du 22 septembre 2017, art. 31, JO 23.

Art. L. 1236-8. La rupture du contrat de chantier ou d'opération qui intervient à la fin du chantier ou une fois l'opération réalisée repose sur une cause réelle et sérieuse.

Cette rupture est soumise aux dispositions des articles L. 1232-2 à L. 1232-6, du chapitre IV, de la section 1 du chapitre V et du chapitre VIII du présent titre.

Art. L. 1236-9. (L. 2018-217 du 29 mars 2018, art. 11, I, 10°, JO 31) Si la convention ou l'accord mentionné à l'article L. 1223-8 le prévoit, le salarié licencié à l'issue d'un contrat de chantier ou d'opération peut bénéficier d'une priorité de réembauche en contrat à durée indéterminée dans le délai et selon les modalités fixés par la convention ou l'accord.

Chapitre VII

Autres cas de rupture

SECTION 1. Rupture à l'initiative du salarié

Sous-section 1. Démission

Art. L. 1237-1. En cas de démission, l'existence et la durée du préavis sont fixées par la loi, ou par convention ou accord collectif de travail.

En l'absence de dispositions légales, de convention ou accord collectif de travail relatifs au préavis, son existence et sa durée résultent des usages pratiqués dans la localité et dans la profession.

Un décret en Conseil d'État détermine les modalités d'application du présent article.

Sous-section 2. Rupture abusive du contrat

Art. L. 1237-2. La rupture d'un contrat de travail à durée indéterminée à l'initiative du salarié ouvre droit, si elle est abusive, à des dommages et intérêts pour l'employeur.

En cas de litige, le juge se prononce conformément aux dispositions de l'article L. 1235-1.

Un décret en Conseil d'État détermine les modalités d'application du présent article.

Art. L. 1237-3. Lorsqu'un salarié ayant rompu abusivement un contrat de travail conclut un nouveau contrat de travail, le nouvel employeur est solidairement responsable du dommage causé à l'employeur précédent dans les cas suivants :

1° S'il est démontré que le nouvel employeur est intervenu dans la rupture ;

2° Si le nouvel employeur a engagé un salarié qu'il savait déjà lié par un contrat de travail ;

3° Si le nouvel employeur a continué d'employer le salarié après avoir appris que ce dernier était encore lié à un autre employeur par un contrat de travail. Dans ce cas, sa responsabilité n'est pas engagée si, au moment où il a été averti, le contrat de travail abusivement rompu par le salarié était venu à expiration, soit s'il s'agit de contrats à durée déterminée par l'arrivée du terme, soit s'il s'agit de contrats à durée indéterminée par l'expiration du préavis ou si un délai de quinze jours s'était écoulé depuis la rupture du contrat.

SECTION 2. Retraite

Sous-section 1. Dispositions générales

Art. L. 1237-4. Les stipulations relatives au départ à la retraite des salariés prévues par une convention collective, un accord collectif de travail ou un contrat de travail sont applicables sous réserve qu'elles ne soient pas contraires aux dispositions légales.

Sont nulles toutes stipulations d'une convention ou d'un accord collectif de travail et d'un contrat de travail prévoyant une rupture de plein droit du contrat de travail d'un salarié en raison de son âge ou du fait qu'il serait en droit de bénéficier d'une pension de vieillesse.

Sous-section 2. Mise à la retraite

Art. L. 1237-5. La mise à la retraite s'entend de la possibilité donnée à l'employeur de rompre le contrat de travail d'un salarié ayant atteint l'âge mentionné au 1° de l'article L. 351-8 du code de la sécurité sociale (L. 2008-1330 du 17 déc. 2008, art. 90, JO 18) « sous réserve des septième à neuvième alinéas. »

Un âge inférieur peut être fixé, dans la limite de celui prévu au premier alinéa de l'article L. 351-1 du code de la sécurité sociale, dès lors que le salarié peut bénéficier d'une pension de vieillesse à taux plein au sens du code de la sécurité sociale :

1° Dans le cadre d'une convention ou d'un accord collectif étendu conclu avant le 1er janvier 2008 fixant des contreparties en termes d'emploi ou de formation professionnelle ;

(L. 2008-1330 du 17 déc. 2008, art. 90, JO 18) « 2° Pour les bénéficiaires d'une préretraite ayant pris effet avant le 1er janvier 2010 et mise en œuvre dans le cadre d'un accord professionnel mentionné à l'article L. 5123-6 ; »

3° Dans le cadre d'une convention de préretraite progressive conclue antérieurement au 1er janvier 2005 ;

4° Dans le cadre du bénéfice de tout autre avantage de préretraite défini antérieurement à la date de publication de la loi n° 2003-775 du 21 août 2003 portant réforme des retraites (L. 2008-1330 du 17 déc. 2008, art. 90, JO 18) «et ayant pris effet avant le 1er janvier 2010 ».

(L. 2008-1330 du 17 déc. 2008, art. 90, JO 18) «Avant la date à laquelle le salarié atteint l'âge fixé au 1° de l'article L. 351-8 du code de la sécurité sociale et dans un délai fixé par décret, l'employeur interroge par écrit le salarié sur son intention de quitter volontairement l'entreprise pour bénéficier d'une pension de vieillesse.

En cas de réponse négative du salarié dans un délai fixé par décret ou à défaut d'avoir respecté l'obligation mentionnée à l'alinéa précédent, l'employeur ne peut faire usage de la possibilité mentionnée au premier alinéa pendant l'année qui suit la date à laquelle le salarié atteint l'âge fixé au 1° de l'article L. 351-8 du code de la sécurité sociale.

(L. 2010-1330 du 9 nov. 2010, art. 27, JO 10) «La même procédure est applicable chaque année jusqu'au soixante-neuvième anniversaire du salarié. »

Art. D. 1237-2-1. (D. 2008-1515 du 30 déc. 2008, JO 31) Le délai mentionné au septième alinéa de l'article L. 1237-5 est fixé à trois mois avant l'anniversaire du salarié.

Le délai mentionné au huitième alinéa du même article est fixé à un mois à compter de la date à laquelle l'employeur a interrogé le salarié.

Art. L. 1237-5-1. À compter du 22 décembre 2006, aucune convention ou accord collectif prévoyant la possibilité d'une mise à la retraite d'office d'un salarié à un âge inférieur à celui fixé au 1° de l'article L. 351-8 du code de la sécurité sociale ne peut être signé ou étendu.

Les accords conclus et étendus avant le 22 décembre 2006, déterminant des contreparties en termes d'emploi ou de formation professionnelle et fixant un âge inférieur à celui mentionné au même 1°, dès lors que le salarié peut bénéficier d'une pension de vieillesse à taux plein et que cet âge n'est pas inférieur à celui fixé au premier alinéa de l'article L. 351-1 du même code, cessent de produire leurs effets au 31 décembre 2009.

Art. L. 1237-6. L'employeur qui décide une mise à la retraite respecte un préavis dont la durée est déterminée conformément à l'article L. 1234-1.

Art. L. 1237-7. La mise à la retraite d'un salarié lui ouvre droit à une indemnité de mise à la retraite au moins égale à l'indemnité de licenciement prévue à l'article L. 1234-9.

Art. L. 1237-8. Si les conditions de mise à la retraite ne sont pas réunies, la rupture du contrat de travail par l'employeur constitue un licenciement.

Sous-section 3. **Départ volontaire à la retraite**

Art. L. 1237-9. Tout salarié quittant volontairement l'entreprise pour bénéficier d'une pension de vieillesse a droit à une indemnité de départ à la retraite.

Le taux de cette indemnité varie en fonction de l'ancienneté du salarié dans l'entreprise. Ses modalités de calcul sont fonction de la rémunération brute dont il bénéficiait antérieurement. Ce taux et ces modalités de calcul sont déterminés par voie réglementaire.

Art. D. 1237-1. Le taux de l'indemnité de départ en retraite prévue à l'article L. 1237-9 est au moins égal à :

1° Un demi-mois de salaire après dix ans d'ancienneté ;

2° Un mois de salaire après quinze ans d'ancienneté ;

3° Un mois et demi de salaire après vingt ans d'ancienneté ;

4° Deux mois de salaire après trente ans d'ancienneté.

Art. D. 1237-2. Le salaire à prendre en considération pour le calcul de l'indemnité de départ en retraite est, selon la formule la plus avantageuse pour l'intéressé, soit le douzième de la rémunération des douze derniers mois précédant le départ à la retraite, soit le tiers des trois derniers mois.

Dans ce cas, toute prime ou autre élément de salaire annuel ou exceptionnel qui aurait été versé au salarié pendant cette période est pris en compte à due proportion.

Art. L. 1237-9-1. (L. 2020-840 du 3 juil. 2020, art. 3, JO 4) Les salariés bénéficient d'une sensibilisation à la lutte contre l'arrêt cardiaque et aux gestes qui sauvent préalablement à leur départ à la retraite.

Le contenu, le champ d'application et les modalités de mise en œuvre du présent article sont définis par décret.

Art. L. 1237-10. Le salarié demandant son départ à la retraite respecte un préavis dont la durée est déterminée conformément à l'article L. 1234-1.

SECTION 3. Rupture conventionnelle

Note Cette section a été introduite par la loi 2008-596 du 25 juin 2008, JO 26.

Art. L. 1237-11. L'employeur et le salarié peuvent convenir en commun des conditions de la rupture du contrat de travail qui les lie.

La rupture conventionnelle, exclusive du licenciement ou de la démission, ne peut être imposée par l'une ou l'autre des parties.

Elle résulte d'une convention signée par les parties au contrat. Elle est soumise aux dispositions de la présente section destinées à garantir la liberté du consentement des parties.

Art. L. 1237-12. Les parties au contrat conviennent du principe d'une rupture conventionnelle lors d'un ou plusieurs entretiens au cours desquels le salarié peut se faire assister :

1° Soit par une personne de son choix appartenant au personnel de l'entreprise, qu'il s'agisse d'un salarié titulaire d'un mandat syndical ou d'un salarié membre d'une institution représentative du personnel ou tout autre salarié ;

2° Soit, en l'absence d'institution représentative du personnel dans l'entreprise, par un conseiller du salarié choisi sur une liste dressée par l'autorité administrative.

Lors du ou des entretiens, l'employeur a la faculté de se faire assister quand le salarié en fait lui-même usage. Le salarié en informe l'employeur auparavant ; si l'employeur souhaite également se faire assister, il en informe à son tour le salarié.

L'employeur peut se faire assister par une personne de son choix appartenant au personnel de l'entreprise ou, dans les entreprises de moins de cinquante salariés, par une personne appartenant à son organisation syndicale d'employeurs ou par un autre employeur relevant de la même branche.

Art. L. 1237-13. La convention de rupture définit les conditions de celle-ci, notamment le montant de l'indemnité spécifique de rupture conventionnelle qui ne peut pas être inférieur à celui de l'indemnité prévue à l'article L. 1234-9.

Elle fixe la date de rupture du contrat de travail, qui ne peut intervenir avant le lendemain du jour de l'homologation.

À compter de la date de sa signature par les deux parties, chacune d'entre elles dispose d'un délai de quinze jours calendaires pour exercer son droit de rétractation. Ce droit est exercé sous la forme d'une lettre adressée par tout moyen attestant de sa date de réception par l'autre partie.

Art. L. 1237-14. À l'issue du délai de rétractation, la partie la plus diligente adresse une demande d'homologation à l'autorité administrative, avec un exemplaire de la convention de rupture. Un arrêté du ministre chargé du travail fixe le modèle de cette demande.

L'autorité administrative dispose d'un délai d'instruction de quinze jours ouvrables, à compter de la réception de la demande, pour s'assurer du respect des conditions prévues à la présente section et de la liberté de consentement des parties. À défaut de notification dans ce délai, l'homologation est réputée acquise et l'autorité administrative est dessaisie.

La validité de la convention est subordonnée à son homologation.

L'homologation ne peut faire l'objet d'un litige distinct de celui relatif à la convention. Tout litige concernant la convention, l'homologation ou le refus d'homologation relève de la compétence du conseil des prud'hommes, à l'exclusion de tout autre recours contentieux ou administratif. Le recours juridictionnel doit être formé, à peine d'irrecevabilité, avant l'expiration d'un délai de douze mois à compter de la date d'homologation de la convention.

Art. R. 1237-3. (D. 2008-715 du 18 juil. 2008, JO 19) L'autorité administrative compétente pour l'homologation de la convention de rupture prévue à l'article L. 1237-14 est le (D. 2009-1377 du 10 nov. 2009, JO 13 ; D. 2010-687 du 24 juin 2010, JO 25 ; voir D. 2010-1582 du 17 déc. 2010, JO 18, pour outre-mer) « directeur régional des entreprises, de la concurrence, de la consommation, du travail et de l'emploi » du lieu où est établi l'employeur.

Art. L. 1237-15. Les salariés bénéficiant d'une protection mentionnés aux articles L. 2411-1 et L. 2411-2 peuvent bénéficier des dispositions de la présente section. Par dérogation aux dispositions de l'article L. 1237-14, la rupture conventionnelle est soumise à l'autorisation de l'inspecteur du travail dans les conditions prévues au chapitre Ier du titre Ier du livre IV, à la section 1 du chapitre Ier et au chapitre II du titre II du livre IV de la deuxième partie. Dans ce cas, et par dérogation aux dispositions de l'article L. 1237-13, la rupture du contrat de travail ne peut intervenir que le lendemain du jour de l'autorisation.

(L. 2011-867 du 20 juil. 2011, art. 6, JO 24) «Pour les médecins du travail, la rupture conventionnelle est soumise à l'autorisation de l'inspecteur du travail, après avis du médecin inspecteur du travail.»

Art. L. 1237-16. La présente section n'est pas applicable aux ruptures de contrats de travail résultant :

(Ord. 2017-1387 du 22 sept. 2017, art. 12, JO 23) «1° Des accords issus de la négociation mentionnée (Ord. 2017-1718 du 20 déc. 2017, art. 1er, I, 22°, JO 21) «aux articles L. 2242-20 et L. 2242-21»;»

2° Des plans de sauvegarde de l'emploi dans les conditions définies par l'article L. 1233-61;

(Ord. 2017-1387 du 22 sept. 2017, art. 12, JO 23) «3° Des accords collectifs (L. 2018-217 du 29 mars 2018, art. 11, I, 11°, JO 31) «mentionnés à l'article L. 1237-17.»

SECTION 4. Rupture d'un commun accord dans le cadre d'un accord collectif

Note Cette section est issue de l'ordonnance 2017-1387 du 22 septembre 2017, art. 10, I, JO 23, entrée en vigueur au plus tard le 01.01.2018.

Art. L. 1237-17. Un accord collectif portant gestion prévisionnelle des emplois et des compétences ou rupture conventionnelle collective peut définir les conditions et modalités de la rupture d'un commun accord du contrat de travail qui lie l'employeur et le salarié.

Ces ruptures, exclusives du licenciement ou de la démission, ne peuvent être imposées par l'une ou l'autre des parties. Elles sont soumises aux dispositions de la présente section.

Sous-section 1. Congés de mobilité

Art. L. 1237-18. (L. 2018-217 du 29 mars 2018, art. 11, I, 12°, JO 31) «Un congé de mobilité peut être proposé par l'employeur soit dans le cadre d'un accord portant rupture conventionnelle collective conclu dans les conditions prévues aux articles L. 1237-19 à L. 1237-19-8, soit dans les entreprises ayant conclu un accord collectif portant sur la gestion des emplois et des compétences.»
Le congé de mobilité a pour objet de favoriser le retour à un emploi stable par des mesures d'accompagnement, des actions de formation et des périodes de travail.

Art. L. 1237-18-1. Les périodes de travail du congé de mobilité peuvent être accomplies au sein ou en dehors de l'entreprise qui a proposé le congé.

Elles peuvent prendre soit la forme d'un contrat de travail à durée indéterminée, soit celle d'un contrat de travail à durée déterminée conclu en application du 1° de l'article L. 1242-3 dans une limite fixée par l'accord collectif. Dans ce dernier cas, le congé de mobilité est suspendu et reprend à l'issue du contrat pour la durée du congé restant à courir.

Art. L. 1237-18-2. L'accord collectif détermine :

1° La durée du congé de mobilité ;

2° Les conditions que doit remplir le salarié pour en bénéficier ;

3° Les modalités d'adhésion du salarié à la proposition de l'employeur, comprenant les conditions d'expression de son consentement écrit, et les engagements des parties ;

4° L'organisation des périodes de travail, les conditions auxquelles il est mis fin au congé et les modalités d'accompagnement des actions de formation envisagées ;

5° Le niveau de la rémunération versée pendant la période du congé de mobilité ;

6° Les conditions d'information des institutions représentatives du personnel ;

7° Les indemnités de rupture garanties au salarié, qui ne peuvent être inférieures aux indemnités légales dues en cas de licenciement pour motif économique.

Art. L. 1237-18-3. Le montant de la rémunération versée pendant la période du congé de mobilité est au moins égal au montant de l'allocation prévue au 3° de l'article L. 5123-2.

Cette rémunération est soumise, dans la limite des douze premiers mois du congé, au même régime de cotisations et contributions sociales que celui de l'allocation versée au bénéficiaire du congé de reclassement prévue au troisième alinéa de l'article L. 1233-72, à laquelle elle est assimilée.

Art. L. 1237-18-4. L'acceptation par le salarié de la proposition de congé de mobilité emporte rupture du contrat de travail d'un commun accord des parties à l'issue du congé.

Les salariés bénéficiant d'une protection mentionnée au chapitre Ier du titre Ier du livre IV de la deuxième partie peuvent bénéficier du congé de mobilité. Par dérogation au premier alinéa du présent article, la rupture amiable dans le cadre du congé de mobilité est soumise à l'autorisation de l'inspecteur du travail dans les conditions prévues au chapitre Ier du titre II du livre IV de la deuxième partie. Dans ce cas la rupture du contrat de travail ne peut intervenir que le lendemain du jour de l'autorisation.

Pour les médecins du travail, la rupture du contrat est soumise à l'autorisation de l'inspecteur du travail, après avis du médecin inspecteur du travail.

Art. L. 1237-18-5. L'autorité administrative du lieu où l'entreprise concernée par l'accord de gestion prévisionnelle des emplois et des compétences est établie est informée par l'employeur des ruptures prononcées dans le cadre du congé de mobilité dans des conditions prévues par décret.

Art. D. 1237-4. (D. 2017-1724 du 20 déc. 2017, JO 22) L'autorité administrative mentionnée à l'article L. 1237-18-5 est le directeur régional des entreprises, de la concurrence, de la consommation, du travail et de l'emploi du lieu où se situe le siège social de l'entreprise concernée par l'accord de gestion prévisionnelle des emplois et des compétences.

Art. D. 1237-5. (D. 2017-1724 du 20 déc. 2017, JO 22) Pour l'application de l'article L. 1237-18-5, l'employeur transmet à l'autorité administrative un document d'information sur les ruptures prononcées dans le cadre du congé de mobilité fixé par arrêté du ministre chargé de l'emploi tous les six mois à compter du dépôt de l'accord.

Ce document précise notamment :

1° Le nombre de ruptures de contrat de travail intervenues à la suite d'un congé de mobilité ;

2° Les mesures de reclassement mises en place dans le cadre de ce congé telles que les actions de formation, les périodes de travail en entreprise et les mesures d'accompagnement ;

3° La situation des salariés au regard de l'emploi à l'issue du congé de mobilité.

Sous-section 2. **Rupture d'un commun accord dans le cadre d'un accord collectif portant rupture conventionnelle collective**

Art. L. 1237-19. Un accord collectif peut déterminer le contenu d'une rupture conventionnelle collective excluant tout licenciement pour atteindre les objectifs qui lui sont assignés en termes de suppression d'emplois.

L'administration est informée sans délai de l'ouverture d'une négociation en vue de l'accord précité.

Art. L. 1237-19-1. L'accord portant rupture conventionnelle collective détermine :

1° Les modalités et conditions d'information du comité social et économique (L. 2018-217 du 29 mars 2018, art. 11, I, 13°, JO 31) «, s'il existe »;

2° Le nombre maximal de départs envisagés, de suppressions d'emplois associées, et la durée (L. 2018-217 du 29 mars 2018, art. 11, I, 13°, JO 31) «pendant laquelle des ruptures de contrat de travail peuvent être engagées sur le fondement de l'accord ;»

3° Les conditions que doit remplir le salarié pour en bénéficier ;

4° Les modalités de présentation et d'examen des candidatures au départ des salariés, comprenant les conditions de transmission de l'accord écrit du salarié au dispositif prévu par l'accord collectif ;

(L. 2018-217 du 29 mars 2018, art. 11, I, 13°, JO 31) «4° *bis* Les modalités de conclusion d'une convention individuelle de rupture entre l'employeur et le salarié et d'exercice du droit de rétractation des parties ;»

5° Les modalités de calcul des indemnités de rupture garanties au salarié, qui ne peuvent être inférieures aux indemnités légales dues en cas de licenciement ;

6° Les critères de départage entre les potentiels candidats au départ ;

7° Des mesures visant à faciliter (L. 2018-217 du 29 mars 2018, art. 11, I, 13°, JO 31) «l'accompagnement et » le reclassement externe des salariés sur des emplois équivalents, telles que (L. 2018-217 du 29 mars 2018, art. 11, I, 13°, JO 31) «le congé de mobilité dans les conditions prévues aux articles L. 1237-18-1 à L. 1237-18-5,» des actions de formation, de validation des acquis de l'expérience ou de reconversion ou des actions de soutien à la création d'activités nouvelles ou à la reprise d'activités existantes par les salariés ;

8° Les modalités de suivi de la mise en œuvre effective de l'accord portant rupture conventionnelle collective.

Art. L. 1237-19-2. L'acceptation par l'employeur de la candidature du salarié dans le cadre de la rupture conventionnelle collective emporte rupture du contrat de travail d'un commun accord des parties (L. 2018-217 du 29 mars 2018, art. 11, I, 14°, JO 31) «, le cas échéant dans les conditions prévues à l'article L. 1237-18-4».

Les salariés bénéficiant d'une protection mentionnée au chapitre Ier du titre Ier du livre IV de la deuxième partie peuvent bénéficier des dispositions de l'accord portant rupture conventionnelle collective. Par dérogation au premier alinéa du présent article, la rupture d'un commun accord dans le cadre de la rupture conventionnelle collective est soumise à l'autorisation de l'inspecteur du travail dans les conditions prévues au chapitre Ier du titre II du livre IV de la deuxième partie. Dans ce cas la rupture du contrat de travail ne peut intervenir que le lendemain du jour de l'autorisation.

Pour les médecins du travail, la rupture du contrat est soumise à l'autorisation de l'inspecteur du travail, après avis du médecin inspecteur du travail.

Art. L. 1237-19-3. L'accord collectif mentionné à l'article L. 1237-19 est transmis à l'autorité administrative pour validation.

(L. 2018-217 du 29 mars 2018, art. 11, I, 15°, JO 31) «L'autorité administrative valide l'accord collectif dès lors qu'elle s'est assurée :

1° De sa conformité au même article L. 1237-19;

2° De la présence des clauses prévues à l'article L. 1237-19-1;

3° Du caractère précis et concret des mesures prévues au 7° du même article L. 1237-19-1;

4° Le cas échéant, de la régularité de la procédure d'information du comité social et économique. »

Art. L. 1237-19-4. L'autorité administrative notifie à l'employeur la décision de validation dans un délai de quinze jours à compter de la réception de l'accord collectif mentionné à l'article L. 1237-19.

Elle la notifie, dans les mêmes délais, au comité social et économique (L. 2018-217 du 29 mars 2018, art. 11, I, 16°, JO 31) «, s'il existe,» et aux (Ord. 2017-1718 du 20 déc. 2017, art. 1er, I, 27°, JO 21) «signataires de l'accord ». La décision prise par l'autorité administrative est motivée.

Le silence gardé par l'autorité administrative (Ord. 2017-1718 du 20 déc. 2017, art. 1er, I, 27°, JO 21) «à l'issue du délai » prévu au premier alinéa vaut décision d'acceptation de validation. Dans ce cas, l'employeur transmet une copie de la demande de validation, accompagnée de son accusé de réception par l'administration, au comité social et économique (L. 2018-217 du 29 mars 2018, art. 11, I, 16°, JO 31) «, s'il existe,» et aux (Ord. 2017-1718 du 20 déc. 2017, art. 1er, I, 27°, JO 21) «signataires de l'accord ».

La décision de validation ou, à défaut, les documents mentionnés au (Ord. 2017-1718 du 20 déc. 2017, art. 1er, I, 27°, JO 21) «troisième » alinéa et les voies et délais de recours sont portés à la connaissance des salariés par voie d'affichage sur leurs lieux de travail ou par tout autre moyen permettant de conférer date certaine à cette information.

Art. L. 1237-19-5. L'autorité administrative compétente pour prendre la décision de validation est celle du lieu où l'entreprise ou l'établissement concerné par le projet (Ord. 2017-1718 du 20 déc. 2017, art. 1er, I, 28°, JO 21) «d'accord portant rupture conventionnelle collective » est établi. Si le projet d'accord portant rupture conventionnelle collective porte sur des établissements relevant de la compétence d'autorités différentes, (D. 2020-88 du 5 févr. 2020, art. 1er, 2°, JO 6) «l'autorité administrative compétente est désignée dans les conditions prévues par décret en Conseil d'État ».

Art. L. 1237-19-6. (L. 2018-217 du 29 mars 2018, art. 11, I, 17°, JO 31) En cas de refus de validation, un nouvel accord peut être négocié, qui tient compte des éléments de motivation accompagnant la décision de l'administration. Le comité social et économique, s'il existe, est informé de la reprise de la négociation. Le nouvel accord conclu est transmis à l'autorité administrative, qui se prononce dans les conditions prévues aux articles L. 1237-19-3 et L. 1237-19-4.

Art. L. 1237-19-7. Le suivi de la mise en œuvre de l'accord portant rupture conventionnelle collective fait l'objet (L. 2018-217 du 29 mars 2018, art. 11, I, 18°, JO 31) «, s'il existe,» d'une consultation régulière et détaillée du comité social et économique dont les avis sont transmis à l'autorité administrative.

L'autorité administrative est associée au suivi de ces mesures et reçoit un bilan, établi par l'employeur, de la mise en œuvre de l'accord portant rupture conventionnelle collective.

Art. L. 1237-19-8. L'accord collectif mentionné à l'article L. 1237-19, le contenu de l'accord portant rupture conventionnelle collective, et la régularité de la procédure précédant la décision de l'autorité administrative ne peuvent faire l'objet d'un litige distinct de celui relatif à la décision de validation mentionnée à l'article L. 1237-19-3.

Les recours contre la décision de validation sont formés, instruits et jugés dans les conditions définies à l'article L. 1235-7-1.

Toute autre contestation portant sur la rupture du contrat doit être formée, à peine d'irrecevabilité, avant l'expiration d'un délai de douze mois à compter de la date de la rupture du contrat.

Art. L. 1237-19-9. Lorsque les suppressions d'emplois résultant de l'accord collectif prévu à l'article L. 1237-19 affectent, par leur ampleur, l'équilibre du ou des bassins d'emploi dans lesquels (Ord. 2017-1718 du 20 déc. 2017, art. 1er, I, 30°, JO 21) «ils sont implantés», les entreprises ou les établissements d'au moins mille salariés ainsi que les entreprises mentionnées à l'article L. 2331-1 et celles répondant aux conditions mentionnées aux articles L. 2341-1 et L. 2341-2, dès lors qu'elles emploient au total au moins mille salariés, sont (Ord. 2017-1718 du 20 déc. 2017, art. 1er, I, 30°, JO 21) «tenus» de contribuer à la création d'activités et au développement des emplois et d'atténuer les effets de l'accord portant rupture conventionnelle collective envisagé sur les autres entreprises dans le ou les bassins d'emploi.

Ces dispositions ne sont pas applicables dans les entreprises en redressement ou en liquidation judiciaire.

Art. L. 1237-19-10. Une convention entre l'entreprise et l'autorité administrative, conclue dans un délai de six mois à compter de la validation prévue à l'article L. 1237-19-3, détermine, le cas échéant sur la base d'une étude d'impact social et territorial prescrite par l'autorité administrative, la nature ainsi que les modalités de financement et de mise en œuvre des actions prévues à l'article L. 1237-19-9.

La convention tient compte des actions de même nature éventuellement mises en œuvre par anticipation dans le cadre d'un accord collectif relatif à la gestion prévisionnelle des emplois et des compétences ou prévues dans le cadre d'un accord collectif portant rupture conventionnelle collective établi par l'entreprise ou prévues dans le cadre d'une démarche volontaire de l'entreprise faisant l'objet d'un document-cadre conclu entre l'État et l'entreprise. Le contenu et les modalités d'adoption de ce document sont définis par décret. Lorsqu'un accord collectif de groupe, d'entreprise ou d'établissement prévoit des actions de telle nature, assorties d'engagements financiers de l'entreprise au moins égaux au montant de la contribution prévue à l'article L. 1237-19-11, cet accord tient lieu, à la demande de l'entreprise, de la convention prévue au présent article entre l'entreprise et l'autorité administrative, sauf opposition de cette dernière motivée et exprimée dans les deux mois suivant la demande.

Art. L. 1237-19-11. Le montant de la contribution versée par l'entreprise ne peut être inférieur à deux fois la valeur mensuelle du salaire minimum de croissance par emploi supprimé. Toutefois, l'autorité administrative peut fixer un montant inférieur lorsque l'entreprise est dans l'incapacité d'assurer la charge financière de cette contribution.

En l'absence de convention signée ou d'accord collectif en tenant lieu, les entreprises versent au Trésor public une contribution égale au double du montant prévu au premier alinéa.

Art. L. 1237-19-12. Les actions prévues à l'article L. 1237-19-9 sont déterminées après consultation des collectivités territoriales intéressées, des organismes consulaires et des partenaires sociaux membres de la commission paritaire interprofessionnelle régionale.

Leur exécution fait l'objet d'un suivi et d'une évaluation, sous le contrôle de l'autorité administrative, selon des modalités définies par décret. Ce décret détermine également les conditions dans lesquelles les entreprises dont le siège n'est pas implanté dans le bassin d'emploi affecté par l'accord portant rupture conventionnelle collective contribuent aux actions prévues.

Art. L. 1237-19-13. Les maisons de l'emploi peuvent participer, dans des conditions fixées par voie de convention avec les entreprises intéressées, à la mise en œuvre des mesures relatives à la revitalisation des bassins d'emploi.

Art. L. 1237-19-14. Une convention-cadre nationale de revitalisation est conclue entre le ministre chargé de l'emploi et l'entreprise lorsque les suppressions d'emplois concernent au moins trois départements.

Il est tenu compte, pour la détermination du montant de la contribution mentionnée à l'article L. 1237-19-11, du nombre total des emplois supprimés.

La convention-cadre est signée dans un délai de six mois à compter de la (Ord. 2017-1718 du 20 déc. 2017, art. 1er, I, 31°, JO 21) «décision de» validation prévue à l'article L. 1237-19-3.

Elle donne lieu, dans un délai de quatre mois à compter de sa signature, à une ou plusieurs conventions locales conclues entre le représentant de l'État et l'entreprise. Ces conventions se conforment au contenu de la convention-cadre nationale.

Art. R. *1237-6. (D. 2017-1723 du 20 déc. 2017, JO 22) L'autorité administrative mentionnée aux articles L. 1237-19-3 à L. 1237-19-5, L. 1237-19-7 et L. 1237-19-8 est le directeur régional des entreprises, de la concurrence, de la consommation, du travail et de l'emploi dont relève l'établissement en cause.

Art. R. 1237-6-1. (D. 2017-1723 du 20 déc. 2017, JO 22) Lorsque le projet d'accord collectif portant rupture conventionnelle collective inclut des établissements relevant de la compétence de plusieurs directeurs régionaux des entreprises, de la concurrence, de la consommation, du travail et de l'emploi, l'employeur informe le directeur régional du siège de l'entreprise de son intention d'ouvrir une négociation en application de l'article L. 1237-19.

(D. 2020-88 du 5 févr. 2020, art. 1er, 4°, JO 6) « Le directeur régional des entreprises, de la concurrence, de la consommation, du travail et de l'emploi compétent est celui dans le ressort duquel se situe :

1° Le siège de l'entreprise ;

2° Le siège de l'entreprise principale en cas d'unité économique et sociale ;

3° Le siège de l'entreprise dominante en cas d'accord de groupe ;

4° La succursale dont le nombre d'emplois concernés est le plus élevé en cas d'entreprise internationale dont le siège est situé à l'étranger.

Le directeur régional concerné informe l'employeur de sa compétence par tout moyen permettant de conférer une date certaine. L'employeur en informe, sans délai et par tout moyen, le comité social et économique ainsi que les organisations syndicales représentatives. »

Art. D. 1237-7. (D. 2017-1724 du 20 déc. 2017, JO 22) L'employeur informe par la voie dématérialisée le directeur régional des entreprises, de la concurrence, de la consommation, du travail et de l'emploi de son intention d'ouvrir une négociation en application de l'article L. 1237-19.

Art. D. 1237-8. (D. 2017-1724 du 20 déc. 2017, JO 22) La transmission de l'accord au directeur régional des entreprises, de la concurrence, de la consommation, du travail et de l'emploi prévue à l'article L. 1237-19-3 est faite par la voie dématérialisée.

Art. D. 1237-9. (D. 2017-1724 du 20 déc. 2017, JO 22) Le délai prévu à l'article L. 1237-19-4 court à compter de la réception du dossier complet par le directeur régional des entreprises, de la concurrence, de la consommation, du travail et de l'emploi.

Le dossier est complet lorsqu'il comprend l'accord prévu à l'article L. 1237-19, ainsi que les informations permettant de vérifier la régularité des conditions dans lesquelles il a été conclu et, le cas échéant, la mise en œuvre effective de l'information du comité social et économique prévue au 1° de l'article L. 1237-19-1.

En cas d'absence de comité social et économique par suite d'une carence constatée dans les conditions prévues à l'article L. 2314-9, l'employeur joint à la demande de validation le procès-verbal constatant cette carence.

Le directeur régional des entreprises, de la concurrence, de la consommation, du travail et de l'emploi informe sans délai et par tout moyen permettant de conférer une date certaine l'employeur, les signataires de l'accord et, le cas échéant, le comité social et économique que le dossier est complet.

Dans le délai prévu à l'article L. 1237-19-4, l'autorité administrative peut demander, le cas échéant, tout élément justificatif complémentaire à l'employeur afin de lui permettre d'opérer le contrôle prévu à l'article L. 1237-19-3.

Art. D. 1237-10. (D. 2017-1724 du 20 déc. 2017, JO 22) La décision de validation du directeur régional des entreprises, de la concurrence, de la consommation, du travail et de l'emploi prévue à l'article L. 1237-19-4 est adressée dans le délai mentionné à ce même article par tout moyen permettant de conférer une date certaine à l'employeur, aux signataires de l'accord, ainsi qu'au comité social et économique le cas échéant.

Art. D. 1237-11. (D. 2017-1724 du 20 déc. 2017, JO 22) La nouvelle demande mentionnée à l'article L. 1237-19-6 est transmise par la voie dématérialisée prévue à l'article D. 1237-8.

Art. D. 1237-12. (D. 2017-1724 du 20 déc. 2017, JO 22) Le bilan de la mise en œuvre de l'accord portant rupture conventionnelle collective mentionné à l'article L. 1237-19-7, dont le contenu est fixé par arrêté du ministre chargé de l'emploi, est transmis au directeur régional des entreprises, de la concurrence, de la consommation, du travail et de l'emploi compétent par voie dématérialisée au plus tard un mois après la fin de la mise en œuvre des mesures prévues au 7° de l'article L. 1237-19-1.

Chapitre VIII

Dispositions pénales

Art. L. 1238-1. Le fait de porter ou de tenter de porter atteinte à l'exercice régulier des fonctions de conseiller du salarié, notamment par la méconnaissance des articles L. 1232-8 à L. 1232-12 et L. 1232-14, est puni d'un emprisonnement d'un an et d'une amende de 3750 €.

Art. L. 1238-2. Le fait de procéder à un licenciement sans accomplir les consultations du (Ord. 2017-1386 du 22 sept. 2017, art. 4, 20°, JO 23, entrée en vigueur au plus tard le 01.01.2018) « comité social et économique » prévues aux articles (Ord. 2017-1386 du 22 sept. 2017, art. 4, 60°, JO 23, entrée en vigueur au plus tard le 01.01.2018) « L. 1233-29 », L. 1233-30, L. 1233-34 et L. 1233-35, est puni d'une amende de 3 750 €, prononcée autant de fois qu'il y a de salariés concernés par l'infraction.

Art. L. 1238-3. Le fait de ne pas respecter le délai d'envoi des lettres de licenciement prévu à l'article L. 1233-39 est puni d'une amende de 3750 €, prononcée autant de fois qu'il y a de salariés concernés par l'infraction.

Art. L. 1238-4. Le fait de procéder à un licenciement sans le notifier à l'autorité administrative dans les conditions prévues à l'article L. 1233-46 est puni d'une amende de 3750 €, prononcée autant de fois qu'il y a de salariés concernés par l'infraction.

Art. L. 1238-5. En cas de redressement ou de liquidation judiciaire, le fait pour l'employeur, l'administrateur ou le liquidateur de ne pas respecter les dispositions des articles L. 1233-58 et L. 1233-60 est puni d'une amende de 3750 €, prononcée autant de fois qu'il y a de salariés concernés par l'infraction.

Art. R. 1238-1. Le fait de méconnaître les dispositions des articles L. 1233-5 à L. 1233-7, relatives aux critères d'ordre des licenciements, est puni de l'amende prévue pour les contraventions de la quatrième classe.

Art. R. 1238-2. Le fait de procéder à un licenciement collectif pour motif économique de moins de dix salariés dans une même période de trente jours sans informer l'autorité administrative du ou des licenciements prononcés, en méconnaissance des dispositions de l'article L. 1233-19 (D. 2009-289 du 13 mars 2009, JO 15) « ou sans mentionner dans son information les renseignements prévus à l'article D. 1233-3 », est puni de l'amende prévue pour les contraventions de la quatrième classe.

Art. R. 1238-3. Le fait de ne pas délivrer au salarié un certificat de travail, en méconnaissance des dispositions de l'article L. 1234-19, est puni de l'amende prévue pour les contraventions de la quatrième classe.

Art. R. 1238-5. Le fait de méconnaître les dispositions des articles D. 1233-4 à D. 1233-10, relatives à l'information de l'autorité administrative lors d'un licenciement pour motif économique de dix salariés et plus dans une même période de trente jours, est puni de l'amende prévue pour les contraventions de la quatrième classe.

Art. R. 1238-6. Le fait de méconnaître les dispositions des articles R. 1233-15 et R. 1233-16, relatives au licenciement économique dans le cadre d'un redressement ou d'une liquidation judiciaire, est puni de l'amende prévue pour les contraventions de la quatrième classe.

Art. R. 1238-7. Le fait de méconnaître les dispositions des articles R. 1234-9 à R. 1234-12, relatives à l'attestation d'assurance chômage, est puni de l'amende prévue pour les contraventions de la cinquième classe.

TITRE IV

CONTRAT DE TRAVAIL À DURÉE DÉTERMINÉE

Chapitre Ier

Champ d'application

Art. L. 1241-1. Les dispositions du présent titre ne s'appliquent ni au contrat d'apprentissage ni au contrat de mission conclu avec une entreprise de travail temporaire.

Chapitre II

Conclusion et exécution du contrat

SECTION 1. Conditions de recours

Sous-section 1. Cas de recours

Art. L. 1242-1. Un contrat de travail à durée déterminée, quel que soit son motif, ne peut avoir ni pour objet ni pour effet de pourvoir durablement un emploi lié à l'activité normale et permanente de l'entreprise.

Art. L. 1242-2. Sous réserve des dispositions de l'article L. 1242-3, un contrat de travail à durée déterminée ne peut être conclu que pour l'exécution d'une tâche précise et temporaire, et seulement dans les cas suivants :

1° Remplacement d'un salarié en cas :

a) D'absence ;

b) De passage provisoire à temps partiel, conclu par avenant à son contrat de travail ou par échange écrit entre ce salarié et son employeur ;

c) De suspension de son contrat de travail ;

d) De départ définitif précédant la suppression de son poste de travail après consultation du (Ord. 2017-1386 du 22 sept. 2017, art. 4, 24°, JO 23, entrée en vigueur au plus tard le 01.01.2018) « comité social et économique, s'il existe »;

e) D'attente de l'entrée en service effective du salarié recruté par contrat à durée indéterminée appelé à le remplacer ;

2° Accroissement temporaire de l'activité de l'entreprise ;

3° Emplois à caractère (L. 2016-1088 du 8 août 2016, art. 86, I, JO 9) « saisonnier, dont les tâches sont appelées à se répéter chaque année selon une périodicité à peu près fixe, en fonction du rythme des saisons ou des modes de vie collectifs ou emplois » pour lesquels, dans certains secteurs d'activité définis par décret ou par convention ou accord collectif de travail étendu, il est d'usage constant de ne pas recourir au contrat de travail à durée indéterminée en raison de la nature de l'activité exercée et du caractère par nature temporaire de ces emplois. (L. 2018-727 du 10 août 2018, art. 18, II, JO 11) «Lorsque la durée du contrat de travail est inférieure à un mois, un seul bulletin de paie est émis par l'employeur ;»

4° Remplacement d'un chef d'entreprise artisanale, industrielle ou commerciale, d'une personne exerçant une profession libérale, de son conjoint participant effectivement à l'activité de l'entreprise à titre professionnel et habituel ou d'un associé non salarié d'une société civile professionnelle, d'une société civile de moyens (L. 2015-990 du 6 août 2015, art. 63, VIII, JO 7) «d'une société d'exercice libéral ou de toute autre personne morale exerçant une profession libérale ;»

5° Remplacement du chef d'une exploitation agricole ou d'une entreprise mentionnée aux 1° à 4° de l'article L. 722-1 du code rural (Ord. 2010-462 du 6 mai 2010, JO 7) «et de la pêche maritime», d'un aide familial, d'un associé d'exploitation, ou de leur conjoint mentionné à l'article L. 722-10 du même code dès lors qu'il participe effectivement à l'activité de l'exploitation agricole ou de l'entreprise ;

(L. 2014-1545 du 20 déc. 2014, art. 6, JO 21) «6° Recrutement d'ingénieurs et de cadres, au sens des conventions collectives, en vue de la réalisation d'un objet défini lorsqu'un accord de branche étendu ou, à défaut, un accord d'entreprise le prévoit et qu'il définit :

a) Les nécessités économiques auxquelles ces contrats sont susceptibles d'apporter une réponse adaptée ;

b) Les conditions dans lesquelles les salariés sous contrat à durée déterminée à objet défini bénéficient de garanties relatives à l'aide au reclassement, à la validation des acquis de l'expérience, à la priorité de réembauche et à l'accès à la formation professionnelle continue et peuvent, au cours du délai de prévenance, mobiliser les moyens disponibles pour organiser la suite de leur parcours professionnel ;

c) Les conditions dans lesquelles les salariés sous contrat à durée déterminée à objet défini ont priorité d'accès aux emplois en contrat à durée indéterminée dans l'entreprise.»

Art. D. 1242-1. En application du 3° de l'article L. 1242-2, les secteurs d'activité dans lesquels des contrats à durée déterminée peuvent être conclus pour les emplois pour lesquels il est d'usage constant de ne pas recourir au contrat à durée indéterminée en raison de la nature de l'activité exercée et du caractère par nature temporaire de ces emplois sont les suivants :

1° Les exploitations forestières ;

2° La réparation navale ;

3° Le déménagement ;

4° L'hôtellerie et la restauration, les centres de loisirs et de vacances ;

5° Le sport professionnel ;

6° Les spectacles, l'action culturelle, l'audiovisuel, la production cinématographique, l'édition phonographique ;

7° L'enseignement ;

8° L'information, les activités d'enquête et de sondage ;

9° L'entreposage et le stockage de la viande ;

10° Le bâtiment et les travaux publics pour les chantiers à l'étranger ;

11° Les activités de coopération, d'assistance technique, d'ingénierie et de recherche à l'étranger ;

12° Les activités d'insertion par l'activité économique exercées par les associations intermédiaires prévues à l'article L. 5132-7 ;

13° Le recrutement de travailleurs pour les mettre, à titre onéreux, à la disposition de personnes physiques, dans le cadre du 2° de l'article L. 7232-6 ;

14° La recherche scientifique réalisée dans le cadre d'une convention internationale, d'un arrangement administratif international pris en application d'une telle convention, ou par des chercheurs étrangers résidant temporairement en France ;

(D. 2009-1443 du 24 nov. 2009, JO 26) «15° Les activités foraines.»

Art. L. 1242-3. Outre les cas prévus à l'article L. 1242-2, un contrat de travail à durée déterminée peut être conclu :

1° Au titre de dispositions légales destinées à favoriser le recrutement de certaines catégories de personnes sans emploi ;

2° Lorsque l'employeur s'engage, pour une durée et dans des conditions déterminées par décret, à assurer un complément de formation professionnelle au salarié.

Art. D. 1242-2. Tout employeur, à l'exception des professions agricoles, peut conclure un contrat de travail à durée déterminée, en application du 1° de l'article L. 1242-3, avec une personne âgée de plus de 57 ans inscrite depuis plus de trois mois comme demandeur d'emploi ou bénéficiant d'une convention de reclassement personnalisé afin de faciliter son retour à l'emploi et de lui permettre d'acquérir des droits supplémentaires en vue de la liquidation de sa retraite à taux plein.

Art. D. 1242-3. En application du 2° de l'article L. 1242-3, un contrat de travail à durée déterminée peut être conclu lorsque l'employeur s'engage à assurer un complément de formation professionnelle aux :

1° Candidats effectuant un stage en vue d'accéder à un établissement d'enseignement ;

2° Élèves ou anciens élèves d'un établissement d'enseignement effectuant un stage d'application ;

3° Étrangers venant en France en vue d'acquérir un complément de formation professionnelle ;

4° Bénéficiaires d'une aide financière individuelle à la formation par la recherche ;

5° Salariés liés par un contrat de rééducation professionnelle au sens des dispositions de l'article L. 5213-3 ou des textes relatifs à la rééducation professionnelle des victimes d'accidents du travail et des assurés sociaux.

Art. L. 1242-4. À l'issue d'un contrat d'apprentissage, un contrat de travail à durée déterminée peut être conclu dans les cas mentionnés aux articles L. 1242-2 et L. 1242-3 et, en outre, lorsque l'apprenti doit satisfaire aux obligations du service national dans un délai de moins d'un an après l'expiration du contrat d'apprentissage.

Sous-section 2. **Interdictions**

Art. L. 1242-5. Dans les six mois suivant un licenciement pour motif économique, il est interdit de conclure un contrat de travail à durée déterminée au titre d'un accroissement temporaire de l'activité, y compris pour l'exécution d'une tâche occasionnelle, précisément définie et non durable, ne relevant pas de l'activité normale de l'entreprise.

Cette interdiction porte sur les postes concernés par le licenciement dans l'établissement.

L'interdiction ne s'applique pas :

1° Lorsque la durée du contrat de travail n'est pas susceptible de renouvellement et n'excède pas trois mois ;

2° Lorsque le contrat est lié à la survenance dans l'entreprise, qu'il s'agisse de celle de l'entrepreneur principal ou de celle d'un sous-traitant, d'une commande exceptionnelle à l'exportation dont l'importance nécessite la mise en œuvre de moyens quantitativement ou qualitativement exorbitants de ceux que l'entreprise utilise ordinairement. Cette possibilité de recrutement est subordonnée à l'information et à la consultation préalables du (Ord. 2017-1386 du 22 sept. 2017, art. 4, 27°, JO 23, entrée en vigueur au plus tard le 01.01.2018) « comité social et économique, s'il existe ».

Les dérogations prévues aux 1° et 2° n'exonèrent pas l'employeur de respecter la priorité de réembauche prévue à l'article L. 1233-45.

Art. L. 1242-6. Outre les cas prévus à l'article L. 1242-5, il est interdit de conclure un contrat de travail à durée déterminée :

1° Pour remplacer un salarié dont le contrat de travail est suspendu à la suite d'un conflit collectif de travail ;

2° Pour effectuer certains travaux particulièrement dangereux figurant sur une liste établie par voie réglementaire, dans les conditions prévues à l'article L. 4154-1.

L'autorité administrative peut exceptionnellement autoriser une dérogation à cette interdiction dans des conditions déterminées par voie réglementaire.

Art. D. 1242-4. La liste des travaux particulièrement dangereux interdits au salarié titulaire d'un contrat de travail à durée déterminée, prévue aux articles L. 1242-6 et L. 4154-1, figure à l'article D. 4154-1.

Art. D. 1242-5. Les dérogations mentionnées au quatrième alinéa de l'article L. 1242-6 sont accordées par le (D. 2009-1377 du 10 nov. 2009, JO 13 ; D. 2010-687 du 24 juin 2010, JO 25 ; voir D. 2010-1582 du 17 déc. 2010, JO 18, pour outre-mer) « directeur régional des entreprises, de la concurrence, de la consommation, du travail et de l'emploi » dans les conditions prévues aux articles D. 4154-2 à D. 4154-6.

SECTION 2. Fixation du terme et durée du contrat

Art. L. 1242-7. Le contrat de travail à durée déterminée comporte un terme fixé avec précision dès sa conclusion.

Toutefois, le contrat peut ne pas comporter de terme précis lorsqu'il est conclu dans l'un des cas suivants :

1° Remplacement d'un salarié absent ;

2° Remplacement d'un salarié dont le contrat de travail est suspendu ;

3° Dans l'attente de l'entrée en service effective d'un salarié recruté par contrat à durée indéterminée ;

4° Emplois à caractère saisonnier (L. 2016-1088 du 8 août 2016, art. 86, II, JO 9) «définis au 3° de l'article L. 1242-2» ou pour lesquels, dans certains secteurs d'activité définis par décret ou par voie de convention ou d'accord collectif étendu, il est d'usage constant de ne pas recourir au contrat de travail à durée indéterminée en raison de la nature de l'activité exercée et du caractère par nature temporaire de ces emplois ;

5° Remplacement de l'une des personnes mentionnées aux 4° et 5° de l'article L. 1242-2;

(L. 2014-1545 du 20 déc. 2014, art. 6, JO 21) «6° Recrutement d'ingénieurs et de cadres en vue de la réalisation d'un objet défini, prévu au 6° de l'article L. 1242-2.»

Le contrat de travail à durée déterminée est alors conclu pour une durée minimale. Il a pour terme la fin de l'absence de la personne remplacée ou la réalisation de l'objet pour lequel il a été conclu.

Art. L. 1242-8. (Ord. 2017-1387 du 22 sept. 2017, art. 22, 1°, JO 23) Une convention ou un accord de branche étendu peut fixer la durée totale du contrat de travail à durée déterminée. Cette durée ne peut avoir ni pour objet ni pour effet de pourvoir durablement un emploi lié à l'activité normale et permanente de l'entreprise.

Les dispositions du présent article ne sont pas applicables au contrat de travail à durée déterminée conclu en application du 6° de l'article L. 1242-2 et de l'article L. 1242-3.

Art. L. 1242-8-1. (Ord. 2017-1387 du 22 sept. 2017, art. 22, 2°, JO 23) À défaut de stipulation dans la convention ou l'accord de branche conclu en application de l'article L. 1242-8, la durée totale du contrat de travail à durée déterminée ne peut excéder dix-huit mois compte tenu, le cas échéant, du ou des renouvellements intervenant dans les conditions prévues à l'article L. 1243-13 ou, lorsqu'il s'applique, à l'article L. 1243-13-1.

Cette durée est réduite à neuf mois lorsque le contrat est conclu dans l'attente de l'entrée en service effective d'un salarié recruté par contrat à durée indéterminée ou lorsque son objet consiste en la réalisation des travaux urgents nécessités par des mesures de sécurité.

Elle est également de vingt-quatre mois :

1° Lorsque le contrat est exécuté à l'étranger ;

2° Lorsque le contrat est conclu dans le cadre du départ définitif d'un salarié précédant la suppression de son poste de travail ;

3° Lorsque survient dans l'entreprise, qu'il s'agisse de celle de l'entrepreneur principal ou de celle d'un sous-traitant, une commande exceptionnelle à l'exportation dont l'importance nécessite la mise en œuvre de moyens quantitativement ou qualitativement exorbitants de ceux que l'entreprise utilise ordinairement. Dans ce cas, la durée initiale du contrat ne peut être inférieure à six mois et l'employeur doit procéder, préalablement aux recrutements envisagés, à la consultation du comité social et économique, s'il existe.

Les dispositions du présent article ne sont pas applicables au contrat de travail à durée déterminée conclu en application du 6° de l'article L. 1242-2 et de l'article L. 1242-3.

Art. L. 1242-8-2. (Ord. 2017-1387 du 22 sept. 2017, art. 22, 3°, JO 23) Le contrat de travail à durée déterminée mentionné au 6° de l'article L. 1242-2 est conclu pour une durée minimale de dix-huit mois et une durée maximale de trente-six mois. Il ne peut pas être renouvelé.

Art. L. 1242-9. Lorsque le contrat de travail à durée déterminée est conclu pour remplacer un salarié temporairement absent ou dont le contrat de travail est suspendu ou pour un remplacement effectué au titre des 4° et 5° de l'article L. 1242-2, il peut prendre effet avant l'absence de la personne à remplacer.

Art. D. 1242-6. Pour les salariés mentionnés aux 1° à 3° de l'article D. 1242-3, la durée maximale du contrat de travail à durée déterminée ne peut être supérieure à vingt-quatre mois.

Dans le cas mentionné au 2°, le contrat peut être conclu pour la durée du stage lorsque cette durée est fixée par voie réglementaire.

Pour les étrangers soumis au régime de l'autorisation de travail prévue à l'article R. 5221-1, la durée maximale du contrat est celle pour laquelle l'autorisation provisoire est accordée. Si l'autorisation est renouvelée, la durée maximale est prolongée d'autant et le terme du contrat peut être reporté autant de fois que l'autorisation est renouvelée.

Pour les salariés mentionnés au 4° de l'article D. 1242-3, la durée du contrat ne peut être supérieure à celle de la période donnant lieu au bénéfice de l'aide financière.

Art. D. 1242-7. Le contrat de travail à durée déterminée conclu pour le retour à l'emploi des salariés âgés, prévu à l'article D. 1242-2, peut être conclu pour une durée maximale de dix-huit mois.

Il peut être renouvelé une fois pour une durée déterminée qui, ajoutée à la durée du contrat initial, ne peut excéder trente-six mois.

SECTION 3. Période d'essai

Art. L. 1242-10. Le contrat de travail à durée déterminée peut comporter une période d'essai.

Sauf si des usages ou des stipulations conventionnelles prévoient des durées moindres, cette période d'essai ne peut excéder une durée calculée à raison d'un jour par semaine, dans la limite de deux semaines lorsque la durée initialement prévue au contrat est au plus égale à six mois et d'un mois dans les autres cas.

Lorsque le contrat ne comporte pas de terme précis, la période d'essai est calculée par rapport à la durée minimale du contrat.

Art. L. 1242-11. Ne sont pas applicables pendant la période d'essai les dispositions relatives :

1° À la prise d'effet du contrat prévue à l'article L. 1242-9;

2° À la rupture anticipée du contrat prévue aux articles L. 1243-1 à L. 1243-4;

3° Au report du terme du contrat prévu à l'article L. 1243-7;

4° À l'indemnité de fin de contrat prévue à l'article L. 1243-8.

SECTION 4. Forme, contenu et transmission du contrat

Art. L. 1242-12. Le contrat de travail à durée déterminée est établi par écrit et comporte la définition précise de son motif. À défaut, il est réputé conclu pour une durée indéterminée.

Il comporte notamment :

1° Le nom et la qualification professionnelle de la personne remplacée lorsqu'il est conclu au titre des 1°, 4° et 5° de l'article L. 1242-2;

2° La date du terme et, le cas échéant, une clause de renouvellement lorsqu'il comporte un terme précis ;

3° La durée minimale pour laquelle il est conclu lorsqu'il ne comporte pas de terme précis ;

4° La désignation du poste de travail en précisant, le cas échéant, si celui-ci figure sur la liste des postes de travail présentant des risques particuliers pour la santé ou la sécurité des salariés prévue à l'article L. 4154-2, la désignation de l'emploi occupé ou, lorsque le contrat est conclu pour assurer un complément de formation professionnelle au salarié au titre du 2° de l'article L. 1242-3, la désignation de la nature des activités auxquelles participe le salarié dans l'entreprise ;

5° L'intitulé de la convention collective applicable ;

6° La durée de la période d'essai éventuellement prévue ;

7° Le montant de la rémunération et de ses différentes composantes, y compris les primes et accessoires de salaire s'il en existe ;

8° Le nom et l'adresse de la caisse de retraite complémentaire ainsi que, le cas échéant, ceux de l'organisme de prévoyance.

Art. L. 1242-12-1. (L. 2014-1545 du 20 déc. 2014, art. 6, JO 21) Lorsque le contrat de travail à durée déterminée est conclu en application du 6° de l'article L. 1242-2, il comporte également :

1° La mention « contrat à durée déterminée à objet défini « ;

2° L'intitulé et les références de l'accord collectif qui institue ce contrat ;

3° Une clause descriptive du projet et la mention de sa durée prévisible ;
4° La définition des tâches pour lesquelles le contrat est conclu ;
5° L'évènement ou le résultat objectif déterminant la fin de la relation contractuelle ;
6° Le délai de prévenance de l'arrivée au terme du contrat et, le cas échéant, de la proposition de poursuite de la relation de travail en contrat à durée indéterminée ;
7° Une clause mentionnant la possibilité de rupture à la date anniversaire de la conclusion du contrat, par l'une ou l'autre partie, pour un motif réel et sérieux et le droit pour le salarié, lorsque cette rupture est à l'initiative de l'employeur, à une indemnité égale à 10 % de la rémunération totale brute du salarié.

Art. L. 1242-13. Le contrat de travail est transmis au salarié, au plus tard, dans les deux jours ouvrables suivant l'embauche.

SECTION 5. Conditions d'exécution du contrat

Art. L. 1242-14. Les dispositions légales et conventionnelles ainsi que celles résultant des usages applicables aux salariés titulaires d'un contrat de travail à durée indéterminée s'appliquent également aux salariés titulaires d'un contrat à durée déterminée, à l'exception des dispositions concernant la rupture du contrat de travail.

Art. L. 1242-15. La rémunération, au sens de l'article L. 3221-3, perçue par le salarié titulaire d'un contrat de travail à durée déterminée ne peut être inférieure au montant de la rémunération que percevrait dans la même entreprise, après période d'essai, un salarié bénéficiant d'un contrat de travail à durée indéterminée de qualification professionnelle équivalente et occupant les mêmes fonctions.

Art. L. 1242-16. Le salarié titulaire d'un contrat de travail à durée déterminée a droit à une indemnité compensatrice de congés payés au titre du travail effectivement accompli durant ce contrat, quelle qu'ait été sa durée, dès lors que le régime des congés applicable dans l'entreprise ne lui permet pas de les prendre effectivement.

Le montant de l'indemnité, calculé en fonction de cette durée, ne peut être inférieur au dixième de la rémunération totale brute perçue par le salarié pendant la durée de son contrat.

L'indemnité est versée à la fin du contrat, sauf si le contrat à durée déterminée se poursuit par un contrat de travail à durée indéterminée.

SECTION 6. Information sur les postes à pourvoir

Art. L. 1242-17. L'employeur porte à la connaissance des salariés titulaires d'un contrat de travail à durée déterminée la liste des postes à pourvoir dans l'entreprise par des contrats de travail à durée indéterminée lorsqu'un tel dispositif d'information existe déjà pour les salariés bénéficiant d'un contrat à durée indéterminée.

Chapitre III

Rupture anticipée, échéance du terme et renouvellement du contrat

SECTION 1. Rupture anticipée du contrat

Art. L. 1243-1. Sauf accord des parties, le contrat de travail à durée déterminée ne peut être rompu avant l'échéance du terme qu'en cas de faute grave, (L. 2011-525 du 17 mai 2011, art. 49, JO 18) «de force majeure ou d'inaptitude constatée par le médecin du travail. »

(L. 2014-1545 du 20 déc. 2014, art. 6, JO 21) «Lorsqu'il est conclu en application du 6° de l'article L. 1242-2, le contrat de travail à durée déterminée peut, en outre, être rompu par l'une ou l'autre partie, pour un motif réel et sérieux, dix-huit mois après sa conclusion puis à la date anniversaire de sa conclusion. »

Art. L. 1243-2. Par dérogation aux dispositions de l'article L. 1243-1, le contrat de travail à durée déterminée peut être rompu avant l'échéance du terme à l'initiative du salarié, lorsque celui-ci justifie de la conclusion d'un contrat à durée indéterminée.

Sauf accord des parties, le salarié est alors tenu de respecter un préavis dont la durée est calculée à raison d'un jour par semaine compte tenu :

1° De la durée totale du contrat (L. 2015-994 du 17 août 2015, art. 55, I, 2°, JO 18) «incluant, le cas échéant, son ou ses deux renouvellements », lorsque celui-ci comporte un terme précis ;

2° De la durée effectuée lorsque le contrat ne comporte pas un terme précis.

Le préavis ne peut excéder deux semaines.

Art. L. 1243-3. La rupture anticipée du contrat de travail à durée déterminée qui intervient à l'initiative du salarié en dehors des cas prévus aux articles L. 1243-1 et L. 1243-2 ouvre droit pour l'employeur à des dommages et intérêts correspondant au préjudice subi.

Art. L. 1243-4. La rupture anticipée du contrat de travail à durée déterminée qui intervient à l'initiative de l'employeur, en dehors des cas de faute grave, (L. 2011-525 du 17 mai 2011, art. 49, JO 18) «de force majeure ou d'inaptitude constatée par le médecin du travail », ouvre droit pour le salarié à des dommages et intérêts d'un montant au moins égal aux rémunérations qu'il aurait perçues jusqu'au terme du contrat, sans préjudice de l'indemnité de fin de contrat prévue à l'article L. 1243-8.

Toutefois, lorsque le contrat de travail est rompu avant l'échéance du terme en raison d'un sinistre relevant d'un cas de force majeure, le salarié a également droit à une indemnité compensatrice dont le montant est égal aux rémunérations qu'il aurait perçues jusqu'au terme du contrat. Cette indemnité est à la charge de l'employeur.

SECTION 2. Échéance du terme du contrat et poursuite après échéance

Art. L. 1243-5. Le contrat de travail à durée déterminée cesse de plein droit à l'échéance du terme. (L. 2014-1545 du 20 déc. 2014, art. 6, JO 21) «Lorsqu'il est conclu en application du 6° de l'article L. 1242-2, il prend fin avec la réalisation de l'objet pour lequel il a été conclu après un délai de prévenance au moins égal à deux mois. »

Toutefois, ce principe ne fait pas obstacle à l'application des dispositions relatives à la rupture du contrat de travail à durée déterminée :

1° Des salariés victimes d'un accident du travail ou d'une maladie professionnelle, prévues à l'article L. 1226-19;

2° Des salariés titulaires d'un mandat de représentation mentionnés à l'article L. 2412-1.

Art. L. 1243-6. La suspension du contrat de travail à durée déterminée ne fait pas obstacle à l'échéance du terme.

Art. L. 1243-7. Lorsque le contrat de travail à durée déterminée est conclu pour remplacer un salarié temporairement absent ou dont le contrat de travail est suspendu ou pour un remplacement effectué au titre des 4° et 5° de l'article L. 1242-2, le terme du contrat initialement fixé peut être reporté jusqu'au surlendemain du jour où la personne remplacée reprend son emploi.

Art. L. 1243-8. Lorsque, à l'issue d'un contrat de travail à durée déterminée, les relations contractuelles de travail ne se poursuivent pas par un contrat à durée indéterminée, le salarié a droit, à titre de complément de salaire, à une indemnité de fin de contrat destinée à compenser la précarité de sa situation.

Cette indemnité est égale à 10 % de la rémunération totale brute versée au salarié.

Elle s'ajoute à la rémunération totale brute due au salarié. Elle est versée à l'issue du contrat en même temps que le dernier salaire et figure sur le bulletin de salaire correspondant.

Art. D. 1243-1. Lorsque le salarié rompt son contrat de travail à durée déterminée avant l'échéance du terme, en application de l'article L. 1243-2, l'indemnité de fin de contrat prévue par l'article L. 1243-8 est calculée sur la base de la rémunération déjà perçue et de celle qu'il aurait perçue jusqu'au terme du contrat.

Art. L. 1243-9. En vue d'améliorer la formation professionnelle des salariés titulaires de contrat de travail à durée déterminée, une convention ou un accord collectif de branche étendu ou une convention ou un accord d'entreprise ou d'établissement peut également prévoir de limiter le montant de l'indemnité de fin de contrat à hauteur de 6 %, dès lors que des contreparties sont offertes à ces salariés, notamment sous la forme d'un accès privilégié à la formation professionnelle. Dans ce cas, la convention ou l'accord peut prévoir les conditions dans lesquelles ces salariés peuvent suivre, en dehors du temps de travail effectif, un bilan de compétences. Ce bilan de compétences est réalisé dans le cadre du plan de formation.

Art. L. 1243-10. L'indemnité de fin de contrat n'est pas due :

1° Lorsque le contrat est conclu au titre du 3° de l'article L. 1242-2 ou de l'article L. 1242-3, sauf dispositions conventionnelles plus favorables ;

2° Lorsque le contrat est conclu avec un jeune pour une période comprise dans ses vacances scolaires ou universitaires ;

3° Lorsque le salarié refuse d'accepter la conclusion d'un contrat de travail à durée indéterminée pour occuper le même emploi ou un emploi similaire, assorti d'une rémunération au moins équivalente ;

4° En cas de rupture anticipée du contrat due à l'initiative du salarié, à sa faute grave ou à un cas de force majeure.

Art. L. 1243-11. Lorsque la relation contractuelle de travail se poursuit après l'échéance du terme du contrat à durée déterminée, celui-ci devient un contrat à durée indéterminée.

Le salarié conserve l'ancienneté qu'il avait acquise au terme du contrat de travail à durée déterminée.

La durée du contrat de travail à durée déterminée est déduite de la période d'essai éventuellement prévue dans le nouveau contrat de travail.

Art. L. 1243-12. Par dérogation aux dispositions (Ord. 2017-1387 du 22 sept. 2017, art. 25, I, JO 23) «des articles L. 1242-8 et L. 1242-8-1» relatives à la durée du contrat, lorsqu'un salarié titulaire d'un contrat de travail à durée déterminée est exposé à des rayonnements ionisants et qu'au terme de son contrat cette exposition excède la valeur limite annuelle rapportée à la durée du contrat, l'employeur lui propose une prorogation du contrat pour une durée telle que l'exposition constatée à l'expiration de la prorogation soit au plus égale à la valeur limite annuelle rapportée à la durée totale du contrat.

Cette prorogation est sans effet sur la qualification du contrat à durée déterminée.

SECTION 3. Renouvellement du contrat

Art. L. 1243-13. (Ord. 2017-1387 du 22 sept. 2017, art. 23, 1°, JO 23) Une convention ou un accord de branche étendu peut fixer le nombre maximal de renouvellements possibles pour un contrat de travail à durée déterminée. Ce nombre ne peut avoir ni pour objet ni pour effet de pourvoir durablement un emploi lié à l'activité normale et permanente de l'entreprise.

Les conditions de renouvellement sont stipulées dans le contrat ou font l'objet d'un avenant soumis au salarié avant le terme initialement prévu.

Ces dispositions ne sont pas applicables au contrat de travail à durée déterminée conclu en application de l'article L. 1242-3.

Art. L. 1243-13-1. (Ord. 2017-1387 du 22 sept. 2017, art. 23, 2°, JO 23) À défaut de stipulation dans la convention ou l'accord de branche conclu en application de l'article L. 1243-13, le contrat de travail à durée déterminée est renouvelable deux fois pour une durée déterminée.

La durée du ou, le cas échéant, des deux renouvellements, ajoutée à la durée du contrat initial, ne peut excéder la durée maximale prévue par les stipulations de la convention ou de l'accord de branche conclu en application de l'article L. 1242-8 ou, à défaut, par les dispositions de l'article L. 1242-8-1.

Les conditions de renouvellement sont stipulées dans le contrat ou font l'objet d'un avenant soumis au salarié avant le terme initialement prévu.

Ces dispositions ne sont pas applicables au contrat de travail à durée déterminée conclu en application de l'article L. 1242-3.

Chapitre IV

Succession de contrats

SECTION 1. Contrats successifs avec le même salarié

Art. L. 1244-1. Les dispositions de l'article L. 1243-11 ne font pas obstacle à la conclusion de contrats de travail à durée déterminée successifs avec le même salarié lorsque le contrat est conclu dans l'un des cas suivants :

1° Remplacement d'un salarié absent ;

2° Remplacement d'un salarié dont le contrat de travail est suspendu ;

3° Emplois à caractère saisonnier (L. 2016-1088 du 8 août 2016, art. 86, II, JO 9) «définis au 3° de l'article L. 1242-2» ou pour lesquels, dans certains secteurs d'activité définis par décret ou par voie de convention ou d'accord collectif étendu, il est d'usage constant de ne pas recourir au contrat de travail à durée indéterminée en raison de la nature de l'activité exercée et du caractère par nature temporaire de ces emplois ;

4° Remplacement de l'une des personnes mentionnées aux 4° et 5° de l'article L. 1242-2.

Art. L. 1244-2. Les contrats de travail à caractère saisonnier (L. 2016-1088 du 8 août 2016, art. 86, II, JO 9) «définis au 3° de l'article L. 1242-2» peuvent comporter une clause de reconduction pour la saison suivante.

Une convention ou un accord collectif de travail peut prévoir que tout employeur ayant occupé un salarié dans un emploi à caractère saisonnier lui propose, sauf motif réel et sérieux, un emploi de même nature, pour la même saison de l'année suivante. La convention ou l'accord en définit les conditions, notamment la période d'essai, et prévoit en particulier dans quel délai cette proposition est faite au salarié avant le début de la saison ainsi que le montant minimum de l'indemnité perçue par le salarié s'il n'a pas reçu de proposition de réemploi.

Pour calculer l'ancienneté du salarié, les durées des contrats de travail à caractère saisonnier successifs dans une même entreprise sont cumulées.

Art. L. 1244-2-1. (Ord. 2017-647 du 27 avril 2017, JO 28) Dans les branches où l'emploi saisonnier est particulièrement développé définies par un arrêté du ministre chargé du travail, à défaut de stipulations conventionnelles au niveau de la branche ou de l'entreprise, les contrats de travail à caractère saisonnier dans une même entreprise sont considérés comme successifs, pour l'application de l'article L. 1244-2, lorsqu'ils sont conclus sur une ou plusieurs saisons, y compris lorsqu'ils ont été interrompus par des périodes sans activité dans cette entreprise.

Art. L. 1244-2-2. (Ord. 2017-647 du 27 avril 2017, JO 28) I. — Dans les branches mentionnées à l'article L. 1244-2-1, à défaut de stipulations conventionnelles au niveau de la branche ou de l'entreprise, l'employeur informe le salarié sous contrat de travail à caractère saisonnier, par tout moyen permettant de conférer date certaine à cette information, des conditions de reconduction de son contrat avant l'échéance de ce dernier.

II. — (L. 2018-217 du 29 mars 2018, art. 22, I, JO 31) «Dans les branches mentionnées à l'article L. 1244-2-1, à défaut de stipulations conventionnelles au niveau de la branche ou de l'entreprise,» tout salarié ayant été embauché sous contrat de travail à caractère saisonnier dans la même entreprise bénéficie d'un droit à la reconduction de son contrat dès lors que :

1° Le salarié a effectué au moins deux mêmes saisons dans cette entreprise sur deux années consécutives ;

2° L'employeur dispose d'un emploi saisonnier, tel que défini au 3° de l'article L. 1242-2, à pourvoir, compatible avec la qualification du salarié.

L'employeur informe le salarié de son droit à la reconduction de son contrat, par tout moyen permettant de conférer date certaine à cette information, dès lors que les conditions prévues aux 1° et 2° sont réunies, sauf motif dûment fondé.

SECTION 2. Contrats successifs sur le même poste

Art. L. 1244-3. (Ord. 2017-1387 du 22 sept. 2017, art. 24, 1°, JO 23) À l'expiration d'un contrat de travail à durée déterminée, il ne peut être recouru, pour pourvoir le poste du salarié dont le contrat a pris fin, ni à un contrat à durée déterminée ni à un contrat de travail temporaire, avant l'expiration d'un délai de carence calculé en fonction de la durée du contrat incluant, le cas échéant, son ou ses renouvellements. Les jours pris en compte pour apprécier le délai devant séparer les deux contrats sont les jours d'ouverture de l'entreprise ou de l'établissement concerné.

Sans préjudice des dispositions de l'article L. 1242-1, une convention ou un accord de branche étendu peut fixer les modalités de calcul de ce délai de carence.

Art. L. 1244-3-1. (Ord. 2017-1387 du 22 sept. 2017, art. 24, 2°, JO 23) À défaut de stipulation dans la convention ou l'accord de branche conclu en application de l'article L. 1244-3, ce délai de carence est égal :

1° Au tiers de la durée du contrat venu à expiration si la durée du contrat incluant, le cas échéant, son ou ses renouvellements, est de quatorze jours ou plus ;

2° À la moitié de la durée du contrat venu à expiration si la durée du contrat incluant, le cas échéant, son ou ses renouvellements, est inférieure à quatorze jours.

Les jours pris en compte pour apprécier le délai devant séparer les deux contrats sont les jours d'ouverture de l'entreprise ou de l'établissement concerné.

Art. L. 1244-4. (Ord. 2017-1387 du 22 sept. 2017, art. 24, 3°, JO 23) Sans préjudice des dispositions de l'article L. 1242-1, une convention ou un accord de branche étendu peut prévoir les cas dans lesquels le délai de carence prévu à l'article L. 1244-3 n'est pas applicable.

Art. L. 1244-4-1. (Ord. 2017-1387 du 22 sept. 2017, art. 24, 4°, JO 23) À défaut de stipulation dans la convention ou l'accord de branche conclu en application de l'article L. 1244-4, le délai de carence n'est pas applicable :

1° Lorsque le contrat de travail à durée déterminée est conclu pour assurer le remplacement d'un salarié temporairement absent ou dont le contrat de travail est suspendu, en cas de nouvelle absence du salarié remplacé ;

2° Lorsque le contrat de travail à durée déterminée est conclu pour l'exécution de travaux urgents nécessités par des mesures de sécurité ;

3° Lorsque le contrat de travail à durée déterminée est conclu pour pourvoir un emploi à caractère saisonnier défini au 3° de l'article L. 1242-2 ou pour lequel, dans certains secteurs d'activité définis par décret ou par voie de convention ou d'accord collectif étendu, il est d'usage constant de ne pas recourir au contrat de travail à durée indéterminée en raison de la nature de l'activité exercée et du caractère par nature temporaire de cet emploi ;

4° Lorsque le contrat est conclu pour assurer le remplacement de l'une des personnes mentionnées aux 4° et 5° de l'article L. 1242-2;

5° Lorsque le contrat est conclu en application de l'article L. 1242-3;

6° Lorsque le salarié est à l'initiative d'une rupture anticipée du contrat ;

7° Lorsque le salarié refuse le renouvellement de son contrat, pour la durée du contrat non renouvelé.

Chapitre V
Requalification du contrat

Art. L. 1245-1. Est réputé à durée indéterminée tout contrat de travail conclu en méconnaissance des dispositions des articles L. 1242-1 à L. 1242-4, L. 1242-6 (Ord. 2017-1387 du 22 sept. 2017, art. 25, II, JO 23) «, L. 1242-7, L. 1242-8-1, L. 1242-12, alinéa premier, L. 1243-11, alinéa premier, L. 1243-13-1, L. 1244-3-1 et L. 1244-4-1, et des stipulations des conventions ou accords de branche conclus en application des articles L. 1242-8, L. 1243-13, L. 1244-3 et L. 1244-4».

(Ord. 2017-1387 du 22 sept. 2017, art. 4, V, JO 23) «La méconnaissance de l'obligation de transmission (Ord. 2017-1718 du 20 déc. 2017, art. 1er, I, 33°, JO 21) «du contrat de mission au salarié » dans le délai fixé par l'article L. 1242-13 ne saurait, à elle seule, entraîner la requalification en contrat à durée indéterminée. Elle ouvre droit, pour le salarié, à une indemnité, à la charge de l'employeur, qui ne peut être supérieure à un mois de salaire. »

Art. L. 1245-2. Lorsque le conseil de prud'hommes est saisi d'une demande de requalification d'un contrat de travail à durée déterminée en contrat à durée indéterminée, l'affaire est directement portée devant le bureau de jugement qui statue au fond dans un délai d'un mois suivant sa saisine.

Lorsque le conseil de prud'hommes fait droit à la demande du salarié, il lui accorde une indemnité, à la charge de l'employeur, ne pouvant être inférieure à un mois de salaire. Cette disposition s'applique sans préjudice de l'application des dispositions du titre III du présent livre relatives aux règles de rupture du contrat de travail à durée indéterminée.

Art. R. 1245-1. Lorsqu'un conseil de prud'hommes est saisi d'une demande de requalification d'un contrat de travail à durée déterminée en contrat à durée indéterminée, en application de l'article L. 1245-2, sa décision est exécutoire de droit à titre provisoire.

Chapitre VI
Règles particulières de contrôle

Art. L. 1246-1. Dans les secteurs des spectacles, de l'action culturelle, de l'audiovisuel, de la production cinématographique et de l'édition phonographique, les agents de contrôle mentionnés à l'article L. 8112-1 ainsi que les agents du (Ord. 2009-901 du 24 juil. 2009, JO 25) « Centre national du cinéma et de l'image animée », des directions régionales des affaires culturelles, de l'(L. 2008-126 du 13 févr. 2008, JO 14) « institution mentionnée à l'article L. 5312-1 » et de l'(L. 2008-126 du 13 févr. 2008, JO 14) « organisme gestionnaire du régime d'assurance chômage » se communiquent réciproquement, sur demande écrite, tous renseignements et documents nécessaires à la recherche et à la constatation des infractions aux dispositions du 3° de l'article L. 1242-2 et, le cas échéant, (Ord. 2009-901 du 24 juil. 2009, JO 25) « des manquements aux dispositions mentionnées au 11° et des infractions aux dispositions mentionnées au 12° de l'article L. 421-1 du code du cinéma et de l'image animée ».

Chapitre VII

Actions en justice

Art. L. 1247-1. Les organisations syndicales représentatives dans l'entreprise peuvent exercer en justice toutes les actions qui résultent du présent titre en faveur d'un salarié, sans avoir à justifier d'un mandat de l'intéressé.

Le salarié en est averti dans des conditions déterminées par voie réglementaire et ne doit pas s'y être opposé dans un délai de quinze jours à compter de la date à laquelle l'organisation syndicale lui a notifié son intention.

Le salarié peut toujours intervenir à l'instance engagée par le syndicat et y mettre un terme à tout moment.

Art. D. 1247-1. L'organisation syndicale qui exerce une action en justice en faveur d'un salarié, en application de l'article L. 1247-1, avertit ce dernier par lettre recommandée avec avis de réception.

La lettre indique la nature et l'objet de l'action envisagée par l'organisation syndicale représentative.

Elle mentionne en outre :

1° Que l'action est conduite par l'organisation syndicale qui peut exercer elle-même les voies de recours contre le jugement ;

2° Que le salarié peut, à tout moment, intervenir dans l'instance engagée par l'organisation syndicale ou mettre un terme à cette action ;

3° Que le salarié peut faire connaître à l'organisation syndicale son opposition à l'action envisagée dans un délai de quinze jours à compter de la date de réception.

Art. D. 1247-2. Passé le délai de quinze jours prévu au 3° de l'article D. 1247-1, l'acceptation tacite du salarié est réputée acquise.

Chapitre VIII

Dispositions pénales

Art. L. 1248-1. Le fait de conclure un contrat de travail à durée déterminée qui a pour objet ou pour effet de pourvoir durablement un emploi lié à l'activité normale et permanente de l'entreprise, en méconnaissance de l'article L. 1242-1, est puni d'une amende de 3 750 €.

La récidive est punie d'une amende de 7 500 € et d'un emprisonnement de six mois.

Art. L. 1248-2. Le fait de conclure un contrat de travail à durée déterminée pour un objet autre que celui prévu au premier alinéa de l'article L. 1242-2 ou en dehors des cas prévus à ce même article et à l'article L. 1242-3 est puni d'une amende de 3750 €.

La récidive est punie d'une amende de 7500 € et d'un emprisonnement de six mois.

Art. L. 1248-3. Le fait de méconnaître les dispositions des articles L. 1242-5 et L. 1242-6, relatives aux interdictions en matière de conclusion de contrat de travail à durée déterminée, est puni d'une amende de 3 750 €.

La récidive est punie d'une amende de 7 500 € et d'un emprisonnement de six mois.

Art. L. 1248-4. Le fait de conclure un contrat de travail à durée déterminée ne comportant pas un terme fixé avec précision dès sa conclusion, en méconnaissance de l'article L. 1242-7, est puni d'une amende de 3 750 €.

Le fait pour l'employeur de conclure un tel contrat sans fixer de durée minimale, lorsqu'il ne comporte pas de terme précis, est puni de la même peine.

La récidive est punie d'une amende de 7 500 € et d'un emprisonnement de six mois.

Art. L. 1248-5. Le fait de méconnaître (Ord. 2017-1387 du 22 sept. 2017, art. 25, III, 1°, JO 23) «les stipulations d'une convention ou d'un accord de branche prises en application de l'article L. 1242-8 ou, lorsqu'elles s'appliquent, les dispositions des articles L. 1242-8-1 et L. 1242-8-2», relatives à la durée du contrat de travail à durée déterminée, est puni d'une amende de 3 750 €.

La récidive est punie d'une amende de 7 500 € et d'un emprisonnement de six mois.

Art. L. 1248-6. Le fait de ne pas établir par écrit le contrat de travail à durée déterminée et de ne pas y faire figurer la définition précise de son motif, en méconnaissance du premier alinéa de l'article L. 1242-12, est puni d'une amende de 3 750 €.

La récidive est punie d'une amende de 7 500 € et d'un emprisonnement de six mois.

Art. L. 1248-7. Le fait de ne pas transmettre au salarié le contrat de travail à durée déterminée au plus tard dans les deux jours suivant l'embauche en méconnaissance de l'article L. 1242-13 est puni d'une amende de 3 750 €.

La récidive est punie d'une amende de 7 500 € et d'un emprisonnement de six mois.

Art. L. 1248-8. Le fait de verser au salarié titulaire d'un contrat de travail à durée déterminée une rémunération inférieure au montant de la rémunération que percevrait dans la même entreprise, après période d'essai, un salarié bénéficiant d'un contrat de travail à durée indéterminée de qualification professionnelle équivalente et occupant les mêmes fonctions en méconnaissance de l'article L. 1242-15 est puni d'une amende de 3 750 €.

La récidive est punie d'une amende de 7 500 € et d'un emprisonnement de six mois.

Art. L. 1248-9. Le fait de méconnaître les dispositions de l'article L. 1243-12, relatives à la prorogation du contrat de travail à durée déterminée d'un salarié exposé à des rayonnements ionisants, est puni d'une amende de 3 750 €.

La récidive est punie d'une amende de 7 500 € et d'un emprisonnement de six mois.

Art. L. 1248-10. Le fait de renouveler le contrat de travail à durée déterminée en méconnaissance (Ord. 2017-1387 du 22 sept. 2017, art. 25, III, 2°, JO 23) «des stipulations d'une convention ou d'un accord de branche prises en application de l'article L. 1243-13 ou, lorsqu'elles s'appliquent, des dispositions de l'article L. 1243-13-1» est puni d'une amende de 3 750 €.

La récidive est punie d'une amende de 7 500 € et d'un emprisonnement de six mois.

Art. L. 1248-11. Le fait de méconnaître (Ord. 2017-1387 du 22 sept. 2017, art. 25, III, 3°, JO 23) «les stipulations d'une convention ou d'un accord de branche prises en application de l'article L. 1244-3 ou, lorsqu'elles sont applicables, les dispositions de l'article L. 1244-3-1», relatives à la succession de contrats sur un même poste, est puni d'une amende de 3 750 €.

La récidive est punie d'une amende de 7 500 € et d'un emprisonnement de six mois.

TITRE V

CONTRAT DE TRAVAIL TEMPORAIRE, AUTRES CONTRATS DE MISE À DISPOSITION ET PORTAGE SALARIAL

Chapitre Ier

Contrat de travail conclu avec une entreprise de travail temporaire

SECTION 1. Définitions

Art. L. 1251-1. Le recours au travail temporaire a pour objet la mise à disposition temporaire d'un salarié par une entreprise de travail temporaire au bénéfice d'un client utilisateur pour l'exécution d'une mission.

Chaque mission donne lieu à la conclusion :

1° D'un contrat de mise à disposition entre l'entreprise de travail temporaire et le client utilisateur, dit " entreprise utilisatrice ";

2° D'un contrat de travail, dit " contrat de mission ", entre le salarié temporaire et son employeur, l'entreprise de travail temporaire.

(L. 2009-972 du 3 août 2009, art. 21, JO 6) «Lorsque l'utilisateur est une personne morale de droit public, le présent chapitre s'applique, sous réserve des dispositions prévues à la section 6. »

Art. L. 1251-2. Est un entrepreneur de travail temporaire, toute personne physique ou morale dont l'activité exclusive est de mettre à la disposition temporaire d'entreprises utilisatrices des salariés qu'en fonction d'une qualification convenue elle recrute et rémunère à cet effet.

Art. L. 1251-3. Toute activité de travail temporaire s'exerçant en dehors d'une telle entreprise est interdite, sous réserve des dispositions relatives aux opérations de prêt de main-d'œuvre à but non lucratif autorisées par l'article L. 8241-2.

Art. L. 1251-4. Par dérogation au principe d'exclusivité prévu à l'article L. 1251-2, les entreprises de travail temporaire peuvent exercer :

1° Des activités de placement privé prévues à l'article (L. 2010-853 du 23 juil. 2010, art. 29, JO 24) « L. 5321-1»;

2° L'activité d'entreprise de travail à temps partagé.

SECTION 2. Conditions de recours

Sous-section 1. Cas de recours

Art. L. 1251-5. Le contrat de mission, quel que soit son motif, ne peut avoir ni pour objet ni pour effet de pourvoir durablement un emploi lié à l'activité normale et permanente de l'entreprise utilisatrice.

Art. L. 1251-6. Sous réserve des dispositions de l'article L. 1251-7, il ne peut être fait appel à un salarié temporaire que pour l'exécution d'une tâche précise et temporaire dénommée " mission " et seulement dans les cas suivants :

1° Remplacement d'un salarié, en cas :

a) D'absence ;

b) De passage provisoire à temps partiel, conclu par avenant à son contrat de travail ou par échange écrit entre ce salarié et son employeur ;

c) De suspension de son contrat de travail ;

d) De départ définitif précédant la suppression de son poste de travail après consultation du (Ord. 2017-1386 du 22 sept. 2017, art. 4, 24°, JO 23, entrée en vigueur au plus tard le 01.01.2018) « comité social et économique, s'il existe »;

e) D'attente de l'entrée en service effective d'un salarié recruté par contrat à durée indéterminée appelé à le remplacer ;

2° Accroissement temporaire de l'activité de l'entreprise ;

3° Emplois à caractère saisonnier (L. 2016-1088 du 8 août 2016, art. 86, II, JO 9) «définis au 3° de l'article L. 1242-2» ou pour lesquels, dans certains secteurs définis par décret ou par voie de convention ou d'accord collectif étendu, il est d'usage constant de ne pas recourir au contrat de travail à durée indéterminée en raison de la nature de l'activité exercée et du caractère par nature temporaire de ces emplois ;

4° Remplacement d'un chef d'entreprise artisanale, industrielle ou commerciale, d'une personne exerçant une profession libérale, de son conjoint participant effectivement à l'activité de l'entreprise à titre professionnel et habituel ou d'un associé non salarié d'une société civile professionnelle, d'une société civile de moyens (L. 2015-990 du 6 août 2015, art. 63, VIII, JO 7) «d'une société d'exercice libéral ou de toute autre personne morale exerçant une profession libérale ;»

5° Remplacement du chef d'une exploitation agricole ou d'une entreprise mentionnée aux 1° à 4° de l'article L. 722-1 du code rural (Ord. 2010-462 du 6 mai 2010, JO 7) «et de la pêche maritime », d'un aide familial, d'un associé d'exploitation, ou de leur conjoint, mentionné à l'article L. 722-10 du même code dès lors qu'il participe effectivement à l'activité de l'exploitation agricole ou de l'entreprise.

Art. D. 1251-1. En application du 3° de l'article L. 1251-6, les secteurs d'activité dans lesquels des contrats de mission peuvent être conclus pour les emplois pour lesquels il est d'usage constant de ne pas recourir au contrat de travail à durée indéterminée, en raison de la nature de l'activité exercée et du caractère par nature temporaire de ces emplois, sont les suivants :

1° Les exploitations forestières ;

2° La réparation navale ;

3° Le déménagement ;

4° L'hôtellerie et la restauration ;

5° Les centres de loisirs et de vacances ;

6° Le sport professionnel ;

7° Les spectacles, l'action culturelle, l'audiovisuel, la production cinématographique, l'édition phonographique ;

8° L'enseignement ;

9° L'information, les activités d'enquête et de sondage ;

10° L'entreposage et le stockage de la viande ;

11° Le bâtiment et les travaux publics pour les chantiers à l'étranger ;

12° Les activités de coopération, d'assistance technique, d'ingénierie et de recherche à l'étranger ;

13° La recherche scientifique réalisée dans le cadre d'une convention internationale, d'un arrangement administratif international pris en application d'une telle convention, ou par des chercheurs étrangers résidant temporairement en France ;

(D. 2008-1069 du 17 oct. 2008, JO 19) « 14° Les activités d'assistance technique ou logistique au sein d'institutions internationales ou de l'Union européenne pour la tenue de sessions, d'une durée limitée, prévues par les règlements de ces institutions ou par des traités. »

Art. L. 1251-7. Outre les cas prévus à l'article L. 1251-6, la mise à disposition d'un salarié temporaire auprès d'une entreprise utilisatrice peut intervenir :

1° Lorsque la mission de travail temporaire vise, en application de dispositions légales ou d'un accord de branche étendu, à favoriser le recrutement de personnes sans emploi rencontrant des difficultés sociales et professionnelles particulières ;

2° Lorsque l'entreprise de travail temporaire et l'entreprise utilisatrice s'engagent, pour une durée et dans des conditions fixées par décret ou par accord de branche étendu, à assurer un complément de formation professionnelle au salarié ;

(L. 2011-893 du 28 juil. 2011, art. 7, JO 29) « 3° Lorsque l'entreprise de travail temporaire et l'entreprise utilisatrice s'engagent à assurer une formation professionnelle au salarié par la voie de l'apprentissage, en vue de l'obtention d'une qualification professionnelle sanctionnée par un diplôme ou un titre à finalité professionnelle enregistré au répertoire national des certifications professionnelles. Cette formation est dispensée pour partie dans l'entreprise utilisatrice et pour partie en centre de formation d'apprentis ou section d'apprentissage en application de l'article L. 6221-1.»

Art. L. 1251-8. Lorsque la mission porte sur l'exercice d'une profession médicale ou paramédicale réglementée, l'entreprise de travail temporaire vérifie que ce salarié est régulièrement autorisé à exercer.

Sous-section 2. **Interdictions**

Art. L. 1251-9. Dans les six mois suivant un licenciement pour motif économique, il est interdit de faire appel à un salarié temporaire au titre d'un accroissement temporaire de l'activité, y compris pour l'exécution d'une tâche occasionnelle, précisément définie et non durable, ne relevant pas de l'activité normale de l'entreprise utilisatrice.

Cette interdiction porte sur les postes concernés par le licenciement dans l'établissement.

L'interdiction ne s'applique pas :

1° Lorsque la durée du contrat de mission n'est pas susceptible de renouvellement et n'excède pas trois mois ;

2° Lorsque le contrat est lié à la survenance dans l'entreprise, qu'il s'agisse de celle de l'entrepreneur principal ou de celle d'un sous-traitant, d'une commande exceptionnelle à l'exportation dont l'importance nécessite la mise en œuvre de moyens quantitativement ou qualitativement exorbitants de ceux que l'entreprise utilise ordinairement. Cette possibilité de recrutement est subordonnée à l'information et à la consultation préalables du (Ord. 2017-1386 du 22 sept. 2017, art. 4, 27°, JO 23, entrée en vigueur au plus tard le 01.01.2018) « comité social et économique, s'il existe ».

Les dérogations prévues aux 1° et 2° n'exonèrent pas l'employeur de respecter la priorité de réembauche prévue à l'article L. 1233-45.

Art. L. 1251-10. Outre les cas prévus à l'article L. 1251-9, il est interdit de recourir au travail temporaire :

1° Pour remplacer un salarié dont le contrat de travail est suspendu à la suite d'un conflit collectif de travail ;

2° Pour effectuer certains travaux particulièrement dangereux figurant sur une liste établie par voie réglementaire, dans les conditions prévues à l'article L. 4154-1. L'autorité administrative peut exceptionnellement autoriser une dérogation à cette interdiction, dans des conditions déterminées par voie réglementaire ;

3° Pour remplacer un médecin du travail.

Art. D. 1251-2. La dérogation prévue au 2° de l'article L. 1251-10 est accordée par le (D. 2009-1377 du 10 nov. 2009, JO 13; D. 2010-687 du 24 juin 2010, JO 25; voir D. 2010-1582 du 17 déc. 2010, JO 18, pour outre-mer) « directeur régional des entreprises, de la concurrence, de la consommation, du travail et de l'emploi ».

SECTION 3. Contrat de mission

Sous-section 1. Formation et exécution du contrat

§ 1. Fixation du terme et durée du contrat

Art. L. 1251-11. Le contrat de mission comporte un terme fixé avec précision dès la conclusion du contrat de mise à disposition.

Toutefois, le contrat peut ne pas comporter de terme précis lorsqu'il est conclu dans l'un des cas suivants :

1° Remplacement d'un salarié absent ;

2° Remplacement d'un salarié dont le contrat de travail est suspendu ;

3° Dans l'attente de l'entrée en service effective d'un salarié recruté par contrat à durée indéterminée ;

4° Emplois à caractère saisonnier (L. 2016-1088 du 8 août 2016, art. 86, II, JO 9) «définis au 3° de l'article L. 1242-2» ou pour lesquels, dans certains secteurs d'activité définis par décret ou par voie de convention ou d'accord collectif étendu, il est d'usage constant de ne pas recourir au contrat de travail à durée indéterminée en raison de la nature de l'activité exercée et du caractère par nature temporaire de ces emplois ;

5° Remplacement de l'une des personnes mentionnées aux 4° et 5° de l'article L. 1251-6.

Le contrat de mission est alors conclu pour une durée minimale. Il a pour terme la fin de l'absence de la personne remplacée ou la réalisation de l'objet pour lequel il a été conclu.

Art. L. 1251-12. (Ord. 2017-1387 du 22 sept. 2017, art. 26, 1°, JO 23) La convention ou l'accord de branche étendu de l'entreprise utilisatrice peut fixer la durée totale du contrat de mission. Cette durée ne peut avoir ni pour objet ni pour effet de pourvoir durablement un emploi lié à l'activité normale et permanente de l'entreprise.

Art. L. 1251-12-1. (Ord. 2017-1387 du 22 sept. 2017, art. 26, 2°, JO 23) À défaut de stipulation dans la convention ou l'accord de branche conclu en application de l'article L. 1251-12, la durée totale du contrat de mission ne peut excéder dix-huit mois compte tenu, le cas échéant, du ou des renouvellements intervenant dans les conditions prévues à l'article L. 1251-35 ou, lorsqu'il s'applique, à l'article L. 1251-35-1.

Cette durée est réduite à neuf mois lorsque le contrat est conclu dans l'attente de l'entrée en service effective d'un salarié recruté par contrat à durée indéterminée ou lorsque son objet consiste en la réalisation de travaux urgents nécessités par des mesures de sécurité.

Elle est également de vingt-quatre mois :

1° Lorsque la mission est exécutée à l'étranger ;

2° Lorsque le contrat est conclu dans le cas du départ définitif d'un salarié précédant la suppression de son poste de travail ;

3° Lorsque survient dans l'entreprise, qu'il s'agisse de celle de l'entrepreneur principal ou de celle d'un sous-traitant, une commande exceptionnelle à l'exportation dont l'importance nécessite la mise en œuvre de moyens quantitativement ou qualitativement exorbitants de ceux que l'entreprise utilise ordinairement. Dans ce cas, la durée initiale du contrat ne peut être inférieure à six mois.

Elle est portée à trente-six mois afin d'être égale à celle du cycle de formation effectué en apprentissage conformément à l'article L. 6222-7-1.

Art. L. 1251-13. Lorsque le contrat de mission est conclu pour remplacer un salarié temporairement absent ou dont le contrat de travail est suspendu ou pour un remplacement effectué au titre des 4° et 5° de l'article L. 1251-6, il peut prendre effet avant l'absence de la personne à remplacer.

§ 2. Période d'essai

Art. L. 1251-14. Le contrat de mission peut comporter une période d'essai dont la durée est fixée par convention ou accord professionnel de branche étendu ou par convention ou accord d'entreprise ou d'établissement.

À défaut de convention ou d'accord, cette durée ne peut excéder :

1° Deux jours si le contrat est conclu pour une durée inférieure ou égale à un mois ;

2° Trois jours si le contrat est conclu pour une durée supérieure à un mois et inférieure ou égale à deux mois ;

3° Cinq jours si le contrat est conclu pour une durée supérieure à deux mois.

Art. L. 1251-15. La rémunération correspondant à la période d'essai ne peut être différente de celle qui est prévue par le contrat de mission.

§ 3. Contenu et transmission du contrat

Art. L. 1251-16. Le contrat de mission est établi par écrit.

Il comporte notamment :

1° La reproduction des clauses et mentions du contrat de mise à disposition énumérées à l'article L. 1251-43;

2° La qualification professionnelle du salarié ;

3° Les modalités de la rémunération due au salarié, y compris celles de l'indemnité de fin de mission prévue à l'article L. 1251-32;

4° La durée de la période d'essai éventuellement prévue ;

5° Une clause de rapatriement du salarié à la charge de l'entrepreneur de travail temporaire lorsque la mission s'effectue hors du territoire métropolitain. Cette clause devient caduque en cas de rupture du contrat à l'initiative du salarié ;

6° Le nom et l'adresse de la caisse de retraite complémentaire et de l'organisme de prévoyance dont relève l'entreprise de travail temporaire ;

7° La mention selon laquelle l'embauche du salarié par l'entreprise utilisatrice à l'issue de la mission n'est pas interdite.

Art. L. 1251-17. Le contrat de mission est transmis au salarié au plus tard dans les deux jours ouvrables suivant sa mise à disposition.

§ 4. Rémunération

Art. L. 1251-18. La rémunération, au sens de l'article L. 3221-3, perçue par le salarié temporaire ne peut être inférieure à celle prévue au contrat de mise à disposition, telle que définie au 6° de l'article L. 1251-43.

Le paiement des jours fériés est dû au salarié temporaire indépendamment de son ancienneté dès lors que les salariés de l'entreprise utilisatrice en bénéficient.

Art. L. 1251-19. Le salarié temporaire a droit à une indemnité compensatrice de congé payé pour chaque mission qu'il effectue, quelle qu'en ait été la durée.

Le montant de l'indemnité est calculé en fonction de la durée de la mission et ne peut être inférieur au dixième de la rémunération totale brute perçue par le salarié pendant la mission. L'indemnité est versée à la fin de la mission.

Pour l'appréciation des droits du salarié, sont assimilées à un temps de mission :

1° Les périodes de congé légal de maternité et d'adoption ;

2° Les périodes, limitées à une durée ininterrompue d'un an, de suspension du contrat de mission pour cause d'accident du travail ou de maladie professionnelle ;

3° Les périodes pendant lesquelles un salarié est rappelé sous les drapeaux, à condition que le point de départ de ces périodes se place au cours d'une mission.

Art. L. 1251-20. Le salarié temporaire mis à la disposition d'une entreprise du bâtiment ou des travaux publics mentionnée à l'article L. 5424-6 a droit à une indemnité en cas d'arrêt de travail occasionné par les intempéries dès lors que les salariés de l'entreprise utilisatrice, employés sur le même chantier, en bénéficient.

Cette indemnité, calculée selon les modalités prévues aux articles L. 5424-6 à L. 5424-19, est versée par l'entreprise de travail temporaire et n'est soumise à aucune condition d'ancienneté du salarié.

§ 5. Conditions de travail

Art. L. 1251-21. Pendant la durée de la mission, l'entreprise utilisatrice est responsable des conditions d'exécution du travail, telles qu'elles sont déterminées par les dispositions légales et conventionnelles applicables au lieu de travail.

Pour l'application de ces dispositions, les conditions d'exécution du travail comprennent limitativement ce qui a trait :

1° À la durée du travail ;

2° Au travail de nuit ;

3° Au repos hebdomadaire et aux jours fériés ;

4° À la santé et la sécurité au travail ;

5° Au travail des femmes, des enfants et des jeunes travailleurs.

Art. L. 1251-22. Les obligations relatives à la médecine du travail sont à la charge de l'entreprise de travail temporaire.

Sauf lorsque cette dernière relève du régime agricole, le suivi médical des salariés est assuré par des services de santé au travail faisant l'objet d'un agrément spécifique.

Lorsque l'activité exercée par le salarié temporaire nécessite une surveillance médicale renforcée au sens de la réglementation relative à la santé au travail, les obligations correspondantes sont à la charge de l'entreprise utilisatrice.

Art. L. 1251-23. Les équipements de protection individuelle sont fournis par l'entreprise utilisatrice.

Toutefois, certains équipements de protection individuelle personnalisés, définis par convention ou accord collectif de travail, peuvent être fournis par l'entreprise de travail temporaire.

Les salariés temporaires ne doivent pas supporter la charge financière des équipements de protection individuelle.

Art. L. 1251-24. Les salariés temporaires ont accès, dans l'entreprise utilisatrice, dans les mêmes conditions que les salariés de cette entreprise, aux moyens de transport collectifs et aux installations collectives, notamment de restauration, dont peuvent bénéficier ces salariés.

Lorsque des dépenses supplémentaires incombent au (Ord. 2017-1386 du 22 sept. 2017, art. 4, 20°, JO 23, entrée en vigueur au plus tard le 01.01.2018) « comité social et économique », celles-ci lui sont remboursées suivant des modalités définies au contrat de mise à disposition.

§ 6. Information sur les postes à pourvoir

Art. L. 1251-25. L'entreprise utilisatrice porte à la connaissance des salariés temporaires la liste des postes à pourvoir dans l'entreprise par des contrats à durée indéterminée lorsqu'un tel dispositif d'information existe déjà pour les salariés bénéficiant d'un contrat à durée indéterminée.

Sous-section 2. **Rupture anticipée, échéance du terme et renouvellement du contrat**

§ 1. Rupture anticipée du contrat

Art. L. 1251-26. L'entreprise de travail temporaire qui rompt le contrat de mission du salarié avant le terme prévu au contrat lui propose, sauf faute grave de ce dernier ou cas de force majeure, un nouveau contrat de mission prenant effet dans un délai maximum de trois jours ouvrables.

Le nouveau contrat de mission ne peut comporter de modifications d'un élément essentiel en matière de qualification professionnelle, de rémunération, d'horaire de travail et de temps de transport.

À défaut, ou si le nouveau contrat de mission est d'une durée inférieure à celle restant à courir du contrat précédent, l'entrepreneur de travail temporaire assure au salarié une rémunération équivalente à celle qu'il aurait perçue jusqu'au terme du contrat, y compris l'indemnité de fin de mission.

Lorsque la durée restant à courir du contrat de mission rompu est supérieure à quatre semaines, les obligations du présent article peuvent être satisfaites au moyen de trois contrats successifs au plus.

Art. L. 1251-27. La rupture du contrat de mise à disposition ne constitue pas un cas de force majeure.

Art. L. 1251-28. La rupture anticipée du contrat de mission qui intervient à l'initiative du salarié ouvre droit pour l'entreprise de travail temporaire à des dommages et intérêts correspondant au préjudice subi.

Ces dispositions ne s'appliquent pas lorsque le salarié justifie de la conclusion d'un contrat de travail à durée indéterminée.

Sauf accord des parties, le salarié est alors tenu de respecter un préavis dont la durée est calculée à raison d'un jour par semaine, compte tenu :

1° De la durée totale du contrat (L. 2015-994 du 17 août 2015, art. 55, I, 2°, JO 18) « incluant, le cas échéant, son ou ses deux renouvellements », lorsque celui-ci comporte un terme précis ;

2° De la durée accomplie lorsque le contrat ne comporte pas un terme précis.

Dans les deux cas, la durée totale du préavis ne peut être inférieure à un jour ni supérieure à deux semaines.

§ 2. Échéance du terme du contrat

Art. L. 1251-29. La suspension du contrat de mission du salarié ne fait pas obstacle à l'échéance de ce contrat.

Art. L. 1251-30. Le terme de la mission prévu au contrat de mise à disposition ou fixé par avenant à ce dernier peut être avancé ou reporté à raison d'un jour pour cinq jours de travail. Pour les missions inférieures à dix jours de travail, ce terme peut être avancé ou reporté de deux jours.

L'aménagement du terme de la mission ne peut avoir pour effet ni de réduire la durée de la mission initialement prévue de plus de dix jours de travail ni de conduire à un dépassement de la durée maximale du contrat de mission fixée par (Ord. 2017-1387 du 22 sept. 2017, art. 29, I, 1°, JO 23) « les articles L. 1251-12 et L. 1251-12-1 ».

Art. L. 1251-31. Lorsque le contrat de mission est conclu pour remplacer un salarié temporairement absent ou dont le contrat de travail est suspendu ou pour un remplacement effectué au titre des 4° et 5° de l'article L. 1251-6, le terme de la mission initialement fixé peut être reporté jusqu'au surlendemain du jour où la personne remplacée reprend son emploi.

Art. L. 1251-32. Lorsque, à l'issue d'une mission, le salarié ne bénéficie pas immédiatement d'un contrat de travail à durée indéterminée avec l'entreprise utilisatrice, il a droit, à titre de complément de salaire, à une indemnité de fin de mission destinée à compenser la précarité de sa situation.

Cette indemnité est égale à 10 % de la rémunération totale brute due au salarié.

L'indemnité s'ajoute à la rémunération totale brute due au salarié. Elle est versée par l'entreprise de travail temporaire à l'issue de chaque mission effectivement accomplie, en même temps que le dernier salaire dû au titre de celle-ci, et figure sur le bulletin de salaire correspondant.

Art. L. 1251-33. L'indemnité de fin de mission n'est pas due :

1° Lorsque le contrat de mission est conclu au titre du 3° de l'article L. 1251-6 si un accord collectif étendu entre les organisations professionnelles d'employeurs et de salariés de la branche du travail temporaire, ou si une convention ou un accord conclu au sein d'entreprises ou d'établissements de cette branche le prévoit ;

2° Lorsque le contrat de mission est conclu dans le cadre de l'article L. 1251-57 ;
3° (Abrogé) ;
4° En cas de rupture anticipée du contrat à l'initiative du salarié, à sa faute grave ou en cas de force majeure.

Art. L. 1251-34. Par dérogation aux dispositions (Ord. 2017-1387 du 22 sept. 2017, art. 29, I, 2°, JO 23) «des articles L. 1251-12 et L. 1251-12-1» relatives à la durée maximale du contrat de mission, lorsqu'un salarié temporaire est exposé à des rayonnements ionisants et qu'au terme de son contrat de mission cette exposition excède la valeur limite annuelle rapportée à la durée du contrat, l'entreprise de travail temporaire lui propose, dans les conditions prévues au deuxième alinéa de l'article L. 1251-26, un ou plusieurs contrats prenant effet dans un délai maximum de trois jours ouvrables après l'expiration du contrat précédent, pour une durée telle que l'exposition constatée à l'expiration du ou des nouveaux contrats soit au plus égale à la valeur limite annuelle rapportée à la durée totale des contrats.

§ 3. Renouvellement du contrat

Art. L. 1251-35. (Ord. 2017-1387 du 22 sept. 2017, art. 27, 1°, JO 23) La convention ou l'accord de branche étendu de l'entreprise utilisatrice peut fixer le nombre maximal de renouvellements possibles pour un contrat de mission. Ce nombre ne peut avoir ni pour objet ni pour effet de pourvoir durablement un emploi lié à l'activité normale et permanente de l'entreprise.

Les conditions de renouvellement sont stipulées dans le contrat ou font l'objet d'un avenant soumis au salarié avant le terme initialement prévu.

Art. L. 1251-35-1. (Ord. 2017-1387 du 22 sept. 2017, art. 27, 2°, JO 23) À défaut de stipulation dans la convention ou l'accord de branche conclu en application de l'article L. 1251-35, le contrat de mission est renouvelable deux fois pour une durée déterminée qui, ajoutée à la durée du contrat initial, ne peut excéder la durée maximale prévue en application de l'article L. 1251-12 ou, le cas échéant, de l'article L. 1251-12-1.

Les conditions de renouvellement sont stipulées dans le contrat ou font l'objet d'un avenant soumis au salarié avant le terme initialement prévu.

Sous-section 3. **Succession de contrats**

Art. L. 1251-36. (Ord. 2017-1387 du 22 sept. 2017, art. 28, 1°, JO 23) À l'expiration d'un contrat de mission, il ne peut être recouru, pour pourvoir le poste du salarié dont le contrat a pris fin, ni à un contrat à durée déterminée ni à un contrat de mission, avant l'expiration d'un délai de carence calculé en fonction de la durée du contrat de mission incluant, le cas échéant, son ou ses renouvellements. Les jours pris en compte sont les jours d'ouverture de l'entreprise ou de l'établissement utilisateurs.

Sans préjudice des dispositions de l'article L. 1251-5, la convention ou l'accord de branche étendu de l'entreprise utilisatrice peut fixer les modalités de calcul de ce délai de carence.

Art. L. 1251-36-1. (Ord. 2017-1387 du 22 sept. 2017, art. 28, 2°, JO 23) À défaut de stipulation dans la convention ou l'accord de branche conclu en application de l'article L. 1251-36, ce délai de carence est égal :

1° Au tiers de la durée du contrat de mission venu à expiration si la durée du contrat incluant, le cas échéant, son ou ses renouvellements, est de quatorze jours ou plus ;
2° À la moitié de la durée du contrat de mission venu à expiration si la durée du contrat incluant, le cas échéant, son ou ses renouvellements, est inférieure à quatorze jours.

Les jours pris en compte pour apprécier le délai devant séparer les deux contrats sont les jours d'ouverture de l'entreprise ou de l'établissement utilisateurs.

Art. L. 1251-37. (Ord. 2017-1387 du 22 sept. 2017, art. 28, 3°, JO 23) Sans préjudice des dispositions de l'article L. 1251-5, la convention ou l'accord de branche étendu de l'entreprise utilisatrice peut prévoir les cas dans lesquels le délai de carence prévu à l'article L. 1251-36 n'est pas applicable.

Art. L. 1251-37-1. (Ord. 2017-1387 du 22 sept. 2017, art. 28, 4°, JO 23) À défaut de stipulation dans la convention ou l'accord de branche conclu en application de l'article L. 1251-37, le délai de carence n'est pas applicable :

1° Lorsque le contrat de mission est conclu pour assurer le remplacement d'un salarié temporairement absent ou dont le contrat de travail est suspendu, en cas de nouvelle absence du salarié remplacé ;

2° Lorsque le contrat de mission est conclu pour l'exécution de travaux urgents nécessités par des mesures de sécurité ;

3° Lorsque le contrat de travail à durée déterminée est conclu pour pourvoir un emploi à caractère saisonnier défini au 3° de l'article L. 1242-2 ou pour lequel, dans certains secteurs d'activité définis par décret ou par voie de convention ou d'accord collectif étendu, il est d'usage constant de ne pas recourir au contrat de travail à durée indéterminée en raison de la nature de l'activité exercée et du caractère par nature temporaire de cet emploi ;

4° Lorsque le contrat est conclu pour assurer le remplacement de l'une des personnes mentionnées aux 4° et 5° de l'article L. 1251-6;

5° Lorsque le salarié est à l'initiative d'une rupture anticipée du contrat ;

6° Lorsque le salarié refuse le renouvellement de son contrat de mission, pour la durée du contrat non renouvelé.

Sous-section 4. **Embauche par l'entreprise utilisatrice à l'issue d'une mission**

Art. L. 1251-38. Lorsque l'entreprise utilisatrice embauche, après une mission, un salarié mis à sa disposition par une entreprise de travail temporaire, la durée des missions accomplies au sein de cette entreprise au cours des trois mois précédant le recrutement est prise en compte pour le calcul de l'ancienneté du salarié.

Cette durée est déduite de la période d'essai éventuellement prévue dans le nouveau contrat de travail.

Sous-section 5. **Requalification du contrat**

Art. L. 1251-39. Lorsque l'entreprise utilisatrice continue de faire travailler un salarié temporaire après la fin de sa mission sans avoir conclu avec lui un contrat de travail ou sans nouveau contrat de mise à disposition, ce salarié est réputé lié à l'entreprise utilisatrice par un contrat de travail à durée indéterminée.

Dans ce cas, l'ancienneté du salarié est appréciée en tenant compte du premier jour de sa mission au sein de cette entreprise. Elle est déduite de la période d'essai éventuellement prévue.

Art. L. 1251-40. Lorsqu'une entreprise utilisatrice a recours à un salarié d'une entreprise de travail temporaire en méconnaissance des dispositions des articles L. 1251-5 à L. 1251-7, L. 1251-10 (Ord. 2017-1387 du 22 sept. 2017, art. 29, II, JO 23) «, L. 1251-11, L. 1251-12-1, L. 1251-30 et L. 1251-35-1, et des stipulations des conventions ou des accords de branche conclus en application des articles L. 1251-12 et L. 1251-35», ce salarié peut faire valoir auprès de l'entreprise utilisatrice les droits correspondant à un contrat de travail à durée indéterminée prenant effet au premier jour de sa mission.

(Ord. 2017-1387 du 22 sept. 2017, art. 4, VI, JO 23) «La méconnaissance de l'obligation de transmission (Ord. 2017-1718 du 20 déc. 2017, art. 1er, I, 33°, JO 21) «du contrat de mission au salarié » dans le délai fixé par l'article L. 1251-17 ne saurait, à elle seule, entraîner la requalification en contrat à durée indéterminée. Elle ouvre droit, pour le salarié, à une indemnité, à la charge de l'employeur, qui ne peut être supérieure à un mois de salaire. »

Art. L. 1251-41. Lorsque le conseil de prud'hommes est saisi d'une demande de requalification d'un contrat de mission en contrat de travail à durée indéterminée, l'affaire est directement portée devant le bureau de jugement qui statue au fond dans le délai d'un mois suivant sa saisine.

Si le conseil de prud'hommes fait droit à la demande du salarié, il lui accorde une indemnité, à la charge de l'entreprise utilisatrice, ne pouvant être inférieure à un mois de salaire. Cette disposition s'applique sans préjudice de l'application des dispositions du titre III du présent livre relatives aux règles de rupture du contrat de travail à durée indéterminée.

Art. D. 1251-3. La décision du conseil de prud'hommes saisi d'une demande de requalification d'un contrat de mission en contrat de travail à durée indéterminée, en application de l'article L. 1251-41, est exécutoire de droit à titre provisoire.

SECTION 4. Contrat de mise à disposition et entreprise de travail temporaire

Sous-section 1. Contrat de mise à disposition

Art. L. 1251-42. Lorsqu'une entreprise de travail temporaire met un salarié à la disposition d'une entreprise utilisatrice, ces entreprises concluent par écrit un contrat de mise à disposition, au plus tard dans les deux jours ouvrables suivant la mise à disposition.

Art. L. 1251-43. Le contrat de mise à disposition établi pour chaque salarié comporte :

1° Le motif pour lequel il est fait appel au salarié temporaire. Cette mention est assortie de justifications précises dont, notamment, dans les cas de remplacement prévus aux 1°, 4° et 5° de l'article L. 1251-6, le nom et la qualification de la personne remplacée ou à remplacer ;

2° Le terme de la mission ;

3° Le cas échéant, la clause prévoyant la possibilité de modifier le terme de la mission dans les conditions prévues aux articles L. 1251-30 et L. 1251-31. Cette disposition s'applique également à l'avenant prévoyant le renouvellement du contrat de mise à disposition ;

4° Les caractéristiques particulières du poste de travail à pourvoir et, notamment si celui-ci figure sur la liste des postes présentant des risques particuliers pour la santé ou la sécurité des salariés prévue à l'article L. 4154-2, la qualification professionnelle exigée, le lieu de la mission et l'horaire ;

5° La nature des équipements de protection individuelle que le salarié utilise. Il précise, le cas échéant, si ceux-ci sont fournis par l'entreprise de travail temporaire ;

6° Le montant de la rémunération avec ses différentes composantes, y compris, s'il en existe, les primes et accessoires de salaire que percevrait dans l'entreprise utilisatrice, après période d'essai, un salarié de qualification professionnelle équivalente occupant le même poste de travail.

Art. L. 1251-44. Toute clause tendant à interdire l'embauche par l'entreprise utilisatrice du salarié temporaire à l'issue de sa mission est réputée non écrite.

Sous-section 2. Entreprise de travail temporaire

§ 1. Règles de contrôle

Art. L. 1251-45. L'activité d'entrepreneur de travail temporaire ne peut être exercée qu'après déclaration faite à l'autorité administrative et obtention d'une garantie financière conformément à l'article L. 1251-49.

Une déclaration préalable est également exigée lorsqu'un entrepreneur de travail temporaire déplace le siège de son entreprise ou ouvre des succursales, agences ou bureaux annexes.

Toute entreprise de travail temporaire cessant ses activités en fait la déclaration à l'autorité administrative.

Art. L. 1251-46. L'entreprise de travail temporaire fournit le relevé des contrats de mission (L. 2008-126 du 13 févr. 2008, art. 16, JO 14) « à l'institution mentionnée à l'article L. 5312-1», notamment pour la vérification des droits des salariés au revenu de remplacement prévu à l'article L. 5421-2.

(L. 2008-126 du 13 févr. 2008, art. 16, JO 14) « Cette institution communique » les informations à l'autorité administrative pour l'exercice de ses missions de contrôle.

Art. L. 1251-47. Lorsqu'un entrepreneur de travail temporaire exerce son activité sans avoir accompli les déclarations prévues à l'article L. 1251-45 ou sans avoir obtenu la garantie financière prévue à l'article L. 1251-49 et qu'il en résulte un risque sérieux de préjudice pour le salarié temporaire, le juge judiciaire peut ordonner la fermeture de l'entreprise pour une durée qui ne peut excéder deux mois. Il est saisi par l'inspecteur du travail (L. 2019-1446 du 24 déc. 2019, art. 22, III, JO 14) «ou par l'agent de contrôle de l'organisme de recouvrement mentionné aux articles L. 213-1 ou L. 752-1 du code de la sécurité sociale ou à l'article L. 723-3 du code rural et de la pêche maritime » après que celui-ci a adressé à l'entrepreneur de travail temporaire une mise en demeure restée infructueuse.

Lorsque ces mesures entraînent le licenciement du personnel permanent, celui-ci a droit, en dehors de l'indemnité de préavis et de l'indemnité de licenciement, aux indemnités prévues aux articles L. 1235-2, L. 1235-3 ou L. 1235-5.

Art. L. 1251-48. Un décret en Conseil d'État détermine :

1° Le contenu et les modalités des déclarations prévues à l'article L. 1251-45 ainsi que le délai de leur présentation à l'autorité administrative ;

2° La nature des informations que doit comporter le relevé des contrats de mission prévu à l'article L. 1251-46 ainsi que la périodicité et les modalités de présentation de celui-ci.

Art. R. 1251-4. La déclaration préalable d'entreprise de travail temporaire prévue à l'article L. 1251-45 comporte les mentions suivantes :

1° L'indication de l'opération envisagée : création d'une entreprise de travail temporaire, ouverture d'une succursale, d'une agence ou d'un bureau annexe, déplacement du siège ou cessation d'activité ;

2° Le nom, le siège et le caractère juridique de l'entreprise ainsi que, le cas échéant, la localisation de la succursale, de l'agence ou du bureau annexe ;

3° La date d'effet de l'opération envisagée ;

4° Les nom, prénoms, domicile et nationalité des dirigeants de l'entreprise ou de la succursale ou de l'agence ou du bureau annexe intéressés ;

5° La désignation de l'organisme auquel l'entrepreneur de travail temporaire verse les cotisations de sécurité sociale ainsi que son numéro d'employeur ;

6° Les domaines géographiques et professionnel dans lesquels l'entreprise entend mettre des travailleurs temporaires à la disposition d'entreprises utilisatrices ;

7° Le nombre de salariés permanents que l'entreprise emploie ou envisage d'employer pour assurer le fonctionnement de ses propres services.

Art. R. 1251-5. La déclaration préalable est datée et signée par l'entrepreneur de travail temporaire.

Elle est adressée en deux exemplaires, sous pli recommandé, à l'inspection du travail dont relève le siège de l'entreprise. Elle est adressée dans les mêmes conditions à l'inspection du travail dont relève la succursale, l'agence ou le bureau annexe dont l'ouverture est prévue.

Art. R. 1251-6. L'inspecteur du travail, après s'être assuré de la conformité de la déclaration préalable avec les obligations prévues aux articles R. 1251-4 et R. 1251-5, en retourne un exemplaire visé à l'expéditeur dans un délai de quinze jours à compter de la réception.

L'entrée en activité de l'entreprise, de la succursale, de l'agence ou du bureau annexe ne peut précéder la réception du document mentionné au premier alinéa ou l'expiration du délai prévu par cet alinéa.

Art. R. 1251-7. Pour l'application de l'article L. 1251-46, l'entrepreneur de travail temporaire adresse, avant le 20 de chaque mois, à (D. 2014-524 du 22 mai 2014, art. 16, JO 24) « Pôle emploi », le relevé des contrats de mission conclus durant le ou les mois précédents et ayant pris fin ou en cours d'exécution durant le mois précédent.

Un relevé distinct est établi pour chaque établissement accueillant un ou des salariés mis à la disposition de l'entreprise.

(D. 2014-524 du 22 mai 2014, art. 16, JO 24) « Pôle emploi » fournit aux (D. 2009-1377 du 10 nov. 2009, JO 13 ; D. 2010-687 du 24 juin 2010, JO 25 ; voir D. 2010-1582 du 17 déc. 2010, JO 18, pour outre-mer) « directions régionales des entreprises, de la concurrence, de la consommation, du travail et de l'emploi », dans les meilleurs délais, le relevé des contrats de mission.

Art. R. 1251-8. Le relevé des contrats de mission est conforme à un modèle fixé par arrêté du ministre chargé du travail.

Le relevé comporte pour chaque entreprise utilisatrice :

1° La raison sociale de l'entreprise, l'adresse et l'activité principale de l'établissement pour lequel travaille le salarié, l'adresse du lieu d'exécution de la mission si celle-ci diffère de l'adresse de l'établissement ainsi que, à titre facultatif, le numéro Siret ou, à défaut, le numéro Siren ;

2° Pour chaque salarié mis à la disposition de l'entreprise, les nom, prénom, numéro d'inscription au répertoire national d'identification des personnes physiques, code postal de la commune de résidence, nationalité, qualification professionnelle prévue dans le contrat de mission et, pour chaque mission accomplie par le salarié au cours du mois considéré, la date de début et la date de fin de cette mission si celle-ci s'est achevée au cours de ce mois ou pour chaque mission en cours d'exécution au cours du mois considéré, la date du début de cette mission.

Ce relevé comporte également, pour chaque salarié et aux fins de contrôle du droit au revenu de remplacement, le montant de la rémunération brute mensuelle figurant sur le bulletin de paie ou versée pour chaque mission.

Art. R. 1251-9. (D. 2016-1417 du 20 oct. 2016, art. 1er, JO 22) L'entreprise de travail temporaire informe, par tout moyen, les salariés temporaires de chaque établissement :

1° De la communication d'informations nominatives contenues dans les relevés de contrats de mission à Pôle emploi et au directeur régional des entreprises, de la concurrence, de la consommation, du travail et de l'emploi territorialement compétent ;

2° Des droits d'accès et de rectification prévus aux articles 39 et 40 de la loi du 6 janvier 1978 susvisée que peuvent exercer les intéressés auprès de Pôle emploi et du directeur régional mentionné au 1°.

Art. R. 1251-10. La fermeture de l'entreprise en application de l'article L. 1251-47 est ordonnée par le président du (D. 2019-966 du 18 sept. 2019, art. 8, JO 19, entrée en vigueur le 01.01.2020) « tribunal judiciaire ».

§ 2. Garantie financière et défaillance de l'entreprise de travail temporaire

Art. L. 1251-49. L'entrepreneur de travail temporaire justifie, à tout moment, d'une garantie financière assurant, en cas de défaillance de sa part, le paiement :

1° Des salaires et de leurs accessoires ;

2° Des indemnités résultant du présent chapitre ;

3° Des cotisations obligatoires dues à des organismes de sécurité sociale ou à des institutions sociales ;

4° Des remboursements qui peuvent, le cas échéant, incomber aux employeurs à l'égard des organismes de sécurité sociale et institutions sociales dans les conditions prévues à l'article L. 244-8 du code de la sécurité sociale.

Art. L. 1251-50. La garantie financière ne peut résulter que d'un engagement de caution pris par une société de caution mutuelle, un organisme de garantie collective, une compagnie d'assurance, une banque ou un établissement financier habilité à donner caution.

Elle est calculée en pourcentage du chiffre d'affaires annuel de l'entreprise intéressée.

Elle ne peut être inférieure à un minimum fixé annuellement par décret, compte tenu de l'évolution moyenne des salaires.

Art. L. 1251-51. L'entreprise de travail temporaire fournit à l'entreprise utilisatrice, sur sa demande, une attestation des organismes de sécurité sociale précisant sa situation au regard du recouvrement des cotisations dues à ces organismes.

Art. L. 1251-52. En cas de défaillance de l'entreprise de travail temporaire et d'insuffisance de la caution, l'entreprise utilisatrice est substituée à l'entreprise de travail temporaire pour le paiement des sommes qui restent dues aux salariés temporaires et aux organismes de sécurité sociale ou aux institutions sociales dont relèvent ces salariés, pour la durée de la mission accomplie dans l'entreprise.

Art. L. 1251-53. Les conditions d'application du présent paragraphe sont déterminées par décret en Conseil d'État.

Sous-§ 1 (réglementaire). Dispositions générales

Art. R. 1251-11. La garantie financière ne peut résulter, en application de l'article L. 1251-50, que d'un engagement de caution unique.

L'engagement ne peut être pris par un organisme de garantie collective que si celui-ci est agréé par les ministres chargés du travail et de l'économie.

Art. R. 1251-12. Le montant de la garantie financière est calculé, pour chaque entreprise de travail temporaire, en pourcentage du chiffre d'affaires hors taxes réalisé au cours du dernier exercice social, certifié par un expert-comptable dans les six mois de la clôture de l'exercice. Le chiffre d'affaires retenu pour le calcul de la garantie financière concerne exclusivement l'activité de travail temporaire.

Lorsque le dernier exercice social n'a pas une durée de douze mois, le chiffre d'affaires enregistré au cours de l'exercice est proportionnellement augmenté ou réduit pour être évalué sur douze mois.

Le montant de la garantie est réexaminé chaque année et peut être révisé à tout moment. Il ne doit pas être inférieur à 8 % du chiffre d'affaires, ni à un minimum fixé chaque année par décret, compte tenu de l'évolution moyenne des salaires.

Art. R. 1251-13. En cas d'absorption ou de fusion d'entreprises de travail temporaire, le montant de la garantie de l'entreprise ainsi formée ne peut être inférieur au montant des garanties cumulées de ces entreprises. En cas d'apport partiel d'actif, la garantie de l'entreprise bénéficiaire de l'apport est augmentée en fonction de l'augmentation du chiffre d'affaires résultant de cet apport.

En cas de scission d'une entreprise de travail temporaire, le montant de sa garantie est ventilé entre les entreprises issues de la scission, proportionnellement à leur chiffre d'affaires.

Art. R. 1251-14. L'entreprise de travail temporaire est en possession, pour chacun de ses établissements, d'une attestation de garantie délivrée par le garant.

L'attestation indique notamment le nom et l'adresse du garant, le montant, la date de prise d'effet et la date d'expiration de la garantie accordée.

L'attestation est tenue à la disposition de l'inspection du travail et des agents de contrôle des organismes de sécurité sociale et institutions sociales mentionnés à l'article L. 1251-49.

L'entreprise de travail temporaire adresse, dans un délai de dix jours à compter de l'obtention ou du renouvellement de la garantie financière, une copie de cette attestation à la (D. 2009-1377 du 10 nov. 2009, JO 13 ; D. 2010-687 du 24 juin 2010, JO 25 ; voir D. 2010-1582 du 17 déc. 2010, JO 18, pour outre-mer) « direction régionale des entreprises, de la concurrence, de la consommation, du travail et de l'emploi » ainsi qu'aux organismes de sécurité sociale et institutions sociales compétents pour chacun des établissements concernés.

Art. R. 1251-15. Tous les documents concernant l'entreprise de travail temporaire, notamment les contrats de mise à disposition et les contrats de mission, mentionnent le nom et l'adresse de son garant ainsi que la référence à l'article L. 1251-49.

Ces indications, ainsi que les dates de prise d'effet et d'échéance de la garantie, sont affichées de manière visible dans chaque établissement.

Art. R. 1251-16. Un arrêté conjoint des ministres chargés du travail, de la sécurité sociale et de l'agriculture fixe les modèles des attestations prévues aux articles L. 1251-51 et R. 1251-14.

Sous-§ 2 (réglementaire). Dispositions particulières aux différents modes de garantie

Art. R. 1251-17. La garantie financière ne peut être accordée par des sociétés de caution mutuelle que si celles-ci ont pour objet unique de garantir les créances définies à l'article L. 1251-49.

Art. R. 1251-18. L'engagement de caution prévu à l'article R. 1251-11 ne peut être pris par un organisme de garantie collective agréé, une entreprise d'assurances, une banque ou un établissement financier habilité à donner caution que si l'organisme, l'entreprise, la banque ou l'établissement financier peut légalement exercer son activité en France.

Art. R. 1251-19. L'engagement de caution fait l'objet d'un contrat écrit précisant les conditions et le montant de la garantie accordée ainsi que les modalités du contrôle comptable que le garant peut exercer sur l'entreprise de travail temporaire.

Ce contrat prévoit la renonciation du garant, en cas de défaillance de l'entreprise de travail temporaire, au bénéfice de discussion prévu aux articles 2298 à 2301 du code civil.

Le contrat est tenu, au siège de l'entreprise de travail temporaire, à la disposition de l'inspecteur du travail et des agents de contrôle des organismes de sécurité sociale et des institutions sociales.

Sous-§ 3 (réglementaire). Mise en œuvre de la garantie

Art. R. 1251-20. L'entrepreneur de travail temporaire est considéré comme défaillant au sens de l'article L. 1251-52 lorsqu'à l'expiration d'un délai de quinze jours suivant la réception d'une mise en demeure, il n'a pas payé tout ou partie des dettes énumérées à l'article L. 1251-49.

La mise en demeure peut émaner soit d'un salarié, soit d'un organisme de sécurité sociale ou d'une institution sociale, dès lors que leurs créances sont certaines, liquides et exigibles. Elle est adressée par lettre recommandée avec avis de réception. Le garant est informé par le créancier, soit par lettre recommandée avec avis de réception, soit par lettre remise contre récépissé, de l'envoi de la mise en demeure.

L'entrepreneur de travail temporaire est également considéré comme défaillant lorsqu'il fait l'objet d'une procédure de sauvegarde, de redressement ou de liquidation judiciaire. Dans ce cas, le gérant est informé du jugement, dans les mêmes formes, par le mandataire judiciaire ou par le liquidateur.

Art. R. 1251-21. Dès la constatation de la défaillance de l'entrepreneur de travail temporaire, le titulaire de l'une des créances définies à l'article L. 1251-49 peut adresser au garant une demande de paiement par lettre recommandée avec avis de réception ou remise contre récépissé.

Lorsqu'une entreprise de travail temporaire fait l'objet d'une procédure de sauvegarde, de redressement ou de liquidation judiciaire, le mandataire judiciaire ou le liquidateur adresse au garant, dans un délai de dix jours à compter du prononcé du jugement et dans les formes prévues au premier alinéa, un relevé, visé par le juge commissaire, des salaires et cotisations impayés, précisant les droits de chacun des créanciers et éventuellement les sommes versées par ses soins.

Art. R. 1251-22. Le garant paie les sommes dues dans les dix jours suivant la réception de la demande de paiement.

Lorsque le reliquat des paiements demandés excède le montant de la garantie financière, les créances de même nature sont réglées à due proportion de chacune des créances.

Art. R. 1251-23. Si le garant conteste l'existence, l'exigibilité ou le montant de la créance, le salarié ou l'organisme social peut l'assigner directement devant les juridictions compétentes.

Art. R. 1251-24. Le garant qui a payé les sommes définies à l'article L. 1251-49 est subrogé, à due concurrence, dans tous les droits des salariés, des organismes de sécurité sociale et des institutions sociales contre l'entrepreneur de travail temporaire.

Sous-§ 4 (réglementaire). Substitution de l'entreprise utilisatrice en cas de défaillance de l'entreprise de travail temporaire

Art. R. 1251-25. La substitution de l'entreprise utilisatrice à l'entreprise de travail temporaire, prévue à l'article L. 1251-52, s'applique malgré toute convention contraire et en dépit des obligations d'assurance contre le risque de non-paiement qui résultent des dispositions des articles L. 3253-6 à L. 3253-21.

Art. R. 1251-26. Dans le cas prévu à l'article L. 1251-52, le salarié ou l'organisme de sécurité sociale ou l'institution sociale, ou, en cas de procédures de sauvegarde, de redressement ou de liquidation judiciaire, le mandataire judiciaire ou le liquidateur informe l'entreprise utilisatrice de l'insuffisance de la caution en lui adressant une demande de paiement des sommes restant dues par lettre recommandée avec avis de réception ou remise contre récépissé.

L'entreprise utilisatrice paie les sommes dues dans un délai de dix jours à compter de la réception de la demande.

Art. R. 1251-27. Les salariés, les organismes de sécurité sociale et les institutions sociales ont une action directe contre l'entreprise utilisatrice substituée, même lorsque celle-ci s'est acquittée en tout ou en partie des sommes qu'elle devait à l'entrepreneur de travail temporaire pour la mise à disposition des salariés.

Art. R. 1251-28. L'entreprise utilisatrice qui a payé les sommes définies à l'article L. 1251-49 qui restaient dues est subrogée, à due concurrence, dans tous les droits des salariés, des organismes de sécurité sociale ou des institutions sociales contre l'entrepreneur de travail temporaire.

Art. R. 1251-29. Lorsqu'un organisme de sécurité sociale poursuit à l'encontre de l'entreprise utilisatrice, substituée à un entrepreneur de travail temporaire en raison de l'insuffisance de la caution, le remboursement de prestations sociales pour défaut de versement des cotisations dues, la somme réclamée ne peut être supérieure au montant des cotisations dues pour les salariés mis à la disposition de l'entreprise utilisatrice par l'entrepreneur de travail temporaire.

Art. R. 1251-30. Lorsque l'engagement de caution dont bénéficie une entreprise de travail temporaire prend fin, pour quelque cause que ce soit, l'activité de cette entreprise ne peut être poursuivie que si elle a obtenu, dans les conditions prévues par le présent paragraphe, un autre engagement de caution, afin que le paiement des dettes définies à l'article L. 1251-49 soit garanti sans interruption.

Art. R. 1251-31. En cas de cessation de la garantie, le garant en informe dans un délai de trois jours à compter de la date à laquelle il en est informé, par lettre recommandée avec avis de réception, les (D. 2009-1377 du 10 nov. 2009, JO 13 ; D. 2010-687 du 24 juin 2010, JO 25 ; voir D. 2010-1582 du 17 déc. 2010, JO 18, pour outre-mer) « directions régionales des entreprises, de la concurrence, de la consommation, du travail et de l'emploi » ainsi que les organismes chargés du recouvrement des cotisations de sécurité sociale, dans la circonscription desquels sont situés le siège de l'entreprise de travail temporaire et chacun de ses établissements.

§ 3. Statut des salariés permanents et temporaires de l'entreprise de travail temporaire

Art. L. 1251-54. Pour calculer les effectifs d'une entreprise de travail temporaire, il est tenu compte :

1° Des salariés permanents de cette entreprise, déterminés conformément à l'article L. 1111-2 ;

2° Des salariés temporaires qui ont été liés à cette entreprise par des contrats de mission pendant une durée totale d'au moins trois mois au cours de la dernière année civile.

Art. L. 1251-55. Pour l'application aux salariés temporaires des dispositions légales qui se réfèrent à une condition d'ancienneté dans l'entreprise de travail temporaire, l'ancienneté s'apprécie en totalisant les périodes pendant lesquelles ces salariés ont été liés à l'entreprise de travail temporaire par des contrats de mission.

Art. L. 1251-56. Pour l'application des dispositions prévues au 1° de l'article L. 6322-63, la durée minimum de présence dans l'entreprise de travail temporaire des salariés temporaires s'apprécie en totalisant les périodes pendant lesquelles ces salariés ont été liés à leur employeur par des contrats de mission.

Art. L. 1251-57. Sans préjudice du principe d'exclusivité prévu par l'article L. 1251-2, sont assimilées à des missions les périodes consacrées par les salariés temporaires :

1° À des stages de formation, bilans de compétences ou actions de validation d'acquis de l'expérience. Ces périodes sont accomplies soit à l'initiative de l'employeur dans le cadre du plan de formation de l'entreprise, (L. 2011-893 du 28 juil. 2011, art. 7, JO 29) « du contrat d'apprentissage » ou du contrat de professionnalisation, soit à l'initiative du salarié dans le cadre d'un (Ord. 2019-861 du 21 août 2019, art. 1er, 4°, JO 22) « congé spécifique mentionné à l'article L. 6323-17-1 » ou d'un congé de bilan de compétences ;

2° À des actions de formation en lien avec leur activité professionnelle dans les conditions prévues par convention ou accord collectif étendu ou par convention ou accord d'entreprise ou d'établissement.

Art. L. 1251-58. Les règles particulières au travail temporaire relatives à la représentation du personnel figurent au livre III de la deuxième partie.

Les règles particulières au travail temporaire relatives à la participation des salariés aux fruits de l'expansion des entreprises figurent au livre III de la troisième partie.

SECTION 4 BIS. Contrat de travail à durée indéterminée intérimaire

Note Cette section a été introduite par la loi 2018-771 du 5 septembre 2018, art. 116, I, JO 6.

Art. L. 1251-58-1. Une entreprise de travail temporaire peut conclure avec le salarié un contrat à durée indéterminée pour l'exécution de missions successives. Chaque mission donne lieu à :

1° La conclusion d'un contrat de mise à disposition entre l'entreprise de travail temporaire et le client utilisateur, dit " entreprise utilisatrice ";

2° L'établissement, par l'entreprise de travail temporaire, d'une lettre de mission.

Art. L. 1251-58-2. Le contrat de travail mentionné à l'article L. 1251-58-1 est régi par les dispositions du code du travail relatives au contrat à durée indéterminée, sous réserve des dispositions de la présente section.

Il peut prévoir des périodes sans exécution de mission. Ces périodes sont assimilées à du temps de travail effectif pour la détermination des droits à congés payés et pour l'ancienneté.

Il est établi par écrit et comporte notamment les mentions suivantes :

1° L'identité des parties ;

2° Le cas échéant, les conditions relatives à la durée du travail, notamment le travail de nuit ;

3° Les horaires pendant lesquels le salarié doit être joignable pendant les périodes sans exécution de mission ;

4° Le périmètre de mobilité dans lequel s'effectuent les missions, qui tient compte de la spécificité des emplois et de la nature des tâches à accomplir, dans le respect de la vie personnelle et familiale du salarié ;

5° La description des emplois correspondant aux qualifications du salarié ;

6° Le cas échéant, la durée de la période d'essai ;

7° Le montant de la rémunération mensuelle minimale garantie ;

8° L'obligation de remise au salarié d'une lettre de mission pour chacune des missions qu'il effectue.

Art. L. 1251-58-3. Le contrat mentionné à l'article L. 1251-58-1 liant l'entreprise de travail temporaire au salarié prévoit le versement d'une rémunération mensuelle minimale garantie au moins égale au produit du montant du salaire minimum de croissance fixé en application des articles L. 3231-2 à L. 3231-12 par le nombre d'heures correspondant à la durée légale hebdomadaire pour le mois considéré, compte tenu, le cas échéant, des rémunérations des missions versées au cours de cette période.

Art. L. 1251-58-4. Les missions effectuées par le salarié lié par un contrat de travail à durée indéterminée avec l'entreprise de travail temporaire sont régies par les articles L. 1251-5 à L. 1251-63, sous réserve des adaptations prévues à la présente section et à l'exception des articles L. 1251-14, L. 1251-15, L. 1251-19, L. 1251-26 à L. 1251-28, L. 1251-32, L. 1251-33 et L. 1251-36.

Art. L. 1251-58-5. Pour l'application des articles L. 1251-5, L. 1251-9, L. 1251-11, L. 1251-13, L. 1251-16, L. 1251-17, L. 1251-29, L. 1251-30, L. 1251-31, L. 1251-34, L. 1251-35, L. 1251-41 et L. 1251-60 au contrat à durée indéterminée conclu par une entreprise de travail temporaire avec un salarié, les mots : " contrat de mission " sont remplacés par les mots : " lettre de mission ".

Art. L. 1251-58-6. Par dérogation à l'article L. 1251-12-1, la durée totale de la mission du salarié lié par un contrat à durée indéterminée avec l'entreprise de travail temporaire ne peut excéder trente-six mois.

Art. L. 1251-58-7. Pour l'application du 1° de l'article L. 6322-63, la durée minimale de présence dans l'entreprise s'apprécie en totalisant les périodes durant lesquelles le salarié exécute ou non une mission lorsque ce dernier est lié à l'entreprise de travail temporaire par un contrat à durée indéterminée.

Art. L. 1251-58-8. Pour l'application de l'article L. 2314-20, la durée passée dans l'entreprise est calculée en totalisant les périodes durant lesquelles le salarié exécute ou non une mission lorsque ce dernier est lié à l'entreprise de travail temporaire par un contrat à durée indéterminée.

SECTION 5. Actions en justice

Art. L. 1251-59. Les organisations syndicales représentatives peuvent exercer en justice toutes les actions résultant de l'application du présent chapitre en faveur d'un salarié sans avoir à justifier d'un mandat de l'intéressé.

Le salarié est averti dans des conditions déterminées par voie réglementaire et ne doit pas s'y être opposé dans un délai de quinze jours à compter de la date à laquelle l'organisation syndicale lui a notifié son intention.

Le salarié peut toujours intervenir à l'instance engagée par le syndicat et y mettre un terme à tout moment.

Art. D. 1251-32. L'organisation syndicale qui exerce une action en justice en faveur d'un salarié, en application du deuxième alinéa de l'article L. 1251-59, avertit ce dernier par lettre recommandée avec avis de réception.

La lettre indique la nature et l'objet de l'action envisagée par l'organisation syndicale représentative.

Elle mentionne en outre :

1° Que l'action est conduite par l'organisation syndicale qui peut exercer elle-même les voies de recours contre le jugement ;

2° Que le salarié peut, à tout moment, intervenir dans l'instance engagée par l'organisation syndicale ou mettre un terme à cette action ;

3° Que le salarié peut faire connaître à l'organisation syndicale son opposition à l'action envisagée dans un délai de quinze jours à compter de la date de réception.

Art. D. 1251-33. Passé le délai de quinze jours prévu au 3° de l'article D. 1251-33, l'acceptation tacite du salarié est réputée acquise.

SECTION 6. Dispositions applicables aux employeurs publics

Note Cette section a été introduite par la loi 2009-972 du 3 août 2009, art. 21, JO 6.

Art. L. 1251-60. Les personnes morales de droit public peuvent faire appel aux salariés de ces entreprises pour des tâches non durables, dénommées missions, dans les seuls cas suivants :

1° Remplacement momentané d'un agent en raison d'un congé de maladie, d'un congé de maternité, d'un congé parental ou d'un congé de présence parentale, d'un passage provisoire en temps partiel, de sa participation à des activités dans le cadre d'une réserve opérationnelle, sanitaire, civile ou autre, ou de l'accomplissement du service civil ou national, du rappel ou du maintien sous les drapeaux ;

2° Vacance temporaire d'un emploi qui ne peut être immédiatement pourvu dans les conditions prévues par la loi n° 84-16 du 11 janvier 1984 portant dispositions statutaires relatives à la fonction publique de l'État, la loi n° 84-53 du 26 janvier 1984 portant dispositions statutaires relatives à la fonction publique territoriale et la loi n° 86-33 du 9 janvier 1986 portant dispositions statutaires relatives à la fonction publique hospitalière (L. 2016-41 du 26 janv. 2016, art. 136, II, JO 27) « et par le chapitre II du titre V du livre Ier de la sixième partie du code de la santé publique »;

3° Accroissement temporaire d'activité ;

4° Besoin occasionnel ou saisonnier (L. 2016-1088 du 8 août 2016, art. 86, III, JO 9) «défini au 3° de l'article L. 1242-2».

Lorsque le contrat est conclu au titre des 1°, 3° et 4°, la durée totale du contrat de mission ne peut excéder dix-huit mois. Elle est réduite à neuf mois lorsque l'objet du contrat consiste en la réalisation de travaux urgents nécessités par des mesures de sécurité. Elle est portée à vingt-quatre mois lorsque la mission est exécutée à l'étranger.

Lorsque le contrat est conclu au titre du 2°, la durée totale du contrat de mission ne peut excéder douze mois. Elle est réduite à neuf mois si le contrat est conclu dans l'attente de la prise de fonctions d'un agent.

Le contrat de mission peut être renouvelé une fois pour une durée déterminée qui, ajoutée à la durée du contrat initial, ne peut excéder les durées prévues à l'alinéa précédent.

Art. L. 1251-61. Les salariés mis à disposition par une entreprise de travail temporaire auprès d'une personne morale de droit public sont soumis aux règles d'organisation et de fonctionnement du service où ils servent et aux obligations s'imposant à tout agent public. Ils bénéficient de la protection prévue par l'article 11 de la loi n° 83-634 du 13 juillet 1983 portant droits et obligations des fonctionnaires.

Il ne peut leur être confié de fonctions susceptibles de les exposer aux sanctions prévues aux articles 432-12 et 432-13 du code pénal.

Art. L. 1251-62. Si la personne morale de droit public continue à employer un salarié d'une entreprise de travail temporaire après la fin de sa mission sans avoir conclu avec lui un contrat ou sans nouveau contrat de mise à disposition, ce salarié est réputé lié à la personne morale de droit public par un contrat à durée déterminée de trois ans. Dans ce cas, l'ancienneté du salarié est appréciée à compter du premier jour de sa mission. Elle est déduite de la période d'essai éventuellement prévue.

Art. L. 1251-63. Les litiges relatifs à une mission d'intérim opposant le salarié et la personne publique utilisatrice gérant un service public administratif sont portés devant la juridiction administrative.

Chapitre II

Contrat conclu avec une entreprise de travail à temps partagé

SECTION 1. Définitions

Art. L. 1252-1. Le recours au travail à temps partagé a pour objet la mise à disposition d'un salarié par une entreprise de travail à temps partagé au bénéfice d'un client utilisateur pour l'exécution d'une mission.

Chaque mission donne lieu à la conclusion :

1° D'un contrat de mise à disposition entre l'entreprise de travail à temps partagé et le client utilisateur dit " entreprise utilisatrice ";

2° D'un contrat de travail, dit " contrat de travail à temps partagé ", entre le salarié et son employeur, l'entreprise de travail à temps partagé.

Art. L. 1252-2. Est un entrepreneur de travail à temps partagé toute personne physique ou morale dont l'activité exclusive, nonobstant les dispositions de l'article L. 8241-1, est de mettre à disposition d'entreprises utilisatrices du personnel qualifié qu'elles ne peuvent recruter elles-mêmes en raison de leur taille ou de leurs moyens.

Les salariés mis à disposition le sont pour des missions qui peuvent être à temps plein ou à temps partiel.

Art. L. 1252-3. Les entreprises de travail temporaire peuvent exercer l'activité d'entreprise de travail à temps partagé.

SECTION 2. Contrat de travail à temps partagé

Art. L. 1252-4. Le contrat de travail à temps partagé est réputé être à durée indéterminée.

Art. L. 1252-5. Lorsque la mise à disposition du salarié s'effectue hors du territoire métropolitain, le contrat de travail à temps partagé contient une clause de rapatriement du salarié à la charge de l'entreprise de travail à temps partagé.

Cette clause devient caduque en cas de rupture du contrat de travail à l'initiative du salarié.

Art. L. 1252-6. La rémunération versée au salarié mis à disposition ne peut être inférieure à celle d'un salarié de niveau de qualification professionnelle identique ou équivalent occupant le même poste ou les mêmes fonctions dans l'entreprise utilisatrice.

Art. L. 1252-7. Pendant la durée de la mise à disposition, l'entreprise utilisatrice est responsable des conditions d'exécution du travail telles qu'elles sont déterminées par les dispositions légales et conventionnelles applicables au lieu de travail.

Art. L. 1252-8. Le salarié mis à disposition a accès dans l'entreprise utilisatrice aux moyens de transport collectifs et aux installations collectives, notamment de restauration, dont peuvent bénéficier les salariés de cette entreprise, dans les mêmes conditions que ces derniers.

Lorsque des dépenses supplémentaires incombent au (Ord. 2017-1386 du 22 sept. 2017, art. 4, 20°, JO 23, entrée en vigueur au plus tard le 01.01.2018) « comité social et économique », celles-ci lui sont remboursées suivant des modalités définies au contrat de mise à disposition.

Art. L. 1252-9. La rupture du contrat de travail à temps partagé est réalisée selon les dispositions prévues au titre III, relative aux règles de rupture du contrat de travail à durée indéterminée.

SECTION 3. Contrat de mise à disposition et entreprise de travail à temps partagé

Art. L. 1252-10. Le contrat de mise à disposition établi pour chaque salarié comporte :

1° Le contenu de la mission ;

2° La durée estimée de la mission ;

3° La qualification professionnelle du salarié ;

4° Les caractéristiques particulières du poste de travail ou des fonctions occupées ;

5° Le montant de la rémunération et ses différentes composantes.

Art. L. 1252-11. Toute clause tendant à interdire le recrutement du salarié mis à disposition par l'entreprise utilisatrice à l'issue de sa mission est réputée non écrite.

Art. L. 1252-12. L'entreprise de travail à temps partagé peut apporter à ses seules entreprises utilisatrices des conseils en matière de gestion des compétences et de la formation.

Art. L. 1252-13. L'entrepreneur de travail à temps partagé justifie, à tout moment, d'une garantie financière assurant, en cas de défaillance de sa part, le paiement :

1° Des salaires et de leurs accessoires ;

2° Des cotisations obligatoires dues à des organismes de sécurité sociale ou à des institutions sociales.

Chapitre III

Contrats conclus avec un groupement d'employeurs

SECTION 1. Groupement d'employeurs entrant dans le champ d'application d'une même convention collective

Sous-section 1. Objet

Art. L. 1253-1. Des groupements de personnes entrant dans le champ d'application d'une même convention collective peuvent être constitués dans le but de mettre à la disposition de leurs membres des salariés liés à ces groupements par un contrat de travail. (L. 2009-1437 du 24 nov. 2009, art. 17, JO 25) « Cette mise à disposition peut avoir pour objet de permettre le remplacement de salariés suivant une action de formation prévue par le présent code. »

Ils peuvent également apporter à leurs membres leur aide ou leur conseil en matière d'emploi ou de gestion des ressources humaines.

(L. 2014-288 du 5 mars 2014, art. 20, IV, 1°, JO 6) « Les groupements qui organisent des parcours d'insertion et de qualification pour les salariés rencontrant des difficultés d'insertion qu'ils mettent à la disposition de leurs membres peuvent être reconnus comme des groupements d'employeurs pour l'insertion et la qualification dans des conditions fixées par décret. »

(L. 2014-288 du 5 mars 2014, art. 20, IV, 1°, JO 6) « Les groupements mentionnés au présent article ne » peuvent se livrer qu'à des opérations à but non lucratif.

Sous-section 2. Constitution et adhésion

Art. L. 1253-2. Les groupements d'employeurs sont constitués sous l'une des formes suivantes :

1° Association régie par la loi du 1er juillet 1901 relative au contrat d'association ;

2° Société coopérative au sens de la loi n° 47-1775 du 10 septembre 1947 portant statut de la coopération et de la loi n° 83-657 du 20 juillet 1983 relative au développement de certaines activités d'économie sociale ;

3° Association régie par le code civil local ou coopérative artisanale dans les départements de la Moselle, du Bas-Rhin et du Haut-Rhin.

Art. L. 1253-3. (L. 2016-1088 du 8 août 2016, art. 89, I, JO 9) Sont également considérées comme des groupements d'employeurs les sociétés coopératives existantes qui développent, au bénéfice exclusif de leurs membres, les activités mentionnées à l'article L. 1253-1. Le présent chapitre leur est applicable dans des conditions déterminées par décret en Conseil d'État.

Art. L. 1253-6. Lorsqu'un groupement d'employeurs se constitue, il en informe l'inspection du travail.

La liste des membres du groupement est tenue en permanence à la disposition de l'(L. 2016-1088 du 8 août 2016, art. 113, III, 1°, JO 9) « agent de contrôle de l'inspection du travail mentionné à l'article L. 8112-1 » au siège du groupement.

Art. D. 1253-1. Pour l'application de l'article L. 1253-6, le groupement d'employeurs adresse à l'inspection du travail dont relève son siège social, dans le mois suivant sa constitution, les informations et documents suivants :

1° Le nom, le siège social et la forme juridique du groupement ;

2° Les noms, prénoms et domicile des dirigeants du groupement ;

3° Les statuts ;

4° Une copie de l'extrait de déclaration d'association publiée au *Journal officiel* de la République française ou, dans les départements du Haut-Rhin, du Bas-Rhin et de la Moselle, une copie de l'inscription au registre des associations ou le numéro d'immatriculation de la coopérative artisanale au registre du commerce et des sociétés ;

5° Une liste des membres du groupement comportant pour chacun d'eux :

a) Lorsqu'il s'agit d'une personne morale, son siège et l'adresse de ses établissements, ainsi que la nature de sa ou de ses activités ;

b) Lorsqu'il s'agit d'une personne physique, son adresse et, le cas échéant, le siège de l'entreprise au titre de laquelle elle adhère au groupement ainsi que la nature de la ou des activités et l'adresse des établissements ;

c) Le nombre de salariés qu'il occupe ;

6° La convention collective dans le champ d'application de laquelle entre le groupement.

Art. D. 1253-2. La note d'information, datée et signée par la personne habilitée à cet effet par le groupement d'employeurs, est adressée par lette recommandée avec avis de réception.

Art. D. 1253-3. Le groupement d'employeurs informe l'inspecteur du travail de toute modification apportée aux informations mentionnées aux 1° à 3°, aux *a* et *b* du 5° et au 6° de l'article D. 1253-1, dans un délai d'un mois suivant la modification.

Art. L. 1253-7. Les employeurs qui adhèrent à un groupement d'employeurs informent les institutions représentatives du personnel existant dans leur entreprise de la constitution et de la nature du groupement d'employeurs.

Art. L. 1253-8. Les membres du groupement sont solidairement responsables de ses dettes à l'égard des salariés et des organismes créanciers de cotisations obligatoires. (L. 2011-893 du 28 juil. 2011, art. 35 et 36, JO 29, entrée en vigueur le 01.11.2011) « Par dérogation, les statuts des groupements d'employeurs peuvent prévoir, sur la base de critères objectifs, des règles de répartition de ces dettes entre les membres du groupement, opposables aux créanciers. Ils peuvent également prévoir des modalités de responsabilité spécifiques pour les collectivités territoriales membres du groupement. »

Art. L. 1253-8-1. (L. 2016-1088 du 8 août 2016, art. 89, II, JO 9) Pour l'application du présent code, à l'exception de sa deuxième partie, les salariés mis à la disposition, en tout ou partie, d'un ou de plusieurs de ses membres par un groupement d'employeurs ne sont pas pris en compte dans l'effectif de ce groupement d'employeurs.

Sous-section 3. **Conditions d'emploi et de travail**

Art. L. 1253-9. Les contrats de travail conclus par le groupement sont établis par écrit. Ils comportent notamment :

1° Les conditions d'emploi et de rémunération ;

2° La qualification professionnelle du salarié ;

3° La liste des utilisateurs potentiels ;

4° Les lieux d'exécution du travail.

(L. 2011-893 du 28 juil. 2011, art. 31, JO 29, entrée en vigueur le 01.11.2011) « Ils garantissent l'égalité de traitement en matière de rémunération, d'intéressement, de participation et d'épargne salariale entre le salarié du groupement et les salariés des entreprises auprès desquelles il est mis à disposition. »

Art. L. 1253-10. Les salariés du groupement bénéficient de la convention collective dans le champ d'application de laquelle le groupement a été constitué.

Art. L. 1253-11. Sans préjudice des conventions de branche ou des accords professionnels applicables aux groupements d'employeurs, les organisations professionnelles représentant les groupements d'employeurs et les organisations syndicales de salariés représentatives peuvent conclure des accords collectifs de travail .

Art. L. 1253-12. Pendant la durée de la mise à disposition, l'utilisateur est responsable des conditions d'exécution du travail telles qu'elles sont déterminées par les dispositions légales et conventionnelles applicables au lieu de travail.

Pour l'application de ces dispositions, les conditions d'exécution du travail comprennent limitativement ce qui a trait à :

1° La durée du travail ;

2° Le travail de nuit ;

3° Le repos hebdomadaire et les jours fériés ;

4° La santé et la sécurité au travail ;

5° Le travail des femmes, des enfants et des jeunes travailleurs ;

(L. 2011-893 du 28 juil. 2011, art. 37, JO 29, entrée en vigueur le 01.11.2011) « 6° L'exercice de la fonction de maître d'apprentissage définie à la section 3 du chapitre III du titre II du livre II de la sixième partie. »

Art. L. 1253-13. Les obligations relatives à la médecine du travail sont à la charge du groupement.

Lorsque l'activité exercée par le salarié mis à disposition nécessite une surveillance médicale renforcée au sens de la réglementation relative à la médecine du travail, les obligations correspondantes sont à la charge de l'utilisateur.

Art. L. 1253-14. Les salariés du groupement ont accès dans l'entreprise utilisatrice aux moyens collectifs de transport et aux installations collectives, notamment de restauration, dont peuvent bénéficier les salariés de l'entreprise utilisatrice, dans les mêmes conditions que ces derniers.

Art. L. 1253-15. Un salarié mis à disposition par un groupement d'employeurs peut bénéficier d'une délégation de pouvoir du chef d'entreprise de l'entreprise utilisatrice dans les mêmes conditions qu'un salarié de cette entreprise.

Sous-section 4. **Actions en justice**

Art. L. 1253-16. Les organisations syndicales représentatives dans l'entreprise utilisatrice ou dans le groupement peuvent exercer en justice les actions civiles nées en vertu des dispositions du présent chapitre en faveur des salariés du groupement.

Elles peuvent exercer ces actions sans avoir à justifier d'un mandat de l'intéressé pourvu que celui-ci ait été averti et n'ait pas déclaré s'y opposer.

Le salarié peut toujours intervenir à l'instance engagée par le syndicat.

SECTION 2. Groupement d'employeurs n'entrant pas dans le champ d'application d'une même convention collective

Art. L. 1253-17. Des personnes n'entrant pas dans le champ d'application de la même convention collective peuvent constituer un groupement d'employeurs à condition de déterminer la convention collective applicable à ce groupement.

Le groupement ainsi constitué ne peut exercer son activité qu'après déclaration auprès de l'autorité administrative qui peut s'opposer à l'exercice de cette activité dans des conditions déterminées par voie réglementaire.

Art. L. 1253-18. Sous réserve des dispositions particulières applicables aux groupements d'employeurs mentionnés à l'article L. 1253-17, les dispositions de la section 1 s'appliquent aux groupements d'employeurs n'entrant pas dans le champ d'application d'une même convention collective.

Sous-section 1 (réglementaire). **Déclaration**

Art. D. 1253-4. La déclaration d'activité prévue à l'article L. 1253-17 est adressée au (D. 2009-1377 du 10 nov. 2009, JO 13; D. 2010-687 du 24 juin 2010, JO 25; voir D. 2010-1582 du 17 déc. 2010, JO 18, pour outre-mer) « directeur régional des entreprises, de la concurrence, de la consommation, du travail et de l'emploi » du département dans lequel le groupement d'employeurs a son siège social.

Lorsque le contrôle du respect de la législation du travail par les différents membres du groupement relève de plusieurs autorités administratives, la déclaration est adressée au (D. 2009-1377 du 10 nov. 2009, JO 13; D. 2010-687 du 24 juin 2010, JO 25; voir D. 2010-1582 du 17 déc. 2010, JO 18, pour outre-mer) « directeur régional des entreprises, de la concurrence, de la consommation, du travail et de l'emploi ».

Cette déclaration, datée et signée par la personne habilitée à cet effet par le groupement, est adressée par lette recommandée avec avis de réception.

Art. D. 1253-5. La déclaration d'activité du groupement d'employeurs comporte :

1° Les informations mentionnées aux articles D. 1253-1 ;

2° L'intitulé de la convention collective dans le champ d'application de laquelle entre chacun de ses membres ;

3° La convention collective qu'il souhaite appliquer ;

4° Le nombre et la qualification des salariés qu'il envisage d'employer.

Art. D. 1253-6. Le groupement d'employeurs informe le (D. 2009-1377 du 10 nov. 2009, JO 13 ; D. 2010-687 du 24 juin 2010, JO 25 ; voir D. 2010-1582 du 17 déc. 2010, JO 18, pour outre-mer) « directeur régional des entreprises, de la concurrence, de la consommation, du travail et de l'emploi » de toute modification apportée aux informations mentionnées aux articles D. 1253-1, dans un délai d'un mois à compter de la modification.

Le groupement adresse une nouvelle déclaration lorsqu'il envisage de changer de convention collective.

Sous-section 2 (réglementaire). **Opposition**

Art. D. 1253-7. Lorsque la convention collective choisie par le groupement d'employeurs n'apparaît pas adaptée aux classifications professionnelles, aux niveaux d'emploi des salariés ou à l'activité des différents membres du groupement, ou lorsque les dispositions légales relatives aux groupements d'employeurs ne sont pas respectées au moment de la déclaration, l'autorité administrative dispose d'un délai d'un mois à compter de la réception de la déclaration pour notifier au groupement qu'elle s'oppose à l'exercice de son activité.

La notification est adressée par lettre recommandée avec avis de réception.

À défaut d'opposition notifiée dans le délai prévu au premier alinéa, le groupement peut exercer son activité.

Art. D. 1253-8. À tout moment, l'autorité administrative peut, par décision motivée, notifier son opposition à l'exercice de l'activité du groupement d'employeurs :

1° Lorsque cet exercice ne respecte pas les dispositions légales relatives aux groupements d'employeurs ;

2° Lorsque les stipulations de la convention collective choisie ne sont pas respectées ou lorsque celle-ci a été dénoncée ;

3° Lorsqu'il n'est plus satisfait aux conditions prévues au premier alinéa de l'article D. 1253-7.

Art. D. 1253-9. Lorsque le contrôle de l'application de la législation du travail par les différents membres du groupement d'employeurs relève de plusieurs autorités administratives, le (D. 2009-1377 du 10 nov. 2009, JO 13; D. 2010-687 du 24 juin 2010, JO 25; voir D. 2010-1582 du 17 déc. 2010, JO 18, pour outre-mer) « directeur régional des entreprises, de la concurrence, de la consommation, du travail et de l'emploi » ne peut s'opposer à l'exercice de l'activité du groupement qu'après avoir recueilli l'accord des autres autorités administratives compétentes.

Art. D. 1253-10. Le groupement d'employeurs est informé au préalable des motifs de l'opposition envisagée à la poursuite de son activité et invité à présenter ses observations dans un délai d'un mois suivant la réception de cet avis.

Art. D. 1253-11. La décision d'opposition fixe le délai dans lequel il cesse son activité. Ce délai ne peut être supérieur à trois mois.

La décision lui est notifiée par lettre recommandée avec avis de réception.

Sous-section 3 (réglementaire). **Recours administratif**

Art. R. 1253-12. La décision d'opposition peut faire l'objet d'un recours auprès du (D. 2009-1377 du 10 nov. 2009, JO 13; D. 2010-687 du 24 juin 2010, JO 25; voir D. 2010-1582 du 17 déc. 2010, JO 18, pour outre-mer) « directeur régional des entreprises, de la concurrence, de la consommation, du travail et de l'emploi ».

Lorsque le contrôle du respect de la réglementation du travail par les membres du groupement relève de plusieurs autorités administratives, le recours est exercé auprès du (D. 2009-1377 du

10 nov. 2009, JO 13; D. 2010-687 du 24 juin 2010, JO 25; voir D. 2010-1582 du 17 déc. 2010, JO 18, pour outre-mer) « directeur régional des entreprises, de la concurrence, de la consommation, du travail et de l'emploi », qui prend sa décision après accord de ces autorités.

Art. R. 1253-13. Le recours prévu à l'article R. 1253-12 est formé dans un délai d'un mois à compter de la notification de la décision contestée.

La décision est notifiée au demandeur par lettre recommandée avec avis de réception dans un délai d'un mois à compter de la réception du recours.

À défaut de notification dans ce délai, le recours est réputé rejeté.

SECTION 3 (RÉGLEMENTAIRE). Groupement d'employeurs pour le remplacement de chefs d'exploitation agricole ou d'entreprises artisanales, industrielles ou commerciales ou de personnes physiques exerçant une profession libérale

Sous-section 1. **Objet et adhésion**

Art. R. 1253-14. Un groupement d'employeurs peut être constitué pour mettre des remplaçants à la disposition :

1° De chefs d'exploitations ou d'entreprises mentionnées aux 1° à 4° de l'article L. 722-1 du code rural (Ord. 2010-462 du 6 mai 2010, JO 7) « et de la pêche maritime » ;

2° Des chefs d'entreprises artisanales, industrielles ou commerciales ;

3° Des personnes physiques exerçant une profession libérale et des membres non salariés de leur famille travaillant sur l'exploitation ou dans l'entreprise et de leurs salariés.

Art. R. 1253-15. Le groupement d'employeurs mentionné à l'article R. 1253-14 a pour activité principale le remplacement des personnes mentionnées à cet article en cas :

1° Soit d'empêchement temporaire résultant de maladie, d'accident, de maternité ou de décès ;

2° Soit d'absences temporaires liées aux congés de toute nature, au suivi d'une action de formation professionnelle ou à l'exercice d'un mandat professionnel, syndical ou électif.

Art. R. 1253-16. L'activité principale du groupement d'employeurs représente au moins 80 % des heures de travail accomplies dans l'année civile par les salariés du groupement.

Art. R. 1253-17. Les personnes mentionnées à l'article R. 1253-14 dont l'exploitation, l'entreprise ou le local professionnel est situé dans le ressort géographique du groupement d'employeurs, tel que précisé dans les statuts, ont seules vocation à y adhérer.

Art. R. 1253-18. Seules les personnes mentionnées à l'article R. 1253-14 ayant adhéré au groupement peuvent bénéficier de la mise à disposition d'un salarié par ce dernier.

Sous-section 2. **Agrément**

§ 1. Demande d'agrément

Art. R. 1253-19. Le groupement d'employeurs adresse une demande d'agrément au (D. 2009-1377 du 10 nov. 2009, JO 13 ; D. 2010-687 du 24 juin 2010, JO 25 ; voir D. 2010-1582 du 17 déc. 2010, JO 18, pour outre-mer) « directeur régional des entreprises, de la concurrence, de la consommation, du travail et de l'emploi » du département dans lequel le groupement d'employeurs a son siège social.

Lorsque le contrôle du respect de la législation du travail par les différents membres du groupement relève de plusieurs autorités administratives, la déclaration est adressée au (D. 2009-1377 du 10 nov. 2009, JO 13 ; D. 2010-687 du 24 juin 2010, JO 25 ; voir D. 2010-1582 du 17 déc. 2010, JO 18, pour outre-mer) « directeur régional des entreprises, de la concurrence, de la consommation, du travail et de l'emploi ».

Art. R. 1253-20. Sont joints à la demande d'agrément, les renseignements et les documents énumérés aux 1° à 5° de l'article D. 1253-1 ainsi que la convention collective que le groupement d'employeurs envisage d'appliquer.

La demande d'agrément est datée et signée par la personne habilitée à cet effet par le groupement.

Elle est adressée dans le mois suivant sa constitution, par lettre recommandée avec avis de réception.

§ 2. Délivrance de l'agrément

Art. R. 1253-21. Pour être agréé, le groupement d'employeurs doit répondre aux conditions suivantes :

1° La convention collective qu'il entend appliquer doit être la mieux adaptée à l'activité de ses différents membres et aux emplois exercés par ses salariés ;

2° Ses statuts doivent définir la zone géographique d'exécution des contrats de travail des salariés qu'il envisage d'employer et prévoir que ces contrats contiendront des clauses prenant en compte les sujétions liées aux changements de lieux d'emploi et à la durée des missions de ces salariés.

Art. R. 1253-22. L'autorité administrative dispose d'un délai d'un mois suivant la réception de la demande d'agrément pour notifier sa décision au groupement d'employeurs. En cas de refus, la décision est motivée.

Cette notification est adressée par lettre recommandée avec avis de réception.

À défaut de notification dans le délai d'un mois suivant la réception de la demande, l'agrément est réputé refusé.

Art. R. 1253-23. Les organisations d'employeurs et de salariés représentatives dans le champ de la convention collective choisie sont informées par l'autorité administrative des agréments délivrés.

Art. R. 1253-24. Le groupement d'employeurs fait connaître ultérieurement à l'autorité administrative toute modification des informations mentionnées aux 1° à 3° de l'article D. 1253-1 dans un délai d'un mois suivant la modification.

Art. R. 1253-25. Le groupement d'employeurs tient en permanence à la disposition de l'autorité administrative tous les documents permettant à celle-ci de vérifier, pour chaque adhérent du groupement, les indications mentionnées au 5° de l'article D. 1253-1 et de connaître le motif, le lieu et la durée des interventions de chacun des salariés du groupement.

Ces justificatifs sont conservés pendant une durée minimale de cinq ans suivant l'année civile au cours de laquelle ils ont été établis, sous réserve des dispositions légales plus contraignantes.

Art. R. 1253-26. L'autorité administrative peut demander au groupement d'employeurs de choisir une autre convention collective lorsque celle qui est appliquée n'apparaît plus adaptée à l'activité des différents membres du groupement ou aux emplois exercés par les salariés, ou lorsque cette convention a cessé de produire effet.

§ 3. Retrait d'agrément

Art. R. 1253-27. L'autorité administrative peut mettre fin à l'agrément du groupement, par décision motivée :

1° Lorsque ne sont pas respectées les dispositions légales relatives aux groupements d'employeurs ;

2° Lorsque les stipulations de la convention collective choisie ne sont pas respectées ;

3° Lorsque le groupement ne donne pas suite à la demande de l'autorité administrative de choisir une nouvelle convention collective en application de l'article R. 1253-26.

Art. R. 1253-28. Le groupement d'employeurs est informé au préalable des motifs du projet de retrait de l'agrément et invité à présenter ses observations dans un délai d'un mois suivant la réception de l'avis.

Art. R. 1253-29. La décision de retrait d'agrément est notifiée au groupement d'employeurs par lettre recommandée avec avis de réception.

Le groupement cesse son activité dans un délai fixé par la décision de retrait. Ce délai ne peut dépasser trois mois.

§ 4. Recours hiérarchique

Art. R. 1253-30. Les décisions de délivrance d'agrément, de changement de convention collective et de retrait d'agrément du groupement d'employeurs peuvent faire l'objet d'un recours auprès de l'autorité mentionnée à l'article R. 1253-12 dans un délai d'un mois à compter de la notification de la décision contestée.

Art. R. 1253-31. L'autorité administrative saisie d'un recours dispose d'un délai de quinze jours pour prendre sa décision à compter de sa saisine.

Art. R. 1253-32. Lorsque le contrôle du respect de la réglementation du travail par les membres du groupement relève de plusieurs autorités administratives, la décision est prise par le (D. 2009-1377 du 10 nov. 2009, JO 13 ; D. 2010-687 du 24 juin 2010, JO 25 ; voir D. 2010-1582 du 17 déc. 2010, JO 18, pour outre-mer) « directeur régional des entreprises, de la concurrence, de la consommation, du travail et de l'emploi » après accord de ces autorités.

Art. R. 1253-33. La décision est notifiée au requérant par lettre recommandée avec avis de réception dans un délai d'un mois à compter de la réception du recours.

À défaut de notification dans ce délai, le recours est réputé rejeté.

Sous-section 3. **Contrats de travail**

Art. R. 1253-34. Dans les contrats de travail conclus par le groupement d'employeurs mentionnés à l'article R. 1253-14, la zone géographique d'exécution du contrat de travail vaut mention de la liste des utilisateurs potentiels.

Les contrats de travail prévoient des déplacements limités.

SECTION 4 (RÉGLEMENTAIRE). Groupements d'employeurs constitués au sein d'une société coopérative existante

Sous-section 1. **Constitution**

Art. R. 1253-35. La société coopérative qui entend développer l'activité de groupement d'employeurs prévue à l'article L. 1253-1 mentionne dans ses statuts, préalablement à son exercice effectif, cette activité ainsi que la responsabilité solidaire des associés pour les dettes qui en résulte à l'égard des salariés et des organismes créanciers de cotisations obligatoires.

Art. R. 1253-36. Les moyens de toute nature affectés au groupement d'employeurs constitué au sein d'une coopérative sont identifiés à l'intérieur de la société coopérative et la comptabilité afférente à ses opérations est séparée.

Art. R. 1253-37. La société coopérative déclare l'exercice d'une activité de groupement d'employeurs selon les modalités prévues aux articles D. 1253-1 à D. 1253-3.

Elle précise l'organisation qu'elle entend mettre en œuvre pour respecter les obligations de la présente section.

Sous-section 2. **Conditions d'emploi et de travail**

Art. R. 1253-38. La société coopérative peut recruter des salariés soit pour les affecter exclusivement à l'activité de groupement d'employeurs, soit pour les affecter à la fois à cette activité et à ses autres activités.

Art. R. 1253-39. Les dispositions des articles L. 1253-9 et L. 1253-10 s'appliquent au contrat de travail des salariés de la société coopérative dès lors qu'ils sont affectés, même partiellement, à l'activité de groupement d'employeurs.

Art. R. 1253-40. La société coopérative peut :

1° Mettre à la disposition de l'un des membres du groupement d'employeurs un des salariés qu'elle emploie qui n'est pas affecté à cette activité ;

2° Utiliser pour ses besoins propres un salarié affecté à l'activité de groupement d'employeurs.

Art. R. 1253-41. Dans les cas prévus à l'article R. 1253-40, l'employeur remet au salarié, par lettre recommandée ou par lettre remise contre récépissé, une proposition écrite d'avenant à son contrat de travail mentionnant la durée du changement d'affectation mentionnant la durée du changement d'affectation.

Cette lettre précise que le salarié dispose d'un délai de quinze jours à compter de sa réception pour faire connaître sa décision.

L'absence de réponse du salarié dans ce délai vaut refus de cette proposition.

L'employeur ne peut tirer aucune conséquence de ce refus sur la situation du salarié.

Art. R. 1253-42. Dans le cas d'une mise à disposition du salarié, prévue au 1° de l'article R. 1253-40, l'avenant comporte également les clauses prévues à l'article L. 1253-9.

SECTION 3. Groupement d'employeurs composé d'adhérents de droit privé et de collectivités territoriales

Art. L. 1253-19. Dans le but de favoriser le développement de l'emploi sur un territoire, des personnes de droit privé peuvent créer, avec des collectivités territoriales et leurs établissements publics (L. 2016-1088 du 8 août 2016, art. 90, JO 9) «ou avec des établissements publics de l'État», des groupements d'employeurs (L. 2016-1088 du 8 août 2016, art. 90, JO 9) «sous l'une des formes mentionnées à l'article L. 1253-2.»

Les collectivités territoriales et leurs établissements publics ne peuvent constituer plus de la moitié des membres des groupements créés en application du présent article.

Art. L. 1253-20. (L. 2011-893 du 28 juil. 2011, art. 38, JO 29, entrée en vigueur le 01.11.2011) Les tâches confiées aux salariés du groupement mis à disposition d'une collectivité territoriale ne peuvent constituer l'activité principale du groupement. Le temps consacré par chaque salarié aux tâches effectuées pour le compte des collectivités territoriales adhérentes ne peut excéder, sur l'année civile, (L. 2016-1888 du 28 déc. 2016, art. 49, JO 29) «les trois quarts» de la durée du travail contractuelle ou conventionnelle ou, à défaut, légale, calculée annuellement.

Art. L. 1253-21. Dans les conditions prévues au 8° de l'article 214 du code général des impôts, le groupement organise la garantie de ses dettes à l'égard des salariés et des organismes créanciers de cotisations obligatoires.

Art. L. 1253-22. Sous réserve des dispositions de la présente section, les dispositions des sections 1 et 2 s'appliquent aux groupements d'employeurs composés d'adhérents de droit privé et de collectivités territoriales.

Art. L. 1253-23. Un décret en Conseil d'État détermine les modalités de choix de la convention collective applicable au groupement ainsi que les conditions d'information de l'autorité administrative de la création du groupement.

Art. R. 1253-43. Lorsque les adhérents de droit privé du groupement d'employeurs comprenant des collectivités territoriales entrent dans le champ de la même convention collective, celle-ci s'applique au groupement constitué en application de l'article L. 1253-19.

Dans le cas contraire, tous les adhérents choisissent la convention collective qu'ils souhaitent voir appliquée par le groupement, sous réserve des dispositions de l'article D. 1253-7.

Art. R. 1253-44. La compétence de l'autorité administrative pour l'information prévue à l'article D. 1253-1 et la déclaration prévue aux articles D. 1253-4 et D. 1253-6 est appréciée en fonction des activités des seuls adhérents de droit privé.

SECTION 6 (RÉGLEMENTAIRE). Groupements d'employeurs pour l'insertion et la qualification

Art. D. 1253-45. (D. 2015-998 du 17 août 2015, JO 18, entrée en vigueur le 01.01.2016) Pour bénéficier de la reconnaissance de la qualité de groupement d'employeurs pour l'insertion et la qualification mentionnée à l'article L. 1253-1, le groupement d'employeurs doit répondre aux conditions fixées dans un cahier des charges établi par la Fédération française des groupements d'employeurs pour l'insertion et la qualification et approuvé par le ministre chargé de l'emploi.

Art. D. 1253-46. (D. 2015-998 du 17 août 2015, JO 18, entrée en vigueur le 01.01.2016) Les demandes de reconnaissance de la qualité de groupement d'employeurs pour l'insertion et la qualification sont adressées à la Fédération française des groupements d'employeurs pour l'insertion et la qualification selon un calendrier qu'elle diffuse.

Art. D. 1253-47. (D. 2015-998 du 17 août 2015, JO 18, entrée en vigueur le 01.01.2016) La reconnaissance de la qualité de groupement d'employeurs pour l'insertion et la qualification est attribuée pour une durée d'un an par la Fédération française des groupements d'employeurs pour l'insertion et la qualification, sur avis conforme d'une commission mixte nationale. Toutefois, la durée de la reconnaissance initiale est, le cas échéant, prolongée afin que la demande de renouvellement puisse être examinée après au moins une année d'activité en tant que groupement d'employeurs pour l'insertion et la qualification.

Art. D. 1253-48. (D. 2015-998 du 17 août 2015, JO 18, entrée en vigueur le 01.01.2016) La commission mixte nationale mentionnée à l'article D. 1253-47 se réunit sur convocation de la Fédération française des groupements d'employeurs pour l'insertion et la qualification, qui en assure le secrétariat. Elle comprend :

1° Trois représentants de l'État nommés par le ministre chargé de l'emploi ;

2° Trois représentants de la Fédération française des groupements d'employeurs pour l'insertion et la qualification nommés par le président de cette fédération.

Elle est présidée par une personnalité qualifiée désignée par la Fédération française des groupements d'employeurs pour l'insertion et la qualification, après avis favorable du ministre chargé de l'emploi.

Le président et les membres de la commission mixte nationale sont nommés pour une durée de quatre ans renouvelable.

Art. D. 1253-49. (D. 2015-998 du 17 août 2015, JO 18, entrée en vigueur le 01.01.2016) La Fédération française des groupements d'employeurs pour l'insertion et la qualification dispose d'un délai de quinze jours à compter de l'avis de la commission pour notifier sa décision au groupement d'employeurs par lettre recommandée avec demande d'avis de réception. La décision est motivée.

La décision de refus de reconnaissance de la qualité de groupement d'employeurs pour l'insertion et la qualification peut faire l'objet d'une demande de réexamen, dans un délai d'un mois à compter de sa notification, auprès de la Fédération française des groupements d'employeurs pour l'insertion et la qualification.

La Fédération dispose d'un délai de quinze jours à compter de la réception de la demande de réexamen pour prendre une décision motivée sur avis conforme de la commission mentionnée à l'article D. 1253-47 et la notifier au demandeur par lettre recommandée avec demande d'avis de réception.

SECTION 4. Dispositions applicables à l'ensemble des groupements d'employeurs

Note Cette section a été introduite par la loi 2016-1088 du 8 août 2016, art. 88, JO 9.

Art. L. 1253-24. Un groupement d'employeurs est éligible aux aides publiques en matière d'emploi et de formation professionnelle dont auraient bénéficié ses entreprises adhérentes si elles avaient embauché directement les personnes mises à leur disposition.

Un décret fixe la nature des aides concernées et détermine les conditions d'application du présent article.

SECTION 7 (RÉGLEMENTAIRE). Accès des groupements d'employeurs aux aides publiques en matière d'emploi et de formation professionnelle au titre des entreprises adhérentes

Note Cette section a été introduite par le décret 2016-1763 du 16 décembre 2016, JO 18.

Art. D. 1253-50. Les aides mentionnées à l'article L. 1253-24 pouvant être accordées au groupement d'employeurs au titre des entreprises adhérentes du groupement d'employeurs sont les aides financières directes et les réductions et exonérations de cotisations et contributions sociales à la charge de l'employeur qui satisfont l'ensemble des conditions suivantes :

1° Elles ont pour objectif direct de créer des emplois ou d'améliorer l'adéquation entre l'offre et la demande de travail par des actions de formation professionnelle ;

2° Elles sont liées à un seuil d'effectif ou à l'embauche d'un premier salarié au sein d'une ou plusieurs entreprises adhérentes et auraient bénéficié à ce titre à l'entreprise adhérant au groupement si elle avait embauché directement les personnes mises à sa disposition ;

3° Elles ne peuvent bénéficier au groupement d'employeurs en tant qu'employeur direct.

Un arrêté des ministres chargés de l'emploi et du budget précise la liste de ces aides.

Art. D. 1253-51. Le groupement d'employeurs justifie auprès de l'organisme qui délivre l'aide que l'entreprise adhérente du groupement au titre de laquelle l'aide est accordée satisfait les conditions définies à l'article D. 1253-50.

Le montant de l'aide est celui dont aurait bénéficié l'entreprise adhérente si elle avait embauché directement le salarié mis à sa disposition.

Art. D. 1253-52. Le groupement d'employeurs informe les entreprises adhérentes de la nature, du nombre et du montant des aides perçues en application des dispositions de l'article L. 1253-24.

Chapitre IV

Portage salarial

Note Ce chapitre a été introduit par l'ordonnance 2015-380 du 2 avril 2015, JO 3, ratifiée par la loi 2016-1088 du 8 août 2016, art. 85, JO 9.

SECTION 1. Définition et champ d'application

Art. L. 1254-1. Le portage salarial désigne l'ensemble organisé constitué par :

1° D'une part, la relation entre une entreprise dénommée " entreprise de portage salarial " effectuant une prestation (L. 2016-1088 du 8 août 2016, art. 85, JO 9) « et » une entreprise cliente (L. 2016-1088 du 8 août 2016, art. 85, JO 9) « bénéficiant de cette prestation », qui donne lieu à la conclusion d'un contrat commercial de prestation de portage salarial ;

2° D'autre part, le contrat de travail conclu entre l'entreprise de portage salarial et un salarié désigné comme étant le " salarié porté ", lequel est rémunéré par cette entreprise.

Art. L. 1254-2. I. — Le salarié porté justifie d'une expertise, d'une qualification et d'une autonomie qui lui (L. 2016-1088 du 8 août 2016, art. 85, JO 9) « permettent » de rechercher lui-même ses clients et de convenir avec eux des conditions d'exécution de sa prestation et de son prix.

II. — Le salarié porté bénéficie d'une rémunération minimale définie par accord de branche étendu. À défaut d'accord de branche étendu, le montant de la rémunération mensuelle minimale est fixé à 75 % de la valeur mensuelle du plafond de la sécurité sociale prévu à l'article L. 241-3 du code de la sécurité sociale pour une activité équivalant à un temps plein.

III. — L'entreprise de portage n'est pas tenue de fournir du travail au salarié porté.

SECTION 2. Conditions et interdictions de recours au portage salarial

Art. L. 1254-3. L'entreprise cliente ne peut avoir recours à un salarié porté que pour l'exécution d'une tâche occasionnelle ne relevant pas de son activité normale et permanente ou pour une prestation ponctuelle nécessitant une expertise dont elle ne dispose pas.

Art. L. 1254-4. I. — La prestation dans l'entreprise cliente ne peut avoir pour objet :

1° De remplacer un salarié dont le contrat de travail est suspendu à la suite d'un conflit collectif de travail ;

2° D'effectuer certains travaux particulièrement dangereux figurant sur la liste prévue à l'article L. 4154-1 sauf dérogation prévue au même article.

II. — La durée de cette prestation ne peut excéder la durée de trente-six mois.

Art. L. 1254-5. Les activités de services à la personne mentionnées à l'article L. 7231-1 ne peuvent faire l'objet d'un contrat de travail en portage salarial.

Art. L. 1254-6. Les dispositions des titres III et IV du livre II de la huitième partie ne sont pas applicables au portage salarial exercé dans les conditions définies au présent chapitre.

SECTION 3. Contrat de travail

Sous-section 1. Dispositions communes

Art. L. 1254-7. Le contrat de travail est conclu entre l'entreprise de portage salarial et le salarié porté pour une durée déterminée ou indéterminée.

Art. L. 1254-8. La seule rupture du contrat commercial de prestation de portage salarial n'entraîne pas la rupture du contrat de travail du salarié. L'entreprise de portage salarial est redevable de la rémunération due au salarié porté correspondant à la prestation réalisée dans les conditions prévues aux articles L. 1254-15 et L. 1254-21.

Art. L. 1254-9. Le montant de l'indemnité d'apport d'affaire mentionnée aux articles L. 1254-15, L. 1254-21 et L. 1254-25 est défini par accord de branche étendu. À défaut d'accord de branche étendu, il est fixé à 5 % de la rémunération due au salarié porté.

Sous-section 2. **Le contrat de travail à durée déterminée**

Art. L. 1254-10. Le contrat de travail à durée déterminée est conclu entre l'entreprise de portage salarial et le salarié porté pour la réalisation d'une prestation dans une entreprise cliente.

§ 1. Fixation du terme et durée du contrat

Art. L. 1254-11. Le contrat de travail comporte un terme fixé avec précision dès sa conclusion.

Toutefois, il peut ne pas comporter de terme précis lorsque le terme de l'objet pour lequel il a été conclu n'est pas connu. Il est alors conclu pour une durée minimale. Il a pour terme la réalisation de l'objet pour lequel il a été conclu.

Art. L. 1254-12. La durée totale du contrat à durée déterminée ne peut excéder dix-huit mois compte tenu, le cas échéant, (L. 2015-994 du 17 août 2015, art. 55, I, 7°, JO 18) «du ou des renouvellements» dans les conditions prévues à l'article L. 1254-17.

Art. L. 1254-13. Par dérogation à l'article L. 1254-12, pour permettre au salarié porté de prospecter de nouveaux clients, le terme du contrat peut être reporté par accord entre l'entreprise de portage salarial et le salarié porté pour une durée maximale de trois mois.

§ 2. Forme, contenu et transmission du contrat

Art. L. 1254-14. Le contrat de travail est établi par écrit avec la mention : " contrat de travail en portage salarial à durée déterminée ".

Art. L. 1254-15. Le contrat de travail comporte notamment les clauses et mentions suivantes :

1° Clauses et mentions relatives à la relation entre l'entreprise de portage salarial et le salarié porté :

a) La date du terme et, le cas échéant, une clause de renouvellement lorsqu'il comporte un terme précis ;

b) Les modalités de calcul et de versement de la rémunération, de l'indemnité d'apport d'affaire, des charges sociales et fiscales, des frais de gestion et, le cas échéant, des frais professionnels ;

c) S'il y a lieu, les modalités de déduction des frais professionnels ;

d) Le descriptif des compétences, des qualifications et des domaines d'expertise du salarié porté ;

e) La durée de la période d'essai éventuellement prévue ;

f) Les modalités d'acquisition, de prise et de paiement des congés payés conformément aux dispositions des articles L. 3141-1 et suivants ;

g) Les nom et adresse de la caisse de retraite complémentaire ainsi que, le cas échéant, ceux de l'organisme de prévoyance dont relève l'entreprise de portage salarial ;

h) La périodicité de l'établissement par le salarié porté de comptes rendus d'activité ;

i) L'identité du garant financier de l'entreprise de portage salarial ;

2° Clauses et mentions relatives à la réalisation de la prestation de service de portage salarial :

a) L'identité et l'adresse de l'entreprise cliente ;

b) Le descriptif de l'objet de la prestation et ses conditions d'exécution par le salarié porté ;

c) La durée de la prestation ;

d) Le cas échéant, la durée minimale de la prestation et la nature de l'événement ou du résultat objectif déterminant la fin de la relation contractuelle, lorsque le terme est incertain et lié à la réalisation de la prestation ;

e) Le prix de la prestation convenu entre le salarié porté et l'entreprise cliente comprenant notamment le montant de la rémunération, de l'indemnité d'apport d'affaire, des prélèvements sociaux et fiscaux, des frais de gestion et le cas échéant des frais professionnels ;

f) La responsabilité de l'entreprise cliente relative aux conditions d'exécution du travail du salarié porté, en particulier les questions liées à sa santé, à sa sécurité et à la durée du travail, pendant l'exécution de sa prestation dans ses locaux ou sur son site de travail ;

g) S'il y a lieu, la nature des équipements de protection individuelle mis à disposition par l'entreprise cliente ;

h) L'identité de l'assureur et le numéro d'assurance garantissant la responsabilité civile souscrite pour le compte du salarié porté pour les dommages provoqués dans l'entreprise cliente pendant l'exécution de la prestation.

Art. L. 1254-16. Le contrat est transmis au salarié porté au plus tard dans les deux jours ouvrables suivant sa conclusion.

§ 3. Renouvellement du contrat

Art. L. 1254-17. Le contrat de travail à durée déterminée est renouvelable (L. 2015-994 du 17 août 2015, art. 55, I, 8°, JO 18) « deux » fois pour une durée déterminée qui, ajoutée à la durée du contrat initial, ne peut excéder la durée maximale prévue à l'article L. 1254-12, sous réserve de la dérogation prévue à l'article L. 1254-13.

Les conditions de renouvellement sont stipulées dans le contrat ou font l'objet d'un avenant soumis au salarié avant le terme initialement prévu.

§ 4. Dispositions finales

Art. L. 1254-18. Les dispositions du titre IV du livre II de la première partie du présent code ne sont pas applicables, à l'exception des articles L. 1242-10, L. 1242-16, L. 1243-1 à L. 1243-6 et L. 1243-8.

Sous-section 3. **Le contrat de travail à durée indéterminée**

Art. L. 1254-19. Le contrat de travail à durée indéterminée est conclu entre l'entreprise de portage salarial et le salarié porté pour la réalisation de prestations dans une ou plusieurs entreprises clientes.

Les dispositions des titres Ier, II et III du livre II de la première partie du présent code sont applicables à ce contrat, sous réserve des dispositions de la présente sous-section.

Art. L. 1254-20. Le contrat de travail est établi par écrit avec la mention : " contrat de travail en portage salarial à durée indéterminée ".

Art. L. 1254-21. I. — Le contrat de travail comporte les clauses et mentions relatives à la relation entre l'entreprise de portage salarial et le salarié porté :

1° Les modalités de calcul et de versement de la rémunération due au salarié porté pour la réalisation de la prestation, de l'indemnité d'apport d'affaire, des prélèvements sociaux et fiscaux, des frais de gestion et, le cas échéant, des frais professionnels ; ces modalités sont appliquées au prix de chaque prestation convenu entre le salarié porté et l'entreprise cliente mentionné au 5° de l'article L. 1254-23;

2° S'il y a lieu, les modalités de déduction des frais professionnels ;

3° Le descriptif des compétences, des qualifications et des domaines d'expertise du salarié porté ;

4° Les modalités d'acquisition, de prise et de paiement des congés payés déterminés en fonction de la prestation réalisée conformément aux dispositions des articles L. 3141-1 et suivants ;

5° La durée de la période d'essai éventuellement prévue ;

6° Les nom et adresse de la caisse de retraite complémentaire ainsi que, le cas échéant, ceux de l'organisme de prévoyance dont relève l'entreprise de portage salarial ;

7° La périodicité de l'établissement par le salarié porté de comptes rendus d'activité ;

8° L'identité du garant financier de l'entreprise de portage salarial.

II. — Les périodes sans prestation à une entreprise cliente ne sont pas rémunérées.

SECTION 4. **Le contrat commercial de prestation de portage salarial**

Art. L. 1254-22. L'entreprise de portage salarial conclut avec l'entreprise cliente du salarié porté un contrat commercial de prestation de portage salarial au plus tard dans les deux jours ouvrables suivant le début de la prestation. Ce contrat reprend les éléments essentiels de la négociation de la prestation entre le salarié porté et l'entreprise cliente.

L'entreprise de portage adresse au salarié porté par tout moyen une copie de ce contrat dans le même délai.

Art. L. 1254-23. Le contrat conclu par écrit comporte les clauses et mentions suivantes :

1° L'identité du salarié porté ;

2° Le descriptif des compétences, des qualifications et des domaines d'expertise du salarié porté ;

3° Le descriptif de la prestation et ses conditions d'exécution par le salarié porté ;

4° La date du terme de la prestation et, le cas échéant, la durée minimale de la prestation lorsque le terme est incertain et lié à la réalisation de la prestation ;

5° Le prix de la prestation convenu entre le salarié porté et l'entreprise cliente ;

6° La responsabilité de l'entreprise cliente relative aux conditions d'exécution du travail du salarié porté, en particulier les questions liées à sa santé, à sa sécurité et à la durée du travail, pendant l'exécution de sa prestation dans ses locaux ou sur son site de travail ;

7° S'il y a lieu, la nature des équipements de protection individuelle mis à disposition par l'entreprise cliente ;

8° L'identité du garant financier de l'entreprise de portage salarial ;

9° L'identité de l'assureur et le numéro d'assurance garantissant la responsabilité civile souscrite pour le compte du salarié porté pour les dommages provoqués dans l'entreprise cliente pendant l'exécution de la prestation.

SECTION 5. L'entreprise de portage salarial

Art. L. 1254-24. L'entreprise de portage salarial exerce à titre exclusif l'activité de portage salarial.

Seule une entreprise de portage salarial peut conclure des contrats de travail en portage salarial.

Art. L. 1254-25. L'entreprise de portage salarial met en place et gère pour chaque salarié porté un compte d'activité.

Le salarié porté est informé une fois par mois des éléments imputés sur ce compte, et notamment :

1° De tout versement effectué par l'entreprise cliente à l'entreprise de portage au titre de la réalisation de sa prestation ;

2° Du détail des frais de gestion ;

3° Des frais professionnels ;

4° Des prélèvements sociaux et fiscaux ;

5° De la rémunération nette ;

6° Du montant de l'indemnité d'apport d'affaire.

Art. L. 1254-26. I. — L'entreprise de portage salarial justifie, à tout moment, d'une garantie financière assurant, en cas de défaillance de sa part, le paiement :

1° Des salaires et de leurs accessoires ;

2° Des indemnités résultant du présent chapitre ;

3° Des cotisations obligatoires dues à des organismes de sécurité sociale ou à des institutions sociales ;

4° Des remboursements qui peuvent, le cas échéant, incomber aux employeurs à l'égard des organismes de sécurité sociale et institutions sociales dans les conditions prévues à l'article L. 244-8 du code de la sécurité sociale.

II. — La garantie financière ne peut résulter que d'un engagement de caution pris par une société de caution mutuelle, un organisme de garantie collective, une compagnie d'assurance, une banque ou un établissement financier habilité à donner caution.

Elle est calculée en pourcentage de la masse salariale annuelle de l'entreprise intéressée, sans pouvoir être inférieure à un minimum fixé annuellement par décret, compte tenu de l'évolution moyenne des salaires.

III. — L'entreprise de portage salarial fournit à l'entreprise cliente du salarié porté, sur sa demande, une attestation des organismes de sécurité sociale précisant sa situation au regard du recouvrement des prélèvements dus à ces organismes.

Art. D. 1254-1. (D. 2015-1886 du 30 déc. 2015, JO 31) Le montant de la garantie financière prévue à l'article L. 1254-26 dont doit justifier l'entreprise de portage salarial au titre d'une année donnée est au minimum égal à 10 % de la masse salariale de l'année précédente, sans pouvoir être inférieur à 2 fois la valeur du plafond annuel de la sécurité sociale de l'année considérée fixé en application de l'article D. 242-17 du code de la sécurité sociale.

Art. R. 1254-2. (D. 2015-1886 du 30 déc. 2015, JO 31) À l'exception des articles R. 1251-12, R. 1251-18 et R. 1251-25 à R. 1251-29, les modalités de constitution et de mise en œuvre de la garantie financière prévues au paragraphe 2 de la sous-section unique de la section 3 du chapitre Ier du titre V du livre II de la première partie du code du travail (partie réglementaire) sont applicables aux entreprises de portage salarial avec les adaptations suivantes :

1° Les mots : " entrepreneur de travail temporaire " et " entreprise de travail temporaire " sont remplacés par les mots : " entreprise de portage salarial " ;

2° Les mots : " les contrats de mise à disposition et les contrats de mission " sont remplacés par les mots : " les contrats de travail de portage salarial et contrats commerciaux de prestation de portage salarial " ;

3° À l'article R. 1251-13, les mots : " du chiffre d'affaires " et " leur chiffre d'affaires " sont remplacés par les mots " de la masse salariale " et " leur masse salariale " ;

4° Les références aux articles L. 1251-49, L. 1251-50, L. 1251-51, L. 1251-52 sont remplacés respectivement par les références au I de l'article L. 1254-26, au II de l'article L. 1254-26, au III de l'article L. 1254-26 et au I de l'article L. 1254-26.

Art. L. 1254-27. L'activité d'entrepreneur de portage salarial ne peut être exercée qu'après déclaration faite à l'autorité administrative et obtention de la garantie financière.

Un décret en Conseil d'État détermine le contenu et les modalités de la déclaration prévue au présent article.

Art. R. 1254-3. (D. 2015-1886 du 30 déc. 2015, JO 31) La déclaration préalable d'entreprise de portage salarial prévue à l'article L. 1254-27 comporte les mentions suivantes :

1° L'indication de l'opération envisagée : création d'une entreprise de portage salarial, ouverture d'une succursale, d'une agence ou d'un bureau annexe, déplacement du siège ou cessation d'activité ;

2° Le nom, le siège et le caractère juridique de l'entreprise ainsi que, le cas échéant, la localisation de la succursale, de l'agence ou du bureau annexe ;

3° La date d'effet de l'opération envisagée ;

4° Les nom, prénoms, domicile et nationalité des dirigeants de l'entreprise ou de la succursale ou de l'agence ou du bureau annexe intéressés ;

5° La désignation de l'organisme auquel l'entreprise de portage salarial verse les cotisations de sécurité sociale ainsi que son numéro d'employeur ;

6° Les domaines géographiques et professionnels dans lesquels l'entreprise entend porter ses salariés ;

7° Le nombre de salariés permanents que l'entreprise emploie ou envisage d'employer pour assurer le fonctionnement de ses propres services.

Art. R. 1254-4. (D. 2015-1886 du 30 déc. 2015, JO 31) La déclaration préalable est datée et signée par le représentant légal de l'entreprise de portage salarial.

Elle est adressée en deux exemplaires, sous pli recommandé avec accusé de réception, à l'inspection du travail dont relève le siège de l'entreprise. Elle est adressée dans les mêmes conditions à l'inspection du travail dont relève la succursale, l'agence ou le bureau annexe dont l'ouverture est prévue.

L'entreprise de portage salarial informe l'inspection du travail des modifications de sa situation.

Art. R. 1254-5. (D. 2015-1886 du 30 déc. 2015, JO 31) L'inspecteur du travail, après s'être assuré de la conformité de la déclaration préalable avec les obligations prévues aux articles R. 1254-2 et R. 1254-3, en retourne un exemplaire visé à l'expéditeur dans un délai de quinze jours à compter de la réception.

L'entrée en activité de l'entreprise, de la succursale, de l'agence ou du bureau annexe ne peut précéder la réception du document mentionné au premier alinéa ou l'expiration du délai prévu par cet alinéa.

Art. L. 1254-28. Les obligations relatives à la médecine du travail sont à la charge de l'entreprise de portage salarial.

Art. L. 1254-29. Pour calculer les effectifs d'une entreprise de portage salarial, il est tenu compte :

1° Des salariés permanents fonctionnels de cette entreprise déterminés conformément à l'article L. 1111-2 ;

2° Des salariés portés qui ont effectué des prestations de portage salarial dans le cadre de contrats de travail conclus avec cette entreprise pendant une durée d'au moins trois mois au cours de la dernière année civile.

Art. L. 1254-30. Pour l'application aux salariés portés des dispositions légales qui se réfèrent à une condition d'ancienneté dans l'entreprise de portage salarial, l'ancienneté s'apprécie en totalisant les périodes pendant lesquelles ces salariés ont effectué des prestations de portage salarial dans le cadre de contrats de travail conclus avec cette entreprise.

Art. L. 1254-31. Pour l'application des dispositions prévues au 1° de l'article L. 6322-63, la durée minimum de présence dans l'entreprise de portage salarial des salariés portés s'apprécie en totalisant les périodes pendant lesquelles ces salariés ont effectué des prestations de portage salarial dans le cadre de contrats de travail conclus avec cette entreprise.

Chapitre V

Dispositions pénales

SECTION 1. Travail temporaire

Art. L. 1255-1. Le fait de méconnaître les dispositions relatives aux conditions d'exercice de l'activité de travail temporaire, prévues à l'article L. 1251-2, est puni d'une amende de 3 750 €.

La récidive est punie d'un emprisonnement de six mois et d'une amende de 7 500 €.

La juridiction peut prononcer, en outre, l'interdiction d'exercer l'activité d'entrepreneur de travail temporaire pour une durée de deux à dix ans. Lorsque cette mesure entraîne le licenciement du personnel permanent, celui-ci a droit, en dehors de l'indemnité de préavis et de l'indemnité de licenciement, aux indemnités prévues aux articles L. 1235-2, L. 1235-3 ou L. 1235-5.

Art. L. 1255-2. Est puni d'une amende de 3750 €, le fait pour l'entrepreneur de travail temporaire :

1° De recruter un salarié temporaire en ayant conclu un contrat ne comportant pas les mentions prévues aux 1° et 3° de l'article L. 1251-16 ou comportant ces mentions de manière volontairement inexacte ou sans lui avoir transmis dans le délai prévu à l'article L. 1251-17 un contrat de mission écrit ;

2° De méconnaître les dispositions relatives à la rémunération minimale prévues au premier alinéa de l'article L. 1251-18 ;

3° De méconnaître l'obligation de proposer au salarié temporaire un ou des contrats dans les conditions prévues à l'article L. 1251-34 ;

4° De mettre un salarié temporaire à la disposition d'une entreprise utilisatrice sans avoir conclu avec celle-ci un contrat écrit de mise à disposition dans le délai prévu à l'article L. 1251-42 ;

5° D'exercer son activité sans avoir fait les déclarations prévues à l'article L. 1251-45 ;

6° D'exercer son activité sans avoir obtenu la garantie financière prévue à l'article L. 1251-49.

La récidive est punie d'un emprisonnement de six mois et d'une amende de 7500 €.

La juridiction peut prononcer en outre l'interdiction d'exercer l'activité d'entrepreneur de travail temporaire pour une durée de deux à dix ans. Les dispositions du deuxième alinéa de l'article L. 1251-47 sont applicables.

Art. L. 1255-3. Le fait pour l'utilisateur de conclure un contrat de mise à disposition ayant pour objet ou pour effet de pourvoir durablement un emploi lié à l'activité normale et permanente de l'entreprise, en méconnaissance de l'article L. 1251-5, est puni d'une amende de 3750 €.

La récidive est punie d'un emprisonnement de six mois et d'une amende de 7500 €.

Art. L. 1255-4. Le fait pour l'utilisateur de recourir à un salarié temporaire pour un objet autre que celui prévu au premier alinéa de l'article L. 1251-6 ou en dehors des cas mentionnés à ce même article est puni d'une amende de 3 750 €.

La récidive est punie d'un emprisonnement de six mois et d'une amende de 7 500 €.

Art. L. 1255-5. Le fait pour l'utilisateur de méconnaître les interdictions de recourir au travail temporaire, prévues aux articles L. 1251-9 et L. 1251-10, est puni d'une amende de 3 750 €.

La récidive est punie d'un emprisonnement de six mois et d'une amende de 7 500 €.

Art. L. 1255-6. Le fait pour l'utilisateur de méconnaître les dispositions relatives au terme du contrat, prévues à l'article L. 1251-11, est puni d'une amende de 3 750 €.

La récidive est punie d'un emprisonnement de six mois et d'une amende de 7 500 €.

Art. L. 1255-7. Le fait pour l'utilisateur de méconnaître les dispositions relatives à la durée de la mission, prévues (Ord. 2017-1387 du 22 sept. 2017, art. 29, III, 1°, JO 23) «par les stipulations de la convention ou de l'accord de branche conclu en application de l'article L. 1251-12 ou, le cas échéant, aux dispositions de l'article L. 1251-12-1», est puni d'une amende de 3 750 €.

La récidive est punie d'un emprisonnement de six mois et d'une amende de 7 500 €.

Art. L. 1255-8. Le fait pour l'utilisateur de méconnaître les dispositions relatives aux conditions de renouvellement du contrat, prévues (Ord. 2017-1387 du 22 sept. 2017, art. 29, III, 2°, JO 23) «par les stipulations de la convention ou de l'accord de branche conclu en application de l'article L. 1251-35 ou, le cas échéant, aux dispositions de l'article L. 1251-35-1», est puni d'une amende de 3 750 €.

La récidive est punie d'un emprisonnement de six mois et d'une amende de 7 500 €.

Art. L. 1255-9. Le fait pour l'utilisateur de méconnaître les dispositions relatives à la succession de contrats sur un même poste, prévues (Ord. 2017-1387 du 22 sept. 2017, art. 29, III, 3°, JO 23) «par les stipulations de la convention ou de l'accord de branche conclu en application de l'article L. 1251-36 ou, le cas échéant, aux dispositions de l'article L. 1251-36-1», est puni d'une amende de 3 750 €.

La récidive est punie d'un emprisonnement de six mois et d'une amende de 7 500 €.

Art. L. 1255-10. Est puni d'une amende de 3 750 €, le fait pour l'utilisateur de recourir à un salarié temporaire :

1° Soit sans avoir conclu avec un entrepreneur de travail temporaire un contrat écrit de mise à disposition, dans le délai prévu à l'article L. 1251-42;

2° Soit en ayant omis de communiquer, dans le contrat de mise à disposition, l'ensemble des éléments de rémunération conformément au 6° de l'article L. 1251-43.

La récidive est punie d'un emprisonnement de six mois et d'une amende de 7 500 €.

Art. L. 1255-11. Le fait de méconnaître, directement ou par personne interposée, l'interdiction d'exercer l'activité d'entrepreneur de travail temporaire prononcée par la juridiction en application du dernier alinéa (Ord. 2016-413 du 7 avril 2016, art. 10, JO 8, entrée en vigueur le 01.07.2016) « de l'article L. 1255-1 ou L. 1255-2» est puni d'un emprisonnement de six mois et d'une amende de 6 000 €.

Art. L. 1255-12. Dans tous les cas prévus à la présente section, la juridiction peut ordonner, à titre de peine complémentaire, l'affichage du jugement aux frais de l'entrepreneur de travail temporaire ou de l'utilisateur condamné, dans les conditions prévues à l'article 131-35 du code pénal, et son insertion, intégrale ou par extraits, dans les journaux qu'elle désigne. Ces frais ne peuvent excéder le montant maximum de l'amende encourue.

Art. R. 1255-1. (D. 2015-1886 du 30 déc. 2015, JO 31) Le fait de conclure un contrat de mission ne comportant pas les mentions prévues aux 2°, 4° et 5° de l'article L. 1251-16 est puni de l'amende prévue pour les contraventions de la troisième classe.

Art. R. 1255-2. (D. 2015-1886 du 30 déc. 2015, JO 31) Le fait, pour la personne responsable de la gestion des installations ou des moyens de transports collectifs dans l'entreprise utilisatrice, d'empêcher un salarié temporaire d'avoir accès, dans les mêmes conditions que les salariés de cette entreprise, à ces équipements collectifs, en méconnaissance des dispositions de l'article L. 1251-24, est puni de l'amende prévue pour les contraventions de la cinquième classe.

La récidive de la contravention prévue au présent article est réprimée conformément aux articles 132-11 et 132-15 du code pénal.

Art. R. 1255-3. (D. 2015-1886 du 30 déc. 2015, JO 31) Le fait de ne pas fournir à Pôle emploi, dans le délai prévu à l'article R. 1251-7, le relevé des contrats de mission, en méconnaissance des dispositions de l'article L. 1251-46, est puni de l'amende prévue pour les contraventions de la troisième classe.

Art. R. 1255-4. (D. 2015-1886 du 30 déc. 2015, JO 31) Le fait d'adresser à Pôle emploi un relevé des contrats de mission non conforme aux prescriptions de l'article R. 1251-8 est puni de l'amende prévue pour les contraventions de la deuxième classe.

Art. R. 1255-5. (D. 2015-1886 du 30 déc. 2015, JO 31) Le fait de méconnaître les dispositions relatives à la possession, au contenu, à l'envoi et à la mise à disposition de l'attestation de garantie financière prévues par l'article R. 1251-14 est puni de l'amende prévue pour les contraventions de la deuxième classe.

Art. R. 1255-6. (D. 2015-1886 du 30 déc. 2015, JO 31) Le fait de ne pas faire figurer sur les documents concernant l'entreprise de travail temporaire, notamment sur les contrats de mise à disposition et les contrats de mission, le nom et l'adresse du garant ainsi que la référence à l'article L. 1251-49, en méconnaissance des dispositions du premier alinéa de l'article R. 1251-15 est puni de l'amende prévue pour les contraventions de la deuxième classe.

Le fait de méconnaître les dispositions relatives à l'affichage des informations sur la garantie financière prévu au second alinéa de l'article R. 1251-15, est puni de la même peine.

Art. R. 1255-7. (D. 2015-1886 du 30 déc. 2015, JO 31) Le fait de ne pas informer de la cessation de la garantie les directions régionales des entreprises, de la concurrence, de la consommation, du travail et de l'emploi ainsi que les organismes chargés du recouvrement des cotisations de sécurité sociale, en méconnaissance des dispositions de l'article R. 1251-31, est puni de l'amende prévue pour les contraventions de la deuxième classe.

SECTION 2. Groupements d'employeurs

Art. L. 1255-13. Le fait de méconnaître les dispositions des articles L. 1253-1 à L. 1253-10 et L. 1253-17, est puni d'une amende de 3 750 €.

La récidive est punie d'un emprisonnement de six mois et d'une amende de 7 500 €.

La juridiction peut également ordonner, à titre de peine complémentaire, l'affichage du jugement aux frais de la personne condamnée, à la porte du siège du groupement et aux portes des entreprises utilisatrices, dans les conditions prévues à l'article 131-35 du code pénal, et son insertion, intégrale ou par extraits, dans les journaux qu'elle désigne. Ces frais ne peuvent excéder le montant maximum de l'amende encourue.

Art. R. 1255-8. (D. 2015-1886 du 30 déc. 2015, JO 31) Le fait, pour la personne responsable de la gestion des installations ou des moyens de transports collectifs dans l'entreprise utilisatrice, d'empêcher un salarié temporaire d'avoir accès, dans les mêmes conditions que les salariés de cette entreprise, à ces équipements collectifs, en méconnaissance des dispositions de l'article L. 1253-14, est puni de l'amende prévue pour les contraventions de la cinquième classe.

La récidive de la contravention prévue au présent article est réprimée conformément aux articles 132-11 et 132-15 du code pénal.

Art. R. 1255-9. (D. 2015-1886 du 30 déc. 2015, JO 31) Le fait, pour la personne mentionnée à l'article D. 1253-2 et au dernier alinéa de l'article D. 1253-4, de transmettre des informations inexactes ou de ne pas faire connaître leur modification dans le délai fixé à ces articles, est puni de l'amende prévue pour les contraventions de la deuxième classe.

SECTION 3. Portage salarial

Note Cette section a été introduite par la loi 2016-1088 du 8 août 2016, art. 85, V, JO 9.

Art. L. 1255-14. Est puni de 3 750 € d'amende le fait pour un entrepreneur de portage salarial :

1° De conclure un contrat de travail en portage salarial pour une activité de services, en méconnaissance de l'article L. 1254-5 ;

2° De conclure un contrat de travail en portage salarial sans respecter les dispositions prévues à l'article L. 1254-7 ;

3° De conclure un contrat de travail en portage salarial à durée déterminée ne comportant pas un terme précis ou ne fixant pas de durée minimale lorsque le contrat ne comporte pas un terme précis, en méconnaissance de l'article L. 1254-11;

4° De méconnaître les durées maximales du contrat de travail en portage salarial à durée déterminée prévues aux articles L. 1254-12, L. 1254-13 et L. 1254-17;

5° De conclure un contrat de travail en portage salarial ne comportant pas la mention obligatoire prévue aux articles L. 1254-14 ou L. 1254-20;

6° De conclure un contrat de travail en portage salarial ne comportant pas l'ensemble des clauses et mentions prévues aux articles L. 1254-15 ou L. 1254-21;

7° De ne pas transmettre au salarié porté le contrat de travail en portage salarial dans le délai prévu à l'article L. 1254-16;

8° De ne pas conclure avec une entreprise cliente d'une personne portée le contrat commercial de prestation de portage salarial dans le délai prévu à l'article L. 1254-22 ou de ne pas avoir délivré dans le même délai au salarié porté une copie de ce contrat ;

9° De conclure avec une entreprise cliente d'une personne portée un contrat commercial de prestation de portage salarial ne comportant pas les mentions prévues à l'article L. 1254-23;

10° De méconnaître les dispositions relatives aux conditions d'exercice de l'activité de portage salarial prévues à l'article L. 1254-24;

11° De méconnaître l'obligation de mettre en place et de gérer pour chaque salarié porté un compte d'activité, conformément à l'article L. 1254-25;

12° D'exercer son activité sans avoir souscrit de garantie financière, en méconnaissance de l'article L. 1254-26;

13° D'exercer son activité sans avoir effectué la déclaration préalable prévue à l'article L. 1254-27;

14° De ne pas respecter, en méconnaissance de l'article L. 1254-28, les obligations relatives à la médecine du travail définies aux articles L. 4121-1 à L. 4121-5.

La récidive est punie de six mois d'emprisonnement et de 7 500 € d'amende.

La juridiction peut prononcer en outre l'interdiction d'exercer l'activité d'entreprise de portage salarial pour une durée de deux à dix ans.

Art. L. 1255-15. Est puni de 3 750 € d'amende le fait pour une entreprise autre que celle mentionnée à l'article L. 1255-14 de conclure un contrat de travail en portage salarial sans remplir les conditions requises pour exercer cette activité en application des articles L. 1254-24 à L. 1254-27.

Art. L. 1255-16. Est puni de 3 750 € d'amende le fait pour une entreprise cliente :

1° De recourir à un salarié porté en dehors des cas prévus à l'article L. 1254-3;

2° De méconnaître les interdictions de recourir à un salarié porté prévues aux articles L. 1254-4 et L. 1254-5;

3° De ne pas conclure avec l'entreprise de portage salarial le contrat commercial de prestation de portage salarial dans le délai prévu à l'article L. 1254-22;

4° De conclure avec l'entreprise de portage salarial un contrat commercial de prestation de portage salarial ne comportant pas les mentions prévues à l'article L. 1254-23.

La récidive est punie de six mois d'emprisonnement et de 7 500 € d'amende.

Art. L. 1255-17. Le fait de méconnaître, directement ou par personne interposée, l'interdiction d'exercer l'activité de portage salarial prononcée par la juridiction en application du dernier alinéa de l'article L. 1255-14 est puni de six mois d'emprisonnement et de 6 000 € d'amende.

Art. L. 1255-18. Dans tous les cas prévus à la présente section, la juridiction peut ordonner, à titre de peine complémentaire, l'affichage ou la diffusion de l'intégralité ou d'une partie de la décision, ou d'un communiqué informant le public des motifs et du dispositif de celle-ci, aux frais de l'entrepreneur de portage salarial ou de l'entreprise cliente condamnée, dans les conditions prévues à l'article 131-35 du code pénal, et son insertion, intégrale ou par extraits, dans les publications qu'elle désigne. Elle détermine, le cas échéant, les extraits de la décision et les termes du communiqué qui devront être affichés ou diffusés.

TITRE VI

SALARIÉS DÉTACHÉS TEMPORAIREMENT PAR UNE ENTREPRISE NON ÉTABLIE EN FRANCE

Chapitre Ier

Dispositions générales

Art. L. 1261-1. Les dispositions du présent titre sont applicables sous réserve, le cas échéant, de celles des traités, conventions ou accords régulièrement ratifiés ou approuvés et publiés, et notamment des traités instituant les communautés européennes ainsi que de celles des actes des autorités de ces communautés pris pour l'application de ces traités.

Art. L. 1261-2. Les obligations et interdictions qui s'imposent aux entreprises françaises lorsqu'elles font appel à des prestataires de services, notamment celles relatives au travail illégal mentionnées à l'article L. 8211-1, s'appliquent dans les mêmes conditions lorsque les prestations de services sont réalisées par des entreprises établies hors de France détachant du personnel sur le territoire national, selon des modalités définies par décret en Conseil d'État.

Art. L. 1261-3. Est un salarié détaché au sens du présent titre tout salarié d'un employeur régulièrement établi et exerçant son activité hors de France et qui, travaillant habituellement pour le compte de celui-ci (L. 2018-771 du 5 sept. 2018, art. 94, JO 6) « hors du territoire national », exécute son travail à la demande de cet employeur pendant une durée limitée sur le territoire national dans les conditions définies aux articles L. 1262-1 et L. 1262-2.

Art. R. 1261-1. Les employeurs mentionnés aux articles L. 1262-1 et L. 1262-2 sont soumis, pour leurs salariés détachés, y compris les mannequins et les personnels artistiques et techniques des entreprises de spectacle, aux dispositions légales et aux stipulations conventionnelles dans les matières énumérées à l'article L. 1262-4, sous réserve des conditions ou modalités particulières d'application définies au chapitre II.

Art. R. 1261-2. Les conventions et accords de travail collectifs français étendus dont bénéficient les salariés employés par les entreprises établies en France exerçant une activité principale identique au travail accompli par les travailleurs détachés sur le territoire français s'appliquent à ces salariés.

Chapitre II

Conditions de détachement et réglementation applicable

SECTION 1. Conditions de détachement

Art. L. 1262-1. Un employeur établi hors de France peut détacher temporairement des salariés sur le territoire national, à condition qu'il existe un contrat de travail entre cet employeur et le salarié et que leur relation de travail subsiste pendant la période de détachement.

Le détachement est réalisé :

1° Soit pour le compte de l'employeur et sous sa direction, dans le cadre d'un contrat conclu entre celui-ci et le destinataire de la prestation établi ou exerçant en France ;

2° Soit entre établissements d'une même entreprise ou entre entreprises d'un même groupe ;

3° Soit pour le compte de l'employeur sans qu'il existe un contrat entre celui-ci et un destinataire.

Art. L. 1262-2. (Ord. 2019-116 du 20 févr. 2019, JO 21, entrée en vigueur le 30.07.2020) « À la condition qu'il existe un contrat de travail entre l'entreprise de travail temporaire et le salarié et que leur relation de travail subsiste pendant la période de détachement, une entreprise exerçant une activité de travail temporaire établie hors du territoire national peut détacher temporairement des salariés :

1° Auprès d'une entreprise utilisatrice établie sur le territoire national ;

2° Auprès d'une entreprise utilisatrice établie hors du territoire national et exerçant temporairement une activité sur le territoire national. »

(L. 2016-1088 du 8 août 2016, art. 112, I, JO 9) « Les dispositions du chapitre Ier du titre V du présent livre relatives au travail temporaire sont applicables aux salariés détachés dans le cadre d'une mise à disposition au titre du travail temporaire, à l'exception des articles L. 1251-32 et L. 1251-33 pour les salariés titulaires d'un contrat de travail à durée indéterminée dans leur pays d'origine. »

Art. L. 1262-2-1. (L. 2014-790 du 10 juil. 2014, art. 1er, JO 11) I. — L'employeur qui détache un ou plusieurs salariés, dans les conditions prévues aux (L. 2018-771 du 5 sept. 2018, art. 91, I, JO 6) « 1° et 2° de l'article L. 1262-1 et à l'article L. 1262-2 », adresse une déclaration, préalablement au détachement, à l'inspection du travail du lieu où débute la prestation.

II. — L'employeur mentionné au I du présent article désigne un représentant de l'entreprise sur le territoire national, chargé d'assurer la liaison avec les agents mentionnés à l'article L. 8271-1-2 pendant la durée de la prestation.

(L. 2016-1088 du 8 août 2016, art. 105, I, 1° et 112, II, JO 9) « III. — L'accomplissement des obligations mentionnées aux I et II du présent article ne présume pas du caractère régulier du détachement. »

(Ord. 2019-116 du 20 févr. 2019, JO 21, entrée en vigueur le 30.07.2020) « IV. — L'entreprise utilisatrice établie hors du territoire national mentionnée au 2° de l'article L. 1262-2 qui, pour exercer son activité sur le territoire national, a recours à des salariés détachés mis à disposition par une entreprise de travail temporaire également établie hors du territoire national, informe préalablement au détachement l'entreprise de travail temporaire qui emploie le ou les salariés détachés du détachement de ces salariés sur le territoire national et des règles applicables à ces salariés, dont la liste est arrêtée par le ministre chargé du travail.

En cas de contrôle, l'entreprise utilisatrice justifie par tout moyen aux services de l'inspection du travail du respect des dispositions prévues au premier alinéa.

V. — L'entreprise utilisatrice établie sur le territoire national mentionnée au 1° de l'article L. 1262-2 qui a recours à des salariés détachés mis à disposition par une entreprise exerçant une activité de travail temporaire dans les conditions prévues à l'article L. 1262-2 informe l'employeur de ces salariés des règles applicables à ces salariés en matière de rémunération pendant leur mise à disposition sur le territoire national. »

Art. L. 1262-2-2. (L. 2015-990 du 6 août 2015, art. 283, JO 7) Les conditions dans lesquelles les employeurs mentionnés aux articles L. 1262-1 et L. 1262-2 sont tenus de transmettre, par voie dématérialisée, la déclaration mentionnée au I de l'article L. 1262-2-1 du présent code ou l'attestation mentionnée à l'article L. 1331-1 du code des transports sont fixées par décret en Conseil d'État pris après avis de la Commission nationale de l'informatique et des libertés.

Art. L. 1262-3. (L. 2015-990 du 6 août 2015, art. 280, II, 1°, JO 7) « Un employeur ne peut se prévaloir des dispositions applicables au détachement de salariés lorsqu'il exerce, dans l'État dans lequel il est établi, des activités relevant uniquement de la gestion interne ou administrative, ou lorsque son activité est réalisée sur le territoire national de façon habituelle, stable et continue. » Il ne peut notamment se prévaloir de ces dispositions lorsque son activité comporte la recherche et la prospection d'une clientèle ou le recrutement de salariés sur ce territoire.

Dans ces situations, l'employeur est assujetti aux dispositions du code du travail applicables aux entreprises établies sur le territoire national.

SECTION 2. Réglementation applicable

Art. L. 1262-4. (Ord. 2019-116 du 20 févr. 2019, JO 21, entrée en vigueur le 30.07.2020) I. — L'employeur détachant temporairement un salarié sur le territoire national lui garantit l'égalité de traitement avec les salariés employés par les entreprises de la même branche d'activité établies sur le territoire national, en assurant le respect des dispositions légales et des stipulations conventionnelles applicables aux salariés employés par les entreprises de la même branche d'activité établies sur le territoire national, en matière de législation du travail, pour ce qui concerne les matières suivantes :

1° Libertés individuelles et collectives dans la relation de travail ;

2° Discriminations et égalité professionnelle entre les femmes et les hommes ;

3° Protection de la maternité, congés de maternité et de paternité et d'accueil de l'enfant, congés pour événements familiaux ;

4° Conditions de mise à disposition et garanties dues aux salariés par les entreprises exerçant une activité de travail temporaire ;

5° Exercice du droit de grève ;

6° Durée du travail, repos compensateurs, jours fériés, congés annuels payés, durée du travail et travail de nuit des jeunes travailleurs ;

7° Conditions d'assujettissement aux caisses de congés et intempéries ;

8° Rémunération au sens de l'article L. 3221-3, paiement du salaire, y compris les majorations pour les heures supplémentaires ;

9° Règles relatives à la santé et sécurité au travail, âge d'admission au travail, emploi des enfants ;

10° Travail illégal ;

11° Remboursements effectués au titre de frais professionnels correspondants à des charges de caractère spécial inhérentes à sa fonction ou à son emploi supportés par le salarié détaché, lors de l'accomplissement de sa mission, en matière de transport, de repas et d'hébergement.

II. — L'employeur détachant temporairement un salarié sur le territoire national pendant une période excédant une durée de douze mois est soumis, à compter du treizième mois, aux dispositions du code du travail applicables aux entreprises établies sur le territoire national, à l'exception des dispositions du chapitre I, des sections 1, 2 et 5 du chapitre II, des chapitres III et IV du titre II, des titres III, IV et VII du livre II de la première partie du code du travail.

En cas de remplacement d'un salarié détaché par un autre salarié détaché sur le même poste de travail, la durée de détachement de douze mois mentionnée à l'alinéa précédent est atteinte lorsque la durée cumulée du détachement des salariés se succédant sur le même poste est égale à douze mois.

Lorsque l'exécution de la prestation le justifie, l'employeur mentionné au premier alinéa du II bénéficie, sur déclaration motivée adressée à l'autorité administrative préalablement à l'expiration du délai de douze mois, dans les conditions fixées par décret en Conseil d'État, de la prorogation de l'application des règles relevant des matières énumérées au I pour une durée d'au plus six mois supplémentaires.

Art. L. 1262-4-1. (L. 2014-790 du 10 juil. 2014, art. 1er, JO 11) (L. 2016-1088 du 8 août 2016, art. 105, 2°, JO 9) « I. —» Le donneur d'ordre ou le maître d'ouvrage qui contracte avec un prestataire de services qui détache des salariés, dans les conditions mentionnées aux articles L. 1262-1 et L. 1262-2, vérifie auprès de ce dernier, avant le début du détachement, qu'il s'est acquitté des obligations mentionnées aux I et II de l'article L. 1262-2-1.

(L. 2015-990 du 6 août 2015, art. 280, II, 3°, JO 7) «À défaut de s'être fait remettre par son cocontractant une copie de la déclaration mentionnée au I de l'article L. 1262-2-1, le maître d'ouvrage ou le donneur d'ordre adresse, dans les quarante-huit heures suivant le début du détachement, une déclaration à l'inspection du travail du lieu où débute la prestation. Un décret détermine les informations que comporte cette déclaration. »

(L. 2016-1088 du 8 août 2016, art. 105, I, 2°, JO 9) «Les conditions dans lesquelles le maître d'ouvrage ou le donneur d'ordre est tenu de transmettre, par voie dématérialisée, la déclaration mentionnée au deuxième alinéa du présent I sont fixées par décret en Conseil d'État pris après avis de la Commission nationale de l'informatique et des libertés.

II. — Le maître d'ouvrage vérifie avant le début du détachement que chacun des sous-traitants directs ou indirects de ses cocontractants, qu'il accepte en application de l'article 3 de la loi n° 75-1334 du 31 décembre 1975 relative à la sous-traitance, et que chacune des entreprises exerçant une activité de travail temporaire avec laquelle un de ces sous-traitants ou un de ces cocontractants a contracté qui détachent des salariés dans les conditions mentionnées aux articles L. 1262-1 et L. 1262-2 se sont acquittés de l'obligation mentionnée au I de l'article L. 1262-2-1».

(L. 2018-771 du 5 sept. 2018, art. 96, I, JO 6) «III. — Le donneur d'ordre ou le maître d'ouvrage qui contracte avec un prestataire de services qui détache des salariés, dans les conditions mentionnées aux articles L. 1262-1 et L. 1262-2, vérifie lors de la conclusion du contrat que son cocontractant s'est acquitté, le cas échéant, du paiement des sommes dues au titre des amendes prévues aux articles L. 1263-6, L. 1264-1, L. 1264-2 et L. 8115-1.»

Art. L. 1262-4-2. (L. 2014-790 du 10 juil. 2014, art. 1er, JO 11) L'article L. 1262-4-1 ne s'applique pas au particulier qui contracte avec un prestataire de services établi hors de France pour son usage personnel, celui de son conjoint, de son partenaire lié par un pacte civil de solidarité, de son concubin ou de ses ascendants ou descendants.

Art. L. 1262-4-3. (L. 2015-990 du 6 août 2015, art. 280, II, 4°, JO 7) Le maître d'ouvrage ou le donneur d'ordre, informé par écrit par l'un des agents de contrôle mentionnés à l'article L. 8271-1-2 du non-paiement partiel ou total du salaire minimum légal ou conventionnel dû au salarié, détaché au sens de l'article L. 1261-3, par son cocontractant, par un sous-traitant direct ou indirect ou par un cocontractant d'un sous-traitant, enjoint aussitôt, par écrit, à ce sous-traitant ou à ce cocontractant, ainsi qu'au donneur d'ordre immédiat de ce dernier, de faire cesser sans délai cette situation.

À défaut de régularisation de la situation signalée dans un délai fixé par décret, le maître d'ouvrage ou le donneur d'ordre, s'il ne dénonce pas le contrat de prestation de service, est tenu solidairement avec l'employeur du salarié au paiement des rémunérations, indemnités et charges dues, dans des conditions fixées par décret en Conseil d'État.

Le présent article ne s'applique pas au particulier qui contracte avec une entreprise pour son usage personnel, celui de son conjoint, de son partenaire auquel il est lié par un pacte civil de solidarité, de son concubin ou de ses ascendants ou descendants.

Art. L. 1262-4-4. (L. 2016-1088 du 8 août 2016, art. 105, I, 3°, JO 9) Lorsqu'un salarié détaché est victime d'un accident du travail, une déclaration est envoyée à l'inspection du travail du lieu où s'est produit l'accident.

Cette déclaration est effectuée, dans un délai et selon des modalités fixés par décret en Conseil d'État, par :

1° L'employeur, lorsque le salarié est détaché selon les modalités mentionnées au 3° de l'article L. 1262-1 ;

2° Le donneur d'ordre ou le maître d'ouvrage cocontractant d'un prestataire de services qui détache des salariés dans les conditions mentionnées aux 1° et 2° de l'article L. 1262-1 ou à l'article L. 1262-2.

Art. L. 1262-4-5. (L. 2016-1088 du 8 août 2016, art. 105, I, 3°, JO 9) Sur les chantiers de bâtiment ou de génie civil relevant de l'article L. 4532-10, le maître d'ouvrage porte à la connaissance des salariés détachés, par voie d'affichage sur les lieux de travail, les informations sur la réglementation qui leur est applicable en application de l'article L. 1262-4. L'affiche est facilement accessible et traduite dans l'une des langues officielles parlées dans chacun des États d'appartenance des salariés détachés.

Un décret détermine les conditions de mise en œuvre de cette obligation, notamment le contenu des informations mentionnées au premier alinéa.

Art. L. 1262-5. Un décret en Conseil d'État détermine :

1° Les conditions et modalités d'application des dispositions relevant des matières énumérées à l'article L. 1262-4 ;

2° Les conditions dans lesquelles des formalités déclaratives sont exigées des prestataires étrangers ;

3° Les dispenses de formalités dont ils bénéficient ;

(L. 2014-790 du 10 juil. 2014, art. 1er, JO 11) « 4° Les modalités de désignation et les attributions du représentant mentionné au II de l'article L. 1262-2-1 ;

5° Les modalités selon lesquelles (L. 2015-990 du 6 août 2015, art. 280, II, 5°, JO 7) « sont satisfaites les obligations » prévues à l'article L. 1262-4-1 ;

6° Les modalités de mise en œuvre de l'article L. 1264-3 ; »

(L. 2015-990 du 6 août 2015, art. 280, II, 5°, JO 7) « 7° Les conditions d'application de l'article L. 1263-7, notamment la nature des documents devant être traduits en langue française et leurs modalités de conservation sur le territoire national. »

SECTION 3. Conditions particulières de détachement

Note Cette section a été introduite par la loi 2018-771 du 5 septembre 2018, art. 89, JO 6.

Art. L. 1262-6. Sans préjudice de l'article L. 1262-3 et de la section 2 du présent chapitre, les employeurs détachant un ou plusieurs salariés dans les conditions prévues aux 1° et 2° de l'article L. 1262-1 pour des prestations et opérations de courte durée ou dans le cadre d'évènements ponctuels et dont les salariés détachés exercent l'une des activités dont la liste est fixée par arrêté du ministre chargé du travail sont dispensés des obligations prévues aux I et II de l'article L. 1262-2-1.

L'arrêté mentionné au premier alinéa du présent article précise, pour chaque activité identifiée, la durée maximale d'activité en France sur une période de référence.

Un décret en Conseil d'État détermine, le cas échéant, les adaptations dont bénéficient les employeurs mentionnés au même premier alinéa pour l'application de l'article L. 1263-7, notamment la nature des documents devant être traduits en langue française et leurs modalités de conservation sur le territoire national.

Art. L. 1262-7. Les dispositions de la présente section ne sont pas applicables aux entreprises de travail temporaire définies à l'article L. 1251-2 et aux agences de mannequins définies à l'article L. 7123-12.

SECTION 1 (RÉGLEMENTAIRE). Maladie et accident

Art. R. 1262-1. Lorsque la durée du détachement en France est supérieure à un mois, les dispositions relatives aux absences pour maladie ou accident, prévues à l'article L. 1226-1, sont applicables aux salariés détachés.

Art. R. 1262-2. (D. 2017-825 du 5 mai 2017, JO 7, entrée en vigueur le 01.07.2017) La déclaration mentionnée à l'article L. 1262-4-4 est envoyée dans un délai de deux jours ouvrables suivant la survenance de l'accident du travail, par tout moyen permettant de conférer date certaine à cet envoi.

La déclaration comporte les éléments suivants :

1° Le nom ou la raison sociale ainsi que les adresses postale et électronique, les coordonnées téléphoniques de l'entreprise ou de l'établissement qui emploie habituellement le salarié ainsi que les références de son immatriculation à un registre professionnel ou toutes autres références équivalentes ;

2° Les noms, prénoms, date et lieu de naissance, adresse de résidence habituelle, nationalité et qualification professionnelle de la victime ;

3° Les date, heure, lieu et circonstances détaillées de l'accident, la nature et le siège des lésions ainsi que, le cas échéant, la durée de l'arrêt de travail ;

4° L'identité et les coordonnées des témoins le cas échéant.

Lorsque la déclaration de l'accident du travail est effectuée par le donneur d'ordre ou le maître d'ouvrage, celle-ci comporte également son nom ou sa raison sociale, ses adresses postale et électronique, ses coordonnées téléphoniques ainsi que, le cas échéant, le numéro d'identification SIRET de l'établissement.

En outre, l'entreprise utilisatrice d'un salarié détaché dans les conditions prévues par l'article L. 1262-2 non affilié à un régime français de sécurité sociale informe l'entreprise exerçant une activité de travail temporaire de tout accident mettant en cause ce salarié détaché.

Lorsque le salarié détaché dans les conditions prévues par l'article L. 1262-2 est affilié à un régime français de sécurité sociale, la déclaration est effectuée selon les modalités prévues par l'article R. 412-2 du code de la sécurité sociale ou par le deuxième alinéa de l'article D. 751-93 du code rural et de la pêche maritime.

SECTION 2 (RÉGLEMENTAIRE). Droit d'expression

Art. R. 1262-3. Les dispositions relatives au droit d'expression, prévues par les articles L. 2281-1 à L. 2281-4, sont applicables aux salariés détachés dans les conditions prévues au 2° de l'article L. 1262-1.

SECTION 3 (RÉGLEMENTAIRE). Durée du travail, repos et congés

Art. R. 1262-4. Lorsque la durée du détachement en France est supérieure à un mois, les dispositions relatives au chômage des jours fériés, prévues à l'article L. 3133-3, sont applicables aux salariés détachés.

Art. R. 1262-6. Les dispositions spécifiques relatives à la durée du travail et au repos qui figurent aux chapitres III et IV du titre premier du livre VII du code rural et de la pêche maritime sont applicables aux salariés détachés dans les entreprises qui exercent une activité mentionnée à l'article L. 713-1 de ce code.

SECTION 4 (RÉGLEMENTAIRE). Salaire

Art. R. 1262-7. Lorsque la durée du détachement en France est supérieure à un mois, les dispositions relatives à la mensualisation, prévues aux articles L. 3242-1 et L. 3242-2, sont applicables aux salariés détachés.

Art. R. 1262-8. (D. 2020-916 du 28 juil. 2020, JO 29, entrée en vigueur le 30.07.2020) Les allocations propres au détachement sont regardées comme faisant partie de la rémunération. Toutefois, les sommes versées à titre de remboursement des dépenses effectivement encourues du fait du détachement mentionnées au 11° de l'article L. 1262-4 en sont exclues et sont prises en charge par l'employeur lorsque les conditions suivantes sont cumulativement remplies :

1° Leur prise en charge est prévue par des dispositions légales ou des stipulations conventionnelles ;

2° Lorsque le salarié détaché doit se déplacer vers ou depuis son lieu de travail habituel sur le territoire national ou lorsqu'il est temporairement envoyé par son employeur de ce lieu de travail habituel vers un autre lieu de travail.

Lorsque l'employeur ne justifie pas du versement de tout ou partie de l'allocation propre au détachement au titre de la rémunération ou des dépenses effectivement encourues du fait du détachement en application du contrat de travail ou de la loi qui régit celui-ci, l'intégralité de l'allocation est alors regardée comme payée à titre de remboursement des dépenses et est exclue de la rémunération.

SECTION 5 (RÉGLEMENTAIRE). Santé au travail

Art. R. 1262-9. Sont applicables, sous réserve des dispositions des articles R. 1262-10 à R. 1262-15, les dispositions relatives :

1° À la prise en charge des dépenses afférentes aux services de santé au travail, prévue par l'article L. 4622-6 ;

(D. 2016-1908 du 27 déc. 2016, art. 4, 1°, JO 29, entrée en vigueur le 01.01.2017) « 2° Aux missions du médecin du travail prévues par l'article R. 4623-1 et à celles des autres membres de l'équipe pluridisciplinaire de santé au travail mentionnée à l'article L. 4622-8 ;

3° Aux actions des membres de l'équipe pluridisciplinaire de santé au travail sur le milieu de travail prévues aux articles R. 4624-1 à R. 4624-9 ;

4° Au suivi individuel de l'état de santé prévu aux articles R. 4624-10 à R. 4624-45 ;

5° Aux mesures proposées par le médecin du travail, prévues à l'article L. 4624-3, à l'avis d'inaptitude rendu par le médecin du travail, prévu par l'article L. 4624-4 et à la contestation prévue par l'article L. 4624-7 ;

6° Au dossier médical en santé au travail prévu à l'article L. 4624-8. »

Dans les services de santé au travail, les établissements de santé, sociaux et médico-sociaux, les dispositions prévues par les articles R. 4623-1 à R. 4626-19, R. 4626-21, R. 4626-25 à D. 4626-32 sont applicables.

Dans les professions agricoles, les dispositions des articles R. 717-3 à R. 717-12, R. 717-15 à R. 717-30 du code rural (Ord. 2010-462 du 6 mai 2010, JO 7) « et de la pêche maritime » sont applicables.

Art. R. 1262-10. Le salarié détaché bénéficie des prestations d'un service de santé au travail, sauf si l'employeur, établi dans un État membre de l'Union européenne, partie à l'accord sur l'Espace économique européen ou dans la Confédération helvétique, prouve que ce salarié est soumis à une surveillance équivalente dans son pays d'origine.

Art. R. 1262-11. Dans les cas prévus aux 1° et 2° de l'article L. 1262-1 et à l'article L. 1262-2, l'entreprise utilisatrice ou le donneur d'ordre prend en charge l'organisation matérielle des obligations relatives à la santé au travail du salarié dans le cadre de son service de santé au travail.

Art. R. 1262-12. Dans le cas prévu au 3° de l'article L. 1262-1 et lorsque l'entreprise étrangère intervient pour le compte d'un particulier, celle-ci adhère au service de santé au travail interentreprises territorialement et professionnellement compétent.

Art. R. 1262-13. (D. 2016-1908 du 27 déc. 2016, art. 4, 2°, JO 29, entrée en vigueur le 01.01.2017) À défaut d'un suivi de l'état de santé équivalent dans leur État d'origine :

1° Pour les travailleurs bénéficiant de l'examen médical d'aptitude à l'embauche prévu à l'article R. 4624-24 du présent code, celui-ci est réalisé avant l'affectation sur le poste ;

2° Pour les travailleurs bénéficiant d'une visite d'information et de prévention prévue à l'article R. 4624-10 du présent code, celle-ci est réalisée dans un délai qui n'excède pas trois mois après l'arrivée dans l'entreprise.

Art. R. 1262-14. (D. 2016-1908 du 27 déc. 2016, art. 4, 3°, JO 29, entrée en vigueur le 01.01.2017) « L'entreprise étrangère bénéficie de l'action du médecin du travail et des autres membres de l'équipe pluridisciplinaire de santé au travail sur le milieu de travail ainsi que des dispositions relatives à la fiche d'entreprise prévue aux articles R. 4624-46 à R. 4624-50. »

Dans le cas prévu au 3° de l'article L. 1262-1 et lorsque l'entreprise intervient pour le compte d'un particulier, cette action n'a lieu que sur demande de l'entreprise étrangère.

Art. R. 1262-15. Dans les cas prévus aux 1° et 2° de l'article L. 1262-1 et à l'article L. 1262-2, les documents et informations transmis à l'employeur le sont également à l'entreprise utilisatrice ou au donneur d'ordre.

SECTION 6 (RÉGLEMENTAIRE). Travail temporaire

Art. R. 1262-16. (D. 2020-916 du 28 juil. 2020, JO 29, entrée en vigueur le 30.07.2020) Les salariés détachés mis à disposition d'une entreprise utilisatrice établie en France bénéficient des stipulations des conventions et accords applicables au lieu de travail et aux salariés employés par cette entreprise utilisatrice dans les matières mentionnées à l'article L. 1251-21, et en matière de rémunération conformément à l'article L. 1251-18.

Art. R. 1262-17. Pour l'application de l'obligation de garantie financière prévue aux articles L. 1251-49 et L. 1251-50, (D. 2009-289 du 13 mars 2009, JO 15) « alinéas 2 et 3 » à L. 1251-53 aux entreprises de travail temporaire qui détachent un salarié en France, la garantie assure le paiement aux salariés détachés, pendant toute la période de leur travail sur le territoire français, des salaires et de leurs accessoires, ainsi que des indemnités résultant du chapitre premier du titre V.

Art. R. 1262-18. Les garanties souscrites dans leur pays d'origine par les entreprises établies dans un État membre de l'Union européenne, partie à l'accord sur l'Espace économique européen ou dans la Confédération helvétique peuvent être regardées comme équivalentes à la garantie financière prévue à l'article R. 1262-17 si elles assurent la même protection aux salariés concernés.

SECTION 7 (RÉGLEMENTAIRE). Détachement de plus de douze mois

Note Cette section a été introduite par le décret 2020-916 du 28 juillet 2020, JO 29, entrée en vigueur le 30.07.2020.

Art. R. 1262-18-1. Pour l'application du dernier alinéa du II de l'article L. 1262-4, l'employeur complète, pour chaque salarié détaché concerné, la déclaration de détachement prévue au I de l'article L. 1262-2-1, en utilisant le télé-service " SIPSI ", avec les éléments suivants :

1° La durée de la prorogation de l'application des règles relevant des matières énumérées au I de l'article L. 1262-4 pour une durée d'au plus six mois supplémentaires ;

2° Le motif de la prorogation.

SECTION 8 (RÉGLEMENTAIRE). Dispositions diverses

Note Cette section a été introduite par le décret 2015-364 du 30 mars 2015, art. 12, JO 31, entrée en vigueur le 01.05.2015. Sur l'entrée en vigueur de ce décret, voir CE 8 juillet 2016, n° 389745.

Art. R. 1262-19. Les dispositions des articles R. 4231-1 à R. 4231-4, R. 8281-1 à R. 8281-4 et R. 8282-1 sont applicables aux salariés détachés en France.

Chapitre III

Contrôle

Art. L. 1263-1. Les agents de contrôle mentionnés à l'article L. 8112-1 et les autorités chargées de la coordination de leurs actions sont habilités à se communiquer réciproquement tous les renseignements et documents nécessaires pour faire appliquer les dispositions du présent titre.

Ils peuvent également communiquer ces renseignements et documents aux agents investis de pouvoirs analogues dans les États étrangers et aux autorités chargées de la coordination de leurs actions dans ces États.

(L. 2016-1088 du 8 août 2016, art. 109, I, JO 9) «Les agents de contrôle mentionnés à l'article L. 8271-1-2 disposent d'un droit d'accès aux données issues des déclarations de détachement transmises à l'inspection du travail en application des articles L. 1262-2-1 et L. 1262- 4-1 qui sont nécessaires à l'accomplissement de leur mission de lutte contre le travail illégal. »

Art. L. 1263-2. La nature des informations communicables et les conditions dans lesquelles est assurée la protection des données à caractère personnel sont précisées par décret en Conseil d'État.

Art. L. 1263-3. (L. 2015-990 du 6 août 2015, art. 280, I, JO 7) Lorsqu'un agent de contrôle de l'inspection du travail mentionné (L. 2016-1088 du 8 août 2016, art. 113, III, 10°, JO 9) «à l'article L. 8112-1» constate un manquement grave, commis par un employeur établi hors de France qui détache des salariés sur le territoire national, à l'article L. 3131-1 relatif au repos quotidien, à l'article L. 3132-2 relatif au repos hebdomadaire, à l'article (L. 2016-1088 du 8 août 2016, art. 8, XI, 2°, JO 9) « L. 3121-18» relatif à la durée quotidienne maximale de travail ou à l'article (L. 2016-1088 du 8 août 2016, art. 8, XI, 2°, JO 9) « L. 3121-20» relatif à la durée hebdomadaire maximale de travail, (L. 2016-1088 du 8 août 2016, art. 105, I, 4°, JO 9) «constate le non-paiement total ou partiel du salaire minimum légal ou conventionnel,» constate un manquement de l'employeur ou de son représentant à l'obligation mentionnée à l'article L. 1263-7 en vue du contrôle du respect des dispositions des articles L. 3231-2, L. 3131-1, L. 3132-2, (L. 2016-1088 du 8 août 2016, art. 8, XI, 2°, JO 9) « L. 3121-18 et L. 3121-20» du présent code, constate des conditions de travail ou d'hébergement incompatibles avec la dignité humaine sanctionnées à l'article 225-14 du code pénal (L. 2018-771 du 5 sept. 2018, art. 96, II, 3°, JO 6) «ou constate que l'employeur qui s'est vu notifier l'une des amendes administratives prévues aux articles L. 1263-6, L. 1264-1, L. 1264-2 ou L. 8115-1 du présent code ne s'est pas acquitté du paiement des sommes dues », il enjoint par écrit à cet employeur de faire cesser la situation dans un délai fixé par décret en Conseil d'État.

Il en informe, dans les plus brefs délais, le maître d'ouvrage ou le donneur d'ordre de l'employeur concerné.

Le fait pour l'employeur d'avoir communiqué à l'agent de contrôle des informations délibérément erronées constitue un manquement grave au sens du premier alinéa.

(L. 2016-1088 du 8 août 2016, art. 111, I, JO 9) «Pour l'application du présent article, lorsque l'employeur établi hors de France détache sur le territoire national des salariés exerçant des activités relevant du code rural et de la pêche maritime, la référence à l'article L. 3132-2 du présent code est remplacée par la référence à l'article L. 714-1 du code rural et de la pêche maritime. »

Art. L. 1263-4. (L. 2015-990 du 6 août 2015, art. 280, I, JO 7) À défaut de régularisation par l'employeur de la situation constatée dans le délai mentionné à l'article L. 1263-3, l'autorité administrative compétente peut, dès lors qu'elle a connaissance d'un rapport d'un agent de contrôle de l'inspection du travail constatant le manquement et eu égard à la répétition ou à la gravité des faits constatés, ordonner, par décision motivée, la suspension par l'employeur de la réalisation de la prestation de services concernée pour une durée ne pouvant excéder un mois.

L'autorité administrative met fin à la mesure dès que l'employeur justifie de la cessation du manquement constaté.

Art. L. 1263-4-1. (L. 2016-1088 du 8 août 2016, art. 107, JO 9) L'agent de contrôle de l'inspection du travail ou l'agent de contrôle assimilé mentionné au dernier alinéa de l'article L. 8112-1 qui n'a pas reçu, à l'issue du délai de quarante-huit heures à compter du début du détachement d'un salarié, la déclaration de détachement mentionnée au deuxième alinéa du I de l'article L. 1262-4-1 peut saisir d'un rapport motivé l'autorité administrative compétente. Celle-ci peut ordonner, au regard de la gravité du manquement, par décision motivée, la suspension de la réalisation de la prestation de services, pour une durée ne pouvant excéder un mois.

L'autorité administrative met fin à la suspension dès la réception de la déclaration de détachement transmise par l'employeur, le donneur d'ordre ou le maître d'ouvrage, pour les salariés concernés.

La sanction prévue au premier alinéa du présent article peut être cumulée avec l'amende administrative prévue aux articles L. 1264-1 et L. 1264-2.

Un décret en Conseil d'État détermine les modalités d'application du présent article.

Art. L. 1263-4-2. (L. 2018-771 du 5 sept. 2018, art. 96, III, JO 6) L'agent de contrôle de l'inspection du travail ou l'agent de contrôle assimilé mentionné au dernier alinéa de l'article L. 8112-1 qui constate, le cas échéant à réception de la déclaration mentionnée à l'article L. 1262-2-1, l'absence de paiement des sommes dues au titre de l'une des amendes prévues aux articles L. 1263-6, L. 1264-1, L. 1264-2 ou L. 8115-1 qui a été notifiée à un employeur établi à l'étranger détachant un ou plusieurs salariés dans les conditions prévues aux articles L. 1262-1 ou L. 1262-2 saisit par rapport motivé l'autorité administrative compétente. Celle-ci informe sans délai l'entreprise concernée avant le début de la prestation du manquement constaté et lui enjoint de faire cesser ce manquement en procédant au paiement des sommes dues.

En l'absence de régularisation avant le début de la prestation, l'autorité administrative peut ordonner au regard de la gravité du manquement, par décision motivée, l'interdiction de la prestation de services pour une durée de deux mois renouvelable. La prestation ne peut débuter en l'absence de régularisation du manquement.

L'autorité administrative autorise la prestation dès le paiement des sommes mentionnées au premier alinéa du présent article.

Art. L. 1263-5. (L. 2015-990 du 6 août 2015, art. 280, I, JO 7) La décision de suspension de la prestation de services prononcée par l'autorité administrative (L. 2016-1088 du 8 août 2016, art. 107, JO 9) «en application des articles L. 1263-4 (L. 2018-771 du 5 sept. 2018, art. 96, IV, JO 6) «, L. 1263-4-1 ou L. 1263-4-2» n'entraîne ni rupture, ni suspension du contrat de travail, ni aucun préjudice pécuniaire pour les salariés concernés.

Art. L. 1263-6. (L. 2015-990 du 6 août 2015, art. 280, I, JO 7) Le fait pour l'employeur de ne pas respecter la décision administrative mentionnée à l'article L. 1263-4 (L. 2018-771 du 5 sept. 2018, art. 96, V, JO 6) «, à l'article L. 1263-4-1 ou à l'article L. 1263-4-2» est passible d'une amende administrative, qui est prononcée par l'autorité administrative compétente, sur le rapport motivé d'un agent de contrôle de l'inspection du travail mentionné (L. 2016-1088 du 8 août 2016, art. 113, III, 10°, JO 9) «à l'article L. 8112-1».

Pour fixer le montant de l'amende, l'autorité administrative prend en compte les circonstances et la gravité du manquement, le comportement de son auteur ainsi que ses ressources et ses charges. L'amende est inférieure ou égale à 10 000 € par salarié concerné par le manquement.

Le délai de prescription de l'action de l'administration pour la sanction du manquement par une amende administrative est de deux années révolues à compter du jour où le manquement a été commis.

(Ord. 2016-413 du 7 avril 2016, art. 9, JO 8, entrée en vigueur le 01.07.2016) « L'employeur peut contester la décision de l'administration devant le tribunal administratif, à l'exclusion de tout recours hiérarchique. »

L'amende est recouvrée comme les créances de l'État étrangères à l'impôt et au domaine. (L. 2018-771 du 5 sept. 2018, art. 97, I, JO 6) «L'opposition à l'exécution ou l'opposition aux poursuites n'a pas pour effet de suspendre l'action en recouvrement de la créance. »

Art. L. 1263-7. (L. 2015-990 du 6 août 2015, art. 280, I, JO 7) L'employeur détachant temporairement des salariés sur le territoire national, ou son représentant mentionné au II de l'article L. 1262-2-1, présente sur le lieu de réalisation de la prestation à l'inspection du travail des documents traduits en langue française permettant de vérifier le respect des dispositions du présent titre.

Art. L. 1263-8. (L. 2018-771 du 5 sept. 2018, art. 90, JO 6) L'autorité administrative, saisie par un ou plusieurs employeurs détachant de manière récurrente des salariés dans les conditions prévues aux 1° et 2° de l'article L. 1262-1 ou par un organisme ayant mandat, peut aménager les modalités selon lesquelles les obligations prévues aux I et II de l'article L. 1262-2-1 et à l'article L. 1263-7 sont satisfaites lorsque sont apportées à l'appui de leur demande les informations attestant du respect des dispositions légales et des stipulations conventionnelles dans les matières énumérées à l'article L. 1262-4.

Les aménagements consentis pour une durée ne dépassant pas un an sont notifiés au demandeur.

Pendant la durée ainsi fixée, l'autorité administrative peut demander communication des documents prévus à l'article L. 1263-7.

L'autorité administrative met fin aux aménagements accordés en application du premier alinéa du présent article soit lorsque les modalités définies sur le fondement du même premier alinéa n'ont pas été respectées, soit en cas de constat d'un manquement aux règles applicables dans les matières énumérées à l'article L. 1262-4.

La demande de renouvellement des aménagements est assortie de tout élément attestant du respect des dispositions légales et des stipulations conventionnelles dans les matières énumérées au même article L. 1262-4 pour la période écoulée.

Un décret en Conseil d'État détermine la nature des aménagements pouvant être accordés en application du présent article.

SECTION 1 (RÉGLEMENTAIRE). Dispositions communes

Art. R. 1263-1. (D. 2015-364 du 30 mars 2015, art. 1er, JO 31, entrée en vigueur le 01.05.2015) I. — L'employeur établi hors de France conserve sur le lieu de travail du salarié détaché sur le territoire national ou, en cas d'impossibilité matérielle, dans tout autre lieu accessible à son représentant désigné en application de l'article L. 1262-2-1 et présente (D. 2015-1327 du 21 oct. 2015, JO 23) « sans délai », à la demande de l'inspection du travail du lieu où est accomplie la prestation, les documents mentionnés au présent article.

II. — Les documents requis aux fins de vérifier les informations relatives aux salariés détachés sont les suivants :

1° Le cas échéant, l'autorisation de travail permettant au ressortissant d'un État tiers d'exercer une activité salariée ;

2° Le cas échéant, le document attestant d'un examen médical dans le pays d'origine équivalent à celui prévu à l'article R. 1262-13 ;

3° Lorsque la durée du détachement est supérieure ou égale à un mois, les bulletins de paie de chaque salarié détaché ou tout document équivalent attestant de la rémunération et comportant les mentions suivantes :

(D. 2020-916 du 28 juil. 2020, JO 29, entrée en vigueur le 30.07.2020) « *a)* Rémunération brute ; »

b) Période et horaires de travail auxquels se rapporte le salaire en distinguant les heures payées au taux normal et celles comportant une majoration ;

c) Congés et jours fériés, et éléments de rémunération s'y rapportant ;

d) Conditions d'assujettissement aux caisses de congés et intempéries, le cas échéant ;

e) S'il y a lieu, l'intitulé de la convention collective de branche applicable au salarié ;

4° Lorsque la durée du détachement est inférieure à un mois, tout document apportant la preuve du respect de la rémunération minimale ;

5° Tout document attestant du paiement effectif (D. 2020-916 du 28 juil. 2020, JO 29, entrée en vigueur le 30.07.2020) « de la rémunération » ;

6° Un relevé d'heures indiquant le début, la fin et la durée du temps de travail journalier de chaque salarié.

III. — Les documents requis aux fins de s'assurer de l'exercice d'une activité réelle et substantielle de cet employeur dans son pays d'établissement sont les suivants :

1° Dans le cas où son entreprise est établie en dehors de l'Union européenne, le document attestant la régularité de sa situation sociale au regard d'une convention internationale de sécurité sociale ou, à défaut, l'attestation de fourniture de déclaration sociale émanant de l'organisme français de protection sociale chargé du recouvrement des cotisations sociales lui incombant et datant de moins de six mois ;

2° Lorsqu'il fait l'objet d'un écrit, le contrat de travail ou tout document équivalent attestant notamment du lieu de recrutement du salarié ;

3° Tout document attestant du droit applicable au contrat liant l'employeur et le cocontractant établi (D. 2020-916 du 28 juil. 2020, JO 29, entrée en vigueur le 30.07.2020) « ou exerçant » sur le territoire national ;

4° Tout document attestant du nombre de contrats exécutés et du montant du chiffre d'affaires réalisé par l'employeur dans son pays d'établissement et sur le territoire national.

Art. R. 1263-1-1. (D. 2019-555 du 4 juin 2019, art. 1er, 2°, JO 5) I. — Par dérogation aux dispositions du I de l'article R. 1263-1, l'employeur établi hors de France et qui détache un ou plusieurs salariés dans les conditions et pour les activités prévues à l'article L. 1262-6 dispose d'un délai, qui ne peut être supérieur à quinze jours, pour présenter les documents énumérés à l'article R. 1263-1.

II. — L'employeur établi hors de France et qui détache un ou plusieurs salariés dans les conditions prévues au 3° de l'article L. 1262-1 conserve sur le lieu de travail du salarié détaché sur le territoire national et présente sans délai les documents énumérés à l'article R. 1263-1, à l'exception de ceux mentionnés au 2° du II et au III, pour lesquels il dispose d'un délai, qui ne peut être supérieur à quinze jours.

Art. R. 1263-2. Les documents mentionnés à l'article R. 1263-1 sont traduits en langue française. Pour les entreprises qui ne sont pas établies dans un État membre de l'Union européenne dont la monnaie est l'euro, les sommes sont converties en euros.

Art. R. 1263-2-1. (D. 2015-364 du 30 mars 2015, art. 1er, JO 31, entrée en vigueur le 01.05.2015) Le représentant de l'entreprise sur le territoire national mentionné au II de l'article L. 1262-2-1 accomplit au nom de l'employeur les obligations qui lui incombent en application de l'article R. 1263-1.

(D. 2019-555 du 4 juin 2019, art. 1er, 3°, JO 5, entrée en vigueur le 01.07.2019) « La désignation de ce représentant est effectuée dans la déclaration de détachement prévue au I de l'article L. 1262-2-1. Elle couvre l'intégralité de la période pendant laquelle les salariés sont détachés en France. »

SECTION 2 (RÉGLEMENTAIRE). Déclaration de détachement

Art. R. 1263-3. L'employeur qui détache un ou plusieurs salariés, dans les conditions prévues au 1° de l'article L. 1262-1, adresse une déclaration comportant les éléments suivants :

(D. 2015-364 du 30 mars 2015, art. 2, JO 31, entrée en vigueur le 01.05.2015) « 1° Le nom ou la raison sociale ainsi que les adresses postale et électronique, les coordonnées téléphoniques de l'entreprise ou de l'établissement qui emploie habituellement le ou les salariés, la forme juridique de l'entreprise, (D. 2017-825 du 5 mai 2017, JO 7, entrée en vigueur le 01.07.2017) « son numéro individuel d'identification fiscale au titre de l'assujettissement à la taxe sur la valeur ajoutée ou, à défaut de détenir un tel numéro, » les références de son immatriculation à un registre professionnel ou toutes autres références équivalentes, les nom, prénoms, date et lieu de naissance du ou des dirigeants ;

2° L'adresse du ou des lieux successifs où doit s'accomplir la prestation, la date du début de la prestation et sa date de fin prévisible, l'activité principale exercée dans le cadre de la prestation, la nature du matériel ou des procédés de travail dangereux utilisés, (D. 2019-555 du 4 juin 2019, art. 1er, 4°, JO 5, entrée en vigueur le 01.07.2019) « le nom et l'adresse du donneur d'ordre ainsi que, le cas échéant, son numéro individuel d'identification fiscale au titre de l'assujettissement à la taxe sur la valeur ajoutée » ;

3° Les nom, prénoms, (D. 2019-555 du 4 juin 2019, art. 1er, 4°, JO 5, entrée en vigueur le 01.07.2019) « sexe, » date et lieu de naissance, adresse de résidence habituelle et nationalité de chacun des salariés détachés, la date de signature de son contrat de travail, sa qualification professionnelle, l'emploi qu'il occupe durant le détachement ainsi que (D. 2019-555 du 4 juin 2019, art. 1er, 4°, JO 5, entrée en vigueur le 01.07.2019) « le taux horaire de rémunération appliqué pendant la durée du détachement en France », converti le cas échéant en euros, la date du début du détachement et sa date de fin prévisible ; »

4° Les heures auxquelles commence et finit le travail ainsi que les heures et la durée des repos des salariés détachés conformément aux dispositions des articles L. 3171-1, premier et deuxième alinéas, et L. 3171-2 ;

(D. 2015-364 du 30 mars 2015, art. 2, JO 31, entrée en vigueur le 01.05.2015) « 5° Le cas échéant, l'adresse du ou des lieux d'hébergement collectif successifs des salariés ;

6° Les modalités de prise en charge par l'employeur des frais de voyage, de nourriture et, le cas échéant, d'hébergement ; »

(D. 2017-825 du 5 mai 2017, JO 7, entrée en vigueur le 01.07.2017) « 7° L'État auquel est attachée la législation de sécurité sociale dont relève chacun des salariés détachés au titre de l'activité qu'il réalise en France et, s'il s'agit d'un État autre que la France, la mention de la demande d'un formulaire concernant la législation de sécurité sociale applicable à l'institution compétente ; »

(D. 2019-555 du 4 juin 2019, art. 1er, 4°, JO 5, entrée en vigueur le 01.07.2019) « 8° La désignation de son représentant pendant la durée de la prestation en France, les coordonnées électroniques et téléphoniques de ce représentant, le lieu de conservation des documents mentionnés à l'article R. 1263-1 sur le territoire national ou les modalités permettant d'y avoir accès et de les consulter depuis le territoire national, (D. 2020-916 du 28 juil. 2020, JO 29, entrée en vigueur le 30.07.2020) « ainsi que le numéro de SIRET lorsque le représentant désigné n'est ni le dirigeant présent pendant la prestation, ni l'un des salariés détachés, ni le client de la prestation ». »

Art. R. 1263-4. Les employeurs qui détachent un ou plusieurs salariés, dans les conditions prévues au 2° de l'article L. 1262-1, adressent une déclaration comportant les éléments suivants :

(D. 2015-364 du 30 mars 2015, art. 2, JO 31, entrée en vigueur le 01.05.2015) « 1° Le nom ou la raison sociale ainsi que les adresses postale et électronique, les coordonnées téléphoniques de l'entreprise ou de l'établissement qui emploie habituellement le ou les salariés, la forme juridique de l'entreprise, (D. 2017-825 du 5 mai 2017, JO 7, entrée en vigueur le 01.07.2017) « son numéro individuel d'identification fiscale au titre de l'assujettissement à la taxe sur la valeur ajoutée ou, à défaut de détenir un tel numéro, » les références de son immatriculation à un registre professionnel ou toutes autres références équivalentes, les nom, prénoms, date et lieu de naissance du ou des dirigeants ;

2° L'adresse du ou des lieux successifs où doit s'accomplir la prestation, la date du début de la prestation et sa date de fin prévisible, la nature des services accomplis pendant le détachement et la nature du matériel ou des procédés de travail dangereux utilisés ainsi que (D. 2019-555 du 4 juin 2019, art. 1er, 5°, JO 5, entrée en vigueur le 01.07.2019) « , le cas échéant, le numéro individuel d'identification fiscale au titre de l'assujettissement à la taxe sur la valeur ajoutée » de l'entreprise ou de l'établissement d'accueil ;

3° Les nom, prénom, (D. 2019-555 du 4 juin 2019, art. 1er, 5°, JO 5, entrée en vigueur le 01.07.2019) « sexe, » date et lieu de naissance, adresse de résidence habituelle et nationalité du salarié détaché, la date de signature de son contrat de travail, sa qualification professionnelle, l'emploi qu'il occupe durant le détachement ainsi que (D. 2019-555 du 4 juin 2019, art. 1er, 5°, JO 5, entrée en vigueur le 01.07.2019) « le taux horaire de rémunération appliqué pendant la durée du détachement en France », converti le cas échéant en euros, la date du début du détachement et sa date de fin prévisible ;

4° Les heures auxquelles commence et finit le travail ainsi que les heures et la durée des repos des salariés détachés conformément aux dispositions des premier et deuxième alinéas de l'article L. 3171-1 et de l'article L. 3171-2 ;

5° Le cas échéant, l'adresse du ou des lieux d'hébergement collectif successifs des salariés ;

6° Les modalités de prise en charge par l'employeur des frais de voyage, de nourriture et, le cas échéant, d'hébergement ; »

(D. 2017-825 du 5 mai 2017, JO 7, entrée en vigueur le 01.07.2017) « 7° L'État auquel est attachée la législation de sécurité sociale dont relève chacun des salariés détachés au titre de l'activité qu'il réalise en France et, s'il s'agit d'un État autre que la France, la mention de la demande d'un formulaire concernant la législation de sécurité sociale applicable à l'institution compétente ; »

(D. 2019-555 du 4 juin 2019, art. 1er, 5°, JO 5, entrée en vigueur le 01.07.2019) « 8° La désignation de leur représentant pendant la durée de la prestation en France, les coordonnées électroniques et téléphoniques de ce représentant, le lieu de conservation des documents mentionnés à l'article R. 1263-1 sur le territoire national ou les modalités permettant d'y avoir accès et de les consulter depuis le territoire national, (D. 2020-916 du 28 juil. 2020, JO 29, entrée en vigueur le 30.07.2020) « ainsi que le numéro de SIRET lorsque le représentant désigné n'est ni le dirigeant présent pendant la prestation, ni l'un des salariés détachés, ni le client de la prestation ». »

Art. R. 1263-4-1. (D. 2015-364 du 30 mars 2015, art. 2, JO 31, entrée en vigueur le 01.05.2015) La déclaration de détachement prévue aux articles R. 1263-3 et R. 1263-4 est adressée (D. 2016-1044 du 29 juil. 2016, art. 7, JO 31, entrée en vigueur le 01.10.2016) « , en utilisant le télé-service " SIPSI ", » à l'(D. 2015-1689 du 17 déc. 2015, JO 18, entrée en vigueur le 01.01.2016) « unité départementale » mentionnée à l'article R. 8122-2 dans le ressort de laquelle s'effectue la prestation. Lorsque la prestation est exécutée dans d'autres lieux, la déclaration de détachement est adressée (D. 2016-1044 du 29 juil. 2016, art. 7, JO 31, entrée en vigueur le 01.10.2016) « , en utilisant le télé-service " SIPSI ", » à l'(D. 2015-1689 du 17 déc. 2015, JO 18, entrée en vigueur le 01.01.2016) « unité départementale » dans le ressort de laquelle se situe le premier lieu d'exécution de la prestation.

Art. R. 1263-5. (D. 2015-364 du 30 mars 2015, art. 2, JO 31, entrée en vigueur le 01.05.2015) « La déclaration de détachement prévue aux articles R. 1263-3 et R. 1263-4, dont le modèle est fixé par arrêté du ministre chargé du travail, est accomplie en langue française avant le début du détachement, (D. 2016-1044 du 29 juil. 2016, art. 7, JO 31, entrée en vigueur le 01.10.2016) « en utilisant le télé-service " SIPSI " du ministère chargé du travail (sipsi.travail.gouv.fr) ». »

Elle se substitue à l'ensemble des obligations de déclaration prévues par le présent code, hormis celles prévues au présent chapitre.

(D. 2020-916 du 28 juil. 2020, JO 29, entrée en vigueur le 30.07.2020) « En utilisant le téléservice " SIPSI ", l'employeur annule la déclaration de détachement mentionnée au premier alinéa en cas d'annulation du détachement et il la modifie en cas de changement des dates de détachement initialement prévues. »

SECTION 3 (RÉGLEMENTAIRE). Déclaration spécifique aux entreprises de travail temporaire

Art. R. 1263-6. Les entreprises de travail temporaire qui détachent un salarié sur le territoire français, dans les conditions prévues à l'article L. 1262-2, adressent une déclaration comportant les mentions suivantes :

(D. 2017-825 du 5 mai 2017, JO 7, entrée en vigueur le 01.07.2017) « 1° Le nom ou la raison sociale et les adresses postale et électronique, les coordonnées téléphoniques de l'entreprise de travail temporaire, la forme juridique de l'entreprise, son numéro individuel d'identification fiscale au titre de l'assujettissement à la taxe sur la valeur ajoutée ou, à défaut de détenir un tel numéro, les références de son immatriculation à un registre professionnel ou toutes autres références équivalentes, l'identité du ou des dirigeants ; »

2° L'identité de l'organisme auprès duquel a été obtenue une garantie financière ou une garantie équivalente dans le pays d'origine ;

(D. 2019-555 du 4 juin 2019, art. 1er, 6°, JO 5, entrée en vigueur le 01.07.2019) « 3° La désignation de leur représentant par l'employeur pendant la durée de la prestation en France, les coordonnées électroniques et téléphoniques de ce représentant, le lieu de conservation des documents mentionnés à l'article R. 1263-1 sur le territoire national ou les modalités permettant d'y avoir accès et de les consulter depuis le territoire national, (D. 2020-916 du 28 juil. 2020, JO 29, entrée en vigueur le 30.07.2020) « ainsi que le numéro de SIRET lorsque le représentant désigné n'est ni le dirigeant présent pendant la prestation, ni l'un des salariés détachés, ni le client de la prestation » ; »

(D. 2015-364 du 30 mars 2015, art. 3, JO 31, entrée en vigueur le 01.05.2015) « 4° Les nom, prénoms, (D. 2019-555 du 4 juin 2019, art. 1er, 6°, JO 5, entrée en vigueur le 01.07.2019) « sexe, » date et lieu de naissance, adresse de résidence habituelle et nationalité de chacun des salariés mis à disposition, les dates prévisibles du début et de la fin de sa mission, sa qualification professionnelle, l'emploi qu'il occupe durant le détachement, (D. 2019-555 du 4 juin 2019, art. 1er, 6°, JO 5, entrée en vigueur le 01.07.2019) « le taux horaire de rémunération appliqué pendant la durée du détachement en France », converti le cas échéant en euros, l'adresse du ou des lieux successifs où s'effectue sa mission, la nature du matériel ou des procédés de travail dangereux utilisés ;

(D. 2017-825 du 5 mai 2017, JO 7, entrée en vigueur le 01.07.2017) « 5° Le nom ou la raison sociale et les adresses postale et électronique, les coordonnées téléphoniques ainsi que (D. 2019-555 du 4 juin 2019, art. 1er, 6°, JO 5, entrée en vigueur le 01.07.2019) « , le cas échéant, le » numéro individuel d'identification fiscale au titre de l'assujettissement à la taxe sur la valeur ajoutée (D. 2019-555 du 4 juin 2019, art. 1er, 6°, JO 5, entrée en vigueur le 01.07.2019) « de l'entreprise utilisatrice ; »

6° Les heures auxquelles commence et finit le travail ainsi que les heures et la durée des repos des salariés détachés conformément aux dispositions des articles L. 3171-1, premier et deuxième alinéas, et L. 3171-2 ;

7° Le cas échéant, l'adresse du ou des lieux d'hébergement collectif successifs des salariés ;

8° Les modalités de prise en charge par l'employeur des frais de voyage, de nourriture et, le cas échéant, d'hébergement ; »

(D. 2017-825 du 5 mai 2017, JO 7, entrée en vigueur le 01.07.2017) « 9° L'État auquel est attachée la législation de sécurité sociale dont relève chacun des salariés mis à disposition au titre de l'activité qu'il réalise en France et, s'il s'agit d'un État autre que la France, la mention de la demande d'un formulaire concernant la législation de sécurité sociale applicable à l'institution compétente. »

Art. R. 1263-6-1. (D. 2015-364 du 30 mars 2015, art. 3, JO 31, entrée en vigueur le 01.05.2015) La déclaration de détachement prévue à l'article R. 1263-6, dont le modèle est fixé par arrêté du ministre chargé du travail, est adressée (D. 2016-1044 du 29 juil. 2016, art. 7, JO 31, entrée en vigueur le 01.10.2016) « , en utilisant le télé-service " SIPSI ", » à l'(D. 2015-1689 du 17 déc. 2015, JO 18, entrée en vigueur le 01.01.2016) « unité départementale » mentionnée à l'article R. 8122-2 dans le ressort de laquelle s'effectue la prestation. Lorsque la prestation est exécutée dans d'autres lieux, la déclaration de détachement est adressée (D. 2016-1044 du 29 juil. 2016, art. 7, JO 31, entrée en vigueur le 01.10.2016) « , en utilisant le télé-service " SIPSI ", » à l'(D. 2015-1689 du 17 déc. 2015, JO 18, entrée en vigueur le 01.01.2016) « unité départementale » dans le ressort de laquelle se situe le premier lieu d'exécution de la prestation.

Art. R. 1263-7. (D. 2015-364 du 30 mars 2015, art. 3, JO 31, entrée en vigueur le 01.05.2015) « La déclaration prévue à l'article R. 1263-6, dont le modèle est fixé par arrêté du ministre chargé du travail, est accomplie en langue française avant la mise à disposition du salarié, (D. 2016-1044 du 29 juil. 2016, art. 7, JO 31, entrée en vigueur le 01.10.2016) « en utilisant le télé-service " SIPSI " du ministère chargé du travail (sipsi.travail.gouv.fr) ». »

Elle se substitue aux obligations résultant des articles L. 1251-45 et L. 1251-46 ainsi qu'à l'ensemble des obligations de déclaration prévues par le code du travail hormis celles prévues au présent chapitre.

(D. 2020-916 du 28 juil. 2020, JO 29, entrée en vigueur le 30.07.2020) « En utilisant le téléservice " SIPSI ", l'employeur annule la déclaration de détachement mentionnée au premier alinéa en cas d'annulation du détachement et il la modifie en cas de changement des dates de détachement initialement prévues. »

Art. R. 1263-8. Outre les documents mentionnés aux articles R. 1263-1 et R. 1263-2, les entreprises de travail temporaire présentent à la demande de l'inspection du travail, un document attestant de l'obtention d'une garantie financière ou la preuve du respect des dispositions de garantie équivalente dans le pays d'origine ainsi que les documents comportant les mentions figurant aux articles L. 1251-16 et L. 1251-43.

Art. R. 1263-8-1. (D. 2017-825 du 5 mai 2017, JO 7, entrée en vigueur le 01.07.2017) La déclaration mentionnée au IV de l'article L. 1262-2-1 précise le nom, la raison sociale, l'adresse postale et électronique, les coordonnées téléphoniques du siège social, ainsi que l'identité du représentant légal de l'entreprise de travail temporaire.

Elle précise également le nom, prénom, et qualification professionnelle des travailleurs intérimaires.

La déclaration datée et signée par l'entreprise utilisatrice des salariés intérimaires est transmise par tout moyen permettant de conférer date certaine à cet envoi, avant le début du détachement, à l'unité départementale mentionnée à l'article R. 8122-2 dans le ressort de laquelle s'effectue la prestation. Elle précise également le nom, la raison sociale ainsi que l'adresse postale et électronique et les coordonnées téléphoniques de l'entreprise utilisatrice. Lorsque la prestation est exécutée en partie dans d'autres lieux, cette déclaration est adressée à l'unité départementale dans le ressort de laquelle se situe le premier lieu d'exécution de la prestation.

Art. R. 1263-9. Les documents (D. 2015-364 du 30 mars 2015, art. 4, JO 31, entrée en vigueur le 01.05.2015) « mentionnés à l'article R. 1263-8 » sont traduits en langue française.

Pour les entreprises qui ne sont pas établies dans un État membre de l'Union européenne dont la monnaie est l'euro, les sommes sont converties en euros.

SECTION 4 (RÉGLEMENTAIRE). Surveillance et contrôle du travail détaché

Art. R. 1263-10. La surveillance et le contrôle des conditions de travail et d'emploi définies au présent titre et la coopération avec les administrations des autres États membres sont assurés par (D. 2015-364 du 30 mars 2015, art. 5, JO 31, entrée en vigueur le 01.05.2015) « le bureau de liaison de la direction générale du travail mentionnée à l'article R. 8121-14. »

Ce bureau de liaison répond aux demandes d'information des administrations étrangères et leur communique les informations lorsqu'il a connaissance de faits relatifs à d'éventuels manquements de l'entreprise aux obligations résultant du présent titre.

Art. R. 1263-11. Les agents de contrôle mentionnés au livre premier de la partie VIII peuvent communiquer à leurs homologues étrangers, directement ou par l'intermédiaire du bureau de liaison, tout renseignement et document nécessaires à la surveillance et au contrôle des conditions de travail et d'emploi des salariés détachés.

Art. R. 1263-11-1. (D. 2015-1579 du 3 déc. 2015, JO 4) L'agent de contrôle de l'inspection du travail mentionné aux articles L. 8112-1 ou L. 8112-5 qui constate l'un des manquements mentionnés à l'article L. 1263-3 enjoint par écrit à l'employeur établi hors de France qui détache des salariés sur le territoire national de faire cesser ce manquement dans un délai de trois jours, à compter de la réception de l'injonction. Ce délai peut être réduit en cas de circonstances exceptionnelles, sans qu'il puisse être inférieur à un jour.

L'injonction est adressée (D. 2019-555 du 4 juin 2019, art. 1er, 7°, JO 5) « à l'employeur ou, le cas échéant, » au représentant de l'employeur mentionné au II de l'article L. 1262-2-1.

Art. R. 1263-11-2. (D. 2015-1579 du 3 déc. 2015, JO 4) (D. 2017-825 du 5 mai 2017, JO 7, entrée en vigueur le 01.07.2017) « À défaut de régularisation de l'un des manquements mentionnés (D. 2020-916 du 28 juil. 2020, JO 29, entrée en vigueur le 30.07.2020) « à l'article L. 1263-3 » dans le délai fixé en application des dispositions de l'article R. 1263-11-1, ou en cas de défaut de réception de la déclaration de détachement mentionné à l'article L. 1263-4-1 », l'agent de contrôle de l'inspection du travail transmet au directeur régional des entreprises, de la concurrence, de la consommation, du travail et de l'emploi un rapport relatif au manquement constaté.

Art. R. 1263-11-3. (D. 2015-1579 du 3 déc. 2015, JO 4) Avant de prononcer une suspension temporaire de la prestation de services (D. 2017-825 du 5 mai 2017, JO 7, entrée en vigueur le 01.07.2017) « en application de l'article L. 1263-4 ou de l'article L. 1263-4-1 », le directeur régional des entreprises, de la concurrence, de la consommation, du travail et de l'emploi invite (D. 2019-555 du 4 juin 2019, art. 1er, 9°, JO 5) « l'employeur ou son représentant » à présenter ses observations dans un délai de trois jours à compter de la réception de cette invitation. Ce délai peut être réduit dans les cas de circonstances exceptionnelles, sans qu'il puisse être inférieur à un jour.

À l'expiration du délai fixé et au vu des observations éventuelles de l'intéressé, il peut, eu égard à la répétition ou à la gravité des faits constatés, lui notifier une décision motivée de suspension temporaire. Cette décision indique la durée de la suspension temporaire de la prestation de services, qui ne peut excéder un mois, ainsi que les voies et délais de recours.

Art. R. 1263-11-3-1. (D. 2020-916 du 28 juil. 2020, JO 29, entrée en vigueur le 30.07.2020) I. — Lorsque l'agent de contrôle de l'inspection du travail, ou l'agent de contrôle assimilé mentionné au dernier alinéa de l'article L. 8112-1, constate le manquement mentionné à l'article L. 1263-4-2, il transmet un rapport motivé au directeur régional des entreprises, de la concurrence, de la consommation, du travail et de l'emploi.

II. — Ce dernier enjoint par écrit à l'employeur de faire cesser immédiatement le manquement en procédant au paiement des sommes dues, dès réception de l'injonction, et l'invite directement, ou par son représentant, à présenter ses observations dans un délai de trois jours à compter de la réception de cette invitation. Ce délai peut être réduit dans les cas de circonstances exceptionnelles, sans qu'il puisse être inférieur à un jour.

III. — À l'expiration du délai fixé au II et au vu des observations éventuelles de l'intéressé, le directeur régional des entreprises, de la concurrence, de la consommation, du travail et de l'emploi peut lui notifier une décision motivée d'interdiction temporaire de la prestation de services. Cette décision indique la durée de l'interdiction temporaire de la prestation qui ne peut excéder deux mois, ainsi que les voies et délais de recours. Elle informe du renouvellement de cette décision, par décision expresse, à défaut de transmission par l'employeur de l'attestation du paiement de l'amende avant la fin du délai de l'interdiction.

Art. R. 1263-11-4. (D. 2015-1579 du 3 déc. 2015, JO 4) Le directeur régional des entreprises, de la concurrence, de la consommation, du travail et de l'emploi informe sans délai le préfet du département dans lequel est situé l'établissement, ou, à Paris le préfet de police, de sa décision de suspension temporaire (D. 2019-555 du 4 juin 2019, art. 1er, 10°, JO 5) « ou d'interdiction temporaire » de la réalisation de la prestation de services.

Il en informe sans délai le maître d'ouvrage ou le donneur d'ordre cocontractant du prestataire.

Art. R. 1263-11-5. (D. 2015-1579 du 3 déc. 2015, JO 4) Lorsque la prestation de services porte sur des travaux réalisés sur un chantier de bâtiment ou de travaux publics, la décision du directeur régional des entreprises, de la concurrence, de la consommation, du travail et de l'emploi est notifiée simultanément au maître d'ouvrage ainsi qu'au responsable du chantier. Le maître d'ouvrage prend les mesures permettant de prévenir tout risque pour la santé ou la sécurité des travailleurs présents sur le site concerné ainsi que des usagers ou des tiers, qui résulterait de la suspension temporaire (D. 2019-555 du 4 juin 2019, art. 1er, 11°, JO 5) « ou de l'interdiction temporaire » de la prestation de services.

La décision du directeur régional des entreprises, de la concurrence, de la consommation, du travail et de l'emploi est portée à la connaissance du public par voie d'affichage sur les lieux du chantier.

Art. R. 1263-11-6. (D. 2015-1579 du 3 déc. 2015, JO 4) Le directeur régional des entreprises, de la concurrence, de la consommation, du travail et de l'emploi met fin à la mesure de suspension temporaire (D. 2019-555 du 4 juin 2019, art. 1er, 12°, JO 5) « ou d'interdiction temporaire » de la réalisation d'une prestation de services au vu des justificatifs de régularisation fournis par le représentant de l'employeur (D. 2019-555 du 4 juin 2019, art. 1er, 12°, JO 5) « ou, à défaut, dans les cas prévus au 3° de l'article L. 1262-1 et pour les activités mentionnées à l'article L. 1262-6, par l'employeur » (D. 2017-825 du 5 mai 2017, JO 7, entrée en vigueur le 01.07.2017) « , ou par le maître d'ouvrage ou le donneur d'ordre cocontractant du prestataire ».

Il informe sans délai de sa décision (D. 2019-555 du 4 juin 2019, art. 1er, 12°, JO 5) « l'employeur ou son représentant », le maître d'ouvrage ou le donneur d'ordre cocontractant du prestataire ainsi que le préfet compétent.

Art. R. 1263-11-7. (D. 2015-1579 du 3 déc. 2015, JO 4) Les injonctions, les informations, les invitations et les notifications mentionnées aux articles R. 1263-11-1 à R. 1263-11-6 sont effectuées par tout moyen permettant de leur conférer date certaine.

SECTION 5 (RÉGLEMENTAIRE). Obligation de vigilance des maîtres d'ouvrage et des donneurs d'ordre

Note Cette section a été introduite par le décret 2015-364 du 30 mars 2015, art. 6, JO 31, entrée en vigueur le 01.05.2015. Sur l'entrée en vigueur de ce décret, voir CE 8 juillet 2016, n° 389745.

Art. R. 1263-12. Le maître d'ouvrage ou le donneur d'ordre qui contracte avec un employeur établi hors de France demande à son cocontractant, avant le début de chaque détachement d'un ou de plusieurs salariés, les documents suivants :

(D. 2016-1044 du 29 juil. 2016, art. 7, JO 31, entrée en vigueur le 01.10.2016) « *a)* (D. 2019-555 du 4 juin 2019, art. 1er, 13°, JO 5, entrée en vigueur le 01.07.2019) « L'accusé de réception de » la déclaration de détachement effectuée sur le télé-service " SIPSI " du ministère chargé du travail, conformément aux articles R. 1263-5 et R. 1263-7 ; »

(D. 2019-555 du 4 juin 2019, art. 1er, 13°, JO 5, entrée en vigueur le 01.07.2019) « *b)* Une attestation sur l'honneur certifiant que le cocontractant s'est, le cas échéant, acquitté du paiement des sommes dues au titre des amendes prévues aux articles L. 1263-6, L. 1264-1, L. 1264-2 et L. 8115-1. Cette attestation comporte les nom, prénom, raison sociale du cocontractant et la signature de son représentant légal. »

Le maître d'ouvrage ou le donneur d'ordre est réputé avoir procédé aux vérifications mentionnées à l'article L. 1262-4-1 dès lors qu'il s'est fait remettre ces documents.

Art. R. 1263-12-1. (D. 2017-825 du 5 mai 2017, JO 7, entrée en vigueur le 01.07.2017) Pour l'application du II de l'article L. 1262-4-1, le maître d'ouvrage demande au sous-traitant établi hors de France, avant le début de chaque détachement d'un ou de plusieurs salariés sur le territoire national, (D. 2020-916 du 28 juil. 2020, JO 29, entrée en vigueur le 30.07.2020) « l'accusé de réception de la déclaration de détachement transmis » à l'unité départementale mentionnée à l'article R. 1263-4-1, conformément aux dispositions de l'article R. 1263-6-1.

Le maître d'ouvrage demande à l'entreprise exerçant une activité de travail temporaire établie hors de France avec laquelle son cocontractant ou un sous-traitant a contracté, et avant le début de chaque détachement d'un ou de plusieurs salariés sur le territoire national, (D. 2020-916 du 28 juil. 2020, JO 29, entrée en vigueur le 30.07.2020) « l'accusé de réception de la déclaration de détachement transmis » à l'unité départementale mentionnée à l'article R. 1263-4-1, conformément aux dispositions de l'article R. 1263-6-1.

Le maître d'ouvrage est réputé avoir procédé à la vérification mentionnée au II de l'article L. 1262-4-1 dès lors qu'il s'est fait remettre ces documents.

Art. R. 1263-13. (D. 2016-27 du 19 janv. 2016, JO 20) La déclaration que doit faire le maître d'ouvrage ou le donneur d'ordre, en application du deuxième alinéa de l'article L. 1262-4-1, lorsque son cocontractant ne lui a pas remis (D. 2020-916 du 28 juil. 2020, JO 29, entrée en vigueur le 30.07.2020) « l'accusé de réception » de la déclaration de détachement lui incombant en vertu du premier alinéa de l'article L. 1262-2-1, est adressée à l'unité territoriale compétente mentionnée aux articles R. 1263-4-1 et R. 1263-6-1 (D. 2016-1748 du 15 déc. 2016, art. 1er, JO 17, entrée en vigueur le 01.04.2017) « en utilisant le téléservice " SIPSI " du ministère chargé du travail ».

La déclaration est rédigée en langue française et justifie par tout moyen lui conférant date certaine qu'elle a été faite dans le délai prévu à l'article L. 1262-4-1.

Art. R. 1263-14. (D. 2016-27 du 19 janv. 2016, JO 20) La déclaration du maître d'ouvrage ou du donneur d'ordre mentionnée à l'article R. 1263-13, dont le modèle est fixé par arrêté du ministre chargé du travail, comporte les informations suivantes :

1° Le nom ou la raison sociale, les adresses postale et électronique, les coordonnées téléphoniques, l'activité principale du maître d'ouvrage ou du donneur d'ordre déclarant ainsi que (D. 2017-825 du 5 mai

2017, JO 7, entrée en vigueur le 01.07.2017) « son numéro individuel d'identification fiscale au titre de l'assujettissement à la taxe sur la valeur ajoutée ou, à défaut de détenir un tel numéro, » les références de son immatriculation à un registre professionnel ou toutes autres références équivalentes ;

2° Le nom ou la raison sociale ainsi que les adresses postale et électronique, les coordonnées téléphoniques de l'entreprise ou de l'établissement qui emploie habituellement le ou les salariés, la forme juridique de l'entreprise, (D. 2017-825 du 5 mai 2017, JO 7, entrée en vigueur le 01.07.2017) « son numéro individuel d'identification fiscale au titre de l'assujettissement à la taxe sur la valeur ajoutée ou, à défaut de détenir un tel numéro, » les références de son immatriculation à un registre professionnel ou toutes autres références équivalentes et les États sur le territoire desquels sont situés les organismes auxquels il verse les cotisations de sécurité sociale afférentes au détachement des salariés concernés ;

3° L'adresse des lieux successifs où doit s'accomplir la prestation, la date du début de la prestation et sa date de fin prévisible, l'activité principale exercée dans le cadre de la prestation ;

4° Les nom, prénoms, date et lieu de naissance, adresse de résidence habituelle et nationalité de chacun des salariés détachés.

SECTION 6 (RÉGLEMENTAIRE). Obligations et responsabilité financière des maîtres d'ouvrage et des donneurs d'ordre

Note Cette section a été introduite par le décret 2016-27 du 19 janvier 2016, JO 20.

Art. R. 1263-15. Par dérogation aux articles R. 3245-1 à R. 3245-4, les obligations et la responsabilité financière des maîtres d'ouvrage et donneurs d'ordre au regard des salariés détachés sont régies par les dispositions de la présente section.

Art. R. 1263-16. À compter du jour de la réception de l'injonction mentionnée à l'article L. 1262-4-3, l'employeur détachant des salariés et, le cas échéant, le donneur d'ordre cocontractant de ce dernier informent dans un délai de sept jours le maître d'ouvrage ou le donneur d'ordre des mesures prises pour faire cesser la situation.

Le maître d'ouvrage ou le donneur d'ordre transmet aussitôt cette information à l'agent de contrôle auteur du signalement ou informe celui-ci, dès l'expiration du délai imparti, de l'absence de réponse.

Art. R. 1263-17. En cas d'absence de régularisation effective de la situation par l'employeur, le maître d'ouvrage ou le donneur d'ordre, s'il ne dénonce pas le contrat de prestation de service, est tenu solidairement avec celui-ci au paiement des rémunérations et indemnités dues à chaque salarié détaché ainsi que, lorsque ce salarié relève d'un régime français de sécurité sociale, des cotisations et contributions sociales afférentes dues aux organismes chargés de leur recouvrement.

Art. R. 1263-18. L'agent de contrôle auteur du signalement informe par écrit les salariés concernés qu'à défaut de paiement de leurs rémunérations par l'employeur, le maître d'ouvrage ou le donneur d'ordre, ils peuvent saisir le conseil de prud'hommes afin de recouvrer les sommes dues.

Art. R. 1263-19. Les injonctions et les informations mentionnées aux articles R. 1263-16 à R. 1263-18 sont effectuées par tout moyen permettant de leur conférer date certaine.

Art. D. 1263-21. (D. 2017-825 du 5 mai 2017, JO 7, entrée en vigueur le 01.07.2017) L'affiche mentionnée à l'article L. 1262-4-5 présente les informations sur la réglementation française de droit du travail applicable aux salariés détachés en France en matière de durée du travail, de salaire minimum, d'hébergement, de prévention des chutes de hauteur, d'équipements individuels obligatoires et d'existence d'un droit de retrait. L'affiche précise les modalités selon lesquelles le salarié peut faire valoir ses droits.

Ces informations, traduites dans l'une des langues officielles parlées dans chacun des États d'appartenance des salariés détachés sur le chantier, sont affichées dans le local vestiaire prévu par l'article R. 4534-139 et sont tenues dans un bon état de lisibilité.

Chapitre IV

Amendes administratives

Note Ce chapitre a été introduit par la loi 2014-790 du 10 juillet 2014, art. 1er, JO 11.

Art. L. 1264-1. La méconnaissance par l'employeur qui détache un ou plusieurs salariés d'une des obligations mentionnées à l'article L. 1262-2-1 (Ord. 2019-116 du 20 févr. 2019, JO 21, entrée en vigueur le 30.07.2020) « , au troisième alinéa du II de l'article L. 1262-4 » (L. 2016-1088 du 8 août 2016, art. 105, I, 5°,

JO 9) «, à l'article L. 1262-4-4» (L. 2015-990 du 6 août 2015, art. 280, III, 1°, JO 7) «ou à l'article L. 1263-7» est passible d'une amende administrative, dans les conditions prévues à l'article L. 1264-3.

Art. L. 1264-2. (L. 2016-1088 du 8 août 2016, art. 105, I, 6° et 112, III, JO 9) I. — Le maître d'ouvrage (Ord. 2019-116 du 20 févr. 2019, JO 21, entrée en vigueur le 30.07.2020) « , le donneur d'ordre ou l'entreprise utilisatrice » est passible d'une amende administrative, dans les conditions prévues à l'article L. 1264-3:

1° En cas de méconnaissance d'une des obligations mentionnées au I de l'article L. 1262-4-1, lorsque son cocontractant n'a pas rempli au moins l'une des obligations lui incombant en application de l'article L. 1262-2-1;

2° En cas de méconnaissance de l'obligation mentionnée à l'article L. 1262-4-4;

3° En cas de méconnaissance de l'obligation mentionnée à l'article L. 1262-4-5.

(Ord. 2019-116 du 20 févr. 2019, JO 21, entrée en vigueur le 30.07.2020) « 4° En cas de manquement à l'obligation d'information prévue au V de l'article L. 1262-2-1 et en cas de manquement de l'employeur tel que prévu au 4° de l'article L. 8115-1.»

II. — La méconnaissance par le maître d'ouvrage de l'obligation mentionnée au II de l'article L. 1262-4-1 est passible d'une amende administrative, dans les conditions prévues à l'article L. 1264-3, lorsque l'un des sous-traitants directs ou indirects de ses cocontractants ou l'une des entreprises exerçant une activité de travail temporaire ne s'est pas acquitté de l'obligation mentionnée au I de l'article L. 1262-2-1. La méconnaissance par l'entreprise utilisatrice de l'obligation mentionnée au IV de l'article L. 1262-2-1 est passible d'une amende administrative dans les conditions prévues à l'article L. 1264-3.

Art. L. 1264-3. L'amende administrative mentionnée aux articles L. 1264-1 et L. 1264-2 est prononcée par l'autorité administrative compétente, après constatation par un des agents de contrôle de l'inspection du travail mentionnés aux articles L. 8112-1 et L. 8112-5.

Le montant de l'amende est d'au plus (L. 2018-771 du 5 sept. 2018, art. 95, I, 1°, JO 6) «4 000 €» par salarié détaché et d'au plus (L. 2018-771 du 5 sept. 2018, art. 95, I, 2°, JO 6) «8 000 €» en cas de réitération dans un délai (L. 2018-771 du 5 sept. 2018, art. 95, I, 3°, JO 6) «de deux ans » à compter du jour de la notification de la première amende. Le montant total de l'amende ne peut être supérieur à (L. 2015-990 du 6 août 2015, art. 279, JO 7) «500 000 €».

Pour fixer le montant de l'amende, l'autorité administrative prend en compte les circonstances et la gravité du manquement, le comportement de son auteur (Ord. 2019-116 du 20 févr. 2019, JO 21, entrée en vigueur le 30.07.2020) « , notamment sa bonne foi,» ainsi que ses ressources et ses charges.

Le délai de prescription de l'action de l'administration pour la sanction du manquement par une amende administrative est de deux années révolues à compter du jour où le manquement a été commis.

(Ord. 2016-413 du 7 avril 2016, art. 9, JO 8, entrée en vigueur le 01.07.2016) « L'employeur, le maître d'ouvrage ou le donneur d'ordre peut contester la décision de l'administration devant le tribunal administratif, à l'exclusion de tout recours hiérarchique. »

L'amende est recouvrée comme les créances de l'État étrangères à l'impôt et au domaine. (L. 2018-771 du 5 sept. 2018, art. 97, II, JO 6) «L'opposition à l'exécution ou l'opposition aux poursuites n'a pas pour effet de suspendre l'action en recouvrement de la créance. »

Art. L. 1264-4. (L. 2016-1088 du 8 août 2016, art. 108, JO 9) La sanction ou l'amende administrative pécuniaire notifiée par l'autorité compétente d'un État membre de l'Union européenne autre que la France et infligée à un prestataire de services établi en France à l'occasion d'un détachement de salariés, dans les conditions mentionnées par la directive 96/71/CE du Parlement européen et du Conseil du 16 décembre 1996 concernant le détachement de travailleurs effectué dans le cadre d'une prestation de services, est constatée par l'État en application de l'article 15 de la directive 2014/67/UE du Parlement européen et du Conseil du 15 mai 2014 relative à l'exécution de la directive 96/71/CE concernant le détachement de travailleurs effectué dans le cadre d'une prestation de services et modifiant le règlement (UE) n° 1024/2012 concernant la coopération administrative par l'intermédiaire du système d'information du marché intérieur (" règlement IMI ").

La sanction ou l'amende est recouvrée selon les règles applicables en matière de créances étrangères à l'impôt et au domaine. (L. 2018-771 du 5 sept. 2018, art. 97, III, JO 6) «L'opposition à l'exécution ou l'opposition aux poursuites n'a pas pour effet de suspendre l'action en recouvrement de la créance. »

Les titres de perception sont émis par le ministre chargé du travail.

L'action en recouvrement du comptable public se prescrit par cinq ans à compter de l'émission du titre de perception.

Le produit de ces sanctions ou amendes est versé au budget général de l'État.

Chapitre IV (réglementaire)

Dispositions pénales

Art. R. 1264-3. (D. 2016-27 du 19 janv. 2016, JO 20) Le fait pour un employeur de ne pas présenter à l'inspection du travail les documents mentionnés à l'article R. 1263-8 dans les conditions déterminées à cet article est puni de l'amende prévue pour les contraventions de troisième classe.

Chapitre V

Actions en justice

Note Ce chapitre a été introduit par la loi 2014-790 du 10 juillet 2014, art. 9, JO 11.

Art. L. 1265-1. Les organisations syndicales représentatives peuvent exercer en justice toutes les actions résultant de l'application du présent titre en faveur d'un salarié, sans avoir à justifier d'un mandat de l'intéressé.

Il suffit que celui-ci ait été averti, dans des conditions déterminées par voie réglementaire, et ne s'y soit pas opposé dans un délai de quinze jours à compter de la date à laquelle l'organisation syndicale lui a notifié son intention.

L'intéressé peut toujours intervenir à l'instance engagée par le syndicat et y mettre un terme à tout moment.

Art. D. 1265-1. (D. 2015-364 du 30 mars 2015, art. 8, JO 31, entrée en vigueur le 01.05.2015) Le salarié est informé de l'action en justice envisagée par l'organisation syndicale représentative en application de l'article L. 1265-1 par tout moyen permettant de conférer date certaine. (D. 2015-1327 du 21 oct. 2015, JO 23) « Cette information » précise la nature et l'objet de l'action envisagée par l'organisation syndicale et indique que :

1° Le salarié peut faire connaître à l'organisation syndicale son opposition à l'action envisagée dans un délai de quinze jours à compter de la date de réception de la lettre ;

2° L'organisation syndicale peut exercer elle-même les voies de recours ;

3° Le salarié peut, à tout moment, intervenir dans l'instance engagée par l'organisation syndicale.

TITRE VII

CHÈQUES ET TITRES SIMPLIFIÉS DE TRAVAIL

Chapitre Ier

Chèque emploi-service universel

SECTION 1. Objet et modalités de mise en œuvre

Art. L. 1271-1. (Ord. 2015-682 du 18 juin 2015, art. 2, JO 19, entrée en vigueur le 01.07.2015) Le chèque emploi-service universel est un titre emploi ou un titre spécial de paiement.

A. — Le titre emploi permet :

1° De déclarer (L. 2017-1836 du 30 déc. 2017, art. 14, III, JO 31, entrée en vigueur le 01.01.2019) « les salariés mentionnés au 3° de l'article L. 133-5-6 du code de la sécurité sociale ;»

2° De déclarer les stagiaires aides familiaux placés au pair mentionnés au 6° de l'article L. 133-5-6 (L. 2017-1836 du 30 déc. 2017, art. 14, III, JO 31, entrée en vigueur le 01.01.2019) « du même code »;

(L. 2015-1776 du 28 déc. 2015, art. 56, II, 1°, JO 29) « 3° De déclarer les accueillants familiaux mentionnés à l'article L. 441-1 du code de l'action sociale et des familles. »

B. — Le titre spécial de paiement permet d'acquitter tout ou partie du montant :

1° De la rémunération (L. 2016-1827 du 23 déc. 2016, art. 42, II, JO 24) « et des cotisations et contributions sociales afférentes » des salariés occupant des emplois entrant dans le champ des services à la personne mentionnés à l'article L. 7231-1, des assistants maternels agréés en application de l'article L. 421-1 du code de l'action sociale et des familles ;

2° Des prestations de services fournies par les organismes agréés ou déclarés au titre des articles L. 7232-1 et L. 7232-1-1 ;

3° Dans les conditions et limites fixées par décret, des prestations de services fournies par les organismes et établissements spécialisés mentionnés à l'article L. 1271-10 ;

4° Des prestations de services fournies par les organismes ou personnes mentionnés aux deux premiers alinéas de l'article L. 2324-1 du code de la santé publique ;

5° Des prestations de services fournies par les organismes ou les personnes organisant un accueil sans hébergement prévu au même article L. 2324-1 ;

6° Des prestations de services fournies par les personnes organisant un accueil des enfants scolarisés en école maternelle ou élémentaire limité aux heures qui précèdent ou suivent la classe ;

7° Des prestations d'aide à domicile délivrées à ses ascendants bénéficiaires de l'allocation personnalisée d'autonomie par des salariés ou des organismes de services à la personne ;

8° Des prestations de transport de voyageurs par taxi financées par les prestations sociales destinées spécifiquement aux personnes âgées ou à mobilité réduite ;

(L. 2015-1776 du 28 déc. 2015, art. 56, II, 1°, JO 29) « 9° Des contreparties financières définies à l'article L. 442-1 du code de l'action sociale et des familles. »

Art. L. 1271-4. (L. 2013-1203 du 23 déc. 2013, art. 27, III, D, JO 24) « Pour les salariés dont le nombre d'heures de travail effectuées n'excède pas un seuil fixé par décret, » la rémunération portée sur le chèque emploi-service universel inclut une indemnité (L. 2013-1203 du 23 déc. 2013, art. 27, III, D, JO 24) « compensatrice » de congés payés dont le montant est égal à un dixième de la rémunération brute. Pour l'appréciation des conditions d'ouverture de droits aux prestations sociales, le temps d'emploi effectif indiqué sur la déclaration est majoré à due proportion. (L. 2013-1203 du 23 déc. 2013, art. 27, III, D, JO 24) « Le présent alinéa est applicable également au-delà du seuil précité en cas d'accord entre l'employeur et le salarié. »

Le chèque emploi-service universel ne peut être utilisé pour la rémunération directe ou le paiement de prestations réalisées par des salariés qui consacrent tout ou partie de leur temps de travail à une activité contribuant à l'exercice de la profession de leur employeur ou de l'acheteur des prestations, et pour le compte de celui-ci.

Art. L. 1271-5. Pour les emplois dont la durée de travail n'excède pas huit heures par semaine ou ne dépasse pas quatre semaines consécutives dans l'année, l'employeur et le salarié qui utilisent le chèque emploi-service universel sont réputés satisfaire aux obligations mises à la charge de l'un ou de l'autre par les articles L. 1242-12 et L. 1242-13, pour un contrat de travail à durée déterminée, et (L. 2016-1088 du 8 août 2016, art. 8, XI, 3°, JO 9) « L. 3123-6 », pour un contrat de travail à temps partiel, ou par les articles L. 741-2 et L. 741-9 du code rural (Ord. 2010-462 du 6 mai 2010, JO 7) « et de la pêche maritime ».

Pour les emplois de durée supérieure, un contrat de travail est établi par écrit.

Art. L. 1271-6. Un autre moyen de paiement peut être utilisé en remplacement du titre spécial de paiement, dans la limite des interdictions de paiement en espèces fixées par les articles L. 112-6 à L. 112-8 du code monétaire et financier.

Art. L. 1271-7. Les prestations sociales obligatoires ou facultatives ayant le caractère de prestations en nature destinées à couvrir tout ou partie du coût des services mentionnés au (L. 2015-1776 du 28 déc. 2015, art. 56, II, 3°, JO 29) « B » de l'article L. 1271-1 peuvent être versées sous la forme (Ord. 2015-682 du 18 juin 2015, art. 2, JO 19, entrée en vigueur le 01.07.2015) « de titre spécial de paiement ».

Art. L. 1271-8. Les personnes morales de droit public peuvent acquérir des (Ord. 2015-682 du 18 juin 2015, art. 2, JO 19, entrée en vigueur le 01.07.2015) « titres spéciaux de paiement » préfinancés, dans les conditions prévues à l'article L. 1271-12, à un prix égal à leur valeur libératoire augmentée, le cas échéant, d'une commission.

Art. D. 1271-1. Le (D. 2019-198 du 15 mars 2019, JO 17) « titre spécial de paiement mentionné au B de l'article L. 1271-1 » mentionne le (D. 2019-198 du 15 mars 2019, JO 17) « nom du bénéficiaire du titre qui rémunère un service au moyen de ce titre. »

Art. D. 1271-2. Les personnes publiques ainsi que les personnes privées chargées d'une mission de service public qui financent des (D. 2019-198 du 15 mars 2019, JO 17) « titres spéciaux de paiement mentionnés au B de l'article L. 1271-1 » pour les usagers du service peuvent, avec l'accord du bénéficiaire ou, si celui-ci ne peut être recueilli, avec l'accord de son représentant légal, décider que le (D. 2019-198 du 15 mars 2019, JO 17) « titre spécial de paiement » est payable à une association ou entreprise de service dénommée, dès lors que l'incapacité du bénéficiaire à faire le choix d'un intervenant à son domicile est établie.

Art. D. 1271-3. En cas de nécessité urgente d'attribuer des prestations sociales ou de mettre en œuvre un service à la personne, l'organisme qui finance en tout ou partie le (D. 2019-198 du 15 mars 2019, JO 17) « titre spécial de paiement mentionné au B de l'article L. 1271-1 » peut, à titre exceptionnel, utiliser un (D. 2019-198 du 15 mars 2019, JO 17) « titre » non nominatif jusqu'à son attribution à son bénéficiaire.

Art. D. 1271-4. Un autre moyen de paiement peut être émis par les établissements de crédit, institutions ou services mentionnés à l'article L. 1271-9 en remplacement du titre spécial de paiement.

Les organismes spécialisés habilités à émettre des titres spéciaux de paiement peuvent émettre un autre instrument de paiement prépayé et dématérialisé en remplacement du titre spécial de paiement.

Art. D. 1271-5-1. (D. 2015-326 du 23 mars 2015, JO 25, entrée en vigueur le 01.06.2015) Pour les salariés déclarés (D. 2019-198 du 15 mars 2019, JO 17) « par un particulier mentionné au 3° de l'article L. 133-5-6 du code de la sécurité sociale auprès de l'organisme mentionné à l'article L. 133-5-10 du même code et » dont le nombre d'heures de travail inscrites au contrat de travail n'excède pas, pour un contrat donné, trente-deux heures par mois, la rémunération portée sur le chèque emploi-service universel inclut une indemnité compensatrice de congés payés dont le montant est égal à un dixième de la rémunération brute.

Le seuil de trente-deux heures est apprécié au premier jour du premier mois de la période annuelle de congés telle que définie par la convention collective applicable ou à la date d'effet du contrat de travail si elle est postérieure.

Le régime indemnitaire de congés prévu au présent article est applicable aux rémunérations versées pendant l'ensemble de la période mentionnée à l'alinéa précédent.

SECTION 2. Dispositions financières

Art. L. 1271-10. Le chèque emploi-service universel, lorsqu'il a la nature d'un titre spécial de paiement, est émis par des organismes et établissements spécialisés ou les établissements, mentionnés à l'article L. 1271-9, qui ont été habilités dans des conditions déterminées par décret et qui en assurent le remboursement aux personnes mentionnées à l'article L. 1271-1.

Art. L. 1271-11. Tout émetteur de chèque emploi-service universel ayant la nature d'un titre spécial de paiement, qui n'est pas soumis aux dispositions des articles L. 312-4 à L. 312-18 du code monétaire et financier, se fait ouvrir un compte bancaire ou postal sur lequel sont obligatoirement versés, jusqu'à leur remboursement, les fonds perçus en contrepartie de la cession de ce titre, à l'exclusion de tout autre fonds.

Art. L. 1271-12. Le chèque emploi-service universel, lorsqu'il a la nature d'un titre spécial de paiement, peut être préfinancé en tout ou partie par une personne au bénéfice de ses salariés, agents, ayants droit, retraités, administrés, sociétaires (L. 2009-526 du 12 mai 2009, JO 13) « , adhérents ou assurés, ainsi que du chef d'entreprise ou, si l'entreprise est une personne morale, de son président, de son directeur général, de son ou ses directeurs généraux délégués, de ses gérants ou des membres de son directoire, dès lors que ce titre peut bénéficier également à l'ensemble des salariés de l'entreprise selon les mêmes règles d'attribution. »

Dans ce cas, le titre de paiement comporte lors de son émission une valeur faciale qui ne peut excéder un montant déterminé par arrêté conjoint des ministres chargés du travail, de la sécurité sociale et de l'économie.

La personne qui assure le préfinancement de ces chèques peut choisir d'en réserver l'utilisation à certaines catégories de services au sein des activités mentionnées à l'article L. 1271-1.

Art. L. 1271-13. Le titre spécial de paiement est nominatif. Il mentionne le nom de la personne bénéficiaire.

Un décret peut prévoir les cas dans lesquels :

1° Le titre spécial de paiement est stipulé payable à une personne dénommée, notamment lorsqu'il est préfinancé par une personne publique ou une personne privée chargée d'une mission de service public ;

2° Le titre spécial de paiement n'est pas nominatif jusqu'à son attribution à son bénéficiaire, en cas d'urgence.

Art. L. 1271-14. Les caractéristiques du chèque emploi-service universel, en tant que titre spécial de paiement, sont déterminées par arrêté conjoint des ministres chargés du travail, de la sécurité sociale et de l'économie.

Art. L. 1271-15. Le chèque emploi-service universel est :

1° Soit encaissable auprès des établissements, institutions et services mentionnés à l'article L. 1271-9;

2° Soit remboursable auprès des organismes et établissements habilités mentionnés à l'article L. 1271-10.

Art. L. 1271-15-1. (L. 2010-853 du 23 juil. 2010, art. 31, JO 24) Dans des conditions fixées par décret, les émetteurs perçoivent de la part des personnes morales ou des entrepreneurs individuels rémunérés par chèque emploi-service universel une rémunération relative au remboursement de ces titres.

Par dérogation au premier alinéa, les émetteurs ne perçoivent aucune rémunération pour les prestations visées aux (L. 2015-1776 du 28 déc. 2015, art. 56, II, 4°, JO 29) «4°, 5° et 6° du B» de l'article L. 1271-1.

SECTION 3. Contrôle

Art. L. 1271-16. Les informations relatives aux personnes mentionnées au 1° (L. 2015-1776 du 28 déc. 2015, art. 56, II, 5°, JO 29) «et au 3° du A» de l'article L. 1271-1 rémunérées par les chèques emploi-service universels préfinancés dans les conditions définies à l'article L. 1271-12 sont communiquées à l'organisme ou à l'établissement chargé de leur remboursement à seule fin de contrôle du bon usage de ces titres.

Ces communications s'opèrent selon des modalités propres à garantir la confidentialité des données. Les personnes concernées sont informées de l'existence de ce dispositif de contrôle.

SECTION 4. Dispositions d'application

Art. L. 1271-17. Des décrets déterminent les modalités d'utilisation et de fonctionnement du chèque emploi-service universel, notamment :

1° Celles relatives à l'encaissement et au remboursement des chèques emploi-service universels et aux obligations de contrôle, de vérification et de vigilance des organismes et établissements émettant ceux qui ont la nature de titre spécial de paiement ;

2° Celles relatives aux chèques emploi-service universels préfinancés pour la rémunération de personnes ou le paiement de services mentionnés à l'article L. 421-1 du code de l'action sociale et des familles et aux deux premiers alinéas de l'article L. 2324-1 du code de la santé publique ;

3° Celles relatives aux chèques emploi-service universels préfinancés pour la rémunération de personnes mentionnées au 2° de l'article L. 722-20 du code rural (Ord. 2010-462 du 6 mai 2010, JO 7) « et de la pêche maritime » employées par des particuliers pour la mise en état et l'entretien de jardins ;

4° Celles relatives aux échanges d'information entre l'organisme de recouvrement habilité et les organismes ou établissements mentionnés à l'article L. 1271-10;

5° Celles relatives aux modalités de fonctionnement du compte prévu par l'article L. 1271-11.

SECTION 2 (RÉGLEMENTAIRE). Titre spécial de paiement

Sous-section 1. Emission

Art. D. 1271-6. Le chèque emploi-service universel qui a la nature d'un titre spécial de paiement est dénommé « chèque emploi-service universel préfinancé ».

Art. D. 1271-7. Le (D. 2019-198 du 15 mars 2019, JO 17) « titre spécial de paiement mentionné au B de l'article L. 1271-1 » est émis sur support papier ou sous forme dématérialisée, conformément aux dispositions de l'article D. 1271-4.

Sous-section 2. Habilitation

Art. R. 1271-8. Pour émettre des (D. 2019-613 du 19 juin 2019, JO 21) « titres spéciaux de paiement mentionnés au B de l'article L. 1271-1 du présent code », les organismes et établissements spécialisés ou les établissements mentionnés à l'article L. 1271-9 sont habilités par (D. 2014-753 du 2 juil. 2014, JO 3) « le ministre chargé des services à la personne ».

Art. R. 1271-9. L'habilitation des organismes et établissements porte sur :

1° L'émission des [titres spéciaux de paiement mentionnés au B de l'article L. 1271-1] ;

2° Le remboursement (D. 2019-613 du 19 juin 2019, JO 21) « de ces titres spéciaux de paiement », dans les conditions prévues aux (D. 2019-613 du 19 juin 2019, JO 21) « articles L. 1271-15, R. 1271-13 à R. 1271-18, » (D. 2011-1133 du 20 sept. 2011, JO 22) « D. 1271-28 et D. 1271-29 » du présent code ainsi qu'à l'article D. 133-26 du code de la sécurité sociale :

a) Aux salariés occupant des emplois entrant dans le champ des services mentionnés à l'article L. 7231-1 du présent code ;

b) Aux organismes et personnes mentionnés (D. 2019-613 du 19 juin 2019, JO 21) « au B de l'article L. 1271-1 » du présent code ;

c) Aux assistants maternels agréés en application de l'article L. 421-1 du code de l'action sociale et des familles.

Art. R. 1271-10. L'habilitation nationale est délivrée, après avis de la Banque de France et de l'Agence centrale des organismes de sécurité sociale.

La décision d'habilitation ou de refus d'habilitation fait l'objet d'une notification écrite.

La liste des organismes et établissements habilités à émettre le (D. 2019-613 du 19 juin 2019, JO 21) « titre spécial de paiement mentionné au B de l'article L. 1271-1 » est publiée (D. 2011-415 du 15 avril 2011, JO 19) « au *Bulletin officiel* du ministère chargé des services » ainsi que sur le site internet (D. 2014-753 du 2 juil. 2014, JO 3) « du ministre chargé des services à la personne ».

Art. R. 1271-11. L'émetteur du (D. 2019-613 du 19 juin 2019, JO 21) « titre spécial de paiement mentionné au B de l'article L. 1271-1 » fait figurer de façon visible son numéro d'habilitation dans tout contrat ou accord conclu avec les personnes qui en assurent le préfinancement.

Art. R. 1271-12. L'émetteur du (D. 2019-613 du 19 juin 2019, JO 21) « titre spécial de paiement mentionné au B de l'article L. 1271-1 » habilité notifie (D. 2014-753 du 2 juil. 2014, JO 3) « au ministre chargé des services à la personne », par lettre recommandée avec avis de réception, toute modification substantielle qu'il souhaite apporter aux modalités et processus décrits dans son dossier de demande d'habilitation.

(D. 2014-753 du 2 juil. 2014, JO 3) « Le ministre chargé des services à la personne » notifie à l'émetteur, par lettre recommandée avec avis de réception, sa décision d'acceptation ou de refus des modifications qui lui ont été communiquées. Sa décision est prise après avis de la Banque de France et de l'Agence centrale des organismes de sécurité sociale. La décision d'acceptation est publiée (D. 2011-415 du 15 avril 2011, JO 19) « au *Bulletin officiel* du ministère chargé des services » ainsi que sur le site internet (D. 2014-753 du 2 juil. 2014, JO 3) « du ministre chargé des services à la personne ».

En cas d'urgence motivée, l'émetteur habilité peut mettre en œuvre les modifications qu'il estime nécessaires, sans attendre la décision d'acceptation ou de refus (D. 2014-753 du 2 juil. 2014, JO 3) « du ministre chargé des services à la personne ».

Art. R. 1271-13. Pour être habilité, l'émetteur se fait ouvrir un compte spécifique bancaire ou postal, conformément à l'article L. 1271-11, sur lequel sont versés, à l'exclusion de tous autres, les fonds perçus en contrepartie de la cession des titres. Le montant de ce compte, égal à la contre-valeur des titres spéciaux de paiement en circulation, garantit le remboursement aux intervenants des titres spéciaux de paiement valablement émis et utilisés. L'encours de cette contrepartie est de 30 000 € au moins. Le compte fait l'objet d'une dotation initiale à hauteur de ce montant au moins.

Un émetteur habilité est autorisé à ouvrir plusieurs de ces comptes dans un ou plusieurs établissements bancaires ou centres de chèques postaux, sous réserve que leur solde cumulé soit à tout moment supérieur au montant minimum. Il peut opérer des virements d'un compte spécifique à l'autre. Sous la responsabilité de l'émetteur, les sommes portées au crédit des comptes spécifiques (D. 2019-613 du 19 juin 2019, JO 21) « du titre spécial de paiement mentionné au B de l'article L. 1271-1 » peuvent faire l'objet de placements temporaires sous réserve que leur montant demeure à tout moment immédiatement réalisable à leur valeur nominale initiale.

En cas de falsification, d'altération, de destruction ou de vol lors de l'expédition de (D. 2019-613 du 19 juin 2019, JO 21) « titres spéciaux de paiement mentionnés au B de l'article L. 1271-1 », ce compte spécifique de réserve peut être utilisé sous condition de restauration de son montant, au plus tard sept jours francs après mobilisation de tout ou partie de celui-ci.

Art. R. 1271-14. Pour être habilité, l'émetteur tient une comptabilité appropriée permettant :

1° La vérification permanente de la liquidité de la contre-valeur des (D. 2019-613 du 19 juin 2019, JO 21) « titres spéciaux de paiement mentionnés au B de l'article L. 1271-1 » en circulation ;

2° Le contrôle permanent et la justification comptable de tous les flux financiers, à partir de l'émission jusqu'au remboursement.

Art. R. 1271-15. L'émetteur de (D. 2019-613 du 19 juin 2019, JO 21) « titres spéciaux de paiement mentionnés au B de l'article L. 1271-1 du présent code » s'engage à :

1° Constituer un réseau d'associations et d'entreprises affiliées recevant (D. 2019-613 du 19 juin 2019, JO 21) « ces titres spéciaux de paiement » en paiement de leurs prestations, couvrant l'ensemble du territoire national ;

2° Assurer la sécurité à toutes les étapes du processus prenant en compte les objectifs de sécurité définis par la Banque de France dans le cadre de sa mission de surveillance ;

3° Garantir la contre-valeur des titres valablement émis et utilisés à la personne assurant le service rémunéré par le (D. 2019-613 du 19 juin 2019, JO 21) « titre spécial de paiement » ;

4° Vérifier que les assistants maternels sont agréés en application de l'article L. 421-3 du code de l'action sociale et des familles, que les associations ou les entreprises de services sont agréées en application de l'article L. 7232-1 (D. 2011-1133 du 20 sept. 2011, JO 22) « ou déclarées en application de l'article L. 7232-1-1 », que les organismes et personnes relevant des catégories mentionnées aux deux premiers alinéas de l'article L. 2324-1 du code de la santé publique ou de l'article L. 227-6 du code de l'action sociale et des familles, ont été créés et exercent régulièrement ;

5° Recueillir auprès des bénéficiaires particuliers employeurs l'attestation de la déclaration de leurs salariés ;

6° Conserver les informations relatives aux (D. 2019-613 du 19 juin 2019, JO 21) « titres spéciaux de paiement », y compris des fichiers de commande nominative, pendant une période de dix ans au-delà de l'année en cours. Passé ce délai, il peut être procédé à la destruction de celles-ci ;

7° Restituer les informations synthétiques, le cas échéant, à la demande des financeurs en vue notamment d'une information et du contrôle de l'administration fiscale et sociale ;

8° Mettre en place toutes dispositions propres à assurer la sécurité physique et financière des titres prépayés ;

9° Mettre en place un dispositif de contrôle interne visant à s'assurer de la maîtrise des risques.

Art. R. 1271-16. Pour être habilité, l'émetteur justifie de sa capacité à remplir les obligations prévues à l'article D. 1271-15.

Art. R. 1271-17. Le manquement à l'une des obligations prévues aux articles D. 1271-13 à D. 1271-15 peut donner lieu à une suspension ou un retrait d'habilitation par (D. 2014-753 du 2 juil. 2014, JO 3) « le ministre chargé des services à la personne ».

Art. R. 1271-18. Les organismes et établissements habilités à émettre le (D. 2019-613 du 19 juin 2019, JO 21) « titre spécial de paiement mentionné au B de l'article L. 1271-1 », sur support papier ou sous forme dématérialisée, perçoivent une rémunération de la part des personnes physiques ou morales qui en assurent le préfinancement.

Art. R. 1271-19. L'émetteur habilité notifie sans délai (D. 2014-753 du 2 juil. 2014, JO 3) « au ministre chargé des services à la personne », par lettre recommandée avec avis de réception :

1° Tout rachat, reprise ou prise de contrôle par une ou plusieurs personnes tierces, la cession ou cessation de l'entreprise ou de l'activité au titre de laquelle l'organisme ou l'établissement est habilité ainsi que l'ouverture d'une procédure de sauvegarde, de redressement ou de liquidation judiciaire prévue au livre VI du code de commerce relatif aux difficultés des entreprises ;

2° Toute défaillance dans la mise en œuvre des engagements prévus à l'article D. 1271-15 dont la validation a permis la délivrance de l'habilitation ;

3° Les dispositions qu'il a prises pour garantir la continuité du remboursement des (D. 2019-613 du 19 juin 2019, JO 21) « titres spéciaux de paiement mentionnés au B de l'article L. 1271-1 du présent code » émis par lui, en cas de suspension ou de retrait de l'habilitation, ou en cas d'arrêt de l'activité d'émission du (D. 2019-613 du 19 juin 2019, JO 21) « titre spécial de paiement » pour laquelle il est habilité.

Art. R. 1271-20. Afin d'apprécier les conditions de maintien de l'habilitation, (D. 2014-753 du 2 juil. 2014, JO 3) « le ministre chargé des services à la personne » peut, à tout moment, demander à l'émetteur habilité l'actualisation des pièces de son dossier de demande d'habilitation.

Art. R. 1271-21. Dans les cas prévus à l'article D. 1271-19, (D. 2014-753 du 2 juil. 2014, JO 3) « le ministre chargé des services à la personne » saisit pour avis la Banque de France et l'Agence centrale des organismes de sécurité sociale.

Avant de suspendre ou retirer l'habilitation, (D. 2014-753 du 2 juil. 2014, JO 3) « le ministre chargé des services à la personne » notifie son intention à l'émetteur habilité, par lettre recommandée avec avis de réception, et l'invite à faire connaître ses observations. Celui-ci dispose à cet effet d'un délai de quinze jours à compter de la date de réception de cette notification.

Les décisions de suspension ou de retrait de l'habilitation d'un émetteur sont publiées (D. 2011-415 du 15 avril 2011, JO 19) « au *Bulletin officiel* du ministère chargé des services » ainsi que sur le site internet (D. 2014-753 du 2 juil. 2014, JO 3) « du ministre chargé des services à la personne ».

Art. R. 1271-22. Le suivi et le contrôle de l'activité d'émission du (D. 2019-613 du 19 juin 2019, JO 21) « titre spécial de paiement mentionné au B de l'article L. 1271-1 », au titre de laquelle les émetteurs sont habilités par (D. 2014-753 du 2 juil. 2014, JO 3) « le ministre chargé des services à la personne », sont accomplis par (D. 2019-613 du 19 juin 2019, JO 21) « celui-ci » avec l'appui de la Banque de France et de l'Agence centrale des organismes de sécurité (D. 2019-613 du 19 juin 2019, JO 21) « sociale ».

Art. R. 1271-23. Avant le 30 avril de chaque année, l'émetteur habilité du (D. 2019-613 du 19 juin 2019, JO 21) « titre spécial de paiement mentionné au B de l'article L. 1271-1 » transmet (D. 2014-753 du 2 juil. 2014, JO 3) « au ministre chargé des services à la personne » ainsi qu'à la Banque de France, par lettre recommandée avec avis de réception :

1° Un rapport d'activité portant sur l'année civile d'émission écoulée. Ce rapport expose par ailleurs les perspectives d'activité de l'émetteur pour l'année en cours ;

2° Un rapport relatif à la sécurité des différents processus de traitement du (D. 2019-613 du 19 juin 2019, JO 21) « titre spécial de paiement mentionné au B de l'article L. 1271-1 » émis par lui, portant sur l'année civile d'émission écoulée. Ce rapport prend la forme d'une réponse à un questionnaire, fourni par la Banque de France aux émetteurs habilités au plus tard soixante jours avant la date limite de réponse.

Art. R. 1271-24. Avant le 30 juin de chaque année, l'émetteur habilité, autre qu'un établissement de crédit, transmet (D. 2014-753 du 2 juil. 2014, JO 3) « au ministre chargé des services à la personne », par lettre recommandée avec avis de réception, un rapport sur la gestion au cours de l'année civile d'émission écoulée des comptes bancaires spécifiques de garantie prévus par l'article L. 1271-11.

Art. R. 1271-25. S'il est constaté que l'émetteur habilité ne respecte pas les dispositions prévues au 1° de l'article D. 1271-13, l'habilitation peut être suspendue ou retirée sur décision (D. 2014-753 du 2 juil. 2014, JO 3) « du ministre chargé des services à la personne », après avis de la Banque de France.

Avant de suspendre ou retirer l'habilitation, (D. 2014-753 du 2 juil. 2014, JO 3) « le ministre chargé des services à la personne » notifie son intention à l'émetteur habilité, par lettre recommandée avec avis de réception, et l'invite à faire connaître ses observations. Celui-ci dispose à cet effet d'un délai de quinze jours à compter de la date de réception de cette notification.

La décision de suspension ou de retrait de l'habilitation d'un émetteur est publiée (D. 2011-415 du 15 avril 2011, JO 19) « au *Bulletin officiel* du ministère chargé des services » ainsi que sur le site internet (D. 2014-753 du 2 juil. 2014, JO 3) « du ministre chargé des services à la personne ».

Art. R. 1271-26. En cas de retrait de son habilitation à émettre le (D. 2019-613 du 19 juin 2019, JO 21) « titre spécial de paiement mentionné au B de l'article L. 1271-1 », l'organisme ou l'établissement concerné cesse sans délai d'émettre le titre spécial de paiement et de faire état de son habilitation, dans tous contacts, toute documentation financière ou commerciale et sur tous les supports de communication.

Il informe sans délai (D. 2014-753 du 2 juil. 2014, JO 3) « le ministre chargé des services à la personne » des mesures prises.

Art. R. 1271-27. (D. 2014-753 du 2 juil. 2014, JO 3) « Le ministre chargé des services à la personne » et la Banque de France peuvent échanger toutes informations relatives au (D. 2019-613 du 19 juin 2019, JO 21) « titre spécial de paiement mentionné au B de l'article L. 1271-1 », nécessaires à l'accomplissement de leurs missions respectives.

SECTION 3 (RÉGLEMENTAIRE). Autres dispositions financières

Art. D. 1271-28. Les émetteurs peuvent recourir à une structure commune pour procéder au traitement des (D. 2019-198 du 15 mars 2019, JO 17) « titres spéciaux de paiement mentionnés au B de l'article L. 1271-1 » en vue de leur remboursement. Par délégation des émetteurs, celle-ci est soumise aux mêmes obligations relatives au remboursement des intervenants affiliés.

Art. D. 1271-29. L'émetteur adresse (D. 2011-1133 du 20 sept. 2011, JO 22) « à la personne morale ou à l'entrepreneur individuel qui finance » en tout ou partie des (D. 2019-198 du 15 mars 2019, JO 17) « titres spéciaux de paiement mentionnés au B de l'article L. 1271-1 » une information à transmettre au bénéficiaire du (D. 2019-198 du 15 mars 2019, JO 17) « titre » relative à la déclaration de cotisations sociales et à l'obligation préalable de se déclarer comme employeur avant toute embauche d'un salarié à domicile, le modèle d'attestation fiscale que l'entreprise doit adresser chaque année aux bénéficiaires de celle-ci et le modèle du bordereau leur permettant la tenue d'une comptabilité chèque à chèque.

Il adresse (D. 2011-1133 du 20 sept. 2011, JO 22) « à la personne morale ou à l'entrepreneur individuel » le modèle d'attestation de dépenses (D. 2011-1133 du 20 sept. 2011, JO 22) « qu'il doit » fournir chaque fin d'année à leurs clients.

(D. 2013-47 du 14 janv. 2013, JO 16) « La rémunération mentionnée à l'article L. 1271-15-1 est perçue par les émetteurs mentionnés au même article à condition que :

1° Le montant et les modalités de calcul de cette rémunération soient mentionnés dans le contrat ou les conditions générales et particulières conclus lors de l'affiliation entre ce dernier et l'émetteur ou la structure commune mentionnée à l'article D. 1271-28 ;

2° Toute modification du montant et des modalités de calcul de cette rémunération ait été portée à la connaissance du cocontractant au moins trente jours avant son entrée en vigueur par tout moyen accepté contractuellement par celui-ci.

Le montant et les modalités de calcul de la rémunération peuvent varier notamment en fonction du montant des (D. 2019-198 du 15 mars 2019, JO 17) « titres » portés au remboursement, de leur mode de transmission ou du délai de remboursement pratiqué ou des services annexes fournis par l'émetteur et acceptés contractuellement par la personne morale ou l'entrepreneur individuel assurant les prestations payées par (D. 2019-198 du 15 mars 2019, JO 17) « titres spéciaux de paiement » et demandant leur remboursement. »

(D. 2011-1133 du 20 sept. 2011, JO 22) « Une partie de la rémunération peut être versée à la structure commune mentionnée à l'article D. 1271-28. »

Art. D. 1271-30. L'organisme qui finance en tout ou partie des (D. 2019-198 du 15 mars 2019, JO 17) « titres spéciaux de paiement mentionnés au B de l'article L. 1271-1 » délivre chaque année au bénéficiaire des services rémunérés par (D. 2019-198 du 15 mars 2019, JO 17) « ces titres » une attestation fiscale comprenant une information relative aux régimes fiscaux applicables.

Art. D. 1271-31. À la commande ou au plus tard à la livraison, l'organisme qui finance en tout ou partie un (D. 2019-198 du 15 mars 2019, JO 17) « titre spécial de paiement mentionné au B de l'article

L. 1271-1 » règle à l'émetteur la contre-valeur des titres commandés, afin que celui-ci constitue dans le compte spécifique mentionné à l'article D. 1271-28 les provisions nécessaires pour en garantir le remboursement. L'émetteur est réputé disposer d'un mandat de gestion de ces fonds, dont il n'est pas propriétaire. Cependant, les intérêts de trésorerie produits par le compte spécial lui restent dus.

Le service de l'émetteur est réputé rendu à la remise des (D. 2019-198 du 15 mars 2019, JO 17) « titres spéciaux de paiement » au financeur mentionné au premier alinéa ou à toute personne indiquée par ce dernier.

Dès lors que la remise des (D. 2019-198 du 15 mars 2019, JO 17) « titres spéciaux de paiement » au financeur ou à toute autre personne indiquée par ce dernier est constatée, ni celui-ci, ni les bénéficiaires des services rémunérés par les (D. 2019-198 du 15 mars 2019, JO 17) « titres spéciaux de paiement » ne peuvent faire jouer la responsabilité de l'émetteur en cas de vol ou de perte des chèques.

Art. R. 1271-32. Le réseau des intervenants est constitué des personnes mentionnées aux articles L. 1271-1, L. 7232-1, (D. 2011-1133 du 20 sept. 2011, JO 22) « L. 7232-1-1 et L. 7232-1-2 ».

Pour être affiliés au réseau, les intervenants (D. 2011-1133 du 20 sept. 2011, JO 22) « autorisés, agréés ou déclarés » adressent à l'émetteur ou à l'organisme chargé du remboursement, au plus tard lors de la première demande de remboursement, une attestation d'agrément ou d'autorisation (D. 2011-1133 du 20 sept. 2011, JO 22) « ou le récépissé de déclaration ».

Les retraits ou suspensions d'agrément (D. 2011-1133 du 20 sept. 2011, JO 22) « , d'enregistrement, de déclaration » ou d'autorisation sont notifiés par (D. 2014-753 du 2 juil. 2014, JO 3) « le ministre chargé des services à la personne » à tous les émetteurs de [titres spéciaux de paiement mentionnés au B de l'article L. 1271-1] habilités. La responsabilité des émetteurs en cas de remboursement de (D. 2019-613 du 19 juin 2019, JO 21) « titre spécial de paiement mentionné au B de l'article L. 1271-1 du code du travail » à de tels intervenants ne saurait être mise en cause tant que cette notification n'a pas été faite.

Une convention peut être conclue, le cas échéant, entre (D. 2014-753 du 2 juil. 2014, JO 3) « le ministre chargé des services à la personne » et les émetteurs en vue de dresser une liste unifiée des intervenants accessibles à tous.

(D. 2011-1133 du 20 sept. 2011, JO 22) « Les personnes morales et les entrepreneurs individuels » mentionnées aux articles L. 7232-1, (D. 2011-1133 du 20 sept. 2011, JO 22) « L. 7232-1-1 et L. 7232-1-2 » délivrent, à la fin de chaque année, une attestation de dépenses aux utilisateurs (D. 2019-613 du 19 juin 2019, JO 21) « du titre spécial de paiement mentionné au B de l'article L. 1271-1 du code du travail ».

Art. D. 1271-33. (D. 2011-1133 du 20 sept. 2011, JO 22) Les prestations de services mentionnées au (D. 2019-198 du 15 mars 2019, JO 17) « 3° du B » de l'article L. 1271-1 proposées aux bénéficiaires de (D. 2019-198 du 15 mars 2019, JO 17) « titres spéciaux de paiement » par les organismes et établissements spécialisés mentionnés à l'article L. 1271-10 ont pour objet de faciliter la gestion et le fonctionnement des (D. 2019-198 du 15 mars 2019, JO 17) « titres spéciaux de paiement » préfinancés. Ces prestations permettent notamment d'accéder à des services en ligne pour la gestion des (D. 2019-198 du 15 mars 2019, JO 17) « titres » dématérialisés et de faciliter la mise en relation des particuliers avec leurs salariés ou leurs prestataires. Plus généralement, elles permettent d'améliorer les services rendus par les organismes et établissements mentionnés à l'article L. 1271-10.

Le montant de ces prestations est plafonné à 500 euros par an et par bénéficiaire. Il est revalorisé chaque année en fonction de la variation de l'indice des prix à la consommation.

Chapitre II

Chèque-emploi associatif

Art. L. 1272-4. Les associations (L. 2014-856 du 31 juil. 2014, art. 80, JO 1er août) « et les fondations » utilisant le chèque-emploi associatif sont réputées satisfaire à l'ensemble des formalités liées à l'embauche et à l'emploi de leurs salariés. Il en va ainsi notamment des formalités suivantes :

1° La déclaration préalable à l'embauche, prévue par l'article L. 1221-10 ;

2° L'inscription sur le registre unique du personnel, prévue par l'article L. 1221-13 ;

3° L'établissement d'un contrat de travail écrit, l'inscription des mentions obligatoires et la transmission du contrat au salarié, prévues aux articles L. 1242-12 et L. 1242-13 pour les contrats de travail à durée déterminée ;

4° L'établissement d'un contrat de travail écrit et l'inscription des mentions obligatoires, prévues à l'article (L. 2016-1088 du 8 août 2016, art. 8, XI, 3°, JO 9) « L. 3123-6», pour les contrats de travail à temps partiel ;

5° Les déclarations au titre de la médecine du travail et du régime des prestations du revenu de remplacement mentionnées à l'article L. 5421-2.

Chapitre III

Titre Emploi-Service Entreprise

Note Ce chapitre a été introduit par la loi 2008-776 du 4 août 2008, art. 55, JO 5, entrée en vigueur le 01.04.2009.

Art. L. 1273-3. Le recours au service " Titre Emploi-Service Entreprise " permet notamment à l'entreprise :

1° D'obtenir le calcul des rémunérations dues aux salariés en application du présent code et des stipulations des conventions collectives ainsi que de l'ensemble des cotisations et contributions créées par la loi et des cotisations et contributions conventionnelles rendues obligatoires par celle-ci ;

2° De souscrire, dans les conditions mentionnées à l'article L. 133-5 du code de la sécurité sociale, les déclarations obligatoires relatives aux cotisations et contributions sociales qui doivent être adressées aux organismes gérant les régimes mentionnés au même code, à l'institution mentionnée à l'article L. 5312-1 du présent code et, le cas échéant, aux caisses de congés payés mentionnées à l'article (L. 2016-1088 du 8 août 2016, art. 8, XI, 7°, JO 9) « L. 3141-32» du même code.

(L. 2016-1088 du 8 août 2016, art. 66, JO 9) «Est nulle de plein droit toute demande de données ou d'informations déjà produites par une entreprise au titre des informations mentionnées au premier alinéa de l'article L. 133-5-8 du code de la sécurité sociale, effectuée auprès de cette entreprise par les organismes auxquels sont reversées des cotisations et contributions sociales en application du 1° de l'article L. 133-5-7 du même code. »

Art. L. 1273-5. L'employeur qui utilise le " Titre Emploi-Service Entreprise " est réputé satisfaire, par la remise au salarié et l'envoi à l'organisme habilité des éléments du titre emploi qui leur sont respectivement destinés, aux formalités suivantes :

1° Les règles d'établissement du contrat de travail, dans les conditions prévues par l'article L. 1221-1;

2° La déclaration préalable à l'embauche prévue par l'article L. 1221-10;

3° La délivrance d'un certificat de travail prévue à l'article L. 1234-19;

4° L'établissement d'un contrat de travail écrit, l'inscription des mentions obligatoires et la transmission du contrat au salarié, prévus aux articles L. 1242-12 et L. 1242-13 pour les contrats de travail à durée déterminée ;

5° L'établissement d'un contrat de travail écrit et l'inscription des mentions obligatoires, prévus à l'article (L. 2016-1088 du 8 août 2016, art. 8, XI, 3°, JO 9) « L. 3123-6», pour les contrats de travail à temps partiel.

Art. L. 1273-6. L'employeur ayant recours au " Titre Emploi-Service Entreprise " peut donner mandat à un tiers en vue d'accomplir les formalités correspondantes.

Chapitre II (réglementaire)

Chèque-emploi associatif et titre emploi-service entreprise

Art. D. 1272-1. (D. 2019-198 du 15 mars 2019, JO 17) « La déclaration d'identification du salarié mentionnée à l'article D. 133-13-1 du code de la sécurité sociale » comporte les mentions suivantes :

1° Mentions relatives au salarié prévues aux 2° et 3° de l'article R. 1221-1, relatif à la déclaration préalable à l'embauche ;

2° Mentions relatives à l'emploi :

a) La nature du contrat de travail : contrat à durée indéterminée ou à durée déterminée, avec, dans ce cas, indication du motif de recours et de la date de fin de contrat ;

b) La durée du travail ;

c) La durée de la période d'essai ;

d) La catégorie d'emploi, la nature de l'emploi et, le cas échéant, le niveau d'emploi (niveau hiérarchique et coefficient) ;

e) L'intitulé de la convention collective applicable, le cas échéant ;

f) Le montant de la rémunération et de ses différentes composantes, y compris, s'il en existe, les primes et accessoires de salaire ;

g) Les particularités du contrat de travail s'il y a lieu ;

h) Le taux de la cotisation due au titre des accidents du travail et des maladies professionnelles si plusieurs taux sont applicables dans l'établissement ;

i) La pratique éventuelle d'un abattement sur l'assiette ou le taux des cotisations ;

j) Le taux de cotisation pour la prévoyance, s'il est spécifique au salarié ;

k) L'assujettissement au versement de transport s'il y a lieu ;

l) L'indication, le cas échéant, d'une première embauche dans l'établissement ;

3° Signature de l'employeur et du salarié.

(D. 2019-198 du 15 mars 2019, JO 17) « Une copie du volet d'identification du salarié est transmise par l'employeur au salarié dans les délais prévus par le présent code. »

Art. D. 1272-2. Le recours (D. 2019-198 du 15 mars 2019, JO 17) « à un dispositif simplifié par les employeurs mentionnés au 1° et 2° de l'article L. 133-5-6 du code de la sécurité sociale » vaut, à l'égard des salariés (D. 2019-198 du 15 mars 2019, JO 17) « déclarés au moyen de ce dispositif », respect des obligations qui incombent à l'employeur en matière de :

1° Formalités prévues par les articles D. 4622-1 à D. 4622-4, relatifs aux services de santé au travail, et R. 4624-10 à R. 4624-14, relatifs à l'examen d'embauche ;

2° Déclarations auprès de l'ensemble des administrations ou organismes intéressés au titre des articles (D. 2019-198 du 15 mars 2019, JO 17) « R. 1234-9 à R. 1234-12, relatifs à l'attestation d'emploi, et » R. 5422-5 à R. 5422-8, relatifs aux obligations d'assurance contre le risque de privation d'emploi et de déclaration des rémunérations ;

3° Déclaration auprès des administrations ou organismes intéressés au titre de l'article L. 3141-32, relatif aux caisses de congés payés ;

4° Déclarations auprès des administrations ou organismes intéressés mentionnés aux articles R. 243-10, R. 243-13, R. 243-14 et R. 312-4 du code de la sécurité sociale et (D. 2019-198 du 15 mars 2019, JO 17) « aux articles 87 A et 87-0 A » du code général des impôts ;

5° Déclarations prescrites par les institutions mentionnées au livre IX du code de la sécurité sociale.

Art. D. 1272-3. Le chèque-emploi associatif (D. 2019-198 du 15 mars 2019, JO 17) « et le titre emploi-service entreprise ne peuvent être utilisés » par une association (D. 2019-198 du 15 mars 2019, JO 17) « ou une entreprise » pour l'emploi d'un salarié qui relève du guichet unique du spectacle vivant prévu par les dispositions de l'article L. 7122-22.

Art. D. 1272-4. Si, lors de l'embauche, un contrat de travail a été signé dans les formes prévues aux articles L. 1221-1 à L. 1221-5 ainsi qu'aux articles L. 1242-12 (D. 2019-198 du 15 mars 2019, JO 17) « à » L. 1242-13, s'il s'agit d'un contrat de travail à durée déterminée, ou à l'article L. 3123-6, s'il s'agit d'un contrat de travail à temps partiel, les clauses contenues dans ce contrat s'appliquent en lieu et place des mentions (D. 2019-198 du 15 mars 2019, JO 17) « de la déclaration d'identification du salarié mentionnée à l'article D. 133-13-1 du code de la sécurité sociale ».

Art. D. 1272-5. Les tiers mentionnés à l'article L. 1273-6 ou les organismes qui les représentent peuvent conclure avec l'Agence centrale des organismes de sécurité sociale et le ministre chargé de la sécurité sociale une convention qui précise le rôle de ces tiers et fixe les obligations réciproques des parties.

Chapitre IV (réglementaire)

Employeurs non établis en France

Note Ce chapitre a été introduit par le décret 2011-1220 du 29 septembre 2011, JO 1er oct.

Art. D. 1273-9. Les dispositions des articles (D. 2019-198 du 15 mars 2019, JO 17) « D. 1272-1 à D. 1272-5 » sont applicables aux entreprises mentionnées au II de l'article L. 243-1-2 du code de la sécurité sociale, qui ont opté pour l'utilisation d'un titre-emploi. Les dispositions de l'article D. 1271-5 sont applicables aux autres employeurs mentionnés au II de l'article L. 243-1-2 précité, qui ont opté pour l'utilisation d'un titre-emploi.

LIVRE III

LE RÈGLEMENT INTÉRIEUR ET LE DROIT DISCIPLINAIRE

TITRE Ier

CHAMP D'APPLICATION

Chapitre unique

Art. L. 1311-1. Les dispositions du présent livre sont applicables dans les établissements des employeurs de droit privé.

Elles s'appliquent également dans les établissements publics à caractère industriel et commercial.

Art. L. 1311-2. (L. 2019-486 du 22 mai 2019, art. 11, VI, 3°, JO 23, entrée en vigueur le 01.01.2020) « L'établissement d'un règlement intérieur est obligatoire dans les entreprises ou établissements employant au moins cinquante salariés.

L'obligation prévue au premier alinéa s'applique au terme d'un délai de douze mois à compter de la date à laquelle le seuil de cinquante salariés a été atteint, conformément à l'article L. 2312-2.»

Des dispositions spéciales peuvent être établies pour une catégorie de personnel ou une division de l'entreprise ou de l'établissement.

Art. R. 1321-5. (D. 2019-1586 du 31 déc. 2019, JO 1er janv. 2020, entrée en vigueur le 01.01.2020) L'obligation prévue au premier alinéa de l'article L. 1311-2 s'applique au terme d'un délai de douze mois à compter de la date à laquelle le seuil de cinquante salariés a été atteint pendant douze mois consécutifs suivant la création de l'entreprise.

TITRE II

RÈGLEMENT INTÉRIEUR

Chapitre Ier

Contenu et conditions de validité

Art. L. 1321-1. Le règlement intérieur est un document écrit par lequel l'employeur fixe exclusivement :

1° Les mesures d'application de la réglementation en matière de santé et de sécurité dans l'entreprise ou l'établissement, notamment les instructions prévues à l'article L. 4122-1 ;

2° Les conditions dans lesquelles les salariés peuvent être appelés à participer, à la demande de l'employeur, au rétablissement de conditions de travail protectrices de la santé et de la sécurité des salariés, dès lors qu'elles apparaîtraient compromises ;

3° Les règles générales et permanentes relatives à la discipline, notamment la nature et l'échelle des sanctions que peut prendre l'employeur.

Art. R. 1321-1. (D. 2016-1417 du 20 oct. 2016, art. 2, JO 22) Le règlement intérieur est porté, par tout moyen, à la connaissance des personnes ayant accès aux lieux de travail ou aux locaux où se fait l'embauche.

Art. L. 1321-2. Le règlement intérieur rappelle :

1° Les dispositions relatives aux droits de la défense des salariés définis aux articles L. 1332-1 à L. 1332-3 ou par la convention collective applicable ;

2° Les dispositions relatives aux harcèlements moral et sexuel (L. 2016-1088 du 8 août 2016, art. 4, JO 9) « et aux agissements sexistes » prévues par le présent code.

Art. L. 1321-2-1. (L. 2016-1088 du 8 août 2016, art. 2, JO 9) Le règlement intérieur peut contenir des dispositions inscrivant le principe de neutralité et restreignant la manifestation des convictions des salariés si ces restrictions sont justifiées par l'exercice d'autres libertés et droits fondamentaux ou par les nécessités du bon fonctionnement de l'entreprise et si elles sont proportionnées au but recherché.

Art. L. 1321-3. Le règlement intérieur ne peut contenir :

1° Des dispositions contraires aux lois et règlements ainsi qu'aux stipulations des conventions et accords collectifs de travail applicables dans l'entreprise ou l'établissement ;

2° Des dispositions apportant aux droits des personnes et aux libertés individuelles et collectives des restrictions qui ne seraient pas justifiées par la nature de la tâche à accomplir ni proportionnées au but recherché ;

3° Des dispositions discriminant les salariés dans leur emploi ou leur travail, à capacité professionnelle égale, en raison de leur origine, de leur sexe, de leurs mœurs, de leur orientation (L. 2017-86 du 27 janv. 2017, art. 207, III, JO 28) « sexuelle ou identité de genre », de leur âge, de leur situation de famille ou de leur grossesse, de leurs caractéristiques génétiques, de leur appartenance ou de leur non-appartenance, vraie ou supposée, à une ethnie, une nation ou une race, de leurs opinions politiques, de leurs activités syndicales ou mutualistes, de leurs convictions religieuses, de leur apparence physique, de leur nom de famille ou en raison de leur état de santé ou de leur handicap.

Art. L. 1321-4. Le règlement intérieur ne peut être introduit qu'après avoir été soumis à l'avis du (Ord. 2017-1386 du 22 sept. 2017, art. 4, 23°, JO 23, entrée en vigueur au plus tard le 01.01.2018) « comité social et économique ».

Le règlement intérieur indique la date de son entrée en vigueur. Cette date doit être postérieure d'un mois à l'accomplissement des formalités de dépôt et de publicité.

En même temps qu'il fait l'objet des mesures de publicité, le règlement intérieur, accompagné de l'avis du (Ord. 2017-1386 du 22 sept. 2017, art. 4, 23°, JO 23, entrée en vigueur au plus tard le 01.01.2018) « comité social et économique », est communiqué à l'inspecteur du travail.

Ces dispositions s'appliquent également en cas de modification ou de retrait des clauses du règlement intérieur.

Art. R. 1321-2. Le règlement intérieur est déposé, en application du deuxième alinéa de l'article L. 1321-4, au greffe du conseil de prud'hommes du ressort de l'entreprise ou de l'établissement.

Art. R. 1321-3. Le délai prévu au deuxième alinéa de l'article L. 1321-4 court à compter de la dernière en date des formalités de publicité et de dépôt définies aux articles R. 1321-1 et R. 1321-2.

Art. R. 1321-4. Le texte du règlement intérieur est transmis à l'inspecteur du travail en deux exemplaires.

Art. L. 1321-5. Les notes de service ou tout autre document comportant des obligations générales et permanentes dans les matières mentionnées aux articles L. 1321-1 et L. 1321-2 sont, lorsqu'il existe un règlement intérieur, considérées comme des adjonctions à celui-ci. Ils sont, en toute hypothèse, soumis aux dispositions du présent titre.

Toutefois, lorsque l'urgence le justifie, les obligations relatives à la santé et à la sécurité peuvent recevoir application immédiate. Dans ce cas, ces prescriptions sont immédiatement et simultanément communiquées (Ord. 2017-1386 du 22 sept. 2017, art. 4, 45°, JO 23, entrée en vigueur au plus tard le 01.01.2018) « au secrétaire du comité social et économique » ainsi qu'à l'inspection du travail.

Art. L. 1321-6. Le règlement intérieur est rédigé en français. Il peut être accompagné de traductions en une ou plusieurs langues étrangères.

Il en va de même pour tout document comportant des obligations pour le salarié ou des dispositions dont la connaissance est nécessaire pour l'exécution de son travail.

Ces dispositions ne sont pas applicables aux documents reçus de l'étranger ou destinés à des étrangers.

Chapitre II

Contrôle administratif et juridictionnel

SECTION 1. Contrôle administratif

Art. L. 1322-1. L'inspecteur du travail peut à tout moment exiger le retrait ou la modification des dispositions contraires aux articles L. 1321-1 à L. 1321-3 et L. 1321-6.

Art. L. 1322-1-1. (L. 2018-727 du 10 août 2018, art. 21, V, 1°, JO 11) L'inspecteur du travail se prononce de manière explicite sur toute demande d'appréciation de la conformité de tout ou partie d'un règlement intérieur aux dispositions des articles L. 1321-1 à L. 1321-3 et L. 1321-6 formulée par un employeur.

La demande mentionnée au premier alinéa n'est pas recevable dès lors que l'autorité administrative s'est déjà prononcée par une décision expresse en application de l'article L. 1322-2.

La décision prend effet dans le périmètre d'application du règlement intérieur concerné et est opposable pour l'avenir à l'autorité administrative tant que la situation de fait exposée dans la demande ou la législation au regard de laquelle la situation a été appréciée n'ont pas été modifiées ou jusqu'à ce que l'inspecteur du travail notifie au demandeur une modification de son appréciation.

La décision de l'inspecteur du travail est motivée. Elle est notifiée à l'employeur et communiquée, pour information, aux membres du comité social et économique.

La décision de l'inspecteur du travail peut faire l'objet d'un recours hiérarchique, dans des conditions définies par voie réglementaire.

La décision prise sur ce recours est notifiée à l'employeur et communiquée, pour information, aux membres du comité social et économique.

Art. R. 1321-6. (D. 2018-1227 du 24 déc. 2018, art. 6, I, 1°, JO 26) La demande prévue à l'article L. 1322-1-1 mentionne la ou les dispositions sur lesquelles est demandée l'appréciation de l'inspecteur du travail. Elle est accompagnée du texte du règlement intérieur ainsi que, le cas échéant, des références des articles de la convention collective nationale ou de l'accord collectif et des dispositions du ou des accords d'entreprise en rapport avec les dispositions faisant l'objet de la demande.

Elle est présentée à l'inspecteur du travail dans le ressort duquel est établie l'entreprise ou l'établissement concerné, par tout moyen conférant date certaine à sa réception. Lorsqu'un règlement intérieur unique est établi ou modifié pour l'ensemble des établissements de l'entreprise, la demande est adressée à l'inspecteur du travail territorialement compétent pour son siège.

L'inspecteur du travail statue dans un délai de deux mois à compter de la réception de la demande.

Il peut conclure à la conformité ou à la non-conformité de tout ou partie des dispositions mentionnées dans la demande. Lorsque la décision conclut à la non-conformité d'une ou de plusieurs dispositions, elle précise pour chacune d'elles si la disposition doit être retirée ou modifiée.

Art. L. 1322-2. La décision de l'inspecteur du travail est motivée.

Elle est notifiée à l'employeur et communiquée, pour information, aux membres du (Ord. 2017-1386 du 22 sept. 2017, art. 4, 35°, JO 23, entrée en vigueur au plus tard le 01.01.2018) « comité social et économique ».

Art. L. 1322-3. La décision de l'inspecteur du travail peut faire l'objet d'un recours hiérarchique, dans des conditions déterminées par voie réglementaire.

La décision prise sur ce recours est notifiée à l'employeur et communiquée, pour information, aux membres du (Ord. 2017-1386 du 22 sept. 2017, art. 4, 35°, JO 23, entrée en vigueur au plus tard le 01.01.2018) « comité social et économique ».

Art. R. 1322-1. (D. 2018-1227 du 24 déc. 2018, art. 6, I, 2°, JO 26) « Les recours hiérarchiques prévus aux articles L. 1322-1-1 et L. 1322-3 sont formés » devant le (D. 2009-1377 du 10 nov. 2009, JO 13; D. 2010-687 du 24 juin 2010, JO 25; voir D. 2010-1582 du 17 déc. 2010, JO 18, pour outre-mer) « directeur régional des entreprises, de la concurrence, de la consommation, du travail et de l'emploi », dans les deux mois suivant la notification de la décision de l'inspecteur du travail.

SECTION 2. Contrôle juridictionnel

Art. L. 1322-4. Lorsque, à l'occasion d'un litige individuel, le conseil de prud'hommes écarte l'application d'une disposition contraire aux articles L. 1321-1 à L. 1321-3 et L. 1321-6, une copie du jugement est adressée à l'inspecteur du travail et aux membres du (Ord. 2017-1386 du 22 sept. 2017, art. 4, 35°, JO 23, entrée en vigueur au plus tard le 01.01.2018) « comité social et économique ».

Chapitre III (réglementaire)

Dispositions pénales

Art. R. 1323-1. Le fait de méconnaître les dispositions des articles L. 1311-2 à L. 1322-4 et R. 1321-1 à R. 1321-5 relatives au règlement intérieur, est puni de l'amende prévue pour les contraventions de la quatrième classe. (D. 2018-1227 du 24 déc. 2018, art. 6, I, 3°, JO 26) « Est punie de la même peine la méconnaissance des dispositions du quatrième alinéa de l'article R. 1321-6. »

TITRE III

DROIT DISCIPLINAIRE

Chapitre Ier

Sanction disciplinaire

Art. L. 1331-1. Constitue une sanction toute mesure, autre que les observations verbales, prise par l'employeur à la suite d'un agissement du salarié considéré par l'employeur comme fautif, que cette mesure soit de nature à affecter immédiatement ou non la présence du salarié dans l'entreprise, sa fonction, sa carrière ou sa rémunération.

Art. L. 1331-2. Les amendes ou autres sanctions pécuniaires sont interdites.

Toute disposition ou stipulation contraire est réputée non écrite.

Chapitre II

Procédure disciplinaire

SECTION 1. Garanties de procédure

Art. L. 1332-1. Aucune sanction ne peut être prise à l'encontre du salarié sans que celui-ci soit informé, dans le même temps et par écrit, des griefs retenus contre lui.

Art. L. 1332-2. Lorsque l'employeur envisage de prendre une sanction, il convoque le salarié en lui précisant l'objet de la convocation, sauf si la sanction envisagée est un avertissement ou une sanction de même nature n'ayant pas d'incidence, immédiate ou non, sur la présence dans l'entreprise, la fonction, la carrière ou la rémunération du salarié.

Lors de son audition, le salarié peut se faire assister par une personne de son choix appartenant au personnel de l'entreprise.

Au cours de l'entretien, l'employeur indique le motif de la sanction envisagée et recueille les explications du salarié.

La sanction ne peut intervenir moins (L. 2012-387 du 22 mars 2012, art. 48, JO 23) « de deux jours ouvrables », ni plus d'un mois après le jour fixé pour l'entretien. Elle est motivée et notifiée à l'intéressé.

Art. R. 1332-1. La lettre de convocation prévue à l'article L. 1332-2 indique l'objet de l'entretien entre le salarié et l'employeur.

Elle précise la date, l'heure et le lieu de cet entretien.

Elle rappelle que le salarié peut se faire assister par une personne de son choix appartenant au personnel de l'entreprise.

Elle est soit remise contre récépissé, soit adressée par lettre recommandée, dans le délai de deux mois fixé à l'article L. 1332-4.

Art. R. 1332-2. La sanction prévue à l'article L. 1332-2 fait l'objet d'une décision écrite et motivée.

La décision est notifiée au salarié soit par lettre remise contre récépissé, soit par lettre recommandée, dans le délai d'un mois prévu par l'article L. 1332-2.

Art. R. 1332-3. Le délai d'un mois prévu à l'article L. 1332-2 expire à vingt-quatre heures le jour du mois suivant qui porte le même quantième que le jour fixé pour l'entretien.

À défaut d'un quantième identique, le délai expire le dernier jour du mois suivant à vingt-quatre heures.

Lorsque le dernier jour de ce délai est un samedi, un dimanche ou un jour férié ou chômé, le délai est prorogé jusqu'au premier jour ouvrable suivant.

Art. L. 1332-3. Lorsque les faits reprochés au salarié ont rendu indispensable une mesure conservatoire de mise à pied à effet immédiat, aucune sanction définitive relative à ces faits ne peut être prise sans que la procédure prévue à l'article L. 1332-2 ait été respectée.

SECTION 2. Prescription des faits fautifs

Art. L. 1332-4. Aucun fait fautif ne peut donner lieu à lui seul à l'engagement de poursuites disciplinaires au-delà d'un délai de deux mois à compter du jour où l'employeur en a eu connaissance, à moins que ce fait ait donné lieu dans le même délai à l'exercice de poursuites pénales.

Art. R. 1332-4. Les dispositions de l'article R. 1332-3 sont applicables au délai de deux mois prévu à l'article L. 1332-4.

Art. L. 1332-5. Aucune sanction antérieure de plus de trois ans à l'engagement des poursuites disciplinaires ne peut être invoquée à l'appui d'une nouvelle sanction.

Chapitre III

Contrôle juridictionnel

Art. L. 1333-1. En cas de litige, le conseil de prud'hommes apprécie la régularité de la procédure suivie et si les faits reprochés au salarié sont de nature à justifier une sanction.

L'employeur fournit au conseil de prud'hommes les éléments retenus pour prendre la sanction.

Au vu de ces éléments et de ceux qui sont fournis par le salarié à l'appui de ses allégations, le conseil de prud'hommes forme sa conviction après avoir ordonné, en cas de besoin, toutes les mesures d'instruction qu'il estime utiles. Si un doute subsiste, il profite au salarié.

Art. L. 1333-2. Le conseil de prud'hommes peut annuler une sanction irrégulière en la forme ou injustifiée ou disproportionnée à la faute commise.

Art. L. 1333-3. Lorsque la sanction contestée est un licenciement les dispositions du présent chapitre ne sont pas applicables.

Dans ce cas, le conseil de prud'hommes applique les dispositions relatives à la contestation des irrégularités de licenciement prévues par le chapitre V du titre III du livre II.

Chapitre IV

Dispositions pénales

Art. L. 1334-1. Le fait d'infliger une amende ou une sanction pécuniaire en méconnaissance des dispositions de l'article L. 1331-2 est puni d'une amende de 3 750 €.

LIVRE IV

LA RÉSOLUTION DES LITIGES - LE CONSEIL DE PRUD'HOMMES

TITRE Ier

ATTRIBUTIONS DU CONSEIL DE PRUD'HOMMES

Chapitre Ier

Compétence en raison de la matière

Art. L. 1411-1. Le conseil de prud'hommes règle par voie de conciliation les différends qui peuvent s'élever à l'occasion de tout contrat de travail soumis aux dispositions du présent code entre les employeurs, ou leurs représentants, et les salariés qu'ils emploient.

Il juge les litiges lorsque la conciliation n'a pas abouti.

Art. L. 1411-2. Le conseil de prud'hommes règle les différends et litiges des personnels des services publics, lorsqu'ils sont employés dans les conditions du droit privé.

Art. L. 1411-3. Le conseil de prud'hommes règle les différends et litiges nés entre salariés à l'occasion du travail.

Art. L. 1411-4. Le conseil de prud'hommes est seul compétent, quel que soit le montant de la demande, pour connaître des différends mentionnés au présent chapitre. Toute convention contraire est réputée non écrite.

Le conseil de prud'hommes n'est pas compétent pour connaître des litiges attribués à une autre juridiction par la loi, notamment par le code de la sécurité sociale en matière d'accidents du travail et maladies professionnelles.

Art. L. 1411-5. Le conseil de prud'hommes donne son avis sur les questions que lui pose l'autorité administrative.

Art. L. 1411-6. Lorsqu'un organisme se substitue habituellement aux obligations légales de l'employeur, il peut être mis en cause aux côtés de celui-ci en cas de litige entre l'employeur et les salariés qu'il emploie.

Chapitre II (réglementaire)

Compétence territoriale

Art. R. 1412-1. L'employeur et le salarié portent les différends et litiges devant le conseil de prud'hommes territorialement compétent.

Ce conseil est :

1° Soit celui dans le ressort duquel est situé l'établissement où est accompli le travail ;

2° Soit, lorsque le travail est accompli à domicile ou en dehors de toute entreprise ou établissement, celui dans le ressort duquel est situé le domicile du salarié.

Le salarié peut également saisir les conseils de prud'hommes du lieu où l'engagement a été contracté ou celui du lieu où l'employeur est établi.

Art. R. 1412-2. En cas de création d'un conseil de prud'hommes, la cour d'appel, saisie sur requête du procureur général, constate que la nouvelle juridiction est en mesure de fonctionner.

Elle fixe la date de l'installation du conseil à compter de laquelle le ou les conseils de prud'hommes dont le ressort est réduit cessent d'être compétents pour connaître des affaires entrant dans leur compétence.

Art. R. 1412-3. Lorsqu'à la suite d'une nouvelle délimitation de circonscriptions judiciaires, le ressort d'un conseil de prud'hommes est modifié, le conseil de prud'hommes initialement saisi demeure compétent pour statuer sur les procédures introduites antérieurement à la modification.

Art. R. 1412-4. Toute clause d'un contrat qui déroge directement ou indirectement aux dispositions de l'article R. 1412-1, relatives aux règles de compétence territoriale des conseils de prud'hommes, est réputée non écrite.

Art. R. 1412-5. Lorsqu'un salarié est temporairement détaché sur le territoire national par une entreprise établie dans un autre État membre de (D. 2016-660 du 20 mai 2016, art. 43, I, JO 25) « l'Union » européenne, les contestations relatives aux droits reconnus dans les matières énumérées à l'article L. 1262-4 peuvent être portées devant le conseil de prud'hommes dans le ressort duquel la prestation est ou a été exécutée.

Lorsque la prestation est ou a été exécutée dans le ressort de plusieurs conseils de prud'hommes, ces contestations sont portées devant l'une quelconque de ces juridictions.

TITRE II

INSTITUTION, ORGANISATION ET FONCTIONNEMENT

Chapitre Ier

Dispositions générales

Art. L. 1421-1. Le conseil de prud'hommes est une juridiction paritaire.

Il est composé, ainsi que ses différentes formations, d'un nombre égal de salariés et d'employeurs.

Art. L. 1421-2. (L. 2015-990 du 6 août 2015, art. 258, I, 1°, JO 7) Les conseillers prud'hommes exercent leurs fonctions en toute indépendance, impartialité, dignité et probité et se comportent de façon à exclure tout doute légitime à cet égard. Ils s'abstiennent, notamment, de tout acte ou comportement public incompatible avec leurs fonctions.

Ils sont tenus au secret des délibérations.

Leur est interdite toute action concertée de nature à arrêter ou à entraver le fonctionnement des juridictions lorsque le renvoi de l'examen d'un dossier risquerait d'entraîner des conséquences irrémédiables ou manifestement excessives pour les droits d'une partie.

Chapitre II

Institution

Art. L. 1422-1. Il est créé au moins un conseil de prud'hommes dans le ressort de chaque (Ord. 2019-964 du 18 sept. 2019, art. 35, JO 19, entrée en vigueur le 01.01.2020) « tribunal judiciaire ». Le ressort du conseil, s'il est unique, s'étend à l'ensemble de celui du (Ord. 2019-964 du 18 sept. 2019, art. 35, JO 19, entrée en vigueur le 01.01.2020) « tribunal judiciaire ».

Pour des raisons d'ordre géographique, économique ou social, plusieurs conseils de prud'hommes peuvent être créés dans le ressort d'un (Ord. 2019-964 du 18 sept. 2019, art. 35, JO 19, entrée en vigueur le 01.01.2020) « tribunal judiciaire ».

Art. L. 1422-2. Les aérodromes dont l'emprise s'étend sur le ressort de plusieurs conseils de prud'hommes peuvent être rattachés par décret au ressort de l'un d'eux pour l'application des dispositions concernant la compétence territoriale en matière prud'homale.

Art. L. 1422-3. Des décrets en Conseil d'État portent création ou suppression des conseils de prud'hommes et fixation, modification ou transfert de leur ressort et de leur siège.

Art. R. 1422-1. Lorsqu'est envisagé la création ou la suppression d'un conseil de prud'hommes, la modification du ressort ou le transfert du siège d'un conseil, le ministre chargé du travail publie préalablement au *Journal officiel* de la République française un avis indiquant :

1° Le siège du conseil à créer ou à supprimer ou, en cas de transfert, le nouveau siège du conseil ;

2° L'étendue de la compétence territoriale du conseil à créer et du ou des conseils dont le ressort est affecté par la création, la suppression ou la modification envisagée ;

3° L'effectif des conseillers des différentes sections du conseil à créer ou dont l'organisation est modifiée.

L'avis invite les organismes et autorités mentionnés à l'article R. 1422-2 à faire connaître au ministre chargé du travail, dans le délai de trois mois, leurs observations et avis.

Art. R. 1422-2. Les décrets d'institution du conseil de prud'hommes prévus à l'article L. 1422-3 fixent le siège et le ressort du conseil ainsi que la date de (D. 2016-1359 du 11 oct. 2016, JO 13, entrée en vigueur le 01.01.2018) « la désignation » des conseillers.

Ils sont pris après consultation ou avis :

1° Du (D. 2013-938 du 18 oct. 2013, art. 1er, JO 20) « conseil départemental » et du conseil municipal ;

2° Du ou des conseils de prud'hommes intéressés ;

3° Du premier président de la cour d'appel ;

4° Des organisations d'employeurs et de salariés représentatives au niveau national ;

5° Des chambres consulaires.

Art. R. 1422-3. Chacun des organismes ou autorités mentionnés à l'article R. 1422-2 est réputé avoir donné un avis favorable s'il ne s'est pas prononcé dans les trois mois suivant sa saisine.

Art. R. 1422-4. Les siège et ressort des conseils de prud'hommes sont fixés conformément à l'annexe figurant à la fin du présent livre.

Chapitre III

Organisation et fonctionnement

SECTION 1. Sections

Art. L. 1423-1. Le conseil de prud'hommes est divisé en sections autonomes.

Il comporte une formation commune de référé.

Art. L. 1423-1-1. (Ord. 2016-388 du 31 mars 2016, art. 1er, 3°, JO 1er avril, entrée en vigueur le 01.01.2018) Sous réserve des dispositions relatives à la section de l'encadrement définies à l'article L. 1423-1-2, les affaires sont réparties entre les sections du conseil des prud'hommes au regard du champ d'application de la convention ou de l'accord collectif de travail dont le salarié partie au litige relève et d'un tableau de répartition, dans des conditions définies par décret.

Art. L. 1423-1-2. (Ord. 2016-388 du 31 mars 2016, art. 1er, 3°, JO 1er avril, entrée en vigueur le 01.01.2018) Relèvent de la section de l'encadrement les affaires dont le salarié partie au litige relève des catégories suivantes :

1° Les ingénieurs ainsi que les salariés qui, même s'ils n'exercent pas de commandement, ont une formation équivalente constatée ou non par un diplôme ;

2° Les salariés qui, ayant acquis une formation technique, administrative, juridique, commerciale ou financière, exercent un commandement par délégation de l'employeur ;

3° Les agents de maîtrise qui ont une délégation écrite de commandement ;

4° Les voyageurs, représentants ou placiers.

Art. L. 1423-2. Un décret fixe, pour chaque conseil de prud'hommes, le nombre de conseillers à (Ord. 2016-388 du 31 mars 2016, art. 1er, 4°, JO 1er avril, entrée en vigueur le 01.02.2017) « nommer » par collège dans les différentes sections.

Sous-section 1 (réglementaire). Composition

Art. R. 1423-1. I. — Le conseil de prud'hommes est divisé en cinq sections autonomes :

1° La section de l'encadrement ;

2° La section de l'industrie ;

3° La section du commerce et des services commerciaux ;

4° La section de l'agriculture ;

5° La section des activités diverses.

Chaque section comprend au moins trois conseillers prud'hommes employeurs et trois conseillers prud'hommes salariés.

Art. R. 1423-2. Lorsque le ressort d'un (D. 2019-966 du 18 sept. 2019, art. 8, JO 19, entrée en vigueur le 01.01.2020) « tribunal judiciaire » comprend plusieurs conseils de prud'hommes, une section de l'agriculture unique est constituée pour l'ensemble du ressort de ce tribunal.

Cette section est rattachée au conseil de prud'hommes dont le siège est celui de ce tribunal.

(D. 2008-514 du 29 mai 2008, JO 1er juin) Toutefois ces dispositions ne s'appliquent pas dans le cas suivant :

DÉPARTEMENT	TRIBUNAL JUDICIAIRE	CONSEIL DE PRUD'HOMMES de rattachement de la section agricole
Ardèche	Privas	Aubenas
Val-d'Oise	Pontoise	Cergy-Pontoise

Art. R. 1423-3. Lorsqu'un département comprend plusieurs conseils de prud'hommes comportant une section de l'agriculture, il est possible de réduire le nombre de sections de l'agriculture dans le département. Cette réduction tient compte du nombre et de la variété des affaires traitées. Cette section est rattachée à l'un de ces conseils par décret en Conseil d'État.

Sous-section 2 (réglementaire). **Répartition entre les sections**

Art. R. 1423-4. (D. 2016-1359 du 11 oct. 2016, JO 13, entrée en vigueur le 01.02.2017) Le garde des sceaux, ministre de la justice, et le ministre chargé du travail fixent par arrêté, pour chaque désignation générale des conseillers prud'hommes, le tableau de répartition mentionné à l'article L. 1423-1-1.

Sous réserve des dispositions relatives à la section de l'encadrement, ce tableau rattache aux sections de l'industrie, du commerce et des services commerciaux, de l'agriculture ou des activités diverses chaque convention collective ou accord collectif de branche en fonction du champ d'application de ceux-ci. En l'absence de convention ou d'accord collectif applicable, la section de rattachement est celle des activités diverses.

Ce tableau demeure applicable nonobstant toute dénonciation ou mise en cause d'une convention ou d'un accord qui y figure.

Art. R. 1423-5. (D. 2016-1359 du 11 oct. 2016, JO 13, entrée en vigueur le 01.01.2018) Chaque section est composée des conseillers prud'hommes affectés selon la répartition opérée par l'arrêté mentionné à l'article R. 1441-1.

Art. R. 1423-6. (D. 2016-1359 du 11 oct. 2016, JO 13, entrée en vigueur le 01.01.2018) Les affaires sont réparties entre les sections du conseil de prud'hommes en application :

1° Pour la section de l'encadrement, de l'article L. 1423-1-2 ;

2° Pour les autres sections, du tableau de répartition prévu à l'article R. 1423-4.

Pour l'application du 2° du présent article, les modifications du tableau opérées en application de l'article R. 1423-4 ne sont prises en compte qu'à compter de la nomination des conseillers prud'hommes qui suit la publication de l'arrêté.

Art. R. 1423-7. En cas de difficulté de répartition d'une affaire ou de contestation sur la connaissance d'une affaire par une section, le dossier est transmis au président du conseil de prud'hommes, qui, après avis du vice-président, renvoie l'affaire à la section qu'il désigne par ordonnance.

Cette ordonnance constitue une mesure d'administration judiciaire non susceptible de recours.

(D. 2016-660 du 20 mai 2016, art. 2, JO 25) « Les contestations sont formées devant le bureau de conciliation et d'orientation ou, dans les cas où l'affaire est directement portée devant le bureau de jugement, avant toute défense au fond. »

SECTION 2 (RÉGLEMENTAIRE). Chambres

Art. R. 1423-8. Plusieurs chambres peuvent être constituées au sein d'une section d'un conseil de prud'hommes. Chaque chambre comprend au moins quatre conseillers employeurs et quatre conseillers salariés.

Art. R. 1423-9. Lorsqu'une section comprend plusieurs chambres, l'une d'elles est compétente pour connaître des différends et litiges relatifs aux licenciements pour motif économique.

Art. R. 1423-10. La constitution des chambres est décidée par le premier président de la cour d'appel, sur proposition de l'assemblée générale du conseil de prud'hommes.

SECTION 2. Président et vice-président

Art. L. 1423-3. Les conseillers prud'hommes réunis en assemblée générale, en assemblée de section, en assemblée de chambre, sous la présidence du doyen d'âge, élisent parmi eux un président et un vice-président.

(L. 2015-990 du 6 août 2015, art. 258, I, 5°, JO 7) «À sa demande et au moins une fois par an, le juge départiteur mentionné à l'article L. 1454-2 assiste à l'assemblée générale du conseil de prud'hommes. »

Art. L. 1423-4. Le président du conseil de prud'hommes est alternativement un salarié ou un employeur. Le sort détermine la qualité de celui qui est élu la première fois.

Lorsque le président est choisi parmi les conseillers prud'hommes salariés, le vice-président ne peut l'être que parmi les conseillers prud'hommes employeurs, et réciproquement.

Art. L. 1423-5. Les conseillers prud'hommes salariés élisent un président ou un vice-président ayant la qualité de salarié.

Les conseillers prud'hommes employeurs élisent un président ou un vice-président ayant la qualité d'employeur.

Le vote par mandat est possible. Toutefois, un conseiller ne peut détenir qu'un seul mandat.

Art. L. 1423-6. Le président et le vice-président sont élus pour une année. Ils sont rééligibles sous la condition d'alternance prévue à l'article L. 1423-4.

(L. 2009-526 du 12 mai 2009, JO 13) « Ils restent en fonction jusqu'à l'installation de leurs successeurs. »

Art. L. 1423-7. Les dispositions des articles L. 1423-4 et L. 1423-6 sont applicables aux présidents et vice-présidents de section et de chambre.

Art. R. 1423-11. L'élection des présidents et vice-présidents a lieu au scrutin secret, par assemblée et à la majorité absolue des membres présents.

Elle a lieu soit lorsque les trois-quarts au moins des membres de chaque assemblée sont installés, soit en cas d'application dans une section des dispositions de l'article R. 1423-1, lorsque les deux tiers au moins des membres de chaque assemblée sont installés.

Art. R. 1423-12. Après deux tours de scrutin sans qu'aucun des candidats n'ait obtenu la majorité absolue des membres présents, le président ou le vice-président est, au troisième tour, élu à la majorité relative.

Lorsqu'il existe un partage égal des voix au troisième tour, le conseiller le plus ancien en fonction est élu. Lorsque les deux candidats ont un temps de service égal, le plus âgé est élu. Il en est de même dans le cas de création d'un conseil de prud'hommes.

Art. R. 1423-13. La réunion des conseillers prud'hommes en assemblée générale, en assemblée de section et, le cas échéant, en assemblée de chambre, a lieu chaque année pendant le mois de janvier dans l'ordre suivant :

1° L'assemblée générale du conseil de prud'hommes élit, conformément aux articles L. 1423-3 à L. 1423-6, le président et le vice-président du conseil de prud'hommes. L'élection du président et du vice-président précède l'audience solennelle tenue au conseil de prud'hommes en application de l'article (D. 2016-1359 du 11 oct. 2016, JO 13, entrée en vigueur le 01.01.2018) « R. 111-2 » du code de l'organisation judiciaire ;

2° L'assemblée de chaque section élit le président et le vice-président de section ;

3° Lorsque plusieurs chambres ont été constituées au sein d'une même section en application de l'article R. 1423-8, l'assemblée de chambre élit le président et le vice-président de la chambre.

Le procès-verbal de ces assemblées est adressé dans les quarante-huit heures au premier président de la cour d'appel et au procureur général près la cour d'appel.

Art. R. 1423-14. En cas de création de chambre, l'assemblée de chambre procède à l'élection du président et du vice-président de chambre, sans attendre le mois de janvier.

Art. R. 1423-15. Le conseil de prud'hommes se réunit en assemblée générale dans les conditions prévues à l'article R. 1423-23 pour élire un nouveau président ou un nouveau vice-président lorsque la vacance d'une de ces fonctions survient pour l'une des causes suivantes :

1° Refus du président ou du vice-président de se faire installer ;
2° Démission ;
3° Déclaration de démission en application des articles L. 1442-12 et D. 1442-18 ;
4° Décès ;
5° Déchéance à titre disciplinaire prononcée par décret en application de l'article L. 1442-14 ;
6° Déchéance de plein droit en application de l'article L. 1442-15.

Art. R. 1423-16. En cas de vacance des fonctions de président ou de vice-président de section ou de chambre pour l'une des causes énumérées à l'article R. 1423-15, les conseillers prud'hommes de la section ou de la chambre se réunissent en assemblée de section ou de chambre pour élire un nouveau président ou un nouveau vice-président.

Art. R. 1423-17. Lorsque l'un des cas énoncés aux articles R. 1423-15 et R. 1423-16 se reproduit au cours de la même année, il n'est pourvu à la seconde vacance que lors du renouvellement annuel prévu à l'article R. 1423-13.

Art. R. 1423-18. Les procès-verbaux des assemblées mentionnées aux articles R. 1423-15 et R. 1423-16 sont établis et transmis dans les conditions fixées à l'article R. 1423-24.

Art. R. 1423-19. Dans un délai de quinze jours à compter de l'élection des présidents et des vice-présidents prévue aux articles R. 1423-13 et R. 1423-14, tout membre de la formation qui en conteste la régularité peut exercer un recours auprès de la cour d'appel dans le ressort de laquelle l'élection a eu lieu.

Ce recours est ouvert au procureur général qui peut l'exercer dans un délai de quinze jours à compter de la réception du procès-verbal.

Art. R. 1423-20. À peine d'irrecevabilité, les requérants notifient les recours mentionnés à l'article R. 1423-19 aux candidats dont l'élection est contestée. Cette notification est faite par lettre recommandée avec avis de réception.

Les candidats peuvent présenter leurs observations en défense dans les cinq jours de la notification.

Art. R. 1423-21. Les recours mentionnés à l'article R. 1423-19 sont jugés sans frais ni forme dans le délai d'un mois à compter du jour où ils sont enregistrés.

L'arrêt est notifié par le greffier aux intéressés. Le procureur de la République est informé de l'arrêt. Il en informe le préfet. L'opposition n'est pas admise contre l'arrêt rendu par défaut.

L'arrêt est susceptible d'un pourvoi en cassation dans les dix jours de sa notification. Le pourvoi est dispensé du ministère d'avocat.

Art. R. 1423-22. Les dispositions des articles R. 1423-19 à R. 1423-21 sont applicables à la désignation par l'assemblée générale du conseil de prud'hommes des conseillers prud'hommes appelés à tenir les audiences de référé.

SECTION 4 (RÉGLEMENTAIRE). Organisation et fonctionnement

Sous-section 1. Réunions de l'assemblée générale

Art. R. 1423-23. Le conseil de prud'hommes se réunit en assemblée générale à la demande :

1° Soit du premier président de la cour d'appel ;
2° Soit de la majorité des membres en exercice ;
3° Soit du président ou du vice-président.

Art. R. 1423-24. Le procès-verbal de l'assemblée générale est établi, sous la responsabilité du président, par le directeur de greffe. Le président le transmet au premier président de la cour d'appel et au procureur général près la cour d'appel dans un délai de quinze jours.

Sous-section 2. **Règlement intérieur**

Art. R. 1423-25. L'assemblée générale du conseil de prud'hommes nouvellement créé propose, dans un délai de trois mois à compter de l'installation du conseil, un règlement intérieur qui fixe notamment les jours et heures des audiences.

Les calendriers et horaires de ces audiences sont déterminés par analogie avec celles des juridictions de droit commun ayant leur siège dans le ressort de la cour d'appel dont relève ce conseil. Toutefois, le règlement intérieur peut, pour tenir compte des contingences locales, déroger à cette règle.

Art. R. 1423-26. Le règlement intérieur n'est exécutoire qu'après avoir été approuvé par le premier président de la cour d'appel et le procureur général près la cour d'appel. Au cas où ceux-ci ne se sont pas prononcés dans un délai de trois mois à compter de la réception du règlement intérieur, les dispositions de ce règlement deviennent exécutoires.

Art. R. 1423-27. Si l'assemblée générale n'a pas établi le règlement intérieur dans le délai de trois mois prévu à l'article R. 1423-25, le règlement intérieur est préparé par une formation restreinte constituée par le président du conseil.

Cette formation est composée :

1° Du président ;

2° Du vice-président ;

3° Des présidents et vice-présidents de chaque section et, s'il y a lieu, de chaque chambre.

Le règlement établi par cette formation est exécutoire après avoir été approuvé dans les conditions prévues à l'article R. 1423-26.

Si, à l'expiration d'un délai d'un mois à compter du jour de sa constitution, la formation n'a pas établi le règlement intérieur, le président du conseil arrête, en accord avec le vice-président, les dispositions de ce règlement.

Ce dernier détermine le calendrier et les horaires des audiences. Ses dispositions ne sont exécutoires qu'après avoir été approuvées dans les conditions prévues à l'article R. 1423-26.

Art. R. 1423-28. Le règlement intérieur est affiché dans les locaux du conseil de prud'hommes.

Il peut être modifié par l'assemblée générale réunie en application de l'article R. 1423-23 et, le cas échéant, par la formation restreinte ou les personnes mentionnées à l'article R. 1423-27. Dans ce cas, le délai prévu au premier alinéa de l'article R. 1423-25 et celui prévu au septième alinéa de l'article R. 1423-27 sont respectivement réduits à un mois et à quinze jours.

Art. R. 1423-29. Lorsque les dispositions du règlement intérieur relatives au calendrier et aux horaires n'ont pas été régulièrement approuvées par le premier président de la cour d'appel et le procureur général près la cour d'appel, ces dispositions sont déterminées par analogie avec les calendrier et horaires des juridictions de droit commun ayant leur siège dans le ressort de la cour d'appel dont relève le conseil.

Sous-section 3. **Administration de la juridiction et inspection**

Art. R. 1423-30. Le premier président de la cour d'appel et le procureur général procèdent à l'inspection des conseils de prud'hommes de leur ressort.

Ils s'assurent, chacun en ce qui le concerne, de la bonne administration des services judiciaires et de l'expédition normale des affaires. Ils peuvent respectivement déléguer ces pouvoirs pour des actes déterminés à des magistrats du siège ou du parquet placés sous leur autorité.

Ils rendent compte chaque année au garde des sceaux, ministre de la justice, des constatations qu'ils ont faites.

Art. R. 1423-31. Le président du conseil de prud'hommes assure l'administration et la discipline intérieure de la juridiction.

SECTION 3. Difficultés de constitution et de fonctionnement

Art. L. 1423-8. Lorsqu'un conseil de prud'hommes ne peut se constituer, le premier président de la cour d'appel, saisi sur requête du procureur général, désigne un autre conseil de prud'hommes ou, à défaut, (L. 2015-990 du 6 août 2015, art. 258, I, 6°, JO 7) « un ou plusieurs juges du ressort de la cour d'appel » pour connaître des affaires inscrites au rôle du conseil de prud'hommes ou dont ce conseil aurait dû être ultérieurement saisi.

Art. R. 1423-33. Lorsqu'une des sections d'un conseil de prud'hommes ne peut se constituer ou ne peut fonctionner, le premier président de la cour d'appel, saisi sur requête du procureur général, désigne la section correspondante d'un autre conseil de prud'hommes ou, à défaut, (D. 2016-660 du 20 mai 2016, art. 3, JO 25) « un ou plusieurs juges mentionnés à l'article L. 1454-2 », pour connaître des affaires inscrites au rôle de la section ou dont cette dernière aurait dû être ultérieurement saisie. (D. 2016-660 du 20 mai 2016, art. 3, JO 25) « Il fixe la date à compter de laquelle les affaires sont provisoirement soumises à cette section ou à ces juges. »

Lorsque la section du conseil de prud'hommes est de nouveau en mesure de fonctionner, le premier président de la cour d'appel, saisi dans les mêmes conditions, constate cet état de fait et fixe la date à compter de laquelle les affaires sont à nouveau portées devant cette section. (D. 2016-660 du 20 mai 2016, art. 3, JO 25) « La section du conseil de prud'hommes ou les juges mentionnés au premier alinéa désignés par le premier président demeurent cependant saisis des affaires qui leur ont été soumises en application du premier alinéa. »

Art. L. 1423-9. Lorsqu'il a été fait application de l'article L. 1423-8 et que le conseil de prud'hommes normalement compétent est de nouveau en mesure de fonctionner, le premier président de la cour d'appel, saisi dans les mêmes conditions, constate cet état de fait et fixe la date à compter de laquelle les affaires seront à nouveau portées devant ce conseil.

(L. 2009-526 du 12 mai 2009, JO 13) « Le premier président précise également la date à compter de laquelle les affaires qui ont été provisoirement transférées à un autre conseil de prud'hommes ou à (L. 2015-990 du 6 août 2015, art. 258, I, 7°, JO 7) « un ou plusieurs juges du ressort de la cour d'appel » seront soumises au conseil de prud'hommes compétent pour en connaître. »

Art. L. 1423-10. Lorsque le président du conseil de prud'hommes constate une difficulté provisoire de fonctionnement d'une section, il peut, après avis conforme du vice-président, sous réserve de l'accord des intéressés, affecter temporairement les conseillers prud'hommes d'une section à une autre section pour connaître des litiges relevant de cette dernière. Ces affectations sont prononcées pour une durée de six mois renouvelable deux fois dans les mêmes conditions.

À défaut de décision du président du conseil de prud'hommes ou lorsque le vice-président a émis un avis négatif, le premier président de la cour d'appel, saisi sur requête du procureur général, peut constater la difficulté de fonctionnement et procéder lui-même, après accord des intéressés, aux affectations temporaires mentionnées au premier alinéa.

Les décisions d'affectation temporaire en cas de difficultés de fonctionnement sont prises par ordonnance non susceptible de recours.

Art. L. 1423-10-1. (L. 2015-990 du 6 août 2015, art. 258, I, 8°, JO 7) En cas d'interruption du fonctionnement du conseil de prud'hommes ou de difficultés graves rendant ce fonctionnement impossible dans des conditions normales, le premier président de la cour d'appel désigne un ou plusieurs juges du ressort de la cour d'appel pour connaître des affaires inscrites au rôle du conseil de prud'hommes. Il fixe la date à compter de laquelle les affaires sont provisoirement soumises à ces juges.

Lorsque le premier président de la cour d'appel constate que le conseil est de nouveau en mesure de fonctionner, il fixe la date à laquelle les affaires seront portées devant ce conseil.

Art. L. 1423-11. En cas d'interruption durable de son fonctionnement ou de difficultés graves rendant ce fonctionnement impossible dans des conditions normales, le conseil de prud'hommes peut être dissous par décret motivé.

Dans ce cas, les nouvelles (Ord. 2016-388 du 31 mars 2016, art. 1er, 5°, JO 1er avril, entrée en vigueur le 01.01.2018) « nominations » ont lieu dans un délai (Ord. 2016-388 du 31 mars 2016, art. 1er, 5°, JO 1er avril, entrée en vigueur le 01.01.2018) « maximum de quatre mois » à partir de la parution du décret de dissolution. Les fonctions des membres ainsi (Ord. 2016-388 du 31 mars 2016, art. 1er, 5°, JO 1er avril, entrée en vigueur le 01.01.2018) « nommés » prennent fin en même temps que celles des membres des autres conseils de prud'hommes.

Jusqu'à l'installation du nouveau conseil, les litiges sont portés devant le conseil de prud'hommes le plus proche du domicile du demandeur dans le même ressort de cour d'appel ou, à défaut, devant le (Ord. 2019-964 du 18 sept. 2019, art. 35, JO 19, entrée en vigueur le 01.01.2020) « tribunal judiciaire ».

Art. R. 1423-32. Le décret portant dissolution des conseils de prud'hommes, prévue à l'article L. 1423-11, est pris sur proposition du garde des sceaux, ministre de la justice.

SECTION 4. Bureau de conciliation et d'orientation, bureau de jugement et formation de référé

Art. L. 1423-12. Le bureau de jugement se compose (L. 2015-990 du 6 août 2015, art. 258, I, 9°, JO 7) « de deux conseillers prud'hommes employeurs et de deux conseillers prud'hommes salariés », incluant le président ou le vice-président siégeant alternativement.

Art. L. 1423-13. (L. 2015-990 du 6 août 2015, art. 258, I, 10°, JO 7) Le bureau de conciliation et d'orientation, la formation de référé et le bureau de jugement dans sa composition restreinte se composent d'un conseiller prud'homme employeur et d'un conseiller prud'homme salarié.

Art. R. 1423-34. Chaque section de conseil de prud'hommes ou, lorsqu'elle est divisée en chambres, chaque chambre comprend au moins :

1° Un bureau de conciliation (D. 2016-660 du 20 mai 2016, art. 43, II, JO 25) « et d'orientation » ;

2° Un bureau de jugement.

Art. R. 1423-35. (D. 2016-660 du 20 mai 2016, art. 4, JO 25) Le bureau de jugement comprend selon les cas :

1° Dans sa composition de droit commun visée à l'article L. 1423-12, deux conseillers prud'hommes employeurs et deux conseillers prud'hommes salariés ;

2° Dans sa composition restreinte visée à l'article L. 1423-13, un conseiller prud'homme employeur et un conseiller prud'homme salarié ;

3° Dans sa composition visée au 2° de l'article L. 1454-1-1, deux conseillers prud'hommes employeurs, deux conseillers prud'hommes salariés et le juge mentionné à l'article L. 1454-2 ;

(D. 2017-1698 du 15 déc. 2017, JO 17) « 4° Aux fins de départage :

a) La formation du bureau de jugement mentionnée au 1° ou au 2° qui s'est mise en partage de voix, présidée par le juge départiteur ;

b) La formation du bureau de conciliation et d'orientation qui s'est mise en partage de voix, complétée par un conseiller prud'homme employeur et un conseiller prud'homme salarié et présidée par le juge départiteur. »

SECTION 7 (RÉGLEMENTAIRE). Greffe

Sous-section 1. Organisation et fonctionnement

Art. R. 1423-36. (D. 2019-913 du 30 août 2019, art. 2, 1°, JO 1er sept., entrée en vigueur le 01.01.2020) « Sous réserve des dispositions du deuxième alinéa de l'article L. 123-1 du code de l'organisation judiciaire, chaque conseil de prud'hommes comporte un greffe dont le service est assuré par des fonctionnaires de l'État.

Dans les conseils de prud'hommes mentionnés au deuxième alinéa de l'article L. 123-1 du code de l'organisation judiciaire, la direction du service de greffe du conseil de prud'hommes est assurée par le directeur de greffe du tribunal judiciaire.

Dans le cas prévu à l'alinéa précédent, outre celles prévues par les dispositions du code de l'organisation judiciaire, le directeur de greffe du tribunal judiciaire exerce, sauf disposition contraire, les attributions confiées au directeur de greffe du conseil de prud'hommes prévues par les dispositions du présent code. »

Le premier président de la cour d'appel fixe, après avis du président du conseil de prud'hommes, les jours et heures d'ouverture au public du greffe.

Art. R. 1423-37. Sous le contrôle du président du conseil de prud'hommes, le directeur de greffe dirige les services administratifs de la juridiction et assume la responsabilité de leur fonctionnement. Le directeur de greffe est un (D. 2016-1359 du 11 oct. 2016, art. 5, IV, JO 13) « directeur des services de greffe judiciaires ».

Lorsqu'il est chargé de la direction de greffes de plusieurs conseils de prud'hommes, le directeur de greffe exerce ses fonctions sous le contrôle respectif de chacun des présidents de ces conseils.

(D. 2019-913 du 30 août 2019, art. 2, 2°, JO 1er sept., entrée en vigueur le 01.01.2020) « Dans les conseils de prud'hommes mentionnés au deuxième alinéa de l'article L. 123-1 du code de l'organisation judiciaire, le contrôle mentionné au premier alinéa du présent article est exercé par le président du tribunal judiciaire. Dans l'exercice de ses attributions, le directeur de greffe consulte le président du conseil de prud'hommes. »

Art. R. 1423-38. Le directeur de greffe gère le personnel du greffe. Il le répartit et l'affecte dans les services du conseil.

(D. 2019-913 du 30 août 2019, art. 2, 3°, JO 1er sept., entrée en vigueur le 01.01.2020) « Dans les conseils de prud'hommes mentionnés au deuxième alinéa de l'article L. 123-1 du code de l'organisation judiciaire, la répartition et l'affectation du personnel sont réalisées conformément aux dispositions de l'article R. 123-16 de ce même code. »

Art. R. 1423-39. Le directeur de greffe prépare annuellement le projet de budget de la juridiction. Il le soumet au président et au vice-président

Il gère les crédits alloués à la juridiction et assure notamment l'acquisition, la conservation et le renouvellement du matériel, du mobilier, des revues et ouvrages de la bibliothèque. Il surveille l'entretien des locaux.

Art. R. 1423-40. Le directeur de greffe organise l'accueil du public.

Art. R. 1423-41. Le directeur de greffe tient à jour les dossiers, les répertoires et les registres. Il dresse les actes, notes et procès-verbaux prévus par les codes. Il assiste les conseillers prud'hommes à l'audience. Il met en forme les décisions.

Il est le dépositaire des dossiers des affaires, des minutes et des archives et en assure la conservation. Il délivre les expéditions et les copies.

L'établissement et la délivrance des reproductions de toute pièce conservée dans les services du conseil de prud'hommes ne peuvent être assurés que par lui.

(D. 2008-560 du 16 juin 2008, JO 17) « Lorsque la rédaction d'une décision prud'homale est effectuée à l'extérieur du conseil de prud'hommes, le conseiller peut sortir le dossier des locaux de la juridiction, après information du directeur de greffe. »

Art. R. 1423-42. Le directeur de greffe établit l'état de l'activité de la juridiction selon la périodicité et le modèle fixés par le garde des Sceaux, ministre de la Justice. Cet état et les éventuelles observations du président et du vice-président sont adressés, sous le couvert des chefs de la cour d'appel, au ministre de la Justice.

Art. R. 1423-43. Selon les besoins du service, le directeur de greffe peut désigner sous sa responsabilité un ou plusieurs agents du greffe pour exercer une partie des fonctions qui lui sont attribuées aux articles R. 1423-37 à R. 1423-42.

Art. R. 1423-44. (D. 2016-1359 du 11 oct. 2016, art. 5, V, JO 13) Lorsque l'emploi de directeur de greffe est vacant ou lorsque le directeur de greffe est empêché ou absent, la suppléance ou l'intérim est assuré par son adjoint.

Lorsqu'il existe plusieurs adjoints, le directeur de greffe, ou s'il ne peut le faire le président de la juridiction, désigne l'un des adjoints pour assurer la suppléance ou l'intérim.

À défaut d'adjoint, un chef de service ou un autre agent du greffe est désigné dans les mêmes conditions.

(D. 2019-913 du 30 août 2019, art. 2, 4°, JO 1er sept., entrée en vigueur le 01.01.2020) « Dans les conseils de prud'hommes mentionnés au deuxième alinéa de l'article L. 123-1 du code de l'organisation judiciaire, la suppléance est assurée conformément aux dispositions de l'article R. 123-8 de ce même code. »

Art. R. 1423-45. (D. 2016-1359 du 11 oct. 2016, art. 5, VI, JO 13) Dans les tâches prévues aux articles R. 1423-37 à R. 1423-42, le directeur de greffe peut être assisté par un ou plusieurs adjoints.

Ces derniers peuvent diriger plusieurs services du greffe ou contrôler l'activité de tout ou partie du personnel.

Art. R. 1423-46. Les chefs de service de greffe sont placés à la tête d'un ou de plusieurs services. Ils assistent le directeur de greffe, en l'absence (D. 2016-1359 du 11 oct. 2016, art. 5, VII, JO 13) « d'adjoint du directeur de greffe ».

Art. R. 1423-47. Un greffier peut être placé à la tête d'un service lorsque l'importance de celui-ci ne justifie pas que ces fonctions soient confiées à un fonctionnaire appartenant au corps des (D. 2016-1359 du 11 oct. 2016, art. 5, VIII, JO 13) « directeurs des services de greffe judiciaires ».

Un greffier peut être chargé des fonctions de directeur de greffe.

Art. R. 1423-48. Les (D. 2016-1359 du 11 oct. 2016, art. 5, IX, JO 13) « adjoints du directeur de greffe », les chefs de service de greffe et les fonctionnaires du corps des greffiers exercent, dans l'affectation qui leur est donnée par le directeur de greffe, les attributions confiées à celui-ci par l'article R. 1423-41.

Art. R. 1423-49. (D. 2016-1359 du 11 oct. 2016, art. 5, X, JO 13) Des personnels appartenant à la catégorie C de la fonction publique, et, le cas échéant, des auxiliaires et des vacataires concourent au fonctionnement des différents services du greffe.

Ces personnels peuvent, à titre exceptionnel et temporaire, et après avoir prêté le serment prévu à l'article 24 du décret n° 2015-1275 du 13 octobre 2015 portant statut particulier des greffiers des services judiciaires, être chargés des fonctions mentionnées à l'article R. 1423-41.

Au-delà d'un délai de quatre mois, ils sont, sur leur demande, déchargés de ces fonctions.

Art. R. 1423-50. Selon les besoins du service, les agents des greffes peuvent être délégués dans les services d'un autre conseil de prud'hommes du ressort de la même cour d'appel.

(D. 2017-501 du 6 avril 2017, JO 8) « Cette délégation est prononcée par décision des chefs de cour après consultation du président du conseil, du vice-président et du directeur de greffe. Elle ne peut excéder une durée de quatre mois.

Lorsque l'agent est délégué dans les services d'un autre conseil ayant son siège dans le ressort du même (D. 2019-966 du 18 sept. 2019, art. 8, JO 19, entrée en vigueur le 01.01.2020) « tribunal judiciaire », les chefs de cour peuvent renouveler la délégation pour des durées qui ne peuvent excéder quatre mois, sans que la durée totale de la délégation n'excède douze mois.

Lorsque l'agent est délégué dans les services d'un conseil ayant son siège dans le ressort d'un autre (D. 2019-966 du 18 sept. 2019, art. 8, JO 19, entrée en vigueur le 01.01.2020) « tribunal judiciaire », les chefs de cour peuvent renouveler la délégation pour une durée qui ne peut excéder deux mois. La délégation peut être de nouveau renouvelée, pour des durées qui ne peuvent excéder deux mois, par décision du garde des sceaux, ministre de la justice, sans que la durée totale de la délégation n'excède douze mois.

Un bilan annuel écrit des délégations prononcées au sein du ressort de la cour d'appel est présenté au comité technique de service déconcentré placé auprès du premier président de cette cour. »

Les agents délégués dans une autre juridiction perçoivent des indemnités dans les conditions prévues pour les fonctionnaires de l'État.

Sous-section 2. **Service d'accueil unique du justiciable**

Note Cette sous-section est issue du décret 2017-897 du 9 mai 2017, JO 10.

Art. R. 1423-50-1. Aux fins prévues par les articles L. 123-3 et R. 123-28 du code de l'organisation judiciaire, il est institué un service d'accueil unique du justiciable auprès des conseils de prud'hommes dont la liste est fixée par arrêté du garde des sceaux, ministre de la justice.

Les agents de greffe affectés dans ce service sont désignés par le directeur de greffe conformément aux dispositions de l'article R. 1423-38 du présent code.

SECTION 5. Dépenses du conseil de prud'hommes

Art. L. 1423-14. Le local nécessaire au conseil de prud'hommes est fourni par le département dans lequel il est établi.

Toutefois, lorsqu'une commune a mis un local à la disposition du conseil de prud'hommes, elle ne peut le reprendre, sauf à la demande expresse du département dans lequel le conseil est établi.

Art. L. 1423-15. Les dépenses de personnel et de fonctionnement du conseil de prud'hommes sont à la charge de l'État.

Sous-section 1 (réglementaire). **Dépenses de personnel et de fonctionnement**

Art. R. 1423-51. Les dépenses de personnel et de fonctionnement des conseils de prud'hommes comprennent notamment :

1° Les frais d'entretien des locaux, de chauffage, d'éclairage, de sanitaires et de gardiennage ;

(D. 2016-1359 du 11 oct. 2016, art. 5, XIII, JO 13, entrée en vigueur le 01.01.2018) « 2° » L'indemnisation des activités prud'homales (D. 2008-560 du 16 juin 2008, JO 17) « énumérées à l'article R. 1423-55 » dans les limites et conditions fixées par décret. La demande de remboursement aux employeurs des salaires maintenus aux conseillers prud'hommes du collège salarié, ainsi que des avantages et des charges sociales correspondants, est adressée au greffe du conseil de prud'hommes au plus tard dans l'année civile qui suit l'année de l'absence du salarié de l'entreprise. À défaut, la demande de remboursement est prescrite ;

(D. 2016-1359 du 11 oct. 2016, art. 5, XIII, JO 13, entrée en vigueur le 01.01.2018) « 3° » L'achat des médailles ;

(D. 2016-1359 du 11 oct. 2016, art. 5, XIII, JO 13, entrée en vigueur le 01.01.2018) « 4° » Les frais de matériel, de documentation, de fournitures de bureau, d'installation, d'entretien et d'abonnement téléphonique ;

(D. 2016-1359 du 11 oct. 2016, art. 5, XIII, JO 13, entrée en vigueur le 01.01.2018) « 5° » Les frais de déplacement des conseillers prud'hommes pour l'exercice des activités prud'homales (D. 2008-560 du 16 juin 2008, JO 17) « énumérées à l'article R. 1423-55 », dans les limites de distance fixées par décret ;

(D. 2016-1359 du 11 oct. 2016, art. 5, XIII, JO 13, entrée en vigueur le 01.01.2018) « 6° » Les frais de déplacement du juge agissant en application de l'article L. 1454-2 lorsque le siège du conseil de prud'hommes est situé à plus de cinq kilomètres du siège du tribunal.

Art. R. 1423-52. Les directeurs de greffe tiennent la comptabilité administrative des dépenses de fonctionnement énoncées à l'article R. 1423-51.

Un fonctionnaire de greffe autre que le directeur de greffe est habilité à recevoir les sommes déposées par les parties à l'instance à titre de provision. Ces sommes sont versées dans un compte de dépôt au Trésor. Toutefois, les fonctions de régisseurs susmentionnées peuvent être confiées au directeur de greffe par arrêté du garde des Sceaux, ministre de la Justice.

Dans les conditions prévues pour les régies d'avances et de recettes des organismes publics, une régie de recettes et une régie d'avances peuvent être créées dans chaque juridiction auprès de l'ordonnateur secondaire des dépenses relevant de la mission portant sur la justice en vue de l'encaissement ou du paiement des recettes ou des dépenses.

Sous-section 2 (réglementaire). **Huissiers de justice**

Art. R. 1423-53. Pour leur ministère accompli en matière prud'homale, il est alloué aux huissiers de justice des honoraires égaux à la moitié de ceux prévus par leur tarif pour des actes de même nature en matière civile et commerciale.

Sous-section 3 (réglementaire). **Témoins**

Art. R. 1423-54. Il est alloué aux témoins entendus en matière prud'homale une indemnité de comparution et, éventuellement, une indemnité de voyage et de séjour égales à celles attribuées aux témoins appelés à déposer en matière civile. L'allocation de cette indemnité se fait sur demande.

Sous-section 4 (réglementaire). **Conseillers prud'hommes**

Note Les sous-sections 4 et 5 ont été introduites par le décret 2008-560 du 16 juin 2008, JO 17.

Art. R. 1423-55. Les activités prud'homales mentionnées à l'article L. 1442-5 sont :

1° Les activités suivantes, liées à la fonction prud'homale :

a) La prestation de serment ;

b) L'installation du conseil de prud'hommes ;

c) La participation aux assemblées générales du conseil, aux assemblées de section ou de chambre et à la formation restreinte prévue à l'article R. 1423-27 ;

d) La participation aux réunions préparatoires (D. 2014-331 du 13 mars 2014, JO 15) « aux » assemblées prévues (D. 2014-331 du 13 mars 2014, JO 15) « au *c* » ;

e) La participation aux commissions prévues par des dispositions législatives ou réglementaires ou instituées par le règlement intérieur ;

(D. 2009-1010 du 25 août 2009, JO 27, entrée en vigueur le 01.09.2009) « *f)* La participation à l'audience de rentrée solennelle ; »

(D. 2018-625 du 17 juil. 2018, JO 19) «*g)* Le rappel par le premier président des obligations prévu à l'article L. 1442-13-1 ;

h) Les entretiens, auditions préalables et la comparution devant la Commission nationale de discipline des conseillers prud'hommes mentionnée à l'article L. 1442-13-2 ;

i) L'assistance ou la représentation d'un conseiller lors des entretiens, auditions et comparution prévus à l'alinéa précédent ;

j) Le suivi de la formation initiale obligatoire prévue aux articles L. 1442-1 et L. 1442-2 ».

2° Les activités juridictionnelles suivantes :

a) L'étude préparatoire d'un dossier, préalable à l'audience de la formation de référé, (D. 2009-1010 du 25 août 2009, JO 27, entrée en vigueur le 01.09.2009) « du bureau de conciliation » (D. 2016-660 du 20 mai 2016, art. 5, JO 25) «et d'orientation » ou du bureau de jugement, par le président de la formation ou du bureau ou par un conseiller désigné par lui ;

b) Les mesures d'instruction prévues à la section 1 du chapitre IV du titre V du présent livre, diligentées par le conseiller rapporteur, ainsi que la rédaction de son rapport ;

(D. 2016-660 du 20 mai 2016, art. 5, JO 25) «*c)* La participation à l'audience de la formation de référé, du bureau de conciliation et d'orientation ou du bureau de jugement, ainsi qu'à l'audience de départage et à l'audience prévue au 2° de l'article L. 1454-1-1; »

(D. 2014-331 du 13 mars 2014, JO 15) «*d)* L'étude d'un dossier postérieure à l'audience à laquelle l'affaire est examinée et préalable au délibéré par deux membres, l'un employeur, l'autre salarié, de la formation de référé ou du bureau de jugement, qui sont désignés, dans ce cas, par le président du bureau ; »

e) La participation au délibéré ;

f) La rédaction des décisions et des procès-verbaux, effectuée au siège du conseil de prud'hommes ou à l'extérieur de celui-ci ;

(D. 2009-1010 du 25 août 2009, JO 27, entrée en vigueur le 01.09.2009) « *g)* La relecture et la signature par le président de la formation de référé ou du bureau de jugement des décisions dont la rédaction a été confiée à un autre membre de l'une de ces formations ; »

3° Les activités administratives du président et du vice-président du conseil prévues aux articles R. 1423-7 et R. 1423-31 ;

4° Les activités administratives des présidents et vice-présidents de section.

(D. 2009-1010 du 25 août 2009, JO 27, entrée en vigueur le 01.09.2009) « 5° Les activités administratives des présidents et vice-présidents de chambre. »

Les modalités d'indemnisation des activités mentionnées au présent article sont fixées par le décret (D. 2018-625 du 17 juil. 2018, JO 19) «prévu au 2° » de l'article R. 1423-51.

Art. D. 1423-56. Le conseiller prud'homme salarié qui exerce l'une des activités énumérées à l'article R. 1423-55 perçoit une allocation pour ses vacations dont le taux horaire est fixé à (D. 2017-1779 du 27 déc. 2017, JO 29, entrée en vigueur le 01.01.2018) « 8,40 euros » dans les cas suivants :

1° Lorsqu'il exerce cette activité en dehors des heures de travail ;

2° Lorsqu'il a cessé leur activité professionnelle ;

3° Lorsqu'il est demandeur d'emploi.

Art. D. 1423-57. Le conseiller prud'homme employeur qui exerce l'une des activités énumérées à l'article R. 1423-55 avant 8 heures et après 18 heures ou qui a cessé son activité professionnelle perçoit une allocation pour ses vacations dont le taux horaire est égal au taux fixé par l'article D. 1423-56.

Lorsqu'il exerce l'une de ces activités entre 8 heures et 18 heures, il perçoit des vacations dont le taux horaire est égal à deux fois ce taux.

Art. D. 1423-58. Les allocations prévues aux articles D. 1423-56 et D. 1423-57 sont versées mensuellement après établissement par le directeur de greffe, responsable du recueil des informations, de la vérification et de la certification des demandes de versement des vacations, d'un état horaire visé par le président du conseil de prud'hommes ou, à défaut, par le vice-président. Toute demi-heure commencée est due. Elle donne lieu à l'attribution d'une demi-vacation horaire.

Art. D. 1423-59. L'employeur est remboursé mensuellement par l'État des salaires maintenus au salarié, membre d'un conseil de prud'hommes, qui s'absente pour l'exercice de ses activités prud'homales, ainsi que de l'ensemble des avantages et des charges sociales correspondantes lui incombant.

Lorsque l'horaire de travail est supérieur à la durée légale, la charge des majorations pour heures supplémentaires est répartie entre l'État et les employeurs. Cette répartition est réalisée proportionnellement au temps respectivement passé par le conseiller prud'homme auprès de l'entreprise et auprès du conseil.

Ce remboursement est réalisé au vu d'une copie du bulletin de paie et d'un état établi par l'employeur, contresigné par le salarié. Cet état, accompagné de la copie du bulletin de paie, est adressé au directeur de greffe, responsable du recueil des informations, de la vérification et de la certification des demandes de remboursement. Il est visé par le président du conseil de prud'hommes ou, à défaut, par le vice-président.

En cas d'employeurs multiples, il sera produit autant d'états qu'il y a d'employeurs ayant maintenu des salaires.

Art. D. 1423-60. Par dérogation aux dispositions de l'article D. 1423-59, le conseiller prud'homme rémunéré uniquement à la commission est indemnisé directement dans les conditions prévues par le présent article.

Pour chaque heure passée entre 8 heures et 18 heures dans l'exercice de fonctions prud'homales, le conseiller prud'homme rémunéré uniquement à la commission perçoit une indemnité horaire égale à 1 / 1 607 des revenus professionnels déclarés à l'administration fiscale l'année précédente.

À cet effet, l'intéressé produit copie de son avis d'imposition.

Art. D. 1423-61. Le salarié, membre d'un conseil de prud'hommes, qui accomplit un travail continu de jour nécessitant un remplacement à la demi-journée au sein de l'entreprise bénéficie du maintien de son salaire pour la demi-journée, quelle que soit la durée de son absence pendant cette période pour l'exercice de ses activités prud'homales. Le maintien du salaire est effectué sur la base de la journée entière dès lors que le remplacement du salarié ne peut être assuré que sur une telle durée.

Art. D. 1423-62. Sur sa demande, le salarié, membre d'un conseil de prud'hommes, fonctionnant en service continu ou discontinu posté accompli en totalité ou en partie entre 22 heures et 5 heures, est indemnisé des heures consacrées à son activité prud'homale dans les conditions suivantes :

1° Sous réserve de renoncer au versement des allocations prévues à l'article D. 1423-56, le conseiller obtient que tout ou partie du temps consacré à ses activités prud'homales ouvre droit à un temps de repos correspondant dans son emploi ;

2° Ce temps de repos, qui est pris au plus tard dans le courant du mois suivant, s'impute sur la durée hebdomadaire de travail accomplie dans le poste. Il donne lieu au maintien par l'employeur de l'intégralité de la rémunération et des avantages correspondants.

L'employeur est remboursé intégralement dans les conditions prévues à l'article D. 1423-59.

Art. D. 1423-63. Sur sa demande, le salarié, membre d'un conseil de prud'hommes, qui exerce son activité professionnelle en dehors de tout établissement, à l'exception des salariés mentionnés à l'article D. 1423-60, a droit à ce que les heures passées à l'exercice des activités prud'homales, entre 8 heures et 18 heures, soient considérées, en tout ou partie, comme des heures de travail et payées comme telles par l'employeur.

Ce dernier est remboursé intégralement dans les conditions prévues à l'article D. 1423-59.

Art. D. 1423-63-1. (D. 2009-1011 du 25 août 2009, JO 27, entrée en vigueur le 01.09.2009) Le salarié ayant conclu une convention de forfait en jours sur l'année, membre d'un conseil de prud'hommes, bénéficie du maintien de l'intégralité de sa rémunération et des avantages correspondants, au titre de l'exercice de ses activités prud'homales. L'employeur est remboursé dans les conditions prévues à l'article D. 1423-59 du montant de la rémunération qu'il aura dû maintenir à ce titre.

Art. D. 1423-64. Les conseillers prud'hommes sont remboursés des frais de déplacement qu'ils engagent pour l'exercice des activités énumérées à l'article R. 1423-55 dans les conditions prévues par le décret n° 2006-781 du 3 juillet 2006 fixant les conditions et les modalités de règlement des frais occasionnés par les déplacements temporaires des personnels civils de l'État. Le siège du conseil de prud'hommes est assimilé à la résidence administrative.

À titre dérogatoire, les frais de transport des conseillers prud'hommes, (D. 2018-625 du 17 juil. 2018, JO 19) « mentionnés au 5° » de l'article R. 1423-51, (D. 2018-625 du 17 juil. 2018, JO 19) « à l'exception des *g*, *h*, *i* et *j* de l'article R. 1423-55, » entre le siège du conseil de prud'hommes et leur domicile ou leur lieu de travail habituel, sont remboursés dès lors qu'ils couvrent une distance supérieure à cinq kilomètres et n'excèdent pas la distance séparant le siège du conseil de prud'hommes de la commune la plus éloignée du ressort du ou des conseils de prud'hommes limitrophes.

Art. D. 1423-65. (D. 2009-1011 du 25 août 2009, JO 27, entrée en vigueur le 01.09.2009) Le nombre d'heures indemnisables qu'un conseiller prud'homme peut déclarer avoir consacré aux études de dossiers mentionnées au 2° de l'article R. 1423-55 ne peut dépasser les durées fixées au tableau ci-après :

ACTIVITÉ	NOMBRE D'HEURES INDEMNISABLES
Étude préparatoire des dossiers préalable à l'audience.	Bureau de conciliation (D. 2016-660 du 20 mai 2016, art. 43, II, JO 25) « et d'orientation » : 30 minutes par audience. Bureau de jugement : 1 heure par audience. Formation de référé : 30 minutes par audience.
Étude d'un dossier postérieure à l'audience et préalable au délibéré.	Bureau de jugement : (D. 2014-332 du 13 mars 2014, JO 15) « 45 minutes » par dossier. Formation de référé : (D. 2014-332 du 13 mars 2014, JO 15) « 15 minutes » par dossier.

(D. 2014-332 du 13 mars 2014, JO 15) « Toutefois, les durées maximales fixées pour l'étude préparatoire des dossiers préalable à l'audience de la formation de référé, du bureau de conciliation (D. 2016-660 du 20 mai 2016, art. 43, II, JO 25) « et d'orientation » et du bureau de jugement mentionnées au *a* du 2° de l'article R. 1423-55 peuvent être dépassées en raison du nombre de dossiers inscrits au rôle, sur autorisation expresse du président du conseil de prud'hommes qui détermine le nombre d'heures indemnisables. »

Les durées maximales fixées pour l'étude d'un dossier postérieure à l'audience mentionnée au *d* du 2° de l'article R. 1423-55 peuvent être dépassées en raison de la complexité du dossier et des recherches nécessaires, sur autorisation expresse du président de la formation de référé ou du bureau de jugement, qui détermine le nombre d'heures indemnisables.

Art. D. 1423-66. (D. 2011-809 du 5 juil. 2011, JO 7) Le nombre d'heures indemnisables qu'un conseiller prud'homme peut déclarer avoir consacré à la rédaction des décisions et des procès-verbaux mentionnés au f du 2° de l'article R. 1423-55 ne peut dépasser les durées fixées au tableau ci-après :

OBJET DE LA RÉDACTION	NOMBRE D'HEURES INDEMNISABLES
Procès-verbal de conciliation	30 minutes
Jugement	5 heures
Ordonnance	1 heure

(D. 2014-332 du 13 mars 2014, JO 15) « Lorsque le conseiller consacre à la rédaction d'un jugement, d'un procès-verbal de conciliation ou d'une ordonnance un temps supérieur à ces durées, il saisit sans délai le président du conseil de prud'hommes. »

Le président du conseil décide de la durée de rédaction dans les huit jours de sa saisine, au vu du dossier et de la copie de la minute après avis du vice-président du conseil. Le temps fixé ne peut être inférieur aux durées fixées au tableau ci-dessus.

La décision du président du conseil de prud'hommes est une mesure d'administration judiciaire.

Art. D. 1423-66-1. (D. 2009-1011 du 25 août 2009, JO 27, entrée en vigueur le 01.09.2009) Le temps que le président d'audience de la formation de référé ou du bureau de jugement peut avoir consacré à la relecture et à la signature des décisions mentionnées au g du 2° de l'article R. 1423-55 est fixé à quinze minutes par dossier.

Art. D. 1423-67. Le nombre d'heures indemnisables qu'un conseiller prud'hommes peut déclarer avoir consacré à la rédaction de décisions qui présentent entre elles un lien caractérisé, notamment du fait de l'identité d'une partie, de l'objet ou de la cause, et qui n'auraient pas fait l'objet d'une jonction, ne peut dépasser les durées fixées au tableau ci-après :

NOMBRE DE DÉCISIONS À RÉDIGER	NOMBRE MAXIMUM D'HEURES INDEMNISABLES
2 à 25	3 heures
(D. 2014-332 du 13 mars 2014, JO 15) «26 à 50»	5 heures
(D. 2014-332 du 13 mars 2014, JO 15) «51 à 100»	7 heures
Au-delà de 100	Durée de 9 heures augmentée de 3 heures par tranche de 100 décisions.

Les durées fixées au tableau ci-dessus s'ajoutent au nombre d'heures indemnisables de la décision initiale, qui reste soumis aux dispositions de l'article D. 1423-66.

Art. D. 1423-68. La participation des conseillers prud'hommes aux réunions préparatoires aux assemblées générales du conseil, aux assemblées de section ou de chambre mentionnées au d du 1° de l'article R. 1423-55 est indemnisée dans la limite de trois réunions par an et d'une durée totale ne pouvant excéder six heures.

Art. D. 1423-69. Un relevé des temps d'activités indemnisables mentionnées à l'article R. 1423-55 est tenu au greffe pour chaque conseiller prud'homme.

L'identification ainsi que les heures de début et de fin de chaque activité sont déclarées par le conseiller prud'homme. Pour les activités mentionnées au c, au d et au e du 2° de l'article R. 1423-55, ces heures sont précisées à l'issue de l'audience et du délibéré par l'ensemble des membres de la formation.

Art. D. 1423-70. Toute difficulté rencontrée par le (D. 2016-1359 du 11 oct. 2016, art. 5, XI, JO 13) « directeur de greffe » ou par le président du conseil de prud'hommes dans la certification ou le contrôle de l'état mentionné aux articles D. 1423-58 et D. 1423-59, après qu'ils se sont informés, est portée à la connaissance du premier président et du procureur général de la cour d'appel ou de la personne à laquelle ils ont conjointement délégué leur signature en leur qualité d'ordonnateurs secondaires. Ces derniers, ou leur délégataire, déterminent le montant des sommes dues au conseiller prud'homme concerné.

Sous-section 5 (réglementaire). **Présidents et vice-présidents**

Art. D. 1423-71. (D. 2009-1011 du 25 août 2009, JO 27, entrée en vigueur le 01.09.2009) Les présidents et vice-présidents de conseils de prud'hommes, ainsi que les présidents et vice-présidents de section des conseils de prud'hommes sont indemnisés pour le temps qu'ils consacrent à leurs activités administratives dans les mêmes conditions que celles prévues pour l'indemnisation des activités juridictionnelles.

Les présidents et vice-présidents de chambre du conseil de prud'hommes de Paris sont également indemnisés pour le temps qu'ils consacrent à leurs activités administratives dans les mêmes conditions que celles prévues pour l'indemnisation des activités juridictionnelles.

Art. D. 1423-72. (D. 2009-1011 du 25 août 2009, JO 27, entrée en vigueur le 01.09.2009) Le nombre d'heures indemnisées chaque mois pour le temps que consacrent à leurs activités administratives les présidents et vice-présidents de conseils de prud'hommes ne peut dépasser les durées fixées au tableau ci-après :

DÉSIGNATION DES CONSEILS DE PRUD'HOMMES	NOMBRE MAXIMUM D'HEURES INDEMNISABLES
Conseils comportant 40 conseillers ou moins	17 heures par mois
Conseils comportant plus de 40 conseillers et moins de 60 conseillers	26 heures par mois
Conseils comportant 60 conseillers et plus	39 heures par mois
Conseils de Bobigny, Lyon, Marseille et Nanterre	60 heures par mois
Conseil de Paris	(D. 2014-332 du 13 mars 2014, JO 15) «100» heures par mois

Art. D. 1423-73. (D. 2009-1011 du 25 août 2009, JO 27, entrée en vigueur le 01.09.2009) Le nombre d'heures indemnisées pour le temps que consacrent à leurs activités administratives les présidents et vice-présidents des sections des activités diverses, du commerce et des services commerciaux, de l'encadrement et de l'industrie ne peut dépasser les durées fixées au tableau ci-après :

DÉSIGNATION DES CONSEILS DE PRUD'HOMMES	NOMBRE MAXIMUM D'HEURES INDEMNISABLES
Conseil de Paris	52 heures par mois
Conseils de Bobigny, Lyon, Marseille, Nanterre	60 heures par an
Conseils d'Aix-en-Provence, Bordeaux, Boulogne-Billancourt, Créteil, Grenoble, Lille, Meaux, Montpellier, Nice, Rouen, Toulouse	20 heures par an

Les présidents et vice-présidents de la section agriculture des conseils de prud'hommes mentionnés au tableau ci-dessus peuvent être indemnisés pour le temps consacré à leurs activités administratives dans la limite de cinq heures par an.

Art. D. 1423-74. (D. 2009-1011 du 25 août 2009, JO 27, entrée en vigueur le 01.09.2009) Les présidents et vice-présidents de section des conseils de prud'hommes autres que ceux mentionnés à l'article D. 1423-73 sont indemnisés pour le temps consacré à leurs activités administratives dans la limite de cinq heures par an.

Art. D. 1423-75. (D. 2009-1011 du 25 août 2009, JO 27, entrée en vigueur le 01.09.2009) Les présidents et vice-présidents de chambre du conseil de prud'hommes de Paris sont indemnisés pour le temps consacré à leurs activités administratives dans la limite de trois heures par an.

SECTION 6. Dispositions d'application

Art. L. 1423-16. Un décret en Conseil d'État détermine les conditions d'application du présent chapitre.

TITRE III

CONSEIL SUPÉRIEUR DE LA PRUD'HOMIE

Chapitre unique

Art. L. 1431-1. Le Conseil supérieur de la prud'homie, organisme consultatif, siège auprès du garde des sceaux, ministre de la justice, et du ministre chargé du travail.

En font partie, outre les représentants des ministères intéressés, des représentants, en nombre égal, des organisations syndicales et des organisations professionnelles représentatives au plan national.

Un décret en Conseil d'État détermine la composition, les attributions ainsi que les règles d'organisation et de fonctionnement du Conseil supérieur de la prud'homie.

Art. L. 1431-2. L'employeur laisse aux salariés de son entreprise, membres du Conseil supérieur de la prud'homie, le temps nécessaire pour remplir leurs fonctions. Ce temps est assimilé à une durée de travail effectif au sens de l'article L. 1442-6.

L'exercice des fonctions de membre du Conseil supérieur de la prud'homie par un salarié ne peut être la cause d'une sanction ou d'une rupture du contrat de travail par l'employeur.

SECTION 1 (RÉGLEMENTAIRE). Missions

Art. R. 1431-1. Le Conseil supérieur de la prud'homie formule des avis et suggestions. Il réalise des études sur l'organisation et le fonctionnement des conseils de prud'hommes.

Art. R. 1431-2. Le Conseil supérieur de la prud'homie propose au garde des Sceaux, ministre de la Justice, et au ministre chargé du travail toutes mesures qu'il juge utiles.

Il peut être saisi pour avis, par ces ministres, de toutes questions entrant dans sa compétence.

Art. R. 1431-3. Le Conseil supérieur de la prud'homie est consulté sur les projets de loi et de règlement relatifs :

1° À l'institution, la compétence, l'organisation et le fonctionnement des conseils de prud'hommes ;

2° (D. 2016-1359 du 11 oct. 2016, art. 5, XIV, JO 13, entrée en vigueur le 01.01.2018) « À la désignation », au statut et à la formation des conseillers prud'hommes ;

3° À la procédure suivie devant les conseils de prud'hommes ;

4° Aux décrets pris en application de l'article L. 1422-3.

Art. R. 1431-3-1. (D. 2016-1948 du 28 déc. 2016, art. 1er, JO 30) Le Conseil supérieur de la prud'homie élabore un recueil de déontologie des conseillers prud'hommes qui est rendu public.

SECTION 2 (RÉGLEMENTAIRE). Composition

Art. R. 1431-4. Le Conseil supérieur de la prud'homie comprend, outre le président :

1° Cinq membres représentant l'État, à raison de :

a) Deux représentants du ministre de la justice ;

b) Deux représentants du ministre chargé du travail ;

c) Un représentant du ministre de l'agriculture ;

2° (D. 2016-1223 du 14 sept. 2016, JO 16) « Onze membres » représentant les salariés, désignés sur proposition des organisations syndicales représentatives au plan national ;

3° (D. 2016-1223 du 14 sept. 2016, JO 16) « Onze membres » représentant les employeurs, désignés sur proposition des organisations représentatives au plan national.

Art. R. 1431-5. Les représentants des salariés au Conseil supérieur de la prud'homie sont :

1° (D. 2017-1267 du 9 août 2017, JO 11) « Quatre membres sur proposition de la Confédération française démocratique du travail (CFDT) » ;

2° (D. 2017-1267 du 9 août 2017, JO 11) « Trois membres sur proposition de la Confédération générale du travail (CGT) » ;

3° Deux membres sur proposition de la Confédération générale du travail-Force ouvrière (CGT-FO) ;

4° Un membre sur proposition de la Confédération française des travailleurs chrétiens (CFTC) ;

5° Un membre sur proposition de la Confédération française de l'encadrement-Confédération générale des cadres (CFE-CGC).

Art. R. 1431-6. Les représentants des employeurs au Conseil supérieur de la prud'homie sont :

1° Cinq membres sur proposition du Mouvement des entreprises de France (MEDEF), parmi lesquels un représentant au moins au titre des entreprises moyennes et petites ;

2° Un membre, représentant les entreprises publiques, désigné après consultation du Mouvement des entreprises de France ;

3° (D. 2017-1267 du 9 août 2017, JO 11) « Deux membres sur proposition de la Confédération des petites et moyennes entreprises (CPME) » ;

4° Un membre, représentant les professions agricoles, sur proposition conjointe de la Fédération nationale des syndicats d'exploitants agricoles (FNSEA) et de la Confédération nationale de la mutualité, de la coopération et du crédit agricoles (CNMCCA) ;

5° (D. 2017-1267 du 9 août 2017, JO 11) « Un membre, sur proposition de l'Union des entreprises de proximité (U2P) » ;

(D. 2016-1223 du 14 sept. 2016, JO 16) « 6° Un membre, représentant les employeurs de l'économie sociale, sur proposition de l'Union des employeurs de l'économie sociale et solidaire (UDES). »

Art. R. 1431-7. Des membres employeurs et salariés suppléants à celui des titulaires sont désignés en nombre égal dans les mêmes conditions que ces derniers. Ils ne siègent qu'en l'absence des titulaires.

En cas d'empêchement du président, celui-ci est suppléé par l'un des représentants du garde des sceaux, ministre de la justice.

Art. R. 1431-8. Le président ainsi que les représentants titulaires et suppléants des employeurs et des salariés sont nommés par arrêté conjoint du garde des sceaux, ministre de la justice, et du ministre chargé du travail (D. 2017-1267 du 9 août 2017, JO 11) « , pour une durée de quatre ans renouvelable ».

En cas de décès, démission ou perte de leur mandat, les membres sont remplacés. Le successeur reste en fonction jusqu'à expiration de la durée normale des fonctions du membre remplacé.

SECTION 3 (RÉGLEMENTAIRE). Organisation et fonctionnement

Art. R. 1431-9. Les fonctions de membre du Conseil supérieur de la prud'homie ne sont pas rémunérées.

Les dépenses de déplacement et de séjour que les membres du conseil ainsi que les personnes mentionnées à l'article R. 1431-16 sont appelées à réaliser peuvent donner lieu à un remboursement. Ce remboursement est réalisé dans les conditions fixées par arrêté conjoint du garde des sceaux, ministre de la justice, du ministre chargé du travail et du ministre chargé du budget.

Art. R. 1431-10. Le Conseil supérieur de la prud'homie constitue en son sein une commission permanente.

Cette commission prépare les travaux du conseil et peut être consultée en cas d'urgence.

Elle est présidée par le président du conseil et, en cas d'empêchement de celui-ci, par le représentant du garde des Sceaux, ministre de la Justice.

Art. R. 1431-11. La commission permanente comprend :

1° Trois représentants de l'État choisis parmi les membres du Conseil supérieur de la prud'homie ;

2° (D. 2017-1267 du 9 août 2017, JO 11) « Six membres » du Conseil supérieur, titulaires ou suppléants, représentant les salariés ;

3° (D. 2017-1267 du 9 août 2017, JO 11) « Six membres » du Conseil supérieur, titulaires ou suppléants, représentant les employeurs.

Les membres de la commission permanente représentant les employeurs et les salariés sont nommés sur proposition des organisations professionnelles et syndicales par arrêté conjoint du garde des sceaux, ministre de la justice, et du ministre chargé du travail.

Art. R. 1431-12. Le secrétariat du Conseil supérieur de la prud'homie est assuré par les services du ministre chargé du travail.

Art. R. 1431-13. Le Conseil supérieur de la prud'homie se réunit au moins une fois par an sur convocation du président.

Art. R. 1431-14. L'ordre du jour du Conseil supérieur de la prud'homie et celui de la commission permanente sont fixés par le président.

Sauf en cas d'urgence, l'ordre du jour est adressé aux intéressés quinze jours au moins avant la date de la réunion.

Art. R. 1431-15. Le Conseil supérieur de la prud'homie peut constituer en son sein des groupes de travail chargés de procéder à des études sur des questions particulières relevant de sa compétence.

Art. R. 1431-16. Le Conseil supérieur de la prud'homie ou sa commission permanente peuvent faire appel à des représentants des ministres ou à des experts.

TITRE IV

CONSEILLERS PRUD'HOMMES

Chapitre Ier

Désignation des conseillers prud'hommes

Note Ce chapitre est issu de l'ordonnance 2016-388 du 31 mars 2016, JO 1er avril, relative à la désignation des conseillers prud'hommes, ratifiée par la loi 2016-1088 du 8 août 2016, art. 35, JO 9.

Les dispositions législatives et réglementaires de ce chapitre sont entrées en vigueur le 01.02.2017, à l'exception de celles relatives aux désignations complémentaires dont l'entrée en vigueur a été fixée au 01.01.2018.

SECTION 1. Dispositions générales

Art. L. 1441-1. Les conseillers prud'hommes sont nommés conjointement par le garde des sceaux, ministre de la justice, et le ministre chargé du travail tous les quatre ans par conseil de prud'hommes, collège et section, sur proposition des organisations syndicales et professionnelles selon les modalités fixées au présent chapitre.

Art. R. 1441-1. (D. 2016-1359 du 11 oct. 2016, JO 13, entrée en vigueur le 01.02.2017) Les conseillers prud'hommes sont nommés, en application de l'article L. 1441-1, par arrêté conjoint du garde des sceaux, ministre de la justice, et du ministre chargé du travail, publié au *Journal officiel* de la République française.

Cet arrêté ne peut faire l'objet d'un recours administratif.

Art. L. 1441-2. Les conseillers prud'hommes sont nommés durant l'année suivant chaque cycle de mesure de l'audience syndicale définie au 5° de l'article L. 2121-1 pour le collège des salariés et de l'audience patronale définie au 6° de l'article L. 2151-1 pour le collège des employeurs.

Art. L. 1441-3. Un décret en Conseil d'État détermine les conditions d'application du présent chapitre.

SECTION 2. Détermination des sièges attribués aux organisations

Art. L. 1441-4. Le garde des sceaux, ministre de la justice, et le ministre chargé du travail arrêtent le nombre de sièges attribués pour la durée du mandat aux organisations syndicales et professionnelles par conseil de prud'hommes, collège et section, en fonction du nombre de conseillers défini à l'article L. 1423-2 et (L. 2016-1088 du 8 août 2016, art. 35, II, JO 9) « , pour les organisations syndicales de salariés, des suffrages obtenus au niveau départemental par chaque organisation dans le cadre de la mesure de l'audience définie au 5° de l'article L. 2121-1 ; pour les organisations professionnelles d'employeurs, l'audience patronale prévue au 6° de l'article L. 2151-1 déterminée au niveau national.

Pour l'appréciation de l'audience patronale, sont pris en compte, chacun à hauteur de 50 %, le nombre des entreprises qui emploient au moins un salarié adhérentes à des organisations professionnelles d'employeurs et le nombre de salariés employés par ces mêmes entreprises. »

Les sièges sont attribués à la représentation proportionnelle suivant la règle de la plus forte moyenne.

Art. L. 1441-5. À peine d'irrecevabilité, les contestations relatives à la répartition du nombre des sièges, opérée en application de l'article L. 1441-4, sont formées devant le Conseil d'État par une organisation syndicale ou professionnelle dans un délai de quinze jours à compter de sa publication.

Sous-section 1 (réglementaire). Dispositions communes

Note Les sous-sections 1 à 3 ont été introduites par le décret 2016-1359 du 11 octobre 2016, JO 13, entrée en vigueur le 01.02.2017.

Art. R. 1441-2. En application de l'article L. 1441-4, les sièges sont attribués aux organisations syndicales et professionnelles par arrêté conjoint du garde des sceaux, ministre de la justice, et du ministre chargé du travail publié au *Journal officiel* de la République française.

Cet arrêté ne peut faire l'objet d'un recours administratif.

Sous-section 2 (réglementaire). Collège des salariés

Art. R. 1441-3. Pour le collège des salariés, la détermination du nombre des sièges de chaque section de chacun des conseils de prud'hommes du département mentionnée à l'article L. 1441-4 prend en compte les suffrages retenus pour la mesure de l'audience au niveau national et interprofessionnel présentée en Haut Conseil du dialogue social en application de l'article R. 2122-3, par département et par section pour chaque organisation syndicale.

Art. R. 1441-4. Pour les sections de l'industrie, du commerce et des services commerciaux, de l'agriculture et des activités diverses, sont pris en compte les suffrages exprimés en fonction du tableau de répartition défini à l'article R. 1423-4, à l'exception des suffrages exprimés pris en compte pour la section de l'encadrement et des suffrages exprimés aux élections des membres représentant les salariés de la production agricole aux chambres d'agriculture prévus à l'article L. 2122-6.

Pour la section de l'agriculture, outre les suffrages exprimés en fonction du tableau de répartition défini à l'article R. 1423-4, sont pris en compte les suffrages exprimés aux élections des membres représentant les salariés de la production agricole aux chambres d'agriculture prévus à l'article L. 2122-6.

Pour la section des activités diverses, sont pris en compte, outre les suffrages mentionnés au premier alinéa du présent article, les suffrages exprimés obtenus en application de l'article R. 1441-3, dont la convention collective ou l'accord collectif ne sont pas mentionnés dans le tableau de répartition prévu à l'article R. 1423-4.

Pour la section de l'encadrement, sont pris en compte les suffrages exprimés aux élections professionnelles mentionnées à l'article L. 2122-9 dans les collèges dans lesquels seuls des personnels relevant de la section de l'encadrement définie à l'article L. 1423-1-2 sont amenés à s'exprimer, ainsi que les suffrages exprimés dans le collège " cadres " mentionné à l'article L. 2122-10-4.

Art. R. 1441-5. Les sièges sont attribués proportionnellement aux suffrages obtenus en application des articles R. 1441-3 et R. 1441-4 suivant la règle de la plus forte moyenne entre organisations syndicales au sein de chaque section de chaque conseil de prud'hommes.

Art. R. 1441-6. En cas d'égalité entre deux ou plusieurs organisations en application de l'article R. 1441-5, le siège est attribué à l'organisation syndicale qui a obtenu le plus de suffrages exprimés pour cette section.

En cas d'égalité en application de l'alinéa précédent, le siège est attribué à l'organisation syndicale qui a obtenu le plus de suffrages exprimés au niveau départemental pour l'ensemble des sections.

En cas d'égalité en application de l'alinéa précédent, le siège est attribué à l'organisation syndicale qui a obtenu le plus de suffrages exprimés au niveau régional pour la section concernée.

En cas d'égalité en application de l'alinéa précédent, le siège est attribué à l'organisation syndicale qui a obtenu le plus de suffrages exprimés au niveau national pour la section concernée.

Art. R. 1441-7. En l'absence de suffrage permettant de déterminer la répartition des sièges entre les organisations syndicales pour une section donnée, sont pris en compte les suffrages exprimés au niveau départemental pour l'ensemble des sections.

En l'absence de suffrage en application de l'alinéa précédent, sont pris en compte les suffrages exprimés au niveau régional pour la section concernée.

En cas d'absence de suffrage en application de l'alinéa précédent, sont pris en compte les suffrages exprimés au niveau national pour la section concernée.

Sous-section 3 (réglementaire). **Collège des employeurs**

Art. R. 1441-8. Pour le collège des employeurs, la détermination du nombre des sièges de chaque section de chacun des conseils de prud'hommes, définie à l'article L. 1441-4, prend en compte le nombre d'entreprises adhérentes retenues pour le calcul des résultats présentés en Haut Conseil du dialogue social en application de l'article R. 2152-18 dès lors que celles-ci emploient au moins un salarié, et le nombre de salariés employés par ces mêmes entreprises, chacun à hauteur de 50 %, additionnés au niveau national et par section pour chaque organisation professionnelle d'employeurs.

Lorsqu'une organisation professionnelle d'employeurs candidate à la représentativité au niveau d'une branche professionnelle adhère à une ou plusieurs organisations professionnelles d'employeurs candidates au niveau national et interprofessionnel ou multiprofessionnel, les entreprises qui lui sont adhérentes et les salariés qu'elles emploient ne sont pris en compte qu'au seul bénéfice de ces dernières.

Art. R. 1441-9. I. — Pour les sections de l'industrie, du commerce et des services commerciaux, de l'agriculture et des activités diverses, sont prises en compte par section, en fonction du tableau de répartition défini à l'article R. 1423-4 :

1° Les entreprises directement adhérentes à une organisation professionnelle d'employeurs candidate au niveau d'une branche professionnelle ou à une structure territoriale de cette organisation ;

2° Les entreprises adhérentes à une organisation professionnelle d'employeurs non candidate ou à une structure territoriale de cette organisation, lorsqu'elle adhère à une organisation professionnelle d'employeurs candidate au niveau d'une branche professionnelle.

II. — Pour la section de l'agriculture, sont également prises en compte les entreprises adhérentes des secteurs d'activité mentionnés au quatrième alinéa de l'article L. 2152-1.

III. — Pour les sections de l'industrie, du commerce et des services commerciaux, de l'agriculture et des activités diverses, sont également prises en compte :

1° Les entreprises directement adhérentes à une organisation professionnelle d'employeurs candidate au niveau national et interprofessionnel ou à une structure territoriale de cette organisation ;

2° Les entreprises adhérentes à une organisation professionnelle d'employeurs non candidate ou à une structure territoriale de cette organisation, lorsqu'elle adhère à une organisation professionnelle d'employeurs candidate au niveau national et interprofessionnel.

Ces entreprises adhérentes et les salariés qu'elles emploient sont pris en compte en fonction de la répartition entre les sections résultant du nombre d'entreprises adhérentes et du nombre de salariés employés par ces mêmes entreprises, pour cette organisation professionnelle candidate au niveau national et interprofessionnel en application des I et II du présent article.

IV. — Pour la section de l'encadrement, sont prises en compte l'ensemble des entreprises adhérentes obtenues en application des I, II et III du présent article.

Art. R. 1441-10. Pour l'application du deuxième alinéa de l'article L. 1441-4, les sièges sont attribués proportionnellement aux nombres d'entreprises adhérentes et de salariés obtenus en application des articles R. 1441-8 et R. 1441-9 suivant la règle de la plus forte moyenne entre organisations professionnelles au sein de chaque section de chaque conseil de prud'hommes.

Art. R. 1441-11. En cas d'égalité entre deux ou plusieurs organisations en application de l'article R. 1441-10, le siège est attribué à l'organisation professionnelle dont le nombre d'entreprises adhérentes et de salariés, chacun à hauteur de 50 %, calculé en application de l'article R. 1441-8, est le plus élevé.

En cas d'égalité en application de l'alinéa précédent, le siège est attribué à l'organisation professionnelle dont le nombre d'entreprises adhérentes et de salariés, chacun à hauteur de 50 %, calculé en application de l'article R. 1441-8, est le plus élevé pour l'ensemble des sections.

Art. R. 1441-12. En l'absence d'entreprises adhérentes pour déterminer la répartition des sièges entre les organisations professionnelles pour une section donnée, sont pris en compte les entreprises adhérentes et les salariés qu'elles emploient pour l'ensemble des sections.

SECTION 3. Candidatures

Sous-section 1. Candidats

§ 1. Conditions de candidature

Art. L. 1441-6. Peuvent être candidats, sous réserve des dispositions de l'article L. 1441-7:

1° Les salariés et les employeurs ;

2° Les personnes à la recherche d'un emploi inscrites sur la liste des demandeurs d'emploi ;

3° Les personnes ayant cessé d'exercer toute activité professionnelle.

Art. L. 1441-7. Les conditions requises des candidats sont les suivantes :

1° Être de nationalité française ;

2° Ne pas avoir au bulletin n° 2 du casier judiciaire de mentions incompatibles avec l'exercice des fonctions prud'homales et n'être l'objet d'aucune interdiction, déchéance ou incapacité relative à leurs droits civiques ;

3° Être âgés de vingt et un ans au moins ;

4° Avoir exercé une activité professionnelle de deux ans ou justifier d'un mandat prud'homal dans les dix ans précédant la candidature.

Art. L. 1441-8. Les conditions de candidature définies aux 1° et 2° de l'article L. 1441-7 s'apprécient à la date de nomination.

Les conditions de candidature définies aux 3° et 4° de l'article (Ord. 2017-1718 du 20 déc. 2017, art. 1er, I, 34°, JO 21) « L. 1441-7 » et celles relatives au conseil des prud'hommes, au collège et à la section de candidature s'apprécient à la date d'ouverture du dépôt des candidatures, fixée par voie réglementaire.

Art. L. 1441-9. Nul ne peut être candidat :

1° Sur plus d'une liste mentionnée à l'article L. 1441-18;

2° Dans plus d'une section ;

3° Dans un conseil de prud'hommes, un collège ou une section autres que ceux au titre desquels il remplit les conditions pour être candidat.

Art. L. 1441-10. Ne peut être candidat le conseiller prud'homme déclaré déchu en application de l'article L. 1442-14.

Le conseiller prud'homme nommé, qui refuse de se faire installer, qui est déclaré démissionnaire ou qui est réputé démissionnaire en application de l'article L. 1442-1, ne peut être candidat pendant un délai de quatre ans à compter de son refus, de la décision du tribunal qui le déclare démissionnaire ou de l'expiration du délai prévu au troisième alinéa de l'article L. 1442-1.

§ 2. Conseil de prud'hommes de candidature

Art. L. 1441-11. Les personnes relevant du 1° de l'article L. 1441-6, à l'exception des employés de maison et de leurs employeurs, sont candidates dans la section du conseil de prud'hommes dans le ressort duquel elles exercent leur activité principale, ou dans la section de même nature de l'un des conseils de prud'hommes limitrophes. Les voyageurs, représentants ou placiers peuvent en outre être candidats dans le conseil de prud'hommes dans le ressort duquel est situé leur domicile.

Les personnes relevant des 2° et 3° de l'article L. 1441-6 sont candidates dans la section du conseil de prud'hommes dans le ressort duquel elles exerçaient leur dernière activité professionnelle, dans la section de même nature de l'un des conseils de prud'hommes limitrophes ou dans celle du conseil de prud'hommes dans le ressort duquel est situé leur domicile.

Les employés de maison et leurs employeurs sont candidats dans la section du conseil de prud'hommes dans le ressort duquel est situé leur domicile, ou dans la section de même nature de l'un des conseils de prud'hommes limitrophes.

Pour les personnes qui sont candidates dans la section de l'agriculture, les ressorts du conseil de prud'hommes ou du conseil de prud'hommes limitrophe sont déterminés en fonction du ressort de cette section.

§ 3. Collège de candidature

Art. L. 1441-12. Peuvent être candidats dans le collège des employeurs :

1° Les personnes employant pour leur compte ou pour le compte d'autrui un ou plusieurs salariés ;

2° Le cas échéant, sur mandat exprès de ces personnes et si elles ne sont pas elles-mêmes candidates, les conjoints collaborateurs mentionnés à l'article L. 121-4 du code de commerce pour les artisans, commerçants et professionnels libéraux et à l'article L. 321-5 du code rural et de la pêche maritime pour les agriculteurs ;

3° Les associés en nom collectif, les présidents des conseils d'administration, les directeurs généraux et directeurs, ainsi que les cadres détenant sur un service, un département ou un établissement de l'entreprise une délégation particulière d'autorité, établie par écrit, permettant de les assimiler à un employeur ;

4° Les personnes ayant cessé d'exercer toute activité et dont la dernière activité professionnelle relevait des catégories mentionnées au 1° ou au 3°.

Pour les personnes mentionnées au 2°, les conditions prévues à l'article L. 1441-7 doivent être remplies en la personne de l'artisan, du commerçant, du professionnel libéral ou du chef d'exploitation ou de l'entreprise agricole mandant, et en celle de son conjoint collaborateur mandataire. Pour ce dernier, il est toutefois substitué à la condition d'exercice d'une activité professionnelle de deux ans dans les dix ans précédant la candidature, mentionnée audit article, une durée équivalente d'appartenance au statut de conjoint collaborateur, appréciée à la date d'ouverture du dépôt des candidatures, fixée par voie réglementaire.

Art. L. 1441-13. Peuvent être candidats dans le collège des salariés :

1° Les salariés non cadres ;

2° Les cadres ne détenant pas la délégation particulière d'autorité mentionnée au 3° de l'article L. 1441-12;

3° Les salariés titulaires d'un contrat d'apprentissage ou de formation en alternance ;

4° Les personnes à la recherche d'un emploi inscrites sur la liste des demandeurs d'emploi ;

5° Les personnes mentionnées aux 1°, 2°, 3° et 4° ayant cessé d'exercer toute activité professionnelle.

§ 4. Section de candidature

Art. L. 1441-14. Relèvent de la section de l'encadrement du collège des salariés, à l'exception de celles qui ont une délégation particulière d'autorité, les personnes relevant des catégories mentionnées aux 1°, 2°, 3° et 4° de l'article L. 1423-1-2.

Art. L. 1441-15. Relèvent de la section de l'encadrement du collège des employeurs les employeurs et assimilés, comprenant les cadres qui ont une délégation particulière d'autorité, tels que définis à l'article L. 1441-12, qui n'emploient que des salariés relevant des catégories définies à l'article L. 1423-1-2.

Peuvent relever de la section de l'encadrement du collège des employeurs, les employeurs et assimilés, comprenant les cadres qui ont une délégation particulière d'autorité, tels que définis à l'article L. 1441-12, qui emploient au moins un des salariés relevant des catégories définies à l'article L. 1423-1-2.

Art. L. 1441-16. L'appartenance des salariés candidats aux sections est déterminée au regard du champ d'application de la convention ou de l'accord collectif de travail dont ils relèvent, selon le tableau de répartition mentionné à l'article L. 1423-1-1, à l'exception des personnes mentionnées à l'article L. 1441-14 et des cadres mentionnés au 3° de l'article L. 1441-12.

Art. L. 1441-17. Sous réserve des dispositions relatives à la section de l'encadrement définies à l'article L. 1441-15, pour le collège des employeurs, les employeurs et assimilés, tels que définis à l'article L. 1441-12, relèvent de la section de leur choix dont relève au moins un de leurs salariés.

Sous-section 2. **Liste de candidats**

Art. L. 1441-18. La déclaration des candidatures résulte du dépôt d'une liste de candidats pour chaque conseil de prud'hommes par les mandataires des organisations auxquelles ont été attribués des sièges en application de l'article L. 1441-4.

Cette liste est déposée par voie dématérialisée dans des conditions déterminées par décret.

Art. L. 1441-19. La liste de candidats est composée alternativement d'un candidat de chaque sexe.

Art. L. 1441-20. Aucune liste ne peut comporter un nombre de candidats supérieur au nombre de postes attribués par section et conseil de prud'hommes.

Art. L. 1441-21. Ne peuvent être enregistrées par l'autorité administrative les déclarations de candidatures qui ne respectent pas les conditions fixées par les articles L. 1441-18 à L. 1441-20 à la date de clôture du dépôt des candidatures.

Art. L. 1441-22. Le mandataire de la liste notifie à l'employeur de chacun des salariés candidats le nom du salarié de son entreprise qu'il entend présenter sur sa liste de candidats. Cette notification intervient à compter de la date d'ouverture du dépôt des candidatures.

Art. L. 1441-23. L'employeur laisse au salarié de son entreprise désigné, dans le cadre du renouvellement prud'homal, en tant que mandataire de liste, le temps nécessaire pour remplir ses fonctions. Ce temps est assimilé à une durée de travail effectif conformément aux dispositions de l'article L. 1442-6.

L'exercice des fonctions de mandataire de liste par un salarié ne peut être la cause d'une sanction ou d'une rupture du contrat de travail par l'employeur. Les délégués syndicaux appelés à exercer ces fonctions sont autorisés à utiliser à cet effet le crédit d'heures dont ils disposent au titre de leur mandat.

Sous-section 1 (réglementaire). **Dispositions générales**

Note Les sous-sections 1 à 4 ont été introduites par le décret 2016-1359 du 11 octobre 2016, JO 13, entrée en vigueur le 01.02.2017.

Art. R. 1441-13. (D. 2018-813 du 26 sept. 2018, JO 28) I. – Le garde des sceaux, ministre de la justice, et le ministre chargé du travail fixent le calendrier du renouvellement général des conseillers prud'hommes par un arrêté publié au *Journal officiel* de la République française.

Cet arrêté détermine les dates d'ouverture et de clôture du dépôt des candidatures.

II. – Le garde des sceaux, ministre de la justice, fixe le calendrier de la désignation complémentaire des conseillers prud'hommes par un arrêté publié au *Journal officiel* de la République française.

Cet arrêté détermine les dates d'ouverture et de clôture du dépôt des candidatures.

Sous-section 2 (réglementaire). **Conditions de candidature**

Art. R. 1441-14. La condition de deux ans d'exercice d'une activité professionnelle mentionnée au 4° de l'article L. 1441-7 s'apprécie dans les dix ans précédant la candidature.

Art. R. 1441-15. Toutes les candidatures déposées pour une même personne en méconnaissance des 1° et 2° de l'article L. 1441-9 sont irrecevables.

Art. R. 1441-16. La délégation particulière d'autorité mentionnée au 3° de l'article L. 1441-12 et au 2° de l'article L. 1441-13, permettant aux cadres d'être inscrits dans le collège des employeurs, peut prendre la forme d'un document spécifique ou figurer dans le contrat de travail. À défaut d'une telle délégation, les cadres ne peuvent être candidats que dans la section de l'encadrement du collège des salariés.

Art. R. 1441-17. En application de l'article L. 1422-2, les salariés et employeurs exerçant leur activité professionnelle sur l'emprise d'un aérodrome rattaché au ressort d'un conseil de prud'hommes sont candidats dans ce conseil.

Sous-section 3 (réglementaire). **Listes de candidats et candidatures individuelles**

Art. R. 1441-18. Le mandataire prévu à l'article L. 1441-18 dépose la ou les listes de l'organisation pour chaque conseil de prud'hommes du département au titre duquel il est mandaté.

Art. R. 1441-19. La notification prévue à l'article L. 1441-22 à un employeur de la qualité de candidat de son salarié est faite par tout moyen lui conférant date certaine.

Les informations contenues dans cette notification sont simultanément communiquées par le mandataire à l'inspection du travail.

Art. R. 1441-20. Chaque liste de candidats précise le nom de l'organisation, ainsi que le conseil de prud'hommes, le collège et la section au titre desquels les candidats de la liste sont présentés.

Art. R. 1441-21. Le mandataire d'une liste contrôle et atteste que cette liste remplit les conditions fixées par les articles L. 1441-18 à L. 1441-20.

À la liste de candidats mentionnée à l'article R. 1441-20, sont jointes les déclarations individuelles de candidature de chacun des candidats de la liste. Ces déclarations font état des informations permettant de justifier qu'il satisfait aux conditions mentionnées aux articles L. 1441-6 à L. 1441-17.

Art. R. 1441-22. Chaque candidat donne mandat pour être présenté par l'organisation qui le présente. Il déclare sur l'honneur n'être l'objet d'aucune interdiction, déchéance ou incapacité relative à ses droits civiques et ne pas exercer de fonction incompatible avec l'exercice de la fonction de conseiller prud'homme. Il fournit les documents justifiant qu'il satisfait aux conditions mentionnées aux articles L. 1441-6 à L. 1441-17, à l'exception du bulletin n° 2 du casier judiciaire.

Art. D. 1441-22-1. (D. 2018-859 du 8 oct. 2018, JO 9) La direction des services judiciaires met en œuvre un traitement automatisé de données à caractère personnel dénommé " SI-Candidatures " ayant pour finalité d'assurer le dépôt et la gestion des candidatures à la fonction prud'homale.

Art. D. 1441-22-2. (D. 2017-266 du 28 févr. 2017, JO 2 mars) Les catégories de données à caractère personnel relatives au représentant de l'organisation syndicale ou professionnelle, ayant obtenu des sièges en application de l'article R. 1441-2, pouvant être enregistrées dans le traitement automatisé sont les suivantes :

1° Ses noms, prénoms et civilité ;

2° Son adresse électronique professionnelle ou personnelle ;

3° Son ou ses numéros de téléphone fixe ou mobile, professionnel ou personnel ;

4° La dénomination sociale de l'organisation qu'il représente ;

5° Sa qualité de représentant dûment mandaté par son organisation pour la désignation des conseillers prud'hommes.

Art. D. 1441-22-3. (D. 2017-266 du 28 févr. 2017, JO 2 mars) Les catégories de données à caractère personnel relatives au mandataire départemental de l'organisation syndicale ou professionnelle pouvant être enregistrées dans le traitement automatisé sont les suivantes :

1° Ses noms, prénoms et civilité ;

2° Ses adresses postale et électronique personnelles ou professionnelles ;

3° Son numéro de téléphone mobile personnel ou professionnel ;

4° La dénomination sociale de l'organisation qu'il représente ;

5° Sa qualité de mandataire dûment mandaté par son organisation pour la désignation des conseillers prud'hommes.

Art. D. 1441-22-4. (D. 2017-266 du 28 févr. 2017, JO 2 mars) I. — Les données à caractère personnel enregistrées relatives au candidat présenté par l'organisation syndicale ou professionnelle sont les suivantes :

1° Ses noms de naissance et d'usage, prénoms, sexe ;

2° Ses date, commune et pays de naissance ;

3° Sa nationalité ;

4° Sa qualité d'actuel ou d'ancien conseiller prud'homme ;

5° Ses adresses postale et électronique, personnelles ou professionnelles ;

6° Son ou ses numéros de téléphone fixe ou mobile, professionnel ou personnel ;

7° L'activité exercée ou la dernière activité exercée à la date d'ouverture du dépôt des candidatures ;

8° La ou les activités exercées pendant deux ans dans les dix ans précédant la candidature, ou l'exercice des fonctions de conseiller prud'homme dans les dix ans précédant la candidature, ou, lorsque le candidat est présenté en tant que conjoint collaborateur en application du 2° de l'article L. 1441-12, son appartenance pendant deux ans au statut de conjoint collaborateur ;

9° Le conseil de prud'hommes, le collège et la section au titre desquels il est présenté ;

10° Les qualités du candidat qui justifient du conseil de prud'hommes, du collège et de la section au titre desquels il est présenté ;

11° L'attestation de n'être l'objet d'aucune interdiction, déchéance ou incapacité relative à ses droits civiques et de ne pas exercer d'activité incompatible avec les fonctions de conseiller prud'homme ;

12° Sa qualité de candidat et le mandat qu'il confère à ce titre au mandataire pour la désignation des conseillers prud'hommes ;

13° La dénomination sociale de l'organisation qui le présente.

II. — Lorsque le candidat se présente en tant que conjoint collaborateur, sont en outre enregistrées les données à caractère personnel suivantes relatives à son mandant :

1° Les noms de naissance et d'usage, prénoms, sexe du mandant ;

2° Les date, commune et pays de naissance du mandant ;

3° La nationalité du mandant.

III. — Sont également enregistrés :

1° Son titre d'identité dématérialisé ; si ce titre ne comporte pas la mention de la nationalité, un autre titre dématérialisé justifiant de sa nationalité ;

2° Le ou les justificatifs dématérialisés de l'exercice, dans les dix ans précédant la candidature, d'un mandat prud'homal, d'une ou d'activités professionnelles pendant une durée de deux ans ou de l'appartenance au statut de conjoint collaborateur pour une durée équivalente ;

3° Le ou les justificatifs dématérialisés de sa candidature dans le conseil de prud'hommes, le collège et la section au titre desquels il est présenté ;

4° En cas de dépôt du dossier de candidature par le mandataire, le mandat dématérialisé que le candidat confère à celui-ci pour la désignation des conseillers prud'hommes, ainsi que l'attestation que le candidat n'est l'objet d'aucune interdiction, déchéance ou incapacité relative à ses droits civiques et qu'il n'exerce pas d'activité incompatible avec les fonctions de conseiller prud'homme ;

5° Le fichier de réponse à la demande de consultation du casier judiciaire national, avec la mention de l'information " 0 " pour le candidat dont le bulletin n° 2 porte la mention " néant " et de l'information " 1 " pour le candidat dont le bulletin n° 2 porte la mention d'une condamnation, ou l'indication " Aucune identité applicable " ou " Identité non vérifiable par le service " en application des articles R. 77 et R. 80-1 du code de procédure pénale ;

6° Les statuts du dossier du candidat et les commentaires portés dans le cadre des contrôles de recevabilité de la candidature.

IV. — Lorsque le candidat se présente en tant que conjoint collaborateur, sont en outre enregistrés les documents suivants :

1° Le titre d'identité dématérialisé du mandant ; si ce titre ne comporte pas la mention de la nationalité, un autre titre dématérialisé justifiant de sa nationalité ;

2° Le fichier de réponse concernant le mandant à la demande de consultation du casier judiciaire national, avec la mention de l'information " 0 " pour le candidat dont le bulletin n° 2 porte la mention " néant " et de l'information " 1 " pour le candidat dont le bulletin n° 2 porte la mention d'une condamnation, ou l'indication " Aucune identité applicable " ou " Identité non vérifiable par le service " en application des articles R. 77 et R. 80-1 du code de procédure pénale ;

3° Le mandat que le mandant confère à son conjoint collaborateur ;

4° L'attestation que le mandant n'est l'objet d'aucune interdiction, déchéance ou incapacité relative à ses droits civiques, qu'il n'exerce pas d'activité incompatible avec les fonctions de conseiller prud'homme et qu'il n'est pas lui-même candidat.

Sous-section 4 (réglementaire). **Recevabilité des listes de candidats et des candidatures individuelles**

Art. R. 1441-23. (D. 2018-813 du 26 sept. 2018, JO 28) « Le garde des sceaux, ministre de la justice » contrôle la recevabilité des listes de candidats au regard des dispositions des articles L. 1441-18 à L. 1441-21.

Art. R. 1441-24. Le garde des sceaux, ministre de la justice (D. 2018-813 du 26 sept. 2018, JO 28) « contrôle » le respect des conditions mentionnées aux articles L. 1441-6 à L. 1441-17 relatives aux candidatures individuelles.

Ce contrôle s'applique également à la personne mentionnée à l'article L. 1441-12 qui donne mandat à son conjoint collaborateur.

Art. D. 1441-24-1. (D. 2017-266 du 28 févr. 2017, JO 2 mars) Les données à caractère personnel enregistrées relatives à l'utilisateur du traitement automatisé sont les suivantes :

1° Ses noms, prénoms et civilité ;

2° L'habilitation qui lui est conférée pour la désignation des conseillers prud'hommes, précisant ses droits d'accès et de consultations, de créations, de modifications et de suppression des données du traitement.

Art. D. 1441-24-2. (D. 2017-266 du 28 févr. 2017, JO 2 mars) Les destinataires des données à caractère personnel mentionnées aux articles D. 1441-22-2, D. 1441-22-3 et D. 1441-22-4 sont les suivants :

I. — Pour la désignation des conseillers prud'hommes :

(D. 2018-859 du 8 oct. 2018, JO 9) « 1° Les agents de la direction des services judiciaires du ministère de la justice ;

2° Les agents de la direction générale du travail du ministère du travail ; »

3° Les agents du casier judiciaire national dans le cadre de la consultation du casier judiciaire.

II. — Pour la formation initiale prud'homale définie à l'article L. 1442-1 : les agents de la direction des services judiciaires du ministère de la justice et de l'École nationale de la magistrature.

Art. D. 1441-24-3. (D. 2017-266 du 28 févr. 2017, JO 2 mars) I. — Les données à caractère personnel mentionnées aux articles D. 1441-22-2, D. 1441-22-3 et D. 1441-22-4 sont conservées comme suit :

1° Jusqu'à la fin du mandat :

a) Pour le représentant de l'organisation syndicale ou professionnelle en ce qui le concerne : lorsque le mandat confié à celui-ci par l'organisation prend fin avant cette date, ses données sont supprimées à la date de fin du mandat confié par l'organisation ;

b) Pour le mandataire en ce qui le concerne ; lorsque le mandat confié au mandataire par l'organisation prend fin avant cette date, ses données sont supprimées à la date de fin du mandat confié par l'organisation ;

c) Pour le candidat nommé conseiller prud'homme en ce qui le concerne pour les données mentionnées aux 1°, 2°, 9° et 13° du I de l'article D. 1441-22-4 ;

2° Jusqu'à épuisement des voies de recours :

a) Pour le candidat qui ne serait pas nommé conseiller prud'homme en ce qui le concerne ;

b) Pour le candidat nommé conseiller prud'homme en ce qui le concerne pour les données non mentionnées au 1° du présent article ;

c) Pour le mandant du conjoint collaborateur en ce qui le concerne.

II. — Les données à caractère personnel mentionnées à l'article D. 1441-24-1 relatives à l'utilisateur du traitement automatisé sont conservées jusqu'à la fin de l'habilitation qui leur a été conférée pour la désignation des conseillers prud'hommes.

III. — Les données relatives à la traçabilité des accès et des consultations, des créations et des modifications des données du traitement sont conservées dans le traitement selon les mêmes conditions qu'au I du présent article.

IV. — Les droits d'accès et de rectification prévus par les articles 39 et 40 de la loi n° 78-17 du 6 janvier 1978 relative à l'informatique, aux fichiers et aux libertés s'exercent auprès de la (D. 2018-859 du 8 oct. 2018, JO 9) « direction des services judiciaires ».

V. — Le droit d'opposition prévu à l'article 38 de la loi mentionnée au IV ne s'applique pas à ce traitement.

SECTION 4. Contestations relatives à la nomination

Art. L. 1441-24. À peine d'irrecevabilité, les contestations relatives à la nomination dans les conditions fixées à l'article L. 1441-1 sont portées par tout candidat ou mandataire de liste dans un délai de dix jours à compter de cette nomination, devant le tribunal administratif qui statue en premier et dernier ressort.

SECTION 5. Désignations complémentaires

Note Les dispositions législatives et réglementaires de cette section dans leur rédaction résultant respectivement de l'ordonnance 2016-388 du 31 mars 2016 (JO 1er avril) et du décret 2016-1359 du 11 octobre 2016 (JO 13) sont entrées en vigueur le 01.01.2018.

Art. L. 1441-25. Durant le mandat, en cas de vacance de sièges, il peut être procédé à des désignations complémentaires, dans les conditions fixées par les articles L. 1441-26 à L. 1441-31.

Art. R. 1441-25. (D. 2018-813 du 26 sept. 2018, JO 28) Le garde des sceaux, ministre de la justice, organise en tant que de besoin et au moins une fois par an, des opérations pour les désignations complémentaires prévues à l'article L. 1441-25.

Art. L. 1441-26. Dans le cas prévu à l'article L. 1441-25, les conseillers prud'hommes sont nommés conjointement par le garde des sceaux, ministre de la justice, et le ministre chargé du travail, par conseil de prud'hommes, collège et section, pour la durée du mandat restant à courir, sur proposition des organisations syndicales et professionnelles selon les modalités fixées à la présente section.

Art. R. 1441-26. Les conseillers prud'hommes sont nommés en application de l'article L. 1441-26, par arrêté conjoint du garde des sceaux, ministre de la justice, et du ministre chargé du travail publié au *Journal officiel* de la République française. Les dispositions de la section 3 du présent chapitre s'appliquent aux désignations complémentaires.

L'arrêté portant désignation complémentaire de conseillers prud'hommes ne peut faire l'objet d'un recours administratif.

Art. L. 1441-27. Les dispositions des sections 3 et 4 relatives à la candidature et à la contestation de la nomination s'appliquent aux désignations complémentaires, à l'exception des dispositions des articles L. 1441-19, L. 1441-20 et L. 1441-21.

Art. L. 1441-28. La déclaration de candidature résulte du dépôt par voie dématérialisée d'une liste de candidats par conseil de prud'hommes par les mandataires des organisations auxquelles ont été attribués des sièges en application de l'article L. 1441-4 et dont la totalité des sièges n'est pas pourvue.

Art. L. 1441-29. Cette liste de candidats est composée, pour chaque organisation, de manière à ce que l'écart entre le nombre de femmes et d'hommes parmi le nombre de conseillers désignés dans chaque conseil ne soit pas supérieur à un ou, lorsque la liste comprend un nombre de candidats inférieur au nombre de sièges restant à pourvoir, de manière à diminuer l'écart entre le nombre de conseillers de chaque sexe.

Art. L. 1441-30. Aucune liste ne peut comporter un nombre de candidats supérieur au nombre de postes restant à pourvoir par section et conseil de prud'hommes.

Art. L. 1441-31. Ne peuvent être enregistrées par l'autorité administrative les déclarations de candidature qui ne respectent pas les conditions fixées par les articles L. 1441-28 à L. 1441-30 à la date de clôture du dépôt des candidatures.

Chapitre II

Statut des conseillers prud'hommes

SECTION 1. Formation

Art. L. 1442-1. L'État organise, dans des conditions déterminées par décret, la formation des conseillers prud'hommes et en assure le financement.

(L. 2015-990 du 6 août 2015, art. 258, I, 11°, JO 7) « Les conseillers prud'hommes suivent une formation initiale à l'exercice de leur fonction juridictionnelle et une formation continue. La formation initiale est commune aux conseillers prud'hommes employeurs et salariés. Elle est organisée par l'État.

Tout conseiller prud'homme qui n'a pas satisfait à l'obligation de formation initiale dans un délai fixé par décret est réputé démissionnaire. »

Art. L. 1442-2. (L. 2015-990 du 6 août 2015, art. 258, I, 12°, JO 7) «Pour les besoins de leur formation prévue à l'article L. 1442-1, les employeurs accordent aux salariés de leur entreprise membres d'un conseil de prud'hommes des autorisations d'absence, qui peuvent être fractionnées, dans la limite de :

1° Cinq jours par mandat, au titre de la formation initiale. (L. 2018-771 du 5 sept. 2018, art. 45, I, 1°, JO 6) «Ces absences sont rémunérées par l'employeur au titre des activités prud'homales indemnisables prévues à l'article L. 1442-5;»

2° Six semaines par mandat, au titre de la formation continue. »

Les dispositions de l'article (L. 2016-1088 du 8 août 2016, art. 33, VII, JO 9) « L. 2145-10» sont applicables à ces autorisations.

Ces absences sont rémunérées par l'employeur.

Sous-section 1 (réglementaire). **Formation continue**

Note Les dispositions de cette sous-section issues du décret 2017-684 du 28 avril 2017, JO 30, sont entrées en vigueur depuis le premier renouvellement des conseillers prud'hommes, résultant de l'application de l'article L. 1441-1, qui a suivi la publication de ce décret (décret 2017-684 précité, art. 2), soit le renouvellement correspondant au mandat 2018-2021 (arrêté du 14 décembre 2017, JO 19).

Art. D. 1442-1. La formation (D. 2017-684 du 28 avril 2017, JO 30) « continue » des conseillers prud'hommes peut être assurée :

1° Par des établissements publics ou instituts de formation des personnels de l'État ;

2° Par des établissements publics d'enseignement supérieur ;

3° Par des organismes privés à but non lucratif qui :

a) Sont rattachés aux organisations professionnelles et syndicales ayant obtenu, au niveau national, cent cinquante sièges (D. 2016-1359 du 11 oct. 2016, art. 5, XV, JO 13, entrée en vigueur le 01.01.2018) « à la dernière désignation prud'homale » répartis dans au moins cinquante départements ;

b) Se consacrent exclusivement à cette formation.

Art. R. 1442-2. Pour les établissements et organismes mentionnés aux 2° et 3° de l'article D. 1442-1, le bénéfice des dispositions des articles D. 1442-3 et D. 1442-4 ainsi que l'accès pour les conseillers prud'hommes salariés aux droits prévus au second alinéa de l'article L. 1442-6 sont subordonnés à l'agrément du ministre chargé du travail.

L'agrément, obtenu par voie d'arrêté, est donné pour une période de (D. 2016-1359 du 11 oct. 2016, art. 5, XV, JO 13, entrée en vigueur le 01.01.2018) « quatre » ans. Il peut être retiré à la fin de chaque année civile en fonction des résultats des contrôles réalisés. Ces dispositions ne font pas obstacle à la dénonciation éventuelle des conventions prévues à l'article D. 1442-3.

L'établissement ou l'organisme présente un dossier de demande d'agrément établi conformément à un modèle fixé par arrêté du garde des sceaux, ministre de la justice, et du ministre chargé du travail.

Art. D. 1442-3. Des conventions sont conclues, dans la limite des crédits prévus à cet effet, entre les établissements et organismes mentionnés à l'article D. 1442-1 et le ministre chargé du travail. La durée de la convention est de (D. 2016-1359 du 11 oct. 2016, art. 5, XV, JO 13, entrée en vigueur le 01.01.2018) « quatre » ans.

Chaque convention fixe à titre prévisionnel, notamment :

1° Le programme organisé sur la durée de la convention. Ce programme est défini conformément aux dispositions d'un arrêté du ministre de la justice et du ministre chargé du travail ;

2° Le nombre de journées de formation par stagiaire sur la durée de la convention ;

3° Le nombre de journées de formation par stagiaire par an ;

4° La durée de chaque stage ;

5° Les moyens pédagogiques et techniques mis en œuvre ;

6° L'estimation de l'aide financière globale de l'État et sa répartition sur la durée de la convention ;

7° L'organisation de la délégation de l'aide financière de l'État à des structures locales.

Art. D. 1442-4. L'aide financière de l'État comprend pour les organismes mentionnés aux 2° et 3° de l'article D. 1442-1 :

1° Un fonds destiné à financer les frais de structure de l'organisme. Ces frais comprennent :

a) Les frais de formation suivants dans le cadre des sessions :
- matériel et documentation ;
- locaux ;
- fournitures diverses ;

b) Les frais de formation suivants hors sessions :
- frais de formation des formateurs ;
- frais liés à l'utilisation des nouvelles technologies ;

c) Les dépenses administratives suivantes :
- frais de personnel ;
- frais de fonctionnement ;

2° Une participation calculée sur la base d'un montant forfaitaire par jour de formation et par stagiaire. Cette participation couvre les dépenses d'enseignement ainsi que les frais de déplacement et de séjour des stagiaires. Ce forfait est fixé annuellement dans la convention.

Art. D. 1442-5. Les conventions mentionnées à l'article D. 1442-3 précisent les modalités du contrôle, notamment administratif et financier, des stages de formation donnant lieu au versement de l'aide financière de l'État ainsi que les modalités d'évaluation du dispositif.

Art. D. 1442-6. L'État soutient financièrement les actions innovantes relatives à la formation des conseillers prud'hommes engagées par les organismes agréés.

Art. D. 1442-7. (D. 2017-684 du 28 avril 2017, JO 30) La durée totale d'absence d'un conseiller prud'homme salarié pour sa participation à un ou plusieurs stages de formation dans les établissements et organismes mentionnés à l'article D. 1442-1 ne peut dépasser deux semaines au cours d'une même année civile.

Les autorisations d'absence mentionnées au 2° de l'article L. 1442-2 sont accordées aux salariés à leur demande dès leur nomination.

Le conseiller prud'homme informe son employeur de son absence pour la formation prévue au 2° de l'article L. 1442-2 par tout moyen conférant date certaine :

1° Au moins trente jours à l'avance, en cas de durée d'absence égale ou supérieure à trois journées de travail consécutives ;

2° Au moins quinze jours à l'avance dans les autres cas.

Cette information précise la date, la durée et les horaires du stage ainsi que le nom de l'établissement ou de l'organisme responsable.

Art. D. 1442-8. L'organisme chargé du stage délivre au salarié une attestation constatant sa présence au stage.

Cette attestation est remise à l'employeur au moment de la reprise du travail.

Art. D. 1442-9. Les conseillers prud'hommes salariés bénéficiant des congés prévus à l'article D. 1442-7 ne sont pas pris en compte :

1° Pour la fixation du nombre des bénéficiaires du congé de formation, tel qu'il résulte des articles L. 6322-7 à L. 6322-9 ;

2° Pour la fixation du congé de formation économique, sociale et syndicale, tel qu'il résulte de l'article (D. 2016-1555 du 18 nov. 2016, art. 4, JO 19, entrée en vigueur le 01.01.2017) « L. 2145-5 ».

Art. D. 1442-10. Les conseillers prud'hommes salariés rétribués uniquement à la commission, lorsqu'ils bénéficient des congés prévus à l'article D. 1442-7, sont rémunérés par chacun de leurs employeurs sur la base d'une indemnité horaire de stage égale au 1 / 1 900 des rémunérations versées l'année précédente et déclarées à l'administration fiscale en application de l'article 87 du code général des impôts.

L'imputation de cette rémunération au titre de la participation des employeurs au développement de la formation professionnelle continue est réalisée conformément aux dispositions du premier alinéa de l'article R. 6331-22.

Pour les autres conseillers prud'hommes salariés, les dispositions de l'article R. 6331-22 s'appliquent dans leur ensemble.

Sous-section 2 (réglementaire). **Formation initiale**

Note Cette sous-section est issue du décret 2017-684 du 28 avril 2017, JO 30. Ses dispositions, à l'exception des dispositions du 2e alinéa de l'article D. 1442-10-1, sont entrées en vigueur depuis le premier renouvellement des conseillers prud'hommes, résultant de l'application de l'article L. 1441-1, qui a suivi la publication de ce décret (décret 2017-684 précité, art. 2), soit le renouvellement correspondant au mandat 2018-2021 (arrêté du 14 décembre 2017, JO 19).

Art. D. 1442-10-1. Sont soumis à l'obligation de formation initiale prévue à l'article L. 1442-1 les conseillers prud'hommes nouvellement désignés n'ayant jamais exercé de mandat prud'homal.

Le conseiller prud'homme doit avoir commencé à suivre la formation initiale pour suivre la formation continue.

Le conseiller prud'homme qui n'a pas suivi la formation initiale dans un délai de quinze mois à compter du premier jour du deuxième mois suivant sa nomination est réputé démissionnaire.

L'inexécution de l'obligation de formation prévue à l'article L. 1442-1 et la date de cessation des fonctions sont constatées par le Premier président de la cour d'appel.

Le premier président de la cour d'appel informe sans délai le procureur général près la cour d'appel, le conseiller prud'homme réputé démissionnaire, le président du conseil de prud'hommes concerné et le directeur de greffe du même conseil de prud'hommes.

Dans les huit jours à compter de la réception de l'information, le directeur de greffe adresse à l'employeur du conseiller prud'homme salarié un courrier l'informant de la date de cessation des fonctions de ce conseiller.

Art. D. 1442-10-2. Cette formation initiale est organisée par l'École nationale de la magistrature.

Le contenu de la formation initiale est fixé par arrêté conjoint du garde des sceaux, ministre de la justice, et du ministre chargé du travail publié au *Journal officiel* de la République française.

Art. D. 1442-10-3. Les autorisations d'absence mentionnées au 1° de l'article L. 1442-2 sont accordées aux salariés à leur demande dès leur nomination et jusqu'au terme de la période de quinze mois mentionnée au deuxième alinéa de l'article D. 1442-10-1.

Le conseiller prud'homme informe son employeur de son absence pour la formation prévue au 1° de l'article L. 1442-2 par tout moyen conférant date certaine :

1° Au moins trente jours à l'avance, en cas de durée d'absence égale ou supérieure à trois journées de travail consécutives ;

2° Au moins quinze jours à l'avance dans les autres cas.

Cette information précise la date, la durée et les horaires du stage ainsi que le nom de l'organisme responsable.

Art. D. 1442-10-4. À l'issue de la formation, l'École nationale de la magistrature remet au conseiller prud'homme une attestation individuelle de formation, sous réserve d'assiduité.

Cette attestation est remise par le conseiller prud'homme au président du conseil de prud'hommes et, le cas échéant, à l'employeur.

Art. D. 1442-10-5. Les conseillers prud'hommes salariés rétribués uniquement à la commission, lorsqu'ils suivent la formation initiale, sont rémunérés par chacun de leurs employeurs sur la base d'une indemnité horaire de stage égale au 1 / 1 607 des rémunérations versées l'année précédente et déclarées à l'administration fiscale en application de l'article 87 du code général des impôts.

Art. D. 1442-10-6. Les frais de déplacement et de séjour hors de leur résidence supportés par les conseillers prud'hommes pour le suivi de la formation initiale leur sont remboursés selon la réglementation en vigueur applicable aux agents de l'État.

SECTION 2. Exercice du mandat

Art. L. 1442-3. Les conseillers prud'hommes (Ord. 2016-388 du 31 mars 2016, art. 1er, 7°, JO 1er avril, entrée en vigueur le 01.01.2018) « sont nommés pour quatre ans. Leur mandat prend fin de plein droit en cas de perte de la nationalité française, pour quelque cause que ce soit. »

Lorsque le mandat des prud'hommes sortants vient à expiration avant la période fixée pour l'installation de leurs successeurs, ils restent en fonctions jusqu'à cette installation.

Art. L. 1442-5. Les employeurs laissent aux salariés de leur entreprise, membres d'un conseil de prud'hommes, le temps nécessaire pour se rendre et participer aux activités prud'homales déterminées par décret en Conseil d'État.

Art. L. 1442-6. Le temps passé hors de l'entreprise pendant les heures de travail par les conseillers prud'hommes du collège salarié pour l'exercice de leurs fonctions est assimilé à un temps de travail effectif pour la détermination des droits que le salarié tient de son contrat de travail, des dispositions légales et des stipulations conventionnelles.

Les absences de l'entreprise des conseillers prud'hommes du collège salarié, justifiées par l'exercice de leurs fonctions, n'entraînent aucune diminution de leurs rémunérations et des avantages correspondants.

(L. 2009-526 du 12 mai 2009, JO 13) «La demande de remboursement aux employeurs des salaires maintenus aux conseillers prud'hommes du collège salarié, ainsi que des avantages et des charges sociales y afférents, est adressée au greffe du conseil de prud'hommes au plus tard dans l'année civile qui suit l'année de l'absence du salarié de l'entreprise. À défaut, la demande de remboursement est prescrite. »

Art. L. 1442-7. Le salarié membre d'un conseil de prud'hommes, travaillant en service continu ou discontinu posté, a droit à un aménagement d'horaires de son travail de façon à lui garantir un temps de repos minimum.

Art. L. 1442-8. Les fonctions de conseiller prud'homme sont gratuites vis-à-vis des parties.

Art. L. 1442-9. Les articles 4 et 5 du code civil et 434-7-1 du code pénal sont applicables aux conseils de prud'hommes et à leurs membres pris individuellement.

Art. L. 1442-10. Un décret détermine les modalités d'indemnisation des salariés qui exercent leur activité professionnelle en dehors de tout établissement ou dépendent de plusieurs employeurs.

Sous-section 1 (réglementaire). Installation

Art. D. 1442-11. (D. 2016-1359 du 11 oct. 2016, JO 13, entrée en vigueur le 01.02.2017) Lorsqu'ils n'ont jamais exercé de fonctions judiciaires dans un conseil de prud'hommes, sont invités à prêter serment :

1° Le conseiller prud'homme nommé à l'issue du renouvellement général ;

2° Le conseiller nommé en cours de mandat pour occuper un siège devenu vacant.

Art. D. 1442-12. (D. 2016-1359 du 11 oct. 2016, JO 13, entrée en vigueur le 01.02.2017) La convocation pour la prestation de serment à l'audience du tribunal est faite par le procureur de la République près le (D. 2019-966 du 18 sept. 2019, art. 8, JO 19, entrée en vigueur le 01.01.2020) « tribunal judiciaire » dans le ressort duquel se trouve le siège du conseil de prud'hommes dans un délai d'un mois au plus tard à compter de la publication de l'arrêté de nomination mentionné aux articles L. 1441-1 et L. 1441-26.

Art. D. 1442-13. Les conseillers prêtent individuellement le serment suivant :

« Je jure de remplir mes devoirs avec zèle et intégrité et de garder le secret des délibérations. »

Un procès-verbal de la réception du serment est établi.

Art. D. 1442-14. (D. 2016-1359 du 11 oct. 2016, JO 13, entrée en vigueur le 01.02.2017) Le jour de l'installation publique du conseil de prud'hommes, à l'occasion de l'audience solennelle mentionnée au 1° de l'article R. 1423-13, une lecture du procès-verbal de réception du serment est faite. L'installation vaut entrée en fonctions des conseillers mentionnés au 1° de l'article D. 1442-11.

L'installation des conseillers mentionnés au 2° de l'article D. 1442-11 a lieu lors de l'audience du bureau de jugement de la section concernée qui suit la publication de l'arrêté de nomination visé à l'article L. 1441-26 ou la réception du serment.

Dans les huit jours de l'installation d'un salarié comme conseiller prud'homme, le directeur de greffe adresse à son employeur un courrier l'informant de la date d'entrée en fonctions de ce conseiller.

Sous-section 2 (réglementaire). **Fin du mandat**

Art. D. 1442-16. Le conseiller prud'homme désigné comme conseiller rapporteur et dont le mandat n'a pas été renouvelé dépose son rapport au plus tard dans le délai de deux mois à compter de la date d'installation du nouveau conseiller prud'homme.

Art. D. 1442-17. Le conseiller qui renonce à son mandat adresse sa démission au président du conseil de prud'hommes et en informe le procureur (D. 2016-1359 du 11 oct. 2016, JO 13, entrée en vigueur le 01.02.2017) « général près la cour d'appel » par lettre recommandée avec avis de réception.

La démission devient définitive à compter d'un mois après l'expédition de cette lettre.

Art. D. 1442-18. (D. 2016-1359 du 11 oct. 2016, JO 13, entrée en vigueur le 01.02.2017) Le conseiller prud'homme qui, en cours de mandat, devient employeur alors qu'il siégeait en tant que salarié, ou devient salarié alors qu'il siégeait en tant qu'employeur, doit le déclarer au procureur général près la cour d'appel et au président du conseil de prud'hommes. Cette déclaration entraîne sa démission de plein droit.

À défaut d'une telle déclaration, le procureur général près la cour d'appel saisit la chambre sociale de la cour d'appel laquelle, après avoir invité le membre du conseil en cause à justifier de sa qualité actuelle, prononce, s'il y a lieu, sa démission d'office.

Art. D. 1442-19. (D. 2016-1359 du 11 oct. 2016, JO 13, entrée en vigueur le 01.02.2017) Lorsqu'un siège de conseiller prud'homme devient vacant pour quelque cause que ce soit, le président ou le vice-président de ce conseil constate la vacance et en informe, dans un délai de huit jours, le procureur général près la cour d'appel.
Le procureur général en informe sans délai le garde des sceaux, ministre de la justice.

SECTION 3. **Discipline et protection**

Sous-section 1. **Discipline**

Art. L. 1442-11. (L. 2015-990 du 6 août 2015, art. 258, I, 13°, JO 7, entrée en vigueur le 01.02.2017) L'acceptation par un conseiller prud'homme d'un mandat impératif, avant ou après son entrée en fonction et sous quelque forme que ce soit, constitue un manquement grave à ses devoirs.

(Ord. 2016-388 du 31 mars 2016, art. 1er, 9°, JO 1er avril, entrée en vigueur le 01.02.2017) « Ce » fait entraîne la déchéance du mandat de l'intéressé dans les conditions prévues aux articles L. 1442-13-2 à L. 1442-14, L. 1442-16-1 et L. 1442-16-2.

Art. L. 1442-12. Tout conseiller prud'homme qui, sans motif légitime et après mise en demeure, refuse de remplir le service auquel il est appelé peut être déclaré démissionnaire.

Art. L. 1442-13. (L. 2015-990 du 6 août 2015, art. 258, I, 14°, JO 7, entrée en vigueur le 01.02.2017) Tout manquement à ses devoirs dans l'exercice de ses fonctions par un conseiller prud'homme est susceptible de constituer une faute disciplinaire.

Art. L. 1442-13-1. (L. 2015-990 du 6 août 2015, art. 258, I, 15° et 259, IV, JO 7, entrée en vigueur au plus tard le 01.02.2017) En dehors de toute action disciplinaire, les premiers présidents de cour d'appel peuvent rappeler à leurs obligations les conseillers prud'hommes des conseils de prud'hommes situés dans le ressort de leur cour.

Art. L. 1442-13-2. (L. 2015-990 du 6 août 2015, art. 258, I, 15°, IV, JO 7, entrée en vigueur au plus tard le 01.02.2017) Le pouvoir disciplinaire est exercé par une Commission nationale de discipline qui est présidée par un président de chambre à la Cour de cassation, désigné par le premier président de la Cour de cassation, et qui comprend :

1° Un membre du Conseil d'État, désigné par le vice-président du Conseil d'État ;

2° Un magistrat et une magistrate du siège des cours d'appel, désignés par le premier président de la Cour de cassation sur une liste établie par les premiers présidents des cours d'appel, chacun d'eux arrêtant le nom d'un magistrat et d'une magistrate du siège de sa cour d'appel après avis de l'assemblée générale des magistrats du siège de la cour d'appel ;

3° Un représentant et une représentante des salariés, conseillers prud'hommes ou ayant exercé les fonctions de conseiller prud'homme, désignés par les représentants des salariés au Conseil supérieur de la prud'homie en son sein ;

4° Un représentant et une représentante des employeurs, conseillers prud'hommes ou ayant exercé les fonctions de conseiller prud'homme, désignés par les représentants des employeurs au Conseil supérieur de la prud'homie en son sein.

Des suppléants en nombre égal sont désignés dans les mêmes conditions.

(L. 2018-217 du 29 mars 2018, art. 11, I, 19°, JO 31) « Les membres de la Commission nationale de discipline sont désignés pour quatre ans, dans des conditions précisées par décret en Conseil d'État. »

Art. L. 1442-13-3. (L. 2015-990 du 6 août 2015, art. 258, I, 15° et 259, IV, JO 7, entrée en vigueur au plus tard le 01.02.2017) La Commission nationale de discipline peut être saisie par le ministre de la justice ou par le premier président de la cour d'appel dans le ressort de laquelle le conseiller prud'homme siège, après audition de celui-ci par le premier président.

Art. L. 1442-14. (L. 2015-990 du 6 août 2015, art. 258, I, 16°, JO 7, entrée en vigueur le 01.02.2017) Les sanctions disciplinaires applicables aux conseillers prud'hommes sont :

1° Le blâme ;

2° La suspension pour une durée ne pouvant excéder six mois ;

3° La déchéance assortie d'une interdiction d'exercer les fonctions de conseiller prud'homme pour une durée maximale de dix ans ;

4° La déchéance assortie d'une interdiction définitive d'exercer les fonctions de conseiller prud'homme.

Art. L. 1442-15. Le conseiller prud'homme ayant fait l'objet d'une interdiction, déchéance ou incapacité relative à ses droits civiques est déchu de plein droit de ses fonctions à la date de la condamnation devenue définitive.

Art. L. 1442-16. (L. 2015-990 du 6 août 2015, art. 258, I, 17°, JO 7, entrée en vigueur le 01.02.2017) Sur proposition du ministre de la justice ou du premier président de la cour d'appel dans le ressort de laquelle le conseiller prud'homme mis en cause siège, le président de la Commission nationale de discipline peut suspendre un conseiller prud'homme, pour une durée qui ne peut excéder six mois, lorsqu'il existe contre l'intéressé, qui a été préalablement entendu par le premier président, des faits de nature à entraîner une sanction disciplinaire. La suspension peut être renouvelée une fois par la commission nationale pour une durée qui ne peut excéder six mois. Si le conseiller prud'homme fait l'objet de poursuites pénales, la suspension peut être ordonnée par le président de la commission nationale jusqu'à l'intervention de la décision pénale définitive.

Art. L. 1442-16-1. (L. 2015-990 du 6 août 2015, art. 258, I, 18° et 259, IV, JO 7, entrée en vigueur au plus tard le 01.02.2017) La Commission nationale de discipline ne peut délibérer que si quatre de ses membres au moins, y compris le président, sont présents. En cas de partage égal des voix, celle du président est prépondérante.

Art. L. 1442-16-2. (L. 2015-990 du 6 août 2015, art. 258, I, 18° et 259, IV, JO 7, entrée en vigueur au plus tard le 01.02.2017) Les décisions de la Commission nationale de discipline et celles de son président sont motivées.

Art. L. 1442-17. (L. 2018-217 du 29 mars 2018, art. 11, I, 21°, JO 31) Le conseiller prud'homme qui refuse de se faire installer ou qui a été déclaré démissionnaire peut d'office ou à sa demande être relevé de l'incapacité prévue à l'article L. 1441-10.

Art. L. 1442-18. Les demandes en relèvement d'incapacité sont adressées au ministre de la justice. Elles ne sont recevables que s'il s'est écoulé un délai d'un an depuis le refus d'installation ou la démission.

Toute demande rejetée après un examen au fond ne peut être renouvelée qu'après un nouveau délai d'un an.

Le relèvement est prononcé par décret.

Sous-section 1 (réglementaire). **La démission pour refus de service**

Note Les sous-sections 1 à 4 ont été introduites par le décret 2016-1948 du 28 décembre 2016, JO 30.

Art. D. 1442-20. Le président du Conseil de prud'hommes, après avis du vice-président, constate le refus de service d'un conseiller prud'homme de sa juridiction prévu à l'article L. 1442-12 par un procès-verbal contenant l'avis motivé de la section ou de la chambre. Le conseiller prud'homme est préalablement entendu ou dûment appelé.

Si la section ou la chambre n'émet pas son avis dans le délai d'un mois à dater de sa convocation, le président mentionne cette abstention dans le procès-verbal qu'il transmet au procureur général près la cour d'appel, lequel en saisit cette dernière.

La cour d'appel statue sur la démission du conseiller prud'homme refusant de remplir le service auquel il est appelé en chambre du conseil au vu du procès-verbal susmentionné. L'intéressé est appelé devant la cour d'appel.

Sous-section 2 (réglementaire). **La Commission nationale de discipline**

Art. R. 1442-21. La Commission nationale de discipline prévue à l'article L. 1442-13-2 siège à la Cour de cassation. Elle est dénommée Commission nationale de discipline des conseillers prud'hommes.

Art. R. 1442-22. (D. 2017-1603 du 23 nov. 2017, JO 25) Les membres titulaires et suppléants de la commission sont désignés pour quatre ans.

Cette désignation a lieu dans les trois mois suivant le renouvellement du Conseil supérieur de la prud'homie prévu par l'article R. 1431-8.

Le cas échéant, et dans la limite maximum d'un an, leur mandat est prolongé jusqu'à l'installation de la commission qui suit le renouvellement du Conseil supérieur de la prud'homie.

Art. R. 1442-22-1. L'année où il est procédé au renouvellement des membres de la commission, les premiers présidents des cours d'appel font connaître, (D. 2017-1603 du 23 nov. 2017, JO 25) « deux mois au plus tard après le renouvellement du Conseil supérieur de la prud'homie prévu à l'article R. 1431-8 », au premier président de la Cour de cassation le nom du magistrat et de la magistrate du siège de leur cour qu'ils proposent de désigner en application du 2° de l'article L. 1442-13-2.

Art. R. 1442-22-2. Les membres de la commission mentionnés aux 3° et 4° de l'article L. 1442-13-2 sont désignés en leur sein par les membres titulaires et suppléants du Conseil supérieur de la prud'homie représentant respectivement les salariés et les employeurs.

Par dérogation à l'article R. 1431-7, les titulaires et les suppléants participent à la désignation et peuvent être désignés comme membres de cette commission.

Art. R. 1442-22-3. La liste des membres de la Commission nationale de discipline des conseillers prud'hommes est transmise au garde des sceaux, ministre de la justice et publiée au Journal officiel de la République française à la diligence du premier président de la Cour de cassation.

Les membres de la commission sont installés dans leurs fonctions par le premier président de la Cour de cassation (D. 2017-1603 du 23 nov. 2017, JO 25) « dans les quinze jours suivant la publication de la liste des membres au *Journal officiel* ».

Art. R. 1442-22-4. Le membre de la commission qui désire renoncer à son mandat adresse sa démission au garde des sceaux, ministre de la justice. La démission n'est définitive qu'après acceptation par le ministre.

Art. R. 1442-22-5. Lorsqu'une vacance se produit avant la date d'expiration des mandats, le membre de la commission est remplacé et installé dans les trois mois selon les modalités prévues pour la désignation initiale. Le membre ainsi désigné achève le mandat de celui qu'il remplace.

Art. R. 1442-22-6. Le secrétariat de la commission est assuré par le secrétaire général de la première présidence de la Cour de cassation. En cas d'empêchement du secrétaire général, le secrétariat est assuré par un magistrat du siège délégué à cette fin par le Premier président.

Art. R. 1442-22-7. La date et l'ordre du jour des séances de la commission sont fixés par ordonnance du président de la commission. Une copie de l'ordonnance est adressée au garde des sceaux, ministre de la justice, et est jointe à la convocation adressée par le secrétaire de la commission.

Le procès-verbal des séances est signé du président et du secrétaire de la commission.

Sous-section 3 (réglementaire). **La procédure disciplinaire**

Art. R. 1442-22-8. Lorsqu'il saisit la commission ou son président en application des articles L. 1442-13-3 ou L. 1442-16, le garde des sceaux, ministre de la justice ou le premier président de la cour d'appel dans le ressort de laquelle siège le conseiller prud'homme mis en cause transmet au président de la commission toutes les pièces afférentes à la poursuite.

Art. R. 1442-22-9. Dès la saisine de la commission, le conseiller prud'homme mis en cause est informé de cette saisine par tout moyen conférant date certaine par le secrétaire de la commission, qui lui précise qu'il peut prendre connaissance, au secrétariat de la commission, des pièces afférentes à la poursuite, ou qu'elles peuvent lui être communiquées par voie électronique.

Le président de la commission désigne parmi les membres de la commission un rapporteur, qui procède à toutes investigations utiles. Le rapporteur entend l'intéressé et, s'il y a lieu, les témoins. Il peut les faire entendre par un magistrat du siège auquel il donne délégation.

Art. R. 1442-22-10. Le conseiller prud'homme mis en cause peut se faire assister par l'un de ses pairs, par un avocat au Conseil d'État et à la Cour de cassation ou par un avocat inscrit à un barreau.

Le dossier de la procédure est mis à la disposition de l'intéressé et de son conseil quarante-huit heures au moins avant chaque séance de la commission ou chaque audition par le rapporteur ou son délégué. Le conseiller prud'homme mis en cause peut à tout moment de la procédure verser aux débats les pièces qu'il estime utiles et déposer des mémoires en défense.

Art. R. 1442-22-11. Le conseiller prud'homme mis en cause est cité à comparaître devant la commission par son secrétaire par tout moyen conférant date certaine à cette citation.

Art. R. 1442-22-12. Le conseiller prud'homme mis en cause est tenu de comparaître en personne.

Art. R. 1442-22-13. Après lecture du rapport et après audition du représentant du garde des sceaux, ministre de la justice, le conseiller prud'homme mis en cause est invité à fournir ses explications et moyens de défense sur les faits qui lui sont reprochés.

Art. R. 1442-22-14. L'audience de la Commission nationale de discipline est publique. Toutefois, si la protection de l'ordre public ou de la vie privée l'exige ou qu'il existe des circonstances spéciales de nature à porter atteinte aux intérêts de la justice, l'accès à la salle d'audience peut être interdit pendant la totalité ou une partie de l'audience, au besoin d'office, par le président.

La commission délibère à huis clos. La décision, qui est motivée, est rendue publiquement.

Art. R. 1442-22-15. Lorsqu'il est saisi en application de l'article L. 1442-16, le président de la commission statue par ordonnance rendue dans les dix jours de sa saisine. La décision du président est immédiatement exécutoire.

Art. R. 1442-22-16. Les décisions de la commission et les ordonnances de son président sont notifiées par tout moyen conférant date certaine à cette notification au conseiller prud'homme mis en cause. Elles sont portées à la connaissance du garde des sceaux, ministre de la justice, du premier président de la cour d'appel et du président du conseil des prud'hommes.

Le délai de pourvoi est de dix jours à compter de la date de réception de la notification. Le pourvoi est formé et instruit conformément aux dispositions des articles 974 à 982 du code de procédure civile.

Art. R. 1442-22-17. Les délais mentionnés à la présente section sont comptés dans les conditions fixées aux articles 641 à 647-1 du code de procédure civile.

Sous-section 4 (réglementaire). **La prise à partie**

Art. D. 1442-23. Les articles L. 141-2 et L. 141-3 du code de l'organisation judiciaire et les articles L. 366-1 à L. 366-9 du code de procédure civile sont applicables aux conseils de prud'hommes et à leurs membres pris individuellement.

Art. D. 1442-24. La prise à partie est portée devant la cour d'appel.

Sous-section 2. **Protection**

Art. L. 1442-19. L'exercice des fonctions de conseiller prud'homme et la participation aux activités mentionnées aux articles L. 1442-2 et L. 1442-5 ne peuvent être une cause de sanction ou de rupture du contrat de travail.

Le licenciement du conseiller prud'homme est soumis à la procédure d'autorisation administrative prévue par le livre IV de la deuxième partie.

SECTION 4 (RÉGLEMENTAIRE). **Médailles et honorariat**

Art. D. 1442-25. Les membres du conseil de prud'hommes portent, soit à l'audience, soit dans les cérémonies publiques, suspendue à un ruban, en sautoir, une médaille signe de leurs fonctions. Cette médaille est en bronze doré pour le président du conseil de prud'hommes et, à l'audience, pour le président du bureau de jugement. Elle est en bronze argenté pour les autres conseillers. D'un module de 65 mm, elle porte à l'avers la mention République française et une tête symbolisant la République, placée de profil, tournée à droite.

La médaille est suspendue à un ruban d'une largeur de 75 mm au moyen d'une attache d'une largeur de 75 mm portant un rameau d'olivier. Ce ruban est divisé dans le sens vertical en deux parties égales, rouge et bleue.

Art. D. 1442-26. L'honorariat peut être conféré par arrêté du garde des sceaux, ministre de la justice, aux anciens présidents et aux anciens membres des conseils de prud'hommes ayant exercé leurs fonctions pendant douze ans.

Cet arrêté est pris sur proposition du président du (D. 2019-966 du 18 sept. 2019, art. 8, JO 19, entrée en vigueur le 01.01.2020) « tribunal judiciaire » dans le ressort duquel est situé le siège du conseil, après avis de l'assemblée générale du conseil de prud'hommes.

L'honorariat peut être retiré suivant la même procédure.

Art. D. 1442-27. Les membres honoraires d'un conseil de prud'hommes peuvent assister, aux côtés des membres de la juridiction, aux audiences d'installation et à l'audience solennelle prévue à l'article (D. 2016-1359 du 11 oct. 2016, JO 13, entrée en vigueur le 01.02.2017) « R. 111-2 » du code de l'organisation judiciaire.

Ils peuvent porter à ces audiences et dans les cérémonies publiques l'insigne prévu à l'article D. 1442-25.

Art. D. 1442-28. Les anciens conseillers prud'hommes admis à l'honorariat ne peuvent en faire mention ni dans la publicité ou la correspondance commerciale, ni dans les actes de procédure ou les actes extra-judiciaires.

En toute autre circonstance ils ne peuvent faire état de cette distinction sans préciser le conseil de prud'hommes au titre duquel elle leur a été conférée.

Chapitre III

Dispositions pénales

Art. L. 1443-1. Le fait de porter atteinte ou de tenter de porter atteinte soit à la libre désignation des candidats à (Ord. 2016-388 du 31 mars 2016, art. 1er, 13°, JO 1er avril, entrée en vigueur le 01.02.2017) « la nomination » des conseillers prud'hommes, soit à l'indépendance ou à l'exercice régulier des fonctions de conseiller prud'homme, notamment par la méconnaissance des articles L. 1442-2, L. 1442-5 à L. 1442-7 et L. 1442-10, est puni d'un emprisonnement d'un an et d'une amende de 3 750 euros.

TITRE V

PROCÉDURE DEVANT LE CONSEIL DE PRUD'HOMMES

Chapitre Ier

Dispositions générales

Art. L. 1451-1. (L. 2014-743 du 1er juil. 2014, JO 2) Lorsque le conseil de prud'hommes est saisi d'une demande de qualification de la rupture du contrat de travail à l'initiative du salarié en raison de faits que celui-ci reproche à son employeur, l'affaire est directement portée devant le bureau de jugement, qui statue au fond dans un délai d'un mois suivant sa saisine.

Art. R. 1451-1. Sous réserve des dispositions du présent code, la procédure devant les juridictions prud'homales est régie par les dispositions du livre premier du code de procédure civile.

Art. R. 1451-2. Les exceptions de procédure sont, à peine d'irrecevabilité, soulevées avant toute défense au fond ou fin de non-recevoir. Elles peuvent, sous cette réserve, être soulevées devant le bureau de jugement.

Art. R. 1451-3. Lorsqu'un (D. 2019-966 du 18 sept. 2019, art. 8, JO 19, entrée en vigueur le 01.01.2020) « tribunal judiciaire » est appelé à statuer en matière prud'homale, les demandes sont formées, instruites et jugées conformément aux dispositions du présent titre.

En cas de recours, il est procédé comme en matière prud'homale.

Chapitre II (réglementaire)

Saisine du conseil de prud'hommes

Note Ce chapitre est issu du décret 2016-660 du 20 mai 2016, art. 8, JO 25.

Art. R. 1452-1. (D. 2019-1333 du 11 déc. 2019, art. 36, JO 12, entrée en vigueur le 01.01.2020) « La demande en justice est formée par requête. »

La saisine du conseil de prud'hommes, même incompétent, interrompt la prescription.

Art. R. 1452-2. La requête est faite, remise ou adressée au greffe du conseil de prud'hommes.

(D. 2017-1008 du 10 mai 2017, JO 11) « Elle » comporte les mentions prescrites (D. 2017-1008 du 10 mai 2017, JO 11) « à peine de nullité » à l'article (D. 2019-1333 du 11 déc. 2019, art. 36, JO 12, entrée en vigueur le 01.01.2020) « 57 » du code de procédure civile. En outre, elle contient un exposé sommaire des motifs de la demande et mentionne chacun des chefs de celle-ci. Elle est accompagnée des pièces que le demandeur souhaite invoquer à l'appui de ses prétentions. Ces pièces sont énumérées sur un bordereau qui lui est annexé.

La requête et le bordereau sont établis en autant d'exemplaires qu'il existe de défendeurs, outre l'exemplaire destiné à la juridiction.

Art. R. 1452-3. Le greffe avise par tous moyens le demandeur des lieu, jour et heure de la séance du bureau de conciliation et d'orientation ou de l'audience lorsque le préalable de conciliation ne s'applique pas.

Cet avis par tous moyens invite le demandeur à adresser ses pièces au défendeur avant la séance ou l'audience précitée et indique qu'en cas de non-comparution sans motif légitime il pourra être statué en l'état des pièces et moyens contradictoirement communiqués par l'autre partie.

Art. R. 1452-4. (D. 2017-1008 du 10 mai 2017, JO 11) « À réception des exemplaires de la requête et du bordereau mentionnés au deuxième alinéa de l'article R. 1452-2, le » greffe convoque le défendeur par lettre recommandée avec demande d'avis de réception. La convocation indique :

1° Les nom, profession et domicile du demandeur ;

2° Selon le cas, les lieu, jour et heure de la séance du bureau de conciliation et d'orientation ou de l'audience à laquelle l'affaire sera appelée;

3° Le fait que des décisions exécutoires à titre provisoire pourront, même en son absence, être prises contre lui et qu'en cas de non-comparution sans motif légitime il pourra être statué en l'état des pièces et moyens contradictoirement communiqués par l'autre partie.

La convocation invite le défendeur à déposer ou adresser au greffe les pièces qu'il entend produire et à les communiquer au demandeur.

Cette convocation reproduit les dispositions des articles R. 1453-1 et R. 1453-2 et, lorsque l'affaire relève du bureau de conciliation et d'orientation, celles des articles R. 1454-10 et R. 1454-12 à R. 1454-18.

Est joint à la convocation un exemplaire de la requête et du bordereau énumérant les pièces adressées par le demandeur.

(D. 2017-1008 du 10 mai 2017, JO 11) « Lorsque le défendeur est attrait par plusieurs demandeurs, le greffe peut, avec son accord, lui notifier les requêtes et bordereaux par remise contre émargement ou récépissé, le cas échéant en plusieurs fois. »

Art. R. 1452-5. Sous réserve des dispositions du second alinéa de l'article R. 1452-1, la convocation du défendeur devant le bureau de conciliation et d'orientation et, lorsqu'il est directement saisi, devant le bureau de jugement vaut citation en justice.

Art. R. 1452-6. (D. 2017-1008 du 10 mai 2017, JO 11) La reprise de l'instance, après une suspension, a lieu sur l'avis qui en est donné aux parties par le greffier, par tout moyen.

Chapitre III

Assistance et représentation des parties

Art. L. 1453-1 A. (L. 2019-222 du 23 mars 2019, art. 5, II, JO 24) Par dérogation au premier alinéa de l'article 4 de la loi n° 71-1130 du 31 décembre 1971 portant réforme de certaines professions judiciaires et juridiques, les parties peuvent se défendre elles-mêmes ou se faire assister ou représenter devant le conseil de prud'hommes, outre par un avocat, par :

1° Les salariés ou les employeurs appartenant à la même branche d'activité ;

2° Les défenseurs syndicaux ;

3° Leur conjoint, leur partenaire lié par un pacte civil de solidarité ou leur concubin.

L'employeur peut également se faire assister ou représenter par un membre de l'entreprise ou de l'établissement fondé de pouvoir ou habilité à cet effet.

Le représentant, s'il n'est pas avocat, doit justifier d'un pouvoir spécial. Devant le bureau de conciliation et d'orientation, cet écrit doit l'autoriser à concilier au nom et pour le compte du mandant, et à prendre part aux mesures d'orientation.

Art. L. 1453-1. Les mineurs qui ne peuvent être assistés de leur père, mère ou tuteur peuvent être autorisés par le conseil de prud'hommes à agir devant lui.

Art. L. 1453-2. Les personnes habilitées à assister ou à représenter les parties en matière prud'homale, si elles sont par ailleurs conseillers prud'hommes, ne peuvent pas exercer une mission d'assistance ou un mandat de représentation devant (L. 2015-990 du 6 août 2015, art. 258, I, 20°, JO 7, entrée en vigueur au plus tard le 01.08.2016) « le conseil de prud'hommes auquel » elles appartiennent.

Art. L. 1453-3. Le président et le vice-président du conseil de prud'hommes ne peuvent pas assister ou représenter les parties devant les formations de ce conseil.

Art. L. 1453-4. (L. 2015-990 du 6 août 2015, art. 258, I, 19°, JO 7, entrée en vigueur au plus tard le 01.08.2016) Un défenseur syndical exerce des fonctions d'assistance ou de représentation devant les conseils de prud'hommes et les cours d'appel en matière prud'homale.

Il est inscrit sur une liste arrêtée par l'autorité administrative sur proposition des organisations d'employeurs et de salariés représentatives au niveau national et interprofessionnel, national et multiprofessionnel ou dans au moins une branche, dans des conditions définies par décret.

(Ord. 2017-1718 du 20 déc. 2017, art. 1er, I, 35°, JO 21) « Le défenseur syndical intervient sur le périmètre d'une région administrative. »

Art. L. 1453-5. (L. 2015-990 du 6 août 2015, art. 258, I, 21° et 259, V, JO 7, entrée en vigueur au plus tard le 01.08.2016) Dans les établissements d'au moins onze salariés, le défenseur syndical dispose du temps nécessaire à l'exercice de ses fonctions, dans la limite de dix heures par mois.

Art. L. 1453-6. (L. 2015-990 du 6 août 2015, art. 258, I, 21° et 259, V, JO 7, entrée en vigueur au plus tard le 01.08.2016) Le temps passé par le défenseur syndical hors de l'entreprise pendant les heures de travail pour l'exercice de sa mission est assimilé à une durée de travail effectif pour la détermination de la durée des congés payés et du droit aux prestations d'assurances sociales et aux prestations familiales ainsi qu'au regard de tous les droits que le salarié tient du fait de son ancienneté dans l'entreprise.

Ces absences sont rémunérées par l'employeur et n'entraînent aucune diminution des rémunérations et avantages correspondants.

Les employeurs sont remboursés par l'État des salaires maintenus pendant les absences du défenseur syndical pour l'exercice de sa mission ainsi que des avantages et des charges sociales correspondants.

Un décret détermine les modalités d'indemnisation du défenseur syndical qui exerce son activité professionnelle en dehors de tout établissement ou qui dépend de plusieurs employeurs.

Art. L. 1453-7. (L. 2015-990 du 6 août 2015, art. 258, I, 21° et 259, V, JO 7, entrée en vigueur au plus tard le 01.08.2016) L'employeur accorde au défenseur syndical, à la demande de ce dernier, des autorisations d'absence pour les besoins de sa formation. Ces autorisations sont délivrées dans la limite de deux semaines par période de quatre ans suivant la publication de la liste des défenseurs syndicaux sur laquelle il est inscrit.

L'article L. 3142-12 est applicable à ces autorisations. Ces absences sont rémunérées par l'employeur.

Art. L. 1453-8. (L. 2015-990 du 6 août 2015, art. 258, I, 21° et 259, V, JO 7, entrée en vigueur au plus tard le 01.08.2016) Le défenseur syndical est tenu au secret professionnel pour toutes les questions relatives aux procédés de fabrication.

Il est tenu à une obligation de discrétion à l'égard des informations présentant un caractère confidentiel et données comme telles par la personne qu'il assiste ou représente ou par la partie adverse dans le cadre d'une négociation.

Toute méconnaissance de ces obligations peut entraîner la radiation de l'intéressé de la liste des défenseurs syndicaux par l'autorité administrative.

Art. L. 1453-9. (L. 2015-990 du 6 août 2015, art. 258, I, 21° et 259, V, JO 7, entrée en vigueur au plus tard le 01.08.2016) L'exercice de la mission de défenseur syndical ne peut être une cause de sanction disciplinaire ou de rupture du contrat de travail.

Le licenciement du défenseur syndical est soumis à la procédure d'autorisation administrative prévue au livre IV de la deuxième partie.

Art. R. 1453-1. (D. 2016-660 du 20 mai 2016, art. 9, JO 25) Les parties se défendent elles-mêmes.

Elles ont la faculté de se faire assister ou représenter.

Art. R. 1453-2. Les personnes habilitées à assister ou à représenter les parties sont :

1° Les salariés ou les employeurs appartenant à la même branche d'activité ;

2° Les (D. 2016-660 du 20 mai 2016, art. 10, 1°, JO 25) « défenseurs syndicaux » ;

3° Le conjoint, le partenaire lié par un pacte civil de solidarité ou le concubin ;

4° Les avocats.

L'employeur peut également se faire assister ou représenter par un membre de l'entreprise ou de l'établissement (D. 2017-1698 du 15 déc. 2017, JO 17) « fondé de pouvoir ou habilité à cet effet ».

(D. 2016-660 du 20 mai 2016, art. 10, 2°, JO 25) « Le représentant, s'il n'est pas avocat, doit justifier d'un pouvoir spécial. Devant le bureau de conciliation et d'orientation, cet écrit doit l'autoriser à concilier au nom et pour le compte du mandant, et à prendre part aux mesures d'orientation. »

Art. D. 1453-2-1. (D. 2016-975 du 18 juil. 2016, JO 20) La liste des défenseurs syndicaux mentionnée à l'article L. 1453-4 est établie par le directeur régional des entreprises, de la concurrence, de la consommation, du travail et de l'emploi, sur proposition des organisations d'employeurs et de salariés mentionnées au même article. Ces dernières désignent des défenseurs syndicaux au niveau régional en fonction de leur expérience des relations professionnelles et de leurs connaissances du droit social.

Les défenseurs syndicaux exercent leurs fonctions à titre gratuit.

Ils sont inscrits sur la liste de la région de leur domicile ou du lieu d'exercice de leur activité professionnelle.

Art. D. 1453-2-2. (D. 2016-975 du 18 juil. 2016, JO 20) Les conditions générales d'exercice des fonctions de défenseur syndical sont précisées par l'organisation qui propose l'inscription et portées à la connaissance de l'autorité administrative.

Art. D. 1453-2-3. (D. 2016-975 du 18 juil. 2016, JO 20) La liste des défenseurs syndicaux mentionnée à l'article L. 1453-4 est arrêtée dans chaque région par le préfet de région et publiée au recueil des actes administratifs de la préfecture de région.

La liste comporte notamment les nom, prénom, profession du défenseur, le nom de l'organisation syndicale ou professionnelle qui le propose et, au choix de cette organisation, les coordonnées de l'organisation ou celles des intéressés.

Elle est tenue à la disposition du public à la direction régionale des entreprises, de la concurrence, de la consommation, du travail et de l'emploi, dans chaque conseil de prud'hommes et dans les cours d'appel de la région.

Art. D. 1453-2-4. (D. 2016-975 du 18 juil. 2016, JO 20) L'inscription sur cette liste permet l'exercice de la fonction de défenseur syndical [dans le ressort des cours d'appel de la région].

[Toutefois, lorsqu'il a assisté ou représenté la partie appelante ou intimée en première instance, le défenseur syndical peut continuer à assister ou représenter celle-ci devant une cour d'appel qui a son siège dans une autre région.]

Art. D. 1453-2-5. (D. 2016-975 du 18 juil. 2016, JO 20) La liste des défenseurs syndicaux est révisée tous les quatre ans. Elle peut être modifiée à tout moment si nécessaire, par ajout ou retrait.

Le retrait d'une personne de la liste des défenseurs syndicaux est opéré à la demande des organisations ayant proposé son inscription ou à l'initiative de l'autorité administrative.

Sauf à justifier d'un motif légitime, l'absence d'exercice de la mission pendant une durée d'un an entraîne le retrait d'office de la liste des défenseurs syndicaux.

Art. D. 1453-2-6. (D. 2016-975 du 18 juil. 2016, JO 20) Le défenseur syndical peut être radié de la liste par le préfet de région, dans les conditions prévues à l'article L. 1453-8. Il est radié d'office par le préfet de région en cas de défaut d'exercice de sa fonction à titre gratuit.

Art. D. 1453-2-7. (D. 2016-975 du 18 juil. 2016, JO 20) Le directeur régional des entreprises, de la concurrence, de la consommation, du travail et de l'emploi informe l'employeur du salarié inscrit, de l'acquisition et du retrait de la qualité de défenseur syndical.

Art. D. 1453-2-8. (D. 2016-975 du 18 juil. 2016, JO 20) Le défenseur syndical informe son employeur de son absence pour la formation prévue à l'article L. 1453-7 par tout moyen conférant date certaine :

1° Au moins trente jours à l'avance, en cas de durée d'absence égale ou supérieure à trois journées de travail consécutives ;

2° Au moins quinze jours à l'avance dans les autres cas.

La lettre précise la date, la durée et les horaires du stage ainsi que le nom de l'établissement ou de l'organisme responsable.

Art. D. 1453-2-9. (D. 2016-975 du 18 juil. 2016, JO 20) L'organisme chargé du stage délivre au salarié une attestation constatant sa présence au stage. Cette attestation est remise à l'employeur au moment de la reprise du travail.

Art. D. 1453-2-10. (D. 2017-1020 du 10 mai 2017, JO 11) L'employeur est remboursé mensuellement par l'État des salaires maintenus en application de l'article L. 1453-6 ainsi que de l'ensemble des avantages et des charges sociales correspondant qui lui incombent.

Lorsque l'horaire de travail est supérieur à la durée légale, la charge des majorations pour heures supplémentaires est répartie entre l'État et l'employeur. Cette répartition est réalisée proportionnellement au temps passé par le défenseur syndical respectivement au sein de son entreprise et dans l'exercice de sa fonction d'assistance.

Art. D. 1453-2-11. (D. 2017-1020 du 10 mai 2017, JO 11) Le remboursement prévu à l'article D. 1453-2-10 est réalisé au vu d'une demande établie par l'employeur auprès de l'agence mentionnée à l'article D. 1453-2-15. Cette demande mentionne le nombre d'heures passées par le défenseur syndical pendant les heures de travail pour exercer sa mission, ainsi que les autres éléments nécessaires au calcul des sommes dues en application des dispositions de l'article L. 1453-6. Cette demande est accompagnée des justificatifs dont la liste est fixée par arrêté conjoint des ministres chargés du budget et du travail.

En cas d'employeurs multiples, il est produit autant de demandes de remboursement qu'il y a d'employeurs ayant maintenu des salaires. Le nombre total d'heures ainsi cumulé ne peut excéder la limite de dix heures par mois prévue à l'article L. 1453-5.

Art. D. 1453-2-12. (D. 2017-1020 du 10 mai 2017, JO 11) Par dérogation aux dispositions de l'article D. 1453-2-10, le défenseur syndical rémunéré uniquement à la commission perçoit, dans la limite de dix heures par mois mentionnée à l'article L. 1453-5, une indemnité horaire égale à 1/1 900 des revenus professionnels déclarés à l'administration fiscale.

À cet effet, l'intéressé produit copie de sa déclaration d'impôts ainsi qu'une attestation de revenus délivrée par le ou les employeurs. La demande de remboursement est accompagnée des pièces justificatives dont la liste est fixée par arrêté conjoint des ministres chargés du budget et du travail.

Art. D. 1453-2-13. (D. 2017-1020 du 10 mai 2017, JO 11) Les heures passées par le salarié qui exerce son activité professionnelle en dehors de tout établissement, à l'exception des salariés mentionnés à l'article D. 1453-2-11, à exercer des fonctions de défenseur syndical sont considérées, dans la limite de dix heures par mois mentionnée à l'article L. 1453-5, comme des heures de travail et sont payées comme telles par l'employeur.

Ce dernier est remboursé intégralement dans les conditions prévues à l'article D. 1453-2-10.

Art. D. 1453-2-14. (D. 2017-1020 du 10 mai 2017, JO 11) Le défenseur syndical bénéficie d'une indemnité de déplacement à l'audience dont le montant est fixé par arrêté conjoint des ministres chargés du budget et du travail. À cette fin, le greffe lui délivre une attestation de présence à l'audience. Le défenseur syndical formule sa demande auprès de l'agence mentionnée à l'article D. 1453-2-15 et y joint cette attestation.

Art. D. 1453-2-15. (D. 2017-1020 du 10 mai 2017, JO 11) Les demandes de remboursement ou d'indemnisation sont gérées par l'Agence de services et de paiement, avec laquelle le ministère en charge du travail conclut une convention.

Leur bénéfice est conditionné par la réception à l'Agence de services et de paiement du formulaire et des pièces permettant son instruction et sa mise en paiement dont la liste est fixée par arrêté conjoint des ministres chargés du budget et du travail.

L'ordonnateur et le comptable assignataire de la dépense sont respectivement le président-directeur général et l'agent comptable de l'Agence de services et de paiement.

Art. R. 1453-3. La procédure prud'homale est orale.

Art. R. 1453-4. (D. 2016-660 du 20 mai 2016, art. 11, JO 25) Les parties peuvent se référer aux prétentions et aux moyens qu'elles auraient formulés par écrit. Les observations des parties et leurs prétentions lorsqu'elles ne sont pas tenues de les formuler par écrit sont notées au dossier ou consignées au procès-verbal.

Art. R. 1453-5. (D. 2016-660 du 20 mai 2016, art. 12, JO 25) Lorsque toutes les parties comparantes formulent leurs prétentions par écrit et sont assistées ou représentées par un avocat, elles sont tenues, dans leurs conclusions, de formuler expressément les prétentions ainsi que les moyens en fait et en droit sur lesquels chacune de ces prétentions est fondée avec indication pour chaque prétention des pièces invoquées. Un bordereau énumérant les pièces justifiant ces prétentions est annexé aux conclusions. Les prétentions sont récapitulées sous forme de dispositif. Le bureau de jugement ou la formation de référé ne statue que sur les prétentions énoncées au dispositif. Les parties doivent reprendre dans leurs dernières conclusions les prétentions et moyens présentés ou invoqués dans leurs conclusions antérieures. À défaut, elles sont réputées les avoir abandonnés et il n'est statué que sur les dernières conclusions communiquées.

Chapitre IV

Conciliation et jugement

SECTION 1. Conciliation, orientation et mise en état de l'affaire

Art. L. 1454-1. (L. 2015-990 du 6 août 2015, art. 258, I, 22°, JO 7) Le bureau de conciliation et d'orientation est chargé de concilier les parties.

Dans le cadre de cette mission, le bureau de conciliation et d'orientation peut entendre chacune des parties séparément et dans la confidentialité.

Art. L. 1454-1-1. (L. 2015-990 du 6 août 2015, art. 258, I, 22°, JO 7) En cas d'échec de la conciliation, le bureau de conciliation et d'orientation peut, par simple mesure d'administration judiciaire :

1° Si le litige porte sur un licenciement ou une demande de résiliation judiciaire du contrat de travail, renvoyer les parties, avec leur accord, devant le bureau de jugement dans sa composition restreinte mentionnée à l'article L. 1423-13. La formation restreinte doit statuer dans un délai de trois mois ;

2° Renvoyer les parties, si elles le demandent ou si la nature du litige le justifie, devant le bureau de jugement mentionné à l'article L. 1423-12 présidé par le juge mentionné à l'article L. 1454-2. L'article L. 1454-4 n'est pas applicable.

À défaut, l'affaire est renvoyée devant le bureau de jugement mentionné à l'article L. 1423-12.

La formation saisie connaît de l'ensemble des demandes des parties, y compris des demandes additionnelles ou reconventionnelles.

Art. L. 1454-1-2. (L. 2015-990 du 6 août 2015, art. 258, I, 22°, JO 7) Le bureau de conciliation et d'orientation assure la mise en état des affaires.

Lorsque l'affaire n'est pas en état d'être jugée devant le bureau de jugement, celui-ci peut assurer sa mise en état.

Un ou deux conseillers rapporteurs peuvent être désignés pour que l'affaire soit mise en état d'être jugée. Ils prescrivent toutes mesures nécessaires à cet effet.

Les agents de contrôle mentionnés à l'article L. 8271-1-2 communiquent aux conseillers rapporteurs, à la demande de ceux-ci et sans pouvoir opposer le secret professionnel, les renseignements et documents relatifs au travail dissimulé, au marchandage ou au prêt illicite de main-d'œuvre dont ils disposent.

(L. 2016-1088 du 8 août 2016, art. 68, JO 9) « Le bureau de conciliation et d'orientation, les conseillers rapporteurs désignés par le bureau de conciliation et d'orientation ou le bureau de jugement peuvent fixer la clôture de l'instruction par ordonnance, dont copie est remise aux parties ou à leur conseil. Cette ordonnance constitue une mesure d'administration judiciaire. »

Art. L. 1454-1-3. (L. 2015-990 du 6 août 2015, art. 258, I, 22°, JO 7) Si, sauf motif légitime, une partie ne comparaît pas, personnellement ou représentée (Ord. 2017-1387 du 22 sept. 2017, art. 35, I, JO 23) « selon des modalités prévues par décret en Conseil d'État », le bureau de conciliation et d'orientation peut juger l'affaire, en l'état des pièces et moyens que la partie comparante a contradictoirement communiqués.

Dans ce cas, le bureau de conciliation et d'orientation statue en tant que bureau de jugement dans sa composition restreinte mentionnée à l'article L. 1423-13.

SECTION 2. Départage

Art. L. 1454-2. En cas de partage, l'affaire est renvoyée devant le même bureau de jugement ou la même formation de référé, présidé par un juge du (Ord. 2019-964 du 18 sept. 2019, art. 35, JO 19, entrée en vigueur le 01.01.2020) « tribunal judiciaire » dans le ressort duquel est situé le siège du conseil de prud'hommes. L'affaire est reprise dans le délai d'un mois.

(Ord. 2017-1387 du 22 sept. 2017, art. 35, II, JO 23) « En cas de partage devant le bureau de conciliation et d'orientation, ce dernier renvoie l'affaire devant le bureau de jugement présidé par le juge du (Ord. 2019-964 du 18 sept. 2019, art. 35, JO 19, entrée en vigueur le 01.01.2020) « tribunal judiciaire » dans le ressort duquel est situé le siège du conseil de prud'hommes. »

(L. 2015-990 du 6 août 2015, art. 258, I, 23°, JO 7) « Les juges chargés de ces fonctions sont désignés chaque année, notamment en fonction de leurs aptitudes et connaissances particulières, par le président du (Ord. 2019-964 du 18 sept. 2019, art. 35, JO 19, entrée en vigueur le 01.01.2020) « tribunal judiciaire ». »

Art. L. 1454-3. Lorsqu'un conseiller prud'homme est empêché de siéger à l'audience de départage, il est remplacé dans les limites et selon les modalités déterminées par décret.

Art. L. 1454-4. Si, lors de l'audience de départage, le bureau de jugement ou la formation de référé ne peut se réunir au complet, le juge départiteur statue dans des conditions déterminées par décret en Conseil d'État.

SECTION 3. Demande de requalification en contrat de travail d'une convention de stage

Note Cette section a été introduite par la loi 2014-788 du 10 juillet 2014, art. 1er, V, JO 11.

Art. L. 1454-5. Lorsque le conseil de prud'hommes est saisi d'une demande de requalification en contrat de travail d'une convention de stage mentionnée à l'article L. 124-1 du code de l'éducation, l'affaire est directement portée devant le bureau de jugement, qui statue au fond dans un délai d'un mois suivant sa saisine.

SECTION 1 (RÉGLEMENTAIRE). Mise en état de l'affaire

Art. R. 1454-1. (D. 2016-660 du 20 mai 2016, art. 13, JO 25) En cas d'échec de la conciliation, le bureau de conciliation et d'orientation assure la mise en état de l'affaire jusqu'à la date qu'il fixe pour l'audience de jugement. Des séances peuvent être spécialement tenues à cette fin.

Après avis des parties, il fixe les délais et les conditions de communication des prétentions, moyens et pièces.

Il peut dispenser une partie qui en fait la demande de se présenter à une séance ultérieure du bureau de conciliation et d'orientation. Dans ce cas, la communication entre les parties est faite par lettre recommandée avec demande d'avis de réception ou par notification entre avocats et il en est justifié auprès du bureau de conciliation et d'orientation dans les délais impartis.

Il peut entendre les parties en personne, les inviter à fournir les explications nécessaires à la solution du litige ainsi que les mettre en demeure de produire dans le délai qu'il détermine tous documents ou justifications propres à éclairer le conseil de prud'hommes.

Art. R. 1454-2. (D. 2016-660 du 20 mai 2016, art. 13, JO 25) À défaut pour les parties de respecter les modalités de communication fixées, le bureau de conciliation et d'orientation peut radier l'affaire ou la renvoyer à la première date utile devant le bureau de jugement.

En cas de non-production des documents et justifications demandés, il peut renvoyer l'affaire à la première date utile devant le bureau de jugement. Ce bureau tire toute conséquence de l'abstention de la partie ou de son refus.

Art. R. 1454-3. (D. 2016-660 du 20 mai 2016, art. 13, JO 25) Le bureau de conciliation et d'orientation peut, par une décision non susceptible de recours, désigner un ou deux conseillers rapporteurs pour procéder à la mise en état de l'affaire.

La décision fixe un délai pour l'exécution de leur mission.

Art. R. 1454-4. (D. 2016-660 du 20 mai 2016, art. 13, JO 25) Le conseiller rapporteur est un conseiller prud'homme. Il peut faire partie de la formation de jugement.

Lorsque deux conseillers rapporteurs sont désignés dans la même affaire, l'un est employeur, l'autre est salarié. Ils procèdent ensemble à leur mission.

Le conseiller rapporteur dispose des pouvoirs de mise en état conférés au bureau de conciliation et d'orientation. Il peut, pour la manifestation de la vérité, auditionner toute personne et faire procéder à toutes mesures d'instruction. Il peut ordonner toutes mesures nécessaires à la conservation des preuves ou des objets litigieux.

Art. R. 1454-5. Si les parties se concilient, même partiellement, le conseiller rapporteur constate dans un procès-verbal l'accord intervenu.

Art. R. 1454-6. Les décisions prises par le conseiller rapporteur sont provisoires et n'ont pas autorité de chose jugée au principal.

Elles sont exécutoires. Elles ne peuvent faire l'objet d'un recours qu'avec le jugement sur le fond, sous réserve des règles particulières à l'expertise.

SECTION 2 (RÉGLEMENTAIRE). Conciliation et orientation

Art. R. 1454-7. (D. 2016-660 du 20 mai 2016, art. 14, JO 25) « Le règlement intérieur établit un roulement au sein du bureau de conciliation et d'orientation entre tous les conseillers prud'hommes salariés et employeurs. Il peut prévoir l'affectation de certains conseillers prud'hommes par priorité à ce bureau. »

La présidence appartient alternativement au salarié et à l'employeur, suivant un roulement établi par ce règlement. Celui des deux qui préside le bureau le premier est désigné par le sort.

Art. R. 1454-8. Les séances du bureau de conciliation (D. 2016-660 du 20 mai 2016, art. 43, II, JO 25) « et d'orientation » ont lieu au moins une fois par semaine, (D. 2008-560 du 16 juin 2008, JO 18) « sauf si aucune affaire n'est inscrite au rôle ». Elles ne sont pas publiques.

Art. R. 1454-9. (D. 2009-289 du 13 mars 2009, JO 15) « En l'absence » du président, ou du vice-président appelé à présider la séance du bureau de conciliation (D. 2016-660 du 20 mai 2016, art. 43, II, JO 25) « et d'orientation », la présidence peut être exercée par un conseiller faisant partie de l'assemblée à laquelle appartient le président ou le vice-président défaillant et désigné comme suppléant dans les formes prévues aux articles L. 1423-3 à L. 1423-8 et R. 1423-13.

(D. 2009-289 du 13 mars 2009, JO 15) « À défaut » de cette désignation, la présidence revient au conseiller le plus ancien en fonctions dans la même assemblée. S'il y a égalité dans la durée des fonctions, la présidence revient au conseiller le plus âgé.

Art. R. 1454-10. Le bureau de conciliation (D. 2016-660 du 20 mai 2016, art. 43, II, JO 25) « et d'orientation » entend les explications des parties et s'efforce de les concilier. Un procès-verbal est établi.

En cas de conciliation totale ou partielle, le procès-verbal mentionne la teneur de l'accord intervenu. Il précise, s'il y a lieu, que l'accord a fait l'objet en tout ou partie d'une exécution immédiate devant le bureau de conciliation (D. 2016-660 du 20 mai 2016, art. 43, II, JO 25) « et d'orientation ».

À défaut de conciliation totale, les prétentions qui restent contestées et les déclarations faites par les parties sur ces prétentions sont notées au dossier ou au procès-verbal par le greffier sous le contrôle du président.

Art. R. 1454-11. En cas de conciliation, un extrait du procès-verbal, qui mentionne s'il y a lieu l'exécution immédiate totale ou partielle de l'accord intervenu, peut être délivré.

Il vaut titre exécutoire.

Art. R. 1454-12. (D. 2016-660 du 20 mai 2016, art. 14, JO 25) Lorsque au jour fixé pour la tentative de conciliation le demandeur ne comparaît pas sans avoir justifié en temps utile d'un motif légitime, il est fait application de l'article L. 1454-1-3, sauf la faculté du bureau de conciliation et d'orientation de renvoyer l'affaire à une audience ultérieure du bureau de jugement. Le bureau de conciliation et d'orientation peut aussi déclarer la requête et la citation caduques si le défendeur ne sollicite pas un jugement sur le fond.

La déclaration de caducité peut être rapportée dans les conditions de l'article 468 du code de procédure civile. Dans ce cas, le demandeur est avisé par tous moyens de la date de la séance du bureau de conciliation et d'orientation, à laquelle le défendeur est convoqué par lettre recommandée avec demande d'accusé de réception.

Art. R. 1454-13. (D. 2016-660 du 20 mai 2016, art. 14, JO 25) Lorsque au jour fixé pour la tentative de conciliation, le défendeur ne comparaît pas sans avoir justifié en temps utile d'un motif légitime, il est fait application de l'article L. 1454-1-3. [Le bureau de conciliation et d'orientation ne peut renvoyer l'affaire à une audience ultérieure du bureau de jugement que pour s'assurer de la communication des pièces et moyens au défendeur.]

Art. R. 1454-14. Le bureau de conciliation (D. 2016-660 du 20 mai 2016, art. 14, JO 25) « et d'orientation » peut, en dépit de toute exception de procédure et même si le défendeur ne (D. 2016-660 du 20 mai 2016, art. 14, JO 25) « comparaît » pas, ordonner :

1° La délivrance, le cas échéant, sous peine d'astreinte, de certificats de travail, de bulletins de paie et de toute pièce que l'employeur est tenu légalement de délivrer ;

2° Lorsque l'existence de l'obligation n'est pas sérieusement contestable :

a) Le versement de provisions sur les salaires et accessoires du salaire ainsi que les commissions ;

b) Le versement de provisions sur les indemnités de congés payés, de préavis et de licenciement ;

c) Le versement de l'indemnité compensatrice et de l'indemnité spéciale de licenciement en cas d'inaptitude médicale consécutives à un accident du travail ou à une maladie professionnelle mentionnées à l'article L. 1226-14 ;

e) Le versement de l'indemnité de fin de contrat prévue à l'article L. 1243-8 et de l'indemnité de fin de mission mentionnée à l'article L. 1251-32 ;

3° Toutes mesures d'instruction, même d'office ;

4° Toutes mesures nécessaires à la conservation des preuves ou des objets litigieux.

(D. 2016-660 du 20 mai 2016, art. 14, JO 25) « Au vu des pièces fournies par le salarié, il peut prendre une décision provisoire palliant l'absence de délivrance par l'employeur de l'attestation prévue à l'article R. 1234-9. Cette décision récapitule les éléments du modèle d'attestation prévu à l'article R. 1234-10, permettant au salarié d'exercer ses droits aux prestations mentionnées à l'article L. 5421-2.

Cette décision ne libère pas l'employeur de ses obligations résultant des dispositions des articles R. 1234-9 à R. 1234-12 relatives à l'attestation d'assurance chômage.

Elle est notifiée au Pôle emploi du lieu de domicile du salarié. Tierce opposition peut être formée par Pôle emploi dans le délai de deux mois. »

Art. R. 1454-15. Le montant total des provisions allouées en application du 2° de l'article R. 1454-14 est chiffré par le bureau de conciliation (D. 2016-660 du 20 mai 2016, art. 43, II, JO 25) « et d'orientation ». Il ne peut excéder six mois de salaire calculés sur la moyenne des trois derniers mois de salaire.

Le bureau de conciliation (D. 2016-660 du 20 mai 2016, art. 43, II, JO 25) « et d'orientation » peut liquider, à titre provisoire, les astreintes qu'il a ordonnées.

Lorsqu'il est fait application de l'article mentionné au premier alinéa, les séances du bureau de conciliation (D. 2016-660 du 20 mai 2016, art. 43, II, JO 25) « et d'orientation » sont publiques.

Art. R. 1454-16. Les décisions prises en application des articles R. 1454-14 et R. 1454-15 sont provisoires. Elles n'ont pas autorité de chose jugée au principal. Elles sont exécutoires par provision le cas échéant au vu de la minute.

Elles ne sont pas susceptibles d'opposition. Elles ne peuvent être frappées d'appel ou de pourvoi en cassation qu'en même temps que le jugement sur le fond, sous réserve des règles particulières à l'expertise.

Art. R. 1454-17. (D. 2016-660 du 20 mai 2016, art. 14, JO 25) Dans les cas visés aux articles (D. 2017-1008 du 10 mai 2017, JO 11) « R. 1454-12 et R. 1454-13 », l'affaire est renvoyée à une audience ultérieure du bureau de jugement dans sa composition restreinte.

Le greffier avise par tous moyens la partie qui ne l'aura pas été verbalement de la date d'audience.

Art. R. 1454-18. (D. 2016-660 du 20 mai 2016, art. 14, JO 25) En l'absence de conciliation ou en cas de conciliation partielle, l'affaire est orientée vers le bureau de jugement approprié au règlement de l'affaire, désigné dans les conditions prévues à l'article L. 1454-1-1, à une date que le président indique aux parties présentes.

Le greffier avise par tous moyens les parties qui ne l'auraient pas été verbalement de la date d'audience.

Lorsque l'affaire est en état d'être immédiatement jugée et si l'organisation des audiences le permet, l'audience du bureau de jugement peut avoir lieu sur-le-champ.

SECTION 3 (RÉGLEMENTAIRE). Jugement

Art. R. 1454-19. (D. 2016-660 du 20 mai 2016, art. 15, JO 25) Dans les cas où l'affaire est directement portée devant lui ou lorsqu'il s'avère que l'affaire transmise par le bureau de conciliation et d'orientation n'est pas prête à être jugée, le bureau de jugement peut prendre toutes mesures nécessaires à sa mise en état mentionnées à l'article R. 1454-1.

À défaut pour les parties de respecter les modalités de communication fixées, le bureau de jugement peut rappeler l'affaire à l'audience, en vue de la juger ou de la radier.

Sont écartés des débats les prétentions, moyens et pièces communiqués sans motif légitime après la date fixée pour les échanges et dont la tardiveté porte atteinte aux droits de la défense.

Art. R. 1454-19-1. (D. 2016-660 du 20 mai 2016, art. 16, JO 25) Le bureau de jugement peut désigner au sein de la formation un ou deux conseillers rapporteurs qui disposent des pouvoirs mentionnés à l'article R. 1454-4.

Il peut ordonner toutes mesures nécessaires à la conservation des preuves ou des objets litigieux.

Art. R. 1454-19-2. (D. 2016-660 du 20 mai 2016, art. 16, JO 25) Le bureau de jugement qui organise les échanges entre les parties comparantes peut, conformément au second alinéa de l'article 446-1 du code de procédure civile, dispenser une partie qui en fait la demande de se présenter à une audience ultérieure. Dans ce cas, la communication entre les parties est faite par lettre recommandée avec demande d'avis de réception ou par notification entre avocats et il en est justifié dans les délais que le bureau de jugement impartit.

Art. R. 1454-19-3. (D. 2017-1008 du 10 mai 2017, JO 11) Après l'ordonnance de clôture, aucune conclusion ne peut être déposée ni aucune pièce produite aux débats, à peine d'irrecevabilité prononcée d'office.

Sont cependant recevables les demandes en intervention volontaire, les conclusions relatives aux rémunérations échues postérieurement à l'ordonnance de clôture, si leur décompte ne peut faire l'objet d'aucune contestation sérieuse, ainsi que les demandes de révocation de l'ordonnance de clôture.

Sont également recevables les conclusions qui tendent à la reprise de l'instance en l'état où celle-ci se trouvait au moment de son interruption.

Art. R. 1454-19-4. (D. 2017-1008 du 10 mai 2017, JO 11) L'ordonnance de clôture ne peut être révoquée par le bureau de jugement, d'office ou à la demande des parties et après l'ouverture des débats, que s'il se révèle une cause grave depuis qu'elle a été rendue ; le choix par la partie d'une personne pour l'assister ou la représenter postérieurement à la clôture ne constitue pas, en soi, une cause de révocation.

Si une demande en intervention volontaire est formée après la clôture de l'instruction, l'ordonnance de clôture n'est révoquée que si le bureau de jugement ne peut immédiatement statuer sur le tout.

Art. R. 1454-20. (D. 2016-660 du 20 mai 2016, art. 17, JO 25) Lorsque le défendeur ne comparaît pas le jour de l'audience du bureau de jugement, il est statué sur le fond. Toutefois, si le défendeur a justifié en temps utile d'un motif légitime, il est avisé par tous moyens de la prochaine audience du bureau de jugement.

Art. R. 1454-21. (D. 2016-660 du 20 mai 2016, art. 18, JO 25) Dans le cas où, sans motif légitime, le demandeur ne comparaît pas devant le bureau de jugement, il est fait application de l'article 468 du code de procédure civile. Si, après avoir été prononcée, la déclaration de caducité est rapportée, le demandeur est avisé par tous moyens de la date d'audience devant le bureau de jugement, à laquelle le défendeur est convoqué par lettre recommandée avec demande d'accusé de réception.

Art. R. 1454-22. Lorsque les parties se concilient, même partiellement, le bureau de jugement constate dans un procès-verbal la teneur de l'accord intervenu.

S'il y a lieu, le procès-verbal précise que l'accord a fait l'objet en tout ou partie d'une exécution immédiate devant le bureau de jugement.

Art. R. 1454-23. Les décisions du bureau de jugement sont prises à la majorité absolue des voix.

Si cette majorité ne peut se former, il est procédé comme en cas de partage des voix. Les débats sont repris.

Art. R. 1454-24. (D. 2009-289 du 13 mars 2009, JO 15) En l'absence du président ou du vice-président appelé à présider la séance du bureau de jugement, la présidence peut être exercée par un conseiller faisant partie de l'assemblée à laquelle appartient le président ou le vice-président défaillant et désigné comme suppléant dans les formes prévues aux articles L. 1423-3 à L. 1423-8 et R. 1423-13.

À défaut de cette désignation, la présidence revient au conseiller le plus ancien en fonctions dans la même assemblée. S'il y a égalité dans la durée des fonctions, la présidence revient au conseiller le plus âgé.

Art. R. 1454-25. (D. 2016-660 du 20 mai 2016, art. 19, JO 25) À l'issue des débats et si la décision n'est pas immédiatement rendue, le président indique aux parties la date à laquelle le jugement sera prononcé, le cas échéant par sa mise à disposition au greffe de la juridiction.

S'il décide de renvoyer le prononcé du jugement à une date ultérieure, le président en avise les parties par tous moyens. Cet avis comporte les motifs de la prorogation ainsi que la nouvelle date à laquelle la décision sera rendue.

Art. R. 1454-26. Les décisions du conseil de prud'hommes sont notifiées aux parties par le greffe de ce conseil au lieu de leur domicile. La notification est faite par lettre recommandée avec avis de réception sans préjudice du droit des parties de les faire signifier par acte d'huissier de justice. Les parties sont informées des mesures d'administration judiciaire (D. 2016-660 du 20 mai 2016, art. 20, JO 25) « par tous moyens ».

(D. 2017-1008 du 10 mai 2017, JO 11) « Lorsque le bureau de conciliation et d'orientation a pris une décision provisoire palliant l'absence de délivrance par l'employeur de l'attestation prévue à l'article R. 1234-9, la décision rendue au fond par le bureau de jugement est notifiée à l'agence de Pôle emploi dans le ressort de laquelle est domicilié le salarié. Pôle emploi peut former tierce opposition dans le délai de deux mois. »

Art. R. 1454-27. Les conseils de prud'hommes ne connaissent pas de l'exécution forcée de leurs jugements.

Art. R. 1454-28. (D. 2019-1333 du 11 déc. 2019, art. 36, JO 12, entrée en vigueur le 01.01.2020, modifié par D. 2019-1419 du 20 déc. 2019, art. 22, JO 22) « À moins que la loi ou le règlement n'en dispose autrement, les décisions du conseil de prud'hommes ne sont pas exécutoires de droit à titre provisoire. Le conseil de prud'hommes peut ordonner l'exécution provisoire de ses décisions. »

Sont de droit exécutoires à titre provisoire (D. 2019-1333 du 11 déc. 2019, art. 36, JO 12, entrée en vigueur le 01.01.2020) « , notamment » :

1° Le jugement qui n'est susceptible d'appel que par suite d'une demande reconventionnelle ;

2° Le jugement qui ordonne la remise d'un certificat de travail, de bulletins de paie ou de toute pièce que l'employeur est tenu de délivrer ;

3° Le jugement qui ordonne le paiement de sommes au titre des rémunérations et indemnités mentionnées au 2° de l'article R. 1454-14, dans la limite maximum de neuf mois de salaire calculés sur la moyenne des trois derniers mois de salaire. Cette moyenne est mentionnée dans le jugement.

SECTION 4 (RÉGLEMENTAIRE). Départage

Art. R. 1454-29. (D. 2017-1698 du 15 déc. 2017, JO 17) « En cas de partage des voix devant le bureau de jugement ou le bureau de conciliation et d'orientation, l'affaire est renvoyée à une audience ultérieure du bureau de jugement. » Cette audience, présidée par le juge départiteur, est tenue dans le mois du renvoi.

En cas de partage des voix au sein de la formation de référé, l'affaire est renvoyée à une audience présidée par le juge départiteur. Cette audience est tenue sans délai et au plus tard dans les quinze jours du renvoi.

Art. R. 1454-30. Lorsqu'un conseiller prud'homme ne peut siéger à l'audience de départage, il pourvoit lui-même à son remplacement par un conseiller prud'homme de la même assemblée et appartenant, selon le cas, à sa section, à sa chambre ou à la formation de référé.

Lorsqu'il ne pourvoit pas lui-même à son remplacement, le président ou le vice-président relevant de sa section ou de sa chambre et de son assemblée pourvoit à ce remplacement dans les mêmes conditions.

Le conseiller prud'homme, le président ou le vice-président informe immédiatement le greffe de ce remplacement.

Devant le bureau de jugement, les remplacements ne peuvent avoir lieu que dans la limite d'un conseiller prud'homme de chaque assemblée.

Art. R. 1454-31. Quel que soit le nombre des conseillers prud'hommes présents et même en l'absence de tout conseiller prud'homme, lorsque lors de l'audience de départage la formation n'est pas réunie au complet, le juge départiteur statue seul à l'issue des débats. Il recueille préalablement l'avis des conseillers présents.

(D. 2016-660 du 20 mai 2016, art. 21, JO 25) « À l'issue des débats et si la décision n'est pas immédiatement rendue, le juge départiteur indique aux parties la date à laquelle le jugement sera prononcé, le cas échéant par sa mise à disposition au greffe de la juridiction.

S'il décide de renvoyer le prononcé du jugement à une date ultérieure, le président en avise les parties par tous moyens. Cet avis comporte les motifs de la prorogation ainsi que la nouvelle date à laquelle la décision sera rendue. »

Art. R. 1454-32. Lorsqu'un renouvellement général des conseils de prud'hommes rend impossible le renvoi d'une affaire ayant fait l'objet d'un partage de voix antérieur à ce renouvellement, cette affaire est reprise, suivant le cas, devant le bureau de jugement ou la formation de référé.

Ces bureaux et formation reprennent l'affaire dans leur composition nouvelle sous la présidence du juge départiteur.

(D. 2017-1698 du 15 déc. 2017, JO 17) « Lorsque le partage des voix a eu lieu à l'issue d'une audience du bureau de conciliation et d'orientation, l'affaire est reprise devant le bureau de jugement. »

Chapitre V (réglementaire)

Référé

SECTION 1. Composition et organisation de la formation de référé

Art. R. 1455-1. Chaque conseil de prud'hommes comprend une formation de référé commune à l'ensemble des sections de ce conseil. Cette formation est composée d'un conseiller prud'homme salarié et d'un conseiller prud'homme employeur.

Art. R. 1455-2. L'Assemblée générale du conseil de prud'hommes désigne chaque année, selon les dispositions des articles L. 1423-3, L. 1423-5, R. 1423-11 et R. 1423-12, les conseillers prud'hommes employeurs et les conseillers prud'hommes salariés appelés à tenir les audiences de référé.

Le nombre des conseillers ainsi désignés doit être suffisant pour assurer, selon un roulement établi par le règlement intérieur du conseil de prud'hommes, le service des audiences de référé.

En cas de création d'un conseil de prud'hommes, les désignations mentionnées au premier alinéa interviennent dans un délai de trois mois à compter de l'installation du conseil. Jusqu'à ces désignations, la formation de référé du conseil de prud'hommes est composée du président et du vice-président ainsi que du conseiller que ceux-ci désignent au sein de leur collège respectif.

Art. R. 1455-3. La présidence des audiences de référé est assurée alternativement par un conseiller prud'homme employeur et par un conseiller prud'homme salarié dans les conditions fixées par le règlement intérieur.

Art. R. 1455-4. Le règlement intérieur du conseil de prud'hommes fixe les jour et heure habituels des audiences de référé. Une audience est prévue au moins une fois par semaine.

Lorsque les circonstances l'exigent, le président du conseil de prud'hommes, après avis du vice-président, peut fixer une ou plusieurs audiences supplémentaires ou déplacer les jour et heure de la ou des audiences de la semaine.

SECTION 2. Compétence de la formation de référé

Art. R. 1455-5. Dans tous les cas d'urgence, la formation de référé peut, dans la limite de la compétence des conseils de prud'hommes, ordonner toutes les mesures qui ne se heurtent à aucune contestation sérieuse ou que justifie l'existence d'un différend.

Art. R. 1455-6. La formation de référé peut toujours, même en présence d'une contestation sérieuse, prescrire les mesures conservatoires ou de remise en état qui s'imposent pour prévenir un dommage imminent ou pour faire cesser un trouble manifestement illicite.

Art. R. 1455-7. Dans le cas où l'existence de l'obligation n'est pas sérieusement contestable, la formation de référé peut accorder une provision au créancier ou ordonner l'exécution de l'obligation même s'il s'agit d'une obligation de faire.

Art. R. 1455-8. S'il lui apparaît que la demande formée devant elle excède ses pouvoirs, et lorsque cette demande présente une particulière urgence, la formation de référé peut, dans les conditions suivantes, renvoyer l'affaire devant le bureau de jugement :

1° L'accord de toutes les parties est nécessaire ;

2° La formation de référé doit avoir procédé à une tentative de conciliation en audience non publique et selon les règles fixées par l'article R. 1454-10.

La notification aux parties de l'ordonnance de référé mentionnant la date de l'audience du bureau de jugement vaut citation en justice.

SECTION 3. Procédure de référé

Art. R. 1455-9. La demande en référé est formée par le demandeur soit par acte d'huissier de justice, soit dans les conditions prévues à l'article R. 1452-1.

Lorsque la demande est formée par acte d'huissier de justice, (D. 2019-1333 du 11 déc. 2019, art. 36, JO 12, entrée en vigueur le 01.01.2020) « les dispositions du 1° de l'article 56 du code de procédure civile ne sont pas applicables. Une copie » de l'assignation est remise au greffe, au plus tard la veille de l'audience.

Lorsque la demande est formée dans les conditions prévues à l'article R. 1452-1, les dispositions des articles R. 1452-2 à R. 1452-4 sont applicables.

Art. R. 1455-10. Les articles 484, 486 et 488 à 492 du code de procédure civile sont applicables au référé prud'homal.

Art. R. 1455-11. Le délai d'appel est de quinze jours.

L'appel est formé, instruit et jugé conformément aux articles R. 1461-1 et R. 1461-2.

Chapitre V bis (réglementaire)

Procédure accélérée au fond

Note Ce chapitre a été introduit par le décret 2019-1419 du 20 décembre 2019, art. 10, 2°, JO 22.

Art. R. 1455-12. À moins qu'il en soit disposé autrement, lorsqu'il est prévu que le conseil de prud'hommes statue selon la procédure accélérée au fond, la demande est portée à une audience tenue aux jour et heures à cet effet, dans les conditions prévues à l'article R. 1455-9.

Elle est formée, instruite et jugée dans les conditions suivantes :

1° Il est fait application des 3° et 7° de l'article 481-1 du code de procédure civile ;

2° Le jugement est exécutoire à titre provisoire, à moins que le conseil de prud'hommes en décide autrement, sous réserve des dispositions du deuxième alinéa de l'article R. 1454-28.

Lorsque le conseil de prud'hommes statuant selon la procédure accélérée au fond est saisi à tort, l'affaire peut être renvoyée devant le bureau de jugement dans les conditions prévues à l'article R. 1455-8.

La formation du conseil de prud'hommes amenée à statuer selon la procédure accélérée au fond est, sauf disposition contraire, composée et organisée dans les conditions définies aux articles R. 1455-1 à R. 1455-4.

Chapitre VI

Litiges en matière de licenciements pour motif économique

Art. L. 1456-1. En cas de litige portant sur les licenciements pour motif économique, la section ou la chambre statue en urgence selon des modalités et dans des délais déterminés par décret en Conseil d'État.

Art. R. 1456-1. (D. 2016-660 du 20 mai 2016, art. 23, JO 25) En cas de recours portant sur un licenciement pour motif économique, et dans un délai de huit jours à compter de la date à laquelle il reçoit la convocation devant le bureau de conciliation et d'orientation, l'employeur dépose ou adresse au greffe par lettre recommandée avec demande d'avis de réception les éléments mentionnés à l'article L. 1235-9 pour qu'ils soient versés au dossier.

Dans le même délai, il adresse ces éléments au demandeur par lettre recommandée avec demande d'avis de réception.

La convocation destinée à l'employeur rappelle cette obligation.

Art. R. 1456-2. La séance de conciliation (D. 2016-660 du 20 mai 2016, art. 24, JO 25) « et d'orientation » a lieu dans le mois de la saisine du conseil de prud'hommes.

Art. R. 1456-3. (D. 2016-660 du 20 mai 2016, art. 25, JO 25) « Les mesures de mise en état » sont exécutées dans un délai n'excédant pas trois mois. Ce délai ne peut être prorogé par le bureau de jugement que sur la demande motivée du technicien ou du conseiller rapporteur commis.

Art. R. 1456-4. (D. 2016-660 du 20 mai 2016, art. 26, JO 25) Le bureau de conciliation et d'orientation fixe la date d'audience du bureau de jugement qui statue dans un délai ne pouvant excéder six mois à compter de la date à laquelle l'affaire lui a été renvoyée, ou trois mois lorsqu'est saisie la formation restreinte.

Art. R. 1456-5. Lorsque, lors de la séance (D. 2016-660 du 20 mai 2016, art. 27, JO 25) « prévue à l'article R. 1456-2 », une section du conseil de prud'hommes est saisie par plusieurs demandeurs de procédures contestant le motif économique d'un licenciement collectif, le bureau de conciliation (D. 2016-660 du 20 mai 2016, art. 27, JO 25) « et d'orientation » en ordonne la jonction.

Chapitre VII

Récusation

Art. L. 1457-1. Le conseiller prud'homme peut être récusé :

1° Lorsqu'il a un intérêt personnel à la contestation, le seul fait d'être affilié à une organisation syndicale ne constituant pas cet intérêt personnel ;

2° Lorsqu'il est conjoint, partenaire lié par un pacte civil de solidarité, concubin, parent ou allié jusqu'au degré de cousin germain inclusivement d'une des parties ;

3° Si, dans l'année qui a précédé la récusation, il y a eu action judiciaire, criminelle ou civile entre lui et une des parties ou son conjoint, partenaire lié par un pacte civil de solidarité, concubin ou ses parents ou alliés en ligne directe ;

4° S'il a donné un avis écrit dans l'affaire ;

5° S'il est employeur ou salarié de l'une des parties en cause.

Art. R. 1457-1. La procédure de récusation des conseillers prud'hommes est régie par les articles 341 à 355 du code de procédure civile.

Art. R. 1457-2. Lorsque la demande de récusation est portée devant la cour d'appel, elle est jugée par la chambre sociale.

TITRE VI

VOIES DE RECOURS

Chapitre Ier (réglementaire)

Appel

Art. R. 1461-1. Le délai d'appel est d'un mois.

(D. 2016-660 du 20 mai 2016, art. 28, JO 25) « À défaut d'être représentées par la personne mentionnée au 2° de l'article R. 1453-2, les parties sont tenues de constituer avocat. »

(D. 2016-660 du 20 mai 2016, art. 28, JO 25) « Les actes de cette procédure d'appel qui sont mis à la charge de l'avocat sont valablement accomplis par la personne mentionnée au 2° de l'article R. 1453-2. De même, ceux destinés à l'avocat sont valablement accomplis auprès de la personne précitée. »

Art. R. 1461-2. L'appel est porté devant la chambre sociale de la cour d'appel.

Il est formé, instruit et jugé suivant la procédure (D. 2016-660 du 20 mai 2016, art. 29, JO 25) « avec représentation obligatoire ».

Chapitre II

Pourvoi en cassation

Art. L. 1462-1. Les jugements des conseils de prud'hommes sont susceptibles d'appel.

Toutefois, ils statuent en dernier ressort en dessous d'un taux fixé par décret.

Art. R. 1462-1. Le conseil de prud'hommes statue en dernier ressort :

1° Lorsque la valeur totale des prétentions d'aucune des parties ne dépasse le taux de compétence fixé par décret ;

2° Lorsque la demande tend à la remise, même sous astreinte, de certificats de travail, de bulletins de paie ou de toute pièce que l'employeur est tenu de délivrer, à moins que le jugement ne soit en premier ressort en raison du montant des autres demandes.

Art. R. 1462-2. Le jugement n'est pas susceptible d'appel si la seule demande reconventionnelle en dommages-intérêts, fondée exclusivement sur la demande initiale, dépasse le taux de la compétence en dernier ressort.

Art. D. 1462-3. Le taux de compétence en dernier ressort du conseil de prud'hommes est de (D. 2020-1066 du 17 août 2020, JO 19) « 5 000 € ».

Chapitre III (réglementaire)

Opposition et tierce opposition

Art. R. 1463-1. L'opposition est portée directement devant le bureau de jugement.

Les dispositions des articles R. 1452-1 à R. 1452-4 sont applicables.

L'opposition est caduque si la partie qui l'a faite ne se présente pas. Elle ne peut être réitérée.

(D. 2017-1008 du 10 mai 2017, JO 11) « Ces dispositions sont applicables à la tierce opposition. »

TITRE VII

PRESCRIPTION DES ACTIONS EN JUSTICE

Note Ce titre a été introduit par la loi 2013-504 du 14 juin 2013, art. 21, III, JO 16.

Chapitre unique

Art. L. 1471-1. Toute action portant sur l'exécution (Ord. 2017-1718 du 20 déc. 2017, art. 1er, I, 36°, JO 21) « du contrat de travail » se prescrit par deux ans à compter du jour où celui qui l'exerce a connu ou aurait dû connaître les faits lui permettant d'exercer son droit.

(Ord. 2017-1387 du 22 sept. 2017, art. 6, JO 23) « Toute action portant sur la rupture du contrat de travail se prescrit par douze mois à compter de la notification de la rupture. »

(Ord. 2017-1718 du 20 déc. 2017, art. 1er, I, 36°, JO 21) « Les deux premiers alinéas ne sont toutefois pas applicables » aux actions en réparation d'un dommage corporel causé à l'occasion de l'exécution du contrat de travail, aux actions en paiement ou en répétition du salaire et aux actions exercées en application des articles L. 1132-1, L. 1152-1 et L. 1153-1. Elles ne font obstacle ni aux délais de prescription plus courts prévus par le présent code et notamment ceux prévus aux articles L. 1233-67, L. 1234-20, L. 1235-7 (Ord. 2017-1387 du 22 sept. 2017, art. 10, II, JO 23) « , L. 1237-14 et (L. 2018-217 du 29 mars 2018, art. 11, I, 20°, JO 31) « L. 1237-19-8 », » ni à l'application du dernier alinéa de l'article L. 1134-5.

TITRE VII (réglementaire)

RÉSOLUTION AMIABLE DES DIFFÉRENDS

Art. R. 1471-1. (D. 2016-660 du 20 mai 2016, art. 31, JO 25) Les dispositions du livre V du code de procédure civile sont applicables aux différends qui s'élèvent à l'occasion d'un contrat de travail.

Le bureau de conciliation et d'orientation homologue l'accord issu d'un mode de résolution amiable des différends, dans les conditions prévues par les dispositions précitées.

(D. 2017-1008 du 10 mai 2017, JO 11) « Ces dispositions sont applicables à la transaction conclue sans qu'il ait été recouru à une médiation, une conciliation ou une procédure participative. Le bureau de conciliation est alors saisi par la partie la plus diligente ou l'ensemble des parties à la transaction. »

Art. R. 1471-2. (D. 2016-660 du 20 mai 2016, art. 31, JO 25) Le bureau de conciliation et d'orientation ou le bureau de jugement peut, quel que soit le stade de la procédure :

1° Après avoir recueilli l'accord des parties, désigner un médiateur afin de les entendre et de confronter leurs points de vue pour permettre de trouver une solution au litige qui les oppose ;

2° Enjoindre aux parties de rencontrer un médiateur qui les informe sur l'objet et le déroulement de la mesure.

L'accord est homologué, selon le cas, par le bureau de conciliation et d'orientation ou le bureau de jugement.

Annexe

SIEGE ET RESSORT DES CONSEILS DE PRUD'HOMMES

(ANNEXE DE L'ARTICLE R. 1422-4, EN VIGUEUR AU 1ER JANVIER 2020)

DÉPARTEMENT	TRIBUNAL JUDICIAIRE	SIÈGE ET RESSORT DES CONSEILS DE PRUD'HOMMES	
		Siège du conseil de prud'hommes	Ressort du conseil de prud'hommes
Cour d'appel d'Agen			
Gers	Auch	Auch	Ressort du tribunal judiciaire d'Auch.
Lot	Cahors	Cahors	Ressort du tribunal judiciaire de Cahors.
Lot-et-Garonne	Agen	Agen	Ressort du tribunal judiciaire d'Agen, à l'exception du ressort de la chambre de proximité de Marmande.
		Marmande	Ressort de la chambre de proximité de Marmande.
Cour d'appel d'Aix-en-Provence			
Alpes-de-Haute-Provence	Digne-les-Bains	Digne-les-Bains	Ressort du tribunal judiciaire de Digne-les-Bains
Alpes-Maritimes	Cannes	Cannes	Ressort de la chambre de proximité de Cannes.
	Grasse	Grasse	Ressort des chambres de proximité d'Antibes, Cagnes-sur-Mer et Grasse.
	Nice	Nice	Ressort du tribunal judiciaire de Nice.
Bouches-du-Rhône	Aix-en-Provence	Aix-en-Provence	Ressort du tribunal judiciaire d'Aix-en-Provence, à l'exception du ressort de la chambre de proximité de Martigues.
		Martigues	Ressort de la chambre de proximité de Martigues.
	Marseille	Marseille	Ressort du tribunal judiciaire de Marseille.
	Tarascon	Arles	Ressort du tribunal judiciaire de Tarascon.
Var	Draguignan	Draguignan	Ressort du tribunal judiciaire de Draguignan, à l'exception du ressort de la chambre de proximité de Fréjus.
		Fréjus	Ressort de la chambre de proximité de Fréjus.
	Toulon	Toulon	Ressort du tribunal judiciaire de Toulon.

DÉPARTEMENT	TRIBUNAL JUDICIAIRE	SIÈGE ET RESSORT DES CONSEILS DE PRUD'HOMMES	
		Siège du conseil de prud'hommes	Ressort du conseil de prud'hommes
Cour d'appel d'Amiens			
Aisne	Laon	Laon	Ressort du tribunal judiciaire de Laon.
	Saint-Quentin	Saint-Quentin	Ressort du tribunal judiciaire de Saint-Quentin.
	Soissons	Soissons	Ressort du tribunal judiciaire de Soissons.
Oise	Beauvais	Beauvais	Ressort du tribunal judiciaire de Beauvais.
	Compiègne	Compiègne	Ressort du tribunal judiciaire de Compiègne.
	Senlis	Creil	Ressort du tribunal judiciaire de Senlis.
Somme	Amiens	Abbeville	Ressort de la chambre de proximité d'Abbeville.
		Amiens	Ressort du tribunal judiciaire d'Amiens, à l'exception des ressorts des chambres de proximité d'Abbeville et Péronne.
		Péronne	Ressort de la chambre de proximité de Péronne.
Cour d'appel d'Angers			
Maine-et-Loire	Angers	Angers	Ressort du tribunal judiciaire d'Angers.
		Saumur	Ressort du tribunal judiciaire de Saumur.
Mayenne	Laval	Laval	Ressort du tribunal judiciaire de Laval.
Sarthe	Le Mans	Le Mans	Ressort du tribunal judiciaire du Mans.
Cour d'appel de Bastia			
Corse-du-Sud	Ajaccio	Ajaccio	Ressort du tribunal judiciaire d'Ajaccio.
Haute-Corse	Bastia	Bastia	Ressort du tribunal judiciaire de Bastia.
Cour d'appel de Besançon			
Territoire de Belfort	Belfort	Belfort	Ressort du tribunal judiciaire de Belfort.
Doubs	Besançon	Besançon	Ressort du tribunal judiciaire de Besançon.
	Montbéliard	Montbéliard	Ressort du tribunal judiciaire de Montbéliard.
Jura	Lons-le-Saunier	Dole	Ressort de la chambre de proximité de Dole.
		Lons-le-Saunier	Ressort du tribunal judiciaire de Lons-le-Saunier, à l'exception du ressort de la chambre de proximité de Dole.
Haute-Saône	Vesoul	Lure	Ressort de la chambre de proximité de Lure.
		Vesoul	Ressort du tribunal judiciaire de Vesoul, à l'exception du ressort de la chambre de proximité de Lure.
Cour d'appel de Bordeaux			
Charente	Angoulême	Angoulême	Ressort du tribunal judiciaire d'Angoulême.
Dordogne	Bergerac	Bergerac	Ressort du tribunal judiciaire de Bergerac.
	Périgueux	Périgueux	Ressort du tribunal judiciaire de Bergerac, à l'exception du ressort de la chambre de proximité de Périgueux.
Gironde	Bordeaux	Bordeaux	Ressort du tribunal judiciaire de Bordeaux.
	Libourne	Libourne	Ressort du tribunal judiciaire de Libourne.
Cour d'appel de Bourges			
Cher	Bourges	Bourges	Ressort du tribunal judiciaire de Bourges.
Indre	Châteauroux	Châteauroux	Ressort du tribunal judiciaire de Châteauroux.
Nièvre	Nevers	Nevers	Ressort du tribunal judiciaire de Nevers.
Cour d'appel de Caen			
Calvados	Caen	Caen	Ressort du tribunal judiciaire de Caen.
	Lisieux	Lisieux	Ressort du tribunal judiciaire de Lisieux.

DÉPARTEMENT	TRIBUNAL JUDICIAIRE	SIÈGE ET RESSORT DES CONSEILS DE PRUD'HOMMES	
		Siège du conseil de prud'hommes	Ressort du conseil de prud'hommes
Manche	Cherbourg-en-Cotentin	Cherbourg-en-Cotentin	Ressort du tribunal judiciaire de Cherbourg-en-Cotentin.
	Coutances	Coutances	Ressort du tribunal judiciaire de Coutances, à l'exception du ressort de la chambre de proximité d'Avranches.
		Avranches	Ressort de la chambre de proximité d'Avranches.
Orne	Alençon	Alençon	Ressort du tribunal judiciaire d'Alençon.
	Argentan	Argentan	Ressort du tribunal judiciaire d'Argentan.
Cour d'appel de Chambéry			
Savoie	Albertville	Albertville	Ressort du tribunal judiciaire d'Albertville.
	Chambéry	Aix-les-Bains	Cantons d'Aix-les-Bains-Centre, Aix-les-Bains-Nord-Grésy, Aix-les-Bains-Sud, Albens, Le Châtelard, Ruffieux et Yenne.
		Chambéry	Ressort de la chambre de proximité de Chambéry, à l'exception des cantons d'Aix-les-Bains-Centre, Aix-les-Bains-Nord-Grésy, Aix-les-Bains-Sud, Albens, Le Châtelard, Ruffieux et Yenne.
Haute-Savoie	Annecy	Annecy	Ressort du tribunal judiciaire d'Annecy.
	Bonneville	Bonneville	Ressort du tribunal judiciaire de Bonneville.
	Thonon-les-Bains	Annemasse	Ressort du tribunal judiciaire de Thonon-les-Bains.
Cour d'appel de Colmar			
Bas-Rhin	Saverne	Saverne	Ressort du tribunal judiciaire de Saverne.
	Strasbourg	Haguenau	Ressort de la chambre de proximité d'Haguenau, à l'exception des cantons de Brumath, Hochfelden et Truchtersheim.
		Schiltigheim	Ressort de la chambre de proximité de Schiltigheim et cantons de Brumath, Hochfelden et Truchtersheim.
		Strasbourg	Ressort du tribunal judiciaire de Strasbourg, à l'exception des ressorts des chambres de proximité de Haguenau, Schiltigheim et cantons de Brumath, Hochfelden et Truchtersheim.
Haut-Rhin	Colmar	Colmar	Ressort du tribunal judiciaire de Colmar.
	Mulhouse	Mulhouse	Ressort du tribunal judiciaire de Mulhouse.
Cour d'appel de Dijon			
Côte-d'Or	Dijon	Dijon	Ressort du tribunal judiciaire de Dijon.
Haute-Marne	Chaumont	Chaumont	Ressort du tribunal judiciaire de Chaumont.
Saône-et-Loire	Chalon-sur-Saône	Chalon-sur-Saône	Ressort du tribunal judiciaire de Chalon-sur-Saône.
	Mâcon	Mâcon	Ressort du tribunal judiciaire de Mâcon.
Cour d'appel de Douai			
Nord	Avesnes-sur-Helpe	Avesnes-sur-Helpe	Ressort du tribunal judiciaire d'Avesnes-sur-Helpe.
	Cambrai	Cambrai	Ressort du tribunal judiciaire de Cambrai.
	Douai	Douai	Ressort du tribunal judiciaire de Douai.
	Dunkerque	Dunkerque	Ressort du tribunal judiciaire de Dunkerque, à l'exception du ressort de la chambre de proximité d'Hazebrouck.
		Hazebrouck	Ressort de la chambre de proximité d'Hazebrouck.

DÉPARTEMENT	TRIBUNAL JUDICIAIRE	SIÈGE ET RESSORT DES CONSEILS DE PRUD'HOMMES	
		Siège du conseil de prud'hommes	Ressort du conseil de prud'hommes
Nord (suite)	Lille	Lannoy	Cantons de Lannoy, Villeneuve-d'Ascq-Nord et Villeneuve-d'Ascq-Sud.
		Lille	Ressort du tribunal judiciaire de Lille, à l'exception des ressorts des chambres de proximité de Roubaix, Tourcoing, des cantons de Lannoy, Villeneuve-d'Ascq-Nord et Villeneuve-d'Ascq-Sud et des communes de Comines et Wervicq-Sud.
		Roubaix	Ressort de la chambre de proximité de Roubaix.
		Tourcoing	Ressort de la chambre de proximité de Tourcoing et communes de Comines et Wervicq-Sud.
	Valenciennes	Valenciennes	Ressort du tribunal judiciaire de Valenciennes.
Pas-de-Calais	Arras	Arras	Ressort du tribunal judiciaire d'Arras.
	Béthune	Béthune	Ressort du tribunal judiciaire de Béthune, à l'exception de la chambre de proximité de Lens.
		Lens	Ressort de la chambre de proximité de Lens.
	Boulogne-sur-Mer	Boulogne-sur-Mer	Ressort du tribunal judiciaire de Boulogne-sur-Mer, à l'exception du ressort de la chambre de proximité de Calais.
		Calais	Ressort de la chambre de proximité de Calais.
	Saint-Omer	Saint-Omer	Ressort du tribunal judiciaire de Saint-Omer.
Cour d'appel de Grenoble			
Hautes-Alpes	Gap	Gap	Ressort du tribunal judiciaire de Gap.
Drôme	Valence	Montélimar	Ressort de la chambre de proximité de Montélimar.
		Valence	Ressort du tribunal judiciaire de Valence, à l'exception du ressort de la chambre de proximité de Montélimar.
Isère	Vienne	Bourgoin-Jallieu	Ressort du tribunal judiciaire de Bourgoin-Jallieu.
		Vienne	Ressort du tribunal judiciaire de Vienne.
	Grenoble	Grenoble	Ressort du tribunal judiciaire de Grenoble.
Cour d'appel de Limoges			
Corrèze	Brive-la-Gaillarde	Brive-la-Gaillarde	Ressort du tribunal judiciaire de Brive-la-Gaillarde.
		Tulle	Ressort du tribunal judiciaire de Tulle.
Creuse	Guéret	Guéret	Ressort du tribunal judiciaire de Guéret.
Haute-Vienne	Limoges	Limoges	Ressort du tribunal judiciaire de Limoges.
Cour d'appel de Lyon			
Ain	Bourg-en-Bresse	Belley	Ressort de la chambre de proximité de Belley.
		Bourg-en-Bresse	Ressort du tribunal judiciaire de Bourg-en-Bresse, à l'exception des ressorts des chambres de proximité de Belley et Nantua.
		Oyonnax	Ressort de la chambre de proximité de Nantua.
Loire	Roanne	Roanne	Ressort du tribunal judiciaire de Roanne.
	Saint-Étienne	Montbrison	Ressort de la chambre de proximité de Montbrison.
		Saint-Étienne	Ressort du tribunal judiciaire de Saint-Étienne, à l'exception du ressort de la chambre de proximité de Montbrison.
Rhône	Lyon	Lyon	Ressort du tribunal judiciaire de Lyon.
	Villefranche-sur-Saône	Villefranche-sur-Saône	Ressort du tribunal judiciaire de Villefranche-sur-Saône.

DÉPARTEMENT	TRIBUNAL JUDICIAIRE	SIÈGE ET RESSORT DES CONSEILS DE PRUD'HOMMES	
		Siège du conseil de prud'hommes	Ressort du conseil de prud'hommes
Cour d'appel de Metz			
Moselle	Metz	Metz	Ressort du tribunal judiciaire de Metz.
	Sarreguemines	Forbach	Ressort du tribunal judiciaire de Sarreguemines.
	Thionville	Thionville	Ressort du tribunal judiciaire de Thionville.
Cour d'appel de Montpellier			
Aude	Carcassonne	Carcassonne	Ressort du tribunal judiciaire de Carcassonne.
	Narbonne	Narbonne	Ressort du tribunal judiciaire de Narbonne.
Aveyron	Rodez	Millau	Ressort de la chambre de proximité de Millau.
		Rodez	Ressort du tribunal judiciaire de Rodez, à l'exception du ressort de la chambre de proximité de Millau.
Hérault	Béziers	Béziers	Ressort du tribunal judiciaire de Béziers.
	Montpellier	Montpellier	Ressort du tribunal judiciaire de Montpellier, à l'exception du ressort de la chambre de proximité de Sète.
		Sète	Ressort de la chambre de proximité de Sète.
Pyrénées-Orientales	Perpignan	Perpignan	Ressort du tribunal judiciaire de Perpignan.
Cour d'appel de Nancy			
Meurthe-et-Moselle	Val-de-Briey	Longwy	Ressort du tribunal judiciaire de Val-de-Briey.
	Nancy	Nancy	Ressort du tribunal judiciaire de Nancy.
Meuse	Bar-le-Duc	Bar-le-Duc	Ressort du tribunal judiciaire de Bar-le-Duc, à l'exception du ressort de la chambre de proximité de Verdun.
	Verdun	Verdun	Ressort de la chambre de proximité de Verdun.
Vosges	Épinal	Épinal	Ressort du tribunal judiciaire d'Épinal, à l'exception de la chambre de proximité de Saint-Dié-des-Vosges.
		Saint-Dié-des-Vosges	Ressort de la chambre de proximité de Saint-Dié-des-Vosges.
Cour d'appel de Nîmes			
Ardèche	Privas	Annonay	Ressort de la chambre de proximité d'Annonay.
		Aubenas	Ressort du tribunal judiciaire de Privas, à l'exception du ressort de la chambre de proximité d'Annonay.
Gard	Alès	Alès	Ressort du tribunal judiciaire d'Alès.
	Nîmes	Nîmes	Ressort du tribunal judiciaire de Nîmes.
Lozère	Mende	Mende	Ressort du tribunal judiciaire de Mende.
Vaucluse	Avignon	Avignon	Ressort du tribunal judiciaire d'Avignon.
	Carpentras	Orange	Ressort du tribunal judiciaire de Carpentras.
Cour d'appel d'Orléans			
Indre-et-Loire	Tours	Tours	Ressort du tribunal judiciaire de Tours.
Loir-et-Cher	Blois	Blois	Ressort du tribunal judiciaire de Blois.
Loiret	Montargis	Montargis	Ressort du tribunal judiciaire de Montargis.
	Orléans	Orléans	Ressort du tribunal judiciaire d'Orléans.
Cour d'appel de Paris			
Essonne	Évry-Courcouronnes	Évry-Courcouronnes	Ressort du tribunal judiciaire d'Évry-Courcouronnes, à l'exception des ressorts des chambres de proximité de Longjumeau et Palaiseau.
		Longjumeau	Ressort des chambres de proximité de Longjumeau et Palaiseau.

DÉPARTEMENT	TRIBUNAL JUDICIAIRE	SIÈGE ET RESSORT DES CONSEILS DE PRUD'HOMMES	
		Siège du conseil de prud'hommes	Ressort du conseil de prud'hommes
Seine-et-Marne	Fontainebleau	Fontainebleau	Ressort du tribunal judiciaire de Fontainebleau.
	Meaux	Meaux	Ressort du tribunal judiciaire de Meaux.
	Melun	Melun	Ressort du tribunal judiciaire de Melun.
Seine-Saint-Denis	Bobigny	Bobigny	Ressort du tribunal judiciaire de Bobigny.
Val-de-Marne	Créteil	Créteil	Ressort des chambres de proximité de Charenton-le-Pont, Ivry-sur-Seine, Nogent-sur-Marne, Saint-Maur-des-Fossés et Villejuif, à l'exception des cantons de Choisy-le-Roi et Orly, et de l'emprise de l'aérodrome de Paris-Orly.
		Villeneuve-Saint-Georges	Ressort de la chambre de proximité de Boissy-Saint-Léger, cantons de Choisy-le-Roi et Orly, et l'emprise de l'aérodrome de Paris-Orly.
Yonne	Auxerre	Auxerre	Ressort du tribunal judiciaire d'Auxerre.
	Sens	Sens	Ressort du tribunal judiciaire de Sens.
Paris	Paris	Paris	Ressort du tribunal judiciaire de Paris.
Cour d'appel de Pau			
Landes	Dax	Dax	Ressort du tribunal judiciaire de Dax.
	Mont-de-Marsan	Mont-de-Marsan	Ressort du tribunal judiciaire de Mont-de-Marsan.
Pyrénées-Atlantiques	Bayonne	Bayonne	Ressort du tribunal judiciaire de Bayonne.
	Pau	Pau	Ressort du tribunal judiciaire de Pau.
Hautes-Pyrénées	Tarbes	Tarbes	Ressort du tribunal judiciaire de Tarbes.
Cour d'appel de Poitiers			
Charente-Maritime	La Rochelle	La Rochelle	Ressort du tribunal judiciaire de La Rochelle, à l'exception du ressort de la chambre de proximité de Rochefort.
		Rochefort	Ressort de la chambre de proximité de Rochefort.
	Saintes	Saintes	Ressort du tribunal judiciaire de Saintes.
Deux-Sèvres	Niort	Thouars	Ressort de la chambre de proximité de Bressuire.
		Niort	Ressort du tribunal judiciaire de Niort, à l'exception du ressort de la chambre de proximité de Bressuire.
Vendée	La Roche-sur-Yon	La Roche-sur-Yon	Ressort du tribunal judiciaire de La Roche-sur-Yon.
	Les Sables-d'Olonne	Les Sables-d'Olonne	Ressort du tribunal judiciaire des Sables-d'Olonne.
Vienne	Poitiers	Poitiers	Ressort du tribunal judiciaire de Poitiers.
Cour d'appel de Reims			
Ardennes	Charleville-Mézières	Charleville-Mézières	Ressort du tribunal judiciaire de Charleville-Mézières.
Aube	Troyes	Troyes	Ressort du tribunal judiciaire de Troyes.
Marne	Châlons-en-Champagne	Châlons-en-Champagne	Ressort du tribunal judiciaire de Châlons-en-Champagne, à l'exception des cantons d'Anglure, Avize, Dormans, Épernay 1er canton, Épernay 2e canton, Esternay, Fère-Champenoise, Montmirail, Montmort-Lucy et Sézanne.
		Épernay	Cantons d'Anglure, Avize, Dormans, Épernay 1er canton, Épernay 2e canton, Esternay, Fère-Champenoise, Montmirail, Montmort-Lucy et Sézanne.
	Reims	Reims	Ressort du tribunal judiciaire de Reims.

DÉPARTEMENT	TRIBUNAL JUDICIAIRE	SIÈGE ET RESSORT DES CONSEILS DE PRUD'HOMMES	
		Siège du conseil de prud'hommes	Ressort du conseil de prud'hommes
Cour d'appel de Rennes			
Côtes-d'Armor	Saint-Brieuc	Guingamp	Ressort de la chambre de proximité de Guingamp.
		Saint-Brieuc	Ressort du tribunal judiciaire de Saint-Brieuc, à l'exception du ressort de la chambre de proximité de Guingamp.
Finistère	Brest	Brest	Ressort du tribunal judiciaire de Brest, à l'exception du ressort de la chambre de proximité de Morlaix.
		Morlaix	Ressort de la chambre de proximité de Morlaix.
	Quimper	Quimper	Ressort du tribunal judiciaire de Quimper.
Ille-et-Vilaine	Rennes	Rennes	Ressort du tribunal judiciaire de Rennes.
	Saint-Malo	Dinan (Côtes-d'Armor)	Ressort de la chambre de proximité de Dinan.
		Saint-Malo	Ressort du tribunal judiciaire de Saint-Malo, à l'exception du ressort de la chambre de proximité de Dinan.
Loire-Atlantique	Nantes	Nantes	Ressort du tribunal judiciaire de Nantes.
	Saint-Nazaire	Saint-Nazaire	Ressort du tribunal judiciaire de Saint-Nazaire.
Morbihan	Lorient	Lorient	Ressort du tribunal judiciaire de Lorient.
	Vannes	Vannes	Ressort du tribunal judiciaire de Vannes.
Cour d'appel de Riom			
Allier	Cusset	Vichy	Ressort de la chambre de proximité de Vichy.
		Moulins	Ressort de la chambre de proximité de Moulins.
	Montluçon	Montluçon	Ressort du tribunal judiciaire de Montluçon.
Cantal	Aurillac	Aurillac	Ressort du tribunal judiciaire d'Aurillac.
Haute-Loire	Le Puy-en-Velay	Le Puy-en-Velay	Ressort du tribunal judiciaire du Puy-en-Velay.
Puy-de-Dôme	Clermont-Ferrand	Clermont-Ferrand	Ressort du tribunal judiciaire de Clermont-Ferrand, à l'exception du ressort de la chambre de proximité de Riom.
		Riom	Ressort de la chambre de proximité de Riom.
Cour d'appel de Rouen			
Eure	Évreux	Bernay	Ressort de la chambre de proximité de Bernay.
		Évreux	Ressort du tribunal judiciaire d'Évreux, à l'exception des ressorts de la chambre de proximité de Bernay, des Andelys et des cantons d'Amfreville-la-Campagne, Gaillon, Gaillon-Campagne, Le Neubourg, Louviers-Nord, Louviers-Sud, Pont-de-l'Arche et Val-de-Reuil.
		Louviers	Ressort de la chambre de proximité des Andelys et cantons d'Amfreville-la-Campagne, Gaillon, Gaillon-Campagne, Le Neubourg, Louviers-Nord, Louviers-Sud, Pont-de-l'Arche et Val-de-Reuil.
Seine-Maritime	Dieppe	Dieppe	Ressort du tribunal judiciaire de Dieppe.
	Le Havre	Le Havre	Ressort du tribunal judiciaire du Havre.
	Rouen	Rouen	Ressort du tribunal judiciaire de Rouen.
Cour d'appel de Toulouse			
Ariège	Foix	Foix	Ressort du tribunal judiciaire de Foix.
Haute-Garonne	Toulouse	Toulouse	Ressort du tribunal judiciaire de Toulouse.
		Saint-Gaudens	Ressort du tribunal judiciaire de Saint-Gaudens.
Tarn	Albi	Albi	Ressort du tribunal judiciaire d'Albi
	Castres	Castres	Ressort du tribunal judiciaire de Castres.
Tarn-et-Garonne	Montauban	Montauban	Ressort du tribunal judiciaire de Montauban.

DÉPARTEMENT	TRIBUNAL JUDICIAIRE	SIÈGE ET RESSORT DES CONSEILS DE PRUD'HOMMES	
		Siège du conseil de prud'hommes	Ressort du conseil de prud'hommes
Cour d'appel de Versailles			
Eure-et-Loir	Chartres	Chartres	Ressort du tribunal judiciaire de Chartres, à l'exception du ressort de la chambre de proximité de Dreux et des cantons de Bonneval, Brou, Châteaudun, Cloyes-sur-le-Loir et Orgères-en-Beauce.
		Châteaudun	Cantons de Bonneval, Brou, Châteaudun, Cloyes-sur-le-Loir et Orgères-en-Beauce.
		Dreux	Ressort de la chambre de proximité de Dreux.
Hauts-de-Seine	Nanterre	Boulogne-Billancourt	Ressort des chambres de proximité d'Antony, Boulogne-Billancourt et Vanves.
		Nanterre	Ressort des chambres de proximité d'Asnières-sur-Seine, Colombes, Courbevoie et Puteaux.
Val-d'Oise	Pontoise	Argenteuil	Ressort de la chambre de proximité de Sannois.
		Montmorency	Ressort des chambres de proximité de Gonesse et Montmorency.
		Cergy-Pontoise	Ressort du tribunal judiciaire de Cergy-Pontoise, à l'exception des ressorts des chambres de proximité de Sannois, Gonesse et Montmorency.
Yvelines	Versailles	Mantes-la-Jolie	Ressort de la chambre de proximité de Mantes-la-Jolie.
		Poissy	Ressort de la chambre de proximité de Poissy.
		Rambouillet	Ressort de la chambre de proximité de Rambouillet.
		Saint-Germain-en-Laye	Ressort de la chambre de proximité de Saint-Germain-en-Laye.
		Versailles	Ressort du tribunal judiciaire de Versailles, à l'exception des ressorts des chambres de proximité de Mantes-la-Jolie, Poissy, Rambouillet et Saint-Germain-en-Laye.
Cour d'appel de Basse-Terre			
Guadeloupe	Basse-Terre	Basse-Terre	Ressort du tribunal judiciaire de Basse-Terre.
	Pointe-à-Pitre	Pointe-à-Pitre	Ressort du tribunal judiciaire de Pointe-à-Pitre.
Cour d'appel de Cayenne			
Guyane	Cayenne	Cayenne	Ressort du tribunal judiciaire de Cayenne.
Cour d'appel de Fort-de-France			
Martinique	Fort-de-France	Fort-de-France	Ressort du tribunal judiciaire de Fort-de-France.
Cour d'appel de Saint-Denis de la Réunion			
Mayotte	Mamoudzou	Mamoudzou	Ressort du tribunal judiciaire de Mamoudzou.
Réunion	Saint-Denis	Saint-Denis	Ressort du tribunal judiciaire de Saint-Denis.
	Saint-Pierre	Saint-Pierre	Ressort du tribunal judiciaire de Saint-Pierre.
Tribunal supérieur de Saint-Pierre			
Saint-Pierre-et-Miquelon	Saint-Pierre	Saint-Pierre	Ressort du tribunal supérieur d'appel de Saint-Pierre.

(*) Siège provisoire dans l'attente de la future localisation du tribunal judiciaire.

LIVRE V

DISPOSITIONS RELATIVES À L'OUTRE-MER

TITRE Ier

DISPOSITIONS GÉNÉRALES

Chapitre unique

Art. L. 1511-1. Dans la présente partie et sous réserve, le cas échéant, des dispositions du présent livre, les mots : " national ", " nationales ", " nationaux ", " France ", " territoire français ", " sol français ", " ensemble du territoire " ou " ensemble du territoire national " visent les départements de métropole, (Ord. 2017-1491 du 25 oct. 2017, art. 2, 3°, JO 26, entrée en vigueur le 01.01.2018) « la Guadeloupe, la Guyane, la Martinique, Mayotte, La Réunion, Saint-Barthélemy, Saint-Martin et Saint-Pierre-et-Miquelon ».

Lorsque les dispositions de la présente partie prévoient une sanction pénale d'interdiction du territoire français, cette interdiction s'applique sur l'ensemble du territoire de la République française.

TITRE II

GUADELOUPE, GUYANE, MARTINIQUE, MAYOTTE, LA RÉUNION, SAINT-BARTHÉLEMY, SAINT-MARTIN ET SAINT-PIERRE-ET-MIQUELON

Chapitre Ier

Dispositions générales

Art. L. 1521-1. Les dispositions de la présente partie s'appliquent (Ord. 2017-1491 du 25 oct. 2017, art. 2, 5°, JO 26, entrée en vigueur le 01.01.2018) « en Guadeloupe, en Guyane, en Martinique, à Mayotte et à La Réunion » (Ord. 2008-205 du 27 févr. 2008, JO 1er mars) « , à Saint-Barthélemy, à Saint-Martin » et à Saint-Pierre-et-Miquelon, sous réserve des adaptations prévues par le présent titre.

Art. L. 1521-2. Pour l'application de la présente partie (Ord. 2017-1491 du 25 oct. 2017, art. 2, 6°, JO 26, entrée en vigueur le 01.01.2018) « en Guadeloupe, en Guyane, en Martinique et à La Réunion » et en l'absence de mention particulière spécifique à ces collectivités, les références à la caisse régionale d'assurance maladie sont remplacées par celles de la caisse générale de sécurité sociale dans les départements d'outre-mer.

Art. L. 1521-2-1. (Ord. 2015-1578 du 3 déc. 2015, JO 4) Pour l'application de la présente partie en Guyane et en Martinique, et en l'absence de mention particulière spécifique à ces collectivités :

1° Les attributions dévolues au préfet, dans la région ou dans le département, sont exercées par le représentant de l'État dans la collectivité territoriale ;

2° Les attributions dévolues au conseil départemental, au conseil régional où à leur président sont exercées par l'assemblée de Guyane ou par son président et par l'assemblée de Martinique ou par le président du conseil exécutif de Martinique ou, dans le cas prévu à l'article L. 7223-5 du code général des collectivités territoriales, par le président de l'assemblée de Martinique ;

3° Les références faites au département, au département d'outre-mer, à la région ou à la région d'outre-mer, au conseil départemental et au conseil régional sont remplacées par les références à la Guyane et à la Martinique.

Art. L. 1521-2-2. (Ord. 2017-1491 du 25 oct. 2017, art. 2, 7°, JO 26, entrée en vigueur le 01.01.2018) Pour l'application de la présente partie à Mayotte et en l'absence de mention particulière spécifique à cette collectivité :

1° Les attributions dévolues au préfet dans la région ou dans le département sont exercées par le préfet de Mayotte ;

2° Les attributions dévolues au conseil régional ou à son président sont exercées par le conseil départemental de Mayotte ou par son président ;

3° Les attributions dévolues à la direction régionale des entreprises, de la concurrence, de la consommation, du travail et de l'emploi ou respectivement à son directeur sont exercées par la direction des entreprises, de la concurrence, de la consommation, du travail et de l'emploi de Mayotte ou son directeur ;

4° Les attributions dévolues à une direction régionale ou à son directeur sont exercées par la direction compétente à Mayotte ou son directeur ;

5° Les références au département ou à la région sont remplacées, selon le cas, par des références à Mayotte ou au Département de Mayotte ;

6° Les références à la chambre départementale d'agriculture sont remplacées par des références à la chambre de l'agriculture, de la pêche et de l'aquaculture de Mayotte ;

7° Les références à la caisse régionale d'assurance maladie ou à la caisse d'assurance retraite et de la santé au travail et aux unions de recouvrement des cotisations de sécurité sociale et d'allocations familiales sont remplacées par des références à la caisse de sécurité sociale de Mayotte ;

8° Les références au recouvrement dans les conditions prévues au chapitre VII du titre III du livre Ier du code de la sécurité sociale, ou à sa section 1, sont remplacées par des références au recouvrement par la caisse de sécurité sociale en matière de cotisations de sécurité sociale à la charge des employeurs assises sur les gains et rémunérations de leurs salariés ;

9° Les références au plafond de la sécurité sociale, ou au plafond de la sécurité sociale prévu à l'article L. 241-3 du code de la sécurité sociale, sont remplacées par des références au plafond de la sécurité sociale applicable à Mayotte ;

10° Les références au régime général de sécurité sociale sont remplacées par des références au régime de sécurité sociale prévu par l'ordonnance n° 96-1122 du 20 décembre 1996 relative à l'amélioration de la santé publique, à l'assurance maladie, maternité, invalidité et décès, au financement de la sécurité sociale à Mayotte et à la caisse de sécurité sociale de Mayotte, l'ordonnance n° 2002-149 du 7 février 2002 relative à l'extension et à la généralisation des prestations familiales et à la protection sociale dans la collectivité départementale de Mayotte, l'ordonnance n° 2002-411 du 27 mars 2002 relative à la protection sanitaire et sociale à Mayotte et l'ordonnance n° 2006-1588 du 13 décembre 2006 relative au régime de prévention de réparation et de tarification des accidents du travail et des maladies professionnelles à Mayotte ;

11° Les références aux exonérations de cotisations sociales mentionnées à l'article L. 241-13 du code de la sécurité sociale sont remplacées par des références aux exonérations de cotisations sociales mentionnées à l'article 28-7 de l'ordonnance n° 96-1122 du 20 décembre 1996 relative à l'amélioration de la santé publique, à l'assurance maladie, maternité, invalidité et décès, au financement de la sécurité sociale à Mayotte et à la caisse de sécurité sociale de Mayotte ;

12° Les références au code de la sécurité sociale sont remplacées par des références à la législation applicable à Mayotte en matière de sécurité sociale ;

13° Les documents dont le présent code prévoit la transmission par lettre recommandée peuvent toujours être remis en main propre contre décharge ou par tout autre moyen donnant date certaine à sa réception ;

14° Les dispositions du présent code qui prévoient la transmission ou la réception de documents, l'organisation de réunions et de scrutins, ou l'accomplissement de toute autre formalité par voie électronique par le public ou les salariés, sont remplacées par des dispositions permettant la transmission ou la réception de ces documents, l'organisation de ces réunions et de ces scrutins, ou l'accomplissement de ces formalités par toute voie utile ;

15° Les références au conseil de prud'hommes sont remplacées par des références au tribunal du travail et des prud'hommes ;

16° Les références au bureau de jugement sont remplacées par des références à la formation de jugement compétente du tribunal du travail et des prud'hommes ;

17° Les références aux conseillers prud'hommes sont remplacées par des références aux assesseurs du tribunal du travail et des prud'hommes ;

18° Les références aux candidats à la fonction de conseiller prud'homme, ou à leur candidature, sont supprimées.

Art. R. 1521-1. (D. 2018-953 du 31 oct. 2018, art. 2, 2°, JO 6 nov.) Pour l'application du présent code à Mayotte et en l'absence de mention particulière spécifique à cette collectivité :

1° Les attributions dévolues au préfet dans la région ou dans le département sont exercées par le préfet de Mayotte ;

2° Les attributions dévolues au conseil régional ou à son président sont exercées par le conseil départemental de Mayotte ou par son président ;

3° Les attributions dévolues à la direction régionale des entreprises, de la concurrence, de la consommation, du travail et de l'emploi ou respectivement à son directeur sont exercées par la direction des entreprises, de la concurrence, de la consommation, du travail et de l'emploi de Mayotte ou son directeur ;

4° Les attributions dévolues à une direction régionale ou à son directeur sont exercées par la direction compétente à Mayotte ou son directeur ;

5° Les références au département ou à la région sont remplacées, selon le cas, par des références à Mayotte ou au Département de Mayotte ;

6° Les références à la chambre départementale d'agriculture sont remplacées par des références à la chambre de l'agriculture, de la pêche et de l'aquaculture de Mayotte ;

7° Les références à la caisse régionale d'assurance maladie ou à la caisse d'assurance retraite et de la santé au travail et aux unions de recouvrement des cotisations de sécurité sociale et d'allocations familiales sont remplacées par des références à la caisse de sécurité sociale de Mayotte ;

8° Les références au recouvrement dans les conditions prévues au chapitre 7 du titre 3 du livre 1 du code de la sécurité sociale, ou à sa section 1, sont remplacées par des références au recouvrement par la caisse de sécurité sociale en matière de cotisations de sécurité sociale à la charge des employeurs assises sur les gains et rémunérations de leurs salariés ;

9° Les références au plafond de la sécurité sociale, ou au plafond de la sécurité sociale prévu à l'article L. 241-3 du code de la sécurité sociale, sont remplacées par des références au plafond de la sécurité sociale applicable à Mayotte ;

10° Les références au régime général de sécurité sociale sont remplacées par des références au régime de sécurité sociale prévu par l'ordonnance n° 96-1122 du 20 décembre 1996 relative à l'amélioration de la santé publique, à l'assurance maladie, maternité, invalidité et décès, au financement de la sécurité sociale à Mayotte et à la caisse de sécurité sociale de Mayotte, l'ordonnance n° 2002-149 du 7 février 2002 relative à l'extension et à la généralisation des prestations familiales et à la protection sociale dans la collectivité départementale de Mayotte, l'ordonnance n° 2002-411 du 27 mars 2002 relative à la protection sanitaire et sociale à Mayotte et l'ordonnance n° 2006-1588 du 13 décembre 2006 relative au régime de prévention de réparation et de tarification des accidents du travail et des maladies professionnelles à Mayotte et les dispositions réglementaires prises pour leur application ;

11° Les références au code de la sécurité sociale sont remplacées par des références à la législation applicable à Mayotte en matière de sécurité sociale ;

12° Les documents dont le présent code prévoit la transmission par lettre recommandée peuvent toujours être remis en main propre contre décharge ou par tout autre moyen donnant date certaine à sa réception ;

13° Les dispositions du présent code qui prévoient la transmission ou la réception de documents, l'organisation de réunions et de scrutins, ou l'accomplissement de toute autre formalité par voie électronique par le public ou les salariés, sont remplacées par des dispositions permettant la transmission ou la réception de ces documents, l'organisation de ces réunions et de ces scrutins, ou l'accomplissement de ces formalités par toute voie utile ;

14° (Abrogé);

15° Les références au conseil des prud'hommes sont remplacées par des références au tribunal du travail et des prud'hommes ;

16° Les références au bureau de jugement sont remplacées par des références à la formation de jugement compétente du tribunal du travail et des prud'hommes ;

17° Les références aux conseillers prud'hommes sont remplacées par des références aux assesseurs du tribunal du travail et des prud'hommes ;

18° Les références aux candidats à la fonction de conseiller prud'homme, ou à leur candidature, sont supprimées.

Art. L. 1521-3. Pour l'application de la présente partie à Saint-Pierre-et-Miquelon et en l'absence de mention particulière spécifique à cette collectivité :

1° Les attributions dévolues au préfet, dans la région ou dans le département, sont exercées par le représentant de l'État ;

2° Les attributions dévolues au conseil régional ou à son président sont exercées par le conseil général de Saint-Pierre-et-Miquelon ou par son président ;

3° Les attributions dévolues au (Ord. 2019-964 du 18 sept. 2019, art. 23, JO 19, entrée en vigueur le 01.01.2020) « tribunal judiciaire, à son président ou à son greffe » sont attribuées au tribunal de première instance, à son président ou à son greffe ;

4° Les attributions dévolues au (L. 2011-525 du 17 mai 2011, art. 170, JO 18) « directeur régional des entreprises, de la concurrence, de la consommation, du travail et de l'emploi » ou au directeur du travail, de l'emploi et de la formation professionnelle des départements d'outre-mer sont exercées par le chef du service du travail, de l'emploi et de la formation professionnelle de Saint-Pierre-et-Miquelon ;

5° Les références au code général des impôts sont remplacées par les références équivalentes du code des impôts de Saint-Pierre-et-Miquelon ;

6° Les références au département ou à la région sont remplacées par celles de Saint-Pierre-et-Miquelon ;

7° Les références à la caisse régionale d'assurance maladie sont remplacées par celles de la caisse de prévoyance sociale.

Art. L. 1521-4. (Ord. 2008-205 du 27 févr. 2008, JO 1er mars) Pour l'application de la présente partie à Saint-Barthélemy et à Saint-Martin et en l'absence de mention particulière spécifique à l'une ou l'autre de ces collectivités :

1° Les attributions dévolues au préfet, dans la région ou dans le département, sont exercées par le représentant de l'État dans chacune de ces collectivités ;

2° Les attributions dévolues au conseil régional ou à son président et au conseil général ou à son président sont exercées par le conseil territorial ou par son président ;

3° Les références au département ou à la région sont remplacées par des références à Saint-Barthélemy et à Saint-Martin ;

4° Les références à la caisse régionale d'assurance maladie sont remplacées par des références à la caisse générale de sécurité sociale.

Chapitre II

Dispositifs simplifiés de déclaration et de recouvrement de cotisations et de contributions sociales

Art. L. 1522-1. Les dispositions des articles L. 1271-1 à L. 1271-16 (Ord. 2015-682 du 18 juin 2015, art. 3, I, 3°, JO 19, entrée en vigueur le 01.01.2017) « et de la sous-section 2 de la section 1 du chapitre III *bis* du livre Ier du code de la sécurité sociale » relatives au chèque emploi-service universel s'appliquent (Ord. 2015-682 du 18 juin 2015, art. 3, I, 3°, JO 19, entrée en vigueur le 01.01.2017) « en Guadeloupe, en Guyane, en Martinique, (Ord. 2017-1491 du 25 oct. 2017, art. 34, I, 1°, JO 26, entrée en vigueur le 01.01.2020) « à Mayotte,» à La Réunion » (Ord. 2008-205 du 27 févr. 2008, JO 1er mars) « , à Saint-Barthélemy, à Saint-Martin » et à Saint-Pierre-et-Miquelon.

Art. L. 1522-2. (Ord. 2015-682 du 18 juin 2015, art. 3, I, 4°, JO 19, entrée en vigueur le 01.01.2017) Les dispositions de la sous-section 2 de la section 1 du chapitre III *bis* du livre Ier du code de la sécurité sociale relatives au chèque emploi associatif et du chapitre II du titre VII du livre II de la première partie du présent code s'appliquent en Guadeloupe, en Guyane, en Martinique, (Ord. 2017-1491 du 25 oct. 2017, art. 34, I, 1°, JO 26, entrée en vigueur le 01.01.2020) « à Mayotte,» à La Réunion, à Saint-Barthélemy, à Saint-Martin et à Saint-Pierre-et-Miquelon.

Art. L. 1522-3. (Ord. 2015-682 du 18 juin 2015, art. 3, I, 5°, JO 19, entrée en vigueur le 01.01.2017) (Ord. 2017-1491 du 25 oct. 2017, art. 2, 8°, JO 26, entrée en vigueur le 01.01.2018) « I. —» Les dispositions de la sous-section 2 de la section 1 du chapitre III *bis* du livre Ier du code de la sécurité sociale relatives au titre emploi-service entreprise et du chapitre III du titre VII du livre II de la première partie du présent code s'appliquent en Guadeloupe, en Guyane, en Martinique, à La Réunion, à Saint-Barthélemy, à Saint-Martin et à Saint-Pierre-et-Miquelon.

(Ord. 2017-1491 du 25 oct. 2017, art. 2, 8°, JO 26, entrée en vigueur le 01.01.2018) « II. — Les dispositions de la sous-section 2 de la section 1 du chapitre III *bis* du livre Ier du code de la sécurité sociale relatives au titre emploi-service entreprises sont applicables à Mayotte dans les conditions définies à l'article 28-11 de l'ordonnance n° 96-1122 du 20 décembre 1996 relative à l'amélioration de la santé publique, à l'assurance maladie, maternité, invalidité et décès, au financement de la sécurité sociale à Mayotte et à la caisse de sécurité sociale de Mayotte. »

Art. L. 1522-4. (Ord. 2015-682 du 18 juin 2015, art. 3, I, 5°, JO 19, entrée en vigueur le 01.01.2017) Les dispositions de la sous-section 2 de la section 1 du chapitre III *bis* du livre Ier du code de la sécurité sociale relatives aux particuliers qui emploient des salariés exerçant une activité de garde d'enfants mentionnés au 4° de l'article L. 133-5-6 du même code et du chapitre Ier du titre III du livre cinquième du même code s'appliquent en Guadeloupe, en Guyane, en Martinique, (Ord. 2017-1491 du 25 oct. 2017, art. 34, I, 2°, JO 26, entrée en vigueur le 01.01.2022) « à Mayotte, » à La Réunion, à Saint-Barthélemy et à Saint-Martin.

Chapitre III

Le conseil de prud'hommes

Art. L. 1523-1. (Ord. 2016-388 du 31 mars 2016, art. 1er, 14°, JO 1er avril, entrée en vigueur le 01.02.2017) Pour l'application de l'article L. 1441-4 aux conseils de prud'hommes de Guadeloupe, les mots : " au niveau départemental " sont remplacés par les mots : " en Guadeloupe, à Saint-Barthélemy et à Saint-Martin ".

Art. R. 1523-1. (D. 2016-1359 du 11 oct. 2016, art. 6, JO 13, entrée en vigueur le 01.02.2017) Pour l'application des articles R. 1441-3, R. 1441-6 à R. 1441-7, et R. 1441-18 aux conseils de prud'hommes de Guadeloupe, les références au département, au niveau départemental et au niveau régional sont remplacées par la référence à la Guadeloupe, à Saint-Barthélemy et à Saint-Martin.

Art. R. 1523-2. À Saint-Pierre-et-Miquelon, le conseil territorial peut proposer de réduire à deux conseillers employeurs et deux conseillers salariés le nombre de conseillers de chaque section du conseil de prud'hommes.

Art. R. 1523-3. À Saint-Pierre-et-Miquelon, le " tribunal supérieur d'appel " se substitue à la " cour d'appel ". Le " tribunal de première instance " se substitue au (D. 2019-913 du 30 août 2019, art. 25, II, 1°, JO 1er sept., entrée en vigueur le 01.01.2020) « " tribunal judiciaire " ».

Art. R. 1523-4. À Saint-Pierre-et-Miquelon, les personnes habilitées à représenter les parties en matière prud'homale sont, outre celles mentionnées à l'article R. 1453-2, les agréés.

Art. R. 1523-5. Les dispositions des deuxième et troisième alinéas de l'article R. 1461-1 et de l'article R. 1461-2, de l'article R. 1457-2 ne sont pas applicables à Saint-Pierre-et-Miquelon.

Dans cette collectivité, l'appel est formé, instruit et jugé suivant les règles de la procédure ordinaire applicable devant le tribunal supérieur d'appel.

Art. R. 1523-6. (D. 2015-1761 du 24 déc. 2015, JO 27) Les conseillers prud'hommes résidant à Saint-Martin ou à Saint-Barthélemy, lorsqu'ils sont appelés à siéger au conseil des prud'hommes de Basse-Terre sont remboursés, à l'occasion de leurs déplacements entre le siège du conseil de prud'hommes et leur domicile ou leur lieu de travail habituel, de leurs frais de repas et d'hébergement selon les modalités prévues au 1° et au 2° de l'article 3 du décret n° 2006-781 du 3 juillet 2006 modifié fixant les conditions et les modalités de règlement des frais occasionnés par les déplacements temporaires des personnels civils de l'État.

Chapitre IV

Dispositions relatives à Mayotte

Note Les dispositions législatives de ce chapitre sont issues de l'ordonnance 2017-1491 du 25 octobre 2017, art. 2, 9°, JO 26, entrée en vigueur le 01.01.2018 ; les dispositions réglementaires de ce chapitre sont issues du décret 2018-953 du 31 octobre 2018, art. 2, 3°, JO 6 nov.

Art. L. 1524-1. Pour l'application à Mayotte de l'article L. 1221-22, le deuxième alinéa est remplacé par un alinéa ainsi rédigé :

" - de durées plus longues fixées par les accords collectifs de branche conclus avant le 1er janvier 2018, dans la limite d'une durée de cinq ans ; ".

Art. L. 1524-2. Pour l'application à Mayotte des articles L. 1225-10 et L. 1225-14, les mots : " l'allocation journalière prévue à l'article L. 333-1 du code de la sécurité sociale " sont remplacés par les mots : " l'indemnité journalière prévue en cas de maternité visée à l'article 20-6 de l'ordonnance n° 96-1122 du 20 décembre 1996 relative à l'amélioration de la santé publique, à l'assurance maladie, maternité, invalidité et décès, au financement de la sécurité sociale à Mayotte et à la caisse de sécurité sociale de Mayotte ".

Art. L. 1524-3. Pour l'application à Mayotte du dernier alinéa de l'article L. 1225-26 et du dernier alinéa de l'article L. 1225-44, les mots : " à l'entrée en vigueur de la loi n° 2006-340 du 23 mars 2006 relative à l'égalité salariale entre les femmes et les hommes " sont remplacés par les mots : " au 1er janvier 2018 ".

Art. L. 1524-4. Pour l'application à Mayotte de l'article L. 1225-28, les mots : " définie au premier alinéa de l'article L. 331-6 du code de la sécurité sociale " sont remplacés par les mots : " soit entre la naissance de l'enfant et la fin de l'indemnisation au titre du régime d'assurance maternité, soit entre la naissance de l'enfant et la fin du maintien de traitement lié à la maternité " et les mots : " définie au même premier alinéa, le cas échéant reportée en application du deuxième alinéa du même article " sont supprimés.

Art. L. 1524-5. Pour l'application à Mayotte du premier alinéa de l'article L. 1225-61, les mots : " au sens de l'article L. 513-1 du code de la sécurité sociale " sont remplacés par les mots : " au sens du premier alinéa de l'article 6 de l'ordonnance n° 2002-149 du 7 février 2002 relative à l'extension et à la généralisation des prestations familiales et à la protection sociale dans la collectivité départementale de Mayotte ".

Art. L. 1524-6. Pour l'application à Mayotte de l'article L. 1225-62:

a) Les mots : " au sens de l'article L. 513-1 du code de la sécurité sociale " sont remplacés par les mots : " au sens du premier alinéa de l'article 6 de l'ordonnance n° 2002-149 du 7 février 2002 relative à l'extension et à la généralisation des prestations familiales et à la protection sociale dans la collectivité départementale de Mayotte ";

b) Les mots : " et remplissant l'une des conditions prévues par l'article L. 512-3 du même code " sont remplacés par les mots : " et remplissant les conditions prévues au premier alinéa de l'article 5 de la même ordonnance ";

c) Les mots : " celle définie dans le certificat médical mentionné à l'article L. 544-2 du code de la sécurité sociale " sont remplacés par les mots : " définie dans un certificat médical, établi selon des modalités fixées par décret en Conseil d'État ".

Art. L. 1524-7. Pour l'application à Mayotte de l'article L. 1226-1, les mots : " prévue à l'article L. 321-1 du code de la sécurité sociale " sont remplacés par les mots : " prévue au 7° de l'article 20-1 de l'ordonnance n° 96-1122 du 20 décembre 1996 relative à l'amélioration de la santé publique, à l'assurance maladie, maternité, invalidité et décès, au financement de la sécurité sociale à Mayotte et à la caisse de sécurité sociale de Mayotte ".

Art. L. 1524-8. Pour l'application à Mayotte de l'article L. 1226-7, les mots : " en application du quatrième alinéa de l'article L. 433-1 du même code " sont supprimés.

Art. L. 1524-9. Pour l'application à Mayotte de l'article L. 1237-5:

a) Les mots : " au 1° de l'article L. 351-8 du code de la sécurité sociale " sont remplacés à trois reprises par les mots : " au deuxième alinéa de l'article 6 de l'ordonnance n° 2002-411 du 27 mars 2002 relative à la protection sanitaire et sociale à Mayotte ";

b) Les mots : " au premier alinéa de l'article L. 351-1 du code de la sécurité sociale " sont remplacés par les mots : " au premier alinéa de l'article 6 de la même ordonnance ".

Art. L. 1524-10. Pour son application à Mayotte, l'article L. 1237-5-1 est ainsi rédigé :

" Art. L. 1237-5-1. — À compter de la date de publication de l'ordonnance n° 2017-1491 du 25 octobre 2017, aucune convention ou accord collectif prévoyant la possibilité d'une mise à la retraite d'office d'un salarié à un âge inférieur à celui fixé au deuxième alinéa de l'article 6 de l'ordonnance n° 2002-411 du 27 mars 2002 relative à la protection sanitaire et sociale à Mayotte ne peut être signé ou étendu.

" Les accords conclus et étendus avant le 1er janvier 2018, déterminant des contreparties en termes d'emploi ou de formation professionnelle et fixant un âge inférieur à celui mentionné au même alinéa, dès lors que le salarié peut bénéficier d'une pension de vieillesse à taux plein et que cet âge n'est pas inférieur à celui fixé au premier alinéa de l'article 6 de la même ordonnance, cessent de produire leurs effets au 31 décembre 2021. "

Art. L. 1524-11. Le montant minimum de la garantie financière minimale des entrepreneurs de travail temporaire à Mayotte est fixé annuellement par décret.

Art. L. 1524-12. (L. 2020-734 du 17 juin 2020, art. 44, III, JO 18) Pour son application à Mayotte, l'article L. 1423-1-1 est ainsi rédigé :

" Art. L. 1423-1-1. - Sous réserve des dispositions relatives à la section encadrement, les affaires sont réparties entre les sections du conseil des prud'hommes dans des conditions définies par décret en Conseil d'État. "

Art. L. 1524-13. (L. 2020-734 du 17 juin 2020, art. 44, III, JO 18) Pour son application à Mayotte, l'article L. 1441-16 est ainsi rédigé :

" Art. L. 1441-16. - L'appartenance des salariés candidats à une section autre que celle mentionnée aux articles L. 1441-14 et L. 1441-15 est déterminée par décret en Conseil d'État. "

Art. R. 1524-1. Le 5° de l'article R. 1221-1 n'est pas applicable à Mayotte.

Art. R. 1524-2. Pour l'application à Mayotte de l'article R. 1221-2 :

1° Les mots : " à l'article R. 243-2 du code de la sécurité sociale " sont remplacés par les mots : " à l'article 1er du décret n° 98-1162 du 16 décembre 1998 fixant les règles applicables pour le recouvrement des ressources des régimes de sécurité sociale en vigueur dans la collectivité territoriale de Mayotte et pour le placement des disponibilités de la caisse de prévoyance sociale de Mayotte " ;

2° Au 2°, les mots : " ou s'il s'agit d'un salarié agricole, à la caisse de mutualité sociale agricole prévue à l'article R. 722-34 du code rural et de la pêche maritime " ne sont pas applicables ;

3° Au 5°, les mots : " ou, s'il s'agit d'un salarié agricole, aux articles R. 717-13 et R. 717-16 du code rural et de la pêche maritime " ne sont pas applicables.

Art. R. 1524-3. Le 6° de l'article R. 1221-2 n'est pas applicable à Mayotte.

Art. R. 1524-4. Pour l'application à Mayotte de l'article R. 1221-13 :

1° Le premier alinéa est complété par les dispositions suivantes : " à l'article R. 243-19 du code de la sécurité sociale " ;

2° Les 1° et 2° sont abrogés.

Art. R. 1524-5. Pour l'application à Mayotte de l'article R. 1225-12, les mots : " à l'article L. 541-1 du code de la sécurité sociale " sont remplacés par les mots : " à l'article 10-1 de l'ordonnance n° 2002-149 du 7 février 2002 relative à l'extension et la généralisation des prestations familiales et à la protection sociale dans la collectivité départementale de Mayotte ".

Art. R. 1524-6. Pour l'application à Mayotte de l'article R. 1233-32, les mots : " de l'article 32 de la loi n° 2000-37 du 19 janvier 2000 relative à la réduction négociée du temps de travail " sont remplacés par les mots : " de l'article 35, II de l'ordonnance n° 2017-1491 du 25 octobre 2017 portant extension et adaptation de la partie législative du code du travail, et de diverses dispositions relatives au travail, à l'emploi et à la formation professionnelle à Mayotte ".

Art. R. 1524-7. Pour l'application à Mayotte de l'article R. 1263-4-1, les mots : " l'unité départementale mentionnée à l'article R. 8122-2 dans le ressort de laquelle s'effectue la prestation " sont remplacés par les mots : " la direction des entreprises, de la concurrence, de la consommation, du travail et de l'emploi de Mayotte ".

Art. R. 1524-8. Pour l'application à Mayotte de l'article R. 1263-6-1, les mots : " l'unité départementale mentionnée à l'article R. 8122-2 dans le ressort de laquelle s'effectue la prestation " sont remplacés par les mots : " la direction des entreprises, de la concurrence, de la consommation, du travail et de l'emploi de Mayotte ".

TITRE III
MESURES DE COORDINATION AVEC LES AUTRES COLLECTIVITÉS ULTRAMARINES

Chapitre Ier

Formation et exécution du contrat de travail

Art. L. 1531-1. Le contrat de travail des salariés des entreprises établies dans un département de métropole, (Ord. 2017-1491 du 25 oct. 2017, art. 2, 11°, JO 26, entrée en vigueur le 01.01.2018) « en Guadeloupe, en Guyane, en Martinique, à Mayotte, à La Réunion » (Ord. 2008-205 du 27 févr. 2008, JO 1er mars) «, à Saint-Barthélemy, à Saint-Martin » ou à Saint-Pierre-et-Miquelon et exerçant leur activité à Wallis et Futuna est régi par les dispositions légales ou conventionnelles applicables à l'entreprise qui les emploie pendant une durée maximum de vingt-quatre mois.

Art. L. 1531-2. Le contrat de travail des salariés mentionnés à l'article L. 1531-1 est écrit.
Il prévoit les modalités selon lesquelles le salarié est indemnisé des dépenses auxquelles l'exposent sa venue, son séjour dans le pays ou lieu de son emploi et son retour à sa résidence habituelle. Il prévoit également la prise en charge par l'employeur des frais occasionnés au salarié et, le cas échéant, à sa famille par sa prise de congé dès lors que l'intéressé a exercé son activité pendant au moins douze mois.
Le contrat de travail est remis au salarié, sauf impossibilité majeure, au plus tard huit jours avant la date de son départ vers son lieu de travail.

Art. L. 1531-3. L'article L. 1226-1 est applicable aux salariés d'une entreprise ou d'un établissement situé en métropole ou (Ord. 2017-1491 du 25 oct. 2017, art. 2, 12°, JO 26, entrée en vigueur le 01.01.2018) « en Guadeloupe, en Guyane, en Martinique, à Mayotte, à La Réunion » (Ord. 2008-205 du 27 févr. 2008, JO 1er mars) «, à Saint-Barthélemy, à Saint-Martin » ou à Saint-Pierre-et-Miquelon qui ont été soignés en Nouvelle-Calédonie, en Polynésie française, à Wallis et Futuna ou dans les Terres australes et antarctiques françaises.

Chapitre II

Rupture du contrat de travail à durée indéterminée

Art. L. 1532-1. Lorsque les salariés et les entreprises interviennent dans les collectivités de la République française exclues du champ d'application géographique défini à l'article L. 1511-1, les dispositions de l'article L. 1231-5 sont applicables au salarié mis, par la société mère au service de laquelle il était précédemment engagé et dont le siège social est situé dans un département métropolitain, (Ord. 2017-1491 du 25 oct. 2017, art. 2, 13°, JO 26, entrée en vigueur le 01.01.2018) « en Guadeloupe, en Guyane, en Martinique, à Mayotte, à La Réunion » (Ord. 2008-205 du 27 févr. 2008, JO 1er mars) «, à Saint-Barthélemy, à Saint-Martin » ou à Saint-Pierre-et-Miquelon, à la disposition d'une filiale établie à Wallis et Futuna ou dans les Terres australes et antarctiques françaises et à laquelle il est lié par un contrat de travail.

DEUXIÈME PARTIE

LES RELATIONS COLLECTIVES DE TRAVAIL

LIVRE Ier

LES SYNDICATS PROFESSIONNELS

TITRE Ier

CHAMP D'APPLICATION

Chapitre unique

Art. L. 2111-1. Les dispositions du présent livre sont applicables aux employeurs de droit privé ainsi qu'à leurs salariés.

Elles sont également applicables au personnel des personnes publiques employé dans les conditions du droit privé, sous réserve des dispositions particulières ayant le même objet résultant du statut qui régit ce personnel.

Art. L. 2111-2. Les dispositions du présent livre s'appliquent sans préjudice d'autres droits accordés aux syndicats par des lois particulières.

TITRE II

REPRÉSENTATIVITÉ SYNDICALE

Chapitre Ier

Critères de représentativité

Art. L. 2121-1. (L. 2008-789 du 20 août 2008, art. 1er, JO 21) La représentativité des organisations syndicales est déterminée d'après les critères cumulatifs suivants :

1° Le respect des valeurs républicaines ;

2° L'indépendance ;

3° La transparence financière ;

4° Une ancienneté minimale de deux ans dans le champ professionnel et géographique couvrant le niveau de négociation. Cette ancienneté s'apprécie à compter de la date de dépôt légal des statuts ;

5° L'audience établie selon les niveaux de négociation conformément aux articles L. 2122-1, L. 2122-5, L. 2122-6 et L. 2122-9 ;

6° L'influence, prioritairement caractérisée par l'activité et l'expérience ;

7° Les effectifs d'adhérents et les cotisations.

Art. L. 2121-2. S'il y a lieu de déterminer la représentativité d'un syndicat ou d'une organisation professionnelle autre que ceux affiliés à l'une des organisations représentatives au niveau national, l'autorité administrative diligente une enquête.

L'organisation intéressée fournit les éléments d'appréciation dont elle dispose.

Art. R. 2121-1. Les enquêtes relatives à la détermination de la représentativité sont diligentées par le ministre chargé du travail.

Pour les professions agricoles, ces attributions sont exercées en accord avec celui-ci par le ministre chargé de l'agriculture.

Art. R. 2121-2. Le silence gardé pendant plus de six mois par le ministre chargé du travail saisi d'une demande d'enquête vaut décision de rejet.

Chapitre II

Syndicats représentatifs

Note Ce chapitre a été introduit par la loi 2008-789 du 20 août 2008, art. 2, JO 21.

SECTION 1. Représentativité syndicale au niveau de l'entreprise et de l'établissement

Art. L. 2122-1. Dans l'entreprise ou l'établissement, sont représentatives les organisations syndicales qui satisfont aux critères de l'article L. 2121-1 et qui ont recueilli au moins 10 % des suffrages exprimés au premier tour des dernières élections des titulaires au (Ord. 2017-1386 du 22 sept. 2017, art. 4, 16°, JO 23, entrée en vigueur au plus tard le 01.01.2018) «comité social et économique», quel que soit le nombre de votants.

Art. L. 2122-2. Dans l'entreprise ou l'établissement, sont représentatives à l'égard des personnels relevant des collèges électoraux dans lesquels leurs règles statutaires leur donnent vocation à présenter des candidats les organisations syndicales catégorielles affiliées à une confédération syndicale catégorielle interprofessionnelle nationale qui satisfont aux critères de l'article L. 2121-1 et qui ont recueilli au moins 10 % des suffrages exprimés au premier tour des dernières élections des titulaires au (Ord. 2017-1386 du 22 sept. 2017, art. 4, 16°, JO 23, entrée en vigueur au plus tard le 01.01.2018) «comité social et économique» dans ces collèges, quel que soit le nombre de votants.

Art. L. 2122-3. Lorsqu'une liste commune a été établie par des organisations syndicales, la répartition entre elles des suffrages exprimés se fait sur la base indiquée par les organisations syndicales concernées lors du dépôt de leur liste. À défaut d'indication, la répartition des suffrages se fait à part égale entre les organisations concernées.

Art. L. 2122-3-1. (L. 2014-288 du 5 mars 2014, art. 30, XVI, JO 6, entrée en vigueur le 01.01.2015) Lors du dépôt de la liste, le syndicat indique, le cas échéant, son affiliation à une organisation syndicale. À défaut d'indication, l'organisation syndicale ne recueille pas les suffrages exprimés en faveur du syndicat qui lui est affilié pour la mesure de l'audience prévue au 5° de l'article L. 2121-1.

SECTION 2. Représentativité syndicale au niveau du groupe

Art. L. 2122-4. La représentativité des organisations syndicales au niveau de tout ou partie du groupe est appréciée conformément aux règles définies aux articles L. 2122-1 à L. 2122-3 relatifs à la représentativité syndicale au niveau de l'entreprise, par addition de l'ensemble des suffrages obtenus dans les entreprises ou établissements concernés.

(L. 2016-1088 du 8 août 2016, art. 23, 1°, JO 9) «Si le périmètre des entreprises ou établissements compris dans le champ d'un accord de groupe est identique à celui d'un accord conclu au cours du cycle électoral précédant l'engagement des négociations, la représentativité des organisations syndicales est appréciée par addition de l'ensemble des suffrages obtenus dans ces entreprises ou établissements soit pour le cycle en cours, lorsque les élections se sont tenues à la même date, soit lors des dernières élections intervenues au cours du cycle précédant le cycle en cours, lorsque les élections se sont tenues à des dates différentes.

Dans le cas contraire, la représentativité est appréciée par addition de l'ensemble des suffrages obtenus lors des dernières élections organisées dans les entreprises ou établissements compris dans le périmètre de l'accord.»

SECTION 3. Représentativité syndicale au niveau de la branche professionnelle

Art. L. 2122-5. Dans les branches professionnelles, sont représentatives les organisations syndicales qui:

1° Satisfont aux critères de l'article L. 2121-1;

2° Disposent d'une implantation territoriale équilibrée au sein de la branche;

3° Ont recueilli au moins 8 % des suffrages exprimés (L. 2010-1215 du 15 oct. 2010, JO 16) «résultant de l'addition au niveau de la branche, d'une part, des suffrages exprimés» au premier tour des dernières élections des titulaires aux (Ord. 2017-1386 du 22 sept. 2017, art. 4, 56°, JO 23, entrée en vigueur au plus tard le 01.01.2018) «comités sociaux et économiques», quel que soit le nombre de votants, (L. 2010-1215 du 15 oct. 2010, JO 16) «et, d'autre part, des suffrages exprimés au scrutin concernant les entreprises de moins de onze salariés dans les conditions prévues aux articles L. 2122-10-1 et suivants». La mesure de l'audience s'effectue tous les quatre ans.

Art. L. 2122-6. (L. 2010-1215 du 15 oct. 2010, JO 16) Dans les branches concernant exclusivement les activités agricoles mentionnées aux 1° à 4° de l'article L. 722-1 et au 2° de l'article L. 722-20 du code rural et de la pêche maritime, le seuil fixé au 3° de l'article L. 2122-5 du présent code est apprécié au regard des suffrages exprimés aux élections des membres représentant les salariés de la production agricole aux chambres départementales d'agriculture mentionnées à l'article L. 511-7 du code rural et de la pêche maritime.

Art. L. 2122-6-1. (L. 2015-994 du 17 août 2015, art. 24, JO 18) Pour les personnels mentionnés à l'article L. 123-2 du code de la sécurité sociale (Ord. 2017-1491 du 25 oct. 2017, art. 3, 1°, JO 26, entrée en vigueur le 01.01.2018) «et, à Mayotte, à l'article 25-1 de l'ordonnance n° 96-1122 du 20 décembre 1996 relative à l'amélioration de la santé publique, à l'assurance maladie, maternité, invalidité et décès, au financement de la sécurité sociale à Mayotte et à la Caisse de sécurité sociale à Mayotte» qui ne disposent pas de modalités de représentation applicables à leurs spécificités, le seuil fixé au 3° de l'article L. 2122-5 du présent code est apprécié au regard des suffrages exprimés lors de l'élection des membres représentant les salariés aux commissions paritaires nationales instituées par leur convention collective nationale spécifique.

Un décret en Conseil d'État définit les modalités d'application du présent article.

Art. L. 2122-7. Sont représentatives au niveau de la branche à l'égard des personnels relevant des collèges électoraux dans lesquels leurs règles statutaires leur donnent vocation à présenter des candidats les organisations syndicales catégorielles qui sont affiliées à une confédération syndicale catégorielle interprofessionnelle nationale et qui remplissent les conditions de l'article L. 2122-5 dans ces collèges.

Art. L. 2122-8. Lorsque la représentativité des organisations syndicales est établie, celles-ci fixent, en lien avec les organisations d'employeurs, la liste des sujets qui font l'objet de la négociation collective de branche ainsi que les modalités de son organisation.

SECTION 4. Représentativité syndicale au niveau national et interprofessionnel

Art. L. 2122-9. Sont représentatives au niveau national et interprofessionnel les organisations syndicales qui:

1° Satisfont aux critères de l'article L. 2121-1;

2° Sont représentatives à la fois dans des branches de l'industrie, de la construction, du commerce et des services;

3° Ont recueilli au moins 8 % des suffrages exprimés (L. 2010-1215 du 15 oct. 2010, JO 16) «résultant de l'addition au niveau national et interprofessionnel des suffrages exprimés» au premier tour des dernières élections des titulaires aux (Ord. 2017-1386 du 22 sept. 2017, art. 4, 56°, JO 23, entrée en vigueur au plus tard le 01.01.2018) «comités sociaux et économiques», quel que soit le nombre de votants, (L. 2010-1215 du 15 oct. 2010, JO 16) «des suffrages exprimés au scrutin concernant les entreprises de moins de onze salariés dans les conditions prévues aux articles L. 2122-10-1 et suivants ainsi que des suffrages exprimés aux élections des membres représentant les salariés aux chambres départementales d'agriculture dans les conditions prévues à l'article L. 2122-6». La mesure de l'audience s'effectue tous les quatre ans.

Art. L. 2122-10. Une confédération syndicale catégorielle interprofessionnelle nationale est représentative à l'égard des personnels relevant des collèges électoraux dans lesquels ses règles statutaires lui donnent vocation à présenter des candidats à condition :

1° De satisfaire aux critères de l'article L. 2121-1 et du 2° de l'article L. 2122-9 ;

2° D'avoir recueilli au moins 8 % des suffrages exprimés au sein de ces collèges, à l'issue de l'addition des résultats mentionnés au 3° de l'article L. 2122-9.

SECTION 4 BIS. Mesure de l'audience des organisations syndicales concernant les entreprises de moins de onze salariés

Note Cette section a été introduite par la loi 2010-1215 du 15 octobre 2010, JO 16.

Art. L. 2122-10-1. En vue de mesurer l'audience des organisations syndicales auprès des salariés des entreprises de moins de onze salariés, à l'exception de ceux relevant des branches mentionnées à l'article L. 2122-6, un scrutin est organisé au niveau régional tous les quatre ans. Ce scrutin a lieu au cours d'une période fixée par décret.

Art. L. 2122-10-2. Sont électeurs les salariés des entreprises qui emploient moins de onze salariés au 31 décembre de l'année précédant le scrutin, titulaires d'un contrat de travail au cours de ce mois de décembre, âgés de seize ans révolus et ne faisant l'objet d'aucune interdiction, déchéance ou incapacité relative à leurs droits civiques.

Art. L. 2122-10-3. Par dérogation à leurs obligations relatives au secret professionnel, les caisses de sécurité sociale communiquent aux services du ministre chargé du travail les données relatives aux entreprises employant un ou plusieurs salariés ainsi que les données relatives à ces salariés portées sur les déclarations sociales et nécessaires à la constitution de la liste électorale.

Art. L. 2122-10-4. La liste électorale est établie par l'autorité compétente de l'État. Les électeurs sont inscrits dans deux collèges, d'une part un collège " cadres ", d'autre part un collège " non cadres ", en fonction des informations relatives à l'affiliation à une institution de retraite complémentaire portées sur les déclarations sociales des entreprises, dans des conditions fixées par décret en Conseil d'État.

Art. L. 2122-10-5. Tout électeur ou un représentant qu'il aura désigné peut saisir le juge judiciaire d'une contestation relative à une inscription sur la liste électorale, dans des conditions fixées par décret en Conseil d'État.

Le juge saisi d'une contestation vérifie que les électeurs concernés remplissent les conditions fixées aux articles L. 2122-10-2 et L. 2122-10-4.

Art. L. 2122-10-6. Les organisations syndicales de salariés qui satisfont aux critères de respect des valeurs républicaines, (L. 2014-288 du 5 mars 2014, art. 30, XXI, JO 6) « d'indépendance et de transparence financière », légalement constituées depuis au moins deux ans et auxquelles les statuts donnent vocation à être présentes dans le champ géographique concerné, ainsi que les syndicats affiliés à une organisation syndicale représentative au niveau national et interprofessionnel se déclarent candidats auprès des services du ministre chargé du travail dans des conditions déterminées par décret en Conseil d'État.

Art. L. 2122-10-7. Le scrutin a lieu par voie électronique et par correspondance. Lorsqu'il n'en dispose pas, l'employeur n'a pas l'obligation de mettre à la disposition des salariés le matériel informatique permettant le vote par voie électronique.

Les conditions de déroulement du scrutin et de confidentialité du vote sont déterminées par décret en Conseil d'État. Ledit décret précise également les modalités de l'information délivrée aux salariés.

Art. L. 2122-10-8. Les règles établies par les articles L. 10 et L. 67 du code électoral s'appliquent aux opérations électorales.

Art. L. 2122-10-9. L'employeur laisse aux salariés le temps nécessaire pour voter depuis leur lieu de travail, tout en garantissant la confidentialité de leur vote. Lorsque le vote a lieu pendant les horaires de travail, ce temps est considéré comme temps de travail et payé à l'échéance normale.

Art. L. 2122-10-10. L'employeur laisse aux salariés de son entreprise désignés dans le cadre de ce scrutin en tant qu'assesseur, délégué et mandataire des organisations syndicales candidates le temps nécessaire pour remplir leurs fonctions. Le temps effectivement passé pour l'exercice de ces fonctions, y compris hors de l'entreprise, pendant les horaires de travail est considéré comme temps de travail et payé à l'échéance normale.

L'exercice par un salarié des fonctions d'assesseur, délégué et mandataire des organisations syndicales candidates ne peut être la cause d'une sanction ou d'une rupture du contrat de travail par l'employeur.

Art. L. 2122-10-11. Les contestations relatives au déroulement des opérations électorales sont de la compétence du juge judiciaire dans des conditions fixées par décret en Conseil d'État.

Sous-section 1 (réglementaire). **Électorat**

Note Les sous-sections 1 à 8 ont été introduites par le décret 2011-771 du 28 juin 2011, JO 30.

Art. R. 2122-8. Le vote est ouvert aux salariés mentionnés à l'article L. 2122-10-2, inscrits sur la liste électorale prévue à l'article L. 2122-10-4, à l'exception de ceux relevant des branches mentionnées à l'article L. 2122-6.

Art. R. 2122-9. L'électeur est inscrit sur la liste électorale de la région dans laquelle est situé l'entreprise ou l'établissement au sein duquel il exerce son activité principale. L'activité principale du salarié est celle pour laquelle il a accompli le plus grand nombre d'heures au cours du mois de décembre de l'année précédant l'année de l'élection.

Art. R. 2122-10. Sont inscrits dans le collège cadre les salariés affiliés à une institution de retraite complémentaire relevant de l'Association générale des institutions de retraite des cadres. Pour les salariés affiliés à une institution de retraite complémentaire ne relevant ni de cette association, ni de l'Association pour le régime de retraite complémentaire des salariés, l'inscription dans le collège cadre s'effectue en fonction de la catégorie socioprofessionnelle telle qu'elle figure dans les déclarations sociales mentionnées à l'article L. 2122-10-3.

Art. R. 2122-11. L'électeur est inscrit au titre de la branche dont il relève conformément aux données portées sur la déclaration sociale mentionnée à l'article L. 2122-10-3 de l'entreprise ou de l'établissement mentionné à l'article R. 2122-9.

Sous-section 2 (réglementaire). **Établissement de la liste électorale**

§ 1. Traitement des données

Art. R. 2122-12. Un système de traitement automatisé de données à caractère personnel en vue de l'établissement de la liste électorale pour la mesure de l'audience mentionnée à l'article L. 2122-10-1, dénommé " fichiers des listes électorales pour la mesure de l'audience des organisations syndicales concernant les entreprises de moins de onze salariés ", est créé par les services du ministre chargé du travail pour collecter les catégories de données suivantes :

1° Les informations relatives au salarié :

a) Nom et prénoms ;

b) Date de naissance, département et commune de naissance ou, pour les personnes nées à l'étranger, pays de naissance ;

c) Adresse du domicile ;

d) Numéro d'inscription au répertoire national d'identification des personnes physiques ;

e) Affiliation à une institution de retraite complémentaire relevant de l'Association générale des institutions de retraite des cadres ;

f) Période d'emploi, indication de temps complet ou de temps partiel, nombre d'heures travaillées ou nombre de cachets pour les artistes ;

g) Emploi occupé, catégorie socio-professionnelle ;

h) Identifiant ou intitulé de la convention collective relative à l'emploi occupé ;

(D. 2020-825 du 29 juin 2020, JO 1er juil.) « *i)* Nature du contrat ; »

2° Les informations relatives à l'employeur si celui-ci est une entreprise ou un établissement :

a) Raison sociale ;

b) Adresse ;

c) Numéro d'identification SIRET ou numéro d'inscription à la Mutualité sociale agricole pour les entreprises ou établissements ne relevant pas des branches mentionnées à l'article L. 2122-6 ;

d) Code APE ;

e) Effectif des salariés au 31 décembre de l'année précédant l'élection ;

(D. 2020-825 du 29 juin 2020, JO 1er juil.) « *f)* Catégorie juridique de l'établissement ; »

3° Les informations relatives à l'employeur si l'employeur est un particulier :

a) Nom et prénoms ;

b) Date de naissance, département et commune de naissance ou, pour les personnes nées à l'étranger, pays de naissance ;

c) Adresse du domicile ;

d) Numéro d'inscription au répertoire national d'identification des personnes physiques ;

e) Numéro d'inscription à l'Union pour le recouvrement des cotisations de sécurité sociale et des allocations familiales.

Art. R. 2122-13. Les informations dont la liste est fixée à l'article R. 2122-12 sont issues des déclarations mentionnées à l'article L. 2122-10-3.

Art. R. 2122-14. Les destinataires des données à caractère personnel collectées sont :

1° Pour l'ensemble des informations mentionnées à l'article R. 2122-12 y compris le numéro d'inscription au répertoire national d'identification des personnes physiques aux fins de détection d'inscriptions multiples : les agents (D. 2020-825 du 29 juin 2020, JO 1er juil.) « des prestataires » en charge de l'élaboration de la liste électorale agissant pour le compte du ministre chargé du travail ;

2° Pour toutes les informations mentionnées à l'article R. 2122-12 à l'exclusion du numéro d'inscription au répertoire national d'identification des personnes physiques : les agents des services des directions régionales des entreprises, de la concurrence, de la consommation, du travail et de l'emploi (D. 2020-825 du 29 juin 2020, JO 1er juil.) « et des services centraux du ministère chargé du travail » et les agents du prestataire agissant pour le compte du ministre chargé du travail pour la mise en place du vote par correspondance et du vote électronique à distance ;

(D. 2016-548 du 4 mai 2016, JO 5) « 3° Pour les informations portant sur les noms, prénoms, collèges, adresses du domicile des électeurs ainsi que l'identifiant ou l'intitulé de la convention collective relative à l'emploi occupé : le mandataire de chacune des organisations syndicales candidates. »

Art. R. 2122-15. Le droit d'accès et de rectification des données mentionnées à l'article R. 2122-12, prévu aux articles (D. 2020-825 du 29 juin 2020, JO 1er juil.) « 15 et 16 du règlement (UE) 2016/679 du 27 avril 2016 relatif à la protection des personnes physiques à l'égard des traitements des données à caractère personnel et à la libre circulation de ces données, et abrogeant la directive 95/46/CE », s'exerce auprès des services du ministre chargé du travail (D. 2020-825 du 29 juin 2020, JO 1er juil.) « dans les conditions prévues à l'article 12 du même règlement ».

Le droit d'opposition mentionné à l'article (D. 2020-825 du 29 juin 2020, JO 1er juil.) « 21 du même règlement » ne s'applique pas aux traitements mentionnés à l'article R. 2122-12.

Art. R. 2122-15-1. (D. 2016-548 du 4 mai 2016, JO 5) Lorsqu'il est fait application de l'article R. 2122-48-4, tout électeur dispose du droit de s'opposer à la communication de son adresse aux organisations syndicales. (D. 2020-825 du 29 juin 2020, JO 1er juil.) « L'électeur est informé de l'existence de ce droit par le document mentionné au dernier alinéa de l'article R. 2122-19 et sur le site internet dédié aux élections mentionné au même article. S'il souhaite l'exercer, il adresse une demande en ce sens au directeur général du travail par courrier ou par voie dématérialisée dans un délai de quinze jours à compter de la date mentionnée au 1° de l'article R. 2122-19. S'il exerce ce droit par voie dématérialisée, il adresse sa demande via le téléservice mis en place à cet effet sur le site internet mentionné à l'article R. 2122-19. »

Art. R. 2122-16. Les fichiers constitués à partir des données mentionnées à l'article R. 2122-12 sont conservés par les services du ministre chargé du travail pendant une durée d'un an après la clôture du scrutin en vue duquel ces fichiers ont été réalisés. Passé ce délai, les fichiers sont versés aux archives nationales.

Ces services peuvent toutefois conserver une copie d'extraits des fichiers rendus anonymes en vue de réaliser des expérimentations pour les scrutins suivants.

Art. R. 2122-16-1. (D. 2016-548 du 4 mai 2016, JO 5) Les organisations syndicales destinataires des fichiers constitués à partir des données mentionnées au 3° de l'article R. 2122-14 détruisent ces fichiers à l'issue d'un délai d'un mois après la clôture du scrutin. Elles informent le ministre chargé du travail des conditions dans lesquelles elles ont procédé à cette destruction.

Art. R. 2122-17. (D. 2020-825 du 29 juin 2020, JO 1er juil.) « Les prestataires mentionnés au 1° de l'article R. 2122-14 procèdent » au traitement de l'ensemble des données en vue de l'élaboration de la liste électorale, conformément aux articles R. 2122-12 à R. 2122-16.

Il transmet le fichier permettant de constituer la liste électorale à chaque direction régionale des entreprises, de la concurrence, de la consommation, du travail et de l'emploi.

§ 2. Inscription sur la liste

Art. R. 2122-18. La liste électorale est établie pour chaque région par le ministre chargé du travail.

Art. R. 2122-19. Un extrait de la liste électorale peut être consulté dans les directions régionales des entreprises, de la concurrence, de la consommation, du travail et de l'emploi et leurs (D. 2015-1689 du 17 déc. 2015, JO 18, entrée en vigueur le 01.01.2016) « unités départementales » ainsi que sur un site internet dédié créé par les services du ministre chargé du travail. Y sont mentionnées les informations relatives aux nom, prénoms, région, (D. 2016-548 du 4 mai 2016, JO 5) « département, » collège, branche et numéro d'ordre sur la liste électorale.

Un arrêté du ministre chargé du travail détermine :

1° La date à partir de laquelle la liste électorale peut être consultée ;

2° Les modalités de cette consultation, et notamment les informations qui la permettent ;

3° La date à partir de laquelle les recours relatifs à l'inscription sont possibles.

(D. 2020-825 du 29 juin 2020, JO 1er juil.) « Les services du ministre chargé du travail envoient au plus tard trois jours avant cette publication à chaque électeur un document qui l'informe de son inscription sur la liste électorale, précise les informations le concernant mentionnées au premier alinéa et lui indique les dates du scrutin et les modalités pour y participer ».

Art. R. 2122-20. À l'expiration d'un délai de huit jours suivant l'affichage des résultats du scrutin, la liste électorale ne peut plus être consultée.

Sous-section 3 (réglementaire). **Contestations relatives à l'inscription sur les listes électorales**

§ 1. Recours gracieux

Art. R. 2122-21. (D. 2020-825 du 29 juin 2020, JO 1er juil.) Préalablement à la contestation prévue à l'article L. 2122-10-5, l'électeur ou un représentant qu'il aura désigné saisit le directeur général du travail d'un recours relatif à l'inscription sur la liste électorale. À peine d'irrecevabilité, ce recours est formé dans un délai de vingt et un jours à compter de la date mentionnée au 1° de l'article R. 2122-19 soit par voie postale, soit par voie dématérialisée. Si ce recours est exercé par voie dématérialisée, il est adressé via le téléservice mis en place à cet effet sur le site internet mentionné à l'article R. 2122-19. Un accusé de réception est adressé au requérant.

Art. R. 2122-22. (D. 2020-825 du 29 juin 2020, JO 1er juil.) Un arrêté du ministre chargé du travail précise les informations et les pièces justificatives que comporte le recours mentionné à l'article R. 2122-21 pour être recevable. Ces informations et pièces justificatives ont pour objet d'attester l'identité du requérant et de permettre d'établir le bien-fondé de sa demande.

Art. R. 2122-23. La décision du directeur (D. 2020-825 du 29 juin 2020, JO 1er juil.) « général du travail » est notifiée dans un délai de dix jours à compter de la date de réception du recours au requérant et, le cas échéant, (D. 2020-825 du 29 juin 2020, JO 1er juil.) « à la personne concernée ».

Le silence gardé par le directeur (D. 2020-825 du 29 juin 2020, JO 1er juil.) « général du travail » à l'expiration du délai de dix jours mentionné au premier alinéa vaut décision de rejet.

Art. R. 2122-24. Les électeurs mineurs peuvent, sans autorisation de leur représentant légal, être demandeurs ou défendeurs à une contestation au titre d'un recours gracieux ou concernés par un tel recours.

Art. R. 2122-25. Les délais fixés par les articles R. 2122-21 et R. 2122-23 sont calculés et prorogés conformément aux dispositions des articles 640 à 642 du code de procédure civile.

§ 2. Recours contentieux

Art. R. 2122-26. La contestation de la décision du (D. 2020-825 du 29 juin 2020, JO 1er juil.) « directeur général du travail » mentionnée à l'article R. 2122-23 peut être formée par l'électeur ou par un représentant qu'il aura désigné. Elle est portée devant le (D. 2019-966 du 18 sept. 2019, art. 8, JO 19, entrée en vigueur le 01.01.2020) « tribunal judiciaire » dans le ressort duquel son auteur a son domicile ou sa résidence.

À peine d'irrecevabilité, elle est formée dans un délai de dix jours à compter de la notification de la décision du (D. 2020-825 du 29 juin 2020, JO 1er juil.) « directeur général du travail » ou de la date à laquelle est née une décision implicite de rejet.

Art. R. 2122-27. (D. 2020-825 du 29 juin 2020, JO 1er juil.) « La contestation est formée par requête remise ou adressée au greffe du tribunal judiciaire par lettre recommandée avec demande d'avis de réception. Elle contient les mentions prescrites par les articles 54 et 57 du code de procédure civile. »

À peine de nullité, la (D. 2019-1333 du 11 déc. 2019, art. 36, JO 12, entrée en vigueur le 01.01.2020) « requête » est accompagnée soit d'une copie de la décision du (D. 2020-825 du 29 juin 2020, JO 1er juil.) « directeur général du travail », soit, en cas de décision implicite de rejet, du recours prévu à l'article R. 2122-21 et de l'(D. 2016-548 du 4 mai 2016, JO 5) « accusé » de réception ou du récépissé. Lorsque la contestation concerne (D. 2020-825 du 29 juin 2020, JO 1er juil.) « la situation d'une autre personne » que le requérant, (D. 2020-825 du 29 juin 2020, JO 1er juil.) « la requête mentionne, à peine de nullité, les nom et prénoms de la personne concernée ainsi que la dénomination et l'adresse de son employeur ».

Le (D. 2020-825 du 29 juin 2020, JO 1er juil.) « directeur général du travail », informé par tout moyen par le greffe de cette contestation, transmet sans délai au tribunal l'adresse (D. 2020-825 du 29 juin 2020, JO 1er juil.) « de la personne concernée lorsque celle-ci n'est pas l'auteur » du recours. Selon les mêmes modalités, en cas de décision implicite de rejet, il transmet à la demande du tribunal toute information utile permettant d'apprécier le bien-fondé de la contestation.

Art. R. 2122-28. Le (D. 2019-966 du 18 sept. 2019, art. 8, JO 19, entrée en vigueur le 01.01.2020) « tribunal judiciaire » statue dans les dix jours suivant la date du recours sans forme et sans frais et sur simple avertissement donné cinq jours à l'avance aux parties intéressées.

Art. R. 2122-29. La décision du (D. 2019-966 du 18 sept. 2019, art. 8, JO 19, entrée en vigueur le 01.01.2020) « tribunal judiciaire » est notifiée sans délai et au plus tard dans les trois jours par le greffe au requérant et aux parties intéressées par lettre recommandée avec demande d'avis de réception.

Simultanément, le greffe la transmet au prestataire mentionné à l'article R. 2122-14.

Art. R. 2122-30. Les électeurs mineurs peuvent, sans autorisation de leur représentant légal, être demandeur ou défendeur à une contestation au titre d'un recours contentieux.

Art. R. 2122-31. (D. 2020-927 du 29 juil. 2020, JO 30) « Le pourvoi est formé, instruit et jugé dans les conditions prévues par le code de procédure civile en matière d'élections professionnelles. »

Les parties sont dispensées du ministère d'avocat au Conseil d'État et à la Cour de cassation.

Art. R. 2122-32. Les délais fixés par les articles R. 2122-26, R. 2122-28, (D. 2016-548 du 4 mai 2016, JO 5) « R. 2122-29 » et R. 2122-31 sont calculés et prorogés conformément aux dispositions des articles 640 à 642 du code de procédure civile.

Sous-section 4 (réglementaire). **Candidatures des organisations syndicales de salariés**

Art. R. 2122-33. (D. 2020-713 du 11 juin 2020, JO 13) « Les candidatures des organisations syndicales sont déposées par voie électronique sur un site internet dédié relevant du ministre chargé du travail. »

(D. 2016-548 du 4 mai 2016, JO 5) Les candidatures des organisations syndicales ayant statutairement vocation à être présentes dans le champ géographique d'une ou de plusieurs régions ou collectivités comprises dans le ressort territorial d'une seule direction régionale des entreprises, de la concurrence, de la consommation, du travail et de l'emploi sont (D. 2020-713 du 11 juin 2020, JO 13) « instruites par » cette direction.

Les candidatures des organisations syndicales ayant statutairement vocation à être présentes sur un champ géographique excédant le ressort territorial d'une seule direction régionale des entreprises, de la concurrence, de la consommation, du travail et de l'emploi sont (D. 2020-713 du 11 juin 2020, JO 13) « instruites par » la direction générale du travail.

Art. R. 2122-34. Un arrêté du ministre chargé du travail fixe la période de dépôt des candidatures (D. 2016-548 du 4 mai 2016, JO 5) « et des documents de propagande électorale des organisations syndicales » ainsi que le modèle des documents requis pour (D. 2016-548 du 4 mai 2016, JO 5) « le dépôt des candidatures. »

Art. R. 2122-35. Les syndicats affiliés à une même organisation syndicale au niveau interprofessionnel se déclarent candidats sous le seul nom de cette organisation.

Les organisations syndicales autres que celles auxquelles leurs statuts donnent vocation à être présentes au niveau interprofessionnel indiquent la ou les branches dans lesquelles elles se portent candidates compte tenu des salariés qu'elles ont statutairement vocation à représenter.

Art. R. 2122-36. Les pièces suivantes sont jointes à la déclaration de candidature d'une organisation syndicale :

1° Une déclaration sur l'honneur du mandataire de cette organisation attestant que sa candidature satisfait aux exigences prévues à l'article L. 2122-10-6 ;

2° Une copie de ses statuts ;

3° Une copie du récépissé de dépôt de ses statuts ;

(D. 2016-548 du 4 mai 2016, JO 5) « 4° Les éléments et documents permettant de justifier de l'indépendance et de la transparence financière de l'organisation syndicale ; »

(D. 2020-927 du 29 juil. 2020, JO 30) « 5° Une copie de la décision ayant donné pouvoir au mandataire pour effectuer les démarches nécessaires à la déclaration de candidature ou des dispositions statutaires fondant ce mandat ;

6° Une copie d'un document permettant d'attester l'identité du mandataire. »

Art. R. 2122-37. (D. 2016-548 du 4 mai 2016, JO 5) « L'autorité administrative (D. 2020-713 du 11 juin 2020, JO 13) « chargée de l'instruction de » la déclaration de candidature délivre (D. 2020-713 du 11 juin 2020, JO 13) « par voie électronique » un récépissé au mandataire de l'organisation syndicale dès lors que cette déclaration satisfait aux conditions et aux délais prévus aux articles R. 2122-34 et R. 2122-36.

Si la candidature ne remplit pas les conditions prévues à l'article L. 2122-10-6, elle notifie son refus (D. 2020-713 du 11 juin 2020, JO 13) « de validation » au mandataire de l'organisation syndicale. »

(D. 2020-713 du 11 juin 2020, JO 13) « La validation de la candidature est notifiée » au mandataire d'une organisation syndicale dont la candidature est recevable.

Art. R. 2122-38. Dans chaque région, le directeur régional des entreprises, de la concurrence, de la consommation, du travail et de l'emploi publie la liste des candidatures recevables au recueil des actes administratifs quinze jours après l'expiration de la période de dépôt mentionnée à l'article R. 2122-34. Les candidatures sont également publiées sur le site internet (D. 2016-548 du 4 mai 2016, JO 5) « du ministère » chargé du travail.

Art. R. 2122-39. La contestation des décisions relatives à (D. 2020-713 du 11 juin 2020, JO 13) « la validation » d'une ou plusieurs candidatures est formée (D. 2020-927 du 29 juil. 2020, JO 30) « par requête », à peine d'irrecevabilité, dans un délai de (D. 2016-548 du 4 mai 2016, JO 5) « quinze » jours à compter de la publication mentionnée à l'article R. 2122-38, devant le (D. 2019-966 du 18 sept. 2019, art. 8, JO 19, entrée en vigueur le 01.01.2020) « tribunal judiciaire » dans le ressort duquel l'autorité administrative mentionnée à l'article R. 2122-37 a son siège. Elle peut être formée par tout électeur ou tout mandataire d'une organisation candidate (D. 2020-713 du 11 juin 2020, JO 13) « dans les conditions prévues aux articles 54 et 57 du code de procédure civile ». Le (D. 2017-1643 du 30 nov. 2017, JO 2 déc., entrée en vigueur le 14.05.2018) « (D. 2019-966 du 18 sept. 2019, art. 8, JO 19, entrée en vigueur le 01.01.2020) « tribunal judiciaire » de Paris » est compétent pour statuer sur les recours formés contre les décisions (D. 2016-548 du 4 mai 2016, JO 5) « du directeur général du travail ».

Art. R. 2122-40. Le (D. 2019-966 du 18 sept. 2019, art. 8, JO 19, entrée en vigueur le 01.01.2020) « tribunal judiciaire » statue sans frais ni forme de procédure dans les dix jours à compter de la date de saisine.

La décision est notifiée aux parties au plus tard dans les trois jours par le greffe qui en adresse une copie dans le même délai au directeur régional des entreprises, de la concurrence, de la consommation, du travail et de l'emploi concerné ou, le cas échéant, au ministre chargé du travail.

Art. R. 2122-41. La décision du (D. 2019-966 du 18 sept. 2019, art. 8, JO 19, entrée en vigueur le 01.01.2020) « tribunal judiciaire » peut faire l'objet d'un pourvoi en cassation dans un délai de dix jours suivant sa notification. (D. 2020-713 du 11 juin 2020, JO 13) « Lorsqu'elle casse une décision du tribunal judiciaire rendue en application de l'article R. 2122-39, la Cour de cassation peut statuer au fond dans les conditions mentionnées à l'article L. 411-3 du code de l'organisation judiciaire. » Le pourvoi est jugé dans les conditions prévues aux articles 999 à (D. 2020-713 du 11 juin 2020, JO 13) « 1009 » du code de procédure civile. Les parties sont dispensées du ministère d'avocat au Conseil d'État et à la Cour de cassation.

Art. R. 2122-42. Les délais fixés par les articles R. 2122-39 à R. 2122-41 sont calculés et prorogés conformément aux dispositions des articles 640, 641 et 642 du code de procédure civile.

Sous-section 5 (réglementaire). **Scrutin**

§ 1. Commission des opérations de vote

Note Ce paragraphe a été divisé en trois sous-paragraphes par le décret 2016-548 du 4 mai 2016, JO 5, qui a également introduit les articles R. 2122-48-1 à 48-5 figurant sous le sous-paragraphe 3.

Sous-§ 1. Commission nationale des opérations de votes

Art. R. 2122-43. Une commission nationale des opérations de vote est créée auprès du ministre chargé du travail.

Art. R. 2122-44. (D. 2011-548 du 4 mai 2016, JO 5) La Commission nationale des opérations de vote est chargée :

1° De donner un avis sur la conformité des documents de propagande électorale des organisations syndicales (D. 2020-713 du 11 juin 2020, JO 13) « dont la candidature est publiée en application des dispositions de l'article R. 2122-38 sur le site internet du ministère du travail » aux (D. 2020-927 du 29 juil. 2020, JO 30) « conditions de présentation prévues au dernier alinéa de l'article R. 2122-52, » lorsque ces documents de propagande sont communs à plus d'une région ;

(D. 2020-713 du 11 juin 2020, JO 13) « 2° De s'assurer de la mise à disposition auprès des électeurs, sur le site internet mentionné à l'article R. 2122-19, des documents de propagande électorale de l'ensemble des candidatures mentionnées à l'article R. 2122-38 ;

3° De s'assurer de l'impression des bulletins et du matériel de vote et de leur envoi à chaque électeur ; »

4° De s'assurer de la réception des votes ;

5° D'assister au dépouillement et au recensement des votes dans les conditions fixées par les articles R. 2122-78 à R. 2122-92 ;

6° De proclamer les résultats au niveau national.

Art. R. 2122-45. La Commission nationale des opérations de vote comprend :

1° Deux fonctionnaires désignés par le ministre chargé du travail, dont l'un assure la fonction de (D. 2016-548 du 4 mai 2016, JO 5) « président et l'autre celle de » secrétaire ;

2° Les mandataires de chaque organisation syndicale candidate au niveau national et interprofessionnel (D. 2016-548 du 4 mai 2016, JO 5) « et des autres organisations syndicales candidates mentionnées au (D. 2020-713 du 11 juin 2020, JO 13) « troisième » alinéa de l'article R. 2122-33. »

Sous-§ 2. Commission régionale des opérations de votes

Art. R. 2122-46. Une commission régionale des opérations de vote siège auprès du directeur régional des entreprises, de la concurrence, de la consommation, du travail et de l'emploi.

Art. R. 2122-47. La commission régionale des opérations de vote est chargée :

(D. 2016-548 du 4 mai 2016, JO 5) « 1° De donner un avis sur la conformité aux (D. 2020-927 du 29 juil. 2020, JO 30) « conditions de présentation prévues au dernier alinéa de l'article R. 2122-52 et à l'article R. 2122-52-1 », des documents de propagande électorale des organisations syndicales mentionnées au (D. 2020-713 du 11 juin 2020, JO 13) « deuxième » alinéa de l'article R. 2122-33 qui présentent leur candidature dans la ou les régions ou collectivités comprises dans le ressort territorial de la direction régionale des entreprises, de la concurrence, de la consommation, du travail et de l'emploi à laquelle elle est rattachée et des organisations syndicales mentionnées au (D. 2020-713 du 11 juin 2020, JO 13) «troisième» alinéa de l'article R. 2122-33 dont la propagande est différenciée pour cette ou ces régions ou collectivités;»

2° De proclamer les résultats (D. 2020-927 du 29 juil. 2020, JO 30) «au niveau régional».

Art. R. 2122-48. La commission régionale des opérations de vote comprend:

1° Deux fonctionnaires désignés par le directeur régional des entreprises, de la concurrence, de la consommation, du travail et de l'emploi (D. 2016-548 du 4 mai 2016, JO 5) «dont l'un assure la fonction de président et l'autre celle de secrétaire»;

(D. 2016-548 du 4 mai 2016, JO 5) «2° Les mandataires des organisations syndicales candidates au niveau national et interprofessionnel, des organisations mentionnées au (D. 2020-713 du 11 juin 2020, JO 13) «troisième» alinéa de l'article R. 2122-33 qui ont différencié leur document de propagande dans la ou les régions ou collectivités comprises dans le ressort territorial de la direction régionale des entreprises, de la concurrence, de la consommation, du travail et de l'emploi à laquelle elle est rattachée, et des autres organisations syndicales candidates uniquement dans cette ou ces régions ou collectivités.»

Les mandataires des autres organisations syndicales candidates dans la région peuvent participer avec voix consultative aux travaux de la commission.

Sous-§ 3. Dispositions communes à la Commission nationale des opérations de vote et aux commissions régionales des opérations de vote

Art. R. 2122-48-1. L'autorité administrative consulte la commission des opérations de vote compétente sur la conformité des (D. 2020-713 du 11 juin 2020, JO 13) «documents» de propagande aux (D. 2020-927 du 29 juil. 2020, JO 30) «conditions de présentation prévues au dernier alinéa de l'article R. 2122-52 et à l'article R. 2122-52-1». Elle notifie aux organisations syndicales candidates dont elle a examiné les documents de propagande sa décision de (D. 2020-713 du 11 juin 2020, JO 13) «valider» ou de refuser les (D. 2020-713 du 11 juin 2020, JO 13) «documents» dans un délai fixé par arrêté du ministre chargé du travail. Pour les documents de propagande mentionnés au 1° de l'article R. 2122-44, la décision est prise par le directeur général du travail. Pour les autres documents de propagande, elle est prise par le directeur régional des entreprises, de la concurrence, de la consommation, du travail et de l'emploi auprès duquel siège la commission régionale des opérations de vote concernée.

Art. R. 2122-48-2. La contestation des décisions relatives à la conformité des documents de propagande électorale est formée (D. 2020-927 du 29 juil. 2020, JO 30) «par requête» devant le (D. 2019-966 du 18 sept. 2019, art. 8, JO 19, entrée en vigueur le 01.01.2020) «tribunal judiciaire», sous peine d'irrecevabilité, dans un délai de dix jours à compter de la notification mentionnée à l'article R. 2122-48-1. (D. 2020-713 du 11 juin 2020, JO 13) «Elle est formée dans les conditions prévues par les articles 54 et 57 du code de procédure civile.» Le (D. 2019-966 du 18 sept. 2019, art. 8, JO 19, entrée en vigueur le 01.01.2020) «tribunal judiciaire» de Paris est compétent pour statuer sur les contestations formées contre les décisions portant sur les documents de propagande des organisations syndicales mentionnées au (D. 2020-713 du 11 juin 2020, JO 13) «troisième» alinéa de l'article R. 2122-33. Lorsque la contestation concerne un document de propagande d'une organisation syndicale mentionnée au (D. 2020-713 du 11 juin 2020, JO 13) «deuxième» alinéa de l'article R. 2122-33, le (D. 2019-966 du 18 sept. 2019, art. 8, JO 19, entrée en vigueur le 01.01.2020) «tribunal judiciaire» compétent est le tribunal dans le ressort duquel le directeur régional des entreprises, de la concurrence, de la consommation, du travail et de l'emploi qui a rendu la décision a son siège.

Art. R. 2122-48-3. Les modalités de saisine du (D. 2019-966 du 18 sept. 2019, art. 8, JO 19, entrée en vigueur le 01.01.2020) «tribunal judiciaire» et les règles de procédure prévues aux articles R. 2122-39 à R. 2122-42 s'appliquent à la contestation des décisions relatives aux documents de propagande électorale des organisations syndicales.

Art. R. 2122-48-4. Il est mis à la disposition des mandataires des organisations syndicales membres de la commission des opérations de vote, sur support électronique, un extrait de la liste des électeurs de la ou des régions, ainsi que de la ou des branches dans lesquelles ces organisations sont candidates. Cet extrait mentionne les (D. 2020-713 du 11 juin 2020, JO 13) «nom, prénoms», collège, adresse du domicile de chaque électeur ainsi que l'identifiant ou l'intitulé de la convention collective relative à l'emploi occupé.

Les organisations syndicales et leur mandataire s'engagent à ne pas faire un usage de ce fichier qui ne soit strictement lié à l'élection.

L'utilisation par les organisations syndicales de ce fichier à des fins autres que des fins électorales est punie de l'amende prévue pour les contraventions de la quatrième classe. L'amende est appliquée autant de fois qu'il y a de personnes concernées.

Le non-respect de l'obligation de destruction mentionnée à l'article R. 2122-16-1 est puni de l'amende prévue pour les contraventions de la quatrième classe.

Art. R. 2122-48-5. La commission se réunit sur convocation de son président, qui fixe l'ordre du jour.

Cette convocation peut être envoyée par tout moyen, y compris par télécopie ou par courrier électronique. Il en est de même des pièces ou documents nécessaires à la préparation de la réunion ou établis à l'issue de celle-ci.

Sauf urgence, les membres de la commission reçoivent, cinq jours au moins avant la date de la réunion, une convocation comportant l'ordre du jour et, le cas échéant, les documents nécessaires à l'examen des affaires qui y sont inscrites.

§ 2. Documents électoraux

Art. R. 2122-49. Un document d'identification de l'électeur est délivré pour chaque scrutin à tout électeur inscrit sur la liste électorale. Les frais de fabrication et d'expédition des documents électoraux sont à la charge de l'État.

Art. R. 2122-50. Le document d'identification est établi et envoyé par le prestataire mentionné (D. 2020-825 du 29 juin 2020, JO 1er juil.) « au 2° de » l'article R. 2122-14. Il mentionne :

1° Les nom, prénoms et domicile de l'électeur ;

2° Le collège et la branche dont il relève ;

3° La région (D. 2016-548 du 4 mai 2016, JO 5) « et le département » d'inscription ;

4° Le numéro d'ordre qui lui est attribué sur la liste d'émargement ;

5° Les périodes de vote ;

6° Les informations nécessaires au vote par correspondance ;

7° Les éléments permettant à l'électeur de voter électroniquement à distance selon des modalités assurant notamment le respect des exigences de sécurité et de confidentialité du vote.

Art. R. 2122-51. Le document d'identification de l'électeur est envoyé au domicile de chaque électeur par voie postale.

Art. R. 2122-52. (D. 2020-713 du 11 juin 2020, JO 13) Les organisations syndicales candidates dont la candidature est publiée sur le site internet du ministère du travail mentionné à l'article R. 2122-38 déposent leurs documents de propagande électorale sur le site internet mentionné à l'article R. 2122-33 afin de permettre à l'autorité administrative compétente de s'assurer de la conformité de ces documents aux prescriptions de l'article (D. 2020-927 du 29 juil. 2020, JO 30) « R. 2122-52-1.

Outre leurs documents de propagande interprofessionnelle, les organisations syndicales dont la vocation statutaire revêt un caractère interprofessionnel peuvent déposer des documents de propagande électorale différenciés pour des branches et des regroupements de branches professionnelles fixés par arrêté du ministre chargé du travail.

Les organisations syndicales candidates mentionnées au troisième alinéa de l'article R. 2122-33 peuvent déposer des documents de propagande différenciés par région ou collectivité.

Un arrêté du ministre chargé du travail fixe les modalités selon lesquelles les divers documents de propagande électorale sont présentés ainsi que la date avant laquelle ils sont déposés. »

Art. R. 2122-52-1. (D. 2016-548 du 4 mai 2016, JO 5) Pour l'application du premier alinéa de l'article L. 23-112-2, les organisations syndicales de salariés mentionnées au 1° de l'article L. 23-112-1 peuvent faire figurer sur (D. 2020-713 du 11 juin 2020, JO 13) « leurs documents » de propagande électorale les nom, prénom et profession (D. 2020-713 du 11 juin 2020, JO 13) « de chacun » des salariés qu'elles envisagent de désigner dans les commissions paritaires régionales interprofessionnelles, ainsi que les photographies de ces derniers. Les modalités de présentation de ces salariés sur les documents de propagande (D. 2020-927 du 29 juil. 2020, JO 30) « ainsi que la liste des pièces justificatives à produire afin de permettre à l'autorité administrative de s'assurer qu'ils satisfont aux conditions posées par les dispositions de l'article L. 23-112-1 sont fixées par arrêté du ministre chargé du travail ».

Art. R. 2122-52-2. (D. 2016-548 du 4 mai 2016, JO 5) Postérieurement à la notification de la décision de l'autorité administrative mentionnée à l'article R. 2122-48-1, les organisations syndicales notifient aux employeurs concernés par tout moyen permettant de (D. 2020-713 du 11 juin 2020, JO 13) «donner» date certaine (D. 2020-713 du 11 juin 2020, JO 13) «à la réception de cette notification» l'identité des salariés qui figurent sur leurs documents de propagande électorale. Elles précisent les (D. 2020-713 du 11 juin 2020, JO 13) «nom, prénoms» date et lieu de naissance du salarié et les nom, prénom de l'employeur ou dénomination de l'entreprise.

Ces informations sont simultanément communiquées à l'inspection du travail.

Art. R. 2122-52-3. (D. 2020-713 du 11 juin 2020, JO 13) Le ministre chargé du travail publie sur le site internet mentionné à l'article R. 2122-19 à une date qu'il fixe par arrêté les documents de propagande électorale ayant fait l'objet d'une décision de validation dans les conditions prévues à l'article R. 2122-48-1.

Art. R. 2122-52-4. Sous le contrôle de la Commission nationale des opérations de vote, le prestataire mentionné (D. 2020-713 du 11 juin 2020, JO 13) «au 2° de l'article» R. 2122-14 procède à l'impression des bulletins de vote (D. 2020-713 du 11 juin 2020, JO 13) «pour» l'ensemble des candidatures mentionnées à l'article (D. 2020-713 du 11 juin 2020, JO 13) «R. 2122-38». Il expédie à chacun des électeurs concernés, quatre jours au plus tard avant la date d'ouverture du scrutin les instruments nécessaires au vote.

Sous-section 6 (réglementaire). **Modalités de vote**

§ 1. Dispositions communes

Art. R. 2122-53. Le prestataire agissant pour le compte du ministre chargé du travail mentionné au 2° de l'article R. 2122-14 met en place un centre de traitement situé sur le territoire français pour le vote par correspondance et le vote électronique à distance prévus à l'article L. 2122-10-7.

Art. R. 2122-54. Les systèmes de vote électronique à distance et de vote par correspondance sont soumis, préalablement à leur mise en place, à une expertise indépendante. L'expert est désigné par les services du ministre chargé du travail. Le rapport de l'expert est tenu à la disposition de la Commission nationale de l'informatique et des libertés et communiqué aux membres du bureau du vote, aux membres du comité technique, aux délégués mentionnés à l'article R. 2122-59 et aux membres de la Commission nationale des opérations de vote.

Art. R. 2122-55. L'électeur ayant exercé son droit de vote par voie électronique à distance n'est plus admis à voter par correspondance.

§ 2. Bureau de vote

Art. R. 2122-56. Il est créé un bureau de vote chargé du contrôle de l'ensemble des opérations électorales et du dépouillement du scrutin. Il s'assure notamment:

1° De la mise en œuvre des dispositifs de sécurité prévus pour garantir le secret du vote et son intégrité;

2° De la confidentialité des fichiers des électeurs comportant les éléments permettant leur identification, du chiffrement des urnes électroniques et de la séparation des urnes électroniques et des fichiers des électeurs;

3° De la conservation des différents supports d'information et des conditions de sécurité et de confidentialité des données pendant et après le scrutin.

Le bureau de vote vérifie la qualité des personnes autorisées à accéder à chacun des traitements automatisés. Les membres du bureau de vote peuvent accéder à tout moment aux locaux hébergeant les traitements automatisés ainsi que les espaces de stockage des plis de vote par correspondance.

En cas de force majeure, de dysfonctionnement informatique, de défaillance technique ou d'altération des données, le bureau de vote est compétent pour prendre, après consultation du comité technique mentionné à l'article R. 2122-58, toute mesure d'information et de sauvegarde, y compris l'arrêt temporaire ou définitif du processus électoral. Toute intervention sur le système de vote fait l'objet d'une consignation au procès-verbal des opérations de vote et d'une information des délégués mentionnés à l'article R. 2122-59. À la clôture du vote, le procès-verbal des opérations de vote est rédigé par le secrétaire du bureau de vote. Il est établi en deux exemplaires, signés de tous les membres du bureau de vote.

Art. R. 2122-57. Le bureau de vote est présidé par un magistrat en activité ou honoraire de l'ordre judiciaire, désigné par le président de la chambre sociale de la Cour de cassation.

Il comprend en outre :

1° Deux assesseurs ayant la qualité de magistrat de l'ordre administratif, en activité à Paris ou honoraires, désignés par le président de la cour administrative d'appel de Paris ;

2° Deux assesseurs désignés par le premier président de la cour d'appel de Paris parmi les magistrats de l'ordre judiciaire ou les auxiliaires de justice, en activité à Paris ou honoraires ;

3° Un secrétaire désigné par le ministre chargé du travail.

En cas d'absence, le président du bureau de vote est remplacé par le plus âgé des assesseurs présents.

En cas d'absence, le secrétaire du bureau de vote est remplacé par le plus jeune des assesseurs présents.

Lorsque le bureau est appelé à statuer sur une contestation, le président du bureau a voix prépondérante en cas de partage égal des voix.

Le secrétaire assiste aux réunions du bureau mais ne participe pas avec voix délibérative à ses décisions.

Art. R. 2122-58. Le bureau de vote est assisté par un comité technique comprenant l'expert indépendant prévu à l'article R. 2122-54 et deux membres nommés par arrêté du ministre chargé du travail.

Art. R. 2122-59. Chaque organisation syndicale candidate au niveau national et interprofessionnel peut désigner cinq délégués habilités à contrôler l'ensemble des opérations du vote et à faire mentionner au procès-verbal toute observation.

L'accès au bureau de vote est assuré à ces délégués, dans la limite de deux délégués à la fois par organisation.

Art. R. 2122-60. Le bureau de vote constate la présence du scellement des systèmes de vote, leur bon fonctionnement, la remise à zéro du compteur des suffrages et le fait que les urnes électroniques soient vides.

§ 3. Vote électronique à distance

Art. R. 2122-61. Tout électeur pour lequel sont connues toutes les informations mentionnées à l'article R. 2122-12 peut voter par voie électronique à distance.

Art. R. 2122-62. Il est créé, selon des modalités fixées par arrêté du ministre chargé du travail, deux traitements automatisés distincts, dédiés et isolés, respectivement dénommés " fichier des électeurs " et " urne électronique ".

Aucun lien n'est établi entre ces deux traitements.

Art. R. 2122-63. Le fichier des électeurs contient les données relatives à la liste électorale établie en application de l'article L. 2122-10-4.

Ce fichier permet d'adresser aux électeurs remplissant les conditions pour voter par voie électronique à distance les éléments permettant leur identification lors des opérations de vote. Il permet également de recenser les électeurs ayant pris part au scrutin par voie électronique à distance et d'éditer la liste d'émargement.

Art. R. 2122-64. L'urne électronique contient les données relatives aux votes exprimés par voie électronique à distance.

Art. R. 2122-65. Pour voter par voie électronique à distance, l'électeur, après s'être identifié et avoir attesté sur l'honneur qu'il ne faisait l'objet d'aucune interdiction, déchéance ou incapacité relative à ses droits civiques, exprime puis valide son vote. Le vote est anonyme. Il fait l'objet d'un chiffrement par le système dès son émission sur le terminal utilisé par l'électeur, avant sa transmission au fichier " urne électronique " et demeure chiffré jusqu'au dépouillement. La liaison entre le terminal de vote et le serveur hébergeant le fichier " urne électronique " fait également l'objet d'un chiffrement. (D. 2016-548 du 4 mai 2016, JO 5) « La transmission du vote et l'émargement de l'électeur ont une date certaine de réception. Il est immédiatement mis à la disposition de l'électeur un accusé de réception électronique mentionnant son identifiant ainsi que la date et l'heure du vote. »

Art. R. 2122-66. Au cours de la période de vote par voie électronique à distance, la liste d'émargement est mise à jour à chaque vote.

Le système de vote garantit qu'aucun résultat partiel n'est accessible pendant le déroulement du scrutin.

Tout dysfonctionnement ou toute intervention du prestataire sur le serveur est automatiquement consigné dans un journal. Le bureau de vote en est immédiatement informé.

Art. R. 2122-67. À la clôture du vote par voie électronique à distance, le président et les assesseurs du bureau du vote, après avoir déclaré le scrutin clos, procèdent au scellement de l'urne électronique et de la liste d'émargement.

Art. R. 2122-68. Une fois le scellement opéré, le président et les assesseurs du bureau de vote vérifient l'intégrité du système de vote par voie électronique à distance.

Ils vérifient en particulier que le nombre de votes exprimés dans l'urne électronique correspond au nombre de votants figurant sur la liste d'émargement et que les votes enregistrés ont été exprimés pendant la période de vote. Ces constatations sont incluses dans le journal qui recense les opérations de vote électronique à distance. Ce journal est automatiquement édité et communiqué au comité technique mentionné à l'article R. 2122-58 et aux délégués mentionnés à l'article R. 2122-59. Il est annexé au procès-verbal des opérations de vote mentionné à l'article R. 2122-56.

Art. R. 2122-69. Après le scellement de l'urne électronique, le président du bureau de vote et deux des assesseurs tirés au sort se voient chacun remettre une clé de dépouillement distincte, selon des modalités qui en garantissent la confidentialité.

Deux autres clés sont conservées par deux tiers indépendants choisis par les services du ministre chargé du travail.

Art. R. 2122-70. Jusqu'à l'expiration du délai de recours contentieux ou, lorsqu'une action contentieuse a été engagée, jusqu'à la décision juridictionnelle devenue définitive, les fichiers supports comprenant la copie des programmes sources et des programmes exécutables, les matériels de vote, les fichiers d'émargement, de résultats et de sauvegarde sont conservés sous scellés, sous le contrôle du ministre chargé du travail et de la commission des opérations de vote. Si nécessaire, la procédure de décompte des votes peut être exécutée à nouveau.

À l'expiration du délai de recours ou, lorsqu'une action contentieuse a été engagée, après l'intervention d'une décision juridictionnelle devenue définitive, il est procédé à la destruction des fichiers supports, sous le contrôle du ministre chargé du travail et de la commission des opérations de vote.

Art. R. 2122-71. Le document d'identification de l'électeur ainsi que le système de vote électronique à distance mentionnent les modalités de confidentialité du vote.

§ 4. Vote par correspondance

Art. R. 2122-72. Tout électeur ayant reçu le document d'identification mentionné à l'article R. 2122-49 peut voter par correspondance selon les modalités prévues à l'article (D. 2016-548 du 4 mai 2016, JO 5) « R. 2122-74 ».

Art. R. 2122-73. (D. 2016-548 du 4 mai 2016, JO 5) Pour le vote par correspondance, il est fait usage :

1° D'une enveloppe de retour adressée au centre de traitement ;

2° D'un bulletin de vote permettant à la fois l'émargement de l'électeur et l'expression de son vote. Les informations du bulletin relatives à l'identification de l'électeur font l'objet d'un encodage avec identifiant aléatoire de sorte qu'il soit impossible d'établir un lien entre le sens du vote et l'identité de l'électeur.

Art. R. 2122-74. (D. 2016-548 du 4 mai 2016, JO 5) L'électeur souhaitant voter par correspondance adresse au centre de traitement mentionné à l'article R. 2122-53 son bulletin de vote après l'avoir glissé dans l'enveloppe de retour. Par cet envoi, il atteste sur l'honneur qu'il ne fait l'objet d'aucune interdiction, déchéance ou incapacité relative à ses droits civiques.

Un arrêté du ministre chargé du travail fixe la date limite de réception des votes par correspondance.

Art. R. 2122-75. Les plis de vote par correspondance sont, dès leur arrivée, remis par le prestataire en charge de l'acheminement postal agissant pour le compte du ministre chargé du travail au centre de traitement mentionné à l'article R. 2122-53.

Art. R. 2122-76. Le centre de traitement ne peut accepter comme vote émis par correspondance aucun pli autre que les plis officiels portant la mention " Vote par correspondance " remis par le prestataire en charge de l'acheminement postal, agissant pour le compte du ministre chargé du travail. Les plis d'une autre nature sont conservés sans être ouverts par le centre de traitement en vue de leur annexion au procès-verbal de dépouillement du scrutin.

Art. R. 2122-77. Jusqu'à l'expiration du délai de recours contentieux, ou lorsqu'une action contentieuse a été engagée, jusqu'à la décision juridictionnelle devenue définitive, les fichiers supports comprenant la copie des programmes sources et des programmes exécutables, les matériels de vote, les fichiers d'émargement, de résultats et de sauvegarde sont conservés sous scellés, sous le contrôle du ministre chargé du travail. Si nécessaire la procédure de décompte des votes peut être exécutée à nouveau.

À l'expiration du délai de recours ou, lorsqu'une action contentieuse a été engagée, après l'intervention d'une décision juridictionnelle devenue définitive, il est procédé à la destruction des fichiers supports sous le contrôle du ministre chargé du travail et de la commission des opérations de vote.

Sous-section 7 (réglementaire). **Dépouillement**

§ 1. Dépouillement du vote électronique à distance

Art. R. 2122-78. Le dernier jour du dépouillement du vote par correspondance, le président et les assesseurs du bureau de vote procèdent, en public, au dépouillement des votes électroniques à distance. À cette fin, ils activent deux des trois clés de dépouillement mentionnées à l'article R. 2122-69. Le décompte des suffrages fait l'objet d'une édition sécurisée afin d'être porté au procès-verbal. Les résultats sont présentés par région, par branche et par collège.

Art. R. 2122-79. Dans le cas où l'électeur a utilisé les deux modes de vote, seul le vote électronique est retenu.

§ 2. Dépouillement du vote par correspondance

Art. R. 2122-80. Les opérations de dépouillement du vote par correspondance font l'objet de traitements automatisés.

Art. R. 2122-81. Il est créé, selon des modalités fixées par arrêté du ministre chargé du travail, deux traitements automatisés distincts, dédiés et isolés, respectivement dénommés " fichier des électeurs " et " urne électronique ".

Aucun lien n'est établi entre ces deux traitements.

Art. R. 2122-82. Le fichier des électeurs contient les données relatives à la liste électorale établie en application de l'article L. 2122-10-4. Ce fichier permet de recenser les électeurs ayant pris part au scrutin.

Art. R. 2122-83. L'urne électronique contient les données relatives aux votes exprimés par correspondance. Les données de ce fichier font l'objet d'un chiffrement.

Art. R. 2122-84. Après la fin du vote, le bureau de vote procède au dépouillement des votes par correspondance en séance publique, en présence de la Commission nationale des opérations de vote. Le bureau de vote et la Commission nationale des opérations de vote peuvent faire inscrire leurs observations au procès-verbal.

Art. R. 2122-85. Avant le début du dépouillement du vote par correspondance, le bureau de vote constate la présence du scellement du système de dépouillement des votes, son bon fonctionnement, la remise à zéro du compteur des suffrages et le fait que l'urne électronique est vide.

Aucun résultat partiel n'est accessible pendant le déroulement du dépouillement.

Art. R. 2122-86. Le processus d'enregistrement du vote fait l'objet des deux traitements suivants :

1° D'une part, la mise à jour de la liste d'émargement. Lorsque, au moment de ce traitement, il est constaté que l'électeur ayant envoyé un vote par correspondance a déjà voté électroniquement à distance, son vote par correspondance est immédiatement détruit. Cette opération est mentionnée au procès-verbal ;

2° D'autre part, le vote fait l'objet d'un contrôle de recevabilité telle que définie à l'article R. 2122-88 puis le vote est comptabilisé.

Art. R. 2122-87. Ne font pas l'objet d'un dépouillement et sont annexés au procès-verbal des opérations de vote :

1° Les plis remis par une personne ne travaillant pas pour le prestataire en charge de l'acheminement postal ;

2° Les plis des électeurs ayant déjà voté par vote électronique ;

3° Les plis arrivés non cachetés ou décachetés.

Art. R. 2122-88. N'entrent pas en compte dans le résultat des votes par correspondance :

1° Les enveloppes sans bulletin ;

2° Les bulletins blancs ;

3° Les bulletins multiples trouvés dans la même enveloppe et en faveur de candidatures différentes ;

4° Les bulletins désignant une candidature qui n'a pas été régulièrement publiée ou dont l'irrecevabilité a été constatée par le juge ;

(D. 2016-548 du 4 mai 2016, JO 5) « 5° Les bulletins d'un modèle différent de ceux qui ont été adressés aux électeurs ou qui comportent une mention manuscrite rendant incertaine l'expression du vote » ;

6° Les bulletins portant des signes intérieurs ou extérieurs de reconnaissance ;

7° Les bulletins portant des mentions injurieuses ;

8° Les (D. 2016-548 du 4 mai 2016, JO 5) « documents de propagande utilisés » comme bulletin.

Art. R. 2122-89. Les matériels de vote qui n'ont pas été pris en compte conformément à l'article R. 2122-88 sont annexés au procès-verbal.

Chacun de ces matériels annexés porte mention des causes de l'annexion.

Art. R. 2122-90. (D. 2016-548 du 4 mai 2016, JO 5) « Les enveloppes de vote par correspondance sont jointes à la liste d'émargement. »

Ces documents sont conservés pendant quatre mois après l'expiration des délais fixés pour la formation des recours contre l'élection.

§ 3. Centralisation et proclamation des résultats

Art. R. 2122-91. Après la clôture du dépouillement du vote par correspondance, les résultats du vote électronique à distance sont ajoutés aux résultats des votes exprimés par correspondance.

Art. R. 2122-92. Immédiatement après la fin du dépouillement, le procès-verbal de dépouillement est rédigé par le secrétaire de la Commission nationale des opérations de vote.

Il est établi en deux exemplaires, signés de tous les membres de la Commission nationale des opérations de vote.

Dès l'établissement du procès-verbal de dépouillement, les résultats sont transmis par le président de la Commission nationale des opérations de vote aux commissions régionales des opérations de vote pour proclamation et affichage dans les directions régionales des entreprises, de la concurrence, de la consommation, du travail et de l'emploi.

Les résultats sont également (D. 2016-548 du 4 mai 2016, JO 5) « proclamés par le président de la Commission nationale des opérations de vote » publiés sur le site internet mentionné à l'article R. 2122-19.

Un exemplaire est aussitôt transmis au ministre chargé du travail et au Haut Conseil du dialogue social.

Sous-section 8 (réglementaire). **Contestations relatives au déroulement des opérations électorales**

Art. R. 2122-93. Les contestations prévues à l'article L. 2122-10-11 sont formées postérieurement au scrutin, dans un délai de quinze jours à compter de l'affichage des résultats mentionné à l'article R. 2122-92 par tout électeur ou tout mandataire d'une organisation candidate relevant de la région pour laquelle la contestation est formée, à peine d'irrecevabilité.

Le recours est porté devant le (D. 2019-966 du 18 sept. 2019, art. 8, JO 19, entrée en vigueur le 01.01.2020) « tribunal judiciaire » dans le ressort duquel siège la commission régionale des opérations de vote ayant proclamé les résultats faisant l'objet du recours.

Art. R. 2122-94. Les électeurs mineurs peuvent présenter un recours relatif au déroulement des opérations électorales sans autorisation de leur représentant légal.

Art. R. 2122-95. (D. 2020-927 du 29 juil. 2020, JO 30) La contestation est formée par requête dans les conditions prévues aux articles 54 et 57 du code de procédure civile.

Art. R. 2122-96. Le tribunal statue dans un délai d'un mois à compter de sa saisine, après avoir averti toutes les parties intéressées quinze jours à l'avance par remise contre récépissé ou par lettre recommandée avec demande d'avis de réception. À défaut de retour au greffe de l'avis de réception signé, la notification est réputée faite à domicile au jour de sa première présentation.

Le (D. 2019-966 du 18 sept. 2019, art. 8, JO 19, entrée en vigueur le 01.01.2020) « tribunal judiciaire » statue sans frais ni forme de procédure. La décision est notifiée aux parties au plus tard dans les trois jours par le greffe, qui en adresse une copie dans le même délai au ministre chargé du travail qui en transmet lui-même une copie au Haut Conseil du dialogue social.

La décision du (D. 2019-966 du 18 sept. 2019, art. 8, JO 19, entrée en vigueur le 01.01.2020) « tribunal judiciaire » n'est pas susceptible d'opposition.

Art. R. 2122-97. (D. 2020-927 du 29 juil. 2020, JO 30) La décision du tribunal judiciaire peut faire l'objet d'un pourvoi en cassation formé, instruit et jugé dans les conditions prévues par le code de procédure civile en matière d'élections professionnelles.

Les parties sont dispensées du ministère d'avocat au Conseil d'État et à la Cour de cassation.

Art. R. 2122-98. Les délais fixés par les articles R. 2122-93, R. 2122-96 et R. 2122-97 sont calculés et prorogés conformément aux dispositions des articles 640, 641 et 642 du code de procédure civile.

SECTION 4 (RÉGLEMENTAIRE). Voies de recours

Note Cette section a été introduite par le décret 2012-1130 du 5 octobre 2012, JO 7.

Art. R. 2122-99. Les recours dirigés contre les arrêtés pris en application de l'article L. 2122-11 sont portés devant la juridiction désignée par l'article R. 311-2 du code de justice administrative.

SECTION 5. Dispositions d'application

Art. L. 2122-11. Après avis du Haut Conseil du dialogue social, le ministre chargé du travail arrête la liste des organisations syndicales reconnues représentatives par branche professionnelle et des organisations syndicales reconnues représentatives au niveau national et interprofessionnel en application des articles L. 2122-5 à L. 2122-10.

Le Haut Conseil du dialogue social comprend des représentants d'organisations représentatives d'employeurs au niveau national et d'organisations syndicales de salariés nationales et interprofessionnelles, des représentants du ministre chargé du travail et des personnalités qualifiées.

Un décret en Conseil d'État détermine ses modalités d'organisation et de fonctionnement.

Art. R. *2122-1. (D. 2008-1163 du 13 nov. 2008, JO 14) Le Haut Conseil du dialogue social mentionné à l'article L. 2122-11 du code du travail comprend :

1° Cinq représentants des organisations syndicales de salariés nationales et interprofessionnelles et, en nombre égal, des représentants des organisations représentatives d'employeurs au niveau national désignés par ces organisations. Des représentants suppléants en nombre égal à celui des titulaires sont désignés dans les mêmes conditions. Ils ne siègent qu'en l'absence des titulaires ;

2° Trois représentants du ministre chargé du travail ;

3° Trois personnes qualifiées proposées par le ministre chargé du travail.

Art. R. *2122-2. (D. 2008-1163 du 13 nov. 2008, JO 14) Les membres du Haut Conseil du dialogue social sont nommés par le Premier ministre pour une durée de cinq ans.

Le Premier ministre désigne une des personnes qualifiées mentionnées au 3° de l'article R.* 2122-1 pour présider les séances du Haut Conseil.

Art. R. *2122-3. (D. 2008-1163 du 13 nov. 2008, JO 14) À l'issue du cycle électoral de quatre ans prévu aux articles L. 2122-5 et L. 2122-9, le ministre chargé du travail présente au Haut Conseil du dialogue social les résultats enregistrés et le consulte sur la liste des organisations syndicales représentatives par branche et au niveau national et interprofessionnel.

Cette consultation intervient au plus tard dans les huit mois suivant la fin de ce cycle.

Art. R. *2122-4. (D. 2008-1163 du 13 nov. 2008, JO 14) Le Haut Conseil du dialogue social se réunit sur convocation du ministre chargé du travail, de sa propre initiative ou sur demande de la moitié, au moins, des représentants des organisations syndicales de salariés et d'employeurs mentionnées au 1° de l'article R.* 2122-1.

Il auditionne toute organisation syndicale nationale interprofessionnelle de salariés qui en fait la demande.

Le secrétariat du Haut Conseil du dialogue social est assuré par les services du ministre chargé du travail.

Art. R. *2122-5. (D. 2008-1163 du 13 nov. 2008, JO 14) Les avis du Haut Conseil du dialogue social, requis en application de la loi, sont retracés dans le compte rendu des séances.

Art. L. 2122-12. Un décret détermine les modalités de recueil et de consolidation des résultats aux élections professionnelles pour l'application du présent chapitre.

Art. D. 2122-6. (D. 2008-1133 du 4 nov. 2008, JO 5) Le système de centralisation des résultats des élections professionnelles mentionnées aux articles L. 2122-5 à L. 2122-10 afin de mesurer l'audience des organisations syndicales doit :

a) Garantir la confidentialité et l'intégrité des données recueillies et traitées ;

b) Permettre de s'assurer, par des contrôles réguliers, de la fiabilité et de l'exhaustivité des données recueillies et consolidées ;

c) Permettre une consultation par toute personne des données recueillies.

Les résultats complets de chaque cycle électoral sont portés à la connaissance du Haut Conseil du dialogue social afin qu'il puisse rendre au ministre chargé du travail l'avis prévu à l'article L. 2122-11. Les résultats du premier cycle électoral sont transmis au plus tard le 31 mars 2013.

Art. L. 2122-13. (L. 2010-1215 du 15 oct. 2010, JO 16) Avant l'ouverture du scrutin prévu à l'article L. 2122-10-1, le ministre chargé du travail présente au Haut Conseil du dialogue social les modalités retenues pour son organisation.

TITRE III

STATUT JURIDIQUE, RESSOURCES ET MOYENS

Chapitre Ier

Objet et constitution

Art. L. 2131-1. Les syndicats professionnels ont exclusivement pour objet l'étude et la défense des droits ainsi que des intérêts matériels et moraux, tant collectifs qu'individuels, des personnes mentionnées dans leurs statuts.

Art. L. 2131-2. Les syndicats ou associations professionnels de personnes exerçant la même profession, des métiers similaires ou des métiers connexes concourant à l'établissement de produits déterminés ou la même profession libérale peuvent se constituer librement.

Par dérogation à ces dispositions, les particuliers occupant des employés de maison peuvent se grouper en syndicat pour la défense des intérêts qu'ils ont en commun en tant qu'employeur de ces salariés.

Art. L. 2131-3. Les fondateurs de tout syndicat professionnel déposent les statuts et les noms de ceux qui, à un titre quelconque, sont chargés de l'administration ou de la direction.

Ce dépôt est renouvelé en cas de changement de la direction ou des statuts.

Art. R. 2131-1. Les statuts du syndicat sont déposés à la mairie de la localité où le syndicat est établi.

Le maire communique ces statuts au procureur de la République.

Art. L. 2131-4. Tout adhérent d'un syndicat professionnel peut, s'il remplit les conditions fixées par l'article L. 2131-5, accéder aux fonctions d'administration ou de direction de ce syndicat.

Art. L. 2131-5. Tout membre français d'un syndicat professionnel chargé de l'administration ou de la direction de ce syndicat doit jouir de ses droits civiques et n'être l'objet d'aucune interdiction, déchéance ou incapacité relative à ses droits civiques.

Sous les mêmes conditions, tout ressortissant étranger âgé de dix-huit ans accomplis adhérent à un syndicat peut accéder aux fonctions d'administration ou de direction de ce syndicat.

Art. L. 2131-6. En cas de dissolution volontaire, statutaire ou prononcée par décision de justice, les biens du syndicat sont dévolus conformément aux statuts ou, à défaut de dispositions statutaires, suivant les règles déterminées par l'assemblée générale.

En aucun cas les biens du syndicat ne peuvent être répartis entre les membres adhérents.

Chapitre II

Capacité civile

Art. L. 2132-1. Les syndicats professionnels sont dotés de la personnalité civile.

Art. L. 2132-2. Les organisations de salariés constituées en syndicats professionnels sont seules admises à négocier les conventions et accords collectifs de travail.

Tout accord ou convention visant les conditions collectives du travail est conclu dans les conditions déterminées par le livre II.

Art. L. 2132-3. Les syndicats professionnels ont le droit d'agir en justice.

Ils peuvent, devant toutes les juridictions, exercer tous les droits réservés à la partie civile concernant les faits portant un préjudice direct ou indirect à l'intérêt collectif de la profession qu'ils représentent.

Art. L. 2132-4. Les meubles et immeubles nécessaires aux syndicats professionnels pour leurs réunions, bibliothèques et formations sont insaisissables.

Art. L. 2132-5. Les syndicats professionnels peuvent :

1° Créer et administrer des centres d'informations sur les offres et les demandes d'emploi ;

2° Créer, administrer et subventionner des institutions professionnelles de prévoyance, des organismes d'éducation, de formation, de vulgarisation ou de recherche dans les domaines intéressant la profession ;

3° Subventionner des sociétés coopératives de production ou de consommation, financer la création d'habitations à loyer modéré ou l'acquisition de terrains destinés à la réalisation de jardins ouvriers ou d'activités physiques et sportives.

Art. L. 2132-6. Les syndicats professionnels peuvent constituer entre leurs membres des caisses spéciales de secours mutuels et de retraites.

Les fonds de ces caisses sont insaisissables dans les limites déterminées par le code de la mutualité.

Toute personne qui se retire d'un syndicat conserve le droit d'être membre des sociétés de secours mutuels et de retraite pour la vieillesse à l'actif desquelles elle a contribué par des cotisations ou versement de fonds.

Chapitre III

Unions de syndicats

Art. L. 2133-1. Les syndicats professionnels régulièrement constitués peuvent se concerter pour l'étude et la défense de leurs intérêts matériels et moraux.

Art. L. 2133-2. Les unions de syndicats sont soumises aux dispositions des articles L. 2131-1, L. 2131-3 à L. 2131-5, L. 2141-1 et L. 2141-2.

Elles font connaître le nom et le siège social des syndicats qui les composent.

Leurs statuts déterminent les règles selon lesquelles les syndicats adhérents à l'union sont représentés dans le conseil d'administration et dans les assemblées générales.

Art. L. 2133-3. Les unions de syndicats jouissent de tous les droits conférés aux syndicats professionnels par le présent titre.

Chapitre IV

Marques syndicales

Art. L. 2134-1. Les syndicats professionnels peuvent déposer leurs marques ou labels en remplissant les formalités prévues par les articles L. 712-1 et suivants du code de la propriété intellectuelle. Ils peuvent, dès lors, en revendiquer la propriété exclusive dans les conditions prévues par ce code.

Les marques ou labels peuvent être apposés sur tout produit ou objet de commerce pour en certifier les conditions de fabrication. Ils peuvent être utilisés par tout individu ou entreprise commercialisant ces produits.

Art. L. 2134-2. L'utilisation des marques syndicales ou des labels ne peut avoir pour effet de porter atteinte aux dispositions des articles L. 2141-5 à L. 2141-8.

Tout accord ou disposition tendant à obliger l'employeur à n'embaucher ou à ne conserver à son service que les adhérents du syndicat propriétaire de la marque ou du label est nul.

Chapitre V

Ressources et moyens

Note Ce chapitre a été introduit par la loi du 20 août 2008, art. 10, JO 21.

SECTION 1. Certification et publicité des comptes des organisations syndicales et professionnelles

Art. L. 2135-1. Les syndicats professionnels et leurs unions mentionnés aux articles L. 2131-2, L. 2133-1 et L. 2133-2 relatifs à la création de syndicats professionnels et les associations de salariés ou d'employeurs régies par la loi du 1er juillet 1901 relative au contrat d'association ou, dans les départements de la Moselle, du Bas-Rhin et du Haut-Rhin, par le droit local (L. 2011-525 du 17 mai 2011, art. 44, JO 18) «sont soumis aux obligations comptables définies à l'article L. 123-12 du code de commerce. Lorsque leurs ressources annuelles n'excèdent pas un seuil fixé par décret, ils peuvent adopter une présentation simplifiée de leurs comptes avec la possibilité de n'enregistrer leurs créances et leurs dettes qu'à la clôture de l'exercice. Si leurs ressources annuelles n'excèdent pas un second seuil fixé par décret, ils peuvent tenir un livre enregistrant chronologiquement l'ensemble des mouvements de leur patrimoine. Les conditions d'application du présent article sont fixées par décret.»

Art. D. 2135-1. (D. 2009-1665 du 28 déc. 2009, JO 30) Les comptes annuels des syndicats professionnels de salariés ou d'employeurs et de leurs unions, et des associations de salariés ou d'employeurs mentionnés à l'article L. 2135-1 sont établis dans les conditions prévues au présent chapitre.

Art. D. 2135-2. (D. 2009-1665 du 28 déc. 2009, JO 30) Les comptes annuels des syndicats professionnels de salariés ou d'employeurs et de leurs unions, et des associations de salariés ou d'employeurs mentionnés à l'article L. 2135-1 dont les ressources au sens de l'article D. 2135-9 sont supérieures à 230 000 euros à la clôture d'un exercice comprennent un bilan, un compte de résultat et une annexe selon des modalités définies par règlement de l'Autorité des normes comptables.

Les prescriptions comptables applicables à ces organisations sont fixées par règlement de l'Autorité des normes comptables.

Art. D. 2135-3. (D. 2009-1665 du 28 déc. 2009, JO 30) Les comptes annuels des syndicats professionnels de salariés ou d'employeurs et de leurs unions, et des associations de salariés ou d'employeurs mentionnés à l'article L. 2135-1 dont les ressources au sens de l'article D. 2135-9 sont inférieures ou égales à 230 000 euros à la clôture de l'exercice peuvent être établis sous la forme d'un bilan, d'un compte de résultat et d'une annexe simplifiés, selon des modalités fixées par règlement de l'Autorité des normes comptables. Ils peuvent n'enregistrer leurs créances et leurs dettes qu'à la clôture de l'exercice.

Les dispositions du présent article ne sont plus applicables lorsque la condition de ressources mentionnée à l'alinéa précédent n'est pas remplie pendant deux exercices consécutifs.

Art. D. 2135-4. (D. 2009-1665 du 28 déc. 2009, JO 30) Les comptes annuels des syndicats professionnels de salariés ou d'employeurs et de leurs unions, et des associations de salariés ou d'employeurs mentionnés à l'article L. 2135-1 dont les ressources au sens de l'article D. 2135-9 sont inférieures à 2 000 euros à la clôture d'un exercice peuvent être établis sous la forme d'un livre mentionnant chronologiquement le montant et l'origine des ressources qu'ils perçoivent et des dépenses qu'ils effectuent, ainsi que les références aux pièces justificatives. Pour les ressources, il distingue les règlements en espèces des autres règlements. Une fois par année civile, un total des ressources et des dépenses est établi.

Art. D. 2135-7. (D. 2009-1665 du 28 déc. 2009, JO 30) Les syndicats professionnels de salariés ou d'employeurs et leurs unions, et les associations de salariés ou d'employeurs mentionnés à l'article L. 2135-1 dont les ressources au sens de l'article D. 2135-9 sont égales ou supérieures à 230 000 euros à la clôture d'un exercice assurent la publicité de leurs comptes et du rapport du commissaire aux comptes sur le site internet de la (D. 2010-31 du 11 janv. 2010, JO 12) « direction de l'information légale et administrative ». À cette fin, ils transmettent par voie électronique à la (D. 2010-31 du 11 janv. 2010, JO 12) « direction de l'information légale et administrative », dans un délai de trois mois à compter de l'approbation des comptes par l'organe délibérant statutaire, le bilan, le compte de résultat, l'annexe ainsi que le rapport du commissaire aux comptes. Un arrêté du Premier ministre fixe les modalités de cette transmission.

Ces documents sont publiés sous forme électronique par la (D. 2010-31 du 11 janv. 2010, JO 12) « direction de l'information légale et administrative », dans des conditions de nature à garantir leur authenticité et leur accessibilité gratuite.

Cette prestation donne lieu à rémunération pour service rendu dans les conditions prévues par le décret n° 2005-1073 du 31 août 2005 relatif à la rémunération des services rendus par la (D. 2010-31 du 11 janv. 2010, JO 12) « direction de l'information légale et administrative ».

Art. D. 2135-8. (D. 2009-1665 du 28 déc. 2009, JO 30) Les syndicats professionnels de salariés ou d'employeurs et leurs unions, et les associations de salariés ou d'employeurs mentionnés à l'article L. 2135-1 dont les ressources au sens de l'article D. 2135-9 sont inférieures à 230 000 euros à la clôture d'un exercice assurent la publicité de leurs comptes (D. 2015-1525 du 24 nov. 2015, JO 26) « et, s'agissant des syndicats professionnels d'employeurs, de leurs unions et des associations d'employeurs qui souhaitent établir leur représentativité sur le fondement du titre V du livre Ier de la deuxième partie du présent code, du rapport du commissaire aux comptes » dans un délai de trois mois à compter de leur approbation par l'organe délibérant statutaire soit dans les conditions prévues à l'article D. 2135-7, soit par publication sur leur site internet ou, à défaut de site, en direction régionale des entreprises, de la concurrence, de la consommation, du travail et de l'emploi. À cette fin, ils transmettent, le cas échéant par voie électronique, leurs comptes (D. 2015-1525 du 24 nov. 2015, JO 26) « accompagnés, s'agissant des syndicats professionnels d'employeurs, de leurs unions et des associations d'employeurs qui souhaitent établir leur représentativité sur le fondement du titre V du livre Ier de la deuxième partie du présent code, du rapport du commissaire aux comptes » ou le livre mentionné à l'article D. 2135-4 à la direction régionale des entreprises, de la concurrence, de la consommation, du travail et de l'emploi (D. 2015-1525 du 24 nov. 2015, JO 26) « dans le ressort de laquelle est situé leur siège social ».

Ces comptes annuels sont librement consultables.

Toutefois, les comptes annuels des syndicats professionnels de salariés ou d'employeurs et de leurs unions, et des associations de salariés ou d'employeurs mentionnés à l'article L. 2135-1 dont les ressources, au sens de l'article D. 2135-9, sont inférieures à 23 000 euros à la clôture d'un exercice, ne le sont qu'à la condition que cette consultation ne soit pas susceptible de porter atteinte à la vie privée de leurs membres.

Le directeur régional des entreprises, de la concurrence, de la consommation, du travail et de l'emploi rend anonymes les mentions permettant l'identification des membres avant communication des documents mentionnés au premier alinéa.

Art. D. 2135-9. (D. 2015-1525 du 24 nov. 2015, JO 26) « Le seuil prévu à l'article L. 2135-6 est fixé à 230 000 euros à la clôture d'un exercice. »

Est pris en compte pour le calcul des ressources mentionnées au premier alinéa le montant des subventions, des produits de toute nature liés à l'activité courante, des produits financiers ainsi que des cotisations. Sont toutefois déduites de ce dernier montant les cotisations reversées, en vertu de conventions ou des statuts, à des syndicats professionnels de salariés ou d'employeurs et à leurs unions ou à des associations de salariés ou d'employeurs mentionnés à l'article L. 2135-1.

Art. L. 2135-2. Les syndicats professionnels et leurs unions et les associations de salariés ou d'employeurs mentionnés à l'article L. 2135-1 qui contrôlent une ou plusieurs personnes morales au sens de l'article L. 233-16 du code de commerce, sans entretenir avec elles de lien d'adhésion ou d'affiliation, sont tenus, dans des conditions déterminées par décret pris après avis (Ord. 2009-79 du 22 janv. 2009, JO 23) «de l'Autorité des normes comptables»:

a) Soit d'établir des comptes consolidés. (L. 2012-387 du 22 mars 2012, art. 57, JO 23) «L'article L. 823-2 du code de commerce n'est pas applicable lorsque les ressources de l'ensemble constitué par les syndicats professionnels et leurs unions et les associations de salariés ou d'employeurs et les personnes morales qu'ils contrôlent ne dépassent pas, à la clôture d'un exercice, le seuil mentionné à l'article L. 2135-6 du présent code;»

b) Soit de fournir, en annexe à leurs propres comptes, les comptes de ces personnes morales, ainsi qu'une information sur la nature du lien de contrôle. Dans ce cas, les comptes de ces personnes morales doivent avoir fait l'objet d'un contrôle légal, (L. 2012-387 du 22 mars 2012, art. 57, JO 23) «sauf lorsque les ressources de l'ensemble constitué par les syndicats professionnels et leurs unions et les associations de salariés ou d'employeurs et les personnes morales qu'ils contrôlent ne dépassent pas, à la clôture d'un exercice, le seuil mentionné au même article L. 2135-6».

Art. D. 2135-5. (D. 2009-1665 du 28 déc. 2009, JO 30) Les comptes des syndicats professionnels et de leurs unions, et des associations de salariés ou d'employeurs mentionnés à l'article L. 2135-2 comprennent un bilan, un compte de résultat et une annexe établis selon des modalités définies par règlement de l'Autorité des normes comptables.

Les prescriptions comptables relatives aux comptes consolidés sont fixées par règlement de l'Autorité des normes comptables.

Art. L. 2135-3. Les syndicats professionnels de salariés ou d'employeurs, leurs unions et les associations de salariés ou d'employeurs mentionnés à l'article L. 2135-1 peuvent, lorsque leurs statuts le prévoient, établir des comptes combinés intégrant la comptabilité des personnes morales et entités avec lesquelles ils ont des liens d'adhésion ou d'affiliation, dans des conditions déterminées par décret pris après avis (Ord. 2009-79 du 22 janv. 2009, JO 23) «de l'Autorité des normes comptables».

Art. D. 2135-6. (D. 2009-1665 du 28 déc. 2009, JO 30) Les comptes combinés des syndicats professionnels et de leurs unions, et des associations de salariés ou d'employeurs mentionnés à l'article L. 2135-3 comprennent un bilan, un compte de résultat et une annexe établis selon des modalités définies par règlement de l'Autorité des normes comptables.

Les prescriptions comptables relatives aux comptes combinés sont fixées par règlement de l'Autorité des normes comptables.

Art. L. 2135-4. Les comptes sont arrêtés par l'organe chargé de la direction et approuvés par l'assemblée générale des adhérents ou par un organe collégial de contrôle désigné par les statuts.

Art. L. 2135-5. Les syndicats professionnels de salariés ou d'employeurs, leurs unions et les associations de salariés ou d'employeurs mentionnés à l'article L. 2135-1 tenus d'établir des comptes assurent la publicité de leurs comptes dans des conditions déterminées par décret pris après avis (Ord. 2009-79 du 22 janv. 2009, JO 23) «de l'Autorité des normes comptables».

Le premier alinéa est applicable au syndicat ou à l'association qui combine les comptes des organisations mentionnées à l'article L. 2135-3. Ces organisations sont alors dispensées de l'obligation de publicité.

Art. L. 2135-6. (L. 2014-288 du 5 mars 2014, art. 29, II, JO 6, entrée en vigueur le 01.01.2015) Les syndicats professionnels d'employeurs, leurs unions et les associations d'employeurs mentionnés à l'article L. 2135-1 qui souhaitent établir leur représentativité sur le fondement du titre V du présent livre Ier sont tenus de nommer au moins un commissaire aux comptes et (L. 2019-486 du 22 mai 2019, art. 27, IV, JO 23) «, lorsque les conditions définies au deuxième alinéa du I de l'article L. 823-1 sont réunies,» un suppléant.

L'obligation prévue au premier alinéa du présent article est applicable aux syndicats professionnels de salariés, à leurs unions, aux associations de salariés mentionnés au même article L. 2135-1 et aux syndicats professionnels, à leurs unions et aux associations d'employeurs autres que ceux mentionnés au premier alinéa du présent article dont les ressources dépassent un seuil fixé par décret.

SECTION 2. Mise à disposition des salariés auprès des organisations syndicales

Art. L. 2135-7. Avec son accord exprès et dans les conditions prévues à l'article L. 2135-8, un salarié peut être mis à disposition d'une organisation syndicale ou d'une association d'employeurs mentionnée à l'article L. 2231-1.

Pendant cette mise à disposition, les obligations de l'employeur à l'égard du salarié sont maintenues. (Ord. 2017-1386 du 22 sept. 2017, art. 5, II, JO 23, entrée en vigueur au plus tard le 01.01.2018) «La convention ou l'accord prévu à l'article L. 2135-8 prévoit notamment des aménagements de nature à permettre à l'employeur de respecter l'obligation de formation d'adaptation définie à l'article L. 6321-1.»

(L. 2015-994 du 17 août 2015, art. 25, I, JO 18) «Les éventuelles indemnités de fonction payées par l'organisation syndicale sont assimilées à des salaires. Les cotisations et charges afférentes sont acquittées par l'organisation syndicale.»

Le salarié, à l'expiration de sa mise à disposition, retrouve son précédent emploi ou un emploi similaire assorti d'une rémunération au moins équivalente.

Art. L. 2135-8. Une convention collective ou un accord collectif de branche étendus ou un accord d'entreprise détermine les conditions dans lesquelles il peut être procédé à une mise à disposition de salariés auprès d'organisations syndicales ou d'associations d'employeurs.

SECTION 3. Financement mutualisé des organisations syndicales de salariés et des organisations professionnelles d'employeurs

Note Cette section a été introduite par la loi 2014-288 du 5 mars 2014, art. 31, I, JO 16.

Art. L. 2135-9. Un fonds paritaire, chargé d'une mission de service public, apportant une contribution au financement des organisations syndicales de salariés et des organisations professionnelles d'employeurs, au titre de leur participation à la conception, à la mise en œuvre, à l'évaluation ou au suivi d'activités concourant au développement et à l'exercice des missions définies à l'article L. 2135-11, est créé par un accord conclu entre les organisations représentatives des salariés et des employeurs au niveau national et interprofessionnel. Cet accord détermine l'organisation et le fonctionnement du fonds conformément à la présente section. L'accord portant création du fonds paritaire est soumis à l'agrément du ministre chargé du travail. À défaut d'accord ou d'agrément de celui-ci, les modalités de création du fonds et ses conditions d'organisation et de fonctionnement sont définies par voie réglementaire.

Le fonds paritaire est habilité à recevoir les ressources mentionnées à l'article L. 2135-10 et à les attribuer aux organisations syndicales de salariés et aux organisations professionnelles d'employeurs dans les conditions prévues aux articles L. 2135-11 à L. 2135-17.

Art. L. 2135-10. I. – Les ressources du fonds paritaire sont constituées par :

1° Une contribution des employeurs mentionnés à l'article L. 2111-1 du présent code, assise sur les rémunérations versées aux salariés mentionnés au même article et comprises dans l'assiette des cotisations de sécurité sociale définie à l'article L. 242-1 du code de la sécurité sociale et à l'article L. 741-10 du code rural et de la pêche maritime, dont le taux est fixé par un accord conclu entre les organisations représentatives des salariés et des employeurs au niveau national et interprofessionnel et agréé par le ministre chargé du travail ou, à défaut d'un tel accord ou de son agrément, par décret. Ce taux ne peut être ni supérieur à 0,02 % ni inférieur à 0,014 % ;

2° Le cas échéant, une participation volontaire d'organismes à vocation nationale dont le champ d'intervention dépasse le cadre d'une ou de plusieurs branches professionnelles, gérés majoritairement par les organisations syndicales de salariés et les organisations professionnelles d'employeurs. La liste des organismes pouvant verser une participation au fonds est fixée par l'accord mentionné au 1° ou, à défaut d'accord ou de son agrément, par décret ;

3° Une subvention de l'État ;

4° Le cas échéant, toute autre ressource prévue par des dispositions législatives ou réglementaires, par accord conclu entre les organisations syndicales de salariés et les organisations professionnelles d'employeurs représentatives au niveau national et interprofessionnel ou par accord de branche étendu.

II. – La contribution mentionnée au 1° du I du présent article est recouvrée et contrôlée, selon les règles et sous les mêmes garanties et sanctions applicables au recouvrement des cotisations du régime général de sécurité sociale assises sur les rémunérations, par les organismes mentionnés aux articles L. 213-1 et L. 752-4 du code de la sécurité sociale et à l'article L. 723-1 du code rural et de la pêche maritime, selon des modalités précisées par voie réglementaire.

Art. D. 2135-34. (D. 2014-1718 du 30 déc. 2014, JO 31) Le taux de la contribution prévue au II de l'article L. 2135-10 est fixé à 0,016 %.

Art. L. 2135-11. Le fonds paritaire contribue à financer les activités suivantes, qui constituent des missions d'intérêt général pour les organisations syndicales de salariés et les organisations professionnelles d'employeurs concernées:

1° La conception, la gestion, l'animation et l'évaluation des politiques menées paritairement au moyen de la contribution mentionnée au 1° du I de l'article L. 2135-10 et, le cas échéant, des participations volontaires versées en application du 2° du même I;

2° La participation des organisations syndicales de salariés et des organisations professionnelles d'employeurs à la conception, à la mise en œuvre et au suivi des politiques publiques relevant de la compétence de l'État, notamment par (L. 2015-994 du 17 août 2015, art. 25, II, JO 18) «l'animation et la gestion d'organismes de recherche,» la négociation, la consultation et la concertation, au moyen de la subvention mentionnée au 3° dudit I;

3° La formation économique, sociale et syndicale des salariés appelés à exercer des fonctions syndicales ou des adhérents à une organisation syndicale de salariés amenés à intervenir en faveur des salariés, définie aux articles L. 2145-1 et L. 2145-2, notamment l'indemnisation des salariés bénéficiant de congés de formation, l'animation des activités des salariés exerçant des fonctions syndicales, leur information au titre des politiques mentionnées aux 1° et 2° du présent article (L. 2016-1088 du 8 août 2016, art. 33, III, JO 9) «ainsi que les formations communes mentionnées à l'article L. 2212-1», au moyen (L. 2018-217 du 29 mars 2018, art. 4, III, JO 31) «de la contribution prévue au 1° du I de l'article L. 2135-10 et» de la subvention prévue au 3° du même I;

4° Toute autre mission d'intérêt général à l'appui de laquelle sont prévues d'autres ressources sur le fondement du 4° dudit I.

Art. L. 2135-12. Bénéficient des crédits du fonds paritaire au titre de l'exercice des missions mentionnées à l'article L. 2135-11:

1° Les organisations de salariés et d'employeurs représentatives au niveau national et interprofessionnel, leurs organisations territoriales, les organisations professionnelles d'employeurs représentatives au niveau national et multi-professionnel ainsi que celles qui sont représentatives au niveau de la branche (L. 2016-1088 du 8 août 2016, art. 36, JO 9) «ou, dans le secteur de la production cinématographique, de l'audiovisuel et du spectacle, les organisations professionnelles d'employeurs représentatives de l'ensemble des professions de ce secteur dont les statuts prévoient qu'elles ont vocation à percevoir ces crédits», (Ord. 2017-1718 du 20 déc. 2017, art. 1er, I, 38°, JO 21) «ainsi que les employeurs ayant maintenu la rémunération, avec les cotisations et contributions sociales afférentes, des salariés d'entreprise participant aux négociations conformément à l'article L. 2232-8,» au titre de l'exercice de la mission mentionnée au 1° du même article L. 2135-11;

2° Les organisations de salariés et d'employeurs représentatives au niveau national et interprofessionnel, les organisations syndicales de salariés dont la vocation statutaire revêt un caractère national et interprofessionnel qui recueillent plus de 3 % des suffrages exprimés lors des élections prévues au 3° de l'article L. 2122-9 et les organisations professionnelles d'employeurs représentatives au niveau national et multi-professionnel mentionnées à l'article L. 2152-2, au titre de l'exercice de la mission mentionnée au 2° de l'article L. 2135-11;

3° Les organisations syndicales de salariés représentatives au niveau national et interprofessionnel et celles dont la vocation statutaire revêt un caractère national et interprofessionnel et qui recueillent plus de 3 % des suffrages exprimés lors des élections prévues au 3° de l'article L. 2122-9, au titre de l'exercice de la mission mentionnée au 3° de l'article L. 2135-11.

Art. L. 2135-13. (Ord. 2017-1388 du 22 sept. 2017, JO 23) « I. –» Le fonds paritaire répartit ses crédits :

1° À parité entre les organisations syndicales de salariés, d'une part, et les organisations professionnelles d'employeurs, d'autre part, au titre de la mission mentionnée au 1° de l'article L. 2135-11, au niveau national et au niveau de la branche. Les modalités de répartition des crédits entre organisations syndicales de salariés, d'une part, et entre organisations professionnelles d'employeurs, d'autre part, sont déterminées, par voie réglementaire, de façon uniforme pour les organisations syndicales de salariés et en fonction de l'audience pour les organisations professionnelles d'employeurs. (L. 2016-1088 du 8 août 2016, art. 35, III, JO 9) «Pour l'appréciation de cette audience, sont pris en compte, chacun à hauteur de 50 %, d'une part, le nombre des entreprises adhérentes à des organisations professionnelles d'employeurs représentatives qui emploient au moins un salarié et, d'autre part, le nombre de salariés employés par ces mêmes entreprises» ;

2° Sur une base forfaitaire identique, fixée par décret, pour chacune des organisations syndicales de salariés et des organisations professionnelles d'employeurs représentatives au niveau national et interprofessionnel, et sur une base forfaitaire identique d'un montant inférieur, fixée par décret, pour chacune des organisations syndicales de salariés dont la vocation statutaire revêt un caractère national et interprofessionnel et qui ont recueilli plus de 3 % des suffrages exprimés lors des élections prévues au 3° de l'article L. 2122-9 et pour chacune des organisations professionnelles d'employeurs représentatives au niveau national et multi-professionnel mentionnées à l'article L. 2152-2, au titre de la mission mentionnée au 2° de l'article L. 2135-11 ;

3° Sur la base d'une répartition, définie par décret, en fonction de l'audience de chacune des organisations syndicales de salariés dont la vocation statutaire revêt un caractère national et interprofessionnel et qui ont recueilli plus de 3 % des suffrages exprimés lors des élections prévues au 3° de l'article L. 2122-9, au titre de la mission mentionnée au 3° de l'article L. 2135-11.

(Ord. 2017-1388 du 22 sept. 2017, JO 23) «II. – Pour l'attribution des crédits du fonds aux organisations mentionnées à l'article L. 2135-12 est prise en compte l'année suivant celle au cours de laquelle :

1° Est déterminée leur représentativité et mesurée leur audience en application des dispositions des articles L. 2122-5 et L. 2122-9 s'agissant des organisations syndicales de salariés et des articles L. 2152-1, L. 2152-2 et L. 2152-4 s'agissant des organisations professionnelles d'employeurs ;

2° A été publié l'arrêté de fusion des champs conventionnels pris en application des dispositions de l'article L. 2261-32 ou l'arrêté d'extension de l'accord de fusion desdits champs et est appréciée la représentativité et mesurée l'audience des organisations syndicales de salariés et des organisations professionnelles d'employeurs concernées conformément aux dispositions des 1° et 3° du présent article.»

Art. L. 2135-14. Les organisations syndicales de salariés représentatives au niveau national et interprofessionnel et celles dont la vocation statutaire revêt un caractère national et interprofessionnel et qui ont recueilli plus de 3 % des suffrages exprimés lors des élections prévues au 3° de l'article L. 2122-9 perçoivent les sommes dues aux organisations territoriales et organisations syndicales représentatives au niveau de la branche qui leur sont affiliées. Elles contribuent au financement de ces dernières au titre des missions mentionnées aux 1° et 2° de l'article L. 2135-11.

Art. L. 2135-15. I. – Le fonds mentionné à l'article L. 2135-9 est géré par une association paritaire, administrée par un conseil d'administration composé de représentants des organisations syndicales de salariés et des organisations professionnelles d'employeurs représentatives au niveau national et interprofessionnel. (L. 2016-1088 du 8 août 2016, art. 35, III, JO 9) «Au sein de ce conseil, chaque organisation professionnelle d'employeurs dispose d'un nombre de voix proportionnel à son audience au niveau national et interprofessionnel. Pour l'appréciation de cette audience, sont pris en compte à hauteur, respectivement, de 30 % et de 70 %, le nombre des entreprises adhérentes à des organisations professionnelles d'employeurs représentatives au niveau national et interprofessionnel et le nombre de salariés employés par ces mêmes entreprises.»

La présidence de l'association est assurée alternativement par un représentant des organisations syndicales de salariés et un représentant des organisations professionnelles d'employeurs représentatives au niveau national et interprofessionnel.

Les organisations syndicales de salariés, dont la vocation statutaire revêt un caractère national et interprofessionnel et qui ont recueilli plus de 3 % des suffrages exprimés lors des élections prévues au 3° de l'article L. 2122-9, et les organisations professionnelles d'employeurs représentatives au niveau national et multi-professionnel sont destinataires des projets de délibération et de décision du conseil d'administration relatifs à la répartition des crédits mentionnée à l'article L. 2135-13 et elles peuvent faire connaître leurs observations.

L'association adopte un règlement intérieur, agréé par le ministre chargé du travail.

II. – Le ministre chargé du travail désigne un commissaire du Gouvernement auprès de l'association paritaire mentionnée au I.

Le commissaire du Gouvernement assiste de droit aux séances de toutes les instances de délibération et d'administration de l'association. Il est destinataire de toute délibération du conseil d'administration. Il a communication de tous les documents relatifs à la gestion du fonds.

Lorsque le commissaire du Gouvernement estime qu'une délibération du conseil d'administration ou qu'une décision prise par une autre instance ou autorité interne de l'association gestionnaire du fonds n'est pas conforme aux dispositions de la présente section, à des stipulations de l'accord national et interprofessionnel agréé ou à des dispositions réglementaires, il saisit le président du conseil d'administration, qui lui adresse une réponse motivée.

Lorsque le commissaire du Gouvernement estime qu'une délibération ou une décision mentionnée au troisième alinéa du présent II et concernant l'utilisation de la subvention de l'État prévue au 3° du I de l'article L. 2135-10 n'est pas conforme à la destination de cette contribution, définie aux articles L. 2135-11 et L. 2135-12, il peut s'opposer, par décision motivée, à sa mise en œuvre.

Les modalités d'application du présent article sont déterminées par voie réglementaire.

Art. L. 2135-16. Les organisations syndicales de salariés et les organisations professionnelles d'employeurs bénéficiant de financements du fonds paritaire établissent un rapport annuel écrit détaillant l'utilisation qui a été faite des crédits perçus.

Elles rendent public ce rapport et le transmettent au fonds dans les six mois suivant la fin de l'exercice sur lequel porte le rapport.

En l'absence de transmission du rapport dans le délai prévu au deuxième alinéa ou lorsque les justifications des dépenses engagées sont insuffisantes, le fonds peut, après mise en demeure de l'organisation concernée de se conformer à ses obligations, non suivie d'effet dans le délai que la mise en demeure impartit et qui ne peut être inférieur à quinze jours, suspendre l'attribution du financement à l'organisation en cause ou en réduire le montant.

Avant le 1er octobre de chaque année, le fonds remet au Gouvernement et au Parlement un rapport sur l'utilisation de ses crédits. Ce rapport est publié selon des modalités fixées par voie réglementaire.

Art. L. 2135-17. Les organismes gérés majoritairement par les organisations syndicales de salariés et les organisations professionnelles d'employeurs qui figurent sur la liste mentionnée au 2° du I de l'article L. 2135-10 et dont le conseil d'administration a décidé le versement d'une participation au fonds paritaire n'assurent aucun financement direct ou indirect des organisations syndicales de salariés et des organisations professionnelles d'employeurs, à l'exception de la contribution mentionnée à ce même 2°. Le présent article s'applique sous la seule réserve de la possibilité de rembourser, sur présentation de justificatifs, les frais de déplacement, de séjour et de restauration engagés par les personnes qui siègent au sein des organes de direction de tels organismes.

Art. L. 2135-18. Sauf dispositions contraires, les conditions d'application de la présente section sont déterminées par décret en Conseil d'État.

Sous-section 1 (réglementaire). **Organisation et fonctionnement du fonds paritaire**

Note Les sous-sections 1 et 2 ont été introduites par le décret 2015-87 du 28 janvier 2015, JO 31.

§ 1. Composition du conseil d'administration de l'association paritaire

Art. R. 2135-10. Le conseil d'administration est composé de représentants des organisations syndicales de salariés et de représentants des organisations professionnelles d'employeurs représentatives au niveau national et interprofessionnel.

Art. R. 2135-11. Chaque organisation membre du conseil d'administration de l'association désigne deux représentants titulaires et deux représentants suppléants.

Ces représentants sont renouvelés au plus tard au 1er janvier de l'année suivant celle de la publication des arrêtés prévus aux articles L. 2122-11 et L. 2152-6.

Art. R. 2135-12. Le président de l'association est désigné par le conseil d'administration, pour un mandat de deux ans, alternativement parmi les représentants des organisations syndicales de salariés et parmi les représentants des organisations professionnelles d'employeurs qui en sont membres.

Art. R. 2135-13. Un vice-président de l'association est désigné dans les conditions et pour la durée de mandat mentionnées à l'article R. 2135-12. Au cours d'un même mandat, le président et le vice-président relèvent, l'un, des organisations syndicales de salariés et, l'autre, des organisations professionnelles d'employeurs.

§ 2. Compétences du conseil d'administration de l'association paritaire

Art. R. 2135-14. Le conseil d'administration délibère dans les conditions prévues par l'article R. 2135-15 en vue notamment :

1° D'adopter le règlement intérieur de l'association paritaire de gestion ou toutes ses modifications ultérieures ;

2° De désigner le président et le vice-président de l'association en application des articles R. 2135-12 et R. 2135-13 ;

3° D'adopter son budget annuel de fonctionnement et d'approuver son compte financier annuel ;

4° De répartir chaque année les crédits du fonds paritaire conformément aux dispositions de la présente section ;

5° D'adopter chaque année le rapport sur l'utilisation par le fonds de ses crédits mentionné au dernier alinéa de l'article L. 2135-16 ;

6° De définir la liste des documents que doivent fournir les organisations bénéficiaires des crédits du fonds pour justifier l'engagement de leurs dépenses ;

7° De mettre en œuvre, le cas échéant, le dispositif défini aux articles R. 2135-23 à R. 2135-25 ;

8° De se prononcer sur les projets de conventions conclues par l'association paritaire pour l'application des dispositions de l'article L. 2135-10 ;

9° De fixer les modalités de report des crédits non engagés au cours d'un exercice sur l'exercice suivant, dans les conditions prévues par l'article R. 2135-26.

Le conseil d'administration peut déléguer ses compétences au titre d'actes d'administration autres que ceux mentionnés aux 1° à 9° du présent article, dans des conditions définies par les statuts de l'association.

Art. R. 2135-15. Chaque organisation syndicale de salariés dispose de deux voix. Chaque organisation professionnelle d'employeurs dispose d'un nombre de voix proportionnel à son audience au niveau national et interprofessionnel déterminée (D. 2018-920 du 26 oct. 2018, art. 1er, JO 28) « dans les conditions prévues au premier alinéa du I de l'article L. 2135-15 ». Le total des voix des organisations professionnelles d'employeurs est égal au nombre total de voix des organisations syndicales de salariés.

Les délibérations du conseil d'administration sont réputées adoptées en l'absence d'opposition d'au moins une organisation membre. En cas d'opposition, les délibérations sont adoptées à la majorité des voix des membres présents ou représentés.

Par dérogation aux dispositions du précédent alinéa, les délibérations portant sur l'objet défini au 7° de l'article R. 2135-14 sont adoptées à la majorité des deux tiers des voix des membres présents ou représentés.

Art. R. 2135-16. Les projets de délibérations relatives à la répartition des crédits mentionnée à l'article L. 2135-13 sont transmis, au moins quinze jours avant la date à laquelle ils sont débattus par le conseil d'administration, aux organisations syndicales de salariés dont la vocation statutaire revêt un caractère national et interprofessionnel et qui ont recueilli entre 3 % et 8 % des suffrages exprimés lors des élections prévues au 3° de l'article L. 2122-9 et aux organisations professionnelles d'employeurs représentatives au niveau national et multiprofessionnel. Cette transmission, comportant la mention de la date d'examen par le conseil d'administration, est effectuée par tout moyen propre à lui conférer date certaine.

Les organisations mentionnées au premier alinéa transmettent leurs observations par écrit au plus tard trois jours avant la date d'examen indiquée.

Sont annexées aux délibérations du conseil d'administration prévues au premier alinéa des éléments de réponse aux observations écrites transmises par les organisations que cet alinéa mentionne.

§ 3. Biens et moyens

Art. R. 2135-17. L'association de gestion du fonds paritaire ne peut posséder d'autres biens que ceux nécessaires à son fonctionnement.

Art. R. 2135-18. Les ressources perçues par l'association de gestion du fonds paritaire sont soit conservées en numéraire, soit déposées à vue, soit placées à court terme. Les intérêts produits par les sommes déposées ou placées à court terme ont le même caractère que les sommes dont ils sont issus. Ils sont soumis aux mêmes conditions d'utilisation et de contrôle.

§ 4. Rôle du commissaire du Gouvernement

Art. R. 2135-19. Pour l'application des dispositions du troisième alinéa du II de l'article L. 2135-15, le commissaire du Gouvernement saisit le président de l'association, par tout moyen propre à conférer date certaine à cette saisine, dans un délai de sept jours à compter de la date de réception de la délibération ou de la décision prise par une autre instance ou autorité interne. Il en informe les membres du conseil d'administration.

Dans un délai de sept jours à compter de la date de réception de cette saisine, le président de l'association transmet par tout moyen propre à conférer date certaine à cette transmission une réponse motivée par écrit.

Art. R. 2135-20. Pour l'application des dispositions du quatrième alinéa du II de l'article L. 2135-15, le commissaire du Gouvernement dispose, pour s'y opposer, d'un délai de vingt et un jours à compter de la date de réception de la délibération du conseil d'administration ou de la décision prise par une autre instance ou autorité interne qui lui est transmise par tout moyen propre à conférer date certaine à sa réception.

La mise en œuvre de la procédure de transmission prévue au premier alinéa a pour effet de suspendre l'exécution de la délibération ou décision concernée, jusqu'à l'expiration du délai de vingt et un jours défini à l'alinéa précédent, ou jusqu'à la date, si elle est antérieure, à laquelle le commissaire du Gouvernement fait connaître qu'il n'entend pas exercer son droit d'opposition.

L'exercice par le commissaire du Gouvernement de son droit d'opposition dans le délai mentionné au premier alinéa fait obstacle à la mise en œuvre de la délibération ou de la décision qui en fait l'objet.

§ 5. Rapport annuel du fonds paritaire

Art. R. 2135-21. Le rapport annuel du fonds prévu au quatrième alinéa de l'article L. 2135-16 est publié sur le site internet de l'association.

Art. R. 2135-22. Le rapport annuel mentionné au quatrième alinéa de l'article L. 2135-16 indique l'utilisation des crédits par chacune des organisations bénéficiaires mentionnées à l'article L. 2135-12, pour chaque mission mentionnée à l'article L. 2135-11 et pour chacune des ressources définies à l'article L. 2135-10.

§ 6. Droit de sanction du conseil d'administration - Suspension ou réduction du financement

Art. R. 2135-23. Dans les cas prévus au troisième alinéa de l'article L. 2135-16, le conseil d'administration peut, par une délibération adoptée selon les modalités définies au troisième alinéa de l'article R. 2135-15, mettre en demeure, par tout moyen propre à donner date certaine à la réception de cet acte, l'organisation visée de présenter ses observations sur les manquements constatés et de se conformer à ses obligations dans un délai qu'il fixe et qui ne peut être inférieur à quinze jours. Cette délibération est adoptée au regard de la liste des documents établie en application des dispositions du 6° de l'article R. 2135-14.

Lorsque l'organisation intéressée ne s'est pas conformée à ses obligations à l'issue de ce délai, le conseil d'administration peut, par une délibération prise selon les mêmes modalités et notifiée à l'organisation en cause, suspendre l'attribution du financement ou en réduire le montant.

Art. R. 2135-24. La suspension totale ou partielle de l'attribution du financement d'une organisation ou la réduction de son montant prend fin sans délai lorsque le conseil d'administration constate que l'organisation s'est conformée à ses obligations, et le montant total des sommes qui lui sont dues lui est alors versé.

Art. R. 2135-25. Dans le cas contraire, le montant de la réduction du financement, qui prend en compte la portée des manquements et, le cas échéant, l'existence de justifications pour certaines des dépenses engagées ne peut excéder le montant des sommes en cause au titre de l'année pour laquelle le rapport d'utilisation des crédits ou la justification des dépenses engagées faisait défaut.

§ 7. Utilisation des crédits par les organisations

Art. R. 2135-26. Les crédits qui n'ont pas été engagés par une organisation bénéficiaire au cours de l'exercice sont restitués au fonds et viennent en abondement du montant global des crédits de même nature susceptibles d'être attribués au titre de l'année suivante.

Par dérogation à l'alinéa précédent, les crédits versés à une organisation bénéficiaire qui n'ont pas été engagés au cours d'un exercice peuvent être reportés à son bénéfice sur l'exercice suivant, dans la limite de 20 % du montant de ces crédits, dans des conditions fixées par délibération du conseil d'administration, prévue au 9° de l'article R. 2135-14.

Sous-section 2 (réglementaire). **Répartition des crédits du fonds paritaire**

Art. R. 2135-27. Le conseil d'administration de l'association gestionnaire du fonds détermine le montant destiné au financement des activités mentionnées au 1° de l'article L. 2135-11, qui ne peut être inférieur à 73 millions d'euros.

En l'absence de délibération du conseil d'administration, le montant destiné aux dotations prévues aux 1° et 2° du I de l'article R. 2135-28 est fixé à 73 millions d'euros.

Art. R. 2135-28. I. – Pour l'application du 1° (D. 2018-920 du 26 oct. 2018, art. 1er, JO 28) « du I » de l'article L. 2135-13, le fonds répartit ses crédits à parité entre les organisations syndicales de salariés et les organisations professionnelles d'employeurs selon les modalités qui suivent :

1° Une dotation est répartie entre les organisations syndicales de salariés, d'une part, et les organisations professionnelles d'employeurs, d'autre part, représentatives au niveau national et interprofessionnel.

Les crédits attribués aux organisations syndicales de salariés sont répartis de manière uniforme entre chacune d'entre elles.

Les crédits attribués aux organisations professionnelles d'employeurs sont répartis proportionnellement à leur audience au niveau national et interprofessionnel déterminée (D. 2018-920 du 26 oct. 2018, art. 1er, JO 28) « dans les conditions prévues au 1° du I de l'article L. 2135-13 ».

Les organisations professionnelles d'employeurs et les organisations syndicales de salariés représentatives au niveau national et interprofessionnel perçoivent les sommes dues à leurs organisations territoriales. Elles contribuent au financement de ces dernières au titre de la mission mentionnée au 1° de l'article L. 2135-11 ;

2° Une dotation est répartie entre les organisations professionnelles d'employeurs et les organisations syndicales de salariés, représentatives dans les branches, au niveau national et multiprofessionnel ainsi qu'au niveau national et interprofessionnel.

Les crédits attribués aux organisations syndicales de salariés sont répartis de manière uniforme entre chacune d'entre elles, en tenant compte du rapport entre le montant de la contribution mentionnée au 1° du I de l'article L. 2135-10 acquittée par les entreprises relevant de la ou des branches dans lesquelles elles sont représentatives et le montant total de cette contribution, dans les conditions prévues à l'article L. 2135-14.

Les crédits attribués aux organisations professionnelles d'employeurs sont répartis en fonction de leur audience déterminée (D. 2018-920 du 26 oct. 2018, art. 1er, JO 28) « dans les conditions prévues au 1° du I de l'article L. 2135-13 » dans la ou les branches dans lesquelles elles sont représentatives, en tenant compte du rapport entre le montant de la contribution mentionnée au 1° du I de l'article L. 2135-10 acquittée par les entreprises de cette ou ces branches et le montant total de cette contribution.

La part de la contribution mentionnée au 1° du I de l'article L. 2135-10, acquittée par les entreprises n'appartenant pas à une branche (D. 2018-920 du 26 oct. 2018, art. 1er, JO 28) « est attribuée aux organisations syndicales de salariés et aux organisations professionnelles d'employeurs représentatives au niveau national et interprofessionnel et la part de la contribution mentionnée au 1° du I de l'article L. 2135-10 acquittée par les entreprises relevant d'une convention collective catégorielle ou territoriale dans laquelle aucune organisation n'est reconnue représentative, est attribuée aux organisations représentatives du secteur d'activité dont ladite convention relève ».

Les crédits attribués aux organisations professionnelles d'employeurs en application de l'alinéa précédent sont répartis entre les organisations (D. 2018-920 du 26 oct. 2018, art. 1er, JO 28) « représentatives au niveau national et interprofessionnel ou au niveau de la branche à proportion des sommes concernées en fonction de leur audience déterminée dans les conditions prévues au 1° du I de l'article L. 2135-13 ». Les crédits attribués aux organisations syndicales de salariés sont répartis de manière uniforme entre chacune d'entre elles ;

(D. 2016-305 du 16 mars 2016, JO 17) « Dans le secteur de la production cinématographique, de l'audiovisuel et du spectacle :

a) Par dérogation aux premier et troisième alinéas du 2°, la dotation due aux organisations professionnelles d'employeurs est attribuée aux organisations professionnelles d'employeurs représentatives de l'ensemble des professions de ce secteur. Ces crédits sont répartis en fonction de leur audience déterminée dans ce secteur, en tenant compte du rapport entre le montant de la contribution mentionnée au 1° de l'article L. 2135-10 versé par l'ensemble des entreprises et des établissements relevant de ce secteur, y compris ceux qui ne relèvent pas du champ d'une convention collective, et le montant total de cette contribution ;

b) Par dérogation au deuxième alinéa du 2°, les crédits attribués aux organisations syndicales de salariés sont répartis de manière uniforme entre chacune d'entre elles, en tenant compte du rapport entre le montant de la contribution mentionnée au 1° de l'article L. 2135-10 versé par l'ensemble des entreprises et des établissements relevant de ce secteur, y compris ceux qui ne relèvent pas du champ d'une convention collective, et le montant total de cette contribution. »

3° Le cas échéant, les autres dotations provenant de la participation volontaire d'organismes à vocation nationale définie au 2° du I de l'article L. 2135-10 sont réparties à parité entre les organisations syndicales de salariés et les organisations professionnelles d'employeurs participant à leur gestion.

Les crédits attribués aux organisations syndicales de salariés sont répartis de manière uniforme entre chacune d'entre elles et, sauf stipulation contraire de la convention conclue par l'organisme à vocation nationale avec le fonds, les crédits attribués aux organisations professionnelles d'employeurs sont répartis proportionnellement à leur audience au niveau national et interprofessionnel déterminée (D. 2018-920 du 26 oct. 2018, art. 1er, JO 28) « dans les conditions prévues au 1° de l'article L. 2135-13 ».

II. – Le conseil d'administration de l'association gestionnaire du fonds détermine la répartition des crédits entre les dotations prévues au 1° et au 2° du I, sans que la dotation prévue au 2° puisse être inférieure à 36 millions d'euros.

En l'absence de délibération du conseil d'administration sur la répartition des crédits entre les dotations prévues au 1° et au 2° du I, la dotation prévue au 2° est fixée à un montant de 36 millions d'euros.

Art. R. 2135-29. Les organismes mentionnés au II de l'article L. 2135-10 communiquent chaque année au fonds paritaire le montant des rémunérations versées aux salariés mentionnés au même article et comprises dans l'assiette des cotisations de sécurité sociale définie à l'article L. 242-1 du code de la sécurité sociale et à l'article L. 741-10 du code rural et de la pêche maritime de chaque branche professionnelle au titre de l'année considérée.

Art. D. 2135-30. En application du 2° de l'article L. 2135-13, le fonds attribue les crédits versés par l'État selon les modalités suivantes :

1° 80 % de ses crédits, à parts égales, entre chacune des organisations syndicales de salariés représentatives au niveau national et interprofessionnel et des organisations professionnelles d'employeurs représentatives au niveau national et interprofessionnel ;

2° 20 % de ses crédits, à parts égales, entre chacune des organisations syndicales de salariés dont la vocation statutaire revêt un caractère national et interprofessionnel et qui ont recueilli entre 3 % et 8 % des suffrages exprimés lors des élections prévues au 3° de l'article L. 2122-9 et aux organisations professionnelles d'employeurs représentatives au niveau national et multiprofessionnel mentionnées à l'article L. 2152-2.

Art. D. 2135-31. En application des dispositions du 3° de l'article L. 2135-13, le fonds attribue les crédits entre chacune des organisations mentionnées au 3° de l'article L. 2135-12 en fonction de leur audience selon les modalités suivantes :

1° Une part est attribuée proportionnellement à l'audience obtenue par chacune d'entre elles lors des élections prévues au 3° de l'article L. 2122-9 ;

2° Une part des crédits, qui ne peut être inférieure à 7,9 millions d'euros ni supérieure au quart de la part prévue au 1°, est répartie à parts égales entre chacune des organisations.

Chapitre VI

Dispositions pénales

Art. L. 2136-1. Le fait pour un directeur ou un administrateur d'un syndicat professionnel ou d'une union de syndicats de méconnaître les dispositions de l'article L. 2131-1, relatives à l'objet des syndicats, est puni d'une amende de 3 750 €.

La dissolution du syndicat ou de l'union de syndicats peut en outre être prononcée à la diligence du procureur de la République.

Toute fausse déclaration relative aux statuts et aux noms et qualités des directeurs ou administrateurs est punie d'une amende de 3 750 €.

Art. L. 2136-2. Le fait pour un employeur d'enfreindre les dispositions de l'article L. 2134-2, relatives à l'utilisation des marques syndicales ou des labels, est puni d'une amende de 3750 €.

La récidive est punie d'un emprisonnement d'un an et d'une amende de 7500 €.

TITRE IV

EXERCICE DU DROIT SYNDICAL

Chapitre Ier

Principes

Art. L. 2141-1. (L. 2008-496 du 27 mai 2008, art. 6, JO 28) Tout salarié peut librement adhérer au syndicat professionnel de son choix et ne peut être écarté pour l'un des motifs visés à l'article L. 1132-1.

Art. L. 2141-2. Les personnes qui ont cessé d'exercer leur activité professionnelle peuvent adhérer ou continuer à adhérer à un syndicat professionnel de leur choix.

Art. L. 2141-3. Tout membre d'un syndicat professionnel peut s'en retirer à tout instant, même en présence d'une clause contraire.

Le syndicat peut réclamer la cotisation correspondant aux six mois qui suivent le retrait d'adhésion.

Art. L. 2141-4. L'exercice du droit syndical est reconnu dans toutes les entreprises dans le respect des droits et libertés garantis par la Constitution de la République, en particulier de la liberté individuelle du travail.

Les syndicats professionnels peuvent s'organiser librement dans toutes les entreprises conformément aux dispositions du présent titre.

Art. L. 2141-5. Il est interdit à l'employeur de prendre en considération l'appartenance à un syndicat ou l'exercice d'une activité syndicale pour arrêter ses décisions en matière notamment de recrutement, de conduite et de répartition du travail, de formation professionnelle, d'avancement, de rémunération et d'octroi d'avantages sociaux, de mesures de discipline et de rupture du contrat de travail.

(L. 2015-994 du 17 août 2015, art. 4, JO 18) « Un accord détermine les mesures à mettre en œuvre pour concilier la vie personnelle, la vie professionnelle et les fonctions syndicales et électives, en veillant à favoriser l'égal accès des femmes et des hommes. Cet accord prend en compte l'expérience acquise, dans le cadre de l'exercice de mandats, par les représentants du personnel désignés ou élus dans leur évolution professionnelle.»

(L. 2015-994 du 17 août 2015, art. 4, JO 18) «Au début de son mandat, le représentant du personnel titulaire, le délégué syndical ou le titulaire d'un mandat syndical bénéficie, à sa demande, d'un entretien individuel avec son employeur portant sur les modalités pratiques d'exercice de son mandat au sein de l'entreprise au regard de son emploi. Il peut se faire accompagner par une personne de son choix appartenant au personnel de l'entreprise. Cet entretien ne se substitue pas à l'entretien professionnel mentionné à l'article L. 6315-1.

Lorsque l'entretien professionnel est réalisé au terme d'un mandat de représentant du personnel titulaire ou d'un mandat syndical (Ord. 2017-1386 du 22 sept. 2017, art. 5, I, 1°, JO 23, entrée en vigueur le 01.01.2020) «, celui-ci» permet de procéder au recensement des compétences acquises au cours du mandat et de préciser les modalités de valorisation de l'expérience acquise.» (Ord. 2017-1386 du 22 sept. 2017, art. 5, I, 2°, JO 23, entrée en vigueur le 01.01.2020) «Pour les entreprises dont l'effectif est inférieur à deux mille salariés, ce recensement est réservé au titulaire de mandat disposant d'heures de délégation sur l'année représentant au moins 30 % de la durée de travail fixée dans son contrat de travail ou, à défaut, de la durée applicable dans l'établissement.»

Art. L. 2141-5-1. (L. 2015-994 du 17 août 2015, art. 6, JO 18) En l'absence d'accord collectif de branche ou d'entreprise déterminant des garanties d'évolution de la rémunération des salariés mentionnés aux 1° à 7° de l'article L. 2411-1 et aux articles L. 2142-1-1 et L. 2411-2 au moins aussi favorables que celles mentionnées au présent article, ces salariés, lorsque le nombre d'heures de délégation dont ils disposent sur l'année dépasse 30 % de la durée de travail fixée dans leur contrat de travail ou, à défaut, de la durée applicable dans l'établissement, bénéficient d'une évolution de rémunération, au sens de l'article L. 3221-3, au moins égale, sur l'ensemble de la durée de leur mandat, aux augmentations générales et à la moyenne des augmentations individuelles perçues pendant cette période par les salariés relevant de la même catégorie professionnelle et dont l'ancienneté est comparable ou, à défaut de tels salariés, aux augmentations générales et à la moyenne des augmentations individuelles perçues dans l'entreprise.

Art. L. 2141-6. Il est interdit à l'employeur de prélever les cotisations syndicales sur les salaires de son personnel et de les payer au lieu et place de celui-ci.

Art. L. 2141-7. Il est interdit à l'employeur ou à ses représentants d'employer un moyen quelconque de pression en faveur ou à l'encontre d'une organisation syndicale.

Art. L. 2141-7-1. (Ord. 2017-1385 du 22 sept. 2017, art. 13, JO 23, modifié par L. 2018-217 du 29 mars 2018, art. 2, II, 1°, JO 31) L'employeur informe chaque année les salariés, par tout moyen, de la disponibilité des adresses des organisations syndicales de salariés représentatives dans la branche dont relève l'entreprise sur le site du ministère du travail.

Art. L. 2141-8. Les dispositions des articles L. 2141-5 à L. 2141-7 sont d'ordre public.

Toute mesure prise par l'employeur contrairement à ces dispositions est considérée comme abusive et donne lieu à dommages et intérêts.

Art. L. 2141-9. Les syndicats représentatifs dans l'entreprise bénéficient des dispositions applicables à la section syndicale et au délégué syndical prévues par les chapitres III et IV.

Art. L. 2141-10. Les dispositions du présent titre ne font pas obstacle aux conventions ou accords collectifs de travail comportant des clauses plus favorables, notamment celles qui sont relatives à l'institution de délégués syndicaux ou de délégués syndicaux centraux dans tous les cas où les dispositions légales n'ont pas rendu obligatoire cette institution.

Aucune limitation ne peut être apportée aux dispositions relatives à l'exercice du droit syndical par note de service ou décision unilatérale de l'employeur.

Art. L. 2141-11. Pour l'application du présent titre, les modalités de calcul des effectifs sont celles prévues aux articles L. 1111-2 et L. 1251-54.

Art. L. 2141-12. Des décrets en Conseil d'État déterminent les modalités d'application du présent titre aux activités, qui par nature conduisent à une dispersion ou à une mobilité permanente du personnel, liées à l'exercice normal de la profession.

Art. L. 2141-13. (L. 2015-994 du 17 août 2015, art. 2, JO 18) Le ministre chargé du travail publie un rapport sur les salariés de très petites entreprises non couverts par une convention collective, un accord de branche, un ensemble d'accords ou un statut spécial, et met en place un plan d'action destiné à améliorer la couverture conventionnelle.

Chapitre II
Section syndicale

SECTION 1. Constitution

Art. L. 2142-1. (L. 2008-789 du 20 août 2008, art. 6, JO 21) Dès lors qu'ils ont plusieurs adhérents dans l'entreprise ou dans l'établissement, chaque syndicat qui y est représentatif, chaque syndicat affilié à une organisation syndicale représentative au niveau national et interprofessionnel ou chaque organisation syndicale qui satisfait aux critères de respect des valeurs républicaines et d'indépendance et est légalement constituée depuis au moins deux ans et dont le champ professionnel et géographique couvre l'entreprise concernée peut constituer au sein de l'entreprise ou de l'établissement une section syndicale qui assure la représentation des intérêts matériels et moraux de ses membres conformément à l'article L. 2131-1.

SECTION 2. Représentant de la section syndicale

Note Cette section a été introduite par la loi 2008-789 du 20 août 2008, art. 6, JO 21.

Art. L. 2142-1-1. Chaque syndicat qui constitue, conformément à l'article L. 2142-1, une section syndicale au sein de l'entreprise ou de l'établissement (L. 2012-387 du 22 mars 2012, art. 43, 6°, JO 23) «d'au moins cinquante salariés» peut, s'il n'est pas représentatif dans l'entreprise ou l'établissement, désigner un représentant de la section pour le représenter au sein de l'entreprise ou de l'établissement.

Le représentant de la section syndicale exerce ses fonctions dans le cadre des dispositions du présent chapitre. Il bénéficie des mêmes prérogatives que le délégué syndical, à l'exception du pouvoir de négocier des accords collectifs.

Le mandat du représentant de la section syndicale prend fin, à l'issue des premières élections professionnelles suivant sa désignation, dès lors que le syndicat qui l'a désigné n'est pas reconnu représentatif dans l'entreprise. Le salarié qui perd ainsi son mandat de représentant syndical ne peut pas être désigné à nouveau comme représentant syndical au titre d'une section jusqu'aux six mois précédant la date des élections professionnelles suivantes dans l'entreprise.

Art. L. 2142-1-2. Les dispositions des articles L. 2143-1 et L. 2143-2 relatives aux conditions de désignation du délégué syndical, celles des articles L. 2143-7 à L. 2143-10 et des deuxième et troisième alinéas de l'article L. 2143-11 relatives à la publicité, à la contestation, à l'exercice et à la suppression de son mandat et celles du livre IV de la présente partie relatives à la protection des délégués syndicaux sont applicables au représentant de la section syndicale.

Art. L. 2142-1-3. Chaque représentant de la section syndicale dispose d'un temps nécessaire à l'exercice de ses fonctions. Ce temps est au moins égal à quatre heures par mois. Les heures de délégation sont de plein droit considérées comme temps de travail et payées à l'échéance normale.

L'employeur qui entend contester l'utilisation faite des heures de délégation saisit le juge judiciaire.

(L. 2016-1088 du 8 août 2016, art. 28, JO 9) «Sauf accord collectif contraire, lorsque le représentant du personnel élu ou désigné est un salarié mentionné à l'article L. 3121-58, le crédit d'heures est regroupé en demi-journées qui viennent en déduction du nombre annuel de jours travaillés fixé dans la convention individuelle du salarié. Une demi-journée correspond à quatre heures de mandat. Lorsque le crédit d'heures ou la fraction du crédit d'heures restant est inférieur à quatre heures, le représentant du personnel en bénéficie dans des conditions définies par un décret en Conseil d'État.»

Art. R. 2142-1. (D. 2019-1548 du 30 déc. 2019, JO 31) Lorsque le crédit d'heures ou la fraction du crédit d'heures restant est inférieur à quatre heures, le représentant de la section syndicale qui en bénéficie au titre des heures additionnées sur l'année prévues à l'article L. 2142-1-3 dispose d'une demi-journée qui vient en déduction du nombre annuel de jours travaillés fixé dans la convention individuelle du salarié.

Art. L. 2142-1-4. Dans les entreprises qui emploient moins de cinquante salariés, les syndicats non représentatifs dans l'entreprise qui constituent une section syndicale peuvent désigner, pour la durée de son mandat, un (Ord. 2017-1386 du 22 sept. 2017, art. 4, 59°, JO 23, entrée en vigueur au plus tard le 01.01.2018) «membre de la délégation du personnel au comité social et économique» comme représentant de la section syndicale. Par disposition conventionnelle, ce mandat de représentant peut ouvrir droit à un crédit d'heures. Le temps dont dispose le (Ord. 2017-1386 du 22 sept. 2017, art. 4, 59°, JO 23, entrée en vigueur au plus tard le 01.01.2018) «membre de la délégation du personnel au comité social et économique» pour l'exercice de son mandat peut être utilisé dans les mêmes conditions pour l'exercice de ses fonctions de représentant de la section syndicale.

SECTION 3. Cotisations syndicales

Art. L. 2142-2. La collecte des cotisations syndicales peut être réalisée à l'intérieur de l'entreprise.

SECTION 4. Affichage et diffusion des communications syndicales

Art. L. 2142-3. L'affichage des communications syndicales s'effectue librement sur des panneaux réservés à cet usage, distincts de ceux affectés aux communications (Ord. 2017-1386 du 22 sept. 2017, art. 4, 13°, JO 23, entrée en vigueur au plus tard le 01.01.2018) «du comité social et économique».

Un exemplaire des communications syndicales est transmis à l'employeur, simultanément à l'affichage.

Les panneaux sont mis à la disposition de chaque section syndicale suivant des modalités fixées par accord avec l'employeur.

Art. L. 2142-4. Les publications et tracts de nature syndicale peuvent être librement diffusés aux travailleurs de l'entreprise dans l'enceinte de celle-ci aux heures d'entrée et de sortie du travail.

Art. L. 2142-5. Le contenu des affiches, publications et tracts est librement déterminé par l'organisation syndicale, sous réserve de l'application des dispositions relatives à la presse.

Art. L. 2142-6. (L. 2016-1088 du 8 août 2016, art. 58, I, JO 9, entrée en vigueur le 01.01.2017) Un accord d'entreprise peut définir les conditions et les modalités de diffusion des informations syndicales au moyen des outils numériques disponibles dans l'entreprise.

À défaut d'accord, les organisations syndicales présentes dans l'entreprise et satisfaisant aux critères de respect des valeurs républicaines et d'indépendance, légalement constituées depuis au moins deux ans peuvent mettre à disposition des publications et tracts sur un site syndical accessible à partir de l'intranet de l'entreprise, lorsqu'il existe.

L'utilisation par les organisations syndicales des outils numériques mis à leur disposition doit satisfaire l'ensemble des conditions suivantes:

1° Être compatible avec les exigences de bon fonctionnement et de sécurité du réseau informatique de l'entreprise;

2° Ne pas avoir des conséquences préjudiciables à la bonne marche de l'entreprise;

3° Préserver la liberté de choix des salariés d'accepter ou de refuser un message.

Art. L. 2142-7. Dans les entreprises de travail temporaire, les communications syndicales portées sur le panneau d'affichage sont remises aux salariés temporaires en mission ou adressées par voie postale, aux frais de l'entrepreneur de travail temporaire, au moins une fois par mois.

SECTION 5. Local syndical

Art. L. 2142-8. Dans les entreprises ou établissements (L. 2012-387 du 22 mars 2012, art. 43, 13°, JO 23) «d'au moins» deux cents salariés, l'employeur met à la disposition des sections syndicales un local commun convenant à l'exercice de la mission de leurs délégués.

(L. 2008-789 du 20 août 2008, art. 6, JO 21) « Dans les entreprises ou établissements d'au moins mille salariés, l'employeur met en outre à la disposition de chaque section syndicale constituée par une organisation syndicale représentative dans l'entreprise ou l'établissement un local convenable, aménagé et doté du matériel nécessaire à son fonctionnement. »

Art. L. 2142-9. Les modalités d'aménagement et d'utilisation par les sections syndicales des locaux mis à leur disposition sont fixées par accord avec l'employeur.

SECTION 6. Réunions syndicales

Art. L. 2142-10. Les adhérents de chaque section syndicale peuvent se réunir une fois par mois dans l'enceinte de l'entreprise en dehors des locaux de travail suivant des modalités fixées par accord avec l'employeur.

Les sections syndicales peuvent inviter des personnalités syndicales extérieures à l'entreprise à participer à des réunions organisées par elles dans les locaux syndicaux mis à leur disposition en application de l'article L. 2142-8, ou, avec l'accord du chef d'entreprise, dans d'autres locaux mis à leur disposition.

Des personnalités extérieures autres que syndicales peuvent être invitées par les sections syndicales à participer à une réunion, avec l'accord de l'employeur.

Art. L. 2142-11. Les réunions syndicales ont lieu en dehors du temps de travail des participants à l'exception des représentants du personnel qui peuvent se réunir sur leur temps de délégation.

Chapitre III

Délégué syndical

SECTION 1. Conditions de désignation

Sous-section 1. Conditions d'âge et d'ancienneté

Art. L. 2143-1. Le délégué syndical doit être âgé de dix-huit ans révolus, travailler dans l'entreprise depuis un an au moins et n'avoir fait l'objet d'aucune interdiction, déchéance ou incapacité relative à ses droits civiques.

Ce délai d'un an est réduit à quatre mois en cas de création d'entreprise ou d'ouverture d'établissement.

Art. L. 2143-2. Dans les entreprises de travail temporaire, la condition d'ancienneté pour être désigné délégué syndical est fixée à six mois pour les salariés temporaires. Elle est appréciée en totalisant les périodes pendant lesquelles ces salariés ont été liés à ces entreprises par des contrats de mission au cours des dix-huit mois précédant la désignation du délégué syndical. Ce délai est réduit à six mois en cas de création d'entreprise ou d'ouverture d'établissement.

Sous-section 2. Conditions d'effectifs

§ 1. Entreprises de cinquante salariés et plus

Art. L. 2143-3. (L. 2018-217 du 29 mars 2018, art. 6, 1°, JO 31) Chaque organisation syndicale représentative dans l'entreprise ou l'établissement d'au moins cinquante salariés, qui constitue une section syndicale, désigne parmi les candidats aux élections professionnelles qui ont recueilli à titre personnel et dans leur collège au moins 10 % des suffrages exprimés au premier tour des dernières élections au comité social et économique, quel que soit le nombre de votants, dans les limites fixées à l'article L. 2143-12, un ou plusieurs délégués syndicaux pour la représenter auprès de l'employeur.

Si aucun des candidats présentés par l'organisation syndicale aux élections professionnelles ne remplit les conditions mentionnées au premier alinéa du présent article ou s'il ne reste, dans l'entreprise ou l'établissement, plus aucun candidat aux élections professionnelles qui remplit les conditions mentionnées au même premier alinéa, ou si l'ensemble des élus qui remplissent les conditions mentionnées audit premier alinéa renoncent par écrit à leur droit d'être désigné délégué syndical, une organisation syndicale représentative peut désigner un délégué syndical parmi les autres candidats, ou, à défaut, parmi ses adhérents au sein de l'entreprise ou de l'établissement ou parmi ses anciens élus ayant atteint la limite de durée d'exercice du mandat au comité social et économique fixée au deuxième alinéa de l'article L. 2314-33.

La désignation d'un délégué syndical peut intervenir lorsque l'effectif d'au moins cinquante salariés a été atteint pendant douze mois consécutifs.

Elle peut intervenir au sein de l'établissement regroupant des salariés placés sous la direction d'un représentant de l'employeur et constituant une communauté de travail ayant des intérêts propres, susceptibles de générer des revendications communes et spécifiques.

Art. R. 2143-1. Le nombre des délégués syndicaux dont dispose chaque section syndicale au titre du premier alinéa de l'article L. 2143-3 est fixé soit par entreprise, soit par établissement distinct.

Art. R. 2143-2. Dans les entreprises, le nombre des délégués syndicaux est fixé comme suit :

1° De 50 à 999 salariés : 1 délégué ;
2° De 1 000 à 1 999 salariés : 2 délégués ;
3° De 2 000 à 3 999 salariés : 3 délégués ;
4° De 4 000 à 9 999 salariés : 4 délégués ;
5° Au-delà de 9 999 salariés : 5 délégués.

Art. R. 2143-3. Dans les entreprises comportant des établissements distincts de cinquante salariés ou plus, le nombre des délégués syndicaux est fixé par établissement conformément à l'article R. 2143-2.

Pour apprécier le seuil de cinquante salariés, l'effectif est calculé conformément au deuxième alinéa de l'article L. 2143-3.

Art. L. 2143-4. Dans les entreprises (L. 2012-387 du 22 mars 2012, art. 43, 22, JO 23) « d'au moins cinq cents salariés », tout syndicat représentatif (L. 2008-789 du 20 août 2008, art. 5, JO 21) « dans l'entreprise » peut désigner un délégué syndical supplémentaire s'il a obtenu un ou plusieurs élus dans le collège des ouvriers et employés lors de l'élection du (Ord. 2017-1386 du 22 sept. 2017, art. 4, 20°, JO 23, entrée en vigueur au plus tard le 01.01.2018) « comité social et économique » et s'il compte au moins un élu dans l'un des deux autres collèges.

(L. 2008-789 du 20 août 2008, art. 5, JO 21) « Ce délégué supplémentaire est désigné parmi les candidats aux élections professionnelles qui ont recueilli au moins 10 % des suffrages exprimés au premier tour des dernières élections au (Ord. 2017-1386 du 22 sept. 2017, art. 4, 4°, JO 23, entrée en vigueur au plus tard le 01.01.2018) « comité social et économique », quel que soit le nombre de votants. »

Art. L. 2143-5. Dans les entreprises (L. 2012-387 du 22 mars 2012, art. 43, 21°, JO 23) « d'au moins deux mille salariés » comportant au moins deux établissements (L. 2012-387 du 22 mars 2012, art. 43, 7°, JO 23) « d'au moins cinquante salariés chacun », chaque syndicat représentatif (L. 2008-789 du 20 août 2008, art. 5, JO 21) « dans l'entreprise » peut désigner un délégué syndical central d'entreprise, distinct des délégués syndicaux d'établissement.

(L. 2008-789 du 20 août 2008, art. 5, JO 21) « Ce délégué syndical central est désigné par un syndicat qui a recueilli au moins 10 % des suffrages exprimés au premier tour des dernières élections des titulaires au (Ord. 2017-1386 du 22 sept. 2017, art. 4, 16°, JO 23, entrée en vigueur au plus tard le 01.01.2018) « comité social et économique », quel que soit le nombre de votants, en additionnant les suffrages de l'ensemble des établissements compris dans ces entreprises. »

L'ensemble des dispositions relatives au délégué syndical d'entreprise est applicable au délégué syndical central.

Dans les entreprises de moins de deux mille salariés comportant au moins deux établissements (L. 2012-387 du 22 mars 2012, art. 43, 7°, JO 23) « d'au moins cinquante salariés chacun », chaque syndicat représentatif peut désigner l'un de ses délégués syndicaux d'établissement en vue d'exercer également les fonctions de délégué syndical central d'entreprise.

§ 2. Entreprises de moins de cinquante salariés

Art. L. 2143-6. Dans les établissements qui emploient moins de cinquante salariés, les syndicats représentatifs (L. 2008-789 du 20 août 2008, art. 5, JO 21) « dans l'établissement » peuvent désigner, pour la durée de son mandat, un (Ord. 2017-1386 du 22 sept. 2017, art. 4, 59°, JO 23, entrée en vigueur au plus tard le 01.01.2018) «membre de la délégation du personnel au comité social et économique» comme délégué syndical.

Sauf disposition conventionnelle, ce mandat n'ouvre pas droit à un crédit d'heures. Le temps dont dispose le (Ord. 2017-1386 du 22 sept. 2017, art. 4, 59°, JO 23, entrée en vigueur au plus tard le 01.01.2018) «membre de la délégation du personnel au comité social et économique» pour l'exercice de son mandat peut être utilisé dans les mêmes conditions pour l'exercice de ses fonctions de délégué syndical.

Sous-section 3. Formalités

Art. L. 2143-7. Les noms du ou des délégués syndicaux sont portés à la connaissance de l'employeur dans des conditions déterminées par décret. Ils sont affichés sur des panneaux réservés aux communications syndicales.

La copie de la communication adressée à l'employeur est adressée simultanément à l'(L. 2016-1088 du 8 août 2016, art. 113, III, 1°, JO 9) «agent de contrôle de l'inspection du travail mentionné à l'article L. 8112-1».

La même procédure est appliquée en cas de remplacement ou de cessation de fonctions du délégué.

Art. D. 2143-4. Les nom et prénoms du ou des délégués syndicaux, du délégué syndical central et du représentant syndical au (D. 2017-1819 du 29 déc. 2017, art. 3, 4°, JO 30, entrée en vigueur le 01.01.2018) «comité social et économique» sont portés à la connaissance de l'employeur soit par lettre recommandée avec avis de réception, soit par lettre remise contre récépissé.

Sous-section 4. Contestations

Art. L. 2143-8. Les contestations relatives aux conditions de désignation des délégués syndicaux légaux ou conventionnels sont de la seule compétence du juge judiciaire. Le recours n'est recevable que s'il est introduit dans les quinze jours suivants l'accomplissement des formalités prévues au premier alinéa de l'article L. 2143-7.

Passé ce délai, la désignation est purgée de tout vice sans que l'employeur puisse soulever ultérieurement une irrégularité pour priver le délégué désigné du bénéfice des dispositions du présent chapitre.

Lorsqu'une contestation rend indispensable le recours à une mesure d'instruction, les dépenses afférentes à cette mesure sont à la charge de l'État.

Art. R. 2143-5. Le (D. 2019-966 du 18 sept. 2019, art. 8, JO 19, entrée en vigueur le 01.01.2020) «tribunal judiciaire» statue en dernier ressort sur les contestations relatives aux conditions de désignation des délégués syndicaux légaux ou conventionnels.

Il est saisi par voie de (D. 2019-1333 du 11 déc. 2019, art. 36, JO 12, entrée en vigueur le 01.01.2020) «requête».

Il statue dans les dix jours sans frais, ni forme de procédure et sur avertissement donné trois jours à l'avance à toutes les parties intéressées.

La décision du tribunal est notifiée par le greffe dans un délai de trois jours par lettre recommandée avec avis de réception.

La décision est susceptible d'un pourvoi en cassation dans un délai de dix jours. Le pourvoi est formé, instruit et jugé dans les conditions fixées par les articles 999 à 1008 du code de procédure civile.

SECTION 2. Mandat

Art. L. 2143-9. Les fonctions de délégué syndical sont compatibles avec celles de (Ord. 2017-1386 du 22 sept. 2017, art. 4, 46°, JO 23, entrée en vigueur au plus tard le 01.01.2018) «membre de la délégation du personnel au comité social et économique ou de représentant syndical à ce comité».

Art. L. 2143-10. En cas de modification dans la situation juridique de l'employeur telle que mentionnée à l'article L. 1224-1, le mandat du délégué syndical ou du délégué syndical central subsiste lorsque l'entreprise qui fait l'objet de la modification conserve son autonomie juridique.

Il en est de même lorsque la modification porte sur un établissement au sens de l'article L. 2143-3.

Art. L. 2143-11. (L. 2008-789 du 20 août 2008, art. 5, JO 21) «Le mandat de délégué syndical prend fin (L. 2014-288 du 5 mars 2014, art. 30, XVIII, JO 6) «au plus tard lors du premier tour des élections de l'institution représentative du personnel renouvelant l'institution dont l'élection avait permis de reconnaître la représentativité de l'organisation syndicale l'ayant désigné».»

En cas de réduction importante et durable de l'effectif en dessous de cinquante salariés, la suppression du mandat de délégué syndical est subordonnée à un accord entre l'employeur et l'ensemble des organisations syndicales représentatives.

À défaut d'accord, l'autorité administrative peut décider que le mandat de délégué syndical prend fin.

Art. R. 2143-6. En l'absence d'accord, la décision de suppression du mandat de délégué syndical prévue au deuxième alinéa de l'article L. 2143-11 est prise par le (D. 2009-1377 du 10 nov. 2009, JO 13; D. 2010-687 du 24 juin 2010, JO 25; voir D. 2010-1582 du 17 déc. 2010, JO 18, pour outre-mer) «directeur régional des entreprises, de la concurrence, de la consommation, du travail et de l'emploi».

Le silence gardé pendant plus de quatre mois par le ministre saisi d'un recours hiérarchique contre cette décision vaut décision de rejet.

Art. L. 2143-12. Le nombre des délégués syndicaux de chaque section syndicale dans chaque entreprise ou établissement est calculé dans des conditions déterminées par décret en Conseil d'État compte tenu de l'effectif des salariés.

Le nombre ainsi fixé peut être dépassé en application des dispositions de l'article L. 2143-4 et du premier alinéa de l'article L. 2143-5.

SECTION 3. Exercice des fonctions

Sous-section 1. Heures de délégation

Art. L. 2143-13. Chaque délégué syndical dispose d'un temps nécessaire à l'exercice de ses fonctions.

Ce temps est au moins égal à:

1° (L. 2016-1088 du 8 août 2016, art. 28, JO 9) «Douze» heures par mois dans les entreprises ou établissements de cinquante à cent cinquante salariés;

2° (L. 2016-1088 du 8 août 2016, art. 28, JO 9) «Dix-huit» heures par mois dans les entreprises ou établissements de cent cinquante et un à (L. 2012-387 du 22 mars 2012, art. 43, 23°, JO 23) «quatre cent quatre-vingt-dix-neuf salariés»;

3° (L. 2016-1088 du 8 août 2016, art. 28, JO 9) «Vingt-quatre» heures par mois dans les entreprises ou établissements (L. 2012-387 du 22 mars 2012, art. 43, 24°, JO 23) «d'au moins cinq cents salariés».

Ce temps peut être dépassé en cas de circonstances exceptionnelles.

(L. 2016-1088 du 8 août 2016, art. 28, JO 9) «Sauf accord collectif contraire, lorsque le représentant du personnel élu ou désigné est un salarié mentionné à l'article L. 3121-58, le crédit d'heures est regroupé en demi-journées qui viennent en déduction du nombre annuel de jours travaillés fixé dans la convention individuelle du salarié. Une demi-journée correspond à quatre heures de mandat. Lorsque le crédit d'heures ou la fraction du crédit d'heures restant est inférieur à quatre heures, le représentant du personnel en bénéficie dans des conditions définies par un décret en Conseil d'État».

Art. R. 2143-3-1. (D. 2019-1548 du 30 déc. 2019, JO 31) Lorsque le crédit d'heures ou la fraction du crédit d'heures restant est inférieur à quatre heures, le délégué syndical et le délégué syndical central qui en bénéficient au titre des heures additionnées sur l'année prévues aux articles L. 2143-13 et L. 2143-15 disposent d'une demi-journée qui vient en déduction du nombre annuel de jours travaillés fixé dans la convention individuelle du salarié.

Art. L. 2143-14. Dans les entreprises ou établissements où, en application des articles L. 2143-3 et L. 2143-4, sont désignés pour chaque section syndicale plusieurs délégués, ceux-ci peuvent répartir entre eux le temps dont ils disposent au titre de leur mandat de délégué syndical. Ils en informent l'employeur.

Art. L. 2143-15. Le délégué syndical central prévu au premier alinéa de l'article L. 2143-5 dispose de (L. 2016-1088 du 8 août 2016, art. 28, JO 9) «vingt-quatre» heures par mois pour l'exercice de ses fonctions.

Ces heures s'ajoutent à celles dont il peut disposer à un titre autre que celui de délégué syndical d'établissement.

(L. 2016-1088 du 8 août 2016, art. 28, JO 9) «Sauf accord collectif contraire, lorsque le représentant du personnel élu ou désigné est un salarié mentionné à l'article L. 3121-58, le crédit d'heures est regroupé en demi-journées qui viennent en déduction du nombre annuel de jours travaillés fixé dans la convention individuelle du salarié. Une demi-journée correspond à quatre heures de mandat. Lorsque le crédit d'heures ou la fraction du crédit d'heures restant est inférieur à quatre heures, le représentant du personnel en bénéficie dans des conditions définies par un décret en Conseil d'État.»

Art. L. 2143-16. Chaque section syndicale dispose, au profit de son ou ses délégués syndicaux et des salariés de l'entreprise appelés à négocier la convention ou l'accord d'entreprise, en vue de la préparation de la négociation de cette convention ou de cet accord, d'un crédit global supplémentaire dans la limite d'une durée qui ne peut excéder:

1° (L. 2016-1088 du 8 août 2016, art. 28, JO 9) «Douze» heures par an dans les entreprises (L. 2012-387 du 22 mars 2012, art. 43, 22°, JO 23) «d'au moins cinq cents salariés»;

2° (L. 2016-1088 du 8 août 2016, art. 28, JO 9) «Dix-huit» heures par an dans celles (L. 2012-387 du 22 mars 2012, art. 43, 18°, JO 23) «d'au moins mille salariés».

Art. L. 2143-16-1. (L. 2015-994 du 17 août 2015, art. 9, JO 18) Chaque délégué syndical peut utiliser des heures de délégation, hormis celles mentionnées à l'article L. 2143-16, pour participer, au titre de son organisation, à des négociations ou à des concertations à un autre niveau que celui de l'entreprise ou aux réunions d'instances organisées dans l'intérêt des salariés de l'entreprise ou de la branche.

Art. L. 2143-17. Les heures de délégation sont de plein droit considérées comme temps de travail et payées à l'échéance normale.

L'employeur qui entend contester l'utilisation faite des heures de délégation saisit le juge judiciaire.

Art. L. 2143-18. Les heures utilisées pour participer à des réunions qui ont lieu à l'initiative de l'employeur ne sont pas imputables sur les temps de délégation.

Art. L. 2143-19. Dans les entreprises de travail temporaire, les heures de délégation utilisées entre deux missions, conformément à des dispositions conventionnelles, par un délégué syndical salarié temporaire pour l'exercice de son mandat sont considérées comme des heures de travail.

Ces heures sont réputées être rattachées, pour ce qui concerne leur rémunération et les charges sociales y afférentes, au dernier contrat de travail avec l'entreprise de travail temporaire au titre de laquelle il avait été désigné comme délégué syndical.

Sous-section 2. **Déplacements et circulation**

Art. L. 2143-20. Pour l'exercice de leurs fonctions, les délégués syndicaux peuvent, durant les heures de délégation, se déplacer hors de l'entreprise.

Ils peuvent également, tant durant les heures de délégation qu'en dehors de leurs heures habituelles de travail, circuler librement dans l'entreprise et y prendre tous contacts nécessaires à l'accomplissement de leur mission, notamment auprès d'un salarié à son poste de travail, sous réserve de ne pas apporter de gêne importante à l'accomplissement du travail des salariés.

Sous-section 3. **Secret professionnel**

Art. L. 2143-21. Les délégués syndicaux sont tenus au secret professionnel pour toutes les questions relatives aux procédés de fabrication.

SECTION 4. Attributions complémentaires dans les entreprises de moins de trois cents salariés

Art. L. 2143-22. Dans les entreprises de moins de trois cents salariés et dans les établissements appartenant à ces entreprises, le délégué syndical est, de droit, représentant syndical au (Ord. 2017-1386 du 22 sept. 2017, art. 4, 21°, JO 23, entrée en vigueur au plus tard le 01.01.2018) «comité social et économique».

Le délégué syndical est, à ce titre, destinataire des informations fournies au (Ord. 2017-1386 du 22 sept. 2017, art. 4, 21°, JO 23, entrée en vigueur au plus tard le 01.01.2018) «comité social et économique».

SECTION 5. Conditions de désignation dérogatoire

Note Cette section a été introduite par la loi 2008-789 du 20 août 2008, art. 6, JO 21.

Art. L. 2143-23. Par dérogation à l'article L. 2142-1-1 et lorsqu'en raison d'une carence au premier tour des élections professionnelles, un délégué syndical n'a pu être désigné au sein de l'entreprise ou de l'établissement ou lorsqu'il n'existe pas de délégué syndical dans l'entreprise ou l'établissement, le représentant de la section syndicale visé aux articles L. 2142-1-1 et L. 2142-1-4 désigné par une organisation syndicale de salariés affiliée à une organisation syndicale représentative au niveau national et interprofessionnel peut disposer, sur mandatement par son organisation syndicale, du pouvoir de négocier et conclure un accord d'entreprise ou d'établissement.

Si, à l'issue des élections professionnelles suivant le mandatement du représentant de la section syndicale, l'organisation syndicale à laquelle il est adhérent n'est pas reconnue représentative et nomme un autre représentant de la section syndicale, celui-ci ne peut pas être mandaté jusqu'aux six mois précédant les dates des élections professionnelles dans l'entreprise.

Chapitre IV

Dispositions complémentaires relatives aux entreprises du secteur public

Art. L. 2144-1. Le présent chapitre s'applique, à titre complémentaire, aux établissements et entreprises mentionnés à l'article 1er de la loi n° 83-675 du 26 juillet 1983 relative à la démocratisation du secteur public.

Art. L. 2144-2. L'employeur engage avec les organisations syndicales représentatives dans l'entreprise une négociation sur les modalités complémentaires d'exercice du droit syndical.

Cette négociation porte notamment sur les points suivants:

1° Le temps dont chaque salarié dispose, sans perte de rémunération, pour participer aux réunions organisées par les sections syndicales dans l'enceinte de l'entreprise et pendant le temps de travail;

2° Les conditions dans lesquelles des salariés, membres d'organisations syndicales représentatives dans l'entreprise, peuvent obtenir, dans la limite d'un quota déterminé par rapport aux effectifs de l'entreprise, une suspension de leur contrat de travail en vue d'exercer, pendant une durée déterminée, des fonctions de permanent au service de l'organisation syndicale à laquelle ils appartiennent, avec garantie de réintégration dans leur emploi ou un emploi équivalent au terme de cette période;

3° Les conditions et les limites dans lesquelles les membres des sections syndicales représentatives dans l'entreprise, chargés de responsabilités au sein de leurs sections syndicales, peuvent s'absenter, sans perte de rémunération, pour participer aux réunions statutaires de leurs organes dirigeants et pour exercer leurs responsabilités;

4° Les conditions et les limites dans lesquelles les membres des sections syndicales, chargés de responsabilités au sein de leurs organisations syndicales, peuvent s'absenter, sans perte de rémunération, pour participer à des réunions syndicales tenues en dehors de l'entreprise;

5° Les conditions dans lesquelles la collecte des cotisations syndicales peut être facilitée.

La ou les organisations syndicales non signataires de l'accord mentionné au présent article sont réputées adhérer à cet accord, sauf refus manifesté dans le délai d'un mois à compter de sa signature.

Chapitre V

Congés et formation économique, sociale et syndicale des salariés appelés à exercer des fonctions syndicales

SECTION 1. Formation économique, sociale et syndicale

Note Cette section a été introduite par la loi 2016-1088 du 8 août 2016, art. 33, IV, JO 9, et comprend les articles L. 2145-1 à L. 2145-4.

Art. L. 2145-1. Les salariés appelés à exercer des fonctions syndicales bénéficient du congé de formation économique, sociale et syndicale prévu à l'article (L. 2016-1088 du 8 août 2016, art. 33, VI, JO 9) « L. 2145-5 ».

La durée totale des congés pris à ce titre dans l'année par un salarié ne peut excéder dix-huit jours.

Art. L. 2145-2. La formation des salariés appelés à exercer des responsabilités syndicales, notamment au sein d'organismes de caractère économique et social, (L. 2014-288 du 5 mars 2014, art. 31, II, 1°, JO 6) «et des adhérents à une organisation syndicale amenés à intervenir en faveur des salariés» peut être assurée :

1° Soit par des centres spécialisés, directement rattachés aux organisations syndicales représentatives ;

2° Soit par des instituts internes aux universités.

Toutefois, des organismes dont la spécialisation totale ou partielle serait assurée en accord avec des organisations syndicales peuvent participer à la formation des salariés appelés à exercer des responsabilités syndicales (L. 2014-288 du 5 mars 2014, art. 31, II, 2°, JO 6) «et des adhérents à une organisation syndicale amenés à intervenir en faveur des salariés». Pour bénéficier des dispositions de l'article L. 2145-3, ces organismes doivent avoir reçu l'agrément du ministre chargé du travail.

Art. R. 2145-1. Pour bénéficier de l'aide financière de l'État, les organismes dispensant la formation économique, sociale et syndicale, agréées dans les conditions prévues à l'article (D. 2016-1552 du 18 nov. 2016, art. 7, I, 7°, JO 19, entrée en vigueur le 01.01.2017) « R. 2145-3 », établissent des programmes préalables de stages ou de sessions précisant, notamment, les matières enseignées et la durée de formation.

Des conventions conclues entre, d'une part, les centres spécialisés mentionnés au 1° de l'article L. 2145-2 et les organismes mentionnés au quatrième alinéa de ce même article et, d'autre part, les ministères intéressés ou les universités ou instituts d'université, prévoient les conditions dans lesquelles cette aide est utilisée, notamment pour la rémunération du corps enseignant et l'octroi de bourses d'études.

Art. L. 2145-3. (L. 2014-288 du 5 mars 2014, art. 31, III, JO 6, entrée en vigueur le 01.01.2015) L'État apporte une aide financière à la formation des salariés mentionnés à l'article L. 2145-1 et des adhérents à une organisation syndicale amenés à intervenir en faveur des salariés par la subvention mentionnée au 3° du I de l'article L. 2135-10 et par une subvention aux instituts mentionnés au 2° de l'article L. 2145-2.

Art. R. 2145-2. Pour l'application de l'article L. 2145-3, des crédits sont inscrits dans le cadre de la loi de finances au titre de la mission portant sur l'emploi et le travail.

Des crédits destinés à contribuer au fonctionnement des instituts internes aux universités sont également inscrits au titre de la mission portant sur la recherche et l'enseignement supérieur.

Art. L. 2145-4. Un décret en Conseil d'État détermine les modalités d'application du présent chapitre.

SECTION 2. Congés de formation économique, sociale et syndicale

Note Cette section a été introduite par la loi 2016-1088 du 8 août 2016, art. 33, IV, JO 9, et comprend les articles L. 2145-5 à L. 2145-13 (anciennement L. 3142-7 à L. 3142-15).

Art. L. 2145-5. Tout salarié qui souhaite participer à des stages ou sessions de formation économique et sociale ou de formation syndicale organisés soit par des centres rattachés aux organisations syndicales mentionnées au 3° de l'article L. 2135-12, soit par des instituts spécialisés, a droit, sur sa demande, à un ou plusieurs congés.

Art. L. 2145-6. (Ord. 2017-1386 du 22 sept 2017, art. 6, I, JO 23, entrée en vigueur au plus tard le 01.01.2018) Le salarié bénéficiant du congé de formation économique, sociale et syndicale a droit au maintien total par l'employeur de sa rémunération.

L'employeur verse les cotisations et contributions sociales afférentes à la rémunération maintenue.

Art. L. 2145-7. La durée totale des congés de formation économique et sociale et de formation syndicale pris dans l'année par un salarié ne peut excéder douze jours. Elle ne peut excéder dix-huit jours pour les animateurs des stages et sessions.

La durée de chaque congé ne peut être inférieure à une demi-journée.

Art. L. 2145-8. Le nombre total de jours de congés susceptibles d'être pris chaque année par l'ensemble des salariés de l'établissement au titre des formations prévues à la présente sous-section ainsi qu'aux articles L. 2325-44 et L. 4614-14 relatifs (Ord. 2017-1386 du 22 sept. 2017, art. 4, 36°, JO 23, entrée en vigueur au plus tard le 01.01.2018) «à la formation des membres de la délégation du comité social et économique», ne peut dépasser un maximum fixé par voie réglementaire compte tenu de l'effectif de l'établissement.

Cet arrêté fixe également, compte tenu de l'effectif de l'établissement, le nombre maximum de jours de congés pouvant être utilisés par les animateurs et par les salariés appelés à exercer des responsabilités syndicales, ainsi que le pourcentage maximum de salariés pouvant être simultanément absents au titre des congés mentionnés au premier alinéa.

Art. L. 2145-9. Les demandeurs d'emploi peuvent participer aux stages de formation économique et sociale et de formation syndicale dans la limite des durées de douze et dix-huit jours par période annuelle prévues pour les salariés.

Les travailleurs privés d'emploi continuent de bénéficier du revenu de remplacement auquel ils ont droit pendant la durée des stages considérés.

Art. L. 2145-10. La durée du ou des congés de formation économique et sociale et de formation syndicale ne peut être imputée sur celle du congé payé annuel.

Elle est assimilée à une durée de travail effectif pour la détermination de la durée des congés payés, du droit aux prestations d'assurances sociales et aux prestations familiales ainsi que pour l'ensemble des autres droits résultant pour l'intéressé de son contrat de travail.

Art. L. 2145-11. Le congé de formation économique et sociale et de formation syndicale est de droit, sauf dans le cas où l'employeur estime, après avis conforme du (Ord. 2017-1386 du 22 sept. 2017, art. 4, 28°, JO 23, entrée en vigueur au plus tard le 01.01.2018) «comité social et économique», que cette absence pourrait avoir des conséquences préjudiciables à la production et à la bonne marche de l'entreprise.

Le refus du congé par l'employeur est motivé.

En cas de différend, le refus de l'employeur peut être directement contesté devant le bureau de jugement du conseil de prud'hommes dans des conditions fixées par décret en Conseil d'État.

Art. L. 2145-12. Les conventions ou accords collectifs de travail peuvent:

1° Contenir des dispositions plus favorables que celles prévues par la présente sous-section, notamment en matière de rémunération;

2° Préciser les périodes de congé les mieux adaptées aux nécessités de chaque profession;

3° Fixer les modalités du financement de la formation, destiné à couvrir les frais pédagogiques ainsi que les dépenses d'indemnisation des frais de déplacement et d'hébergement des stagiaires et animateurs;

4° Définir les procédures amiables permettant de régler les difficultés qui peuvent survenir pour l'application des dispositions qui précèdent;

5° Prévoir la création de fonds mutualisés en vue d'assurer la rémunération des congés et le financement de la formation.

Des accords d'établissement peuvent fixer la répartition des congés par service ou par catégorie professionnelle.

Art. L. 2145-13. Les conditions d'application des dispositions relatives au congé de formation économique et sociale et de formation syndicale, ainsi qu'au personnel des entreprises publiques énumérées par le décret prévu par l'article L. 2233-1 sont déterminées par décret en Conseil d'État.

Art. R. 2145-3. La liste des centres et instituts dont les stages et sessions ouvrent droit aux (D. 2016-1552 du 18 nov. 2016, art. 1er, II, 3°, JO 19, entrée en vigueur le 01.01.2017) «congés de formation économique, sociale et syndicale» est établie par arrêté du ministre chargé du travail pris après avis des organisations syndicales de salariés mentionnées au 3° de l'article L. 2135-12.

Art. R. 2145-4. Le salarié adresse à l'employeur, au moins trente jours avant le début du (D. 2016-1552 du 18 nov. 2016, art. 1er, II, 4°, JO 19, entrée en vigueur le 01.01.2017) «congé de formation économique, sociale et syndicale», une demande l'informant de sa volonté de bénéficier de ce congé.

Il précise la date et la durée de l'absence sollicitée ainsi que le nom de l'organisme responsable du stage ou de la session.

Art. R. 2145-5. Le refus du (D. 2016-1552 du 18 nov. 2016, art. 1er, II, 4°, JO 19, entrée en vigueur le 01.01.2017) « congé de formation économique, sociale et syndicale » par l'employeur est notifié à l'intéressé dans un délai de huit jours à compter de la réception de sa demande.

En cas de différend, le bureau de jugement du conseil de prud'hommes saisi en application de l'article (D. 2016-1552 du 18 nov. 2016, art. 1er, II, 5°, JO 19, entrée en vigueur le 01.01.2017) « L. 2145-11 » statue en dernier ressort, (D. 2019-1419 du 20 déc. 2019, art. 10, 3°, JO 22) « selon la procédure accélérée au fond ».

Art. R. 2145-6. L'organisme chargé des stages ou sessions délivre au salarié une attestation constatant la fréquentation effective de celui-ci.

Cette attestation est remise à l'employeur au moment de la reprise du travail.

Chapitre VI

Dispositions pénales

Art. L. 2146-1. Le fait d'apporter une entrave à l'exercice du droit syndical, défini par les articles L. 2141-4, L. 2141-9 et L. 2141-11 à L. 2143-22, est puni d'un emprisonnement d'un an et d'une amende de 3 750 €.

Art. L. 2146-2. Le fait pour l'employeur de méconnaître les dispositions des articles L. 2141-5 à L. 2141-8, relatives à la discrimination syndicale, est puni d'une amende de 3 750 €.

La récidive est punie d'un emprisonnement d'un an et d'une amende de 7 500 €.

Art. R. 2146-1. Le fait pour un directeur ou un administrateur d'un syndicat ou d'une union de syndicats de s'opposer à la libre constitution d'un syndicat ou d'une association professionnelle de personnes exerçant la même profession, des métiers similaires ou des métiers connexes, concourant à l'établissement de produits déterminés ou la même profession libérale, en méconnaissance des dispositions du premier alinéa de l'article L. 2131-2, est puni de l'amende prévue pour les contraventions de la cinquième classe.

Art. R. 2146-2. Le fait pour un directeur ou un administrateur d'un syndicat ou d'une union de syndicats de ne pas déposer les statuts dans les conditions prévues (D. 2009-289 du 13 mars 2009, JO 15) « à l'article L. 2131-3 », est puni de l'amende prévue pour les contraventions de la cinquième classe.

Art. R. 2146-3. Le fait pour un directeur ou un administrateur d'un syndicat ou d'une union de syndicats de s'opposer à l'accès d'un adhérent d'un syndicat professionnel, qui remplit les conditions fixées par l'article L. 2131-5, aux fonctions d'administration ou de direction de ce syndicat, en méconnaissance des dispositions de l'article L. 2131-4, est puni de l'amende prévue pour les contraventions de la cinquième classe.

Art. R. 2146-4. Le fait pour une personne qui est privée de ses droits civiques ou qui est l'objet d'une interdiction, déchéance ou incapacité relative à ses droits civiques, d'exercer les fonctions de directeur ou d'administrateur d'un syndicat ou d'une union de syndicats, en méconnaissance des dispositions du premier alinéa de l'article L. 2131-5, est puni de l'amende prévue pour les contraventions de la cinquième classe.

Art. R. 2146-5. Le fait pour un directeur ou un administrateur d'un syndicat ou d'une union de syndicats de s'opposer à la libre adhésion d'un salarié pour un motif lié à son sexe, son âge, sa nationalité, sa religion ou ses convictions, son handicap, son orientation sexuelle, son appartenance, vraie ou supposée à une ethnie ou une race, en méconnaissance des dispositions de l'article L. 2141-1, est puni de l'amende prévue pour les contraventions de la cinquième classe.

Est puni de la même peine le fait de s'opposer à l'adhésion ou à la poursuite de l'adhésion d'une personne ayant cessé d'exercer son activité professionnelle, en méconnaissance des dispositions de l'article L. 2141-2.

Art. R. 2146-6. Le fait de méconnaître les dispositions des articles (D. 2016-1552 du 18 nov. 2016, art. 6, I, 2°, JO 19, entrée en vigueur le 01.01.2017) « L. 2145-11 et R. 2145-5 », relatives au refus d'accorder les (D. 2016-1552 du 18 nov. 2016, art. 6, I, 1°, JO 19, entrée en vigueur le 01.01.2017) «congés de formation économique, sociale et syndicale», est puni de l'amende prévue pour les contraventions de la troisième classe.

TITRE V

REPRÉSENTATIVITÉ PATRONALE

Note Ce titre a été introduit par la loi 2014-288 du 5 mars 2014, art. 29, I, JO 6.

Chapitre Ier

Critères de représentativité

Art. L. 2151-1. (L. 2015-994 du 17 août 2015, art. 23, JO 18) « I. –» La représentativité des organisations professionnelles d'employeurs est déterminée d'après les critères cumulatifs suivants:

1° Le respect des valeurs républicaines;

2° L'indépendance;

3° La transparence financière;

4° Une ancienneté minimale de deux ans dans le champ professionnel et géographique couvrant le niveau de négociation. Cette ancienneté s'apprécie à compter de la date de dépôt légal des statuts;

5° L'influence, prioritairement caractérisée par l'activité et l'expérience;

6° L'audience, qui se mesure en fonction du nombre d'entreprises (L. 2015-994 du 17 août 2015, art. 23, JO 18) «volontairement» adhérentes (L. 2016-1088 du 8 août 2016, art. 35, III, 2°, JO 9) «ou de leurs salariés soumis au régime français de sécurité sociale» et, selon les niveaux de négociation, en application du 3° des articles L. 2152-1 ou L. 2152-4.

(L. 2015-994 du 17 août 2015, art. 23, JO 18) «II. – Pour l'application du présent titre, sont considérés comme des organisations professionnelles d'employeurs les syndicats professionnels d'employeurs mentionnés à l'article L. 2131-1 et les associations d'employeurs mentionnées à l'article L. 2231-1.»

Art. R. 2151-1. (D. 2016-1419 du 20 oct. 2016, art. 1er, 1°, JO 22) Pour l'application du 4° au 6° de l'article L. 2151-1, une organisation professionnelle d'employeurs issue du regroupement d'organisations professionnelles d'employeurs préexistantes peut se prévaloir de l'ensemble des éléments démontrant l'audience et l'influence de ces dernières, ainsi que de l'ancienneté acquise antérieurement au regroupement par la plus ancienne de ces dernières dans le champ professionnel et géographique correspondant au niveau pour lequel la représentativité est demandée.

Chapitre II

Organisations professionnelles d'employeurs représentatives

SECTION 1. Représentativité patronale au niveau de la branche professionnelle

Art. L. 2152-1. Dans les branches professionnelles, sont représentatives les organisations professionnelles d'employeurs:

1° Qui satisfont aux critères mentionnés aux 1° à 5° de l'article L. 2151-1;

2° Qui disposent d'une implantation territoriale équilibrée au sein de la branche;

3° Dont les entreprises (L. 2015-994 du 17 août 2015, art. 23, II, 1°, JO 18) «et les organisations» adhérentes à jour de leur cotisation représentent (L. 2016-1088 du 8 août 2016, art. 35, III, 3°, JO 9) «soit» au moins 8 % de l'ensemble des entreprises adhérant à des organisations professionnelles d'employeurs de la branche satisfaisant aux critères mentionnés aux 1° à 4° de l'article L. 2151-1 et ayant fait la déclaration de candidature prévue à l'article L. 2152-5 (L. 2016-1088 du 8 août 2016, art. 35, III, 3°, JO 9) «, soit au moins 8 % des salariés de ces mêmes entreprises». Le nombre d'entreprises adhérant à ces organisations (L. 2016-1088 du 8 août 2016, art. 35, III, 3°, JO 9) «ainsi que le nombre de leurs salariés sont attestés», pour chacune d'elles, par un commissaire aux comptes, qui peut être celui de l'organisation, dans des conditions déterminées par voie réglementaire. La mesure de l'audience s'effectue tous les quatre ans.

Dans les branches couvrant exclusivement les activités agricoles mentionnées aux 1° à 4° de l'article L. 722-1 du code rural et de la pêche maritime (L. 2014-1545 du 20 déc. 2014, art. 7, JO 21) «ainsi que celles des coopératives d'utilisation de matériel agricole», (L. 2016-1088 du 8 août 2016, art. 35, III, 3°, JO 9) «les seuils fixés au 3° du présent article sont appréciés» au niveau national dans les secteurs d'activités concernés, et les entreprises et exploitations adhérentes sont celles relevant, l'année précédant la mesure de l'audience, du a du 3° de l'article L. 723-15 du code rural et de la pêche maritime (L. 2016-1088 du 8 août 2016, art. 35, III, 3°, JO 9) «, quel que soit le nombre d'heures effectuées par les salariés concernés». (L. 2015-994 du 17 août 2015, art. 23, II, 1°, JO 18) «Dans ces branches, les associations d'employeurs constituées conformément à la loi du 1er juillet 1901 relative au contrat d'association et dont l'objet statutaire est la défense d'intérêts professionnels sont également assimilées aux organisations professionnelles d'employeurs mentionnées au II de l'article L. 2151-1 du présent code.»

SECTION 2. Représentativité au niveau national et multi-professionnel

Art. L. 2152-2. Sont représentatives au niveau national et multi-professionnel les organisations professionnelles d'employeurs:

1° Qui satisfont aux critères mentionnés aux 1° à 5° de l'article L. 2151-1;

2° (L. 2015-994 du 17 août 2015, art. 23, II, 2°, JO 18) «Qui sont représentatives ou» dont les organisations adhérentes sont représentatives sur le fondement de l'article L. 2152-1 du présent code dans au moins dix (L. 2015-994 du 17 août 2015, art. 23, II, 2°, JO 18) «conventions collectives» relevant soit des activités agricoles mentionnées aux 1° à 4° de l'article L. 722-1 et au 2° de l'article L. 722-20 du code rural et de la pêche maritime, soit de l'économie sociale et solidaire, (L. 2016-925 du 7 juil. 2016, art. 42, JO 8) «soit du secteur du spectacle vivant et enregistré,» et ne relevant pas du champ couvert par les organisations professionnelles d'employeurs représentatives au niveau national et interprofessionnel;

3° Auxquelles adhèrent au moins quinze organisations relevant de l'un des trois champs d'activités mentionnés au 2° du présent article;

4° Qui justifient d'une implantation territoriale couvrant au moins un tiers du territoire national soit au niveau départemental, soit au niveau régional.

Art. L. 2152-3. Préalablement à l'ouverture d'une négociation nationale et interprofessionnelle, puis préalablement à sa conclusion, les organisations professionnelles d'employeurs représentatives à ce niveau informent les organisations représentatives au niveau national et multi-professionnel des objectifs poursuivis par cette négociation et recueillent leurs observations.

SECTION 3. Représentativité patronale au niveau national et interprofessionnel

Art. L. 2152-4. Sont représentatives au niveau national et interprofessionnel les organisations professionnelles d'employeurs:

1° Qui satisfont aux critères mentionnés aux 1° à 5° de l'article L. 2151-1;

2° Dont les organisations adhérentes sont représentatives à la fois dans des branches de l'industrie, de la construction, du commerce et des services;

3° Dont les entreprises et les organisations adhérentes à jour de leur cotisation représentent (L. 2016-1088 du 8 août 2016, art. 35, III, 4°, JO 9) «soit» au moins 8 % de l'ensemble des entreprises adhérant à des organisations professionnelles d'employeurs satisfaisant aux critères mentionnés aux 1° à 4° de l'article L. 2151-1 et ayant fait la déclaration de candidature prévue à l'article L. 2152-5 (L. 2016-1088 du 8 août 2016, art. 35, III, 4°, JO 9) «, soit au moins 8 % des salariés de ces mêmes entreprises». Le nombre d'entreprises adhérant à ces organisations (L. 2016-1088 du 8 août 2016, art. 35, III, 4°, JO 9) «, ainsi que le nombre de leurs salariés, sont attestés», pour chacune d'elles, par un commissaire aux comptes, qui peut être celui de l'organisation, dans des conditions déterminées par voie réglementaire. La mesure de l'audience s'effectue tous les quatre ans.

Lorsqu'une organisation professionnelle d'employeurs adhère à plusieurs organisations professionnelles d'employeurs ayant statutairement vocation à être présentes au niveau national et interprofessionnel, elle répartit entre ces organisations, pour permettre la mesure de l'audience prévue au présent article, ses entreprises adhérentes. Elle ne peut affecter à chacune de ces organisations une part d'entreprises inférieure à un pourcentage fixé par décret, compris entre 10 % et 20 %. (L. 2016-1088 du 8 août 2016, art. 35, III, 4°, JO 9) «La clé de répartition retenue s'applique au nombre de salariés de ces entreprises.» L'organisation professionnelle d'employeurs indique la répartition retenue dans la déclaration de candidature prévue à l'article L. 2152-5. Les entreprises adhérentes sont informées de cette répartition.

SECTION 4. Déclaration de candidature

Art. L. 2152-5. Pour l'établissement de leur représentativité en application du présent chapitre, les organisations professionnelles d'employeurs se déclarent candidates, dans des conditions déterminées par voie réglementaire.

Elles indiquent à cette occasion le nombre de leurs entreprises adhérentes et le nombre des salariés qu'elles emploient.

(L. 2016-1088 du 8 août 2016, art. 35, III, 5°, JO 9) «Pour l'application de l'article L. 2135-13, elles indiquent également, à cette même occasion, le nombre de leurs entreprises adhérentes employant au moins un salarié.»

SECTION 5. Dispositions d'application

Art. L. 2152-6. Après avis du Haut Conseil du dialogue social, le ministre chargé du travail arrête la liste des organisations professionnelles d'employeurs reconnues représentatives par branche professionnelle et des organisations professionnelles d'employeurs reconnues représentatives au niveau national et interprofessionnel ou multi-professionnel. (L. 2015-994 du 17 août 2015, art. 23, II, 3°, JO 18) «À cette fin, il vérifie que les critères définis au présent chapitre sont respectés et s'assure notamment que le montant des cotisations versées par les entreprises et, le cas échéant, les organisations professionnelles adhérentes est de nature à établir la réalité de leur adhésion.»

Art. L. 2152-7. Sauf dispositions contraires, les conditions d'application du présent chapitre sont déterminées par décret en Conseil d'État.

SECTION 1 (RÉGLEMENTAIRE). Dispositions communes à la mesure de l'audience des organisations professionnelles d'employeurs au niveau de la branche professionnelle et au niveau national et interprofessionnel

Note Les sections 1 à 6 ont été introduites par le décret 2015-654 du 10 juin 2015, JO 13.

Art. R. 2152-1. Pour l'application des articles L. 2152-1 et L. 2152-4, sont considérées comme adhérentes les entreprises, qu'elles emploient ou non du personnel salarié, dès lors qu'elles versent une cotisation, conformément aux règles fixées par une délibération de l'organe compétent de l'organisation professionnelle d'employeurs à laquelle elles adhèrent ou d'une structure territoriale statutaire de cette organisation, et selon des modalités assurant leur information quant à l'organisation destinataire de la cotisation.

(D. 2016-1419 du 20 oct. 2016, art. 1er, 2°, JO 22) « Le cas échéant, l'adhésion d'une entreprise peut être effectuée par l'intermédiaire de ses établissements, dès lors que le chef d'établissement dispose d'une délégation de pouvoir du chef d'entreprise permettant notamment l'adhésion à une organisation professionnelle d'employeurs et qu'il verse une cotisation dans les conditions prévues à l'alinéa précédent. Dans ce cas, seuls sont pris en compte les effectifs de l'établissement considéré.

Lorsqu'en application de l'alinéa précédent plusieurs établissements d'une entreprise adhèrent à une même organisation professionnelle d'employeurs ou à une même structure territoriale statutaire d'une organisation professionnelle d'employeurs, n'est prise en compte qu'une seule adhésion à cette organisation ou à cette structure au titre de cette entreprise. »

Ces dispositions s'appliquent sous réserve du dernier alinéa de l'article L. 2152-1.

Pour les professions libérales définies à l'article 29 de la loi n° 2012-387 du 22 mars 2012 relative à la formation professionnelle, à l'emploi et à la démocratie sociale, dans le cas d'une association entre des professionnels, chaque associé (D. 2016-1419 du 20 oct. 2016, art. 1er, 2°, JO 22) « qui participe à l'exercice de l'activité libérale et » qui adhère à une organisation professionnelle d'employeurs dans les conditions de la présente section est pris en compte comme une entreprise adhérente.

(D. 2016-1419 du 20 oct. 2016, art. 1er, 2°, JO 22) « Pour les entreprises et exploitations mentionnées au cinquième alinéa de l'article L. 2152-1, constituées sous la forme d'un groupement d'employeurs ou d'une société, chaque membre du groupement ou associé qui participe à l'activité de l'entreprise ou de l'exploitation et qui adhère à une organisation professionnelle d'employeurs dans les conditions de la présente section est pris en compte comme une entreprise adhérente. »

Art. R. 2152-2. Sont également prises en compte comme entreprises adhérentes celles qui, selon les modalités fixées par une délibération de l'organe compétent de l'organisation ou de la structure territoriale statutaire de cette organisation, s'acquittent d'une cotisation dont le montant est réduit, pour tenir compte d'une adhésion en cours d'année ou de tout autre motif prévu par la délibération précitée, sous réserve que cette réduction n'excède pas de moitié la cotisation due en application des règles mentionnées à l'article R. 2152-1.

Art. R. 2152-3. Le nombre d'entreprises adhérentes est apprécié au 31 décembre de l'année précédant l'année de la déclaration de candidature prévue à l'article L. 2152-5.

Art. R. 2152-4. Lorsque l'adhésion de plusieurs entreprises est effectuée par l'une d'entre elles pour le compte des autres avec l'accord écrit de celles-ci, chaque entreprise est prise en compte pour la mesure de l'audience comme adhérente dès lors que sa cotisation est versée conformément aux règles définies aux articles R. 2152-1 et R. 2152-2.

Art. R. 2152-5. Pour être pris en compte, l'adhérent doit avoir payé au 31 mars de l'année de la déclaration de candidature prévue à l'article L. 2152-5 l'intégralité des cotisations dues au titre de l'année précédente.

Art. R. 2152-6. (D. 2020-184 du 28 févr. 2020, JO 1er mars) « Le commissaire aux comptes compétent en application, selon le cas, du 3° de l'article L. 2152-1 ou du 3° de l'article L. 2152-4 atteste conformément aux dispositions de la présente section et des sections 2 et 3 du présent chapitre :

1° Le nombre par département d'entreprises adhérentes de l'organisation professionnelle d'employeurs candidate à l'établissement de sa représentativité ;

2° Le nombre de salariés employés par ces mêmes entreprises ;

3° Le nombre par département de ces mêmes entreprises employant au moins un salarié ;

4° Le nombre par département de ces mêmes entreprises employant au total moins de onze salariés.

Il dispose à cet effet d'un accès accordé par le ministre chargé du travail à des données agrégées non nominatives issues des déclarations sociales des entreprises mentionnées à l'article L. 2122-10-3. »

Les règles prises en compte en matière de cotisations et définies conformément aux dispositions des articles (D. 2016-1419 du 20 oct. 2016, art. 1er, 3°, JO 22) « R. 2152-1 et R. 2152-2 » sont jointes à ces attestations.

L'attestation du commissaire aux comptes est accompagnée d'une fiche de synthèse dont le modèle est arrêté par le ministre chargé du travail.

Art. R. 2152-6-1. (D. 2016-1419 du 20 oct. 2016, art. 1er, 4°, JO 22) Pour l'application des dispositions du premier alinéa de l'article R. 2152-6, sont pris en compte les salariés des entreprises adhérentes titulaires d'un contrat de travail au cours du mois de décembre de l'année précédant l'année de prise en compte des entreprises adhérentes et figurant sur les déclarations sociales des entreprises, mentionnées à l'article L. 2122-10-3.

Dans les entreprises mentionnées au cinquième alinéa de l'article R. 2152-1 et constituées sous la forme des sociétés civiles de moyens définies aux articles 1832 et suivants du code civil, les associés peuvent se prévaloir des salariés employés par ces sociétés au bénéfice, le cas échéant, de l'organisation professionnelle d'employeurs à laquelle ils adhèrent. Chaque associé peut se prévaloir du nombre de salariés employés par la société civile de moyens, divisé par le nombre d'associés dans cette société.

Dans les entreprises mentionnées au cinquième alinéa de l'article R. 2152-1 au sein desquelles des associés se regroupent pour l'exercice-même de la profession libérale concernée, la répartition des salariés est effectuée en application de stipulations conventionnelles liant les associés. À défaut, chaque associé exerçant l'activité professionnelle concernée peut se prévaloir du nombre de salariés de l'entreprise, divisé par le nombre de ces associés qui exercent au sein de l'entreprise.

Dans les entreprises et exploitations mentionnées au sixième alinéa de l'article R. 2152-1 constituées sous la forme d'un groupement d'employeurs ou d'une société, les membres du groupement ou les associés qui participent à l'activité de l'entreprise ou de l'exploitation peuvent se prévaloir des salariés employés par le groupement ou la société au bénéfice, le cas échéant, de l'organisation professionnelle d'employeurs à laquelle ils adhèrent. Chaque associé peut se prévaloir du nombre de salariés employés par le groupement d'employeurs ou la société, divisé par le nombre d'associés qui participent à l'activité de l'entreprise ou de l'exploitation.

Art. R. 2152-7. Le respect du critère de l'audience défini au 6° de l'article L. 2151-1 est apprécié par le ministre chargé du travail qui s'assure que le montant de la cotisation versée (D. 2016-1419 du 20 oct. 2016, art. 1er, 5°, JO 22) « est de nature à établir la réalité de leur adhésion ».

SECTION 2 (RÉGLEMENTAIRE). Représentativité patronale au niveau de la branche professionnelle

Art. R. 2152-8. I. – Pour la mesure de l'audience d'une organisation professionnelle d'employeurs prévue au 3° de l'article L. 2152-1, sont prises en compte les entreprises relevant de la branche professionnelle concernée et adhérentes à cette organisation professionnelle à ce niveau ou à une structure territoriale statutaire de cette organisation.

II. – Sont également considérées comme adhérentes à une organisation professionnelle d'employeurs candidate à la représentativité dans une branche professionnelle les entreprises relevant de cette branche professionnelle et adhérant à une ou plusieurs organisations professionnelles d'employeurs ou à l'une de leurs structures territoriales statutaires dès lors que cette organisation :

1° A rendu publique son adhésion à l'organisation candidate par tout moyen avant le 31 décembre de l'année précédant l'année de la déclaration de candidature prévue à l'article L. 2152-5 ;

2° Atteste ne pas être candidate à la représentativité dans la branche concernée ;

3° (D. 2016-1419 du 20 oct. 2016, art. 1er, 6°, JO 22) « Verse une cotisation conformément aux règles fixées par l'organe compétent de l'organisation à laquelle elle adhère », et selon des modalités assurant l'information des entreprises adhérentes quant à l'organisation destinataire de la cotisation. Cette condition est également regardée comme satisfaite lorsque l'organisation concernée produit des comptes combinés avec l'organisation à laquelle elle adhère.

À l'exception des branches couvrant exclusivement les activités agricoles mentionnées aux 1° à 4° de l'article L. 722-1 du code rural et de la pêche maritime ainsi que celles des coopératives d'utilisation de matériel agricole, ne sont pas prises en compte au titre du 3° les adhésions des organisations professionnelles d'employeurs ou de leurs structures territoriales statutaires aux structures territoriales statutaires de l'organisation candidate à l'établissement de sa représentativité.

III. – Sont également prises en compte comme adhérentes les organisations qui, selon les modalités fixées par une délibération de l'organe compétent de l'organisation candidate, s'acquittent d'une cotisation dont le montant est réduit, pour tenir compte d'une adhésion en cours d'année ou de tout autre motif prévu par la délibération précitée, sous réserve que cette réduction n'excède pas de moitié la cotisation due en application des règles mentionnées à l'alinéa précédent.

IV. – Les adhésions des entreprises aux structures territoriales statutaires définies au I et aux organisations (D. 2016-1419 du 20 oct. 2016, art. 1er, 6°, JO 22) « professionnelles d'employeurs ou à l'une de leurs structures territoriales statutaires » définies au II sont prises en compte dès lors que des attestations telles que définies (D. 2016-1419 du 20 oct. 2016, art. 1er, 6°, JO 22) « à l'article R. 2152-6 » ont été établies (D. 2016-1419 du 20 oct. 2016, art. 1er, 6°, JO 22) « au titre de chacune de ces organisations professionnelles d'employeurs et au titre de chacune ou de l'ensemble de ces structures territoriales statutaires, accompagnées de la fiche de synthèse mentionnée à l'article R. 2152-6 » :

1° Soit par le commissaire aux comptes de l'organisation candidate ;

2° Soit dans le cadre d'une mission de vérification de ces éléments par un commissaire aux comptes désigné par les structures ou organisations mentionnées au premier alinéa (D. 2016-1419 du 20 oct. 2016, art. 1er, 6°, JO 22) « du présent IV ».

Les règles prises en compte en matière de cotisations et définies conformément aux dispositions des articles R. 2152-1 et R. 2152-2 sont jointes à ces attestations.

(D. 2016-1419 du 20 oct. 2016, art. 1er, 6°, JO 22) « V. – Lorsqu'une structure territoriale statutaire ou une organisation professionnelle d'employeurs ne dispose pas d'entreprises qui lui sont directement adhérentes, le respect des dispositions du I et du 1° au 3° du II du présent article est attesté par un commissaire aux comptes. »

SECTION 3 (RÉGLEMENTAIRE). Représentativité patronale au niveau national et interprofessionnel

Art. R. 2152-9. I. – Pour la mesure de l'audience des organisations professionnelles d'employeurs prévus au 3° de l'article L. 2152-4, sont prises en compte les entreprises qui adhèrent directement à l'organisation professionnelle d'employeurs candidate à l'établissement de sa représentativité ou à l'une de ses structures territoriales statutaires.

II. – Sont également considérées comme adhérentes à une organisation professionnelle d'employeurs candidate à la représentativité les entreprises adhérant à une ou plusieurs organisations professionnelles d'employeurs ou à l'une de leurs structures territoriales statutaires dès lors que cette organisation :

1° A rendu publique son adhésion par tout moyen avant le 31 décembre précédant l'année de déclaration de candidature prévue à l'article L. 2152-5 ;

2° Verse une cotisation conformément aux règles fixées par l'organe compétent de l'organisation à laquelle elle adhère, selon des modalités assurant l'information des entreprises adhérentes quant à l'organisation destinataire de la cotisation. Cette condition est également regardée comme satisfaite lorsque l'organisation concernée produit des comptes combinés avec l'organisation à laquelle elle adhère.

Ne sont pas prises en compte au titre du 2° les adhésions des organisations professionnelles d'employeurs ou de leurs structures territoriales statutaires aux structures territoriales statutaires de l'organisation candidate à l'établissement de sa représentativité.

III. – Sont également prises en compte comme adhérentes les organisations qui, selon les modalités fixées par une délibération de l'organe compétent de l'organisation candidate, s'acquittent d'une cotisation dont le montant est réduit, pour tenir compte d'une adhésion en cours d'année ou de tout autre motif prévu par la délibération précitée, sous réserve que cette réduction n'excède pas de moitié la cotisation due en application des règles mentionnées à l'alinéa précédent.

IV. – Les adhésions (D. 2016-1419 du 20 oct. 2016, art. 1er, 7°, JO 22) « aux structures territoriales statutaires définies au I et aux organisations professionnelles d'employeurs ou à l'une de leurs structures territoriales statutaires définies au II » sont prises en compte dès lors que des attestations telles que définies (D. 2016-1419 du 20 oct. 2016, art. 1er, 7°, JO 22) « à l'article R. 2152-6 » ont été établies (D. 2016-1419 du 20 oct. 2016, art. 1er, 7°, JO 22) « au titre de chacune de ces organisations professionnelles d'employeurs et au titre de chacune ou de l'ensemble de ces structures territoriales statutaires, accompagnées de la fiche de synthèse mentionnée à l'article R. 2152-6 » :

1° Soit par le commissaire aux comptes de l'organisation candidate ;

2° Soit dans le cadre d'une mission de vérification de ces éléments par un commissaire aux comptes désigné par (D. 2016-1419 du 20 oct. 2016, art. 1er, 7°, JO 22) « les structures ou organisations mentionnées au premier alinéa du présent IV ».

Les règles prises en compte en matière de cotisations et définies conformément aux dispositions des articles R. 2152-1 et R. 2152-2 sont jointes à ces attestations.

(D. 2016-1419 du 20 oct. 2016, art. 1er, 7°, JO 22) « V. – Lorsqu'une structure territoriale statutaire ou une organisation professionnelle d'employeurs ne dispose pas d'entreprises qui lui sont directement adhérentes, le respect des dispositions du I et du 1° et du 2° du II du présent article est attesté par un commissaire aux comptes. »

Art. D. 2152-9-1. (D. 2016-1474 du 28 oct. 2016, JO 3 nov.) Le seuil prévu au dernier alinéa de l'article L. 2152-4 est fixé à 10 %.

SECTION 4 (RÉGLEMENTAIRE). Représentativité patronale au niveau national et multiprofessionnel

Art. R. 2152-10. Pour l'appréciation des critères définis aux 2° et 3° de l'article L. 2152-2, sont prises en compte les organisations professionnelles d'employeurs dès lors qu'elles versent une cotisation à une organisation professionnelle d'employeurs candidate à l'établissement de sa représentativité, conformément aux règles fixées par l'organe compétent de l'organisation candidate, et selon des modalités assurant l'information des organisations adhérentes quant à l'organisation destinataire de la cotisation.

Sont également prises en compte comme adhérentes les organisations qui, selon les modalités fixées par une délibération de l'organe compétent de l'organisation candidate, s'acquittent d'une cotisation dont le montant est réduit, pour tenir compte d'une adhésion en cours d'année ou de tout autre motif prévu par la délibération précitée, sous réserve que cette réduction n'excède pas de moitié la cotisation due en application des règles mentionnées à l'alinéa précédent.

Art. R. 2152-11. (D. 2016-1419 du 20 oct. 2016, art. 1er, 8°, JO 22) Le respect des critères définis aux 2° et 3° de l'article L. 2152-2 est apprécié par le ministre chargé du travail qui s'assure que le montant de la cotisation versée est de nature à établir la réalité de l'adhésion.

SECTION 5 (RÉGLEMENTAIRE).
Candidatures des organisations professionnelles d'employeurs

Art. R. 2152-12. Les candidatures des organisations professionnelles d'employeurs sont déposées auprès des services centraux du ministère chargé du travail dans les conditions fixées par arrêté du ministre chargé du travail.

Cet arrêté fixe notamment la période de dépôt des candidatures.

Art. R. 2152-13. L'organisation professionnelle d'employeurs qui souhaite voir établie sa représentativité en application de l'article L. 2152-1 dans plusieurs branches professionnelles dépose une déclaration de candidature au titre de chacune des branches dans laquelle elle est candidate.

Par dérogation à l'alinéa précédent, dans les branches couvrant exclusivement les activités agricoles mentionnées aux 1° à 4° de l'article L. 722-1 du code rural et de la pêche maritime ainsi que celles des coopératives d'utilisation de matériel agricole, les candidatures sont présentées pour chaque secteur d'activité.

Art. R. 2152-14. Sont joints à la déclaration de candidature d'une organisation professionnelle d'employeurs souhaitant voir établie sa représentativité au niveau de la branche professionnelle en application de l'article L. 2152-1 :

(D. 2016-1419 du 20 oct. 2016, art. 1er, 9°, JO 22) « 1° Les attestations du ou des commissaires aux comptes définies à l'article R. 2152-6 et au IV de l'article R. 2152-8. Ces attestations sont accompagnées de la fiche de synthèse mentionnée à l'article R. 2152-6 ; »

2° Une copie des statuts de l'organisation ainsi que du récépissé de dépôt de ceux-ci ;

3° Les éléments et documents permettant de justifier que l'organisation satisfait aux critères mentionnés aux 2°, 3° et 5° de l'article L. 2151-1 ;

4° Les règles en matière de cotisations fixées par délibération de l'organe compétent des structures territoriales statutaires et organisations en application de l'article R. 2152-8 ;

(D. 2016-1419 du 20 oct. 2016, art. 1er, 9°, JO 22) « 5° Les déclarations, signées par le ou les commissaires aux comptes et établies :

a) Par l'organisation professionnelle d'employeurs candidate, du nombre par département d'entreprises adhérentes (D. 2020-184 du 28 févr. 2020, JO 1er mars) « , du nombre de salariés employés par ces entreprises, du nombre par département de ces entreprises employant au moins un salarié et du nombre par département de ces entreprises employant au total moins de onze salariés » ;

b) Par l'organisation professionnelle d'employeurs candidate, du nombre par département d'entreprises directement adhérentes (D. 2020-184 du 28 févr. 2020, JO 1er mars) « , du nombre de salariés employés par ces entreprises, du nombre par département de ces entreprises employant au moins un salarié et du nombre par département de ces entreprises employant au total moins de onze salariés » ;

c) Par les structures territoriales statutaires définies au I de l'article R. 2152-8 et les organisations et leurs structures territoriales définies au II de l'article R. 2152-8, du nombre par département d'entreprises directement adhérentes (D. 2020-184 du 28 févr. 2020, JO 1er mars) « , du nombre de salariés employés par ces entreprises, du nombre par département de ces entreprises employant au moins un salarié et du nombre par département de ces entreprises employant au total moins de onze salariés ».

Ces déclarations sont établies conformément à un modèle arrêté par le ministre chargé du travail. »

(D. 2016-1419 du 20 oct. 2016, art. 1er, 9°, JO 22) « 6° » La liste des organisations et structures territoriales statutaires dont elle demande la prise en compte pour la mesure de son audience.

Art. R. 2152-15. Sont joints à la déclaration de candidature d'une organisation professionnelle d'employeurs souhaitant voir établie sa représentativité au niveau national et multi-professionnel en application de l'article L. 2152-2 :

1° Une copie de ses statuts ainsi que du récépissé de dépôt de ceux-ci ;

2° Les éléments et documents permettant de justifier qu'elle satisfait aux critères mentionnés aux 2°, 3° et 5° de l'article L. 2151-1 ainsi qu'au 4° de l'article L. 2152-2 ;

3° La liste de ses organisations adhérentes ;

4° Les règles en matière de cotisations fixées par son organe compétent et, le cas échéant, par l'organe compétent de ses structures territoriales statutaires.

Art. R. 2152-16. Sont joints à la déclaration de candidature d'une organisation professionnelle d'employeurs souhaitant voir établie sa représentativité au niveau national et interprofessionnel en application de l'article L. 2152-4 :

(D. 2016-1419 du 20 oct. 2016, art. 1er, 10°, JO 22) « 1° Les attestations du ou des commissaires aux comptes définies à l'article R. 2152-6 et au IV de l'article R. 2152-9 dès lors que la ou les organisations mentionnées au II de l'article R. 2152-9 ne sont pas candidates à la représentativité. Ces attestations sont accompagnées de la fiche de synthèse mentionnée à l'article R. 2152-6 ; »

2° Une copie de ses statuts ainsi que du récépissé de dépôt de ceux-ci ;

3° Les éléments et documents permettant de justifier qu'elle satisfait aux critères mentionnés aux 2°, 3° et 5° de l'article L. 2151-1 ;

4° Les règles en matière de cotisations fixées par délibération de l'organe compétent des structures territoriales statutaires et organisations en application de l'article R. 2152-9 ;

(D. 2016-1419 du 20 oct. 2016, art. 1er, 10°, JO 22) « 5° Les déclarations, signées par le ou les commissaires aux comptes et établies :

a) Par l'organisation professionnelle d'employeurs candidate du nombre par département d'entreprises adhérentes (D. 2020-184 du 28 févr. 2020, JO 1er mars) « , du nombre de salariés employés par ces entreprises, du nombre par département de ces entreprises employant au moins un salarié et du nombre par département de ces entreprises employant au total moins de onze salariés » ;

b) Par l'organisation professionnelle d'employeurs candidate du nombre par département d'entreprises directement adhérentes (D. 2020-184 du 28 févr. 2020, JO 1er mars) « , du nombre de salariés employés par ces entreprises, du nombre par département de ces entreprises employant au moins un salarié et du nombre par département de ces entreprises employant au total moins de onze salariés » ;

c) Par les structures territoriales statutaires définies au I de l'article R. 2152-9 et les organisations et leurs structures territoriales définies au II de l'article R. 2152-9 dès lors qu'elles ne sont pas candidates à la représentativité, du nombre par département d'entreprises directement adhérentes (D. 2020-184 du 28 févr. 2020, JO 1er mars) « , du nombre de salariés employés par ces entreprises, du nombre par département de ces entreprises employant au moins un salarié et du nombre par département de ces entreprises employant au total moins de onze salariés ».

Ces déclarations sont établies conformément à un modèle arrêté par le ministre chargé du travail. »

(D. 2016-1419 du 20 oct. 2016, art. 1er, 10°, JO 22) « 6° » La liste des organisations et structures territoriales statutaires dont elle demande la prise en compte pour la mesure de son audience.

Art. R. 2152-17. L'organisation professionnelle d'employeurs indique dans la déclaration de candidature, le cas échéant, la ou les organisations professionnelles d'employeurs auxquelles elle adhère elle-même.

Lorsqu'une organisation professionnelle d'employeurs adhère à plusieurs organisations professionnelles d'employeurs ayant statutairement vocation à être présentes au niveau national et interprofessionnel, elle indique la répartition retenue en application du dernier alinéa de l'article L. 2152-4.

SECTION 6 (RÉGLEMENTAIRE). Consultation du Haut Conseil du dialogue social

Art. R. 2152-18. Le ministre chargé du travail présente au Haut Conseil du dialogue social les résultats enregistrés et le consulte sur la liste des organisations professionnelles d'employeurs représentatives par branche et au niveau national et interprofessionnel ou multi-professionnel.

SECTION 7 (RÉGLEMENTAIRE). Voies de recours

Note Cette section est issue du décret 2017-383 du 22 mars 2017, JO 24.

Art. R. 2152-19. Les recours dirigés contre les arrêtés pris en application de l'article L. 2152-6 sont portés devant la juridiction désignée par l'article R. 311-2 du code de justice administrative.

LIVRE II

LA NÉGOCIATION COLLECTIVE - LES CONVENTIONS ET ACCORDS COLLECTIFS DE TRAVAIL

TITRE Ier

DISPOSITIONS PRÉLIMINAIRES

Chapitre Ier

Champ d'application

Art. L. 2211-1. Les dispositions du présent livre sont applicables aux employeurs de droit privé ainsi qu'à leurs salariés.

Elles sont également applicables :

1° Aux établissements publics à caractère industriel et commercial ;

2° Aux établissements publics à caractère administratif lorsqu'ils emploient du personnel dans les conditions du droit privé.

Chapitre II

Formation des acteurs de la négociation collective

Note Ce chapitre a été introduit par la loi 2016-1088 du 8 août 2016, art. 33, II, JO 9.

Art. L. 2212-1. Les salariés et les employeurs ou leurs représentants peuvent bénéficier de formations communes visant à améliorer les pratiques du dialogue social dans les entreprises, dispensées par les centres, instituts ou organismes de formation. L'Institut national du travail, de l'emploi et de la formation professionnelle apporte son concours à la création et à la mise en œuvre de ces formations. Ces formations peuvent être suivies par des magistrats judiciaires ou administratifs et par d'autres agents de la fonction publique.

Ces formations peuvent être en tout ou partie financées par les crédits du fonds prévu à l'article L. 2135-9.

Les conditions d'application du présent article sont prévues par décret en Conseil d'État.

Art. L. 2212-2. Des conventions ou des accords collectifs d'entreprise ou de branche peuvent définir :

1° Le contenu des formations communes prévues à l'article L. 2212-1 et les conditions dans lesquelles elles sont dispensées ;

2° Les modalités de leur financement, pour couvrir les frais pédagogiques, les dépenses d'indemnisation et les frais de déplacement et d'hébergement des stagiaires et animateurs.

Art. R. 2212-1. (D. 2017-714 du 2 mai 2017, JO 4) Les formations communes mentionnées à l'article L. 2212-1, qui ont pour objet d'améliorer les pratiques du dialogue social dans les entreprises, sont suivies par des salariés et des employeurs ou leurs représentants respectifs conjointement sur un même site. Des magistrats judiciaires, des magistrats administratifs et des agents de la fonction publique peuvent, le cas échéant, y participer.

Art. R. 2212-2. (D. 2017-714 du 2 mai 2017, JO 4) I. – L'Institut national du travail, de l'emploi et de la formation professionnelle définit un cahier des charges général auquel doivent répondre les formations communes mentionnées à l'article L. 2212-1. Ce cahier des charges détermine :

1° Les thématiques traitées par les formations communes, qui portent notamment sur les questions économiques et sociales, la dynamique de la négociation et son environnement juridique ;

2° Les principes que doivent respecter les formations communes, notamment le respect de la neutralité dans l'analyse et la présentation du rôle des parties à la négociation ;

3° Les critères destinés à garantir la qualité des formations communes, notamment la mise en œuvre d'une pédagogie centrée sur les relations entre acteurs.

Des cahiers des charges particuliers applicables à certaines formations communes peuvent être définis par les conventions et accords collectifs d'entreprise et de branche mentionnés à l'article L. 2212-2, au besoin avec le concours de l'Institut national du travail, de l'emploi et de la formation professionnelle.

II. – L'Institut national du travail de l'emploi et de la formation professionnelle conçoit et dispense des formations communes, directement ou par l'intermédiaire d'un réseau de partenaires qu'il anime.

III. – Le rapport annuel d'activité de l'Institut mentionné à l'article 8 du décret n° 2005-1555 du 13 décembre 2005 modifié relatif à l'Institut national du travail, de l'emploi et de la formation professionnelle dresse le bilan des formations communes dispensées et propose des évolutions.

Art. R. 2212-3. (D. 2017-714 du 2 mai 2017, JO 4) Le suivi d'une formation commune mentionnée à l'article L. 2212-1 s'effectue dans le cadre :

1° Pour les salariés, soit du congé de formation économique, sociale et syndicale prévu à l'article L. 2145-5, soit du plan de formation mentionné à l'article L. 6312-1 pour les actions de formation mentionnées aux 2° et 8° de l'article L. 6313-1 ;

2° Pour les employeurs :

a) Des formations prises en charge par les fonds d'assurance formation de non-salariés prévus à l'article L. 6332-9 lorsqu'ils sont travailleurs indépendants, membres des professions libérales et des professions non-salariées ;

b) Des formations prises en charge par les (L. 2018-771 du 5 sept. 2018, art. 45, II, JO 6) « opérateurs de compétences » mentionnés à l'article L. 6331-53 lorsqu'ils sont travailleurs indépendants ou employeurs de moins de onze salariés de la pêche maritime ou lorsqu'ils sont travailleurs indépendants ou employeurs de cultures marines de moins de onze salariés affiliés au régime social des marins ;

c) Des formations prises en charges par l'(L. 2018-771 du 5 sept. 2018, art. 45, II, JO 6) « opérateur de compétences » mentionné à l'article L. 6331-68 lorsqu'ils sont artistes auteurs ;

3° Pour les agents de la fonction publique :

a) Des plans annuels de formation des administrations prévus à l'article 6 du décret n° 2007-1470 du 15 octobre 2007 modifié relatif à la formation professionnelle tout au long de la vie des fonctionnaires de l'État lorsqu'ils sont fonctionnaires de l'État et des actions de formation mentionnées aux articles 2 et 3 du décret n° 2007-1942 du 26 décembre 2007 relatif à la formation professionnelle des agents non titulaires de l'État et de ses établissements publics et des ouvriers affiliés au régime des pensions résultant du décret n° 2004-1056 du 5 octobre 2004 modifié lorsqu'ils sont agents non titulaires de l'État ;

b) Des plans de formation des régions, départements, communes et établissements publics mentionnés à l'article 2 de la loi n° 84-53 du 26 janvier 1984 modifiée portant dispositions statutaires relatives à la fonction publique territoriale, prévus à l'article 7 de la loi n° 84-594 du 12 juillet 1984 modifiée relative à la formation des agents de la fonction publique territoriale et complétant la loi n° 84-53 du 26 janvier 1984 modifiée portant dispositions statutaires relatives à la fonction publique territoriale, lorsqu'ils sont agents de la fonction publique territoriale ;

c) Des plans de formation des établissements prévus à l'article 6 du décret n° 2008-824 du 21 août 2008 relatif à la formation professionnelle tout au long de la vie des agents de la fonction publique hospitalière lorsqu'ils sont agents de la fonction publique hospitalière ;

4° Pour les magistrats judiciaires, de la formation continue prévue par les articles 14 de l'ordonnance n° 58-1270 du 22 décembre 1958 modifiée portant loi organique relative au statut de la magistrature et 50 du décret n° 72-355 du 4 mai 1972 modifié relatif à l'École nationale de la magistrature ;

5° Pour les magistrats administratifs, de la formation continue prévue par les articles L. 233-10 et R. 233-17 du code de justice administrative ;

6° Pour les membres du Conseil d'État, de la formation professionnelle prévue par l'article L. 131-11 du code de justice administrative.

TITRE II

OBJET ET CONTENU DES CONVENTIONS ET ACCORDS COLLECTIFS DE TRAVAIL

Chapitre Ier

Objet des conventions et accords

Art. L. 2221-1. Le présent livre est relatif à la détermination des relations collectives entre employeurs et salariés. Il définit les règles suivant lesquelles s'exerce le droit des salariés à la négociation collective de l'ensemble de leurs conditions d'emploi, de formation professionnelle et de travail ainsi que de leurs garanties sociales.

Art. L. 2221-2. La convention collective a vocation à traiter de l'ensemble des matières mentionnées à l'article L. 2221-1, pour toutes les catégories professionnelles intéressées.

L'accord collectif traite un ou plusieurs sujets déterminés dans cet ensemble.

Art. L. 2221-3. Les dispositions concernant la détermination des garanties collectives dont bénéficient les salariés en complément de celles résultant de l'organisation de la sécurité sociale sont fixées par le titre Ier du livre IX du code de la sécurité sociale.

Chapitre II

Contenu et durée des conventions et accords

SECTION 1. Détermination du champ d'application des conventions et accords

Art. L. 2222-1. Les conventions et accords collectifs de travail, ci-après désignés « conventions » et « accords » dans le présent livre, déterminent leur champ d'application territorial et professionnel. Le champ d'application professionnel est défini en termes d'activités économiques.

Pour ce qui concerne les professions agricoles mentionnées aux 1° à 3°, 6° et 7° de l'article L. 722-20 du code rural (Ord. 2010-462 du 6 mai 2010, JO 7) «et de la pêche maritime», le champ d'application des conventions et accords peut, en outre, tenir compte du statut juridique des entreprises concernées ou du régime de protection sociale d'affiliation de leurs salariés.

(L. 2016-1088 du 8 août 2016, art. 26, I, 1°, JO 9) «Les conventions et accords collectifs de travail dont le champ d'application est national s'appliquent, sauf stipulations contraires, en Guadeloupe, en Guyane, en Martinique, à Mayotte, à La Réunion, à Saint-Barthélemy, à Saint-Martin et à Saint-Pierre-et-Miquelon, dans un délai de six mois à compter de leur date d'entrée en vigueur. Ce délai est imparti aux organisations syndicales de salariés et d'employeurs habilitées à négocier dans ces collectivités pour conclure des accords dans le même champ si elles le souhaitent.»

Art. L. 2222-2. Lorsque le champ d'application d'un avenant ou d'une annexe diffère de celui de la convention ou de l'accord qu'il modifie ou complète, il doit être précisé conformément aux dispositions de l'article L. 2222-1.

SECTION 2. Détermination des thèmes, du calendrier et de la méthode de négociation

Art. L. 2222-3. (Ord. 2017-1385 du 22 sept. 2017, art. 5, II, JO 23) Dans les conditions prévues au titre IV du livre II de la deuxième partie du présent code, la convention ou l'accord collectif de travail définit:

1° Le calendrier des négociations;

2° Les modalités de prise en compte, dans la branche ou l'entreprise, des demandes relatives aux thèmes de négociation émanant d'une ou des organisations syndicales de salariés représentatives.

Art. L. 2222-3-1. (L. 2016-1088 du 8 août 2016, art. 16, I, 1°, JO 9) Une convention ou un accord collectif peut définir la méthode permettant à la négociation de s'accomplir dans des conditions de loyauté et de confiance mutuelle entre les parties.

Cette convention ou cet accord précise la nature des informations partagées entre les négociateurs, notamment, au niveau de l'entreprise, en s'appuyant sur la base de données définie à l'article L. 2323-8. Cette convention ou cet accord définit les principales étapes du déroulement des négociations et peut prévoir des moyens supplémentaires ou spécifiques, notamment s'agissant du volume de crédits d'heures des représentants syndicaux ou des modalités de recours à l'expertise, afin d'assurer le bon déroulement de l'une ou de plusieurs des négociations prévues.

Sauf si la convention ou l'accord en stipule autrement, la méconnaissance de ses stipulations n'est pas de nature à entraîner la nullité des accords conclus dès lors qu'est respecté le principe de loyauté entre les parties.

Art. L. 2222-3-2. (L. 2016-1088 du 8 août 2016, art. 16, I, 1°, JO 9) Un accord conclu au niveau de la branche définit la méthode applicable à la négociation au niveau de l'entreprise. Cet accord s'impose aux entreprises n'ayant pas conclu de convention ou d'accord en application de l'article L. 2222-3-1. Si un accord mentionné au même article L. 2222-3-1 est conclu, ses stipulations se substituent aux stipulations de cet accord de branche.

Sauf si l'accord prévu au premier alinéa du présent article en stipule autrement, la méconnaissance de ses stipulations n'est pas de nature à entraîner la nullité des accords conclus dans l'entreprise dès lors qu'est respecté le principe de loyauté entre les parties.

SECTION 2 BIS. Préambule des conventions et accords

Note Cette section est issue de la loi 2016-1088 du 8 août 2016, art. 16, I, 2°, JO 9.

Art. L. 2222-3-3. La convention ou l'accord contient un préambule présentant de manière succincte ses objectifs et son contenu.

L'absence de préambule n'est pas de nature à entraîner la nullité de la convention ou de l'accord.

SECTION 3. Détermination de la durée des conventions et accords

Art. L. 2222-4. La convention ou l'accord est conclu pour une durée déterminée ou indéterminée.

(L. 2016-1088 du 8 août 2016, art. 16, I, 3°, JO 9) «À défaut de stipulation de la convention ou de l'accord sur sa durée, celle-ci est fixée à cinq ans.

Lorsque la convention ou l'accord arrive à expiration, la convention ou l'accord cesse de produire ses effets.»

SECTION 4. Détermination des modalités de suivi, renouvellement, révision et dénonciation

Art. L. 2222-5. La convention ou l'accord prévoit les formes selon lesquelles et le délai au terme duquel il pourra être renouvelé ou révisé.

Art. L. 2222-5-1. (L. 2016-1088 du 8 août 2016, art. 16, I, 4°, JO 9) La convention ou l'accord définit ses conditions de suivi et comporte des clauses de rendez-vous.

L'absence ou la méconnaissance des conditions ou des clauses mentionnées au premier alinéa n'est pas de nature à entraîner la nullité de la convention ou de l'accord.

Art. L. 2222-6. La convention ou l'accord prévoit les conditions dans lesquelles il peut être dénoncé, et notamment la durée du préavis qui doit précéder la dénonciation.

TITRE III

CONDITIONS DE NÉGOCIATION ET DE CONCLUSION DES CONVENTIONS ET ACCORDS COLLECTIFS DE TRAVAIL

Chapitre Ier

Conditions de validité

SECTION 1. Capacité à négocier

Art. L. 2231-1. La convention ou l'accord est conclu entre :

(L. 2008-789 du 20 août 2008, art. 8, JO 21) « - d'une part, une ou plusieurs organisations syndicales de salariés représentatives dans le champ d'application de la convention ou de l'accord ; »

- d'autre part, une ou plusieurs organisations syndicales d'employeurs, ou toute autre association d'employeurs, ou un ou plusieurs employeurs pris individuellement.

Les associations d'employeurs constituées conformément aux dispositions de la loi du 1er juillet 1901 relative au contrat d'association, qui ont compétence pour négocier des conventions et accords, sont assimilées aux organisations syndicales pour les attributions conférées à celles-ci par le présent titre.

Art. L. 2231-2. Les représentants des organisations mentionnées à l'article L. 2231-1 sont habilités à contracter, au nom de l'organisation qu'ils représentent, en vertu :

1° Soit d'une stipulation statutaire de cette organisation ;

2° Soit d'une délibération spéciale de cette organisation ;

3° Soit de mandats spéciaux écrits qui leur sont donnés individuellement par tous les adhérents de cette organisation.

Les associations d'employeurs déterminent elles-mêmes leur mode de délibération.

SECTION 2. Conditions de forme

Art. L. 2231-3. La convention ou l'accord est, à peine de nullité, un acte écrit.

Art. L. 2231-4. Les conventions et accords ainsi que les conventions d'entreprise ou d'établissement sont rédigés en français.

Toute clause rédigée en langue étrangère est inopposable au salarié à qui elle ferait grief.

SECTION 3. Notification, publicité et dépôt

Art. L. 2231-5. La partie la plus diligente des organisations signataires d'une convention ou d'un accord en notifie le texte à l'ensemble des organisations représentatives à l'issue de la procédure de signature.

Art. L. 2231-5-1. (L. 2016-1088 du 8 août 2016, art. 16, II, 1°, JO 9, entrée en vigueur le 01.09.2017) Les conventions et accords de branche, de groupe, interentreprises, d'entreprise et d'établissement sont rendus publics et versés dans une base de données nationale, dont le contenu est publié en ligne dans un standard ouvert aisément réutilisable. (L. 2018-217 du 29 mars 2018, art. 8, JO 31) « Ils sont publiés dans une version ne comportant pas les noms et prénoms des négociateurs et des signataires. »

Après la conclusion de la convention ou de l'accord (L. 2018-217 du 29 mars 2018, art. 8, JO 31) « de groupe, interentreprises, d'entreprise ou d'établissement », les parties peuvent acter qu'une partie de la convention ou de l'accord ne doit pas faire l'objet de la publication prévue au premier alinéa. Cet acte, ainsi que la version intégrale de la convention ou de l'accord et la version de la convention ou de l'accord destinée à la publication, sont joints au dépôt prévu à l'article L. 2231-6. (L. 2018-217 du 29 mars 2018, art. 8, JO 31) « L'employeur peut occulter les éléments portant atteinte aux intérêts stratégiques de l'entreprise. »

Les conditions d'application du présent article sont définies par décret en Conseil d'État.

(L. 2018-217 du 29 mars 2018, art. 8, JO 31) « Les accords d'intéressement, de participation, les plans d'épargne d'entreprise, interentreprises (Ord. 2019-766 du 24 juil. 2019, art. 7, IV, 1°, JO 25, entrée en vigueur le 01.10.2019) «, les plans d'épargne pour la retraite collectifs ou les plans d'épargne retraite d'entreprise collectifs» ainsi que les accords mentionnés aux articles L. 1233-24-1 et L. 2254-2 ne font pas l'objet de la publication prévue au présent article.»

Art. L. 2231-6. Les conventions et accords font l'objet d'un dépôt dans des conditions déterminées par voie réglementaire.

Art. R. 2231-1. Pour les professions agricoles, les attributions conférées au ministre chargé du travail par les dispositions du présent livre sont exercées en accord avec celui-ci par le ministre chargé de l'agriculture.

Art. R. 2231-1-1. (D. 2017-752 du 3 mai 2017, JO 5, entrée en vigueur le 01.09.2017) I. – L'acte prévu au deuxième alinéa de l'article L. 2231-5-1 par lequel les parties peuvent convenir qu'une partie de la convention ou de l'accord ne doit pas faire l'objet de la publication prévue au premier alinéa de ce même article est signé par la majorité des organisations syndicales signataires de la convention ou de l'accord et :

1° Pour les accords de groupe, d'entreprise et d'établissement, par le représentant légal du groupe, de l'entreprise ou de l'établissement ou pour un accord interentreprises par les représentants légaux de celles-ci ;

2° Pour les accords de branche, par une ou plusieurs organisations professionnelles d'employeurs signataires.

Cet acte indique les raisons pour lesquelles la convention ou l'accord ne doit pas faire l'objet d'une publication intégrale. Cette motivation est sans incidence sur la légalité de la convention ou de l'accord.

Les conventions ou accords étendus sont publiés dans une version intégrale. Les autres conventions ou accords sont publiés avec l'indication, le cas échéant, que cette publication est partielle.

II. – À défaut d'un tel acte, les conventions et accords sont publiés dans une version intégrale, sauf demande de l'employeur ou d'une organisation signataire de suppression des noms et prénoms des négociateurs et des signataires. Cette demande est transmise au moment du dépôt de l'accord par la partie la plus diligente.

Les autres signataires peuvent, dans un délai d'un mois suivant le dépôt de l'accord, formuler la même demande.

Cette demande comporte l'indication par le représentant légal du groupe, de l'entreprise ou de l'établissement ou par les représentants légaux dans le cas d'un accord interentreprises ou par l'organisation syndicale signataire du nom, prénom et qualité de son représentant dûment mandaté à cet effet, l'intitulé de la convention ou de l'accord et la date et le lieu de sa signature.

Art. D. 2231-2. (D. 2018-362 du 15 mai 2018, JO 17) « I. – » Les conventions et accords (D. 2018-362 du 15 mai 2018, JO 17) « de branche et les accords professionnels ou interprofessionnels », ainsi que leurs avenants et annexes, sont déposés par la partie la plus diligente auprès des services du ministre chargé du travail.

Le dépôt est opéré en deux exemplaires, dont une version sur support papier signée des parties et une version sur support électronique.

(D. 2018-362 du 15 mai 2018, JO 17) « II. – Les accords de groupe, d'entreprise, d'établissement et interentreprises ainsi que les pièces accompagnant le dépôt prévues aux articles D. 2231-6 et D. 2231-7 sont déposés par le représentant légal du groupe, de l'entreprise ou de l'établissement ou, pour un accord interentreprises, par les représentants légaux de celles-ci.

III. – Le déposant » remet également un exemplaire de chaque convention ou accord au greffe du conseil de prud'hommes du lieu de conclusion.

Art. D. 2231-3. Les conventions de branche et les accords professionnels ou interprofessionnels sont déposés auprès des services centraux du ministre chargé du travail.

Lorsque les textes concernent des professions agricoles, ils sont déposés (D. 2008-1510 du 30 déc. 2008, JO 31) « auprès de la (D. 2009-1377 du 10 nov. 2009, JO 13 ; D. 2010-687 du 24 juin 2010, JO 25 ; voir D. 2010-1582 du 17 déc. 2010, JO 18, pour outre-mer) « direction régionale des entreprises, de la concurrence, de la consommation, du travail et de l'emploi ».

Art. D. 2231-4. (D. 2018-362 du 15 mai 2018, JO 17) Les accords de groupe, d'entreprise, d'établissement et interentreprises ainsi que les pièces accompagnant le dépôt prévues aux articles D. 2231-6 et D. 2231-7 sont déposés sur la plateforme de téléprocédure du ministère du travail.

Art. D. 2231-5. Le service départemental dépositaire des conventions et accords collectifs de travail est celui dans le ressort duquel ils ont été conclus.

Art. D. 2231-6. Lorsqu'une convention ou un accord collectif d'entreprise s'applique à des établissements ayant des implantations distinctes, le texte déposé est assorti de la liste de ces établissements et de leurs adresses respectives.

Art. D. 2231-7. (D. 2018-362 du 15 mai 2018, JO 17) Le dépôt des conventions et accords est accompagné des pièces suivantes :

1° Dans tous les cas,

a) De la version signée des parties ;

b) D'une copie du courrier, du courrier électronique ou du récépissé ou d'un avis de réception daté de notification du texte à l'ensemble des organisations représentatives à l'issue de la procédure de signature ;

2° Pour les accords de branche, de groupe, d'entreprise, d'établissement et interentreprises,

a) D'une version publiable mentionnée à l'article L. 2231-5-1, qui tient compte, le cas échéant, des modifications actées conformément au I de l'article R. 2231-1-1 ;

b) De l'acte mentionné au I de l'article R. 2231-1-1, s'il y a lieu ;

3° Dans le cas des accords de groupe, d'entreprise, d'établissement et interentreprises : du procès-verbal mentionné au 2° de l'article D. 2232-2, s'il y a lieu ;

4° Dans le cas des accords d'entreprise,

c) De la liste mentionnée à l'article D. 2231-6, s'il y a lieu.

Un récépissé est délivré au déposant.

Le format de ces documents est précisé par arrêté.

Art. D. 2231-8. Les déclarations d'adhésion ou de dénonciation, intervenues en application des articles L. 2261-3 et L. 2261-9, sont déposées, selon les modalités (D. 2018-362 du 15 mai 2018, JO 17) « prévues à l'article D. 2231-4 et au 1° de l'article D. 2231-7 », par la partie qui en est signataire au service dépositaire de la convention ou de l'accord qu'elles concernent.

Un récépissé est délivré au déposant.

Art. R. 2231-9. Toute personne intéressée peut prendre connaissance gratuitement des textes déposés auprès de la (D. 2009-1377 du 10 nov. 2009, JO 13 ; D. 2010-687 du 24 juin 2010, JO 25 ; voir D. 2010-1582 du 17 déc. 2010, JO 18, pour outre-mer) « direction régionale des entreprises, de la concurrence, de la consommation, du travail et de l'emploi ».

Elle peut en obtenir copie, à ses frais, suivant les modalités fixées à l'article (D. 2016-308 du 17 mars 2016, art. 2, JO 18) « L. 311-9 du code des relations entre le public et l'administration ».

Toutefois, lorsqu'une instance juridictionnelle est engagée, copie de tout ou partie de la convention ou de l'accord en cause est délivrée gratuitement à chacune des parties à l'instance qui le demande.

SECTION 4. Opposition

Art. L. 2231-8. L'opposition à l'entrée en vigueur d'une convention ou d'un accord est exprimée par écrit et motivée. Elle précise les points de désaccord.

Cette opposition est notifiée aux signataires.

Art. L. 2231-9. Les conventions et accords frappés d'opposition majoritaire ainsi que ceux qui n'ont pas obtenu l'approbation de la majorité des salariés, en application des dispositions du chapitre II, sont réputés non écrits.

Chapitre II

Règles applicables à chaque niveau de négociation

SECTION 1. Accords interprofessionnels

Art. L. 2232-1. Le champ d'application territorial des accords interprofessionnels peut être national, régional ou local.

Art. L. 2232-2. (L. 2008-789 du 20 août 2008, art. 8, JO 21) La validité d'un accord interprofessionnel est subordonnée à sa signature par une ou plusieurs organisations syndicales de salariés représentatives ayant recueilli, aux élections prises en compte pour la mesure de l'audience prévue au 3° de l'article L. 2122-9, au moins 30 % des suffrages exprimés en faveur d'organisations reconnues représentatives à ce niveau, quel que soit le nombre de votants, et à l'absence d'opposition d'une ou plusieurs organisations syndicales de salariés représentatives ayant recueilli la majorité des suffrages exprimés en faveur des mêmes organisations à ces mêmes élections, quel que soit le nombre de votants.

L'opposition est exprimée dans un délai de quinze jours à compter de la date de notification de cet accord, dans les conditions prévues à l'article L. 2231-8.

Art. L. 2232-2-1. (L. 2008-789 du 20 août 2008, art. 8, JO 21) La représentativité reconnue à une organisation syndicale catégorielle affiliée à une confédération syndicale catégorielle au titre des salariés qu'elle a statutairement vocation à représenter lui confère le droit de négocier toute disposition applicable à cette catégorie de salariés.

Lorsque l'accord interprofessionnel ne concerne qu'une catégorie professionnelle déterminée relevant d'un collège électoral, sa validité est subordonnée à sa signature par une ou plusieurs organisations syndicales de salariés représentatives ayant recueilli, aux élections prises en compte pour la mesure de l'audience prévue au 3° de l'article L. 2122-9, au moins 30 % des suffrages exprimés dans ce collège en faveur d'organisations reconnues représentatives à ce niveau, quel que soit le nombre de votants, et à l'absence d'opposition d'une ou plusieurs organisations syndicales de salariés représentatives ayant recueilli dans ce collège la majorité des suffrages exprimés en faveur des mêmes organisations à ces mêmes élections, quel que soit le nombre de votants.

Art. L. 2232-3. Les accords interprofessionnels comportent, en faveur des salariés d'entreprises participant aux négociations, de même qu'aux réunions des instances paritaires qu'ils instituent, des stipulations relatives aux modalités d'exercice du droit de s'absenter, à la compensation des pertes de salaires ou au maintien de ceux-ci, ainsi qu'à l'indemnisation des frais de déplacement.

Art. L. 2232-4. Les accords interprofessionnels instituent des commissions paritaires d'interprétation.

SECTION 2. Conventions de branche et accords professionnels

Art. L. 2232-5. Le champ d'application territorial des conventions de branches et des accords professionnels peut être national, régional ou local.

(Ord. 2017-1385 du 22 sept. 2017, art. 1er, 1°, JO 23) «Sauf disposition contraire, les termes " convention de branche " désignent la convention collective et les accords de branche, les accords professionnels et les accords interbranches.»

Art. L. 2232-5-1. (Ord. 2017-1385 du 22 sept. 2017, art. 1er, 2°, JO 23) «La branche a pour missions:

1° De définir les conditions d'emploi et de travail des salariés ainsi que les garanties qui leur sont applicables dans les matières mentionnées aux articles L. 2253-1 et L. 2253-2 dans les conditions prévues par lesdits articles.

2°» De réguler la concurrence entre les entreprises relevant de son champ d'application.

Art. L. 2232-5-2. (L. 2016-1088 du 8 août 2016, art. 24, I, JO 9) Les branches ont un champ d'application national. Toutefois, certaines des stipulations de leurs conventions et accords peuvent être définies, adaptées ou complétées au niveau local.

Les organisations d'employeurs constituées conformément à l'article L. 2131-2 affiliées ou adhérentes aux organisations d'employeurs reconnues représentatives dans la branche sont habilitées à négocier, dans le périmètre de la branche, des accords collectifs dont le champ d'application est régional, départemental ou local, et à demander l'extension de ces accords.

Art. L. 2232-6. (L. 2008-789 du 20 août 2008, art. 8, JO 21) La validité d'une convention de branche ou d'un accord professionnel est subordonnée à sa signature par une ou plusieurs organisations syndicales de salariés représentatives ayant recueilli, aux élections prises en compte pour la mesure de l'audience prévue au 3° de l'article L. 2122-5 ou, le cas échéant (L. 2010-1215 du 15 oct.

2010, JO 16) «aux élections visées» à l'article L. 2122-6, au moins 30 % des suffrages exprimés en faveur d'organisations reconnues représentatives à ce niveau, quel que soit le nombre de votants, et à l'absence d'opposition d'une ou plusieurs organisations syndicales de salariés représentatives ayant recueilli la majorité des suffrages exprimés en faveur des mêmes organisations à ces mêmes élections, quel que soit le nombre de votants.

L'opposition est exprimée dans un délai de quinze jours à compter de la date de notification de cet accord ou de cette convention, dans les conditions prévues à l'article L. 2231-8.

Art. R. 2232-1. Le juge judiciaire mentionné à l'article L. 2232-6 est le juge du (D. 2019-966 du 18 sept. 2019, art. 8, JO 19, entrée en vigueur le 01.01.2020) «tribunal judiciaire».

Art. L. 2232-7. (L. 2008-789 du 20 août 2008, art. 8, JO 21) La représentativité reconnue à une organisation syndicale catégorielle affiliée à une confédération syndicale catégorielle au titre des salariés qu'elle a statutairement vocation à représenter lui confère le droit de négocier toute disposition applicable à cette catégorie de salariés.

Lorsque la convention de branche ou l'accord professionnel ne concerne qu'une catégorie professionnelle déterminée relevant d'un collège électoral, sa validité est subordonnée à sa signature par une ou plusieurs organisations syndicales de salariés représentatives ayant recueilli, aux élections prises en compte pour la mesure de l'audience prévue au 3° de l'article L. 2122-5 ou, le cas échéant (L. 2010-1215 du 15 oct. 2010, JO 16) «aux élections visées» à l'article L. 2122-6, au moins 30 % des suffrages exprimés dans ce collège en faveur d'organisations reconnues représentatives à ce niveau, quel que soit le nombre de votants, et à l'absence d'opposition d'une ou plusieurs organisations syndicales de salariés représentatives ayant recueilli dans ce collège la majorité des suffrages exprimés en faveur des mêmes organisations à ces mêmes élections, quel que soit le nombre de votants.

Art. L. 2232-8. Les conventions de branche et les accords professionnels comportent, en faveur des salariés d'entreprises participant aux négociations, de même qu'aux réunions des instances paritaires qu'ils instituent, des dispositions relatives aux modalités d'exercice du droit de s'absenter, à la compensation des pertes de salaires ou au maintien de ceux-ci, ainsi qu'à l'indemnisation des frais de déplacement.

(Ord. 2017-1386 du 22 sept. 2017, art. 5, III, JO 23, entrée en vigueur au plus tard le 01.01.2018) «Pour les entreprises dont l'effectif est inférieur à un seuil défini par décret en Conseil d'État, la rémunération ainsi que les cotisations et contributions sociales afférentes à la rémunération des salariés d'entreprise participant aux négociations sont prises en charge par le fonds paritaire mentionné à l'article L. 2135-9» (L. 2018-217 du 29 mars 2018, art. 4, I, JO 31 «sur la base d'un montant forfaitaire fixé par arrêté pris par le ministre chargé du travail».

Art. R. 2232-1-3. (D. 2017-1818 du 28 déc. 2017, JO 30) Le seuil prévu à l'article L. 2232-8 est fixé à cinquante salariés. Il est déterminé pour chaque année civile au cours de laquelle le salarié a participé à une négociation de branche en fonction de l'effectif de l'année précédente. L'effectif de l'année précédente est égal à la moyenne mensuelle de l'effectif de l'entreprise calculé, pour chaque mois civil, selon les modalités prévues aux articles L. 1111-2 et L. 1251-54.

Art. R. 2232-1-4. (D. 2017-1818 du 28 déc. 2017, JO 30) Le montant pris en charge par le fonds en application du deuxième alinéa de l'article L. 2232-8, pour l'exercice de sa mission mentionnée au 1° de l'article L. 2135-11, est imputé sur le montant des crédits dus à l'organisation syndicale de salariés au titre de l'année au cours de laquelle la demande complète mentionnée à l'article R. 2232-1-5 a été reçue par l'association de gestion du fonds paritaire national.

Art. R. 2232-1-5. (D. 2017-1818 du 28 déc. 2017, JO 30) La prise en charge par le fonds prévue à l'article L. 2232-8 est effectuée sur la base d'un montant forfaitaire par journée ou demi-journée de participation du salarié.

Aux fins de la prise en charge par le fonds, l'employeur adresse une demande à l'association mentionnée à l'article L. 2135-15 comportant les éléments justificatifs de l'identité du salarié, de l'objet et de la date des réunions de négociation et l'attestation de participation nominative établie par l'organisation syndicale de salariés concernée.

La rémunération correspondante du salarié est versée par l'employeur dans le mois suivant la réception de l'attestation transmise par l'organisation syndicale de salariés concernée.

La demande de prise en charge est adressée par l'employeur dans les six mois suivant la réception de l'attestation de l'organisation syndicale de salariés.

Le fonds rembourse l'employeur du montant total des sommes à sa charge pour l'ensemble de ses salariés ayant participé aux négociations dans les branches, dans un délai ne pouvant excéder quatre-vingt-dix jours à compter de la réception de la demande complète.

Le modèle de demande de prise en charge par l'employeur est établi par arrêté du ministre chargé du travail.

Art. L. 2232-9. (L. 2016-1088 du 8 août 2016, art. 24, II, JO 9) I. – Une commission paritaire permanente de négociation et d'interprétation est mise en place par accord ou convention dans chaque branche.

II. – La commission paritaire exerce les missions d'intérêt général suivantes :

1° Elle représente la branche, notamment dans l'appui aux entreprises et vis-à-vis des pouvoirs publics ;

2° Elle exerce un rôle de veille sur les conditions de travail et l'emploi ;

3° Elle établit un rapport annuel d'activité qu'elle verse dans la base de données nationale mentionnée à l'article L. 2231-5-1. Ce rapport comprend un bilan des accords collectifs d'entreprise conclus dans le cadre du titre II, des chapitres Ier et III du titre III et des titres IV et V du livre Ier de la troisième partie, en particulier de l'impact de ces accords sur les conditions de travail des salariés et sur la concurrence entre les entreprises de la branche, et formule, le cas échéant, des recommandations destinées à répondre aux difficultés identifiées. (L. 2018-771 du 5 sept. 2018, art. 104, II, JO 6, entrée en vigueur au plus tard le 01.01.2019) « Il comprend également un bilan de l'action de la branche en faveur de l'égalité professionnelle entre les femmes et les hommes, notamment en matière de classifications, de promotion de la mixité des emplois et d'établissement des certificats de qualification professionnelle, des données chiffrées sur la répartition et la nature des postes entre les femmes et les hommes ainsi qu'un bilan des outils mis à disposition des entreprises pour prévenir et agir contre le harcèlement sexuel et les agissements sexistes. »

Elle peut rendre un avis à la demande d'une juridiction sur l'interprétation d'une convention ou d'un accord collectif dans les conditions mentionnées à l'article L. 441-1 du code de l'organisation judiciaire.

Elle peut également exercer les missions de l'observatoire paritaire mentionné à l'article L. 2232-10 du présent code.

Un décret définit les conditions dans lesquelles les conventions et accords d'entreprise conclus dans le cadre du titre II, des chapitres Ier et III du titre III et des titres IV et V du livre Ier de la troisième partie du présent code sont transmis aux commissions mentionnées au I du présent article.

III. – La commission paritaire est réunie au moins trois fois par an en vue des négociations mentionnées au chapitre Ier du titre IV du présent livre. Elle définit son calendrier de négociations dans les conditions prévues à l'article L. 2222-3.

Art. D. 2232-1-1. (D. 2016-1556 du 18 nov. 2016, JO 19) L'accord ou la convention mettant en place la commission paritaire permanente de négociation et d'interprétation définie au I de l'article L. 2232-9 comporte l'adresse numérique ou postale de cette commission, afin de permettre la transmission prévue au septième alinéa du II du même article.

À défaut de stipulations relatives à l'adresse de la commission, l'organisation la plus diligente parmi les organisations professionnelles d'employeurs et les organisations syndicales de salariés représentatives dans la branche transmet cette adresse au ministère chargé du travail.

Le ministère chargé du travail publie sur son site internet la liste des adresses mentionnées dans les accords et conventions en application du premier alinéa ou communiquées en application du deuxième alinéa. La commission paritaire lui notifie tout éventuel changement d'adresse en vue d'une actualisation de cette liste.

Art. D. 2232-1-2. (D. 2016-1556 du 18 nov. 2016, JO 19) Pour l'application du septième alinéa du II de l'article L. 2232-9, la partie la plus diligente transmet à la commission paritaire permanente de négociation et d'interprétation les conventions et accords d'entreprise comportant des stipulations conclues dans le cadre du titre II, des chapitres Ier et III du titre III et des titres IV et V du livre Ier de la troisième partie du présent code. Elle informe les autres signataires de ces conventions et accords de cette transmission.

Ces conventions et accords sont transmis à l'adresse de la commission paritaire mentionnée au troisième alinéa de l'article D. 2232-1-1 après suppression par la partie la plus diligente des noms et prénoms des négociateurs et des signataires.

La commission paritaire accuse réception des conventions et accords transmis.

Art. L. 2232-10. Les conventions de branche ou les accords professionnels instituent des observatoires paritaires de la négociation collective.

Ils fixent les modalités suivant lesquelles, en l'absence de stipulation conventionnelle portant sur le même objet, ces observatoires sont destinataires des accords d'entreprise ou d'établissement conclus pour la mise en œuvre d'une disposition législative.

Art. L. 2232-10-1. (L. 2016-1088 du 8 août 2016, art. 63, JO 9) Un accord de branche peut comporter, le cas échéant sous forme d'accord type indiquant les différents choix laissés à l'employeur, des stipulations spécifiques pour les entreprises de moins de cinquante salariés.

Ces stipulations spécifiques peuvent porter sur l'ensemble des négociations prévues par le présent code.

L'employeur peut appliquer cet accord type au moyen d'un document unilatéral indiquant les choix qu'il a retenus après en avoir informé (Ord. 2017-1386 du 22 sept. 2017, art. 4, 71°, JO 23, entrée en vigueur au plus tard le 01.01.2018) «le comité social et économique», s'il en existe dans l'entreprise, ainsi que les salariés, par tous moyens.

SECTION 3. Conventions et accords d'entreprise ou d'établissement

Sous-section 1. Champ d'application

Art. L. 2232-11. La présente section détermine les conditions dans lesquelles s'exerce le droit des salariés à la négociation dans l'entreprise et dans le groupe.

(Ord. 2017-1385 du 22 sept. 2017, art. 1er, 3°, JO 23) «Sauf disposition contraire, les termes " convention d'entreprise " désignent toute convention ou accord conclu (L. 2018-217 du 29 mars 2018, art. 2, I, 1°, JO 31) «soit au niveau du groupe,» soit au niveau de l'entreprise, soit au niveau de l'établissement.»

Sous-section 2. Entreprises pourvues d'un ou plusieurs délégués syndicaux

§ 1. Conditions de validité

Art. L. 2232-12. (L. 2008-789 du 20 août 2008, art. 8, JO 21) La validité d'un accord d'entreprise ou d'établissement est subordonnée à sa signature par (L. 2016-1088 du 8 août 2016, art. 21, I, 1°, JO 9) «, d'une part, l'employeur ou son représentant et, d'autre part,» une ou plusieurs organisations syndicales de salariés représentatives ayant recueilli (L. 2016-1088 du 8 août 2016, art. 21, I, 1°, JO 9) «plus de 50 %» des suffrages exprimés (L. 2016-1088 du 8 août 2016, art. 21, I, 1°, JO 9) «en faveur d'organisations représentatives» au premier tour des dernières élections des titulaires au (Ord. 2017-1386 du 22 sept. 2017, art. 4, 16°, JO 23, entrée en vigueur au plus tard le 01.01.2018) «comité social et économique», quel que soit le nombre de votants.

(L. 2016-1088 du 8 août 2016, art. 21, I, 1°, JO 9) «Si cette condition n'est pas remplie et si l'accord a été signé à la fois par l'employeur et par des organisations syndicales représentatives ayant recueilli plus de 30 % des suffrages exprimés en faveur d'organisations représentatives au premier tour des élections mentionnées au premier alinéa, quel que soit le nombre de votants, une ou plusieurs de ces organisations ayant recueilli plus de 30 % des suffrages disposent d'un délai d'un mois à compter de la signature de l'accord pour indiquer qu'elles souhaitent une consultation des salariés visant à valider l'accord. (Ord. 2017-1385 du 22 sept. 2017, art. 10, I, JO 23) «Au terme de ce délai, l'employeur peut demander l'organisation de cette consultation, en l'absence d'opposition de l'ensemble de ces organisations.»

Si, à l'issue d'un délai de huit jours à compter de cette demande (Ord. 2017-1385 du 22 sept. 2017, art. 10, I, JO 23) «ou de l'initiative de l'employeur», les éventuelles signatures d'autres organisations syndicales représentatives n'ont pas permis d'atteindre le taux de 50 % mentionné au premier alinéa et si les conditions mentionnées au deuxième alinéa sont toujours remplies, cette consultation est organisée dans un délai de deux mois.

La consultation des salariés, qui peut être organisée par voie électronique, se déroule dans le respect des principes généraux du droit électoral et selon les modalités prévues par un protocole spécifique conclu entre l'employeur et (Ord. 2017-1385 du 22 sept. 2017, art. 10, I, JO 23) «une ou plusieurs organisations syndicales représentatives ayant recueilli plus de 30 % des suffrages exprimés en faveur d'organisations représentatives au premier tour des élections mentionnées au premier alinéa, quel que soit le nombre de votants».

Participent à la consultation les salariés des établissements couverts par l'accord et électeurs au sens des articles L. 2314-15 et L. 2314-17 à L. 2314-18-1.

L'accord est valide s'il est approuvé par les salariés à la majorité des suffrages exprimés.

Faute d'approbation, l'accord est réputé non écrit.

Un décret définit les conditions de la consultation des salariés organisée en application du présent article.»

Art. L. 2232-13. (L. 2008-789 du 20 août 2008, art. 8, JO 21) La représentativité reconnue à une organisation syndicale catégorielle affiliée à une confédération syndicale catégorielle au titre des salariés qu'elle a statutairement vocation à représenter lui confère le droit de négocier toute disposition applicable à cette catégorie de salariés.

Lorsque la convention ou l'accord ne concerne qu'une catégorie professionnelle déterminée relevant d'un collège électoral, sa validité est subordonnée à sa signature par (L. 2016-1088 du 8 août 2016, art. 21, I, 2°, JO 9) «, d'une part, l'employeur ou son représentant et, d'autre part,» une ou plusieurs organisations syndicales de salariés représentatives ayant recueilli (L. 2016-1088 du 8 août 2016, art. 21, I, 2°, JO 9) «plus de 50 %» des suffrages exprimés (L. 2016-1088 du 8 août 2016, art. 21, I, 2°, JO 9) «en faveur d'organisations représentatives» dans ce collège au premier tour des dernières élections des titulaires au (Ord. 2017-1386 du 22 sept. 2017, art. 4, 16°, JO 23, entrée en vigueur au plus tard le 01.01.2018) «comité social et économique», quel que soit le nombre de votants.

(L. 2016-1088 du 8 août 2016, art. 21, I, 2°, JO 9) «Les règles de validité de la convention ou de l'accord sont celles prévues à l'article L. 2232-12. Les taux de 30 % et de 50 % mentionnés au même article sont appréciés à l'échelle du collège électoral. La consultation des salariés, le cas échéant, est également organisée à cette échelle.»

Art. L. 2232-14. (L. 2008-789 du 20 août 2008, art. 8, JO 21) En cas de carence au premier tour des élections professionnelles, lorsque les dispositions prévues au premier alinéa de l'article L. 2143-23 sont appliquées, la validité de l'accord d'entreprise ou d'établissement négocié et conclu avec le représentant de la section syndicale est subordonnée à son approbation par les salariés à la majorité des suffrages exprimés dans des conditions déterminées par décret et dans le respect des principes généraux du droit électoral. Faute d'approbation, l'accord est réputé non écrit.

§ 2. Modalités de négociation

Art. L. 2232-16. La convention ou les accords d'entreprise sont négociés entre l'employeur et les organisations syndicales de salariés représentatives dans l'entreprise.

Une convention ou des accords peuvent être conclus au niveau d'un établissement ou d'un groupe d'établissements dans les mêmes conditions.

(L. 2018-217 du 29 mars 2018, art. 2, I, 2°, JO 31) «Le présent article est applicable à la révision et à la dénonciation de la convention ou de l'accord qu'elles qu'aient été ses modalités de négociation et de ratification.»

Art. L. 2232-17. La délégation de chacune des organisations représentatives parties à des négociations dans l'entreprise comprend le délégué syndical de l'organisation dans l'entreprise ou, en cas de pluralité de délégués, au moins deux délégués syndicaux.

Chaque organisation peut compléter sa délégation par des salariés de l'entreprise, dont le nombre est fixé par accord entre l'employeur et l'ensemble des organisations mentionnées au premier alinéa. À défaut d'accord, le nombre de salariés qui complète la délégation est au plus égal, par délégation, à celui des délégués syndicaux de la délégation. Toutefois, dans les entreprises pourvues d'un seul délégué syndical, ce nombre peut être porté à deux.

Art. L. 2232-18. Le temps passé à la négociation est rémunéré comme temps de travail à échéance normale.

Art. L. 2232-19. Lorsqu'une entreprise emploie soit dans ses locaux, soit dans un chantier dont elle assume la direction en tant qu'entreprise générale, des travailleurs appartenant à une ou plusieurs entreprises extérieures, les délégués syndicaux des organisations représentatives dans ces entreprises sont, à leur demande, entendus lors des négociations.

Art. L. 2232-20. L'objet et la périodicité des négociations ainsi que les informations nécessaires à remettre préalablement aux délégués syndicaux de l'entreprise ou de l'établissement sont fixés par accord entre l'employeur et les organisations syndicales représentatives dans l'entreprise, (L. 2016-1088 du 8 août 2016, art. 16, II, 2°, JO 9) «dans les conditions prévues aux articles L. 2222-3 et L. 2222-3-1 et» sans préjudice des dispositions prévues aux articles L. 2242-1 et suivants relatives à la négociation annuelle obligatoire en entreprise.

Sous-section 3. **Modalités de négociation dans les entreprises dépourvues de délégué syndical ou de conseil d'entreprise**

Note Cette sous-section est issue de l'ordonnance 2017-1385 du 22 septembre 2017, art. 8, JO 23.

§ 1. Modalités de ratification des accords dans les entreprises dont l'effectif habituel est inférieur à onze salariés

Art. L. 2232-21. (L. 2018-217 du 29 mars 2018, art. 2, I, 3°, JO 31) Dans les entreprises dépourvues de délégué syndical et dont l'effectif habituel est inférieur à onze salariés, l'employeur peut proposer un projet d'accord ou un avenant de révision aux salariés, qui porte sur l'ensemble des thèmes ouverts à la négociation collective d'entreprise prévus par le présent code. La consultation du personnel est organisée à l'issue d'un délai minimum de quinze jours courant à compter de la communication à chaque salarié du projet d'accord. Les conditions d'application de ces dispositions, en particulier les modalités d'organisation de la consultation du personnel, sont fixées par décret en Conseil d'État.

Art. L. 2232-22. (L. 2018-217 du 29 mars 2018, art. 2, I, 5°, JO 31) Lorsque le projet d'accord ou d'avenant de révision mentionné à l'article L. 2232-21 est approuvé à la majorité des deux tiers du personnel, il est considéré comme un accord d'entreprise valide.

L'accord ou l'avenant de révision ainsi conclu peut être dénoncé à l'initiative de l'employeur dans les conditions prévues par l'accord ou à défaut de stipulation expresse par les articles L. 2261-9 à L. 2261-13.

L'accord ou l'avenant de révision peut également être dénoncé à l'initiative des salariés dans les conditions prévues par l'accord ou à défaut de stipulation expresse par les mêmes articles L. 2261-9 à L. 2261-13, sous réserve des dispositions suivantes:

– les salariés représentant les deux tiers du personnel notifient collectivement et par écrit la dénonciation à l'employeur;

– la dénonciation à l'initiative des salariés ne peut avoir lieu que pendant un délai d'un mois avant chaque date anniversaire de la conclusion de l'accord.

Art. L. 2232-22-1. (L. 2018-217 du 29 mars 2018, art. 2, I, 6°, JO 31) Les modalités de révision et de dénonciation prévues à l'article L. 2232-22 sont applicables aux accords collectifs quelles qu'aient été les modalités de leur conclusion lorsque l'entreprise vient à remplir postérieurement les conditions prévues aux articles L. 2232-21 et L. 2232-23.

§ 2. Modalités de négociation dans les entreprises dont l'effectif habituel est compris entre onze et cinquante salariés

Art. L. 2232-23. (L. 2018-217 du 29 mars 2018, art. 2, I, 7°, JO 31) Dans les entreprises dont l'effectif habituel est compris entre onze et vingt salariés, en l'absence de membre élu de la délégation du personnel du comité social et économique, les articles L. 2232-21, L. 2232-22 et L. 2232-22-1 s'appliquent.

Art. L. 2232-23-1. I. – Dans les entreprises dont l'effectif habituel est compris entre onze et moins de cinquante salariés, en l'absence de délégué syndical dans l'entreprise ou l'établissement, les accords d'entreprise ou d'établissement peuvent être négociés, conclus (L. 2018-217 du 29 mars 2018, art. 2, I, 8°, JO 31) «, révisés ou dénoncés»:

1° Soit par un ou plusieurs salariés expressément mandatés par une ou plusieurs organisations syndicales représentatives dans la branche ou, à défaut, par une ou plusieurs organisations syndicales représentatives au niveau national et interprofessionnel, étant membre ou non de la délégation du personnel du comité social et économique. À cet effet, une même organisation ne peut mandater qu'un seul salarié;

2° Soit par un ou des membres (Ord. 2017-1718 du 20 déc. 2017, art. 1er, I, 42°, JO 21) «titulaires» de la délégation du personnel du comité social et économique.

Les accords ainsi négociés, conclus (L. 2018-217 du 29 mars 2018, art. 2, I, 8°, JO 31) «, révisés ou dénoncés» peuvent porter sur toutes les mesures qui peuvent être négociées par accord d'entreprise ou d'établissement sur le fondement du présent code.

II. – La validité des accords ou des avenants de révision conclus avec un ou des membres de la délégation du personnel du comité social et économique, mandaté ou non, est subordonnée à leur signature par des membres du comité social et économique représentant la majorité des suffrages exprimés (L. 2018-217 du 29 mars 2018, art. 2, I, 4°, JO 31) «en faveur des membres du comité social et économique» lors des dernières élections professionnelles.

(L. 2018-217 du 29 mars 2018, art. 2, I, 4°, JO 31) «Pour l'appréciation de la condition de majorité prévue au premier alinéa du présent II, lorsqu'un accord est conclu par un ou des membres titulaires de la délégation du personnel du comité social et économique central, il est tenu compte, pour chacun des membres titulaires de la délégation, d'un poids égal au rapport entre le nombre de suffrages exprimés dans l'établissement en faveur de ce membre et du nombre total des suffrages exprimés dans chaque établissement en faveur des membres titulaires composant ladite délégation.»

La validité des accords ou des avenants de révision conclus avec un ou plusieurs salariés mandatés, s'ils ne sont pas membres de la délégation du personnel du comité social et économique, est subordonnée à leur approbation par les salariés à la majorité des suffrages exprimés, dans des conditions déterminées par décret et dans le respect des principes généraux du droit électoral.

§ 3. Modalités de négociation dans les entreprises dont l'effectif habituel est au moins égal à cinquante salariés

Art. L. 2232-24. Dans les entreprises dont l'effectif habituel est au moins égal à cinquante salariés, en l'absence de délégués syndicaux dans l'entreprise ou l'établissement, les membres (Ord. 2017-1718 du 20 déc. 2017, art. 1er, I, 44°, JO 21) «titulaires» de la délégation du personnel du comité social et économique peuvent négocier, conclure (L. 2018-217 du 29 mars 2018, art. 2, I, 9°, JO 31) «, réviser ou dénoncer» des accords collectifs de travail s'ils sont expressément mandatés à cet effet par une ou plusieurs organisations syndicales représentatives dans la branche dont relève l'entreprise ou, à défaut, par une ou plusieurs organisations syndicales de salariés représentatives au niveau national et interprofessionnel. Une même organisation ne peut mandater qu'un seul salarié.

Les organisations syndicales représentatives dans la branche dont relève l'entreprise ou, à défaut, les organisations syndicales représentatives au niveau national et interprofessionnel sont informées par l'employeur de sa décision d'engager des négociations.

La validité des accords ou des avenants de révision conclus en application du présent article est subordonnée à leur approbation par les salariés à la majorité des suffrages exprimés, dans des conditions déterminées par décret et dans le respect des principes généraux du droit électoral.

Art. L. 2232-25. Dans les entreprises dont l'effectif habituel est au moins égal à cinquante salariés, en l'absence de membre de la délégation du personnel du comité social et économique mandaté en application de l'article L. 2232-24, les membres (Ord. 2017-1718 du 20 déc. 2017, art. 1er, I, 45°, JO 21) «titulaires» de la délégation du personnel du comité social et économique qui n'ont pas été expressément mandatés par une organisation mentionnée à l'article L. 2232-24 peuvent négocier, conclure (L. 2018-217 du 29 mars 2018, art. 2, I, 9°, JO 31) «, réviser ou dénoncer» des accords collectifs de travail.

Cette négociation ne porte que sur les accords collectifs de travail relatifs à des mesures dont la mise en œuvre est subordonnée par la loi à un accord collectif, à l'exception des accords collectifs mentionnés à l'article L. 1233-21.

La validité des accords ou des avenants de révision conclus en application du présent article est subordonnée à leur signature par des membres de la délégation du personnel du comité social et économique représentant la majorité des suffrages exprimés (L. 2018-217 du 29 mars 2018, art. 2, I, 10°, JO 31) «en faveur des membres du comité social et économique» lors des dernières élections professionnelles.

(L. 2018-217 du 29 mars 2018, art. 2, I, 10°, JO 31) «Pour l'appréciation de la condition de majorité prévue au troisième alinéa, lorsqu'un accord est conclu par un ou des membres titulaires de la délégation du personnel du comité social et économique central, il est tenu compte, pour chacun des membres titulaires de la délégation, d'un poids égal au rapport entre le nombre de suffrages exprimés dans l'établissement en faveur de ce membre et du nombre total des suffrages exprimés dans chaque établissement en faveur des membres titulaires composant ladite délégation.»

Art. L. 2232-25-1. Pour l'application des articles L. 2232-24 et L. 2232-25, l'employeur fait connaître son intention de négocier aux membres de la délégation du personnel du comité social et économique par tout moyen permettant de lui conférer une date certaine.

Les élus qui souhaitent négocier le font savoir dans un délai d'un mois et indiquent, le cas échéant, s'ils sont mandatés par une organisation mentionnée à l'article L. 2232-24.

À l'issue de ce délai, la négociation s'engage avec les salariés qui ont indiqué être mandatés par une organisation mentionnée au même article L. 2232-24 ou, à défaut, avec des salariés élus non mandatés, conformément à l'article L. 2232-25.

Art. L. 2232-26. Dans les entreprises dont l'effectif habituel est (Ord. 2017-1718 du 20 déc. 2017, art. 1er, I, 46°, JO 21) «au moins égal à cinquante salariés» dépourvues de délégué syndical lorsque, à l'issue de la procédure définie à l'article L. 2232-25-1, aucun membre de la délégation du personnel du comité social et économique n'a manifesté son souhait de négocier, les accords d'entreprise ou d'établissement peuvent être négociés, conclus (L. 2018-217 du 29 mars 2018, art. 2, I, 8°, JO 31) «, révisés ou dénoncés» par un ou plusieurs salariés expressément mandatés par une ou plusieurs organisations syndicales représentatives dans la branche ou, à défaut, par une ou plusieurs organisations syndicales représentatives au niveau national et interprofessionnel. À cet effet, une même organisation syndicale ne peut mandater qu'un seul salarié.

Les organisations syndicales représentatives dans la branche de laquelle relève l'entreprise ou, à défaut, les organisations syndicales représentatives au niveau national et interprofessionnel sont informées par l'employeur de sa décision d'engager des négociations.

Le présent article s'applique de droit dans les entreprises dépourvues de délégué syndical dans lesquelles un procès-verbal de carence a établi l'absence de représentants élus du personnel.

Les accords négociés et conclus par un ou plusieurs salariés mandatés sur le fondement du présent article peuvent porter sur toutes les mesures qui peuvent être négociées par accord d'entreprise ou d'établissement sur le fondement du présent code.

L'accord signé par un salarié mandaté doit avoir été approuvé par les salariés à la majorité des suffrages exprimés, dans des conditions déterminées par décret et dans le respect des principes généraux du droit électoral.

§ 4. Conditions de négociation des accords conclus dans les entreprises dépourvues de délégué syndical ou de conseil d'entreprise

Art. L. 2232-27. Pour l'application des articles (Ord. 2017-1718 du 20 déc. 2017, art. 1er, I, 47°, JO 21) « L. 2232-23-1» et L. 2232-26, chaque salarié mandaté dispose du temps nécessaire à l'exercice de ses fonctions dans les limites d'une durée qui, sauf circonstances exceptionnelles, ne peut excéder dix heures par mois. Les heures de délégation sont de plein droit considérées comme temps de travail et payées à l'échéance normale. L'employeur qui entend contester l'utilisation faite des heures de délégation saisit le juge judiciaire.

Le temps passé aux négociations prévues aux articles (Ord. 2017-1718 du 20 déc. 2017, art. 1er, I, 47°, JO 21) « L. 2232-23-1», L. 2232-24 et L. 2232-25 n'est pas imputable sur les heures de délégation prévues à l'article L. 2315-7. Chaque membre de la délégation du personnel du comité social et économique appelé à participer à une négociation en application des articles (Ord. 2017-1718 du 20 déc. 2017, art. 1er, I, 47°, JO 21) « L. 2232-23-1», L. 2232-24 et L. 2232-25 dispose du temps nécessaire à l'exercice de ses fonctions dans les limites d'une durée qui, sauf circonstances exceptionnelles, ne peut excéder dix heures par mois. Les heures de délégation sont de plein droit considérées comme temps de travail et payées à l'échéance normale. L'employeur qui entend contester l'utilisation faite des heures de délégation saisit le juge judiciaire.

Art. L. 2232-28. Ne peuvent être mandatés les salariés qui, en raison des pouvoirs qu'ils détiennent, peuvent être assimilés à l'employeur, ainsi que les salariés apparentés à l'employeur mentionnés au premier alinéa de l'article L. 2314-19.

Art. L. 2232-29. La négociation entre l'employeur et les membres de la délégation du personnel du comité social et économique, mandatés ou non, ou les salariés de l'entreprise mandatés se déroule dans le respect des règles suivantes :

1° Indépendance des négociateurs vis-à-vis de l'employeur ;
2° Élaboration conjointe du projet d'accord par les négociateurs ;
3° Concertation avec les salariés ;
4° Faculté de prendre l'attache des organisations syndicales représentatives de la branche.

Par ailleurs, les informations à remettre aux membres de la délégation du personnel du comité social et économique, mandatés ou non, ou aux salariés mandatés préalablement à la négociation sont déterminées par accord entre ceux-ci et l'employeur.

Art. L. 2232-29-1. Les accords d'entreprise ou d'établissement conclus selon les modalités définies aux paragraphes (Ord. 2017-1718 du 20 déc. 2017, art. 1er, I, 48°, JO 21) « 1 à 3 de la présente sous-section » ne peuvent entrer en application qu'après leur dépôt auprès de l'autorité administrative dans des conditions prévues par voie réglementaire.

Art. L. 2232-29-2. Pour l'application de la présente sous-section, le calcul de l'effectif se fait selon les modalités définies (Ord. 2017-1718 du 20 déc. 2017, art. 1er, I, 49°, JO 21) « aux articles L. 1111-2 et L. 1251-54 ».

Sous-section 1 (réglementaire). **Dispositions communes relatives à l'approbation par les salariés des accords négociés par des salariés mandatés ou en application de l'article L. 2232-12**

Art. D. 2232-2. (D. 2016-1797 du 20 déc. 2016, JO 22) Les conditions dans lesquelles l'employeur recueille l'approbation des salariés en application des articles L. 2232-12, (D. 2017-1551 du 10 nov. 2017, JO 11) « L. 2232-23-1, L. 2232-24 et L. 2232-26 » sont les suivantes :

1° La consultation a lieu pendant le temps de travail, au scrutin secret sous enveloppe ou par voie électronique dans les conditions prévues aux articles R. 2324-5 à R. 2324-17. Son organisation matérielle incombe à l'employeur. [Lorsque la consultation est organisée en application de l'article L. 2232-12, le protocole conclu avec les organisations syndicales détermine la liste des salariés couverts par l'accord au sens du cinquième alinéa de cet article et qui, à ce titre, doivent être consultés] ;

2° Le résultat du vote fait l'objet d'un procès-verbal dont la publicité est assurée dans l'entreprise par tout moyen. Ce procès-verbal est annexé à l'accord approuvé lors du dépôt de ce dernier. En cas d'accord conclu avec un représentant élu du personnel mandaté ou un salarié mandaté, le procès-verbal est également adressé à l'organisation mandante.

Art. D. 2232-3. Les modalités d'organisation de la consultation prévoient :

1° Les modalités d'information des salariés sur le texte de la convention ou de l'accord ;
2° Le lieu, la date et l'heure du scrutin ;
3° Les modalités d'organisation et de déroulement du vote ;
4° Le texte de la question soumise au vote des salariés.

Art. D. 2232-4. Les salariés sont informés, quinze jours au moins avant la date prévue du scrutin, de l'heure et de la date de celui-ci, du contenu de l'accord et du texte de la question soumise à leur vote.

Art. R. 2232-5. Les contestations relatives à l'électorat et à la régularité de la consultation sont de la compétence du (D. 2019-966 du 18 sept. 2019, art. 8, JO 19, entrée en vigueur le 01.01.2020) « tribunal judiciaire » qui statue en dernier ressort. Elles sont introduites dans les délais prévus à l'article R. 2324-24. La décision est susceptible d'un pourvoi en cassation.

Sous-section 2 (réglementaire). Dispositions relatives à l'approbation par les salariés des accords négociés en application de l'article L. 2232-12

Art. D. 2232-6. (D. 2016-1797 du 20 déc. 2016, JO 22) I. – La ou les organisations syndicales sollicitant l'organisation de la consultation notifient par écrit leur demande à l'employeur et aux autres organisations syndicales représentatives dans un délai d'un mois à compter de la date de signature de l'accord.

[II. – Les modalités d'organisation de la consultation sont fixées par un protocole conclu entre l'employeur et une ou plusieurs organisations signataires recueillant plus de 30 % des suffrages exprimés en faveur d'organisations représentatives au premier tour des dernières élections des titulaires au comité d'entreprise ou de la délégation unique du personnel ou, à défaut, des délégués du personnel, quel que soit le nombre de votants.

III. – Le protocole est porté à la connaissance des salariés par tout moyen au plus tard quinze jours avant la consultation.]

Art. D. 2232-7. En cas de désaccord sur les modalités d'organisation de la consultation retenues par l'employeur, le (D. 2019-1419 du 20 déc. 2019, art. 10, 4°, JO 22) « président du » (D. 2019-966 du 18 sept. 2019, art. 8, JO 19, entrée en vigueur le 01.01.2020) « tribunal judiciaire », s'il est saisi par les organisations syndicales représentatives dans l'entreprise ou l'établissement, statue (D. 2019-1419 du 20 déc. 2019, art. 10, 4°, JO 22) « selon la procédure accélérée au fond » et en dernier ressort.

Si le (D. 2019-1419 du 20 déc. 2019, art. 10, 4°, JO 22) « président du » (D. 2019-966 du 18 sept. 2019, art. 8, JO 19, entrée en vigueur le 01.01.2020) « tribunal judiciaire » n'est pas saisi dans un délai de huit jours à compter de la notification des modalités d'organisation de la consultation, celles arrêtées par l'employeur s'appliquent.

Sous-section 3 (réglementaire). Dérogations dans les entreprises dépourvues de délégué syndical - Dispositions relatives à l'approbation par les salariés des accords négociés par des salariés mandatés

Art. D. 2232-8. (D. 2016-1797 du 20 déc. 2016, JO 22) La consultation prévue aux articles (D. 2017-1551 du 10 nov. 2017, JO 11) « L. 2232-23-1, L. 2232-24 et L. 2232-26 » est organisée dans un délai de deux mois à compter de la conclusion de l'accord. L'employeur consulte au préalable le ou les représentants élus du personnel mandatés ou le ou les salariés mandatés sur ses modalités. Il informe les salariés de ces modalités par tout moyen au plus tard quinze jours avant la consultation.

Art. D. 2232-9. (D. 2016-1797 du 20 déc. 2016, JO 22) En cas de désaccord sur les modalités d'organisation de la consultation retenues par l'employeur, le (D. 2019-1419 du 20 déc. 2019, art. 10, 5°, JO 22) « président du » (D. 2019-966 du 18 sept. 2019, art. 8, JO 19, entrée en vigueur le 01.01.2020) « tribunal judiciaire » peut être saisi dans un délai de huit jours à compter de l'information prévue à l'article D. 2232-8 [par le ou les représentants élus du personnel mandatés ou le ou les salariés mandatés] et statue (D. 2019-1419 du 20 déc. 2019, art. 10, 5°, JO 22) « selon la procédure accélérée au fond » et en dernier ressort.

Sous-section 4 (réglementaire). Dispositions relatives à l'approbation des accords par les salariés pour les entreprises dont l'effectif habituel est inférieur à onze salariés et dans les entreprises de onze à vingt salariés dépourvues de représentant élu au comité social et économique

Note Cette sous-section a été introduite par le décret 2017-1767 du 26 décembre 2017, JO 28.

Art. R. 2232-10. Les conditions dans lesquelles l'employeur recueille l'approbation des salariés en application des articles L. 2232-21 à L. 2232-23 sont les suivantes :

1° La consultation a lieu par tout moyen pendant le temps de travail. Son organisation matérielle incombe à l'employeur ;

2° Le caractère personnel et secret de la consultation est garanti ;

3° Le résultat de la consultation est porté à la connaissance de l'employeur à l'issue de la consultation, qui se déroule en son absence ;

4° Le résultat de la consultation fait l'objet d'un procès-verbal dont la publicité est assurée dans l'entreprise par tout moyen. Ce procès-verbal est annexé à l'accord approuvé lors du dépôt de ce dernier.

Art. R. 2232-11. L'employeur définit les modalités d'organisation de la consultation, qui incluent :
1° Les modalités de transmission aux salariés du texte de l'accord ;
2° Le lieu, la date et l'heure de la consultation ;
3° L'organisation et le déroulement de la consultation ;
4° Le texte de la question relative à l'approbation de l'accord soumise à la consultation des salariés.

Art. R. 2232-12. Quinze jours au moins avant la date de la consultation, l'employeur communique aux salariés le projet d'accord et les modalités d'organisation définies en application de l'article R. 2232-11.

Art. R. 2232-13. Les contestations relatives à la liste des salariés devant être consultés et à la régularité de la consultation sont de la compétence du (D. 2019-966 du 18 sept. 2019, art. 8, JO 19, entrée en vigueur le 01.01.2020) « tribunal judiciaire » qui statue en dernier ressort. Elles sont introduites dans les délais prévus à l'article R. 2324-24. La décision est susceptible d'un pourvoi en cassation.

SECTION 4. Conventions ou accords de groupe

Art. L. 2232-30. La convention ou l'accord de groupe fixe son champ d'application constitué de tout ou partie des entreprises constitutives du groupe.

Art. L. 2232-31. La convention ou l'accord de groupe est négocié et conclu entre :
- d'une part, l'employeur de l'entreprise dominante ou un ou plusieurs représentants, mandatés à cet effet, des employeurs des entreprises concernées par le champ de la convention ou de l'accord ;
- d'autre part, les organisations syndicales de salariés représentatives dans le groupe ou dans l'ensemble des entreprises concernées par le champ de la convention ou de l'accord.

Art. L. 2232-32. (L. 2016-1088 du 8 août 2016, art. 23, 2°, JO 9) « Les organisations syndicales de salariés représentatives dans chacune des entreprises ou chacun des établissements compris dans le périmètre de l'accord sont informées préalablement de l'ouverture d'une négociation dans ce périmètre. »

Pour la négociation en cause, les organisations syndicales de salariés représentatives (L. 2016-1088 du 8 août 2016, art. 23, 2°, JO 9) « à l'échelle de l'ensemble des entreprises comprises dans le périmètre de cet accord » peuvent désigner un ou des coordonnateurs syndicaux de groupe choisis parmi les délégués syndicaux du groupe et habilités à négocier et signer la convention ou l'accord de groupe.

Art. L. 2232-33. (L. 2016-1088 du 8 août 2016, art. 23, 3°, JO 9) L'ensemble des négociations prévues par le présent code au niveau de l'entreprise peuvent être engagées et conclues au niveau du groupe dans les mêmes conditions, sous réserve des adaptations prévues à la présente section.

Lorsqu'un accord sur la méthode prévu à l'article L. 2222-3-1 conclu au niveau du groupe le prévoit, l'engagement à ce niveau de l'une des négociations obligatoires prévues au chapitre II du titre IV du présent livre dispense les entreprises appartenant à ce groupe d'engager elles-mêmes cette négociation. L'accord sur la méthode définit les thèmes pour lesquels le présent article est applicable.

Les entreprises sont également dispensées d'engager une négociation obligatoire prévue au chapitre II du titre IV du présent livre lorsqu'un accord portant sur le même thème a été conclu au niveau du groupe et remplit les conditions prévues par la loi.

Art. L. 2232-34. (L. 2016-1088 du 8 août 2016, art. 23, 4°, JO 9) La validité d'un accord conclu au sein de tout ou partie d'un groupe est appréciée selon les conditions prévues aux articles L. 2232-12 et L. 2232-13. Les taux de 30 % et de 50 % mentionnés aux mêmes articles sont appréciés à l'échelle de l'ensemble des entreprises ou établissements compris dans le périmètre de cet accord. La consultation des salariés, le cas échéant, est également effectuée dans ce périmètre.

Art. L. 2232-35. (L. 2016-1088 du 8 août 2016, art. 23, 5°, JO 9) Les accords conclus en application de la présente section sont soumis aux conditions de forme, de notification et de dépôt prévues aux sections 2 et 3 du chapitre Ier du présent titre.

SECTION 5. Accords interentreprises

Note Cette section a été introduite par la loi 2016-1088 du 8 août 2016, art. 23, 6°, JO 9.

Art. L. 2232-36. Un accord peut être négocié et conclu au niveau de plusieurs entreprises entre, d'une part, les employeurs et, d'autre part, les organisations syndicales représentatives à l'échelle de l'ensemble des entreprises concernées.

Art. L. 2232-37. La représentativité des organisations syndicales dans le périmètre de cet accord est appréciée conformément aux règles définies aux articles L. 2122-1 à L. 2122-3 relatives à la représentativité syndicale au niveau de l'entreprise, par addition de l'ensemble des suffrages obtenus dans les entreprises ou établissements concernés lors des dernières élections précédant l'ouverture de la première réunion de négociation.

Art. L. 2232-38. La validité d'un accord interentreprises est appréciée conformément aux articles L. 2232-12 et L. 2232-13. Les taux de 30 % et de 50 % mentionnés aux mêmes articles sont appréciés à l'échelle de l'ensemble des entreprises comprises dans le périmètre de cet accord. La consultation des salariés, le cas échéant, est également effectuée dans ce périmètre.

Chapitre III

Conventions et accords de travail conclus dans le secteur public

Art. L. 2233-1. Dans les entreprises publiques et les établissements publics à caractère industriel ou commercial et les établissements publics déterminés par décret assurant à la fois une mission de service public à caractère administratif et à caractère industriel et commercial, lorsqu'ils emploient du personnel dans les conditions du droit privé, les conditions d'emploi et de travail ainsi que les garanties sociales peuvent être déterminées, en ce qui concerne les catégories de personnel qui ne sont pas soumises à un statut particulier, par des conventions et accords conclus conformément aux dispositions du présent titre.

Ces dispositions s'appliquent aux entreprises privées lorsque certaines catégories de personnel sont régies par le même statut particulier que celles d'entreprises ou d'établissements publics.

Art. L. 2233-2. Dans les entreprises et établissements mentionnés à l'article L. 2233-1, des conventions ou accords d'entreprises peuvent compléter les dispositions statutaires ou en déterminer les modalités d'application dans les limites fixées par le statut.

Art. L. 2233-3. Les dispositions d'une convention de branche ou d'un accord professionnel ou interprofessionnel ayant fait l'objet d'un arrêté d'extension ou d'élargissement sont applicables aux entreprises et établissements mentionnés à l'article L. 2233-1 qui, en raison de l'activité exercée, se trouvent dans le champ d'application mentionné par l'arrêté, en ce qui concerne les catégories de personnel ne relevant pas d'un statut particulier.

Chapitre IV

Commissions paritaires locales

Art. L. 2234-1. Des commissions paritaires professionnelles ou interprofessionnelles peuvent être instituées au niveau local, départemental ou régional, par accord conclu dans les conditions prévues à l'article L. 2231-1.

(L. 2010-1215 du 15 oct. 2010, JO 16) «Les accords passés en application du premier alinéa peuvent prévoir que la composition de ces commissions tient compte des résultats de la mesure de l'audience prévue au chapitre II du titre II du livre Ier de la présente partie. Ils peuvent également prévoir que ces commissions n'exercent qu'une partie des missions définies à l'article L. 2234-2.»

Art. L. 2234-2. Les commissions paritaires:

1° Concourent à l'élaboration et à l'application de conventions et accords collectifs de travail, négocient et concluent des accords d'intérêt local, notamment en matière d'emploi et de formation continue;

2° Examinent les réclamations individuelles et collectives;

3° Examinent toute autre question relative aux conditions d'emploi et de travail des salariés intéressés.

Art. L. 2234-3. Les accords instituant des commissions paritaires professionnelles ou interprofessionnelles fixent, en faveur des salariés participant aux négociations, de même qu'aux réunions des commissions paritaires, les modalités d'exercice du droit de s'absenter, de la compensation des pertes de salaires ou du maintien de ceux-ci, ainsi que de l'indemnisation des frais de déplacement.

Ces accords déterminent également les modalités de protection contre le licenciement des salariés membres de ces commissions et les conditions dans lesquelles ils bénéficient de la protection prévue par les dispositions du livre IV relatif aux salariés protégés.

Chapitre IV bis

Observatoire d'analyse et d'appui au dialogue social et à la négociation

Note Les dispositions législatives de ce chapitre sont issues de l'ordonnance 2017-1385 du 22 septembre 2017, art. 9, JO 23.

Art. L. 2234-4. (Ord. 2017-1718 du 20 déc. 2017, art. 1er, I, 50°, JO 21) «Un observatoire d'analyse et d'appui au dialogue social et à la négociation» est institué au niveau départemental par décision de l'autorité administrative compétente. Il favorise et encourage le développement du dialogue social et la négociation collective au sein des entreprises de moins de cinquante salariés du département.

Art. L. 2234-5. L'(Ord. 2017-1718 du 20 déc. 2017, art. 1er, I, 51°, JO 21) «observatoire d'analyse et d'appui au dialogue social et à la négociation» est composé:

1° De membres, salariés et employeurs ayant leur activité dans la région, désignés par les organisations syndicales de salariés (Ord. 2017-1718 du 20 déc. 2017, art. 1er, I, 51°, JO 21) «représentatives au niveau interprofessionnel et du département» et par les organisations professionnelles d'employeurs représentatives au niveau national interprofessionnel et multiprofessionnel. Chaque organisation répondant à ces critères dispose d'un siège au sein de l'observatoire;

2° De représentants de l'autorité administrative compétente dans le département.

(Ord. 2017-1718 du 20 déc. 2017, art. 1er, I, 51°, JO 21) «Il est présidé successivement par un représentant désigné par une organisation syndicale de salariés et par un représentant désigné par une organisation professionnelle d'employeurs remplissant chacun la condition d'activité réelle.»

Le secrétariat est assuré par l'autorité administrative compétente dans le département.

Art. L. 2234-6. L'observatoire exerce les missions suivantes:

1° Il établit un bilan annuel du dialogue social dans le département;

2° Il est saisi par les (Ord. 2017-1718 du 20 déc. 2017, art. 1er, I, 52°, JO 21) «organisations syndicales de salariés et les organisations professionnelles d'employeurs» de toutes difficultés rencontrées dans le cadre d'une négociation;

3° Il apporte son concours et son expertise juridique aux entreprises de son ressort dans le domaine du droit social.

Art. L. 2234-7. Un décret précise les conditions d'application de la présente partie et notamment les conditions de désignation des membres.

Art. R. 2234-1. (D. 2017-1612 du 28 nov. 2017, JO 29) L'observatoire d'analyse et d'appui au dialogue social et à la négociation est composé au plus de treize membres:

- jusqu'à six membres représentants des salariés;
- jusqu'à six membres représentants des employeurs.

Le responsable de l'unité départementale ou son suppléant, désigné par le directeur régional des entreprises, de la consommation, de la concurrence, du travail et de l'emploi, siège en tant que représentant de l'autorité administrative compétente au sein de l'observatoire. Le secrétariat de l'observatoire est assuré par la direction régionale des entreprises, de la consommation, de la concurrence, du travail et de l'emploi.

Les membres de l'observatoire arrêtent le règlement intérieur qui prévoit notamment la durée des mandats des membres, leur caractère éventuellement renouvelable, les conditions de désignation et de mandat du président ainsi que celles de mise en œuvre de l'alternance prévue au 2° de l'article L. 2234-5.

L'ordre du jour des réunions de l'observatoire est arrêté conjointement par le président et le responsable de l'unité départementale.

Art. R. 2234-2. (D. 2017-1612 du 28 nov. 2017, JO 29) Le directeur régional des entreprises, de la consommation, de la concurrence, du travail et de l'emploi, sur proposition du responsable de l'unité départementale, publie tous les quatre ans la liste des organisations syndicales de salariés représentatives au niveau départemental et interprofessionnel.

Art. R. 2234-3. (D. 2017-1612 du 28 nov. 2017, JO 29) Les organisations professionnelles d'employeurs et les organisations syndicales de salariés représentatives notifient au responsable de l'unité départementale, dans les deux mois qui suivent la saisine par ce dernier, les noms de leurs représentants respectifs, employeurs ou salariés ayant leur activité dans la région, qu'elles désignent comme membres de l'observatoire prévu à l'article L. 2234-4.

Art. R. 2234-4. (D. 2017-1612 du 28 nov. 2017, JO 29) Le responsable de l'unité départementale publie au recueil départemental des actes administratifs et sur le site internet de la direction régionale des entreprises, de la consommation, de la concurrence, du travail et de l'emploi la liste actualisée des personnes désignées par les organisations mentionnées à l'article R. 2234-1 comme membres de l'observatoire prévu à l'article L. 2234-4.

TITRE IV

DOMAINES ET PÉRIODICITÉ DE LA NÉGOCIATION OBLIGATOIRE

Chapitre Ier

Négociation de branche et professionnelle

Note Les dispositions législatives de ce chapitre sont issues de l'ordonnance 2017-1385 du 22 septembre 2017, art. 6, JO 23.

SECTION 1. Ordre public

Art. L. 2241-1. Les organisations liées par une convention de branche ou, à défaut, par des accords professionnels se réunissent, au moins une fois tous les quatre ans pour les thèmes mentionnés aux 1° à 5° et au moins une fois tous les cinq ans pour les thèmes mentionnés aux 6° et 7°, pour négocier:

1° Sur les salaires;

2° Sur les mesures tendant à assurer l'égalité professionnelle entre les femmes et les hommes et sur les mesures de rattrapage tendant à remédier aux inégalités constatées (L. 2018-771 du 5 sept. 2018, art. 106, JO 6) «ainsi que sur la mise à disposition d'outils aux entreprises pour prévenir et agir contre le harcèlement sexuel et les agissements sexistes»;

(L. 2019-485 du 22 mai 2019, JO 23) «2° *bis* Sur les mesures destinées à faciliter la conciliation entre la vie professionnelle et la vie personnelle des salariés proches aidants;»

3° Sur les conditions de travail, la gestion prévisionnelle des emplois et des compétences, et sur la prise en compte des effets de l'exposition aux facteurs de risques professionnels énumérés à l'article L. 4161-1;

4° Sur les mesures tendant à l'insertion professionnelle et au maintien dans l'emploi des travailleurs handicapés;

5° Sur les priorités, les objectifs et les moyens de la formation professionnelle des salariés;

6° Sur l'examen de la nécessité de réviser les classifications (Ord. 2017-1718 du 20 déc. 2017, art. 1er, I, 54°, JO 21) «, en prenant en compte l'objectif d'égalité professionnelle entre les femmes et les hommes et de mixité des emplois»;

7° Sur l'institution d'un ou plusieurs plans d'épargne interentreprises ou plans d'épargne pour la retraite (Ord. 2019-766 du 24 juil. 2019, art. 7, IV, 2°, JO 25, entrée en vigueur le 01.10.2019) «d'entreprise» collectifs interentreprises lorsqu'il n'existe aucun accord conclu à ce niveau en la matière.

Art. L. 2241-2. Les organisations liées par une convention de branche ou, à défaut, par des accords professionnels ouvrent une négociation sur les modalités d'organisation du temps partiel dès lors qu'au moins un tiers de l'effectif de la branche professionnelle occupe un emploi à temps partiel. Cette négociation porte notamment sur la durée minimale d'activité hebdomadaire ou mensuelle, le nombre et la durée des périodes d'interruption d'activité, le délai de prévenance préalable à la modification des horaires et la rémunération des heures complémentaires.

Art. L. 2241-3. Une commission mixte est réunie dans les conditions prévues à l'article L. 2261-20 si la négociation n'a pas été engagée sérieusement et loyalement.

L'engagement sérieux et loyal des négociations implique que la partie patronale ait communiqué aux organisations syndicales les informations nécessaires pour leur permettre de négocier en toute connaissance de cause et ait répondu de manière motivée aux éventuelles propositions des organisations syndicales.

SECTION 2. Champ de la négociation collective

Art. L. 2241-4. Les organisations (Ord. 2017-1718 du 20 déc. 2017, art. 1er, I, 55°, JO 21) «liées par une convention de branche ou, à défaut, par des accords professionnels» peuvent engager, à la demande de l'une d'entre elles, une négociation précisant le calendrier, la périodicité, les thèmes et les modalités de négociation dans la branche ou le secteur professionnel considéré.

Art. L. 2241-5. L'accord conclu à l'issue de la négociation mentionnée à l'article L. 2241-4 précise:

1° Les thèmes des négociations (L. 2018-217 du 29 mars 2018, art. 2, I, 11°, JO 31) «et leur périodicité,» de telle sorte que soient négociés:

a) Au moins tous les quatre ans les thèmes mentionnés aux 1° à 5° de l'article L. 2241-1;

b) Au moins tous les cinq ans les thèmes mentionnés aux 6° et 7° de l'article L. 2241-1;

c) Le thème mentionné à l'article L. 2241-2 lorsque les conditions mentionnées à cet article sont réunies;

2° Le contenu de chacun des thèmes;

3° Le calendrier et les lieux des réunions;

4° Les informations que les organisations professionnelles d'employeurs remettent aux négociateurs sur les thèmes prévus par la négociation qui s'engage et la date de cette remise;

5° Les modalités selon lesquelles sont suivis les engagements souscrits par les parties.

La durée de l'accord ne peut excéder (L. 2018-217 du 29 mars 2018, art. 2, I, 11°, JO 31) «cinq» ans.

Art. L. 2241-6. Un accord conclu dans l'un des domaines énumérés à l'article L. 2241-1 peut fixer la périodicité de sa renégociation, dans la limite de quatre ans pour les domaines énumérés aux 1° à 5° et dans la limite de cinq ans pour les domaines énumérés aux 6° et 7°.

SECTION 3. Dispositions supplétives

Sous-section 1. Modalités de la négociation

Art. L. 2241-7. À défaut d'accord prévu à l'article L. 2241-5 ou en cas de non-respect de ses stipulations, les organisations liées par une convention de branche ou, à défaut, par des accords professionnels engagent les négociations mentionnées aux articles L. 2241-1 et L. 2241-2 dans les conditions précisées par les sous-sections 2 à 6 de la présente section.

Sous-section 2. Négociation annuelle

Art. L. 2241-8. Les organisations liées par une convention de branche ou, à défaut, par des accords professionnels se réunissent, au moins une fois par an, pour négocier sur les salaires.

Ces négociations prennent en compte l'objectif d'égalité professionnelle entre les femmes et les hommes, ainsi que les mesures permettant de l'atteindre.

Art. D. 2241-1. Pour la négociation sur les salaires prévue à l'article (D. 2017-1703 du 15 déc. 2017, art. 1er, 2°, JO 17) « L. 2241-8 », un rapport est remis par les organisations d'employeurs aux organisations syndicales de salariés au moins quinze jours avant la date d'ouverture de la négociation.

Au cours de l'examen de ce rapport, les organisations d'employeurs fournissent aux organisations syndicales de salariés, les informations nécessaires pour permettre de négocier en toute connaissance de cause.

Art. L. 2241-9. La négociation sur les salaires est l'occasion, pour les parties, d'examiner au moins une fois par an au niveau de la branche les données suivantes :

1° L'évolution économique, la situation de l'emploi dans la branche, son évolution et les prévisions annuelles ou pluriannuelles établies, notamment pour ce qui concerne les contrats de travail à durée déterminée et les missions de travail temporaire ;

2° Les actions éventuelles de prévention envisagées compte tenu de ces prévisions ;

3° L'évolution des salaires effectifs moyens par catégories professionnelles et par sexe, au regard, le cas échéant, des salaires minima hiérarchiques.

Les informations nécessaires à la négociation sont déterminées par voie réglementaire.

Art. L. 2241-10. Lorsque le salaire minimum national professionnel des salariés sans qualification au sens du 4° du II de l'article L. 2261-22 est inférieur au salaire minimum interprofessionnel de croissance, les organisations liées par une convention de branche ou, à défaut, par des accords professionnels se réunissent pour négocier sur les salaires.

À défaut d'initiative de la partie patronale dans les trois mois, la négociation s'engage dans les quinze jours suivant la demande d'une organisation syndicale de salariés représentative au sens de l'article L. 2231-1.

Sous-section 3. **Négociation triennale**

§ 1. Égalité professionnelle entre les femmes et les hommes

Art. L. 2241-11. Les organisations liées par une convention de branche ou, à défaut, par des accords professionnels se réunissent pour négocier tous les trois ans sur les mesures tendant à assurer l'égalité professionnelle entre les femmes et les hommes et sur les mesures de rattrapage tendant à remédier aux inégalités constatées. La mise en œuvre de ces mesures de rattrapage, lorsqu'elles portent sur des mesures salariales, est suivie dans le cadre de la négociation annuelle obligatoire sur les salaires prévue à l'article L. 2241-8.

La négociation porte notamment sur :

1° Les conditions d'accès à l'emploi, à la formation et à la promotion professionnelle ;

2° Les conditions de travail et d'emploi et notamment celles des salariés à temps partiel.

Les informations nécessaires à la négociation sont déterminées par voie réglementaire.

Art. D. 2241-2. La négociation triennale sur l'égalité professionnelle se déroule à partir d'un rapport présentant la situation comparée des femmes et des hommes dans les domaines mentionnés aux 1° et 2° de l'article (D. 2017-1703 du 15 déc. 2017, art. 1er, 3°, JO 17) « L. 2241-11 ». Elle s'appuie également sur des indicateurs pertinents, reposant sur des éléments chiffrés, pour chaque secteur d'activité.

Un diagnostic des écarts éventuels de rémunération est établi sur la base de ce rapport.

§ 2. Conditions de travail et gestion prévisionnelle des emplois et des compétences

Art. L. 2241-12. Les organisations liées par une convention de branche ou, à défaut, par des accords professionnels se réunissent, au moins une fois tous les trois ans, pour négocier sur les conditions de travail, la gestion prévisionnelle des emplois et des compétences, et sur la prise en compte des effets de l'exposition aux facteurs de risques professionnels énumérés à l'article L. 4161-1.

La négociation sur la gestion prévisionnelle des emplois et des compétences peut se décliner à l'échelle du territoire et s'appuie sur les travaux de l'observatoire prospectif des métiers et des qualifications mis en place par la commission paritaire nationale de l'emploi au niveau de chaque branche, tout en veillant à l'objectif de mixité des métiers. Cet observatoire porte une attention particulière aux mutations professionnelles liées aux filières et aux métiers de la transition écologique et énergétique.

Par ailleurs, les organisations mentionnées au premier alinéa se réunissent tous les trois ans pour négocier sur les matières définies aux articles L. 2242-15 et L. 2242-16.

§ 3. Travailleurs handicapés

Art. L. 2241-13. Les organisations liées par une convention de branche ou, à défaut, par des accords professionnels se réunissent pour négocier, tous les trois ans, sur les mesures tendant à l'insertion professionnelle et au maintien dans l'emploi des travailleurs handicapés.

La négociation porte notamment sur les conditions d'accès à l'emploi, à la formation et à la promotion professionnelle ainsi que sur les conditions de travail, d'emploi et de maintien dans l'emploi.

Les informations nécessaires à la négociation sont déterminées par voie réglementaire.

Art. D. 2241-3. La négociation triennale sur l'insertion professionnelle et le maintien dans l'emploi des travailleurs handicapés se déroule à partir d'un rapport établi par l'employeur présentant, pour chaque secteur d'activité, la situation par rapport à l'obligation d'emploi des travailleurs handicapés prévue aux articles L. 5212-1 et suivants.

§ 4. Formation professionnelle et apprentissage

Art. L. 2241-14. Les organisations liées par une convention de branche ou, à défaut, par un accord professionnel se réunissent au moins tous les trois ans pour négocier sur les priorités, les objectifs et les moyens de la formation professionnelle des salariés.

Cette négociation porte notamment sur l'égal accès à la formation des salariés selon leur catégorie professionnelle et la taille de leur entreprise, les abondements supplémentaires du compte personnel de formation, la validation des acquis de l'expérience, l'accès aux certifications, le développement du tutorat et la valorisation de la fonction de tuteur ou de maître d'apprentissage, en particulier les actions aidant à l'exercer et les conditions de son exercice par des salariés âgés de plus de cinquante-cinq ans.

La négociation sur la validation des acquis de l'expérience visée à l'alinéa précédent porte sur :

1° Les modalités d'information des entreprises et des salariés sur les actions de validation des acquis de l'expérience mises en œuvre en vue de l'obtention d'une qualification mentionnée à l'article L. 6314-1 ;

2° Les conditions propres à favoriser l'accès des salariés, dans un cadre collectif ou individuel, à la validation des acquis de l'expérience ;

3° Les modalités de prise en charge par les (L. 2018-771 du 5 sept. 2018, art. 45, II, JO 6) « opérateurs de compétences » des dépenses afférentes à la participation d'un salarié à un jury d'examen ou de validation des acquis de l'expérience.

Art. R. 2241-4. La négociation triennale en matière de formation professionnelle et d'apprentissage porte notamment sur :

1° La nature des actions de formation et leur ordre de priorité ;

2° La reconnaissance des qualifications acquises du fait d'actions de formation ou de la validation des acquis de l'expérience ;

3° Les moyens reconnus aux délégués syndicaux et aux membres des (D. 2017-1819 du 29 déc. 2017, art. 3, 32°, JO 30, entrée en vigueur le 01.01.2018) « comités sociaux et économiques » pour l'accomplissement de leur mission dans le domaine de la formation ;

4° Les conditions d'accueil et d'insertion des jeunes et des adultes dans les entreprises, notamment dans le cadre des contrats ou des périodes de professionnalisation ;

5° Les objectifs en matière d'apprentissage, les priorités à retenir en termes de secteurs, de niveaux et d'effectifs formés ainsi que les conditions de mise en œuvre des contrats d'apprentissage ;

6° Les actions de formation à mettre en œuvre en faveur des salariés ayant les niveaux de qualification les moins élevés et, en particulier, ceux qui ne maîtrisent pas les compétences de base, notamment pour faciliter leur évolution professionnelle ;

7° La définition et les conditions de mise en œuvre des actions de formation en vue d'assurer l'égalité d'accès des femmes et des hommes à la formation professionnelle, notamment par la détermination d'un objectif de progression du taux d'accès des femmes aux différents dispositifs de formation et des modalités d'atteinte de cet objectif ;

8° Les conditions d'application, dans les entreprises qui consacrent à la formation de leurs salariés un montant au moins égal à l'obligation minimale légale ou celle fixée par convention ou accord collectif de branche relative à la participation des employeurs au financement de la formation professionnelle continue, d'éventuelles clauses financières convenues entre l'employeur et le salarié avant l'engagement de certaines actions de formation et applicables en cas de démission, les versements réalisés au titre de ces clauses étant affectés par l'entreprise au financement d'actions dans le cadre du plan de formation ;

9° La recherche de réponses adaptées aux problèmes spécifiques de formation dans les petites et moyennes entreprises et, en particulier, dans celles ayant moins de dix salariés ;

10° Les conséquences éventuelles des aménagements apportés au contenu et à l'organisation du travail ainsi qu'au temps de travail sur les besoins de formation ;

11° Les conséquences de la construction européenne sur les besoins et les actions de formation ;

12° Les conséquences sur les besoins et les actions de formation du développement des activités économiques et commerciales des entreprises françaises à l'étranger ;

13° Les modalités d'application par les entreprises des dispositions de l'éventuel accord de branche résultant de cette négociation ;

14° Les conditions de mise en place d'un observatoire prospectif des métiers et des qualifications et d'examen par la Commission paritaire nationale de l'emploi de l'évolution quantitative et qualitative des emplois et des qualifications professionnelles ;

15° La définition des objectifs et priorités de formation que prennent en compte les entreprises dans le cadre du plan de formation et du (D. 2017-1703 du 15 déc. 2017, art. 1er, 3°, JO 17) « compte personnel de formation » ;

16° La définition et les conditions de mise en œuvre des actions de formation, de leur suivi et de leur évaluation, en vue d'assurer l'égalité professionnelle, le maintien dans l'emploi et le développement des compétences des travailleurs handicapés, notamment par la détermination d'un objectif de progression du taux d'accès des travailleurs handicapés aux différents dispositifs de formation et des modalités d'atteinte de cet objectif ;

17° La définition et les conditions de mise en œuvre à titre facultatif d'actions de formation économique en vue de mieux comprendre la gestion et les objectifs de l'entreprise dans le cadre de la concurrence internationale ;

18° Les actions de formation mises en œuvre pour assurer l'adaptation des salariés à l'évolution de leurs emplois, le développement de leurs compétences ainsi que la gestion prévisionnelle des emplois des entreprises de la branche compte tenu de l'évolution prévisible de ses métiers ;

19° Les conditions dans lesquelles les salariés (D. 2017-1703 du 15 déc. 2017, art. 1er, 3°, JO 17) « bénéficient de l'entretien professionnel consacré à leurs perspectives d'évolution professionnelle prévu par l'article L. 6315-1, » ainsi que les suites données à celui-ci.

Sous-section 4. **Négociation quinquennale**

§ 1. Classifications

Art. L. 2241-15. Les organisations liées par une convention de branche ou, à défaut, par des accords professionnels se réunissent, au moins une fois tous les cinq ans, pour examiner la nécessité de réviser les classifications.

Ces négociations prennent en compte l'objectif d'égalité professionnelle entre les femmes et les hommes et de mixité des emplois.

Lorsqu'un écart moyen de rémunération entre les femmes et les hommes est constaté, les organisations liées par une convention de branche ou, à défaut, par des accords professionnels font de sa réduction une priorité.

À l'occasion de l'examen mentionné au premier alinéa, les critères d'évaluation retenus dans la définition des différents postes de travail sont analysés afin d'identifier et de corriger ceux d'entre eux susceptibles d'induire des discriminations entre les femmes et les hommes et afin de garantir la prise en compte de l'ensemble des compétences des salariés.

§ 2. Épargne salariale

Art. L. 2241-16. Les organisations liées par une convention de branche ou, à défaut, par des accords professionnels se réunissent, une fois tous les cinq ans, pour engager une négociation sur l'institution d'un ou plusieurs plans d'épargne interentreprises ou plans d'épargne pour la retraite (Ord. 2019-766 du 24 juil. 2019, art. 7, IV, 3°, JO 25, entrée en vigueur le 01.10.2019) « d'entreprise » collectifs interentreprises lorsqu'il n'existe aucun accord conclu à ce niveau en la matière.

Sous-section 5. **Dispositions communes à la négociation annuelle et à la négociation quinquennale**

Art. L. 2241-17. Les négociations annuelle et quinquennale prévues aux articles L. 2241-8 et L. 2241-15 visent également à définir et à programmer les mesures permettant de supprimer les écarts de rémunération entre les femmes et les hommes.

Art. L. 2241-18. L'accord visant à supprimer les écarts de rémunération conclu à la suite des négociations annuelle et quinquennale fait l'objet d'un dépôt auprès de l'autorité administrative dans les conditions définies à l'article L. 2231-6.

En l'absence de dépôt d'un accord ou de transmission d'un procès-verbal de désaccord auprès de cette autorité, contenant les propositions des parties en leur dernier état, la commission mixte mentionnée à l'article L. 2261-20 est réunie à l'initiative du ministre chargé du travail afin que s'engagent ou se poursuivent les négociations prévues à l'article L. 2241-17.

Chapitre II

Négociation obligatoire en entreprise

Note Les dispositions législatives de ce chapitre sont issues de l'ordonnance 2017-1385 du 22 septembre 2017, art. 7, JO 23.

SECTION 1. Ordre public

Art. L. 2242-1. Dans les entreprises où sont constituées une ou plusieurs sections syndicales d'organisations représentatives, l'employeur engage au moins une fois tous les quatre ans :

1° Une négociation sur la rémunération, notamment les salaires effectifs, le temps de travail et le partage de la valeur ajoutée dans l'entreprise ;

2° Une négociation sur l'égalité professionnelle entre les femmes et les hommes, portant notamment sur les mesures visant à supprimer les écarts de rémunération, et la qualité de vie au travail.

Art. L. 2242-2. Dans les entreprises et les groupes d'entreprises au sens de l'article L. 2331-1 d'au moins trois cents salariés, ainsi que dans les entreprises et groupes d'entreprises de dimension communautaire au sens des articles L. 2341-1 et L. 2341-2 comportant au moins (Ord. 2017-1718 du 20 déc. 2017, art. 1er, I, 57°, JO 21) « un établissement ou une entreprise d'au moins cent cinquante » salariés en France l'employeur engage, au moins une fois tous les quatre ans, en plus des négociations mentionnées à l'article L. 2242-1, une négociation sur la gestion des emplois et des parcours professionnels.

Art. L. 2242-3. En l'absence d'accord relatif à l'égalité professionnelle entre les femmes et les hommes à l'issue de la négociation mentionnée au 2° de l'article L. 2242-1, l'employeur établit un plan d'action annuel destiné à assurer l'égalité professionnelle entre les femmes et les hommes. Après avoir évalué les objectifs fixés et les mesures prises au cours de l'année écoulée, ce plan d'action, fondé sur des critères clairs, précis et opérationnels, détermine les objectifs de progression prévus pour l'année à venir, définit les actions qualitatives et quantitatives permettant de les atteindre et évalue leur coût. Ce plan d'action est déposé auprès de l'autorité administrative.

En l'absence d'accord prévoyant les mesures visant à supprimer les écarts de rémunération entre les femmes et les hommes, la négociation sur les salaires effectifs prévue au 1° de l'article L. 2242-1 porte également sur la programmation de mesures permettant de supprimer les écarts de rémunération et les différences de déroulement de carrière entre les femmes et les hommes.

Art. L. 2242-4. Tant que la négociation mentionnée (Ord. 2017-1718 du 20 déc. 2017, art. 1er, I, 58°, JO 21) « aux articles L. 2242-1 et L. 2242-2 » est en cours, l'employeur ne peut, dans les matières traitées, arrêter de décisions unilatérales concernant la collectivité des salariés, sauf si l'urgence le justifie.

Art. L. 2242-5. Si, au terme de la négociation, aucun accord n'a été conclu, il est établi un procès-verbal de désaccord dans lequel sont consignées, en leur dernier état, les propositions respectives des parties et les mesures que l'employeur entend appliquer unilatéralement.

Ce procès-verbal donne lieu à dépôt, à l'initiative de la partie la plus diligente, dans des conditions prévues par voie réglementaire.

Art. L. 2242-6. Les accords collectifs d'entreprise sur les salaires effectifs ne peuvent être déposés auprès de l'autorité administrative, dans les conditions prévues à l'article L. 2231-6, qu'accompagnés d'un procès-verbal d'ouverture des négociations portant sur les écarts de rémunération entre les femmes et les hommes, consignant les propositions respectives des parties. Le procès-verbal atteste que l'employeur a engagé sérieusement et loyalement les négociations. L'engagement sérieux et loyal des négociations implique que, dans les entreprises où sont constituées une ou plusieurs sections syndicales d'organisations représentatives, l'employeur ait convoqué à la négociation les organisations syndicales représentatives dans l'entreprise et fixé le lieu et le calendrier des réunions. L'employeur doit également leur avoir communiqué les informations nécessaires pour leur permettre de négocier en toute connaissance de cause et avoir répondu de manière motivée aux éventuelles propositions des organisations syndicales.

Art. L. 2242-7. Dans les entreprises où sont constituées une ou plusieurs sections syndicales d'organisations représentatives, l'employeur qui n'a pas rempli l'obligation de négociation sur les salaires effectifs mentionnée au 1° de l'article L. 2242-1 est soumis à une pénalité. Si aucun manquement relatif à cette obligation n'a été constaté lors d'un précédent contrôle au cours des six années civiles précédentes, la pénalité est plafonnée à un montant équivalent à 10 % des exonérations de cotisations sociales mentionnées à l'article L. 241-13 du code de la sécurité sociale au titre des rémunérations versées chaque année où le manquement est constaté, sur une période ne pouvant excéder trois années consécutives à compter de l'année précédant le contrôle. Si au moins un manquement relatif à cette obligation a été constaté lors d'un précédent contrôle au cours des six années civiles précédentes, la pénalité est plafonnée à un montant équivalent à 100 % des exonérations de cotisations sociales mentionnées au même article L. 241-13 au titre des rémunérations versées chaque année où le manquement est constaté, sur une période ne pouvant excéder trois années consécutives comprenant l'année du contrôle.

Dans le cas où la périodicité de la négociation sur les salaires effectifs a été portée à une durée supérieure à un an en application de l'article L. 2242-11 du présent code, le premier alinéa n'est pas applicable pendant la durée fixée par l'accord. Au terme de cette durée, il est fait application du premier alinéa du présent article.

Lorsque l'autorité administrative compétente constate le manquement mentionné au premier alinéa, elle fixe le montant de la pénalité en tenant compte notamment des efforts constatés pour ouvrir les négociations, de la situation économique et financière de l'entreprise, de la gravité du manquement et des circonstances ayant conduit au manquement, dans des conditions fixées par décret.

La pénalité est recouvrée dans les conditions prévues à la section 1 du chapitre VII du titre III du livre Ier du code de la sécurité sociale.

Le produit de la pénalité est affecté au régime général de sécurité sociale, selon les mêmes modalités que celles retenues pour l'imputation de la réduction mentionnée à l'article L. 241-13 du même code.

Art. L. 2242-8. Les entreprises d'au moins cinquante salariés sont soumises à une pénalité à la charge de l'employeur en l'absence d'accord relatif à l'égalité professionnelle entre les femmes et les hommes à l'issue de la négociation mentionnée au 2° de l'article L. 2242-1 ou, à défaut d'accord, par un plan d'action mentionné à l'article L. 2242-3. Les modalités de suivi de la réalisation des objectifs et des mesures de l'accord et du plan d'action sont fixées par décret. Dans les entreprises d'au moins 300 salariés, ce défaut d'accord est attesté par un procès-verbal de désaccord.

(L. 2018-771 du 5 sept. 2018, art. 104, III, 1°, JO 6) «La pénalité prévue au premier alinéa du présent article peut également être appliquée, dans des conditions déterminées par décret, en l'absence de publication des informations prévues à l'article L. 1142-8 ou en l'absence de mesures définies dans les conditions prévues à l'article L. 1142-9.»

Le montant de la pénalité prévue au premier alinéa du présent article est fixé au maximum à 1 % des rémunérations et gains au sens du premier alinéa de l'article L. 242-1 du code de la sécurité sociale et du premier alinéa de l'article L. 741-10 du code rural et de la pêche maritime versés aux travailleurs salariés ou assimilés au cours des périodes au titre desquelles l'entreprise (L. 2018-771 du 5 sept. 2018, art. 104, III, 2°, JO 6) «ne respecte pas l'une des obligations mentionnées aux premier et deuxième alinéas» du présent article. Le montant est fixé par l'autorité administrative, dans des conditions prévues par décret en Conseil d'État, en fonction des efforts constatés dans l'entreprise en matière d'égalité professionnelle (L. 2018-771 du 5 sept. 2018, art. 104, III, 2°, JO 6) «et salariale» entre les femmes et les hommes ainsi que des motifs de sa défaillance quant au respect des obligations fixées (L. 2018-771 du 5 sept. 2018, art. 104, III, 2°, JO 6) «aux mêmes premier et deuxième alinéas».

Le produit de cette pénalité est affecté au fonds mentionné à l'article L. 135-1 du code de la sécurité sociale.

Art. L. 2242-9. L'autorité administrative se prononce sur toute demande d'appréciation de la conformité d'un accord ou d'un plan d'action aux dispositions de l'article L. 2242-8 formulée par un employeur.

Le silence gardé par l'autorité administrative, à l'issue d'un délai fixé par décret en Conseil d'État, vaut rejet de cette demande.

La demande mentionnée au premier alinéa n'est pas recevable dès lors que les services chargés de l'application de la législation du travail ont engagé un contrôle sur le respect des dispositions de l'article L. 2242-8. Ces services informent l'employeur par tout moyen lorsque ce contrôle est engagé.

Lorsque l'entreprise est couverte par l'accord relatif à l'égalité professionnelle à l'issue de la négociation mentionnée au 2° de l'article L. 2242-1, la réponse établissant la conformité lie l'autorité administrative pour l'application de la pénalité prévue à l'article L. 2242-8 pendant la période comprise entre la date de réception de la réponse par l'employeur et le terme de la périodicité de renégociation sur le thème de l'égalité professionnelle résultant de l'application de l'article L. 2242-11 ou de l'article L. 2242-12 ou, à défaut, du 2° de l'article L. 2242-13.

Lorsque l'entreprise est couverte par un plan d'action en application des dispositions de l'article L. 2242-3, la réponse établissant la conformité lie l'autorité administrative pour l'application de la pénalité prévue à l'article L. 2242-8 pendant la période comprise entre la date de réception de la réponse par l'employeur et le terme de la première année suivant le dépôt du plan d'action.

Sous-section 1 (réglementaire). **Dispositions communes**

Art. R. 2242-1. Lorsqu'aucun accord n'a été conclu au terme de la négociation obligatoire en entreprise, le procès-verbal de désaccord établi est déposé dans les conditions prévues à l'article D. 2231-2.

Sous-section 2 (réglementaire). **Égalité professionnelle entre les femmes et les hommes**

Art. R. 2242-2. (D. 2017-1703 du 15 déc. 2017, art. 2, 3°, JO 17) « L'accord relatif à l'égalité professionnelle entre les femmes et les hommes conclu à l'issue de la négociation mentionnée au 2° de l'article L. 2242-1 ou, à défaut, le plan d'action prévu à l'article L. 2242-3 fixe les objectifs de progression et les actions permettant de les atteindre portant sur au moins trois des domaines d'action mentionnés au 2° de l'article L. 2312-36 pour les entreprises de moins de 300 salariés et sur au moins quatre de ces domaines pour les entreprises de 300 salariés et plus. Ces domaines d'actions sont les suivants : embauche, formation, promotion professionnelle, qualification, classification, conditions de travail, sécurité et santé au travail, rémunération effective et articulation entre l'activité professionnelle et la vie personnelle et familiale.

Les objectifs et les actions sont accompagnés d'indicateurs chiffrés. »

(D. 2012-1408 du 18 déc. 2012, JO 19) « La rémunération effective est obligatoirement comprise dans les domaines d'action retenus par l'accord collectif ou, à défaut, le plan d'action mentionnés au premier alinéa. » (D. 2019-382 du 29 avril 2019, JO 30) « Dans les entreprises d'au moins cinquante salariés, les objectifs de progression, les actions et les indicateurs chiffrés fixés dans ce domaine tiennent compte des indicateurs mentionnés à l'article L. 1142-8, ainsi, le cas échéant, que des mesures de correction définies dans les conditions prévues à l'article L. 1142-9. »

Art. R. 2242-2-1. Le plan d'action mentionné (D. 2017-1703 du 15 déc. 2017, art. 2, 3°, JO 17) « à l'article L. 2242-3 » est déposé par l'employeur dans les conditions prévues (D. 2019-382 du 29 avril 2019, JO 30) « à l'article » D. 2231-4.

Art. R. 2242-3. (D. 2019-382 du 29 avril 2019, JO 30) L'agent de contrôle de l'inspection du travail, mentionné à l'article L. 8112-1, met en demeure l'employeur de remédier à la situation dans un délai d'exécution fixé en fonction de la nature du manquement et de la situation relevée dans l'entreprise et qui ne peut être inférieur à un mois, lorsqu'il constate :

1° Soit que l'entreprise n'est pas couverte par l'accord relatif à l'égalité professionnelle entre les femmes et les hommes conclu à l'issue de la négociation mentionnée au 2° de l'article L. 2242-1 ou, à défaut, par le plan d'action prévu à l'article L. 2242-3 ;

2° Soit qu'elle n'a pas publié les informations prévues à l'article L. 1142-8 pendant une ou plusieurs années consécutives ;

3° Soit qu'elle n'a pas défini de mesures de correction dans les conditions prévues à l'article L. 1142-9.

Cette mise en demeure est transmise à l'employeur par tout moyen permettant de donner date certaine à sa réception.

Art. R. 2242-4. (D. 2011-822 du 7 juil. 2011, JO 9, entrée en vigueur le 01.01.2012) (D. 2019-382 du 29 avril 2019, JO 30) « Dans le délai prévu à l'article R. 2242-3, l'employeur lui communique, par tout moyen permettant de donner date certaine à leur réception, les éléments apportant la preuve qu'il respecte bien la ou les obligations mentionnées dans la mise en demeure.

Ces éléments sont :

1° Soit l'accord conclu à l'issue de la négociation mentionnée au 2° de l'article L. 2242-1 ou, à défaut, le plan d'action prévu à l'article L. 2242-3, mis en place ou modifié ;

2° Soit la preuve de la publication des indicateurs mentionnés à l'article L. 1142-8 les années considérées ;

3° Soit l'accord ou, à défaut, la décision de l'employeur mentionnés à l'article L. 1142-9. »

S'il n'est pas en mesure de communiquer (D. 2019-382 du 29 avril 2019, JO 30) « ces éléments », il justifie des motifs de la défaillance de l'entreprise au regard de (D. 2019-382 du 29 avril 2019, JO 30) « ces obligations ».

À sa demande, il peut être entendu.

Art. R. 2242-5. (D. 2011-822 du 7 juil. 2011, JO 9, entrée en vigueur le 01.01.2012) À l'issue du délai prévu à l'article R. 2242-3, le directeur régional des entreprises, de la concurrence, de la consommation, du travail et de l'emploi décide s'il y a lieu d'appliquer la pénalité mentionnée au premier alinéa de l'article (D. 2017-1703 du 15 déc. 2017, art. 2, 3°, JO 17) « L. 2242-8 » et en fixe le taux.

Art. R. 2242-6. (D. 2011-822 du 7 juil. 2011, JO 9, entrée en vigueur le 01.01.2012) Il est tenu compte, pour fixer le taux de la pénalité, des motifs de défaillance dont l'employeur a justifié, des mesures prises par l'entreprise en matière d'égalité professionnelle entre les femmes et les hommes et de la bonne foi de l'employeur.

Au titre des motifs de défaillance, sont pris en compte pour diminuer le taux tous motifs indépendants de la volonté de l'employeur susceptibles de justifier le non-respect (D. 2019-382 du 29 avril 2019, JO 30) « des obligations mentionnées aux deux premiers alinéas de » l'article (D. 2017-1703 du 15 déc. 2017, art. 2, 3°, JO 17) « L. 2242-8 », et notamment :

1° La survenance de difficultés économiques de l'entreprise ;

2° Les restructurations ou fusions en cours ;

3° L'existence d'une procédure collective en cours ;

4° Le franchissement du seuil d'effectifs prévu (D. 2019-382 du 29 avril 2019, JO 30) « aux articles L. 1142-8, L. 1142-9 et » (D. 2017-1703 du 15 déc. 2017, art. 2, 3°, JO 17) « L. 2242-8 » au cours des douze mois précédant celui de l'envoi de la mise en demeure mentionnée à l'article R. 2242-3.

Art. R. 2242-7. (D. 2019-382 du 29 avril 2019, JO 30) Les revenus d'activité qui constituent la base du calcul de la pénalité mentionnée à l'article L. 2242-8 sont ceux du mois entier qui suit le terme de la mise en demeure mentionnée à l'article R. 2242-3. La pénalité est due pour chaque mois entier à compter du terme de la mise en demeure mentionnée à l'article R. 2242-3 et jusqu'à la réception par l'inspection du travail, selon le cas, de l'accord relatif à l'égalité professionnelle conclu à l'issue de la négociation mentionnée au 2° de l'article L. 2242-1, du plan d'action prévu à l'article L. 2242-3, de l'accord ou de la décision de l'employeur mentionné à l'article L. 1142-9 ou de la preuve de la publication des indicateurs mentionnés à l'article L. 1142-8.

Art. R. 2242-8. (D. 2011-822 du 7 juil. 2011, JO 9, entrée en vigueur le 01.01.2012) Le directeur régional des entreprises, de la concurrence, de la consommation, du travail et de l'emploi adresse à l'employeur qui n'a pas rempli les obligations en matière d'égalité professionnelle et salariale entre les femmes et les hommes définies (D. 2019-382 du 29 avril 2019, JO 30) « aux deux premiers alinéas de l'article L. 2242-8 », par (D. 2017-1703 du 15 déc. 2017, art. 2, 3°, JO 17) « tout moyen permettant de conférer date certaine à leur réception », une notification motivée du taux de la pénalité qui lui est appliqué, (D. 2017-1703 du 15 déc. 2017, art. 2, 3°, JO 17) « dans le délai de deux mois » à compter de la date d'expiration de la mise en demeure prévue à l'article R. 2242-3, et lui demande de communiquer en retour le montant des gains et rémunérations servant de base au calcul de la pénalité conformément à l'article R. 2242-7 (D. 2017-1703 du 15 déc. 2017, art. 2, 3°, JO 17) « dans le délai de deux mois ». À défaut, la pénalité est calculée sur la base de deux fois la valeur du plafond mensuel de la sécurité sociale par mois compris dans la période mentionnée à l'article R. 2242-7.

(D. 2019-382 du 29 avril 2019, JO 30) « Le directeur régional des entreprises, de la concurrence, de la consommation, du travail et de l'emploi émet un titre de perception pris en charge par le directeur départemental ou régional des finances publiques qui en assure le recouvrement comme en matière de créance étrangère à l'impôt et au domaine. »

Art. R. 2242-9. (D. 2016-868 du 29 juin 2016, art. 6, JO 30) La demande de l'employeur mentionnée au premier alinéa de l'article (D. 2017-1703 du 15 déc. 2017, art. 2, 3°, JO 17) « L. 2242-9 » est adressée par tout moyen permettant d'apporter la preuve de sa réception par le directeur régional des entreprises, de la concurrence, de la consommation, du travail et de l'emploi.

La demande doit comporter :

1° La raison sociale de l'établissement, ses adresses postale et électronique le cas échéant ;

2° Son numéro de SIRET ;

3° Les références aux dispositions législatives ou réglementaires au regard desquelles la demande est à apprécier ;

4° L'accord ou le plan d'action mentionnés à l'article L. 2242-8. Le plan d'action est accompagné, le cas échéant, du procès-verbal de désaccord mentionné à (D. 2017-1703 du 15 déc. 2017, art. 2, 3°, JO 17) « ce même article ».

Art. R. 2242-10. (D. 2016-868 du 29 juin 2016, art. 6, JO 30) La demande est réputée complète si, dans un délai de quinze jours à compter de sa réception, le directeur régional des entreprises, de la concurrence, de la consommation, du travail et de l'emploi n'a pas fait connaître à l'employeur la liste des pièces ou des informations manquantes.

À réception de ces pièces ou informations, le directeur régional des entreprises, de la concurrence, de la consommation, du travail et de l'emploi notifie au demandeur que la demande est complète. En l'absence de réception des pièces et informations manquantes dans un délai d'un mois, la demande est réputée caduque.

Le directeur régional des entreprises, de la concurrence, de la consommation, du travail et de l'emploi dispose d'un délai de deux mois à compter de la date de réception de la demande complète pour notifier à l'employeur sa réponse établissant la conformité mentionnée (D. 2017-1703 du 15 déc. 2017, art. 2, 3°, JO 17) « aux quatrième et cinquième alinéas de l'article L. 2242-9 ».

Art. R. 2242-11. (D. 2016-868 du 29 juin 2016, art. 6, JO 30) Les notifications mentionnées à l'article R. 2242-10 sont effectuées par tout moyen permettant de (D. 2017-1703 du 15 déc. 2017, art. 2, 3°, JO 17) « conférer date certaine à leur réception ».

Sous-section 3 (réglementaire). **Rémunération**

Note Cette sous-section est issue du décret 2017-1703 du 15 décembre 2017, art. 2, 4°, JO 17.

Art. D. 2242-12. Pour l'application de l'article L. 2242-7, lorsqu'un agent de contrôle de l'inspection du travail mentionné à l'article L. 8112-1 constate un manquement à l'obligation définie au 1° de l'article L. 2242-1, il transmet au directeur régional des entreprises, de la concurrence, de la consommation, du travail et de l'emploi un rapport sur ce manquement.

Art. D. 2242-13. Lorsque le directeur régional des entreprises, de la concurrence, de la consommation, du travail et de l'emploi envisage de prononcer la pénalité mentionnée à l'article L. 2242-7, il en informe l'employeur, par tout moyen permettant de conférer date certaine de sa réception par le destinataire, dans un délai de quatre mois à compter de la date du constat du manquement mentionné à l'article D. 2242-12. Il informe l'employeur du taux maximal de pénalité encouru pour chaque année où un manquement est constaté, dans la limite des trois années consécutives prévues à la deuxième phrase premier alinéa de l'article L. 2242-7. Il l'invite à lui présenter, dans un délai de deux mois, ses observations et à justifier, le cas échéant, des motifs de sa défaillance. L'employeur peut à sa demande être entendu.

Le directeur régional des entreprises, de la concurrence, de la consommation, du travail et de l'emploi demande communication à l'organisme de recouvrement dont dépend l'employeur du montant des exonérations de cotisations sociales mentionnées à l'article L. 241-13 du code de la sécurité sociale au titre des rémunérations versées chaque année où le manquement est constaté. L'organisme de recouvrement lui communique ces éléments dans un délai de deux mois.

Art. D. 2242-14. Pour déterminer le montant de la pénalité, le directeur régional des entreprises, de la concurrence, de la consommation, du travail et de l'emploi tient compte des efforts réalisés par l'employeur pour engager des négociations sur les salaires effectifs dans les conditions prévues aux articles L. 2242-1 et L. 2242-4 à L. 2242-6, de sa bonne foi, ainsi que des motifs de défaillance que l'employeur a justifiés.

Au titre des motifs de défaillance, sont notamment pris en compte :

1° La survenance de difficultés économiques de l'entreprise ;
2° Les restructurations ou fusions en cours ;
3° L'existence d'une procédure collective en cours.

Art. D. 2242-15. Le directeur régional des entreprises, de la concurrence, de la consommation, du travail et de l'emploi adresse à l'employeur, par tout moyen permettant de conférer date certaine de sa réception par le destinataire, une notification du montant de la pénalité qui lui est appliquée, dans un délai de deux mois à compter de l'expiration du délai laissé à l'employeur pour présenter ses observations et justifier des motifs de sa défaillance, prévu à l'article D. 2242-13.

Une copie de cette notification est adressée à l'organisme chargé du recouvrement des cotisations de sécurité sociale dont dépend l'employeur.

Art. D. 2242-16. La pénalité est déclarée et versée par l'employeur à l'organisme chargé du recouvrement des cotisations de sécurité sociale du régime dont il dépend à la première date d'échéance des cotisations et contributions sociales dont il est redevable auprès de cet organisme intervenant à l'issue d'un délai de deux mois suivant la notification.

SECTION 2. Champ de la négociation collective

Art. L. 2242-10. Dans les entreprises mentionnées à l'article L. 2242-1, peut être engagée, à l'initiative de l'employeur ou à la demande d'une organisation syndicale de salariés représentative, une négociation précisant le calendrier, la périodicité, les thèmes et les modalités de négociation dans le groupe, l'entreprise ou l'établissement.

Art. L. 2242-11. L'accord conclu à l'issue de la négociation mentionnée à l'article L. 2242-10 précise :

1° Les thèmes des négociations (L. 2018-217 du 29 mars 2018, art. 2, I, 13°, JO 31) « et leur périodicité, » de telle sorte qu'au moins tous les quatre ans soient négociés les thèmes mentionnés aux 1° et 2° de l'article L. 2242-1 (Ord. 2017-1718 du 20 déc. 2017, art. 1er, I, 59°, JO 21) « et à l'article L. 2242-2 » ;
2° Le contenu de chacun des thèmes ;
3° Le calendrier et les lieux des réunions ;
4° Les informations que l'employeur remet aux négociateurs sur les thèmes prévus par la négociation qui s'engage et la date de cette remise ;
5° Les modalités selon lesquelles sont suivis les engagements souscrits par les parties.

La durée de l'accord ne peut excéder quatre ans.

Art. L. 2242-12. Un accord conclu dans l'un des domaines énumérés aux 1° et 2° de l'article L. 2242-1 (Ord. 2017-1718 du 20 déc. 2017, art. 1er, I, 59°, JO 21) « et à l'article L. 2242-2 » peut fixer la périodicité de sa renégociation, dans la limite de quatre ans.

SECTION 3. Dispositions supplétives

Sous-section 1. Modalités de la négociation obligatoire

Art. L. 2242-13. À défaut d'accord prévu à l'article L. 2242-11 ou en cas de non-respect de ses stipulations, l'employeur engage, dans les entreprises mentionnées à ce même article :

1° Chaque année, une négociation sur la rémunération, le temps de travail et le partage de la valeur ajoutée dans l'entreprise, dans les conditions prévues à la sous-section 2 de la présente section ;

2° Chaque année, une négociation sur l'égalité professionnelle entre les femmes et les hommes et la qualité de vie au travail, dans les conditions prévues à la sous-section 3 de la présente section;

3° Tous les trois ans, dans les entreprises d'au moins trois cents salariés mentionnées à l'article L. 2242-2, une négociation sur la gestion des emplois et des parcours professionnels, dans les conditions prévues à la sous-section 4 de la présente section.

À défaut d'une initiative de l'employeur depuis plus de douze mois, pour chacune des deux négociations annuelles, et depuis plus de trente-six mois, pour la négociation triennale, suivant la précédente négociation, cette négociation s'engage obligatoirement à la demande d'une organisation syndicale représentative.

La demande de négociation formulée par l'organisation syndicale est transmise dans les huit jours par l'employeur aux autres organisations représentatives.

Dans les quinze jours qui suivent la demande formulée par une organisation syndicale, l'employeur convoque les parties à la négociation.

Art. L. 2242-14. Lors de la première réunion sont précisés:

1° Le lieu et le calendrier de la ou des réunions;

2° Les informations que l'employeur remettra aux délégués syndicaux et aux salariés composant la délégation sur les thèmes prévus par la négociation qui s'engage et la date de cette remise.

Sous-section 2. **Négociation sur la rémunération, le temps de travail et le partage de la valeur ajoutée**

Art. L. 2242-15. La négociation annuelle sur la rémunération, le temps de travail et le partage de la valeur ajoutée dans l'entreprise porte sur:

1° Les salaires effectifs;

2° La durée effective et l'organisation du temps de travail, notamment la mise en place du travail à temps partiel. Dans ce cadre, la négociation peut également porter sur la réduction du temps de travail;

3° L'intéressement, la participation et l'épargne salariale, à défaut d'accord d'intéressement, d'accord de participation, de plan d'épargne d'entreprise, de plan d'épargne pour la mise à la retraite collectif ou d'accord de branche comportant un ou plusieurs de ces dispositifs. S'il y a lieu, la négociation porte également sur l'affectation d'une partie des sommes collectées dans le cadre du plan d'épargne pour la retraite collectif mentionné à l'article L. 3334-1 (Ord. 2019-766 du 24 juil. 2019, art. 7, IV, 4°, JO 25, entrée en vigueur le 01.10.2019) «du présent code ou du plan d'épargne retraite d'entreprise collectif mentionné à l'article L. 224-14 du code monétaire et financier» et sur l'acquisition de parts de fonds investis dans les entreprises solidaires mentionnés à l'article L. 3334-13 (Ord. 2019-766 du 24 juil. 2019, art. 7, IV, 4°, JO 25, entrée en vigueur le 01.10.2019) «du présent code ou à l'article L. 224-3 du code monétaire et financier.» La même obligation incombe aux groupements d'employeurs;

4° Le suivi de la mise en œuvre des mesures visant à supprimer les écarts de rémunération et les différences de déroulement de carrière entre les femmes et les hommes.

Art. L. 2242-16. La négociation prévue à l'article L. 2242-15 donne lieu à une information par l'employeur sur les mises à disposition de salariés auprès des organisations syndicales ou des associations d'employeurs mentionnées à l'article L. 2231-1.

Dans les entreprises qui ne sont pas soumises à cette obligation annuelle de négocier, l'employeur communique aux salariés qui en font la demande une information sur les mises à disposition de salariés auprès des organisations syndicales ou des associations d'employeurs mentionnées à l'article L. 2231-1.

Sous-section 3. **Égalité professionnelle entre les femmes et les hommes et qualité de vie au travail**

Art. L. 2242-17. La négociation annuelle sur l'égalité professionnelle entre les femmes et les hommes et la qualité de vie au travail porte sur:

1° L'articulation entre la vie personnelle et la vie professionnelle pour les salariés;

2° Les objectifs et les mesures permettant d'atteindre l'égalité professionnelle entre les femmes et les hommes, notamment en matière de suppression des écarts de rémunération, d'accès à l'emploi, de formation professionnelle, de déroulement de carrière et de promotion professionnelle, de conditions de travail et d'emploi, en particulier pour les salariés à temps partiel, et de mixité des emplois. Cette négociation s'appuie sur les données mentionnées au 2° de l'article L. 2312-36.

Cette négociation porte également sur l'application de l'article L. 241-3-1 du code de la sécurité sociale et sur les conditions dans lesquelles l'employeur peut prendre en charge tout ou partie du supplément de cotisations;

(L. 2018-771 du 5 sept. 2018, art. 107, JO 6) «3° Les mesures permettant de lutter contre toute discrimination en matière de recrutement, d'emploi et d'accès à la formation professionnelle, en favorisant notamment les conditions d'accès aux critères définis aux II et III de l'article L. 6315-1;»

4° Les mesures relatives à l'insertion professionnelle et au maintien dans l'emploi des travailleurs handicapés, notamment les conditions d'accès à l'emploi, à la formation et à la promotion professionnelles, les conditions de travail et d'emploi et les actions de sensibilisation de l'ensemble du personnel au handicap;

5° Les modalités de définition d'un régime de prévoyance et, dans des conditions au moins aussi favorables que celles prévues à l'article L. 911-7 du code de la sécurité sociale, d'un régime de remboursements complémentaires de frais occasionnés par une maladie, une maternité ou un accident, à défaut de couverture par un accord de branche ou un accord d'entreprise.

Dans les entreprises de travaux forestiers mentionnées au 3° de l'article L. 722-1 du code rural et de la pêche maritime, la négociation définie au premier alinéa du présent 5° porte sur l'accès aux garanties collectives mentionnées à l'article L. 911-2 du code de la sécurité sociale;

6° L'exercice du droit d'expression directe et collective des salariés prévu au chapitre Ier du titre VIII du présent livre, notamment au moyen des outils numériques disponibles dans l'entreprise;

7° Les modalités du plein exercice par le salarié de son droit à la déconnexion et la mise en place par l'entreprise de dispositifs de régulation de l'utilisation des outils numériques, en vue d'assurer le respect des temps de repos et de congé ainsi que de la vie personnelle et familiale. À défaut d'accord, l'employeur élabore une charte, après avis du comité social et économique. Cette charte définit ces modalités de l'exercice du droit à la déconnexion et prévoit en outre la mise en œuvre, à destination des salariés et du personnel d'encadrement et de direction, d'actions de formation et de sensibilisation à un usage raisonnable des outils numériques;

(L. 2019-1428 du 24 déc. 2019, art. 82, II, JO 26, entrée en vigueur le 01.01.2020) «8° Dans les entreprises mentionnées à l'article L. 2143-3 du présent code et dont cinquante salariés au moins sont employés sur un même site, les mesures visant à améliorer la mobilité des salariés entre leur lieu de résidence habituelle et leur lieu de travail, notamment en réduisant le coût de la mobilité, en incitant à l'usage des modes de transport vertueux ainsi que par la prise en charge des frais mentionnés aux articles L. 3261-3 et L. 3261-3-1.»

Art. L. 2242-18. La négociation sur l'insertion professionnelle et le maintien dans l'emploi des travailleurs handicapés se déroule sur la base d'un rapport établi par l'employeur présentant la situation par rapport à l'obligation d'emploi des travailleurs handicapés prévue par les articles L. 5212-1 et suivants.

Art. L. 2242-19. La négociation prévue à l'article L. 2242-17 peut également porter sur la prévention des effets de l'exposition aux facteurs de risques professionnels prévue à l'article L. 4161-1. L'accord conclu sur ce thème dans le cadre du présent article vaut conclusion de l'accord mentionné à l'article L. 4163-3, sous réserve du respect des autres dispositions prévues au (Ord. 2017-1718 du 20 déc. 2017, art. 1er, I, 60°, JO 21) «chapitre III du titre VI du livre Ier de la quatrième partie du présent code».

Sous-section 4. **Gestion des emplois et des parcours professionnels**

Art. L. 2242-20. Dans les entreprises et les groupes d'entreprises au sens de l'article L. 2331-1 d'au moins trois cents salariés, ainsi que dans les entreprises et groupes d'entreprises de dimension communautaire au sens des articles L. 2341-1 et L. 2341-2 comportant au moins (Ord. 2017-1718 du 20 déc. 2017, art. 1er, I, 57°, JO 21) «un établissement ou une entreprise d'au moins cent cinquante» salariés en France, l'employeur engage tous les trois ans, notamment sur le fondement des orientations stratégiques de l'entreprise et de leurs conséquences mentionnées à l'article L. 2323-10, une négociation sur la gestion des emplois et des parcours professionnels et sur la mixité des métiers portant sur:

1° La mise en place d'un dispositif de gestion prévisionnelle des emplois et des compétences, ainsi que sur les mesures d'accompagnement susceptibles de lui être associées, en particulier en matière de formation, d'abondement du compte personnel de formation, de validation des acquis de l'expérience, de bilan de compétences ainsi que d'accompagnement de la mobilité professionnelle et géographique des salariés autres que celles prévues dans le cadre de l'article L. 2254-2;

2° Le cas échéant, les conditions de la mobilité professionnelle ou géographique interne à l'entreprise prévue à l'article L. 2254-2, qui doivent, en cas d'accord, faire l'objet d'un chapitre spécifique;

3° Les grandes orientations à trois ans de la formation professionnelle dans l'entreprise et les objectifs du (L. 2018-771 du 5 sept. 2018, art. 8, IV, JO 6) «plan de développement des compétences», en particulier les catégories de salariés et d'emplois auxquels ce dernier est consacré en priorité, les compétences et qualifications à acquérir pendant la période de validité de l'accord ainsi que les critères et modalités d'abondement par l'employeur du compte personnel de formation;

4° Les perspectives de recours par l'employeur aux différents contrats de travail, au travail à temps partiel et aux stages, ainsi que les moyens mis en œuvre pour diminuer le recours aux emplois précaires dans l'entreprise au profit des contrats à durée indéterminée;

5° Les conditions dans lesquelles les entreprises sous-traitantes sont informées des orientations stratégiques de l'entreprise ayant un effet sur leurs métiers, l'emploi et les compétences;

6° Le déroulement de carrière des salariés exerçant des responsabilités syndicales et l'exercice de leurs fonctions.

Un bilan est réalisé à l'échéance de l'accord.

Art. L. 2242-21. La négociation prévue à l'article L. 2242-20 peut également porter:

1° Sur les matières mentionnées aux articles L. 1233-21 et L. 1233-22 selon les modalités prévues à (Ord. 2017-1718 du 20 déc. 2017, art. 1er, I, 61°, JO 21) «ces mêmes articles»;

2° Sur la qualification des catégories d'emplois menacés par les évolutions économiques ou technologiques;

3° Sur les modalités de l'association des entreprises sous-traitantes au dispositif de gestion prévisionnelle des emplois et des compétences de l'entreprise;

4° Sur les conditions dans lesquelles l'entreprise participe aux actions de gestion prévisionnelle des emplois et des compétences mises en œuvre à l'échelle des territoires où elle est implantée;

5° Sur la mise en place de congés de mobilités dans les conditions prévues par les articles L. 1237-18 et suivants;

6° Sur la formation et l'insertion durable des jeunes dans l'emploi, l'emploi des salariés âgés et la transmission des savoirs et des compétences, les perspectives de développement de l'alternance, ainsi que les modalités d'accueil des alternants et des stagiaires et l'amélioration des conditions de travail des salariés âgés.

Chapitre III
Dispositions pénales

Art. L. 2243-1. Le fait de se soustraire aux obligations prévues à l'article L. 2242-1, relatives à la convocation des parties à la négociation et à l'obligation périodique de négocier, est puni d'un emprisonnement d'un an et d'une amende de 3750 €.

Art. L. 2243-2. Le fait de se soustraire aux obligations prévues aux articles (L. 2015-994 du 17 août 2015, art. 19, VI, JO 18, entrée en vigueur le 01.01.2016) « L. 2242-1 et L. 2242-20» est puni d'un emprisonnement d'un an et d'une amende de 3 750 €.

TITRE V

ARTICULATION DES CONVENTIONS ET ACCORDS

Chapitre Ier

Rapports entre conventions ou accords et lois et règlements

Art. L. 2251-1. Une convention ou un accord peut comporter des stipulations plus favorables aux salariés que les dispositions légales en vigueur. Ils ne peuvent déroger aux dispositions qui revêtent un caractère d'ordre public.

Chapitre II

Rapports entre accords de branche ou professionnels et accords couvrant un champ territorial ou professionnel plus large

Art. L. 2252-1. Une convention de branche ou un accord professionnel ou interprofessionnel peut comporter des stipulations moins favorables aux salariés que celles qui leur sont applicables en vertu d'une convention ou d'un accord couvrant un champ territorial ou professionnel plus large, sauf si cette convention ou cet accord stipule expressément qu'on ne peut y déroger en tout ou partie.

Lorsqu'une convention ou un accord de niveau supérieur à la convention ou à l'accord intervenu est conclu, les parties adaptent les stipulations de la convention ou accord antérieur moins favorables aux salariés si une stipulation de la convention ou de l'accord de niveau supérieur le prévoit expressément.

Chapitre III

Rapports entre accords d'entreprise ou d'établissement et accords couvrant un champ territorial ou professionnel plus large

Art. L. 2253-1. (Ord. 2017-1385 du 22 sept. 2017, art. 1er, 4°, JO 23) La convention de branche définit les conditions d'emploi et de travail des salariés. Elle peut en particulier définir les garanties qui leur sont applicables dans les matières suivantes :

1° Les salaires minima hiérarchiques ;

2° Les classifications ;

3° La mutualisation des fonds de financement du paritarisme ;

4° La mutualisation des fonds de la formation professionnelle ;

5° Les garanties collectives complémentaires mentionnées à l'article L. 912-1 du code de la sécurité sociale ;

6° Les mesures énoncées à l'article L. 3121-14, au 1° de l'article L. 3121-44, à l'article L. 3122-16, au premier alinéa de l'article L. 3123-19 et aux articles L. 3123-21 et L. 3123-22 du présent code et relatives à la durée du travail, à la répartition et à l'aménagement des horaires ;

7° Les mesures relatives aux contrats de travail à durée déterminée et aux contrats de travail temporaire énoncées aux articles L. 1242-8, (Ord. 2017-1718 du 20 déc. 2017, art. 1er, I, 62°, JO 21) « L. 1243-13 », L. 1244-3, (Ord. 2017-1718 du 20 déc. 2017, art. 1er, I, 62°, JO 21) « L. 1244-4, » L. 1251-12, L. 1251-35 (Ord. 2017-1718 du 20 déc. 2017, art. 1er, I, 62°, JO 21) « , L. 1251-36 et L. 1251-37 » du présent code ;

8° Les mesures relatives au contrat à durée indéterminée de chantier (Ord. 2017-1718 du 20 déc. 2017, art. 1er, I, 62°, JO 21) « ou d'opération » énoncées aux articles L. 1223-8 (Ord. 2017-1718 du 20 déc. 2017, art. 1er, I, 62°, JO 21) « et L. 1223-9 » du présent code ;

9° L'égalité professionnelle entre les femmes et les hommes ;

10° Les conditions et les durées de renouvellement de la période d'essai mentionnées à l'article L. 1221-21 du code du travail ;

11° Les modalités selon lesquelles la poursuite des contrats de travail est organisée entre deux entreprises lorsque les conditions d'application de l'article L. 1224-1 ne sont pas réunies ;

12° Les cas de mise à disposition d'un salarié temporaire auprès d'une entreprise utilisatrice mentionnés aux 1° et 2° de l'article L. 1251-7 du présent code;

13° La rémunération minimale du salarié porté, ainsi que le montant de l'indemnité d'apport d'affaire, mentionnée aux articles L. 1254-2 et L. 1254-9 du présent code.

Dans les matières énumérées au 1° à 13°, les stipulations de la convention de branche (Ord. 2017-1718 du 20 déc. 2017, art. 1er, I, 62°, JO 21) «ou de l'accord couvrant un champ territorial ou professionnel plus large» prévalent sur la convention d'entreprise conclue antérieurement ou postérieurement à la date (L. 2018-217 du 29 mars 2018, art. 2, I, 14°, JO 31) «de leur entrée en vigueur», sauf lorsque la convention d'entreprise assure des garanties au moins équivalentes. (L. 2018-217 du 29 mars 2018, art. 2, I, 14°, JO 31) «Cette équivalence des garanties s'apprécie par ensemble de garanties se rapportant à la même matière.»

Art. L. 2253-2. (Ord. 2017-1385 du 22 sept. 2017, art. 1er, 4°, JO 23) Dans les matières suivantes, lorsque la convention de branche (Ord. 2017-1718 du 20 déc. 2017, art. 1er, I, 63°, JO 21) «ou l'accord couvrant un champ territorial ou professionnel plus large» le stipule expressément, la convention d'entreprise conclue postérieurement à cette convention (L. 2018-217 du 29 mars 2018, art. 2, I, 15°, JO 31) «ou à cet accord» ne peut comporter des stipulations différentes de celles qui lui sont applicables en vertu de cette convention (L. 2018-217 du 29 mars 2018, art. 2, I, 15°, JO 31) «ou de cet accord» sauf lorsque la convention d'entreprise assure des garanties au moins équivalentes:

1° La prévention des effets de l'exposition aux facteurs de risques professionnels énumérés à l'article L. 4161-1;

2° L'insertion professionnelle et le maintien dans l'emploi des travailleurs handicapés;

3° L'effectif à partir duquel les délégués syndicaux peuvent être désignés, leur nombre et la valorisation de leur parcours syndical;

4° Les primes pour travaux dangereux ou insalubres.

(L. 2018-217 du 29 mars 2018, art. 2, I, 15°, JO 31) «L'équivalence des garanties mentionnée au premier alinéa du présent article s'apprécie par ensemble de garanties se rapportant à la même matière.»

Art. L. 2253-3. (Ord. 2017-1385 du 22 sept. 2017, art. 1er, 4°, JO 23) Dans les matières autres que celles mentionnées aux articles L. 2253-1 et L. 2253-2, les stipulations de la convention d'entreprise conclue antérieurement ou postérieurement à la date d'entrée en vigueur de la convention de branche (Ord. 2017-1718 du 20 déc. 2017, art. 1er, I, 64°, JO 21) «ou de l'accord couvrant un champ territorial ou professionnel plus large» prévalent sur celles ayant le même objet prévues par la convention de branche (Ord. 2017-1718 du 20 déc. 2017, art. 1er, I, 64°, JO 21) «ou l'accord couvrant un champ territorial ou professionnel plus large». En l'absence d'accord d'entreprise, la convention de branche (Ord. 2017-1718 du 20 déc. 2017, art. 1er, I, 64°, JO 21) «ou l'accord couvrant un champ territorial ou professionnel plus large» s'applique.

Art. L. 2253-4. Sans préjudice des dispositions de l'article L. 2253-3, les clauses salariales d'une convention ou d'un accord d'entreprise ou d'établissement peuvent prévoir des modalités particulières d'application des majorations de salaires décidées par les conventions de branche ou les accords professionnels ou interprofessionnels applicables dans l'entreprise.

Toutefois, d'une part, l'augmentation de la masse salariale totale doit être au moins égale à l'augmentation qui résulterait de l'application des majorations accordées par les conventions ou accords précités pour les salariés concernés, d'autre part, les salaires minima hiérarchiques doivent être respectés.

Chapitre III bis

Rapports entre les accords de groupe, les accords interentreprises, les accords d'entreprise et les accords d'établissement

Note Ce chapitre a été introduit par la loi 2016-1088 du 8 août 2016, art. 23, 7°, JO 9.

Art. L. 2253-5. Lorsqu'un accord conclu dans tout ou partie d'un groupe le prévoit expressément, ses stipulations se substituent aux stipulations ayant le même objet des conventions ou accords conclus antérieurement ou postérieurement dans les entreprises ou les établissements compris dans le périmètre de cet accord.

Art. L. 2253-6. Lorsqu'un accord conclu au niveau de l'entreprise le prévoit expressément, ses stipulations se substituent aux stipulations ayant le même objet des conventions ou accords conclus antérieurement ou postérieurement dans les établissements compris dans le périmètre de cet accord.

Art. L. 2253-7. Lorsqu'un accord conclu au niveau de plusieurs entreprises le prévoit expressément, ses stipulations se substituent aux stipulations ayant le même objet des conventions ou accords conclus antérieurement ou postérieurement dans les entreprises ou les établissements compris dans le périmètre de cet accord.

Chapitre IV

Rapports entre conventions et accords collectifs de travail et contrat de travail

Art. L. 2254-1. Lorsqu'un employeur est lié par les clauses d'une convention ou d'un accord, ces clauses s'appliquent aux contrats de travail conclus avec lui, sauf stipulations plus favorables.

Art. L. 2254-2. (Ord. 2017-1385 du 22 sept. 2017, art. 3, I, JO 23) I. – Afin de répondre aux nécessités liées au fonctionnement de l'entreprise ou en vue de préserver, ou de développer l'emploi, un accord (L. 2018-217 du 29 mars 2018, art. 2, I, 16°, JO 31) «de performance collective» peut:

- aménager la durée du travail, ses modalités d'organisation et de répartition;
- aménager la rémunération au sens de l'article L. 3221-3 dans le respect (L. 2018-217 du 29 mars 2018, art. 2, I, 16°, JO 31) «des salaires minima hiérarchiques» mentionnés au 1° du I de l'article L. 2253-1;
- déterminer les conditions de la mobilité professionnelle ou géographique interne à l'entreprise.

II. – L'accord définit dans son préambule ses objectifs et peut préciser:

1° Les modalités d'information des salariés sur son application et son suivi pendant toute sa durée, ainsi que, le cas échéant, l'examen de la situation des salariés au terme de l'accord;

2° Les conditions dans lesquelles fournissent des efforts proportionnés à ceux demandés aux salariés pendant toute sa durée:

- les dirigeants salariés exerçant dans le périmètre de l'accord;
- les mandataires sociaux et les actionnaires, dans le respect des compétences des organes d'administration et de surveillance;

3° Les modalités selon lesquelles sont conciliées la vie professionnelle et la vie personnelle et familiale des salariés.

(L. 2018-217 du 29 mars 2018, art. 2, I, 16°, JO 31) «4° Les modalités d'accompagnement des salariés ainsi que l'abondement du compte personnel de formation au-delà du montant minimal défini au décret mentionné au VI du présent article.»

Les dispositions des articles L. 3121-41, L. 3121-42, L. 3121-44 et L. 3121-47 s'appliquent si l'accord met en place (L. 2018-217 du 29 mars 2018, art. 2, I, 16°, JO 31) «ou modifie» un dispositif d'aménagement du temps de travail sur une période de référence supérieure à la semaine.

(L. 2018-217 du 29 mars 2018, art. 2, I, 16°, JO 31) «Les articles L. 3121-53 à L. 3121-66 s'appliquent si l'accord met en place ou modifie un dispositif de forfait annuel, à l'exception de l'article L. 3121-55 et du 5° du I de l'article L. 3121-64 en cas de simple modification.

Lorsque l'accord modifie un dispositif de forfait annuel, l'acceptation de l'application de l'accord par le salarié conformément aux III et IV du présent article entraîne de plein droit l'application des stipulations de l'accord relatives au dispositif de forfait annuel.»

III. – Les stipulations de l'accord se substituent de plein droit aux clauses contraires et incompatibles du contrat de travail, y compris en matière de rémunération, de durée du travail et de mobilité professionnelle ou géographique interne à l'entreprise.

Le salarié peut refuser la modification de son contrat de travail résultant de l'application de l'accord.

IV. – Le salarié dispose d'un délai d'un mois pour faire connaître son refus par écrit à l'employeur à compter de la date à laquelle ce dernier (L. 2018-217 du 29 mars 2018, art. 2, I, 16°, JO 31) «a informé les salariés, par tout moyen conférant date certaine et précise, de l'existence et du contenu de l'accord, ainsi que du droit de chacun d'eux d'accepter ou de refuser l'application à son contrat de travail de cet accord.»

V. – (L. 2018-217 du 29 mars 2018, art. 2, I, 16°, JO 31) «L'employeur dispose d'un délai de deux mois à compter de la notification du refus du salarié pour engager une procédure de licenciement. Ce licenciement repose» sur un motif spécifique qui constitue une cause réelle et sérieuse. Ce licenciement est soumis aux seules modalités et conditions définies aux articles L. 1232-2 à L. 1232-14 ainsi qu'aux articles L. 1234-1 à L. 1234-11, L. 1234-14, L. 1234-18, L. 1234-19 et L. 1234-20.

VI. – Le salarié peut s'inscrire et être accompagné comme demandeur d'emploi à l'issue du licenciement et être indemnisé dans les conditions prévues par les accords mentionnés à l'article L. 5422-20. (L. 2018-217 du 29 mars 2018, art. 2, I, 16°, JO 31) «En l'absence des stipulations mentionnées au 4° du II du présent article,» l'employeur abonde le compte personnel de formation du salarié dans des conditions et limites définies par décret. Cet abondement n'entre pas en compte dans les modes de calcul des (L. 2018-771 du 5 sept. 2018, art. 1er, IV, 1°, JO 6, entrée en vigueur le 01.01.2019) «droits crédités» chaque année sur le compte et du plafond mentionné à l'article L. 6323-11.

TITRE VI

APPLICATION DES CONVENTIONS ET ACCORDS COLLECTIFS

Chapitre Ier

Conditions d'applicabilité des conventions et accords

SECTION 1. Date d'entrée en vigueur

Art. L. 2261-1. Les conventions et accords sont applicables, sauf stipulations contraires, à partir du jour qui suit leur dépôt auprès du service compétent, dans des conditions déterminées par voie réglementaire.

SECTION 2. Détermination de la convention collective applicable

Art. L. 2261-2. La convention collective applicable est celle dont relève l'activité principale exercée par l'employeur.

En cas de pluralité d'activités rendant incertaine l'application de ce critère pour le rattachement d'une entreprise à un champ conventionnel, les conventions collectives et les accords professionnels peuvent, par des clauses réciproques et de nature identique, prévoir les conditions dans lesquelles l'entreprise détermine les conventions et accords qui lui sont applicables.

SECTION 3. Adhésion

Art. L. 2261-3. Peuvent adhérer à une convention ou à un accord toute organisation syndicale représentative de salariés ainsi que toute organisation syndicale ou association d'employeurs ou des employeurs pris individuellement.

Toutefois, si l'activité qu'ils exercent ou qu'exercent leurs adhérents n'entre pas dans le champ d'application de la convention ou de l'accord, leur adhésion est soumise aux dispositions des articles L. 2261-5 ou L. 2261-6, selon le cas.

L'adhésion est notifiée aux signataires de la convention ou de l'accord et fait l'objet d'un dépôt dans des conditions prévues par voie réglementaire, à la diligence de son ou de ses auteurs.

Art. L. 2261-4. Lorsqu'une organisation syndicale de salariés ou une organisation d'employeurs représentatives dans le champ d'application de la convention ou de l'accord adhère à la totalité des clauses d'une convention de branche ou d'un accord professionnel ou interprofessionnel, cette organisation a les mêmes droits et obligations que les parties signataires.

Elle peut notamment siéger dans les organismes paritaires et participer à la gestion des institutions créées par la convention de branche ou l'accord professionnel ou interprofessionnel, ainsi que prendre part aux négociations portant sur la modification ou la révision du texte en cause.

Art. L. 2261-5. Si l'adhésion a pour objet de rendre la convention de branche ou l'accord professionnel ou interprofessionnel applicable dans un secteur territorial ou professionnel non compris dans son champ d'application, elle doit prendre la forme d'un accord collectif entre les parties intéressées conformément aux dispositions de l'article L. 2231-1 et les parties signataires de cette convention ou de cet accord. Le champ d'application en est modifié en conséquence.

Art. L. 2261-6. Lorsque l'entreprise n'entre pas dans le champ d'application territorial ou professionnel soit d'une convention de branche, soit d'un accord professionnel ou interprofessionnel, l'adhésion de l'employeur à une telle convention ou à un tel accord est subordonnée à un agrément des organisations mentionnées à l'article L. 2232-16, après négociation à ce sujet.

SECTION 4. Révision

Art. L. 2261-7. (L. 2016-1088 du 8 août 2016, art. 17, I, 1°, JO 9) I. – Sont habilitées à engager la procédure de révision d'un accord interprofessionnel, d'une convention ou d'un accord de branche :

1° Jusqu'à la fin du cycle électoral au cours duquel la convention ou l'accord est conclu :

a) Une ou plusieurs organisations syndicales de salariés représentatives dans le champ d'application de la convention ou de l'accord et signataires ou adhérentes de la convention ou de l'accord ;

b) Une ou plusieurs organisations professionnelles d'employeurs signataires ou adhérentes. Si la convention ou l'accord est étendu, ces organisations doivent être en outre représentatives dans le champ d'application de la convention ou de l'accord ;

2° À l'issue de ce cycle :

a) Une ou plusieurs organisations syndicales de salariés représentatives dans le champ d'application de la convention ou de l'accord ;

b) Une ou plusieurs organisations professionnelles d'employeurs de la branche. Si la convention ou l'accord est étendu, ces organisations doivent être représentatives dans le champ d'application de la convention ou de l'accord.

II. – Les avenants de révision obéissent aux conditions de validité des accords prévues, selon le cas, aux sections 1 et 2 du chapitre II du titre III du présent livre II.

Lorsque l'avenant de révision a vocation à être étendu, sa validité est subordonnée à sa signature par une ou plusieurs organisations professionnelles d'employeurs représentatives dans son champ d'application, dans les conditions prévues au chapitre Ier du titre V du livre Ier de la présente deuxième partie.

Art. L. 2261-7-1. (L. 2016-1088 du 8 août 2016, art. 17, I, 1°, JO 9) I. – Sont habilitées à engager la procédure de révision d'une convention ou d'un accord d'entreprise ou d'établissement :

1° Jusqu'à la fin du cycle électoral au cours duquel cette convention ou cet accord a été conclu, une ou plusieurs organisations syndicales de salariés représentatives dans le champ d'application de la convention ou de l'accord et signataires ou adhérentes de cette convention ou de cet accord ;

2° À l'issue de cette période, une ou plusieurs organisations syndicales de salariés représentatives dans le champ d'application de la convention ou de l'accord.

II. – La validité d'un avenant de révision s'apprécie conformément à la section 3 du chapitre II du titre III du présent livre II.

Art. L. 2261-8. L'avenant portant révision de tout ou partie d'une convention ou d'un accord se substitue de plein droit aux stipulations de la convention ou de l'accord qu'il modifie.

Il est opposable, dans des conditions de dépôt prévues à l'article L. 2231-6, à l'ensemble des employeurs et des salariés liés par la convention ou l'accord.

SECTION 5. Dénonciation

Sous-section 1. Procédure

Art. L. 2261-9. La convention et l'accord à durée indéterminée peuvent être dénoncés par les parties signataires.

En l'absence de stipulation expresse, la durée du préavis qui doit précéder la dénonciation est de trois mois.

La dénonciation est notifiée par son auteur aux autres signataires de la convention ou de l'accord.

Elle est déposée dans des conditions prévues par voie réglementaire.

Sous-section 2. **Dénonciation par la totalité des signataires employeurs ou salariés**

Art. L. 2261-10. Lorsque la dénonciation émane de la totalité des signataires employeurs ou des signataires salariés, la convention ou l'accord continue de produire effet jusqu'à l'entrée en vigueur de la convention ou de l'accord qui lui est substitué ou, à défaut, pendant une durée d'un an à compter de l'expiration du délai de préavis, sauf clause prévoyant une durée déterminée supérieure.

Une nouvelle négociation s'engage, à la demande d'une des parties intéressées, dans les trois mois qui suivent (L. 2016-1088 du 8 août 2016, art. 17, II, JO 9) «le début du préavis mentionné à l'article L. 2261-9. Elle peut donner lieu à un accord, y compris avant l'expiration du délai de préavis.»

Il en est de même, à la demande d'une des organisations syndicales représentatives de salariés intéressées, en cas de dénonciation de la convention ou de l'accord dans les conditions prévues à l'article L. 2261-12, s'agissant du secteur concerné par la dénonciation.

(L. 2008-789 du 20 août 2008, art. 8, JO 21) «Lorsqu'une des organisations syndicales de salariés signataires de la convention ou de l'accord perd la qualité d'organisation représentative dans le champ d'application de cette convention ou de cet accord, la dénonciation de ce texte n'emporte d'effets que si elle émane d'une ou plusieurs organisations syndicales de salariés représentatives dans son champ d'application ayant recueilli la majorité des suffrages exprimés dans les conditions prévues au chapitre II du titre III.»

Sous-section 3. **Dénonciation par une partie des signataires employeurs ou salariés**

Art. L. 2261-11. Lorsque la dénonciation est le fait d'une partie seulement des signataires employeurs ou des signataires salariés, elle ne fait pas obstacle au maintien en vigueur de la convention ou de l'accord entre les autres parties signataires.

Dans ce cas, les dispositions de la convention ou de l'accord continuent de produire effet à l'égard des auteurs de la dénonciation jusqu'à l'entrée en vigueur de la convention ou de l'accord qui lui est substitué ou, à défaut, pendant une durée d'un an à compter de l'expiration du délai de préavis, sauf clause prévoyant une durée déterminée supérieure.

Art. L. 2261-12. Lorsque la dénonciation d'une convention de branche ou d'un accord professionnel ou interprofessionnel émane d'une organisation seule signataire, soit pour la partie employeurs, soit pour la partie salariés, concernant un secteur territorial ou professionnel inclus dans le champ d'application du texte dénoncé, ce champ d'application est modifié en conséquence.

Sous-section 4. **Maintien de la rémunération perçue**

Art. L. 2261-13. (L. 2016-1088 du 8 août 2016, art. 17, II, JO 9) Lorsque la convention ou l'accord qui a été dénoncé n'a pas été remplacé par une nouvelle convention ou un nouvel accord dans un délai d'un an à compter de l'expiration du préavis, les salariés des entreprises concernées (L. 2018-217 du 29 mars 2018, art. 21, I, A, 1°, JO 31) «bénéficient d'une garantie de» rémunération dont le montant annuel, pour une durée de travail équivalente à celle prévue par leur contrat de travail, ne peut être inférieur à la rémunération versée (L. 2018-217 du 29 mars 2018, art. 21, I, A, 1°, JO 31) «, en application de la convention ou de l'accord dénoncé et du contrat de travail,» lors des douze derniers mois. Cette (L. 2018-217 du 29 mars 2018, art. 21, I, A, 1°, JO 31) «garantie de» rémunération s'entend au sens de l'article L. 242-1 du code de la sécurité sociale, à l'exception de la première phrase du deuxième alinéa du même article L. 242-1.

(L. 2018-217 du 29 mars 2018, art. 21, I, A, 2°, JO 31) «Cette garantie de rémunération peut être assurée par le versement d'une indemnité différentielle entre le montant de la rémunération qui était dû au salarié en vertu de la convention ou de l'accord dénoncé et de son contrat de travail et le montant de la rémunération du salarié résultant de la nouvelle convention ou du nouvel accord, s'il existe, et de son contrat de travail.»

Lorsqu'une stipulation prévoit que la convention ou l'accord dénoncé continue à produire ses effets pendant un délai supérieur à un an, le premier alinéa du présent article s'applique à compter de l'expiration de ce délai si une nouvelle convention ou un nouvel accord n'a pas été conclu.

SECTION 6. Mise en cause

Art. L. 2261-14. Lorsque l'application d'une convention ou d'un accord est mise en cause dans une entreprise déterminée en raison notamment d'une fusion, d'une cession, d'une scission ou d'un changement d'activité, cette convention ou cet accord continue de produire effet jusqu'à l'entrée en vigueur de la convention ou de l'accord qui lui est substitué ou, à défaut, pendant une durée d'un an à compter de l'expiration du délai de préavis prévu à l'article L. 2261-9, sauf clause prévoyant une durée supérieure.

(L. 2016-1088 du 8 août 2016, art. 17, III, JO 9) «Lorsque la convention ou l'accord qui a été mis en cause n'a pas été remplacé par une nouvelle convention ou un nouvel accord dans le délai fixé au premier alinéa du présent article, les salariés des entreprises concernées (L. 2018-217 du 29 mars 2018, art. 21, I, B, 1°, JO 31) «bénéficient d'une garantie de» rémunération dont le montant annuel, pour une durée de travail équivalente à celle prévue par leur contrat de travail, ne peut être inférieur à la rémunération versée (L. 2018-217 du 29 mars 2018, art. 21, I, B, 1°, JO 31) «, en application de la convention ou de l'accord mis en cause,» lors des douze derniers mois. Cette (L. 2018-217 du 29 mars 2018, art. 21, I, B, 1°, JO 31) «garantie de» rémunération s'entend au sens de l'article L. 242-1 du code de la sécurité sociale, à l'exception de la première phrase du deuxième alinéa du même article L. 242-1.

(L. 2018-217 du 29 mars 2018, art. 21, I, B, 2°, JO 31) «Cette garantie de rémunération peut être assurée par le versement d'une indemnité différentielle entre le montant de la rémunération qui était dû au salarié en vertu de la convention ou de l'accord mis en cause et de son contrat de travail et le montant de la rémunération du salarié résultant de la nouvelle convention ou du nouvel accord, s'il existe, et de son contrat de travail.»

Lorsque la mise en cause concerne une convention ou un accord à durée déterminée, le deuxième alinéa du présent article:

1° S'applique jusqu'au terme qui aurait été celui de la convention ou de l'accord en l'absence de mise en cause si ce terme est postérieur à la date à laquelle la convention ou l'accord mis en cause cesse de produire ses effets en application du premier alinéa;

2° Ne s'applique pas si ce terme est antérieur à la date à laquelle cette convention ou cet accord cesse de produire ses effets en application du premier alinéa.»

Une nouvelle négociation doit s'engager dans l'entreprise concernée, à la demande d'une des parties intéressées, dans les trois mois suivant la mise en cause, soit pour l'adaptation aux dispositions conventionnelles nouvellement applicables, soit pour l'élaboration de nouvelles stipulations.

Art. L. 2261-14-1. (L. 2008-789 du 20 août 2008, art. 8, JO 21) La perte de la qualité d'organisation représentative de toutes les organisations syndicales signataires d'une convention ou d'un accord collectif n'entraîne pas la mise en cause de cette convention ou de cet accord.

Art. L. 2261-14-2. (L. 2016-1088 du 8 août 2016, art. 17, III, 2°, JO 9) Dès lors qu'est envisagée une fusion, une cession, une scission ou toute autre modification juridique qui aurait pour effet la mise en cause d'une convention ou d'un accord, les employeurs des entreprises concernées et les organisations syndicales de salariés représentatives dans l'entreprise qui emploie les salariés dont les contrats de travail sont susceptibles d'être transférés peuvent négocier et conclure la convention ou l'accord de substitution prévu au premier alinéa de l'article L. 2261-14.

La durée de cette convention ou de cet accord ne peut excéder trois ans. La convention ou l'accord entre en vigueur à la date de réalisation de l'événement ayant entraîné la mise en cause et s'applique à l'exclusion des stipulations portant sur le même objet des conventions et accords applicables dans l'entreprise ou l'établissement dans lequel les contrats de travail sont transférés.

À l'expiration de cette convention ou de cet accord, les conventions et accords applicables dans l'entreprise ou dans l'établissement dans lequel les contrats de travail des salariés ont été transférés s'appliquent à ces salariés.

Art. L. 2261-14-3. (L. 2016-1088 du 8 août 2016, art. 17, III, 2°, JO 9) Dès lors qu'est envisagée une fusion, une cession, une scission ou toute autre modification juridique qui aurait pour effet la mise en cause d'une convention ou d'un accord, les employeurs et les organisations syndicales de salariés représentatives dans les entreprises ou établissements concernés peuvent négocier et conclure une convention ou un accord se substituant aux conventions et accords mis en cause et révisant les conventions et accords applicables dans l'entreprise ou l'établissement dans lequel les contrats de travail sont transférés. Cette convention ou cet accord entre en vigueur à la date de réalisation de l'événement ayant entraîné la mise en cause.

Art. L. 2261-14-4. (L. 2016-1088 du 8 août 2016, art. 17, III, 2°, JO 9) La validité des conventions et des accords mentionnés aux articles L. 2261-14-2 et L. 2261-14-3 s'apprécie dans les conditions prévues aux articles L. 2232-12 et L. 2232-13.

Les taux mentionnés aux mêmes articles L. 2232-12 et L. 2232-13 sont appréciés:

1° Dans le périmètre de l'entreprise ou de l'établissement employant les salariés dont les contrats de travail sont transférés, dans le cas mentionné à l'article L. 2261-14-2;

2° Dans le périmètre de chaque entreprise ou établissement concerné, dans le cas mentionné à l'article L. 2261-14-3.

Le cas échéant, la consultation des salariés est effectuée dans ces mêmes périmètres.

SECTION 7. Extension et élargissement

Sous-section 1. Principes

Art. L. 2261-15. Les stipulations d'une convention de branche ou d'un accord professionnel ou interprofessionnel, répondant aux conditions particulières déterminées par la sous-section 2, peuvent être rendues obligatoires pour tous les salariés et employeurs compris dans le champ d'application de cette convention ou de cet accord, par arrêté du ministre chargé du travail, après avis motivé de la Commission nationale de la négociation collective [, de l'emploi et de la formation professionnelle].

L'extension des effets et des sanctions de la convention ou de l'accord se fait pour la durée et aux conditions prévues par la convention ou l'accord en cause.

Art. L. 2261-16. Le ministre chargé du travail peut également, conformément à la procédure d'extension prévue à la sous-section 3, rendre obligatoires, par arrêté, les avenants ou annexes à une convention ou à un accord étendu.

L'extension des avenants ou annexes à une convention ou à un accord étendu porte effet dans le champ d'application de la convention ou de l'accord de référence, sauf dispositions expresses déterminant un champ d'application différent.

Art. L. 2261-17. En cas d'absence ou de carence des organisations de salariés ou d'employeurs se traduisant par une impossibilité persistante de conclure une convention ou un accord dans une branche d'activité ou un secteur territorial déterminé, le ministre chargé du travail peut, à la demande d'une des organisations représentatives intéressées ou de sa propre initiative, sauf opposition écrite et motivée de la majorité des membres de la Commission nationale de la négociation collective [, de l'emploi et de la formation professionnelle]:

1° Rendre obligatoire dans le secteur territorial considéré une convention ou un accord de branche déjà étendu à un secteur territorial différent;

2° Rendre obligatoire dans le secteur professionnel considéré (Ord. 2017-1388 du 22 sept. 2017, JO 23) «tout ou partie d'une convention ou d'un accord» professionnel déjà étendu à un autre secteur professionnel;

3° Rendre obligatoire dans une ou plusieurs branches d'activité non comprises dans son champ d'application un accord interprofessionnel étendu;

(Ord. 2017-1388 du 22 sept. 2017, JO 23) «Dans les cas prévus aux 1° et 2°, le secteur professionnel ou territorial faisant l'objet de l'arrêté d'élargissement doit présenter des conditions analogues à celles du secteur dans lequel l'extension est déjà intervenue, quant aux emplois exercés.»

Lorsque l'élargissement d'une convention ou d'un accord a été édicté conformément aux alinéas précédents, rendre obligatoires leurs avenants ou annexes ultérieurs eux-mêmes étendus dans le ou les secteurs visés par cet élargissement.

Art. L. 2261-18. Lorsqu'une convention de branche n'a pas fait l'objet d'avenant ou annexe pendant cinq ans au moins ou, qu'à défaut de convention, des accords n'ont pu y être conclus depuis cinq ans au moins, cette situation peut être assimilée au cas d'absence ou de carence des organisations au sens de l'article L. 2261-17 et donner lieu à l'application de la procédure prévue à cet article.

Art. D. 2261-3. Lorsqu'un arrêté d'extension ou d'élargissement est envisagé, il est précédé de la publication au *Journal officiel* de la République française d'un avis. Cet avis invite les organisations et personnes intéressées à faire connaître leurs observations. Il indique le lieu où la convention ou l'accord a été déposé et le service auprès duquel les observations sont présentées.

Les organisations et les personnes intéressées disposent d'un délai de quinze jours à compter de la publication de l'avis pour présenter leurs observations.

(D. 2016-1435 du 25 oct. 2016, art. 4, JO 27) « Lorsqu'une demande est formulée en application du quatrième alinéa du I de l'article L. 243-6-3 du code de la sécurité sociale, elle suspend la procédure d'extension engagée à la demande d'une des organisations d'employeurs ou de salariés représentatives mentionnées à l'article L. 2261-19 à compter de la réception de l'information mentionnée au quatrième alinéa du II de l'article R. 243-43-2 du code de la sécurité sociale.

Si l'organisation ayant présenté la demande est différente de celle ayant présenté la demande d'extension, le ministre compétent informe cette dernière de la suspension de la procédure d'extension. Il lui communique la réponse de l'Agence centrale des organismes de sécurité sociale ou de la caisse centrale de la Mutualité sociale agricole.

L'organisation ayant présenté la demande d'extension dispose d'un délai de quinze jours suivant la notification de la réponse de l'agence ou de la caisse centrale ou la date de réception de la communication faite par le ministre compétent pour faire connaître si elle maintient sa demande d'extension.

À défaut de réponse dans ce délai, la demande est réputée maintenue. »

Art. D. 2261-4. L'arrêté d'extension ou d'élargissement est publié au *Journal officiel* de la République française.

Le texte des stipulations étendues fait l'objet d'une publication au Bulletin officiel des services du ministre chargé du travail.

Sous-section 2. **Conditions d'extension des conventions et accords**

Art. L. 2261-19. Pour pouvoir être étendus, la convention de branche ou l'accord professionnel ou interprofessionnel, leurs avenants ou annexes, doivent avoir été négociés et conclus (L. 2016-1088 du 8 août 2016, art. 24, III, JO 9) « au sein de la commission paritaire mentionnée à l'article L. 2232-9 ».

Cette commission est composée de représentants des organisations syndicales d'employeurs et de salariés représentatives dans le champ d'application considéré.

(L. 2014-288 du 5 mars 2014, art. 29, III, JO 6) « Pour pouvoir être étendus, la convention de branche ou l'accord professionnel ou interprofessionnel, leurs avenants ou annexes, ne doivent pas avoir fait l'objet (Ord. 2017-1388 du 22 sept. 2017, JO 23) « dans un délai d'un mois à compter de la publication par l'autorité administrative d'un avis d'extension au *Journal officiel* de la République française, de l'opposition écrite et motivée » d'une ou de plusieurs organisations professionnelles d'employeurs reconnues représentatives au niveau considéré dont les entreprises adhérentes emploient plus de 50 % de l'ensemble des salariés des entreprises adhérant aux organisations professionnelles d'employeurs reconnues représentatives à ce niveau. » (Ord. 2017-1388 du 22 sept. 2017, JO 23) « Cette opposition est notifiée et déposée dans les conditions prévues par les articles L. 2231-5 et L. 2231-6. »

Art. L. 2261-20. À la demande de l'une des organisations syndicales d'employeurs et de salariés représentatives, ou de sa propre initiative, l'autorité administrative peut provoquer la réunion d'une commission mixte paritaire.

Lorsque deux de ces organisations en font la demande, l'autorité administrative convoque la commission mixte paritaire.

Art. D. 2261-9. Le ministre chargé du travail peut, en application de l'article L. 2261-20, provoquer la réunion d'une commission mixte paritaire.

Art. R. 2261-10. En cas de litige portant sur l'importance des délégations composant la commission mixte, le ministre chargé du travail peut fixer, dans les convocations, le nombre maximum de représentants par organisation.

Art. D. 2261-11. Lorsqu'une organisation n'envoie pas de représentant habilité à la commission mixte paritaire convoquée en application de l'article L. 2261-20, une nouvelle convocation lui est adressée dans le délai d'un mois par lettre recommandée avec avis de réception ou par notification délivrée contre récépissé.

Art. D. 2261-12. Si, à la suite de la lettre recommandée ou de la notification mentionnée à l'article D. 2261-11, l'organisation s'abstient, sans motif légitime, de déférer à la nouvelle convocation qui lui a été adressée, le ministre chargé du travail ou son représentant, président de la commission mixte, établit un rapport qu'il transmet au procureur de la République.

Art. L. 2261-21. En cas de litige portant sur l'importance des délégations composant la commission mixte, celles-ci sont convoquées dans des conditions déterminées par décret en Conseil d'État.

Art. L. 2261-22. I. – Pour pouvoir être étendue, la convention de branche conclue au niveau national contient des clauses portant sur la détermination des règles de négociation et de conclusion, prévues aux articles :

1° L. 2222-1 et L. 2222-2, relatifs au champ d'application territorial et professionnel ;

2° L. 2222-5 et L. 2222-6, relatifs aux modalités de renouvellement, de révision et de dénonciation ;

3° L. 2232-3 et L. 2232-9, relatifs aux garanties accordées aux salariés participant à la négociation.

II. – Elle contient en outre des clauses portant sur :

1° L'exercice du droit syndical et la liberté d'opinion des salariés, le déroulement de carrière des salariés exerçant des responsabilités syndicales et l'exercice de leurs fonctions ;

2° Les (Ord. 2017-1386 du 22 sept. 2017, art. 4, 57°, JO 23, entrée en vigueur au plus tard le 01.01.2018) « comités sociaux et économiques et, le cas échéant, le financement des activités sociales et culturelles gérées par eux » ;

3° Les éléments essentiels servant à la détermination des classifications professionnelles et des niveaux de qualification ;

4° Le salaire minimum national professionnel des salariés sans qualification et l'ensemble des éléments affectant le calcul du salaire applicable par catégories professionnelles, ainsi que les procédures et la périodicité prévues pour sa révision ;

5° Les congés payés ;

6° Les conditions de recrutement des salariés ;

7° Les conditions de la rupture du contrat de travail ;

8° Les modalités d'organisation et de fonctionnement de la formation professionnelle tout au long de la vie ;

9° L'égalité professionnelle entre les femmes et les hommes, la suppression des écarts de rémunération et les mesures tendant à remédier aux inégalités constatées ;

10° L'égalité de traitement entre salariés et la prévention des discriminations ;

11° Les conditions propres à concrétiser le droit au travail des personnes handicapées ;

12° En tant que de besoin dans la branche :

a) Les conditions particulières de travail des femmes enceintes, venant d'accoucher ou allaitant et des jeunes travailleurs ;

b) Les conditions d'emploi et de rémunération du personnel à temps partiel ;

c) Les conditions d'emploi et de rémunération des travailleurs à domicile ;

d) Les garanties des salariés appelés à exercer leur activité à l'étranger ;

e) Les conditions d'emploi des salariés temporaires ou d'entreprises extérieures ;

f) Les conditions de rémunération des salariés, auteurs d'une invention dévolue à l'employeur en vertu des dispositions du troisième alinéa de l'article L. 611-7 du code de la propriété intellectuelle ;

g) Les garanties des salariés résidant dans un département métropolitain et appelés à travailler (Ord. 2017-1491 du 25 oct. 2017, art. 3, 2°, JO 26, entrée en vigueur le 01.01.2018) « en Guadeloupe, en Guyane, en Martinique, à Mayotte, à La Réunion » (Ord. 2008-205 du 27 févr. 2008, JO 1er mars) « , à Saint-Barthélemy, à Saint-Martin » ou à Saint-Pierre-et-Miquelon, Wallis-et-Futuna et dans les Terres australes et antarctiques françaises ;

13° Les procédures conventionnelles de conciliation suivant lesquelles seront réglés les conflits collectifs de travail susceptibles de survenir entre les employeurs et les salariés liés par la convention ;

14° Les modalités d'accès à un régime de prévoyance (L. 2013-504 du 14 juin 2013, art. 1er, IV, JO 16, entrée en vigueur le 01.07.2014) «ou à un régime de remboursements complémentaires de frais occasionnés par une maladie, une maternité ou un accident dans des conditions au moins aussi favorables que celles prévues au II de l'article L. 911-7 du code de la sécurité sociale;»

15° Les modalités de mise en œuvre des dispositifs d'intéressement, de participation et d'épargne salariale;

16° Les modalités de prise en compte dans la branche ou l'entreprise des demandes relatives aux thèmes de négociation émanant d'une ou des organisations syndicales de salariés représentatives.

Art. R. 2261-1. Pour l'application des 4°, 9° et 10° de l'article L. 2261-22, la convention comprend notamment des clauses relatives aux modalités d'application du principe " à travail égal, salaire égal " et les procédures de règlement des difficultés pouvant naître à ce sujet.

Art. D. 2261-2. La convention de branche susceptible d'extension peut contenir, sans que cette énumération soit limitative, des stipulations concernant:

1° Les conditions particulières de travail:

a) Heures supplémentaires;

b) Travail par roulement;

c) Travail de nuit;

d) Travail du dimanche;

e) Travail des jours fériés;

2° Les conditions générales de rémunération du travail au rendement pour les catégories intéressées, sauf s'il s'agit de travaux dangereux, pénibles ou insalubres;

3° Les primes d'ancienneté et d'assiduité;

4° Les indemnités pour frais professionnels ou assimilés, notamment les indemnités de déplacement;

5° Les garanties collectives complémentaires mentionnées à l'article L. 911-2 du code de la sécurité sociale;

6° Les procédures conventionnelles d'arbitrage des conflits collectifs de travail survenant entre les employeurs et les salariés liés par la convention;

7° Les conditions d'exercice des responsabilités mutualistes.

Art. L. 2261-23. À défaut de convention au niveau national, les conditions d'extension prévues à l'article L. 2261-22 sont applicables aux conventions de branche conclues à d'autres niveaux territoriaux, sous réserve des adaptations nécessitées par les conditions propres aux secteurs territoriaux considérés.

Art. L. 2261-23-1. (Ord. 2017-1385 du 22 sept. 2017, art. 2, II, JO 23) Pour pouvoir être étendus, la convention de branche ou l'accord professionnel doivent, sauf justifications, comporter, pour les entreprises de moins de cinquante salariés, les stipulations spécifiques mentionnées à l'article L. 2232-10-1.

Sous-section 3. **Procédures d'extension et d'élargissement**

Art. L. 2261-24. La procédure d'extension d'une convention de branche ou d'un accord professionnel ou interprofessionnel est engagée à la demande d'une des organisations d'employeurs ou de salariés représentatives mentionnées à l'article L. 2261-19 ou à l'initiative du ministre chargé du travail, après avis motivé de la Commission nationale de la négociation collective [, de l'emploi et de la formation professionnelle].

Saisi de cette demande, le ministre chargé du travail engage sans délai la procédure d'extension.

Art. L. 2261-25. Le ministre chargé du travail peut exclure de l'extension, après avis motivé de la Commission nationale de la négociation collective [, de l'emploi et de la formation professionnelle], les clauses qui seraient en contradiction avec des dispositions légales. (Ord. 2017-1388 du 22 sept. 2017, JO 23) «Il peut également refuser, pour des motifs d'intérêt général, notamment pour atteinte excessive à la libre concurrence (L. 2018-217 du 29 mars 2018, art. 16, JO 31) «ou au regard des objectifs de la politique de l'emploi», l'extension d'un accord collectif.»

Il peut également exclure les clauses pouvant être distraites de la convention ou de l'accord sans en modifier l'économie, mais ne répondant pas à la situation de la branche ou des branches dans le champ d'application considéré.

Il peut, dans les mêmes conditions, étendre, sous réserve de l'application des dispositions légales, les clauses incomplètes au regard de ces dispositions.

(Ord. 2017-1388 du 22 sept. 2017, JO 23) « Il peut, dans les mêmes conditions, étendre les clauses appelant des stipulations complémentaires de la convention ou de l'accord, en subordonnant, sauf dispositions législatives contraires, leur entrée en vigueur à l'existence d'une convention d'entreprise prévoyant ces stipulations. »

Art. L. 2261-26. Lorsque les avenants à une convention étendue ne portent que sur les salaires, ils sont soumis à une procédure d'examen accéléré dont les modalités sont définies par voie réglementaire après consultation de la Commission nationale de la négociation collective [, de l'emploi et de la formation professionnelle]. Cette procédure doit être de nature à préserver les droits des tiers.

Dans les professions agricoles, les avenants salariaux à des conventions collectives régionales ou départementales étendues peuvent être étendus par arrêté.

Art. R. 2261-5. Les avenants salariaux mentionnés au premier alinéa de l'article L. 2261-26 dont l'extension est envisagée sont transmis aux membres de la sous-commission des conventions et accords de la Commission nationale de la négociation collective (D. 2018-1262 du 26 déc. 2018, art. 1er, III, JO 28, entrée en vigueur le 01.01.2019) « , de l'emploi et de la formation professionnelle ».

Ces membres disposent d'un délai de quinze jours à compter de la date d'envoi pour demander l'examen par cette sous-commission.

Sont examinés :

1° Les avenants pour lesquels au moins une demande d'examen a été faite ;

2° Les avenants pour lesquels des oppositions sont notifiées, sans demande d'examen, lorsque ces oppositions émanent soit de deux membres employeurs, soit de deux membres salariés.

Les avenants qui n'ont pas à être soumis à l'examen de la sous-commission sont réputés avoir recueilli l'avis motivé favorable de la Commission nationale de la négociation collective (D. 2018-1262 du 26 déc. 2018, art. 1er, III, JO 28, entrée en vigueur le 01.01.2019) « , de l'emploi et de la formation professionnelle ».

Art. R. 2261-8. Le silence gardé pendant plus de six mois par le ministre chargé du travail saisi d'une demande d'extension, en application des articles L. 2261-17 ou L. 2261-24, vaut décision de rejet.

Art. L. 2261-27. Quand l'avis motivé favorable de la Commission nationale de la négociation collective [, de l'emploi et de la formation professionnelle] a été émis sans opposition écrite et motivée soit de deux organisations d'employeurs, soit de deux organisations de salariés représentées à cette commission, le ministre chargé du travail peut étendre par arrêté une convention ou un accord ou leurs avenants ou annexes :

1° Lorsque le texte n'a pas été signé par la totalité des organisations les plus représentatives intéressées ;

2° Lorsque la convention ne comporte pas toutes les clauses obligatoires énumérées à l'article L. 2261-22 ;

3° Lorsque la convention ne couvre pas l'ensemble des catégories professionnelles de la branche, mais seulement une ou plusieurs d'entre elles.

En cas d'opposition dans les conditions prévues au premier alinéa, le ministre chargé du travail peut consulter à nouveau la commission sur la base d'un rapport précisant la portée des dispositions en cause ainsi que les conséquences d'une éventuelle extension.

Le ministre chargé du travail peut décider l'extension, au vu du nouvel avis émis par la commission. Cette décision est motivée.

Art. L. 2261-27-1. (Ord. 2017-1388 du 22 sept. 2017, JO 23) Le ministre chargé du travail, de sa propre initiative ou à la demande écrite et motivée d'une organisation d'employeurs ou d'une organisation de salariés représentative dans le champ d'application d'une convention, d'un accord ou de leurs avenants, saisit un groupe d'experts chargé d'apprécier les effets économiques et sociaux susceptibles de résulter de leur extension.

Un décret détermine les modalités d'application du présent article, notamment les conditions de désignation des experts mentionnés au premier alinéa garantissant leur indépendance.

Art. D. 2261-4-1. (D. 2017-1689 du 14 déc. 2017, JO 15) Le groupe d'experts chargé d'apprécier les effets économiques et sociaux susceptibles de résulter de l'extension d'une convention, d'un accord ou de leurs avenants prévu à l'article L. 2261-27-1 est composé de cinq personnalités choisies à raison de leur compétence et de leur expérience dans le domaine économique et social et nommées par arrêté du ministre chargé du travail.

Le ministre du travail désigne le président du groupe d'experts parmi ses membres.

Art. D. 2261-4-2. (D. 2017-1689 du 14 déc. 2017, JO 15) Le mandat des membres est d'une durée de quatre ans et n'est pas révocable. Ceux des membres dont le mandat est interrompu, pour quelque cause que ce soit, sont remplacés dans les mêmes conditions de désignation que leurs prédécesseurs, dans le délai de deux mois pour la durée du mandat restant à courir.

Art. D. 2261-4-3. (D. 2017-1689 du 14 déc. 2017, JO 15) Les organisations mentionnées à l'article L. 2261-27-1 disposent d'un délai d'un mois à compter de la publication de l'avis prévu à l'article L. 2261-19 pour demander au ministre la saisine du groupe d'experts.

Cette demande est déposée auprès des services centraux du ministère du travail. Le ministre chargé du travail saisit le président du groupe d'expert de la demande prévue à l'alinéa précédent.

Art. D. 2261-4-4. (D. 2017-1689 du 14 déc. 2017, JO 15) Le groupe d'experts remet au ministre chargé du travail, dans un délai de deux mois à compter de sa saisine, un rapport sur les effets économiques et sociaux susceptibles de résulter de l'extension de la convention ou de l'accord concerné ou d'un ou plusieurs de leurs avenants.

Cet avis est communiqué à la Commission nationale de la négociation collective (D. 2018-1262 du 26 déc. 2018, art. 1er, III, JO 28, entrée en vigueur le 01.01.2019) «, de l'emploi et de la formation professionnelle» préalablement à son rapport sur l'extension de la convention, de l'accord ou de l'avenant concerné donné en application du 3° de l'article L. 2271-1.

En l'absence de rapport à l'issue du délai prévu au premier alinéa, le groupe d'expert est réputé ne pas avoir d'observations quant à l'extension de l'accord.

Art. D. 2261-4-5. (D. 2017-1689 du 14 déc. 2017, JO 15) Dans l'exercice des activités du groupe d'experts, ses membres ne peuvent solliciter ni accepter d'instruction d'aucune autorité.

Ils sont tenus au secret sur les débats auxquels ils ont participé et sur les informations auxquelles ils ont eu accès dans le cadre de leurs travaux.

En cas de manquement aux obligations prévues au présent article, le mandat d'un membre peut être suspendu par le président du groupe d'experts.

Art. D. 2261-4-6. (D. 2017-1689 du 14 déc. 2017, JO 15) Les membres du groupe d'expert ne peuvent prendre part à l'élaboration du rapport lorsqu'ils ont un intérêt personnel à l'affaire qui en est l'objet.

Art. L. 2261-28. L'arrêté d'extension d'une convention ou d'un accord devient caduc à compter du jour où la convention ou l'accord en cause cesse de produire effet.

Art. L. 2261-29. L'arrêté d'élargissement devient caduc à compter du jour où l'arrêté d'extension du texte intéressé cesse de produire effet.

Art. L. 2261-30. Si une convention ou un accord est ultérieurement conclu dans un secteur territorial ou professionnel ayant fait l'objet d'un arrêté d'élargissement, celui-ci devient caduc à l'égard des employeurs liés par cette convention ou cet accord.

L'arrêté d'extension emporte abrogation de l'arrêté d'élargissement dans le champ d'application pour lequel l'extension est prononcée.

Art. L. 2261-31. Les dispositions de la présente sous-section ne sont pas applicables:

1° Aux accords relatifs à l'assurance chômage prévus à l'article L. 5422-20;

2° Aux accords conclus dans le cadre d'une convention ou d'un accord de participation des salariés aux résultats de l'entreprise et qui tendent à fixer la nature et les modalités de gestion des droits reconnus aux salariés qui en bénéficient.

Art. D. 2261-13. Dans les formes prévues par les articles L. 2261-24 à L. 2261-31, le ministre chargé du travail peut, à la demande d'une des organisations représentatives intéressées ou de sa propre initiative:

1° Abroger l'arrêté d'extension en vue de mettre fin à l'extension de la convention ou d'un accord ou de certaines de leurs dispositions lorsqu'il apparaît que les textes en cause ne répondent plus à la situation de la branche ou des branches dans le champ d'application considéré;

2° Abroger l'arrêté d'élargissement d'une convention ou d'un accord, pour tout ou partie du champ professionnel ou territorial mentionné par cet arrêté.

SECTION 8. Restructuration des branches professionnelles

Note Cette section a été introduite par la loi 2014-288 du 5 mars 2014, art. 29, IV, JO 6.

Art. L. 2261-32. (L. 2016-1088 du 8 août 2016, art. 25, I, 1°, JO 9) I. – Le ministre chargé du travail peut, eu égard à l'intérêt général attaché à la restructuration des branches professionnelles, engager une procédure de fusion du champ d'application des conventions collectives d'une branche avec celui d'une branche de rattachement présentant des conditions sociales et économiques analogues:

1° Lorsque la branche (Ord. 2017-1385 du 22 sept. 2017, art. 12, I, JO 23) «compte moins de 5 000 salariés»;

2° Lorsque la branche a une activité conventionnelle caractérisée par la faiblesse du nombre des accords ou avenants signés et du nombre des thèmes de négociations couverts;

3° Lorsque le champ d'application géographique de la branche est uniquement régional ou local;

4° Lorsque moins de 5 % des entreprises de la branche adhèrent à une organisation professionnelle représentative des employeurs;

5° En l'absence de mise en place ou de réunion de la commission prévue à l'article L. 2232-9;

(L. 2018-771 du 5 sept. 2018, art. 34, I, JO 6) «6° En l'absence de capacité à assurer effectivement la plénitude de ses compétences en matière de formation professionnelle et d'apprentissage.»

Cette procédure peut également être engagée pour fusionner plusieurs branches afin de renforcer la cohérence du champ d'application des conventions collectives.

Un avis publié au *Journal officiel* invite les organisations et personnes intéressées à faire connaître, dans un délai déterminé par décret, leurs observations sur ce projet de fusion.

Le ministre chargé du travail procède à la fusion après avis motivé de la Commission nationale de la négociation collective [, de l'emploi et de la formation professionnelle].

Lorsque deux organisations professionnelles d'employeurs ou deux organisations syndicales de salariés représentées à cette commission proposent une autre branche de rattachement, par demande écrite et motivée, le ministre consulte à nouveau la commission dans un délai et selon des modalités fixés par décret.

Une fois le nouvel avis rendu par la commission, le ministre peut prononcer la fusion.

II. – Le ministre chargé du travail peut, après avis motivé de la Commission nationale de la négociation collective [, de l'emploi et de la formation professionnelle], prononcer l'élargissement du champ d'application géographique ou professionnel d'une convention collective, afin qu'il intègre un secteur territorial ou professionnel non couvert par une convention collective.

Un avis publié au *Journal officiel* invite les organisations et personnes intéressées à faire connaître, dans un délai déterminé par décret, leurs observations sur ce projet d'élargissement du champ d'application.

Lorsque deux organisations professionnelles d'employeurs ou deux organisations syndicales de salariés représentées à cette commission proposent un projet alternatif d'élargissement du champ d'application, par demande écrite et motivée, le ministre consulte à nouveau la commission dans un délai et selon des modalités fixés par décret.

Une fois le nouvel avis rendu par la commission, le ministre peut prononcer l'élargissement du champ de la convention collective concernée.

III. – Pour les branches mentionnées au I, le ministre chargé du travail peut, eu égard à l'intérêt général attaché à la restructuration des branches professionnelles, refuser d'étendre la convention collective, ses avenants ou ses annexes, après avis de la Commission nationale de la négociation collective [, de l'emploi et de la formation professionnelle].

IV. – Pour les branches mentionnées au I, le ministre chargé du travail peut, eu égard à l'intérêt général attaché à la restructuration des branches professionnelles, après avis de la Commission nationale de la négociation collective [, de l'emploi et de la formation professionnelle] et du Haut Conseil du dialogue social, décider de ne pas arrêter la liste des organisations professionnelles mentionnée à l'article L. 2152-6 ni la liste des organisations syndicales reconnues représentatives pour une branche professionnelle mentionnée à l'article L. 2122-11.

V. – Sauf dispositions contraires, un décret en Conseil d'État détermine les conditions d'application du présent article.

Art. D. 2261-14. (D. 2016-1399 du 19 oct. 2016, JO 20) Le délai mentionné au huitième alinéa du I et au deuxième alinéa du II de l'article L. 2261-32 est de quinze jours.

Art. D. 2261-15. (D. 2016-1399 du 19 oct. 2016, JO 20) La proposition mentionnée au dixième alinéa du I et au troisième alinéa du II de l'article L. 2261-32 est transmise au ministre chargé du travail dans un délai de quinze jours à compter de la date de la première consultation de la sous-commission de la restructuration des branches professionnelles mentionnée à l'article R. 2272-10.

À l'issue de ce délai, le ministre chargé du travail transmet l'ensemble des propositions reçues aux représentants des organisations siégeant à la sous-commission.

La sous-commission est à nouveau consultée dans un délai qui ne peut être inférieur à un mois à compter de la date de la première consultation.

Art. R. 2261-15. (D. 2016-1540 du 15 nov. 2016, art. 1er, JO 17) Pour l'application du I de l'article L. 2261-32 du code du travail, le ministre chargé du travail engage en priorité et selon l'un des critères suivants la fusion des branches :

1° Comptant moins de 5 000 salariés ;

2° N'ayant pas négocié au cours des trois dernières années sur plusieurs thèmes relevant de la négociation obligatoire mentionnés aux articles L. 2241-1 et suivants, L. 2241-3 et suivants, L. 2241-7 et suivants du code du travail ;

3° Dont le champ d'application géographique est uniquement régional ou local ;

4° Dans lesquelles moins de 5 % des entreprises adhèrent à une organisation professionnelle représentative des employeurs ;

5° Dont la commission paritaire permanente de négociation et d'interprétation ne s'est pas réunie au cours de l'année précédente.

Art. L. 2261-33. (L. 2016-1088 du 8 août 2016, art. 25, I, 2°, JO 9) En cas de fusion des champs d'application de plusieurs conventions collectives en application du I de l'article L. 2261-32 ou en cas de conclusion d'un accord collectif regroupant le champ de plusieurs conventions existantes, les stipulations conventionnelles applicables avant la fusion ou le regroupement, lorsqu'elles régissent des situations équivalentes, sont remplacées par des stipulations communes, dans un délai de cinq ans à compter de la date d'effet de la fusion ou du regroupement. Pendant ce délai, la branche issue du regroupement ou de la fusion peut maintenir plusieurs conventions collectives.

Eu égard à l'intérêt général attaché à la restructuration des branches professionnelles, les différences temporaires de traitement entre salariés résultant de la fusion ou du regroupement ne peuvent être utilement invoquées pendant le délai mentionné au premier alinéa du présent article.

À défaut d'accord conclu dans ce délai, les stipulations de la convention collective de la branche de rattachement s'appliquent.

Art. L. 2261-34. (L. 2016-1088 du 8 août 2016, art. 25, I, 2°, JO 9) Jusqu'à la mesure de la représentativité des organisations professionnelles d'employeurs qui suit la fusion de champs conventionnels prononcée en application du I de l'article L. 2261-32 ou de la conclusion d'un accord collectif regroupant le champ de plusieurs conventions préexistantes, sont admises à négocier les organisations professionnelles d'employeurs représentatives dans le champ d'au moins une branche préexistant à la fusion ou au regroupement.

La même règle s'applique aux organisations syndicales de salariés.

Les taux mentionnés au dernier alinéa de l'article L. 2261-19 et à l'article L. 2232-6 sont appréciés au niveau de la branche issue de la fusion ou du regroupement.

Chapitre II
Effets de l'application des conventions et accords

SECTION 1. Obligations d'exécution

Art. L. 2262-1. Sans préjudice des effets attachés à l'extension ou à l'élargissement, l'application des conventions et accords est obligatoire pour tous les signataires ou membres des organisations ou groupements signataires.

Art. L. 2262-2. L'adhésion à une organisation ou à un groupement signataire emporte les conséquences de l'adhésion à la convention ou à l'accord collectif de travail lui-même, sous réserve que les conditions d'adhésion prévues à l'article L. 2261-3 soient réunies.

Art. L. 2262-3. L'employeur qui démissionne de l'organisation ou du groupement signataire postérieurement à la signature de la convention ou de l'accord demeure lié par ces derniers.

Art. L. 2262-4. Les organisations de salariés et les organisations ou groupements d'employeurs, ou les employeurs pris individuellement, liés par une convention ou un accord, sont tenus de ne rien faire qui soit de nature à en compromettre l'exécution loyale. Ils ne sont garants de cette exécution que dans la mesure déterminée par la convention ou l'accord.

SECTION 2. Information et communication

Art. L. 2262-5. Les conditions d'information des salariés et des représentants du personnel sur le droit conventionnel applicable dans l'entreprise et l'établissement sont définies par convention de branche ou accord professionnel.

En l'absence de convention ou d'accord, les modalités d'information relatives aux textes conventionnels applicables sont définies par voie réglementaire.

Art. L. 2262-6. L'employeur fournit chaque année au (Ord. 2017-1386 du 22 sept. 2017, art. 4, 40°, JO 23, entrée en vigueur au plus tard le 01.01.2018) « comité social et économique, et aux délégués syndicaux », la liste des modifications apportées aux conventions ou accords applicables dans l'entreprise.

À défaut de délégués du personnel, cette information est communiquée aux salariés.

Art. L. 2262-7. Lorsqu'il démissionne d'une organisation signataire d'une convention ou d'un accord, l'employeur en informe sans délai le personnel dans les conditions définies à l'article L. 2262-6.

Art. L. 2262-8. Il peut être donné communication et délivré copie des textes conventionnels déposés auprès de l'autorité administrative, dans les conditions déterminées par décret en Conseil d'État.

Art. R. 2262-1. À défaut d'autres modalités prévues par une convention ou un accord conclu en application de l'article L. 2262-5, l'employeur :

1° Donne au salarié au moment de l'embauche une notice l'informant des textes conventionnels applicables dans l'entreprise ou l'établissement ;

2° Tient un exemplaire à jour de ces textes à la disposition des salariés sur le lieu de travail ;

3° Met sur l'intranet, dans les entreprises dotées de ce dernier, un exemplaire à jour des textes.

Art. R. 2262-2. L'employeur lié par une convention ou un accord collectif de travail fournit un exemplaire de ce texte au (D. 2017-1819 du 29 déc. 2017, art. 3, 14°, JO 30, entrée en vigueur le 01.01.2018) « comité social et économique et aux comités sociaux et économiques d'établissement ainsi qu'aux » délégués syndicaux ou aux salariés mandatés.

Art. R. 2262-3. Un avis (D. 2016-1417 du 20 oct. 2016, art. 3, JO 22) « est communiqué par tout moyen aux salariés ».

Cet avis comporte l'intitulé des conventions et des accords applicables dans l'établissement. La mention générique " Accords nationaux interprofessionnels " peut être substituée à l'intitulé des accords de cette catégorie.

L'avis précise où les textes sont tenus à la disposition des salariés sur le lieu de travail ainsi que les modalités leur permettant de les consulter pendant leur temps de présence.

Art. R. 2262-4. Pour les concierges ou gardiens d'immeubles, les employés de maison, les travailleurs isolés ou à domicile, la délivrance par l'employeur à chacun de ces salariés d'un document reprenant les informations qui figurent sur l'avis mentionné à l'article R. 2262-3 se substitue à l'obligation d'affichage prévue par ce même article.

Art. R. 2262-5. Les modifications ou compléments à apporter sur l'avis ou le document qui en tient lieu le sont dans un délai d'un mois à compter de leur date d'effet.

SECTION 3. Actions en justice

Art. L. 2262-9. Les organisations ou groupements ayant la capacité d'agir en justice, dont les membres sont liés par une convention ou un accord, peuvent exercer toutes les actions en justice qui en résultent en faveur de leurs membres, sans avoir à justifier d'un mandat de l'intéressé, pourvu que celui-ci ait été averti et n'ait pas déclaré s'y opposer.

L'intéressé peut toujours intervenir à l'instance engagée par l'organisation ou le groupement.

Art. L. 2262-10. Lorsqu'une action née de la convention ou de l'accord est intentée soit par une personne, soit par une organisation ou un groupement, toute organisation ou tout groupement ayant la capacité d'agir en justice, dont les membres sont liés par la convention ou l'accord, peut toujours intervenir à l'instance engagée, à raison de l'intérêt collectif que la solution du litige peut présenter pour ses membres.

Art. L. 2262-11. Les organisations ou groupements ayant la capacité d'agir en justice, liés par une convention ou un accord, peuvent intenter en leur nom propre toute action visant à obtenir l'exécution des engagements contractés et, le cas échéant, des dommages-intérêts contre les autres organisations ou groupements, leurs propres membres ou toute personne liée par la convention ou l'accord.

Art. L. 2262-12. Les personnes liées par une convention ou un accord peuvent intenter toute action visant à obtenir l'exécution des engagements contractés et, le cas échéant, des dommages-intérêts contre les autres personnes ou les organisations ou groupements, liés par la convention ou l'accord, qui violeraient à leur égard ces engagements.

Art. L. 2262-13. (Ord. 2017-1385 du 22 sept. 2017, art. 4, JO 23) Il appartient à celui qui conteste la légalité d'une convention ou d'un accord collectif de démontrer qu'il n'est pas conforme aux conditions légales qui le régissent.

Art. L. 2262-14. (Ord. 2017-1385 du 22 sept. 2017, art. 4, JO 23) Toute action en nullité de tout ou partie d'une convention ou d'un accord collectif doit, à peine d'irrecevabilité, être engagée dans un délai de deux mois à compter :

1° De la notification de l'accord d'entreprise prévue à l'article L. 2231-5, pour les organisations disposant d'une section syndicale dans l'entreprise ;

2° De la publication de l'accord prévue à l'article L. 2231-5-1 dans tous les autres cas.

Ce délai s'applique sans préjudice des articles L. 1233-24, L. 1235-7-1 et L. 1237-19-8 du code du travail.

Art. L. 2262-14-1. (L. 2018-217 du 29 mars 2018, art. 2, I, 17°, JO 31) Lorsque le juge est saisi d'une action en nullité mentionnée à l'article L. 2262-14, il rend sa décision dans un délai de six mois.

Art. L. 2262-15. (Ord. 2017-1385 du 22 sept. 2017, art. 4, JO 23) En cas d'annulation par le juge de tout ou partie d'un accord ou d'une convention collective, celui-ci peut décider, s'il lui apparaît que l'effet rétroactif de cette annulation est de nature à emporter des conséquences manifestement excessives en raison tant des effets que cet acte a produits et des situations qui ont pu se constituer lorsqu'il était en vigueur que de l'intérêt général pouvant s'attacher à un maintien temporaire de ses effets, que l'annulation ne produira ses effets que pour l'avenir ou de moduler les effets de sa décision dans le temps, sous réserve des actions contentieuses déjà engagées à la date de sa décision sur le même fondement.

Chapitre III
Dispositions pénales

Art. L. 2263-1. Lorsqu'en application d'une disposition législative expresse dans une matière déterminée, une convention ou un accord collectif de travail étendu déroge à des dispositions légales, les infractions aux stipulations dérogatoires sont punies des sanctions qu'entraîne la violation des dispositions légales en cause.

Art. R. 2263-1. (D. 2017-932 du 10 mai 2017, JO 11) Le fait de ne pas mettre en œuvre l'obligation prévue à l'article R. 2262-3 ou de ne pas transmettre au salarié le document prévu à l'article R. 2262-4 est puni de l'amende prévue pour les contraventions de la quatrième classe.

Art. R. 2263-2. Le fait de ne pas porter, dans un délai d'un mois à compter de leur date d'effet, les modifications d'une convention ou d'un accord collectif de travail sur l'avis ou le document prévus aux articles R. 2262-3 et R. 2262-4, est puni de l'amende prévue pour les contraventions de la quatrième classe.

Art. R. 2263-3. Le fait pour l'employeur, lié par une convention ou un accord collectif de travail étendu, de payer des salaires inférieurs à ceux fixés dans cette convention ou cet accord, est puni de l'amende prévue pour les contraventions de la quatrième classe.
L'amende est prononcée autant de fois qu'il y a de salariés concernés.

Art. R. 2263-4. Le fait pour l'employeur de méconnaître les stipulations conventionnelles relatives aux accessoires du salaire prévus par une convention ou un accord collectif de travail étendu, est puni de l'amende prévue pour les contraventions de la quatrième classe.
L'amende est prononcée autant de fois qu'il y a de salariés concernés.

Art. R. 2263-5. Le fait, pour le responsable d'une organisation, de ne pas déférer, sans motif légitime, à la nouvelle convocation qui lui a été adressée en application de l'article D. 2261-12, est puni de l'amende prévue pour les contraventions de la cinquième classe.

TITRE VII
COMMISSION NATIONALE DE LA NÉGOCIATION COLLECTIVE, DE L'EMPLOI ET DE LA FORMATION PROFESSIONNELLE

Chapitre Ier
Missions

Art. L. 2271-1. La Commission nationale de la négociation collective (L. 2018-771 du 5 sept. 2018, art. 36, II, 1°, JO 6) «, de l'emploi et de la formation professionnelle» est chargée:

1° De proposer au ministre chargé du travail toutes mesures de nature à faciliter le développement de la négociation collective, en particulier en vue d'harmoniser les définitions conventionnelles des branches;

2° D'émettre un avis sur les projets de loi, d'ordonnance et de décret relatifs aux règles générales portant sur les relations individuelles et collectives du travail, notamment celles concernant la négociation collective (L. 2018-771 du 5 sept. 2018, art. 36, II, 2°, JO 6) «, ainsi que dans le domaine de la politique de l'emploi, de l'orientation et de la formation professionnelle initiale et continue»;

3° De donner un avis motivé au ministre chargé du travail sur l'extension et l'élargissement des conventions et accords collectifs ainsi que sur l'abrogation des arrêtés d'extension ou d'élargissement;

4° De donner, à la demande d'au moins la moitié des membres de la commission d'interprétation compétente préalablement saisie, un avis sur l'interprétation de clauses d'une convention ou d'un accord collectif;

5° De donner, (L. 2008-1258 du 3 déc. 2008, art. 24, JO 4) «après avoir pris connaissance du rapport annuel établi par un groupe d'experts désigné à cet effet,» un avis motivé au ministre chargé du travail sur la fixation du salaire minimum de croissance dans les cas prévus par les articles L. 3231-6 et L. 3231-10;

6° De suivre l'évolution des salaires effectifs et des rémunérations minimales déterminées par les conventions et accords collectifs ainsi que l'évolution des rémunérations dans les entreprises publiques;

7° D'examiner le bilan annuel de la négociation collective;

8° De suivre annuellement l'application dans les conventions collectives du principe " à travail égal salaire égal ", du principe de l'égalité professionnelle entre les femmes et les hommes et du principe d'égalité de traitement entre les salariés sans considération d'appartenance ou de non-appartenance, vraie ou supposée, à une ethnie, une nation ou une race, ainsi que des mesures prises en faveur du droit au travail des personnes handicapées, de constater les inégalités éventuellement persistantes et d'en analyser les causes. La Commission nationale a qualité pour faire au ministre chargé du travail toute proposition pour promouvoir dans les faits et dans les textes ces principes d'égalité;

9° De suivre annuellement l'évolution du taux d'activité des personnes de plus de cinquante ans afin de faire au ministre chargé du travail toute proposition de nature à favoriser leur maintien ou leur retour dans l'emploi;

(L. 2018-771 du 5 sept. 2018, art. 36, II, 3°, JO 6) «10° D'émettre un avis sur:

a) Le projet de convention pluriannuelle définie à l'article L. 5312-3;

b) L'agrément des accords d'assurance chômage mentionnés à l'article L. 5422-20;

c) Les plans de formations organisés par l'État en application des I et II de l'article L. 6122-1.»

Art. R. 2271-1. Lors de l'examen annuel prévu au 8° de l'article L. 2271-1, la Commission nationale de la négociation collective (D. 2018-1262 du 26 déc. 2018, art. 1er, I, 2°, JO 28, entrée en vigueur le 01.01.2019) «, de l'emploi et de la formation professionnelle» établit le bilan de l'application des mesures tendant à supprimer les écarts de rémunération entre les femmes et les hommes prévues (D. 2017-1703 du 15 déc. 2017, art. 3, JO 17) «au 2° de l'article L. 2241-1 et à l'article L. 2241-17».

Chapitre II

Organisation et fonctionnement

Art. L. 2272-1. La Commission nationale de la négociation collective (L. 2018-771 du 5 sept. 2018, art. 36, III, 1°, JO 6) «, de l'emploi et de la formation professionnelle» comprend des représentants de l'État, du Conseil d'État, ainsi que des représentants des organisations d'employeurs représentatives au niveau national et des organisations syndicales de salariés représentatives au niveau national.

(L. 2018-771 du 5 sept. 2018, art. 36, III, 2°, JO 6) «Lorsqu'elle est consultée dans le domaine de la politique de l'emploi, de l'orientation et de la formation professionnelle initiale et continue et sur les documents mentionnés au 10° de l'article L. 2271-1, elle comprend également des représentants des régions, des départements et des collectivités ultra-marines.»

Art. L. 2272-2. Un décret en Conseil d'État détermine les modalités d'organisation et de fonctionnement de la Commission nationale de la négociation collective (L. 2018-771 du 5 sept. 2018, art. 36, IV, JO 6) «, de l'emploi et de la formation professionnelle».

SECTION 1 (RÉGLEMENTAIRE). Commission nationale de la négociation collective, de l'emploi et de la formation professionnelle

Art. R. 2272-1. (D. 2018-1262 du 26 déc. 2018, art. 1er, I, 4°, JO 28, entrée en vigueur le 01.01.2019) I. – La Commission nationale de la négociation collective, de l'emploi et de la formation professionnelle comprend:

1° Le ministre chargé du travail ou son représentant, président;

2° Le ministre chargé de l'agriculture ou son représentant;

3° Le ministre chargé de l'économie ou son représentant;

4° Le président de la section sociale du Conseil d'État;

5° Six représentants des organisations d'employeurs et dix représentants titulaires des organisations syndicales de salariés, représentatives au niveau national interprofessionnel.

II. – Lorsque la commission mentionnée au I est consultée sur les projets de loi, d'ordonnance et de décret relatifs à l'emploi, l'orientation et la formation professionnelles, elle comprend également :

1° Le ministre chargé de l'emploi ou son représentant ;

2° Le ministre chargé de la formation professionnelle, ou son représentant ;

3° Le ministre chargé de l'éducation nationale, ou son représentant ;

4° Le ministre chargé de l'enseignement supérieur, ou son représentant ;

5° Huit représentants des régions et des collectivités ultramarines exerçant les compétences dévolues aux conseils régionaux en matière de formation professionnelle ;

6° Deux représentants des départements.

Art. R. 2272-2. Les représentants titulaires des salariés sont nommés par le ministre chargé du travail comme suit :

1° (D. 2018-1262 du 26 déc. 2018, art. 1er, I, 5°, JO 28, entrée en vigueur le 01.01.2019) « Deux » représentants, sur proposition de la Confédération générale du travail (CGT) ;

2° (D. 2018-1262 du 26 déc. 2018, art. 1er, I, 5°, JO 28, entrée en vigueur le 01.01.2019) « Deux » représentants, sur proposition de la Confédération française démocratique du travail (CFDT) ;

3° (D. 2018-1262 du 26 déc. 2018, art. 1er, I, 5°, JO 28, entrée en vigueur le 01.01.2019) « Deux » représentants, sur proposition de la Confédération générale du travail – Force ouvrière (CGT – FO) ;

4° Deux représentants, sur proposition de la Confédération française des travailleurs chrétiens (CFTC) ;

5° Deux représentants, sur proposition de la Confédération française de l'encadrement Confédération générale des cadres (CFE – CGC).

Art. R. 2272-3. (D. 2018-1262 du 26 déc. 2018, art. 1er, I, 6°, JO 28, entrée en vigueur le 01.01.2019) Les représentants titulaires des employeurs sont nommés par le ministre chargé du travail comme suit :

1° Deux sur proposition du Mouvement des entreprises de France (MEDEF) ;

2° Deux sur proposition de la Confédération des petites et moyennes entreprises (CPME) ;

3° Deux sur proposition de l'Union des entreprises de proximité (U2P).

Art. R. 2272-4. (D. 2018-1262 du 26 déc. 2018, art. 1er, I, 7°, JO 28, entrée en vigueur le 01.01.2019) Les représentants titulaires des collectivités territoriales mentionnés aux 5° et 6° du II de l'article R. 2272-1 sont nommés par les ministres chargés de l'emploi et de la formation professionnelle comme suit :

1° Sur proposition de l'association Régions de France, pour les représentants des collectivités du 5° du II de l'article R. 2272-1 ;

2° Sur proposition de l'association des départements de France, pour les représentants des collectivités mentionnés au 6° du II de l'article R. 2272-1.

Art. R. 2272-5. (D. 2018-1262 du 26 déc. 2018, art. 1er, I, 8°, JO 28, entrée en vigueur le 01.01.2019) Un membre suppléant est nommé, dans les mêmes conditions que les titulaires, pour chaque organisation mentionnée aux articles R. 2272-2 et R. 2272-3, ainsi que pour les collectivités mentionnées au 6° du II de l'article R. 2272-1.

Pour les collectivités mentionnées au 5° du II de l'article R. 2272-1, quatre suppléants sont nommés dans les mêmes conditions que les titulaires.

Art. R. 2272-6. La Commission nationale peut créer, en son sein, des groupes de travail pour l'étude de questions particulières et faire appel à des experts.

Art. R. 2272-7. Les membres de la Commission nationale ne doivent avoir fait l'objet d'aucune interdiction, déchéance ou incapacité relative à leurs droits civiques.

Art. R. 2272-8. La Commission nationale est convoquée par (D. 2018-1262 du 26 déc. 2018, art. 1er, I, 9°, JO 28, entrée en vigueur le 01.01.2019) « les ministres chargés du travail, de l'emploi ou de la formation professionnelle de leur propre initiative » ou à la demande de la majorité de ses membres titulaires.

Elle se réunit au moins une fois par an.

Art. R. 2272-9. (D. 2018-1262 du 26 déc. 2018, art. 1er, I, 10°, JO 28, entrée en vigueur le 01.01.2019) I. – La Commission nationale peut s'adjoindre à titre consultatif des représentants des départements ministériels intéressés.

II. – Assistent à la Commission nationale, sans voix délibérative, des représentants d'employeurs nommés par arrêté du ministre chargé du travail comme suit :

1° Un représentant des professions agricoles, sur proposition de la Fédération nationale des syndicats d'exploitants agricoles (FNSEA) ;

2° Un représentant des employeurs de l'économie sociale et solidaire, sur proposition de l'Union des employeurs de l'économie sociale et solidaire (UDES) ;

3° Un représentant de la Fédération des entreprises du spectacle vivant, de la musique, de l'audiovisuel et du cinéma (FESAC).

III. – Assistent à la Commission nationale, lorsqu'elle est consultée sur les projets de loi, d'ordonnance et de décret relatifs à l'emploi, l'orientation et la formation professionnelles, sans voix délibérative, des représentants des organisations syndicales représentant les salariés intéressées par ces domaines, nommés par le ministre chargé de l'emploi et de la formation professionnelle comme suit :

1° Un représentant, sur proposition de l'Union nationale des syndicats autonomes (UNSA) ;

2° Un représentant, sur proposition de la Fédération syndicale unitaire (FSU).

SECTION 2 (RÉGLEMENTAIRE). Sous-commissions

Art. R. 2272-10. Les missions dévolues à la Commission nationale peuvent être exercées par (D. 2018-1262 du 26 déc. 2018, art. 1er, I, 11°, JO 28, entrée en vigueur le 01.01.2019) « quatre » sous-commissions :

1° La sous-commission des conventions et accords, (D. 2015-262 du 5 mars 2015, JO 7) « en ce qui concerne les 2° à 4° de l'article L. 2271-1 ». Lorsque les questions traitées concernent uniquement les professions agricoles, la sous-commission est réunie en formation spécifique ;

2° La sous-commission des salaires en ce qui concerne, d'une part, les 6° et 8° de l'article L. 2271-1 pour la partie salariale, d'autre part, l'avis prévu à l'article R.* 3231-1.

La Commission nationale de la négociation collective (D. 2018-1262 du 26 déc. 2018, art. 1er, I, 11°, JO 28, entrée en vigueur le 01.01.2019) « , de l'emploi et de la formation professionnelle » est assistée d'un secrétariat général.

(D. 2015-262 du 5 mars 2015, JO 7) « 3° La sous-commission de la restructuration des branches professionnelles en ce qui concerne le 1° de l'article L. 2271-1.

La sous-commission de la restructuration des branches professionnelles analyse la situation des branches en vue de susciter une réduction du nombre des branches par voie conventionnelle et, en tant que de besoin, sur le fondement des dispositions de l'article L. 2261-32.

Elle peut donner au nom de la Commission nationale de la négociation collective (D. 2018-1262 du 26 déc. 2018, art. 1er, I, 11°, JO 28, entrée en vigueur le 01.01.2019) « , de l'emploi et de la formation professionnelle » les avis prévus au second alinéa du I et au III de l'article L. 2261-32. »

(D. 2018-1262 du 26 déc. 2018, art. 1er, I, 11°, JO 28, entrée en vigueur le 01.01.2019) « 4° La sous-commission de l'emploi, de l'orientation et de la formation professionnelles, en ce qui concerne le 2° de l'article L. 2271-1 dans le domaine de la politique de l'emploi, de l'orientation et de la formation professionnelles initiale et continue, et le 10° de ce même article. »

Art. R. 2272-11. Les sous-commissions peuvent créer, en leur sein, des groupes de travail pour l'étude de questions particulières et faire appel à des experts.

Art. R. 2272-12. Sous réserve des dispositions de l'article R. 2272-14, siègent dans (D. 2015-262 du 5 mars 2015, JO 7) « chacune des sous-commissions » (D. 2018-1262 du 26 déc. 2018, art. 1er, I, 12°, JO 28, entrée en vigueur le 01.01.2019) « mentionnées aux 1°, 2°, 3° de l'article R. 2272-10 » :

1° Le ministre chargé du travail ou son représentant, président ;

2° Le ministre chargé de l'agriculture ou son représentant ;

3° Le ministre chargé de l'économie ou son représentant ;

4° Cinq représentants des salariés, à raison d'un pour chacune des organisations syndicales représentées à la Commission nationale ;

(D. 2018-1262 du 26 déc. 2018, art. 1er, I, 12°, JO 28, entrée en vigueur le 01.01.2019) « 5° Trois représentants des employeurs, à raison d'un au titre du Mouvement des entreprises de France (MEDEF), d'un au titre de la Confédération des petites et moyennes entreprises (CPME) et d'un au titre de l'Union des entreprises de proximité (U2P). »

Art. R. 2272-13. Sous réserve des dispositions (D. 2018-1262 du 26 déc. 2018, art. 1er, I, 13°, JO 28, entrée en vigueur le 01.01.2019) « des articles R. 2272-14 et R. 2272-15 », les représentants des salariés et des employeurs de chaque sous-commission sont nommés par le ministre chargé du travail parmi les membres titulaires ou suppléants de la Commission nationale, sur proposition des organisations de salariés et d'employeurs mentionnées aux articles R. 2272-2 et R. 2272-3.

Des représentants suppléants, en nombre (D. 2018-1262 du 26 déc. 2018, art. 1er, I, 13°, JO 28, entrée en vigueur le 01.01.2019) « égal » des représentants titulaires, sont (D. 2018-1262 du 26 déc. 2018, art. 1er, I, 13°, JO 28, entrée en vigueur le 01.01.2019) « nommés par le ministre chargé du travail sur proposition des organisations de salariés et d'employeurs mentionnées aux articles R. 2272-2 et R. 2272-3 ».

La sous-commission des salaires constitue un comité chargé de faire un examen de la situation de la négociation salariale de branche et de préparer un rapport examiné par la sous-commission en vue de la réalisation du bilan annuel mentionné au 7° de l'article L. 2271-1.

Art. R. 2272-14. La sous-commission des conventions et accords, réunie en formation spécifique en application du 1° de l'article R. 2272-10, est composée comme suit :

1° Cinq membres titulaires représentant les salariés des professions agricoles, nommés par le ministre chargé de l'agriculture, à raison d'un par organisation syndicale (D. 2018-1262 du 26 déc. 2018, art. 1er, I, 14°, JO 28, entrée en vigueur le 01.01.2019) « représentée à la commission nationale, sur proposition de ces organisations » ;

2° Cinq membres titulaires représentant les employeurs, nommés par le ministre chargé de l'agriculture, (D. 2018-1262 du 26 déc. 2018, art. 1er, I, 14°, JO 28, entrée en vigueur le 01.01.2019) « sur proposition des organisations concernées, à raison d'un au titre de la Fédération nationale des syndicats d'exploitants agricoles (FNSEA), d'un au titre de la Fédération nationale du bois (FNB), d'un au titre de la Confédération nationale de la mutualité, de la coopération et du crédit agricole (CNMCCA), d'un au titre de la Fédération nationale des entrepreneurs des territoires (FNEDT) et d'un au titre de l'Union nationale des entreprises du paysage (UNEP). »

Des membres suppléants, en nombre (D. 2018-1262 du 26 déc. 2018, art. 1er, I, 14°, JO 28, entrée en vigueur le 01.01.2019) « égal » des membres titulaires, sont nommés par le ministre chargé de l'agriculture sur proposition des organisations représentant les salariés ou de celles représentant les employeurs.

La présidence est assurée par le ministre chargé de l'agriculture ou son représentant.

Art. R. 2272-15. (D. 2018-1262 du 26 déc. 2018, art. 1er, I, 15°, JO 28, entrée en vigueur le 01.01.2019) La sous-commission de l'emploi, de l'orientation et de la formation professionnelles mentionnée au 4° de l'article R. 2272-10 est composée comme suit :

1° Le ministre chargé de l'emploi ou son représentant, président ;

2° Le ministre chargé de la formation professionnelle ou son représentant ;

3° Le ministre chargé de l'éducation nationale ou son représentant ;

4° Le ministre chargé de l'enseignement supérieur ou son représentant ;

5° Cinq membres titulaires représentant les salariés, nommés par le ministre chargé de l'emploi et de la formation professionnelle parmi les représentants titulaires ou suppléants des salariés à la Commission nationale, à raison d'un par organisation syndicale représentative au niveau national interprofessionnel, sur proposition de ces organisations ;

6° Trois membres titulaires représentant les employeurs, nommés par le ministre chargé de la formation professionnelle parmi les représentants titulaires ou suppléants des employeurs à la Commission nationale, à raison d'un par organisation d'employeurs représentative au niveau national interprofessionnel, sur proposition de ces organisations ;

7° Quatre membres titulaires représentants les régions et des collectivités ultramarines exerçant les compétences dévolues aux conseils régionaux en matière de formation professionnelle, sur proposition de l'association Régions de France ;

8° Un membre titulaire représentant les départements, sur proposition de l'association des départements de France.

Des membres suppléants sont nommés par les ministres chargés de l'emploi et de la formation professionnelle sur proposition des organisations de salariés et d'employeurs mentionnées aux articles R. 2272-2 et R. 2272-3, ainsi que des associations représentant les régions, collectivités ultramarines et départements mentionnées à l'article R. 2272-4, à raison d'un membre suppléant par organisation ou association.

Art. R. 2272-16. (D. 2018-1262 du 26 déc. 2018, art. 1er, I, 15°, JO 28, entrée en vigueur le 01.01.2019) I. – Les représentants mentionnés au II de l'article R. 2272-9 assistent, sans voix délibérative, aux réunions des sous-commissions mentionnées à l'article R. 2272-10, à l'exception de la sous-commission des conventions et accords lorsqu'elle se réunit dans sa formation spécifique en application du 1° de l'article R. 2272-10. Ils ne peuvent pas exercer les prérogatives conférées aux organisations représentées à la Commission nationale par les articles L. 2261-27 et L. 2261-32.

II. – Les représentants mentionnés au III de l'article R. 2272-9 assistent, sans voix délibérative, aux réunions de la sous-commission mentionnée au 4° de l'article R. 2272-10.

TITRE VIII

DROIT D'EXPRESSION DIRECTE ET COLLECTIVE DES SALARIÉS

Chapitre Ier

Dispositions communes

Art. L. 2281-1. Les salariés bénéficient d'un droit à l'expression directe et collective sur le contenu, les conditions d'exercice et l'organisation de leur travail.

(Ord. 2017-1386 du 22 sept. 2017, art. 7, I, JO 23, entrée en vigueur au plus tard le 01.01.2018) « L'accès de chacun au droit d'expression collective peut être assuré par le recours aux outils numériques sans que l'exercice de ce droit ne puisse méconnaître les droits et obligations des salariés dans l'entreprise. »

Art. L. 2281-2. L'expression directe et collective des salariés a pour objet de définir les actions à mettre en œuvre pour améliorer leurs conditions de travail, l'organisation de l'activité et la qualité de la production dans l'unité de travail à laquelle ils appartiennent et dans l'entreprise.

Art. L. 2281-3. Les opinions que les salariés, quelle que soit leur place dans la hiérarchie professionnelle, émettent dans l'exercice du droit d'expression ne peuvent motiver une sanction ou un licenciement.

Art. L. 2281-4. Le droit des salariés à l'expression directe et collective s'exerce sur les lieux et pendant le temps de travail.

Le temps consacré à l'expression est rémunéré comme temps de travail.

Art. L. 2281-5. (Ord. 2017-1386 du 22 sept. 2017, art. 7, II, JO 23, entrée en vigueur au plus tard le 01.01.2018) Les modalités d'exercice du droit d'expression sont définies dans le cadre de la négociation portant sur l'égalité professionnelle entre les femmes et les hommes et la qualité de vie au travail prévue à l'article L. 2242-1.

Art. L. 2281-6. Lorsqu'un accord sur le droit d'expression existe, l'employeur provoque une réunion, au moins une fois tous les trois ans, avec les organisations syndicales représentatives en vue d'examiner les résultats de cet accord et engage sa renégociation à la demande d'une organisation syndicale représentative.

Art. L. 2281-7. À défaut d'initiative de l'employeur dans le délai d'un an en cas d'accord, ou de trois ans en l'absence d'accord, la négociation s'engage obligatoirement à la demande d'une organisation syndicale représentative dans les quinze jours suivant la présentation de cette demande.

Cette demande est transmise aux autres organisations syndicales représentatives par l'employeur dans les huit jours.

Le point de départ du délai d'un an ou de trois ans est la date d'ouverture de la négociation précédente.

Art. L. 2281-8. L'accord ou le procès-verbal de désaccord, établi en application de l'article (Ord. 2017-1718 du 20 déc. 2017, art. 1er, I, 65°, JO 21) « L. 2242-5 », est déposé auprès de l'autorité administrative dans des conditions prévues par voie réglementaire.

Art. L. 2281-9. Dans les entreprises comportant des établissements ou groupes d'établissements distincts, la négociation peut avoir lieu au niveau des établissements ou des groupes d'établissements à condition que l'ensemble des établissements et groupes d'établissements distincts soient couverts par la négociation.

Art. L. 2281-10. (Ord. 2017-1386 du 22 sept. 2017, art. 7, V, JO 23, entrée en vigueur au plus tard le 01.01.2018) À défaut d'accord prévu à l'article L. 2242-11 ou en cas de non-respect de ses stipulations, l'accord traitant du droit d'expression comporte des stipulations sur :

1° Le niveau, le mode d'organisation, la fréquence et la durée des réunions permettant l'expression des salariés ;

2° Les outils numériques disponibles dans l'entreprise, permettant l'expression des salariés ;

3° Les mesures destinées à assurer, d'une part, la liberté d'expression de chacun et, d'autre part, la transmission à l'employeur des demandes et propositions des salariés ainsi que celle des avis émis par les salariés dans les cas où ils sont consultés par l'employeur, sans préjudice des dispositions relatives aux institutions représentatives du personnel ;

4° Les mesures destinées à permettre aux salariés intéressés, aux organisations syndicales représentatives, au comité social et économique de prendre connaissance des demandes, avis et propositions émanant des groupes ainsi que des suites qui leur sont réservées ;

5° Les conditions spécifiques d'exercice du droit à l'expression dont bénéficie le personnel d'encadrement ayant des responsabilités hiérarchiques, outre leur participation dans les groupes auxquels ils sont rattachés du fait de ces responsabilités.

Art. L. 2281-11. (Ord. 2017-1386 du 22 sept. 2017, art. 7, VI, JO 23, entrée en vigueur au plus tard le 01.01.2018) Dans les entreprises où aucun délégué syndical n'a été désigné ou dans lesquelles un accord portant sur l'égalité professionnelle entre les femmes et les hommes et la qualité de vie au travail n'a pas été conclu, l'employeur consulte le comité social et économique sur les modalités d'exercice du droit d'expression des salariés.

Dans les entreprises où aucun délégué syndical n'a été désigné, cette consultation a lieu au moins une fois par an.

Chapitre II

Entreprises et établissements du secteur public

Art. L. 2282-1. Les dispositions du présent chapitre s'appliquent, à titre complémentaire, aux entreprises mentionnées à l'article 1er de la loi n° 83-675 du 26 juillet 1983 relative à la démocratisation du secteur public.

Art. L. 2282-2. L'ensemble des salariés, y compris le personnel d'encadrement direct, de chaque atelier ou bureau constituant une unité de travail bénéficient du droit de réunion en conseil d'atelier ou de bureau.

Les salariés se réunissent par atelier ou par bureau au moins une fois tous les deux mois et à raison d'au moins six heures par an pendant le temps de travail. Le temps consacré à ces réunions ne peut donner lieu à réduction de rémunération. Les salariés s'y expriment dans tous les domaines intéressant la vie de l'atelier ou du bureau.

Le personnel d'encadrement ayant la responsabilité directe de l'atelier ou du bureau est associé à l'organisation des réunions et aux suites à leur donner.

Art. L. 2282-3. Les stipulations comprises dans les accords sur le droit d'expression doivent être complétées par des dispositions portant sur :

1° La définition des unités de travail retenues comme cadre des réunions de conseils d'atelier ou de bureau. Ces unités doivent avoir une dimension réduite ;

2° La fréquence et la durée de réunion ;

3° Les modalités d'association du personnel d'encadrement à l'organisation des réunions et aux suites à leur donner ;

4° Le cas échéant, les modalités de participation des salariés travaillant en équipes successives ou dans des conditions qui les isolent de l'ensemble des autres salariés ;

5° Le domaine de compétence des conseils d'atelier ou de bureau qui doit comprendre les conditions et l'organisation du travail, l'application concrète des programmes d'activité et d'investissement de l'entreprise pour l'atelier ou le bureau, la recherche d'innovation technologique et de meilleure productivité dans l'atelier ou le bureau ;

6° Les modalités et la forme de l'intervention du conseil d'atelier ou de bureau ;

7° Les liaisons entre deux réunions avec la direction de l'entreprise ou de l'établissement et avec les institutions élues de représentants du personnel.

Les accords peuvent, en outre, prévoir la possibilité de donner aux conseils d'atelier ou de bureau des responsabilités portant sur un ou plusieurs des domaines de compétence mentionnés au 5°.

Art. R. 2282-1. L'activité des conseils d'atelier ou de bureau fait l'objet d'un rapport annuel établi par l'employeur et présenté au (D. 2017-1819 du 29 déc. 2017, art. 3, 15°, JO 30, entrée en vigueur le 01.01.2018) « comité social et économique ».

Chapitre III

Dispositions pénales

Art. L. 2283-1. Le fait pour l'employeur de refuser d'engager la négociation en vue de la conclusion d'un accord définissant les modalités d'exercice du droit d'expression des salariés, prévue à l'article L. 2281-5, est puni d'un emprisonnement d'un an et d'une amende de 3750 €.

Art. L. 2283-2. Dans les entreprises et organismes où aucun délégué syndical n'a été désigné ou dans lesquelles l'accord définissant les modalités d'exercice du droit d'expression des salariés, prévu à l'article L. 2281-5, n'a pas été conclu, le fait de refuser de consulter (Ord. 2017-1386 du 22 sept. 2017, art. 4, 8°, JO 23, entrée en vigueur au plus tard le 01.01.2018) « le comité social et économique » est puni d'un emprisonnement d'un an et d'une amende de 3 750 €.

LIVRE III

LES INSTITUTIONS REPRÉSENTATIVES DU PERSONNEL

TITRE PRÉLIMINAIRE

Note Ce titre a été introduit par la loi 2018-771 du 5 septembre 2018, art. 82, I, JO 6.

Chapitre unique

Art. L. 2301-1. Pour l'application du présent livre et par dérogation à l'article L. 1111-3, les salariés mentionnés aux 2° et 4° du même article L. 1111-3 sont pris en compte dans le calcul des effectifs de l'entreprise.

TITRE Ier

COMITÉ SOCIAL ET ÉCONOMIQUE

Note Les dispositions législatives de ce titre sont issues de l'ordonnance 2017-1386 du 22 septembre 2017, art. 1er, I, JO 23, entrée en vigueur au plus tard le 01.01.2018 ; les dispositions réglementaires de ce titre sont issues du décret 2017-1819 du 29 décembre 2017, art. 1er, I, JO 30, entrée en vigueur le 01.01.2018, à l'exception des dispositions des articles R. 2315-51 et 52 qui sont entrées en vigueur le 01.01.2020.

Chapitre Ier

Champ d'application

Art. L. 2311-1. Les dispositions du présent titre sont applicables aux employeurs de droit privé ainsi qu'à leurs salariés.

Elles sont également applicables :

1° Aux établissements publics à caractère industriel et commercial ;

2° Aux établissements publics à caractère administratif lorsqu'ils emploient du personnel dans les conditions du droit privé.

Ces dispositions peuvent, compte tenu des caractères particuliers de certains des établissements mentionnés aux 1° et 2° et des instances de représentation du personnel éventuellement existantes, faire l'objet d'adaptations, par décrets en Conseil d'État, sous réserve d'assurer les mêmes garanties aux salariés de ces établissements.

Art. L. 2311-2. Un comité social et économique est mis en place dans les entreprises d'au moins onze salariés.

Sa mise en place n'est obligatoire que si l'effectif d'au moins onze salariés est atteint pendant douze mois consécutifs.

Les modalités de calcul des effectifs sont celles prévues aux articles L. 1111-2 et L. 1251-54.

Chapitre II

Attributions

SECTION 1. Dispositions générales

Art. L. 2312-1. Les attributions du comité social et économique des entreprises de moins de cinquante salariés sont définies par la section 2 du présent chapitre.

Les attributions du comité social et économique des entreprises d'au moins cinquante salariés sont définies par la section 3 du présent chapitre.

(Ord. 2017-1718 du 20 déc. 2017, art. 1er, I, 66°, JO 21) « Les attributions du comité social et économique sont définies en fonction de l'effectif de l'entreprise. »

Art. L. 2312-2. Lorsque, postérieurement à la mise en place du comité social et économique, l'effectif de l'entreprise atteint au moins cinquante salariés pendant douze mois consécutifs, le comité exerce l'ensemble des attributions récurrentes d'information et de consultation définies par la section 3 à l'expiration d'un délai de douze mois à compter de la date à laquelle le seuil de 50 salariés a été atteint pendant douze mois consécutifs. Dans le cas où, à l'expiration de ce délai de douze mois, le mandat du comité restant à courir est inférieur à un an, ce délai court à compter de son renouvellement.

Lorsque l'entreprise n'est pas pourvue d'un comité social et économique, dans le cas où l'effectif de l'entreprise atteint au moins cinquante salariés pendant douze mois consécutifs, le comité exerce l'ensemble des attributions définies par la section 3 à l'expiration d'un délai d'un an à compter de sa mise en place.

Art. L. 2312-3. Lors de son renouvellement, le comité social et économique exerce exclusivement les attributions prévues à la section 2 et cesse d'exercer les attributions prévues à la section 3 lorsque l'effectif de cinquante salariés n'a pas été atteint pendant les douze mois précédant le renouvellement de l'instance.

Art. L. 2312-4. Les dispositions du présent chapitre ne font pas obstacle aux dispositions plus favorables relatives aux attributions du comité social et économique résultant d'accords collectifs de travail ou d'usages.

SECTION 2. Attributions du comité social et économique dans les entreprises d'au moins onze salariés et de moins de cinquante salariés

Art. L. 2312-5. La délégation du personnel au comité social et économique a pour mission de présenter à l'employeur les réclamations individuelles ou collectives relatives aux salaires, à l'application du code du travail et des autres dispositions légales concernant notamment la protection sociale, ainsi que des conventions et accords applicables dans l'entreprise.

Elle contribue à promouvoir la santé, la sécurité et (L. 2018-217 du 29 mars 2018, art. 6, 2°, JO 31) « l'amélioration des » conditions de travail dans l'entreprise et réalise des enquêtes en matière d'accidents du travail ou de maladies professionnelles ou à caractère professionnel.

(L. 2018-217 du 29 mars 2018, art. 6, 2°, JO 31) « Elle exerce le droit d'alerte dans les conditions prévues aux articles L. 2312-59 et L. 2312-60. »

Dans une entreprise en société anonyme, lorsque les membres de la délégation du personnel du comité social et économique présentent des réclamations auxquelles il ne pourrait être donné suite qu'après délibération du conseil d'administration, ils sont reçus par celui-ci, sur leur demande, en présence du directeur ou de son représentant ayant connaissance des réclamations présentées.

Les membres de la délégation du personnel du comité peuvent saisir l'inspection du travail de toutes les plaintes et observations relatives à l'application des dispositions légales dont elle est chargée d'assurer le contrôle.

Art. L. 2312-6. Les attributions de la délégation du personnel au comité social et économique s'exercent au profit des salariés, ainsi que :

1° Aux travailleurs au sens de l'article L. 4111-5, en matière de santé, sécurité et conditions de travail ;

2° Aux salariés d'entreprises extérieures qui, dans l'exercice de leur activité, ne se trouvent pas placés sous la subordination directe de l'entreprise utilisatrice, pour leurs réclamations individuelles et collectives, intéressant les conditions d'exécution du travail qui relèvent du chef d'établissement utilisateur ;

3° Aux salariés temporaires pour leurs réclamations intéressant l'application des dispositions des articles :

a) L. 1251-18 en matière de rémunération ;

b) L. 1251-21 à L. 1251-23 en matière de conditions de travail ;

c) L. 1251-24 en matière d'accès aux moyens de transport collectifs et aux installations collectives.

Art. L. 2312-7. Les travailleurs conservent le droit de présenter eux-mêmes leurs observations à l'employeur ou à ses représentants.

Art. R. 2312-1. Les membres de la délégation du personnel au comité social et économique sont informés de la réception par l'employeur des documents de vérification et de contrôle mentionnés à l'article L. 4711-1. Ils peuvent demander communication de ces documents.

Art. R. 2312-2. Les enquêtes du comité social et économique ou, le cas échéant, de la commission santé, sécurité et conditions de travail en cas d'accidents du travail ou de maladies professionnelles ou à caractère professionnel sont réalisées par une délégation comprenant au moins :

1° L'employeur ou un représentant désigné par lui ;

2° Un représentant du personnel siégeant à ce comité.

(D. 2019-1548 du 30 déc. 2019, JO 31) « Un arrêté conjoint des ministres chargés du travail, de l'agriculture et des transports détermine la nature des renseignements que le comité social et économique fournit à l'administration. »

Art. R. 2312-3. Les membres du comité social et économique ou, le cas échéant, de la commission santé, sécurité et conditions de travail peuvent se faire présenter l'ensemble des livres, registres et documents non nominatifs rendus obligatoires par la quatrième partie du présent code.

SECTION 3. Attributions du comité social et économique dans les entreprises d'au moins cinquante salariés

Sous-section 1. Attributions générales

Art. L. 2312-8. Le comité social et économique a pour mission d'assurer une expression collective des salariés permettant la prise en compte permanente de leurs intérêts dans les décisions relatives à la gestion et à l'évolution économique et financière de l'entreprise, à l'organisation du travail, à la formation professionnelle et aux techniques de production.

Le comité est informé et consulté sur les questions intéressant l'organisation, la gestion et la marche générale de l'entreprise, notamment sur :

1° Les mesures de nature à affecter le volume ou la structure des effectifs ;

2° La modification de son organisation économique ou juridique ;

3° Les conditions d'emploi, de travail, notamment la durée du travail, et la formation professionnelle ;

4° L'introduction de nouvelles technologies, tout aménagement important modifiant les conditions de santé et de sécurité ou les conditions de travail ;

5° Les mesures prises en vue de faciliter la mise, la remise ou le maintien au travail des accidentés du travail, des invalides de guerre, des invalides civils, des personnes atteintes de maladies chroniques évolutives et des travailleurs handicapés, notamment sur l'aménagement des postes de travail.

Le comité social et économique mis en place dans les entreprises d'au moins cinquante salariés exerce également les attributions prévues à la section 2.

Art. L. 2312-9. Dans le champ de la santé, de la sécurité et des conditions de travail, le comité social et économique:

1° Procède à l'analyse des risques professionnels auxquels peuvent être exposés les travailleurs, notamment les femmes enceintes, ainsi que des effets de l'exposition aux facteurs de risques professionnels mentionnés à l'article L. 4161-1;

2° Contribue notamment à faciliter l'accès des femmes à tous les emplois, à la résolution des problèmes liés à la maternité, l'adaptation et à l'aménagement des postes de travail afin de faciliter l'accès et le maintien des personnes handicapées à tous les emplois au cours de leur vie professionnelle;

3° Peut susciter toute initiative qu'il estime utile et proposer notamment des actions de prévention du harcèlement moral, du harcèlement sexuel et des agissements sexistes définis à l'article L. 1142-2-1. Le refus de l'employeur est motivé.

Art. L. 2312-10. Lors des visites de l'agent de contrôle de l'inspection du travail mentionné à l'article L. 8112-1, les membres de la délégation du personnel au comité social et économique sont informés de sa présence par l'employeur et peuvent présenter leurs observations.

L'agent de contrôle se fait accompagner par un membre de la délégation du personnel du comité, si ce dernier le souhaite.

Sous-section 2. **Modalité d'exercice des attributions générales**

Art. L. 2312-11. Le comité exerce ses missions sans préjudice des dispositions relatives aux délégués syndicaux et à l'expression collective des salariés.

Art. L. 2312-12. Le comité social et économique formule, à son initiative, et examine, à la demande de l'employeur, toute proposition de nature à améliorer les conditions de travail, d'emploi et de formation professionnelle des salariés, leurs conditions de vie dans l'entreprise ainsi que les conditions dans lesquelles ils bénéficient de garanties collectives complémentaires mentionnées à l'article L. 911-2 du code de la sécurité sociale.

Art. L. 2312-13. Le comité social et économique procède, à intervalles réguliers, à des inspections en matière de santé, de sécurité et des conditions de travail. Il réalise des enquêtes en matière d'accidents du travail ou de maladies professionnelles ou à caractère professionnel. Le comité peut demander à entendre le chef d'une entreprise voisine dont l'activité expose les travailleurs de son ressort à des nuisances particulières. Il est informé des suites réservées à ses observations.

Le comité peut faire appel à titre consultatif et occasionnel au concours de toute personne de l'entreprise qui lui paraîtrait qualifiée.

Art. R. 2312-4. La fréquence des inspections en matière de santé, de sécurité et des conditions de travail est au moins égale à celle des réunions prévues au premier alinéa de l'article L. 2315-27.

Art. L. 2312-14. Les décisions de l'employeur sont précédées de la consultation du comité social et économique, sauf, en application de l'article L. 2312-49, avant le lancement d'une offre publique d'acquisition.

Les projets d'accord collectif, leur révision ou leur dénonciation ne sont pas soumis à la consultation du comité.

Les entreprises ayant conclu un accord (Ord. 2017-1718 du 20 déc. 2017, art. 1er, I, 67°, JO 21) «relatif à la gestion prévisionnelle des emplois et des compétences ne sont pas soumises, dans ce domaine,» à l'obligation de consultation du comité social et économique.

Art. L. 2312-15. Le comité social et économique émet des avis et des vœux dans l'exercice de ses attributions consultatives.

Il dispose à cette fin d'un délai d'examen suffisant et d'informations précises et écrites transmises ou mises à disposition par l'employeur, et de la réponse motivée de l'employeur à ses propres observations.

Il a également accès à l'information utile détenue par les administrations publiques et les organismes agissant pour leur compte, conformément aux dispositions légales relatives à l'accès aux documents administratifs.

Le comité peut, s'il estime ne pas disposer d'éléments suffisants, saisir le président du (Ord. 2019-738 du 17 juil. 2019, art. 15, JO 18) «tribunal judiciaire statuant selon la procédure accélérée au fond», pour qu'il ordonne la communication par l'employeur des éléments manquants.

Cette saisine n'a pas pour effet de prolonger le délai dont dispose le comité pour rendre son avis. Toutefois, en cas de difficultés particulières d'accès aux informations nécessaires à la formulation de l'avis motivé du comité, le juge peut décider la prolongation du délai prévu au deuxième alinéa.

L'employeur rend compte, en la motivant, de la suite donnée aux avis et vœux du comité.

Art. L. 2312-16. Sauf dispositions législatives spéciales, l'accord défini à l'article L. 2312-19 et à l'article L. 2312-55 ou, en l'absence de délégué syndical, un accord entre l'employeur et le comité social et économique ou, le cas échéant, le comité social et économique central, adopté à la majorité des membres titulaires de la délégation du personnel du comité, ou, à défaut d'accord, un décret en Conseil d'État fixe les délais dans lesquels les avis du comité social et économique ou, le cas échéant, du comité social et économique central sont rendus dans le cadre des consultations prévues au présent code.

Ces délais permettent au comité social et économique ou, le cas échéant, au comité central d'exercer utilement sa compétence, en fonction de la nature et de l'importance des questions qui lui sont soumises.

À l'expiration de ces délais ou du délai mentionné au cinquième alinéa de l'article L. 2312-15, le comité ou, le cas échéant, le comité central, est réputé avoir été consulté et avoir rendu un avis négatif.

§ 1 (réglementaire). Délais de consultation

Art. R. 2312-5. Pour l'ensemble des consultations mentionnées au présent code pour lesquelles la loi n'a pas fixé de délai spécifique, le délai de consultation du comité social et économique court à compter de la communication par l'employeur des informations prévues par le code du travail pour la consultation ou de l'information par l'employeur de leur mise à disposition dans la base de données économiques et sociales dans les conditions prévues aux articles R. 2312-7 et suivants.

Art. R. 2312-6. I. – Pour les consultations mentionnées à l'article R. 2312-5, à défaut d'accord, le comité social et économique est réputé avoir été consulté et avoir rendu un avis négatif à l'expiration d'un délai d'un mois à compter de la date prévue à cet article.

En cas d'intervention d'un expert, le délai mentionné au premier alinéa est porté à deux mois.

Ce délai est porté à trois mois en cas d'intervention d'une ou plusieurs expertises dans le cadre de consultation se déroulant à la fois au niveau du comité social et économique central et d'un ou plusieurs comités sociaux économiques d'établissement.

II. – Lorsqu'il y a lieu de consulter à la fois le comité social et économique central et un ou plusieurs comités d'établissement en application du second alinéa de l'article L. 2316-22, les délais prévus au I s'appliquent au comité social et économique central. Dans ce cas, l'avis de chaque comité d'établissement est rendu et transmis au comité social et économique central au plus tard sept jours avant la date à laquelle ce dernier est réputé avoir été consulté et avoir rendu un avis négatif en application du I. À défaut, l'avis du comité d'établissement est réputé négatif.

§ 2 (réglementaire). Base de données économiques et sociales

Art. R. 2312-7. La base de données prévue à l'article L. 2312-18 permet la mise à disposition des informations nécessaires aux trois consultations récurrentes prévues à l'article L. 2312-17. L'ensemble des informations de la base de données contribue à donner une vision claire et globale de la formation et de la répartition de la valeur créée par l'activité de l'entreprise.

(D. 2019-382 du 29 avril 2019, JO 30) « Elle comporte également les indicateurs relatifs aux écarts de rémunération entre les femmes et les hommes et aux actions mises en œuvre pour les supprimer mentionnés à l'article L. 1142-8. »

Sous-§ 1. Organisation et contenu supplétifs de la base de données économiques et sociales

Art. R. 2312-8. En l'absence d'accord prévu à l'article L. 2312-21, dans les entreprises de moins de trois cents salariés, la base de données prévue à l'article L. 2312-18 comporte les informations suivantes :

1° Investissements :	
A - Investissement social :	a) Évolution des effectifs par type de contrat, par âge, par ancienneté ; - évolution des effectifs retracée mois par mois ; - nombre de salariés titulaires d'un contrat de travail à durée indéterminée ; - nombre de salariés titulaires d'un contrat de travail à durée déterminée ; - nombre de salariés temporaires ; - nombre de salariés appartenant à une entreprise extérieure ; - nombre des journées de travail réalisées au cours des douze derniers mois par les salariés temporaires ; - nombre de contrats d'insertion et de formation en alternance ouverts aux jeunes de moins de vingt-six ans ; - motifs ayant conduit l'entreprise à recourir aux contrats de travail à durée déterminée, aux contrats de travail temporaire, aux contrats de travail à temps partiel, ainsi qu'à des salariés appartenant à une entreprise extérieure ;
	b) Évolution des emplois par catégorie professionnelle ; - répartition des effectifs par sexe et par qualification ; - indication des actions de prévention et de formation que l'employeur envisage de mettre en œuvre, notamment au bénéfice des salariés âgés, peu qualifiés ou présentant des difficultés sociales particulières ;
	c) Évolution de l'emploi des personnes handicapées et mesures prises pour le développer ; i - Actions entreprises ou projetées en matière d'embauche, d'adaptation, de réadaptation ou de formation professionnelle ; ii - La déclaration annuelle prévue à l'article L. 5212-5 à l'exclusion (D. 2019-521 du 27 mai 2019, JO 28, entrée en vigueur le 01.01.2020) « des informations mentionnées à l'article D. 5212-4 » est jointe au présent rapport ;
	d) Évolution du nombre de stagiaires de plus de 16 ans ;
	e) Formation professionnelle : investissements en formation, publics concernés ; - les orientations de la formation professionnelle dans l'entreprise telles qu'elles résultent de la consultation prévue à l'article L. 2312-24 ; - le résultat éventuel des négociations prévues à l'article L. 2241-6 ; - les informations relatives aux modalités d'accès à la formation professionnelle des salariés transmises par l'employeur à l'autorité administrative en application de l'article L. 6331-32 ; - les conclusions éventuelles des services de contrôle faisant suite aux vérifications effectuées en application de l'article L. 6361-4 ; - le bilan des actions comprises dans le plan de formation de l'entreprise pour l'année antérieure et pour l'année en cours comportant la liste des actions de formation, des bilans de compétences et des validations des acquis de l'expérience réalisés, rapportés aux effectifs concernés répartis par catégorie socioprofessionnelle et par sexe ; - les informations, pour l'année antérieure et l'année en cours, relatives aux congés individuels de formation, aux congés de bilan de compétences, aux congés de validation des acquis de l'expérience et aux congés pour enseignement accordés ; notamment leur objet, leur durée et leur coût, aux conditions dans lesquelles ces congés ont été accordés ou reportés ainsi qu'aux résultats obtenus ; - le nombre des salariés bénéficiaires de l'abondement mentionné au dernier alinéa du II de l'article L. 6315-1 ainsi que les sommes versées à ce titre ; - le nombre des salariés bénéficiaires de l'entretien professionnel mentionné au I de l'article L. 6315-1. Le bilan, pour l'année antérieure et l'année en cours, des conditions de mise en œuvre des contrats d'alternance : - les emplois occupés pendant et à l'issue de leur action ou de leur période de professionnalisation ; - les effectifs intéressés par âge, sexe et niveau initial de formation (D. 2323-6) ; - les résultats obtenus en fin d'action ou de période de professionnalisation ainsi que les conditions d'appréciation et de validation. Le bilan de la mise en œuvre du compte personnel de formation ;

<table>
<tr><th colspan="2">1° Investissements (suite) :</th></tr>
<tr><td>A - Investissement social (suite) :</td><td>f) Conditions de travail : durée du travail dont travail à temps partiel et aménagement du temps de travail ;
Données sur le travail à temps partiel :
- nombre, sexe et qualification des salariés travaillant à temps partiel ;
- horaires de travail à temps partiel pratiqués dans l'entreprise ; le programme annuel de prévention des risques professionnels et d'amélioration des conditions de travail prévu au 2° de l'article L. 2312-27 établi à partir des analyses mentionnées à l'article L. 4612-2 et fixant la liste détaillée des mesures devant être prises au cours de l'année à venir dans les mêmes domaines afin de satisfaire, notamment :
i - Aux principes généraux de prévention prévus aux articles L. 4121-1 à L. 4121-5 et L. 4221-1 ;
ii - À l'information et à la formation des travailleurs prévues aux articles L. 4141-1 à L. 4143-1 ;
iii - À l'information et à la formation des salariés titulaires d'un contrat de travail à durée déterminée et des salariés temporaires prévues aux articles L. 4154-2 et L. 4154-4 ;
iv - À la coordination de la prévention prévue aux articles L. 4522-1 et L. 4522-2 ;</td></tr>
<tr><td rowspan="3">B - Investissement matériel et immatériel :</td><td>a) Évolution des actifs nets d'amortissement et de dépréciations éventuelles (immobilisations) ;</td></tr>
<tr><td>b) Le cas échéant, dépenses de recherche et développement ;</td></tr>
<tr><td>c) Mesures envisagées en ce qui concerne l'amélioration, le renouvellement ou la transformation des méthodes de production et d'exploitation ; et incidences de ces mesures sur les conditions de travail et l'emploi ;</td></tr>
<tr><th colspan="2">2° Égalité professionnelle entre les femmes et les hommes au sein de l'entreprise :</th></tr>
<tr><td>A - Analyse des données chiffrées :</td><td>Analyse des données chiffrées par catégorie professionnelle de la situation respective des femmes et des hommes en matière d'embauche, de formation, de promotion professionnelle, de qualification, de classification, de conditions de travail, de santé et de sécurité au travail, de rémunération effective et d'articulation entre l'activité professionnelle et l'exercice de la responsabilité familiale analyse des écarts de salaires et de déroulement de carrière en fonction de leur âge, de leur qualification et de leur ancienneté ; description de l'évolution des taux de promotion respectifs des femmes et des hommes par métiers dans l'entreprise ;</td></tr>
<tr><td>B - Stratégie d'action :</td><td>À partir de l'analyse des données chiffrées mentionnées au A du 2°, la stratégie comprend les éléments suivants :
- mesures prises au cours de l'année écoulée en vue d'assurer l'égalité professionnelle. Bilan des actions de l'année écoulée et, le cas échéant, de l'année précédente. Évaluation du niveau de réalisation des objectifs sur la base des indicateurs retenus. Explications sur les actions prévues non réalisées ;
- objectifs de progression pour l'année à venir et indicateurs associés. Définition qualitative et quantitative des mesures permettant de les atteindre conformément à l'article R. 2242-2. Évaluation de leur coût. Échéancier des mesures prévues ;</td></tr>
<tr><th colspan="2">3° Fonds propres, endettement et impôts :</th></tr>
<tr><td rowspan="3"></td><td>a) Capitaux propres de l'entreprise ;</td></tr>
<tr><td>b) Emprunts et dettes financières dont échéances et charges financières ;</td></tr>
<tr><td>c) Impôts et taxes ;</td></tr>
<tr><th colspan="2">4° Rémunération des salariés et dirigeants, dans l'ensemble de leurs éléments :</th></tr>
<tr><td rowspan="3">A - Évolution des rémunérations salariales :</td><td>a) Frais de personnel y compris cotisations sociales, évolutions salariales par catégorie et par sexe, salaire de base minimum, salaire moyen ou médian, par sexe et par catégorie professionnelle ;</td></tr>
<tr><td>b) Pour les entreprises soumises aux dispositions de l'article L. 225-115 du code de commerce, montant global des rémunérations visées au 4° de cet article ;</td></tr>
<tr><td>c) Épargne salariale : intéressement, participation ;</td></tr>
<tr><th colspan="2">5° Activités sociales et culturelles : montant de la contribution aux activités sociales et culturelles du comité d'entreprise, mécénat ;</th></tr>
<tr><th colspan="2">6° Rémunération des financeurs, en dehors des éléments mentionnés au 4° :</th></tr>
<tr><td colspan="2">A - Rémunération des actionnaires (revenus distribués) ;</td></tr>
<tr><td colspan="2">B - Rémunération de l'actionnariat salarié (montant des actions détenues dans le cadre de l'épargne salariale, part dans le capital, dividendes reçus) ;</td></tr>
</table>

7° Flux financiers à destination de l'entreprise:	
A - Aides publiques:	Aides ou avantages financiers consentis à l'entreprise par l'Union européenne, l'État, une collectivité territoriale, un de leurs établissements publics ou un organisme privé chargé d'une mission de service public, et leur utilisation. Pour chacune de ces aides, il est indiqué la nature de l'aide, son objet, son montant, les conditions de versement et d'emploi fixées, le cas échéant, par la personne publique qui l'attribue et son emploi;
B - Réductions d'impôts;	
C - Exonérations et réductions de cotisations sociales;	
D - Crédits d'impôts;	
E - Mécénat;	
F - Résultats financiers:	a) Chiffre d'affaires, bénéfices ou pertes constatés; b) Résultats d'activité en valeur et en volume; c) Affectation des bénéfices réalisés;
8° Partenariats:	
A - Partenariats conclus pour produire des services ou des produits pour une autre entreprise;	
B - Partenariats conclus pour bénéficier des services ou des produits d'une autre entreprise;	
9° Pour les entreprises appartenant à un groupe, transferts commerciaux et financiers entre les entités du groupe:	
A - Transferts de capitaux tels qu'ils figurent dans les comptes individuels des sociétés du groupe lorsqu'ils présentent une importance significative, notamment transferts de capitaux importants entre la société mère et les filiales;	
B - Cessions, fusions, et acquisitions réalisées.	

Art. R. 2312-9. En l'absence d'accord prévu à l'article L. 2312-21, dans les entreprises d'au moins trois cents salariés, la base de données économiques et sociales prévue à l'article L. 2312-18 comporte les informations prévues dans le tableau ci-dessous.

Elle comporte également les informations relatives à la formation professionnelle et aux conditions de travail prévues au 1° A e et f de l'article R. 2312-8.

1° Investissements:	
A - Investissement social:	a) Évolution des effectifs par type de contrat, par âge, par ancienneté; i - Effectif: Effectif total au 31/12 (1) (I); Effectif permanent (2) (I); Nombre de salariés titulaires d'un contrat de travail à durée déterminée au 31/12 (I); Effectif mensuel moyen de l'année considérée (3) (I); Répartition par sexe de l'effectif total au 31/12 (I); Répartition par âge de l'effectif total au 31/12 (4) (I); Répartition de l'effectif total au 31/12 selon l'ancienneté (5) (I); Répartition de l'effectif total au 31/12 selon la nationalité (I): français / étrangers; Répartition de l'effectif total au 31/12 selon une structure de qualification détaillée (II); ii - Travailleurs extérieurs: Nombre de salariés appartenant à une entreprise extérieure (6); Nombre de stagiaires (écoles, universités ...) (7); Nombre moyen mensuel de salariés temporaires (8); Durée moyenne des contrats de travail temporaire; Nombre de salariés de l'entreprise détachés; Nombre de salariés détachés accueillis;
	b) Évolution des emplois, notamment, par catégorie professionnelle; i - Embauches: Nombre d'embauches par contrats de travail à durée indéterminée; Nombre d'embauches par contrats de travail à durée déterminée (dont Nombre de contrats de travailleurs saisonniers) (I); Nombre d'embauches de salariés de moins de vingt-cinq ans;

1° Investissements *(suite)* :	
A - Investissement social *(suite)* :	ii - Départs : Total des départs (I) ; Nombre de démissions (I) ; Nombre de licenciements pour motif économique, dont départs en retraite et préretraite (I) ; Nombre de licenciements pour d'autres causes (I) ; Nombre de fins de contrats de travail à durée déterminée (I) ; Nombre de départs au cours de la période d'essai (9) (I) ; Nombre de mutations d'un établissement à un autre (I) ; Nombre de départs volontaires en retraite et préretraite (10) (I) ; Nombre de décès (I) ; iii - Promotions : Nombre de salariés promus dans l'année dans une catégorie supérieure (11) ; iv - Chômage : Nombre de salariés mis en chômage partiel pendant l'année considérée (I) ; Nombre total d'heures de chômage partiel pendant l'année considérée (12) (I) : - indemnisées ; - non indemnisées ; Nombre de salariés mis en chômage intempéries pendant l'année considérée (I) ; Nombre total d'heures de chômage intempéries pendant l'année considérée (I) : - indemnisées ; - non indemnisées ;
	c) Évolution de l'emploi des personnes handicapées et mesures prises pour le développer ; Nombre de travailleurs handicapés au 31 mars de l'année considérée (13) ; Nombre de travailleurs handicapés à la suite d'accidents du travail intervenus dans l'entreprise, employés au 31 mars de l'année considérée ;
	d) Évolution du nombre de stagiaires ;
	e) Formation professionnelle : investissements en formation, publics concernés ; i - Formation professionnelle continue : Pourcentage de la masse salariale afférent à la formation continue ; Montant consacré à la formation continue : Formation interne ; formation effectuée en application de conventions ; versement à des fonds assurance formation ; versement auprès d'organismes agréés ; Trésor et autres ; total ; Nombre de stagiaires (II) ; Nombre d'heures de stage (II) : - rémunérées ; - non rémunérées. Décomposition par type de stages à titre d'exemple : adaptation, formation professionnelle, entretien ou perfectionnement des connaissances ; ii - Congés formation : Nombre de salariés ayant bénéficié d'un congé formation rémunéré ; Nombre de salariés ayant bénéficié d'un congé formation non rémunéré ; Nombre de salariés auxquels a été refusé un congé formation ; iii - Apprentissage : Nombre de contrats d'apprentissage conclus dans l'année ;
	f) Conditions de travail : durée du travail dont travail à temps partiel et aménagement du temps de travail, les données sur l'exposition aux risques et aux facteurs de pénibilité, (accidents du travail, maladies professionnelles, absentéisme, dépenses en matière de sécurité) i - Accidents du travail et de trajet : Taux de fréquence des accidents du travail (I) ; Nombre d'accidents avec arrêts de travail ; Nombre d'heures travaillées ; $\frac{\text{Nombre d'accidents de travail avec arrêt}}{\text{Nombre d'heures travaillées}} \times 10^6$ Taux de gravité des accidents du travail (I) ; Nombre des journées perdues ; Nombre d'heures travaillées ; $\frac{\text{Nombre des journées perdues}}{\text{Nombre d'heures travaillées}} \times 10^3$ Nombre d'incapacités permanentes (partielles et totales) notifiées à l'entreprise au cours de l'année considérée (distinguer français et étrangers) ;

1° Investissements *(suite)* :	
A - Investissement social *(suite)* :	Nombre d'accidents mortels : de travail, de trajet ; Nombre d'accidents de trajet ayant entraîné un arrêt de travail ; Nombre d'accidents dont sont victimes les salariés temporaires ou de prestations de services dans l'entreprise ; Taux et montant de la cotisation sécurité sociale d'accidents de travail ; ii - Répartition des accidents par éléments matériels (28) : Nombre d'accidents liés à l'existence de risques graves - codes 32 à 40 ; Nombre d'accidents liés à des chutes avec dénivellation - code 02 ; Nombre d'accidents occasionnés par des machines (à l'exception de ceux liés aux risques ci-dessus) - codes 09 à 30 ; Nombre d'accidents de circulation - manutention - stockage - codes 01, 03, 04 et 06, 07, 08 ; Nombre d'accidents occasionnés par des objets, masses, particules en mouvement accidentel - code 05 ; Autres cas ; iii - Maladies professionnelles : Nombre et dénomination des maladies professionnelles déclarées à la sécurité sociale au cours de l'année ; Nombre de salariés atteints par des affections pathologiques à caractère professionnel et caractérisation de celles-ci ; Nombre de déclarations par l'employeur de procédés de travail susceptibles de provoquer des maladies professionnelles (29) ; iv - Dépenses en matière de sécurité : Effectif formé à la sécurité dans l'année ; Montant des dépenses de formation à la sécurité réalisées dans l'entreprise ; Taux de réalisation du programme de sécurité présenté l'année précédente ; Existence et nombre de plans spécifiques de sécurité ; v - Durée et aménagement du temps de travail : Horaire hebdomadaire moyen affiché des ouvriers et employés ou catégories assimilées (30) (I) ; Nombre de salariés ayant bénéficié d'un repos compensateur (I) : - au titre du présent code (31) ; - au titre d'un régime conventionne (I) ; Nombre de salariés bénéficiant d'un système d'horaires individualisés (32) (I) ; Nombre de salariés employés à temps partiel (I) : - entre 20 et 30 heures (33) ; - autres formes de temps partiel ; Nombre de salariés ayant bénéficié tout au long de l'année considérée de deux jours de repos hebdomadaire consécutifs (I) ; Nombre moyen de jours de congés annuels (non compris le repos compensateur) (34) (I) ; Nombre de jours fériés payés (35) (I) ; vi - Absentéisme : Nombre de journées d'absence (15) (I) ; Nombre de journées théoriques travaillées ; Nombre de journées d'absence pour maladie (I) ; Répartition des absences pour maladie selon leur durée (16) (I) ; Nombre de journées d'absence pour accidents du travail et de trajet ou maladies professionnelles (I) ; Nombre de journées d'absence pour maternité (I) ; Nombre de journées d'absence pour congés autorisés (événements familiaux, congés spéciaux pour les femmes…) (I) ; Nombre de journées d'absence imputables à d'autres causes (I) ; vii - Organisation et contenu du travail : Nombre de personnes occupant des emplois à horaires alternant ou de nuit ; Nombre de personnes occupant des emplois à horaires alternant ou de nuit de plus de cinquante ans ; Salarié affecté à des tâches répétitives au sens de la définition du travail à la chaîne résultant du décret n° 76-404 du 10 mai 1976 (36) (distinguer femmes-hommes) ; viii - Conditions physiques de travail : Nombre de personnes exposées de façon habituelle et régulière à plus de 85 dbs à leur poste de travail ; Réaliser une carte du son par atelier (37) ; Nombre de salariés exposés à la chaleur au sens de la définition contenue dans le décret n° 76-404 du 10 mai 1976 (38) ;

1° Investissements *(suite)* :	
A - Investissement social *(suite)* :	Nombre de salariés travaillant aux intempéries de façon habituelle et régulière, au sens de la définition contenue dans le décret n° 76-404 du 10 mai 1976 (39); Nombre de prélèvements, d'analyses de produits toxiques et mesures (40); ix - Transformation de l'organisation du travail: Expériences de transformation de l'organisation du travail en vue d'en améliorer le contenu (41); x - Dépenses d'amélioration de conditions de travail: Montant des dépenses consacrées à l'amélioration des conditions de travail dans l'entreprise (42); Taux de réalisation du programme d'amélioration des conditions de travail dans l'entreprise l'année précédente; xi - Médecine du travail (43): Nombre d'examens cliniques (distinguer les travailleurs soumis à surveillance médicale et les autres); Nombre d'examens complémentaires (distinguer les travailleurs soumis à surveillance et les autres); Part du temps consacré par le médecin du travail à l'analyse et à l'intervention en milieu de travail; xii - Travailleurs inaptes: Nombre de salariés déclarés définitivement inaptes à leur emploi par le médecin du travail; Nombre de salariés reclassés dans l'entreprise à la suite d'une inaptitude;
B - Investissement matériel et immatériel:	a) Évolution des actifs nets d'amortissement et de dépréciations éventuelles (immobilisations);
	b) Le cas échéant, dépenses de recherche et développement;
	c) L'évolution de la productivité et le taux d'utilisation des capacités de production, lorsque ces éléments sont mesurables dans l'entreprise;
C - Pour les entreprises soumises aux dispositions du cinquième alinéa de l'article L. 225-102-1 du code de commerce, informations environnementales présentées en application de cet alinéa et mentionnées au 2° du I de l'article R. 225-105-1 de ce code;	
2° Égalité professionnelle entre les femmes et les hommes au sein de l'entreprise:	
I. Indicateurs sur la situation comparée des femmes et des hommes dans l'entreprise:	
A - Conditions générales d'emploi:	a) Effectifs: Données chiffrées par sexe: - Répartition par catégorie professionnelle selon les différents contrats de travail (CDI ou CDD);
	b) Durée et organisation du travail: Données chiffrées par sexe: - Répartition des effectifs selon la durée du travail: temps complet, temps partiel (compris entre 20 et 30 heures et autres formes de temps partiel); - Répartition des effectifs selon l'organisation du travail: travail posté, travail de nuit, horaires variables, travail atypique dont travail durant le week-end;
	c) Données sur les congés: Données chiffrées par sexe: - Répartition par catégorie professionnelle; - Selon le nombre et le type de congés dont la durée est supérieure à six mois: compte épargne-temps, congé parental, congé sabbatique;
	d) Données sur les embauches et les départs: Données chiffrées par sexe: - répartition des embauches par catégorie professionnelle et type de contrat de travail; - répartition des départs par catégorie professionnelle et motifs: retraite, démission, fin de contrat de travail à durée déterminée, licenciement;
	e) Positionnement dans l'entreprise: Données chiffrées par sexe: - répartition des effectifs par catégorie professionnelle; - répartition des effectifs par niveau ou coefficient hiérarchique;

2° Égalité professionnelle entre les femmes et les hommes au sein de l'entreprise *(suite)* :	
B - Rémunérations et déroulement de carrière :	a) Promotion : Données chiffrées par sexe : - nombre et taux de promotions par catégorie professionnelle ; - durée moyenne entre deux promotions ;
	b) Ancienneté : Données chiffrées par sexe : - ancienneté moyenne par catégorie professionnelle ; - ancienneté moyenne dans la catégorie professionnelle ; - ancienneté moyenne par niveau ou coefficient hiérarchique ; - ancienneté moyenne dans le niveau ou le coefficient hiérarchique ;
	c) Âge : Données chiffrées par sexe : - âge moyen par catégorie professionnelle ; - âge moyen par niveau ou coefficient hiérarchique ;
	d) Rémunérations : Données chiffrées par sexe : - rémunération moyenne ou médiane mensuelle par catégorie professionnelle ; - rémunération moyenne ou médiane mensuelle par niveau ou coefficient hiérarchique. Cet indicateur n'a pas à être renseigné lorsque sa mention est de nature à porter atteinte à la confidentialité des données correspondantes, compte tenu notamment du nombre réduit d'individus dans un niveau ou coefficient hiérarchique ; - rémunération moyenne ou médiane mensuelle par tranche d'âge ; - nombre de femmes dans les dix plus hautes rémunérations ;
C - Formation :	Données chiffrées par sexe : Répartition par catégorie professionnelle selon : - le nombre moyen d'heures d'actions de formation par salarié et par an ; - la répartition par type d'action : adaptation au poste, maintien dans l'emploi, développement des compétences ;
D - Conditions de travail, santé et sécurité au travail :	Données générales par sexe : - répartition par poste de travail selon : - l'exposition à des risques professionnels ; - la pénibilité, dont le caractère répétitif des tâches ; Données chiffrées par sexe : - accidents de travail, accidents de trajet et maladies professionnelles : - nombre d'accidents de travail ayant entraîné un arrêt de travail ; - nombre d'accidents de trajet ayant entraîné un arrêt de travail ; - répartition des accidents par éléments matériels selon les modalités définies au 3.2 de l'article R. 2323-17 ; - nombre et dénomination des maladies professionnelles déclarées à la Sécurité sociale au cours de l'année ; - nombre de journée d'absence pour accidents de travail, accidents de trajet ou maladies professionnelles ; - maladies : - nombre d'arrêts de travail ; - nombre de journées d'absence ; - maladies ayant donné lieu à un examen de reprise du travail en application du 3° (e) l'article R. 4624-22 : - nombre d'arrêts de travail ; - nombre de journées d'absence ;
II. Indicateurs relatifs à l'articulation entre l'activité professionnelle et l'exercice de la responsabilité familiale :	
A - Congés :	a) Existence d'un complément de salaire versé par l'employeur pour le congé de paternité, le congé de maternité, le congé d'adoption ;
	b) Données chiffrées par catégorie professionnelle : - nombre de jours de congés de paternité pris par le salarié par rapport au nombre de jours de congés théoriques ;
B - Organisation du temps de travail dans l'entreprise.	a) Existence de formules d'organisation du travail facilitant l'articulation de la vie familiale et de la vie professionnelle ;
	b) Données chiffrées par sexe et par catégorie professionnelle : - nombre de salariés ayant accédé au temps partiel choisi ; - nombre de salariés à temps partiel choisi ayant repris un travail à temps plein ;

2° Égalité professionnelle entre les femmes et les hommes au sein de l'entreprise *(suite)* **:**	
B - Organisation du temps de travail dans l'entreprise. *(suite)*	c) Services de proximité: - participation de l'entreprise et du comité d'entreprise aux modes d'accueil de la petite enfance; - évolution des dépenses éligibles au crédit d'impôt famille.
Concernant la notion de catégorie professionnelle, il peut s'agir de fournir des données distinguant: a) Les ouvriers, les employés, techniciens, agents de maîtrise et les cadres; b) Ou les catégories d'emplois définies par la classification; c) Ou toute catégorie pertinente au sein de l'entreprise. Toutefois, l'indicateur relatif à la rémunération moyenne ou médiane mensuelle comprend au moins deux niveaux de comparaison dont celui mentionné au a ci-dessus.	
III. Stratégie d'action:	À partir de l'analyse des indicateurs mentionnés aux I et II, la stratégie d'action comprend les éléments suivants: - mesures prises au cours de l'année écoulée en vue d'assurer l'égalité professionnelle. Bilan des actions de l'année écoulée et, le cas échéant, de l'année précédente. Évaluation du niveau de réalisation des objectifs sur la base des indicateurs retenus. Explications sur les actions prévues non réalisées; - objectifs de progression pour l'année à venir et indicateurs associés. Définition qualitative et quantitative des mesures permettant de les atteindre conformément à l'article R. 2242-2. Évaluation de leur coût. Échéancier des mesures prévues;
3° Fonds propres, endettement et impôts:	
	a) Capitaux propres de l'entreprise;
	b) Emprunts et dettes financières dont échéances et charges financières;
	c) Impôts et taxes;
4° Rémunération des salariés et dirigeants, dans l'ensemble de leurs éléments:	
A - Évolution des rémunérations salariales:	a) Frais de personnel (24) y compris cotisations sociales, évolutions salariales par catégorie et par sexe, salaire de base minimum, salaire moyen ou médian, par sexe et par catégorie professionnelle; i - Montant des rémunérations: Choix de deux indicateurs dans l'un des groupes suivants: - rapport entre la masse salariale annuelle (18) (II) et l'effectif mensuel moyen; - rémunération moyenne du mois de décembre (effectif permanent) hors primes à périodicité non mensuelle – base 35 heures (II); OU - rémunération mensuelle moyenne (19) (II); - part des primes à périodicité non mensuelle dans la déclaration de salaire (II); - grille des rémunérations (20); ii - Hiérarchie des rémunérations: Choix d'un des deux indicateurs suivants: - rapport entre la moyenne des rémunérations des 10 % des salariés touchant les rémunérations les plus élevées et celle correspondant au 10 % des salariés touchant les rémunérations les moins élevées; OU - rapport entre la moyenne des rémunérations des cadres ou assimilés (y compris cadres supérieurs et dirigeants) et la moyenne des rémunérations des ouvriers non qualifiés ou assimilés (21); - montant global des dix rémunérations les plus élevées. iii - Mode de calcul des rémunérations: Pourcentage des salariés dont le salaire dépend, en tout ou partie, du rendement (22). Pourcentage des ouvriers et employés payés au mois sur la base de l'horaire affiché. iv - Charge salariale globale
	b) Pour les entreprises soumises aux dispositions de l'article L. 225-115 du code de commerce, montant global des rémunérations visées au 4° de cet article;
B - Épargne salariale: intéressement, participation:	Montant global de la réserve de participation (25); Montant moyen de la participation et / ou de l'intéressement par salarié bénéficiaire (26) (I); Part du capital détenu par les salariés (27) grâce à un système de participation (participation aux résultats, intéressement, actionnariat ...);

4° Rémunération des salariés et dirigeants, dans l'ensemble de leurs éléments *(suite)* **:**	
C - Rémunérations accessoires : primes par sexe et par catégorie professionnelle, avantages en nature, régimes de prévoyance et de retraite complémentaire ;	Avantages sociaux dans l'entreprise : pour chaque avantage préciser le niveau de garantie pour les catégories retenues pour les effectifs (l) ;
D - Rémunération des dirigeants mandataires sociaux telles que présentées dans le rapport de gestion en application des trois premiers alinéas de l'article L. 225-102-1 du code de commerce, pour les entreprises soumises à l'obligation de présenter le rapport visé à l'article L. 225-102 du même code ;	
5° Représentation du personnel et Activités sociales et culturelles : montant de la contribution aux activités sociales et culturelles du comité d'entreprise, mécénat :	
A - Représentation du personnel :	a) Représentants du personnel et délégués syndicaux : Composition des comités sociaux et économiques et / ou d'établissement avec indication, s'il y a lieu, de l'appartenance syndicale ; Participation aux élections (par collège) par catégories de représentants du personnel ; Volume global des crédits d'heures utilisés pendant l'année considérée ; Nombre de réunions avec les représentants du personnel et les délégués syndicaux pendant l'année considérée ; Dates et signatures et objet des accords conclus dans l'entreprise pendant l'année considérée ; Nombre de personnes bénéficiaires d'un congé d'éducation ouvrière (45) ; b) Information et communication : Nombre d'heures consacrées aux différentes formes de réunion du personnel (46) ; Éléments caractéristiques du système d'accueil ; Éléments caractéristiques du système d'information ascendante ou descendante et niveau d'application ; Éléments caractéristiques du système d'entretiens individuels (47) ; c) Différends concernant l'application du droit du travail (48) ;
B - Activités sociales et culturelles :	a) Activités sociales : Contributions au financement, le cas échéant, du comité social et économique et des comités d'établissement ; Autres dépenses directement supportées par l'entreprise : logement, transport, restauration, loisirs, vacances, divers, total (49) ; b) Autres charges sociales : Coût pour l'entreprise des prestations complémentaires (maladie, décès) (50) ; Coût pour l'entreprise des prestations complémentaires (vieillesse) (51) ; Équipements réalisés par l'entreprise et touchant aux conditions de vie des salariés à l'occasion de l'exécution du travail ;
6° Rémunération des financeurs, en dehors des éléments mentionnés au 4° :	
A - Rémunération des actionnaires (revenus distribués) ;	
B - Rémunération de l'actionnariat salarié (montant des actions détenues dans le cadre de l'épargne salariale, part dans le capital, dividendes reçus) ;	
7° Flux financiers à destination de l'entreprise :	
A - Aides publiques :	Les aides ou avantages financiers consentis à l'entreprise par l'Union européenne, l'État, une collectivité territoriale, un de leurs établissements publics ou un organisme privé chargé d'une mission de service public, et leur utilisation ; Pour chacune des aides mentionnées au 8° qui entre dans le champ d'application de la procédure décrite à l'article R. 2312-28, l'employeur indique la nature de l'aide, son objet, son montant, les conditions de versement et d'emploi fixées, le cas échéant, par la personne publique qui l'attribue et son utilisation ;
B - Réductions d'impôts ;	
C - Exonérations et réductions de cotisations sociales ;	
D - Crédits d'impôts ;	
E - Mécénat ;	

7° Flux financiers à destination de l'entreprise *(suite)* **:**	
F - Résultats financiers (création de rubrique pour intégrer infos du R. 2323-11) :	a) Le chiffre d'affaires ; b) Les bénéfices ou pertes constatés ; c) Les résultats globaux de la production en valeur et en volume ; d) L'affectation des bénéfices réalisés ;
8° Partenariats :	
A - Partenariats conclus pour produire des services ou des produits pour une autre entreprise ;	
B - Partenariats conclus pour bénéficier des services ou des produits d'une autre entreprise ;	
9° Pour les entreprises appartenant à un groupe, transferts commerciaux et financiers entre les entités du groupe :	
A - Transferts de capitaux tels qu'ils figurent dans les comptes individuels des sociétés du groupe lorsqu'ils présentent une importance significative ;	
B - Cessions, fusions, et acquisitions réalisées.	

Notes :

I. – Une structure de qualification détaillée, en trois ou quatre postes minimum, est requise. Il est souhaitable de faire référence à la classification de la convention collective, de l'accord d'entreprise et aux pratiques habituellement retenues dans l'entreprise.

À titre d'exemple la répartition suivante peut être retenue : cadres ; employés, techniciens et agents de maîtrise (ETAM) ; et ouvriers.

II. – Une structure de qualification détaillée en cinq ou six postes minimum est requise. Il est souhaitable de faire référence à la classification de la convention collective, de l'accord d'entreprise et aux pratiques habituellement retenues dans l'entreprise.

À titre d'exemple, la répartition suivante des postes peut être retenue : cadres ; techniciens ; agents de maîtrise ; employés qualifiés ; employés non qualifiés ; ouvriers qualifiés ; ouvriers non qualifiés.

Doivent en outre être distinguées les catégories femmes et hommes.

(1) Effectif total : tout salarié inscrit à l'effectif au 31/12 quelle que soit la nature de son contrat de travail.

(2) Effectif permanent : les salariés à temps plein, inscrits à l'effectif pendant toute l'année considérée et titulaires d'un contrat de travail à durée indéterminée.

(3) Somme des effectifs totaux mensuels/12 (on entend par effectif total tout salarié inscrit à l'effectif au dernier jour du mois considéré).

(4) La répartition retenue est celle habituellement utilisée dans l'entreprise à condition de distinguer au moins quatre catégories, dont les jeunes de moins de vingt-cinq ans.

(5) La répartition selon l'ancienneté est celle habituellement retenue dans l'entreprise.

(6) Il s'agit des catégories de travailleurs extérieurs dont l'entreprise connaît le nombre, soit parce qu'il figure dans le contrat signé avec l'entreprise extérieure, soit parce que ces travailleurs sont inscrits aux effectifs. Exemple : démonstrateurs dans le commerce...

(7) Stages supérieurs à une semaine.

(8) Est considérée comme salarié temporaire toute personne mise à la disposition de l'entreprise, par une entreprise de travail temporaire.

(9) À ne remplir que si ces départs sont comptabilisés dans le total des départs.

(10) Distinguer les différents systèmes légaux et conventionnels de toute nature.

(11) Utiliser les catégories de la nomenclature détaillée II.

(12) Y compris les heures indemnisées au titre du chômage total en cas d'arrêt de plus de quatre semaines consécutives.

(13) Tel qu'il résulte de la déclaration obligatoire prévue à l'article (D. 2019-521 du 27 mai 2019, JO 28, entrée en vigueur le 01.01.2020) « L. 5212-5 ».

(14) Possibilités de comptabiliser tous les indicateurs de la rubrique absentéisme, au choix, en journées, 1/2 journées ou heures.

(15) Ne sont pas comptés parmi les absences : les diverses sortes de congés, les conflits et le service national.

(16) Les tranches choisies sont laissées au choix des entreprises.

(17) On entend par rémunération la somme des salaires effectivement perçus pendant l'année par le salarié (au sens de la déclaration annuelle des salaires).

(18) Masse salariale annuelle totale, au sens de la déclaration annuelle de salaire.

(19) Rémunération mensuelle moyenne : $\frac{1}{2} \sum \frac{(\text{masse salariale du mois } i)}{(\text{effectif du mois } i)}$

(20) Faire une grille des rémunérations en distinguant au moins six tranches.

(21) Pour être prises en compte, les catégories concernées doivent comporter au minimum dix salariés.

(22) Distinguer les primes individuelles et les primes collectives.

(23) Prestataires de services, régies...

(24) Frais de personnel : ensemble des rémunérations et des cotisations sociales mises légalement ou conventionnellement à la charge de l'entreprise.

(25) Le montant global de la réserve de participation est le montant de la réserve dégagée - ou de la provision constituée - au titre de la participation sur les résultats de l'exercice considéré.

(26) La participation est envisagée ici au sens du titre II du livre III de la partie III.

(27) Non compris les dirigeants.

(28) Faire référence aux codes de classification des éléments matériels des accidents (arrêté du 10 octobre 1974).

(29) En application de l'article L. 461-4 du code de la sécurité sociale.

(30) Il est possible de remplacer cet indicateur par la somme des heures travaillées durant l'année.

(31) Au sens des dispositions du présent code et du code rural et de la pêche maritime instituant un repos compensateur en matière d'heures supplémentaires.

(32) Au sens de l'article L. 3121-48.

(33) Au sens de l'article L. 3123-1.

(34) Cet indicateur peut être calculé sur la dernière période de référence.

(35) Préciser, le cas échéant, les conditions restrictives.

Notes *(suite)* :
(36) Article 70-3 c du décret du 29 décembre 1945 : « Sont considérés comme travaux à la chaîne :
« - les travaux effectués dans une organisation comportant un dispositif automatique d'avancement à cadence constante des pièces en cours de fabrication ou de montage en vue de la réalisation d'opérations élémentaires et successives aux différents postes de travail ;
« - les travaux effectués sur des postes de travail indépendants consistant en la conduite ou l'approvisionnement de machines à cycle automatique et à cadence préréglée en vue de la réalisation d'opérations élémentaires et successives aux différents postes de travail ;
« - les travaux effectués sur des postes indépendants sans dispositif automatique d'avancement des pièces où la cadence est imposée par le mode de rémunération ou le temps alloué pour chaque opération élémentaire. »
(37) Cette carte n'est à réaliser que par les établissements qui ont une réponse non nulle à l'indicateur précédent.
(38) Article 70-3 d du décret du 29 décembre 1945 : « Sont considérés comme travaux au four, les travaux exposant de façon habituelle et régulière à une forte chaleur ambiante ou rayonnante résultant de l'utilisation d'un traitement thermique, d'un processus de cuisson, de la transformation de produits en état de fusion, d'ignition ou d'incandescence ou de la production d'énergie thermique. »
(39) Article 70-3 e du décret du 29 décembre 1945 : « Sont considérés comme travaux exposant aux intempéries sur les chantiers, les travaux soumis au régime d'indemnisation définie aux articles L. 5424-11 et suivants du code du travail ainsi que les travaux effectués de façon habituelle et régulière sur les chantiers souterrains ou subaquatiques, ou en plein air sur les constructions et ouvrages, les aires de stockage et de manutention. »
(40) Renseignements tirés du rapport annuel du médecin du travail (arrêté du 10 décembre 1971).
(41) Pour l'explication de ces expériences d'amélioration du contenu du travail, donner le nombre de salariés concernés.
(42) Non compris l'évaluation des dépenses en matière de santé et de sécurité.
(43) Renseignements tirés du rapport annuel du médecin du travail (arrêté du 10 décembre 1971).
(44) Conformément à la déclaration annuelle des employeurs 2483 relative au financement de la formation professionnelle continue.
(45) Au sens des articles L. 2145-5 et suivants.
(46) On entend par réunion du personnel, les réunions régulières de concertation, concernant les relations et conditions de travail organisées par l'entreprise.
(47) Préciser leur périodicité.
(48) Avec indication de la nature du différend et, le cas échéant, de la solution qui y a mis fin.
(49) Dépenses consolidées de l'entreprise. La répartition est indiquée ici à titre d'exemple.
(50) (51) Versements directs ou par l'intermédiaire d'assurances.

Art. R. 2312-10. En l'absence d'accord prévu à l'article L. 2312-21, les informations figurant dans la base de données portent sur l'année en cours, sur les deux années précédentes et, telles qu'elles peuvent être envisagées, sur les trois années suivantes.

Ces informations sont présentées sous forme de données chiffrées ou, à défaut, pour les années suivantes, sous forme de grandes tendances. L'employeur indique, pour ces années, les informations qui, eu égard à leur nature ou aux circonstances, ne peuvent pas faire l'objet de données chiffrées ou de grandes tendances, pour les raisons qu'il précise.

Sous-§ 2. Mise en place et fonctionnement supplétifs de la base de données économiques et sociales

Art. R. 2312-11. En l'absence d'accord prévu à l'article L. 2312-21, la base de données prévue à l'article L. 2312-18 est constituée au niveau de l'entreprise. Dans les entreprises dotées d'un comité social et économique central, la base de données comporte les informations que l'employeur met à disposition de ce comité et des comités d'établissement.

Les éléments d'information sont régulièrement mis à jour, au moins dans le respect des périodicités prévues par le présent code.

Art. R. 2312-12. En l'absence d'accord prévu à l'article L. 2312-21, la base de données est tenue à la disposition des personnes mentionnées au dernier alinéa de l'article L. 2312-36 sur un support informatique pour les entreprises d'au moins trois cents salariés, et sur un support informatique ou papier pour les entreprises de moins de trois cents salariés.

L'employeur informe ces personnes de l'actualisation de la base de données selon des modalités qu'il détermine et fixe les modalités d'accès, de consultation et d'utilisation de la base.

Ces modalités permettent aux personnes mentionnées au dernier alinéa de l'article L. 2312-36 d'exercer utilement leurs compétences respectives.

Art. R. 2312-13. Les informations figurant dans la base de données qui revêtent un caractère confidentiel doivent être présentées comme telles par l'employeur qui indique la durée du caractère confidentiel de ces informations que les personnes mentionnées au dernier alinéa de l'article L. 2312-36 sont tenues de respecter.

Art. R. 2312-14. En l'absence d'accord prévu à l'article L. 2312-21, la mise à disposition actualisée dans la base de données des éléments d'information contenus dans les rapports et des informations transmis de manière récurrente au comité social et économique vaut communication à celui-ci des rapports et informations lorsque les conditions cumulatives suivantes sont remplies :

1° La condition fixée au second alinéa de l'article R. 2312-11 est remplie ;

2° L'employeur met à disposition des membres du comité social et économique les éléments d'analyse ou d'explication lorsqu'ils sont prévus par le présent code.

Sous-§ 3. Base de données économiques et sociales au niveau du groupe

Art. R. 2312-15. Sans préjudice de l'obligation de mise en place d'une base de données au niveau de l'entreprise, une convention ou un accord de groupe peut prévoir la constitution d'une base de données au niveau du groupe.

La convention ou l'accord détermine notamment les personnes ayant accès à cette base ainsi que les modalités d'accès, de consultation et d'utilisation de cette base.

Sous-section 3. **Consultations et informations récurrentes**

§ 1. Ordre public

Art. L. 2312-17. Le comité social et économique est consulté dans les conditions définies à la présente section sur :

1° Les orientations stratégiques de l'entreprise ;

2° La situation économique et financière de l'entreprise ;

3° La politique sociale de l'entreprise, les conditions de travail et l'emploi.

Art. L. 2312-18. Une base de données économiques et sociales rassemble l'ensemble des informations nécessaires aux consultations et informations récurrentes que l'employeur met à disposition du comité social et économique. Ces informations comportent en particulier des indicateurs relatifs à l'égalité professionnelle entre les femmes et les hommes, notamment sur les écarts de rémunération (L. 2018-771 du 5 sept. 2018, art. 104, XII, JO 6) «et les informations sur la méthodologie et le contenu des indicateurs prévus à l'article L. 1142-8».

Les éléments d'information transmis de manière récurrente au comité sont mis à la disposition de leurs membres dans la base de données et cette mise à disposition actualisée vaut communication des rapports et informations au comité, dans les conditions et limites fixées par un décret en Conseil d'État.

Lorsque les dispositions du présent code prévoient également la transmission à l'autorité administrative des rapports et informations mentionnés au deuxième alinéa, les éléments d'information qu'ils contiennent sont mis à la disposition de l'autorité administrative à partir de la base de données et la mise à disposition actualisée vaut transmission à cette autorité.

§ 2. Champ de la négociation

Art. L. 2312-19. Un accord d'entreprise, conclu dans les conditions prévues au premier alinéa de l'article L. 2232-12 ou, en l'absence de délégué syndical, un accord entre l'employeur et le comité social et économique, adopté à la majorité des membres titulaires de la délégation du personnel du comité, peut définir :

1° Le contenu, la périodicité et les modalités des consultations récurrentes du comité social et économique mentionnées à l'article L. 2312-17 ainsi que la liste et le contenu des informations nécessaires à ces consultations ;

2° Le nombre de réunions annuelles du comité prévues à l'article L. 2315-27, qui ne peut être inférieur à six ;

3° Les niveaux auxquels les consultations sont conduites et, le cas échéant, leur articulation ;

4° Les délais mentionnés à l'article L. 2312-15 dans lesquels les avis du comité sont rendus.

Il peut également prévoir la possibilité pour le comité social et économique d'émettre un avis unique portant sur tout ou partie des thèmes de consultation prévus à l'article L. 2312-17.

La périodicité des consultations prévue par l'accord ne peut être supérieure à trois ans.

Art. L. 2312-20. Un accord de groupe peut prévoir que la consultation sur les orientations stratégiques est effectuée au niveau du comité de groupe. Il prévoit les modalités de transmission de l'avis du comité de groupe :

1° À chaque comité social et économique du groupe, qui reste consulté sur les conséquences de ces orientations stratégiques ;

2° À l'organe chargé de l'administration de l'entreprise dominante de ce groupe, définie à l'article L. 2331-1.

Art. L. 2312-21. Un accord d'entreprise conclu dans les conditions prévues au premier alinéa de l'article L. 2232-12 ou, en l'absence de délégué syndical, un accord entre l'employeur et le comité social et économique, adopté à la majorité des membres titulaires de la délégation du personnel du comité, définit:

1° L'organisation, l'architecture et le contenu de la base de données économiques et sociales;

2° Les modalités de fonctionnement de la base de données économiques et sociales, notamment les droits d'accès et le niveau de mise en place de la base dans les entreprises comportant des établissements distincts, son support, ses modalités de consultation et d'utilisation.

La base de données comporte au moins les thèmes suivants: l'investissement social, l'investissement matériel et immatériel, l'égalité professionnelle entre les femmes et les hommes au sein de l'entreprise, les fonds propres, l'endettement, l'ensemble des éléments de la rémunération des salariés et dirigeants, les activités sociales et culturelles, la rémunération des financeurs, les flux financiers à destination de l'entreprise.

L'accord peut également intégrer dans la base de données les informations nécessaires aux négociations obligatoires prévues à l'article L. 2242-1, au 1° de l'article L. 2242-11 ou à l'article L. 2242-13 et aux consultations ponctuelles du comité social et économique prévues à l'article L. 2312-8 et à la sous-section 4.

L'organisation, l'architecture, le contenu et les modalités de fonctionnement de la base de données sont tels qu'ils permettent au comité social et économique et, le cas échéant, aux délégués syndicaux d'exercer utilement leurs compétences.

À défaut d'accord prévu à l'alinéa premier, un accord de branche peut définir l'organisation, l'architecture, le contenu et les modalités de fonctionnement de la base de données économiques et sociales dans les entreprises de moins de trois cents salariés.

§ 3. Dispositions supplétives

Art. L. 2312-22. En l'absence d'accord prévu à l'article L. 2312-19, le comité social et économique est consulté chaque année sur:

1° Les orientations stratégiques de l'entreprise dans les conditions définies au sous-paragraphe 1er;

2° La situation économique et financière de l'entreprise dans les conditions définies au sous-paragraphe 2;

3° La politique sociale de l'entreprise, les conditions de travail et l'emploi dans les conditions définies au sous-paragraphe 3.

Les consultations prévues aux 1° et 2° sont conduites au niveau de l'entreprise, sauf si l'employeur en décide autrement et sous réserve de l'accord de groupe prévu à l'article L. 2312-20. La consultation prévue au 3° est conduite à la fois au niveau central et au niveau des établissements lorsque sont prévues des mesures d'adaptation spécifiques à ces établissements.

Art. L. 2312-23. En l'absence d'accord prévu à l'article L. 2312-21, la base de données économiques et sociales est mise en place dans les conditions définies au sous-paragraphe 4.

Sous-§ 1. Consultation annuelle sur les orientations stratégiques de l'entreprise

Art. L. 2312-24. Le comité social et économique est consulté sur les orientations stratégiques de l'entreprise, définies par l'organe chargé de l'administration ou de la surveillance de l'entreprise, et sur leurs conséquences sur l'activité, l'emploi, l'évolution des métiers et des compétences, l'organisation du travail, le recours à la sous-traitance, à l'intérim, à des contrats temporaires et à des stages. Cette consultation porte, en outre, sur la gestion prévisionnelle des emplois et des compétences, sur les orientations de la formation professionnelle (L. 2018-771 du 5 sept. 2018, art. 8, V, JO 6) «et sur le plan de développement des compétences».

Le comité émet un avis sur les orientations stratégiques de l'entreprise et peut proposer des orientations alternatives. Cet avis est transmis à l'organe chargé de l'administration ou de la surveillance de l'entreprise, qui formule une réponse argumentée. Le comité en reçoit communication et peut y répondre.

Sous-§ 2. Consultation annuelle sur la situation économique et financière de l'entreprise

Art. L. 2312-25. I. – La consultation annuelle sur la situation économique et financière de l'entreprise porte également sur la politique de recherche et de développement technologique de l'entreprise, y compris sur l'utilisation du crédit d'impôt pour les dépenses de recherche.

(Supprimé par L. 2017-1837 du 30 déc. 2017, art. 86, II, JO 31) «La consultation sur l'utilisation du crédit d'impôt pour la compétitivité et l'emploi prévu à l'article 244 *quater* C du code général des impôts est intégrée dans la présente consultation. L'avis du comité social et économique est transmis à l'organe chargé de l'administration ou de la surveillance de l'entreprise. Lorsque le comité constate que tout ou partie du crédit d'impôt n'a pas été utilisé conformément au code général des impôts, il peut demander des explications selon les modalités prévues aux articles L. 2312-61 et L. 2312-62.»

II. – En vue de cette consultation, l'employeur met à la disposition du comité, dans les conditions prévues par l'accord mentionné à l'article L. 2312-21 ou à défaut d'accord au sous-paragraphe 4:

1° Les informations sur l'activité et sur la situation économique et financière de l'entreprise ainsi que sur ses perspectives pour l'année à venir. Ces informations sont tenues à la disposition de l'autorité administrative;

2° Pour toutes les sociétés commerciales, les documents obligatoirement transmis annuellement à l'assemblée générale des actionnaires ou à l'assemblée des associés, notamment le rapport de gestion prévu à l'article L. 225-102-1 du code de commerce qui comprend les informations relatives à la responsabilité sociale et environnementale des entreprises, les communications et les copies transmises aux actionnaires dans les conditions prévues aux articles L. 225-100 à L. 225-102-2, L. 225-108 et L. 225-115 à L. 225-118 du code de commerce, ainsi que le rapport des commissaires aux comptes. Le conseil peut convoquer les commissaires aux comptes pour recevoir leurs explications sur les différents postes des documents communiqués ainsi que sur la situation financière de l'entreprise;

3° Pour les sociétés commerciales mentionnées à l'article L. 232-2 du code de commerce et les groupements d'intérêt économique mentionnés à l'article L. 251-13 du même code, les documents établis en application du même article L. 251-13 et des articles L. 232-3 et L. 232-4 dudit code. Ces documents sont réputés confidentiels, au sens de l'article L. 2315-3 du présent code;

4° Pour les entreprises ne revêtant pas la forme de société commerciale, les documents comptables qu'elles établissent;

5° Les informations relatives à la politique de recherche et de développement technologique de l'entreprise.

Art. R. 2312-16. En l'absence d'accord prévu à l'article L. 2312-19, dans les entreprises de moins de trois cents salariés, l'employeur met à la disposition du comité social et économique en vue de la consultation sur la situation économique et financière de l'entreprise les informations prévues aux rubriques 1° B, 7° A et 7° F, 8° et 9° de la base de données économiques et sociales prévues à l'article R. 2312-8.

Art. R. 2312-17. En l'absence d'accord prévu à l'article L. 2312-19, dans les entreprises d'au moins trois cents salariés, l'employeur met à la disposition du comité social et économique en vue de la consultation sur la situation économique et financière de l'entreprise les informations prévues aux rubriques 1° B, 1° C, 7° A, 7° F, 8° et 9° de la base de données prévue à l'article R. 2312-9.

Sous-§ 3. Consultation annuelle sur la politique sociale de l'entreprise, les conditions de travail et l'emploi

Art. L. 2312-26. I. – La consultation annuelle sur la politique sociale de l'entreprise, les conditions de travail et l'emploi porte sur l'évolution de l'emploi, les qualifications, le programme pluriannuel de formation, les actions de formation envisagées par l'employeur, l'apprentissage, les conditions d'accueil en stage, les actions de prévention en matière de santé et de sécurité, les conditions de travail, les congés et l'aménagement du temps de travail, la durée du travail, l'égalité professionnelle entre les femmes et les hommes et les modalités d'exercice du droit d'expression des salariés dans les entreprises non couvertes par un accord sur l'égalité professionnelle et la qualité de vie au travail contenant des dispositions sur ce droit.

Le comité peut se prononcer par un avis unique portant sur l'ensemble des thèmes énoncés au premier alinéa ou par des avis séparés organisés au cours de consultations propres à chacun de ces thèmes.

II. – À cette fin, l'employeur met à la disposition du comité, dans les conditions prévues par l'accord mentionné à l'article L. 2312-21 ou à défaut d'accord au sous-paragraphe 4:

1° Les informations sur l'évolution de l'emploi, des qualifications, de la formation et des salaires, sur les actions en faveur de l'emploi des travailleurs handicapés, sur le nombre et les conditions d'accueil des stagiaires, sur l'apprentissage et sur le recours aux contrats de travail à durée déterminée, aux contrats de mission conclus avec une entreprise de travail temporaire ou aux contrats conclus avec une entreprise de portage salarial;

2° Les informations et les indicateurs chiffrés sur la situation comparée des femmes et des hommes au sein de l'entreprise, mentionnés au 2° de l'article L. 2312-36, ainsi que l'accord relatif à l'égalité professionnelle entre les femmes et les hommes issu de la négociation mentionnée au 2° de l'article L. 2242-1 ou, à défaut, le plan d'action mentionné à l'article L. 2242-3;

3° Les informations sur le (Ord. 2019-861 du 21 août 2019, art. 1er, 5°, JO 22) «plan de développement des compétences» du personnel de l'entreprise;

4° Les informations sur la mise en œuvre des contrats de professionnalisation et du compte personnel de formation;

(L. 2018-771 du 5 sept. 2018, art. 8, II, JO 6) «4° *bis* Les informations sur la mise en œuvre des entretiens professionnels et de l'état des lieux récapitulatifs prévus à l'article L. 6315-1;»

5° Les informations sur la durée du travail portant sur:

a) Les heures supplémentaires accomplies dans la limite et au-delà du contingent annuel applicable dans l'entreprise;

b) À défaut de détermination du contingent annuel d'heures supplémentaires par voie conventionnelle, les modalités de son utilisation et de son éventuel dépassement dans les conditions prévues aux articles L. 3121-28 à L. 3121-39;

c) Le bilan du travail à temps partiel réalisé dans l'entreprise;

d) Le nombre de demandes individuelles formulées par les salariés à temps partiel pour déroger à la durée hebdomadaire minimale prévue au premier alinéa de l'article L. 3123-7 et aux articles L. 3123-19 et L. 3123-27;

e) La durée, l'aménagement du temps de travail, la période de prise des congés payés prévue aux articles L. 3141-13 à L. 3141-16, les conditions d'application des aménagements de la durée et des horaires prévus à l'article L. 3121-44 lorsqu'ils s'appliquent à des salariés à temps partiel, le recours aux conventions de forfait et les modalités de suivi de la charge de travail des salariés concernés;

6° Les informations sur les mesures prises en vue de faciliter l'emploi des accidentés du travail, des invalides de guerre et assimilés, des invalides civils et des travailleurs handicapés, notamment celles relatives à l'application de l'obligation d'emploi des travailleurs handicapés;

7° Les informations sur l'affectation de la contribution sur les salaires au titre de l'effort de construction ainsi que sur les conditions de logement des travailleurs étrangers que l'entreprise se propose de recruter;

8° Les informations sur les modalités d'exercice du droit d'expression des salariés prévues à l'article L. 2281-11;

9° Les informations relatives aux contrats de mise à disposition conclus avec les entreprises de travail temporaires, aux contrats d'accompagnement dans l'emploi, aux contrats initiative emploi et les éléments qui l'ont conduit à faire appel, au titre de l'année écoulée, et qui pourraient le conduire à faire appel pour l'année à venir, à des contrats de travail à durée déterminée, à des contrats de mission conclus avec une entreprise de travail temporaire ou à des contrats conclus avec une entreprise de portage salarial.

Art. L. 2312-27. Dans le cadre de la consultation sur la politique sociale, l'employeur présente également au comité social et économique:

1° Un rapport annuel écrit faisant le bilan de la situation générale de la santé, de la sécurité et des conditions de travail dans l'entreprise et des actions menées au cours de l'année écoulée dans ces domaines. Les questions du travail de nuit et de prévention des effets de l'exposition aux facteurs de risques professionnels mentionnés à l'article L. 4161-1 sont traitées spécifiquement;

2° Un programme annuel de prévention des risques professionnels et d'amélioration des conditions de travail. Ce programme fixe la liste détaillée des mesures devant être prises au cours de l'année à venir qui comprennent les mesures de prévention des effets de l'exposition aux facteurs de risques professionnels mentionnés à l'article L. 4161-1, ainsi que, pour chaque mesure, ses conditions d'exécution et l'estimation de son coût.

Lors de l'avis rendu sur le rapport et sur le programme annuels de prévention, le comité peut proposer un ordre de priorité et l'adoption de mesures supplémentaires.

Lorsque certaines des mesures prévues par l'employeur ou demandées par le comité n'ont pas été prises au cours de l'année concernée par le programme, l'employeur énonce les motifs de cette inexécution, en annexe au rapport annuel.

Le procès-verbal de la réunion du comité consacrée à l'examen du rapport et du programme est joint à toute demande présentée par l'employeur en vue d'obtenir des marchés publics, des participations publiques, des subventions, des primes de toute nature ou des avantages sociaux ou fiscaux.

Art. L. 2312-28. Dans les entreprises et organismes mentionnés au premier alinéa de l'article L. 2311-1 ainsi que dans les entreprises mentionnées à l'article L. 2312-35, la consultation sur la politique sociale de l'entreprise, les conditions de travail et l'emploi prévue au 3° de l'article L. 2312-17 porte, en outre, sur le bilan social de l'entreprise lorsque l'entreprise compte au moins trois cents salariés. À cette fin, l'employeur met à la disposition du comité social et économique, dans les conditions prévues par l'accord mentionné à l'article L. 2312-21 ou à défaut d'accord au sous-paragraphe 4, les données relatives à ce bilan social.

Dans les entreprises comportant des établissements distincts, le comité social et économique d'établissement est consulté sur le bilan social particulier à chaque établissement dont l'effectif est au moins de trois cents salariés.

Art. L. 2312-29. Lorsque l'effectif de l'entreprise ou de l'établissement atteint le seuil d'assujettissement de trois cents salariés conformément aux dispositions de l'article L. 2312-34, le premier bilan social de l'entreprise ou de l'établissement porte sur l'année suivant celle au cours de laquelle le seuil a été atteint.

Le premier bilan social peut ne concerner que l'année écoulée. Le deuxième bilan peut ne concerner que les deux dernières années écoulées.

Lorsque l'effectif de l'entreprise ou de l'établissement devient inférieur au seuil d'assujettissement de trois cents salariés, un bilan social est néanmoins présenté pour l'année en cours.

Art. L. 2312-30. Le bilan social récapitule les principales données chiffrées permettant d'apprécier la situation de l'entreprise dans le domaine social, d'enregistrer les réalisations effectuées et de mesurer les changements intervenus au cours de l'année écoulée et des deux années précédentes.

Le bilan social comporte des informations sur l'emploi, les rémunérations et charges accessoires, les conditions de santé et de sécurité, les autres conditions de travail, la formation, les relations professionnelles, le nombre de salariés détachés et le nombre de travailleurs détachés accueillis ainsi que sur les conditions de vie des salariés et de leurs familles dans la mesure où ces conditions dépendent de l'entreprise.

Art. L. 2312-31. Les informations du bilan social sont mises à la disposition de tout salarié qui en fait la demande.

Elles sont mises à la disposition de l'agent de contrôle de l'inspection du travail mentionné à l'article L. 8112-1 avec l'avis du comité social et économique dans un délai de quinze jours à compter de la réunion de ce dernier.

Art. L. 2312-32. Dans les sociétés par actions, le dernier bilan social accompagné de l'avis du comité social et économique prévu à l'article L. 2312-28 est adressé aux actionnaires ou mis à leur disposition dans les mêmes conditions que les documents prévus aux articles L. 225-108 et L. 225-115 du code de commerce.

Art. L. 2312-33. Le bilan social sert de base à l'application des dispositions de l'article L. 6331-12 ainsi que de celles qui prévoient l'établissement de programmes annuels de formation.

Art. L. 2312-34. Le seuil de trois cents salariés mentionné au présent chapitre est réputé franchi lorsque l'effectif de l'entreprise dépasse ce seuil pendant douze mois consécutifs.

L'employeur dispose d'un délai d'un an à compter du franchissement de ce seuil pour se conformer complètement aux obligations d'information et de consultation du comité social et économique qui en découlent.

Art. L. 2312-35. Un décret en Conseil d'État précise le contenu des informations prévues au présent paragraphe.
Des décrets en Conseil d'État déterminent les mesures d'adaptation nécessaires à l'application des dispositions des articles L. 2312-28 à L. 2312-33 dans les entreprises tenues de constituer un comité social et économique ou des organismes de représentation du personnel qui en tiennent lieu en vertu soit de dispositions légales autres que celles du code du travail, soit de stipulations conventionnelles.
Ces décrets sont pris après avis des organisations syndicales représentatives dans les entreprises intéressées.
Le nombre et la teneur de ces informations sont adaptés à la taille de l'entreprise et de l'établissement par arrêté du ou des ministres compétents.
Certaines branches d'activité peuvent être dotées, dans les mêmes formes, de bilans sociaux spécifiques.

Art. R. 2312-18. En l'absence d'accord prévu à l'article L. 2312-19, l'employeur communique aux membres du comité social et économique en vue de la consultation sur la politique sociale, les conditions de travail et l'emploi, les informations prévues aux rubriques 1° A *e* et 1° A *f* de la base de données prévues à l'article R. 2312-8.

Art. R. 2312-19. En l'absence d'accord prévu à l'article L. 2312-19, dans les entreprises de moins de trois cents salariés, l'employeur met à la disposition du comité social et économique en vue de la consultation sur la politique sociale, les conditions de travail et l'emploi les informations prévues aux rubriques 1° A, 2° et 4° de la base de données prévues à l'article R. 2312-8.

Art. R. 2312-20. En l'absence d'accord prévu à l'article L. 2312-19, dans les entreprises d'au moins trois cents salariés, l'employeur met à disposition du comité social et économique en vue de la consultation sur la politique sociale, les conditions de travail et l'emploi, les informations prévues aux rubriques 1° A, 2°, 4°, et 5° de la base de données prévues à l'article R. 2312-9.

Sous-§ 4. La base de données économiques et sociales

Art. L. 2312-36. En l'absence d'accord prévu à l'article L. 2312-21, une base de données économiques et sociales, mise régulièrement à jour, rassemble un ensemble d'informations que l'employeur met à disposition du comité social et économique.
La base de données est accessible en permanence aux membres de la délégation du personnel du comité social et économique ainsi qu'aux membres de la délégation du personnel du comité social et économique central d'entreprise, et aux délégués syndicaux.
Les informations contenues dans la base de données portent sur les thèmes suivants:
1° Investissements: investissement social (emploi, évolution et répartition des contrats précaires, des stages et des emplois à temps partiel, formation professionnelle (L. 2018-771 du 5 sept. 2018, art. 10, JO 6) «, évolution professionnelle» et conditions de travail), investissement matériel et immatériel et, pour (Ord. 2017-1718 du 20 déc. 2017, art. 1er, I, 70°, JO 21) «les sociétés mentionnées aux I et II de l'article L. 225-102-1 du code du commerce, les informations en matière environnementale présentées en application du III du même article»;
2° Égalité professionnelle entre les femmes et les hommes au sein de l'entreprise: diagnostic et analyse de la situation comparée des femmes et des hommes pour chacune des catégories professionnelles de l'entreprise en matière d'embauche, de formation, de promotion professionnelle, de qualification, de classification, de conditions de travail, de sécurité et de santé au travail, de rémunération effective et d'articulation entre l'activité professionnelle et la vie personnelle et familiale, analyse des écarts de salaires et de déroulement de carrière en fonction de l'âge, de la qualification et de l'ancienneté, évolution des taux de promotion respectifs des femmes et des hommes par métiers dans l'entreprise, part des femmes et des hommes dans le conseil d'administration;
3° Fonds propres et endettement;
4° Ensemble des éléments de la rémunération des salariés et dirigeants;
5° Activités sociales et culturelles;
6° Rémunération des financeurs;
7° Flux financiers à destination de l'entreprise, notamment aides publiques et crédits d'impôts;
8° Sous-traitance;
9° Le cas échéant, transferts commerciaux et financiers entre les entités du groupe.

Ces informations portent sur les deux années précédentes et l'année en cours et intègrent des perspectives sur les trois années suivantes.

Le contenu de ces informations ainsi que les modalités de fonctionnement de la base sont déterminés par un décret en Conseil d'État, le contenu pouvant varier selon que (Ord. 2017-1718 du 20 déc. 2017, art. 1er, I, 70°, JO 21) «l'effectif de l'entreprise est inférieur ou au moins égal à» trois cents salariés.

Les membres de la délégation du personnel du comité social et économique, du comité social et économique central d'entreprise et les délégués syndicaux sont tenus à une obligation de discrétion à l'égard des informations contenues dans la base de données revêtant un caractère confidentiel et présentées comme telles par l'employeur.

Sous-section 4. **Consultations et informations ponctuelles**

§ 1. Ordre public

Art. L. 2312-37. Outre les thèmes prévus à l'article L. 2312-8, le comité social et économique est consulté dans les conditions définies à la présente section dans les cas suivants:

1° Mise en œuvre des moyens de contrôle de l'activité des salariés;

2° Restructuration et compression des effectifs;

3° Licenciement collectif pour motif économique;

(L. 2018-217 du 29 mars 2018, art. 6, 3°, JO 31) «3° *bis* Opération de concentration;»

4° Offre publique d'acquisition;

5° Procédures de sauvegarde, de redressement et de liquidation judiciaire.

Sous-§ 1. Méthodes de recrutement et moyens de contrôle de l'activité des salariés

Art. L. 2312-38. Le comité social et économique est informé, préalablement à leur utilisation, sur les méthodes ou techniques d'aide au recrutement des candidats à un emploi ainsi que sur toute modification de celles-ci.

Il est aussi informé, préalablement à leur introduction dans l'entreprise, sur les traitements automatisés de gestion du personnel et sur toute modification de ceux-ci.

Le comité est informé et consulté, préalablement à la décision de mise en œuvre dans l'entreprise, sur les moyens ou les techniques permettant un contrôle de l'activité des salariés.

Sous-§ 2. Restructuration et compression des effectifs

Art. L. 2312-39. Le comité social et économique est saisi en temps utile des projets de restructuration et de compression des effectifs.

Il émet un avis sur l'opération projetée et ses modalités d'application dans les conditions et délais prévus à l'article L. 1233-30, lorsqu'elle est soumise à l'obligation d'établir un plan de sauvegarde de l'emploi.

Cet avis est transmis à l'autorité administrative.

Le présent article n'est pas applicable en cas d'accords collectifs visés aux articles L. 1237-17 et suivants.

Sous-§ 3. Licenciement collectif pour motif économique

Art. L. 2312-40. Lorsque l'employeur envisage de procéder à un licenciement collectif pour motif économique, le comité social et économique est consulté dans les conditions prévues par le titre III du livre II de la première partie du présent code.

Sous-§ 4. Opération de concentration

Art. L. 2312-41. Lorsqu'une entreprise est partie à une opération de concentration, telle que définie à l'article L. 430-1 du code de commerce, l'employeur réunit le comité social et économique au plus tard dans un délai de trois jours à compter de la publication du communiqué relatif à la notification du projet de concentration, émanant soit de l'autorité administrative française en application de l'article L. 430-3 du même code, soit de la Commission européenne en application du règlement (CE) n° 139/2004 du Conseil du 20 janvier 2004 sur les concentrations.

Au cours de cette réunion, le comité social et économique ou, le cas échéant, la commission économique peut proposer (Ord. 2017-1718 du 20 déc. 2017, art. 1er, I, 72°, JO 21) «le recours à un expert-comptable dans les conditions prévues aux articles L. 2315-92 et L. 2315-93». Dans ce cas, le comité ou la commission économique tient une deuxième réunion afin d'entendre les résultats des travaux de l'expert.

Les dispositions du premier alinéa sont réputées satisfaites lorsque le comité social et économique se réunit suite au dépôt d'une offre publique d'acquisition en application des dispositions du sous-paragraphe 5.

Sous-§ 5. Offre publique d'acquisition

Art. L. 2312-42. Lors du dépôt d'une offre publique d'acquisition, l'employeur de l'entreprise sur laquelle porte l'offre et l'employeur qui est l'auteur de cette offre réunissent immédiatement leur comité social et économique respectif pour les en informer.

L'employeur auteur de l'offre réunit le comité social et économique dans les conditions prévues à l'article L. 2312-49.

Au cours de la réunion du comité social et économique de l'entreprise qui fait l'objet de l'offre, l'employeur indique si l'offre a été sollicitée ou non. Le comité social et économique décide s'il souhaite procéder à l'audition de l'auteur de l'offre et désigner un expert-comptable dans les conditions prévues (Ord. 2017-1718 du 20 déc. 2017, art. 1er, I, 73°, JO 21) «aux articles L. 2315-92 et L. 2315-93». Il peut également se prononcer sur le caractère amical ou hostile de l'offre.

Art. L. 2312-43. L'audition de l'auteur de l'offre mentionnée au dernier alinéa de l'article L. 2312-42 se tient dans un délai d'une semaine à compter du dépôt du projet d'offre publique d'acquisition.

Lors de son audition, l'auteur de l'offre peut se faire assister des personnes de son choix. Il présente au comité social et économique sa politique industrielle et financière, ses plans stratégiques pour la société concernée et les répercussions de la mise en œuvre de l'offre sur l'ensemble des intérêts, l'emploi, les sites d'activité et la localisation des centres de décision de cette société.

Le comité social et économique peut se faire assister de l'expert-comptable désigné en application du dernier alinéa du même article L. 2312-42.

Art. L. 2312-44. L'auteur de l'offre adresse au comité social et économique qui en fait l'objet, dans les trois jours suivant sa publication, la note d'information mentionnée au (Ord. 2019-1067 du 21 oct. 2019, art. 24, JO 22) «III» de l'article L. 621-8 du code monétaire et financier.

Art. L. 2312-45. L'expert-comptable désigné en application du dernier alinéa de l'article L. 2312-42 établit un rapport qui évalue la politique industrielle et financière et les plans stratégiques que l'auteur de l'offre envisage d'appliquer à la société objet de l'offre, ainsi que les répercussions de leur mise en œuvre sur l'ensemble des intérêts, l'emploi, les sites d'activité et la localisation des centres de décision de cette dernière société. Il dispose d'un délai de trois semaines à compter du dépôt du projet d'offre publique d'acquisition.

Art. L. 2312-46. I. – Préalablement à l'avis motivé rendu par le conseil d'administration ou le conseil de surveillance sur l'intérêt de l'offre et sur les conséquences de celle-ci pour la société visée, ses actionnaires et ses salariés, le comité social et économique (Ord. 2017-1718 du 20 déc. 2017, art. 1er, I, 74°, JO 21) «de la société» faisant l'objet de l'offre est réuni et consulté sur le projet d'offre. Au cours de cette réunion, il examine le rapport établi par l'expert-comptable en application de l'article L. 2312-45 et peut demander la présence de l'auteur de l'offre.

Le comité social et économique émet son avis dans un délai d'un mois à compter du dépôt du projet d'offre publique d'acquisition. En l'absence d'avis dans ces délais, il est réputé avoir été consulté.

L'avis du comité social et économique ainsi que le rapport de l'expert-comptable sont reproduits dans la note en réponse établie par la société faisant l'objet de l'offre ou, s'il y a lieu, dans la note d'information commune établie par l'auteur de l'offre et la société faisant l'objet de l'offre.

II. – Les membres de la délégation du personnel du comité social et économique peuvent, s'ils estiment ne pas disposer d'éléments suffisants, saisir le président du (Ord. 2019-738 du 17 juil.

2019, art. 15, JO 18) «tribunal judiciaire statuant selon la procédure accélérée au fond» en dernier ressort pour qu'il ordonne la communication, par la société faisant l'objet de l'offre et par l'auteur de l'offre, des éléments manquants.

Cette saisine n'a pas pour effet de prolonger le délai dont dispose le comité social et économique pour rendre son avis. Toutefois, en cas de difficultés particulières d'accès aux informations nécessaires à la formulation de l'avis du comité social et économique, le juge peut décider la prolongation du délai prévu au deuxième alinéa du I, sauf lorsque ces difficultés résultent d'une volonté manifeste de retenir ces informations de la part de la société faisant l'objet de l'offre.

Art. L. 2312-47. À la demande de l'employeur auteur de l'offre, l'employeur de l'entreprise sur laquelle porte l'offre peut réunir son comité social et économique dans les deux jours ouvrables suivant l'annonce de cette offre. Les articles L. 2312-42 à L. 2312-46 s'appliquent. Les délais prévus à ces mêmes articles courent à compter de l'annonce de l'offre.

En cas de modification significative des informations présentées au comité social et économique entre l'annonce et le dépôt de l'offre, l'avis rendu, le cas échéant, par le comité social et économique est caduc. Ce dernier est réuni dans les deux jours suivant le dépôt de l'offre et rend un avis dans les conditions prévues auxdits articles L. 2312-42 à L. 2312-46.

Art. L. 2312-48. La société ayant déposé une offre et dont l'employeur, ou le représentant qu'il désigne parmi les mandataires sociaux ou les salariés de l'entreprise, ne se rend pas à la réunion du comité social et économique à laquelle il a été invité dans les conditions prévues aux articles L. 2312-42 et L. 2312-46, ne peut exercer les droits de vote attachés aux titres de la société faisant l'objet de l'offre qu'elle détient ou viendrait à détenir. Cette interdiction s'étend aux sociétés qui la contrôlent ou qu'elle contrôle au sens de l'article L. 233-16 du code de commerce.

Une sanction identique s'applique à l'auteur de l'offre, personne physique, qui ne se rend pas à la réunion du comité social et économique à laquelle il a été invité dans les conditions prévues aux articles L. 2312-42 et L. 2312-46.

La sanction est levée le lendemain du jour où l'auteur de l'offre a été entendu par le comité social et économique de la société faisant l'objet de l'offre.

La sanction est également levée si l'auteur de l'offre n'est pas convoqué à une nouvelle réunion du comité social et économique dans les quinze jours qui suivent la réunion à laquelle il avait été préalablement convoqué.

Art. L. 2312-49. Par dérogation à l'article (Ord. 2017-1718 du 20 déc. 2017, art. 1er, I, 75°, JO 21) « L. 2312-14», l'employeur qui lance une offre publique d'acquisition portant sur le capital d'une entreprise n'est pas tenu de consulter le comité social et économique avant ce lancement.

En revanche, il réunit le comité social et économique dans les deux jours ouvrables suivant la publication de l'offre ou de l'annonce de l'offre dans le cas prévu à l'article L. 2312-47 en vue de lui transmettre des informations écrites et précises sur le contenu de l'offre et sur les conséquences en matière d'emploi qu'elle est susceptible d'entraîner.

Art. L. 2312-50. Si l'offre publique d'acquisition est déposée par une entreprise dépourvue de comité social et économique, l'employeur en informe directement les salariés. De même, à défaut de comité social et économique dans l'entreprise qui fait l'objet de l'offre, l'employeur de cette entreprise en informe directement les salariés. Dans ce cas et dans les trois jours suivant la publication de la note d'information mentionnée au (Ord. 2019-1067 du 21 oct. 2019, art. 24, JO 22) «III» de l'article L. 621-8 du code monétaire et financier, l'auteur de l'offre la transmet à l'employeur faisant l'objet de l'offre qui la transmet lui-même aux salariés sans délai.

Art. L. 2312-51. Si, à l'issue de l'offre publique, l'auteur de l'offre a acquis le contrôle de l'entreprise faisant l'objet de l'offre au sens des articles L. 233-1, L. 233-3 et L. 233-16 du code de commerce, il rend compte au comité social et économique de cette société, au cours du sixième, du douzième et du vingt-quatrième mois suivant la clôture de l'offre, de la manière dont il a mis en œuvre les déclarations d'intention et, le cas échéant, les engagements qu'il a pris auprès du comité social et économique, dans le cadre des auditions prévues aux articles L. 2312-43 et L. 2312-46 du présent code, en matière d'emploi, de maintien des sites d'activité et de localisation des centres de décision exprimés dans la note d'information mentionnée au (Ord. 2019-1067 du 21 oct. 2019, art. 24, JO 22) «III» de l'article L. 621-8 du code monétaire et financier.

Art. L. 2312-52. Les articles L. 2312-45 à L. 2312-51 du présent code ne s'appliquent pas aux offres mentionnées aux articles L. 225-207 et L. 225-209 du code de commerce ou lorsque la société fait l'objet d'une offre publique engagée par des entités, agissant seules ou de concert au sens de l'article L. 233-10 du même code, détenant plus de la moitié du capital ou des droits de vote de la société faisant l'objet de l'offre.

Sous-§ 6. Procédures de sauvegarde, de redressement et de liquidation judiciaire

Art. L. 2312-53. Le comité social et économique est informé et consulté:

1° Avant le dépôt au greffe d'une demande d'ouverture d'une procédure de redressement judiciaire ou de liquidation judiciaire;

2° Lors d'une procédure de sauvegarde, dans les situations prévues aux articles L. 623-3 et L. 626-8 du code de commerce;

3° Lors d'une procédure de redressement judiciaire, dans les situations et conditions prévues aux articles L. 631-17, L. 631-18, L. 631-19 et L. 631-22 du code de commerce;

4° Lors d'une procédure de liquidation judiciaire, dans les situations et conditions prévues au I de l'article L. 641-1, à l'article L. 641-4, au troisième alinéa de l'article L. 641-10, (Ord. 2017-1718 du 20 déc. 2017, art. 1er, I, 76°, JO 21) «aux premier et avant-dernier alinéas de l'article L. 642-5» et au deuxième alinéa de l'article L. 642-9 du code de commerce.

En cas de licenciements économiques prononcés dans les cas prévus aux 3° et 4°, le comité est réuni et consulté dans les conditions prévues à l'article L. 1233-58 du présent code.

Art. L. 2312-54. La ou les personnes désignées par le comité social et économique, selon les dispositions de l'article L. 661-10 du code de commerce, sont entendues par la juridiction compétente:

1° Lors d'une procédure de sauvegarde dans les situations prévues aux articles L. 621-1, L. 622-10, L. 626-9 et L. 626-26 du code de commerce;

2° Lors d'une procédure de redressement judiciaire dans les situations et conditions prévues à l'article L. 631-7, au II de l'article L. 631-15, au I de l'article L. 631-19 et à l'article L. 631-22 du code de commerce;

3° Lors d'une procédure de liquidation judiciaire dans les situations prévues au premier alinéa de l'article L. 642-5 et aux articles L. 642-6, L. 642-13 et L. 642-17 du code de commerce.

§ 2. Champ de la négociation

Art. L. 2312-55. Un accord d'entreprise, conclu dans les conditions prévues au premier alinéa de l'article L. 2232-12 ou, en l'absence de délégué syndical, un accord entre l'employeur et le comité social et économique, adopté à la majorité des membres titulaires de la délégation du personnel du comité peut définir:

1° Le contenu des consultations et informations ponctuelles du comité social et économique prévues aux articles L. 2312-8 et L. 2312-37 dans le respect des dispositions du paragraphe 1 de la présente sous-section;

2° Les modalités de ces consultations ponctuelles, notamment le nombre de réunions;

3° Les délais mentionnés à l'article L. 2312-15 dans lesquels les avis du comité sont rendus.

Art. L. 2312-56. Un accord de groupe peut prévoir que les consultations (L. 2018-217 du 29 mars 2018, art. 6, 4°, JO 31) «et informations» ponctuelles mentionnées aux articles L. 2312-8 et L. 2312-37 sont effectuées au niveau du comité de groupe. Il prévoit les modalités de transmission de l'avis du comité de groupe:

1° À chaque comité social et économique des entreprises du groupe, qui reste consulté sur les conséquences des projets sur l'entreprise;

2° À l'organe chargé de l'administration de l'entreprise dominante de ce groupe, définie à l'article L. 2331-1.

§ 3. Dispositions supplétives

Sous-§ 1. Information remise lors de la mise en place

Art. L. 2312-57. À défaut d'accord, un mois après chaque élection du comité social et économique, l'employeur lui communique une documentation économique et financière précisant:

1° La forme juridique de l'entreprise et son organisation;

2° Les perspectives économiques de l'entreprise telles qu'elles peuvent être envisagées ;
3° Le cas échéant, la position de l'entreprise au sein du groupe ;
4° Compte tenu des informations dont dispose l'employeur, la répartition du capital entre les actionnaires détenant plus de 10 % du capital et la position de l'entreprise dans la branche d'activité à laquelle elle appartient.

Sous-§ 2. Restructuration et compression des effectifs

Art. L. 2312-58. À défaut d'accord, lorsque le projet de restructuration et de compression des effectifs soumis au comité social et économique est de nature à affecter le volume d'activité ou d'emploi d'une entreprise sous-traitante, l'entreprise donneuse d'ordre en informe immédiatement l'entreprise sous-traitante.

Le comité social et économique de cette dernière, en est immédiatement informé et reçoit toute explication utile sur l'évolution probable de l'activité et de l'emploi.

§ 1 (réglementaire). Dispositions communes

Art. R. 2312-21. Dans les entreprises d'au moins trois cents salariés, les informations trimestrielles du comité social et économique prévues au 3° de l'article L. 2312-69 retracent mois par mois, l'évolution des effectifs et de la qualification des salariés par sexe en faisant apparaître :
1° Le nombre de salariés titulaires d'un contrat de travail à durée indéterminée ;
2° Le nombre de salariés titulaires d'un contrat de travail à durée déterminée ;
3° Le nombre de salariés à temps partiel ;
4° Le nombre de salariés temporaires ;
5° Le nombre de salariés appartenant à une entreprise extérieure ;
6° Le nombre des contrats de professionnalisation.

L'employeur présente au comité les motifs l'ayant conduit à recourir aux catégories de salariés mentionnées aux 2° à 5°.

Il communique au comité le nombre des journées de travail accomplies, au cours de chacun des trois derniers mois, par les salariés titulaires d'un contrat de travail à durée déterminée et les salariés temporaires.

Art. R. 2312-22. Le comité social et économique est informé et consulté préalablement à la mise en place d'une garantie collective mentionnée à l'article L. 911-2 du code de la sécurité sociale ou à la modification de celle-ci.

Art. R. 2312-23. Le comité social et économique est informé et consulté après notification à l'entreprise de l'attribution directe, par une personne publique, de subventions, prêts ou avances remboursables dont le montant excède un seuil fixé par arrêté pris par les ministres chargés du travail, de l'économie, du budget et des collectivités territoriales. Cette disposition s'applique dans les mêmes conditions aux subventions, prêts et avances remboursables attribués dans le cadre de programmes ou fonds communautaires.

L'information et la consultation portent sur la nature de l'aide, son objet, son montant et les conditions de versement et d'emploi fixées, le cas échéant, par la personne publique attributrice.

Ces dispositions ne sont applicables ni aux financements mentionnés au premier alinéa qui sont attribués par les collectivités publiques aux établissements publics qui leur sont rattachés, ni aux subventions pour charges de service public attribuées par une collectivité publique.

§ 2 (réglementaire). Consultations obligatoires dans les établissements comportant une ou plusieurs installations soumises à autorisation ou une installation nucléaire de base

Art. R. 2312-24. Les dispositions du présent paragraphe s'appliquent aux établissements comportant une ou plusieurs installations soumises à autorisation en application de l'article L. 512-1 du code de l'environnement ou mentionnées au livre II et à l'article L. 415-1 du code minier (nouveau).

Art. R. 2312-25. Les documents joints à la demande d'autorisation, prévue à l'article L. 512-1 du code de l'environnement, sont portés à la connaissance du comité social et économique préalablement à leur envoi au préfet.

Le dossier établi par l'employeur à l'appui de sa demande est transmis au comité dans un délai de quinze jours à compter du lancement de l'enquête publique prévue à l'article L. 181-9 du même code.

Il émet un avis motivé sur ce dossier dans un délai de quinze jours à compter de la réception par l'employeur du rapport de l'enquête publique.

Le président du comité transmet cet avis au préfet dans les trois jours suivant la remise de l'avis du comité.

Art. R. 2312-26. Le comité social et économique émet un avis :

1° Sur le plan d'opération interne prévu au cinquième alinéa de l'article R. 181-54 du code de l'environnement ;

2° Sur la teneur des informations transmises au préfet en application de l'article R. 181-13 ainsi que du I de l'article R. 181-47 du même code.

Le président du comité transmet ces avis au préfet dans un délai de trente jours à compter de la consultation.

Art. R. 2312-27. Dans les établissements comportant une installation nucléaire de base, le comité social et économique émet un avis sur tout projet d'élaboration ou de modification du plan d'urgence interne, après un délai de trente jours au moins et soixante jours au plus suivant la communication du dossier, sauf cas exceptionnel justifié par l'urgence.

Art. R. 2312-28. Le comité social et économique est informé par l'employeur des prescriptions imposées par les autorités publiques chargées de la protection de l'environnement.

Sous-section 5. **Droits d'alerte**

§ 1. Alerte en cas d'atteinte aux droits des personnes

Art. L. 2312-59. Si un membre de la délégation du personnel au comité social et économique constate, notamment par l'intermédiaire d'un travailleur, qu'il existe une atteinte aux droits des personnes, à leur santé physique et mentale ou aux libertés individuelles dans l'entreprise qui ne serait pas justifiée par la nature de la tâche à accomplir, ni proportionnée au but recherché, il en saisit immédiatement l'employeur. Cette atteinte peut notamment résulter de faits de harcèlement sexuel ou moral ou de toute mesure discriminatoire en matière d'embauche, de rémunération, de formation, de reclassement, d'affectation, de classification, de qualification, de promotion professionnelle, de mutation, de renouvellement de contrat, de sanction ou de licenciement.

L'employeur procède sans délai à une enquête avec le membre de la délégation du personnel du comité et prend les dispositions nécessaires pour remédier à cette situation.

En cas de carence de l'employeur ou de divergence sur la réalité de cette atteinte, et à défaut de solution trouvée avec l'employeur, le salarié, ou le membre de la délégation du personnel au comité social et économique si le salarié intéressé averti par écrit ne s'y oppose pas, saisit le bureau de jugement du conseil de prud'hommes qui statue selon (Ord. 2019-738 du 17 juil. 2019, art. 15, JO 18) «la procédure accélérée au fond».

Le juge peut ordonner toutes mesures propres à faire cesser cette atteinte et assortir sa décision d'une astreinte qui sera liquidée au profit du Trésor.

§ 2. Alerte en cas de danger grave et imminent

Art. L. 2312-60. Un membre de la délégation du personnel au comité social et économique exerce les droits d'alerte en situation de danger grave et imminent ainsi qu'en matière de santé publique et d'environnement dans les conditions prévues, selon le cas, aux articles L. 4132-1 à L. 4132-5 et L. 4133-1 à L. 4133-4.

§ 3. Alerte en cas d'utilisation non conforme du crédit d'impôt pour la compétitivité et l'emploi

Note Ce paragraphe a été abrogé par la loi 2017-1837 du 30 décembre 2017, art. 86, II, JO 31 ; cette abrogation s'applique aux rémunérations versées depuis le 01.01.2019 (loi 2017-1837 précitée, art. 86, V).

§ 4. Droit d'alerte économique

Art. L. 2312-63. Lorsque le comité social et économique a connaissance de faits de nature à affecter de manière préoccupante la situation économique de l'entreprise, il peut demander à l'employeur de lui fournir des explications.

Cette demande est inscrite de droit à l'ordre du jour de la prochaine séance du comité.

Si le comité n'a pu obtenir de réponse suffisante de l'employeur ou si celle-ci confirme le caractère préoccupant de la situation, il établit un rapport. Dans les entreprises employant au moins mille salariés et en l'absence d'accord prévu à l'article L. 2315-45, ce rapport est établi par la commission économique prévue par l'article L. 2315-46.

Ce rapport, au titre du droit d'alerte économique, est transmis à l'employeur et au commissaire aux comptes.

Art. L. 2312-64. Le comité social et économique ou, le cas échéant, la commission économique peut se faire assister, une fois par exercice comptable, de l'expert-comptable prévu à l'article L. 2315-92, convoquer le commissaire aux comptes et s'adjoindre avec voix consultative deux salariés de l'entreprise choisis pour leur compétence et en dehors du comité social et économique.

Ces salariés disposent de cinq heures chacun pour assister le comité ou la commission économique en vue de l'établissement du rapport prévu à l'article L. 2312-63. Ce temps est rémunéré comme temps de travail.

Art. L. 2312-65. Le rapport du comité social et économique ou, le cas échéant, de la commission économique conclut en émettant un avis sur l'opportunité de saisir de ses conclusions l'organe chargé de l'administration ou de la surveillance dans les sociétés ou personnes morales qui en sont dotées, ou d'en informer les associés dans les autres formes de sociétés ou les membres dans les groupements d'intérêt économique.

Au vu de ce rapport, le comité social et économique peut décider, à la majorité des membres présents de procéder à cette saisine ou de faire procéder à cette information. Dans ce cas, l'avis de l'expert-comptable est joint à la saisine ou à l'information.

Art. R. 2312-29. Lorsque le comité social et économique a saisi l'organe chargé de l'administration ou de la surveillance en application de l'article L. 2312-65 cet organe délibère dans le mois de la saisine.

L'extrait du procès-verbal des délibérations où figure la réponse motivée à la demande d'explication faite en application de l'article L. 2312-66 est adressé au comité social et économique dans le mois qui suit la réunion de cet organe.

Art. L. 2312-66. Dans les sociétés à conseil d'administration ou à conseil de surveillance, la demande d'explication sur le caractère préoccupant de la situation économique de l'entreprise est inscrite à l'ordre du jour de la prochaine séance du conseil d'administration ou du conseil de surveillance, à condition que celui-ci ait pu être saisi au moins quinze jours à l'avance. La réponse de l'employeur est motivée.

Dans les autres personnes morales, ces dispositions s'appliquent à l'organe chargé de l'administration ou de la surveillance, lorsqu'elles en sont dotées.

Dans les autres formes de sociétés ou dans les groupements d'intérêt économique, lorsque le comité social et économique a décidé d'informer les associés ou les membres de la situation de l'entreprise, le gérant ou les administrateurs leur communiquent le rapport de la commission économique ou du comité.

Art. R. 2312-30. Dans les sociétés autres que celles qui ont un conseil d'administration ou de surveillance ou dans les groupements d'intérêt économique, les administrateurs communiquent aux associés et aux membres du groupement le rapport du comité social et économique, ou le cas échéant de la commission économique, dans les huit jours de la délibération du comité social et économique demandant cette communication.

Art. L. 2312-67. Les informations concernant l'entreprise communiquées en application du présent paragraphe ont par nature un caractère confidentiel. Toute personne pouvant y accéder est tenue à leur égard à une obligation de discrétion.

Art. L. 2312-68. À défaut de la consultation prévue à l'article L. 2312-25, les aides publiques en faveur des activités de recherche et de développement technologique sont suspendues.

Art. L. 2312-69. Chaque trimestre, dans les entreprises d'au moins trois cents salariés, l'employeur met à la disposition du comité social et économique, dans les conditions prévues par l'accord mentionné à l'article L. 2312-21 ou à défaut d'accord au sous-paragraphe 4 du paragraphe 3 de la sous-section 3 de la présente section, des informations sur :

1° L'évolution générale des commandes et l'exécution des programmes de production ;
2° Les éventuels retards de paiement de cotisations sociales par l'entreprise ;
3° L'évolution des effectifs et de la qualification des salariés par sexe.

Un décret en Conseil d'État précise le contenu des informations prévues au 3° du présent article.

§ 5. Droit d'alerte sociale

Art. L. 2312-70. Lorsque le nombre des salariés titulaires d'un contrat de travail à durée déterminée et le nombre de salariés temporaires connaissent un accroissement important par rapport à la situation existant lors de la dernière réunion du comité social et économique ayant abordé ce sujet, l'examen de cette question est inscrit de plein droit à l'ordre du jour de la prochaine réunion ordinaire du comité si la majorité des membres du comité le demande.

Lors de cette réunion ordinaire, l'employeur communique au comité le nombre de salariés titulaires d'un contrat de travail à durée déterminée et de salariés temporaires, les motifs l'ayant amené à y recourir ainsi que le nombre des journées de travail accomplies par les intéressés depuis la dernière communication faite à ce sujet.

Art. L. 2312-71. Lorsque le comité social et économique a connaissance de faits susceptibles de caractériser un recours abusif aux contrats de travail à durée déterminée, aux contrats conclus avec une entreprise de portage salarial et au travail temporaire, ou lorsqu'il constate un accroissement important du nombre de salariés titulaires de contrats de travail à durée déterminée et de contrats de mission, il peut saisir l'agent de contrôle de l'inspection du travail mentionné à l'article L. 8112-1.

Sans préjudice des compétences qu'il détient en vertu des articles L. 8112-1 et suivants et de l'article L. 8113-7, l'agent de contrôle de l'inspection du travail mentionné à l'article L. 8112-1 adresse à l'employeur le rapport de ses constatations.

L'employeur communique ce rapport au comité en même temps que sa réponse motivée aux constatations de l'agent de contrôle de l'inspection du travail mentionné à l'article L. 8112-1. Dans sa réponse, l'employeur précise, en tant que de besoin, les moyens qu'il met en œuvre dans le cadre d'un plan de résorption de la précarité destiné à limiter le recours à ces formes de contrats de travail.

Sous-section 6. **Participation aux conseils d'administration ou de surveillance des sociétés**

Art. L. 2312-72. Dans les sociétés, deux membres de la délégation du personnel du comité social et économique et appartenant l'un à la catégorie des cadres techniciens et agents de maîtrise, l'autre à la catégorie des employés et ouvriers, assistent avec voix consultative à toutes les séances du conseil d'administration ou du conseil de surveillance, selon le cas.

Dans les sociétés où sont constitués trois collèges électoraux, en application de l'article L. 2314-11, la délégation du personnel au conseil d'administration ou au conseil de surveillance est portée à quatre membres. Deux de ces membres appartiennent à la catégorie des ouvriers et employés, le troisième à la catégorie de la maîtrise et le quatrième à la catégorie des ingénieurs, chefs de service et cadres administratifs, commerciaux ou techniques assimilés sur le plan de la classification.

Art. L. 2312-73. Les membres de la délégation du personnel au conseil d'administration ou au conseil de surveillance ont droit aux mêmes documents que ceux adressés ou remis aux membres de ces instances à l'occasion de leurs réunions.

Ils peuvent soumettre les vœux du comité social et économique au conseil d'administration ou au conseil de surveillance, lequel donne un avis motivé sur ces vœux.

Art. L. 2312-74. Dans les entreprises mentionnées à l'article 1er de la loi n° 83-675 du 26 juillet 1983 relative à la démocratisation du secteur public, à l'exception de celles qui figurent à l'annexe III de cette loi et dans les sociétés relevant du I de l'article 7 de l'ordonnance n° 2014-948 du 20 août 2014 relative à la gouvernance et aux opérations sur le capital des sociétés à participation publique, la représentation du comité social et économique auprès du conseil d'administration ou de surveillance est assurée par le secrétaire du comité ou de l'organe qui en tient lieu.

Art. L. 2312-75. Dans les sociétés anonymes et les sociétés en commandite par actions dans lesquelles le conseil d'administration ou de surveillance comprend au moins un administrateur ou un membre élu ou désigné par les salariés au titre des articles L. 225-27, L. 225-27-1, L. 225-79, L. 225-79-2 et L. 226-5-1 du code de commerce, la représentation du comité social et économique auprès de ces conseils est assurée par un membre titulaire du comité social et économique désigné par ce dernier.

Art. L. 2312-76. Dans les sociétés par actions simplifiées, les statuts précisent l'organe social auprès duquel les membres de la délégation du personnel du comité social et économique exercent les droits définis par la présente sous-section.

Art. L. 2312-77. Dans les sociétés, le comité social et économique peut demander en justice la désignation d'un mandataire chargé de convoquer l'assemblée générale des actionnaires en cas d'urgence.

Il peut également requérir l'inscription de projets de résolutions à l'ordre du jour des assemblées.

Deux membres du conseil, désignés par le comité social et économique et appartenant l'un à la catégorie des cadres techniciens et agents de maîtrise, l'autre à la catégorie des employés et ouvriers, ou les personnes mentionnées aux articles L. 2312-74 et L. 2312-75 peuvent assister aux assemblées générales. Ils sont entendus, à leur demande, lors de toutes les délibérations requérant l'unanimité des associés.

Art. R. 2312-31. Le comité social et économique représenté par un de ses membres peut, dans les conditions prévues au premier alinéa de l'article L. 2312-77, demander au président du tribunal de commerce statuant en référé la désignation d'un mandataire de justice chargé de convoquer l'assemblée des actionnaires.

L'ordonnance fixe l'ordre du jour.

Art. R. 2312-32. Les demandes d'inscription à l'ordre du jour des projets de résolution mentionnés au deuxième alinéa de l'article L. 2312-77 sont réalisées comme suit :

1° Lorsque toutes les actions de la société revêtent la forme nominative :

a) Les demandes sont adressées par le comité social et économique représenté par un de ses membres, au siège social de la société ;

b) Elles sont formulées dans les mêmes formes que celles autorisées pour les actionnaires ;

c) Elles sont adressées dans un délai de vingt-cinq jours avant la date de l'assemblée réunie sur première convocation ;

2° Lorsque toutes les actions de la société ne revêtent pas la forme nominative :

a) Les demandes sont adressées au siège social selon les modalités décrites au a du 1° ;

b) Elles sont adressées dans le délai de dix jours à compter de la publication de l'avis prévu à l'article R. 225-73 du code de commerce.

Les demandes sont accompagnées du texte des projets de résolution qui peuvent être assortis d'un bref exposé des motifs.

Art. R. 2312-33. Dans le délai de cinq jours à compter de la réception des projets de résolution, le président du conseil d'administration, le président ou le directeur général du directoire, ou le gérant de la société par actions accusent réception au représentant du comité social et économique des projets de résolution par lettre recommandée ou par voie électronique dans les conditions définies à l'article R. 225-63 du code de commerce.

Art. R. 2312-34. Par dérogation aux dispositions des articles R. 2312-32 et R. 2312-33, dans les sociétés par actions simplifiées, les statuts fixent les règles relatives aux modalités d'examen des demandes d'inscription des projets de résolution adressées par les comités sociaux et économiques.

Sous-section 7. Attributions en matière d'activités sociales et culturelles

§ 1. Attributions générales

Art. L. 2312-78. Le comité social et économique assure, contrôle ou participe à la gestion de toutes les activités sociales et culturelles établies dans l'entreprise prioritairement au bénéfice des salariés, de leur famille et des stagiaires, quel qu'en soit le mode de financement, dans des conditions déterminées par décret en Conseil d'État.

Ce décret détermine notamment les conditions dans lesquelles les pouvoirs du comité peuvent être délégués à des organismes créés par lui et soumis à son contrôle, ainsi que les règles d'octroi et d'étendue de la personnalité civile des comités sociaux et économiques et des organismes créés par eux. Il fixe les conditions de financement des activités sociales et culturelles.

Art. L. 2312-79. Les salariés sont informés de la politique de l'entreprise concernant ses choix de mécénat et de soutien aux associations et aux fondations.

Art. L. 2312-80. Le comité social et économique assure ou contrôle la gestion des activités physiques ou sportives et peut décider de participer à leur financement.

Il émet également un avis sur la conclusion des conventions, prévues à l'article L. 221-8 du code du sport, destinées à faciliter l'emploi d'un sportif, arbitre ou juge de haut niveau et sa reconversion professionnelle.

§ 2. Financement

Art. L. 2312-81. La contribution versée chaque année par l'employeur pour financer des institutions sociales du comité social et économique est fixée par accord d'entreprise.

(L. 2018-217 du 29 mars 2018, art. 6, 5°, JO 31) «À défaut d'accord, le rapport de cette contribution à la masse salariale brute ne peut être inférieur au même rapport existant pour l'année précédente.»

Art. L. 2312-82. Dans les entreprises comportant plusieurs comités sociaux et économiques d'établissement, la détermination du montant global de la contribution patronale versée pour financer les activités sociales et culturelles du comité est effectuée au niveau de l'entreprise dans les conditions prévues à l'article L. 2312-81.

La répartition de la contribution entre les comités d'établissement est fixée par un accord d'entreprise au prorata des effectifs des établissements ou de leur masse salariale ou de ces deux critères combinés. À défaut d'accord, cette répartition est effectuée au prorata de la masse salariale de chaque établissement.

Art. L. 2312-83. Pour l'application du présent paragraphe, la masse salariale brute est constituée par l'ensemble des gains et rémunérations soumis à cotisations de sécurité sociale en application des dispositions de l'article L. 242-1 du code de la sécurité sociale ou de l'article L. 741-10 du code rural et de la pêche maritime, à l'exception des indemnités versées à l'occasion de la rupture du contrat de travail à durée indéterminée.

Art. L. 2312-84. En cas de reliquat budgétaire les membres de la délégation du personnel du comité social et économique peuvent décider, par une délibération, de transférer tout ou partie du montant de l'excédent annuel du budget destiné aux activités sociales et culturelles au budget de fonctionnement ou à des associations dans des conditions et limites fixées par décret en Conseil d'État.

§ 1 (réglementaire). Nature des activités

Art. R. 2312-35. Les activités sociales et culturelles établies dans l'entreprise au bénéfice des salariés ou anciens salariés de l'entreprise et de leur famille comprennent :

1° Des institutions sociales de prévoyance et d'entraide, telles que les institutions de retraites et les sociétés de secours mutuels ;

2° Les activités sociales et culturelles tendant à l'amélioration des conditions de bien-être, telles que les cantines, les coopératives de consommation, les logements, les jardins familiaux, les crèches, les colonies de vacances ;

3° Les activités sociales et culturelles ayant pour objet l'utilisation des loisirs et l'organisation sportive ;

4° Les institutions d'ordre professionnel ou éducatif attachées à l'entreprise ou dépendant d'elle, telles que les centres d'apprentissage et de formation professionnelle, les bibliothèques, les cercles d'études, les cours de culture générale ;

5° Les services sociaux chargés :

a) De veiller au bien-être du salarié dans l'entreprise, de faciliter son adaptation à son travail et de collaborer avec le service de santé au travail de l'entreprise ;

b) De coordonner et de promouvoir les réalisations sociales décidées par le comité social et économique et par l'employeur ;

6° Le service de santé au travail institué dans l'entreprise.

§ 2 (réglementaire). Modalités de gestion

Sous-§ 1. Gestion par le comité social et économique

Art. R. 2312-36. Le comité social et économique assure la gestion des activités sociales et culturelles qui n'ont pas de personnalité civile, à l'exception des centres d'apprentissage et de formation professionnelle.

Quel que soit leur mode de financement, cette gestion est assurée :

1° Soit par le comité social et économique ;

2° Soit par une commission spéciale du comité ;

3° Soit par des personnes désignées par le comité ;

4° Soit par des organismes créés par le comité et ayant reçu une délégation.

Ces personnes ou organismes agissent dans la limite des attributions qui leur ont été déléguées et sont responsables devant le comité.

Art. R. 2312-37. Le comité social et économique participe, dans les conditions prévues par l'article R. 2312-39, à la gestion des activités sociales et culturelles qui possèdent la personnalité civile.

Toutefois, il contrôle la gestion des sociétés de secours mutuels et des organismes de sécurité sociale établis dans l'entreprise, des activités sociales et culturelles ayant pour objet d'assurer aux salariés de l'entreprise des logements et des jardins familiaux, les centres d'apprentissage et de formation professionnelle dans la mesure et aux conditions définies à l'article R. 2312-42.

Art. R. 2312-38. Le service de santé au travail et le service social sont gérés dans les conditions fixées aux titres II et III du livre VI de la quatrième partie.

Art. R. 2312-39. Les conseils d'administration ou, à défaut, les organismes de direction des institutions sociales autres que celles mentionnées au second alinéa de l'article R. 2312-37 sont composés au moins par moitié de membres représentant le comité social et économique. Il en va de même des commissions de contrôle ou de surveillance de ces institutions. Ces membres peuvent être choisis en dehors du comité et désignés, de préférence, parmi les adhérents ou les bénéficiaires des institutions.

Les représentants du comité social et économique au conseil d'administration des sociétés coopératives et de consommation sont choisis parmi les adhérents à la société.

Les représentants du comité social et économique dans les conseils ou organismes mentionnés au premier alinéa siègent avec les mêmes droits et dans les mêmes conditions que les autres membres.

Art. R. 2312-40. Le bureau nommé par les conseils d'administration des activités sociales et culturelles qui possèdent la personnalité civile comprend au moins un membre désigné par le comité social et économique.

Art. R. 2312-41. Le comité social et économique est représenté auprès :

1° Des conseils d'administration des organismes de sécurité sociale, des mutuelles établies dans l'entreprise ainsi qu'auprès des commissions de contrôle de ces institutions ;

2° Des conseils d'administration des activités de logements et de jardins familiaux.

Cette représentation est assurée par deux délégués désignés par le comité, choisis de préférence parmi les participants de ces institutions.

Les délégués assistent aux réunions de ces conseils et commissions. L'un d'eux assiste aux réunions du bureau.

Le comité social et économique est consulté préalablement à toute délibération relative, soit à la modification des statuts de l'institution, soit à la création d'activités nouvelles, soit à la transformation ou à la suppression d'activités existantes.

Les délégués informent le comité de toutes décisions prises par les conseils ou bureaux ainsi que de la marche générale de l'institution.

Art. R. 2312-42. Pour les organismes de sécurité sociale établis dans l'entreprise, les activités de logements et de jardins familiaux, lorsque des décisions sont soumises au contrôle ou à l'approbation de l'administration, l'avis du comité social et économique y est annexé.

Dans les cas énoncés à l'article R. 2312-41, le comité peut s'opposer à leur exécution, sauf recours auprès du ministre chargé du travail.

Dans les mutuelles d'entreprise, lorsque des décisions sont soumises à l'approbation de l'administration, l'avis du comité y est annexé. En outre, le comité social et économique peut faire connaître son avis à l'assemblée générale sur le fonctionnement de l'institution.

Sous-§ 2. Gestion par le comité des activités sociales et culturelles interentreprises

Art. R. 2312-43. Lorsque plusieurs entreprises possèdent ou envisagent de créer certaines institutions sociales communes, les comités sociaux et économiques intéressés constituent un comité des activités sociales et culturelles interentreprises investi des mêmes attributions que les comités dans la mesure nécessaire à l'organisation et au fonctionnement de ces institutions communes.

Ces comités signent avec le comité des activités sociales et culturelles interentreprises une convention conforme aux dispositions réglementaires prises pour l'application du quatrième alinéa de l'article L. 2316-23.

Art. R. 2312-44. Le comité des activités sociales et culturelles interentreprises comprend :

1° Un représentant des employeurs désigné par eux. Assisté d'un ou de deux suppléants, il préside le comité ;

2° Des représentants des salariés de chaque comité social et économique choisis autant que possible de façon à assurer la représentation des diverses catégories de salariés, à raison de deux délégués par comité et sans que leur nombre puisse dépasser douze, sauf accord collectif contraire avec les organisations syndicales ou, à défaut d'accord, sauf dérogation accordée expressément par l'inspecteur du travail.

Art. R. 2312-45. Lorsque le nombre des entreprises ne permet pas d'assurer aux salariés de chacune d'elles une représentation distincte, un seul délégué peut représenter les salariés de l'une ou de plusieurs d'entre elles. L'attribution des sièges est faite par les comités sociaux et économiques et les organisations syndicales intéressées.

Art. R. 2312-46. Dans les cas prévus aux articles R. 2312-44 et R. 2312-45, si l'accord est impossible, l'inspecteur du travail décide de la répartition des sièges entre les représentants des salariés des entreprises intéressées.

Le silence gardé pendant plus de quatre mois par le ministre saisi d'un recours hiérarchique sur une décision prise par l'inspecteur du travail vaut décision de rejet.

Art. R. 2312-47. Les membres du comité des activités sociales et culturelles interentreprises sont désignés pour une durée équivalente à celle qu'ils tiennent de leur mandat à leur comité social et économique.

Le comité interentreprises exerce ses fonctions dans les locaux et avec le matériel et le personnel de l'un ou de plusieurs des comités sociaux et économiques qui y sont représentés.

Les dispositions des articles L. 2314-10, L. 2314-33, L. 2314-36, L. 2314-37, L. 2315-23, L. 2315-7 à L. 2315-14 et L. 2315-28 à L. 2315-35 sont applicables au comité des activités sociales et culturelles interentreprises.

Art. R. 2312-48. En fonction de l'objet qui lui a été assigné, le comité des activités sociales et culturelles interentreprises exerce les attributions définies aux articles R. 2312-36 et R. 2312-38.

Il est doté de la personnalité civile et fonctionne dans les mêmes conditions qu'un comité social et économique. Il détermine, dans un règlement intérieur, les modalités de son fonctionnement et, dans le respect de la convention signée en application de l'article R. 2312-43, celles de ses rapports avec les comités sociaux et économiques et les salariés des entreprises intéressées.

§ 3 (réglementaire). Ressources et dépenses

Sous-§ 1. Ressources et dépenses du comité social et économique

Art. R. 2312-49. Les ressources du comité social et économique en matière d'activités sociales et culturelles sont constituées par :

1° Les sommes versées par l'employeur pour le fonctionnement des institutions sociales de l'entreprise qui ne sont pas légalement à sa charge, à l'exclusion des sommes affectées aux retraités ;

2° Les sommes précédemment versées par l'employeur aux caisses d'allocations familiales et organismes analogues, pour les institutions financées par ces caisses et qui fonctionnent au sein de l'entreprise ;

3° Le remboursement obligatoire par l'employeur des primes d'assurances dues par le comité pour couvrir sa responsabilité civile ;

4° Les cotisations facultatives des salariés de l'entreprise dont le comité fixe éventuellement les conditions de perception et les effets ;

5° Les subventions accordées par les collectivités publiques ou les organisations syndicales ;

6° Les dons et legs ;

7° Les recettes procurées par les manifestations organisées par le comité ;

8° Les revenus des biens meubles et immeubles du comité ;

9° Tout ou partie du montant de l'excédent annuel du budget de fonctionnement versé par l'employeur, après délibération du comité, en application du cinquième alinéa de l'article L. 2315-61.

Art. R. 2312-50. Sont exclues du calcul de la contribution mentionnée au 1° de l'article R. 2312-[49], les dépenses temporaires lorsque les besoins correspondants ont disparu.

Art. R. 2312-51. En cas de reliquat budgétaire, l'excédent annuel du budget destiné aux activités sociales et culturelles peut être transféré au budget de fonctionnement ou à des associations conformément à l'article L. 2312-84, dans la limite de 10 % de cet excédent.

Cette somme et ses modalités d'utilisation sont inscrites, d'une part, dans les comptes annuels du comité social et économique ou, le cas échéant, dans les documents mentionnés à l'article L. 2315-65 et, d'autre part, dans le rapport mentionné à l'article L. 2315-69.

Lorsque la partie de l'excédent est transférée à une ou plusieurs associations humanitaires reconnues d'utilité publique afin de favoriser les actions locales ou régionales de lutte contre l'exclusion ou des actions de réinsertion sociale, la délibération du comité social et économique précise les destinataires des sommes et, le cas échéant, la répartition des sommes transférées.

Art. R. 2312-52. En cas de cessation définitive de l'activité de l'entreprise, le comité social et économique décide de l'affectation des biens dont il dispose. La liquidation est opérée par ses soins, sous la surveillance du directeur régional des entreprises, de la concurrence, de la consommation, du travail et de l'emploi.

La dévolution du solde des biens est réalisée au crédit :

1° Soit d'un autre comité social ou économique ou d'un comité des activités sociales et culturelles interentreprises, notamment dans le cas où la majorité des salariés est destinée à être intégrée dans le cadre de ces entreprises ;

2° Soit d'institutions sociales d'intérêt général dont la désignation est, autant que possible, conforme aux vœux exprimés par les salariés intéressés.

Les biens ne peuvent être répartis entre les salariés ou les membres du comité.

Sous-§ 2. Ressources et dépenses du comité des activités sociales et culturelles interentreprises

Art. R. 2312-53. Les dépenses nécessaires au fonctionnement du comité des activités sociales et culturelles interentreprises sont à la charge des entreprises proportionnellement au nombre de salariés qu'elles emploient.

Art. R. 2312-54. Les ressources du comité des activités sociales et culturelles interentreprises sont constituées, dans les conditions prévues à l'article L. 2312-78, par les sommes versées par les comités sociaux et économiques pour le fonctionnement des activités sociales et culturelles leur incombant.

Art. R. 2312-55. Le sous-paragraphe 5 du paragraphe 3 de la sous-section 6 et la sous-section 9 de la section 3 du chapitre V du titre II du livre III de la deuxième partie sont applicables au comité des activités sociales et culturelles interentreprises, dans les conditions prévues aux articles R. 2312-53 à R. 2312-54.

Art. R. 2312-56. Pour l'appréciation des seuils mentionnés à l'article L. 2315-37 et à la sous-section 9 de la section 3 du chapitre V du titre Ier du livre III de la deuxième partie du présent code, l'ensemble des ressources perçues au titre d'une année considérée par le comité des activités sociales et culturelles interentreprises sont prises en compte, y compris les ressources prévues aux articles R. 2312-53 et R. 2312-54.

Art. R. 2312-57. Sont pris en charge par le comité des activités sociales et culturelles interentreprises sur les sommes qui lui sont versées au titre de son fonctionnement :

1° Le coût de la certification des comptes annuels prévue à l'article L. 2315-73 ;

2° Le coût de la mission de présentation des comptes par l'expert-comptable prévue à l'article L. 2315-76.

Art. R. 2312-58. Le contenu du rapport présentant des informations qualitatives sur les activités sociales et culturelles du comité des activités sociales et culturelles interentreprises et sur sa gestion financière est conforme aux dispositions réglementaires prises pour l'application du troisième alinéa de l'article L. 2315-69, à l'exception de toute obligation relative à l'utilisation de la subvention de fonctionnement que l'employeur verse au comité social et économique en application de l'article L. 2315-61.

Sous-§ 3. Dispositions communes

Art. R. 2312-59. Les institutions sociales dotées de la personnalité civile peuvent être subventionnées par les comités sociaux et économiques ou les comités des activités sociales et culturelles interentreprises.

Sous réserve des articles R. 2312-47 et R. 2312-48, ces institutions sont organisées et fonctionnent selon les modalités propres à chacune d'elles, d'après leur nature et leur régime juridique.

Sous-section 8 (réglementaire). **Compétence en matière de formation professionnelle et d'apprentissage en l'absence de comité social et économique**

Art. R. 2312-60. Dans les entreprises ou organismes dans lesquels les attributions du comité social et économique sont dévolues à des instances de représentation du personnel prévues par d'autres dispositions que celles du présent code, celles-ci sont substituées au comité social et économique pour l'application des dispositions :

1° Des articles L. 6322-6 et R. 6322-3 à R. 6322-11, relatives au congé individuel de formation ;

2° De l'article L. 6331-12, relatives à la participation des employeurs de dix salariés et plus au développement de la formation professionnelle continue ;

3° Des articles R. 6322-66 à R. 6322-78, relatives au congé d'enseignement et de recherche ainsi qu'au congé de formation pour les salariés âgés de vingt-cinq ans et moins ;

4° Des articles D. 6321-1 et D. 6321-3, relatives au déroulement des actions de formation.

Art. R. 2312-61. Dans les entreprises de cinquante salariés et plus qui ne sont pas tenues d'avoir un comité social et économique ou un organisme de la nature de ceux mentionnés à l'article R. 2312-60, il est créé une commission spéciale consultée dans les conditions prévues à l'article L. 6331-12.

La commission spéciale comprend autant de membres qu'il y a d'organisations syndicales qui ont constitué légalement ou qui ont droit de constituer une section syndicale dans l'entreprise.

Chacune de ces organisations désigne un membre choisi parmi les salariés de cette entreprise. Ce membre remplit les conditions requises pour l'éligibilité en qualité de membre d'un comité social et économique.

Chapitre III

Mise en place et suppression du comité social et économique

SECTION 1. Cadre de mise en place du comité social et économique

Sous-section 1. Mise en place au niveau de l'entreprise

§ 1. Mise en place du comité social et économique et des comités sociaux et économiques d'établissement

Art. L. 2313-1. Un comité social et économique est mis en place au niveau de l'entreprise.

Des comités sociaux et économiques d'établissement et un comité social et économique central d'entreprise sont constitués dans les entreprises (L. 2018-217 du 29 mars 2018, art. 6, 7°, JO 31) «d'au moins cinquante salariés» comportant au moins deux établissements distincts.

Art. L. 2313-2. Un accord d'entreprise, conclu dans les conditions prévues au premier alinéa de l'article L. 2232-12, détermine le nombre et le périmètre des établissements distincts.

Art. L. 2313-3. En l'absence d'accord conclu dans les conditions mentionnées à l'article L. 2313-2 et en l'absence de délégué syndical, un accord entre l'employeur et le comité social et économique, adopté à la majorité des membres titulaires élus de la délégation du personnel du comité, peut déterminer le nombre et le périmètre des établissements distincts.

Art. L. 2313-4. En l'absence d'accord conclu dans les conditions mentionnées aux articles L. 2313-2 et L. 2313-3, l'employeur fixe le nombre et le périmètre des établissements distincts, compte tenu de l'autonomie de gestion du responsable de l'établissement, notamment en matière de gestion du personnel.

Art. R. 2313-1. Lorsqu'il prend une décision sur la détermination du nombre et du périmètre des établissements distincts en application de l'article L. 2313-4, l'employeur la porte à la connaissance de chaque organisation syndicale représentative dans l'entreprise et de chaque organisation syndicale ayant constitué une section syndicale dans l'entreprise, par tout moyen permettant de conférer date certaine à cette information.

Lorsque les négociations se sont déroulées conformément à l'article L. 2313-3, l'employeur réunit le comité afin de l'informer de sa décision.

Les organisations syndicales représentatives dans l'entreprise et les organisations syndicales ayant constitué une section syndicale dans l'entreprise ou lorsque les négociations se sont déroulées conformément à l'article L. 2313-3, le comité social et économique, peuvent dans le délai de quinze jours à compter de la date à laquelle ils en ont été informés, contester la décision de l'employeur devant le directeur régional des entreprises, de la concurrence, de la consommation, du travail et de l'emploi.

Art. L. 2313-5. En cas de litige portant sur la décision de l'employeur prévue à l'article L. 2313-4, le nombre et le périmètre des établissements distincts sont fixés par l'autorité administrative du siège de l'entreprise dans des conditions prévues par décret en Conseil d'État. (Ord. 2017-1718 du 20 déc. 2017, art. 1er, I, 77°, JO 21) «Lorsqu'elle intervient dans le cadre d'un processus électoral global, la saisine de l'autorité administrative suspend ce processus jusqu'à la décision administrative et entraîne la prorogation des mandats des élus en cours jusqu'à la proclamation des résultats du scrutin.»

La décision de l'autorité administrative peut faire l'objet d'un recours devant le juge judiciaire, à l'exclusion de tout autre recours administratif ou contentieux.

Art. R. 2313-2. Le directeur régional des entreprises, de la concurrence, de la consommation, du travail et de l'emploi prend sa décision dans un délai de deux mois à compter de la réception de la contestation. Cette décision est notifiée par lettre recommandée avec demande d'avis de réception portant mention des voies et délais de recours. Elle peut faire l'objet d'un recours devant le (D. 2019-966 du 18 sept. 2019, art. 8, JO 19, entrée en vigueur le 01.01.2020) «tribunal judiciaire» dans un délai de quinze jours suivant sa notification.

En cas de décision implicite de rejet du directeur régional des entreprises, de la concurrence, de la consommation, du travail et de l'emploi, les organisations syndicales représentatives dans l'entreprise (D. 2018-920 du 26 oct. 2018, art. 2, JO 28) « et les organisations syndicales ayant constitué une section syndicale dans l'entreprise » ou, lorsque les négociations se sont déroulées conformément à l'article L. 2313-3, le comité social et économique peuvent saisir, dans un délai de quinze jours, le (D. 2019-966 du 18 sept. 2019, art. 8, JO 19, entrée en vigueur le 01.01.2020) « tribunal judiciaire » afin qu'il soit statué sur la contestation.

Art. R. 2313-3. Le (D. 2019-966 du 18 sept. 2019, art. 8, JO 19, entrée en vigueur le 01.01.2020) « tribunal judiciaire » est saisi des contestations par voie de (D. 2019-1333 du 11 déc. 2019, art. 36, JO 12, entrée en vigueur le 01.01.2020) « requête ».

Sur demande du greffe, le directeur régional des entreprises, de la concurrence, de la consommation, du travail et de l'emploi justifie de l'accomplissement de la notification de sa décision auprès de la juridiction saisie ou à défaut, de la réception de la contestation.

Si le juge le demande, il communique un rapport précisant les éléments de droit ou de fait ayant fondé sa décision.

Le (D. 2019-966 du 18 sept. 2019, art. 8, JO 19, entrée en vigueur le 01.01.2020) « tribunal judiciaire » statue dans les dix jours de sa saisine sans frais ni forme de procédure et sur avertissement qu'il donne trois jours à l'avance à toutes les parties intéressées.

La décision du tribunal est notifiée par le greffe dans les trois jours par lettre recommandée avec avis de réception.

La décision est susceptible d'un pourvoi en cassation dans un délai de dix jours. Le pourvoi est formé, instruit et jugé dans les conditions fixées par les articles 999 à 1008 du code de procédure civile.

Art. L. 2313-6. La perte de la qualité d'établissement distinct dans les cas prévus aux articles L. 2313-2 à L. 2313-5 emporte la cessation des fonctions des membres de la délégation du personnel du comité social et économique de cet établissement, sauf si un accord contraire, conclu entre l'employeur et les organisations syndicales représentatives dans les conditions prévues au premier alinéa de l'article L. 2232-12, ou à défaut d'accord d'entreprise, un accord entre l'employeur et le comité social et économique concerné, permet aux membres de la délégation du personnel du comité d'achever leur mandat.

§ 2. Les représentants de proximité

Art. L. 2313-7. L'accord d'entreprise défini à l'article L. 2313-2 peut mettre en place des représentants de proximité.

L'accord définit également :

1° Le nombre de représentants de proximité ;

2° Les attributions des représentants de proximité, notamment en matière de santé, de sécurité et de conditions de travail ;

3° Les modalités de leur désignation ;

4° Leurs modalités de fonctionnement, notamment le nombre d'heures de délégation dont bénéficient les représentants de proximité pour l'exercice de leurs attributions.

Les représentants de proximité sont membres du comité social et économique ou désignés par lui pour une durée qui prend fin avec celle du mandat des membres élus du comité.

Sous-section 2. **Mise en place du comité social et économique au niveau de l'unité économique et sociale**

Art. L. 2313-8. Lorsqu'une unité économique et sociale regroupant au moins onze salariés est reconnue par accord collectif ou par décision de justice entre plusieurs entreprises juridiquement distinctes, un comité social et économique commun est mis en place.

Des comités sociaux et économiques d'établissement et un comité social et économique central d'entreprise sont constitués dans les unités économiques et sociales comportant au moins deux établissements.

Un accord d'entreprise conclu au niveau de l'unité économique et sociale dans les conditions prévues au premier alinéa de l'article L. 2232-12 détermine le nombre et le périmètre des établissements distincts.

En l'absence d'un tel accord (Ord. 2017-1718 du 20 déc. 2017, art. 1er, I, 78°, JO 21) «et en l'absence de délégué syndical désigné au niveau de l'unité économique et sociale», un accord entre les entreprises regroupées au sein de l'unité économique et sociale et le comité social et économique, adopté à la majorité des membres titulaires élus de la délégation du personnel du comité, peut déterminer le nombre et le périmètre des établissements distincts.

En l'absence d'accord d'entreprise ou d'accord conclu avec le comité social et économique, l'un des employeurs mandatés par les autres fixe le nombre et le périmètre des établissements distincts, compte tenu de l'autonomie de gestion du responsable de l'établissement, notamment en matière de gestion du personnel.

En cas de litige portant sur cette décision, le nombre et le périmètre des établissements distincts sont fixés par l'autorité administrative du siège de l'entreprise qui a pris la décision dans des conditions prévues par décret en Conseil d'État. (Ord. 2017-1718 du 20 déc. 2017, art. 1er, I, 78°, JO 21) «Lorsqu'elle intervient dans le cadre d'un processus électoral global, la saisine de l'autorité administrative suspend ce processus jusqu'à la décision administrative et entraîne la prorogation des mandats des élus en cours jusqu'à la proclamation des résultats du scrutin.»

La décision de l'autorité administrative peut faire l'objet d'un recours devant le juge judiciaire, à l'exclusion de tout autre recours administratif ou contentieux.

Art. R. 2313-4. Lorsque l'un des employeurs mandaté par les autres prend une décision sur la détermination du nombre et du périmètre des établissements distincts en application de l'article L. 2313-8, il la porte à la connaissance de chaque organisation syndicale représentative dans l'unité économique et sociale et de chaque organisation syndicale ayant constitué une section syndicale dans l'unité économique et sociale, par tout moyen permettant de conférer date certaine à cette information.

Lorsque les négociations se sont déroulées conformément au quatrième alinéa de l'article L. 2313-8, l'employeur mandaté par les autres réunit le comité afin de l'informer de sa décision.

Les organisations syndicales représentatives dans l'unité économique et sociale et les organisations syndicales ayant constitué une section syndicale dans l'unité économique et sociale ou, lorsque les négociations se sont déroulées conformément au quatrième alinéa de l'article L. 2313-8 le comité social et économique peuvent, dans le délai de quinze jours à compter de la date à laquelle ils en ont été informés, contester la décision de l'employeur devant le directeur régional des entreprises, de la concurrence, de la consommation, du travail et de l'emploi.

Art. R. 2313-5. Le directeur régional des entreprises, de la concurrence, de la consommation, du travail et de l'emploi prend sa décision dans un délai deux mois à compter de la réception de la contestation. Cette décision est notifiée par lettre recommandée avec demande d'avis de réception portant mention des voies et délais de recours. Elle peut faire l'objet d'un recours devant le (D. 2019-966 du 18 sept. 2019, art. 8, JO 19, entrée en vigueur le 01.01.2020) «tribunal judiciaire» dans un délai de quinze jours suivant sa notification.

En cas de décision implicite de rejet du directeur régional des entreprises, de la concurrence, de la consommation, du travail et de l'emploi, les organisations syndicales représentatives dans l'unité économique et sociale (D. 2018-920 du 26 oct. 2018, art. 2, JO 28) «et les organisations syndicales ayant constitué une section syndicale dans l'entreprise» ou, lorsque les négociations se sont déroulées conformément au quatrième alinéa de l'article L. 2313-8, le comité social et économique peuvent saisir, dans un délai de quinze jours, le (D. 2019-966 du 18 sept. 2019, art. 8, JO 19, entrée en vigueur le 01.01.2020) «tribunal judiciaire» afin qu'il soit statué sur la contestation.

Art. R. 2313-6. Le (D. 2019-966 du 18 sept. 2019, art. 8, JO 19, entrée en vigueur le 01.01.2020) «tribunal judiciaire» est saisi des contestations par voie de (D. 2019-1333 du 11 déc. 2019, art. 36, JO 12, entrée en vigueur le 01.01.2020) «requête».

Sur demande du greffe, le directeur régional des entreprises, de la concurrence, de la consommation, du travail et de l'emploi justifie de l'accomplissement de la notification de sa décision auprès de la juridiction saisie ou à défaut, de la réception de la contestation.

En cas de décision prise en application du premier alinéa de l'article L. 2313-5, si le juge le demande, il communique tous éléments de nature à éclairer la juridiction.

Le (D. 2019-966 du 18 sept. 2019, art. 8, JO 19, entrée en vigueur le 01.01.2020) «tribunal judiciaire» statue dans les dix jours de sa saisine sans frais ni forme de procédure et sur avertissement qu'il donne trois jours à l'avance à toutes les parties intéressées.

La décision du tribunal est notifiée par le greffe dans les trois jours par lettre recommandée avec avis de réception.

La décision est susceptible d'un pourvoi en cassation dans un délai de dix jours. Le pourvoi est formé, instruit et jugé dans les conditions fixées par les articles 999 à 1008 du code de procédure civile.

Sous-section 3. **Mise en place du comité social et économique interentreprises**

Art. L. 2313-9. Lorsque la nature et l'importance de problèmes communs aux entreprises d'un même site ou d'une même zone le justifient, un accord collectif interentreprises conclu entre les employeurs des entreprises du site ou de la zone et les organisations syndicales représentatives au niveau interprofessionnel ou au niveau départemental peut mettre en place un comité social et économique interentreprises.

L'accord définit :

1° Le nombre de membres de la délégation du personnel du comité social et économique interentreprises ;

2° Les modalités de leur élection ou désignation ;

3° Les attributions du comité social et économique interentreprises ;

4° Les modalités de fonctionnement du comité social et économique interentreprises.

L'accord collectif peut également décider que dans les entreprises d'au moins onze salariés du site ou de la zone ayant mis en place un comité social et économique, un membre de la délégation du personnel de chaque comité social et économique participe aux réunions mensuelles.

SECTION 2. Suppression du comité social et économique

Art. L. 2313-10. À l'expiration du mandat des membres de la délégation du personnel du comité social et économique, l'instance n'est pas renouvelée si l'effectif de l'entreprise est resté en dessous de onze salariés pendant au moins douze mois consécutifs.

Chapitre IV

Composition, élections et mandat

SECTION 1. Composition

Art. L. 2314-1. Le comité social et économique comprend l'employeur et une délégation du personnel comportant un nombre de membres déterminé par décret en Conseil d'État compte tenu du nombre des salariés.

La délégation du personnel comporte un nombre égal de titulaires et de suppléants. Le suppléant assiste aux réunions en l'absence du titulaire.

(Ord. 2017-1718 du 20 déc. 2017, art. 1er, I, 79°, JO 21) « Le nombre de membres et le nombre d'heures de délégation peuvent être modifiés par accord dans les conditions prévues par l'article L. 2314-7. »

(L. 2018-771 du 5 sept. 2018, art. 105, III, 1°, JO 6, entrée en vigueur au plus tard le 01.01.2019) « Un référent en matière de lutte contre le harcèlement sexuel et les agissements sexistes est désigné par le comité social et économique parmi ses membres, sous la forme d'une résolution adoptée selon les modalités définies à l'article L. 2315-32, pour une durée qui prend fin avec celle du mandat des membres élus du comité. »

Art. R. 2314-1. À défaut de stipulations dans l'accord prévu au troisième alinéa de l'article L. 2314-1, le nombre de membres de la délégation du personnel du comité social et économique prévu à l'article L. 2314-1 est défini dans le tableau ci-après.

À défaut de stipulations dans l'accord prévu à l'article L. 2314-7, le temps mensuel nécessaire à l'exercice de leurs fonctions par les représentants mentionnés au 1° de l'article L. 2315-7 est fixé dans les limites d'une durée définie dans le tableau ci-après. Ce nombre d'heures peut être augmenté en cas de circonstances exceptionnelles.

Lorsque les membres du comité social et économique sont également représentants de proximité, le temps nécessaire à l'exercice de leurs fonctions défini par l'accord prévu à l'article L. 2313-7 peut rester inchangé par rapport au temps dont ils disposent en vertu de l'accord prévu à l'article L. 2314-7 ou, à défaut du tableau ci-après.

Les effectifs s'apprécient dans le cadre de l'entreprise ou dans le cadre de chaque établissement distinct.

Effectif (nombre de salariés)	Nombre de titulaires	Nombre mensuel d'heures de délégation	Total heures de délégation	Effectif (nombre de salariés)	Nombre de titulaires	Nombre mensuel d'heures de délégation	Total heures de délégation
11 à 24	1	10	10	3500 à 3749	26	27	702
25 à 49	2	10	20	3750 à 3999	26	27	702
50 à 74	4	18	72	4000 à 4249	26	28	728
75 à 99	5	19	95	4250 à 4499	27	28	756
100 à 124	6	21	126	4500 à 4749	27	28	756
125 à 149	7	21	147	4750 à 4999	28	28	784
150 à 174	8	21	168	5000 à 5249	29	29	841
175 à 199	9	21	189	5250 à 5499	29	29	841
200 à 249	10	22	220	5500 à 5749	29	29	841
250 à 299	11	22	242	5750 à 5999	30	29	870
300 à 399	11	22	242	6000 à 6249	31	29	899
400 à 499	12	22	264	6250 à 6499	31	29	899
500 à 599	13	24	312	6500 à 6749	31	29	899
600 à 699	14	24	336	6750 à 6999	31	30	930
700 à 799	14	24	336	7000 à 7249	32	30	960
800 à 899	15	24	360	7250 à 7499	32	30	960
900 à 999	16	24	384	7500 à 7749	32	31	992
1000 à 1249	17	24	408	7750 à 7999	32	32	1024
1250 à 1499	18	24	432	8000 à 8249	32	32	1024
1500 à 1749	20	26	520	8250 à 8499	33	32	1056
1750 à 1999	21	26	546	8500 à 8749	33	32	1056
2000 à 2249	22	26	572	8750 à 8999	33	32	1056
2250 à 2499	23	26	598	9000 à 9249	34	32	1088
2500 à 2749	24	26	624	9250 à 9499	34	32	1088
2750 à 2999	24	26	624	9500 à 9749	34	32	1088
3000 à 3249	25	26	650	9750 à 9999	34	34	1156
3250 à 3499	25	26	650	10000	35	34	1190

Art. L. 2314-2. Sous réserve des dispositions applicables dans les entreprises de moins de trois cents salariés, prévues à l'article L. 2143-22, chaque organisation syndicale représentative dans l'entreprise ou l'établissement peut désigner un représentant syndical au comité. Il assiste aux séances avec voix consultative. Il est choisi parmi les membres du personnel de l'entreprise et doit remplir les conditions d'éligibilité au comité social et économique fixées à l'article L. 2314-19.

Art. L. 2314-3. I. – Assistent avec voix consultative aux réunions prévues aux premier et deuxième alinéas de l'article L. 2315-27 sur les points de l'ordre du jour relatifs aux questions relatives à la santé, (L. 2018-217 du 29 mars 2018, art. 6, 8°, JO 31) «à la sécurité et aux» conditions de travail et, le cas échéant, aux réunions de la commission santé, sécurité et conditions de travail :

1° Le médecin du travail, qui peut donner délégation à un membre de l'équipe pluridisciplinaire du service de santé au travail ayant compétence en matière de santé au travail ou de conditions de travail ;

2° Le responsable interne du service de sécurité et des conditions de travail ou, à défaut, l'agent chargé de la sécurité et des conditions de travail.

II. – L'agent de contrôle de l'inspection du travail mentionné à l'article L. 8112-1 ainsi que les agents des services de prévention des organismes de sécurité sociale sont invités :

1° Aux réunions de la ou des commissions santé, sécurité et conditions de travail ;

2° À l'initiative de l'employeur ou à la demande de la majorité de la délégation du personnel du comité social et économique, aux réunions de ce comité mentionnées aux premier et deuxième alinéas de l'article L. 2315-27 ;

3° Aux réunions du comité consécutives à un accident de travail ayant entraîné un arrêt de travail d'au moins huit jours ou à une maladie professionnelle ou à caractère professionnel.

SECTION 2. Élection

Sous-section 1. Organisation des élections

Art. L. 2314-4. Lorsque le seuil de onze salariés a été franchi dans les conditions prévues au deuxième alinéa de l'article L. 2311-2, l'employeur informe le personnel tous les quatre ans de l'organisation des élections par tout moyen permettant de conférer date certaine à cette information. Le document diffusé précise la date envisagée pour le premier tour. Celui-ci doit se tenir, au plus tard, le quatre-vingt-dixième jour suivant la diffusion.

Art. L. 2314-5. Sont informées, par tout moyen, de l'organisation des élections et invitées à négocier le protocole d'accord préélectoral et à établir les listes de leurs candidats aux fonctions de membre de la délégation du personnel les organisations syndicales qui satisfont aux critères de respect des valeurs républicaines et d'indépendance, légalement constituées depuis au moins deux ans et dont le champ professionnel et géographique couvre l'entreprise ou l'établissement concernés.

Les organisations syndicales reconnues représentatives dans l'entreprise ou l'établissement, celles ayant constitué une section syndicale dans l'entreprise ou l'établissement, ainsi que les syndicats affiliés à une organisation syndicale représentative au niveau national et interprofessionnel y sont également invités par courrier.

Dans le cas d'un renouvellement de l'institution, cette invitation est effectuée deux mois avant l'expiration du mandat des délégués en exercice. Le premier tour des élections a lieu dans la quinzaine précédant l'expiration de ce mandat.

L'invitation à négocier mentionnée au présent article doit parvenir au plus tard quinze jours avant la date de la première réunion de négociation.

Par dérogation aux premier et deuxième alinéas, dans les entreprises dont l'effectif est compris entre onze et vingt salariés, l'employeur invite les organisations syndicales mentionnées aux mêmes alinéas à cette négociation à la condition qu'au moins un salarié se soit porté candidat aux élections dans un délai de trente jours à compter de l'information prévue à l'article L. 2314-4.

Le salarié bénéficie de la protection prévue aux articles L. 2411-7, L. 2412-3 et L. 2413-1 à compter de la date à laquelle l'employeur a eu connaissance de l'imminence de sa candidature.

Art. L. 2314-6. Sauf dispositions législatives contraires, la validité du protocole d'accord préélectoral conclu entre l'employeur et les organisations syndicales intéressées est subordonnée à sa signature par la majorité des organisations syndicales ayant participé à sa négociation, dont les organisations syndicales représentatives ayant recueilli la majorité des suffrages exprimés lors des dernières élections professionnelles ou, lorsque ces résultats ne sont pas disponibles, la majorité des organisations représentatives dans l'entreprise.

Art. L. 2314-7. Le protocole préélectoral peut modifier le nombre de sièges ou le volume des heures individuelles de délégation dès lors que le volume global de ces heures, au sein de chaque collège, est au moins égal à celui résultant des dispositions légales au regard de l'effectif de l'entreprise.

Art. L. 2314-8. En l'absence de comité social et économique, l'employeur engage la procédure définie à l'article L. 2314-5 à la demande d'un salarié ou d'une organisation syndicale dans le mois suivant la réception de cette demande.

Lorsque l'employeur a engagé le processus électoral et qu'un procès-verbal de carence a été établi, la demande ne peut intervenir (Ord. 2017-1718 du 20 déc. 2017, art. 1er, I, 80°, JO 21) « qu'à l'issue d'un délai » de six mois après l'établissement de ce procès-verbal.

Art. L. 2314-9. Lorsque le comité social et économique n'a pas été mis en place ou renouvelé, un procès-verbal de carence est établi par l'employeur. L'employeur porte à la connaissance des salariés par tout moyen permettant de donner date certaine à cette information, le procès-verbal dans l'entreprise et le transmet dans les quinze jours, par tout moyen permettant de conférer date certaine à l'agent de contrôle de l'inspection du travail mentionné à l'article L. 8112-1. Ce dernier communique une copie du procès-verbal de carence aux organisations syndicales de salariés du département concerné.

Art. L. 2314-10. Des élections partielles sont organisées à l'initiative de l'employeur si un collège électoral n'est plus représenté ou si le nombre des membres titulaires de la délégation du personnel du comité social et économique est réduit de moitié ou plus, sauf si ces événements interviennent moins de six mois avant le terme du mandat des membres de la délégation du personnel du comité social et économique.

Les élections partielles se déroulent dans les conditions fixées à l'article L. 2314-29 pour pourvoir tous les sièges vacants dans les collèges intéressés, sur la base des dispositions en vigueur lors de l'élection précédente.

Les candidats sont élus pour la durée du mandat restant à courir.

Sous-section 2. **Collèges électoraux**

Art. L. 2314-11. Les membres de la délégation du personnel du comité social et économique sont élus sur des listes établies par les organisations syndicales pour chaque catégorie de personnel :

- d'une part, par le collège des ouvriers et employés ;
- d'autre part, par le collège des ingénieurs, chefs de service, techniciens, agents de maîtrise et assimilés.

Dans les entreprises d'au moins cinq cent un salariés, les ingénieurs, les chefs de service et cadres administratifs, commerciaux ou techniques assimilés ont au moins un délégué titulaire au sein du second collège, élu dans les mêmes conditions.

En outre, dans les entreprises, quel que soit leur effectif, dont le nombre des ingénieurs, chefs de service et cadres administratifs, commerciaux ou techniques assimilés sur le plan de la classification est au moins égal à vingt-cinq au moment de la constitution ou du renouvellement de l'instance, ces catégories constituent un troisième collège.

(Ord. 2017-1718 du 20 déc. 2017, art. 1er, I, 81°, JO 21) « Par dérogation aux alinéas précédents, dans les établissements ou les entreprises n'élisant qu'un membre de la délégation du personnel titulaire et un membre de la délégation du personnel suppléant, il est mis en place pour chacune de ces élections, un collège électoral unique regroupant l'ensemble des catégories professionnelles. »

Art. L. 2314-12. Un accord peut modifier le nombre et la composition des collèges électoraux à condition d'être signé par toutes les organisations syndicales représentatives dans l'entreprise.

L'accord conclu ne fait pas obstacle à la création du troisième collège dans les conditions prévues au (Ord. 2017-1718 du 20 déc. 2017, art. 1er, I, 82°, JO 21) « dernier » alinéa de l'article L. 2314-11.

L'accord est communiqué, à sa demande, à l'agent de contrôle de l'inspection du travail mentionné à l'article L. 8112-1.

Art. L. 2314-13. (Ord. 2017-1718 du 20 déc. 2017, art. 1er, I, 83°, JO 21) « La répartition des sièges entre les différentes catégories de personnel et la répartition du personnel dans les collèges électoraux » font l'objet d'un accord entre l'employeur et les organisations syndicales conclu selon les conditions de l'article L. 2314-6.

Cet accord mentionne la proportion de femmes et d'hommes composant chaque collège électoral.

Lorsque au moins une organisation syndicale a répondu à l'invitation à négocier de l'employeur et que l'accord mentionné au premier alinéa du présent article ne peut être obtenu, l'autorité administrative décide de cette répartition entre les collèges électoraux. Pour ce faire, elle se conforme soit aux modalités de répartition prévues par l'accord mentionné à l'article L. 2314-12, soit, à défaut d'accord, à celles prévues à l'article L. 2314-11.

La saisine de l'autorité administrative suspend le processus électoral jusqu'à la décision administrative et entraîne la prorogation des mandats des élus en cours jusqu'à la proclamation des résultats du scrutin.

La décision de l'autorité administrative peut faire l'objet d'un recours devant le juge judiciaire, à l'exclusion de tout autre recours administratif ou contentieux.

Art. R. 2314-3. La répartition du personnel dans les collèges électoraux et la répartition des sièges entre les différentes catégories de personnel, dans le cas prévu au troisième alinéa de l'article L. 2314-13, est réalisée par le directeur régional des entreprises, de la concurrence, de la consommation, du travail et de l'emploi du siège de l'entreprise ou de l'établissement concerné.

Le directeur régional des entreprises, de la concurrence, de la consommation, du travail et de l'emploi prend sa décision dans un délai deux mois à compter de la réception de la contestation. Cette décision est notifiée par lettre recommandée avec demande d'avis de réception portant mention des voies et délais de recours. Elle peut faire l'objet d'un recours devant le (D. 2019-966 du 18 sept. 2019, art. 8, JO 19, entrée en vigueur le 01.01.2020) « tribunal judiciaire » dans un délai de quinze jours suivant sa notification.

À défaut de décision du directeur régional des entreprises, de la concurrence, de la consommation, du travail et de l'emploi à l'expiration du délai de deux mois dont il dispose pour se prononcer, l'employeur ou les organisations syndicales intéressées peuvent saisir, dans le délai de quinze jours, le (D. 2019-966 du 18 sept. 2019, art. 8, JO 19, entrée en vigueur le 01.01.2020) « tribunal judiciaire » afin qu'il soit statué sur la répartition.

Art. L. 2314-14. Lorsque aucune organisation syndicale représentative dans l'entreprise n'a pris part à la négociation, l'employeur répartit le personnel et les sièges (Ord. 2017-1718 du 20 déc. 2017, art. 1er, I, 84°, JO 21) « entre les différents » collèges électoraux.

Art. L. 2314-15. Des dispositions sont prises par accord préélectoral, conclu conformément à l'article L. 2314-6, pour faciliter, s'il y a lieu, la représentation des salariés travaillant en équipes successives ou dans des conditions qui les isolent des autres salariés.

Art. L. 2314-16. Sans préjudice des dispositions des articles L. 2314-11 et L. 2314-12, dans les entreprises de travail temporaire, la répartition des sièges peut faire l'objet d'un accord préélectoral, conclu conformément à l'article L. 2314-6, en vue d'assurer une représentation équitable du personnel permanent et du personnel temporaire.

Art. L. 2314-17. Lorsque le juge judiciaire, saisi préalablement aux élections, décide de mettre en place un dispositif de contrôle de leur régularité, de la liberté, et de la sincérité du scrutin, les frais entraînés par ces mesures sont à la charge de l'employeur.

Sous-section 3. Électorat et éligibilité

Art. L. 2314-18. Sont électeurs les salariés des deux sexes, âgés de seize ans révolus, travaillant depuis trois mois au moins dans l'entreprise et n'ayant fait l'objet d'aucune interdiction, déchéance ou incapacité relatives à leurs droits civiques.

Art. L. 2314-19. Sont éligibles les électeurs âgés de dix-huit ans révolus, et travaillant dans l'entreprise depuis un an au moins, à l'exception des conjoint, partenaire d'un pacte civil de solidarité, concubin, ascendants, descendants, frères, sœurs et alliés au même degré de l'employeur.

Les salariés travaillant à temps partiel simultanément dans plusieurs entreprises ne sont éligibles que dans l'une de ces entreprises. Ils choisissent celle dans laquelle ils font acte de candidature.

Art. L. 2314-20. Dans les entreprises de travail temporaire, les conditions d'ancienneté sont, pour les salariés temporaires, de trois mois pour être électeur et de six mois pour être éligible.

Ces conditions sont appréciées en totalisant les périodes pendant lesquelles ces salariés ont été liés à ces entreprises par des contrats de mission au cours des douze mois ou des dix-huit mois précédant l'élection, selon qu'il s'agit d'électorat ou d'éligibilité.

Ce délai est réduit à six mois en cas de création d'entreprise ou d'ouverture d'établissement.

Art. L. 2314-21. Dans les entreprises de portage salarial, les conditions d'ancienneté sont, pour les salariés en portage salarial, de trois mois pour être électeur et de six mois pour être éligible.

Ces conditions sont appréciées en totalisant les périodes pendant lesquelles ces salariés ont effectué des prestations de portage salarial dans le cadre de contrats de travail conclus avec ces entreprises au cours des douze mois ou des dix-huit mois précédant l'élection, selon qu'il s'agit d'électorat ou d'éligibilité.

Ce délai est réduit à six mois en cas de création d'entreprise ou d'ouverture d'établissement.

Art. L. 2314-22. Dans les entreprises de travail temporaire, sont électeurs ou éligibles tous les salariés temporaires satisfaisant aux conditions définies à l'article L. 2314-20 et liés à l'entreprise de travail temporaire par un contrat de mission au moment de la confection des listes.

Toutefois, cessent de remplir ces conditions d'électorat et d'éligibilité :

1° Les salariés ayant fait connaître à l'entrepreneur de travail temporaire qu'ils ne souhaitaient plus bénéficier d'un nouveau contrat de mission ;

2° Les salariés à qui l'entrepreneur de travail temporaire a notifié sa décision de ne plus faire appel à eux pour de nouveaux contrats de mission.

Art. L. 2314-23. Pour les salariés mis à disposition qui remplissent les conditions mentionnées au 2° de l'article L. 1111-2, la condition de présence dans l'entreprise utilisatrice est de douze mois continus pour y être électeur. Les salariés mis à disposition ne sont pas éligibles dans l'entreprise utilisatrice.

Les salariés mis à disposition qui remplissent les conditions mentionnées au premier alinéa choisissent s'ils exercent leur droit de vote dans l'entreprise qui les emploie ou l'entreprise utilisatrice.

Art. L. 2314-24. Dans les entreprises de portage salarial, sont électeurs ou éligibles tous les salariés en portage salarial satisfaisant aux conditions d'ancienneté définies par l'article L. 2314-21 et effectuant au moment de la confection des listes une prestation de portage dans le cadre d'un contrat de travail conclu avec l'entreprise.

Art. L. 2314-25. L'inspecteur du travail peut, après avoir consulté les organisations syndicales représentatives dans l'entreprise, autoriser des dérogations aux conditions d'ancienneté pour être électeur, notamment lorsque leur application aurait pour effet de réduire à moins des deux tiers de l'effectif le nombre de salariés remplissant ces conditions.

Il peut également, après avoir consulté les organisations syndicales représentatives dans l'entreprise, autoriser des dérogations aux conditions d'ancienneté pour l'éligibilité lorsque l'application de ces dispositions conduirait à une réduction du nombre des candidats qui ne permettrait pas l'organisation normale des opérations électorales.

La décision de l'autorité administrative peut faire l'objet d'un recours devant le juge judiciaire, à l'exclusion de tout autre recours administratif ou contentieux.

Art. R. 2314-4. La décision de l'inspecteur du travail mentionnée à l'article L. 2314-25 peut faire l'objet d'un recours devant le (D. 2019-966 du 18 sept. 2019, art. 8, JO 19, entrée en vigueur le 01.01.2020) « tribunal judiciaire » dans un délai de quinze jours suivant sa notification.

Sous-section 4. **Mode de scrutin et résultat des élections**

Art. L. 2314-26. L'élection a lieu au scrutin secret sous enveloppe.

Elle peut également avoir lieu par vote électronique, selon les modalités fixées par un décret en Conseil d'État pris après avis de la Commission nationale de l'informatique et des libertés, si un accord d'entreprise ou, à défaut, l'employeur le décide.

Il est procédé à des votes séparés pour les membres titulaires et les membres suppléants, dans chacune des catégories professionnelles formant des collèges distincts.

Art. R. 2314-5. L'élection des membres de la délégation du personnel du comité social et économique peut être réalisée par vote électronique sur le lieu de travail ou à distance.

Sans préjudice des dispositions relatives au protocole d'accord préélectoral prévues aux articles L. 2314-5 et suivants, la possibilité de recourir à un vote électronique est ouverte par un accord d'entreprise ou par un accord de groupe. À défaut d'accord, l'employeur peut décider de ce recours qui vaut aussi, le cas échéant, pour les élections partielles se déroulant en cours de mandat.

Un cahier des charges respectant les dispositions des articles R. 2314-6 et suivants est établi dans le cadre de l'accord mentionné au deuxième alinéa ou, à défaut, par l'employeur.

Le cahier des charges est tenu à la disposition des salariés sur le lieu de travail. Il est mis sur l'intranet de l'entreprise lorsqu'il en existe un.

La mise en place du vote électronique n'interdit pas le vote à bulletin secret sous enveloppe si l'accord ou l'employeur n'exclut pas cette modalité.

Art. R. 2314-6. La conception et la mise en place du système de vote électronique peuvent être confiées à un prestataire choisi par l'employeur sur la base d'un cahier des charges respectant les dispositions du présent paragraphe.

Le système retenu assure la confidentialité des données transmises, notamment de celles des fichiers constitués pour établir les listes électorales des collèges électoraux, ainsi que la sécurité de l'adressage des moyens d'authentification, de l'émargement, de l'enregistrement et du dépouillement des votes.

Art. R. 2314-7. Lors de l'élection par vote électronique, les fichiers comportant les éléments d'authentification des électeurs, les clés de chiffrement et de déchiffrement et le contenu de l'urne sont uniquement accessibles aux personnes chargées de la gestion et de la maintenance du système.

Les données relatives aux électeurs inscrits sur les listes électorales ainsi que celles relatives à leur vote sont traitées par des systèmes informatiques distincts, dédiés et isolés, respectivement dénommés « fichier des électeurs » et « contenu de l'urne électronique ».

Art. R. 2314-8. Le système de vote électronique doit pouvoir être scellé à l'ouverture et à la clôture du scrutin.

Art. R. 2314-9. Préalablement à sa mise en place ou à toute modification substantielle de sa conception, le système de vote électronique est soumis à une expertise indépendante destinée à vérifier le respect des articles R. 2314-5 à R. 2314-8. Le rapport de l'expert est tenu à la disposition de la Commission nationale de l'informatique et des libertés.

Les prescriptions de ces mêmes articles s'imposent également aux personnes chargées de la gestion et de la maintenance du système informatique.

Art. R. 2314-10. L'employeur met en place une cellule d'assistance technique chargée de veiller au bon fonctionnement et à la surveillance du système de vote électronique, comprenant, le cas échéant, les représentants du prestataire.

Art. R. 2314-11. L'employeur informe les organisations syndicales de salariés représentatives dans l'entreprise ou dans le ou les établissements concernés, de l'accomplissement des formalités déclaratives préalables auprès de la Commission nationale de l'informatique et des libertés.

Art. R. 2314-12. Chaque salarié dispose d'une notice d'information détaillée sur le déroulement des opérations électorales.

Les membres de la délégation du personnel et les membres du bureau de vote bénéficient d'une formation sur le système de vote électronique retenu.

Art. R. 2314-13. Le protocole d'accord préélectoral mentionne la conclusion de l'accord d'entreprise ou de l'accord de groupe autorisant le recours au vote électronique et, s'il est déjà arrêté, le nom du prestataire choisi pour le mettre en place.

Il comporte en annexe la description détaillée du fonctionnement du système retenu et du déroulement des opérations électorales.

Art. R. 2314-14. Le vote électronique se déroule, pour chaque tour de scrutin, pendant une période délimitée.

Art. R. 2314-15. En présence des représentants des listes de candidats, la cellule d'assistance technique :

1° Procède, avant que le vote ne soit ouvert, à un test du système de vote électronique et vérifie que l'urne électronique est vide, scellée et chiffrée par des clés délivrées à cet effet ;

2° Procède, avant que le vote ne soit ouvert, à un test spécifique du système de dépouillement à l'issue duquel le système est scellé ;

3° Contrôle, à l'issue des opérations de vote et avant les opérations de dépouillement, le scellement de ce système.

Art. R. 2314-16. La liste d'émargement n'est accessible qu'aux membres du bureau de vote et à des fins de contrôle de déroulement du scrutin.

Aucun résultat partiel n'est accessible pendant le déroulement du scrutin. Toutefois, le nombre de votants peut, si l'employeur ou l'accord prévu à l'article R. 2314-5 le prévoit, être révélé au cours du scrutin.

Lorsque le vote sous enveloppe n'a pas été exclu, l'ouverture du vote n'a lieu qu'après la clôture du vote électronique. Le président du bureau de vote dispose, avant cette ouverture, de la liste d'émargement des électeurs ayant voté par voie électronique.

Art. R. 2314-17. L'employeur ou le prestataire qu'il a retenu conserve sous scellés, jusqu'à l'expiration du délai de recours et, lorsqu'une action contentieuse a été engagée, jusqu'à la décision juridictionnelle devenue définitive, les fichiers supports comprenant la copie des programmes sources et des programmes exécutables, les matériels de vote, les fichiers d'émargement, de résultats et de sauvegarde. La procédure de décompte des votes doit, si nécessaire, pouvoir être exécutée de nouveau.

À l'expiration du délai de recours ou, lorsqu'une action contentieuse a été engagée, après l'intervention d'une décision juridictionnelle devenue définitive, l'employeur ou, le cas échéant, le prestataire procède à la destruction des fichiers supports.

Art. R. 2314-18. Un arrêté du ministre chargé du travail, pris après avis de la Commission nationale de l'informatique et des libertés, précise les dispositions pratiques de mise en œuvre du vote électronique.

Art. L. 2314-27. L'élection a lieu pendant le temps de travail. Toutefois, un accord contraire peut être conclu entre l'employeur et l'ensemble des organisations syndicales représentatives dans l'entreprise, notamment en cas de travail en continu.

Art. L. 2314-28. Les modalités d'organisation et de déroulement des opérations électorales font l'objet d'un accord entre l'employeur et les organisations syndicales, conclu conformément à l'article L. 2314-6. Cet accord respecte les principes généraux du droit électoral.

Les modalités sur lesquelles aucun accord n'a pu intervenir peuvent être fixées par une décision du juge judiciaire.

Art. R. 2314-2. Les modalités d'organisation et de déroulement des opérations électorales sur lesquelles aucun accord n'a pu intervenir sont fixées, en application de l'article L. 2314-28, par le (D. 2019-966 du 18 sept. 2019, art. 8, JO 19, entrée en vigueur le 01.01.2020) «(D. 2019-1419 du 20 déc. 2019, art. 10, 6°, JO 22) «président» du tribunal judiciaire».

Il statue en dernier ressort (D. 2019-1419 du 20 déc. 2019, art. 10, 6°, JO 22) «selon la procédure accélérée au fond».

Art. L. 2314-29. Le scrutin est de liste à deux tours avec représentation proportionnelle à la plus forte moyenne.

Au premier tour de scrutin, chaque liste est établie par les organisations syndicales mentionnées aux premier et deuxième alinéas de l'article L. 2314-5. Si le nombre des votants est inférieur à la moitié des électeurs inscrits, il est procédé, dans un délai de quinze jours, à un second tour de scrutin pour lequel les électeurs peuvent voter pour des listes autres que celles présentées par une organisation syndicale.

Lorsque le nom d'un candidat a été raturé, les ratures ne sont pas prises en compte si leur nombre est inférieur à 10 % des suffrages exprimés en faveur de la liste sur laquelle figure ce candidat.

Dans ce cas, les candidats sont proclamés élus dans l'ordre de présentation.

Après la proclamation des résultats, l'employeur transmet, dans les meilleurs délais, par tout moyen, une copie des procès-verbaux aux organisations syndicales de salariés qui ont présenté des listes de candidats aux scrutins concernés ainsi qu'à celles ayant participé à la négociation du protocole d'accord préélectoral.

Art. R. 2314-19. Pour l'application de l'article L. 2314-29, chaque liste se voit attribuer autant de sièges que le nombre de voix recueilli par elle contient de fois le quotient électoral.

Le quotient électoral est égal au nombre total des suffrages valablement exprimés par les électeurs du collège, divisé par le nombre de sièges à pourvoir.

Art. R. 2314-20. Lorsqu'il n'a été pourvu à aucun siège ou qu'il reste des sièges à pourvoir, les sièges restant sont attribués sur la base de la plus forte moyenne.

À cet effet, le nombre de voix obtenu par chaque liste est divisé par le nombre augmenté d'une unité des sièges déjà attribués à la liste. Les différentes listes sont classées dans l'ordre décroissant des moyennes obtenues. Le premier siège non pourvu est attribué à la liste ayant la plus forte moyenne.

Il est procédé successivement à la même opération pour chacun des sièges non pourvus jusqu'au dernier.

Art. R. 2314-21. Lorsque deux listes ont la même moyenne et qu'il ne reste qu'un siège à pourvoir, ce siège est attribué à la liste qui a le plus grand nombre de voix.

Lorsque deux listes ont recueilli le même nombre de voix, le siège est attribué au plus âgé des deux candidats susceptibles d'être élus.

Art. R. 2314-22. (D. 2019-1345 du 11 déc. 2019, JO 13) Un exemplaire du procès-verbal des élections au comité social et économique ou un exemplaire du procès-verbal de carence est transmis par l'employeur au prestataire agissant pour le compte du ministre chargé du travail dans les quinze jours suivant la tenue de ces élections au moyen d'un formulaire homologué.

En cas de transmission par la voie électronique, le téléservice mis en place par le prestataire agissant pour le compte du ministre chargé du travail respecte le référentiel général de sécurité prévu à l'article 9 de l'ordonnance n° 2005-1516 du 8 décembre 2005 relative aux échanges électroniques entre les usagers et les autorités administratives et entre les autorités administratives.

(D. 2019-1548 du 30 déc. 2019, JO 31) « La liste nominative des membres de chaque comité social et économique est affichée dans les locaux affectés au travail. Elle indique l'emplacement de travail habituel des membres du comité ainsi que, le cas échéant, leur participation à une ou plusieurs commissions du comité. »

Sous-section 5. **Représentation équilibrée des femmes et des hommes**

Art. L. 2314-30. Pour chaque collège électoral, les listes mentionnées à l'article L. 2314-29 qui comportent plusieurs candidats sont composées d'un nombre de femmes et d'hommes correspondant à la part de femmes et d'hommes inscrits sur la liste électorale. Les listes sont composées alternativement d'un candidat de chaque sexe jusqu'à épuisement des candidats d'un des sexes.

Lorsque l'application du premier alinéa n'aboutit pas à un nombre entier de candidats à désigner pour chacun des deux sexes, il est procédé à l'arrondi arithmétique suivant :

1° Arrondi à l'entier supérieur en cas de décimale supérieure ou égale à 5 ;

2° Arrondi à l'entier inférieur en cas de décimale strictement inférieure à 5.

En cas de nombre impair de sièges à pourvoir et de stricte égalité entre les femmes et les hommes inscrits sur les listes électorales, la liste comprend indifféremment un homme ou une femme supplémentaire.

Lorsque l'application de ces règles conduit à exclure totalement la représentation de l'un ou l'autre sexe, les listes de candidats pourront comporter un candidat du sexe qui, à défaut ne serait pas représenté. Ce candidat ne peut être en première position sur la liste.

Le présent article s'applique à la liste des membres titulaires du comité social et économique et à la liste de ses membres suppléants.

Art. L. 2314-31. Dès qu'un accord ou une décision de l'autorité (L. 2018-217 du 29 mars 2018, art. 6, 10°, JO 31) « administrative ou de l'employeur » sur la répartition du personnel est intervenu, l'employeur porte à la connaissance des salariés, par tout moyen permettant de donner une date certaine à cette information, la proportion de femmes et d'hommes composant chaque collège électoral.

Sous-section 6. **Contestations**

Art. L. 2314-32. Les contestations relatives à l'électorat, à la composition des listes de candidats en application de l'article L. 2314-30, à la régularité des opérations électorales et à la désignation des représentants syndicaux sont de la compétence du juge judiciaire.

Lorsqu'une contestation rend indispensable le recours à une mesure d'instruction, les dépenses afférentes à cette mesure sont à la charge de l'État.

La constatation par le juge, après l'élection, du non-respect par une liste de candidats des prescriptions prévues à la première phrase du premier alinéa de l'article L. 2314-30 entraîne l'annulation de l'élection d'un nombre d'élus du sexe surreprésenté égal au nombre de candidats du sexe surreprésenté en surnombre sur la liste de candidats au regard de la part de femmes et d'hommes que celle-ci devait respecter. Le juge annule l'élection des derniers élus du sexe surreprésenté en suivant l'ordre inverse de la liste des candidats.

La constatation par le juge, après l'élection, du non-respect par une liste de candidats des prescriptions prévues à la seconde phrase du premier alinéa du même article L. 2314-30 entraîne l'annulation de l'élection du ou des élus dont le positionnement sur la liste de candidats ne respecte pas ces prescriptions.

Le cas échéant, il est fait application des dispositions de l'article L. 2314-10 du code du travail.

Art. R. 2314-23. Le (D. 2019-966 du 18 sept. 2019, art. 8, JO 19, entrée en vigueur le 01.01.2020) « tribunal judiciaire » statue en dernier ressort sur :

1° La demande de mise en place d'un dispositif de contrôle du scrutin prévue à l'article L. 2314-17 ;

2° Les contestations prévues à l'article L. 2314-32 ;

3° Les contestations relatives à une décision de l'autorité administrative prise sur le fondement des articles L. 2314-13 et L. 2314-25.

Art. R. 2314-24. Le (D. 2019-966 du 18 sept. 2019, art. 8, JO 19, entrée en vigueur le 01.01.2020) « tribunal judiciaire » est saisi des contestations par voie de (D. 2019-1333 du 11 déc. 2019, art. 36, JO 12, entrée en vigueur le 01.01.2020) « requête ».

Lorsque la contestation porte sur l'électorat, (D. 2019-1333 du 11 déc. 2019, art. 36, JO 12, entrée en vigueur le 01.01.2020) « la requête n'est recevable que si elle est remise ou adressée » dans les trois jours suivant la publication de la liste électorale.

Lorsque la contestation porte sur une décision de l'autorité administrative, sur demande du greffe, cette dernière justifie de l'accomplissement de la notification de sa décision auprès de la juridiction saisie ou, à défaut, de sa réception de la contestation. Si le juge le demande, elle communique tous les éléments précisant les éléments de droit ou de fait ayant fondé sa décision.

Lorsque la contestation porte sur la régularité de l'élection ou sur la désignation de représentants syndicaux, (D. 2019-1333 du 11 déc. 2019, art. 36, JO 12, entrée en vigueur le 01.01.2020) « la requête n'est recevable que si elle est remise ou adressée » dans les quinze jours suivant cette élection ou cette désignation.

Art. R. 2314-25. Le (D. 2019-966 du 18 sept. 2019, art. 8, JO 19, entrée en vigueur le 01.01.2020) « tribunal judiciaire » statue dans les dix jours de sa saisine sans frais ni forme de procédure et sur avertissement qu'il donne trois jours à l'avance à toutes les parties intéressées.

La décision du tribunal est notifiée par le greffe dans les trois jours par lettre recommandée avec avis de réception.

La décision est susceptible d'un pourvoi en cassation dans un délai de dix jours. Le pourvoi est formé, instruit et jugé dans les conditions fixées par les articles 999 à 1008 du code de procédure civile.

SECTION 3. Durée et fin du mandat

Art. L. 2314-33. Les membres de la délégation du personnel du comité social et économique sont élus pour quatre ans.

(L. 2018-217 du 29 mars 2018, art. 6, 11°, JO 31) « Le nombre de mandats successifs est limité à trois, excepté :

1° Pour les entreprises de moins de cinquante salariés ;

2° Pour les entreprises dont l'effectif est compris entre cinquante et trois cents salariés, si l'accord prévu à l'article L. 2314-6 en stipule autrement.

Le nombre maximal de mandats successifs fixé au deuxième alinéa du présent article s'applique également aux membres du comité social et économique central et aux membres des comités sociaux et économiques d'établissement sauf dans les entreprises ou établissements de moins de cinquante salariés et, le cas échéant, si l'accord prévu à l'article L. 2314-6 en stipule autrement, dans les entreprises ou établissements dont l'effectif est compris entre cinquante et trois cents salariés. »

Les fonctions de ces membres prennent fin par le décès, la démission, la rupture du contrat de travail, la perte des conditions requises pour être éligible. Ils conservent leur mandat en cas de changement de catégorie professionnelle.

(L. 2018-217 du 29 mars 2018, art. 6, 11°, JO 31) « Les conditions d'application du présent article sont déterminées par décret en Conseil d'État. »

Art. R. 2314-26. (D. 2018-920 du 26 oct. 2018, art. 3, JO 28) À défaut de stipulations contraires, les stipulations du protocole d'accord préélectoral relatives à l'exception à la limitation du nombre de mandats successifs mentionnée au 2° de l'article L. 2314-33 sont à durée indéterminée.

Art. L. 2314-34. Par dérogation aux dispositions de l'article L. 2314-33, un accord de branche, un accord de groupe ou un accord d'entreprise, selon le cas, peut fixer une durée du mandat des représentants du personnel au comité comprise entre deux et quatre ans.

Art. L. 2314-35. Lorsque survient une modification dans la situation juridique de l'employeur telle que mentionnée à l'article L. 1224-1, le mandat des membres élus de la délégation du personnel du comité social et économique et des représentants syndicaux de l'entreprise ayant fait l'objet de la modification subsiste lorsque cette entreprise conserve son autonomie juridique.

Si cette entreprise devient un établissement au sens du présent titre ou si la modification mentionnée au premier alinéa porte sur un ou plusieurs établissements distincts qui conservent ce caractère, le mandat des représentants syndicaux subsiste et le mandat des membres élus de la délégation du personnel du comité social et économique se poursuit jusqu'à son terme.

Toutefois, pour tenir compte de la date habituelle des élections dans l'entreprise d'accueil, la durée du mandat des membres élus peut être réduite ou prorogée par accord entre le nouvel employeur et les organisations syndicales représentatives existant dans le ou les établissements absorbés ou, à défaut, les membres de la délégation du personnel du comité social et économique intéressé.

Art. L. 2314-36. Tout membre de la délégation du personnel du comité social et économique peut être révoqué en cours de mandat sur proposition faite par l'organisation syndicale qui l'a présenté avec l'accord obtenu au scrutin secret de la majorité du collège électoral auquel il appartient.

Art. L. 2314-37. Lorsqu'un délégué titulaire cesse ses fonctions pour l'une des causes indiquées à la présente section ou est momentanément absent pour une cause quelconque, il est remplacé par un suppléant élu sur une liste présentée par la même organisation syndicale que celle de ce titulaire. La priorité est donnée au suppléant élu de la même catégorie.

S'il n'existe pas de suppléant élu sur une liste présentée par l'organisation syndicale qui a présenté le titulaire, le remplacement est assuré par un candidat non élu présenté par la même organisation.

Dans ce cas, le candidat retenu est celui qui vient sur la liste immédiatement après le dernier élu titulaire ou, à défaut, le dernier élu suppléant.

À défaut, le remplacement est assuré par le suppléant élu n'appartenant pas à l'organisation du titulaire à remplacer, mais appartenant à la même catégorie et ayant obtenu le plus grand nombre de voix.

Le suppléant devient titulaire jusqu'au retour de celui qu'il remplace ou jusqu'au renouvellement de l'institution.

Chapitre V

Fonctionnement

SECTION 1. Dispositions communes

Sous-section 1. Dispositions générales

Art. L. 2315-1. Les conditions de fonctionnement du comité social et économique doivent permettre une prise en compte effective des intérêts des salariés exerçant leur activité hors de l'entreprise ou dans des unités dispersées.

Art. L. 2315-2. Les dispositions du présent chapitre ne font pas obstacle aux dispositions plus favorables relatives au fonctionnement ou aux pouvoirs du comité social et économique résultant d'accords collectifs de travail ou d'usages.

Art. L. 2315-3. Les membres de la délégation du personnel du comité social et économique sont tenus au secret professionnel pour toutes les questions relatives aux procédés de fabrication.

Les membres de la délégation du personnel du comité social et économique et les représentants syndicaux sont tenus à une obligation de discrétion à l'égard des informations revêtant un caractère confidentiel et présentées comme telles par l'employeur.

Art. L. 2315-4. Le recours à la visioconférence pour réunir le comité social et économique peut être autorisé par accord entre l'employeur et les membres élus de la délégation du personnel du comité. En l'absence d'accord, ce recours est limité à trois réunions par année civile. Un décret détermine les conditions dans lesquelles le comité social et économique peut, dans ce cadre, procéder à un vote à bulletin secret.

Art. D. 2315-1. Lorsque le comité social et économique est réuni en visioconférence, le dispositif technique mis en œuvre garantit l'identification des membres du comité et leur participation effective, en assurant la retransmission continue et simultanée du son et de l'image des délibérations.

Les dispositions prévues au premier alinéa ne font pas obstacle à la tenue de suspensions de séance.

Lorsqu'il est procédé à un vote à bulletin secret en application des dispositions de l'article L. 2315-4, le dispositif de vote garantit que l'identité de l'électeur ne peut à aucun moment être mise en relation avec l'expression de son vote. Lorsque ce vote est organisé par voie électronique, le système retenu doit assurer la confidentialité des données transmises ainsi que la sécurité de l'adressage des moyens d'authentification, de l'émargement, de l'enregistrement et du dépouillement des votes.

Art. D. 2315-2. La procédure mentionnée à l'article D. 2315-1 se déroule conformément aux étapes suivantes :

1° L'engagement des délibérations est subordonné à la vérification que l'ensemble des membres a accès à des moyens techniques satisfaisant aux conditions prévues à l'article D. 2315-1 ;

2° Le vote a lieu de manière simultanée. À cette fin, les participants disposent d'une durée identique pour voter à compter de l'ouverture des opérations de vote indiquée par le président du comité.

Art. L. 2315-5. Lorsqu'il tient de la loi un droit d'accès aux registres mentionnés à l'article L. 8113-4, le comité social et économique est consulté préalablement à la mise en place d'un support de substitution dans les conditions prévues à ce même article.

Art. L. 2315-6. Dans les établissements comportant une ou plusieurs installations soumises à autorisation au titre de l'article L. 512-1 code de l'environnement ou soumise aux dispositions des articles L. 211-2 et L. 211-3, des titres II à VII et du chapitre II du titre VIII du livre II du code minier, les documents établis à l'intention des autorités publiques chargées de la protection de l'environnement sont portés à la connaissance du comité social et économique par l'employeur, dans des conditions déterminées par voie réglementaire.

Sous-section 2. **Heures de délégation**

Art. L. 2315-7. L'employeur laisse le temps nécessaire à l'exercice de leurs fonctions :

1° À chacun des membres titulaires constituant la délégation du personnel du comité social et économique ;

2° Aux représentants syndicaux au comité social et économique dans les entreprises d'au moins cinq cent un salariés ;

3° Aux représentants syndicaux au comité social et économique central d'entreprise dans les entreprises d'au moins cinq cent un salariés dont aucun des établissements distincts n'atteint ce seuil.

Le nombre d'heures de délégation des représentants mentionnés aux 1° à 3°, fixé par décret en Conseil d'État en fonction à la fois des effectifs de l'entreprise ou de l'établissement et du nombre de membres de la délégation, ne peut être inférieur à dix heures par mois dans les entreprises de moins de cinquante salariés et à seize heures dans les autres entreprises.

Art. L. 2315-8. Les modalités d'utilisation des heures de délégation sur une durée supérieure au mois sont définies par voie réglementaire.

Art. L. 2315-9. Un décret en Conseil d'État détermine les conditions dans lesquelles les membres titulaires de la délégation du personnel du comité social et économique peuvent, chaque mois, répartir entre eux et avec les membres suppléants le crédit d'heures de délégation dont ils disposent.

Art. L. 2315-10. Le temps passé en délégation est de plein droit considéré comme temps de travail et payé à l'échéance normale.

L'employeur qui entend contester l'utilisation faite des heures de délégation saisit le juge judiciaire.

Art. L. 2315-11. Est également payé comme temps de travail effectif le temps passé par les membres de la délégation du personnel du comité social et économique :

(Ord. 2017-1718 du 20 déc. 2017, art. 1er, I, 85°, JO 21) « 1° À la recherche de mesures préventives dans toute situation d'urgence et de gravité, notamment lors de la mise en œuvre de la procédure de danger grave et imminent prévue à l'article L. 4132-2 ; »

2° Aux réunions du comité et de ses commissions (Ord. 2017-1718 du 20 déc. 2017, art. 1er, I, 85°, JO 21) « , dans ce cas » dans la limite d'une durée globale fixée par accord d'entreprise ou à défaut par décret en Conseil d'État ;

3° Aux enquêtes menées après un accident du travail grave ou des incidents répétés ayant révélé un risque grave ou une maladie professionnelle ou à caractère professionnel grave ;

Ce temps n'est pas déduit des heures de délégation prévues pour les membres titulaires de la délégation du personnel du comité social et économique.

Art. L. 2315-12. Le temps passé aux réunions du comité social et économique avec l'employeur par les représentants syndicaux au comité est rémunéré comme temps de travail.

Ce temps n'est pas déduit des heures de délégation dans les entreprises d'au moins cinq cent un salariés.

Art. L. 2315-13. Dans les entreprises de travail temporaire, les heures de délégation utilisées entre deux missions, conformément à des dispositions conventionnelles, par un membre titulaire du comité pour l'exercice de son mandat, sont considérées comme des heures de travail. Ces heures de délégation sont réputées rattachées, en matière de rémunération et de charges sociales, au dernier contrat de mission avec l'entreprise de travail temporaire au titre de laquelle il a été élu membre titulaire du comité.

Art. R. 2315-3. À défaut de stipulations dans l'accord prévu à l'article L. 2314-7, le temps mensuel nécessaire à l'exercice de leurs fonctions par les représentants mentionnés au 1° de l'article L. 2315-7 est défini à l'article R. 2314-1.

Sauf accord collectif contraire, lorsque les représentants mentionnés au premier alinéa sont des salariés mentionnés à l'article L. 3121-58, le crédit d'heures est regroupé en demi-journées qui viennent en déduction du nombre annuel de jours travaillés fixé dans la convention individuelle du salarié. Une demi-journée correspond à quatre heures de mandat.

Lorsque le crédit d'heures ou la fraction du crédit d'heures restant est inférieur à quatre heures, les représentants mentionnés à l'alinéa précédent qui en bénéficient au titre des heures additionnées sur l'année prévues à l'article R. 2314-1 dispose d'une demi-journée qui vient en déduction du nombre annuel de jours travaillés fixé dans la convention individuelle du salarié.

Art. R. 2315-4. Le temps nécessaire à l'exercice de leurs fonctions par les représentants syndicaux mentionnés aux 2° et 3° de l'article L. 2315-7 est fixé dans des limites d'une durée, qui, sauf circonstances exceptionnelles, ne peut excéder vingt heures par mois.

Sauf accord collectif contraire, lorsque les représentants mentionnés au premier alinéa sont des salariés mentionnés à l'article L. 3121-58, le crédit d'heures est regroupé en demi-journées qui viennent en déduction du nombre annuel de jours travaillés fixé dans la convention individuelle du salarié. Une demi-journée correspond à quatre heures de mandat.

Lorsque le crédit d'heures ou la fraction du crédit d'heures restant est inférieur à quatre heures, les représentants mentionnés à l'alinéa précédent qui en bénéficient au titre des heures additionnées sur l'année prévues à l'article R. 2314-1 dispose d'une demi-journée qui vient en déduction du nombre annuel de jours travaillés fixé dans la convention individuelle du salarié.

Art. R. 2315-5. Le temps prévu à l'article L. 2315-7 peut être utilisé cumulativement dans la limite de douze mois. Cette règle ne peut conduire un membre à disposer, dans le mois, de plus d'une fois et demi le crédit d'heures de délégation dont il bénéficie.

Pour l'utilisation des heures ainsi cumulées, le représentant informe l'employeur au plus tard huit jours avant la date prévue de leur utilisation.

Art. R. 2315-6. La répartition des heures entre les membres de la délégation du personnel du comité social et économique, prévue à l'article L. 2315-9, ne peut conduire l'un d'eux à disposer, dans le mois, de plus d'une fois et demie le crédit d'heures de délégation dont bénéficie un membre titulaire en application de l'article R. 2314-1.

Les membres titulaires de la délégation du personnel du comité social et économique concernés informent l'employeur du nombre d'heures réparties au titre de chaque mois au plus tard huit jours avant la date prévue pour leur utilisation. L'information de l'employeur se fait par un document écrit précisant leur identité ainsi que le nombre d'heures mutualisées pour chacun d'eux.

Art. R. 2315-7. À défaut d'accord d'entreprise, le temps passé par les membres de la délégation du personnel du comité social et économique aux réunions mentionnées au 2° de l'article L. 2315-11 n'est pas déduit des heures de délégation prévues à l'article R. 2314-1 dès lors que la durée annuelle globale de ces réunions n'excède pas :

- 30 heures pour les entreprises de 300 salariés à 1 000 salariés ;
- 60 heures pour les entreprises d'au moins 1 000 salariés.

L'effectif est apprécié une fois par an, sur les douze mois précédents, à compter du premier mois suivant celui au cours duquel a été élu le comité.

Par dérogation aux dispositions du présent article, le temps passé aux réunions de la commission santé, sécurité et conditions de travail est rémunéré comme du temps de travail. Ce temps n'est pas déduit des heures de délégation prévues pour les membres titulaires de la délégation du personnel du comité social et économique.

Sous-section 3. **Déplacement et circulation**

Art. L. 2315-14. Pour l'exercice de leurs fonctions, les membres élus de la délégation du personnel du comité social et économique et les représentants syndicaux au comité peuvent, durant les heures de délégation, se déplacer hors de l'entreprise.

Ils peuvent également, tant durant les heures de délégation qu'en dehors de leurs heures habituelles de travail, circuler librement dans l'entreprise et y prendre tous contacts nécessaires à l'accomplissement de leur mission, notamment auprès d'un salarié à son poste de travail, sous réserve de ne pas apporter de gêne importante à l'accomplissement du travail des salariés.

Sous-section 4. **Affichage**

Art. L. 2315-15. Les membres de la délégation du personnel du comité social et économique peuvent faire afficher les renseignements qu'ils ont pour rôle de porter à la connaissance du personnel sur des emplacements obligatoirement prévus et destinés aux communications syndicales, ainsi qu'aux portes d'entrée des lieux de travail.

Sous-section 5. **Formation**

§ 1. Dispositions générales

Art. L. 2315-16. Le temps consacré aux formations prévues au présent chapitre est pris sur le temps de travail et est rémunéré comme tel. Il n'est pas déduit des heures de délégation.

Art. L. 2315-17. Les formations sont dispensées soit par un organisme figurant sur une liste arrêtée par l'autorité administrative dans des conditions déterminées par décret en Conseil d'État, soit par un des organismes mentionnés à l'article L. 2145-5. Ces formations sont renouvelées lorsque les représentants ont exercé leur mandat pendant quatre ans, consécutifs ou non.

Art. R. 2315-8. La liste des organismes de formation mentionnée à l'article L. 2315-17 est arrêtée par le préfet de région après avis du comité régional de l'emploi, de la formation [et] de l'orientation professionnelles.

§ 2. Formation en santé, sécurité et conditions de travail

Art. L. 2315-18. (Ord. 2017-1718 du 20 déc. 2017, art. 1er, I, 86°, JO 21) «Les membres de la délégation du personnel du comité social et économique» (L. 2018-771 du 5 sept. 2018, art. 105, III, 2°, JO 6, entrée en vigueur au plus tard le 01.01.2019) «et le référent prévu au dernier alinéa de l'article L. 2314-1» bénéficient de la formation nécessaire à l'exercice de leurs missions en matière de santé, de sécurité et de conditions de travail prévues au chapitre II du présent titre, dans des conditions déterminées par décret en Conseil d'État.

Le financement (Ord. 2017-1718 du 20 déc. 2017, art. 1er, I, 86°, JO 21) «de la formation prévue à l'alinéa précédent» est pris en charge par l'employeur dans des conditions prévues par décret en Conseil d'État.

Sous-§ 1 (réglementaire). Contenu et organisation de la formation

Art. R. 2315-9. La formation des membres de la délégation du personnel du comité social et économique mentionnée à l'article L. 2315-18 a pour objet :

1° De développer leur aptitude à déceler et à mesurer les risques professionnels et leur capacité d'analyse des conditions de travail ;

2° De les initier aux méthodes et procédés à mettre en œuvre pour prévenir les risques professionnels et améliorer les conditions de travail.

Art. R. 2315-10. La formation est dispensée dès la première désignation des membres de la délégation du personnel du comité social et économique.

Elle est dispensée selon un programme théorique et pratique préétabli qui tient compte :

1° Des caractéristiques de la branche professionnelle de l'entreprise ;

2° Des caractères spécifiques de l'entreprise ;

3° Du rôle du représentant au comité social et économique.

Art. R. 2315-11. Le renouvellement de la formation des membres de la délégation du personnel du comité social et économique fait l'objet de stages distincts de celui organisé en application de l'article R. 2315-9.

Ce renouvellement a pour objet de permettre au membre de la délégation du personnel d'actualiser ses connaissances et de se perfectionner. À cet effet, le programme établi par l'organisme de formation a un caractère plus spécialisé. Il est adapté aux demandes particulières du stagiaire et tient compte notamment des changements technologiques et d'organisation affectant l'entreprise, l'établissement ou la branche d'activité.

Sous-§ 2 (réglementaire). Obligations des organismes de formation

Art. R. 2315-12. La formation en santé, sécurité et conditions de travail des membres de la délégation du personnel du comité social et économique est dispensée soit par des organismes figurant sur une liste arrêtée par le ministre chargé du travail selon la procédure prévue à l'article R. 2145-3, soit par des organismes agréés par le préfet de région selon la procédure prévue à l'article R. 2315-8.

Art. R. 2315-13. Les organismes qui demandent à figurer sur la liste arrêtée par le préfet de région établissent leur aptitude à assurer, conformément aux dispositions du sous-paragraphe 1, la formation des membres de la délégation du personnel du comité social et économique.

Ils justifient notamment des capacités de leurs formateurs et de l'expérience acquise par ces derniers en matière de prévention des risques professionnels et de conditions de travail.

Le préfet de région se prononce après avis du comité régional de l'emploi, de la formation [et] de l'orientation professionnelles.

Le silence gardé pendant plus de quatre mois sur une demande d'agrément vaut décision de rejet.

Art. R. 2315-14. Lorsqu'un organisme cesse de répondre aux qualifications ayant justifié son inscription sur la liste préfectorale, il en est radié par décision motivée du préfet de région.

Cette décision est prise après avis du comité régional de l'emploi, de la formation [et] de l'orientation professionnelles.

Art. R. 2315-15. L'organisme de formation délivre, à la fin du stage, une attestation d'assiduité que l'intéressé remet à son employeur lorsqu'il reprend son travail.

Art. R. 2315-16. Les organismes de formation remettent chaque année avant le 30 mars, au ministre chargé du travail ou aux préfets de région selon les cas, un compte rendu de leurs activités au cours de l'année écoulée. Ce compte rendu indique le nombre des stages organisés ainsi que leurs programmes.

Sous-§ 3 (réglementaire). Congé de formation

Art. R. 2315-17. Le membre de la délégation du personnel du comité social et économique qui souhaite bénéficier de son droit à un congé de formation en fait la demande à l'employeur. Cette demande précise la date à laquelle il souhaite prendre son congé, la durée de celui-ci, le prix du stage et le nom de l'organisme chargé de l'assurer.

La demande de congé est présentée au moins trente jours avant le début du stage. À sa date de présentation, elle est imputée par priorité sur les contingents mentionnés à l'article L. 2145-8.

Art. R. 2315-18. Le congé de formation est pris en une seule fois à moins que le bénéficiaire et l'employeur ne décident d'un commun accord qu'il le sera en deux fois.

Art. R. 2315-19. Lorsque pour refuser la demande de congé, l'employeur estime que l'absence du salarié pourrait avoir des conséquences préjudiciables à la production et à la bonne marche de l'entreprise, le refus est notifié à l'intéressé dans un délai de huit jours à compter de la réception de la demande.

Dans ce cas, le congé formation peut être reporté dans la limite de six mois.

Sous-§ 4 (réglementaire). Dépenses de formation

Art. R. 2315-20. Les frais de déplacement au titre de la formation des membres de la délégation du personnel du comité social et économique sont pris en charge par l'employeur à hauteur du tarif de seconde classe des chemins de fer applicable au trajet le plus direct depuis le siège de l'établissement jusqu'au lieu de dispense de la formation.

Les frais de séjour sont pris en charge à hauteur du montant de l'indemnité de mission fixée en application de la réglementation applicable aux déplacements temporaires des fonctionnaires.

Art. R. 2315-21. Les dépenses afférentes à la rémunération des organismes de formation sont prises en charge par l'employeur, à concurrence d'un montant qui ne peut dépasser, par jour et par stagiaire, l'équivalent de trente-six fois le montant horaire du salaire minimum de croissance.

Art. R. 2315-22. Les dépenses de rémunération des organismes de formation et les frais de déplacement et de séjour exposés par les stagiaires ne s'imputent pas sur la participation au développement de la formation professionnelle continue prévue à l'article L. 6331-1.

Dans les entreprises de moins de trois cents salariés, les dépenses engagées au titre de la rémunération du temps de formation des stagiaires sont déductibles dans la limite de 0,08 % du montant des salaires payés pendant l'année en cours, du montant de la participation des employeurs au financement de la formation professionnelle continue.

SECTION 2. Dispositions particulières des entreprises de moins de cinquante salariés

Sous-section 1. Fonctionnement

Art. L. 2315-19. Les représentants du personnel au comité social et économique exercent individuellement les droits qui sont reconnus au comité par la présente section.

Sous-section 2. Local

Art. L. 2315-20. L'employeur met à la disposition des membres de la délégation du personnel du comité social et économique le local nécessaire pour leur permettre d'accomplir leur mission et, notamment, de se réunir.

Sous-section 3. Réunions

Art. L. 2315-21. Les membres de la délégation du personnel du comité social et économique sont reçus collectivement par l'employeur ou son représentant au moins une fois par mois. En cas d'urgence, ils sont reçus sur leur demande.

L'employeur peut se faire assister par des collaborateurs. Ensemble, ils ne peuvent être en nombre supérieur à celui des représentants du personnel titulaires.

Les membres de la délégation du personnel du comité social et économique sont également reçus par l'employeur, sur leur demande, soit individuellement, soit par catégorie, soit par atelier, service ou spécialité professionnelle selon les questions qu'ils ont à traiter.

Art. L. 2315-22. Sauf circonstances exceptionnelles, les membres de la délégation du personnel du comité social et économique remettent à l'employeur une note écrite exposant l'objet des demandes présentées, deux jours ouvrables avant la date à laquelle ils doivent être reçus.

L'employeur répond par écrit à ces demandes, au plus tard dans les six jours ouvrables suivant la réunion.

Les demandes des membres de la délégation du personnel du comité social et économique et les réponses motivées de l'employeur sont, soit transcrites sur un registre spécial, soit annexées à ce registre.

Ce registre, ainsi que les documents annexés, sont tenus à la disposition des salariés de l'entreprise désirant en prendre connaissance, pendant un jour ouvrable par quinzaine et en dehors de leur temps de travail.

Ils sont également tenus à la disposition de l'agent de contrôle de l'inspection du travail mentionné à l'article L. 8112-1 et des membres de la délégation du personnel du comité social et économique.

SECTION 3. Dispositions particulières des entreprises d'au moins cinquante salariés

Art. L. 2315-23. Le comité social et économique est doté de la personnalité civile et gère son patrimoine.

Il est présidé par l'employeur ou son représentant, assisté éventuellement de trois collaborateurs qui ont voix consultative.

Le comité désigne, parmi ses membres titulaires, un secrétaire et un trésorier.

Sous-section 1. Règlement intérieur

Art. L. 2315-24. Le comité social et économique détermine, dans un règlement intérieur, les modalités de son fonctionnement et celles de ses rapports avec les salariés de l'entreprise, pour l'exercice des missions qui lui sont conférées par le chapitre II du présent titre.

(L. 2018-217 du 29 mars 2018, art. 6, 13°, JO 31) «Sauf accord de l'employeur, un règlement intérieur ne peut comporter des clauses lui imposant des obligations ne résultant pas de dispositions légales. Cet accord constitue un engagement unilatéral de l'employeur que celui-ci peut dénoncer à l'issue d'un délai raisonnable et après en avoir informé les membres de la délégation du personnel du comité social et économique.»

Sous-section 2. Local

Art. L. 2315-25. L'employeur met à la disposition du comité social et économique un local aménagé et le matériel nécessaire à l'exercice de ses fonctions.

Art. L. 2315-26. Le comité social et économique peut organiser, dans le local mis à sa disposition, des réunions d'information, internes au personnel, portant notamment sur des problèmes d'actualité.

Le comité peut inviter des personnalités extérieures, syndicales ou autres, dans les conditions prévues par les dispositions des articles L. 2142-10 et L. 2142-11.

Ces réunions ont lieu en dehors du temps de travail des participants. Toutefois, les membres de la délégation du personnel du comité social et économique peuvent se réunir sur leur temps de délégation.

Sous-section 3. Réunions

§ 1. Périodicité

Sous-§ 1. Ordre public

Art. L. 2315-27. Au moins quatre réunions du comité social et économique portent annuellement en tout ou partie sur les attributions du comité en matière de santé, sécurité et conditions de travail, plus fréquemment en cas de besoin, notamment dans les branches d'activité présentant des risques particuliers.

Le comité est en outre réuni à la suite de tout accident ayant entraîné ou ayant pu entraîner des conséquences graves, ainsi qu'en cas d'événement grave lié à l'activité de l'entreprise, ayant porté atteinte ou ayant pu porter atteinte à la santé publique ou à l'environnement (L. 2018-217 du 29 mars 2018, art. 6, 14°, JO 31) «ou» à la demande motivée de deux de ses membres représentants du personnel, sur les sujets relevant de la santé, de la sécurité ou des conditions de travail.

Lorsque l'employeur est défaillant, et à la demande d'au moins la moitié des membres du comité social et économique, celui-ci peut être convoqué par l'agent de contrôle de l'inspection du travail mentionné à l'article L. 8112-1 et siéger sous sa présidence.

L'employeur informe annuellement l'agent de contrôle de l'inspection du travail mentionné à l'article L. 8112-1, le médecin du travail et l'agent des services de prévention des organismes de sécurité sociale du calendrier retenu pour les réunions consacrées aux sujets relevant de la santé, de la sécurité ou des conditions de travail, et leur confirme par écrit au moins quinze jours à l'avance la tenue de ces réunions.

Sous-§ 2. Dispositions supplétives

Art. L. 2315-28. À défaut d'accord prévu à l'article [L.] 2312-19, dans les entreprises d'au moins trois cents salariés, le comité social et économique se réunit au moins une fois par mois sur convocation de l'employeur ou de son représentant.

Dans les entreprises de moins de trois cents salariés, le comité se réunit au moins une fois tous les deux mois.

Le comité peut tenir une seconde réunion à la demande de la majorité de ses membres.

§ 2. Ordre du jour

Art. L. 2315-29. L'ordre du jour de chaque réunion du comité social et économique est établi par le président et le secrétaire.

Les consultations rendues obligatoires par une disposition législative ou réglementaire ou par un accord collectif de travail sont inscrites de plein droit à l'ordre du jour par le président ou le secrétaire.

Art. L. 2315-30. L'ordre du jour des réunions du comité social et économique est communiqué par le président aux membres du comité, à l'agent de contrôle de l'inspection du travail mentionné à l'article L. 8112-1 ainsi qu'à l'agent des services de prévention des organismes de sécurité sociale trois jours au moins avant la réunion.

Art. L. 2315-31. Lorsque le comité social et économique se réunit à la demande de la majorité de ses membres, les questions jointes à la demande de convocation sont inscrites à l'ordre du jour de la réunion.

Art. R. 2315-23. Les documents mentionnés à l'article L. 4711-1 sont présentés au comité social et économique au cours de la réunion qui suit leur réception par l'employeur.

Chaque membre du comité peut à tout moment demander la transmission de ces documents.

Le président informe le comité des observations de l'inspecteur du travail, du médecin inspecteur du travail et des agents des services de prévention des organismes de sécurité sociale au cours de la réunion qui suit leur intervention.

Sous-section 4. **Votes et délibérations**

Art. L. 2315-32. Les résolutions du comité social et économique sont prises à la majorité des membres présents.

Le président du comité social et économique ne participe pas au vote lorsqu'il consulte les membres élus du comité en tant que délégation du personnel.

Art. L. 2315-33. Le comité social et économique peut décider que certaines de ses délibérations seront transmises à l'autorité administrative.

Art. R. 2315-24. L'autorité administrative mentionnée à l'article L. 2315-33 est le directeur régional des entreprises, de la concurrence, de la consommation, du travail et de l'emploi.

Sous-section 5. **Procès-verbal**

Art. L. 2315-34. Les délibérations du comité social et économique sont consignées dans un procès-verbal établi par le secrétaire du comité dans un délai et selon des modalités définis par un accord conclu dans les conditions prévues (Ord. 2017-1718 du 20 déc. 2017, art. 1er, I, 88°, JO 21) «au premier alinéa de l'article L. 2312-16» ou, à défaut, par un décret.

À l'issue du délai mentionné au premier alinéa, le procès-verbal est transmis à l'employeur, qui fait connaître lors de la réunion du comité suivant cette transmission sa décision motivée sur les propositions qui lui ont été soumises.

Les déclarations sont consignées dans le procès-verbal.

Un décret définit les conditions dans lesquelles il peut être recouru à l'enregistrement ou à la sténographie des séances de l'instance.

Art. R. 2315-25. À défaut d'accord prévu au premier alinéa de l'article L. 2315-34, les délibérations du comité social et économique sont consignées dans des procès-verbaux établis par le secrétaire dans un délai de quinze jours et communiqués à l'employeur et aux membres du comité.

Art. D. 2315-26. À défaut d'accord prévu par l'article L. 2315-34, le procès-verbal est établi et transmis à l'employeur par le secrétaire du comité social et économique dans les quinze jours suivant la réunion à laquelle il se rapporte ou, si une nouvelle réunion est prévue dans ce délai de quinze jours, avant cette réunion.

Dans le cadre de la consultation prévue à l'article L. 1233-30, le procès-verbal est établi et transmis à l'employeur par le secrétaire du comité dans un délai de trois jours suivant la réunion à laquelle il se rapporte ou, si une nouvelle réunion est prévue dans ce délai de trois jours, avant cette réunion. Lorsque l'entreprise est en redressement ou en liquidation judiciaire, ce délai est d'un jour.

À défaut d'accord, le procès-verbal établi par le secrétaire du comité contient au moins le résumé des délibérations du comité et la décision motivée de l'employeur sur les propositions faites lors de la précédente réunion.

Art. D. 2315-27. L'employeur ou la délégation du personnel du comité social et économique peuvent décider du recours à l'enregistrement ou à la sténographie des séances du comité social et économique prévu à l'article L. 2315-34.

Lorsque cette décision émane du comité social et économique, l'employeur ne peut s'y opposer sauf lorsque les délibérations portent sur des informations revêtant un caractère confidentiel au sens de l'article L. 2315-3 et qu'il présente comme telles.

Lorsqu'il est fait appel à une personne extérieure pour sténographier les séances du comité, celle-ci est tenue à la même obligation de discrétion que les membres du comité social et économique.

Sauf si un accord entre l'employeur et les membres élus du comité social et économique en dispose autrement, les frais liés à l'enregistrement et à la sténographie sont pris en charge par l'employeur lorsque la décision de recourir à ces moyens émane de ce dernier.

Art. L. 2315-35. Le procès-verbal des réunions du comité social et économique peut, après avoir été adopté, être affiché ou diffusé dans l'entreprise par le secrétaire du comité, selon des modalités précisées par le règlement intérieur du comité.

Sous-section 6. **Commissions**

§ 1. Commissions santé, sécurité et conditions de travail

Sous-§ 1. Ordre public

Art. L. 2315-36. Une commission santé, sécurité et conditions de travail est créée au sein du comité social et économique dans:

1° Les entreprises d'au moins trois cent salariés;
2° Les établissements distincts d'au moins trois cent salariés;
3° Les établissements mentionnés aux articles L. 4521-1 et suivants.

Art. L. 2315-37. Dans les entreprises et établissements distincts de moins de trois cents salariés, l'inspecteur du travail peut imposer la création d'une commission santé, sécurité et conditions de travail lorsque cette mesure est nécessaire, notamment en raison de la nature des activités, de l'agencement ou de l'équipement des locaux.

(Ord. 2017-1718 du 20 déc. 2017, art. 1er, I, 89°, JO 21) «Cette décision peut être contestée devant le directeur régional des entreprises, de la concurrence, de la consommation, du travail et de l'emploi.»

Art. L. 2315-38. La commission santé, sécurité et conditions de travail se voit confier, par délégation du comité social et économique, tout ou partie des attributions du comité relatives à la santé, à la sécurité et aux conditions de travail, à l'exception du recours à un expert prévu à la sous-section 10 et des attributions consultatives du comité.

Art. L. 2315-39. La commission est présidée par l'employeur ou son représentant.

Elle comprend au minimum trois membres représentants du personnel, dont au moins un représentant du second collège, ou le cas échéant du troisième collège prévus à l'article L. 2314-11.

Les membres de la commission santé, sécurité et conditions de travail sont désignés par le comité social et économique parmi ses membres, par une résolution adoptée selon les modalités définies à l'article L. 2315-32, pour une durée qui prend fin avec celle du mandat des membres élus du comité.

Lorsque l'accord confie tout ou partie des attributions du comité social et économique à la commission santé, sécurité et conditions de travail, (Ord. 2017-1718 du 20 déc. 2017, art. 1er, I, 90°, JO 21) «les dispositions de l'article L. 2314-3 s'appliquent» aux réunions de la commission.

L'employeur peut se faire assister par des collaborateurs appartenant à l'entreprise et choisis en dehors du comité. Ensemble, ils ne peuvent pas être en nombre supérieur à celui des représentants du personnel titulaires.

Les dispositions de l'article L. 2315-3 relatives au secret professionnel et à l'obligation de discrétion leur sont applicables.

Art. L. 2315-40. La formation mentionnée à l'article L. 2315-18 des membres de la commission santé, sécurité et conditions de travail est organisée sur une durée minimale de:

1° Cinq jours dans les entreprises d'au moins trois cents salariés;

2° Trois jours dans les entreprises de moins de trois cents salariés.

Sous-§ 2. Champ de la négociation

Art. L. 2315-41. L'accord d'entreprise défini à l'article L. 2313-2 fixe les modalités de mise en place de la ou des commissions santé, sécurité et conditions de travail en application des articles L. 2315-36 et L. 2315-37, en définissant:

1° Le nombre de membres de la ou des commissions;

2° Les missions déléguées à la ou les commissions par le comité social et économique et leurs modalités d'exercice;

3° Leurs modalités de fonctionnement, notamment le nombre d'heures de délégation dont bénéficient les membres de la ou des commissions pour l'exercice de leurs missions;

4° Les modalités de leur formation conformément aux articles L. 2315-16 à L. 2315-18;

5° Le cas échéant, les moyens qui leur sont alloués;

6° Le cas échéant, les conditions et modalités dans lesquelles une formation spécifique correspondant aux risques ou facteurs de risques particuliers, en rapport avec l'activité de l'entreprise peut être dispensée aux membres de la commission.

Art. L. 2315-42. En l'absence de délégué syndical, un accord entre l'employeur et le comité social et économique, adopté à la majorité des membres titulaires élus de la délégation du personnel du comité, fixe les modalités de mise en place de la ou des commissions santé, sécurité et conditions de travail mentionnées aux 1° à 6° de l'article L. 2315-41.

Art. L. 2315-43. En dehors des cas prévus aux articles L. 2315-36 et L. 2315-37, l'accord d'entreprise défini à l'article L. 2313-2 ou en l'absence de délégué syndical, un accord entre l'employeur et le comité social et économique, adopté à la majorité des membres titulaires élus de la délégation du personnel du comité peut fixer le nombre et le périmètre de mise en place de la ou des commissions santé, sécurité et conditions de travail et définir les modalités mentionnées aux 1° à 6° de l'article L. 2315-41.

Sous-§ 3. Dispositions supplétives

Art. L. 2315-44. (Ord. 2017-1718 du 20 déc. 2017, art. 1er, I, 91°, JO 21) En l'absence d'accord prévu aux articles L. 2315-41 et L. 2315-42, le règlement intérieur du comité social et économique définit les modalités mentionnées aux 1° à 6° de l'article L. 2315-41.

En l'absence d'accord prévu à l'article L. 2315-43, l'employeur peut fixer le nombre et le périmètre de mise en place d'une ou plusieurs commissions santé, sécurité et conditions de travail. Le règlement intérieur du comité social et économique définit les modalités mentionnées aux 1° à 6° de l'article L. 2315-41.

§ 1 bis. Commission des marchés

Note Ce paragraphe a été introduit par la loi 2018-217 du 29 mars 2018, art. 6, 15°, JO 31.

Art. L. 2315-44-1. Une commission des marchés est créée au sein du comité social et économique qui dépasse, pour au moins deux des trois critères mentionnés au II de l'article L. 2315-64, des seuils fixés par décret.

Art. L. 2315-44-2. Pour les marchés dont le montant est supérieur à un seuil fixé par décret, le comité social et économique détermine, sur proposition de la commission des marchés, les critères retenus pour le choix des fournisseurs et des prestataires du comité et la procédure des achats de fournitures, de services et de travaux.

La commission des marchés choisit les fournisseurs et les prestataires du comité. Elle rend compte de ces choix, au moins une fois par an, au comité, selon des modalités déterminées par le règlement intérieur du comité.

Art. D. 2315-29. (D. 2018-921 du 26 oct. 2018, JO 28) « Une » commission des marchés est créée au sein du comité social et économique qui dépasse, pour au moins deux des trois critères, les seuils suivants :

1° Le nombre de cinquante salariés à la clôture d'un exercice ;

2° Le montant prévu au 2° de l'article R. 612-1 du code de commerce de ressources annuelles définies à l'article D. 2315-34 ;

3° Le montant du total du bilan prévu au 3° de l'article R. 612-1 du code de commerce.

Le seuil mentionné à l'article (D. 2018-921 du 26 oct. 2018, JO 28) « L. 2315-44-2 » est fixé à 30 000 euros.

Art. L. 2315-44-3. Les membres de la commission des marchés sont désignés par le comité social et économique parmi ses membres titulaires.

Le règlement intérieur du comité social et économique fixe les modalités de fonctionnement de la commission, le nombre de ses membres, les modalités de leur désignation et la durée de leur mandat.

Art. L. 2315-44-4. La commission des marchés établit un rapport d'activité annuel, joint en annexe au rapport mentionné à l'article L. 2315-69.

§ 2. Champ de la négociation des autres commissions

Art. L. 2315-45. Un accord d'entreprise conclu dans les conditions prévues au premier alinéa de l'article L. 2232-12 peut prévoir la création de commissions supplémentaires pour l'examen de problèmes particuliers.

Le cas échéant, l'employeur peut adjoindre à ces commissions avec voix consultative des experts et des techniciens appartenant à l'entreprise et choisis en dehors du comité. Les dispositions de l'article L. 2315-3 relatives au secret professionnel et à l'obligation de discrétion leur sont applicables.

Les rapports des commissions sont soumis à la délibération du comité.

§ 3. Dispositions supplétives

Art. R. 2315-28. En l'absence d'accord prévu à l'article L. 2315-45, les membres des commissions peuvent être choisis parmi des salariés de l'entreprise n'appartenant pas au comité social et économique.

Sans préjudice des dispositions des articles L. 2315-39 et L. 2315-47, les commissions du comité sont présidées par un de ses membres.

Sous-§ 1. Commission économique

Art. L. 2315-46. En l'absence d'accord prévu à l'article L. 2315-45, dans les entreprises d'au moins mille salariés, une commission économique est créée au sein du comité social et économique ou du comité social et économique central.

Cette commission est chargée notamment d'étudier les documents économiques et financiers recueillis par le comité et toute question que ce dernier lui soumet.

Art. L. 2315-47. La commission est présidée par l'employeur ou son représentant.

La commission économique comprend au maximum cinq membres représentants du personnel, dont au moins un représentant de la catégorie des cadres. Ils sont désignés par le comité social et économique ou le comité social et économique central parmi leurs membres.

Art. L. 2315-48. La commission économique se réunit au moins deux fois par an.

Elle peut demander à entendre tout cadre supérieur ou dirigeant de l'entreprise après accord de l'employeur.

Elle peut se faire assister par l'expert-comptable qui assiste le comité social et économique et par les experts choisis par le comité dans les conditions fixées à la sous-section 10.

Sous-§ 2. Commission de la formation

Art. L. 2315-49. En l'absence d'accord prévu à l'article L. 2315-45, dans les entreprises d'au moins trois cents salariés, le comité social et économique constitue une commission de la formation.

Cette commission est chargée :

1° De préparer les délibérations du comité prévues aux 1° et 3° de l'article L. 2312-17 dans les domaines qui relèvent de sa compétence ;

2° D'étudier les moyens permettant de favoriser l'expression des salariés en matière de formation et de participer à leur information dans ce domaine ;

3° D'étudier les problèmes spécifiques concernant l'emploi et le travail des jeunes et des travailleurs handicapés.

Art. R. 2315-30. En l'absence d'accord prévu à l'article L. 2315-45, le comité social et économique et, dans les entreprises d'au moins trois cents salariés, la commission de la formation prévue à l'article L. 2315-49 sont consultés sur les problèmes généraux relatifs à la mise en œuvre :

1° Des dispositifs de formation professionnelle continue, prévus aux chapitres Ier à III du titre II du livre III de la sixième partie ;

2° De la validation des acquis de l'expérience, prévue au titre II du livre IV de la sixième partie.

Art. R. 2315-31. En l'absence d'accord prévu à l'article L. 2315-45, le comité social et économique et, dans les entreprises d'au moins trois cents salariés, la commission de la formation sont informés des possibilités de congé qui ont été accordées aux salariés, des conditions dans lesquelles ces congés ont été accordés ainsi que des résultats obtenus.

Sous-§ 3. Commission d'information et d'aide au logement

Art. L. 2315-50. En l'absence d'accord prévu à l'article L. 2315-45, dans les entreprises d'au moins trois cents salariés, une commission d'information et d'aide au logement des salariés est créée au sein du comité social et économique.

Les entreprises de moins de trois cents salariés peuvent se grouper entre elles pour former cette commission.

Art. L. 2315-51. La commission d'information et d'aide au logement facilite le logement et l'accession des salariés à la propriété et à la location des locaux d'habitation.

À cet effet, la commission :

1° Recherche les possibilités d'offre de logements correspondant aux besoins du personnel, en liaison avec les organismes habilités à collecter la participation des employeurs à l'effort de construction ;

2° Informe les salariés sur leurs conditions d'accès à la propriété ou à la location d'un logement et les assiste dans les démarches nécessaires pour l'obtention des aides financières auxquelles ils peuvent prétendre.

Art. L. 2315-52. La commission d'information et d'aide au logement des salariés aide les salariés souhaitant acquérir ou louer un logement au titre de la participation des employeurs à l'effort de construction, ou investir les fonds provenant des droits constitués en application des dispositions relatives à l'intéressement, à la participation et à l'épargne salariale.

À cet effet, la commission propose, dans chaque entreprise, des critères de classement des salariés candidats à l'accession à la propriété ou à la location d'un logement tenant compte, notamment, des charges de famille des candidats.

Priorité est accordée aux bénéficiaires des dispositions du code des pensions militaires d'invalidité et des victimes de la guerre ayant la qualité de grands mutilés de guerre, conjoints survivants, pupilles de la nation, aux titulaires de pensions d'invalidité servies par un régime obligatoire de sécurité sociale, aux bénéficiaires d'une rente d'accident du travail correspondant à un taux d'incapacité au moins égal à 66 %, aux jeunes de moins de trente ans, aux salariés en mobilité professionnelle, ainsi qu'aux salariés répondant aux critères prévus au deuxième alinéa du II de l'article L. 441-2-3 du code de la construction et de l'habitation.

Le comité social et économique examine pour avis les propositions de la commission.

Art. L. 2315-53. La commission d'information et d'aide au logement peut s'adjoindre, avec l'accord de l'employeur, à titre consultatif, un ou plusieurs conseillers délégués par des organisations professionnelles, juridiques ou techniques.

Art. L. 2315-54. Sous réserve des dispositions de l'article L. 2315-55, un décret en Conseil d'État détermine:

1° Les conditions dans lesquelles la commission d'information et d'aide au logement des salariés est constituée;

2° Les conditions dans lesquelles les droits constitués en application des dispositions relatives à l'intéressement, à la participation et à l'épargne salariale sont négociables ou exigibles avant l'expiration du délai prévu à l'article L. 3323-5 ou à l'article L. 3324-10, en vue de constituer ou de compléter l'apport initial nécessaire à l'acquisition du logement principal.

Art. L. 2315-55. Un décret détermine:

1° Le nombre maximum de membres de la commission d'information et d'aide au logement des salariés;

2° Les conditions dans lesquelles les conseillers que s'adjoint la commission sont, le cas échéant, rémunérés.

Sous-§ 4. Commission de l'égalité professionnelle

Art. L. 2315-56. En l'absence d'accord prévu à l'article L. 2315-45, dans les entreprises d'au moins trois cents salariés, une commission de l'égalité professionnelle est créée au sein du comité social et économique.

Cette commission est notamment chargée de préparer les délibérations du comité prévues au 3° de l'article L. 2312-17 (Ord. 2017-1718 du 20 déc. 2017, art. 1er, I, 93°, JO 21) «, dans les domaines qui relèvent de sa compétence».

Sous-section 7. **Subvention de fonctionnement**

Art. L. 2315-61. L'employeur verse au comité social et économique une subvention de fonctionnement d'un montant annuel équivalent à:

1° 0,20 % de la masse salariale brute dans les entreprises de cinquante à (L. 2018-217 du 29 mars 2018, art. 6, 17°, JO 31) «moins de» deux mille salariés;

2° 0,22 % de la masse salariale brute dans les entreprises (L. 2018-217 du 29 mars 2018, art. 6, 17°, JO 31) «d'au moins» deux mille salariés.

Ce montant s'ajoute à la subvention destinée aux activités sociales et culturelles, sauf si l'employeur fait déjà bénéficier le comité d'une somme ou de moyens en personnel équivalents à 0,22 % de la masse salariale brute.

Le comité social et économique peut décider, par une délibération, de consacrer une partie de son budget de fonctionnement au financement de la formation des délégués syndicaux de l'entreprise (L. 2018-217 du 29 mars 2018, art. 6, 17°, JO 31) «ainsi qu'à la formation des représentants de proximité, lorsqu'ils existent». Il peut également décider, par une délibération, de transférer (L. 2018-217 du 29 mars 2018, art. 6, 17°, JO 31) «une» partie du montant de l'excédent annuel du budget de fonctionnement au financement des activités sociales et culturelles (L. 2018-217 du 29 mars 2018, art. 6, 17°, JO 31) «, dans des conditions et limites fixées par décret en Conseil d'État».

Cette somme et ses modalités d'utilisation sont inscrites, d'une part, dans les comptes annuels du comité social et économique ou, le cas échéant, dans les documents mentionnés à l'article L. 2315-65 et, d'autre part, dans le rapport mentionné à l'article L. 2315-69.

Pour l'application des dispositions du présent article, la masse salariale brute est constituée par l'ensemble des gains et rémunérations soumis à cotisations de sécurité sociale en application des dispositions de l'article L. 242-1 du code de la sécurité sociale ou de l'article L. 741-10 du code rural et de la pêche maritime, à l'exception des indemnités versées à l'occasion de la rupture du contrat de travail à durée indéterminée.

(L. 2018-217 du 29 mars 2018, art. 6, 17°, JO 31) « Lorsque le financement des frais d'expertise est pris en charge par l'employeur en application du 3° de l'article L. 2315-80 du présent code, le comité social et économique ne peut pas décider de transférer d'excédents du budget de fonctionnement au financement des activités sociales et culturelles pendant les trois années suivantes. »

Art. R. 2315-31-1. (D. 2018-920 du 26 oct. 2018, art. 4, 1°, JO 28) L'excédent annuel du budget de fonctionnement peut être transféré au budget destiné aux activités sociales et culturelles conformément à l'article L. 2315-61, dans la limite de 10 % de cet excédent.

Cette somme et ses modalités d'utilisation sont inscrites, d'une part, dans les comptes annuels du comité social et économique ou, le cas échéant, dans les documents mentionnés à l'article L. 2315-65 et, d'autre part, dans le rapport mentionné à l'article L. 2315-69.

Art. L. 2315-62. Dans les entreprises comportant plusieurs comités sociaux et économiques d'établissement, le budget de fonctionnement du comité social et économique central est déterminé par accord entre le comité central et les comités d'établissement.

À défaut d'accord, les modalités de constitution du budget de fonctionnement du comité central sont déterminées par décret en Conseil d'État.

Art. R. 2315-32. À défaut d'accord entre le comité central et les comités d'établissement prévu à l'article L. 2315-62 et à défaut de stipulations dans la convention collective de branche, le (D. 2019-966 du 18 sept. 2019, art. 8, JO 19, entrée en vigueur le 01.01.2020) « tribunal judiciaire » fixe le montant de la subvention de fonctionnement que doit rétrocéder chaque comité d'établissement au comité central en vue de constituer le budget de fonctionnement de ce dernier.

Sous-section 8. **Formation économique**

Art. L. 2315-63. Dans les entreprises d'au moins cinquante salariés, les membres titulaires du comité social et économique élus pour la première fois bénéficient, dans les conditions et limites prévues à l'article L. 2145-11, d'un stage de formation économique d'une durée maximale de cinq jours. Le financement de la formation est pris en charge par le comité social et économique.

Cette formation est imputée sur la durée du congé de formation économique, sociale et syndicale prévu aux articles L. 2145-5 et suivants.

Sous-section 9. **Établissement et contrôle des comptes du comité social et économique**

Art. L. 2315-64. I. – Le comité social et économique est soumis aux obligations comptables définies à l'article L. 123-12 du code de commerce. Ses comptes annuels sont établis selon les modalités définies par un règlement de l'Autorité des normes comptables.

II. – Le comité social et économique dont le nombre de salariés, les ressources annuelles et le total du bilan n'excèdent pas, à la clôture d'un exercice, pour au moins deux de ces trois critères, des seuils fixés par décret peut adopter une présentation simplifiée de ses comptes, selon des modalités fixées par un règlement de l'Autorité des normes comptables, et n'enregistrer ses créances et ses dettes qu'à la clôture de l'exercice.

Art. D. 2315-33. Les seuils mentionnés au II de l'article L. 2315-64 permettant au comité social et économique d'adopter une présentation simplifiée de ses comptes et de n'enregistrer ses créances et ses dettes qu'à la clôture de l'exercice sont fixés :

1° À cinquante pour le nombre de salariés à la clôture d'un exercice ;

2° Au montant prévu au 2° de l'article R. 612-1 du code de commerce des ressources annuelles définies à l'article D. 2315-34 ;

3° Au montant du total du bilan prévu au 3° de l'article R. 612-1 du code de commerce.

Art. D. 2315-34. Pour l'appréciation du seuil mentionné au 2° de l'article D. 2315-33, les ressources annuelles sont égales au total :

1° Du montant de la subvention de fonctionnement prévue à l'article L. 2315-61 ;

2° Du montant des ressources mentionnées à l'article R. 2312-50, à l'exception des produits de cession d'immeubles pour les revenus mentionnés au 8° dudit article ;

3° Après déduction, le cas échéant, du montant versé au comité social et économique central ou au comité des activités sociales et culturelles interentreprises en vertu de la convention prévue respectivement aux articles D. 2326-7 et R. 2312-44.

Art. L. 2315-65. Par dérogation à l'article L. 2315-64, le comité social et économique dont les ressources annuelles n'excèdent pas un seuil fixé par décret peut s'acquitter de ses obligations comptables en tenant un livre retraçant chronologiquement les montants et l'origine des dépenses qu'il réalise et des recettes qu'il perçoit et en établissant, une fois par an, un état de synthèse simplifié portant sur des informations complémentaires relatives à son patrimoine et à ses engagements en cours. Le contenu et les modalités de présentation de cet état sont définis par un règlement de l'Autorité des normes comptables.

Art. D. 2315-35. Le seuil de ressources annuelles permettant au comité social et économique de s'acquitter de ses obligations comptables selon les modalités définies à l'article L. 2315-65 est celui fixé à l'article D. 612-5 du code de commerce.

Art. D. 2315-36. Pour l'appréciation du seuil mentionné à l'article D. 2315-35, les ressources annuelles sont égales au total :

1° Du montant de la subvention de fonctionnement prévue à l'article L. 2315-61 ;

2° Du montant des ressources mentionnées à l'article R. 2312-50, à l'exception des produits de cession d'immeubles pour les revenus mentionnés au 8° dudit article ;

3° Après déduction des ressources mentionnées aux 4° et 7° de l'article R. 2312-50 et, le cas échéant, du montant versé au comité social et économique central ou au comité interentreprises en vertu de la convention prévue respectivement aux articles D. 2326-7 et R. 2312-44.

Art. R. 2315-37. Les comptes annuels ou les documents mentionnés (D. 2018-920 du 26 oct. 2018, art. 4, 2°, JO 28) « à l'article L. 2315-65 » sont approuvés dans un délai de six mois à compter de la clôture de l'exercice.

Ce délai peut être prolongé à la demande du comité social et économique par ordonnance du président du (D. 2019-966 du 18 sept. 2019, art. 8, JO 19, entrée en vigueur le 01.01.2020) « tribunal judiciaire » statuant sur requête.

Art. L. 2315-66. Le comité social et économique fournit des informations sur les transactions significatives qu'il a effectuées. Ces informations sont fournies dans l'annexe à ses comptes, s'il s'agit d'un comité social et économique relevant de l'article L. 2315-64, ou dans le rapport mentionné à l'article L. 2315-69, s'il s'agit d'un comité social et économique relevant de l'article L. 2315-65.

Art. L. 2315-67. Lorsque l'ensemble constitué par le comité social et économique et les entités qu'il contrôle, au sens de l'article L. 233-16 du code de commerce, dépasse, pour au moins deux des trois critères mentionnés au II de l'article L. 2315-64 du présent code, des seuils fixés par décret, le comité social et économique établit des comptes consolidés, dans les conditions prévues à l'article L. 233-18 du code de commerce.

Les prescriptions comptables relatives à ces comptes consolidés sont fixées par un règlement de l'Autorité des normes comptables.

Art. D. 2315-40. Pour la consolidation, la certification et l'intervention d'un expert-comptable prévues respectivement aux articles L. 2315-67, L. 2315-73 et L. 2315-76, les seuils sont ainsi fixés :

	SEUILS		
	Effectif de salariés	**Ressources annuelles définies à l'article D. 2315-33**	**Total du bilan**
Consolidation des comptes	50	Montant prévu au 2° de l'article R. 612-1 du code de commerce	Montant prévu au 3° de l'article R. 612-1 du code de commerce
Certification des comptes			
Intervention de l'expert-comptable			

L'effectif de salariés du comité social et économique s'apprécie à la clôture d'un exercice.

Art. L. 2315-68. Les comptes annuels du comité social et économique sont arrêtés, selon des modalités prévues par son règlement intérieur, par des membres élus du comité social et économique désignés par lui et au sein de ses membres élus.

Les documents ainsi arrêtés sont mis à la disposition, le cas échéant, du ou des commissaires aux comptes mentionnés à l'article L. 2315-73.

Ils sont approuvés par les membres élus du comité réunis en séance plénière. La réunion au cours de laquelle les comptes sont approuvés porte sur ce seul sujet. Elle fait l'objet d'un procès-verbal spécifique.

Le présent article s'applique également aux documents mentionnés à l'article L. 2315-65.

Art. L. 2315-69. Le comité social et économique établit, selon des modalités prévues par son règlement intérieur, un rapport présentant des informations qualitatives sur ses activités et sur sa gestion financière, de nature à éclairer l'analyse des comptes par les membres élus du comité et les salariés de l'entreprise.

Lorsque le comité social et économique établit des comptes consolidés, le rapport porte sur l'ensemble constitué par le comité social et économique et les entités qu'il contrôle, mentionnées à l'article L. 2315-67.

Le contenu du rapport, déterminé par décret, varie selon que le comité social et économique relève des I ou II de l'article L. 2315-64 ou de l'article L. 2315-65.

Ce rapport est présenté aux membres élus du comité social et économique lors de la réunion en séance plénière mentionnée à l'article L. 2315-68.

Art. D. 2315-38. I. – Pour les comités sociaux et économiques relevant de l'article L. 2315-64, le rapport mentionné à l'article L. 2315-69 permettant d'éclairer l'analyse des comptes comporte les informations relatives à :

1° L'organisation du comité : nombre de sièges légal ou conventionnel, nombre d'élus, et, le cas échéant, effectif de salariés du comité, nombre et nature des commissions du comité, organigramme des services du comité ;

2° L'utilisation de la subvention de fonctionnement :

a) Les activités d'expertise et les missions économiques : honoraires des experts rémunérés par le comité, rémunération des salariés du comité, frais de déplacement, frais de documentation ;

b) Les dépenses relatives à la formation économique des élus : frais de formation, de transport et d'hébergement ;

c) Les dépenses de communication avec les salariés de l'entreprise ;

d) Les autres frais de fonctionnement ;

e) Le montant éventuellement versé au comité social et économique central.

3° L'utilisation des ressources liées aux activités sociales et culturelles :

a) Le descriptif et lieu de réalisation de ces activités en distinguant, le cas échéant, celles gérées directement par le comité, celles à la gestion desquelles il participe, et celles dont il a délégué la gestion ; dans ces deux derniers cas, sont précisés le montant délégué par le comité et le prestataire auquel il a été fait appel ;

b) Les éléments d'analyse portant sur les écarts entre le budget prévisionnel et le budget réalisé ;

c) Les données afférentes aux diverses prestations proposées au titre des activités et à leurs bénéficiaires ;

4° La description et l'évaluation du patrimoine ;

5° Les engagements en cours et les transactions significatives.

II. – Pour les comités sociaux et économiques relevant du L. 2315-65, le rapport comporte les informations prévues aux 1°, 2° et c du 3° du I. Le rapport contient également :

1° L'état de synthèse simplifié de ses ressources et dépenses reprenant les informations figurant dans un modèle établi par l'Autorité des normes comptables ;

2° L'état de synthèse simplifié relatif à son patrimoine et à ses engagements défini par un règlement de l'Autorité des normes comptables ;

3° Les informations relatives aux transactions significatives qu'il a effectuées.

Art. L. 2315-70. Le trésorier du comité social et économique ou, le cas échéant, le commissaire aux comptes présente un rapport sur les conventions passées, directement, indirectement ou par personne interposée, entre le comité social et économique et l'un de ses membres.

Ce rapport est présenté aux membres élus du comité social et économique lors de la réunion en séance plénière mentionnée au troisième alinéa de l'article L. 2315-68.

Art. L. 2315-71. Au plus tard trois jours avant la réunion en séance plénière mentionnée (Ord. 2017-1718 du 20 déc. 2017, art. 1er, I, 95°, JO 21) «au troisième alinéa» de l'article L. 2315-68, les membres du comité social et économique chargés d'arrêter les comptes du comité communiquent aux membres du comité social et économique les comptes annuels ou, le cas échéant, les documents mentionnés à l'article L. 2315-65, accompagnés du rapport mentionné à l'article L. 2315-69.

Art. L. 2315-72. Le comité social et économique porte à la connaissance des salariés de l'entreprise, par tout moyen, ses comptes annuels ou, le cas échéant, les documents mentionnés à l'article L. 2315-65, accompagnés du rapport mentionné à l'article L. 2315-69.

Art. L. 2315-73. Lorsque le comité social et économique dépasse, pour au moins deux des trois critères mentionnés au II de l'article L. 2315-64, des seuils fixés par décret, il est tenu de nommer au moins un commissaire aux comptes et un suppléant, distincts de ceux de l'entreprise.

Le comité social et économique tenu d'établir des comptes consolidés nomme deux commissaires aux comptes en application de l'article L. 823-2 du code de commerce.

Le coût de la certification des comptes est pris en charge par le comité social et économique sur sa subvention de fonctionnement.

Art. L. 2315-74. Lorsque le commissaire aux comptes du comité social et économique relève, à l'occasion de l'exercice de sa mission, des faits de nature à compromettre la continuité de l'exploitation du comité social et économique, il en informe le secrétaire et le président du comité social et économique, dans des conditions fixées par décret en Conseil d'État.

À défaut de réponse du secrétaire du comité social et économique dans un délai fixé par décret en Conseil d'État ou si cette réponse ne lui permet pas d'être assuré de la continuité de l'exploitation du comité social et économique, le commissaire aux comptes établit un rapport spécial et invite l'employeur, par un document écrit dont la copie est transmise au président du (Ord. 2019-964 du 18 sept. 2019, art. 35, JO 19, entrée en vigueur le 01.01.2020) «tribunal judiciaire» compétent et aux membres du comité social et économique, à réunir le comité afin que ce dernier délibère sur les faits relevés. Le commissaire aux comptes est convoqué à cette réunion, qui se tient dans des conditions et délais fixés par décret en Conseil d'État.

En l'absence de réunion du comité social et économique dans le délai prévu au deuxième alinéa du présent article, en l'absence de convocation du commissaire aux comptes ou si, à l'issue de la réunion du comité social et économique, le commissaire aux comptes constate que les décisions prises ne permettent pas d'assurer la continuité de l'exploitation, il informe de ses démarches le président du (Ord. 2019-964 du 18 sept. 2019, art. 35, JO 19, entrée en vigueur le 01.01.2020) «tribunal judiciaire» et lui en communique les résultats. Le I de l'article L. 611-2 du code de commerce est applicable, dans les mêmes conditions, au comité social et économique. Pour l'application du présent article, le président du (Ord. 2019-964 du 18 sept. 2019, art. 35, JO 19, entrée en vigueur le 01.01.2020) «tribunal judiciaire» est compétent et il exerce les mêmes pouvoirs que ceux qui sont attribués au président du tribunal de commerce.

Dans un délai de six mois à compter du déclenchement de la procédure d'alerte, le commissaire aux comptes peut reprendre le cours de la procédure au point où il avait estimé pouvoir y mettre un terme lorsque, en dépit des éléments ayant motivé son appréciation, la continuité de l'exploitation du comité social et économique demeure compromise et que l'urgence commande l'adoption de mesures immédiates.

Le présent article n'est pas applicable lorsqu'une procédure de conciliation ou de sauvegarde a été engagée par le débiteur en application des articles L. 611-6 ou L. 620-1 du code de commerce.

Art. R. 2315-41. L'information prévue au premier alinéa de l'article L. 2315-74 porte sur tout fait de nature à compromettre la continuité de l'exploitation du comité social et économique que le commissaire aux comptes relève lors de l'examen des documents qui lui sont communiqués ou sur tout fait dont il a connaissance à l'occasion de l'exercice de sa mission. Cette information est adressée sans délai au secrétaire et au président du comité social et économique par tout moyen propre à donner date certaine à sa réception.

Art. R. 2315-42. Le secrétaire du comité social et économique répond par tout moyen propre à donner date certaine à la réception de sa réponse dans les trente jours qui suivent la réception de l'information mentionnée à l'article R. 2315-41. Il donne une analyse de la situation et précise, le cas échéant, les mesures envisagées.

Art. R. 2315-43. L'invitation par le commissaire aux comptes à réunir le comité social et économique dans les cas prévus au deuxième alinéa de l'article L. 2315-74 est adressée à l'employeur par tout moyen propre à donner date certaine à la réception de cette invitation, dans les huit jours qui suivent la réception de la réponse du secrétaire du comité ou la constatation de l'absence de réponse dans le délai prévu à l'article R. 2315-42. Cette invitation est accompagnée du rapport spécial du commissaire aux comptes. Le commissaire aux comptes adresse sans délai une copie de ces documents aux membres du comité social et économique et au président du tribunal.

L'employeur réunit le comité social et économique dans les quinze jours qui suivent la réception de l'invitation du commissaire aux comptes en vue de le faire délibérer sur les faits relevés. Le commissaire aux comptes est convoqué à cette réunion dans les mêmes conditions que les membres du comité.

Un extrait du procès-verbal de la réunion est adressé au président du tribunal et au commissaire aux comptes, par tout moyen propre à donner date certaine à sa réception, dans les huit jours qui suivent la réunion du comité.

Art. R. 2315-44. Dans les cas prévus au troisième alinéa de l'article L. 2315-74, le commissaire aux comptes informe sans délai de ses démarches le président du tribunal par tout moyen propre à donner date certaine à la réception de cette information. Celle-ci comporte la copie de tous les documents utiles à l'information du président du tribunal ainsi que, lorsque le commissaire aux comptes a eu connaissance de l'existence et de la teneur d'une réunion du comité social et économique, l'exposé des raisons qui l'ont conduit à constater l'insuffisance des décisions prises par le comité.

Art. L. 2315-75. Les comptes annuels et, le cas échéant, les documents mentionnés à l'article L. 2315-65, ainsi que les pièces justificatives qui s'y rapportent, sont conservés pendant dix ans à compter de la date de clôture de l'exercice auquel ils se rapportent.

Art. L. 2315-76. Le comité social et économique dont les ressources annuelles excèdent le seuil prévu à l'article L. 2315-65 et qui n'excèdent pas, pour au moins deux des trois critères mentionnés au II de l'article L. 2315-64, des seuils fixés par décret confie la mission de présentation de ses comptes annuels à un expert-comptable.

Le coût de la mission de présentation de ses comptes est pris en charge par le comité social et économique sur sa subvention de fonctionnement.

Art. L. 2315-77. Pour l'application de la présente section, la définition des ressources annuelles pour l'appréciation des seuils mentionnés au II de l'article L. 2315-64 et à l'article L. 2315-65 est précisée par décret.

Art. R. 2315-39. Les membres du comité social et économique sortant rendent compte au nouveau comité de leur gestion, y compris des attributions économiques et des activités sociales et culturelles du comité. Ils remettent aux nouveaux membres tous documents concernant l'administration et l'activité du comité.

Sous-section 10. **Expertise**

§ 1. Dispositions générales

Sous-§ 1. Champ de l'expertise

Art. L. 2315-78. Le comité social et économique peut, le cas échéant sur proposition des commissions constituées en son sein, décider de recourir à un (Ord. 2017-1718 du 20 déc. 2017, art. 1er, I, 96°, JO 21) «expert-comptable ou à un expert habilité» dans les cas prévus à la présente sous-section.

Art. L. 2315-79. Un accord d'entreprise, ou à défaut un accord conclu entre l'employeur et le comité social et économique, adopté à la majorité des membres titulaires élus de la délégation du personnel, détermine le nombre d'expertises dans le cadre des consultations récurrentes prévues au paragraphe 2 sur une ou plusieurs années.

Sous-§ 2. Financement

Art. L. 2315-80. Lorsque le comité social et économique décide du recours à l'expertise, les frais d'expertise sont pris en charge :

1° Par l'employeur concernant les consultations prévues par les articles L. 2315-88, L. 2315-91, au 3° de l'article L. 2315-92 et au 1° de l'article (L. 2018-217 du 29 mars 2018, art. 6, 18°, JO 31) « L. 2315-94 ainsi qu'au 3° du même article L. 2315-94 en l'absence de tout indicateur relatif à l'égalité professionnelle prévu à l'article L. 2312-18 » ;

2° Par le comité, sur son budget de fonctionnement, à hauteur de 20 %, et par l'employeur, à hauteur de 80 %, concernant la consultation prévue à l'article L. 2315-87 et les consultations ponctuelles hors celles visées au deuxième alinéa ;

(L. 2018-217 du 29 mars 2018, art. 6, 18°, JO 31) « 3° Par l'employeur concernant les consultations mentionnées au 2° du présent article, lorsque le budget de fonctionnement du comité social et économique est insuffisant pour couvrir le coût de l'expertise et n'a pas donné lieu à un transfert d'excédent annuel au budget destiné aux activités sociales et culturelles prévu à l'article L. 2312-84 au cours des trois années précédentes. »

Art. L. 2315-81. (Ord. 2017-1718 du 20 déc. 2017, art. 1er, I, 97°, JO 21) « Par dérogation aux articles L. 2315-78 et L. 2315-80, le comité » social et économique peut faire appel à (Ord. 2017-1718 du 20 déc. 2017, art. 1er, I, 97°, JO 21) « tout type d'expertise » rémunérée par ses soins pour la préparation de ses travaux.

Sous-§ 3. Choix de l'expert

Art. L. 2315-81-1. À compter de la désignation de l'expert par le comité social et économique, les membres du comité établissent (Ord. 2017-1718 du 20 déc. 2017, art. 1er, I, 98°, JO 21) « au besoin et notifient à l'employeur » un cahier des charges. L'expert notifie à l'employeur le coût prévisionnel, l'étendue et la durée d'expertise, dans un délai fixé par décret en Conseil d'État.

Sous-§ 4. Droits et obligations de l'expert

Art. L. 2315-82. Les experts mentionnés aux paragraphes 2 et 3 ont libre accès dans l'entreprise pour les besoins de leur mission.

Art. L. 2315-83. L'employeur fournit à l'expert les informations nécessaires à l'exercice de sa mission.

Art. L. 2315-84. L'expert est tenu aux obligations de secret et de discrétion définies à l'article L. 2315-3.

Art. R. 2315-45. L'expert demande à l'employeur, au plus tard dans les trois jours de sa désignation, toutes les informations complémentaires qu'il juge nécessaires à la réalisation de sa mission. L'employeur répond à cette demande dans les cinq jours.

Art. R. 2315-46. L'expert notifie à l'employeur le coût prévisionnel, l'étendue et la durée d'expertise dans un délai de dix jours à compter de sa désignation.

Sous-§ 5. Délai d'expertise

Art. L. 2315-85. Un décret en Conseil d'État détermine :

1° Pour chaque catégorie d'expertise, le délai maximal dans lequel l'expert remet son rapport (L. 2018-217 du 29 mars 2018, art. 6, 19°, JO 31) « , en l'absence d'accord d'entreprise ou d'accord conclu entre l'employeur et le comité social et économique, adopté à la majorité des membres titulaires de la délégation du personnel du comité, le définissant » ;

2° Les modalités et conditions de réalisation de l'expertise, lorsqu'elle porte sur plusieurs champs.

Art. R. 2315-47. L'expert remet son rapport au plus tard quinze jours avant l'expiration des délais de consultation du comité social et économique mentionnés aux second et troisième alinéas de l'article R. 2312-6.

Lorsque le comité social et économique recourt à un expert-comptable dans le cas prévu au 1° de l'article L. 2315-92, l'expert remet son rapport dans un délai de huit jours à compter de la notification de la décision de l'Autorité de la concurrence ou de la Commission européenne saisie du dossier.

À défaut d'accord d'entreprise ou d'accord entre l'employeur et le comité social et économique, adopté à la majorité des membres titulaires élus de la délégation du personnel, lorsque le comité recourt à une expertise en dehors des cas prévus au premier et au second alinéas du présent article, l'expert remet son rapport dans un délai de deux mois à compter de sa désignation. Ce délai peut être renouvelé une fois pour une durée maximale de deux mois, par accord entre l'employeur et le comité social et économique, adopté à la majorité des membres titulaires élus de la délégation du personnel.

Art. R. 2315-48. Lorsque l'expertise prévue au 2° de l'article L. 2315-85, porte sur plusieurs champs, elle donne lieu à l'établissement d'un rapport d'expertise unique.

L'expert désigné par le comité social et économique peut s'adjoindre la compétence d'un ou plusieurs autres experts sur une partie des travaux que nécessite l'expertise.

L'expert désigné vérifie alors que ces derniers disposent des compétences nécessaires au bon déroulement de la mission d'expertise ou, le cas échéant, de l'habilitation prévue à l'article (D. 2018-920 du 26 oct. 2018, art. 4, 3°, JO 28) « L. 2315-94 ».

Sous-§ 6. Contestation

Art. L. 2315-86. Sauf dans le cas prévu à l'article L. 1233-35-1, l'employeur saisit le juge judiciaire dans un délai fixé par décret en Conseil d'État de:

1° La délibération du comité social et économique décidant le recours à l'expertise s'il entend contester la nécessité de l'expertise;

2° La désignation de l'expert par le comité social et économique s'il entend contester le choix de l'expert;

3° La notification à l'employeur du cahier des charges et des informations prévues à l'article L. 2315-81-1 s'il entend contester le coût prévisionnel, l'étendue ou la durée de l'expertise;

4° La notification à l'employeur du coût final de l'expertise s'il entend contester ce coût.

Le juge statue (Ord. 2019-738 du 17 juil. 2019, art. 15, JO 18) «, dans les cas 1° à 3°, suivant la procédure accélérée au fond» dans les dix jours suivant sa saisine. Cette saisine suspend l'exécution de la décision du comité, ainsi que les délais dans lesquels il est consulté en application de l'article L. 2312-15, jusqu'à la notification du jugement. (Ord. 2019-738 du 17 juil. 2019, art. 15, JO 18) «Cette décision n'est pas susceptible d'appel.»

(Ord. 2017-1718 du 20 déc. 2017, art. 1er, I, 99°, JO 21) «En cas d'annulation définitive par le juge de la délibération du comité social et économique, les sommes perçues par l'expert sont remboursées par ce dernier à l'employeur. Le comité social et économique peut, à tout moment, décider de les prendre en charge.»

Art. R. 2315-49. Pour chacun des cas de recours prévus à l'article L. 2315-86, l'employeur saisit le juge dans un délai de dix jours.

Art. R. 2315-50. Les contestations de l'employeur prévues à l'article L. 2315-86 relèvent de la compétence du président du (D. 2019-966 du 18 sept. 2019, art. 8, JO 19, entrée en vigueur le 01.01.2020) «tribunal judiciaire». Le délai du pourvoi en cassation formé à l'encontre du jugement est de dix jours à compter de sa notification.

§ 2. Expertise dans le cadre des consultations récurrentes

Sous-§ 1. Expertise dans le cadre de la consultation sur les orientations stratégiques de l'entreprise

Art. L. 2315-87. Le comité social et économique peut décider de recourir à un (Ord. 2017-1718 du 20 déc. 2017, art. 1er, I, 100°, JO 21) «expert-comptable» en vue de (Ord. 2017-1718 du 20 déc. 2017, art. 1er, I, 100°, JO 21) «la consultation sur les» orientations stratégiques de l'entreprise prévu au 1° de l'article L. 2312-17.

Sous-§ 2. Expertise dans le cadre de la consultation sur la situation économique et financière

Art. L. 2315-88. Le comité social et économique peut décider de recourir à un (Ord. 2017-1718 du 20 déc. 2017, art. 1er, I, 101°, JO 21) «expert-comptable» en vue de la consultation sur la situation économique et financière de l'entreprise prévue au 2° de l'article L. 2312-17.

Art. L. 2315-89. La mission de l'expert-comptable porte sur tous les éléments d'ordre économique, financier ou social nécessaires à la compréhension des comptes et à l'appréciation de la situation de l'entreprise.

Art. L. 2315-90. Pour opérer toute vérification ou tout contrôle entrant dans l'exercice de ses missions, l'expert-comptable a accès aux mêmes documents que le commissaire aux comptes de l'entreprise.

Sous-§ 3. Expertise dans le cadre de la consultation sur la politique sociale de l'entreprise, les conditions de travail et l'emploi

Art. L. 2315-91. Le comité social et économique peut décider de recourir à un expert-comptable dans le cadre de la consultation sur la politique sociale de l'entreprise, les conditions de travail et l'emploi mentionnée au 3° de l'article L. 2312-17.

§ 3. Autres cas de recours à l'expertise

Art. L. 2315-92. I. – (Ord. 2017-1718 du 20 déc. 2017, art. 1er, I, 104°, JO 21) «Un expert-comptable peut être désigné par le comité social et économique:»

1° Dans les conditions prévues à l'article L. 2312-41 relatif aux opérations de concentration;

2° Dans les conditions prévues aux articles L. 2312-63 et suivants, relatifs à l'exercice du droit d'alerte économique;

3° En cas de licenciements collectifs pour motif économique, dans les conditions prévues aux articles L. 1233-34 et suivants;

4° Dans les conditions prévues aux articles L. 2312-42 à L. 2312-52, relatifs aux offres publiques d'acquisition.

II. – Le comité peut également mandater un expert-comptable afin qu'il apporte toute analyse utile aux organisations syndicales pour préparer les négociations prévues aux articles L. 2254-2 et L. 1233-24-1. Dans ce dernier cas, l'expert est le même que celui désigné en application du 3° du I.

Art. L. 2315-93. L'expert-comptable a accès aux informations dans les conditions prévues aux articles L. 2315-83 et L. 2315-90.

Lorsqu'il est saisi dans le cadre d'une opération de concentration prévue à l'article L. 2312-41 ou d'une opération de recherche de repreneurs prévue à la section 4 *bis* du chapitre III du titre III du livre II de la première partie, l'expert a accès aux documents de toutes les sociétés intéressées par l'opération.

Lorsqu'il est saisi dans le cadre d'une offre publique d'acquisition dans les conditions prévues aux articles L. 2312-42 à L. 2312-52, l'expert-comptable a accès aux documents nécessaires à l'élaboration du rapport prévu à l'article L. 2312-45.

Art. L. 2315-94. Le comité social et économique peut faire appel à un expert habilité dans des conditions prévues par décret en Conseil d'État:

1° Lorsqu'un risque grave, identifié et actuel, révélé ou non par un accident du travail, une maladie professionnelle ou à caractère professionnel est constaté dans l'établissement;

2° En cas (L. 2018-217 du 29 mars 2018, art. 6, 23°, JO 31) «d'introduction de nouvelles technologies ou» de projet important modifiant les conditions de santé et de sécurité ou les conditions de travail, (L. 2018-217 du 29 mars 2018, art. 6, 23°, JO 31) «prévus» au 4° de l'article L. 2312-8;

(L. 2018-217 du 29 mars 2018, art. 6, 23°, JO 31) «3° Dans les entreprises d'au moins trois cents salariés, en vue de préparer la négociation sur l'égalité professionnelle.»

Art. R. 2315-51. L'habilitation de l'expert auquel le comité social et économique peut faire appel, en application de l'article L. 2315-94, est une certification justifiant de ses compétences. Cette certification est délivrée par un organisme certificateur accrédité par le comité français d'accréditation ou par tout autre organisme d'accréditation mentionné à l'article R. 4724-1.

Art. R. 2315-52. Un arrêté du ministre chargé du travail détermine:

1° Les modalités et conditions d'accréditation des organismes mentionnés à l'article R. 2315-51;

2° Les modalités et conditions de certification des experts mentionnées à l'article (D. 2018-920 du 26 oct. 2018, art. 4, 4°, JO 28, entrée en vigueur le 01.01.2020) « L. 2315-94», en tenant compte, notamment, de ses compétences techniques et du domaine d'expertise dans lequel il intervient.

Art. L. 2315-95. Dans les entreprises d'au moins trois cents salariés, le comité social et économique peut décider de recourir à un expert technique de son choix en vue de préparer la négociation sur l'égalité professionnelle.

Chapitre VI

Comité social et économique central et comité social et économique d'établissement

SECTION 1. Comité social et économique central

Sous-section 1. Attributions

Art. L. 2316-1. Le comité social et économique central d'entreprise exerce les attributions qui concernent la marche générale de l'entreprise et qui excèdent les limites des pouvoirs des chefs d'établissement.

Il est seul consulté sur :

1° Les projets décidés au niveau de l'entreprise qui ne comportent pas de mesures d'adaptation spécifiques à un ou plusieurs établissements. Dans ce cas, son avis accompagné des documents relatifs au projet est transmis, par tout moyen, aux comités sociaux et économiques d'établissement ;

2° Les projets et consultations récurrentes décidés au niveau de l'entreprise lorsque leurs éventuelles mesures de mise en œuvre, qui feront ultérieurement l'objet d'une consultation spécifique au niveau approprié, ne sont pas encore définies ;

3° Les mesures d'adaptation communes à plusieurs établissements des projets prévus au 4° de l'article [L.] 2312-8.

Art. L. 2316-2. Le comité social et économique central d'entreprise est informé et consulté sur tous les projets importants concernant l'entreprise en matière économique et financière notamment dans les cas définis aux articles L. 2312-42 à L. 2312-51 ainsi qu'en matière de santé, de sécurité et des conditions de travail, notamment dans les cas définis au 4° de l'article L. 2312-8.

Art. L. 2316-3. Si la désignation d'un expert prévue à la sous-section 10 de la section 3 du chapitre V du présent titre est envisagée dans le cadre des projets mentionnés à l'article L. 2316-2, elle est effectuée par le comité social et économique central.

Sous-section 2. Composition, élection et mandat

§ 1. Composition

Art. L. 2316-4. Le comité social et économique central est composé :

1° De l'employeur ou de son représentant ;

2° D'un nombre égal de délégués titulaires et de suppléants, élus, pour chaque établissement, par le comité social et économique d'établissement parmi ses membres. Ce nombre est déterminé par décret en Conseil d'État. Le nombre total des membres ne peut excéder un maximum également déterminé par décret en Conseil d'État ;

3° Des personnes suivantes, à titre consultatif, lorsque les réunions du comité portent sur la santé, la sécurité et les conditions de travail : médecin du travail, agent de contrôle de l'inspection du travail mentionné à l'article L. 8112-1, agent des services de prévention de l'organisme de sécurité sociale et, le cas échéant, agent de l'organisme professionnel de prévention du bâtiment et des travaux publics et responsable du service de sécurité et des conditions de travail ou, à défaut, agent chargé de la sécurité et des conditions de travail.

Ces personnes sont celles de l'établissement du siège de l'entreprise.

Seules les personnes mentionnées aux 1° et 2° ont voix délibérative.

Art. L. 2316-5. Lorsqu'un ou plusieurs établissements de l'entreprise constituent trois collèges électoraux en application de l'article L. 2314-11 un délégué titulaire et un délégué suppléant au moins au comité social et économique central appartiennent à la catégorie des ingénieurs, chefs de service et cadres administratifs, commerciaux ou techniques assimilés sur le plan de la classification.

Art. L. 2316-6. Lorsque aucun établissement de l'entreprise ne constitue trois collèges électoraux mais que plusieurs établissements distincts groupent ensemble au moins cinq cents (Ord. 2017-1718 du 20 déc. 2017, art. 1er, I, 106°, JO 21) « un » salariés ou au moins vingt-cinq membres du personnel appartenant à la catégorie des ingénieurs, chefs de service et cadres administratifs, commerciaux ou techniques assimilés sur le plan de la classification, au moins un délégué titulaire au comité social et économique central appartient à cette catégorie.

Art. L. 2316-7. Chaque organisation syndicale représentative dans l'entreprise désigne un représentant au comité social et économique central d'entreprise choisi soit parmi les représentants de cette organisation aux comités sociaux et économiques d'établissement, soit parmi les membres élus de ces comités.

Ce représentant assiste aux séances du comité social et économique central avec voix consultative.

§ 2. Élection

Art. L. 2316-8. Dans chaque entreprise, la répartition des sièges entre les différents établissements et les différents collèges fait l'objet d'un accord entre l'employeur et les organisations syndicales intéressées, conclu selon les conditions de l'article L. 2314-6.

En cas de désaccord sur la répartition des sièges, l'autorité administrative dans le ressort de laquelle se trouve le siège de l'entreprise décide de cette répartition.

La saisine de l'autorité administrative suspend le processus électoral jusqu'à la décision administrative et entraîne la prorogation des mandats en cours des élus concernés jusqu'à la proclamation des résultats du scrutin.

Même si elles interviennent alors que le mandat de certains membres n'est pas expiré, la détermination du nombre d'établissements distincts et la répartition des sièges entre les établissements et les différentes catégories sont appliquées sans qu'il y ait lieu d'attendre la date normale de renouvellement de toutes les délégations des comités sociaux et économiques d'établissement ou de certaines d'entre elles.

La décision de l'autorité administrative peut faire l'objet d'un recours devant le juge judiciaire, à l'exclusion de tout autre recours administratif ou contentieux.

Art. L. 2316-9. Les contestations relatives à l'électorat, à la régularité des opérations électorales et à la désignation des représentants syndicaux sont de la compétence du juge judiciaire.

Lorsqu'une contestation rend indispensable le recours à une mesure d'instruction, les dépenses afférentes à cette mesure sont à la charge de l'État.

§ 3. Durée et fin du mandat

Art. L. 2316-10. L'élection a lieu tous les quatre ans, après l'élection générale des membres des comités sociaux et économiques d'établissement.

Art. L. 2316-11. Par dérogation aux dispositions de l'article L. 2316-10, un accord de branche, un accord de groupe ou un accord d'entreprise, selon le cas, peut fixer une durée du mandat des représentants du personnel au comité social et économique central d'entreprise comprise entre deux et quatre ans.

Art. L. 2316-12. En cas de modification dans la situation juridique de l'employeur prévue à l'article L. 1224-1 le comité social et économique central de l'entreprise absorbée demeure en fonctions si l'entreprise conserve son autonomie juridique.

Si cette entreprise devient un établissement distinct de l'entreprise d'accueil, son comité social et économique d'établissement désigne parmi ses membres deux représentants titulaires et suppléants au comité social et économique central de l'entreprise absorbante.

Si la modification porte sur un ou plusieurs établissements distincts qui conservent ce caractère, ces établissements sont représentés au comité social et économique central de l'entreprise d'accueil par leurs représentants au comité social et économique central de l'entreprise dont ils faisaient partie.

Dans les cas mentionnés aux deuxième et troisième alinéas, la représentation est assurée dans ces conditions pendant un délai d'un an au plus et peut entraîner le dépassement du nombre maximal de représentants au comité social et économique de l'entreprise d'accueil prévu par le décret mentionné à l'article L. 2316-4.

Sous-section 3. **Fonctionnement**

Art. L. 2316-13. Le comité social et économique central est doté de la personnalité civile.

Il est présidé par l'employeur ou son représentant, assisté éventuellement de deux collaborateurs qui ont voix consultative.

Le comité désigne un secrétaire et un secrétaire adjoint en charge des attributions en matière de santé, sécurité et des conditions de travail.

Art. L. 2316-14. Le comité social et économique central détermine, dans un règlement intérieur, les modalités de son fonctionnement et de ses rapports avec les salariés de l'entreprise pour l'exercice des missions qui lui sont conférées par le présent titre.

Les décisions du comité social et économique central portant sur ses modalités de fonctionnement et l'organisation de ses travaux ainsi que ses résolutions sont prises à la majorité des membres présents.

Art. L. 2316-15. Le comité social et économique central d'entreprise se réunit au moins une fois tous les six mois au siège de l'entreprise sur convocation de l'employeur.

Il peut tenir des réunions exceptionnelles à la demande de la majorité de ses membres.

Art. L. 2316-16. Le recours à la visioconférence pour réunir le comité social et économique central peut être autorisé par accord entre l'employeur et les membres élus du comité. En l'absence d'accord, ce recours est limité à trois réunions par année civile. Un décret détermine les conditions dans lesquelles le comité social et économique central peut, dans ce cadre, procéder à un vote à bulletin secret.

Art. L. 2316-17. L'ordre du jour des réunions du comité social et économique central est arrêté par le président et le secrétaire.

Les consultations rendues obligatoires par une disposition législative ou réglementaire ou par un accord collectif de travail sont inscrites de plein droit à l'ordre du jour par le président ou le secrétaire.

L'ordre du jour est communiqué aux membres huit jours au moins avant la séance.

Art. L. 2316-18. Une commission santé, sécurité et conditions de travail centrale est mise en place dans les entreprises d'au moins trois cents salariés dans les conditions prévues aux articles L. 2315-36 à L. 2315-44.

Art. L. 2316-19. (Ord. 2017-1718 du 20 déc. 2017, art. 1er, I, 108°, JO 21) « La sous-section 9 de la section 3 du chapitre V du présent titre et le sous-paragraphe 5 du paragraphe 3 de la sous-section 6 de la même section 3 » sont applicables au comité social et économique central dans des conditions déterminées par décret.

SECTION 1 (RÉGLEMENTAIRE). Composition et fonctionnement du comité social et économique central

Art. R. 2316-1. Sauf accord conclu entre l'employeur et l'ensemble des organisations syndicales représentatives, le nombre des membres du comité social et économique central ne peut dépasser vingt-cinq titulaires et vingt-cinq suppléants.

(D. 2019-1548 du 30 déc. 2019, JO 31) « Sauf stipulation de l'accord mentionné au premier alinéa organisant cette représentation et dans les limites fixées à cet alinéa, chaque établissement peut être représenté au comité social et économique central soit par un seul délégué, titulaire ou suppléant, soit par un ou deux délégués titulaires et un ou deux délégués suppléants. »

Art. R. 2316-2. Le directeur régional des entreprises, de la concurrence, de la consommation, du travail et de l'emploi du siège de l'entreprise est compétent pour la répartition des sièges entre les différents établissements et les différentes catégories prévue au premier alinéa de l'article L. 2316-8. Le directeur régional des entreprises, de la concurrence, de la consommation, du travail et de l'emploi prend sa décision dans un délai deux mois à compter de sa saisine. Cette décision est notifiée par lettre recommandée avec demande d'avis de réception portant mention des voies et délais de recours. Elle peut faire l'objet d'un recours devant le (D. 2019-966 du 18 sept. 2019, art. 8, JO 19, entrée en vigueur le 01.01.2020) « tribunal judiciaire » dans un délai de quinze jours suivant sa notification.

En cas de décision implicite de rejet du directeur régional des entreprises, de la concurrence, de la consommation, du travail et de l'emploi, l'employeur ou les organisations syndicales intéressées peuvent saisir, dans le délai de quinze jours, le (D. 2019-966 du 18 sept. 2019, art. 8, JO 19, entrée en vigueur le 01.01.2020) « tribunal judiciaire » afin qu'il soit statué sur la répartition.

Art. R. 2316-3. Le secrétaire, le secrétaire adjoint et le trésorier du comité social et économique central sont désignés parmi ses membres titulaires.

Art. D. 2316-4. Pour l'appréciation des seuils mentionnés à l'article L. 2315-57 et à la sous-section 9 de la section 3 du chapitre V du titre I du livre III de la deuxième partie du présent code, les ressources au titre d'une année considérée du comité social et économique central sont égales à la somme des ressources versées par les comités sociaux et économiques d'établissement et des ressources que ce comité reçoit en propre.

Art. D. 2316-5. Les documents mentionnés aux articles L. 2315-70 et L. 2315-71 sont communiqués au comité social et économique central huit jours au moins avant la séance.

Art. D. 2316-6. Sont pris en charge par le comité social et économique central sur les sommes versées par les comités d'établissement au titre de son fonctionnement :

1° Le coût de la certification des comptes annuels ;

2° Le coût de la mission de présentation des comptes par l'expert.

Art. D. 2316-7. La convention entre le comité social et économique d'établissement et le comité central mentionnée au quatrième alinéa de l'article L. 2316-23 comporte notamment :

1° La description de l'activité ou des activités dont la gestion est transférée au comité social et économique central ;

2° Le financement du transfert pour chaque année d'exécution de la convention ;

3° Le cas échéant, la liste des biens, moyens matériels et humains mis à la disposition du comité social et économique central pour chaque année d'exécution de la convention ;

4° Les modalités de financement de ce transfert pour chaque année d'exécution de la convention ;

5° Les modalités d'accès à l'activité ou aux activités transférées par les salariés des établissements concernés ;

6° La durée de la convention et sa date d'entrée en vigueur ;

7° Les modalités de révision et de dénonciation de la convention.

Art. D. 2316-8. Les réunions par visioconférence du comité social et économique central sur le fondement de l'article L. 2316-16 sont tenues dans les conditions prévues aux articles [D]. 2315-1 et suivants.

SECTION 2 (RÉGLEMENTAIRE). Recours et contestations

Art. R. 2316-9. La contestation relative à une décision de l'autorité administrative prise sur le fondement de l'article L. 2316-8 est de la compétence du (D. 2019-966 du 18 sept. 2019, art. 8, JO 19, entrée en vigueur le 01.01.2020) « tribunal judiciaire », qui statue en dernier ressort.

Les dispositions des articles R. 2314-24 et R. 2314-25 sont applicables à ces contestations.

Art. R. 2316-10. Les contestations relatives à l'électorat, à la régularité des opérations électorales et à la désignation des représentants syndicaux prévues à l'article L. 2316-9 sont de la compétence du (D. 2019-966 du 18 sept. 2019, art. 8, JO 19, entrée en vigueur le 01.01.2020) « juge du tribunal judiciaire » qui statue en dernier ressort.

Les dispositions des articles R. 2314-24 et R. 2314-25 sont applicables à ces contestations.

SECTION 2. Comité social et économique d'établissement

Sous-section 1. Attributions

Art. L. 2316-20. Le comité social et économique d'établissement a les mêmes attributions que le comité social et économique d'entreprise, dans la limite des pouvoirs confiés au chef de cet établissement.

Le comité social et économique d'établissement est consulté sur les mesures d'adaptation des décisions arrêtées au niveau de l'entreprise spécifiques à l'établissement et qui relèvent de la compétence du chef de cet établissement.

Art. L. 2316-21. Le comité social et économique d'établissement peut faire appel à un expert prévu à la sous-section 10 (Ord. 2017-1718 du 20 déc. 2017, art. 1er, I, 109°, JO 21) «de la section 3» du chapitre V du présent titre lorsqu'il est compétent conformément aux dispositions du présent code.

Art. L. 2316-22. Lorsqu'il y a lieu de consulter à la fois le (L. 2018-217 du 29 mars 2018, art. 6, 24°, JO 31) «comité social et économique central» et un ou plusieurs (L. 2018-217 du 29 mars 2018, art. 6, 24°, JO 31) «comités sociaux et économiques d'établissement», un accord peut définir l'ordre et les délais dans lesquels le (L. 2018-217 du 29 mars 2018, art. 6, 24°, JO 31) «comité social et économique central» et le ou les (L. 2018-217 du 29 mars 2018, art. 6, 24°, JO 31) «comités sociaux et économiques d'établissement» rendent et transmettent leurs avis.

À défaut d'accord, l'avis de chaque (L. 2018-217 du 29 mars 2018, art. 6, 24°, JO 31) «comité social et économique d'établissement» est rendu et transmis au (L. 2018-217 du 29 mars 2018, art. 6, 24°, JO 31) «comité social et économique central» et l'avis du (L. 2018-217 du 29 mars 2018, art. 6, 24°, JO 31) «comité social et économique central» est rendu dans des délais fixés par décret en Conseil d'État.

Art. L. 2316-23. Les comités sociaux et économiques d'établissement assurent et contrôlent la gestion de toutes les activités sociales et culturelles.

Toutefois, les comités sociaux et économiques d'établissement peuvent confier au comité social et économique central la gestion d'activités communes.

Un accord entre l'employeur et une ou plusieurs organisations syndicales de salariés représentatives dans l'entreprise, conclu dans les conditions prévues au premier alinéa de l'article L. 2232-12, peut définir les compétences respectives du comité social et économique central et des comités sociaux et économiques d'établissement.

En cas de transfert au comité social et économique central de la gestion d'activités sociales et culturelles en application du présent article, ce transfert fait l'objet d'une convention entre les comités sociaux et économiques d'établissement et le comité social et économique central. Cette convention comporte des clauses conformes à des clauses types déterminées par décret.

Sous-section 2. **Composition**

Art. L. 2316-24. La composition des comités sociaux et économiques d'établissement est identique à celle du comité social et économique prévu aux articles L. 2314-1 à L. 2314-3.

Sous-section 3. **Fonctionnement**

Art. L. 2316-25. Dans les entreprises d'au moins cinquante salariés, les comités sociaux et économiques d'établissement sont dotés de la personnalité civile.

Art. L. 2316-26. Le fonctionnement des comités sociaux et économiques d'établissement est identique à celui des comités sociaux et économiques d'entreprise.

Chapitre VII

Dispositions pénales

Art. L. 2317-1. Le fait d'apporter une entrave soit à la constitution d'un comité social et économique, d'un comité social et économique d'établissement ou d'un comité social et économique central, soit à la libre désignation de leurs membres, notamment par la méconnaissance des dispositions des articles L. 2314-1 à L. 2314-9 est puni d'un emprisonnement d'un an et d'une amende de 7 500 €.

Le fait d'apporter une entrave à leur fonctionnement régulier est puni d'une amende de 7 500 €.

Art. L. 2317-2. En l'absence d'accord prévu à l'article L. 2312-19, le fait, dans une entreprise d'au moins trois cents salariés ou dans un établissement distinct comportant au moins trois cents salariés, de ne pas établir et soumettre annuellement au comité social et économique le bilan social d'entreprise ou d'établissement prévu à l'article L. 2312-14 est puni d'une amende de 7500 €.

TITRE II

CONSEIL D'ENTREPRISE

Note Les dispositions législatives de ce titre sont issues de l'ordonnance 2017-1386 du 22 septembre 2017, art. 1er, I, JO 23, entrée en vigueur au plus tard le 01.01.2018.

Chapitre unique

Art. L. 2321-1. Le conseil d'entreprise exerce l'ensemble des attributions définies au chapitre II du titre Ier du présent livre et est seul compétent pour négocier, conclure et réviser les conventions et accords d'entreprise ou d'établissement.

Ses modalités de fonctionnement sont celles définies au chapitre V du titre Ier du présent livre.

Art. L. 2321-2. Le conseil d'entreprise peut être institué par accord d'entreprise conclu dans les conditions prévues au premier alinéa de l'article L. 2232-12. Cet accord est à durée indéterminée. Il peut également être constitué par accord de branche étendu pour les entreprises dépourvues de délégué syndical.

L'accord précise les modalités selon lesquelles les négociations se déroulent au niveau des établissements.

Art. L. 2321-3. L'accord prévu à l'article L. 2321-2 fixe la liste des thèmes tels que l'égalité professionnelle, soumis à l'avis conforme du conseil d'entreprise. La formation (Ord. 2017-1718 du 20 déc. 2017, art. 1er, I, 112°, JO 21) «professionnelle» constitue un thème obligatoire.

Art. L. 2321-4. L'accord prévu à l'article L. 2321-2 fixe le nombre d'heures de délégation dont bénéficient les élus du conseil d'entreprise participant aux négociations. Cette durée ne peut, sauf circonstances exceptionnelles, être inférieure à un nombre d'heures défini par décret en Conseil d'État, en fonction de l'effectif de l'entreprise.

Art. R. 2321-1. (D. 2017-1819 du 29 déc. 2017, art. 1er, I, JO 30, entrée en vigueur le 01.01.2018) À défaut d'accord prévu à l'article L. 2321-2, chaque élu du Conseil d'entreprise participant à une négociation dispose d'un nombre d'heures de délégation qui s'ajoute aux heures de délégation dont il bénéficie en application du 1° de l'article L. 2315-7.

Cette durée ne peut être inférieure à :

- 12 heures par mois dans les entreprises jusqu'à 149 salariés ;
- 18 heures par mois dans les entreprises de 150 à 499 salariés ;
- 24 heures par mois dans les entreprises d'au moins 500 salariés.

Art. L. 2321-5. Le temps passé à la négociation est de plein droit considéré comme temps de travail et payé à l'échéance normale.

Art. L. 2321-6. L'accord prévu à l'article L. 2321-2 comporte des stipulations relatives à l'indemnisation des frais de déplacement.

Art. L. 2321-7. Le cas échéant, l'accord prévu à l'article L. 2321-2 peut fixer la composition de la délégation qui négocie les conventions et accords d'entreprise ou d'établissement.

Art. L. 2321-8. L'accord prévu à l'article L. 2321-2 peut fixer la périodicité de tout ou partie des thèmes de négociation du conseil d'entreprise.

Art. L. 2321-9. La validité d'une convention ou d'un accord d'entreprise ou d'établissement conclu par le conseil d'entreprise est subordonnée à sa signature par la majorité des membres titulaires élus du conseil ou par un ou plusieurs membres titulaires ayant recueilli plus de 50 % des suffrages exprimés lors des dernières élections professionnelles. Pour l'appréciation de ce dernier (Ord. 2017-1718 du 20 déc. 2017, art. 1er, I, 113°, JO 21) «seuil», il est tenu compte des suffrages recueillis lors du premier tour des élections pour les élus au premier tour de scrutin, et de ceux recueillis lors du second tour pour les élus au second tour de scrutin.

Art. L. 2321-10. Le conseil d'entreprise défini au présent titre peut être mis en place dans les entreprises appartenant à une unité économique et sociale. L'accord défini à l'article

L. 2321-2 est conclu soit au niveau d'une ou de plusieurs entreprises composant l'unité économique et sociale, soit au niveau de l'unité économique et sociale. Dans ce dernier cas, les règles de validité de l'accord sont appréciées en tenant compte des suffrages valablement exprimés dans l'ensemble des entreprises.

TITRE III

COMITÉ DE GROUPE

Chapitre Ier

Mise en place

Art. L. 2331-1. I. – Un comité de groupe est constitué au sein du groupe formé par une entreprise appelée entreprise dominante, dont le siège social est situé sur le territoire français, et les entreprises qu'elle contrôle dans les conditions définies à l'article L. 233-1, aux I et II de l'article L. 233-3 et à l'article L. 233-16 du code de commerce.

II. – Est également considérée comme entreprise dominante, pour la constitution d'un comité de groupe, une entreprise exerçant une influence dominante sur une autre entreprise dont elle détient au moins 10 % du capital, lorsque la permanence et l'importance des relations de ces entreprises établissent l'appartenance de l'une et de l'autre à un même ensemble économique.

L'existence d'une influence dominante est présumée établie, sans préjudice de la preuve contraire, lorsqu'une entreprise, directement ou indirectement:

- peut nommer plus de la moitié des membres des organes d'administration, de direction ou de surveillance d'une autre entreprise;
- ou dispose de la majorité des voix attachées aux parts émises par une autre entreprise;
- ou détient la majorité du capital souscrit d'une autre entreprise.

Lorsque plusieurs entreprises satisfont, à l'égard d'une même entreprise dominée, à un ou plusieurs des critères susmentionnés, celle qui peut nommer plus de la moitié des membres des organes de direction, d'administration ou de surveillance de l'entreprise dominée est considérée comme l'entreprise dominante, sans préjudice de la preuve qu'une autre entreprise puisse exercer une influence dominante.

Art. L. 2331-2. Le (Ord. 2017-1386 du 22 sept. 2017, art. 4, 20°, JO 23, entrée en vigueur au plus tard le 01.01.2018) «comité social et économique» d'une entreprise contrôlée ou d'une entreprise sur laquelle s'exerce une influence dominante au sens de l'article L. 2331-1 peut demander, pour l'application des dispositions du présent titre, l'inclusion de l'entreprise dans le groupe ainsi constitué. La demande est transmise par l'intermédiaire du chef de l'entreprise concernée au chef de l'entreprise dominante qui, dans un délai de trois mois, fait droit à cette demande.

La disparition, entre les deux entreprises, des relations définies à l'article L. 2331-1 fait l'objet d'une information préalable et motivée au comité de l'entreprise concernée. Celle-ci cesse d'être prise en compte pour la composition du comité de groupe.

Lorsque le comité de groupe est déjà constitué, toute entreprise qui établit avec l'entreprise dominante, de façon directe ou indirecte, les relations définies à l'article L. 2331-1, est prise en compte pour la constitution du comité de groupe lors du renouvellement de celui-ci.

Art. R. 2331-1. La demande d'inclusion dans un groupe, mentionnée au premier alinéa de l'article L. 2331-2, est transmise par le chef de l'entreprise intéressée au chef de l'entreprise dominante. Cette demande est adressée par lettre recommandée avec avis de réception.

La notification de la décision du chef de l'entreprise dominante est adressée dans la même forme.

Art. L. 2331-3. En cas de litige résultant de l'application des articles L. 2331-1, L. 2331-2 et L. 2331-6, le (Ord. 2017-1386 du 22 sept. 2017, art. 4, 20°, JO 23, entrée en vigueur au plus tard le 01.01.2018) «comité social et économique» ou les organisations syndicales représentatives dans l'entreprise considérée ou d'une entreprise du groupe peuvent porter ce litige devant le juge judiciaire du siège de l'entreprise dominante.

Art. R. 2331-2. Le (D. 2017-1819 du 29 déc. 2017, art. 3, 4°, JO 30, entrée en vigueur le 01.01.2018) « comité social et économique » ou les organisations syndicales représentatives de l'entreprise dominante ou d'une entreprise du groupe peuvent saisir le (D. 2019-966 du 18 sept. 2019, art. 8, JO 19, entrée en vigueur le 01.01.2020) « tribunal judiciaire » du siège de l'entreprise dominante pour les litiges relatifs :

1° À la constitution et à la composition du comité de groupe ;

2° À l'inclusion dans le comité de groupe.

Art. R. 2331-3. Les organisations syndicales représentatives peuvent saisir le (D. 2019-966 du 18 sept. 2019, art. 8, JO 19, entrée en vigueur le 01.01.2020) « tribunal judiciaire » du siège de l'entreprise dominante pour les litiges relatifs à la désignation des représentants du personnel au comité de groupe.

Le tribunal statue dans les conditions prévues à l'article R. 2324-24 et R. 2324-25.

Art. R. 2331-4. La saisine du (D. 2019-966 du 18 sept. 2019, art. 8, JO 19, entrée en vigueur le 01.01.2020) « tribunal judiciaire » en application du II de l'article L. 2331-1 est, à peine d'irrecevabilité, accomplie dans les trois mois suivant la notification prévue à l'article R. 2331-1.

À défaut de notification, la saisine est accomplie à l'expiration du délai de trois mois prévu au premier alinéa de l'article L. 2331-2.

Lorsque le tribunal recourt à une mesure d'instruction exécutée par un technicien, la provision à valoir sur la rémunération de ce technicien est avancée par la société dominante.

Art. L. 2331-4. Ne sont pas considérées comme entreprises dominantes, les entreprises mentionnées aux points *a* et *c* du paragraphe 5 de l'article 3 du règlement (CE) n° 139/2004 du Conseil du 20 janvier 2004 sur les concentrations.

Art. L. 2331-5. Les réseaux bancaires comportant un organe central, au sens des articles L. 511-30 et L. 511-31 du code monétaire et financier relatifs à l'activité et au contrôle des établissements de crédit, constituent un comité de groupe quand cet organe central n'est pas un établissement public.

Pour l'application du présent titre, l'organe central est considéré comme l'entreprise dominante.

Art. L. 2331-6. Les dispositions du présent titre sont applicables quel que soit le nombre de salariés employés.

Chapitre II

Attributions

Art. L. 2332-1. Le comité de groupe reçoit des informations sur l'activité, la situation financière, l'évolution et les prévisions d'emploi annuelles ou pluriannuelles et les actions éventuelles de prévention envisagées compte tenu de ces prévisions, dans le groupe et dans chacune des entreprises qui le composent. Il reçoit communication, lorsqu'ils existent, des comptes et du bilan consolidés ainsi que du rapport du commissaire aux comptes correspondant.

Il est informé, dans ces domaines, des perspectives économiques du groupe pour l'année à venir. (L. 2013-504 du 14 juin 2013, art. 8, VI, JO 16) « Les avis rendus dans le cadre de la procédure fixée à l'article (L. 2015-994 du 17 août 2015, art. 18, XIV, 11°, JO 18, entrée en vigueur le 01.01.2016) « L. 2323-10 » lui sont communiqués. »

Art. L. 2332-2. En cas d'annonce d'offre publique d'acquisition portant sur l'entreprise dominante d'un groupe, l'employeur de cette entreprise en informe immédiatement le comité de groupe. Sont alors appliquées, au niveau du comité de groupe, les dispositions prévues aux articles (L. 2015-994 du 17 août 2015, art. 18, XIV, 12°, JO 18, entrée en vigueur le 01.01.2016) « L. 2323-35 à L. 2323-39 » pour le (Ord. 2017-1386 du 22 sept. 2017, art. 4, 20°, JO 23, entrée en vigueur au plus tard le 01.01.2018) « comité social et économique ».

Le respect de ces dispositions dispense des obligations définies aux articles (L. 2015-994 du 17 août 2015, art. 18, XIV, 12°, JO 18, entrée en vigueur le 01.01.2016) « L. 2323-26 à L. 2323-44 » pour les (Ord. 2017-1386 du 22 sept. 2017, art. 4, 54°, JO 23, entrée en vigueur au plus tard le 01.01.2018) « comités sociaux et économiques » des sociétés appartenant au groupe.

Chapitre III

Composition, élection et mandat

Art. L. 2333-1. Le comité de groupe est composé du chef de l'entreprise dominante, assisté de deux personnes de son choix ayant voix consultative et de représentants du personnel des entreprises constituant le groupe.

Le nombre maximum des représentants du personnel au comité de groupe est déterminé par décret en Conseil d'État.

Art. D. 2332-2. La représentation du personnel au comité de groupe, prévue à l'article L. 2333-1, comprend trente membres au plus.

Lorsque moins de quinze entreprises du groupe sont dotées d'un (D. 2017-1819 du 29 déc. 2017, art. 3, 4°, JO 30, entrée en vigueur le 01.01.2018) « comité social et économique » (D. 2018-921 du 26 oct. 2018, JO 28) « exerçant les attributions prévues au deuxième alinéa de l'article L. 2312-1 », le nombre de membres du comité de groupe ne peut être supérieur au double du nombre de ces entreprises.

Art. L. 2333-2. Les représentants du personnel sont désignés par les organisations syndicales de salariés parmi leurs élus aux (Ord. 2017-1386 du 22 sept. 2017, art. 4, 55°, JO 23, entrée en vigueur au plus tard le 01.01.2018) « comités sociaux et économiques » de l'ensemble des entreprises du groupe et à partir des résultats des dernières élections.

Art. L. 2333-3. La désignation des représentants du personnel au comité de groupe a lieu tous les quatre ans.

Toutefois, un accord de branche, un accord de groupe ou un accord d'entreprise, selon le cas, peut fixer une durée du mandat des représentants du personnel aux comités de groupe comprise entre deux et quatre ans.

Art. L. 2333-4. Le nombre total des sièges au comité de groupe est réparti entre les élus des différents collèges électoraux proportionnellement à l'importance numérique de chaque collège.

Les sièges affectés à chaque collège sont répartis entre les organisations syndicales proportionnellement au nombre d'élus qu'elles ont obtenus dans ces collèges, selon la règle de la représentation proportionnelle au plus fort reste.

Lorsque, pour l'ensemble des entreprises faisant partie du groupe, la moitié au moins des élus d'un ou plusieurs collèges ont été présentés sur des listes autres que syndicales, l'autorité administrative dans le ressort duquel se trouve le siège de la société dominante répartit les sièges entre les élus du ou des collèges en cause. Elle effectue cette désignation en tenant compte de la répartition des effectifs du collège considéré entre les entreprises constitutives du groupe, de l'importance relative de chaque collège au sein de l'entreprise et du nombre des suffrages recueillis par chaque élu.

Art. R. 2332-1. Le (D. 2009-1377 du 10 nov. 2009, JO 13 ; D. 2010-687 du 24 juin 2010, JO 25 ; voir D. 2010-1582 du 17 déc. 2010, JO 18, pour outre-mer) « directeur régional des entreprises, de la concurrence, de la consommation, du travail et de l'emploi » dans le ressort duquel se trouve le siège de la société dominante répartit dans les conditions prévues au troisième alinéa de l'article L. 2333-4 les sièges au comité de groupe.

Il peut désigner conformément à l'article L. 2333-6 le remplaçant d'un représentant du personnel qui cesse ses fonctions au sein du comité.

Le silence gardé pendant plus de quatre mois par le ministre, saisi d'un recours hiérarchique contre ces décisions, vaut décision de rejet.

Art. L. 2333-5. Le comité de groupe est constitué à l'initiative de l'entreprise dominante, dès que la configuration du groupe est définie en application des dispositions du présent chapitre, soit à la suite d'un accord des parties intéressées, soit, à défaut, par une décision de justice.

Cette constitution a lieu au plus tard dans les six mois suivant la conclusion de cet accord ou l'intervention de la décision de justice.

Art. L. 2333-6. Lorsqu'un représentant du personnel au sein du comité de groupe cesse ses fonctions, son remplaçant, pour la durée du mandat restant à courir, est désigné par les organisations syndicales dans le cas prévu à l'article L. 2333-2 ou par l'autorité administrative dans celui fixé au troisième alinéa de l'article L. 2333-4.

Chapitre IV

Fonctionnement

Art. L. 2334-1. Le comité de groupe est présidé par le chef de l'entreprise dominante.

Il désigne un secrétaire.

Art. R. 2333-1. Le secrétaire du comité de groupe est désigné à la majorité des voix parmi ses membres.

Art. L. 2334-2. Le comité de groupe se réunit au moins une fois par an sur convocation de son président.

L'ordre du jour de la réunion est arrêté par le président et le secrétaire et communiqué aux membres quinze jours au moins avant la séance.

Le temps passé par les représentants du personnel aux séances du comité de groupe est rémunéré comme temps de travail.

(L. 2015-994 du 17 août 2015, art. 17, I, 4°, JO 18) «Le recours à la visioconférence pour réunir le comité de groupe peut être autorisé par accord entre le président et les représentants du personnel siégeant au comité. En l'absence d'accord, ce recours est limité à trois réunions par année civile. Un décret détermine les conditions dans lesquelles le comité de groupe peut, dans ce cadre, procéder à un vote à bulletin secret.»

Art. D. 2333-2. (D. 2016-453 du 12 avril 2016, JO 14) Les réunions par visioconférence du comité de groupe sur le fondement de l'article L. 2334-2 sont tenues dans les conditions prévues aux articles D. 2325-1-1 et suivants.

Art. L. 2334-3. Le comité de groupe est réuni pour la première fois, à l'initiative de l'entreprise dominante, dès qu'il est constitué et au plus tard dans les six mois qui suivent sa création.

Art. L. 2334-4. Pour l'exercice des missions prévues par l'article L. 2332-1, le comité de groupe peut se faire assister par un expert-comptable. Celui-ci est rémunéré par l'entreprise dominante.

Pour opérer toute vérification ou tout contrôle entrant dans l'exercice de ces missions, l'expert-comptable a accès aux mêmes documents que les commissaires aux comptes des entreprises constitutives du groupe.

Chapitre V

Dispositions pénales

Art. L. 2335-1. Le fait de ne pas constituer et réunir pour la première fois un comité de groupe dans les conditions prévues aux articles L. 2333-5 et L. 2334-3 ou d'apporter une entrave à la désignation des membres d'un comité de groupe est puni d'un emprisonnement d'un an et d'une amende de (L. 2015-990 du 6 août 2015, art. 262, 4°, JO 7) «7500 €.

Le fait d'apporter une entrave au fonctionnement régulier de ce comité est puni d'une amende de 7 500 €.»

TITRE IV

COMITÉ D'ENTREPRISE EUROPÉEN OU PROCÉDURE D'INFORMATION ET DE CONSULTATION DANS LES ENTREPRISES DE DIMENSION COMMUNAUTAIRE

Chapitre Ier

Champ d'application et mise en place

Art. L. 2341-1. Pour l'application du présent titre, on entend par entreprise de dimension communautaire l'entreprise ou l'organisme qui emploie (L. 2012-387 du 22 mars 2012, art. 43, 19°, JO 23) «au moins mille salariés» dans les États membres de la Communauté européenne (Ord. 2011-1328 du 20 oct. 2011, art. 1er, JO 21) «ou de l'Espace économique européen» et qui comporte au moins un établissement employant (L. 2012-387 du 22 mars 2012, art. 43, 11°, JO 23) «au moins cent cinquante salariés» dans au moins deux de ces États.

Art. L. 2341-2. Pour l'application du présent titre, on entend par groupe d'entreprises de dimension communautaire, le groupe, au sens de l'article L. 2331-1, satisfaisant aux conditions d'effectifs et d'activité mentionnées à l'article L. 2341-1 et comportant au moins une entreprise employant (L. 2012-387 du 22 mars 2012, art. 43, 11°, JO 23) «au moins cent cinquante salariés» dans au moins deux des États mentionnés à ce même article.

Art. L. 2341-3. Les dispositions du présent titre s'appliquent:

1° À l'entreprise ou au groupe d'entreprises de dimension communautaire dont le siège social ou celui de l'entreprise dominante est situé en France;

2° À l'entreprise ou au groupe d'entreprises de dimension communautaire dont le siège social ou celui de l'entreprise dominante se trouve dans un État autre que ceux mentionnés à l'article L. 2341-1 et qui a désigné, pour l'application des dispositions du présent titre, un représentant en France;

3° À l'entreprise ou au groupe d'entreprises de dimension communautaire dont le siège social ou celui de l'entreprise dominante se trouve dans un État autre que ceux mentionnés à l'article L. 2341-1, qui n'a pas procédé à la désignation d'un représentant dans aucun de ces États et dont l'établissement ou l'entreprise qui emploie le plus grand nombre de salariés au sein de ces États est situé en France.

Art. L. 2341-4. Un comité d'entreprise européen ou une procédure d'information et de consultation est institué dans les entreprises ou groupes d'entreprises de dimension communautaire afin de garantir le droit des salariés à l'information et à la consultation à l'échelon européen.

Art. L. 2341-5. Pour l'application du présent titre, l'entreprise dominante s'entend au sens de l'article L. 2331-1.

Art. L. 2341-6. (Ord. 2011-1328 du 20 oct. 2011, art. 1er, JO 21) La consultation prévue par le présent titre consiste, pour le chef de l'entreprise ou de l'entreprise dominante du groupe d'entreprises de dimension communautaire ou tout autre niveau de direction plus approprié, à organiser un échange de vues et à établir un dialogue avec les représentants des salariés à un moment, d'une façon et avec un contenu qui permettent à ceux-ci d'exprimer, sur la base des informations fournies et dans un délai raisonnable, un avis concernant les mesures faisant l'objet de la consultation, qui peut être pris en compte au sein de l'entreprise ou du groupe d'entreprises de dimension communautaire, sans préjudice des responsabilités de l'employeur.

Art. L. 2341-7. (Ord. 2011-1328 du 20 oct. 2011, art. 1er, JO 21) L'information prévue par le présent titre consiste, pour le chef de l'entreprise ou de l'entreprise dominante du groupe d'entreprises de dimension communautaire ou tout autre niveau de direction plus approprié, à transmettre des données aux représentants des salariés afin de permettre à ceux-ci de prendre connaissance du sujet traité et de l'examiner. L'information s'effectue à un moment, d'une façon et avec un contenu appropriés, qui permettent notamment aux représentants des salariés de procéder à une évaluation en profondeur de l'incidence éventuelle de ces données et de préparer, le cas échéant, des consultations avec le chef de l'entreprise ou de l'entreprise dominante du groupe d'entreprises de dimension communautaire ou tout autre niveau de direction plus approprié.

Art. L. 2341-8. (Ord. 2011-1328 du 20 oct. 2011, art. 1er, JO 21) La compétence du comité d'entreprise européen ou la procédure mentionnée à l'article L. 2341-4 porte sur les questions transnationales. Sont considérées comme telles les questions qui concernent l'ensemble de l'entreprise ou du groupe d'entreprises de dimension communautaire ou au moins deux entreprises ou établissements de l'entreprise ou du groupe situés dans deux États membres.

Art. L. 2341-9. (Ord. 2011-1328 du 20 oct. 2011, art. 1er, JO 21) L'information et la consultation du comité d'entreprise européen sont articulées avec celles des autres institutions représentatives du personnel mentionnées au présent livre et celles mises en place en application du droit de l'État membre sur le territoire duquel est implanté l'entreprise ou l'établissement, en fonction de leurs compétences et domaines d'intervention respectifs.

Lorsque le comité d'entreprise européen est constitué en l'absence d'accord ou lorsque l'accord ne prévoit pas les modalités d'articulation visées au 4° de l'article L. 2342-9 et dans le cas où des décisions susceptibles d'entraîner des modifications importantes dans l'organisation du travail ou dans les contrats de travail sont envisagées, le processus d'information et de consultation est mené tant au sein du comité d'entreprise européen que des institutions nationales représentatives du personnel.

Art. L. 2341-10. (Ord. 2011-1328 du 20 oct. 2011, art. 1er, JO 21) Si des modifications significatives interviennent dans la structure de l'entreprise ou du groupe d'entreprises de dimension communautaire, soit en l'absence de dispositions prévues par le ou les accords en vigueur, soit en cas de conflits entre les dispositions de deux ou plusieurs accords applicables, le chef de l'entreprise ou de l'entreprise dominante du groupe d'entreprises de dimension communautaire engage les négociations mentionnées à l'article L. 2342-1 de sa propre initiative ou à la demande écrite d'au moins cent salariés ou de leurs représentants, relevant d'au moins deux entreprises ou établissements situés dans au moins deux États différents mentionnés à l'article L. 2341-1.

Un groupe spécial de négociation est composé des membres désignés en application des articles L. 2344-2 à L. 2344-6 et d'au moins trois membres du comité d'entreprise européen existant ou de chacun des comités d'entreprise européens existants.

Le ou les comités d'entreprise européens existants continuent à fonctionner pendant la durée de cette négociation, selon des modalités éventuellement adaptées par accord conclu entre les membres du ou des comités d'entreprise européens et le chef de l'entreprise ou de l'entreprise dominante du groupe d'entreprises de dimension communautaire.

Art. L. 2341-11. (Ord. 2011-1328 du 20 oct. 2011, art. 1er, JO 21) Par dérogation aux articles L. 2341-6 et L. 2341-7, le chef de l'entreprise ou de l'entreprise dominante du groupe d'entreprises de dimension communautaire qui lance une offre publique d'acquisition portant sur le capital d'une entreprise n'est pas tenu de saisir le comité d'entreprise européen ou les représentants des salariés dans le cadre d'une procédure d'information et de consultation préalablement à ce lancement.

En revanche, il réunit le comité d'entreprise européen ou la représentation des salariés dans le délai le plus rapproché suivant la publication de l'offre permettant la présence effective de ses membres en vue de leur transmettre des informations écrites et précises sur le contenu de l'offre et sur les conséquences en matière d'emploi qu'elle est susceptible d'entraîner.

Art. L. 2341-12. (L. 2015-994 du 17 août 2015, art. 17, I, 5°, JO 18) Le recours à la visioconférence pour réunir le comité d'entreprise européen peut être autorisé par accord entre le chef de l'entreprise dominante du groupe et les représentants du personnel siégeant au comité. En l'absence d'accord, ce recours est limité à trois réunions par année civile. Un décret détermine les conditions dans lesquelles le comité d'entreprise européen peut, dans ce cadre, procéder à un vote à bulletin secret.

Art. D. 2341-1. (D. 2016-453 du 12 avril 2016, JO 14) Les réunions par visioconférence du comité d'entreprise européen sur le fondement de l'article L. 2341-12 sont tenues dans les conditions prévues aux articles D. 2325-1-1 et suivants.

Chapitre II

Comité ou procédure d'information et de consultation institué par accord

SECTION 1. Groupe spécial de négociation

Art. L. 2342-1. Le chef de l'entreprise ou de l'entreprise dominante du groupe d'entreprises de dimension communautaire met en place un groupe spécial de négociation composé de représentants de l'ensemble des salariés, conformément aux dispositions de l'article L. 2344-1, en vue de la conclusion d'un accord destiné à mettre en œuvre le droit des salariés à l'information et à la consultation à l'échelon européen.

Art. L. 2342-2. Le groupe spécial de négociation détermine avec l'employeur, par un accord écrit, d'une part les entreprises ou établissements concernés, d'autre part soit la composition, les attributions et la durée du mandat du ou des comités d'entreprise européens, soit les modalités de mise en œuvre d'une procédure d'information et de consultation.

Art. L. 2342-3. L'employeur engage la procédure de constitution du groupe spécial de négociation lorsque les effectifs mentionnés à l'article L. 2341-1 sont atteints en moyenne sur l'ensemble des deux années précédentes.

Le calcul des effectifs s'effectue conformément aux dispositions de l'article L. 1111-2 pour les entreprises ou établissements situés en France et conformément au droit national dans les autres États.

(Ord. 2011-1328 du 20 oct. 2011, art. 2, JO 21) «Les responsables de l'obtention et de la transmission aux salariés et à leurs représentants mentionnés à l'article L. 2342-4 des informations indispensables à l'ouverture des négociations mentionnées à l'article L. 2342-1, notamment des informations relatives à la structure de l'entreprise ou du groupe et à ses effectifs, sont:

1° Tout chef d'une entreprise ou de l'entreprise dominante d'un groupe d'entreprises de dimension communautaire;

2° Tout chef d'une entreprise appartenant à un groupe d'entreprises de dimension communautaire;

3° Tout chef d'un établissement d'une entreprise de dimension communautaire ou appartenant à un groupe d'entreprises de dimension communautaire;

4° En l'absence de représentant en France désigné en application du 2° de l'article L. 2341-3, le chef de l'établissement de l'entreprise de dimension communautaire ou le chef de l'entreprise dominante du groupe d'entreprises de dimension communautaire mentionnés au 3° de cet article.»

Art. L. 2342-4. À défaut d'initiative de l'employeur, la procédure de constitution du groupe spécial de négociation est engagée à la demande écrite de cent salariés ou de leurs représentants, relevant d'au moins deux entreprises ou établissements situés dans au moins deux États différents mentionnés à l'article L. 2341-1.

Aucun salarié ne peut être sanctionné ou licencié en raison de l'exercice de ce droit d'initiative. Toute décision ou tout acte contraire est nul de plein droit.

Art. L. 2342-5. (Ord. 2011-1328 du 20 oct. 2011, art. 2, JO 21) «Le chef de l'entreprise ou de l'entreprise dominante du groupe d'entreprises de dimension communautaire» invite et convoque le groupe spécial de négociation à une réunion.

(Ord. 2011-1328 du 20 oct. 2011, art. 2, JO 21) «Il informe de la composition du groupe spécial de négociation et du début des négociations les chefs des établissements de l'entreprise ou les chefs des entreprises du groupe d'entreprises de dimension communautaire et les organisations européennes de salariés et d'employeurs consultées par la Commission européenne.

Avant et après les réunions avec le chef de l'entreprise ou de l'entreprise dominante du groupe d'entreprises de dimension communautaire, le groupe spécial de négociation peut se réunir, avec les moyens nécessaires et adaptés à la communication entre ses membres, hors la présence des représentants du chef de l'entreprise ou de l'entreprise dominante du groupe d'entreprises de dimension communautaire.»

Art. L. 2342-6. Le temps passé en réunion par les membres du groupe spécial de négociation est considéré comme temps de travail et payé à l'échéance normale.

Les dépenses nécessaires à la bonne exécution de la mission du groupe spécial de négociation sont à la charge de l'entreprise ou de l'entreprise dominante du groupe d'entreprises.

Art. L. 2342-7. Pour négocier, le groupe spécial de négociation peut être assisté d'experts de son choix (Ord. 2011-1328 du 20 oct. 2011, art. 2, JO 21) «parmi lesquels peuvent figurer des représentants des organisations européennes de salariés mentionnées à l'article L. 2342-5.»

(Ord. 2011-1328 du 20 oct. 2011, art. 2, JO 21) «Les experts et les représentants des organisations précitées peuvent, à la demande du groupe spécial de négociation, assister, à titre consultatif, aux réunions de négociation.»

L'entreprise ou l'entreprise dominante du groupe d'entreprises de dimension communautaire prend en charge les frais afférents à l'intervention d'un expert.

Art. L. 2342-8. La décision de conclure un accord est prise par le groupe spécial de négociation à la majorité de ses membres.

Le groupe peut décider, par au moins deux tiers des voix, de ne pas ouvrir de négociations ou de mettre fin aux négociations déjà en cours. Dans ce cas, une nouvelle demande de constitution d'un groupe spécial de négociation ne peut être introduite que deux ans au plus tôt après cette décision, sauf si les parties concernées fixent un délai plus court.

Le groupe cesse d'exister lorsqu'une procédure d'information et de consultation ou un comité d'entreprise européen est mis en place, ou s'il décide de mettre fin aux négociations dans les conditions prévues au deuxième alinéa.

SECTION 2. Comité d'entreprise européen institué par accord

Art. L. 2342-9. Lorsqu'il opte pour la constitution d'un comité d'entreprise européen, le groupe spécial de négociation conclut un accord qui détermine:

1° Les établissements de l'entreprise de dimension communautaire ou les entreprises membres du groupe d'entreprises de dimension communautaire concernés par l'accord;

2° La composition du comité d'entreprise européen, en particulier le nombre de ses membres, la répartition des sièges (Ord. 2011-1328 du 20 oct. 2011, art. 2, JO 21) «permettant de prendre en compte le besoin de représentation équilibrée des salariés selon les activités, les catégories de salariés et le sexe,» et la durée du mandat;

3° Les attributions du comité d'entreprise européen et les modalités selon lesquelles l'information et la consultation se déroulent en son sein;

(Ord. 2011-1328 du 20 oct. 2011, art. 2, JO 21) «4° Les modalités de l'articulation entre l'information et la consultation du comité d'entreprise européen et celles des autres institutions représentatives du personnel mentionnées au présent livre et celles mises en place en application du droit de l'État membre sur le territoire duquel est implanté l'entreprise ou l'établissement, en fonction de leurs compétences et domaines d'intervention respectifs;»

5° Le lieu, la fréquence et la durée des réunions du comité d'entreprise européen;

(Ord. 2011-1328 du 20 oct. 2011, art. 2, JO 21) «6° Le cas échéant, la composition, les modalités de désignation, les attributions et les modalités de réunion du bureau constitué au sein du comité d'entreprise européen;»

7° Les moyens matériels et financiers alloués au comité d'entreprise européen;

(Ord. 2011-1328 du 20 oct. 2011, art. 2, JO 21) «8° La date d'entrée en vigueur de l'accord et sa durée, les modalités selon lesquelles l'accord peut être amendé ou dénoncé ainsi que les cas dans lesquels l'accord doit être renégocié et la procédure de sa renégociation, notamment lorsque des modifications interviennent dans la structure de l'entreprise ou du groupe d'entreprises de dimension communautaire.»

Art. L. 2342-10. Les membres du comité d'entreprise européen institué par accord ainsi que les experts qui les assistent sont tenus:

1° Au secret professionnel pour toutes les questions relatives aux procédés de fabrication;

2° À une obligation de discrétion à l'égard des informations présentant un caractère confidentiel et données comme telles par l'employeur.

Art. L. 2342-10-1. (Ord. 2011-1328 du 20 oct. 2011, art. 2, JO 21) Les membres du comité d'entreprise européen institué par accord informent les représentants du personnel des établissements ou des entreprises d'un groupe d'entreprises de dimension communautaire ou, à défaut de représentants, l'ensemble des salariés de la teneur et des résultats de la procédure d'information et de consultation mise en œuvre, dans le respect des dispositions relatives au secret professionnel et à l'obligation de discrétion mentionnées à l'article L. 2342-10.

Art. L. 2342-10-2. (Ord. 2011-1328 du 20 oct. 2011, art. 2, JO 21) Les membres du comité d'entreprise européen institué par accord bénéficient sans perte de salaire des formations nécessaires à l'exercice de leur mandat dans des conditions déterminées par l'accord.

SECTION 3. Procédure d'information et de consultation instituée par accord

Art. L. 2342-11. Lorsque, au lieu de créer un comité d'entreprise européen, le groupe spécial de négociation opte pour l'institution d'une ou de plusieurs procédures d'information et de consultation, l'accord prévoit selon quelles modalités les représentants des salariés peuvent se réunir pour procéder à une consultation sur les informations qui leur sont communiquées et qui portent, notamment, sur des questions transnationales affectant considérablement les intérêts des salariés.

Art. L. 2342-12. Les représentants des salariés dans le cadre d'une procédure d'information et de consultation ainsi que les experts qui les assistent sont tenus :

1° Au secret professionnel pour toutes les questions relatives aux procédés de fabrication ;

2° À une obligation de discrétion à l'égard des informations présentant un caractère confidentiel et données comme telles par l'employeur.

Chapitre III

Comité institué en l'absence d'accord

SECTION 1. Mise en place

Art. L. 2343-1. Un comité d'entreprise européen est institué conformément aux dispositions du présent chapitre dans les cas suivants :

1° Lorsque le chef de l'entreprise ou de l'entreprise dominante de dimension communautaire refuse de mettre en place un groupe spécial de négociation ou d'ouvrir des négociations dans un délai de six mois à compter de la réception de la demande prévue à l'article L. 2342-4 ;

2° Lorsque le groupe spécial de négociation n'a pas conclu d'accord dans un délai de trois ans à compter de la réception de la demande prévue à l'article L. 2342-4 ou de l'initiative prise par la direction de l'entreprise ou du groupe, sans préjudice des dispositions de l'article L. 2342-8.

Le comité d'entreprise européen est constitué et réuni au plus tard à l'expiration d'un délai de six mois suivant l'arrivée des termes de six mois ou de trois ans, mentionnés aux 1° et 2°.

SECTION 2. Attributions

Art. L. 2343-2. Le comité d'entreprise européen se réunit (Ord. 2011-1328 du 20 oct. 2011, art. 3, JO 21) « au moins » une fois par an.

(Ord. 2011-1328 du 20 oct. 2011, art. 3, JO 21) « Il est notamment informé sur : »

1° La structure de l'entreprise ou du groupe d'entreprises ;

2° Sa situation économique et financière ;

3° L'évolution probable de ses activités ;

4° La production et les ventes ;

5° La situation et l'évolution probable de l'emploi ;

6° Les investissements ;

7° Les changements substantiels concernant l'organisation, l'introduction de nouvelles méthodes de travail ou de nouveaux procédés de production ;

8° Les transferts de production ;

9° Les fusions ;

10° La réduction de la taille ou la fermeture d'entreprises, d'établissements ou de parties importantes de ceux-ci ;

11° Les licenciements collectifs.

Art. L. 2343-3. (Ord. 2011-1328 du 20 oct. 2011, art. 3, JO 21) Au moins une fois par an, le comité d'entreprise européen est consulté lors d'une réunion sur un rapport portant sur les 5° à 11° de l'article L. 2343-2.

La consultation s'effectue de façon à permettre aux représentants des salariés de se réunir avec l'employeur et d'obtenir une réponse motivée à tout avis qu'ils pourraient émettre.

Art. L. 2343-4. Lorsque surviennent des circonstances exceptionnelles (Ord. 2011-1328 du 20 oct. 2011, art. 3, JO 21) «ou des décisions» affectant considérablement les intérêts des salariés, notamment en cas de délocalisation, de fermeture d'entreprises ou d'établissements ou de licenciements collectifs, le bureau mentionné à l'article L. 2343-7 ou, s'il n'en existe pas, le comité d'entreprise européen, en est informé.

Le bureau ou le comité se réunit à sa demande avec l'employeur afin d'être informé et consulté sur les mesures affectant considérablement les intérêts des salariés.

Les membres du comité d'entreprise européen élus ou désignés par les établissements ou les entreprises directement concernés par les mesures en cause ont également le droit de participer à la réunion du bureau.

Cette réunion a lieu dans les meilleurs délais, à partir d'un rapport établi par le chef d'entreprise. Un avis peut être émis à l'issue de la réunion ou dans un délai raisonnable sur ce rapport.

Cette réunion ne porte pas atteinte aux prérogatives du chef d'entreprise.

Pour l'application de ces dispositions, l'employeur peut être remplacé par son représentant ou tout autre responsable à un niveau de direction plus approprié au sein de l'entreprise ou du groupe d'entreprises de dimension communautaire doté d'un pouvoir de décision.

SECTION 3. Composition

Art. L. 2343-5. Le comité d'entreprise européen est composé :

1° Du chef de l'entreprise ou de l'entreprise dominante du groupe de dimension communautaire, assisté de deux personnes de son choix ayant voix consultative ;

2° De représentants du personnel des établissements de l'entreprise ou des entreprises constituant le groupe de dimension communautaire.

(Ord. 2011-1328 du 20 oct. 2011, art. 3, JO 21) «Le chef de l'entreprise ou de l'entreprise dominante du groupe d'entreprises de dimension communautaire et tout autre niveau de direction approprié sont informés de la désignation des représentants des salariés au comité d'entreprise européen.»

Art. L. 2343-6. Les modifications de la composition du comité d'entreprise européen qui résultent des changements intervenus dans la structure ou la dimension de l'entreprise ou du groupe d'entreprises de dimension communautaire peuvent être décidées par accord conclu en son sein entre l'employeur et les représentants des salariés.

SECTION 4. Fonctionnement

Art. L. 2343-7. Le comité d'entreprise européen est doté de la personnalité civile.

Il est présidé par le chef d'entreprise ou de l'entreprise dominante du groupe de dimension communautaire.

Le comité désigne un secrétaire.

(Ord. 2011-1328 du 20 oct. 2011, art. 3, JO 21) «Il élit un bureau d'au maximum cinq membres qui bénéficie de conditions matérielles lui permettant d'exercer son activité de façon régulière.»

Art. R. 2343-1. Le secrétaire du comité d'entreprise européen est désigné à la majorité des voix parmi ses membres.

Les membres du bureau sont élus parmi les membres du comité.

Art. L. 2343-8. Le comité d'entreprise européen adopte un règlement intérieur qui fixe ses modalités de fonctionnement.

Ce règlement intérieur peut organiser la prise en compte des répercussions, sur le comité d'entreprise européen, des changements intervenus dans la structure ou la dimension de l'entreprise ou du groupe d'entreprises de dimension communautaire. L'examen de tels changements peut avoir lieu à l'occasion de la réunion annuelle du comité.

Art. L. 2343-9. La réunion annuelle du comité d'entreprise européen est provoquée sur convocation de son président, à partir d'un rapport établi par celui-ci.

Ce rapport retrace l'évolution des activités de l'entreprise de dimension communautaire ou du groupe d'entreprises de dimension communautaire et ses perspectives.

Les directeurs des établissements ou les chefs d'entreprise des entreprises du groupe sont informés de ce rapport.

Art. L. 2343-10. L'ordre du jour de la réunion annuelle du comité d'entreprise européen est arrêté par le président et le secrétaire. Il est communiqué aux membres du comité quinze jours au moins avant la séance.

À défaut d'accord sur le contenu de l'ordre du jour, celui-ci est fixé par le président et communiqué aux membres du comité dix jours au moins avant la date de la réunion.

Art. L. 2343-11. Avant les réunions, les représentants des salariés au comité d'entreprise européen ou le bureau, le cas échéant élargi conformément à l'article L. 2343-4, peuvent se réunir hors la présence des représentants de la direction de l'entreprise.

Art. L. 2343-12. La délégation du personnel du comité d'entreprise européen informe les représentants du personnel des établissements ou des entreprises d'un groupe d'entreprises de dimension communautaire ou, à défaut de représentants, l'ensemble des salariés, de la teneur et des résultats (Ord. 2011-1328 du 20 oct. 2011, art. 3, JO 21) «de la procédure d'information et de consultation mises en œuvre conformément aux dispositions du présent chapitre», dans le respect des dispositions relatives au secret professionnel et à l'obligation de discrétion.

Art. L. 2343-13. Le comité d'entreprise européen et son bureau peuvent être assistés d'experts de leur choix.

L'entreprise ou l'entreprise dominante du groupe d'entreprises de dimension communautaire prend en charge les frais afférents à l'intervention d'un expert.

Art. L. 2343-14. Les dépenses de fonctionnement du comité d'entreprise européen sont supportées par l'entreprise ou l'entreprise dominante du groupe d'entreprises de dimension communautaire.

Les membres du comité sont dotés des moyens matériels ou financiers nécessaires à l'accomplissement de leurs missions.

En particulier, l'entreprise prend en charge, sauf s'il en a été convenu autrement, les frais d'organisation des réunions et d'interprétariat ainsi que les frais de séjour et de déplacement des membres du comité et du bureau.

Art. L. 2343-15. L'employeur laisse au secrétaire et aux membres du bureau du comité d'entreprise européen le temps nécessaire à l'exercice de leurs fonctions dans la limite d'une durée qui, sauf circonstances exceptionnelles, ne peut excéder cent vingt heures annuelles pour chacun d'entre eux.

Ce temps est considéré comme temps de travail et payé à l'échéance normale.

Le temps passé par le secrétaire et les membres du bureau aux séances du comité et aux réunions du bureau n'est pas déduit de ces cent vingt heures.

L'employeur qui entend contester l'usage fait du temps ainsi alloué saisit le juge judiciaire.

Art. L. 2343-16. Le temps passé en réunion par les membres du comité d'entreprise européen est considéré comme temps de travail et payé à l'échéance normale.

Art. L. 2343-17. Les documents communiqués aux représentants des salariés comportent une version en français.

Art. L. 2343-18. Quatre ans après l'institution du comité d'entreprise européen dans les cas prévus par l'article L. 2343-1, celui-ci examine s'il convient de le renouveler ou d'engager des négociations en vue de la conclusion de l'accord mentionné aux articles L. 2342-2 et L. 2342-9.

Dans cette dernière hypothèse, les membres du comité forment le groupe spécial de négociation habilité à conclure l'accord mentionné au premier alinéa.

L'employeur convoque une réunion à cet effet dans un délai de six mois à compter du terme de quatre ans.

Le comité demeure en fonction tant qu'il n'a pas été renouvelé ou remplacé.

Art. L. 2343-19. Lorsqu'un groupe d'entreprises a mis en place un comité d'entreprise européen, l'accord mentionné à l'article L. 2342-2 ou un accord passé au sein du groupe peut décider d'un aménagement des conditions de fonctionnement du comité de groupe.

L'entrée en vigueur de l'accord est subordonnée à un vote favorable du comité de groupe.

Chapitre IV

Dispositions communes au groupe spécial de négociation et au comité institué en l'absence d'accord

SECTION 1. Répartition des sièges

Art. L. 2344-1. Le nombre de sièges au groupe spécial de négociation et au comité d'entreprise européen institué en l'absence d'accord ainsi que le nombre minimum et maximum de représentants du personnel au comité d'entreprise européen institué dans les mêmes conditions sont fixés par décret en Conseil d'État.

L'employeur et les représentants des salariés peuvent décider d'associer aux travaux du groupe spécial de négociation ou du comité d'entreprise européen des représentants des salariés employés dans des États autres que ceux mentionnés à l'article L. 2341-1. Ces membres associés n'ont pas le droit de vote au sein de l'instance considérée.

Art. R. 2344-1. (D. 2011-1414 du 31 oct. 2011, JO 1er nov.) Le nombre de sièges au groupe spécial de négociation et au comité d'entreprise européen institué en l'absence d'accord pour chacun des États mentionnés à l'article L. 2341-1 est fixé selon les règles suivantes :

1° Jusqu'à 10 % de l'effectif total : 1 siège ;
2° De plus de 10 % à 20 % de l'effectif total : 2 sièges ;
3° De plus de 20 % à 30 % de l'effectif total : 3 sièges ;
4° De plus de 30 % à 40 % de l'effectif total : 4 sièges ;
5° De plus de 40 % à 50 % de l'effectif total : 5 sièges ;
6° De plus de 50 % à 60 % de l'effectif total : 6 sièges ;
7° De plus de 60 % à 70 % de l'effectif total : 7 sièges ;
8° De plus de 70 % à 80 % de l'effectif total : 8 sièges ;
9° De plus de 80 % à 90 % de l'effectif total : 9 sièges ;
10° Plus de 90 % de l'effectif total : 10 sièges.

SECTION 2. Désignation, élection et statut des membres

Art. L. 2344-2. Les membres du groupe spécial de négociation et les représentants des salariés des établissements ou des entreprises implantés en France au comité d'entreprise européen sont désignés par les organisations syndicales de salariés parmi leurs élus aux (Ord. 2017-1386 du 22 sept. 2017, art. 4, 55°, JO 23, entrée en vigueur au plus tard le 01.01.2018) « comités sociaux et économiques » ou leurs représentants syndicaux dans l'entreprise ou le groupe, à partir des résultats des dernières élections.

Il en va de même des représentants des salariés des établissements ou entreprises situés en France appartenant à une entreprise ou un groupe de dimension communautaire pour la constitution d'un groupe spécial de négociation ou d'un comité d'entreprise européen dans un État autre que la France.

Art. L. 2344-3. Pour les établissements ou entreprises implantés en France, les sièges sont répartis entre les collèges proportionnellement à l'importance numérique de chacun d'entre eux.

Les sièges affectés à chaque collège sont répartis entre les organisations syndicales proportionnellement au nombre d'élus qu'elles ont obtenu dans ces collèges, selon la règle de la représentation proportionnelle au plus fort reste.

Art. L. 2344-4. Pour les établissements ou les entreprises implantés dans un des États mentionnés à l'article L. 2341-1, autre que la France, les membres du groupe spécial de négociation et les représentants des salariés au comité d'entreprise européen, mis en place en application de l'article L. 2343-1, sont élus ou désignés selon les règles ou usages en vigueur dans ces États.

Art. L. 2344-5. Pour l'entreprise ou le groupe d'entreprises de dimension communautaire dont le siège social ou celui de l'entreprise dominante est implanté en France, lorsqu'il n'existe pas d'organisation syndicale, les représentants du personnel au groupe spécial de négociation ou au comité d'entreprise européen sont élus directement, selon les règles applicables au (Ord. 2017-1386 du 22 sept. 2017, art. 4, 20°, JO 23, entrée en vigueur au plus tard le 01.01.2018) « comité social et économique ».

Art. L. 2344-6. Pour l'entreprise ou le groupe d'entreprise de dimension communautaire devant mettre en place un comité d'entreprise européen ou une procédure d'information et de consultation dans un des États autres que la France mentionnés à l'article L. 2341-1, les dispositions de l'article L. 2344-5 s'appliquent, lorsqu'il n'existe pas d'organisation syndicale, à l'établissement ou à l'entreprise implanté en France comprenant (L. 2012-387 du 22 mars 2012, art. 43, 5°, JO 23) « au moins cinquante salariés ».

Art. L. 2344-7. Les contestations relatives à la désignation des membres du groupe spécial de négociation et des représentants au comité d'entreprise européen des salariés des établissements ou des entreprises implantés en France sont portées devant le juge judiciaire.

Art. R. 2344-3. Les contestations relatives à la désignation des membres du groupe spécial de négociation et des représentants au comité d'entreprise européen des salariés des établissements ou des entreprises implantés en France sont de la compétence du (D. 2019-966 du 18 sept. 2019, art. 8, JO 19, entrée en vigueur le 01.01.2020) « tribunal judiciaire » du siège de l'entreprise ou de la filiale française dominante du groupe d'entreprises de dimension communautaire.

Art. L. 2344-8. Les membres du groupe spécial de négociation et les membres du comité d'entreprise européen institué en vertu des dispositions de l'article L. 2343-1, ainsi que les experts qui les assistent, sont tenus :

1° Au secret professionnel pour toutes les questions relatives aux procédés de fabrication ;

2° À une obligation de discrétion à l'égard des informations présentant un caractère confidentiel et données comme telles par l'employeur.

Art. L. 2344-9. (Ord. 2011-1328 du 20 oct. 2011, art. 4, JO 21) Les membres du groupe spécial de négociation et du comité d'entreprise européen institué en l'absence d'accord bénéficient, sans perte de salaire, des formations nécessaires à l'exercice de leur mandat.

Chapitre V

Suppression du comité

Art. L. 2345-1. Lorsque, du fait d'une baisse des effectifs, l'entreprise ou le groupe d'entreprises de dimension communautaire ne remplit plus les conditions de seuils mentionnées à l'article L. 2341-1, le comité d'entreprise européen, qu'il ait été institué ou non par accord, peut être supprimé par accord.

À défaut d'accord, l'autorité administrative peut autoriser la suppression du comité en cas de réduction importante et durable du personnel ramenant l'effectif au-dessous de ces seuils.

Art. R. 2345-1. Le (D. 2009-1377 du 10 nov. 2009, JO 13 ; D. 2010-687 du 24 juin 2010, JO 25 ; voir D. 2010-1582 du 17 déc. 2010, JO 18, pour outre-mer) « directeur régional des entreprises, de la concurrence, de la consommation, du travail et de l'emploi » peut autoriser la suppression du comité d'entreprise européen dans les conditions énoncées à l'article L. 2345-1.

Art. L. 2345-2. Lorsqu'un groupe d'entreprises a mis en place un comité d'entreprise européen, l'accord mentionné à l'article L. 2342-2 ou un accord passé au sein du groupe peut décider de la suppression du comité de groupe. L'entrée en vigueur de l'accord est subordonnée à un vote favorable du comité de groupe.

En cas de suppression du comité de groupe, les dispositions des articles L. 2332-1, L. 2332-2 et L. 2334-4 sont applicables au comité d'entreprise européen.

Chapitre VI

Dispositions pénales

Art. L. 2346-1. Le fait d'apporter une entrave soit à la constitution d'un groupe spécial de négociation, d'un comité d'entreprise européen ou à la mise en œuvre d'une procédure d'information et de consultation, soit à la libre désignation de leurs membres, notamment par la méconnaissance des articles L. 2342-1 à L. 2342-7 et L. 2343-1, est puni d'un emprisonnement d'un an et d'une amende de (L. 2015-990 du 6 août 2015, art. 262, 2°, JO 7) « 7 500 €.
Le fait d'apporter une entrave à leur fonctionnement régulier est puni d'une amende de 7 500 €.»

TITRE V

IMPLICATION DES SALARIÉS DANS LA SOCIÉTÉ EUROPÉENNE ET COMITÉ DE LA SOCIÉTÉ EUROPÉENNE

Chapitre Ier

Dispositions générales

Art. L. 2351-1. Les dispositions du présent titre s'appliquent:

1° Aux sociétés européennes ayant leur siège en France constituées conformément au règlement (CE) n° 2157/2001 du Conseil du 8 octobre 2001 relatif au statut de la société européenne (SE);

2° Aux sociétés participant à la constitution d'une société européenne et ayant leur siège en France;

3° Aux filiales et établissements situés en France d'une société européenne située dans un autre État membre de la Communauté européenne ou de l'Espace économique européen.

Art. L. 2351-2. Lorsqu'une société européenne mentionnée à l'article L. 2351-1 est une entreprise de dimension communautaire ou un groupe d'entreprises de dimension communautaire au sens de l'article L. 2341-2, les dispositions du titre IV relatif au comité d'entreprise européen ou à la procédure d'information et de consultation dans les entreprises de dimension communautaire ne sont applicables ni à la société européenne ni à ses filiales.

Art. L. 2351-3. Les modalités de l'implication des salariés dans la société européenne recouvrent l'information, la consultation et, le cas échéant, la participation.

Elles sont arrêtées par accord conclu entre les dirigeants des sociétés participantes et les représentants des salariés conformément aux dispositions du présent titre.

À défaut d'accord, ces modalités sont arrêtées conformément aux dispositions du chapitre III.

Art. L. 2351-4. On entend par information celle fournie par l'organe dirigeant de la société européenne à l'organe représentant les salariés sur les questions qui soit concernent la société européenne elle-même et toute filiale ou tout établissement situé dans un autre État membre, soit excèdent les pouvoirs des instances de décision situées dans un État membre.

Cette information se fait selon des modalités permettant aux représentants des salariés d'en évaluer l'incidence éventuelle et, le cas échéant, de préparer des consultations avec l'organe compétent de la société européenne.

Art. L. 2351-5. On entend par consultation l'instauration d'un dialogue et d'un échange de vues entre l'organe représentant les salariés ou les représentants des salariés et l'organe compétent de la société européenne selon des modalités permettant aux représentants des salariés, à partir des informations fournies, d'exprimer un avis sur les mesures envisagées par l'organe compétent.

Cet avis peut être pris en considération dans le cadre du processus décisionnel au sein de la société européenne.

Art. L. 2351-6. On entend par participation l'influence exercée par l'organe représentant les salariés ou par les représentants des salariés sur les affaires d'une société sous les formes suivantes :

– soit en exerçant leur droit d'élire ou de désigner certains membres de l'organe de surveillance ou d'administration de la société ;

– soit en exerçant leur droit de recommander la désignation d'une partie ou de l'ensemble des membres de l'organe de surveillance ou d'administration de la société ou de s'y opposer.

Art. L. 2351-7. Le décompte des effectifs des sociétés participantes, filiales ou établissements concernés situés en France s'effectue conformément aux dispositions de l'article L. 1111-2.

Art. D. 2351-1. Lorsque les dirigeants des sociétés participant à la constitution de cette société européenne décident que son siège est établi sur le territoire français, le projet de constitution de cette société précise que le groupe spécial de négociation est constitué au lieu de ce siège.

Chapitre II

Implication des salariés dans la société européenne par accord du groupe spécial de négociation

SECTION 1. Groupe spécial de négociation

Sous-section 1. Mise en place et objet

Art. L. 2352-1. Un groupe spécial de négociation est institué dès que possible après la publication du projet de fusion ou de constitution de la holding ou après l'adoption d'un projet de constitution d'une filiale ou de transformation en une société européenne.

Il est doté de la personnalité juridique.

Art. L. 2352-2. Le groupe spécial de négociation détermine avec les dirigeants des sociétés participant à la création de la société européenne ou leurs représentants, par un accord écrit, les modalités de l'implication des salariés au sein de la société européenne mentionnées à l'article L. 2351-3.

Art. D. 2352-1. Dans le délai d'un mois à compter de la publication du projet de constitution d'une société européenne, les dirigeants des sociétés participantes portent à la connaissance de leurs organisations syndicales, de celle de leurs filiales et établissements qui disposent de représentants ou d'élus au sens du premier alinéa de l'article L. 2352-5 :

1° L'identité des sociétés, filiales et établissements ;

2° Le lieu de leur implantation ;

3° Leur statut juridique ;

4° La nature de leurs activités.

Art. D. 2352-2. Les dirigeants des sociétés participantes indiquent à leurs organisations syndicales, à leurs filiales et à leurs établissements disposant de représentants ou d'élus :

1° Le nombre de leurs salariés, à la date de la publication du projet de constitution, en France collège par collège et dans les autres États membres ;

2° Les formes de participation existant au sens de l'article L. 2351-6 ;

3° Le nombre de sièges au groupe spécial de négociation revenant à chaque État membre, calculé conformément aux dispositions de l'article L. 2352-3.

Art. D. 2352-3. En cas de constitution de la société européenne par voie de fusion et dans les hypothèses mentionnées à l'article L. 2352-4, les dirigeants fixent le nombre des sièges supplémentaires et indiquent ceux alloués aux sociétés ayant leur siège en France.

Art. D. 2352-4. À défaut de représentants ou d'élus dans l'entreprise, les renseignements mentionnés aux articles D. 2352-1 et D. 2352-2 sont communiqués directement, par tout moyen, aux salariés des sociétés, filiales et établissements intéressés.

Sous-section 2. Désignation, élection et statut des membres

Art. L. 2352-3. Les sièges au sein du groupe spécial de négociation sont répartis entre les États membres en proportion du nombre de salariés employés dans chacun de ces États par rapport aux effectifs des sociétés participantes et des filiales ou établissements concernés dans l'ensemble des États membres. Leur nombre est fixé par décret en Conseil d'État.

À l'issue de la répartition ainsi opérée, le nombre de salariés que chaque membre du groupe spécial de négociation représente est déterminé aux fins de procéder aux calculs et votes mentionnés à l'article L. 2352-13.

Art. R. 2352-5. En application du premier alinéa de l'article L. 2352-3, le nombre de sièges par État membre au sein du groupe spécial de négociation est égal à :

1° Jusqu'à 10 % de l'effectif total : 1 siège ;
2° De plus de 10 % à 20 % de l'effectif total : 2 sièges ;
3° De plus de 20 % à 30 % de l'effectif total : 3 sièges ;
4° De plus de 30 % à 40 % de l'effectif total : 4 sièges ;
5° De plus de 40 % à 50 % de l'effectif total : 5 sièges ;
6° De plus de 50 % à 60 % de l'effectif total : 6 sièges ;
7° De plus de 60 % à 70 % de l'effectif total : 7 sièges ;
8° De plus de 70 % à 80 % de l'effectif total : 8 sièges ;
9° De plus de 80 % à 90 % de l'effectif total : 9 sièges ;
10° De plus de 90 % de l'effectif total : 10 sièges.

Art. L. 2352-4. Lorsqu'une société européenne se constitue par voie de fusion et qu'au moins une société participante perd son existence juridique propre et n'est pas représentée directement par un membre du groupe spécial de négociation, ce dernier comprend, outre les sièges alloués conformément à l'article L. 2352-3, un ou plusieurs sièges supplémentaires.

Toutefois, quel que soit le nombre de sociétés en cause, le nombre de membres supplémentaires ne peut excéder 20 % du nombre total de membres déterminé par application de l'article L. 2352-3. Si les sièges supplémentaires sont en nombre inférieur au nombre de sociétés perdant leur existence juridique propre et n'ayant aucun salarié désigné membre du groupe spécial de négociation, ils sont attribués à ces sociétés selon l'ordre décroissant de leurs effectifs. Si cet ordre comporte successivement deux sociétés ayant leur siège social dans le même État, le siège supplémentaire suivant est attribué à la société qui a l'effectif immédiatement inférieur dans un État différent.

Il est procédé, selon des modalités fixées par décret, à la détermination du nombre de salariés représentés par chaque membre du groupe spécial de négociation.

Art. L. 2352-5. Les membres du groupe spécial de négociation sont désignés par les organisations syndicales de salariés parmi leurs élus aux (Ord. 2017-1386 du 22 sept. 2017, art. 4, 55°, JO 23, entrée en vigueur au plus tard le 01.01.2018) «comités sociaux et économiques» ou leurs représentants syndicaux, sur la base des résultats des dernières élections.

Il en va de même des représentants des salariés des sociétés participantes, filiales ou établissements concernés situés en France et relevant d'une société européenne située dans un État autre que la France.

Pour les sociétés situées en France, les sièges sont répartis entre les collèges proportionnellement à l'importance numérique de chacun d'entre eux. Les sièges affectés à chaque collège sont répartis selon la règle de la représentation proportionnelle au plus fort reste entre les organisations syndicales, proportionnellement au nombre d'élus qu'elles ont obtenu dans ces collèges.

Les membres du groupe spécial de négociation désignés par les sociétés participantes implantées dans un des États membres autre que la France sont élus ou désignés selon les règles en vigueur dans chaque État membre.

La désignation de ces membres est notifiée par l'organisation syndicale à l'employeur dans des conditions déterminées par voie réglementaire.

Art. L. 2352-6. Lorsqu'il n'existe pas d'organisation syndicale dans la société européenne dont le siège social se trouve en France, les représentants du personnel au groupe spécial de négociation sont élus directement selon les règles applicables au (Ord. 2017-1386 du 22 sept. 2017, art. 4, 20°, JO 23, entrée en vigueur au plus tard le 01.01.2018) «comité social et économique».

Il en va de même lorsqu'il n'existe pas d'organisation syndicale dans l'établissement ou l'entreprise implanté en France et appartenant à une société européenne.

Art. L. 2352-7. Si des changements substantiels interviennent durant les négociations, notamment un transfert de siège, une modification de la composition de la société européenne ou une modification dans les effectifs susceptible d'entraîner une modification dans la répartition des sièges d'un ou plusieurs États membres au sein du groupe spécial de négociation, la composition de ce dernier est modifiée en conséquence.

Art. L. 2352-8. Les contestations relatives à la désignation des membres du groupe spécial de négociation et des représentants des salariés au comité de la société européenne dont le siège se situe en France, ainsi que des salariés des sociétés participantes, des établissements ou filiales implantés en France sont portées devant le juge judiciaire.

Art. D. 2352-6. Lorsqu'il existe des représentants ou des élus dans toutes les sociétés, filiales et établissements, les organisations syndicales désignent les membres du groupe spécial de négociation conformément aux modalités fixées aux articles D. 2352-8 et D. 2352-9.

Art. D. 2352-7. L'organisation syndicale notifie à l'employeur la désignation des membres du groupe spécial de négociation par lettre recommandée avec avis de réception.

Art. D. 2352-8. Pour procéder à la répartition des sièges du groupe spécial de négociation entre les collèges conformément aux dispositions du troisième alinéa de l'article L. 2352-5, l'effectif à prendre en compte est la somme des effectifs des salariés appartenant aux collèges des sociétés, filiales et établissements.

Il est déterminé un quotient égal à l'effectif calculé au premier alinéa divisé par le nombre de sièges revenant à la France au sein du groupe spécial de négociation.

Il est attribué à chaque collège autant de sièges que le total de ses effectifs dans chaque société, filiale ou établissement contient de fois le quotient.

Le ou les sièges non attribués par application des dispositions du troisième alinéa sont attribués au plus fort reste. En cas d'égalité de restes, le siège revient au collège qui représente le plus grand nombre de salariés.

Art. D. 2352-9. Pour procéder à la répartition des sièges alloués à chaque collège entre les organisations syndicales, il est calculé un quotient égal au nombre total d'élus de ce collège dans les (D. 2017-1819 du 29 déc. 2017, art. 3, 33°, JO 30, entrée en vigueur le 01.01.2018) « comités sociaux et économiques ou comités sociaux et économiques d'établissement » des sociétés, filiales et établissements, divisé par le nombre de sièges attribués à ce collège.

Il est attribué à chaque organisation syndicale, par collège, autant de sièges que son nombre d'élus dans ce collège contient de fois le quotient.

Le ou les sièges non attribués par application des dispositions du deuxième alinéa sont attribués au plus fort reste. En cas d'égalité de restes, le siège revient à l'organisation syndicale qui a obtenu le plus grand nombre de suffrages cumulés lors du premier tour des élections ayant conduit à la désignation de ses élus.

Art. D. 2352-10. Lorsque seules certaines sociétés, filiales et établissements ont un représentant ou un élu, les membres du groupe spécial de négociation sont :

1° Soit désignés selon les modalités définies aux articles D. 2352-6 et suivants ;

2° Soit élus conformément aux dispositions de l'article D. 2352-11.

Les nombres respectifs des membres désignés et des membres élus pour pourvoir les sièges revenant à la France au sein du groupe spécial de négociation sont déterminés en fonction de la part des effectifs cumulés des sociétés, filiales et établissements ayant ou non un représentant ou un élu dans l'ensemble des effectifs des sociétés, filiales et établissements implantés en France. Cette détermination se fait selon le système de la représentation proportionnelle au plus fort reste.

Art. D. 2352-11. Lorsqu'aucune des sociétés, filiales et établissements n'a de représentant ou d'élu, les membres du groupe spécial de négociation sont élus directement par les salariés.

L'élection a lieu collège par collège. Elle est commune à l'ensemble des sociétés, filiales et établissements.

La répartition des sièges entre les différentes catégories et la répartition des salariés dans les collèges électoraux sont accomplies sur la base de leurs effectifs cumulés dans les sociétés, filiales et établissements.

Les listes de candidats comportent autant de noms que de sièges revenant à la France au sein du groupe spécial de négociation.

Le vote peut se dérouler séparément dans les locaux de chaque société, filiale ou établissement. Le dépouillement ne peut commencer avant la clôture du dernier scrutin.

Les sièges sont attribués à chaque liste conformément aux dispositions des articles R. 2324-18 et suivants.

Art. D. 2352-12. Lorsqu'un siège supplémentaire est attribué à une société participante en application de l'article L. 2352-4, ce siège est attribué :

1° S'il existe un (D. 2017-1819 du 29 déc. 2017, art. 3, 4°, JO 30, entrée en vigueur le 01.01.2018) « comité social et économique », à l'organisation syndicale qui compte le plus de représentants au sein de ce comité. En cas d'égalité, le siège est attribué à celle ayant recueilli le plus grand nombre de suffrages au premier tour de scrutin de l'élection des membres de ce comité ;

2° En l'absence de (D. 2017-1819 du 29 déc. 2017, art. 3, 4°, JO 30, entrée en vigueur le 01.01.2018) « comité social et économique », à un représentant élu directement à cet effet par les salariés de la société.

L'élection a lieu au scrutin uninominal à un tour.

Art. D. 2352-13. Les désignations des membres du groupe spécial de négociation sont notifiées aux dirigeants de la société, filiale ou établissement au sein duquel travaillent les représentants des salariés ou, le cas échéant, à l'organe de direction mandaté à cet effet.

Les dirigeants des sociétés, filiales et établissements transmettent aux dirigeants des sociétés participantes le nom des personnes ainsi désignées et celui des personnes élues en application des dispositions des articles D. 2352-10 à D. 2352-12.

Ils font connaître ces informations à leurs salariés, par affichage ou par tout autre moyen, ainsi qu'à l'inspecteur du travail.

Sous-section 3. **Fonctionnement**

Art. L. 2352-9. Les dirigeants des sociétés participant à la constitution de la société européenne invitent le groupe spécial de négociation à se réunir et communiquent à cet effet aux représentants du personnel et aux dirigeants des établissements et filiales concernés, qui en l'absence de représentants du personnel en informent directement les salariés, l'identité des sociétés participantes ainsi que le nombre de salariés qu'elles comprennent.

Les négociations débutent dès que le groupe spécial de négociation est constitué. Elles peuvent se poursuivre pendant les six mois qui suivent, sauf si les parties décident, d'un commun accord, de prolonger ces négociations dont la durée totale ne peut dépasser un an.

Durant cette période, le groupe spécial de négociation est régulièrement informé du processus de création de la société européenne.

Art. L. 2352-10. Le temps passé en réunion par les membres du groupe spécial de négociation est considéré comme temps de travail et payé à l'échéance normale.

Art. L. 2352-11. Les dépenses nécessaires à la bonne exécution de la mission du groupe spécial de négociation sont à la charge des sociétés participantes.

Art. L. 2352-12. Pour négocier, le groupe spécial de négociation peut être assisté d'experts de son choix à tout niveau qu'il estime approprié. Ces experts participent aux réunions du groupe à titre consultatif.

L'ensemble des sociétés participantes prend en charge les dépenses relatives aux négociations et à l'assistance d'un seul expert.

Art. L. 2352-13. Le groupe spécial de négociation prend ses décisions à la majorité absolue de ses membres, laquelle doit également représenter la majorité absolue des salariés des sociétés participantes, des filiales et établissements concernés.

Par dérogation à ces dispositions, la décision de ne pas entamer les négociations ou de clore des négociations déjà entamées et (L. 2008-89 du 30 janv. 2008, art. 9, JO 31) « d'appliquer » la réglementation relative à l'information et à la consultation dans les États membres où la société européenne emploie des salariés, est prise à la majorité des deux tiers des membres du groupe spécial de négociation, issus d'au moins deux États membres et à la condition qu'ils représentent au moins les deux tiers des salariés des sociétés participantes, des filiales et établissements concernés. Dans ce cas, les dispositions prévues par le chapitre III ne sont pas applicables. Une telle décision ne peut être prise dans le cas d'une société européenne constituée par transformation, lorsqu'il existe un système de participation dans la société qui doit être transformée.

Lorsque la participation concerne une proportion du nombre total des salariés employés par les sociétés participantes d'au moins 25 % en cas de constitution d'une société européenne par fusion, et d'au moins 50 % en cas de constitution par holding ou filiale commune, et lorsque le groupe spécial de négociation envisage de fixer un nombre ou une proportion des membres de l'organe de surveillance ou d'administration par lesquels les salariés exercent leurs droits à participation à un niveau inférieur à celui qui était le plus élevé au sein de l'une des sociétés participantes, la décision est prise dans les conditions de majorité prévues au deuxième alinéa.

Art. L. 2352-14. Aucun salarié ne peut être sanctionné ou licencié en raison de l'exercice du droit prévu par l'article L. 2352-13. Toute décision ou tout acte contraire est nul de plein droit.

Art. L. 2352-15. Les membres du groupe spécial de négociation ainsi que les experts qui les assistent sont tenus au secret professionnel et à l'obligation de discrétion prévus à l'article L. 2325-5.

Art. D. 2352-14. Les dirigeants des sociétés participantes convoquent les membres du groupe spécial de négociation à une première réunion. La convocation fixe la date de la réunion. Elle est faite par lettre recommandée avec avis de réception.

Le délai de six mois mentionné au deuxième alinéa de l'article L. 2352-9 court à compter de la date de cette première réunion.

Art. D. 2352-15. Les membres du groupe spécial de négociation sont tenus informés :

1° Du mode de constitution de la société européenne et des effets de celui-ci pour les sociétés participantes ainsi que pour leurs filiales et établissements ;

2° Des modalités d'information, de consultation et de participation instituées au sein de ces sociétés, filiales et établissements, que le lieu de leur implantation soit situé en France ou dans un autre État membre de la Communauté européenne ou de l'Espace économique européen ;

3° Des modalités de transfert des droits et obligations des sociétés participantes en matière de conditions d'emploi résultant de la législation et des relations collectives et individuelles de travail.

Art. D. 2352-16. Pour le calcul des majorités de salariés mentionnées aux premier et deuxième alinéas de l'article L. 2352-13, chaque membre occupant un siège au sein du groupe spécial de négociation alloué à un État membre représente un nombre de salariés égal au nombre total des salariés employés dans les sociétés participantes, les filiales et les établissements situés dans cet État membre, divisé par le nombre de sièges attribués à cet État membre, arrondi à l'entier inférieur.

Lorsqu'il est fait application des dispositions de l'article L. 2352-4, le titulaire de chaque siège supplémentaire représente un nombre de salariés égal à l'effectif de la société à laquelle a été attribué ce siège. Le nombre total des salariés calculé, pour l'État membre dans lequel est située cette société, conformément au premier alinéa, est alors réduit à concurrence de cet effectif.

Art. R. 2352-17. Les éléments fournis, en application du quatrième alinéa de l'article L. 229-3 du code de commerce, par la société, la filiale ou l'établissement concernés par la fusion pour attester que les modalités relatives à l'implication des salariés ont été fixées conformément aux dispositions des articles L. 2351-1, à L. 2352-13, L. 2352-16 à L. 2353-25, L. 2353-27 à L. 2353-32 et L. 2354-1, sont transmis à l'inspecteur du travail.

Sous-section 4 (réglementaire). **Contestations**

Art. R. 2352-18. Le (D. 2019-966 du 18 sept. 2019, art. 8, JO 19, entrée en vigueur le 01.01.2020) « tribunal judiciaire » compétent pour statuer sur la contestation de la désignation et de l'élection des membres du groupe spécial de négociation est celui dans le ressort duquel est situé le siège, selon le cas, de la société européenne, de la société, de la filiale ou de l'établissement concernés.

La contestation est formée, instruite et jugée selon les modalités prévues aux articles R. 2324-24 et R. 2324-25.

Toutefois, la contestation est formée :

1° Dans un délai de quinze jours à compter de la notification de la désignation à l'employeur ;

2° Par les salariés, dans un délai de quinze jours, à compter de la date à laquelle la désignation à l'employeur ou l'élection est portée à leur connaissance.

Art. R. 2352-19. Les litiges auxquels donne lieu l'application des dispositions de la présente section, autres que ceux mentionnés à l'article R. 2352-18, sont portés devant le président du (D. 2019-966 du 18 sept. 2019, art. 8, JO 19, entrée en vigueur le 01.01.2020) « tribunal judiciaire » du domicile du défendeur. Il statue (D. 2019-1419 du 20 déc. 2019, art. 10, 7°, JO 22) « selon la procédure accélérée au fond ».

SECTION 2. Contenu de l'accord

Art. L. 2352-16. Sous réserve des dispositions du deuxième alinéa de l'article L. 2352-13, les dirigeants de chacune des sociétés participantes et le groupe spécial de négociation négocient en vue de parvenir à un accord qui détermine :

1° Les sociétés participantes, les établissements et filiales concernés par l'accord ;

2° La composition, le nombre de membres et la répartition des sièges de l'organe de représentation qui est l'interlocuteur de l'organe dirigeant de la société européenne pour l'information et la consultation des salariés de la société européenne et de ses filiales ou établissements ;

3° Les attributions et la procédure prévue pour l'information et la consultation de l'organe de représentation ;

4° La fréquence des réunions de l'organe de représentation ;

5° Les ressources financières et matérielles à allouer à l'organe de représentation ;

6° Les modalités de mise en œuvre de procédures d'information et de consultation lorsque celles-ci ont été instituées, par accord entre les parties, en lieu et place d'un organe de représentation ;

7° La date d'entrée en vigueur de l'accord et sa durée, les cas dans lesquels l'accord doit être renégocié et la procédure pour sa renégociation.

Art. L. 2352-17. Si, au cours des négociations, les parties décident de fixer des modalités de participation, l'accord détermine la teneur de ces dispositions y compris, le cas échéant, le nombre de membres de l'organe d'administration ou de surveillance de la société européenne que les salariés ont le droit d'élire, de désigner, de recommander ou à la désignation desquels ils peuvent s'opposer, les procédures à suivre pour que les salariés puissent élire, désigner ou recommander ces membres ou s'opposer à leur désignation, ainsi que leurs droits.

Art. L. 2352-18. Lorsque la société européenne est constituée par transformation, l'accord prévoit un niveau d'information, de consultation et de participation au moins équivalent à celui qui existe dans la société devant être transformée en société européenne.

Art. L. 2352-19. Lorsqu'il existe au sein des sociétés participantes plusieurs formes de participation, le groupe spécial de négociation qui décide de mettre en œuvre les modalités de participation prévues à l'article L. 2352-17 choisit au préalable, dans les conditions prévues à l'article L. 2352-13, laquelle de ces formes est appliquée au sein de la société européenne.

Art. L. 2352-20. Les dirigeants des sociétés participantes et le groupe spécial de négociation peuvent décider, par accord, d'appliquer les dispositions de références relatives à la mise en place du comité de la société européenne prévues au chapitre III.

Chapitre III

Comité de la société européenne et participation des salariés en l'absence d'accord

SECTION 1. Comité de la société européenne

Sous-section 1. Mise en place

Art. L. 2353-1. Un comité de la société européenne est institué lorsque, à l'issue de la période de négociation prévue à l'article L. 2352-9, aucun accord n'a été conclu et que le groupe spécial de négociation n'a pas pris la décision mentionnée à l'article L. 2352-13.

Art. L. 2353-2. Dans le cas prévu à l'article L. 2353-1, l'immatriculation de la société européenne ne peut intervenir que si les parties décident de mettre en œuvre les dispositions du présent chapitre ainsi que du chapitre IV ou que si les dirigeants des sociétés participantes s'engagent à en faire application.

Art. D. 2353-1. Dans les hypothèses prévues à l'article L. 2353-2, est joint à la demande d'immatriculation de la société européenne :

1° L'accord portant sur la mise en place du comité de la société européenne et d'un système de participation des salariés prévu à l'article L. 2353-2 ;

2° À défaut de l'accord mentionné au 1°, l'engagement écrit des dirigeants des sociétés participantes de faire application des dispositions des articles L. 2351-2, L. 2351-7, L. 2352-14, L. 2352-15, L. 2353-1, L. 2353-3 à L. 2353-32, L. 2354-1.

Art. D. 2353-2. Les membres du comité de la société européenne sont :

1° Soit désignés selon les modalités définies aux articles D. 2352-6 et suivants ;

2° Soit élus conformément aux dispositions de l'article D. 2352-11 lorsque les conditions prévues à l'article L. 2352-6 sont réunies.

Art. R. 2353-3. Les contestations relatives à la désignation des représentants des salariés et à l'élection des membres du comité de la société européenne dont le siège se situe en France, ainsi que des salariés des sociétés participantes, des établissements ou filiales implantés en France, sont de la compétence du (D. 2019-966 du 18 sept. 2019, art. 8, JO 19, entrée en vigueur le 01.01.2020) « tribunal judiciaire » du siège de la société européenne, de la société participante ou de la filiale ou de l'établissement intéressé.

Ces contestations sont formées, instruites et jugées selon les modalités prévues aux articles R. 2324-24 et R. 2324-25.

Le recours est formé dans un délai de quinze jours à compter de la notification de la désignation à l'employeur.

Sous-section 2. **Attributions**

Art. L. 2353-3. La compétence du comité de la société européenne est limitée aux questions concernant la société européenne elle-même ou toute filiale ou tout établissement situé dans un autre État membre, ou excédant les pouvoirs des instances de décision dans un seul État membre.

Art. L. 2353-4. Le comité de la société européenne se réunit au moins une fois par an.

La réunion annuelle porte notamment sur :

1° La situation économique et financière de la société européenne, de ses filiales et établissements ;

2° L'évolution probable des activités ;

3° La production et les ventes ;

4° La situation et l'évolution probable de l'emploi ;

5° Les investissements ;

6° Les changements substantiels intervenus concernant l'organisation, l'introduction de nouvelles méthodes de travail ou de nouveaux procédés de production ;

7° Les transferts de production ;

8° Les fusions ;

9° La réduction de taille ou la fermeture d'entreprises ou de parties de celles-ci ;

10° Les licenciements collectifs.

Art. L. 2353-5. Lorsque surviennent des circonstances exceptionnelles affectant considérablement les intérêts des salariés, notamment en cas de délocalisation, de fermeture d'entreprise ou d'établissement ou de licenciement collectif, le comité de la société européenne ou, s'il en décide ainsi, le bureau, est de plein droit réuni, s'il en fait la demande, par le dirigeant de la société européenne afin d'être informé et consulté sur les mesures affectant considérablement les intérêts des salariés.

Art. L. 2353-6. Le dirigeant de la société européenne qui décide de lancer une offre publique d'acquisition sur une entreprise peut n'informer le comité de la société européenne qu'une fois l'offre rendue publique.

Dans ce cas, il réunit le comité dans les huit jours suivant la publication de l'offre en vue de lui transmettre des informations écrites et précises sur le contenu de l'offre et sur les conséquences qu'elle est susceptible d'entraîner sur l'emploi.

Sous-section 3. **Composition**

Art. L. 2353-7. Le comité de la société européenne est composé :

1° Du dirigeant de la société européenne ou de son représentant, assisté de deux collaborateurs de son choix ayant voix consultative ;

2° De représentants du personnel des sociétés participantes, filiales et établissements concernés, désignés conformément à l'article L. 2353-9.

Art. L. 2353-8. Le nombre de sièges du comité de la société européenne est fixé conformément aux dispositions de l'article L. 2352-3.

Art. L. 2353-9. Les membres du comité de la société européenne représentant le personnel des sociétés participantes, filiales et établissements concernés implantés en France et relevant d'une société européenne dont le siège social est situé en France sont désignés conformément aux dispositions de l'article L. 2352-5.

Art. L. 2353-10. Lorsqu'il n'existe pas d'organisation syndicale dans la société européenne dont le siège social se trouve en France, les représentants du personnel au comité de la société européenne sont élus directement selon les règles applicables au (Ord. 2017-1386 du 22 sept. 2017, art. 4, 20°, JO 23, entrée en vigueur au plus tard le 01.01.2018) « comité social et économique ».

Il en va de même lorsqu'il n'existe pas d'organisation syndicale dans l'établissement ou l'entreprise implanté en France et appartenant à une société européenne.

Art. L. 2353-11. Les contestations relatives à la désignation des représentants des salariés au comité de la société européenne dont le siège se situe en France, ainsi que des salariés des sociétés participantes, des établissements ou filiales implantés en France sont portées devant le juge judiciaire.

Art. L. 2353-12. Les modifications de la composition du comité de la société européenne résultant des changements intervenus dans la structure ou la dimension de la société européenne peuvent être décidées par accord passé en son sein.

Sous-section 4. **Fonctionnement**

Art. L. 2353-13. Le comité de la société européenne a la personnalité juridique.

Il est présidé par le dirigeant de la société européenne.

Le comité désigne un secrétaire.

Il élit un bureau de trois membres lorsqu'il comprend au moins dix représentants du personnel.

Art. L. 2353-14. Le comité de la société européenne prend ses décisions par un vote à la majorité de ses membres.

Art. L. 2353-15. Le comité de la société européenne adopte un règlement intérieur qui fixe ses modalités de fonctionnement.

Ce règlement intérieur peut organiser la prise en compte des répercussions, sur le comité, des changements intervenus dans la structure ou la dimension de la société européenne. L'examen de tels changements peut intervenir à l'occasion de la réunion annuelle du comité de la société européenne.

Art. L. 2353-16. La réunion annuelle du comité de la société européenne est provoquée sur convocation de son président, à partir de rapports réguliers établis par celui-ci. Ces rapports retracent l'évolution des activités de la société européenne et ses perspectives.

Les directeurs des filiales et établissements constituant la société européenne sont informés de ces rapports.

Art. L. 2353-17. L'ordre du jour des réunions du comité de la société européenne est arrêté par le président et le secrétaire.

Il est communiqué aux membres du comité au moins quinze jours avant la date de la réunion.

À défaut d'accord sur le contenu de l'ordre du jour de la réunion obligatoire, celui-ci est fixé par le président ou le secrétaire et communiqué aux membres du comité au moins dix jours avant la date de la réunion.

Le dirigeant de la société européenne fournit au comité l'ordre du jour des réunions de l'organe d'administration ou de surveillance ainsi que des copies de tous les documents soumis à l'assemblée générale des actionnaires.

Art. L. 2353-18. Avant toute réunion, les représentants des salariés au comité de la société européenne ou, le cas échéant, son bureau, sont habilités à se réunir en l'absence de son président.

Art. L. 2353-19. Lorsque la direction décide de ne pas suivre l'avis exprimé par le comité de la société européenne, ce dernier est de plein droit réuni de nouveau, s'il en fait la demande, par le dirigeant, pour tenter de parvenir à un accord.

Art. L. 2353-20. Lorsqu'une réunion est organisée avec le bureau, les membres du comité de la société européenne représentant des salariés directement concernés par les mesures en question peuvent participer à cette réunion.

Art. L. 2353-21. Les documents communiqués aux représentants des salariés comportent au moins une version en français.

Art. L. 2353-22. Le comité de la société européenne et son bureau peuvent être assistés d'experts de leur choix à tout niveau qu'ils estiment approprié, pour autant que ce soit nécessaire à l'accomplissement de leurs tâches.

Les frais afférents à l'intervention d'un seul expert sont pris en charge par la société européenne dans le cadre de la réunion annuelle prévue à l'article L. 2353-4.

Art. L. 2353-23. Les représentants du personnel siégeant au comité de la société européenne informent les représentants du personnel des établissements et filiales de la société européenne ou, à défaut, l'ensemble des salariés, de la teneur et des résultats des travaux de ce comité, dans le respect du secret professionnel et de l'obligation de discrétion prévus à l'article L. 2325-5.

Art. L. 2353-24. Les dépenses de fonctionnement du comité de la société européenne et de son bureau sont prises en charge par la société européenne qui dote les représentants du personnel des ressources financières et matérielles nécessaires pour leur permettre de s'acquitter de leur mission d'une manière appropriée.

La société européenne prend également en charge les frais d'organisation des réunions et d'interprétariat ainsi que les frais de séjour et de déplacement des membres du comité et du bureau.

Art. L. 2353-25. Le secrétaire et les membres du comité de la société européenne et de son bureau disposent du temps nécessaire à l'exercice de leurs fonctions dans la limite d'une durée qui, sauf circonstances exceptionnelles, ne peut excéder cent vingt heures annuelles pour chacun d'entre eux.

Ce temps est considéré comme temps de travail et payé à l'échéance normale.

Le dirigeant de la société européenne qui entend contester l'usage fait du temps ainsi alloué saisit le juge judiciaire.

Le temps passé par le secrétaire et les membres du comité et de son bureau aux séances du comité de la société européenne et aux réunions du bureau n'est pas déduit de ces cent vingt heures.

Art. L. 2353-26. Les membres du comité de la société européenne ainsi que les experts qui les assistent sont tenus au secret professionnel et à l'obligation de discrétion prévus à l'article L. 2325-5.

Art. L. 2353-27. Les membres du comité de la société européenne ont droit à un congé de formation dans les conditions fixées à l'article L. 2325-44.

Art. L. 2353-27-1. (L. 2015-994 du 17 août 2015, art. 17, I, 6°, JO 18) Le recours à la visioconférence pour réunir le comité de la société européenne peut être autorisé par accord entre le président et les représentants du personnel siégeant au comité. En l'absence d'accord, ce recours est limité à trois réunions par année civile. Un décret détermine les conditions dans lesquelles le comité de la société européenne peut, dans ce cadre, procéder à un vote à bulletin secret.

Art. R. 2353-4. Le secrétaire du comité de la société européenne est désigné parmi ses membres.

Le bureau est élu parmi ses membres.

Art. R. 2353-5. Les éléments fournis, en application du quatrième alinéa de l'article L. 229-3 du code de commerce, par la société, la filiale ou l'établissement concernés par la fusion pour attester que les modalités relatives à l'implication des salariés ont été fixées conformément aux dispositions des articles L. 2351-1, à L. 2352-13, L. 2352-16 à L. 2353-25, L. 2353-27 à L. 2353-32 et L. 2354-1, sont transmis à l'inspecteur du travail.

Art. D. 2353-6. (D. 2016-453 du 12 avril 2016, JO 14) Les réunions par visioconférence du comité de la société européenne sur le fondement de l'article L. 2353-27-1 sont tenues dans les conditions prévues aux articles D. 2325-1-1 et suivants.

SECTION 2. Participation des salariés au conseil d'administration et de surveillance

Art. L. 2353-28. Lorsque aucun accord n'a été conclu et que le groupe spécial de négociation n'a pas pris la décision prévue au deuxième alinéa de l'article L. 2352-13, la participation des salariés dans la société européenne est régie par les dispositions suivantes :

1° Dans le cas d'une société européenne constituée par transformation, s'il existe un système de participation des salariés dans l'organe d'administration ou de surveillance avant l'immatriculation, tous les éléments de la participation des salariés continuent de s'appliquer à la société européenne ;

2° Dans les autres cas de constitution d'une société européenne, et lorsque la participation au sein des sociétés participant à la constitution de la société européenne atteint les seuils fixés au troisième alinéa de l'article L. 2352-13, la forme applicable de participation des salariés au conseil d'administration ou au conseil de surveillance, selon le cas, est déterminée après examen des différents systèmes nationaux existant au sein de chacune des sociétés participantes concernées avant l'immatriculation de la société européenne.

Art. L. 2353-29. Si une seule forme de participation existe au sein des sociétés participantes, ce système est appliqué à la société européenne en retenant pour sa mise en place la proportion ou, selon le cas, le nombre le plus élevé de membres concernés par les droits à participation au sein de l'organe d'administration ou de surveillance.

Si plusieurs formes de participation existent au sein des sociétés participantes, le groupe spécial de négociation détermine laquelle de ces formes est instaurée dans la société européenne.

Art. L. 2353-30. À défaut d'accord du groupe spécial de négociation sur le choix de la forme de participation, les dirigeants déterminent la forme de participation applicable.

Il est toujours retenu, pour la mise en place du système applicable, la proportion ou le nombre le plus élevé de membres de l'organe d'administration ou de surveillance concernés par les droits à participation.

Art. L. 2353-31. Lorsque la forme de participation applicable consiste en la recommandation ou l'opposition à la désignation de membres du conseil d'administration ou du conseil de surveillance, le comité de la société européenne détermine les conditions dans lesquelles s'exerce cette forme de participation.

Lorsque la forme de participation choisie consiste en l'élection (L. 2008-89 du 30 janv. 2008, art. 9, JO 31) « de membres du conseil d'administration ou, le cas échéant, du conseil de surveillance », la procédure se déroule conformément aux dispositions des articles L. 225-28 à L. 225-34 et L. 225-80 du code de commerce, exception faite de l'exigence de territorialité prévue au premier alinéa de l'article L. 225-28.

Art. L. 2353-32. Dès lors que le nombre de sièges au sein de l'organe de gestion concerné a été déterminé dans les conditions prévues à l'article L. 2353-31, le comité de la société européenne veille à leur répartition, proportionnellement au nombre de salariés de la société européenne employés dans chaque État membre.

Par dérogation à ces dispositions, le comité assure, dans la mesure du possible, à chaque État membre disposant d'un système de participation avant l'immatriculation de la société européenne l'attribution d'au moins un siège.

Chapitre IV

Dispositions applicables postérieurement à l'immatriculation de la société européenne

Art. L. 2354-1. Lorsqu'une société européenne est immatriculée, l'accord mentionné à l'article L. 2352-16 ou un accord collectif conclu au niveau approprié peut décider de la suppression ou d'un aménagement des conditions de fonctionnement, éventuellement sous la forme d'une redéfinition de leur périmètre national d'intervention, des institutions représentatives du personnel qui auraient vocation à disparaître du fait de la perte de l'autonomie juridique d'une ou de plusieurs sociétés participantes situées en France, après immatriculation de la société européenne.

Art. L. 2354-2. Quatre ans après l'institution du comité de la société européenne, celui-ci examine s'il convient d'engager des négociations en vue de conclure l'accord dans les conditions définies au chapitre II. À cet effet, le dirigeant de la société européenne convoque une réunion du comité dans un délai de six mois à compter du terme de quatre ans.

Pour mener ces négociations, le comité fait office de groupe spécial de négociation.

Le comité demeure en fonction tant qu'il n'a pas été renouvelé ou remplacé.

Art. L. 2354-3. Lorsque le groupe spécial de négociation a pris la décision prévue à l'article L. 2352-13, il est convoqué par le dirigeant de la société européenne à la demande écrite d'au moins 10 % des salariés de la société européenne, de ses filiales et établissements ou de leurs représentants, au plus tôt deux ans après la date de cette décision, à moins que les parties ne conviennent de rouvrir les négociations plus rapidement.

En cas d'échec des négociations, les dispositions du chapitre III ne sont pas applicables.

Art. L. 2354-4. Si, après l'immatriculation de la société européenne, des changements interviennent dans la structure de l'entreprise, la localisation de son siège ou le nombre de travailleurs qu'elle occupe et qu'ils sont susceptibles d'affecter substantiellement la composition du comité de la société européenne ou les modalités d'implication des travailleurs telles qu'arrêtées par l'accord issu des négociations engagées avant l'immatriculation de la société européenne ou en application de l'article L. 2353-28 et suivants, une nouvelle négociation est engagée dans les conditions prévues par le chapitre II.

Dans ce cas, l'échec des négociations entraîne l'application des dispositions des articles L. 2353-2 et suivants.

Art. R. 2354-1. Le président du (D. 2019-966 du 18 sept. 2019, art. 8, JO 19, entrée en vigueur le 01.01.2020) « tribunal judiciaire » du lieu du siège de la société européenne statue (D. 2019-1419 du 20 déc. 2019, art. 10, 7°, JO 22) « selon la procédure accélérée au fond » sur toutes les contestations relatives à l'application de l'article L. 2354-4.

Il ordonne la constitution d'un groupe spécial de négociation si la composition du comité de la société européenne ou les modalités d'implication des salariés ne correspondent plus à l'effectif ou à la structure de la société.

Chapitre V

Dispositions pénales

Art. L. 2355-1. (L. 2008-89 du 30 janv. 2008, art. 10, JO 31) Le fait d'apporter une entrave soit à la constitution d'un groupe spécial de négociation ou d'un comité de la société européenne mis en place ou non par accord, soit à la libre désignation de leurs membres est puni d'un emprisonnement d'un an et d'une amende de (L. 2015-990 du 6 août 2015, art. 262, 2°, JO 7) « 7 500 €.

Le fait d'apporter une entrave à leur fonctionnement régulier est puni d'une amende de 7 500 €. »

TITRE VI

IMPLICATION DES SALARIÉS DANS LA SOCIÉTÉ COOPÉRATIVE EUROPÉENNE ET COMITÉ DE LA SOCIÉTÉ COOPÉRATIVE EUROPÉENNE

Note Les dispositions de ce titre sont issues de la loi 2008-89 du 30 janvier 2008, art. 8, JO 31, qui a transposé en France la directive 2003/72/CE complétant le statut de la société coopérative européenne pour ce qui concerne l'implication des travailleurs.

Chapitre Ier

Dispositions générales

Art. L. 2361-1. Le présent titre s'applique :

1° Aux sociétés coopératives européennes constituées conformément au règlement (CE) n° 1435/2003 du Conseil du 22 juillet 2003 relatif au statut de la société coopérative européenne et ayant leur siège social et leur administration centrale en France ;

2° Aux personnes morales ayant leur siège social en France et aux personnes physiques résidant en France qui participent à la constitution d'une société coopérative européenne ;

3° Aux filiales et établissements situés en France des sociétés coopératives européennes constituées dans un autre État membre de la Communauté européenne ou de l'Espace économique européen.

Art. D. 2361-1. (D. 2008-440 du 7 mai 2008, JO 8) Lorsque les dirigeants des personnes morales ou les personnes physiques participant à la constitution d'une société coopérative européenne décident que son siège est établi sur le territoire français, le projet de constitution de cette société précise que le groupe spécial de négociation est constitué au lieu de ce siège.

Art. L. 2361-2. Lorsqu'une société coopérative européenne mentionnée à l'article L. 2361-1 est une entreprise de dimension communautaire ou un groupe d'entreprises de dimension communautaire au sens de l'article L. 2341-2, le titre IV du présent livre relatif au comité d'entreprise européen ou à la procédure d'information et de consultation dans les entreprises de dimension communautaire n'est applicable ni à la société coopérative européenne ni à ses filiales.

Par dérogation au premier alinéa, lorsque le groupe spécial de négociation prend la décision de ne pas engager de négociation ou de clore des négociations déjà engagées, le même titre IV s'applique.

Art. L. 2361-3. Les modalités de l'implication des salariés recouvrent l'information, la consultation et, le cas échéant, la participation.

Elles sont arrêtées par accord conclu entre les dirigeants des personnes morales participantes ou les personnes physiques participantes et les représentants des salariés conformément aux dispositions du présent titre.

À défaut d'accord, ces modalités sont arrêtées conformément aux dispositions du chapitre III du présent titre.

Art. L. 2361-4. Les dispositions des articles L. 2351-4 à L. 2351-6 relatives à la définition de l'information, de la consultation et de la participation des salariés dans la société européenne et le comité de la société européenne sont applicables aux sociétés coopératives européennes et aux personnes morales et personnes physiques participantes ainsi qu'à leurs filiales ou établissements entrant dans le champ d'application du présent titre.

Art. L. 2361-5. Le décompte des effectifs des sociétés participantes, filiales ou établissements concernés situés en France est effectué conformément aux dispositions de l'article L. 1111-2.

Art. L. 2361-6. Les dispositions d'application du présent titre relatives à la procédure applicable aux litiges et aux informations transmises à l'inspection du travail en cas de constitution de la société coopérative européenne par fusion sont déterminées par décret en Conseil d'État.

Chapitre II

Implication des salariés dans la société coopérative européenne par accord du groupe spécial de négociation

SECTION 1. Groupe spécial de négociation

Sous-section 1. Mise en place et objet

Art. L. 2362-1. Un groupe spécial de négociation est institué dès que possible après la publication du projet de fusion ou de transformation ou, s'agissant d'une société coopérative européenne constituée par tout autre moyen que la fusion de coopératives ou la transformation d'une coopérative, après l'adoption du projet de constitution de la société coopérative européenne.

Il est doté de la personnalité juridique.

Art. L. 2362-2. Le groupe spécial de négociation détermine avec les dirigeants des personnes morales ou les personnes physiques participant à la création d'une société coopérative européenne ayant son siège social et son administration centrale en France, ou leurs représentants, par un accord écrit, les modalités de l'implication des salariés mentionnées à l'article L. 2361-3.

Sous-section 2. Désignation, élection et statut des membres

Art. L. 2362-3. Les dispositions des articles L. 2352-3 à L. 2352-8 relatives à la désignation, à l'élection et au statut des membres du groupe spécial de négociation s'appliquent à la société coopérative européenne.

Sous-section 3. Fonctionnement

Art. L. 2362-4. Les dirigeants des personnes morales et les personnes physiques participant à la constitution de la société coopérative européenne invitent le groupe spécial de négociation à se réunir et communiquent à cet effet aux représentants du personnel et aux dirigeants des établissements et filiales concernés qui, en l'absence de représentants du personnel, en informent directement les salariés, l'identité des personnes morales participantes et, le cas échéant, des personnes physiques participantes ainsi que le nombre de salariés qu'elles emploient.

Les négociations débutent dès que le groupe spécial de négociation est constitué. Elles peuvent se poursuivre pendant les six mois qui suivent sauf si les parties décident, d'un commun accord, de prolonger ces négociations dont la durée totale ne peut dépasser un an.

Durant cette période, le groupe spécial de négociation est régulièrement informé du processus de création de la société coopérative européenne.

Le temps passé en réunion par les membres du groupe spécial de négociation est considéré comme temps de travail et payé à l'échéance normale.

Art. L. 2362-5. Les dépenses nécessaires à la bonne exécution de la mission du groupe spécial de négociation sont à la charge des personnes participantes.

Art. L. 2362-6. Pour négocier, le groupe spécial de négociation peut être assisté d'experts de son choix à tout niveau qu'il estime approprié. Ces experts participent aux réunions du groupe à titre consultatif.

L'ensemble des personnes participant à la constitution de la société coopérative européenne prend en charge les dépenses relatives à la négociation et à l'assistance d'un seul expert.

Art. L. 2362-7. Le groupe spécial de négociation prend ses décisions à la majorité absolue de ses membres, laquelle doit représenter également la majorité absolue des salariés des personnes participantes ainsi que des filiales ou établissements concernés. (L. 2008-649 du 3 juil. 2008, art. 18, JO 4) «Chaque membre dispose d'une voix».

Par dérogation au premier alinéa, la décision de ne pas engager les négociations ou de clore des négociations déjà engagées et d'appliquer la réglementation relative à l'information et à la consultation en vigueur dans les États membres où la société coopérative européenne emploie des salariés est prise à la majorité des deux tiers des membres du groupe spécial de négociation, issus d'au moins deux États membres et à la condition qu'ils représentent au moins les deux tiers des salariés des personnes participantes ainsi que des filiales et établissements concernés. Dans ce cas, le chapitre III du présent titre n'est pas applicable. Une telle décision ne peut être prise dans le cas d'une société coopérative européenne constituée par transformation lorsqu'il existe un système de participation dans la coopérative qui doit être transformée.

Lorsque la participation concerne au moins 25 % du nombre total de salariés des personnes participantes en cas de constitution d'une société coopérative européenne par voie de fusion, ou au moins 50 % de ce nombre total en cas de constitution par tout autre moyen, à l'exception du cas prévu au premier alinéa de l'article L. 2362-12, la majorité requise est celle prévue au deuxième alinéa du présent article si le groupe spécial de négociation envisage de fixer un nombre ou une proportion des membres de l'organe de surveillance ou d'administration par lesquels les salariés exercent leurs droits à participation à un niveau inférieur à celui qui était le plus élevé au sein de l'une des entités participantes.

Art. L. 2362-8. Les documents communiqués aux représentants des salariés comportent au moins une version en français.

Art. L. 2362-9. Les dispositions des articles L. 2352-14 et L. 2352-15 relatives à la protection contre le licenciement et au secret professionnel des membres du groupe spécial de négociation de la société européenne s'appliquent à la société coopérative européenne.

SECTION 2. Contenu de l'accord

Art. L. 2362-10. Sous réserve des dispositions du deuxième alinéa de l'article L. 2362-7, les dirigeants de chacune des personnes morales participantes et, le cas échéant, les personnes physiques participantes négocient avec le groupe spécial de négociation en vue de parvenir à un accord dont le contenu est fixé conformément aux dispositions des articles L. 2352-16 à L. 2352-20.

Art. L. 2362-11. L'accord inclut dans les cas de renégociation l'hypothèse des modifications intervenues postérieurement à la constitution de la société coopérative européenne et touchant à sa structure, ainsi qu'à celle de ses filiales et de ses établissements.

Art. L. 2362-12. Lorsque la société coopérative européenne est constituée par transformation d'une coopérative, l'accord prévoit un niveau d'information, de consultation et de participation au moins équivalent à celui qui existe dans la coopérative qui doit être transformée.

L'accord conclu en violation des dispositions du premier alinéa est nul. Dans un tel cas, les dispositions du chapitre III du présent titre relatives à l'implication des salariés en l'absence d'accord s'appliquent.

SECTION UNIQUE (RÉGLEMENTAIRE). Groupe spécial de négociation

Sous-section 1. Mise en place et objet

Art. D. 2362-1. (D. 2008-440 du 7 mai 2008, JO 8) Dans le délai d'un mois à compter de la publication du projet de constitution d'une société coopérative européenne, les dirigeants des personnes morales ou les personnes physiques participant à la création d'une société coopérative européenne portent à la connaissance de leurs organisations syndicales, de celle de leurs filiales et établissements qui disposent de représentants ou d'élus au sens du premier alinéa de l'article L. 2362-3 en ce qu'il renvoie à l'article L. 2352-5 :

1° L'identité des personnes morales ou des personnes physiques, filiales et établissements ;
2° Le lieu de leur implantation ;
3° Leur statut juridique ;
4° La nature de leurs activités.

Art. D. 2362-2. (D. 2008-440 du 7 mai 2008, JO 8) Les dirigeants des personnes morales ou les personnes physiques indiquent à leurs organisations syndicales, à leurs filiales et à leurs établissements disposant de représentants ou d'élus :

1° Le nombre de leurs salariés à la date de la publication du projet de constitution, en France collège par collège et dans les autres États membres ;

2° Lorsque la société coopérative européenne n'est pas composée exclusivement de personnes physiques, les formes de participation existant au sens de l'article L. 2361-4 en ce qu'il renvoie à l'article L. 2351-6 ;

3° Le nombre de sièges au groupe spécial de négociation revenant à chaque État membre, calculé conformément aux dispositions de l'article L. 2362-3 en ce qu'il renvoie à l'article L. 2352-3.

Art. D. 2362-3. (D. 2008-440 du 7 mai 2008, JO 8) En cas de constitution de la société coopérative européenne par voie de fusion et dans les hypothèses mentionnées à l'article L. 2362-3 en ce qu'il renvoie à l'article L. 2352-4, les dirigeants des personnes morales fixent le nombre des sièges supplémentaires et indiquent ceux alloués aux sociétés ayant leur siège en France.

Art. D. 2362-4. (D. 2008-440 du 7 mai 2008, JO 8) Lorsque les salariés des personnes morales ou personnes physiques, filiales et établissements intéressés sont dépourvus de toute forme de représentation, les renseignements mentionnés aux articles D. 2362-1 et D. 2362-2 leur sont directement communiqués par tout moyen.

Sous-section 2. **Désignation, élection et statut des membres**

Art. R. 2362-5. (D. 2008-439 du 7 mai 2008, JO 8) En application du premier alinéa de l'article L. 2362-3 en ce qu'il renvoie à l'article L. 2352-3, le nombre de sièges par État membre au sein du groupe spécial de négociation est égal à :

1° Jusqu'à 10 % de l'effectif total : 1 siège ;
2° De plus de 10 % à 20 % de l'effectif total : 2 sièges ;
3° De plus de 20 % à 30 % de l'effectif total : 3 sièges ;
4° De plus de 30 % à 40 % de l'effectif total : 4 sièges ;
5° De plus de 40 % à 50 % de l'effectif total : 5 sièges ;
6° De plus de 50 % à 60 % de l'effectif total : 6 sièges ;
7° De plus de 60 % à 70 % de l'effectif total : 7 sièges ;
8° De plus de 70 % à 80 % de l'effectif total : 8 sièges ;
9° De plus de 80 % à 90 % de l'effectif total : 9 sièges ;
10° De plus de 90 % de l'effectif total : 10 sièges.

Art. D. 2362-6. (D. 2008-440 du 7 mai 2008, JO 8) Lorsqu'il existe des représentants ou des élus pour toutes les personnes morales ou personnes physiques, filiales et établissements, les organisations syndicales désignent les membres du groupe spécial de négociation conformément aux modalités fixées aux articles D. 2362-8 et D. 2362-9.

Art. D. 2362-7. (D. 2008-440 du 7 mai 2008, JO 8) L'organisation syndicale notifie à l'employeur la désignation des membres du groupe spécial de négociation par lettre recommandée avec avis de réception.

Art. D. 2362-8. (D. 2008-440 du 7 mai 2008, JO 8) Pour procéder à la répartition des sièges du groupe spécial de négociation entre les collèges conformément à l'article L. 2362-3 en ce qu'il renvoie aux dispositions du troisième alinéa de l'article L. 2352-5, l'effectif à prendre en compte est la somme des effectifs des salariés appartenant aux collèges des personnes morales et des salariés assimilés des personnes physiques, filiales et établissements.

Il est déterminé un quotient égal à l'effectif calculé au premier alinéa divisé par le nombre de sièges revenant à la France au sein du groupe spécial de négociation.

Il est attribué à chaque collège autant de sièges que le total de ses effectifs de chaque personne morale ou personne physique, filiale ou établissement contient de fois le quotient.

Le ou les sièges non attribués par application des dispositions du troisième alinéa sont attribués au plus fort reste. En cas d'égalité de restes, le siège revient au collège qui représente le plus grand nombre de salariés.

Art. D. 2362-9. (D. 2008-440 du 7 mai 2008, JO 8) Pour procéder à la répartition des sièges alloués à chaque collège entre les organisations syndicales, il est calculé un quotient égal au nombre total d'élus de ce collège dans les (D. 2017-1819 du 29 déc. 2017, art. 3, 33°, JO 30, entrée en vigueur le 01.01.2018) « comités sociaux et économiques ou comités sociaux et économiques d'établissement » des sociétés, filiales et établissements, divisé par le nombre de sièges attribués à ce collège.

Il est attribué à chaque organisation syndicale, par collège, autant de sièges que son nombre d'élus dans ce collège contient de fois le quotient.

Le ou les sièges non attribués par application des dispositions du deuxième alinéa sont attribués au plus fort reste. En cas d'égalité de restes, le siège revient à l'organisation syndicale qui a obtenu le plus grand nombre de suffrages cumulés lors du premier tour des élections ayant conduit à la désignation de ses élus.

Art. D. 2362-10. (D. 2008-440 du 7 mai 2008, JO 8) Lorsque seules certaines personnes morales ou personnes physiques, filiales et établissements ont un représentant ou un élu, les membres du groupe spécial de négociation sont :

1° Soit désignés selon les modalités définies aux articles D. 2362-6 et suivants ;

2° Soit élus conformément aux dispositions de l'article D. 2362-11.

Les nombres respectifs des membres désignés et des membres élus pour pourvoir les sièges revenant à la France au sein du groupe spécial de négociation sont déterminés en fonction de la part des effectifs cumulés des personnes morales et personnes physiques, filiales et établissements ayant ou non un représentant ou un élu dans l'ensemble des effectifs des personnes morales ou personnes physiques, filiales et établissements implantés en France. Cette détermination se fait selon le système de la représentation proportionnelle au plus fort reste.

Art. D. 2362-11. (D. 2008-440 du 7 mai 2008, JO 8) Lorsque aucune des personnes morales ou personnes physiques, filiales et établissements n'a de représentant ou d'élu, les membres du groupe spécial de négociation sont élus directement par les salariés.

L'élection a lieu collège par collège. Elle est commune à l'ensemble des personnes morales ou personnes physiques, filiales et établissements.

La répartition des sièges entre les différentes catégories et la répartition des salariés dans les collèges électoraux sont accomplies sur la base de leurs effectifs cumulés des personnes morales ou personnes physiques, filiales et établissements.

Les listes de candidats comportent autant de noms que de sièges revenant à la France au sein du groupe spécial de négociation.

Le vote peut se dérouler séparément dans les locaux de chaque personne morale ou personne physique, filiale ou établissement. Le dépouillement ne peut commencer avant la clôture du dernier scrutin.

Les sièges sont attribués à chaque liste conformément aux dispositions des articles R. 2324-18 et suivants.

Art. D. 2362-12. (D. 2008-440 du 7 mai 2008, JO 8) Lorsqu'un siège supplémentaire est attribué à une personne morale ou personne physique en application de l'article L. 2362-3 en ce qu'il renvoie à l'article L. 2352-4, ce siège est attribué :

1° S'il existe un (D. 2017-1819 du 29 déc. 2017, art. 3, 4°, JO 30, entrée en vigueur le 01.01.2018) « comité social et économique », à l'organisation syndicale qui compte le plus de représentants au sein de ce comité. En cas d'égalité, le siège est attribué à celle ayant recueilli le plus grand nombre de suffrages au premier tour de scrutin de l'élection des membres de ce comité ;

2° En l'absence de (D. 2017-1819 du 29 déc. 2017, art. 3, 4°, JO 30, entrée en vigueur le 01.01.2018) « comité social et économique », à un représentant élu directement à cet effet par les salariés de la personne morale ou personne physique.

L'élection a lieu au scrutin uninominal à un tour.

Art. D. 2362-13. (D. 2008-440 du 7 mai 2008, JO 8) Les désignations des membres du groupe spécial de négociation sont notifiées à la personne morale ou la personne physique, filiale ou établissement au sein duquel travaillent les représentants des salariés ou, le cas échéant, à l'organe de direction mandaté à cet effet.

Les dirigeants des personnes morales ou les personnes physiques, filiales et établissements transmettent aux dirigeants des personnes morales ou personnes physiques participantes le nom des personnes ainsi désignées et celui des personnes élues en application des dispositions des articles D. 2362-10 à D. 2362-12.

Ils font connaître ces informations à leurs salariés, par affichage ou par tout autre moyen, ainsi qu'à l'inspecteur du travail.

Sous-section 3. **Fonctionnement**

Art. D. 2362-14. (D. 2008-440 du 7 mai 2008, JO 8) Les dirigeants des personnes morales ou les personnes physiques participant à la création de la société coopérative européenne convoquent les membres du groupe spécial de négociation à une première réunion. La convocation fixe la date de la réunion. Elle est faite par lettre recommandée avec avis de réception.

Le délai de six mois mentionné au deuxième alinéa de l'article L. 2362-4 court à compter de la date de cette première réunion.

Art. D. 2362-15. (D. 2008-440 du 7 mai 2008, JO 8) Les membres du groupe spécial de négociation sont tenus informés :

1° Du mode de constitution de la société coopérative européenne et des effets de celui-ci pour les personnes morales et personnes physiques participantes ainsi que pour leurs filiales et établissements ;

2° Des modalités d'information, de consultation et de participation instituées au sein de ces personnes morales ou personnes physiques, filiales et établissements, que le lieu de leur implantation soit situé en France ou dans un autre État membre de la Communauté européenne ou de l'Espace économique européen ;

3° Des modalités de transfert des droits et obligations des personnes morales ou des personnes physiques participantes en matière de conditions d'emploi résultant de la législation et des relations collectives et individuelles de travail.

Art. D. 2362-16. (D. 2008-440 du 7 mai 2008, JO 8) Pour le calcul des majorités de salariés mentionnées aux premier et deuxième alinéas de l'article L. 2362-7, chaque membre occupant un siège au sein du groupe spécial de négociation alloué à un État membre représente un nombre de salariés égal au nombre total des salariés employés dans les personnes morales participantes, les filiales et les établissements situés dans cet État membre, divisé par le nombre de sièges attribués à cet État membre, arrondi à l'entier inférieur.

Lorsqu'il est fait application de l'article L. 2362-3 en ce qu'il renvoie aux dispositions de l'article L. 2352-4, le titulaire de chaque siège supplémentaire représente un nombre de salariés égal à l'effectif de la société à laquelle a été attribué ce siège. Le nombre total des salariés calculé, pour l'État membre dans lequel est située cette société, conformément au premier alinéa, est alors réduit à concurrence de cet effectif.

Art. R. 2362-17. (D. 2008-439 du 7 mai 2008, JO 8) Les éléments fournis, en application du quatrième alinéa de l'article L. 229-3 du code de commerce, par la société, la filiale ou l'établissement concernés par la fusion pour attester que les modalités relatives à l'implication des salariés ont été fixées conformément aux dispositions des articles L. 2361-1 à L. 2362-8, L. 2362-10 à L. 2363-6, L. 2363-8 à L. 2363-11 et L. 2364-1, sont transmis à l'inspecteur du travail.

Sous-section 4. **Contestations**

Art. R. 2362-18. (D. 2008-439 du 7 mai 2008, JO 8) Le (D. 2019-966 du 18 sept. 2019, art. 8, JO 19, entrée en vigueur le 01.01.2020) « tribunal judiciaire » compétent pour statuer sur la contestation de la désignation et de l'élection des membres du groupe spécial de négociation est celui dans le ressort duquel est situé soit le siège, selon le cas, de la société coopérative européenne, de la personne morale, de la filiale ou de l'établissement concerné, soit le domicile de la personne physique participant à la constitution de la société coopérative européenne.

La contestation est formée, instruite et jugée selon les modalités prévues aux articles R. 2324-24 et R. 2324-25.

Toutefois, la contestation est formée :

1° Dans un délai de quinze jours à compter de la notification de la désignation à l'employeur ;

2° Par les salariés, dans un délai de quinze jours, à compter de la date à laquelle la désignation à l'employeur ou l'élection est portée à leur connaissance.

Art. R. 2362-19. (D. 2008-439 du 7 mai 2008, JO 8) Les litiges auxquels donne lieu l'application des dispositions de la présente section, autres que ceux mentionnés à l'article R. 2362-18, sont portés devant le président du (D. 2019-966 du 18 sept. 2019, art. 8, JO 19, entrée en vigueur le 01.01.2020) « tribunal judiciaire » du domicile du défendeur. Il statue (D. 2019-1419 du 20 déc. 2019, art. 10, 7°, JO 22) « selon la procédure accélérée au fond ».

Chapitre III

Comité de la société coopérative européenne et participation des salariés en l'absence d'accord

SECTION 1. Comité de la société coopérative européenne

Sous-section 1. Mise en place

Art. L. 2363-1. Un comité de la société coopérative européenne est institué lorsque, à l'issue de la période de négociation prévue à l'article (L. 2008-649 du 3 juil. 2008, art. 18, JO 4) « L. 2362-4», aucun accord n'a été conclu et que le groupe spécial de négociation n'a pas pris la décision prévue au deuxième alinéa de l'article L. 2362-7.

Art. L. 2363-2. Dans le cas prévu à l'article L. 2363-1, l'immatriculation de la société coopérative européenne ne peut intervenir que si les parties décident de mettre en œuvre les dispositions du présent chapitre et du chapitre IV du présent titre, ou que si les dirigeants des personnes morales participantes ou les personnes physiques participantes s'engagent à en faire application.

Art. D. 2363-1. (D. 2008-440 du 7 mai 2008, JO 8) Dans les hypothèses prévues à l'article L. 2363-2, est joint à la demande d'immatriculation de la société coopérative européenne :

1° L'accord portant sur la mise en place du comité de la société coopérative européenne et, lorsque la société coopérative européenne n'est pas composée exclusivement de personnes physiques, d'un système de participation des salariés prévu à l'article L. 2363-2 ;

2° À défaut de l'accord mentionné au 1°, l'engagement écrit des dirigeants des personnes morales ou des personnes physiques participantes de faire application des dispositions des articles L. 2361-2, L. 2361-5, L. 2362-9, L. 2363-1, L. 2363-3 à L. 2363-11, L. 2364-1.

Art. D. 2363-2. (D. 2008-440 du 7 mai 2008, JO 8) Les membres du comité de la société coopérative européenne sont :

1° Soit désignés selon les modalités définies aux articles D. 2362-6 et suivants ;

2° Soit élus conformément aux dispositions de l'article D. 2362-11 lorsque les conditions prévues à l'article L. 2362-3 en ce qu'il renvoie à l'article L. 2352-6 sont réunies.

Art. R. 2363-3. (D. 2008-439 du 7 mai 2008, JO 8) Les contestations relatives à la désignation des représentants des salariés et à l'élection des membres du comité de la société coopérative européenne dont le siège se situe en France, ainsi qu'à la désignation des représentants des salariés des personnes participantes, des établissements ou filiales implantés en France, sont de la compétence du (D. 2019-966 du 18 sept. 2019, art. 8, JO 19, entrée en vigueur le 01.01.2020) « tribunal judiciaire » soit du siège, selon le cas, de la société coopérative européenne, de la personne morale, de la filiale ou de l'établissement concerné, soit du domicile de la personne physique participant à la constitution de la société coopérative européenne.

Ces contestations sont formées, instruites et jugées selon les modalités prévues aux articles R. 2324-24 et R. 2324-25.

Le recours est formé dans un délai de quinze jours à compter de la notification de la désignation à l'employeur.

Sous-section 2. Attributions

Art. L. 2363-3. Les attributions du comité de la société coopérative européenne sont fixées conformément aux dispositions des articles L. 2353-3 à L. 2353-6 relatives aux attributions du comité de la société européenne.

Sous-section 3. Composition

Art. L. 2363-4. La composition du comité de la société coopérative européenne est fixée conformément aux dispositions des articles L. 2353-7 à L. 2353-12 relatives à la composition du comité de la société européenne.

Art. L. 2363-5. Les membres du comité de la société coopérative européenne représentant le personnel des personnes participantes, filiales et établissements concernés implantés en France sont désignés conformément aux dispositions de l'article L. 2352-5 et, le cas échéant, de l'article L. 2352-6.

Sous-section 4. **Fonctionnement**

Art. L. 2363-6. Les dispositions des articles L. 2353-13 à (L. 2016-1088 du 8 août 2016, art. 18, IX, JO 9) « L. 2353-27-1 » relatives au fonctionnement du comité de la société européenne s'appliquent à la société coopérative européenne.

Art. L. 2363-7. Les membres du comité de la société européenne ainsi que les experts qui les assistent sont tenus au secret professionnel et à l'obligation de discrétion prévus à l'article L. 2325-5.

Art. R. 2363-4. (D. 2008-439 du 7 mai 2008, JO 8) Le secrétaire du comité de la société coopérative européenne est désigné parmi ses membres.

Le bureau est élu parmi ses membres.

Art. R. 2363-5. (D. 2008-439 du 7 mai 2008, JO 8) Les éléments fournis, en application du quatrième alinéa de l'article L. 229-3 du code de commerce, par les dirigeants de la société, la filiale ou l'établissement concernés par la fusion pour attester que les modalités relatives à l'implication des salariés ont été fixées conformément aux dispositions des articles L. 2361-1 à L. 2362-8, L. 2362-10 à L. 2363-6, L. 2363-8 à L. 2363-11 et L. 2364-1, sont transmis à l'inspecteur du travail.

SECTION 2. Participation des salariés au conseil d'administration et de surveillance

Art. L. 2363-8. Lorsqu'aucun accord n'a été conclu et que le groupe spécial de négociation n'a pas pris la décision prévue au deuxième alinéa de l'article (L. 2008-649 du 3 juil. 2008, art. 18, JO 4) « L. 2362-7 », la participation des salariés dans la société coopérative européenne est régie par les dispositions suivantes :

1° Dans le cas d'une société coopérative européenne constituée par transformation, s'il existe un système de participation dans la coopérative qui doit être transformée, le niveau des droits de participation est au moins équivalent à celui dont bénéficiaient les salariés ;

2° Dans le cas d'une société coopérative européenne constituée par tout autre moyen et lorsque la participation au sein des personnes morales participantes atteint les seuils fixés au troisième alinéa de l'article L. 2362-7, la forme applicable de participation est déterminée après examen des différents systèmes nationaux existant au sein des personnes morales participantes.

Art. L. 2363-9. En l'absence d'accord, les dispositions des articles L. 2353-29 à L. 2353-32 relatives à la participation des salariés au conseil d'administration et de surveillance au sein de la société européenne s'appliquent à la société coopérative européenne.

Art. L. 2363-10. Par dérogation aux dispositions de l'article L. 2363-9 en ce qu'il fait référence au premier alinéa de l'article L. 2353-32, l'État dans lequel est situé le siège social de la société coopérative européenne bénéficie, en tout état de cause, d'au moins un siège.

Art. L. 2363-11. Les articles L. 2362-1 à L. 2363-10 ne sont pas applicables lorsque la société coopérative européenne est constituée exclusivement par des personnes physiques ou par une seule personne morale et plusieurs personnes physiques, employant ensemble moins de cinquante salariés, ou (L. 2012-387 du 22 mars 2012, art. 43, 8°, JO 23) « au moins cinquante salariés » mais au sein d'un seul État membre.

SECTION 3. Dispositions applicables aux sociétés coopératives européennes non soumises initialement à la constitution du groupe spécial de négociation

Art. L. 2363-12. Dans le cas de la société coopérative européenne mentionnée à l'article L. 2363-11, les modalités de l'implication mentionnées au chapitre Ier du présent titre sont déterminées dans les conditions suivantes :

1° Au sein de la société coopérative européenne, l'information et la consultation sont régies par les titres Ier et II du présent livre et la participation est organisée, le cas échéant, selon les articles L. 225-27 à L. 225-34, L. 225-79 et L. 225-80 du code de commerce, à l'exception de la condition de territorialité mentionnée au premier alinéa de l'article L. 225-28. La répartition des sièges au conseil d'administration ou au conseil de surveillance est effectuée proportionnellement au nombre de salariés employés dans chaque État membre ;

2° Au sein des filiales et établissements de la société coopérative européenne, l'information et la consultation sont régies par les dispositions applicables dans l'État membre dans lequel ces filiales et établissements sont situés.

Art. L. 2363-13. Si, après immatriculation d'une société coopérative européenne, au moins un tiers des salariés de la société coopérative européenne et de ses filiales et établissements, employés dans au moins deux États membres, le demandent ou si le seuil de cinquante salariés employés dans au moins deux États membres est atteint ou dépassé, un groupe spécial de négociation est institué et une négociation est organisée conformément aux dispositions du chapitre II du présent titre.

Art. L. 2363-14. Lorsque, à l'issue de la période de négociation prévue à l'article L. 2363-13, aucun accord n'a été conclu et que le groupe spécial de négociation n'a pas pris la décision prévue au deuxième alinéa de l'article L. 2362-7, il est institué un comité de la société coopérative européenne dont la mise en place, les attributions et les règles de fonctionnement sont fixées conformément aux dispositions des articles L. 2363-1 à L. 2363-7.

Art. L. 2363-15. Les membres du comité de la société coopérative européenne représentant les salariés des personnes participantes, établissements et filiales situés en France sont désignés conformément aux dispositions du premier alinéa de l'article L. 2352-5 ou, le cas échéant, de l'article L. 2352-6.

Les membres du comité de la société coopérative européenne représentant les salariés des personnes participantes, établissements et filiales situés dans un autre État membre de la Communauté européenne sont désignés selon les règles en vigueur dans cet État.

Art. L. 2363-16. Lorsque, à l'issue de la période de négociation prévue à l'article L. 2363-14, aucun accord n'a été conclu et que le groupe spécial de négociation n'a pas pris la décision prévue au deuxième alinéa de l'article L. 2362-7, la participation des salariés est organisée conformément aux dispositions des articles L. 2363-8 à L. 2363-10.

Art. L. 2363-17. En cas de transfert dans un autre État membre de la Communauté européenne du siège d'une société coopérative européenne régie par des règles de participation, les droits de participation des salariés sont maintenus à un niveau au moins équivalent.

SECTION 4. Dispositions relatives à la participation des salariés à l'assemblée générale ou aux assemblées de section ou de branche

Art. L. 2363-18. Dans le cas d'une société coopérative européenne dont le siège social est situé dans un État membre dont la loi admet, dans les conditions prévues au 4 de l'article 59 du règlement (CE) n° 1435/2003 du Conseil du 22 juillet 2003 relatif au statut de la société coopérative européenne, la possibilité de prévoir dans les statuts que les salariés participent, avec droit de vote, à l'assemblée générale ou aux assemblées de section ou de branche, et qui est régie par un tel système, les dirigeants des filiales ou établissements situés en France organisent, selon les modalités applicables dans la société coopérative européenne, les modalités de désignation des représentants des salariés appelés à participer aux réunions de ces assemblées.

Art. L. 2363-19. Le temps passé en réunion par les salariés participant aux réunions des assemblées mentionnées au premier alinéa de l'article L. 2363-18 est considéré comme temps de travail et payé à l'échéance normale.

Chapitre IV

Dispositions applicables postérieurement à l'immatriculation de la société coopérative européenne

Art. L. 2364-1. Lorsqu'une société coopérative européenne est immatriculée, l'accord mentionné à l'article L. 2362-10 ou un accord collectif conclu au niveau approprié peut décider de la suppression ou d'un aménagement des conditions de fonctionnement, éventuellement sous la forme d'une redéfinition de leur périmètre national d'intervention, des institutions représentatives du personnel qui auraient vocation à disparaître du fait de la perte de l'autonomie juridique d'une ou de plusieurs sociétés participantes situées en France, après immatriculation de la société coopérative européenne.

Art. L. 2364-2. Quatre ans après l'institution du comité de la société coopérative européenne, celui-ci examine s'il convient d'engager des négociations en vue de conclure l'accord dans les conditions définies au chapitre II du présent titre.

Pour mener ces négociations, le comité de la société coopérative européenne fait office de groupe spécial de négociation tel que prévu aux articles L. 2362-1 et L. 2362-2.

Le comité de la société coopérative européenne demeure en fonction tant qu'il n'a pas été renouvelé ou remplacé.

Art. L. 2364-3. Les articles L. 2354-3 et L. 2354-4 relatifs aux règles applicables postérieurement à l'immatriculation de la société européenne s'appliquent aux sociétés coopératives européennes.

Art. R. 2364-1. (D. 2008-439 du 7 mai 2008, JO 8) Le président du (D. 2019-966 du 18 sept. 2019, art. 8, JO 19, entrée en vigueur le 01.01.2020) « tribunal judiciaire » du lieu du siège de la société coopérative européenne statue (D. 2019-1419 du 20 déc. 2019, art. 10, 7°, JO 22) « selon la procédure accélérée au fond » sur toutes les contestations relatives à l'application de l'article L. 2364-3 en ce qu'il renvoie à l'article L. 2354-4.

Il ordonne la constitution d'un groupe spécial de négociation si la composition du comité de la société coopérative européenne ou les modalités d'implication des salariés ne correspondent plus à l'effectif ou à la structure de la société.

Art. L. 2364-4. Les représentants des salariés siégeant au sein de l'organe d'administration ou de surveillance, ou participant à l'assemblée générale ou aux assemblées de section ou de branche, sont tenus au secret professionnel et à l'obligation de discrétion prévus à l'article L. 2325-5.

Art. L. 2364-5. Les représentants des salariés au conseil d'administration ou de surveillance ainsi que les représentants des salariés participant à l'assemblée générale ou aux assemblées de section ou de branche bénéficient de la protection instituée à l'article (L. 2013-504 du 14 juin 2013, art. 9, V, JO 16) « L. 2411-1 ».

Chapitre V

Dispositions pénales

Art. L. 2365-1. Le fait d'apporter une entrave soit à la constitution d'un groupe spécial de négociation ou d'un comité de la société coopérative européenne mis en place ou non par accord, soit à la libre désignation de leurs membres est puni d'un emprisonnement d'un an et d'une amende de (L. 2015-990 du 6 août 2015, art. 262, 2°, JO 7) « 7 500 €.

Le fait d'apporter une entrave à leur fonctionnement régulier est puni d'une amende de 7 500 €. »

TITRE VII

PARTICIPATION DES SALARIÉS DANS LES SOCIÉTÉS ISSUES DE FUSIONS TRANSFRONTALIÈRES

Note Ce titre a été introduit par la loi 2008-649 du 3 juillet 2008, art. 3, JO 4.

Chapitre Ier

Dispositions générales

Art. L. 2371-1. Le présent titre s'applique :

1° Aux sociétés ayant leur siège en France issues d'une fusion transfrontalière mentionnée à l'article L. 236-25 du code de commerce ;

2° Aux sociétés participant à une fusion transfrontalière et ayant leur siège en France ;

3° Aux filiales et établissements situés en France d'une société issue d'une fusion transfrontalière située dans un autre État membre de la Communauté européenne.

Art. D. 2371-1. (D. 2008-1117 du 31 oct. 2008, JO 1er nov.) Lorsque les dirigeants des sociétés participant à la constitution d'une société issue de la fusion transfrontalière décident que son siège est établi sur le territoire français, le projet de constitution de cette société précise que le groupe spécial de négociation prévu à l'article L. 2372-1 est constitué au lieu de ce siège.

Art. L. 2371-2. La société issue d'une fusion transfrontalière n'est pas tenue d'instituer des règles relatives à la participation des salariés si, à la date de son immatriculation, aucune société participant à la fusion n'est régie par ces règles.

Art. L. 2371-3. Les modalités de la participation des salariés, au sens de l'article L. 2351-6, sont arrêtées par accord conclu entre les dirigeants des sociétés participant à la fusion transfrontalière et les représentants des salariés conformément au présent chapitre et au chapitre II du présent titre. À défaut d'accord, ces modalités sont arrêtées conformément au chapitre III du présent titre.

Par dérogation au premier alinéa, les dirigeants des sociétés participant à la fusion transfrontalière peuvent choisir de mettre en place, sans négociation préalable, les modalités de participation des salariés conformément au chapitre III du présent titre.

Art. L. 2371-4. Le décompte des effectifs des sociétés participantes, filiales ou établissements concernés situés en France est effectué conformément à l'article L. 1111-2.

Art. L. 2371-5. Les dispositions d'application du présent titre relatives à la procédure applicable aux litiges et aux informations transmises à l'inspection du travail en cas de constitution de la société issue de la fusion transfrontalière sont déterminées par décret en Conseil d'État.

Chapitre II

Participation des salariés dans la société issue d'une fusion transfrontalière par accord du groupe spécial de négociation

SECTION 1. Groupe spécial de négociation

Sous-section 1. Mise en place et objet

Art. L. 2372-1. La participation des salariés est mise en œuvre conformément aux articles L. 225-28 à L. 225-56 et L. 225-79 à L. 225-93 du code de commerce.

Par dérogation au premier alinéa, un groupe spécial de négociation, doté de la personnalité juridique, est institué dès que possible après la publication du projet de fusion lorsque l'une des conditions suivantes est satisfaite :

1° Au moins une des sociétés participant à la fusion transfrontalière applique des règles relatives à la participation et emploie, pendant la période de six mois qui précède la publication du projet de fusion, au moins cinq cents salariés ;

2° En application des articles L. 225-27 et L. 225-79 du code de commerce, la société issue de la fusion transfrontalière ne garantit pas au moins le même niveau de participation des salariés, apprécié en fonction de la proportion de représentants parmi les membres du conseil d'administration, du conseil de surveillance ou du comité mentionné à l'article L. 2373-1 du présent code, que le niveau de participation des salariés qui s'applique aux sociétés participant à la fusion transfrontalière.

Art. L. 2372-2. Le groupe spécial de négociation détermine avec les dirigeants des sociétés participant à la fusion transfrontalière ou leurs représentants, par un accord écrit, les modalités de la participation des salariés au sein de la société issue de la fusion.

Art. D. 2372-1. (D. 2008-1117 du 31 oct. 2008, JO 1er nov.) Dans le délai d'un mois à compter de la publication du projet de constitution d'une société issue de la fusion transfrontalière, les dirigeants des sociétés participantes portent à la connaissance de leurs organisations syndicales et à celle de leurs filiales et établissements qui disposent de représentants ou d'élus au sens de l'article L. 2352-5 :

1° L'identité des sociétés, filiales et établissements ;
2° Le lieu de leur implantation ;
3° Leur statut juridique ;
4° La nature de leurs activités.

Art. D. 2372-2. (D. 2008-1117 du 31 oct. 2008, JO 1er nov.) Les dirigeants des sociétés participantes indiquent à leurs organisations syndicales, à leurs filiales et à leurs établissements disposant de représentants ou d'élus :

1° Le nombre de leurs salariés à la date de la publication du projet de fusion, en France collège par collège et dans les autres États membres ;

2° Les formes de participation existant au sens de l'article L. 2371-3 en ce qu'il renvoie à l'article L. 2351-6 ;

3° Le nombre de sièges au groupe spécial de négociation revenant à chaque État membre, calculé conformément aux dispositions de l'article L. 2372-3 en ce qu'il renvoie à l'article L. 2352-3.

Art. D. 2372-3. (D. 2008-1117 du 31 oct. 2008, JO 1er nov.) Dans les hypothèses mentionnées à l'article L. 2352-4, les dirigeants fixent le nombre des sièges supplémentaires et indiquent ceux alloués aux sociétés ayant leur siège en France.

Art. D. 2372-4. (D. 2008-1117 du 31 oct. 2008, JO 1er nov.) Lorsque les sociétés, filiales et établissements intéressés sont dépourvus de toute forme de représentation, les renseignements mentionnés aux articles D. 2372-1 et D. 2372-2 sont directement communiqués, par tout moyen, à leurs salariés.

Sous-section 2. **Désignation, élection et statut des membres**

Art. L. 2372-3. Les dispositions des articles L. 2352-3 à L. 2352-8, relatives à la désignation, à l'élection et au statut des membres du groupe spécial de négociation dans la société européenne, s'appliquent à la société issue d'une fusion transfrontalière.

Art. R. 2372-5. (D. 2008-1116 du 31 oct. 2008, JO 1er nov.) En application de l'article L. 2372-3 en ce qu'il renvoie à l'article L. 2352-3, le nombre de sièges par État membre au sein du groupe spécial de négociation est égal à :

1° Jusqu'à 10 % de l'effectif total : 1 siège ;
2° De plus de 10 % à 20 % de l'effectif total : 2 sièges ;
3° De plus de 20 % à 30 % de l'effectif total : 3 sièges ;
4° De plus de 30 % à 40 % de l'effectif total : 4 sièges ;
5° De plus de 40 % à 50 % de l'effectif total : 5 sièges ;
6° De plus de 50 % à 60 % de l'effectif total : 6 sièges ;
7° De plus de 60 % à 70 % de l'effectif total : 7 sièges ;
8° De plus de 70 % à 80 % de l'effectif total : 8 sièges ;
9° De plus de 80 % à 90 % de l'effectif total : 9 sièges ;
10° De plus de 90 % de l'effectif total : 10 sièges.

Art. D. 2372-6. (D. 2008-1117 du 31 oct. 2008, JO 1er nov.) Lorsqu'il existe des représentants ou des élus dans toutes les sociétés, filiales et établissements, les organisations syndicales désignent les membres du groupe spécial de négociation conformément aux modalités fixées aux articles D. 2372-8 et D. 2372-9.

Art. D. 2372-7. (D. 2008-1117 du 31 oct. 2008, JO 1er nov.) L'organisation syndicale notifie à l'employeur la désignation des membres du groupe spécial de négociation par lettre recommandée avec avis de réception.

Art. D. 2372-8. (D. 2008-1117 du 31 oct. 2008, JO 1er nov.) Pour procéder à la répartition des sièges du groupe spécial de négociation entre les collèges conformément à l'article L. 2372-3 en ce qu'il renvoie aux dispositions du troisième alinéa de l'article L. 2352-5, l'effectif à prendre en compte est la somme des effectifs des salariés appartenant aux collèges des sociétés, filiales et établissements.

Il est déterminé un quotient égal à l'effectif calculé au premier alinéa divisé par le nombre de sièges revenant à la France au sein du groupe spécial de négociation.

Il est attribué à chaque collège autant de sièges que le total de ses effectifs dans chaque société, filiale ou établissement contient de fois le quotient.

Le ou les sièges non attribués par application des dispositions du troisième alinéa sont attribués au plus fort reste. En cas d'égalité de restes, le siège revient au collège qui représente le plus grand nombre de salariés.

Art. D. 2372-9. (D. 2008-1117 du 31 oct. 2008, JO 1er nov.) Pour procéder à la répartition des sièges alloués à chaque collège entre les organisations syndicales, il est calculé un quotient égal au nombre total d'élus de ce collège dans les (D. 2017-1819 du 29 déc. 2017, art. 3, 33°, JO 30, entrée en vigueur le 01.01.2018) « comités sociaux et économiques ou comités sociaux et économiques d'établissement » des sociétés, filiales et établissements, divisé par le nombre de sièges attribués à ce collège.

Il est attribué à chaque organisation syndicale, par collège, autant de sièges que son nombre d'élus dans ce collège contient de fois le quotient.

Le ou les sièges non attribués par application des dispositions du deuxième alinéa sont attribués au plus fort reste. En cas d'égalité de restes, le siège revient à l'organisation syndicale qui a obtenu le plus grand nombre de suffrages cumulés lors du premier tour des élections ayant conduit à la désignation de ses élus.

Art. D. 2372-10. (D. 2008-1117 du 31 oct. 2008, JO 1er nov.) Lorsque seuls certains sociétés, filiales et établissements ont un représentant ou un élu, les membres du groupe spécial de négociation sont :

1° Soit désignés selon les modalités définies aux articles D. 2372-6 à D. 2372-9 ;

2° Soit élus conformément aux dispositions de l'article D. 2372-11.

Les nombres respectifs des membres désignés et des membres élus pour pourvoir les sièges revenant à la France au sein du groupe spécial de négociation sont déterminés en fonction de la part des effectifs cumulés des sociétés, filiales et établissements ayant ou non un représentant ou un élu dans l'ensemble des effectifs des sociétés, filiales et établissements implantés en France. Cette détermination se fait selon le système de la représentation proportionnelle au plus fort reste.

Art. D. 2372-11. (D. 2008-1117 du 31 oct. 2008, JO 1er nov.) Lorsque aucune des sociétés et filiales et aucun des établissements n'a de représentant ou d'élu, les membres du groupe spécial de négociation sont élus directement par les salariés.

L'élection a lieu collège par collège. Elle est commune à l'ensemble des sociétés, filiales et établissements.

La répartition des sièges entre les différentes catégories et la répartition des salariés dans les collèges électoraux sont accomplies sur la base de leurs effectifs cumulés dans les sociétés, filiales et établissements.

Les listes de candidats comportent autant de noms que de sièges revenant à la France au sein du groupe spécial de négociation.

Le vote peut se dérouler séparément dans les locaux de chaque société, filiale ou établissement. Le dépouillement ne peut commencer avant la clôture du dernier scrutin.

Les sièges sont attribués à chaque liste conformément aux dispositions des articles R. 2324-18 et suivants.

Art. D. 2372-12. (D. 2008-1117 du 31 oct. 2008, JO 1er nov.) Lorsqu'un siège supplémentaire est attribué à une société participante en application de l'article L. 2372-3 en ce qu'il renvoie à l'article L. 2352-4, ce siège est attribué :

1° S'il existe un (D. 2017-1819 du 29 déc. 2017, art. 3, 4°, JO 30, entrée en vigueur le 01.01.2018) « comité social et économique », à l'organisation syndicale qui compte le plus de représentants au sein de ce comité. En cas d'égalité, le siège est attribué à celle ayant recueilli le plus grand nombre de suffrages au premier tour de scrutin de l'élection des membres de ce comité ;

2° En l'absence de (D. 2017-1819 du 29 déc. 2017, art. 3, 4°, JO 30, entrée en vigueur le 01.01.2018) « comité social et économique », à un représentant élu directement à cet effet par les salariés de la société.

L'élection a lieu au scrutin uninominal à un tour.

Art. D. 2372-13. (D. 2008-1117 du 31 oct. 2008, JO 1er nov.) Les désignations des membres du groupe spécial de négociation sont notifiées aux dirigeants de la société, filiale ou établissement au sein duquel travaillent les représentants des salariés ou, le cas échéant, à l'organe de direction mandaté à cet effet.

Les dirigeants des sociétés, filiales et établissements transmettent aux dirigeants des sociétés participantes le nom des personnes ainsi désignées et celui des personnes élues en application des dispositions des articles D. 2372-10 à D. 2372-12.

Ils font connaître ces informations à leurs salariés, par affichage ou par tout autre moyen, ainsi qu'à l'inspecteur du travail.

Sous-section 3. **Fonctionnement**

Art. L. 2372-4. Le groupe spécial de négociation prend ses décisions à la majorité absolue de ses membres, laquelle doit représenter également la majorité absolue des salariés des sociétés participantes, des filiales et des établissements concernés. Chaque membre dispose d'une voix.

Par dérogation au premier alinéa, la décision de ne pas engager les négociations ou de clore des négociations déjà engagées et de se fonder sur la réglementation relative à la participation en vigueur dans l'État membre de la Communauté européenne où la société issue de la fusion transfrontalière aura son siège est prise à la majorité des deux tiers des membres du groupe spécial de négociation, issus d'au moins deux États membres de la Communauté européenne et à la condition qu'ils représentent au moins les deux tiers des salariés des sociétés participantes, des filiales et des établissements concernés. Dans ce cas, le chapitre III n'est pas applicable.

Lorsque la participation concerne au moins 25 % du nombre total de salariés des sociétés participantes et lorsque le groupe spécial de négociation envisage de fixer un nombre ou une proportion des membres de l'organe de surveillance ou d'administration par lequel les salariés exercent leurs droits à participation à un niveau inférieur à celui qui était le plus élevé au sein de l'une des sociétés participantes, la décision est prise dans les conditions prévues au deuxième alinéa.

Art. L. 2372-5. Aucun salarié ne peut être sanctionné ou licencié en raison de sa participation à la prise d'une décision en application de l'article L. 2372-4. Toute décision ou tout acte contraire à cette interdiction est nul de plein droit.

Les autres modalités de fonctionnement du groupe spécial de négociation sont régies par les articles L. 2352-9 à L. 2352-12 et L. 2352-15.

Art. D. 2372-14. (D. 2008-1117 du 31 oct. 2008, JO 1er nov.) Les dirigeants des sociétés participantes convoquent les membres du groupe spécial de négociation à une première réunion. La convocation fixe la date de la réunion. Elle est faite par lettre recommandée avec avis de réception.

Le délai de six mois mentionné au deuxième alinéa de l'article L. 2352-9 court à compter de la date de cette première réunion.

Art. D. 2372-15. (D. 2008-1117 du 31 oct. 2008, JO 1er nov.) Les membres du groupe spécial de négociation sont tenus informés :

1° Du mode de constitution de la société issue de la fusion transfrontalière et des effets de celui-ci pour les sociétés participantes ainsi que pour leurs filiales et établissements ;

2° Des modalités de participation instituées au sein de ces sociétés participantes, filiales et établissements, que le lieu de leur implantation soit situé en France ou dans un autre État membre de la Communauté européenne ou de l'Espace économique européen ;

3° Des modalités de transfert des droits et obligations des sociétés participantes en matière de conditions d'emploi résultant de la législation et des relations collectives et individuelles de travail.

Art. D. 2372-16. (D. 2008-1117 du 31 oct. 2008, JO 1er nov.) Pour le calcul des majorités de salariés mentionnées aux premier et deuxième alinéas de l'article L. 2372-4, chaque membre occupant un siège au sein du groupe spécial de négociation alloué à un État membre représente un nombre de salariés égal au nombre total des salariés employés dans les sociétés participantes, les filiales et les établissements situés dans cet État membre, divisé par le nombre de sièges attribués à cet État membre, arrondi à l'entier inférieur.

Lorsqu'il est fait application de l'article L. 2372-3 en ce qu'il renvoie aux dispositions de l'article L. 2352-4, le titulaire de chaque siège supplémentaire représente un nombre de salariés égal à l'effectif de la société à laquelle a été attribué ce siège. Le nombre total des salariés calculé, pour l'État membre dans lequel est située cette société, conformément au premier alinéa, est alors réduit à concurrence de cet effectif.

Art. R. 2372-17. (D. 2008-1116 du 31 oct. 2008, JO 1er nov.) Les éléments fournis, en application du quatrième alinéa de l'article L. 229-3 du code de commerce, par la société, la filiale ou l'établissement concernés par la fusion pour attester que les modalités relatives à la participation des salariés ont été fixées conformément aux dispositions des articles L. 2371-1 à L. 2371-3, L. 2372-1 à L. 2372-4, du second alinéa de l'article L. 2372-5 et des articles L. 2372-6 à L. 2374-2 sont transmis à l'inspecteur du travail.

Sous-section 4 (réglementaire). Contestations

Art. R. 2372-18. (D. 2008-1116 du 31 oct. 2008, JO 1er nov.) Le (D. 2019-966 du 18 sept. 2019, art. 8, JO 19, entrée en vigueur le 01.01.2020) « tribunal judiciaire » compétent pour statuer sur la contestation de la désignation et de l'élection des membres du groupe spécial de négociation est celui dans le ressort duquel est situé le siège, selon le cas, de la société issue de la fusion transfrontalière, de la société, de la filiale ou de l'établissement concerné.

La contestation est formée, instruite et jugée selon les modalités prévues aux articles R. 2324-24 et R. 2324-25.

Toutefois, la contestation est formée :

1° Dans un délai de quinze jours à compter de la notification de la désignation à l'employeur ;

2° Par les salariés, dans un délai de quinze jours, à compter de la date à laquelle la désignation à l'employeur ou l'élection est portée à leur connaissance.

Art. R. 2372-19. (D. 2008-1116 du 31 oct. 2008, JO 1er nov.) Les litiges auxquels donne lieu l'application des dispositions de la présente section, autres que ceux mentionnés à l'article R. 2372-18, sont portés devant le président du (D. 2019-966 du 18 sept. 2019, art. 8, JO 19, entrée en vigueur le 01.01.2020) « tribunal judiciaire » du domicile du défendeur. Il statue (D. 2019-1419 du 20 déc. 2019, art. 10, 7°, JO 22) « selon la procédure accélérée au fond ».

SECTION 2. Contenu de l'accord

Art. L. 2372-6. Sous réserve des dispositions du deuxième alinéa de l'article L. 2372-4, les dirigeants de chacune des sociétés participant à la fusion négocient avec le groupe spécial de négociation en vue de parvenir à un accord qui détermine :

1° Les sociétés participantes, les établissements et les filiales concernés par l'accord ;

2° Les modalités de participation, y compris, le cas échéant :

a) Le nombre de membres de l'organe d'administration ou de surveillance de la société issue d'une fusion transfrontalière que les salariés ont le droit d'élire, de désigner, de recommander ou à la désignation desquels ils peuvent s'opposer ;

b) Les procédures à suivre pour que les salariés puissent élire, désigner ou recommander ces membres ou s'opposer à leur désignation ;

c) Les droits de ces membres ;

3° La date d'entrée en vigueur de l'accord et sa durée ;

4° Les cas dans lesquels l'accord est renégocié et la procédure suivie pour sa renégociation.

Art. L. 2372-7. Lorsqu'il existe au sein des sociétés participant à la fusion plusieurs formes de participation, le groupe spécial de négociation qui décide de mettre en œuvre les modalités prévues au 2° de l'article L. 2372-6 choisit au préalable, dans les conditions prévues au premier alinéa de l'article L. 2372-4, laquelle de ces formes est appliquée au sein de la société issue de la fusion transfrontalière.

Art. L. 2372-8. Les dirigeants des sociétés participantes et le groupe spécial de négociation peuvent décider, par accord, d'appliquer le chapitre III du présent titre.

Chapitre III

Comité de la société issue de la fusion transfrontalière et participation des salariés en l'absence d'accord

SECTION 1. Comité de la société issue de la fusion transfrontalière

Sous-section 1. Mise en place

Art. L. 2373-1. Un comité de la société issue d'une fusion transfrontalière est institué lorsque, à l'issue de la période de négociation prévue à l'article L. 2352-9, aucun accord n'a été conclu et que le groupe spécial de négociation n'a pas pris la décision prévue au deuxième alinéa de l'article L. 2372-4 ou lorsque les dirigeants des sociétés participant à la fusion transfrontalière choisissent sans négociation préalable de mettre en place les modalités de participation des salariés.

Art. L. 2373-2. Dans le cas prévu à l'article L. 2373-1, l'immatriculation de la société issue d'une fusion transfrontalière ne peut intervenir que si les parties décident de mettre en œuvre les dispositions du présent chapitre et du chapitre IV ou que si les dirigeants des sociétés participantes s'engagent à en faire application.

Art. D. 2373-1. (D. 2008-1117 du 31 oct. 2008, JO 1er nov.) Dans les hypothèses prévues à l'article L. 2373-2, est joint à la demande d'immatriculation de la société issue de la fusion transfrontalière :

1° L'accord portant sur la mise en place du comité de la société issue de la fusion transfrontalière et, lorsque la société issue de la fusion transfrontalière n'est pas composée exclusivement de personnes physiques, d'un système de participation des salariés prévu à l'article L. 2373-2 ;

2° À défaut de l'accord mentionné au 1°, l'engagement écrit des dirigeants des sociétés participantes de faire application des dispositions des articles L. 2371-4, L. 2372-5, deuxième alinéa, en ce qu'il renvoie aux articles L. 2352-9, L. 2373-1, L. 2373-3, L. 2374-1.

Art. D. 2373-2. (D. 2008-1117 du 31 oct. 2008, JO 1er nov.) Les membres du comité de la société issue de la fusion transfrontalière sont :

1° Soit désignés selon les modalités définies aux articles D. 2372-6 à D. 2372-9 ;

2° Soit élus conformément aux dispositions de l'article D. 2372-11 lorsque les conditions prévues à l'article L. 2372-3 en ce qu'il renvoie à l'article L. 2352-6 sont réunies.

Art. R. 2373-3. (D. 2008-1116 du 31 oct. 2008, JO 1er nov.) Les contestations relatives à la désignation des représentants des salariés et à l'élection des membres du comité de la société issue de la fusion transfrontalière dont le siège se situe en France, ainsi qu'à la désignation des représentants des salariés des sociétés participantes, des établissements ou filiales implantés en France, sont de la compétence du (D. 2019-966 du 18 sept. 2019, art. 8, JO 19, entrée en vigueur le 01.01.2020) « tribunal judiciaire » du siège de la société issue de la fusion transfrontalière, de la société participante, de la filiale ou de l'établissement concerné.

Ces contestations sont formées, instruites et jugées selon les modalités prévues aux articles R. 2324-24 et R. 2324-25.

Le recours est formé dans un délai de quinze jours à compter de la notification de la désignation à l'employeur.

Sous-section 2. **Attributions, composition et fonctionnement**

Art. L. 2373-3. Les dispositions relatives aux attributions, à la composition et au fonctionnement du comité de la société européenne, prévues aux articles L. 2353-3 à (L. 2016-1088 du 8 août 2016, art. 18, IX, JO 9) « L. 2353-27-1 », sont applicables au comité de la société issue de la fusion transfrontalière pour la mise en œuvre des modalités de la participation des salariés telle que définie à l'article L. 2351-6.

Art. R. 2373-4. (D. 2008-1116 du 31 oct. 2008, JO 1er nov.) Le secrétaire du comité de la société issue de la fusion transfrontalière est désigné parmi ses membres.

Le bureau est élu parmi ses membres.

Art. R. 2373-5. (D. 2008-1116 du 31 oct. 2008, JO 1er nov.) Les éléments fournis, en application du quatrième alinéa de l'article L. 229-3 du code de commerce, par les dirigeants de la société, la filiale ou l'établissement concernés par la fusion pour attester que les modalités relatives à la participation des salariés ont été fixées conformément aux dispositions des articles L. 2371-1 à L. 2371-3, L. 2372-1 à L. 2372-4, du second alinéa de l'article L. 2372-5 et des articles L. 2372-6 à L. 2374-2 sont transmis à l'inspecteur du travail.

SECTION 2. Participation des salariés au conseil d'administration et de surveillance

Art. L. 2373-4. Lorsque la participation des salariés au sein des sociétés participant à la fusion transfrontalière concerne au moins un tiers du nombre total des salariés employés par ces sociétés, ou lorsque ce seuil n'est pas atteint et que le groupe spécial de négociation en décide ainsi, la forme de participation des salariés à l'organe d'administration ou de surveillance de la société issue de la fusion est déterminée après examen des différents systèmes nationaux existant au sein de chacune des sociétés participantes avant l'immatriculation de cette société.

Art. L. 2373-5. Si une seule forme de participation des salariés existe au sein des sociétés participantes, ce système est appliqué à la société issue de la fusion transfrontalière en retenant, pour sa mise en place, la proportion ou, selon le cas, le nombre le plus élevé de membres concernés par les droits à participation au sein de l'organe d'administration ou de surveillance. Si plusieurs formes de participation des salariés existent au sein des sociétés participantes, le groupe spécial de négociation détermine laquelle de ces formes est instaurée dans la société issue de la fusion transfrontalière.

Art. L. 2373-6. À défaut d'accord du groupe spécial de négociation sur le choix de la forme de participation des salariés, les dirigeants des sociétés participant à la fusion transfrontalière déterminent la forme de participation applicable.

Il est toujours retenu, pour la mise en place du système applicable, la proportion ou le nombre le plus élevé de membres de l'organe d'administration ou de surveillance concernés par les droits à participation des salariés.

Art. L. 2373-7. Lorsque la forme de participation des salariés applicable consiste en la recommandation ou l'opposition à la désignation de membres de l'organe d'administration ou de surveillance, le comité de la société détermine les conditions dans lesquelles s'exerce cette forme de participation des salariés.

Lorsque la forme de participation des salariés choisie consiste en l'élection, la procédure se déroule conformément aux articles L. 225-28 à L. 225-34 et L. 225-80 du code de commerce, exception faite de l'exigence de territorialité prévue au premier alinéa de l'article L. 225-28.

Art. L. 2373-8. Dès lors que le nombre de sièges au sein de l'organe d'administration ou de surveillance a été déterminé dans les conditions prévues à l'article L. 2373-7, le comité de la société issue de la fusion transfrontalière veille à leur répartition, proportionnellement au nombre de salariés de la société employés dans chaque État membre de la Communauté européenne.

Par dérogation au premier alinéa, le comité assure, dans la mesure du possible, à chaque État membre disposant d'un système de participation des salariés avant l'immatriculation de la société, l'attribution d'au moins un siège.

Chapitre IV

Dispositions applicables postérieurement à l'immatriculation de la société issue de la fusion transfrontalière

Art. L. 2374-1. Lorsqu'une société issue d'une fusion transfrontalière est immatriculée, l'accord mentionné à l'article L. 2372-6 ou un accord collectif conclu au niveau approprié peut décider de la suppression ou d'un aménagement des conditions de fonctionnement, éventuellement sous la forme d'une redéfinition de leur périmètre national d'intervention, des institutions représentatives du personnel qui auraient vocation à disparaître du fait de la perte de l'autonomie juridique d'une ou de plusieurs sociétés participantes situées en France.

Art. L. 2374-2. Lorsqu'un système de participation des salariés existe dans la société issue de la fusion transfrontalière, cette société est tenue, pendant un délai de trois ans après la fusion transfrontalière, de prendre les mesures nécessaires à la protection de la participation des salariés en cas de fusions nationales ultérieures conformément aux règles prévues au présent titre.

Art. L. 2374-3. Les représentants des salariés siégeant au sein de l'organe d'administration ou de surveillance, ou participant à l'assemblée générale ou aux assemblées de section ou de branche de la société issue de la fusion transfrontalière, sont tenus au secret professionnel et à l'obligation de discrétion prévus à l'article L. 2325-5.

Art. L. 2374-4. Les représentants des salariés siégeant au sein de l'organe d'administration ou de surveillance, ou participant à l'assemblée générale ou aux assemblées de section ou de branche de la société issue de la fusion transfrontalière, bénéficient de la protection instituée à l'article (L. 2013-504 du 14 juin 2013, art. 9, V, JO 16) « L. 2411-1 ».

Chapitre V

Dispositions pénales

Art. L. 2375-1. Le fait d'apporter une entrave soit à la constitution d'un groupe spécial de négociation ou d'un comité de la société issue de la fusion transfrontalière mis en place ou non par accord, soit à la libre désignation de leurs membres est puni d'un emprisonnement d'un an et d'une amende de (L. 2015-990 du 6 août 2015, art. 262, 2°, JO 7) «7 500 €.

Le fait d'apporter une entrave à leur fonctionnement régulier est puni d'une amende de 7 500 €.»

TITRE XI

COMMISSIONS PARITAIRES RÉGIONALES INTERPROFESSIONNELLES POUR LES SALARIÉS ET LES EMPLOYEURS DES ENTREPRISES DE MOINS DE ONZE SALARIÉS

Note Ce titre a été introduit par la loi 2015-994 du 17 août 2015, art. 1er, I, JO 18, entrée en vigueur le 01.07.2017, à l'exception des articles L. 23-112-2 et L. 23-114-2 qui sont entrés en vigueur le 01.01.2016.

Chapitre Ier

Champ d'application

Art. L. 23-111-1. I. – Une commission paritaire interprofessionnelle est instituée au niveau régional afin de représenter les salariés et les employeurs d'entreprises de moins de onze salariés.

II. – Elle représente les salariés et les employeurs des entreprises de moins de onze salariés relevant des branches qui n'ont pas mis en place de commissions paritaires régionales, ou, le cas échéant, départementales lorsque leur champ de compétence géographique recouvre l'intégralité d'une région, par un accord de branche ou de niveau national et interprofessionnel ou multiprofessionnel conclu dans les conditions du présent titre:

1° Exerçant au moins les mêmes attributions que celles mentionnées à l'article L. 23-113-1;

2° Composées d'au moins cinq représentants des organisations professionnelles d'employeurs représentatives et d'au moins cinq représentants des organisations syndicales de salariés représentatives, issus d'entreprises de moins de onze salariés.

III. – Pendant la durée du mandat prévue à l'article L. 23-112-3, le champ de compétence professionnelle et territoriale de la commission paritaire régionale interprofessionnelle n'est pas modifié.

Art. R. 23-111-1. (D. 2017-663 du 27 avril 2017, JO 29) Pour l'application du II de l'article L. 23-111-1, ne sont pas prises en compte les branches pour lesquelles un accord a été conclu au plus tard le 31 mars de l'année de la mise en place ou du renouvellement de la commission paritaire régionale interprofessionnelle.

Chapitre II

Composition et mandat

Art. L. 23-112-1. La commission paritaire régionale interprofessionnelle est composée de vingt membres, salariés et employeurs d'entreprises de moins de onze salariés, désignés par les organisations syndicales de salariés et par les organisations professionnelles d'employeurs dans les conditions suivantes:

1° Dix sièges sont attribués aux organisations syndicales de salariés dont la vocation statutaire revêt un caractère interprofessionnel, proportionnellement à leur audience dans la région auprès des salariés que la commission représente aux élections prévues aux articles L. 2122-10-1 et L. 2122-6;

2° Dix sièges sont attribués aux organisations professionnelles d'employeurs dont la vocation statutaire revêt un caractère interprofessionnel, répartis proportionnellement à leur audience définie au 6° du I de l'article L. 2151-1 auprès des entreprises implantées dans la région et appartenant aux branches couvertes par la commission.

Les organisations syndicales de salariés et les organisations professionnelles d'employeurs pourvoient les sièges qui leur sont attribués en respectant la parité entre les femmes et les hommes. Si les sièges à pourvoir sont en nombre impair, l'écart entre le nombre de femmes et le nombre d'hommes ne peut être supérieur à un.

Art. L. 23-112-2. Dans le cadre du scrutin mentionné aux articles L. 2122-10-1 et L. 2122-6, les organisations syndicales de salariés candidates mentionnées à l'article L. 2122-10-6 peuvent indiquer sur leur propagande électorale l'identité des salariés qu'elles envisagent de désigner dans les commissions paritaires régionales interprofessionnelles, dans la limite de dix salariés par organisation.

Cette propagande peut être différenciée par région.

L'identité des salariés figurant sur la propagande électorale et l'identité des salariés membres de la commission sont notifiées à leurs employeurs par les organisations syndicales de salariés.

Art. L. 23-112-3. Les membres de la commission sont désignés pour quatre ans. Leur mandat est renouvelable.

Art. L. 23-112-4. Pour être désignés, les membres de la commission doivent être âgés de dix-huit ans révolus et n'avoir fait l'objet d'aucune interdiction, déchéance ou incapacité relative à leurs droits civiques.

Art. L. 23-112-5. La composition de la commission paritaire régionale interprofessionnelle est rendue publique par l'autorité administrative.

Art. L. 23-112-6. Les contestations relatives aux conditions de désignation des membres de la commission sont de la compétence du juge judiciaire. Le recours n'est recevable que s'il est introduit dans les quinze jours suivant la date où la composition de la commission a été rendue publique.

SECTION 1 (RÉGLEMENTAIRE). Détermination des sièges

Note Les sections 1 et 2 sont issues du décret 2017-663 du 27 avril 2017, JO 29.

Sous-section 1. Dispositions communes

Art. R. 23-112-1. Le ministre chargé du travail arrête au plus tard un mois avant la mise en place ou le renouvellement des commissions paritaires régionales interprofessionnelles le nombre de sièges attribués par commission aux organisations syndicales de salariés et aux organisations professionnelles d'employeurs dont la vocation statuaire revêt un caractère interprofessionnel.

Cet arrêté ne peut faire l'objet d'un recours administratif.

Sous-section 2. Attribution des sièges aux organisations syndicales de salariés

Art. R. 23-112-2. La détermination des sièges de chaque commission paritaire régionale interprofessionnelle prévue au 1° de l'article L. 23-112-1 prend en compte les suffrages retenus, dans le champ de compétence professionnel et territorial de la commission, pour la mesure de l'audience syndicale dans le cadre du scrutin prévu à l'article L. 2122-10-1 et dans celui des élections des membres représentant les salariés de la production agricole aux chambres d'agriculture prévues à l'article L. 2122-6.

Art. R. 23-112-3. Les sièges sont attribués aux organisations syndicales de salariés mentionnées au 1° de l'article L. 23-112-1 proportionnellement aux résultats obtenus en application de l'article R. 23-112-2 suivant la règle de la plus forte moyenne.

Art. R. 23-112-4. En cas d'égalité entre deux ou plusieurs organisations après application de l'article R. 23-112-3, le siège est attribué à l'organisation syndicale de salariés qui a recueilli le plus de suffrages dans le champ de compétence professionnel et territorial de la commission.

En cas d'égalité après application de l'alinéa précédent, le siège est attribué à l'organisation syndicale de salariés qui a recueilli le plus de suffrages au niveau national dans le champ de compétence professionnel de la commission.

Art. R. 23-112-5. Lorsque le nombre de suffrages retenus dans le champ de compétence professionnel et territorial d'une commission est inférieur au double du nombre de sièges à pourvoir pour cette commission, sont pris en compte pour l'attribution des sièges les suffrages retenus au niveau national dans ce champ de compétence professionnel.

Sous-section 3. **Attribution des sièges aux organisations professionnelles d'employeurs**

Art. R. 23-112-6. La détermination des sièges de chaque commission paritaire régionale interprofessionnelle prévue au 2° de l'article L. 23-112-1 prend en compte, au titre de l'appréciation de l'audience patronale, le nombre d'entreprises adhérentes implantées dans la région et appartenant aux branches couvertes par la commission, tel qu'il résulte du calcul des résultats présentés en Haut Conseil du dialogue social en application de l'article R. 2152-18.

Art. R. 23-112-7. Les sièges sont attribués aux organisations professionnelles d'employeurs mentionnées au 2° de l'article L. 23-112-1 proportionnellement aux résultats obtenus en application de l'article R. 23-112-6 suivant la règle de la plus forte moyenne.

Art. R. 23-112-8. En cas d'égalité entre deux ou plusieurs organisations après application de l'article R. 23-112-7, le siège est attribué à l'organisation professionnelle d'employeurs qui a recueilli le plus grand nombre d'entreprises adhérentes dans le champ de compétence professionnel et territorial de la commission.

En cas d'égalité après application de l'alinéa précédent, le siège est attribué à l'organisation professionnelle d'employeurs qui a recueilli le plus grand nombre d'entreprises adhérentes au niveau national dans le champ de compétence professionnel de la commission.

Art. R. 23-112-9. Lorsque le nombre d'entreprises adhérentes retenu dans le champ de compétence professionnel et territorial d'une commission est inférieur au double du nombre de sièges à pourvoir pour cette commission, sont prises en compte pour l'attribution des sièges les entreprises adhérentes retenues au niveau national dans ce champ de compétence professionnel.

SECTION 2 (RÉGLEMENTAIRE). Désignation des membres

Sous-section 1. **Dispositions générales**

Art. R. 23-112-10. Le ministre chargé du travail fixe par arrêté le calendrier de la désignation des membres des commissions paritaires régionales interprofessionnelles et de leur mise en place. L'arrêté fixe également le modèle des documents requis pour la désignation du mandataire prévu par l'article R. 23-112-12 et des membres des commissions paritaires régionales interprofessionnelles.

Sous-section 2. **Modalités de désignation**

Art. R. 23-112-11. Les conditions prévues aux articles L. 23-112-1 et L. 23-112-4 s'apprécient à la date de la désignation en tant que membre de la commission paritaire régionale interprofessionnelle.

Art. R. 23-112-12. Pour chaque commission paritaire régionale interprofessionnelle, l'organisation mentionnée à l'article R. 23-112-1 désigne un mandataire à effet de déclarer auprès de la direction régionale des entreprises, de la concurrence, de la consommation, du travail et de l'emploi compétente territorialement le nom de la ou des personnes qu'elle désigne comme membres de la commission.

Cette déclaration est accompagnée d'une déclaration sur l'honneur de chaque personne désignée comme membre de la commission attestant qu'elle satisfait aux conditions prévues aux articles L. 23-112-1 et L. 23-112-4.

Art. R. 23-112-13. Lorsqu'elle procède à la déclaration mentionnée au premier alinéa de l'article R. 23-112-12, l'organisation syndicale de salariés notifie à l'employeur ou aux employeurs du ou des salariés qu'elle désigne comme membres de la commission leur identité ainsi que la région concernée. Cette notification est faite par tout moyen lui conférant date certaine. Ces informations sont simultanément communiquées à l'inspection du travail.

Art. R. 23-112-14. Le directeur régional des entreprises, de la concurrence, de la consommation, du travail et de l'emploi publie au recueil des actes administratifs et mentionne sur son site internet la liste des personnes désignées par les organisations mentionnées à l'article R. 23-112-1 et représentant les salariés et les employeurs au sein de la ou des commissions paritaires régionales interprofessionnelles de son ressort territorial.

Art. R. 23-112-15. Les contestations relatives à la désignation des membres des commissions paritaires régionales interprofessionnelles sont de la compétence du (D. 2019-966 du 18 sept. 2019, art. 8, JO 19, entrée en vigueur le 01.01.2020) « tribunal judiciaire », qui statue en dernier ressort.

Le tribunal est saisi des contestations par voie de (D. 2019-1333 du 11 déc. 2019, art. 36, JO 12, entrée en vigueur le 01.01.2020) « requête. La requête » n'est recevable que si elle est faite dans un délai de quinze jours à compter de la publication prévue à l'article R. 23-112-14 devant le (D. 2019-966 du 18 sept. 2019, art. 8, JO 19, entrée en vigueur le 01.01.2020) « tribunal judiciaire » dans le ressort duquel la direction régionale des entreprises, de la concurrence, de la consommation, du travail et de l'emploi a son siège.

Art. R. 23-112-16. Le (D. 2019-966 du 18 sept. 2019, art. 8, JO 19, entrée en vigueur le 01.01.2020) « tribunal judiciaire » statue dans les dix jours de sa saisine sans frais ni forme de procédure et sur avertissement qu'il donne trois jours à l'avance à toutes les parties intéressées. La décision du tribunal est notifiée aux parties par le greffe dans les trois jours par lettre recommandée avec avis de réception. Le greffe en adresse une copie dans le même délai au directeur régional des entreprises, de la concurrence, de la consommation, du travail et de l'emploi.

Art. R. 23-112-17. La décision du (D. 2019-966 du 18 sept. 2019, art. 8, JO 19, entrée en vigueur le 01.01.2020) « tribunal judiciaire » peut faire l'objet d'un pourvoi en cassation dans un délai de dix jours suivant sa notification. Le pourvoi est formé, instruit et jugé dans les conditions prévues aux articles 999 à 1008 du code de procédure civile.

Art. R. 23-112-18. Les délais fixés par les articles R. 23-112-15 à R. 23-112-17 sont calculés et prorogés conformément aux dispositions des articles 640, 641 et 642 du code de procédure civile.

Art. R. 23-112-19. En cas d'impossibilité de désigner un représentant dans les délais fixés par l'arrêté mentionné à l'article R. 23-112-10 ou de cessation des fonctions d'un membre de la commission, il peut être procédé à la désignation d'un autre membre pour cette commission dans les conditions définies à la présente sous-section. Toutefois, il n'est pas procédé à cette désignation moins de six mois avant la fin du mandat.

Les membres désignés en application de l'alinéa précédent le sont pour la durée du mandat restant à courir.

Chapitre III

Attributions

Art. L. 23-113-1. Les commissions paritaires régionales interprofessionnelles ont pour compétence :

1° De donner aux salariés et aux employeurs toutes informations ou tous conseils utiles sur les dispositions légales ou conventionnelles qui leur sont applicables ;

2° D'apporter des informations, de débattre et de rendre tout avis utile sur les questions spécifiques aux entreprises de moins de onze salariés et à leurs salariés, notamment en matière d'emploi, de formation, de gestion prévisionnelle des emplois et des compétences, de conditions de travail, de santé au travail, d'égalité professionnelle, (L. 2018-771 du 5 sept. 2018, art. 104, V, JO 6) « de lutte contre le harcèlement sexuel et les agissements sexistes, » de travail à temps partiel et de mixité des emplois ;

3° De faciliter la résolution de conflits individuels ou collectifs n'ayant pas donné lieu à saisine d'une juridiction. La commission ne peut intervenir qu'avec l'accord des parties concernées ;

4° De faire des propositions en matière d'activités sociales et culturelles.

Art. L. 23-113-2. Les membres de la commission ont, pour l'exercice de leurs fonctions, accès aux entreprises, sur autorisation de l'employeur.

Chapitre IV

Fonctionnement

Art. L. 23-114-1. L'employeur laisse au salarié membre de la commission paritaire régionale interprofessionnelle le temps nécessaire à l'exercice de sa mission, dans la limite d'une durée qui, sauf circonstances exceptionnelles, ne peut excéder cinq heures par mois. Le temps de trajet pour se rendre aux réunions de la commission n'est pas imputé sur ce crédit d'heures. Le temps peut être utilisé cumulativement, au cours d'une année civile, sans que cela conduise un membre à disposer, dans le mois, de plus d'une fois et demie le crédit d'heures de délégation dont il bénéficie.

Les membres des commissions paritaires régionales interprofessionnelles peuvent répartir entre eux le crédit d'heures de délégation dont ils disposent. Ils informent leurs employeurs respectifs de cette répartition. Cette mutualisation ne peut conduire un membre à disposer, dans le mois, de plus d'une fois et demie le crédit d'heures de délégation dont il bénéficie.

Le salarié informe son employeur de l'utilisation de son crédit d'heures au plus tard huit jours avant la date prévue pour leur utilisation.

Le temps passé par le salarié à l'exercice de sa mission, y compris le temps passé aux séances de la commission, est de plein droit considéré comme du temps de travail et payé à l'échéance normale. Il est assimilé à un temps de travail effectif pour la détermination des droits que le salarié tient de son contrat de travail, des dispositions légales et des stipulations conventionnelles.

L'employeur qui entend contester l'utilisation faite des heures de délégation saisit le juge judiciaire.

Art. L. 23-114-2. L'exercice du mandat de membre de la commission paritaire régionale interprofessionnelle ne peut être une cause de rupture du contrat de travail. Le licenciement et la rupture du contrat à durée déterminée d'un membre de la commission sont soumis à la procédure d'autorisation administrative prévue au livre IV de la présente deuxième partie.

Les salariés dont l'identité figure sur la propagande électorale des organisations syndicales de salariés conformément à l'article L. 23-112-2 et les anciens membres de la commission bénéficient également de cette protection, dans les conditions prévues au même livre IV.

Art. L. 23-114-3. Les frais occasionnés par le fonctionnement de la commission, la participation de ses membres aux réunions et la formation, ainsi que l'indemnisation des représentants salariés, dans les conditions définies à l'article L. 23-114-1, et l'indemnisation des représentants employeurs sont exclusivement financés par les crédits versés par le fonds prévu à l'article L. 2135-9 au titre de sa mission mentionnée au 1° de l'article L. 2135-11.

Le montant de la rémunération du salarié membre d'une commission, maintenu par son employeur en application de l'article L. 23-114-1, est remboursé à ce dernier par l'organisation syndicale qui désigne ce salarié, à partir des crédits qu'elle reçoit du fonds prévu à l'article L. 2135-9.

En cas de non-remboursement par l'organisation, l'employeur peut procéder à une retenue sur salaire du salarié concerné.

Les conditions d'application du présent article sont définies par un décret en Conseil d'État.

Art. L. 23-114-4. La commission détermine, dans un règlement intérieur, les modalités de son fonctionnement.

Art. R. 23-113-1. (D. 2017-663 du 27 avril 2017, JO 29) Pour l'application du deuxième alinéa de l'article L. 23-114-1, le salarié qui bénéficie d'heures de délégation de la part d'un ou de salariés de la commission informe son employeur du nombre d'heures dont il dispose à ce titre et de l'identité du ou des salariés qui le font bénéficier de cette ou de ces heures. Le salarié qui fait bénéficier de ses heures de délégation un ou plusieurs salariés de la commission informe son employeur de ce nombre d'heures et de l'identité du ou des salariés qui en bénéficient. Dans les deux cas, l'information prévue à ce titre est faite par tout moyen lui conférant date certaine.

Art. R. 23-113-2. (D. 2017-663 du 27 avril 2017, JO 29) La demande de remboursement du maintien de salaire du représentant salarié est transmise par son employeur dans les trois mois à l'organisation syndicale qui l'a désigné.

Cette demande, à laquelle est jointe l'information prévue au troisième alinéa de l'article L. 23-114-1, précise :

1° L'identité du salarié et le nombre d'heures pour lesquelles le remboursement est demandé ;

2° Le montant du salaire maintenu et des cotisations et contributions sociales y afférentes ;

3° Le cas échéant, la ou les dates de réunion de la commission paritaire régionale interprofessionnelle pour la période considérée.

Est joint à cette demande tout document permettant de vérifier le montant du salaire maintenu.

L'organisation syndicale acquitte à l'employeur le montant dû dans un délai de trois mois à compter de la réception de la demande complète par cette organisation.

Art. R. 23-113-3. (D. 2017-663 du 27 avril 2017, JO 29) I. – Par dérogation aux dispositions des articles R. 3252-2 à R. 3252-5, lorsque l'organisation syndicale n'a pas remboursé l'employeur de tout ou partie des sommes dues dans le délai prévu au dernier alinéa de l'article R. 23-113-2, l'employeur peut procéder à une retenue sur le salaire du salarié, dans les limites prévues au I de l'article R. 2145-7.

II. – L'employeur informe le salarié de la retenue au moins trente jours avant d'y procéder ou de procéder à la première retenue.

III. – L'employeur ne peut procéder à la retenue lorsque sa demande a été transmise hors le délai mentionné au premier alinéa de l'article R. 23-113-2.

Art. R. 23-113-4. (D. 2017-663 du 27 avril 2017, JO 29) La demande d'indemnisation du représentant employeur est transmise dans les trois mois à l'organisation professionnelle qui l'a désigné. Cette demande, à laquelle est joint un justificatif de présence, précise l'identité du représentant employeur et le nombre d'heures pour lesquelles il demande l'indemnisation.

Le montant de l'indemnisation est calculé sur la base du taux horaire de l'allocation perçue par le conseiller prud'homme employeur.

L'organisation professionnelle acquitte à l'employeur le montant dû dans un délai de trois mois à compter de la réception de la demande complète par cette organisation.

Chapitre V

Dispositions d'application

Art. L. 23-115-1. Un décret en Conseil d'État précise les conditions d'application du présent titre, notamment :

1° Les modalités de la présentation des salariés sur la propagande électorale mentionnées à l'article L. 23-112-2 ;

2° Les modalités de la notification aux employeurs des salariés mentionnés au dernier alinéa du même article L. 23-112-2 par les organisations syndicales de salariés ;

3° Les modalités de la publicité relative à la composition de la commission, les noms, professions et appartenance syndicale éventuelle de ses membres ;

4° Les modalités selon lesquelles les crédits versés par le fonds prévu à l'article L. 2135-9 financent les frais occasionnés par le fonctionnement des commissions prévues au présent titre.

LIVRE IV

LES SALARIÉS PROTÉGÉS

TITRE Ier

CAS, DURÉES ET PÉRIODES DE PROTECTION

Chapitre Ier

Protection en cas de licenciement

SECTION 1. Champ d'application

Art. L. 2411-1. (Ord. 2017-1386 du 22 sept. 2017, art. 2, 1°, JO 23, entrée en vigueur au plus tard le 01.01.2018) Bénéficie de la protection contre le licenciement prévue par le présent chapitre, y compris lors d'une procédure de sauvegarde, de redressement ou de liquidation judiciaire, le salarié investi de l'un des mandats suivants :

1° Délégué syndical ;

2° Membre élu à la délégation du personnel du comité social et économique ;

3° Représentant syndical au comité social et économique ;

4° Représentant de proximité ;

5° Membre de la délégation du personnel du comité social et économique interentreprises ;

6° Membre du groupe spécial de négociation et membre du comité d'entreprise européen ;

7° Membre du groupe spécial de négociation et représentant au comité de la société européenne ;

7° *bis* Membre du groupe spécial de négociation et représentant au comité de la société coopérative européenne ;

7° *ter* Membre du groupe spécial de négociation et représentant au comité de la société issue de la fusion transfrontalière ;

8° Représentant du personnel d'une entreprise extérieure, désigné à la commission santé, sécurité et conditions de travail d'un établissement comprenant au moins une installation classée figurant sur la liste prévue à l'article L. 515-36 du code de l'environnement ou mentionnée à l'article L. 211-2 du code minier ;

9° Membre d'une commission paritaire d'hygiène, de sécurité et des conditions de travail en agriculture prévue à l'article L. 717-7 du code rural et de la pêche maritime ;

10° Salarié mandaté, dans les conditions prévues aux articles L. 2232-23-1 et L. 2232-26, dans les entreprises dépourvues de délégué syndical ;

11° Représentant des salariés mentionné à l'article L. 662-4 du code de commerce ;

12° Représentant des salariés au conseil d'administration ou de surveillance des entreprises du secteur public, des sociétés anonymes et des sociétés en commandite par actions ;

13° Membre du conseil ou administrateur d'une caisse de sécurité sociale mentionné à l'article L. 231-11 du code de la sécurité sociale ;

14° Membre du conseil d'administration d'une mutuelle, union ou fédération mentionné à l'article L. 114-24 du code de la mutualité ;

15° Représentant des salariés dans une chambre d'agriculture, mentionné à l'article L. 515-1 du code rural et de la pêche maritime ;

16° Conseiller du salarié inscrit sur une liste dressée par l'autorité administrative et chargé d'assister les salariés convoqués par leur employeur en vue d'un licenciement ;

17° Conseiller prud'homme ;

18° Assesseur maritime, mentionné à l'article 7 de la loi du 17 décembre 1926 relative à la répression en matière maritime ;

19° Défenseur syndical mentionné à l'article L. 1453-4 ;

20° Membre de la commission mentionnée à l'article L. 23-111-1.

Art. L. 2411-2. Bénéficient également de la protection contre le licenciement prévue par le présent chapitre, le délégué syndical, (Ord. 2017-1386 du 22 sept. 2017, art. 2, 2°, JO 23, entrée en vigueur au plus tard le 01.01.2018) « le membre de la délégation du personnel du comité social et économique, le représentant de proximité », institués par convention ou accord collectif de travail.

SECTION 2. Licenciement d'un délégué syndical ou d'un salarié mandaté

Sous-section 1. Délégué et ancien délégué syndical

Art. L. 2411-3. Le licenciement d'un délégué syndical ne peut intervenir qu'après autorisation de l'inspecteur du travail.

Cette autorisation est également requise pour le licenciement de l'ancien délégué syndical, durant les douze mois suivant la date de cessation de ses fonctions, s'il a exercé ces dernières pendant au moins un an.

Elle est également requise lorsque la lettre du syndicat notifiant à l'employeur la désignation du délégué syndical a été reçue par l'employeur ou lorsque le salarié a fait la preuve que l'employeur a eu connaissance de l'imminence de sa désignation comme délégué syndical, avant que le salarié ait été convoqué à l'entretien préalable au licenciement.

Sous-section 2. Salarié et ancien salarié mandaté

Art. L. 2411-4. Le licenciement d'un salarié mandaté au titre (Ord. 2017-1386 du 22 sept. 2017, art. 2, 50°, JO 23, entrée en vigueur au plus tard le 01.01.2018) «des articles L. 2232-23-1 et L. 2232-26» ne peut intervenir qu'après autorisation de l'inspecteur du travail.

Cette autorisation est également requise dès que l'employeur a connaissance de l'imminence de sa désignation.

Il en est de même pour le licenciement d'un ancien salarié mandaté durant les douze mois suivant la date à laquelle son mandat a pris fin. Dans ce cas, lorsque aucun accord n'a été conclu à l'issue de la négociation au titre de laquelle le salarié a été mandaté, le délai de protection court à compter de la date de la fin de cette négociation, matérialisée par un procès-verbal de désaccord.

SECTION 3. Licenciement d'un membre de la délégation du personnel du comité social et économique

Sous-section 1. Membre et ancien membre de la délégation du personnel du comité social et économique

Art. L. 2411-5. Le licenciement d'un (Ord. 2017-1386 du 22 sept. 2017, art. 2, 5°, JO 23, entrée en vigueur au plus tard le 01.01.2018) «membre élu de la délégation du personnel du comité social et économique», titulaire ou suppléant (Ord. 2017-1386 du 22 sept. 2017, art. 2, 5°, JO 23, entrée en vigueur au plus tard le 01.01.2018) «ou d'un représentant syndical au comité social et économique», ne peut intervenir qu'après autorisation de l'inspecteur du travail.

(Ord. 2017-1386 du 22 sept. 2017, art. 2, 6°, JO 23, entrée en vigueur au plus tard le 01.01.2018) «L'ancien membre élu de la délégation du personnel du comité social et économique ainsi que l'ancien représentant syndical qui, désigné depuis deux ans, n'est pas reconduit dans ses fonctions lors du renouvellement du comité bénéficient également de cette protection pendant les six premiers mois suivant l'expiration de leur mandat ou la disparition de l'institution.»

Sous-section 2. Salarié ayant demandé l'organisation des élections

Art. L. 2411-6. L'autorisation de licenciement est requise, pendant une durée de six mois, pour le salarié ayant demandé à l'employeur d'organiser les élections (Ord. 2017-1386 du 22 sept. 2017, art. 2, 7°, JO 23, entrée en vigueur au plus tard le 01.01.2018) «au comité social et économique» ou d'accepter d'organiser ces élections. Cette durée court à compter de l'envoi à l'employeur de la lettre recommandée par laquelle une organisation syndicale a, la première, demandé ou accepté qu'il soit procédé à des élections.

Cette protection ne bénéficie qu'à un seul salarié par organisation syndicale ainsi qu'au premier salarié, non mandaté par une organisation syndicale, qui a demandé l'organisation des élections.

Sous-section 3. Candidat aux fonctions de membre élu de la délégation du personnel du comité social et économique

Art. L. 2411-7. L'autorisation de licenciement est requise pendant six mois pour le candidat, au premier ou au deuxième tour, aux fonctions de (Ord. 2017-1386 du 22 sept. 2017, art. 2, 9°, JO 23, entrée en vigueur au plus tard le 01.01.2018) «membre élu de la délégation du personnel du comité social et économique», à partir de la publication des candidatures. La durée de six mois court à partir de l'envoi par lettre recommandée de la candidature à l'employeur.

Cette autorisation est également requise lorsque la lettre du syndicat notifiant à l'employeur la candidature aux fonctions de (Ord. 2017-1386 du 22 sept. 2017, art. 2, 9°, JO 23, entrée en vigueur au plus tard le 01.01.2018) «membre élu à la délégation du personnel du comité social et économique» a été reçue par l'employeur ou lorsque le salarié a fait la preuve que l'employeur a eu connaissance de l'imminence de sa candidature avant que le candidat ait été convoqué à l'entretien préalable au licenciement.

SECTION 4. Licenciement d'un représentant de proximité

Note Cette section est issue de l'ordonnance 2017-1386 du 22 septembre 2017, art. 2, 10°, JO 23, entrée en vigueur au plus tard le 01.01.2018.

Sous-section 1. Représentant et ancien représentant de proximité

Art. L. 2411-8. Le licenciement d'un représentant de proximité ne peut intervenir qu'après autorisation de l'inspecteur du travail.

Cette autorisation est également requise durant les six mois suivant l'expiration du mandat de représentant de proximité ou la disparition de l'institution.

Sous-section 2. Candidat aux fonctions de représentant de proximité

Art. L. 2411-9. L'autorisation de licenciement est requise pendant six mois pour le candidat aux fonctions de représentant de proximité, à partir du dépôt de sa candidature.

Cette autorisation est également requise lorsque le salarié a fait la preuve que l'employeur a eu connaissance de l'imminence de sa candidature avant que le candidat ait été convoqué à l'entretien préalable au licenciement.

SECTION 5. Licenciement d'un membre de la délégation du personnel du comité social et économique interentreprises

Note Cette section est issue de l'ordonnance 2017-1386 du 22 septembre 2017, art. 2, 12°, JO 23, entrée en vigueur au plus tard le 01.01.2018.

Sous-section 1. Membre et ancien membre de la délégation du personnel du comité social et économique interentreprises

Art. L. 2411-10. Le licenciement d'un membre de la délégation du personnel du comité social et économique interentreprises ne peut intervenir qu'après autorisation de l'inspecteur du travail.

Cette autorisation est également requise durant les six mois suivant l'expiration du mandat de membre de la délégation du personnel du comité social et économique interentreprises ou de la disparition de l'institution.

Sous-section 2. Candidat aux fonctions de membre de la délégation du personnel du comité social et économique interentreprises

Art. L. 2411-10-1. L'autorisation de licenciement est requise pendant six mois pour le candidat aux fonctions de membre de la délégation du personnel du comité social et économique interentreprises, à partir du dépôt de sa candidature.

Cette autorisation est également requise lorsque le salarié a fait la preuve que l'employeur a eu connaissance de l'imminence de sa candidature avant que le candidat ait été convoqué.

SECTION 6. Licenciement d'un membre du groupe spécial de négociation ou d'un membre du comité d'entreprise européen

Note Cette section est l'ancienne section 5 (ordonnance 2017-1386 du 22 septembre 2017, art. 2, 11°, JO 23, entrée en vigueur au plus tard le 01.01.2018).

Art. L. 2411-11. Le licenciement d'un membre du groupe spécial de négociation ou d'un membre du comité d'entreprise européen ne peut intervenir qu'après autorisation de l'inspecteur du travail.

SECTION 7. Licenciement d'un membre du groupe spécial de négociation, d'un représentant au comité de la société européenne, d'un représentant au comité de la société coopérative européenne ou d'un représentant au comité de la société issue d'une fusion transfrontalière

Note Cette section est l'ancienne section 6 (ordonnance 2017-1386 du 22 septembre 2017, art. 2, 13°, JO 23, entrée en vigueur au plus tard le 01.01.2018).

Art. L. 2411-12. Le licenciement d'un membre du groupe spécial de négociation (L. 2008-89 du 30 janv. 2008, art. 8, JO 31) «, d'un représentant au comité de la société européenne» (L. 2008-649 du 3 juil. 2008, art. 6, JO 4) «, d'un représentant au comité de la société coopérative européenne ou d'un représentant au comité de la société issue d'une fusion transfrontalière» ne peut intervenir qu'après autorisation de l'inspecteur du travail.

SECTION 8. Licenciement d'un représentant du personnel d'une entreprise extérieure à la commission santé, sécurité et condition de travail

Art. L. 2411-13. Le licenciement d'un représentant du personnel d'une entreprise extérieure désigné (Ord. 2017-1386 du 22 sept. 2017, art. 2, 15°, JO 23, entrée en vigueur au plus tard le 01.01.2018) «à la commission santé, sécurité et conditions de travail» d'un établissement comprenant au moins une installation classée figurant sur la liste prévue à l'article L. 515-36 du code de l'environnement ou mentionnée à l'article L. 211-2 du code minier ne peut intervenir qu'après autorisation de l'inspecteur du travail.

Cette autorisation est également requise pour le salarié ayant siégé en qualité de représentant du personnel dans ce comité pendant les six premiers mois suivant l'expiration de son mandat ou la disparition de l'institution.

Art. R. 2411-1. Les dispositions de l'article L. 2411-13 ne sont pas applicables au fonctionnaire titulaire membre du comité d'hygiène, de sécurité et des conditions de travail d'un établissement de santé, social et médico-social mentionné à l'article 2 de la loi n° 86-33 du 9 janvier 1986 portant dispositions statutaires relatives à la fonction publique hospitalière.

Pour l'application de ces dispositions aux agents non titulaires, la commission paritaire consultative compétente pour les fonctionnaires titulaires exerçant les mêmes fonctions que l'agent intéressé est consultée.

Art. L. 2411-14. (Ord. 2017-1386 du 22 sept. 2017, art. 2, 17°, JO 23, entrée en vigueur au plus tard le 01.01.2018) L'autorisation de licenciement est requise pendant six mois pour le candidat aux fonctions de représentant du personnel d'une entreprise extérieure à la commission santé, sécurité et conditions de travail, à partir du dépôt de sa candidature.

Cette autorisation est également requise lorsque le salarié a fait la preuve que l'employeur a eu connaissance de l'imminence de sa candidature avant que le candidat ait été convoqué à l'entretien préalable au licenciement.

SECTION 9. Licenciement d'un salarié membre d'une commission paritaire d'hygiène, de sécurité et des conditions de travail en agriculture

Art. L. 2411-15. Le licenciement d'un salarié membre d'une commission paritaire d'hygiène, de sécurité et des conditions de travail en agriculture ne peut intervenir qu'après autorisation de l'inspecteur du travail.

Cette autorisation est également requise pour le salarié ayant siégé en qualité de représentant du personnel dans cette commission, pendant les six premiers mois suivant l'expiration de son mandat ou la disparition de l'institution.

SECTION 10. Licenciement de salariés titulaires d'autres mandats de représentation

Sous-section 1. Représentant des salariés en cas de sauvegarde, de redressement ou de liquidation judiciaire des entreprises

Art. L. 2411-16. La procédure d'autorisation de licenciement d'un représentant des salariés en cas de sauvegarde, de redressement ou de liquidation judiciaire et le délai au terme duquel sa protection cesse sont prévus par l'article L. 662-4 du code de commerce.

Sous-section 2. Représentant des salariés au conseil d'administration ou de surveillance des entreprises

Art. L. 2411-17. Le licenciement d'un représentant des salariés au conseil d'administration ou de surveillance des entreprises du secteur public, (L. 2013-504 du 14 juin 2013, art. 9, VI, JO 16) «des sociétés anonymes et des sociétés en commandite par actions» ne peut intervenir qu'après autorisation de l'inspecteur du travail.

Cette autorisation est également requise pour:

1° L'ancien représentant des salariés pendant les six premiers mois suivant la cessation de son mandat;

2° Le candidat et l'ancien candidat à l'élection comme représentant des salariés pendant les trois mois suivant le dépôt des candidatures.

Sous-section 3. Salarié membre du conseil ou administrateur d'une caisse de sécurité sociale

Art. L. 2411-18. Conformément à l'article L. 231-11 du code de la sécurité sociale, la procédure d'autorisation de licenciement et les périodes et durées de protection du salarié membre du conseil ou administrateur d'une caisse de sécurité sociale sont celles applicables au délégué syndical, prévues par l'article L. 2411-3.

Sous-section 4. Salarié membre du conseil d'administration d'une mutuelle, union ou fédération

Art. L. 2411-19. La procédure d'autorisation de licenciement et les périodes et durées de protection du salarié membre du conseil d'administration d'une mutuelle, union ou fédération sont prévues à l'article L. 114-24 du code de la mutualité.

Sous-section 5. Représentant des salariés dans une chambre d'agriculture

Art. L. 2411-20. Conformément à l'article L. 515-4 du code rural (Ord. 2010-462 du 6 mai 2010, JO 7) «et de la pêche maritime», la procédure d'autorisation de licenciement et les périodes et durées de protection du représentant des salariés dans une chambre d'agriculture sont celles applicables au délégué syndical, prévues par l'article L. 2411-3.

SECTION 11. Licenciement du conseiller du salarié

Art. L. 2411-21. Le licenciement du conseiller du salarié chargé d'assister un salarié dans les conditions prévues à l'article L. 1232-4 ne peut intervenir qu'après autorisation de l'inspecteur du travail.

SECTION 12. Licenciement du conseiller prud'homme

Art. L. 2411-22. Le licenciement du conseiller prud'homme ne peut intervenir qu'après autorisation de l'inspecteur du travail.

Cette autorisation est également requise pour:

1° Le conseiller prud'homme ayant cessé ses fonctions depuis moins de six mois;

2° Le salarié candidat aux fonctions de conseiller prud'homme dès que l'employeur a reçu notification de la candidature du salarié ou lorsque le salarié fait la preuve que l'employeur a eu connaissance de l'imminence de sa candidature, et (Ord. 2016-388 du 31 mars 2016, art. 2, JO 1er avril, entrée en vigueur le 01.02.2017) «pendant une durée de trois mois à compter de la nomination des conseillers prud'hommes» par l'autorité administrative. Le bénéfice de cette protection ne peut être invoqué que par le candidat dont le nom figure sur la liste déposée.

SECTION 13. Licenciement d'un assesseur maritime

Note Cette section a été introduite par l'ordonnance 2012-1218 du 2 novembre 2012, art. 3, II, JO 3, entrée en vigueur au plus tard le 01.01.2015.

Art. L. 2411-23. Le licenciement d'un assesseur maritime ne peut intervenir qu'après autorisation de l'inspecteur du travail.

Cette autorisation est également requise pour:

1° L'assesseur maritime ayant cessé ses fonctions depuis moins de six mois;

2° Le salarié candidat aux fonctions d'assesseur maritime dès que l'employeur a reçu notification par l'autorité administrative de la candidature du salarié ou lorsque le salarié fait la preuve que l'employeur a eu connaissance de l'imminence de sa candidature, et pendant une durée de six mois après établissement de la liste des assesseurs maritimes mentionnée à l'article 7 de la loi du 19 décembre 1926 relative à la répression en matière maritime. Le bénéfice de cette protection ne peut être invoqué que par le candidat qui a déposé sa candidature auprès de l'autorité administrative.

SECTION 14. Licenciement du défenseur syndical

Note Cette section a été introduite par la loi 2015-990 du 6 août 2015, art. 258, II, JO 7, entrée en vigueur au plus tard le 01.08.2016.

Art. L. 2411-24. Le licenciement du défenseur syndical ne peut intervenir qu'après autorisation de l'inspecteur du travail.

SECTION 15. Licenciement d'un salarié membre de la commission paritaire régionale interprofessionnelle

Note Cette section a été introduite par la loi 2015-994 du 17 août 2015, art. 1er, II, 2°, JO 18, entrée en vigueur le 01.01.2016.

Art. L. 2411-25. Le licenciement du salarié membre de la commission paritaire régionale interprofessionnelle mentionnée à l'article L. 23-111-1 ne peut intervenir qu'après autorisation de l'inspecteur du travail.

Cette autorisation est également requise pour le licenciement du salarié figurant sur la propagande électorale, pendant une durée de six mois à compter de la notification prévue à l'article L. 23-112-2, et pour le licenciement du salarié ayant siégé dans cette commission, pendant une durée de six mois à compter de l'expiration de son mandat.

Cette autorisation est également requise dès que l'employeur a connaissance de l'imminence de la désignation du salarié sur la propagande électorale.

Chapitre II

Protection en cas de rupture d'un contrat de travail à durée déterminée

SECTION 1. Champ d'application

Art. L. 2412-1. (Ord. 2017-1386 du 22 sept. 2017, art. 2, 18°, JO 23, entrée en vigueur au plus tard le 01.01.2018) Bénéficie de la protection en cas de rupture d'un contrat à durée déterminée prévue par le présent chapitre le salarié investi de l'un des mandats suivants:

1° Délégué syndical;

2° Membre élu de la délégation du personnel du comité social et économique;

3° Représentant syndical au comité social et économique;

4° Représentant de proximité;

5° Membre de la délégation du personnel du comité social et économique interentreprises;

6° Membre du groupe spécial de négociation et membre du comité d'entreprise européen;

7° Membre du groupe spécial de négociation et représentant au comité de la société européenne;

7° *bis* Membre du groupe spécial de négociation et représentant au comité de la société coopérative européenne;

7° *ter* Membre du groupe spécial de négociation et représentant au comité de la société issue de la fusion transfrontalière;

8° Représentant du personnel d'une entreprise extérieure, désigné à la commission, santé, sécurité et conditions de travail d'un établissement comprenant au moins une installation classée figurant sur la liste prévue à l'article L. 515-36 du code de l'environnement ou mentionnée à l'article L. 211-2 du code minier;

9° Membre d'une commission paritaire d'hygiène, de sécurité et des conditions de travail en agriculture prévue à l'article L. 717-7 du code rural et de la pêche maritime;

10° Salarié mandaté dans les conditions prévues aux articles L. 2232-23-1 et L. 2232-26 dans les entreprises dépourvues de délégué syndical;

11° Membre du conseil ou administrateur d'une caisse de sécurité sociale mentionné à l'article L. 231-11 du code de la sécurité sociale;

12° Représentant des salariés dans une chambre d'agriculture, mentionné à l'article L. 515-1 du code rural et de la pêche maritime;

13° Conseiller prud'homme;

14° Assesseur maritime mentionné à l'article 7 de la loi du 17 décembre 1926 relative à la répression en matière maritime;

15° Défenseur syndical mentionné à l'article L. 1453-4;

16° Membre de la commission mentionnée à l'article L. 23-111-1.

SECTION 2. Délégué syndical

Art. L. 2412-2. La rupture du contrat de travail à durée déterminée du délégué syndical avant l'échéance du terme en raison d'une faute grave (L. 2011-525 du 17 mai 2011, art. 49, JO 18) «ou de l'inaptitude constatée par le médecin du travail», ou à l'arrivée du terme lorsque l'employeur n'envisage pas de renouveler un contrat comportant une clause de renouvellement, ne peut intervenir qu'après autorisation de l'inspecteur du travail.

Cette procédure est applicable pendant les délais prévus aux articles L. 2411-5.

(L. 2018-217 du 29 mars 2018, art. 22, II, JO 31) «Lorsque le contrat est conclu sur le fondement du 3° de l'article L. 1242-2, le salarié bénéficie de la protection lorsque l'employeur envisage soit de rompre le contrat de travail avant l'échéance du terme, soit de ne pas le renouveler en non-respect d'une clause de reconduction prévue dans le contrat de travail, ou par accord d'entreprise ou accord de branche mentionné à l'article L. 1244-2-2. Les délais de protection sont prolongés d'une durée égale à la période habituelle d'interruption de l'activité du salarié.»

SECTION 3. Membre de la délégation du personnel du comité social et économique

Art. L. 2412-3. La rupture du contrat de travail à durée déterminée (Ord. 2017-1386 du 22 sept. 2017, art. 2, 21°, JO 23, entrée en vigueur au plus tard le 01.01.2018) «d'un membre élu de la délégation du personnel du comité social et économique ou d'un représentant syndical au comité social et économique» avant l'échéance du terme en raison d'une faute grave (L. 2011-525 du 17 mai 2011, art. 49, JO 18) «ou de l'inaptitude constatée par le médecin du travail», ou à l'arrivée du terme lorsque l'employeur n'envisage pas de renouveler un contrat comportant une clause de renouvellement, ne peut intervenir qu'après autorisation de l'inspecteur du travail.

Cette procédure s'applique également à l'ancien (Ord. 2017-1386 du 22 sept. 2017, art. 2, 21°, JO 23, entrée en vigueur au plus tard le 01.01.2018) «membre élu de la délégation du personnel du comité social et économique» ou au candidat aux fonctions de (Ord. 2017-1386 du 22 sept. 2017, art. 2, 21°, JO 23, entrée en vigueur au plus tard le 01.01.2018) «membre élu de la délégation du personnel du comité social et économique (Ord. 2017-1718 du 20 déc. 2017, art. 1er, I, 118°, JO 21) «et à l'ancien» représentant syndical au comité social et économique» durant les délais prévus aux articles L. 2411-5 et L. 2411-7.

(L. 2018-217 du 29 mars 2018, art. 22, II, JO 31) «Lorsque le contrat est conclu sur le fondement du 3° de l'article L. 1242-2, le salarié bénéficie de la protection lorsque l'employeur envisage soit de rompre le contrat de travail avant l'échéance du terme, soit de ne pas le renouveler en non-respect d'une clause de reconduction prévue dans le contrat de travail, ou par accord d'entreprise ou accord de branche mentionné à l'article L. 1244-2-2. Les délais de protection sont prolongés d'une durée égale à la période habituelle d'interruption de l'activité du salarié.»

SECTION 4. Représentant de proximité

Note Cette section est issue de l'ordonnance 2017-1386 du 22 septembre 2017, art. 2, 22°, JO 23, entrée en vigueur au plus tard le 01.01.2018.

Art. L. 2412-4. La rupture du contrat de travail à durée déterminée d'un représentant de proximité avant l'échéance du terme en raison d'une faute grave ou de l'inaptitude constatée par le médecin du travail, ou à l'arrivée du terme lorsque l'employeur n'envisage pas de renouveler un contrat comportant une clause de renouvellement, ne peut intervenir qu'après autorisation de l'inspecteur du travail.

Cette procédure s'applique également à l'ancien représentant de proximité ou au candidat aux fonctions de représentant de proximité durant les délais prévus aux articles L. 2411-8 et L. 2411-9.

(L. 2018-217 du 29 mars 2018, art. 22, II, JO 31) «Lorsque le contrat est conclu sur le fondement du 3° de l'article L. 1242-2, le salarié bénéficie de la protection lorsque l'employeur envisage soit de rompre le contrat de travail avant l'échéance du terme, soit de ne pas le renouveler en non-respect d'une clause de reconduction prévue dans le contrat de travail, ou par accord d'entreprise ou accord de branche mentionné à l'article L. 1244-2-2. Les délais de protection sont prolongés d'une durée égale à la période habituelle d'interruption de l'activité du salarié.»

SECTION 5. Membre de la délégation du personnel du comité social et économique interentreprises

Note Cette section est issue de l'ordonnance 2017-1386 du 22 septembre 2017, art. 2, 25°, JO 23, entrée en vigueur au plus tard le 01.01.2018.

Art. L. 2412-5. La rupture du contrat de travail à durée déterminée d'un membre de la délégation du personnel du comité social et économique interentreprises avant l'échéance du terme en raison d'une faute grave ou de l'inaptitude constatée par le médecin du travail, ou à l'arrivée du terme lorsque l'employeur n'envisage pas de renouveler un contrat comportant une clause de renouvellement, ne peut intervenir qu'après autorisation de l'inspecteur du travail.

Cette procédure s'applique également à l'ancien membre de la délégation du personnel du comité social et économique interentreprises ou au candidat aux fonctions de membre de la délégation du personnel du comité social et économique interentreprises durant les délais prévus aux articles L. 2411-10 et L. 2411-10-1.

(L. 2018-217 du 29 mars 2018, art. 22, II, JO 31) «Lorsque le contrat est conclu sur le fondement du 3° de l'article L. 1242-2, le salarié bénéficie de la protection lorsque l'employeur envisage soit de rompre le contrat de travail avant l'échéance du terme, soit de ne pas le renouveler en non-respect d'une clause de reconduction prévue dans le contrat de travail, ou par accord d'entreprise ou accord de branche mentionné à l'article L. 1244-2-2. Les délais de protection sont prolongés d'une durée égale à la période habituelle d'interruption de l'activité du salarié.»

SECTION 6. Membre du groupe spécial de négociation et membre du comité d'entreprise européen

Note Cette section est l'ancienne section 5 et l'article L. 2412-6 est l'ancien article L. 2412-5 (ordonnance 2017-1386 du 22 septembre 2017, art. 2, 23° et 24°, JO 23, entrée en vigueur au plus tard le 01.01.2018).

Art. L. 2412-6. La rupture du contrat de travail à durée déterminée d'un membre du groupe spécial de négociation ou d'un membre du comité d'entreprise européen avant l'échéance du terme en raison d'une faute grave ou de l'inaptitude constatée par le médecin du travail, ou à l'arrivée du terme lorsque l'employeur n'envisage pas de renouveler un contrat comportant une clause de renouvellement, ne peut intervenir qu'après autorisation de l'inspecteur du travail.

SECTION 7. Membre du groupe spécial de négociation et représentant au comité de la société européenne, au comité de la société coopérative européenne ou au comité de la société issue de la fusion transfrontalière

Note Cette section est l'ancienne section 6 et l'article L. 2412-7 est l'ancien article L. 2412-6 (ordonnance 2017-1386 du 22 septembre 2017, art. 2, 26° et 27°, JO 23, entrée en vigueur au plus tard le 01.01.2018).

Art. L. 2412-7. La rupture du contrat de travail à durée déterminée d'un membre du groupe spécial de négociation ou d'un représentant au comité de la société européenne, d'un représentant au comité de la société coopérative européenne ou d'un représentant au comité de la société issue de la fusion transfrontalière, avant l'échéance du terme en raison d'une faute grave ou de l'inaptitude constatée par le médecin du travail, ou à l'arrivée du terme lorsque l'employeur n'envisage pas de renouveler un contrat comportant une clause de renouvellement, ne peut intervenir qu'après autorisation de l'inspecteur du travail.

SECTION 8. Représentant du personnel d'une entreprise extérieure à la commission santé, sécurité et conditions de travail

Art. L. 2412-8. La rupture du contrat de travail à durée déterminée d'un représentant du personnel d'une entreprise extérieure, désigné (Ord. 2017-1386 du 22 sept. 2017, art. 2, 29°, JO 23, entrée en vigueur au plus tard le 01.01.2018) «à la commission santé, sécurité et conditions de travail» d'un établissement comprenant au moins une installation classée figurant sur la liste prévue (L. 2013-619 du 16 juil. 2013, art. 11 et 46, JO 17, entrée en vigueur le 01.06.2015) «à l'article L. 515-36» du code de l'environnement ou mentionnée à (Ord. 2011-91 du 20 janv. 2011, JO 25, entrée en vigueur le 01.03.2011) «l'article L. 211-2 du code minier», avant l'échéance du terme en raison d'une faute grave (L. 2011-525 du 17 mai 2011, art. 49, JO 18) «ou de l'inaptitude constatée par le médecin du travail», ou à l'arrivée du terme lorsque l'employeur n'envisage pas de renouveler un contrat comportant une clause de renouvellement, ne peut intervenir qu'après autorisation de l'inspecteur du travail.

Cette procédure s'applique également à l'ancien représentant ou au candidat durant les délais prévus aux articles L. 2411-8 et L. 2411-10.

(L. 2018-217 du 29 mars 2018, art. 22, II, JO 31) «Lorsque le contrat est conclu sur le fondement du 3° de l'article L. 1242-2, le salarié bénéficie de la protection lorsque l'employeur envisage soit de rompre le contrat de travail avant l'échéance du terme, soit de ne pas le renouveler en non-respect d'une clause de reconduction prévue dans le contrat de travail, ou par accord d'entreprise ou accord de branche mentionné à l'article L. 1244-2-2. Les délais de protection sont prolongés d'une durée égale à la période habituelle d'interruption de l'activité du salarié.»

SECTION 9. Salarié membre d'une commission paritaire d'hygiène, de sécurité et des conditions de travail en agriculture

Art. L. 2412-9. La rupture du contrat de travail à durée déterminée d'un salarié membre d'une commission paritaire d'hygiène, de sécurité et des conditions de travail en agriculture, avant l'échéance du terme en raison d'une faute grave (L. 2011-525 du 17 mai 2011, art. 49, JO 18) «ou de l'inaptitude constatée par le médecin du travail», ou à l'arrivée du terme lorsque l'employeur n'envisage pas de renouveler un contrat comportant une clause de renouvellement, ne peut intervenir qu'après autorisation de l'inspecteur du travail.

Cette procédure s'applique également à l'ancien représentant ou au candidat durant les délais prévus aux articles L. 2411-8 et L. 2411-10.

(L. 2018-217 du 29 mars 2018, art. 22, II, JO 31) «Lorsque le contrat est conclu sur le fondement du 3° de l'article L. 1242-2, le salarié bénéficie de la protection lorsque l'employeur envisage soit de rompre le contrat de travail avant l'échéance du terme, soit de ne pas le renouveler en non-respect d'une clause de reconduction prévue dans le contrat de travail, ou par accord d'entreprise ou accord de branche mentionné à l'article L. 1244-2-2. Les délais de protection sont prolongés d'une durée égale à la période habituelle d'interruption de l'activité du salarié.»

SECTION 10. Salarié mandaté

Art. L. 2412-10. La rupture du contrat de travail à durée déterminée d'un salarié mandaté au titre (Ord. 2017-1386 du 22 sept. 2017, art. 2, 50°, JO 23, entrée en vigueur au plus tard le 01.01.2018) «des articles L. 2232-23-1 et L. 2232-26», avant l'échéance du terme en raison d'une faute grave (L. 2011-525 du 17 mai 2011, art. 49, JO 18) «ou de l'inaptitude constatée par le médecin du travail», ou à l'arrivée du terme lorsque l'employeur n'envisage pas de renouveler un contrat comportant une clause de renouvellement, ne peut intervenir qu'après autorisation de l'inspecteur du travail.

SECTION 11. Membre du conseil ou administrateur d'une caisse de sécurité sociale

Art. L. 2412-11. Lorsque le salarié membre du conseil ou administrateur d'une caisse de sécurité sociale est titulaire d'un contrat de travail à durée déterminée, il bénéficie des garanties et protections prévues à l'article L. 231-11 du code de la sécurité sociale.

SECTION 12. Représentant des salariés dans une chambre d'agriculture

Art. L. 2412-12. Lorsque le salarié représentant d'une chambre d'agriculture est titulaire d'un contrat de travail à durée déterminée, il bénéficie des garanties et protections prévues à l'article L. 515-4 du code rural (Ord. 2010-462 du 6 mai 2010, JO 7) «et de la pêche maritime».

SECTION 13. Conseiller prud'homme

Art. L. 2412-13. La rupture du contrat de travail à durée déterminée du conseiller prud'homme avant l'échéance du terme en raison d'une faute grave (L. 2011-525 du 17 mai 2011, art. 49, JO 18) «ou de l'inaptitude constatée par le médecin du travail», ou à l'arrivée du terme lorsque l'employeur n'envisage pas de renouveler un contrat comportant une clause de renouvellement, ne peut intervenir qu'après autorisation de l'inspecteur du travail.

Cette procédure est applicable pendant les délais prévus aux articles L. 2411-5 et L. 2411-8.

(L. 2018-217 du 29 mars 2018, art. 22, II, JO 31) «Lorsque le contrat est conclu sur le fondement du 3° de l'article L. 1242-2, le salarié bénéficie de la protection lorsque l'employeur envisage soit de rompre le contrat de travail avant l'échéance du terme, soit de ne pas le renouveler en non-respect d'une clause de reconduction prévue dans le contrat de travail, ou par accord d'entreprise ou accord de branche mentionné à l'article L. 1244-2-2. Les délais de protection sont prolongés d'une durée égale à la période habituelle d'interruption de l'activité du salarié. définies au 3° de l'article L. 1242-2, ces délais de protection sont prolongés d'une durée égale à la période habituelle d'interruption de l'activité du salarié.»

SECTION 14. Assesseur maritime

Note Cette section a été introduite par l'ordonnance 2012-1218 du 2 novembre 2012, art. 3, IV, JO 3, entrée en vigueur au plus tard le 01.01.2015.

Art. L. 2412-14. La rupture du contrat de travail à durée déterminée de l'assesseur maritime ou du candidat à ces fonctions, avant l'échéance du terme en raison d'une faute grave ou de l'inaptitude médicale constatée par le médecin du travail ou par le médecin des gens de mer, ou à l'arrivée du terme lorsque l'employeur n'envisage pas de renouveler un contrat comportant une clause de renouvellement, ne peut intervenir qu'après autorisation de l'inspecteur du travail.

Cette procédure est applicable durant les six premiers mois suivant la fin des fonctions d'assesseur maritime.

SECTION 15. Défenseur syndical

Note Cette section a été introduite par la loi 2015-990 du 6 août 2015, art. 258, II, JO 7, entrée en vigueur au plus tard le 01.08.2016.

Art. L. 2412-15. La rupture du contrat de travail à durée déterminée d'un défenseur syndical avant son terme, en raison d'une faute grave ou de l'inaptitude constatée par le médecin du travail, ou à l'arrivée du terme, lorsque l'employeur n'envisage pas de renouveler un contrat comportant une clause de renouvellement, ne peut intervenir qu'après autorisation de l'inspecteur du travail.

SECTION 16. Membre de la commission paritaire régionale interprofessionnelle

Note Cette section a été introduite par la loi 2015-994 du 17 août 2015, art. 1er, III, 2°, JO 18, entrée en vigueur le 01.01.2016.

Art. L. 2412-16. La rupture du contrat de travail à durée déterminée d'un salarié membre de la commission paritaire régionale interprofessionnelle mentionnée à l'article L. 23-111-1 avant son terme en raison d'une faute grave ou de l'inaptitude constatée par le médecin du travail, ou à l'arrivée du terme lorsque l'employeur n'envisage pas de renouveler un contrat comportant une clause de renouvellement, ne peut intervenir qu'après autorisation de l'inspecteur du travail.

Cette procédure s'applique également pendant une durée de six mois à compter de la notification prévue à l'article L. 23-112-2 et de six mois à compter de l'expiration du mandat du salarié ayant siégé dans cette commission.

Chapitre III

Protection en cas d'interruption ou de non-renouvellement d'une mission de travail temporaire

Art. L. 2413-1. (Ord. 2017-1386 du 22 sept. 2017, art. 2, 30°, JO 23, entrée en vigueur au plus tard le 01.01.2018) L'interruption ou la notification du non-renouvellement de la mission d'un salarié temporaire par l'entrepreneur de travail temporaire ne peut intervenir qu'après autorisation de l'inspecteur du travail lorsque le salarié est investi de l'un des mandats suivants :

1° Délégué syndical et ancien délégué syndical, y compris lorsque l'entrepreneur de travail temporaire lui a notifié sa décision de ne plus faire appel à lui pour de nouveaux contrats, en application de l'article L. 2314-22 ;

2° Membre ou ancien membre élu de la délégation du personnel du comité social et économique ou candidat à ces fonctions ;

3° Représentant syndical au comité social et économique ou ancien représentant syndical au comité social et économique ;

4° Représentant de proximité, ancien représentant de proximité ou candidat à ces fonctions ;

5° Membre ou ancien membre de la délégation du personnel du comité social et économique interentreprises ou candidat à ces fonctions ;

6° Membre du groupe spécial de négociation et membre du comité d'entreprise européen ;

7° Membre du groupe spécial de négociation et représentant au comité de la société européenne ;

7° *bis* Membre du groupe spécial de négociation et représentant au comité de la société coopérative européenne ;

7° *ter* Membre du groupe spécial de négociation et représentant au comité de la société issue de la fusion transfrontalière ;

8° Représentant du personnel d'une entreprise extérieure, désigné à la commission santé, sécurité et conditions de travail d'un établissement comprenant au moins une installation classée figurant sur la liste prévue à l'article L. 515-36 du code de l'environnement ou mentionnée à l'article L. 211-2 du code minier ;

9° Membre d'une commission paritaire d'hygiène, de sécurité et des conditions de travail en agriculture prévue à l'article L. 717-7 du code rural et de la pêche maritime ;

10° Salarié mandaté dans les conditions prévues aux articles L. 2232-23-1 et L. 2232-26, dans les entreprises dépourvues de délégué syndical ;

11° Membre du conseil ou administrateur d'une caisse de sécurité sociale mentionné à l'article L. 231-11 du code de la sécurité sociale ;

12° Représentant des salariés dans une chambre d'agriculture, mentionné à l'article L. 515-1 du code rural et de la pêche maritime ;

13° Conseiller prud'homme ;

14° Assesseur maritime mentionné à l'article 7 de la loi du 17 décembre 1926 relative à la répression en matière maritime, ou ancien assesseur maritime ou candidat à ces fonctions ;

15° Défenseur syndical mentionné à l'article L. 1453-4.

Chapitre IV

Protection en cas de transfert partiel d'entreprise ou d'établissement

Art. L. 2414-1. (Ord. 2017-1386 du 22 sept. 2017, art. 2, 31°, JO 23, entrée en vigueur au plus tard le 01.01.2018) Le transfert d'un salarié compris dans un transfert partiel d'entreprise ou d'établissement par application de l'article L. 1224-1 ne peut intervenir qu'après autorisation de l'inspecteur du travail lorsqu'il est investi de l'un des mandats suivants :

1° Délégué syndical et ancien délégué syndical ;

2° Membre élu et ancien membre élu de la délégation du personnel du comité social et économique ou candidat à ces fonctions ;

3° Représentant syndical au comité social et économique et ancien représentant syndical au comité social et économique ;

4° Représentant de proximité et ancien représentant de proximité ou candidat à ces fonctions ;

5° Membre et ancien membre de la délégation du personnel du comité social et économique interentreprises ou candidat à ces fonctions ;

6° Membre du groupe spécial de négociation et membre du comité d'entreprise européen;
7° Membre du groupe spécial de négociation et représentant au comité de la société européenne;
7° *bis* Membre du groupe spécial de négociation et représentant au comité de la société coopérative européenne;
7° *ter* Membre du groupe spécial de négociation et représentant au comité de la société issue de la fusion transfrontalière;
8° Représentant du personnel d'une entreprise extérieure, désigné à la commission santé, sécurité et conditions de travail d'un établissement comprenant au moins une installation classée figurant sur la liste prévue à l'article L. 515-36 du code de l'environnement ou mentionnée à l'article L. 211-2 du code minier;
9° Membre d'une commission paritaire d'hygiène, de sécurité et des conditions de travail en agriculture prévue à l'article L. 717-7 du code rural et de la pêche maritime;
10° Représentant des salariés dans une chambre d'agriculture mentionné à l'article L. 515-1 du code rural et de la pêche maritime;
11° Salarié mandaté dans les conditions prévues aux articles L. 2232-23-1 et L. 2232-26, dès que l'employeur a connaissance de l'imminence de sa désignation, ou ancien salarié mandaté, durant les six mois suivant la date à laquelle son mandat a pris fin. Lorsque aucun accord n'a été conclu à l'issue de la négociation au titre de laquelle le salarié a été mandaté, le délai de protection court à compter de la date de fin de cette négociation matérialisée par un procès-verbal de désaccord;
12° Assesseur maritime mentionné à l'article 7 de la loi du 17 décembre 1926 relative à la répression en matière maritime;
13° Défenseur syndical mentionné à l'article L. 1453-4.

TITRE II

PROCÉDURES D'AUTORISATION APPLICABLES À LA RUPTURE OU AU TRANSFERT DU CONTRAT

Chapitre Ier

Demande d'autorisation et instruction de la demande

SECTION 1. Procédure applicable en cas de licenciement

Sous-section 1. Délégué syndical, salarié mandaté, conseiller du salarié et membre de la délégation du personnel du comité social et économique interentreprises

Art. L. 2421-1. La demande d'autorisation de licenciement d'un délégué syndical, d'un salarié mandaté ou d'un conseiller du salarié (Ord. 2017-1386 du 22 sept. 2017, art. 2, 33°, JO 23, entrée en vigueur au plus tard le 01.01.2018) «ou d'un membre de la délégation du personnel au comité social et économique interentreprises» est adressée à l'inspecteur du travail.

En cas de faute grave, l'employeur peut prononcer la mise à pied immédiate de l'intéressé dans l'attente de la décision définitive.

Cette décision est, à peine de nullité, motivée et notifiée à l'inspecteur du travail dans le délai de quarante-huit heures à compter de sa prise d'effet.

Si le licenciement est refusé, la mise à pied est annulée et ses effets supprimés de plein droit.

Art. R. 2421-1. La demande d'autorisation de licenciement d'un délégué syndical, d'un salarié mandaté (D. 2017-1819 du 29 déc. 2017, art. 2, 2°, JO 30, entrée en vigueur le 01.01.2018) «, d'un membre de la délégation du personnel au comité social et économique interentreprises» ou d'un conseiller du salarié est adressée à l'inspecteur du travail dont dépend l'établissement dans (D. 2017-1819 du 29 déc. 2017, art. 2, 2°, JO 30, entrée en vigueur le 01.01.2018) «les conditions définies à l'article L. 2421-3.»

Lorsque le délégué syndical bénéficie également de la protection prévue aux sections 3 et 4 du chapitre Ier du titre Ier de la partie législative, la demande est accompagnée du procès-verbal de la réunion du comité (D. 2017-1819 du 29 déc. 2017, art. 2, 2°, JO 30, entrée en vigueur le 01.01.2018) « social et économique ».

Dans ce cas, sauf dans l'hypothèse d'une mise à pied, la demande est transmise dans les quinze jours suivant la date à laquelle a été émis l'avis du (D. 2017-1819 du 29 déc. 2017, art. 3, 4°, JO 30, entrée en vigueur le 01.01.2018) « comité social et économique ».

Dans tous les cas, la demande énonce les motifs du licenciement envisagé. Elle est transmise par (D. 2017-1819 du 29 déc. 2017, art. 2, 2°, JO 30, entrée en vigueur le 01.01.2018) « voie électronique selon les modalités prévues aux articles R. 112-9 à R. 112-9-2 du code des relations entre le public et l'administration ou par lettre recommandée avec avis de réception en deux exemplaires. »

Art. R. 2421-2. Lorsqu'un licenciement pour motif économique de dix salariés ou plus dans une même période de trente jours concerne un ou plusieurs salariés mentionnés à l'article L. 2421-1, l'employeur joint à la demande d'autorisation de licenciement la copie de la notification du projet de licenciement adressée à l'autorité administrative en application de l'article L. 1233-46.

Art. R. 2421-3. L'entretien préalable au licenciement a lieu avant la présentation de la demande d'autorisation de licenciement à l'inspecteur du travail.

Art. R. 2421-4. L'inspecteur du travail procède à une enquête contradictoire au cours de laquelle le salarié peut, sur sa demande, se faire assister d'un représentant de son syndicat.

(D. 2017-1819 du 29 déc. 2017, art. 2, 3°, JO 30, entrée en vigueur le 01.01.2018) « Par dérogation à l'alinéa précédent, lorsque le salarié est inclus dans un licenciement pour motif économique et que la demande concerne au moins vingt-cinq salariés bénéficiant de la protection prévue à l'article L. 2411-1, l'inspecteur du travail met à même le salarié de lui présenter ses observations écrites, et sur sa demande, des observations orales. À cette occasion, le salarié peut, sur sa demande, se faire assister d'un représentant de son syndicat. En outre, l'inspecteur du travail peut procéder à une enquête contradictoire telle que définie à l'alinéa 1er du présent article.

L'inspecteur du travail prend sa décision dans un délai de deux mois. Ce délai court à compter de la réception de la demande d'autorisation de licenciement. Le silence gardé pendant plus de deux mois vaut décision de rejet. »

Art. R. 2421-5. La décision de l'inspecteur du travail est motivée.

Elle est notifiée par lettre recommandée avec avis de réception :

1° À l'employeur ;

2° Au salarié ;

3° À l'organisation syndicale intéressée lorsqu'il s'agit d'un délégué syndical.

Art. R. 2421-6. En cas de faute grave, l'employeur peut prononcer la mise à pied immédiate de l'intéressé jusqu'à la décision de l'inspecteur du travail.

(D. 2017-1819 du 29 déc. 2017, art. 2, 4°, JO 30, entrée en vigueur le 01.01.2018) « Lorsque le délégué syndical bénéficie de la protection prévue à l'article L. 2421-3, la consultation du comité social et économique a lieu dans un délai de dix jours à compter de la date de la mise à pied. La demande d'autorisation de licenciement est présentée au plus tard dans les quarante-huit heures suivant la délibération du comité social et économique. Si l'avis du comité social et économique n'est pas requis, cette demande est présentée dans un délai de huit jours à compter de la date de la mise à pied. »

La mesure de mise à pied est privée d'effet lorsque le licenciement est refusé par l'inspecteur du travail ou, en cas de recours hiérarchique, par le ministre.

Art. R. 2421-7. L'inspecteur du travail et, en cas de recours hiérarchique, le ministre examinent notamment si la mesure de licenciement envisagée est en rapport avec le mandat détenu, sollicité ou antérieurement exercé par l'intéressé.

Art. L. 2421-2. La procédure prévue à la présente sous-section s'applique également au salarié investi de l'un des mandats suivants :

1° Membre du conseil ou administrateur d'une caisse de sécurité sociale mentionné à l'article L. 231-11 du code de la sécurité sociale ;

2° Membre du conseil d'administration d'une mutuelle, union ou fédération mentionné à l'article L. 114-24 du code de la mutualité ;

3° Représentant des salariés dans une chambre d'agriculture mentionné à l'article L. 515-1 du code rural (Ord. 2010-462 du 6 mai 2010, JO 7) « et de la pêche maritime » ;

4° Conseiller prud'homme;

(Ord. 2012-1218 du 2 nov. 2012, art. 3, VII, JO 3, entrée en vigueur au plus tard le 01.01.2015) «5° Assesseur maritime mentionné à l'article 7 de la loi du 17 décembre 1926 relative à la répression en matière maritime;»

(L. 2015-990 du 6 août 2015, art. 258, II, 2°, JO 7, entrée en vigueur au plus tard le 01.08.2016) «6° Défenseur syndical mentionné à l'article L. 1453-4;»

(L. 2015-994 du 17 août 2015, art. 1er, IV, JO 18, entrée en vigueur le 01.01.2016) «7° Membre de la commission mentionnée à l'article L. 23-111-1.»

Sous-section 2. Membre de la délégation du personnel du comité social et économique et représentant de proximité

Art. L. 2421-3. Le licenciement envisagé par l'employeur d'un (Ord. 2017-1386 du 22 sept. 2017, art. 2, 35°, JO 23, entrée en vigueur au plus tard le 01.01.2018) «membre élu à la délégation du personnel au comité social et économique titulaire ou suppléant ou d'un représentant syndical au comité social et économique ou d'un représentant de proximité est soumis au comité social et économique», qui donne un avis sur le projet de licenciement (Ord. 2017-1718 du 20 déc. 2017, art. 1er, I, 121°, JO 21) «dans les conditions prévues à la section 3 du chapitre II du titre Ier du livre III». (Ord. 2017-1386 du 22 sept. 2017, art. 2, 35°, JO 23, entrée en vigueur au plus tard le 01.01.2018) «L'avis est réputé acquis nonobstant l'acquisition d'un nouveau mandat postérieurement à cette consultation.»

Lorsqu'il n'existe pas de comité (Ord. 2017-1718 du 20 déc. 2017, art. 1er, I, 121°, JO 21) «social et économique» dans l'établissement, l'inspecteur du travail est saisi directement.

La demande d'autorisation de licenciement est adressée à l'inspecteur du travail dont dépend l'établissement dans lequel le salarié est employé. (Ord. 2017-1718 du 20 déc. 2017, art. 1er, I, 121°, JO 21) «Si la demande d'autorisation de licenciement repose sur un motif personnel, l'établissement s'entend comme le lieu de travail principal du salarié. Si la demande d'autorisation de licenciement repose sur un motif économique, l'établissement s'entend comme celui doté d'un comité social et économique disposant des attributions prévues à la section 3, du chapitre II, du titre I, du livre III.»

En cas de faute grave, l'employeur peut prononcer la mise à pied immédiate de l'intéressé dans l'attente de la décision définitive.

Si le licenciement est refusé, la mise à pied est annulée et ses effets supprimés de plein droit.

Art. R. 2421-8. L'entretien préalable au licenciement a lieu avant la consultation du comité (D. 2017-1819 du 29 déc. 2017, art. 2, 6°, JO 30, entrée en vigueur le 01.01.2018) «social et économique» faite en application de l'article L. 2421-3.

(D. 2017-1819 du 29 déc. 2017, art. 2, 6°, JO 30, entrée en vigueur le 01.01.2018) «Si l'avis du comité social et économique n'est pas requis dans les conditions définies à l'article L. 24[2]1-3, cet entretien a lieu avant la présentation de la demande d'autorisation de licenciement à l'inspecteur du travail.»

À défaut de (D. 2017-1819 du 29 déc. 2017, art. 3, 4°, JO 30, entrée en vigueur le 01.01.2018) «comité social et économique», cet entretien a lieu avant la présentation de la demande d'autorisation de licenciement à l'inspecteur du travail.

Art. R. 2421-9. L'avis du comité (D. 2017-1819 du 29 déc. 2017, art. 2, 7°, JO 30, entrée en vigueur le 01.01.2018) «social et économique» est exprimé au scrutin secret après audition de l'intéressé.

Lorsque le salarié est inclus dans un licenciement collectif pour motif économique de dix salariés ou plus dans une même période de trente jours, la délibération du comité (D. 2017-1819 du 29 déc. 2017, art. 2, 7°, JO 30, entrée en vigueur le 01.01.2018) «social et économique» ne peut avoir lieu:

1° Soit avant la seconde réunion du comité prévue à l'article (D. 2016-510 du 25 avril 2016, JO 27, entrée en vigueur le 01.07.2016) « L. 1233-30 »;

(D. 2016-510 du 25 avril 2016, JO 27, entrée en vigueur le 01.07.2016) « 2° » Soit avant la réunion du comité prévue à l'article L. 1233-58.

Art. R. 2421-10. La demande d'autorisation de licenciement d'un (D. 2017-1819 du 29 déc. 2017, art. 2, 8°, JO 30, entrée en vigueur le 01.01.2018) «membre de la délégation du personnel au comité social et économique ou d'un représentant de proximité» est adressée à l'inspecteur du travail (D. 2017-1819 du 29 déc. 2017, art. 2, 8°, JO 30, entrée en vigueur le 01.01.2018) «dans les conditions définies à l'article L. 2421-3».

Elle est accompagnée du procès-verbal de la réunion du comité (D. 2017-1819 du 29 déc. 2017, art. 2, 8°, JO 30, entrée en vigueur le 01.01.2018) « social et économique ».

Excepté dans le cas de mise à pied, la demande est transmise dans les quinze jours suivant la date à laquelle a été émis l'avis du comité (D. 2017-1819 du 29 déc. 2017, art. 2, 8°, JO 30, entrée en vigueur le 01.01.2018) « social et économique ».

La demande énonce les motifs du licenciement envisagé. Elle est transmise par lettre recommandée avec avis de réception.

Art. R. 2421-11. (D. 2017-1819 du 29 déc. 2017, art. 2, 9°, JO 30, entrée en vigueur le 01.01.2018) L'inspecteur du travail procède à une enquête contradictoire au cours de laquelle le salarié peut, sur sa demande, se faire assister d'un représentant de son syndicat.

Par dérogation à l'alinéa précédent, lorsque le salarié est inclus dans un licenciement pour motif économique et que la demande concerne au moins vingt-cinq salariés bénéficiant de la protection prévue à l'article L. 2411-1, l'inspecteur du travail met à même le salarié de lui présenter ses observations écrites, et sur sa demande, des observations orales. À cette occasion, le salarié peut, sur sa demande, se faire assister d'un représentant de son syndicat. En outre, l'inspecteur du travail peut procéder à une enquête contradictoire telle que définie à l'alinéa 1er du présent article.

L'inspecteur du travail prend sa décision dans un délai de deux mois. Ce délai court à compter de la réception de la demande d'autorisation de licenciement. Le silence gardé pendant plus de deux mois vaut décision de rejet.

Art. R. 2421-12. La décision de l'inspecteur du travail est motivée.

Elle est notifiée par lettre recommandée avec avis de réception :

1° À l'employeur ;
2° Au salarié ;
3° À l'organisation syndicale intéressée lorsqu'il s'agit d'un représentant syndical.

Art. R. 2421-13. Lorsqu'un licenciement pour motif économique de dix salariés ou plus dans une même période de trente jours concerne un ou plusieurs salariés mentionnés à l'article L. 2421-3, l'employeur joint à la demande d'autorisation de licenciement la copie de la notification du projet de licenciement adressée à l'autorité administrative en application de l'article L. 1233-46.

Art. R. 2421-14. En cas de faute grave, l'employeur peut prononcer la mise à pied immédiate de l'intéressé jusqu'à la décision de l'inspecteur du travail.

La consultation du comité (D. 2017-1819 du 29 déc. 2017, art. 2, 10°, JO 30, entrée en vigueur le 01.01.2018) « social et économique » a lieu dans un délai de dix jours à compter de la date de la mise à pied.

La demande d'autorisation de licenciement est présentée dans les quarante-huit heures suivant la délibération du (D. 2017-1819 du 29 déc. 2017, art. 3, 4°, JO 30, entrée en vigueur le 01.01.2018) « comité social et économique ». (D. 2017-1819 du 29 déc. 2017, art. 2, 10°, JO 30, entrée en vigueur le 01.01.2018) « Si l'avis du comité social et économique n'est pas requis dans les conditions définies à l'article L. 24[2]1-3, » cette demande est présentée dans un délai de huit jours à compter de la date de la mise à pied.

La mesure de mise à pied est privée d'effet lorsque le licenciement est refusé par l'inspecteur du travail ou, en cas de recours hiérarchique, par le ministre.

Art. R. 2421-15. La demande réalisée en application du (D. 2017-1819 du 29 déc. 2017, art. 2, 11°, JO 30, entrée en vigueur le 01.01.2018) « troisième » alinéa de l'article L. 2421-3 énonce les motifs du licenciement envisagé. Elle est transmise par lettre recommandée avec avis de réception. Elle donne lieu à l'application des dispositions des articles R. 2421-11 à R. 2421-14.

Art. R. 2421-16. L'inspecteur du travail et, en cas de recours hiérarchique, le ministre examinent notamment si la mesure de licenciement envisagée est en rapport avec le mandat détenu, sollicité ou antérieurement exercé par l'intéressé.

Art. L. 2421-4. La procédure prévue à la présente sous-section s'applique également au salarié investi de l'un des mandats suivants :

1° Membre du groupe spécial de négociation et membre du comité d'entreprise européen ;
2° Membre du groupe spécial de négociation et représentant au comité de la société européenne ;

(L. 2008-649 du 3 juil. 2008, art. 4, JO 4) «2° *bis* Membre du groupe spécial de négociation et représentant au comité de la société coopérative européenne;

2° *ter* Membre du groupe spécial de négociation et représentant au comité de la société issue de la fusion transfrontalière;»

3° Membre d'une commission paritaire d'hygiène, de sécurité et des conditions de travail en agriculture prévue à l'article L. 717-7 du code rural (Ord. 2010-462 du 6 mai 2010, JO 7) «et de la pêche maritime»;

4° Représentant du personnel d'une entreprise extérieure, désigné (Ord. 2017-1386 du 22 sept. 2017, art. 2, 36°, JO 23, entrée en vigueur au plus tard le 01.01.2018) «à la commission santé, sécurité et conditions de travail» d'un établissement comprenant au moins une installation classée figurant sur la liste prévue (L. 2013-619 du 16 juil. 2013, art. 11, JO 17, entrée en vigueur le 01.06.2015) «à l'article L. 515-36» du code de l'environnement ou mentionnée à (Ord. 2011-91 du 20 janv. 2011, art. 11, JO 25, entrée en vigueur le 01.03.2011) «l'article L. 211-2 du code minier».

Sous-section 3. Représentant des salariés au conseil d'administration ou de surveillance des entreprises

Art. L. 2421-5. Le licenciement d'un représentant des salariés au conseil d'administration ou de surveillance d'une entreprise du secteur public, (L. 2013-504 du 14 juin 2013, art. 9, VI, JO 16) «d'une société anonyme ou d'une société en commandite par actions», envisagé par l'employeur, est soumis pour avis au conseil d'administration ou de surveillance dont il est membre.

La demande d'autorisation de licenciement est adressée à l'inspecteur du travail dont dépend l'établissement dans lequel est employé le salarié (Ord. 2017-1718 du 20 déc. 2017, art. 1er, I, 122°, JO 21) «tel que défini à l'article L. 2421-3».

En cas de faute grave, l'employeur peut prononcer la mise à pied immédiate de l'intéressé dans l'attente de la décision définitive. Dans ce cas, le conseil d'administration ou de surveillance est convoqué sans délai et donne son avis sur le projet de licenciement de l'intéressé.

Si le licenciement est refusé par l'inspecteur du travail ou l'autorité qui en tient lieu, la mise à pied est annulée et ses effets sont supprimés de plein droit.

Sous-section 4. Représentant des salariés lors d'une procédure de sauvegarde, de redressement ou de liquidation judiciaire

Art. L. 2421-6. La procédure d'autorisation de licenciement d'un salarié élu (Ord. 2017-1386 du 22 sept. 2017, art. 2, 37°, JO 23, entrée en vigueur au plus tard le 01.01.2018) «ou» désigné comme représentant des salariés dans le cadre d'une procédure de sauvegarde, de redressement ou de liquidation judiciaire est soumise aux dispositions de l'article L. 662-4 du code de commerce.

SECTION 2. Procédure applicable au salarié titulaire d'un contrat de travail à durée déterminée

Art. L. 2421-7. La rupture du contrat de travail à durée déterminée d'un salarié mentionné à l'article L. 2412-1 est soumise à la même procédure que celle prévue à la section 1, applicable en cas de licenciement.

Art. L. 2421-8. (L. 2018-217 du 29 mars 2018, art. 22, III, JO 31) «Pour l'application de la protection prévue au dernier alinéa des articles L. 2412-2, L. 2412-3, L. 2412-4, L. 2412-5, L. 2412-8, L. 2412-9 et L. 2412-13,» l'arrivée du terme du contrat de travail à durée déterminée n'entraîne sa rupture qu'après constatation par l'inspecteur du travail, saisi en application de l'article L. 2412-1, que le salarié ne fait pas l'objet d'une mesure discriminatoire.

L'employeur saisit l'inspecteur du travail avant l'arrivée du terme.
L'inspecteur du travail statue avant la date du terme du contrat.

Art. L. 2421-8-1. (L. 2015-994 du 17 août 2015, art. 49, JO 18) Pour les salariés saisonniers (L. 2016-1088 du 8 août 2016, art. 86, V, JO 9) «définis au 3° de l'article L. 1242-2» pour lesquels, en application d'une convention ou d'un accord collectif étendu ou du contrat de travail, l'employeur est engagé au terme du contrat à reconduire le contrat pour la saison suivante, l'article L. 2421-8 ne s'applique pas lors de l'arrivée du terme du contrat à durée déterminée.

SECTION 3. Procédure applicable en cas de transfert partiel d'entreprise ou d'établissement

Art. L. 2421-9. Lorsque l'inspecteur du travail est saisi d'une demande d'autorisation de transfert, en application de l'article L. 2414-1, à l'occasion d'un transfert partiel d'entreprise ou d'établissement, il s'assure que le salarié ne fait pas l'objet d'une mesure discriminatoire.

Si l'autorisation de transfert est refusée, l'employeur propose au salarié un emploi similaire assorti d'une rémunération équivalente dans un autre établissement ou une autre partie de l'entreprise.

Art. R. 2421-17. (D. 2017-1819 du 29 déc. 2017, art. 2, 12°, JO 30, entrée en vigueur le 01.01.2018) La demande d'autorisation de transfert prévue à l'article L. 2421-9 est adressée à l'inspecteur du travail quinze jours avant la date arrêtée pour le transfert. Elle est transmise par voie électronique selon les modalités prévues aux articles R. 112-9 à R. 112-9-2 du code des relations entre le public et l'administration ou par lettre recommandée avec avis de réception en deux exemplaires.

L'inspecteur du travail met à même le salarié de lui présenter ses observations écrites, et sur sa demande, des observations orales. À cette occasion, le salarié peut, sur sa demande, se faire assister d'un représentant de son syndicat. Sans préjudice des dispositions précédentes, l'inspecteur du travail peut en outre procéder à une enquête contradictoire telle que définie au premier alinéa de l'article R. 2421-11.

Les dispositions du troisième alinéa de l'article R. 2421-11 et celles de l'article R. 2421-12 s'appliquent.

SECTION 4. Procédure applicable en cas d'interruption ou de non-renouvellement d'une mission de travail temporaire

Art. L. 2421-10. L'interruption ou la notification du non-renouvellement par l'entrepreneur de travail temporaire de la mission d'un salarié mentionné à l'article L. 2413-1 est soumise à la même procédure que celle prévue à la section 1, applicable en cas de licenciement.

SECTION 3 (RÉGLEMENTAIRE). Procédure applicable en cas de rupture conventionnelle du contrat de travail

Note Cette section a été introduite par le décret 2017-1819 du 29 décembre 2017, art. 2, 13°, JO 30, entrée en vigueur le 01.01.2018.

Sous-section 1. Délégué syndical, salarié mandaté, membre de la délégation du personnel au comité social et économique interentreprises et conseiller du salarié

Art. R. 2421-18. La demande d'autorisation de rupture conventionnelle individuelle ou collective du contrat de travail d'un délégué syndical, d'un salarié mandaté, d'un membre du comité social et économique interentreprises ou d'un conseiller du salarié est adressée à l'inspecteur du travail dans les conditions définies à l'article L. 2421-3.

Elle est transmise par voie électronique selon les modalités prévues aux articles R. 112-9 à R. 112-9-2 du code des relations entre le public et l'administration ou par lettre recommandée avec avis de réception en deux exemplaires.

Art. R. 2421-19. L'inspecteur du travail met à même le salarié de lui présenter ses observations écrites, et sur sa demande, des observations orales. À cette occasion, le salarié peut, sur sa demande, se faire assister d'un représentant de son syndicat. Sans préjudice des dispositions précédentes, l'inspecteur du travail peut en outre procéder à une enquête contradictoire telle que définie à l'alinéa 1er de l'article R. 2421-4.

Les dispositions du troisième alinéa de l'article R. 2421-4 et celles de l'article R. 2421-5 s'appliquent.

Sous-section 2. Membre de la délégation du personnel au comité social et économique et représentant de proximité

Art. R. 2421-20. L'avis émis par le comité social et économique au titre de la consultation faite en application de l'article L. 2421-3 est exprimé au scrutin secret après audition de l'intéressé.

Art. R. 2421-21. La demande d'autorisation de rupture conventionnelle individuelle ou collective du contrat de travail d'un membre de la délégation du personnel au comité social et économique ou d'un représentant de proximité est adressée à l'inspecteur dans les conditions définies à l'article L. 2421-3.

La demande est accompagnée du procès-verbal de la réunion du comité social et économique.

Elle est transmise par voie électronique selon les modalités prévues aux articles R. 112-9 à R. 112-9-2 du code des relations entre le public et l'administration ou par lettre recommandée avec avis de réception en deux exemplaires.

Art. R. 2421-22. L'inspecteur du travail met à même le salarié de lui présenter ses observations écrites, et sur sa demande, des observations orales. À cette occasion, le salarié peut, sur sa demande, se faire assister d'un représentant de son syndicat.

Sans préjudice des dispositions précédentes, l'inspecteur du travail peut en outre procéder à une enquête contradictoire telle que définie à l'alinéa 1er de l'article R. 2421-11.

Les dispositions des articles R. 2421-11 alinéa 3 et R. 2421-12 s'appliquent.

Chapitre II

Contestation de la décision administrative

SECTION 1. Droit à réintégration dans l'emploi ou dans le mandat

Art. L. 2422-1. (Ord. 2017-1386 du 22 sept. 2017, art. 2, 38°, JO 23, entrée en vigueur au plus tard le 01.01.2018) Lorsque le ministre compétent annule, sur recours hiérarchique, la décision de l'inspecteur du travail autorisant le licenciement d'un salarié investi de l'un des mandats énumérés ci-après, ou lorsque le juge administratif annule la décision d'autorisation de l'inspecteur du travail ou du ministre compétent, le salarié concerné a le droit, s'il le demande dans un délai de deux mois à compter de la notification de la décision, d'être réintégré dans son emploi ou dans un emploi équivalent. Cette disposition s'applique aux salariés investis d'un des mandats suivants:

1° Délégué syndical ou ancien délégué syndical;

2° Membre de la délégation du personnel du comité social et économique, titulaire ou suppléant, représentant syndical au comité social et économique, ancien membre ou candidat aux fonctions de membre de la délégation du personnel du comité social et économique, salarié ayant demandé à l'employeur l'organisation des élections au comité social et économique;

3° Représentant de proximité, ancien représentant de proximité ou candidat aux fonctions de représentant de proximité;

4° Membre ou ancien membre de la délégation du personnel du comité social et économique interentreprises, ou candidat à ces fonctions;

5° Membre du groupe spécial de négociation, pour la mise en place d'un comité d'entreprise européen ou d'une instance de consultation, et membre du comité d'entreprise européen;

6° Membre du groupe spécial de négociation et représentant au comité de la société européenne;

6° *bis* Membre du groupe spécial de négociation et représentant au comité de la société coopérative européenne;

6° *ter* Membre du groupe spécial de négociation et représentant au comité de la société issue de la fusion transfrontalière;

7° Représentant des salariés au conseil de surveillance ou d'administration des entreprises du secteur public;

8° Membre de la commission mentionnée à l'article L. 23-111-1, ancien membre ou salarié figurant sur la propagande électorale en vue de la constitution de cette commission.

Art. L. 2422-2. (Ord. 2017-1386 du 22 sept. 2017, art. 2, 39°, JO 23, entrée en vigueur au plus tard le 01.01.2018) «Le membre [de] la délégation du personnel au comité social et économique ou le représentant de proximité ou le membre de la délégation du personnel au comité social et économique interentreprises» dont la décision d'autorisation de licenciement a été annulée est réintégré dans son mandat si l'institution n'a pas été renouvelée.

Dans le cas contraire, il bénéficie pendant une durée de six mois, à compter du jour où il retrouve sa place dans l'entreprise, de la protection prévue à l'article L. 2411-5.

Art. L. 2422-3. La réintégration d'un représentant des salariés au conseil de surveillance ou d'administration d'une entreprise du secteur public dans son emploi ou un emploi équivalent emporte réintégration dans son mandat, sauf en cas de renouvellement général du conseil dans lequel il siégeait. Son remplaçant cesse alors d'être membre de ce conseil.

Art. R. 2422-1. Le ministre (D. 2008-1503 du 30 déc. 2008, JO 31) « chargé du travail » peut annuler ou réformer la décision de l'inspecteur du travail sur le recours de l'employeur, du salarié ou du syndicat que ce salarié représente ou auquel il a donné mandat à cet effet.

Ce recours est introduit dans un délai de deux mois à compter de la notification de la décision de l'inspecteur.

Le silence gardé pendant plus de quatre mois sur ce recours vaut décision de rejet.

SECTION 2. Indemnisation du préjudice

Art. L. 2422-4. Lorsque l'annulation d'une décision d'autorisation est devenue définitive, le salarié investi d'un des mandats mentionnés à l'article L. 2422-1 a droit au paiement d'une indemnité correspondant à la totalité du préjudice subi au cours de la période écoulée entre son licenciement et sa réintégration, s'il en a formulé la demande dans le délai de deux mois à compter de la notification de la décision.

L'indemnité correspond à la totalité du préjudice subi au cours de la période écoulée entre son licenciement et l'expiration du délai de deux mois s'il n'a pas demandé sa réintégration.

Ce paiement s'accompagne du versement des cotisations afférentes à cette indemnité qui constitue un complément de salaire.

TITRE III

DISPOSITIONS PÉNALES

Chapitre Ier

Délégué syndical

Art. L. 2431-1. Le fait de rompre le contrat de travail d'un délégué syndical ou d'un ancien délégué syndical en méconnaissance des dispositions relatives à la procédure d'autorisation administrative prévues par le présent livre est puni d'un emprisonnement d'un an et d'une amende de 3750 €.

Le fait de transférer le contrat de travail d'un salarié mentionné au premier alinéa compris dans un transfert partiel d'entreprise ou d'établissement, en méconnaissance des dispositions relatives à la procédure d'autorisation administrative, est puni des mêmes peines.

Chapitre II

Membre élu de la délégation du personnel du comité social et économique ou représentant syndical au comité social et économique

Art. L. 2432-1. Le fait de rompre le contrat de travail d'un salarié (Ord. 2017-1386 du 22 sept. 2017, art. 2, 41°, JO 23, entrée en vigueur au plus tard le 01.01.2018) « membre élu à la délégation du personnel au comité social et économique, candidat à la délégation du personnel au comité social et économique, ancien membre élu à la délégation du personnel au comité social et économique ou d'un salarié ayant demandé l'organisation d'élections pour la mise en place d'un comité social et économique », en méconnaissance des dispositions relatives à la procédure d'autorisation administrative prévues par le présent livre, est puni d'un emprisonnement d'un an et d'une amende de 3 750 €.

(Ord. 2017-1386 du 22 sept. 2017, art. 2, 41°, JO 23, entrée en vigueur au plus tard le 01.01.2018) «Le fait de licencier un représentant syndical ou un ancien représentant syndical au comité social et économique, en méconnaissance des dispositions mentionnées au premier alinéa, est puni des mêmes peines.»

Le fait de transférer le contrat de travail d'un (Ord. 2017-1386 du 22 sept. 2017, art. 2, 41°, JO 23, entrée en vigueur au plus tard le 01.01.2018) «membre élu à la délégation du personnel au comité social et économique ou d'un représentant syndical au comité social et économique» compris dans un transfert partiel d'entreprise ou d'établissement, en méconnaissance des dispositions relatives à la procédure d'autorisation administrative, est puni des mêmes peines.

Chapitre III

Représentant de proximité

Note Ce chapitre est issu de l'ordonnance 2017-1386 du 22 septembre 2017, art. 2, 42°, JO 23, entrée en vigueur au plus tard le 01.01.2018.

Art. L. 2433-1. Le fait de rompre le contrat de travail d'un salarié représentant de proximité, candidat à cette fonction ou ancien représentant de proximité en méconnaissance des dispositions relatives à la procédure d'autorisation administrative prévues par le présent livre, est puni d'un emprisonnement d'un an et d'une amende de 3 750 euros.

Le fait de transférer le contrat de travail d'un représentant de proximité compris dans un transfert partiel d'entreprise ou d'établissement, en méconnaissance des dispositions relatives à la procédure d'autorisation administrative, est puni des mêmes peines.

Chapitre IV

Membre de la délégation du personnel du comité social et économique interentreprises

Note Ce chapitre est issu de l'ordonnance 2017-1386 du 22 septembre 2017, art. 2, 45°, JO 23, entrée en vigueur au plus tard le 01.01.2018.

Art. L. 2434-1. Le fait de rompre le contrat de travail d'un salarié membre de la délégation du personnel du comité social et économique interentreprises, candidat à cette fonction ou ancien membre de la délégation du personnel du comité social et économique interentreprises en méconnaissance des dispositions relatives à la procédure d'autorisation administrative prévues par le présent livre, est puni d'un emprisonnement d'un an et d'une amende de 3 750 euros.

Le fait de transférer le contrat de travail d'un membre de la délégation du personnel du comité social et économique interentreprises compris dans un transfert partiel d'entreprise ou d'établissement, en méconnaissance des dispositions relatives à la procédure d'autorisation administrative, est puni des peines prévues au premier alinéa.

Chapitre V

Membre du groupe spécial de négociation, du comité d'entreprise européen, du comité de la société européenne, du comité de la société coopérative européenne ou du comité de la société issue de la fusion transfrontalière

Note Ce chapitre est l'ancien chapitre IV et les articles L. 2435-1 à 4 sont les anciens articles L. 2434-1 à 4 (ordonnance 2017-1386 du 22 septembre 2017, art. 2, 43° et 44°, JO 23, entrée en vigueur au plus tard le 01.01.2018).

Art. L. 2435-1. Le fait de rompre le contrat de travail d'un salarié membre du groupe spécial de négociation pour la mise en place d'un comité d'entreprise européen ou d'une instance de consultation, ou d'un salarié membre du comité d'entreprise européen, en méconnaissance des dispositions relatives à la procédure d'autorisation administrative prévues par le présent livre, est puni d'un emprisonnement d'un an et d'une amende de 3 750 euros.

Le fait de transférer le contrat de travail d'un salarié mentionné au premier alinéa compris dans un transfert partiel d'entreprise ou d'établissement, en méconnaissance des dispositions relatives à la procédure d'autorisation administrative, est puni des mêmes peines.

Art. L. 2435-2. Le fait de rompre le contrat de travail d'un salarié membre du groupe spécial de négociation ou d'un salarié membre du comité de la société européenne, en méconnaissance des dispositions relatives à la procédure d'autorisation administrative prévues par le présent livre, est puni d'un emprisonnement d'un an et d'une amende de 3 750 euros.

Le fait de transférer le contrat de travail d'un salarié mentionné au premier alinéa compris dans un transfert partiel d'entreprise ou d'établissement, en méconnaissance des dispositions relatives à la procédure d'autorisation administrative, est puni des mêmes peines.

Art. L. 2435-3. Le fait de rompre le contrat de travail d'un salarié membre du groupe spécial de négociation ou d'un salarié membre du comité de la société coopérative européenne, en méconnaissance des dispositions relatives à la procédure d'autorisation administrative prévues par le présent livre, est puni d'un emprisonnement d'un an et d'une amende de 3 750 euros.

Le fait de transférer le contrat de travail d'un salarié mentionné au premier alinéa compris dans un transfert partiel d'entreprise ou d'établissement, en méconnaissance des dispositions relatives à la procédure d'autorisation administrative, est puni des mêmes peines.

Art. L. 2435-4. Le fait de rompre le contrat de travail d'un salarié membre du groupe spécial de négociation ou d'un salarié membre du comité de la société issue de la fusion transfrontalière, en méconnaissance des dispositions relatives à la procédure d'autorisation administrative prévues par le présent livre, est puni d'un emprisonnement d'un an et d'une amende de 3 750 euros.

Le fait de transférer le contrat de travail d'un salarié mentionné au premier alinéa compris dans un transfert partiel d'entreprise ou d'établissement, en méconnaissance des dispositions relatives à la procédure d'autorisation administrative, est puni des mêmes peines.

Chapitre VI

Salarié membre du conseil d'administration ou de surveillance d'une entreprise

Note Ce chapitre est l'ancien chapitre V et l'article L. 2436-1 est l'ancien article L. 2435-1 (ordonnance 2017-1386 du 22 septembre 2017, art. 2, 46° et 47°, JO 23, entrée en vigueur au plus tard le 01.01.2018).

Art. L. 2436-1. Le fait de licencier un représentant des salariés au conseil d'administration ou de surveillance d'une entreprise du secteur public, d'une société anonyme ou d'une société en commandite par actions, en méconnaissance des dispositions relatives à la procédure d'autorisation administrative prévues par le présent livre, est puni d'un emprisonnement d'un an et d'une amende de 3750 euros.

La récidive est punie d'un emprisonnement de deux ans et d'une amende de 6000 euros.

Chapitre VII

Conseiller du salarié

Note Ce chapitre est l'ancien chapitre VI et l'article L. 2437-1 est l'ancien article L. 2436-1 (ordonnance 2017-1386 du 22 septembre 2017, art. 2, 48° et 49°, JO 23, entrée en vigueur au plus tard le 01.01.2018).

Art. L. 2437-1. Le fait de rompre le contrat de travail d'un salarié inscrit sur une liste dressée par le représentant de l'État dans le département, en méconnaissance des dispositions relatives à la procédure d'autorisation administrative prévues par le présent livre, est puni d'un emprisonnement d'un an et d'une amende de 3750 €.

Chapitre VIII

Conseiller prud'homme

Note Ce chapitre est l'ancien chapitre VII et l'article L. 2438-1 est l'ancien article L. 2437-1 (ordonnance 2017-1386 du 22 septembre 2017, art. 2, 48° et 49°, JO 23, entrée en vigueur au plus tard le 01.01.2018).

Art. L. 2438-1. Le fait de rompre le contrat de travail d'un conseiller prud'homme, candidat à cette fonction ou ancien conseiller, en méconnaissance des dispositions relatives à la procédure d'autorisation administrative prévues par le présent livre, est puni d'un emprisonnement d'un an et d'une amende de 3750 €.

Chapitre IX

Assesseur maritime

Note Ce chapitre est l'ancien chapitre VIII introduit par l'ordonnance 2012-1218 du 2 novembre 2012, art. 3, VIII, JO 3, entrée en vigueur au plus tard le 01.01.2015, et l'article L. 2439-1 est l'ancien article L. 2438-1 (ordonnance 2017-1386 du 22 septembre 2017, art. 2, 48° et 49°, JO 23, entrée en vigueur au plus tard le 01.01.2018).

Art. L. 2439-1. Le fait de rompre le contrat de travail d'un assesseur maritime, d'un candidat à ces fonctions ou d'un assesseur maritime ayant cessé ses fonctions depuis moins de six mois, en méconnaissance des dispositions relatives à la procédure d'autorisation administrative prévues par le présent livre, est puni d'un emprisonnement d'un an et d'une amende de 3750 €.

Chapitre X

Défenseur syndical

Note Ce chapitre est l'ancien chapitre IX introduit par la loi 2015-990 du 6 août 2015, art. 258, II, JO 7, entrée en vigueur au plus tard le 01.08.2016, et l'article L. 243-10-1 est l'ancien article L. 2439-1 (ordonnance 2017-1386 du 22 septembre 2017, art. 2, 48° et 49°, JO 23, entrée en vigueur au plus tard le 01.01.2018).

Art. L. 243-10-1. Le fait de rompre le contrat de travail d'un salarié inscrit sur la liste arrêtée par l'autorité administrative mentionnée à l'article L. 1453-4, en méconnaissance des dispositions relatives à la procédure d'autorisation administrative prévues au présent livre, est puni d'un emprisonnement d'un an et d'une amende de 3750 €.

Le fait de transférer le contrat de travail d'un salarié mentionné au premier alinéa du présent article dans le cadre d'un transfert partiel d'entreprise ou d'établissement, en méconnaissance des dispositions relatives à la procédure d'autorisation administrative, est puni des mêmes peines.

Chapitre XI

Membre d'une commission paritaire régionale interprofessionnelle

Note Ce chapitre est l'ancien chapitre X introduit par la loi 2015-994 du 17 août 2015, art. 1er, VI, JO 18, entrée en vigueur le 01.01.2016, et l'article L. 243-11-1 est l'ancien article L. 243-10-1 (ordonnance 2017-1386 du 22 septembre 2017, art. 2, 48° et 49°, JO 23, entrée en vigueur au plus tard le 01.01.2018).

Art. L. 243-11-1. Le fait de rompre le contrat de travail d'un salarié membre de la commission paritaire régionale interprofessionnelle mentionnée à l'article L. 23-111-1, d'un salarié figurant sur la propagande électorale des organisations syndicales en vue de la constitution de cette commission ou d'un ancien membre de la commission en méconnaissance des dispositions relatives à la procédure d'autorisation administrative prévue au présent livre est puni de la peine prévue à l'article L. 2432-1.

LIVRE V

LES CONFLITS COLLECTIFS

TITRE Ier

EXERCICE DU DROIT DE GRÈVE

Chapitre Ier

Dispositions générales

Art. L. 2511-1. L'exercice du droit de grève ne peut justifier la rupture du contrat de travail, sauf faute lourde imputable au salarié.

Son exercice ne peut donner lieu à aucune mesure discriminatoire telle que mentionnée à l'article L. 1132-2, notamment en matière de rémunérations et d'avantages sociaux.

Tout licenciement prononcé en absence de faute lourde est nul de plein droit.

Chapitre II

Dispositions particulières dans les services publics

Art. L. 2512-1. Les dispositions du présent chapitre s'appliquent:

1° Aux personnels de l'État, des régions, des départements et des communes comptant plus de 10 000 habitants;

2° Aux personnels des entreprises, des organismes et des établissements publics ou privés lorsque ces entreprises, organismes et établissements sont chargés de la gestion d'un service public.

Art. L. 2512-2. Lorsque les personnels mentionnés à l'article L. 2512-1 exercent le droit de grève, la cessation concertée du travail est précédée d'un préavis.

Le préavis émane d'une organisation syndicale représentative au niveau national, dans la catégorie professionnelle ou dans l'entreprise, l'organisme ou le service intéressé.

Il précise les motifs du recours à la grève.

Le préavis doit parvenir cinq jours francs avant le déclenchement de la grève à l'autorité hiérarchique ou à la direction de l'établissement, de l'entreprise ou de l'organisme intéressé. Il mentionne le champ géographique et l'heure du début ainsi que la durée limitée ou non, de la grève envisagée.

Pendant la durée du préavis, les parties intéressées sont tenues de négocier.

Art. L. 2512-3. En cas de cessation concertée de travail des personnels mentionnés à l'article L. 2512-1, l'heure de cessation et celle de reprise du travail ne peuvent être différentes pour les diverses catégories ou pour les divers membres du personnel intéressé.

Sont interdits les arrêts de travail affectant par échelonnement successif ou par roulement concerté les divers secteurs ou catégories professionnelles d'un même établissement ou service ou les différents établissements ou services d'une même entreprise ou d'un même organisme.

Art. L. 2512-4. L'inobservation des dispositions du présent chapitre entraîne l'application des sanctions prévues par les statuts ou par les règles concernant les personnels intéressés.

Les sanctions ne peuvent être prononcées qu'après que les intéressés ont été mis à même de présenter des observations sur les faits qui leur sont reprochés et d'avoir accès au dossier les concernant.

La révocation et la rétrogradation ne peuvent être prononcées qu'en conformité avec la procédure disciplinaire normalement applicable.

Lorsque la révocation est prononcée à ce titre, elle ne peut l'être avec perte des droits à la retraite.

Art. L. 2512-5. En ce qui concerne les personnels mentionnés à l'article L. 2512-1 non soumis aux dispositions de l'article 1er de la loi n° 82-889 du 19 octobre 1982, l'absence de service fait par suite de cessation concertée du travail entraîne pour chaque journée une retenue du traitement ou du salaire et de ses compléments autres que les suppléments pour charges de famille. Les retenues sont opérées en fonction des durées d'absence définies à l'article 2 de la loi précitée.

TITRE II

PROCÉDURE DE RÈGLEMENT DES CONFLITS COLLECTIFS

Chapitre Ier

Dispositions générales

SECTION 1. Champ d'application

Art. L. 2521-1. Les dispositions du présent titre s'appliquent aux employeurs de droit privé ainsi qu'à leurs salariés.

Elles sont également applicables:

1° Aux établissements publics à caractère industriel et commercial;

2° Aux établissements publics assurant à la fois une mission de service public à caractère administratif et à caractère industriel et commercial, lorsqu'ils emploient du personnel dans les conditions du droit privé.

Art. R. 2521-1. Dans les professions agricoles, les attributions conférées en matière de conflits collectifs par le présent titre au ministre chargé du travail sont exercées, en accord avec celui-ci, par le ministre chargé de l'agriculture.

SECTION 2. Principes

Art. L. 2521-2. Les conflits collectifs intervenant entre les salariés et les employeurs mentionnés à l'article L. 2521-1 font l'objet de négociations soit lorsque les conventions ou accords collectifs applicables comportent des dispositions à cet effet, soit lorsque les parties intéressées en prennent l'initiative.

Chapitre II

Conciliation

SECTION 1. Procédure de conciliation

Art. L. 2522-1. Tous les conflits collectifs de travail peuvent être soumis aux procédures de conciliation.

Les conflits qui, pour quelque raison que ce soit, n'ont pas été soumis à une procédure conventionnelle de conciliation établie soit par la convention ou l'accord collectif de travail, soit par un accord particulier, peuvent être portés devant une commission nationale ou régionale de conciliation.

Lorsque le conflit survient à l'occasion de l'établissement, de la révision ou du renouvellement d'une convention de branche ou d'un accord professionnel ou interprofessionnel, le ministre chargé du travail peut, à la demande écrite et motivée de l'une des parties ou de sa propre initiative, engager directement la procédure de médiation dans les conditions prévues au chapitre III.

Art. L. 2522-2. Les parties donnent toute facilité aux membres des commissions de conciliation pour leur permettre de remplir la fonction qui leur est dévolue.

Art. L. 2522-3. Les parties comparaissent en personne devant les commissions de conciliation ou, en cas d'empêchement grave, se font représenter par une personne ayant pouvoir pour négocier et conclure un accord de conciliation.

Toute personne morale partie au conflit nomme un représentant dûment mandaté et ayant pouvoir pour négocier et conclure un accord de conciliation.

Lorsque l'une des parties régulièrement convoquée ne comparaît pas ou ne se fait pas représenter, le président la convoque à une nouvelle réunion qui a lieu, au plus tard, huit jours après la première.

Art. L. 2522-4. Lorsqu'une partie régulièrement convoquée dans des conditions prévues à l'article L. 2522-3 ne comparaît pas, sans motif légitime, devant la commission de conciliation, ou ne se fait pas représenter, le président de la commission établit un rapport. Ce rapport est remis à l'autorité administrative qui le transmet au procureur de la République.

Art. L. 2522-5. À l'issue des réunions de la commission de conciliation, le président établit un procès-verbal qui constate l'accord, le désaccord total ou partiel des parties et leur est aussitôt notifié.

Le procès-verbal précise les points sur lesquels les parties se sont mises d'accord et ceux sur lesquels le désaccord persiste.

L'accord de conciliation est applicable dans les conditions prévues par l'article L. 2524-5.

Art. L. 2522-6. En cas d'échec de la procédure de conciliation, le conflit est soumis soit à la procédure de médiation dans les conditions prévues au chapitre III, soit à la procédure d'arbitrage prévue au chapitre IV si les deux parties en conviennent.

Art. R. 2522-1. Tout conflit collectif de travail est immédiatement notifié par la partie la plus diligente au préfet qui, en liaison avec l'inspecteur du travail compétent, intervient en vue de rechercher une solution amiable.

Art. R. 2522-2. Les procédures de conciliation, autres que les procédures prévues contractuellement, sont engagées par l'une des personnes suivantes :

1° L'une des parties ;
2° Le ministre chargé du travail ;
3° Le préfet.

SECTION 2. Commissions de conciliation

Art. L. 2522-7. Les commissions nationales ou régionales de conciliation comprennent des représentants des organisations représentatives des employeurs et des salariés en nombre égal ainsi que des représentants des pouvoirs publics dont le nombre ne peut excéder le tiers des membres de la commission.

Des sections compétentes pour les circonscriptions départementales sont organisées au sein des commissions régionales. Leur composition correspond à celle des commissions régionales.

Sous-section 1 (réglementaire). **Compétence des commissions de conciliation**

§ 1. Commission nationale de conciliation

Art. R. 2522-3. La Commission nationale de conciliation siège au ministère chargé du travail. Elle est compétente pour connaître des conflits collectifs de travail s'étendant à l'ensemble du territoire national ou concernant plusieurs régions.

Art. R. 2522-4. La Commission nationale peut être saisie de tout conflit à incidence régionale, départementale ou locale, compte tenu de son importance, des circonstances particulières dans lesquelles il s'est produit et du nombre des salariés intéressés.

Elle est saisie :

1° Directement par le ministre chargé du travail, soit de sa propre initiative, soit sur la proposition du préfet ;
2° À la demande des parties ou de l'une d'elles.

§ 2. Commission régionale, section départementale ou interdépartementale

Art. R. 2522-5. La commission régionale de conciliation est instituée au siège de chaque (D. 2009-1377 du 10 nov. 2009, JO 13; D. 2010-687 du 24 juin 2010, JO 25; voir D. 2010-1582 du 17 déc. 2010, JO 18, pour outre-mer) «direction régionale des entreprises, de la concurrence, de la consommation, du travail et de l'emploi». Elle est compétente pour connaître des conflits survenant à l'intérieur de la circonscription de cette direction.

Lorsque les conditions locales le justifient, le ministre chargé du travail peut, par arrêté, créer des sections à compétence départementale ou interdépartementale au sein de chaque commission régionale. Il peut prévoir la constitution de plusieurs sections pour un même département.

Art. R. 2522-6. Lorsque des sections à compétence départementale ou interdépartementale existent, la section régionale de la commission régionale reste compétente pour connaître des conflits collectifs survenant dans sa circonscription.

Les sections départementales ou interdépartementales sont compétentes pour les conflits survenant à l'intérieur de leur ressort.

Par dérogation aux dispositions des premier et deuxième alinéas, le conflit peut être porté devant la section régionale par décision du préfet de région, soit sur la proposition du (D. 2009-1377 du 10 nov. 2009, JO 13; D. 2010-687 du 24 juin 2010, JO 25; voir D. 2010-1582 du 17 déc. 2010, JO 18, pour outre-mer) «directeur régional des entreprises, de la concurrence, de la consommation, du travail et de l'emploi», soit à la demande des parties ou de l'une d'elles.

Art. R. 2522-7. Lorsque plusieurs régions ou plusieurs départements limitrophes sont concernés par un conflit, les parties peuvent se mettre d'accord pour porter le conflit devant l'une ou l'autre des commissions ou sections compétentes. Le ministre chargé du travail conserve la possibilité de saisir la commission nationale en application de l'article R. 2522-4.

Sous-section 2 (réglementaire). **Composition des commissions**

Art. R. 2522-8. La Commission nationale de conciliation comprend :
1° Le ministre chargé du travail ou son représentant, président ;
2° Un représentant du ministre chargé de l'économie ;
3° Cinq représentants des employeurs ;
4° Cinq représentants des salariés.

Art. R. 2522-9. La commission régionale de conciliation comprend une section régionale et, éventuellement, des sections à compétence départementale ou interdépartementale.

Les sections régionale et interdépartementale comprennent :
1° Le préfet de région ou de département ou son représentant, président ;
2° Cinq représentants des employeurs ;
3° Cinq représentants des salariés.

Art. R. 2522-10. La section à compétence départementale comprend :
1° Le préfet ou son représentant, président ;
2° Cinq représentants des employeurs ;
3° Cinq représentants des salariés.

Art. R. 2522-11. Lorsque le conflit concerne une branche d'activité pour laquelle les services des ministres chargés de l'industrie, de l'équipement et des transports exercent en application d'une disposition législative les fonctions normalement dévolues à l'inspection du travail, les commissions ou sections prévues aux articles R. 2522-8 à R. 2522-10 comprennent également un représentant de l'administration concernée.

(D. 2019-1379 du 18 déc. 2019, art. 2, II, 1°, JO 19, entrée en vigueur le 01.01.2020) «Lorsque le conflit concerne une branche d'activité relevant des professions agricoles, la commission régionale prévue à l'article R. 2522-9 est la seule compétente et les représentants des employeurs et des salariés qui y siègent appartiennent à des professions agricoles. La commission régionale comprend également un représentant de la direction régionale de l'alimentation, de l'agriculture et de la forêt.»

Art. R. 2522-12. Les membres des commissions de conciliation sont nommés pour trois ans.

Art. R. 2522-13. Les membres de la commission nationale sont nommés par arrêté du ministre chargé du travail.

Les membres des sections régionales et ceux des sections à compétence interdépartementale sont nommés par arrêté du préfet de région.

Les membres des sections à compétence départementale sont nommés par arrêté du préfet.

Art. R. 2522-14. Les représentants des employeurs et des salariés au sein des commissions et sections sont nommés sur proposition des organisations syndicales d'employeurs et de salariés représentatives sur le plan national.

Ces organisations soumettent à l'autorité investie du pouvoir de nomination des listes comportant des noms en nombre double de celui des postes à pourvoir.

Avant de procéder aux nominations, le préfet prend l'avis du (D. 2009-1377 du 10 nov. 2009, JO 13; D. 2010-687 du 24 juin 2010, JO 25; voir D. 2010-1582 du 17 déc. 2010, JO 18, pour outre-mer) « directeur régional des entreprises, de la concurrence, de la consommation, du travail et de l'emploi ».

Art. R. 2522-15. Des membres suppléants, en nombre double de celui des membres titulaires, sont désignés dans les mêmes conditions que ces derniers. Ils ne siègent qu'en l'absence des titulaires.

Les représentants titulaires et suppléants des employeurs et des salariés au sein des sections régionales, interdépartementales et départementales sont choisis parmi les employeurs et les salariés qui exercent effectivement leur activité professionnelle dans le ressort de ces sections.

Art. R. 2522-16. Les membres des commissions ne doivent avoir fait l'objet d'aucune interdiction, déchéance ou incapacité relative à leurs droits civiques.

Sous-section 3 (réglementaire). **Fonctionnement des commissions**

Art. R. 2522-17. En cas de recours par les parties à la procédure de conciliation, la partie la plus diligente adresse au président de la commission une requête exposant les points sur lesquels porte le désaccord.

Lorsque le ministre chargé du travail ou le préfet saisit la commission nationale ou régionale de conciliation, la convocation adressée aux membres de la commission mentionne les points sur lesquels porte le désaccord.

Ces requêtes et communications sont inscrites à leur date d'arrivée sur les registres spéciaux ouverts respectivement au ministère chargé du travail et dans chaque (D. 2009-1377 du 10 nov. 2009, JO 13; D. 2010-687 du 24 juin 2010, JO 25; voir D. 2010-1582 du 17 déc. 2010, JO 18, pour outre-mer) « direction régionale des entreprises, de la concurrence, de la consommation, du travail et de l'emploi ».

Art. R. 2522-18. Devant les commissions de conciliation, les parties peuvent être assistées d'un membre de l'organisation professionnelle d'employeurs ou de salariés à laquelle elles appartiennent.

Lorsque les parties se font représenter, le représentant appartient à la même organisation que la partie qu'il représente ou exerce effectivement, à titre permanent, une activité dans l'entreprise où a lieu le conflit. Il est dûment mandaté et a qualité pour conclure un accord de conciliation au nom de son mandant.

Art. R. 2522-19. La convocation des parties au conflit est faite, sur la demande du président de la commission, soit par lettre recommandée avec avis de réception, soit par notification délivrée contre récépissé signé par l'intéressé.

Lorsque l'une des parties ne comparaît pas ou ne se fait pas représenter devant la commission dans les conditions énoncées aux premier et deuxième alinéas de l'article L. 2522-3, le président, après avoir constaté son absence, fixe une nouvelle date de réunion au cours de la séance. La nouvelle réunion ne peut avoir lieu plus de huit jours après la date de la réunion initialement fixée. Le président notifie cette date de réunion à la partie présente ou représentée. Il convoque la partie défaillante dans les formes prévues au premier alinéa.

Art. R. 2522-20. Lorsqu'une partie régulièrement convoquée ne comparaît pas, sans motif légitime, à la nouvelle réunion, le président établit un procès-verbal de carence. Ce procès-verbal indique les points de désaccord précisés par la partie présente ou représentée.

La non-comparution de la partie qui a introduit la requête de conciliation vaut renonciation à la demande.

Art. R. 2522-21. Lorsqu'un accord est intervenu devant une commission de conciliation, le président établit et notifie aux parties le procès-verbal. Ce dernier est communiqué dans le délai de vingt-quatre heures au ministre chargé du travail et au préfet de la région ou du département. Son dépôt est réalisé conformément aux dispositions de l'article D. 2231-2 (D. 2019-1379 du 18 déc. 2019, art. 2, II, 2°, JO 19, entrée en vigueur le 01.01.2020) « ou de l'article D. 2231-3 pour les professions agricoles ».

Lorsque les parties ne parviennent pas à un accord, un procès-verbal de non-conciliation est établi et leur est aussitôt notifié par lettre recommandée avec avis de réception. Ce procès verbal précise les points sur lesquels elles sont parvenues à un accord et ceux sur lesquels le désaccord persiste. Il est communiqué au ministre chargé du travail et au préfet de la région ou du département dans les quarante-huit heures.

Le procès-verbal est, dans tous les cas, signé par le président, les membres de la commission ainsi que par les parties présentes ou leurs représentants.

Art. R. 2522-22. Le secrétariat des commissions est assuré par les services du ministre chargé du travail.

Art. R. 2522-23. Un arrêté conjoint des ministres chargés du travail, de l'agriculture et des finances fixe les conditions dans lesquelles sont allouées les indemnités de déplacement des membres des commissions et, pour les membres autres que les fonctionnaires en activité, les vacations.

SECTION 3. Entreprises publiques et établissements publics industriels et commerciaux

Art. L. 2522-8. Dans les entreprises publiques et les établissements publics industriels et commerciaux employant du personnel sous statut, les conflits collectifs de travail peuvent être soumis à des procédures de conciliation dans les conditions définies à la présente section.

Art. L. 2522-9. Dans chaque entreprise publique ou établissement public intéressé, un protocole établi par accord entre la direction, les organisations syndicales représentatives du personnel et le ministre dont relève l'entreprise publique ou l'établissement public fixe la procédure suivant laquelle sont examinés, aux fins de conciliation, les différends collectifs de travail.

Art. L. 2522-10. La procédure de conciliation fait intervenir, sous la présidence du ministre dont relève l'entreprise publique ou l'établissement public, la direction de l'entreprise publique ou de l'établissement public et les représentants des organisations syndicales représentatives du personnel.

Lorsque le différend intéresse la rémunération de personnels en activité ou en retraite, les représentants des ministres chargés du travail, du budget et de l'économie interviennent également.

Art. L. 2522-11. Les accords établis à l'issue de la conciliation entre les parties intervenues dans cette procédure sont enregistrés dans les procès-verbaux des séances et engagent les parties.

Art. L. 2522-12. À défaut de procédures particulières instituées conformément à l'article L. 2522-9, les différends collectifs de travail dans les entreprises publiques et les établissements publics industriels et commerciaux à statut peuvent être soumis à la procédure de conciliation de droit commun.

SECTION 4. Dispositions d'application

Art. L. 2522-13. Des décrets en Conseil d'État déterminent les modalités d'application du présent chapitre.

Chapitre III

Médiation

SECTION 1. Désignation du médiateur

Art. L. 2523-1. La procédure de médiation peut être engagée par le président de la commission de conciliation qui, dans ce cas, invite les parties à désigner un médiateur dans un délai déterminé afin de favoriser le règlement amiable du conflit collectif.

Cette procédure peut être également engagée par l'autorité administrative à la demande écrite et motivée de l'une des parties ou de sa propre initiative.

Art. L. 2523-2. Lorsque les parties ne s'entendent pas pour désigner un médiateur, ce dernier est choisi par l'autorité administrative sur une liste de personnalités désignées en fonction de leur autorité morale et de leur compétence économique et sociale.

Art. L. 2523-3. Les listes de médiateurs sont dressées après consultation et examen des suggestions des organisations syndicales d'employeurs et de salariés représentatives au niveau national, siégeant à la commission nationale de la négociation collective [, de l'emploi et de la formation professionnelle].

Art. R. 2523-1. Les listes de médiateurs appelés à être désignés pour un conflit régional, départemental ou local sont préparées par le (D. 2009-1377 du 10 nov. 2009, JO 13; D. 2010-687 du 24 juin 2010, JO 25; voir D. 2010-1582 du 17 déc. 2010, JO 18, pour outre-mer) « directeur régional des entreprises, de la concurrence, de la consommation, du travail et de l'emploi », après consultation des organisations d'employeurs et de salariés représentatives au niveau national. Ces organisations disposent d'un délai d'un mois pour présenter leurs observations.

Les listes de médiateurs comportent dix noms au moins de personnalités choisies dans les conditions prévues au premier alinéa.

Chaque liste régionale est arrêtée par le préfet de région. Elle est publiée aux recueils des actes administratifs des départements intéressés.

Art. R. 2523-2. La liste des médiateurs appelés à être désignés par le ministre chargé du travail pour un conflit à incidence nationale ou dont l'incidence s'étend à plus d'une région comprend au moins trente noms de personnalités. (D. 2019-1379 du 18 déc. 2019, art. 2, II, 3°, JO 19, entrée en vigueur le 01.01.2020) « Elle est commune pour les professions agricoles et non agricoles et est arrêtée conjointement par les ministres chargés du travail et de l'agriculture. »

Les organisations d'employeurs et de salariés représentatives au niveau national disposent d'un délai d'un mois pour présenter leurs observations sur cette liste.

Elle est publiée au *Journal officiel* de la République française après la consultation.

Art. R. 2523-3. Les listes des médiateurs sont révisées tous les trois ans. Elles peuvent être complétées à tout moment.

Art. R. 2523-4. La procédure de médiation est engagée :

1° Soit après l'échec d'une procédure de conciliation, par le ministre chargé du travail ou par le président de la commission régionale de conciliation, à la demande de l'une des parties ou de sa propre initiative ;

2° Soit directement, conformément aux dispositions du troisième alinéa de l'article L. 2522-1, par le ministre chargé du travail ou, s'il s'agit d'un conflit à incidence régionale, départementale ou locale, par le préfet.

Les parties peuvent présenter conjointement des requêtes à fin de médiation précisant qu'elles entendent recourir directement à la médiation et indiquant le nom du médiateur choisi d'un commun accord. La décision de saisir directement le médiateur est prise par le ministre s'il s'agit d'un conflit à incidence nationale ou dont l'incidence s'étend à plus d'une région. Dans les autres cas, elle est prise par le préfet de région.

Art. R. 2523-5. Lorsque l'importance du conflit, son incidence géographique, le nombre de salariés concernés ou les circonstances particulières dans lesquelles il s'est produit le nécessitent, le médiateur peut être désigné par le ministre chargé du travail.

Art. R. 2523-6. Les médiateurs peuvent faire appel à des experts et des personnes qualifiées qui n'ont fait l'objet d'aucune interdiction, déchéance ou capacité relative à leurs droits civiques.

SECTION 2. Procédure de médiation

Art. L. 2523-4. Le médiateur convoque les parties dans les conditions mentionnées à l'article L. 2522-3.

Art. L. 2523-5. Après avoir, lorsqu'il est nécessaire, essayé de concilier les parties, le médiateur leur soumet, sous forme de recommandation motivée, des propositions en vue du règlement des points en litige, dans un délai d'un mois à compter de sa désignation. Ce délai peut être prorogé avec leur accord.

Toutefois, lorsque le médiateur constate que le conflit porte sur l'interprétation ou la méconnaissance des dispositions légales ou des stipulations conventionnelles, il recommande aux parties de soumettre le conflit soit à la juridiction compétente, soit à la procédure contractuelle d'arbitrage prévue aux articles L. 2524-1 et L. 2524-2.

Art. L. 2523-6. À compter de la réception de la proposition de règlement du conflit soumise par le médiateur aux parties, celles-ci peuvent, pendant un délai de huit jours, notifier au médiateur, dans des conditions prévues par voie réglementaire, qu'elles rejettent sa proposition. Elles motivent leur rejet. Le médiateur informe aussitôt la ou les autres organisations parties au conflit de ces rejets et de leurs motivations.

Au terme du délai de huit jours prévu au premier alinéa, le médiateur constate l'accord ou le désaccord.

L'accord des parties sur la recommandation du médiateur lie celles qui ne l'ont pas rejetée, dans les conditions déterminées par le livre II relatif aux conventions et aux accords collectifs de travail. Il est applicable dans les conditions prévues par l'article L. 2524-5.

Art. L. 2523-7. En cas d'échec de la tentative de médiation et après l'expiration d'un délai de quarante-huit heures à compter de la constatation du désaccord, le médiateur communique au ministre chargé du travail le texte de la recommandation motivée et signée, accompagné d'un rapport sur le différend, ainsi que les rejets motivés adressés par les parties au médiateur.

Les conclusions de la recommandation du médiateur et les rejets des parties ainsi que leurs motivations sont rendus publics, dans un délai de trois mois, par le ministre chargé du travail.

Art. L. 2523-8. Lorsqu'une partie régulièrement convoquée dans les conditions prévues à l'article L. 2523-4 ne comparaît pas, sans motif légitime, devant le médiateur ou ne se fait pas représenter, le médiateur établit un rapport. Ce rapport est remis à l'autorité administrative qui le transmet au procureur de la République.

Art. L. 2523-9. Lorsque la communication des documents utiles à l'accomplissement de sa mission est sciemment refusée au médiateur, celui-ci remet un rapport à l'autorité administrative qui le transmet au procureur de la République.

Art. R. 2523-7. Lorsqu'il s'agit d'un conflit à incidence nationale ou d'un conflit dont l'incidence s'étend à plus d'une région, la partie qui recourt à la médiation adresse une demande écrite et motivée au ministre chargé du travail. Dans les autres cas, la partie adresse la demande au président de la commission régionale de conciliation compétente. La demande précise les points sur lesquels porte ou persiste le conflit.

Dès réception de la demande, le service administratif concerné l'inscrit sur un registre spécial et constitue le dossier.

Dans le cas prévu au quatrième alinéa de l'article R. 2523-4, la demande conjointe des parties est adressée au ministre chargé du travail ou au préfet de région, qui désigne, s'il y a lieu, le médiateur choisi et lui transmet le dossier constitué sur le conflit.

(D. 2019-1379 du 18 déc. 2019, art. 2, II, 4°, JO 19, entrée en vigueur le 01.01.2020) « Lorsque le conflit à incidence nationale ou dont l'incidence s'étend à plus d'une région concerne les professions agricoles, le ministre chargé de l'agriculture est associé à la procédure de médiation. »

Art. R. 2523-8. Dans le cas d'un conflit à incidence nationale ou dont l'incidence s'étend à plus d'une région lorsque les parties ne peuvent se mettre d'accord sur le choix d'un médiateur dans un délai de trois jours suivant le dépôt de la requête ou lorsque la procédure de médiation est engagée par le ministre chargé du travail, celui-ci, après avoir pris connaissance des propositions faites par les parties, désigne le médiateur parmi les personnes figurant sur la liste prévue à l'article.

Art. R. 2523-9. Dans le cas d'un conflit à incidence régionale, départementale ou locale, lorsque les parties n'ont pu se mettre d'accord sur le choix d'un médiateur dans le délai de trois jours suivant le dépôt de la requête, ou lorsque la procédure est engagée soit par le président de la commission régionale de conciliation, soit dans le cas du 2° de l'article R. 2523-4 par le préfet, celui-ci, sur proposition du (D. 2009-1377 du 10 nov. 2009, JO 13; D. 2010-687 du 24 juin 2010, JO 25; voir D. 2010-1582 du 17 déc. 2010, JO 18, pour outre-mer) « directeur régional des entreprises, de la concurrence, de la consommation, du travail et de l'emploi », désigne le médiateur parmi les personnes figurant sur les listes mentionnées à l'article R. 2523-1.

Art. R. 2523-10. Lorsque la procédure de médiation est engagée par le ministre chargé du travail ou par le président de la commission régionale de conciliation à la demande de l'une des parties ou de sa propre initiative, le dossier constitué sur le conflit est communiqué au médiateur concomitamment à la notification de sa désignation.

Le médiateur est saisi du conflit par une communication écrite qui en précise l'objet.

Art. R. 2523-11. Le médiateur a les plus larges pouvoirs pour s'informer de la situation économique des entreprises et de la situation des salariés concernés par le conflit.

Il peut procéder à toutes enquêtes auprès des entreprises et des syndicats et requérir des parties la transmission de tout document ou renseignement d'ordre économique, comptable, financier, statistique ou administratif susceptible de lui être utile pour accomplir sa mission. Il peut faire appel à des experts ainsi qu'à toute personne qualifiée susceptible de l'éclairer.

Les parties remettent au médiateur un mémoire contenant leurs observations. Chaque mémoire est communiqué par la partie qui l'a rédigé à la partie adverse.

Art. R. 2523-12. Le médiateur peut procéder à toutes auditions qu'il juge utiles. Il convoque les parties par lettre recommandée avec avis de réception ou par notification délivrée contre récépissé. Elles peuvent, en cas d'empêchement grave, se faire représenter par une personne ayant qualité pour conclure un accord.

Les personnes morales parties au conflit sont tenues de se faire représenter devant le médiateur dans les conditions prévues aux articles L. 2522-3 et R. 2522-18.

Lorsque sans motif légitime, une partie régulièrement convoquée ne comparaît pas ou ne se fait pas représenter, le médiateur établit, conformément aux dispositions de l'article L. 2523-8, un rapport qu'il envoie au ministre chargé du travail ou au préfet, aux fins de transmission au parquet.

Art. R. 2523-13. Le médiateur peut, en accord avec les parties, suspendre l'élaboration de sa recommandation et la subordonner à la reprise des discussions entre elles sous une forme et dans un délai qu'il précise.

Art. R. 2523-14. Le rejet de la proposition de règlement du conflit du médiateur prévue à l'article L. 2523-6 est adressé par lettre recommandée avec avis de réception.

Le médiateur informe aussitôt de ce rejet les autres parties au conflit par lettre recommandée.

Art. R. 2523-15. Lorsqu'il s'agit d'un conflit à incidence nationale ou d'un conflit dont l'incidence s'étend à plus d'une région ou lorsqu'il s'agit du cas prévu à l'article R. 2523-5, les documents mentionnés au deuxième alinéa de l'article L. 2523-7 sont publiés au *Journal officiel* de la République française par le ministre chargé du travail.

Lorsqu'il s'agit d'un conflit à incidence régionale, départementale ou locale, ces documents sont publiés par le préfet au recueil des actes administratifs du ou des départements intéressés.

Art. R. 2523-16. Le rapport du médiateur prévu à l'article L. 2523-7 peut être rendu public sur décision du ministre chargé du travail.

SECTION 3. Dispositions d'application

Art. L. 2523-10. Des décrets en Conseil d'État déterminent les modalités d'application du présent chapitre.

SECTION 3 (RÉGLEMENTAIRE). Indemnités et dépenses de déplacements

Art. R. 2523-17. Pour chaque médiation, une indemnité forfaitaire est allouée aux médiateurs figurant sur les listes mentionnées à l'article R. 2523-3 ayant agi en cette qualité et en application des articles L. 2523-1 à L. 2523-9.

Le taux de cette indemnité varie en fonction de l'importance du conflit.

L'indemnité allouée comprend le remboursement des frais de secrétariat, de correspondance ou de déplacement nécessités par l'accomplissement de leur mission.

Art. R. 2523-18. Lorsque les médiateurs font appel à des experts, ces derniers sont rémunérés à la vacation.

Les personnes qualifiées qui prêtent leur concours aux médiateurs perçoivent une indemnité forfaitaire.

Art. R. 2523-19. Le taux et les conditions d'attribution des indemnités forfaitaires prévues aux articles R. 2523-17 et R. 2523-18 et des vacations sont fixés par arrêté conjoint des ministres chargés du travail, de l'agriculture et des finances.

Art. R. 2523-20. Les frais de déplacement et de séjour hors de leur résidence supportés par les médiateurs, les experts et les personnes qualifiées pour l'accomplissement de leur mission, leur sont remboursés dans les conditions prévues par la réglementation en vigueur pour les fonctionnaires de l'État.

Chapitre IV
Arbitrage

SECTION 1. Arbitre

Art. L. 2524-1. La convention ou l'accord collectif de travail peut prévoir une procédure contractuelle d'arbitrage et l'établissement d'une liste d'arbitres dressée d'un commun accord entre les parties.

Art. L. 2524-2. Lorsque la convention collective de travail ne prévoit pas de procédure contractuelle d'arbitrage, les parties intéressées peuvent décider d'un commun accord de soumettre à l'arbitrage les conflits qui subsisteraient à l'issue d'une procédure de conciliation ou de médiation.

L'arbitre est choisi soit par accord entre les parties, soit selon les modalités établies d'un commun accord entre elles.

Art. L. 2524-3. Lorsque le conflit est soumis à l'arbitrage, les pièces établies dans le cadre des procédures de conciliation ou de médiation sont remises à l'arbitre.

Art. L. 2524-4. L'arbitre ne peut pas statuer sur d'autres objets que ceux qui sont déterminés par le procès-verbal de non-conciliation ou par la proposition du médiateur ou ceux qui, résultant d'événements postérieurs à ce procès-verbal, sont la conséquence du conflit en cours.

Il statue en droit sur les conflits relatifs à l'interprétation et à l'exécution des lois, règlements, conventions collectives ou accords en vigueur.

Il statue en équité sur les autres conflits, notamment lorsque le conflit porte sur les salaires ou sur les conditions de travail qui ne sont pas fixées par les dispositions des lois, règlements, conventions collectives ou accords en vigueur, et sur les conflits relatifs à la négociation de la révision des clauses des conventions collectives.

Art. L. 2524-5. Les accords ou sentences arbitrales intervenant en application du présent titre ont les mêmes effets que les conventions et accords collectifs de travail.

Ils sont applicables, sauf stipulations contraires, à compter du jour suivant leur dépôt auprès de l'autorité administrative compétente dans les conditions déterminées à l'article L. 2231-6.

Art. L. 2524-6. Les sentences arbitrales sont motivées.

Elles ne peuvent faire l'objet que du recours pour excès de pouvoir devant la cour supérieure d'arbitrage mentionnée à l'article L. 2524-7.

Art. R. 2524-1. L'arbitre notifie la sentence aux parties dans un délai de vingt-quatre heures après qu'elle a été prise. Cette notification est faite par lettre recommandée avec avis de réception.

Après cette notification, l'arbitre envoie un exemplaire de la sentence et des pièces au vu desquelles elle a été rendue au ministre chargé du travail. Cet envoi, aux frais des parties, est adressé sous pli recommandé avec avis de réception.

SECTION 2. Cour supérieure d'arbitrage

Art. L. 2524-7. La cour supérieure d'arbitrage connaît des recours pour excès de pouvoir ou violation de la loi formés par les parties contre les sentences arbitrales.

Art. L. 2524-8. La cour supérieure d'arbitrage est présidée par le vice-président du Conseil d'État ou par un président de section au Conseil d'État en activité ou honoraire, président.

Elle est composée de manière paritaire de conseillers d'État en activité ou honoraires et de hauts magistrats de l'ordre judiciaire en activité ou honoraires.

Art. L. 2524-9. Lorsque la cour supérieure d'arbitrage prononce l'annulation en tout ou partie d'une sentence arbitrale, elle renvoie l'affaire aux parties qui désignent, si elles en sont d'accord, un nouvel arbitre.

Lorsque, à la suite d'un nouveau pourvoi, la nouvelle sentence est annulée par la cour, celle-ci désigne l'un de ses rapporteurs pour procéder à une instruction complémentaire.

Elle rend, dans les quinze jours suivant le deuxième arrêt d'annulation, après avoir pris connaissance de l'enquête, et avec les mêmes pouvoirs qu'un arbitre, une sentence arbitrale qui ne peut faire l'objet d'aucun recours.

Art. L. 2524-10. Les actes accomplis en exécution des dispositions du présent chapitre sont dispensés des droits de timbre et d'enregistrement.

Sous-section 1 (réglementaire). **Composition et fonctionnement**

Art. R. 2524-2. Les membres de la Cour supérieure d'arbitrage sont nommés par décret pour une durée de trois ans.

Art. R. 2524-3. La Cour supérieure d'arbitrage est composée, outre son président, vice-président du Conseil d'État ou président de section au Conseil d'État en activité ou honoraire :

1° De quatre conseillers d'État en activité ou honoraires ;
2° De quatre hauts magistrats de l'ordre judiciaire en activité ou honoraires.

Art. R. 2524-4. Des conseillers d'État et des magistrats, en activité ou honoraires, sont désignés à titre de suppléants en nombre égal à celui des membres titulaires pour la même durée.

Ils sont nommés pour une durée de trois ans par décret pris sur le rapport conjoint du ministre chargé du travail et du garde des sceaux, ministre de la justice.

Art. R. 2524-5. En cas d'absence ou d'empêchement du président de la Cour supérieure d'arbitrage, la présidence de l'audience est assurée par le plus ancien des conseillers d'État, membre titulaire de la cour. La cour est dans ce cas complétée par un conseiller d'État, membre suppléant.

Art. R. 2524-6. Lorsque l'un des membres de la Cour supérieure d'arbitrage vient à perdre la qualité en raison de laquelle il a été nommé, il est procédé par décret à la désignation de son successeur. Le successeur reste en fonctions jusqu'à expiration de la durée normale des fonctions du membre remplacé.

En cas de vacance par suite de décès ou de démission, la procédure de désignation est identique.

Art. R. 2524-7. Les membres de la Cour supérieure d'arbitrage ne peuvent délibérer qu'en nombre impair. Si la cour se réunit en nombre pair, le membre le moins âgé s'abstient de délibérer.

La cour ne statue que si cinq membres au moins sont présents. La présence de sept membres est exigée lorsque la cour rend une sentence dans les conditions prévues au troisième alinéa de l'article L. 2524-9.

Art. R. 2524-8. Des maîtres des requêtes ou des auditeurs au Conseil d'État, des conseillers référendaires ou des auditeurs à la Cour des comptes concluent dans chaque affaire.

Ils sont nommés commissaires du Gouvernement auprès de la cour respectivement par arrêté du Premier ministre et du garde des sceaux, ministre de la justice.

Art. R. 2524-9. Des maîtres des requêtes ou des auditeurs au Conseil d'État, des conseillers référendaires ou des auditeurs à la Cour des comptes sont adjoints à la Cour supérieure d'arbitrage en qualité de rapporteurs.

Ils sont nommés dans les mêmes formes que les commissaires du Gouvernement.

Ils ont voix consultative dans les affaires dont le rapport leur est confié.

Art. R. 2524-10. Le secrétaire et le secrétaire adjoint de la Cour supérieure d'arbitrage sont désignés par le vice-président du Conseil d'État parmi les fonctionnaires des services du Conseil d'État.

En cas de surplus d'activité, le service du secrétariat est assuré :
1° Soit par des fonctionnaires recrutés spécialement ;
2° Soit par des fonctionnaires mis à la disposition de la cour par le ministre chargé du travail.

Art. R. 2524-11. La Cour supérieure d'arbitrage a son siège au Conseil d'État.

Sous-section 2 (réglementaire). **Procédure d'arbitrage**

Art. R. 2524-12. Les recours devant la Cour supérieure d'arbitrage sont formés par requêtes écrites et signées par les parties ou un mandataire. Ce dernier justifie d'un mandat spécial et écrit s'il n'est ni avocat au Conseil d'État et à la Cour de cassation, ni avocat régulièrement inscrit à un barreau.

La requête est adressée au président de la cour par lettre recommandée avec avis de réception.

Les recours sont formés dans un délai de huit jours francs à compter de la notification de la sentence. Ils ne sont pas suspensifs.

À peine d'irrecevabilité, le recours comprend l'exposé des moyens d'excès de pouvoir ou de violation de la loi sur lequel il se fonde et est accompagné de la sentence attaquée.

Art. R. 2524-13. La requête est accompagnée :
1° De copies, en double exemplaire, de la requête et de la sentence attaquée ;
2° D'une note précisant les parties intéressées et donnant leur adresse complète ;
3° Des copies de la requête en nombre égal à celui des parties intéressées ;
4° Des pièces dont le requérant entend se servir.

Art. R. 2524-14. Les requêtes sont enregistrées au secrétariat de la Cour supérieure d'arbitrage dans l'ordre de leur arrivée.

Art. R. 2524-15. Chaque affaire est instruite par un membre de la Cour supérieure d'arbitrage ou par un des rapporteurs adjoints à la cour désigné par le président.

Dès la réception de la requête, le rapporteur en donne communication au ministre chargé du travail. Il lui demande de produire le dossier envoyé par l'arbitre et de présenter, le cas échéant, les observations qu'il juge utiles.

Il avise chaque partie intéressée par l'envoi d'une des copies jointes à la requête de l'instance introduite devant la cour. Il leur impartit un délai pour présenter leur mémoire.

Les parties sont invitées à prendre connaissance du dossier au secrétariat de la cour.

Art. R. 2524-16. Les rôles de chaque séance sont préparés par le commissaire du Gouvernement et arrêtés par le président de la Cour supérieure d'arbitrage.

Ils sont communiqués au ministre chargé du travail et, s'il y a lieu, au ministre de l'agriculture.

Les parties sont avisées de la date de l'audience.

Art. R. 2524-17. Le rapporteur lit son rapport à l'audience.

Avant que le commissaire du Gouvernement prononce ses conclusions, le président peut autoriser soit les parties, soit les avocats au Conseil d'État et à la Cour de cassation, les avocats régulièrement inscrits au barreau ou les mandataires des parties à présenter brièvement des observations orales.

Art. R. 2524-18. Les décisions de la Cour supérieure d'arbitrage sont rendues au nom du peuple français.

Elles contiennent l'analyse sommaire des moyens et les conclusions des recours. Elles visent les pièces soumises à la cour et les lois dont il est fait application.

Elles sont signées par le président, le rapporteur et le secrétaire ou le secrétaire adjoint. Elles sont lues en séance publique.

Elles sont notifiées par le président aux parties dans un délai de vingt-quatre heures. Ces notifications sont faites par lettre recommandée avec avis de réception.

Art. R. 2524-19. Les expéditions des décisions délivrées par le secrétaire ou le secrétaire adjoint de la Cour supérieure d'arbitrage portent la formule exécutoire suivante :

« La République mande et ordonne au ministre (ajouter le département ministériel désigné par la décision) en ce qui le concerne et à tout huissier à ce requis, en ce qui concerne les voies de droit commun contre les parties privées, de pourvoir à l'exécution de la présente décision. »

Art. R. 2524-20. Les expéditions des décisions de la Cour supérieure d'arbitrage et tous les actes de procédure auxquels donne lieu l'application de la présente section portent la mention qu'ils sont faits en exécution du chapitre IV du titre II du livre V de la partie II du code du travail.

Le secrétariat de la cour communique les arrêts et les sentences rendus au ministre chargé du travail ou au ministre chargé de l'agriculture.

Les arrêts et les sentences de la cour sont publiés au *Journal officiel* de la République française.

Art. R. 2524-21. Les audiences de la Cour supérieure d'arbitrage sont publiques.

Les dispositions des articles 438 et 439 du code de procédure civile sur la police des audiences sont applicables à la cour.

Art. R. 2524-22. L'arrêt de la Cour supérieure d'arbitrage est rendu au plus tard huit jours francs après que le recours a été formé.

Il prend effet le jour de sa notification.

SECTION 3. Dispositions d'application

Art. L. 2524-11. Des décrets en Conseil d'État déterminent les modalités d'application du présent chapitre.

Chapitre V

Dispositions pénales

Art. L. 2525-1. Le fait de méconnaître les dispositions des articles L. 2522-3 et L. 2523-4 est puni d'une amende de 3750 €.

Art. L. 2525-2. Le fait de méconnaître les dispositions de l'article L. 2523-9 est puni d'une amende de 3750 €.

Art. R. 2525-1. Le fait pour une partie régulièrement convoquée de ne pas comparaître, sans motif légitime, devant la commission de conciliation, ou de ne pas se faire représenter dans les conditions fixées aux premier et deuxième alinéas de l'article L. 2522-3, est puni de l'amende prévue pour les contraventions de la cinquième classe.

Art. R. 2525-2. Le fait, pour un employeur compris dans le champ d'application professionnel ou territorial d'une sentence arbitrale ou d'un accord intervenu au cours d'une procédure de conciliation ou de médiation dont les dispositions ont fait l'objet d'un arrêté d'extension, de payer des salaires inférieurs à ceux fixés par cette sentence ou cet accord est puni de l'amende prévue à l'article R. 2263-3.

LIVRE VI

DISPOSITIONS RELATIVES À L'OUTRE-MER

TITRE Ier

DISPOSITIONS GÉNÉRALES

Chapitre unique

Art. L. 2611-1. Les dispositions générales prévues par l'article L. 1511-1 sont également applicables aux dispositions du présent livre.

TITRE II

GUADELOUPE, GUYANE, MARTINIQUE, MAYOTTE, LA RÉUNION, SAINT-BARTHÉLEMY, SAINT-MARTIN ET SAINT-PIERRE-ET-MIQUELON

Chapitre Ier

Dispositions générales

Art. L. 2621-1. Les dispositions générales prévues par (Ord. 2008-205 du 27 févr. 2008, JO 1er mars) «les articles L. 1521-1 à L. 1521-4» sont également applicables aux dispositions du présent titre.

Art. L. 2621-2. (Ord. 2017-1491 du 25 oct. 2017, art. 3, 4°, JO 26, entrée en vigueur le 01.01.2018) Une commission consultative du travail est instituée auprès du représentant de l'État à Mayotte.

Cette commission comprend un nombre égal de membres employeurs et de membres salariés désignés par le représentant de l'État à Mayotte sur propositions respectives de chacune des organisations professionnelles d'employeurs et des organisations syndicales de salariés représentatives dans le département.

Un décret détermine les conditions d'application du présent article.

SECTION 1 (RÉGLEMENTAIRE). Champ d'application

Note Les sections 1 et 2 de ce chapitre sont issues du décret 2018-1337 du 28 décembre 2018, art. 1er, JO 30.

Art. D. 2621-1. S'appliquent (D. 2018-953 du 31 oct. 2018, art. 3, 2°, JO 6 nov.) «en Guadeloupe, en Guyane, en Martinique, à Mayotte, à La Réunion», à Saint-Barthélemy, à Saint-Martin et à Saint-Pierre-et-Miquelon les dispositions relatives:

1° Aux critères de représentativité syndicale, prévues au chapitre Ier du titre II du livre premier;

2° Aux conditions de validité de négociation et de conclusion des conventions et accords collectifs de travail, prévues au chapitre Ier du titre III du livre II;

3° Aux règles applicables à chaque niveau de négociation, prévues au chapitre II du titre III du livre II;

4° À la négociation de branche et professionnelle, prévues à la section 1 du chapitre Ier du titre IV du livre II;

5° À la négociation triennale de branche et professionnelle sur l'égalité professionnelle entre les femmes et les hommes, prévue à la sous-section 2 de la section 2 du chapitre Ier du titre IV du livre I;

6° À la négociation triennale de branche et professionnelle des travailleurs handicapés, prévues à la sous-section 3 de la section 2 du chapitre Ier du titre IV du livre II;

7° À la négociation triennale de branche et professionnelle dans le domaine de la formation professionnelle et à l'apprentissage, prévues à la sous-section 4 de la section 2 du chapitre Ier du titre IV du livre II;

8° Aux conditions d'applicabilité des conventions et accords, prévues au chapitre Ier du titre VI du livre II;

9° À l'effet de l'application des conventions et accords, prévues au chapitre II du titre VI du livre II;

10° À la Commission nationale de la négociation collective (D. 2018-1262 du 26 déc. 2018, art. 1er, III, JO 28, entrée en vigueur le 01.01.2019) «, de l'emploi et de la formation professionnelle», prévues au titre VII du livre II.

Art. D. 2621-2. (D. 2018-953 du 31 oct. 2018, art. 3, 3°, JO 6 nov.) «En Guadeloupe, en Guyane, en Martinique, à Mayotte, à La Réunion», à Saint-Barthélemy, à Saint-Martin et à Saint-Pierre-et-Miquelon, le préfet constate la représentativité des organisations d'employeurs et de salariés sur le fondement de l'enquête mentionnée à l'article L. 2121-1.

SECTION 2 (RÉGLEMENTAIRE). Commission consultative du travail

Art. D. 2621-3. La commission consultative du travail mentionnée à l'article L. 2621-2 peut être appelée par le représentant de l'État à donner un avis sur toutes les questions concernant le travail, l'emploi et la formation professionnelle.

Art. D. 2621-4. La commission consultative du travail est convoquée par le représentant de l'État à Mayotte de sa propre initiative ou à la demande de la majorité de ses membres titulaires.

Art. D. 2621-5. Le directeur des entreprises, de la concurrence, de la consommation, du travail et de l'emploi ou son représentant assiste de droit avec voix consultative aux séances de la commission, dont il assure le secrétariat.

Art. D. 2621-6. La commission consultative du travail se réunit au moins une fois par an.

Chapitre II

Négociation collective - Conventions et accords collectifs de travail

Art. L. 2622-1. Outre les clauses rendues obligatoires par l'article L. 2261-22, les conventions collectives conclues au niveau (Ord. 2017-1491 du 25 oct. 2017, art. 3, 5°, JO 26, entrée en vigueur le 01.01.2018) «de la Guadeloupe, de la Guyane, de la Martinique, de Mayotte, de La Réunion» (Ord. 2008-205 du 27 févr. 2008, JO 1er mars) «, à Saint-Barthélemy ou à Saint-Martin» contiennent obligatoirement, pour pouvoir être étendues, des dispositions concernant l'attestation de formation professionnelle délivrée dans les unités du service militaire adapté.

Art. D. 2622-1. En vue de la définition des éléments essentiels servant à la détermination des classifications professionnelles et des niveaux de qualification, les conventions collectives conclues (D. 2018-953 du 31 oct. 2018, art. 3, 4°, JO 6 nov.) «en Guadeloupe, en Guyane, en Martinique, à Mayotte, à La Réunion», à Saint-Barthélemy et à Saint-Martin ainsi que leurs avenants prennent en compte, pour pouvoir être étendus, l'attestation de formation professionnelle mentionnée à l'article L. 2622-1.

Art. D. 2622-2. L'attestation de formation professionnelle délivrée dans les unités du service militaire adapté correspond à tout document signé par le chef de corps sanctionnant la réussite aux épreuves d'évaluation de la formation professionnelle suivie, pendant huit cents heures au moins, au sein du corps de troupe.

Art. L. 2622-2. (L. 2016-1088 du 8 août 2016, art. 26, I, 2°, JO 9) Lorsqu'une convention ou un accord collectif de travail national s'applique en Guadeloupe, en Guyane, en Martinique, à Mayotte, à La Réunion, à Saint-Barthélemy, à Saint-Martin et à Saint-Pierre-et-Miquelon, des modalités d'adaptation à la situation particulière de ces collectivités peuvent être prévues par accord collectif. Cet accord est conclu dans le délai de six mois prévu au dernier alinéa de l'article L. 2222-1 ou après l'expiration de ce délai.

Lorsqu'une convention ou un accord collectif de travail national exclut une application en Guadeloupe, en Guyane, en Martinique, à Mayotte, à La Réunion, à Saint-Barthélemy, à Saint-Martin ou à Saint-Pierre-et-Miquelon, des accords collectifs dont le champ d'application est limité à l'une de ces collectivités peuvent être conclus, le cas échéant en reprenant les stipulations de l'accord applicable à la métropole.

Art. L. 2622-3. (L. 2015-994 du 17 août 2015, art. 1er, X, JO 18, entrée en vigueur le 01.07.2017) Un décret fixe le nombre de représentants des organisations professionnelles d'employeurs et des organisations syndicales de salariés prévu aux articles L. 23-111-1 et L. 23-112-1 à Saint-Barthélemy et à Saint-Martin.

Art. D. 2622-3. (D. 2017-900 du 9 mai 2017, JO 10) Pour l'application de l'article L. 23-112-1 à Saint-Barthélemy, à Saint-Martin et à Saint-Pierre-et-Miquelon, il est attribué le nombre de sièges suivant :

1° Pour la commission paritaire régionale interprofessionnelle de Saint-Barthélemy : cinq sièges pour les organisations syndicales de salariés et cinq sièges pour les organisations professionnelles d'employeurs ;

2° Pour la commission paritaire régionale interprofessionnelle de Saint-Martin : sept sièges pour les organisations syndicales de salariés et sept sièges pour les organisations professionnelles d'employeurs ;

3° Pour la commission paritaire territoriale interprofessionnelle de Saint-Pierre-et-Miquelon : quatre sièges aux organisations syndicales de salariés et quatre sièges aux organisations professionnelles d'employeurs.

Art. L. 2622-4. (Ord. 2017-1718 du 20 déc. 2017, art. 1er, II, JO 21) Lorsque le salaire minimum national professionnel des salariés sans qualification à Mayotte est inférieur au salaire minimum interprofessionnel de croissance applicable à Mayotte, les organisations liées par une convention de branche ou, à défaut, par des accords professionnels se réunissent pour négocier sur les salaires.

À défaut d'initiative de la partie patronale dans les trois mois, la négociation s'engage dans les quinze jours suivant la demande d'une organisation syndicale représentative au sens de l'article L. 2231-1.

Art. D. 2622-4. (D. 2017-1612 du 28 nov. 2017, JO 29) Pour l'application de l'article L. 2234-7, les attributions dévolues au directeur régional des entreprises, de la concurrence, de la consommation, du travail et de l'emploi et au responsable d'unité départementale sont exercées en Guadeloupe, en Martinique, (D. 2018-953 du 31 oct. 2018, art. 3, 5°, JO 6 nov.) « à Mayotte, » à La Réunion, à Saint-Barthélemy et à Saint-Martin par le directeur des entreprises, de la concurrence, de la consommation, du travail et de l'emploi et à Saint-Pierre-et-Miquelon, par le directeur de la cohésion sociale, du travail, de l'emploi et de la population.

Chapitre III

Les conflits collectifs

Art. L. 2623-1. Au lieu et place des commissions régionales de conciliation prévues aux articles L. 2522-1 et L. 2522-7 du présent code et à l'article L. 718-8 du code rural (Ord. 2010-462 du 6 mai 2010, JO 7) «et de la pêche maritime», il est créé (Ord. 2017-1491 du 25 oct. 2017, art. 3, 7°, JO 26, entrée en vigueur le 01.01.2018) «en Guadeloupe, en Guyane, en Martinique, à Mayotte, à La Réunion» (Ord. 2008-205 du 27 févr. 2008, JO 1er mars) «, à Saint-Barthélemy, à Saint-Martin» et à Saint-Pierre-et-Miquelon une commission de conciliation organisée en deux sections respectivement compétentes pour les conflits collectifs de travail et pour les conflits collectifs de travail en agriculture.

Chaque section est composée de représentants des organisations représentatives des employeurs et des salariés, en nombre égal, ainsi que des représentants des pouvoirs publics dont le nombre ne peut excéder le tiers des membres de la section.

SECTION UNIQUE (RÉGLEMENTAIRE). Commission de conciliation

Sous-section 1. Compétence

Art. R. 2623-1. La commission de conciliation prévue à l'article L. 2623-1 peut connaître de tout conflit collectif du travail survenant dans le département ou la collectivité où elle siège, à l'exception des conflits collectifs de travail concernant les personnels navigants.

Art. R. 2623-2. La commission de conciliation comprend deux sections. L'une de ces sections connaît les conflits collectifs de travail dans les professions agricoles et l'autre les autres conflits collectifs de travail.

Art. R. 2623-3. La commission de conciliation peut être saisie :

1° Par la plus diligente des parties qui adresse au président de la commission de conciliation une requête écrite exposant les points sur lesquels porte le litige ;

2° Par le préfet.

Art. R. 2623-4. Les saisines de la commission de conciliation restent à la disposition des parties intéressées soit à la direction (D. 2018-953 du 31 oct. 2018, art. 3, 6°, JO 6 nov.) « des entreprises, de la concurrence, de la consommation, du travail et de l'emploi », soit au service du travail, de l'emploi et de la formation professionnelle de Saint-Pierre-et-Miquelon.

La direction ou le service assure le secrétariat de la commission de conciliation.

Sous-section 2. Composition

Art. R. 2623-5. Les deux sections de la commission de conciliation comprennent :

1° Le préfet ou son représentant, président ;

2° Un fonctionnaire de catégorie A ;

3° Quatre à huit représentants des employeurs ;
4° Quatre à huit représentants des salariés.

Art. R. 2623-6. Lorsque le conflit intéresse à la fois des professions agricoles et non agricoles, le président de la commission de conciliation peut réunir les membres des deux sections.

Art. R. 2623-7. La section agricole de la commission de conciliation peut être complétée par un représentant du ministre chargé de l'agriculture, nommé par le préfet.

Lorsque le conflit concerne une branche d'activité pour laquelle les services (D. 2008-1503 du 30 déc. 2008, JO 31) « du ministre chargé de l'industrie » exercent les fonctions de contrôle normalement dévolues à l'inspection du travail, la section de la commission des secteurs non agricoles peut être complétée par un représentant de l'administration concernée, nommé par le préfet.

Art. R. 2623-8. Un arrêté préfectoral détermine le nombre total de représentants des employeurs et des salariés.

Cet arrêté nomme pour trois ans les membres de la commission de conciliation.

Art. R. 2623-9. Les représentants des employeurs et des salariés sont nommés, après avis du directeur du travail, de l'emploi et de la formation professionnelle, sur proposition des organisations représentatives d'employeurs et de salariés au niveau national et des organisations représentatives au plan local.

Art. R. 2623-10. En vue de la nomination des représentants des salariés et des employeurs, les organisations représentatives soumettent au préfet des listes comportant des noms en nombre double de celui des postes à pourvoir pour chacune des sections de la commission.

Ces noms sont choisis parmi les employeurs ou les salariés qui exercent effectivement leur activité professionnelle dans le ressort de la commission.

Art. R. 2623-11. Les membres suppléants de la commission de conciliation sont désignés dans les mêmes conditions que les membres titulaires.

Ils siègent en l'absence de ces derniers.

Sous-section 3. **Fonctionnement**

Art. R. 2623-12. Lorsque le président de la commission de conciliation est saisi d'une demande de conciliation ou décide, de sa propre initiative, de mettre en œuvre la procédure de conciliation, il adresse aux membres des sections concernées une convocation précisant les points sur lesquels porte le différend, la date et le lieu de la réunion.

Il convoque les parties au conflit par lettre recommandée avec avis de réception ou remise contre récépissé.

Art. R. 2623-13. Devant la commission de conciliation, les parties peuvent être assistées d'un membre de l'organisation d'employeurs ou de salariés à laquelle elles appartiennent.

Art. R. 2623-14. Lorsque les parties se font représenter, le représentant appartient à la même organisation que la partie qu'il représente ou est salarié dans l'entreprise où a lieu le conflit.

Il est dûment mandaté et a qualité pour conclure un accord de conciliation au nom de son mandant.

Art. R. 2623-15. Lorsque l'une des parties ne comparaît pas ou ne se fait pas représenter devant la commission de conciliation, le président, après avoir constaté son absence, fixe, dans les conditions fixées à l'article L. 2522-3, une nouvelle date de réunion au cours de la séance. Il notifie cette date de réunion à la partie présente ou représentée.

Il convoque la partie défaillante par lettre recommandée avec avis de réception ou remise en main propre contre décharge.

Art. R. 2623-16. Lorsqu'une partie régulièrement convoquée ne comparaît pas, sans motif légitime, à la nouvelle réunion, le président établit un procès-verbal de carence. Ce procès-verbal indique les points de désaccord précisés par la partie présente ou représentée.

La non-comparution de la partie qui a introduit la requête de conciliation vaut renonciation à la demande.

Art. R. 2623-17. Lorsqu'un accord est intervenu devant une commission de conciliation, le président établit et notifie aux parties un procès-verbal. Son dépôt est réalisé auprès de la direction (D. 2018-953 du 31 oct. 2018, art. 3, 6°, JO 6 nov.) « des entreprises, de la concurrence, de la consommation, du travail et de l'emploi » ou, à Saint-Pierre-et-Miquelon, au service du travail, de l'emploi et de la formation professionnelle.

Lorsque les parties ne parviennent pas à un accord, un procès-verbal de non-conciliation est établi et leur est aussitôt notifié par lettre recommandée avec avis de réception. Ce procès-verbal précise les points sur lesquels elles sont parvenues à un accord et ceux sur lesquels le désaccord persiste.

Les procès-verbaux sont communiqués dans les quarante-huit heures au préfet.

Art. R. 2623-18. Un arrêté conjoint des ministres chargés du travail, de l'agriculture et des finances détermine les conditions dans lesquelles sont allouées les indemnités de déplacement des membres des commissions et, pour les membres autres que les fonctionnaires en activité, les vacations.

Art. R. 2623-19. La Commission nationale de conciliation siégeant auprès du ministre chargé du travail ou celle siégeant auprès du ministre chargé de l'agriculture peut être saisie d'un conflit collectif du travail se déroulant (D. 2018-953 du 31 oct. 2018, art. 3, 7°, JO 6 nov.) « en Guadeloupe, en Guyane, en Martinique, à Mayotte, à La Réunion », à Saint-Barthélemy et à Saint-Martin ainsi qu'à Saint-Pierre-et-Miquelon.

La procédure de conciliation se déroule selon les règles prévues à la section 2 du chapitre II du titre II du livre V.

Chapitre IV (réglementaire)

Représentation du personnel - Dispositions relatives à Mayotte

Note Ce chapitre est issu du décret 2018-953 du 31 octobre 2018, art. 3, 8°, JO 6 nov.

Art. R. 2624-1. Pour l'application à Mayotte de l'article R. 2315-20, les mots : " à hauteur du tarif de seconde classe des chemins de fer " sont remplacés par les mots : " à hauteur du barème figurant à l'article 6B de l'annexe 4 du code général des impôts pour un déplacement en véhicule automobile ".

TITRE III

MESURES DE COORDINATION AVEC LES AUTRES COLLECTIVITÉS ULTRAMARINES

Chapitre Ier

Négociation collective - Conventions et accords collectifs de travail

Art. L. 2631-1. Les conventions et accords collectifs de travail d'une entreprise dont le siège social est situé dans un département de métropole, (Ord. 2017-1491 du 25 oct. 2017, art. 3, 9°, JO 26, entrée en vigueur le 01.01.2018) « en Guadeloupe, en Guyane, en Martinique, à Mayotte, à La Réunion » (Ord. 2008-205 du 27 févr. 2008, JO 1er mars) « , à Saint-Barthélemy, à Saint-Martin » ou à Saint-Pierre-et-Miquelon qui intéressent notamment ses établissements implantés à Wallis et Futuna sont négociés entre l'employeur et les organisations syndicales de salariés représentatives dans l'entreprise.

Chapitre II

Institutions représentatives du personnel

SECTION 1. Comité central d'entreprise et comités d'établissement

Art. L. 2632-1. L'accord ou la décision administrative prévus au deuxième alinéa de l'article L. 2327-7 instituant le comité central d'entreprise prévu à l'article L. 2327-1 assure la représentation des établissements distincts de l'entreprise lorsque ceux-ci sont établis à Wallis et Futuna ou dans les Terres australes et antarctiques françaises.

SECTION 2. Comité de groupe

Art. L. 2632-2. Les dispositions relatives au comité de groupe prévues aux articles L. 2331-1 à L. 2331-4 et L. 2331-6 s'appliquent aux entreprises dominantes dont le siège social se situe dans un département de métropole, (Ord. 2017-1491 du 25 oct. 2017, art. 3, 11°, JO 26, entrée en vigueur le 01.01.2018) «en Guadeloupe, en Guyane, en Martinique, à Mayotte, à La Réunion» (Ord. 2008-205 du 27 févr. 2008, JO 1er mars) «, à Saint-Barthélemy, à Saint-Martin» ou à Saint-Pierre-et-Miquelon et aux entreprises qu'elles contrôlent ou sur lesquelles elles exercent une influence dominante au sens de l'article L. 2331-1 dont le siège social est situé dans ces départements (Ord. 2017-1491 du 25 oct. 2017, art. 3, 11°, JO 26, entrée en vigueur le 01.01.2018) «ou ces collectivités,» à Wallis et Futuna ou dans les Terres australes et antarctiques françaises.

TROISIÈME PARTIE

DURÉE DU TRAVAIL, SALAIRE, INTÉRESSEMENT, PARTICIPATION ET ÉPARGNE SALARIALE

LIVRE Ier

DURÉE DU TRAVAIL, REPOS ET CONGÉS

TITRE Ier

CHAMP D'APPLICATION

Chapitre unique

Art. L. 3111-1. Les dispositions du présent livre sont applicables aux employeurs de droit privé ainsi qu'à leurs salariés.

Elles sont également applicables aux établissements publics à caractère industriel et commercial.

Art. L. 3111-2. Les cadres dirigeants ne sont pas soumis aux dispositions des titres II et III.

Sont considérés comme ayant la qualité de cadre dirigeant les cadres auxquels sont confiées des responsabilités dont l'importance implique une grande indépendance dans l'organisation de leur emploi du temps, qui sont habilités à prendre des décisions de façon largement autonome et qui perçoivent une rémunération se situant dans les niveaux les plus élevés des systèmes de rémunération pratiqués dans leur entreprise ou établissement.

Art. L. 3111-3. (L. 2016-1088 du 8 août 2016, art. 8, I, JO 9) À l'exception du chapitre II du titre III ainsi que des titres VI et VII, le présent livre définit les règles d'ordre public, le champ de la négociation collective et les règles supplétives applicables en l'absence d'accord.

Art. R. 3111-1. (D. 2016-1551 du 18 nov. 2016, art. 1er, JO 19, entrée en vigueur le 01.01.2017) À l'exception du chapitre II du titre III ainsi que des titres VI et VII, le présent livre définit les règles d'ordre public, le champ de la négociation collective et les règles supplétives applicables en l'absence d'accord.

TITRE II

DURÉE DU TRAVAIL, RÉPARTITION ET AMÉNAGEMENT DES HORAIRES

Note Les dispositions législatives de ce titre sont issues de la loi 2016-1088 du 8 août 2016, art. 8, II, JO 9.

Chapitre Ier

Durée et aménagement du travail

SECTION 1. Travail effectif, astreintes et équivalences

Sous-section 1. Travail effectif

§ 1. Ordre public

Art. L. 3121-1. La durée du travail effectif est le temps pendant lequel le salarié est à la disposition de l'employeur et se conforme à ses directives sans pouvoir vaquer librement à des occupations personnelles.

Art. L. 3121-2. Le temps nécessaire à la restauration ainsi que les temps consacrés aux pauses sont considérés comme du temps de travail effectif lorsque les critères définis à l'article L. 3121-1 sont réunis.

Art. L. 3121-3. Le temps nécessaire aux opérations d'habillage et de déshabillage, lorsque le port d'une tenue de travail est imposé par des dispositions légales, des stipulations conventionnelles, le règlement intérieur ou le contrat de travail et que l'habillage et le déshabillage doivent être réalisés dans l'entreprise ou sur le lieu de travail, fait l'objet de contreparties. Ces contreparties sont accordées soit sous forme de repos, soit sous forme financière.

Art. L. 3121-4. Le temps de déplacement professionnel pour se rendre sur le lieu d'exécution du contrat de travail n'est pas un temps de travail effectif.

Toutefois, s'il dépasse le temps normal de trajet entre le domicile et le lieu habituel de travail, il fait l'objet d'une contrepartie soit sous forme de repos, soit sous forme financière. La part de ce temps de déplacement professionnel coïncidant avec l'horaire de travail n'entraîne aucune perte de salaire.

Art. L. 3121-5. Si le temps de trajet entre le domicile et le lieu habituel de travail est majoré du fait d'un handicap, il peut faire l'objet d'une contrepartie sous forme de repos.

Art. R. 3121-1. En cas de travaux insalubres et salissants, le temps passé à la douche en application de l'article (D. 2016-1551 du 18 nov. 2016, art. 2, II, 5°, JO 19, entrée en vigueur le 01.01.2017) « R. 4228-8 » est rémunéré au tarif normal des heures de travail sans être pris en compte dans le calcul de la durée du travail effectif.

§ 2. Champ de la négociation collective

Art. L. 3121-6. Une convention ou un accord d'entreprise ou d'établissement ou, à défaut, une convention ou un accord de branche peut prévoir une rémunération des temps de restauration et de pause mentionnés à l'article L. 3121-2, même lorsque ceux-ci ne sont pas reconnus comme du temps de travail effectif.

Art. L. 3121-7. Une convention ou un accord d'entreprise ou d'établissement ou, à défaut, une convention ou un accord de branche prévoit soit d'accorder des contreparties aux temps d'habillage et de déshabillage mentionnés à l'article L. 3121-3, soit d'assimiler ces temps à du temps de travail effectif.

Une convention ou un accord d'entreprise ou d'établissement ou, à défaut, une convention ou un accord de branche prévoit des contreparties lorsque le temps de déplacement professionnel mentionné à l'article L. 3121-4 dépasse le temps normal de trajet.

§ 3. Dispositions supplétives

Art. L. 3121-8. À défaut d'accords prévus aux articles L. 3121-6 et L. 3121-7 :

1° Le contrat de travail peut fixer la rémunération des temps de restauration et de pause ;

2° Le contrat de travail prévoit soit d'accorder des contreparties aux temps d'habillage et de déshabillage mentionnés à l'article L. 3121-3, soit d'assimiler ces temps à du temps de travail effectif ;

3° Les contreparties prévues au second alinéa de l'article L. 3121-7 sont déterminées par l'employeur après consultation du (Ord. 2017-1386 du 22 sept. 2017, art. 4, 26°, JO 23, entrée en vigueur au plus tard le 01.01.2018) « comité social et économique ».

Sous-section 2. **Astreintes**

§ 1. Ordre public

Art. L. 3121-9. Une période d'astreinte s'entend comme une période pendant laquelle le salarié, sans être sur son lieu de travail et sans être à la disposition permanente et immédiate de l'employeur, doit être en mesure d'intervenir pour accomplir un travail au service de l'entreprise.

La durée de cette intervention est considérée comme un temps de travail effectif.

La période d'astreinte fait l'objet d'une contrepartie, soit sous forme financière, soit sous forme de repos.

Les salariés concernés par des périodes d'astreinte sont informés de leur programmation individuelle dans un délai raisonnable.

Art. L. 3121-10. Exception faite de la durée d'intervention, la période d'astreinte est prise en compte pour le calcul de la durée minimale de repos quotidien prévue à l'article L. 3131-1 et des durées de repos hebdomadaire prévues aux articles L. 3132-2 et L. 3164-2.

Art. R. 3121-2. En fin de mois, l'employeur remet à chaque salarié intéressé un document récapitulant le nombre d'heures d'astreinte accomplies par celui-ci au cours du mois écoulé ainsi que la compensation correspondante.

§ 2. Champ de la négociation collective

Art. L. 3121-11. Une convention ou un accord d'entreprise ou d'établissement ou, à défaut, une convention ou un accord de branche peut mettre en place les astreintes. Cette convention ou cet accord fixe le mode d'organisation des astreintes, les modalités d'information et les délais de prévenance des salariés concernés ainsi que la compensation sous forme financière ou sous forme de repos à laquelle elles donnent lieu.

§ 3. Dispositions supplétives

Art. L. 3121-12. À défaut d'accord prévu à l'article L. 3121-11:

1° Le mode d'organisation des astreintes et leur compensation sont fixés par l'employeur, après avis du (Ord. 2017-1386 du 22 sept. 2017, art. 4, 26°, JO 23, entrée en vigueur au plus tard le 01.01.2018) «comité social et économique», et après information de l'agent de contrôle de l'inspection du travail;

2° Les modalités d'information des salariés concernés sont fixées par décret en Conseil d'État et la programmation individuelle des périodes d'astreinte est portée à leur connaissance quinze jours à l'avance, sauf circonstances exceptionnelles et sous réserve qu'ils en soient avertis au moins un jour franc à l'avance.

Art. R. 3121-3. (D. 2016-1551 du 18 nov. 2016, art. 2, II, 9°, JO 19, entrée en vigueur le 01.01.2017) À défaut d'accord prévu à l'article L. 3121-11, l'employeur communique, par tout moyen conférant date certaine, aux salariés concernés la programmation individuelle des périodes d'astreinte dans le respect des délais de prévenance prévus à l'article L. 3121-12.

Sous-section 3. **Équivalences**

§ 1. Ordre public

Art. L. 3121-13. Le régime d'équivalence constitue un mode spécifique de détermination du temps de travail effectif et de sa rémunération pour des professions et des emplois déterminés comportant des périodes d'inaction.

§ 2. Champ de la négociation collective

Art. L. 3121-14. Une convention ou un accord de branche étendu peut instituer une durée du travail équivalente à la durée légale pour les professions et emplois mentionnés à l'article L. 3121-13.

Cette convention ou cet accord détermine la rémunération des périodes d'inaction.

§ 3. Dispositions supplétives

Art. L. 3121-15. À défaut d'accord prévu à l'article L. 3121-14, le régime d'équivalence peut être institué par décret en Conseil d'État.

SECTION 2. Durées maximales de travail

Sous-section 1. **Temps de pause**

§ 1. Ordre public

Art. L. 3121-16. Dès que le temps de travail quotidien atteint six heures, le salarié bénéficie d'un temps de pause d'une durée minimale de vingt minutes consécutives.

§ 2. Champ de la négociation collective

Art. L. 3121-17. Une convention ou un accord d'entreprise ou d'établissement ou, à défaut, une convention ou un accord de branche peut fixer un temps de pause supérieur.

Sous-section 2. **Durée quotidienne maximale**

§ 1. Ordre public

Art. L. 3121-18. La durée quotidienne de travail effectif par salarié ne peut excéder dix heures, sauf:

1° En cas de dérogation accordée par l'inspecteur du travail dans des conditions déterminées par décret;

2° En cas d'urgence, dans des conditions déterminées par décret;

3° Dans les cas prévus à l'article L. 3121-19.

Art. D. 3121-4. Le dépassement de la durée quotidienne maximale du travail effectif, prévue à l'article (D. 2016-1553 du 18 nov. 2016, art. 1er, B, 1°, JO 19, entrée en vigueur le 01.01.2017) « L. 3121-18 », peut être autorisé dans les cas où un surcroît temporaire d'activité est imposé, notamment pour l'un des motifs suivants:

1° Travaux devant être exécutés dans un délai déterminé en raison de leur nature, des charges imposées à l'entreprise ou des engagements contractés par celle-ci;

2° Travaux saisonniers;

3° Travaux impliquant une activité accrue pendant certains jours de la semaine, du mois ou de l'année.

Art. D. 3121-5. La demande de (D. 2016-1553 du 18 nov. 2016, art. 1er, B, 1°, JO 19, entrée en vigueur le 01.01.2017) « dépassement de » la durée quotidienne maximale de travail, accompagnée des justifications utiles et de l'avis du (D. 2017-1819 du 29 déc. 2017, art. 3, 17°, JO 30, entrée en vigueur le 01.01.2018) « comité social et économique, s'il existe », est adressée par l'employeur à l'inspecteur du travail.

L'inspecteur du travail fait connaître sa décision dans un délai de quinze jours à compter de la date de réception de la demande à l'employeur et aux représentants du personnel.

Art. D. 3121-6. En cas d'urgence, l'employeur peut (D. 2016-1553 du 18 nov. 2016, art. 1er, B, 1°, JO 19, entrée en vigueur le 01.01.2017) « dépasser » sous sa propre responsabilité, dans les hypothèses envisagées l'article (D. 2016-1553 du 18 nov. 2016, art. 1er, B, 1°, JO 19, entrée en vigueur le 01.01.2017) « D. 3121-4 », la durée quotidienne maximale du travail.

S'il n'a pas encore adressé de demande de (D. 2016-1553 du 18 nov. 2016, art. 1er, B, 1°, JO 19, entrée en vigueur le 01.01.2017) « dépassement », il présente immédiatement à l'inspecteur du travail une demande de régularisation accompagnée des justifications et avis mentionnés à l'article (D. 2016-1553 du 18 nov. 2016, art. 1er, B, 1°, JO 19, entrée en vigueur le 01.01.2017) « D. 3121-5 » et de toutes explications nécessaires sur les causes ayant nécessité une prolongation de la durée quotidienne du travail sans autorisation préalable.

S'il se trouve dans l'attente d'une réponse à une demande de (D. 2016-1553 du 18 nov. 2016, art. 1er, B, 1°, JO 19, entrée en vigueur le 01.01.2017) « dépassement », il informe immédiatement l'inspecteur du travail de l'obligation où il s'est trouvé d'anticiper la décision attendue et en donne les raisons.

L'inspecteur du travail fait connaître sa décision dans un délai de quinze jours à compter de la date de réception de la demande à l'employeur et aux représentants du personnel.

Art. D. 3121-7. Les recours hiérarchiques contre les décisions prévues aux articles (D. 2016-1553 du 18 nov. 2016, art. 1er, B, 1°, JO 19, entrée en vigueur le 01.01.2017) « D. 3121-5 et D. 3121-6 » sont formés devant le directeur régional des entreprises, de la concurrence, de la consommation, du travail et de l'emploi dans le délai d'un mois suivant la date à laquelle les intéressés en ont reçu notification.

§ 2. Champ de la négociation collective

Art. L. 3121-19. Une convention ou un accord d'entreprise ou d'établissement ou, à défaut, une convention ou un accord de branche peut prévoir le dépassement de la durée maximale quotidienne de travail effectif, en cas d'activité accrue ou pour des motifs liés à l'organisation de l'entreprise, à condition que ce dépassement n'ait pas pour effet de porter cette durée à plus de douze heures.

Sous-section 3. **Durées hebdomadaires maximales**

§ 1. Ordre public

Art. L. 3121-20. Au cours d'une même semaine, la durée maximale hebdomadaire de travail est de quarante-huit heures.

Art. L. 3121-21. En cas de circonstances exceptionnelles et pour la durée de celles-ci, le dépassement de la durée maximale définie à l'article L. 3121-20 peut être autorisé par l'autorité administrative, dans des conditions déterminées par décret en Conseil d'État, sans toutefois que ce dépassement puisse avoir pour effet de porter la durée du travail à plus de soixante heures par semaine. Le (Ord. 2017-1386 du 22 sept. 2017, art. 4, 44°, JO 23, entrée en vigueur au plus tard le 01.01.2018) «comité social et économique donne son» avis sur les demandes d'autorisation formulées à ce titre. Cet avis est transmis à l'agent de contrôle de l'inspection du travail.

Art. L. 3121-22. La durée hebdomadaire de travail calculée sur une période quelconque de douze semaines consécutives ne peut dépasser quarante-quatre heures, sauf dans les cas prévus aux articles L. 3121-23 à L. 3121-25.

§ 2. Champ de la négociation collective

Art. L. 3121-23. Une convention ou un accord d'entreprise ou d'établissement ou, à défaut, une convention ou un accord de branche peut prévoir le dépassement de la durée hebdomadaire de travail de quarante-quatre heures calculée sur une période de douze semaines consécutives, à condition que ce dépassement n'ait pas pour effet de porter cette durée, calculée sur une période de douze semaines, à plus de quarante-six heures.

§ 3. Dispositions supplétives

Art. L. 3121-24. À défaut d'accord prévu à l'article L. 3121-23, le dépassement de la durée maximale hebdomadaire prévue à l'article L. 3121-22 est autorisé par l'autorité administrative dans des conditions déterminées par décret en Conseil d'État, dans la limite d'une durée totale maximale de quarante-six heures.

Art. L. 3121-25. À titre exceptionnel, dans certains secteurs, dans certaines régions ou dans certaines entreprises, le dépassement de la durée maximale de quarante-six heures prévue aux articles L. 3121-23 et L. 3121-24 peut être autorisé pendant des périodes déterminées, dans des conditions déterminées par décret en Conseil d'État.

Art. L. 3121-26. Le (Ord. 2017-1386 du 22 sept. 2017, art. 4, 44°, JO 23, entrée en vigueur au plus tard le 01.01.2018) «comité social et économique donne son» avis sur les demandes d'autorisation formulées auprès de l'autorité administrative en application des articles L. 3121-24 et L. 3121-25. Cet avis est transmis à l'agent de contrôle de l'inspection du travail.

§ 1 (réglementaire). Dispositions communes

Sous-§ 1. Ordre public

Art. R. 3121-8. (D. 2016-1551 du 18 nov. 2016, art. 2, IV, 1°, JO 19, entrée en vigueur le 01.01.2017) «L'autorisation de dépassement de la durée maximale hebdomadaire prévues aux articles L. 3121-21 et L. 3121-25 ne peut être accordée» que pour une durée expressément fixée par l'autorité compétente.

À l'expiration de cette durée, (D. 2016-1551 du 18 nov. 2016, art. 2, IV, 1°, JO 19, entrée en vigueur le 01.01.2017) « une nouvelle autorisation » ne peut résulter que d'une décision expresse faisant suite à une nouvelle demande des intéressés, instruite dans les mêmes conditions que la demande initiale.

(D. 2016-1551 du 18 nov. 2016, art. 2, IV, 1°, JO 19, entrée en vigueur le 01.01.2017) « L'autorisation » est révocable à tout moment par l'autorité qui l'a accordée si les raisons qui en ont motivé l'octroi viennent à disparaître, notamment en cas de licenciements collectifs affectant les secteurs, régions ou entreprises ayant fait l'objet d' (D. 2016-1551 du 18 nov. 2016, art. 2, IV, 1°, JO 19, entrée en vigueur le 01.01.2017) « une autorisation ».

Art. R. 3121-9. (D. 2016-1551 du 18 nov. 2016, art. 2, IV, 1°, JO 19, entrée en vigueur le 01.01.2017) « Les dépassements » à la durée maximale hebdomadaire du travail peuvent être (D. 2016-1551 du 18 nov. 2016, art. 2, IV, 1°, JO 19, entrée en vigueur le 01.01.2017) « assortis » de mesures compensatoires ayant pour objet, dans les entreprises bénéficiaires :

1° Soit de ramener la durée hebdomadaire moyenne de travail à moins de quarante-six heures pendant une période déterminée postérieure à la date d'expiration de la dérogation ;

2° Soit de prévoir, en faveur des salariés, des périodes de repos complémentaire ;

3° Soit d'abaisser, pendant une période limitée, la durée maximale du travail.

La nature et les conditions de cette compensation sont fixées par (D. 2016-1551 du 18 nov. 2016, art. 2, IV, 1°, JO 19, entrée en vigueur le 01.01.2017) « la décision d'autorisation ».

§ 2 (réglementaire). Dépassement de la durée maximale hebdomadaire absolue et de la durée hebdomadaire maximale moyenne

Sous-§ 1. Ordre public

Art. R. 3121-10. (D. 2016-1551 du 18 nov. 2016, art. 2, IV, 2°, JO 19, entrée en vigueur le 01.01.2017) « L'autorisation de dépassement de la durée maximale hebdomadaire absolue du travail prévue par l'article L. 3121-21 » est accordée par le directeur régional des entreprises, de la concurrence, de la consommation, du travail et de l'emploi. Elle ne peut l'être qu'en cas de circonstance exceptionnelle entraînant temporairement un surcroît extraordinaire de travail.

La demande (D. 2016-1551 du 18 nov. 2016, art. 2, IV, 2°, JO 19, entrée en vigueur le 01.01.2017) « d'autorisation » est adressée par l'employeur à l'inspecteur du travail.

Elle est assortie de justifications sur les circonstances exceptionnelles qui la motivent et précise la durée pour laquelle (D. 2016-1551 du 18 nov. 2016, art. 2, IV, 2°, JO 19, entrée en vigueur le 01.01.2017) « l'autorisation » est sollicitée.

Elle est accompagnée de l'avis du (D. 2017-1819 du 29 déc. 2017, art. 3, 17°, JO 30, entrée en vigueur le 01.01.2018) « comité social et économique, s'il existe ».

Le directeur régional des entreprises, de la concurrence, de la consommation, du travail et de l'emploi prend sa décision au vu d'un rapport établi par l'inspecteur du travail et indiquant notamment si la situation de l'entreprise requérante justifie le bénéfice de (D. 2016-1551 du 18 nov. 2016, art. 2, IV, 2°, JO 19, entrée en vigueur le 01.01.2017) « l'autorisation ».

La décision précise l'ampleur de (D. 2016-1551 du 18 nov. 2016, art. 2, IV, 2°, JO 19, entrée en vigueur le 01.01.2017) « l'autorisation » ainsi que la durée pour laquelle elle est accordée.

Sous-§ 2. Dispositions supplétives

Art. R. 3121-11. (D. 2016-1551 du 18 nov. 2016, art. 2, IV, 2°, JO 19, entrée en vigueur le 01.01.2017) À défaut d'accord prévu à l'article L. 3121-23, le dépassement de la durée hebdomadaire moyenne de quarante-quatre heures est accordé dans les conditions définies à l'article R. 3121-10.

§ 3 (réglementaire). Dépassement de la durée hebdomadaire maximale moyenne dans certains secteurs, certaines régions ou dans certaines entreprises

Sous-§ 1. Dispositions supplétives

Art. R. 3121-12. (D. 2016-1551 du 18 nov. 2016, art. 2, IV, 3°, JO 19, entrée en vigueur le 01.01.2017) « L'autorisation de dépassement à la durée hebdomadaire maximale moyenne prévue à l'article L. 3121-25 » revêt l'une des modalités suivantes :

1° Le dépassement de la durée moyenne hebdomadaire de quarante-six heures sur une période de douze semaines consécutives ;

2° La répartition de cette même moyenne sur une période de plus de douze semaines ;

3° La combinaison des deux modalités précédentes.

La décision (D. 2016-1551 du 18 nov. 2016, art. 2, IV, 3°, JO 19, entrée en vigueur le 01.01.2017) « d'autorisation » précise la modalité, l'ampleur et les autres conditions du dépassement autorisé.

Art. R. 3121-13. La demande de (D. 2016-1551 du 18 nov. 2016, art. 2, IV, 3°, JO 19, entrée en vigueur le 01.01.2017) « dépassement » concernant l'ensemble d'un secteur d'activité sur le plan national est adressée par l'organisation d'employeurs intéressée au ministre chargé du travail.

Celui-ci prend sa décision après consultation des organisations d'employeurs et de salariés représentatives dans le secteur considéré, en tenant compte des conditions économiques et la situation de l'emploi dans ce secteur.

Art. R. 3121-14. La demande de (D. 2016-1551 du 18 nov. 2016, art. 2, IV, 3°, JO 19, entrée en vigueur le 01.01.2017) « dépassement » concernant un secteur d'activité sur le plan local, départemental ou interdépartemental est adressée par l'organisation d'employeurs intéressée au directeur régional des entreprises, de la concurrence, de la consommation, du travail et de l'emploi.

(D. 2020-88 du 5 févr. 2020, art. 1er, 5°, JO 6) « Celui-ci prend sa décision après consultation des organisations d'employeurs et de salariés représentatives intéressées, en tenant compte des conditions économiques et de la situation de l'emploi propres à la région et au secteur considérés. »

Art. R. 3121-15. (D. 2016-1551 du 18 nov. 2016, art. 2, IV, 3°, JO 19, entrée en vigueur le 01.01.2017) « Lorsqu'une autorisation est attribuée en application des articles R. 3121-13 ou R. 3121-14, l'entreprise ne peut en user » qu'après décision de l'inspecteur du travail qui statue sur le principe et les modalités de l'application de celle-ci, après avis du (D. 2017-1819 du 29 déc. 2017, art. 3, 17°, JO 30, entrée en vigueur le 01.01.2018) « comité social et économique, s'il existe ».

Art. R. 3121-16. L'employeur qui ne relève pas d'un secteur couvert par l'une des décisions prévues aux articles (D. 2016-1551 du 18 nov. 2016, art. 2, IV, 3°, JO 19, entrée en vigueur le 01.01.2017) « R. 3121-13 et R. 3121-14 » peut, pour faire face à des situations exceptionnelles propres à son entreprise, demander une (D. 2016-1551 du 18 nov. 2016, art. 2, IV, 3°, JO 19, entrée en vigueur le 01.01.2017) « autorisation » particulière.

Cette demande est motivée et adressée, accompagnée de l'avis du (D. 2017-1819 du 29 déc. 2017, art. 3, 18°, JO 30, entrée en vigueur le 01.01.2018) « comité social et économique, s'il existe », à l'inspecteur du travail qui la transmet au directeur régional des entreprises, de la concurrence, de la consommation, du travail et de l'emploi.

Celui-ci prend sa décision au vu d'un rapport établi par l'inspecteur et indiquant, notamment, si la situation de l'entreprise requérante est de nature à justifier l'octroi de (D. 2016-1551 du 18 nov. 2016, art. 2, IV, 3°, JO 19, entrée en vigueur le 01.01.2017) « l'autorisation ».

SECTION 3. Durée légale et heures supplémentaires

Sous-section 1. Ordre public

Art. L. 3121-27. La durée légale de travail effectif des salariés à temps complet est fixée à trente-cinq heures par semaine.

Art. L. 3121-28. Toute heure accomplie au delà de la durée légale hebdomadaire ou de la durée considérée comme équivalente est une heure supplémentaire qui ouvre droit à une majoration salariale ou, le cas échéant, à un repos compensateur équivalent.

Art. L. 3121-29. Les heures supplémentaires se décomptent par semaine.

Art. L. 3121-30. Des heures supplémentaires peuvent être accomplies dans la limite d'un contingent annuel. Les heures effectuées au delà de ce contingent annuel ouvrent droit à une contrepartie obligatoire sous forme de repos.

Les heures prises en compte pour le calcul du contingent annuel d'heures supplémentaires sont celles accomplies au delà de la durée légale.

Les heures supplémentaires ouvrant droit au repos compensateur équivalent mentionné à l'article L. 3121-28 et celles accomplies dans les cas de travaux urgents énumérés à l'article L. 3132-4 ne s'imputent pas sur le contingent annuel d'heures supplémentaires.

Art. L. 3121-31. Dans les entreprises dont la durée collective hebdomadaire de travail est supérieure à la durée légale hebdomadaire, la rémunération mensuelle due au salarié peut être calculée en multipliant la rémunération horaire par les cinquante-deux douzièmes de cette durée hebdomadaire de travail, en tenant compte des majorations de salaire correspondant aux heures supplémentaires accomplies.

Sous-section 2. **Champ de la négociation collective**

Art. L. 3121-32. Une convention ou un accord collectif d'entreprise ou d'établissement ou, à défaut, une convention ou un accord de branche peut fixer une période de sept jours consécutifs constituant la semaine pour l'application du présent chapitre.

Art. L. 3121-33. I. – Une convention ou un accord collectif d'entreprise ou d'établissement ou, à défaut, une convention ou un accord de branche:

1° Prévoit le ou les taux de majoration des heures supplémentaires accomplies au-delà de la durée légale ou de la durée considérée comme équivalente. Ce taux ne peut être inférieur à 10 %;

2° Définit le contingent annuel prévu à l'article L. 3121-30;

3° Fixe l'ensemble des conditions d'accomplissement d'heures supplémentaires au-delà du contingent annuel ainsi que la durée, les caractéristiques et les conditions de prise de la contrepartie obligatoire sous forme de repos prévue au même article L. 3121-30. Cette contrepartie obligatoire ne peut être inférieure à 50 % des heures supplémentaires accomplies au-delà du contingent annuel mentionné audit article L. 3121-30 pour les entreprises de vingt salariés au plus, et à 100 % de ces mêmes heures pour les entreprises de plus de vingt salariés. (L. 2019-486 du 22 mai 2019, art. 11, VI, 4°, JO 23, entrée en vigueur le 01.01.2020) «L'effectif salarié et le franchissement du seuil de vingt salariés sont déterminés selon les modalités prévues à l'article L. 130-1 du code de la sécurité sociale.»

Les heures supplémentaires sont accomplies, dans la limite du contingent annuel applicable dans l'entreprise, après information du (Ord. 2017-1386 du 22 sept. 2017, art. 4, 26°, JO 23, entrée en vigueur au plus tard le 01.01.2018) «comité social et économique».

Les heures supplémentaires sont accomplies, au-delà du contingent annuel applicable dans l'entreprise, après avis du (Ord. 2017-1386 du 22 sept. 2017, art. 4, 26°, JO 23, entrée en vigueur au plus tard le 01.01.2018) «comité social et économique».

II. – Une convention ou un accord collectif d'entreprise ou d'établissement ou, à défaut, une convention ou un accord de branche peut également:

1° Prévoir qu'une contrepartie sous forme de repos est accordée au titre des heures supplémentaires accomplies dans la limite du contingent;

2° Prévoir le remplacement de tout ou partie du paiement des heures supplémentaires, ainsi que des majorations, par un repos compensateur équivalent.

III. – Une convention ou un accord d'entreprise peut adapter les conditions et les modalités d'attribution et de prise du repos compensateur de remplacement.

Art. L. 3121-34. Dans les branches d'activité à caractère saisonnier mentionnées à l'article L. 3132-7, une convention ou un accord d'entreprise ou d'établissement conclu en application de l'article L. 1244-2 ou, à défaut, une convention de branche ou un accord professionnel ou interprofessionnel peut, dans des conditions déterminées par décret, déroger aux dispositions de la présente section relatives à la détermination des périodes de référence pour le décompte des heures supplémentaires et des repos compensateurs. La convention ou l'accord organise également des procédures contradictoires de décompte des temps et périodes de travail.

Sous-section 3. **Dispositions supplétives**

Art. L. 3121-35. Sauf stipulations contraires dans une convention ou un accord mentionné à l'article L. 3121-32, la semaine débute le lundi à 0 heure et se termine le dimanche à 24 heures.

Art. L. 3121-36. À défaut d'accord, les heures supplémentaires accomplies au-delà de la durée légale hebdomadaire fixée à l'article L. 3121-27 ou de la durée considérée comme équivalente donnent lieu à une majoration de salaire de 25 % pour chacune des huit premières heures supplémentaires. Les heures suivantes donnent lieu à une majoration de 50 %.

Art. L. 3121-37. Dans les entreprises dépourvues de délégué syndical, le remplacement de tout ou partie du paiement des heures supplémentaires, ainsi que des majorations, par un repos compensateur équivalent peut être mis en place par l'employeur à condition que le (Ord. 2017-1386 du 22 sept. 2017, art. 4, 29°, JO 23, entrée en vigueur au plus tard le 01.01.2018) «comité social et économique, s'il existe, ne s'y oppose» pas.

L'employeur peut également adapter à l'entreprise les conditions et les modalités d'attribution et de prise du repos compensateur de remplacement après avis du (Ord. 2017-1386 du 22 sept. 2017, art. 4, 26°, JO 23, entrée en vigueur au plus tard le 01.01.2018) «comité social et économique».

Art. L. 3121-38. À défaut d'accord, la contrepartie obligatoire sous forme de repos mentionnée à l'article L. 3121-30 est fixée à 50 % des heures supplémentaires accomplies au-delà du contingent annuel mentionné au même article L. 3121-30 pour les entreprises de vingt salariés au plus, et à 100 % de ces mêmes heures pour les entreprises de plus de vingt salariés.

(L. 2019-486 du 22 mai 2019, art. 11, VI, 5°, JO 23, entrée en vigueur le 01.01.2020) «Pour l'application du premier alinéa du présent article, l'effectif salarié et le franchissement du seuil de vingt salariés sont déterminés selon les modalités prévues à l'article L. 130-1 du code de la sécurité sociale.»

Art. L. 3121-39. À défaut d'accord, un décret détermine le contingent annuel défini à l'article L. 3121-30 ainsi que les caractéristiques et les conditions de prise de la contrepartie obligatoire sous forme de repos pour toute heure supplémentaire effectuée au-delà de ce contingent.

Art. L. 3121-40. À défaut d'accord, les modalités d'utilisation du contingent annuel d'heures supplémentaires et de son éventuel dépassement donnent lieu au moins une fois par an à la consultation du (Ord. 2017-1386 du 22 sept. 2017, art. 4, 26°, JO 23, entrée en vigueur au plus tard le 01.01.2018) «comité social et économique».

SOUS-SECTION 1 (RÉGLEMENTAIRE). Contrepartie obligatoire en repos

§ 1. Ordre public

Art. D. 3121-17. L'absence de demande de prise de la contrepartie obligatoire en repos par le salarié ne peut entraîner la perte de son droit au repos. Dans ce cas, l'employeur lui demande de prendre effectivement ses repos dans un délai maximum d'un an.

§ 2. Dispositions supplétives

Art. D. 3121-18. Le droit à contrepartie obligatoire en repos est réputé ouvert dès que la durée de ce repos, calculée selon les modalités prévues (D. 2016-1553 du 18 nov. 2016, art. 1er, A, 2°, JO 19, entrée en vigueur le 01.01.2017) «à l'article L. 3121-38», atteint sept heures. La journée ou demi-journée au cours de laquelle le repos est pris est déduite du droit à repos à raison du nombre d'heures de travail que le salarié aurait accompli pendant cette journée ou cette demi-journée.

La contrepartie obligatoire en repos est prise dans un délai maximum de deux mois suivant l'ouverture du droit sous réserve des dispositions des articles (D. 2016-1553 du 18 nov. 2016, art. 1er, A, 2°, JO 19, entrée en vigueur le 01.01.2017) «D. 3121-21 et D. 3121-22».

Art. D. 3121-19. La contrepartie obligatoire en repos peut être prise par journée entière ou par demi-journée à la convenance du salarié.

Elle est assimilée à une période de travail effectif pour le calcul des droits du salarié. Elle donne lieu à une indemnisation qui n'entraîne aucune diminution de rémunération par rapport à celle que le salarié aurait perçue s'il avait accompli son travail.

Art. D. 3121-20. Le salarié adresse sa demande de contrepartie obligatoire en repos à l'employeur au moins une semaine à l'avance.

La demande précise la date et la durée du repos.

Dans les sept jours suivant la réception de la demande, l'employeur informe l'intéressé soit de son accord, soit, après consultation (D. 2017-1819 du 29 déc. 2017, art. 3, 41°, JO 30, entrée en vigueur le 01.01.2018) «du comité social et économique», des raisons relevant d'impératifs liés au fonctionnement de l'entreprise qui motivent le report de la demande.

En cas de report, l'employeur propose au salarié une autre date à l'intérieur du délai de deux mois prévu à l'article (D. 2016-1553 du 18 nov. 2016, art. 1er, A, 2°, JO 19, entrée en vigueur le 01.01.2017) «D. 3121-22».

Art. D. 3121-21. Lorsque des impératifs liés au fonctionnement de l'entreprise font obstacle à ce que plusieurs demandes de contrepartie obligatoire en repos soient simultanément satisfaites, les demandeurs sont départagés, selon l'ordre de priorité suivant :

1° Les demandes déjà différées ;
2° La situation de famille ;
3° L'ancienneté dans l'entreprise.

Art. D. 3121-22. La durée pendant laquelle la contrepartie obligatoire en repos peut être différée par l'employeur ne peut excéder deux mois.

Art. D. 3121-23. Le salarié dont le contrat de travail prend fin avant qu'il ait pu bénéficier de la contrepartie obligatoire en repos à laquelle il a droit ou avant qu'il ait acquis des droits suffisants pour pouvoir prendre ce repos reçoit une indemnité en espèces dont le montant correspond à ses droits acquis.

Cette indemnité est également due aux ayants droit du salarié dont le décès survient avant qu'il ait pu bénéficier de la contrepartie obligatoire en repos à laquelle il avait droit ou avant qu'il ait acquis des droits suffisants pour pouvoir prendre ce repos. Elle est alors versée à ceux des ayants droit qui auraient qualité pour obtenir le paiement des salaires arriérés.

Cette indemnité a le caractère de salaire.

Sous-section 2 (réglementaire). **Contingent d'heures supplémentaires**

§ 1. Dispositions supplétives

Art. D. 3121-24. (D. 2016-1553 du 18 nov. 2016, art. 1er, A, 3°, JO 19, entrée en vigueur le 01.01.2017) « À défaut d'accord prévu au I de l'article L. 3121-33, le » contingent annuel d'heures supplémentaires est fixé à deux cent vingt heures par salarié.

Le premier alinéa ne s'applique pas aux salariés mentionnés à l'article (D. 2016-1553 du 18 nov. 2016, art. 1er, A, 3°, JO 19, entrée en vigueur le 01.01.2017) « L. 3121-56 » qui ont conclu une convention de forfait en heures sur l'année.

SECTION 4. Aménagement du temps de travail sur une période supérieure à la semaine, horaires individualisés et récupération des heures perdues

Sous-section 1. **Aménagement du temps de travail sur une période supérieure à la semaine**

§ 1. Ordre public

Art. L. 3121-41. Lorsqu'est mis en place un dispositif d'aménagement du temps de travail sur une période de référence supérieure à la semaine, les heures supplémentaires sont décomptées à l'issue de cette période de référence.

Cette période de référence ne peut dépasser trois ans en cas d'accord collectif et neuf semaines en cas de décision unilatérale de l'employeur.

Si la période de référence est annuelle, constituent des heures supplémentaires les heures effectuées au delà de 1 607 heures.

Si la période de référence est inférieure ou supérieure à un an, constituent des heures supplémentaires les heures effectuées au delà d'une durée hebdomadaire moyenne de trente-cinq heures calculée sur la période de référence.

Art. L. 3121-42. Dans les entreprises ayant mis en place un dispositif d'aménagement du temps de travail sur une période de référence supérieure à la semaine, les salariés sont informés dans un délai raisonnable de tout changement dans la répartition de leur durée de travail.

Art. L. 3121-43. La mise en place d'un dispositif d'aménagement du temps de travail sur une période supérieure à la semaine par accord collectif ne constitue pas une modification du contrat de travail pour les salariés à temps complet.

Art. D. 3121-25. En application du (D. 2016-1553 du 18 nov. 2016, art. 1er, C, 1°, JO 19, entrée en vigueur le 01.01.2017) « quatrième alinéa de l'article L. 3121-41 et du septième alinéa de l'article L. 3121-44 », sont des heures supplémentaires les heures effectuées :

1° Au-delà de trente-neuf heures par semaine.

2° Au-delà de la durée moyenne de trente-cinq heures hebdomadaires calculée sur la période de référence (D. 2016-1553 du 18 nov. 2016, art. 1er, C, 1°, JO 19, entrée en vigueur le 01.01.2017) « fixée en application de l'article L. 3121-45 », déduction faite, le cas échéant, des heures supplémentaires comptabilisées au titre du dépassement de la durée hebdomadaire.

En cas d'arrivée ou départ en cours de période de (D. 2016-1553 du 18 nov. 2016, art. 1er, C, 1°, JO 19, entrée en vigueur le 01.01.2017) « référence », les heures accomplies au-delà de trente-cinq heures hebdomadaires sont des heures supplémentaires. Les semaines où la durée de travail est inférieure à trente-cinq heures, le salaire est maintenu sur la base de trente-cinq heures hebdomadaires.

En cas d'absence rémunérée, le temps non travaillé n'est pas récupérable et est valorisé sur la base du temps qui aurait été travaillé si le salarié avait été présent, heures supplémentaires comprises.

Art. R. 3121-26. Dans les établissements ou parties d'établissements industriels pratiquant le mode de travail par équipes successives selon un cycle continu, l'affectation d'un salarié à deux équipes successives est interdite, sauf à titre exceptionnel et pour des raisons impérieuses de fonctionnement.

Lorsque l'affectation à une deuxième équipe a prolongé la durée du travail de plus de deux heures, les motifs en sont communiqués dans les quarante-huit heures par l'employeur à l'inspecteur du travail.

§ 2. Champ de la négociation collective

Art. L. 3121-44. En application de l'article L. 3121-41, un accord d'entreprise ou d'établissement ou, à défaut, une convention ou un accord de branche peut définir les modalités d'aménagement du temps de travail et organiser la répartition de la durée du travail sur une période supérieure à la semaine. Il prévoit :

1° La période de référence, qui ne peut excéder un an ou, si un accord de branche l'autorise, trois ans ;

2° Les conditions et délais de prévenance des changements de durée ou d'horaires de travail ;

3° Les conditions de prise en compte, pour la rémunération des salariés, des absences ainsi que des arrivées et des départs en cours de période de référence.

Lorsque l'accord s'applique aux salariés à temps partiel, il prévoit les modalités de communication et de modification de la répartition de la durée et des horaires de travail.

L'accord peut prévoir une limite annuelle inférieure à 1 607 heures pour le décompte des heures supplémentaires.

Si la période de référence est supérieure à un an, l'accord prévoit une limite hebdomadaire, supérieure à trente-cinq heures, au delà de laquelle les heures de travail effectuées au cours d'une même semaine constituent en tout état de cause des heures supplémentaires dont la rémunération est payée avec le salaire du mois considéré. Si la période de référence est inférieure ou égale à un an, l'accord peut prévoir cette même limite hebdomadaire. Les heures supplémentaires résultant de l'application du présent alinéa n'entrent pas dans le décompte des heures travaillées opéré à l'issue de la période de référence mentionnée au 1°.

L'accord peut prévoir que la rémunération mensuelle des salariés est indépendante de l'horaire réel et détermine alors les conditions dans lesquelles cette rémunération est calculée, dans le respect de l'avant-dernier alinéa.

§ 3. Dispositions supplétives

Art. L. 3121-45. À défaut d'accord mentionné à l'article L. 3121-44, l'employeur peut, dans des conditions fixées par décret, mettre en place une répartition sur plusieurs semaines de la durée du travail, dans la limite de neuf semaines pour les entreprises employant moins de cinquante salariés et dans la limite de quatre semaines pour les entreprises de cinquante salariés et plus.

Art. L. 3121-46. Par dérogation à l'article L. 3121-45, dans les entreprises qui fonctionnent en continu, l'employeur peut mettre en place une répartition de la durée du travail sur plusieurs semaines.

Art. L. 3121-47. À défaut de stipulations dans l'accord mentionné à l'article L. 3121-44, le délai de prévenance des salariés en cas de changement de durée ou d'horaires de travail est fixé à sept jours.

Art. D. 3121-27. (D. 2016-1553 du 18 nov. 2016, art. 1er, C, 2°, JO 19, entrée en vigueur le 01.01.2017) « À défaut d'accord prévu à l'article L. 3121-44 », la durée du travail de l'entreprise ou de l'établissement peut être organisée sous forme de périodes de travail, chacune d'une durée (D. 2016-1553 du 18 nov. 2016, art. 1er, C, 2°, JO 19, entrée en vigueur le 01.01.2017) « au plus égale aux durées fixées à l'article L. 3121-45 ».

L'employeur établit le programme indicatif de la variation de la durée du travail. Ce programme est soumis pour avis, avant sa première mise en œuvre, au (D. 2017-1819 du 29 déc. 2017, art. 3, 19°, JO 30, entrée en vigueur le 01.01.2018) « comité social et économique, s'il existe ».

Les modifications du programme de la variation font également l'objet d'une consultation du (D. 2017-1819 du 29 déc. 2017, art. 3, 20°, JO 30, entrée en vigueur le 01.01.2018) « comité social et économique, s'il existe ».

L'employeur communique au moins une fois par an au (D. 2017-1819 du 29 déc. 2017, art. 3, 9°, JO 30, entrée en vigueur le 01.01.2018) « comité social et économique » un bilan de la mise en œuvre du programme indicatif de la variation de la durée du travail.

Les salariés sont prévenus des changements de leurs horaires de travail dans un délai de sept jours ouvrés au moins avant la date à laquelle ce changement intervient.

Art. D. 3121-28. Lorsqu'il est fait application des dispositions de l'article (D. 2016-1553 du 18 nov. 2016, art. 1er, C, 2°, JO 19, entrée en vigueur le 01.01.2017) « D. 3121-27 », la rémunération mensuelle des salariés des entreprises organisant des périodes de travail sur (D. 2016-1553 du 18 nov. 2016, art. 1er, C, 2°, JO 19, entrée en vigueur le 01.01.2017) « une durée fixée en application de l'article L. 3121-45 » est indépendante de l'horaire réel. Elle est calculée sur la base de trente-cinq heures hebdomadaires.

Sous-section 2. **Horaires individualisés et récupération des heures perdues**

§ 1. Ordre public

Art. L. 3121-48. L'employeur peut, à la demande de certains salariés, mettre en place un dispositif d'horaires individualisés permettant un report d'heures d'une semaine à une autre, dans les limites et selon les modalités définies aux articles L. 3121-51 et L. 3121-52, après avis conforme du (Ord. 2017-1386 du 22 sept. 2017, art. 4, 26°, JO 23, entrée en vigueur au plus tard le 01.01.2018) « comité social et économique ». Dans ce cadre, et par dérogation à l'article L. 3121-29, les heures de travail effectuées au cours d'une même semaine au delà de la durée hebdomadaire légale ou conventionnelle ne sont pas considérées comme des heures supplémentaires, pourvu qu'elles résultent d'un libre choix du salarié.

Dans les entreprises qui ne disposent pas de représentant du personnel, l'inspecteur du travail autorise la mise en place d'horaires individualisés.

Art. L. 3121-49. Les salariés mentionnés aux 1° à 4° et 9° à 11° de l'article L. 5212-13 bénéficient à leur demande, au titre des mesures appropriées prévues à l'article L. 5213-6, d'un aménagement d'horaires individualisés propre à faciliter leur accès à l'emploi, leur exercice professionnel ou le maintien dans leur emploi.

Les aidants familiaux et les proches d'une personne handicapée bénéficient, dans les mêmes conditions, d'un aménagement d'horaires individualisés propre à faciliter l'accompagnement de cette personne.

Art. L. 3121-50. Seules peuvent être récupérées les heures perdues par suite d'une interruption collective du travail résultant :

1° De causes accidentelles, d'intempéries ou en cas de force majeure ;

2° D'inventaire ;

3° Du chômage d'un jour ou de deux jours ouvrables compris entre un jour férié et un jour de repos hebdomadaire ou d'un jour précédant les congés annuels.

§ 2. Champ de la négociation collective

Art. L. 3121-51. Un accord collectif d'entreprise ou d'établissement ou, à défaut, une convention ou un accord de branche peut :

1° Prévoir les limites et modalités du report d'heures d'une semaine à une autre lorsqu'est mis en place un dispositif d'horaires individualisés en application de l'article L. 3121-48 ;

2° Fixer les modalités de récupération des heures perdues dans les cas prévus à l'article L. 3121-50.

§ 3. Dispositions supplétives

Art. L. 3121-52. À défaut d'accord collectif mentionné à l'article L. 3121-51, les limites et modalités du report d'heures en cas de mise en place d'un dispositif d'horaires individualisés et de récupération des heures perdues sont déterminées par décret en Conseil d'État.

Sous-section 2 (réglementaire). **Horaires individualisés**

§ 1. Ordre public

Art. R. 3121-29. La décision d'autoriser le recours aux horaires individualisés, prise par l'inspecteur du travail en application de l'article (D. 2016-1551 du 18 nov. 2016, art. 2, V, 3°, JO 19, entrée en vigueur le 01.01.2017) « L. 3121-48 », est notifiée dans les deux mois suivant le dépôt de la demande par l'employeur.

§ 2. Dispositions supplétives

Art. R. 3121-30. En cas d'horaires individualisés, (D. 2016-1551 du 18 nov. 2016, art. 2, V, 3°, JO 19, entrée en vigueur le 01.01.2017) « à défaut d'accord prévu au 1° de l'article L. 3121-51 », le report d'heures d'une semaine à une autre ne peut excéder trois heures et le cumul des reports ne peut avoir pour effet de porter le total des heures reportées à plus de dix.

Sous-section 3 (réglementaire). **Récupération des heures perdues**

§ 1. Ordre public

Art. R. 3121-31. L'employeur ne peut licencier pour insuffisance d'activité, dans le délai d'un mois succédant à une période de récupération, les salariés habituellement employés dans l'établissement ou partie d'établissement où ont été accomplies des heures de récupération ou des heures supplémentaires.

Cette disposition ne s'applique pas aux salariés embauchés temporairement pour faire face à un surcroît extraordinaire de travail.

Art. R. 3121-32. La faculté de récupération est, en cas de chômage extraordinaire et prolongé survenant dans une profession, suspendue pour cette profession :

1° Par arrêté du ministre chargé du travail soit pour l'ensemble du territoire, soit pour une ou plusieurs régions ;

2° Par décision du directeur régional des entreprises, de la concurrence, de la consommation, du travail et de l'emploi pour des établissements spécialement déterminés.

Art. R. 3121-33. (D. 2016-1551 du 18 nov. 2016, art. 2, V, 4°, JO 19, entrée en vigueur le 01.01.2017) L'inspecteur du travail est préalablement informé par l'employeur des interruptions collectives de travail et des modalités de la récupération. Si le travail est interrompu par un évènement imprévu, l'information est donnée immédiatement.

§ 2. Dispositions supplétives

Art. R. 3121-34. (D. 2016-1551 du 18 nov. 2016, art. 2, V, 4°, JO 19, entrée en vigueur le 01.01.2017) « À défaut d'accord prévu au 2° de l'article L. 3121-51, les » heures perdues dans les cas prévus à l'article (D. 2016-1551 du 18 nov. 2016, art. 2, V, 4°, JO 19, entrée en vigueur le 01.01.2017) « L. 3121-50 » ne sont récupérables que dans les douze mois précédant ou suivant leur perte.

Art. R. 3121-35. (D. 2016-1551 du 18 nov. 2016, art. 2, V, 4°, JO 19, entrée en vigueur le 01.01.2017) « À défaut d'accord mentionné au 2° de l'article L. 3121-51, les » heures de récupération ne peuvent être réparties uniformément sur toute l'année.

Elles ne peuvent augmenter la durée du travail de l'établissement ou de la partie d'établissement de plus d'une heure par jour, ni de plus de huit heures par semaine.

SECTION 5. Conventions de forfait

Sous-section 1. Ordre public

§ 1. Dispositions communes

Art. L. 3121-53. La durée du travail peut être forfaitisée en heures ou en jours dans les conditions prévues aux sous-sections 2 et 3 de la présente section.

Art. L. 3121-54. Le forfait en heures est hebdomadaire, mensuel ou annuel. Le forfait en jours est annuel.

Art. L. 3121-55. La forfaitisation de la durée du travail doit faire l'objet de l'accord du salarié et d'une convention individuelle de forfait établie par écrit.

§ 2. Forfaits en heures

Art. L. 3121-56. Tout salarié peut conclure une convention individuelle de forfait en heures sur la semaine ou sur le mois.

Peuvent conclure une convention individuelle de forfait en heures sur l'année, dans la limite du nombre d'heures fixé en application du 3° du I de l'article L. 3121-64 :

1° Les cadres dont la nature des fonctions ne les conduit pas à suivre l'horaire collectif applicable au sein de l'atelier, du service ou de l'équipe auquel ils sont intégrés ;

2° Les salariés qui disposent d'une réelle autonomie dans l'organisation de leur emploi du temps.

Art. L. 3121-57. La rémunération du salarié ayant conclu une convention individuelle de forfait en heures est au moins égale à la rémunération minimale applicable dans l'entreprise pour le nombre d'heures correspondant à son forfait, augmentée, le cas échéant, si le forfait inclut des heures supplémentaires, des majorations prévues aux articles L. 3121-28, L. 3121-33 et L. 3121-36.

§ 3. Forfaits en jours

Art. L. 3121-58. Peuvent conclure une convention individuelle de forfait en jours sur l'année, dans la limite du nombre de jours fixé en application du 3° du I de l'article L. 3121-64 :

1° Les cadres qui disposent d'une autonomie dans l'organisation de leur emploi du temps et dont la nature des fonctions ne les conduit pas à suivre l'horaire collectif applicable au sein de l'atelier, du service ou de l'équipe auquel ils sont intégrés ;

2° Les salariés dont la durée du temps de travail ne peut être prédéterminée et qui disposent d'une réelle autonomie dans l'organisation de leur emploi du temps pour l'exercice des responsabilités qui leur sont confiées.

Art. L. 3121-59. Le salarié qui le souhaite peut, en accord avec son employeur, renoncer à une partie de ses jours de repos en contrepartie d'une majoration de son salaire. L'accord entre le salarié et l'employeur est établi par écrit.

Un avenant à la convention de forfait conclue entre le salarié et l'employeur détermine le taux de la majoration applicable à la rémunération de ce temps de travail supplémentaire, sans qu'il puisse être inférieur à 10 %. Cet avenant est valable pour l'année en cours. Il ne peut être reconduit de manière tacite.

Art. L. 3121-60. L'employeur s'assure régulièrement que la charge de travail du salarié est raisonnable et permet une bonne répartition dans le temps de son travail.

Art. L. 3121-61. Lorsqu'un salarié ayant conclu une convention de forfait en jours perçoit une rémunération manifestement sans rapport avec les sujétions qui lui sont imposées, il peut, nonobstant toute clause conventionnelle ou contractuelle contraire, saisir le juge judiciaire afin que lui soit allouée une indemnité calculée en fonction du préjudice subi, eu égard notamment au niveau du salaire pratiqué dans l'entreprise, et correspondant à sa qualification.

Art. L. 3121-62. Les salariés ayant conclu une convention de forfait en jours ne sont pas soumis aux dispositions relatives :

1° À la durée quotidienne maximale de travail effectif prévue à l'article L. 3121-18 ;

2° Aux durées hebdomadaires maximales de travail prévues aux articles L. 3121-20 et L. 3121-22 ;

3° À la durée légale hebdomadaire prévue à l'article L. 3121-27.

Sous-section 2. **Champ de la négociation collective**

Art. L. 3121-63. Les forfaits annuels en heures ou en jours sur l'année sont mis en place par un accord collectif d'entreprise ou d'établissement ou, à défaut, par une convention ou un accord de branche.

Art. L. 3121-64. I. – L'accord prévoyant la conclusion de conventions individuelles de forfait en heures ou en jours sur l'année détermine :

1° Les catégories de salariés susceptibles de conclure une convention individuelle de forfait, dans le respect des articles L. 3121-56 et L. 3121-58 ;

2° La période de référence du forfait, qui peut être l'année civile ou toute autre période de douze mois consécutifs ;

3° Le nombre d'heures ou de jours compris dans le forfait, dans la limite de deux cent dix-huit jours s'agissant du forfait en jours ;

4° Les conditions de prise en compte, pour la rémunération des salariés, des absences ainsi que des arrivées et départs en cours de période ;

5° Les caractéristiques principales des conventions individuelles, qui doivent notamment fixer le nombre d'heures ou de jours compris dans le forfait.

II. – L'accord autorisant la conclusion de conventions individuelles de forfait en jours détermine :

1° Les modalités selon lesquelles l'employeur assure l'évaluation et le suivi régulier de la charge de travail du salarié ;

2° Les modalités selon lesquelles l'employeur et le salarié communiquent périodiquement sur la charge de travail du salarié, sur l'articulation entre son activité professionnelle et sa vie personnelle, sur sa rémunération ainsi que sur l'organisation du travail dans l'entreprise ;

3° Les modalités selon lesquelles le salarié peut exercer son droit à la déconnexion prévu au 7° de l'article (Ord. 2017-1718 du 20 déc. 2017, art. 1er, I, 123°, JO 21) « L. 2242-17 ».

L'accord peut fixer le nombre maximal de jours travaillés dans l'année lorsque le salarié renonce à une partie de ses jours de repos en application de l'article L. 3121-59. Ce nombre de jours doit être compatible avec les dispositions du titre III du présent livre relatives au repos quotidien, au repos hebdomadaire et aux jours fériés chômés dans l'entreprise et avec celles du titre IV relatives aux congés payés.

Sous-section 3. **Dispositions supplétives**

Art. L. 3121-65. I. – À défaut de stipulations conventionnelles prévues aux 1° et 2° du II de l'article L. 3121-64, une convention individuelle de forfait en jours peut être valablement conclue sous réserve du respect des dispositions suivantes :

1° L'employeur établit un document de contrôle faisant apparaître le nombre et la date des journées ou demi-journées travaillées. Sous la responsabilité de l'employeur, ce document peut être renseigné par le salarié ;

2° L'employeur s'assure que la charge de travail du salarié est compatible avec le respect des temps de repos quotidiens et hebdomadaires ;

3° L'employeur organise une fois par an un entretien avec le salarié pour évoquer sa charge de travail, qui doit être raisonnable, l'organisation de son travail, l'articulation entre son activité professionnelle et sa vie personnelle ainsi que sa rémunération.

II. – À défaut de stipulations conventionnelles prévues au 3° du II de l'article L. 3121-64, les modalités d'exercice par le salarié de son droit à la déconnexion sont définies par l'employeur et communiquées par tout moyen aux salariés concernés. Dans les entreprises d'au moins cinquante salariés, ces modalités sont conformes à la charte mentionnée au 7° de l'article (Ord. 2017-1718 du 20 déc. 2017, art. 1er, I, 123°, JO 21) « L. 2242-17 ».

Art. L. 3121-66. En cas de renonciation, par le salarié, à des jours de repos en application de l'article L. 3121-59 et à défaut de précision dans l'accord collectif mentionné à l'article L. 3121-64, le nombre maximal de jours travaillés dans l'année est de deux cent trente-cinq.

SECTION 6. Dispositions d'application

Art. L. 3121-67. Des décrets en Conseil d'État déterminent les modalités d'application du présent chapitre pour l'ensemble des branches d'activité ou des professions ou pour une branche ou une profession particulière. Ces décrets fixent notamment :

1° La répartition et l'aménagement des horaires de travail ;

2° Les conditions de recours aux astreintes ;

3° Les dérogations permanentes ou temporaires applicables dans certains cas et pour certains emplois ;

4° Les périodes de repos ;

5° Les modalités de récupération des heures de travail perdues ;

6° Les mesures de contrôle de ces diverses dispositions.

Ces décrets sont pris et révisés après consultation des organisations d'employeurs et de salariés intéressées et au vu, le cas échéant, des résultats des négociations intervenues entre ces organisations.

Art. L. 3121-68. Il peut être dérogé par convention ou accord collectif étendu ou par convention ou accord d'entreprise ou d'établissement à celles des dispositions des décrets prévus à l'article L. 3121-67 qui sont relatives à l'aménagement et à la répartition des horaires de travail à l'intérieur de la semaine, aux périodes de repos, aux conditions de recours aux astreintes, ainsi qu'aux modalités de récupération des heures de travail perdues lorsque la loi permet cette récupération.

En cas de dénonciation ou de non-renouvellement de ces conventions ou accords collectifs, les dispositions de ces décrets auxquelles il avait été dérogé redeviennent applicables.

Art. L. 3121-69. Un décret en Conseil d'État détermine les mesures d'application des articles L. 3121-24 à L. 3121-26.

Chapitre II

Travail de nuit

SECTION 1. Ordre public

Art. L. 3122-1. Le recours au travail de nuit est exceptionnel. Il prend en compte les impératifs de protection de la santé et de la sécurité des travailleurs et est justifié par la nécessité d'assurer la continuité de l'activité économique ou des services d'utilité sociale.

Art. L. 3122-2. Tout travail effectué au cours d'une période d'au moins neuf heures consécutives comprenant l'intervalle entre minuit et 5 heures est considéré comme du travail de nuit.

La période de travail de nuit commence au plus tôt à 21 heures et s'achève au plus tard à 7 heures.

Art. L. 3122-3. Par dérogation à l'article L. 3122-2, pour les activités de production rédactionnelle et industrielle de presse, de radio, de télévision, de production et d'exploitation cinématographiques, de spectacles vivants et de discothèque, la période de travail de nuit est d'au moins sept heures consécutives comprenant l'intervalle entre minuit et 5 heures.

Art. L. 3122-4. Par dérogation à l'article L. 3122-2, pour les établissements de vente au détail qui mettent à disposition des biens et des services et qui sont situés dans les zones mentionnées à l'article L. 3132-24, la période de travail de nuit, si elle débute après 22 heures, est d'au moins sept heures consécutives comprenant l'intervalle entre minuit et 7 heures.

Dans les établissements mentionnés au premier alinéa du présent article, seuls les salariés volontaires ayant donné leur accord par écrit à leur employeur peuvent travailler entre 21 heures et minuit. Une entreprise ne peut prendre en considération le refus d'une personne de travailler entre 21 heures et le début de la période de travail de nuit pour refuser de l'embaucher. Le salarié qui refuse de travailler entre 21 heures et le début de la période de travail de nuit ne peut faire l'objet d'une mesure discriminatoire dans le cadre de l'exécution de son contrat de travail. Le refus de travailler entre 21 heures et le début de la période de travail de nuit pour un salarié ne constitue pas une faute ou un motif de licenciement.

Chacune des heures de travail effectuée durant la période fixée entre 21 heures et le début de la période de travail de nuit est rémunérée au moins le double de la rémunération normalement due et donne lieu à un repos compensateur équivalent en temps.

Les articles L. 3122-10 à L. 3122-14 sont applicables aux salariés qui travaillent entre 21 heures et minuit, dès lors qu'ils accomplissent durant cette période le nombre minimal d'heures de travail prévu à l'article L. 3122-5.

Lorsque, au cours d'une même période de référence mentionnée au 2° de l'article L. 3122-5, le salarié a accompli des heures de travail entre 21 heures et le début de la période de nuit en application des deux premiers alinéas du présent article et des heures de travail de nuit en application du même article L. 3122-5, les heures sont cumulées pour l'application de l'avant-dernier alinéa du présent article et dudit article L. 3122-5.

Art. L. 3122-5. Le salarié est considéré comme travailleur de nuit dès lors que:

1° Soit il accomplit, au moins deux fois par semaine, selon son horaire de travail habituel, au moins trois heures de travail de nuit quotidiennes;

2° Soit il accomplit, au cours d'une période de référence, un nombre minimal d'heures de travail de nuit au sens de l'article L. 3122-2, dans les conditions prévues aux articles L. 3122-16 et L. 3122-23.

Art. L. 3122-6. La durée quotidienne de travail accomplie par un travailleur de nuit ne peut excéder huit heures, sauf dans les cas prévus à l'article L. 3122-17 ou lorsqu'il est fait application des articles L. 3132-16 à L. 3132-19.

En outre, en cas de circonstances exceptionnelles, l'inspecteur du travail peut autoriser le dépassement de la durée quotidienne de travail mentionnée au premier alinéa du présent article après consultation des délégués syndicaux et après avis du (Ord. 2017-1386 du 22 sept. 2017, art. 4, 26°, JO 23, entrée en vigueur au plus tard le 01.01.2018) «comité social et économique», selon des modalités déterminées par décret en Conseil d'État.

Art. L. 3122-7. La durée hebdomadaire de travail du travailleur de nuit, calculée sur une période de douze semaines consécutives, ne peut dépasser quarante heures, sauf dans les cas prévus à l'article L. 3122-18.

Art. L. 3122-8. Le travailleur de nuit bénéficie de contreparties au titre des périodes de travail de nuit pendant lesquelles il est employé, sous forme de repos compensateur et, le cas échéant, sous forme de compensation salariale.

Art. L. 3122-9. Pour les activités mentionnées à l'article L. 3122-3, lorsque la durée effective du travail de nuit est inférieure à la durée légale fixée en application de l'article L. 3121-27, les contreparties mentionnées à l'article L. 3122-8 ne sont pas obligatoirement données sous forme de repos compensateur.

Art. L. 3122-10. Le médecin du travail est consulté, selon des modalités précisées par décret en Conseil d'État, avant toute décision importante relative à la mise en place ou à la modification de l'organisation du travail de nuit.

Art. L. 3122-11. Tout travailleur de nuit bénéficie d'un suivi individuel régulier de son état de santé dans les conditions fixées à l'article L. 4624-1.

Art. L. 3122-12. Lorsque le travail de nuit est incompatible avec des obligations familiales impérieuses, notamment avec la garde d'un enfant ou la prise en charge d'une personne dépendante, le refus du travail de nuit ne constitue pas une faute ou un motif de licenciement et le travailleur de nuit peut demander son affectation sur un poste de jour.

Art. L. 3122-13. Le travailleur de nuit qui souhaite occuper ou reprendre un poste de jour et le salarié occupant un poste de jour qui souhaite occuper ou reprendre un poste de nuit dans le même établissement ou, à défaut, dans la même entreprise ont priorité pour l'attribution d'un emploi ressortissant à leur catégorie professionnelle ou d'un emploi équivalent.

L'employeur porte à la connaissance de ces salariés la liste des emplois disponibles correspondants.

Art. L. 3122-14. Le travailleur de nuit, lorsque son état de santé, constaté par le médecin du travail, l'exige, est transféré à titre définitif ou temporaire sur un poste de jour correspondant à sa qualification et aussi comparable que possible à l'emploi précédemment occupé.

L'employeur ne peut prononcer la rupture du contrat de travail du travailleur de nuit du fait de son inaptitude au poste comportant le travail de nuit, au sens des articles L. 3122-1 à L. 3122-5, à moins qu'il ne justifie par écrit soit de l'impossibilité dans laquelle il se trouve de proposer un poste dans les conditions fixées au premier alinéa du présent article, soit du refus du salarié d'accepter le poste proposé dans ces mêmes conditions.

Le présent article s'applique sans préjudice des articles L. 1226-2 à L. 1226-4-3 et L. 1226-10 à L. 1226-12 applicables aux salariés déclarés inaptes à leur emploi ainsi que des articles L. 4624-3 et L. 4624-4.

SECTION 2. Champ de la négociation collective

Art. L. 3122-15. Un accord d'entreprise ou d'établissement ou, à défaut, une convention ou un accord collectif de branche peut mettre en place, dans une entreprise ou un établissement, le travail de nuit, au sens de l'article L. 3122-5, ou l'étendre à de nouvelles catégories de salariés.

Cette convention ou cet accord collectif prévoit:

1° Les justifications du recours au travail de nuit mentionnées à l'article L. 3122-1;

2° La définition de la période de travail de nuit, dans les limites mentionnées aux articles L. 3122-2 et L. 3122-3;

3° Une contrepartie sous forme de repos compensateur et, le cas échéant, sous forme de compensation salariale;

4° Des mesures destinées à améliorer les conditions de travail des salariés;

5° Des mesures destinées à faciliter, pour ces mêmes salariés, l'articulation de leur activité professionnelle nocturne avec leur vie personnelle et avec l'exercice de responsabilités familiales et sociales, concernant notamment les moyens de transport;

6° Des mesures destinées à assurer l'égalité professionnelle entre les femmes et les hommes, notamment par l'accès à la formation;

7° L'organisation des temps de pause.

(Ord. 2017-1387 du 22 sept. 2017, art. 32, JO 23) «Cette convention ou cet accord collectif est présumé négocié et conclu conformément aux dispositions de l'article L. 3122-1.»

Art. L. 3122-16. En application de l'article L. 3122-5, une convention ou un accord collectif de travail étendu peut fixer le nombre minimal d'heures entraînant la qualification de travailleur de nuit sur une période de référence.

Art. L. 3122-17. Un accord d'entreprise ou d'établissement ou, à défaut, une convention ou un accord collectif de branche peut prévoir le dépassement de la durée maximale quotidienne de travail prévue à l'article L. 3122-6, dans des conditions déterminées par décret en Conseil d'État.

Art. L. 3122-18. Un accord d'entreprise ou d'établissement ou, à défaut, une convention ou un accord de branche peut, lorsque les caractéristiques propres à l'activité d'un secteur le justifient, prévoir le dépassement de la durée maximale hebdomadaire de travail prévue à l'article L. 3122-7, à condition que ce dépassement n'ait pas pour effet de porter cette durée à plus de quarante-quatre heures sur douze semaines consécutives.

Art. L. 3122-19. Dans les zones mentionnées à l'article L. 3132-24, (Ord. 2017-1718 du 20 déc. 2017, art. 1er, I, 124°, JO 21) «soit un accord collectif d'entreprise ou d'établissement ou, à défaut, un accord collectif de branche, soit un accord conclu à un niveau territorial» peut prévoir la faculté d'employer des salariés entre 21 heures et minuit.

Cet accord prévoit notamment, au bénéfice des salariés employés entre 21 heures et le début de la période de travail de nuit:

1° La mise à disposition d'un moyen de transport pris en charge par l'employeur qui permet au salarié de regagner son lieu de résidence;

2° Des mesures destinées à faciliter l'articulation entre la vie professionnelle et la vie personnelle des salariés, en particulier des mesures de compensation des charges liées à la garde d'enfants ou à la prise en charge d'une personne dépendante;

3° La fixation des conditions de prise en compte par l'employeur de l'évolution de la situation personnelle des salariés, en particulier de leur souhait de ne plus travailler après 21 heures. Pour les salariées mentionnées à l'article L. 1225-9, le choix de ne plus travailler entre 21 heures et le début de la période de nuit est d'effet immédiat.

SECTION 3. Dispositions supplétives

Art. L. 3122-20. À défaut de convention ou d'accord collectif, tout travail accompli entre 21 heures et 6 heures est considéré comme du travail de nuit et, pour les activités mentionnées à l'article L. 3122-3, tout travail accompli entre minuit et 7 heures est considéré comme du travail de nuit.

Art. L. 3122-21. À défaut de convention ou d'accord collectif et à condition que l'employeur ait engagé sérieusement et loyalement des négociations en vue de la conclusion d'un tel accord, les travailleurs peuvent être affectés à des postes de nuit sur autorisation de l'inspecteur du travail accordée notamment après vérification des contreparties qui leur sont accordées au titre de l'obligation définie à l'article L. 3122-8 et de l'existence de temps de pause, selon des modalités fixées par décret en Conseil d'État.

L'engagement de négociations loyales et sérieuses implique pour l'employeur d'avoir:

1° Convoqué à la négociation les organisations syndicales représentatives dans l'entreprise et fixé le lieu et le calendrier des réunions;

2° Communiqué les informations nécessaires leur permettant de négocier en toute connaissance de cause;

3° Répondu aux éventuelles propositions des organisations syndicales.

Art. L. 3122-22. À défaut de stipulation conventionnelle définissant la période de travail de nuit, l'inspecteur du travail peut autoriser la définition d'une période différente de celle prévue à l'article L. 3122-20, dans le respect de l'article L. 3122-2, après consultation des délégués syndicaux et avis du (Ord. 2017-1386 du 22 sept. 2017, art. 4, 26°, JO 23, entrée en vigueur au plus tard le 01.01.2018) «comité social et économique», lorsque les caractéristiques particulières de l'activité de l'entreprise le justifient.

Art. L. 3122-23. À défaut de stipulation conventionnelle mentionnée à l'article L. 3122-16, le nombre minimal d'heures entraînant la qualification de travailleur de nuit est fixé à deux cent soixante-dix heures sur une période de référence de douze mois consécutifs.

Art. L. 3122-24. À défaut d'accord, un décret peut fixer la liste des secteurs pour lesquels la durée maximale hebdomadaire de travail est fixée entre quarante et quarante-quatre heures.

SECTION 1 (RÉGLEMENTAIRE). Dépassement de la durée de travail maximale quotidienne

Sous-section 1. Ordre public

Art. R. 3122-1. (D. 2016-1551 du 18 nov. 2016, art. 3, IV, 4°, JO 19, entrée en vigueur le 01.01.2017) «La durée maximale quotidienne de huit heures peut être dépassée» sur autorisation de l'inspecteur du travail, en cas:

1° De faits résultants des circonstances étrangères à l'employeur, anormales et imprévisibles;

2° D'évènements exceptionnels dont les conséquences n'auraient pu être évitées.

Art. R. 3122-2. La demande (D. 2016-1551 du 18 nov. 2016, art. 3, IV, 5°, JO 19, entrée en vigueur le 01.01.2017) «d'autorisation de dépassement» à la durée maximale quotidienne de travail, accompagnée des justifications utiles, de l'avis du (D. 2017-1819 du 29 déc. 2017, art. 3, 17°, JO 30, entrée en vigueur le 01.01.2018) «comité social et économique, s'il existe», et du procès-verbal de consultation des délégués syndicaux, s'il en existe, est adressée par l'employeur à l'inspecteur du travail.

En l'absence de délégué syndical (D. 2017-1819 du 29 déc. 2017, art. 3, 21°, JO 30, entrée en vigueur le 01.01.2018) «et de comité social et économique» la demande est accompagnée d'un document attestant une information préalable des salariés.

Art. R. 3122-3. (D. 2016-1551 du 18 nov. 2016, art. 3, IV, 6°, JO 19, entrée en vigueur le 01.01.2017) « Il peut être fait application des dépassements prévus à l'article L. 3122-6 à la condition que des périodes de repos d'une durée au moins équivalente au nombre d'heures accomplies au-delà de la durée maximale quotidienne sont attribuées aux salariés intéressés. » Ce repos est pris dans les plus brefs délais à l'issue de la période travaillée.

Art. R. 3122-4. Le recours hiérarchique formé contre la décision de l'inspecteur du travail est porté devant le directeur régional des entreprises, de la concurrence, de la consommation, du travail et de l'emploi dans le délai d'un mois suivant la date à laquelle les intéressés en ont reçu notification.

Art. R. 3122-5. L'employeur peut (D. 2016-1551 du 18 nov. 2016, art. 3, IV, 8°, JO 19, entrée en vigueur le 01.01.2017) « prendre la décision de dépasser, sous sa propre responsabilité, la durée maximale quotidienne de huit heures lorsque les circonstances mentionnées à l'article R. 3122-1 » impliquent :

1° L'exécution de travaux urgents en vue d'organiser des mesures de sauvetage ;

2° La prévention d'accidents imminents ;

3° La réparation d'accidents survenus au matériel, aux installations ou aux bâtiments.

S'il n'a pas encore adressé de demande de (D. 2016-1551 du 18 nov. 2016, art. 3, IV, 8°, JO 19, entrée en vigueur le 01.01.2017) « dépassement », l'employeur présente immédiatement à l'inspecteur du travail une demande de régularisation accompagnée des justifications, de l'avis du (D. 2017-1819 du 29 déc. 2017, art. 3, 22°, JO 30, entrée en vigueur le 01.01.2018) « comité social et économique, s'il existe », du procès-verbal de consultation des délégués syndicaux, s'il en existe, et de toutes explications nécessaires sur les causes ayant nécessité une prolongation de la durée quotidienne du travail sans autorisation préalable.

S'il se trouve dans l'attente d'une réponse à une demande de (D. 2016-1551 du 18 nov. 2016, art. 3, IV, 8°, JO 19, entrée en vigueur le 01.01.2017) « dépassement », il informe immédiatement l'inspecteur du travail de l'obligation où il s'est trouvé d'anticiper la décision attendue et en donne les raisons.

Art. R. 3122-6. L'inspecteur du travail saisit d'une demande de (D. 2016-1551 du 18 nov. 2016, art. 3, IV, 9°, JO 19, entrée en vigueur le 01.01.2017) « dépassement », en application du présent paragraphe, fait connaître sa décision, dans un délai de quinze jours à compter de la date de réception de la demande, à l'employeur et, s'il y a lieu, aux représentants du personnel.

Sous-section 2. **Champ de la négociation collective**

Art. R. 3122-7. (D. 2016-1551 du 18 nov. 2016, art. 3, IV, 11°, JO 19, entrée en vigueur le 01.01.2017) « Dans les conditions prévues à l'article L. 3122-17, le dépassement de la durée maximale quotidienne de huit heures fixée à l'article L. 3122-6 peut intervenir pour les salariés exerçant : »

1° Des activités caractérisées par l'éloignement entre le domicile et le lieu de travail du salarié ou par l'éloignement entre différents lieux de travail du salarié ;

2° Des activités de garde, de surveillance et de permanence caractérisées par la nécessité d'assurer la protection des biens et des personnes ;

3° Des activités caractérisées par la nécessité d'assurer la continuité du service ou de la production.

Art. R. 3122-8. (D. 2016-1551 du 18 nov. 2016, art. 3, IV, 12°, JO 19, entrée en vigueur le 01.01.2017) Lorsque, dans des cas exceptionnels, le bénéfice du repos prévu à l'article R. 3122-3 n'est pas possible pour des raisons objectives, une contrepartie équivalente permettant d'assurer une protection appropriée au salarié intéressé est prévue par accord collectif de travail.

SECTION 2 (RÉGLEMENTAIRE). Affectation à des postes de nuit en l'absence d'accord

Sous-section 1. **Dispositions supplétives**

Art. R. 3122-9. La demande d'autorisation d'affectation de travailleurs à des postes de nuit présentée à l'inspecteur du travail par l'employeur sur le fondement de l'article (D. 2016-1551 du 18 nov. 2016, art. 3, V, 3°, JO 19, entrée en vigueur le 01.01.2017) « L. 3122-21 » justifie, de façon circonstanciée :

1° Les contraintes propres à la nature de l'activité ou au fonctionnement de l'entreprise qui rendent nécessaire le travail de nuit eu égard aux exigences de continuité de l'activité économique ou des services d'utilité sociale ;

2° Le caractère loyal et sérieux de l'engagement préalable de négociations dans le délai maximum de douze mois précédant la demande ;

3° L'existence de contreparties et de temps de pause ;

4° La prise en compte des impératifs de protection de la santé et de la sécurité et des salariés.

L'avis des délégués syndicaux et du (D. 2017-1819 du 29 déc. 2017, art. 3, 11°, JO 30, entrée en vigueur le 01.01.2018) « comité social et économique » est joint à la demande. En l'absence de délégué syndical (D. 2017-1819 du 29 déc. 2017, art. 3, 23°, JO 30, entrée en vigueur le 01.01.2018) « et de comité social et économique » la demande est accompagnée d'un document attestant une information préalable des salariés.

L'inspecteur du travail fait connaître sa décision dans un délai de trente jours à compter de la date de réception de la demande à l'employeur et aux représentants du personnel.

Art. R. 3122-10. Le recours hiérarchique dirigé contre la décision de l'inspecteur du travail est porté devant le directeur régional des entreprises, de la concurrence, de la consommation, du travail et de l'emploi, et est formé dans un délai d'un mois suivant la date à laquelle les intéressés ont reçu notification de la décision contestée.

SECTION 3 (RÉGLEMENTAIRE). Suivi de l'état de santé des travailleurs de nuit

Sous-section 1. Ordre public

Art. R. 3122-11. (D. 2016-1908 du 27 déc. 2016, art. 5, 2°, JO 29, entrée en vigueur le 01.01.2017) « Le suivi de l'état de santé des travailleurs de nuit a notamment » pour objet de permettre au médecin du travail d'apprécier les conséquences éventuelles du travail de nuit pour leur santé et leur sécurité, notamment du fait des modifications des rythmes chronobiologiques, et d'en appréhender les répercussions potentielles sur leur vie sociale.

Art. R. 3122-12. (D. 2016-1908 du 27 déc. 2016, art. 5, 3°, JO 29, entrée en vigueur le 01.01.2017) Le médecin du travail est informé par l'employeur de toute absence, pour cause de maladie, des travailleurs de nuit.

Art. R. 3122-13. Le médecin du travail analyse les conséquences du travail nocturne, notamment de l'alternance des postes et de la périodicité de cette dernière, lorsque des équipes fonctionnant en alternance comportent un poste de nuit.

À cet effet, il procède, pendant les périodes au cours desquelles sont employés les travailleurs de nuit, à l'étude des conditions de travail et du poste de travail. Il analyse ensuite pour chaque travailleur le contenu du poste et ses contraintes.

À partir des éléments ainsi recueillis, il conseille l'employeur sur les meilleures modalités d'organisation du travail de nuit en fonction du type d'activité des travailleurs.

Art. R. 3122-14. Le médecin du travail informe les travailleurs de nuit, en particulier les femmes enceintes et les travailleurs vieillissants, des incidences potentielles du travail de nuit sur la santé. Cette information tient compte de la spécificité des horaires, fixes ou alternés. Il les conseille sur les précautions éventuelles à prendre.

Art. R. 3122-15. Pour les entreprises employant des travailleurs de nuit, le rapport annuel d'activité du médecin du travail, prévu à l'article D. 4624-42, traite du travail de nuit tel qu'il a été pratiqué dans l'entreprise au cours de l'année considérée.

Chapitre III
Travail à temps partiel et travail intermittent

SECTION 1. Travail à temps partiel

Sous-section 1. Ordre public

§ 1. Définition

Art. L. 3123-1. Est considéré comme salarié à temps partiel le salarié dont la durée du travail est inférieure :

1° À la durée légale du travail ou, lorsque cette durée est inférieure à la durée légale, à la durée du travail fixée conventionnellement pour la branche ou l'entreprise ou à la durée du travail applicable dans l'établissement ;

2° À la durée mensuelle résultant de l'application, durant cette période, de la durée légale du travail ou, si elle est inférieure, de la durée du travail fixée conventionnellement pour la branche ou l'entreprise ou de la durée du travail applicable dans l'établissement;

3° À la durée de travail annuelle résultant de l'application durant cette période de la durée légale du travail, soit 1 607 heures, ou, si elle est inférieure, de la durée du travail fixée conventionnellement pour la branche ou l'entreprise ou de la durée du travail applicable dans l'établissement.

§ 2. Passage à temps partiel ou à temps complet

Art. L. 3123-2. Le salarié qui en fait la demande peut bénéficier d'une réduction de la durée du travail sous forme d'une ou plusieurs périodes d'au moins une semaine en raison des besoins de sa vie personnelle. Sa durée de travail est fixée dans la limite annuelle prévue au 3° de l'article L. 3123-1.

Pendant les périodes travaillées, le salarié est occupé selon l'horaire collectif applicable dans l'entreprise ou l'établissement.

Les dispositions relatives au régime des heures supplémentaires et à la contrepartie obligatoire sous forme de repos s'appliquent aux heures accomplies au cours d'une semaine au delà de la durée légale fixée en application de l'article L. 3121-27 ou, en cas d'application d'un accord collectif conclu sur le fondement de l'article L. 3121-44, aux heures accomplies au delà des limites fixées par cet accord.

L'avenant au contrat de travail précise la ou les périodes non travaillées. Il peut également prévoir les modalités de calcul de la rémunération mensualisée indépendamment de l'horaire réel du mois.

Art. L. 3123-3. Les salariés à temps partiel qui souhaitent occuper ou reprendre un emploi d'une durée au moins égale à celle mentionnée au premier alinéa de l'article L. 3123-7 ou un emploi à temps complet et les salariés à temps complet qui souhaitent occuper ou reprendre un emploi à temps partiel dans le même établissement ou, à défaut, dans la même entreprise ont priorité pour l'attribution d'un emploi ressortissant à leur catégorie professionnelle ou d'un emploi équivalent ou, si (Ord. 2017-1718 du 20 déc. 2017, art. 1er, I, 125°, JO 21) «une convention ou un accord d'entreprise ou d'établissement ou, à défaut, une convention ou un accord de branche étendu» le prévoit, d'un emploi présentant des caractéristiques différentes.

L'employeur porte à la connaissance de ces salariés la liste des emplois disponibles correspondants.

Art. L. 3123-4. Le refus par un salarié d'accomplir un travail à temps partiel ne constitue ni une faute ni un motif de licenciement.

§ 3. Égalité de traitement avec les salariés à temps plein

Art. L. 3123-5. Le salarié à temps partiel bénéficie des droits reconnus au salarié à temps complet par la loi, les conventions et les accords d'entreprise ou d'établissement sous réserve, en ce qui concerne les droits conventionnels, de modalités spécifiques prévues par une convention ou un accord collectif.

La période d'essai d'un salarié à temps partiel ne peut avoir une durée calendaire supérieure à celle du salarié à temps complet.

Compte tenu de la durée de son travail et de son ancienneté dans l'entreprise, la rémunération du salarié à temps partiel est proportionnelle à celle du salarié qui, à qualification égale, occupe à temps complet un emploi équivalent dans l'établissement ou l'entreprise.

Pour la détermination des droits liés à l'ancienneté, la durée de celle-ci est décomptée pour le salarié à temps partiel comme s'il avait été occupé à temps complet, les périodes non travaillées étant prises en compte en totalité.

L'indemnité de licenciement et l'indemnité de départ à la retraite du salarié ayant été occupé à temps complet et à temps partiel dans la même entreprise sont calculées proportionnellement aux périodes d'emploi accomplies selon l'une et l'autre de ces deux modalités depuis son entrée dans l'entreprise.

§ 4. Contrat de travail

Art. L. 3123-6. Le contrat de travail du salarié à temps partiel est un contrat écrit.

Il mentionne :

1° La qualification du salarié, les éléments de la rémunération, la durée hebdomadaire ou mensuelle prévue et, sauf pour les salariés des associations et entreprises d'aide à domicile et les salariés relevant d'un accord collectif conclu en application de l'article L. 3121-44, la répartition de la durée du travail entre les jours de la semaine ou les semaines du mois ;

2° Les cas dans lesquels une modification éventuelle de cette répartition peut intervenir ainsi que la nature de cette modification ;

3° Les modalités selon lesquelles les horaires de travail pour chaque journée travaillée sont communiqués par écrit au salarié. Dans les associations et entreprises d'aide à domicile, les horaires de travail sont communiqués par écrit chaque mois au salarié ;

4° Les limites dans lesquelles peuvent être accomplies des heures complémentaires au delà de la durée de travail fixée par le contrat.

L'avenant au contrat de travail prévu à l'article L. 3123-22 mentionne les modalités selon lesquelles des compléments d'heures peuvent être accomplis au delà de la durée fixée par le contrat.

§ 5. Durée minimale de travail et heures complémentaires

Art. L. 3123-7. Le salarié à temps partiel bénéficie d'une durée minimale de travail hebdomadaire déterminée selon les modalités fixées aux articles L. 3123-19 et L. 3123-27.

Le premier alinéa du présent article n'est pas applicable :

1° Aux contrats d'une durée au plus égale à sept jours ;

2° Aux contrats à durée déterminée conclus au titre du 1° de l'article L. 1242-2 ;

3° Aux contrats de travail temporaire conclus au titre du 1° de l'article L. 1251-6 pour le remplacement d'un salarié absent.

Une durée de travail inférieure à celle prévue au premier alinéa du présent article peut être fixée à la demande du salarié soit pour lui permettre de faire face à des contraintes personnelles, soit pour lui permettre de cumuler plusieurs activités afin d'atteindre une durée globale d'activité correspondant à un temps plein ou au moins égale à la durée mentionnée au même premier alinéa. Cette demande est écrite et motivée.

Une durée de travail inférieure à celle prévue au premier alinéa, compatible avec ses études, est fixée de droit, à sa demande, au bénéfice du salarié âgé de moins de vingt-six ans poursuivant ses études.

Art. L. 3123-8. Chacune des heures complémentaires accomplies donne lieu à une majoration de salaire.

Art. L. 3123-9. Les heures complémentaires ne peuvent avoir pour effet de porter la durée de travail accomplie par un salarié à temps partiel au niveau de la durée légale du travail ou, si elle est inférieure, au niveau de la durée de travail fixée conventionnellement.

Art. L. 3123-10. Le refus d'accomplir les heures complémentaires proposées par l'employeur au delà des limites fixées par le contrat ne constitue ni une faute ni un motif de licenciement. Il en est de même, à l'intérieur de ces limites, lorsque le salarié est informé moins de trois jours avant la date à laquelle les heures complémentaires sont prévues.

§ 6. Répartition de la durée du travail

Art. L. 3123-11. Toute modification de la répartition de la durée de travail entre les jours de la semaine ou entre les semaines du mois est notifiée au salarié en respectant un délai de prévenance.

Art. L. 3123-12. Lorsque l'employeur demande au salarié de modifier la répartition de sa durée de travail, alors que le contrat de travail n'a pas prévu les cas et la nature de telles modifications, le refus du salarié d'accepter cette modification ne constitue ni une faute ni un motif de licenciement.

Lorsque l'employeur demande au salarié de modifier la répartition de sa durée du travail dans un des cas et selon des modalités préalablement définis dans le contrat de travail, le refus du salarié d'accepter cette modification ne constitue ni une faute ni un motif de licenciement dès lors que cette modification n'est pas compatible avec des obligations familiales impérieuses, avec le suivi d'un enseignement scolaire ou supérieur, avec l'accomplissement d'une période d'activité fixée par un autre employeur ou avec une activité professionnelle non salariée. Il en va de même en cas de modification des horaires de travail au sein de chaque journée travaillée qui figurent dans le document écrit communiqué au salarié en application du 3° de l'article L. 3123-6.

Art. L. 3123-13. Lorsque, pendant une période de douze semaines consécutives ou pendant douze semaines au cours d'une période de quinze semaines ou pendant la période prévue par un accord collectif conclu sur le fondement de l'article L. 3121-44 si elle est supérieure, l'horaire moyen réellement accompli par un salarié a dépassé de deux heures au moins par semaine, ou de l'équivalent mensuel de cette durée, l'horaire prévu dans son contrat, celui-ci est modifié, sous réserve d'un préavis de sept jours et sauf opposition du salarié intéressé.

L'horaire modifié est égal à l'horaire antérieurement fixé auquel est ajoutée la différence entre cet horaire et l'horaire moyen réellement accompli.

§ 7. Exercice d'un mandat

Art. L. 3123-14. Le temps de travail mensuel d'un salarié à temps partiel ne peut être réduit de plus d'un tiers par l'utilisation du crédit d'heures auquel il peut prétendre pour l'exercice de mandats qu'il détient au sein d'une entreprise. Le solde éventuel de ce crédit d'heures payées peut être utilisé en dehors des heures de travail de l'intéressé.

§ 8. Information des représentants du personnel

Art. L. 3123-15. Dans le cadre de la consultation sur la politique sociale de l'entreprise mentionnée à l'article L. 2323-15, l'employeur communique au moins une fois par an au (Ord. 2017-1386 du 22 sept. 2017, art. 4, 30°, JO 23, entrée en vigueur au plus tard le 01.01.2018) «comité social et économique, s'il existe,» un bilan du travail à temps partiel réalisé dans l'entreprise.

Il communique également ce bilan aux délégués syndicaux de l'entreprise.

Art. R. 3123-1. Le bilan du travail à temps partiel prévu à l'article (D. 2016-1551 du 18 nov. 2016, art. 4, 3°, JO 19, entrée en vigueur le 01.01.2017) « L. 3123-15 » porte notamment sur :

1° Le nombre, le sexe et la qualification des salariés concernés, ainsi que les horaires de travail à temps partiel pratiqués ;

2° Le nombre d'heures complémentaires accomplies par les salariés à temps partiel.

Lors de la réunion où est discuté ce bilan du travail à temps partiel réalisé, l'employeur explique les raisons qui l'ont amené à refuser à des salariés à temps complet de passer à temps partiel et à des salariés à temps partiel de travailler à temps complet.

Art. L. 3123-16. L'employeur informe chaque année le (Ord. 2017-1386 du 22 sept. 2017, art. 4, 30°, JO 23, entrée en vigueur au plus tard le 01.01.2018) «comité social et économique, s'il existe,» du nombre de demandes de dérogation individuelle à la durée minimale de travail mentionnée au premier alinéa de l'article L. 3123-7 qui sont accordées sur le fondement des deux derniers alinéas du même article L. 3123-7.

Sous-section 2. **Champ de la négociation collective**

§ 1. Mise en place d'horaires à temps partiel

Art. L. 3123-17. Une convention ou un accord d'entreprise ou d'établissement ou, à défaut, une convention ou un accord de branche étendu peut prévoir la mise en œuvre d'horaires de travail à temps partiel à l'initiative de l'employeur.

Cet accord ou cette convention peut également fixer les conditions de mise en place d'horaires à temps partiel à la demande des salariés. Dans ce cas, l'accord ou la convention prévoit :

1° Les modalités selon lesquelles les salariés à temps complet peuvent occuper un emploi à temps partiel et les salariés à temps partiel occuper un emploi à temps complet dans le même établissement ou, à défaut, dans la même entreprise ;

2° La procédure à suivre par les salariés pour faire part de leur demande à leur employeur ;

3° Le délai laissé à l'employeur pour y apporter une réponse motivée, en particulier en cas de refus.

Art. L. 3123-18. (Ord. 2017-1718 du 20 déc. 2017, art. 1er, I, 125°, JO 21) «Une convention ou un accord d'entreprise ou d'établissement ou, à défaut, une convention ou un accord de branche étendu» peut prévoir la possibilité pour l'employeur de:

1° Proposer au salarié à temps partiel un emploi à temps complet ou d'une durée au moins égale à la durée minimale mentionnée au premier alinéa de l'article L. 3123-7 ne ressortissant pas à sa catégorie professionnelle ou un emploi à temps complet non équivalent;

2° Proposer au salarié à temps complet un emploi à temps partiel ne ressortissant pas à sa catégorie professionnelle ou un emploi à temps partiel non équivalent.

§ 2. Durée minimale de travail et heures complémentaires

Art. L. 3123-19. Une convention ou un accord de branche étendu fixe la durée minimale de travail mentionnée à l'article L. 3123-7. Lorsqu'elle est inférieure à celle prévue à l'article L. 3123-27, il détermine les garanties quant à la mise en œuvre d'horaires réguliers ou permettant au salarié de cumuler plusieurs activités afin d'atteindre une durée globale d'activité correspondant à un temps plein ou au moins égale à la durée mentionnée à l'article L. 3123-27.

(Ord. 2017-1718 du 20 déc. 2017, art. 1er, I, 126°, JO 21) «Une convention ou un accord d'entreprise ou d'établissement ou, à défaut, une convention ou un accord de branche étendu» détermine les modalités selon lesquelles les horaires de travail des salariés effectuant une durée de travail inférieure à la durée minimale prévue à l'article L. 3123-27 sont regroupés sur des journées ou des demi-journées régulières ou complètes.

Art. L. 3123-20. Une convention ou un accord d'entreprise ou d'établissement ou, à défaut, une convention ou un accord de branche étendu peut porter la limite dans laquelle peuvent être accomplies des heures complémentaires jusqu'au tiers de la durée hebdomadaire ou mensuelle de travail prévue dans le contrat du salarié à temps partiel et calculée, le cas échéant, sur la période prévue par un accord collectif conclu sur le fondement de l'article L. 3121-44.

Art. L. 3123-21. Une convention ou un accord de branche étendu peut prévoir le taux de majoration de chacune des heures complémentaires accomplies dans la limite fixée à l'article L. 3123-20. Ce taux ne peut être inférieur à 10 %.

§ 3. Compléments d'heures par avenant

Art. L. 3123-22. Une convention ou un accord de branche étendu peut prévoir la possibilité, par un avenant au contrat de travail, d'augmenter temporairement la durée de travail prévue par le contrat.

La convention ou l'accord:

1° Détermine le nombre maximal d'avenants pouvant être conclus, dans la limite de huit par an et par salarié, en dehors des cas de remplacement d'un salarié absent nommément désigné;

2° Peut prévoir la majoration salariale des heures effectuées dans le cadre de cet avenant;

3° Détermine les modalités selon lesquelles les salariés peuvent bénéficier prioritairement des compléments d'heures.

Les heures complémentaires accomplies au delà de la durée déterminée par l'avenant donnent lieu à une majoration salariale qui ne peut être inférieure à 25 %.

§ 4. Répartition de la durée du travail

Art. L. 3123-23. Une convention ou un accord d'entreprise ou d'établissement ou, à défaut, une convention ou un accord de branche étendu ou agréé en application de l'article L. 314-6 du code de l'action sociale et des familles peut définir la répartition des horaires de travail des salariés à temps partiel dans la journée de travail.

Si cette répartition comporte plus d'une interruption d'activité ou une interruption supérieure à deux heures, la convention ou l'accord définit les amplitudes horaires pendant lesquelles les salariés peuvent exercer leur activité et prévoit des contreparties spécifiques en tenant compte des exigences propres à l'activité exercée.

Art. L. 3123-24. Une convention ou un accord d'entreprise ou d'établissement ou, à défaut, une convention ou un accord de branche étendu peut déterminer le délai dans lequel la modification de la répartition de la durée du travail est notifiée au salarié.

Ce délai ne peut être inférieur à trois jours ouvrés. Dans les associations et entreprises d'aide à domicile, ce délai peut être inférieur pour les cas d'urgence définis par convention ou accord de branche étendu ou par convention ou accord d'entreprise ou d'établissement.

La convention ou l'accord d'entreprise ou d'établissement ou, à défaut, la convention ou l'accord de branche étendu prévoit les contreparties apportées au salarié lorsque le délai de prévenance est inférieur à sept jours ouvrés.

Art. L. 3123-25. L'accord collectif permettant les dérogations prévues aux articles L. 3123-20 et L. 3123-24 comporte des garanties relatives à la mise en œuvre, pour les salariés à temps partiel, des droits reconnus aux salariés à temps complet, notamment du droit à un égal accès aux possibilités de promotion, de carrière et de formation, ainsi qu'à la fixation d'une période minimale de travail continue et à la limitation du nombre des interruptions d'activité au cours d'une même journée.

Sous-section 3. **Dispositions supplétives**

§ 1. Mise en place d'horaires à temps partiel

Art. L. 3123-26. À défaut de convention ou d'accord collectif, des horaires à temps partiel peuvent être pratiqués à l'initiative de l'employeur, après avis du (Ord. 2017-1386 du 22 sept. 2017, art. 4, 26°, JO 23, entrée en vigueur au plus tard le 01.01.2018) «comité social et économique».

Dans les entreprises dépourvues d'institutions représentatives du personnel, des horaires à temps partiel peuvent être pratiqués à l'initiative de l'employeur ou à la demande des salariés, après information de l'agent de contrôle de l'inspection du travail.

À défaut de convention ou d'accord collectif, le salarié peut demander à bénéficier d'un poste à temps partiel, dans des conditions fixées par voie réglementaire.

La demande mentionnée au troisième alinéa ne peut être refusée que si l'employeur justifie de l'absence d'emploi disponible relevant de la catégorie professionnelle du salarié ou de l'absence d'emploi équivalent ou s'il peut démontrer que le changement d'emploi demandé aurait des conséquences préjudiciables à la bonne marche de l'entreprise.

Art. D. 3123-2. L'avis du (D. 2017-1819 du 29 déc. 2017, art. 3, 4°, JO 30, entrée en vigueur le 01.01.2018) « comité social et économique » prévu (D. 2016-1553 du 18 nov. 2016, art. 2, 2°, JO 19, entrée en vigueur le 01.01.2017) « au premier alinéa de l'article L. 3123-26 » pour la mise en œuvre d'horaires à temps partiel est communiqué, à sa demande, à l'agent de contrôle de l'inspection du travail.

Art. D. 3123-3. (D. 2016-1553 du 18 nov. 2016, art. 2, 2°, JO 19, entrée en vigueur le 01.01.2017) « À défaut d'accord prévu au troisième alinéa de l'article L. 3123-26 », la demande du salarié de bénéficier d'un horaire à temps partiel est adressée à l'employeur par lettre recommandée avec avis de réception.

La demande précise la durée du travail souhaitée ainsi que la date envisagée pour la mise en œuvre du nouvel horaire.

Elle est adressée six mois au moins avant cette date.

L'employeur répond à la demande du salarié par lettre recommandée avec avis de réception dans un délai de trois mois à compter de la réception de celle-ci.

§ 2. Durée minimale de travail et heures complémentaires

Art. L. 3123-27. À défaut d'accord prévu à l'article L. 3123-19, la durée minimale de travail du salarié à temps partiel est fixée à vingt-quatre heures par semaine ou, le cas échéant, à l'équivalent mensuel de cette durée ou à l'équivalent calculé sur la période prévue par un accord collectif conclu en application de l'article L. 3121-44.

Art. L. 3123-28. À défaut d'accord prévu à l'article L. 3123-20, le nombre d'heures complémentaires accomplies par un salarié à temps partiel au cours d'une même semaine ou d'un même mois ou de la période prévue par un accord collectif conclu sur le fondement de l'article L. 3121-44 ne peut être supérieur au dixième de la durée hebdomadaire ou mensuelle de travail prévue dans son contrat et calculée, le cas échéant, sur la période prévue par un accord collectif conclu sur le fondement du même article L. 3121-44.

Art. L. 3123-29. À défaut de stipulation conventionnelle prévue à l'article L. 3123-21, le taux de majoration des heures complémentaires est de 10 % pour chacune des heures complémentaires accomplies dans la limite du dixième des heures prévues au contrat de travail et de 25 % pour chacune des heures accomplies entre le dixième et le tiers des heures prévues au contrat de travail.

§ 3. Répartition de la durée du travail

Art. L. 3123-30. À défaut d'accord prévu à l'article L. 3123-23, l'horaire de travail du salarié à temps partiel ne peut comporter, au cours d'une même journée, plus d'une interruption d'activité ou une interruption supérieure à deux heures.

Art. L. 3123-31. À défaut d'accord prévu à l'article L. 3123-24, toute modification de la répartition de la durée du travail entre les jours de la semaine ou les semaines du mois est notifiée au salarié au moins sept jours ouvrés avant la date à laquelle elle doit avoir lieu.

Sous-section 4. **Dispositions d'application**

Art. L. 3123-32. Des décrets déterminent les modalités d'application de la présente section soit pour l'ensemble des professions ou des branches d'activité, soit pour une profession ou une branche particulière.

Si, dans une profession ou dans une branche, la pratique du travail à temps partiel provoque un déséquilibre grave et durable des conditions d'emploi, des décrets, pris après consultation des organisations d'employeurs et de salariés intéressées, peuvent instituer des limitations du recours à cette pratique dans la branche ou la profession concernée.

SECTION 2. Travail intermittent

Sous-section 1. **Ordre public**

Art. L. 3123-33. Des contrats de travail intermittent peuvent être conclus dans les entreprises couvertes par une convention ou par un accord d'entreprise ou d'établissement ou, à défaut, par une convention ou un accord de branche étendu qui le prévoit.

Art. L. 3123-34. Le contrat de travail intermittent est un contrat à durée indéterminée.

Il peut être conclu afin de pourvoir un emploi permanent qui, par nature, comporte une alternance de périodes travaillées et de périodes non travaillées.

Ce contrat est écrit.

Il mentionne notamment :

1° La qualification du salarié ;
2° Les éléments de la rémunération ;
3° La durée annuelle minimale de travail du salarié ;
4° Les périodes de travail ;
5° La répartition des heures de travail à l'intérieur de ces périodes.

Art. L. 3123-35. Les heures dépassant la durée annuelle minimale fixée au contrat de travail intermittent ne peuvent excéder le tiers de cette durée, sauf accord du salarié.

Art. L. 3123-36. Le salarié titulaire d'un contrat de travail intermittent bénéficie des droits reconnus aux salariés à temps complet, sous réserve, en ce qui concerne les droits conventionnels mentionnés à l'article L. 3123-38, de modalités spécifiques prévues par la convention ou l'accord collectif de travail étendu ou par une convention ou un accord d'entreprise ou d'établissement.

Pour la détermination des droits liés à l'ancienneté, les périodes non travaillées sont prises en compte en totalité.

Art. L. 3123-37. Les entreprises adaptées mentionnées à l'article L. 5213-13 peuvent conclure un contrat de travail intermittent même en l'absence de convention ou d'accord collectif de travail, dès lors que ce contrat est conclu avec un travailleur handicapé, bénéficiaire de l'obligation d'emploi au sens de l'article L. 5212-13.

Sous-section 2. **Champ de la négociation collective**

Art. L. 3123-38. Une convention ou un accord d'entreprise ou d'établissement ou, à défaut, une convention ou un accord de branche étendu définit les emplois permanents pouvant être pourvus par des salariés titulaires d'un contrat de travail intermittent.

Cette convention ou cet accord détermine, le cas échéant, les droits conventionnels spécifiques aux salariés titulaires d'un contrat de travail intermittent.

Il peut prévoir que la rémunération versée mensuellement aux salariés titulaires d'un contrat de travail intermittent est indépendante de l'horaire réel et détermine, dans ce cas, les modalités de calcul de cette rémunération.

Dans les secteurs, dont la liste est déterminée par décret, où la nature de l'activité ne permet pas de fixer avec précision les périodes de travail et la répartition des heures de travail au sein de ces périodes, cette convention ou cet accord détermine les adaptations nécessaires, notamment les conditions dans lesquelles le salarié peut refuser les dates et les horaires de travail qui lui sont proposés.

Art. D. 3123-4. (D. 2009-498 du 30 avril 2009, JO 3 mai) En application (D. 2016-1553 du 18 nov. 2016, art. 2, 4°, JO 19, entrée en vigueur le 01.01.2017) « du quatrième alinéa de l'article L. 3123-38 », est inscrit sur la liste des secteurs dans lesquels la nature de l'activité ne permet pas de fixer avec précision, dans le contrat de travail intermittent, les périodes de travail et la répartition des heures de travail au sein de ces périodes le secteur du spectacle vivant et enregistré.

Chapitre IV (réglementaire)

Dispositions pénales

Art. R. 3124-1. (D. 2008-1131 du 3 nov. 2008, JO 5) « Le fait de méconnaître les stipulations d'une convention ou d'un accord d'entreprise ou d'établissement, ou, à défaut, celles d'une convention ou d'un accord de branche, conformes aux dispositions des articles (D. 2016-1551 du 18 nov. 2016, art. 6, V, 3°, JO 19, entrée en vigueur le 01.01.2017) « L. 3121-27 à L. 3121-33, et L. 3121-35 à L. 3121-40 » est puni de l'amende prévue pour les contraventions de la quatrième classe. »

Les infractions donnent lieu à autant d'amendes qu'il y a de salariés indûment employés.

Art. R. 3124-2. (D. 2008-1131 du 3 nov. 2008, JO 5) « Le fait d'appliquer les stipulations d'une convention ou d'un accord d'entreprise ou d'établissement ou d'une convention ou d'un accord de branche contraires aux dispositions des articles (D. 2016-1551 du 18 nov. 2016, art. 6, V, 3°, JO 19, entrée en vigueur le 01.01.2017) « L. 3121-27 à L. 3121-33, et L. 3121-35 à L. 3121-40 », est puni d'une amende prévue pour les contraventions de la quatrième classe. »

Les infractions donnent lieu à autant d'amendes qu'il y a de salariés indûment employés.

Art. R. 3124-3. Le fait de méconnaître les dispositions relatives à la durée légale hebdomadaire et à la durée quotidienne maximale du travail prévues par les articles (D. 2016-1551 du 18 nov. 2016, art. 6, V, 4°, JO 19, entrée en vigueur le 01.01.2017) « L. 3121-27 et L. 3121-18 » ainsi que celles des décrets prévus par les articles (D. 2016-1551 du 18 nov. 2016, art. 6, V, 4°, JO 19, entrée en vigueur le 01.01.2017) « L. 3121-67 et L. 3121-68 », est puni de l'amende prévue pour les contraventions de la quatrième classe.

Les contraventions donnent lieu à autant d'amendes qu'il y a de salariés indûment employés.

Art. R. 3124-4. Le fait de ne pas accorder les compensations prévues (D. 2016-1551 du 18 nov. 2016, art. 6, V, 5°, JO 19, entrée en vigueur le 01.01.2017) « aux articles L. 3121-9, L. 3121-11 et L. 3121-12 » en cas d'astreinte, est puni de l'amende prévue pour les contraventions de la quatrième classe.

Le fait de ne pas remettre à chaque salarié concerné ou de ne pas avoir conservé à la disposition de l'inspection du travail le document récapitulant le nombre d'heures d'astreinte accompli par salarié et par mois et la compensation correspondante est puni de la même peine.

Les contraventions donnent lieu à autant d'amendes qu'il y a de salariés indûment employés.

Art. R. 3124-5. Est puni de l'amende prévue pour les contraventions de la cinquième classe, le fait d'employer un salarié à temps partiel ou un salarié en contrat de travail intermittent en omettant d'établir un contrat de travail écrit mentionnant les éléments suivants :

1° Pour un salarié à temps partiel (D. 2008-1131 du 3 nov. 2008, JO 5) « autre que celui mentionné au 2° », la durée du travail de référence, la répartition de la durée du travail entre les jours de la semaine ou les semaines du mois et les limites dans lesquelles peuvent être accomplies des heures complémentaires ;

2° Pour un salarié employé en application d'une convention ou d'un accord collectif de travail mentionné à l'article (D. 2016-1551 du 18 nov. 2016, art. 6, V, 6°, JO 19, entrée en vigueur le 01.01.2017) « L. 3121-44 », la durée du travail de référence ;

3° Pour un salarié employé en application d'une convention ou d'un accord collectif de travail mentionné à l'article (D. 2016-1551 du 18 nov. 2016, art. 6, V, 6°, JO 19, entrée en vigueur le 01.01.2017) « L. 3123-38 », la durée annuelle minimale de travail ainsi que les périodes de travail et la répartition des heures de travail à l'intérieur de ces périodes lorsque ces mentions sont obligatoires.

Les contraventions donnent lieu à autant d'amendes qu'il y a de salariés indûment employés.

Art. R. 3124-6. Le fait de méconnaître les dispositions relatives au contingent annuel d'heures supplémentaires prévues par les articles (D. 2016-1551 du 18 nov. 2016, art. 6, V, 7°, JO 19, entrée en vigueur le 01.01.2017) « L. 3121-30 et L. 3121-33 », est puni de l'amende prévue pour les contraventions de la quatrième classe.

Les infractions donnent lieu à autant d'amendes qu'il y a de salariés indûment employés.

Art. R. 3124-7. Le fait de méconnaître les dispositions relatives aux contreparties aux heures supplémentaires prévues par les articles (D. 2016-1551 du 18 nov. 2016, art. 6, V, 8°, JO 19, entrée en vigueur le 01.01.2017) « L. 3121-28, L. 3121-30, L. 3121-33 et L. 3121-36 à L. 3121-40 », est puni de l'amende prévue pour les contraventions de la quatrième classe.

Les infractions donnent lieu à autant d'amendes qu'il y a de salariés indûment employés.

Art. R. 3124-8. Est puni de l'amende prévue pour les contraventions de la cinquième classe, le fait d'avoir fait accomplir :

1° Par un salarié à temps partiel, des heures complémentaires sans respecter les limites fixées par (D. 2016-1551 du 18 nov. 2016, art. 6, V, 9°, JO 19, entrée en vigueur le 01.01.2017) « les articles L. 3123-9 et L. 3123-28 » ou par les conventions ou accords collectifs de travail prévus par l'article (D. 2016-1551 du 18 nov. 2016, art. 6, V, 9°, JO 19, entrée en vigueur le 01.01.2017) « L. 3123-20 » ;

(D. 2008-1131 du 3 nov. 2008, JO 5) « 2° » Par un salarié employé en application d'un contrat de travail intermittent, des heures au-delà de la durée annuelle minimale prévue par ce contrat, sans respecter, en l'absence de l'accord de ce salarié, la limite fixée à l'article (D. 2016-1551 du 18 nov. 2016, art. 6, V, 9°, JO 19, entrée en vigueur le 01.01.2017) « L. 3123-35 ».

Les contraventions donnent lieu à autant d'amendes qu'il y a de salariés indûment employés.

Art. R. 3124-9. Le fait d'employer un salarié à temps partiel sans respecter les limites en nombre ou en durée des interruptions d'activité quotidienne prévues par (D. 2016-1551 du 18 nov. 2016, art. 6, V, 10°, JO 19, entrée en vigueur le 01.01.2017) « l'article L. 3123-30 » ou par une convention ou un accord collectif de branche (D. 2008-1131 du 3 nov. 2008, JO 5) « étendu ou agréé » ou par une convention ou accord d'entreprise ou d'établissement (D. 2016-1551 du 18 nov. 2016, art. 6, V, 10°, JO 19, entrée en vigueur le 01.01.2017) « mentionnés à l'article L. 3123-23 », est puni de l'amende prévue pour les contraventions de la cinquième classe.

Les contraventions donnent lieu à autant d'amendes qu'il y a de salariés indûment employés.

Art. R. 3124-10. Le fait de ne pas accorder une majoration de salaire de 25 % pour chaque heure complémentaire accomplie au-delà du dixième de la durée stipulée au contrat en méconnaissance des dispositions (D. 2016-1551 du 18 nov. 2016, art. 6, V, 11°, JO 19, entrée en vigueur le 01.01.2017) « des articles L. 3123-21 et L. 3123-29 » ou du II de l'article 14 de la loi n° 2000-37 du 19 janvier 2000 relative à la réduction négociée du temps de travail, est puni de l'amende prévue pour les contraventions de la quatrième classe.

Les contraventions donnent lieu à autant d'amendes qu'il y a de salariés indûment employés.

Art. R. 3124-11. Le fait de méconnaître les dispositions relatives aux durées hebdomadaires maximales de travail prévues par les articles (D. 2016-1551 du 18 nov. 2016, art. 6, V, 12°, JO 19, entrée en vigueur le 01.01.2017) « L. 3121-20 à L. 3121-26 », est puni de l'amende prévue pour les contraventions de la quatrième classe.

Les infractions donnent lieu à autant d'amendes qu'il y a de salariés indûment employés.

Art. R. 3124-13. Le fait de méconnaître les dispositions de l'article (D. 2016-1551 du 18 nov. 2016, art. 6, V, 13°, JO 19, entrée en vigueur le 01.01.2017) « R. 3121-10 », relatives à la durée maximale hebdomadaire absolue, est puni de l'amende prévue pour les contraventions de la cinquième classe, prononcée autant de fois qu'il y a de salariés concernés par l'infraction.

La récidive est réprimée conformément aux articles 132-11 et 132-15 du code pénal.

Art. R. 3124-15. Le fait de méconnaître les dispositions relatives au travail de nuit prévues par les articles (D. 2016-1551 du 18 nov. 2016, art. 6, V, 14°, JO 19, entrée en vigueur le 01.01.2017) « L. 3122-1 à L. 3122-24 », L. 3163-1 et L. 3163-2 ainsi que celles des décrets pris pour leur application, est puni de l'amende prévue pour les contraventions de la cinquième classe, prononcée autant de fois qu'il y a de salariés concernés par l'infraction.

La récidive est réprimée conformément aux articles 132-11 et 132-15 du code pénal.

Art. R. 3124-16. Le fait de méconnaître les dispositions de l'article L. 3163-3, applicable au travail des jeunes travailleurs de seize à dix huit ans pour la réalisation de travaux passagers en cas d'extrême urgence, est puni de l'amende prévue pour les contraventions de la quatrième classe, prononcée autant de fois qu'il y a de salariés concernés par l'infraction.

TITRE III

REPOS ET JOURS FÉRIÉS

Chapitre Ier

Repos quotidien

Note Les dispositions de ce chapitre sont issues de la loi 2016-1088 du 8 août 2016, art. 8, III, 1°, JO 9.

SECTION 1. Ordre public

Art. L. 3131-1. Tout salarié bénéficie d'un repos quotidien d'une durée minimale de onze heures consécutives, sauf dans les cas prévus aux articles L. 3131-2 et L. 3131-3 ou en cas d'urgence, dans des conditions déterminées par décret.

Art. D. 3131-1. L'employeur peut, sous sa seule responsabilité et en informant l'inspecteur du travail, déroger à la période minimale de onze heures de repos quotidien par salarié en cas de travaux urgents dont l'exécution immédiate est nécessaire pour :

1° Organiser des mesures de sauvetage ;
2° Prévenir des accidents imminents ;
3° Réparer des accidents survenus au matériel, aux installations ou aux bâtiments.

Art. D. 3131-2. Le bénéfice des dérogations prévues aux articles (D. 2016-1553 du 18 nov. 2016, art. 3, 2°, JO 19, entrée en vigueur le 01.01.2017) « D. 3131-1 et D. 3131-4 à D. 3131-7 » est subordonné à l'attribution de périodes au moins équivalentes de repos aux salariés intéressés.

Lorsque l'attribution de ce repos n'est pas possible, une contrepartie équivalente est prévue par accord collectif de travail.

Art. D. 3131-3. Pour assurer le respect du repos quotidien minimum de onze heures consécutives des salariés qui ne sont pas occupés selon un horaire collectif, l'employeur peut fixer pour l'établissement, l'atelier, le service ou l'équipe au sens de l'article D. 3171-7 une période quotidienne correspondant au moins à la durée de ce repos. Les heures auxquelles commence et finit cette période sont affichées dans l'entreprise.

Si des salariés sont occupés durant la ou les périodes fixées par l'employeur ou lorsque celui-ci n'a pas fixé de période de repos quotidien, le respect de ce dernier doit être démontré par tous moyens.

SECTION 2. Champ de la négociation collective

Art. L. 3131-2. Une convention ou un accord d'entreprise ou d'établissement ou, à défaut, une convention ou un accord de branche peut déroger à la durée minimale de repos quotidien prévue à l'article L. 3131-1, dans des conditions déterminées par décret, notamment pour des activités caractérisées par la nécessité d'assurer une continuité du service ou par des périodes d'intervention fractionnées.

Art. D. 3131-4. Il peut être dérogé, dans des conditions et selon des modalités fixées (D. 2016-1553 du 18 nov. 2016, art. 3, 3°, JO 19, entrée en vigueur le 01.01.2017) « par accord prévu à l'article L. 3131-2 », à la période minimale de onze heures de repos quotidien par salarié pour ceux exerçant les activités suivantes :

1° Activités caractérisées par l'éloignement entre le domicile et le lieu de travail du salarié ou par l'éloignement entre différents lieux de travail du salarié ;

2° Activités de garde, de surveillance et de permanence caractérisées par la nécessité d'assurer la protection des biens et des personnes ;

3° Activités caractérisées par la nécessité d'assurer la continuité du service ou de la production, notamment pour les établissements ou parties d'établissements pratiquant le mode de travail par équipes successives, chaque fois que le salarié change d'équipe ou de poste et ne peut bénéficier, entre la fin d'une équipe et le début de la suivante, d'une période de repos quotidien de onze heures consécutives ;

4° Activités de manutention ou d'exploitation qui concourent à l'exécution des prestations de transport ;

5° Activités qui s'exercent par périodes de travail fractionnées dans la journée.

Art. D. 3131-5. En cas de surcroît d'activité, (D. 2016-1553 du 18 nov. 2016, art. 3, 3°, JO 19, entrée en vigueur le 01.01.2017) « l'accord prévu à l'article L. 3131-2 » peut prévoir une réduction de la durée du repos quotidien.

Art. D. 3131-6. Un accord collectif de travail ne peut avoir pour effet de réduire la durée du repos quotidien en deçà de neuf heures.

SECTION 3. Dispositions supplétives

Art. L. 3131-3. À défaut d'accord, en cas de surcroît exceptionnel d'activité, il peut être dérogé à la durée minimale de repos quotidien dans des conditions définies par décret.

Art. D. 3131-7. En cas de surcroît d'activité, en l'absence d'accord collectif de travail, une réduction de la durée du repos quotidien peut être mise en œuvre dans les conditions définies aux articles (D. 2016-1553 du 18 nov. 2016, art. 3, 4°, JO 19, entrée en vigueur le 01.01.2017) « D. 3121-5 à D. 3121-7 ».

Chapitre II

Repos hebdomadaire

SECTION 1. Principes

Art. L. 3132-1. Il est interdit de faire travailler un même salarié plus de six jours par semaine.

Art. L. 3132-2. Le repos hebdomadaire a une durée minimale de vingt-quatre heures consécutives auxquelles s'ajoutent les heures consécutives de repos quotidien prévu au chapitre Ier.

Art. L. 3132-3. (L. 2009-974 du 10 août 2009, JO 11) Dans l'intérêt des salariés, le repos hebdomadaire est donné le dimanche.

Art. L. 3132-3-1. (L. 2009-974 du 10 août 2009, JO 11) Le refus d'un demandeur d'emploi d'accepter une offre d'emploi impliquant de travailler le dimanche ne constitue pas un motif de radiation de la liste des demandeurs d'emploi.

SECTION 2. Dérogations

Sous-section 1. Dérogations au repos hebdomadaire

§ 1. Travaux urgents

Art. L. 3132-4. En cas de travaux urgents dont l'exécution immédiate est nécessaire pour organiser des mesures de sauvetage, pour prévenir des accidents imminents ou réparer des accidents survenus au matériel, aux installations ou aux bâtiments de l'établissement, le repos hebdomadaire peut être suspendu pour le personnel nécessaire à l'exécution de ces travaux.

Cette faculté de suspension s'applique non seulement aux salariés de l'entreprise où les travaux urgents sont nécessaires mais aussi à ceux d'une autre entreprise faisant les réparations pour le compte de la première.

Chaque salarié de cette seconde entreprise, de même que chaque salarié de l'entreprise où sont réalisés les travaux, affecté habituellement aux travaux d'entretien et de réparation, bénéficie d'un repos compensateur d'une durée égale au repos supprimé.

§ 2. Industries traitant des matières périssables ou ayant à répondre à un surcroît extraordinaire de travail

Art. L. 3132-5. Dans certaines industries traitant des matières périssables ou ayant à répondre à certains moments à un surcroît extraordinaire de travail, le repos hebdomadaire des salariés peut être suspendu deux fois au plus par mois, sans que le nombre de ces suspensions dans l'année soit supérieur à six.

Les heures de travail ainsi accomplies le jour du repos hebdomadaire sont considérées comme des heures supplémentaires et sont imputées sur le crédit d'heures supplémentaires prévu par les décrets d'application des dispositions relatives à la durée du travail.

La liste des industries pouvant bénéficier des dispositions prévues au premier alinéa est déterminée par décret en Conseil d'État.

Art. R. 3132-1. Les établissements des industries énumérés dans le tableau suivant, qui attribuent le repos hebdomadaire à tous les salariés le même jour, bénéficient de la suspension du repos hebdomadaire prévue à l'article L. 3132-5 :

Ameublement, tapisserie, passementerie pour meubles.	Gainerie.
Appareils orthopédiques.	Hôtels, restaurants, traiteurs et rôtisseurs.
Balnéaires (établissements).	Impression de la laine peignée, blanchissage, teinture et impression des fils de laine, de coton et de soie destinés au tissage des étoffes de nouveauté.
Bijouterie et joaillerie.	Imprimeries typographiques, lithographiques, en taille-douce.
Biscuits employant le beurre frais (fabriques de).	Jouets, bimbeloterie, petite tabletterie et articles de Paris (fabriques de).
Blanchisseries de linge.	Laiteries, beurreries et fromageries industrielles.
Boîtes de conserves (fabrication et imprimerie sur métaux pour).	Orfèvrerie (polissage, dorure, gravure, ciselage, guillochage et planage en).
Bonneterie fine.	Papier (transformation du), fabrication des enveloppes, du cartonnage, des cahiers d'école, des registres, des papiers de fantaisie.
Boulangeries.	Papiers de tenture.
Brochages des imprimés.	Parfumeries.
Broderie et passementerie pour confections.	Pâtisseries.
Cartons (fabriques de) pour jouets, bonbons, cartes de visites, rubans.	Porcelaine (ateliers de décor sur).
Charcuterie.	Reliure.
Colle et gélatine (fabrication de).	Réparations urgentes de navires et de machines motrices.
Coloriage au patron ou à la main.	Soie (dévidage de la) pour étoffes de nouveauté.
Confections de toute nature.	Teinture, apprêt, blanchiment, impression, gaufrage et moirage des étoffes.
Conserves de fruits et confiserie, conserves de légumes et de poissons.	Tissage des étoffes de nouveauté destinées à l'habillement.
Couronnes funéraires (fabriques de).	Tulles, dentelles et laizes de soie.
Délainage des peaux de mouton (industrie du).	Voiles de navires armés pour la grande pêche (confection et réparation des).
Dorure pour ameublement.	
Dorure pour encadrements.	
Filature, retordage de fils crêpés, bouclés et à bouton, de fils moulinés et multicolores.	
Fleurs (extraction des parfums des).	
Fleurs et plumes.	

§ 3. Travaux dans les ports, débarcadères et stations

Art. L. 3132-6. Dans les ports, débarcadères et stations, l'emploi de salariés aux travaux de chargement et de déchargement le jour de repos hebdomadaire est autorisé dans les mêmes cas et sous les mêmes conditions que lorsque la durée du travail peut être prolongée pour ces mêmes travaux, en vertu des décrets d'application des dispositions relatives à la durée du travail.

Art. R. 3132-2. Les opérations de chargement et de déchargement dans les activités suivantes bénéficient de la dérogation prévue à l'article L. 3132-6 :

1° Travaux extérieurs de construction et de réparation des bateaux de rivière ;
2° Travaux du bâtiment ;
3° Briqueteries en plein air ;
4° Conserveries de fruits, de légumes et de poissons ;
5° Corderies de plein air.

§ 4. Activités saisonnières

Art. L. 3132-7. Dans certaines industries ne fonctionnant que pendant une partie de l'année et dans certains établissements appartenant aux branches d'activité à caractère saisonnier et n'ouvrant en tout ou partie que pendant une période de l'année, le repos hebdomadaire peut être en partie différé dans les conditions prévues par l'article L. 3132-10, sous réserve que chaque travailleur bénéficie au moins de deux jours de repos par mois, autant que possible le dimanche.

La liste des industries et établissements prévue au premier alinéa est déterminée par décret en Conseil d'État.

Art. R. 3132-3. Pour les travaux accomplis en plein air dans les activités suivantes, le repos hebdomadaire peut être différé en application de l'article L. 3132-7 :

1° Travaux extérieurs de construction et de réparation des bateaux de rivière ;
2° Travaux du bâtiment ;
3° Briqueteries ;
4° Corderies.

Art. R. 3132-4. Pour les établissements exerçant les activités suivantes et n'ouvrant en tout ou partie que pendant une période de l'année, le repos hebdomadaire peut être différé en application de l'article L. 3132-7 :

1° Conserveries de fruits, de légumes et de poissons ;
2° Hôtels, restaurants, traiteurs et rôtisseurs ;
3° Établissements de bains des stations balnéaires thermales ou climatiques.

§ 5. Travaux de nettoyage des locaux industriels et de maintenance

Art. L. 3132-8. Lorsqu'un établissement industriel ou commercial attribue le repos hebdomadaire le même jour à tous les salariés, ce repos peut être réduit à une demi-journée pour les salariés affectés aux travaux de nettoyage des locaux industriels et de maintenance qui doivent être réalisés nécessairement le jour de repos collectif et qui sont indispensables pour éviter un retard dans la reprise normale du travail.

Dans ce cas, un repos compensateur est attribué à raison d'une journée entière pour deux réductions d'une demi-journée.

§ 6. Travaux intéressant la défense nationale

Art. L. 3132-9. Dans les établissements de l'État ainsi que dans ceux où sont exécutés des travaux pour le compte de l'État et dans l'intérêt de la défense nationale, le repos hebdomadaire peut être temporairement suspendu par les ministres intéressés.

§ 7. Établissements industriels fonctionnant en continu

Art. L. 3132-10. Dans les établissements industriels fonctionnant en continu, les repos hebdomadaires des salariés affectés aux travaux en continu peuvent être en partie différés dans les conditions suivantes :

1° Chaque salarié bénéficie, dans une période de travail donnée, d'un nombre de repos de vingt-quatre heures consécutives au moins égal au nombre de semaines comprises dans cette période ;

2° Chaque salarié bénéficie le plus possible de repos le dimanche.

Un décret en Conseil d'État détermine les conditions d'application du repos hebdomadaire aux salariés intéressés, les travaux auxquels s'applique cette dérogation et pour chacun de ces travaux, la durée maximale de la période de travail mentionnée au 1°.

§ 8. Gardiens et concierges des établissements industriels et commerciaux

Art. L. 3132-11. Les gardiens et concierges des établissements industriels et commerciaux auxquels le repos hebdomadaire ne peut être donné bénéficient d'un repos compensateur.

Cette dérogation n'est pas applicable aux jeunes travailleurs de moins de dix-huit ans.

Sous-section 2. **Dérogations au repos dominical**

§ 1. Dérogation permanente de droit

Art. L. 3132-12. Certains établissements, dont le fonctionnement ou l'ouverture est rendu nécessaire par les contraintes de la production, de l'activité ou les besoins du public, peuvent de droit déroger à la règle du repos dominical en attribuant le repos hebdomadaire par roulement.

Un décret en Conseil d'État détermine les catégories d'établissements intéressées.

Art. R. 3132-5. Les industries dans lesquelles sont utilisées les matières susceptibles d'altération très rapide et celles dans lesquelles toute interruption de travail entraînerait la perte ou la dépréciation du produit en cours de fabrication ainsi que les catégories d'établissements et établissements mentionnés dans le tableau suivant, sont admis, en application de l'article L. 3132-12, à donner le repos hebdomadaire par roulement pour les salariés employés aux travaux ou activités spécifiés dans ce tableau.

CATÉGORIES D'ÉTABLISSEMENTS	TRAVAUX OU ACTIVITÉS
Industries extractives	
Agglomérés de charbon (fabrication d').	
Alun (établissements traitant les minerais d').	Conduite des fours et des appareils de lessivage.
Bauxite (traitement de la).	Conduite des fours et des appareils de dissolution, de carbonatation et de purification.
Salines et raffineries de sel.	Conduite des chaudières et des appareils d'évaporisation.
Industries agricoles et alimentaires	
Abattoirs.	
Alcools.	Distillation et rectification des produits de la fermentation alcoolique.
Amidonneries.	Opérations de séchage et de décantation.
Beurreries industrielles.	Traitement du lait.
Boyauderies, triperies, cordes à boyau (fabrication de).	
Brasseries (fabrication de bière).	
Caséine (fabrication de).	
Cidre (fabrication du).	
Conserves alimentaires (fabrication de).	
Corps gras (extraction des).	

CATÉGORIES D'ÉTABLISSEMENTS	TRAVAUX OU ACTIVITÉS
Cossetes de chicorée (sécheries de).	Conduite des fours.
Fécule (fabrication de).	
Fromageries industrielles.	
Glaces (fabrication de).	
Lait (établissements industriels pour le traitement du).	
Levure (fabrication de).	
Malteries.	Opération de maltage.
Margarine (fabrication de).	
Minoterie et meunerie.	
Poissons (ateliers de salage, saurage et séchage des).	
Pruneaux (fabrication de).	Étuvage des prunes.
Sucreries.	Fabrication et raffinage.
Vinaigre (fabrication de).	
Industries du cuir, du textile et de l'habillement	
Chamoiseries.	Traitement des peaux fraîches.
Corroieries.	Travaux de séchage.
Cuirs vernis (fabrication de).	Conduite des étuves.
Délainage des peaux de mouton.	Travaux d'étuvage.
Indigo (teinturerie à l').	
Maroquineries et mégisseries.	Mise à l'eau des peaux, levage des pelains et des confits, conduite des étuves.
Moulinage de fils de toute nature.	Surveillance de la marche des machines de moulinage.
Peaux fraîches et en poil (dépôts de).	Salage des peaux.
Pelleteries (ateliers de).	Mouillage des peaux.
Tanneries.	Salage des cuirs frais, dessalage des cuirs, levage des pelains et des premières cuves de basserie.
Toiles cirées (fabrication de).	Service des séchoirs et étuves.
Industries du papier, du carton, de l'édition et de l'imprimerie	
Entreprises de journaux et d'information.	
Papier, carton et pâtes à papier (fabrication de).	
Feutres pour papeterie (fabrication de).	Conduite des foulons.
Industries chimiques	
Acide arsénieux (fabrication d').	Conduite des fours.
Acide azotique monohydraté (fabrication d').	
Acide carbonique liquide (fabrication d').	
Acide chlorhydrique (fabrication d').	
Acides résiduels de la fabrication des produits nitrés (établissements traitant les).	
Acide sulfurique (fabrication d').	
Ammoniaque liquide (fabrication d').	
Camphre (fabrication de).	Raffinage.
Celluloïd (fabrication de).	
Chlore et produits dérivés (fabrication de).	
Chlorydrate d'ammoniaque (fabrication de).	Sublimation.
Colles et gélatines (fabrication de).	Traitement des matières premières ; conduite des autoclaves et des séchoirs.
Cyanamide calcique (fabrication de la).	Préparation de l'azote pur, broyage du carbure, azotation du carbure broyé.
Cyanures alcalins (fabrication de).	
Dynamite (fabrication de). Eau oxygénée (fabrication d').	
Électrolyse de l'eau (établissements pratiquant l').	

CATÉGORIES D'ÉTABLISSEMENTS	TRAVAUX OU ACTIVITÉS
Engrais animaux (fabrication d').	Transport et traitement des matières.
Éther (fabrication d').	
Extraits tannants et tinctoriaux (fabrication d').	
Glycérine (distillation de la).	
Goudron (usines de distillation du).	
Huiles de schiste (usines de distillation des).	
Iode (fabrication d').	
Matières colorantes artificielles dérivées du goudron de houille (fabrication de).	
Noir d'aniline (fabrication de).	Conduite de l'oxydation dans la teinture.
Noir minéral (fabrication de).	Noir minéral.
Oxyde de zinc (fabrication d').	
Parfumeries.	Extraction du parfum des fleurs.
Pétrole (raffineries de).	Service des appareils de distillation et des appareils à parafiner.
Phosphore (fabrication de).	
Plaques, papiers et pellicules sensibles pour la photographie (fabrication de).	
Produits chimiques organiques par voie de synthèse (fabrication de).	
Savonneries.	
Sels ammoniacaux (fabrication de).	Conduite des appareils.
Silicates de soude et de potasse (fabrication de).	
Soude (fabrication de).	
Sulfates métalliques (fabrication de).	Conduite des appareils.
Sulfate de soude (fabrication de).	
Sulfate de carbone (fabrication de).	
Sulfure de sodium (fabrication de).	
Superphosphates.	
Viscose (fabrication de).	
Industrie des matières plastiques	
Matières plastiques (transformation des).	Conduite des extrudeuses en continu.
Établissements industriels utilisant des fours	
Bleu outremer (fabrication de).	Conduite des fours.
Carbure de calcium (fabrication de).	Travaux avec four électrique.
Céramique.	Séchage des produits et conduite des fours.
Chaux, ciments, plâtres (fabrication de).	Conduite des fours.
Coke (fabrication de).	Conduite des fours.
Distillation du bois (usines de).	Conduite des fours et appareils.
Dolomie (établissements traitant la).	Conduite des fours.
Fours électriques (établissements employant les).	Travaux accomplis à l'aide des fours électriques.
Galvanisation et étamage du fer (établissements pratiquant la).	Conduite des fours.
Kaolin (établissements de préparation du).	Conduite des fours.
Litharge (fabrication de).	Conduite des fours.
Minium (fabrication de).	Conduite des fours.
Noir animal (fabriques de).	Conduite des fours de cuisson.
Oxyde d'antimoine (fabrication d').	Conduite des fours.
Plumes métalliques (fabrication de).	Conduite des fours.
Silice en poudre (fabrication de la).	Conduite des fours de calcination.
Soufre (fabrication de).	Conduite des fours et sublimation du soufre.
Verreries et cristalleries.	Conduite des fours.

CATÉGORIES D'ÉTABLISSEMENTS	TRAVAUX OU ACTIVITÉS
Industries métallurgiques et du travail des métaux	
Accumulateurs électriques (fabrication de).	Formation des plaques et surveillance des fours de fusion du plomb.
Bioxyde de baryum (fabrication de).	
Câbles électriques (fabrication de).	Travaux d'isolation et conduite des étuves.
Fer et fonte émaillés (usines de).	Service des fours de fabrication.
Suifs (fonderies de).	Réception et traitement par l'acide ou le bain-marie.
Laminoirs et tréfileries de tous métaux.	
Protection des métaux en continu.	
Métaux (usines de production des).	
Autres travaux et industries	
Air comprimé (chantiers de travaux à l').	Production et soufflage de l'air comprimé.
Bougies (fabrication de).	Préparation des acides gras.
Glace (fabrication de).	Fabrication et doucissage des glaces.
Paille pour chapeaux (fabrication de).	Blanchiment de la paille.
Sécheries de bois d'ébénisterie.	Conduite des feux et de la ventilation.
Production et distribution d'énergie, d'eau et des fluides caloporteurs	
Entreprises d'éclairage, de distribution d'eau et de production d'énergie.	
Entreprises de chauffage.	
Électricité (fabrication de charbon pour l').	Cuisson des charbons.
Froid (usines de production du).	Conduite des appareils.
Hydrauliques (établissements utilisant les forces).	Opérations commandées par les forces hydrauliques.
Moulins à vent.	
Commerces de gros et de détail	
Ameublement (établissements de commerce de détail).	
(D. 2014-302 du 7 mars 2014, JO 8) «Bricolage (établissements de commerce de détail)».	
Débits de tabac.	
Distribution de carburants et lubrifiants pour automobiles (postes de).	
Marée (établissements faisant le commerce de la).	
Fleurs naturelles (établissements de commerce en gros des).	
Transports et livraisons	
Entreprises de transport par terre autres que de transport ferroviaire.	
Entreprises de transport ferroviaire (D. 2016-755 du 8 juin 2016, art. 33, JO 9, entrée en vigueur au plus tard le 11.12.2016) «et de gestion, d'exploitation ou de maintenance sous exploitation des lignes et installations fixes d'infrastructures ferroviaires».	Conduite des trains et accompagnement dans les trains. Activités liées aux horaires de transports et à l'assurance de la continuité et de la régularité du trafic, y compris les activités de maintenance des installations et des matériels. Activités de garde, de surveillance et de permanence caractérisées par la nécessité d'assurer la protection des personnes et des biens.
Entreprises de transport et de travail aériens.	
Entreprises d'expédition, de transit et d'emballage.	
Aéroports (commerces et services situés dans l'enceinte des).	
Ouvrages routiers à péages (entreprises d'exploitation d').	Service de péage.
Établissements industriels et commerciaux.	Service de transport pour livraisons.
Télécommunications	
Entreprises d'émission et de réception de télécommunication.	

CATÉGORIES D'ÉTABLISSEMENTS	TRAVAUX OU ACTIVITÉS
Activités financières	
Caisses d'épargne.	
Change de monnaie.	Activités de change.
Santé et soins	
Établissements de santé et établissements sociaux et médico-sociaux. Pharmacies. Établissements de bains, piscines, hammams, thalassothérapie, balnéothérapie, spa.	
Soins médicaux infirmiers et vétérinaires (établissements et services de).	Service de garde. Toutes activités liées à l'urgence et à la continuité des soins.
Garde d'animaux (établissements et services de).	Toute activité liée à la surveillance, aux soins, à l'entretien et à la nourriture d'animaux.
Pompes funèbres (entreprises de).	
Assainissement, environnement, voirie et gestion des déchets	
Entreprises d'arrosage, de balayage, de nettoyage et d'enlèvement des ordures ménagères.	
Cabinets de toilette publics.	
Désinfection (entreprises de).	
Équarrissage (entreprises d').	
Surveillance de la qualité de l'air (associations agréées de).	Toutes activités directement liées à l'objet de ces associations.
Établissements industriels et commerciaux.	Travaux de désinfection.
Activités récréatives, culturelles et sportives	
Entreprises de spectacles.	
Musées et expositions.	
Casinos et établissements de jeux.	
Centres culturels, sportifs et récréatifs. Parcs d'attractions.	Toutes activités et commerces situés dans leur enceinte et directement liés à leur objet.
Perception des droits d'auteurs et d'interprètes.	Service de contrôle.
Photographie (ateliers de).	Prise des clichés.
Tourisme	
Assurance (organismes et auxiliaires d').	Service de permanence pour assistance aux voyageurs et touristes.
Syndicats d'initiative et offices de tourisme.	
Tourisme et loisirs (entreprises ou agences de services les concernant).	Réservation et vente d'excursions, de places de spectacles, accompagnement de clientèle.
Consommation immédiate et restauration	
Fabrication de produits alimentaires destinés à la consommation immédiate.	
Hôtels, cafés et restaurants.	
Maintenance, dépannage et réparation	
Garages.	Réparations urgentes de véhicules
Machines agricoles (ateliers de réparation de).	Réparations urgentes de machines agricoles.
Véhicules (ateliers de réparation de).	Réparations urgentes
Ascenseurs, monte-charge, matériels aéraulique, thermique et frigorifique (entreprises d'installation d').	Service de dépannage d'urgence.
Maintenance (entreprises et services de).	Travaux de révision, d'entretien, de réparation, de montage et de démontage, y compris les travaux informatiques nécessitant, pour des raisons techniques, la mise hors exploitation des installations, ou qui doivent être réalisés de façon urgente. Travaux de dépannage d'appareils et d'installations domestiques à usage quotidien.

CATÉGORIES D'ÉTABLISSEMENTS	TRAVAUX OU ACTIVITÉS
Ingénierie informatique (entreprises et services d').	Infogérance pour les entreprises clientes bénéficiant d'une dérogation permanente permettant de donner aux salariés le repos hebdomadaire par roulement ainsi que pour les entreprises qui ne peuvent subir, pour des raisons techniques impérieuses ou de sécurité, des interruptions de services informatiques. Infogérance de réseaux internationaux.
Services de surveillance, d'animation et d'assistance de services de communication électronique (entreprises de).	Travaux de surveillance, d'assistance téléphonique ou télématique.
Secours et sécurité	
Banques et établissements de crédit.	Service de garde.
Traitement des moyens de paiement (établissements de).	Service d'autorisation de paiement et d'opposition assurant la sécurité des moyens de paiement.
Surveillance, gardiennage (entreprise de).	Service de surveillance, de gardiennage et de lutte contre l'incendie.
Entreprises concessionnaires ou gestionnaires de ports de plaisance.	Surveillance permanente et continue des installations portuaires ainsi que de celle des bateaux amarrés, entrant ou sortant du port. Accueil vingt-quatre heures sur vingt-quatre des plaisanciers. Intervention des équipes de secours (sécurité terre-mer).
Établissements industriels et commerciaux.	Service préventif contre l'incendie.
Services aux personnes	
Services aux personnes physiques à leur domicile (associations ou entreprises agréées par l'État ou une collectivité territoriale procédant à l'embauche de travailleurs pour les mettre à disposition des personnes).	Toutes activités directement liées à l'objet de ces associations ou de ces entreprises.
Avocats salariés.	Application des dispositions relatives à l'aide juridictionnelle et aux commissions ou désignations d'office.
Location	
Location de DVD et de cassettes vidéo (établissement de).	Activités situées dans ces établissements et directement liées à leur objet.
Promoteurs et agences immobilières.	Locations saisonnières de meublés liés au tourisme.
Entreprises de location de chaises, de moyens de locomotion.	
Marchés, foires et expositions	
Foires et salons régulièrement déclarés, congrès, colloques et séminaires (entreprises d'organisation, d'installation de stands, entreprises participantes).	Organisation des manifestations, expositions, montage et démontage des stands, tenue des stands. Accueil du public.
Marchés installés sur le domaine public et relevant de l'autorité municipale (entreprises d'installation de ces marchés, concessionnaires de droits de place, entreprises et commerces participants).	Installation et démontage des marchés. Tenue des stands. Perception des droits de place.
Espaces de présentation et d'exposition permanente dont l'activité est exclusive de toute vente au public, réservés aux producteurs, revendeurs ou prestataires de services.	
Enseignement	
Enseignement (établissement d').	Service d'internat.
Fleurs, graines et jardineries	
Jardineries et graineteries.	Toutes activités situées dans ces établissements et directement liées à leur objet.
Magasins de fleurs naturelles.	
Immobilier	
Promoteurs et agences immobilières.	Bureaux de vente sur les lieux de construction ou d'exposition.

Art. R. 3132-6. Dans les établissements mentionnés à l'article R. 3132-5 où sont exercées en même temps d'autres industries ou activités, la faculté de donner le repos hebdomadaire par roulement s'applique exclusivement aux fabrications, travaux et activités déterminés dans le tableau figurant à cet article.

Art. R. 3132-7. Outre les catégories d'établissements énumérés à l'article R. 3132-5, sont admis à donner le repos hebdomadaire par roulement les établissements qui, fonctionnant de jour et de nuit à l'aide d'équipes en alternance ont suspendu, pendant douze heures consécutives au moins chaque dimanche, les travaux autres que les travaux urgents et les travaux de nettoyage et de maintenance mentionnés aux articles L. 3132-4 et L. 3132-8.

Art. L. 3132-13. Dans les commerces de détail alimentaire, le repos hebdomadaire peut être donné le dimanche à partir de (L. 2009-974 du 10 août 2009, JO 11) «treize heures».

Les salariés âgés de moins de vingt et un ans logés chez leurs employeurs bénéficient d'un repos compensateur, par roulement et par semaine, d'un autre après-midi.

Les autres salariés bénéficient d'un repos compensateur, par roulement et par quinzaine, d'une journée entière.

(L. 2015-990 du 6 août 2015, art. 251, JO 7) «Dans les commerces de détail alimentaire dont la surface de vente est supérieure au seuil mentionné au premier alinéa de l'article 3 de la loi n° 72-657 du 13 juillet 1972 instituant des mesures en faveur de certaines catégories de commerçants et artisans âgés, les salariés privés du repos dominical bénéficient d'une rémunération majorée d'au moins 30 % par rapport à la rémunération normalement due pour une durée équivalente.»

Art. R. 3132-8. Les établissements auxquels s'appliquent les dispositions de l'article L. 3132-13 sont ceux dont l'activité exclusive ou principale est la vente de denrées alimentaires au détail.

§ 2. Dérogations conventionnelles

Sous-§ 1. Travail en continu

Art. L. 3132-14. Dans les industries ou les entreprises industrielles, (Ord. 2017-1718 du 20 déc. 2017, art. 1er, I, 127°, JO 21) «une convention ou un accord d'entreprise ou d'établissement ou, à défaut, une convention ou un accord de branche étendu» peut prévoir la possibilité d'organiser le travail de façon continue pour des raisons économiques et d'attribuer le repos hebdomadaire par roulement.

À défaut de convention ou d'accord collectif de travail étendu ou de convention ou d'accord d'entreprise, une dérogation peut être accordée par l'inspecteur du travail après consultation des délégués syndicaux et avis du (Ord. 2017-1386 du 22 sept. 2017, art. 4, 31°, JO 23, entrée en vigueur au plus tard le 01.01.2018) «comité social et économique, s'il existe», dans des conditions déterminées par décret en Conseil d'État.

Art. R. 3132-9. À défaut de convention ou d'accord collectif de travail étendu ou d'accord d'entreprise prévoyant la possibilité de déroger à l'obligation du repos le dimanche dans les conditions prévues à l'article L. 3132-14, l'organisation du travail de façon continue pour raisons économiques peut être autorisée par l'inspecteur du travail si elle tend à une meilleure utilisation des équipements de production et au maintien ou à l'accroissement du nombre des emplois existants.

Art. L. 3132-15. La durée du travail des salariés travaillant de façon permanente en équipes successives selon un cycle continu ne doit pas être supérieure en moyenne, sur une année, à trente-cinq heures par semaine travaillée.

Sous-§ 2. Équipe de suppléance

Art. L. 3132-16. Dans les industries ou les entreprises industrielles, (Ord. 2017-1718 du 20 déc. 2017, art. 1er, I, 128°, JO 21) «une convention ou un accord d'entreprise ou d'établissement ou, à défaut, une convention ou un accord collectif de travail étendu» peut prévoir que le personnel d'exécution fonctionne en deux groupes dont l'un, dénommé équipe de suppléance, a pour seule fonction de remplacer l'autre pendant le ou les jours de repos accordés au premier groupe.

Le repos hebdomadaire des salariés de l'équipe de suppléance est attribué un autre jour que le dimanche.

Cette dérogation s'applique également au personnel nécessaire à l'encadrement de cette équipe.

Art. L. 3132-17. La convention ou l'accord prévoyant la mise en place d'une équipe de suppléance comporte des dispositions concernant:

1° Les conditions particulières de mise en œuvre de la formation du personnel travaillant en équipe de suppléance et la rémunération du temps de formation;

2° Les modalités d'exercice du droit des salariés de l'équipe de suppléance d'occuper un emploi autre que de suppléance.

Art. L. 3132-18. À défaut de convention ou d'accord, le recours aux équipes de suppléance est subordonné à l'autorisation de l'inspecteur du travail donnée après consultation des délégués syndicaux et avis du (Ord. 2017-1386 du 22 sept. 2017, art. 4, 31°, JO 23, entrée en vigueur au plus tard le 01.01.2018) «comité social et économique, s'il existe», dans des conditions déterminées par décret en Conseil d'État.

Art. R. 3132-10. En l'absence de convention ou d'accord collectif de travail étendu ou de convention ou d'accord d'entreprise ou d'établissement le prévoyant, le recours aux équipes de suppléance peut être autorisé par l'inspecteur du travail, s'il tend à une meilleure utilisation des équipements de production et au maintien ou à l'accroissement du nombre des emplois existants.

Art. R. 3132-11. La durée quotidienne du travail des salariés affectés aux équipes de suppléance peut atteindre douze heures lorsque la durée de la période de recours à ces équipes n'excède pas quarante-huit heures consécutives.

Lorsque cette durée est supérieure à quarante-huit heures, la journée de travail ne peut excéder dix heures.

Art. R. 3132-12. En cas de recours aux équipes de suppléance en application d'un accord d'entreprise ou d'établissement, l'autorisation de dépasser la durée maximale quotidienne de travail de dix heures est demandée à l'inspecteur du travail.

Art. L. 3132-19. La rémunération des salariés de l'équipe de suppléance est majorée d'au moins 50 % par rapport à celle qui serait due pour une durée équivalente effectuée suivant l'horaire normal de l'entreprise. Cette majoration ne s'applique pas lorsque les salariés de l'équipe de suppléance sont amenés à remplacer durant la semaine les salariés partis en congé.

Sous-§ 3 (réglementaire). Procédure administrative

Art. R. 3132-13. La demande tendant à obtenir l'une des dérogations prévues aux articles L. 3132-14 et L. 3132-16 est accompagnée des justifications nécessaires et de l'avis des délégués syndicaux et du (D. 2017-1819 du 29 déc. 2017, art. 3, 24°, JO 30, entrée en vigueur le 01.01.2018) « comité social et économique, s'il existe ». Elle est adressée par l'employeur à l'inspecteur du travail.

L'inspecteur du travail fait connaître sa décision à l'employeur ainsi qu'aux représentants du personnel dans le délai de trente jours à compter de la date de la réception de la demande.

Art. R. 3132-14. Le recours hiérarchique dirigé contre la décision de l'inspecteur du travail est porté devant le (D. 2009-1377 du 10 nov. 2009, JO 13; D. 2010-687 du 24 juin 2010, JO 25; voir D. 2010-1582 du 17 déc. 2010, JO 18, pour outre-mer) « directeur régional des entreprises, de la concurrence, de la consommation, du travail et de l'emploi ».

Il est formé dans un délai d'un mois suivant la date à laquelle l'intéressé a reçu notification de la décision contestée.

Art. R. 3132-15. La procédure prévue aux articles R. 3132-13 et R. 3132-14 est applicable à la demande d'autorisation de dépasser la durée maximale quotidienne de travail de dix heures en cas de recours aux équipes de suppléance en application d'un accord d'entreprise ou d'établissement.

Elle s'applique également à la demande d'autorisation présentée à l'inspecteur du travail en l'absence d'accord d'entreprise ou d'établissement prévoyant l'utilisation de la dérogation stipulée par convention ou accord collectif étendu.

§ 3. Autres dérogations au repos dominical

Sous-§ 1. Dérogations accordées par le préfet

Art. L. 3132-20. Lorsqu'il est établi que le repos simultané, le dimanche, de tous les salariés d'un établissement serait préjudiciable au public ou compromettrait le fonctionnement normal de cet établissement, le repos peut être autorisé par le préfet, soit toute l'année, soit à certaines époques de l'année seulement suivant l'une des modalités suivantes :
1° Un autre jour que le dimanche à tous les salariés de l'établissement ;
2° Du dimanche midi au lundi midi ;
3° Le dimanche après-midi avec un repos compensateur d'une journée par roulement et par quinzaine ;
4° Par roulement à tout ou partie des salariés.

Art. L. 3132-21. (L. 2015-990 du 6 août 2015, art. 241, II, JO 7) Les autorisations prévues à l'article L. 3132-20 sont accordées pour une durée qui ne peut excéder trois ans, après avis du conseil municipal et, le cas échéant, de l'organe délibérant de l'établissement public de coopération intercommunale à fiscalité propre dont la commune est membre, de la chambre de commerce et d'industrie, de la chambre de métiers et de l'artisanat, ainsi que des organisations professionnelles d'employeurs et des organisations syndicales de salariés intéressées de la commune.

En cas d'urgence dûment justifiée et lorsque le nombre de dimanches pour lesquels l'autorisation prévue au même article L. 3132-20 n'excède pas trois, les avis préalables mentionnés au premier alinéa du présent article ne sont pas requis.

Art. L. 3132-22. Les dispositions de l'article L. 3132-20 ne sont pas applicables aux clercs, commis et employés des études et greffes dans les offices ministériels.

Art. L. 3132-23. L'autorisation accordée à un établissement par le préfet peut être étendue à plusieurs ou à la totalité des établissements de la même localité exerçant la même activité, s'adressant à la même clientèle, une fraction d'établissement ne pouvant, en aucun cas, être assimilée à un établissement.

Ces autorisations d'extension (L. 2009-974 du 10 août 2009, JO 11) « sont toutes retirées lorsque, dans la localité, » la majorité des établissements intéressés le demande.

Art. R. 3132-16. (D. 2009-1134 du 21 sept. 2009, JO 22) Les autorisations d'extension mentionnées à l'article L. 3132-23 sont prises selon les modalités prévues au premier alinéa de l'article (D. 2015-1173 du 23 sept. 2015, JO 24) « L. 3132-21 ».

Les avis mentionnés au premier alinéa de l'article (D. 2015-1173 du 23 sept. 2015, JO 24) « L. 3132-21 » sont donnés dans le délai d'un mois. Le préfet statue ensuite dans un délai de huit jours par un arrêté motivé qu'il notifie immédiatement aux demandeurs.

Art. R. 3132-17. (D. 2009-1134 du 21 sept. 2009, JO 22) Les autorisations d'extension prévues à l'article L. 3132-23 sont applicables aux établissements situés dans la même localité, exerçant la même activité et s'adressant à la même clientèle.

Les autorisations d'extension prévues à l'article L. 3132-23 sont accordées au vu d'un accord collectif applicable à l'établissement concerné par l'extension ou, à défaut, d'une décision unilatérale de l'employeur approuvée par référendum.

Sous-§ 2. Dérogations sur un fondement géographique

Art. L. 3132-24. (L. 2015-990 du 6 août 2015, art. 242, JO 7) I. – Les établissements de vente au détail qui mettent à disposition des biens et des services et qui sont situés dans les zones touristiques internationales peuvent donner le repos hebdomadaire par roulement pour tout ou partie du personnel, dans les conditions prévues aux articles L. 3132-25-3 et L. 3132-25-4.

II. – Les zones touristiques internationales sont délimitées par les ministres chargés du travail, du tourisme et du commerce, après avis du maire et, le cas échéant, du président de l'établissement public de coopération intercommunale à fiscalité propre dont la commune est membre ainsi que des organisations professionnelles d'employeurs et des organisations syndicales de salariés intéressées, compte tenu du rayonnement international de ces zones, de l'affluence exceptionnelle de touristes résidant hors de France et de l'importance de leurs achats.

III. – Trois ans après la délimitation d'une zone touristique internationale, le Gouvernement remet au Parlement une évaluation économique et sociale des pratiques d'ouverture des commerces qui se sont développées à la suite de cette délimitation.

IV. – Un décret en Conseil d'État détermine les modalités d'application du présent article.

Art. R. 3132-21-1. (D. 2015-1173 du 23 sept. 2015, JO 24) I. – Les zones touristiques internationales prévues à l'article L. 3132-24 sont délimitées par un arrêté des ministres chargés du travail, du tourisme et du commerce.

II. – Pour l'application des dispositions de l'article L. 3132-24, sont pris en compte les critères suivants :

1° Avoir un rayonnement international en raison d'une offre de renommée internationale en matière commerciale ou culturelle ou patrimoniale ou de loisirs ;

2° Être desservie par des infrastructures de transports d'importance nationale ou internationale ;

3° Connaître une affluence exceptionnelle de touristes résidant hors de France ;

4° Bénéficier d'un flux important d'achats effectués par des touristes résidant hors de France, évalué par le montant des achats ou leur part dans le chiffre d'affaires total de la zone.

Art. L. 3132-25. (L. 2015-990 du 6 août 2015, art. 243, JO 7) « Les établissements de vente au détail qui mettent à disposition des biens et des services et qui sont situés dans les zones touristiques caractérisées par une affluence particulièrement importante de touristes peuvent donner le repos hebdomadaire par roulement pour tout ou partie du personnel, dans les conditions prévues aux articles L. 3132-25-3 et L. 3132-25-4. »

Un décret en Conseil d'État détermine les modalités d'application du présent article.

Art. R. 3132-19. (D. 2015-1173 du 23 sept. 2015, JO 24) Le préfet de région délimite par arrêté les zones mentionnées aux articles L. 3132-25 et L. 3132-25-1. Lorsqu'une zone est située sur le territoire de plus d'une région, les préfets de région concernés la délimitent par arrêté conjoint.

Art. R. 3132-20. (D. 2009-1134 du 21 sept. 2009, JO 22) « Pour figurer sur la liste des (D. 2015-1173 du 23 sept. 2015, JO 24) « zones touristiques mentionnées à l'article L. 3132-25 », les zones doivent accueillir pendant certaines périodes de l'année une population supplémentaire importante en raison de leurs caractéristiques naturelles, artistiques, culturelles ou historiques ou de l'existence d'installations de loisirs ou thermales à forte fréquentation. »

Les critères notamment pris en compte (D. 2009-1134 du 21 sept. 2009, JO 22) « pour le classement en (D. 2015-1173 du 23 sept. 2015, JO 24) « zones touristiques » sont :

1° Le rapport entre la population permanente et la population saisonnière ;

2° Le nombre d'hôtels ;

(D. 2015-1173 du 23 sept. 2015, JO 24) « 3° Le nombre de villages de vacances ;

4° Le nombre de chambres d'hôtes ;

5° Le nombre de terrains de camping ;

6° Le nombre de logements meublés destinés aux touristes ;

7° Le nombre de résidences secondaires ou de tourisme ;

8° Le nombre de lits répartis au sein des structures d'hébergement mentionnées aux six alinéas précédents ;

9° La capacité d'accueil des véhicules par la mise à disposition d'un nombre suffisant de places de stationnement. »

Art. L. 3132-25-1. (L. 2015-990 du 6 août 2015, art. 244, JO 7) Les établissements de vente au détail qui mettent à disposition des biens et des services et qui sont situés dans les zones commerciales caractérisées par une offre commerciale et une demande potentielle particulièrement importantes, le cas échéant en tenant compte de la proximité immédiate d'une zone frontalière, peuvent donner le repos hebdomadaire par roulement pour tout ou partie du personnel, dans les conditions prévues aux articles L. 3132-25-3 et L. 3132-25-4.

Un décret en Conseil d'État détermine les modalités d'application du présent article.

Art. R. 3132-20-1. (D. 2015-1173 du 23 sept. 2015, JO 24) I. – Pour être qualifié de zone commerciale au sens de l'article L. 3132-25-1, la zone faisant l'objet d'une demande de délimitation ou de modification remplit les critères suivants :

1° Constituer un ensemble commercial au sens de l'article L. 752-3 du code de commerce d'une surface de vente totale supérieure à 20 000 m^2 ;

2° Avoir un nombre annuel de clients supérieur à 2 millions [ou être située dans une unité urbaine comptant une population supérieure à 100 000 habitants] ;

3° Être dotée des infrastructures adaptées et accessible par les moyens de transport individuels et collectifs.

II. – Lorsque la zone est située à moins de 30 kilomètres d'une offre concurrente située sur le territoire d'un État limitrophe, les valeurs applicables au titre des critères de surface de vente et de nombre annuel de clients énoncés respectivement au 1° et au 2° du I sont de 2 000 m² et de 200 000 clients.

Art. L. 3132-25-2. (L. 2015-990 du 6 août 2015, art. 245, JO 7) I. – La demande de délimitation ou de modification des zones définies aux articles L. 3132-25 et L. 3132-25-1 est faite par le maire ou, après consultation des maires concernés, par le président de l'établissement public de coopération intercommunale à fiscalité propre, lorsque celui-ci existe et que le périmètre de la zone concernée excède le territoire d'une seule commune.

La demande de délimitation ou de modification de ces zones est transmise au représentant de l'État dans la région. Elle est motivée et comporte une étude d'impact justifiant notamment l'opportunité de la création ou de la modification de la zone.

II. – Les zones mentionnées au I sont délimitées ou modifiées par le représentant de l'État dans la région après avis :

1° Du conseil municipal des communes dont le territoire est concerné ;

2° Des organisations professionnelles d'employeurs et des organisations syndicales de salariés intéressées ;

3° De l'organe délibérant des établissements publics de coopération intercommunale à fiscalité propre dont sont membres les communes dont le territoire est concerné ;

4° Du comité départemental du tourisme, pour les zones touristiques mentionnées à l'article L. 3132-25 ;

5° De la chambre de commerce et d'industrie et de la chambre de métiers et de l'artisanat, pour les zones commerciales mentionnées à l'article L. 3132-25-1.

L'avis de ces organismes est réputé donné à l'issue d'un délai de deux mois à compter de leur saisine en cas de demande de délimitation d'une zone et d'un mois en cas de demande de modification d'une zone existante.

III. – Le représentant de l'État dans la région statue dans un délai de six mois sur la demande de délimitation dont il est saisi. Il statue dans un délai de trois mois sur une demande de modification d'une zone.

Art. L. 3132-25-3. (L. 2009-974 du 10 août 2009, JO 11) (L. 2015-990 du 6 août 2015, art. 246, JO 7) « I. – » Les autorisations prévues (L. 2015-990 du 6 août 2015, art. 246, JO 7) « à l'article L. 3132-20 » sont accordées au vu d'un accord collectif ou, à défaut, d'une décision unilatérale de l'employeur prise après référendum.

L'accord collectif fixe les contreparties accordées aux salariés privés du repos dominical ainsi que les engagements pris en termes d'emploi ou en faveur de certains publics en difficulté ou de personnes handicapées.

En l'absence d'accord collectif applicable, les autorisations sont accordées au vu d'une décision unilatérale de l'employeur, prise après avis du (Ord. 2017-1386 du 22 sept. 2017, art. 4, 32°, JO 23, entrée en vigueur au plus tard le 01.01.2018) « comité social et économique, s'il existe », approuvée par référendum organisé auprès des personnels concernés par cette dérogation au repos dominical. La décision de l'employeur approuvée par référendum fixe les contreparties accordées aux salariés privés du repos dominical ainsi que les engagements pris en termes d'emploi ou en faveur de certains publics en difficulté ou de personnes handicapées. Dans ce cas, chaque salarié privé du repos du dimanche bénéficie d'un repos compensateur et perçoit pour ce jour de travail une rémunération au moins égale au double de la rémunération normalement due pour une durée équivalente.

Lorsqu'un accord collectif est régulièrement négocié postérieurement à la décision unilatérale prise sur le fondement de l'alinéa précédent, cet accord s'applique dès sa signature en lieu et place des contreparties prévues par cette décision.

(L. 2015-990 du 6 août 2015, art. 246, JO 7) « II. – Pour bénéficier de la faculté de donner le repos hebdomadaire par roulement pour tout ou partie du personnel, prévue aux articles L. 3132-

24, L. 3132-25, L. 3132-25-1 et L. 3132-25-6, les établissements doivent être couverts soit par (Ord. 2017-1718 du 20 déc. 2017, art. 1er, I, 129°, JO 21) «un accord d'entreprise ou d'établissement ou, à défaut, un accord collectif de branche», soit par un accord conclu à un niveau territorial.

Les accords collectifs de branche, d'entreprise et d'établissement et les accords territoriaux prévoient une compensation déterminée afin de tenir compte du caractère dérogatoire du travail accompli le dimanche.

L'accord mentionné au premier alinéa du présent II fixe les contreparties, en particulier salariales, accordées aux salariés privés du repos dominical ainsi que les engagements pris en termes d'emploi ou en faveur de certains publics en difficulté ou de personnes handicapées. Il prévoit également les mesures destinées à faciliter la conciliation entre la vie professionnelle et la vie personnelle des salariés privés du repos dominical. Le présent alinéa s'applique également aux établissements autres que ceux mentionnés à l'article L. 3132-12 pour leurs salariés qui travaillent dans la surface de vente d'un établissement situé dans l'une des zones mentionnées aux articles L. 3132-24, L. 3132-25 et L. 3132-25-1 ou dans l'une des gares mentionnées à l'article L. 3132-25-6.

L'accord fixe les contreparties mises en œuvre par l'employeur pour compenser les charges induites par la garde des enfants pour les salariés privés du repos dominical.

Dans les établissements de moins de onze salariés, à défaut d'accord collectif ou d'accord conclu à un niveau territorial, la faculté mentionnée au premier alinéa du présent II est ouverte après consultation par l'employeur des salariés concernés sur les mesures prévues au titre des deuxième à quatrième alinéas et approbation de la majorité d'entre eux.

En cas de franchissement du seuil de onze salariés mentionné au cinquième alinéa, le premier alinéa est applicable à compter de la troisième année consécutive au cours de laquelle l'effectif de l'établissement employé dans la zone atteint ce seuil.

III. – Dans les cas prévus aux I et II du présent article, l'accord ou la décision unilatérale de l'employeur prise en application de l'article L. 3132-20 fixent les conditions dans lesquelles l'employeur prend en compte l'évolution de la situation personnelle des salariés privés du repos dominical.»

Art. L. 3132-25-4. (L. 2015-990 du 6 août 2015, art. 247, JO 7) «Pour l'application des articles L. 3132-20, L. 3132-24, L. 3132-25, L. 3132-25-1 et L. 3132-25-6,» seuls les salariés volontaires ayant donné leur accord par écrit à leur employeur peuvent travailler le dimanche. Une entreprise ne peut prendre en considération le refus d'une personne de travailler le dimanche pour refuser de l'embaucher. Le salarié qui refuse de travailler le dimanche ne peut faire l'objet d'une mesure discriminatoire dans le cadre de l'exécution de son contrat de travail. Le refus de travailler le dimanche pour un salarié ne constitue pas une faute ou un motif de licenciement.

(L. 2015-990 du 6 août 2015, art. 247, JO 7) «L'accord collectif ou les mesures proposées par l'employeur mentionnés au II de l'article L. 3132-25-3 déterminent les modalités de prise en compte d'un changement d'avis du salarié privé du repos dominical.»

(L. 2015-990 du 6 août 2015, art. 247, JO 7) «Pour l'application de l'article L. 3132-20,» à défaut d'accord collectif applicable, l'employeur demande chaque année à tout salarié qui travaille le dimanche s'il souhaite bénéficier d'une priorité pour occuper ou reprendre un emploi ressortissant à sa catégorie professionnelle ou un emploi équivalent ne comportant pas de travail le dimanche dans le même établissement ou, à défaut, dans la même entreprise. L'employeur l'informe également, à cette occasion, de sa faculté de ne plus travailler le dimanche s'il ne le souhaite plus. En pareil cas, le refus du salarié prend effet trois mois après sa notification écrite à l'employeur.

En outre, le salarié qui travaille le dimanche peut à tout moment demander à bénéficier de la priorité définie à l'alinéa précédent.

En l'absence d'accord collectif, le salarié privé de repos dominical conserve la faculté de refuser de travailler trois dimanches de son choix par année civile. Il doit en informer préalablement son employeur en respectant un délai d'un mois.

(L. 2015-990 du 6 août 2015, art. 247, JO 7) «L'employeur prend toute mesure nécessaire pour permettre aux salariés d'exercer personnellement leur droit de vote au titre des scrutins nationaux et locaux lorsque ceux-ci ont lieu le dimanche.»

Art. L. 3132-25-5. (L. 2009-974 du 10 août 2009, JO 11) Les articles L. 3132-25 et L. 3132-25-1 ne sont pas applicables aux commerces de détail alimentaire qui bénéficient des dispositions de l'article L. 3132-13.

(L. 2015-990 du 6 août 2015, art. 248, JO 7) «Les commerces de détail alimentaire situés dans les zones mentionnées à l'article L. 3132-24 ou dans les emprises des gares mentionnées à l'article L. 3132-25-6 sont soumis, pour la période du dimanche s'achevant à treize heures, à l'article L. 3132-13. Après treize heures, ils peuvent donner le repos hebdomadaire par roulement pour tout ou partie du personnel selon les modalités définies aux II et III de l'article L. 3132-25-3 et à l'article L. 3132-25-4.»

Art. L. 3132-25-6. (L. 2015-990 du 6 août 2015, art. 249, JO 7) Un arrêté conjoint des ministres chargés des transports, du travail et du commerce peut, après avis du maire, le cas échéant du président de l'établissement public de coopération intercommunale dont la commune est membre, et des représentants des employeurs et des salariés des établissements concernés, autoriser les établissements de vente au détail qui mettent à disposition des biens et des services et qui sont situés dans l'emprise d'une gare qui n'est pas incluse dans l'une des zones mentionnées à l'article L. 3132-24 à donner le repos hebdomadaire par roulement pour tout ou partie du personnel, compte tenu de l'affluence exceptionnelle de passagers dans cette gare, dans les conditions prévues aux II et III de l'article L. 3132-25-3 et à l'article L. 3132-25-4.

Les avis requis en application du premier alinéa du présent article sont réputés donnés à l'issue d'un délai de deux mois à compter de la saisine des personnes et des organisations concernées.

Sous-§ 3. Dérogations accordées par le maire

Art. L. 3132-26. Dans les établissements de commerce de détail où le repos hebdomadaire a lieu normalement le dimanche, ce repos peut être supprimé les dimanches désignés, pour chaque commerce de détail, par décision du maire (L. 2015-990 du 6 août 2015, art. 250, JO 7) «prise après avis du conseil municipal». Le nombre de ces dimanches ne peut excéder (L. 2015-990 du 6 août 2015, art. 250, JO 7) «douze» par (L. 2016-1088 du 8 août 2016, art. 8, III, 2°, JO 9) «année civile». (L. 2015-990 du 6 août 2015, art. 250, JO 7) «La liste des dimanches est arrêtée avant le 31 décembre, pour l'année suivante.» (L. 2016-1088 du 8 août 2016, art. 8, III, 2°, JO 9) «Elle peut être modifiée dans les mêmes formes en cours d'année, au moins deux mois avant le premier dimanche concerné par cette modification.»

(L. 2015-990 du 6 août 2015, art. 250, JO 7) «Lorsque le nombre de ces dimanches excède cinq, la décision du maire est prise après avis conforme de l'organe délibérant de l'établissement public de coopération intercommunale à fiscalité propre dont la commune est membre. À défaut de délibération dans un délai de deux mois suivant sa saisine, cet avis est réputé favorable.

Pour les commerces de détail alimentaire dont la surface de vente est supérieure au seuil mentionné au premier alinéa de l'article 3 de la loi n° 72-657 du 13 juillet 1972 instituant des mesures en faveur de certaines catégories de commerçants et artisans âgés, lorsque les jours fériés mentionnés à l'article L. 3133-1, à l'exception du 3°, sont travaillés, ils sont déduits par l'établissement des dimanches désignés par le maire au titre du présent article, dans la limite de trois.»

Art. R. 3132-21. L'arrêté du maire ou, à Paris, du Préfet de Paris relatif à la dérogation au repos dominical pour les commerces de détail prévu à l'article L. 3132-26, est pris après avis des organisations d'employeurs et de salariés intéressées.

Art. L. 3132-26-1. (L. 2015-990 du 6 août 2015, art. 252, JO 7) Lorsque le repos dominical a été supprimé le jour d'un scrutin national ou local, l'employeur prend toute mesure nécessaire pour permettre aux salariés d'exercer personnellement leur droit de vote.

Art. L. 3132-27. (L. 2009-974 du 10 août 2009, JO 11) «Chaque salarié privé de repos dominical perçoit une rémunération au moins égale au double de la rémunération normalement due pour une durée équivalente, ainsi qu'un repos compensateur équivalent en temps.»

L'arrêté pris en application de l'article L. 3132-26 détermine les conditions dans lesquelles ce repos est accordé, soit collectivement, soit par roulement dans la quinzaine qui précède ou suit la suppression du repos.

Si le repos dominical est supprimé un dimanche précédant une fête légale, le repos compensateur est donné le jour de cette fête.

Art. L. 3132-27-1. (L. 2015-990 du 6 août 2015, art. 253, JO 7) Le premier alinéa de l'article L. 3132-25-4 est applicable aux salariés privés du repos dominical en application de l'article L. 3132-26.

§ 4. Concertation locale

Art. L. 3132-27-2. (L. 2015-990 du 6 août 2015, art. 256, JO 7) Dans le périmètre de chaque schéma de cohérence territoriale, le représentant de l'État dans la région réunit annuellement les maires, les présidents d'établissement public de coopération intercommunale à fiscalité propre, les associations de commerçants et les organisations représentatives des salariés et des employeurs du commerce de détail, et organise une concertation sur les pratiques d'ouverture dominicale des commerces de détail au regard des dérogations au repos dominical prévues à la présente sous-section et de leur impact sur les équilibres en termes de flux commerciaux et de répartition des commerces de détail sur le territoire.

Sous-section 3. **Dispositions d'application**

Art. L. 3132-28. Les décrets en Conseil d'État prévus par les articles L. 3132-5, L. 3132-7, L. 3132-10 et L. 3132-13 sont pris dans les mêmes formes que celles prévues à l'article (L. 2016-1088 du 8 août 2016, art. 8, XI, 8°, JO 9) «L. 3121-67» pour les décrets d'application des dispositions relatives à la durée du travail.

SECTION 3. Décisions de fermeture

Art. L. 3132-29. Lorsqu'un accord est intervenu entre les organisations syndicales de salariés et les organisations d'employeurs d'une profession et d'une zone géographique déterminées sur les conditions dans lesquelles le repos hebdomadaire est donné aux salariés, le préfet peut, par arrêté, sur la demande des syndicats intéressés, ordonner la fermeture au public des établissements de la profession ou de la zone géographique concernée pendant toute la durée de ce repos. Ces dispositions ne s'appliquent pas aux activités dont les modalités de fonctionnement et de paiement sont automatisées.

(L. 2015-990 du 6 août 2015, art. 255, JO 7) «À la demande des organisations syndicales représentatives des salariés ou des organisations représentatives des employeurs de la zone géographique concernée exprimant la volonté de la majorité des membres de la profession de cette zone géographique, le préfet abroge l'arrêté mentionné au premier alinéa, sans que cette abrogation puisse prendre effet avant un délai de trois mois.»

Art. R. 3132-22. Lorsqu'un arrêté préfectoral de fermeture au public, pris en application de l'article L. 3132-29, concerne des établissements concourant d'une façon directe à l'approvisionnement de la population en denrées alimentaires, il peut être abrogé ou modifié par le ministre chargé du travail après consultation des organisations professionnelles intéressées.

Cette décision ne peut intervenir qu'après l'expiration d'un délai de six mois à compter de la mise en application de l'arrêté préfectoral.

Art. L. 3132-30. La fermeture prévue à l'article L. 3132-29 ne s'applique pas aux stands des exposants dans l'enceinte des expositions, foires ou salons figurant sur une liste déterminée, après consultation des organisations d'employeurs et de salariés intéressées, par arrêté conjoint des ministres chargés du travail et du commerce.

Les exposants bénéficiant de ces dispositions peuvent accorder le repos hebdomadaire à leurs salariés par roulement.

Art. R. 3132-23. Seules les manifestations dont la durée n'excède pas trois semaines et qui sont organisées par des établissements publics, reconnus d'utilité publique ou ayant obtenu, pendant cinq années consécutives, le parrainage du ministre chargé du commerce peuvent figurer sur la liste mentionnée à l'article L. 3132-30.

SECTION 4. Procédure de référé de l'inspecteur du travail

Art. L. 3132-31. L'inspecteur du travail peut, nonobstant toutes poursuites pénales, saisir en référé le juge judiciaire pour voir ordonner toutes mesures propres à faire cesser dans les établissements de vente au détail et de prestations de services au consommateur l'emploi illicite de salariés en infraction aux dispositions des articles L. 3132-3 et L. 3132-13.

Le juge judiciaire peut notamment ordonner la fermeture le dimanche du ou des établissements concernés. Il peut assortir sa décision d'une astreinte liquidée au profit du Trésor.

Art. D. 3132-24. Le juge mentionné à l'article L. 3132-31 est le président du (D. 2019-966 du 18 sept. 2019, art. 8, JO 19, entrée en vigueur le 01.01.2020) « tribunal judiciaire ».

Chapitre III

Jours fériés

Note Les dispositions législatives de ce chapitre sont issues de la loi 2016-1088 du 8 août 2016, art. 8, III, 3°, JO 9.

SECTION 1. Dispositions générales

Sous-section 1. Ordre public

Art. L. 3133-1. Les fêtes légales ci-après désignées sont des jours fériés :

1° Le 1er Janvier ;
2° Le lundi de Pâques ;
3° Le 1er Mai ;
4° Le 8 Mai ;
5° L'Ascension ;
6° Le lundi de Pentecôte ;
7° Le 14 Juillet ;
8° L'Assomption ;
9° La Toussaint ;
10° Le 11 Novembre ;
11° Le jour de Noël.

Art. L. 3133-2. Les heures de travail perdues par suite de chômage des jours fériés ne donnent pas lieu à récupération.

Art. L. 3133-3. Le chômage des jours fériés ne peut entraîner aucune perte de salaire pour les salariés totalisant au moins trois mois d'ancienneté dans l'entreprise ou l'établissement.

Ces dispositions s'appliquent aux salariés saisonniers si, du fait de divers contrats successifs ou non, ils cumulent une ancienneté totale d'au moins trois mois dans l'entreprise.

Ces dispositions ne s'appliquent ni aux personnes travaillant à domicile, ni aux salariés intermittents, ni aux salariés temporaires.

Sous-section 2. Champ de la négociation collective

Art. L. 3133-3-1. Un accord d'entreprise ou d'établissement ou, à défaut, une convention ou un accord de branche définit les jours fériés chômés.

Sous-section 3. Dispositions supplétives

Art. L. 3133-3-2. À défaut d'accord, l'employeur fixe les jours fériés chômés.

SECTION 2. Journée du 1 mai

Art. L. 3133-4. Le 1er mai est jour férié et chômé.

Art. L. 3133-5. Le chômage du 1er mai ne peut être une cause de réduction de salaire.

Les salariés rémunérés à l'heure, à la journée ou au rendement ont droit à une indemnité égale au salaire perdu du fait de ce chômage. Cette indemnité est à la charge de l'employeur.

Art. D. 3133-1. L'indemnité de perte de salaire pour la journée du 1er mai prévue par l'article L. 3133-5 est calculée sur la base de l'horaire de travail et de la répartition de la durée hebdomadaire du travail habituellement pratiquée dans l'établissement.

Art. L. 3133-6. Dans les établissements et services qui, en raison de la nature de leur activité, ne peuvent interrompre le travail, les salariés occupés le 1er mai ont droit, en plus du salaire correspondant au travail accompli, à une indemnité égale au montant de ce salaire. Cette indemnité est à la charge de l'employeur.

SECTION 3. Journée de solidarité

Sous-section 1. Ordre public

Art. L. 3133-7. La journée de solidarité instituée en vue d'assurer le financement des actions en faveur de l'autonomie des personnes âgées ou handicapées prend la forme :

1° D'une journée supplémentaire de travail non rémunérée pour les salariés ;

2° De la contribution prévue au 1° de l'article L. 14-10-4 du code de l'action sociale et des familles pour les employeurs.

Art. L. 3133-8. Le travail accompli, dans la limite de sept heures, durant la journée de solidarité ne donne pas lieu à rémunération :

1° Pour les salariés mensualisés, dans cette limite de sept heures ;

2° Pour les salariés dont la rémunération est calculée par référence à un nombre annuel de jours de travail conformément à l'article L. 3121-58, dans la limite de la valeur d'une journée de travail.

Pour les salariés à temps partiel, la limite de sept heures prévue au 1° du présent article est réduite proportionnellement à la durée contractuelle.

Art. L. 3133-9. Les heures correspondant à la journée de solidarité, dans la limite de sept heures ou de la durée proportionnelle à la durée contractuelle pour les salariés à temps partiel, ne s'imputent ni sur le contingent annuel d'heures supplémentaires ni sur le nombre d'heures complémentaires prévu au contrat de travail du salarié travaillant à temps partiel. Elles ne donnent pas lieu à contrepartie obligatoire sous forme de repos.

Art. L. 3133-10. Lorsqu'un salarié qui a déjà accompli, au titre de l'année en cours, une journée de solidarité s'acquitte d'une nouvelle journée de solidarité en raison d'un changement d'employeur, les heures travaillées ce jour donnent lieu à rémunération supplémentaire et s'imputent sur le contingent annuel d'heures supplémentaires ou sur le nombre d'heures complémentaires prévu au contrat de travail du salarié travaillant à temps partiel. Ces heures donnent lieu à contrepartie obligatoire sous forme de repos.

Toutefois, le salarié peut aussi refuser d'exécuter cette journée supplémentaire de travail sans que ce refus constitue une faute ou un motif de licenciement.

Sous-section 2. Champ de la négociation collective

Art. L. 3133-11. Un accord d'entreprise ou d'établissement ou, à défaut, une convention ou un accord de branche fixe les modalités d'accomplissement de la journée de solidarité.

Cet accord peut prévoir :

1° Soit le travail d'un jour férié précédemment chômé autre que le 1er mai ;

2° Soit le travail d'un jour de repos accordé au titre de l'accord collectif conclu en application de l'article L. 3121-44 ;

3° Soit toute autre modalité permettant le travail de sept heures précédemment non travaillées en application de stipulations conventionnelles ou des modalités d'organisation des entreprises.

Sous-section 3. Dispositions supplétives

Art. L. 3133-12. À défaut de stipulation dans la convention ou l'accord conclu en application de l'article L. 3133-11, les modalités d'accomplissement de la journée de solidarité sont définies par l'employeur, après consultation du (Ord. 2017-1386 du 22 sept. 2017, art. 4, 26°, JO 23, entrée en vigueur au plus tard le 01.01.2018) « comité social et économique ».

Chapitre IV

Dispositions particulières aux départements de la Moselle, du Bas-Rhin et du Haut-Rhin

Art. L. 3134-1. Les dispositions du présent chapitre s'appliquent dans les départements de la Moselle, du Bas-Rhin et du Haut-Rhin.

Toutefois, elles ne s'appliquent pas aux professions agricoles et de la pêche, aux entreprises de chemin de fer, aux concessions de bacs publics, à l'éducation des enfants et à l'enseignement, aux professions libérales, aux entreprises d'assurance, aux emplois à domicile par une personne physique, aux professions artistiques, aux professions médicales et paramédicales, ainsi qu'à la vente de médicaments.

Les dispositions des chapitres II et III ne sont pas applicables, à l'exception de celles des articles L. 3132-1 à L. 3132-3, L. 3132-14 à L. 3132-19 (L. 2016-1088 du 8 août 2016, art. 8, XI, 9°, JO 9) «, L. 3133-2, L. 3133-3 et L. 3133-4 à L. 3133-12».

Art. L. 3134-2. L'emploi de salariés dans les entreprises industrielles, commerciales ou artisanales est interdit les dimanches et jours fériés, sauf dans les cas prévus par le présent chapitre.

Art. L. 3134-3. Dans les exploitations de mines, salines et carrières, établissements industriels, chantiers du bâtiment et du génie civil, chantiers navals, le repos donné aux salariés est de :
1° Vingt-quatre heures pour chaque dimanche ou jour férié ;
2° Trente-six heures pour un dimanche et un jour férié consécutifs ;
3° Quarante-huit heures pour les fêtes de Noël, Pâques et Pentecôte.

La période de repos est calculée à partir de minuit et, dans le cas d'un dimanche et d'un jour férié consécutifs, se prolonge jusqu'à dix-huit heures le second jour.

Dans les exploitations où l'on travaille régulièrement par équipe de jour et de nuit, lorsque l'activité est interrompue pendant les vingt-quatre heures qui suivent le commencement de la période de repos, cette dernière ne peut débuter avant dix-huit heures du jour ouvrable précédent ni après six heures du dimanche ou du jour férié.

Art. L. 3134-4. Dans les exploitations commerciales, les salariés ne peuvent être employés le premier jour des fêtes de Noël, de Pâques ou de Pentecôte.

Les autres dimanches et jours fériés, leur travail ne peut dépasser cinq heures.

Par voie de statuts ayant force obligatoire, adoptés après consultation des employeurs et des salariés et publiés selon les formes prescrites, les départements ou communes peuvent réduire la durée du travail ou interdire complètement le travail pour toutes les exploitations commerciales ou pour certaines branches d'activité.

Pendant les quatre dernières semaines précédant Noël ou pour certains dimanches et jours fériés pour lesquels les circonstances locales rendent nécessaire une activité accrue, l'autorité administrative peut porter le nombre d'heures travaillées jusqu'à dix.

Les heures pendant lesquelles le travail a lieu sont déterminées, compte tenu des horaires des services religieux publics, par les dispositions statutaires qui ont réduit la durée des heures de travail et, dans les autres cas, par l'autorité administrative. Elles peuvent être fixées de façon différente pour chaque branche d'activité commerciale.

Les dispositions du présent article sont également applicables à l'emploi des salariés dans les coopératives de consommation et les associations.

Art. L. 3134-5. Les dispositions des articles L. 3134-3 et L. 3134-4 ne sont pas applicables :
1° Aux travaux qui, en cas de nécessité grave ou dans l'intérêt public, doivent être réalisés immédiatement ;
2° Pour un dimanche, à la réalisation d'un inventaire prescrit par la loi ;
3° À la surveillance des installations de l'exploitation, aux travaux de nettoyage et de maintenance nécessaires à la poursuite régulière de l'exploitation elle-même ou d'une autre exploitation, ainsi qu'aux travaux nécessaires à la reprise de la pleine activité les jours ouvrables, si ces travaux ne peuvent être exécutés un jour ouvrable ;

4° Aux travaux nécessaires pour éviter que les matières premières soient altérées ou que les résultats d'une fabrication en cours soient compromis, si ces travaux ne peuvent être exécutés un jour ouvrable;

5° À la surveillance de l'exploitation, lorsque celle-ci se poursuit les dimanches et jours fériés en application des 1° à 4°.

Pour les travaux mentionnés aux 3° et 4°, durant plus de trois heures ou empêchant les salariés d'assister au service religieux, l'employeur accorde à chaque salarié soit un congé de trente-six heures pleines chaque troisième dimanche, soit le libère de 6 heures à 18 heures au moins chaque deuxième dimanche.

Toutefois, l'autorité administrative peut accorder des dérogations si les salariés ne sont pas empêchés d'assister au service religieux et qu'il leur est accordé, au lieu du dimanche, un repos de vingt-quatre heures pendant un jour de semaine.

Art. R. 3134-1. L'employeur tient un registre des salariés employés les dimanches et jours fériés à des travaux mentionnés aux 1° à 5° de l'article L. 3134-5.

Ce registre comporte pour chaque dimanche et jour férié le nombre de salariés employés, leur durée de travail et la nature des travaux accomplis.

Il est tenu à la disposition de l'autorité de police locale et de l'inspection du travail.

Art. R. 3134-3. L'autorité administrative mentionnée aux articles L. 3134-5, L. 3134-7, L. 3134-8 et L. 3134-12 est le préfet.

Art. L. 3134-6. Des dérogations aux dispositions de l'article L. 3134-3 peuvent être accordées par voie réglementaire pour des catégories d'activités déterminées, notamment pour des exploitations où sont accomplis des travaux qui, par nature, ne peuvent être interrompus ou ajournés, ainsi que pour les activités qui, par nature, sont limitées à certaines périodes de l'année ou sont soumises à une activité d'une intensité inhabituelle à certaines périodes de l'année.

La détermination des travaux autorisés les dimanches et jours fériés dans ces exploitations et les conditions dans lesquelles ils sont autorisés intervient de manière uniforme pour toutes les exploitations de même catégorie et en tenant compte des dispositions du septième alinéa de l'article L. 3134-5.

Art. L. 3134-7. Des dérogations aux dispositions des articles L. 3134-3 et L. 3134-4 peuvent être accordées par l'autorité administrative pour les catégories d'activités dont l'exercice complet ou partiel est nécessaire les dimanches ou les jours fériés pour la satisfaction de besoins de la population présentant un caractère journalier ou se manifestant particulièrement ces jours-là.

Il en est de même pour les exploitations fonctionnant exclusivement ou de manière prépondérante avec des moteurs animés par l'énergie éolienne ou par une énergie hydraulique irrégulière.

Le régime de ces dérogations tient compte des dispositions du huitième alinéa de l'article L. 3134-5. Un décret peut préciser les conditions et modalités de ces dérogations.

Art. L. 3134-8. Des dérogations temporaires aux dispositions de l'article L. 3134-3 peuvent être accordées par l'autorité administrative, selon des modalités déterminées par voie réglementaire, lorsque l'emploi de salariés les dimanches ou jours fériés est nécessaire de façon imprévisible pour éviter un dommage disproportionné.

Art. R. 3134-2. La décision du préfet prévue à l'article L. 3134-8 est tenue à la disposition de l'inspection du travail sur le lieu de travail. (D. 2016-1417 du 20 oct. 2016, art. 4, JO 22) « Elle est communiquée, par tout moyen, aux salariés. »

Art. L. 3134-9. L'interdiction d'employer les salariés le dimanche ou jours fériés peut être étendue par voie réglementaire à d'autres catégories d'activité.

Les dispositions des articles L. 3134-5 à L. 3134-8 s'appliquent également aux dérogations à cette interdiction.

Art. L. 3134-10. Les articles L. 3134-2 à L. 3134-9 ne s'appliquent pas aux activités de restauration, d'hôtellerie et de débits de boissons, aux représentations musicales et théâtrales, aux expositions ou à d'autres divertissements, ainsi qu'aux entreprises de transport.

Dans ces secteurs d'activité, les employeurs ne peuvent obliger les salariés durant les dimanches et les jours fériés qu'aux seuls travaux qui, en raison de la nature de l'exploitation intéressée, ne peuvent être ajournés ou interrompus.

Art. L. 3134-11. Lorsqu'il est interdit, en application des articles L. 3134-4 à L. 3134-9, d'employer des salariés dans les exploitations commerciales, il est également interdit durant ces jours de procéder à une exploitation industrielle, commerciale ou artisanale dans les lieux de vente au public. Cette disposition s'applique également aux activités commerciales des coopératives de consommation ou associations.

Art. L. 3134-12. Pour des activités dont l'exercice est nécessaire de manière complète ou partielle pour la satisfaction des besoins de la population présentant un caractère journalier ou se manifestant particulièrement les dimanches et jours fériés, l'autorité administrative peut, pour une ou plusieurs communes présentant une continuité territoriale, prescrire, sur demande d'au moins deux tiers des entrepreneurs, l'exploitation les dimanches et jours fériés si les dérogations aux dispositions de l'article L. 3134-3 ont été accordées. L'autorisation peut être délivrée sur demande d'au moins deux tiers des entrepreneurs intéressés.

Les entrepreneurs intéressés et la procédure suivant laquelle le nombre d'entrepreneurs requis est constaté sont déterminés par voie réglementaire.

Art. L. 3134-13. Les jours fériés ci-après désignés sont des jours chômés:

1° Le 1er Janvier;
2° Le Vendredi Saint dans les communes ayant un temple protestant ou une église mixte;
3° Le lundi de Pâques;
4° Le 1er Mai;
5° Le 8 Mai;
6° L'Ascension;
7° Le lundi de Pentecôte;
8° Le 14 Juillet;
9° L'Assomption;
10° La Toussaint;
11° Le 11 Novembre;
12° Le premier et le second jour de Noël.

Un décret peut compléter la liste de ces jours fériés compte tenu des situations locales et confessionnelles.

Art. L. 3134-14. Dans le département de la Moselle, l'autorité administrative peut, dans des conditions déterminées par voie réglementaire, autoriser ou interdire l'ouverture des établissements commerciaux le Vendredi Saint et ceci de manière uniforme dans le département, indépendamment de la présence d'un temple protestant ou d'une église mixte dans les communes.

Art. R. 3134-4. La décision prévue à l'article L. 3134-14 est prise par le préfet après consultation des organisations d'employeurs et de salariés des professions du commerce et de la distribution.

Art. L. 3134-15. L'inspecteur du travail peut, nonobstant toutes poursuites pénales, saisir en référé le juge judiciaire pour voir ordonner toutes mesures propres à faire cesser dans les établissements de vente au détail et de prestations de services au consommateur l'emploi illicite de salariés en infraction aux articles L. 3134-10 à L. 3134-12.

Le juge judiciaire peut notamment ordonner la fermeture le dimanche du ou des établissements concernés. Il peut assortir sa décision d'une astreinte liquidée au profit du Trésor.

Art. D. 3134-5. Le juge mentionné à l'article L. 3134-15 est le président du (D. 2019-966 du 18 sept. 2019, art. 8, JO 19, entrée en vigueur le 01.01.2020) « tribunal judiciaire ».

Art. L. 3134-16. (L. 2016-1088 du 8 août 2016, art. 8, III, 4°, JO 9) L'accord mentionné à l'article L. 3133-11 ou la décision de l'employeur mentionnée à l'article L. 3133-12 ne peut désigner ni le premier ou le second jour de Noël ni, indépendamment de la présence d'un temple protestant ou d'une église mixte dans les communes, le Vendredi Saint comme la date de la journée de solidarité.

Chapitre V (réglementaire)

Dispositions pénales

Art. R. 3135-1. Le fait de ne pas attribuer à un salarié le repos quotidien mentionné aux articles L. 3131-1 (D. 2016-1551 du 18 nov. 2016, art. 6, V, 15°, JO 19, entrée en vigueur le 01.01.2017) « à L. 3131-3 », est puni de l'amende prévue pour les contraventions de la quatrième classe.

Les contraventions donnent lieu à autant d'amendes qu'il y a de salariés indûment employés.

Art. R. 3135-2. Le fait de méconnaître les dispositions des articles L. 3132-1 à L. 3132-14 et L. 3132-16 à L. 3132-31, relatives au repos hebdomadaire, ainsi que celles des décrets pris pour leur application, est puni de l'amende prévue pour les contraventions de la cinquième classe.

Les contraventions donnent lieu à autant d'amendes qu'il y a de salariés illégalement employés.

La récidive est réprimée conformément aux articles 132-11 et 132-15 du code pénal.

Art. R. 3135-3. Le fait de méconnaître les dispositions des articles L. 3133-4 à L. 3133-6 et D. 3133-1, relatives à la journée du 1er mai, est puni de l'amende prévue pour les contraventions de la quatrième classe.

L'amende est appliquée autant de fois qu'il y a de salariés indûment employés ou rémunérés.

Art. R. 3135-4. Le fait de méconnaître les dispositions particulières aux départements de la Moselle, du Bas-Rhin et du Haut-Rhin des articles L. 3134-3 à L. 3134-9 ou des décrets pris pour leur application, est puni de l'amende prévue pour les contraventions de la cinquième classe.

La récidive est réprimée conformément aux articles 132-11 et 132-15 du code pénal.

Art. R. 3135-5. Le fait de méconnaître les dispositions des articles L. 3164-2 à L. 3164-4, relatives au repos hebdomadaire et dominical des jeunes travailleurs, ainsi que celles des décrets pris pour leur application, est puni de l'amende prévue pour les contraventions de la cinquième classe.

Les contraventions donnent lieu à autant d'amendes qu'il y a de salariés illégalement employés.

La récidive est réprimée conformément aux articles 132-11 et 132-15 du code pénal.

Art. R. 3135-6. Le fait de méconnaître les dispositions des articles L. 3172-1 et L. 3172-2, relatives au contrôle du repos hebdomadaire, ainsi que celles des décrets pris pour leur application, est puni de l'amende prévue pour les contraventions de la cinquième classe.

Les contraventions donnent lieu à autant d'amendes qu'il y a de salariés illégalement employés.

La récidive est réprimée conformément aux articles 132-11 et 132-15 du code pénal.

TITRE IV

CONGÉS PAYÉS ET AUTRES CONGÉS

Chapitre Ier

Congés payés

Note Les dispositions législatives de ce chapitre sont issues de la loi 2016-1088 du 8 août 2016, art. 8, III, 5°, JO 9.

SECTION 1. Droit au congé

Art. L. 3141-1. Tout salarié a droit chaque année à un congé payé à la charge de l'employeur.

Art. L. 3141-2. Les salariés de retour d'un congé de maternité prévu à l'article L. 1225-17 ou d'un congé d'adoption prévu à l'article L. 1225-37 ont droit à leur congé payé annuel, quelle que soit la période de congé payé retenue pour le personnel de l'entreprise.

Sous-section 1 (réglementaire). **Ordre public**

Art. D. 3141-1. L'employeur qui emploie pendant la période fixée pour son congé légal un salarié à un travail rémunéré, même en dehors de l'entreprise, est considéré comme ne donnant pas le congé légal, sans préjudice des dommages et intérêts auxquels il peut être condamné en application de l'article D. 3141-2.

Art. D. 3141-2. Le salarié qui accomplit pendant sa période de congés payés des travaux rémunérés, privant de ce fait des demandeurs d'emploi d'un travail qui aurait pu leur être confié, peut être l'objet d'une action devant le (D. 2019-966 du 18 sept. 2019, art. 8, JO 19, entrée en vigueur le 01.01.2020) «juge du tribunal judiciaire» en dommages et intérêts envers le régime d'assurance chômage.

Les dommages et intérêts ne peuvent être inférieurs au montant de l'indemnité due au salarié pour son congé payé.

L'action en dommages et intérêts est exercée à la diligence soit du maire de la commune intéressée, soit du préfet.

L'employeur qui a occupé sciemment un salarié bénéficiaire d'un congé payé peut être également l'objet, dans les mêmes conditions, de l'action en dommages et intérêts prévue par le présent article.

SECTION 2. Durée du congé

Sous-section 1. **Ordre public**

Art. L. 3141-3. Le salarié a droit à un congé de deux jours et demi ouvrables par mois de travail effectif chez le même employeur.

La durée totale du congé exigible ne peut excéder trente jours ouvrables.

Art. L. 3141-4. Sont assimilées à un mois de travail effectif pour la détermination de la durée du congé les périodes équivalentes à quatre semaines ou vingt-quatre jours de travail.

Art. L. 3141-5. Sont considérés comme périodes de travail effectif pour la détermination de la durée du congé:

1° Les périodes de congé payé;

2° Les périodes de congé de maternité, de paternité et d'accueil de l'enfant et d'adoption;

3° Les contreparties obligatoires sous forme de repos prévues aux articles L. 3121-30, L. 3121-33 et L. 3121-38;

4° Les jours de repos accordés au titre de l'accord collectif conclu en application de l'article L. 3121-44;

5° Les périodes, dans la limite d'une durée ininterrompue d'un an, pendant lesquelles l'exécution du contrat de travail est suspendue pour cause d'accident du travail ou de maladie professionnelle;

6° Les périodes pendant lesquelles un salarié se trouve maintenu ou rappelé au service national à un titre quelconque.

Art. L. 3141-6. L'absence du salarié ne peut avoir pour effet d'entraîner une réduction de ses droits à congé plus que proportionnelle à la durée de cette absence.

Art. L. 3141-7. Lorsque le nombre de jours ouvrables calculé conformément aux articles L. 3141-3 et L. 3141-6 n'est pas un nombre entier, la durée du congé est portée au nombre entier immédiatement supérieur.

Art. L. 3141-8. Les salariés de moins de vingt et un ans au 30 avril de l'année précédente bénéficient de deux jours de congé supplémentaires par enfant à charge. Ce congé est réduit à un jour si le congé légal n'excède pas six jours.

Les salariés âgés de vingt et un ans au moins à la date précitée bénéficient également de deux jours de congé supplémentaires par enfant à charge, sans que le cumul du nombre des jours de congé supplémentaires et des jours de congé annuel puisse excéder la durée maximale du congé annuel prévu à l'article L. 3141-3.

Est réputé enfant à charge l'enfant qui vit au foyer et est âgé de moins de quinze ans au 30 avril de l'année en cours et tout enfant sans condition d'âge dès lors qu'il vit au foyer et qu'il est en situation de handicap.

Art. L. 3141-9. Les dispositions de la présente section ne portent atteinte ni aux stipulations des conventions et des accords collectifs de travail ou des contrats de travail ni aux usages qui assurent des congés payés de plus longue durée.

Art. D. 3141-3. Ne peuvent être déduits du congé annuel :
1° Les absences autorisées ;
2° Les congés de maternité, paternité et d'adoption prévus par les articles L. 1225-17, L. 1225-35 et L. 1225-37 ;
3° Les jours d'absence pour maladie ou accident ;
4° Les jours de chômage ;
5° Les périodes de préavis ;
6° Les périodes obligatoires d'instruction militaire.

Sous-section 2. **Champ de la négociation collective**

Art. L. 3141-10. Sous réserve de modalités particulières fixées en application de l'article L. 3141-32, un accord d'entreprise ou d'établissement ou, à défaut, une convention ou un accord de branche peut :
1° Fixer le début de la période de référence pour l'acquisition des congés ;
2° Majorer la durée du congé en raison de l'âge, de l'ancienneté ou du handicap.

Sous-section 3. **Dispositions supplétives**

Art. L. 3141-11. À défaut de stipulation dans la convention ou l'accord conclu en application de l'article L. 3141-10, le début de la période de référence pour l'acquisition des congés est fixé par un décret en Conseil d'État.

Art. R. 3141-4. (D. 2016-1551 du 18 nov. 2016, art. 5, 3°, JO 19, entrée en vigueur le 01.01.2017) « À défaut d'accord prévu à l'article L. 3141-10, le » point de départ de la période prise en compte pour le calcul du droit au congé est fixé au 1er juin de chaque année.

Toutefois, dans les professions où en application de l'article (D. 2016-1551 du 18 nov. 2016, art. 5, 3°, JO 19, entrée en vigueur le 01.01.2017) « L. 3141-32 » l'employeur est tenu de s'affilier à une caisse de congé, le point de départ de l'année de référence est fixé au 1er avril.

SECTION 3. Prise des congés

Sous-section 1. **Période de congés et ordre des départs**

§ 1. Ordre public

Art. L. 3141-12. Les congés peuvent être pris dès l'embauche, sans préjudice des règles de détermination de la période de prise des congés et de l'ordre des départs et des règles de fractionnement du congé fixées dans les conditions prévues à la présente section.

Art. L. 3141-13. Les congés sont pris dans une période qui comprend dans tous les cas la période du 1er mai au 31 octobre de chaque année.

Art. L. 3141-14. Les conjoints et les partenaires liés par un pacte civil de solidarité travaillant dans une même entreprise ont droit à un congé simultané.

Art. D. 3141-5. La période de prise des congés payés est portée par l'employeur à la connaissance des salariés au moins deux mois avant l'ouverture de cette période.

Art. D. 3141-6. (D. 2016-1418 du 20 oct. 2016, JO 22) L'ordre des départs en congé est communiqué, par tout moyen, à chaque salarié un mois avant son départ.

§ 2. Champ de la négociation collective

Art. L. 3141-15. Un accord d'entreprise ou d'établissement ou, à défaut, une convention ou un accord de branche fixe :
1° La période de prise des congés ;
2° L'ordre des départs pendant cette période ;
3° Les délais que doit respecter l'employeur s'il entend modifier l'ordre et les dates de départs.

§ 3. Dispositions supplétives

Art. L. 3141-16. À défaut de stipulation dans la convention ou l'accord conclus en application de l'article L. 3141-15, l'employeur:

1° Définit après avis, le cas échéant, du (Ord. 2017-1386 du 22 sept. 2017, art. 4, 3°, JO 23, entrée en vigueur au plus tard le 01.01.2018) «comité social et économique»:

a) La période de prise des congés;

b) L'ordre des départs, en tenant compte des critères suivants:

- la situation de famille des bénéficiaires, notamment les possibilités de congé, dans le secteur privé ou la fonction publique, du conjoint ou du partenaire lié par un pacte civil de solidarité, ainsi que la présence au sein du foyer d'un enfant ou d'un adulte handicapé ou d'une personne âgée en perte d'autonomie;
- la durée de leurs services chez l'employeur;
- leur activité chez un ou plusieurs autres employeurs;

2° Ne peut, sauf en cas de circonstances exceptionnelles, modifier l'ordre et les dates de départ moins d'un mois avant la date de départ prévue.

Sous-section 2. **Règles de fractionnement et de report**

§ 1. Ordre public

Art. L. 3141-17. La durée des congés pouvant être pris en une seule fois ne peut excéder vingt-quatre jours ouvrables. Il peut être dérogé individuellement à cette limite pour les salariés qui justifient de contraintes géographiques particulières ou de la présence au sein du foyer d'un enfant ou d'un adulte handicapé ou d'une personne âgée en perte d'autonomie.

Art. L. 3141-18. Lorsque le congé ne dépasse pas douze jours ouvrables, il doit être continu.

Art. L. 3141-19. Lorsque le congé principal est d'une durée supérieure à douze jours ouvrables, il peut être fractionné avec l'accord du salarié. Cet accord n'est pas nécessaire lorsque le congé a lieu pendant la période de fermeture de l'établissement.

Une des fractions est au moins égale à douze jours ouvrables continus compris entre deux jours de repos hebdomadaire.

Art. L. 3141-20. Il peut être dérogé aux règles de fractionnement des congés prévues à la présente sous-section selon les modalités définies aux paragraphes 2 et 3.

§ 2. Champ de la négociation collective

Art. L. 3141-21. Un accord d'entreprise ou d'établissement ou, à défaut, une convention ou un accord de branche fixe la période pendant laquelle la fraction continue d'au moins douze jours ouvrables est attribuée ainsi que les règles de fractionnement du congé au delà du douzième jour.

Art. L. 3141-22. Si, en application d'une disposition légale, la durée du travail d'un salarié est décomptée à l'année, une convention ou un accord d'entreprise ou d'établissement ou, à défaut, une convention ou un accord de branche peut prévoir que les congés ouverts au titre de l'année de référence peuvent faire l'objet de reports.

Dans ce cas, les reports de congés peuvent être effectués jusqu'au 31 décembre de l'année suivant celle pendant laquelle la période de prise de ces congés a débuté.

L'accord précise:

1° Les modalités de rémunération des congés payés reportés, sans préjudice de l'article L. 3141-24;

2° Les cas précis et exceptionnels de report;

3° Les conditions dans lesquelles ces reports peuvent être effectués, à la demande du salarié après accord de l'employeur;

4° Les conséquences de ces reports sur le respect des seuils annuels fixés au sixième alinéa de l'article L. 3121-44, au 3° du I de l'article L. 3121-64 et à l'article L. 3123-1. Ce report ne doit pas avoir pour effet de majorer ces seuils dans une proportion plus importante que celle correspondant à la durée ainsi reportée.

Le présent article s'applique sans préjudice des reports également prévus aux articles L. 3142-118 et L. 3142-120 à L. 3142-124 relatifs au congé pour création d'entreprise, aux articles L. 3142-33 et L. 3142-35 relatifs au congé sabbatique et aux articles L. 3151-1 à L. 3151-3 relatifs au compte épargne-temps.

§ 3. Dispositions supplétives

Art. L. 3141-23. À défaut de stipulation dans la convention ou l'accord conclu en application de l'article L. 3141-22 :

1° La fraction continue d'au moins douze jours ouvrables est attribuée pendant la période du 1er mai au 31 octobre de chaque année ;

2° Le fractionnement des congés au delà du douzième jour est effectué dans les conditions suivantes :

a) Les jours restant dus en application du second alinéa de l'article L. 3141-19 peuvent être accordés en une ou plusieurs fois en dehors de la période du 1er mai au 31 octobre de chaque année ;

b) Deux jours ouvrables de congé supplémentaire sont attribués lorsque le nombre de jours de congé pris en dehors de cette période est au moins égal à six et un seul lorsque ce nombre est compris entre trois et cinq jours. Les jours de congé principal dus au delà de vingt-quatre jours ouvrables ne sont pas pris en compte pour l'ouverture du droit à ce supplément.

Il peut être dérogé au présent article après accord individuel du salarié.

SECTION 4. Indemnité de congés

Sous-section unique. Ordre public

Art. L. 3141-24. I. – Le congé annuel prévu à l'article L. 3141-3 ouvre droit à une indemnité égale au dixième de la rémunération brute totale perçue par le salarié au cours de la période de référence.

Pour la détermination de la rémunération brute totale, il est tenu compte :

1° De l'indemnité de congé de l'année précédente ;

2° Des indemnités afférentes à la contrepartie obligatoire sous forme de repos prévues aux articles L. 3121-30, L. 3121-33 et L. 3121-38 ;

3° Des périodes assimilées à un temps de travail par les articles L. 3141-4 et L. 3141-5 qui sont considérées comme ayant donné lieu à rémunération en fonction de l'horaire de travail de l'établissement.

Lorsque la durée du congé est différente de celle prévue à l'article L. 3141-3, l'indemnité est calculée selon les règles fixées au présent I et proportionnellement à la durée du congé effectivement dû.

II. – Toutefois, l'indemnité prévue au I du présent article ne peut être inférieure au montant de la rémunération qui aurait été perçue pendant la période de congé si le salarié avait continué à travailler.

Cette rémunération, sous réserve du respect des dispositions légales, est calculée en fonction :

1° Du salaire gagné dû pour la période précédant le congé ;

2° De la durée du travail effectif de l'établissement.

III. – Un arrêté du ministre chargé du travail détermine les modalités d'application du présent article dans les professions mentionnées à l'article L. 3141-32.

Art. D. 3141-7. Le paiement des indemnités dues pour les congés payés est soumis aux règles déterminées par le livre II pour le paiement des salaires.

Art. D. 3141-8. L'indemnité de fin de mission, prévue à l'article L. 1251-32, est prise en compte pour la détermination de la rémunération totale prévue à l'article (D. 2016-1553 du 18 nov. 2016, art. 4, 5°, JO 19, entrée en vigueur le 01.01.2017) « L. 3141-24 ».

Art. L. 3141-25. Pour la fixation de l'indemnité de congé, il est tenu compte des avantages accessoires et des prestations en nature dont le salarié ne continuerait pas à jouir pendant la durée de son congé.

La valeur de ces avantages et prestations ne peut être inférieure à celle fixée par l'autorité administrative.

Art. L. 3141-26. Dans les professions où, d'après les stipulations du contrat de travail, la rémunération des salariés est constituée en totalité ou en partie de pourboires, la rémunération à prendre en considération pour la détermination de l'indemnité de congé est évaluée conformément aux règles applicables en matière de sécurité sociale.

L'indemnité de congé ne peut être prélevée sur la masse des pourboires ou du pourcentage perçu pour le service.

Art. L. 3141-27. Les dispositions de la présente section ne portent atteinte ni aux stipulations contractuelles ni aux usages qui assurent des indemnités de congé d'un montant plus élevé.

Art. L. 3141-28. Lorsque le contrat de travail est rompu avant que le salarié ait pu bénéficier de la totalité du congé auquel il avait droit, il reçoit, pour la fraction de congé dont il n'a pas bénéficié, une indemnité compensatrice de congé déterminée d'après les articles L. 3141-24 à L. 3141-27.

L'indemnité est due que cette rupture résulte du fait du salarié ou du fait de l'employeur.

Cette indemnité est également due aux ayants droit du salarié dont le décès survient avant qu'il ait pris son congé annuel payé. L'indemnité est versée à ceux des ayants droit qui auraient qualité pour obtenir le paiement des salaires arriérés.

Art. L. 3141-29. Lorsque, à l'occasion de la rupture de son contrat de travail, un salarié, par suite de l'ordre fixé pour les départs en congé, a pris un congé donnant lieu à une indemnité de congé d'un montant supérieur à celle à laquelle il avait droit au moment de la rupture, il rembourse le trop-perçu à l'employeur.

Le remboursement n'est pas dû si la rupture du contrat de travail par le salarié est provoquée par une faute lourde de l'employeur.

Art. L. 3141-30. Les articles L. 3141-28 et L. 3141-29 ne sont pas applicables lorsque l'employeur est tenu d'adhérer à une caisse de congés en application de l'article L. 3141-32.

Art. L. 3141-31. Lorsqu'un établissement ferme pendant un nombre de jours dépassant la durée des congés légaux annuels, l'employeur verse aux salariés, pour chacun des jours ouvrables de fermeture excédant cette durée, une indemnité qui ne peut être inférieure à l'indemnité journalière de congés.

Cette indemnité journalière ne se confond pas avec l'indemnité de congés.

SECTION 5. Caisses de congés payés

Art. L. 3141-32. Des décrets déterminent les professions, industries et commerces pour lesquels l'application des dispositions relatives aux congés payés comporte des modalités particulières, telles que la constitution de caisses de congés auxquelles les employeurs intéressés s'affilient obligatoirement.

Ces décrets fixent la nature et l'étendue des obligations des employeurs, les règles d'organisation et de fonctionnement des caisses ainsi que la nature et les conditions d'exercice du contrôle de l'État à leur égard.

Art. L. 3141-33. Les caisses de congés payés peuvent nommer des contrôleurs chargés de collaborer à la surveillance de l'application de la législation sur les congés payés par les employeurs intéressés. Ceux-ci fournissent à tout moment aux contrôleurs toutes justifications établissant qu'ils se sont acquittés de leurs obligations.

Pour l'accomplissement de leur mission, les contrôleurs disposent des mêmes pouvoirs que ceux attribués aux agents de contrôle de l'inspection du travail. Tout obstacle à l'accomplissement de cette mission est passible des sanctions prévues à l'article L. 8114-1.

Les contrôleurs sont agréés. Cet agrément est révocable à tout moment.

Les contrôleurs ne doivent rien révéler des secrets de fabrication ni des procédés et résultats d'exploitation dont ils pourraient prendre connaissance dans l'exercice de leur mission.

Sous-section 1 (réglementaire). **Dispositions générales**

Art. D. 3141-9. L'employeur qui adhère à une caisse de congés payés, par application de l'article (D. 2016-1553 du 18 nov. 2016, art. 4, 6°, JO 19, entrée en vigueur le 01.01.2017) « L. 3141-32 », délivre au salarié, en cas de rupture du contrat de travail, un certificat justificatif de ses droits à congé compte tenu de la durée de ses services.

Art. D. 3141-10. En vue de la détermination du droit au congé et, le cas échéant, du calcul de l'indemnité à verser aux ayants-droit, les caisses de congés payés font état, dans le décompte des services, de l'ancienneté des services accomplis chez les employeurs dont l'affiliation à une caisse de congé est obligatoire.

Art. D. 3141-11. L'agrément des contrôleurs des caisses de congés payés est délivré pour une durée n'excédant pas cinq ans par arrêté du préfet du département où se trouve le siège de la caisse dont ils relèvent.

Il est renouvelable.

Sous-section 2 (réglementaire). **Dispositions particulières aux professions du bâtiment et des travaux publics**

§ 1. Règles d'affiliation

Art. D. 3141-12. (D. 2009-493 du 29 avril 2009, JO 2 mai) Dans les entreprises exerçant une ou plusieurs activités entrant dans le champ d'application des conventions collectives nationales étendues du bâtiment et des travaux publics, le service des congés est assuré, sur la base de celles-ci, par des caisses constituées à cet effet.

Toutefois, lorsque l'entreprise applique, au titre de son activité principale, une convention collective nationale autre que celles mentionnées à l'alinéa précédent et sous réserve d'un accord conclu, conformément à l'article D. 3141-15, entre la caisse de surcompensation mentionnée à l'article D. 3141-22 et l'organisation ou les organisations d'employeurs représentatives de la branche professionnelle concernée, le service des congés peut être assuré par l'entreprise.

Pour l'application du présent article, l'activité principale s'entend comme celle dans laquelle l'entreprise emploie le plus grand nombre de salariés.

Art. D. 3141-13. Le régime prévu par la présente sous-section s'applique aux carrières annexées aux entreprises mentionnées (D. 2009-493 du 29 avril 2009, JO 2 mai) « au premier alinéa de l'article » D. 3141-12 ainsi qu'aux ateliers, chantiers et autres établissements travaillant exclusivement pour le fonctionnement et l'entretien de ces entreprises, qu'ils soient ou non annexés à celles-ci.

Art. D. 3141-14. Le régime prévu par la présente section s'applique également aux entreprises non établies en France mentionnées aux articles L. 1262-1 et L. 1262-2.

Art. D. 3141-15. Des règles particulières d'affiliation peuvent être définies par accord conclu entre la caisse nationale de surcompensation mentionnée à l'article D. 3141-22 et les organisations d'employeurs représentatives d'une branche professionnelle autre que celle du bâtiment et des travaux publics lorsque les entreprises affiliées à ces organisations d'employeurs exercent, à titre secondaire ou accessoire, une ou plusieurs activités impliquant leur affiliation aux caisses mentionnées à l'article D. 3141-12.

Art. D. 3141-16. Les accords mentionnés à l'article D. 3141-15, approuvés par le ministre chargé du travail, indiquent :

1° Les motifs justifiant la mise en œuvre de règles particulières d'affiliation ;

2° Le ou les critères selon lesquels l'affiliation est réalisée, notamment le pourcentage du chiffre d'affaires réalisé s'agissant des activités mentionnées aux articles D. 3141-12 et D. 3141-13 en deçà duquel l'affiliation n'est pas demandée, ainsi que les activités spécifiques à chaque profession exclues du champ d'affiliation ;

3° Les règles applicables aux entreprises qui n'assurent pas la pose des produits qu'elles fabriquent ou qui la sous-traitent.

Art. D. 3141-17. Un arrêté du ministre chargé du travail fixe les pièces justificatives, les garanties à fournir par les caisses de congés payés soit en vue de leur agrément, soit au cours de leur fonctionnement, ainsi que les dispositions que contiennent leurs statuts et règlements.

Art. D. 3141-18. Le ministre chargé du travail autorise les caisses à exercer leur activité dans une circonscription territoriale déterminée après avoir vérifié que le nombre des salariés qui doivent être déclarés à la caisse justifie l'institution de celle-ci.

Art. R. 3141-19. Les statuts et règlements des caisses et toute modification éventuelle de ces textes ne sont applicables qu'après avoir reçu l'approbation du ministre chargé du travail.

Art. D. 3141-20. (D. 2009-493 du 29 avril 2009, JO 2 mai) Dans les entreprises mentionnées à l'article D. 3141-12, dont l'activité principale relève du bâtiment, le service des congés des salariés déclarés est assuré par la caisse agréée pour la circonscription territoriale dans laquelle l'entreprise a son siège social.

Dans les entreprises dont l'activité principale relève des travaux publics, ce service est assuré par une caisse à compétence nationale.

Dans les entreprises qui relèvent du statut coopératif, ce service est également assuré par une caisse à compétence nationale.

Art. D. 3141-21. Par dérogation au premier alinéa de l'article D. 3141-20, la caisse de congés compétente pour les entreprises non établies en France mentionnées à l'article D. 3141-14 est celle du lieu d'exécution de la prestation ou du chantier.

En cas de prestations multiples simultanées, l'entreprise peut centraliser ses déclarations à la caisse du lieu de la prestation la plus importante compte tenu de l'effectif qui y est affecté.

Art. D. 3141-22. Les caisses de congés payés s'affilient à une caisse de surcompensation créée pour l'ensemble des entreprises mentionnées à l'article D. 3141-12.

Celle-ci a notamment pour objet de répartir entre les caisses intéressées les charges résultant du paiement par une seule caisse des indemnités dues aux salariés successivement déclarés à différentes caisses.

Art. D. 3141-23. Les salariés appartenant aux établissements mentionnés aux articles D. 3141-12 à D. 3141-15 sont déclarés par l'employeur à la caisse compétente, sauf s'ils sont titulaires d'un contrat de travail à durée déterminée, conclu pour une durée minimum d'un an et ayant acquis date certaine par enregistrement.

Toutefois, en cas de rupture d'un tel contrat avant le terme d'une année, l'employeur verse rétroactivement à la caisse les cotisations correspondant aux salaires perçus par le salarié depuis le début de la période de référence en cours.

Art. D. 3141-24. L'employeur peut faire assurer par la caisse de congés payés, avec l'accord de celle-ci et moyennant le versement des cotisations correspondantes, le service des congés aux salariés dont la déclaration n'est pas obligatoire.

Art. D. 3141-25. Les effets de l'affiliation de l'employeur ne peuvent remonter au-delà de la date d'ouverture de la période de référence écoulée.

Art. D. 3141-26. Les entreprises mentionnées à l'article D. 3141-14, établies dans un autre État membre de (D. 2016-1553 du 18 nov. 2016, art. 4, 6°, JO 19, entrée en vigueur le 01.01.2017) « l'Union » européenne ou dans l'un des autres États partie à l'accord sur l'Espace économique européen, peuvent s'exonérer des obligations figurant à la présente sous-section si elles justifient que leurs salariés bénéficient de leurs droits à congés payés pour la période de détachement dans des conditions au moins équivalentes à celles prévues par la législation française.

Art. D. 3141-27. Lorsque les entreprises mentionnées à l'article D. 3141-26 sont affiliées à une institution équivalente aux caisses de congés payés, dans le pays où elles sont établies, elles justifient qu'elles sont à jour de leurs obligations à l'égard de ces institutions à la date du commencement de la prestation et qu'elles ont continué à cotiser à l'institution compétente durant le détachement temporaire pour bénéficier de l'exonération.

Art. D. 3141-28. (D. 2016-1418 du 20 oct. 2016, JO 22) L'employeur communique, par tout moyen, aux salariés, la raison sociale et l'adresse de la caisse de congés payés à laquelle il est affilié.

§ 2. Organisation et fonctionnement

Art. D. 3141-29. La cotisation de l'employeur est déterminée par un pourcentage du montant des salaires payés aux salariés déclarés.

Ce pourcentage est fixé par le conseil d'administration de la caisse de congés payés.

Le règlement intérieur de celle-ci précise les dates et les modes de versement des cotisations, les justifications qui accompagnent ce versement et les vérifications auxquelles se soumettent les adhérents.

Art. D. 3141-30. La durée des congés des salariés déclarés à la caisse est déterminée en application des dispositions générales du présent chapitre. Il en est de même pour les salariés déclarés par les entreprises non établies en France mentionnées aux articles L. 1262-1 et L. 1262-2.

Toutefois, cent cinquante heures de travail effectif sont considérées comme équivalentes à un mois pour la détermination de la durée du congé de ces salariés.

En outre, il est ajouté à l'ensemble des heures de travail accomplies au cours de l'année de référence, cent soixante heures représentant forfaitairement le congé de l'année précédente, lorsque celui-ci a été payé à l'intéressé par l'intermédiaire d'une caisse agréée.

Art. D. 3141-31. La caisse assure le service des congés payés des salariés déclarés par l'employeur.

Toutefois, en cas de défaillance de l'employeur dans le paiement des cotisations, elle verse l'indemnité de congés payés à due proportion des périodes pour lesquelles les cotisations ont été payées, par rapport à l'ensemble de la période d'emploi accomplie pendant l'année de référence. L'employeur défaillant n'est pas dégagé de l'obligation de payer à la caisse les cotisations, majorations de retard et pénalités qui restent dues.

Après régularisation de la situation de l'employeur, la caisse verse au salarié le complément d'indemnité de congés payés dû, calculé suivant les mêmes principes.

Art. D. 3141-32. Le salaire horaire pris en considération pour le calcul de l'indemnité de congé est le quotient du montant de la dernière paye versée au salarié dans l'entreprise assujettie qui l'employait en dernier lieu par le nombre d'heures de travail effectuées pendant la période ainsi rémunérée.

En cas de changement des taux de salaires, il est tenu compte de ceux applicables pendant le congé. Toutefois, cette disposition n'est applicable qu'aux salariés qui, au moment de leur congé, sont employés dans une entreprise assujettie.

Art. D. 3141-33. L'indemnité du congé mentionné à l'article L. 3141-3 est le produit du vingt-cinquième du salaire horaire défini à l'article D. 3141-32 par le double du nombre d'heures de travail accomplies au cours de l'année de référence.

Pour chaque jour de congé supplémentaire attribué à quelque titre que ce soit, le salarié reçoit le quotient de l'indemnité mentionnée au premier alinéa par le nombre des jours de congé auquel cette indemnité correspond.

Art. D. 3141-34. L'employeur remet au salarié, avant son départ en congé ou à la date de rupture de son contrat, un certificat en double exemplaire qui permet à ce dernier de justifier de ses droits à congé envers la caisse d'affiliation du dernier employeur.

Ce certificat indique le nombre d'heures de travail effectuées par le salarié dans l'entreprise pendant l'année de référence, le montant du dernier salaire horaire calculé conformément aux dispositions de l'article D. 3141-32 ainsi que la raison sociale et l'adresse de la caisse d'affiliation.

Art. D. 3141-35. Une commission instituée auprès de chaque caisse de congés payés statue sur toutes les contestations qui peuvent s'élever au sujet des droits aux congés des salariés déclarés à la caisse.

Elle est composée, en nombre égal, de membres employeurs et salariés désignés par le (D. 2009-1377 du 10 nov. 2009, JO 13; D. 2010-687 du 24 juin 2010, JO 25; voir D. 2010-1582 du 17 déc. 2010, JO 18, pour outre-mer) « directeur régional des entreprises, de la concurrence, de la consommation, du travail et de l'emploi » et choisis parmi les organisations d'employeurs et de salariés représentatives au niveau régional pour les professions assujetties.

Art. D. 3141-36. Les caisses de congés payés sont soumises pour l'application des lois et règlements relatifs aux congés payés, au contrôle de l'inspection du travail dans les professions intéressées.

Art. D. 3141-37. L'employeur justifie à tout moment à l'inspection du travail, aux officiers de police judiciaire et aux contrôleurs agréés de la caisse d'affiliation dont il relève, qu'il est à jour de ses obligations envers celle-ci.

Chapitre II
Autres congés

SECTION 1. Congés d'articulation entre la vie professionnelle et la vie personnelle et familiale

Note Les dispositions législatives de cette section sont issues de la loi 2016-1088 du 8 août 2016, art. 9, I, 1°, JO 9.

Sous-section 1. Congés pour événements familiaux

§ 1. Ordre public

Art. L. 3142-1. Le salarié a droit, sur justification, à un congé :

1° Pour son mariage ou pour la conclusion d'un pacte civil de solidarité ;

2° Pour le mariage d'un enfant ;

3° Pour chaque naissance survenue à son foyer ou pour l'arrivée d'un enfant placé en vue de son adoption. Ces jours d'absence ne se cumulent pas avec les congés accordés pour ce même enfant dans le cadre du congé de maternité ;

4° Pour le décès d'un enfant, du conjoint, du concubin ou du partenaire lié par un pacte civil de solidarité, du père, de la mère, du beau-père, de la belle-mère, d'un frère ou d'une sœur ;

5° Pour l'annonce de la survenue d'un handicap chez un enfant.

Art. L. 3142-1-1. (L. 2020-692 du 8 juin 2020, art. 1er, I, 1°, JO 9) Sans préjudice du 4° de l'article L. 3142-1, en cas de décès de son enfant âgé de moins de vingt-cinq ans ou d'une personne âgée de moins de vingt-cinq ans à sa charge effective et permanente, le salarié a droit, sur justification, à un congé de deuil de huit jours qui peuvent être fractionnés dans des conditions prévues par décret. Le salarié informe l'employeur vingt-quatre heures au moins avant le début de chaque période d'absence.

Le congé de deuil peut être pris dans un délai d'un an à compter du décès de l'enfant.

Art. L. 3142-2. Les congés mentionnés (L. 2020-692 du 8 juin 2020, art. 1er, I, 2°, JO 9) « aux articles L. 3142-1 et L. 3142-1-1 » n'entraînent pas de réduction de la rémunération (L. 2020-692 du 8 juin 2020, art. 1er, I, 2°, JO 9) « qui tient compte, le cas échéant, de l'indemnité mentionnée à l'article L. 331-9 du code de la sécurité sociale » et sont assimilés à du temps de travail effectif pour la détermination de la durée du congé payé annuel.

La durée de ces congés ne peut être imputée sur celle du congé payé annuel.

Art. L. 3142-3. En cas de différend, le refus de l'employeur peut être directement contesté par le salarié devant le conseil de prud'hommes, statuant (Ord. 2019-738 du 17 juil. 2019, art. 15, JO 18) « selon la procédure accélérée au fond », dans des conditions fixées par décret en Conseil d'État.

Art. R. 3142-1. (D. 2016-1552 du 18 nov. 2016, art. 3, II, 2°, JO 19, entrée en vigueur le 01.01.2017) En cas de contestation, le conseil de prud'hommes, saisi en application de l'article L. 3142-3, statue en dernier ressort.

§ 2. Champ de la négociation collective

Art. L. 3142-4. Pour mettre en œuvre le droit à congé du salarié défini à l'article L. 3142-1, une convention ou un accord collectif d'entreprise ou, à défaut, une convention ou un accord de branche détermine la durée de chacun des congés mentionnés au même article L. 3142-1 qui ne peut être inférieure à :

1° Quatre jours pour son mariage ou pour la conclusion d'un pacte civil de solidarité ;

2° Un jour pour le mariage d'un enfant ;

3° Trois jours pour chaque naissance survenue à son foyer ou pour l'arrivée d'un enfant placé en vue de son adoption ;

4° Cinq jours pour le décès d'un enfant (L. 2020-692 du 8 juin 2020, art. 1er, I, 3°, JO 9) « ou sept jours ouvrés lorsque l'enfant est âgé de moins de vingt-cinq ans et quel que soit son âge si l'enfant décédé était lui-même parent ou en cas de décès d'une personne âgée de moins de vingt-cinq ans à sa charge effective et permanente » ;

5° Trois jours pour le décès du conjoint, du partenaire lié par un pacte civil de solidarité, du concubin, du père, de la mère, du beau-père, de la belle-mère, d'un frère ou d'une sœur;

6° Deux jours pour l'annonce de la survenue d'un handicap chez un enfant.

§ 3. Dispositions supplétives

Art. L. 3142-5. À défaut de convention ou d'accord, le salarié a droit au congé mentionné à l'article L. 3142-4, dont la durée ne peut être inférieure à celle prévue au même article L. 3142-4.

Sous-section 2. **Congé de solidarité familiale**

§ 1. Ordre public

Art. L. 3142-6. Le salarié dont un ascendant, un descendant, un frère, une sœur ou une personne partageant le même domicile souffre d'une pathologie mettant en jeu le pronostic vital ou est en phase avancée ou terminale d'une affection grave et incurable a droit à un congé de solidarité familiale.

Ce droit bénéficie, dans les mêmes conditions, au salarié ayant été désigné comme personne de confiance, au sens de l'article L. 1111-6 du code de la santé publique.

Art. L. 3142-7. Le congé débute ou est renouvelé à l'initiative du salarié. La durée du congé est fixée par le salarié, dans la limite prévue (Ord. 2017-1718 du 20 déc. 2017, art. 1er, I, 130°, JO 21) «au 1° de l'article L. 3142-14 ou, à défaut d'accord, dans la limite prévue au 1° de l'article L. 3142-15».

En cas d'urgence absolue constatée par écrit par le médecin, le congé débute ou peut être renouvelé sans délai.

Le congé prend fin soit à l'expiration de la durée mentionnée au premier alinéa du présent article, soit dans les trois jours qui suivent le décès de la personne assistée, sans préjudice du bénéfice des dispositions relatives aux congés pour événements personnels et aux congés pour événements familiaux, soit à une date antérieure choisie par le salarié.

Art. L. 3142-8. Le salarié peut, avec l'accord de son employeur, transformer ce congé en période d'activité à temps partiel ou le fractionner.

Art. L. 3142-9. Le salarié bénéficiant des droits prévus aux articles L. 3142-6 à L. 3142-8 ne peut exercer aucune autre activité professionnelle.

Art. L. 3142-10. À l'issue du congé ou de la période d'activité à temps partiel mentionnée à l'article L. 3142-8, le salarié retrouve son emploi ou un emploi similaire assorti d'une rémunération au moins équivalente.

Art. L. 3142-11. Avant et après son congé, le salarié a droit à l'entretien professionnel mentionné au I de l'article L. 6315-1.

Art. L. 3142-12. La durée de ce congé ne peut être imputée sur celle du congé payé annuel.

Elle est prise en compte pour la détermination des avantages liés à l'ancienneté.

Le salarié conserve le bénéfice de tous les avantages qu'il avait acquis avant le début du congé.

Art. L. 3142-13. En cas de différend, le refus de l'employeur peut être directement contesté par le salarié devant le conseil de prud'hommes, statuant (Ord. 2019-738 du 17 juil. 2019, art. 15, JO 18) «selon la procédure accélérée au fond», dans des conditions fixées par décret en Conseil d'État.

Art. D. 3142-2. En cas de fractionnement du congé, la durée minimale de chaque période de congé est de une journée.

Art. D. 3142-3. (D. 2016-1555 du 18 nov. 2016, art. 1er, I, 3°, JO 19, entrée en vigueur le 01.01.2017) Sans préjudice des dispositions du troisième alinéa de l'article L. 3142-7, le salarié informe l'employeur au moment de la demande du congé par tout moyen conférant date certaine de la date prévisible de son retour. En cas de modification de celle-ci, le salarié en informe l'employeur au moins trois jours avant son retour.

Art. R. 3142-4. (D. 2016-1552 du 18 nov. 2016, art. 3, III, 2°, JO 19, entrée en vigueur le 01.01.2017) En cas de contestation, le conseil de prud'hommes, saisi en application de l'article L. 3142-13, statue en dernier ressort.

§ 2. Champ de la négociation collective

Art. L. 3142-14. Pour mettre en œuvre le droit à congé du salarié mentionné à l'article L. 3142-6, une convention ou un accord collectif d'entreprise ou, à défaut, une convention ou un accord de branche détermine :

1° La durée maximale du congé ;

2° Le nombre de renouvellements possibles ;

3° Les conditions de fractionnement du congé ou de sa transformation en période d'activité à temps partiel ;

4° Les délais d'information de l'employeur par le salarié sur la prise du congé, sa durée prévisible, son renouvellement et la durée du préavis en cas de retour du salarié avant le terme prévu du congé ;

5° Les mesures permettant le maintien d'un lien entre l'entreprise et le salarié pendant la durée du congé et les modalités d'accompagnement du salarié à son retour.

§ 3. Dispositions supplétives

Art. L. 3142-15. À défaut de convention ou d'accord mentionné à l'article L. 3142-14, les dispositions suivantes sont applicables :

1° La durée maximale du congé est de trois mois, renouvelable une fois ;

2° Les modalités de fractionnement du congé et de sa transformation en période d'activité à temps partiel sont définies par décret ;

3° Les délais d'information de l'employeur par le salarié sur la prise du congé, sa durée prévisible, son renouvellement ainsi que les conditions du retour du salarié avant le terme prévu sont fixés par décret.

Art. D. 3142-5. (D. 2016-1555 du 18 nov. 2016, art. 1er, I, 5°, JO 19, entrée en vigueur le 01.01.2017) « À défaut de convention ou d'accord mentionné à l'article L. 3142-14, le salarié informe l'employeur par tout moyen conférant date certaine », au moins quinze jours avant le début du congé de solidarité familiale de sa volonté de suspendre son contrat de travail à ce titre, de la date de son départ en congé et, le cas échéant, de sa demande de fractionnement ou de transformation en temps partiel de celui-ci.

Il adresse également un certificat médical, établi par le médecin traitant de la personne que le salarié souhaite assister, attestant que cette personne souffre d'une pathologie mettant en jeu le pronostic vital ou est en phase avancée ou terminale d'une affection grave et incurable.

Art. D. 3142-6. (D. 2016-1555 du 18 nov. 2016, art. 1er, I, 6°, JO 19, entrée en vigueur le 01.01.2017) « À défaut de convention ou d'accord mentionné à l'article L. 3142-14, » lorsque le salarié décide de renouveler son congé de solidarité familiale ou son activité à temps partiel, (D. 2016-1555 du 18 nov. 2016, art. 1er, I, 6°, JO 19, entrée en vigueur le 01.01.2017) « il en informe l'employeur par tout moyen conférant date certaine », au moins quinze jours avant le terme initialement prévu.

Sous-section 3. **Congé de proche aidant**

§ 1. Ordre public

Art. L. 3142-16. Le salarié a droit à un congé de proche aidant lorsque l'une des personnes suivantes présente un handicap ou une perte d'autonomie d'une particulière gravité :

1° Son conjoint ;

2° Son concubin ;

3° Son partenaire lié par un pacte civil de solidarité ;

4° Un ascendant ;

5° Un descendant ;

6° Un enfant dont il assume la charge au sens de l'article L. 512-1 du code de la sécurité sociale ;

7° Un collatéral jusqu'au quatrième degré ;

8° Un ascendant, un descendant ou un collatéral jusqu'au quatrième degré de son conjoint, concubin ou partenaire lié par un pacte civil de solidarité;

9° Une personne âgée ou handicapée avec laquelle il réside ou avec laquelle il entretient des liens étroits et stables, à qui il vient en aide de manière régulière et fréquente, à titre non professionnel, pour accomplir tout ou partie des actes ou des activités de la vie quotidienne.

Art. L. 3142-17. La personne aidée doit résider en France de façon stable et régulière.

Art. L. 3142-18. Le salarié ne peut exercer aucune autre activité professionnelle pendant la durée du congé.

Toutefois, il peut être employé par la personne aidée dans les conditions prévues au deuxième alinéa des articles L. 232-7 ou L. 245-12 du code de l'action sociale et des familles.

Art. L. 3142-19. Le congé débute ou est renouvelé à l'initiative du salarié.

Il ne peut excéder, renouvellement compris, la durée d'un an pour l'ensemble de la carrière.

En cas de dégradation soudaine de l'état de santé de la personne aidée, de situation de crise nécessitant une action urgente du proche aidant ou de cessation brutale de l'hébergement en établissement dont bénéficiait la personne aidée, le congé débute ou peut être renouvelé sans délai.

Le salarié peut mettre fin de façon anticipée au congé ou y renoncer dans les cas suivants:

1° Décès de la personne aidée;

2° Admission dans un établissement de la personne aidée;

3° Diminution importante des ressources du salarié;

4° Recours à un service d'aide à domicile pour assister la personne aidée;

5° Congé de proche aidant pris par un autre membre de la famille.

Art. L. 3142-20. Le salarié peut, avec l'accord de son employeur, transformer ce congé en période d'activité à temps partiel ou le fractionner. Dans cette hypothèse, le salarié doit avertir son employeur au moins quarante-huit heures avant la date à laquelle il entend prendre chaque période de congé. Cette transformation ou ce fractionnement est accordé sans délai dans les cas mentionnés au troisième alinéa de l'article L. 3142-19.

Art. L. 3142-21. La durée de ce congé ne peut être imputée sur celle du congé payé annuel. Elle est prise en compte pour la détermination des avantages liés à l'ancienneté. Le salarié conserve le bénéfice de tous les avantages qu'il avait acquis avant le début du congé.

Art. L. 3142-22. À l'issue du congé ou de la période d'activité à temps partiel mentionnée à l'article L. 3142-20, le salarié retrouve son emploi ou un emploi similaire assorti d'une rémunération au moins équivalente.

Art. L. 3142-23. Avant et après son congé, le salarié a droit à l'entretien professionnel mentionné au I de l'article L. 6315-1.

Art. L. 3142-24. Un décret détermine les conditions d'application du présent paragraphe, notamment les critères d'appréciation de la particulière gravité du handicap ou de la perte d'autonomie de la personne aidée.

Art. L. 3142-25. En cas de différend, le refus de l'employeur peut être directement contesté par le salarié devant le conseil de prud'hommes, statuant (Ord. 2019-738 du 17 juil. 2019, art. 15, JO 18) «selon la procédure accélérée au fond», dans des conditions fixées par décret en Conseil d'État.

Art. L. 3142-25-1. (L. 2018-84 du 13 févr. 2018, JO 14) Un salarié peut, sur sa demande et en accord avec son employeur, renoncer anonymement et sans contrepartie à tout ou partie de ses jours de repos non pris, qu'ils aient été ou non affectés sur un compte épargne-temps, au bénéfice d'un autre salarié de l'entreprise qui vient en aide à une personne atteinte d'une perte d'autonomie d'une particulière gravité ou présentant un handicap lorsque cette personne est, pour cet autre salarié, l'une de celles mentionnées aux 1° à 9° de l'article L. 3142-16.

Le congé annuel ne peut être cédé que pour sa durée excédant vingt-quatre jours ouvrables.

Le salarié bénéficiant d'un ou de plusieurs jours cédés en application du premier alinéa du présent article bénéficie du maintien de sa rémunération pendant sa période d'absence. Cette période d'absence est assimilée à une période de travail effectif pour la détermination des droits que le salarié tient de son ancienneté. Le salarié conserve le bénéfice de tous les avantages qu'il avait acquis avant le début de sa période d'absence.

Art. D. 3142-7. (D. 2016-1554 du 18 nov. 2016, art. 1er, A, 1°, JO 19, entrée en vigueur le 01.01.2017) Pour bénéficier immédiatement du congé dans les cas énoncés à l'article L. 3142-19, la dégradation soudaine de l'état de santé de la personne aidée ou la situation de crise nécessitant une action urgente du proche aidant est constatée par écrit par un médecin qui établit un certificat médical et la cessation brutale de l'hébergement en établissement est attestée par le responsable de cet établissement.

Art. D. 3142-8. La demande de congé de (D. 2016-1554 du 18 nov. 2016, art. 1er, D, JO 19, entrée en vigueur le 01.01.2017) « proche aidant » est accompagnée des pièces suivantes :

1° Une déclaration sur l'honneur du lien familial du demandeur avec la personne aidée (D. 2016-1554 du 18 nov. 2016, art. 1er, A, 2°, JO 19, entrée en vigueur le 01.01.2017) « ou de l'aide apportée à une personne âgée ou handicapée avec laquelle il réside ou entretient des liens étroits et stables » ;

2° Une déclaration sur l'honneur du demandeur précisant qu'il n'a pas eu précédemment recours, au long de sa carrière, à un congé de (D. 2016-1554 du 18 nov. 2016, art. 1er, D, JO 19, entrée en vigueur le 01.01.2017) « proche aidant » ou bien la durée pendant laquelle il a bénéficié de ce congé ;

3° Lorsque la personne aidée est un enfant handicapé à la charge du demandeur, au sens de l'article L. 512-1 du code de la sécurité sociale, ou un adulte handicapé, une copie de la décision prise en application de la législation de sécurité sociale ou d'aide sociale subordonnée à la justification d'un taux d'incapacité permanente au moins égal à 80 % ;

4° Lorsque la personne aidée souffre d'une perte d'autonomie, une copie de la décision d'attribution de l'allocation personnalisée d'autonomie au titre d'un classement dans les groupes (D. 2016-1554 du 18 nov. 2016, art. 1er, A, 2°, JO 19, entrée en vigueur le 01.01.2017) « I, II et III » de la grille nationale mentionnée à l'article L. 232-2 du code de l'action sociale et des familles.

Art. D. 3142-9. (D. 2016-1554 du 18 nov. 2016, art. 1er, A, 3°, JO 19, entrée en vigueur le 01.01.2017) En cas de fractionnement du congé, la durée minimale de chaque période de congé est d'une journée.

Art. R. 3142-10. (D. 2016-1552 du 18 nov. 2016, art. 3, IV, JO 19, entrée en vigueur le 01.01.2017) En cas de contestation, le conseil de prud'hommes saisi en application de l'article L. 3142-25 statue en dernier ressort.

§ 2. Champ de la négociation collective

Art. L. 3142-26. Pour mettre en œuvre le droit à congé du salarié mentionné à l'article L. 3142-16, (L. 2019-485 du 22 mai 2019, JO 23) « une convention ou un accord de branche ou, à défaut, une convention ou un accord collectif d'entreprise détermine : »

1° La durée maximale du congé ;

2° Le nombre de renouvellements possibles ;

3° Les délais d'information de l'employeur par le salarié sur la prise du congé et son renouvellement ainsi que la durée du préavis en cas de retour du salarié avant la fin du congé ;

4° Les délais de demande du salarié et de réponse de l'employeur sur le fractionnement du congé ou sa transformation en période d'activité à temps partiel.

§ 3. Dispositions supplétives

Art. L. 3142-27. À défaut de convention ou d'accord mentionné à l'article L. 3142-26, les dispositions suivantes sont applicables :

1° La durée maximale du congé est de trois mois, renouvelable dans la limite mentionnée à l'article L. 3142-19 ;

2° Les délais d'information de l'employeur par le salarié sur la prise du congé et son renouvellement, la durée du préavis en cas de retour du salarié avant le terme prévu du congé, ainsi que les délais de demande du salarié et de réponse de l'employeur sur le fractionnement du congé ou sa transformation en période d'activité à temps partiel sont fixés par décret.

Art. D. 3142-11. (D. 2016-1554 du 18 nov. 2016, art. 1er, C, 1°, JO 19, entrée en vigueur le 01.01.2017) « À défaut de convention ou d'accord mentionné à l'article L. 3142-26, le salarié informe l'employeur par tout moyen conférant date certaine », au moins (D. 2016-1554 du 18 nov. 2016, art. 1er, C, 1°, JO 19, entrée en vigueur le 01.01.2017) « un mois » avant le début du congé de (D. 2016-1554 du 18 nov. 2016, art. 1er, D, JO 19, entrée en vigueur le 01.01.2017) « proche aidant » de sa volonté de suspendre son contrat de travail à ce titre (D. 2016-1554 du 18 nov. 2016, art. 1er, C, 1°, JO 19, entrée en vigueur le 01.01.2017) «, et, le cas échéant, de sa demande de fractionnement ou de transformation à temps partiel de celui-ci» et de la date de son départ en congé.

Il joint à (D. 2016-1554 du 18 nov. 2016, art. 1er, C, 1°, JO 19, entrée en vigueur le 01.01.2017) «sa demande» les documents mentionnés à l'article (D. 2016-1554 du 18 nov. 2016, art. 1er, C, 1°, JO 19, entrée en vigueur le 01.01.2017) «D. 3142-8».

Art. D. 3142-12. (D. 2016-1554 du 18 nov. 2016, art. 1er, C, 2°, JO 19, entrée en vigueur le 01.01.2017) «À défaut de convention ou d'accord mentionné à l'article L. 3142-26, en cas de renouvellement du congé de proche aidant ou de l'activité à temps partiel» de façon successive, le salarié avertit l'employeur de cette prolongation au moins (D. 2016-1554 du 18 nov. 2016, art. 1er, C, 2°, JO 19, entrée en vigueur le 01.01.2017) «quinze jours» avant le terme initialement prévu, (D. 2016-1554 du 18 nov. 2016, art. 1er, C, 2°, JO 19, entrée en vigueur le 01.01.2017) «par tout moyen conférant date certaine».

En cas de renouvellement non successif, les conditions de prévenance définies à l'article (D. 2016-1554 du 18 nov. 2016, art. 1er, C, 2°, JO 19, entrée en vigueur le 01.01.2017) «D. 3142-11» s'appliquent.

Art. D. 3142-13. (D. 2016-1554 du 18 nov. 2016, art. 1er, C, 3°, JO 19, entrée en vigueur le 01.01.2017) «À défaut de convention ou d'accord mentionné à l'article L. 3142-26,» pour mettre fin de façon anticipée au congé ou y renoncer dans les cas prévus à l'article (D. 2016-1554 du 18 nov. 2016, art. 1er, C, 3°, JO 19, entrée en vigueur le 01.01.2017) «L. 3142-19», le salarié adresse une demande motivée à l'employeur par (D. 2016-1554 du 18 nov. 2016, art. 1er, C, 3°, JO 19, entrée en vigueur le 01.01.2017) «tout moyen conférant date certaine», au moins un mois avant la date à laquelle il entend bénéficier de ces dispositions.

En cas de décès de la personne aidée, ce délai est ramené à deux semaines.

Sous-section 4. **Congé sabbatique**

§ 1. Ordre public

Art. L. 3142-28. Le salarié a droit à un congé sabbatique pendant lequel son contrat de travail est suspendu.

Le droit à ce congé est ouvert au salarié justifiant, à la date de départ en congé, d'une ancienneté minimale dans l'entreprise, cumulée, le cas échéant, sur plusieurs périodes non consécutives, ainsi que de six années d'activité professionnelle et n'ayant pas bénéficié depuis une durée minimale, dans la même entreprise, d'un congé sabbatique, d'un congé pour création d'entreprise ou d'un (Ord. 2019-861 du 21 août 2019, art. 1er, 4°, JO 22) «congé spécifique mentionné à l'article L. 6323-17-1» d'une durée d'au moins six mois. L'ancienneté acquise dans toute autre entreprise du même groupe, au sens de l'article L. 2331-1, est prise en compte au titre de l'ancienneté dans l'entreprise.

Art. L. 3142-29. L'employeur peut différer le départ en congé dans la limite de six mois à compter de la demande, en fonction de la proportion de salariés absents dans l'entreprise au titre du congé ou en fonction du nombre de jours d'absence prévus au titre du même congé. Dans les entreprises de moins de trois cents salariés, cette limite est portée à neuf mois.

L'employeur peut également différer ce congé sur le fondement de l'article L. 3142-114 et, pour les entreprises de moins de trois cents salariés, le refuser sur le fondement du 1° de l'article L. 3142-113 selon les modalités prévues aux deux derniers alinéas du même article L. 3142-113.

Art. L. 3142-30. L'employeur informe le salarié soit de son accord sur la date de départ choisie par l'intéressé, soit du report de cette date, soit de son refus.

(Ord. 2017-1718 du 20 déc. 2017, art. 1er, I, 131°, JO 21) «L'accord de l'employeur est réputé acquis à défaut de réponse dans un délai de trente jours à compter de la présentation de la demande.»

Art. L. 3142-31. À l'issue du congé, le salarié retrouve son précédent emploi ou un emploi similaire assorti d'une rémunération au moins équivalente et bénéficie de l'entretien professionnel mentionné au I de l'article L. 6315-1.

Il ne peut invoquer aucun droit à être réemployé avant l'expiration du congé.

Art. D. 3142-14. Les délais mentionnés à l'article (D. 2016-1555 du 18 nov. 2016, art. 1er, II, 2°, JO 19, entrée en vigueur le 01.01.2017) « L. 3142-29 », en vue de différer le départ en congé sabbatique d'un salarié, courent à compter de la présentation de la (D. 2016-1555 du 18 nov. 2016, art. 1er, II, 2°, JO 19, entrée en vigueur le 01.01.2017) « demande » prévue à l'article (D. 2016-1555 du 18 nov. 2016, art. 1er, II, 2°, JO 19, entrée en vigueur le 01.01.2017) « D. 3142-19 ».

Art. D. 3142-15. (D. 2016-1555 du 18 nov. 2016, art. 1er, II, 3°, JO 19, entrée en vigueur le 01.01.2017) Le refus de l'employeur d'accorder un congé sabbatique est notifié au salarié par tout moyen conférant date certaine.

Art. D. 3142-16. (D. 2016-1555 du 18 nov. 2016, art. 1er, II, 3°, JO 19, entrée en vigueur le 01.01.2017) Le salarié peut contester le refus de l'employeur dans les quinze jours à compter de la notification.

Art. R. 3142-17. (D. 2016-1552 du 18 nov. 2016, art. 3, V, JO 19, entrée en vigueur le 01.01.2017) En cas de contestation, le conseil de prud'hommes saisi en application de l'article L. 3142-29 statue en dernier ressort.

Art. D. 3142-18. (D. 2016-1555 du 18 nov. 2016, art. 1er, II, 3°, JO 19, entrée en vigueur le 01.01.2017) L'employeur informe le salarié de son accord sur la date de départ choisie du congé sabbatique ou de son report par tout moyen conférant date certaine.

§ 2. Champ de la négociation collective

Art. L. 3142-32. Pour mettre en œuvre le droit à congé du salarié mentionné à l'article L. 3142-28, une convention ou un accord collectif d'entreprise ou, à défaut, une convention ou un accord de branche détermine :

1° Les durées minimale et maximale du congé et le nombre de renouvellements ;

2° La condition d'ancienneté requise dans l'entreprise pour ouvrir droit à ce congé ;

3° La durée minimale dans l'entreprise durant laquelle le salarié ne doit pas avoir bénéficié des dispositifs mentionnés au second alinéa de l'article L. 3142-28 ;

4° Les plafonds mentionnés aux articles L. 3142-29, L. 3142-114 et L. 3142-115 ;

5° Les conditions et délais d'information de l'employeur par le salarié sur sa demande de congé ainsi que sur la date de son départ et sur la durée envisagée de ce congé.

Art. L. 3142-33. Cette convention ou cet accord détermine également les modalités de report des congés payés dus au salarié qui bénéficie du congé.

§ 3. Dispositions supplétives

Sous-§ 1. Règles générales de prise du congé

Art. L. 3142-34. À défaut de convention ou d'accord mentionné à l'article L. 3142-32, les dispositions suivantes sont applicables :

1° La durée minimale du congé est de six mois et sa durée maximale est de onze mois ;

2° Le droit à ce congé est ouvert au salarié justifiant, à la date de départ en congé, d'une ancienneté dans l'entreprise d'au moins trente-six mois, consécutifs ou non, et n'ayant pas bénéficié dans l'entreprise, au cours des six années précédentes, des dispositifs mentionnés au second alinéa de l'article L. 3142-28 ;

3° Les conditions et délais mentionnés au 5° de l'article L. 3142-32 sont fixés par décret ;

4° Les plafonds mentionnés à l'article L. 3142-29 sont fixés par décret.

Art. D. 3142-19. (D. 2016-1555 du 18 nov. 2016, art. 1er, II, 5°, JO 19, entrée en vigueur le 01.01.2017) « À défaut de convention ou d'accord mentionné à l'article L. 3142-32, » le salarié informe l'employeur de la date de départ en congé sabbatique qu'il a choisie et de la durée de ce congé, par (D. 2016-1555 du 18 nov. 2016, art. 1er, II, 5°, JO 19, entrée en vigueur le 01.01.2017) « tout moyen conférant date certaine », au moins trois mois à l'avance.

Art. D. 3142-20. (D. 2016-1555 du 18 nov. 2016, art. 1er, II, 6°, JO 19, entrée en vigueur le 01.01.2017) À défaut de convention ou d'accord mentionné à l'article L. 3142-32, le départ en congé peut être différé par l'employeur dans les conditions mentionnées au premier alinéa de l'article L. 3142-29, de telle sorte que le pourcentage des salariés simultanément absents de l'entreprise au titre du congé sabbatique ne dépasse pas 1,5 % de l'effectif de cette entreprise, jusqu'à la date à laquelle cette condition de taux est remplie ou que le nombre de jours d'absence au titre du congé sabbatique ne dépasse pas 1,5 % du nombre de jours de travail effectués dans les douze mois précédant le départ en congé. Pour permettre le départ en congé d'un salarié, cette période de douze mois est prolongée dans la limite de quarante-huit mois.

Art. D. 3142-21. (D. 2016-1555 du 18 nov. 2016, art. 1er, II, 6°, JO 19, entrée en vigueur le 01.01.2017) À défaut de convention ou d'accord mentionné à l'article L. 3142-32, le départ en congé peut être différé par l'employeur dans les conditions mentionnées au deuxième alinéa de l'article L. 3142-29 conformément aux dispositions de l'article D. 3142-75.

Sous-§ 2. Report de congés payés

Art. L. 3142-35. À défaut de stipulation dans la convention ou l'accord mentionné à l'article L. 3142-32, les articles L. 3142-120 à L. 3142-124 s'appliquent.

SECTION 2. Congés pour engagement associatif, politique ou militant

Sous-section 1. Congé mutualiste de formation

Note Les dispositions législatives des sous-sections 1 à 7 sont issues de la loi 2016-1088 du 8 août 2016, art. 9, I, 2°, JO 9.

§ 1. Ordre public

Art. L. 3142-36. Tout administrateur d'une mutuelle, d'une union ou d'une fédération, au sens de l'article L. 114-16 du code de la mutualité, a droit, chaque année, à un congé de formation.

Art. L. 3142-37. La durée du congé ne peut être imputée sur la durée du congé payé annuel. Elle est assimilée à une période de travail effectif pour la détermination des droits à congés payés ainsi que pour l'ensemble des autres droits résultant pour l'intéressé de son contrat de travail.

Art. L. 3142-38. Un décret en Conseil d'État détermine les modalités d'application de la présente sous-section, notamment:

1° Les conditions dans lesquelles l'employeur peut différer le congé en raison des nécessités propres de l'entreprise ou de son exploitation;

2° Les conditions dans lesquelles est établie la liste des stages ouvrant droit au congé mutualiste de formation et des organismes susceptibles de dispenser ces stages;

3° Les conditions dans lesquelles le congé est attribué aux agents des services publics et des entreprises publiques;

4° Les conditions dans lesquelles le congé est attribué au salarié bénéficiant d'un régime de congé plus avantageux que celui qui résulte du chapitre Ier.

Art. L. 3142-39. En cas de différend, le refus de l'employeur peut être directement contesté par le salarié devant le conseil de prud'hommes, statuant (Ord. 2019-738 du 17 juil. 2019, art. 15, JO 18) «selon la procédure accélérée au fond», dans des conditions fixées par décret en Conseil d'État.

Art. R. 3142-22. La liste des organismes dont les stages ouvrent droit au congé mutualiste est établie par arrêté du ministre chargé de la mutualité après avis du Conseil supérieur de la mutualité.

Art. R. 3142-23. (D. 2016-1552 du 18 nov. 2016, art. 4, II, 5°, JO 19, entrée en vigueur le 01.01.2017) Le bénéfice du congé peut être refusé par l'employeur s'il établit que ce refus est justifié par des nécessités particulières à son entreprise ou à l'exploitation de celle-ci.

Ce refus ne peut intervenir qu'après consultation du (D. 2017-1819 du 29 déc. 2017, art. 3, 25°, JO 30, entrée en vigueur le 01.01.2018) «comité social et économique».

Si le salarié renouvelle sa demande après l'expiration d'un délai de quatre mois, un nouveau report ne peut lui être opposé sauf en cas de dépassement du nombre déterminé par l'article R. 3142-29.

Art. R. 3142-23-1. (D. 2016-1552 du 18 nov. 2016, art. 4, II, 5°, JO 19, entrée en vigueur le 01.01.2017) Pour les entreprises publiques non prévues à l'article L. 2233-1, des arrêtés pris par les ministres intéressés précisent les organismes appelés à donner leur avis dans les conditions prévues par l'article R. 3142-23.

Art. R. 3142-24. (D. 2016-1552 du 18 nov. 2016, art. 4, II, 5°, JO 19, entrée en vigueur le 01.01.2017) Le refus ou le report du congé mutualiste de formation par l'employeur est motivé et notifié par tout moyen conférant date certaine à l'intéressé dans les huit jours à compter de la réception de sa demande.

Art. R. 3142-25. (D. 2016-1552 du 18 nov. 2016, art. 4, II, 5°, JO 19, entrée en vigueur le 01.01.2017) Le salarié dont la demande de congé mutualiste de formation n'a pas été satisfaite en raison des conditions mentionnées aux articles R. 3142-23 et R. 3142-29 bénéficie d'une priorité pour l'octroi ultérieur de ce congé.

Art. R. 3142-26. (D. 2016-1552 du 18 nov. 2016, art. 4, II, 5°, JO 19, entrée en vigueur le 01.01.2017) L'organisme chargé des stages ou sessions dispensés dans le cadre du congé mutualiste de formation délivre au salarié une attestation constatant la fréquentation effective de celui-ci.

Cette attestation est remise à l'employeur au moment de la reprise du travail.

Art. R. 3142-27. (D. 2016-1552 du 18 nov. 2016, art. 4, II, 5°, JO 19, entrée en vigueur le 01.01.2017) En cas de contestation, le conseil de prud'hommes, saisi en application de l'article L. 3142-39, statue en dernier ressort.

§ 2. Champ de la négociation collective

Art. L. 3142-40. Pour mettre en œuvre le droit à congé du salarié mentionné à l'article L. 3142-36, une convention ou un accord collectif d'entreprise ou, à défaut, une convention ou un accord de branche détermine :

1° La durée totale maximale du congé ;

2° Le délai dans lequel le salarié informe l'employeur de sa demande de congé ;

3° Les règles selon lesquelles est déterminé, par établissement, le nombre maximal de salariés susceptibles de bénéficier de ce congé au cours d'une année.

§ 3. Dispositions supplétives

Art. L. 3142-41. À défaut de convention ou d'accord mentionné à l'article L. 3142-40, les dispositions suivantes sont applicables :

1° Le nombre maximal de jours pouvant être pris au titre du congé est de neuf jours ouvrables par an ;

2° Le délai dans lequel le salarié informe l'employeur de sa demande de congé est fixé par décret ;

3° Les règles selon lesquelles est déterminé, par établissement, le nombre maximal de salariés susceptibles de bénéficier de ce congé au cours d'une année sont définies par décret en Conseil d'État.

Art. R. 3142-28. (D. 2016-1552 du 18 nov. 2016, art. 4, II, 7°, JO 19, entrée en vigueur le 01.01.2017) « À défaut de convention ou d'accord mentionné à l'article L. 3142-40, l'administrateur d'une mutuelle, d'une union ou d'une fédération informe l'employeur par tout moyen conférant date certaine », au moins trente jours avant le début du congé mutualiste de formation, de sa volonté de bénéficier de ce congé.

Il précise la date et la durée de l'absence envisagée et désigne l'organisme responsable du stage ou de la session.

Art. R. 3142-29. (D. 2016-1552 du 18 nov. 2016, art. 4, II, 8°, JO 19, entrée en vigueur le 01.01.2017) À défaut de convention ou d'accord mentionné à l'article L. 3142-40, et en application du 3° de l'article L. 3142-41, le bénéfice du congé peut être refusé par l'employeur s'il établit que le nombre de salariés, par établissement, ayant bénéficié du congé durant l'année en cours atteint la proportion suivante :

1° Moins de 50 salariés : un bénéficiaire ;

2° 50 à 99 salariés : deux bénéficiaires ;

3° 100 à 199 salariés : trois bénéficiaires ;

4° 200 à 499 salariés : quatre bénéficiaires ;

5° 500 à 999 salariés : cinq bénéficiaires ;

6° 1 000 à 1 999 salariés : six bénéficiaires ;

7° À partir de 2 000 salariés : un bénéficiaire de plus par tranche supplémentaire de 1 000 salariés.

Sous-section 2. **Congé de participation aux instances d'emploi et de formation professionnelle ou à un jury d'examen**

§ 1. Ordre public

Art. L. 3142-42. Lorsqu'un salarié est désigné pour siéger dans une commission, un conseil ou un comité administratif ou paritaire appelé à traiter des problèmes d'emploi et de formation, l'employeur lui accorde le temps nécessaire pour participer aux réunions de ces instances.

La liste de ces instances est fixée par arrêté interministériel.

Lorsqu'un salarié est désigné pour participer à un jury d'examen ou de validation des acquis de l'expérience, l'employeur lui accorde une autorisation d'absence pour participer à ce jury.

Art. L. 3142-43. La participation du salarié aux réunions et jurys mentionnés à l'article L. 3142-42 n'entraîne aucune réduction de la rémunération.

La durée des congés correspondants ne peut être imputée sur celle du congé payé annuel.

Art. L. 3142-44. Un décret détermine les conditions dans lesquelles les dépenses afférentes au maintien du salaire et au remboursement des frais de déplacement sont supportées par les instances et jurys mentionnés à l'article L. 3142-42 ou par l'entreprise.

Art. L. 3142-45. Le bénéfice du congé peut être refusé par l'employeur s'il estime que cette absence est susceptible d'avoir des conséquences préjudiciables à la bonne marche de l'entreprise.

Le refus de l'employeur intervient après avis du (Ord. 2017-1386 du 22 sept. 2017, art. 4, 26°, JO 23, entrée en vigueur au plus tard le 01.01.2018) «comité social et économique». Il est motivé.

En cas de différend, le refus de l'employeur peut être directement contesté par le salarié devant le conseil de prud'hommes, statuant (Ord. 2019-738 du 17 juil. 2019, art. 15, JO 18) «selon la procédure accélérée au fond», dans des conditions fixées par décret en Conseil d'État.

Art. R. 3142-30. (D. 2016-1552 du 18 nov. 2016, art. 4, III, 3°, JO 19, entrée en vigueur le 01.01.2017) Le refus de l'employeur est notifié par tout moyen conférant date certaine au salarié.

Art. R. 3142-31. (D. 2016-1552 du 18 nov. 2016, art. 4, III, 3°, JO 19, entrée en vigueur le 01.01.2017) En cas de contestation, le conseil de prud'hommes, saisi en application de l'article L. 3142-45, statue en dernier ressort.

§ 2. Champ de la négociation collective

Art. L. 3142-46. Pour mettre en œuvre le droit à congé du salarié mentionné à l'article L. 3142-42, une convention ou un accord collectif d'entreprise ou, à défaut, une convention ou un accord de branche détermine les délais dans lesquels le salarié adresse sa demande de congé.

§ 3. Dispositions supplétives

Art. L. 3142-47. À défaut de convention ou d'accord mentionné à l'article L. 3142-46, un décret fixe les délais dans lesquels le salarié adresse sa demande de congé.

Art. D. 3142-32. (D. 2016-1555 du 18 nov. 2016, art. 2, I, 2°, JO 19, entrée en vigueur le 01.01.2017) «À défaut de convention ou d'accord mentionné à l'article L. 3142-46,» le salarié (D. 2016-1555 du 18 nov. 2016, art. 2, I, 2°, JO 19, entrée en vigueur le 01.01.2017) «informe l'employeur par tout moyen conférant date certaine», dans un délai qui ne peut pas être inférieur à quinze jours calendaires avant le début de la session d'examen ou de validation (D. 2016-1555 du 18 nov. 2016, art. 2, I, 2°, JO 19, entrée en vigueur le 01.01.2017) «ou de sa participation à l'instance d'emploi et de formation professionnelle, de sa volonté de bénéficier de ce congé». Il joint à sa demande une copie de la convocation à participer à un jury d'examen ou de validation des acquis de l'expérience (D. 2016-1555 du 18 nov. 2016, art. 2, I, 2°, JO 19, entrée en vigueur le 01.01.2017) «ou à une instance d'emploi et de formation professionnelle».

Sous-section 3. **Congé pour catastrophe naturelle**

§ 1. Ordre public

Art. L. 3142-48. Le salarié résidant ou habituellement employé dans une zone touchée par une catastrophe naturelle a droit à un congé, pris en une ou plusieurs fois, pour participer aux activités d'organismes apportant une aide aux victimes de catastrophes naturelles.

Art. L. 3142-49. En cas d'urgence, le congé peut être pris sous préavis de vingt-quatre heures.

Art. L. 3142-50. La durée du congé ne peut être imputée sur la durée du congé payé annuel.

Art. L. 3142-51. Le bénéfice du congé peut être refusé par l'employeur s'il estime que cette absence est susceptible d'avoir des conséquences préjudiciables à la bonne marche de l'entreprise.

Le refus de l'employeur intervient après avis du (Ord. 2017-1386 du 22 sept. 2017, art. 4, 26°, JO 23, entrée en vigueur au plus tard le 01.01.2018) «comité social et économique». Il est motivé.

En cas de différend, le refus de l'employeur peut être directement contesté devant le conseil de prud'hommes, statuant (Ord. 2019-738 du 17 juil. 2019, art. 15, JO 18) «selon la procédure accélérée au fond», dans des conditions fixées par décret en Conseil d'État.

Art. R. 3142-33. (D. 2016-1552 du 18 nov. 2016, art. 4, IV, 3°, JO 19, entrée en vigueur le 01.01.2017) Le refus de l'employeur est notifié par tout moyen conférant date certaine au salarié.

Art. R. 3142-34. (D. 2016-1552 du 18 nov. 2016, art. 4, IV, 3°, JO 19, entrée en vigueur le 01.01.2017) En cas de contestation, le conseil de prud'hommes, saisi en application de l'article L. 3142-51, statue en dernier ressort.

§ 2. Champ de la négociation collective

Art. L. 3142-52. Pour mettre en œuvre le droit à congé du salarié mentionné à l'article L. 3142-48, une convention ou un accord collectif d'entreprise ou, à défaut, une convention ou un accord de branche détermine:

1° La durée totale maximale du congé;

2° Les délais dans lesquels le salarié adresse sa demande de congé.

§ 3. Dispositions supplétives

Art. L. 3142-53. À défaut de convention ou d'accord mentionné à l'article L. 3142-52:

1° La durée maximale du congé est de vingt jours par an;

2° Les délais dans lesquels le salarié adresse sa demande de congé sont fixés par décret.

Art. D. 3142-35. (D. 2016-1555 du 18 nov. 2016, art. 2, II, JO 19, entrée en vigueur le 01.01.2017) À défaut de convention ou d'accord mentionné à l'article L. 3142-52, le salarié informe l'employeur par tout moyen conférant date certaine, au moins 48 heures avant le début du congé, de sa volonté de bénéficier de ce congé.

Sous-section 4. **Congés de formation de cadres et d'animateurs pour la jeunesse, des responsables associatifs bénévoles, des titulaires de mandats mutualistes autres qu'administrateurs et des membres des conseils citoyens**

§ 1. Ordre public

Art. L. 3142-54. Le salarié âgé de moins de vingt-cinq ans souhaitant participer aux activités des organisations de jeunesse et d'éducation populaire et des fédérations et associations sportives agréées par l'autorité administrative destinées à favoriser la préparation et la formation ou le perfectionnement de cadres et animateurs a droit, chaque année, à un congé de formation de cadres et d'animateurs pour la jeunesse pouvant être pris en une ou deux fois à la demande du bénéficiaire.

Art. L. 3142-54-1. (L. 2017-86 du 27 janv. 2017, art. 10, I, 2°, JO 28) Un congé est accordé chaque année, à sa demande, sans condition d'âge:

1° À tout salarié désigné pour siéger à titre bénévole dans l'organe d'administration ou de direction d'une association régie par la loi du 1er juillet 1901 relative au contrat d'association ou inscrite au registre des associations en application du code civil local applicable dans les départements du Bas-Rhin, du Haut-Rhin et de la Moselle, déclarée depuis trois ans au moins et dont l'ensemble des activités est mentionné au b du 1 de l'article 200 du code général des impôts, et à tout salarié exerçant à titre bénévole des fonctions de direction ou d'encadrement au sein d'une telle association;

2° À tout salarié membre d'un conseil citoyen dont la composition a été reconnue par le représentant de l'État dans le département dans les conditions prévues à l'article 7 de la loi n° 2014-173 du 21 février 2014 de programmation pour la ville et la cohésion urbaine, pour siéger dans les instances internes du conseil citoyen et participer aux instances de pilotage du contrat de ville, y compris celles relatives aux projets de renouvellement urbain;

3° À toute personne, non administrateur, apportant à une mutuelle, union ou fédération, en dehors de tout contrat de travail, un concours personnel et bénévole, dans le cadre d'un mandat pour lequel elle a été statutairement désignée ou élue.

Ce congé peut être fractionné en demi-journées.

Art. L. 3142-55. La durée du congé ne peut être imputée sur la durée du congé payé annuel et est assimilée à une période de travail effectif pour la détermination des droits à congés payés ainsi que pour l'ensemble des autres droits résultant pour l'intéressé de son contrat de travail.

Art. L. 3142-56. Un décret en Conseil d'État détermine, pour l'application de la présente sous-section:

1° Les conditions dans lesquelles l'employeur peut différer le congé en raison des nécessités propres de l'entreprise ou de son exploitation;

2° Les conditions dans lesquelles les salariés âgés de plus de vingt-cinq ans peuvent être exceptionnellement admis à bénéficier du congé;

3° Les conditions dans lesquelles le congé est attribué aux agents des services publics et des entreprises publiques;

4° Les conditions dans lesquelles le congé est attribué au salarié bénéficiant d'un régime de congés payés plus avantageux que celui qui résulte du chapitre Ier.

Art. L. 3142-57. En cas de différend, le refus de l'employeur peut être directement contesté par le salarié devant le conseil de prud'hommes, statuant (Ord. 2019-738 du 17 juil. 2019, art. 15, JO 18) «selon la procédure accélérée au fond», dans des conditions fixées par décret en Conseil d'État.

Art. R. 3142-36. Le bénéfice du congé de formation de cadres et d'animateurs pour la jeunesse peut être refusé par l'employeur s'il établit que ce refus est justifié par des nécessités particulières à son entreprise ou à l'exploitation de celle-ci.

Ce refus ne peut intervenir qu'après consultation du (D. 2017-1819 du 29 déc. 2017, art. 3, 25°, JO 30, entrée en vigueur le 01.01.2018) « comité social et économique ».

Si le salarié renouvelle sa demande après l'expiration d'un délai de quatre mois, un nouveau report ne peut lui être opposé sauf en cas de dépassement du nombre déterminé par l'article (D. 2016-1552 du 18 nov. 2016, art. 4, V, 3°, JO 19, entrée en vigueur le 01.01.2017) « R. 3142-44 ».

Art. D. 3142-37. Le refus du congé de formation de cadres et d'animateurs pour la jeunesse par l'employeur est motivé et notifié à l'intéressé (D. 2016-1555 du 18 nov. 2016, art. 2, III, 2°, JO 19, entrée en vigueur le 01.01.2017) « par tout moyen conférant date certaine » dans les huit jours à compter de la réception de sa demande.

Art. D. 3142-38. Le salarié dont la demande de congé de formation de cadres et d'animateurs pour la jeunesse n'a pas été satisfaite en raison des conditions mentionnées aux articles (D. 2016-1555 du 18 nov. 2016, art. 2, III, 3°, JO 19, entrée en vigueur le 01.01.2017) « R. 3142-44 et R. 3142-36 », bénéficie d'une priorité pour l'octroi ultérieur de ce congé.

Art. R. 3142-39. Pour les entreprises publiques non prévues à l'article L. 2233-1, des arrêtés pris par les ministres intéressés précisent les organismes appelés à donner leur avis dans les conditions prévues par l'article (D. 2016-1552 du 18 nov. 2016, art. 4, V, 4°, JO 19, entrée en vigueur le 01.01.2017) « R. 3142-36 ».

Art. R. 3142-40. À titre exceptionnel et uniquement pour participer à un seul stage de formation supérieure d'animateurs, un salarié âgé de plus de vingt-cinq ans peut bénéficier du congé de formation de cadres et d'animateurs pour la jeunesse.

Il présente à l'appui de sa demande une attestation délivrée par l'inspecteur départemental de la jeunesse et des sports justifiant qu'il a participé depuis trois ans au moins à l'encadrement d'activités d'animation organisées par des (D. 2016-1552 du 18 nov. 2016, art. 4, V, 5°, JO 19, entrée en vigueur le 01.01.2017) « organisations, fédérations et associations mentionnées à l'article L. 3142-54 » et qu'il est désigné pour prendre part à un stage de formation supérieure d'animateurs.

Les limitations en fonction de l'effectif prévues à l'article (D. 2016-1552 du 18 nov. 2016, art. 4, V, 5°, JO 19, entrée en vigueur le 01.01.2017) « R. 3142-44 » ne sont pas applicables aux salariés âgés de plus de vingt-cinq ans. Sous cette réserve, les dispositions des articles (D. 2016-1552 du 18 nov. 2016, art. 4, V, 5°, JO 19, entrée en vigueur le 01.01.2017) « R. 3142-36 et D. 3142-37 » leur sont applicables.

Art. D. 3142-41. L'organisme chargé des stages ou sessions dispensées dans le cadre du congé de formation de cadres et d'animateurs pour la jeunesse délivre au salarié une attestation constatant la fréquentation effective de celui-ci.

Cette attestation est remise à l'employeur au moment de la reprise du travail.

Art. R. 3142-42. (D. 2016-1552 du 18 nov. 2016, art. 4, V, 6°, JO 19, entrée en vigueur le 01.01.2017) En cas de contestation, le conseil de prud'hommes, saisi en application de l'article L. 3142-57, statue en dernier ressort.

§ 2. Champ de la négociation collective

Art. L. 3142-58. Pour mettre en œuvre le droit à congé du salarié mentionné (L. 2017-86 du 27 janv. 2017, art. 10, I, 3°, JO 28) «aux articles L. 3142-54 et L. 3142-54-1», une convention ou un accord collectif d'entreprise ou, à défaut, une convention ou un accord de branche détermine:

1° La durée totale maximale du congé et les conditions de son cumul avec le congé de formation économique, sociale et syndicale prévu aux articles L. 2145-5 à L. 2145-13;

2° Le délai dans lequel le salarié adresse sa demande de congé à l'employeur;

3° Les règles selon lesquelles est déterminé, par établissement, le nombre maximal de salariés susceptibles de bénéficier de ce congé au cours d'une année.

Art. L. 3142-58-1. (L. 2017-86 du 27 janv. 2017, art. 10, I, 4°, JO 28) Pour mettre en œuvre le droit à congé du salarié mentionné à l'article L. 3142-54-1, une convention ou un accord d'entreprise ou, à défaut, un accord de branche peut fixer les conditions de maintien de la rémunération du salarié pendant la durée de son congé.

§ 3. Dispositions supplétives

Art. L. 3142-59. À défaut de convention ou d'accord mentionné à l'article L. 3142-58, les dispositions suivantes sont applicables:

1° Le nombre maximal total de jours pouvant être pris au titre du congé est de six jours ouvrables par an;

2° Le congé ne peut se cumuler avec le congé de formation économique, sociale et syndicale qu'à concurrence de douze jours ouvrables pour une même année;

3° Le délai dans lequel le salarié adresse sa demande de congé à l'employeur est fixé par décret;

4° Les règles selon lesquelles est déterminé, par établissement, le nombre maximal de salariés susceptibles de bénéficier de ce congé sont fixées par décret en Conseil d'État.

Art. D. 3142-43. (D. 2016-1555 du 18 nov. 2016, art. 2, III, 6°, JO 19, entrée en vigueur le 01.01.2017) « À défaut de convention ou d'accord mentionné à l'article L. 3142-58, le salarié informe l'employeur par tout moyen conférant date certaine », au moins trente jours avant le début de congé de formation de cadres et d'animateurs pour la jeunesse, de sa volonté de bénéficier de ce congé.

Il précise la date et la durée de l'absence envisagée et désigne l'organisme responsable du stage ou de la session.

Art. R. 3142-44. (D. 2016-1552 du 18 nov. 2016, art. 4, V, 8°, JO 19, entrée en vigueur le 01.01.2017) « À défaut de convention ou d'accord mentionné à l'article L. 3142-58, » le bénéfice du congé de formation de cadres et d'animateurs pour la jeunesse peut être refusé par l'employeur s'il établit que le nombre de salariés, par établissement, ayant bénéficié du congé durant l'année en cours, atteint la proportion suivante:

1° Moins de 50 salariés: un bénéficiaire;

2° 50 à 99 salariés : deux bénéficiaires ;
3° 100 à 199 salariés : trois bénéficiaires ;
4° 200 à 499 salariés : quatre bénéficiaires ;
5° 500 à 999 salariés : cinq bénéficiaires ;
6° 1 000 à 1 999 salariés : six bénéficiaires ;
7° À partir de 2 000 salariés : un bénéficiaire de plus par tranche supplémentaire de 1 000 salariés.

Sous-section 5. **Congé de représentation**

§ 1. Ordre public

Art. L. 3142-60. Lorsqu'un salarié est désigné représentant d'une association régie par la loi du 1er juillet 1901 relative au contrat d'association ou inscrite au registre des associations en application du code civil local applicable aux départements du Bas-Rhin, du Haut-Rhin et de la Moselle ou d'une mutuelle au sens du code de la mutualité pour siéger dans une instance, que celle-ci soit consultative ou non, instituée par une disposition législative ou réglementaire auprès d'une autorité de l'État ou d'une collectivité territoriale, l'employeur lui accorde le temps nécessaire pour participer aux réunions de cette instance.

Art. L. 3142-61. Le salarié bénéficiant du congé de représentation qui subit, à cette occasion, une diminution de rémunération reçoit de l'État ou de la collectivité territoriale une indemnité compensant, en totalité ou partiellement, le cas échéant sous forme forfaitaire, la diminution de sa rémunération.

L'employeur peut décider de maintenir cette rémunération en totalité ou en partie, au-delà de l'indemnité compensatrice. Dans ce cas, les sommes versées peuvent faire l'objet d'une déduction fiscale, dans les conditions fixées à l'article 238 *bis* du code général des impôts.

Art. L. 3142-62. Le congé de représentation peut être fractionné en demi-journées.

Sa durée ne peut être imputée sur la durée du congé payé annuel et est assimilée à une période de travail effectif pour la détermination des droits à congés payés ainsi que pour l'ensemble des autres droits résultant pour l'intéressé de son contrat de travail.

Art. L. 3142-63. Le bénéfice du congé peut être refusé par l'employeur s'il estime que cette absence est susceptible d'avoir des conséquences préjudiciables à la bonne marche de l'entreprise.

Le refus de l'employeur intervient après avis du (Ord. 2017-1386 du 22 sept. 2017, art. 4, 26°, JO 23, entrée en vigueur au plus tard le 01.01.2018) «comité social et économique». Il est motivé.

En cas de différend, le refus de l'employeur peut être directement contesté par le salarié devant le conseil de prud'hommes, statuant (Ord. 2019-738 du 17 juil. 2019, art. 15, JO 18) «selon la procédure accélérée au fond», dans des conditions fixées par décret en Conseil d'État.

Art. L. 3142-64. Un décret en Conseil d'État détermine les modalités d'application de la présente sous-section, notamment les conditions d'indemnisation du salarié par l'État.

Art. R. 3142-45. Le refus du congé de représentation par l'employeur est motivé et fondé sur les dispositions de l'article (D. 2016-1552 du 18 nov. 2016, art. 4, VI, 4°, JO 19, entrée en vigueur le 01.01.2017) « L. 3142-63 » ou sur les limitations en fonction de l'effectif prévues à l'article (D. 2016-1552 du 18 nov. 2016, art. 4, VI, 4°, JO 19, entrée en vigueur le 01.01.2017) « R. 3142-53 ».

Il est notifié au salarié (D. 2016-1552 du 18 nov. 2016, art. 4, VI, 4°, JO 19, entrée en vigueur le 01.01.2017) « par tout moyen conférant date certaine » dans les quatre jours à compter de la réception de sa demande.

Art. R. 3142-46. (D. 2016-1552 du 18 nov. 2016, art. 4, VI, 5°, JO 19, entrée en vigueur le 01.01.2017) En cas de contestation, le conseil de prud'hommes, saisi en application de l'article L. 3142-63, statue en dernier ressort.

Art. R. 3142-47. Le salarié dont la demande n'a pas été satisfaite bénéficie d'une priorité pour l'octroi ultérieur d'un congé de représentation.

Art. R. 3142-48. À l'issue de la réunion de l'instance au titre de laquelle est accordé le congé de représentation, le service responsable de la convocation des membres de cette instance délivre aux salariés une attestation constatant leur présence effective.

Cette attestation est remise à l'employeur au moment de la reprise du travail.

Art. R. 3142-49. Si le salaire n'est pas maintenu ou n'est maintenu que partiellement pendant la durée du congé de représentation, l'employeur délivre au salarié une attestation indiquant le nombre d'heures non rémunérées en raison du congé.

Art. R. 3142-50. Pour chacune des heures non rémunérées en raison du congé, le salarié reçoit de l'État une indemnité dont le montant est égal à celui de la vacation mentionnée à l'article R. 1423-55.

Art. R. 3142-51. La liste des instances mentionnées à l'article (D. 2016-1552 du 18 nov. 2016, art. 4, VI, 7°, JO 19, entrée en vigueur le 01.01.2017) « L. 3142-60 » est établie et tenue à jour par arrêté conjoint du ministre dont elles relèvent et du ministre chargé du budget.

§ 2. Champ de la négociation collective

Art. L. 3142-65. Pour mettre en œuvre le droit à congé du salarié mentionné à l'article L. 3142-60, une convention ou un accord collectif d'entreprise ou, à défaut, une convention ou un accord de branche détermine :

1° La durée totale maximale du congé ;

2° Le délai dans lequel le salarié adresse sa demande de congé à l'employeur ;

3° Le nombre maximal par établissement de salariés susceptibles de bénéficier du congé au cours d'une année.

§ 3. Dispositions supplétives

Art. L. 3142-66. À défaut de convention ou d'accord conclu en application de l'article L. 3142-65, les dispositions suivantes sont applicables :

1° La durée totale maximale du congé est de neuf jours ouvrables par an ;

2° Le délai dans lequel le salarié adresse sa demande de congé à l'employeur et les règles selon lesquelles est déterminé, par établissement, le nombre maximal de salariés susceptibles de bénéficier du congé au cours d'une année sont fixés par décret.

Art. R. 3142-52. (D. 2016-1552 du 18 nov. 2016, art. 4, VI, 9°, JO 19, entrée en vigueur le 01.01.2017) « À défaut de convention ou d'accord mentionné à l'article L. 3142-65, le salarié informe l'employeur par tout moyen conférant date certaine », au moins quinze jours avant le début du congé de représentation, de sa volonté de bénéficier de ce congé.

Il précise la date et la durée de l'absence envisagée et désigne l'instance au sein de laquelle il est appelé à siéger.

Art. R. 3142-53. (D. 2016-1552 du 18 nov. 2016, art. 4, VI, 10°, JO 19, entrée en vigueur le 01.01.2017) « À défaut de convention ou d'accord mentionné à l'article L. 3142-65, » le bénéfice du congé de représentation peut être refusé par l'employeur s'il établit que le nombre de salariés, par établissement, ayant bénéficié de ce congé, durant l'année en cours, atteint la proportion suivante :

1° Moins de 50 salariés : un bénéficiaire ;

2° 50 à 99 salariés : deux bénéficiaires ;

3° 100 à 199 salariés : trois bénéficiaires ;

4° 200 à 499 salariés : huit bénéficiaires ;

5° 500 à 999 salariés : dix bénéficiaires ;

6° 1 000 À 1 999 salariés : douze bénéficiaires ;

7° À partir de 2 000 salariés : deux bénéficiaires de plus par tranche supplémentaire de 1 000 salariés.

Sous-section 6. **Congé de solidarité internationale**

§ 1. Ordre public

Art. L. 3142-67. Le salarié participant à une mission hors de France pour le compte d'une association à objet humanitaire régie par la loi du 1er juillet 1901 relative au contrat d'association ou inscrite au registre des associations en application du code civil local applicable aux départements du Bas-Rhin, du Haut-Rhin et de la Moselle, ou pour le compte d'une organisation internationale dont la France est membre, a droit à un congé de solidarité internationale.

La liste des associations et organisations mentionnées au premier alinéa est fixée par l'autorité administrative.

Art. L. 3142-68. La durée du congé ne peut être imputée sur la durée du congé payé annuel et est assimilée à une période de travail effectif pour la détermination des avantages légaux et conventionnels liés à l'ancienneté.

Art. L. 3142-69. Le bénéfice du congé peut être refusé par l'employeur s'il estime que cette absence est susceptible d'avoir des conséquences préjudiciables à la bonne marche de l'entreprise.

Le refus de l'employeur intervient après avis du (Ord. 2017-1386 du 22 sept. 2017, art. 4, 26°, JO 23, entrée en vigueur au plus tard le 01.01.2018) «comité social et économique». Il est motivé.

En cas de différend, le refus de l'employeur peut être directement contesté par le salarié devant le conseil de prud'hommes, statuant (Ord. 2019-738 du 17 juil. 2019, art. 15, JO 18) «selon la procédure accélérée au fond», dans des conditions fixées par décret en Conseil d'État.

À défaut de réponse de l'employeur dans un délai fixé par décret, son accord est réputé acquis.

Art. L. 3142-70. En cas d'urgence, l'employeur n'est pas tenu de motiver son refus et son silence ne vaut pas accord.

Art. L. 3142-71. À l'issue du congé de solidarité internationale ou à la suite de son interruption pour cas de force majeure, le salarié retrouve son précédent emploi ou un emploi similaire assorti d'une rémunération au moins équivalente.

Art. L. 3142-72. À l'issue du congé, le salarié remet à l'employeur une attestation constatant l'accomplissement de la mission, délivrée par l'association ou l'organisation concernée.

Art. D. 3142-54. Le refus du congé de solidarité internationale par l'employeur est notifié au salarié (D. 2016-1555 du 18 nov. 2016, art. 2, IV, 2°, JO 19, entrée en vigueur le 01.01.2017) «par tout moyen conférant date certaine dans les quinze jours, ou dans un délai de vingt-quatre heures en cas d'urgence, à compter de la réception de sa demande».

(D. 2016-1555 du 18 nov. 2016, art. 2, IV, 2°, JO 19, entrée en vigueur le 01.01.2017) «À défaut de réponse de l'employeur dans le délai de quinze jours, son accord est réputé acquis.»

Art. R. 3142-55. (D. 2016-1552 du 18 nov. 2016, art. 4, VII, 3°, JO 19, entrée en vigueur le 01.01.2017) En cas de contestation, le conseil de prud'hommes, saisi en application de l'article L. 3142-69, statue en dernier ressort.

§ 2. Champ de la négociation collective

Art. L. 3142-73. Pour mettre en œuvre le droit à congé du salarié mentionné à l'article L. 3142-67, une convention ou un accord collectif d'entreprise ou, à défaut, une convention ou un accord de branche détermine:

1° La durée maximale du congé;

2° L'ancienneté requise pour bénéficier de ce congé;

3° En fonction de l'effectif de l'établissement, le nombre maximal de salariés susceptibles de bénéficier simultanément du congé de solidarité internationale;

4° Les délais dans lesquels le salarié adresse sa demande de congé à son employeur;

5° Les mesures permettant le maintien d'un lien entre l'entreprise et le salarié pendant la durée du congé et, le cas échéant, les modalités d'accompagnement du salarié à son retour.

§ 3. Dispositions supplétives

Art. L. 3142-74. À défaut de convention ou d'accord mentionné à l'article L. 3142-73, les dispositions suivantes sont applicables:

1° La durée maximale du congé est de six mois. Elle est de six semaines en cas d'urgence;

2° L'ancienneté requise dans l'entreprise pour ouvrir droit au congé est de douze mois, consécutifs ou non ;

3° Les règles selon lesquelles sont déterminés, en fonction de l'effectif de l'établissement, le nombre maximal de salariés susceptibles de bénéficier simultanément du congé et les délais mentionnés au 4° de l'article L. 3142-73 dans lesquels le salarié adresse sa demande de congé à son employeur sont fixées par décret.

Art. D. 3142-56. (D. 2016-1555 du 18 nov. 2016, art. 2, IV, 4°, JO 19, entrée en vigueur le 01.01.2017) « À défaut de convention ou d'accord mentionné à l'article L. 3142-73, le salarié informe l'employeur par tout moyen permettant de conférer date certaine », au moins trente jours (D. 2016-1555 du 18 nov. 2016, art. 2, IV, 4°, JO 19, entrée en vigueur le 01.01.2017) « ou 48 heures en cas d'urgence » avant le début du congé de solidarité internationale l'informant de sa volonté de bénéficier de ce congé.

Il précise la durée de l'absence envisagée et le nom de l'association pour le compte de laquelle la mission sera accomplie.

Art. D. 3142-57. (D. 2016-1555 du 18 nov. 2016, art. 2, IV, 5°, JO 19, entrée en vigueur le 01.01.2017) « À défaut de convention ou d'accord mentionné à l'article L. 3142-73, » le bénéfice du congé de solidarité internationale peut être refusé par l'employeur s'il établit que le nombre de salariés, par établissement, bénéficiant déjà du congé à la date de départ envisagée par le salarié demandeur atteint la proportion suivante :

1° Moins de 50 salariés : un bénéficiaire ;
2° 50 à 99 salariés : deux bénéficiaires ;
3° 100 à 199 salariés : trois bénéficiaires ;
4° 200 à 499 salariés : quatre bénéficiaires ;
5° 500 à 999 salariés : cinq bénéficiaires ;
6° 1 000 à 1 999 salariés : six bénéficiaires ;
7° À partir de 2 000 salariés : un bénéficiaire de plus par tranche supplémentaire de 1 000 salariés.

Sous-section 7. **Congé pour acquisition de la nationalité**

§ 1. Ordre public

Art. L. 3142-75. Le salarié a le droit de bénéficier, sur justification, d'un congé pour assister à sa cérémonie d'accueil dans la citoyenneté française.

Bénéficie de ce droit, dans les mêmes conditions, le conjoint de la personne mentionnée au premier alinéa.

La durée de ce congé ne peut être imputée sur celle du congé payé annuel.

Art. L. 3142-76. En cas de différend, le refus de l'employeur peut être directement contesté par le salarié devant le conseil de prud'hommes, statuant (Ord. 2019-738 du 17 juil. 2019, art. 15, JO 18) « selon la procédure accélérée au fond », dans des conditions fixées par décret en Conseil d'État.

Art. R. 3142-58. (D. 2016-1552 du 18 nov. 2016, art. 4, VIII, 3°, JO 19, entrée en vigueur le 01.01.2017) En cas de contestation, le conseil de prud'hommes, saisi en application de l'article L. 3142-76, statue en dernier ressort.

§ 2. Champ de la négociation collective

Art. L. 3142-77. Pour mettre en œuvre le droit à congé du salarié mentionné à l'article L. 3142-75, une convention ou un accord collectif d'entreprise ou, à défaut, une convention ou un accord de branche déterminent la durée de ce congé.

§ 3. Dispositions supplétives

Art. L. 3142-78. À défaut de convention ou d'accord mentionné à l'article L. 3142-77, la durée du congé est d'une demi-journée.

Sous-section 8. **Congés des salariés candidats ou élus à un mandat parlementaire ou local**

Note Les articles L. 3142-79 à 88 sont les anciens articles L. 3142-56 à 64-1 (loi 2016-1088 du 8 août 2016, art. 9, I, 2°, JO 9).

Art. L. 3142-79. L'employeur laisse au salarié, candidat à l'Assemblée nationale ou au Sénat, le temps nécessaire pour participer à la campagne électorale dans la limite de vingt jours ouvrables.

Le même droit est accordé, sur sa demande, dans la limite de dix jours ouvrables au salarié candidat :

1° Au Parlement européen ;
2° Au conseil municipal ;
3° Au conseil départemental ou au conseil régional ;
4° À l'Assemblée de Corse ;
(L. 2019-1461 du 27 déc. 2019, art. 85, I, JO 28) « 5° Au conseil de la métropole de Lyon. »

Art. L. 3142-80. Le salarié bénéficie à sa convenance des dispositions de l'article (L. 2016-1088 du 8 août 2016, art. 9, I, 2°, JO 9) « L. 3142-79 », à condition que chaque absence soit au moins d'une demi-journée entière. Il avertit son employeur vingt-quatre heures au moins avant le début de chaque absence.

Art. L. 3142-81. Sur demande du salarié, la durée des absences est imputée sur celle du congé payé annuel dans la limite des droits qu'il a acquis à ce titre à la date du premier tour de scrutin.

Lorsqu'elles ne sont pas imputées sur le congé payé annuel, les absences ne sont pas rémunérées. Elles donnent alors lieu à récupération en accord avec l'employeur.

Art. L. 3142-82. La durée des absences est assimilée à une période de travail effectif pour la détermination des droits à congés payés ainsi que des droits liés à l'ancienneté résultant des dispositions légales et des stipulations conventionnelles.

Art. L. 3142-83. Le contrat de travail d'un salarié membre de l'Assemblée nationale ou du Sénat est, sur sa demande, suspendu jusqu'à l'expiration de son mandat, s'il justifie d'une ancienneté minimale d'une année chez l'employeur à la date de son entrée en fonction.

Art. L. 3142-84. À l'expiration de son mandat, le salarié retrouve son précédent emploi, ou un emploi analogue assorti d'une rémunération équivalente, dans les deux mois suivant la date à laquelle il a avisé son employeur de son intention de reprendre cet emploi.

Il bénéficie de tous les avantages acquis par les salariés de sa catégorie durant l'exercice de son mandat.

Il bénéficie, en tant que de besoin, d'une réadaptation professionnelle en cas de changement de techniques ou de méthodes de travail.

Art. L. 3142-85. Les dispositions de l'article (L. 2016-1088 du 8 août 2016, art. 9, I, 2°, JO 9) « L. 3142-84 » ne sont pas applicables lorsque le mandat a été renouvelé, sauf si la durée de la suspension prévue à l'article (L. 2016-1088 du 8 août 2016, art. 9, I, 2°, JO 9) « L. 3142-83 » a été, pour quelque cause que ce soit, inférieure à cinq ans.

Ces dispositions ne s'appliquent pas non plus lorsque le salarié membre de l'Assemblée nationale ou du Sénat est élu dans l'autre de ces deux assemblées.

À l'expiration du ou des mandats renouvelés, le salarié peut cependant solliciter sa réembauche dans des conditions déterminées par voie réglementaire.

Le salarié bénéficie alors pendant un an d'une priorité de réembauche dans les emplois auxquels sa qualification lui permet de prétendre. En cas de réemploi, l'employeur lui accorde le bénéfice de tous les avantages qu'il avait acquis au moment de son départ.

Art. L. 3142-86. Un décret détermine les conditions dans lesquelles les droits des salariés, notamment en matière de prévoyance et de retraite, leur sont conservés durant la durée du mandat.

Art. L. 3142-87. Les dispositions de la présente sous-section sont applicables aux fonctionnaires et aux agents non titulaires de l'État, des collectivités territoriales et de leurs établissements publics ainsi qu'aux personnels des entreprises publiques, sauf s'ils bénéficient de dispositions plus favorables.

Art. L. 3142-88. Les maires et les adjoints au maire, les présidents et les vice-présidents de conseil départemental, les présidents et les vice-présidents de conseil régional bénéficient des dispositions des articles (L. 2016-1088 du 8 août 2016, art. 9, I, 2°, JO 9) « L. 3142-83 à L. 3142-87 » dans les conditions prévues, respectivement, aux articles L. 2123-9, L. 3123-7 et L. 4135-7 du code général des collectivités territoriales.

Art. D. 3142-59. Dans le cas mentionné à l'article (D. 2016-1555 du 18 nov. 2016, art. 2, V, 3°, JO 19, entrée en vigueur le 01.01.2017) « L. 3142-83 », la suspension du contrat de travail prend effet quinze jours après la notification qui en est faite à l'employeur, à la diligence du salarié, par lettre recommandée avec avis de réception.

Art. D. 3142-60. Le salarié membre de l'Assemblée nationale ou du Sénat manifeste son intention de reprendre son emploi en adressant à l'employeur une lettre recommandée avec avis de réception au plus tard dans les deux mois qui suivent l'expiration de son mandat.

Art. D. 3142-61. Le salarié membre de l'Assemblée nationale ou du Sénat qui sollicite sa réembauche à l'expiration du ou des mandats renouvelés adresse à l'employeur une lettre recommandée avec avis de réception au plus tard dans les deux mois qui suivent l'expiration de son mandat.

Sous-section 9. **Réserve opérationnelle et service national**

§ 1. Réserve opérationnelle

Note Les articles L. 3142-89 à 94 sont les anciens articles L. 3142-65 à 70 (loi 2016-1088 du 8 août 2016, art. 9, I, 2°, JO 9).

Art. L. 3142-89. (L. 2018-607 du 13 juil. 2018, art. 17, JO 14) Tout salarié ayant souscrit un engagement à servir dans la réserve opérationnelle bénéficie d'une autorisation d'absence de huit jours par année civile au titre de ses activités dans la réserve.

Cependant, pour les entreprises de moins de deux cent cinquante salariés, l'employeur peut décider, afin de conserver le bon fonctionnement de l'entreprise, de limiter ce temps à cinq jours.

Art. L. 3142-90. Le réserviste salarié souhaitant bénéficier de l'autorisation d'absence au titre de la réserve opérationnelle présente sa demande par écrit à son employeur un mois au moins à l'avance, en indiquant la date et la durée de l'absence envisagée.

Au-delà de cette durée, le réserviste requiert l'accord de son employeur avec un préavis d'un mois en précisant la date de son départ et la durée de la période qu'il souhaite accomplir, sous réserve de dispositions plus favorables résultant notamment de conventions conclues entre l'employeur et le ministre de la défense.

Lorsque les circonstances l'exigent, le délai de préavis peut, sur arrêté du ministre chargé des armées, être réduit à quinze jours pour les réservistes ayant souscrit avec l'accord de l'employeur la clause de réactivité prévue à l'article 8 de la loi n° 99-894 du 22 octobre 1999 portant organisation de la réserve militaire et du service de défense.

Art. D. 3142-62. Le refus de l'employeur d'accorder l'autorisation de participer à une activité dans la réserve opérationnelle est motivé et notifié au salarié ainsi qu'à l'autorité militaire dans les quinze jours à compter de la réception de la demande.

Art. L. 3142-91. Les périodes d'activité dans la réserve opérationnelle sont considérées comme des périodes de travail effectif pour les avantages légaux et conventionnels en matière d'ancienneté, d'avancement, de congés payés et de droits aux prestations sociales.

Art. L. 3142-92. L'employeur ne peut rompre le contrat de travail d'un salarié en raison des absences résultant d'une activité exercée au titre d'un engagement à servir dans la réserve opérationnelle ou faisant suite à un appel ou un rappel des personnes soumises à l'obligation de disponibilité.

À l'issue d'une période exécutée au titre du premier alinéa, le salarié retrouve son précédent emploi.

Art. L. 3142-93. La rupture du contrat de travail ne peut être notifiée ou prendre effet pendant l'accomplissement d'une période d'activité dans la réserve opérationnelle.

Art. L. 3142-94. Lorsque son accord préalable est requis, le refus de l'employeur d'accorder à un salarié l'autorisation de participer à une activité dans la réserve opérationnelle intervient dans des conditions déterminées par voie réglementaire.

Art. L. 3142-94-1. (L. 2018-607 du 13 juil. 2018, art. 22, I, JO 14) Un salarié peut, sur sa demande et en accord avec l'employeur, renoncer anonymement et sans contrepartie à tout ou partie de ses jours de repos non pris, qu'ils aient été affectés ou non sur un compte épargne-temps, au bénéfice d'un autre salarié de l'entreprise ayant souscrit un engagement à servir dans la réserve opérationnelle pour lui permettre d'effectuer une période d'activité dans la réserve opérationnelle. Le congé annuel ne peut être cédé que pour sa durée excédant vingt-quatre jours ouvrables.

Le salarié bénéficiaire d'un ou plusieurs jours cédés en application du premier alinéa bénéficie du maintien de sa rémunération pendant sa période d'absence. Cette période d'absence est assimilée à une période de travail effectif pour la détermination des droits que le salarié tient de son ancienneté. Le salarié conserve le bénéfice de tous les avantages qu'il avait acquis avant le début de sa période d'absence.

§ 2. Service national

Note Les articles L. 3142-95 à 101 sont les anciens articles L. 3142-71 à 77 (loi 2016-1088 du 8 août 2016, art. 9, I, 2°, JO 9).

Art. L. 3142-95. Le contrat de travail d'un salarié appelé au service national en application du livre II du code du service national est suspendu pendant toute la durée du service national actif.

Lorsqu'il connaît la date de sa libération du service national actif, et au plus tard dans le mois suivant celle-ci, le salarié désirant reprendre l'emploi qu'il occupait précédemment en avertit son ancien employeur.

La réintégration dans l'entreprise est de droit.

Le salarié réintégré bénéficie de tous les avantages acquis au moment de son départ.

Art. D. 3142-63. Le salarié notifie à l'employeur son intention de reprendre son emploi après sa libération du service national par lettre recommandée avec avis de réception.

Art. D. 3142-64. Les dispositions de l'article (D. 2016-1555 du 18 nov. 2016, art. 2, VI, 5°, JO 19, entrée en vigueur le 01.01.2017) « L. 3142-95 » sont applicables aux personnes qui, ayant cessé d'être aptes au service national après leur incorporation, ont été classées « réformés temporaires » ou « réformés définitifs » et renvoyées dans leur foyer.

Art. L. 3142-96. Les dispositions de l'article (L. 2016-1088 du 8 août 2016, art. 9, I, 2°, JO 9) «L. 3142-95» sont applicables, lors de leur renvoi dans leurs foyers, aux personnes qui, ayant accompli leur service actif, ont été maintenues au service national.

Art. L. 3142-97. Tout salarié âgé de seize à vingt-cinq ans, qui participe à l'appel de préparation à la défense, bénéficie d'une autorisation d'absence exceptionnelle d'un jour.

Cette absence exceptionnelle a pour but exclusif de permettre au salarié de participer à l'appel de préparation à la défense. Elle n'entraîne pas de réduction de rémunération. Elle est assimilée à une période de travail effectif pour la détermination de la durée de congé annuel.

Art. L. 3142-98. Aucun employeur ne peut rompre le contrat de travail d'un salarié au motif que lui-même ou le salarié se trouve astreint aux obligations du service national, ou se trouve appelé au service national en exécution d'un engagement pour la durée de la guerre, ou rappelé au service national à un titre quelconque.

Toutefois, l'employeur peut rompre le contrat s'il justifie d'une faute grave de l'intéressé, non liée aux obligations du premier alinéa, ou s'il se trouve dans l'impossibilité de maintenir le contrat pour un motif étranger à ces obligations.

Art. L. 3142-99. Lorsque le contrat de travail est rompu pour une autre cause légitime par l'une des parties, la rupture du contrat ne peut être notifiée ni prendre effet pendant la période passée au service national.

Ces dispositions ne sont pas applicables si l'objet pour lequel le contrat de travail a été conclu arrive à échéance pendant cette période.

Art. L. 3142-100. En cas de méconnaissance des dispositions du présent paragraphe, la partie lésée a droit à des dommages-intérêts fixés par le juge judiciaire, en plus de l'indemnité de licenciement.

Art. L. 3142-101. Toute stipulation contraire aux dispositions du présent paragraphe est nulle de plein droit.

Sous-section 10. **Réserve dans la sécurité civile, opérations de secours et réserve sanitaire**

Note Les articles L. 3142-102, 103 et 104 sont les anciens articles L. 3142-108, 112 et 115 (loi 2016-1088 du 8 août 2016, art. 9, I, 2°, JO 9).

§ 1. Réserve dans la sécurité civile

Art. L. 3142-102. Les dispositions applicables aux salariés servant dans la réserve de sécurité civile sont définies aux articles L. 724-7 à L. 724-10 du code de la sécurité intérieure.

§ 2. Participation aux opérations de secours

Art. L. 3142-103. Les dispositions applicables aux salariés membres d'une association agréée en matière de sécurité civile sont définies aux articles L. 725-7 à L. 725-9 du code de la sécurité intérieure.

§ 3. Réserve sanitaire

Art. L. 3142-104. Les dispositions applicables aux réservistes sanitaires sont définies au chapitre III du titre III du livre Ier de la troisième partie du code de la santé publique.

SECTION 3. Congé et période de travail à temps partiel pour la création ou la reprise d'entreprise

Note Cette section a été introduite par la loi 2016-1088 du 8 août 2016, art. 9, II, JO 9.

Sous-section 1. **Ordre public**

Art. L. 3142-105. Le salarié qui crée ou reprend une entreprise a droit, sous réserve d'une condition d'ancienneté dans l'entreprise et dans les conditions fixées à la présente section :

1° Soit à un congé ;

2° Soit à une période de travail à temps partiel.

L'ancienneté acquise dans toute autre entreprise du même groupe, au sens de l'article L. 2331-1, est prise en compte au titre de l'ancienneté dans l'entreprise.

Art. L. 3142-106. L'article L. 3142-105 s'applique également au salarié qui exerce des responsabilités de direction au sein d'une entreprise répondant, au moment où il sollicite son congé, aux critères de jeune entreprise innovante définie à l'article 44 *sexies*-0 A du code général des impôts.

Art. L. 3142-107. L'employeur peut différer le départ en congé ou le début de la période de travail à temps partiel, dans la limite de six mois à compter de la demande du salarié, sans préjudice de l'application des articles L. 3142-113 et L. 3142-114.

Art. L. 3142-108. À l'issue du congé, le salarié retrouve son précédent emploi ou un emploi similaire assorti d'une rémunération au moins équivalente.

Art. L. 3142-109. À l'issue du congé ou de la période de travail à temps partiel, si le salarié souhaite mettre fin à la relation de travail, les conditions de la rupture sont celles prévues par son contrat de travail, à l'exception de celles relatives au préavis. Le salarié est, de ce fait, dispensé de payer une indemnité de rupture.

Le salarié ne peut invoquer aucun droit à être réemployé avant l'expiration du congé.

Art. L. 3142-110. Le salarié qui reprend son activité dans l'entreprise à l'issue de son congé bénéficie en tant que de besoin d'une réadaptation professionnelle, notamment en cas de changement de techniques ou de méthodes de travail.

Art. L. 3142-111. Lorsqu'il est envisagé une période de travail à temps partiel, un avenant au contrat de travail fixe la durée de cette période conformément à l'article L. 3123-6.

Toute prolongation de la période de travail à temps partiel à la demande du salarié donne lieu à la signature d'un nouvel avenant dans les mêmes conditions.

Art. L. 3142-112. Le salarié dont un avenant au contrat de travail prévoit le passage à temps partiel ne peut invoquer aucun droit à être réemployé à temps plein avant le terme de cet avenant.

À l'issue de la période de travail à temps partiel, le salarié retrouve une activité à temps plein assortie d'une rémunération au moins équivalente à celle qui lui était précédemment servie.

Art. L. 3142-113. Dans les entreprises de moins de trois cents salariés, l'employeur peut refuser le congé ou le passage à temps partiel:

1° S'il estime, après avis du (Ord. 2017-1386 du 22 sept. 2017, art. 4, 26°, JO 23, entrée en vigueur au plus tard le 01.01.2018) «comité social et économique», que ce congé ou cette activité à temps partiel aura des conséquences préjudiciables à la bonne marche de l'entreprise;

2° Si le salarié demande ce congé ou cette période d'activité à temps partiel moins de trois ans après une précédente création ou reprise d'entreprise ou après le début de l'exercice de précédentes responsabilités de direction au sein d'une entreprise répondant aux critères de jeune entreprise innovante.

L'employeur précise le motif de son refus et le porte à la connaissance du salarié.

Ce refus peut être contesté par le salarié directement devant le conseil de prud'hommes, statuant (Ord. 2019-738 du 17 juil. 2019, art. 15, JO 18) «selon la procédure accélérée au fond», dans des conditions déterminées par décret en Conseil d'État.

Art. L. 3142-114. L'employeur peut différer le départ en congé du salarié lorsque ce départ aurait pour effet de porter l'effectif des salariés simultanément absents ou le nombre de jours d'absence au titre de ce congé et au titre du congé sabbatique à un niveau excessif au regard, respectivement, de l'effectif total et du nombre de jours travaillés dans l'entreprise.

Art. L. 3142-115. Dans les entreprises d'au moins trois cents salariés, l'employeur peut différer le début de la période de travail à temps partiel lorsque celle-ci aurait pour effet de porter l'effectif de salariés employés simultanément à temps partiel au titre de la présente section à un niveau excessif au regard de l'effectif total de l'entreprise.

Art. L. 3142-116. L'employeur informe le salarié de sa décision relative à la date de départ choisie par ce dernier.

À défaut de réponse de la part de l'employeur dans un délai fixé par décret, son accord est réputé acquis.

Art. D. 3142-65. L'accord de l'employeur est réputé acquis à défaut de réponse dans un délai de trente jours à compter de la présentation de la demande initiale ou de renouvellement du congé ou de la période de travail à temps partiel pour la création ou la reprise d'entreprise.

Art. D. 3142-66. (D. 2016-1555 du 18 nov. 2016, art. 3, I, 3°, JO 19, entrée en vigueur le 01.01.2017) « En application de l'article L. 3142-107, l'employeur » peut différer le départ en congé ou le début de la période de travail à temps partiel pour la création ou la reprise d'entreprise, dans la limite de six mois qui court à compter de la réception de la (D. 2016-1555 du 18 nov. 2016, art. 3, I, 3°, JO 19, entrée en vigueur le 01.01.2017) « demande prévue à l'article D. 3142-73 ».

Il informe le salarié par (D. 2016-1555 du 18 nov. 2016, art. 3, I, 3°, JO 19, entrée en vigueur le 01.01.2017) « tout moyen conférant date certaine ».

Art. D. 3142-67. Le salarié informe l'employeur de son intention soit d'être réemployé, soit de rompre son contrat de travail par (D. 2016-1555 du 18 nov. 2016, art. 3, I, 4°, JO 19, entrée en vigueur le

01.01.2017) « tout moyen conférant date certaine », au moins trois mois avant la fin de son congé pour la création ou la reprise d'entreprise.

Art. D. 3142-68. Les conditions dans lesquelles l'employeur peut différer la signature des avenants aux contrats de travail, conformément à l'article (D. 2016-1555 du 18 nov. 2016, art. 3, I, 5°, JO 19, entrée en vigueur le 01.01.2017) « L. 3142-115 », sont celles prévues à l'article (D. 2016-1555 du 18 nov. 2016, art. 3, I, 5°, JO 19, entrée en vigueur le 01.01.2017) « D. 3142-72 ».

Art. D. 3142-69. Le refus de l'employeur d'accorder un congé pour la création d'entreprise (D. 2016-1555 du 18 nov. 2016, art. 3, I, 6°, JO 19, entrée en vigueur le 01.01.2017) « est notifié au salarié par tout moyen conférant date certaine. »

Art. D. 3142-70. Le salarié peut contester le refus d'accorder le congé pour la création d'entreprise de l'employeur dans les quinze jours à compter de la réception de (D. 2016-1555 du 18 nov. 2016, art. 3, I, 7°, JO 19, entrée en vigueur le 01.01.2017) « la notification du » refus.

Art. R. 3142-71. (D. 2016-1552 du 18 nov. 2016, art. 5, III, JO 19, entrée en vigueur le 01.01.2017) En cas de contestation, le conseil de prud'hommes, saisi en application de l'article L. 3142-113, statue en dernier ressort.

Art. D. 3142-72. L'employeur informe le salarié de son accord sur la date de départ choisie du congé pour la création d'entreprise ou de son report (D. 2016-1555 du 18 nov. 2016, art. 3, I, 8°, JO 19, entrée en vigueur le 01.01.2017) « par tout moyen conférant date certaine. »

À défaut de réponse de sa part, dans un délai de trente jours à compter de la (D. 2016-1555 du 18 nov. 2016, art. 3, I, 8°, JO 19, entrée en vigueur le 01.01.2017) « réception de la demande », son accord est réputé acquis.

Sous-section 2. **Champ de la négociation collective**

Art. L. 3142-117. Pour mettre en œuvre le droit à congé du salarié mentionné à l'article L. 3142-105, une convention ou un accord collectif d'entreprise ou, à défaut, une convention ou un accord de branche détermine :

1° La durée maximale du congé ou de la période de travail à temps partiel ;

2° Le nombre de renouvellements possibles de ce congé ou de cette période ;

3° La condition d'ancienneté requise pour avoir droit à ce congé ou à cette période ;

4° Les délais dans lesquels le salarié informe l'employeur de la date à laquelle il souhaite partir en congé ou, en cas de passage à temps partiel, de la date de début de la période de travail à temps partiel et de l'amplitude de la réduction souhaitée de son temps de travail, ainsi que de la durée envisagée de ce congé ou de cette période ;

5° Les conditions et délais de la demande de prolongation de ce congé ou de cette période de travail à temps partiel ;

6° Les conditions dans lesquelles le salarié informe l'employeur de son intention de poursuivre ou de rompre son contrat de travail à l'issue de son congé ou de sa période de travail à temps partiel ;

7° Les plafonds ou niveaux mentionnés à l'article L. 3142-114 et, pour les entreprises d'au moins trois cents salariés, le niveau mentionné à l'article L. 3142-115 ;

8° Les conditions permettant le maintien d'un lien entre l'entreprise et le salarié pendant la durée du congé et, le cas échéant, les modalités d'accompagnement et de réadaptation professionnelle à son retour.

Art. L. 3142-118. Cette convention ou cet accord détermine également les modalités de report des congés payés dus au salarié qui bénéficie du congé.

Sous-section 3. **Dispositions supplétives**

§ 1. Règles générales de prise du congé et de passage à temps partiel

Art. L. 3142-119. À défaut de convention ou d'accord mentionné à l'article L. 3142-117, les dispositions suivantes sont applicables :

1° La durée maximale du congé ou de la période de travail à temps partiel est d'un an. Elle peut être prolongée au plus d'un an ;

2° L'ancienneté requise pour ouvrir droit au congé ou à la période de travail à temps partiel est de vingt-quatre mois, consécutifs ou non, dans l'entreprise;

3° Les conditions et délais d'information mentionnés aux 4° à 6° de l'article L. 3142-117 sont fixés par décret;

4° Le niveau de salariés absents au titre du congé dans l'entreprise et de jours d'absence prévus au titre de ce congé, pour lequel l'employeur peut différer le départ ou le début de la période de travail à temps partiel, est fixé par décret.

Art. D. 3142-73. (D. 2016-1555 du 18 nov. 2016, art. 3, I, 10°, JO 19, entrée en vigueur le 01.01.2017) « À défaut de convention ou d'accord mentionné à l'article L. 3142-117, le salarié informe l'employeur par tout moyen conférant date certaine », au moins deux mois avant le début du congé ou de la période de travail à temps partiel pour la création ou la reprise d'entreprise, de sa volonté de bénéficier de ce congé ou de cette période.

Le salarié précise l'activité de l'entreprise qu'il prévoit de créer ou de reprendre ou de l'entreprise répondant aux critères de jeune entreprise innovante dans laquelle il prévoit d'exercer des responsabilités de direction.

(D. 2016-1555 du 18 nov. 2016, art. 3, I, 10°, JO 19, entrée en vigueur le 01.01.2017) « Il précise la durée du congé ou la réduction souhaitée de son temps de travail. »

Art. D. 3142-74. (D. 2016-1555 du 18 nov. 2016, art. 3, I, 11°, JO 19, entrée en vigueur le 01.01.2017) « À défaut de convention ou d'accord mentionné à l'article L. 3142-117, » la demande de prolongation d'un congé ou d'une période de travail à temps partiel pour la création ou la reprise d'entreprise précédemment accordés fait l'objet d'une information de l'employeur dans les (D. 2016-1555 du 18 nov. 2016, art. 3, I, 11°, JO 19, entrée en vigueur le 01.01.2017) « conditions mentionnées à l'article D. 3142-73 », deux mois avant son terme.

Art. D. 3142-75. (D. 2016-1555 du 18 nov. 2016, art. 3, I, 12°, JO 19, entrée en vigueur le 01.01.2017) « À défaut de convention ou d'accord mentionné à l'article L. 3142-117, » le départ en congé peut être différé par l'employeur (D. 2016-1555 du 18 nov. 2016, art. 3, I, 12°, JO 19, entrée en vigueur le 01.01.2017) « dans les conditions mentionnées à l'article L. 3142-114 », de telle sorte que le pourcentage des salariés simultanément absents de l'entreprise au titre du congé pour la création d'entreprise, pour l'exercice de responsabilités de direction au sein d'une entreprise répondant aux critères de jeune entreprise innovante et au titre du congé sabbatique ne dépasse pas 2 % de l'effectif de cette entreprise, jusqu'à la date à laquelle cette condition de taux est remplie (D. 2016-1555 du 18 nov. 2016, art. 3, I, 12°, JO 19, entrée en vigueur le 01.01.2017) « ou que le nombre de jours d'absence prévu au titre de ces congés ne dépasse pas 2 % du nombre total des jours de travail effectués dans les douze mois précédant le départ en congé. Pour permettre le départ en congé d'un salarié, cette période de douze mois est prolongée dans la limite de quarante-huit mois. »

Art. D. 3142-76. (D. 2016-1555 du 18 nov. 2016, art. 3, I, 13°, JO 19, entrée en vigueur le 01.01.2017) « À défaut de convention ou d'accord mentionné à l'article L. 3142-117, dans les conditions mentionnées à l'article L. 3142-115, » dans les entreprises (D. 2016-1555 du 18 nov. 2016, art. 3, I, 13°, JO 19, entrée en vigueur le 01.01.2017) « d'au moins trois cents » salariés, le (D. 2016-1555 du 18 nov. 2016, art. 3, I, 13°, JO 19, entrée en vigueur le 01.01.2017) « début de la période de travail à temps partiel » peut être différé par l'employeur (D. 2016-1555 du 18 nov. 2016, art. 3, I, 13°, JO 19, entrée en vigueur le 01.01.2017) « si le pourcentage de salariés de l'entreprise passant simultanément à temps partiel au titre du présent congé » [dépasse] 2 % (D. 2016-1555 du 18 nov. 2016, art. 3, I, 13°, JO 19, entrée en vigueur le 01.01.2017) « de l'effectif de cette entreprise, jusqu'à la date à laquelle cette condition de taux est remplie ».

§ 2. Report de congés payés

Art. L. 3142-120. À défaut de stipulation dans la convention ou l'accord mentionné à l'article L. 3142-117, les congés payés annuels dus au salarié en plus de vingt-quatre jours ouvrables peuvent être reportés, à sa demande, jusqu'au départ en congé, dans les conditions prévues au présent paragraphe.

Le cumul de ces congés payés porte au maximum sur six années.

Art. L. 3142-121. Une indemnité compensatrice est perçue par le salarié lors de son départ pour l'ensemble des congés payés dont il n'a pas bénéficié.

Le premier alinéa du présent article ne s'applique pas lorsque l'employeur est tenu d'adhérer à une caisse de congés payés mentionnée à l'article L. 3141-32.

Art. L. 3142-122. En cas de renonciation au congé, les congés payés du salarié reportés en application de l'article L. 3142-120 sont ajoutés aux congés payés annuels.

Ces congés payés reportés sont ajoutés chaque année aux congés payés annuels, par fraction de six jours et jusqu'à épuisement, à compter de la renonciation.

Jusqu'à épuisement des congés payés reportés, tout report au titre de l'article L. 3142-120 est exclu.

Art. L. 3142-123. En cas de rupture du contrat de travail, le salarié perçoit une indemnité compensatrice pour les droits à congés payés reportés.

Ces dispositions ne s'appliquent pas lorsque l'employeur est tenu d'adhérer à une caisse de congés payés mentionnée à l'article L. 3141-32.

Art. L. 3142-124. Les indemnités compensatrices prévues au présent paragraphe sont calculées conformément aux articles L. 3141-24 à L. 3141-27.

Chapitre III (réglementaire)

Dispositions pénales

Art. R. 3143-1. Le fait de méconnaître les dispositions des articles L. 3141-1 à (D. 2016-1551 du 18 nov. 2016, art. 6, V, 16°, JO 19, entrée en vigueur le 01.01.2017) « L. 3141-33 » et L. 3164-9, relatives aux congés payés, ainsi que celles des décrets pris pour leur application, est puni de l'amende prévue pour les contraventions de la cinquième classe, prononcée autant de fois qu'il y a de salariés concernés par l'infraction.

La récidive est réprimée conformément aux articles 132-11 et 132-15 du code pénal.

Art. R. 3143-2. Le fait de méconnaître les dispositions des articles (D. 2016-1552 du 18 nov. 2016, art. 6, II, JO 19, entrée en vigueur le 01.01.2017) « L. 3142-54 à L. 3142-59 », relatives aux congés de formation de cadres et d'animateurs pour la jeunesse ainsi que celles des décrets pris pour leur application, est puni de l'amende prévue pour les contraventions de la troisième classe.

Art. R. 3143-2-1. (D. 2016-1552 du 18 nov. 2016, art. 6, III, JO 19, entrée en vigueur le 01.01.2017) Le fait de méconnaître les dispositions des articles L. 3142-36 à L. 3142-41, relatives au congé mutualiste de formation, ainsi que celles des décrets pris pour leur application, est puni de l'amende prévue pour les contraventions de la troisième classe.

Art. R. 3143-3. Le fait de méconnaître les dispositions des articles (D. 2016-1552 du 18 nov. 2016, art. 6, IV, JO 19, entrée en vigueur le 01.01.2017) « L. 3142-95, L. 3142-96 et D. 3142-6[4] », relatives au service national, est puni de l'amende prévue pour les contraventions de la cinquième classe.

La récidive est réprimée conformément aux articles 132-11 et 132-15 du code pénal.

TITRE V

COMPTE ÉPARGNE-TEMPS

Note Les dispositions législatives de ce titre sont issues de la loi 2016-1088 du 8 août 2016, art. 11, I, JO 9.

Chapitre Ier

Ordre public

Art. L. 3151-1. Le compte épargne-temps peut être mis en place par une convention ou un accord d'entreprise ou d'établissement ou, à défaut, par une convention ou un accord de branche.

Art. L. 3151-2. Le compte épargne-temps permet au salarié d'accumuler des droits à congé rémunéré ou de bénéficier d'une rémunération, immédiate ou différée, en contrepartie des périodes de congé ou de repos non pris ou des sommes qu'il y a affectées.

Le congé annuel ne peut être affecté au compte épargne-temps que pour sa durée excédant vingt-quatre jours ouvrables.

Art. L. 3151-3. Tout salarié peut, sur sa demande et en accord avec son employeur, utiliser les droits affectés sur le compte épargne-temps pour compléter sa rémunération ou pour cesser de manière progressive son activité.

L'utilisation sous forme de complément de rémunération des droits versés sur le compte épargne-temps au titre du congé annuel n'est autorisée que pour ceux de ces droits correspondant à des jours excédant la durée de trente jours fixée à l'article L. 3141-3.

Art. L. 3151-4. Les droits acquis dans le cadre du compte épargne-temps sont garantis dans les conditions prévues à l'article L. 3253-8.

Chapitre II

Champ de la négociation collective

Art. L. 3152-1. La convention ou l'accord collectif détermine dans quelles conditions et limites le compte épargne-temps peut être alimenté en temps ou en argent à l'initiative du salarié ou, pour les heures accomplies au-delà de la durée collective, à l'initiative de l'employeur.

Art. L. 3152-2. La convention ou l'accord collectif définit les modalités de gestion du compte épargne-temps et détermine les conditions d'utilisation, de liquidation et de transfert des droits d'un employeur à un autre.

Art. L. 3152-3. Pour les droits acquis, convertis en unités monétaires, qui excèdent le plus élevé des montants fixés par décret en application de l'article L. 3253-17, la convention ou l'accord collectif établit un dispositif d'assurance ou de garantie.

Art. L. 3152-4. La convention ou l'accord collectif prévoit que les droits affectés sur le compte épargne-temps sont utilisés, en tout ou partie :

1° Pour contribuer au financement de prestations de retraite qui revêtent un caractère collectif et obligatoire déterminé dans le cadre d'une des procédures mentionnées à l'article L. 911-1 du code de la sécurité sociale. Dans ce cas, les droits qui correspondent à un abondement de l'employeur en temps ou en argent bénéficient des régimes prévus aux 2° ou 2°-0 *bis* de l'article 83 du code général des impôts et au sixième alinéa et au 1° de l'article L. 242-1 du code de la sécurité sociale ou à l'article L. 741-10 du code rural et de la pêche maritime ;

2° Pour réaliser des versements sur un ou plusieurs plans d'épargne pour la retraite collectifs (Ord. 2019-766 du 24 juil. 2019, art. 7, IV, 5°, JO 25, entrée en vigueur le 01.10.2019) « ou plan d'épargne retraite d'entreprise collectif ». Dans ce cas, les droits qui correspondent à un abondement de l'employeur en temps ou en argent bénéficient du régime prévu aux articles L. 3332-11 à L. 3332-13 et L. 3332-27 du présent code.

Les droits utilisés selon les modalités prévues aux 1° et 2° du présent article qui ne sont pas issus d'un abondement en temps ou en argent de l'employeur bénéficient, dans la limite d'un plafond de dix jours par an :

a) De l'exonération prévue à l'article L. 242-4-3 du code de la sécurité sociale ou aux articles L. 741-4 et L. 741-15 du code rural et de la pêche maritime en tant qu'ils visent l'article L. 242-4-3 du code de la sécurité sociale ;

b) Et, selon le cas, des régimes prévus aux 2° ou 2°-0 *bis* de l'article 83 du code général des impôts, pour ceux utilisés selon les modalités prévues au 1° du présent article, ou de l'exonération prévue au *b* du 18° de l'article 81 du même code, pour ceux utilisés selon les modalités prévues au 2° du présent article.

Chapitre III
Dispositions supplétives

Art. L. 3153-1. À défaut de convention ou d'accord collectif mentionné à l'article L. 3152-3, un dispositif de garantie est mis en place par décret.

Dans l'attente de la mise en place d'un dispositif de garantie, lorsque les droits acquis, convertis en unités monétaires, excèdent le plafond mentionné à l'article L. 3152-3, une indemnité correspondant à la conversion monétaire de l'ensemble des droits est versée au salarié.

Art. L. 3153-2. À défaut de stipulation conventionnelle prévoyant les conditions de transfert des droits d'un employeur à un autre, le salarié peut :

1° Percevoir, en cas de rupture du contrat de travail, une indemnité correspondant à la conversion monétaire de l'ensemble des droits qu'il a acquis ;

2° Demander, en accord avec l'employeur, la consignation auprès d'un organisme tiers de l'ensemble des droits, convertis en unités monétaires, qu'il a acquis. Le déblocage des droits consignés se fait au profit du salarié bénéficiaire ou de ses ayants droit dans des conditions fixées par décret.

Chapitre IV (réglementaire)
Gestion et liquidation

SECTION 1. Dispositions supplétives

Note Cette section est issue du décret 2016-1553 du 18 novembre 2016, art. 5, JO 19, entrée en vigueur le 01.01.2017.

Art. D. 3154-1. (D. 2009-1184 du 5 oct. 2009, JO 7) « Dans l'attente de l'établissement d'un dispositif d'assurance ou de garantie financière dans les conditions prévues aux articles D. 3154-2 à D. 3154-4, » lorsque les droits inscrits au compte épargne-temps atteignent le plus haut montant des droits garantis fixés en application de l'article L. 3253-17, les droits supérieurs à ce plafond sont liquidés.

Le salarié perçoit une indemnité correspondant à la conversion monétaire de ces droits.

Art. D. 3154-2. Les droits épargnés dans le compte épargne-temps peuvent excéder le plafond déterminé à l'article D. 3154-1 lorsqu'une convention ou un accord collectif de travail prévoit un dispositif d'assurance ou de garantie financière couvrant les sommes supplémentaires épargnées. (D. 2009-1184 du 5 oct. 2009, JO 7) « En l'absence d'une telle convention ou d'un tel accord collectif, le dispositif de garantie financière est mis en place par l'employeur. »

(D. 2009-1184 du 5 oct. 2009, JO 7) « Les dispositifs mentionnés à l'alinéa précédent doivent permettre » le paiement des droits acquis par le salarié et des cotisations obligatoires dues à des organismes de sécurité sociale ou à des institutions sociales pour le montant au-delà du plafond susmentionné.

Art. D. 3154-3. La garantie financière ne peut résulter que d'un engagement de caution pris par :

1° Une société de caution mutuelle ;

2° Un organisme de garantie collective ;

3° Une compagnie d'assurance ;

4° Une banque ;

5° Un établissement financier habilité à donner caution.

Art. D. 3154-4. L'engagement de caution fait l'objet d'un contrat écrit précisant les conditions et le montant de la garantie accordée. Ce contrat, tenu à la disposition de l'inspection du travail, stipule la renonciation du garant, en cas de défaillance de l'employeur, au bénéfice de discussion prévu aux articles 2298 à 2301 du code civil.

Art. D. 3154-5. (D. 2009-1184 du 5 oct. 2009, JO 7) Lorsqu'un salarié demande, en accord avec son employeur, la consignation de l'ensemble des droits acquis sur son compte épargne-temps, convertis en unités monétaires, les sommes sont transférées par ce dernier à la Caisse des dépôts et consignations. Le transfert est accompagné de la demande écrite du salarié et d'une déclaration de consignation renseignée par l'employeur. Le récépissé de la déclaration de consignation, qui fait foi du dépôt des fonds, est remis par la Caisse des dépôts et consignations à l'employeur, qui en informe son salarié.

Les sommes consignées sont rémunérées dans les conditions fixées par l'article L. 518-23 du code monétaire et financier et soumises à la prescription prévue à l'article L. 518-24 du même code.

Art. D. 3154-6. (D. 2009-1184 du 5 oct. 2009, JO 7) Le déblocage des droits consignés peut intervenir :

1° À la demande du salarié bénéficiaire, par le transfert de tout ou partie des sommes consignées sur le compte épargne-temps, le plan d'épargne d'entreprise, le plan d'épargne interentreprises (D. 2019-807 du 30 juil. 2019, art. 7, II, 1°, JO 1er août, entrée en vigueur le 01.10.2019) « , le plan d'épargne pour la retraite collectif ou le plan d'épargne retraite d'entreprise collectif » mis en place par son nouvel employeur, dans les conditions prévues par l'accord collectif mettant en place le compte épargne-temps ou par les règlements des plans d'épargne salariale ;

2° À la demande du salarié bénéficiaire ou de ses ayants droit, par le paiement, à tout moment, de tout ou partie des sommes consignées.

TITRE VI

DISPOSITIONS PARTICULIÈRES AUX JEUNES TRAVAILLEURS

Chapitre Ier

Définitions

Art. L. 3161-1. Pour l'application des dispositions du présent titre, sont considérés comme des jeunes travailleurs :

1° Les salariés âgés de moins de dix-huit ans ;

2° Les stagiaires âgés de moins de dix-huit ans qui accomplissent des stages d'initiation ou d'application en milieu professionnel dans le cadre d'un enseignement alterné ou du déroulement de leur scolarité.

Chapitre II

Durée du travail

Art. L. 3162-1. (L. 2018-771 du 5 sept. 2018, art. 13, III, 1°, JO 6) Les jeunes travailleurs ne peuvent être employés à un travail effectif excédant huit heures par jour et trente-cinq heures par semaine.

Par dérogation au premier alinéa, pour certaines activités déterminées par décret en Conseil d'État, lorsque l'organisation collective du travail le justifie, il peut être dérogé :

1° À la durée hebdomadaire de travail effectif de trente-cinq heures, dans la limite de cinq heures par semaine ;

2° À la durée quotidienne de travail effectif de huit heures, dans la limite de deux heures par jour.

Lorsqu'il est fait application des dépassements prévus aux 1° et 2° :

a) Des périodes de repos d'une durée au moins équivalente au nombre d'heures accomplies au-delà de la durée quotidienne de huit heures sont attribuées ;

b) Les heures supplémentaires éventuelles, ainsi que leurs majorations, donnent lieu à un repos compensateur équivalent.

Pour les autres activités et à titre exceptionnel, des dérogations aux durées maximales hebdomadaire et quotidienne de travail effectif fixées au premier alinéa peuvent être accordées dans la limite de cinq heures par semaine par l'inspecteur du travail après avis conforme du médecin du travail ou du médecin chargé du suivi médical de l'élève.

La durée du travail des intéressés ne peut en aucun cas être supérieure à la durée quotidienne ou hebdomadaire normale du travail des adultes employés dans l'établissement.

Art. R. 3162-1. (D. 2018-1139 du 13 déc. 2018, JO 14) Lorsque l'organisation collective du travail le justifie, en application de l'article L. 3162-1, les jeunes travailleurs peuvent être employés à un travail effectif excédant huit heures par jour et trente-cinq heures par semaine, dans la limite de dix heures par jour et de quarante heures par semaine pour :

1° Les activités réalisées sur les chantiers de bâtiment ;

2° Les activités réalisées sur les chantiers de travaux publics ;

3° Les activités de création, d'aménagement et d'entretien sur les chantiers d'espaces paysagers.

Art. L. 3162-2. L'employeur laisse aux jeunes travailleurs soumis à l'obligation de suivre des cours professionnels pendant la journée de travail le temps et la liberté nécessaires au respect de cette obligation.

Le temps consacré à la formation dans un établissement d'enseignement est considéré comme un temps de travail effectif.

Art. L. 3162-3. Aucune période de travail effectif ininterrompue ne peut excéder, pour les jeunes travailleurs, une durée maximale de quatre heures et demie. Lorsque le temps de travail quotidien est supérieur à quatre heures et demie, les jeunes travailleurs bénéficient d'un temps de pause d'au moins trente minutes consécutives.

Chapitre III

Travail de nuit

Art. L. 3163-1. Pour l'application du présent chapitre, est considéré comme travail de nuit :

1° Pour les jeunes travailleurs de plus de seize ans et de moins de dix-huit ans, tout travail entre 22 heures et 6 heures ;

2° Pour les jeunes travailleurs de moins de seize ans, tout travail entre 20 heures et 6 heures.

Art. L. 3163-2. Le travail de nuit est interdit pour les jeunes travailleurs.

Pour les jeunes salariés des établissements commerciaux et de ceux du spectacle, des dérogations peuvent être accordées, à titre exceptionnel, par l'inspecteur du travail.

Un décret en Conseil d'État détermine en outre la liste des secteurs pour lesquels les caractéristiques particulières de l'activité justifient une dérogation. Une convention ou un accord collectif de travail étendu ou une convention ou un accord d'entreprise ou d'établissement peut définir les conditions dans lesquelles cette autorisation peut être accordée dans ces secteurs.

Il ne peut être accordé de dérogation entre minuit et 4 heures, sous réserve des cas d'extrême urgence prévus à l'article L. 3163-3.

Il ne peut être accordé de dérogation pour l'emploi de mineurs de moins de seize ans que s'il s'agit de ceux mentionnés à l'article L. 7124-1 dans les entreprises de spectacle, de cinéma, de radiophonie, de télévision ou d'enregistrements sonores.

Art. R. 3163-1. Les secteurs dans lesquels les caractéristiques particulières de l'activité justifient en application des articles L. 3163-2 et L. 6222-26 qu'il puisse être accordé une dérogation à l'interdiction du travail de nuit des jeunes travailleurs sont :

1° L'hôtellerie ;

2° La restauration ;

3° La boulangerie ;

4° La pâtisserie ;

5° Les spectacles ;

6° Les courses hippiques, pour l'ensemble des activités liées à la monte et à la mène en course.

Art. R. 3163-2. Dans les secteurs de l'hôtellerie et de la restauration, le travail de nuit des jeunes travailleurs ne peut être autorisé que de vingt-deux heures à vingt-trois heures trente.

Art. R. 3163-3. Dans les secteurs de la boulangerie et de la pâtisserie, le travail de nuit des jeunes travailleurs peut être autorisé avant six heures et, au plus tôt, à partir de quatre heures pour permettre aux jeunes travailleurs de participer à un cycle complet de fabrication du pain ou de la pâtisserie.

Seuls les établissements où toutes les phases de la fabrication de pain ou de pâtisseries ne sont pas assurées entre six heures et vingt-deux heures peuvent bénéficier de cette dérogation.

Art. R. 3163-4. Dans les secteurs des spectacles et des courses hippiques, le travail de nuit ne peut être autorisé que (D. 2008-889 du 2 sept. 2008, JO 4) «jusqu'à» vingt-quatre heures.

Dans le secteur des courses hippiques, cette dérogation ne peut être utilisée que deux fois par semaine et trente nuits par an au maximum.

Art. R. 3163-5. La dérogation à l'interdiction du travail de nuit des jeunes travailleurs est accordée par l'inspecteur du travail pour une durée maximale d'une année, renouvelable. Il apprécie les caractéristiques particulières de l'activité justifiant cette dérogation.

À défaut de réponse dans le délai d'un mois suivant le dépôt de la demande, l'autorisation est réputée accordée.

Art. R. 3163-6. Les décrets en Conseil d'État nécessaires à l'application des dispositions du présent chapitre sont pris après avis du (D. 2016-1834 du 22 déc. 2016, JO 24) «Conseil d'orientation des conditions de travail».

Art. L. 3163-3. En cas d'extrême urgence, si des travailleurs adultes ne sont pas disponibles, il peut être dérogé aux dispositions des articles L. 3163-1 et L. 3163-2, en ce qui concerne les jeunes travailleurs de seize à dix-huit ans, pour des travaux passagers destinés à prévenir des accidents imminents ou à réparer les conséquences des accidents survenus.

Une période équivalente de repos compensateur leur est accordée dans un délai de trois semaines.

Chapitre IV

Repos et congés

SECTION 1. Repos quotidien

Art. L. 3164-1. La durée minimale du repos quotidien des jeunes travailleurs ne peut être inférieure à douze heures consécutives. Cette durée minimale est portée à quatorze heures consécutives s'ils ont moins de seize ans.

La durée minimale de repos continu quotidien des jeunes salariés ne peut être inférieure à douze heures dans le cas des dérogations prévues à l'article L. 3163-2.

SECTION 2. Repos hebdomadaire et dominical

Art. L. 3164-2. Les jeunes travailleurs ont droit à deux jours de repos consécutifs par semaine.

Lorsque les caractéristiques particulières de l'activité le justifient, (Ord. 2017-1718 du 20 déc. 2017, art. 1er, I, 132°, JO 21) «une convention ou un accord d'entreprise ou d'établissement ou, à défaut, une convention ou un accord collectif de travail étendu» peut définir les conditions dans lesquelles il peut être dérogé aux dispositions du premier alinéa pour les jeunes libérés de l'obligation scolaire, sous réserve qu'ils bénéficient d'une période minimale de repos de trente-six heures consécutives.

À défaut d'accord, un décret en Conseil d'État définit les conditions dans lesquelles cette dérogation peut être accordée par l'inspecteur du travail.

(L. 2015-994 du 17 août 2015, art. 37, JO 18) «(Ord. 2017-1718 du 20 déc. 2017, art. 1er, I, 132°, JO 21) «Une convention ou un accord d'entreprise ou d'établissement ou, à défaut, une convention ou un accord collectif de travail étendu» peut définir les conditions dans lesquelles il peut être dérogé au premier alinéa pour les jeunes travailleurs de moins de seize ans employés par un entrepreneur du spectacle, à condition qu'ils bénéficient d'une période minimale de repos de trente-six heures, dont au moins vingt-quatre heures consécutives, et que leur participation à une répétition ou à un spectacle soit de nature à contribuer à leur développement et s'effectue dans des conditions garantissant la préservation de leur santé.

À défaut d'accord et si les conditions mentionnées à l'avant-dernier alinéa du présent article sont remplies, cette dérogation peut être accordée par l'inspecteur du travail, après avis de la commission chargée d'accorder les autorisations mentionnées à l'article L. 7124-1.»

Art. L. 3164-3. Les dérogations au repos hebdomadaire prévues par les articles L. 3132-4 et L. 3132-8 ne sont pas applicables aux jeunes travailleurs de moins de dix-huit ans.

Art. L. 3164-4. Un décret en Conseil d'État établit la nomenclature des industries autorisées à bénéficier des dérogations au repos hebdomadaire prévues aux articles L. 3132-5 à L. 3132-7 et pour les jeunes salariés.

Ce décret est pris dans les formes prévues à l'article (L. 2016-1088 du 8 août 2016, art. 8, XI, 10°, JO 9) «L. 3121-67» pour les décrets d'application des dispositions relatives à la durée du travail.

Art. L. 3164-5. L'interdiction de travail le dimanche prévue à l'article L. 3132-3 n'est pas applicable aux apprentis âgés de moins de dix-huit ans employés dans les secteurs pour lesquels les caractéristiques particulières de l'activité le justifient et dont la liste est déterminée par décret en Conseil d'État.

Art. R. 3164-1. Les secteurs dans lesquels les caractéristiques particulières de l'activité, justifient, en application de l'article L. 3164-5, l'emploi des apprentis de moins de dix-huit ans les dimanches sont :

1° L'hôtellerie ;
2° La restauration ;
3° Les traiteurs et organisateurs de réception ;
4° Les cafés, tabacs et débits de boisson ;
5° La boulangerie ;
6° La pâtisserie ;
7° La boucherie ;
8° La charcuterie ;
9° La fromagerie-crèmerie ;
10° La poissonnerie ;
11° Les magasins de vente de fleurs naturelles, jardineries et graineteries ;
12° Les établissements des autres secteurs assurant à titre principal la fabrication de produits alimentaires destinés à la consommation immédiate ou dont l'activité exclusive est la vente de denrées alimentaires au détail.

SECTION 3. Jours fériés

Art. L. 3164-6. Les jeunes travailleurs ne peuvent travailler les jours de fête reconnus par la loi.

Art. L. 3164-7. Dans les établissements industriels fonctionnant en continu, les jeunes travailleurs peuvent être employés tous les jours de la semaine, sous réserve de bénéficier du repos minimal prévu aux articles L. 3132-2 et L. 3164-2.

Art. L. 3164-8. Dans les secteurs pour lesquels les caractéristiques particulières de l'activité le justifient et dont la liste est fixée par décret en Conseil d'État, une convention ou un accord collectif de travail étendu ou une convention ou un accord d'entreprise ou d'établissement peut définir les conditions dans lesquelles il peut être dérogé aux dispositions de l'article L. 3164-6, sous réserve que les jeunes travailleurs intéressés par ces dérogations bénéficient des dispositions relatives au repos hebdomadaire fixées aux articles L. 3132-2 et L. 3164-2.

Art. R. 3164-2. Les secteurs dans lesquels les caractéristiques particulières de l'activité justifient, en application de l'article L. 3164-8, l'emploi des jeunes travailleurs les jours de fête reconnus par la loi sont :

1° L'hôtellerie ;
2° La restauration ;
3° Les traiteurs et organisateurs de réception ;
4° Les cafés, tabacs et débits de boisson ;
5° La boulangerie ;
6° La pâtisserie ;
7° La boucherie ;
8° La charcuterie ;
9° La fromagerie-crèmerie ;
10° La poissonnerie ;
11° Les magasins de vente de fleurs naturelles, jardineries et graineteries ;

12° Les établissements des autres secteurs assurant à titre principal la fabrication de produits alimentaires destinés à la consommation immédiate ou dont l'activité exclusive est la vente de denrées alimentaires au détail ;

(D. 2008-889 du 2 sept. 2008, JO 4) « 13° Les spectacles ».

SECTION 4. Congés annuels

Art. L. 3164-9. Quelle que soit leur ancienneté dans l'entreprise, les salariés de moins de vingt et un ans au 30 avril de l'année précédente, ont droit, s'ils le demandent, à un congé de trente jours ouvrables.

Ils ne peuvent exiger aucune indemnité de congé pour les journées de vacances dont ils réclament le bénéfice en plus de celles qu'ils ont acquises à raison du travail accompli au cours de la période de référence.

SECTION 3 (RÉGLEMENTAIRE). Dispositions communes

Art. R. 3164-3. Les décrets en Conseil d'État nécessaires à l'application des dispositions du présent chapitre sont pris après avis du (D. 2016-1834 du 22 déc. 2016, JO 24) « Conseil d'orientation des conditions de travail ».

Chapitre V (réglementaire)

Dispositions pénales

Art. R. 3165-1. Le fait de méconnaître les dispositions des articles L. 3162-1 et L. 3162-2, relatives à la durée du travail des jeunes travailleurs, est puni de l'amende prévue pour les contraventions de la quatrième classe, prononcée autant de fois qu'il y a de salariés concernés par l'infraction.

Art. R. 3165-2. Le fait d'employer un jeune travailleur pendant une période de travail effectif ininterrompue de plus de quatre heures et demie, en méconnaissance des dispositions de l'article L. 3162-3, est puni de l'amende prévue pour les contraventions de la cinquième classe, prononcée autant de fois qu'il y a de salariés concernés par l'infraction.

Le fait d'employer un jeune travailleur pour un temps de travail quotidien supérieur à quatre heures et demie sans le faire bénéficier d'un temps de pause d'au moins trente minutes consécutives est puni de la même amende.

La récidive est réprimée conformément aux articles 132-11 et 132-15 du code pénal.

Art. R. 3165-3. Le fait de méconnaître les dispositions de l'article L. 3164-5, relatives au travail des apprentis le dimanche dans des secteurs pour lesquels des caractéristiques particulières de l'activité le justifient, est puni de l'amende prévue pour les contraventions de la quatrième classe.

Art. R. 3165-4. Le fait de faire travailler un jeune travailleur un jour de fête reconnu par la loi, en méconnaissance des dispositions de l'article L. 3164-6, et des décrets pris pour son application est puni de l'amende prévue pour les contraventions de la cinquième classe.

La récidive est réprimée conformément aux articles 132-11 et 132-15 du code pénal.

Art. R. 3165-5. Le fait d'employer un jeune travailleur tous les jours de la semaine et de ne pas lui accorder le repos minimal, en méconnaissance des dispositions de l'article L. 3164-7, et des décrets pris pour leur application, est puni de l'amende prévue pour les contraventions de la cinquième classe.

La récidive est réprimée conformément aux articles 132-11 et 132-15 du code pénal.

Art. R. 3165-6. Le fait de méconnaître les dispositions de l'article L. 3164-8, relatives aux dérogations du travail les jours fériés pour les jeunes travailleurs, est puni de l'amende prévue pour les contraventions de la quatrième classe.

Art. R. 3165-7. Le fait de méconnaître les dispositions de l'article L. 3164-1, relatives à la durée minimale du repos quotidien des jeunes travailleurs, est puni de l'amende prévue pour les contraventions de la cinquième classe.

La récidive est réprimée conformément aux articles 132-11 et 132-15 du code pénal.

TITRE VII

CONTRÔLE DE LA DURÉE DU TRAVAIL ET DES REPOS

Chapitre Ier

Contrôle de la durée du travail

SECTION 1. Information des salariés et affichages

Art. L. 3171-1. L'employeur affiche les heures auxquelles commence et finit le travail ainsi que les heures et la durée des repos.

Lorsque la durée du travail est organisée (L. 2008-789 du 20 août 2008, art. 24, JO 21) «dans les conditions fixées par l'article (L. 2016-1088 du 8 août 2016, art. 8, XI, 11°, JO 9) «L. 3121-44», l'affichage comprend la répartition de la durée du travail dans le cadre de cette organisation».

La programmation individuelle des périodes d'astreinte est portée à la connaissance de chaque salarié dans des conditions déterminées par voie réglementaire.

SECTION 2. Registres et documents obligatoires

Art. L. 3171-2. Lorsque tous les salariés occupés dans un service ou un atelier ne travaillent pas selon le même horaire collectif, l'employeur établit les documents nécessaires au décompte de la durée de travail, des repos compensateurs acquis et de leur prise effective, pour chacun des salariés concernés.

(Ord. 2017-1386 du 22 sept. 2017, art. 4, 70°, JO 23, entrée en vigueur au plus tard le 01.01.2018) «Le comité social et économique» peut consulter ces documents.

SECTION 3. Documents fournis à l'inspecteur du travail

Art. L. 3171-3. L'employeur tient à la disposition de l'(L. 2016-1088 du 8 août 2016, art. 113, III, 3°, JO 9) «agent de contrôle de l'inspection du travail mentionné à l'article L. 8112-1» les documents permettant de comptabiliser le temps de travail accompli par chaque salarié.

La nature des documents et la durée pendant laquelle ils sont tenus à disposition sont déterminées par voie réglementaire.

SECTION 4. Documents fournis au juge

Art. L. 3171-4. En cas de litige relatif à l'existence ou au nombre d'heures de travail accomplies, l'employeur fournit au juge les éléments de nature à justifier les horaires effectivement réalisés par le salarié.

Au vu de ces éléments et de ceux fournis par le salarié à l'appui de sa demande, le juge forme sa conviction après avoir ordonné, en cas de besoin, toutes les mesures d'instruction qu'il estime utiles.

Si le décompte des heures de travail accomplies par chaque salarié est assuré par un système d'enregistrement automatique, celui-ci doit être fiable et infalsifiable.

SECTION 1 (RÉGLEMENTAIRE). Définition des horaires et affichages

Sous-section 1. Salariés travaillant selon le même horaire collectif

Art. D. 3171-1. Lorsque tous les salariés d'un atelier, d'un service ou d'une équipe travaillent selon le même horaire collectif, un horaire établi selon l'heure légale indique les heures auxquelles commence et finit chaque période de travail.

Aucun salarié ne peut être employé en dehors de cet horaire, sous réserve des dispositions des articles (D. 2016-1553 du 18 nov. 2016, art. 6, 1°, JO 19, entrée en vigueur le 01.01.2017) «L. 3121-30, L. 3121-33, L. 3121-38 et L. 3121-39» relatives au contingent annuel d'heures supplémentaires, et des heures de dérogation permanente prévues par un décret pris en application de l'article (D. 2016-1553 du 18 nov. 2016, art. 6, 1°, JO 19, entrée en vigueur le 01.01.2017) « L. 3121-67 ».

Art. D. 3171-2. L'horaire collectif est daté et signé par l'employeur ou, sous la responsabilité de celui-ci, par la personne à laquelle il a délégué ses pouvoirs à cet effet.

Il est affiché en caractères lisibles et apposé de façon apparente dans chacun des lieux de travail auxquels il s'applique. Lorsque les salariés sont employés à l'extérieur, cet horaire est affiché dans l'établissement auquel ils sont attachés.

Art. D. 3171-3. Toute modification de l'horaire collectif donne lieu, avant son application, à une rectification affichée dans les mêmes conditions.

Art. D. 3171-4. Un double de cet horaire collectif et des rectifications qui y sont apportées est préalablement adressé à l'inspecteur du travail.

Art. D. 3171-5. (D. 2008-1132 du 4 nov. 2008, JO 5) À défaut de précision conventionnelle contraire, dans les entreprises, établissements, ateliers, services ou équipes où s'applique un dispositif d'aménagement du temps de travail dans les conditions fixées à l'article (D. 2016-1553 du 18 nov. 2016, art. 6, 2°, JO 19, entrée en vigueur le 01.01.2017) « L. 3121-44 », ou à l'article (D. 2016-1553 du 18 nov. 2016, art. 6, 2°, JO 19, entrée en vigueur le 01.01.2017) « D. 3121-27 », l'affichage indique le nombre de semaines que comporte la période de référence fixée par l'accord ou le décret et, pour chaque semaine incluse dans cette période de référence, l'horaire de travail et la répartition de la durée du travail.

L'affichage des changements de durée ou d'horaire de travail est réalisé en respectant le délai de sept jours prévu par l'article (D. 2016-1553 du 18 nov. 2016, art. 6, 2°, JO 19, entrée en vigueur le 01.01.2017) « L. 3121-47 » ou le délai prévu par la convention ou l'accord collectif de travail (D. 2016-1553 du 18 nov. 2016, art. 6, 2°, JO 19, entrée en vigueur le 01.01.2017) « mentionné à l'article L. 3121-44 ».

Art. D. 3171-7. En cas d'organisation du travail par relais, par roulement ou par équipes successives, la composition nominative de chaque équipe, y compris les salariés mis à disposition par une entreprise de travail temporaire, est indiquée :

1° Soit par un tableau affiché dans les mêmes conditions que l'horaire ;

2° Soit par un registre tenu constamment à jour et mis à disposition de l'inspecteur du travail et des (D. 2017-1819 du 29 déc. 2017, art. 3, 39°, JO 30, entrée en vigueur le 01.01.2018) « membres de la délégation du personnel du comité social et économique ».

Sous-section 2. **Salariés ne travaillant pas selon le même horaire collectif**

Art. D. 3171-8. Lorsque les salariés d'un atelier, d'un service ou d'une équipe, au sens de l'article D. 3171-7, ne travaillent pas selon le même horaire collectif de travail affiché, la durée du travail de chaque salarié concerné est décomptée selon les modalités suivantes :

1° Quotidiennement, par enregistrement, selon tous moyens, des heures de début et de fin de chaque période de travail ou par le relevé du nombre d'heures de travail accomplies ;

2° Chaque semaine, par récapitulation selon tous moyens du nombre d'heures de travail accomplies par chaque salarié.

Art. D. 3171-9. Les dispositions de l'article D. 3171-8 ne sont pas applicables :

1° Aux salariés concernés par les conventions ou accords collectifs de travail prévoyant des conventions de forfait en heures lorsque ces conventions ou accords fixent les modalités de contrôle de la durée du travail ;

[2° Aux salariés concernés par les conventions ou accords collectifs de branche étendus prévoyant une quantification préalablement déterminée du temps de travail reposant sur des critères objectifs et fixant les modalités de contrôle de la durée du travail.]

Art. D. 3171-10. La durée du travail des (D. 2008-1132 du 4 nov. 2008, JO 5) « salariés mentionnés à l'article (D. 2016-1553 du 18 nov. 2016, art. 6, 3°, JO 19, entrée en vigueur le 01.01.2017) « L. 3121-58 » est décomptée chaque année par récapitulation du nombre de journées ou demi-journées travaillées par chaque salarié.

Sous-section 3. **Informations annexées au bulletin de paie**

Art. D. 3171-11. (D. 2008-1132 du 4 nov. 2008, JO 5) À défaut de précision conventionnelle contraire, les salariés sont informés du nombre d'heures de repos compensateur de remplacement et de contrepartie obligatoire en repos portés à leur crédit par un document annexé au bulletin de paie. Dès que ce nombre atteint sept heures, ce document comporte une mention notifiant l'ouverture du droit à repos et l'obligation de le prendre dans un délai maximum de deux mois après son ouverture.

Art. D. 3171-12. Lorsque des salariés d'un atelier, d'un service ou d'une équipe ne travaillent pas selon le même horaire collectif de travail affiché, un document mensuel, dont le double est annexé au bulletin de paie, est établi pour chaque salarié.

Ce document comporte les mentions prévues à l'article D. 3171-11 ainsi que :

1° Le cumul des heures supplémentaires accomplies depuis le début de l'année ;

2° Le nombre d'heures de repos compensateur de remplacement acquis en application (D. 2016-1553 du 18 nov. 2016, art. 6, 4°, JO 19, entrée en vigueur le 01.01.2017) « des articles L. 3121-28, L. 3121-33 et L. 3121-37 » ;

3° Le nombre d'heures de repos compensateur effectivement prises au cours du mois ;

4° Le nombre de jours de repos effectivement pris au cours du mois, dès lors qu'un dispositif de réduction du temps de travail par attribution de journées ou de demi-journées de repos dans les conditions fixées par les articles (D. 2016-1553 du 18 nov. 2016, art. 6, 4°, JO 19, entrée en vigueur le 01.01.2017) « L. 3121-44 et D. 3121-27 » s'applique dans l'entreprise ou l'établissement.

Art. D. 3171-13. Dans les entreprises et établissements qui appliquent un dispositif d'aménagement du temps de travail en application des dispositions de l'article (D. 2016-1553 du 18 nov. 2016, art. 6, 5°, JO 19, entrée en vigueur le 01.01.2017) « L. 3121-44 », le total des heures de travail accomplies depuis le début de la période de référence est mentionné à la fin de celle-ci ou lors du départ du salarié si celui-ci a lieu en cours de période, sur un document annexé au dernier bulletin de paie de cette période.

Sous-section 4. **Accès aux documents et informations**

Art. D. 3171-14. Le droit d'accès aux informations nominatives prévu à l'article 39 de la loi n° 78-17 du 6 janvier 1978 relative à l'informatique, aux fichiers et aux libertés est applicable aux documents comptabilisant la durée de travail des salariés.

Art. D. 3171-15. Les documents mentionnés aux articles D. 3171-7 à D. 3171-13 peuvent être sous format électronique lorsque des garanties de contrôle équivalentes sont maintenues.

En cas de traitement automatisé des données nominatives, l'employeur (D. 2016-1418 du 20 oct. 2016, JO 22) « communique, à sa demande, à l'agent de contrôle de l'inspection du travail » le récépissé attestant qu'il a accompli la déclaration préalable prévue par la loi n° 78-17 du 6 janvier 1978 précitée.

SECTION 2 (RÉGLEMENTAIRE). Documents fournis à l'inspecteur du travail

Art. D. 3171-16. L'employeur tient à la disposition de l'inspection du travail :

1° Pendant une durée d'un an, y compris dans le cas d'horaires individualisés, (D. 2016-1553 du 18 nov. 2016, art. 6, 6°, JO 19, entrée en vigueur le 01.01.2017) « ou pendant une durée équivalente à la période de référence en cas d'aménagement du temps de travail sur une période supérieure à l'année, » les documents existant dans l'entreprise ou l'établissement permettant de comptabiliser les heures de travail accomplies par chaque salarié ;

2° Pendant une durée d'un an, le document récapitulant le nombre d'heures d'astreinte accompli chaque mois par le salarié ainsi que la compensation correspondante ;

3° Pendant une durée de trois ans, les documents existant dans l'entreprise ou l'établissement permettant de comptabiliser le nombre de jours de travail accomplis par les salariés intéressés par des conventions de forfait.

Chapitre II

Contrôle du repos hebdomadaire

Art. L. 3172-1. Des décrets en Conseil d'État déterminent :

1° Les conditions dans lesquelles est organisé le contrôle des jours de repos pour tous les établissements, que le repos hebdomadaire soit collectif ou organisé par roulement ;

2° Les conditions dans lesquelles l'employeur avise l'(L. 2016-1088 du 8 août 2016, art. 113, III, 1°, JO 9) «agent de contrôle de l'inspection du travail mentionné à l'article L. 8112-1» de la mise en œuvre des dérogations au repos hebdomadaire.

Art. L. 3172-2. Les chambres de discipline dont relèvent les offices ministériels assurent, sous le contrôle du procureur de la République, l'application des dispositions relatives au repos hebdomadaire aux clercs, commis et employés des études et greffes dans ces offices.

Art. R. 3172-1. Dans les entreprises et établissements dont tous les salariés sans exception ne bénéficient pas du repos hebdomadaire toute la journée du dimanche, l'employeur (D. 2016-1417 du 20 oct. 2016, art. 5, JO 22) «communique, par tout moyen, aux salariés» les jours et heures de repos collectif attribués à (D. 2016-1417 du 20 oct. 2016, art. 5, JO 22) «tout ou partie d'entre eux»:

1° Soit un autre jour que le dimanche;

2° Soit du dimanche midi au lundi midi;

3° Soit le dimanche après-midi sous réserve du repos compensateur;

4° Soit suivant tout autre mode exceptionnel permis par la loi.

(D. 2016-1417 du 20 oct. 2016, art. 5, JO 22) «L'employeur communique, au préalable, à l'agent de contrôle de l'inspection du travail, cette information et les modalités de la communication aux salariés qu'il envisage de mettre en œuvre.»

Art. R. 3172-2. Dans les entreprises et établissements qui n'accordent pas le repos hebdomadaire selon l'une des modalités prévues à l'article R. 3172-1, un registre spécial mentionne les noms des salariés soumis à un régime particulier de repos et indique ce régime.

Pour chaque salarié, le registre précise le jour et les fractions de journées choisies pour le repos.

Art. R. 3172-3. L'inscription des salariés récemment embauchés sur le registre spécial des salariés soumis à un régime particulier de repos hebdomadaire est obligatoire après un délai de six jours.

Jusqu'à l'expiration de ce délai, et à défaut d'inscription sur le registre, l'inspection du travail ne peut réclamer qu'un cahier régulièrement tenu portant l'indication du nom et la date d'embauche des salariés.

Art. R. 3172-4. Le registre spécial est tenu constamment à jour.

La mention des journées de repos dont bénéficie un salarié peut toujours être modifiée à condition de le porter au registre avant de recevoir exécution. Toutefois, cette modification ne peut priver le remplaçant du repos auquel il a droit.

Art. R. 3172-5. Le registre spécial est tenu à la disposition de l'inspection du travail qui le vise au cours de sa visite.

Il est communiqué aux salariés qui en font la demande.

Art. R. 3172-6. L'employeur qui veut suspendre le repos hebdomadaire en application de l'article L. 3132-4, en cas de travaux urgents, informe immédiatement l'inspecteur du travail et, sauf cas de force majeure, avant le commencement du travail.

Il l'informe des circonstances qui justifient la suspension du repos hebdomadaire. Il indique la date et la durée de cette suspension et spécifie le nombre de salariés auxquels elle s'applique.

Lorsque des travaux urgents sont exécutés par une entreprise distincte, l'avis du chef, du directeur ou du gérant de cette entreprise mentionne la date du jour de repos compensateur assuré aux salariés.

Art. R. 3172-7. L'employeur qui veut suspendre le repos hebdomadaire en application de l'article L. 3132-5, relatif aux industries traitant des matières périssables ou ayant à répondre à un surcroît extraordinaire de travail, informe immédiatement l'inspecteur du travail et, sauf cas de force majeure, avant le commencement du travail.

Il l'informe des circonstances qui justifient la suspension du repos hebdomadaire. Il indique la date et la durée de cette suspension et spécifie le nombre de salariés auxquels elle s'applique.

L'information indique également les deux jours de repos mensuels réservés aux salariés.

Art. R. 3172-8. L'employeur qui veut suspendre le repos hebdomadaire en application de l'article L. 3132-7, relatif aux activités saisonnières, informe immédiatement l'inspecteur du travail et, sauf cas de force majeure, avant le commencement du travail.

Il l'informe des circonstances qui justifient la suspension du repos hebdomadaire. Il indique la date et la durée de cette suspension et spécifie le nombre de salariés auxquels elle s'applique.

Art. R. 3172-9. En cas de suspension du repos hebdomadaire en application des articles R. 3172-6 à R. 3172-8, (D. 2016-1417 du 20 oct. 2016, art. 6, JO 22) « l'employeur communique par tout moyen, aux salariés, la copie de l'information transmise à l'agent de contrôle de l'inspection du travail ».

Chapitre III (réglementaire)
Dispositions pénales

Art. R. 3173-1. Le fait de ne pas transmettre à l'inspection du travail un duplicata de l'affiche mentionnée à l'article L. 3171-1, est puni de l'amende prévue pour les contraventions de la quatrième classe.

Cette amende est appliquée autant de fois qu'il y a de personnes employées dans des conditions susceptibles d'être sanctionnées au titre des dispositions de cet article.

Art. R. 3173-2. Le fait de méconnaître les dispositions des deux premiers alinéas de l'article L. 3171-1 et celles de l'article L. 3171-2 relatives au contrôle de la durée du travail, est puni de l'amende prévue pour les contraventions de la quatrième classe.

Cette amende est appliquée autant de fois qu'il y a de personnes employées dans des conditions susceptibles d'être sanctionnées au titre des dispositions de cet article.

Art. R. 3173-3. Le fait de ne pas présenter à l'inspection du travail les documents permettant de comptabiliser les heures de travail accomplies par chaque salarié, en méconnaissance des dispositions de l'article L. 3171-3, est puni de l'amende prévue pour les contraventions de la troisième classe.

LIVRE II
SALAIRE ET AVANTAGES DIVERS

TITRE Ier
CHAMP D'APPLICATION

Chapitre unique

Art. L. 3211-1. Les dispositions du présent livre sont applicables aux employeurs de droit privé et à leurs salariés.

Art. D. 3211-1. Les dispositions du chapitre premier du titre III relatif au salaire minimum de croissance et celles des articles R. 3232-8 à R. 3232-10 ne sont pas applicables aux jeunes travailleurs titulaires d'un contrat d'apprentissage.

TITRE II
ÉGALITÉ DE RÉMUNÉRATION ENTRE LES FEMMES ET LES HOMMES

Chapitre Ier
Principes

Art. L. 3221-1. Les dispositions des articles L. 3221-2 à L. 3221-7 sont applicables, outre aux employeurs et salariés mentionnés à l'article L. 3211-1, à ceux non régis par le code du travail et, notamment, aux agents de droit public.

Art. L. 3221-2. Tout employeur assure, pour un même travail ou pour un travail de valeur égale, l'égalité de rémunération entre les femmes et les hommes.

Art. L. 3221-3. Constitue une rémunération au sens du présent chapitre, le salaire ou traitement ordinaire de base ou minimum et tous les autres avantages et accessoires payés, directement ou indirectement, en espèces ou en nature, par l'employeur au salarié en raison de l'emploi de ce dernier.

Art. L. 3221-4. Sont considérés comme ayant une valeur égale, les travaux qui exigent des salariés un ensemble comparable de connaissances professionnelles consacrées par un titre, un diplôme ou une pratique professionnelle, de capacités découlant de l'expérience acquise, de responsabilités et de charge physique ou nerveuse.

Art. L. 3221-5. Les disparités de rémunération entre les établissements d'une même entreprise ne peuvent pas, pour un même travail ou pour un travail de valeur égale, être fondées sur l'appartenance des salariés de ces établissements à l'un ou l'autre sexe.

Art. L. 3221-6. Les différents éléments composant la rémunération sont établis selon des normes identiques pour les femmes et pour les hommes.

Les catégories et les critères de classification et de promotion professionnelles ainsi que toutes les autres bases de calcul de la rémunération, notamment les modes d'évaluation des emplois, (L. 2014-873 du 4 août 2014, art. 2, JO 5) «sont établis selon des règles qui assurent l'application du principe fixé à l'article L. 3221-2».

Art. L. 3221-7. Est nulle de plein droit toute disposition figurant notamment dans un contrat de travail, une convention ou accord collectif de travail, un accord de salaires, un règlement ou barème de salaires résultant d'une décision d'un employeur ou d'un groupement d'employeurs et qui, contrairement aux articles L. 3221-2 à L. 3221-6, comporte, pour un ou des salariés de l'un des deux sexes, une rémunération inférieure à celle de salariés de l'autre sexe pour un même travail ou un travail de valeur égale.

La rémunération plus élevée dont bénéficient ces derniers salariés est substituée de plein droit à celle que comportait la disposition entachée de nullité.

Art. L. 3221-8. Lorsque survient un litige relatif à l'application du présent chapitre, les règles de preuve énoncées à l'article L. 1144-1 s'appliquent.

Art. L. 3221-9. Les (L. 2016-1088 du 8 août 2016, art. 113, III, 4°, JO 9) «agents de contrôle de l'inspection du travail mentionnés à l'article L. 8112-1» ou, le cas échéant, les autres fonctionnaires de contrôle assimilés sont chargés, dans le domaine de leurs compétences respectives, concurremment avec les officiers et agents de police judiciaire, de constater les infractions à ces dispositions.

Art. L. 3221-10. Un décret en Conseil d'État détermine les modalités d'application du présent chapitre.

Art. R. 3221-1. L'inspecteur du travail peut exiger communication des différents éléments qui concourent à la détermination des rémunérations dans l'entreprise, notamment des normes, catégories, critères et bases de calcul mentionnés à l'article L. 3221-6.

Il peut procéder à une enquête contradictoire au cours de laquelle l'employeur et les salariés intéressés peuvent se faire assister d'une personne de leur choix.

En cas de mise en œuvre d'une procédure de règlement des difficultés dans les conditions prévues à l'article R. 2261-1, il prend connaissance des avis et observations formulés au cours de celle-ci.

Art. R. 3221-2. (D. 2016-1417 du 20 oct. 2016, art. 7, JO 22) « Les dispositions des articles L. 3221-1 à L. 3221-7 du code du travail sont portées, par tout moyen, à la connaissance des personnes ayant accès aux lieux de travail, ainsi qu'aux candidats à l'embauche ».

Il en est de même pour les dispositions réglementaires prises pour l'application de ces articles.

Chapitre II

Dispositions pénales

Art. L. 3222-1. Les dispositions des articles 132-58 à 132-62 du code pénal relatives à l'ajournement du prononcé de la peine sont applicables dans le cas de poursuites pour infraction aux dispositions des articles L. 3221-2 à L. 3221-7, sous réserve des mesures particulières prévues par le présent article.

L'ajournement comporte injonction à l'employeur de définir, après consultation du (Ord. 2017-1386 du 22 sept. 2017, art. 4, 3°, JO 23, entrée en vigueur au plus tard le 01.01.2018) «comité social et économique», et dans un délai déterminé, les mesures propres à assurer dans l'entreprise en cause le rétablissement de l'égalité professionnelle entre les femmes et les hommes. L'ajournement peut comporter également injonction à l'employeur d'exécuter dans le même délai les mesures définies.

Le juge peut ordonner l'exécution provisoire de sa décision.

Art. L. 3222-2. À l'audience de renvoi et au vu des mesures définies et, le cas échéant, exécutées par l'employeur, la juridiction apprécie s'il y a lieu de prononcer une dispense de peine ou d'infliger les peines prévues par la loi.

Toutefois, dans le cas où le délai prévu au deuxième alinéa de l'article L. 3222-1 n'a pas été respecté, la juridiction peut prononcer un nouvel et dernier ajournement et impartir un nouveau délai au prévenu pour exécuter l'injonction.

Art. R. 3222-1. Le fait de méconnaître les dispositions relatives à l'égalité de rémunération entre les femmes et les hommes prévues aux articles L. 3221-2 à L. 3221-6, est puni de l'amende prévue pour les contraventions de la cinquième classe.

L'amende est appliquée autant de fois qu'il y a de travailleurs rémunérés dans des conditions illégales.

La récidive est réprimée conformément aux articles 132-11 et 132-15 du code pénal.

Art. R. 3222-2. Le fait de ne pas communiquer les éléments concourant à la détermination des rémunérations dans l'entreprise, en méconnaissance des dispositions de l'article R. 3221-1, est puni de l'amende prévue pour les contraventions de la troisième classe.

Art. R. 3222-3. (D. 2016-1417 du 20 oct. 2016, art. 8, JO 22) Le fait de ne pas communiquer, dans les conditions prévues par l'article R. 3221-2, les articles relatifs à l'égalité de rémunération entre les femmes et les hommes, est puni de l'amende prévue pour les contraventions de la troisième classe.

TITRE III

DÉTERMINATION DU SALAIRE

Chapitre Ier

Salaire minimum interprofessionnel de croissance

SECTION 1. Champ d'application

Art. L. 3231-1. Les dispositions du présent chapitre sont applicables, outre aux employeurs et salariés mentionnés à l'article L. 3211-1, au personnel des établissements publics à caractère industriel et commercial et au personnel de droit privé des établissements publics administratifs.

SECTION 2. Principes

Art. L. 3231-2. Le salaire minimum de croissance assure aux salariés dont les rémunérations sont les plus faibles:

1° La garantie de leur pouvoir d'achat;

2° Une participation au développement économique de la nation.

Art. L. 3231-3. Sont interdites, dans les conventions ou accords collectifs de travail, les clauses comportant des indexations sur le salaire minimum de croissance ou des références à ce dernier en vue de la fixation et de la révision des salaires prévus par ces conventions ou accords.

SECTION 3. Modalités de fixation

Sous-section 1. Garantie du pouvoir d'achat des salariés

Art. L. 3231-4. La garantie du pouvoir d'achat des salariés prévue au 1° de l'article L. 3231-2 est assurée par l'indexation du salaire minimum de croissance sur l'évolution de l'indice national des prix à la consommation institué comme référence par voie réglementaire.

Art. L. 3231-5. Lorsque l'indice national des prix à la consommation atteint un niveau correspondant à une hausse d'au moins 2 % par rapport à l'indice constaté lors de l'établissement du salaire minimum de croissance immédiatement antérieur, le salaire minimum de croissance est relevé dans la même proportion à compter du premier jour du mois qui suit la publication de l'indice entraînant ce relèvement.

Sous-section 2. Participation des salariés au développement économique de la nation

Art. L. 3231-6. La participation des salariés au développement économique de la nation prévue au 2° de l'article L. 3231-2 est assurée, indépendamment de l'application de l'article L. 3231-4, par la fixation du salaire minimum de croissance, chaque année avec effet au (L. 2008-1258 du 3 déc. 2008, art. 24, JO 4) « 1er janvier ».

Art. L. 3231-7. Le taux du salaire minimum de croissance est fixé par voie réglementaire à l'issue d'une procédure déterminée par décret.

Art. L. 3231-8. En aucun cas, l'accroissement annuel du pouvoir d'achat du salaire minimum de croissance ne peut être inférieur à la moitié de l'augmentation du pouvoir d'achat des salaires horaires moyens enregistrés par l'enquête trimestrielle du ministère chargé du travail.

L'indice de référence peut être modifié par voie réglementaire.

Art. L. 3231-9. Les relèvements annuels successifs du salaire minimum de croissance doivent tendre à éliminer toute distorsion durable entre sa progression et l'évolution des conditions économiques générales et des revenus.

Sous-section 3. Autres modalités de fixation

Art. L. 3231-10. En cours d'année, le salaire minimum de croissance peut être porté, par voie réglementaire, à un niveau supérieur à celui qui résulte de l'application des dispositions de l'article L. 3231-5.

Art. L. 3231-11. Les améliorations du pouvoir d'achat intervenues en application de l'article L. 3231-10 depuis le (L. 2008-1258 du 3 déc. 2008, art. 24, JO 4) « 1er janvier » de l'année précédente entrent en compte pour l'application, lors de la fixation annuelle du salaire minimum de croissance, de la règle fixée à l'article L. 3231-8.

SECTION 4. Minimum garanti

Art. L. 3231-12. Un minimum garanti est déterminé en fonction de l'évolution de l'indice national des prix à la consommation par application des dispositions de l'article L. 3231-4. Il intervient notamment pour l'évaluation des avantages en nature.

Ce minimum garanti peut être porté, par voie réglementaire, à un niveau supérieur à celui résultant de l'application du premier alinéa.

SECTION 1 (RÉGLEMENTAIRE). Dispositions générales

Art. R. *3231-1. (D. 2008-243 du 7 mars 2008, JO 12) Les décrets prévus aux articles L. 3231-4, L. 3231-7, L. 3231-8, L. 3231-10 et L. 3231-12 sont pris en conseil des ministres.

Les décrets prévus aux articles L. 3231-4, L. 3231-8 et L. 3231-10 sont pris après avis de la Commission nationale de la négociation collective (D. 2018-1262 du 26 déc. 2018, art. 1er, III, JO 28, entrée en vigueur le 01.01.2019) « , de l'emploi et de la formation professionnelle ».

Art. R. *3231-2. (D. 2008-243 du 7 mars 2008, JO 12) L'indice des prix à la consommation retenu pour l'application des articles L. 3231-4 et L. 3231-12 est l'indice mensuel des prix à la consommation hors tabac (D. 2013-123 du 7 févr. 2013, JO 8) « des ménages du premier quintile de la distribution des niveaux de vie ».

Art. R. *3231-2-1. (D. 2013-123 du 7 févr. 2013, JO 8) Pour l'application de l'article L. 3231-8, est pris en compte le rapport de l'indice de référence mesurant l'évolution du salaire horaire de base des ouvriers et employés à l'indice des prix mentionné à l'article R.* 3231-2.

Art. D. 3231-3. Le salaire minimum de croissance applicable aux jeunes travailleurs de moins de dix-huit ans comporte un abattement fixé à :

1° 20 % Avant dix-sept ans ;

2° 10 % Entre dix-sept et dix-huit ans.

Cet abattement est supprimé pour les jeunes travailleurs justifiant de six mois de pratique professionnelle dans la branche d'activité dont ils relèvent.

SECTION 2 (RÉGLEMENTAIRE). Modalités de fixation

Sous-section 1. Garantie du pouvoir d'achat des salariés

Art. R. *3231-4. (D. 2008-243 du 7 mars 2008, JO 12) Lorsque le salaire minimum de croissance est relevé en application des dispositions de l'article L. 3231-5, un arrêté conjoint des ministres chargés du travail, de l'agriculture et de l'économie et des finances fait connaître le nouveau montant de ce salaire.

Art. D. 3231-5. Les salariés définis à l'article L. 3231-1 âgés de dix-huit ans révolus, reçoivent de leurs employeurs, lorsque leur salaire horaire contractuel est devenu inférieur au salaire minimum de croissance en vigueur, un complément calculé de façon à porter leur rémunération au montant de ce salaire minimum de croissance.

Art. D. 3231-6. Le salaire horaire à prendre en considération pour l'application de l'article D. 3231-5 est celui qui correspond à une heure de travail effectif compte tenu des avantages en nature et des majorations diverses ayant le caractère de fait d'un complément de salaire.

Sont exclues les sommes versées à titre de remboursement de frais, les majorations pour heures supplémentaires prévues par la loi et la prime de transport.

Sous-section 2. Participation des salariés au développement économique de la nation

Art. R. *3231-7. (D. 2008-243 du 7 mars 2008, JO 12) Le taux du salaire minimum de croissance déterminé en application de l'article L. 3231-6 est fixé à l'issue de la procédure suivante :

1° La Commission nationale de la négociation collective (D. 2018-1262 du 26 déc. 2018, art. 1er, III, JO 28, entrée en vigueur le 01.01.2019) « , de l'emploi et de la formation professionnelle » reçoit en temps utile, du Gouvernement, une analyse des comptes économiques de la nation et un rapport sur les conditions économiques générales ;

2° La commission délibère sur ces éléments et, compte tenu des modifications déjà intervenues en cours d'année, transmet au Gouvernement un avis motivé accompagné d'un rapport relatant, s'il y a lieu, la position de la majorité et celle des minorités.

Sous-section 3. Avantages en nature

Art. D. 3231-8. Les dispositions de la présente sous-section ne sont pas applicables aux salariés des professions agricoles, au personnel navigant de la marine marchande, aux concierges et employés d'immeuble à usage d'habitation ainsi qu'aux employés de maison lorsque leur rémunération est, de manière habituelle, constituée, pour partie, par la fourniture de la nourriture et du logement.

Art. D. 3231-9. Lorsque la rémunération d'un salarié est, de manière habituelle, constituée, pour partie, par la fourniture de la nourriture et du logement ou d'autres avantages en nature, le salaire minimum en espèces garanti est déterminé en déduisant du salaire minimum de croissance les sommes fixées pour évaluer l'avantage en nature.

Art. D. 3231-10. Lorsque l'employeur fournit la nourriture, toute ou partie, cette prestation en nature est évaluée par convention ou accord collectif de travail.

À défaut, la nourriture est évaluée par journée à deux fois le minimum garanti ou, pour un seul repas, à une fois ce minimum.

Art. D. 3231-11. Pour les salariés auxquels l'employeur fournit le logement, cette prestation en nature est évaluée par convention ou accord collectif de travail.

À défaut, le logement est évalué à 0,02 euros par jour.

Art. D. 3231-12. Les avantages en nature, autres que la nourriture ou le logement, sont évalués d'après leur valeur réelle, au prix de revient pour l'employeur.

Art. D. 3231-13. Pour le personnel des hôtels, cafés, restaurants et des établissements ou organismes dans lesquels des denrées alimentaires ou des boissons sont consommées sur place et pour le personnel de cuisine des autres établissements, qui en raison des conditions particulières de leur travail ou des usages, sont nourris gratuitement par l'employeur ou reçoivent une indemnité compensatrice, la nourriture calculée conformément aux dispositions de l'article D. 3231-10, n'entre en compte que pour la moitié de sa valeur.

Art. D. 3231-14. Dans tous les cas où le salarié, logé et nourri, perçoit une rémunération en espèces supérieure au minimum résultant des dispositions de la présente sous-section, l'application de ces dispositions n'entraîne aucune modification de cette rémunération.

Art. D. 3231-15. Pour les salariés des professions agricoles auxquels l'employeur fournit la nourriture et le logement ou l'un de ces avantages en nature, à défaut de convention ou d'accord collectif de travail, la prestation journalière de nourriture est évaluée à deux fois et demie le taux horaire du minimum garanti prévu à l'article L. 3231-12. La prestation mensuelle de logement est évaluée à huit fois ce même taux.

L'évaluation des autres avantages en nature est fixée par convention ou accord collectif.

Art. R. 3231-16. Une convention ou un accord collectif de travail ou le contrat de travail ne peut comporter de clauses prévoyant l'attribution, au titre d'avantage en nature, de boissons alcoolisées aux travailleurs.

Ces dispositions ne s'appliquent pas aux boissons servies à l'occasion des repas constituant un avantage en nature.

SECTION 3 (RÉGLEMENTAIRE). Minimum garanti

Art. R. *3231-17. (D. 2008-243 du 7 mars 2008, JO 12) Lorsque le salaire minimum de croissance est relevé en application des dispositions de l'article L. 3231-5, un arrêté conjoint des ministres chargés du travail, de l'agriculture et de l'économie et des finances fait connaître le minimum garanti défini à l'article L. 3231-12.

Chapitre II
Rémunération mensuelle minimale

SECTION 1. Dispositions générales

Art. L. 3232-1. Tout salarié dont l'horaire de travail est au moins égal à la durée légale hebdomadaire, perçoit, s'il n'est pas apprenti, une rémunération au moins égale au minimum fixé dans les conditions prévues à la section 2.

Ces dispositions ne s'appliquent pas aux salariés temporaires.

Art. L. 3232-2. Le gouvernement présente chaque année, en annexe au projet de loi de finances, un rapport sur l'application du présent chapitre indiquant notamment:

1° Le nombre de salariés bénéficiaires de l'allocation complémentaire établie par l'article L. 3232-5;

2° Le coût du versement de l'allocation prévue au 1° pour l'année écoulée;

3° Le nombre de bénéficiaires des allocations publiques de chômage total et des allocations publiques (L. 2013-504 du 14 juin 2013, art. 16, VII, JO 16) «d'activité partielle» ainsi que les mesures prises en application de l'article L. 3232-9.

SECTION 2. Modalités de fixation

Art. L. 3232-3. La rémunération mensuelle minimale est égale au produit du montant du salaire minimum de croissance tel qu'il est fixé en application des articles L. 3231-2 à

L. 3231-12, par le nombre d'heures correspondant à la durée légale hebdomadaire pour le mois considéré.

Elle ne peut excéder, après déduction des cotisations obligatoires retenues par l'employeur, la rémunération nette qui aurait été perçue pour un travail effectif de même durée payé au taux du salaire minimum de croissance.

Art. L. 3232-4. La rémunération mensuelle minimale est réduite à due concurrence lorsque:

1° Au cours du mois considéré, le salarié a accompli un nombre d'heures inférieur à celui qui correspond à la durée légale hebdomadaire en cas de suspension du contrat de travail;

2° Le contrat de travail a débuté ou s'est terminé au cours du mois considéré.

SECTION 3. Allocation complémentaire

Art. L. 3232-5. Lorsque, par suite d'une réduction de l'horaire de travail au-dessous de la durée légale hebdomadaire pour des causes autres que celles énumérées à l'article L. 3232-4, un salarié a perçu au cours d'un mois, à titre de salaire et (L. 2013-504 du 14 juin 2013, art. 16, VIII, JO 16) «d'indemnité d'activité partielle», une somme totale inférieure à la rémunération minimale, il lui est alloué une allocation complémentaire égale à la différence entre la rémunération minimale et la somme qu'il a effectivement perçue.

Pour l'application du présent chapitre, sont assimilées (L. 2013-504 du 14 juin 2013, art. 16, VIII, JO 16) «à l'indemnité d'activité partielle», les indemnités pour intempéries prévues aux articles L. 5424-6 et suivants.

Art. L. 3232-6. Les dispositions fiscales et sociales relatives aux allocations et contributions prévues à l'article L. 5428-1 sont applicables à l'allocation complémentaire.

Art. L. 3232-7. L'allocation complémentaire est à la charge de l'employeur.

Art. R. 3232-1. Pour l'application de l'article L. 3232-5, sont considérés comme des éléments constitutifs du salaire les avantages en nature et les majorations diverses ayant le caractère de fait d'un complément de salaire.

Sont exclues les sommes versées à titre de remboursement de frais et la prise en charge des frais de transport.

Art. R. 3232-2. Lors du paiement de l'allocation complémentaire, il est remis au salarié un document indiquant:

1° Le taux du salaire minimum de croissance;

2° Le nombre d'heures correspondant à la durée légale du travail;

3° Les déductions obligatoires ayant permis de déterminer le montant de la rémunération mensuelle minimale;

4° Les montants du salaire et des diverses allocations constituant les éléments de la rémunération mensuelle minimale versée au salarié.

SECTION 2 (RÉGLEMENTAIRE). Remboursement par l'État

Art. R. 3232-3. L'aide de l'État prévue à l'article L. 3232-8, est fixée à 50 % du montant de l'allocation complémentaire.

Art. R. 3232-4. L'aide de l'État est versée sur production d'états nominatifs, par l'employeur, faisant apparaître les modalités de calcul de l'allocation complémentaire et visés par l'inspecteur du travail.

Le versement intervient dans un délai de trois mois suivant l'envoi à l'inspecteur du travail des états précités.

Art. R. 3232-5. En cas de réduction de l'horaire de travail susceptible d'entraîner l'application de l'article L. 3232-8, l'employeur informe l'inspecteur du travail et lui fournit toutes indications sur les causes de cette réduction, les effectifs et les qualifications des salariés intéressés.

Art. R. 3232-6. En cas de procédure de sauvegarde, de redressement, de liquidation judiciaire ou de difficultés financières de l'employeur, le préfet peut, sur proposition du (D. 2009-1377 du 10 nov. 2009, JO 13; D. 2010-687 du 24 juin 2010, JO 25; voir D. 2010-1582 du 17 déc. 2010, JO 18, pour outre-mer) « directeur régional des entreprises, de la concurrence, de la consommation, du travail et de l'emploi », faire ordonner le paiement direct aux salariés de la part de l'allocation complémentaire à la charge de l'État.

Art. R. 3232-7. L'inspecteur du travail vérifie si la rémunération versée aux salariés au cours de l'année civile écoulée a bien été répartie sur douze mois.

Dans l'hypothèse où, ces rémunérations n'ayant pas été correctement établies compte tenu de l'emploi des intéressés, cette vérification fait apparaître un report abusif en fin d'année de certains éléments de la rémunération ou des inégalités non justifiées entre les rémunérations mensuelles, les redressements nécessaires sont effectués dans le calcul de la participation de l'État au versement des allocations complémentaires et dans la détermination des charges sociales incombant à l'employeur et aux salariés.

SECTION 5. Dispositions d'application

Art. L. 3232-9. Des décrets en Conseil d'État déterminent les modalités d'application du présent chapitre, notamment :

1° Les conditions, les modalités et les délais de remboursement par l'État de la part lui incombant dans l'allocation complémentaire ;

2° En tant que de besoin, les modalités particulières applicables aux salariés de l'agriculture, aux salariés du bâtiment et des travaux publics, aux marins professionnels, aux dockers professionnels, aux salariés travaillant à domicile, aux salariés intermittents, aux travailleurs handicapés, ainsi qu'aux salariés saisonniers pendant la période normale de leur activité. Ces décrets peuvent prévoir le calcul de la rémunération minimale sur une période autre que mensuelle.

Art. R. 3232-8. En cas de réduction d'activité, le travailleur à domicile employé au cours d'un même mois par plusieurs employeurs adresse à l'inspecteur du travail toutes justifications lui permettant de totaliser les heures de travail accomplies ainsi que les rémunérations perçues au cours du mois et de déterminer l'allocation complémentaire éventuellement due.

Cette aide est versée directement au salarié par l'État. L'employeur rembourse au Trésor, à la demande du préfet, dans un délai de trois mois la part de l'allocation complémentaire se trouvant à sa charge. Cette part est proportionnelle à l'importance de la réduction d'activité imposée au salarié. Le préfet adresse à l'employeur les indications lui permettant de vérifier le montant de sa participation.

Art. R. 3232-9. La procédure prévue à l'article R. 3232-8 s'applique aux salariés titulaires d'un contrat de travail intermittent lorsqu'ils sont employés au cours d'un même mois par plusieurs employeurs successifs.

Art. R. 3232-10. Les réductions de l'horaire de l'établissement employant des salariés saisonniers, qui se produisent pour la troisième année consécutive à la même époque, sont considérées comme se situant en dehors de la période normale d'activité.

Chapitre III (réglementaire)

Dispositions pénales

Art. R. 3233-1. Est puni de l'amende prévue pour les contraventions de la cinquième classe, le fait de payer :

1° Des salaires inférieurs au salaire minimum de croissance prévu par les articles L. 3231-1 à L. 3231-12 ;

2° Des rémunérations inférieures à la rémunération mensuelle minimale prévue par l'article L. 3232-1.

L'amende est appliquée autant de fois qu'il y a de salariés rémunérés dans des conditions illégales.

La récidive est réprimée conformément aux articles 132-11 et 132-15 du code pénal.

En cas de pluralité de contraventions entraînant des peines de récidive, l'amende est appliquée autant de fois qu'il a été relevé de nouvelles contraventions.

TITRE IV

PAIEMENT DU SALAIRE

Chapitre Ier

Dispositions générales

Art. L. 3241-1. Sous réserve des dispositions législatives imposant le paiement des salaires sous une forme déterminée, le salaire est payé en espèces ou par chèque barré ou par virement à un compte bancaire ou postal.

Toute stipulation contraire est nulle.

En dessous d'un montant mensuel déterminé par décret, le salaire est payé en espèces au salarié qui le demande.

Au-delà d'un montant mensuel déterminé par décret, le salaire est payé par chèque barré ou par virement à un compte bancaire ou postal.

Art. R. 3241-1. Le salaire est versé un jour ouvrable sauf en cas de paiement réalisé par virement.

Chapitre II

Mensualisation

Art. L. 3242-1. La rémunération des salariés est mensuelle et indépendante, pour un horaire de travail effectif déterminé, du nombre de jours travaillés dans le mois. Le paiement mensuel neutralise les conséquences de la répartition inégale des jours entre les douze mois de l'année.

Pour un horaire équivalent à la durée légale hebdomadaire, la rémunération mensuelle due au salarié se calcule en multipliant la rémunération horaire par les 52/12 de la durée légale hebdomadaire.

Le paiement de la rémunération est effectué une fois par mois. Un acompte correspondant, pour une quinzaine, à la moitié de la rémunération mensuelle, est versé au salarié qui en fait la demande.

Ces dispositions ne s'appliquent pas aux salariés travaillant à domicile, aux salariés saisonniers, aux salariés intermittents et aux salariés temporaires.

Art. L. 3242-2. La mensualisation n'exclut pas les divers modes de calcul du salaire aux pièces, à la prime ou au rendement.

Art. L. 3242-3. Les salariés ne bénéficiant pas de la mensualisation sont payés au moins deux fois par mois, à seize jours au plus d'intervalle.

Art. L. 3242-4. Pour tout travail aux pièces dont l'exécution dure plus d'une quinzaine, les dates de paiement peuvent être fixées d'un commun accord. Toutefois, le salarié reçoit des acomptes chaque quinzaine et est intégralement payé dans la quinzaine qui suit la livraison de l'ouvrage.

Chapitre III

Bulletin de paie

Art. L. 3243-1. Les dispositions du présent chapitre s'appliquent à toutes les personnes salariées ou travaillant à quelque titre ou en quelque lieu que ce soit pour un ou plusieurs employeurs et quels que soient le montant et la nature de leurs rémunérations, la forme, ou la validité de leur contrat.

Art. L. 3243-2. Lors du paiement du salaire, l'employeur remet aux personnes mentionnées à l'article L. 3243-1 une pièce justificative dite bulletin de paie. Il ne peut exiger aucune formalité de signature ou d'émargement autre que celle établissant que la somme reçue correspond bien au montant net figurant sur ce bulletin.

(L. 2016-1088 du 8 août 2016, art. 54, JO 9, entrée en vigueur le 01.01.2017) «Sauf opposition du salarié, l'employeur peut procéder à la remise du bulletin de paie sous forme électronique, dans des conditions de nature à garantir l'intégrité, la disponibilité pendant une durée fixée par décret et la confidentialité des données ainsi que leur accessibilité dans le cadre du service associé au compte mentionné au 2° du II de l'article L. 5151-6. Un décret en Conseil d'État pris après avis de la Commission nationale de l'informatique et des libertés détermine les modalités de cette accessibilité afin de préserver la confidentialité des données.»

Les mentions devant figurer sur le bulletin ou y être annexées sont déterminées par décret en Conseil d'État.

Art. R. 3243-1. Le bulletin de paie prévu à l'article L. 3243-2 comporte :

1° Le nom et l'adresse de l'employeur ainsi que, le cas échéant, la désignation de l'établissement dont dépend le salarié ;

(D. 2016-190 du 25 févr. 2016, JO 26) « 2° Le numéro de la nomenclature d'activité mentionnée au 1° de l'article R. 123-223 du code de commerce caractérisant l'activité de l'établissement d'emploi ainsi que, pour les employeurs inscrits au répertoire national des entreprises et des établissements, le numéro d'inscription de l'employeur au répertoire national mentionné à l'article R. 123-220 du même code ; »

3° S'il y a lieu, l'intitulé de la convention collective de branche applicable au salarié ou, à défaut, la référence au code du travail pour les dispositions relatives à la durée des congés payés du salarié et à la durée des délais de préavis en cas de cessation de la relation de travail ;

4° Le nom et l'emploi du salarié ainsi que sa position dans la classification conventionnelle qui lui est applicable. La position du salarié est notamment définie par le niveau ou le coefficient hiérarchique qui lui est attribué ;

5° La période et le nombre d'heures de travail auxquels se rapporte le salaire en distinguant, s'il y a lieu, les heures payées au taux normal et celles qui comportent une majoration pour heures supplémentaires ou pour toute autre cause et en mentionnant le ou les taux appliqués aux heures correspondantes :

a) La nature et le volume du forfait auquel se rapporte le salaire des salariés dont la rémunération est déterminée sur la base d'un forfait hebdomadaire ou mensuel en heures, d'un forfait annuel en heures ou en jours ;

b) L'indication de la nature de la base de calcul du salaire lorsque, par exception, cette base de calcul n'est pas la durée du travail ;

6° La nature et le montant des accessoires de salaire soumis aux cotisations salariales et patronales ;

7° Le montant de la rémunération brute du salarié ;

(D. 2016-190 du 25 févr. 2016, JO 26) « 8° *a)* (D. 2017-858 du 9 mai 2017, art. 10, JO 10, entrée en vigueur le 01.01.2019) « Le montant et l'assiette » des cotisations et contributions d'origine légale et conventionnelle à la charge de l'employeur et du salarié avant déduction des exonérations et exemptions mentionnées (D. 2017-858 du 9 mai 2017, art. 10, JO 10, entrée en vigueur le 01.01.2019) « au 13° ainsi que, pour les cotisations et contributions d'origine légale et conventionnelle à la charge du salarié, leurs taux » ;

b) La nature et le montant des versements et retenues autres que celles mentionnées au a effectués sur la période, notamment au titre de la prise en charge des frais de transport public ou de frais de transports personnels ; »

(D. 2017-858 du 9 mai 2017, art. 10, JO 10, entrée en vigueur le 01.01.2019) « 9° L'assiette, le taux et le montant de la retenue à la source prévue au 1° du 2 de l'article 204 A du code général des impôts ainsi que la somme qui aurait été versée au salarié en l'absence de retenue à la source ; »

(D. 2017-858 du 9 mai 2017, art. 10, JO 10, entrée en vigueur le 01.01.2019) « 10° » Le montant de la somme effectivement reçue par le salarié ;

(D. 2017-858 du 9 mai 2017, art. 10, JO 10, entrée en vigueur le 01.01.2019) « 11° » La date de paiement de cette somme ;

(D. 2017-858 du 9 mai 2017, art. 10, JO 10, entrée en vigueur le 01.01.2019) « 12° » Les dates de congé et le montant de l'indemnité correspondante, lorsqu'une période de congé annuel est comprise dans la période de paie considérée ;

(D. 2016-190 du 25 févr. 2016, JO 26) « (D. 2017-858 du 9 mai 2017, art. 10, JO 10, entrée en vigueur le 01.01.2019) « 13° » Le montant total des exonérations et exemptions de cotisations et contributions sociales qui figurent dans l'annexe mentionnée au 5° du III de l'article LO 111-4 du code de la sécurité sociale, appliquées à la rémunération mentionnée au 7° ;

(D. 2017-858 du 9 mai 2017, art. 10, JO 10, entrée en vigueur le 01.01.2019) « 14° » Le montant total versé par l'employeur, c'est-à-dire la somme de la rémunération mentionnée au 7° et des cotisations et contributions à la charge de l'employeur mentionnées au a du 8°, déduction faite des exonérations et exemptions des mêmes cotisations et contributions mentionnées au (D. 2017-858 du 9 mai 2017, art. 10, JO 10, entrée en vigueur le 01.01.2019) « 13° » ;

(D. 2017-858 du 9 mai 2017, art. 10, JO 10, entrée en vigueur le 01.01.2019) « 15° » La mention de la rubrique dédiée au bulletin de paie sur le portail www.service-public.fr ; »

(D. 2020-325 du 25 mars 2020, JO 26) « 16° En cas d'activité partielle :

a) Le nombre d'heures indemnisées ;

b) Le taux appliqué pour le calcul de l'indemnité mentionnée à l'article R. 5122-18 ;

c) Les sommes versées au salarié au titre de la période considérée. »

Art. R. 3243-2. (D. 2016-190 du 25 févr. 2016, JO 26) Les informations mentionnées aux *a* du 8°, (D. 2017-858 du 9 mai 2017, art. 10, JO 10, entrée en vigueur le 01.01.2019) « 9°, 13° et 14° » de l'article R. 3243-1 sont libellées et ordonnées ainsi que, pour les éléments à la charge de l'employeur, regroupées conformément à un modèle défini par arrêté des ministres chargés de la sécurité sociale et du travail.

La contribution mentionnée à l'article L. 136-3 du code de la sécurité sociale et la contribution prévue à l'article 14 de l'ordonnance n° 96-50 du 24 janvier 1996 relative au remboursement de la dette sociale sont agrégées. Les contributions autres que les contributions sociales mentionnées au a du 8° sont également agrégées dans une seule rubrique, qui donne le montant total de cette contribution.

Art. R. 3243-4. Il est interdit de faire mention sur le bulletin de paie de l'exercice du droit de grève ou de l'activité de représentation des salariés.

La nature et le montant de la rémunération de l'activité de représentation figurent sur une fiche annexée au bulletin de paie qui a le même régime juridique que celui-ci et que l'employeur établit et fournit au salarié.

Art. R. 3243-5. Le bulletin de paie comporte en caractères apparents une mention incitant le salarié à le conserver sans limitation de durée.

Art. R. 3243-6. Par dérogation aux dispositions prévues à l'article R. 3243-1, le bulletin de paie des salariés liés par contrats conclus par une personne physique pour un service rendu à son domicile peut ne pas comporter les mentions suivantes :

1° La position du salarié dans la classification conventionnelle qui lui est applicable ;

2° Le montant de la rémunération brute du salarié ;

3° La nature et le montant des cotisations patronales de sécurité sociale assises sur cette rémunération brute.

Art. D. 3243-7. (D. 2016-1762 du 16 déc. 2016, JO 18, entrée en vigueur le 01.01.2017) Lorsqu'il décide de procéder à la remise du bulletin de paie sous forme électronique, l'employeur informe le salarié par tout moyen conférant date certaine, un mois avant la première émission du bulletin de paie sous forme électronique ou au moment de l'embauche, de son droit de s'opposer à l'émission du bulletin de paie sous forme électronique.

Le salarié peut faire part de son opposition à tout moment, préalablement ou postérieurement à la première émission d'un bulletin de paie sous forme électronique. Le salarié notifie son opposition à l'employeur par tout moyen lui conférant une date certaine.

La demande du salarié prend effet dans les meilleurs délais et au plus tard trois mois suivant la notification.

Art. D. 3243-8. (D. 2016-1762 du 16 déc. 2016, JO 18, entrée en vigueur le 01.01.2017) L'employeur arrête les conditions dans lesquelles il garantit la disponibilité pour le salarié du bulletin de paie émis sous forme électronique :

- soit pendant une durée de cinquante ans ;
- soit jusqu'à ce que le salarié ait atteint l'âge mentionné au dernier alinéa de l'article L. 1237-5, augmenté de six ans.

En cas de fermeture du service de mise à disposition du bulletin de paie en raison de la cessation d'activité du prestataire assurant la conservation des bulletins de paie émis sous forme électronique pour le compte de l'employeur, ou de la cessation d'activité de l'employeur lorsque celui-ci assure lui-même cette conservation, les utilisateurs sont informés au moins trois mois avant la date de fermeture du service pour leur permettre de récupérer les bulletins de paie stockés.

Les utilisateurs sont mis en mesure de récupérer à tout moment l'intégralité de leurs bulletins de paie émis sous forme électronique, sans manipulation complexe ou répétitive, et dans un format électronique structuré et couramment utilisé.

Art. R. 3243-9. (D. 2016-1762 du 16 déc. 2016, JO 18, entrée en vigueur le 01.01.2017) Le service en ligne associé au compte personnel d'activité, mentionné au 2° du II de l'article L. 5151-6, permet au titulaire du compte de consulter tous ses bulletins de paie émis sous forme électronique.

L'employeur ou le prestataire agissant pour son compte doit garantir l'accessibilité des bulletins de paie émis sous forme électronique par ce service en ligne.

Art. L. 3243-3. L'acceptation sans protestation ni réserve d'un bulletin de paie par le travailleur ne peut valoir de sa part renonciation au paiement de tout ou partie du salaire et des indemnités ou accessoires de salaire qui lui sont dus en application de la loi, du règlement, d'une convention ou d'un accord collectif de travail ou d'un contrat.

Cette acceptation ne peut valoir non plus compte arrêté et réglé au sens (L. 2008-561 du 17 juin 2008, JO 18) «de l'article» 1269 du code de procédure civile.

Art. L. 3243-4. L'employeur conserve un double des bulletins de paie des salariés (L. 2009-526 du 12 mai 2009, JO 13) «ou les bulletins de paie remis aux salariés sous forme électronique» pendant cinq ans.

Art. L. 3243-5. Il peut être dérogé à la conservation des bulletins de paie, pour tenir compte du recours à d'autres moyens, notamment informatiques, dans les conditions prévues au deuxième alinéa de l'article L. 8113-6.

Chapitre IV

Pourboires

Art. L. 3244-1. Dans tous les établissements commerciaux où existe la pratique du pourboire, toutes les perceptions faites “ pour le service ” par l'employeur sous forme de pourcentage obligatoirement ajouté aux notes des clients ou autrement, ainsi que toutes sommes remises volontairement par les clients pour le service entre les mains de l'employeur, ou centralisées par lui, sont intégralement versées au personnel en contact avec la clientèle et à qui celle-ci avait coutume de les remettre directement.

Art. R. 3244-1. L'employeur justifie de l'encaissement et de la remise aux salariés des pourboires.

Art. R. 3244-2. Les conventions collectives ou, à défaut, des décrets en Conseil d'État pris après consultation des organisations d'employeurs et de salariés intéressées, déterminent par profession ou par catégorie professionnelle, nationalement ou régionalement :

1° Les modes de justification à la charge de l'employeur ;

2° Les catégories de personnel qui prennent part à la répartition des pourboires ;

3° Les modalités de cette répartition.

Art. L. 3244-2. Les sommes mentionnées à l'article L. 3244-1 s'ajoutent au salaire fixe, sauf dans le cas où un salaire minimum a été garanti par l'employeur.

Chapitre V

Action en paiement et prescription

Art. L. 3245-1. (L. 2008-561 du 17 juin 2008, JO 18) L'action en paiement ou en répétition du salaire se prescrit par (L. 2013-504 du 14 juin 2013, art. 21, IV, JO 16) «trois ans à compter du jour où celui qui l'exerce a connu ou aurait dû connaître les faits lui permettant de l'exercer. La demande peut porter sur les sommes dues au titre des trois dernières années à compter de ce jour ou, lorsque le contrat de travail est rompu, sur les sommes dues au titre des trois années précédant la rupture du contrat.»

Chapitre V bis

Obligations et responsabilité financière du donneur d'ordre

Note Ce chapitre a été introduit par la loi 2014-790 du 10 juillet 2014, art. 5, JO 11.

Art. L. 3245-2. Le maître d'ouvrage ou le donneur d'ordre, informé par écrit par l'un des agents de contrôle mentionnés à l'article L. 8271-1-2 du non-paiement partiel ou total du salaire minimum légal ou conventionnel dû au salarié de son cocontractant, d'un sous-traitant direct ou indirect ou d'un cocontractant d'un sous-traitant, enjoint aussitôt, par écrit, à ce sous-traitant ou à ce cocontractant de faire cesser sans délai cette situation.

Le sous-traitant ou le cocontractant mentionné au premier alinéa du présent article informe, par écrit, le maître d'ouvrage ou le donneur d'ordre de la régularisation de la situation. Ce dernier en transmet une copie à l'agent de contrôle mentionné au même premier alinéa.

En l'absence de réponse écrite du sous-traitant ou du cocontractant dans un délai fixé par décret en Conseil d'État, le maître d'ouvrage ou le donneur d'ordre en informe aussitôt l'agent de contrôle.

Pour tout manquement à ses obligations d'injonction et d'information mentionnées aux premier et troisième alinéas, le maître d'ouvrage ou le donneur d'ordre est tenu solidairement avec l'employeur du salarié au paiement des rémunérations, indemnités et charges dues, dans des conditions fixées par décret en Conseil d'État.

Le présent article ne s'applique pas au particulier qui contracte avec une entreprise pour son usage personnel, celui de son conjoint, de son partenaire lié par un pacte civil de solidarité, de son concubin ou de ses ascendants ou descendants.

Art. R. 3245-1. (D. 2015-364 du 30 mars 2015, art. 11, JO 31, entrée en vigueur le 01.05.2015) À compter du jour de la réception de l'injonction mentionnée à l'article L. 3245-2, l'employeur informe dans un délai de sept jours le maître d'ouvrage ou le donneur d'ordre des mesures prises pour faire cesser la situation.

Le maître d'ouvrage ou le donneur d'ordre transmet aussitôt cette information à l'agent de contrôle auteur du signalement ou informe celui-ci, dès l'expiration du délai imparti, de l'absence de réponse.

Art. R. 3245-2. (D. 2015-364 du 30 mars 2015, art. 11, JO 31, entrée en vigueur le 01.05.2015) Le maître d'ouvrage ou le donneur d'ordre qui n'a pas enjoint l'employeur de faire cesser la situation ou qui n'a pas informé, au terme du délai prévu à l'article R. 3245-1, l'agent de contrôle auteur du signalement de l'absence de réponse de l'employeur est tenu solidairement avec celui-ci au paiement des rémunérations et indemnités dues à chaque salarié et des cotisations et contributions sociales y afférentes.

Art. R. 3245-3. (D. 2015-364 du 30 mars 2015, art. 11, JO 31, entrée en vigueur le 01.05.2015) L'agent de contrôle auteur du signalement informe par écrit les salariés concernés qu'à défaut de paiement de leurs rémunérations ils peuvent saisir le conseil de prud'hommes afin de recouvrer les sommes dues.

Art. R. 3245-4. (D. 2015-364 du 30 mars 2015, art. 11, JO 31, entrée en vigueur le 01.05.2015) Les injonctions et les informations mentionnées aux articles R. 3245-1 et R. 3245-2 sont effectuées par tout moyen permettant de leur conférer date certaine.

Chapitre VI (réglementaire)

Dispositions pénales

Art. R. 3246-1. Le fait de méconnaître les modalités de paiement du salaire prévues aux articles L. 3241-1, (D. 2009-289 du 13 mars 2009, JO 15) « L. 3242-1, alinéa 3, » L. 3242-3 et L. 3242-4, est puni de l'amende prévue pour les contraventions de la troisième classe.

Art. R. 3246-2. Le fait de méconnaître les dispositions relatives au bulletin de paie des articles (D. 2009-289 du 13 mars 2009, JO 15) « L. 3243-1, L. 3243-2 et L. 3243-4 » et des articles R. 3243-1 (D. 2016-1762 du 16 déc. 2016, JO 18, entrée en vigueur le 01.01.2017) « à D. 3243-8 », est puni de l'amende prévue pour les contraventions de la troisième classe.

Art. R. 3246-3. Le fait de méconnaître les dispositions relatives aux pourboires des articles L. 3244-1 et L. 3244-2 et celle des décrets en Conseil d'État prévus à l'article R. 3244-2, est puni de l'amende prévue pour les contraventions de la troisième classe.

Art. R. 3246-4. Le fait de méconnaître les dispositions légales relatives aux accessoires du salaire est puni de la peine d'amende prévue pour les contraventions de la quatrième classe.

L'amende est prononcée autant de fois qu'il y a de salariés intéressés.

TITRE V

PROTECTION DU SALAIRE

Chapitre Ier

Retenues

Art. L. 3251-1. L'employeur ne peut opérer une retenue de salaire pour compenser des sommes qui lui seraient dues par un salarié pour fournitures diverses, quelle qu'en soit la nature.

Art. L. 3251-2. Par dérogation aux dispositions de l'article L. 3251-1, une compensation entre le montant des salaires et les sommes qui seraient dues à l'employeur peut être opérée dans les cas de fournitures suivants:

1° Outils et instruments nécessaires au travail;
2° Matières ou matériaux dont le salarié a la charge et l'usage;
3° Sommes avancées pour l'acquisition de ces mêmes objets.

Art. L. 3251-3. En dehors des cas prévus au 3° de l'article L. 3251-2, l'employeur ne peut opérer de retenue de salaire pour les avances en espèces qu'il a faites, que s'il s'agit de retenues successives ne dépassant pas le dixième du montant des salaires exigibles.

La retenue opérée à ce titre ne se confond pas avec la partie saisissable ou cessible.

Les acomptes sur un travail en cours ne sont pas considérés comme des avances.

Art. L. 3251-4. Il est interdit à l'employeur, sous réserve des dispositions de (Ord. 2016-131 du 10 févr. 2016, art. 6, XIX, 1°, JO 11, entrée en vigueur le 01.10.2016) «l'article 1240» du code civil, d'imposer aux salariés des versements d'argent ou d'opérer des retenues d'argent sous la dénomination de frais ou sous toute autre dénomination pour quelque objet que ce soit, à l'occasion de l'exercice normal de leur travail dans les secteurs suivants:

1° Hôtels, cafés, restaurants et établissements similaires;
2° Entreprises de spectacle, cercles et casinos;
3° Entreprises de transport.

Chapitre II

Saisies et cessions

Art. L. 3252-1. Les dispositions du présent chapitre sont applicables aux sommes dues à titre de rémunération à toute personne salariée ou travaillant, à quelque titre ou en quelque lieu que ce soit, pour un ou plusieurs employeurs, quels que soient le montant et la nature de sa rémunération, la forme et la nature de son contrat.

Art. L. 3252-2. Sous réserve des dispositions relatives aux pensions alimentaires prévues à l'article L. 3252-5, les sommes dues à titre de rémunération ne sont saisissables ou cessibles que dans des proportions et selon des seuils de rémunération affectés d'un correctif pour toute personne à charge, déterminés par décret en Conseil d'État.

Ce décret précise les conditions dans lesquelles ces seuils et correctifs sont révisés en fonction de l'évolution des circonstances économiques.

Art. L. 3252-3. Pour la détermination de la fraction insaisissable, il est tenu compte du montant de la rémunération, de ses accessoires ainsi que de la valeur des avantages en nature, après déduction des cotisations et contributions sociales obligatoires (L. 2016-1917 du 29 déc. 2016, art. 60, I, E, 1°, JO 30) «et de la retenue à la source prévue à l'article 204 A du code général des impôts». (L. 2008-1249 du 1er déc. 2008, art. 18, JO 3) «Il est en outre tenu compte d'une fraction insaisissable égale au montant forfaitaire mentionné (L. 2015-994 du 17 août 2015, art. 59, V, JO 18, entrée en vigueur le 01.01.2016) «à» l'article L. 262-2 du code de l'action sociale et des familles (Ord. 2011-1895 du 19 déc. 2011, art. 3, JO 20, entrée en vigueur le 01.06.2012) «applicable à un foyer composé d'une seule personne».»

Il n'est pas tenu compte des indemnités insaisissables, des sommes allouées à titre de remboursement de frais exposés par le travailleur et des allocations ou indemnités pour charges de famille.

Art. L. 3252-4. Lorsqu'un débiteur perçoit de plusieurs payeurs des sommes saisissables ou cessibles dans les conditions prévues par le présent chapitre, la fraction saisissable est calculée sur l'ensemble de ces sommes.

Les retenues sont opérées selon les modalités déterminées par (L. 2011-1862 du 13 déc. 2011, art. 3, JO 14, entrée en vigueur le 01.01.2013) «décret en Conseil d'État».

Art. L. 3252-5. Le prélèvement direct du terme mensuel courant et des six derniers mois impayés des pensions alimentaires (L. 2015-1702 du 21 déc. 2015, art. 44, III, JO 22, entrée en vigueur le 01.04.2016) «ou des vingt-quatre derniers mois lorsque l'organisme débiteur des prestations familiales agit pour le compte du créancier» peut être poursuivi sur l'intégralité de la rémunération. Il est d'abord imputé sur la fraction insaisissable et, s'il y a lieu, sur la fraction saisissable.

Toutefois, une somme est, dans tous les cas, laissée à la disposition du salarié dans des conditions déterminées par décret en Conseil d'État.

Art. L. 3252-7. Les rémunérations ne peuvent faire l'objet d'une saisie conservatoire.

Art. L. 3252-8. En cas de pluralité de saisies, les créanciers viennent en concours sous réserve des causes légitimes de préférence.

(L. 2011-1862 du 13 déc. 2011, art. 3, JO 14, entrée en vigueur le 01.01.2013) «Toutefois, les créances résiduelles les plus faibles, prises dans l'ordre croissant de leur montant, sans que celles-ci puissent excéder un montant fixé par décret, sont payées prioritairement dans les conditions fixées par ce décret.»

Art. L. 3252-9. Le tiers saisi fait connaître:

1° La situation de droit existant entre lui-même et le débiteur saisi;

2° Les cessions, saisies, (L. 2017-1775 du 28 déc. 2017, art. 73, XII, JO 29, entrée en vigueur au plus tard le 01.01.2019) «saisies administratives à tiers détenteur» ou paiement direct de créances d'aliments en cours d'exécution.

Le tiers employeur saisi qui s'abstient sans motif légitime de faire cette déclaration ou fait une déclaration mensongère peut être condamné par le juge au paiement d'une amende civile sans préjudice d'une condamnation à des dommages et intérêts et de l'application des dispositions du deuxième alinéa de l'article L. 3252-10.

Art. L. 3252-10. Le tiers saisi verse mensuellement les retenues pour lesquelles la saisie est opérée dans les limites des sommes disponibles.

(L. 2011-1862 du 13 déc. 2011, art. 3, JO 14, entrée en vigueur le 01.01.2013) «À défaut, le juge, même d'office, le déclare débiteur des retenues qui auraient dû être opérées. Il peut, pour déterminer le montant de ces retenues, s'adresser aux organismes fiscaux et sociaux dans les conditions prévues à l'article 39 de la loi n° 91-650 du 9 juillet 1991 portant réforme des procédures civiles d'exécution pour obtenir les informations relatives au montant de la rémunération perçue par le débiteur ainsi que sur la composition de sa famille.»

Le recours du tiers saisi contre le débiteur ne peut être exercé qu'après mainlevée de la saisie.

Art. L. 3252-11. Les parties peuvent se faire représenter par:

1° Un avocat;

2° Un officier ministériel du ressort, lequel est dispensé de produire une procuration;

3° Un mandataire de leur choix muni d'une procuration.

Si ce mandataire représente le créancier saisissant, sa procuration doit être spéciale à l'affaire pour laquelle il représente son mandant.

Art. L. 3252-12. En cas de saisie portant sur une rémunération sur laquelle une cession a été antérieurement consentie et régulièrement notifiée, le cessionnaire est de droit réputé saisissant pour les sommes qui lui restent dues, tant qu'il est en concours avec d'autres créanciers saisissants.

Art. L. 3252-13. Le juge peut décider, à la demande du débiteur ou du créancier et en considération de la quotité saisissable de la rémunération, du montant de la créance et du taux des intérêts dus, que la créance cause de la saisie produira intérêt à un taux réduit à compter de l'autorisation de saisie ou que les sommes retenues sur la rémunération s'imputeront d'abord sur le capital.

Les majorations de retard prévues par l'article 3 de la loi n° 75-619 du 11 juillet 1975 relative au taux de l'intérêt légal cessent de s'appliquer aux sommes retenues à compter du jour de leur prélèvement sur la rémunération.

SECTION 1 (RÉGLEMENTAIRE). Dispositions communes

Art. R. 3252-1. Le créancier muni d'un titre exécutoire constatant une créance liquide et exigible peut faire procéder à la saisie des sommes dues à titre de rémunération par un employeur à son débiteur.

Art. R. 3252-2. (D. 2017-1854 du 29 déc. 2017, JO 31, entrée en vigueur le 01.01.2018) La proportion dans laquelle les sommes dues à titre de rémunération sont saisissables ou cessibles, en application de l'article L. 3252-2, est fixée comme suit :

1° Le vingtième, sur la tranche inférieure ou égale à (D. 2019-1509 du 30 déc. 2019, JO 31, entrée en vigueur le 01.01.2020) « 3 870 € » ;

2° Le dixième, sur la tranche supérieure à (D. 2019-1509 du 30 déc. 2019, JO 31, entrée en vigueur le 01.01.2020) « 3 870 € » et inférieure ou égale à (D. 2019-1509 du 30 déc. 2019, JO 31, entrée en vigueur le 01.01.2020) « 7 550 € » ;

3° Le cinquième, sur la tranche supérieure à (D. 2019-1509 du 30 déc. 2019, JO 31, entrée en vigueur le 01.01.2020) « 7 550 € » et inférieure ou égale à (D. 2019-1509 du 30 déc. 2019, JO 31, entrée en vigueur le 01.01.2020) « 11 250 € » ;

4° Le quart, sur la tranche supérieure à (D. 2019-1509 du 30 déc. 2019, JO 31, entrée en vigueur le 01.01.2020) « 11 250 € » et inférieure ou égale à (D. 2019-1509 du 30 déc. 2019, JO 31, entrée en vigueur le 01.01.2020) « 14 930 € » ;

5° Le tiers, sur la tranche supérieure à (D. 2019-1509 du 30 déc. 2019, JO 31, entrée en vigueur le 01.01.2020) « 14 930 € » et inférieure ou égale à (D. 2019-1509 du 30 déc. 2019, JO 31, entrée en vigueur le 01.01.2020) « 18 610 € » ;

6° Les deux tiers, sur la tranche supérieure à (D. 2019-1509 du 30 déc. 2019, JO 31, entrée en vigueur le 01.01.2020) « 18 610 € » et inférieure ou égale à (D. 2019-1509 du 30 déc. 2019, JO 31, entrée en vigueur le 01.01.2020) « 22 360 € » ;

7° La totalité, sur la tranche supérieure à (D. 2019-1509 du 30 déc. 2019, JO 31, entrée en vigueur le 01.01.2020) « 22 360 € ».

Art. R. 3252-3. Les seuils déterminés à l'article R. 3252-2 sont augmentés d'un montant de (D. 2019-1509 du 30 déc. 2019, JO 31, entrée en vigueur le 01.01.2020) « 1 490 € » par personne à la charge du débiteur saisi ou du cédant, sur justification présentée par l'intéressé.

Pour l'application du premier alinéa, sont considérés comme personnes à charge :

1° Le conjoint, le partenaire lié par un pacte civil de solidarité ou le concubin du débiteur, dont les ressources personnelles sont inférieures au montant (D. 2009-716 du 18 juin 2009, JO 19) « forfaitaire du revenu de solidarité active mentionné (D. 2015-1709 du 21 déc. 2015, art. 3, IX, JO 22, entrée en vigueur le 01.01.2016) « à » l'article L. 262-2 du code de l'action sociale et des familles, fixé pour un foyer composé d'une seule personne » tel qu'il est fixé chaque année par décret ;

2° L'enfant ouvrant droit aux prestations familiales en application des articles L. 512-3 et L. 512-4 du code de la sécurité sociale et se trouvant à la charge effective et permanente du débiteur au sens de l'article L. 513-1 du même code. Est également considéré comme étant à charge l'enfant à qui ou pour l'entretien duquel le débiteur verse une pension alimentaire ;

3° L'ascendant dont les ressources personnelles sont inférieures au montant (D. 2009-716 du 18 juin 2009, JO 19) « forfaitaire du revenu de solidarité active mentionné (D. 2015-1709 du 21 déc. 2015, art. 3, IX, JO 22, entrée en vigueur le 01.01.2016) « à » l'article L. 262-2 du code de l'action sociale et des familles, fixé pour un foyer composé d'une seule personne » et qui habite avec le débiteur ou auquel le débiteur verse une pension alimentaire.

Art. R. 3252-4. Les seuils et correctifs prévus (D. 2017-892 du 6 mai 2017, art. 47, JO 10) « aux articles R 3252-2 et R 3252-3 » sont révisés annuellement par décret en fonction de l'évolution de l'indice des prix à la consommation, hors tabac, des ménages urbains dont le chef est ouvrier ou employé tel qu'il est fixé au mois d'août de l'année précédente dans la série France-entière. Ils sont arrondis à la dizaine d'euros supérieure.

Art. R. 3252-5. La somme laissée dans tous les cas à la disposition du salarié dont la rémunération fait l'objet d'une saisie ou d'une cession, en application du second alinéa de l'article L. 3252-5, est égale au montant (D. 2009-716 du 18 juin 2009, JO 19) « forfaitaire mentionné (D. 2015-1709 du 21 déc. 2015, art. 3, IX, JO 22, entrée en vigueur le 01.01.2016) « à » l'article L. 262-2 du code de l'action sociale et des familles fixé pour un foyer composé d'une seule personne ».

Art. R. 3252-6. Sauf disposition contraire, les notifications et convocations faites en application du présent chapitre sont adressées par lettre recommandée avec avis de réception.

(D. 2013-109 du 30 janv. 2013, JO 1er févr.) « Ces notifications sont régulièrement faites à l'adresse préalablement indiquée par le ou les créanciers. En cas de retour au greffe de l'avis de réception non signé, la date de notification à l'égard du destinataire est celle de la présentation et la notification est réputée faite à domicile ou à résidence. »

Art. R. 3252-7. Le (D. 2019-913 du 30 août 2019, art. 25, II, 2°, JO 1er sept., entrée en vigueur le 01.01.2020) « juge de l'exécution » compétent pour connaître de la saisie des sommes dues à titre de rémunération est celui du domicile du débiteur.

Si celui-ci réside à l'étranger ou n'a pas de domicile connu, la procédure est portée devant le (D. 2019-913 du 30 août 2019, art. 25, II, 2°, JO 1er sept., entrée en vigueur le 01.01.2020) « juge de l'exécution » du lieu où demeure le tiers saisi.

(D. 2012-783 du 30 mai 2012, JO 31) « Ces règles de compétence sont d'ordre public. »

Art. R. 3252-8. Les contestations auxquelles donne lieu la saisie sont formées, instruites et jugées selon les règles de la (D. 2019-1333 du 11 déc. 2019, art. 36, JO 12, entrée en vigueur le 01.01.2020) « procédure orale ordinaire devant le » (D. 2019-966 du 18 sept. 2019, art. 8, JO 19, entrée en vigueur le 01.01.2020) « tribunal judiciaire ».

Art. R. 3252-9. Il est tenu au greffe de chaque (D. 2019-966 du 18 sept. 2019, art. 8, JO 19, entrée en vigueur le 01.01.2020) « tribunal judiciaire » des fiches individuelles sur lesquelles sont mentionnés tous les actes d'une nature quelconque, décisions et formalités auxquels donne lieu l'exécution des dispositions du présent chapitre.

Les fiches peuvent être tenues sur support électronique. Le système de traitement des informations en garantit l'intégrité et la confidentialité et permet d'en assurer la conservation.

Art. R. 3252-10. Le régisseur installé auprès du greffe du (D. 2019-913 du 30 août 2019, art. 25, II, 3°, JO 1er sept., entrée en vigueur le 01.01.2020) « tribunal judiciaire ou, le cas échéant, de l'une de ses chambres de proximité » verse les sommes dont il est comptable au préposé de la Caisse des dépôts et consignations le plus rapproché du siège du tribunal auprès duquel le greffe est installé, qui lui ouvre un compte spécial.

Il opère ses retraits pour les besoins des répartitions, sur leur simple quittance, en justifiant de l'autorisation du (D. 2016-1359 du 11 oct. 2016, art. 5, XII, JO 13) « directeur de greffe ».

SECTION 2 (RÉGLEMENTAIRE). Saisie des sommes dues à titre de rémunération

Sous-section 1. Conciliation

Art. R. 3252-12. La procédure de saisie des sommes dues à titre de rémunération est précédée, à peine de nullité, d'une tentative de conciliation, en chambre du conseil.

Art. R. 3252-13. La demande est formée par requête remise ou adressée au greffe par le créancier.

Outre les mentions prescrites par l'article (D. 2019-1333 du 11 déc. 2019, art. 36, JO 12, entrée en vigueur le 01.01.2020) « 57 » du code de procédure civile, la requête contient, à peine de nullité :

1° Les nom et adresse de l'employeur du débiteur ;

2° Le décompte distinct des sommes réclamées en principal, frais et intérêts échus ainsi que l'indication du taux des intérêts ;

3° Les indications relatives aux modalités de versement des sommes saisies.

Une copie du titre exécutoire est jointe à la requête.

Art. R. 3252-14. Le greffier avise le demandeur des lieu, jour et heure de la tentative de conciliation par tout moyen.

Art. R. 3252-15. Le greffier convoque le débiteur à l'audience.

La convocation :

1° Mentionne les nom, prénom et adresse du créancier ou, s'il s'agit d'une personne morale, sa dénomination et son siège social ;

2° Indique les lieu, jour et heure de la tentative de conciliation ;

3° Contient l'objet de la demande et l'état des sommes réclamées, avec le décompte distinct du principal, des frais et des intérêts échus ;

4° Indique au débiteur qu'il doit élever lors de cette audience toutes les contestations qu'il peut faire valoir et qu'une contestation tardive ne suspendrait pas le cours des opérations de saisie ;

5° Reproduit les dispositions de l'article L. 3252-11 relatives à la représentation des parties.

Art. R. 3252-16. Le créancier et le débiteur sont (D. 2013-109 du 30 janv. 2013, JO 1er févr.) « convoqués » quinze jours au moins avant la date de l'audience.

Art. R. 3252-17. Le jour de l'audience, le juge tente de concilier les parties.

Art. R. 3252-18. Si le débiteur manque aux engagements pris à l'audience, le créancier peut demander au greffe de procéder à la saisie sans nouvelle conciliation. Le créancier joint un décompte des sommes perçues en exécution de la conciliation.

Art. R. 3252-19. Si le créancier ne comparaît pas, il est fait application des dispositions de l'article 468 du code de procédure civile.

Si le débiteur ne comparaît pas, il est procédé à la saisie, à moins que le juge n'estime nécessaire une nouvelle convocation.

Si les parties ne se sont pas conciliées, il est procédé à la saisie après que le juge a vérifié le montant de la créance en principal, intérêts et frais et, s'il y a lieu, tranché les contestations soulevées par le débiteur.

Sous-section 2. **Opérations de saisie**

Art. R. 3252-20. Le (D. 2016-1359 du 11 oct. 2016, art. 5, XII, JO 13) « directeur de greffe » veille au bon déroulement des opérations de saisie.

Art. R. 3252-21. Au vu du procès-verbal de non-conciliation, le greffier procède à la saisie dans les huit jours.

Si l'audience de conciliation a donné lieu à un jugement, le greffier procède à la saisie dans les huit jours suivant la notification du jugement s'il est exécutoire et, à défaut, suivant l'expiration des délais de recours contre ce jugement.

Art. R. 3252-22. L'acte de saisie établi par le greffe contient :

1° Les nom, prénoms et domicile du débiteur et du créancier ou, s'il s'agit d'une personne morale, sa dénomination et son siège social ;

2° Le décompte distinct des sommes pour lesquelles la saisie est pratiquée, en principal, frais et intérêts échus ainsi que l'indication du taux des intérêts ;

3° Le mode de calcul de la fraction saisissable et les modalités de son règlement ;

4° L'injonction d'effectuer au greffe, dans un délai de quinze jours, la déclaration prévue par l'article L. 3252-9 ;

5° La reproduction des articles L. 3252-9 et L. 3252-10.

Art. R. 3252-23. L'acte de saisie est notifié à l'employeur.

Il en est donné copie au débiteur saisi par lettre simple avec l'indication qu'en cas de changement d'employeur, la saisie sera poursuivie entre les mains du nouvel employeur.

Art. R. 3252-24. L'employeur fournit au greffe, dans les quinze jours au plus tard à compter de la notification de l'acte de saisie, les renseignements mentionnés dans l'article L. 3252-9.

Cette déclaration peut être consultée au greffe par le créancier, le débiteur ou leur mandataire. À leur demande, le greffier en délivre une copie.

Art. R. 3252-25. L'amende civile prévue par l'article L. 3252-9 ne peut excéder (D. 2017-892 du 6 mai 2017, art. 67, JO 10) « 10 000 » €.

Art. R. 3252-26. L'employeur informe le greffe, dans les huit jours, de tout événement qui suspend la saisie ou y met fin.

Sous-section 3. **Effets de la saisie**

Art. R. 3252-27. L'employeur adresse tous les mois au greffe une somme égale à la fraction saisissable du salaire.

Lorsqu'il n'existe qu'un seul créancier saisissant, le versement est réalisé au moyen d'un chèque libellé conformément aux indications données par celui-ci. Le greffier l'adresse dès sa réception, et après mention au dossier, au créancier ou à son mandataire. L'employeur peut également procéder par virement, établi, conformément aux indications données par le créancier. Dans ce cas, il lui incombe de justifier auprès du greffe de la date et du montant du virement.

S'il existe plusieurs créanciers saisissants, le versement est fait par chèque ou par virement établi à l'ordre du régisseur installé auprès du greffe du (D. 2019-913 du 30 août 2019, art. 2, 5°, JO 1er sept., entrée en vigueur le 01.01.2020) « tribunal judiciaire ou le cas échéant, de l'une de ses chambres de proximité ».

Art. R. 3252-28. Si l'employeur omet d'effectuer les versements en exécution d'une saisie, le juge rend à son encontre une ordonnance le déclarant personnellement débiteur conformément à l'article L. 3252-10. L'ordonnance est notifiée à l'employeur. Le greffier informe le créancier et le débiteur.

À défaut d'opposition dans les quinze jours de la notification, l'ordonnance devient exécutoire. L'exécution en est poursuivie à la requête de la partie la plus diligente.

Art. R. 3252-29. La mainlevée de la saisie résulte soit d'un accord des créanciers, soit de la constatation par le juge de l'extinction de la dette.

Elle est notifiée à l'employeur dans les huit jours.

Sous-section 4. **Pluralité de saisies**

Art. R. 3252-30. Le créancier muni d'un titre exécutoire peut, sans tentative de conciliation préalable, intervenir à une procédure de saisie des sommes dues à titre de rémunération en cours, afin de participer à la répartition des sommes saisies.

Cette intervention est formée par requête remise contre récépissé ou adressée au greffe.

La requête contient les mentions prescrites par l'article R. 3252-13.

Art. R. 3252-31. (D. 2013-109 du 30 janv. 2013, JO 1er févr.) « Après que le juge a vérifié le montant, en principal, intérêts et frais, de la créance nouvelle faisant l'objet d'une intervention à une saisie en cours, le greffier avise le débiteur et les créanciers qui sont parties à la procédure de cette intervention. »

Lors de la première intervention, le greffier informe l'employeur que les versements sont désormais effectués à l'ordre du régisseur installé auprès du greffe du (D. 2019-913 du 30 août 2019, art. 2, 5°, JO 1er sept., entrée en vigueur le 01.01.2020) « tribunal judiciaire ou le cas échéant, de l'une de ses chambres de proximité ».

Art. R. 3252-32. L'intervention d'un nouveau créancier peut être contestée à tout moment de la procédure de saisie.

Le débiteur peut encore, la saisie terminée, agir en répétition à ses frais contre l'intervenant qui aurait été indûment payé.

Art. R. 3252-33. Un créancier partie à la procédure peut, par voie d'intervention, réclamer les intérêts échus et les frais et dépens liquidés ou vérifiés depuis la saisie.

Sous-section 5. **Répartition**

Art. R. 3252-34. La répartition des sommes versées, en cas de saisie de sommes dues à titre de rémunération, au régisseur installé auprès du greffe du (D. 2019-913 du 30 août 2019, art. 2, 5°, JO 1er sept., entrée en vigueur le 01.01.2020) « tribunal judiciaire ou le cas échéant, de l'une de ses chambres de proximité » est opérée au moins tous les six mois, à moins que dans l'intervalle les sommes atteignent un montant suffisant pour désintéresser les créanciers.

Art. D. 3252-34-1. (D. 2012-1401 du 13 déc. 2012, JO 15, entrée en vigueur le 01.01.2013) Le montant maximal des créances résiduelles payées prioritairement en application du second alinéa de l'article L. 3252-8 est fixé à 500 €.

Art. R. 3252-35. Le greffier notifie à chaque créancier l'état de répartition.

Si une intervention a été contestée, les sommes revenant au créancier intervenant sont consignées. Elles lui sont remises si la contestation est rejetée. Dans le cas contraire, ces sommes sont distribuées aux créanciers ou restituées au débiteur selon le cas.

Art. R. 3252-36. L'état de répartition peut être contesté dans le délai de quinze jours de sa notification.

À défaut de contestation formée dans ce délai, le greffier envoie à chaque créancier un chèque du montant des sommes qui lui reviennent. En cas de contestation de l'état de répartition, il est procédé au versement des sommes dues aux créanciers après que le juge a statué sur la contestation.

Sous-section 6. **Incidents**

Art. R. 3252-37. La notification à l'employeur (D. 2018-970 du 8 nov. 2018, art. 6, 1°, JO 10, entrée en vigueur le 01.01.2019) « d'une saisie administrative à tiers détenteur relative à une créance garantie par le privilège du Trésor public » conforme (D. 2018-970 du 8 nov. 2018, art. 6, 1°, JO 10, entrée en vigueur le 01.01.2019) « à l'article L. 262 » du livre des procédures fiscales suspend le cours de la saisie jusqu'à l'extinction de l'obligation du redevable, sous réserve des procédures de paiement direct engagées pour le recouvrement des pensions alimentaires.

L'employeur informe le comptable public de la saisie en cours. Le comptable indique au greffe du tribunal la date de (D. 2018-970 du 8 nov. 2018, art. 6, 1°, JO 10, entrée en vigueur le 01.01.2019) « la saisie administrative à tiers détenteur relative à une créance garantie par le privilège du Trésor public » et celle de sa notification au redevable. (D. 2013-109 du 30 janv. 2013, JO 1er févr.) « Le greffier avise les créanciers de la suspension de la saisie. »

Après extinction de la dette du redevable, le comptable en informe le greffe qui avise les créanciers de la reprise des opérations de saisie.

Art. R. 3252-38. (D. 2010-433 du 29 avril 2010, JO 2 mai) En cas de notification à l'employeur d'une (D. 2018-970 du 8 nov. 2018, art. 6, 2°, JO 10, entrée en vigueur le 01.01.2019) « saisie administrative » à tiers détenteur (D. 2018-970 du 8 nov. 2018, art. 6, 2°, JO 10, entrée en vigueur le 01.01.2019) « relative à une créance non garantie par le privilège du Trésor public », conformément à l'article (D. 2018-970 du 8 nov. 2018, art. 6, 2°, JO 10, entrée en vigueur le 01.01.2019) « L. 262 » du livre des procédures fiscales, l'employeur informe le comptable public de la saisie en cours.

Le comptable adresse au greffe du tribunal une copie de (D. 2018-970 du 8 nov. 2018, art. 6, 2°, JO 10, entrée en vigueur le 01.01.2019) « la saisie administrative à tiers détenteur relative à une créance non garantie par le privilège du Trésor public » et lui indique la date de sa notification au redevable. Le greffier en avise les créanciers qui sont déjà parties à la procédure.

La répartition est effectuée par le greffe conformément aux articles R. 3252-34 à R. 3252-36. À cet effet, (D. 2018-970 du 8 nov. 2018, art. 6, 2°, JO 10, entrée en vigueur le 01.01.2019) « la saisie administrative à tiers détenteur relative à une créance non garantie par le privilège du Trésor public est assimilée » à une intervention.

Le cas échéant, le greffe avise l'employeur que les versements sont désormais effectués à l'ordre du régisseur installé auprès du greffe du (D. 2019-913 du 30 août 2019, art. 2, 5°, JO 1er sept., entrée en vigueur le 01.01.2020) « tribunal judiciaire ou le cas échéant, de l'une de ses chambres de proximité ». Le comptable public informe le greffe de toute extinction, de toute suspension et de toute reprise des effets de (D. 2018-970 du 8 nov. 2018, art. 6, 2°, JO 10, entrée en vigueur le 01.01.2019) « la saisie administrative à tiers détenteur relative à une créance non garantie par le privilège du Trésor public ».

Art. R. 3252-39. En cas de notification d'une demande de paiement direct d'une créance alimentaire, l'employeur verse au débiteur la fraction de la rémunération prévue à l'article L. 3252-5. Il verse au créancier d'aliments les sommes qui lui sont dues. Si ces sommes n'excèdent pas la fraction insaisissable de la rémunération, l'employeur en remet le reliquat au débiteur.

L'employeur continue de verser au greffe la fraction saisissable de la rémunération, après imputation, le cas échéant, des sommes versées au créancier d'aliments.

Art. R. 3252-40. Lorsque le débiteur perçoit plusieurs rémunérations, le (D. 2013-109 du 30 janv. 2013, JO 1er févr.) « greffier » détermine les employeurs chargés d'opérer les retenues.

Si l'un d'eux est en mesure de verser la totalité de la fraction saisissable, la saisie peut être pratiquée entre ses mains.

Art. R. 3252-41. Si le créancier transfère son domicile, il en avise le greffe, à moins qu'il n'ait comparu par mandataire.

Art. R. 3252-42. Lorsque, sans changer d'employeur, le débiteur transfère son domicile hors du ressort du tribunal saisi de la procédure, celle-ci est poursuivie devant ce même tribunal. Les dossiers des saisies susceptibles d'être ensuite pratiquées contre le débiteur lui sont transmis. Le greffier avise les créanciers.

Art. R. 3252-43. Lorsque le lien de droit entre le débiteur et l'employeur prend fin, les fonds détenus par le régisseur sont répartis.

Art. R. 3252-44. En cas de changement d'employeur, la saisie peut être poursuivie par le nouvel employeur, sans conciliation préalable, si la demande est faite dans l'année qui suit l'avis donné par l'ancien employeur. À défaut, la saisie prend fin et les fonds sont répartis.

Si, en outre, le débiteur a transféré le lieu où il demeure dans le ressort d'un autre (D. 2019-966 du 18 sept. 2019, art. 8, JO 19, entrée en vigueur le 01.01.2020) « tribunal judiciaire », le créancier est également dispensé de conciliation préalable à la condition que la demande de saisie soit faite au (D. 2019-913 du 30 août 2019, art. 25, II, 5°, JO 1er sept., entrée en vigueur le 01.01.2020) « greffe du juge de l'exécution de ce tribunal » dans le délai prévu au premier alinéa.

SECTION 3 (RÉGLEMENTAIRE). Cession des sommes dues à titre de rémunération

Art. R. 3252-45. La cession des sommes dues à titre de rémunération s'opère par une déclaration du cédant en personne au greffe du tribunal du lieu où il demeure.

Une copie de la déclaration est remise ou notifiée au cessionnaire.

Art. R. 3252-46. À la demande du cessionnaire le greffier notifie la cession à l'employeur.

Cette notification rend la cession opposable aux tiers. Elle est dénoncée au débiteur.

La cession qui n'est pas notifiée dans le délai d'un an est périmée.

Art. R. 3252-47. À compter de la notification de la cession, l'employeur verse directement au cessionnaire le montant des sommes cédées dans la limite de la fraction saisissable.

Art. R. 3252-48. En cas de saisie d'une somme due à titre de rémunération faisant l'objet d'une cession préalable, le greffier notifie l'acte de saisie au cessionnaire, l'informe qu'en application de l'article L. 3252-12 il vient en concours avec le saisissant pour la répartition des sommes saisies et l'invite à produire un relevé du montant de ce qui lui reste dû.

Le greffier informe l'employeur que les versements sont désormais effectués à l'ordre du régisseur.

Art. R. 3252-49. Si la saisie prend fin avant la cession, le cessionnaire retrouve les droits qu'il tenait de l'acte de cession.

Le greffier en avise l'employeur et l'informe que les sommes cédées sont à nouveau versées directement au cessionnaire. Il en avise également ce dernier.

Chapitre III

Privilèges et assurance

SECTION 1. Dispositions générales

Art. L. 3253-1. Les créances résultant du contrat de travail sont garanties dans les conditions prévues au 4° de l'article 2331 et au 2° de l'article 2375 du code civil, relatifs aux privilèges sur les biens mobiliers et immobiliers du débiteur.

En outre, en cas de sauvegarde, de redressement ou de liquidation judiciaire, elles sont garanties, conformément aux articles L. 625-7 et L. 625-8 du code de commerce, dans les conditions prévues aux articles L. 3253-2 à L. 3253-21.

SECTION 2. Privilèges et assurance en cas de procédure de sauvegarde, de redressement ou de liquidation judiciaire

Sous-section 1. Privilèges

Art. L. 3253-2. Lorsqu'une procédure de sauvegarde, de redressement ou de liquidation judiciaire est ouverte, les rémunérations de toute nature dues aux salariés pour les soixante derniers jours de travail sont, déduction faite des acomptes déjà perçus, payées, nonobstant l'existence de toute autre créance privilégiée, jusqu'à concurrence d'un plafond mensuel identique pour toutes les catégories de bénéficiaires.

Ce plafond est fixé par voie réglementaire sans pouvoir être inférieur à deux fois le plafond retenu pour le calcul des cotisations de sécurité sociale.

Art. D. 3253-1. Le plafond mensuel prévu à l'article L. 3253-2 est fixé à deux fois le plafond retenu, par mois, pour le calcul des cotisations de sécurité sociale.

Art. L. 3253-3. Les rémunérations prévues au premier alinéa de l'article L. 3253-2 comprennent :

1° Les salaires, appointements ou commissions proprement dites ;

2° Les accessoires et notamment l'indemnité compensatrice prévue à l'article L. 1226-14, l'indemnité compensatrice de préavis prévue à l'article L. 1234-5, l'indemnité de fin de contrat prévue à l'article L. 1243-8 et l'indemnité de fin de mission prévue à l'article L. 1251-32.

Art. L. 3253-4. Les indemnités de congés payés sont, nonobstant l'existence de toute créance privilégiée, payées jusqu'à concurrence d'un plafond identique à celui établi pour une période de trente jours de rémunération par l'article L. 3253-1.

Art. L. 3253-5. Les sommes dues aux façonniers par leurs donneurs d'ordres sont payées, lorsque ces derniers font l'objet d'une procédure de sauvegarde, de redressement ou de liquidation judiciaire, nonobstant l'existence de toute autre créance privilégiée à l'exception de celles garanties par l'article L. 3253-2, à due concurrence du montant total des rémunérations de toute nature dues aux salariés de ces façonniers, au titre des soixante derniers jours de travail ou d'apprentissage précédant l'ouverture de la procédure.

Sous-section 2. Assurance contre le risque de non-paiement

§ 1. Principes

Art. L. 3253-6. Tout employeur de droit privé assure ses salariés, y compris ceux détachés à l'étranger ou expatriés mentionnés à l'article L. 5422-13, contre le risque de non-paiement des sommes qui leur sont dues en exécution du contrat de travail, en cas de procédure de sauvegarde, de redressement ou de liquidation judiciaire.

Art. L. 3253-7. Le droit du salarié est garanti indépendamment de l'observation par l'employeur tant des prescriptions de la présente section que des obligations dont il est tenu à l'égard des institutions prévues à l'article L. 3253-14.

§ 2. Créances couvertes par l'assurance

Art. L. 3253-8. L'assurance mentionnée à l'article L. 3253-6 couvre :

1° Les sommes dues aux salariés à la date du jugement d'ouverture de toute procédure de redressement ou de liquidation judiciaire, ainsi que les contributions dues par l'employeur dans le cadre (L. 2011-893 du 28 juil. 2011, art. 44, JO 29) « du contrat de sécurisation professionnelle » ;

2° Les créances résultant de la rupture des contrats de travail intervenant :

a) Pendant la période d'observation ;

b) Dans le mois suivant le jugement qui arrête le plan de sauvegarde, de redressement ou de cession ;

c) Dans les quinze jours (L. 2013-504 du 14 juin 2013, art. 18, XXI, JO 16) « , ou vingt et un jours lorsqu'un plan de sauvegarde de l'emploi est élaboré, » suivant le jugement de liquidation ;

d) Pendant le maintien provisoire de l'activité autorisé par le jugement de liquidation judiciaire (Ord. 2008-1345 du 18 déc. 2008, art. 167, JO 19, entrée en vigueur le 15.02.2009) « et dans les quinze jours (L. 2013-504 du 14 juin 2013, art. 18, XXI, JO 16) « , ou vingt et un jours lorsqu'un plan de sauvegarde de l'emploi est élaboré, » suivant la fin de ce maintien de l'activité » ;

3° Les créances résultant de la rupture du contrat de travail des salariés auxquels a été (L. 2011-893 du 28 juil. 2011, art. 44, JO 29) « proposé le contrat de sécurisation professionnelle », sous réserve que l'administrateur, l'employeur ou le liquidateur, selon le cas, ait proposé (L. 2011-893 du 28 juil. 2011, art. 44, JO 29) « ce contrat » aux intéressés au cours de l'une des périodes indiquées au 2°, y compris les contributions dues par l'employeur dans le cadre de (L. 2011-893 du 28 juil. 2011, art. 44, JO 29) « ce contrat » et les salaires dus pendant le délai de réponse du salarié ;

(L. 2013-504 du 14 juin 2013, art. 18, XXI, JO 16) « 4° Les mesures d'accompagnement résultant d'un plan de sauvegarde de l'emploi déterminé par un accord collectif majoritaire ou par un document élaboré par l'employeur, conformément aux articles L. 1233-24-1 à L. 1233-24-4, dès lors qu'il a été validé ou homologué dans les conditions prévues à l'article L. 1233-58 avant ou après l'ouverture de la procédure de redressement ou de liquidation judiciaire ; »

(L. 2013-504 du 14 juin 2013, art. 18, XXI, JO 16) « 5° » Lorsque le tribunal prononce la liquidation judiciaire, dans la limite d'un montant maximal correspondant à un mois et demi de travail, les sommes dues :

a) Au cours de la période d'observation ;

b) Au cours des quinze jours (L. 2013-504 du 14 juin 2013, art. 18, XXI, JO 16) « , ou vingt et un jours lorsqu'un plan de sauvegarde de l'emploi est élaboré, » suivant le jugement de liquidation ;

c) Au cours du mois suivant le jugement de liquidation pour les représentants des salariés prévus par les articles L. 621-4 et L. 631-9 du code de commerce ;

d) Pendant le maintien provisoire de l'activité autorisé par le jugement de liquidation (Ord. 2008-1345 du 18 déc. 2008, art. 167, JO 19, entrée en vigueur le 15.02.2009) « et au cours des quinze jours (L. 2013-504 du 14 juin 2013, art. 18, XXI, JO 16) « , ou vingt et un jours lorsqu'un plan de sauvegarde de l'emploi est élaboré, » suivant la fin de ce maintien de l'activité ».

La garantie des sommes et créances mentionnées aux 1°, 2° et (L. 2013-504 du 14 juin 2013, art. 18, XXI, JO 16) « 5° » inclut les cotisations et contributions sociales et salariales d'origine légale, ou d'origine conventionnelle imposée par la loi (L. 2016-1917 du 29 déc. 2016, art. 60, I, E, 2°, JO 30) « , ainsi que la retenue à la source prévue à l'article 204 A du code général des impôts ».

Art. D. 3253-2. Le montant maximal de garantie prévu au 4° de l'article L. 3253-8 est égal à :

1° Trois fois le plafond retenu par mois pour le calcul des cotisations de sécurité sociale pour un mois et demi de salaire ;

2° Deux fois ce plafond, pour un mois de salaire.

Art. L. 3253-9. Sont également couvertes les créances résultant du licenciement des salariés bénéficiaires d'une protection particulière relative au licenciement dès lors que l'administrateur, l'employeur ou le liquidateur, selon le cas, a manifesté, au cours des périodes mentionnées au 2° de l'article L. 3253-8, son intention de rompre le contrat de travail.

Art. L. 3253-10. Sont également couvertes, lorsqu'elles revêtent la forme d'un droit de créance sur l'entreprise, les sommes dues aux titres de l'intéressement, de la participation des salariés aux fruits de l'expansion ou d'un fonds salarial.

Art. L. 3253-11. Sont également couverts les arrérages de préretraite dus à un salarié ou à un ancien salarié en application d'un accord professionnel ou interprofessionnel, d'une convention collective ou d'un accord d'entreprise.

Ces dispositions s'appliquent lorsque l'accord ou la convention prévoit le départ en préretraite à cinquante-cinq ans au plus tôt.

La garantie prévue par le présent article est limitée dans des conditions déterminées par décret.

Art. D. 3253-3. Les arrérages de préretraite dus en application d'un accord professionnel ou interprofessionnel, d'une convention collective ou d'un accord d'entreprise bénéficient de la garantie prévue à l'article L. 3253-11 lorsque la conclusion de cet accord ou de cette convention est antérieure de six mois à la date du jugement d'ouverture de la procédure de sauvegarde ou de redressement judiciaire.

Art. L. 3253-12. Les créances mentionnées aux articles L. 3253-10 et L. 3253-11 sont garanties :

1° Lorsqu'elles sont exigibles à la date du jugement d'ouverture de la procédure ;

2° Lorsque, si un plan organisant la sauvegarde ou le redressement judiciaire de l'entreprise intervient à l'issue de la procédure, elles deviennent exigibles du fait de la rupture du contrat de travail, dans les délais prévus au 2° de l'article L. 3253-8 ;

3° Lorsque intervient un jugement de liquidation judiciaire ou un jugement arrêtant le plan de cession totale de l'entreprise.

Art. L. 3253-13. L'assurance prévue à l'article L. 3253-6 ne couvre pas les sommes qui concourent à l'indemnisation du préjudice causé par la rupture du contrat de travail dans le cadre d'un licenciement pour motif économique, en application d'un accord d'entreprise ou d'établissement ou de groupe, (L. 2013-504 du 14 juin 2013, art. 18, XXII, JO 16) « d'un accord collectif validé » ou d'une décision unilatérale de l'employeur (L. 2013-504 du 14 juin 2013, art. 18, XXII, JO 16) « homologuée conformément à l'article L. 1233-57-3 », lorsque l'accord a été conclu et déposé ou la décision notifiée moins de dix-huit mois avant la date du jugement d'ouverture de la procédure de sauvegarde, de redressement ou de liquidation judiciaire (L. 2013-504 du 14 juin 2013, art. 18, XXII, JO 16) « , ou l'accord conclu ou la décision notifiée postérieurement à l'ouverture de la procédure de sauvegarde, de redressement ou de liquidation judiciaire ».

§ 3. Institutions de garantie contre le risque de non-paiement

Art. L. 3253-14. L'assurance prévue à l'article L. 3253-6 est mise en œuvre par une association créée par les organisations nationales professionnelles d'employeurs représentatives et agréée par l'autorité administrative.

Cette association conclut une convention de gestion avec (L. 2008-126 du 13 févr. 2008, art. 16, JO 14) « l'organisme gestionnaire » du régime d'assurance chômage (L. 2008-126 du 13 févr. 2008, art. 17, JO 14 ; D. 2009-1708 du 30 déc. 2009, JO 31, entrée en vigueur le 01.01.2011) « et avec l'Agence centrale des organismes de sécurité sociale pour le recouvrement des cotisations mentionnées à l'article L. 3253-18 ».

(L. 2008-126 du 13 févr. 2008, art. 17, JO 14 ; D. 2009-1708 du 30 déc. 2009, JO 31, entrée en vigueur le 01.01.2011) « En cas de dissolution de cette association, l'autorité administrative confie à l'organisme prévu à l'article L. 5427-1 la gestion du régime d'assurance institué à l'article L. 3253-6, à l'exception du recouvrement des cotisations mentionnées à l'article L. 3253-18 confié aux organismes mentionnés à l'article L. 5422-16 ».

Cette association et (L. 2008-126 du 13 févr. 2008, JO 14) « l'organisme précité » constituent les institutions de garantie contre le risque de non-paiement.

Art. R. 3253-4. L'autorité administrative mentionnée à l'article L. 3253-14 est le ministre chargé du travail.

Art. L. 3253-15. Les institutions de garantie mentionnées à l'article L. 3253-14 avancent les sommes comprises dans le relevé établi par le mandataire judiciaire, même en cas de contestation par un tiers.

Elles avancent également les sommes correspondant à des créances établies par décision de justice exécutoire, même si les délais de garantie sont expirés.

Les décisions de justice sont de plein droit opposables à l'association prévue à l'article L. 3253-14.

Lorsque le mandataire judiciaire a cessé ses fonctions, le greffier du tribunal ou le commissaire à l'exécution du plan, selon le cas, adresse un relevé complémentaire aux institutions de garantie mentionnées à l'article L. 3253-14, à charge pour lui de reverser les sommes aux salariés et organismes créanciers.

Art. L. 3253-16. Les institutions de garantie mentionnées à l'article L. 3253-14 sont subrogées dans les droits des salariés pour lesquels elles ont réalisé des avances :

1° Pour l'ensemble des créances, lors d'une procédure de sauvegarde ;

2° Pour les créances garanties par le privilège prévu aux articles L. 3253-2, L. 3253-4 et L. 7313-8 et les créances avancées au titre du 3° de l'article L. 3253-8, lors d'une procédure de redressement ou de liquidation judiciaire. Les autres sommes avancées dans le cadre de ces procédures leur sont remboursées dans les conditions prévues par les dispositions du livre VI du code de commerce pour le règlement des créances nées antérieurement au jugement d'ouverture de la procédure. Elles bénéficient alors des privilèges attachés à celle-ci.

Art. L. 3253-17. La garantie des institutions de garantie mentionnées à l'article L. 3253-14 est limitée, toutes (L. 2016-1547 du 18 nov. 2016, art. 99, XIII, JO 19) « sommes et créances avancées » confondues, à un ou des montants déterminés par décret, en référence au plafond mensuel retenu pour le calcul des contributions du régime d'assurance chômage (L. 2016-1547 du 18 nov. 2016, art. 99, XIII, JO 19) « , et inclut les cotisations et contributions sociales et salariales d'origine légale, ou d'origine conventionnelle imposée par la loi » (L. 2016-1917 du 29 déc. 2016, art. 60, I, E, 2°, JO 30) « , ainsi que la retenue à la source prévue à l'article 204 A du code général des impôts ».

Art. D. 3253-5. Le montant maximum de la garantie prévue à l'article L. 3253-17 est fixé à six fois le plafond mensuel retenu pour le calcul des contributions au régime d'assurance chômage.

Ce montant est fixé à cinq fois ce plafond lorsque le contrat de travail dont résulte la créance a été conclu moins de deux ans et six mois au moins avant la date du jugement d'ouverture de la procédure collective, et à quatre fois ce plafond si le contrat dont résulte la créance a été conclu moins de six mois avant la date du jugement d'ouverture.

Il s'apprécie à la date à laquelle est due la créance du salarié et au plus tard à la date du jugement arrêtant le plan ou prononçant la liquidation judiciaire.

§ 4. Financement

Art. L. 3253-18. L'assurance est financée par des cotisations des employeurs assises sur les rémunérations servant de base au calcul des contributions au régime d'assurance-chômage.

(L. 2008-126 du 13 févr. 2008, art. 17, 2°, JO 14 ; D. 2009-1708 du 30 déc. 2009, JO 31, entrée en vigueur le 01.01.2011) « Le recouvrement, le contrôle de ces cotisations et leur contentieux suivent les règles prévues à l'article L. 5422-16. »

§ 5. Dispositions applicables dans le cas où l'employeur est établi dans un autre État membre de la Communauté européenne ou de l'Espace économique européen

Note Le paragraphe a été introduit par la loi 2008-89 du 30 janvier 2008, art. 11, JO 31.

Art. L. 3253-18-1. Les institutions de garantie mentionnées à l'article L. 3253-14 assurent le règlement des créances impayées des salariés qui exercent ou exerçaient habituellement leur activité sur le territoire français, pour le compte d'un employeur dont le siège social, s'il s'agit d'une personne morale, ou, s'il s'agit d'une personne physique, l'activité ou l'adresse de l'entreprise est situé dans un autre État membre de la Communauté européenne ou de l'Espace économique européen, lorsque cet employeur se trouve en état d'insolvabilité.

Art. L. 3253-18-2. Un employeur est considéré comme se trouvant en état d'insolvabilité au sens de l'article L. 3253-18-1 lorsqu'a été demandée l'ouverture d'une procédure collective fondée sur son insolvabilité, prévue par les dispositions législatives, réglementaires et administratives d'un État membre de la Communauté européenne ou de l'Espace économique européen, qui entraîne le dessaisissement partiel ou total de cet employeur ainsi que la désignation d'un syndic ou de toute personne exerçant une fonction similaire à celle du mandataire judiciaire, de l'administrateur judiciaire ou du liquidateur, et que l'autorité compétente en application de ces dispositions a :

1° Soit décidé l'ouverture de la procédure ;

2° Soit constaté la fermeture de l'entreprise ou de l'établissement de l'employeur ainsi que l'insuffisance de l'actif disponible pour justifier l'ouverture de la procédure.

Art. L. 3253-18-3. La garantie due en application de l'article L. 3253-18-1 porte sur les créances impayées mentionnées à l'article L. 3253-8.

Toutefois, les délais prévus aux 2° et 3° de l'article L. 3253-8 sont portés à trois mois à compter de toute décision équivalente à une décision de liquidation ou arrêtant un plan de redressement.

Art. L. 3253-18-4. Si les créances ne peuvent être payées en tout ou partie sur les fonds disponibles, les institutions de garantie mentionnées à l'article L. 3253-14 procèdent au versement des fonds sur présentation par le syndic étranger ou par toute autre personne exerçant une fonction similaire à celle du mandataire judiciaire, de l'administrateur judiciaire ou du liquidateur, des relevés des créances impayées.

Le dernier alinéa de l'article L. 3253-19 est applicable.

Art. L. 3253-18-5. Les sommes figurant sur ces relevés et restées impayées sont directement versées au salarié dans les huit jours suivant la réception des relevés des créances.

Par dérogation au premier alinéa, l'avance des contributions dues par l'employeur dans le cadre (L. 2011-893 du 28 juil. 2011, art. 44, JO 29) «du contrat de sécurisation professionnelle» mentionnées au 1° de l'article L. 3253-8 est versée à l' (L. 2008-126 du 13 févr. 2008, JO 14) «organisme gestionnaire du régime d'assurance chômage».

Art. L. 3253-18-6. L'article L. 3253-15 est applicable à l'exception du dernier alinéa.

Lorsque le mandataire judiciaire, l'administrateur judiciaire ou le liquidateur reçoit d'une institution située dans un autre État membre équivalente aux institutions de garantie mentionnées à l'article L. 3253-14 les sommes dues aux salariés, il reverse immédiatement ces sommes aux salariés concernés.

Le mandataire judiciaire ou le liquidateur transmet à toute institution située dans un autre État membre équivalente aux institutions de garantie mentionnées à l'article L. 3253-14 les relevés des créances impayées.

Art. L. 3253-18-7. Les articles L. 3253-7, L. 3253-10 à L. 3253-13 et L. 3253-17 sont applicables aux procédures définies aux articles L. 3253-18-1 et L. 3253-18-2. Les jugements mentionnés à l'article L. 3253-12 s'entendent de toute décision équivalente prise par l'autorité étrangère compétente.

Les institutions mentionnées à l'article L. 3253-14 sont subrogées dans les droits des salariés pour lesquels elles ont réalisé des avances.

Art. L. 3253-18-8. Lorsque le syndic étranger ou toute personne exerçant une fonction similaire à celle du mandataire judiciaire, de l'administrateur judiciaire ou du liquidateur a cessé ses fonctions ou dans le cas mentionné au 2° de l'article L. 3253-18-2, les institutions de garantie versent les sommes dues au salarié sur présentation, par celui-ci, des pièces justifiant du montant de sa créance. Dans ce cas, les dispositions relatives aux relevés des créances ne sont pas applicables.

Art. L. 3253-18-9. Les institutions mentionnées à l'article L. 3253-14 informent, en cas de demande, toutes autres institutions de garantie des États membres de la Communauté européenne ou de l'Espace économique européen sur la législation et la réglementation nationales applicables en cas de mise en œuvre d'une procédure d'insolvabilité définie aux articles L. 3253-18-1 et L. 3253-18-2.

Sous-section 3. **Établissement et liquidation des créances**

Art. L. 3253-19. Le mandataire judiciaire établit les relevés des créances dans les conditions suivantes :

1° Pour les créances mentionnées aux articles L. 3253-2 et L. 3253-4, dans les dix jours suivant le prononcé du jugement d'ouverture de la procédure ;

2° Pour les autres créances également exigibles à la date du jugement d'ouverture de la procédure, dans les trois mois suivant le prononcé du jugement ;

3° Pour les salaires et les indemnités de congés payés couvertes en application du 3° de l'article L. 3253-8 et les salaires couverts en application du dernier alinéa de ce même article, dans les dix jours suivant l'expiration des périodes de garantie prévues à ce 3° et ce, jusqu'à concurrence du plafond mentionné aux articles L. 3253-2, L. 3253-4 et L. 7313-8;

4° Pour les autres créances, dans les trois mois suivant l'expiration de la période de garantie.

Les relevés des créances précisent le montant des cotisations et contributions mentionnées au dernier alinéa de l'article L. 3253-8 dues au titre de chacun des salariés intéressés.

Art. L. 3253-20. Si les créances ne peuvent être payées en tout ou partie sur les fonds disponibles avant l'expiration des délais prévus par l'article L. 3253-19, le mandataire judiciaire demande, sur présentation des relevés, l'avance des fonds nécessaires aux institutions de garantie mentionnées à l'article L. 3253-14.

Dans le cas d'une procédure de sauvegarde, le mandataire judiciaire justifie à ces institutions, lors de sa demande, que l'insuffisance des fonds disponibles est caractérisée. Ces institutions peuvent contester, dans un délai déterminé par décret en Conseil d'État, la réalité de cette insuffisance devant le juge-commissaire. Dans ce cas, l'avance des fonds est soumise à l'autorisation du juge-commissaire.

Art. R. 3253-6. Le délai de contestation prévu au second alinéa de l'article L. 3253-20 est de dix jours à compter de la réception par l'organisme gestionnaire du régime d'assurance chômage (D. 2008-1010 du 29 sept. 2008, art. 7, JO 30) « mentionné à l'article L. 3253-14 » de la demande de fonds par le mandataire judiciaire.

Art. L. 3253-21. Les institutions de garantie mentionnées à l'article L. 3253-14 versent au mandataire judiciaire les sommes figurant sur les relevés et restées impayées:

1° Dans les cinq jours suivant la réception des relevés mentionnés aux 1° et 3° de l'article L. 3253-19;

2° Dans les huit jours suivant la réception des relevés mentionnés aux 2° et 4° du même article.

Par dérogation, l'avance des contributions de l'employeur au financement (L. 2011-893 du 28 juil. 2011, art. 44, JO 29) « du contrat de sécurisation professionnelle » est versée directement (L. 2008-126 du 13 févr. 2008, art. 16, JO 14, entrée en vigueur le 01.01.2011) « aux organismes chargés du recouvrement mentionnés à l'article L. 5427-1 ».

Le mandataire judiciaire reverse immédiatement les sommes qu'il a reçues aux salariés et organismes créanciers, à l'exclusion des créanciers subrogés, et en informe le représentant des salariés.

SECTION 3. Privilèges spéciaux

Art. L. 3253-22. Les sommes dues aux entrepreneurs de travaux publics ne peuvent être frappées de (Ord. 2011-1895 du 19 déc. 2011, art. 3, JO 20, entrée en vigueur le 01.06.2012) « saisie » ni d'opposition au préjudice soit des salariés, soit des fournisseurs créanciers à raison de fournitures de matériaux de toute nature servant à la construction des ouvrages.

Les sommes dues aux salariés à titre de salaire sont payées de préférence à celles dues aux fournisseurs.

Art. L. 3253-23. Peuvent faire valoir une action directe ou des privilèges spéciaux:

1° Dans les conditions fixées à l'article 1798 du code civil, les salariés des secteurs du bâtiment et des travaux publics;

2° Dans les conditions fixées aux 1° et 3° de l'article 2332 du code civil, les salariés des entreprises agricoles;

3° Dans les conditions fixées au 9° de l'article 2332 du code civil, les auxiliaires salariés des travailleurs à domicile;

4° Les caisses de congé pour le paiement des cotisations qui leur sont dues en application des articles (L. 2016-1088 du 8 août 2016, art. 8, XI, 7°, JO 9) « L. 3141-32 » et L. 5424-6 et suivants. Ce privilège qui garantit le recouvrement de ces cotisations pendant un an à dater de leur exigibilité porte sur les biens meubles des débiteurs et prend rang immédiatement après celui des salariés établis par le 4° de l'article 2331 du code civil. Les immeubles des débiteurs sont également grevés d'une hypothèque légale prenant rang à la date de son inscription;

5° Dans les conditions fixées à l'article 89 du code du domaine public fluvial et de la navigation intérieure, les salariés employés à la construction, à la réparation, l'armement et à l'équipement du bateau.

Chapitre IV

Économats

Art. L. 3254-1. Il est interdit à tout employeur:

1° D'annexer à son établissement un économat destiné à la vente, directe ou indirecte, aux salariés et à leurs familles de denrées ou marchandises de quelque nature que ce soit;

2° D'imposer au salarié l'obligation de dépenser tout ou partie de leur salaire dans des magasins désignés par lui.

Art. L. 3254-2. L'interdiction prévue à l'article L. 3254-1 ne vise pas les cas suivants:

1° Lorsque le contrat de travail stipule que le salarié logé et nourri reçoit en outre un salaire déterminé en argent;

2° Lorsque, pour l'exécution d'un contrat de travail, l'employeur cède au salarié des fournitures à prix coûtant.

Chapitre V

Dispositions pénales

Art. L. 3255-1. Le fait de méconnaître les dispositions de l'article L. 3254-1, relatives aux économats, est puni d'une amende de 3750 €.

Art. R. 3255-1. Le fait d'imposer au salarié des versements d'argent ou d'opérer des retenues d'argent sous la dénomination de frais ou sous toute autre dénomination pour quelque objet que ce soit, à l'occasion de son embauche, à l'occasion de l'exercice normal de son travail ou de la rupture de son contrat de travail dans les secteurs mentionnés à l'article L. 3251-4, est puni de l'amende prévue pour les contraventions de la quatrième classe.

Ces peines sont indépendantes des restitutions et des dommages-intérêts auxquels peuvent donner lieu les faits incriminés.

TITRE VI

AVANTAGES DIVERS

Chapitre Ier

Frais de transport

SECTION 1. Champ d'application

Art. L. 3261-1. (L. 2019-1428 du 24 déc. 2019, art. 82, III, 1°, JO 26, entrée en vigueur le 01.01.2020) Les dispositions du présent chapitre s'appliquent aux employeurs mentionnés à l'article L. 3211-1.

Elles s'appliquent également, dans des conditions et selon des modalités prévues par décret, aux magistrats et aux personnels civils et militaires de l'État, des collectivités territoriales et de leurs établissements publics, des établissements mentionnés à l'article 2 de la loi n° 86-33 du 9 janvier 1986 portant dispositions statutaires relatives à la fonction publique hospitalière et des groupements d'intérêt public.

SECTION 2. Prise en charge des frais de transports publics

Note Les sections 2 et 3 ont été introduites par la loi 2008-1330 du 17 décembre 2008, art. 20, JO 18.

Art. L. 3261-2. L'employeur prend en charge, dans une proportion et des conditions déterminées par voie réglementaire, le prix des titres d'abonnements souscrits par ses salariés pour leurs déplacements entre leur résidence habituelle et leur lieu de travail accomplis au moyen de transports publics de personnes ou de services publics de location de vélos.

SECTION 3. Prise en charge des frais de transports personnels

Art. L. 3261-3. L'employeur peut prendre en charge, dans les conditions prévues à l'article L. 3261-4, tout ou partie des frais de carburant (L. 2019-1428 du 24 déc. 2019, art. 82, III, 2°, JO 26, entrée en vigueur le 01.01.2020) «et des frais exposés pour l'alimentation de véhicules électriques, hybrides rechargeables ou hydrogène» engagés pour leurs déplacements entre leur résidence habituelle et leur lieu de travail par ceux de ses salariés:

1° Dont la résidence habituelle ou le lieu de travail (L. 2019-1428 du 24 déc. 2019, art. 82, III, 2°, JO 26, entrée en vigueur le 01.01.2020) «soit est situé dans une commune non desservie par un service public de transport collectif régulier ou un service privé mis en place par l'employeur, soit n'est pas inclus dans le périmètre d'un plan de mobilité obligatoire en application des articles L. 1214-3 et L. 1214-24 du code des transports;»

2° Ou pour lesquels l'utilisation d'un véhicule personnel est rendue indispensable par des conditions d'horaires de travail particuliers ne permettant pas d'emprunter un mode collectif de transport.

Le bénéfice de cette prise en charge ne peut être cumulé avec celle prévue à l'article L. 3261-2.

Art. L. 3261-3-1. (L. 2019-1428 du 24 déc. 2019, art. 82, III, 3°, JO 26, entrée en vigueur le 01.01.2020) L'employeur peut prendre en charge, dans les conditions prévues pour les frais de carburant à l'article L. 3261-4, tout ou partie des frais engagés par ses salariés se déplaçant entre leur résidence habituelle et leur lieu de travail avec leur cycle ou cycle à pédalage assisté personnel ou en tant que conducteur ou passager en covoiturage, ou en transports publics de personnes à l'exception des frais d'abonnement mentionnés à l'article L. 3261-2, ou à l'aide d'autres services de mobilité partagée définis par décret sous la forme d'un " forfait mobilités durables " dont les modalités sont fixées par décret.

Art. L. 3261-4. (L. 2019-1428 du 24 déc. 2019, art. 82, III, 4°, JO 26, entrée en vigueur le 01.01.2020) Le montant, les modalités et les critères d'attribution de la prise en charge des frais mentionnés aux articles L. 3261-3 et L. 3261-3-1 sont déterminés par accord d'entreprise ou par accord interentreprises, et à défaut par accord de branche. À défaut d'accord, la prise en charge de ces frais est mise en œuvre par décision unilatérale de l'employeur, après consultation du comité social et économique, s'il existe.

SECTION 4. Titre-mobilité

Note Cette section a été introduite par la loi 2019-1428 du 24 décembre 2019, art. 82, III, 6°, JO 26, entrée en vigueur le 01.01.2020.

Art. L. 3261-5. La prise en charge mentionnée aux articles L. 3261-3 et L. 3261-3-1 peut prendre la forme d'une solution de paiement spécifique, dématérialisée et prépayée, intitulée " titre-mobilité ". Ce titre est émis par une société spécialisée qui les cède à l'employeur contre paiement de leur valeur libératoire et, le cas échéant, d'une commission.

Art. L. 3261-6. L'émetteur du titre-mobilité ouvre un compte bancaire ou postal sur lequel sont uniquement versés les fonds qu'il perçoit en contrepartie de la cession de ces titres.

Le montant des versements est égal à la valeur libératoire des titres mis en circulation.

Les fonds provenant d'autres sources, notamment des commissions éventuellement perçues par les émetteurs, ne peuvent être versés aux comptes ouverts en application du présent article.

Art. L. 3261-7. Les comptes prévus à l'article L. 3261-6 sont des comptes de dépôt de fonds intitulés " comptes de titre-mobilité ".

Sous réserve du même article L. 3261-6 et du présent article ainsi que du décret prévu à l'article L. 3261-10, ils ne peuvent être débités qu'en règlement de biens ou de services spécifiques liés aux déplacements des salariés entre leur résidence habituelle et leur lieu de travail, fournis ou commercialisés par des organismes agréés, dans des conditions fixées par ce même décret.

Les émetteurs spécialisés mentionnés à l'article L. 3261-6 qui n'ont pas déposé à l'avance, sur leur compte de titre-mobilité, le montant de la valeur libératoire des titres-mobilité qu'ils cèdent à des employeurs ne peuvent recevoir de ces derniers, en contrepartie de cette valeur, que des versements effectués au crédit de leur compte, à l'exclusion d'espèces, d'effets ou de valeurs quelconques.

Art. L. 3261-8. En cas de procédure de sauvegarde, de redressement ou de liquidation judiciaire de l'émetteur, les salariés détenteurs de titres non utilisés mais encore valables et échangeables à la date du jugement déclaratif peuvent, par priorité à toute autre créance privilégiée ou non, se faire rembourser immédiatement, sur les fonds déposés aux comptes ouverts en application de l'article L. 3261-6, le montant des sommes versées pour l'acquisition de ces titres-mobilité.

Art. L. 3261-9. Les titres qui n'ont pas été présentés au remboursement par un organisme mentionné à l'article L. 3261-7 avant la fin du deuxième mois suivant l'expiration de leur période d'utilisation sont définitivement périmés.

Sous réserve de prélèvements autorisés par le décret prévu à l'article L. 3261-10, la contre-valeur des titres périmés est versée au budget des activités sociales et culturelles des entreprises auprès desquelles les salariés se sont procuré leurs titres.

Art. L. 3261-10. Un décret en Conseil d'État détermine les modalités d'application du présent titre, notamment:

1° Les mentions obligatoires attachées aux titres-mobilité et les modalités d'accessibilité de ces mentions;

2° Les conditions d'utilisation et de remboursement de ces titres;

3° Les règles de fonctionnement des comptes bancaires spécialement affectés à l'émission et à l'utilisation des titres-mobilité;

4° Les conditions du contrôle de la gestion des fonds mentionnées à l'article L. 3261-7.

SECTION 5. Dispositions d'application

Note Cette section est l'ancienne section 4 introduite par la loi 2008-1330 du 17 décembre 2008, art. 20, JO 18 (loi 2019-1428 du 24 décembre 2019, art. 82, III, 5°, JO 26, entrée en vigueur le 01.01.2020).

Art. L. 3261-11. (L. 2019-1428 du 24 déc. 2019, art. 82, III, 7°, JO 26, entrée en vigueur le 01.01.2020) Un décret en Conseil d'État détermine les modalités des prises en charge prévues aux articles L. 3261-2 à L. 3261-4, notamment pour les salariés ayant plusieurs employeurs et les salariés à temps partiel, ainsi que les sanctions pour contravention aux dispositions du présent chapitre.

SECTION 1 (RÉGLEMENTAIRE). Prise en charge des frais de transports publics

Note Les sections 1 à 3 ont été introduites par le décret 2008-1501 du 30 décembre 2008, JO 31.

Art. R. 3261-1. La prise en charge par l'employeur des titres d'abonnement, prévue à l'article L. 3261-2, est égale à 50 % du coût de ces titres pour le salarié.

Art. R. 3261-2. L'employeur prend en charge les titres souscrits par les salariés, parmi les catégories suivantes:

1° Les abonnements multimodaux à nombre de voyages illimité ainsi que les abonnements annuels, mensuels, hebdomadaires ou à renouvellement tacite à nombre de voyages illimité émis par la Société nationale des chemins de fer (SNCF) ainsi que par les entreprises de transport public, les régies et les autres personnes mentionnées au II de l'article 7 de la loi n° 82-1153 du 30 décembre 1982 d'orientation des transports intérieurs;

2° Les cartes et abonnements mensuels, hebdomadaires ou à renouvellement tacite à nombre de voyages limité délivrés par la Régie autonome des transports parisiens (RATP), la Société nationale des chemins de fer (SNCF), les entreprises de l'Organisation professionnelle des transports d'Ile-de-France ainsi que par les entreprises de transport public, les régies et les autres personnes mentionnées au II de l'article 7 de la loi n° 82-1153 du 30 décembre 1982 d'orientation des transports intérieurs;

3° Les abonnements à un service public de location de vélos.

Art. R. 3261-3. La prise en charge par l'employeur est effectuée sur la base des tarifs deuxième classe. Le bénéficiaire peut demander la prise en charge du ou des titres de transport lui permettant d'accomplir le trajet de la résidence habituelle à son lieu de travail dans le temps le plus court. Lorsque le titre utilisé correspond à un trajet supérieur au trajet nécessaire pour accomplir dans le temps le plus court le trajet de la résidence habituelle au lieu de travail, la prise en charge est effectuée sur la base de l'abonnement qui permet strictement de faire ce dernier trajet.

Art. R. 3261-4. L'employeur procède au remboursement des titres achetés par les salariés dans les meilleurs délais et, au plus tard, à la fin du mois suivant celui pour lequel ils ont été validés. Les titres dont la période de validité est annuelle font l'objet d'une prise en charge répartie mensuellement pendant la période d'utilisation.

Art. R. 3261-5. La prise en charge des frais de transport par l'employeur est subordonnée à la remise ou, à défaut, à la présentation des titres par le salarié.

Pour être admis à la prise en charge, les titres doivent permettre d'identifier le titulaire et être conformes aux règles de validité définies par l'établissement public, la régie, l'entreprise ou la personne mentionnés à l'article R. 3261-2, ou, le cas échéant, par la personne chargée de la gestion du service public de location de vélos.

Lorsque le titre d'abonnement à un service public de location de vélos ne comporte pas les noms et prénoms du bénéficiaire, une attestation sur l'honneur du salarié suffit pour ouvrir droit à la prise en charge des frais d'abonnement.

Pour les salariés intérimaires, une attestation sur l'honneur adressée à l'entreprise de travail temporaire mentionnée à l'article L. 1251-45, qui est leur employeur, suffit pour ouvrir droit à la prise en charge des frais d'abonnement à un service de transport public de voyageurs ou à un service public de location de vélos.

Art. R. 3261-6. Un accord collectif de travail peut prévoir d'autres modalités de preuve et de remboursement des frais de transport, sans que les délais de remboursement des titres puissent excéder ceux mentionnés à l'article R. 3261-4.

Art. R. 3261-7. En cas de changement des modalités de preuve ou de remboursement des frais de transport, l'employeur avertit les salariés au moins un mois avant la date fixée pour le changement.

Art. R. 3261-8. L'employeur peut refuser la prise en charge lorsque le salarié perçoit déjà des indemnités représentatives de frais pour ses déplacements entre sa résidence habituelle et son ou ses lieux de travail d'un montant supérieur ou égal à la prise en charge prévue à l'article R. 3261-1.

Art. R. 3261-9. Le salarié à temps partiel, employé pour un nombre d'heures égal ou supérieur à la moitié de la durée légale hebdomadaire ou conventionnelle, si cette dernière lui est inférieure, bénéficie d'une prise en charge équivalente à celle d'un salarié à temps complet.

Le salarié à temps partiel, employé pour un nombre d'heures inférieur à la moitié de la durée du travail à temps complet défini conformément au premier alinéa, bénéficie d'une prise en charge calculée à due proportion du nombre d'heures travaillées par rapport à la moitié de la durée du travail à temps complet.

Art. R. 3261-10. Le salarié qui exerce son activité sur plusieurs lieux de travail au sein d'une même entreprise qui n'assure pas le transport entre ces différents lieux et entre ces lieux et la résidence habituelle du salarié peut prétendre à la prise en charge du ou des titres de transport lui permettant de réaliser l'ensemble des déplacements qui lui sont imposés entre sa résidence habituelle et ses différents lieux de travail, ainsi qu'entre ces lieux de travail.

SECTION 2 (RÉGLEMENTAIRE). Prise en charge des frais de transports personnels

Sous-section 1. Frais de carburant et frais exposés pour l'alimentation de véhicules électriques, hybrides rechargeables ou hydrogène

Note Cette sous-section a été introduite par le décret 2020-541 du 9 mai 2020, JO 10, et comprend les articles R. 3261-11 à R. 3261-13 préexistants.

Art. R. 3261-11. Lorsque l'employeur prend en charge tout ou partie des (D. 2020-541 du 9 mai 2020, JO 10) « frais de carburant d'un véhicule et des frais d'alimentation d'un véhicule électrique, hybride rechargeable ou hydrogène » engagés par ses salariés, il en fait bénéficier, selon les mêmes modalités et en fonction de la distance entre le domicile et le lieu de travail, l'ensemble des salariés remplissant les conditions prévues à l'article L. 3261-3.

L'employeur doit disposer des éléments justifiant cette prise en charge. Il les recueille auprès de chaque salarié bénéficiaire qui les lui communique.

Art. R. 3261-12. Sont exclus du bénéfice de la prise en charge des (D. 2020-541 du 9 mai 2020, JO 10) « frais mentionnés à l'article R. 3261-11 » :

1° Les salariés bénéficiant d'un véhicule mis à disposition permanente par l'employeur avec prise en charge par l'employeur des dépenses de carburant ou d'alimentation électrique d'un véhicule ;

2° Les salariés logés dans des conditions telles qu'ils ne supportent aucun frais de transport pour se rendre à leur travail ;

3° Les salariés dont le transport est assuré gratuitement par l'employeur.

Art. R. 3261-13. En cas de changement des modalités de remboursement des (D. 2020-541 du 9 mai 2020, JO 10) « frais mentionnés à l'article R. 3261-11 », l'employeur avertit les salariés au moins un mois avant la date fixée pour le changement.

Sous-section 2. **Forfait mobilités durables**

Note Cette sous-section a été introduite par le décret 2020-541 du 9 mai 2020, JO 10.

Art. R. 3261-13-1. Les autres services de mobilité partagée mentionnés à l'article L. 3261-3-1 comprennent :

1° La location ou la mise à disposition en libre-service de véhicules mentionnés aux 4.8, 4.9, 6.10, 6.11 et 6.14 de l'article R. 311-1 du code de la route, avec ou sans station d'attache et accessibles sur la voie publique, à condition qu'ils soient équipés d'un moteur non thermique ou d'une assistance non thermique lorsqu'ils sont motorisés ;

2° Les services d'autopartage mentionnés à l'article L. 1231-14 du code des transports, à condition que les véhicules mis à disposition soient des véhicules à faibles émissions au sens du V de l'article L. 224-7 du code de l'environnement.

Art. R. 3261-13-2. Lorsque l'employeur assure la prise en charge de tout ou partie des frais mentionnés à l'article L. 3261-3-1, il en fait bénéficier, selon les mêmes modalités, l'ensemble des salariés de l'entreprise remplissant les conditions prévues à l'article L. 3261-3-1.

La prise en charge prend la forme d'une allocation forfaitaire dénommée " forfait mobilités durables ". Cette allocation est versée sous réserve de son utilisation effective conformément à son objet. Elle est réputée utilisée conformément à son objet si l'employeur recueille auprès du salarié, pour chaque année civile, un justificatif de paiement ou une attestation sur l'honneur relatifs à l'utilisation effective d'un ou plusieurs des moyens de déplacement mentionnés à l'article L. 3261-3-1.

Sous-section 3. **Dispositions communes**

Note Cette sous-section a été introduite par le décret 2020-541 du 9 mai 2020, JO 10, et comprend les articles R. 3261-14 et R. 3261-15 préexistants.

Art. R. 3261-14. Le salarié à temps partiel, employé pour un nombre d'heures égal ou supérieur à la moitié de la durée légale hebdomadaire ou conventionnelle, si cette dernière lui est inférieure, bénéficie (D. 2020-541 du 9 mai 2020, JO 10) « des prises en charges prévues aux articles L. 3261-3 et L. 3261-3-1 dans les mêmes conditions qu'un salarié à temps complet ».

Le salarié à temps partiel, employé pour un nombre d'heures inférieur à la moitié de la durée du travail à temps complet défini conformément au premier alinéa, bénéficie d'une prise en charge calculée à due proportion du nombre d'heures travaillées par rapport à la moitié de la durée du travail à temps complet.

Art. R. 3261-15. Le salarié qui exerce son activité sur plusieurs lieux de travail au sein d'une même entreprise qui n'assure pas le transport entre ces différents lieux et entre ces lieux et la résidence habituelle du salarié peut prétendre (D. 2020-541 du 9 mai 2020, JO 10) « aux prises en charge mentionnées aux articles L. 3261-3 et L. 3261-3-1 pour les déplacements » qui lui sont imposés entre sa résidence habituelle et ses différents lieux de travail, ainsi qu'entre ces lieux de travail.

SECTION 3 (RÉGLEMENTAIRE). Dispositions pénales

Art. R. 3261-16. Le fait pour l'employeur de méconnaître les dispositions des articles L. 3261-1 à L. 3261-4 est puni de l'amende prévue pour les contraventions de la quatrième classe.

Chapitre II
Titres-restaurant

SECTION 1. Émission

Art. L. 3262-1. Le titre-restaurant est un titre spécial de paiement remis par l'employeur aux salariés pour leur permettre d'acquitter en tout ou en partie le prix du repas consommé au restaurant ou (L. 2010-874 du 27 juil. 2010, art. 2, JO 28) «acheté auprès d'une personne ou d'un organisme mentionné au deuxième alinéa de l'article L. 3262-3. Ce repas peut être composé de fruits et légumes, qu'ils soient ou non directement consommables».

Ces titres sont émis:

1° Soit par l'employeur au profit des salariés directement ou par l'intermédiaire du (Ord. 2017-1386 du 22 sept. 2017, art. 4, 20°, JO 23, entrée en vigueur au plus tard le 01.01.2018) «comité social et économique»;

2° Soit par une entreprise spécialisée qui les cède à l'employeur contre paiement de leur valeur libératoire et, le cas échéant, d'une commission.

Un décret détermine les conditions d'application du présent article.

Art. L. 3262-2. L'émetteur de titres-restaurant ouvre un compte bancaire ou postal sur lequel sont uniquement versés les fonds qu'il perçoit en contrepartie de la cession de ces titres.

Toutefois, cette règle n'est pas applicable à l'employeur émettant ses titres au profit des salariés.

Le montant des versements est égal à la valeur libératoire des titres mis en circulation. Les fonds provenant d'autres sources, et notamment des commissions éventuellement perçues par les émetteurs ne peuvent être versés aux comptes ouverts en application du présent article.

Art. L. 3262-3. Les comptes prévus à l'article L. 3262-2 sont des comptes de dépôts de fonds intitulés " comptes de titres-restaurant ".

Sous réserve des dispositions des articles L. 3262-4 et L. 3262-5, ils ne peuvent être débités qu'au profit de personnes ou d'organismes exerçant la profession de restaurateur, d'hôtelier restaurateur ou une activité assimilée, (L. 2009-879 du 21 juil. 2009, art. 113, JO 22) «ou la profession de détaillant en fruits et légumes».

Les émetteurs spécialisés mentionnés au 2° de l'article L. 3262-1, qui n'ont pas déposé à l'avance à leur compte de titres-restaurant le montant de la valeur libératoire des titres-restaurant qu'ils cèdent à des employeurs, ne peuvent recevoir de ces derniers, en contrepartie de cette valeur, que des versements effectués au crédit de leur compte, à l'exclusion d'espèces, d'effets ou de valeurs quelconques.

SECTION 2. Utilisation

Art. L. 3262-4. En cas de procédure de sauvegarde, de redressement ou de liquidation judiciaire de l'émetteur, les salariés détenteurs de titres non utilisés mais encore valables et échangeables à la date du jugement déclaratif peuvent, par priorité à toute autre créance privilégiée ou non, se faire rembourser immédiatement, sur les fonds déposés aux comptes ouverts en application de l'article L. 3262-2, le montant des sommes versées pour l'acquisition de ces titres-restaurant.

Art. L. 3262-5. Les titres qui n'ont pas été présentés au remboursement par un restaurant (L. 2009-879 du 21 juil. 2009, art. 113, JO 22) «ou un détaillant en fruits et légumes» avant la fin du deuxième mois suivant l'expiration de leur période d'utilisation sont définitivement périmés.

Sous réserve de prélèvements autorisés par le décret prévu à l'article L. 3262-7, la contre-valeur des titres périmés est versée au budget des activités sociales et culturelles des entreprises auprès desquelles les salariés se sont procuré leurs titres.

SECTION 3. Exonérations

Art. L. 3262-6. (L. 2008-1443 du 30 déc. 2008, art. 61, JO 31) Conformément à l'article 81 du code général des impôts, lorsque l'employeur contribue à l'acquisition des titres par le salarié bénéficiaire, le complément de rémunération qui en résulte pour le salarié est exonéré d'impôt sur le revenu dans la limite prévue au 19° dudit article.

SECTION 4. Dispositions d'application

Art. L. 3262-7. Un décret en Conseil d'État détermine les modalités d'application du présent titre, notamment :

1° Les mentions qui figurent sur les titres-restaurant et les conditions d'apposition de ces mentions ;

2° Les conditions d'utilisation et de remboursement de ces titres ;

3° Les règles de fonctionnement des comptes bancaires ou postaux spécialement affectés à l'émission et à l'utilisation des titres-restaurant ;

4° Les conditions du contrôle de la gestion des fonds mentionnées à l'article L. 3262-2.

SECTION 1 (RÉGLEMENTAIRE). Conditions d'émission et de validité

Art. R. 3262-1. (D. 2014-294 du 6 mars 2014, JO 7, entrée en vigueur le 02.04.2014) Les titres-restaurant peuvent être émis sur un support papier ou sous forme dématérialisée.

Art. R. 3262-1-1. (D. 2014-294 du 6 mars 2014, JO 7, entrée en vigueur le 02.04.2014) Les titres-restaurant émis sur un support papier comportent, en caractères très apparents, les mentions suivantes :

1° Le nom et l'adresse de l'émetteur ;

2° Le nom et l'adresse de l'établissement bancaire à qui les titres sont présentés au remboursement par les restaurateurs ou les détaillants en fruits et légumes ;

3° Le montant de la valeur libératoire du titre ;

4° L'année civile d'émission ;

5° Le numéro dans une série continue de nombres caractérisant l'émission ;

6° Le nom et l'adresse du restaurateur ou du détaillant en fruits et légumes chez qui le repas a été consommé ou acheté.

Art. R. 3262-1-2. (D. 2014-294 du 6 mars 2014, JO 7, entrée en vigueur le 02.04.2014) Lorsque les titres-restaurant sont émis sous forme dématérialisée, les dispositions suivantes sont applicables :

1° Les mentions prévues aux 1° et 2° de l'article R. 3262-1-1 figurent de façon très apparente sur le support physique du paiement dématérialisé. Si le paiement est effectué à partir d'un équipement terminal, au sens du 10° de l'article L. 32 du code des postes et des communications électroniques, utilisé par le salarié et comportant une fonctionnalité de paiement électronique, ces mentions sont accessibles directement sur cet équipement ;

2° L'émetteur assure à chaque salarié l'accès permanent et gratuit, par message textuel, par voie téléphonique ou directement sur l'équipement terminal mentionné au 1°, aux informations suivantes :

a) Le solde de son compte personnel de titres-restaurant, en distinguant le montant des titres-restaurant émis durant l'année civile écoulée qui ne sont pas périmés et, pendant la période de quinze jours mentionnée au deuxième alinéa de l'article R. 3262-5, le montant des titres-restaurant périmés ;

b) La date de péremption des titres ainsi que la date limite à laquelle peuvent être échangés les titres périmés ;

c) Le montant de la valeur libératoire du titre, toute modification de cette valeur libératoire faisant en outre l'objet d'une information préalable du salarié sur un support durable ;

3° Le numéro de série caractérisant l'émission mentionné au 5° de l'article R. 3262-1-1 est conservé par l'émetteur dans une base de données qui associe ce numéro avec un identifiant permettant de garantir que le paiement est effectué au profit d'une personne ou d'un organisme mentionné au deuxième alinéa de l'article L. 3262-3. Cette base de données associe également ce numéro de série avec l'année civile d'émission prévue au 4° de l'article R. 3262-1-1 ;

4° L'émetteur met en œuvre une fonctionnalité assurant qu'aucun titre émis durant l'année en cours ne peut être utilisé par le salarié tant qu'il n'a pas utilisé tous les titres émis durant l'année civile écoulée en méconnaissance des dispositions du deuxième alinéa de l'article R. 3262-5 ;

5° L'émetteur met en œuvre une fonctionnalité de blocage automatique du paiement empêchant l'utilisation des titres-restaurant lorsque l'une des obligations suivantes n'est pas satisfaite :

a) Celles qui sont prévues aux 3° et 4° du présent article ;

b) Celles qui sont prévues aux articles R. 3262-8 et R. 3262-10 du présent code ;

6° Le solde du compte personnel de titres-restaurant du salarié ne peut être converti sur support papier, sauf pour ceux des salariés qui, dans le cadre des activités de l'entreprise qui les emploie, accomplissent principalement leurs missions en dehors des locaux de cette entreprise. Dans ce cas, la base de données de l'émetteur mentionnée au 3° ci-dessus recense les opérations de conversion par employeur et par salarié.

Art. R. 3262-2. Les mentions prévues (D. 2014-294 du 6 mars 2014, JO 7, entrée en vigueur le 02.04.2014) « aux 1° à 5° de l'article R. 3262-1-1 » sont apposées au recto du titre (D. 2014-294 du 6 mars 2014, JO 7, entrée en vigueur le 02.04.2014) « émis sur un support papier » par l'émetteur.

Les mentions prévues au (D. 2014-294 du 6 mars 2014, JO 7, entrée en vigueur le 02.04.2014) « 6° de l'article R. 3262-1-1 » sont apposées par le restaurateur (D. 2010-220 du 3 mars 2010, JO 4) « ou le détaillant en fruits et légumes » au moment de l'acceptation du titre (D. 2014-294 du 6 mars 2014, JO 7, entrée en vigueur le 02.04.2014) « émis sur un support papier ».

Art. R. 3262-3. Les titres-restaurant émis conformément aux dispositions du présent chapitre sont dispensés du droit de timbre.

SECTION 2 (RÉGLEMENTAIRE). Utilisation

Art. R. 3262-4. (D. 2010-1460 du 30 nov. 2010, JO 2 déc.) Les titres-restaurant ne peuvent être utilisés que dans les restaurants et auprès des organismes ou entreprises assimilés ainsi qu'auprès des détaillants en fruits et légumes, afin d'acquitter en tout ou en partie le prix d'un repas.

Ce repas peut être composé de préparations alimentaires directement consommables, le cas échéant à réchauffer ou à décongeler, notamment de produits laitiers.

Il peut également être composé de fruits et légumes, qu'ils soient ou non directement consommables.

Art. R. 3262-5. Les titres-restaurant ne peuvent être (D. 2014-294 du 6 mars 2014, JO 7, entrée en vigueur le 02.04.2014) « utilisés » en paiement d'un repas à un restaurateur (D. 2010-220 du 3 mars 2010, JO 4) « ou à un détaillant en fruits et légumes » que pendant l'année civile dont ils font mention (D. 2014-294 du 6 mars 2014, JO 7, entrée en vigueur le 02.04.2014) « et durant une période de deux mois à compter du 1er janvier de l'année suivante ».

(D. 2014-294 du 6 mars 2014, JO 7, entrée en vigueur le 02.04.2014) « Aucun titre émis durant l'année en cours ne peut être utilisé par le salarié tant qu'il n'a pas utilisé tous les titres émis durant l'année civile écoulée. »

Les titres non utilisés au cours de cette période et rendus par les salariés bénéficiaires à leur employeur au plus tard au cours de la quinzaine suivante sont échangés gratuitement contre un nombre égal de titres valables pour la période ultérieure.

Art. R. 3262-6. Les titres-restaurant émis ou acquis par une entreprise ne peuvent être utilisés que par les salariés de cette entreprise.

Art. R. 3262-7. Un même salarié ne peut recevoir qu'un titre-restaurant par repas compris dans son horaire de travail journalier. Ce titre ne peut être utilisé que par le salarié auquel l'employeur l'a remis.

Art. R. 3262-8. (D. 2014-294 du 6 mars 2014, JO 7, entrée en vigueur le 02.04.2014) Les titres-restaurant ne sont pas utilisables les dimanches et jours fériés, sauf décision contraire de l'employeur au bénéfice exclusif des salariés travaillant pendant ces mêmes jours. Lorsque les titres sont émis sur support papier, cette décision fait l'objet d'une mention très apparente sur les titres. Lorsque les titres sont émis sous forme dématérialisée, l'employeur informe par tout moyen les salariés concernés de la décision mentionnée ci-dessus, avant l'émission du titre.

Art. R. 3262-9. Les titres-restaurant ne peuvent être utilisés que dans le département du lieu de travail des salariés bénéficiaires et les départements limitrophes, à moins qu'ils ne portent de manière très apparente une mention contraire apposée par l'employeur, sous sa responsabilité, au bénéfice exclusif de ceux des salariés qui sont, du fait de leurs fonctions, appelés à des déplacements à longue distance.

Art. R. 3262-10. (D. 2014-294 du 6 mars 2014, JO 7, entrée en vigueur le 02.04.2014) L'utilisation des titres-restaurant est limitée à un montant maximum de dix-neuf euros par jour.

Lorsque les titres-restaurant sont émis sous forme dématérialisée, le salarié est débité de la somme exacte à payer, dans la limite du montant maximum journalier mentionné au premier alinéa.

Art. R. 3262-11. Le salarié qui quitte l'entreprise remet à l'employeur, au moment de son départ, les titres-restaurant en sa possession. Il est remboursé du montant de sa contribution à l'achat de ces titres.

SECTION 3 (RÉGLEMENTAIRE). Conditions de remboursement

Art. R. 3262-12. Lorsque l'employeur a acquis ses titres-restaurant auprès d'un émetteur spécialisé, il peut obtenir de celui-ci au cours du mois qui suit la période d'utilisation l'échange de ses titres inutilisés en ne versant que la commission normalement perçue par l'émetteur lors de la vente de ces titres.

Dans ce cas, le montant des commissions correspondant aux titres dont la non utilisation incombe aux salariés est remboursable par ces derniers à l'employeur.

Art. R. 3262-13. En application des dispositions de l'article L. 3262-5, la contre-valeur des titres-restaurant perdus ou périmés est versée à l'émetteur par l'établissement bancaire qui tient son compte de titres-restaurant.

L'émetteur est autorisé à opérer sur cette somme un prélèvement, dont le taux maximum est fixé par arrêté du ministre chargé de l'économie et des finances, et qui est destiné à couvrir forfaitairement les frais de répartition entraînés par l'application de l'article R. 3262-14 et les frais d'expert comptable prévus à l'article R. 3262-33.

Art. R. 3262-14. Lorsque l'émetteur est l'employeur mentionné au 1° de l'article L. 3262-1, il verse le solde disponible après le prélèvement prévu à l'article R. 3262-13 au (D. 2017-1819 du 29 déc. 2017, art. 3, 4°, JO 30, entrée en vigueur le 01.01.2018) « comité social et économique » s'il en existe un ou, à défaut, l'affecte dans un délai de six mois au budget des activités sociales et culturelles de son entreprise.

Lorsqu'il s'agit d'un émetteur spécialisé mentionné au 2° du même article, il répartit ce solde entre les (D. 2017-1819 du 29 déc. 2017, art. 3, 32°, JO 30, entrée en vigueur le 01.01.2018) « comités sociaux et économiques » des entreprises qui lui ont acheté des titres ou, à défaut, entre ces entreprises elles-mêmes, à due proportion des achats de titres opérés au cours de la période d'émission des titres perdus ou périmés. En l'absence de (D. 2017-1819 du 29 déc. 2017, art. 3, 4°, JO 30, entrée en vigueur le 01.01.2018) « comité social et économique », chaque entreprise utilise le solde lui revenant conformément aux dispositions du premier alinéa.

Art. R. 3262-15. En l'absence de motif légitime justifiant un retard de présentation et lorsque les titres-restaurant sont présentés postérieurement à l'évaluation mentionnée au second alinéa, leur montant ne peut être remboursé au restaurateur (D. 2010-220 du 3 mars 2010, JO 4) « ou au détaillant en fruits et légumes » par imputation sur le compte ouvert en application de l'article L. 3262-2.

Les modalités et la périodicité de l'évaluation du montant des titres-restaurant périmés sont fixées par arrêté du ministre chargé de l'économie et des finances.

SECTION 4 (RÉGLEMENTAIRE). Fonctionnement et contrôle des comptes de titres-restaurant

Sous-section 1. Fonctionnement

Art. R. 3262-16. L'établissement bancaire qui ouvre l'un des comptes des titres-restaurant prévus à l'article L. 3262-2 remet au titulaire de ce compte une attestation d'ouverture de compte en triple exemplaire.

Le titulaire du compte remet l'un de ces exemplaires au (D. 2014-551 du 27 mai 2014, art. 29, JO 29) « directeur départemental ou, le cas échéant, régional des finances publiques » dont il relève et le second à la Commission nationale des titres-restaurant mentionnée à la section 5. Il est délivré récépissé de ces remises.

Art. R. 3262-17. L'établissement bancaire adresse mensuellement à la Commission nationale des titres-restaurant le relevé de tous les mouvements de fonds affectant les comptes de titres-restaurant, à l'exception des seuls paiements aux restaurateurs et assimilés (D. 2010-220 du 3 mars 2010, JO 4) « et aux détaillants en fruits et légumes ».

Art. R. 3262-18. Lorsque l'établissement bancaire qui tient le compte fait établir les formules de titres-restaurant qui seront utilisées par l'émetteur titulaire de ce compte, ces formules ne sont remises à l'émetteur qu'après versement à ce compte d'une provision égale à la valeur libératoire des titres.

Art. R. 3262-19. Les titres-restaurant sont directement payables aux restaurateurs (D. 2010-220 du 3 mars 2010, JO 4) « et aux détaillants en fruits et légumes » par l'établissement bancaire qui tient le compte de l'émetteur.

Avant de procéder au paiement, l'organisme payeur s'assure, selon les modalités prévues aux articles R. 3262-26 à R. 3262-31, que le présentateur exerce la profession de restaurateur, (D. 2010-220 du 3 mars 2010, JO 4) « d'hôtelier restaurateur, ou une activité assimilée ou une activité de détaillant en fruits et légumes prévues au deuxième alinéa de l'article L. 3262-3 ».

Art. R. 3262-21. Lorsque les titres sont émis par une entreprise spécialisée, elle ne peut accepter en paiement que des versements correspondant à la valeur libératoire de ces titres.

Ces versements sont opérés :

1° Soit par virement direct à un compte de titres-restaurant ;

2° Soit au moyen de chèques bancaires à barrement spécial désignant l'établissement bancaire où le compte est ouvert et portant la mention « compte de titres-restaurant ».

Art. R. 3262-22. La délivrance de titres par un émetteur spécialisé est subordonnée :

1° Soit à la constitution d'une provision équivalente à la valeur libératoire des titres cédés ;

2° Soit au règlement simultané des titres-restaurant conformément à l'article R. 3262-21.

Dans le cas d'un chèque demeuré impayé, la provision correspondante est immédiatement rétablie.

Art. R. 3262-23. Un émetteur spécialisé est habilité à se faire ouvrir plusieurs comptes de titres-restaurant dans plusieurs établissements bancaires. Il peut opérer des virements d'un compte à l'autre.

Art. R. 3262-24. Sous la responsabilité de l'émetteur spécialisé, les sommes portées au crédit des comptes de titres-restaurant peuvent faire l'objet de placements temporaires sous réserve que leur montant demeure à tout moment immédiatement réalisable pour sa valeur nominale initiale.

Art. R. 3262-25. Les titres sont présentés au remboursement par les restaurateurs (D. 2010-220 du 3 mars 2010, JO 4) « ou les détaillants en fruits et légumes » à l'émetteur. Ce dernier donne ordre à l'établissement bancaire qui tient son compte d'en effectuer le paiement par imputation au débit de ce compte.

Ce paiement est opéré au moyen soit de virements bancaires, soit de chèques émis ou virés par cet établissement.

Le paiement est effectué dans un délai qui ne peut excéder vingt et un jours à compter de la réception du titre aux fins de règlement.

Sous-section 2. **Condition d'exercice de la profession de restaurateur ou assimilé ou des détaillants en fruits et légumes**

Art. R. 3262-26. L'exercice de la profession de restaurateur (D. 2010-220 du 3 mars 2010, JO 4) « ou de détaillant en fruits et légumes » exigé par les dispositions de l'article L. 3262-3 est vérifié par la Commission nationale des titres-restaurant mentionnée à la section 5 d'après les renseignements de notoriété dont elle dispose et au besoin par référence au numéro d'activité d'entreprise adopté par l'Institut national de la statistique et des études économiques (I.N.S.E.E.) et par les unions pour le recouvrement des cotisations de sécurité sociale (URSSAF).

(D. 2010-220 du 3 mars 2010, JO 4) « Les pièces que la commission peut demander au professionnel concerné pour l'application de l'alinéa ci-dessus sont précisées par arrêté du ministre chargé de l'économie et des finances. »

Art. R. 3262-27. Les personnes, les entreprises ou les organismes qui proposent à la vente au détail, à titre habituel et au moins six mois par an, des préparations alimentaires (D. 2010-1460 du 30 nov. 2010, JO 2 déc.) « mentionnées au deuxième alinéa de l'article R. 3262-4 » sans être en possession du numéro de code d'activité accordé aux restaurateurs et hôteliers restaurateurs peuvent être assimilés à ces derniers, à la condition d'avoir transmis par lettre recommandée avec avis de réception à la commission un dossier complet.

(D. 2010-220 du 3 mars 2010, JO 4) « La commission des titres-restaurant vérifie également que les préparations offertes sont conformes aux dispositions mentionnées à l'article R. 3262-4.

La composition du dossier mentionné au premier alinéa et les pièces nécessaires à la vérification par la commission prévue au deuxième alinéa de la conformité des préparations offertes sont précisées par un arrêté du ministre chargé de l'économie et des finances. »

Art. R. 3262-28. Les personnes, entreprises ou organismes qui assurent uniquement les prestations de portage ou de livraison de repas à domicile ne peuvent bénéficier de l'assimilation à l'activité de restaurateur.

Art. R. 3262-2**9.** Lorsque le dossier qu'a fait parvenir le demandeur de l'assimilation à la profession de restaurateur est complet et qu'il en résulte que l'intéressé remplit les conditions fixées à l'article R. 3262-27 pour bénéficier de cette assimilation, la commission lui adresse une attestation par lettre recommandée avec avis de réception.

Dès réception de cette attestation, l'assimilation est réputée accordée.

Art. R. 3262-30. Lorsque le dossier n'est pas complet, la commission adresse au demandeur de l'assimilation une lettre recommandée avec avis de réception mentionnant les pièces justificatives manquantes à produire dans le délai d'un mois suivant la réception de cette lettre recommandée. À défaut d'envoi des pièces complémentaires demandées dans le délai imparti, l'assimilation est réputée refusée.

À la réception des pièces complémentaires demandées, si l'intéressé remplit les conditions fixées à l'article R. 3262-27, la commission lui adresse une attestation par lettre recommandée avec avis de réception.

Dès réception de cette attestation, l'assimilation est réputée accordée.

Art. R. 3262-31. Lorsque, dans le délai d'un mois suivant la date de réception du dossier figurant sur l'avis de réception, la commission n'a pas adressé au demandeur de l'assimilation une attestation de dossier complet ou ne lui a pas demandé la production de pièces justificatives manquantes, l'assimilation est réputée accordée.

Art. R. 3262-32. Pour l'application du 2° de l'article R. 3262-36, les personnes, entreprises ou organismes assimilés aux restaurateurs adressent à nouveau au secrétariat de la commission, sous trente jours au terme d'un délai de douze mois suivant la date à laquelle l'assimilation est réputée leur avoir été accordée, les pièces du dossier mentionné à l'article R. 3262-27, mises à jour à la date d'expiration du délai de douze mois, afin de justifier de leur activité de vente de préparations alimentaires (D. 2010-1460 du 30 nov. 2010, JO 2 déc.) « mentionnées au deuxième alinéa de l'article R. 3262-4 » dans les conditions définies à ce même article.

À défaut d'avoir satisfait à l'obligation prévue au premier alinéa, les personnes, entreprises ou organismes assimilés ne bénéficient plus de l'assimilation aux restaurateurs.

Sous-section 3. **Contrôle de la gestion**

Art. R. 3262-33. L'émetteur de titres-restaurant fait appel à un expert comptable chargé de constater au moins une fois par an les opérations accomplies par cet émetteur.

Les constatations de cet expert comptable sont consignées dans un rapport que l'émetteur tient à la disposition de tout agent de contrôle.

Art. R. 3262-34. Par dérogation à l'article R. 3262-33, si l'émission des titres est assurée par l'employeur et qu'il existe un (D. 2017-1819 du 29 déc. 2017, art. 3, 4°, JO 30, entrée en vigueur le 01.01.2018) « comité social et économique », ce dernier opère le contrôle de la gestion des fonds.

Art. R. 3262-35. Un arrêté du ministre chargé de l'économie et des finances détermine les modalités d'application des articles R. 3262-33 et R. 3262-34.

SECTION 5 (RÉGLEMENTAIRE). Commission nationale des titres-restaurant

Sous-section 1. **Missions**

Art. R. 3262-36. La Commission nationale des titres-restaurant est chargée :

1° D'accorder l'assimilation à la profession de restaurateur aux personnes, entreprises ou organismes qui satisfont (D. 2010-1460 du 30 nov. 2010, JO 2 déc.) « aux conditions prévues à l'article R. 3262-4 et aux articles R. 3262-26 à R. 3262-32 » ;

2° De constater les cas où (D. 2010-220 du 3 mars 2010, JO 4) « les restaurateurs, les personnes, entreprises, organismes assimilés ou les détaillants en fruits et légumes » ont cessé leur activité ou ne satisfont plus aux conditions ouvrant droit au remboursement des titres-restaurant ;

3° De vérifier l'exercice de la profession de restaurateur (D. 2010-220 du 3 mars 2010, JO 4) « ou de celle de détaillant en fruits et légumes » conformément aux dispositions de l'article R. 3262-26 ;

4° De réunir les informations relatives aux conditions d'application du présent chapitre et de les transmettre aux administrations compétentes ;

5° De fournir aux émetteurs et aux utilisateurs de titres-restaurant les renseignements pratiques dont ils peuvent avoir besoin ;

6° De faciliter l'accord des parties intéressées sur les améliorations qui peuvent être apportées à l'émission et à l'utilisation des titres-restaurant ;

7° D'étudier et de transmettre à l'administration les propositions de modification de la réglementation des titres-restaurant ;

8° D'exercer un contrôle sur le fonctionnement des comptes de titres-restaurant ouverts par les entreprises émettrices afin d'assurer que sont respectées les obligations qui leur sont imposées ainsi que celles (D. 2010-220 du 3 mars 2010, JO 4) « des restaurateurs, organismes ou entreprises assimilés et des détaillants en fruits et légumes. »

Art. R. 3262-37. Pour permettre à la commission d'exercer la mission de contrôle prévue au 8° de l'article R. 3262-36, chaque société ou entreprise émettrice de titres-restaurant communique, au secrétariat de la commission, le rapport annuel établi par l'expert-comptable désigné à l'article R. 3262-33. Elle lui communique également, chaque mois :

1° Un état récapitulatif des entrées et sorties de titres-restaurant au cours du mois écoulé ;

2° Un état récapitulatif des mouvements ayant affecté, au cours du même mois, les fonds détenus au titre des comptes de titres-restaurant.

Art. R. 3262-38. À la demande de la commission, la société ou l'entreprise émettrice de titres-restaurant transmet au secrétariat :

1° L'état récapitulatif des restaurateurs et organismes ou entreprises, (D. 2010-220 du 3 mars 2010, JO 4) « des détaillants en fruits et légumes » qui, dans une circonscription donnée au cours d'une période donnée, ont présenté des titres de remboursement ;

2° Tout document comptable ou commercial de nature à justifier la régularité des opérations.

Art. R. 3262-39. La commission peut faire opérer, à tout moment par un expert-comptable, des contrôles auprès des entreprises émettrices et des émetteurs spécialisés.

Sous-section 2. **Organisation et fonctionnement**

Art. R. 3262-40. La Commission nationale des titres-restaurant comprend notamment des représentants des organisations représentatives d'employeurs et de salariés, des syndicats de restaurateurs et (D. 2010-1460 du 30 nov. 2010, JO 2 déc.) « de détaillants de fruits et légumes, et » des entreprises ayant pour activité principale l'émission de titres-restaurant.

Art. R. 3262-41. La composition et le fonctionnement de la commission sont déterminés par un arrêté conjoint des ministres chargés du travail et de l'économie et des finances.

Art. R. 3262-42. Les membres de la commission ne sont pas rémunérés.

Art. R. 3262-43. Le secrétariat de la commission est assuré par les services du ministre chargé de l'économie et des finances.

Le secrétaire général est désigné en accord avec le ministre chargé du travail.

Art. R. 3262-44. La commission est assistée d'un ou de plusieurs experts-comptables et désignés, sur sa proposition, par arrêté conjoint des ministres chargés du travail et de l'économie et des finances.

Art. R. 3262-45. La commission peut créer dans un département ou un groupe de départements des comités consultatifs dont la composition est analogue à la sienne.

SECTION 6 (RÉGLEMENTAIRE). Dispositions pénales

Art. R. 3262-46. Le fait de méconnaître les dispositions du premier et du troisième alinéa de l'article L. 3262-2, de l'article L. 3262-3 et du second alinéa de l'article L. 3262-5, est puni de l'amende prévue pour les contraventions de la quatrième classe.

Il en est de même des infractions aux dispositions des articles R. 3262-1, R. 3262-2, R. 3262-4 à R. 3262-11, R. 3262-16, R. 3262-17, R. 3262-20 à R. 3262-25, R. 3262-33 à R. 3262-35 et R. 3262-37 à R. 3262-39 ainsi que des entraves mises à l'exercice de la mission de contrôle impartie à la commission prévue à l'article R. 3262-36.

Chapitre III

Chèques-vacances

Art. L. 3263-1. Les dispositions relatives aux chèques-vacances sont prévues aux articles L. 411-1 à L. 411-17 du code du tourisme.

LIVRE III

DIVIDENDE DU TRAVAIL : INTÉRESSEMENT, PARTICIPATION ET ÉPARGNE SALARIALE

TITRE Ier

INTÉRESSEMENT

Chapitre Ier

Champ d'application

Art. L. 3311-1. Les dispositions du présent titre sont applicables aux employeurs de droit privé ainsi qu'à leurs salariés.

Elles sont également applicables :

1° Aux établissements publics à caractère industriel et commercial ;

2° Aux établissements publics administratifs lorsqu'ils emploient du personnel de droit privé.

(L. 2019-486 du 22 mai 2019, art. 155, I, 1°, JO 23, entrée en vigueur le 01.01.2019) « Pour l'application du présent titre, l'effectif salarié et le franchissement du seuil sont déterminés selon les modalités prévues au I de l'article L. 130-1 du code de la sécurité sociale. »

Un décret en Conseil d'État détermine les conditions dans lesquelles les dispositions du présent titre sont applicables aux entreprises publiques et aux sociétés nationales ne pouvant pas conclure une convention ou un accord collectif de travail mentionné à l'article L. 3312-5 (L. 2019-486 du 22 mai 2019, art. 155, I, 1°, JO 23, entrée en vigueur le 01.01.2019) « du présent code ».

Art. R. 3311-1. Dans les entreprises publiques dont le personnel est soumis pour les conditions de travail à un statut législatif ou réglementaire, les accords d'intéressement peuvent fixer un montant maximum des sommes à distribuer dans la limite du cinquième du total des salaires bruts versés aux salariés intéressés.

Art. R. 3311-2. Dans les entreprises publiques, les accords d'intéressement ne peuvent entrer en application qu'après avoir été homologués par arrêté du ministre chargé de l'économie et du ministre de tutelle après avis de la commission interministérielle de coordination des salaires.

Art. R. 3311-3. (D. 2009-350 du 30 mars 2009, JO 31) Les dispositions du présent titre sont également applicables aux personnes mentionnées aux articles L. 3312-2 et L. 3312-3.

Art. D. 3311-4. (D. 2009-351 du 30 mars 2009, JO 31) Les salariés d'un groupement d'employeurs qui n'a pas mis en place un dispositif d'intéressement peuvent bénéficier du dispositif d'intéressement mis en place dans chacune des entreprises du groupement auprès de laquelle ils sont mis à disposition si l'accord le prévoit.

Chapitre II

Mise en place de l'intéressement

Art. L. 3312-1. L'intéressement a pour objet d'associer collectivement les salariés aux résultats ou aux performances de l'entreprise.

Il présente un caractère aléatoire et résulte d'une formule de calcul liée à ces résultats ou performances.

Il est facultatif.

Art. L. 3312-2. Toute entreprise qui satisfait aux obligations incombant à l'employeur en matière de représentation du personnel peut instituer, par voie d'accord, un intéressement collectif des salariés.

(L. 2015-990 du 6 août 2015, art. 155, 1°, JO 7) «Toute entreprise employant moins de cinquante salariés peut bénéficier d'un dispositif d'intéressement conclu par la branche.»

(L. 2008-1258 du 3 déc. 2008, art. 7, JO 4) «Le salarié d'un groupement d'employeurs peut bénéficier du dispositif d'intéressement mis en place dans chacune des entreprises adhérentes du groupement auprès de laquelle il est mis à disposition dans des conditions fixées par décret.»

Art. D. 3312-1. (D. 2020-795 du 26 juin 2020, JO 28) Lorsqu'un accord de branche d'intéressement ouvre des choix aux parties signataires au niveau de l'entreprise, l'accord déposé peut ne contenir que les clauses résultant de ces choix.

Dans les entreprises de moins de cinquante salariés, lorsqu'un accord de branche d'intéressement propose un accord type au niveau de l'entreprise, l'employeur peut appliquer cet accord type conformément aux dispositions de l'accord de branche en vigueur, au moyen d'un document unilatéral, dans les conditions prévues à l'article L. 2232-10-1.

Art. L. 3312-3. Dans les entreprises (L. 2019-486 du 22 mai 2019, art. 11, VI, 7°, JO 23, entrée en vigueur le 01.01.2020) «employant au moins un salarié et moins de deux cent cinquante salariés», peuvent bénéficier des dispositions du présent titre:

1° Les chefs de ces entreprises;

2° Les présidents, directeurs généraux, gérants ou membres du directoire s'il s'agit de personnes morales;

3° Le conjoint (L. 2019-486 du 22 mai 2019, art. 155, I, 17°, JO 23) «ou le partenaire lié par un pacte civil de solidarité» du chef d'entreprise s'il a le statut de conjoint collaborateur ou de conjoint associé mentionné à l'article L. 121-4 du code de commerce (L. 2012-387 du 22 mars 2012, art. 79, JO 23) «ou à l'article L. 321-5 du code rural et de la pêche maritime».

Toutefois, un accord d'intéressement ne peut être conclu dans une entreprise dont l'effectif est limité à un salarié si celui-ci a également la qualité de président, directeur général, gérant ou membre du directoire.

(L. 2019-486 du 22 mai 2019, art. 155, I, 2°, JO 23) «Par dérogation à l'avant-dernier alinéa de l'article L. 3311-1 du présent code, le II de l'article L. 130-1 du code la sécurité sociale ne s'applique pas au franchissement du seuil d'un salarié.»

Art. L. 3312-4. Les sommes attribuées aux bénéficiaires en application de l'accord d'intéressement ou au titre du supplément d'intéressement mentionné à l'article L. 3314-10 (Ord. 2018-474 du 12 juin 2018, art. 6, 1°, JO 13) «sont exclues des assiettes des cotisations définies aux articles L. 131-6 et L. 242-1 du code de la sécurité sociale et aux articles L. 731-14, L. 731-15 et L. 741-10 du code rural et de la pêche maritime». Ces sommes ne peuvent se substituer à aucun des éléments de rémunération, au sens des mêmes articles, en vigueur dans l'entreprise ou qui deviennent obligatoires en vertu de dispositions légales ou de clauses contractuelles.

Toutefois, en cas de suppression totale ou partielle d'un élément de rémunération, cette règle de non-substitution ne peut avoir pour effet de remettre en cause les exonérations prévues tant au présent article qu'aux articles L. 3315-1 à L. 3315-3, dès lors qu'un délai de douze mois s'est écoulé entre le dernier versement de cet élément de rémunération et la date d'effet de cet accord.

Les sommes mentionnées au premier alinéa n'ont pas le caractère d'élément de salaire pour l'application de la législation du travail.

Art. L. 3312-5. (L. 2020-734 du 17 juin 2020, art. 18, 1°, JO 18) «I. –» Les accords d'intéressement sont conclus pour une durée de trois ans, selon l'une des modalités suivantes:

1° Par convention ou accord collectif de travail;

2° Par accord entre l'employeur et les représentants d'organisations syndicales représentatives dans l'entreprise;

3° Par accord conclu au sein du (Ord. 2017-1386 du 22 sept. 2017, art. 4, 20°, JO 23, entrée en vigueur au plus tard le 01.01.2018) «comité social et économique»;

4° À la suite de la ratification, à la majorité des deux tiers du personnel, d'un projet d'accord proposé par l'employeur. Lorsqu'il existe dans l'entreprise une ou plusieurs organisations syndicales représentatives ou un (Ord. 2017-1386 du 22 sept. 2017, art. 4, 20°, JO 23, entrée en vigueur au plus tard le 01.01.2018) «comité social et économique», la ratification est demandée conjointement par l'employeur et une ou plusieurs de ces organisations ou ce comité.

(L. 2008-1258 du 3 déc. 2008, art. 8, JO 4) «Si aucune des parties habilitées à négocier ou à ratifier un accord d'intéressement dans les conditions prévues (L. 2015-990 du 6 août 2015, art. 166, JO 7) «au présent article» ne demande de renégociation dans les trois mois précédant la date d'échéance de l'accord, ce dernier est renouvelé par tacite reconduction (L. 2015-990 du 6 août 2015, art. 166, JO 7) «pour une durée de trois ans», si l'accord d'origine en prévoit la possibilité.»

(L. 2020-734 du 17 juin 2020, art. 18, 1°, JO 18) «II. – Par dérogation au I du présent article, l'employeur d'une entreprise de moins de onze salariés dépourvue de délégué syndical ou de membre élu de la délégation du personnel du comité social et économique peut également mettre en place, par décision unilatérale, un régime d'intéressement pour une durée comprise entre un et trois ans, à la condition qu'aucun accord d'intéressement ne soit applicable ni n'ait été conclu dans l'entreprise depuis au moins cinq ans avant la date d'effet de sa décision. Il en informe les salariés par tous moyens.

Le régime d'intéressement mis en place unilatéralement en application du présent II vaut accord d'intéressement au sens du I du présent article et au sens de l'article 81 du code général des impôts. Les dispositions du présent titre s'appliquent à ce régime, à l'exception des articles L. 3312-6 et L. 3314-7.

Au terme de la période de validité, le régime d'intéressement ne peut être reconduit dans l'entreprise concernée qu'en empruntant l'une des modalités prévues au I du présent article.»

Art. L. 3312-6. Dans les entreprises ou les groupes disposant d'un accord d'intéressement et concourant avec d'autres entreprises à une activité caractérisée et coordonnée, un accord peut être conclu pour prévoir que tout ou partie des salariés bénéficie d'un intéressement de projet.

Cet accord d'intéressement de projet est négocié dans les conditions prévues au présent chapitre s'il n'implique que tout ou partie des salariés d'une même entreprise ou d'un même groupe. Il est négocié selon des modalités identiques à celles prévues au premier alinéa de l'article L. 3333-2 s'il concerne tout ou partie des salariés d'entreprises qui ne constituent pas un groupe.

Dans les deux cas, la majorité des deux tiers requise pour la ratification s'entend sur les personnels entrant dans le champ d'application du projet.

(L. 2019-486 du 22 mai 2019, art. 155, I, 3°, JO 23) «Dans les entreprises disposant d'un accord d'intéressement, cet accord peut comporter un intéressement de projet définissant un objectif commun à tout ou partie des salariés de l'entreprise.»

L'accord définit un champ d'application et une période de calcul spécifiques, qui peuvent différer de ceux prévus aux articles L. 3311-1 et L. 3312-5 sans pouvoir excéder trois ans.

L'application à l'intéressement de projet des dispositions du premier alinéa de l'article L. 3312-4 ne donne pas lieu à application de l'article L. 131-7 du code de la sécurité sociale.

Art. R. 3312-2. Les dispositions du présent titre sont applicables à l'intéressement de projet mentionné à l'article L. 3312-6.

Art. L. 3312-8. (L. 2008-1258 du 3 déc. 2008, art. 3, JO 4) Un régime d'intéressement peut être établi au niveau de la branche. Elles concluent à cet effet un accord dans les conditions prévues à l'article L. 3312-5.

Chapitre III
Contenu et régime des accords

SECTION 1. Contenu des accords

Art. L. 3313-1. L'accord d'intéressement institue un système d'information du personnel et de vérification des modalités d'exécution de l'accord.

Il comporte notamment un préambule indiquant les motifs de l'accord ainsi que les raisons du choix des modalités de calcul de l'intéressement et des critères de répartition de ses produits.

Art. L. 3313-2. L'accord d'intéressement définit notamment:

1° La période pour laquelle il est conclu;

2° Les établissements concernés;

3° Les modalités d'intéressement retenues;

4° Les modalités de calcul de l'intéressement et les critères de répartition de ses produits dans le respect des dispositions prévues aux articles L. 3314-1 à L. 3314-7;

5° Les dates de versement;

6° Les conditions dans lesquelles le (Ord. 2017-1386 du 22 sept. 2017, art. 4, 49°, JO 23, entrée en vigueur au plus tard le 01.01.2018) «comité social et économique ou une commission spécialisée créée par lui dispose» des moyens d'information nécessaires sur les conditions d'application des clauses du contrat;

7° Les procédures convenues pour régler les différends qui peuvent surgir dans l'application de l'accord ou lors de sa révision.

SECTION 2. Régime des accords

Sous-section 1. Dépôt et contrôle administratif

Art. L. 3313-3. L'accord d'intéressement est déposé auprès de l'autorité administrative dans un délai déterminé par voie réglementaire.

(L. 2019-486 du 22 mai 2019, art. 155, I, 5°, JO 23) «En l'absence d'observation de l'autorité administrative à l'expiration du délai prévu à l'article L. 3345-2, les exonérations prévues aux articles L. 3315-1 à L. 3315-3 sont réputées acquises pour la durée de l'accord prévue à l'article L. 3312-2.

Par dérogation au deuxième alinéa du présent article, l'autorité administrative peut, jusqu'à la fin du sixième mois suivant le dépôt des accords d'intéressement, formuler des demandes de modification de dispositions contraires aux dispositions légales afin que l'entreprise puisse se mettre en conformité pour les exercices suivants celui du dépôt. Si l'autorité administrative n'a pas formulé de telles demandes dans ce nouveau délai, les exonérations prévues aux articles L. 3312-4 et L. 3315-1 à L. 3315-3 sont réputées acquises pour la durée de l'accord prévue à l'article L. 3312-2.»

Art. D. 3313-1. (D. 2020-795 du 26 juin 2020, JO 28) L'accord d'intéressement ou le document unilatéral prévu à l'article D. 3312-1 est déposé sur la plateforme de téléprocédure mentionnée à l'article D. 2231-4 dans les conditions prévues à cet article et au II de l'article D. 2231-2, dans un délai de quinze jours à compter de la date limite prévue à l'article L. 3314-4.

Art. D. 3313-3. Lorsque l'accord qui assure l'intéressement des salariés à l'entreprise résulte d'une formule de calcul prenant en compte les résultats de l'une ou plusieurs des entreprises qui lui sont liées, au sens de l'article L. 233-16 du code de commerce, la liste de ces entreprises dont le siège social est situé en France est annexée au texte de l'accord déposé.

Il est fait mention, pour chaque entreprise liée, de l'adresse de son siège social, de ses effectifs ainsi que des dates de conclusion, d'effet et de dépôt de l'accord d'intéressement en vigueur dans l'entreprise.

Sous-section 2. Modification dans la situation juridique de l'entreprise

Art. L. 3313-4. (L. 2019-486 du 22 mai 2019, art. 155, I, 6°, JO 23) «Lorsqu'une modification survenue dans la situation juridique de l'entreprise, notamment par fusion, cession ou scission, nécessite la mise en place de nouvelles institutions représentatives du personnel, l'accord d'intéressement se poursuit ou peut être renouvelé selon l'une des modalités prévues à l'article L. 3312-5.»

Lorsque cette modification rend impossible l'application de l'accord d'intéressement, cet accord cesse de produire effet entre le nouvel employeur et les salariés de l'entreprise.

En l'absence d'accord d'intéressement applicable à la nouvelle entreprise, celle-ci engage dans un délai de six mois une négociation, selon l'une des modalités prévues à l'article L. 3312-5, en vue de la conclusion éventuelle d'un nouvel accord.

Sous-section 2 (réglementaire). **Modification et dénonciation**

Art. D. 3313-5. L'accord d'intéressement ne peut être modifié ou dénoncé que par l'ensemble des signataires et dans la même forme que sa conclusion, sauf en cas de dénonciation prévu au deuxième alinéa de l'article L. 3345-2.

(D. 2020-795 du 26 juin 2020, JO 28) «Toutefois, lorsque la modification ou la dénonciation dans la même forme que sa conclusion est rendue impossible par la disparition d'un ou plusieurs signataires d'origine, l'accord peut être dénoncé ou peut faire l'objet d'un avenant selon l'une des modalités prévues au I de l'article L. 3312-5.»

Art. D. 3313-6. L'avenant modifiant l'accord d'intéressement en vigueur est déposé selon les mêmes formalités et délais que l'accord.

Art. D. 3313-7. (D. 2020-795 du 26 juin 2020, JO 28) Pour être applicable à l'exercice en cours, la dénonciation de l'accord d'intéressement ou du document unilatéral prévu à l'article D. 3312-1 est déposée dans le délai prévu à l'article D. 3313-1.

Sous-section 3 (réglementaire). **Reconduction**

Note La sous-section a été introduite par le décret 2009-351 du 30 mars 2009, JO 31.

Art. D. 3313-7-1. (D. 2015-1606 du 7 déc. 2015, JO 9, entrée en vigueur le 01.01.2016) Si l'accord est conclu selon la modalité prévue au 4° de l'article L. 3312-5, la demande de renégociation est formalisée par la production d'un des documents mentionnés au 3° de l'article D. 3345-1.

SECTION 2 (RÉGLEMENTAIRE). **Information des salariés**

Art. D. 3313-8. Une note d'information, qui mentionne notamment les dispositions prévues à l'article D. 3313-11, est remise au salarié bénéficiaire d'un accord d'intéressement.

Art. D. 3313-9. La somme attribuée à un salarié en application de l'accord d'intéressement fait l'objet d'une fiche distincte du bulletin de paie.

Cette fiche mentionne :

1° Le montant global de l'intéressement ;

2° Le montant moyen perçu par les bénéficiaires ;

3° Le montant des droits attribués à l'intéressé ;

4° La retenue opérée au titre de la contribution sociale généralisée et de la contribution au remboursement de la dette sociale ;

(D. 2015-1606 du 7 déc. 2015, JO 9, entrée en vigueur le 01.01.2016) « 5° Lorsque l'intéressement est investi sur un plan d'épargne salariale, le délai à partir duquel les droits nés de cet investissement sont négociables ou exigibles et les cas dans lesquels ces droits peuvent être exceptionnellement liquidés ou transférés avant l'expiration de ce délai ;

6° Les modalités d'affectation par défaut au plan d'épargne d'entreprise des sommes attribuées au titre de l'intéressement, conformément aux dispositions de l'article L. 3315-2. »

Elle comporte également, en annexe, une note rappelant les règles essentielles de calcul et de répartition prévues par l'accord d'intéressement.

(D. 2009-351 du 30 mars 2009, JO 31) «(D. 2020-795 du 26 juin 2020, JO 28) «Sauf opposition du salarié» concerné, la remise de cette fiche distincte peut être effectuée par voie électronique, dans des conditions de nature à garantir l'intégrité des données.»

Art. D. 3313-10. Lorsqu'un salarié susceptible de bénéficier de l'intéressement quitte l'entreprise avant que celle-ci ait été en mesure de calculer les droits dont il est titulaire, l'employeur lui demande l'adresse à laquelle il pourra être informé de ses droits et lui demande de le prévenir de ses changements d'adresse éventuels.

Lorsque l'accord d'intéressement a été mis en place après que des salariés susceptibles d'en bénéficier ont quitté l'entreprise, ou lorsque le calcul et la répartition de l'intéressement interviennent après un tel départ, la fiche et la note prévue à l'article D. 3313-9 sont également adressées à ces bénéficiaires pour les informer de leurs droits.

Art. D. 3313-11. Lorsque le bénéficiaire ne peut être atteint à la dernière adresse indiquée par lui, les sommes auxquelles il peut prétendre sont tenues à sa disposition par l'entreprise pendant une durée d'un an à compter de la date limite de versement de l'intéressement prévue à l'article L. 3314-9.

Passé ce délai, ces sommes sont remises à la Caisse des dépôts et consignations où l'intéressé peut les réclamer (D. 2009-351 du 30 mars 2009, JO 31) «jusqu'au terme (D. 2015-1606 du 7 déc. 2015, JO 9, entrée en vigueur le 01.01.2016) «des délais prévus au III de l'article L. 312-20 du code monétaire et financier».»

SECTION 3 (RÉGLEMENTAIRE). Disponibilité des droits des bénéficiaires

Art. R. 3313-12. (D. 2015-1606 du 7 déc. 2015, JO 9, entrée en vigueur le 01.01.2016) I. – L'accord d'intéressement prévoit les modalités d'information de chaque bénéficiaire.

Cette information porte notamment sur:

1° Les sommes qui sont attribuées au titre de l'intéressement;

2° Le montant dont il peut demander le versement;

3° Le délai dans lequel il peut formuler sa demande;

4° L'affectation de ces sommes au plan d'épargne d'entreprise ou au plan d'épargne interentreprises, dès lors que l'un ou l'autre plan a été mis en place au sein de l'entreprise, en cas d'absence de demande de sa part, conformément aux dispositions de l'article L. 3315-2.

II. – La demande du bénéficiaire est formulée dans un délai de quinze jours à compter de la date à laquelle il a été informé du montant qui lui est attribué. L'accord précise la date à laquelle le bénéficiaire est présumé avoir été informé.

En l'absence de stipulation conventionnelle, le bénéficiaire formule sa demande dans un délai de quinze jours à compter de la réception, par tout moyen permettant d'apporter la preuve de celle-ci, du document l'informant du montant qui lui est attribué et dont il peut demander le versement.

Si le bénéficiaire ne demande pas le versement de ces sommes, et lorsque l'entreprise a mis en place un plan d'épargne d'entreprise ou, le cas échéant, un plan d'épargne interentreprises, elles ne sont négociables ou exigibles qu'à l'expiration du délai d'indisponibilité prévu dans le règlement du plan.

Art. D. 3313-13. (D. 2015-1606 du 7 déc. 2015, JO 9, entrée en vigueur le 01.01.2016) Lorsqu'un bénéficiaire demande le versement de l'intéressement conformément aux dispositions de l'article R. 3313-12, ou lorsque l'intéressement est affecté à un plan d'épargne salariale, l'entreprise effectue ce versement avant le premier jour du sixième mois suivant la clôture de l'exercice de calcul au titre duquel l'intéressement est dû. Lorsque cet exercice de calcul est inférieur à douze mois, le versement intervient avant le premier jour du troisième mois.

Passé ces délais, l'entreprise complète le versement prévu au premier alinéa par un intérêt de retard égal à 1,33 fois le taux moyen de rendement des obligations des sociétés privées mentionné à l'article 14 de la loi n° 47-1775 du 10 septembre 1947 portant statut de la coopération.

Les intérêts sont versés en même temps que le principal.

Chapitre IV

Calcul, répartition et distribution de l'intéressement

SECTION 1. Calcul de l'intéressement

Art. L. 3314-1. Les modalités de calcul de l'intéressement peuvent varier selon les établissements et les unités de travail. À cet effet, l'accord d'intéressement peut renvoyer à des accords d'établissement.

Art. L. 3314-2. Pour ouvrir droit aux exonérations prévues aux articles L. 3315-1 à L. 3315-3, l'intéressement collectif des salariés doit présenter un caractère aléatoire et résulter d'une formule de calcul liée :

1° Soit aux résultats ou aux performances de l'entreprise au cours d'une année ou d'une période d'une durée inférieure, exprimée en nombre entier de mois au moins égal à trois ;

2° Soit aux résultats de l'une ou plusieurs de ses filiales au sens de l'article L. 233-16 du code de commerce, dès lors que, à la date de conclusion de l'accord, au moins deux tiers des salariés de ces filiales situées en France sont couverts par un accord d'intéressement.

(L. 2019-486 du 22 mai 2019, art. 156, JO 23) « La formule de calcul décrite au 1° peut être complétée d'un objectif pluriannuel lié aux résultats ou aux performances de l'entreprise. »

Art. L. 3314-3. L'intéressement aux résultats des salariés d'un groupement d'intérêt économique ou d'un groupement d'employeurs peut prendre en compte les résultats ou les performances des entreprises membres du groupement.

Art. L. 3314-4. Pour ouvrir droit aux exonérations prévues aux articles L. 3315-1 à L. 3315-3, l'accord d'intéressement doit avoir été conclu avant le premier jour de la deuxième moitié de la période de calcul suivant la date de sa prise d'effet.

SECTION 2. Répartition de l'intéressement

Art. L. 3314-5. La répartition de l'intéressement entre les bénéficiaires peut être uniforme, proportionnelle à la durée de présence dans l'entreprise au cours de l'exercice ou proportionnelle aux salaires. L'accord peut également retenir conjointement ces différents critères. Ces critères peuvent varier selon les établissements et les unités de travail. À cet effet, l'accord peut renvoyer à des accords d'établissement.

Sont assimilées à des périodes de présence :

1° Les périodes de congé de maternité prévu à l'article L. 1225-17, de congé d'adoption prévu à l'article L. 1225-37 (L. 2020-692 du 8 juin 2020, art. 1er, II, 1°, JO 9) « et de congé de deuil prévu à l'article L. 3142-1-1 » ;

2° Les périodes de suspension du contrat de travail consécutives à un accident du travail ou à une maladie professionnelle en application de l'article L. 1226-7 ;

(L. 2020-546 du 11 mai 2020, art. 6, JO 12, entrée en vigueur le 12.05.2020) « 3° Les périodes de mise en quarantaine au sens du 3° du I de l'article L. 3131-15 du code de la santé publique. »

Art. L. 3314-6. Pour les personnes mentionnées à l'article L. 3312-3, lorsqu'elle est proportionnelle aux salaires, la répartition prend en compte la rémunération annuelle ou le revenu professionnel imposé à l'impôt sur le revenu au titre de l'année précédente, dans la limite d'un plafond égal au salaire le plus élevé versé dans l'entreprise.

(L. 2019-486 du 22 mai 2019, art. 155, I, 7°, JO 23) « Toutefois, si l'accord le prévoit, pour les personnes mentionnées au 3° du même article L. 3312-3, la répartition proportionnelle aux salaires peut retenir un montant qui ne peut excéder le quart du plafond mentionné au premier alinéa de l'article L. 241-3 du code de la sécurité sociale. »

Art. L. 3314-7. L'accord d'intéressement homologué en application de l'ordonnance n° 59-126 du 7 janvier 1959 tendant à favoriser l'association ou l'intéressement des travailleurs à l'entreprise peut continuer de retenir les critères de répartition fondés sur l'ancienneté et la qualification tel qu'il a été homologué dans ce cadre, dès lors qu'il aura été renouvelé sans discontinuité depuis sa dernière homologation.

Art. D. 3314-2. Les primes versées aux salariés en application de l'accord d'intéressement et déductibles du résultat imposable en application de l'article L. 3315-1 peuvent provenir de la répartition, entre l'ensemble des salariés de l'entreprise ou d'un ou plusieurs établissements, selon le champ d'application de l'accord :

1° Soit d'une somme globale résultant du mode d'intéressement retenu pour cette entreprise ou ce ou ces établissements ;

2° Soit de sommes dont les critères et modalités de calcul et de répartition peuvent être, le cas échéant, adaptés aux différents établissements ou unités de travail dans les conditions prévues par l'accord.

Art. R. 3314-3. Lorsque la répartition de l'intéressement est proportionnelle aux salaires, les salaires à prendre en compte au titre des périodes de congés, de maternité et d'adoption ainsi que des périodes de suspension consécutives à un accident du travail ou à une maladie professionnelle sont ceux qu'aurait perçus le bénéficiaire s'il avait été présent.

Art. R. 3314-4. Les dispositions du présent titre sont, à l'exception de celles des articles D. 3313-5 à D. 3313-7, applicables au supplément d'intéressement prévu à l'article L. 3314-10 et à l'accord spécifique de répartition auquel il peut donner lieu.

SECTION 3. Distribution de l'intéressement

Art. L. 3314-8. Le montant global des primes distribuées aux bénéficiaires ne doit pas dépasser annuellement 20 % du total des salaires bruts et, le cas échéant, de la rémunération annuelle ou du revenu professionnel des bénéficiaires mentionnés à l'article L. 3312-3 imposé à l'impôt sur le revenu au titre de l'année précédente versés aux personnes concernées.

Le montant des primes distribuées à un même bénéficiaire ne peut, au titre d'un même exercice, excéder une somme égale (L. 2019-486 du 22 mai 2019, art. 155, I, 8°, JO 23) «aux trois quarts» du montant du plafond annuel moyen retenu pour le calcul des cotisations de sécurité sociale.

Art. D. 3314-1. Les salaires à prendre en considération pour le calcul du plafond prévu au premier alinéa de l'article L. 3314-8 sont le total des salaires bruts versés à l'ensemble des salariés de l'entreprise ou d'un ou plusieurs établissements, suivant le champ d'application de l'accord d'entreprise.

Art. L. 3314-9. Toute somme versée aux bénéficiaires en application de l'accord d'intéressement au-delà du (L. 2015-990 du 6 août 2015, art. 153, I, JO 7) «dernier jour du cinquième mois suivant la clôture de l'exercice produit un intérêt de retard égal à 1,33 fois le taux fixé à l'article 14 de la loi n° 47-1775 du 10 septembre 1947 portant statut de la coopération». Ces intérêts, à la charge de l'entreprise, sont versés en même temps que le principal et bénéficient du régime d'exonération prévu aux articles L. 3315-1 à L. 3315-3.

Lorsque la formule de calcul de l'intéressement retient une période inférieure à une année, les intérêts commencent à courir le premier jour du troisième mois suivant la fin de la période de calcul de l'intéressement.

Art. L. 3314-10. Le conseil d'administration ou le directoire peut décider de verser un supplément d'intéressement collectif au titre de l'exercice clos, dans le respect des plafonds mentionnés à l'article L. 3314-8 et selon les modalités de répartition prévues par l'accord d'intéressement ou par un accord spécifique conclu selon les modalités prévues à l'article L. 3312-5.

Ces sommes peuvent notamment être affectées à la réalisation d'un plan d'épargne d'entreprise, d'un plan d'épargne interentreprises (Ord. 2019-766 du 24 juil. 2019, art. 7, IV, 6°, JO 25, entrée en vigueur le 01.10.2019) «, d'un plan d'épargne pour la retraite collectif ou d'un plan d'épargne retraite d'entreprise collectif».

Dans une entreprise où il n'existe ni conseil d'administration, ni directoire, l'employeur peut décider le versement d'un supplément d'intéressement, dans les conditions prévues au présent article.

L'application au supplément d'intéressement des dispositions du premier alinéa de l'article L. 3312-4 ne donne pas lieu à application de l'article L. 131-7 du code de la sécurité sociale.

Art. L. 3314-11. (L. 2019-486 du 22 mai 2019, art. 157, JO 23) Les sommes qui n'auraient pu être mises en distribution en raison des règles définies aux articles L. 3314-5 et L. 3314-8 font l'objet, si l'accord le prévoit, d'une répartition immédiate entre tous les salariés et, le cas échéant, les bénéficiaires mentionnés à l'article L. 3312-3 auxquels ont été versées des sommes d'un montant inférieur au plafond des droits individuels fixé à l'article L. 3314-8. Ce plafond ne peut être dépassé du fait de cette répartition supplémentaire, effectuée selon les mêmes modalités que la répartition originelle.

Chapitre V
Régime social et fiscal de l'intéressement

Art. L. 3315-1. Les entreprises qui mettent en œuvre l'intéressement dans les conditions prévues au présent titre peuvent déduire des bases retenues pour l'assiette de l'impôt sur les sociétés ou de l'impôt sur le revenu le montant des sommes versées en espèces aux bénéficiaires en application de l'accord d'intéressement.

Ces sommes sont soumises à l'impôt sur le revenu selon les règles fixées au a du 5 de l'article 158 du code général des impôts.

Ces dispositions ne sont pas applicables aux sommes versées aux exploitants individuels, aux associés de sociétés de personnes et assimilées n'ayant pas opté pour leur assujettissement à l'impôt sur les sociétés et aux conjoints collaborateurs et associés.

Art. L. 3315-2. Lorsqu'un bénéficiaire a adhéré à un plan d'épargne d'entreprise mentionné au titre III et qu'il affecte, dans un délai prévu par voie réglementaire, à la réalisation de ce plan tout ou partie des sommes qui lui sont attribuées par l'entreprise au titre de l'intéressement, ces sommes sont exonérées d'impôt sur le revenu dans la limite d'un montant égal (L. 2019-486 du 22 mai 2019, art. 155, I, 9°, JO 23) «aux trois quarts» du plafond annuel moyen retenu pour le calcul des cotisations de sécurité sociale.

(L. 2015-990 du 6 août 2015, art. 150, I, JO 7) «Lorsque le salarié et, le cas échéant, le bénéficiaire mentionné au 1° de l'article L. 3312-3 ne demandent pas le versement, en tout ou partie, des sommes qui leur sont attribuées au titre de l'intéressement, ni leur affectation au plan prévu au premier alinéa du présent article, leur quote-part d'intéressement y est affectée dans les conditions prévues par l'accord mentionné à l'article L. 3312-5. Cet accord précise les modalités d'information du salarié sur cette affectation. À défaut de précision dans l'accord, ces conditions et ces modalités sont déterminées par décret.»

Art. L. 3315-3. Lorsqu'un bénéficiaire mentionné au troisième alinéa de l'article L. 3315-1 qui a adhéré à un plan d'épargne salariale prévu au titre III affecte à la réalisation de ce plan tout ou partie des sommes qui lui sont attribuées par l'entreprise au titre de l'intéressement, ces sommes sont exclues de l'assiette des bénéfices non commerciaux et de l'assiette des bénéfices industriels et commerciaux, dans la limite d'un plafond égal (L. 2019-486 du 22 mai 2019, art. 155, I, 9°, JO 23) «aux trois quarts» du plafond annuel moyen retenu pour le calcul des cotisations de sécurité sociale.

Art. L. 3315-4. Les accords d'intéressement conclus au sein d'un groupe de sociétés établies dans plusieurs États membres de la Communauté européenne ouvrent droit aux exonérations prévues aux articles L. 3315-1 à L. 3315-3 pour les primes versées à leurs salariés ainsi qu'aux personnes mentionnées à l'article L. 3312-3 par les entreprises situées en France, parties à ces accords.

Art. L. 3315-5. Lorsqu'un accord, valide au sens de l'article L. 2232-2, a été conclu ou déposé hors délai, il produit ses effets entre les parties mais n'ouvre droit aux exonérations que pour les périodes de calcul ouvertes postérieurement au dépôt.

TITRE II
PARTICIPATION AUX RÉSULTATS DE L'ENTREPRISE

Chapitre Ier
Champ d'application

Art. L. 3321-1. Les dispositions du présent titre sont applicables aux employeurs de droit privé et à leurs salariés.

(L. 2008-1258 du 3 déc. 2008, art. 9, JO 4) «Un décret en Conseil d'État détermine les établissements publics de l'État à caractère industriel et commercial et les sociétés, groupements ou personnes morales, quel que soit leur statut juridique, dont plus de la moitié du capital est détenue directement par l'État, qui sont soumis aux dispositions du présent titre. Ce décret fixe les conditions dans lesquelles ces dispositions leur sont applicables.»

(L. 2008-1258 du 3 déc. 2008, art. 9, JO 4) «Les dispositions du présent titre sont également applicables aux sociétés, groupements ou personnes morales, quel que soit leur statut juridique, dont plus de la moitié du capital est détenue, ensemble ou séparément, indirectement par l'État et directement ou indirectement par ses établissements publics, s'ils ne bénéficient pas de subventions d'exploitation, ne sont pas en situation de monopole et ne sont pas soumis à des prix réglementés.

Un décret en Conseil d'État peut déterminer les sociétés, groupements ou personnes morales, quel que soit leur statut juridique, dont plus de la moitié du capital est détenue, ensemble ou séparément, indirectement par l'État et directement ou indirectement par ses établissements publics, bénéficiant de subventions d'exploitation, étant en situation de monopole ou soumis à des prix réglementés, qui sont soumis aux dispositions du présent titre. Ce décret fixe les conditions dans lesquelles ces dispositions leur sont applicables.»

(L. 2019-486 du 22 mai 2019, art. 155, I, 10°, JO 23, entrée en vigueur le 01.01.2019) «Lorsque, dans le présent titre, il est fait référence à l'effectif salarié, cet effectif et le franchissement du seuil sont déterminés au niveau de l'entreprise ou de l'unité économique et sociale selon les modalités prévues à l'article L. 130-1 du code de la sécurité sociale.»

Art. L. 3321-2. Un décret en Conseil d'État détermine les conditions dans lesquelles le présent titre est appliqué aux sociétés mères et aux sociétés filiales.

Art. R. 3321-1. (D. 2009-350 du 30 mars 2009, JO 31) Les dispositions du présent titre, à l'exception des articles R. 3322-1, R. 3322-2, D. 3323-4, R. 3323-6, R. 3323-10 et D. 3324-1, sont également applicables aux personnes mentionnées au deuxième alinéa de l'article L. 3323-6 et au troisième alinéa de l'article L. 3324-2.

Art. D. 3321-2. (D. 2009-351 du 30 mars 2009, JO 31) Les salariés d'un groupement d'employeurs qui n'a pas mis en place un dispositif de participation peuvent bénéficier des dispositifs de participation mis en place dans chacune des entreprises du groupement auprès de laquelle ils sont mis à disposition si l'accord le prévoit.

Chapitre II

Mise en place de la participation

SECTION 1. Mise en place dans l'entreprise

Art. L. 3322-1. La participation a pour objet de garantir collectivement aux salariés le droit de participer aux résultats de l'entreprise.

Elle prend la forme d'une participation financière à effet différé, calculée en fonction du bénéfice net de l'entreprise, constituant la réserve spéciale de participation.

Elle est obligatoire dans les entreprises mentionnées au présent chapitre. (L. 2019-486 du 22 mai 2019, art. 155, I, 11°, JO 23, entrée en vigueur le 01.01.2019) «L'obligation s'applique à compter du premier exercice ouvert postérieurement à la période des cinq années civiles consécutives mentionnées au premier alinéa du II de l'article L. 130-1 du code de la sécurité sociale.»

(L. 2008-1258 du 3 déc. 2008, art. 6, JO 4) «Elle concourt à la mise en œuvre de la gestion participative dans l'entreprise.»

Art. L. 3322-2. (L. 2019-486 du 22 mai 2019, art. 155, I, 12°, JO 23, entrée en vigueur le 01.01.2019) «Les entreprises employant au moins cinquante salariés garantissent le droit de leurs salariés à participer aux résultats de l'entreprise. Il en va de même pour les entreprises constituant une unité économique et sociale mentionnée à l'article L. 2313-8 et composée d'au moins cinquante salariés.»

La base, les modalités de calcul, ainsi que les modalités d'affectation et de gestion de la participation sont fixées par accord dans les conditions prévues par le présent titre.

(L. 2008-1258 du 3 déc. 2008, art. 7, JO 4) «Le salarié d'un groupement d'employeurs peut bénéficier du dispositif de participation mis en place dans chacune des entreprises adhérentes du groupement auprès de laquelle il est mis à disposition dans des conditions fixées par décret.»

Art. D. 3322-1. (D. 2020-795 du 26 juin 2020, JO 28) Lorsqu'un accord de branche de participation ouvre des choix aux parties signataires au niveau de l'entreprise, l'accord déposé peut ne contenir que les clauses résultant de ces choix.

Dans les entreprises de moins de cinquante salariés, lorsqu'un accord de branche de participation propose un accord type au niveau de l'entreprise, l'employeur peut appliquer cet accord type conformément aux dispositions de l'accord de branche en vigueur, au moyen d'un document unilatéral, dans les conditions prévues à l'article L. 2232-10-1.

Art. R. 3322-2. Les entreprises constituant une unité économique et sociale mettent en place la participation, soit par un accord unique couvrant l'unité économique et sociale, soit par des accords distincts couvrant l'ensemble des salariés de ces entreprises.

Art. L. 3322-3. (L. 2015-990 du 6 août 2015, art. 156, JO 7) «Lorsqu'une entreprise ayant conclu un accord d'intéressement vient à employer au moins cinquante salariés, les obligations prévues à la présente section ne s'appliquent qu'au troisième exercice clos après le franchissement du seuil d'assujettissement à la participation, si l'accord est appliqué sans discontinuité pendant cette période.»

À cette date, un accord de participation peut être conclu dans les conditions de l'article L. 3324-2 sur une base de calcul et de répartition reprenant celle de l'accord d'intéressement ayant expiré.

Art. L. 3322-4-1. (Ord. 2015-380 du 2 avril 2015, JO 3) Pour l'appréciation du seuil de cinquante salariés, l'effectif des salariés employés habituellement par les entreprises de portage salarial mentionnées aux articles L. 1254-1 et suivants est calculé en ajoutant au nombre des salariés permanents de l'entreprise de portage salarial le nombre moyen par jour ouvrable des salariés qui ont effectué des prestations de portage salarial dans le cadre d'un contrat de travail conclu avec cette entreprise au cours de l'exercice.

Art. L. 3322-5. Dans les entreprises nouvelles dont la création ne résulte pas d'une fusion, totale ou partielle, d'entreprises préexistantes, les accords de participation sont conclus à partir du troisième exercice clos après leur création.

Art. L. 3322-6. Les accords de participation sont conclus selon l'une des modalités suivantes:

1° Par convention ou accord collectif de travail;

2° Par accord entre l'employeur et les représentants d'organisations syndicales représentatives dans l'entreprise;

3° Par accord conclu au sein du (Ord. 2017-1386 du 22 sept. 2017, art. 4, 20°, JO 23, entrée en vigueur au plus tard le 01.01.2018) «comité social et économique»;

4° À la suite de la ratification, à la majorité des deux tiers du personnel, d'un projet de contrat proposé par l'employeur. S'il existe dans l'entreprise une ou plusieurs organisations syndicales représentatives ou un (Ord. 2017-1386 du 22 sept. 2017, art. 4, 20°, JO 23, entrée en vigueur au plus tard le 01.01.2018) «comité social et économique», la ratification est demandée conjointement par l'employeur et une ou plusieurs de ces organisations ou ce comité.

Art. L. 3322-7. Par dérogation à l'article L. 3322-6, un accord de groupe peut être passé entre les sociétés d'un même groupe ou seulement certaines d'entre elles.

Cet accord est conclu selon l'une des modalités suivantes:

1° Entre le mandataire des sociétés intéressées et le ou les salariés appartenant à l'une des entreprises du groupe mandatés à cet effet par une ou plusieurs organisations syndicales représentatives;

2° Entre le mandataire des sociétés intéressées et les représentants mandatés par chacun des (Ord. 2017-1386 du 22 sept. 2017, art. 4, 54°, JO 23, entrée en vigueur au plus tard le 01.01.2018) «comités sociaux et économiques» concernés;

3° À la suite de la ratification, à la majorité des deux tiers du personnel, d'un projet d'accord proposé par le mandataire des sociétés du groupe. S'il existe dans les sociétés intéressées une ou plusieurs organisations syndicales représentatives ou, lorsque toutes les sociétés du groupe sont intéressées, s'il existe un comité de groupe, la ratification est demandée conjointement par le mandataire des sociétés du groupe et soit une ou plusieurs de ces organisations, soit la majorité des (Ord. 2017-1386 du 22 sept. 2017, art. 4, 54°, JO 23, entrée en vigueur au plus tard le 01.01.2018) «comités sociaux et économiques» des sociétés concernées, soit le comité de groupe. La majorité des deux tiers est appréciée au niveau de l'ensemble des sociétés concernées.

Art. L. 3322-8. Un décret en Conseil d'État détermine les modalités de calcul de l'effectif de l'entreprise pour l'application de l'article L. 3322-2.

SECTION 2. Mise en place dans la branche

Note L'article L. 3322-9 qui figurait dans cette section a été abrogé par la loi 2019-486 du 22 mai 2019, art. 155, I, 13°, JO 23.

Chapitre III

Contenu et régime des accords

SECTION 1. Contenu des accords

Art. L. 3323-1. L'accord de participation détermine:

1° Les conditions dans lesquelles les salariés sont informés de l'application des dispositions du présent titre;

2° La nature et les modalités de gestion des droits reconnus aux salariés sur les sommes constituant la réserve spéciale de participation prévue à l'article L. 3324-1.

Art. L. 3323-2. L'accord de participation peut prévoir l'affectation des sommes constituant la réserve spéciale de participation:

1° À des comptes ouverts au nom des intéressés en application d'un plan d'épargne salariale remplissant les conditions fixées au titre III;

(Abrogé par L. 2019-486 du 22 mai 2019, art. 155, I, 14°, JO 23) «2° À un compte que l'entreprise doit consacrer à des investissements. Les salariés ont sur l'entreprise un droit de créance égal au montant des sommes versées.»

Ces dispositions sont applicables aux accords conclus après le 1er janvier 2007.

(L. 2010-1330 du 9 nov. 2010, art. 110, JO 10) «Tout accord de participation existant à la date de promulgation de la loi n° 2010-1330 du 9 novembre 2010 portant réforme des retraites doit être mis en conformité avec le présent article et l'article L. 3323-3 au plus tard le 1er janvier 2013.»

Art. L. 3323-3. (L. 2012-387 du 22 mars 2012, art. 26, III, JO 23) (L. 2019-486 du 22 mai 2019, art. 155, I, 15°, JO 23) «Par dérogation à l'article L. 3323-2,» les accords de participation conclus au sein des (L. 2014-856 du 31 juil. 2014, art. 30, JO 1er août) «sociétés coopératives de production» peuvent prévoir l'emploi de la totalité de la réserve spéciale de participation en parts sociales ou en comptes courants bloqués. Les mêmes accords peuvent stipuler que, en cas d'emploi de la réserve spéciale de participation en comptes courants bloqués, les associés qui sont employés dans l'entreprise sont en droit, nonobstant l'article L. 225-128 du code de commerce, d'affecter leur créance à la libération de parts sociales qui restent soumises à la même indisponibilité.

SECTION 2. Régime des accords

Sous-section 1. Dépôt

Art. L. 3323-4. Les accords de participation sont déposés auprès de l'autorité administrative. Ce dépôt conditionne l'ouverture du droit aux exonérations prévues au chapitre V.

Art. D. 3323-1. (D. 2020-795 du 26 juin 2020, JO 28) L'accord de participation ou le document unilatéral prévu à l'article D. 3322-1 est déposé sur la plateforme de téléprocédure mentionnée à l'article D. 2231-4 dans les conditions prévues à cet article et au II de l'article D. 2231-2.

Art. D. 3323-3. Si le régime de participation est mis en place à l'initiative de l'entreprise, la décision précisant les modalités de cet assujettissement unilatéral est déposée avec le procès-verbal de la consultation du (D. 2017-1819 du 29 déc. 2017, art. 3, 25°, JO 30, entrée en vigueur le 01.01.2018) « comité social et économique » prévue au deuxième alinéa de l'article L. 3323-6.

Art. D. 3323-4. Lorsqu'un accord de participation de groupe est conclu, les documents déposés à la (D. 2009-1377 du 10 nov. 2009, JO 13; D. 2010-687 du 24 juin 2010, JO 25; voir D. 2010-1582 du 17 déc. 2010, JO 18, pour outre-mer) « direction régionale des entreprises, de la concurrence, de la consommation, du travail et de l'emploi » comportent :

1° Quel que soit le mode de conclusion de l'accord, les mandats habilitant le mandataire des différentes sociétés intéressées à signer l'accord de groupe ;

2° Si l'accord a été conclu avec un ou plusieurs salariés appartenant à l'une des entreprises du groupe mandatés à cet effet par une ou plusieurs organisations syndicales, les mandats les habilitant à signer l'accord de groupe ;

3° Si l'accord a été conclu avec les représentants mandatés par chacun des (D. 2017-1819 du 29 déc. 2017, art. 3, 32°, JO 30, entrée en vigueur le 01.01.2018) « comités sociaux et économiques » intéressés, les procès-verbaux de séance établissant que la délégation du personnel statuant à la majorité a explicitement donné mandat à ces représentants pour signer l'accord de groupe ;

4° Si l'accord résulte, après consultation de l'ensemble des salariés inscrits à l'effectif de chacune des sociétés intéressées, de la ratification par les deux tiers de ces salariés du projet proposé par le mandataire de ces sociétés :

a) Soit l'émargement, sur la liste nominative de l'ensemble des salariés de chacune des sociétés intéressées, des salariés signataires ;

b) Soit un procès-verbal rendant compte de la consultation, au niveau de chacune des entreprises ou au niveau du groupe.

Art. R. 3323-5. Lorsque la ratification d'un accord de groupe est demandée conjointement par le mandataire des sociétés intéressées et une ou plusieurs organisations syndicales, ou la majorité des (D. 2017-1819 du 29 déc. 2017, art. 3, 32°, JO 30, entrée en vigueur le 01.01.2018) « comités sociaux et économiques » des sociétés intéressées, ou le comité de groupe, il en est fait mention dans les documents déposés.

Art. R. 3323-6. Lorsque le projet d'accord de groupe ratifié par les salariés ne fait pas mention d'une demande conjointe, il est déposé avec l'accord :

1° Une attestation des différents chefs d'entreprise intéressés selon laquelle ils n'ont été saisis d'aucune désignation de délégué syndical ;

2° Et, pour les entreprises assujetties à la législation sur les (D. 2017-1819 du 29 déc. 2017, art. 3, 32°, JO 30, entrée en vigueur le 01.01.2018) « comités sociaux et économiques », un procès-verbal de carence datant de moins de quatre ans.

Sous-section 2 (réglementaire). **Dénonciation de l'accord**

Art. D. 3323-8. La partie qui dénonce un accord de participation ou l'employeur, dans le cas où le régime de participation a été mis en place conformément au (D. 2015-1606 du 7 déc. 2015, JO 9, entrée en vigueur le 01.01.2016) « troisième alinéa » de l'article L. 3323-6, notifie aussitôt cette décision au (D. 2009-1377 du 10 nov. 2009, JO 13; D. 2010-687 du 24 juin 2010, JO 25; voir D. 2010-1582 du 17 déc. 2010, JO 18, pour outre-mer) « directeur régional des entreprises, de la concurrence, de la consommation, du travail et de l'emploi ».

La dénonciation d'un accord conclu au sein d'un (D. 2017-1819 du 29 déc. 2017, art. 3, 4°, JO 30, entrée en vigueur le 01.01.2018) « comité social et économique » est constatée au procès-verbal de la séance au cours de laquelle cette dénonciation a eu lieu.

Sous-section 2. **Dispositions applicables en l'absence d'accord**

Art. L. 3323-5. Lorsque, dans un délai d'un an suivant la clôture de l'exercice au titre duquel sont nés les droits des salariés, un accord de participation n'a pas été conclu, cette situation est constatée par l'inspecteur du travail.

(L. 2019-486 du 22 mai 2019, art. 155, I, 16°, JO 23) « Les sommes attribuées aux salariés sont affectées sur un compte courant que l'entreprise doit consacrer à des investissements et, sous réserve des cas prévus par décret en application de l'article L. 3324-10, bloquées » pour huit ans (L. 2008-1258 du 3 décembre 2008, art. 4, JO 4) « , sauf si le salarié demande le versement de tout ou partie des sommes correspondantes dans des conditions fixées par décret. La demande peut être présentée à l'occasion de chaque versement effectué au titre de la répartition de la réserve spéciale de participation. Les sommes précitées, versées à des comptes courants,» portent intérêt à un taux fixé par arrêté du ministre chargé du budget et de l'économie.

La provision pour investissement prévue à l'article L. 3325-3 ne peut être constituée.

Sous-section 3. **Participation volontaire**

Art. L. 3323-6. Les entreprises qui ne sont pas tenues de mettre en application un régime de participation peuvent, par un accord de participation, se soumettre volontairement aux dispositions du présent titre.

(L. 2008-1258 du 3 déc. 2008, art. 11, JO 4) «Les chefs de ces entreprises ou, s'il s'agit de personnes morales, leurs présidents, directeurs généraux, gérants ou membres du directoire, ainsi que le conjoint (L. 2019-486 du 22 mai 2019, art. 155, I, 17°, JO 23) «ou le partenaire lié par un pacte civil de solidarité» du chef d'entreprise s'il bénéficie du statut de conjoint collaborateur ou de conjoint associé mentionné à l'article L. 121-4 du code de commerce, peuvent bénéficier de ce régime.»

En cas d'échec des négociations, l'employeur peut mettre en application unilatéralement un régime de participation conforme aux dispositions du présent titre. Le (Ord. 2017-1386 du 22 sept. 2017, art. 4, 9°, JO 23, entrée en vigueur au plus tard le 01.01.2018) «comité social et économique est consulté» sur le projet d'assujettissement unilatéral à la participation au moins quinze jours avant son dépôt auprès de l'autorité administrative.

Ces entreprises, (L. 2008-1258 du 3 déc. 2008, art. 11, JO 4) «leurs salariés et les bénéficiaires visés au deuxième alinéa se voient appliquer le» régime social et fiscal prévu au chapitre V.

Sous-section 4. **Participation dans les entreprises agricoles**

Art. L. 3323-7. Une convention ou un accord de branche étendu peut prévoir la mise en application d'un régime de participation dans les entreprises agricoles employant des salariés mentionnés aux 1° à 3°, 6° et 7° de l'article L. 722-20 du code rural (Ord. 2010-462 du 6 mai 2010, JO 7) «et de la pêche maritime» selon des modalités dérogeant aux dispositions de l'article L. 3324-1. Ces entreprises et leurs salariés bénéficient alors, dans les mêmes conditions, du régime social et fiscal prévu au chapitre V.

Sous-section 5. **Modification dans la situation juridique de l'entreprise**

Art. L. 3323-8. Lorsque survient une modification dans la situation juridique de l'entreprise, par fusion, cession ou scission, rendant impossible l'application d'un accord de participation, cet accord cesse de produire effet entre le nouvel employeur et le personnel de l'entreprise.

En l'absence d'accord de participation applicable à la nouvelle entreprise, celle-ci engage, dans un délai de six mois à compter de la clôture de l'exercice au cours duquel est intervenue la modification, une négociation en vue de la conclusion d'un nouvel accord, selon l'un des modes prévus à l'article L. 3322-6.

Sous-section 6. **Sociétés coopératives ouvrières de production, coopératives agricoles et entreprises publiques**

Art. L. 3323-9. Les dispositions du présent titre ainsi que celles régissant les (L. 2014-856 du 31 juil. 2014, art. 30, JO 1er août) «sociétés coopératives de production» et les coopératives agricoles sont adaptées, par décret en Conseil d'État, pour les rendre applicables à ces sociétés.

(L. 2008-1258 du 3 déc. 2008, art. 4, JO 4) «Par dérogation à l'article L. 3324-10, l'accord de participation applicable dans ces sociétés peut prévoir que tout ou partie de la réserve spéciale de participation n'est exigible qu'à l'expiration d'un délai de cinq ans à compter de l'ouverture de ces droits.»

Art. L. 3323-10. Les dispositions du présent titre ne sont pas applicables aux exercices antérieurs à l'exercice suivant (L. 2008-1258 du 3 déc. 2008, art. 9, JO 4) «le 1er janvier 2005» pour les sociétés, groupements ou personnes morales, quel que soit leur statut juridique, dont plus de la moitié du capital est détenue, ensemble ou séparément, directement ou indirectement, par les établissements publics et les entreprises publiques mentionnées au deuxième alinéa de l'article L. 3321-1, à l'exception de celles et ceux pour lesquels ces dispositions s'appliquaient en vertu du décret n° 87-948 du 26 novembre 1987 dans sa rédaction antérieure (L. 2008-1258 du 3 déc. 2008, art. 9, JO 4) «au 1er janvier 2005».

Art. R. 3323-9. Dans les sociétés coopératives de production, la réserve spéciale de participation des salariés est calculée sur les bases suivantes :

1° Le bénéfice est réputé égal, pour chaque exercice, aux excédents nets de gestion définis à l'article 32 de la loi n° 78-763 du 19 juillet 1978 portant statut des sociétés coopératives de production, déduction faite de la fraction égale à 25 % de ceux-ci, prévue au 3° de l'article 33 de cette loi. Ce bénéfice est diminué d'une somme calculée par application à celui-ci du taux de droit commun de l'impôt sur les sociétés ;

2° Les capitaux propres de l'entreprise sont réputés égaux au montant du capital social effectivement libéré à la clôture de l'exercice considéré.

Art. R. 3323-10. La part des excédents nets de gestion répartie entre les salariés en application du 3° de l'article 33 de la loi du 19 juillet 1978 précitée peut, aux termes d'un accord de participation, être affectée en tout ou partie à la constitution de la réserve spéciale de participation.

Dans ce cas, la réserve spéciale de participation et la provision pour investissement sont constituées avant la clôture des comptes de l'exercice.

Art. R. 3323-11. Un accord de participation conclu au sein d'une société coopérative de production peut prévoir que l'emploi de la réserve spéciale de participation en parts sociales, quelle que soit la forme juridique de la société, est réservé aux associés employés dans l'entreprise.

SECTION 2 (RÉGLEMENTAIRE). Information des salariés

Art. D. 3323-12. Les salariés sont informés de l'existence et du contenu de l'accord de participation par tout moyen prévu à cet accord et, à défaut, par voie d'affichage.

Art. D. 3323-13. L'employeur présente, dans les six mois qui suivent la clôture de chaque exercice, un rapport au (D. 2017-1819 du 29 déc. 2017, art. 3, 4°, JO 30, entrée en vigueur le 01.01.2018) «comité social et économique» ou à la commission spécialisée éventuellement créée par ce comité.

Ce rapport comporte notamment :

1° Les éléments servant de base au calcul du montant de la réserve spéciale de participation des salariés pour l'exercice écoulé ;

2° Des indications précises sur la gestion et l'utilisation des sommes affectées à cette réserve.

Art. D. 3323-14. Lorsque le (D. 2017-1819 du 29 déc. 2017, art. 3, 4°, JO 30, entrée en vigueur le 01.01.2018) «comité social et économique» est appelé à siéger pour examiner le rapport relatif à l'accord de participation, les questions ainsi examinées font l'objet de réunions distinctes ou d'une mention spéciale à son ordre du jour.

Le comité peut se faire assister par l'expert-comptable prévu à l'article L. 2325-35.

Art. D. 3323-15. Lorsqu'il n'existe pas de (D. 2017-1819 du 29 déc. 2017, art. 3, 42°, JO 30, entrée en vigueur le 01.01.2018) «comité social et économique, le rapport relatif à l'accord de participation est» adressé à chaque salarié présent dans l'entreprise à l'expiration du délai de six mois suivant la clôture de l'exercice.

Art. D. 3323-16. La somme attribuée à un salarié en application de l'accord de participation fait l'objet d'une fiche distincte du bulletin de paie.

Cette fiche mentionne :

1° Le montant total de la réserve spéciale de participation pour l'exercice écoulé ;

2° Le montant des droits attribués à l'intéressé ;

3° La retenue opérée au titre de la contribution sociale généralisée et de la contribution au remboursement de la dette sociale ;

4° S'il y a lieu, l'organisme auquel est confiée la gestion de ces droits ;

5° La date à partir de laquelle ces droits sont négociables ou exigibles ;

6° Les cas dans lesquels ces droits peuvent être exceptionnellement liquidés ou transférés avant l'expiration de ce délai ;

(D. 2011-1450 du 7 nov. 2011, JO 8) «7° Les modalités d'affectation par défaut au plan d'épargne pour la retraite collectif (D. 2019-807 du 30 juil. 2019, art. 7, II, 2°, JO 1er août, entrée en vigueur le

01.10.2019) « ou au plan d'épargne retraite d'entreprise collectif » des sommes attribuées au titre de la participation, conformément aux dispositions de l'article L. 3324-12. »

Elle comporte également, en annexe, une note rappelant les règles de calcul et de répartition prévues par l'accord de participation.

(D. 2011-1450 du 7 nov. 2011, JO 8) « (D. 2020-795 du 26 juin 2020, JO 28) « Sauf opposition du salarié » concerné, la remise de cette fiche distincte peut être effectuée par voie électronique, dans des conditions de nature à garantir l'intégrité des données. »

Art. D. 3323-17. Chaque salarié est informé des sommes et valeurs qu'il détient au titre de la participation dans les six mois qui suivent la clôture de chaque exercice.

Art. D. 3323-18. Lorsque l'accord de participation a été mis en place après que des salariés susceptibles d'en bénéficier ont quitté l'entreprise, ou lorsque le calcul et la répartition de la réserve spéciale de participation interviennent après un tel départ, la fiche et la note prévues à l'article D. 3323-16 sont également adressées à ces bénéficiaires pour les informer de leurs droits.

Chapitre IV

Calcul et gestion de la participation

SECTION 1. Calcul de la réserve spéciale de participation

Art. L. 3324-1. La réserve spéciale de participation des salariés est constituée comme suit :

1° Les sommes affectées à cette réserve spéciale sont, après clôture des comptes de l'exercice, calculées sur le bénéfice réalisé en France métropolitaine et (Ord. 2017-1491 du 25 oct. 2017, art. 4, 1°, JO 26, entrée en vigueur le 01.01.2018) « en Guadeloupe, en Guyane, en Martinique, à Mayotte, à La Réunion » (Ord. 2008-205 du 27 févr. 2008, JO 1er mars) « , à Saint-Barthélemy et à Saint-Martin », tel qu'il est retenu pour être imposé à l'impôt sur le revenu ou aux taux de l'impôt sur les sociétés prévus au deuxième alinéa et au b du I de l'article 219 du code général des impôts et majoré des bénéfices exonérés en application des dispositions des articles 44 *sexies*, 44 *sexies* A, 44 *septies*, 44 *octies*, 44 *octies* A, 44 *undecies* (L. 2011-1977 du 28 déc. 2011, art. 10, II, JO 29) « et 208 C » du code général des impôts. Ce bénéfice est diminué de l'impôt correspondant qui, pour les entreprises soumises à l'impôt sur le revenu, est déterminé dans les conditions déterminées par décret en Conseil d'État ;

2° Une déduction représentant la rémunération au taux de 5 % des capitaux propres de l'entreprise est opérée sur le bénéfice net ainsi défini ;

3° Le bénéfice net est augmenté du montant de la provision pour investissement prévue à l'article L. 3325-3. Si cette provision est rapportée au bénéfice imposable d'un exercice déterminé, son montant est exclu, pour le calcul de la réserve de participation, du bénéfice net à retenir au titre de l'exercice au cours duquel ce rapport a été opéré ;

4° La réserve spéciale de participation des salariés est égale à la moitié du chiffre obtenu en appliquant au résultat des opérations effectuées conformément aux dispositions des 1° et 2° le rapport des salaires à la valeur ajoutée de l'entreprise.

Art. L. 3324-2. L'accord de participation peut établir un régime de participation comportant une base de calcul et des modalités différentes de celles définies à l'article L. 3324-1. Cet accord ne dispense de l'application des règles définies à cet article que si, respectant les principes posés par le présent titre, il comporte pour les salariés des avantages au moins équivalents. La base de calcul retenue peut ainsi être le tiers du bénéfice net fiscal. La réserve spéciale de participation peut être calculée en prenant en compte l'évolution de la valeur des actions ou parts sociales de l'entreprise ou du groupe au cours du dernier exercice clos.

Lorsqu'un accord est conclu au sein d'un groupe de sociétés, l'équivalence des avantages consentis aux salariés s'apprécie globalement au niveau du groupe et non entreprise par entreprise.

(L. 2008-1258 du 3 déc. 2008, art. 11, JO 4) « Dans les entreprises (L. 2019-486 du 22 mai 2019, art. 11, VI, 7°, JO 23, entrée en vigueur le 01.01.2020) « employant au moins un salarié et moins de deux cent cinquante salariés », la part de la réserve spéciale de participation excédant le montant qui aurait résulté d'un calcul effectué en application de l'article L. 3324-1 peut être répartie entre les salariés et les chefs de ces entreprises, les présidents, directeurs généraux, gérants ou membres du directoire s'il s'agit de personnes morales, le conjoint (L. 2019-486 du 22 mai 2019, art. 155, I, 17°, JO 23) «ou le partenaire lié par un pacte civil de solidarité» du chef d'entreprise s'il a le statut de conjoint collaborateur ou de conjoint associé mentionné à l'article L. 121-4 du code de commerce.»

L'accord n'ouvre droit au régime social et fiscal prévu au chapitre V que si la réserve spéciale de participation n'excède pas la moitié du bénéfice net comptable, ou, au choix des parties, l'un des trois plafonds suivants:

1° Le bénéfice net comptable diminué de 5 % des capitaux propres;

2° Le bénéfice net fiscal diminué de 5 % des capitaux propres;

3° La moitié du bénéfice net fiscal.

L'accord précise le plafond retenu.

(L. 2019-486 du 22 mai 2019, art. 155, I, 18°, JO 23) «Par dérogation au dernier alinéa de l'article L. 3321-1, le II de l'article L. 130-1 du code de la sécurité sociale ne s'applique pas au franchissement du seuil d'un salarié.»

Art. L. 3324-3. Dans les entreprises relevant de l'impôt sur le revenu, le bénéfice à retenir, avant déduction de l'impôt correspondant, est égal au bénéfice imposable de cet exercice, diminué:

1° De la rémunération normale du travail du chef d'entreprise lorsque cette rémunération n'est pas admise dans les frais généraux pour l'assiette de l'impôt de droit commun;

2° Des résultats déficitaires enregistrés au cours des cinq années antérieures qui ont été imputés sur des revenus d'une autre nature mais n'ont pas déjà été pris en compte pour le calcul de la participation afférente aux exercices précédents.

Art. L. 3324-4. Un décret en Conseil d'État détermine le mode de calcul, éventuellement forfaitaire, de la réduction opérée au titre de l'impôt sur le revenu prévue à l'article L. 3324-3.

Art. D. 3324-1. Les salaires à retenir pour le calcul du montant de la réserve spéciale de participation des salariés mentionnée à l'article L. 3324-1 sont les (D. 2018-821 du 27 sept. 2018, art. 3, 2°, JO 29) «revenus d'activité tels qu'ils sont pris en compte pour la détermination de l'assiette des cotisations définie à» l'article L. 242-1 du code de la sécurité sociale.

(D. 2009-351 du 30 mars 2009, JO 31) «Lorsque l'accord de participation prévoit que les salariés d'un groupement d'employeurs mis à la disposition de l'entreprise bénéficient de ses dispositions, le montant de leurs salaires correspondant à leur activité dans l'entreprise utilisatrice est ajouté au montant des salaires des salariés de l'entreprise. Ce montant est communiqué à l'entreprise par le groupement d'employeurs.»

Art. D. 3324-2. La valeur ajoutée de l'entreprise mentionnée au 4° de l'article L. 3324-1 est déterminée en faisant le total des postes du compte de résultats énumérés ci-après, pour autant qu'ils concourent à la formation d'un bénéfice réalisé en France métropolitaine et dans les départements d'outre-mer:

1° Les charges de personnel;

2° Les impôts, taxes et versements assimilés, à l'exclusion des taxes sur le chiffre d'affaires;

3° Les charges financières;

4° Les dotations de l'exercice aux amortissements;

5° Les dotations de l'exercice aux provisions, à l'exclusion des dotations figurant dans les charges exceptionnelles;

6° Le résultat courant avant impôts.

Art. D. 3324-3. Par dérogation aux dispositions de l'article D. 3324-2, la valeur ajoutée des entreprises de banque et d'assurances est déterminée comme suit:

1° Pour les établissements de crédit (D. 2014-1316 du 3 nov. 2014, art. 14, JO 5) «et les sociétés de financement», par le revenu bancaire hors taxe augmenté des produits nets du portefeuille titres et des revenus des immeubles. Le revenu bancaire est égal à la différence entre, d'une part, les perceptions opérées sur les clients et, d'autre part, les frais financiers de toute nature;

2° Pour les entreprises d'assurances régies par le code des assurances et les entreprises de réassurance, par la différence existant entre, d'une part, la somme des primes nettes d'impôts et des produits de placements et, d'autre part, le total des dotations aux provisions techniques et des prestations payées au cours de l'exercice aux assurés et bénéficiaires de contrats d'assurances.

Art. D. 3324-4. Les capitaux propres mentionnés au 2° de l'article L. 3324-1 comprennent le capital, les primes liées au capital social, les réserves, le report à nouveau, les provisions qui ont supporté l'impôt ainsi que les provisions réglementées constituées en franchise d'impôts par application d'une disposition particulière du code général des impôts. Leur montant est retenu d'après les valeurs figurant au bilan de clôture de l'exercice au titre duquel la réserve spéciale de participation est calculée. Toutefois, en cas de variation du capital au cours de l'exercice, le montant du capital et des primes liées au capital social est pris en compte à due proportion du temps.

La réserve spéciale de participation des salariés ne figure pas parmi les capitaux propres.

Pour les sociétés de personnes et les entreprises individuelles, la somme définie ci-dessus est augmentée des avances en compte courant faites par les associés ou l'exploitant. La quotité des avances à retenir au titre de chaque exercice est égale à la moyenne algébrique des soldes des comptes courants en cause tels que ces soldes existent à la fin de chaque trimestre civil inclus dans l'exercice considéré.

Le montant des capitaux propres auxquels s'applique le taux de 5 % prévu au 2° de l'article susmentionné est obtenu en retranchant des capitaux propres définis aux alinéas précédents ceux qui sont investis à l'étranger calculés à due proportion du temps en cas d'investissement en cours d'année.

Le montant de ces capitaux est égal au total des postes nets de l'actif correspondant aux établissements situés à l'étranger après application à ce total du rapport des capitaux propres aux capitaux permanents.

Le montant des capitaux permanents est obtenu en ajoutant au montant des capitaux propres, les dettes à plus d'un an autres que celles incluses dans les capitaux propres.

Art. D. 3324-5. Par dérogation aux dispositions de l'article D. 3324-4, les capitaux propres comprennent, en ce qui concerne les offices publics et ministériels dont le titulaire n'a pas la qualité de commerçant :

1° D'une part, la valeur patrimoniale du droit de présentation appartenant au titulaire de l'office ;

2° D'autre part, la valeur nette des autres biens affectés à l'usage professionnel et appartenant au titulaire de l'office au premier jour de la période au titre de laquelle la participation est calculée.

Art. D. 3324-6. La valeur patrimoniale du droit de présentation est estimée dans les conditions prévues pour les cessions d'offices publics et ministériels mentionnés à l'article D. 3324-5.

Cette estimation est établie au 1er janvier de la première année d'application du régime de participation des salariés à l'office intéressé ou, en cas de changement de titulaire, à la date de cession de cet office.

La valeur nette des autres biens affectés à l'usage professionnel et appartenant au titulaire de l'office est égale à leur prix de revient diminué du montant des amortissements qui s'y rapportent.

Art. R. 3324-7. Dans les entreprises relevant de l'impôt sur le revenu, l'impôt à retenir pour le calcul du bénéfice net s'obtient en appliquant au bénéfice imposable de l'exercice rectifié dans les conditions prévues à l'article L. 3324-3, le taux moyen d'imposition à l'impôt sur le revenu de l'exploitant.

Ce taux moyen est égal à cent fois le chiffre obtenu en divisant l'impôt sur le revenu dû pour l'exercice considéré par le montant des revenus soumis à cet impôt. Toutefois le taux moyen retenu est, dans tous les cas, limité au taux de droit commun de l'impôt sur les sociétés.

Art. D. 3324-8. Dans les entreprises soumises au régime fiscal des sociétés de personnes, le bénéfice net est obtenu par la somme des éléments suivants :

1° La fraction du bénéfice imposable de l'exercice qui revient à ceux des associés passibles de l'impôt sur les sociétés diminué de l'impôt que ces entreprises auraient acquitté si elles étaient personnellement soumises à l'impôt sur les sociétés, calculé au taux de droit commun de cet impôt ;

2° La fraction du bénéfice imposable de l'exercice rectifiée dans les conditions prévues à l'article L. 3324-3 qui revient aux associés personnes physiques, diminuée des impôts supportés par chacun de ces associés à ce titre, calculés conformément aux dispositions de l'article R. 3324-7. Toutefois, le montant total des impôts imputables est dans tous les cas limité à la somme qui résulterait de l'application à cette fraction du bénéfice imposable rectifiée du taux de droit commun de l'impôt sur les sociétés ;

3° La fraction du bénéfice net de l'exercice calculé, conformément aux 1° et 2° à partir de la fraction du bénéfice imposable de l'exercice revenant aux associés qui seraient eux-mêmes des entreprises soumises au régime fiscal des sociétés de personnes.

Art. D. 3324-9. Le bénéfice net des associés des entreprises soumises au régime fiscal des sociétés de personnes est calculé sans tenir compte de la quote-part du résultat de ces entreprises qui leur revient, ni de l'impôt qui correspond à ce résultat.

SECTION 2. Répartition de la réserve spéciale de participation

Art. L. 3324-5. La répartition de la réserve spéciale de participation entre les (L. 2008-1258 du 3 déc. 2008, art. 11, JO 4) «bénéficiaires» est calculée proportionnellement au salaire perçu dans la limite de (L. 2019-486 du 22 mai 2019, art. 158, I, 1°, JO 23) «trois fois le plafond mentionné au premier alinéa de l'article L. 241-3 du code de la sécurité sociale». (L. 2008-1258 du 3 déc. 2008, art. 11, JO 4) «Pour les bénéficiaires visés au deuxième alinéa de l'article L. 3323-6 (L. 2019-486 du 22 mai 2019, art. 158, I, 2°, JO 23) «du présent code» et au troisième alinéa de l'article L. 3324-2, la répartition est calculée proportionnellement à la rémunération annuelle ou au revenu professionnel imposé à l'impôt sur le revenu au titre de l'année précédente, plafonnés au niveau du salaire le plus élevé versé dans l'entreprise, et dans les limites de plafonds de répartition individuelle déterminés par décret.»

Toutefois, l'accord de participation peut décider que cette répartition entre les (L. 2008-1258 du 3 déc. 2008, art. 11, JO 4) «bénéficiaires» est uniforme, proportionnelle à la durée de présence dans l'entreprise au cours de l'exercice, ou retenir conjointement plusieurs de ces critères.

L'accord peut fixer un salaire plancher servant de base de calcul à la part individuelle.

Le plafond de répartition individuelle déterminé par le décret prévu au premier alinéa ne peut faire l'objet d'aucun aménagement, à la hausse ou à la baisse, y compris par un accord mentionné à l'article L. 3323-1.

Art. L. 3324-6. Sont assimilées à des périodes de présence, quel que soit le mode de répartition retenu par l'accord:

1° Les périodes de congé de maternité prévu à l'article L. 1225-17, de congé d'adoption prévu à l'article L. 1225-37 (L. 2020-692 du 8 juin 2020, art. 1er, II, 2°, JO 9) «et de congé de deuil prévu à l'article L. 3142-1-1»;

2° Les périodes de suspension du contrat de travail consécutives à un accident du travail ou à une maladie professionnelle en application de l'article L. 1226-7;

(L. 2020-546 du 11 mai 2020, art. 6, JO 12, entrée en vigueur le 12.05.2020) «3° Les périodes de mise en quarantaine au sens du 3° du I de l'article L. 3131-15 du code de la santé publique.»

Art. L. 3324-7. Les sommes qui n'auraient pu être mises en distribution en raison des règles définies aux articles L. 3324-5 et L. 3324-6 font l'objet d'une répartition immédiate entre tous les salariés (L. 2008-1258 du 3 déc 2008, art. 11, JO 4) «et, le cas échéant, les bénéficiaires visés au deuxième alinéa de l'article L. 3323-6 et au troisième alinéa de l'article L. 3324-2,» auxquels ont été versées, en application de ces articles, des sommes d'un montant inférieur au plafond des droits individuels déterminé par décret. Ce plafond ne peut être dépassé du fait de cette répartition supplémentaire.

Les sommes qui, en raison des règles définies par l'article précité et celles du premier alinéa du présent article, n'auraient pu être mises en distribution demeurent dans la réserve spéciale de participation des salariés pour être réparties au cours des exercices ultérieurs.

Art. L. 3324-8. Lorsqu'un accord unique est conclu au sein d'une unité économique et sociale en application de l'article L. 3322-2 pour les entreprises qui n'entrent pas dans un même périmètre de consolidation ou de combinaison des comptes au sens du deuxième alinéa de l'article L. 3344-1, la répartition des sommes est effectuée entre tous les salariés (L. 2008-1258 du 3 déc. 2008, art. 11, JO 4) «et, le cas échéant, les bénéficiaires visés au deuxième alinéa de l'article L. 3323-6 et au troisième alinéa de l'article L. 3324-2,» employés dans les entreprises sur la base du total des réserves de participation constituées dans chaque entreprise.

Art. L. 3324-9. Le conseil d'administration ou le directoire peut décider de verser un supplément de réserve spéciale de participation au titre de l'exercice clos, dans le respect des plafonds mentionnés à l'article L. 3324-5 et selon les modalités de répartition prévues par l'accord de participation ou par un accord spécifique conclu selon les modalités prévues à l'article L. 3322-6.

Si l'entreprise dispose d'un accord de participation conclu conformément à l'article L. 3324-2, la réserve spéciale de participation, y compris le supplément, ne peut excéder le plafond prévu au dernier alinéa de cet article. En l'absence d'un tel accord, elle ne peut excéder le plus élevé des plafonds mentionnés à l'avant-dernier alinéa du même article.

Dans une entreprise où il n'existe ni conseil d'administration, ni directoire, l'employeur peut décider le versement d'un supplément de réserve spéciale de participation, dans les conditions prévues au présent article.

L'application au supplément de réserve spéciale de participation des dispositions du second alinéa de l'article L. 3325-1 ne donne pas lieu à application de l'article L. 131-7 du code de la sécurité sociale.

Art. D. 3324-10. Le salaire servant de base à la répartition proportionnelle de la réserve spéciale de participation est égal au total des (D. 2018-821 du 27 sept. 2018, art. 3, 2°, JO 29) « revenus d'activité tels qu'ils sont pris en compte pour la détermination de l'assiette des cotisations définie à » l'article L. 242-1 du code de la sécurité sociale, perçues par chaque bénéficiaire au cours de l'exercice considéré sans que ce total puisse excéder une somme, qui est identique pour tous les salariés et figure dans l'accord. Cette somme est au plus égale à (D. 2020-795 du 26 juin 2020, JO 28) « trois » fois le plafond annuel retenu pour la détermination du montant maximum des cotisations de sécurité sociale et d'allocations familiales.

(D. 2009-351 du 30 mars 2009, JO 31) « Pour les salariés des groupements d'employeurs bénéficiaires de la participation dans leur entreprise utilisatrice, le salaire servant de base à la répartition proportionnelle est le salaire mentionné au dernier alinéa de l'article D. 3324-1. Pour les bénéficiaires mentionnés au deuxième alinéa de l'article L. 3323-6 et au troisième alinéa de l'article L. 3324-2 s'appliquent les dispositions du premier alinéa de l'article L. 3324-5. »

Art. D. 3324-11. Pour les périodes d'absence liées au congé de maternité ou au congé d'adoption et pour les périodes de suspension du contrat de travail consécutives à un accident du travail ou à une maladie professionnelle, les salaires à prendre en compte sont ceux qu'aurait perçus le bénéficiaire s'il n'avait pas été absent.

Art. D. 3324-12. Le montant des droits susceptibles d'être attribués à un même salarié ne peut, pour un même exercice, excéder une somme égale aux trois quarts du montant du plafond prévu à l'article D. 3324-10.

Art. D. 3324-13. Lorsque le salarié n'a pas accompli une année entière dans la même entreprise, les plafonds prévus aux articles D. 3324-10 et D. 3324-12 sont calculés à due proportion de la durée de présence.

Art. D. 3324-14. Les sommes qui demeurent dans la réserve spéciale de participation des salariés, en application du deuxième alinéa de l'article L. 3324-7, ne peuvent ouvrir droit au bénéfice des déductions et exonérations prévues aux articles L. 3325-1 et L. 3325-2 qu'au titre des exercices au cours desquels elles sont réparties.

Art. D. 3324-15. Les plafonds prévus aux articles D. 3324-10 et D. 3324-12 s'appliquent à la totalité de la participation attribuée à chaque salarié.

Art. R. 3324-16. Les dispositions du présent titre sont, à l'exception de celles des articles R. 3322-1, D. 3323-8 à R. 3323-11, D. 3324-1 à D. 3324-10 et D. 3325-1 à R. 3326-1, applicables au supplément de réserve spéciale de participation prévu à l'article L. 3324-9 et à l'accord spécifique de répartition auquel il peut donner lieu.

SECTION 3 (RÉGLEMENTAIRE). Évaluation des titres

Art. D. 3324-17. Dans le cas prévu au 1° de l'article L. 3323-2, l'accord de participation détermine la forme des titres attribués, les modalités de conservation de ces titres et les mesures prises pour assurer le respect de l'interdiction de les négocier pendant cinq ans, sauf dans les cas prévus à l'article R. 3324-22.

Art. D. 3324-18. En cas d'attribution d'actions de l'entreprise, les titres sont évalués sur la base de la moyenne de leur cours de bourse pendant les vingt jours de cotation précédant la date de leur attribution. Cette moyenne est obtenue par référence au premier cours coté de chaque séance.

Art. D. 3324-19. Lorsque les titres ne sont pas admis aux négociations sur un marché réglementé, le prix auquel les titres sont attribués est déterminé conformément aux méthodes définies à l'article L. 3332-20, sans préjudice des dispositions légales qui fixent les conditions de détermination de la valeur de certaines catégories de titres.

Art. D. 3324-20. Les titres sont évalués par l'entreprise, sous le contrôle du commissaire aux comptes, au moins une fois par exercice et chaque fois qu'un événement ou une série d'événements intervenus au cours d'un exercice sont susceptibles de conduire à une évolution substantielle de la valeur des actions de l'entreprise.

Il est, en outre, procédé à une évaluation par des experts au moins tous les cinq ans. (D. 2009-351 du 30 mars 2009, JO 31) « Cette évaluation est facultative dans les entreprises mentionnées au troisième alinéa de l'article L. 3332-20 dont les titres sont évalués en application du deuxième alinéa de ce même article. »

Art. D. 3324-21. Les salariés attributaires d'actions de l'entreprise peuvent négocier les droits de souscription ou d'attribution afférents à ces titres même au cours de la période où ceux-ci ne sont pas négociables en application de l'article L. 3324-10.

SECTION 3. Règles de disponibilité des droits des salariés

Art. L. 3324-10. Les droits constitués en application des dispositions du présent titre sont négociables ou exigibles à l'expiration d'un délai de cinq ans à compter (L. 2015-990 du 6 août 2015, art. 153, II, JO 7) « du premier jour du sixième mois suivant l'exercice au titre duquel les droits sont nés » (L. 2008-1258 du 3 déc. 2008, art. 4, JO 4) «, sauf si le salarié demande le versement de tout ou partie des sommes correspondantes dans des conditions fixées par décret. La demande peut être présentée à l'occasion de chaque versement effectué au titre de la répartition de la réserve spéciale de participation. Toutefois, un accord collectif qui, en application de l'article L. 3324-2, établit un régime de participation comportant une base de calcul différente de celle établie à l'article L. 3324-1, peut prévoir que tout ou partie de la part des sommes versées aux salariés au titre de la participation aux résultats de l'entreprise supérieure à la répartition d'une réserve spéciale de participation calculée selon les modalités de l'article L. 3324-1 n'est négociable ou exigible qu'à l'expiration d'un délai de cinq ans à compter » (L. 2015-990 du 6 août 2015, art. 153, II, JO 7) « du premier jour du sixième mois suivant l'exercice au titre duquel les droits sont nés ».

(L. 2008-1258 du 3 déc. 2008, art. 4, JO 4) « Lorsque les sommes ont été affectées dans les conditions prévues à l'article L. 3323-2, » un décret en Conseil d'État détermine les conditions liées à la situation ou aux projets du salarié, dans lesquelles ces droits peuvent être exceptionnellement liquidés ou transférés avant l'expiration de ces délais.

Art. R. 3324-21-1. (D. 2009-350 du 30 mars 2009, JO 31) L'accord de participation prévoit les modalités d'information de chaque bénéficiaire.

(D. 2011-1449 du 7 nov. 2011, JO 8) « Cette information porte notamment sur :

a) Les sommes qui sont attribuées au titre de la participation ;

b) Le montant dont il peut demander en tout ou partie le versement ;

c) Le délai dans lequel il peut formuler sa demande ;

d) L'affectation d'une quote-part de ces sommes au plan d'épargne pour la retraite collectif (D. 2019-807 du 30 juil. 2019, art. 7, II, 3°, JO 1er août, entrée en vigueur le 01.10.2019) « ou au plan d'épargne retraite d'entreprise collectif », en cas d'absence de réponse de sa part, conformément aux dispositions de l'article L. 3424-12 ; »

La demande du bénéficiaire est formulée dans un délai de quinze jours à compter de la date à laquelle il a été informé du montant qui lui est attribué. L'accord précise la date à laquelle le bénéficiaire est présumé avoir été informé.

En l'absence de stipulation conventionnelle, le bénéficiaire formule sa demande dans un délai de quinze jours à compter de la réception de la lettre recommandée avec avis de réception ou remise contre récépissé l'informant du montant qui lui est attribué et du montant dont il peut demander en tout ou partie le versement.

Si le bénéficiaire ne demande pas le versement de ces sommes dans le délai de quinze jours mentionné ci-dessus, elles ne sont négociables ou exigibles qu'à l'expiration d'un délai de cinq ans à compter du (D. 2015-1606 du 7 déc. 2015, JO 9, entrée en vigueur le 01.01.2016) « premier jour du sixième mois » suivant l'exercice au titre duquel les droits sont nés, conformément aux dispositions de l'article L. 3324-10, ou d'un délai de huit ans, dans les mêmes conditions, conformément aux dispositions de l'article L. 3323-5.

(D. 2011-1449 du 7 nov. 2011, JO 8) « Toutefois, lorsque ces sommes sont inscrites sur un plan d'épargne pour la retraite collectif, leur délivrance ne peut intervenir qu'à l'échéance ou dans les conditions prévues à l'article (D. 2015-1606 du 7 déc. 2015, JO 9, entrée en vigueur le 01.01.2016) « L. 3334-14 ». »

Art. D. 3324-21-2. (D. 2009-351 du 30 mars 2009, JO 31) Lorsqu'un bénéficiaire demande le versement de la participation conformément aux dispositions de l'article R. 3324-21-1, les entreprises effectuent ce versement avant le (D. 2015-1606 du 7 déc. 2015, JO 9, entrée en vigueur le 01.01.2016) « premier jour du sixième mois » suivant la clôture de l'exercice au titre duquel la participation est attribuée.

Passé ce délai, les entreprises complètent le versement prévu au premier alinéa par un intérêt de retard égal à 1,33 fois le (D. 2015-1606 du 7 déc. 2015, JO 9, entrée en vigueur le 01.01.2016) « taux mentionné à l'article 14 de la loi n° 47-1775 du 10 septembre 1947 portant statut de la coopération ».

Les intérêts sont versés en même temps que le principal.

Art. R. 3324-22. (D. 2009-350 du 30 mars 2009, JO 31) « Dans le cas où le bénéficiaire n'a pas opté pour la disponibilité immédiate, les cas dans lesquels, en application de l'article L. 3324-10, les droits constitués au profit des bénéficiaires peuvent être exceptionnellement liquidés avant l'expiration des délais fixés au premier alinéa de cet article et au deuxième alinéa de l'article L. 3323-5 sont les suivants : »

1° Le mariage ou la conclusion d'un pacte civil de solidarité par l'intéressé ;

2° La naissance ou l'arrivée au foyer d'un enfant en vue de son adoption, dès lors que le foyer compte déjà au moins deux enfants à sa charge ;

3° Le divorce, la séparation ou la dissolution d'un pacte civil de solidarité lorsqu'ils sont assortis (D. 2016-1907 du 28 déc. 2016, art. 13, JO 29, entrée en vigueur le 01.01.2017) « d'une convention ou » d'(D. 2020-683 du 4 juin 2020, JO 6) « une décision judiciaire » prévoyant la résidence habituelle unique ou partagée d'au moins un enfant au domicile de l'intéressé ;

(D. 2020-683 du 4 juin 2020, JO 6) « 3° *bis* Les violences commises contre l'intéressé par son conjoint, son concubin ou son partenaire lié par un pacte civil de solidarité, ou son ancien conjoint, concubin ou partenaire :

a) Soit lorsqu'une ordonnance de protection est délivrée au profit de l'intéressé par le juge aux affaires familiales en application de l'article 515-9 du code civil ;

b) Soit lorsque les faits relèvent de l'article 132-80 du code pénal et donnent lieu à une alternative aux poursuites, à une composition pénale, à l'ouverture d'une information par le procureur de la République, à la saisine du tribunal correctionnel par le procureur de la République ou le juge d'instruction, à une mise en examen ou à une condamnation pénale, même non définitive ; »

4° L'invalidité de l'intéressé, de ses enfants, de son conjoint ou de son partenaire lié par un pacte civil de solidarité. Cette invalidité s'apprécie au sens des 2° et 3° de l'article L. 341-4 du code de la sécurité sociale ou est reconnue par décision de la commission des droits et de l'autonomie des personnes handicapées (D. 2020-683 du 4 juin 2020, JO 6) « ou du président du conseil départemental », à condition que le taux d'incapacité atteigne au moins 80 % et que l'intéressé n'exerce aucune activité professionnelle ;

5° Le décès de l'intéressé, de son conjoint ou de son partenaire lié par un pacte civil de solidarité ;

6° La rupture du contrat de travail, (D. 2009-350 du 30 mars 2009, JO 31) « la cessation de son activité par l'entrepreneur individuel, la fin du mandat social, la perte du statut de conjoint collaborateur ou de conjoint associé ; »

7° L'affectation des sommes épargnées à la création ou reprise, par l'intéressé, ses enfants, son conjoint ou son partenaire lié par un pacte civil de solidarité, d'une entreprise industrielle, commerciale, artisanale ou agricole, soit à titre individuel, soit sous la forme d'une société, à condition d'en exercer effectivement le contrôle au sens de l'article R. 5141-2, à l'installation en vue de l'exercice d'une autre profession non salariée ou à l'acquisition de parts sociales d'une société coopérative de production ;

8° L'affectation des sommes épargnées à l'acquisition ou agrandissement de la résidence principale emportant création de surface habitable nouvelle telle que définie à l'article R. 111-2 du code de la construction et de l'habitation, sous réserve de l'existence d'un permis de construire ou d'une déclaration préalable de travaux, ou à la remise en état de la résidence principale endommagée à la suite d'une catastrophe naturelle reconnue par arrêté ministériel ;

9° La situation de surendettement de l'intéressé définie à l'article (D. 2020-683 du 4 juin 2020, JO 6) « L. 711-1 » du code de la consommation, sur demande adressée à l'organisme gestionnaire des fonds ou à l'employeur, soit par le président de la commission de surendettement des particuliers, soit par le juge lorsque le déblocage des droits paraît nécessaire à l'apurement du passif de l'intéressé.

Art. R. 3324-23. La demande du salarié de liquidation anticipée est présentée dans un délai de si mois à compter de la survenance du fait générateur, sauf dans les cas de rupture du contrat de travail, décès, invalidité (D. 2020-683 du 4 juin 2020, JO 6) « , violences conjugales » et surendettement. Dans ces derniers cas, elle peut intervenir à tout moment.

La levée anticipée de l'indisponibilité intervient sous forme d'un versement unique qui porte, au choix du salarié, sur tout ou partie des droits susceptibles d'être débloqués.

Art. R. 3324-24. Le jugement arrêtant le plan de cession totale de l'entreprise, ou ouvrant ou prononçant la liquidation judiciaire de l'entreprise rend immédiatement exigibles les droits à participation non échus en application de l'article L. 643-1 du code de commerce et de l'article L. 3253-10 du présent code.

SECTION 5 (RÉGLEMENTAIRE). Gestion de la réserve spéciale

Art. D. 3324-25. (D. 2009-351 du 30 mars 2009, JO 31) « Lorsque les parties ont choisi d'utiliser la réserve spéciale de participation dans les conditions prévues (D. 2020-795 du 26 juin 2020, JO 28) « à l'article L. 3323-2 », les entreprises réalisent les versements correspondants avant le (D. 2015-1606 du 7 déc. 2015, JO 9, entrée en vigueur le 01.01.2016) « premier jour du sixième mois » suivant la clôture de l'exercice au titre duquel la participation est attribuée. »

Passé ce délai, les entreprises complètent les versements prévus au premier alinéa par un intérêt de retard égal à 1,33 fois le (D. 2015-1606 du 7 déc. 2015, JO 9, entrée en vigueur le 01.01.2016) « taux mentionné à l'article 14 de la loi n° 47-1775 du 10 septembre 1947 portant statut de la coopération ».

Les intérêts sont versés en même temps que le principal et employés dans les mêmes conditions.

Art. D. 3324-26. Lorsque la réserve spéciale de participation est consacrée à l'acquisition de titres émis par des sociétés d'investissement à capital variable, le portefeuille de ces sociétés est composé, au moins pour la moitié, de valeurs d'entreprises dont le siège est situé dans un État membre de la Communauté européenne ou d'un autre État partie à l'accord sur l'Espace économique européen.

Ces sociétés inscrivent au nom de chacun des bénéficiaires le nombre d'actions ou de coupures d'actions correspondant aux sommes qui reviennent à celui-ci.

Art. D. 3324-27. Lorsque l'accord de participation prévoit que les sommes revenant aux salariés seront utilisées selon une ou plusieurs des modalités mentionnées à l'article L. 3323-2 et laisse aux salariés la possibilité de choisir individuellement le mode de gestion des sommes qui leur sont attribuées, il prévoit les modalités d'exercice de ce choix et précise le sort des droits des salariés n'ayant pas expressément opté pour l'un des modes de placement proposés.

Art. D. 3324-28. Lorsque l'accord de participation offre plusieurs instruments de placement, il précise les modalités selon lesquelles le salarié peut modifier l'affectation de son épargne.

Toutefois, l'accord peut prévoir des restrictions à la possibilité de modification du choix de placement initial dans les cas qu'il définit. Il précise alors la ou les modifications pouvant intervenir à l'occasion du départ du salarié de l'entreprise.

Sans préjudice des dispositions du cinquième alinéa de l'article (D. 2013-687 du 25 juil. 2013, art. 30, JO 30) « L. 214-164 » et du septième alinéa de l'article (D. 2013-687 du 25 juil. 2013, art. 30, JO 30) « L. 214-165 » du code monétaire et financier, les signataires de l'accord peuvent modifier l'affectation de l'épargne des salariés investis dans des (D. 2013-687 du 25 juil. 2013, art. 30, JO 30) « organismes de placement collectif en valeurs mobilières ou des placements collectifs relevant des paragraphes 1, 2 et 6 de la sous-section 2, du paragraphe 2 ou du sous-paragraphe 1 du paragraphe 1 de la sous-section 3, ou de la sous-section 4 de la section 2 du chapitre IV du titre Ier du livre II du code monétaire et financier lorsque les caractéristiques des nouveaux organismes ou des placements collectifs sont identiques à celles des organismes ou des placements collectifs » antérieurement prévus.

Art. D. 3324-29. Lorsque les droits à participation sont affectés, au cours ou à l'issue de la période de blocage, à un plan d'épargne d'entreprise, le délai d'indisponibilité couru de ces sommes au moment de l'affectation s'impute sur la durée de blocage prévue par le plan d'épargne d'entreprise.

Art. D. 3324-30. L'accord de participation prévoyant le choix individuel entre le versement immédiat ou le réinvestissement des intérêts précise le régime applicable à défaut d'option exercée par le salarié.

Art. D. 3324-31. En l'absence de stipulation des accords, les revenus des droits de créance des salariés sont versés annuellement aux bénéficiaires.

Art. D. 3324-32. Lorsque les intérêts correspondants aux sommes (D. 2020-795 du 26 juin 2020, JO 28) « versées à des comptes courants bloqués » sont réinvestis, ils sont capitalisés annuellement.

Art. D. 3324-33. Les sommes attribuées au titre de la participation et affectées à un fonds d'investissement de l'entreprise sont rémunérées pour tous les salariés à un taux identique. Ce taux ne peut être inférieur au (D. 2015-1606 du 7 déc. 2015, JO 9, entrée en vigueur le 01.01.2016) « taux mentionné à l'article 14 de la loi n° 47-1775 du 10 septembre 1947 portant statut de la coopération ».

Art. D. 3324-34. Les fonds communs de placement constitués en application d'un accord de participation sont régis par les règles applicables aux fonds communs de placement d'entreprise mentionnés aux articles (D. 2013-687 du 25 juil. 2013, art. 30, JO 30) « L. 214-164 et L. 214-165 » du code monétaire et financier.

En outre, le règlement du fonds peut prévoir la possibilité pour celui-ci de recevoir, à la demande de tout salarié disposant, en application du 2° de l'article L. 3323-2, d'un droit de créance sur une entreprise au titre de la participation des salariés, les sommes qui lui ont été attribuées à ce titre. Dans ce cas, les sommes sont versées directement par l'entreprise dans les deux mois qui suivent la décision du salarié.

Art. D. 3324-35. Lorsqu'aucun accord de participation n'a été conclu, les sommes inscrites en compte courant portent intérêt à compter du (D. 2015-1606 du 7 déc. 2015, JO 9, entrée en vigueur le 01.01.2016) « premier jour du sixième mois » suivant la clôture de l'exercice au titre duquel la participation est attribuée.

Art. D. 3324-36. Lorsqu'un salarié titulaire de droits sur la réserve spéciale de participation quitte l'entreprise sans faire valoir ses droits à déblocage ou avant que l'entreprise ait été en mesure de liquider à la date de son départ la totalité des droits dont il est titulaire, l'employeur :

1° Lui remet l'état récapitulatif prévu à l'article L. 3341-7 ;

2° Lui demande l'adresse à laquelle doivent lui être envoyés les avis de mise en paiement des dividendes et d'échéance des intérêts, des titres remboursables et des avoirs devenus disponibles, et, le cas échéant, le compte sur lequel les sommes correspondantes doivent lui être versées ;

3° L'informe qu'il l'avisera des éventuels changements d'adresse de l'entreprise ou de l'organisme gestionnaire.

Art. D. 3324-37. Lorsque le bénéficiaire ne peut être atteint à la dernière adresse indiquée par lui, les sommes auxquelles il peut prétendre sont tenues à sa disposition par l'entreprise pendant une durée d'un an à compter de la date d'expiration du délai prévu soit à l'article L. 3323-5, soit à l'article L. 3324-10 selon le cas.

Passé ce délai, ces sommes sont remises à la Caisse des dépôts et consignations où l'intéressé peut les réclamer (D. 2009-351 du 30 mars 2009, JO 31) « jusqu'au terme (D. 2015-1606 du 7 déc. 2015, JO 9, entrée en vigueur le 01.01.2016) « des délais prévus au III de l'article L. 312-20 du code monétaire et financier ». »

Art. D. 3324-38. La conservation des parts de fonds communs de placement et des actions de sociétés d'investissement à capital variable (SICAV) acquises en application du 1° de l'article L. 3323-2 continue d'être assurée par l'organisme qui en est chargé et auprès duquel l'intéressé peut les réclamer (D. 2009-351 du 30 mars 2009, JO 31) « jusqu'au terme (D. 2015-1606 du 7 déc. 2015, JO 9, entrée en vigueur le 01.01.2016) « des délais prévus au III de l'article L. 312-20 du code monétaire et financier ».

Art. D. 3324-39. En cas de décès du salarié, ses ayants droit demandent la liquidation de ses droits.

Le régime fiscal prévu au 4 du III de l'article 150-0 A du code général des impôts cesse de leur être attaché à compter du septième mois suivant le décès.

Art. D. 3324-40. Lorsque la déclaration des résultats d'un exercice est rectifiée par l'administration ou par le juge de l'impôt, le montant de la participation des salariés au bénéfice de cet exercice fait l'objet d'un nouveau calcul, compte tenu des rectifications apportées.

Le montant de la réserve spéciale de participation est modifié en conséquence au cours de l'exercice pendant lequel les rectifications opérées par l'administration ou par le juge de l'impôt sont devenues définitives ou ont été formellement acceptées par l'entreprise. Ce montant est majoré d'un intérêt dont le taux est égal au (D. 2015-1606 du 7 déc. 2015, JO 9, entrée en vigueur le 01.01.2016) «taux mentionné à l'article 14 de la loi n° 47-1775 du 10 septembre 1947 portant statut de la coopération» et qui court à partir du (D. 2015-1606 du 7 déc. 2015, JO 9, entrée en vigueur le 01.01.2016) «premier jour du sixième mois» de l'exercice qui suit celui au titre duquel les rectifications ont été opérées.

SECTION 4. Paiement et déblocage anticipé

Art. L. 3324-11. Les entreprises peuvent payer directement aux salariés (L. 2008-1258 du 3 déc. 2008, art. 11, JO 4) «et, le cas échéant, aux bénéficiaires visés au deuxième alinéa de l'article L. 3323-6 et au troisième alinéa de l'article L. 3324-2,» les sommes leur revenant lorsque celles-ci n'atteignent pas un montant fixé par un arrêté ministériel.

Art. D. 3324-41. Pour obtenir le transfert des sommes qu'il détient au titre de la participation, le salarié indique à l'entreprise qu'il quitte les avoirs qu'il souhaite transférer en utilisant les mentions faites dans l'état récapitulatif ou dans le dernier relevé dont il dispose et lui demande de liquider ces avoirs.

Art. D. 3324-42. Lorsque le transfert est réalisé vers un plan d'épargne d'entreprise dont il bénéficie au sein de la nouvelle entreprise qui l'emploie, le salarié précise dans sa demande l'affectation de son épargne au sein du plan ou des plans qu'il a choisis.

Lorsque le transfert est réalisé vers un plan dont il bénéficie au titre d'un nouvel emploi, le salarié communique à l'entreprise qu'il a quittée le nom et l'adresse de son nouvel employeur et de l'établissement mentionné à l'article R. 3333-5. Il informe ces derniers de ce transfert et de l'affectation de son épargne.

Art. D. 3324-43. L'entreprise que le salarié quitte procède elle-même à la liquidation des sommes bloquées en application du 2° de l'article L. 3323-2 ou de l'article L. 3323-5 et demande sans délai à l'établissement chargé du registre des comptes la liquidation des actions ou parts détenues au sein des plans d'épargne.

La liquidation réalisée, l'entreprise transfère les sommes correspondantes vers le plan concerné, en indiquant les périodes d'indisponibilité déjà courues ainsi que les éléments nécessaires à l'application de la législation sociale.

Art. D. 3324-44. L'arrêté ministériel prévu à l'article L. 3324-11 est pris conjointement par les ministres chargés de l'économie et du travail.

SECTION 5. Affectation à un plan d'épargne salariale

Art. L. 3324-12. (L. 2010-1330 du 9 nov. 2010, art. 110, JO 10) Lorsque le salarié, et le cas échéant le bénéficiaire visé au deuxième alinéa de l'article L. 3323-6 et au troisième alinéa de l'article L. 3324-2, ne demande pas le versement en tout ou partie des sommes qui lui sont attribuées au titre de la participation dans les conditions prévues à l'article L. 3324-10 ou qu'il ne décide pas de les affecter dans l'un des dispositifs prévus par l'article L. 3323-2, sa quote-part de réserve spéciale de participation, dans la limite de celle calculée à l'article L. 3324-1, est affectée, pour moitié, dans un plan d'épargne pour la retraite collectif (Ord. 2019-766 du 24 juil. 2019, art. 7, IV, 7°, JO 25, entrée en vigueur le 01.10.2019) «ou dans un plan d'épargne retraite d'entreprise collectif lorsqu'un tel plan» a été mis en place dans l'entreprise et, pour moitié, dans les conditions prévues par l'accord mentionné à l'article L. 3323-1. Les modalités d'information du salarié sur cette affectation sont déterminées par décret. (L. 2015-990 du 6 août 2015, art. 151, I, 1°, JO 7) «La fraction de la quote-part affectée dans le plan d'épargne pour la retraite collectif est investie conformément au second alinéa de l'article L. 3334-11.»

Les modalités d'affectation de la part des sommes versées aux salariés au titre de la participation aux résultats de l'entreprise supérieure à celle calculée selon les modalités de l'article L. 3324-1 peuvent être fixées par l'accord de participation.

Le plan peut également être alimenté, suivant les modalités qu'il fixe, par les versements complémentaires de l'entreprise et les versements opérés volontairement par les salariés.

Chapitre V

Régime social et fiscal de la participation

Art. L. 3325-1. Les sommes portées à la réserve spéciale de participation au cours d'un exercice sont déductibles pour l'assiette de l'impôt sur les sociétés ou de l'impôt sur le revenu exigible au titre de l'exercice au cours duquel elles sont réparties entre les salariés.

Elles ne sont pas prises en considération pour l'application de la législation du travail et (Ord. 2018-474 du 12 juin 2018, art. 6, 2°, JO 13) «sont exclues de l'assiette des cotisations définie à l'article L. 242-1 du code de la sécurité sociale».

Art. L. 3325-2. Les sommes (L. 2008-1258 du 3 déc. 2008, art. 4, JO 4) «affectées dans les conditions prévues à l'article L. 3323-2» sont exonérées d'impôt sur le revenu.

Les revenus provenant des sommes attribuées au titre de la participation et recevant la même affectation qu'elles sont exonérés dans les mêmes conditions. Ils se trouvent alors frappés de la même indisponibilité que ces sommes et sont définitivement exonérés à l'expiration de la période d'indisponibilité correspondante.

Après l'expiration de la période d'indisponibilité, l'exonération est toutefois maintenue pour les revenus provenant de sommes utilisées pour acquérir des actions de l'entreprise ou versées à des organismes de placement extérieurs à l'entreprise tels que ceux énumérés au 1° de l'article L. 3323-2, tant que les salariés (L. 2008-1258 du 3 déc. 2008, art. 11, JO 4) «et, le cas échéant, les bénéficiaires visés au deuxième alinéa de l'article L. 3323-6 et au troisième alinéa de l'article L. 3324-2» ne demandent pas la délivrance des droits constitués à leur profit.

Art. L. 3325-3. Les conditions dans lesquelles les entreprises peuvent constituer en franchise d'impôt une provision pour investissement sont fixées par le code général des impôts.

Art. L. 3325-4. Les dispositions du présent chapitre sont applicables au supplément de réserve spéciale de participation mentionné à l'article L. 3324-9.

Art. D. 3325-1. Sur demande de l'entreprise, l'attestation du montant du bénéfice net et des capitaux propres est établie soit par le commissaire aux comptes, soit par l' (D. 2014-552 du 27 mai 2014, art. 17, JO 29) «inspecteur des finances publiques».

Dans ce dernier cas, la demande est accompagnée d'un état annexe rempli par l'entreprise, conformément à un modèle arrêté par le ministre chargé de l'économie.

Art. D. 3325-2. L'attestation est délivrée par l' (D. 2014-552 du 27 mai 2014, art. 17, JO 29) «inspecteur des finances publiques» dans les trois mois qui suivent celui de la demande de l'entreprise ou, si la déclaration fiscale des résultats correspondants à l'exercice considéré est souscrite après la présentation de cette demande, dans les trois mois qui suivent celui du dépôt de cette déclaration.

Art. D. 3325-3. Lorsqu'aucune demande d'attestation n'a été présentée six mois après la clôture d'un exercice, l'inspecteur du travail peut se substituer à l'entreprise pour obtenir cette attestation.

Art. D. 3325-4. La modification d'assiette du bénéfice net intervenue après la délivrance d'une attestation donne lieu à l'établissement d'une attestation rectificative établie dans les mêmes conditions que l'attestation initiale.

Art. D. 3325-5. La constitution en franchise d'impôt de la provision pour investissement prévue à l'article L. 3325-3 et au II de l'article 237 *bis* A du code général des impôts est subordonnée au respect des dispositions prévues à l'article 171 *bis* de l'annexe II au code général des impôts.

Art. D. 3325-6. L'avoir fiscal et le crédit d'impôt attachés aux revenus des valeurs mobilières attribuées aux salariés ou acquises pour leur compte au titre de la participation donnent lieu à délivrance d'un certificat distinct, conformément aux dispositions de l'article 77 de l'annexe II au code général des impôts et sous les deux modalités suivantes :

1° Lorsque ces revenus sont totalement exonérés, conformément aux dispositions de l'article L. 3325-2, le certificat est établi pour la totalité de l'avoir fiscal ou du crédit d'impôt au nom de l'organisme chargé de la conservation des titres et la restitution de l'avoir fiscal ou du crédit d'impôt mentionné sur ce certificat est demandée par cet organisme ;

2° Lorsque l'exonération ne porte que sur la moitié de ces revenus le certificat établi au nom de l'organisme chargé de la conservation des titres ne mentionne que la moitié de l'avoir fiscal ou du crédit d'impôt qui s'attache à ces revenus. La restitution demandée par l'organisme porte alors sur un montant réduit de moitié.

Art. D. 3325-7. La demande de restitution, accompagnée du certificat, est adressée au service des impôts du siège de l'organisme qui l'a établie.

La restitution est opérée au profit de cet organisme, à charge pour lui d'employer les sommes correspondantes de la même façon que les revenus auxquels elles se rattachent.

Chapitre VI

Contestations et sanctions

Art. L. 3326-1. Le montant du bénéfice net et celui des capitaux propres de l'entreprise sont établis par une attestation de l'inspecteur des impôts ou du commissaire aux comptes. Ils ne peuvent être remis en cause à l'occasion des litiges nés de l'application du présent titre.

Les contestations relatives au montant des salaires et au calcul de la valeur ajoutée prévus au 4° de l'article L. 3324-1 sont réglées par les procédures stipulées par les accords de participation. À défaut, elles relèvent des juridictions compétentes en matière d'impôts directs. Lorsqu'un accord de participation est intervenu, les juridictions ne peuvent être saisies que par les signataires de cet accord.

Tous les autres litiges relatifs à l'application du présent titre sont de la compétence du juge judiciaire.

Art. R. 3326-1. Les litiges relatifs à l'application du présent titre, autres que ceux mentionnés aux premier et deuxième alinéas de l'article L. 3326-1, relèvent du (D. 2019-966 du 18 sept. 2019, art. 8, JO 19, entrée en vigueur le 01.01.2020) « tribunal judiciaire » dans les conditions fixées à l'article R. 311-1 du code de l'organisation judiciaire.

Art. L. 3326-2. Des astreintes peuvent être prononcées par le juge judiciaire contre les entreprises qui n'exécutent pas les obligations qui leur incombent en application du présent titre.

Les salariés de l'entreprise en cause et le procureur de la République dans le ressort duquel cette entreprise est située ont seuls qualité pour agir.

L'astreinte a un caractère provisoire et est liquidée par le juge après exécution par l'entreprise de ses obligations. Il est tenu compte, lors de sa liquidation, notamment du préjudice effectivement causé et de la résistance opposée par l'entreprise.

TITRE III

PLANS D'ÉPARGNE SALARIALE

Chapitre Ier

Champ d'application

Art. L. 3331-1. Les dispositions du présent titre sont applicables aux employeurs de droit privé ainsi qu'à leurs salariés.

(L. 2019-486 du 22 mai 2019, art. 155, I, 20°, JO 23) « Lorsque, dans le présent titre, il est fait référence à l'effectif salarié, cet effectif et le franchissement du seuil sont déterminés selon les modalités prévues à l'article L. 130-1 du code de la sécurité sociale. »

Art. R. 3331-1. (D. 2009-350 du 30 mars 2009, JO 31) Les dispositions du présent titre, à l'exception de l'article D. 3334-3-1, sont également applicables aux personnes mentionnées au dernier alinéa de l'article L. 3332-2.

Art. D. 3331-2. (D. 2009-351 du 30 mars 2009, JO 31) Les salariés d'un groupement d'employeurs qui n'a pas mis en place un plan d'épargne salariale peuvent bénéficier du plan d'épargne salariale mis en place dans chacune des entreprises du groupement auprès de laquelle ils sont mis à disposition si le règlement le prévoit.

Art. D. 3331-3. (D. 2009-351 du 30 mars 2009, JO 31) L'ancienneté des personnes mentionnées au dernier alinéa de l'article L. 3332-2 éventuellement requise par le règlement se décompte à compter de la date d'effet du contrat individuel.

Chapitre II

Plan d'épargne d'entreprise

SECTION 1. Conditions de mise en place

Sous-section 1. Bénéficiaires

Art. L. 3332-1. Le plan d'épargne d'entreprise est un système d'épargne collectif ouvrant aux salariés de l'entreprise la faculté de participer, avec l'aide de celle-ci, à la constitution d'un portefeuille de valeurs mobilières.

Art. R. 3332-1. Le règlement du plan d'épargne d'entreprise comporte, en annexe, les critères de choix et la liste des instruments de placement ainsi que les notices des sociétés d'investissement à capital variable (SICAV) et des fonds communs de placement offerts aux adhérents.

Art. R. 3332-2. Lorsque le plan offre plusieurs instruments de placement, son règlement précise les modalités selon lesquelles l'adhérent peut modifier l'affectation de son épargne entre ces instruments.

Toutefois, le règlement du plan peut prévoir des restrictions à la faculté de modifier le choix de placement initial dans des cas qu'il définit. L'investissement des sommes qui ont bénéficié du supplément d'abondement dans les conditions prévues au deuxième alinéa de l'article L. 3332-11 ne peut être modifié.

Art. R. 3332-3. Le règlement du plan précise les modifications du choix de placement initial pouvant intervenir à l'occasion du départ du salarié de l'entreprise.

Sans préjudice des dispositions du cinquième alinéa de l'article (D. 2013-687 du 25 juil. 2013, art. 30, JO 30) « L. 214-164 » et du septième alinéa de l'article (D. 2013-687 du 25 juil. 2013, art. 30, JO 30) « L. 214-165 » du code monétaire et financier, les signataires de l'accord peuvent modifier l'affectation de l'épargne des salariés investie dans des (D. 2013-687 du 25 juil. 2013, art. 30, JO 30) « organismes de placement collectif en valeurs mobilières ou des placements collectifs relevant des paragraphes 1, 2 et 6 de la sous-section 2, du paragraphe 2 ou du sous-paragraphe 1 du paragraphe de la sous-section 3, ou de la sous-section 4 de la section 2 du chapitre IV du titre 1er du livre II du code monétaire et financier lorsque les caractéristiques des nouveaux organismes ou des placements collectifs sont identiques à celles des organismes ou des placements collectifs » antérieurement prévus.

Lorsque la modification de l'affectation des sommes intervient durant la période d'indisponibilité, la durée totale de celle-ci n'est pas remise en cause.

Art. L. 3332-2. Les anciens salariés ayant quitté l'entreprise à la suite d'un départ à la retraite ou en préretraite peuvent continuer à effectuer des versements au plan d'épargne d'entreprise.

Dans les entreprises (L. 2019-486 du 22 mai 2019, art. 11, VI, 7°, JO 23, entrée en vigueur le 01.01.2020) « employant au moins un salarié et moins de deux cent cinquante salariés », peuvent également participer aux plans d'épargne d'entreprise :

1° Les chefs de ces entreprises ;

2° Les présidents, directeurs généraux, gérants ou membres du directoire, s'il s'agit de personnes morales ;

3° Le conjoint (L. 2019-486 du 22 mai 2019, art. 155, I, 17°, JO 23) «ou le partenaire lié par un pacte civil de solidarité» du chef d'entreprise s'il a le statut de conjoint collaborateur ou de conjoint associé mentionné à l'article L. 121-4 du code de commerce (L. 2012-387 du 22 mars 2012, art. 79, JO 23) «ou à l'article L. 321-5 du code rural et de la pêche maritime».

(L. 2008-1258 du 3 déc. 2008, art. 7, JO 4) «Le salarié d'un groupement d'employeurs peut bénéficier du plan d'épargne salariale mis en place dans chacune des entreprises adhérentes du groupement auprès de laquelle il est mis à disposition dans des conditions fixées par décret.»

(L. 2008-1258 du 3 déc. 2008, art. 13, JO 4) «Les travailleurs non salariés visés à l'article L. 134-1 du code de commerce ou au titre IV du livre V du code des assurances ayant un contrat individuel avec une entreprise dont ils commercialisent des produits peuvent bénéficier du plan d'épargne salariale mis en place dans l'entreprise, si le règlement le prévoit, dans des conditions fixées par décret.»

(L. 2019-486 du 22 mai 2019, art. 155, I, 21°, JO 23) «Par dérogation au second alinéa de l'article L. 3331-1 du présent code, le II de l'article L. 130-1 du code de la sécurité sociale ne s'applique pas au franchissement du seuil d'un salarié.»

Sous-section 2. **Mise en place**

Art. L. 3332-3. Le plan d'épargne d'entreprise peut être établi dans l'entreprise à l'initiative de celle-ci ou par un accord avec le personnel (L. 2015-990 du 6 août 2015, art. 157, JO 7) «, conclu dans les conditions prévues à l'article L. 3322-6», notamment en vue de recevoir les versements effectués en application des titres Ier et II relatifs à l'intéressement et à la participation des salariés aux résultats de l'entreprise.

Art. L. 3332-4. Lorsque l'entreprise compte au moins un délégué syndical ou est dotée d'un (Ord. 2017-1386 du 22 sept. 2017, art. 4, 10°, JO 23, entrée en vigueur au plus tard le 01.01.2018) «comité social et économique», le plan d'épargne d'entreprise est négocié dans les conditions prévues à l'article L. 3322-6. Si, au terme de la négociation, aucun accord n'a été conclu, un procès-verbal de désaccord est établi dans lequel sont consignées en leur dernier état les propositions respectives des parties et les mesures que l'employeur entend appliquer unilatéralement.

Toutefois, ces dispositions ne sont pas applicables à la modification des plans d'épargne d'entreprise mis en place à l'initiative de l'entreprise avant la date de publication de la loi n° 2004-804 du 9 août 2004 pour le soutien à la consommation et à l'investissement.

Art. L. 3332-5. Lorsque le plan d'épargne d'entreprise n'est pas établi en vertu d'un accord avec le personnel, le (Ord. 2017-1386 du 22 sept. 2017, art. 4, 11°, JO 23, entrée en vigueur au plus tard le 01.01.2018) «comité social et économique est consulté» sur le projet de règlement du plan au moins quinze jours avant son dépôt auprès de l'autorité administrative.

Art. L. 3332-6. Lors de la négociation des accords prévus aux titres Ier et II, la question de l'établissement d'un plan d'épargne d'entreprise est examinée.

Sous-section 3. **Information des salariés**

Art. L. 3332-7. Le règlement du plan d'épargne d'entreprise détermine les conditions dans lesquelles le personnel est informé de son existence et de son contenu. (L. 2019-486 du 22 mai 2019, art. 159, JO 23) «Il prévoit des conditions de mise en œuvre d'une aide à la décision pour les bénéficiaires.»

Art. L. 3332-7-1. (L. 2019-486 du 22 mai 2019, art. 161, II, JO 23) La personne chargée de la tenue de registre des comptes administratifs fournit à tout bénéficiaire d'un plan d'épargne salariale un relevé annuel de situation comportant le choix d'affectation de son épargne, ainsi que le montant de ses valeurs mobilières estimé au 31 décembre de l'année précédente.

Un décret détermine les mentions devant figurer au sein de ce relevé annuel de situation, notamment les versements et retraits de l'année précédente, ainsi que la date à laquelle ce relevé est au plus tard édité.

Art. L. 3332-8. Lorsque le plan d'épargne d'entreprise n'est pas établi en vertu d'un accord avec le personnel, les entreprises communiquent la liste nominative de la totalité de leurs salariés à l'établissement habilité pour les activités de conservation ou d'administration d'instruments financiers, en application de l'article L. 542-1 du code monétaire et financier, auquel elles ont confié la tenue des comptes des adhérents. Cet établissement informe nominativement par courrier chaque salarié de l'existence d'un plan d'épargne d'entreprise dans l'entreprise.

Ces dispositions ne s'appliquent pas aux entreprises ayant remis à l'ensemble de leurs salariés une note d'information individuelle sur l'existence et le contenu du plan prévue par le règlement du plan d'épargne d'entreprise.

Sous-section 4. Dépôt

Art. L. 3332-9. Les règlements des plans d'épargne d'entreprise sont déposés auprès de l'autorité administrative.

Art. R. 3332-4. Le règlement du plan d'épargne d'entreprise mentionné aux articles L. 3332-7 et L 3332-9 est déposé (D. 2015-1606 du 7 déc. 2015, JO 9, entrée en vigueur le 01.01.2016) «, avec les annexes relatives aux critères de choix et à la liste des instruments de placements, » (D. 2020-683 du 4 juin 2020, JO 6) « sur la plateforme de téléprocédure mentionnée à l'article D. 2231-4 ».

Art. R. 3332-5. Si le plan d'épargne d'entreprise est mis en place à l'initiative de l'entreprise, le procès-verbal de consultation du (D. 2017-1819 du 29 déc. 2017, art. 3, 25°, JO 30, entrée en vigueur le 01.01.2018) « comité social et économique » est déposé avec le règlement du plan.

Art. R. 3332-7. Le plan d'épargne d'entreprise, établi par accord avec le personnel, est conclu selon l'une des modalités prévues à l'article L. 3322-6.

SECTION 2. Versements

Art. L. 3332-10. Les versements annuels d'un salarié ou d'une personne mentionnée à l'article L. 3332-2 aux plans d'épargne d'entreprise auxquels il participe ne peuvent excéder un quart de sa rémunération annuelle ou de son revenu professionnel imposé à l'impôt sur le revenu au titre de l'année précédente. (L. 2019-486 du 22 mai 2019, art. 65, 1°, JO 23) « Ces versements ne peuvent excéder une fois la rémunération annuelle ou le revenu professionnel imposé à l'impôt sur le revenu au titre de l'année précédente lorsqu'ils sont effectués à destination du fonds commun de placement mentionné à l'article L. 3332-16. »

Pour le conjoint du chef d'entreprise mentionné au 3° du même article et pour le salarié dont le contrat de travail est suspendu, qui n'ont perçu aucune rémunération au titre de l'année (L. 2012-387 du 22 mars 2012, art. 52, JO 23) « de versement », les versements ne peuvent excéder le quart du montant annuel du plafond prévu à l'article L. 241-3 du code de la sécurité sociale. (L. 2019-486 du 22 mai 2019, art. 65, 1°, JO 23) « Ces versements ne peuvent excéder une fois le montant annuel du plafond prévu au même article L. 241-3 lorsqu'ils sont effectués à destination du fonds commun de placement régi par l'article L. 3332-16 du présent code. »

Le montant des droits inscrits à un compte épargne-temps (L. 2015-990 du 6 août 2015, art. 162, II, JO 7) « ainsi que le montant des sommes correspondant à des jours de repos non pris » et qui sont utilisés pour alimenter un plan d'épargne pour la retraite collectif défini au chapitre IV (L. 2015-990 du 6 août 2015, art. 162, II, JO 7) « ne sont » pas pris en compte pour l'appréciation du plafond mentionné au premier alinéa. Il en est de même des droits utilisés pour alimenter un plan d'épargne d'entreprise, à condition qu'ils servent à l'acquisition de titres de l'entreprise ou d'une entreprise qui lui est liée au sens des articles L. 3344-1 et L. 3344-2, ou de parts ou d'actions (Ord. 2013-676 du 25 juil. 2013, art. 44, JO 27) « de fonds d'épargne salariale mentionnés aux articles L. 214-165 et L. 214-166 » du code monétaire et financier.

Art. L. 3332-11. Les sommes versées annuellement par une ou plusieurs entreprises pour un salarié ou une personne mentionnée à l'article L. 3332-2 (L. 2019-486 du 22 mai 2019, art. 162, V, 1°, JO 23) « constituent l'abondement de l'employeur et » ne peuvent excéder un plafond fixé par voie réglementaire pour les versements à un plan d'épargne d'entreprise, sans pouvoir excéder le triple de la contribution du bénéficiaire. (L. 2008-1258 du 3 déc. 2008, art. 14, JO 4) « Cette contribution peut être constituée des sommes provenant de l'intéressement, de la participation aux résultats de l'entreprise et des versements volontaires des bénéficiaires. »

L'entreprise peut majorer (L. 2019-486 du 22 mai 2019, art. 162, V, 2°, JO 23) « l'abondement mentionné au premier alinéa » à concurrence du montant consacré par le salarié ou la personne mentionnée à l'article L. 3332-2 à l'acquisition d'actions ou de certificats d'investissement émis par l'entreprise ou par une entreprise (L. 2019-486 du 22 mai 2019, art. 162, V, 2°, JO 23) «incluse dans le même périmètre de consolidation ou de combinaison des comptes au sens du deuxième alinéa de l'article L. 3344-1», sans que cette majoration puisse excéder 80 %.

(L. 2019-486 du 22 mai 2019, art. 162, V, 3°, JO 23) «En outre, les entreprises peuvent, même en l'absence de contribution du salarié:

1° Si le règlement du plan le prévoit, effectuer des versements sur ce plan, sous réserve d'une attribution uniforme à l'ensemble des salariés, pour l'acquisition d'actions ou de certificats d'investissement émis par l'entreprise ou par une entreprise incluse dans le même périmètre de consolidation ou de combinaison des comptes au sens du deuxième alinéa de l'article L. 3344-1. Les actions ou certificats d'investissement ainsi acquis par le salarié ne sont disponibles qu'à l'expiration d'un délai minimum de cinq ans à compter de ce versement;

2° Effectuer des versements sur ce plan dans les conditions prévues au chapitre XI du titre III du livre II du code de commerce, dans la limite de 30 % du montant annuel du plafond mentionné à l'article L. 241-3 du code de la sécurité sociale. Ces versements ne sont pas pris en compte pour l'appréciation du plafond mentionné au premier alinéa du présent article;

Un décret détermine les conditions d'application des 1° et 2° du présent article. Les versements mentionnés aux mêmes 1° et 2° sont soumis au même régime social et fiscal que les versements des entreprises mentionnés au premier alinéa. Les sommes excédant le plafond mentionné au 2° sont versées directement au salarié bénéficiaire et constituent un revenu d'activité au sens de l'article L. 136-1-1 du code de la sécurité sociale, imposable à l'impôt sur le revenu dans les conditions prévues à l'article 80 *sexdecies* du code général des impôts.»

Art. R. 3332-8. Le plafond prévu à l'article L. 3332-11 est fixé à 8 % du montant annuel du plafond prévu à l'article L. 241-3 du code de la sécurité sociale.

Art. D. 3332-8-1. (D. 2019-862 du 20 août 2019, JO 22) Le versement unilatéral de l'employeur pour l'acquisition d'actions ou de certificats d'investissement émis par l'entreprise bénéficie à l'ensemble des adhérents qui satisfont aux conditions d'ancienneté éventuellement prévues par le règlement du plan. Le montant total de ce versement ne peut excéder 2 % du montant annuel du plafond prévu au premier alinéa de l'article L. 241-3 du code de la sécurité sociale. Ce versement est pris en compte pour apprécier le respect du plafond d'abondement prévu par le règlement et du plafond mentionné à l'article R. 3332-8 du présent code.

Art. D. 3332-8-2. (D. 2019-862 du 20 août 2019, JO 22) Le contrat de partage mentionné à l'article L. 23-11-2 du code du commerce peut retenir conjointement les différentes modalités de répartition de l'abondement unilatéral prévues à l'article L. 23-11-3 du même code, dans le respect du plafond déterminé au 2° de l'article L. 3332-11.

Art. L. 3332-12. La modulation éventuelle (L. 2019-486 du 22 mai 2019, art. 162, VI, JO 23) «de l'abondement de» l'entreprise ne saurait résulter que de l'application de règles à caractère général, qui ne peuvent, en outre, en aucun cas avoir pour effet de rendre le rapport entre le versement de l'entreprise et celui du salarié ou de la personne mentionnée à l'article L. 3332-2 croissant avec la rémunération de ce dernier.

Art. L. 3332-13. (L. 2019-486 du 22 mai 2019, art. 162, VII, JO 23) «L'abondement de l'entreprise ne peut» se substituer à aucun des éléments de rémunération (Ord. 2018-474 du 12 juin 2018, art. 6, 3°, JO 13) «tels qu'ils sont pris en compte pour la détermination de l'assiette des cotisations définie à» l'article L. 242-1 du code de la sécurité sociale, en vigueur dans l'entreprise au moment de la mise en place d'un plan mentionné au présent article ou qui deviennent obligatoires en vertu de règles légales ou contractuelles. Toutefois, cette règle ne peut avoir pour effet de remettre en cause les exonérations fiscales et sociales prévues à l'article L. 3332-27, dès lors qu'un délai de douze mois s'est écoulé entre le dernier versement de l'élément de rémunération en tout ou partie supprimé et la date de mise en place du plan.

Art. L. 3332-14. Les actions gratuites attribuées aux salariés dans les conditions prévues aux articles L. 225-197-1 à L. 225-197-3 du code de commerce, sans préjudice des dispositions particulières prévues par le présent alinéa, peuvent être versées, à l'expiration de la période d'acquisition mentionnée au (L. 2015-990 du 6 août 2015, art. 135, V, JO 7) «sixième» alinéa du I de l'article L. 225-197-1 du même code, sur un plan d'épargne d'entreprise, dans la limite d'un montant égal à 7,5 % du plafond annuel de la sécurité sociale par adhérent, sous réserve d'une attribution à l'ensemble des salariés de l'entreprise.

La répartition des actions entre les salariés fait l'objet d'un accord d'entreprise. À défaut d'accord, elle fait l'objet d'une décision du conseil d'administration, du directoire ou du chef d'entreprise.

La répartition peut être uniforme, proportionnelle à la durée de présence dans l'entreprise au cours de l'exercice ou proportionnelle aux salaires ou retenir conjointement ces différents critères.

Art. R. 3332-9. Un plan d'épargne d'entreprise peut recueillir, à l'initiative des participants, les versements des sommes issues de l'intéressement, de la participation, des versements volontaires et des contributions des entreprises prévues à l'article L. 3332-11.

Le règlement du plan d'épargne d'entreprise peut prévoir, pour chaque versement volontaire des participants, un montant minimum par support de placement. Celui-ci ne peut toutefois pas excéder une somme fixée par arrêté conjoint des ministres chargés de l'économie et du travail.

Art. D. 3332-9-1. (D. 2009-351 du 30 mars 2009, JO 31) Les versements annuels d'un bénéficiaire mentionné au dernier alinéa de l'article L. 3332-2 aux plans d'épargne salariale auxquels il participe ne peuvent excéder un quart de son revenu professionnel imposé à l'impôt sur le revenu au titre de l'année précédente.

Art. R. 3332-10. Les sommes versées par les adhérents à un plan d'épargne d'entreprise, les sommes complémentaires versées par l'entreprise, les sommes attribuées au titre de l'intéressement et affectées volontairement par des salariés à ce plan d'épargne ainsi que les sommes attribuées aux salariés au titre de la participation aux résultats et affectées à la réalisation de ce plan sont, dans un délai de quinze jours à compter respectivement de leur versement par l'adhérent ou de la date à laquelle elles sont dues, employées à l'acquisition d'actions de sociétés d'investissement à capital variable ou de parts de fonds communs de placement d'entreprise ou de titres émis par l'entreprise ou, le cas échéant, par des sociétés créées dans les conditions prévues à l'article 11 de la loi n° 84-578 du 9 juillet 1984 sur le développement de l'initiative économique.

Art. R. 3332-11. L'affectation à la réalisation du plan des sommes complémentaires que l'entreprise s'est engagée à verser intervient concomitamment aux versements de l'adhérent ou, au plus tard, à la fin de chaque exercice et avant le départ de l'adhérent de l'entreprise.

Art. R. 3332-12. Les sommes attribuées au titre de l'intéressement que les salariés souhaitent affecter à la réalisation d'un plan d'épargne d'entreprise sont versées dans ce plan dans un délai maximum de quinze jours à compter de la date à laquelle elles ont été perçues.

Art. R. 3332-13. Lorsque l'ancien salarié de l'entreprise n'a pas accès à un plan d'épargne pour la retraite collectif, il peut continuer à effectuer des versements dans le plan d'épargne pour la retraite collectif de son ancienne entreprise. Sauf dans ce cas, l'ancien salarié qui l'a quittée pour un motif autre que le départ en retraite ou en préretraite ne peut effectuer de nouveaux versements au plan d'épargne d'entreprise.

Toutefois, lorsque le versement de l'intéressement, (D. 2009-350 du 30 mars 2009, JO 31) « ou de la participation, » au titre de la dernière période d'activité du salarié intervient après son départ de l'entreprise, il peut affecter cet intéressement (D. 2009-350 du 30 mars 2009, JO 31) « ou cette participation » au plan d'épargne de l'entreprise qu'il vient de quitter. Le règlement du plan peut prévoir que ce versement fait l'objet d'un versement complémentaire de l'entreprise suivant les conditions prévues pour l'ensemble des salariés.

Art. R. 3332-13-1. (D. 2015-1606 du 7 déc. 2015, JO 9, entrée en vigueur le 01.01.2016) À défaut de stipulation conventionnelle, les sommes sont affectées à une société d'investissement à capital variable régie par les articles L. 214-7 à L. 214-7-4 et L. 214-24-29 à L. 214-24-33 du code monétaire et financier ou à un fonds d'épargne salariale régi par les articles L. 214-163 à L. 214-166 du même code présentant le profil d'investissement le moins risqué dans le plan d'épargne d'entreprise ou, à défaut, dans le plan d'épargne du groupe. En l'absence de l'un et de l'autre de ces plans, les sommes sont affectées dans le plan d'épargne interentreprises, lorsqu'il a été mis en place.

SECTION 3. Composition et gestion du plan

Art. L. 3332-15. Les sommes recueillies par un plan d'épargne d'entreprise peuvent être affectées à l'acquisition :

1° De titres émis par des sociétés d'investissement à capital variable régies par les (Ord. 2011-915 du 1er août 2011, art. 29, JO 2) « articles L. 214-7 à L. 214-7-4 » (Ord. 2013-676 du 25 juil. 2013, art. 44, JO 27) « et L. 214-24-29 à L. 214-24-33 » du code monétaire et financier ;

2° De parts de fonds communs de placement ou des titres émis par des sociétés d'investissement à capital variable régis par les articles (Ord. 2013-676 du 25 juil. 2013, art. 44, JO 27) « L. 214-164 et L. 214-165 » du code monétaire et financier ;

3° D'actions émises par des sociétés mentionnées au paragraphe II de l'article 83 *bis* et à l'article 220 *quater* A du code général des impôts ;

4° D'actions émises par des sociétés créées dans les conditions prévues à l'article 220 *nonies* du code général des impôts.

Les actifs des fonds communs de placement peuvent également comprendre soit exclusivement des valeurs mobilières émises par l'entreprise ou par une entreprise du même groupe au sens des articles L. 3344-1 et L. 3344-2, soit des valeurs mobilières diversifiées émises par une personne morale ayant son siège dans un État partie à l'accord sur l'Espace économique européen comprenant ou non des titres de l'entreprise, y compris les (L. 2019-486 du 22 mai 2019, art. 162, VIII, JO 23) « parts ou » titres de capital émis par les entreprises régies par la loi n° 47-1775 du 10 septembre 1947 portant statut de la coopération, sans préjudice des dispositions spécifiques qui régissent, le cas échéant, la souscription de ces (L. 2019-486 du 22 mai 2019, art. 162, VIII, JO 23) « parts ou » titres par les salariés.

Lorsque tout ou partie de l'épargne recueillie par le plan est destinée à être consacrée à l'acquisition de valeurs mobilières émises par l'entreprise ou par une entreprise du même groupe au sens des articles L. 3344-1 et L. 3344-2, l'institution d'un fonds commun de placement n'est pas obligatoire pour la gestion de cet investissement.

Le règlement du plan d'épargne d'entreprise peut prévoir que les fonds communs de placement régis par l'article (Ord. 2013-676 du 25 juil. 2013, art. 44, JO 27) « L. 214-164 » du code monétaire et financier qui peuvent recevoir les sommes versées dans le plan disposent d'un conseil de surveillance commun. Il peut également fixer la composition des conseils de surveillance des fonds communs de placement régis par les articles (Ord. 2013-676 du 25 juil. 2013, art. 44, JO 27) « L. 214-164 et L. 214-165 » du même code. En ce cas, il est fait application des dispositions de ces articles. Le règlement précise les modalités de désignation de ces conseils.

L'entreprise dont les titres ne sont pas admis aux négociations sur un marché réglementé et qui a proposé ses titres aux adhérents de son plan d'épargne d'entreprise sans déterminer le prix de cession conformément aux dispositions légales relatives à l'évaluation de ses titres ne bénéficie pas, au titre de cette opération, des exonérations fiscales et sociales prévues aux articles L. 3332-22 et L. 3332-27.

Art. L. 3332-16. Un plan d'épargne d'entreprise établi par accord avec le personnel peut prévoir l'affectation des sommes versées à un fonds dédié au rachat des titres de cette entreprise ou d'actions émises par des sociétés créées dans les conditions prévues à l'article 220 *nonies* du code général des impôts, ainsi que de titres d'une entreprise du même groupe au sens du deuxième alinéa de l'article L. 3344-1, dans le cadre d'une opération de rachat réservée aux salariés.

Les sommes ou valeurs inscrites aux comptes des participants, sur décision individuelle de ces derniers, doivent être détenues jusqu'au terme de l'opération de rachat mentionnée au 2°, sans que la durée de détention puisse être inférieure à (L. 2019-486 du 22 mai 2019, art. 65, 2°, JO 23) « trois » ans. Toutefois, un décret précise les cas dans lesquels les sommes ou valeurs mentionnées ci-dessus peuvent être exceptionnellement débloquées avant l'expiration de ce délai.

Par dérogation aux dispositions de l'article L. 3332-17, l'actif de ce fonds peut être investi à 95 % en titres de l'entreprise.

Par dérogation aux dispositions de l'article (Ord. 2013-676 du 25 juil. 2013, art. 44, JO 27) « L. 214-165 » du code monétaire et financier, les membres du conseil de surveillance sont élus par l'ensemble des salariés porteurs de parts.

La mise en place de ce fonds est subordonnée aux conditions suivantes :

1° Au moins (L. 2019-486 du 22 mai 2019, art. 65, 2°, JO 23) « dix » salariés, ou au moins (L. 2019-486 du 22 mai 2019, art. 65, 2°, JO 23) « 20 % » des salariés si les effectifs de l'entreprise n'excèdent pas cinquante salariés, sont impliqués dans l'opération de rachat réservée aux salariés ;

2° L'accord avec le personnel précise l'identité des salariés impliqués dans l'opération, le contrôle final de l'entreprise au sens de l'article L. 233-16 du code de commerce et le terme de l'opération.

Art. L. 3332-17. (L. 2008-776 du 4 août 2008, art. 81, JO 5) « Le règlement du plan d'épargne d'entreprise prévoit qu'une partie des sommes recueillies peut être affectée à l'acquisition de parts de fonds investis, dans les limites prévues à l'article (Ord. 2013-676 du 25 juil. 2013, art. 44, JO 27) « L. 214-164 » du code monétaire et financier, dans les entreprises solidaires au sens de l'article L. 3332-17-1 du présent code. »

Le règlement du plan d'épargne d'entreprise ouvre à ses participants au moins une possibilité d'acquérir soit des titres émis par des sociétés d'investissement à capital variable mentionnés au 1° de l'article L. 3332-15, soit des parts de fonds communs de placement d'entreprise dont l'actif est composé de valeurs mobilières admises aux négociations sur un marché réglementé et, à titre accessoire, de liquidités, selon les règles fixées en application de l'article (Ord. 2013-676 du 25 juil. 2013, art. 44, JO 27) « L. 214-24-55 du code monétaire et financier, ou de parts d'organismes de placement collectif en valeurs mobilières ou de placements collectifs relevant des paragraphes 1, 2 et 6 de la sous-section 2, du paragraphe 2 ou du sous-paragraphe 1 du paragraphe 1 de la sous-section 3 de la section 2 du chapitre IV du titre Ier du livre II du code monétaire et financier » dont l'actif est ainsi composé. Cette disposition n'est pas exigée lorsqu'un plan d'épargne de groupe ou un plan d'épargne interentreprises de même durée minimum de placement offre aux participants de l'entreprise la possibilité de placer les sommes versées dans un organisme de placement collectif en valeurs mobilières (Ord. 2013-676 du 25 juil. 2013, art. 44, JO 27) « ou dans un placement collectif relevant des paragraphes 1, 2 et 6 de la sous-section 2, du paragraphe 2 ou du sous-paragraphe 1 du paragraphe 1 de la sous-section 3, ou de la sous-section 4 de la section 2 du chapitre IV du titre Ier du livre II du code monétaire et financier » présentant les mêmes caractéristiques.

Lorsqu'un fonds commun de placement d'entreprise mentionné au 2° de l'article L. 3332-15 est investi en titres de l'entreprise et que ceux-ci ne sont pas admis aux négociations sur un marché réglementé, l'actif de ce fonds doit comporter au moins un tiers de titres liquides. Cette condition n'est pas exigée dans l'un des cas suivants :

1° Lorsqu'il est instauré un mécanisme garantissant la liquidité de ces valeurs dans des conditions déterminées par décret ;

2° Lorsque, pour l'application du présent livre, l'entreprise, la société qui la contrôle ou toute société contrôlée par elle au sens de l'article L. 233-16 du code de commerce s'est engagée à racheter, dans la limite de 10 % de son capital social, les titres non admis aux négociations sur un marché réglementé détenus par le fonds commun de placement d'entreprise.

Dans ce dernier cas, la valeur liquidative du fonds commun de placement d'entreprise est publiée au moins une fois par an. Après communication de la valeur d'expertise de l'entreprise, les salariés disposent d'un délai de deux mois avant la publication de la valeur liquidative du fonds pour présenter leur demande de souscription, de rachat ou d'arbitrage de leurs avoirs.

Art. L. 3332-17-1. (L. 2014-856 du 31 juil. 2014, art. 11, JO 1er août) I. – Peut prétendre à l'agrément " entreprise solidaire d'utilité sociale " l'entreprise qui relève de l'article 1er de la loi n° 2014-856 du 31 juillet 2014 relative à l'économie sociale et solidaire et qui remplit les conditions cumulatives suivantes :

(L. 2019-1479 du 28 déc. 2019, art. 157, II, JO 29) « 1° L'entreprise poursuit à titre principal l'un au moins des objectifs suivants :

a) Elle exerce son activité en faveur de personnes fragilisées du fait de leur situation économique ou sociale au sens du 1° de l'article 2 de la loi n° 2014-856 du 31 juillet 2014 relative à l'économie sociale et solidaire ;

b) Elle poursuit un objectif défini aux 2°, 3° ou 4° de l'article 2 de la loi n° 2014-856 précitée ; »

(L. 2019-486 du 22 mai 2019, art. 105, II, 1°, JO 23) «2° La charge induite par ses activités d'utilité sociale a un impact significatif sur son compte de résultat;»

3° La politique de rémunération de l'entreprise satisfait aux deux conditions suivantes:

a) La moyenne des sommes versées, y compris les primes, aux cinq salariés ou dirigeants les mieux rémunérés n'excède pas, au titre de l'année pour un emploi à temps complet, un plafond fixé à sept fois la rémunération annuelle perçue par un salarié à temps complet sur la base de la durée légale du travail et du salaire minimum de croissance, ou du salaire minimum de branche si ce dernier est supérieur;

b) Les sommes versées, y compris les primes, au salarié ou dirigeant le mieux rémunéré n'excèdent pas, au titre de l'année pour un emploi à temps complet, un plafond fixé à dix fois la rémunération annuelle mentionnée au *a*;

4° Les titres de capital de l'entreprise, lorsqu'ils existent, ne sont pas admis aux négociations sur un marché d'instruments financiers, français ou étranger, dont le fonctionnement est assuré par une entreprise de marché ou un prestataire de services d'investissement (Ord. 2017-1107 du 22 juin 2017, art. 18, JO 27, entrée en vigueur le 03.01.2018) «autre qu'une société de gestion de portefeuille» ou tout autre organisme similaire étranger;

(L. 2019-486 du 22 mai 2019, art. 105, II, 1°, JO 23) «5° La condition mentionnée au 1° figure dans les statuts.»

II. – Bénéficient de plein droit de l'agrément mentionné au I, sous réserve de satisfaire aux conditions fixées à l'article 1er de la loi n° 2014-856 du 31 juillet 2014 précitée et (L. 2019-486 du 22 mai 2019, art. 105, II, 2°, JO 23) «aux conditions fixées aux 3° et 4°» du I du présent article:

1° Les entreprises d'insertion;

2° Les entreprises de travail temporaire d'insertion;

3° Les associations intermédiaires;

4° Les ateliers et chantiers d'insertion;

5° Les organismes d'insertion sociale relevant de l'article L. 121-2 du code de l'action sociale et des familles;

6° Les services de l'aide sociale à l'enfance;

7° Les centres d'hébergement et de réinsertion sociale;

8° Les régies de quartier;

9° Les entreprises adaptées;

10° (Abrogé);

11° Les établissements et services d'aide par le travail;

12° Les organismes agréés mentionnés à l'article L. 365-1 du code de la construction et de l'habitation;

13° Les associations et fondations reconnues d'utilité publique et considérées comme recherchant une utilité sociale au sens de l'article 2 de la loi n° 2014-856 du 31 juillet 2014 précitée;

14° Les organismes agréés mentionnés à l'article L. 265-1 du code de l'action sociale et des familles;

15° Les établissements et services accompagnant et accueillant des enfants et des adultes handicapés mentionnés aux 2°, 3° et 7° du I de l'article L. 312-1 du même code.

III. – Sont assimilés aux entreprises solidaires d'utilité sociale agréées en application du présent article:

1° Les organismes de financement dont l'actif est composé pour au moins 35 % de titres émis par des entreprises de l'économie sociale et solidaire définies à l'article 1er de la loi n° 2014-856 du 31 juillet 2014 précitée dont au moins cinq septièmes de titres émis par des entreprises solidaires d'utilité sociale définies au présent article;

2° Les établissements de crédit dont au moins 80 % de l'ensemble des prêts et des investissements sont effectués en faveur des entreprises solidaires d'utilité sociale.

IV. – Les entreprises solidaires d'utilité sociale sont agréées par l'autorité compétente.

V. – Un décret en Conseil d'État précise les conditions d'application du présent article.

Art. R. 3332-14. L'entreprise tient le registre des comptes administratifs ouverts au nom de chaque adhérent.

Ce registre comporte, par adhérent, les sommes affectées au plan d'épargne ainsi que la ventilation des investissements réalisés et les délais d'indisponibilité restant à courir.

Art. R. 3332-15. La tenue du registre des comptes administratifs peut être déléguée. Dans ce cas, le contrat de délégation précise les modalités d'information du délégataire.

Les coordonnées de la personne chargée de la tenue du registre sont mentionnées dans le règlement du plan d'épargne d'entreprise.

Art. R. 3332-16. La personne chargée de la tenue du registre des comptes administratifs établit un relevé des actions ou des parts appartenant à chaque adhérent. Une copie de ce relevé est adressée, au moins une fois par an, aux intéressés avec l'indication de l'état de leur compte.

Art. D. 3332-16-1. (D. 2019-862 du 20 août 2019, JO 22, entrée en vigueur le 01.01.2020) Le relevé annuel de situation adressé aux bénéficiaires par le teneur de registre des comptes administratifs, prévu à l'article L. 3332-7-1, comporte :

1° L'identification de l'entreprise et du bénéficiaire ;

2° Le montant global des droits et avoirs inscrits au compte du bénéficiaire, estimé au 31 décembre de l'année précédente ;

3° Le montant de ses droits et avoirs par support de gestion, avec les dates de disponibilités, ainsi que les modalités de gestion, prévues par défaut dans le règlement du plan ou choisies par le bénéficiaire ;

4° Un récapitulatif des sommes investies lors de l'année écoulée dans le plan, présentées par type de versements conformément aux dispositions prévues à l'article L. 3332-11, ainsi que des sommes désinvesties du plan sur la même période, en distinguant celles résultant d'un cas de déblocage anticipé ;

5° Un récapitulatif des frais à la charge du salarié lors de l'année écoulée, conformément aux dispositions du plan.

Le relevé annuel de situation de compte peut également comporter la mention des frais de tenue de compte-conservation pris en charge par l'entreprise. Cette mention est obligatoire lorsque cette prise en charge cesse en cas de départ de l'entreprise et que les frais de tenue de compte-conservation sont alors perçus par prélèvement sur les avoirs du bénéficiaire, conformément aux dispositions de l'article L. 3341-7.

Le relevé annuel de situation de compte est fourni au bénéficiaire dans un délai de trois mois suivant le 31 décembre de l'année précédente. Sauf si le bénéficiaire manifeste son opposition, la remise de ce relevé annuel peut être effectuée par voie électronique, dans des conditions de nature à garantir l'intégrité des données.

Art. R. 3332-17. Les frais de tenue de compte-conservation des anciens salariés de l'entreprise lorsqu'ils ne sont pas pris en charge par l'entreprise peuvent être perçus par prélèvement sur les avoirs dans les conditions fixées par l'accord de participation ou par l'accord collectif instituant le plan d'épargne d'entreprise ou, à défaut, par le règlement du fonds.

Art. R. 3332-18. Les dispositions de l'article D. 3324-34 sont applicables aux fonds communs de placement constitués pour l'emploi des sommes affectées à la réalisation d'un plan d'épargne d'entreprise.

Art. R. 3332-19. Pour l'application du cinquième alinéa de l'article L. 3332-17, la valeur d'expertise de l'entreprise est déterminée selon les modalités prévues aux articles R. 3332-22 et R. 3332-23.

L'employeur informe individuellement les salariés de cette valeur d'expertise, de son évolution par rapport à la dernière valeur communiquée, de la date de la prochaine publication de la valeur liquidative du fonds commun de placement de l'entreprise, des coordonnées de l'établissement auquel ils peuvent adresser leur demande de souscription, de rachat ou d'arbitrage de leurs avoirs, ainsi que du délai dans lequel ils peuvent adresser cette demande. Cet établissement et le conseil de surveillance du fonds sont également informés par l'employeur.

Art. R. 3332-20. Lorsque la situation juridique d'une entreprise ayant mis en place un plan d'épargne d'entreprise est modifiée, notamment par fusion, cession, absorption ou scission, les signataires de l'accord ou, lorsque le plan n'a pas été mis en place en application d'un accord, l'employeur, peuvent décider de transférer les avoirs des salariés dans le plan d'épargne de la nouvelle entreprise, si celui-ci comporte des (D. 2013-687 du 25 juil. 2013, art. 30, JO 30) « organismes de placement collectif en valeurs mobilières ou des placements collectifs relevant des paragraphes 1, 2 et 6 de la sous-section 2, du paragraphe 2 ou du sous-paragraphe 1 du paragraphe 1 de la sous-section 3, ou de la sous-section 4 de la section 2 du chapitre IV du titre Ier du livre II du code monétaire et financier dont les caractéristiques sont identiques à celles des organismes ou des placements collectifs » prévus dans le plan d'origine.

En cas d'impossibilité juridique de réunir les signataires initiaux, le transfert peut être mis en place par un accord avec le personnel ou avec les (D. 2017-1819 du 29 déc. 2017, art. 3, 32°, JO 30, entrée en vigueur le 01.01.2018) « comités sociaux et économiques » concernés.

Art. R. 3332-21. Dans le cas prévu à l'article R. 3332-20, lorsque le plan d'épargne salariale n'a pas été institué en application d'un accord avec le personnel, le (D. 2017-1819 du 29 déc. 2017, art. 3, 26°, JO 30, entrée en vigueur le 01.01.2018) « comité social et économique quand il existe, est consulté » sur le projet de transfert au moins quinze jours avant sa réalisation effective.

Art. R. 3332-21-1. (D. 2015-719 du 23 juin 2015, JO 25, entrée en vigueur le 01.07.2015) La condition prévue au 2° du I de l'article L. 3332-17-1 est remplie lorsque l'une ou l'autre des deux conditions suivantes est remplie :

1° Les charges d'exploitation liées aux activités participant à la recherche d'une utilité sociale, au sens de l'article 2 de la loi n° 2014-856 du 31 juillet 2014 relative à l'économie sociale et solidaire, représentent au moins 66 % de l'ensemble des charges d'exploitation du compte de résultat de l'entreprise au cours des trois derniers exercices clos ;

2° Le rapport entre, d'une part, la somme des dividendes et de la rémunération des concours financiers non bancaires mentionnés aux articles L. 213-5, L. 213-32 à L. 213-35, L. 313-13, L. 512-1 à L. 512-8 du code monétaire et financier et aux alinéas 2 et 3 de l'article L. 312-2 du même code, et, d'autre part, la somme des capitaux propres et des concours financiers non bancaires susmentionnés est inférieur, au cours des trois derniers exercices clos, au taux moyen de rendement des obligations des sociétés privées mentionné à l'article 14 de la loi n° 47-1775 du 10 septembre 1947 portant statut de la coopération, majoré d'un taux de 5 %. L'entreprise doit également prendre l'engagement de continuer à respecter pendant la durée de l'agrément le rapport ainsi défini.

Le taux de majoration de 5 % mentionné à l'alinéa précédent peut être modifié par arrêté du ministre chargé de l'économie sociale et solidaire pour tenir compte de l'évolution des conditions de financement des entreprises dans la limite de plus ou moins un quart de ce taux.

Pour les entreprises créées depuis moins de trois ans à la date de la demande d'agrément, les conditions mentionnées au 1° et au 2° sont vérifiées sur l'ensemble de leurs exercices clos.

Art. R. 3332-21-2. (D. 2015-719 du 23 juin 2015, JO 25, entrée en vigueur le 01.07.2015) Pour l'application du 3° du I de l'article L. 3332-17-1 aux sociétés, les dirigeants de sociétés s'entendent au sens des personnes mentionnées au premier alinéa du 1° de l'article 885 O *bis* du code général des impôts.

Art. R. 3332-21-3. (D. 2015-719 du 23 juin 2015, JO 25, entrée en vigueur le 01.07.2015) I. – L'agrément " entreprise solidaire d'utilité sociale " prévu à l'article L. 3332-17-1 est délivré par le préfet du département où l'entreprise a son siège social.

Lorsque l'entreprise a son siège social dans un autre État membre de l'Union européenne, elle présente sa demande d'agrément au préfet du département de son principal établissement en France.

II. – La demande d'agrément est adressée par le représentant légal de l'entreprise au préfet par tout moyen donnant date certaine à sa réception.

La composition du dossier qui doit être joint à cette demande est fixée par arrêté du ministre chargé de l'économie sociale et solidaire et du ministre chargé du travail.

Le silence gardé par le préfet pendant deux mois à compter de la réception d'un dossier complet vaut décision d'acceptation.

III. – L'agrément est délivré pour une durée de cinq ans. Par exception, pour les entreprises créées depuis moins de trois ans à la date de la demande d'agrément, l'agrément est délivré pour une durée de deux ans.

Pour le renouvellement de l'agrément, l'entreprise apporte, selon des modalités fixées par l'arrêté mentionné au quatrième alinéa les éléments justifiant du respect des conditions prévues à l'article R. 3332-21-1 pendant toute la période de son agrément précédent.

IV. – L'agrément est délivré de plein droit aux personnes morales mentionnées au II de l'article L. 3332-17-1 qui justifient qu'elles relèvent de ces dispositions selon des modalités fixées par l'arrêté mentionné au quatrième alinéa.

V. – Les décisions d'agrément font l'objet d'une publication au recueil des actes administratifs de la préfecture de département.

Une liste nationale des entreprises bénéficiant de l'agrément est mise à la disposition du public à l'initiative du ministre chargé de l'économie sociale et solidaire.

Art. R. 3332-21-4. (D. 2009-304 du 18 mars 2009, JO 20) Les titres émis par des entreprises solidaires s'entendent des titres de capital, des titres obligataires, des billets à ordre, des bons de caisse, des avances en comptes courants, des titres participatifs et des prêts participatifs émis ou consentis par ces mêmes entreprises.

Art. R. 3332-21-5. (D. 2009-304 du 18 mars 2009, JO 20) Les entreprises solidaires (D. 2015-719 du 23 juin 2015, JO 25, entrée en vigueur le 01.07.2015) « d'utilité sociale » indiquent dans l'annexe de leurs comptes annuels les informations qui attestent du respect des conditions (D. 2015-719 du 23 juin 2015, JO 25, entrée en vigueur le 01.07.2015) « qui s'appliquent à elles en application du I et du II de l'article L. 3332-17-1 et des articles R. 3332-21-1 et R. 3332-21-2 ».

SECTION 4 (RÉGLEMENTAIRE). Évaluation des titres

Art. R. 3332-22. Lorsque les instruments de placement d'un plan d'épargne d'entreprise comportent la possibilité d'investir en titres de l'entreprise qui ne sont pas admis aux négociations sur un marché réglementé, leur évaluation est déterminée conformément aux méthodes définies à l'article L. 3332-20, sans préjudice des dispositions légales spécifiques qui fixent les conditions de détermination de la valeur de ces titres.

Art. R. 3332-23. Les titres sont évalués par l'entreprise, sous le contrôle du commissaire aux comptes, au moins une fois par exercice et chaque fois qu'un événement ou une série d'événements intervenus au cours d'un exercice sont susceptibles de conduire à une évolution substantielle de la valeur des actions de l'entreprise.

Il est, en outre, procédé à une évaluation par des experts au moins tous les cinq ans. (D. 2009-350 du 30 mars 2009, JO 31) « Cette évaluation est facultative dans les entreprises mentionnées au troisième alinéa de l'article L. 3332-20 dont les titres sont évalués en application du deuxième alinéa du même article. »

SECTION 4. Augmentation de capital

Art. L. 3332-18. Les sociétés peuvent procéder à des augmentations de capital réservées aux adhérents d'un plan d'épargne d'entreprise.

Art. L. 3332-19. Lorsque les titres sont admis aux négociations sur un marché réglementé, le prix de cession est fixé d'après les cours de bourse.

La décision fixant la date de souscription est prise par le conseil d'administration, le directoire ou leur délégué.

Lorsque l'augmentation de capital est concomitante à une première introduction sur un marché réglementé, le prix de souscription est déterminé par référence au prix d'admission sur le marché, à condition que la décision du conseil d'administration ou du directoire, ou de leur délégué, intervienne au plus tard dix séances de bourse après la date de la première cotation.

Le prix de souscription ne peut être supérieur à ce prix d'admission sur le marché ni, lorsqu'il s'agit de titres déjà cotés sur un marché réglementé, à la moyenne des cours cotés aux vingt séances de bourse précédant le jour de la décision fixant la date d'ouverture de la souscription. Il ne peut, en outre, être inférieur de plus de (L. 2019-486 du 22 mai 2019, art. 162, IX, JO 23) « 30 % » à ce prix d'admission ou à cette moyenne, ou de (L. 2019-486 du 22 mai 2019, art. 162, IX, JO 23) « 40 % » lorsque la durée d'indisponibilité prévue par le plan en application des articles L. 3332-25 et L. 3332-26 est supérieure ou égale à dix ans.

Art. L. 3332-20. Lorsque les titres ne sont pas admis aux négociations sur un marché réglementé, le prix de cession est déterminé conformément aux méthodes objectives retenues en matière d'évaluation d'actions en tenant compte, selon une pondération appropriée à chaque cas, de la situation nette comptable, de la rentabilité et des perspectives d'activité de l'entreprise. Ces critères sont appréciés, le cas échéant, sur une base consolidée ou, à défaut, en tenant compte des éléments financiers issus de filiales significatives.

À défaut, le prix de cession est déterminé en divisant par le nombre de titres existants le montant de l'actif net réévalué d'après le bilan le plus récent. Celui-ci est ainsi déterminé à chaque exercice sous le contrôle du commissaire aux comptes.

(L. 2008-1258 du 3 déc. 2008, art. 21, JO 4) «À compter du troisième exercice clos, le prix de cession des titres émis par des entreprises employant moins de cinq cents salariés peut être déterminé, au choix de l'entreprise, selon l'une des méthodes décrites aux deux alinéas précédents.»

Le prix de souscription ne peut être ni supérieur au prix de cession ainsi déterminé, ni inférieur de plus de (L. 2019-486 du 22 mai 2019, art. 162, IX, JO 23) «30 %» à celui-ci ou de (L. 2019-486 du 22 mai 2019, art. 162, IX, JO 23) «40 %» lorsque la durée d'indisponibilité prévue par le plan, en application des articles L. 3332-25 et L. 3332-26, est supérieure ou égale à dix ans.

Art. L. 3332-21. L'assemblée générale qui décide l'augmentation de capital peut prévoir l'attribution gratuite d'actions ou d'autres titres donnant accès au capital.

L'avantage total résultant de cette attribution et, le cas échéant, de l'écart entre le prix de souscription et la moyenne des cours mentionnée à l'article L. 3332-19, ou entre le prix de souscription et le prix de cession déterminé en application de l'article L. 3332-20, ne peut pas dépasser l'avantage dont auraient bénéficié les adhérents au plan d'épargne si cet écart avait été de (L. 2019-486 du 22 mai 2019, art. 162, IX, JO 23) «30 %» ou de (L. 2019-486 du 22 mai 2019, art. 162, IX, JO 23) «40 %» lorsque la durée d'indisponibilité prévue par le plan en application des articles L. 3332-25 et L. 3332-26 est supérieure ou égale à dix ans.

Par ailleurs, l'assemblée générale peut également prévoir une attribution gratuite d'actions ou d'autres titres donnant accès au capital, sous réserve que la prise en compte de leur contre-valeur pécuniaire, évaluée au prix de souscription, n'ait pour effet de dépasser les limites prévues à l'article L. 3332-11.

Art. L. 3332-22. L'avantage constitué par l'écart entre le prix de souscription et la moyenne des cours mentionnés à l'article L. 3332-19, par l'écart entre le prix de souscription et le prix de cession déterminé en application de l'article L. 3332-20 et, le cas échéant, par l'attribution gratuite d'actions ou de titres donnant accès au capital est exonéré d'impôt sur le revenu et de taxe sur les salaires et n'entre pas dans l'assiette des cotisations sociales définie à l'article L. 242-1 du code de la sécurité sociale.

Art. L. 3332-23. Lorsqu'une société propose aux adhérents d'un plan d'épargne d'entreprise de souscrire des obligations qu'elle a émises, le prix de cession est fixé selon des conditions déterminées par décret en Conseil d'État.

Art. L. 3332-24. La présente section s'applique aux cessions par une société de ses titres, dans la limite de 10 % du total des titres qu'elle a émis, aux adhérents d'un plan d'épargne d'entreprise.

Art. R. 3332-24. Lorsqu'une société procède à des augmentations de capital ou à des cessions de titres réservées aux adhérents à un plan d'épargne d'entreprise, par l'intermédiaire d'un fonds commun de placement, le bulletin de souscription est signé par le gestionnaire du fonds.

La société émettrice notifie au gestionnaire du fonds le nombre d'actions souscrites ou le nombre de titres cédés. Le gestionnaire informe chaque adhérent du nombre de parts souscrit et lui adresse un relevé nominatif mentionnant la date de cessibilité de ces parts.

Art. R. 3332-25. Lorsqu'une société propose aux adhérents d'un plan d'épargne d'entreprise d'acquérir des actions ou des certificats d'investissement qu'elle a émis, soit par achat, soit par souscription, et qu'un plan d'épargne commun à plusieurs entreprises du même groupe au sens des articles L. 3344-1 et L. 3344-2 a été mis en place afin de permettre aux adhérents à ce plan d'acquérir les actions ou les certificats d'investissement de cette société, les dispositions des articles L. 3332-11 et L. 3332-27 s'appliquent dans chacune des entreprises du groupe participant au plan d'épargne d'entreprise commun.

Art. R. 3332-26. Lorsque les obligations mentionnées à l'article L. 3332-23 sont admises aux négociations sur un marché réglementé, ces titres sont évalués à leur valeur de marché.

Art. R. 3332-27. Lorsque les obligations mentionnées à l'article L. 3332-23 ne sont pas admis aux négociations sur un marché réglementé, ces titres sont évalués à leur valeur nominale augmentée du coupon couru.

Dans ce cas, ou bien la société émettrice, ou une entreprise du même groupe au sens des articles L. 3344-1 et L. 3344-2, s'engage à racheter ces titres à première demande du souscripteur à leur valeur nominale augmentée du coupon couru, ou bien il est instauré un mécanisme équivalent, garantissant leur rachat à ces mêmes conditions. En outre, lorsque ces titres de créance figurent à l'actif d'un fonds commun de placement ou d'une société d'investissement à capital variable régis par les articles (D. 2013-687 du 25 juil. 2013, art. 30, JO 30) « L. 214-164, L. 214-165 ou L. 214-166 » du code monétaire et financier, la méthode de valorisation est définie par un expert indépendant, lors de la souscription par le fonds de ces titres et chaque fois qu'un évènement ou une série d'évènements ultérieurs sont susceptibles de conduire à une évolution substantielle du risque de défaillance de l'entreprise.

SECTION 5. Indisponibilité des sommes, déblocage anticipé et liquidation

Art. L. 3332-25. Sauf dans les cas énumérés par le décret en Conseil d'État prévu à l'article L. 3324-10, les actions ou parts acquises pour le compte des salariés et des anciens salariés leur sont délivrées à l'expiration d'un délai minimum de cinq ans courant à compter de la date d'acquisition des titres.

Ce délai ne s'applique pas si la liquidation des avoirs acquis dans le cadre du plan d'épargne d'entreprise sert (L. 2019-486 du 22 mai 2019, art. 160, 1°, JO 23) «à acheter des parts de l'entreprise ou» à lever des options consenties dans les conditions prévues à l'article L. 225-177 ou à l'article L. 225-179 du code de commerce. Les actions (L. 2019-486 du 22 mai 2019, art. 160, 2°, JO 23) «ou les parts de l'entreprise» ainsi souscrites ou achetées sont versées dans le plan d'épargne et ne sont disponibles qu'à l'expiration d'un délai minimum de cinq ans à compter de ce versement. Toutefois, les actions peuvent être apportées à une société ou à un fonds commun de placement dont l'actif est exclusivement composé de titres de capital ou donnant accès au capital émis par l'entreprise ou par une entreprise du même groupe au sens du deuxième alinéa de l'article L. 3344-1. Le délai de cinq ans mentionné au présent alinéa reste applicable, pour la durée restant à courir à la date de l'apport, aux actions ou parts reçues en contrepartie de l'apport.

Art. L. 3332-26. Les actions gratuites mentionnées à l'article L. 3332-14 ne sont disponibles qu'à l'expiration d'un délai minimum de cinq ans à compter de leur versement sur le plan.

Les dispositions des articles L. 225-197-4 et L. 225-197-5 du code de commerce sont applicables.

Art. R. 3332-28. Les cas dans lesquels les actions ou parts acquises pour le compte des adhérents leur sont délivrées avant l'expiration du délai d'indisponibilité minimum de cinq ans sont les cas énumérés à l'article R. 3324-22.

Art. R. 3332-29. Les faits en raison desquels, en application du deuxième alinéa de l'article L. 3332-16, les droits constitués au profit des participants peuvent être exceptionnellement débloqués avant l'expiration du terme de l'opération de rachat mentionné au 2° de cet article sont les suivants :

1° L'invalidité du salarié, appréciée au sens des 2° et 3° de l'article L. 341-4 du code de la sécurité sociale ;

2° La mise à la retraite du salarié ;

3° Le décès du salarié.

En cas de décès du salarié, il appartient à ses ayants droit de demander la liquidation de ses droits. Dans ce cas, les dispositions du 4 du III de l'article 150-0-A du code général des impôts cessent d'être applicables à l'expiration des délais fixés par l'article 641 du même code.

Art. R. 3332-30. Les dispositions des articles D. 3324-37 à D. 3324-39 s'appliquent aux investissements réalisés au sein de plans d'épargne d'entreprise, selon les modalités précisées par le règlement de ces plans.

SECTION 6. Régime social et fiscal

Art. L. 3332-27. Les sommes mentionnées à l'article L. 3332-11 peuvent être déduites par l'entreprise de son bénéfice pour l'assiette de l'impôt sur les sociétés ou de l'impôt sur le revenu, selon le cas.

Elles ne sont pas prises en considération pour l'application de la législation du travail et (Ord. 2018-474 du 12 juin 2018, art. 6, 2°, JO 13) «sont exclues de l'assiette des cotisations définie à l'article L. 242-1 du code de la sécurité sociale».

Elles sont exonérées de l'impôt sur le revenu des bénéficiaires.

Pour ouvrir droit à ces exonérations fiscales et sociales, les règlements des plans d'épargne d'entreprise établis à compter de la publication de la loi n° 2001-152 du 19 février 2001 sur l'épargne salariale doivent être déposés dans les conditions prévues à l'article L. 3332-9.

Art. R. 3332-31. L'avoir fiscal et le crédit d'impôt attachés aux revenus du portefeuille collectif ou des titres détenus individuellement acquis dans le cadre d'un plan d'épargne d'entreprise donnent lieu à la délivrance d'un certificat distinct, conformément aux dispositions de l'article 77 de l'annexe II au code général des impôts.

Lorsque ces revenus sont totalement exonérés, conformément aux dispositions des deux premières phrases du II de l'article 163 *bis* B du code général des impôts, le certificat est établi pour la totalité de l'avoir fiscal ou du crédit d'impôt au nom de l'organisme chargé de la conservation des titres. La restitution de l'avoir fiscal ou du crédit d'impôt mentionné sur ce certificat est demandée par cet organisme.

Art. R. 3332-32. La demande de restitution de l'avoir fiscal ou du crédit d'impôt, accompagnée du certificat, est adressée au service des impôts du siège de l'organisme qui l'a établie.

La restitution est opérée au profit de cet organisme, à charge pour ce dernier d'employer les sommes correspondantes de la même façon que les revenus auxquels elles se rattachent.

SECTION 7. Dispositions d'application

Art. L. 3332-28. Un décret en Conseil d'État détermine les modalités d'application du présent chapitre.

Chapitre III

Plan d'épargne interentreprises

Art. L. 3333-1. Sous réserve des dispositions particulières du présent chapitre, les dispositions relatives au plan d'épargne d'entreprise sont applicables au plan d'épargne interentreprises.

Art. L. 3333-2. Un plan d'épargne interentreprises peut être institué par accord collectif conclu dans les conditions prévues au livre II de la deuxième partie.

Si ce plan est institué entre plusieurs employeurs pris individuellement, il peut également être conclu au sein du (Ord. 2017-1386 du 22 sept. 2017, art. 4, 20°, JO 23, entrée en vigueur au plus tard le 01.01.2018) «comité social et économique» ou à la suite de la ratification à la majorité des deux tiers du personnel de chaque entreprise du projet d'accord instituant le plan. Dans ce cas, l'accord est approuvé dans les mêmes termes au sein de chacune des entreprises et celles qui souhaitent y adhérer ou en sortir doivent recueillir l'accord de leur (Ord. 2017-1386 du 22 sept. 2017, art. 4, 20°, JO 23, entrée en vigueur au plus tard le 01.01.2018) «comité social et économique» ou de la majorité des deux tiers de leur personnel.

Art. L. 3333-3. L'accord fixe le règlement du plan d'épargne interentreprises.

Ce règlement détermine notamment:

1° Les entreprises signataires ou le champ d'application professionnel et géographique;

2° La nature des sommes qui peuvent être versées;

3° Les différentes possibilités d'affectation des sommes recueillies, en particulier le nombre, l'orientation de gestion et le profil de risque des fonds utilisés;

4° Les conditions dans lesquelles les frais de tenue de compte sont pris en charge par les employeurs;

5° La liste de différents taux et plafonds d'abondement parmi lesquels les entreprises souhaitant effectuer des versements complémentaires à ceux de leurs salariés pourront opter;

6° Les conditions dans lesquelles sont désignés les membres des conseils de surveillance des fonds communs de placement prévus par le règlement du plan et les modalités de fonctionnement des conseils.

Art. L. 3333-4. Le plan d'épargne interentreprises peut recueillir des sommes provenant de l'intéressement, de la participation aux résultats de l'entreprise, de versements volontaires des salariés et des personnes mentionnées à l'article L. 3332-2 appartenant aux entreprises entrant dans le champ de l'accord et, le cas échéant, des versements complémentaires de ces entreprises.

Art. L. 3333-5. Lorsqu'il prévoit de recueillir les sommes issues de la participation, l'accord instituant le plan d'épargne interentreprises dispense les entreprises mentionnées aux articles L. 3323-6 et L. 3323-7 de conclure un accord de participation. Son règlement inclut alors les clauses prévues aux articles L. 3323-1 à L. 3323-3 et L. 3324-5.

Art. L. 3333-6. Par dérogation aux dispositions du 2° de l'article L. 3332-15, le plan d'épargne interentreprises ne peut pas prévoir l'acquisition de parts de fonds communs de placement régis par l'article (Ord. 2013-676 du 25 juil. 2013, art. 44, JO 27) «L. 214-165» du code monétaire et financier.

Lorsque le plan prévoit l'acquisition de parts de fonds communs de placement régis par l'article (Ord. 2013-676 du 25 juil. 2013, art. 44, JO 27) «L. 214-164» du même code, ceux-ci ne peuvent détenir plus de 10 % de titres non admis aux négociations sur un marché réglementé. Cette limitation ne s'applique pas aux parts et actions d'organismes de placement collectif en valeurs mobilières (Ord. 2013-676 du 25 juil. 2013, art. 44, JO 27) «ou de placements collectifs relevant des paragraphes 1, 2 et 6 de la sous-section 2, du paragraphe 2 ou du sous-paragraphe 1 du paragraphe 1 de la sous-section 3 de la section 2 du chapitre IV du titre Ier du livre II du code monétaire et financier» éventuellement détenus par le fonds.

Art. L. 3333-7. Un avenant au plan d'épargne interentreprises peut être conclu selon les modalités prévues au présent chapitre.

Toutefois, le règlement d'un plan institué entre plusieurs employeurs pris individuellement et ouvert à l'adhésion d'autres entreprises peut (L. 2015-990 du 6 août 2015, art. 160, JO 7) «valablement être modifié pour intégrer des dispositions législatives ou réglementaires postérieures à l'institution du plan ou de nouvelles dispositions relatives aux 2°, 3° et 5° du règlement de ce plan conformément à l'article L. 3333-3, si cette modification fait l'objet d'une information» des entreprises parties prenantes au plan.

(L. 2015-990 du 6 août 2015, art. 160, JO 7) «La modification prévue au deuxième alinéa du présent article s'applique à la condition que la majorité des entreprises parties prenantes ne s'y oppose pas dans un délai d'un mois à compter de la date d'envoi de l'information et, pour chaque entreprise, à compter du premier exercice suivant la date d'envoi de l'information.» (L. 2009-1255 du 19 oct. 2009, art. 18, JO 20) «En cas contraire, le plan est fermé à tout nouveau versement.»

Art. L. 3333-8. Un décret en Conseil d'État détermine les modalités d'application du présent chapitre.

Art. R. 3333-1. Les dispositions relatives aux versements, à la composition et à la gestion du plan d'épargne entreprise prévues aux articles (D. 2009-350 du 30 mars 2009, JO 31) «R. 3332-8» à R. 3332-14, puis des articles R. 3332-16 au R. 3332-18 ainsi que celles relatives à l'indisponibilité des sommes et au régime social et fiscal prévues aux articles R. 3332-28 à R. 3332-32, s'appliquent au plan d'épargne interentreprises.

Art. R. 3333-2. Le plan d'épargne interentreprises peut recueillir les sommes issues soit de la participation prévue par accord ou mise en place conformément au deuxième alinéa de l'article L. 3323-6, soit de l'accord qui institue le plan.

Art. R. 3333-3. En cas de participation volontaire dans les conditions de l'article L. 3323-6, l'accord instituant le plan d'épargne interentreprises précise la formule de calcul de la réserve spéciale de participation.

Si l'accord n'a pas retenu la formule prévue aux articles L. 3324-1 et L. 3324-3, il comporte, conformément à l'article L. 3324-2, la clause d'équivalence des avantages et l'un des quatre plafonds prévus du quatrième au sixième alinéas de cet article.

Art. R. 3333-4. Le règlement du plan d'épargne interentreprises précise les modalités de la contribution des entreprises qui ne peut être inférieure à la prise en charge des frais de tenue de compte.

En cas de liquidation de l'entreprise, les frais de tenue de compte dus postérieurement à la liquidation sont mis à la charge des participants.

Art. R. 3333-5. L'accord instituant le plan d'épargne interentreprises désigne les sociétés ou établissements qui sont chargés de la tenue du registre mentionné à l'article R. 3332-14.

Art. R. 3333-6. (D. 2015-1606 du 7 déc. 2015, JO 9, entrée en vigueur le 01.01.2016) L'avenant à un règlement d'un plan d'épargne interentreprises institué entre plusieurs employeurs pris individuellement, conclu conformément aux dispositions des deuxième et troisième alinéas de l'article L. 3333-7, est déposé à la direction régionale des entreprises, de la concurrence, de la consommation, du travail et de l'emploi auprès de laquelle a été déposé le règlement du plan conformément aux dispositions de l'article R. 3332-4.

Chapitre IV

Plan d'épargne pour la retraite collectif

SECTION 1. Mise en place

Art. L. 3334-1. Sous réserve des dispositions particulières du présent chapitre et des articles L. 3332-18 à L. 3332-24, les dispositions relatives au plan d'épargne d'entreprise sont applicables au plan d'épargne pour la retraite collectif.

Art. L. 3334-2. Un plan d'épargne pour la retraite collectif peut être mis en place (L. 2008-1258 du 3 déc. 2008, art. 16, JO 4) «à l'initiative de l'entreprise ou» (L. 2015-990 du 6 août 2015, art. 161, JO 7) «selon l'une des modalités mentionnées à l'article L. 3322-6. Le plan peut être mis en place» sans recourir aux services de l'institution mentionnée au I de l'article 8 de l'ordonnance n° 2006-344 du 23 mars 2006, lorsque ce plan n'est pas proposé sur le territoire d'un autre État membre ou dans un autre État partie à l'accord sur l'Espace économique européen. Dans ce cas, l'accord mettant en place le plan précise les modalités d'exécution des obligations mentionnées au dernier alinéa du I et aux premier et deuxième alinéas du II de cet article.

(L. 2008-1258 du 3 déc. 2008, art. 16, JO 4) «Lorsque l'entreprise compte au moins un délégué syndical ou est dotée d'un (Ord. 2017-1386 du 22 sept. 2017, art. 4, 12°, JO 23, entrée en vigueur au plus tard le 01.01.2018) «comité social et économique», le plan d'épargne pour la retraite collectif est négocié dans les conditions prévues à l'article L. 3322-6. Si, au terme de la négociation, aucun accord n'a été conclu, un procès-verbal de désaccord est établi dans lequel sont consignées en leur dernier état les propositions respectives des parties et les mesures que l'employeur entend (L. 2015-990 du 6 août 2015, art. 161, JO 7) «soumettre à la ratification du personnel dans les conditions prévues au 4° du même article L. 3322-6 ou» appliquer unilatéralement.»

Art. L. 3334-3. L'entreprise qui a mis en place un plan d'épargne d'entreprise depuis plus de (L. 2008-1258 du 3 déc. 2008, art. 18, JO 4) «trois» ans ouvre une négociation en vue de la mise en place d'un plan d'épargne pour la retraite collectif ou d'un contrat mentionné au *b* du 1 du I de l'article 163 *quatervicies* du code général des impôts ou d'un régime mentionné au 2° de l'article 83 du même code.

Art. L. 3334-4. Le plan d'épargne pour la retraite collectif peut également être créé en tant que plan d'épargne interentreprises dans les conditions prévues au chapitre III.

Art. L. 3334-5-1. (L. 2008-1258 du 3 déc. 2008, art. 17, JO 4) Un plan d'épargne pour la retraite collectif peut prévoir l'adhésion par défaut des salariés de l'entreprise, sauf avis contraire de ces derniers. Les salariés sont informés de cette clause dans des conditions prévues par décret.

SECTION 2. Versements

Art. L. 3334-6. Le plan d'épargne pour la retraite collectif peut recevoir, à l'initiative des participants, les versements des sommes issues de l'intéressement, de la participation ainsi que d'autres versements volontaires et des contributions des entreprises prévues aux articles L. 3332-11 à L. 3332-13 et L. 3334-10.

(L. 2015-990 du 6 août 2015, art. 152, JO 7) «En outre, si le règlement du plan le prévoit, les entreprises peuvent, même en l'absence de contribution du salarié:

1° Effectuer un versement initial sur ce plan;

2° Effectuer des versements périodiques sur ce plan, sous réserve d'une attribution uniforme à l'ensemble des salariés. La périodicité de ces versements est précisée dans le règlement du plan.

Les plafonds de versement annuel sont fixés par décret.

Ces versements sont soumis au même régime social et fiscal que les contributions des entreprises mentionnées au premier alinéa du présent article. Ils respectent l'article L. 3332-13.»

Art. L. 3334-7. Un ancien salarié peut continuer à effectuer des versements sur le plan d'épargne pour la retraite collectif. Ces versements ne bénéficient pas des versements complémentaires de l'entreprise et les frais afférents à leur gestion sont à la charge exclusive de l'ancien salarié qui effectue ces versements. (L. 2019-486 du 22 mai 2019, art. 155, I, 23°, JO 23) «Ces frais font l'objet de plafonds fixés par décret.»

Cette possibilité n'est pas ouverte au salarié qui a accès à un plan d'épargne pour la retraite collectif dans la nouvelle entreprise où il est employé.

Art. L. 3334-8. Les droits inscrits au compte épargne-temps peuvent être versés sur le plan d'épargne pour la retraite collectif (L. 2010-1330 du 9 nov. 2010, art. 108, JO 10) «ou contribuer au financement de prestations de retraite qui revêtent un caractère collectif et obligatoire déterminé dans le cadre d'une des procédures mentionnées à l'article L. 911-1 du code de la sécurité sociale.

En l'absence de compte épargne-temps dans l'entreprise, le salarié peut, dans la limite de (L. 2015-990 du 6 août 2015, art. 162, I, JO 7) «dix» jours par an, verser les sommes correspondant à des jours de repos non pris sur le plan d'épargne pour la retraite collectif ou faire contribuer ces sommes au financement de prestations de retraite qui revêtent un caractère collectif et obligatoire déterminé dans le cadre d'une des procédures mentionnées à l'article L. 911-1 du code de la sécurité sociale. Le congé annuel ne peut être affecté à l'un de ces dispositifs que pour sa durée excédant vingt-quatre jours ouvrables.

Les sommes ainsi épargnées bénéficient de l'exonération prévue à l'article L. 242-4-3 du même code ou aux articles L. 741-4 et L. 741-15 du code rural et de la pêche maritime en tant qu'ils visent l'article L. 242-4-3 du code de la sécurité sociale.

Elles bénéficient également, selon le cas, des régimes prévus aux 2° ou 2° 0 *bis* de l'article 83 du code général des impôts ou de l'exonération prévue au *b* du 18° de l'article 81 du même code.»

Art. L. 3334-9. Par dérogation aux dispositions des articles L. 3332-11 à L. 3332-13 et L. 3334-10, les sommes issues de la participation qui sont versées au plan d'épargne pour la retraite collectif peuvent donner lieu à versement complémentaire de l'entreprise dans les limites prévues à ces articles.

Art. L. 3334-10. Les sommes provenant d'un compte épargne-temps dans les conditions mentionnées au (L. 2016-1088 du 8 août 2016, art. 11, III, JO 9) «2° de l'article L. 3152-4», correspondant à un abondement de l'employeur et transférées sur un ou plusieurs plans d'épargne pour la retraite collectifs, sont assimilées à des versements des employeurs à un ou plusieurs de ces plans.

SECTION 3. Composition et gestion du plan

Art. L. 3334-11. Les participants au plan d'épargne pour la retraite collectif bénéficient d'un choix entre au moins trois organismes de placement collectif (L. 2014-1 du 2 janv. 2014, art. 25, JO 3) «mentionnés à l'article L. 3332-15, présentant différents profils d'investissement, sous réserve des restrictions prévues à l'article L. 3334-12.»

(L. 2010-1330 du 9 nov. 2010, art. 109, JO 10) «Il leur est également proposé une allocation de l'épargne permettant de réduire progressivement les risques financiers dans des conditions fixées par décret.» (L. 2015-990 du 6 août 2015, art. 151, I, 2°, JO 7) «À défaut de choix explicite du participant, ses versements dans le plan d'épargne pour la retraite collectif sont affectés selon cette allocation.»

Art. L. 3334-12. Par dérogation aux dispositions du 2° de l'article L. 3332-15, le plan d'épargne pour la retraite collectif ne peut pas prévoir l'acquisition de parts de fonds communs de placement régis par l'article (Ord. 2013-676 du 25 juil. 2013, art. 44, JO 27) «L. 214-165» du code monétaire et financier, ni d'actions de sociétés d'investissement à capital variable régies par l'article (Ord. 2013-676 du 25 juil. 2013, art. 44, JO 27) «L. 214-166» du même code, ni de titres de l'entreprise ou d'une société qui lui est liée au sens des articles L. 3344-1 et L. 3344-2.

Lorsque le plan prévoit l'acquisition de parts de fonds communs de placement régis par l'article (Ord. 2013-676 du 25 juil. 2013, art. 44, JO 27) «L. 214-164» du code monétaire et financier et sans préjudice des dispositions du seizième alinéa de cet article, ceux-ci ne peuvent détenir plus de (L. 2019-486 du 22 mai 2019, art. 77, III, 1°, JO 23) «10 %» de titres non admis aux négociations sur un marché réglementé ou plus de (L. 2019-486 du 22 mai 2019, art. 77, III, 1°, JO 23) «10 %» de titres de l'entreprise qui a mis en place le plan ou de sociétés qui lui sont liées au sens des articles L. 3344-1 et L. 3344-2. Cette limitation ne s'applique pas aux parts et actions d'organismes de placement collectif en valeurs mobilières (Ord. 2013-676 du 25 juil. 2013, art. 44, JO 27) «ou de placements collectifs relevant des paragraphes 1, 2 (L. 2019-486 du 22 mai 2019, art. 77, III, 2°, JO 23) «, 3» et 6 de la sous-section 2, du paragraphe 2 ou du sous paragraphe 1 du paragraphe 1 de la sous-section 3 de la section 2 du chapitre IV du titre Ier du livre II du code monétaire et financier» éventuellement détenues par le fonds.

Art. L. 3334-13. Le règlement du plan d'épargne pour la retraite collectif prévoit qu'une partie des sommes recueillies peut être affectée à l'acquisition de parts de fonds investis, dans les limites prévues à l'article (Ord. 2013-676 du 25 juil. 2013, art. 44, JO 27) «L. 214-164» du code monétaire et financier, dans les entreprises solidaires (L. 2008-776 du 4 août 2008, art. 81, JO 5) «au sens de l'article L. 3332-17-1 du présent code».

SECTION 4. Indisponibilité, déblocage anticipé et délivrance des sommes

Art. L. 3334-14. Les sommes ou valeurs inscrites aux comptes des participants sont détenues jusqu'au départ à la retraite.

Toutefois, dans des cas liés à la situation ou au projet du participant, ces sommes ou valeurs peuvent être exceptionnellement débloquées avant le départ en retraite.

Art. L. 3334-15. Sans préjudice des cas de déblocage anticipé prévus à l'article L. 3334-14, la délivrance des sommes ou valeurs inscrites aux comptes des participants s'effectue sous forme de rente viagère acquise à titre onéreux.

Toutefois, l'accord qui établit le plan d'épargne pour la retraite collectif peut prévoir des modalités de délivrance en capital et de conversion en rente de ces sommes ou valeurs, ainsi que les conditions dans lesquelles chaque participant au plan exprime son choix.

SECTION 5. Dispositions d'application

Art. L. 3334-16. Un décret en Conseil d'État détermine les modalités d'application du présent chapitre.

Art. R. 3334-1. Les dispositions relatives aux versements, à la composition, à la gestion du plan d'épargne entreprise et à l'évaluation des titres prévues aux articles R. 3332-9 à R. 3332-23 ainsi que celles relatives à l'indisponibilité des sommes et au régime social et fiscal prévues aux articles R. 3332-30 à R. 3332-32 s'appliquent au plan d'épargne pour la retraite collectif.

Art. R. 3334-1-1. (D. 2011-1449 du 7 nov. 2011, JO 8) I. – Dans la limite fixée à l'article L. 3334-8, les jours de congés investis dans le plan d'épargne pour la retraite collectif, à la demande du salarié, le sont pour la valeur de l'indemnité de congés calculée selon les dispositions des articles (D. 2016-1551 du 18 nov. 2016, art. 6, V, 17°, JO 19, entrée en vigueur le 01.01.2017) «L. 3141-24 à L. 3141-27».

II. – Le règlement du plan d'épargne pour la retraite collectif prévoit les modalités d'affectation par défaut des sommes correspondant à la quote-part de réserve spéciale de participation attribuée au bénéficiaire, affectée au plan d'épargne pour la retraite collectif lorsqu'il a été mis en place dans l'entreprise, (D. 2015-1606 du 7 déc. 2015, JO 9, entrée en vigueur le 01.01.2016) « conformément aux dispositions du second alinéa de l'article L. 3334-11 »

(D. 2015-1606 du 7 déc. 2015, JO 9, entrée en vigueur le 01.01.2016) « Lorsque plusieurs plans d'épargne pour la retraite collectifs ont été mis en place dans l'entreprise, les sommes sont affectées au plan d'épargne pour la retraite collectif de l'entreprise ou, à défaut, dans le plan d'épargne pour la retraite collectif du groupe. En l'absence de l'un et de l'autre de ces plans, les sommes sont affectées dans le plan d'épargne pour la retraite collectif interentreprises. »

Art. R. 3334-1-2. (D. 2011-1449 du 7 nov. 2011, JO 8, entrée en vigueur le 01.04.2012) Pour l'application du second alinéa de l'article L. 3334-11, le règlement du plan d'épargne pour la retraite collectif définit les conditions dans lesquelles est proposée à chaque participant une option d'allocation de l'épargne ayant pour objectif de réduire progressivement les risques financiers pesant sur la valeur des actifs détenus dans les organismes de placement collectif en valeurs mobilières (D. 2013-687 du 25 juil. 2013, art. 30, JO 30) « ou les placements collectifs relevant des paragraphes 1, 2 et 6 de la sous-section 2, du paragraphe 2 ou du sous-paragraphe 1 du paragraphe 1 de la sous-section 3, ou de la sous-section 4 de la section 2 du chapitre IV du titre Ier du livre II du code monétaire et financier » du plan.

Lorsque le participant a choisi cette option, (D. 2015-1606 du 7 déc. 2015, JO 9, entrée en vigueur le 01.01.2016) « ou lorsqu'il s'agit d'une affectation par défaut, conformément aux dispositions du second alinéa de l'article L. 3334-11, » celle-ci est organisée de la manière suivante :

1° L'allocation de l'épargne conduit à une augmentation progressive de la part des sommes investies dans un ou des organismes de placement collectif en valeurs mobilières (D. 2013-687 du 25 juil. 2013, art. 30, JO 30) « ou les placements collectifs relevant des paragraphes 1, 2 et 6 de la sous-section 2, du paragraphe 2 ou du sous-paragraphe 1 du paragraphe 1 de la sous-section 3, ou de la sous-section 4 de la section 2 du chapitre IV du titre Ier du livre II du code monétaire et financier » présentant un profil d'investissement à faible risque, tel que défini lors de l'agrément prévu par (D. 2013-687 du 25 juil. 2013, art. 30, JO 30) « les articles L. 214-3 et L. 214-24-24 » du code monétaire et financier ;

2° Deux ans au plus tard avant l'échéance de sortie du plan d'épargne pour la retraite collectif, le portefeuille de parts que le participant détient doit être composé, à hauteur d'au moins 50 % des sommes investies, de parts dans des fonds communs de placement présentant un profil d'investissement à faible risque.

Le règlement du plan détermine les modalités selon lesquelles les sommes et parts investies par le participant sont progressivement transférées sur les supports d'investissement répondant aux exigences du présent article, en tenant compte de l'horizon de placement retenu ou, à défaut, de l'échéance de sortie du plan.

Art. R. 3334-1-3. (D. 2011-1449 du 7 nov. 2011, JO 8, entrée en vigueur le 01.04.2012) L'information relative à l'option prévue à l'article R. 3334-1-2 est assurée par l'établissement habilité pour les activités de conservation ou d'administration d'instruments financiers auquel a été confiée la tenue de compte des participants. L'information est adressée, avec le relevé de compte individuel annuel mentionné à l'article L. 3341-7, à chaque participant à compter de son quarante-cinquième anniversaire.

Art. R. 3334-2. Le plafond prévu à l'article L. 3332-11 est fixé à 16 % du montant annuel du plafond prévu à l'article L. 241-3 du code de la sécurité sociale.

Art. R. 3334-3. (D. 2011-1449 du 7 nov. 2011, JO 8) « Le règlement du plan » d'épargne pour la retraite collectif prévoit les conditions de délivrance des sommes ou valeurs inscrites aux comptes des participants sous forme de rente viagère acquise à titre onéreux.

Toutefois, lorsque (D. 2015-1606 du 7 déc. 2015, JO 9, entrée en vigueur le 01.01.2016) « le règlement » prévoit des modalités de délivrance en capital ou de conversion en rente des sommes ou valeurs inscrites aux comptes des participants, chaque participant exprime son choix lors du déblocage des sommes ou valeurs selon les modalités et dans les conditions définies par (D. 2015-1606 du 7 déc. 2015, JO 9, entrée en vigueur le 01.01.2016) « ce règlement ».

Art. D. 3334-3-1. (D. 2009-351 du 30 mars 2009, JO 31) Lorsque le règlement du plan d'épargne pour la retraite collectif prévoit l'adhésion par défaut des salariés, l'entreprise en informe chaque salarié suivant les modalités prévues par le règlement du plan. Le salarié dispose d'un délai de quinze jours à compter de cette communication pour renoncer de manière expresse à cette adhésion.

Le salarié peut être informé par voie électronique, dans des conditions de nature à garantir l'intégrité des données.

Art. D. 3334-3-2. (D. 2015-1606 du 7 déc. 2015, JO 9, entrée en vigueur le 01.01.2016) Le versement initial et le versement périodique d'une entreprise dans le plan d'épargne pour la retraite collectif prévus à l'article L. 3334-6 bénéficient à l'ensemble des adhérents qui satisfont aux conditions d'ancienneté éventuellement prévues par le règlement du plan. Le montant total de ces deux versements ne peut excéder 2 % du montant annuel du plafond prévu au premier alinéa de l'article L. 241-3 du code de la sécurité sociale.

Ces versements sont pris en compte pour apprécier le respect du plafond d'abondement prévu par le règlement et du plafond mentionné à l'article R. 3334-2 du présent code.

Art. D. 3334-3-3. (D. 2019-862 du 20 août 2019, JO 22) Les frais afférents à la gestion des sommes investies sur le plan d'épargne pour la retraite collectif, après le départ de l'entreprise d'un bénéficiaire, mentionnés à l'article L. 3334-7, ne peuvent excéder un montant annuel de 20 euros. Toutefois, lorsque les sommes et valeurs inscrites aux comptes des bénéficiaires représentent un montant inférieur à 400 euros, les frais afférents à la gestion ne peuvent excéder 5 % du total de ces sommes et valeurs.

Art. R. 3334-4. Les cas dans lesquels, en application de l'article L. 3334-14, les droits constitués dans le cadre du plan d'épargne pour la retraite collectif au profit des salariés peuvent être, sur leur demande, exceptionnellement liquidés avant le départ à la retraite sont les suivants :

1° L'invalidité de l'intéressé, de ses enfants, de son conjoint ou de son partenaire lié par un pacte civil de solidarité. Cette invalidité s'apprécie au sens des 2° et 3° de l'article L. 341-4 du code de sécurité sociale, ou est reconnue par décision de la commission des droits et de l'autonomie des personnes handicapées prévue à l'article L. 241-5 du code de l'action sociale et des familles à condition que le taux d'incapacité atteigne au moins 80 % et que l'intéressé n'exerce aucune activité professionnelle. Le déblocage pour chacun de ces motifs ne peut intervenir qu'une seule fois ;

2° Le décès de l'intéressé, de son conjoint ou de son partenaire lié par un pacte civil de solidarité. En cas de décès de l'intéressé, il appartient à ses ayants droit de demander la liquidation de ses droits et les dispositions du 4 du III de l'article 150-0-A du code général des impôts cessent d'être applicables à l'expiration des délais fixés par l'article 641 du même code ;

3° L'affectation des sommes épargnées à l'acquisition de la résidence principale ou à la remis e en état de la résidence principale endommagée à la suite d'une catastrophe naturelle reconnue par arrêté interministériel ;

4° La situation de surendettement du participant définie à l'article (D. 2020-683 du 4 juin 2020, JO 6) « L. 711-1 » du code de la consommation, sur demande adressée à l'organisme gestionnaire des fonds ou à l'employeur, soit par le président de la commission de surendettement des particuliers, soit par le juge lorsque le déblocage des droits paraît nécessaire à l'apurement du passif de l'intéressé ;

5° L'expiration des droits à l'assurance chômage de l'intéressé.

Art. R. 3334-5. (D. 2020-683 du 4 juin 2020, JO 6) « La demande du salarié de liquidation anticipée peut intervenir à tout moment, sauf dans le cas prévu au 3° de l'article R. 3334-4. Dans ce cas, elle intervient dans un délai de six mois à compter de la survenance du fait générateur. »

La levée anticipée de l'indisponibilité intervient sous forme d'un versement unique qui porte, au choix de l'intéressé, sur tout ou partie des droits susceptibles d'être débloqués.

Chapitre V

Transferts

Art. L. 3335-1. En cas de modification survenue dans la situation juridique d'une entreprise ayant mis en place un plan d'épargne d'entreprise, notamment par fusion, cession, absorption ou scission, (L. 2019-486 du 22 mai 2019, art. 155, I, 24°, JO 23) « et lorsqu'elle rend » impossible la poursuite de l'ancien plan d'épargne, les sommes qui y étaient affectées peuvent être transférées dans le plan d'épargne de la nouvelle entreprise, après information des représentants du personnel dans des conditions prévues par décret.

Dans ce cas, le délai d'indisponibilité écoulé des sommes transférées s'impute sur la durée de blocage prévue par le nouveau plan.

Art. L. 3335-2. (L. 2008-1258 du 3 déc. 2008, art. 10, JO 4) Les sommes détenues par un salarié, au titre de la réserve spéciale de la participation des salariés aux résultats de l'entreprise, dont il n'a pas demandé la délivrance au moment de la rupture de son contrat de travail, peuvent être affectées dans le plan d'épargne mentionné aux articles L. 3332-1, L. 3333-1 et L. 3334-1 de son nouvel employeur. Dans ce cas, le délai d'indisponibilité écoulé des sommes transférées s'impute sur la durée de blocage prévue par le plan d'épargne mentionné aux articles L. 3332-1 et L. 3333-1 sur lequel elles ont été transférées, sauf si ces sommes sont utilisées pour souscrire à une augmentation de capital prévue à l'article L. 3332-18.

Les sommes détenues par un salarié dans un plan d'épargne mentionné aux articles L. 3332-1 et L. 3333-1 peuvent être transférées, à la demande du salarié, avec ou sans rupture de son contrat de travail, dans un autre plan d'épargne mentionné aux mêmes articles, comportant dans son règlement une durée de blocage d'une durée minimale équivalente à celle figurant dans le règlement du plan d'origine. Dans ce cas, le délai d'indisponibilité déjà écoulé des sommes transférées s'impute sur la durée de blocage prévue par le plan sur lequel elles ont été transférées, sauf si ces sommes sont utilisées pour souscrire à une augmentation de capital prévue à l'article L. 3332-18.

Les sommes détenues par un salarié dans un plan d'épargne mentionné aux articles L. 3332-1, L. 3333-1 et L. 3334-1 peuvent être transférées, à la demande du salarié, avec ou sans rupture de son contrat de travail, dans un plan d'épargne mentionné à l'article L. 3334-1.

Les sommes transférées ne sont pas prises en compte pour l'appréciation du plafond mentionné au premier alinéa de l'article L. 3332-10. Elles ne donnent pas lieu au versement complémentaire de l'entreprise prévu à l'article L. 3332-11, sauf si le transfert a lieu à l'expiration de leur délai d'indisponibilité ou si les sommes sont transférées d'un plan d'épargne mentionné aux articles L. 3332-1, L. 3333-1 vers un plan d'épargne mentionné à l'article L. 3334-1. Les sommes qui ont bénéficié du supplément d'abondement dans les conditions prévues au deuxième alinéa de l'article L. 3332-11 ne peuvent être transférées, sauf si le règlement du plan au titre duquel le supplément d'abondement a été versé l'autorise.

Art. D. 3335-1. Pour obtenir le transfert des sommes qu'il détient au sein d'un plan d'épargne, le salarié indique à l'entreprise qu'il quitte les avoirs qu'il souhaite transférer en utilisant les mentions faites dans l'état récapitulatif ou dans le dernier relevé dont il dispose et lui demande de liquider ces avoirs.

Art. D. 3335-2. Lorsque le transfert est réalisé vers un plan dont il bénéficie au sein de la nouvelle entreprise qui l'emploie, le salarié précise dans sa demande l'affectation de son épargne au sein du plan ou des plans qu'il a choisis.

Lorsque le transfert est réalisé vers un plan dont le salarié bénéficie au titre d'un nouvel emploi, le salarié communique à l'entreprise qu'il a quittée le nom et l'adresse de son nouvel employeur et de l'établissement mentionné à l'article R. 3332-15. Il informe ces derniers de ce transfert et de l'affectation de son épargne.

Art. D. 3335-3. L'entreprise procède elle-même à la liquidation des sommes bloquées en application du 2° de l'article L. 3323-2 ou de l'article L. 3323-5 et demande sans délai à l'établissement chargé du registre des comptes la liquidation des actions ou parts détenues au sein des plans d'épargne.

La liquidation réalisée, l'entreprise transfère les sommes correspondantes vers le plan concerné, en indiquant les périodes d'indisponibilité déjà courues ainsi que les éléments nécessaires à l'application de la législation sociale.

TITRE IV

DISPOSITIONS COMMUNES

Chapitre Ier

Représentation et information des salariés

SECTION 1. Participation aux assemblées générales des actionnaires de la société

Note L'article L. 3341-1 qui figurait dans cette section a été abrogé par la loi 2019-486 du 22 mai 2019, art. 167, 1°, JO 23.

Art. D. 3341-1. Le salarié désigné comme mandataire des actionnaires salariés de l'entreprise, dans les conditions de l'article L. 225-106 du code de commerce, confirme par écrit à l'employeur, au plus tard quarante huit heures après sa désignation, son intention de participer à l'assemblée générale des actionnaires en indiquant la durée prévisible de son absence.

Art. D. 3341-2. L'employeur n'est pas tenu de rémunérer le temps passé hors de l'entreprise pendant les heures de travail pour l'exercice du mandat de représentation, ni de défrayer le salarié mandaté de ses frais de déplacement.

SECTION 2. Formation économique, financière et juridique des représentants des salariés

Art. L. 3341-2. (L. 2019-486 du 22 mai 2019, art. 167, 2°, JO 23) Les administrateurs des SICAV d'actionnariat salarié représentant les salariés actionnaires ou les membres du conseil de surveillance des fonds communs de placement d'entreprise représentant les porteurs de parts bénéficient, dans les conditions et les limites prévues à l'article L. 2145-11, d'une formation économique, financière et juridique, d'une durée minimale de trois jours.

Cette formation est dispensée par un organisme figurant sur une liste arrêtée par voie réglementaire.

Art. D. 3341-3. Bénéficient d'une formation à l'exercice de leurs fonctions dans les six mois suivant la prise de poste :

1° Les administrateurs désignés en application de l'article L. 225-23 du code de commerce ;

2° Les membres des conseils de surveillance désignés en application de l'article L. 225-71 du même code ;

3° Les membres des conseils de surveillance des fonds communs de placement d'entreprise.

Art. D. 3341-4. La liste prévue à l'article L. 3341-2 est arrêtée par le préfet de région, après avis du (D. 2014-1055 du 16 sept. 2014, JO 18) « comité régional de l'emploi, de la formation [et] de l'orientation professionnelles ».

Art. L. 3341-3. Le temps consacré à la formation économique, financière et juridique est pris sur le temps de travail et est rémunéré comme tel. Il est imputé sur la durée du congé de formation économique, sociale et syndicale prévu aux articles (L. 2016-1088 du 8 août 2016, art. 33, VI, JO 9) « L. 2145-5 » et suivants.

Art. L. 3341-4. Les dispositions de la présente section sont applicables aux salariés de l'entreprise, membres des conseils de surveillance des fonds communs de placement d'entreprise prévus aux articles (Ord. 2013-676 du 25 juil. 2013, art. 44, JO 27) « L. 214-164 et L. 214-165 » du code monétaire et financier.

SECTION 3. Information des représentants du personnel

Art. L. 3341-5. L'accord de participation ou le règlement d'un plan d'épargne salariale peuvent prévoir les conditions dans lesquelles le (Ord. 2017-1386 du 22 sept. 2017, art. 4, 49°, JO 23, entrée en vigueur au plus tard le 01.01.2018) « comité social et économique ou une commission spécialisée créée par lui dispose» des moyens d'information nécessaires sur les conditions d'application de cet accord ou de ce règlement.

SECTION 4. Information des salariés

Art. L. 3341-6. Tout salarié d'une entreprise proposant un dispositif d'intéressement, de participation, un plan d'épargne entreprise, un plan d'épargne interentreprises (Ord. 2019-766 du 24 juil. 2019, art. 7, IV, 9°, JO 25, entrée en vigueur le 01.10.2019) «, un plan d'épargne pour la retraite collectif ou un plan d'épargne retraite d'entreprise collectif» reçoit, lors de la conclusion de son contrat de travail, un livret d'épargne salariale présentant (L. 2015-990 du 6 août 2015, art. 163, JO 7) «les dispositifs mis en place au sein de l'entreprise».

(L. 2015-990 du 6 août 2015, art. 163, JO 7) «Le livret d'épargne salariale est également porté à la connaissance des représentants du personnel, le cas échéant en tant qu'élément de la base de données économiques et sociales établie en application de l'article (L. 2015-994 du 17 août 2015, art. 18, XIV, 13°, JO 18, entrée en vigueur le 01.01.2016) «L. 2323-8».»

Art. R. 3341-5. Le livret d'épargne salariale prévu à l'article L. 3341-6 est établi sur tout support durable et est remis à chaque salarié lors de la conclusion de son contrat de travail. Il comporte :

(D. 2015-1606 du 7 déc. 2015, JO 9, entrée en vigueur le 01.01.2016) «1° Un rappel des dispositifs suivants d'épargne salariale, lorsqu'ils sont mis en place dans l'entreprise :»

a) L'intéressement ;

b) La participation ;

c) Le plan d'épargne d'entreprises ;

d) Le plan d'épargne interentreprises ;

e) Le plan d'épargne pour la retraite collectif (D. 2019-807 du 30 juil. 2019, art. 7, II, 4°, JO 1er août, entrée en vigueur le 01.10.2019) «ou le plan d'épargne retraite d'entreprise collectif» ;

2° Le cas échéant, une attestation indiquant la nature et le montant des droits liés à la réserve spéciale de participation ainsi que la date à laquelle seront répartis les droits éventuels du salarié au titre de l'exercice en cours ;

(D. 2011-1449 du 7 nov. 2011, JO 8) «3° L'indication des modalités d'affectation par défaut au plan d'épargne pour la retraite collectif (D. 2019-807 du 30 juil. 2019, art. 7, II, 4°, JO 1er août, entrée en vigueur le 01.10.2019) «ou au plan d'épargne retraite d'entreprise collectif» des sommes attribuées au titre de la participation, (D. 2015-1606 du 7 déc. 2015, JO 9, entrée en vigueur le 01.01.2016) «conformément aux dispositions du second alinéa de l'article L. 3334-11 (D. 2019-807 du 30 juil. 2019, art. 7, II, 4°, JO 1er août, entrée en vigueur le 01.10.2019) «du présent code et de l'article L. 224-3 du code monétaire et financier» ;»

(D. 2011-1449 du 7 nov. 2011, JO 8) «4°» L'état récapitulatif mentionné à l'article L. 3341-7 lorsque le salarié quitte l'entreprise.

(D. 2009-350 du 30 mars 2009, JO 31) «Les dispositions du présent article s'appliquent aux bénéficiaires d'un accord d'intéressement, de participation ou d'un plan d'épargne salariale mentionnés à l'article L. 3312-3, au deuxième alinéa de l'article L. 3323-6, au troisième alinéa de l'article L. 3324-2 et au dernier alinéa de l'article L. 3332-2.»

Art. L. 3341-7. Tout bénéficiaire quittant l'entreprise reçoit un état récapitulatif de l'ensemble des sommes et valeurs mobilières épargnées ou transférées au sein de l'entreprise dans le cadre des dispositifs prévus aux titres II et III (Ord. 2019-766 du 24 juil. 2019, art. 7, IV, 10°, JO 25, entrée en vigueur le 01.10.2019) «et dans le cadre des plans d'épargne retraite d'entreprise mentionnés à l'article L. 224-9 du code monétaire et financier.»

Cet état distingue les actifs disponibles, en mentionnant tout élément utile au salarié pour en obtenir la liquidation ou le transfert, et ceux qui sont affectés (Ord. 2019-766 du 24 juil. 2019, art. 7, IV, 10°, JO 25, entrée en vigueur le 01.10.2019) «à un plan d'épargne pour la retraite collectif ou à un plan d'épargne retraite d'entreprise», en précisant les échéances auxquelles ces actifs seront disponibles ainsi que tout élément utile au transfert éventuel vers un autre plan.

L'état récapitulatif est inséré dans un livret d'épargne salariale dont les modalités de mise en place et le contenu sont fixés par un décret en Conseil d'État.

Le numéro d'inscription au répertoire national d'identification des personnes physiques est la référence pour la tenue du livret du salarié. Il peut figurer sur les relevés de compte individuels et l'état récapitulatif.

(L. 2015-990 du 6 août 2015, art. 164, JO 7) « Lors du départ de l'entreprise, cet état récapitulatif informe le bénéficiaire que les frais de tenue de compte-conservation sont pris en charge soit par l'entreprise, soit par prélèvements sur les avoirs. »

Art. R. 3341-6. L'état récapitulatif comporte les informations et mentions suivantes :

1° L'identification du bénéficiaire ;

2° La description de ses avoirs acquis ou transférés dans l'entreprise par accord de participation et plans d'épargne dans lesquels il a effectué des versements, avec mention le cas échéant des dates auxquelles ces avoirs sont disponibles ;

3° L'identité et l'adresse des teneurs de registre mentionnés à l'article R. 3332-15 auprès desquels le bénéficiaire a un compte ;

(D. 2015-1606 du 7 déc. 2015, JO 9, entrée en vigueur le 01.01.2016) « 4° La prise en charge éventuelle par l'entreprise, lorsque le bénéficiaire se trouve dans la situation prévue au 6° de l'article R. 3324-22 et qu'il n'a pas demandé la liquidation de ses avoirs, des frais de tenue de compte-conservation. Dans le cas où ceux-ci incombent au bénéficiaire, l'état récapitulatif précise les modalités de prise en charge, notamment s'il est fait application des dispositions de l'article R. 3332-17. »

Art. L. 3341-8. Les références de l'ensemble des établissements habilités pour les activités de conservation ou d'administration d'instruments financiers en application de l'article L. 542-1 du code monétaire et financier, gérant des sommes et valeurs mobilières épargnées ou transférées par le salarié dans le cadre des dispositifs prévus au présent livre, figurent sur chaque relevé de compte individuel et chaque état récapitulatif.

Chapitre II

Conditions d'ancienneté

Art. L. 3342-1. Tous les salariés d'une entreprise compris dans le champ des accords d'intéressement et de participation ou des plans d'épargne salariale bénéficient de leurs dispositions.

Toutefois, une condition d'ancienneté dans l'entreprise ou dans le groupe d'entreprises défini aux articles L. 3344-1 et L. 3344-2 peut être exigée. Elle ne peut excéder trois mois. Pour la détermination de l'ancienneté éventuellement requise, sont pris en compte tous les contrats de travail exécutés au cours de la période de calcul et des douze mois qui la précèdent. Le salarié temporaire est réputé compter trois mois d'ancienneté dans l'entreprise ou dans le groupe qui l'emploie s'il a été mis à la disposition d'entreprises utilisatrices pendant une durée totale d'au moins soixante jours au cours du dernier exercice.

(Ord. 2015-380 du 2 avril 2015, JO 3) « Le salarié porté mentionné aux articles L. 1254-1 et suivants est réputé compter trois mois d'ancienneté dans l'entreprise de portage ou dans le groupe qui l'emploie s'il a réalisé une prestation dans une entreprise cliente pendant une durée totale d'au moins soixante jours au cours du dernier exercice. »

La condition maximale d'ancienneté de trois mois, prévue au premier alinéa, remplace de plein droit, à compter de la date de publication de la loi n° 2001-152 du 19 février 2001 sur l'épargne salariale, toute condition maximale d'ancienneté supérieure figurant dans les accords d'intéressement et de participation et dans les règlements de plan d'épargne d'entreprise en vigueur à cette même date.

Art. D. 3342-1. (D. 2009-351 du 30 mars 2009, JO 31) Le salarié d'un groupement d'employeurs qui bénéficie d'un accord d'intéressement, de participation ou d'un plan d'épargne salariale, mis en place dans une entreprise du groupement auprès de laquelle il est mis à disposition, prévoyant une condition d'ancienneté qui ne peut excéder trois mois, conformément aux dispositions de l'article L. 3342-1, est réputé compter trois mois d'ancienneté s'il a été mis à disposition de l'entreprise pendant une durée totale d'au moins soixante jours au cours du dernier exercice.

Chapitre III

Versements sur le compte épargne-temps

Art. L. 3343-1. Si la convention ou l'accord instituant un compte épargne-temps le prévoit, le salarié peut verser dans ce compte tout ou partie des primes qui lui sont attribuées en application d'un accord d'intéressement, ainsi que, à l'issue de leur période d'indisponibilité, tout ou partie des sommes issues de la répartition de la réserve de participation, les sommes qu'il a versées dans un plan d'épargne d'entreprise et celles versées par l'entreprise en application des articles L. 3332-11 à L. 3332-13 et L. 3334-10.

Lorsque des droits à congé rémunéré ont été accumulés en contrepartie du versement des sommes énumérées au premier alinéa, les indemnités compensatrices correspondantes ne bénéficient pas de l'exonération de cotisations sociales prévues aux articles L. 3312-4, L. 3325-1 à L. 3325-3 et L. 3332-27. Elles sont exonérées de l'impôt sur le revenu des bénéficiaires.

L'accord d'intéressement précise les modalités selon lesquelles le choix du salarié s'opère lors de la répartition de l'intéressement.

Chapitre IV

Mise en place dans un groupe d'entreprises et dans les entreprises dépourvues d'épargne salariale

SECTION 1. Mise en place dans un groupe d'entreprises

Art. L. 3344-1. L'intéressement, la participation ou un plan d'épargne d'entreprise peut être mis en place au sein d'un groupe constitué par des entreprises juridiquement indépendantes, mais ayant établi entre elles des liens financiers et économiques.

Toutefois, les dispositifs d'augmentation du capital prévus aux articles L. 3332-18 et suivants ainsi que de majoration des sommes versées annuellement par une ou plusieurs entreprises prévus au deuxième alinéa de l'article L. 3332-11 ne peuvent s'appliquer qu'au sein d'un groupe d'entreprises incluses dans le même périmètre de consolidation ou de combinaison des comptes en application des dispositions suivantes :

1° Article L. 345-2 du code des assurances pour les entreprises régies par ce code ;

2° Article L. 233-16 du code de commerce pour les entreprises régies par ce code ;

3° Article L. 511-36 du code monétaire et financier pour les établissements de crédit (Ord. 2013-544 du 27 juin 2013, art. 20, JO 28, entrée en vigueur le 01.01.2014) « et les sociétés de financement » ;

4° Dispositions du code de la mutualité pour les mutuelles ;

5° Article L. 931-34 du code de la sécurité sociale pour les institutions de prévoyance.

Art. L. 3344-2. Les dispositifs d'augmentation du capital mentionnés à l'article L. 3344-1 peuvent également être mis en place au sein d'un groupe constitué par des sociétés régies par la loi n° 47-1775 du 10 septembre 1947 portant statut de la coopération, les unions qu'elles ont constituées et les filiales que celles-ci détiennent.

SECTION 2. Entreprises dépourvues de dispositif d'épargne salariale

Art. L. 3344-3. Dans les entreprises dépourvues de délégué syndical dans lesquelles un (Ord. 2017-1386 du 22 sept. 2017, art. 4, 69°, JO 23, entrée en vigueur au plus tard le 01.01.2018) « comité social et économique existe » et aucun accord d'intéressement ou de participation n'est en vigueur, l'employeur propose, tous les trois ans, un examen des conditions dans lesquelles pourraient être mis en œuvre un ou plusieurs des dispositifs mentionnés aux titres Ier à III.

Chapitre V

Dépôt et contrôle de l'autorité administrative

SECTION 1. Dépôt

Art. L. 3345-1. L'accord d'intéressement, l'accord de participation et le règlement d'un plan d'épargne salariale, lorsqu'ils sont conclus concomitamment, peuvent faire l'objet d'un dépôt commun dans les conditions applicables aux accords d'intéressement.

Art. D. 3345-1. Lorsqu'un accord d'intéressement ou de participation, ou un plan d'épargne d'entreprise, interentreprises (D. 2019-807 du 30 juil. 2019, art. 7, II, 5°, JO 1er août, entrée en vigueur le 01.10.2019) « un plan d'épargne pour la retraite collectif ou un plan d'épargne retraite d'entreprise collectif » est conclu autrement que (D. 2020-795 du 26 juin 2020, JO 28) « dans le cadre du 1° du I de l'article L. 3312-5, » les documents qui sont déposés (D. 2020-795 du 26 juin 2020, JO 28) « sur la plateforme de téléprocédure mentionnée à l'article D. 2231-4 dans les conditions prévues à cet article et au II de l'article D. 2231-2 » comportent :

1° Si l'accord a été conclu entre l'employeur et les représentants d'organisations syndicales, la mention que ces représentants ont la qualité de délégués syndicaux ou, à défaut, le texte du mandat les habilitant à signer l'accord ;

2° Si l'accord a été conclu au sein d'un (D. 2017-1819 du 29 déc. 2017, art. 3, 4°, JO 30, entrée en vigueur le 01.01.2018) « comité social et économique » entre l'employeur et la délégation du personnel statuant à la majorité, le procès-verbal de la séance ;

3° Si l'accord résulte, après consultation de l'ensemble des salariés inscrit à l 'effectif de l'entreprise, de la ratification par les deux tiers des salariés du projet proposé par l'employeur :

a) Soit l'émargement, sur la liste nominative de l'ensemble des salariés, des salariés signataires ;

b) Soit un procès-verbal rendant compte de la consultation.

Art. D. 3345-2. Lorsque la ratification d'un accord est demandée conjointement par l'employeur et une ou plusieurs organisations syndicales de salariés ou le (D. 2017-1819 du 29 déc. 2017, art. 3, 4°, JO 30, entrée en vigueur le 01.01.2018) « comité social et économique », il en est fait mention dans les documents déposés.

Art. D. 3345-3. Lorsque le projet ratifié par les salariés ne fait pas mention d'une demande conjointe, sont déposés avec l'accord une attestation de l'employeur selon laquelle il n'a été saisi d'aucune désignation de délégué syndical et, pour les entreprises assujetties à la législation sur les (D. 2017-1819 du 29 déc. 2017, art. 3, 32°, JO 30, entrée en vigueur le 01.01.2018) « comités sociaux et économiques », un procès-verbal de carence datant de moins de (D. 2020-795 du 26 juin 2020, JO 28) « quatre ans ».

Art. D. 3345-4. Le dépôt d'un des accords ou règlements mentionnés à l'article D. 3345-1, de leurs avenants et de leurs annexes, est opéré (D. 2009-351 du 30 mars 2009, JO 31) « dans les conditions prévues (D. 2020-795 du 26 juin 2020, JO 28) « au II de l'article D. 2231-2 et à l'article D. 2231-4 ».

Art. D. 3345-5. Le (D. 2009-1377 du 10 nov. 2009, JO 13 ; D. 2010-687 du 24 juin 2010, JO 25 ; voir D. 2010-1582 du 17 déc. 2010, JO 18, pour outre-mer) « directeur régional des entreprises, de la concurrence, de la consommation, du travail et de l'emploi » accuse, sans délai, réception de l'accord et des autres documents mentionnés au présent chapitre.

SECTION 2. Contrôle de l'autorité administrative

Art. L. 3345-2. L'autorité administrative dispose d'un délai de quatre mois à compter du dépôt d'un accord d'intéressement, d'un accord de participation ou d'un règlement d'un plan d'épargne salariale pour demander, après consultation de l'organisme en charge du recouvrement des cotisations de sécurité sociale dont relève l'entreprise, le retrait ou la modification des dispositions contraires aux dispositions légales.

Sur le fondement de cette demande, l'accord ou le règlement peut être dénoncé à l'initiative d'une des parties en vue de la renégociation d'un accord conforme aux dispositions légales.

Art. L. 3345-3. En l'absence de demande de l'autorité administrative pendant le délai de quatre mois, aucune contestation ultérieure de la conformité des termes de l'accord ou du règlement aux dispositions légales en vigueur au moment de sa conclusion ne peut avoir pour effet de remettre en cause les exonérations fiscales et sociales attachées aux avantages accordés aux salariés au titre des exercices en cours ou antérieurs à la contestation.

Art. L. 3345-4. La présente section est également applicable aux accords de participation et aux accords instituant des plans d'épargne interentreprises conclus dans une branche.

Chapitre VI

Conseil d'orientation de la participation, de l'intéressement, de l'épargne salariale et de l'actionnariat salarié

Art. L. 3346-1. (L. 2008-1258 du 3 déc. 2008, art. 20, JO 4) Le Conseil d'orientation de la participation, de l'intéressement, de l'épargne salariale et de l'actionnariat salarié a pour missions :

1° De promouvoir auprès des entreprises et des salariés les dispositifs de participation, d'intéressement, d'épargne salariale et d'actionnariat salarié ;

2° D'évaluer ces dispositifs et de formuler toute proposition susceptible de favoriser leur diffusion.

(L. 2015-990 du 6 août 2015, art. 165, JO 7) « Il est saisi par le Gouvernement de tout projet de loi ou d'ordonnance de déblocage de l'épargne salariale. » Il peut en outre être saisi par le Gouvernement et par les commissions compétentes de chaque assemblée de toute question entrant dans son champ de compétences. Les rapports et recommandations établis par le conseil d'orientation sont communiqués au Parlement et rendus publics.

(L. 2018-699 du 3 août 2018, art. 69, JO 5) « Le conseil d'orientation comprend parmi ses membres deux députés et deux sénateurs.

Un décret précise les missions, la composition du conseil d'orientation et ses modalités de fonctionnement, dans des conditions de nature à assurer son indépendance et sa représentativité et à garantir la qualité de ses travaux. »

Art. D. 3346-1. (D. 2009-351 du 30 mars 2009, JO 31) Le Conseil d'orientation de la participation, de l'intéressement, de l'épargne salariale et de l'actionnariat salarié est composé de (D. 2013-1164 du 14 déc. 2013, JO 18) « trente et un » membres, répartis comme suit :

1° Dix membres représentant les partenaires sociaux :

a) Un membre désigné par la Confédération générale du travail (CGT) ;

b) Un membre désigné par la Confédération française démocratique du travail (CFDT) ;

c) Un membre désigné par la Confédération générale du travail-Force ouvrière (CGT-FO) ;

d) Un membre désigné par la Confédération française des travailleurs chrétiens (CFTC) ;

e) Un membre désigné par la Confédération française de l'encadrement-Confédération générale des cadres (CFE-CGC) ;

f) Un membre désigné par le Mouvement des entreprises de France (MEDEF) ;

g) Un membre désigné par la (D. 2017-1720 du 20 déc. 2017, JO 21) « Confédération des petites et moyennes entreprises (CPME) » ;

h) Un membre désigné par l'(D. 2017-1720 du 20 déc. 2017, JO 21) « Union des entreprises de proximité (U2P) » ;

i) Un membre désigné par la Fédération nationale des syndicats d'exploitants agricoles (FNSEA) ;

j) Un membre désigné par l'(D. 2017-1720 du 20 déc. 2017, JO 21) « Union des employeurs de l'économie sociale et solidaire (UDES) » ;

2° Six représentants des administrations :

a) Le directeur général du travail ;

b) Le directeur des affaires civiles et du sceau ;

c) (D. 2010-291 du 18 mars 2010, JO 19) « Le directeur général du Trésor » ;

d) Le directeur de la législation fiscale ;

e) Le directeur de l'animation de la recherche, des études et des statistiques ;

f) Le directeur de la sécurité sociale ;

(D. 2013-1164 du 14 déc. 2013, JO 18) « 3° Le commissaire général à la stratégie et à la prospective ou son représentant » ;

4° Le président du Conseil d'orientation (D. 2017-1720 du 20 déc. 2017, JO 21) « des » retraites ou son représentant ;

5° Le président de l'Autorité des marchés financiers ou son représentant ;

6° Deux députés et deux sénateurs désignés par leur assemblée respective ;

7° (D. 2013-1164 du 14 déc. 2013, JO 18) « Huit » personnalités choisies en raison de leur compétence et de leur expérience.

Art. D. 3346-2. (D. 2009-351 du 30 mars 2009, JO 31) Le Premier ministre désigne le vice-président du Conseil d'orientation de la participation, de l'intéressement, de l'épargne salariale et de l'actionnariat salarié parmi les membres mentionnés (D. 2013-1164 du 14 déc. 2013, JO 18) « aux 1°, 6° et 7° de l'article D. 3346-1 ».

Art. D. 3346-3. (D. 2009-351 du 30 mars 2009, JO 31) Les désignations prévues au 6° de l'article D. 3346-1 sont renouvelées à chaque renouvellement général de l'Assemblée nationale en ce qui concerne les députés et à chaque renouvellement triennal du Sénat en ce qui concerne les sénateurs.

Les membres du conseil mentionnés aux 1° et 7° du même article sont nommés pour une durée de trois ans par arrêté du ministre chargé du travail.

Art. D. 3346-4. (D. 2009-351 du 30 mars 2009, JO 31) Sauf dispositions législatives contraires, les administrations de l'État et les établissements publics de l'État sont tenus de communiquer au Conseil d'orientation de la participation, de l'intéressement, de l'épargne salariale et de l'actionnariat salarié les éléments d'information et les études dont ils disposent et qui apparaissent nécessaires à ce conseil pour l'exercice de ses missions. Le conseil leur fait connaître ses besoins afin qu'ils soient pris en compte dans les programmes de travaux statistiques et d'études de ces administrations et de ces établissements.

Art. D. 3346-5. (D. 2009-351 du 30 mars 2009, JO 31) Les fonctions des membres du conseil ne sont pas rémunérées.

Des frais de déplacement et de séjour peuvent être alloués aux membres du conseil dans les conditions fixées par arrêté conjoint des ministres chargés du travail et du budget.

Art. D. 3346-6. (D. 2009-351 du 30 mars 2009, JO 31) Le conseil se réunit sur convocation de son président ou de son vice-président. Les membres, autres que ceux prévus aux 3°, 4° et 5° de l'article D. 3346-3, ne sont pas autorisés à se faire représenter et siègent personnellement lors des réunions du conseil.

Art. D. 3346-7. (D. 2009-351 du 30 mars 2009, JO 31) Pour son fonctionnement, le conseil dispose de crédits gérés par le secrétariat général rattaché au ministre chargé du travail. Le secrétariat général assure l'organisation des travaux du conseil ainsi que l'établissement de ses rapports.

La direction générale du travail assure le secrétariat général du Conseil d'orientation de la participation, de l'intéressement, de l'épargne salariale et de l'actionnariat salarié.

Chapitre VII

Intéressement mis en place unilatéralement

Note Ce chapitre a été introduit par la loi 2020-734 du 17 juin 2020, art. 18, 2°, JO 18.

Art. L. 3347-1. Les dispositions du présent titre en tant qu'elles concernent les accords d'intéressement s'appliquent aux régimes d'intéressement mis en place unilatéralement en application du II de l'article L. 3312-5, à l'exception de celles prévues aux sections 1 à 3 du chapitre Ier et aux articles L. 3344-2, L. 3344-3 et L. 3345-4.

LIVRE IV

DISPOSITIONS RELATIVES À L'OUTRE-MER

TITRE Ier

DISPOSITIONS GÉNÉRALES

Chapitre unique

Art. L. 3411-1. Les dispositions générales prévues par l'article L. 1511-1 sont également applicables aux dispositions du présent livre.

Art. R. 3411-1. (D. 2014-551 du 27 mai 2014, art. 29, JO 29) Pour l'application du présent livre à Saint-Pierre-et-Miquelon, les références au " directeur départemental ou, le cas échéant, régional des finances publiques " sont remplacées par la référence au " directeur chargé de la direction des finances publiques de Saint-Pierre-et-Miquelon ".

TITRE II

GUADELOUPE, GUYANE, MARTINIQUE, MAYOTTE, LA RÉUNION, SAINT-BARTHÉLEMY, SAINT-MARTIN ET SAINT-PIERRE-ET-MIQUELON

Chapitre Ier

Dispositions générales

Art. L. 3421-1. Les dispositions générales prévues par (Ord. 2008-205 du 27 févr. 2008, JO 1er mars) «les articles L. 1521-1 à L. 1521-4» sont également applicables aux dispositions du présent titre.

Chapitre II

Durée du travail, repos et congés

Art. L. 3422-1. Les articles (L. 2016-1088 du 8 août 2016, art. 8, XI, 12°, JO 9) «L. 3133-7 à L. 3133-9, L. 3133-11 et L. 3133-12», relatifs à la journée de solidarité, ne sont pas applicables à Saint-Pierre-et-Miquelon.

Art. L. 3422-2. (Ord. 2017-1491 du 25 oct. 2017, art. 4, 3°, JO 26, entrée en vigueur le 01.01.2018) En Guadeloupe, en Guyane, en Martinique, à Mayotte, à La Réunion, à Saint-Barthélemy et à Saint-Martin, les journées de commémoration de l'abolition de l'esclavage ci-après désignées sont des jours fériés:

1° Le 27 avril à Mayotte;
2° Le 22 mai en Martinique;
3° Le 27 mai en Guadeloupe et à Saint-Martin;
4° Le 10 juin en Guyane;
5° Le 9 octobre à Saint-Barthélemy;
6° Le 20 décembre à La Réunion.

Art. L. 3422-3. (Ord. 2017-1491 du 25 oct. 2017, art. 4, 4°, JO 26, entrée en vigueur le 01.01.2018) À Mayotte, les listes établies aux articles L. 3133-1 et L. 3422-2 ne portent atteinte ni aux stipulations des conventions ou accords collectifs de travail ni aux usages qui prévoiraient des jours fériés supplémentaires, notamment les fêtes de Miradji, Idi-el-Fitri, Idi-el-Kabir et Maoulid.

Art. L. 3422-4. (Ord. 2017-1491 du 25 oct. 2017, art. 4, 4°, JO 26, entrée en vigueur le 01.01.2018) Pour l'application à Mayotte des articles L. 3141-13 et L. 3141-23, les mots : " du 1er mai au 31 octobre " sont remplacés par les mots : " du 1er juillet au 31 décembre ".

Art. L. 3422-5. (Ord. 2017-1491 du 25 oct. 2017, art. 4, 4°, JO 26, entrée en vigueur le 01.01.2018) Pour l'application à Mayotte de l'article L. 3152-4 :

a) Les prestations mentionnées au 1° sont celles des régimes mentionnés aux articles 23-7 et 23-8 de l'ordonnance n° 2002-411 du 27 mars 2002 relative à la protection sanitaire et sociale à Mayotte ;

b) Le *a* du 2° n'est pas applicable ;

c) Au *b* du 2°, le mot : " Et, " est supprimé.

Chapitre III

Salaire et avantages divers

SECTION 1. Salaire minimum de croissance

Art. L. 3423-1. Lorsque le salaire minimum applicable en métropole est relevé en application des articles L. 3231-4 et L. 3231-5, le salaire minimum (Ord. 2017-1491 du 25 oct. 2017, art. 4, 5°, JO 26, entrée en vigueur le 01.01.2018) «de Guadeloupe, de Guyane, de Martinique, de Mayotte, de La Réunion» (Ord. 2008-205 du 27 févr. 2008, JO 1er mars) «, de Saint-Barthélemy et de Saint-Martin» est relevé à la même date et dans les mêmes proportions.

Art. L. 3423-2. Le salaire minimum de croissance (Ord. 2017-1491 du 25 oct. 2017, art. 4, 5°, JO 26, entrée en vigueur le 01.01.2018) «de Guadeloupe, de Guyane, de Martinique, de Mayotte, de La Réunion» (Ord. 2008-205 du 27 févr. 2008, JO 1er mars) «, de Saint-Barthélemy et de Saint-Martin» est fixé chaque année compte tenu de la situation économique locale telle qu'elle résulte notamment des comptes économiques du département considéré par décret en conseil des ministres.

Art. L. 3423-3. En cours d'année, le salaire minimum de croissance (Ord. 2017-1491 du 25 oct. 2017, art. 4, 5°, JO 26, entrée en vigueur le 01.01.2018) «de Guadeloupe, de Guyane, de Martinique, de Mayotte, de La Réunion» (Ord. 2008-205 du 27 févr. 2008, JO 1er mars) «, de Saint-Barthélemy et de Saint-Martin» peut être porté par voie réglementaire à un niveau supérieur à celui qui résulte de l'application des dispositions de l'article L. 3423-1.

Art. L. 3423-4. Les améliorations du pouvoir d'achat intervenues en cours d'année entrent en compte pour la fixation annuelle du salaire minimum de croissance (Ord. 2017-1491 du 25 oct. 2017, art. 4, 5°, JO 26, entrée en vigueur le 01.01.2018) «de Guadeloupe, de Guyane, de Martinique, de Mayotte, de La Réunion» (Ord. 2008-205 du 27 févr. 2008, JO 1er mars) «, de Saint-Barthélemy et de Saint-Martin» en application de la règle fixée à l'article L. 3423-2.

SECTION 2. Rémunération mensuelle minimale

Sous-section 1. Dispositions générales

Art. L. 3423-5. Les dispositions relatives à la rémunération mensuelle minimale prévues aux articles L. 3232-1 et suivants sont applicables (Ord. 2017-1491 du 25 oct. 2017, art. 4, 6°, JO 26, entrée en vigueur le 01.01.2018) «en Guadeloupe, en Guyane, en Martinique, à Mayotte, à La Réunion» (Ord. 2008-205 du 27 févr. 2008, JO 1er mars) «, à Saint-Barthélemy et à Saint-Martin», sous réserve des adaptations prévues par la présente section.

Art. L. 3423-6. Tout salarié mentionné à l'article L. 3211-1 qui ne perçoit pas d'allocations légales et conventionnelles pour privation partielle d'emploi et qui est lié à son employeur par un contrat de travail comportant un horaire de travail hebdomadaire au moins égal à vingt heures de travail effectif perçoit une rémunération minimale.

Sous-section 2. Modalités de fixation

Art. L. 3423-7. La rémunération mensuelle minimale est égale au produit du montant du salaire minimum de croissance tel qu'il est fixé en application des articles L. 3231-2 à L. 3231-

12 et L. 3423-1 à L. 3423-4, par le nombre d'heures correspondant à la durée contractuelle du travail pour le mois considéré.

Elle ne peut excéder, après déduction des cotisations obligatoires retenues par l'employeur, la rémunération nette qui aurait été perçue pour un travail effectif égal à la durée légale du travail payé au taux du salaire minimum de croissance.

Art. L. 3423-8. La rémunération mensuelle minimale est réduite à due concurrence lorsque :

1° Au cours du mois considéré, le travailleur a accompli un nombre d'heures inférieur à la durée contractuelle du travail pour l'un des motifs suivants :

a) Suspension du contrat de travail, notamment par suite d'absence du salarié ou par suite de maladie, d'accident ou de maternité ;

b) Effet direct d'une cessation collective du travail ;

2° Le contrat de travail a débuté ou s'est terminé au cours du mois considéré.

Art. R. 3423-1. Pour déterminer la rémunération mensuelle minimale garantie d'un salarié, il est retenu le nombre d'heures correspondant à la durée contractuelle du travail pour le mois considéré dans l'entreprise qui l'emploie. Les heures correspondant aux fêtes légales sont comprises dans cette durée.

Art. R. 3423-2. Lorsqu'un accord ou une convention de mensualisation, ou un contrat de travail à temps partiel, prévoit le règlement des salaires sur une base mensuelle uniforme, comprise entre vingt heures et la durée légale du travail, la rémunération mensuelle minimale est égale au produit du montant du salaire minimum de croissance par le nombre d'heures fixé par cet accord ou cette convention de mensualisation, ou par ce contrat de travail.

Art. R. 3423-3. Lorsqu'une convention, un accord collectif de travail ou un contrat de travail à temps partiel annualisé prévoit que la rémunération mensuelle des salariés est indépendante de l'horaire réel, la rémunération mensuelle minimale applicable aux salariés concernés est égale au produit du salaire minimum de croissance par le nombre d'heures moyen mensuel fixé par cette convention ou cet accord, ou ce contrat de travail.

Sous-section 3. **Allocation complémentaire**

Art. L. 3423-9. Lorsque, par suite d'une réduction de l'horaire de travail au-dessous de la durée contractuelle pour des causes autres que celles qui sont énumérées au 1° de l'article L. 3423-8, un salarié a perçu au cours d'un mois, à titre de salaire et d'allocations légales ou conventionnelles pour privation partielle d'emploi, une somme totale inférieure à la rémunération minimale, il lui est alloué une allocation complémentaire égale à la différence entre la rémunération minimale et la somme qu'il a effectivement perçue.

Ces dispositions s'appliquent sans préjudice de celles prévues au deuxième alinéa de l'article L. 3232-5.

Art. R. 3423-4. À l'occasion du paiement de l'allocation complémentaire prévue à l'article L. 3423-9, il est remis au salarié un document mentionnant :

1° Le taux du salaire minimum de croissance ;

2° Le nombre d'heures correspondant à la durée contractuelle du travail ;

3° Les déductions obligatoires ayant permis de déterminer le montant de la rémunération mensuelle minimale ;

4° Les montants du salaire et des diverses allocations constituant les éléments de la rémunération mensuelle versée au salarié.

Art. R. 3423-5. Pendant toute la période d'inactivité, le salarié bénéficiant des dispositions du présent chapitre reste, dans le cadre du contrat de travail, à la disposition de l'entreprise qui l'emploie au moment de l'arrêt de travail.

Sous-section 3 (réglementaire). **Remboursement par l'État**

Art. R. 3423-6. Le salarié qui perçoit une rémunération de substitution pendant la période au titre de laquelle il bénéficie de la rémunération mensuelle minimale, en méconnaissance de l'obligation prévue à l'article R. 3423-5, rembourse l'aide mensuelle versée par l'État au titre de cette rémunération mensuelle minimale.

Un ordre de reversement est émis par le préfet et recouvré par le (D. 2014-551 du 27 mai 2014, art. 29, JO 29) « directeur départemental ou, le cas échéant, régional des finances publiques ».

Art. R. 3423-7. Des traitements automatisés d'informations nominatives relatives aux salariés bénéficiaires de la rémunération mensuelle minimale peuvent être créés.

Ces informations sont destinées à permettre aux agents de contrôle mentionnés à l'article L. 8271-7 d'assurer l'application de la procédure de restitution des sommes indûment perçues, prévue à l'article R. 3423-6.

Sous-section 4 (réglementaire). **Dispositions particulières à certaines catégories de travailleurs**

Art. R. 3423-8. La rémunération mensuelle minimale est réduite à due proportion lorsque le travailleur perçoit, en application des dispositions légales, une rémunération horaire inférieure au salaire minimum de croissance.

Art. R. 3423-9. En cas de réduction d'activité, le salarié à temps partiel et le travailleur à domicile employés au cours d'un même mois par plusieurs employeurs adressent à l'inspecteur du travail toutes justifications lui permettant de totaliser les heures de travail accomplies ainsi que les rémunérations perçues au cours du mois et de déterminer l'allocation complémentaire éventuellement due.

L'allocation complémentaire est payée directement au salarié par le préfet.

L'employeur rembourse au Trésor public, à la demande du préfet, dans un délai de trois mois, la part des allocations complémentaires à sa charge. Cette part est proportionnelle à l'importance de la réduction d'activité imposée au salarié. Le préfet adresse à l'employeur les indications lui permettant de vérifier le montant de sa participation.

SECTION 2 (RÉGLEMENTAIRE). Paiement du salaire

Art. D. 3423-10. Les modalités d'application de l'article R. 3244-2 relatif à la répartition des pourboires, sont déterminées par arrêté préfectoral.

Art. R. 3423-10-1. (D. 2018-953 du 31 oct. 2018, art. 4, 2°, JO 6 nov.) Pour l'application à Mayotte de l'article R. 3243-2, la première phrase du deuxième alinéa est supprimée.

SECTION 3 (RÉGLEMENTAIRE). Dispositions pénales

Note La section a été introduite par le décret 2009-289 du 13 mars 2009, JO 15.

Art. R. 3423-11. Est puni de l'amende prévue pour les contraventions de la cinquième classe le fait de payer :

1° Des salaires inférieurs au salaire minimum de croissance prévu par les articles L. 3423-1 à L. 3423-4 ;

2° Des rémunérations inférieures à la rémunération mensuelle minimale prévue par les articles L. 3423-5 et L. 3423-6.

L'amende est appliquée autant de fois qu'il y a de salariés rémunérés dans des conditions illégales.

La récidive est réprimée conformément aux articles 132-11 et 132-15 du code pénal. En cas de pluralité de contraventions entraînant des peines de récidive, l'amende est appliquée autant de fois qu'il a été relevé de nouvelles contraventions.

SECTION 4 (RÉGLEMENTAIRE). Avantages divers

Note Cette section a été introduite par le décret 2020-541 du 9 mai 2020, JO 10.

Art. R. 3423-12. Pour son application à Saint-Barthélemy et à Saint-Martin, l'article R. 3261-13-1 est ainsi rédigé :

" Art. R. 3261-13-1. - Les autres services de mobilité partagée mentionnés à l'article L. 3261-3-1 comprennent :

1° La location ou la mise à disposition en libre-service de cyclomoteurs, motocyclettes, cycles à pédalage assisté et engins de déplacement personnel, avec ou sans station d'attache et accessibles sur la voie publique, à condition qu'ils soient équipés d'un moteur non thermique ou d'une assistance non thermique lorsqu'ils sont motorisés ;

2° Les services d'autopartage tels que définis par la réglementation en vigueur localement, à condition que les véhicules mis à disposition soient des véhicules à faibles émissions au sens du V de l'article L. 224-7 du code de l'environnement ou, à Saint-Barthélemy, de la règlementation applicable localement. "

Chapitre IV (réglementaire)

Dispositions relatives à Mayotte

Note Ce chapitre est issu du décret 2018-953 du 31 octobre 2018, art. 4, 3°, JO 6 nov.

Art. R. 3424-1. Pour l'application à Mayotte de l'article R. 3324-22, les mots : " des 2° et 3° de l'article L. 341-4 du code de la sécurité sociale " sont remplacés par les mots : " de l'article 20-8-2 de l'ordonnance n° 96-1122 du 20 décembre 1996 relative à l'amélioration de la santé publique, à l'assurance maladie, maternité, invalidité et décès, au financement de la sécurité sociale à Mayotte et à la caisse de sécurité sociale de Mayotte ".

Art. R. 3424-2. Pour l'application à Mayotte de l'article R. 3332-29, les mots : " au sens des 2° et 3° de l'article L. 341-4 du code de la sécurité sociale " sont remplacés par les mots : " au sens de la législation sociale applicable à Mayotte ".

Art. R. 3424-3. Pour l'application à Mayotte de l'article R. 3334-4, les deuxième et troisième phrases du 1° sont supprimées.

TITRE III

MESURES DE COORDINATION AVEC LES AUTRES COLLECTIVITÉS ULTRAMARINES

Chapitre unique

Intéressement, participation et épargne salariale

Art. L. 3431-1. Les salariés des entreprises soumises aux dispositions du livre III exerçant leur activité à Wallis et Futuna ou dans les Terres australes et antarctiques françaises bénéficient de l'intéressement, de la participation et du plan d'épargne salariale dans les mêmes conditions que les salariés de ces entreprises travaillant dans les départements de métropole, (Ord. 2017-1491 du 25 oct. 2017, art. 4, 8°, JO 26, entrée en vigueur le 01.01.2018) « en Guadeloupe, en Guyane, en Martinique, à La Réunion » (Ord. 2008-205 du 27 févr. 2008, JO 1er mars) « , à Saint-Barthélemy, à Saint-Martin » ou à Saint-Pierre-et-Miquelon.

QUATRIÈME PARTIE

SANTÉ ET SÉCURITÉ AU TRAVAIL

LIVRE Ier

DISPOSITIONS GÉNÉRALES

TITRE Ier

CHAMP ET DISPOSITIONS D'APPLICATION

Chapitre unique

SECTION 1. Champ d'application

Art. L. 4111-1. Sous réserve des exceptions prévues à l'article L. 4111-4, les dispositions de la présente partie sont applicables aux employeurs de droit privé ainsi qu'aux travailleurs.

Elles sont également applicables:

1° Aux établissements publics à caractère industriel et commercial;

2° Aux établissements publics administratifs lorsqu'ils emploient du personnel dans les conditions du droit privé;

3° Aux établissements de santé, sociaux et médico-sociaux mentionnés à l'article 2 de la loi n° 86-33 du 9 janvier 1986 portant dispositions statutaires relatives à la fonction publique hospitalière (Ord. 2017-28 du 12 janv. 2017, art. 5, JO 13) «ainsi qu'aux groupements de coopération sanitaire de droit public mentionnés au 1° de l'article L. 6133-3 du code de la santé publique».

Art. L. 4111-2. Pour les établissements (Ord. 2017-28 du 12 janv. 2017, art. 5, JO 13) «et les groupements» mentionnés aux 1° à 3° de l'article L. 4111-1, les dispositions de la présente partie peuvent faire l'objet d'adaptations, par décret pris, sauf dispositions particulières, en Conseil d'État, compte tenu des caractéristiques particulières de certains de ces établissements et des organismes de représentation du personnel existants. Ces adaptations assurent les mêmes garanties aux salariés.

Art. L. 4111-3. Les ateliers des établissements publics (Ord. 2016-413 du 7 avril 2016, art. 1er, JO 8, entrée en vigueur le 01.07.2016) «ou privés» dispensant un enseignement technique ou professionnel (L. 2011-901 du 28 juil. 2011, art. 15, JO 30) «, ainsi que ceux des établissements et services sociaux et médico-sociaux mentionnés aux 2°, *a* du 5° et 12° du I de l'article L. 312-1 du code de l'action sociale et des familles accueillant des jeunes handicapés ou présentant des difficultés d'adaptation et au 4° du même I, de même que ceux des établissements et services conventionnés ou habilités par la protection judiciaire de la jeunesse, dispensant des formations professionnelles au sens du V du même article,» sont soumis, pour leurs personnels comme pour (L. 2011-901 du 28 juil. 2011, art. 15, JO 30) «les jeunes accueillis en formation professionnelle», aux dispositions suivantes de la présente partie:

1° Dispositions particulières applicables aux femmes enceintes, venant d'accoucher ou allaitant, et aux jeunes travailleurs prévues par les chapitres II et III du titre V;

2° Obligations des employeurs pour l'utilisation des lieux de travail prévues par le titre II du livre II;

3° Dispositions relatives aux équipements de travail et moyens de protection prévues par le livre III;

4° Dispositions applicables à certains risques d'exposition prévues par le livre IV;

5° Dispositions relatives à la prévention des risques de manutention des charges prévues par le titre IV du livre V.

Un décret détermine les conditions de mise en œuvre de ces dispositions compte tenu des finalités spécifiques des établissements d'enseignement.

Art. L. 4111-4. (L. 2009-526 du 12 mai 2009, JO 13) Les dispositions de la présente partie peuvent être complétées ou adaptées par décret pour tenir compte des spécificités des entreprises et établissements relevant des mines, des carrières et de leurs dépendances.

Art. L. 4111-5. Pour l'application de la présente partie, les travailleurs sont les salariés, y compris temporaires, et les stagiaires, ainsi que toute personne placée à quelque titre que ce soit sous l'autorité de l'employeur.

SECTION 2. Dispositions d'application

Art. L. 4111-6. Des décrets en Conseil d'État déterminent :

1° Les modalités de l'évaluation des risques et de la mise en œuvre des actions de prévention pour la santé et la sécurité des travailleurs prévues aux articles L. 4121-3 à L. 4121-5 ;

2° Les mesures générales de santé et de sécurité ;

3° Les prescriptions particulières relatives soit à certaines professions, soit à certains modes de travail, soit à certains risques ;

4° Les conditions d'information des travailleurs sur les risques pour la santé et la sécurité et les mesures prises pour y remédier ;

5° Les conditions dans lesquelles les formations à la sécurité sont organisées et dispensées.

TITRE II

PRINCIPES GÉNÉRAUX DE PRÉVENTION

Chapitre Ier

Obligations de l'employeur

Art. L. 4121-1. L'employeur prend les mesures nécessaires pour assurer la sécurité et protéger la santé physique et mentale des travailleurs.

Ces mesures comprennent :

1° Des actions de prévention des risques professionnels (Ord. 2017-1389 du 22 sept. 2017, JO 23, entrée en vigueur le 01.10.2017) « , y compris ceux mentionnés à l'article L. 4161-1 » ;

2° Des actions d'information et de formation ;

3° La mise en place d'une organisation et de moyens adaptés.

L'employeur veille à l'adaptation de ces mesures pour tenir compte du changement des circonstances et tendre à l'amélioration des situations existantes.

Art. L. 4121-2. L'employeur met en œuvre les mesures prévues à l'article L. 4121-1 sur le fondement des principes généraux de prévention suivants :

1° Éviter les risques ;

2° Évaluer les risques qui ne peuvent pas être évités ;

3° Combattre les risques à la source ;

4° Adapter le travail à l'homme, en particulier en ce qui concerne la conception des postes de travail ainsi que le choix des équipements de travail et des méthodes de travail et de production, en vue notamment de limiter le travail monotone et le travail cadencé et de réduire les effets de ceux-ci sur la santé ;

5° Tenir compte de l'état d'évolution de la technique ;

6° Remplacer ce qui est dangereux par ce qui n'est pas dangereux ou par ce qui est moins dangereux ;

7° Planifier la prévention en y intégrant, dans un ensemble cohérent, la technique, l'organisation du travail, les conditions de travail, les relations sociales et l'influence des facteurs ambiants, notamment les risques liés au harcèlement moral (L. 2012-954 du 6 août 2012, JO 7) « et au harcèlement sexuel, tels qu'ils sont définis aux articles L. 1152-1 et L. 1153-1» (L. 2016-1088 du 8 août 2016, art. 5, JO 9) «, ainsi que ceux liés aux agissements sexistes définis à l'article L. 1142-2-1»;

8° Prendre des mesures de protection collective en leur donnant la priorité sur les mesures de protection individuelle;

9° Donner les instructions appropriées aux travailleurs.

Art. L. 4121-3. L'employeur, compte tenu de la nature des activités de l'établissement, évalue les risques pour la santé et la sécurité des travailleurs, y compris dans le choix des procédés de fabrication, des équipements de travail, des substances ou préparations chimiques, dans l'aménagement ou le réaménagement des lieux de travail ou des installations et dans la définition des postes de travail. (L. 2014-873 du 4 août 2014, art. 20, JO 5) «Cette évaluation des risques tient compte de l'impact différencié de l'exposition au risque en fonction du sexe.»

À la suite de cette évaluation, l'employeur met en œuvre les actions de prévention ainsi que les méthodes de travail et de production garantissant un meilleur niveau de protection de la santé et de la sécurité des travailleurs. Il intègre ces actions et ces méthodes dans l'ensemble des activités de l'établissement et à tous les niveaux de l'encadrement.

(L. 2012-387 du 22 mars 2012, art. 53, JO 23) «Lorsque les documents prévus par les dispositions réglementaires prises pour l'application du présent article doivent faire l'objet d'une mise à jour, celle-ci peut être moins fréquente dans les entreprises de moins de onze salariés, sous réserve que soit garanti un niveau équivalent de protection de la santé et de la sécurité des travailleurs, dans des conditions fixées par décret en Conseil d'État après avis des organisations professionnelles concernées.»

Art. L. 4121-4. Lorsqu'il confie des tâches à un travailleur, l'employeur, compte tenu de la nature des activités de l'établissement, prend en considération les capacités de l'intéressé à mettre en œuvre les précautions nécessaires pour la santé et la sécurité.

Art. L. 4121-5. Lorsque dans un même lieu de travail les travailleurs de plusieurs entreprises sont présents, les employeurs coopèrent à la mise en œuvre des dispositions relatives à la santé et à la sécurité au travail.

SECTION 1 (RÉGLEMENTAIRE). Document unique d'évaluation des risques

Art. R. 4121-1. L'employeur transcrit et met à jour dans un document unique les résultats de l'évaluation des risques pour la santé et la sécurité des travailleurs à laquelle il procède en application de l'article L. 4121-3.

Cette évaluation comporte un inventaire des risques identifiés dans chaque unité de travail de l'entreprise ou de l'établissement, (D. 2008-1382 du 19 déc. 2008, JO 24) «y compris ceux liés aux ambiances thermiques.»

Art. R. 4121-1-1. (D. 2014-1158 du 9 oct. 2014, JO 10, entrée en vigueur le 01.01.2015) L'employeur consigne, en annexe du document unique:

1° Les données collectives utiles à l'évaluation des expositions individuelles aux facteurs de risques mentionnés à l'article L. 4161-1 de nature à faciliter (D. 2015-1885 du 30 déc. 2015, JO 31) «la déclaration mentionnée à cet article, le cas échéant à partir de l'identification de postes, métiers ou situations de travail figurant dans un accord collectif étendu ou un référentiel professionnel de branche homologué mentionnés à l'article L. 4161-2;»

2° La proportion de salariés exposés aux facteurs de risques professionnels mentionnés à l'article L. 4161-1, au-delà des seuils prévus au même article. Cette proportion est actualisée en tant que de besoin lors de la mise à jour du document unique.

Art. R. 4121-2. La mise à jour du document unique d'évaluation des risques est réalisée:

1° Au moins chaque année;

2° Lors de toute décision d'aménagement important modifiant les conditions de santé et de sécurité ou les conditions de travail, au sens de l'article L. 4612-8;

3° Lorsqu'une information supplémentaire intéressant l'évaluation d'un risque dans une unité de travail est recueillie.

Art. R. 4121-3. Dans les établissements dotés d'un (D. 2017-1819 du 29 déc. 2017, art. 3, 70°, JO 30, entrée en vigueur le 01.01.2018) «comité social et économique», le document unique d'évaluation des risques est utilisé pour l'établissement du rapport et du programme de prévention des risques professionnels annuels prévus à l'article L. 4612-16.

Art. R. 4121-4. (D. 2017-1819 du 29 déc. 2017, art. 3, 69°, JO 30, entrée en vigueur le 01.01.2018) Le document unique d'évaluation des risques est tenu à la disposition :

1° Des travailleurs ;

2° Des membres de la délégation du personnel du comité social et économique ;

3° Du médecin du travail et des professionnels de santé mentionnés à l'article L. 4624-1 ;

4° Des agents de l'inspection du travail ;

5° Des agents des services de prévention des organismes de sécurité sociale ;

6° Des agents des organismes professionnels de santé, de sécurité et des conditions de travail mentionnés à l'article L. 4643-1 ;

7° Des inspecteurs de la radioprotection mentionnés à l'article (D. 2018-437 du 4 juin 2018, art. 2, JO 5, entrée en vigueur le 01.07.2018) « L. 1333-29 » du code de la santé publique et des agents mentionnés à l'article (D. 2018-437 du 4 juin 2018, art. 2, JO 5, entrée en vigueur le 01.07.2018) « L. 1333-30 » du même code, en ce qui concerne les résultats des évaluations liées à l'exposition des travailleurs aux rayonnements ionisants, pour les installations et activités dont ils ont respectivement la charge.

Un avis indiquant les modalités d'accès des travailleurs au document unique est affiché à une place convenable et aisément accessible dans les lieux de travail. Dans les entreprises ou établissements dotés d'un règlement intérieur, cet avis est affiché au même emplacement que celui réservé au règlement intérieur.

SECTION 2 (RÉGLEMENTAIRE). Pénibilité

Note Les articles D. 4121-5 à 9 qui figuraient dans cette section ont été abrogés par le décret 2014-1159 du 9 octobre 2014, art. 2, JO 10.

Chapitre II

Obligations des travailleurs

Art. L. 4122-1. Conformément aux instructions qui lui sont données par l'employeur, dans les conditions prévues au règlement intérieur pour les entreprises tenues d'en élaborer un, il incombe à chaque travailleur de prendre soin, en fonction de sa formation et selon ses possibilités, de sa santé et de sa sécurité ainsi que de celles des autres personnes concernées par ses actes ou ses omissions au travail.

Les instructions de l'employeur précisent, en particulier lorsque la nature des risques le justifie, les conditions d'utilisation des équipements de travail, des moyens de protection, des substances et préparations dangereuses. Elles sont adaptées à la nature des tâches à accomplir.

Les dispositions du premier alinéa sont sans incidence sur le principe de la responsabilité de l'employeur.

Art. L. 4122-2. Les mesures prises en matière de santé et de sécurité au travail ne doivent entraîner aucune charge financière pour les travailleurs.

TITRE III

DROITS D'ALERTE ET DE RETRAIT

Chapitre Ier

Principes

Art. L. 4131-1. Le travailleur alerte immédiatement l'employeur de toute situation de travail dont il a un motif raisonnable de penser qu'elle présente un danger grave et imminent pour sa vie ou sa santé ainsi que de toute défectuosité qu'il constate dans les systèmes de protection.

Il peut se retirer d'une telle situation.

L'employeur ne peut demander au travailleur qui a fait usage de son droit de retrait de reprendre son activité dans une situation de travail où persiste un danger grave et imminent résultant notamment d'une défectuosité du système de protection.

Art. L. 4131-2. Le représentant du personnel au (Ord. 2017-1386 du 22 sept. 2017, art. 4, 77°, JO 23, entrée en vigueur au plus tard le 01.01.2018) «comité social et économique», qui constate qu'il existe une cause de danger grave et imminent, notamment par l'intermédiaire d'un travailleur, en alerte immédiatement l'employeur selon la procédure prévue au premier alinéa de l'article L. 4132-2.

Art. L. 4131-3. Aucune sanction, aucune retenue de salaire ne peut être prise à l'encontre d'un travailleur ou d'un groupe de travailleurs qui se sont retirés d'une situation de travail dont ils avaient un motif raisonnable de penser qu'elle présentait un danger grave et imminent pour la vie ou pour la santé de chacun d'eux.

Art. L. 4131-4. Le bénéfice de la faute inexcusable de l'employeur prévue à l'article L. 452-1 du code de la sécurité sociale est de droit pour le ou les travailleurs qui seraient victimes d'un accident du travail ou d'une maladie professionnelle alors qu'eux-mêmes ou un représentant du personnel au (Ord. 2017-1386 du 22 sept. 2017, art. 4, 77°, JO 23, entrée en vigueur au plus tard le 01.01.2018) «comité social et économique» avaient signalé à l'employeur le risque qui s'est matérialisé.

Chapitre II

Conditions d'exercice des droits d'alerte et de retrait

Art. L. 4132-1. Le droit de retrait est exercé de telle manière qu'elle ne puisse créer pour autrui une nouvelle situation de danger grave et imminent.

Art. L. 4132-2. Lorsque le représentant du personnel au (Ord. 2017-1386 du 22 sept. 2017, art. 4, 77°, JO 23, entrée en vigueur au plus tard le 01.01.2018) «comité social et économique» alerte l'employeur en application de l'article L. 4131-2, il consigne son avis par écrit dans des conditions déterminées par voie réglementaire.

L'employeur procède immédiatement à une enquête avec le représentant du (Ord. 2017-1386 du 22 sept. 2017, art. 4, 77°, JO 23, entrée en vigueur au plus tard le 01.01.2018) «comité social et économique» qui lui a signalé le danger et prend les dispositions nécessaires pour y remédier.

Art. D. 4132-1. L'avis du représentant du personnel au (D. 2017-1819 du 29 déc. 2017, art. 3, 70°, JO 30, entrée en vigueur le 01.01.2018) «comité social et économique», prévu à l'article L. 4131-2, est consigné sur un registre spécial dont les pages sont numérotées et authentifiées par le tampon du comité.

Cet avis est daté et signé. Il indique:

1° Les postes de travail concernés par la cause du danger constaté;

2° La nature et la cause de ce danger;

3° Le nom des travailleurs exposés.

Art. D. 4132-2. Le registre spécial est tenu, sous la responsabilité de l'employeur, à la disposition des représentants du personnel au (D. 2017-1819 du 29 déc. 2017, art. 3, 70°, JO 30, entrée en vigueur le 01.01.2018) «comité social et économique».

Art. L. 4132-3. En cas de divergence sur la réalité du danger ou la façon de le faire cesser, notamment par arrêt du travail, de la machine ou de l'installation, le (Ord. 2017-1386 du 22 sept. 2017, art. 4, 77°, JO 23, entrée en vigueur au plus tard le 01.01.2018) «comité social et économique» est réuni d'urgence, dans un délai n'excédant pas vingt-quatre heures.

L'employeur informe immédiatement l'(L. 2016-1088 du 8 août 2016, art. 113, III, 1°, JO 9) «agent de contrôle de l'inspection du travail mentionné à l'article L. 8112-1» et l'agent du service de prévention de la caisse régionale d'assurance maladie, qui peuvent assister à la réunion du (Ord. 2017-1386 du 22 sept. 2017, art. 4, 77°, JO 23, entrée en vigueur au plus tard le 01.01.2018) «comité social et économique».

Art. L. 4132-4. À défaut d'accord entre l'employeur et la majorité du (Ord. 2017-1386 du 22 sept. 2017, art. 4, 77°, JO 23, entrée en vigueur au plus tard le 01.01.2018) «comité social et économique» sur les mesures à prendre et leurs conditions d'exécution, l'inspecteur du travail est saisi immédiatement par l'employeur.

L'inspecteur du travail met en œuvre soit l'une des procédures de mise en demeure prévues à l'article L. 4721-1, soit la procédure de référé prévue aux articles L. 4732-1 et L. 4732-2.

Art. L. 4132-5. L'employeur prend les mesures et donne les instructions nécessaires pour permettre aux travailleurs, en cas de danger grave et imminent, d'arrêter leur activité et de se mettre en sécurité en quittant immédiatement le lieu de travail.

Chapitre III

Droit d'alerte en matière de santé publique et d'environnement

Note Ce chapitre a été introduit par la loi 2013-316 du 16 avril 2013, JO 17.

Art. L. 4133-1. Le travailleur alerte immédiatement l'employeur s'il estime, de bonne foi, que les produits ou procédés de fabrication utilisés ou mis en œuvre par l'établissement font peser un risque grave sur la santé publique ou l'environnement.

L'alerte est consignée par écrit dans des conditions déterminées par voie réglementaire.

L'employeur informe le travailleur qui lui a transmis l'alerte de la suite qu'il réserve à celle-ci.

Art. L. 4133-2. Le représentant du personnel au (Ord. 2017-1386 du 22 sept. 2017, art. 4, 77°, JO 23, entrée en vigueur au plus tard le 01.01.2018) «comité social et économique» qui constate, notamment par l'intermédiaire d'un travailleur, qu'il existe un risque grave pour la santé publique ou l'environnement en alerte immédiatement l'employeur.

L'alerte est consignée par écrit dans des conditions déterminées par voie réglementaire.

L'employeur examine la situation conjointement avec le représentant du personnel au (Ord. 2017-1386 du 22 sept. 2017, art. 4, 77°, JO 23, entrée en vigueur au plus tard le 01.01.2018) «comité social et économique» qui lui a transmis l'alerte et l'informe de la suite qu'il réserve à celle-ci.

Art. L. 4133-3. En cas de divergence avec l'employeur sur le bien-fondé d'une alerte transmise en application des articles L. 4133-1 et L. 4133-2 ou en l'absence de suite dans un délai d'un mois, le travailleur ou le représentant du personnel au (Ord. 2017-1386 du 22 sept. 2017, art. 4, 77°, JO 23, entrée en vigueur au plus tard le 01.01.2018) «comité social et économique» peut saisir le représentant de l'État dans le département.

Art. L. 4133-4. Le (Ord. 2017-1386 du 22 sept. 2017, art. 4, 77°, JO 23, entrée en vigueur au plus tard le 01.01.2018) «comité social et économique» est informé des alertes transmises à l'employeur en application des articles L. 4133-1 et L. 4133-2, de leurs suites ainsi que des saisines éventuelles du représentant de l'État dans le département en application de l'article L. 4133-3.

Art. D. 4133-1. (D. 2014-324 du 11 mars 2014, JO 13, entrée en vigueur le 01.04.2014) L'alerte du travailleur, prévue à l'article L. 4133-1, est consignée sur un registre spécial dont les pages sont numérotées.

Cette alerte est datée et signée.

Elle indique :

1° Les produits ou procédés de fabrication utilisés ou mis en œuvre par l'établissement dont le travailleur estime de bonne foi qu'ils présentent un risque grave pour la santé publique ou l'environnement ;

2° Le cas échéant, les conséquences potentielles pour la santé publique ou l'environnement ;

3° Toute autre information utile à l'appréciation de l'alerte consignée.

Art. D. 4133-2. (D. 2014-324 du 11 mars 2014, JO 13, entrée en vigueur le 01.04.2014) L'alerte du représentant du personnel au (D. 2017-1819 du 29 déc. 2017, art. 3, 70°, JO 30, entrée en vigueur le 01.01.2018) «comité social et économique», prévue à l'article L. 4133-2, est consignée sur le registre prévu à l'article D. 4133-1.

Cette alerte est datée et signée.

Elle indique :

1° Les produits ou procédés de fabrication utilisés ou mis en œuvre par l'établissement dont le représentant du personnel constate qu'ils font peser un risque grave sur la santé publique ou l'environnement ;

2° Le cas échéant, les conséquences potentielles pour la santé publique ou l'environnement ;

3° Toute autre information utile à l'appréciation de l'alerte consignée.

Art. D. 4133-3. (D. 2014-324 du 11 mars 2014, JO 13, entrée en vigueur le 01.04.2014) Le registre spécial est tenu, sous la responsabilité de l'employeur, à la disposition des représentants du personnel au (D. 2017-1819 du 29 déc. 2017, art. 3, 70°, JO 30, entrée en vigueur le 01.01.2018) « comité social et économique ».

TITRE IV

INFORMATION ET FORMATION DES TRAVAILLEURS

Chapitre Ier

Obligation générale d'information et de formation

Art. L. 4141-1. L'employeur organise et dispense une information des travailleurs sur les risques pour la santé et la sécurité et les mesures prises pour y remédier.

(L. 2013-316 du 16 avril 2013, JO 17) « Il organise et dispense également une information des travailleurs sur les risques que peuvent faire peser sur la santé publique ou l'environnement les produits ou procédés de fabrication utilisés ou mis en œuvre par l'établissement ainsi que sur les mesures prises pour y remédier. »

Art. L. 4141-2. L'employeur organise une formation pratique et appropriée à la sécurité au bénéfice :

1° Des travailleurs qu'il embauche ;

2° Des travailleurs qui changent de poste de travail ou de technique ;

3° Des salariés temporaires, à l'exception de ceux auxquels il est fait appel en vue de l'exécution de travaux urgents nécessités par des mesures de sécurité et déjà dotés de la qualification nécessaire à cette intervention ;

4° À la demande du médecin du travail, des travailleurs qui reprennent leur activité après un arrêt de travail d'une durée d'au moins vingt et un jours.

Cette formation est répétée périodiquement dans des conditions déterminées par voie réglementaire ou par convention ou accord collectif de travail.

Art. L. 4141-3. L'étendue de l'obligation d'information et de formation à la sécurité varie selon la taille de l'établissement, la nature de son activité, le caractère des risques qui y sont constatés et le type d'emploi des travailleurs.

Art. L. 4141-4. Le financement des actions de formation à la sécurité est à la charge de l'employeur.

SECTION 1 (RÉGLEMENTAIRE). Objet et organisation de l'information et de la formation à la sécurité

Art. R. 4141-1. La formation à la sécurité concourt à la prévention des risques professionnels.

Elle constitue l'un des éléments du programme annuel de prévention des risques professionnels prévu au 2° de l'article L. 4612-16.

Art. R. 4141-2. (D. 2008-1347 du 17 déc. 2008, JO 19) L'employeur informe les travailleurs sur les risques pour leur santé et leur sécurité d'une manière compréhensible pour chacun. Cette information ainsi que la formation à la sécurité sont dispensées lors de l'embauche et chaque fois que nécessaire.

Art. R. 4141-3. La formation à la sécurité a pour objet d'instruire le travailleur des précautions à prendre pour assurer sa propre sécurité et, le cas échéant, celle des autres personnes travaillant dans l'établissement.

Elle porte sur :

1° Les conditions de circulation dans l'entreprise ;

2° Les conditions d'exécution du travail ;

3° La conduite à tenir en cas d'accident ou de sinistre.

Art. R. 4141-3-1. (D. 2008-1347 du 17 déc. 2008, JO 19) L'employeur informe les travailleurs sur les risques pour leur santé et leur sécurité. Cette information porte sur :

1° Les modalités d'accès au document unique d'évaluation des risques, prévu à l'article R. 4121-1 ;

2° Les mesures de prévention des risques identifiés dans le document unique d'évaluation des risques ;

3° Le rôle du service de santé au travail et, le cas échéant, des représentants du personnel en matière de prévention des risques professionnels ;

4° Le cas échéant, les dispositions contenues dans le règlement intérieur, prévues aux alinéas 1° et 2° de l'article L. 1321-1 ;

(D. 2010-78 du 21 janv. 2010, JO 22) « 5° Les consignes de sécurité incendie et instructions mentionnées à l'article R. 4227-37 ainsi que l'identité des personnes chargées de la mise en œuvre des mesures prévues à l'article R. 4227-38. »

Art. R. 4141-4. Lors de la formation à la sécurité, l'utilité des mesures de prévention prescrites par l'employeur est expliquée au travailleur, en fonction des risques à prévenir.

Art. R. 4141-5. La formation dispensée tient compte de la formation, de la qualification, de l'expérience professionnelles et de la langue, parlée ou lue, du travailleur appelé à en bénéficier.

(D. 2008-1347 du 17 déc. 2008, JO 19) « Le temps consacré à la formation et à l'information, mentionnées à l'article R. 4141-2, est considéré comme temps de travail. La formation et l'information en question se déroulent pendant l'horaire normal de travail. »

Art. R. 4141-6. (D. 2008-1347 du 17 déc. 2008, JO 19) Le médecin du travail est associé par l'employeur à l'élaboration des actions de formation à la sécurité et à la détermination du contenu de l'information qui doit être dispensée en vertu de l'article R. 4141-3-1.

Art. R. 4141-7. Les formations à la sécurité sont conduites avec le concours, le cas échéant, de l'organisme professionnel de santé, de sécurité et des conditions de travail prévu à l'article L. 4643-1, et celui des services de prévention des organismes de sécurité sociale.

Art. R. 4141-8. En cas d'accident du travail grave ou de maladie professionnelle ou à caractère professionnel grave, l'employeur procède, après avoir pris toute mesure pour satisfaire aux dispositions de l'article L. 4221-1, à l'analyse des conditions de circulation ou de travail.

Il organise, s'il y a lieu, au bénéfice des travailleurs intéressés, les formations à la sécurité prévues par le présent chapitre.

Il en est de même en cas d'accident du travail ou de maladie professionnelle ou à caractère professionnel présentant un caractère répété :

1° Soit à un même poste de travail ou à des postes de travail similaires ;

2° Soit dans une même fonction ou des fonctions similaires.

Art. R. 4141-9. Lorsqu'un travailleur reprend son activité après un arrêt de travail d'une durée d'au moins vingt et un jours, il bénéficie, à la demande du médecin du travail, des formations à la sécurité prévues par le présent chapitre.

Lorsque des formations spécifiques sont organisées, elles sont définies par le médecin du travail.

Art. R. 4141-10. Les dispositions du présent chapitre s'appliquent sans préjudice des formations particulières prévues pour certains risques ou certaines activités ou opérations par les livres III à V.

SECTION 2 (RÉGLEMENTAIRE). Conditions de circulation

Art. R. 4141-11. La formation à la sécurité relative aux conditions de circulation des personnes est dispensée sur les lieux de travail.

Elle a pour objet d'enseigner au travailleur, à partir des risques auxquels il est exposé :

1° Les règles de circulation des véhicules et engins de toute nature sur les lieux de travail et dans l'établissement ;

2° Les chemins d'accès aux lieux dans lesquels il est appelé à travailler ainsi qu'aux locaux sociaux ;

3° Les issues et dégagements de secours à utiliser en cas de sinistre ;

4° Les consignes d'évacuation, en cas notamment d'explosion, de dégagements accidentels de gaz ou liquides inflammables ou toxiques, si la nature des activités exercées le justifie.

Art. R. 4141-12. En cas de modification des conditions habituelles de circulation sur les lieux de travail ou dans l'établissement ou de modification des conditions d'exploitation présentant notamment des risques d'intoxication, d'incendie ou d'explosion, l'employeur procède, après avoir pris toutes mesures pour satisfaire aux dispositions de l'article L. 4221-1 relatives à l'utilisation des lieux de travail, à l'analyse des nouvelles conditions de circulation et d'exploitation.

L'employeur organise, s'il y a lieu, au bénéfice des travailleurs intéressés, une formation à la sécurité répondant aux dispositions de l'article R. 4141-11.

SECTION 3 (RÉGLEMENTAIRE). Conditions d'exécution du travail

Art. R. 4141-13. La formation à la sécurité relative aux conditions d'exécution du travail a pour objet d'enseigner au travailleur, à partir des risques auxquels il est exposé :

1° Les comportements et les gestes les plus sûrs en ayant recours, si possible, à des démonstrations ;

2° Les modes opératoires retenus s'ils ont une incidence sur sa sécurité ou celle des autres travailleurs ;

3° Le fonctionnement des dispositifs de protection et de secours et les motifs de leur emploi.

Art. R. 4141-14. La formation à la sécurité relative aux conditions d'exécution du travail s'intègre à la formation ou aux instructions professionnelles que reçoit le travailleur.

Elle est dispensée sur les lieux du travail ou, à défaut, dans les conditions équivalentes.

Art. R. 4141-15. En cas de création ou de modification d'un poste de travail ou de technique exposant à des risques nouveaux et comprenant l'une des tâches ci-dessous énumérées, le travailleur bénéficie, s'il y a lieu, après analyse par l'employeur des nouvelles conditions de travail, d'une formation à la sécurité sur les conditions d'exécution du travail :

1° Utilisation de machines, portatives ou non ;

2° Manipulation ou utilisation de produits chimiques ;

3° Opérations de manutention ;

4° Travaux d'entretien des matériels et installations de l'établissement ;

5° Conduite de véhicules, d'appareils de levage ou d'engins de toute nature ;

6° Travaux mettant en contact avec des animaux dangereux ;

7° Opérations portant sur le montage, le démontage ou la transformation des échafaudages ;

8° Utilisation des techniques d'accès et de positionnement au moyen de cordes.

Art. R. 4141-16. En cas de changement de poste de travail ou de technique, le travailleur exposé à des risques nouveaux ou affecté à l'une des tâches définies à l'article R. 4141-15 bénéficie de la formation à la sécurité prévue par ce même article.

Cette formation est complétée, s'il y a modification du lieu de travail, par une formation relative aux conditions de circulation des personnes.

SECTION 4 (RÉGLEMENTAIRE). Conduite à tenir en cas d'accident ou de sinistre

Art. R. 4141-17. La formation à la sécurité sur les dispositions à prendre en cas d'accident ou de sinistre a pour objet de préparer le travailleur à la conduite à tenir lorsqu'une personne est victime d'un accident ou d'une intoxication sur les lieux du travail.

Art. R. 4141-18. Le travailleur affecté à l'une des tâches énumérées à l'article R. 4141-15 bénéficie d'une formation à la conduite à tenir en cas d'accident ou de sinistre.

Art. R. 4141-19. Lors d'un changement de poste de travail ou de technique, le travailleur exposé à des risques nouveaux ou affecté à l'une des tâches définies à l'article R. 4141-15 bénéficie d'une formation à la sécurité relative à la conduite à tenir en cas d'accident ou de sinistre.

Art. R. 4141-20. La formation à la sécurité sur les dispositions à prendre en cas d'accident ou de sinistre est dispensée dans le mois qui suit l'affectation du travailleur à son emploi.

Chapitre II

Formations et mesures d'adaptation particulières

Art. L. 4142-1. En fonction des risques constatés, des actions particulières de formation à la sécurité sont conduites dans certains établissements avec le concours, le cas échéant, des organismes professionnels d'hygiène, de sécurité et des conditions de travail prévus à l'article L. 4643-1 et des services de prévention des caisses régionales d'assurance maladie.

Art. L. 4142-2. Les salariés titulaires d'un contrat de travail à durée déterminée et les salariés temporaires affectés à des postes de travail présentant des risques particuliers pour leur santé ou leur sécurité bénéficient d'une formation renforcée à la sécurité, dans les conditions prévues à l'article L. 4154-2.

Par dérogation aux dispositions de l'article L. 4141-4, le financement de ces actions de formation est à la charge de l'entreprise utilisatrice.

Art. L. 4142-3. Dans les établissements comprenant au moins une installation figurant sur la liste prévue (L. 2013-619 du 16 juil. 2013, art. 11 et 46, JO 17, entrée en vigueur le 01.06.2015) «à l'article L. 515-36» du code de l'environnement ou mentionnée à (Ord. 2011-91 du 20 janv. 2011, art. 11, JO 25, entrée en vigueur le 01.03.2011) «l'article L. 211-2 du code minier», l'employeur définit et met en œuvre une formation aux risques des chefs d'entreprises extérieures et de leurs salariés ainsi que des travailleurs indépendants qu'il accueille, dans les conditions prévues à l'article L. 4522-2.

Par dérogation aux dispositions à l'article L. 4141-4, le financement de ces actions de formation est à la charge de l'entreprise utilisatrice.

Art. L. 4142-3-1. (L. 2015-988 du 5 août 2015, JO 6) Dans les établissements recevant du public dont la capacité d'accueil est supérieure à deux cents personnes, l'employeur met en œuvre une formation à l'accueil et à l'accompagnement des personnes handicapées à destination des professionnels en contact avec les usagers et les clients.

Art. L. 4142-4. Toute modification apportée au poste de travail pour des raisons de sécurité, qui entraînerait une diminution de la productivité, est suivie d'une période d'adaptation de deux semaines au moins pendant laquelle tout mode de rémunération au rendement est interdit. La rémunération est établie sur la moyenne des deux semaines précédant la modification.

Chapitre III

Consultation des représentants du personnel

Art. L. 4143-1. Le (Ord. 2017-1386 du 22 sept. 2017, art. 4, 47°, JO 23, entrée en vigueur au plus tard le 01.01.2018) «comité social et économique est consulté sur les programmes de formation et veille» à leur mise en œuvre effective.

(Ord. 2017-1386 du 22 sept. 2017, art. 4, 47°, JO 23, entrée en vigueur au plus tard le 01.01.2018) «Il est également consulté»:

1° Sur le programme et les modalités pratiques de la formation renforcée des salariés titulaires d'un contrat de travail à durée déterminée et des salariés temporaires affectés à des postes de travail présentant des risques particuliers, prévue à l'article L. 4142-2 ainsi que sur les conditions d'accueil de ces salariés à ces postes;

2° Sur la formation prévue à l'article L. 4142-3 dans les établissements comprenant une installation figurant sur la liste prévue (L. 2013-619 du 16 juil. 2013, art. 11 et 46, JO 17, entrée en vigueur le 01.06.2015) «à l'article L. 515-36» du code de l'environnement ou mentionnée à (Ord. 2011-91 du 20 janv. 2011, art. 11, JO 25, entrée en vigueur le 01.03.2011) «l'article L. 211-2 du code minier».

Art. R. 4143-1. Le (D. 2017-1819 du 29 déc. 2017, art. 3, 70°, JO 30, entrée en vigueur le 01.01.2018) «comité social et économique» participe à la préparation des formations à la sécurité.

Art. R. 4143-2. Lors de la consultation annuelle sur la formation professionnelle prévue à l'article L. 2323-33, l'employeur informe le (D. 2017-1819 du 29 déc. 2017, art. 3, 4°, JO 30, entrée en vigueur le 01.01.2018) «comité social et économique» des formations à la sécurité menées au cours de l'année écoulée en faisant ressortir le montant des sommes imputées sur la participation au développement de la formation professionnelle continue, conformément au second alinéa de l'article L. 4141-4.

Dans les entreprises de plus de trois cents salariés, un rapport détaillé est remis au comité, ainsi qu'un programme des actions de formation à la sécurité proposées pour l'année à venir au bénéfice des nouveaux embauchés, des travailleurs changeant de poste ou de technique et des salariés temporaires.

TITRE V

DISPOSITIONS PARTICULIÈRES À CERTAINES CATÉGORIES DE TRAVAILLEURS

Chapitre Ier

Champ d'application

Art. L. 4151-1. Les dispositions du présent titre sont applicables aux employeurs de droit privé ainsi qu'aux travailleurs.

Elles sont également applicables :

1° Aux établissements mentionnés aux 1° à 3° de l'article L. 4111-1 ;

2° Aux mines et carrières ainsi qu'à leurs dépendances ;

3° Aux entreprises de transports dont le personnel est régi par un statut.

Chapitre II

Femmes enceintes, venant d'accoucher ou allaitant

Art. L. 4152-1. Il est interdit d'employer les femmes enceintes, venant d'accoucher ou allaitant à certaines catégories de travaux qui, en raison de leur état, présentent des risques pour leur santé ou leur sécurité.

Ces catégories de travaux sont déterminées par voie réglementaire.

Art. L. 4152-2. Conformément aux dispositions des articles L. 1225-12 et suivants, l'employeur propose à la salariée en état de grossesse médicalement constatée, venant d'accoucher ou allaitant, qui occupe un poste l'exposant à des risques déterminés par voie réglementaire, un autre emploi compatible avec son état de santé.

SECTION 1 (RÉGLEMENTAIRE). Dispositions générales

Art. R. 4152-2. Indépendamment des dispositions relatives à l'allaitement prévues par les articles L. 1225-31 et R. 4152-13 et suivants, les femmes enceintes ou allaitant doivent pouvoir se reposer en position allongée, dans des conditions appropriées.

SECTION 2 (RÉGLEMENTAIRE). Travaux exposant à des agents biologiques

Art. D. 4152-3. Lorsque les résultats de l'évaluation des risques à des agents biologiques pathogènes révèlent l'existence d'un risque d'exposition au virus de la rubéole ou au toxoplasme, il est interdit d'exposer une femme enceinte, sauf si la preuve existe que cette dernière est suffisamment protégée contre ces agents par son état d'immunité.

L'employeur prend, après avis du médecin du travail, les mesures nécessaires au respect de cette interdiction.

SECTION 3 (RÉGLEMENTAIRE). Travaux exposant aux rayonnements

Art. D. 4152-4. (D. 2018-438 du 4 juin 2018, JO 5, entrée en vigueur le 01.07.2018) La femme enceinte exposée à des rayonnements ionisants ayant déclaré son état de grossesse est informée des mesures d'affectation temporaire prévues à l'article L. 1225-7 et des dispositions protectrices prévues par la présente section.

Art. D. 4152-5. (D. 2018-438 du 4 juin 2018, JO 5, entrée en vigueur le 01.07.2018) Lorsque la femme enceinte est maintenue sur un poste l'exposant aux rayonnements ionisants, l'employeur s'assure du respect des valeurs limites d'exposition fixées au 2° de l'article R. 4451-6 pour les organes ou les tissus.

Art. D. 4152-6. (D. 2018-438 du 4 juin 2018, JO 5, entrée en vigueur le 01.07.2018) Il est interdit d'affecter ou de maintenir une femme enceinte à un poste de travail requérant un classement en catégorie A au sens de l'article R. 4451-57.

Art. D. 4152-7. Il est interdit d'affecter ou de maintenir une femme allaitant à un poste de travail comportant un risque d'exposition interne à des rayonnements ionisants.

Art. R. 4152-7-1. (D. 2016-1074 du 3 août 2016, art. 5, JO 6, entrée en vigueur le 01.01.2017) Lorsque, dans son emploi, la femme enceinte est exposée à des champs électromagnétiques, son exposition est maintenue à un niveau aussi faible qu'il est raisonnablement possible d'atteindre en tenant compte des recommandations de bonnes pratiques existantes, et en tout état de cause à un niveau inférieur aux valeurs limites d'exposition du public aux champs électromagnétiques.

SECTION 4 (RÉGLEMENTAIRE). Utilisation d'équipements de travail

Art. D. 4152-8. Il est interdit d'employer une femme enceinte ou allaitant aux travaux à l'aide d'engins du type marteau-piqueur mus à l'air comprimé.

SECTION 5 (RÉGLEMENTAIRE). Travaux exposant aux agents chimiques dangereux

Art. D. 4152-9. Il est interdit d'employer une femme enceinte ou allaitant aux travaux suivants et de l'admettre de manière habituelle dans les locaux affectés à ces travaux :

1° Préparation et conditionnement des esters thiophosphoriques ;

2° Emploi du mercure et de ses composés aux travaux de secrétage dans l'industrie de la couperie de poils.

Art. D. 4152-10. Il est interdit d'affecter ou de maintenir les femmes enceintes et les femmes allaitant à des postes de travail les exposant aux agents chimiques suivants :

(D. 2015-613 du 3 juin 2015, JO 5) « 1° Agents chimiques qui satisfont aux critères de classification pour la toxicité pour la reproduction de catégorie 1A, 1B, ou catégorie supplémentaire des effets sur ou via l'allaitement définis à l'annexe I du règlement (CE) n° 1272/2008 du Parlement européen et du Conseil du 16 décembre 2008 » ;

2° Benzène ;

3° Dérivés suivants des hydrocarbures aromatiques :

a) Dérivés nitrés et chloronitrés des hydrocarbures benzoniques ;

b) Dinitrophénol ;

c) Aniline et homologues, benzidine et homologues, naphtylamines et homologues.

Toutefois, l'interdiction relative aux dérivés des hydrocarbures aromatiques ne s'applique pas lorsque les opérations sont réalisées en appareils clos en marche normale.

Art. D. 4152-11. L'employeur informe les femmes sur les effets potentiellement néfastes de l'exposition à certaines substances chimiques sur la fertilité, l'embryon, le fœtus où l'enfant dans les conditions prévues à l'article R. 4412-89.

SECTION 6 (RÉGLEMENTAIRE). Manutention des charges

Art. D. 4152-12. L'usage du diable pour le transport de charges est interdit à la femme enceinte.

SECTION 7 (RÉGLEMENTAIRE). Local dédié à l'allaitement

Art. R. 4152-13. Le local dédié à l'allaitement prévu à l'article L. 1225-32 est :

1° Séparé de tout local de travail ;

2° Aéré et muni de fenêtres ou autres ouvrants à châssis mobiles donnant directement sur l'extérieur ;

3° Pourvu d'un mode de renouvellement d'air continu ;

4° Convenablement éclairé ;

5° Pourvu d'eau en quantité suffisante ou à proximité d'un lavabo ;

6° Pourvu de sièges convenables pour l'allaitement ;

7° Tenu en état constant de propreté. Le nettoyage est quotidien et réalisé hors de la présence des enfants ;

8° Maintenu à une température convenable dans les conditions hygiéniques.

Art. R. 4152-14. Dans les établissements soumis à des dispositions particulières en matière de santé et sécurité au travail, le local dédié à l'allaitement est séparé de tout local affecté à des travaux pour lesquels ont été édictées ces dispositions particulières.

Cette séparation est telle que le local est protégé contre les risques qui ont motivé ces dispositions.

Art. R. 4152-15. Les enfants ne peuvent séjourner dans le local dédié à l'allaitement que pendant le temps nécessaire à l'allaitement.

Aucun enfant atteint ou paraissant atteint d'une maladie contagieuse ne doit être admis dans ce local.

Des mesures sont prises contre tout risque de contamination.

L'enfant qui, après admission, paraît atteint d'une maladie contagieuse ne doit pas être maintenu dans le local.

Art. R. 4152-16. Le local dédié à l'allaitement a une surface suffisante pour pouvoir abriter un nombre d'enfants de moins d'un an, compte tenu du nombre de femmes employées dans l'établissement.

Art. R. 4152-17. Le local dédié à l'allaitement a une hauteur de trois mètres au moins sous plafond. Il a au moins, par enfant, une superficie de trois mètres carrés.

Un même local ne peut pas contenir plus de douze berceaux. Toutefois, lorsque le nombre des enfants vient à dépasser ce maximum, le (D. 2009-1377 du 10 nov. 2009, JO 13; D. 2010-687 du 24 juin 2010, JO 25; voir D. 2010-1582 du 17 déc. 2010, JO 18 pour outre-mer) « directeur régional des entreprises, de la concurrence, de la consommation, du travail et de l'emploi » peut en autoriser provisoirement le dépassement.

Lorsqu'il y a plusieurs salles, celles-ci sont desservies par un vestibule.

Art. R. 4152-18. Le local dédié à l'allaitement ne comporte pas de communication directe avec des cabinets d'aisance, égouts, puisards.

Il est maintenu à l'abri de toute émanation nuisible.

Art. R. 4152-19. Les revêtements des sols et des parois du local dédié à l'allaitement permettent un entretien efficace et sont refaits chaque fois que la propreté l'exige.

Art. R. 4152-20. L'employeur fournit pour chaque enfant un berceau et un matériel de literie.

Il fournit également du linge en quantité suffisante pour que les enfants puissent être changés aussi souvent que nécessaire.

Le matériel et les effets sont tenus constamment en bon état d'entretien et de propreté.

Pendant la nuit, tous les objets dont se compose la literie sont disposés de manière à être aérés.

Art. R. 4152-21. Le local dédié à l'allaitement est tenu exclusivement par du personnel qualifié en nombre suffisant.

Ce personnel se tient dans un état de propreté rigoureuse.

Art. R. 4152-22. Il est tenu :

1° Un registre sur lequel sont inscrits les nom, prénoms et la date de naissance de chaque enfant, les nom, adresse et profession de la mère, la date de l'admission, la constatation des vaccinations, l'état de l'enfant au moment de l'admission et, s'il y a lieu, au moment des réadmissions ;

2° Un registre sur lequel sont mentionnés nominativement les enfants présents chaque jour.

Art. R. 4152-23. Le local dédié à l'allaitement est surveillé par un médecin désigné par l'employeur. (D. 2016-1417 du 20 octobre 2016, art. 11, JO 22) « Ce dernier tient à la disposition de l'agent de contrôle de l'inspection du travail, le nom et l'adresse de ce médecin. »

Le médecin visite le local au moins une fois par semaine. Il consigne ses observations sur le registre prévu au 2° de l'article R. 4152-22.

Un règlement intérieur signé par le médecin est affiché à l'entrée du local.

Art. R. 4152-24. Le local dédié à l'allaitement est équipé de moyens de réchauffer les aliments. Ces derniers sont conformes aux prescriptions réglementaires prévues pour les établissements et services d'accueil des enfants de moins de six ans.

Art. R. 4152-25. Des mesures sont prises pour qu'aucune personne pouvant constituer une cause de contamination n'ait accès au local dédié à l'allaitement.

Art. R. 4152-26. Personne ne doit passer la nuit dans le local dédié à l'allaitement où les enfants passent la journée.

Art. R. 4152-27. L'eau du local dédié à l'allaitement est à température réglable. Des moyens de nettoyage et de séchage appropriés sont mis à disposition.

Le matériel et les effets sont tenus constamment en bon état d'entretien et de propreté.

Art. R. 4152-28. La rémunération du médecin et du personnel du local dédié à l'allaitement ainsi que la fourniture et l'entretien du matériel et des effets énumérés aux articles R. 4152-20 et R. 4152-27 sont à la charge de l'employeur.

Aucune contribution ne peut être réclamée aux mères dont les enfants fréquentent le local.

SECTION 8 (RÉGLEMENTAIRE). Interventions et travaux en milieu hyperbare

Note Cette section a été introduite par le décret 2011-45 du 11 janvier 2011, JO 13.

Art. D. 4152-29. Il est interdit d'affecter ou de maintenir les femmes enceintes à des postes de travail exposant à une pression relative supérieure à 100 hectopascals.

Chapitre III
Jeunes travailleurs

SECTION 1. Âge d'admission

Art. L. 4153-1. Il est interdit d'employer des travailleurs de moins de seize ans, sauf s'il s'agit:

1° De mineurs de quinze ans et plus titulaires d'un contrat d'apprentissage, dans les conditions prévues à l'article L. 6222-1;

2° D'élèves de l'enseignement général lorsqu'ils font des visites d'information organisées par leurs enseignants ou, durant les deux (L. 2018-771 du 5 sept. 2018, art. 19, JO 6) «derniers niveaux de l'enseignement des collèges ou durant la scolarité au lycée», lorsqu'ils suivent (L. 2011-893 du 28 juil. 2011, art. 16, JO 29) «des périodes d'observation mentionnées à l'article L. 332-3-1 du code de l'éducation ou» des séquences d'observation et selon des modalités déterminées par décret;

3° D'élèves qui suivent un enseignement alterné ou un enseignement professionnel durant les deux dernières années de leur scolarité obligatoire, lorsqu'ils accomplissent des stages d'initiation, d'application ou des périodes de formation en milieu professionnel selon des modalités déterminées par décret.

Art. L. 4153-2. Dans les cas prévus aux 2° et 3° de l'article L. 4153-1, une convention est passée entre l'établissement d'enseignement dont relèvent l'élève et l'entreprise.

Aucune convention ne peut être conclue avec une entreprise pour l'admission ou l'emploi d'un élève dans un établissement lorsque les services de contrôle ont établi que les conditions de travail sont de nature à porter atteinte à la sécurité, à la santé ou à l'intégrité physique ou morale des personnes qui y sont présentes.

Art. L. 4153-3. Les dispositions de l'article L. 4153-1 ne font pas obstacle à ce que les mineurs de plus de quatorze ans soient autorisés pendant leurs vacances scolaires à exercer des travaux adaptés à leur âge, à condition de leur assurer un repos effectif d'une durée au moins égale à la moitié de chaque période de congés.

Les modalités d'application de ces dispositions sont déterminées par décret.

Art. L. 4153-4. L'inspecteur du travail peut à tout moment requérir un examen médical d'un jeune travailleur âgé de quinze ans et plus pour constater si le travail dont il est chargé excède ses forces.

Dans ce cas, l'inspecteur du travail peut exiger son renvoi de l'établissement.

Les conditions d'application du présent article sont déterminées par décret.

Art. L. 4153-5. Les dispositions des articles L. 4153-1 à L. 4153-3 ne sont pas applicables dans les établissements où ne sont employés que les membres de la famille sous l'autorité soit du père, soit de la mère, soit du tuteur, sous réserve qu'il s'agisse de travaux occasionnels ou de courte durée, ne pouvant présenter des risques pour leur santé ou leur sécurité.

La liste de ces travaux est déterminée par décret.

Art. L. 4153-6. Il est interdit d'employer ou (L. 2018-771 du 5 sept. 2018, art. 15, I, JO 6) «d'affecter des mineurs en stage au service du bar» dans les débits de boissons à consommer sur place. Cette interdiction ne s'applique pas au conjoint du débitant et de ses parents et alliés jusqu'au quatrième degré inclusivement.

Dans les débits de boissons agréés, cette interdiction ne s'applique pas aux mineurs de plus de seize ans s'ils bénéficient d'une formation comportant une ou plusieurs périodes accomplies en entreprise leur permettant d'acquérir une qualification professionnelle sanctionnée par un diplôme ou un titre à finalité professionnelle enregistré dans le répertoire national des certifications professionnelles dans les conditions prévues (L. 2018-771 du 5 sept. 2018, art. 45, I, 4°, JO 6) «à l'article L. 6113-5».

L'agrément est accordé, refusé, non renouvelé ou retiré dans des conditions déterminées par décret en Conseil d'État.

Art. L. 4153-7. Il est interdit aux père, mère, tuteurs ou employeurs, et généralement à toute personne ayant autorité sur un enfant ou en ayant la garde, de le placer sous la conduite de vagabonds, de personnes sans moyens de subsistance ou se livrant à la mendicité.

Sous-section 1 (réglementaire). **Emploi pendant les vacances scolaires**

Art. D. 4153-1. Les dispositions de la présente sous-section s'appliquent aux mineurs âgés de quatorze à moins de seize ans susceptibles de travailler pendant les vacances scolaires en application de l'article L. 4153-3.

Art. D. 4153-2. L'emploi du mineur est autorisé uniquement pendant les périodes de vacances scolaires comportant au moins quatorze jours ouvrables ou non (D. 2013-915 du 11 oct. 2013, JO 13) «et à la condition que les intéressés jouissent d'un repos continu d'une durée qui ne peut être inférieure à la moitié de la durée totale desdites vacances».

Art. D. 4153-3. La durée du travail du mineur ne peut excéder trente-cinq heures par semaine ni sept heures par jour.

Sa rémunération ne peut être inférieure au salaire minimum de croissance, compte tenu d'un abattement au plus égal à 20 %.

Art. D. 4153-4. (D. 2013-915 du 11 oct. 2013, JO 13) Le mineur ne peut être affecté qu'à des travaux légers qui ne sont pas susceptibles de porter préjudice à sa sécurité, à sa santé ou à son développement.

Art. D. 4153-5. L'employeur qui envisage d'employer un mineur adresse une demande écrite à l'inspecteur du travail au moins quinze jours avant la date prévue d'embauche.

La demande comporte :

1° Les nom, prénoms, âge et domicile de l'intéressé ;
2° La durée du contrat de travail ;
3° La nature et les conditions de travail envisagées ;
4° L'horaire de travail ;
5° Le montant de la rémunération ;
6° L'accord écrit et signé du représentant légal de l'intéressé.

Art. R. 4153-6. Lorsque l'inspecteur du travail n'a pas adressé de refus motivé à l'embauche d'un mineur, dans un délai de huit jours francs à compter de l'envoi de la demande de l'employeur, l'autorisation est réputée accordée. Le cachet de la poste fait foi.

Lorsque dans ce même délai, l'inspecteur du travail a conditionné son autorisation à une ou plusieurs modifications ou adjonctions dans le libellé de la demande, cette décision vaut autorisation d'embauche, sous réserve que l'employeur respecte, dans l'exécution du contrat, les obligations résultant des modifications ou adjonctions demandées.

Art. D. 4153-7. L'autorisation de l'inspecteur du travail peut être retirée à tout moment s'il est constaté que le mineur est employé soit dans des conditions non conformes à l'autorisation, soit en méconnaissance des dispositions du présent code.

Sous-section 2 (réglementaire). **Agrément des débits de boisson**

Art. R. 4153-8. L'agrément du débit de boissons prévu à l'article L. 4153-6 est délivré à l'exploitant par le préfet, pour une durée de cinq ans renouvelable, après vérification que les conditions d'accueil du jeune travailleur sont de nature à assurer sa santé, sa sécurité et son intégrité physique ou morale.

Le préfet recueille l'avis du directeur départemental des affaires sanitaires et sociales.

Art. R. 4153-9. Le silence gardé pendant plus de deux mois sur une demande d'agrément vaut décision de rejet.

Art. R. 4153-10. À l'issue de la période de cinq ans, l'exploitant agréé forme une nouvelle demande d'agrément, instruite dans les mêmes conditions que la première demande.

Art. R. 4153-11. En cas de changement d'exploitant du débit de boissons, la demande d'agrément est renouvelée.

Art. R. 4153-12. Le préfet peut retirer ou suspendre l'agrément lorsque les conditions requises pour l'accueil du mineur ne sont plus de nature à assurer sa santé, sa sécurité et son intégrité physique ou morale.

Sous-section 3 (réglementaire). **Contrôle**

Art. D. 4153-13. Pour l'application des dispositions du présent chapitre, l'employeur justifie, à la demande de l'inspection du travail, de la date de naissance de chaque travailleur âgé de moins de dix-huit ans qu'il emploie.

Sous-section 4 (réglementaire). **Décision de renvoi par l'inspecteur du travail**

Art. D. 4153-14. La décision de l'inspecteur du travail de renvoyer de l'établissement un jeune travailleur de quinze ans et plus, en application de l'article L. 4153-4, est prise sur avis conforme du médecin inspecteur du travail ou d'un médecin désigné par le médecin inspecteur du travail et, si les parents le demandent, après examen contradictoire.

SECTION 2. **Travaux interdits**

Art. L. 4153-8. Il est interdit d'employer des travailleurs de moins de dix-huit ans à certaines catégories de travaux les exposant à des risques pour leur santé, leur sécurité, leur moralité ou excédant leurs forces.

Ces catégories de travaux sont déterminées par voie réglementaire.

SECTION 2 (RÉGLEMENTAIRE). **Travaux interdits et réglementés pour les jeunes âgés de quinze ans au moins et de moins de dix-huit ans**

Note Cette section a été introduite par le décret 2013-915 du 11 octobre 2013, JO 13.

Art. D. 4153-15. Les dispositions de la présente section définissent les travaux interdits aux jeunes âgés d'au moins quinze ans et de moins de dix-huit ans en application de l'article L. 4153-8 ainsi que (D. 2018-438 du 4 juin 2018, JO 5, entrée en vigueur le 01.07.2018) «, sous réserve des dispositions prévues à l'article D. 4153-21, » les travaux interdits susceptibles de dérogation en application de l'article L. 4153-9.

Sous-section 1. **Travaux portant atteinte à l'intégrité physique ou morale**

Art. D. 4153-16. Il est interdit d'affecter les jeunes à des travaux les exposant à des actes ou représentations à caractère pornographique ou violent.

Sous-section 2. **Travaux exposant à des agents chimiques dangereux**

Art. D. 4153-17. I. – Il est interdit d'affecter les jeunes à des travaux impliquant la préparation, l'emploi, la manipulation ou l'exposition à des agents chimiques dangereux définis aux articles R. 4412-3 et R. 4412-60, à l'exception des agents chimiques dangereux qui relèvent uniquement d'une ou de plusieurs des catégories de danger définies aux sections 2.4, 2.13, 2.14 et (D. 2015-613 du 3 juin 2015, JO 5) « aux parties 4 et 5 » de l'annexe I du règlement (CE) n° 1272/2008.

II. – Il peut être dérogé à l'interdiction mentionnée au I dans les conditions et formes prévues à la section 3 du présent chapitre.

Art. D. 4153-18. I. – Il est interdit d'affecter les jeunes à des opérations susceptibles de générer une exposition à un niveau d'empoussièrement de fibres d'amiante de niveau 1, 2 et 3 définis à l'article R. 4412-98.

II. – Il peut être dérogé à l'interdiction mentionnée au I pour des opérations susceptibles de générer une exposition à des niveaux d'empoussièrement de fibres d'amiante de niveau 1 ou 2 définis à l'article R. 4412-98 dans les conditions et formes prévues à la section 3 du présent chapitre.

Sous-section 3. **Travaux exposant à des agents biologiques**

Art. D. 4153-19. Il est interdit d'affecter les jeunes à des travaux les exposant aux agents biologiques de groupe 3 ou 4 au sens de l'article R. 4421-3.

Sous-section 4. **Travaux exposant aux vibrations mécaniques**

Art. D. 4153-20. Il est interdit d'affecter les jeunes à des travaux les exposant à un niveau de vibration supérieur aux valeurs d'exposition journalière définies à l'article R. 4443-2.

Sous-section 5. **Travaux exposant à des rayonnements**

Art. D. 4153-21. (D. 2018-438 du 4 juin 2018, JO 5, entrée en vigueur le 01.07.2018) I. – Il est interdit d'affecter les jeunes à des travaux les exposant aux rayonnements ionisants requérant un classement en catégorie A ou B au sens de l'article R. 4451-57.

II. – Pour les jeunes âgés d'au moins 16 ans, il peut être dérogé, à l'interdiction mentionnée au I dans les conditions et formes prévues à la section 3 du présent chapitre et sous réserve du respect des dispositions prévues au chapitre Ier du titre V du livre IV de la quatrième partie du code du travail.

Les jeunes concernés sont classés en catégorie B au sens de l'article R. 4451-57 et, en situation d'urgence radiologique, ne peuvent être affectés à l'un des groupes définis à l'article R. 4451-99.

Art. D. 4153-22. I. – Il est interdit d'affecter les jeunes à des travaux susceptibles de les exposer à des rayonnements optiques artificiels et pour lesquels les résultats de l'évaluation des risques mettent en évidence la moindre possibilité de dépassement des valeurs limites d'exposition définies aux articles R. 4452-5 et R. 4452-6.

II. – Il peut être dérogé à l'interdiction mentionnée au I dans les conditions et formes prévues à la section 3 du présent chapitre.

Art. R. 4153-22-1. (D. 2016-1074 du 3 août 2016, art. 6, JO 6, entrée en vigueur le 01.01.2017) Il est interdit d'affecter les jeunes travailleurs de moins de dix-huit ans à des travaux les exposant à des champs électromagnétiques pour lesquels les résultats de l'évaluation des risques mettent en évidence la possibilité de dépasser les valeurs limites d'exposition définies à l'article R. 4453-3.

Sous-section 6. **Travaux en milieu hyperbare**

Art. D. 4153-23. (D. 2014-799 du 11 juil. 2014, JO 13) I. – Il est interdit d'affecter les jeunes à des travaux hyperbares et aux interventions en milieu hyperbare, autres que celles relevant de la classe 0, au sens de l'article R. 4461-1.

II. – Il peut être dérogé à l'interdiction mentionnée au I pour des interventions en milieu hyperbare dans les conditions et formes prévues à la section 3 du présent chapitre.

Sous-section 7. **Travaux exposant à un risque d'origine électrique**

Art. D. 4153-24. Il est interdit aux jeunes d'accéder sans surveillance, à tout local ou emplacement d'un établissement ou chantier présentant un risque de contact avec des pièces nues sous tension, sauf s'il s'agit d'installations à très basse tension de sécurité (TBTS).

Il est interdit de faire exécuter par des jeunes des opérations sous tension.

Sous-section 8. **Travaux comportant des risques d'effondrement et d'ensevelissement**

Art. D. 4153-25. Il est interdit d'affecter les jeunes à des travaux de démolition, de tranchées, comportant des risques d'effondrement et d'ensevelissement, notamment des travaux de blindage, de fouilles ou de galeries ainsi qu'à des travaux d'étaiement.

Sous-section 9. **Conduite d'équipements de travail mobiles automoteurs et d'équipements de travail servant au levage**

Art. D. 4153-26. Il est interdit d'affecter les jeunes à la conduite des quadricycles à moteur et des tracteurs agricoles ou forestiers non munis de dispositif de protection en cas de renversement, ou dont ledit dispositif est en position rabattue, et non munis de système de retenue du conducteur au poste de conduite en cas de renversement.

Art. D. 4153-27. I. – Il est interdit d'affecter les jeunes à la conduite d'équipements de travail mobiles automoteurs et d'équipements de travail servant au levage.

II. – Il peut être dérogé à l'interdiction mentionnée au I dans les conditions et formes prévues à la section 3 du présent chapitre.

Sous-section 10. **Travaux nécessitant l'utilisation d'équipements de travail**

Art. D. 4153-28. I. – Il est interdit d'affecter les jeunes à des travaux impliquant l'utilisation ou l'entretien :

1° Des machines mentionnées à l'article R. 4313-78, quelle que soit la date de mise en service ;

2° Des machines comportant des éléments mobiles concourant à l'exécution du travail qui ne peuvent pas être rendus inaccessibles durant leur fonctionnement.

II. – Il peut être dérogé à l'interdiction mentionnée au I dans les conditions et formes prévues à la section 3 du présent chapitre.

Art. D. 4153-29. I. – Il est interdit d'affecter les jeunes à des travaux de maintenance lorsque ceux-ci ne peuvent être effectués à l'arrêt, sans possibilité de remise en marche inopinée des transmissions, mécanismes et équipements de travail en cause.

II. – Il peut être dérogé à l'interdiction mentionnée au I dans les conditions et formes prévues à la section 3 du présent chapitre.

Sous-section 11. **Travaux temporaires en hauteur**

Art. D. 4153-30. (D. 2015-444 du 17 avril 2015, JO 19, entrée en vigueur le 02.05.2015) « I. – » Il est interdit d'affecter les jeunes à des travaux temporaires en hauteur lorsque la prévention du risque de chute de hauteur n'est pas assurée par des mesures de protection collective.

(D. 2015-444 du 17 avril 2015, JO 19, entrée en vigueur le 02.05.2015) « II. – Il peut être dérogé, pour l'utilisation d'échelles, d'escabeaux et de marchepieds, à l'interdiction mentionnée au I, dans les conditions prévues par le deuxième alinéa de l'article R. 4323-63.

III. – Il peut être dérogé, pour les travaux nécessitant l'utilisation d'équipements de protection individuelle, à l'interdiction mentionnée au I, dans les conditions et selon les modalités prévues à la section III du présent chapitre et à l'article R. 4323-61. Cette dérogation est précédée, tant au sein des établissements mentionnés à l'article R. 4153-38 qu'en milieu professionnel, de la mise en œuvre des informations et formations prévues par les articles R. 4323-104 à R. 4323-106. »

Art. D. 4153-31. I. – Il est interdit d'affecter les jeunes au montage et démontage d'échafaudages.

II. – Il peut être dérogé à l'interdiction mentionnée au I dans les conditions et formes prévues à la section 3 du présent chapitre.

Art. D. 4153-32. Il est interdit d'affecter les jeunes à des travaux en hauteur portant sur les arbres et autres essences ligneuses et semi-ligneuses.

Sous-section 12. **Travaux avec des appareils sous pression**

Art. D. 4153-33. I. – Il est interdit aux jeunes de procéder à des travaux impliquant les opérations de manipulation, de surveillance, de contrôle et d'intervention sur des appareils à pression soumis à suivi en service en application de l'article L. 557-28 du code de l'environnement.

II. – Il peut être dérogé à l'interdiction mentionnée au I dans les conditions et formes prévues à la section 3 du présent chapitre.

Sous-section 13. **Travaux en milieu confiné**

Art. D. 4153-34. I. – Il est interdit d'affecter des jeunes :

1° À la visite, l'entretien et le nettoyage de l'intérieur des cuves, citernes, bassins et réservoirs ;

2° À des travaux impliquant les opérations dans un milieu confiné notamment dans les puits, conduites de gaz, canaux de fumée, égouts, fosses et galeries.

II. – Il peut être dérogé à l'interdiction mentionnée au I dans les conditions et formes prévues à la section 3 du présent chapitre.

Sous-section 14. **Travaux au contact du verre ou du métal en fusion**

Art. D. 4153-35. I. – Il est interdit d'affecter les jeunes à des travaux de coulée de verre ou de métaux en fusion et de les admettre de manière habituelle dans les locaux affectés à ces travaux.

II. – Il peut être dérogé à l'interdiction mentionnée au I dans les conditions et formes prévues à la section 3 du présent chapitre.

Sous-section 15. **Travaux exposant à des températures extrêmes**

Art. D. 4153-36. Il est interdit d'affecter les jeunes aux travaux les exposant à une température extrême susceptible de nuire à la santé.

Sous-section 16. **Travaux en contact d'animaux**

Art. D. 4153-37. Il est interdit d'affecter les jeunes à :

1° Des travaux d'abattage, d'euthanasie et d'équarrissage des animaux ;

2° Des travaux en contact d'animaux féroces ou venimeux.

SECTION 3. Travaux réglementés

Art. L. 4153-9. Par dérogation aux dispositions de l'article L. 4153-8, les travailleurs de moins de dix-huit ans ne peuvent être employés à certaines catégories de travaux mentionnés à ce même article que sous certaines conditions déterminées par voie réglementaire.

SECTION 3 (RÉGLEMENTAIRE). Dérogations pour les jeunes de quinze ans au moins et de moins de dix-huit ans

Note Cette section a été introduite par le décret 2013-914 du 11 octobre 2013, JO 13.

Sous-section 1. **Autorisation de dérogation pour les jeunes en formation professionnelle**

Art. R. 4153-38. Pour l'application de la présente section, le chef d'établissement est le chef de l'établissement d'enseignement, le directeur du centre de formation d'apprentis ou de l'organisme de formation professionnelle, le directeur de l'établissement ou du service social ou médico-social mentionné au V de l'article L. 312-1 du code de l'action sociale et des familles.

Art. R. 4153-39. Les dispositions de la présente section s'appliquent aux jeunes âgés d'au moins quinze ans et de moins de dix-huit ans suivants :

1° Les apprentis et les titulaires d'un contrat de professionnalisation ;

2° Les stagiaires de la formation professionnelle ;

3° Les élèves et étudiants préparant un diplôme professionnel ou technologique ;

4° Les jeunes accueillis dans les établissements suivants :

a) Les établissements ou services d'enseignement qui assurent, à titre principal, une éducation adaptée et un accompagnement social ou médico-social aux mineurs ou jeunes adultes handicapés ou présentant des difficultés d'adaptation prévus au 2° (D. 2015-443 du 17 avril 2015, JO 19, entrée en vigueur le 02.05.2015) « du I » de l'article L. 312-1 du code de l'action sociale et des familles ;

b) Les établissements et services d'aide par le travail mentionnés au (D. 2015-443 du 17 avril 2015, JO 19, entrée en vigueur le 02.05.2015) « 5° du I » de l'article L. 312-1 du code de l'action sociale et des familles ;

c) Les centres de préorientation mentionnés à l'article R. 5213-2 du code du travail ;

d) Les centres d'éducation et de rééducation professionnelle mentionnés à l'article R. 5213-9 du code du travail ;

e) Les établissements ou services à caractère expérimental mentionnés au 12° du I de l'article L. 312-1 du code de l'action sociale et des familles ;

f) Les établissements ou services gérés, conventionnés ou habilités par les services de la protection judiciaire de la jeunesse.

Art. R. 4153-40. (D. 2015-443 du 17 avril 2015, JO 19, entrée en vigueur le 02.05.2015) L'employeur ou le responsable de l'établissement mentionné à l'article L. 4111-1 et le chef d'établissement mentionné aux articles R. 4153-38 et R. 4153-39 peuvent, pour une durée de trois ans à compter de l'envoi de la déclaration prévue à l'article R. 4153-41, affecter des jeunes aux travaux interdits susceptibles de dérogation mentionnés à la section 2 du présent chapitre, sous réserve de satisfaire aux conditions suivantes :

1° Avoir procédé à l'évaluation prévue aux articles L. 4121-3 et suivants, comprenant une évaluation des risques existants pour les jeunes et liés à leur travail ; cette évaluation est préalable à l'affectation des jeunes à leurs postes de travail ;

2° Avoir, à la suite de cette évaluation, mis en œuvre les actions de prévention prévues au deuxième alinéa de l'article L. 4121-3 ;

3° Avant toute affectation du jeune à ces travaux :

a) Pour l'employeur, en application des articles L. 4141-1 et suivants, avoir informé le jeune sur les risques pour sa santé et sa sécurité et les mesures prises pour y remédier et lui avoir dispensé la formation à la sécurité en s'assurant qu'elle est adaptée à son âge, son niveau de formation et son expérience professionnelle ;

b) Pour le chef d'établissement, lui avoir dispensé la formation à la sécurité prévue dans le cadre de la formation professionnelle assurée, adaptée à son âge, son niveau de formation et son expérience professionnelle et en avoir organisé l'évaluation.

Dans les établissements mentionnés au 4° de l'article R. 4153-39, par dérogation aux dispositions qui précèdent, le chef d'établissement doit avoir mis en œuvre l'information et la formation mentionnées au a ou, lorsque la formation assurée conduit à un diplôme technologique ou professionnel, avoir mis en œuvre la formation à la sécurité et son évaluation mentionnées au *b*.

4° Assurer l'encadrement du jeune en formation par une personne compétente durant l'exécution de ces travaux ;

5° Avoir obtenu, pour chaque jeune, la délivrance d'un avis médical d'aptitude.

Cet avis médical est délivré chaque année soit par le médecin du travail pour les salariés, soit par le médecin chargé du suivi médical des élèves et des étudiants, des stagiaires de la formation professionnelle ou des jeunes accueillis dans les établissements mentionnés au 4° de l'article R. 4153-39.

(D. 2016-1908 du 27 déc. 2016, art. 7, JO 29, entrée en vigueur le 01.01.2017) « Tout jeune affecté aux travaux mentionnés au premier alinéa bénéficie du suivi individuel renforcé de son état de santé prévu aux articles R. 4624-22 à R. 4624-28 en application du II de l'article R. 4624-23. »

Art. R. 4153-41. (D. 2015-443 du 17 avril 2015, JO 19, entrée en vigueur le 02.05.2015) Préalablement à l'affectation des jeunes aux travaux interdits susceptibles de dérogation mentionnés à la section 2 du présent chapitre, une déclaration de dérogation est adressée par tout moyen conférant date certaine à l'inspecteur du travail par l'employeur ou le responsable d'un établissement mentionné à l'article L. 4111-1 ou le chef d'un établissement mentionné aux articles R. 4153-38 et R. 4153-39, chacun en ce qui le concerne.

Elle précise :

1° Le secteur d'activité de l'entreprise ou de l'établissement ;

2° Les formations professionnelles assurées ;

3° Les différents lieux de formation connus ;

4° Les travaux interdits susceptibles de dérogation mentionnés à la section 2 du présent chapitre nécessaires à la formation professionnelle et sur lesquels porte la déclaration de dérogation, ainsi que, le cas échéant, les machines mentionnées à l'article D. 4153-28 dont l'utilisation par les jeunes est requise pour effectuer ces travaux et, en cas d'exécution de travaux de maintenance, les travaux en cause et les équipements de travail mentionnés à l'article D. 4153-29 ;

5° La qualité ou la fonction de la ou des personnes compétentes chargées d'encadrer les jeunes pendant l'exécution des travaux précités.

Art. R. 4153-42. (D. 2015-443 du 17 avril 2015, JO 19, entrée en vigueur le 02.05.2015) En cas de modification des informations mentionnées aux 1°, 2° ou 4° de l'article R. 4153-41, ces informations sont actualisées et communiquées à l'inspecteur du travail par tout moyen conférant date certaine dans un délai de huit jours à compter des changements intervenus.

Art. R. 4153-43. (D. 2015-443 du 17 avril 2015, JO 19, entrée en vigueur le 02.05.2015) En cas de modification des informations mentionnées aux 3° ou 5° de l'article R. 4153-41, ces informations sont tenues à la disposition de l'inspecteur du travail.

Art. R. 4153-44. (D. 2015-443 du 17 avril 2015, JO 19, entrée en vigueur le 02.05.2015) La déclaration prévue à l'article R. 4153-41 est renouvelée tous les trois ans.

Art. R. 4153-45. (D. 2015-443 du 17 avril 2015, JO 19, entrée en vigueur le 02.05.2015) L'employeur ou le chef d'établissement qui déclare déroger tient à disposition de l'inspecteur du travail, à compter de l'affectation de chaque jeune aux travaux en cause, les informations relatives :

1° Aux prénoms, nom et date de naissance du jeune ;

2° À la formation professionnelle suivie, à sa durée et aux lieux de formation connus ;

3° À l'avis médical d'aptitude à procéder à ces travaux ;

4° À l'information et la formation à la sécurité prévues aux articles L. 4141-1 à L. 4141-3, dispensées au jeune ;

5° Aux prénoms, nom, et qualité ou fonction de la personne ou des personnes compétentes chargées d'encadrer le jeune pendant l'exécution des travaux en cause.

Sous-section 2. **Dérogations permanentes pour les jeunes travailleurs**

Art. R. 4153-49. Les jeunes travailleurs titulaires d'un diplôme ou d'un titre professionnel correspondant à l'activité qu'ils exercent peuvent être affectés aux travaux susceptibles de dérogation en application de l'article L. 4153-9 si leur aptitude médicale à ces travaux a été constatée.

Art. R. 4153-50. Les jeunes travailleurs habilités conformément aux dispositions de l'article R. 4544-9 peuvent exécuter des opérations sur les installations électriques ou des opérations d'ordre électrique ou non dans le voisinage de ces installations, dans les limites fixées par l'habilitation.

Art. R. 4153-51. Les jeunes travailleurs peuvent être affectés à la conduite d'équipements de travail mobiles automoteurs et d'équipements de travail servant au levage lorsqu'ils ont reçu la formation prévue à l'article R. 4323-55 et s'ils sont titulaires de l'autorisation de conduite prévue à l'article R. 4323-56, s'agissant des équipements dont la conduite est subordonnée à l'obtention d'une telle autorisation.

Art. R. 4153-52. Les jeunes travailleurs sont autorisés à être affectés à des travaux comportant des manutentions manuelles au sens de l'article R. 4541-2 excédant 20 % de leur poids si leur aptitude médicale à ces travaux a été constatée.

Chapitre IV

Salariés titulaires d'un contrat de travail à durée déterminée et salariés temporaires

SECTION 1. Travaux interdits

Art. L. 4154-1. Il est interdit de recourir à un salarié titulaire d'un contrat de travail à durée déterminée ou à un salarié temporaire pour l'exécution de travaux particulièrement dangereux figurant sur une liste établie par voie réglementaire. Cette liste comporte notamment certains des travaux qui font l'objet d'une surveillance médicale renforcée au sens de la réglementation relative à la médecine du travail.

L'autorité administrative peut exceptionnellement autoriser une dérogation à cette interdiction dans des conditions déterminées par voie réglementaire.

Art. D. 4154-1. Il est interdit d'employer des salariés titulaires d'un contrat de travail à durée déterminée et des salariés temporaires pour l'exécution des travaux les exposant aux agents chimiques dangereux (D. 2018-438 du 4 juin 2018, JO 5, entrée en vigueur le 01.07.2018) « ou aux rayonnements ionisants » suivants :

1° Amiante : opérations d'entretien ou de maintenance sur des flocages ou calorifugeages ; travaux de confinement, de retrait ou et de démolition ;

2° Amines aromatiques suivantes : benzidine, ses homologues, ses sels et ses dérivés chlorés, 3, 3'diméthoxybenzidine (ou dianisidine), 4-aminobiphényle (ou amino-4 diphényle) ;

3° Arsenite de sodium ;

4° Arséniure d'hydrogène (ou hydrogène arsénié) ;

5° Auramine et magenta (fabrication) ;

6° Béryllium et ses sels ;

7° Bêta-naphtylamine, N, N-*bis* (2-chloroéthyl)-2-naphtylamine (ou chlornaphazine), o-toluidine (ou orthotoluidine) ;

8° Brome liquide ou gazeux, à l'exclusion des composés ;

9° Cadmium : travaux de métallurgie et de fusion ;

10° Composés minéraux solubles du cadmium ;

11° Chlore gazeux, à l'exclusion des composés ;

12° Chlorométhane (ou chlorure de méthyle) ;

13° Chlorure de vinyle lors de la polymérisation ;

14° Dichlorure de mercure (ou bichlorure de mercure), oxycyanure de mercure et dérivés alkylés du mercure ;

15° Dioxyde de manganèse (ou bioxyde de manganèse) ;

16° Fluor gazeux et acide fluorhydrique ;

17° Iode solide ou vapeur, à l'exclusion des composés ;

18° Oxychlorure de carbone ;

19° Paraquat ;

20° Phosphore, pentafluorure de phosphore, phosphure d'hydrogène (ou hydrogène phosphoré) ;

21° Poussières de lin : travaux exposant à l'inhalation ;

22° Poussières de métaux durs ;

23° Rayonnements ionisants : (D. 2018-438 du 4 juin 2018, JO 5, entrée en vigueur le 01.07.2018) « travaux accomplis dans une zone où la dose efficace susceptible d'être reçue, intégrée sur une heure, est égale ou supérieure à 2 millisieverts ou en situation d'urgence radiologique, lorsque ces travaux requièrent une affectation au premier groupe défini au 1° du II de l'article R. 4451-99 » ;

24° Sulfure de carbone ;

25° Tétrachloroéthane ;

26° Tétrachlorométhane (ou tétrachlorure de carbone) ;

27° Travaux de désinsectisation des bois (pulvérisation du produit, trempage du bois, empilage ou sciage des bois imprégnés, traitement des charpentes en place) (D. 2009-1289 du 23 oct. 2009, JO 25) « et des grains lors de leur stockage ».

SECTION 2 (RÉGLEMENTAIRE). Dérogations

Art. D. 4154-2. Les interdictions prévues à l'article D. 4154-1 ne s'appliquent pas lorsque les travaux sont accomplis à l'intérieur d'appareils hermétiquement clos en marche normale.

Art. D. 4154-3. L'employeur peut être autorisé, en application du second alinéa de l'article L. 4154-1, à employer des salariés titulaires d'un contrat de travail à durée déterminée ou des salariés temporaires pour accomplir les travaux mentionnés à l'article D. 4154-1.

La demande d'autorisation est adressée au (D. 2009-1377 du 10 nov. 2009, JO 13 ; D. 2010-687 du 24 juin 2010, JO 25 ; voir D. 2010-1582 du 17 déc. 2010, JO 18, pour outre-mer) « directeur régional des entreprises, de la concurrence, de la consommation, du travail et de l'emploi » par lettre recommandée avec avis de réception. Elle est accompagnée de l'avis du (D. 2017-1819 du 29 déc. 2017, art. 3, 43°, JO 30, entrée en vigueur le 01.01.2018) « comité social et économique » ainsi que de l'avis du médecin du travail.

Art. D. 4154-4. Le (D. 2009-1377 du 10 nov. 2009, JO 13 ; D. 2010-687 du 24 juin 2010, JO 25 ; voir D. 2010-1582 du 17 déc. 2010, JO 18, pour outre-mer) « directeur régional des entreprises, de la concurrence, de la consommation, du travail et de l'emploi », saisi d'une demande d'autorisation, prend sa décision dans un délai d'un mois à compter de la présentation de la lettre recommandée, après enquête de l'inspecteur du travail et avis du médecin inspecteur du travail permettant de vérifier que des mesures particulières de prévention, notamment une formation appropriée à la sécurité, assurent une protection efficace des travailleurs contre les risques dus aux travaux.

Art. R. 4154-5. L'autorisation du (D. 2009-1377 du 10 nov. 2009, JO 13; D. 2010-687 du 24 juin 2010, JO 25; voir D. 2010-1582 du 17 déc. 2010, JO 18, pour outre-mer) « directeur régional des entreprises, de la concurrence, de la consommation, du travail et de l'emploi » est réputée acquise si aucune réponse n'a été notifiée à l'employeur dans le délai d'un mois.

Le recours de l'employeur contre toute décision de rejet est adressé, par lettre recommandée avec avis de réception, au (D. 2009-1377 du 10 nov. 2009, JO 13; D. 2010-687 du 24 juin 2010, JO 25; voir D. 2010-1582 du 17 déc. 2010, JO 18, pour outre-mer) « directeur régional des entreprises, de la concurrence, de la consommation, du travail et de l'emploi », qui statue dans un délai d'un mois à compter de la réception de la demande.

Le silence gardé par le directeur régional dans un délai d'un mois vaut acceptation de la demande.

Art. D. 4154-6. L'autorisation du (D. 2009-1377 du 10 nov. 2009, JO 13; D. 2010-687 du 24 juin 2010, JO 25; voir D. 2010-1582 du 17 déc. 2010, JO 18, pour outre-mer) « directeur régional des entreprises, de la concurrence, de la consommation, du travail et de l'emploi » peut être retirée lorsque les conditions ayant justifié sa délivrance ne sont plus réunies.

SECTION 2. Obligations particulières d'information et de formation

Art. L. 4154-2. (L. 2009-526 du 12 mai 2009, JO 13) Les salariés titulaires d'un contrat de travail à durée déterminée, les salariés temporaires et les stagiaires en entreprise affectés à des postes de travail présentant des risques particuliers pour leur santé ou leur sécurité bénéficient d'une formation renforcée à la sécurité ainsi que d'un accueil et d'une information adaptés dans l'entreprise dans laquelle ils sont employés.

La liste de ces postes de travail est établie par l'employeur, après avis du médecin du travail et du (Ord. 2017-1386 du 22 sept. 2017, art. 4, 65°, JO 23, entrée en vigueur au plus tard le 01.01.2018) « comité social et économique, s'il existe ». Elle est tenue à la disposition de l'(L. 2016-1088 du 8 août 2016, art. 113, III, 1°, JO 9) « agent de contrôle de l'inspection du travail mentionné à l'article L. 8112-1 ».

Art. L. 4154-3. (L. 2009-526 du 12 mai 2009, JO 13) La faute inexcusable de l'employeur prévue à l'article L. 452-1 du code de la sécurité sociale est présumée établie pour les salariés titulaires d'un contrat de travail à durée déterminée, les salariés temporaires et les stagiaires en entreprise victimes d'un accident du travail ou d'une maladie professionnelle alors qu'affectés à des postes de travail présentant des risques particuliers pour leur santé ou leur sécurité ils n'auraient pas bénéficié de la formation à la sécurité renforcée prévue par l'article L. 4154-2.

Art. L. 4154-4. Lorsqu'il est fait appel, en vue de l'exécution de travaux urgents nécessités par des mesures de sécurité, à des salariés temporaires déjà dotés de la qualification nécessaire à cette intervention, le chef de l'entreprise utilisatrice leur donne toutes les informations nécessaires sur les particularités de l'entreprise et de son environnement susceptibles d'avoir une incidence sur leur sécurité.

TITRE VI

DISPOSITIONS RELATIVES À LA PRÉVENTION DES EFFETS DE L'EXPOSITION À CERTAINS FACTEURS DE RISQUES PROFESSIONNELS ET AU COMPTE PROFESSIONNEL DE PRÉVENTION

Note Les dispositions législatives de ce titre sont issues de l'ordonnance 2017-1389 du 22 septembre 2017, JO 23, entrée en vigueur le 01.10.2017.

Les dispositions réglementaires de ce titre sont issues des décrets 2017-1768 (articles en R) et 2017-1769 (articles en D) du 27 décembre 2017, JO 28.

Chapitre Ier

Facteurs de risques professionnels

Art. L. 4161-1. I. – Constituent des facteurs de risques professionnels au sens du présent titre les facteurs liés à :

1° Des contraintes physiques marquées :

a) Manutentions manuelles de charges ;

b) Postures pénibles définies comme positions forcées des articulations;
c) Vibrations mécaniques;
2° Un environnement physique agressif:
a) Agents chimiques dangereux, y compris les poussières et les fumées;
b) Activités exercées en milieu hyperbare;
c) Températures extrêmes;
d) Bruit;
3° Certains rythmes de travail:
a) Travail de nuit dans les conditions fixées aux articles L. 3122-2 à L. 3122-5;
b) Travail en équipes successives alternantes;
c) Travail répétitif caractérisé par la réalisation de travaux impliquant l'exécution de mouvements répétés, sollicitant tout ou partie du membre supérieur, à une fréquence élevée et sous cadence contrainte.

II. – Un décret précise les facteurs de risques mentionnés au I.

Art. D. 4161-1. [I. –] Les facteurs de risques professionnels mentionnés à l'article L. 4161-1 sont ainsi définis:
1° Au titre des contraintes physiques marquées:
a) Manutentions manuelles de charges mentionnées à l'article R. 4541-2;
b) Postures pénibles définies comme positions forcées des articulations;
c) Vibrations mécaniques mentionnées à l'article R. 4441-1;
2° Au titre de l'environnement physique agressif:
a) Agents chimiques dangereux mentionnés aux articles R. 4412-3 et R. 4412-60, y compris les poussières et fumées;
b) Activités exercées en milieu hyperbare mentionnées à l'article R. 4461-1;
c) Températures extrêmes;
d) Bruit mentionné à l'article R. 4431-1;
3° Au titre de certains rythmes de travail:
a) Travail de nuit dans les conditions fixées aux articles L. 3122-2 à L. 3122-5;
b) Travail en équipes successives alternantes;
c) Travail répétitif caractérisé par la réalisation de travaux impliquant l'exécution de mouvements répétés, sollicitant tout ou partie du membre supérieur, à une fréquence élevée et sous cadence contrainte.

Chapitre II

Accords en faveur de la prévention des effets de l'exposition à certains facteurs de risques professionnels

Note Les dispositions de ce chapitre, dans leur rédaction issue de l'ordonnance 2017-1389 du 22 septembre 2017, JO 23 et des décrets 2017-1768 et 2017-1769 du 27 décembre 2017, JO 28, sont entrés en vigueur le 01.01.2019.

Art. L. 4162-1. I. – Les employeurs d'au moins cinquante salariés, y compris les entreprises et les établissements publics mentionnés aux articles L. 2211-1 et L. 2233-1 employant au moins cinquante salariés, ainsi que les entreprises appartenant à un groupe au sens de l'article L. 2133-1 dont l'effectif comprend au moins cinquante salariés, engagent une négociation d'un accord en faveur de la prévention des effets de l'exposition aux facteurs de risques professionnels mentionnés à l'article L. 4161-1:

1° Soit lorsqu'ils emploient une proportion minimale, fixée par décret, de salariés déclarés exposés au titre du dispositif mentionné à l'article L. 4163-1;

2° Soit lorsque leur sinistralité au titre des accidents du travail et des maladies professionnelles est supérieure à un seuil dans des conditions définies par décret.

II. – Les entreprises dont l'effectif comprend au moins cinquante salariés et est inférieur à trois cents salariés ou appartenant à un groupe au sens de l'article L. 2331-1 dont l'effectif est inférieur à trois cents salariés n'ont pas l'obligation de conclure un accord mentionné (Ord. 2017-1718 du 20 déc. 2017, art. 1er, I, 133°, JO 21) «au I du présent article» ou un plan d'action mentionné à l'article L. 4162-2 si elles sont déjà couvertes par un accord de branche étendu comprenant les thèmes mentionnés au 1° de l'article L. 4162-3.

Art. L. 4162-2. Si, au terme de la négociation, aucun accord n'est conclu, un procès-verbal de désaccord est établi dans les conditions définies à l'article (Ord. 2017-1718 du 20 déc. 2017, art. 1er, I, 65°, JO 21) « L. 2242-5». (Ord. 2017-1718 du 20 déc. 2017, art. 1er, I, 134°, JO 21) «L'employeur mentionné à l'article L. 4162-1 est alors tenu» d'arrêter, au niveau de l'entreprise ou du groupe, un plan d'action relatif à la prévention des effets de l'exposition aux facteurs de risques professionnels mentionnés à l'article L. 4161-1, après avis du comité social et économique.

Art. L. 4162-3. L'accord d'entreprise ou de groupe ou, à défaut d'accord, le plan d'action mentionné à l'article L. 4162-2:

1° Comprend une liste de thèmes obligatoires fixée par décret;

2° Est conclu pour une durée maximale de trois ans;

3° Fait l'objet d'un dépôt auprès de l'autorité administrative compétente définie par décret, qui en informe l'organisme compétent de la branche accidents du travail et maladies professionnelles.

Art. L. 4162-4. I. – La méconnaissance des obligations mentionnées (Ord. 2017-1718 du 20 déc. 2017, art. 1er, I, 135°, JO 21) «aux articles L. 4162-1 à L. 4162-3» entraîne une pénalité à la charge de l'employeur.

II. – Le montant de cette pénalité, fixé par décret en Conseil d'État, ne peut excéder 1 % des rémunérations ou gains, au sens du premier alinéa de l'article L. 242-1 du code de la sécurité sociale et du premier alinéa de l'article L. 741-10 du code rural et de la pêche maritime, versés aux travailleurs salariés ou assimilés concernés au cours des périodes au titre desquelles l'entreprise n'est pas couverte par l'accord ou le plan d'action mentionnés à l'article L. 4162-2.

III. – Cette pénalité est prononcée par l'autorité administrative compétente définie par décret en Conseil d'État qui en précise le montant.

IV. – Le produit de cette pénalité est affecté aux organismes nationaux de la branche accidents du travail et maladies professionnelles.

V. – Les articles L. 137-3 et L. 137-4 du code de la sécurité sociale sont applicables à cette pénalité.

SECTION 1 (RÉGLEMENTAIRE). Dispositions générales

Art. D. 4162-1. I. – La proportion minimale de salariés mentionnée au 1° du I de l'article L. 4162-1 est fixée à 25 % de l'effectif.

II. – Pour l'application du 2° du I de l'article L. 4162-1 du code du travail, l'entreprise ou le groupe est assujetti à l'obligation prévue à ce même article si son indice de sinistralité est supérieur à 0,25.

Cet indice de sinistralité est égal au rapport, pour les trois dernières années connues, entre le nombre d'accidents du travail et de maladies professionnelles imputés à l'employeur, à l'exclusion des accidents prévus à l'article L. 411-2 du code de la sécurité sociale, et l'effectif de l'entreprise tel que défini à l'article R. 130-1 du même code.

Art. D. 4162-2. L'accord d'entreprise ou de groupe mentionné à l'article L. 4162-1 ou, à défaut, le plan d'action mentionné à l'article L. 4162-2, repose sur un diagnostic préalable des expositions aux facteurs de risques professionnels mentionnés à l'article L. 4161-1 et prévoit les mesures de prévention qui en découlent et qui s'appliquent à tous les salariés exposés à un ou plusieurs de ces facteurs, ainsi que les modalités de suivi de leur mise en œuvre effective.

Chaque thème retenu dans l'accord ou le plan d'action est assorti d'objectifs chiffrés dont la réalisation est mesurée au moyen d'indicateurs. Ces indicateurs sont communiqués, au moins annuellement, aux membres du comité social et économique.

Art. D. 4162-3. L'accord d'entreprise ou de groupe mentionné à l'article L. 4162-1 ou, à défaut, le plan d'action mentionné à l'article L. 4162-2, ou l'accord de branche étendu mentionné au II de l'article L. 4162-1 traite:

1° D'au moins deux des thèmes suivants:

a) La réduction des polyexpositions aux facteurs mentionnés à l'article D. 4161-1;

b) L'adaptation et l'aménagement du poste de travail;

c) La réduction des expositions aux facteurs de risques professionnels mentionnés à l'article D. 4161-1;

2° En outre, d'au moins deux des thèmes suivants :

a) L'amélioration des conditions de travail, notamment au plan organisationnel ;

b) Le développement des compétences et des qualifications ;

c) L'aménagement des fins de carrière ;

d) Le maintien en activité des salariés exposés aux facteurs mentionnés à l'article D. 4161-1.

Pour les thèmes mentionnés au 2°, l'accord ou le plan d'action précise les mesures de nature à permettre aux titulaires d'un compte professionnel de prévention d'affecter les points qui y sont inscrits aux utilisations prévues aux 1° et 2° du I de l'article L. 4163-7.

SECTION 2 (RÉGLEMENTAIRE). Procédure

Art. R. 4162-4. I. – La caisse mentionnée aux articles L. 215-1 ou L. 752-4 du code de la sécurité sociale ou à l'article L. 723-2 du code rural et de la pêche maritime informe l'employeur des obligations lui incombant en application des articles L. 4162-1 et L. 4162-2 du présent code.

II. – L'accord d'entreprise ou de groupe mentionné à l'article L. 4162-1 ou, le cas échéant, le procès-verbal de désaccord et le plan d'action mentionné à l'article L. 4162-2 sont déposés auprès de la direction régionale des entreprises, de la concurrence, de la consommation, du travail et de l'emploi, qui en informe la caisse mentionnée au I.

Art. R. 4162-5. I. – La caisse mentionnée à l'article R. 4162-4 informe le directeur régional des entreprises, de la concurrence, de la consommation, du travail et de l'emploi lorsqu'une entreprise relevant de l'obligation mentionnée au I de l'article L. 4162-1 n'est pas couverte par un accord d'entreprise ou de groupe ou à défaut par un plan d'action répondant aux conditions définies par l'article L. 4162-3.

II. – Lorsque l'agent de contrôle de l'inspection du travail constate un manquement à l'obligation mentionnée aux articles L. 4162-1 et L. 4162-2 ou en est informé selon les modalités prévues au I, il met en demeure l'employeur, par lettre recommandée avec demande d'avis de réception, de remédier à cette situation dans un délai de six mois.

L'employeur communique à l'inspection du travail, par lettre recommandée avec demande d'avis de réception, l'accord conclu, le plan d'action élaboré ou les modifications apportées à ces documents dans le délai imparti. À défaut, il justifie des motifs de la défaillance de l'entreprise au regard de cette obligation ainsi que des efforts accomplis en matière de prévention des effets de l'exposition aux facteurs de risques professionnels mentionnés à l'article L. 4161-1.

À sa demande, il peut être entendu.

SECTION 3 (RÉGLEMENTAIRE). Pénalité

Art. R. 4162-6. À l'issue du délai imparti par la mise en demeure, le directeur régional des entreprises, de la concurrence, de la consommation, du travail et de l'emploi décide s'il y a lieu d'appliquer la pénalité mentionnée à l'article L. 4162-4. Il en fixe le taux au regard de la situation de l'entreprise, des informations transmises par la caisse mentionnée à l'article R. 4162-4 et, si l'entreprise compte moins de trois cents salariés, de l'avancement de la négociation collective sur les effets de l'exposition aux facteurs de risques professionnels mentionnés à l'article L. 4161-1 dans la branche ainsi que des critères suivants :

1° Les diligences accomplies pour conclure un accord ou élaborer un plan d'action relatif à la prévention des effets de l'exposition aux facteurs de risques professionnels mentionnés à l'article L. 4161-1 ;

2° Les mesures prises dans l'entreprise pour prévenir les effets de l'exposition aux facteurs de risques professionnels mentionnés à l'article L. 4161-1.

Art. R. 4162-7. Le directeur régional des entreprises, de la concurrence, de la consommation, du travail et de l'emploi adresse à l'employeur, par tout moyen conférant date certaine, une notification motivée du taux de la pénalité, dans un délai d'un mois à compter de la date d'expiration de la mise en demeure prévue à l'article R. 4162-5.

Une copie de cette notification est adressée à l'organisme chargé du recouvrement des cotisations de sécurité sociale du régime général ou du régime agricole dont dépend l'employeur.

Art. R. 4162-8. La pénalité est due pour chaque mois entier au cours duquel l'entreprise ne respecte pas les obligations mentionnées à l'article L. 4162-3 à compter du terme de la mise en demeure et jusqu'à la réception par l'inspection du travail de l'accord ou du plan d'action prévus au I de l'article L. 4162-1 et à l'article L. 4162-2.

La pénalité, calculée par application du taux notifié par le directeur régional des entreprises, de la concurrence, de la consommation, du travail et de l'emploi aux rémunérations ou gains mentionnés au deuxième alinéa de l'article L. 4162-4, est déclarée et versée par l'employeur auprès de l'organisme chargé du recouvrement des cotisations de sécurité sociale du régime général ou du régime agricole dont il dépend, à la date d'échéance de ses cotisations et contributions sociales.

Chapitre III

Compte professionnel de prévention

SECTION 1. Obligations de déclaration relatives à certains facteurs de risques professionnels

Art. L. 4163-1. I. – L'employeur déclare de façon dématérialisée aux caisses mentionnées au II les facteurs de risques professionnels mentionnés aux *b*, *c*, *d* du 2° et au 3° de l'article L. 4161-1, auxquels les travailleurs pouvant acquérir des droits au titre d'un compte professionnel de prévention, dans les conditions fixées au présent chapitre, sont exposés au-delà de certains seuils, appréciés après application des mesures de protection collective et individuelle.

II. – La déclaration mentionnée au I est effectuée, selon les modalités prévues à l'article L. 133-5-3 du code de la sécurité sociale, auprès de la caisse mentionnée aux articles L. 215-1 ou L. 752-4 du même code ou à l'article L. 723-2 du code rural et de la pêche maritime dont relève l'employeur. Un décret en précise les modalités.

III. – Les informations contenues dans cette déclaration sont confidentielles et ne peuvent pas être communiquées à un autre employeur auprès duquel le travailleur sollicite un emploi.

IV. – Les entreprises utilisatrices mentionnées à l'article L. 1251-1 transmettent à l'entreprise de travail temporaire les informations nécessaires à l'établissement par cette dernière de la déclaration mentionnée au I. Les conditions dans lesquelles les entreprises utilisatrices transmettent ces informations et les modalités selon lesquelles l'entreprise de travail temporaire établit la déclaration sont définies par décret en Conseil d'État.

V. – Un décret détermine :

1° Les seuils mentionnés au I du présent article ;

2° Les modalités d'adaptation de la déclaration mentionnée au même I pour les travailleurs qui ne sont pas susceptibles d'acquérir des droits au titre du compte professionnel de prévention dans les conditions fixées au présent chapitre et exposés à certains facteurs de risques professionnels dans les conditions prévues au I.

Art. L. 4163-2. I. – L'accord collectif de branche étendu mentionné à l'article (Ord. 2017-1718 du 20 déc. 2017, art. 1er, I, 136°, JO 21) « L. 4162-1 » peut déterminer l'exposition des travailleurs à un ou plusieurs des facteurs de risques professionnels mentionnés au I de l'article L. 4163-1 au-delà des seuils mentionnés au même I, en faisant notamment référence aux postes, métiers ou situations de travail occupés et aux mesures de protection collective et individuelle appliquées.

II. – En l'absence d'accord collectif de branche étendu, ces postes, métiers ou situations de travail exposés peuvent également être définis par un référentiel professionnel de branche homologué par un arrêté conjoint des ministres chargés du travail et des affaires sociales, dans des conditions fixées par décret.

L'employeur qui applique le référentiel de branche pour déterminer l'exposition de ses salariés est présumé de bonne foi.

III. – Un décret définit les conditions dans lesquelles l'employeur peut établir la déclaration mentionnée à l'article L. 4163-1 à partir de ces postes, de ces métiers ou de ces situations de travail.

IV. – L'employeur qui applique les stipulations d'un accord de branche étendu ou d'un référentiel professionnel de branche homologué mentionnés au I et au II pour déclarer l'exposition de ses travailleurs ne peut se voir appliquer la pénalité mentionnée au II de l'article L. 4163-16.

Art. L. 4163-3. Le seul fait pour l'employeur d'avoir déclaré l'exposition d'un travailleur aux facteurs de risques professionnels mentionnés au I de l'article L. 4163-1 dans les conditions et formes prévues au même article ne saurait constituer une présomption de manquement à son obligation d'assurer la sécurité et de protéger la santé physique et mentale des travailleurs résultant du titre II du présent livre.

Art. D. 4163-2. Les seuils associés aux facteurs de risques professionnels mentionnés au I de l'article L. 4163-1 sont ainsi fixés :

1° Au titre de l'environnement physique agressif :

FACTEUR DE RISQUES PROFESSIONNELS	SEUIL		
	Action ou situation	Intensité minimale	Durée minimale
a) Activités exercées en milieu hyperbare définies à l'article R. 4461-1	Interventions ou travaux	1 200 hectopascals	60 interventions ou travaux par an
b) Températures extrêmes	Température inférieure ou égale à 5 degrés Celsius ou au moins égale à 30 degrés Celsius		900 heures par an
c) Bruit mentionné à l'article R. 4431-1	Niveau d'exposition au bruit rapporté à une période de référence de huit heures d'au moins 81 décibels (A)		600 heures par an
	Exposition à un niveau de pression acoustique de crête au moins égal à 135 décibels (C)		120 fois par an

2° Au titre de certains rythmes de travail :

FACTEUR DE RISQUES PROFESSIONNELS	SEUIL		
	Action ou situation	Intensité minimale	Durée minimale
a) Travail de nuit dans les conditions fixées aux articles L. 3122-2 à L. 3122-5	Une heure de travail entre 24 heures et 5 heures		120 nuits par an
b) Travail en équipes successives alternantes	Travail en équipes successives alternantes impliquant au minimum une heure de travail entre 24 heures et 5 heures		50 nuits par an
c) Travail répétitif caractérisé par la réalisation de travaux impliquant l'exécution de mouvements répétés, sollicitant tout ou partie du membre supérieur, à une fréquence élevée et sous cadence contrainte	Temps de cycle inférieur ou égal à 30 secondes : 15 actions techniques ou plus		900 heures par an
	Temps de cycle supérieur à 30 secondes, temps de cycle variable ou absence de temps de cycle : 30 actions techniques ou plus par minute		

Art. D. 4163-3. L'employeur déclare l'exposition des travailleurs à un ou plusieurs facteurs de risques professionnels mentionnés à l'article L. 4163-1, en cohérence avec l'évaluation des risques prévue à l'article L. 4121-3, au regard des conditions habituelles de travail caractérisant le poste occupé, appréciées en moyenne sur l'année, notamment à partir des données collectives mentionnées au 1° de l'article R. 4121-1-1.

Pour établir cette déclaration, l'employeur peut utiliser, le cas échéant, les postes, métiers ou situations de travail définis dans l'accord collectif de branche étendu mentionné au II de l'article L. 4162-1 ou, à défaut de cet accord collectif, définis par le référentiel professionnel de branche homologué mentionné au II de l'article L. 4163-2 et déterminant l'exposition des travailleurs aux facteurs de risques professionnels mentionnés à l'article L. 4163-1, en tenant compte des mesures de protection collectives et individuelles appliquées.

Dans le cadre du suivi individuel de l'état de santé du travailleur, le professionnel de santé mentionné au premier alinéa de l'article L. 4624-1 peut demander à l'employeur la communication des informations qu'il déclare en application de l'article L. 4163-1. Le cas échéant, ces informations complètent le dossier médical en santé au travail du travailleur.

Art. D. 4163-4. Pour les travailleurs mentionnés au 2° du V de l'article L. 4163-1, qui ne sont pas susceptibles d'acquérir des droits au titre du compte professionnel de prévention dans les conditions fixées aux articles L. 4163-4 et suivants et qui sont exposés à des facteurs de risques dans les conditions prévues au I de l'article L. 4163-1, à l'exception des travailleurs soumis à un suivi des effets de l'exposition à certains facteurs de risques professionnels approuvé par arrêté, l'employeur établit une fiche individuelle de suivi indiquant les facteurs de risques professionnels mentionnés à cet article auxquels ils sont exposés au-delà des seuils prévus à l'article D. 4163-2. L'exposition de ces travailleurs est évaluée en cohérence avec l'évaluation des risques prévue à l'article L. 4121-3.

L'employeur remet cette fiche au travailleur au terme de chaque année civile. Il la transmet au travailleur dont le contrat s'achève au cours de l'année civile au plus tard le dernier jour du mois suivant la date de fin de contrat.

L'employeur conserve par tout moyen les fiches de suivi des expositions de ses salariés pendant cinq ans après l'année à laquelle elles se rapportent.

Dans le cadre du suivi individuel de l'état de santé du travailleur, le professionnel de santé mentionné au premier alinéa de l'article L. 4624-1 peut demander à l'employeur la communication de la fiche individuelle de suivi. Le cas échéant, la fiche individuelle de suivi complète le dossier médical en santé au travail du travailleur.

Art. D. 4163-5. L'exposition des travailleurs au regard des seuils mentionnés à l'article D. 4163-2 est appréciée après application des mesures de protection collective et individuelle.

Lorsque la durée minimale d'exposition est décomptée en nombre d'heures an, le dépassement du seuil est apprécié en cumulant les durées pendant lesquelles se déroulent chacune des actions ou pendant lesquelles chacune des situations sont constatées.

Lorsque, pour l'application de l'article D. 4163-2, l'employeur apprécie l'exposition d'un travailleur au travail de nuit, il ne prend pas en compte les nuits effectuées dans les conditions du travail en équipes successives alternantes.

Art. D. 4163-6. Le référentiel professionnel de branche mentionné au II de l'article L. 4163-2 est homologué par arrêté conjoint des ministres chargés du travail et des affaires sociales après avis du Conseil d'orientation des conditions de travail.

Il ne peut être établi que par une organisation professionnelle représentative dans la branche concernée, dans la limite de son champ d'activité.

Il ne peut être établi qu'un seul référentiel pour chaque branche ou pour chaque champ d'activité d'une branche et, s'agissant des postes, métiers ou situations de travail qu'il identifie, il ne peut être fait usage dans cette même branche ou dans ce même champ d'activité d'un autre référentiel.

Le référentiel présente l'impact des mesures de protection collective et individuelle sur l'exposition des travailleurs aux facteurs de risques professionnels mentionnés à l'article L. 4163-1. En vue de l'instruction de la demande d'homologation, il est accompagné de toutes données permettant d'évaluer les effectifs de travailleurs de la branche concernée exposés aux facteurs de risques professionnels mentionnés à l'article L. 4163-1 au-delà des seuils fixés à l'article D. 4163-2.

Le référentiel professionnel de branche est réévalué selon une périodicité qu'il détermine et qui ne peut excéder cinq ans.

Art. R. 4163-7. Le contrat de mise à disposition mentionné à l'article L. 1251-43 indique, au titre des caractéristiques particulières du poste à pourvoir et pour l'application de l'article L. 4163-1, à quels facteurs de risques professionnels le salarié temporaire est exposé, au vu des conditions habituelles de travail appréciées en moyenne sur l'année par l'entreprise utilisatrice, caractérisant le poste occupé.

En tant que de besoin et à l'initiative de l'entreprise utilisatrice, un avenant au contrat de mise à disposition rectifie les informations mentionnées au premier alinéa.

SECTION 2. Ouverture et abondement du compte professionnel de prévention

Art. L. 4163-4. Les salariés des employeurs de droit privé ainsi que le personnel des personnes publiques employé dans les conditions du droit privé peuvent acquérir des droits au titre d'un compte professionnel de prévention, dans les conditions définies au présent chapitre.

Les salariés affiliés à un régime spécial de retraite comportant un dispositif spécifique de reconnaissance et de compensation des effets de l'exposition à certains risques professionnels n'acquièrent pas de droits au titre du compte professionnel de prévention. Un décret fixe la liste des régimes concernés.

Art. L. 4163-5. Le compte professionnel de prévention est ouvert dès lors qu'un salarié a acquis des droits dans les conditions définies au présent chapitre. Les droits constitués sur le compte lui restent acquis jusqu'à leur liquidation ou à son admission à la retraite.

L'exposition d'un travailleur, après application des mesures de protection collective et individuelle, à un ou plusieurs des facteurs de risques professionnels mentionnés au I de l'article L. 4163-1 au-delà des seuils d'exposition définis par décret, consignée dans la déclaration prévue au même article, ouvre droit à l'acquisition de points sur le compte professionnel de prévention.

Un décret en Conseil d'État fixe les modalités d'inscription des points sur le compte. Il précise le nombre maximal de points pouvant être acquis par un salarié au cours de sa carrière et définit le nombre de points auquel ouvrent droit les expositions simultanées à plusieurs facteurs de risques professionnels.

Art. L. 4163-6. Les points sont attribués au vu des expositions du salarié déclarées par l'employeur, sur la base de la déclaration mentionnée à l'article L. 4163-1, auprès de la caisse mentionnée aux articles L. 215-1, L. 222-1-1 ou L. 752-4 du code de la sécurité sociale ou à l'article L. 723-2 du code rural et de la pêche maritime dont il relève.

Art. R. 4163-8. I. – Au terme de chaque année civile et au plus tard au titre de la paie du mois de décembre, l'employeur déclare, dans le cadre de la déclaration prévue à l'article L. 133-5-3 du code de la sécurité sociale auprès de l'organisme gestionnaire au niveau local ou de la caisse mentionnée à l'article L. 723-2 du code rural et de la pêche maritime, pour les travailleurs titulaires d'un contrat de travail qui demeure en cours à la fin de l'année civile, le ou les facteurs de risques professionnels définis à l'article L. 4163-1 du présent code auxquels ils ont été exposés au-delà des seuils fixés à l'article D. 4163-2 au cours de l'année civile considérée.

II. – Pour les travailleurs titulaires d'un contrat de travail d'une durée supérieure ou égale à un mois qui s'achève au cours de l'année civile, l'employeur déclare dans la déclaration mentionnée au I de cet article et au plus tard lors de la paie effectuée au titre de la fin de ce contrat de travail le ou les facteurs de risques professionnels définis à l'article D. 4163-2 auxquels ils ont été exposés.

III. – La déclaration prévue au I et au II du présent article est effectuée dans les mêmes conditions auprès de l'organisme mentionné à l'article L. 133-5-10 du code de la sécurité sociale par les employeurs utilisant les dispositifs mentionnés à l'article L. 133-5-6 du même code.

IV. – L'employeur peut rectifier sa déclaration des facteurs de risques professionnels :

1° Jusqu'au 5 ou au 15 avril de l'année qui suit celle au titre de laquelle elle a été effectuée, selon l'échéance de transmission de la déclaration mentionnée à l'article R. 133-14 du code de la sécurité sociale qui lui est applicable ;

2° Par dérogation au 1°, dans les cas où la rectification est faite en faveur du salarié, pendant la période de trois ans mentionnée au premier alinéa de l'article L. 244-3 du code de la sécurité sociale.

Art. R. 4163-9. I. – Pour les salariés titulaires d'un contrat de travail dont la durée est supérieure ou égale à l'année civile, la déclaration prévue au I de l'article R. 4163-8 donne lieu à l'inscription par l'organisme gestionnaire au niveau national sur son compte professionnel de prévention de :

1° Quatre points lorsqu'il est exposé à un seul facteur de risque professionnel ;

2° Huit points lorsqu'il est exposé à plusieurs facteurs de risques professionnels.

II. – Pour les salariés titulaires d'un contrat de travail dont la durée, supérieure ou égale à un mois, débute ou s'achève en cours d'année civile, l'organisme gestionnaire au niveau national agrège l'ensemble des déclarations prévues aux I et II de l'article R. 4163-8 transmises par le ou les employeurs et établit, pour chaque facteur de risque professionnel déclaré, sa durée totale d'exposition en mois au titre de l'année civile.

Chaque période d'exposition de trois mois à un facteur de risque professionnel donne lieu à l'attribution d'un point. Chaque période d'exposition de trois mois à plusieurs facteurs de risques professionnels donne lieu à l'attribution de deux points.

III. – Le nombre total de points inscrits sur le compte professionnel de prévention ne peut excéder cent points au cours de la carrière professionnelle du salarié.

Art. R. 4163-10. Par dérogation aux dispositions de l'article R. 4163-9, pour les assurés nés avant le 1er juillet 1956, les points inscrits sont multipliés par deux.

SECTION 3. Utilisations du compte professionnel de prévention

Art. L. 4163-7. I. – Le titulaire du compte professionnel de prévention peut décider d'affecter en tout ou partie les points inscrits sur son compte à une ou plusieurs des trois utilisations suivantes :

1° La prise en charge de tout ou partie des frais d'une action de formation professionnelle continue en vue d'accéder à un emploi non exposé ou moins exposé aux facteurs de risques professionnels mentionnés au I de l'article L. 4163-1 ;

2° Le financement du complément de sa rémunération et des cotisations et contributions sociales légales et conventionnelles en cas de réduction de sa durée de travail ;

3° Le financement d'une majoration de durée d'assurance vieillesse et d'un départ en retraite avant l'âge légal de départ en retraite de droit commun.

II. – La demande d'utilisation des points peut intervenir à tout moment de la carrière du titulaire du compte pour l'utilisation mentionnée au 2° du I et, que celui-ci soit salarié ou demandeur d'emploi, pour l'utilisation mentionnée au 1° du même I. Pour les droits mentionnés au 3° de ce I, la liquidation des points acquis, sous réserve d'un nombre suffisant, peut intervenir à partir de cinquante-cinq ans.

Les droits mentionnés aux 1° et 2° du même I ne peuvent être exercés que lorsque le salarié relève, à la date de sa demande, des catégories définies au premier alinéa de l'article L. 4163-4.

III. – Un décret en Conseil d'État fixe les modalités suivant lesquelles le salarié est informé des possibilités d'utilisation du compte et détermine les conditions d'utilisation des points inscrits sur le compte. Il fixe le barème de points spécifique à chaque utilisation du compte. Il précise les conditions et limites dans lesquelles les points acquis ne peuvent être affectés qu'à l'utilisation mentionnée au 1° du I.

IV. – Pour les personnes âgées d'au moins cinquante-deux ans au 1er janvier 2015, le barème d'acquisition des points portés au compte professionnel de prévention et les conditions d'utilisation des points acquis peuvent être aménagés par décret en Conseil d'État afin de faciliter le recours aux utilisations prévues aux 2° et 3° du I.

Art. R. 4163-11. Les points inscrits sur le compte professionnel de prévention sont utilisés de la façon suivante :

1° Un point ouvre droit à (D. 2018-1256 du 27 déc. 2018, art. 1er, 1°, JO 28, entrée en vigueur le 01.01.2019) « un montant de 375 euros » de prise en charge de tout ou partie des frais d'une action de formation professionnelle continue en vue d'accéder à un emploi non exposé ou moins exposé. (D. 2018-1256 du 27 déc. 2018, art. 1er, 1°, JO 28, entrée en vigueur le 01.01.2019) « Ce montant est réévalué selon les modalités fixées au sixième alinéa de l'article L. 6323-11 » ;

2° Dix points ouvrent droit à un complément de rémunération dont le montant correspond à la compensation pendant trois mois d'une réduction du temps de travail égale à un mi-temps ;

3° Dix points ouvrent droit à un trimestre de majoration de durée d'assurance vieillesse dans les conditions prévues par l'article L. 351-6-1 du code de la sécurité sociale.

Art. R. 4163-12. Les points sont consommés selon le barème prévu par l'article R. 4163-11 par tranche de 10 points pour les utilisations prévues aux 2° et 3° de cet article et point par point pour l'utilisation prévue au 1° du même article.

Art. R. 4163-13. Les vingt premiers points inscrits sont réservés à l'utilisation prévue au 1° du I de l'article L. 4163-7.

Toutefois, pour les assurés nés avant le 1er janvier 1960, aucun point n'est réservé à l'utilisation mentionnée au 1° du I de l'article L. 4163-7.

Pour les assurés nés entre le 1er janvier 1960 et le 31 décembre 1962 inclus, les dix premiers points inscrits sont réservés à l'utilisation mentionnée au 1° du I de l'article L. 4163-7.

Art. R. 4163-14. Le titulaire du compte peut accéder en ligne à un relevé de points lui permettant de connaître le nombre de points disponibles pour les utilisations souhaitées et d'en éditer un justificatif.

Art. R. 4163-15. La demande d'utilisation des points inscrits sur le compte professionnel de prévention au titre du 1°, du 2° ou du 3° du I de l'article L. 4163-7 est effectuée en ligne par le titulaire du compte sur le site dédié à cet effet, dans les formes et avec les justifications déterminées par arrêté du ministre chargé des affaires sociales.

Elle peut aussi être adressée par le titulaire du compte à l'organisme gestionnaire au niveau local dans le ressort duquel se trouve sa résidence ou, en cas de résidence à l'étranger, son dernier lieu de travail en France. La demande adressée à un organisme gestionnaire autre que celui de la résidence de l'assuré est transmise à cette dernière.

La demande d'utilisation des points ne peut intervenir qu'à compter de l'inscription des points sur le compte professionnel de prévention.

Il est donné au demandeur récépissé de cette demande.

Art. R. 4163-16. Le silence gardé pendant plus de quatre mois par l'organisme gestionnaire sur une demande d'utilisation des points vaut rejet de cette demande.

Art. R. 4163-17. Une fois la demande d'utilisation des points effectuée, les points correspondant à l'utilisation voulue par le titulaire sont réservés et ne peuvent être affectés à une autre utilisation jusqu'à la décision de l'organisme mentionné au deuxième alinéa de l'article R. 4163-15.

L'acceptation de la demande par cet organisme gestionnaire permet l'utilisation de ces points et le règlement des sommes afférentes à chaque utilisation permet de solder le compte de ces points.

Sous-section 1. **Utilisation du compte pour la formation professionnelle**

Art. L. 4163-8. Lorsque le titulaire du compte professionnel de prévention décide de mobiliser tout ou partie des points inscrits sur le compte pour l'utilisation mentionnée au 1° du I de l'article L. 4163-7, ces points sont convertis en (L. 2018-771 du 5 sept. 2018, art. 1er, IV, 3°, JO 6, entrée en vigueur le 01.01.2019) «euros» pour abonder son compte personnel de formation prévu à l'article (L. 2018-771 du 5 sept. 2018, art. 1er, IV, 3°, JO 6, entrée en vigueur le 01.01.2019) « L. 6323-1 ».

Art. R. 4163-18. (D. 2018-1256 du 27 déc. 2018, art. 1er, 2°, JO 28, entrée en vigueur le 01.01.2019) Lorsque le titulaire d'un compte professionnel de prévention veut abonder son compte personnel de formation au titre du 1° du I de l'article L. 4163-7, il joint à sa demande de formation un document précisant le montant qu'il souhaite consacrer à sa formation au titre des points inscrits sur le compte professionnel de prévention ainsi que le poste qu'il occupe.

Art. R. 4163-19. (D. 2018-1256 du 27 déc. 2018, art. 1er, 3°, JO 28, entrée en vigueur le 01.01.2019) La formation demandée par le titulaire d'un compte professionnel de prévention est reconnue éligible par l'opérateur du conseil en évolution professionnelle si elle remplit la condition fixée au 1° du I de l'article L. 4163-7.

Art. R. 4163-20. (D. 2018-1256 du 27 déc. 2018, art. 1er, 4°, JO 28, entrée en vigueur le 01.01.2019) Lorsqu'il reconnaît la formation éligible, l'opérateur du conseil en évolution professionnelle fournit une attestation au salarié, qui la transmet dans le cadre de sa demande d'utilisation de points à l'organisme gestionnaire désigné à l'article R. 4163-15.

Art. R. 4163-21. Les points inscrits au compte professionnel de prévention mobilisés pour la formation professionnelle et convertis en (D. 2018-1256 du 27 déc. 2018, art. 1er, 5°, JO 28, entrée en vigueur le 01.01.2019) «un montant exprimé en euros» constituent un abondement du compte personnel de formation mentionné à l'article L. 6323-1.

Art. R. 4163-22. (D. 2018-1256 du 27 déc. 2018, art. 1er, 6°, JO 28, entrée en vigueur le 01.01.2020) Pour chaque action de formation financée dans le cadre du compte personnel de formation abondé par le compte professionnel de prévention, la Caisse des dépôts et consignations fournit à l'organisme mentionné au deuxième alinéa de l'article R. 4163-15 l'attestation prévue par l'article R. 432-9-6 du code de la sécurité sociale.

Les modalités de versement des sommes correspondantes sont fixées par la convention prévue par l'article R. 432-9-6 du code de la sécurité sociale.

Sous-section 2. **Utilisation du compte pour le passage à temps partiel**

Art. L. 4163-9. Le salarié titulaire d'un compte professionnel de prévention a droit, dans les conditions et limites prévues aux articles L. 4163-5 et L. 4163-7, à une réduction de sa durée de travail.

Art. L. 4163-10. Le salarié demande à l'employeur à bénéficier d'une réduction de sa durée de travail, dans des conditions fixées par décret.

Cette demande ne peut être refusée que si ce refus est motivé et si l'employeur peut démontrer que cette réduction est impossible compte tenu de l'activité économique de l'entreprise.

Art. L. 4163-11. En cas de différend avec son employeur dû à un refus de celui-ci de faire droit à la demande du salarié d'utiliser son compte pour un passage à temps partiel tel que précisé à l'article L. 4163-10, le salarié peut saisir le conseil de prud'hommes dans les conditions mentionnées au titre Ier du livre IV de la première partie.

Art. L. 4163-12. Le complément de rémunération mentionné au 2° du I de l'article L. 4163-7 est déterminé dans des conditions et limites fixées par décret. Il est assujetti à l'ensemble des cotisations et contributions sociales légales et conventionnelles, selon les modalités en vigueur à la date de son versement.

Art. D. 4163-25. Le salarié demande à son employeur de bénéficier de la réduction de son temps de travail dans les conditions prévues aux quatre derniers alinéas de l'article L. 3123-17, au troisième alinéa de l'article L. 3123-26 et à l'article L. 4163-10 et selon les modalités prévues à l'article D. 3123-3. Il joint à l'appui de sa demande le justificatif mentionné à l'article R. 4163-14.

Le salarié doit préciser sa demande de réduction du temps de travail sans que le temps travaillé ne puisse être inférieur à 20 % ni supérieur à 80 % de la durée du travail applicable dans l'établissement.

Art. D. 4163-26. Le coefficient de réduction de la durée du travail est apprécié par le rapport de la durée sollicitée à la durée antérieure de travail. Il est arrondi à deux décimales, au centième le plus proche.

Le nombre de jours pris en charge au titre du complément de rémunération mentionné au 2° du I de l'article L. 4163-7 est égal au produit suivant :

Nombre de points utilisés/10 x 45/coefficient de réduction de la durée du travail.

Le nombre de jours est arrondi au jour entier le plus proche.

Art. D. 4163-27. Une fois l'accord de son employeur obtenu, le salarié formule sa demande d'utilisation des points au titre du 2° du I de l'article L. 4163-7 dans les conditions fixées à l'article R. 4163-15.

Art. D. 4163-28. L'employeur transmet par tout moyen à l'organisme gestionnaire au niveau local mentionné au deuxième alinéa de l'article R. 4163-15 une copie de l'avenant au contrat de travail ainsi que les éléments nécessaires au remboursement du complément de rémunération et des cotisations et contributions sociales légales et conventionnelles afférentes à ce complément.

La liste des éléments ainsi que leurs modalités de transmission sont déterminées par arrêté des ministres chargés des affaires sociales et du travail.

Une fois ces éléments transmis à l'organisme, celui-ci procède au remboursement à l'employeur du complément de rémunération et des cotisations et contributions sociales légales et conventionnelles afférentes à ce complément, versés par l'employeur au titre des jours mentionnés au deuxième alinéa de l'article D. 4163-26.

Art. D. 4163-29. Le montant du complément de rémunération est déterminé en appliquant le coefficient de réduction de la durée du travail mentionné à l'article D. 4163-26, (D. 2018-821 du 27 sept. 2018, art. 29, JO 29) « aux revenus d'activité tels qu'ils sont pris en compte pour la détermination de l'assiette des cotisations définie » à l'article L. 242-1 du code de la sécurité sociale qui seraient perçus par le salarié s'il ne bénéficiait pas de cette réduction du temps de travail.

Sous-section 3. Utilisation du compte pour la retraite

Art. L. 4163-13. Les titulaires du compte professionnel de prévention décidant, (Ord. 2017-1718 du 20 déc. 2017, art. 1er, I, 137°, JO 21) « à compter de l'âge prévu au II de l'article L. 4163-7 », d'affecter des points à l'utilisation mentionnée au 3° du I du même article bénéficient de la majoration de durée d'assurance mentionnée à l'article L. 351-6-1 du code de la sécurité sociale.

Art. R. 4163-30. Le titulaire d'un compte professionnel de prévention peut formuler sa demande d'utilisation des points au titre du 3° du I de l'article L. 4163-7 dans les conditions fixées à l'article R. 4163-15 dès lors qu'il atteint l'âge de 55 ans.

SECTION 4. Gestion du compte, contrôle et réclamations

Note Les dispositions législatives des sections 4 et 5, dans leur rédaction issue de l'ordonnance 2017-1389 du 22 septembre 2017, JO 23, sont entrées en vigueur le 01.01.2018.

Les dispositions réglementaires des sections 4 et 5, dans leur rédaction issue des décrets 2017-1768 et 2017-1769 du 27 décembre 2017, JO 28, sont entrées en vigueur le 01.01.2018.

Sous-section 1. Gestion du compte

Art. L. 4163-14. La gestion du compte professionnel de prévention est assurée par la Caisse nationale (Ord. 2018-470 du 12 juin 2018, art. 9, IV, 2°, JO 13) «de l'assurance maladie» et le réseau des organismes de la branche accidents du travail et maladies professionnelles du régime général.

La caisse mentionnée au premier alinéa peut déléguer par convention les fonctions de gestion mentionnées aux articles L. 4163-15, L. 4163-16 et L. 4163-18. Le terme " organisme gestionnaire " mentionné aux articles L. 4163-15, L. 4163-16 et L. 4163-18 désigne alors, le cas échéant, l'organisme délégataire.

Art. R. 4163-1. Pour l'application du présent chapitre :

1° L'organisme gestionnaire au niveau national est la Caisse nationale de l'assurance maladie ou tout autre organisme délégataire dans les conditions prévues au deuxième alinéa de l'article L. 4163-14 ;

2° L'organisme gestionnaire au niveau local est la caisse mentionnée aux articles L. 215-1 ou L. 752-4 du code de la sécurité sociale.

Art. L. 4163-15. Les organismes gestionnaires enregistrent sur le compte les points correspondant aux données déclarées par l'employeur en application de l'article L. 4163-6 et portent annuellement à la connaissance du travailleur les points acquis au titre de l'année écoulée dans un relevé précisant chaque contrat de travail ayant donné lieu à déclaration et les facteurs d'exposition ainsi que les modalités de contestation mentionnées à l'article L. 4163-18. Ils mettent à la disposition du travailleur un service d'information sur internet lui permettant de connaître le nombre de points qu'il a acquis et consommés au cours de l'année civile précédente, le nombre total de points inscrits sur son compte ainsi que les utilisations possibles de ces points.

Ils versent les sommes représentatives des points que le travailleur souhaite affecter aux utilisations mentionnées aux 1°, 2° et 3° du I de l'article L. 4163-7, respectivement, aux financeurs des actions de formation professionnelle suivies, aux employeurs concernés ou au régime de retraite compétent.

Un décret fixe les conditions d'application du présent article.

Art. D. 4163-31. Chaque année, l'organisme gestionnaire au niveau national enregistre sur le compte professionnel de prévention du salarié les points correspondant aux données déclarées par l'employeur au titre de l'année précédente sur la déclaration prévue à l'article L. 133-5-3 du code de la sécurité sociale.

L'organisme gestionnaire au niveau local dans la circonscription de laquelle se trouve l'établissement fait connaître au salarié par voie électronique, au plus tard le 30 juin, que l'information afférente à son compte est disponible sur un site dédié. À défaut, elle porte cette information à sa connaissance par lettre simple.

Sous-section 2. Contrôle de l'exposition aux facteurs de risques professionnels

Art. L. 4163-16. I. – Dans des conditions définies par décret, les organismes gestionnaires mentionnés à l'article L. 4163-14 du présent code ainsi que, pour les entreprises et établissements mentionnés aux articles L. 722-20 et L. 722-24 du code rural et de la pêche maritime, les caisses de mutualité sociale agricole peuvent procéder ou faire procéder à des contrôles de l'effectivité et de l'ampleur de l'exposition aux facteurs de risques professionnels ainsi que de l'exhaustivité des données déclarées, sur pièces et sur place.

Ces contrôles sont effectués par des agents assermentés et agréés dans des conditions définies par arrêté des ministres chargés de la sécurité sociale, du travail et de l'agriculture ou confiés à des organismes de sécurité sociale habilités dans des conditions définies par décret. Les organismes gestionnaires peuvent demander aux services de l'administration du travail et aux caisses de mutualité sociale agricole de leur communiquer toute information utile. Le cas échéant, ils notifient à l'employeur et au salarié les modifications qu'ils souhaitent apporter aux éléments ayant conduit à la détermination du nombre de points inscrits sur le compte du salarié.

Ce redressement ne peut intervenir qu'au cours des trois années civiles suivant la fin de l'année au titre de laquelle des points ont été ou auraient dû être inscrits au compte.

II. – En cas de déclaration inexacte, le nombre de points est régularisé. L'employeur peut faire l'objet d'une pénalité prononcée par le directeur de l'organisme gestionnaire, fixée par décret en Conseil d'État dans la limite de 50 % du plafond mensuel mentionné à l'article L. 241-3 du code de la sécurité sociale, au titre de chaque salarié ou assimilé pour lequel l'inexactitude est constatée.

L'entreprise utilisatrice, au sens de l'article L. 1251-1 du présent code, peut, dans les mêmes conditions, faire l'objet d'une pénalité lorsque la déclaration inexacte de l'employeur résulte d'une méconnaissance de l'obligation mise à sa charge par l'article L. 4163-1.

La pénalité est recouvrée selon les modalités définies aux septième et neuvième alinéas du IV et au premier alinéa du VI de l'article L. 114-17-1 du code de la sécurité sociale.

Art. D. 4163-32. I. – Pour le contrôle de l'effectivité ou de l'ampleur de l'exposition aux facteurs de risques professionnels et de l'exhaustivité des données déclarées mentionné à l'article L. 4163-16, les employeurs sont tenus d'adresser ou de présenter aux agents mentionnés au deuxième alinéa du même article tout document que ceux-ci leur demandent aux fins de l'exercice de leur mission et de permettre auxdits agents l'accès aux locaux de l'exploitation ou de l'entreprise.

Ces agents procèdent, dans le respect des secrets de fabrication et des procédés d'exploitation dont ils pourraient prendre connaissance dans l'exercice de leurs fonctions, à toutes vérifications sur pièces et sur place portant sur l'exactitude des déclarations fournies en vue de déterminer les droits des salariés au titre du compte professionnel de prévention.

En cas de contrôle sur place, l'organisme gestionnaire au niveau local ou la caisse mentionnée à l'article L. 723-2 du code rural et de la pêche maritime adresse à l'employeur un avis de passage qui mentionne la date et l'heure du contrôle, l'objet du contrôle ainsi que la possibilité pour l'employeur de se faire assister des conseils de son choix pendant le contrôle. Cet avis, transmis par tout moyen permettant d'en attester la date de réception, doit parvenir au moins quinze jours avant la date de la première visite.

En cas de contrôle sur pièces, un avis de contrôle mentionnant l'objet du contrôle, la date de début du contrôle, la liste des documents et informations nécessaires à l'exercice du contrôle et la date limite de leur transmission à l'organisme gestionnaire au niveau local ou à la caisse mentionnée à l'alinéa précédent est transmis à l'employeur par tout moyen permettant d'en attester la date de réception.

II. – À l'issue du contrôle, l'organisme gestionnaire au niveau local ou la caisse mentionnée au I du présent article informe l'employeur et chacun des salariés concernés de l'absence d'observations ou, dans le cas contraire, il notifie à l'employeur par tout moyen permettant d'en attester la date de réception les modifications qu'il souhaite apporter aux éléments ayant conduit à la détermination du nombre de points, et lui impartit un délai d'un mois pour présenter ses observations. À l'expiration de ce délai, l'organisme gestionnaire au niveau local ou la caisse mentionnée au I du présent article notifie sa décision avec mention des voies et délais de recours par tout moyen permettant d'en attester la date de réception à l'employeur et à chacun des salariés concernés.

La notification de cette décision adressée à l'employeur mentionne les périodes concernées et les modifications apportées aux déclarations de l'employeur. La notification de la décision adressée au salarié mentionne le nombre de points inscrits sur son compte professionnel de prévention au titre des périodes concernées.

Lorsque le contrôle a été effectué par la caisse mentionnée au I du présent article, celle-ci informe l'organisme gestionnaire au niveau local des résultats du contrôle.

L'organisme gestionnaire au niveau local corrige, le cas échéant, le nombre de points inscrits sur le compte professionnel de prévention du salarié concerné si les points n'ont pas déjà été utilisés.

III. – L'organisme gestionnaire au niveau local ou la caisse mentionnée au I du présent article ne peut engager un contrôle de l'effectivité ou de l'ampleur de l'exposition aux facteurs de risques professionnels d'un salarié pour les périodes d'activité ayant fait ou faisant l'objet d'une réclamation de ce salarié dans les conditions prévues à l'article L. 4163-18 et ayant donné lieu à une décision du directeur de l'organisme gestionnaire au niveau local.

Art. R. 4163-33. La pénalité mentionnée à l'article L. 4163-16, appliquée par l'organisme gestionnaire au niveau local en cas d'inexactitude ou de défaut de déclaration des facteurs de risques professionnels, est fixée à hauteur du même montant que celui mentionné (D. 2019-1050 du 11 oct. 2019, art. 4, JO 13) «au deuxième alinéa du I de l'article R. 243-13» au deuxième alinéa du I de l'article R. 243-13 du code de la sécurité sociale. La pénalité est notifiée en même temps que la décision mentionnée au II de l'article D. 4163-32 du présent code.

Cette pénalité est exclusive du prononcé de toute autre sanction à raison des mêmes faits par l'organisme de recouvrement.

Sous-section 3. **Réclamations**

Art. L. 4163-17. Sous réserve des articles L. 4163-18 à L. 4163-20, les différends relatifs aux décisions de l'organisme gestionnaire prises en application des sections 2 et 3 du présent chapitre et de la présente section 4 sont réglés suivant les dispositions régissant le (L. 2019-222 du 23 mars 2019, art. 96, V, JO 24) «contentieux» de la sécurité sociale. Les différends portant sur la déclaration mentionnée à l'article L. 4163-1 ne peuvent faire l'objet d'un litige distinct de celui mentionné au présent article. Par dérogation à l'article L. 144-5 du code de la sécurité sociale, les dépenses liées aux frais des expertises demandées par les juridictions dans le cadre de ce contentieux sont prises en charge par les organismes nationaux de la branche accidents du travail et maladies professionnelles, selon des modalités fixées par décret.

Art. L. 4163-18. Lorsque le différend est lié à un désaccord avec son employeur sur l'effectivité ou l'ampleur de son exposition aux facteurs de risques professionnels mentionnés à l'article L. 4163-1, le salarié ne peut saisir l'organisme gestionnaire d'une réclamation relative à l'ouverture du compte professionnel de prévention ou au nombre de points enregistrés sur celui-ci que s'il a préalablement porté cette contestation devant l'employeur, dans des conditions précisées par décret en Conseil d'État. Le salarié peut être assisté ou représenté par une personne de son choix appartenant au personnel de l'entreprise.

En cas de rejet de cette contestation par l'employeur, l'organisme gestionnaire se prononce sur la réclamation du salarié, après enquête des agents de contrôle ou organismes mentionnés au I de l'article L. 4163-16 et avis motivé d'une commission dont la composition, le fonctionnement et le ressort territorial sont fixés par décret en Conseil d'État. L'organisme gestionnaire et la commission peuvent demander aux services de l'administration du travail et aux caisses de mutualité sociale agricole de leur communiquer toute information utile.

Le II de l'article L. 4163-16 est applicable aux réclamations portées devant l'organisme gestionnaire.

Art. L. 4163-19. En cas de recours juridictionnel contre une décision de l'organisme gestionnaire, le salarié et l'employeur sont parties à la cause. Ils sont mis en mesure, l'un et l'autre, de produire leurs observations à l'instance. Le présent article n'est pas applicable aux recours dirigés contre la pénalité mentionnée à l'article L. 4163-16.

Un décret détermine les conditions dans lesquelles le salarié peut être assisté ou représenté.

Art. L. 4163-20. L'action du salarié en vue de l'attribution de points ne peut intervenir qu'au cours des deux années civiles suivant la fin de l'année au titre de laquelle des points ont été ou auraient dû être portés au compte. La prescription est interrompue par une des causes prévues par le code civil.

Art. R. 4163-34. I. – En cas de désaccord sur le nombre de points qui lui a été communiqué par l'organisme gestionnaire au niveau local à partir des données déclarées par l'employeur ou lorsqu'il n'a reçu aucune information à la date mentionnée au même alinéa et que cette situation résulte d'un différend avec son employeur sur l'exposition elle-même, le salarié doit, préalablement à la saisine de l'organisme, porter sa réclamation devant l'employeur.

Cette réclamation, à laquelle est jointe, le cas échéant, une copie de l'information visée au deuxième alinéa de l'article D. 4163-31, est adressée à l'employeur par tout moyen permettant d'en attester la date de réception.

II. – Dès réception de la réclamation, l'employeur indique au salarié qu'à défaut de réponse de sa part dans le délai de deux mois à compter de sa réception, celle-ci est réputée rejetée. Il lui indique également que sa réclamation est susceptible d'être portée devant l'organisme gestionnaire au niveau local dans un délai de deux mois à compter de l'expiration du délai précédent.

La décision expresse de l'employeur est notifiée au salarié par tout moyen permettant d'en attester la date de réception. Cette notification comporte les informations prévues à la dernière phrase du précédent alinéa.

III. – Le salarié a deux mois après la décision expresse ou implicite de rejet de l'employeur pour porter sa réclamation devant l'organisme gestionnaire au niveau local par tout moyen permettant d'en attester la date de réception.

IV. – La période contrôlée au titre du premier alinéa du II de l'article D. 4163-32 ne peut pas faire l'objet d'une réclamation par le salarié en application du présent article.

Art. R. 4163-35. Lorsque l'employeur fait droit à la réclamation du salarié, il en informe l'organisme gestionnaire au niveau local par tout moyen permettant d'en attester la date de réception. Il corrige les données dans la déclaration mentionnée au premier alinéa de l'article D. 4163-31.

Art. R. 4163-36. Lorsque le salarié saisit l'organisme gestionnaire au niveau local à la suite du rejet de sa réclamation par l'employeur, il produit devant cet organisme une copie de la décision de rejet de l'employeur ou en cas de rejet implicite une copie du justificatif attestant de la réception de sa réclamation.

L'accusé de réception envoyé par l'organisme gestionnaire au salarié indique qu'à défaut de réponse dans le délai de six mois à compter de la réception, sa réclamation est réputée rejetée et est susceptible d'être contestée devant le (D. 2018-928 du 29 oct. 2018, art. 13, JO 30, entrée en vigueur le 01.01.2019) «(D. 2019-966 du 18 sept. 2019, art. 8, JO 19, entrée en vigueur le 01.01.2020) «tribunal judiciaire» spécialement désigné» dans un délai de deux mois.

Le délai de six mois est porté à neuf mois lorsque l'organisme gestionnaire estime nécessaire de procéder à un contrôle sur place de l'effectivité ou de l'ampleur de l'exposition. Il en informe alors l'assuré par tout moyen permettant d'en attester la date de réception.

Le salarié peut saisir le (D. 2018-928 du 29 oct. 2018, art. 13, JO 30, entrée en vigueur le 01.01.2019) «(D. 2019-966 du 18 sept. 2019, art. 8, JO 19, entrée en vigueur le 01.01.2020) «tribunal judiciaire» spécialement désigné» dans le délai de deux mois suivant la notification de la décision de rejet explicite de l'organisme gestionnaire ou la date de la décision implicite de rejet.

Art. R. 4163-37. La commission prévue à l'article L. 4163-18 est constituée au sein de chaque organisme gestionnaire au niveau local.

Elle comprend :

1° Deux membres choisis par les représentants, titulaires ou suppléants, des salariés au conseil d'administration de la caisse, en leur sein ou au sein des comités techniques mentionnés à l'article L. 215-4 du code de la sécurité sociale ;

2° Deux membres choisis par les représentants, titulaires ou suppléants, des employeurs au conseil d'administration de la caisse, en leur sein ou au sein des comités techniques mentionnés à l'article L. 215-4 du code de la sécurité sociale.

Dans les mêmes conditions sont désignés un nombre équivalent de suppléants.

Chaque membre de la commission est désigné pour toute la durée du mandat du conseil d'administration, sous réserve de ne pas perdre durant ce mandat son statut de membre du conseil d'administration ou d'un comité technique régional.

Le président désigné en son sein par la commission pour une durée d'un an est alternativement un représentant des salariés ou un représentant des employeurs.

Le secrétariat de la commission est assuré par la caisse.

Les membres de la commission sont tenus à un devoir de confidentialité qui couvre les débats, votes et documents internes de travail. Les dispositions des articles L. 231-9 et L. 231-12 du code de la sécurité sociale sont applicables aux membres de la commission.

Art. R. 4163-38. La commission peut valablement statuer si un des membres mentionnés au 1° de l'article R. 4163-37 et un des membres mentionnés au 2° du même article sont présents. Les avis sont adoptés à la majorité des voix. En cas de partage égal des voix, le président a voix prépondérante.

Art. R. 4163-39. La commission émet un avis motivé au vu d'un dossier comprenant :

1° La réclamation du salarié et la décision de rejet de l'employeur ou en cas de rejet implicite l'accusé de réception de sa contestation ;

2° Les informations détenues par l'organisme gestionnaire ou qui lui sont parvenues en provenance de chacune des parties ;

3° Les éléments communiqués par les services de l'administration du travail et les caisses mentionnées à l'article L. 723-2 du code rural et de la pêche maritime ;

4° Le cas échéant, les résultats du contrôle de l'effectivité de l'exposition du salarié ou de son ampleur.

Art. R. 4163-40. L'organisme peut, s'il l'estime nécessaire, demander au salarié et à l'employeur de lui fournir tout document utile à l'instruction du dossier.

Il peut également recueillir toutes informations utiles auprès du salarié ou de l'employeur ou procéder ou faire procéder à un contrôle sur place de l'effectivité de l'exposition du salarié ou de son ampleur.

Art. R. 4163-41. Le directeur de l'organisme gestionnaire au niveau local notifie, après l'avis motivé de la commission mentionnée à l'article R. 4163-37, sa décision avec mention des voies et délais de recours par tout moyen permettant d'en attester la date de réception au salarié et à l'employeur. Il peut assortir sa décision du prononcé de la pénalité mentionnée à l'article R. 4163-33.

La notification adressée à l'employeur mentionne notamment les périodes concernées.

La notification adressée au salarié mentionne notamment le nombre de points inscrits sur son compte professionnel de prévention, au titre des périodes concernées.

L'organisme gestionnaire procède s'il y a lieu à l'ouverture du compte professionnel de prévention ou modifie celui-ci en conséquence.

Art. R. 4163-42. L'organisme gestionnaire au niveau national élabore des lignes directrices afin d'assurer l'harmonisation des décisions rendues par les organismes gestionnaires au niveau local.

Art. R. 4163-43. Le directeur de l'organisme gestionnaire au niveau national peut confier à un ou plusieurs organismes gestionnaires au niveau local les compétences en matière de contrôle et de réclamation prévus aux articles L. 4163-16 et L. 4163-18.

Les modalités de mise en œuvre sont fixées par une convention établie entre le directeur de l'organisme gestionnaire au niveau national et les directeurs des organismes gestionnaires au niveau local.

Art. R. 4163-44. Les agents mentionnés au deuxième alinéa de l'article L. 4163-16 sont, pour l'exercice des missions de contrôle prévues au même article et des missions liées au règlement des différends entre un employeur et un salarié prévu à l'article L. 4163-18, assermentés et agréés dans les conditions définies par arrêté du ministre chargé de la sécurité sociale, du travail et de l'agriculture. Ils ont qualité pour dresser en cas d'infraction des procès-verbaux faisant foi jusqu'à preuve du contraire.

Art. R. 4163-45. Le recours formé devant le (D. 2018-928 du 29 oct. 2018, art. 13, JO 30, entrée en vigueur le 01.01.2019) « (D. 2019-966 du 18 sept. 2019, art. 8, JO 19, entrée en vigueur le 01.01.2020) « tribunal judiciaire » spécialement désigné » contre une décision relevant du deuxième alinéa de l'article L. 4163-18 n'est pas soumis à la procédure gracieuse prévue aux articles R. 142-1 à R. 142-6 du code de la sécurité sociale.

La procédure mentionnée au premier alinéa de l'article L. 4163-18 du présent code est d'ordre public. À défaut du respect de cette procédure, le recours est frappé d'une fin de non-recevoir.

Art. D. 4163-46. En cas de recours juridictionnel contre une décision de l'organisme gestionnaire au niveau local, l'employeur ou le salarié est appelé à la cause lorsque le recours est formé respectivement par le salarié ou l'employeur. Dans les deux cas, le salarié peut être assisté ou représenté par les personnes énumérées à l'article L. 144-3 du code de la sécurité sociale.

SECTION 5. Financement

Art. L. 4163-21. Les dépenses engendrées par le compte professionnel de prévention mentionné à l'article L. 4163-1 et sa gestion sont couvertes par les organismes nationaux de la branche accidents du travail et maladies professionnelles du régime général et celle du régime des salariés agricoles, chacune pour ce qui la concerne.

Les modalités de prise en charge des utilisations mentionnées au I de l'article L. 4163-7 sont déterminées par décret.

Art. D. 4163-47. Le remboursement à l'organisme gestionnaire au niveau local du compte professionnel de prévention au titre des prises en charge mentionnées au 1° et au 2° de l'article L. 4163-7 correspond aux dépenses exposées à ce titre par cet organisme en application des articles R. 4163-11, R. 4163-24 et D. 4163-29.

Les dépenses correspondant aux prises en charge mentionnées au 1° de l'article L. 4163-7 sont rattachées à l'exercice comptable au cours duquel la dernière heure de formation a été effectuée. Celles correspondant aux prises en charge mentionnées au 2° du même article sont rattachées à l'exercice comptable au titre duquel le complément de rémunération et des cotisations et contributions sociales légales afférentes et conventionnelles a été remboursé aux employeurs.

Art. D. 4163-48. Le remboursement au régime général de sécurité sociale des sommes représentatives de la prise en charge des majorations de durée d'assurance mentionnées au 3° du I de l'article L. 4163-7 est égal, au titre d'une année civile, au produit :

1° D'un montant forfaitaire correspondant au montant de cotisations versé, en application du I de l'article L. 351-14-1 du code de la sécurité sociale, par un assuré âgé de 57 ans dont la moyenne annuelle des salaires et revenus d'activité, telle que définie au 3° du I de l'article D. 351-8 du même code, est égale à 80 % du montant annuel du plafond de la sécurité sociale en vigueur au 1er janvier de l'année civile considérée afin de valider un trimestre pris en compte selon les modalités définies au 1° de l'article D. 351-7 du même code ;

2° Et du nombre total de trimestres de majoration de durée d'assurance acquis dans les conditions prévues à l'article R. 4163-11 par les titulaires d'un compte professionnel de prévention, tels que communiqués par le gestionnaire du compte.

Ces dépenses sont rattachées à l'exercice comptable correspondant à l'année civile au cours de laquelle est intervenue la décision d'affecter les points des titulaires d'un compte professionnel de prévention à une majoration de durée d'assurance vieillesse.

SECTION 6. Dispositions d'application

Art. L. 4163-22. Sauf dispositions contraires, les modalités d'application du présent chapitre sont déterminées par décret en Conseil d'État.

LIVRE II

DISPOSITIONS APPLICABLES AUX LIEUX DE TRAVAIL

TITRE Ier

OBLIGATIONS DU MAÎTRE D'OUVRAGE POUR LA CONCEPTION DES LIEUX DE TRAVAIL

Chapitre Ier

Principes généraux

Art. L. 4211-1. Le maître d'ouvrage entreprenant la construction ou l'aménagement de bâtiments destinés à recevoir des travailleurs se conforme aux dispositions légales visant à protéger leur santé et sécurité au travail.

Art. L. 4211-2. Pour l'application des dispositions relatives à la conception des lieux de travail, des décrets en Conseil d'État, pris en application de l'article L. 4111-6 déterminent :

1° Les règles de santé et de sécurité auxquelles se conforment les maîtres d'ouvrage lors de la construction ou l'aménagement de bâtiments destinés à recevoir des travailleurs ;

2° Les locaux et dispositifs ou aménagements de toute nature dont sont dotés les bâtiments que ces décrets désignent en vue d'améliorer les conditions de santé et de sécurité des travailleurs affectés à leur construction ou à leur entretien.
Ces décrets sont pris après avis des organisations professionnelles d'employeurs et de salariés intéressées.

SECTION 1 (RÉGLEMENTAIRE). Champ d'application et définitions

Art. R. 4211-1. Les dispositions du présent titre déterminent, en application de l'article L. 4211-1, les règles auxquelles se conforme le maître d'ouvrage entreprenant la construction ou l'aménagement de bâtiments destinés à recevoir des travailleurs, que ces opérations nécessitent ou non l'obtention d'un permis de construire.

Art. R. 4211-2. Pour l'application du présent titre, on entend par lieux de travail les lieux destinés à recevoir des postes de travail, situés ou non dans les bâtiments de l'établissement, ainsi que tout autre endroit compris dans l'aire de l'établissement auquel le travailleur a accès dans le cadre de son travail.
Les champs, bois et autres terrains faisant partie d'un établissement agricole ou forestier mais situés en dehors de la zone bâtie d'un tel établissement ne sont pas considérés comme des lieux de travail.

SECTION 2 (RÉGLEMENTAIRE). Dossier de maintenance

Art. R. 4211-3. Le maître d'ouvrage élabore et transmet aux utilisateurs, au moment de la prise de possession des locaux et au plus tard dans le mois qui suit, un dossier de maintenance des lieux de travail.
Ce dossier comporte notamment, outre les notices et dossiers techniques prévus aux articles R. 4212-7, R. 4213-4 et R. 4215-3, les dispositions prises :
1° Pour le nettoyage des surfaces vitrées en élévation et en toiture en application de l'article R. 4214-2 ;
2° Pour l'accès en couverture, notamment :
a) Les moyens d'arrimage pour les interventions de courte durée ;
b) Les possibilités de mise en place rapide de garde-corps ou de filets de protection pour les interventions plus importantes ;
c) Les chemins de circulation permanents pour les interventions fréquentes ;
3° Pour faciliter l'entretien des façades, notamment les moyens d'arrimage et de stabilité d'échafaudage ou de nacelle ;
4° Pour faciliter les travaux d'entretien intérieur, notamment pour :
a) Le ravalement des halls de grande hauteur ;
b) Les accès aux machineries d'ascenseurs ;
c) Les accès aux canalisations en galerie technique, ou en vide sanitaire ;
(D. 2011-1461 du 7 nov. 2011, JO 9) « 5° Pour la localisation des espaces d'attente sécurisés au sens des articles R. 4216-2-1, R. 4216-2-2 et R. 4216-2-3, il précise les caractéristiques de ces espaces. »

Art. R. 4211-4. Le dossier de maintenance des lieux de travail indique, lorsqu'ils ont été aménagés à cet effet, les locaux techniques de nettoyage et les locaux sanitaires pouvant être mis à disposition des travailleurs chargés des travaux d'entretien.

Art. R. 4211-5. Le dossier de maintenance des lieux de travail est tenu à la disposition de l'inspection du travail et des agents des services de prévention des organismes de sécurité sociale.

Chapitre II (réglementaire)

Aération et assainissement

Art. R. 4212-1. Le maître d'ouvrage conçoit et réalise les bâtiments et leurs aménagements de façon à ce que les locaux fermés dans lesquels les travailleurs sont appelés à séjourner soient conformes aux règles d'aération et d'assainissement prévues aux articles R. 4222-1 à R. 4222-17.

Art. R. 4212-2. Les installations de ventilation sont conçues de manière à :
1° Assurer le renouvellement de l'air en tous points des locaux ;

2° Ne pas provoquer, dans les zones de travail, de gêne résultant notamment de la vitesse, de la température et de l'humidité de l'air, des bruits et des vibrations ;

3° Ne pas entraîner d'augmentation significative des niveaux sonores résultant des activités envisagées dans les locaux.

Art. R. 4212-3. Toutes dispositions sont prises lors de l'installation des équipements de ventilation, de captage ou de recyclage pour permettre leur entretien régulier et les contrôles ultérieurs d'efficacité.

Art. R. 4212-4. Les parois internes des circuits d'arrivée d'air ne comportent pas de matériaux qui peuvent se désagréger ou se décomposer en émettant des poussières ou des substances dangereuses pour la santé des travailleurs.

Art. R. 4212-5. Dans les locaux à pollution non spécifique définis à l'article R. 4222-3, le maître d'ouvrage :

1° Prévoit un système de filtration de l'air neuf lorsqu'il existe un risque de pollution de cet air par des particules solides et que son introduction est mécanique ;

2° Prend les mesures nécessaires pour que l'air pollué en provenance des locaux à pollution spécifique définis à l'article précité ne pénètre pas.

Art. R. 4212-6. Le maître d'ouvrage prévoit dans les locaux sanitaires l'introduction d'un débit minimal d'air déterminé par le tableau suivant :

DÉSIGNATION DES LOCAUX	DÉBIT MINIMAL D'AIR INTRODUIT (en mètres cubes par heure et par local)
Cabinet d'aisances isolé (**)	30
Salle de bains ou de douches isolé (**)	45
Commune avec un cabinet d'aisances	60
Bains, douches et cabinets d'aisances groupés	30 + 15 N (*)
Lavabos groupés	10 + 5 N (*)
N (*): nombre d'équipements dans le local. (**): pour un cabinet d'aisances, une salle de bains ou de douches avec ou sans cabinet d'aisances, le débit minimal d'air introduit peut être limité à 15 mètres cubes par heure si ce local n'est pas à usage collectif.	

Art. R. 4212-7. Le maître d'ouvrage précise, dans une notice d'instructions qu'il transmet à l'employeur, les dispositions prises pour la ventilation et l'assainissement des locaux et les informations nécessaires à l'entretien des installations, au contrôle de leur efficacité et à l'établissement de la consigne d'utilisation prévue à l'article R. 4222-21.

Chapitre III (réglementaire)

Éclairage, insonorisation et ambiance thermique

SECTION 1. Éclairage

Art. R. 4213-1. Le maître d'ouvrage conçoit et réalise les bâtiments et leurs aménagements de façon à ce qu'ils satisfassent aux règles d'éclairage prévues aux articles R. 4223-2 à R. 4223-11.

Art. R. 4213-2. Les bâtiments sont conçus et disposés de telle sorte que la lumière naturelle puisse être utilisée pour l'éclairage des locaux destinés à être affectés au travail, sauf dans les cas où la nature technique des activités s'y oppose.

Art. R. 4213-3. Les locaux destinés à être affectés au travail comportent à hauteur des yeux des baies transparentes donnant sur l'extérieur, sauf en cas d'incompatibilité avec la nature des activités envisagées.

Art. R. 4213-4. Le maître d'ouvrage consigne dans une notice d'instructions qu'il transmet à l'employeur les niveaux minimum d'éclairement, pendant les périodes de travail, des locaux, dégagements et emplacements, ainsi que les informations nécessaires à la détermination par l'employeur des règles d'entretien du matériel.

SECTION 2. Insonorisation

Art. R. 4213-5. Les locaux dans lesquels doivent être installés des équipements de travail susceptibles d'exposer les travailleurs à un niveau d'exposition sonore quotidienne supérieure à 85 dB(A) sont conçus, construits ou aménagés, compte tenu de l'état des techniques, de façon à :

1° Réduire la réverbération du bruit sur les parois de ces locaux lorsque cette réverbération occasionne une augmentation notable du niveau d'exposition des travailleurs ;

2° Limiter la propagation du bruit vers les autres locaux occupés par des travailleurs.

Art. R. 4213-6. Un arrêté conjoint des ministres chargés du travail, de l'agriculture et de la construction détermine les prescriptions techniques nécessaires à l'application de la présente section.

SECTION 3. Ambiance thermique

Art. R. 4213-7. Les équipements et caractéristiques des locaux de travail sont conçus de manière à permettre l'adaptation de la température à l'organisme humain pendant le temps de travail, compte tenu des méthodes de travail et des contraintes physiques supportées par les travailleurs.

Art. R. 4213-8. Les équipements et caractéristiques des locaux annexes aux locaux de travail, notamment des locaux sanitaires, de restauration et médicaux, sont conçus de manière à permettre l'adaptation de la température à la destination spécifique de ces locaux.

Art. R. 4213-9. Les dispositions de la présente section ne font pas obstacle à celles des articles L. 111-9 et L. 111-10 du code de la construction et de l'habitation relatives aux caractéristiques thermiques des bâtiments autres que d'habitation.

Chapitre IV (réglementaire)

Sécurité des lieux de travail

SECTION 1. Caractéristiques des bâtiments

Art. R. 4214-1. Les bâtiments destinés à abriter des lieux de travail sont conçus et réalisés de manière à pouvoir résister, dans leur ensemble et dans chacun de leurs éléments, à l'effet combiné de leur poids, des charges climatiques extrêmes et des surcharges maximales correspondant à leur type d'utilisation.

Ils respectent les règles antisismiques prévues, le cas échéant, par les dispositions en vigueur.

Art. R. 4214-2. Les bâtiments et leurs équipements sont conçus et réalisés de telle sorte que les surfaces vitrées en élévation ou en toiture puissent être nettoyées sans danger pour les travailleurs accomplissant ce travail et pour ceux présents dans le bâtiment et autour de celui-ci. Chaque fois que possible, des solutions de protection collective sont choisies.

Art. R. 4214-3. Les planchers des locaux sont exempts de bosses, de trous ou de plans inclinés dangereux.

Ils sont fixes, stables et non glissants.

Art. R. 4214-4. Les surfaces des planchers, des murs et des plafonds sont conçues de manière à pouvoir être nettoyées ou ravalées en vue d'obtenir des conditions d'hygiène appropriées.

Art. R. 4214-5. Les ouvrants en élévation ou en toiture sont conçus de manière à ne pas constituer, en position d'ouverture, un danger pour les travailleurs.

Art. R. 4214-6. Les parois transparentes ou translucides sont signalées par un marquage à hauteur de vue.

Elles sont constituées de matériaux de sécurité ou sont disposées de telle sorte que les travailleurs ne puissent pas être blessés si ces parois volent en éclats.

Art. R. 4214-7. Les portes et portails obéissent aux caractéristiques définies aux articles R. 4224-9 et suivants.

Leurs dimensions et leurs caractéristiques sont déterminées en fonction de la nature et de l'usage des pièces ou enceintes qu'ils desservent, en tenant compte des dispositions du chapitre VI relatives à la prévention des incendies et à l'évacuation.

Art. R. 4214-8. Les portes et portails automatiques comportent un système de sécurité interrompant immédiatement tout mouvement d'ouverture ou de fermeture lorsque ce mouvement peut causer un dommage à une personne.

Ils sont conçus de manière à pouvoir être ouverts manuellement, sauf s'ils s'ouvrent automatiquement en cas de panne d'énergie.

Un arrêté conjoint des ministres chargés du travail, de l'agriculture et de la construction précise, en tant que de besoin, les règles de sécurité auxquelles ces portes et portails obéissent.

SECTION 2. Voies de circulation et accès

Art. R. 4214-9. L'implantation et les dimensions des voies de circulation, y compris les escaliers et les échelles fixes sont déterminées en tenant compte des dispositions du chapitre VI relatives à la prévention des incendies et l'évacuation.

Les voies de circulation sont conçues de telle sorte que :

1° Les piétons ou les véhicules puissent les utiliser facilement, en toute sécurité, conformément à leur affectation ;

2° Les travailleurs employés à proximité des voies de circulation n'encourent aucun danger.

Art. R. 4214-10. Les portes et les dégagements destinés aux piétons sont situés, par rapport aux voies de circulation destinées aux véhicules, à une distance telle qu'elle garantisse aux piétons une circulation sans danger.

Art. R. 4214-11. Dès que l'importance de la circulation des véhicules ou le danger lié à l'utilisation et à l'équipement des locaux le justifie, le marquage au sol des voies de circulation est mis en évidence.

Ce marquage obéit à la réglementation en vigueur relative à la signalisation dans les lieux de travail.

Art. R. 4214-12. À proximité des portails destinés essentiellement à la circulation des véhicules, des portes pour les piétons sont aménagées, signalées de manière bien visible et dégagées en permanence.

Art. R. 4214-13. Les articles R. 4214-9 à R. 4214-12 s'appliquent également aux voies de circulation principales sur le terrain de l'entreprise, ainsi qu'aux voies de circulation utilisées pour la surveillance et l'entretien régulier des installations de l'entreprise.

Art. R. 4214-14. Lorsque la nature des activités envisagées est susceptible d'entraîner sur les lieux de travail des zones de danger qui n'ont pu être évitées, ces zones sont signalées de manière visible et matérialisées par des dispositifs destinés à éviter que les travailleurs non autorisés y pénètrent.

Art. R. 4214-15. (D. 2008-1325 du 15 déc. 2008, JO 17, entrée en vigueur le 18.12.2010) Lors de l'installation dans un bâtiment destiné à accueillir des travailleurs d'escaliers mécaniques et de trottoirs roulants, d'ascenseurs, de monte-charges, d'installations de parcage de véhicules et d'élévateurs de personnes dont la vitesse n'excède pas 0,15 mètre par seconde, le maître d'ouvrage s'assure que ces équipements sont conçus et mis en place conformément aux règles en vigueur lors de cette installation.

Art. R. 4214-16. (D. 2008-1325 du 15 déc. 2008, JO 17, entrée en vigueur le 18.12.2010) Lors de leur installation, le maître d'ouvrage s'assure que les escaliers mécaniques et les trottoirs roulants, les ascenseurs, les monte-charges, les installations de parcage de véhicules et les élévateurs de personnes dont la vitesse n'excède pas 0,15 mètre par seconde sont installés de manière à permettre les interventions et travaux énumérés à l'article R. 4543-1 dans des conditions sûres, ergonomiques et préservant la santé des intervenants.

Art. R. 4214-17. Les postes de travail, voies de circulation et autres emplacements ou installations à l'air libre destinés à être occupés ou utilisés par des travailleurs lors de leurs activités sont conçus de telle sorte que la circulation des piétons et des véhicules puisse se faire de manière sûre.

SECTION 3. Quais et rampes de chargement

Art. R. 4214-18. Les dispositions des articles R. 4214-9 à R. 4214-12 s'appliquent également aux quais de chargement extérieurs de l'entreprise.

Art. R. 4214-19. Les dimensions des charges susceptibles d'être transportées sont prises en compte pour la conception et la disposition des quais et rampes de chargement.

Art. R. 4214-20. Les quais de chargement comportent au moins une issue.

Lorsque leur longueur est supérieure à 20 mètres, ils ont une issue à chaque extrémité.

Art. R. 4214-21. Les rampes et quais de chargement sont disposés et aménagés de manière à éviter aux travailleurs les risques de chute.

SECTION 4. Aménagement des lieux et postes de travail

Art. R. 4214-22. Les dimensions des locaux de travail, notamment leur hauteur et leur surface, sont telles qu'elles permettent aux travailleurs d'exécuter leur tâche sans risque pour leur santé, leur sécurité ou leur bien-être.

L'espace libre au poste de travail, compte tenu du mobilier, est prévu pour que les travailleurs disposent d'une liberté de mouvement suffisante.

Lorsque, pour des raisons propres au poste de travail, ces dispositions ne peuvent être respectées, il est prévu un espace libre suffisant à proximité de ce poste.

Art. R. 4214-23. Lorsque l'effectif prévu est au moins égal à deux cents dans les établissements industriels ou à cinq cents dans les autres établissements, un local destiné aux premiers secours, facilement accessible avec des brancards et pouvant contenir les installations et le matériel de premiers secours, est aménagé.

Les locaux médicaux dont les caractéristiques sont déterminées par l'arrêté mentionné à l'article R. 4624-30 peuvent être utilisés comme locaux de premiers secours sous réserve de remplir les conditions prévues au premier alinéa.

Le local de premiers secours comporte une signalisation.

Art. R. 4214-24. Si des postes de travail extérieurs sont prévus, ceux-ci sont conçus et aménagés suivant les prescriptions de l'article R. 4225-1.

Art. R. 4214-25. La signalisation de santé et de sécurité installée sur les lieux de travail est conforme aux dispositions de l'arrêté mentionné à l'article R. 4224-24.

SECTION 5. Accessibilité des lieux de travail aux travailleurs handicapés

Note Cette section a été introduite par le décret 2009-1272 du 21 octobre 2009, JO 23.

Art. R. 4214-26. Les lieux de travail, y compris les locaux annexes, aménagés dans un bâtiment neuf ou dans la partie neuve d'un bâtiment existant sont accessibles aux personnes handicapées, quel que soit leur type de handicap.

Les lieux de travail sont considérés comme accessibles aux personnes handicapées lorsque celles-ci peuvent accéder à ces lieux, y circuler, les évacuer, se repérer, communiquer, avec la plus grande autonomie possible.

Les lieux de travail sont conçus de manière à permettre l'adaptation des postes de travail aux personnes handicapées ou à rendre ultérieurement possible l'adaptation des postes de travail.

Art. R. 4214-27. Les accès, portes, dégagements et ascenseurs desservant les postes de travail et les locaux annexes tels que locaux sanitaires, locaux de restauration, parcs de stationnement, sont conçus de manière à permettre l'accès et l'évacuation des personnes handicapées, notamment celles circulant en fauteuil roulant.

L'aménagement des postes de travail est réalisé ou rendu ultérieurement possible.

Art. R. 4214-28. Un arrêté des ministres chargés du travail, de l'agriculture et de la construction détermine les modalités d'application propres à assurer l'accessibilité des lieux de travail en ce qui concerne, notamment, les circulations horizontales et verticales, les portes et les sas intérieurs, les revêtements des sols et des parois, les dispositifs d'éclairage et d'information, le stationnement automobile.

(D. 2011-1461 du 7 nov. 2011, JO 9) « Cet arrêté précise les caractéristiques des espaces d'attente sécurisés et de leurs équivalents, et notamment les règles qui président à leur implantation, à la détermination de leur capacité d'accueil, à leur équipement ainsi que les spécifications techniques auxquelles ils doivent satisfaire en vue d'assurer la protection prévue au deuxième alinéa de l'article R. 4216-2-1. »

Chapitre V (réglementaire)

Installations électriques des bâtiments et de leurs aménagements

Note Ce chapitre a été introduit par le décret 2010-1017 du 30 août 2010, JO 1er sept.

SECTION 1. Obligations générales du maître d'ouvrage

Art. R. 4215-1. Le maître d'ouvrage s'assure que les installations électriques sont conçues et réalisées de façon à prévenir les risques de choc électrique, par contact direct ou indirect, ou de brûlure et les risques d'incendie ou d'explosion d'origine électrique.

Art. R. 4215-2. Le maître d'ouvrage établit et transmet à l'employeur un dossier technique comportant la description et les caractéristiques des installations électriques réalisées.

Le contenu du dossier technique est précisé par un arrêté conjoint des ministres du travail, de l'agriculture et de la construction.

Ce dossier technique fait partie du dossier de maintenance des lieux de travail prévu à l'article R. 4211-3.

SECTION 2. Prescriptions relatives à la conception et à la réalisation des installations électriques

Art. R. 4215-3. Les installations sont conçues et réalisées de telle façon que :

1° Aucune partie active dangereuse ne soit accessible aux travailleurs, sauf dans les locaux et emplacements à risques particuliers de choc électrique, qui font l'objet de prescriptions particulières fixées aux articles R. 4226-9, R. 4226-10 et R. 4226-11 ;

2° En cas de défaut d'isolement, aucune masse ne présente, avec une autre masse ou un élément conducteur, une différence de potentiel dangereuse pour les travailleurs.

Art. R. 4215-4. Toutes dispositions sont prises pour éviter que les parties actives ou les masses d'une installation soient portées à des tensions qui seraient dangereuses pour les personnes, du fait de leur voisinage avec une installation dont le domaine de tension est supérieur, ou du fait de défaut à la terre dans une telle installation.

Art. R. 4215-5. Toutes dispositions sont prises pour éliminer les risques liés à l'élévation normale de température des matériels électriques, notamment les risques de brûlure pour les travailleurs ou les risques de dégradation des objets voisins, en particulier ceux sur lesquels ces matériels prennent appui.

Art. R. 4215-6. Les caractéristiques des matériels sont choisies de telle façon qu'ils puissent supporter sans dommage pour les personnes et, le cas échéant, sans altérer leurs fonctions de sécurité, les effets mécaniques et thermiques produits par toute surintensité, et ce pendant le temps nécessaire au fonctionnement des dispositifs destinés à interrompre cette surintensité.

Les appareillages assurant les fonctions de connexion, de sectionnement, de commande et de protection sont choisis et installés de façon à pouvoir assurer ces fonctions.

Les conducteurs des canalisations fixes sont protégés contre les surintensités.

Les matériels contenant des diélectriques liquides inflammables et les transformateurs de type sec sont mis en œuvre et protégés de façon à prévenir les risques d'incendie.

Art. R. 4215-7. Des dispositifs de sectionnement assurent la séparation de l'installation électrique, des circuits ou des appareils d'utilisation, de leurs sources d'alimentation et permettent d'effectuer en sécurité toute opération sur l'installation, les circuits ou les appareils d'utilisation.

Art. R. 4215-8. Des dispositifs permettent, en cas d'urgence, de couper l'alimentation électrique de circuits ou de groupes de circuits en cas d'apparition d'un danger inattendu de choc électrique, d'incendie ou d'explosion.

Art. R. 4215-9. Les canalisations électriques sont mises en place selon les prescriptions particulières à chaque mode de pose.

Art. R. 4215-10. L'identification des circuits et des appareillages est assurée de façon pérenne.

La localisation et le repérage des canalisations permettent les vérifications, essais, réparations ou transformations de l'installation.

Le repérage des conducteurs permet de connaître leur fonction dans les circuits.

Art. R. 4215-11. Les matériels électriques sont choisis et installés en tenant compte de la tension et de manière à supporter en toute sécurité les conditions d'environnement particulières au lieu dans lequel ils sont installés et auxquelles ils peuvent être soumis.

Art. R. 4215-12. Dans les locaux ou sur les emplacements exposés à des risques d'incendie ou d'explosion, les installations électriques sont conçues et réalisées en tenant compte de ces risques.

Art. R. 4215-13. Les locaux ou emplacements réservés à la production, la conversion ou la distribution de l'électricité, appelés locaux ou emplacements de service électrique, sont conçus et réalisés de façon à assurer tout à la fois :

1° L'accessibilité aux matériels et l'aisance de déplacement et de mouvement ;

2° La protection contre les chocs électriques ;

3° La prévention des risques de brûlure et d'incendie ;

4° La prévention des risques d'apparition d'atmosphère toxique ou asphyxiante causée par l'émission de gaz ou de vapeurs en cas d'incident d'exploitation des matériels électriques ;

5° L'éclairage de sécurité.

Art. R. 4215-14. Les références des normes d'installation homologuées, applicables aux installations électriques, sont publiées au *Journal officiel* de la République française par arrêté des ministres chargés du travail, de l'agriculture et de la construction.

Un arrêté de ces mêmes ministres peut déclarer une disposition contenue dans ces normes non applicable si elle ne répond pas ou contrevient aux prescriptions du présent chapitre.

Art. R. 4215-15. Les installations électriques, réalisées conformément aux dispositions correspondantes des normes d'installation mentionnées à l'article R. 4215-14 et de leurs guides d'application, sont réputées satisfaire aux prescriptions du présent chapitre.

Art. R. 4215-16. Les matériels électriques ayant pour fonction le sectionnement, la protection contre les surintensités, la protection contre les chocs électriques sont conformes soit aux normes françaises homologuées qui leur sont applicables, soit aux spécifications techniques de la législation dans un autre État membre de l'Union européenne ou d'un État partie à l'accord instituant l'Espace économique européen, assurant un niveau de sécurité équivalent.

Art. R. 4215-17. Les installations d'éclairage de sécurité sont conçues et réalisées conformément aux dispositions de l'arrêté prévu à l'article R. 4227-14.

Chapitre VI (réglementaire)

Risques d'incendies et d'explosions et évacuation

SECTION 1. Dispositions générales

Art. R. 4216-1. Les dispositions du présent chapitre ne s'appliquent pas aux immeubles de grande hauteur, au sens du code de la construction et de l'habitation, pour lesquels des dispositions particulières sont applicables.

Elles ne font pas obstacle aux dispositions plus contraignantes prévues pour les établissements recevant du public, au sens de l'article R. 123-2 du code de la construction et de l'habitation ou pour les bâtiments d'habitation.

Art. R. 4216-2. Les bâtiments et les locaux sont conçus et réalisés de manière à permettre en cas de sinistre :

(D. 2011-1461 du 7 nov. 2011, JO 9) « 1° L'évacuation rapide de la totalité des occupants ou leur évacuation différée, lorsque celle-ci est rendue nécessaire, dans des conditions de sécurité maximale ; »

2° L'accès de l'extérieur et l'intervention des services de secours et de lutte contre l'incendie ;

3° La limitation de la propagation de l'incendie à l'intérieur et à l'extérieur des bâtiments.

Art. R. 4216-2-1. (D. 2011-1461 du 7 nov. 2011, JO 9) Les lieux de travail situés dans les bâtiments neufs ou dans les parties neuves de ces bâtiments sont dotés, à chaque niveau, d'espaces d'attente sécurisés ou d'espaces équivalents, dont le nombre et la capacité d'accueil varient en fonction de la disposition des lieux de travail et de l'effectif des personnes handicapées susceptibles d'être présentes.

Les espaces d'attente sécurisés sont des zones ou des locaux conçus et aménagés en vue de préserver, avant leur évacuation, les personnes handicapées ayant besoin d'une aide extérieure pour cette évacuation des conséquences d'un incendie. Ils doivent offrir une protection contre les fumées, les flammes, le rayonnement thermique et la ruine du bâtiment pendant une durée minimale d'une heure. Le maître d'ouvrage s'assure de la compatibilité entre la stabilité au feu de la structure et la présence d'espaces d'attente sécurisés pour que la ruine du bâtiment n'intervienne pas avant l'évacuation des personnes.

Les espaces d'attente sécurisés peuvent être situés dans tous les espaces accessibles aux personnes handicapées, à l'exception des sous-sols et des locaux à risques particuliers au sens des articles R. 4227-22 et R. 4227-24.

Art. R. 4216-2-2. (D. 2011-1461 du 7 nov. 2011, JO 9) Est équivalent à un espace d'attente sécurisé, dès lors qu'il offre une accessibilité et une protection identiques à celles mentionnées au deuxième alinéa de l'article R. 4216-2-1 :

1° Le palier d'un escalier mentionné à l'article R. 4216-26, s'il est équipé de portes coupe-feu de degré une heure ;

2° Le local d'attente d'un ascenseur mentionné à l'article R. 4216-26, s'il est équipé de portes coupe-feu de degré une heure

3° Un espace à l'air libre.

Art. R. 4216-2-3. (D. 2011-1461 du 7 nov. 2011, JO 9) Un niveau d'un lieu de travail est exempté de l'obligation d'être doté d'espaces d'attente sécurisés ou d'espaces équivalents quand il remplit l'une des conditions suivantes :

1° Il est situé en rez-de-chaussée et comporte un nombre suffisant de dégagements, prévus à l'article R. 4216-8, accessibles aux personnes handicapées ;

2° Il comporte au moins deux compartiments, mentionnés à l'article R. 4216-27, dont la capacité d'accueil est suffisante eu égard au nombre de personnes handicapées susceptibles d'être présentes. Le passage d'un compartiment à l'autre se fait en sécurité en cas d'incendie et est possible quel que soit le handicap.

Art. R. 4216-3. Les bâtiments et locaux sont isolés de ceux occupés par des tiers conformément aux dispositions applicables à ces derniers.

Art. R. 4216-4. Pour l'application du présent chapitre, l'effectif théorique des personnes susceptibles d'être présentes comprend l'effectif des salariés, majoré, le cas échéant, de l'effectif du public susceptible d'être admis et calculé suivant les règles précisées par la réglementation relative à la protection du public contre les risques d'incendie et de panique dans les établissements recevant du public.

SECTION 2. Dégagements

Art. R. 4216-5. Chaque dégagement a une largeur minimale de passage proportionnée au nombre total de personnes appelées à l'emprunter. Cette largeur est calculée en fonction d'une largeur type appelée unité de passage de 0,60 mètre.

Toutefois, quand un dégagement ne comporte qu'une ou deux unités de passage, la largeur est respectivement portée de 0,60 mètre à 0,90 mètre et de 1,20 mètre à 1,40 mètre.

Art. R. 4216-6. Les dégagements des bâtiments et locaux obéissent aux dispositions des articles R. 4227-4 à R. 4227-14 à l'exception des articles R. 4227-5 et R. 4227-12.

Toutefois, pour l'application des dispositions de l'article R. 4227-10, la largeur des escaliers à prendre en compte est au moins égale à deux unités de passage, au sens de l'article R. 4216-5.

Art. R. 4216-7. Aucune saillie ou dépôt ne doit réduire la largeur réglementaire des dégagements. Toutefois, les aménagements fixes sont admis jusqu'à une hauteur maximale de 1,10 mètre, à condition qu'ils ne fassent pas saillie de plus de 0,10 mètre.

Art. R. 4216-8. Les locaux auxquels les travailleurs ont normalement accès sont desservis par des dégagements dont le nombre et la largeur exigibles sont précisés dans le tableau suivant :

EFFECTIF	NOMBRE de dégagements	NOMBRE TOTAL d'unités de passage
Moins de 20 personnes	1	1
De 20 à 50 personnes	1 + 1 dégagement accessoire (a) ou 1 (b)	1 2
De 51 à 100 personnes	2 ou 1 + 1 dégagement accessoire (a)	2 2
De 101 à 200 personnes	2	3
De 201 à 300 personnes	2	4
De 301 à 400 personnes	2	5
De 401 à 500 personnes	2	6
Au-dessus des 500 premières personnes : – le nombre des dégagements est augmenté d'une unité par 500 ou fraction de 500 personnes ; – la largeur cumulée des dégagements est calculée à raison d'une unité de passage pour 100 personnes ou fraction de 100 personnes. Dans le cas de rénovation ou d'aménagement d'un établissement dans un immeuble existant, la largeur de 0,90 m peut être ramenée à 0,80 m.		
(a) Un dégagement accessoire peut être constitué par une sortie, un escalier, une coursive, une passerelle, un passage souterrain ou un chemin de circulation, rapide et sûr, d'une largeur minimale de 0,60 m, ou encore, par un balcon filant, une terrasse, une échelle fixe. (b) Cette solution est acceptée si le parcours pour gagner l'extérieur n'est pas supérieur à 25 mètres et si les locaux desservis ne sont pas en sous-sol.		

Art. R. 4216-9. Pour les locaux situés en sous-sol et dont l'effectif est supérieur à cent personnes, les dégagements sont déterminés en prenant pour base l'effectif ainsi calculé :

1° L'effectif des personnes est arrondi à la centaine supérieure ;

2° L'effectif est majoré de 10 % par mètre ou fraction de mètre au-delà de deux mètres de profondeur.

Art. R. 4216-10. Seuls les locaux dont la nature technique des activités le justifie peuvent être situés à plus de six mètres en dessous du niveau moyen des seuils d'évacuation.

Art. R. 4216-11. La distance maximale à parcourir pour gagner un escalier en étage ou en sous-sol n'est jamais supérieure à quarante mètres.

Le débouché au niveau du rez-de-chaussée d'un escalier s'effectue à moins de vingt mètres d'une sortie sur l'extérieur.

Les itinéraires de dégagements ne comportent pas de cul-de-sac supérieur à dix mètres.

Art. R. 4216-12. Les marches obéissent aux caractéristiques suivantes :

1° Elles ne sont pas glissantes ;

2° S'il n'y a pas de contremarche, les marches successives se recouvrent de 5 centimètres ;

3° Il est interdit de placer une ou deux marches isolées dans les circulations principales ;

4° Les dimensions des marches des escaliers sont conformes aux règles de l'art ;

5° Les volées ne comptent pas plus de 25 marches ;

6° Les paliers ont une largeur égale à celle des escaliers et, en cas de volées non contrariées, leur longueur est supérieure à 1 mètre ;

7° Les escaliers tournants sont à balancement continu sans autre palier que ceux desservant les étages ;

8° Les dimensions des marches sur la ligne de foulée à 0,60 mètre du noyau ou du vide central sont conformes aux règles de l'art ;

9° Le giron extérieur des marches est inférieur à 0,42 mètre.

SECTION 3. Désenfumage

Art. R. 4216-13. Les locaux de plus de 300 mètres carrés situés en rez-de-chaussée et en étage, les locaux de plus de 100 mètres carrés aveugles et ceux situés en sous-sol ainsi que tous les escaliers comportent un dispositif de désenfumage naturel ou mécanique.

Art. R. 4216-14. Les dispositifs de désenfumage naturel sont constitués en partie haute et en partie basse d'une ou plusieurs ouvertures communiquant avec l'extérieur, en vue de l'évacuation des fumées et l'amenée d'air.

La surface totale des sections d'évacuation des fumées est supérieure au centième de la superficie du local desservi avec un minimum de un mètre carré. Il en est de même pour celle des amenées d'air.

Chaque dispositif d'ouverture du dispositif de désenfumage est aisément manœuvrable à partir du plancher.

Art. R. 4216-15. En cas de désenfumage mécanique, le débit d'extraction est calculé sur la base d'un mètre cube par seconde par 100 mètres carrés.

Art. R. 4216-16. Les modalités d'application des dispositions de la présente section sont définies par arrêté conjoint des ministres chargés du travail, de l'agriculture et de la construction.

SECTION 4. Chauffage des locaux

Art. R. 4216-17. Les bâtiments et locaux sont conçus et réalisés de manière à respecter les dispositions des articles R. 4227-16 et R. 4227-18 à R. 4227-20 sur le chauffage des locaux ainsi que celles des réglementations particulières relatives :

1° Aux installations fixes destinées au chauffage et à l'alimentation en eau chaude ;

2° Aux installations de gaz combustibles et d'hydrocarbures liquéfiés ;

3° Au stockage et à l'utilisation des produits pétroliers.

Art. R. 4216-18. Indépendamment de l'application, s'il y a lieu, des règles propres aux bâtiments d'habitation, de bureaux ou recevant du public, les installations fixes destinées au chauffage et à l'alimentation en eau chaude ne doivent pas présenter de risque pour la santé et la sécurité des travailleurs.

Ces installations sont conçues de manière à ne pas aggraver les risques d'incendie ou d'explosion inhérents aux activités du bâtiment, à ne pas provoquer d'émission de substances dangereuses, insalubres ou gênantes et à ne pas être la cause de brûlures ou d'inconfort pour les travailleurs.

Les modalités d'application de ces dispositions sont précisées par arrêté conjoint des ministres chargés du travail, de l'agriculture et de la construction.

Art. R. 4216-19. Lorsque le chauffage est réalisé au moyen de générateur d'air chaud à combustion, la pression du circuit d'air doit toujours être supérieure à la pression des gaz brûlés.

Un dispositif de sécurité assure automatiquement l'extinction ou la mise en veilleuse de l'appareil ou de l'échangeur de chauffage de l'air et l'arrêt des ventilateurs lorsque la température de l'air dépasse 120° C. Toutefois, ce dispositif n'est pas exigible pour les appareils indépendants émettant de la chaleur dans les seuls locaux où ils sont installés, ou lorsque le réchauffage de l'air est assuré par un échangeur ne pouvant atteindre cette température.

Toute matière combustible est interdite à l'intérieur des conduits de distribution ou de reprise, à l'exception des accessoires des organes terminaux situés dans une pièce.

Cette prescription s'applique également aux installations de ventilation mécanique contrôlée et à toutes les gaines mettant en communication plusieurs niveaux.

Art. R. 4216-20. L'usage de la brasure tendre, dont la température de fusion du métal d'apport est inférieure à 450° C, est interdit pour les canalisations amenant les liquides ou gaz combustibles.

SECTION 5. Stockage ou manipulation de matières inflammables

Art. R. 4216-21. Les bâtiments et locaux sont conçus et réalisés de manière à respecter :

1° Les dispositions relatives à la prévention des explosions prévues aux articles R. 4227-42 et suivants ;

2° Les dispositions (D. 2010-1018 du 30 août 2010, JO 1er sept., entrée en vigueur le 01.07.2011) « de l'article R. 4215-12 » ;

3° Les dispositions spécifiques de l'arrêté prévu par l'article R. 4227-27 pour les installations industrielles utilisant le gaz combustible et les hydrocarbures liquéfiés.

Art. R. 4216-22. Les locaux ou les emplacements dans lesquels doivent être entreposées ou manipulées des substances ou préparations classées explosives, comburantes ou extrêmement inflammables, ainsi que des matières dans un état physique susceptible d'engendrer des risques d'explosion ou d'inflammation instantanée disposent d'une ventilation permanente appropriée.

Art. R. 4216-23. Les locaux mentionnés à l'article R. 4216-22 ainsi que ceux dans lesquels sont entreposées ou manipulées des substances ou préparations classées facilement inflammables ou des matières dans un état physique tel qu'elles sont susceptibles de prendre feu instantanément au contact d'une flamme ou d'une étincelle et de propager rapidement l'incendie, sont conçus et réalisés de telle sorte que :

1° Aucun poste habituel de travail ne puisse se trouver à plus de dix mètres d'une issue donnant sur l'extérieur ou sur un local donnant lui-même sur l'extérieur ;

2° Les portes de ces locaux s'ouvrent vers l'extérieur ;

3° Si les fenêtres de ces locaux sont munies de grilles ou grillages, ceux-ci s'ouvrent très facilement de l'intérieur.

SECTION 6. Bâtiments dont le plancher bas du dernier niveau est situé à plus de huit mètres du sol

Art. R. 4216-24. Afin de prendre en compte l'augmentation des risques en cas de sinistre, les bâtiments dont le plancher bas du dernier niveau est situé à plus de huit mètres du sol extérieur ont une structure d'une stabilité au feu de degré une heure et des planchers coupe-feu de même degré.

Ils sont isolés de tout bâtiment ou local occupé par des tiers, au minimum par des parois coupe-feu de degré une heure ou par des sas comportant des portes pare-flammes de degré demi-heure munies de ferme-porte et s'ouvrant vers l'intérieur du sas.

Art. R. 4216-25. Les bâtiments mentionnés à l'article R. 4216-24 sont accessibles au moins sur une façade aux services d'incendie et de secours.

Art. R. 4216-26. Les escaliers et ascenseurs des bâtiments mentionnés à l'article R. 4216-24 sont :

1° Soit encloisonnés dans des cages coupe-feu de degré une heure comportant des portes pare-flammes de degré demi-heure et, pour les escaliers, un dispositif de désenfumage en partie supérieure ;

2° Soit à l'air libre.

Art. R. 4216-27. La distribution intérieure des bâtiments mentionnés à l'article R. 4216-24 permet, notamment par des recoupements ou des compartimentages, de limiter la propagation du feu et des fumées.

L'aménagement intérieur des locaux, notamment les revêtements des murs, des sols et des plafonds, les tentures et les rideaux répond à des caractéristiques de réaction au feu permettant d'éviter un développement rapide d'un incendie susceptible de compromettre l'évacuation.

Art. R. 4216-28. Les dispositions de la présente section s'appliquent compte tenu de la classification des matériaux et des éléments de construction en fonction de leur comportement au feu, telle qu'elle est définie aux articles R. 121-1 et suivants du code de la construction et de l'habitation et par les arrêtés du ministre de l'intérieur pris en application de l'article R. 121-5 de ce même code.

Art. R. 4216-29. Un arrêté conjoint des ministres chargés du travail, de l'agriculture et de la construction définit les modalités d'application des dispositions de la présente section, notamment :

1° Les caractéristiques des sorties et celles de l'isolement latéral du bâtiment avec un autre bâtiment ;

2° La classification des matériaux et des éléments de construction de certaines parties du bâtiment ;

3° Les règles de désenfumage.

SECTION 7. Moyens de prévention et de lutte contre l'incendie

Art. R. 4216-30. Les bâtiments et locaux sont conçus ou aménagés de manière à respecter les dispositions relatives aux moyens de prévention et de lutte contre l'incendie prévues aux articles R. 4227-28 à R. 4227-41.

SECTION 8. Prévention des explosions

Art. R. 4216-31. Les bâtiments et locaux sont conçus et réalisés de manière à respecter les dispositions relatives à la prévention des explosions prévues par les articles R. 4227-42 à R. 4227-54.

SECTION 9. Dispenses de l'autorité administrative

Art. R. 4216-32. Le (D. 2009-1377 du 10 nov. 2009, JO 13; D. 2010-687 du 24 juin 2010, JO 25; voir D. 2010-1582 du 17 déc. 2010, JO 18, pour outre-mer) « directeur régional des entreprises, de la concurrence, de la consommation, du travail et de l'emploi » peut dispenser d'une partie de l'application des dispositions du présent chapitre, notamment dans le cas de réaménagement de locaux ou de bâtiments existants, sur proposition de mesures compensatoires assurant un niveau de sécurité jugé équivalent.

Art. R. 4216-33. La dispense est accordée, après enquête de l'inspecteur du travail.

Elle est accordée après avis :

1° Du (D. 2017-1819 du 29 déc. 2017, art. 3, 43°, JO 30, entrée en vigueur le 01.01.2018) « comité social et économique » ;

2° De la commission centrale de sécurité ou de la commission consultative départementale de sécurité et d'accessibilité pour les établissements recevant du public.

Art. R. 4216-34. Le silence gardé pendant plus de quatre mois par le ministre compétent saisi d'un recours hiérarchique contre une décision prise en application de l'article R. 4216-33 vaut décision de rejet.

Chapitre VII (réglementaire)

Installations sanitaires, restauration

Art. R. 4217-1. Les bâtiments et locaux sont conçus et réalisés conformément aux exigences des articles :

1° R. 4228-1 à R. 4228-15, relatifs aux installations sanitaires ;

2° R. 4228-22 à R. 4228-25, relatifs aux locaux de restauration et de repos.

Art. R. 4217-2. Lorsque, en application de l'article R. 4228-10, il doit être réalisé dix cabinets d'aisance, l'un d'entre eux, ainsi qu'un lavabo placé à proximité, sont aménagés de manière à en permettre l'accès et l'usage autonome par des personnes handicapées circulant en fauteuil roulant.

Lorsque le nombre des cabinets d'aisance est inférieur à dix, l'un d'entre eux et un lavabo sont conçus de telle sorte que, en présence de personnes handicapées physiques, des travaux simples suffisent à réaliser les aménagements prévus au premier alinéa.

TITRE II

OBLIGATIONS DE L'EMPLOYEUR POUR L'UTILISATION DES LIEUX DE TRAVAIL

Chapitre Ier

Principes généraux

Art. L. 4221-1. Les établissements et locaux de travail sont aménagés de manière à ce que leur utilisation garantisse la sécurité des travailleurs.

Ils sont tenus dans un état constant de propreté et présentent les conditions d'hygiène et de salubrité propres à assurer la santé des intéressés.

Les décrets en Conseil d'État prévus à l'article L. 4111-6 déterminent les conditions d'application du présent titre.

Art. R. 4221-1. Pour l'application du présent titre, on entend par lieux de travail les lieux destinés à recevoir des postes de travail situés ou non dans les bâtiments de l'établissement, ainsi que tout autre endroit compris dans l'aire de l'établissement auquel le travailleur a accès dans le cadre de son travail.

Les champs, bois et autres terrains faisant partie d'un établissement agricole ou forestier, mais situés en dehors de la zone bâtie d'un tel établissement, ne sont pas considérés comme des lieux de travail.

Chapitre II (réglementaire)

Aération, assainissement

SECTION 1. Principes et définitions

Art. R. 4222-1. Dans les locaux fermés où les travailleurs sont appelés à séjourner, l'air est renouvelé de façon à :

1° Maintenir un état de pureté de l'atmosphère propre à préserver la santé des travailleurs ;

2° Éviter les élévations exagérées de température, les odeurs désagréables et les condensations.

Art. R. 4222-2. Les règles applicables à l'aération, à la ventilation et à l'assainissement des locaux sont fixées suivant la nature et les caractéristiques de ces locaux.

Art. R. 4222-3. Pour l'application du présent chapitre, on entend par :

1° Air neuf, l'air pris à l'air libre hors des sources de pollution ;

2° Air recyclé, l'air pris et réintroduit dans un local ou un groupe de locaux. L'air pris hors des points de captage de polluants et réintroduit dans le même local après conditionnement thermique n'est pas considéré comme de l'air recyclé ;

3° Locaux à pollution non spécifique, les locaux dans lesquels la pollution est liée à la seule présence humaine, à l'exception des locaux sanitaires ;

4° Locaux à pollution spécifique, les locaux dans lesquels des substances dangereuses ou gênantes sont émises sous forme de gaz, vapeurs, aérosols solides ou liquides autres que celles qui sont liées à la seule présence humaine ainsi que locaux pouvant contenir des sources de micro-organismes potentiellement pathogènes et locaux sanitaires ;

5° Ventilation mécanique, la ventilation assurée par une installation mécanique ;

6° Ventilation naturelle permanente, la ventilation assurée naturellement par le vent ou par l'écart de température entre l'extérieur et l'intérieur ;

7° Poussière totale, toute particule solide dont le diamètre aérodynamique est au plus égal à 100 micromètres ou dont la vitesse limite de chute, dans les conditions normales de température, est au plus égale à 0,25 mètre par seconde ;

8° Poussière alvéolaire, toute poussière susceptible d'atteindre les alvéoles pulmonaires ;

9° Diamètre aérodynamique d'une poussière, le diamètre d'une sphère de densité égale à l'unité ayant la même vitesse de chute dans les mêmes conditions de température et d'humidité relative.

SECTION 2. Locaux à pollution non spécifique

Art. R. 4222-4. Dans les locaux à pollution non spécifique, l'aération est assurée soit par ventilation mécanique, soit par ventilation naturelle permanente.

Dans ce dernier cas, les locaux comportent des ouvrants donnant directement sur l'extérieur et leurs dispositifs de commande sont accessibles aux occupants.

Art. R. 4222-5. L'aération par ventilation naturelle, assurée exclusivement par ouverture de fenêtres ou autres ouvrants donnant directement sur l'extérieur, est autorisée lorsque le volume par occupant est égal ou supérieur à :

1° 15 mètres cubes pour les bureaux et les locaux où est accompli un travail physique léger ;

2° 24 mètres cubes pour les autres locaux.

Art. R. 4222-6. Lorsque l'aération est assurée par ventilation mécanique, le débit minimal d'air neuf à introduire par occupant est fixé dans le tableau suivant :

DÉSIGNATION DES LOCAUX	DÉBIT MINIMAL D'AIR NEUF PAR OCCUPANT (en mètres cubes par heure)
Bureaux, locaux sans travail physique	25
Locaux de restauration, locaux de vente, locaux de réunion	30
Ateliers et locaux avec travail physique léger	45
Autres ateliers et locaux	60

Art. R. 4222-7. Les locaux réservés à la circulation et les locaux qui ne sont occupés que de manière épisodique peuvent être ventilés par l'intermédiaire des locaux adjacents à pollution non spécifique sur lesquels ils ouvrent.

Art. R. 4222-8. L'air envoyé après recyclage dans les locaux à pollution non spécifique est filtré.

L'air recyclé n'est pas pris en compte pour le calcul du débit minimal d'air neuf prévu à l'article R. 4222-6.

En cas de panne du système d'épuration ou de filtration, le recyclage est arrêté.

Art. R. 4222-9. Il est interdit d'envoyer après recyclage dans un local à pollution non spécifique l'air pollué d'un local à pollution spécifique.

SECTION 3. Locaux à pollution spécifique

Art. R. 4222-10. Dans les locaux à pollution spécifique, les concentrations moyennes en poussières totales et alvéolaires de l'atmosphère inhalée par un travailleur, évaluées sur une période de huit heures, ne doivent pas dépasser respectivement 10 et 5 milligrammes par mètre cube d'air.

Art. R. 4222-11. Pour chaque local à pollution spécifique, la ventilation est réalisée et son débit déterminé en fonction de la nature et de la quantité des polluants ainsi que, le cas échéant, de la quantité de chaleur à évacuer, sans que le débit minimal d'air neuf puisse être inférieur aux valeurs fixées à l'article R. 4222-6.

Lorsque l'air provient de locaux à pollution non spécifique, il est tenu compte du nombre total d'occupants des locaux desservis pour déterminer le débit minimal d'entrée d'air neuf.

Art. R. 4222-12. Les émissions sous forme de gaz, vapeurs, aérosols de particules solides ou liquides, de substances insalubres, gênantes ou dangereuses pour la santé des travailleurs sont supprimées, y compris, par la mise en œuvre de procédés d'humidification en cas de risque de suspension de particules, lorsque les techniques de production le permettent.

À défaut, elles sont captées au fur et à mesure de leur production, au plus près de leur source d'émission et aussi efficacement que possible, notamment en tenant compte de la nature, des caractéristiques et du débit des polluants ainsi que des mouvements de l'air.

S'il n'est techniquement pas possible de capter à leur source la totalité des polluants, les polluants résiduels sont évacués par la ventilation générale du local.

Art. R. 4222-13. Les installations de captage et de ventilation sont réalisées de telle sorte que les concentrations dans l'atmosphère ne soient dangereuses en aucun point pour la santé et la sécurité des travailleurs et qu'elles restent inférieures aux valeurs limites d'exposition fixées aux articles R. 4222-10 et R. 4412-149.

Les dispositifs d'entrée d'air compensant les volumes extraits sont conçus et disposés de façon à ne pas réduire l'efficacité des systèmes de captage.

Un dispositif d'avertissement automatique signale toute défaillance des installations de captage qui n'est pas directement décelable par les occupants des locaux.

Art. R. 4222-14. L'air provenant d'un local à pollution spécifique ne peut être recyclé que s'il est efficacement épuré. Il ne peut être envoyé après recyclage dans d'autres locaux que si la pollution de tous les locaux concernés est de même nature. En cas de recyclage, les concentrations de poussières et substances dans l'atmosphère du local doivent demeurer inférieures aux valeurs limites d'exposition professionnelle définies aux articles R. 4222-10, R. 4412-149 et R. 4412-150.

Art. R. 4222-15. Des prescriptions particulières, prises en application du 3° de l'article L. 4111-6, interdisent ou limitent, le cas échéant, l'utilisation du recyclage pour certaines catégories de substances ou catégories de locaux.

Art. R. 4222-16. Les installations de recyclage comportent un système de surveillance permettant de déceler les défauts des dispositifs d'épuration. En cas de défaut, les mesures nécessaires sont prises par l'employeur pour maintenir le respect des valeurs limites d'exposition professionnelle définies aux articles R. 4222-10 et R. 4412-149, le cas échéant, en arrêtant le recyclage.

Art. R. 4222-17. En cas de recyclage de l'air, les conditions du recyclage sont portées à la connaissance du médecin du travail [et] des membres du (D. 2017-1819 du 29 déc. 2017, art. 3, 43°, JO 30, entrée en vigueur le 01.01.2018) « comité social et économique ».

Ces personnes sont également consultées sur toute nouvelle installation ou toute modification des conditions de recyclage.

SECTION 4. Pollution par les eaux usées

Art. R. 4222-18. L'atmosphère des locaux de travail et de leurs dépendances est tenue constamment à l'abri de toute émanation provenant d'égouts, fosses, puisards, fosses d'aisances ou de toute autre source d'infection.

Art. R. 4222-19. Dans les établissements qui déversent les eaux résiduaires ou de lavage dans un égout public ou privé, toute communication entre l'égout et l'établissement est munie d'un intercepteur hydraulique.

Cet intercepteur hydraulique est fréquemment nettoyé, et sa garde d'eau assurée en permanence.

SECTION 5. Contrôle et maintenance des installations

Art. R. 4222-20. L'employeur maintient l'ensemble des installations mentionnées au présent chapitre en bon état de fonctionnement et en assure régulièrement le contrôle.

Art. R. 4222-21. L'employeur indique dans une consigne d'utilisation les dispositions prises pour la ventilation et fixe les mesures à prendre en cas de panne des installations.

Cette consigne est établie en tenant compte, s'il y a lieu, des indications de la notice d'instructions fournie par le maître d'ouvrage conformément à l'article R. 4212-7.

Elle est soumise à l'avis du médecin du travail [et] du (D. 2017-1819 du 29 déc. 2017, art. 3, 43°, JO 30, entrée en vigueur le 01.01.2018) « comité social et économique ».

Art. R. 4222-22. Des arrêtés conjoints des ministres chargés du travail et de l'agriculture fixent :

1° Les méthodes de mesure de concentration, de débit, d'efficacité de captage, de filtration et d'épuration ;

2° La nature et la fréquence du contrôle des installations mentionnées au présent chapitre.

SECTION 6. Travaux en espace confiné

Art. R. 4222-23. Dans les puits, conduites de gaz, carneaux, conduits de fumée, cuves, réservoirs, citernes, fosses, galeries et dans les lieux où il n'est pas possible d'assurer de manière permanente le respect des dispositions du présent chapitre, les travaux ne sont entrepris qu'après vérification de l'absence de risque pour la santé et la sécurité des travailleurs et, le cas échéant, après assainissement de l'atmosphère et vidange du contenu.

Art. R. 4222-24. Pendant l'exécution des travaux, la ventilation est réalisée suivant les prescriptions de l'article R. 4222-6 ou R. 4222-11, selon qu'il s'agit d'un local à pollution non spécifique ou d'un local à pollution spécifique, de manière à maintenir la salubrité de l'atmosphère et à en assurer un balayage permanent, sans préjudice, pour les travaux souterrains, des dispositions des articles R. 4534-43 à R. 4534-49.

SECTION 7. Protection individuelle

Art. R. 4222-25. Si l'exécution des mesures de protection collective prévues par le présent chapitre est impossible, des équipements de protection individuelle sont mis à la disposition des travailleurs.

Ces équipements sont choisis et adaptés en fonction de la nature des travaux à accomplir et présentent des caractéristiques d'efficacité compatibles avec la nature du risque auquel les travailleurs sont exposés. Ils ne doivent pas les gêner dans leur travail ni, autant que possible, réduire leur champ visuel.

Art. R. 4222-26. L'employeur prend les mesures nécessaires pour que les équipements de protection individuelle soient effectivement utilisés, maintenus en bon état de fonctionnement et désinfectés avant d'être attribués à un nouveau titulaire.

Chapitre III (réglementaire)

Éclairage, ambiance thermique

SECTION 1. Éclairage

Art. R. 4223-1. Les dispositions de la présente section fixent les règles relatives à l'éclairage et à l'éclairement :

1° Des locaux de travail et de leurs dépendances, notamment les passages et escaliers ;

2° Des espaces extérieurs où sont accomplis des travaux permanents ;

3° Des zones et voies de circulation extérieures empruntées de façon habituelle pendant les heures de travail.

Art. R. 4223-2. L'éclairage est assuré de manière à :

1° Éviter la fatigue visuelle et les affections de la vue qui en résultent ;

2° Permettre de déceler les risques perceptibles par la vue.

Art. R. 4223-3. Les locaux de travail disposent autant que possible d'une lumière naturelle suffisante.

Art. R. 4223-4. Pendant la présence des travailleurs dans les lieux mentionnés à l'article R. 4223-1, les niveaux d'éclairement mesurés au plan de travail ou, à défaut, au sol, sont au moins égaux aux valeurs indiquées dans le tableau suivant :

LOCAUX AFFECTÉS AU TRAVAIL et leurs dépendances	VALEURS MINIMALES d'éclairement
Voies de circulation intérieur	40 lux
Escaliers et entrepôts	60 lux
Locaux de travail, vestiaires, sanitaires	120 lux
Locaux aveugles affectés à un travail permanent	200 lux

ESPACES EXTÉRIEURS	VALEURS MINIMALES d'éclairement
Zones et voies de circulation extérieures	10 lux
Espaces extérieurs où sont effectués des travaux à caractère permanent	40 lux

Art. R. 4223-5. Dans les zones de travail, le niveau d'éclairement est adapté à la nature et à la précision des travaux à exécuter.

Art. R. 4223-6. En éclairage artificiel, le rapport des niveaux d'éclairement, dans un même local, entre celui de la zone de travail et l'éclairement général est compris entre 1 et 5.

Il en est de même pour le rapport des niveaux d'éclairement entre les locaux contigus en communication.

Art. R. 4223-7. Les postes de travail situés à l'intérieur des locaux de travail sont protégés du rayonnement solaire gênant soit par la conception des ouvertures, soit par des protections fixes ou mobiles appropriées.

Art. R. 4223-8. Les dispositions appropriées sont prises pour protéger les travailleurs contre l'éblouissement et la fatigue visuelle provoqués par des surfaces à forte luminance ou par des rapports de luminance trop importants entre surfaces voisines.

Les sources d'éclairage assurent une qualité de rendu des couleurs en rapport avec l'activité prévue et ne doivent pas compromettre la sécurité des travailleurs.

Les phénomènes de fluctuation de la lumière ne doivent pas être perceptibles ni provoquer d'effet stroboscopique.

Art. R. 4223-9. Toutes dispositions sont prises afin que les travailleurs ne puissent se trouver incommodés par les effets thermiques dus au rayonnement des sources d'éclairage mises en œuvre.

Les sources d'éclairage sont aménagées ou installées de façon à éviter tout risque de brûlure.

Art. R. 4223-10. Les organes de commande d'éclairage sont facilement accessibles.

Dans les locaux aveugles, ils sont munis de voyants lumineux.

Art. R. 4223-11. Le matériel d'éclairage est installé de manière à pouvoir être entretenu aisément.

L'employeur fixe les règles d'entretien périodique du matériel en vue d'assurer le respect des dispositions de la présente section.

Les règles d'entretien sont consignées dans un document qui est communiqué aux membres du (D. 2017-1819 du 29 déc. 2017, art. 3, 45°, JO 30, entrée en vigueur le 01.01.2018) « comité social et économique ».

Art. R. 4223-12. Les dispositions des articles R. 4223-6, R. 4223-7, R. 4223-8, premier alinéa, et R. 4223-10 ne sont pas applicables aux opérations de bâtiment et de génie civil définies à l'article R. 4534-1.

SECTION 2. Ambiance thermique

Art. R. 4223-13. Les locaux fermés affectés au travail sont chauffés pendant la saison froide.

Le chauffage fonctionne de manière à maintenir une température convenable et à ne donner lieu à aucune émanation délétère.

Art. R. 4223-14. La température des locaux annexes, tels que locaux de restauration, locaux de repos, locaux pour les travailleurs en service de permanence, locaux sanitaires et locaux de premiers secours, obéit à la destination spécifique de ces locaux.

Art. R. 4223-15. L'employeur prend, après avis du médecin du travail et du (D. 2017-1819 du 29 déc. 2017, art. 3, 43°, JO 30, entrée en vigueur le 01.01.2018) « comité social et économique », toutes dispositions nécessaires pour assurer la protection des travailleurs contre le froid et les intempéries.

Chapitre IV (réglementaire)

Sécurité des lieux de travail

SECTION 1. Caractéristiques des lieux de travail

Art. R. 4224-1. Les lieux de travail soumis aux dispositions du titre Ier lors de leur construction ou de leur aménagement sont utilisés en conformité avec ces dispositions.

En cas de changement de destination, ils sont aménagés pour être rendus conformes aux dispositions régissant cette nouvelle destination à la date des travaux d'aménagement.

Art. R. 4224-2. Les bâtiments abritant des lieux de travail ont des structures et une solidité appropriées à leur utilisation.

Art. R. 4224-3. Les lieux de travail intérieurs et extérieurs sont aménagés de telle façon que la circulation des piétons et des véhicules puisse se faire de manière sûre.

Art. R. 4224-4. L'employeur prend toutes dispositions pour que seuls les travailleurs autorisés à cet effet puissent accéder aux zones de danger. Les mesures appropriées sont prises pour protéger ces travailleurs.

Art. R. 4224-5. (D. 2009-289 du 13 mars 2009, JO 15) Les puits, trappes et ouvertures de descente sont clôturés.

Les passerelles, planchers en encorbellement, plates-formes en surélévation, ainsi que leurs moyens d'accès, sont construits, installés ou protégés de telle sorte que les travailleurs appelés à les utiliser ne soient pas exposés à des chutes.

Art. R. 4224-6. Les ponts volants ou les passerelles pour le chargement ou le déchargement des navires ou bateaux sont installés de manière à former un tout rigide et sont munis de garde-corps des deux côtés.

Art. R. 4224-7. Les cuves, bassins et réservoirs sont construits, installés et protégés dans les conditions assurant la sécurité des travailleurs.

Leur installation ou, à défaut, leurs dispositifs de protection sont tels qu'ils empêchent les travailleurs d'y tomber.

Art. R. 4224-8. L'accès et l'intervention sur les toits en matériaux fragiles n'offrant pas une résistance suffisante sont effectués conformément aux articles R. 4534-88, R. 4534-89 et R. 4534-93 applicables aux opérations de bâtiment et de génie civil.

SECTION 2. Portes et portails

Art. R. 4224-9. Les portes et portails en va-et-vient sont transparents ou possèdent des panneaux transparents.

Art. R. 4224-10. Les parties transparentes sont constituées de matériaux de sécurité ou protégées contre l'enfoncement de sorte que les travailleurs ne puissent être blessés en cas de bris de ces surfaces.

Art. R. 4224-11. Les portes et portails coulissants sont munis d'un système de sécurité les empêchant de sortir de leur rail et de tomber.

Les portes et portails s'ouvrant vers le haut sont munis d'un système de sécurité les empêchant de retomber.

Art. R. 4224-12. Les portes et portails sont entretenus et contrôlés régulièrement.

Lorsque leur chute peut présenter un danger pour les travailleurs, notamment en raison de leurs dimensions, de leur poids ou de leur mode de fixation, la périodicité des contrôles et les interventions sont consignées dans le dossier prévu à l'article R. 4224-17.

Art. R. 4224-13. Les portes et portails automatiques fonctionnent sans risque d'accident pour les travailleurs.

Les caractéristiques auxquelles obéissent les installations nouvelles et existantes de portes et portails automatiques ainsi que leurs conditions de maintenance et de vérification sont définies par arrêté conjoint des ministres chargés du travail et de l'agriculture.

SECTION 3. Matériel de premier secours et secouriste

Art. R. 4224-14. Les lieux de travail sont équipés d'un matériel de premiers secours adapté à la nature des risques et facilement accessible.

Art. R. 4224-15. Un membre du personnel reçoit la formation de secouriste nécessaire pour donner les premiers secours en cas d'urgence dans :

1° Chaque atelier où sont accomplis des travaux dangereux ;

2° Chaque chantier employant vingt travailleurs au moins pendant plus de quinze jours où sont réalisés des travaux dangereux.

Les travailleurs ainsi formés ne peuvent remplacer les infirmiers.

Art. R. 4224-16. En l'absence d'infirmiers, ou lorsque leur nombre ne permet pas d'assurer une présence permanente, l'employeur prend, après avis du médecin du travail, les mesures nécessaires pour assurer les premiers secours aux accidentés et aux malades. Ces mesures qui sont prises en liaison notamment avec les services de secours d'urgence extérieurs à l'entreprise sont adaptées à la nature des risques.

Ces mesures sont consignées dans un document tenu à la disposition de l'inspecteur du travail.

SECTION 4. Maintenance, entretien et vérifications

Art. R. 4224-17. Les installations et dispositifs techniques et de sécurité des lieux de travail sont entretenus et vérifiés suivant une périodicité appropriée.

Toute défectuosité susceptible d'affecter la santé et la sécurité des travailleurs est éliminée le plus rapidement possible.

La périodicité des contrôles et les interventions sont consignées dans un dossier qui est, le cas échéant, annexé au dossier de maintenance des lieux de travail prévu à l'article R. 4211-3. Ce dossier regroupe notamment la consigne et les documents prévus en matière d'aération, d'assainissement et d'éclairage aux articles R. 4222-21 et R. 4223-11.

Art. R. 4224-17-1. (D. 2008-1325 du 15 déc. 2008, JO 17, entrée en vigueur le 18.12.2010) Lorsqu'un ou plusieurs ascenseurs sont en service dans les locaux d'un établissement, l'employeur s'assure que le propriétaire prend les mesures nécessaires pour se conformer :

1° Aux dispositions des articles R. 125-2 à R. 125-2-6 du code de la construction et de l'habitation relatives à l'entretien et au contrôle technique ;

2° Aux dispositions des articles R. 125-1-1 à R. 125-1-4 du code de la construction et de l'habitation relatives à la mise en sécurité des ascenseurs.

Le propriétaire met à la disposition de l'employeur les informations nécessaires.

Art. R. 4224-17-2. (D. 2008-1325 du 15 déc. 2008, JO 17, entrée en vigueur le 18.12.2010) L'employeur informe le propriétaire de tout défaut de fonctionnement d'un ascenseur susceptible d'affecter la sécurité des personnes et prend les mesures nécessaires pour interdire l'utilisation de l'équipement tant qu'il n'a pas été remédié à ce défaut.

Art. R. 4224-18. Les locaux de travail et leurs annexes sont régulièrement entretenus et nettoyés. Ils sont exempts de tout encombrement.

Le médecin du travail et le (D. 2017-1819 du 29 déc. 2017, art. 3, 46°, JO 30, entrée en vigueur le 01.01.2018) « comité social et économique » émettent un avis sur les mesures à prendre pour satisfaire à ces obligations.

Art. R. 4224-19. Lorsque l'entreprise quitte les locaux, l'employeur restitue le dossier de maintenance des lieux de travail au propriétaire ou le transmet à l'occupant suivant.

SECTION 5. Signalisation et matérialisation relatives à la santé et à la sécurité

Art. R. 4224-20. Lorsqu'il n'est pas possible, compte tenu de la nature du travail, d'éviter des zones de danger comportant notamment des risques de chute de personnes ou des risques de chute d'objets, et même s'il s'agit d'activités ponctuelles d'entretien ou de réparation, ces zones sont signalées de manière visible.

Elles sont également matérialisées par des dispositifs destinés à éviter que les travailleurs non autorisés pénètrent dans ces zones.

Art. R. 4224-21. Lorsque le contenu transporté par les tuyauteries présente un danger, ces tuyauteries font l'objet d'une signalisation permettant de déterminer la nature du contenu transporté.

Art. R. 4224-22. Un marquage est apposé à hauteur de vue sur les portes transparentes.

Art. R. 4224-23. Le matériel de premiers secours fait l'objet d'une signalisation par panneaux.

Art. R. 4224-24. La signalisation relative à la santé et à la sécurité au travail est conforme à des caractéristiques déterminées par arrêté conjoint des ministres chargés du travail et de l'agriculture.

Ces dispositions n'affectent pas l'utilisation de la signalisation relative aux trafics routier, ferroviaire, fluvial, maritime et aérien, pour ce qui concerne ces trafics à l'intérieur de l'établissement.

Chapitre V (réglementaire)

Aménagement des postes de travail

SECTION 1. Postes de travail extérieurs

Art. R. 4225-1. Les postes de travail extérieurs sont aménagés de telle sorte que les travailleurs :

1° Puissent rapidement quitter leur poste de travail en cas de danger ou puissent rapidement être secourus ;

2° Soient protégés contre la chute d'objets ;

3° Dans la mesure du possible :

a) Soient protégés contre les conditions atmosphériques ;

b) Ne soient pas exposés à des niveaux sonores nocifs ou à des émissions de gaz, vapeurs, aérosols de particules solides ou liquides de substances insalubres, gênantes ou dangereuses ;

c) Ne puissent glisser ou chuter.

SECTION 2. Confort au poste de travail

Sous-section 1. Mise à disposition de boissons

Art. R. 4225-2. L'employeur met à la disposition des travailleurs de l'eau potable et fraîche pour la boisson.

Art. R. 4225-3. Lorsque des conditions particulières de travail conduisent les travailleurs à se désaltérer fréquemment, l'employeur met gratuitement à leur disposition au moins une boisson non alcoolisée.

La liste des postes de travail concernés est établie par l'employeur, après avis du médecin du travail et du (D. 2017-1819 du 29 déc. 2017, art. 3, 43°, JO 30, entrée en vigueur le 01.01.2018) « comité social et économique ».

Les boissons et les aromatisants mis à disposition sont choisis en tenant compte des souhaits exprimés par les travailleurs et après avis du médecin du travail.

Art. R. 4225-4. L'employeur détermine l'emplacement des postes de distribution des boissons, à proximité des postes de travail et dans un endroit remplissant toutes les conditions d'hygiène.

L'employeur veille à l'entretien et au bon fonctionnement des appareils de distribution, à la bonne conservation des boissons et à éviter toute contamination.

Sous-section 2. Mise à disposition de sièges

Art. R. 4225-5. Un siège approprié est mis à la disposition de chaque travailleur à son poste de travail ou à proximité de celui-ci.

SECTION 3. Travailleurs handicapés

Art. R. 4225-6. Le poste de travail ainsi que les locaux sanitaires et de restauration que les travailleurs handicapés sont susceptibles d'utiliser dans l'établissement sont aménagés de telle sorte que ces travailleurs puissent y accéder aisément.

Leurs postes de travail ainsi que les signaux de sécurité qui les concernent sont aménagés si leur handicap l'exige.

Art. R. 4225-7. Des installations sanitaires appropriées sont mises à la disposition des (D. 2009-1272 du 21 oct. 2009, JO 23) « travailleurs handicapés ».

Art. R. 4225-8. (D. 2009-1272 du 21 oct. 2009, JO 23) Le système d'alarme sonore prévu à l'article R. 4227-34 est complété par un ou des systèmes d'alarme adaptés au handicap des personnes concernées employées dans l'entreprise en vue de permettre leur information en tous lieux et en toutes circonstances.

Chapitre VI (réglementaire)

Installations électriques

Note Ce chapitre a été introduit par le décret 2010-1016 du 30 août 2010, JO 1er sept., entrée en vigueur le 01.07.2011.

SECTION 1. Champ d'application et définitions

Art. R. 4226-1. Les dispositions du présent chapitre fixent les règles relatives à l'utilisation des installations électriques permanentes et temporaires. Elles fixent également les règles relatives à la réalisation, par l'employeur, d'installations électriques temporaires ou d'installations électriques permanentes nouvelles ou relatives aux adjonctions et modifications apportées par celui-ci aux installations électriques existantes.

Art. R. 4226-2. Les installations électriques comprennent l'ensemble des matériels électriques mis en œuvre pour la production, la conversion, la distribution ou l'utilisation de l'énergie électrique.

Les installations électriques sont classées, comme suit, en fonction de la plus grande des tensions nominales, existant soit entre deux quelconques de leurs conducteurs, soit entre l'un d'entre eux et la Terre :

1° Domaine très basse tension (par abréviation TBT) : installations dans lesquelles la tension ne dépasse pas 50 volts en courant alternatif ou 120 volts en courant continu lisse ;

2° Domaine basse tension (par abréviation BT) : installations dans lesquelles la tension excède 50 volts sans dépasser 1 000 volts en courant alternatif ou excède 120 volts sans dépasser 1 500 volts en courant continu lisse ;

3° Domaine haute tension A (par abréviation HTA) : installations dans lesquelles la tension excède 1 000 volts sans dépasser 50 000 volts en courant alternatif, ou excède 1 500 volts sans dépasser 75 000 volts en courant continu lisse ;

4° Domaine haute tension B (par abréviation HTB) : installations dans lesquelles la tension excède 50 000 volts en courant alternatif ou excède 75 000 volts en courant continu lisse.

Pour les courants autres que les courants continus lisses, les valeurs de tension figurant aux alinéas qui précèdent correspondent à des valeurs efficaces.

Art. R. 4226-3. Les installations électriques temporaires soumises aux dispositions du présent chapitre comprennent :

1° Les installations telles que celles des structures, baraques, stands situés dans des champs de foire, des marchés, des parcs de loisirs, des cirques et des lieux d'expositions ou de spectacle ;

2° Les installations des chantiers du bâtiment et des travaux publics ;

3° Les installations utilisées pendant les phases de construction ou de réparation, à terre, de navires, de bateaux ou d'aéronefs ;

4° Les installations des chantiers forestiers et des activités agricoles.

Art. R. 4226-4. Les dispositions du présent chapitre ne s'appliquent pas aux distributions d'énergie électrique régies par la loi du 15 juin 1906 sur les distributions d'énergie.

Dans le cas des installations de traction électrique, cette exclusion s'étend aux chantiers d'extension, de transformation et d'entretien de ces installations, aux équipements électriques du matériel roulant ferroviaire ainsi qu'aux installations techniques et de sécurité ferroviaires.

SECTION 2. Dispositions générales

Art. R. 4226-5. L'employeur maintient l'ensemble des installations électriques permanentes en conformité avec les dispositions relatives à la conception des installations électriques applicables à la date de leur mise en service.

Toutefois, une spécification technique nouvelle résultant de l'évolution technique peut être rendue applicable aux installations existantes, par arrêté des ministres chargés du travail et de l'agriculture, si elle permet de prévenir des atteintes graves à la santé et à la sécurité des travailleurs.

Art. R. 4226-6. Les réalisations d'installations électriques permanentes nouvelles ainsi que les adjonctions ou modifications de structure d'installations électriques permanentes existantes et les réalisations des installations électriques temporaires sont exécutées conformément aux dispositions des articles R. 4215-3 à R. 4215-13, R. 4215-16 et R. 4215-17 relatives à la conception des installations électriques.

Les dispositions des articles R. 4215-14 à R. 4215-16 sont applicables aux installations électriques réalisées par ou pour l'employeur.

Le cas échéant, l'employeur complète et met à jour le dossier technique prévu à l'article R. 4215-2.

Art. R. 4226-7. Les installations électriques et les matériels électriques qui les composent font l'objet de mesures de surveillance et donnent lieu en temps utile aux opérations de maintenance.

SECTION 3. Dispositions particulières à certains locaux ou emplacements

Art. R. 4226-8. Pour l'application des articles R. 4226-5 et R. 4226-6 dans les locaux ou emplacements où des atmosphères explosives peuvent se présenter, l'employeur met en œuvre les dispositions de la section 6 du chapitre VII du présent titre relatives à la prévention des explosions.

Dans ces locaux ou emplacements, la maintenance, les mesurages et les essais ne peuvent être entrepris qu'après autorisation écrite du chef d'établissement et selon ses instructions. Si les matériels utilisés pour réaliser ces opérations ne sont pas prévus spécialement pour ce type d'emplacements, ces emplacements sont préalablement rendus non dangereux.

Art. R. 4226-9. Les locaux ou emplacements réservés à la production, la conversion ou la distribution d'électricité sont considérés comme présentant des risques particuliers de choc électrique, quelle que soit la tension, lorsque la protection contre les contacts directs est assurée par obstacle ou par éloignement ou, en basse tension, lorsque la protection contre les contacts directs n'est pas obligatoire.

Ces locaux ou emplacements sont signalés de manière visible et sont matérialisés par des dispositifs destinés à en empêcher l'accès aux personnes non autorisées. Les portes d'accès à ces locaux ou emplacements doivent être fermées et équipées d'un système de fermeture pouvant s'ouvrir librement de l'intérieur.

Les règles d'accès à ces locaux ou emplacements sont précisées à l'article R. 4544-6.

Art. R. 4226-10. Les locaux ou emplacements où la présence de parties actives accessibles dangereuses résulte d'une nécessité technique inhérente aux principes mêmes de fonctionnement des matériels ou installations sont également considérés comme présentant des risques particuliers de choc électrique.

Des arrêtés du ministre chargé du travail ou du ministre chargé de l'agriculture fixent les prescriptions particulières à l'agencement et à l'utilisation de ces locaux ou emplacements ainsi que les mesures applicables à leur utilisation.

SECTION 4. Autres dispositions particulières

Art. R. 4226-11. Les installations de soudage électrique présentant, en fonctionnement normal, des risques particuliers de choc électrique sont réalisées et utilisées conformément aux prescriptions de sécurité fixées par arrêté du ministre chargé du travail et du ministre chargé de l'agriculture.

Art. R. 4226-12. Les conditions d'utilisation et de raccordement des appareils électriques amovibles sont fixées par arrêté des ministres chargés du travail et de l'agriculture.

Art. R. 4226-13. Les conditions d'utilisation et de maintenance de l'éclairage de sécurité sont fixées par arrêté des ministres chargés du travail et de l'agriculture.

SECTION 5. Vérification des installations électriques

Sous-section 1. Vérification des installations électriques permanentes

Art. R. 4226-14. L'employeur fait procéder à la vérification initiale des installations électriques lors de leur mise en service et après qu'elles ont subi une modification de structure, en vue de s'assurer qu'elles sont conformes aux prescriptions de sécurité prévues au présent chapitre.

Art. R. 4226-15. La vérification initiale est réalisée par un organisme accrédité à cet effet.

Art. R. 4226-16. L'employeur procède ou fait procéder, périodiquement, à la vérification des installations électriques afin de s'assurer qu'elles sont maintenues en conformité avec les règles de santé et de sécurité qui leur sont applicables.

Art. R. 4226-17. Les vérifications périodiques sont réalisées soit par un organisme accrédité, soit par une personne qualifiée appartenant à l'entreprise et dont la compétence est appréciée par l'employeur au regard de critères énoncés dans un arrêté du ministre chargé du travail et du ministre chargé de l'agriculture.

Art. R. 4226-18. Les modalités et, le cas échéant, la périodicité des vérifications prévues aux articles R. 4226-14, R. 4226-16, R. 4226-21 ainsi que le contenu des rapports de vérification correspondants sont fixés par arrêté des ministres chargés du travail et de l'agriculture.

Art. R. 4226-19. Les résultats des vérifications prévues aux articles R. 4226-14 et R. 4226-16 ainsi que les justifications des travaux et modifications effectués pour porter remède aux défectuosités constatées sont consignés sur un registre.

Lorsque les vérifications sont effectuées par un organisme accrédité, les rapports établis à la suite de ces vérifications sont annexés à ce registre.

Art. R. 4226-20. Le registre prévu à l'article R. 4223-19 et les rapports de vérification peuvent être tenus et conservés dans les conditions prévues à l'article L. 8113-6.

Sous-section 2. **Vérification des installations électriques temporaires**

Art. R. 4226-21. Les dispositions des articles R. 4222-18 à R. 4222-20 sont applicables aux installations électriques temporaires.

Pour ces installations, l'employeur applique un processus de vérification spécifique afin de s'assurer qu'elles sont réalisées en conformité avec les règles de santé et de sécurité qui leur sont applicables et qu'elles demeurent conformes à ces règles nonobstant les modifications dont elles font l'objet.

Un arrêté des ministres chargés du travail et de l'agriculture détermine, selon la catégorie et le classement des installations, les cas où il est fait appel, pour effectuer cette vérification, à un organisme accrédité ou à une personne qualifiée au sens de l'article R. 4226-17.

Chapitre VII (réglementaire)

Risques d'incendies et d'explosions et évacuation

SECTION 1. Champ d'application

Art. R. 4227-1. Les dispositions du présent chapitre ne font pas obstacle aux dispositions plus contraignantes prévues pour les établissements recevant du public, au sens de l'article R. 123-2 du code de la construction et de l'habitation ou pour les bâtiments d'habitation.

Elles ne s'appliquent pas aux immeubles de grande hauteur, au sens de l'article R. 122-2 du code de la construction et de l'habitation, pour lesquels des dispositions spécifiques sont applicables.

Art. R. 4227-2. L'application des dispositions relatives à la prévention des incendies et à l'évacuation, prévues pour les nouvelles constructions ou les nouveaux aménagements au chapitre VI du titre premier, dispense de l'application des mesures équivalentes du présent chapitre.

Art. R. 4227-3. L'effectif théorique des personnes susceptibles d'être présentes à prendre en compte pour l'application du présent chapitre comprend l'effectif des travailleurs, majoré, le cas échéant, de l'effectif du public susceptible d'être admis et calculé suivant les règles relatives à la protection du public contre les risques d'incendie et de panique pour les établissements recevant du public.

SECTION 2. Dégagements

Art. R. 4227-4. Les établissements comportent des dégagements tels que portes, couloirs, circulations, escaliers, rampes, répartis de manière à permettre une évacuation rapide de tous les occupants dans des conditions de sécurité maximale.

Ces dégagements sont toujours libres. Aucun objet, marchandise ou matériel ne doit faire obstacle à la circulation des personnes ou réduire la largeur des dégagements au-dessous des minima fixés à l'article R. 4227-5.

Ces dégagements sont disposés de manière à éviter les culs-de-sac.

Art. R. 4227-5. Les locaux auxquels les travailleurs ont normalement accès sont desservis par des dégagements dont le nombre et la largeur exigibles s'établissent comme suit :

EFFECTIF	NOMBRE de dégagements	LARGEUR totale cumulée
Moins de 20 personnes	1	0,80 m
De 20 à 100 personnes	1	1,50 m
De 101 à 300 personnes	2	2 m
De 301 à 500 personnes	2	2,5 m
Au-delà des cinq cents premières personnes : – le nombre minimum des dégagements doit être augmenté d'une unité par cinq cents personnes ou fraction de cinq cents personnes ; – la largeur totale des dégagements doit être augmentée de 0,50 mètre par cent personnes ou fraction de cent personnes. La largeur de tout dégagement faisant partie des dégagements réglementaires ne doit jamais être inférieure à 0,80 mètre.		

Art. R. 4227-6. Les portes obéissent aux caractéristiques suivantes :

1° Les portes susceptibles d'être utilisées pour l'évacuation de plus de cinquante personnes s'ouvrent dans le sens de la sortie ;

2° Les portes faisant partie des dégagements réglementaires s'ouvrent par une manœuvre simple ;

3° Toute porte verrouillée est manœuvrable de l'intérieur dans les mêmes conditions qu'au 2° et sans clé.

Art. R. 4227-7. Les portes coulissantes, à tambour ou s'ouvrant vers le haut ne peuvent constituer des portes de secours. Elles ne sont pas considérées comme des dégagements réglementaires.

Toutefois les portes coulissantes motorisées qui, en cas de défaillance du dispositif de commande ou du dispositif d'alimentation, libèrent la largeur totale de la baie par effacement latéral ou par débattement sur l'extérieur par simple poussée peuvent constituer des dégagements réglementaires.

Art. R. 4227-8. L'existence d'ascenseurs, monte-charge, chemins ou tapis roulants ne peut justifier une diminution du nombre et de la largeur des dégagements.

Art. R. 4227-9. Les escaliers se prolongent jusqu'au niveau d'évacuation sur l'extérieur.

Les parois et les marches ne comportent pas de matériaux de revêtement classés, selon leur réaction au feu, dans une catégorie de rang inférieur à celle précisée par arrêté conjoint des ministres chargés du travail et de l'agriculture.

Art. R. 4227-10. Les escaliers sont munis de rampe ou de main-courante.

Ceux d'une largeur au moins égale à 1,5 mètre en sont munis de chaque côté.

Art. R. 4227-11. Les escaliers desservant les étages sont dissociés, au niveau de l'évacuation sur l'extérieur, de ceux desservant les sous-sols.

Art. R. 4227-12. Les largeurs minimales fixées à l'article R. 4227-5 sont augmentées de la moitié pour les escaliers desservant les sous-sols.

Art. R. 4227-13. Une signalisation indique le chemin vers la sortie la plus proche (D. 2011-1461 du 7 nov. 2011, JO 9) « ainsi que le chemin vers l'espace d'attente sécurisé ou l'espace équivalent le plus proche. Une autre signalisation identifie ces espaces. »

Les dégagements qui ne servent pas habituellement de passage pendant la période de travail sont signalés par la mention sortie de secours.

Art. R. 4227-14. Les établissements disposent d'un éclairage de sécurité permettant d'assurer l'évacuation des personnes en cas d'interruption accidentelle de l'éclairage normal.

(D. 2010-1018 du 30 août 2010, JO 1er sept., entrée en vigueur le 01.07.2011) « La conception, la mise en œuvre et les conditions d'exploitation et de maintenance de cet éclairage ainsi que les locaux qui peuvent en être dispensés en raison de leur faible superficie ou de leur faible fréquentation sont définis par un arrêté des ministres chargés du travail et de l'agriculture. »

SECTION 3. Chauffage des locaux

Art. R. 4227-15. Les dispositions de la présente section s'appliquent sans préjudice de l'application des réglementations relatives :

1° Aux installations fixes destinées au chauffage et à l'alimentation en eau chaude ;

2° Aux installations de gaz combustibles et d'hydrocarbures liquéfiés ;

3° Au stockage et à l'utilisation des produits pétroliers.

Art. R. 4227-16. Il est interdit d'employer pour le chauffage des combustibles liquides dont le point éclair est inférieur à 55° C.

Art. R. 4227-17. Il est interdit de remplir les réservoirs des appareils de chauffage au cours du fonctionnement de l'appareil ou dans une pièce comportant des flammes, des éléments incandescents ou des surfaces portées à plus de 100° C.

Art. R. 4227-18. Les appareils de production-émission de chaleur, ainsi que leurs tuyaux et cheminées, sont installés de façon à ne pouvoir communiquer le feu aux matériaux de construction, aux matières et objets susceptibles d'être placés à proximité et aux vêtements des travailleurs.

Art. R. 4227-19. Les canalisations amenant les liquides ou gaz combustibles aux appareils fixes de production-émission de chaleur sont entièrement métalliques et assemblées par soudure.

L'emploi des conduites en plomb est interdit.

Art. R. 4227-20. Les circuits alimentant les installations comportent un dispositif d'arrêt d'urgence de l'alimentation en énergie de l'ensemble des appareils.

Le dispositif d'arrêt est manœuvrable à partir d'un endroit accessible en permanence et signalé.

SECTION 4. Emploi et stockage de matières explosives et inflammables

Art. R. 4227-22. Les locaux ou les emplacements dans lesquels sont entreposées ou manipulées des substances ou préparations classées explosives, comburantes ou extrêmement inflammables, ainsi que des matières dans un état physique susceptible d'engendrer des risques d'explosion ou d'inflammation instantanée, ne contiennent aucune source d'ignition telle que foyer, flamme, appareil pouvant donner lieu à production extérieure d'étincelles ni aucune surface susceptible de provoquer par sa température une auto-inflammation des substances, préparations ou matières précitées.

Ces locaux disposent d'une ventilation permanente appropriée.

Art. R. 4227-23. Outre l'interdiction de fumer dans les lieux collectifs, prévue à l'article L. 3511-7 du code de la santé publique, il est interdit de fumer dans les emplacements situés à l'air libre mentionnés à l'article R. 4227-22.

Cette interdiction fait l'objet d'une signalisation conforme à la réglementation en vigueur.

Art. R. 4227-24. Les locaux mentionnés à l'article R. 4227-22 ainsi que ceux dans lesquels sont entreposées ou manipulées des substances ou préparations classées facilement inflammables ou des matières dans un état physique tel qu'elles sont susceptibles de prendre feu instantanément au contact d'une flamme ou d'une étincelle et de propager rapidement l'incendie, sont utilisés de telle sorte que :

1° Aucun poste habituel de travail ne se trouve à plus de 10 mètres d'une issue donnant sur l'extérieur ou sur un local donnant lui-même sur l'extérieur ;

2° Les portes de ces locaux s'ouvrent vers l'extérieur ;

3° Si les fenêtres de ces locaux sont munies de grilles ou grillages, ceux-ci s'ouvrent très facilement de l'intérieur.

Art. R. 4227-25. Il est interdit de déposer et de laisser séjourner les substances, préparations ou matières mentionnées aux articles R. 4227-22 et R. 4227-24 dans les escaliers, passages et couloirs, sous les escaliers ainsi qu'à proximité des issues des locaux et bâtiments.

Art. R. 4227-26. Les chiffons, cotons et papiers imprégnés de liquides inflammables ou de matières grasses sont, après usage, enfermés dans des récipients métalliques clos et étanches.

Art. R. 4227-27. Un arrêté des ministres chargés du travail et de l'agriculture détermine les dispositions spécifiques relatives aux installations industrielles utilisant le gaz combustible et les hydrocarbures liquéfiés.

SECTION 5. Moyens de prévention et de lutte contre l'incendie

Sous-section 1. Moyens d'extinction

Art. R. 4227-28. L'employeur prend les mesures nécessaires pour que tout commencement d'incendie puisse être rapidement et efficacement combattu dans l'intérêt du sauvetage des travailleurs.

Art. R. 4227-29. Le premier secours contre l'incendie est assuré par des extincteurs en nombre suffisant et maintenus en bon état de fonctionnement.

Il existe au moins un extincteur portatif à eau pulvérisée d'une capacité minimale de 6 litres pour 200 mètres carrés de plancher.

Il existe au moins un appareil par niveau.

Lorsque les locaux présentent des risques d'incendie particuliers, notamment des risques électriques, ils sont dotés d'extincteurs dont le nombre et le type sont appropriés aux risques.

Art. R. 4227-30. Si nécessaire, l'établissement est équipé de robinets d'incendie armés, de colonnes sèches, de colonnes humides, d'installations fixes d'extinction automatique d'incendie ou d'installations de détection automatique d'incendie.

Art. R. 4227-31. Les dispositifs d'extinction non automatiques sont d'accès et de manipulation faciles.

Art. R. 4227-32. Quand la nécessité l'impose, une quantité de sable ou de terre meuble proportionnée à l'importance de l'établissement, à la disposition des locaux et à la nature des travaux exécutés est conservée à proximité des emplacements de travail, avec un moyen de projection, pour servir à éteindre un commencement d'incendie.

Art. R. 4227-33. Les installations d'extinction font l'objet d'une signalisation durable aux endroits appropriés.

Sous-section 2. Systèmes d'alarme

Art. R. 4227-34. Les établissements dans lesquels peuvent se trouver occupées ou réunies habituellement plus de cinquante personnes, ainsi que ceux, quelle que soit leur importance, où sont manipulées et mises en œuvre des matières inflammables mentionnées à l'article R. 4227-22 sont équipés d'un système d'alarme sonore.

Art. R. 4227-35. L'alarme sonore générale est donnée par bâtiment si l'établissement comporte plusieurs bâtiments isolés entre eux.

Art. R. 4227-36. Le signal sonore d'alarme générale est tel qu'il ne permet pas la confusion avec d'autres signalisations utilisées dans l'établissement. Il est audible de tout point du bâtiment pendant le temps nécessaire à l'évacuation, avec une autonomie minimale de cinq minutes.

Sous-section 3. Consigne de sécurité incendie

Art. R. 4227-37. Dans les établissements mentionnés à l'article R. 4227-34, une consigne de sécurité incendie est établie et affichée de manière très apparente :

1° Dans chaque local pour les locaux dont l'effectif est supérieur à cinq personnes et pour les locaux mentionnés à l'article R. 4227-24 ;

2° Dans chaque local ou dans chaque dégagement desservant un groupe de locaux dans les autres cas.

(D. 2011-1461 du 7 nov. 2011, JO 9) « Dans les autres établissements, des instructions sont établies, permettant d'assurer l'évacuation des personnes présentes dans les locaux dans les conditions prévues au 1° de l'article R. 4216-2. »

Art. R. 4227-38. La consigne de sécurité incendie indique :

1° Le matériel d'extinction et de secours qui se trouve dans le local ou à ses abords ;

2° Les personnes chargées de mettre ce matériel en action ;

3° Pour chaque local, les personnes chargées de diriger l'évacuation des travailleurs et éventuellement du public ;

(D. 2011-1461 du 7 nov. 2011, JO 9) « 4° Les mesures spécifiques liées à la présence de personnes handicapées, et notamment le nombre et la localisation des espaces d'attentes sécurisés ou des espaces équivalents ; »

5° Les moyens d'alerte ;

6° Les personnes chargées d'aviser les sapeurs-pompiers dès le début d'un incendie ;

7° L'adresse et le numéro d'appel téléphonique du service de secours de premier appel, en caractères apparents ;

8° Le devoir, pour toute personne apercevant un début d'incendie, de donner l'alarme et de mettre en œuvre les moyens de premier secours, sans attendre l'arrivée des travailleurs spécialement désignés.

Art. R. 4227-39. La consigne de sécurité incendie prévoit des essais et visites périodiques du matériel et des exercices au cours desquels les travailleurs apprennent à reconnaître les caractéristiques du signal sonore d'alarme générale, (D. 2011-1461 du 7 nov. 2011, JO 9) « à localiser et à utiliser les espaces d'attente sécurisés ou les espaces équivalents, » à se servir des moyens de premier secours et à exécuter les diverses manœuvres nécessaires.

Ces exercices et essais périodiques ont lieu au moins tous les six mois. Leur date et les observations auxquelles ils peuvent avoir donné lieu sont consignées sur un registre tenu à la disposition de l'inspection du travail.

Art. R. 4227-40. La consigne de sécurité incendie est communiquée à l'inspection du travail.

Art. R. 4227-41. Des arrêtés conjoints des ministres chargés du travail et de l'agriculture peuvent préciser certaines dispositions relatives aux moyens de prévention et de lutte contre l'incendie et rendre obligatoires certaines normes concernant ce matériel.

SECTION 6. Prévention des explosions

Art. R. 4227-42. Les dispositions de la présente section ne s'appliquent pas aux lieux ou activités suivants :

1° Zones servant directement au traitement médical de patients et pendant celui-ci ;

2° Utilisation des appareils à gaz ;

3° Fabrication, maniement, utilisation, stockage et transport d'explosifs et de substances chimiques instables.

Art. R. 4227-43. Est une atmosphère explosive, au sens de la présente section, un mélange avec l'air, dans les conditions atmosphériques, de substances inflammables sous forme de gaz, vapeurs, brouillards ou poussières, dans lequel, après inflammation, la combustion se propage à l'ensemble du mélange non brûlé.

Art. R. 4227-44. Afin d'assurer la prévention des explosions et la protection contre celles-ci, l'employeur prend les mesures techniques et organisationnelles appropriées au type d'exploitation sur la base des principes de prévention et dans l'ordre de priorité suivant :

1° Empêcher la formation d'atmosphères explosives ;

2° Si la nature de l'activité ne permet pas d'empêcher la formation d'atmosphères explosives, éviter leur inflammation ;

3° Atténuer les effets nuisibles d'une explosion pour la santé et la sécurité des travailleurs.

Art. R. 4227-45. Les mesures prises par l'employeur sont, au besoin, combinées et complétées avec des mesures destinées à prévenir la propagation des explosions.

Elles font l'objet d'un réexamen périodique et chaque fois que se produisent des changements importants dans les conditions d'exécution du travail.

Art. R. 4227-46. L'employeur évalue les risques créés ou susceptibles d'être créés par des atmosphères explosives en tenant compte au moins :

1° De la probabilité que des atmosphères explosives puissent se présenter et persister ;

2° De la probabilité que des sources d'inflammation, y compris des décharges électrostatiques, puissent se présenter et devenir actives et effectives ;

3° Des installations, des substances et préparations utilisées, des procédés et de leurs interactions éventuelles ;

4° De l'étendue des conséquences prévisibles d'une explosion.

Art. R. 4227-47. L'évaluation des risques d'explosion est globale et, le cas échéant, combinée avec les résultats de l'évaluation des autres risques, identifiés dans chaque unité de travail de l'entreprise ou de l'établissement.

Art. R. 4227-48. Pour l'évaluation des risques d'explosion, il est tenu compte des emplacements qui sont ou peuvent être reliés par des ouvertures aux emplacements où des atmosphères explosives peuvent se présenter.

Art. R. 4227-49. Lorsque des atmosphères explosives peuvent se former en quantités susceptibles de présenter un risque pour la santé et la sécurité des travailleurs ou d'autres personnes, l'employeur prend les mesures nécessaires pour que :

1° Le milieu de travail permette un travail en toute sécurité ;

2° Une surveillance adéquate soit assurée et des moyens techniques appropriés utilisés ;

3° Une formation des travailleurs en matière de protection contre les explosions soit délivrée ;

4° Les travailleurs soient équipés, en tant que de besoin, de vêtements de travail adaptés contre les risques d'inflammation.

Art. R. 4227-50. L'employeur subdivise en zones les emplacements dans lesquels des atmosphères explosives peuvent se présenter et veille à ce que les prescriptions minimales visant à assurer la protection des travailleurs soient appliquées dans ces emplacements.

Des arrêtés conjoints des ministres chargés du travail et de l'agriculture déterminent les règles de classification des emplacements et les prescriptions minimales mentionnées au premier alinéa.

Art. R. 4227-51. Les accès des emplacements dans lesquels des atmosphères explosives peuvent se présenter en quantités susceptibles de présenter un risque pour la santé et la sécurité des travailleurs sont signalés conformément aux dispositions de l'arrêté relatif à la signalisation de santé et de sécurité au travail prévu par l'article R. 4224-24.

Art. R. 4227-52. L'employeur établit et met à jour un document relatif à la protection contre les explosions, intégré au document unique d'évaluation des risques.

Ce document comporte les informations relatives au respect des obligations définies aux articles R. 4227-44 à R. 4227-48, notamment :

1° La détermination et l'évaluation des risques d'explosion ;

2° La nature des mesures prises pour assurer le respect des objectifs définis à la présente section ;

3° La classification en zones des emplacements dans lesquels des atmosphères explosives peuvent se présenter ;

4° Les emplacements auxquels s'appliquent les prescriptions minimales prévues par l'article R. 4227-50 ;

5° Les modalités et les règles selon lesquelles les lieux et les équipements de travail, y compris les dispositifs d'alarme, sont conçus, utilisés et entretenus pour assurer la sécurité ;

6° Le cas échéant, la liste des travaux devant être accomplis selon les instructions écrites de l'employeur ou dont l'exécution est subordonnée à la délivrance d'une autorisation par l'employeur ou par une personne habilitée par celui-ci à cet effet ;

7° La nature des dispositions prises pour que l'utilisation des équipements de travail soit sûre, conformément aux dispositions prévues au livre III.

Art. R. 4227-53. Lorsque des travailleurs de plusieurs entreprises sont présents sur un même lieu de travail, le chef de l'entreprise utilisatrice précise dans le document relatif à la protection contre les explosions le but, les mesures et les modalités de mise en œuvre de la coordination générale des mesures de prévention qui lui incombe en application des dispositions des articles R. 4511-5 à R. 4511-8.

Art. R. 4227-54. Le document relatif à la protection contre les explosions est élaboré avant le commencement du travail et est révisé lorsque des modifications, des extensions ou des transformations notables sont apportées notamment aux lieux, aux équipements de travail ou à l'organisation du travail.

SECTION 7. Dispenses partielles accordées par l'autorité administrative

Art. R. 4227-55. Le (D. 2009-1377 du 10 nov. 2009, JO 13; D. 2010-687 du 24 juin 2010, JO 25; voir D. 2010-1582 du 17 déc. 2010, JO 18, pour outre-mer) « directeur régional des entreprises, de la concurrence, de la consommation, du travail et de l'emploi » peut accorder une dispense temporaire ou permanente d'une partie des prescriptions prévues par le présent chapitre à un établissement, sur proposition de mesures compensatoires assurant un niveau de sécurité jugé équivalent, lorsqu'il est reconnu qu'il est pratiquement impossible d'appliquer l'une de ces prescriptions.

Art. R. 4227-56. La dispense est accordée après enquête de l'inspection du travail.

Elle est accordée après avis :

1° Du (D. 2017-1819 du 29 déc. 2017, art. 3, 43°, JO 30, entrée en vigueur le 01.01.2018) « comité social et économique » ;

2° De la commission consultative départementale de sécurité et d'accessibilité pour les établissements recevant du public.

Art. R. 4227-57. Le silence gardé pendant plus de quatre mois par le ministre compétent saisi d'un recours hiérarchique contre une décision du (D. 2009-1377 du 10 nov. 2009, JO 13; D. 2010-687 du 24 juin 2010, JO 25; voir D. 2010-1582 du 17 déc. 2010, JO 18, pour outre-mer) « directeur régional des entreprises, de la concurrence, de la consommation, du travail et de l'emploi » vaut décision de rejet.

Chapitre VIII

Installations sanitaires, restauration et hébergement

Art. L. 4228-1. (L. 2019-486 du 22 mai 2019, art. 11, VI, 8°, JO 23, entrée en vigueur le 01.01.2020) Par dérogation aux articles L. 1111-2 et L. 1111-3, pour l'application du chapitre VIII du titre II du livre II de la quatrième partie de la partie réglementaire, un décret en Conseil d'État fixe les conditions dans lesquelles l'effectif salarié et les règles de franchissement des seuils d'effectif sont déterminés.

SECTION 1 (RÉGLEMENTAIRE). Installations sanitaires

Sous-section 1. Dispositions générales

Art. R. 4228-1. L'employeur met à la disposition des travailleurs les moyens d'assurer leur propreté individuelle, notamment des vestiaires, des lavabos, des cabinets d'aisance et, le cas échéant, des douches.

Sous-section 2. Vestiaires collectifs

Art. R. 4228-2. Les vestiaires collectifs et les lavabos sont installés dans un local spécial de surface convenable, isolé des locaux de travail et de stockage et placé à proximité du passage des travailleurs.

Lorsque les vestiaires et les lavabos sont installés dans des locaux séparés, la communication entre ceux-ci doit pouvoir s'effectuer sans traverser les locaux de travail ou de stockage et sans passer par l'extérieur.

(D. 2016-1331 du 6 oct. 2016, JO 8, entrée en vigueur le 01.01.2017) « Pour les travailleurs qui ne sont pas obligés de porter des vêtements de travail spécifiques ou des équipements de protection individuelle, l'employeur peut mettre à leur disposition, en lieu et place de vestiaires collectifs, un meuble de rangement sécurisé, dédié à leurs effets personnels, placé à proximité de leur poste de travail. »

Art. R. 4228-3. Le sol et les parois des locaux affectés aux vestiaires collectifs et lavabos sont tels qu'ils permettent un nettoyage efficace.

Ces locaux sont tenus en état constant de propreté.

Art. R. 4228-4. Les locaux affectés aux vestiaires collectifs et lavabos sont aérés conformément aux règles d'aération et d'assainissement du chapitre II et convenablement chauffés.

Art. R. 4228-5. Dans les établissements employant un personnel mixte, des installations séparées sont prévues pour les travailleurs masculins et féminins.

Art. R. 4228-6. Les vestiaires collectifs sont pourvus d'un nombre suffisant de sièges et d'armoires individuelles ininflammables.

Ces armoires permettent de suspendre deux vêtements de ville.

Lorsque les vêtements de travail sont susceptibles d'être souillés de matières dangereuses, salissantes ou malodorantes, les armoires comprennent un compartiment réservé à ces vêtements.

Les armoires individuelles sont munies d'une serrure ou d'un cadenas.

Sous-section 3. **Lavabos et douches**

Art. R. 4228-7. Les lavabos sont à eau potable.

L'eau est à température réglable et est distribuée à raison d'un lavabo pour dix travailleurs au plus.

Des moyens de nettoyage et de séchage ou d'essuyage appropriés sont mis à la disposition des travailleurs. Ils sont entretenus ou changés chaque fois que cela est nécessaire.

Art. R. 4228-8. Dans les établissements où sont réalisés certains travaux insalubres et salissants, des douches sont mises à la disposition des travailleurs.

La liste de ces travaux ainsi que les conditions de mises à disposition des douches sont fixées par arrêté des ministres chargés du travail ou de l'agriculture et, en tant que de besoin, par le ministre chargé de la santé.

Art. R. 4228-9. Le sol et les parois du local affecté aux douches sont tels qu'ils permettent un nettoyage efficace.

Le local est tenu en état constant de propreté.

La température de l'eau des douches est réglable.

Sous-section 4. **Cabinets d'aisance**

Art. R. 4228-10. Il existe au moins un cabinet d'aisance et un urinoir pour vingt hommes et deux cabinets pour vingt femmes. L'effectif pris en compte est le nombre maximal de travailleurs présents simultanément dans l'établissement. Un cabinet au moins comporte un poste d'eau.

Dans les établissements employant un personnel mixte, les cabinets d'aisance sont séparés pour le personnel féminin et masculin. Les cabinets d'aisance réservés aux femmes comportent un récipient pour garnitures périodiques.

Art. R. 4228-11. Les cabinets d'aisance ne peuvent communiquer directement avec les locaux fermés dans lesquels les travailleurs sont appelés à séjourner.

Ils sont aménagés de manière à ne dégager aucune odeur.

Ils sont équipés de chasse d'eau et pourvus de papier hygiénique.

Art. R. 4228-12. Les cabinets d'aisance sont aérés conformément aux règles d'aération et d'assainissement du chapitre II et convenablement chauffés.

Art. R. 4228-13. Le sol et les parois des cabinets d'aisance sont en matériaux imperméables permettant un nettoyage efficace.

L'employeur fait procéder au nettoyage et à la désinfection des cabinets d'aisance et des urinoirs au moins une fois par jour.

Art. R. 4228-14. Les portes des cabinets d'aisance sont pleines et munies d'un dispositif de fermeture intérieure décondamnable de l'extérieur.

Art. R. 4228-15. Les effluents des cabinets d'aisance sont évacués conformément aux règlements sanitaires.

Sous-section 5. **Dispenses accordées par l'inspecteur du travail**

Art. R. 4228-16. Lorsque l'aménagement des vestiaires collectifs, lavabos et douches ne peut, pour des raisons tenant à la disposition des locaux de travail, être réalisé dans les conditions prévues par la présente section ou, pour les travailleurs handicapés, conformément à l'article R. 4225-7, l'employeur peut demander à l'inspecteur du travail de le dispenser de certaines de ces obligations.

Art. R. 4228-17. La dispense accordée par l'inspecteur du travail est subordonnée à la prise des mesures nécessaires pour assurer aux travailleurs des conditions d'hygiène correspondant dans toute la mesure du possible aux obligations mentionnées à l'article R. 4228-16.

Art. R. 4228-18. L'inspecteur du travail prend sa décision après avis du médecin du travail et du (D. 2017-1819 du 29 déc. 2017, art. 3, 43°, JO 30, entrée en vigueur le 01.01.2018) « comité social et économique ».

SECTION 2 (RÉGLEMENTAIRE). Restauration et repos

Art. R. 4228-19. Il est interdit de laisser les travailleurs prendre leur repas dans les locaux affectés au travail.

Art. R. 4228-20. Aucune boisson alcoolisée autre que le vin, la bière, le cidre et le poiré n'est autorisée sur le lieu de travail.

(D. 2014-754 du 1er juil. 2014, JO 3) « Lorsque la consommation de boissons alcoolisées, dans les conditions fixées au premier alinéa, est susceptible de porter atteinte à la sécurité et la santé physique et mentale des travailleurs, l'employeur, en application de l'article L. 4121-1 du code du travail, prévoit dans le règlement intérieur ou, à défaut, par note de service les mesures permettant de protéger la santé et la sécurité des travailleurs et de prévenir tout risque d'accident. Ces mesures, qui peuvent notamment prendre la forme d'une limitation voire d'une interdiction de cette consommation, doivent être proportionnées au but recherché. »

Art. R. 4228-21. Il est interdit de laisser entrer ou séjourner dans les lieux de travail des personnes en état d'ivresse.

Art. R. 4228-22. (D. 2019-1586 du 31 déc. 2019, JO 1er janv. 2020, entrée en vigueur le 01.01.2020) Dans les établissements d'au moins cinquante salariés, l'employeur, après avis du comité social et économique, met à leur disposition un local de restauration.

L'effectif salarié et le franchissement du seuil de cinquante salariés sont déterminés selon les modalités prévues à l'article L. 130-1 du code de la sécurité sociale. Lorsque l'entreprise comporte plusieurs établissements, les effectifs sont décomptés par établissement.

Le local de restauration mentionné au premier alinéa est pourvu de sièges et de tables en nombre suffisant et comporte un robinet d'eau potable, fraîche et chaude, pour dix usagers. Il est doté d'un moyen de conservation ou de réfrigération des aliments et des boissons et d'une installation permettant de réchauffer les plats.

Art. R. 4228-23. (D. 2019-1586 du 31 déc. 2019, JO 1er janv. 2020, entrée en vigueur le 01.01.2020) « Dans les établissements de moins de cinquante salariés, l'employeur met à leur disposition un emplacement leur permettant de se restaurer dans de bonnes conditions de santé et de sécurité.

L'effectif salarié et le franchissement du seuil de cinquante salariés sont déterminés selon les modalités prévues à l'article L. 130-1 du code de la sécurité sociale. Lorsque l'entreprise comporte plusieurs établissements, les effectifs sont décomptés par établissement. »

(D. 2016-1331 du 6 oct. 2016, JO 8, entrée en vigueur le 01.01.2017) « Par dérogation à l'article R. 4228-19, (D. 2019-1586 du 31 déc. 2019, JO 1er janv. 2020, entrée en vigueur le 01.01.2020) « l'emplacement mentionné au premier alinéa » peut, après déclaration adressée à l'agent de contrôle de l'inspection du travail et au médecin du travail par tout moyen conférant date certaine, être aménagé dans les locaux affectés au travail, dès lors que l'activité de ces locaux ne comporte pas l'emploi ou le stockage de substances ou de mélanges dangereux.

Un arrêté conjoint des ministres chargés du travail et de l'agriculture définit le contenu de la déclaration susmentionnée. »

Art. R. 4228-24. Après chaque repas, l'employeur veille au nettoyage du local de restauration ou de l'emplacement permettant de se restaurer et des équipements qui y sont installés.

Art. R. 4228-25. À défaut de local de repos, lorsque la nature des activités l'exige et après avis du (D. 2017-1819 du 29 déc. 2017, art. 3, 43°, JO 30, entrée en vigueur le 01.01.2018) « comité social et économique », le local de restauration ou l'emplacement permettant de se restaurer doit pouvoir être utilisé, en dehors des heures de repas, comme local ou emplacement de repos.

Les sièges mis à la disposition des travailleurs pour cet usage comportent des dossiers.

SECTION 3 (RÉGLEMENTAIRE). Hébergement

Art. R. 4228-26. Il est interdit d'héberger les travailleurs dans les locaux affectés à un usage industriel ou commercial.

Art. R. 4228-27. La surface et le volume habitables, au sens de l'article R. 111-2 du code de la construction et de l'habitation, des locaux affectés à l'hébergement des travailleurs ne peuvent être inférieurs à 6 mètres carrés et 15 mètres cubes par personne. Les parties de locaux d'une hauteur inférieure à 1,90 mètre ne sont pas comptées comme surface habitable.

Ces locaux sont aérés de façon permanente.

Ils sont équipés de fenêtres ou autres ouvrants de surface transparente donnant directement sur l'extérieur et munis d'un dispositif d'occultation.

Le travailleur doit pouvoir clore le logement et y accéder librement.

Art. R. 4228-28. Les équipements et caractéristiques des locaux affectés à l'hébergement doivent permettre de maintenir la température intérieure à 18° C au moins et d'éviter les condensations et les températures excessives.

Les installations électriques doivent être conformes aux dispositions réglementaires prises en application de la présente partie.

Art. R. 4228-29. Chaque couple dispose d'une chambre.

Chaque personne ou chaque couple dispose pour son usage exclusif d'une literie et du mobilier nécessaires, qui sont maintenus propres et en bon état.

Art. R. 4228-30. Les pièces à usage de dortoir ne sont occupées que par des personnes du même sexe.

Le nombre de personnes par pièce est limité à six.

Les lits sont distants les uns des autres de 80 centimètres au moins.

Il est interdit d'installer des lits superposés.

Art. R. 4228-31. Les revêtements des sols et des parois des locaux affectés à l'hébergement permettent un entretien efficace et sont refaits chaque fois que la propreté l'exige.

Art. R. 4228-32. Les locaux affectés à l'hébergement sont maintenus dans un état constant de propreté et d'hygiène.

Art. R. 4228-33. Des lavabos à eau potable et à température réglable ainsi que des serviettes et du savon sont mis à la disposition des travailleurs hébergés, à raison d'un lavabo pour trois personnes.

Art. R. 4228-34. Des cabinets d'aisance et des urinoirs sont installés à proximité des pièces destinées à l'hébergement dans les conditions déterminées par les articles R. 4228-11 et suivants.

Art. R. 4228-35. Des douches à température réglable sont installées à proximité des pièces destinées à l'hébergement, dans des cabines individuelles, à raison d'une cabine pour six personnes.

Art. R. 4228-36. Les dispositions des articles R. 4228-26 à R. 4228-35 ne sont pas applicables dans les établissements agricoles, dont les dispositions relatives à l'hébergement des travailleurs sont prévues au livre VII du code rural (Ord. 2010-462 du 6 mai 2010, JO 7) « et de la pêche maritime ».

Art. R. 4228-37. Les dispositions relatives à l'hébergement des travailleurs sont également applicables aux installations établies en dehors des limites des établissements ou chantiers.

Le contrôle de l'inspection du travail porte notamment sur l'installation et l'aménagement intérieur des locaux.

TITRE III

VIGILANCE DU DONNEUR D'ORDRE EN MATIÈRE D'HÉBERGEMENT

Note Ce titre a été introduit par la loi 2014-790 du 10 juillet 2014, art. 4, JO 11.

Chapitre unique

Obligation de vigilance et responsabilité du donneur d'ordre

Art. L. 4231-1. Tout maître d'ouvrage ou tout donneur d'ordre, informé par écrit, par un agent de contrôle mentionné à l'article L. 8271-1-2 du présent code, du fait que des salariés de son cocontractant ou d'une entreprise sous-traitante directe ou indirecte sont soumis à des conditions d'hébergement collectif incompatibles avec la dignité humaine, mentionnées à l'article 225-14 du code pénal, lui enjoint aussitôt, par écrit, de faire cesser sans délai cette situation.

À défaut de régularisation de la situation signalée, le maître d'ouvrage ou le donneur d'ordre est tenu de prendre à sa charge l'hébergement collectif des salariés, dans des conditions respectant les normes prises en application de l'article L. 4111-6 du présent code (L. 2016-1088 du 8 août 2016, art. 111, II, JO 9) «ou, le cas échéant, de l'article L. 716-1 du code rural et de la pêche maritime».

Le présent article ne s'applique pas au particulier qui contracte avec une entreprise pour son usage personnel, celui de son conjoint, de son partenaire lié par un pacte civil de solidarité, de son concubin ou de ses ascendants ou descendants.

Art. R. 4231-1. (D. 2015-364 du 30 mars 2015, art. 12, JO 31, entrée en vigueur le 01.05.2015) Pour la mise en œuvre de l'injonction prévue à l'article L. 4231-1, l'agent de contrôle apprécie notamment la vétusté manifeste des locaux ou des installations d'hébergement collectif, leur salubrité, leur taille, leur nombre ou leur équipement.

Art. R. 4231-2. (D. 2015-364 du 30 mars 2015, art. 12, JO 31, entrée en vigueur le 01.05.2015) Dès réception de l'injonction, l'employeur informe dans un délai de vingt-quatre heures le maître d'ouvrage ou le donneur d'ordre des mesures prises pour faire cesser la situation.

Le maître d'ouvrage ou le donneur d'ordre transmet aussitôt cette réponse à l'agent de contrôle auteur du signalement ou informe celui-ci dès l'expiration du délai mentionné à l'alinéa précédent de l'absence de réponse.

Art. R. 4231-3. (D. 2015-364 du 30 mars 2015, art. 12, JO 31, entrée en vigueur le 01.05.2015) En cas d'absence de régularisation effective de la situation par l'employeur, le maître d'ouvrage ou le donneur d'ordre est tenu de prendre sans délai à sa charge l'hébergement collectif des salariés dans des locaux aménagés conformément aux dispositions des articles R. 4228-26 à R. 4228-37.

Art. R. 4231-4. (D. 2015-364 du 30 mars 2015, art. 12, JO 31, entrée en vigueur le 01.05.2015) Les injonctions et les informations mentionnées aux articles (D. 2015-1327 du 21 oct. 2015, JO 23) « R. 4231-1 et R. 4231-2 » sont effectuées par tout moyen permettant de leur conférer date certaine.

LIVRE III

ÉQUIPEMENTS DE TRAVAIL ET MOYENS DE PROTECTION

TITRE Ier

CONCEPTION ET MISE SUR LE MARCHÉ DES ÉQUIPEMENTS DE TRAVAIL ET DES MOYENS DE PROTECTION

Chapitre Ier

Règles générales

SECTION 1. Principes

Art. L. 4311-1. Les équipements de travail destinés à être exposés, mis en vente, vendus, importés, loués, mis à disposition ou cédés à quelque titre que ce soit sont conçus et construits de sorte que leur mise en place, leur utilisation, leur réglage, leur maintenance, dans des conditions conformes à leur destination, n'exposent pas les personnes à un risque d'atteinte à leur santé ou leur sécurité (L. 2012-387 du 22 mars 2012, art. 54, JO 23) «et assurent, le cas échéant, la protection des animaux domestiques, des biens ainsi que de l'environnement».

Les moyens de protection, qui font l'objet des opérations mentionnées au premier alinéa, sont conçus et fabriqués de manière à protéger les personnes, dans des conditions d'utilisation et de maintenance conformes à leur destination, contre les risques pour lesquels ils sont prévus.

Art. L. 4311-2. Les équipements de travail sont les machines, appareils, outils, engins, matériels et installations.

Les moyens de protection sont les protecteurs et dispositifs de protection, les équipements et produits de protection individuelle.

Art. L. 4311-3. Il est interdit d'exposer, de mettre en vente, de vendre, d'importer, de louer, de mettre à disposition ou de céder à quelque titre que ce soit des équipements de travail et des moyens de protection qui ne répondent pas aux règles techniques du chapitre II et aux procédures de certification du chapitre III.

Art. L. 4311-4. Par dérogation aux dispositions de l'article L. 4311-3, sont permises, pour une durée déterminée, l'exposition et l'importation aux fins d'exposition dans les foires et salons autorisés d'équipements de travail ou de moyens de protection neufs ne satisfaisant pas aux dispositions de l'article L. 4311-1.

Dans ce cas, un avertissement dont les caractéristiques sont déterminées par arrêté conjoint du ministre chargé du travail et du ministre chargé de l'agriculture est placé à proximité de l'équipement de travail ou du moyen de protection faisant l'objet de l'exposition, pendant toute la durée de celle-ci.

Art. L. 4311-5. L'acheteur ou le locataire d'un équipement de travail ou d'un moyen de protection qui a été livré dans des conditions contraires aux dispositions des articles L. 4311-1 et L. 4311-3 peut, nonobstant toute clause contraire, demander la résolution de la vente ou du bail dans le délai d'une année à compter du jour de la livraison.

Le tribunal qui prononce cette résolution peut accorder des dommages et intérêts à l'acheteur ou au locataire.

Art. L. 4311-6. Outre les (L. 2016-1088 du 8 août 2016, art. 113, III, 5°, JO 9) «agents de contrôle de l'inspection du travail mentionnés à l'article L. 8112-1», les agents des douanes, les agents de la concurrence, de la consommation et de la répression des fraudes, les ingénieurs des mines, les ingénieurs de l'industrie et des mines sont compétents pour constater par procès-verbal, en dehors des lieux d'utilisation des équipements de travail et moyens de protection, les infractions aux dispositions des articles L. 4311-1 à L. 4311-4 commises à l'occasion de leur exposition, leur mise en vente, leur vente, leur importation, leur location, leur mise à disposition ou leur cession à quelque titre que ce soit.

Les agents de la concurrence, de la consommation et de la répression des fraudes disposent à cet effet des pouvoirs prévus (Ord. 2016-301 du 14 mars 2016, art. 21, JO 16) «au I de l'article L. 511-22» du code de la consommation.

SECTION 2. Dispositions d'application

Art. L. 4311-7. Pour l'application des dispositions du présent titre, des décrets en Conseil d'État, pris après avis des organisations professionnelles d'employeurs et de salariés intéressées, déterminent :

1° Les équipements de travail et les moyens de protection soumis aux obligations de sécurité définies à l'article L. 4311-1 ;

2° Les règles techniques auxquelles satisfait chaque type d'équipement de travail et de moyen de protection, prévues au chapitre II ;

3° Les procédures de certification de conformité aux règles techniques auxquelles sont soumis les fabricants, importateurs et cédants, selon le type d'équipement de travail et de moyen de protection, ainsi que les garanties dont ils bénéficient prévues au chapitre III ;

4° Les conditions dans lesquelles l'autorité administrative habilitée à contrôler la conformité peut demander au fabricant ou à l'importateur, en application de l'article L. 4313-1, communication d'une documentation technique ;

5° Les conditions dans lesquelles est organisée la procédure de sauvegarde prévue à l'article L. 4314-1 ;

6° Les conditions dans lesquelles le respect de normes est réputé satisfaire aux règles techniques ainsi que celles dans lesquelles certaines d'entre elles peuvent être rendues obligatoires.

SECTION 1 (RÉGLEMENTAIRE). Définitions et champs d'application

Sous-section 1. Dispositions communes

Art. R. 4311-1. Est considéré comme " mis pour la première fois sur le marché ", " neuf " ou " à l'état neuf ", tout équipement de travail ou moyen de protection n'ayant pas été effectivement utilisé dans un État membre de la Communauté européenne et faisant l'objet d'une exposition, d'une mise en vente, d'une vente, d'une importation, d'une location, d'une mise à disposition ou cession à quelque titre que ce soit.

Art. R. 4311-2. Est considéré comme " d'occasion ", tout équipement de travail ou moyen de protection ayant déjà été effectivement utilisé dans un État membre de la Communauté européenne et faisant l'objet d'une exposition, d'une mise en vente, d'une vente, d'une importation, d'une location, d'une mise à disposition ou d'une cession à quelque titre que ce soit.

Art. R. 4311-3. Est considéré comme " maintenu en service ", tout équipement de travail ou moyen de protection ayant déjà été effectivement utilisé dans un État membre de la Communauté européenne lorsque les opérations mentionnées à l'article R. 4311-2 sont réalisées au sein d'une même entreprise.

Il en est de même en cas de modification affectant la situation juridique de l'entreprise, notamment par succession, vente, fusion, transformation du fonds, mise en société.

Sous-section 2. Équipements de travail obéissant à des règles pour la mise sur le marché

Note Cette sous-section a été introduite par le décret 2008-1156 du 7 novembre 2008, art. 2, JO 9.

§ 1. Machines

Art. R. 4311-4. Sont soumis aux obligations de conception et de construction, pour la mise sur le marché des " machines ", les équipements de travail désignés ci-après par le mot : " machines " et figurant dans la liste ci-dessous :

1° Machines ;
2° Équipements interchangeables ;
3° Composants de sécurité ;
4° Accessoires de levage ;
5° Chaînes, câbles, sangles ;
6° Dispositifs amovibles de transmission mécanique.

Art. R. 4311-4-1. Répond à la définition de machine :

1° Un ensemble équipé ou destiné à être équipé d'un système d'entraînement autre que la force humaine ou animale appliquée directement, composé de pièces ou d'organes liés entre eux dont au moins un est mobile et qui sont réunis de façon solidaire en vue d'une application définie ;

2° Un ensemble mentionné au 1° auquel manquent seulement des organes de liaison au site d'utilisation ou de connexion aux sources d'énergie et de mouvement ;

3° Un ensemble mentionné aux 1° et 2°, prêt à être installé et qui ne peut fonctionner en l'état qu'après montage sur un moyen de transport ou installation dans un bâtiment ou une construction ;

4° Un ensemble de machines mentionnées aux 1°, 2° et 3° ou un ensemble de quasi-machines définies à l'article R. 4311-6, qui, afin de concourir à un même résultat, sont disposées et commandées de manière à être solidaires dans leur fonctionnement ;

5° Un ensemble de pièces ou d'organes liés entre eux, dont un au moins est mobile, qui sont réunis en vue de soulever des charges et dont la seule force motrice est une force humaine directement appliquée.

Art. R. 4311-4-2. Est un équipement interchangeable un dispositif qui, après la mise en service d'une machine ou d'un tracteur, est assemblé à celle-ci ou à celui-ci par l'opérateur lui-même pour modifier sa fonction ou apporter une fonction nouvelle, dans la mesure où cet équipement n'est pas un outil.

Art. R. 4311-4-3. Est un composant de sécurité un composant :

1° Qui sert à assurer une fonction de sécurité ;
2° Qui est mis isolément sur le marché ;
3° Dont la défaillance ou le mauvais fonctionnement met en danger la sécurité des personnes ;

4° Qui n'est pas indispensable au fonctionnement de la machine ou qui, du point de vue de ce seul fonctionnement, pourrait être remplacé par un composant ordinaire.

Un arrêté ministériel pris par le ministre chargé du travail ou le ministre chargé de l'agriculture liste des composants qui remplissent les critères énumérés au premier alinéa.

Art. R. 4311-4-4. Est un accessoire de levage un composant ou équipement non lié à la machine de levage, permettant la préhension de la charge, placé soit entre la machine et la charge, soit sur la charge elle-même ou destiné à faire partie intégrante de la charge et est mis isolément sur le marché.

Sont considérés comme accessoires de levage les élingues et leurs composants.

Art. R. 4311-4-5. Est une chaîne, un câble ou une sangle au sens du 5° de l'article R. 4311-4 une chaîne, un câble ou une sangle conçu et fabriqué pour le levage et faisant partie d'une machine de levage ou d'un accessoire de levage.

Art. R. 4311-4-6. Est un dispositif amovible de transmission mécanique un composant amovible destiné à la transmission de puissance entre une machine automotrice ou un tracteur et une autre machine en les reliant au premier palier fixe. Lorsque ce dispositif est mis sur le marché avec le protecteur, l'ensemble est considéré comme constituant un seul produit.

Art. R. 4311-5. Les obligations de conception et de construction pour la mise sur le marché des machines ne s'appliquent pas aux produits suivants :

1° Produits qui, bien que répondant à la définition de machines, sont soumis, de manière exclusive et spécifique, aux dispositions issues de la transposition, hors du code du travail, de directives européennes définissant leurs règles de conception et de construction ;

2° Composants de sécurité destinés à être utilisés comme pièces de rechange pour remplacer des composants identiques et fournis par le fabricant de la machine d'origine ;

3° Matériels spécifiques pour fêtes foraines ou parcs d'attraction ;

4° Machines spécialement conçues ou mises en service en vue d'un usage nucléaire et dont la défaillance peut engendrer une émission de radioactivité ;

5° Armes, y compris les armes à feu ;

6° Moyens de transport suivants :

(D. 2016-1010 du 21 juil. 2016, JO 23) « *a)* Tracteurs agricoles ou forestiers, à l'exclusion des machines montées sur ces véhicules ; »

b) Véhicules à moteur et leurs remorques visés par les dispositions de transposition de la directive 70/156/CEE du Conseil du 6 février 1970 concernant le rapprochement des législations des États membres relatives à la réception des véhicules à moteur et de leurs remorques, à l'exclusion des machines montées sur ces véhicules ;

c) Véhicules visés par les dispositions de transposition de la directive 2002/24/CE du Parlement européen et du Conseil du 18 mars 2002 relative à la réception des véhicules à moteur à deux ou trois roues, à l'exclusion des machines montées sur ces véhicules ;

d) Véhicules à moteur destinés exclusivement à la compétition ;

e) Moyens de transport par air, par eau et par réseaux ferroviaires, à l'exclusion des machines montées sur ces moyens de transport ;

7° Bateaux pour la navigation maritime et les unités mobiles off-shore ainsi que les machines installées à bord de ces bateaux ou unités ;

8° Machines spécialement conçues et construites à des fins militaires ou de maintien de l'ordre ;

9° Machines spécialement conçues et construites à des fins de recherche pour une utilisation temporaire en laboratoire ;

10° Ascenseurs équipant les puits de mine ;

11° Machines prévues pour déplacer des artistes pendant des représentations artistiques ;

12° Produits électriques et électroniques ci-après, dans la mesure où ils sont visés par les dispositions de transposition de la directive 73/23/CEE du Conseil du 19 février 1973 modifiée concernant le rapprochement des législations des États membres relatives au matériel électrique destiné à être employé dans certaines limites de tension :

a) Appareils électroménagers à usage domestique ;

b) Équipements audio et vidéo ;

c) Équipements informatiques ;

d) Machines de bureau courantes ;

e) Mécanismes de connexion et de contrôle basse tension ;

f) Moteurs électriques ;

13° Équipements électriques à haute tension suivants :
a) Appareillages de connexion et de commande ;
b) Transformateurs.

§ 2. Quasi-machines

Art. R. 4311-6. Est soumis aux règles des articles R. 4313-7 à R. 4313-11 prévues pour la mise sur le marché d'une quasi-machine tout produit répondant à la définition suivante :

Ensemble qui constitue presque une machine, mais qui ne peut assurer à lui seul une application définie.

Une quasi-machine est uniquement destinée à être incorporée ou assemblée à d'autres machines ou à d'autres quasi-machines ou équipements en vue de constituer une machine mentionnée au 1° de l'article R. 4311-4-1.

Un système d'entraînement est une quasi-machine.

§ 3. Autres équipements de travail auxquels s'appliquent des dispositions pour la mise sur le marché

Art. R. 4311-7. Les équipements de travail auxquels s'appliquent des obligations de conception et de construction autres que celles prévues pour la mise sur le marché des machines sont les suivants :

1° Tracteurs agricoles ou forestiers, ainsi que leurs entités techniques, systèmes et composants, à l'exclusion de ceux qui sont spécialement conçus pour les forces armées, la protection civile, les services de lutte contre l'incendie ou les services responsables du maintien de l'ordre ;

2° Électrificateurs de clôture ;

(D. 2018-437 du 4 juin 2018, art. 2, JO 5, entrée en vigueur le 01.07.2018) « 3° Appareil dit de radiologie industrielle, émettant des rayonnements ionisants et utilisé à d'autres fins que médicale. »

Sous-section 3. **Équipements de protection individuelle**

Art. R. 4311-8. Les équipements de protection individuelle, auxquels s'appliquent les obligations de conception et de fabrication prévues à l'article L. 4311-1, sont des dispositifs ou moyens destinés à être portés ou tenus par une personne en vue de la protéger contre un ou plusieurs risques susceptibles de menacer sa santé ou sa sécurité.

Art. R. 4311-9. Sont considérés comme des équipements de protection individuelle, au sens de l'article (D. 2008-1156 du 7 nov. 2008, art. 3, JO 9) « R. 4311-8 » :

1° Un ensemble constitué par plusieurs dispositifs ou moyens, associés de façon solidaire en vue de protéger une personne contre un ou plusieurs risques susceptibles d'être encourus simultanément ;

2° Un dispositif ou moyen protecteur solidaire, de façon dissociable ou non dissociable, d'un équipement individuel non protecteur, tel que vêtement de travail, porté ou tenu par une personne en vue de déployer une activité ;

3° Tout composant interchangeable d'un équipement de protection individuelle, indispensable à son bon fonctionnement et utilisé exclusivement pour cet équipement de protection individuelle.

Art. R. 4311-10. Les systèmes de liaison permettant de raccorder un équipement de protection individuelle à un dispositif extérieur complémentaire, même lorsque ces systèmes de liaison ne sont pas destinés à être portés ou tenus en permanence par l'utilisateur pendant la durée d'exposition aux risques, sont considérés comme faisant partie intégrante de l'équipement de protection individuelle.

Art. R. 4311-11. Ne sont pas considérés comme des équipements de protection individuelle, au sens de l'article (D. 2008-1156 du 7 nov. 2008, art. 3, JO 9) « R. 4311-8 » :

1° Les équipements de protection individuelle conçus et fabriqués spécifiquement pour les forces armées ou du maintien de l'ordre ;

2° Les équipements de protection individuelle destinés à la protection ou à la sauvegarde des personnes embarquées à bord des navires ou aéronefs, et qui ne sont pas portés en permanence ;

3° Les équipements d'autodéfense contre les agressions, tels que générateurs aérosols et armes individuelles de dissuasion ;

4° Les équipements de protection individuelle conçus et fabriqués pour un usage privé contre :

a) Les conditions atmosphériques, tels que couvre-chef, vêtements de saison, chaussures et bottes, parapluies ;

b) L'humidité, l'eau, tels que gants de vaisselle ;

c) La chaleur, tels que gants ;

5° Les casques et visières destinés aux usagers de véhicules à moteur à deux ou trois roues ;

6° Les équipements de protection individuelle qui font l'objet d'une réglementation particulière prise en application (D. 2008-1156 du 7 nov. 2008, art. 3, JO 9) « de l'article L. 221-3 » du code de la consommation, de la loi du 24 mai 1941 relative à la normalisation et du titre III du livre V du code de la santé publique ;

7° Les composants d'équipements de protection individuelle destinés à y être incorporés et qui ne sont ni essentiels ni indispensables au bon fonctionnement des équipements de protection individuelle ;

8° Les appareils portatifs pour la détection et la signalisation de risques et facteurs de nuisance.

SECTION 2 (RÉGLEMENTAIRE). Dispositions d'application

Art. R. 4311-12. (D. 2008-1156 du 7 nov. 2008, art. 4, JO 9) Les machines ainsi que les équipements de protection individuelle respectivement soumis aux règles techniques pertinentes des annexes I et II du présent titre, lorsqu'ils sont conçus et construits conformément aux normes reprises dans la collection des normes nationales et dont les références ont été publiées au *Journal officiel de l'Union européenne*, sont réputés satisfaire aux règles des annexes, traitées par ces normes.

Art. R. 4311-13. (D. 2008-1156 du 7 nov. 2008, art. 4, JO 9) Dans les cas autres que ceux mentionnés à l'article R. 4311-12, un décret peut rendre des normes obligatoires.

Chapitre II (réglementaire)

Règles techniques de conception

SECTION 1. Équipements de travail

Sous-section 1. Équipements de travail neufs ou considérés comme neufs

Note Cette sous-section a été introduite par le décret 2008-1156 du 7 novembre 2008, art. 5, JO 9.

Art. R. 4312-1. Les machines neuves ou considérées comme neuves au sens de l'article R. 4311-1 sont soumises aux règles techniques prévues par l'annexe I figurant à la fin du présent titre.

Art. R. 4312-1-1. (D. 2016-1010 du 21 juil. 2016, JO 23) Les tracteurs agricoles ou forestiers et leurs entités techniques, systèmes ou composants sont soumis au règlement (UE) n° 167/2013 du Parlement européen et du Conseil du 5 février 2013 relatif à la réception et à la surveillance du marché des véhicules agricoles et forestiers, dans les conditions définies à l'article 2.3 de ce règlement, ainsi qu'au décret n° 2005-1236 du 30 septembre 2005 relatif aux règles, prescriptions et procédures applicables aux tracteurs agricoles ou forestiers et à leurs dispositifs.

Art. R. 4312-1-2. Les électrificateurs de clôture sont soumis au décret n° 96-216 du 14 mars 1996 relatif aux règles techniques et à la procédure de certification applicables aux électrificateurs de clôture.

Art. R. 4312-1-3. (D. 2018-437 du 4 juin 2018, art. 2, JO 5, entrée en vigueur le 01.07.2018) Les appareils de radiologie industrielle visés au 3° de l'article R. 4311-7 sont soumis aux règles techniques de conception et de construction et à la procédure de certification prévues par décret en Conseil d'État.

Sous-section 2. Équipements d'occasion

Note Les articles R. 4312-2 à R. 4312-5 sont les anciens articles R. 4312-19 à R. 4312-22 (décret 2008-1156 du 7 novembre 2008, art. 6, JO 9).

Art. R. 4312-2. Les machines d'occasion, soumises lors de leur mise en service à l'état neuf aux règles techniques de conception et de construction prévues à l'annexe I de l'article R. 4312-1, demeurent soumises aux règles de cette annexe.

Celles de ces machines qui n'étaient pas soumises à ces règles lors de leur mise en service à l'état neuf sont soumises aux règles techniques d'utilisation définies par le chapitre IV du titre II.

Art. R. 4312-2-1. (D. 2016-1010 du 21 juil. 2016, JO 23) Les tracteurs agricoles ou forestiers et leurs entités techniques, systèmes ou composants d'occasion sont soumis au décret n° 2005-1236 du 30 septembre 2005 relatif aux règles, prescriptions et procédures applicables aux tracteurs agricoles ou forestiers et à leurs dispositifs.

Art. R. 4312-3. Les accessoires de levage, les câbles, chaînes et sangles de levage d'occasion, quelle que soit leur date de mise en service à l'état neuf, sont soumis aux règles techniques de conception et de construction prévues à l'annexe I de l'article R. 4312-1.

Art. R. 4312-4. Les composants de sécurité d'occasion, quelle que soit leur date de mise en service à l'état neuf, sont soumis aux règles techniques de conception et de construction prévues à l'annexe I de l'article R. 4312-1.

Toutefois, les structures de protection conformes au décret n° 90-490 du 15 juin 1990 et les autres composants de sécurité conformes à un modèle ayant fait l'objet d'un visa d'examen technique ou d'une attestation d'examen de type délivré conformément aux décrets pris pour l'application de l'article L. 233-5 du code du travail, dans sa rédaction issue de la loi n° 76-1106 du 6 décembre 1976, en vigueur jusqu'au 31 décembre 1992, sont considérés comme conformes à l'obligation définie au premier alinéa.

Art. R. 4312-5. À condition de satisfaire aux obligations définies à l'article L. 4311-1, les matériels d'occasion peuvent, quand ils sont conformes à la réglementation des matériels d'occasion en vigueur dans l'État membre de la Communauté européenne dont ils proviennent, faire l'objet des seules opérations mentionnées à ce même article.

Dans ce cas, le certificat de conformité prévu par l'article (D. 2008-1156 du 7 nov. 2008, art. 6, JO 9) « R. 4313-15 » indique de manière précise les références de la réglementation appliquée.

S'il y a lieu, ces matériels sont mis par l'employeur en conformité avec les règles techniques d'utilisation prévues par le chapitre IV du titre II.

SECTION 2. Équipements de protection individuelle

Note Les articles R. 4312-6 à R. 4312-9 sont les anciens articles R. 4312-23 à R. 4312-26 (décret 2008-1156 du 7 novembre 2008, art. 7, JO 9).

Sous-section 1. Équipements neufs ou considérés comme neufs

Art. R. 4312-6. Les équipements de protection individuelle, neufs ou considérés comme neufs, sont soumis aux règles techniques de conception et de fabrication prévues par l'annexe II figurant à la fin du présent titre.

Sous-section 2. Équipements d'occasion

Art. R. 4312-7. Les équipements de protection individuelle d'occasion, quelle que soit leur date de mise en service à l'état neuf, sont soumis aux règles techniques de conception et de fabrication prévues par l'annexe II figurant à la fin du présent titre.

Ils sont accompagnés de la notice d'instructions les concernant.

Art. R. 4312-8. Les équipements de protection individuelle d'occasion suivants ne peuvent être exposés, mis en vente, vendus, importés, loués, mis à disposition ou cédés à quelque titre que ce soit en vue de leur mise en service ou utilisation :

1° Équipements à usage unique ;
2° Équipements dont la date de péremption ou la durée d'utilisation est dépassée ;
3° Équipements ayant subi un dommage quelconque, même réparés ;
4° Casques de protection de la tête contre les chocs mécaniques ;
5° Équipements de protection contre les agents infectieux ;
6° Équipements mentionnés par l'article (D. 2008-1156 du 7 nov. 2008, art. 7, JO 9) « R. 4313-82 », à l'exception des appareils de protection respiratoire destinés à la plongée.

Art. R. 4312-9. Les équipements de protection individuelle d'occasion suivants peuvent être mis à disposition ou loués pour la pratique d'activités non professionnelles sportives ou de loisirs, (D. 2008-1156 du 7 nov. 2008, art. 7, JO 9) « sous réserve du respect des dispositions de l'article R. 4313-16 » :

1° Casques de cavaliers ;

2° Équipements de protection contre les chutes de hauteur.

Chapitre III

Procédures de certification de conformité

Art. L. 4313-1. L'autorité administrative habilitée à contrôler la conformité des équipements de travail et des moyens de protection peut demander au fabricant ou à l'importateur communication d'une documentation technique dont le contenu est déterminé par voie réglementaire.

Les personnes ayant accès à cette documentation technique sont tenues au secret professionnel pour toutes les informations relatives aux procédés de fabrication et d'exploitation.

SECTION 1 (RÉGLEMENTAIRE). Formalités préalables à la mise sur le marché

Note Les sections 1 à 5 ont été introduites par le décret 2008-1156 du 7 novembre 2008, art. 8, JO 9.

Sous-section 1. Machines, quasi-machines et équipements de protection individuelle neufs ou considérés comme neufs

§ 1. Machines et équipements de protection individuelle

Art. R. 4313-1. Le fabricant, l'importateur ou tout autre responsable de la mise sur le marché d'un exemplaire neuf ou considéré comme neuf d'une machine ainsi que d'un équipement de protection individuelle, respectivement soumis aux règles techniques des annexes I ou II, établit et signe une déclaration CE de conformité par laquelle il atteste que cette machine ou cet équipement de protection individuelle est conforme aux règles techniques pertinentes de l'annexe qui le concerne et a satisfait aux procédures d'évaluation de la conformité applicables.

Art. R. 4313-2. La déclaration CE de conformité est remise au preneur lors de la vente, de la location, de la cession ou de la mise à disposition à quelque titre que ce soit d'une machine.

Art. R. 4313-3. Un marquage de conformité, constitué par le sigle CE, est apposé de manière visible, lisible et indélébile sur chaque exemplaire de machine ainsi que sur chaque exemplaire d'équipement de protection individuelle.

Art. R. 4313-4. Lorsque, compte tenu des caractéristiques de l'équipement de protection individuelle, l'apposition du marquage CE sur les exemplaires n'est pas possible, celui-ci figure sur l'emballage.

Art. R. 4313-5. Le marquage CE est apposé par le fabricant, l'importateur ou tout autre responsable de la mise sur le marché qui atteste qu'une machine ou un équipement de protection individuelle est conforme aux règles techniques pertinentes de l'annexe figurant à la fin de ce titre qui le concerne et a satisfait aux procédures d'évaluation de la conformité applicables.

Art. R. 4313-6. L'exposition, la mise en vente, la vente, la location, l'importation, la cession ou la mise à disposition à quelque titre que ce soit d'une machine ou d'un équipement de protection individuelle neuf ou considéré comme neuf soumis à une procédure d'évaluation de la conformité est subordonnée à la constitution par le fabricant, l'importateur ou par tout autre responsable de la mise sur le marché d'un dossier technique relatif aux moyens mis en œuvre pour en assurer la conformité aux règles techniques applicables.

Ce dossier est disponible ou peut l'être dans de brefs délais.

§ 2. Quasi-machines

Art. R. 4313-7. Le fabricant, l'importateur ou tout autre responsable de la mise sur le marché d'une quasi-machine veille, avant sa mise sur le marché, à ce que soient établies :

1° La documentation technique pertinente ;

2° La notice d'assemblage ;
3° La déclaration d'incorporation.

Art. R. 4313-8. La documentation technique pertinente précise les règles techniques de l'annexe I figurant à la fin du présent titre qui sont appliquées pour la quasi-machine. Elle couvre la conception, la fabrication et le fonctionnement de la quasi-machine dans la mesure nécessaire à l'évaluation de la conformité avec ces règles techniques.
Cette documentation technique est disponible ou peut l'être dans de brefs délais.

Art. R. 4313-9. La notice d'assemblage d'une quasi-machine contient la description des conditions à remplir pour une incorporation adéquate dans la machine finale ne compromettant pas la santé et la sécurité.
Elle est rédigée dans la langue officielle de la Communauté européenne acceptée par le fabricant de la machine dans laquelle la quasi-machine est destinée à être incorporée.

Art. R. 4313-10. Le fabricant, l'importateur ou tout autre responsable de la mise sur le marché d'une quasi-machine établit et signe une déclaration d'incorporation par laquelle il déclare les règles techniques de l'annexe I figurant à la fin du présent titre qui sont appliquées à la quasi-machine, précise que la documentation prévue à l'article R. 4313-8 est constituée et, le cas échéant, indique les autres dispositions réglementaires transposant des directives européennes auxquelles la quasi-machine est conforme.

Art. R. 4313-11. La notice d'assemblage ainsi que la déclaration d'incorporation accompagnent la quasi-machine jusqu'à son incorporation dans la machine finale et font partie du dossier technique de cette machine.

§ 3. Dispositions d'application

Art. R. 4313-12. Des arrêtés conjoints des ministres chargés du travail, de l'agriculture, des douanes, de l'industrie et de la consommation fixent :
1° Le contenu de la déclaration de conformité pour les machines ;
2° Le modèle de la déclaration de conformité pour les équipements de protection individuelle ;
3° Le contenu de la déclaration d'incorporation pour les quasi-machines ;
4° L'emplacement, le modèle du marquage CE et les autres indications qui l'accompagnent ;
5° Les éléments constitutifs du dossier technique d'une machine ou d'un équipement de protection individuelle ;
6° Les éléments constitutifs de la documentation pertinente pour les quasi-machines.

Art. R. 4313-13. La délivrance de la déclaration CE de conformité ou de la déclaration d'incorporation ainsi que l'apposition du marquage CE réalisés dans un État membre de la Communauté européenne produisent les mêmes effets que les formalités correspondantes réalisées dans les conditions prévues par la présente sous-section.

Sous-section 2. **Équipements de travail et équipements de protection individuelle d'occasion**

Art. R. 4313-14. Lors de la vente, de la location, de la cession ou de la mise à disposition à quelque titre que ce soit, en vue de son utilisation, d'un équipement de travail d'occasion ainsi que lors de la vente ou de la cession à quelque titre que ce soit, en vue de son utilisation, d'un équipement de protection individuelle d'occasion mentionné à la section 1 du chapitre Ier du présent titre, le responsable de l'opération remet au preneur un certificat de conformité par lequel il atteste que le produit concerné est conforme aux règles techniques qui lui sont applicables.

Art. R. 4313-15. Le contenu du certificat de conformité est prévu par arrêté conjoint des ministres chargés du travail, de l'agriculture, des douanes, de l'industrie et de la consommation.

Art. R. 4313-16. Le responsable de la location ou de la mise à disposition réitérée d'un équipement de protection individuelle d'occasion s'assure du maintien en état de conformité de cet équipement en suivant, notamment, les instructions prévues au a du I du paragraphe 1.4 de l'annexe II qui figurent à la fin du présent titre et en procédant, le cas échéant, aux vérifications générales périodiques prévues à l'article R. 4323-99.
Un arrêté des ministres chargés du travail ou de l'agriculture précise les éléments dont le responsable des opérations prévues au présent article dispose afin d'établir le maintien en conformité de

l'équipement de protection individuelle. Il communique ces éléments sur demande du preneur de l'équipement de protection individuelle ou des autorités de contrôle.

Sous-section 3. **Interdictions**

Art. R. 4313-17. Il est interdit d'exposer, de mettre en vente, de vendre, d'importer, de louer, de mettre à disposition ou de céder à quelque titre que ce soit un équipement de travail ou un équipement de protection individuelle pour lesquels les formalités préalables à la mise sur le marché n'ont pas été accomplies.

Lorsque ni le fabricant ni l'importateur n'ont satisfait aux obligations qui leur incombent conformément au présent chapitre, celles-ci, à l'exception des obligations prévues pour les machines par la sous-section 2 de la section 2 du chapitre III et pour les équipements de protection individuelle par la sous-section 3 de la section 2 du chapitre III, sont accomplies par tout responsable d'une opération mentionnée au premier alinéa.

Art. R. 4313-18. Il est interdit d'apposer sur une machine ou sur un équipement de protection individuelle, sur son emballage ou sur tout document le concernant tout marquage, signe ou inscription de nature à induire en erreur sur la signification, le graphisme, ou les deux à la fois, du marquage CE.

Un autre marquage peut être apposé sur les machines ainsi que sur les équipements de protection individuelle s'il ne porte pas préjudice à la visibilité, à la lisibilité ainsi qu'à la signification du marquage CE.

SECTION 2 (RÉGLEMENTAIRE). Les procédures d'évaluation de la conformité

Sous-section 1. **Dispositions communes**

Art. R. 4313-19. L'issue de la procédure d'évaluation de la conformité d'une machine ou d'un équipement de protection individuelle, prévue à la présente section, peut être subordonnée :

1° Au résultat de vérifications même inopinées, réalisées par des organismes notifiés dans les locaux de fabrication ou de stockage de machines ou d'équipements de protection individuelle qui, s'ils se révélaient non conformes, seraient susceptibles d'exposer les personnes intéressées à un risque grave ;

2° Au résultat d'examen ou d'essais, même destructifs, lorsque l'état de la technique le requiert.

Sous-section 2. **Procédures d'évaluation de la conformité applicables aux machines ainsi qu'aux équipements de protection individuelle**

§ 1. Évaluation de la conformité avec contrôle interne de la fabrication dite aussi procédure « d'autocertification CE »

Art. R. 4313-20. La procédure de contrôle interne de la fabrication est la procédure par laquelle le fabricant s'assure qu'une machine ou un équipement de protection individuelle satisfait aux règles techniques pertinentes de l'annexe applicable et établit, sous sa responsabilité, une déclaration de conformité en ce sens.

Art. R. 4313-21. Le fabricant prend les mesures nécessaires pour garantir, dans le processus de fabrication, que la machine ou l'équipement de protection individuelle est conforme à la machine ou à l'équipement de protection individuelle faisant l'objet du dossier technique ainsi qu'aux règles techniques pertinentes.

Art. R. 4313-22. Le fabricant, l'importateur ou tout autre responsable de la mise sur le marché établit pour chaque type de machine ou d'équipement de protection individuelle le dossier technique prévu à l'article R. 4313-6.

§ 2. Examen CE de type

Art. R. 4313-23. La procédure dite " examen CE de type " est la procédure par laquelle un organisme notifié constate et atteste qu'un modèle de machine ou d'équipement de protection individuelle est conforme aux règles techniques le concernant.

Art. R. 4313-24. La demande d'examen CE de type ne peut être introduite par le fabricant ou l'importateur qu'auprès d'un seul organisme notifié dans la Communauté européenne pour un modèle de machine ou d'équipement de protection individuelle.

Art. R. 4313-25. La demande d'examen CE de type comporte :

1° Les nom et adresse du fabricant ou de l'importateur ;

2° Le lieu de fabrication de la machine ou de l'équipement de protection individuelle ;

3° Le dossier technique prévu par l'article R. 4313-6.

Art. R. 4313-26. Lorsqu'il s'agit d'une machine, la demande d'examen CE de type est accompagnée d'un exemplaire du modèle ou de l'indication du lieu où le modèle peut être examiné.

Lorsqu'il s'agit d'un équipement de protection individuelle, la demande est accompagnée du nombre d'exemplaires du modèle nécessaire à l'examen.

Art. R. 4313-27. Lorsque l'organisme notifié a son siège en France, la correspondance relative à la demande d'examen CE de type et le dossier technique sont rédigés en français ou dans une langue officielle de la Communauté européenne acceptée par l'organisme notifié.

Art. R. 4313-28. L'organisme notifié, saisi de la demande d'examen CE de type, procède à l'examen du dossier technique et à l'examen du modèle de machine ou d'équipement de protection individuelle.

Art. R. 4313-29. Lorsqu'il s'agit d'une machine, l'organisme notifié procède aux examens et essais lui permettant de s'assurer que :

1° Le dossier technique comporte tous les éléments nécessaires ;

2° La machine a été fabriquée conformément aux indications contenues dans le dossier technique ;

3° La machine peut être utilisée en sécurité dans les conditions prévues d'utilisation ;

4° S'il s'agit d'un composant de sécurité mentionné au 3° de l'article R. 4311-4, que ce composant est apte à remplir les fonctions de sécurité prévues ;

5° Si le dossier technique fait référence à des normes mentionnées à l'article L. 4311-7, ces normes ont été correctement utilisées ;

6° La machine est conforme aux règles techniques qui lui sont applicables.

Art. R. 4313-30. Lorsqu'il s'agit d'un équipement de protection individuelle, l'organisme notifié procède aux examens et essais lui permettant de s'assurer que :

1° Le dossier technique comporte tous les éléments nécessaires. Si ce dossier fait référence à des normes mentionnées à l'article L. 4311-7, l'organisme s'assure qu'il comporte toutes les indications exigées par ces normes. Si ce dossier ne fait pas référence à de telles normes ou ne s'y réfère qu'en application d'une partie des règles techniques applicables ou s'il n'existe pas de telles normes, l'organisme s'assure que, pour l'équipement soumis à examen, les spécifications techniques utilisées pour l'application des règles techniques ne se référant pas à ces normes sont conformes à ces règles techniques ;

2° Le modèle d'équipement de protection individuelle a été fabriqué conformément aux indications contenues dans le dossier technique et peut être utilisé en sécurité conformément à sa destination. L'organisme s'assure que l'équipement de protection individuelle est conforme aux règles techniques qui lui sont applicables. À cet effet, il réalise les examens et essais appropriés pour s'assurer, selon le cas, de la conformité du modèle d'équipement de protection individuelle :

a) Soit aux normes auxquelles fait référence le dossier technique ;

b) Soit aux spécifications techniques utilisées si ces spécifications techniques ont été au préalable reconnues conformes aux règles techniques applicables à l'équipement de protection individuelle.

Art. R. 4313-31. Lorsque l'organisme notifié décide que le modèle de machine ou d'équipement de protection individuelle examiné est conforme aux règles techniques le concernant, il établit une attestation d'examen CE de type.

L'attestation reproduit les conclusions de l'examen, indique les conditions dont elle est éventuellement assortie et comprend les descriptions et dessins nécessaires pour identifier le modèle faisant l'objet de l'attestation.

Art. R. 4313-32. Lorsque l'organisme notifié décide que le modèle de machine ou d'équipement de protection individuelle n'est pas conforme aux règles techniques le concernant, il fait connaître au demandeur son refus de lui délivrer une attestation d'examen CE de type et en informe les autres organismes notifiés de la Communauté européenne.

Art. R. 4313-33. L'organisme notifié informe le demandeur, par lettre recommandée avec accusé de réception, de la date à laquelle le dossier technique est complet. Il lui fait connaître sa décision sur la demande d'examen CE de type, par lettre recommandée avec avis de réception, dans un délai de trois mois, à compter de cette date.

Art. R. 4313-34. Lorsque l'organisme n'a pas fait connaître sa décision dans le délai prévu à l'article précédent, le demandeur peut, au plus tard dans les deux mois qui suivent l'expiration de ce délai, saisir le ministre chargé du travail d'une réclamation. Celui-ci peut, autoriser le demandeur à s'adresser à un autre organisme notifié.

Art. R. 4313-35. Les décisions portant délivrance ou refus d'une attestation d'examen CE de type peuvent, lorsqu'elles sont prises par un organisme notifié situé sur le territoire français, faire l'objet d'une réclamation devant le ministre chargé du travail, au plus tard dans un délai de deux mois à compter de la notification de la décision au demandeur.

Art. R. 4313-36. Si la décision d'un organisme notifié n'apparaît pas justifiée, le ministre chargé du travail, saisi d'une réclamation, peut réformer cette décision après avis du (D. 2016-1834 du 22 déc. 2016, JO 24) « Conseil d'orientation des conditions de travail », après que le réclamant, le demandeur de l'attestation d'examen CE de type s'il est différent du réclamant et l'organisme notifié en cause, ont été invités à présenter leurs observations. Il prend sa décision dans un délai de deux mois.

Le silence gardé pendant plus de deux mois sur une réclamation vaut décision de rejet.

Art. R. 4313-37. Préalablement à l'exposition, la mise en vente, la vente, l'importation, la location, la mise à disposition ou la cession à quelque titre que ce soit d'un exemplaire neuf de machine ou d'équipement de protection individuelle ayant fait l'objet d'une attestation d'examen CE de type, le responsable de l'opération s'assure de la conformité de l'exemplaire en cause avec le modèle pour lequel a été délivrée l'attestation.

La déclaration CE de conformité prévue par l'article R. 4313-1 ne peut être établie et délivrée et le marquage CE de conformité prévu par l'article R. 4313-3 ne peut être apposé que si l'exemplaire concerné est conforme au modèle pour lequel l'attestation d'examen CE de type a été délivrée.

Art. R. 4313-38. Toute modification d'une machine ou d'un équipement de protection individuelle, ayant fait l'objet d'une attestation d'examen CE de type, réalisée par le fabricant ou l'importateur, est portée à la connaissance de l'organisme ayant délivré l'attestation.

L'organisme prend connaissance de ces modifications et s'assure que celles-ci n'exigent pas un nouvel examen de conformité. Dans ce cas, il fait savoir au fabricant ou à l'importateur que l'attestation d'examen CE de type reste valable pour le modèle ainsi modifié.

Dans le cas contraire, l'organisme fait savoir au fabricant ou à l'importateur que l'attestation d'examen CE de type cesse d'être valable. Si le fabricant ou l'importateur entend maintenir ces modifications, il dépose une nouvelle demande d'examen CE de type dans les conditions et selon les modalités prévues par la présente sous-section.

Art. R. 4313-39. L'attestation d'examen CE de type peut être retirée à tout moment par l'organisme notifié qui l'a délivrée s'il apparaît à l'expérience que les règles techniques applicables ne sont pas prises en compte.

La décision est prise après que le titulaire de l'attestation a été appelé à présenter ses observations. Cette décision est motivée par des non-conformités suffisamment importantes pour justifier la remise en cause de la décision initiale.

L'organisme notifié informe de sa décision le ministre chargé du travail et les autres organismes notifiés de la Communauté européenne.

La décision de retrait peut faire l'objet d'une réclamation dans les conditions prévues à l'article R. 4313-35.

Art. R. 4313-40. S'agissant des machines, le fabricant ou l'importateur demande à l'organisme notifié qui a délivré une attestation d'examen CE de type de réexaminer la validité de cette attestation, tous les cinq ans.

Art. R. 4313-41. Si l'organisme notifié, après avoir procédé aux examens nécessaires, estime que l'attestation reste valable compte tenu de l'état de la technique, il la renouvelle pour une durée de cinq ans.

Art. R. 4313-42. Les décisions de renouvellement ou de refus de renouvellement d'une attestation d'examen CE de type peuvent faire l'objet d'une réclamation dans les conditions fixées à l'article R. 4313-35.

Sous-section 3. **Le système d'assurance qualité complète**

Art. R. 4313-43. La procédure d'assurance qualité complète est celle par laquelle un organisme notifié évalue, approuve le système de qualité d'un fabricant de machines et en contrôle l'application.

À cette fin, l'organisme notifié s'assure que toutes les mesures ont été prises concernant la conception, la fabrication, l'inspection finale et le stockage.

Art. R. 4313-44. Pour obtenir l'approbation de son système de qualité, le fabricant introduit, auprès d'un organisme, une demande d'évaluation qui comprend :

1° Le nom et l'adresse du fabricant ;

2° Les lieux de conception, de fabrication, d'inspection, d'essai et de stockage ;

3° Le dossier technique prévu à l'article R. 4313-6 pour un modèle de chaque machine citée à l'article (D. 2011-1480 du 9 nov. 2011, JO 10) « R. 4313-78 » ;

4° La documentation sur le système de qualité ;

5° Une déclaration écrite spécifiant qu'une même demande n'a pas été introduite auprès d'un autre organisme notifié.

Art. R. 4313-45. Le système d'assurance qualité est mis en œuvre pour assurer la conformité des machines aux règles techniques les concernant. À cette fin tous les éléments, exigences et dispositions adoptés par le fabricant figurent dans une documentation tenue de manière systématique et rationnelle sous forme de mesures, procédures et instructions écrites. Cette documentation comprend, en particulier, une description adéquate :

1° Des objectifs de qualité, de l'organigramme et des responsabilités et des pouvoirs des cadres en matière de conception et de qualité des machines ;

2° Des solutions techniques adoptées pour se conformer aux règles techniques applicables ;

3° Des techniques mises en œuvre en termes d'inspection et de vérification ainsi que des actions mises en œuvre lors de la conception puis de la fabrication ;

4° Des inspections et essais effectués avant, pendant et après la fabrication avec indication de leur fréquence ;

5° Des dossiers de qualité : rapport d'inspection, résultats d'essais et d'étalonnage, rapport sur la qualification du personnel concerné ;

6° Des moyens prévus pour contrôler la réalisation de la conception et de la qualité voulues des machines ainsi que le fonctionnement effectif du système qualité.

Art. R. 4313-46. Lorsqu'il évalue le système de qualité, l'organisme notifié considère que les éléments du système qualité qui sont conformes à la norme harmonisée pertinente satisfont aux prescriptions correspondantes de l'article R. 4313-45.

Art. R. 4313-47. Pour l'évaluation du système de qualité d'un fabricant de machine, l'organisme notifié s'appuie sur une équipe d'auditeurs qui compte, au moins, un membre expérimenté dans l'évaluation de la technologie des machines. Cette équipe procède à l'examen du dossier technique prévu à l'article R. 4313-6. La procédure d'évaluation comporte une visite d'inspection dans les installations du fabricant.

Art. R. 4313-48. Après avoir procédé à l'évaluation du système, l'organisme notifie sa décision d'approbation du système qualité ou de refus.

La décision de l'organisme notifié peut faire l'objet d'une réclamation dans les conditions prévues par l'article R. 4313-35.

Art. R. 4313-49. Le fabricant informe l'organisme notifié de tout projet de modification de ce système approuvé. L'organisme notifié examine les modifications proposées et décide s'il continue de répondre aux dispositions de l'article R. 4313-45. La décision est notifiée et peut faire l'objet d'une réclamation dans les conditions prévues à l'article R. 4313-35.

Art. R. 4313-50. Le fabricant s'engage à remplir toutes les conditions nécessaires pour que le système de qualité approuvé demeure effectif.

Art. R. 4313-51. L'organisme notifié contrôle, par surveillance, que le fabricant remplit correctement les obligations qui découlent du système d'assurance qualité approuvé.

Art. R. 4313-52. Le fabricant autorise l'organisme notifié à accéder aux lieux de conception, de fabrication, d'inspection, d'essais et de stockage et fournit toutes les informations nécessaires, notamment :

1° La documentation sur le système de qualité ;

2° Les dossiers de qualité prévus, d'une part, dans la partie du système de qualité consacrée à la conception et, d'autre part, dans la partie consacrée à sa fabrication.

Art. R. 4313-53. L'organisme notifié procède à des audits périodiques pour s'assurer que le fabricant maintient et applique le système de qualité approuvé. Il fournit un rapport d'audit au fabricant.

La fréquence des audits est telle qu'une réévaluation complète est menée tous les trois ans.

Art. R. 4313-54. L'organisme notifié effectue, à l'improviste chez le fabricant, des visites dont la nécessité et la fréquence sont déterminées sur la base du système de contrôle géré par l'organisme. Au nombre des critères de choix de l'organisme figurent :

1° Les résultats des visites de surveillance antérieure ;

2° Le suivi qu'impose la mise en œuvre de mesures correctives ;

3° Les conditions spéciales liées à l'approbation du système ;

4° Les modifications significatives dans l'organisation du processus, des mesures ou des techniques de production.

Le cas échéant, l'organisme fait effectuer des essais. Les visites et les essais font l'objet d'un rapport remis au fabricant.

Art. R. 4313-55. Le fabricant tient à disposition des autorités nationales, pendant dix ans à compter de la dernière date de fabrication, les éléments à transmettre avec toute demande d'évaluation du système qualité énumérés à l'article R. 4313-44 ainsi que les décisions et rapports prévus aux articles R. 4313-48, R. 4313-49, R. 4313-53 et R. 4313-54.

Art. R. 4313-56. Lorsque l'organisme estime que les conditions nécessaires à l'approbation du système de qualité ne sont plus remplies, il retire cette approbation. Ce retrait interdit la mise sur le marché de la machine.

Sous-section 4. **Procédures d'évaluation de la conformité applicables aux équipements de protection individuelle**

§ 1. Le système de garantie de qualité CE

Art. R. 4313-57. Le " système de garantie de qualité CE " est la procédure par laquelle un organisme notifié atteste que le fabricant a pris toutes mesures nécessaires pour que le procédé de fabrication, y compris l'inspection finale et les essais des équipements de protection individuelle, assure l'homogénéité de sa production et la conformité de chaque exemplaire d'équipement de protection individuelle soumis à cette procédure avec le modèle ayant fait l'objet de l'attestation d'examen CE de type et avec les règles techniques qui lui sont applicables.

Art. R. 4313-58. Pour chaque modèle d'équipement de protection individuelle fabriqué, un organisme notifié choisi par le fabricant prélève un échantillonnage adéquat de l'équipement de protection individuelle à des intervalles aléatoires, au moins une fois par an. Sous sa responsabilité, il l'examine et réalise sur cet échantillonnage les essais appropriés définis par les normes mentionnées au 6° de l'article L. 4311-7 ou nécessaires pour s'assurer de la conformité des échantillons d'équipement de protection individuelle avec les règles techniques qui leur sont applicables. L'organisme notifié, s'il n'est pas celui qui a délivré l'attestation d'examen CE de type, prend contact avec ce dernier en cas de difficulté pour apprécier la conformité des équipements de protection individuelle prélevés dans l'échantillonnage. L'organisme notifié adresse au fabricant un rapport d'expertise dans un délai de deux mois suivant celle-ci.

Art. R. 4313-59. Lorsque le rapport prévu par l'article R. 4313-58 conclut à une absence d'homogénéité de la production ou à l'absence de conformité des échantillons d'équipement de protection individuelle examinés avec le modèle décrit dans l'attestation d'examen CE de type et les règles techniques applicables, l'organisme notifié prend les mesures qui s'imposent en fonction des défauts constatés et en informe le ministre chargé du travail. Le délai dans lequel le rapport d'expertise est adressé au fabricant est réduit au temps strictement nécessaire pour la rédaction et la transmission de ce rapport.

Art. R. 4313-60. Les mesures mentionnées à l'article R. 4313-59 peuvent être constituées par une augmentation de la périodicité des prélèvements d'échantillonnage, une demande de modification des procédés de fabrication y compris d'inspection finale, une demande de rappel ou de mise au rebut des lots défectueux. La charge financière résultant de la mise en œuvre de ces mesures est supportée par le fabricant. Si ces mesures n'apparaissent pas suffisantes ou ne sont pas respectées, la procédure de sauvegarde prévue au chapitre IV peut être mise en œuvre.

Art. R. 4313-61. Les possibilités de réclamation prévues par l'article R. 4313-35 sont applicables aux décisions de l'organisme notifié prévues au présent paragraphe.

§ 2. Le système d'assurance qualité CE de la production avec surveillance

Art. R. 4313-62. Le système d'assurance qualité CE de la production avec surveillance est la procédure par laquelle un fabricant :

1° Fait approuver un système d'assurance qualité par un organisme notifié de son choix ;

2° Confie à cet organisme le soin de contrôler, par surveillance, qu'il remplit correctement les obligations résultant du système d'assurance qualité approuvé.

Art. R. 4313-63. Pour être approuvé, le système d'assurance qualité CE de la production, proposé par le fabricant, garantit que chaque exemplaire d'équipement de protection individuelle, soumis à cette procédure, est conforme au modèle ayant fait l'objet de l'attestation d'examen CE de type et aux règles techniques qui lui sont applicables.

Art. R. 4313-64. Pour bénéficier d'un système approuvé d'assurance qualité, le fabricant dépose une demande d'évaluation de son système auprès d'un organisme notifié de son choix. Cette demande comporte :

1° Toutes les informations relatives aux équipements de protection individuelle envisagés, y compris le dossier technique prévu à l'article R. 4313-6 relatif au modèle ayant fait l'objet d'une attestation d'examen CE de type ;

2° La documentation sur le système d'assurance qualité ;

3° L'engagement de remplir les obligations découlant du système d'assurance qualité et de maintenir l'efficacité de ce système.

Art. R. 4313-65. La documentation sur le système d'assurance qualité comprend notamment une description :

1° Des objectifs de qualité, de l'organigramme et de la répartition des compétences chez le fabricant dans les domaines relatifs à la qualité des équipements de protection individuelle ;

2° Des examens, inspections et essais à réaliser par le fabricant ;

3° Des moyens destinés à vérifier le fonctionnement efficace du système d'assurance qualité.

Art. R. 4313-66. L'organisme notifié, choisi par le fabricant pour évaluer le système d'assurance qualité, réalise les vérifications nécessaires pour déterminer si ce système est de nature à assurer la conformité de la production avec les règles techniques applicables.

Cette conformité est présumée lorsque le système d'assurance qualité du fabricant met en œuvre les normes harmonisées pertinentes.

Art. R. 4313-67. L'organisme notifié, pour évaluer le système d'assurance qualité, procède à cette fin à toutes les évaluations objectives nécessaires des éléments de ce système. Il s'assure notamment que le système garantit la conformité de chaque exemplaire d'équipement de protection individuelle avec le modèle ayant fait l'objet d'une attestation d'examen CE de type.

L'organisme notifie sa décision au fabricant.

Art. R. 4313-68. Le fabricant informe l'organisme qui a approuvé son système d'assurance qualité de tout projet de modification de ce système.

L'organisme examine les modifications proposées et décide si le système d'assurance qualité continue de répondre aux dispositions des articles R. 4313-64 à R. 4313-67. L'organisme notifie au fabricant sa décision quant au système d'assurance qualité modifié.

Art. R. 4313-69. L'organisme notifié contrôle, par surveillance, que le fabricant remplit correctement les obligations qui découlent du système d'assurance qualité approuvé.

Art. R. 4313-70. Le fabricant autorise l'organisme notifié à accéder aux lieux d'inspection, d'essais et de stockage des équipements de protection individuelle et fournit toute information nécessaire, notamment :

1° La documentation sur le système d'assurance qualité, y compris les manuels de qualité ;
2° La documentation technique.

Art. R. 4313-71. L'organisme notifié procède périodiquement à des enquêtes et contrôles pour s'assurer que le fabricant maintient et applique le système d'assurance qualité approuvé. Il fournit un rapport d'expertise au fabricant. L'organisme peut procéder à des visites inopinées chez le fabricant. Il fournit un rapport de visite au fabricant et, le cas échéant, un rapport d'expertise. Les rapports de l'organisme notifié sont adressés au fabricant dans les conditions fixées par les articles R. 4313-58 et R. 4313-59.

Art. R. 4313-72. Lorsque l'organisme notifié a conclu à une application défectueuse du système d'assurance qualité approuvé, il peut, selon la gravité des défauts constatés :

- soit demander les modifications nécessaires du système.
- soit décider le retrait de l'approbation.

Art. R. 4313-73. En cas de retrait de l'approbation du système d'assurance qualité, la fabrication ne peut se poursuivre qu'après que le fabricant a mis en œuvre un système de garantie de qualité CE conforme aux dispositions du paragraphe 1 de la présente sous-section. La procédure de sauvegarde prévue au chapitre IV peut également être mise en œuvre.

Art. R. 4313-74. Les possibilités de réclamation prévues par l'article R. 4313-35 sont applicables aux décisions de l'organisme notifié prévues par le présent paragraphe.

SECTION 3 (RÉGLEMENTAIRE). Les procédures d'évaluation de la conformité applicables à chaque catégorie de machines, équipements de travail ou d'équipements de protection individuelle

§ 1. Machines et autres équipements de travail

Art. R. 4313-75. À l'exception de celles figurant à l'article R. 4313-78, les machines sont soumises à la procédure d'évaluation de la conformité avec contrôle interne de la fabrication.

(D. 2016-1010 du 21 juil. 2016, JO 23) « Les tracteurs agricoles ou forestiers et leurs entités techniques, systèmes ou composants sont soumis aux procédures de réception UE par type ou d'homologation nationale définies respectivement par le règlement (UE) n° 167/2013 du Parlement européen et du Conseil du 5 février 2013 relatif à la réception et à la surveillance du marché des véhicules agricoles et forestiers, dans les conditions définies à l'article 2.3 de ce règlement, et par le décret n° 2005-1236 du 30 septembre 2005 relatif aux règles, prescriptions et procédures applicables aux tracteurs agricoles ou forestiers et à leurs dispositifs. »

Les électrificateurs de clôture sont soumis à la procédure d'examen de type définie par le décret n° 96-216 du 14 mars 1996 relatif aux règles techniques et à la procédure de certification applicables aux électrificateurs de clôture.

Art. R. 4313-76. Lorsque la machine est mentionnée à l'article R. 4313-78 et est fabriquée conformément aux normes harmonisées mentionnées à l'article L. 4311-7, et pour autant que ces normes couvrent l'ensemble des règles techniques pertinentes, le fabricant applique l'une des procédures suivantes :

1° La procédure d'évaluation de la conformité avec contrôle interne de la fabrication ;
2° La procédure d'examen CE de type ainsi que le contrôle interne de la fabrication ;
3° La procédure d'assurance qualité complète.

Art. R. 4313-77. Lorsque la machine est mentionnée à l'article R. 4313-78 et n'est pas fabriquée conformément aux normes harmonisées mentionnées à l'article L. 4311-7 ou si les normes harmonisées ne couvrent pas l'ensemble des règles techniques pertinentes, le fabricant applique l'une des procédures suivantes :

1° La procédure d'examen CE de type ainsi que le contrôle interne de la fabrication ;
2° La procédure d'assurance qualité complète.

Art. R. 4313-78. Les machines neuves ou considérées comme neuves soumises, soit aux procédures définies à l'article R. 4313-76, soit à celles prévues à l'article R. 4313-77, sont les suivantes :

1° Scies circulaires (monolames et multilames) pour le travail du bois et des matériaux ayant des caractéristiques physiques similaires ou pour le travail de la viande et des matériaux ayant des caractéristiques physiques similaires, des types suivants :

a) Machines à scier, à une ou plusieurs lames en position fixe en cours de coupe, ayant une table ou un support de pièce fixe avec avance manuelle de la pièce ou avec entraîneur amovible ;

b) Machines à scier, à une ou plusieurs lames en position fixe en cours de coupe, à table-chevalet ou chariot à mouvement alternatif, à déplacement manuel ;

c) Machines à scier, à une ou plusieurs lames en position fixe en cours de coupe, possédant par construction un dispositif d'avance intégré des pièces à scier, à chargement ou à déchargement manuel ;

d) Machines à scier, à une ou plusieurs lames mobiles en cours de coupe, à dispositif d'avance intégré, à chargement ou à déchargement manuel ;

2° Machines à dégauchir à avance manuelle pour le travail du bois ;

3° Machines à raboter sur une face possédant par construction un dispositif d'avance intégré, à chargement ou à déchargement manuel pour le travail du bois ;

4° Scies à ruban à chargement ou à déchargement manuel pour le travail du bois et des matériaux ayant des caractéristiques physiques similaires ou pour le travail de la viande et des matériaux ayant des caractéristiques physiques similaires, des types suivants :

a) Machines à scier à lame en position fixe en cours de coupe, à table ou à support de pièce fixe ou à mouvement alternatif ;

b) Machines à scier à lame montée sur un chariot à mouvement alternatif ;

5° Machines combinées des types mentionnées aux 1°, 2°, 3°, 4°, 7° du présent article pour le travail du bois et des matériaux ayant des caractéristiques physiques similaires ;

6° Machines à tenonner à plusieurs broches à avance manuelle pour le travail du bois ;

7° Toupies à axe vertical à avance manuelle pour le travail du bois et des matériaux ayant des caractéristiques physiques similaires ;

8° Scies à chaîne, portatives, pour le travail du bois ;

9° Presses, y compris les plieuses, pour le travail à froid des métaux, à chargement ou à déchargement manuel dont les éléments mobiles peuvent avoir une course supérieure à 6 mm et une vitesse supérieure à 30 mm/s ;

10° Machines de moulage des plastiques par injection ou compression à chargement ou à déchargement manuel ;

11° Machines de moulage de caoutchouc par injection ou compression à chargement ou à déchargement manuel ;

12° Machines pour les travaux souterrains des types suivants :

a) Locomotives et bennes de freinage ;

b) Soutènements marchants hydrauliques ;

13° Bennes de ramassage d'ordures ménagères à chargement manuel, comportant un mécanisme de compression ;

14° Dispositifs amovibles de transmission mécanique, y compris leurs protecteurs ;

15° Protecteurs des dispositifs amovibles de transmission mécanique ;

16° Ponts élévateurs pour véhicules ;

17° Appareils de levage de personnes ou de personnes et d'objets, présentant un danger de chute verticale supérieure à 3 mètres ;

18° Machines portatives de fixation à charge explosive et autres machines à chocs ;

19° Dispositifs de protection destinés à détecter la présence de personnes ;

20° Protecteurs mobiles motorisés avec dispositif de verrouillage destinés à être utilisés dans les machines mentionnées au 9°, 10° et 11° ;

21° Blocs logiques assurant des fonctions de sécurité ;

22° Structures de protection contre le retournement (ROPS) ;

23° Structures de protection contre les chutes d'objets (FOPS).

Art. R. 4313-79. Un ensemble de machines constitué par l'assemblage d'une machine ou d'un tracteur avec un équipement interchangeable n'est pas tenu de satisfaire à la procédure de certification de conformité applicable à cet ensemble si les deux parties constitutives sont compatibles entre elles et si chacune de ces parties a satisfait à la procédure d'évaluation de la conformité qui lui est applicable.

§ 2. Équipements de protection individuelle

Art. R. 4313-80. Sont soumis à la procédure de contrôle interne de la fabrication dite procédure d'autocertification CE définie par l'article R. 4313-20 les équipements de protection individuelle neufs ou considérés comme neufs qui ont pour but de protéger l'utilisateur contre :

1° Les agressions mécaniques dont les effets sont superficiels ;

2° Les produits d'entretien peu dangereux dont les effets sont facilement réversibles ;

3° Les risques encourus lors de la manipulation des pièces chaudes n'exposant pas à une température supérieure à 50° C, ni à des chocs dangereux ;

4° Les conditions atmosphériques qui ne sont ni exceptionnelles ni extrêmes ;

5° Les petits chocs et vibrations n'affectant pas des parties vitales du corps et qui ne peuvent pas provoquer de lésions irréversibles.

Art. R. 4313-81. Les équipements de protection individuelle neufs ou considérés comme neufs, autres que ceux mentionnés à l'article R. 4313-80, sont soumis à la procédure d'examen CE de type définie par les articles R. 4313-23 à R. 4313-42.

Art. R. 4313-82. Outre la procédure d'examen CE de type, les équipements de protection individuelle suivants, neufs ou considérés comme neufs, sont soumis, au choix du fabricant, soit à la procédure de système de garantie de qualité CE définie par les articles R. 4313-57 à R. 4313-61, soit à la procédure de système d'assurance qualité CE de la production avec surveillance définie par les articles R. 4313-62 à R. 4313-74 :

1° Appareils de protection respiratoire filtrants qui protègent contre les aérosols solides ou liquides ou les gaz dangereux ou radiotoxiques ;

2° Appareils de protection respiratoire qui isolent totalement de l'atmosphère d'intervention et appareils de plongée ;

3° Équipements de protection individuelle offrant une protection limitée dans le temps contre les agressions chimiques ou contre les rayonnements ionisants ;

4° Équipements d'intervention dans les ambiances chaudes dont les effets sont comparables à ceux d'une température d'air égale ou supérieure à 100° C, avec ou sans rayonnement infrarouge, flammes ou grosses projections de matières en fusion ;

5° Équipements d'intervention dans des ambiances froides dont les effets sont comparables à ceux d'une température d'air inférieure ou égale à – 50° C ;

6° Équipements de protection individuelle destinés à protéger contre les chutes de hauteur ;

7° Équipements de protection individuelle destinés à protéger des risques électriques pour les travaux sous tension dangereuse ou équipements utilisés comme isolants contre une haute tension.

SECTION 4 (RÉGLEMENTAIRE). Organismes notifiés

Art. R. 4313-83. Les organismes notifiés sont les organismes chargés de mettre en œuvre les procédures d'évaluation de la conformité ou de réaliser des opérations de contrôle de conformité définies par le présent chapitre. Ils sont habilités par arrêté du ministre chargé du travail et notifiés à la Commission européenne ainsi qu'aux autres États membres.

Art. R. 4313-84. (D. 2009-289 du 13 mars 2009, JO 15) Pour les équipements de travail ou les moyens de protection destinés à un usage spécifiquement agricole ou forestier, les attributions du ministre chargé du travail sont exercées par le ministre chargé de l'agriculture.

Art. R. 4313-85. L'habilitation est accordée à un organisme en fonction de son indépendance, de ses compétences, de son intégrité ainsi que de la disposition des moyens pour remplir sa mission et faire face aux responsabilités qui en découlent.

Un arrêté ministériel précise les conditions nécessaires pour qu'un organisme remplisse ces critères et, notamment, le rôle imparti à l'accréditation.

Art. R. 4313-86. Afin de permettre au ministre chargé du travail d'apprécier les garanties présentées par les organismes habilités, ceux-ci s'engagent à permettre aux personnes désignées par le ministre d'accéder à leurs locaux et de procéder à toutes les investigations permettant de vérifier qu'ils continuent de satisfaire aux conditions mentionnées à la présente section.

Art. R. 4313-87. Le silence gardé par le ministre chargé du travail pendant plus de quatre mois sur une demande d'habilitation vaut décision de rejet.

Art. R. 4313-88. En cas de manquement aux obligations définies à la présente section, l'habilitation est retirée par arrêté du ministre chargé du travail après avis du (D. 2016-1834 du 22 déc. 2016, JO 24) « Conseil d'orientation des conditions de travail » et après que le responsable de l'organisme a été invité à présenter ses observations.

Cet arrêté précise les conditions dans lesquelles les dossiers détenus par l'organisme sont mis à la disposition du ministre chargé du travail.

Art. R. 4313-89. Les décisions des organismes habilités peuvent faire l'objet d'une réclamation dans les conditions prévues à l'article R. 4313-35.

SECTION 5 (RÉGLEMENTAIRE). Communication à l'autorité administrative et mesures de contrôle

Art. R. 4313-90. La déclaration CE de conformité prévue à l'article R. 4313-1 est présentée par le fabricant, l'importateur ou tout autre responsable de la mise sur le marché sur leur demande aux agents de l'inspection du travail ainsi qu'aux agents mentionnés à l'article L. 4311-6.

Le certificat de conformité prévu par l'article R. 4313-14 est présenté dans les mêmes conditions par le responsable de l'opération mentionnée à ce même article.

Art. R. 4313-91. Les ministres chargés du travail, de l'agriculture, des douanes, de l'industrie et de la consommation peuvent, chacun en ce qui le concerne, au moment de la mise sur le marché d'une machine ou d'un équipement de protection individuelle, demander au fabricant, à l'importateur, à tout autre responsable de la mise sur le marché, communication du dossier technique prévu par l'article (D. 2011-1480 du 9 nov. 2011, JO 10) « R. 4313-6 ».

Dans les conditions prévues à l'alinéa précédent, les ministres cités à cet alinéa peuvent, s'agissant d'une quasi-machine, demander communication de la documentation technique ou de la notice d'assemblage prévues à l'article R. 4313-7.

Le délai fixé pour répondre à cette demande tient compte du temps nécessaire pour rendre ce dossier ou cette documentation disponible.

Art. R. 4313-92. La demande de communication de dossier ou de documentation technique prévus à l'article L. 4313-1 est motivée.

L'absence de communication de ce dossier ou de cette documentation dans le délai prescrit constitue un indice de non-conformité de l'équipement de travail ou de l'équipement de protection individuelle aux règles techniques qui lui sont applicables, susceptible d'entraîner la mise en œuvre de la procédure de sauvegarde prévue à l'article L. 4314-1.

Art. R. 4313-93. La période au cours de laquelle une demande de communication de dossier ou de documentation technique peut être présentée se poursuit pendant dix ans après la dernière date de fabrication.

Art. R. 4313-94. Les ministres mentionnés à l'article R. 4313-91 peuvent, dans les conditions définies à ce même article, demander au fabricant communication des rapports de l'organisme notifié prévus par les articles R. 4313-58 et R. 4313-71.

Art. R. 4313-95. Les décisions prises en application du présent chapitre sont motivées et mentionnent les voies et délais de recours.

Chapitre IV

Procédure de sauvegarde

Art. L. 4314-1. Une procédure de sauvegarde est organisée permettant:

1° Soit de s'opposer à ce que des équipements de travail ou des moyens de protection ne répondant pas aux obligations de sécurité et à tout ou partie des règles techniques auxquelles doit satisfaire chaque type d'équipement de travail et de moyen de protection fassent l'objet des opérations mentionnées aux articles L. 4311-3 et L. 4321-2;

2° Soit de subordonner l'accomplissement de ces opérations à des vérifications, épreuves, règles d'entretien, modifications des modes d'emploi des équipements de travail ou moyens de protection concernés.

SECTION 1 (RÉGLEMENTAIRE). Procédure de sauvegarde d'initiative nationale

Art. R. 4314-1. La procédure de sauvegarde prévue à l'article L. 4314-1 s'applique lorsqu'il apparaît qu'un modèle d'équipement de travail ou d'(D. 2008-1156 du 7 nov. 2008, art. 9, JO 9) « équipement de protection individuelle » ou que des exemplaires mis sur le marché compromettent la santé et la sécurité des personnes en ne répondant pas aux obligations de sécurité définies à l'article L. 4311-1 et à tout ou partie des règles techniques prévues par le chapitre II. Dans ce cas, l'exposition, la mise en vente, la vente, la location, l'importation, la cession ou la mise à disposition à quelque titre que ce soit, la mise en service et l'utilisation de cet équipement de travail ou (D. 2008-1156 du 7 nov. 2008, art. 9, JO 9) « équipement de protection individuelle » peuvent être soit interdites ou restreintes, soit subordonnées à des vérifications, épreuves, modifications des modes d'emploi et règles d'entretien des équipements de travail et (D. 2008-1156 du 7 nov. 2008, art. 9, JO 9) « équipements de protection individuelle » concernés.

Art. R. 4314-2. (D. 2008-1156 du 7 nov. 2008, art. 9, JO 9) La procédure de sauvegarde est mise en œuvre, après que le fabricant ou l'importateur a été invité à présenter ses observations, par arrêté du ministre chargé du travail, qui en informe le (D. 2016-1834 du 22 déc. 2016, JO 24) « Conseil d'orientation des conditions de travail » ainsi que les ministres chargés de l'agriculture, des douanes, de l'industrie et de la consommation.

Art. R. 4314-3. Lorsque les opérations mentionnées à l'article R. 4314-1 sont subordonnées à des vérifications, épreuves, modifications des modes d'emploi et règles d'entretien des équipements de travail et moyens de protection, le fabricant et toute personne responsable d'une de ces opérations prennent toutes dispositions pour en informer les utilisateurs.

Art. R. 4314-4. (D. 2016-1010 du 21 juil. 2016, JO 23) Les dispositions du présent chapitre ne s'appliquent pas aux tracteurs agricoles ou forestiers, à leurs entités techniques, à leurs systèmes ou composants pour lesquels la procédure de sauvegarde est réglementée par le règlement (UE) n° 167/2013 du Parlement européen et du Conseil du 5 février 2013 relatif à la réception et à la surveillance du marché des véhicules agricoles et forestiers ou par le décret n° 2005-1236 du 30 septembre 2005 relatif aux règles, prescriptions et procédures applicables aux tracteurs agricoles ou forestiers et à leurs dispositifs.

SECTION 2 (RÉGLEMENTAIRE). Procédure de sauvegarde consécutive à un avis de la Commission européenne

Art. R. 4314-5. (D. 2008-1156 du 7 nov. 2008, art. 9, JO 9) La procédure de sauvegarde est également mise en œuvre lorsque le ministre chargé du travail est avisé par la Commission européenne :

1° Qu'une mesure d'interdiction ou de restriction prise par un autre État membre est considérée comme justifiée ;

2° Que, s'agissant des machines, du fait des lacunes d'une norme à laquelle le fabricant se réfère, toutes les machines potentiellement dangereuses doivent être retirées du marché ou voir leur mise sur le marché soumise à des conditions spéciales.

Dans ces cas, un avis au *Journal officiel* de la République française précise les équipements concernés et les motifs pour lesquels est prise une mesure d'interdiction ou de restriction.

SECTION 3 (RÉGLEMENTAIRE). Recours

Art. R. 4314-6. Les décisions prises en application du présent chapitre sont motivées et mentionnent les voies et délais de recours.

Annexe I (Règles techniques en matière de santé et de sécurité applicables aux machines neuves ou considérées comme neuves mentionnées à l'article R. 4312-1 du code du travail).

Voir décret 2008-1156 du 7 novembre 2008 (JO 9), modifié par décret 2011-1480 du 9 novembre 2011 (JO 10).

Annexe II (Définissant les règles techniques de conception et de fabrication prévues par l'article R. 4312-6).

Voir décret 2008-244 du 7 mars 2008 (JO 12), modifié par décret 2011-1480 du 9 novembre 2011 (JO 10).

TITRE II

UTILISATION DES ÉQUIPEMENTS DE TRAVAIL ET DES MOYENS DE PROTECTION

Chapitre Ier

Règles générales

SECTION 1. Principes

Art. L. 4321-1. Les équipements de travail et les moyens de protection mis en service ou utilisés dans les établissements destinés à recevoir des travailleurs sont équipés, installés, utilisés, réglés et maintenus de manière à préserver la santé et la sécurité des travailleurs, y compris en cas de modification de ces équipements de travail et de ces moyens de protection.

Art. L. 4321-2. Il est interdit de mettre en service ou d'utiliser des équipements de travail et des moyens de protection qui ne répondent pas aux règles techniques de conception du chapitre II et aux procédures de certification du chapitre III du titre Ier.

Art. L. 4321-3. Par dérogation aux dispositions de l'article L. 4321-2, est permise, aux seules fins de démonstration, l'utilisation des équipements de travail neufs ne répondant pas aux dispositions de l'article L. 4311-1. Les mesures nécessaires, destinées à éviter toute atteinte à la sécurité et la santé des travailleurs chargés de la démonstration et des personnes exposées aux risques qui en résultent, sont alors mises en œuvre.

Dans ce cas, un avertissement dont les caractéristiques sont déterminées par arrêté conjoint du ministre chargé du travail et du ministre chargé de l'agriculture est placé à proximité de l'équipement de travail faisant l'objet de la démonstration, pendant toute la durée de celle-ci.

Art. R. 4321-1. L'employeur met à la disposition des travailleurs les équipements de travail nécessaires, appropriés au travail à réaliser ou convenablement adaptés à cet effet, en vue de préserver leur santé et leur sécurité.

Art. R. 4321-2. L'employeur choisit les équipements de travail en fonction des conditions et des caractéristiques particulières du travail. Il tient compte des caractéristiques de l'établissement susceptibles d'être à l'origine de risques lors de l'utilisation de ces équipements.

Art. R. 4321-3. Lorsque les mesures prises en application des articles R. 4321-1 et R. 4321-2 ne peuvent pas être suffisantes pour préserver la santé et la sécurité des travailleurs, l'employeur prend toutes autres mesures nécessaires à cet effet, en agissant notamment sur l'installation des équipements de travail, l'organisation du travail ou les procédés de travail.

Art. R. 4321-4. L'employeur met à la disposition des travailleurs, en tant que de besoin, les équipements de protection individuelle appropriés et, lorsque le caractère particulièrement insalubre ou salissant des travaux l'exige, les vêtements de travail appropriés. Il veille à leur utilisation effective.

Art. R. 4321-5. Les équipements de protection individuelle et les vêtements de travail mis à la disposition des travailleurs en application des dispositions de la présente partie ne constituent pas des avantages en nature au sens de l'article (D. 2016-1551 du 18 nov. 2016, art. 6, V, 18°, JO 19, entrée en vigueur le 01.01.2017) « L. 3141-25 ».

SECTION 2. Dispositions d'application

Art. L. 4321-4. Pour l'application des dispositions du présent titre, des décrets en Conseil d'État, pris après avis des organisations professionnelles d'employeurs et de salariés intéressées, déterminent les mesures d'organisation, les conditions de mise en œuvre et les prescriptions techniques auxquelles est subordonnée l'utilisation des équipements de travail et moyens de protection soumis aux obligations de sécurité définies à l'article L. 4321-1.

Art. L. 4321-5. Les modalités d'application des décrets en Conseil d'État mentionnés à l'article L. 4321-4 peuvent être définies par des conventions ou des accords conclus entre l'autorité administrative et les organisations professionnelles nationales d'employeurs représentatives.

Art. R. 4321-6. Les conventions ou accords prévus à l'article L. 4321-5 sont conclus entre les ministres chargés du travail ou de l'agriculture et les organisations professionnelles nationales d'employeurs représentatives.

Chapitre II (réglementaire)

Maintien en état de conformité

Art. R. 4322-1. Les équipements de travail et moyens de protection, quel que soit leur utilisateur, sont maintenus en état de conformité avec les règles techniques de conception et de construction applicables lors de leur mise en service dans l'établissement, y compris au regard de la notice d'instructions.

Ces dispositions ne font pas obstacle à l'application des règles d'utilisation prévues au chapitre IV.

Art. R. 4322-2. Les moyens de protection détériorés pour quelque motif que ce soit, y compris du seul fait de la survenance du risque contre lequel ils sont prévus et dont la réparation n'est pas susceptible de garantir le niveau de protection antérieur à la détérioration, sont immédiatement remplacés et mis au rebut.

Art. R. 4322-3. La notice d'instructions des équipements de travail et moyens de protection est tenue à la disposition de l'inspection du travail, du service de prévention des organismes de sécurité sociale et de l'organisme agréé saisi conformément à l'article R. 4722-26.

Chapitre III (réglementaire)

Mesures d'organisation et conditions d'utilisation des équipements de travail et des équipements de protection individuelle

SECTION 1. Information et formation des travailleurs

Art. R. 4323-1. L'employeur informe de manière appropriée les travailleurs chargés de l'utilisation ou de la maintenance des équipements de travail :

1° De leurs conditions d'utilisation ou de maintenance ;

2° Des instructions ou consignes les concernant (D. 2008-1156 du 7 nov. 2008, art. 10, JO 9) « notamment celles contenues dans la notice d'instructions du fabricant » ;

3° De la conduite à tenir face aux situations anormales prévisibles ;

4° Des conclusions tirées de l'expérience acquise permettant de supprimer certains risques.

Art. R. 4323-2. L'employeur informe de manière appropriée tous les travailleurs de l'établissement des risques les concernant dus :

1° Aux équipements de travail situés dans leur environnement immédiat de travail, même s'ils ne les utilisent pas personnellement ;

2° Aux modifications affectant ces équipements.

Art. R. 4323-3. La formation à la sécurité dont bénéficient les travailleurs chargés de l'utilisation ou de la maintenance des équipements de travail est renouvelée et complétée aussi souvent que nécessaire pour prendre en compte les évolutions de ces équipements.

Art. R. 4323-4. Indépendamment de la formation prévue à l'article R. 4323-3, les travailleurs affectés à la maintenance et à la modification des équipements de travail reçoivent une formation spécifique relative aux prescriptions à respecter, aux conditions d'exécution des travaux et aux matériels et outillages à utiliser.

Cette formation est renouvelée et complétée aussi souvent que nécessaire pour prendre en compte les évolutions des équipements de travail et des techniques correspondantes.

Art. R. 4323-5. L'employeur tient à la disposition des membres du (D. 2017-1819 du 29 déc. 2017, art. 3, 43°, JO 30, entrée en vigueur le 01.01.2018) « comité social et économique », une documentation sur la réglementation applicable aux équipements de travail utilisés.

SECTION 2. Installation des équipements de travail

Art. R. 4323-6. Les équipements de travail et leurs éléments sont installés et doivent pouvoir être utilisés de manière à assurer leur stabilité.

Art. R. 4323-7. Les équipements de travail sont installés, disposés et utilisés de manière à réduire les risques pour les utilisateurs de ces équipements et pour les autres travailleurs.

Ils sont installés, ainsi que leurs éléments, de façon à permettre aux travailleurs d'accomplir les opérations de production et de maintenance dans les meilleures conditions de sécurité possibles.

Art. R. 4323-8. Un espace libre suffisant est prévu entre les éléments mobiles des équipements de travail et les éléments fixes ou mobiles de leur environnement.

Art. R. 4323-9. L'environnement de travail est organisé de telle sorte que toute énergie ou substance utilisée ou produite puisse être amenée et évacuée en toute sécurité.

Art. R. 4323-10. Les équipements de travail et leurs éléments sont implantés de telle sorte qu'ils ne s'opposent pas à l'emploi des outils, accessoires, équipements et engins nécessaires pour exécuter en toute sécurité les opérations de mise en œuvre et de réglage relevant de l'opérateur, ou les opérations de maintenance.

Art. R. 4323-11. Les équipements de travail sont installés et, en fonction des besoins, équipés de telle sorte que les travailleurs puissent accéder et se maintenir en sécurité et sans fatigue excessive à tous les emplacements nécessaires pour l'utilisation, le réglage et la maintenance de ces équipements et de leurs éléments.

Art. R. 4323-12. Les passages et les allées de circulation des travailleurs entre les équipements de travail ont une largeur d'au moins 80 centimètres.

Le profil et l'état du sol de ces passages et les allées permettent le déplacement en sécurité.

Art. R. 4323-13. Aucun poste de travail permanent ne peut être situé dans le champ d'une zone de projection d'éléments dangereux.

SECTION 3. Utilisation et maintenance des équipements de travail

Art. R. 4323-14. Le montage et le démontage des équipements de travail sont réalisés de façon sûre, en respectant les instructions du fabricant.

La remise en service d'un équipement de travail après une opération de maintenance ayant nécessité le démontage des dispositifs de protection est précédée d'un essai permettant de vérifier que ces dispositifs sont en place et fonctionnent correctement.

Art. R. 4323-15. Lorsque des transmissions, mécanismes et équipements de travail comportant des organes en mouvement susceptibles de présenter un risque sont en fonctionnement, les travailleurs ne peuvent être admis à procéder à la vérification, à la visite, au nettoyage, au débourrage, au graissage, au réglage, à la réparation et à toute autre opération de maintenance.

Préalablement à l'exécution à l'arrêt de tels travaux, toutes mesures sont prises pour empêcher la remise en marche inopinée des transmissions, mécanismes et équipements de travail en cause.

Lorsqu'il est techniquement impossible d'accomplir à l'arrêt certains de ces travaux, des dispositions particulières sont prises pour empêcher l'accès aux zones dangereuses ou pour mettre en œuvre des conditions de fonctionnement, une organisation du travail ou des modes opératoires permettant de préserver la sécurité des travailleurs. L'employeur rédige une instruction à cet effet. Dans ce cas, les travaux ne peuvent être accomplis que par des travailleurs affectés à la maintenance et au démontage des équipements de travail.

Art. R. 4323-16. Lorsque, pour des raisons d'ordre technique, les éléments mobiles d'un équipement de travail ne peuvent être rendus inaccessibles, il est interdit de permettre aux travailleurs, lorsqu'ils portent des vêtements non ajustés ou flottants, d'utiliser cet équipement, de procéder à des interventions sur celui-ci ou de circuler à sa proximité.

Art. R. 4323-17. Lorsque les mesures prises en application des articles R. 4321-1 et R. 4321-2 ne peuvent pas être suffisantes pour préserver la santé et assurer la sécurité des travailleurs, l'employeur prend les mesures nécessaires pour que :

1° Seuls les travailleurs désignés à cet effet utilisent l'équipement de travail ;

2° La maintenance et la modification de cet équipement de travail ne soient réalisées que par les seuls travailleurs affectés à ce type de tâche.

Art. R. 4323-18. Les machines à amenage manuel des pièces à travailler ou à déplacement manuel des outillages sont équipées des outils et accessoires appropriés évitant que les phénomènes de rejet ou d'entraînement pouvant survenir créent un risque pour les travailleurs.

Les machines à travailler le bois destinées au dégauchissage, au rabotage, au toupillage pour lesquelles la pièce à usiner est amenée manuellement au contact des outils en rotation sont équipées de dispositifs anti-rejet tels que des outils à section circulaire à limitation de pas d'usinage ou des outils anti-rejet appropriés.

Art. R. 4323-19. Des arrêtés des ministres chargés du travail ou de l'agriculture déterminent les équipements de travail et les catégories d'équipements de travail pour lesquels un carnet de maintenance est établi et tenu à jour par l'employeur en vue de s'assurer que sont accomplies les opérations de maintenance nécessaires au fonctionnement de l'équipement de travail dans des conditions permettant de préserver la santé et la sécurité des travailleurs.

Ces arrêtés précisent la nature des informations portées sur le carnet de maintenance.

Art. R. 4323-20. Le carnet de maintenance est tenu à la disposition de l'inspection du travail, des agents des services de prévention des organismes de sécurité sociale ainsi que de l'Organisme professionnel de prévention du bâtiment et des travaux publics, s'il y a lieu, et du (D. 2017-1819 du 29 déc. 2017, art. 3, 48°, JO 30, entrée en vigueur le 01.01.2018) « comité social et économique ».

Art. R. 4323-21. Le carnet de maintenance peut être tenu et conservé sur tout support dans les conditions prévues par l'article L. 8113-6.

SECTION 4. Vérifications des équipements de travail

Sous-section 1. Vérification initiale

Art. R. 4323-22. Des arrêtés du ministre chargé du travail ou du ministre chargé de l'agriculture déterminent les équipements de travail et les catégories d'équipements de travail pour lesquels l'employeur procède ou fait procéder à une vérification initiale, lors de leur mise en service dans l'établissement, en vue de s'assurer qu'ils sont installés conformément aux spécifications prévues, le cas échéant, par la notice d'instructions du fabricant et peuvent être utilisés en sécurité.

Cette vérification est réalisée dans les mêmes conditions que les vérifications périodiques prévues à la sous-section 2.

Sous-section 2. Vérifications périodiques

Art. R. 4323-23. Des arrêtés du ministre chargé du travail ou du ministre chargé de l'agriculture déterminent les équipements de travail ou les catégories d'équipement de travail pour lesquels l'employeur procède ou fait procéder à des vérifications générales périodiques afin que soit décelée en temps utile toute détérioration susceptible de créer des dangers.

Ces arrêtés précisent la périodicité des vérifications, leur nature et leur contenu.

Art. R. 4323-24. Les vérifications générales périodiques sont réalisées par des personnes qualifiées, appartenant ou non à l'établissement, dont la liste est tenue à la disposition de l'inspection du travail.

Ces personnes sont compétentes dans le domaine de la prévention des risques présentés par les équipements de travail soumis à vérification et connaissent les dispositions réglementaires afférentes.

Art. R. 4323-25. Le résultat des vérifications générales périodiques est consigné sur le ou les registres de sécurité mentionnés à l'article L. 4711-5.

Art. R. 4323-26. Lorsque les vérifications périodiques sont réalisées par des personnes n'appartenant pas à l'établissement, les rapports établis à la suite de ces vérifications sont annexés au registre de sécurité.

À défaut, les indications précises relatives à la date des vérifications, à la date de remise des rapports correspondants et à leur archivage dans l'établissement sont portées sur le registre de sécurité.

Art. R. 4323-27. Le registre de sécurité et les rapports peuvent être tenus et conservés sur tout support dans les conditions prévues par l'article L. 8113-6.

Sous-section 3. **Vérification lors de la remise en service**

Art. R. 4323-28. Des arrêtés des ministres chargés du travail ou de l'agriculture déterminent les équipements de travail et les catégories d'équipements de travail pour lesquels l'employeur procède ou fait procéder à une vérification, dans les conditions prévues à la sous-section 2, lors de leur remise en service après toute opération de démontage et remontage ou modification susceptible de mettre en cause leur sécurité, en vue de s'assurer de l'absence de toute défectuosité susceptible de créer des situations dangereuses.

SECTION 5. Dispositions particulières applicables aux équipements de travail servant au levage de charges

Art. R. 4323-29. Les équipements de travail démontables ou mobiles servant au levage de charges sont utilisés de manière à garantir la stabilité de l'équipement de travail durant son emploi dans toutes les conditions prévisibles, compte tenu de la nature des appuis.

Art. R. 4323-30. Toutes mesures sont prises et toutes consignes sont données pour que, à aucun moment, les organes des équipements de travail servant au levage de charges, quels qu'ils soient, ainsi que les charges suspendues ne puissent entrer en contact direct ou provoquer un amorçage avec les parties actives d'installations électriques non isolées, ou détériorer les installations électriques environnantes.

Art. R. 4323-31. Le levage des personnes n'est permis qu'avec un équipement de travail et les accessoires prévus à cette fin.

Art. R. 4323-32. Par dérogation à l'article R. 4323-31, un équipement de travail non prévu pour le levage de personnes peut être utilisé :

1° Soit pour accéder à un poste de travail ou pour exécuter un travail lorsque l'utilisation d'un équipement spécialement conçu pour le levage des personnes est techniquement impossible ou expose celles-ci à un risque plus important lié à l'environnement de travail. Un arrêté conjoint des ministres chargés du travail et de l'agriculture précise les spécifications relatives aux équipements, leurs conditions d'utilisation, ainsi que celles de charges, de visibilité, de déplacement, d'aménagement, de fixation de l'habitacle et d'accès à celui-ci ;

2° Soit, en cas d'urgence, lorsque l'évacuation des personnes le nécessite.

Art. R. 4323-33. Il est interdit de soulever, hors essais ou épreuves, une charge supérieure à celle marquée sur l'appareil et, le cas échéant, sur la plaque de charge.

Art. R. 4323-34. Des mesures sont prises pour empêcher la chute ou l'accrochage des matériaux, agrès ou toutes autres pièces soulevées.

Art. R. 4323-35. Lorsqu'un équipement de travail servant au levage de charges est à l'arrêt, aucune charge ne peut être suspendue au crochet.

Art. R. 4323-36. Il est interdit de transporter des charges au-dessus des personnes, sauf si cela est requis pour le bon déroulement des travaux. Dans ce cas, un mode opératoire est défini et appliqué.

Art. R. 4323-37. Lorsque la charge d'un appareil de levage croise une voie de circulation, des mesures spéciales sont prises pour prévenir tout danger résultant de la chute éventuelle de la charge transportée.

Art. R. 4323-38. Lorsque deux ou plusieurs équipements servant au levage de charges non guidées sont installés ou montés sur un lieu de travail de telle sorte que leurs champs d'action se recouvrent, des mesures sont prises pour éviter les collisions entre les charges ou avec des éléments des équipements de travail eux-mêmes.

Art. R. 4323-39. Pendant l'emploi d'un équipement de travail mobile servant au levage de charges non guidées, des mesures sont prises pour éviter son basculement, son renversement, son déplacement et son glissement inopinés.

Art. R. 4323-40. Lorsque les appareils de levage circulent sur des voies ou chemins de roulement, les extrémités de ces voies ou chemins de roulement sont munies de dispositifs atténuant les chocs en fin de course.

Art. R. 4323-41. Le poste de manœuvre d'un appareil de levage est disposé de telle façon que le conducteur puisse suivre des yeux les manœuvres réalisées par les éléments mobiles de l'appareil.

Lorsque le conducteur d'un équipement de travail servant au levage de charges non guidées ne peut observer le trajet entier de la charge ni directement ni par des dispositifs auxiliaires fournissant les informations utiles, un chef de manœuvre, en communication avec le conducteur, aidé, le cas échéant, par un ou plusieurs travailleurs placés de manière à pouvoir suivre des yeux les éléments mobiles pendant leur déplacement, dirige le conducteur. Des mesures d'organisation sont prises pour éviter des collisions susceptibles de mettre en danger des personnes.

Art. R. 4323-42. Lorsque le travailleur accroche ou décroche une charge à la main, les travaux sont organisés de telle sorte que ces opérations puissent être réalisées en toute sécurité.

Pendant ces opérations aucune manœuvre de l'appareil de levage ne peut être réalisée tant que ce travailleur n'a pas donné son accord.

Art. R. 4323-43. Lorsqu'une charge doit être levée simultanément par deux ou plusieurs équipements de travail servant au levage de charges non guidées, un mode opératoire est défini et appliqué pour assurer la bonne coordination des opérateurs et des opérations.

Art. R. 4323-44. En prévision d'une panne partielle ou complète de l'alimentation en énergie, et si les équipements de travail servant au levage de charges non guidées ne peuvent pas retenir ces charges, des mesures sont prises pour éviter d'exposer des travailleurs aux risques qui peuvent en résulter.

Il est interdit de laisser les charges suspendues sans surveillance, sauf si l'accès à la zone de danger est empêché et si la charge a été accrochée et est maintenue en toute sécurité.

Art. R. 4323-45. Il est interdit de balancer les charges pour les déposer en un point qui ne peut être atteint normalement par l'appareil de levage.

Il est également interdit de soulever ou de tirer les charges en oblique, sauf à l'aide d'appareils conçus à cette fin.

Art. R. 4323-46. Lorsqu'il dépasse une hauteur fixée par arrêté conjoint des ministres chargés du travail et de l'agriculture, l'emploi à l'air libre d'un équipement de travail servant au levage de charges non guidées cesse dès que la dégradation des conditions météorologiques est susceptible de compromettre la sécurité de leur fonctionnement et d'exposer toute personne à un risque.

Dans ce cas, l'employeur se dote des moyens et des informations lui permettant d'avoir connaissance de l'évolution des conditions météorologiques.

Des mesures de protection sont prises, notamment pour empêcher le renversement de l'équipement de travail.

Art. R. 4323-47. Les accessoires de levage sont choisis et utilisés en fonction des charges à manutentionner, des points de préhension, du dispositif d'accrochage et des conditions atmosphériques et compte tenu du mode et de la configuration d'élingage.

Tout assemblage d'accessoires de levage permanent est clairement marqué pour permettre à l'utilisateur d'en connaître les caractéristiques.

Art. R. 4323-48. Les contenants des charges en vrac destinés à être accrochés à un équipement de travail servant au levage sont aptes à résister aux efforts subis pendant le chargement, le transport, la manutention et le stockage de la charge et à s'opposer à l'écoulement intempestif de tout ou partie de celle-ci au cours des mêmes opérations.

Art. R. 4323-49. Les accessoires de levage sont entreposés de telle sorte qu'ils ne puissent être endommagés ou détériorés.

Dès lors qu'ils présentent des défectuosités susceptibles d'entraîner une rupture, ils sont retirés du service.

SECTION 6. Dispositions particulières applicables aux équipements de travail mobiles

Art. R. 4323-50. Les voies de circulation empruntées par les équipements de travail mobiles ont un gabarit suffisant et présentent un profil permettant leur déplacement sans risque à la vitesse prévue par la notice d'instructions. Elles sont maintenues libres de tout obstacle.

Art. R. 4323-51. Lorsqu'un équipement de travail mobile évolue dans une zone de travail, l'employeur établit des règles de circulation adéquates et veille à leur bonne application.

Art. R. 4323-52. Des mesures d'organisation sont prises pour éviter que des travailleurs à pied ne se trouvent dans la zone d'évolution des équipements de travail mobiles.

Lorsque la présence de travailleurs à pied est néanmoins requise pour la bonne exécution des travaux, des mesures sont prises pour éviter qu'ils ne soient blessés par ces équipements.

Art. R. 4323-53. Les équipements de travail mobiles munis d'un moteur à combustion ne sont introduits et employés dans les zones de travail que si est garanti dans ces zones, en quantité suffisante, un air ne présentant pas de risques pour la santé et la sécurité des travailleurs.

Art. R. 4323-54. La présence des travailleurs sur des équipements de travail mobiles mus mécaniquement n'est autorisée que sur des emplacements sûrs et aménagés à cet effet.

Si des travaux doivent être accomplis pendant le déplacement, la vitesse est adaptée.

SECTION 7. Autorisation de conduite pour l'utilisation de certains équipements de travail mobiles ou servant au levage de charges

Art. R. 4323-55. La conduite des équipements de travail mobiles automoteurs et des équipements de travail servant au levage est réservée aux travailleurs qui ont reçu une formation adéquate.

Cette formation est complétée et réactualisée chaque fois que nécessaire.

Art. R. 4323-56. La conduite de certains équipements présentant des risques particuliers, en raison de leurs caractéristiques ou de leur objet, est subordonnée à l'obtention d'une autorisation de conduite délivrée par l'employeur.

L'autorisation de conduite est tenue à la disposition de l'inspection du travail et des agents du service de prévention des organismes de sécurité sociale.

(D. 2016-1908 du 27 déc. 2016, art. 9, JO 29, entrée en vigueur le 01.01.2017) « Les travailleurs titulaires de cette autorisation de conduite bénéficient du suivi individuel renforcé prévu aux articles R. 4624-22 à R. 4624-28 en application du II de l'article R. 4624-23. »

Art. R. 4323-57. Des arrêtés des ministres chargés du travail ou de l'agriculture déterminent :

1° Les conditions de la formation exigée à l'article R. 4323-55 ;

2° Les catégories d'équipements de travail dont la conduite nécessite d'être titulaire d'une autorisation de conduite ;

3° Les conditions dans lesquelles l'employeur s'assure que le travailleur dispose de la compétence et de l'aptitude nécessaires pour assumer, en toute sécurité, la fonction de conducteur d'un équipement de travail ;

4° La date à compter de laquelle, selon les catégories d'équipements, entre en vigueur l'obligation d'être titulaire d'une autorisation de conduite.

SECTION 8. Dispositions particulières applicables à l'exécution de travaux temporaires en hauteur et à certains équipements de travail utilisés à cette fin

Sous-section 1. Travaux réalisés à partir d'un plan de travail

Art. R. 4323-58. Les travaux temporaires en hauteur sont réalisés à partir d'un plan de travail conçu, installé ou équipé de manière à préserver la santé et la sécurité des travailleurs.

Le poste de travail est tel qu'il permet l'exécution des travaux dans des conditions ergonomiques.

Art. R. 4323-59. La prévention des chutes de hauteur à partir d'un plan de travail est assurée :

1° Soit par des garde-corps intégrés ou fixés de manière sûre, rigides et d'une résistance appropriée, placés à une hauteur comprise entre un mètre et 1,10 m et comportant au moins :

a) Une plinthe de butée de 10 à 15 cm, en fonction de la hauteur retenue pour les garde-corps ;

b) Une main courante ;
c) Une lisse intermédiaire à mi-hauteur ;
2° Soit par tout autre moyen assurant une sécurité équivalente.

Art. R. 4323-60. Lorsque les dispositions de l'article R. 4323-59 ne peuvent être mises en œuvre, des dispositifs de recueil souples sont installés et positionnés de manière à permettre d'éviter une chute de plus de trois mètres.

Art. R. 4323-61. Lorsque des dispositifs de protection collective ne peuvent être mis en œuvre à partir d'un plan de travail, la protection individuelle des travailleurs est assurée au moyen d'un système d'arrêt de chute approprié ne permettant pas une chute libre de plus d'un mètre ou limitant dans les mêmes conditions les effets d'une chute de plus grande hauteur.

Lorsqu'il est fait usage d'un tel équipement de protection individuelle, un travailleur ne doit jamais rester seul, afin de pouvoir être secouru dans un délai compatible avec la préservation de sa santé.

L'employeur précise dans une notice les points d'ancrage, les dispositifs d'amarrage et les modalités d'utilisation de l'équipement de protection individuelle.

Sous-section 2. **Travaux réalisés au moyen d'équipements de travail**

Art. R. 4323-62. Lorsque les travaux temporaires en hauteur ne peuvent être exécutés à partir du plan de travail tel que mentionné à l'article R. 4323-58, les équipements de travail appropriés sont choisis pour assurer et maintenir des conditions de travail sûres.

La priorité est donnée aux équipements de travail assurant une protection collective.

Les dimensions de l'équipement de travail sont adaptées à la nature des travaux à exécuter et aux contraintes prévisibles et permettent la circulation sans danger.

Des mesures propres à minimiser les risques inhérents à l'utilisation du type d'équipement retenu sont mises en œuvre. En cas de besoin, des dispositifs de protection pour éviter ou arrêter la chute et prévenir la survenance de dommages corporels pour les travailleurs sont installés et mis en œuvre dans les conditions prévues aux articles R. 4323-60 et R. 4323-61.

Art. R. 4323-63. Il est interdit d'utiliser les échelles, escabeaux et marchepieds comme poste de travail.

Toutefois, ces équipements peuvent être utilisés en cas d'impossibilité technique de recourir à un équipement assurant la protection collective des travailleurs ou lorsque l'évaluation du risque a établi que ce risque est faible et qu'il s'agit de travaux de courte durée ne présentant pas un caractère répétitif.

Art. R. 4323-64. Il est interdit d'utiliser les techniques d'accès et de positionnement au moyen de cordes pour constituer un poste de travail.

Toutefois, en cas d'impossibilité technique de recourir à un équipement assurant la protection collective des travailleurs ou lorsque l'évaluation du risque établit que l'installation ou la mise en œuvre d'un tel équipement est susceptible d'exposer des travailleurs à un risque supérieur à celui résultant de l'utilisation des techniques d'accès ou de positionnement au moyen de cordes, celles-ci peuvent être utilisées pour des travaux temporaires en hauteur. Après évaluation du risque, compte tenu de la durée de certains travaux et de la nécessité de les exécuter dans des conditions adaptées du point de vue ergonomique, un siège muni des accessoires appropriés est prévu.

Sous-section 3. **Conditions générales de travail, d'accès et de circulation en hauteur**

Art. R. 4323-65. Les dispositifs de protection collective sont conçus et installés de manière à éviter leur interruption aux points d'accès aux postes de travail, notamment du fait de l'utilisation d'une échelle ou d'un escalier.

Lorsque cette interruption est nécessaire, des mesures sont prises pour assurer une sécurité équivalente.

Art. R. 4323-66. Toutes mesures sont prises pour éviter que l'exécution d'un travail particulier conduise à l'enlèvement temporaire de dispositifs de protection collective pour éviter les chutes.

Si cet enlèvement est nécessaire, le travail ne peut être entrepris et réalisé sans l'adoption préalable de mesures de sécurité compensatoires efficaces.

Après l'interruption ou la fin de ce travail particulier, des dispositifs de protection collective sont mis en place pour éviter les chutes, assurant un niveau de sécurité équivalent.

Art. R. 4323-67. Les postes de travail pour la réalisation de travaux en hauteur sont accessibles en toute sécurité. Le moyen d'accès le plus approprié à ces postes est choisi en tenant compte de la fréquence de circulation, de la hauteur à atteindre et de la durée d'utilisation. Ce moyen garantit l'accès dans des conditions adaptées du point de vue ergonomique et permet de porter rapidement secours à toute personne en difficulté et d'assurer l'évacuation en cas de danger imminent. La circulation en hauteur doit pouvoir s'effectuer en sécurité. Le passage, dans un sens ou dans l'autre, entre un moyen d'accès et des plates-formes, planchers ou passerelles ne doit pas créer de risques de chute.

Art. R. 4323-68. Il est interdit de réaliser des travaux temporaires en hauteur lorsque les conditions météorologiques ou liées à l'environnement du poste de travail sont susceptibles de compromettre la santé et la sécurité des travailleurs.

Sous-section 4. **Caractéristiques et conditions particulières d'utilisation des différentes catégories d'équipements de travail**

§ 1. Échafaudages

Art. R. 4323-69. Les échafaudages ne peuvent être montés, démontés ou sensiblement modifiés que sous la direction d'une personne compétente et par des travailleurs qui ont reçu une formation adéquate et spécifique aux opérations envisagées.

Le contenu de cette formation est précisé aux articles R. 4141-13 et R. 4141-17. Il comporte, notamment :

1° La compréhension du plan de montage, de démontage ou de transformation de l'échafaudage ;

2° La sécurité lors du montage, du démontage ou de la transformation de l'échafaudage ;

3° Les mesures de prévention des risques de chute de personnes ou d'objets ;

4° Les mesures de sécurité en cas de changement des conditions météorologiques qui pourrait être préjudiciable aux personnes en affectant la sécurité de l'échafaudage ;

5° Les conditions en matière d'efforts de structure admissibles ;

6° Tout autre risque que les opérations de montage, de démontage et de transformation précitées peuvent comporter.

Cette formation est renouvelée dans les conditions prévues à l'article R. 4323-3.

Art. R. 4323-70. La personne qui dirige le montage, le démontage ou la modification d'un échafaudage et les travailleurs qui y participent disposent de la notice du fabricant ou du plan de montage et de démontage, notamment de toutes les instructions qu'ils peuvent comporter.

Lorsque le montage de l'échafaudage correspond à celui prévu par la notice du fabricant, il est réalisé conformément à la note de calcul à laquelle renvoie cette notice.

Lorsque cette note de calcul n'est pas disponible ou que les configurations structurelles envisagées ne sont pas prévues par celle-ci, un calcul de résistance et de stabilité est réalisé par une personne compétente.

Lorsque la configuration envisagée de l'échafaudage ne correspond pas à un montage prévu par la notice, un plan de montage, d'utilisation et de démontage est établi par une personne compétente.

Ces documents sont conservés sur le lieu de travail.

Art. R. 4323-71. Une protection appropriée contre le risque de chute de hauteur et le risque de chute d'objet est assurée avant l'accès à tout niveau d'un échafaudage lors de son montage, de son démontage ou de sa transformation.

Art. R. 4323-72. Les matériaux constitutifs des éléments d'un échafaudage sont d'une solidité et d'une résistance appropriées à leur emploi.

Les assemblages sont réalisés de manière sûre, à l'aide d'éléments compatibles d'une même origine et dans les conditions pour lesquelles ils ont été testés.

Ces éléments font l'objet d'une vérification de leur bon état de conservation avant toute opération de montage d'un échafaudage.

Art. R. 4323-73. La stabilité de l'échafaudage doit être assurée.

Tout échafaudage est construit et installé de manière à empêcher, en cours d'utilisation, le déplacement d'une quelconque de ses parties constituantes par rapport à l'ensemble.

Art. R. 4323-74. Les échafaudages fixes sont construits et installés de manière à supporter les efforts auxquels ils sont soumis et à résister aux contraintes résultant des conditions atmosphériques, notamment des effets du vent. Ils sont ancrés ou amarrés à tout point présentant une résistance suffisante ou protégés contre le risque de glissement et de renversement par tout autre moyen d'efficacité équivalente.

La surface portante a une résistance suffisante pour s'opposer à tout affaissement d'appui.

Art. R. 4323-75. Le déplacement ou le basculement inopiné des échafaudages roulants lors du montage, du démontage et de l'utilisation est empêché par des dispositifs appropriés.

Aucun travailleur ne doit demeurer sur un échafaudage roulant lors de son déplacement.

Art. R. 4323-76. La charge admissible d'un échafaudage est indiquée de manière visible sur l'échafaudage ainsi que sur chacun de ses planchers.

Art. R. 4323-77. Les échafaudages sont munis sur les côtés extérieurs de dispositifs de protection collective tels que prévus à l'article R. 4323-59.

Art. R. 4323-78. Les dimensions, la forme et la disposition des planchers d'un échafaudage sont appropriées à la nature du travail à exécuter et adaptées aux charges à supporter. Elles permettent de travailler et de circuler de manière sûre. Les planchers des échafaudages sont montés de telle sorte que leurs composants ne puissent pas se déplacer lors de leur utilisation. Aucun vide de plus de 20 centimètres ne doit exister entre le bord des planchers et l'ouvrage ou l'équipement contre lequel l'échafaudage est établi.

Lorsque la configuration de l'ouvrage ou de l'équipement ne permet pas de respecter cette limite de distance, le risque de chute est prévenu par l'utilisation de dispositifs de protection collective ou individuelle dans les conditions et selon les modalités définies aux articles R. 4323-58 à R. 4323-61. Il en va de même lorsque l'échafaudage est établi contre un ouvrage ou un équipement ne dépassant pas d'une hauteur suffisante le niveau du plancher de cet échafaudage.

Art. R. 4323-79. Des moyens d'accès sûrs et en nombre suffisant sont aménagés entre les différents planchers de l'échafaudage.

Art. R. 4323-80. Lorsque certaines parties d'un échafaudage ne sont pas prêtes à l'emploi notamment pendant le montage, le démontage ou les transformations, ces parties constituent des zones d'accès limité qui sont équipées de dispositifs évitant que les personnes non autorisées puissent y pénétrer.

Les mesures appropriées sont prises pour protéger les travailleurs autorisés à pénétrer dans ces zones.

§ 2. Échelles, escabeaux et marchepieds

Art. R. 4323-81. L'employeur s'assure que les échelles, escabeaux et marchepieds sont constitués de matériaux appropriés compte tenu des contraintes du milieu d'utilisation. Ces matériaux et leur assemblage sont d'une solidité et d'une résistance adaptées à l'emploi de l'équipement et permettent son utilisation dans des conditions adaptées du point de vue ergonomique.

Art. R. 4323-82. Les échelles, escabeaux et marchepieds sont placés de manière à ce que leur stabilité soit assurée en cours d'accès et d'utilisation et que leurs échelons ou marches soient horizontaux.

Art. R. 4323-83. L'employeur s'assure que les échelles fixes sont conçues, équipées ou installées de manière à prévenir les chutes de hauteur.

Après évaluation du risque au regard de la hauteur d'ascension pour lesquelles ces échelles sont conçues, des paliers de repos convenablement aménagés sont prévus afin d'assurer la progression dans des conditions adaptées du point de vue ergonomique.

Art. R. 4323-84. Les échelles portables sont appuyées et reposent sur des supports stables, résistants et de dimensions adéquates notamment afin de demeurer immobiles.

Afin qu'elles ne puissent ni glisser ni basculer pendant leur utilisation, les échelles portables sont soit fixées dans la partie supérieure ou inférieure de leurs montants, soit maintenues en place au moyen de tout dispositif antidérapant ou par toute autre solution d'efficacité équivalente.

Art. R. 4323-85. Les échelles suspendues sont attachées d'une manière sûre et, à l'exception de celles en corde, de façon à ne pas se déplacer et à éviter les mouvements de balancement.

Art. R. 4323-86. Les échelles composées de plusieurs éléments assemblés et les échelles à coulisse sont utilisées de telle sorte que l'immobilisation des différents éléments les uns par rapport aux autres soit assurée.

La longueur de recouvrement des plans d'une échelle à coulisse doit toujours être suffisante pour assurer la rigidité de l'ensemble.

Art. R. 4323-87. Les échelles d'accès sont d'une longueur telle qu'elles dépassent d'au moins un mètre le niveau d'accès, à moins que d'autres mesures aient été prises pour garantir une prise sûre.

Art. R. 4323-88. Les échelles sont utilisées de façon à permettre aux travailleurs de disposer à tout moment d'une prise et d'un appui sûrs.

Le port de charges reste exceptionnel et limité à des charges légères et peu encombrantes. Il ne doit pas empêcher le maintien d'une prise sûre.

§ 3. Cordes

Art. R. 4323-89. L'utilisation des techniques d'accès et de positionnement au moyen de cordes est conditionnée au respect des conditions suivantes :

1° Le système comporte au moins une corde de travail, constituant un moyen d'accès, de descente et de soutien, et une corde de sécurité, équipée d'un système d'arrêt des chutes. Ces deux dispositifs sont ancrés séparément et les deux points d'ancrage font l'objet d'une note de calcul élaborée par l'employeur ou une personne compétente ;

2° Les travailleurs sont munis d'un harnais antichute approprié, l'utilisent et sont reliés par ce harnais à la corde de sécurité et à la corde de travail ;

3° La corde de travail est équipée d'un mécanisme sûr de descente et de remontée et comporte un système autobloquant qui empêche la chute de l'utilisateur au cas où celui-ci perdrait le contrôle de ses mouvements. La corde de sécurité est équipée d'un dispositif antichute mobile qui accompagne les déplacements du travailleur ;

4° Les outils et autres accessoires à utiliser par un travailleur sont attachés par un moyen approprié, de manière à éviter leur chute ;

5° Le travail est programmé et supervisé de telle sorte qu'un secours puisse être immédiatement porté au travailleur en cas d'urgence ;

6° Les travailleurs reçoivent une formation adéquate et spécifique aux opérations envisagées et aux procédures de sauvetage. Le contenu de cette formation est précisé aux articles R. 4141-13 et R. 4141-17. Elle est renouvelée dans les conditions prévues à l'article R. 4323-3.

Art. R. 4323-90. Dans des circonstances spécifiques où, compte tenu de l'évaluation du risque, l'utilisation d'une deuxième corde rendrait le travail plus dangereux, le recours à une seule corde peut être autorisé, à condition que le travailleur concerné ne reste jamais seul. Ces circonstances spécifiques ainsi que les mesures appropriées pour assurer la sécurité sont déterminées par arrêté du ministre chargé du travail ou du ministre chargé de l'agriculture.

SECTION 9. Dispositions particulières pour l'utilisation des équipements de protection individuelle

Sous-section 1. Caractéristiques des équipements et conditions d'utilisation

Art. R. 4323-91. Les équipements de protection individuelle sont appropriés aux risques à prévenir et aux conditions dans lesquelles le travail est accompli. Ils ne sont pas eux-mêmes à l'origine de risques supplémentaires.

Ils doivent pouvoir être portés, le cas échéant, après ajustement, dans des conditions compatibles avec le travail à accomplir et avec les principes de l'ergonomie.

Art. R. 4323-92. Des arrêtés conjoints des ministres chargés du travail et de l'agriculture déterminent, en tant que de besoin, la valeur de l'exposition quotidienne admissible que l'équipement de protection individuelle peut laisser subsister.

Art. R. 4323-93. En cas de risques multiples exigeant le port simultané de plusieurs équipements de protection individuelle, ces équipements doivent être compatibles entre eux et maintenir leur efficacité par rapport aux risques correspondants.

Art. R. 4323-94. Les équipements de protection individuelle contre les effets aigus ou chroniques des sources de rayonnements non ionisants sur l'œil sont tels que la densité d'éclairement énergétique du rayonnement susceptible d'atteindre les yeux de l'utilisateur ne présente pas de dangers.

Art. R. 4323-95. Les équipements de protection individuelle et les vêtements de travail mentionnés à l'article R. 4321-4 sont fournis gratuitement par l'employeur qui assure leur bon fonctionnement et leur maintien dans un état hygiénique satisfaisant par les entretiens, réparations et remplacements nécessaires.

Ces dispositions ne font pas obstacle aux conditions de fournitures des équipements de protection individuelle prévues par l'article L. 1251-23, pour les salariés temporaires.

Art. R. 4323-96. Les équipements de protection individuelle sont réservés à un usage personnel dans le cadre des activités professionnelles de leur attributaire.

Toutefois, si la nature de l'équipement ainsi que les circonstances exigent l'utilisation successive de cet équipement de protection individuelle par plusieurs personnes, les mesures appropriées sont prises pour qu'une telle utilisation ne pose aucun problème de santé ou d'hygiène aux différents utilisateurs.

Art. R. 4323-97. L'employeur détermine, après consultation du (D. 2017-1819 du 29 déc. 2017, art. 3, 70°, JO 30, entrée en vigueur le 01.01.2018) « comité social et économique », les conditions dans lesquelles les équipements de protection individuelle sont mis à disposition et utilisés, notamment celles concernant la durée de leur port. Il prend en compte la gravité du risque, la fréquence de l'exposition au risque, les caractéristiques du poste de travail de chaque travailleur, et les performances des équipements de protection individuelle en cause.

Art. R. 4323-98. Les équipements de protection individuelle sont utilisés conformément à leur destination.

Sous-section 2. **Vérifications périodiques**

Art. R. 4323-99. Des arrêtés des ministres chargés du travail ou de l'agriculture déterminent les équipements de protection individuelle et catégories d'équipement de protection individuelle pour lesquels l'employeur procède ou fait procéder à des vérifications générales périodiques afin que soit décelé en temps utile toute défectuosité susceptible d'être à l'origine de situations dangereuses ou tout défaut d'accessibilité contraire aux conditions de mise à disposition ou d'utilisation déterminées en application de l'article R. 4323-97.

Ces arrêtés précisent la périodicité des vérifications et, en tant que de besoin, leur nature et leur contenu.

Art. R. 4323-100. Les vérifications périodiques sont réalisées par des personnes qualifiées, appartenant ou non à l'établissement, dont la liste est tenue à la disposition de l'inspection du travail.

Ces personnes ont la compétence nécessaire pour exercer leur mission en ce qui concerne les équipements de protection individuelle soumis à vérification et connaître les dispositions réglementaires correspondantes.

Art. R. 4323-101. Le résultat des vérifications périodiques est consigné sur le ou les registres de sécurité mentionnés à l'article L. 4711-5.

Art. R. 4323-102. Lorsque les vérifications périodiques sont réalisées par des personnes n'appartenant pas à l'établissement, les rapports établis à la suite de ces vérifications sont annexés au registre de sécurité.

À défaut, les indications précises relatives à la date des vérifications, à la date de remise des rapports correspondants et à leur archivage dans l'établissement sont portées sur le registre de sécurité.

Art. R. 4323-103. Le registre de sécurité et les rapports peuvent être tenus et conservés sur tout support dans les conditions prévues par l'article L. 8113-6.

Sous-section 3. **Information et formation des travailleurs**

Art. R. 4323-104. L'employeur informe de manière appropriée les travailleurs devant utiliser des équipements de protection individuelle :

1° Des risques contre lesquels l'équipement de protection individuelle les protège ;

2° Des conditions d'utilisation de cet équipement, notamment les usages auxquels il est réservé ;

3° Des instructions ou consignes concernant les équipements de protection individuelle ;

4° Des conditions de mise à disposition des équipements de protection individuelle.

Art. R. 4323-105. L'employeur élabore une consigne d'utilisation reprenant de manière compréhensible les informations mentionnées aux 1° et 2° de l'article R. 4323-104.

Il tient cette consigne à la disposition des membres du (D. 2017-1819 du 29 déc. 2017, art. 3, 43°, JO 30, entrée en vigueur le 01.01.2018) « comité social et économique », ainsi qu'une documentation relative à la réglementation applicable à la mise à disposition et à l'utilisation des équipements de protection individuelle concernant les travailleurs de l'établissement.

Art. R. 4323-106. L'employeur fait bénéficier les travailleurs devant utiliser un équipement de protection individuelle d'une formation adéquate comportant, en tant que de besoin, un entraînement au port de cet équipement.

Cette formation est renouvelée aussi souvent que nécessaire pour que l'équipement soit utilisé conformément à la consigne d'utilisation.

SECTION 10. Dispositions particulières applicables aux ascenseurs et équipements de travail desservant des niveaux définis à l'aide d'un habitacle

Note Cette section a été introduite par le décret 2008-1325 du 15 décembre 2008, JO 17, entrée en vigueur le 18.12.2010.

Art. R. 4323-107. Les dispositions de la présente section sont applicables aux ascenseurs et aux équipements de travail desservant des niveaux définis à l'aide d'un habitacle, soit le long d'une course verticale parfaitement définie dans l'espace, soit le long d'une course guidée sensiblement verticale.

Art. R. 4323-108. L'accès aux locaux, installations ou emplacements où il n'est nécessaire de pénétrer que pour les opérations de vérification et de maintenance des ascenseurs et équipements de travail mentionnés à l'article R. 4323-107 n'est autorisé qu'aux personnes chargées de leur réalisation et à celles qui ont reçu une formation appropriée sur les risques relatifs à ces équipements.

Art. R. 4323-109. Lorsque l'appareil est exclusivement destiné à transporter des objets, il est interdit aux personnes de l'utiliser. Cette interdiction est rappelée de manière apparente lorsque l'équipement est doté d'un habitacle accessible.

SECTION 11. Dispositions particulières applicables aux appareils de radiologie industrielle

Note Cette section est issue du décret 2018-437 du 4 juin 2018, art. 2, JO 5, entrée en vigueur le 01.07.2018.

Art. R. 4323-110. Pour les appareils de radiologie industrielle, un arrêté conjoint des ministres chargés du travail et de l'agriculture définit les règles minimales d'installation et d'utilisation compte tenu des modes d'exposition et des caractéristiques de ces appareils.

Chapitre IV (réglementaire)

Utilisation des équipements de travail non soumis à des règles de conception lors de leur première mise sur le marché

SECTION 1. Prescriptions techniques communes

Sous-section 1. Protecteurs et dispositifs de protection

Art. R. 4324-1. Les éléments mobiles de transmission d'énergie ou de mouvements des équipements de travail présentant des risques de contact mécanique pouvant entraîner des accidents sont équipés de protecteurs ou de dispositifs appropriés empêchant l'accès aux zones dangereuses ou arrêtant, dans la mesure où cela est techniquement possible, les mouvements d'éléments dangereux avant que les travailleurs puissent les atteindre.

Art. R. 4324-2. Les équipements de travail mus par une source d'énergie autre que la force humaine comportant des éléments mobiles concourant à l'exécution du travail et pouvant entraîner des accidents par contact mécanique sont disposés, protégés, commandés ou équipés de telle sorte que les opérateurs ne puissent atteindre la zone dangereuse.

Toutefois, lorsque certains de ces éléments mobiles ne peuvent être rendus inaccessibles en tout ou partie pendant leur fonctionnement compte tenu des opérations à accomplir et nécessitent l'intervention de l'opérateur, ces éléments mobiles sont, dans la mesure de ce qui est techniquement possible, munis de protecteurs ou dispositifs de protection. Ceux-ci limitent l'accessibilité et interdisent notamment l'accès aux parties des éléments non utilisées pour le travail.

Lorsque l'état de la technique ne permet pas de satisfaire aux dispositions des premier et deuxième alinéas, les équipements de travail sont disposés, protégés, commandés ou équipés de façon à réduire les risques au minimum.

Les dispositions du présent article sont également applicables aux équipements de travail servant au levage de charges mus à la main.

Art. R. 4324-3. Les protecteurs et les dispositifs de protection prévus aux articles R. 4324-1 et R. 4324-2 obéissent aux caractéristiques suivantes :

1° Ils sont de construction robuste, adaptée aux conditions d'utilisation ;

2° Ils n'occasionnent pas de risques supplémentaires, la défaillance d'un de leurs composants ne compromettant pas leur fonction de protection ;

3° Ils ne peuvent pas être facilement ôtés ou rendus inopérants ;

4° Ils sont situés à une distance suffisante de la zone dangereuse, compatible avec le temps nécessaire pour obtenir l'arrêt des éléments mobiles ;

5° Ils permettent de repérer parfaitement la zone dangereuse ;

6° Ils ne limitent pas plus que nécessaire l'observation du cycle de travail ;

7° Ils permettent les interventions indispensables pour la mise en place ou le remplacement des éléments ainsi que pour les travaux d'entretien, ceci en limitant l'accès au seul secteur où le travail doit être réalisé et, si possible, sans démontage du protecteur ou du dispositif de protection.

Art. R. 4324-4. Les éléments d'un équipement de travail pour lesquels il existe un risque de rupture ou d'éclatement sont équipés de protecteurs appropriés.

Art. R. 4324-5. Les équipements de travail sont installés et équipés pour éviter les dangers dus à des chutes ou des projections d'objets tels que pièces usinées, éléments d'outillage, copeaux, déchets.

Art. R. 4324-6. Les éléments d'un équipement de travail destinés à la transmission de l'énergie calorifique, notamment les canalisations de vapeur ou de fluide thermique, sont disposés, protégés ou isolés de façon à prévenir tout risque de brûlure.

Art. R. 4324-7. Les prescriptions techniques prévues par le présent chapitre, notamment les caractéristiques des protecteurs prévus par les articles R. 4324-1 à R. 4324-3, sont précisées en tant que de besoin par des arrêtés du ministre chargé du travail ou du ministre chargé de l'agriculture selon les catégories de matériels concernées.

Sous-section 2. **Organes de service de mise en marche et d'arrêt**

Art. R. 4324-8. La mise en marche des équipements de travail ne peut être obtenue que par l'action d'un opérateur sur l'organe de service prévu à cet effet, sauf si cette mise en marche, obtenue autrement, ne présente aucun risque pour les opérateurs intéressés.

Cette disposition ne s'applique pas à la mise en marche d'un équipement de travail résultant de la séquence normale d'un cycle automatique.

Art. R. 4324-9. Les organes de service d'un équipement de travail sont clairement visibles et identifiables.

Ils font, en tant que de besoin, l'objet d'un marquage approprié.

Art. R. 4324-10. Les organes de service sont disposés en dehors des zones dangereuses, sauf en cas d'impossibilité ou de nécessité de service, par exemple pour un dispositif d'arrêt d'urgence ou une console de réglage ou d'apprentissage.

Ils sont situés de telle sorte que leur manœuvre ne puisse engendrer de risques supplémentaires.

Art. R. 4324-11. Les organes de service sont choisis pour éviter toute manœuvre non intentionnelle pouvant avoir des effets dangereux.

Ils sont disposés de façon à permettre une manœuvre sûre, rapide et sans équivoque.

Art. R. 4324-12. Les organes de mise en marche sont disposés de telle sorte que l'opérateur est capable, depuis leur emplacement, de s'assurer de l'absence de personnes dans les zones dangereuses.

Lorsque cela est impossible, toute mise en marche est précédée automatiquement d'un signal d'avertissement sonore ou visuel. Le travailleur exposé doit avoir le temps et les moyens de se soustraire rapidement à des risques engendrés par le démarrage ou éventuellement par l'arrêt de l'équipement de travail.

Art. R. 4324-13. Tout équipement de travail est muni des organes de service nécessaires permettant son arrêt général dans des conditions sûres.

Art. R. 4324-14. Chaque poste de travail ou partie d'équipement de travail est muni d'un organe de service permettant d'arrêter, en fonction des risques existants, soit tout l'équipement de travail, soit une partie seulement, de manière que l'opérateur soit en situation de sécurité.

Cet organe d'arrêt est tel que :

1° L'arrêt de l'équipement de travail a priorité sur les ordres de mise en marche ;

2° L'arrêt de l'équipement de travail ou de ses éléments dangereux étant obtenu, l'alimentation en énergie des actionneurs concernés est interrompue.

Art. R. 4324-15. Chaque machine est munie d'un ou de plusieurs dispositifs d'arrêt d'urgence clairement identifiables, accessibles et en nombre suffisant, permettant d'éviter des situations dangereuses risquant ou en train de se produire.

Sont exclues de cette obligation :

1° Les machines pour lesquelles un dispositif d'arrêt d'urgence ne serait pas en mesure de réduire le risque, soit parce qu'il ne réduirait pas le temps d'obtention de l'arrêt normal, soit parce qu'il ne permettrait pas de prendre les mesures particulières nécessitées par le risque ;

2° Les machines portatives et les machines guidées à la main.

Sous-section 3. **Dispositifs d'alerte et de signalisation**

Art. R. 4324-16. Un équipement de travail comporte les avertissements, signalisations et dispositifs d'alerte indispensables pour assurer la sécurité des travailleurs.

Ces avertissements, signalisations et dispositifs d'alerte sont choisis et disposés de façon à être perçus et compris facilement, sans ambiguïté.

Art. R. 4324-17. Lorsque les opérateurs ont la possibilité de choisir et de régler les caractéristiques techniques de fonctionnement d'un équipement de travail, celui-ci comporte toutes les indications nécessaires pour que ces opérations soient accomplies d'une façon sûre.

La vitesse limite au-delà de laquelle un équipement de travail peut présenter des risques est précisée clairement.

Sous-section 4. **Isolation et dissipation des énergies**

Art. R. 4324-18. Les équipements de travail sont munis de dispositifs clairement identifiables et facilement accessibles permettant de les isoler de chacune de leurs sources d'alimentation en énergie.

Art. R. 4324-19. La séparation des équipements de travail de leurs sources d'alimentation en énergie est obtenue par la mise en œuvre de moyens adaptés permettant que les opérateurs intervenant dans les zones dangereuses puissent s'assurer de cette séparation.

Art. R. 4324-20. La dissipation des énergies accumulées dans les équipements de travail doit pouvoir s'effectuer aisément, sans que puisse être compromise la sécurité des travailleurs.

Lorsque la dissipation des énergies ne peut être obtenue, la présence de ces énergies est rendue non dangereuse par la mise en œuvre de moyens adaptés mis à la disposition des opérateurs.

Sous-section 5. **Risques électrique et d'incendie**

Art. R. 4324-21. (D. 2010-1018 du 30 août 2010, JO 1er sept., entrée en vigueur le 01.07.2011) Les installations électriques des équipements de travail sont réalisées de façon à prévenir les risques d'origine électrique, conformément aux prescriptions fixées par arrêté des ministres chargés du travail et de l'agriculture.

Art. R. 4324-22. Les équipements de travail mettant en œuvre des produits ou des matériaux dégageant des gaz, vapeurs, poussières ou autres déchets inflammables sont munis de dispositifs protecteurs permettant notamment d'éviter qu'une élévation de température d'un élément ou des étincelles d'origine électrique ou mécanique puissent entraîner un incendie ou une explosion.

Sous-section 6. **Éclairage**

Art. R. 4324-23. Les zones de travail, de réglage ou de maintenance d'un équipement de travail sont convenablement éclairées en fonction des travaux à accomplir.

SECTION 2. Prescriptions complémentaires pour le levage de charges et le levage et le déplacement des travailleurs

Sous-section 1. **Levage des charges**

Art. R. 4324-24. Les équipements de travail servant au levage des charges sont équipés et installés de manière à assurer leur solidité et leur stabilité pendant l'emploi, compte tenu notamment des charges à lever et des contraintes induites aux points de suspension ou de fixation aux structures.

Art. R. 4324-25. Les appareils servant au levage de charges portent une indication visible de la ou des charges maximales d'utilisation et, le cas échéant, une plaque de charge donnant la charge nominale pour chaque configuration de l'appareil.

Art. R. 4324-26. Les accessoires de levage sont marqués de façon à permettre d'en identifier les caractéristiques essentielles à une utilisation sûre.

Art. R. 4324-27. Si un équipement de travail servant au levage n'est pas destiné au levage de personnes et s'il existe une possibilité de confusion, une signalisation appropriée est apposée de manière visible.

Art. R. 4324-28. Les équipements de travail servant au levage de charges sont équipés et installés de manière à réduire les risques liés aux mouvements des charges de façon que celles-ci :

1° Ne heurtent pas les travailleurs ;
2° Ne dérivent pas dangereusement ;
3° Ne se décrochent pas inopinément.

Sous-section 2. **Levage et déplacement des travailleurs**

Art. R. 4324-29. Les équipements de travail servant au levage et au déplacement de travailleurs sont choisis ou équipés pour :

1° Éviter les risques de chute de l'habitacle, lorsqu'il existe, au moyen de dispositifs appropriés ;
2° Éviter les risques de chute de l'utilisateur hors de l'habitacle, lorsqu'il existe ;
3° Éviter les risques d'écrasement, de coincement ou de heurt de l'utilisateur ;
4° Garantir la sécurité des travailleurs bloqués, en cas d'accident, dans l'habitacle et permettre leur dégagement.

SECTION 3. Prescriptions complémentaires pour les équipements de travail mobiles

Art. R. 4324-30. Les équipements de travail mobiles avec travailleurs portés sont choisis, compte tenu des travaux à accomplir et des conditions effectives d'utilisation, de manière à prévenir les risques de retournement ou de renversement de l'équipement et de chute d'objets.

Art. R. 4324-31. Lorsque le risque de retournement ou de renversement d'un équipement de travail mobile ne peut pas être complètement évité, cet équipement est muni soit d'une structure l'empêchant de se renverser de plus d'un quart de tour, soit d'une structure ou de tout autre dispositif d'effet équivalent garantissant un espace suffisant autour des travailleurs portés si le mouvement peut continuer au-delà de cette limite.

De telles structures de protection ne sont pas requises lorsque l'équipement est stabilisé pendant l'emploi ou lorsque le retournement ou le renversement en est rendu impossible du fait de la conception de l'équipement.

Art. R. 4324-32. Lorsque le risque de chute d'objets ne peut pas être complètement évité, l'équipement de travail mobile est équipé d'une structure de protection contre ce risque.

Art. R. 4324-33. Les structures de protection contre le retournement, le renversement ou la chute d'objets peuvent être intégrées dans une cabine.

Art. R. 4324-34. Si l'équipement de travail mobile n'est pas muni des points d'ancrage permettant de recevoir une structure de protection, des mesures sont prises pour prévenir le risque de retournement ou de renversement de l'équipement ou de chute d'objets, tels que la limitation de son utilisation, de sa vitesse et l'aménagement des zones de circulation et de travail.

Art. R. 4324-35. S'il existe un risque qu'un travailleur porté, lors d'un retournement ou d'un renversement, soit écrasé entre des parties de l'équipement de travail mobile et le sol, l'équipement est muni d'un système de retenue des travailleurs portés sur leur siège, sauf si l'état de la technique et les conditions effectives d'utilisation l'interdisent.

Art. R. 4324-36. Les équipements de travail mobiles avec travailleurs portés sont aménagés de façon à réduire au minimum les risques pour ces travailleurs pendant le déplacement, notamment les risques de contact avec les roues, chenilles, ou autres éléments mobiles concourant au déplacement.

Art. R. 4324-37. Lorsque le blocage intempestif des éléments de transmission d'énergie entre un équipement de travail mobile et ses accessoires ou remorques peut engendrer des risques spécifiques, cet équipement de travail est aménagé ou équipé de façon qu'il puisse être remédié à ce blocage. Lorsque celui-ci ne peut pas être empêché, toutes mesures sont prises pour éviter les conséquences dommageables pour les travailleurs.

Art. R. 4324-38. Si les éléments de transmission d'énergie entre équipements de travail mobiles risquent de s'encrasser et de se détériorer en traînant par terre, des fixations sont prévues.

Art. R. 4324-39. Les équipements de travail mobiles automoteurs sont munis de dispositifs empêchant une mise en marche par des personnes non habilitées.

Art. R. 4324-40. Les équipements de travail mobiles automoteurs sont munis d'un dispositif de freinage et d'arrêt.

Dans la mesure où la sécurité l'exige, notamment pour les équipements dont le système de freinage est fortement sollicité, un dispositif de secours actionné par des commandes aisément accessibles ou par des systèmes automatiques permet le freinage et l'arrêt en cas de défaillance du dispositif principal.

Art. R. 4324-41. Les équipements de travail mobiles comportant des éléments qui, pendant le travail, dépassent le gabarit, sont, pendant leur transport ou leur déplacement munis des dispositifs nécessaires pour maintenir ces éléments dans une position de sécurité.

Ces dispositifs permettent au conducteur de vérifier sans difficultés, préalablement au déplacement ou au transport, que les éléments concernés sont effectivement maintenus dans une position de sécurité.

Art. R. 4324-42. Lorsque le champ de vision direct du conducteur est insuffisant, les équipements de travail mobiles automoteurs sont munis de dispositifs auxiliaires, améliorant la visibilité.

Lorsque ces équipements sont utilisés de nuit ou dans des lieux obscurs, ils sont munis d'un dispositif d'éclairage adapté au travail à réaliser.

Art. R. 4324-43. Les équipements de travail mobiles automoteurs commandés à distance sont munis d'un dispositif permettant l'arrêt automatique lorsqu'ils sortent du champ de contrôle.

S'ils peuvent heurter des travailleurs, ces équipements ou ceux fonctionnant sans conducteur sont équipés de dispositifs de protection ou de protecteurs contre ces risques, sauf si d'autres dispositifs appropriés sont en place pour contrôler le risque de heurt.

Art. R. 4324-44. En cas de mouvement simultané de plusieurs équipements de travail mobiles automoteurs roulant sur rails, ces équipements sont munis de moyens réduisant les conséquences d'une collision éventuelle.

Art. R. 4324-45. Les équipements de travail mobiles automoteurs qui, par eux-mêmes ou du fait de leurs remorques ou de leur chargement, présentent des risques d'incendie sont munis de dispositifs de lutte contre l'incendie, sauf si le lieu d'utilisation en est équipé à des endroits suffisamment rapprochés.

SECTION 4. Prescriptions complémentaires pour les équipements de travail desservant des niveaux définis à l'aide d'un habitacle

Note Cette section a été introduite par le décret 2008-1325 du 15 décembre 2008, JO 17, entrée en vigueur le 18.12.2010.

Art. R. 4324-46. Les dispositions de la présente section s'appliquent aux équipements de travail suivants, desservant des niveaux définis à l'aide d'un habitacle, soit le long d'une course verticale parfaitement définie dans l'espace, soit le long d'une course guidée sensiblement verticale, lorsqu'ils ne sont pas soumis aux règles techniques de l'annexe I prévue par l'article R. 4312-1 :

1° Les monte-charges inaccessibles aux personnes compte tenu des dimensions de l'habitacle ;

2° Les monte-charges accessibles pour les opérations de chargement ou de déchargement mais munis d'un organe de commande situé à l'extérieur de l'habitacle, ne pouvant être actionné de l'intérieur ;

3° Les élévateurs de personnes n'excédant pas une vitesse de 0,15 mètre par seconde ;

4° Les ascenseurs de chantier.

Art. R. 4324-47. Lorsqu'un équipement est prévu pour l'accès ou le déplacement de personnes, il est installé ou équipé de manière à éviter :

1° Tout risque de chute de celles-ci à l'arrêt de l'habitacle au palier ;

2° Lors de l'accès à l'équipement, pour le chargement ou le déchargement, tout mouvement ou déplacement dangereux de l'habitacle.

Art. R. 4324-48. Les équipements sont installés ou équipés de manière à empêcher tout risque de contact des personnes présentes dans l'environnement de l'installation avec l'habitacle en mouvement ou tout autre élément mobile. Dès qu'un protecteur est ouvert, des dispositifs empêchent tout mouvement dangereux de l'habitacle.

Les équipements sont installés ou équipés de manière à supprimer tout risque de chute d'une charge de l'habitacle.

Art. R. 4324-49. Les interventions de vérification et de maintenance s'effectuent depuis un emplacement sûr permettant un accès aisé et sécurisé aux organes concernés, à partir de l'ouverture d'un protecteur.

Un dispositif d'arrêt permet l'accès en toute sécurité dans le volume parcouru par l'habitacle.

Afin de prévenir le risque d'écrasement entre l'habitacle et tout élément fixe, le personnel intervenant au-dessous ou au-dessus de l'habitacle dispose d'un espace libre ou d'un refuge lui permettant d'accéder et de se maintenir aux emplacements nécessaires en toute sécurité.

Art. R. 4324-50. Les équipements sont installés ou équipés de manière à empêcher tout risque de chute de personne dans la gaine, lorsque l'habitacle n'est pas au palier. À cette fin, ils sont équipés de protecteurs munis d'un dispositif empêchant tout mouvement dangereux de l'habitacle jusqu'à leur fermeture et leur verrouillage effectifs.

Ces protecteurs sont maintenus fermés et verrouillés pendant le déplacement de l'habitacle jusqu'à son arrêt. Ils sont munis d'un dispositif de déverrouillage de secours rendu accessible depuis l'extérieur de la gaine.

L'accès à la gaine, à partir des paliers autres que celui au niveau duquel se trouve l'habitacle, est rendu impossible en service normal.

Art. R. 4324-51. Les voies et accès aux équipements, les habitacles accessibles aux personnes ainsi que les espaces en gaine où ont lieu des opérations de vérification et de maintenance sont dotés d'un éclairage approprié.

Art. R. 4324-52. Les équipements sont installés ou équipés de manière à éviter les risques, pour les personnes, d'entrer en contact avec les objets transportés ou tout élément fixe ou mobile situé à l'extérieur de l'habitacle.

Ils sont notamment équipés de dispositifs faisant obstacle à tout déplacement dangereux de l'habitacle, à une augmentation de sa vitesse mettant en danger la sécurité des personnes ou à sa chute libre. Ces dispositifs ne doivent pas avoir pour effet une décélération dangereuse pour ces personnes, y compris pour celles qui effectuent les opérations mentionnées à l'article R. 4543-1.

Art. R. 4324-53. Lorsque l'habitacle est accessible aux personnes, l'équipement est doté d'un dispositif de secours permettant leur dégagement rapide, y compris en cas de défaillance de la source d'énergie.

LIVRE IV

PRÉVENTION DE CERTAINS RISQUES D'EXPOSITION

TITRE Ier

RISQUES CHIMIQUES

Chapitre Ier

Mise sur le marché des substances et mélanges

SECTION 1. Mesures générales et dispositions d'application

Art. L. 4411-1. Dans l'intérêt de la santé et de la sécurité au travail, la fabrication, la mise en vente, la vente, l'importation, la cession à quelque titre que ce soit ainsi que l'utilisation des substances et (Ord. 2011-1922 du 22 déc. 2011, JO 23) «mélanges dangereux» pour les travailleurs peuvent être limitées, réglementées ou interdites.

Ces limitations, réglementations ou interdictions peuvent être établies même lorsque l'utilisation de ces substances et (Ord. 2011-1922 du 22 déc. 2011, JO 23) «mélanges» est réalisée par l'employeur lui-même ou par des travailleurs indépendants.

Art. L. 4411-2. Des décrets en Conseil d'État, pris après avis des organisations professionnelles d'employeurs et de salariés intéressées, déterminent les mesures d'application du présent chapitre et peuvent notamment organiser des procédures spéciales lorsqu'il y a urgence à suspendre la commercialisation ou l'utilisation des substances et (Ord. 2011-1922 du 22 déc. 2011, JO 23) «mélanges dangereux», et prévoir les modalités d'indemnisation des travailleurs atteints d'affections causées par ces produits.

SECTION 2. Fabrication, importation et vente

Sous-section 1. Déclaration des substances et préparations

§ 1. Mise sur le marché

Art. L. 4411-3. (Ord. 2011-1922 du 22 déc. 2011, JO 23) La fabrication, la mise sur le marché, l'utilisation des substances, telles quelles ou contenues dans des mélanges ou des articles, et la mise sur le marché des mélanges sont soumises aux dispositions du règlement (CE) n° 1907/2006 du Parlement européen et du Conseil du 18 décembre 2006 concernant l'enregistrement, l'évaluation et l'autorisation des substances chimiques ainsi que les restrictions applicables à ces substances (REACH) et aux dispositions du règlement (CE) n° 1272/2008 du Parlement européen et du Conseil du 16 décembre 2008 relatif à la classification, à l'étiquetage et à l'emballage des substances et des mélanges.

§ 2. Information des autorités

Art. L. 4411-4. Les fabricants, les importateurs ou (Ord. 2009-229 du 26 févr. 2009, JO 27) «tout responsable de la mise sur le marché» de substances ou de (Ord. 2011-1922 du 22 déc. 2011, JO 23) «mélanges dangereux destinés à être utilisés» dans des établissements employant des travailleurs fournissent à un organisme compétent désigné par l'autorité administrative toutes les informations nécessaires sur ces produits, notamment leur composition.

Il peut leur être imposé de participer à la conservation et à l'exploitation de ces informations et de contribuer à la couverture des dépenses qui en résultent.

§ 3. Exceptions

Art. L. 4411-5. (Ord. 2009-229 du 26 févr. 2009, JO 27) Les dispositions du paragraphe 2 ne s'appliquent pas au fabricant, à l'importateur ou à tout responsable de la mise sur le marché de certaines catégories de (Ord. 2011-1922 du 22 déc. 2011, JO 23) «mélanges» soumises à d'autres procédures de déclaration lorsque ces procédures prennent en compte les risques encourus par les travailleurs.

Sous-section 2. **Protection des utilisateurs et acheteurs**

§ 1. Information des utilisateurs

Art. L. 4411-6. Sans préjudice de l'application des dispositions légales non prévues par le présent code, les vendeurs ou distributeurs de substances ou de (Ord. 2011-1922 du 22 déc. 2011, JO 23) «mélanges dangereux», ainsi que les employeurs qui en font usage, procèdent à l'étiquetage de ces substances ou (Ord. 2011-1922 du 22 déc. 2011, JO 23) «mélanges» dans des conditions déterminées (Ord. 2011-1922 du 22 déc. 2011, JO 23) «par le règlement (CE) n° 1272/2008 du Parlement européen et du Conseil du 16 décembre 2008 relatif à la classification, à l'étiquetage et à l'emballage des substances et des mélanges» et par voie réglementaire.

§ 2. Résolution de la vente

Art. L. 4411-7. L'acheteur d'une substance ou d'(Ord. 2011-1922 du 22 déc. 2011, JO 23) «un mélange dangereux» qui a été livré dans des conditions contraires aux dispositions des articles L. 4411-1 et L. 4411-3 peut, même en présence d'une clause contraire, dans le délai d'une année à compter du jour de la livraison, demander la résolution de la vente.

La juridiction qui prononce cette résolution peut accorder des dommages et intérêts à l'acheteur.

SECTION 1 (RÉGLEMENTAIRE). Dispositions générales

Art. R. 4411-1. (D. 2009-289 du 13 mars 2009, JO 15) Pour l'application du présent titre, lorsque les substances ou (D. 2012-530 du 19 avril 2012, JO 21) «mélanges mentionnés» à l'article L. 4411-1 sont utilisées principalement dans des établissements et exploitations agricoles, les attributions du ministre chargé du travail sont exercées par le ministre chargé de l'agriculture.

Art. R. 4411-1-1. (D. 2012-530 du 19 avril 2012, JO 21) Les règles de classification, d'étiquetage et d'emballage des substances et mélanges dangereux sont définies par le règlement (CE) n° 1272/2008 du Parlement et du Conseil du 16 décembre 2008 relatif à la classification, à l'étiquetage et à l'emballage des substances et des mélanges.

SECTION 2 (RÉGLEMENTAIRE). Définitions et principes de classement

Art. R. 4411-6. (D. 2015-612 du 3 juin 2015, JO 5) Sont considérés comme dangereux les substances et mélanges qui répondent aux critères de classification relatifs aux dangers physiques, aux dangers pour la santé ou aux dangers pour l'environnement définis à l'annexe I du règlement (CE) n° 1272/2008 du Parlement européen et du Conseil du 16 décembre 2008.

SECTION 3 (RÉGLEMENTAIRE). Information des autorités pour la prévention des risques

Note Cette section a été introduite par le décret 2014-128 du 14 février 2014, art. 11, JO 16.

Art. R. 4411-42. L'organisme mentionné à l'article L. 4411-4 est désigné par arrêté des ministres chargés de la santé, du travail, de l'environnement et de l'agriculture. Cet arrêté fixe les modalités techniques de la mission de cet organisme.

Art. R. 4411-43. Sous réserve des dispositions des articles R. 4411-44 et R. 4411-45, la nature et les modalités de déclaration des informations qui doivent être fournies à l'organisme mentionné à l'article R. 4411-42 en application des dispositions de l'article L. 4411-4 sur les substances ou mélanges dangereux destinés à être utilisés dans des établissements employant des travailleurs ainsi que les modalités d'accès à celles-ci sont fixées par les chapitres Ier et II du titre IV du livre III de la première partie du code de la santé publique.

Art. R. 4411-44. L'organisme mentionné à l'article L. 4411-4 est habilité à fournir à toute personne qui en fait la demande et intéressée par la protection des travailleurs, notamment au médecin du travail et aux membres des comités d'hygiène et de sécurité des conditions de travail, les renseignements qu'il détient relatifs :

1° Aux dangers que présente une substance ou un mélange qui la contient ;

2° Aux précautions à prendre dans son emploi, son stockage, son transport ou son élimination ;

3° À la nature et à la teneur de toute substance dangereuse contenue dans un mélange, à l'exclusion des informations relevant du secret (D. 2018-1126 du 11 déc. 2018, art. 3, VIII, JO 13) « des affaires ».

Art. R. 4411-45. L'organisme mentionné à l'article L. 4411-4 est habilité à fournir aux inspecteurs du travail, aux médecins inspecteurs du travail, à un médecin du travail désigné par la Caisse centrale de mutualité agricole, aux ingénieurs de prévention ou techniciens régionaux des directions régionales des entreprises, de la concurrence, de la consommation, du travail et de l'emploi, aux ingénieurs-conseils des caisses d'assurance retraite et de la santé au travail et aux conseillers en prévention mentionnés aux articles L. 724-8 et L. 724-9 du code rural et de la pêche maritime tout renseignement qu'il détient sur la composition des mélanges.

Les demandes de renseignement au titre du présent article sont faites par écrit à l'organisme compétent qui les enregistre.

Art. R. 4411-46. L'organisme mentionné à l'article L. 4411-4 et les autorités administratives prennent toutes dispositions utiles pour que les informations dont ils disposent et qui leur ont été signalées comme relevant du secret (D. 2018-1126 du 11 déc. 2018, art. 3, VIII, JO 13) « des affaires » ne soient accessibles qu'aux personnes qu'ils ont explicitement habilitées pour en assurer la garde et qui sont astreintes au secret professionnel.

SECTION 4 (RÉGLEMENTAIRE). Protection des utilisateurs et acheteurs

Sous-section 2. Fiche de données de sécurité

Art. R. 4411-73. (D. 2009-289 du 13 mars 2009, JO 15) « Le fournisseur » d'une substance ou (D. 2012-530 du 19 avril 2012, JO 21) « mélange dangereux » fournit au destinataire de cette substance ou (D. 2012-530 du 19 avril 2012, JO 21) « mélange » une fiche de données de sécurité conforme aux exigences prévues au titre IV et à l'annexe II du règlement (CE) n° 1907/2006 du Parlement et du Conseil du 18 décembre 2006 concernant l'enregistrement, l'évaluation et l'autorisation des substances chimiques, ainsi que les restrictions applicables à ces substances (REACH), instituant une agence européenne des produits chimiques, modifiant la directive 1999/45/CE et abrogeant le règlement (CEE) n° 793/93 du Conseil et le règlement (CE) n° 1488/94 de la Commission ainsi que la directive 76/769/CEE du Conseil et les directives 91/155/CEE, 93/67/CEE, 93/105/CE et 2000/21/CE de la Commission.

Sous-section 4. Dispositions d'urgence

Art. R. 4411-83. En cas d'urgence motivée par un grave danger pour les travailleurs, le ministre chargé du travail peut, par arrêté, limiter, réglementer ou interdire la commercialisation ou l'utilisation, à quelque titre que ce soit, ainsi que l'emploi d'une substance ou (D. 2012-530 du 19 avril

2012, JO 21) « d'un mélange dangereux », sans recueillir l'avis du (D. 2016-1834 du 22 déc. 2016, JO 24) « Conseil d'orientation des conditions de travail ».

La durée de validité de l'arrêté ne peut excéder six mois non renouvelables. Elle peut toutefois être portée à douze mois après avis du (D. 2016-1834 du 22 déc. 2016, JO 24) « Conseil d'orientation des conditions de travail ».

Art. R. 4411-84. Lorsque est intervenu un règlement ou un arrêté pris par application des articles L. 4411-1 et R. 4411-83, les fabricants, importateurs ou vendeurs prennent toutes dispositions pour informer les utilisateurs.

SECTION 5 (RÉGLEMENTAIRE). Exemptions pour les intérêts de la défense

Note Cette section a été introduite par le décret 2012-530 du 19 avril 2012, JO 21.

Art. R. 4411-86. Les exemptions au règlement (CE) n° 1272/2008 prévues au III de l'article L. 521-1 du code de l'environnement sont délivrées par décision conjointe du ministre de la défense et du ministre chargé du travail, sauf dans les cas d'urgence opérationnelle pour lesquels la décision est prise par le ministre de la défense qui en informe alors le ministre chargé du travail.

La décision est notifiée au demandeur.

La décision précise l'identité de la substance, du mélange ou de l'article concerné, la durée de l'exemption et, le cas échéant, les conditions de son renouvellement. En l'absence de décision explicite à l'issue d'un délai de six mois à compter de la réception de la demande, celle-ci est réputée rejetée. Un arrêté conjoint du ministre de la défense et du ministre chargé du travail précise les conditions de présentation et d'instruction des demandes.

Chapitre II

Mesures de prévention des risques chimiques

Art. L. 4412-1. Les règles de prévention des risques pour la santé et la sécurité des travailleurs exposés à des risques chimiques sont déterminées par décret en Conseil d'État pris en application de l'article L. 4111-6.

SECTION 1 (RÉGLEMENTAIRE). Dispositions applicables aux agents chimiques dangereux

Sous-section 1. Champ d'application et définitions

Art. R. 4412-1. Les dispositions de la présente section sont applicables aux activités dans lesquelles les travailleurs sont exposés ou susceptibles d'être exposés au cours de leur travail à des agents chimiques dangereux.

Art. R. 4412-2. Pour l'application du présent chapitre, on entend par :

1° Activité impliquant des agents chimiques, tout travail dans lequel des agents chimiques sont utilisés ou destinés à être utilisés dans tout processus, y compris la production, la manutention, le stockage, le transport, l'élimination et le traitement, ou au cours duquel de tels agents sont produits ;

2° Agent chimique, tout élément ou composé chimique, soit en l'état, soit au sein (D. 2012-530 du 19 avril 2012, JO 21) « d'un mélange », tel qu'il se présente à l'état naturel ou tel qu'il est produit, utilisé ou libéré, notamment sous forme de déchet, du fait d'une activité professionnelle, qu'il soit ou non produit intentionnellement et qu'il soit ou non mis sur le marché.

Art. R. 4412-3. Pour l'application du présent chapitre, un agent chimique dangereux est :

(D. 2012-530 du 19 avril 2012, JO 21) « 1° Tout agent chimique (D. 2015-612 du 3 juin 2015, JO 5) « mentionné à l'article R. 4411-6. »

2° Tout agent chimique qui, bien que ne satisfaisant pas aux critères de classement, en l'état ou au sein (D. 2012-530 du 19 avril 2012, JO 21) « d'un mélange », peut présenter un risque pour la santé et la sécurité des travailleurs en raison de ses propriétés physico-chimiques, chimiques ou toxicologiques et des modalités de sa présence sur le lieu de travail ou de son utilisation, y compris tout agent chimique pour lequel des décrets prévoient une valeur limite d'exposition professionnelle.

Art. R. 4412-4. Pour l'application du présent chapitre, on entend par :

1° Danger, la propriété intrinsèque d'un agent chimique susceptible d'avoir un effet nuisible ;

2° Risque, la probabilité que le potentiel de nuisance soit atteint dans les conditions d'utilisation et/ou d'exposition ;

3° Surveillance de la santé, l'évaluation de l'état de santé d'un travailleur en fonction de son exposition à des agents chimiques spécifiques sur le lieu de travail ;

4° Valeur limite biologique, la limite de concentration dans le milieu biologique approprié de l'agent concerné, de ses métabolites ou d'un indicateur d'effet ;

5° Valeur limite d'exposition professionnelle, sauf indication contraire, la limite de la moyenne pondérée en fonction du temps de la concentration d'un agent chimique dangereux dans l'air de la zone de respiration d'un travailleur au cours d'une période de référence déterminée.

Sous-section 2. **Évaluation des risques**

Art. R. 4412-5. L'employeur évalue les risques encourus pour la santé et la sécurité des travailleurs pour toute activité susceptible de présenter un risque d'exposition à des agents chimiques dangereux.

Cette évaluation est renouvelée périodiquement, notamment à l'occasion de toute modification importante des conditions pouvant affecter la santé ou la sécurité des travailleurs.

Art. R. 4412-6. Pour l'évaluation des risques, l'employeur prend en compte, notamment :

1° Les propriétés dangereuses des agents chimiques présents sur les lieux de travail ;

2° Les informations relatives à la santé et à la sécurité communiquées par le fournisseur de produits chimiques en application des articles (D. 2015-612 du 3 juin 2015, JO 5) « R. 4411-1-1 », R. 4411-73 et R. 4411-84 ;

3° Les renseignements complémentaires qui lui sont nécessaires obtenus auprès du fournisseur ou d'autres sources aisément accessibles ;

4° La nature, le degré et la durée de l'exposition ;

5° Les conditions dans lesquelles se déroulent les activités impliquant des agents chimiques, y compris le nombre et le volume de chacun d'eux ;

6° Les valeurs limites d'exposition professionnelle et les valeurs limites biologiques fixées par décret ;

7° L'effet des mesures de prévention prises ou à prendre sur le risque chimique ;

8° Les conclusions fournies par le médecin du travail concernant (D. 2016-1908 du 27 déc. 2016, art. 10, I, 1°, JO 29, entrée en vigueur le 01.01.2017) « le suivi de l'état de santé » des travailleurs ;

9° Les travaux conduits et propositions émises par les intervenants en prévention des risques professionnels mentionnés à l'article R. 4623-26.

Art. R. 4412-7. L'évaluation des risques inclut toutes les activités au sein de l'entreprise ou de l'établissement, y compris l'entretien et la maintenance.

Dans le cas d'activités comportant une exposition à plusieurs agents chimiques dangereux, l'évaluation prend en compte les risques combinés de l'ensemble de ces agents.

Art. R. 4412-8. Toute activité nouvelle impliquant des agents chimiques dangereux ne peut être entreprise qu'après réalisation de l'évaluation des risques et mise en œuvre des mesures de prévention appropriées.

Art. R. 4412-9. Les résultats de l'évaluation des risques chimiques sont communiqués, sous une forme appropriée, au (D. 2017-1819 du 29 déc. 2017, art. 3, 45°, JO 30, entrée en vigueur le 01.01.2018) « comité social et économique » et, en l'absence de représentation du personnel, à tout travailleur intervenant dans l'entreprise ainsi qu'au médecin du travail.

Cette communication intervient, en particulier, à la suite de la mise à jour des résultats de l'évaluation ou de toute modification importante des méthodes et des conditions de travail susceptible d'affecter la santé et la sécurité des travailleurs.

Art. R. 4412-10. Les résultats de l'évaluation des risques sont consignés dans le document unique d'évaluation des risques prévu à l'article R. 4121-1.

Sous-section 3. **Mesures et moyens de prévention**

Art. R. 4412-11. L'employeur définit et applique les mesures de prévention visant à supprimer ou à réduire au minimum le risque d'exposition à des agents chimiques dangereux :

1° En concevant et en organisant des méthodes de travail adaptées ;

2° En prévoyant un matériel adéquat ainsi que des procédures d'entretien régulières qui protègent la santé et la sécurité des travailleurs ;

3° En réduisant au minimum le nombre de travailleurs exposés ou susceptibles de l'être, tout en tenant compte des risques encourus par un travailleur isolé ;

4° En réduisant au minimum la durée et l'intensité de l'exposition ;

5° En imposant des mesures d'hygiène appropriées ;

6° En réduisant au minimum nécessaire la quantité d'agents chimiques présents sur le lieu de travail pour le type de travail concerné ;

7° En concevant des procédures de travail adéquates, notamment des dispositions assurant la sécurité lors de la manutention, du stockage et du transport sur le lieu de travail des agents chimiques dangereux et des déchets contenant de tels agents.

Art. R. 4412-12. Lorsque les résultats de l'évaluation des risques révèlent un risque pour la santé et la sécurité des travailleurs, l'employeur met en œuvre les dispositions suivantes :

1° Mesures et moyens de prévention prévus aux articles R. 4412-15 à R. 4412-22 ;

2° Vérifications des installations et appareils de protection collective prévues à la sous-section 4 ;

3° Contrôle de l'exposition prévu à la sous-section 5 ;

4° Mesures en cas d'accident prévues à la sous-section 6 ;

5° Établissement de la notice de poste prévue à l'article R. 4412-39 ;

6° Suivi (D. 2016-1908 du 27 déc. 2016, art. 10, I, 1°, JO 29, entrée en vigueur le 01.01.2017) « de l'état de santé prévu » à la sous-section 8.

Art. R. 4412-13. Lorsque les résultats de l'évaluation des risques montrent que les quantités dans lesquelles un agent chimique dangereux est présent sur le lieu de travail ne présentent qu'un risque faible pour la santé et la sécurité des travailleurs et que les mesures de prévention prises en application des articles L. 4121-1 à L. 4121-5 et R. 4412-11 sont suffisantes pour réduire ce risque, les dispositions de l'article R. 4412-12 ne sont pas applicables.

Art. R. 4412-14. Quels que soient les résultats de l'évaluation des risques, les dispositions de l'article R. 4412-12 s'appliquent à la production, la fabrication ou l'utilisation au travail des agents chimiques dangereux faisant l'objet d'une mesure d'interdiction en application de l'article L. 4411-1.

Art. R. 4412-15. Le risque que présente un agent chimique dangereux pour la santé et la sécurité des travailleurs doit être supprimé.

Lorsque la suppression de ce risque est impossible, ce dernier est réduit au minimum par la substitution d'un agent chimique dangereux par un autre agent chimique ou par un procédé non dangereux ou moins dangereux.

Art. R. 4412-16. Lorsque la substitution d'un agent chimique dangereux n'est pas possible au regard de la nature de l'activité et de l'évaluation des risques, le risque est réduit au minimum par la mise en œuvre, par ordre de priorité, des mesures suivantes :

1° Conception des procédés de travail et contrôles techniques appropriés ;

2° Utilisation des équipements et des matériels adéquats de manière à éviter ou à réduire le plus possible la libération d'agents chimiques dangereux sur le lieu de travail ;

3° Application, à la source du risque, des mesures efficaces de protection collective, telles qu'une bonne ventilation et des mesures appropriées d'organisation du travail ;

4° Utilisation, si l'exposition ne peut être réduite par d'autres moyens, de moyens de protection individuelle, y compris d'équipements de protection individuelle.

Art. R. 4412-17. L'employeur prend les mesures techniques et définit les mesures d'organisation du travail appropriées pour assurer la protection des travailleurs contre les dangers découlant des propriétés chimiques et physico-chimiques des agents chimiques.

Ces mesures portent, notamment, sur le stockage, la manutention et l'isolement des agents chimiques incompatibles.

À cet effet, l'employeur prend les mesures appropriées pour empêcher :

1° La présence sur le lieu de travail de concentrations dangereuses de substances inflammables ou de quantités dangereuses de substances chimiques instables ;

2° Les risques de débordement ou d'éclaboussures, ainsi que de déversement par rupture des parois des cuves, bassins, réservoirs et récipients de toute nature contenant des produits susceptibles de provoquer des brûlures d'origine thermique ou chimique.

Art. R. 4412-18. Lorsque les mesures techniques et d'organisation prévues à l'article R. 4412-17 ne sont pas réalisables au regard de la nature de l'activité, l'employeur prend, par ordre de priorité, les dispositions nécessaires pour :

1° Éviter la présence sur le lieu de travail de sources d'ignition susceptibles de provoquer des incendies ou des explosions, ou l'existence de conditions défavorables pouvant aboutir à ce que des substances ou des mélanges de substances chimiques instables aient des effets physiques dangereux ;

2° Atténuer les effets nuisibles pour la santé et la sécurité des travailleurs en cas d'incendie ou d'explosion résultant de l'inflammation de substances inflammables, ou les effets dangereux dus aux substances ou aux mélanges de substances chimiques instables.

Art. R. 4412-19. L'employeur assure l'entretien des équipements de protection individuelle et des vêtements de travail.

Lorsque l'entretien est réalisé à l'extérieur de l'établissement, le chef de l'entreprise chargé du transport et de l'entretien est informé de l'éventualité et de la nature de la contamination ainsi que de ses dangers conformément aux règles de coordination de la prévention prévue à l'article R. 4511-5.

Le transport des vêtements contaminés est réalisé dans des récipients sûrs et identifiables.

Art. R. 4412-20. L'employeur, pour toutes les activités comportant un risque d'exposition à des agents chimiques dangereux, prévoit des mesures d'hygiène appropriées afin que les travailleurs ne mangent pas, ne boivent pas et ne fument pas dans les zones de travail concernées.

Art. R. 4412-21. L'accès aux locaux de travail où sont utilisés des agents chimiques dangereux est limité aux personnes dont la mission l'exige.

Ces locaux font l'objet d'une signalisation appropriée rappelant notamment l'interdiction d'y pénétrer sans motif de service et l'existence d'un risque d'émissions dangereuses pour la santé, y compris accidentelles.

Art. R. 4412-22. Lors de travaux susceptibles d'exposer à des gaz délétères dans des espaces confinés tels que les puits, conduites de gaz, canaux de fumée, fosses d'aisances, cuves ou appareils quelconques, les travailleurs sont attachés ou protégés par un autre dispositif de sécurité.

Sous-section 4. **Vérifications des installations et appareils de protection collective**

Art. R. 4412-23. L'employeur assure régulièrement la vérification et le maintien en parfait état de fonctionnement des installations et appareils de protection collective.

Art. R. 4412-24. L'employeur établit, après avis du (D. 2017-1819 du 29 déc. 2017, art. 3, 43°, JO 30, entrée en vigueur le 01.01.2018) « comité social et économique », une notice fixant les conditions de l'entretien des installations et des appareils de protection collective et les procédures à mettre en œuvre pour assurer leur surveillance, notamment pour détecter d'éventuelles défaillances et les éliminer.

Art. R. 4412-25. Des visites périodiques destinées à s'assurer de l'état des cuves, bassins et réservoirs contenant des produits corrosifs ont lieu à intervalles n'excédant pas un an.

Ces visites sont réalisées par une personne qualifiée sous la responsabilité de l'employeur.

Art. R. 4412-26. Les résultats des vérifications prévues par la présente sous-section sont consignés dans les conditions prévues à l'article D. 4711-2.

Sous-section 5. **Contrôle de l'exposition**

§ 1. Contrôle des valeurs limites d'exposition professionnelle

Note Ce paragraphe a été introduit par le décret 2009-1570 du 15 décembre 2009, JO 17.

Art. R. 4412-27. Pour l'application du 3° de l'article R. 4412-12, l'employeur procède de façon régulière au mesurage de l'exposition des travailleurs aux agents chimiques dangereux présents dans l'atmosphère des lieux de travail.

Lorsque des valeurs limites d'exposition professionnelle ont été établies pour un agent chimique dangereux en application des articles R. 4412-149 ou R. 4412-150, l'employeur fait procéder à des contrôles techniques par un organisme accrédité dans les conditions prévues aux articles R. 4724-8 à R. 4724-13.

Ces contrôles techniques sont effectués au moins une fois par an et lors de tout changement susceptible d'avoir des conséquences néfastes sur l'exposition des travailleurs. Ils donnent lieu à un rapport, communiqué conformément aux dispositions de l'article R. 4412-30.

Art. R. 4412-28. En cas de dépassement d'une valeur limite d'exposition professionnelle fixée à l'article R. 4412-149 ou de dépassement d'une concentration fixée à l'article R. 4222-10, l'employeur prend immédiatement les mesures de prévention et de protection propres à assurer la protection des travailleurs.

Art. R. 4412-29. En cas de dépassement d'une valeur limite d'exposition professionnelle indicative prévue à l'article R. 4412-150, l'employeur procède à l'évaluation des risques afin de déterminer des mesures de prévention et de protection adaptées.

Art. R. 4412-30. Les résultats des mesurages et les rapports de contrôle technique sont communiqués par l'employeur au médecin du travail et au (D. 2017-1819 du 29 déc. 2017, art. 3, 45°, JO 30, entrée en vigueur le 01.01.2018) « comité social et économique ».

Ils sont tenus à la disposition de l'inspecteur du travail, du médecin inspecteur du travail ainsi que des agents des services de prévention des organismes de sécurité sociale.

Art. R. 4412-31. Les mesurages et les contrôles techniques opérés en application du présent paragraphe doivent respecter les modalités et les méthodes fixées en application de l'article R. 4412-151.

§ 2. Contrôle des valeurs limites biologiques

Art. R. 4412-32. Lorsqu'il est informé par le médecin du travail du dépassement d'une valeur limite biologique d'un agent chimique dangereux (D. 2012-530 du 19 avril 2012, JO 21) « pour la santé », dans les conditions prévues (D. 2009-1570 du 15 déc. 2009, JO 17) « à l'article R. 4412-51-1 », l'employeur :

1° Procède à l'évaluation des risques conformément à la sous-section 2 ;

2° Met en œuvre les mesures et moyens de prévention prévus aux articles R. 4412-11, R. 4412-15 et R. 4412-16.

Sous-section 6. **Mesures en cas d'accident ou d'incident**

Art. R. 4412-33. Des systèmes d'alarme et autres systèmes de communication sont installés afin de permettre, en cas d'accident, d'incident ou d'urgence dû à la présence d'agents chimiques dangereux sur le lieu de travail :

1° Une réaction appropriée ;

2° La mise en œuvre immédiate, en tant que de besoin, des mesures qui s'imposent ;

3° Le déclenchement des opérations de secours, d'évacuation et de sauvetage.

Les mesures à mettre en œuvre, notamment les règles d'évacuation des travailleurs, sont définies préalablement par écrit.

Art. R. 4412-34. En présence d'agents chimiques dangereux sur les lieux de travail, des installations de premier secours appropriées sont mises à disposition. Des exercices de sécurité pertinents sont organisés à intervalles réguliers.

Art. R. 4412-35. Lorsqu'un accident, un incident ou une urgence survient, l'employeur prend immédiatement des mesures pour en atténuer les effets et en informer les travailleurs.

L'employeur met en œuvre les mesures appropriées pour remédier le plus rapidement possible à la situation et afin de rétablir une situation normale.

Art. R. 4412-36. Seuls les travailleurs indispensables à l'exécution des réparations ou d'autres travaux nécessaires au rétablissement de la situation sont autorisés à travailler dans la zone affectée. Ils doivent disposer d'équipements de protection individuelle appropriés qu'ils sont tenus d'utiliser pendant la durée de leur intervention. En tout état de cause, l'exposition des travailleurs ne peut pas être permanente et doit être limitée pour chacun au strict nécessaire.

Les personnes non protégées ne sont pas autorisées à rester dans la zone affectée.

Art. R. 4412-37. L'employeur veille à ce que les informations sur les mesures d'urgence se rapportant à des agents chimiques dangereux soient disponibles, notamment pour les services d'intervention, internes ou externes, compétents en cas d'accident ou d'incident.

Ces informations comprennent :

1° Une mention préalable des dangers de l'activité, des mesures d'identification du danger, des précautions et des procédures pertinentes afin que les services d'urgence puissent préparer leurs propres procédures d'intervention et mesures de précaution ;

2° Toute information disponible sur les dangers susceptibles de se présenter lors d'un accident ou d'une urgence ;

3° Les mesures définies en application des articles R. 4412-33 et R. 4412-34.

Sous-section 7. **Information et formation des travailleurs**

Art. R. 4412-38. L'employeur veille à ce que les travailleurs ainsi que le (D. 2017-1819 du 29 déc. 2017, art. 3, 49°, JO 30, entrée en vigueur le 01.01.2018) « comité social et économique » :

1° Reçoivent des informations sous des formes appropriées et périodiquement actualisées sur les agents chimiques dangereux se trouvant sur le lieu de travail, telles que notamment leurs noms, les risques pour la santé et la sécurité qu'ils comportent et, le cas échéant, les valeurs limites d'exposition professionnelle et les valeurs limites biologiques qui leur sont applicables ;

2° Aient accès aux fiches de données de sécurité fournies par le fournisseur des agents chimiques ;

3° Reçoivent une formation et des informations sur les précautions à prendre pour assurer leur protection et celle des autres travailleurs présents sur le lieu de travail. Sont notamment portées à leur connaissance les consignes relatives aux mesures d'hygiène à respecter et à l'utilisation des équipements de protection individuelle.

Art. R. 4412-39. L'employeur établit une notice, dénommée notice de poste, pour chaque poste de travail ou situation de travail exposant les travailleurs à des agents chimiques dangereux. Cette notice, actualisée en tant que de besoin, est destinée à informer les travailleurs des risques auxquels leur travail peut les exposer et des dispositions prises pour les éviter.

La notice rappelle les règles d'hygiène applicables ainsi que, le cas échéant, les consignes relatives à l'emploi des équipements de protection collective ou individuelle.

Art. R. 4412-39-1. (D. 2015-612 du 3 juin 2015, JO 5) L'étiquette ou inscription figurant sur tout récipient, sac ou enveloppe contenant des substances ou mélanges dangereux indique le nom de la ou les substances qu'il contient et les dangers que présente leur emploi.

Sous-section 8. **Suivi de l'état de santé des travailleurs**

§ 2. Suivi individuel de l'état de santé

Sous-§ 1. Suivi individuel et examens complémentaires

Art. R. 4412-44. (D. 2016-1908 du 27 déc. 2016, art. 10, I, 5°, JO 29, entrée en vigueur le 01.01.2017) En fonction de l'évaluation des risques, un travailleur affecté à des travaux l'exposant à des agents chimiques dangereux pour la santé peut faire l'objet d'un examen médical complémentaire prescrit par le médecin du travail afin de vérifier qu'il ne présente pas de contre-indication médicale à ces travaux.

Art. R. 4412-45. L'examen médical pratiqué comprend un examen clinique général et, selon la nature de l'exposition, un ou plusieurs examens spécialisés complémentaires auxquels le médecin du travail procède ou fait procéder. Ces examens sont (D. 2014-798 du 11 juil. 2014, JO 13) « pris en charge dans les conditions prévues à l'article (D. 2016-1908 du 27 déc. 2016, art. 10, I, 6°, JO 29, entrée en vigueur le 01.01.2017) « R. 4624-36 » ou, s'il s'agit d'un salarié agricole, à l'article R. 717-20 du code rural et de la pêche maritime ».

Art. R. 4412-46. Chaque travailleur est informé par le médecin du travail des résultats et de l'interprétation des examens médicaux généraux et complémentaires dont il a bénéficié.

Art. R. 4412-49. Les instructions techniques, précisant les modalités des examens médicaux que respectent les médecins du travail, sont déterminées, en tant que de besoin, par arrêté conjoint des ministres chargés du travail et de l'agriculture.

Art. R. 4412-50. En dehors des (D. 2016-1908 du 27 déc. 2016, art. 10, I, 8°, JO 29, entrée en vigueur le 01.01.2017) « visites d'information et de prévention et des examens complémentaires dont le travailleur bénéficie », l'employeur fait examiner par le médecin du travail tout travailleur exposé à des agents chimiques mentionnés à l'article R. 4412-44 qui se déclare incommodé par des travaux qu'il exécute. Cet examen peut être réalisé à la demande du travailleur.

Le médecin du travail est informé par l'employeur des absences, pour cause de maladie d'une durée supérieure à dix jours, des travailleurs exposés à ces agents chimiques.

Art. R. 4412-51. (D. 2009-1570 du 15 déc. 2009, JO 17) Le médecin du travail prescrit les examens médicaux nécessaires à la surveillance biologique des expositions aux agents chimiques. Le travailleur est informé par le médecin des résultats de ces examens et de leur interprétation.

Le médecin du travail informe l'employeur de l'interprétation anonyme et globale des résultats de cette surveillance biologique des expositions aux agents chimiques, en garantissant le respect du secret médical.

Art. R. 4412-51-1. (D. 2009-1570 du 15 déc. 2009, JO 17) Les analyses destinées à vérifier le respect des valeurs limites biologiques fixées par décret sont réalisées par les organismes mentionnés à l'article R. 4724-15.

En cas de dépassement, le médecin du travail, s'il considère que ce dépassement résulte de l'exposition professionnelle, en informe l'employeur, sous une forme non nominative (D. 2016-1908 du 27 déc. 2016, art. 10, I, 9°, JO 29, entrée en vigueur le 01.01.2017) « et le travailleur ».

Art. R. 4412-51-2. (D. 2009-1570 du 15 déc. 2009, JO 17) Un arrêté conjoint des ministres chargés du travail et de l'agriculture précise les modalités ainsi que les méthodes à mettre en œuvre pour le contrôle du respect des valeurs limites biologiques.

Art. R. 4412-52. Si un travailleur est atteint d'une maladie professionnelle, d'une maladie ou d'une anomalie susceptible de résulter d'une exposition à des agents chimiques dangereux, à l'exception des agents cancérogènes et mutagènes définis à l'article R. 4412-60, le médecin du travail détermine la pertinence et la nature des examens éventuellement nécessaires pour les travailleurs ayant subi une exposition comparable.

Si un travailleur est atteint soit d'une maladie professionnelle, soit d'une anomalie susceptible de résulter d'une exposition à des agents cancérogènes ou mutagènes, tous les travailleurs ayant subi une exposition comparable sur le même lieu de travail font l'objet d'un examen médical, assorti éventuellement d'examens complémentaires.

Art. R. 4412-53. Dans les cas de maladie ou d'anomalie prévus à l'article R. 4412-52, une nouvelle évaluation des risques est réalisée en vue d'assurer une meilleure protection de la santé et de la sécurité des travailleurs.

Sous-§ 2. Dossier médical

Art. R. 4412-54. Le médecin du travail constitue et tient, pour chaque travailleur exposé aux agents chimiques dangereux (D. 2012-134 du 30 janv. 2012, JO 31) « pour la santé », un dossier individuel contenant :

(D. 2015-1885 du 30 déc. 2015, JO 31) « 1° Le cas échéant, les informations communiquées par l'employeur au médecin du travail en application du troisième alinéa de l'article D. 4161-1 ; »

2° Les dates et les résultats des examens médicaux complémentaires pratiqués.

Art. R. 4412-55. Le dossier médical est conservé pendant au moins cinquante ans après la fin de la période d'exposition, dans les conditions prévues à l'article (D. 2016-1908 du 27 déc. 2016, art. 10, I, 10°, JO 29, entrée en vigueur le 01.01.2017) « L. 4624-8 » du présent code ou à l'article R. 717-27 du code rural (Ord. 2010-462 du 6 mai 2010, JO 7) « et de la pêche maritime ».

Art. R. 4412-56. Le dossier médical est communiqué, sur sa demande, au médecin inspecteur du travail et peut être adressé, avec l'accord du travailleur, à un médecin de son choix.

Art. R. 4412-57. Si l'établissement (D. 2016-1908 du 27 déc. 2016, art. 10, I, 11°, JO 29, entrée en vigueur le 01.01.2017) « ou le service de santé au travail auquel il est rattaché » vient à disparaître ou si le travailleur change d'établissement, l'ensemble du dossier médical est transmis au médecin inspecteur du travail, à charge pour celui-ci de l'adresser, à la demande du travailleur, au médecin du travail désormais compétent.

SECTION 2 (RÉGLEMENTAIRE). Dispositions particulières aux agents chimiques dangereux cancérogènes, mutagènes et toxiques pour la reproduction

Sous-section 1. Champ d'application et définitions

Art. R. 4412-59. Les dispositions de la présente section sont applicables aux activités dans lesquelles les travailleurs sont exposés ou susceptibles d'être exposés au cours de leur travail à des agents chimiques cancérogènes mutagènes ou toxiques pour la reproduction. Elles ne font pas obstacle aux mesures particulières prises par décret pour certains agents ou procédés cancérogènes, mutagènes ou toxiques pour la reproduction.

Les activités mentionnées au premier alinéa ne sont pas soumises aux dispositions de la section 1 à l'exception des dispositions suivantes :

1° Définitions de la sous-section 1 ;

2° Mesures et dispositions à prendre contre les dangers découlant des propriétés chimiques et physico-chimiques des agents chimiques prévues aux articles R. 4412-17 et R. 4412-18 ;

3° Mesures à prendre en cas d'intervention dans un espace confiné prévues à l'article R. 4412-22 ;

4° Vérifications périodiques des installations et appareils de protection collective prévues à la sous-section 4 ;

5° Mesures à prendre en cas d'accident ou incident prévues à la sous-section 6 ;

6° Notice de poste prévue à l'article R. 4412-39 ;

(D. 2016-1908 du 27 déc. 2016, art. 10, II, JO 29, entrée en vigueur le 01.01.2017) « 7° Suivi de l'état de santé des travailleurs prévu à la sous-section 8 de la première section du présent chapitre. »

Art. R. 4412-60. (D. 2012-530 du 19 avril 2012, JO 21) On entend par agent cancérogène, mutagène ou toxique pour la reproduction les substances ou mélanges suivants :

(D. 2015-612 du 3 juin 2015, JO 5) « 1° Toute substance ou mélange qui répond aux critères de classification dans la catégorie 1A ou 1B des substances ou mélanges cancérogènes, mutagènes ou toxiques pour la reproduction définis à l'annexe I du règlement (CE) n° 1272/2008 ;

2° » Toute substance, tout mélange ou tout procédé défini comme tel par arrêté conjoint des ministres chargés du travail et de l'agriculture.

Sous-section 2. Évaluation des risques

Art. R. 4412-61. Pour toute activité susceptible de présenter un risque d'exposition à des agents cancérogènes, mutagènes ou toxiques pour la reproduction, l'employeur évalue la nature, le degré et la durée de l'exposition des travailleurs afin de pouvoir apprécier les risques pour leur santé ou leur sécurité et de définir les mesures de prévention à prendre.

Un arrêté conjoint des ministres chargés du travail et de l'agriculture peut préciser les conditions de cette évaluation.

Art. R. 4412-62. L'évaluation des risques d'exposition aux agents cancérogènes, mutagènes ou toxiques pour la reproduction est renouvelée régulièrement, notamment pour prendre en compte l'évolution des connaissances sur les produits utilisés et lors de tout changement des conditions pouvant affecter l'exposition des travailleurs.

Art. R. 4412-63. Toute activité nouvelle impliquant des agents cancérogènes, mutagènes ou toxiques pour la reproduction ne peut être entreprise qu'après réalisation de l'évaluation des risques et mise en œuvre des mesures de prévention appropriées.

Art. R. 4412-64. L'employeur tient à la disposition des membres du (D. 2017-1819 du 29 déc. 2017, art. 3, 43°, JO 30, entrée en vigueur le 01.01.2018) « comité social et économique », ainsi que du médecin du travail, de l'inspection du travail et des agents des services de prévention des organismes de sécurité sociale, les éléments ayant servi à l'évaluation des risques.

Les résultats de cette évaluation sont consignés dans le document unique d'évaluation des risques.

Art. R. 4412-65. Pour l'évaluation du risque, toutes les expositions susceptibles de mettre en danger la santé ou la sécurité des travailleurs sont prises en compte, y compris l'absorption percutanée ou transcutanée.

Sous-section 3. Mesures et moyens de prévention

Art. R. 4412-66. Lorsque l'utilisation d'un agent cancérogène, mutagène ou toxique pour la reproduction est susceptible de conduire à une exposition, l'employeur réduit l'utilisation de cet agent sur le lieu de travail, notamment en le remplaçant, dans la mesure où cela est techniquement possible, par une substance, une préparation ou un procédé qui, dans ses conditions d'emploi, n'est pas ou est moins dangereux pour la santé ou la sécurité des travailleurs.

L'employeur consigne le résultat de ses investigations dans le document unique d'évaluation des risques.

Art. R. 4412-67. Lorsque les résultats de l'évaluation des risques prévue à la sous-section 2 révèlent un risque pour la santé ou la sécurité des travailleurs, l'exposition des travailleurs est évitée.

Art. R. 4412-68. Lorsque le remplacement d'un agent cancérogène, mutagène ou toxique pour la reproduction par une substance, une préparation ou un procédé sans danger ou moins dangereux pour la sécurité ou la santé n'est pas réalisable, l'employeur prend les dispositions nécessaires pour que la production et l'utilisation de l'agent cancérogène, mutagène ou toxique pour la reproduction aient lieu dans un système clos.

Art. R. 4412-69. Lorsque l'application d'un système clos n'est pas réalisable, l'employeur fait en sorte que le niveau d'exposition des travailleurs soit réduit à un niveau aussi bas qu'il est techniquement possible.

Art. R. 4412-70. Dans tous les cas d'utilisation d'un agent cancérogène, mutagène ou toxique pour la reproduction l'employeur applique les mesures suivantes :

1° Limitation des quantités de cet agent sur le lieu de travail ;

2° Limitation du nombre de travailleurs exposés ou susceptibles de l'être ;

3° Mise au point de processus de travail et de mesures techniques permettant d'éviter ou de minimiser le dégagement d'agents ;

4° Évacuation des agents conformément aux dispositions des articles R. 4222-12 et R. 4222-13 ;

5° Utilisation de méthodes appropriées de mesure des agents, en particulier pour la détection précoce des expositions anormales résultant d'un événement imprévisible ou d'un accident ;

6° Application de procédures et de méthodes de travail appropriées ;

7° Mise en œuvre de mesures de protection collectives ou, lorsque l'exposition ne peut être évitée par d'autres moyens, de mesures de protection individuelles ;

8° Mise en œuvre de mesures d'hygiène, notamment de nettoyage régulier des sols, murs et autres surfaces ;

9° Information des travailleurs ;

10° Délimitation des zones à risque et utilisation de signaux adéquats d'avertissement et de sécurité, y compris les signaux « défense de fumer », dans les zones où les travailleurs sont exposés ou susceptibles de l'être ;

11° Mise en place de dispositifs pour les cas d'urgence susceptibles d'entraîner des expositions anormalement élevées, en particulier lors d'éventuelles ruptures du confinement des systèmes clos ;

12° Utilisation de moyens permettant le stockage, la manipulation et le transport sans risque des produits, notamment par l'emploi de récipients hermétiques étiquetés de manière claire, nette et visible ;

13° Collecte, stockage et évacuation sûrs des déchets.

Art. R. 4412-71. Lorsqu'un agent cancérogène, mutagène ou toxique pour la reproduction présente d'autres dangers, l'employeur met également en œuvre les mesures appropriées pour supprimer ou réduire les autres risques résultant de l'utilisation de cet agent.

Art. R. 4412-72. Pour toutes les activités pour lesquelles il existe un risque de contamination par des agents cancérogènes, mutagènes ou toxiques pour la reproduction, l'employeur prend les mesures appropriées suivantes :

1° Veiller à ce que les travailleurs ne mangent pas, ne boivent pas et ne fument pas dans les zones de travail concernées ;

2° Fournir des vêtements de protection ou tous autres vêtements appropriés, les placer dans un endroit déterminé, les vérifier et les nettoyer, si possible avant et, en tout cas, après chaque utilisation et les réparer ou remplacer s'ils sont défectueux, conformément aux dispositions de l'article R. 4323-95 ;

3° Veiller à ce que les travailleurs ne sortent pas de l'établissement avec les équipements de protection individuelle ou les vêtements de travail.

Art. R. 4412-73. Lorsque l'entretien des équipements de protection individuelle et des vêtements est assuré à l'extérieur de l'entreprise, le chef de l'entreprise chargé du transport et de l'entretien est informé de l'éventualité et de la nature de la contamination, conformément aux règles de coordination de la prévention prévue à l'article R. 4511-5.

Art. R. 4412-74. Au vu des résultats de l'évaluation des risques, l'employeur prend les mesures appropriées pour que les zones où se déroulent les activités révélant un risque pour la santé ou la sécurité ne puissent être accessibles à d'autres travailleurs que ceux qui, en raison de leur travail ou de leur fonction, sont amenés à y pénétrer.

Art. R. 4412-75. Pour certaines activités telles que l'entretien ou la maintenance des équipements et installations, pour lesquelles la possibilité d'une augmentation sensible de l'exposition est prévisible et à l'égard desquelles toutes les possibilités de prendre d'autres mesures techniques de prévention sont déjà épuisées, l'employeur détermine, après avis du médecin du travail [et] du (D. 2017-1819 du 29 déc. 2017, art. 3, 43°, JO 30, entrée en vigueur le 01.01.2018) « comité social et économique », les mesures nécessaires pour réduire le plus possible la durée d'exposition des travailleurs et pour assurer leur protection durant ces activités.

L'employeur met à disposition des travailleurs un vêtement de protection et un équipement individuel de protection respiratoire. Il veille à ce qu'ils soient effectivement portés aussi longtemps que l'exposition persiste. Celle-ci ne peut pas être permanente et est limitée pour chaque travailleur au strict nécessaire.

Les mesures appropriées sont prises pour que les zones où se déroulent les activités mentionnées au premier alinéa soient clairement délimitées et signalées et pour que leur accès soit interdit à toute personne non autorisée.

Sous-section 4. **Contrôle de l'exposition**

§ 1. Contrôle des valeurs limites d'exposition professionnelle

Note Ce paragraphe a été introduit par le décret 2009-1570 du 15 décembre 2009, JO 17.

Art. R. 4412-76. L'employeur procède de façon régulière au mesurage de l'exposition des travailleurs aux agents cancérogènes, mutagènes ou toxiques pour la reproduction présents dans l'atmosphère des lieux de travail.

Lorsque des valeurs limites d'exposition professionnelle ont été établies, en application des articles R. 4412-149 ou R. 4412-150, pour un agent cancérogène, mutagène ou toxique pour la reproduction, l'employeur fait procéder à des contrôles techniques par un organisme accrédité dans les conditions prévues aux articles R. 4724-8 à R. 4724-13.

Ces contrôles techniques sont effectués au moins une fois par an et lors de tout changement susceptible d'avoir des conséquences néfastes sur l'exposition des travailleurs. Ils donnent lieu à un rapport, communiqué conformément aux dispositions de l'article R. 4412-79.

Art. R. 4412-77. En cas de dépassement d'une valeur limite d'exposition professionnelle contraignante prévue à l'article R. 4412-149, l'employeur arrête le travail aux postes de travail concernés, jusqu'à la mise en œuvre des mesures propres à assurer la protection des travailleurs.

Art. R. 4412-78. En cas de dépassement d'une valeur limite d'exposition professionnelle indicative prévue à l'article R. 4412-150, l'employeur procède à l'évaluation des risques afin de déterminer des mesures de prévention et de protection adaptées.

Art. R. 4412-79. Les résultats des mesurages et les rapports de contrôle technique sont communiqués par l'employeur au médecin du travail et au (D. 2017-1819 du 29 déc. 2017, art. 3, 45°, JO 30, entrée en vigueur le 01.01.2018) « comité social et économique ».

Ils sont tenus à la disposition de l'inspecteur du travail, du médecin inspecteur du travail ainsi que des agents des services de prévention des organismes de sécurité sociale.

Art. R. 4412-80. Les mesurages et les contrôles techniques opérés en application du présent paragraphe doivent respecter les modalités et les méthodes fixées en application de l'article R. 4412-151.

§ 2. Contrôle des valeurs limites biologiques

Art. R. 4412-82. Lorsqu'il est informé par le médecin du travail du dépassement d'une valeur limite biologique, dans les conditions prévues à l'article R. 4412-51-1, l'employeur :

1° Procède à l'évaluation des risques conformément à la sous-section 2 ;

2° Met en œuvre les mesures et moyens de prévention prévus aux articles R. 4412-67 à R. 4412-73 ;

3° Procède aux contrôles des valeurs limites d'exposition professionnelle prévus à la sous-section 4 ;

(D. 2009-1570 du 15 déc. 2009, JO 17) « 4° Arrête le travail aux postes concernés jusqu'à la mise en œuvre des mesures propres à assurer la protection des travailleurs. »

Sous-section 5. **Mesures en cas d'accidents ou d'incidents**

Art. R. 4412-83. En cas d'incident ou d'accident susceptible d'entraîner une exposition anormale à des agents chimiques cancérigènes, mutagènes ou toxiques pour la reproduction, seuls les travailleurs indispensables pour l'exécution des réparations et d'autres travaux nécessaires sont autorisés à travailler dans la zone affectée jusqu'au rétablissement de la situation normale et tant que les causes de l'exposition anormale ne sont pas éliminées.

Art. R. 4412-84. L'employeur met à la disposition des travailleurs autorisés à travailler dans la zone affectée par l'incident ou l'accident un vêtement de protection et un équipement individuel de protection respiratoire. Il veille à ce qu'ils soient effectivement portés.

Art. R. 4412-85. Afin de maintenir ou restaurer les conditions de salubrité dans la zone affectée, l'élimination des agents est réalisée de telle sorte qu'elle ne crée pas de nouveaux risques pour les travailleurs de l'établissement ou l'environnement de ce même établissement.

Sous-section 6. **Information et formation des travailleurs**

Art. R. 4412-86. Si les résultats de l'évaluation des risques révèlent un risque pour la santé ou la sécurité des travailleurs, l'employeur tient à la disposition des travailleurs exposés et du (D. 2017-1819 du 29 déc. 2017, art. 3, 43°, JO 30, entrée en vigueur le 01.01.2018) « comité social et économique » des informations appropriées sur :

1° Les activités ou les procédés industriels mis en œuvre, y compris les raisons pour lesquelles des agents cancérogènes, mutagènes ou toxiques pour la reproduction sont utilisés ;

2° Les quantités fabriquées ou utilisées de substances ou préparations qui contiennent des agents cancérogènes mutagènes ou toxiques pour la reproduction ;

3° Le nombre de travailleurs exposés ;

4° Les mesures de prévention prises ;

5° Le type d'équipement de protection à utiliser ;

6° La nature et le degré de l'exposition, notamment sa durée ;

7° Les cas de substitution par un autre produit.

Art. R. 4412-87. L'employeur organise, en liaison avec le (D. 2017-1819 du 29 déc. 2017, art. 3, 49°, JO 30, entrée en vigueur le 01.01.2018) « comité social et économique » et le médecin du travail, l'information et la formation à la sécurité des travailleurs susceptibles d'être exposés à l'action d'agents cancérogènes, mutagènes ou toxiques pour la reproduction.

Cette information et cette formation concernent, notamment :

1° Les risques potentiels pour la santé, y compris les risques additionnels dus à la consommation du tabac ;

2° Les précautions à prendre pour prévenir l'exposition ;

3° Les prescriptions en matière d'hygiène ;

4° Le port et l'emploi des équipements et des vêtements de protection ;

5° Les mesures à prendre par les travailleurs, notamment par le personnel d'intervention, pour la prévention d'incidents et en cas d'incident.

Art. R. 4412-88. L'information et la formation à la sécurité sont adaptées à l'évolution des risques et à l'apparition de risques nouveaux. Elles sont répetées régulièrement. Elles favorisent une application des règles de prévention adaptée à l'évolution des connaissances et des techniques.

Art. R. 4412-89. L'information des travailleurs porte sur les effets potentiellement néfastes de l'exposition aux substances chimiques sur la fertilité, sur l'embryon en particulier lors du début de la grossesse, sur le fœtus et pour l'enfant en cas d'allaitement.

Elle sensibilise les femmes quant à la nécessité de déclarer le plus précocement possible leur état de grossesse et les informe sur les possibilités de changement temporaire d'affectation et les travaux interdits prévus respectivement aux articles L. 1225-7 et D. 4152-10.

Art. R. 4412-90. L'employeur informe les travailleurs de la présence d'agents cancérogènes, mutagènes ou toxiques pour la reproduction dans les installations.

Il veille à ce que les récipients annexes qui contiennent de tels agents soient étiquetés de manière claire et lisible. Le danger est signalé par tout moyen approprié.

Art. R. 4412-91. Les travailleurs et les membres du (D. 2017-1819 du 29 déc. 2017, art. 3, 49°, JO 30, entrée en vigueur le 01.01.2018) « comité social et économique » doivent pouvoir vérifier que les dispositions de la présente section sont appliquées, notamment en ce qui concerne :

1° Les conséquences sur la santé et la sécurité des choix et de l'utilisation des vêtements et équipements de protection ;

2° Les mesures prises pour les activités susceptibles d'augmenter sensiblement l'exposition mentionnées au premier alinéa de l'article R. 4412-75.

Art. R. 4412-92. Les travailleurs et les membres du (D. 2017-1819 du 29 déc. 2017, art. 3, 49°, JO 30, entrée en vigueur le 01.01.2018) « comité social et économique », ainsi que le médecin du travail, sont informés le plus rapidement possible des expositions anormales, y compris celles mentionnées à l'article R. 4412-75, de leurs causes et des mesures prises ou à prendre pour y remédier.

Art. R. 4412-93. Les informations prévues à l'article R. 4412-86 sont tenues à la disposition du médecin du travail, de l'inspection du travail, du médecin inspecteur du travail et des agents des services de prévention des organismes de sécurité sociale.

SECTION 3 (RÉGLEMENTAIRE). Risques d'exposition à l'amiante

Note Cette section a été introduite par le décret 2012-639 du 4 mai 2012, JO 5, entrée en vigueur le 01.07.2012.

Sous-section 1. Champ d'application et définitions

Art. R. 4412-94. Les dispositions de la présente section s'appliquent :

1° Aux travaux de retrait ou d'encapsulage d'amiante et de matériaux, d'équipements et de matériels ou d'articles en contenant, y compris dans les cas de démolition ;

2° Aux interventions sur des matériaux, des équipements, des matériels ou des articles susceptibles de provoquer l'émission de fibres d'amiante.

Art. R. 4412-95. Indépendamment des dispositions de la présente section, les travaux et interventions mentionnés à l'article R. 4412-94 sont soumis aux dispositions applicables aux agents chimiques dangereux, y compris les dispositions particulières relatives à la prévention des risques d'exposition aux agents cancérogènes, mutagènes et toxiques pour la reproduction de la section II, à l'exception du contrôle de l'exposition prévu par les articles R. 4412-27 à R. 4412-32 et R. 4412-76 à R. 4412-82.

Art. R. 4412-96. Pour l'application de la présente section, on entend par :

1° Chantier test : le premier chantier au cours duquel est déterminé le niveau d'empoussièrement d'un processus donné ;

2° Confinement : l'isolement de la zone de travail vis-à-vis de l'environnement extérieur évitant la dispersion des fibres ;

3° Décontamination (travailleurs, matériel, déchets) : la procédure concourant à la protection collective contre la dispersion de fibres d'amiante hors de la zone de travaux et qui, pour la décontamination des travailleurs, est composée, notamment, du douchage des équipements de protection individuelle utilisés, de leur retrait et du douchage d'hygiène ;

4° Donneur d'ordre : le chef d'entreprise utilisatrice, mentionné à l'article R. 4511-1 et par le décret n° 77-1321 du 29 novembre 1977 relatif aux travaux réalisés dans un établissement par une entreprise extérieure, ou le maître d'ouvrage mentionné à l'article L. 4531-1 ou l'armateur, mentionné par (D. 2017-1442 du 3 oct. 2017, art. 12, IV, JO 5, entrée en vigueur le 01.07.2018) « le décret n° 2017-1442 du 3 octobre 2017 relatif à la prévention des risques liés à l'amiante à bord des navires, dans les conditions d'entrée en vigueur prévues à ce décret » ;

5° Encapsulage : tous les procédés mis en œuvre, tels que encoffrement, doublage, fixation par revêtement, imprégnation, en vue de traiter et de conserver, de manière étanche, l'amiante en place et les matériaux en contenant afin d'éviter la dispersion de fibres d'amiante dans l'atmosphère ;

6° Niveau d'empoussièrement : le niveau de concentration en fibres d'amiante généré par un processus de travail dans la zone de respiration du travailleur, à l'extérieur de l'appareil de protection respiratoire, en fonction duquel sont organisés et mis en œuvre les règles techniques, les moyens de protection collective et les équipements de protection individuelle ;

7° Opération : l'un des travaux ou interventions mentionnés à l'article R. 4412-94 ;

8° Phases opérationnelles : les parties de l'opération, simultanées ou successives, susceptibles d'engendrer différents niveaux d'empoussièrement ;

9° Processus : les techniques et modes opératoires utilisés, compte tenu des caractéristiques des matériaux concernés et des moyens de protection collective mis en œuvre ;

10° Vacation : la période durant laquelle le travailleur porte de manière ininterrompue un appareil de protection respiratoire ;

11° Zone de récupération : l'espace à l'extérieur de la zone polluée dans lequel le port d'un équipement de protection individuelle n'est pas nécessaire pour assurer la protection de la santé du travailleur.

Sous-section 2. **Dispositions communes à toutes les opérations comportant des risques d'exposition à l'amiante**

§ 1. Évaluation initiale des risques

Art. R. 4412-97. (D. 2017-899 du 9 mai 2017, JO 10) I. – Le donneur d'ordre, le maître d'ouvrage ou le propriétaire d'immeubles par nature ou par destination, d'équipements, de matériels ou d'articles qui décide d'une opération comportant des risques d'exposition des travailleurs à l'amiante fait réaliser la recherche d'amiante mentionnée à l'article L. 4412-2 dans les conditions prévues par le présent paragraphe.

Ces risques, appréciés par la personne mentionnée à l'alinéa précédent, peuvent notamment résulter du fait que l'opération porte sur des immeubles, équipements, matériels ou articles construits ou fabriqués avant l'entrée en vigueur des dispositions du décret n° 96-1133 du 24 décembre 1996 relatif à l'interdiction de l'amiante, pris en application du code du travail et du code de la consommation ou auxquels l'interdiction prévue par ce décret n'est pas applicable.

II. – La recherche d'amiante est assurée par un repérage préalable à l'opération, adapté à sa nature, à son périmètre et au niveau de risque qu'elle présente.

Les conditions dans lesquelles la mission de repérage est conduite, notamment s'agissant de ses modalités techniques et des méthodes d'analyse des matériaux susceptibles de contenir de l'amiante, sont précisées par arrêtés du ministre chargé du travail et, chacun en ce qui le concerne, des ministres chargés de la santé, de la construction, des transports et de la mer, pour les domaines d'activité suivants :

1° Immeubles bâtis ;

2° Autres immeubles tels que terrains, ouvrages de génie civil et infrastructures de transport ;

3° Matériels roulants ferroviaires et autres matériels roulants de transports ;

4° Navires, bateaux (D. 2019-251 du 27 mars 2019, JO 30) « , engins flottants et autres constructions flottantes » ;

5° Aéronefs ;

6° Installations, structures ou équipements concourant à la réalisation ou la mise en œuvre d'une activité.

III. – Les arrêtés mentionnés au II précisent à quelles conditions les documents de traçabilité et de cartographie disponibles ou les recherches d'amiantes effectuées en application des lois et règlements ou à l'initiative des intéressés sont regardés comme satisfaisant à l'obligation de repérage.

IV. – Dès lors qu'un repérage a été réalisé dans les conditions prévues au présent article, les opérations réalisées ultérieurement dans le même périmètre ne donnent pas lieu à un nouveau repérage sauf lorsque des circonstances de fait apparues postérieurement à celui-ci en font apparaître la nécessité ou lorsque la réglementation entrée en vigueur après sa réalisation le prescrit.

Art. R. 4412-97-1. (D. 2017-899 du 9 mai 2017, JO 10) L'opérateur de repérage dispose des qualifications et moyens nécessaires à l'exercice de cette mission précisés, pour chaque domaine d'activité, par les arrêtés mentionnés au II de l'article R. 4412-97. Il exerce sa mission en toute indépendance et ne peut avoir de lien d'intérêts de nature à nuire à son impartialité, notamment avec une personne physique ou morale intervenant dans le cadre de la même opération de travaux.

(D. 2019-251 du 27 mars 2019, JO 30) « L'organisme réalisant l'analyse des matériaux susceptibles de contenir de l'amiante dispose de l'accréditation et du personnel compétent nécessaires à l'exercice de cette mission. Ces éléments sont précisés pour chaque domaine d'activité par les arrêtés mentionnés au II de l'article R. 4412-97. »

Art. R. 4412-97-2. (D. 2017-899 du 9 mai 2017, JO 10) Les personnes mentionnées au premier alinéa du I de l'article R. 4412-97 communiquent aux opérateurs chargés du repérage toute information en leur possession utile à sa réalisation. Elles respectent leur indépendance et leur impartialité dans l'exercice de leur mission de repérage, y compris lorsqu'il s'agit de leurs salariés.

Art. R. 4412-97-3. (D. 2017-899 du 9 mai 2017, JO 10) I. – Lorsque, pour l'un des motifs suivants, la personne mentionnée au premier alinéa du I de l'article R. 4412-97 constate que le repérage ne peut être mis en œuvre, la sécurité des travailleurs est assurée dans les conditions prévues au II du présent article :

1° En cas d'urgence liée à un sinistre présentant un risque grave pour la sécurité ou la salubrité publiques ou la protection de l'environnement ;

2° En cas d'urgence liée à un sinistre présentant des risques graves pour les personnes et les biens auxquels il ne peut être paré dans des délais compatibles avec ceux requis pour la réalisation du repérage ;

3° Lorsque l'opérateur de repérage estime qu'il est de nature à l'exposer à un risque excessif pour sa sécurité ou sa santé du fait des conditions techniques ou des circonstances dans lesquelles il devrait être réalisé ;

4° Lorsque l'opération vise à réparer ou à assurer la maintenance corrective et qu'elle relève à la fois des interventions mentionnées au 2° de l'article R. 4412-94 et du premier niveau d'empoussièrement mentionné à l'article R. 4412-98.

II. – Dans les cas mentionnés au I, la protection individuelle et collective des travailleurs est assurée par des mesures prévues pour chaque domaine d'activité par les arrêtés mentionnés au II de l'article R. 4412-97 comme si la présence de l'amiante était avérée. Ces mesures sont définies par l'entreprise appelée à réaliser l'opération, en fonction, d'une part, du niveau de risque qu'elle a préalablement évalué et notamment du niveau d'empoussièrement estimé mentionné à l'article R. 4412-98 et, d'autre part, des circonstances propres à l'opération projetée et en particulier du degré d'urgence que sa réalisation présente.

Art. R. 4412-97-4. (D. 2017-899 du 9 mai 2017, JO 10) Lorsque le repérage ne peut être dissocié de l'engagement de l'opération elle-même pour des raisons techniques communiquées par l'opérateur de repérage à la personne mentionnée au premier alinéa du I de l'article R. 4412-97, celle-ci fait procéder au repérage au fur et à mesure de l'avancement de l'opération dans des conditions précisées, pour chaque domaine d'activité, par les arrêtés mentionnés au II du même article. Lorsqu'il apparaît au cours de l'opération que celle-ci relève en tout ou partie de l'un des cas mentionnés au I de l'article R. 4412-97-3, il peut être recouru aux mesures prévues au II de cet article.

Art. R. 4412-97-5. (D. 2017-899 du 9 mai 2017, JO 10) Le rapport retraçant le repérage conclut soit à l'absence soit à la présence de matériaux ou de produits contenant de l'amiante et précise, dans ce second cas, leur nature, leur localisation ainsi que leur quantité estimée. Le contenu de ce rapport est défini pour chaque domaine d'activité par les arrêtés mentionnés au II de l'article R. 4412-97. Les dossiers techniques mentionnés aux articles R. 1334-29-4 à R. 1334-29-6 du code de la santé publique et à l'article R. 111-45 du code de la construction et de l'habitation lui sont annexés le cas échéant.

Art. R. 4412-97-6. (D. 2017-899 du 9 mai 2017, JO 10) Le rapport de repérage complète les documents de traçabilité et de cartographie relatifs aux meubles et immeubles relevant de son périmètre. La personne mentionnée au premier alinéa du I de l'article R. 4412-97 pour le compte de laquelle le rapport a été établi ou, le cas échéant, le propriétaire du meuble ou de l'immeuble lorsque ce rapport lui a été remis, le tiennent à la disposition de tout nouveau donneur d'ordre ou maître d'ouvrage à l'occasion des opérations ultérieures portant sur ce périmètre.

Art. R. 4412-98. Pour l'évaluation des risques, l'employeur estime le niveau d'empoussièrement correspondant à chacun des processus de travail et les classes selon les trois niveaux suivants :

(D. 2015-789 du 29 juin 2015, JO 1er juil.) « *a)* Premier niveau : empoussièrement dont la valeur est inférieure à 100 fibres par litre ;

b) Deuxième niveau : empoussièrement dont la valeur est supérieure ou égale à 100 fibres par litre et inférieure à 6 000 fibres par litre ;

c) Troisième niveau : empoussièrement dont la valeur est supérieure ou égale à 6 000 fibres par litre et inférieure à 25 000 fibres par litre. »

Art. R. 4412-99. L'employeur transcrit les résultats de son évaluation des risques pour chaque processus dans le document unique d'évaluation des risques. Il le met à jour à chaque modification de processus entraînant un changement de niveau d'empoussièrement ou lors de l'introduction de nouveaux processus.

§ 2. Valeur limite d'exposition professionnelle

Art. R. 4412-100. La concentration moyenne en fibres d'amiante, sur huit heures de travail, ne dépasse pas dix fibres par litre. Elle est contrôlée dans l'air inhalé par le travailleur.

Art. R. 4412-101. L'employeur s'assure du respect de la valeur limite d'exposition professionnelle pour l'ensemble des travailleurs exposés, compte tenu de l'évaluation des risques.

Art. R. 4412-102. Les conditions et les résultats des contrôles sont communiqués par l'employeur au médecin du travail et au (D. 2017-1819 du 29 déc. 2017, art. 3, 45°, JO 30, entrée en vigueur le 01.01.2018) « comité social et économique ».

Ils sont tenus à la disposition de l'inspecteur du travail, du médecin inspecteur du travail ainsi que des agents des services de prévention des organismes de sécurité sociale compétents.

§ 3. Conditions de mesurage des empoussièrements et de contrôle de la valeur limite d'exposition professionnelle

Art. R. 4412-103. Pour procéder à la stratégie d'échantillonnage, aux prélèvements et aux analyses, l'employeur fait appel à un même organisme accrédité. Il lui communique, à cette fin, toutes données utiles et, en accord avec le donneur d'ordre, lui donne accès aux lieux concernés par les opérations.

L'organisme choisi est indépendant des entreprises qu'il contrôle.

Art. R. 4412-104. Les prélèvements individuels sont réalisés en situation significative d'exposition des travailleurs à l'inhalation des poussières d'amiante, en intégrant les différentes phases opérationnelles.

Art. R. 4412-105. L'employeur consulte le médecin du travail [et] le (D. 2017-1819 du 29 déc. 2017, art. 3, 49°, JO 30, entrée en vigueur le 01.01.2018) « comité social et économique » sur le projet de stratégie d'échantillonnage établi par l'organisme de contrôle. Les avis qu'ils émettent sont transmis par l'employeur à l'organisme de contrôle.

Art. R. 4412-106. L'empoussièrement est mesuré selon la méthode de microscopie électronique à transmission analytique (META).

§ 4. Principes et moyens de prévention

Art. R. 4412-107. L'employeur informe le donneur d'ordre de toute présence d'amiante mise en évidence lors de l'opération.

Art. R. 4412-108. Afin de réduire au niveau le plus bas techniquement possible la durée et le niveau d'exposition des travailleurs et pour garantir l'absence de pollution des bâtiments, équipements, structures, installations dans lesquels ou dans l'environnement desquels les opérations sont réalisées, l'employeur met en œuvre :

1° Des techniques et des modes opératoires de réduction de l'empoussièrement tels que le travail robotisé en système clos, la réduction de la volatilité des fibres d'amiante par l'imprégnation à cœur des matériaux contenant de l'amiante avec des agents mouillants, le démontage des éléments par découpe ou déconstruction ;

2° Les mesures nécessaires de confinement et de limitation de la diffusion des fibres d'amiante à l'extérieur de la zone des opérations, notamment en mettant à disposition des travailleurs les moyens de décontamination appropriés et en définissant la procédure de décontamination à mettre en œuvre.

Art. R. 4412-109. Au cours de la phase de préparation de l'opération, l'employeur met en place des moyens de protection collective adaptés à la nature des opérations à réaliser permettant d'éviter la dispersion de fibres d'amiante en dehors de la zone de travail et d'abaisser la concentration en fibres d'amiante au niveau le plus bas techniquement possible.

Ces moyens comprennent :

1° L'abattage des poussières ;

2° L'aspiration des poussières à la source ;

3° La sédimentation continue des fibres en suspension dans l'air ;

4° Les moyens de décontamination appropriés.

Art. R. 4412-110. Selon les niveaux d'empoussièrement définis par les articles R. 4412-96 et R. 4412-98, l'employeur met à disposition des travailleurs des équipements de protection individuelle adaptés aux opérations à réaliser (D. 2015-789 du 29 juin 2015, JO 1er juil.) « et assurant le respect de la valeur limite d'exposition professionnelle ».

Art. R. 4412-111. L'employeur assure le maintien en état et le renouvellement des moyens de protection collective et des équipements de protection individuelle de façon à garantir pendant toute la durée de l'opération le niveau d'empoussièrement le plus bas possible et, en tout état de cause, conforme à celui qu'il a indiqué dans le document prévu par l'article R. 4412-99.

Un arrêté du ministre chargé du travail détermine les conditions de choix, d'entretien et de vérification périodique :

1° Des moyens de protection collective ;

2° Des équipements de protection individuelle.

Art. R. 4412-112. L'employeur prend toutes mesures appropriées pour que la zone dédiée à l'opération soit signalée et inaccessible à des personnes autres que celles qui, en raison de leur travail ou de leur fonction, sont amenées à y pénétrer.

Cette signalétique mentionne notamment le niveau d'empoussièrement estimé des opérations réalisées et les équipements de protection individuelle obligatoires.

Art. R. 4412-113. Un arrêté du ministre chargé du travail précise selon les niveaux d'empoussièrement estimés et les processus mis en œuvre, en fonction de l'évolution des techniques d'organisation et de protection :

1° Les règles techniques que respectent les entreprises qui réalisent des opérations ;

2° Les moyens de protection collective ;

3° Les équipements de protection individuelle ;

4° Les mesures de protection de l'environnement du chantier ;

5° Les dispositions applicables en fin de travaux.

Art. R. 4412-114. Lorsque l'employeur constate que le niveau d'empoussièrement dépasse le niveau estimé dans le document unique d'évaluation des risques et que, par suite, le respect de la valeur limite d'exposition professionnelle n'est plus garanti, il suspend les opérations jusqu'à la mise en œuvre de mesures propres à remédier à cette situation. Afin de vérifier l'efficacité de ces mesures, il procède sans délai à un nouveau contrôle du niveau d'empoussièrement.

Art. R. 4412-115. Lorsque, durant l'exécution des opérations, le niveau d'empoussièrement constaté est supérieur au troisième niveau, l'employeur suspend les opérations et alerte le donneur d'ordre, l'inspecteur du travail et l'agent des services de prévention des organismes de sécurité sociale. Il met en œuvre des moyens visant à réduire le niveau d'empoussièrement.

§ 5. Information et formation des travailleurs

Art. R. 4412-116. La notice de poste prévue à l'article R. 4412-39 est transmise pour avis au médecin du travail. Cet avis est communiqué au (D. 2017-1819 du 29 déc. 2017, art. 3, 45°, JO 30, entrée en vigueur le 01.01.2018) « comité social et économique ».

Art. R. 4412-117. La formation à la sécurité prévue à l'article R. 4412-87 est aisément compréhensible par le travailleur.

L'organisme de formation ou l'employeur valide les acquis de la formation sous la forme d'une attestation de compétence individuelle délivrée au travailleur.

Le contenu et les modalités de la formation, sa durée selon les catégories de travailleurs et les conditions de sa validation et de son renouvellement sont précisés par un arrêté du ministre chargé du travail.

§ 6. Organisation du travail

Art. R. 4412-118. L'employeur détermine en tenant compte des conditions de travail, notamment en termes de contraintes thermiques ou hygrométriques, de postures et d'efforts :

1° La durée de chaque vacation ;

2° Le nombre de vacations quotidiennes ;

3° Le temps nécessaire aux opérations d'habillage, de déshabillage et de décontamination des travailleurs au sein des installations prévues à cet effet ;

4° Le temps de pause après chaque vacation, qui s'ajoute au temps de pause prévu (D. 2016-1551 du 18 nov. 2016, art. 6, V, 19°, JO 19, entrée en vigueur le 01.01.2017) « aux articles L. 3121-16 et L. 3121-17 ».

Il consulte le médecin du travail [et] le (D. 2017-1819 du 29 déc. 2017, art. 3, 49°, JO 30, entrée en vigueur le 01.01.2018) « comité social et économique » sur ces dispositions.

Art. R. 4412-119. La durée maximale d'une vacation n'excède pas deux heures trente.

La durée maximale quotidienne des vacations n'excède pas six heures.

§ 7. Suivi de l'exposition

Art. R. 4412-120. L'employeur établit, pour chaque travailleur exposé, une fiche d'exposition à l'amiante indiquant :

1° La nature du travail réalisé, les caractéristiques des matériaux et appareils en cause, les périodes de travail au cours desquelles il a été exposé et les autres risques ou nuisances d'origine chimique, physique ou biologique du poste de travail ;

2° Les dates et les résultats des contrôles de l'exposition au poste de travail ainsi que la durée et l'importance des expositions accidentelles ;

3° Les procédés de travail utilisés ;

4° Les moyens de protection collective et les équipements de protection individuelle utilisés.

§ 8. Traitement des déchets

Art. R. 4412-121. Les déchets de toute nature susceptibles de libérer des fibres d'amiante sont conditionnés et traités de manière à ne pas provoquer d'émission de poussières pendant leur manutention, leur transport, leur entreposage et leur stockage.

Art. R. 4412-122. Les déchets sont :

1° Ramassés au fur et à mesure de leur production ;

2° Conditionnés dans des emballages appropriés et fermés, avec apposition de l'étiquetage prévu par le décret n° 88-466 du 28 avril 1988 relatif aux produits contenant de l'amiante et par le code de l'environnement notamment en ses articles R. 551-1 à R. 551-13 relatifs aux dispositions générales relatives à tous les ouvrages d'infrastructures en matière de stationnement, chargement ou déchargement de matières dangereuses ;

3° Évacués après décontamination hors du chantier aussitôt que possible dès que le volume le justifie.

Art. R. 4412-123. Les déchets sont transportés et éliminés conformément à la réglementation en vigueur.

§ 9. Protection de l'environnement du chantier

Art. R. 4412-124. Le dépassement du seuil fixé par l'article R. 1334-29-3 du code de la santé publique dans les bâtiments, les équipements, les installations ou les structures dans lesquels ou dans l'environnement desquels l'opération est réalisée entraîne sans délai l'arrêt des opérations et la mise en place des mesures correctrices et préventives permettant le respect de ce seuil.

L'employeur informe sans délai le donneur d'ordre ainsi que le préfet compétent à raison du lieu du chantier, du dépassement, de ses causes et des mesures prises pour y remédier.

Sous-section 3. **Dispositions spécifiques aux travaux d'encapsulage et de retrait d'amiante ou d'articles en contenant**

§ 1. Champ d'application

Art. R. 4412-125. Les dispositions de la présente sous-section s'appliquent aux travaux mentionnés au 1° de l'article R. 4412-94.

§ 2. Évaluation des risques et mesurage des empoussièrements

Art. R. 4412-126. L'employeur détermine le niveau d'empoussièrement généré par chaque processus de travail conformément aux dispositions du paragraphe 3 de la sous-section 2.

À cette fin, il met en œuvre un programme de mesure des niveaux d'empoussièrement générés par ses processus qui comprend deux phases :

1° Une phase d'évaluation du niveau d'empoussièrement faite sur le chantier test ;

2° Une phase de validation de cette évaluation par un contrôle périodique réalisé sur au moins trois chantiers par processus sur douze mois.

Si l'employeur est dans l'incapacité de valider son évaluation en raison d'un nombre insuffisant de chantiers par processus, l'absence de validation est dûment justifiée dans le plan de démolition, de retrait ou d'encapsulage.

Art. R. 4412-127. Préalablement aux travaux, l'employeur procède au contrôle de l'état initial de l'empoussièrement de l'air en fibres d'amiante conformément aux dispositions de l'article R. 1334-25 du code de la santé publique.

Art. R. 4412-128. Afin de s'assurer de l'absence de dispersion de fibres d'amiante dans l'environnement du chantier et des locaux adjacents, l'employeur vérifie le respect de la valeur fixée à l'article R. 1334-29-3 du code de la santé publique par des mesures d'empoussièrement réalisées :

1° Dans la zone d'approche de la zone de travail ;

2° Dans la zone de récupération ;

3° En des points du bâtiment dans lequel se déroulent les travaux ;

4° À proximité des extracteurs dans la zone de leur rejet ;

5° En limite de périmètre du site des travaux pour les travaux effectués à l'extérieur.

§ 3. Certification des entreprises

Art. R. 4412-129. Pour réaliser les travaux prévus par la présente sous-section, le donneur d'ordre fait appel à une entreprise justifiant de sa capacité à réaliser ces travaux par l'obtention de la certification délivrée par des organismes certificateurs.

Art. R. 4412-130. La détermination des activités de l'entreprise qui font l'objet de la certification par les organismes certificateurs est effectuée sur la base du document unique d'évaluation des risques prévu à l'article R. 4121-1.

Les organismes certificateurs ont accès à ce document.

Art. R. 4412-131. Un arrêté du ministre chargé du travail détermine :

1° Les conditions et procédures d'accréditation des organismes certificateurs mentionnés à l'article R. 4412-129 sur la base du référentiel technique de l'organisme chargé de l'accréditation ;

2° Les procédures et critères de certification des entreprises, en tenant compte, notamment, des moyens humains disponibles, des procédures d'organisation, des équipements et des techniques utilisés, ainsi que les conditions de délivrance de la certification sur la base du référentiel technique défini par les organismes chargés de la certification.

Art. R. 4412-132. Une entreprise d'un État membre de l'Union européenne non établie en France peut effectuer les travaux prévus par la présente sous-section si elle dispose d'un certificat délivré par cet État sur le fondement d'un référentiel offrant des garanties similaires à celles résultant du présent paragraphe et attestant de sa compétence pour mettre en œuvre toute méthode normalisée ou assimilée, applicable sur le territoire national, dans le domaine au titre duquel elle intervient.

§ 4. Plan de démolition, de retrait ou d'encapsulage

Art. R. 4412-133. En fonction de l'évaluation des risques, l'employeur établit un plan de démolition, de retrait ou d'encapsulage qui est tenu à disposition sur le lieu des travaux.

Ce plan est établi en fonction du périmètre du marché de travaux auxquels il correspond. Il précise notamment :

1° La localisation de la zone à traiter ;

2° Les quantités d'amiante manipulées ;

3° Le lieu et la description de l'environnement de chantier où les travaux sont réalisés ;

4° La date de commencement et la durée probable des travaux ;

5° Le nombre de travailleurs impliqués ;

6° Le descriptif du ou des processus mis en œuvre ;

7° Le programme de mesures d'empoussièrement du ou des processus mis en œuvre ;

8° Les modalités des contrôles d'empoussièrement définis aux articles R. 4412-126 à R. 4412-128 ;

9° Les caractéristiques des équipements utilisés pour la protection et la décontamination des travailleurs ainsi que celles des moyens de protection des autres personnes qui se trouvent sur le lieu ou à proximité des travaux ;

10° Les caractéristiques des équipements utilisés pour l'évacuation des déchets ;

11° Les procédures de décontamination des travailleurs et des équipements ;

12° Les procédures de gestion des déblais, des remblais et des déchets ;

13° Les durées et temps de travail déterminés en application des articles R. 4412-118 et R. 4412-119 ;

14° Les dossiers techniques prévus (D. 2017-899 du 9 mai 2017, JO 10) « aux articles R. 1334-29-4 à R. 1334-29-6 du code de la santé publique et à l'article R. 111-45 du code de la construction et de l'habitation ou, le cas échéant, le rapport de repérage de l'amiante prévu à l'article R. 4412-97-5 du présent code » ;

15° Les notices de poste prévues à l'article R. 4412-39 ;

16° Un bilan aéraulique prévisionnel, établi par l'employeur, pour les travaux réalisés sous confinement aux fins de prévoir et de dimensionner le matériel nécessaire à la maîtrise des flux d'air ;

17° La liste récapitulative des travailleurs susceptibles d'être affectés au chantier. Elle mentionne les dates de validité des attestations de compétence des travailleurs, les dates de visites médicales et précise le nom des travailleurs sauveteurs secouristes du travail affectés, le cas échéant, au chantier ainsi que les dates de validité de leur formation ;

18° Dans le cas d'une démolition, les modalités de retrait préalable de l'amiante et des articles en contenant ou les justifications de l'absence de retrait conformément à l'article R. 4412-135.

La modification du marché de travaux ou des processus entraîne une modification du plan de démolition, de retrait ou d'encapsulage par le biais d'un avenant.

Art. R. 4412-134. Le plan de démolition, de retrait ou d'encapsulage est tenu à disposition sur le chantier et peut être consulté par :

1° Les membres du (D. 2017-1819 du 29 déc. 2017, art. 3, 49°, JO 30, entrée en vigueur le 01.01.2018) « comité social et économique » ;

2° Le médecin du travail ou les membres de l'équipe pluridisciplinaire des services de santé au travail ;

3° L'inspecteur du travail ;

4° Les agents des services de prévention des organismes de sécurité sociale ;

5° Les agents de l'organisme professionnel de prévention du bâtiment et des travaux publics ;

6° Les auditeurs des organismes certificateurs.

Art. R. 4412-135. Dans le cas d'une démolition, le plan de démolition prévoit le retrait préalable de l'amiante et des articles en contenant sauf lorsque celui-ci causerait un plus grand risque pour les travailleurs que si l'amiante ou les matériaux en contenant étaient laissés sur place.

Art. R. 4412-136. Les plans de démolition, de retrait ou d'encapsulage sont communiqués une fois par trimestre au médecin du travail, au (D. 2017-1819 du 29 déc. 2017, art. 3, 45°, JO 30, entrée en vigueur le 01.01.2018) « comité social et économique ».

Art. R. 4412-137. Un mois avant le démarrage des travaux, l'employeur informe l'inspecteur du travail et l'agent des services de prévention des organismes de sécurité sociale dont le ressort territorial est celui du lieu des travaux ainsi que, le cas échéant, l'organisme professionnel de prévention du bâtiment et des travaux publics. Il leur adresse à ce titre le plan de démolition, de retrait ou d'encapsulage sur tout support adapté et par tout moyen permettant d'établir la date certaine de réception.

En cas de travaux justifiés par une situation d'urgence liée à un sinistre, ce délai peut être réduit à huit jours.

Sur leur demande, l'employeur le transmet également aux organismes certificateurs.

Art. R. 4412-138. L'employeur informe l'inspecteur du travail et l'agent des services de prévention des organismes de sécurité sociale de tout changement dans les conditions de travail, de toute modification du marché de travaux ou du processus ainsi que de l'ajout d'un nouveau processus susceptible d'entraîner une augmentation significative des niveaux d'empoussièrement. Il précise les mesures d'organisation et de prévention retenues pour la protection des travailleurs et de l'environnement.

Sur leur demande, l'employeur en informe également les organismes certificateurs.

L'inspecteur du travail et l'agent des services de prévention des organismes de sécurité sociale sont également informés de tout changement dans la date de démarrage des travaux.

§ 5. Dispositions applicables en fin de travaux

Art. R. 4412-139. En fin de travaux, l'employeur établit un rapport de fin de travaux contenant tous les éléments relatifs au déroulement des travaux notamment les mesures de niveau d'empoussièrement, les certificats d'acceptation préalable des déchets et les plans de localisation de l'amiante mis à jour.

Le rapport de fin de travaux est remis au donneur d'ordre qui l'intègre, le cas échéant, au dossier des interventions ultérieures sur l'ouvrage. Il peut être consulté dans les conditions prévues à l'article R. 4412-134.

Art. R. 4412-140. Avant toute restitution de la zone et préalablement à l'enlèvement de tout dispositif de confinement, total ou partiel, l'employeur procède :

1° À un examen incluant l'ensemble des zones susceptibles d'avoir été polluées ;

2° Au nettoyage approfondi de la zone par aspiration avec un équipement doté d'un dispositif de filtration à haute efficacité ;

3° À une mesure du niveau d'empoussièrement, (D. 2013-594 du 5 juil. 2013, JO 7) « réalisée conformément à l'article R. 1334-25 du code de la santé publique » ;

4° À la fixation des fibres éventuellement résiduelles sur les parties traitées.

§ 6. Formation

Art. R. 4412-141. La formation des travailleurs prévue aux articles R. 4412-87 et R. 4412-117 est assurée par un organisme certifié à cet effet.

L'attestation de compétence prévue à l'article (D. 2013-594 du 5 juil. 2013, JO 7) « R. 4412-117 » est délivrée par l'organisme de formation certifié.

Art. R. 4412-142. Un arrêté du ministre chargé du travail détermine :

1° Les conditions, procédures et critères d'accréditation des organismes certificateurs sur la base du référentiel technique défini par l'organisme chargé de l'accréditation ;

2° Les conditions, procédures et critères de certification des organismes de formation mentionnés à l'article R. 4412-141, en tenant compte notamment de leur qualification, des méthodes de formation, des moyens et des techniques pédagogiques mis en œuvre ainsi que les conditions de délivrance de l'attestation de compétence sur la base du référentiel technique défini par les organismes chargés de la certification.

Art. R. 4412-143. Un organisme de formation d'un État membre de l'Union européenne non établi en France peut effectuer des prestations de service mentionnées dans le présent paragraphe s'il dispose dans cet État, sur le fondement d'un référentiel offrant les mêmes garanties que celles prévues au présent paragraphe, de la compétence pour dispenser une formation des travailleurs.

Sous-section 4. **Dispositions particulières aux interventions sur des matériaux, des équipements, des matériels ou des articles susceptibles de provoquer l'émission de fibres d'amiante**

§ 1. Champ d'application

Art. R. 4412-144. Les dispositions de la présente sous-section s'appliquent aux travaux mentionnés au 2° de l'article R. 4412-94.

§ 2. Définition d'un mode opératoire

Art. R. 4412-145. En fonction des résultats de l'évaluation initiale des risques prévue à la sous-section 2, pour chaque processus mis en œuvre, l'employeur établit un mode opératoire précisant notamment :

1° La nature de l'intervention ;

2° Les matériaux concernés ;

3° La fréquence et les modalités de contrôle du niveau d'empoussièrement du processus mis en œuvre et du respect de la valeur limite d'exposition professionnelle ;

4° Le descriptif des méthodes de travail et moyens techniques mis en œuvre ;

5° Les notices de poste prévues à l'article R. 4412-39 ;

6° Les caractéristiques des équipements utilisés pour la protection et la décontamination des travailleurs ainsi que celles des moyens de protection des autres personnes qui se trouvent sur le lieu ou à proximité de l'intervention ;

7° Les procédures de décontamination des travailleurs et des équipements ;

8° Les procédures de gestion des déchets ;

9° Les durées et temps de travail déterminés en application des articles R. 4412-118 et R. 4412-119.

Le mode opératoire est annexé au document unique d'évaluation des risques.

Art. R. 4412-146. Le mode opératoire est soumis, lors de son établissement ou de sa modification à l'avis du médecin du travail, du (D. 2017-1819 du 29 déc. 2017, art. 3, 43°, JO 30, entrée en vigueur le 01.01.2018) « comité social et économique ».

Art. R. 4412-147. Le mode opératoire est transmis à l'inspecteur du travail et aux agents des services de prévention des organismes de sécurité sociale, dans le ressort territorial desquels est situé l'établissement et, le cas échéant, à l'organisme professionnel de prévention du bâtiment et des travaux publics.

Une nouvelle transmission est faite lors de sa mise à jour.

Avant la première mise en œuvre du mode opératoire, celui-ci est transmis à l'inspecteur du travail et aux agents des services de prévention des organismes de sécurité sociale dans le ressort territorial desquels est situé le lieu de l'intervention et, le cas échéant, à l'organisme professionnel de prévention du bâtiment et des travaux publics.

Art. R. 4412-148. Lorsque la durée prévisible de l'intervention est supérieure à cinq jours, l'employeur transmet, en outre, à l'inspecteur du travail et au service de prévention de l'organisme de sécurité sociale du lieu de l'intervention ainsi que, le cas échéant, à l'office professionnel de prévention du bâtiment et des travaux publics :

1° Le lieu, la date de commencement et la durée probable de l'intervention ;

2° La localisation de la zone à traiter, la description de l'environnement de travail du lieu de l'intervention ;

3° Les dossiers techniques prévus (D. 2017-899 du 9 mai 2017, JO 10) « aux articles R. 1334-29-4 à R. 1334-29-6 du code de la santé publique et à l'article R. 111-45 du code de la construction et de l'habitation ou, le cas échéant, le rapport de repérage de l'amiante prévu à l'article R. 4412-97-5 du présent code » ;

4° La liste des travailleurs impliqués. Cette liste mentionne les dates de délivrance des attestations de compétence des travailleurs, les dates de visite médicale et précise, le cas échéant, le nom des travailleurs sauveteurs secouristes du travail affectés au chantier ainsi que les dates de validité de leur formation.

SECTION 4 (RÉGLEMENTAIRE). Règles particulières à certains agents chimiques dangereux

Sous-section 1. Fixation des valeurs limites d'exposition professionnelle

Art. R. 4412-149. (D. 2019-1487 du 27 déc. 2019, JO 29, entrée en vigueur le 01.07.2020) Les concentrations des agents chimiques présents dans l'atmosphère des lieux de travail figurant dans le tableau suivant ne doivent pas dépasser, dans la zone de respiration des travailleurs, les valeurs limites d'exposition professionnelle définies ci-après :

DÉNOMINATION	NUMÉRO CE (1)	NUMÉRO CAS (2)	VALEUR LIMITE D'EXPOSITION PROFESSIONNELLE						OBSERVATIONS	MESURES transitoires
			8 h (3)			Court terme (4)				
			mg/ m³ (5)	ppm (6)	fibres par cm³	mg/ m³	ppm	fibres par cm³		
Acétate d'éthyle	205-500-4	141-78-6	734	200	-	1 468	400	-	-	-
Acétate d'isopentyle	204-662-3	123-92-2	270	50	-	540	100	-	-	-
Acétate de 2-butoxyéthyle	203-933-3	112-07-2	66,5	10	-	333	50	-	Peau (7)	-
Acétate de 2-éthoxyéthyle	203-839-2	111-15-9	11	2	-	-	-	-	Peau (7)	-
Acétate de 2-méthoxyéthyle	203-772-9	110-49-6	5	1	-	-	-	-	Peau (7)	-
Acétate de 2-méthoxy-1-méthyléthyle	203-603-9	108-65-6	275	50	-	550	100	-	Peau (7)	-
Acétate de 1-méthylbutyle	210-946-8	626-38-0	270	50	-	540	100	-	-	-
Acétate de pentyle	211-047-3	628-63-7	270	50	-	540	100	-	-	-
Acétate de vinyle	203-545-4	108-05-4	17,6	5	-	35,2	10	-	-	-
Acétone	200-662-2	67-64-1	1 210	500	-	2 420	1 000	-	-	-
Acétonitrile	200-835-2	75-05-8	70	40	-	-	-	-	Peau (7)	-
Acide chlorhydrique	231-595-7	7647-01-0	-	-	-	7,6	5	-	-	-
Acide cyanhydrique exprimé en cyanure	200-821-6	74-90-8	1	0,9	-	5	4,5	-	Peau (7)	-
Acrylate d'éthyle	205-438-8	140-88-5	21	5	-	42	10	-	-	-
Acrylate de méthyle	202-500-6	96-33-3	18	5	-	36	10	-	-	-
2-aminoéthanol	205-483-3	141-43-5	2,5	1	-	7,6	3	-	Peau (7)	-
Ammoniac anhydre	231-635-3	7664-41-7	7	10	-	14	20	-	-	-
Azide de sodium	247-852-1	26628-22-8	0,1	-	-	0,3	-	-	Peau (7)	-
Benzène	200-753-7	71-43-2	3,25	1	-	-	-	-	Peau (7)	-
Bisphénol A (poussières inhalables)	201-245-8	80-05-7	2	-	-	-	-	-	-	-
Bois (poussières de)			1	-	-	-	-	-	-	-
Brome	231-778-1	7726-95-6	0,7	0,1	-	-	-	-	-	-
Bromure de méthyle (8)	200-813-2	74-83-9	20	5	-	-	-	-	-	-
Butanone	201-159-0	78-93-3	600	200	-	900	300	-	Peau (7)	-
2-butoxyéthanol	203-905-0	111-76-2	49	10	-	246	50	-	Peau (7)	-
Chlore	231-959-5	7782-50-5	-	-	-	1,5	0,5	-	-	-
Chlorobenzène	203-628-5	108-90-7	23	5	-	70	15	-	-	-
Chloroforme	200-663-8	67-66-3	10	2	-	-	-	-	Peau (7)	-
Chlorure de vinyle monomère	200-831-0	75-01-4	2,59	1	-	-	-	-	-	-
Chrome hexavalent et ses composés			0,001	-	-	0,005	-	-	Peau (7)	-
Cumène	202-704-5	98-82-8	100	20	-	250	50	-	Peau (7)	-
Cyclohexane	203-806-2	110-82-7	700	200	-	-	-	-	-	-
Cyclohexanone	203-631-1	108-94-1	40,8	10	-	81,6	20	-	-	-
1,2-dichlorobenzène	202-425-9	95-50-1	122	20	-	306	50	-	Peau (7)	-
1,4-dichlorobenzène	203-400-5	106-46-7	4,5	0,75	-	60	10	-	Peau (7)	
1,1-dichloroéthylène	200-864-0	75-35-4	8	2	-	20	5	-	-	-
Dichlorométhane (chlorure de méthylène)	200-838-9	75-09-2	178	50	-	356	100	-	Peau (7)	-
N,N-diméthylacétamide	204-826-4	127-19-5	7,2	2	-	36	10	-	Peau (7)	-
N,N-diméthylformamide	200-679-5	68-12-2	15	5	-	30	10	-	Peau (7)	-

DÉNOMINATION	NUMÉRO CE (1)	NUMÉRO CAS (2)	VALEUR LIMITE D'EXPOSITION PROFESSIONNELLE						OBSERVATIONS	MESURES transitoires
			8 h (3)			Court terme (4)				
			mg/m³ (5)	ppm (6)	fibres par cm³	mg/m³	ppm	fibres par cm³		
Diméthylamine	204-697-4	124-40-3	1,9	1	-	3,8	2	-	-	-
Diéthylamine	203-716-3	109-89-7	15	5	-	30	10	-	-	-
Disulfure de carbone	200-843-6	75-15-0	15	5	-	-	-	-	Peau (7)	-
1,4-dioxane	204-661-8	123-91-1	73	20	-	-	-	-	-	-
Dioxyde d'azote	233-272-6	10102-44-0	0,96	0,5	-	1,91	1	-		-
2-éthoxyéthanol	203-804-1	110-80-5	8	2	-	-	-	-	Peau (7)	-
Ethylamine	200-834-7	75-04-7	9,4	5	-	28,2	15	-	-	-
Ethylbenzène	202-849-4	100-41-4	88,4	20	-	442	100	-	Peau (7)	-
Fibres céramiques réfractaires classées cancérogènes				-	0,1	-	-	-		-
Fluorure d'hydrogène	231-634-8	7664-39-3	1,5	1,8	-	2,5	3	-	-	-
n-heptane	205-563-8	142-82-5	1 668	400	-	2 085	500	-	-	-
Heptane-2-one	203-767-1	110-43-0	238	50	-	475	100	-	Peau (7)	-
Heptane-3-one	203-388-1	106-35-4	95	20	-	-	-	-	-	-
N-hexane	203-777-6	110-54-3	72	20	-	-	-	-	-	-
Isocyanate de méthyle	210-866-3	624-83-9		-	-	-	0,02	-	-	-
Méthacrylate de méthyle	201-297-1	80-62-6	205	50	-	410	100	-	-	-
Méthanol	200-659-6	67-56-1	260	200	-	-	-	-	Peau (7)	-
2-méthoxyéthanol	203-713-7	109-86-4	3,2	1	-	-	-	-	Peau (7)	-
(2-méthoxyméthyléthoxy)-propanol	252-104-2	34590-94-8	308	50	-	-	-	-	Peau (7)	-
1-méthoxypropane-2-ol	203-539-1	107-98-2	188	50	-	375	100	-	Peau (7)	-
4-méthylpentane-2-one	203-550-1	108-10-1	83	20	-	208	50	-	-	-
Mercure et composés inorganiques bivalents du mercure, y compris l'oxyde de mercure et le chlorure mercurique			0,02	-	-	-	-	-	-	-
Monoxyde d'azote	233-271-0	10102-43-9	2,5	2	-	-	-	-	-	-
Monoxyde de carbone	211-128-3	630-08-0	23	20	-	117	100	-	-	-
Morpholine	203-815-1	110-91-8	36	10	-	72	20	-	-	-
Oxyde de diéthyle	200-467-2	60-29-7	308	100	-	616	200	-	-	-
Oxyde de tert-butyle et de méthyle	216-653-1	1634-04-4	183,5	50	-	367	100	-	-	-
Pentachlorure de phosphore	233-060-3	10026-13-8	1	-	-	-	-	-	-	-
Pentane	203-692-4	109-66-0	3 000	1 000	-	-	-	-	-	-
Phénol	203-632-7	108-95-2	7,8	2	-	15,6	4	-	Peau (7)	-
Phosgène	200-870-3	75-44-5	0,08	0,02	-	0,4	0,1	-	-	-
Phosphine	232-260-8	7803-51-2	0,14	0,1	-	-	-	-	-	-
Plomb métallique et ses composés			0,1	-	-	-	-	-	Limite pondérale définie en plomb métal (Pb)	-

DÉNOMINATION	NUMÉRO CE (1)	NUMÉRO CAS (2)	VALEUR LIMITE D'EXPOSITION PROFESSIONNELLE						OBSERVATIONS	MESURES transitoires
			8 h (3)			Court terme (4)				
			mg/m³ (5)	ppm (6)	fibres par cm³	mg/m³	ppm	fibres par cm³		
Silice (poussières alvéolaires de quartz)			0,1	-	-	-	-	-	-	-
Silice (poussières alvéolaires de cristobalite)			0,05	-	-	-	-	-	-	-
Silice (poussières alvéolaires de tridymite)			0,05	-	-	-	-	-	-	-
Styrène	202-851-5	100-42-5	100	23,3	-	200	46,6	-	Peau (7) Bruit (8)	-
Sulfotep	222-995-2	3689-24-5	0,1	-	-	-	-	-	Peau (7)	-
Sulfure d'hydrogène	231-977-3	7783-06-4	7	5	-	14	10	-	-	-
Tétrachloroéthylène	204-825-9	127-18-4	138	20	-	275	40	-	Peau (7)	-
Tétrachlorométhane	200-262-8	56-23-5	6,4	1	-	32	5	-	Peau (7)	-
Tétrahydrofurane	203-726-8	109-99-9	150	50	-	300	100	-	Peau (7)	-
Toluène	203-625-9	108-88-3	76,8	20	-	384	100	-	Peau (7)	-
1,2,4-trichlorobenzène	204-428-0	120-82-1	15,1	2	-	37,8	5	-	Peau (7)	-
1,1,1-trichloroéthane	200-756-3	71-55-6	555	100	-	1 110	200	-	-	-
Triéthylamine	204-469-4	121-44-8	4,2	1	-	12,6	3	-	Peau (7)	-
1,2,3-triméthylbenzène	208-394-8	526-73-8	100	20	-	250	50	-	-	-
1,2,4-triméthylbenzène	202-436-9	95-63-6	100	20	-	250	50	-	-	-
1,3,5-triméthylbenzène (mésitylène)	203-604-4	108-67-8	100	20	-	250	50	-	-	-
m-xylène	203-576-3	108-38-3	221	50	-	442	100	-	Peau (7)	-
o-xylène	202-422-2	95-47-6	221	50	-	442	100	-	Peau (7)	-
p-xylène	203-396-5	106-42-3	221	50	-	442	100	-	Peau (7)	-
Xylène : mélange d'isomères	215-535-7	1330-20-7	221	50	-	442	100	-	Peau (7)	-

(1) Inventaire européen des substances chimiques existantes (EINECS). (2) Numéro du Chemical Abstract Service (American Chemical Society). (3) Mesurée ou calculée par rapport à une période de référence de 8 heures, moyenne pondérée dans le temps. (4) Valeur limite au-dessus de laquelle il ne doit pas y avoir d'exposition et qui se rapporte à une période de quinze minutes, sauf indication contraire. (5) mg/m³ : milligrammes par mètre cube d'air à 20° C et 101,3 kPa (760 mm de mercure). (6) ppm : partie par million en volume dans l'air (ml/m³). (7) La mention « peau » accompagnant la limite d'exposition professionnelle indique la possibilité d'une pénétration cutanée importante. (8) La mention « bruit » accompagnant la limite d'exposition professionnelle indique la possibilité d'une atteinte auditive en cas de co-exposition au bruit.

Art. R. 4412-150. Des valeurs limites d'exposition professionnelle indicatives, constituant des objectifs de prévention, peuvent être fixées par arrêté conjoint des ministres chargés du travail et de l'agriculture.

Art. R. 4412-151. Les modalités de prélèvement, les méthodes et moyens à mettre en œuvre pour mesurer les concentrations dans l'air des agents chimiques dangereux ainsi que les caractéristiques et conditions d'utilisation des équipements de protection individuelle contre ces agents sont fixés par arrêté conjoint des ministres chargés du travail et de l'agriculture.

Sous-section 2. **Fixation des valeurs limites biologiques**

Art. R. 4412-152. Pour les travailleurs exposés au plomb et à ses composés, les valeurs limites biologiques à ne pas dépasser sont fixées à :

1° 400 microgrammes de plomb par litre de sang pour les hommes ;

2° 300 microgrammes de plomb par litre de sang pour les femmes.

Sous-section 3. **Silice cristalline**

Art. R. 4412-154. Lorsque l'évaluation des risques met en évidence la présence simultanée de poussières alvéolaires contenant de la silice cristalline et d'autres poussières alvéolaires non silicogènes, la valeur limite d'exposition professionnelle correspondant au mélange est fixée par la formule suivante :

Cns/Vns + Cq/0,1 + Cc/0,05 + Ct/0,05 ≤ 1

Art. R. 4412-155. Dans la formule énoncée à l'article R. 4412-154, on entend par :

1° Cns, la concentration en poussières alvéolaires non silicogènes en mg/m³, qui correspond à la différence entre la concentration totale des poussières alvéolaires et la somme des concentrations correspondant aux silices cristallines ;

2° Vns, la valeur limite moyenne de concentration en poussières alvéolaires non silicogènes, en mg/m³, admise sur huit heures, telle que définie par l'article R. 4222-1 ;

3° Cq, la concentration en quartz en mg/m³ ;

4° Cc, la concentration en cristobalite en mg/m³ ;

5° Ct, la concentration en tridymite en mg/m³.

Les chiffres de 0,1 et 0,05 représentent les valeurs limites correspondantes, telles que fixées à l'article R. 4412-149.

Sous-section 4. **Plomb et ses composés**

Art. R. 4412-156. Les travailleurs exposés au plomb ou à ses composés disposent de deux locaux aménagés en vestiaires collectifs situés près de la sortie de l'établissement, le premier étant exclusivement réservé au rangement des vêtements de ville et le second au rangement des vêtements de travail.

Des douches assurent la communication entre les deux vestiaires.

Art. R. 4412-157. L'employeur veille à ce que les travailleurs exposés n'accèdent au second vestiaire qu'après avoir déposé dans le premier leurs vêtements de ville et ne pénètrent dans ce dernier, postérieurement à toute intervention les exposant au plomb et à ses composés, qu'après leur passage dans les installations de douches.

Art. R. 4412-158. L'employeur veille à ce que les travailleurs ne mangent pas et ne fument pas en vêtement de travail.

Les travailleurs mangent en vêtement de ville ou en combinaison jetable, fournie par l'employeur.

Art. R. 4412-159. Lorsque le lavage des vêtements de travail est réalisé par une entreprise extérieure, ces vêtements sont transportés dans des récipients clos, comportant un affichage clairement lisible indiquant la présence de plomb, sans préjudice des dispositions prévues à l'article R. 4412-73.

Art. R. 4412-160. (D. 2016-1908 du 27 déc. 2016, art. 10, III, JO 29, entrée en vigueur le 01.01.2017) « Un suivi individuel renforcé des travailleurs est assuré dans les conditions prévues aux articles R. 4624-22 à R. 4624-28 » :

1° Soit si l'exposition à une concentration de plomb dans l'air est supérieure à 0,05 mg/m³, calculée comme une moyenne pondérée en fonction du temps sur une base de huit heures ;

2° Soit si une plombémie supérieure à 200 µg/l de sang pour les hommes ou 100 µg/l de sang pour les femmes est mesurée chez un travailleur.

Chapitre II bis

Risques d'exposition à l'amiante : repérages avant travaux

Note Ce chapitre est issu de la loi 2016-1088 du 8 août 2016, art. 113, II, 1°, JO 9.

Art. L. 4412-2. En vue de renforcer le rôle de surveillance dévolu aux agents de contrôle de l'inspection du travail, le donneur d'ordre, le maître d'ouvrage ou le propriétaire d'immeubles par nature ou par destination, d'équipements, de matériels ou d'articles y font rechercher la présence d'amiante préalablement à toute opération comportant des risques d'exposition des travailleurs à l'amiante. Cette recherche donne lieu à un document mentionnant, le cas échéant, la présence, la nature et la localisation de matériaux ou de produits contenant de l'amiante. Ce document est joint aux documents de la consultation remis aux entreprises candidates ou transmis aux entreprises envisageant de réaliser l'opération.

Les conditions d'application ou d'exemption, selon la nature de l'opération envisagée, du présent article sont déterminées par décret en Conseil d'État.

TITRE II

PRÉVENTION DES RISQUES BIOLOGIQUES

Chapitre Ier

Dispositions générales

Art. L. 4421-1. Les règles de prévention des risques pour la santé et la sécurité des travailleurs exposés à des agents biologiques sont déterminées par décret en Conseil d'État pris en application de l'article L. 4111-6.

Art. R. 4421-1. Les dispositions du présent titre sont applicables dans les établissements dans lesquels la nature de l'activité peut conduire à exposer les travailleurs à des agents biologiques.

Toutefois, les dispositions des articles R. 4424-2, R. 4424-3, R. 4424-7 à R. 4424-10, R. 4425-6 et R. 4425-7 ne sont pas applicables lorsque l'activité, bien qu'elle puisse conduire à exposer des travailleurs, n'implique pas normalement l'utilisation délibérée d'un agent biologique et que l'évaluation des risques prévue au chapitre III ne met pas en évidence de risque spécifique.

Art. R. 4421-2. Au sens du présent titre, on entend par :

1° Agents biologiques, les micro-organismes, y compris les micro-organismes génétiquement modifiés, les cultures cellulaires et les endoparasites humains susceptibles de provoquer une infection, une allergie ou une intoxication ;

2° Micro-organisme, une entité microbiologique, cellulaire ou non, capable de se reproduire ou de transférer du matériel génétique ;

3° Culture cellulaire, le résultat de la croissance in vitro de cellules isolées d'organismes multicellulaires.

Art. R. 4421-3. Les agents biologiques sont classés en quatre groupes en fonction de l'importance du risque d'infection qu'ils présentent :

1° Le groupe 1 comprend les agents biologiques non susceptibles de provoquer une maladie chez l'homme ;

2° Le groupe 2 comprend les agents biologiques pouvant provoquer une maladie chez l'homme et constituer un danger pour les travailleurs. Leur propagation dans la collectivité est peu probable et il existe généralement une prophylaxie ou un traitement efficaces ;

3° Le groupe 3 comprend les agents biologiques pouvant provoquer une maladie grave chez l'homme et constituer un danger sérieux pour les travailleurs. Leur propagation dans la collectivité est possible, mais il existe généralement une prophylaxie ou un traitement efficaces ;

4° Le groupe 4 comprend les agents biologiques qui provoquent des maladies graves chez l'homme et constituent un danger sérieux pour les travailleurs. Le risque de leur propagation dans la collectivité est élevé. Il n'existe généralement ni prophylaxie ni traitement efficace.

Art. R. 4421-4. Sont considérés comme agents biologiques pathogènes, au sens du présent titre, les agents biologiques des groupes 2, 3 et 4.

La liste de ces agents est fixée par arrêté conjoint des ministres chargés du travail, de l'agriculture et de la santé.

Chapitre II (réglementaire)

Principes de prévention

Art. R. 4422-1. L'employeur prend des mesures de prévention visant à supprimer ou à réduire au minimum les risques résultant de l'exposition aux agents biologiques, conformément aux principes de prévention énoncés à l'article L. 4121-2.

Chapitre III (réglementaire)

Évaluation des risques

Art. R. 4423-1. Pour toute activité susceptible de présenter un risque d'exposition à des agents biologiques, l'employeur détermine la nature, la durée et les conditions de l'exposition des travailleurs.

Pour les activités impliquant une exposition à des agents biologiques appartenant à plusieurs groupes, les risques sont évalués en tenant compte du danger présenté par tous les agents biologiques présents ou susceptibles de l'être du fait de cette activité.

Art. R. 4423-2. L'évaluation des risques est réalisée sur le fondement du classement prévu à l'article R. 4421-3 et des maladies professionnelles dues à l'exposition aux agents biologiques.

Cette évaluation tient compte de toutes les informations disponibles, notamment de celles relatives aux infections susceptibles d'être contractées par les travailleurs du fait de leur activité professionnelle et de celles concernant les effets allergisants et toxiques pouvant résulter de l'exposition aux agents biologiques.

Art. R. 4423-3. Lors de l'évaluation des risques, l'employeur porte une attention particulière sur les dangers des agents biologiques susceptibles d'être présents dans l'organisme des patients ou de personnes décédées et chez les animaux vivants ou morts, dans les échantillons, les prélèvements et les déchets qui en proviennent.

Art. R. 4423-4. L'employeur tient à la disposition de l'inspection du travail et des agents du service de prévention des organismes de sécurité sociale les éléments ayant servi à l'évaluation des risques.

Chapitre IV (réglementaire)

Mesures et moyens de prévention

SECTION 1. Dispositions communes à toutes les activités

Art. R. 4424-1. Lorsque la nature de l'activité le permet, l'employeur évite l'utilisation d'un agent biologique dangereux pour la santé des travailleurs, en le remplaçant par un agent biologique qui, compte tenu des conditions d'emploi et de l'état des connaissances, n'est pas ou est moins dangereux.

Art. R. 4424-2. Lorsque les résultats de l'évaluation des risques révèlent l'existence d'un risque pour la santé ou la sécurité des travailleurs, toute exposition à un agent biologique dangereux est évitée.

Art. R. 4424-3. Lorsque l'exposition des travailleurs à un agent biologique dangereux ne peut être évitée, elle est réduite en prenant les mesures suivantes :

1° Limitation au niveau le plus bas possible du nombre de travailleurs exposés ou susceptibles de l'être ;

2° Définition des processus de travail et des mesures de contrôle technique ou de confinement visant à éviter ou à minimiser le risque de dissémination d'agents biologiques sur le lieu de travail ;

3° Signalisation dont les caractéristiques et les modalités sont fixées par un arrêté conjoint des ministres chargés du travail, de l'agriculture et de la santé ;

4° Mise en œuvre de mesures de protection collective ou, lorsque l'exposition ne peut être évitée par d'autres moyens, de mesures de protection individuelle ;

5° Mise en œuvre de mesures d'hygiène appropriées permettant de réduire ou, si possible, d'éviter le risque de dissémination d'un agent biologique hors du lieu de travail ;

6° Établissement de plans à mettre en œuvre en cas d'accidents impliquant des agents biologiques pathogènes ;

7° Détection, si elle est techniquement possible, de la présence, en dehors de l'enceinte de confinement, d'agents biologiques pathogènes utilisés au travail ou, à défaut, de toute rupture de confinement ;

8° Mise en œuvre de procédures et moyens permettant en toute sécurité, le cas échéant, après un traitement approprié, d'effectuer le tri, la collecte, le stockage, le transport et l'élimination des déchets par les travailleurs. Ces moyens comprennent, notamment, l'utilisation de récipients sûrs et identifiables ;

9° Mise en œuvre de mesures permettant, au cours du travail, de manipuler et de transporter sans risque des agents biologiques pathogènes.

Art. R. 4424-4. Pour les activités qui impliquent des agents biologiques pathogènes, l'employeur établit une consigne de sécurité interdisant l'introduction, par les travailleurs et pour leur propre usage, dans les lieux de travail où existe un risque de contamination :

1° De nourriture et de boissons ;

2° D'articles pour fumeurs ;

3° De cosmétiques et de mouchoirs autres que les mouchoirs en papier, qui devront être éliminés comme des déchets contaminés.

Art. R. 4424-5. Pour les activités qui impliquent des agents biologiques pathogènes, l'employeur :

1° Fournit aux travailleurs des moyens de protection individuelle, notamment des vêtements de protection appropriés ;

2° Veille à ce que les moyens de protection individuelle soient enlevés lorsque le travailleur quitte le lieu de travail ;

3° Fait en sorte, lorsqu'ils sont réutilisables, que les moyens de protection individuelle soient rangés dans un endroit spécifique, nettoyés, désinfectés et vérifiés avant et après chaque utilisation et, s'il y a lieu, réparés ou remplacés ;

4° Met à la disposition des travailleurs des installations sanitaires appropriées, un dispositif de lavage oculaire et des antiseptiques pour la peau ainsi que, s'il y a lieu, des collyres prescrits par le médecin du travail ;

5° Pour les activités impliquant le prélèvement, la manipulation et le traitement d'échantillons d'origine humaine ou animale, met au point des procédures et met à disposition des travailleurs des matériels adaptés visant à minimiser les risques de contamination.

Art. R. 4424-6. Les moyens de protection individuelle contre les agents biologiques pathogènes, non réutilisables, sont considérés comme des déchets contaminés.

SECTION 2. Dispositions particulières à certaines activités

Art. R. 4424-7. Dans les lieux où des travailleurs sont susceptibles d'être en contact avec des agents biologiques pathogènes pouvant être présents dans l'organisme de patients ou de personnes décédées ou chez des animaux vivants ou morts, des mesures appropriées sont prises pour préserver la santé et la sécurité des travailleurs, notamment par une information sur les procédés de décontamination et de désinfection et la mise en œuvre des procédés permettant de manipuler et d'éliminer sans risque les déchets contaminés.

Un arrêté conjoint des ministres chargés du travail, de l'agriculture et de la santé fixe, en tant que de besoin, des procédures d'élimination des déchets contaminés.

Art. R. 4424-8. Dans les services accueillant des patients ou dans les locaux où se trouvent des animaux susceptibles d'être contaminés par des agents biologiques des groupes 3 ou 4, un arrêté des ministres chargés du travail, de l'agriculture et de la santé définit les mesures d'isolement ou de confinement.

Art. R. 4424-9. Dans les laboratoires, notamment ceux réalisant des analyses de biologie médicale et dans les locaux destinés aux animaux de laboratoire contaminés ou susceptibles de l'être par des agents biologiques pathogènes, des mesures de confinement appropriées au résultat de l'évaluation des risques sont prises.

Il en est de même pour les procédés industriels utilisant des agents biologiques pathogènes.

Lorsqu'au terme de l'évaluation des risques un doute subsiste quant au classement d'un agent biologique dont l'utilisation industrielle pourrait comporter un risque grave pour la santé des travailleurs, le niveau et les mesures de confinement adoptés sont ceux correspondant au moins à un agent du groupe 3.

Un arrêté conjoint des ministres chargés du travail, de l'agriculture et de la santé précise les dispositions relatives aux mesures et aux niveaux de confinement selon la nature de l'agent biologique et de l'activité considérée.

Art. R. 4424-10. Les laboratoires dont l'objectif n'est pas de travailler avec des agents biologiques pathogènes adoptent, en cas d'incertitude quant à la présence de ces agents, au moins le niveau de confinement requis pour les agents du groupe 2 et, si nécessaire, celui correspondant à ceux des groupes 3 ou 4.

Art. R. 4424-11. (D. 2013-607 du 9 juil. 2013, JO 11) Dans les établissements et services participant à la prévention et aux soins et dans les établissements pratiquant des soins de conservation, des mesures de prévention des blessures et des risques de contamination par des agents biologiques pathogènes sont déterminées par un arrêté conjoint des ministres en charge du travail et de la santé pour adapter la protection des travailleurs susceptibles d'être en contact avec des objets perforants aux particularités des activités réalisées ainsi qu'aux modalités d'usage des objets perforants.

Cet arrêté précise les catégories d'établissements et services concernés. Pour ces catégories d'établissements et de services, il précise également les règles applicables, en vertu du chapitre V du présent titre, à l'information et à la formation des travailleurs et relatives aux risques liés à l'usage d'objets perforants ainsi que les dispositions du chapitre VI du présent titre applicables à la prise en charge du travailleur blessé en cas d'accident de travail survenu avec un objet perforant et aux modalités de suivi de tels accidents.

On entend par objet perforant tout objet ou instrument à usage médical ou nécessaire à la pratique des soins de conservation, susceptible de couper, de perforer, de piquer, de blesser et pouvant transmettre un agent infectieux lorsqu'il est souillé par du sang ou tout autre produit biologique. Il constitue un équipement de travail au sens de l'article L. 4311-2.

Chapitre V (réglementaire)

Information et formation des travailleurs

SECTION 1. Information

Art. R. 4425-1. L'employeur fournit sur le lieu de travail des instructions écrites et, le cas échéant, des affiches portant sur la procédure à suivre :

1° En cas d'accident ou d'incident grave mettant en cause un agent biologique pathogène ;

2° Lors de la manipulation de tout agent biologique du groupe 4, notamment lors de son élimination.

Art. R. 4425-2. L'employeur informe les travailleurs, le (D. 2017-1819 du 29 déc. 2017, art. 3, 49°, JO 30, entrée en vigueur le 01.01.2018) « comité social et économique » et le médecin du travail :

1° Sans délai, de tout accident ou incident ayant pu entraîner la dissémination d'un agent biologique susceptible de provoquer chez l'homme une infection ou une maladie grave ;

2° Le plus rapidement possible, de la cause de cet accident ou incident et des mesures prises ou à prendre pour remédier à la situation.

Art. R. 4425-3. Des dispositions spécifiques, intégrées s'il y a lieu au règlement intérieur, rappellent aux travailleurs leur obligation de signaler immédiatement tout accident ou incident mettant en cause un agent biologique pathogène.

Art. R. 4425-4. Lorsque les résultats de l'évaluation des risques révèlent l'existence d'un risque pour la santé ou la sécurité des travailleurs, l'employeur tient à la disposition des travailleurs intéressés et du (D. 2017-1819 du 29 déc. 2017, art. 3, 43°, JO 30, entrée en vigueur le 01.01.2018) « comité social et économique » les informations suivantes :

1° Les activités au cours desquelles les travailleurs sont exposés à des agents biologiques pathogènes, les procédures, les méthodes de travail et les mesures et moyens de protection et de prévention correspondants ;

2° Le nombre de travailleurs exposés ;

3° Le nom et l'adresse du médecin du travail ;

4° Le nom de la personne qui, le cas échéant, est chargée par l'employeur, et sous sa responsabilité, d'assurer en cette matière la sécurité sur le lieu de travail ;

5° Un plan d'urgence pour la protection des travailleurs contre l'exposition aux agents biologiques des groupes 3 ou 4 en cas de défaillance du confinement physique.

Art. R. 4425-5. Les éléments d'information mentionnés à l'article R. 4425-4 sont également tenus à la disposition des agents de l'inspection du travail, des agents du service de prévention des organismes de sécurité sociale et du médecin du travail.

SECTION 2. Formation

Art. R. 4425-6. L'employeur organise au bénéfice des travailleurs une formation à la sécurité portant sur :

1° Les risques pour la santé et les prescriptions en matière d'hygiène ;
2° Les précautions à prendre pour éviter l'exposition ;
3° Le port et l'utilisation des équipements et des vêtements de protection individuelle ;
4° Les modalités de tri, de collecte, de stockage, de transport et d'élimination des déchets ;
5° Les mesures à prendre pour prévenir ou pallier les incidents ;
6° La procédure à suivre en cas d'accident.

Art. R. 4425-7. La formation à la sécurité est dispensée avant que les travailleurs n'exercent une activité impliquant un contact avec des agents biologiques.

Elle est répétée régulièrement et est adaptée à l'évolution des risques ainsi que lors de la modification significative des procédés de travail.

Chapitre VI (réglementaire)

Suivi individuel de l'état de santé des travailleurs

SECTION 1. Liste des travailleurs exposés

Art. R. 4426-1. L'employeur établit, après avis du médecin du travail, une liste des travailleurs exposés à des agents biologiques des groupes 3 ou 4.

Il indique le type de travail réalisé, et, lorsque c'est possible, l'agent biologique auquel les travailleurs sont exposés ainsi que les données relatives aux expositions, aux accidents et aux incidents.

La liste est communiquée au médecin du travail.

Art. R. 4426-2. La liste des travailleurs exposés est conservée au moins dix ans après la fin de l'exposition.

Toutefois, lorsque les agents biologiques sont susceptibles de provoquer des maladies présentant une longue période d'incubation, elle est conservée aussi longtemps que des manifestations pathologiques sont possibles.

Art. R. 4426-3. Chaque travailleur a accès aux informations contenues dans la liste des travailleurs exposés qui le concernent personnellement.

Art. R. 4426-4. Lorsque l'établissement cesse ses activités, la liste des travailleurs exposés est adressée au médecin inspecteur du travail.

SECTION 2. Mise en œuvre du suivi individuel

Art. R. 4426-6. L'évaluation des risques permet d'identifier les travailleurs pour lesquels des mesures spéciales de protection peuvent être nécessaires.

Sans préjudice des vaccinations prévues aux articles L. 3111-4 et L. 3112-1 du code de la santé publique, l'employeur recommande, s'il y a lieu et sur proposition du médecin du travail, aux travailleurs non immunisés contre les agents biologiques pathogènes auxquels ils sont ou peuvent être exposés de réaliser, à sa charge, les vaccinations appropriées.

Art. R. 4426-7. (D. 2016-1908 du 27 déc. 2016, art. 11, 3°, JO 29, entrée en vigueur le 01.01.2017) Tout travailleur exposé aux agents biologiques des groupes 3 ou 4 bénéficie d'un suivi individuel renforcé dans les conditions prévues aux articles R. 4624-22 à R. 4624-28 du présent code.

Tout travailleur exposé aux agents biologiques des groupes 1 ou 2 bénéficie d'un suivi individuel prévu aux articles R. 4624-10 à R. 4624-21 du présent code. Pour les travailleurs exposés aux agents biologiques du groupe 2, la visite d'information et de prévention initiale est réalisée avant l'affectation au poste.

SECTION 3. Dossier médical spécial

Art. R. 4426-8. Un dossier médical spécial est tenu par le médecin du travail (D. 2016-1908 du 27 déc. 2016, art. 11, 4°, JO 29, entrée en vigueur le 01.01.2017) « ou le professionnel de santé mentionné au premier alinéa de l'article L. 4624-1 » pour chaque travailleur susceptible d'être exposé à des agents biologiques pathogènes.

Une mention de ce dossier spécial est faite au dossier médical prévu aux articles (D. 2016-1908 du 27 déc. 2016, art. 11, 4°, JO 29, entrée en vigueur le 01.01.2017) « L. 4624-8 et R. 4626-33 » du présent code ou à l'article R. 717-27 du code rural (Ord. 2010-462 du 6 mai 2010, JO 7) « et de la pêche maritime ».

Art. R. 4426-9. Le dossier médical spécial est établi à la suite des (D. 2016-1908 du 27 déc. 2016, art. 11, 5°, JO 29, entrée en vigueur le 01.01.2017) « examens et visites prévus » à l'article R. 4426-7. Il est conservé pendant dix ans à compter de la cessation de l'exposition.

Toutefois, lorsque les agents biologiques sont susceptibles de provoquer des maladies présentant une longue période d'incubation, le dossier médical spécial est conservé pendant une période plus longue, pouvant atteindre quarante ans après la cessation de l'exposition connue.

Art. R. 4426-10. Lorsque l'entreprise disparaît ou lorsque le travailleur change d'entreprise, le dossier médical spécial est transmis soit au médecin du travail de la nouvelle entreprise, soit au médecin inspecteur du travail, à charge pour celui-ci de l'adresser, le cas échéant, à la demande du travailleur au médecin du travail désormais compétent.

Le dossier médical est communiqué, à la demande du travailleur, au médecin désigné par lui.

Art. R. 4426-11. Des informations et des conseils sont donnés aux travailleurs sur (D. 2016-1908 du 27 déc. 2016, art. 11, 6°, JO 29, entrée en vigueur le 01.01.2017) « le suivi individuel de leur état de santé » dont ils devraient pouvoir bénéficier après la fin de l'exposition.

SECTION 4. Suivi des pathologies

Art. R. 4426-12. Le médecin du travail est informé par l'employeur des décès et des absences pour cause de maladie des travailleurs exposés à des agents biologiques pathogènes, lorsque ces absences excèdent des durées fixées par arrêté conjoint des ministres chargés du travail, de la santé et de l'agriculture en fonction de la nature des activités exercées et des conditions d'exposition aux agents biologiques.

Art. R. 4426-13. Lorsqu'il s'avère qu'un travailleur est atteint d'une infection ou d'une maladie inscrite dans un tableau de maladie professionnelle et pouvant résulter d'une exposition à des agents biologiques, tous les travailleurs susceptibles d'avoir été exposés sur le même lieu de travail font l'objet d'un examen médical, assorti éventuellement d'examens complémentaires.

Si l'infection ou la maladie n'est pas inscrite dans un tableau de maladies professionnelles, le médecin du travail peut proposer aux autres travailleurs ayant subi une exposition analogue de bénéficier d'une surveillance médicale.

Une nouvelle évaluation du risque d'exposition est en outre réalisée conformément aux dispositions du chapitre III.

Chapitre VII (réglementaire)

Déclaration administrative

Art. R. 4427-1. La première utilisation d'agents biologiques pathogènes est déclarée à l'inspecteur du travail au moins trente jours avant le début des travaux.

Art. R. 4427-2. La déclaration d'une première utilisation d'agents biologiques pathogènes comprend :

1° La dénomination et le siège social de l'entreprise et l'adresse de l'établissement ;
2° Le nom et l'adresse du médecin du travail ;
3° Le nom et la qualité du responsable sécurité, s'il existe, sur le lieu de travail ;
4° Le résultat de l'évaluation des risques d'exposition à des agents biologique ;
5° L'espèce ou, à défaut, le genre auquel appartient chaque agent biologique concerné ;
6° Les mesures de protection et de prévention envisagées.

Art. R. 4427-3. Une déclaration de première utilisation est également adressée à l'inspecteur du travail, au moins trente jours avant leur première utilisation, pour les agents biologiques non encore classés au sens de l'article R. 4421-4, dès lors qu'existe une présomption de leur caractère pathogène.

Art. R. 4427-4. La déclaration de première utilisation n'est pas obligatoire pour les laboratoires réalisant des analyses de biologie médicale. Ceux-ci sont uniquement tenus de déclarer leur intention de fournir un service de diagnostic pour les agents biologiques du groupe 4.

Art. R. 4427-5. La déclaration de première utilisation est renouvelée chaque fois qu'un changement important des procédés ou des procédures la rend caduque.

TITRE III

PRÉVENTION DES RISQUES D'EXPOSITION AU BRUIT

Chapitre Ier

Dispositions générales

Art. L. 4431-1. Les règles de prévention des risques pour la santé et la sécurité des travailleurs exposés au bruit sont déterminées par décret en Conseil d'État pris en application de l'article L. 4111-6.

SECTION 1 (RÉGLEMENTAIRE). Définitions

Art. R. 4431-1. Pour l'application du présent titre, les paramètres physiques utilisés comme indicateurs du risque sont définis comme suit :

1° Le niveau de pression acoustique de crête est le niveau de la valeur maximale de la pression acoustique instantanée mesurée avec la pondération fréquentielle C ;

2° Le niveau d'exposition quotidienne au bruit est la moyenne pondérée dans le temps des niveaux d'exposition au bruit pour une journée de travail nominale de huit heures ;

3° Le niveau d'exposition hebdomadaire au bruit est la moyenne pondérée dans le temps des niveaux d'exposition quotidienne au bruit pour une semaine nominale de cinq journées de travail de huit heures.

Un arrêté conjoint des ministres chargés du travail et de l'agriculture précise le mode de calcul de ces paramètres physiques.

SECTION 2 (RÉGLEMENTAIRE). Valeurs limites d'exposition professionnelle

Art. R. 4431-2. Les valeurs limites d'exposition et les valeurs d'exposition déclenchant une action de prévention sont fixées dans le tableau suivant :

VALEURS D'EXPOSITION	NIVEAU D'EXPOSITION
1° Valeurs limites d'exposition	Niveau d'exposition quotidienne au bruit de 87 dB(A) ou niveau de pression acoustique de crête de 140 dB(C)
2° Valeurs d'exposition supérieures déclenchant l'action de prévention prévue à l'article R. 4434-3, au 2° de l'article R. 4434-7, et à l'article R. 4435-1	Niveau d'exposition quotidienne au bruit de 85 dB(A) ou niveau de pression acoustique de crête de 137 dB(C)
3° Valeurs d'exposition inférieures déclenchant l'action de prévention prévue au 1° de l'article R. 4434-7 et aux articles R. 4435-2 et R. 4436-1	Niveau d'exposition quotidienne au bruit de 80 dB(A) ou niveau de pression acoustique de crête de 135 dB(C)

Art. R. 4431-3. Pour l'application des valeurs limites d'exposition définies au 1° de l'article R. 4431-2, la détermination de l'exposition effective du travailleur au bruit tient compte de l'atténuation assurée par les protecteurs auditifs individuels portés par le travailleur.

Les valeurs d'exposition définies aux 2° et 3° de ce même article ne prennent pas en compte l'effet de l'utilisation de ces protecteurs.

Art. R. 4431-4. Dans des circonstances dûment justifiées auprès de l'inspecteur du travail et pour des activités caractérisées par une variation notable d'une journée de travail à l'autre de l'exposition quotidienne au bruit, le niveau d'exposition hebdomadaire au bruit peut être utilisé au lieu du niveau d'exposition quotidienne pour évaluer les niveaux de bruit auxquels les travailleurs sont exposés, aux fins de l'application des valeurs limites d'exposition et des valeurs déclenchant l'action de prévention.

Cette substitution ne peut être faite qu'à condition que le niveau d'exposition hebdomadaire au bruit indiqué par un contrôle approprié ne dépasse pas la valeur limite d'exposition de 87 dB(A) et que des mesures appropriées soient prises afin de réduire au minimum les risques associés à ces activités.

Chapitre II (réglementaire)

Principes de prévention

Art. R. 4432-1. L'employeur prend des mesures de prévention visant à supprimer ou à réduire au minimum les risques résultant de l'exposition au bruit, en tenant compte du progrès technique et de la disponibilité de mesures de maîtrise du risque à la source.

Art. R. 4432-2. La réduction des risques d'exposition au bruit se fonde sur les principes généraux de prévention mentionnés à l'article L. 4121-1.

Art. R. 4432-3. L'exposition d'un travailleur, compte tenu de l'atténuation assurée par les protecteurs auditifs individuels portés par ce dernier, ne peut en aucun cas dépasser les valeurs limites d'exposition définies au 1° de l'article R. 4431-2.

Chapitre III (réglementaire)

Évaluation des risques

Art. R. 4433-1. L'employeur évalue et, si nécessaire, mesure les niveaux de bruit auxquels les travailleurs sont exposés.

Cette évaluation et ce mesurage ont pour but :

1° De déterminer les paramètres physiques définis à l'article R. 4431-1 ;

2° De constater si, dans une situation donnée, les valeurs d'exposition fixées à l'article R. 4431-2 sont dépassées.

Art. R. 4433-2. L'évaluation des niveaux de bruit et, si nécessaire, leur mesurage sont planifiés et réalisés par des personnes compétentes, avec le concours, le cas échéant, du service de santé au travail.

Ils sont réalisés à des intervalles appropriés, notamment lorsqu'une modification des installations ou des modes de travail est susceptible d'entraîner une élévation des niveaux de bruit.

En cas de mesurage, celui-ci est renouvelé au moins tous les cinq ans.

Art. R. 4433-3. Les résultats de l'évaluation des niveaux de bruit et du mesurage sont conservés sous une forme susceptible d'en permettre la consultation pendant une durée de dix ans.

Art. R. 4433-4. Les résultats des mesurages sont communiqués au médecin du travail en vue de leur conservation avec le dossier médical des travailleurs exposés.

Ils sont tenus à la disposition des membres du (D. 2017-1819 du 29 déc. 2017, art. 3, 50°, JO 30, entrée en vigueur le 01.01.2018) « comité social et économique ».

Ils sont également tenus, sur leur demande, à la disposition de l'inspection du travail ou des agents des services de prévention des organismes de sécurité sociale et des organismes professionnels de santé, de sécurité et des conditions de travail mentionnés à l'article L. 4643-1.

Art. R. 4433-5. Lorsqu'il procède à l'évaluation des risques, l'employeur prend en considération les éléments suivants :

1° Le niveau, le type et la durée d'exposition, y compris toute exposition au bruit impulsif ;

2° Les valeurs limites d'exposition et les valeurs d'exposition déclenchant l'action de prévention fixées au chapitre Ier ;

3° Toute incidence sur la santé et la sécurité des travailleurs particulièrement sensibles à ce risque, notamment les femmes enceintes ;

4° Compte tenu de l'état des connaissances scientifiques et dans la mesure où cela est techniquement réalisable, toute incidence sur la santé et la sécurité des travailleurs résultant d'interactions entre le bruit et des substances toxiques pour l'ouïe d'origine professionnelle et entre le bruit et les vibrations ;

5° Toute incidence indirecte sur la santé et la sécurité des travailleurs résultant d'interactions entre le bruit et les signaux d'alarme ou d'autres sons qu'il importe d'observer afin de réduire le risque d'accidents ;

6° Les renseignements sur les émissions sonores, fournis par les fabricants d'équipements de travail, en application des règles techniques de conception mentionnées à l'article R. 4312-1 ;

7° L'existence d'équipements de travail permettant de réduire les émissions sonores et susceptibles d'être utilisés en remplacement des équipements existants ;

8° La prolongation de l'exposition au bruit au-delà des heures de travail, dans des lieux placés sous la responsabilité de l'employeur ;

9° Les conclusions du médecin du travail concernant la surveillance de la santé des travailleurs ;

10° La mise à disposition de protecteurs auditifs individuels ayant des caractéristiques adéquates d'atténuation.

Art. R. 4433-6. Lorsque les résultats de l'évaluation des risques mettent en évidence des risques pour la santé ou la sécurité des travailleurs, l'employeur détermine les mesures à prendre conformément aux articles R. 4432-3 et R. 4434-6, ainsi qu'aux dispositions des chapitres IV et V.

L'employeur consulte à cet effet le (D. 2017-1819 du 29 déc. 2017, art. 3, 49°, JO 30, entrée en vigueur le 01.01.2018) « comité social et économique ».

Art. R. 4433-7. Un arrêté conjoint des ministres chargés du travail et de l'agriculture précise les conditions du mesurage des niveaux de bruit.

Chapitre IV (réglementaire)

Mesures et moyens de prévention

SECTION 1. Prévention collective

Art. R. 4434-1. La réduction des risques d'exposition au bruit se fonde sur, notamment :

1° La mise en œuvre d'autres procédés de travail ne nécessitant pas d'exposition au bruit ou nécessitant une exposition moindre ;

2° Le choix d'équipements de travail appropriés émettant, compte tenu du travail à accomplir, le moins de bruit possible ;

3° Dans le cas d'équipements de travail utilisés à l'extérieur des bâtiments, la possibilité de mettre à la disposition des travailleurs des matériels conformes aux dispositions prises en application du décret n° 95-79 du 23 janvier 1995 concernant la lutte contre le bruit et relatif aux objets bruyants et aux dispositifs d'insonorisation ;

4° La modification de la conception et de l'agencement des lieux et postes de travail ;

5° L'information et la formation adéquates des travailleurs afin qu'ils utilisent correctement les équipements de travail en vue de réduire au minimum leur exposition au bruit ;

6° Des moyens techniques pour réduire le bruit aérien en agissant sur son émission, sa propagation, sa réflexion, tels que réduction à la source, écrans, capotages, correction acoustique du local ;

7° Des moyens techniques pour réduire le bruit de structure, par exemple par l'amortissement ou par l'isolation ;

8° Des programmes appropriés de maintenance des équipements de travail et du lieu de travail ;

9° La réduction de l'exposition au bruit par une meilleure organisation du travail, en limitant la durée et l'intensité de l'exposition et en organisant convenablement les horaires de travail, en prévoyant notamment des périodes de repos.

Art. R. 4434-2. Lorsque les valeurs d'exposition supérieures, définies au 2° de l'article R. 4431-2, sont dépassées, l'employeur établit et met en œuvre un programme de mesures techniques ou d'organisation du travail visant à réduire l'exposition au bruit, en prenant en considération, notamment, les mesures mentionnées à l'article R. 4434-1.

Art. R. 4434-3. Les lieux de travail où les travailleurs sont susceptibles d'être exposés à un bruit dépassant les valeurs d'exposition supérieures, définies au 2° de l'article R. 4431-2, font l'objet d'une signalisation appropriée.

Ces lieux sont délimités et font l'objet d'une limitation d'accès lorsque cela est techniquement faisable et que le risque d'exposition le justifie.

Art. R. 4434-4. Lorsque la nature de l'activité conduit à faire bénéficier les travailleurs de l'usage de locaux de repos placés sous la responsabilité de l'employeur, le bruit dans ces locaux est réduit à un niveau compatible avec leur fonction et leurs conditions d'utilisation.

Art. R. 4434-5. En liaison avec le médecin du travail, l'employeur adapte les mesures de prévention prévues au présent chapitre aux besoins des travailleurs particulièrement sensibles aux risques résultant de l'exposition au bruit.

Art. R. 4434-6. Lorsqu'en dépit des mesures de prévention mises en œuvre en application du présent chapitre, des expositions dépassant les valeurs limites d'exposition sont constatées, l'employeur :

1° Prend immédiatement des mesures pour réduire l'exposition à un niveau inférieur à ces valeurs limites ;

2° Détermine les causes de l'exposition excessive et adapte les mesures de protection et de prévention en vue d'éviter tout renouvellement.

SECTION 2. Protection individuelle

Art. R. 4434-7. En cas d'impossibilité d'éviter les risques dus à l'exposition au bruit par d'autres moyens, des protecteurs auditifs individuels, appropriés et correctement adaptés, sont mis à la disposition des travailleurs dans les conditions suivantes :

1° Lorsque l'exposition au bruit dépasse les valeurs d'exposition inférieures définies au 3° de l'article R. 4431-2, l'employeur met des protecteurs auditifs individuels à la disposition des travailleurs ;

2° Lorsque l'exposition au bruit égale ou dépasse les valeurs d'exposition supérieures définies au 2° l'article R. 4431-2, l'employeur veille à ce que les protecteurs auditifs individuels soient effectivement utilisés.

Art. R. 4434-8. Les protecteurs auditifs individuels sont choisis de façon à éliminer le risque pour l'ouïe ou à le réduire le plus possible.

Ils sont choisis après avis des travailleurs intéressés, du médecin du travail et, éventuellement, des agents des services de prévention des organismes de sécurité sociale et des organismes de santé, de sécurité et des conditions de travail mentionnés à l'article L. 4643-1.

Art. R. 4434-9. L'employeur vérifie l'efficacité des mesures prises en application du présent chapitre.

Art. R. 4434-10. L'employeur conserve les références des types et modèles de protecteurs auditifs individuels affectés aux travailleurs en vue d'en assurer un remplacement adéquat lorsqu'ils sont usagés.

Chapitre V (réglementaire)

Suivi individuel de l'état de santé

Art. R. 4435-2. Un travailleur dont l'exposition au bruit dépasse les valeurs d'exposition inférieures définies au 3° de l'article R. 4431-2 bénéficie, à sa demande ou à celle du médecin du travail (D. 2016-1908 du 27 déc. 2016, art. 12, 2°, JO 29, entrée en vigueur le 01.01.2017) « dans les conditions prévues aux articles R. 4624-35 à R. 4624-38 », d'un examen audiométrique préventif. Cet examen a pour objectif le diagnostic précoce de toute perte auditive due au bruit et la préservation de la fonction auditive, lorsque l'évaluation et les mesurages prévus à l'article R. 4433-1 révèlent un risque pour la santé du travailleur.

Art. R. 4435-3. Lorsque la surveillance de la fonction auditive fait apparaître qu'un travailleur souffre d'une altération identifiable de l'ouïe, le médecin du travail apprécie le lien entre cette altération et une exposition au bruit sur le lieu de travail.

Le travailleur est informé par le médecin du travail du résultat et de l'interprétation des examens médicaux dont il a bénéficié.

Art. R. 4435-4. Lorsqu'une altération de l'ouïe est susceptible de résulter d'une exposition au bruit sur le lieu de travail, l'employeur :

1° Revoit en conséquence l'évaluation des risques, réalisée conformément au chapitre III ;

2° Complète ou modifie les mesures prévues pour supprimer ou réduire les risques conformément aux chapitres IV et V ;

3° Tient compte de l'avis du médecin du travail pour la mise en œuvre de toute mesure jugée nécessaire pour supprimer ou réduire les risques conformément aux chapitres IV et V, y compris l'éventuelle affectation du travailleur à un autre poste ne comportant plus de risque d'exposition.

Dans ce cas, le médecin du travail détermine la pertinence et la nature des examens éventuellement nécessaires pour les autres travailleurs ayant subi une exposition semblable.

Chapitre VI (réglementaire)

Information et formation des travailleurs

Art. R. 4436-1. Lorsque l'évaluation des risques fait apparaître que des travailleurs sont exposés sur leur lieu de travail à un niveau sonore égal ou supérieur aux valeurs d'exposition inférieures, définies au 3° de l'article R. 4431-2, l'employeur veille à ce que ces travailleurs reçoivent des informations et une formation en rapport avec les résultats de l'évaluation des risques et avec le concours du service de santé au travail.

Ces informations et cette formation portent, notamment, sur :

1° La nature de ce type de risque ;

2° Les mesures prises en application des chapitres IV et V, et, en cas de dépassement des valeurs limites d'exposition, de l'article R. 4434-6 en vue de supprimer ou de réduire au minimum les risques résultant de l'exposition au bruit, y compris les circonstances dans lesquelles les mesures s'appliquent ;

3° Les valeurs limites d'exposition et les valeurs d'exposition déclenchant l'action de prévention fixées au chapitre premier ;

4° Les résultats des évaluations et des mesurages du bruit réalisés en application du chapitre III, accompagnés d'une explication relative à leur signification et aux risques potentiels ;

5° L'utilisation correcte des protecteurs auditifs individuels ;

6° L'utilité et la façon de dépister et de signaler des symptômes d'altération de l'ouïe ;

7° Les conditions dans lesquelles les travailleurs ont droit à (D. 2016-1908 du 27 déc. 2016, art. 12, 4°, JO 29, entrée en vigueur le 01.01.2017) « un suivi individuel de leur état de santé » ;

8° Les pratiques professionnelles sûres, afin de réduire au minimum l'exposition au bruit.

Chapitre VII (réglementaire)

Dispositions dérogatoires

Art. R. 4437-1. Dans des cas exceptionnels où, en raison de la nature du travail et en l'absence d'alternative technique, l'utilisation permanente des protecteurs auditifs individuels est susceptible d'entraîner un risque plus grand pour la santé ou la sécurité que leur non-utilisation, l'inspecteur du travail peut accorder des dérogations aux dispositions de l'article R. 4432-3 et des 1° et 2° de l'article R. 4434-7.

Art. R. 4437-2. L'employeur précise, dans la demande de dérogation adressée à l'inspecteur du travail, les circonstances qui justifient cette dérogation et la transmet avec l'avis du (D. 2017-1819 du 29 déc. 2017, art. 3, 43°, JO 30, entrée en vigueur le 01.01.2018) « comité social et économique » ainsi que celui du médecin du travail.

Art. R. 4437-3. La dérogation de l'inspecteur du travail est assortie de conditions garantissant, compte tenu des circonstances particulières, que les risques qui en résultent sont réduits au minimum.

Les travailleurs intéressés font l'objet d'un contrôle audiométrique périodique.

Art. R. 4437-4. La dérogation accordée par l'inspecteur du travail est d'une durée d'un an, renouvelable.

Elle est retirée dès que les circonstances qui l'ont justifiée disparaissent.

TITRE IV

PRÉVENTION DES RISQUES D'EXPOSITION AUX VIBRATIONS MÉCANIQUES

Chapitre Ier

Dispositions générales

Art. L. 4441-1. Les règles de prévention des risques pour la santé et la sécurité des travailleurs exposés aux vibrations mécaniques sont déterminées par décret en Conseil d'État pris en application de l'article L. 4111-6.

Art. R. 4441-1. Au sens du présent titre, on entend par :

1° Vibration transmise aux mains et aux bras, une vibration mécanique qui, lorsqu'elle est transmise aux mains et aux bras chez l'homme, entraîne des risques pour la santé et la sécurité des travailleurs, notamment des troubles vasculaires, des lésions ostéo-articulaires ou des troubles neurologiques ou musculaires ;

2° Vibration transmise à l'ensemble du corps, une vibration mécanique qui, lorsqu'elle est transmise à l'ensemble du corps, entraîne des risques pour la santé et la sécurité des travailleurs, notamment des lombalgies et des microtraumatismes de la colonne vertébrale.

Art. R. 4441-2. Les paramètres physiques caractérisant l'exposition aux vibrations mécaniques sont définis comme la valeur d'exposition journalière aux vibrations rapportée à une période de référence de huit heures.

Un arrêté conjoint des ministres chargés du travail et de l'agriculture précise le mode de détermination de ces paramètres physiques.

Chapitre II (réglementaire)

Principes de prévention

Art. R. 4442-1. L'employeur prend des mesures de prévention visant à supprimer ou à réduire au minimum les risques résultant de l'exposition aux vibrations mécaniques, en tenant compte du progrès technique et de l'existence de mesures de maîtrise du risque à la source.

Art. R. 4442-2. La réduction des risques d'exposition aux vibrations mécaniques se fonde sur les principes généraux de prévention prévus à l'article L. 4121-2.

Chapitre III (réglementaire)

Valeurs limites d'exposition

Art. R. 4443-1. L'exposition journalière d'un travailleur aux vibrations mécaniques, rapportée à une période de référence de huit heures, ne peut dépasser les valeurs limites d'exposition suivantes :

1° 5 m/s2 pour les vibrations transmises aux mains et aux bras ;

2° 1,15 m/s2 pour les vibrations transmises à l'ensemble du corps.

Art. R. 4443-2. La valeur d'exposition journalière rapportée à une période de référence de huit heures déclenchant l'action de prévention prévue à l'article R. 4445-1 et à l'article R. 4446-1 est fixée à :

1° 2,5 m/s2 pour les vibrations transmises aux mains et aux bras ;

2° 0,5 m/s2 pour les vibrations transmises à l'ensemble du corps.

Chapitre IV (réglementaire)

Évaluation des risques

Art. R. 4444-1. L'employeur évalue et, si nécessaire, mesure les niveaux de vibrations mécaniques auxquels les travailleurs sont exposés.

Cette évaluation et ce mesurage ont pour but de déterminer les paramètres physiques définis à l'article R. 4441-2 et d'apprécier si, dans une situation donnée, les valeurs d'exposition fixées au chapitre III sont dépassées.

Art. R. 4444-2. L'évaluation des niveaux de vibrations mécaniques et, si nécessaire, le mesurage sont planifiés et réalisés par des personnes compétentes à des intervalles appropriés avec le concours, le cas échéant, du service de santé au travail.

Art. R. 4444-3. Les résultats de l'évaluation des niveaux de vibrations mécaniques ou du mesurage sont conservés sous une forme susceptible d'en permettre la consultation pendant une durée de dix ans.

Art. R. 4444-4. Les résultats de l'évaluation des niveaux de vibrations mécaniques ou du mesurage sont tenus à la disposition des membres du (D. 2017-1819 du 29 déc. 2017, art. 3, 51°, JO 30, entrée en vigueur le 01.01.2018) « comité social et économique » ainsi que du médecin du travail.

Ils sont également tenus, sur leur demande, à la disposition de l'inspection du travail, des agents des services de prévention des organismes de sécurité sociale et des agents des organismes de santé, de sécurité et des conditions de travail mentionnés [à] l'article L. 4643-1.

Art. R. 4444-5. Lorsqu'il procède à l'évaluation des risques, l'employeur prend en considération :

1° Le niveau, le type et la durée d'exposition, y compris l'exposition à des vibrations intermittentes ou à des chocs répétés ;

2° Les valeurs limites d'exposition ou les valeurs d'exposition déclenchant l'action de prévention fixées à l'article R. 4443-2 ;

3° Toute incidence sur la santé et la sécurité des travailleurs particulièrement sensibles à ce risque, notamment les femmes enceintes et les jeunes travailleurs de moins de 18 ans ;

4° Toute incidence indirecte sur la sécurité des travailleurs résultant d'interactions entre les vibrations mécaniques et le lieu de travail ou d'autres équipements, notamment lorsque les vibrations mécaniques gênent la manipulation correcte des commandes ou la bonne lecture des appareils indicateurs, ou nuisent à la stabilité des structures ;

5° Les renseignements sur les émissions vibratoires, fournis par les fabricants des équipements de travail, en application des règles techniques de conception auxquels ils sont soumis ;

6° L'existence d'équipements de travail permettant de réduire les niveaux d'exposition aux vibrations mécaniques et susceptibles d'être utilisés en remplacement ;

7° La prolongation de l'exposition à des vibrations transmises à l'ensemble du corps au-delà des heures de travail, par exemple lorsque la nature de l'activité amène un travailleur à utiliser des locaux de repos exposés aux vibrations, sous la responsabilité de l'employeur ;

8° Des conditions de travail particulières, comme les basses températures ;

9° Les conclusions tirées par le médecin du travail de la surveillance de la santé des travailleurs.

Art. R. 4444-6. Lorsque les résultats de l'évaluation des risques mettent en évidence des risques pour la santé ou la sécurité des travailleurs dus aux vibrations mécaniques, l'employeur met en œuvre les mesures prévues aux chapitres II, III et VII ainsi que, sous réserve des prérogatives du médecin du travail, au chapitre VI.

Art. R. 4444-7. Un arrêté des ministres chargés du travail et de l'agriculture précise les conditions de l'évaluation des niveaux de vibrations mécaniques et du mesurage.

Chapitre V (réglementaire)

Mesures et moyens de prévention

Art. R. 4445-1. Lorsque les valeurs d'exposition journalière déclenchant l'action de prévention fixées à l'article R. 4443-2 sont dépassées, l'employeur établit et met en œuvre un programme de mesures techniques ou organisationnelles visant à réduire au minimum l'exposition aux vibrations mécaniques et les risques qui en résultent, en prenant en considération notamment, les mesures mentionnées à l'article R. 4445-2.

Art. R. 4445-2. La réduction des risques d'exposition aux vibrations mécaniques se fonde sur, notamment :

1° La mise en œuvre d'autres procédés de travail permettant de réduire les valeurs d'exposition journalière aux vibrations mécaniques ;

2° Le choix d'équipements de travail appropriés, bien conçus sur le plan ergonomique et produisant, compte tenu du travail à accomplir, le moins de vibrations possible ;

3° La fourniture d'équipements auxiliaires réduisant les risques de lésions dues à des vibrations, tels que des sièges atténuant efficacement les vibrations transmises à l'ensemble du corps ou des poignées atténuant efficacement les vibrations transmises aux mains et aux bras ;

4° Des programmes appropriés de maintenance des équipements de travail et du lieu de travail ;

5° La modification de la conception et de l'agencement des lieux et postes de travail ;

6° L'information et la formation adéquates des travailleurs afin qu'ils utilisent correctement et de manière sûre les équipements de travail, de façon à réduire au minimum leur exposition à des vibrations mécaniques ;

7° La limitation de la durée et de l'intensité de l'exposition ;

8° L'organisation différente des horaires de travail, prévoyant notamment des périodes de repos ;

9° La fourniture aux travailleurs exposés de vêtements les maintenant à l'abri du froid et de l'humidité.

Art. R. 4445-3. Les équipements de protection individuelle contre les effets nuisibles des vibrations mécaniques sont tels qu'ils réduisent les vibrations en dessous des niveaux portant atteinte à la santé et à la sécurité.

Art. R. 4445-4. Lorsque la nature de l'activité conduit à faire bénéficier les travailleurs de locaux de repos placés sous la responsabilité de l'employeur et exposés aux vibrations, sauf cas de force majeure, l'exposition de l'ensemble du corps aux vibrations dans ces locaux demeure à un niveau compatible avec leur fonction et conditions d'utilisation.

Art. R. 4445-5. En liaison avec le médecin du travail, l'employeur adapte les mesures de prévention prévues au présent chapitre aux besoins des travailleurs particulièrement sensibles aux risques résultant de l'exposition aux vibrations.

Art. R. 4445-6. Lorsqu'en dépit des mesures mises en œuvre en application du présent chapitre, les valeurs limites d'exposition ont été dépassées, l'employeur :

1° Prend immédiatement des mesures pour ramener l'exposition au-dessous de celles-ci ;

2° Détermine les causes du dépassement des valeurs limites d'exposition et adapte les mesures de protection et de prévention en vue d'éviter un nouveau dépassement.

Chapitre VI (réglementaire)

Suivi individuel de l'état de santé

Art. R. 4446-2. Lorsqu'un travailleur est atteint d'une maladie ou d'une affection identifiable, considérée par le médecin du travail comme résultant d'une exposition à des vibrations mécaniques sur le lieu de travail, ce travailleur est informé par le médecin des résultats et de l'interprétation des examens médicaux dont il a bénéficié.

Art. R. 4446-3. L'employeur est informé (D. 2016-1908 du 27 déc. 2016, art. 13, 2°, JO 29, entrée en vigueur le 01.01.2017) « par le médecin du travail » de toute conclusion significative provenant (D. 2016-1908 du 27 déc. 2016, art. 13, 2°, JO 29, entrée en vigueur le 01.01.2017) « notamment du suivi de l'état de santé du salarié exercé par le professionnel de santé mentionné au premier alinéa de l'article L. 4624-1 », dans le respect du secret médical.

L'employeur en tire toutes les conséquences utiles, et notamment :

1° Revoit l'évaluation des risques conformément au chapitre IV ;

2° Revoit les mesures prévues pour supprimer ou réduire les risques conformément au chapitre V ;

3° Tient compte de l'avis du médecin du travail pour la mise en œuvre de toute mesure jugée nécessaire pour supprimer ou réduire les risques conformément au chapitre V, y compris l'éventuelle affectation du travailleur à un autre poste ne comportant plus de risque d'exposition.

Art. R. 4446-4. Le médecin du travail détermine la pertinence et la nature des examens éventuellement nécessaires pour les travailleurs ayant subi une exposition semblable à celle d'un travailleur atteint d'une maladie ou affection susceptible de résulter d'une exposition à des vibrations.

Chapitre VII (réglementaire)

Information et formation des travailleurs

Art. R. 4447-1. Lorsque l'évaluation des risques fait apparaître que des travailleurs sont exposés à des risques dus aux vibrations mécaniques, l'employeur veille à ce que ces travailleurs reçoivent des informations et une formation en rapport avec le résultat de l'évaluation des risques et avec le concours du service de santé au travail.

Ces informations et cette formation portent, notamment, sur :

1° Les mesures prises en application du chapitre V en vue de supprimer ou de réduire au minimum les risques résultant des vibrations mécaniques ;

2° Les résultats des évaluations et des mesurages de l'exposition aux vibrations mécaniques réalisés en application [du] chapitre V ;

3° Les valeurs limites d'exposition et les valeurs d'exposition déclenchant l'action de prévention ;

4° Les lésions que pourrait entraîner l'utilisation d'équipements de travail produisant des vibrations, ainsi que l'utilité et la façon de dépister et de signaler les symptômes de ces lésions ;

5° Les conditions dans lesquelles les travailleurs ont droit (D. 2016-1908 du 27 déc. 2016, art. 13, 3°, JO 29, entrée en vigueur le 01.01.2017) « au suivi individuel de leur état de santé » ;

6° Les pratiques professionnelles sûres permettant de réduire au minimum les risques dus à l'exposition à des vibrations mécaniques.

TITRE V

PRÉVENTION DES RISQUES D'EXPOSITION AUX RAYONNEMENTS

Chapitre Ier

Prévention des risques d'exposition aux rayonnements ionisants

Art. L. 4451-1. Les règles de prévention des risques pour la santé et la sécurité des travailleurs (L. 2009-526 du 12 mai 2009, JO 13) «, y compris les travailleurs indépendants et les employeurs,» exposés aux rayonnements ionisants sont fixées dans le respect des principes généraux de radioprotection des personnes énoncés (Ord. 2016-128 du 10 févr. 2016, art. 42, V, 3°, JO 11, entrée en vigueur au plus tard le 01.07.2017) «aux articles L. 1333-2 et L. 1333-3 du code de la santé publique, sans préjudice des principes généraux de prévention prévus à l'article L. 4121-2 du présent code».

Art. L. 4451-2. (Ord. 2016-128 du 10 févr. 2016, art. 41, JO 11, entrée en vigueur au plus tard le 01.07.2017) Par exception à l'article 226-13 du code pénal, le médecin du travail peut communiquer à la personne désignée par l'employeur pour le conseiller en matière de radioprotection des travailleurs tous éléments ou informations couvertes par le secret dès lors que leur transmission est limitée à ceux qui sont strictement nécessaires à l'exercice de ses missions.

Art. L. 4451-3. (Ord. 2016-128 du 10 févr. 2016, art. 41, JO 11, entrée en vigueur au plus tard le 01.07.2017) La personne désignée par l'employeur pour le conseiller en matière de radioprotection des travailleurs est tenue au secret professionnel sous les peines et dans les conditions prévues par les articles 226-13 et 226-14 du code pénal, au titre des données couvertes par le secret qui lui ont été communiquées par le médecin du travail en application de l'article L. 4451-2.

Art. L. 4451-4. (Ord. 2016-128 du 10 févr. 2016, art. 41, JO 11, entrée en vigueur au plus tard le 01.07.2017) Les règles de prévention appelées par le présent chapitre sont déterminées par décret en Conseil d'État pris en application de l'article L. 4111-6, notamment les modalités de suivi médical spécifiques et adaptées pour les travailleurs exposés à des rayonnements ionisants, en particulier pour les travailleurs mentionnés à l'article L. 4511-1.

SECTION 1 (RÉGLEMENTAIRE). Champ d'application

Note Les sections 1 à 15 ont été introduites par le décret 2018-437 du 4 juin 2018, art. 1er, JO 5, entrée en vigueur le 01.07.2018, à l'exception de la valeur limite de dose fixée pour le cristallin au 2° de l'article R. 4451-6 qui entre en vigueur le 01.07.2023 ; du 01.07.2018 au 30.06.2023, la valeur limite cumulée pour le cristallin est fixée à 100 millisieverts, pour autant que la dose reçue au cours d'une année ne dépasse pas 50 millisieverts (décret précité, art. 7).

Art. R. 4451-1. Les dispositions du présent chapitre s'appliquent dès lors que les travailleurs, y compris les travailleurs indépendants, sont susceptibles d'être exposés à un risque dû aux rayonnements ionisants d'origine naturelle ou artificielle.

Elles s'appliquent notamment :

1° À la fabrication, à la production, au traitement, à la manipulation, au stockage, à l'utilisation, à l'entreposage, à la détention, au transport de substances radioactives mentionnées à l'article L. 542-1-1 du code de l'environnement et des produits ou dispositifs en contenant ;

2° À la fabrication et à l'exploitation d'équipements électriques émettant des rayonnements ionisants et contenant des composants fonctionnant sous une différence de potentiel supérieure à 5 kilovolts ;

3° Aux activités humaines impliquant la présence de sources naturelles de rayonnements ionisants qui entraînent une augmentation notable de l'exposition des travailleurs, et en particulier :

a) À l'exploitation d'aéronefs en ce qui concerne l'exposition des équipages définis à l'article L. 6522-1 du code des transports ainsi que d'engins spatiaux, en ce qui concerne leur équipage ;

b) Aux activités ou catégories d'activités professionnelles traitant des matières contenant naturellement des substances radioactives non utilisées pour leur propriété fissile dont la liste est fixée à l'article D. 515-110-1 du code de l'environnement ;

c) Aux activités exercées dans les mines telles que définies à l'article L. 111-1 du code minier ;

4° Aux activités professionnelles exercées au sous-sol ou au rez-de-chaussée de bâtiments situés dans les zones où l'exposition au radon est susceptible de porter atteinte à la santé des travailleurs définies en application de l'article L. 1333-22 du code de la santé publique (D. 2019-1158 du 8 nov. 2019, art. 6, JO 10) « , dans les travaux souterrains des mines et des carrières » ainsi que dans certains lieux spécifiques de travail ;

5° Aux situations d'urgence radiologique définies à l'article L. 1333-3 du code de la santé publique ;

6° Aux situations d'exposition durable résultant des suites d'une situation d'urgence ou d'une activité humaine antérieure.

Art. R. 4451-2. Les dispositions du présent chapitre ne s'appliquent pas :

1° Aux expositions résultant de l'exposition à un niveau naturel de rayonnements dû :

a) À des radionucléides contenus dans l'organisme humain ;

b) Au rayonnement cosmique régnant au niveau du sol ;

c) Aux radionucléides présents dans la croûte terrestre non perturbée ;

2° Aux expositions subies par les travailleurs du fait des examens médicaux auxquels ils sont soumis ;

3° À l'exposition des travailleurs autres que les équipages aériens ou spatiaux, au rayonnement cosmique au cours d'un vol aérien ou spatial.

Art. R. 4451-3. Pour l'application du présent chapitre, on entend par :

1° Conseiller en radioprotection : la personne désignée par l'employeur pour le conseiller en matière de radioprotection des travailleurs mentionnée à l'article L. 4451-2 ;

2° Extrémités : les mains, les avant-bras, les pieds et les chevilles ;

3° Installation nucléaire de base : l'installation nucléaire de base définie à l'article L. 593-2 du code de l'environnement. Pour l'application du présent chapitre, les installations nucléaires de base secrètes définies au 1° de l'article L. 1333-15 du code de la défense sont regardées comme une installation nucléaire de base ;

4° Niveau de référence : le niveau de la dose efficace, de la dose équivalente ou de la concentration d'activité au-dessus duquel, dans une situation d'exposition au radon ou dans une situation d'urgence radiologique, il est jugé inapproprié de permettre la survenance d'expositions de travailleurs aux rayonnements ionisants, même s'il ne s'agit pas d'une limite ne pouvant pas être dépassée ;

5° Contrainte de dose : une restriction définie par l'employeur à titre prospectif, en termes de dose individuelle, utilisée pour définir les options envisagées à des fins d'optimisation de la protection des travailleurs.

Art. R. 4451-4. Un arrêté conjoint des ministres chargés du travail, des mines, de l'environnement et de l'agriculture, fixe la liste des lieux de travail spécifiques mentionnés au 4° de l'article R. 4451-1.

SECTION 2 (RÉGLEMENTAIRE). Principes de prévention

Art. R. 4451-5. Conformément aux principes généraux de prévention énoncés à l'article L. 4121-2 du présent code et aux principes généraux de radioprotection des personnes énoncées aux articles L. 1333-2 et L. 1333-3 du code de la santé publique, l'employeur prend des mesures de prévention visant à supprimer ou à réduire au minimum les risques résultant de l'exposition aux rayonnements ionisants, en tenant compte du progrès technique et de la disponibilité de mesures de maîtrise du risque à la source.

SECTION 3 (RÉGLEMENTAIRE). Valeurs limites et niveau de référence

Sous-section 1. Valeurs limites d'exposition

Art. R. 4451-6. L'exposition d'un travailleur aux rayonnements ionisants ne dépasse pas :

1° Pour l'organisme entier, la valeur limite d'exposition de 20 millisieverts sur douze mois consécutifs, évaluée à partir de la dose efficace ;

2° Pour les organes ou les tissus, les valeurs limites d'exposition, évaluées à partir des doses équivalentes correspondantes, suivantes :

a) 500 millisieverts sur douze mois consécutifs, pour les extrémités et la peau. Pour la peau, cette limite s'applique à la dose moyenne sur toute surface de 1 cm^2, quelle que soit la surface exposée ;

b) 20 millisieverts sur douze mois consécutifs, pour le cristallin.

Art. R. 4451-7. En cas de grossesse, l'exposition de l'enfant à naître, pendant le temps qui s'écoule entre la déclaration de la grossesse et le moment de l'accouchement, est maintenue aussi faible que raisonnablement possible et, en tout état de cause, la dose équivalente reçue par l'enfant demeure inférieure à 1 millisievert.

Art. R. 4451-8. L'exposition des jeunes âgés de quinze ans au moins et de moins de dix-huit ans aux rayonnements ionisants ne dépasse pas :

1° Pour l'organisme entier, 6 millisieverts sur 12 mois consécutifs, évaluée à partir de la dose efficace ;

2° Pour les organes ou les tissus, évalués à partir des doses équivalentes correspondantes, suivantes :

a) 150 millisieverts sur 12 mois consécutifs, pour les extrémités et la peau. Pour la peau, cette limite s'applique à la dose moyenne sur toute surface de 1 cm^2, quelle que soit la surface exposée ;

b) 15 millisieverts sur 12 mois consécutifs, pour le cristallin.

Art. R. 4451-9. En situation d'urgence radiologique, la dose efficace totalisée sur la vie entière d'un travailleur intervenant ne dépasse en aucun cas 1 sievert.

Sous-section 2. Niveau de référence

Art. R. 4451-10. Le niveau de référence de la concentration d'activité du radon dans l'air est de 300 becquerels par mètre cube en moyenne annuelle.

Art. R. 4451-11. I. – En situation d'urgence radiologique, le niveau de référence est fixé à 100 millisieverts pour la dose efficace susceptible d'être reçue par un travailleur intervenant dans une telle situation.

II. – Dans des situations exceptionnelles, pour sauver des vies, empêcher de graves effets sanitaires radio-induits ou empêcher l'apparition de situations catastrophiques, le niveau de référence en situation d'urgence radiologique est fixé à 500 millisieverts, pour une dose efficace résultant d'une exposition externe.

Sous-section 3. Méthode de calcul des doses

Art. R. 4451-12. Les calculs de la dose efficace et des doses équivalentes sont réalisés selon les méthodes définies par l'arrêté pris en application de l'article R. 1333-24 du code de la santé publique.

SECTION 4 (RÉGLEMENTAIRE). Évaluation des risques

Art. R. 4451-13. L'employeur évalue les risques résultant de l'exposition des travailleurs aux rayonnements ionisants en sollicitant le concours du salarié mentionné au I de l'article L. 4644-1 ou, s'il l'a déjà désigné, du conseiller en radioprotection.

Cette évaluation a notamment pour objectif :

1° D'identifier parmi les valeurs limites d'exposition fixées aux articles R. 4451-6, R. 4451-7 et R. 4451-8, celles pertinentes au regard de la situation de travail ;

2° De constater si, dans une situation donnée, le niveau de référence pour le radon fixé à l'article R. 4451-10 est susceptible d'être dépassé ;

3° De déterminer, lorsque le risque ne peut être négligé du point de vue de la radioprotection, les mesures et moyens de prévention définis à la section 5 du présent chapitre devant être mis en œuvre ;

4° De déterminer les conditions d'emploi des travailleurs définies à la section 7 du présent chapitre.

Art. R. 4451-14. Lorsqu'il procède à l'évaluation des risques, l'employeur prend notamment en considération :

1° L'inventaire des sources de rayonnements ionisants prévu à l'article R. 1333-158 du code de la santé publique ;

2° La nature des sources de rayonnements ionisants, le type de rayonnement ainsi que le niveau, la durée de l'exposition et, le cas échéant, les modes de dispersion éventuelle et d'incorporation des radionucléides ;

3° Les informations sur les niveaux d'émission communiquées par le fournisseur ou le fabriquant de sources de rayonnements ionisants ;

4° Les informations sur la nature et les niveaux d'émission de rayonnement cosmique régnant aux altitudes de vol des aéronefs et des engins spatiaux ;

5° Les valeurs limites d'exposition fixées aux articles R. 4451-6, R. 4451-7 et R. 4451-8 ;

6° Le niveau de référence pour le radon fixé à l'article R. 4451-10 ainsi que le potentiel radon des zones mentionnées à l'article R. 1333-29 du code de la santé publique et le résultat d'éventuelles mesures de la concentration d'activité de radon dans l'air déjà réalisées ;

7° Les exemptions des procédures d'autorisation, d'enregistrement ou de déclaration prévues à l'article R. 1333-106 du code de la santé publique ;

8° L'existence d'équipements de protection collective, permettant de réduire le niveau d'exposition aux rayonnements ionisants ou susceptibles d'être utilisés en remplacement des équipements existants ;

9° L'existence de moyens de protection biologique, d'installations de ventilation ou de captage permettant de réduire le niveau d'exposition aux rayonnements ionisants ;

10° Les incidents raisonnablement prévisibles inhérents au procédé de travail ou au travail effectué ;

11° Les informations fournies par les professionnels de santé mentionnés au premier alinéa de l'article L. 4624-1 concernant le suivi de l'état de santé des travailleurs pour ce type d'exposition ;

12° Toute incidence sur la santé et la sécurité des femmes enceintes et des enfants à naître ou des femmes qui allaitent et des travailleurs de moins de 18 ans ;

13° L'interaction avec les autres risques d'origine physique, chimique, biologique ou organisationnelle du poste de travail ;

14° La possibilité que l'activité de l'entreprise soit concernée par les dispositions de la section 12 du présent chapitre ;

15° Les informations communiquées par le représentant de l'État sur le risque encouru par la population et sur les actions mises en œuvre pour assurer la gestion des territoires contaminés dans le cas d'une situation d'exposition durable mentionnée au 6° de l'article R. 4451-1.

Art. R. 4451-15. I. – L'employeur procède à des mesurages sur le lieu de travail lorsque les résultats de l'évaluation des risques mettent en évidence que l'exposition est susceptible d'atteindre ou de dépasser l'un des niveaux suivants :

1° Pour l'organisme entier : 1 millisievert par an ;

2° Pour le cristallin : 15 millisieverts par an ;

3° Pour les extrémités et la peau : 50 millisieverts par an ;

4° Pour la concentration d'activité du radon dans l'air pour les activités professionnelles mentionnées au 4° de l'article R. 4451-1 : 300 becquerels par mètre cube en moyenne annuelle.

II. – Ces mesurages visent à évaluer :

1° Le niveau d'exposition externe ;

2° Le cas échéant, le niveau de la concentration de l'activité radioactive dans l'air ou la contamination surfacique.

Art. R. 4451-16. Les résultats de l'évaluation des risques sont consignés dans le document unique d'évaluation des risques prévu à l'article R. 4121-1.

Les résultats de l'évaluation et des mesurages prévus à l'article R. 4451-15 sont conservés sous une forme susceptible d'en permettre la consultation pour une période d'au moins dix ans.

Art. R. 4451-17. I. – L'employeur communique les résultats de l'évaluation des risques et des mesurages aux professionnels de santé mentionnés au premier alinéa de l'article L. 4624-1 et au comité social et économique, en particulier lorsqu'ils sont mis à jour au titre de l'article R. 4121-2.

II. – Lorsqu'en dépit des mesures de prévention mises en œuvre en application de la section 5 du présent chapitre, la concentration d'activité du radon dans l'air demeure supérieure au niveau de référence fixé à l'article R. 4451-10, l'employeur communique les résultats de ces mesurages à l'Institut de radioprotection et de sûreté nucléaire selon les modalités définies par cet Institut.

SECTION 5 (RÉGLEMENTAIRE). Mesures et moyens de prévention

Sous-section 1. Mesures de protection collective

Art. R. 4451-18. I. – L'employeur met en œuvre les mesures de réduction des risques liés à l'exposition aux rayonnements ionisants lorsque les résultats de l'évaluation des risques mettent en évidence que l'exposition des travailleurs est susceptible d'atteindre ou de dépasser l'un des niveaux mentionnés au I de l'article R. 4451-15.

II. – Les mesures mentionnées au I se fondent notamment sur :

1° La mise en œuvre d'autres procédés de travail n'exposant pas ou entraînant une exposition moindre ;

2° Le choix d'équipements de travail appropriés et, compte tenu du travail à effectuer, émettant des niveaux de rayonnements ionisants moins intenses ;

3° La mise en œuvre de moyens techniques visant à réduire l'émission de rayonnements ionisants des équipements de travail ;

4° La modification de la conception et de l'agencement des lieux et postes de travail visant à réduire l'exposition aux rayonnements ionisants ;

5° L'amélioration de l'étanchéité du bâtiment vis-à-vis des points d'entrée du radon ou le renouvellement d'air des locaux ;

6° Le choix d'une organisation du travail visant à réduire la durée et l'intensité des expositions, notamment au moyen du contrôle des accès aux zones délimitées au titre des articles R. 4451-25 et R. 4451-29 ;

7° La maintenance des équipements de travail, y compris les dispositifs de protection et d'alarme, réalisée à une fréquence préconisée par le constructeur ou justifiée au regard de l'activité ;

8° Les résultats des vérifications de l'efficacité des moyens de prévention prévues à la section 6 du présent chapitre.

Art. R. 4451-19. Lorsque les mesures mises en œuvre en application de l'article R. 4451-18 ne permettent pas d'éviter un risque de contamination par des substances radioactives ou de mise en suspension d'aérosols ou de relâchement gazeux significatif, l'employeur met en œuvre notamment les mesures visant à :

1° En limiter les quantités sur le lieu de travail ;

2° Améliorer la propreté radiologique en mettant en œuvre des moyens techniques et organisationnels pour contenir la contamination, notamment par confinement et aspiration à la source et en adaptant la circulation des travailleurs, les flux des équipements de travail et les moyens de protection tels que définis à l'article L. 4311-2 ;

3° Déployer les mesures d'hygiène appropriées, notamment pour que les travailleurs ne mangent pas et ne boivent pas dans les lieux de travail concernés ;

4° Assurer la disponibilité d'appareils de contrôle radiologique, notamment à la sortie des lieux de travail concernés ;

5° Définir en liaison avec les professionnels de santé mentionnés au premier alinéa de l'article L. 4624-1 les procédures et moyens adaptés pour la décontamination des travailleurs ;

6° Organiser la collecte, le stockage et l'évacuation des déchets et effluents radioactifs de manière sûre pour les travailleurs.

Art. R. 4451-20. La définition des mesures de prévention collective des risques prend en compte les autres facteurs de risques professionnels identifiés sur le lieu de travail, notamment lorsque leurs effets conjugués sont de nature à aggraver les effets de l'exposition aux rayonnements ionisants.

Sous-section 2. **Aménagement du lieu de travail**

Art. R. 4451-21. Les dispositions de la présente sous-section ne s'appliquent pas :

1° Aux aéronefs et aux engins spatiaux ;

2° Aux opérations d'acheminement de substances radioactives réalisées à l'extérieur d'un établissement, de ses dépendances ou chantiers ;

3° En situation d'urgence radiologique et aux situations d'exposition durable résultant de cette situation.

§ 1. Délimitation et signalisation

Art. R. 4451-22. L'employeur identifie toute zone où les travailleurs sont susceptibles d'être exposés à des niveaux de rayonnements ionisants dépassant :

1° Pour l'organisme entier, évalués à partir de la dose efficace : 0,08 millisievert par mois ;

2° Pour les extrémités ou la peau, évalués à partir de la dose équivalente : 4 millisieverts par mois ;

3° Pour la concentration d'activité du radon dans l'air, évaluée en dose efficace : 6 millisieverts par an.

L'évaluation des niveaux d'exposition retenus pour identifier ces zones est réalisée en prenant en compte les aspects mentionnés aux 2°, 3°, 9° et 10° de l'article R. 4451-14 en considérant le lieu de travail occupé de manière permanente.

Art. R. 4451-23. I. – Ces zones sont désignées :

1° Au titre de la dose efficace :

a) « Zone surveillée bleue », lorsqu'elle est inférieure à 1,25 millisieverts intégrée sur un mois ;

b) « Zone contrôlée verte », lorsqu'elle est inférieure à 4 millisieverts intégrée sur un mois ;

c) « Zone contrôlée jaune », lorsqu'elle est inférieure à 2 millisieverts intégrée sur une heure ;

d) « Zone contrôlée orange », lorsqu'elle est inférieure à 100 millisieverts intégrée sur une heure et inférieure à 100 millisieverts moyennée sur une seconde ;

e) « Zone contrôlée rouge », lorsqu'elle est supérieure à 100 millisieverts intégrée sur une heure ou supérieure à 100 millisieverts moyennée sur une seconde ;

2° Au titre de la dose équivalente pour les extrémités et la peau, « zone d'extrémités » ;

3° Au titre de la concentration d'activité dans l'air du radon, « zone radon ».

II. – La délimitation des zones définies au I est consignée dans le document unique d'évaluation des risques prévu à l'article R. 4121-1.

Art. R. 4451-24. I. – L'employeur délimite, par des moyens adaptés, les zones surveillée, contrôlées ou radon qu'il a identifiées et en limite l'accès.

L'employeur délimite une zone d'extrémités lorsque les zones surveillée et contrôlées ne permettent pas de maîtriser l'exposition des extrémités et de garantir le respect des valeurs limites d'exposition professionnelle prévues aux articles R. 4451-6 et R. 4451-8.

II. – L'employeur met en place :

1° Une signalisation spécifique et appropriée à la désignation de la zone ;

2° Une signalisation adaptée lorsque la délimitation des zones surveillée et contrôlées ne permet pas de garantir le respect de la valeur limite de dose pour le cristallin fixée aux articles R. 4451-6 et R. 4451-8.

Art. R. 4451-25. L'employeur s'assure que la délimitation des zones est toujours adaptée, notamment au regard des résultats des vérifications de l'efficacité des moyens de prévention prévues à la section 6 du présent chapitre.

Il apporte, le cas échéant, les adaptations nécessaires à la délimitation de ces zones, à leur signalisation et à leur accès.

§ 2. Signalisation des sources de rayonnements ionisants

Art. R. 4451-26. I. – Chaque source de rayonnements ionisants fait l'objet d'une signalisation spécifique et appropriée.

II. – Lorsque les conditions techniques ne permettent pas la signalisation individuelle de la source de rayonnements ionisants, un affichage comportant sa localisation et la nature du risque est prévu à chaque accès à la zone considérée.

III. – Dans les zones contrôlées orange ou rouge d'une installation nucléaire de base, lorsque les conditions techniques ne permettent pas de signaler individuellement la source de rayonnements ionisants ni de mettre en place l'affichage prévu au II, une notice d'information sur les conditions d'intervention, est délivrée à chaque travailleur devant pénétrer dans ces zones. Cette notice rappelle notamment les règles de sécurité applicables et les consignes relatives aux mesures de protection collective et individuelle.

§ 3. Dispositions spécifiques aux appareils mobiles ou portables émetteurs de rayonnements ionisants

Art. R. 4451-27. Les dispositions du présent paragraphe s'appliquent dans le cas d'un appareil mobile ou portable émetteur de rayonnements ionisants lorsque la dose efficace évaluée à 1 mètre de la source de rayonnements ionisants est supérieure à 0,0025 millisievert intégrée sur une heure.

Ces dispositions ne s'appliquent pas si l'appareil est utilisé à poste fixe ou couramment dans un même local ou en mouvement.

Art. R. 4451-28. I. – Pour les appareils mentionnés à l'article R. 4451-27, l'employeur identifie et délimite une zone d'opération telle qu'à sa périphérie, la dose efficace demeure inférieure à 0,025 millisievert, intégrée sur une heure.

II. – Lorsque l'appareil est mis en œuvre à l'intérieur d'une zone surveillée ou contrôlée, déjà délimitée au titre d'une autre source de rayonnements ionisants, l'employeur adapte la délimitation de la zone d'opération.

Art. R. 4451-29. I. – L'employeur limite préalablement l'accès à la zone d'opération aux seuls travailleurs autorisés.

II. – La démarche ayant permis d'identifier chaque zone d'opération et de définir les moyens techniques et organisationnels retenus par l'employeur est consignée sous une forme susceptible d'en permettre la consultation pour une période d'au moins dix ans.

§ 4. Conditions et modalités d'accès

Art. R. 4451-30. L'accès aux zones délimitées en application des articles R. 4451-24 et R. 4451-28 est restreint aux travailleurs classés au sens de l'article R. 4451-57.

Art. R. 4451-31. L'accès d'un travailleur classé en zone contrôlée orange ou rouge fait l'objet d'une autorisation individuelle délivrée par l'employeur.

Pour la zone contrôlée rouge, cet accès est exceptionnel et fait l'objet d'un enregistrement nominatif à chaque entrée.

Art. R. 4451-32. Les travailleurs ne faisant pas l'objet d'un classement peuvent accéder à une zone surveillée bleue ou contrôlée verte ainsi qu'à une zone radon sous réserve d'y être autorisés par l'employeur sur la base de l'évaluation individuelle du risque dû aux rayonnements ionisants prévue à l'article R. 4451-52.

Ces travailleurs peuvent également, pour un motif justifié préalablement, accéder à une zone contrôlée jaune. L'employeur met alors en oeuvre des dispositions particulières de prévention, notamment une information renforcée.

§ 5. Gestion de la contrainte de dose

Art. R. 4451-33. I. – Dans une zone contrôlée ou une zone d'extrémités définies à l'article R. 4451-23 ainsi que dans une zone d'opération définie à l'article R. 4451-28, l'employeur :

1° Définit préalablement des contraintes de dose individuelle pertinentes à des fins d'optimisation de la radioprotection ;

2° Mesure l'exposition externe du travailleur au cours de l'opération à l'aide d'un dispositif de mesure en temps réel, muni d'alarme, désigné dans le présent chapitre par les mots « dosimètre opérationnel » ;

3° Analyse le résultat de ces mesurages ;

4° Adapte le cas échéant les mesures de réduction du risque prévues à la présente section ;

5° Actualise si nécessaire ces contraintes.

II. – Dans les établissements comprenant une installation nucléaire de base, l'employeur transmet périodiquement les niveaux d'exposition mesurés en application du 2° du I au système d'information et de surveillance de l'exposition aux rayonnements ionisants géré par l'Institut de radioprotection et de sûreté nucléaire.

Le conseiller en radioprotection a accès à ces données.

§ 6. Dispositions communes

Art. R. 4451-34. Un arrêté conjoint des ministres chargés du travail et de l'agriculture précise :

1° Les modalités et conditions de mise en œuvre des dispositions prévues à la présente sous-section ;

2° Les modalités et conditions spécifiques de mise en œuvre de ces dispositions en situation d'exposition durable résultant d'une activité humaine antérieure.

Sous-section 3. **Coordination de la prévention**

§ 1. Mesures préalables à l'exécution d'une opération

Art. R. 4451-35. I. – Lors d'une opération exécutée par une entreprise extérieure pour le compte d'une entreprise utilisatrice, le chef de cette dernière assure la coordination générale des mesures de prévention qu'il prend et de celles prises par le chef de l'entreprise extérieure, conformément aux dispositions des articles R. 4515-1 et suivants.

Le chef de l'entreprise utilisatrice et le chef de l'entreprise extérieure sollicitent le concours, pour l'application des mesures de prévention prises au titre du présent chapitre, du conseiller en radioprotection qu'ils ont respectivement désigné ou, le cas échéant, du salarié mentionné au I de l'article L. 4644-1.

Des accords peuvent être conclus entre le chef de l'entreprise utilisatrice et le chef de l'entreprise extérieure concernant la mise à disposition des équipements de protection individuelle, des appareils de mesure et des dosimètres opérationnels ainsi que leurs modalités d'entretien et de vérification. Ils sont alors annexés au plan de prévention prévu à l'article R. 4512-7.

II. – Lorsque le chef de l'entreprise utilisatrice fait intervenir un travailleur indépendant, ce dernier est considéré comme une entreprise extérieure.

III. – Ces mesures de coordination s'appliquent à l'entreprise d'accueil et au transporteur, lors d'opérations de chargement et de déchargement prévues aux articles R. 4515-1 et suivants.

Art. R. 4451-36. Lors d'opérations de bâtiment et de génie civil prévues aux articles R. 4532-1 et suivants, le maître d'ouvrage ou, le cas échéant le maître d'œuvre, communique au coordonnateur en matière de sécurité et de protection de la santé mentionné à l'article L. 4532-4 les éléments relatifs au risque dû aux rayonnements ionisants, nécessaires à l'exercice de ses missions.

Art. R. 4451-37. Lorsqu'un fréteur met à disposition d'un affréteur un aéronef et son équipage, sauf disposition contraire prévue dans le cadre des accords commerciaux établis au titre de l'article R. 330-9 du code de l'aviation civile, la surveillance dosimétrique relève de la responsabilité du fréteur et l'affréteur lui communique toutes les informations nécessaires à cet effet.

§ 2. Certification des entreprises intervenant en zone contrôlée

Art. R. 4451-38. I. – Les entreprises dont les travailleurs interviennent dans les zones contrôlées jaune, orange ou rouge, ainsi que dans les zones d'opération délimitées dans un établissement comprenant une installation nucléaire de base, sont titulaires d'un certificat de qualification justifiant de leur capacité à accomplir des travaux sous rayonnements ionisants.

Ce certificat délivré par un organisme certificateur accrédité par le Comité français d'accréditation ou par tout autre organisme mentionné à l'article R. 4724-1, précise le secteur d'activité dans lequel elles sont habilitées à exercer.

II. – Les entreprises de travail temporaire qui mettent à disposition des travailleurs pour la réalisation des interventions visées au I sont soumises à la même obligation de certification.

Art. R. 4451-39. Un arrêté conjoint des ministres chargés du travail et de l'agriculture fixe :

1° La liste des activités ou des catégories d'activité pour lesquelles la certification prévue à l'article R. 4451-38 est requise en tenant compte de la nature et de l'importance du risque ;

2° Les modalités et conditions de certification des entreprises mentionnées à l'article R. 4451-38, en tenant compte de leurs compétences techniques et du secteur d'activité dans lequel elles peuvent intervenir ;

3° Les modalités et conditions d'accréditation des organismes chargés de la certification des entreprises.

SECTION 6 (RÉGLEMENTAIRE). Vérification de l'efficacité des moyens de prévention

Sous-section 1. Vérification des équipements de travail et des sources de rayonnements ionisants

§ 1. Vérification initiale

Art. R. 4451-40. I. – Lors de leur mise en service dans l'établissement et à l'issue de toute modification importante susceptible d'affecter la santé et la sécurité des travailleurs, l'employeur procède à une vérification initiale des équipements de travail émettant des rayonnements ionisants, en vue de s'assurer qu'ils sont installés conformément aux spécifications prévues, le cas échéant, par la notice d'instructions du fabricant et qu'ils peuvent être utilisés en sécurité.

II. – L'employeur vérifie dans les mêmes conditions l'intégrité des sources radioactives scellées lorsqu'elles ne sont pas intégrées à un équipement de travail.

III. – Cette vérification initiale est réalisée par un organisme accrédité.

Art. R. 4451-41. Pour des équipements de travail présentant un risque particulier, l'employeur renouvelle à intervalle régulier la vérification initiale.

§ 2. Vérification périodique

Art. R. 4451-42. I. – L'employeur procède à des vérifications générales périodiques des équipements de travail mentionnés aux articles R. 4451-40 et R. 4451-41 afin que soit décelée en temps utile toute détérioration susceptible de créer des dangers.

II. – L'employeur vérifie dans les mêmes conditions l'intégrité des sources radioactives scellées lorsqu'elles ne sont pas intégrées à un équipement de travail.

III. – Les vérifications générales périodiques sont réalisées par le conseiller en radioprotection.

§ 3. Vérification lors d'une remise en service

Art. R. 4451-43. L'employeur procède dans les conditions prévues à l'article R. 4451-42 à une vérification des équipements de travail lors de leur remise en service après toute opération de maintenance en vue de s'assurer de l'absence de toute défectuosité susceptible de créer des situations dangereuses.

Sous-section 2. Vérification des lieux de travail et des véhicules utilisés lors d'opérations d'acheminement de substances radioactives

§ 1. Vérification initiale

Art. R. 4451-44. I. – À la mise en service de l'installation et à l'issue de toute modification importante des méthodes et des conditions de travail susceptible d'affecter la santé et la sécurité des travailleurs, l'employeur procède, au moyen de mesurages, dans les zones délimitées au titre de l'article R. 4451-24, à la vérification initiale :

1° Du niveau d'exposition externe ;

2° Le cas échéant, de la concentration de l'activité radioactive dans l'air ou de la contamination surfacique ;

3° De la concentration d'activité du radon dans l'air, lorsque la zone est délimitée au titre du radon.

Il procède, le cas échéant, à la vérification de l'efficacité des dispositifs de protection et d'alarme mis en place pour prévenir des situations d'exposition aux rayonnements ionisants.

II. – Ces vérifications initiales sont réalisées par un organisme accrédité.

La vérification prévue au 3° du I, peut également être réalisée par un organisme agréé par l'Autorité de sûreté nucléaire et mentionné à l'article R. 1333-36 du code de la santé publique.

§ 2. Vérification périodique

Art. R. 4451-45. I. – Afin que soit décelée en temps utile toute situation susceptible d'altérer l'efficacité des mesures de prévention mises en œuvre, l'employeur procède :

1° Périodiquement, ou le cas échéant en continu, aux vérifications prévues à l'article R. 4451-44 dans les zones délimitées au titre de l'article R. 4451-24 ;

2° Dans les véhicules utilisés lors d'opérations d'acheminement de substances radioactives, aux vérifications prévues au 1° et au 2° du I de l'article R. 4451-44.

II. – Ces vérifications périodiques sont réalisées par le conseiller en radioprotection.

Art. R. 4451-46. I. – L'employeur s'assure périodiquement que le niveau d'exposition externe sur les lieux de travail attenants aux zones délimitées au titre de l'article R. 4451-24 demeure inférieur aux niveaux fixés à l'article R. 4451-22.

II. – L'employeur vérifie également, le cas échéant, la propreté radiologique :

1° Des lieux mentionnés au I ;

2° Des équipements de travail appelés à être sortis des zones délimitées au I, lorsque ceux-ci sont susceptibles d'être contaminés.

III. – Ces vérifications périodiques sont réalisées par le conseiller en radioprotection.

§ 3. Vérification en cas de cessation définitive d'activité

Art. R. 4451-47. I. – En cas de cessation définitive d'emploi de sources radioactives sous forme non scellée, ou des véhicules utilisés lors d'opérations d'acheminement de substance radioactive, l'employeur vérifie l'état de propreté radiologique et le niveau d'exposition externe dans les lieux de travail ou véhicules.

II. – Ces vérifications sont réalisées par le conseiller en radioprotection.

Sous-section 3. **Vérification de l'instrumentation de radioprotection**

Art. R. 4451-48. I. – L'employeur s'assure du bon fonctionnement des instruments ou dispositifs de mesurage, des dispositifs de détection de la contamination et des dosimètres opérationnels.

II. – L'employeur procède périodiquement à l'étalonnage de ces instruments, dispositifs et dosimètres.

L'étalonnage est réalisé par le conseiller en radioprotection s'il dispose des compétences et des moyens nécessaires, ou par un organisme extérieur.

Sous-section 4. **Dispositions d'application**

Art. R. 4451-49. I. – Le résultat des vérifications initiales prévues aux articles R. 4451-40 et R. 4451-44 est consigné sur le ou les registres de sécurité mentionnés à l'article L. 4711-5.

II. – Les résultats des autres vérifications prévues à la présente section sont consignés sous une forme susceptible d'en permettre la consultation pour une période d'au moins dix ans.

Art. R. 4451-50. L'employeur tient les résultats des vérifications prévues à la présente section à la disposition des professionnels de santé mentionnés au premier alinéa de l'article L. 4624-1 et du comité social et économique.

Il communique au moins annuellement un bilan de ces vérifications au comité social et économique.

Art. R. 4451-51. Un arrêté conjoint des ministres chargés du travail et de l'agriculture fixe :

1° Les équipements de travail ou catégories d'équipements de travail et le type de sources radioactives scellées pour lesquels l'employeur fait procéder aux vérifications prévues à l'article R. 4451-40 ainsi que la périodicité de ces vérifications ;

2° Les modalités et conditions de réalisation des vérifications prévues à la présente section compte tenu de la nature de l'activité exercée et des caractéristiques des sources de rayonnements ionisants ;

3° Le contenu du rapport des vérifications prévues aux articles R. 4451-40 et R. 4451-44 ;

4° Les modalités de réalisation des mesurages effectués en application de l'article R. 4451-15 ;

5° Les conditions d'accréditation par le Comité français d'accréditation ou par tout autre organisme mentionné à l'article R. 4724-1 de l'organisme mentionné aux articles R. 4451-40 et R. 4451-44 ;

6° Les exigences organisationnelles et de moyen nécessaires à l'exercice indépendant et objectif des missions de vérification initiales prévues aux articles R. 4451-40 et R. 4451-44 de toutes ou partie de celles prévues à l'article R. 4451-123.

SECTION 7 (RÉGLEMENTAIRE). Conditions d'emploi des travailleurs

Sous-section 1. Évaluation individuelle de l'exposition aux rayonnements ionisants

Art. R. 4451-52. Préalablement à l'affectation au poste de travail, l'employeur évalue l'exposition individuelle des travailleurs :

1° Accédant aux zones délimitées au titre de l'article R. 4451-24 et R. 4451-28 ;

2° Membre d'équipage à bord d'aéronefs et d'engins spatiaux en vol ;

3° Intervenant lors d'opérations de transport de substances radioactives ;

4° Intervenant en situation d'exposition durable résultant d'une situation d'urgence radiologique.

Art. R. 4451-53. Cette évaluation individuelle préalable, consignée par l'employeur sous une forme susceptible d'en permettre la consultation dans une période d'au moins dix ans, comporte les informations suivantes :

1° La nature du travail ;

2° Les caractéristiques des rayonnements ionisants auxquels le travailleur est susceptible d'être exposé ;

3° La fréquence des expositions ;

4° La dose équivalente ou efficace que le travailleur est susceptible de recevoir sur les douze mois consécutifs à venir, en tenant compte des expositions potentielles et des incidents raisonnablement prévisibles inhérents au poste de travail ;

5° La dose efficace exclusivement liée au radon que le travailleur est susceptible de recevoir sur les douze mois consécutifs à venir dans le cadre de l'exercice des activités professionnelles visées au 4° de l'article R. 4451-1.

L'employeur actualise cette évaluation individuelle en tant que de besoin.

Chaque travailleur a accès à l'évaluation le concernant.

Art. R. 4451-54. L'employeur communique l'évaluation individuelle préalable au médecin du travail lorsqu'il propose un classement du travailleur au titre de l'article R. 4451-57 ou qu'il établit que le travailleur est susceptible de recevoir dans le cadre de l'exercice des activités professionnelles visées au 4° de l'article R. 4451-1 une dose efficace supérieure à 6 millisieverts exclusivement liée à l'exposition au radon.

Art. R. 4451-55. Lorsque l'entreprise utilisatrice a recours à un travailleur temporaire, elle communique à l'entreprise de travail temporaire, avant la mise à disposition de ce travailleur, l'évaluation individuelle préalable de la mission confiée.

Sous-section 2. Protection individuelle

Art. R. 4451-56. I. – Lorsque l'exposition du travailleur ne peut être évitée par la mise en œuvre de moyens de protection collective, l'employeur met à disposition des équipements de protection individuelle, appropriés et adaptés afin de ramener cette exposition à un niveau aussi bas que raisonnablement possible.

Il veille à leur port effectif.

II. – Les équipements mentionnés au I sont choisis après :

1° Avis du médecin du travail qui recommande, le cas échéant, la durée maximale pendant laquelle ils peuvent être portés de manière ininterrompue ;

2° Consultation du comité social et économique.

Dans les établissements non dotés d'un comité social et économique, les équipements de protection individuelle sont choisis en concertation avec les travailleurs concernés.

Sous-section 3. **Classement des travailleurs**

Art. R. 4451-57. I. – Au regard de la dose évaluée en application du 4° de l'article R. 4451-53, l'employeur classe :

1° En catégorie A, tout travailleur susceptible de recevoir, au cours de douze mois consécutifs, une dose efficace supérieure à 6 millisieverts ou une dose équivalente supérieure à 150 millisieverts pour la peau et les extrémités ;

2° En catégorie B, tout autre travailleur susceptible de recevoir :

a) Une dose efficace supérieure à 1 millisievert ;

b) Une dose équivalente supérieure à 15 millisieverts pour le cristallin ou à 50 millisieverts pour la peau et les extrémités.

II. – Il recueille l'avis du médecin du travail sur le classement.

L'employeur actualise en tant que de besoin ce classement au regard, notamment, de l'avis d'aptitude médicale mentionné à l'article R. 4624-25, des conditions de travail et des résultats de la surveillance de l'exposition des travailleurs.

SECTION 8 (RÉGLEMENTAIRE). Information et formation des travailleurs

Sous-section 1. **Dispositions générales**

Art. R. 4451-58. I. – L'employeur veille à ce que reçoive une information appropriée chaque travailleur :

1° Accédant à des zones délimitées au titre des articles R. 4451-24 et R. 4451-28 ;

2° Intervenant lors d'opérations de transport de substances radioactives ;

3° Membre d'équipage à bord d'aéronefs et d'engins spatiaux ;

4° Intervenant en situation d'exposition durable résultant d'une situation d'urgence radiologique.

II. – Les travailleurs classés au sens de l'article R. 4451-57 reçoivent une formation en rapport avec les résultats de l'évaluation des risques réalisée conformément à la section 4 du présent chapitre.

III. – Cette information et cette formation portent, notamment, sur :

1° Les caractéristiques des rayonnements ionisants ;

2° Les effets sur la santé pouvant résulter d'une exposition aux rayonnements ionisants, le cas échéant, sur l'incidence du tabagisme lors d'une exposition au radon ;

3° Les effets potentiellement néfastes de l'exposition aux rayonnements ionisants sur l'embryon, en particulier lors du début de la grossesse, et sur l'enfant à naître ainsi que sur la nécessité de déclarer le plus précocement possible un état de grossesse ;

4° Le nom et les coordonnées du conseiller en radioprotection ;

5° Les mesures prises en application du présent chapitre en vue de supprimer ou de réduire les risques liés aux rayonnements ionisants ;

6° Les conditions d'accès aux zones délimitées au titre du présent chapitre ;

7° Les règles particulières établies pour les femmes enceintes ou qui allaitent, les travailleurs de moins de 18 ans, les travailleurs titulaires d'un contrat de travail à durée déterminée et les travailleurs temporaires ;

8° Les modalités de surveillance de l'exposition individuelle et d'accès aux résultats dosimétriques ;

9° La conduite à tenir en cas d'accident ou d'incident ;

10° Les règles particulières relatives à une situation d'urgence radiologique ;

11° Le cas échéant, les aspects relatifs à la sûreté et aux conséquences possibles de la perte du contrôle adéquat des sources scellées de haute activité telles que définies à l'annexe 13.7 visée à l'article R. 1333-1 du code de la santé publique.

Art. R. 4451-59. La formation des travailleurs classés au sens de l'article R. 4451-57 est prise en charge par l'employeur et renouvelée au moins tous les trois ans.

Sous-section 2. **Dispositions spécifiques aux situations potentielles d'exposition à une source radioactive orpheline**

Art. R. 4451-60. Dans les établissements tels que les installations destinées à la récupération ou au recyclage de métaux, les centres d'incinération, les centres d'enfouissement technique et les lieux caractérisés par d'importants flux de transports et de mouvements de marchandises, où des sources radioactives orphelines mentionnées au 3° de l'article R. 1333-101 du code de la santé publique peuvent être découvertes, l'employeur veille à ce que chaque travailleur reçoive une information adaptée.

Cette information porte notamment sur la détection visuelle des différents types de sources et de leurs contenants, les caractéristiques des rayonnements ionisants et leurs effets sur la santé ainsi que sur les mesures à prendre sur le site en cas de détection ou de soupçon concernant la présence d'une telle source.

Sous-section 3. **Dispositions spécifiques relatives à la manipulation d'appareils de radiologie industrielle**

Art. R. 4451-61. Les appareils de radiologie industrielle mentionnés au 3° de l'article R. 4311-7 et dont la liste est fixée par arrêté ne peuvent être manipulés que par un travailleur titulaire d'un certificat d'aptitude délivré par l'Institut de radioprotection et de sûreté nucléaire à l'issue d'une formation appropriée.

Art. R. 4451-62. Lorsque l'appareil de radiologie industrielle est utilisé en dehors d'une installation fixe dédiée à son usage, sa mise en œuvre est assurée par une équipe d'au moins deux salariés de l'entreprise détentrice de l'appareil.

Art. R. 4451-63. Un arrêté conjoint des ministres chargés du travail et de l'agriculture détermine :

1° Les appareils de radiologie industrielle mentionnés à l'article R. 4451-61, compte tenu de la nature de l'activité exercée, des caractéristiques et, le cas échéant, des modalités de mise en œuvre de l'appareil ;

2° Le contenu et la durée de la formation des travailleurs appelés à manipuler ces appareils, en tenant compte de la nature de l'activité exercée et des caractéristiques de l'appareil utilisé ;

3° La qualification des personnes chargées de la formation ;

4° Les modalités de contrôle des connaissances et les conditions de délivrance du certificat d'aptitude ;

5° La durée de validité de ce certificat et les conditions de son renouvellement.

SECTION 9 (RÉGLEMENTAIRE). **Surveillance de l'exposition individuelle des travailleurs**

Sous-section 1. **Surveillance dosimétrique individuelle**

Art. R. 4451-64. I. – L'employeur met en œuvre une surveillance dosimétrique individuelle appropriée, lorsque le travailleur est classé au sens de l'article R. 4451-57 ou que la dose efficace évaluée en application du 5° de l'article R. 4451-53 est susceptible de dépasser 6 millisieverts.

II. – Pour tous les autres travailleurs accédant à des zones délimitées au titre de l'article R. 4451-24, l'employeur s'assure par des moyens appropriés que leur exposition demeure inférieure aux niveaux de dose retenus pour le classement des travailleurs prévu au 2° de l'article R. 4451-57.

Art. R. 4451-65. I. – La surveillance dosimétrique individuelle liée à l'exposition externe ou l'exposition au radon est réalisée au moyen de dosimètres à lecture différée adaptés.

Lorsque l'exposition externe est due au rayonnement cosmique, cette surveillance peut être réalisée au moyen d'une modélisation numérique.

La fourniture des dosimètres, leur exploitation ainsi que les modélisations numériques sont assurées par un organisme de dosimétrie accrédité.

II. – La surveillance dosimétrique individuelle liée à l'exposition interne est réalisée au moyen de mesures d'anthroporadiométrie ou d'analyses de radio-toxicologie prescrites par le médecin du travail et confiées à un service de santé au travail ou à un laboratoire de biologie médicale accrédités.

Sur la base du résultat de ces examens, le médecin du travail calcule la dose engagée par le travailleur avec l'appui technique, le cas échéant, du conseiller en radioprotection.

Sous-section 2. **Gestion des résultats de la surveillance dosimétrique individuelle**

§ 1. Transmission des résultats de la surveillance dosimétrique individuelle au système d'information et de surveillance de l'exposition aux rayonnements ionisants

Art. R. 4451-66. L'organisme de dosimétrie, le service de santé au travail, le laboratoire de biologie médicale et le médecin du travail mentionnés à l'article R. 4451-65 transmettent les résultats issus de la surveillance dosimétrique individuelle au système d'information et de surveillance de l'exposition aux rayonnements ionisants dont la gestion est confiée à l'Institut de radioprotection et de sûreté nucléaire.

§ 2. Modalités d'accès aux données de la surveillance dosimétrique individuelle

Art. R. 4451-67. Le travailleur a accès à tous les résultats issus de la surveillance dosimétrique individuelle dont il fait l'objet ainsi qu'à la dose efficace le concernant. Il en demande communication au médecin du travail ou à l'Institut de radioprotection et de sûreté nucléaire.

Il peut également solliciter le conseiller en radioprotection pour ce qui concerne les résultats auxquels ce dernier a accès.

Art. R. 4451-68. Le médecin du travail a accès, sous leur forme nominative aux résultats de la surveillance dosimétrique ainsi qu'à la dose efficace, de chaque travailleur dont il assure le suivi de l'état de santé. Ont également accès à ces résultats :

1° Le cas échéant, le médecin du travail de l'établissement dans lequel le travailleur temporaire ou le travailleur d'une entreprise extérieure intervient ;

2° Le médecin désigné à cet effet par le travailleur et, en cas de décès ou d'incapacité, par ses ayants droit.

Art. R. 4451-69. I. – Le conseiller en radioprotection a accès, sous une forme nominative et sur une période n'excédant pas celle durant laquelle le travailleur est contractuellement lié à l'employeur, à la dose efficace reçue ainsi qu'aux résultats de la surveillance dosimétrique individuelle mentionnée au I de l'article R. 4451-65.

II. – Lorsqu'il constate que l'une des doses estimées dans le cadre de l'évaluation individuelle préalable prévue à l'article R. 4451-53 ou l'une des contraintes de dose fixées en application de l'article R. 4451-33 est susceptible d'être atteinte ou dépassée, le conseiller en radioprotection en informe l'employeur.

III. – L'employeur ou, selon le cas, le responsable de l'organisme compétent en radioprotection mentionné au 2° de l'article R. 4451-112, assure la confidentialité des données nominatives mentionnées au I et au II vis-à-vis des tiers.

Art. R. 4451-70. I. – Le médecin du travail, sous sa responsabilité, peut communiquer, en application de l'article L. 4451-2, au conseiller en radioprotection des informations couvertes par le secret médical relatives à la dose interne, lorsque celle-ci est liée à l'exposition professionnelle et strictement utile à la prévention.

II. – L'employeur ou, selon le cas, le responsable de l'organisme compétent en radioprotection mentionné au 2° de l'article R. 4451-112, met à disposition du conseiller en radioprotection les moyens nécessaires pour que ce dernier puisse respecter les exigences liées au secret professionnel mentionné à l'article L. 4451-3.

Art. R. 4451-71. Les agents de contrôle de l'inspection du travail mentionnés à l'article L. 8112-1 ainsi que les agents mentionnés à l'article R. 4451-135, ont accès, sous leur forme nominative, aux doses efficaces reçues par les travailleurs ainsi qu'aux résultats de la dosimétrie externe mentionnée au I de l'article R. 4451-65.

Art. R. 4451-72. Au moins une fois par an, l'employeur présente au comité social et économique, un bilan statistique de la surveillance de l'exposition des travailleurs et de son évolution, sous une forme excluant toute identification nominative des travailleurs.

§ 3. Dispositions d'application

Art. R. 4451-73. Un arrêté conjoint des ministres chargés du travail et de l'agriculture fixe pour l'application de la présente sous-section :

1° Les modalités et conditions de mise en œuvre de la surveillance de l'exposition des travailleurs aux rayonnements ionisants prévue à l'article R. 4451-65 ;

2° Les modalités et conditions de mise en œuvre de la surveillance de l'exposition des travailleurs aux rayonnements ionisants, en situation d'exposition durable mentionnée au 6° de l'article R. 4451-1 ;

3° Les modalités et conditions de communication, au système d'information et de surveillance de l'exposition aux rayonnements ionisants, des données administratives nécessaires à la gestion des résultats de la surveillance de l'exposition des travailleurs ;

4° Les modalités et conditions d'accès au système d'information et de surveillance de l'exposition aux rayonnements ionisants ;

5° Les délais, les fréquences et les moyens matériels mis en œuvre, relatifs à l'accès aux informations recueillies au titre de la présente sous-section et à la transmission de ces dernières ;

6° Les conditions et modalités d'accréditation par le Comité français d'accréditation ou par tout autre organisme mentionné à l'article R. 4724-1 de l'organisme, du service et du laboratoire mentionnés à l'article R. 4451-65.

Sous-section 3. **Événement significatif et dépassement des valeurs limites**

§ 1. Événement significatif

Art. R. 4451-74. Pour l'application de la présente sous-section, constitue un événement significatif, tout événement susceptible d'entraîner le dépassement d'une des valeurs limites fixées aux articles R. 4451-6, R. 4451-7 et R. 4451-8.

Art. R. 4451-75. I. – Le médecin du travail qui estime que l'exposition d'un travailleur peut constituer un événement significatif, en informe l'employeur et le conseiller en radioprotection sous une forme nominative excluant toute notion quantitative de dose.

II. – Le médecin du travail qui constate une contamination du travailleur en informe l'employeur et le conseiller en radioprotection.

III. – Lorsque le travailleur intervient dans un établissement ne relevant pas de son entreprise, le médecin du travail en charge du suivi de l'état de santé du travailleur en informe le médecin du travail de l'établissement dans lequel le travailleur a été exposé.

Art. R. 4451-76. Le conseiller en radioprotection qui estime que l'exposition d'un travailleur peut constituer un événement significatif en informe ce dernier, l'employeur et le médecin du travail.

Art. R. 4451-77. I. – L'employeur enregistre la date de l'événement significatif, procède à son analyse et met en œuvre les mesures de prévention adaptées nécessaires.

II. – L'employeur informe sans délai le comité social et économique en précisant les causes présumées et les mesures envisagées afin de prévenir tout renouvellement de tels événements.

III. – L'employeur déclare chaque événement à, selon le cas, l'Autorité de sûreté nucléaire ou au délégué à la sûreté nucléaire et à la radioprotection pour les installations et activités intéressant la défense selon les modalités qu'ils ont respectivement fixées.

Art. R. 4451-78. L'Autorité mentionnée à l'article R. 4451-77 centralise et vérifie les informations relatives aux événements significatifs déclarés.

Elle les communique à l'agent de contrôle d'inspection du travail mentionnés à l'article L. 8112-1 concernés.

Elle transmet un bilan de ces déclarations au moins une fois par an au ministre chargé du travail ainsi qu'à l'Institut de radioprotection et de sûreté nucléaire.

§ 2. Dépassement de valeurs limites

Art. R. 4451-79. I. – Lorsque l'un des résultats de la surveillance dosimétrique individuelle dépasse l'une des valeurs limites fixées à l'article R. 4451-6, l'organisme de dosimétrie mentionné au I de l'article R. 4451-65 informe sans délai le médecin du travail, le conseiller en radioprotection, l'employeur et l'Institut de radioprotection et de sûreté nucléaire de la dose reçue par le travailleur de manière nominative.

Lorsque le dépassement constaté est celui d'un résultat de la surveillance de l'exposition interne, le médecin du travail informe sans délai l'employeur, le conseiller en radioprotection et l'Institut de radioprotection et de sûreté nucléaire de la nature de l'exposition.

II. – Dans les deux cas, le médecin du travail en informe également sans délai le travailleur concerné.

III. – Lorsque le travailleur intervient dans un établissement ne relevant pas de son entreprise, le médecin du travail en charge du suivi de l'état de santé du travailleur en informe le médecin du travail de l'établissement dans lequel le travailleur a été exposé.

Art. R. 4451-80. I. – Lorsque l'exposition d'un travailleur dépasse l'une des valeurs limites fixées aux articles R. 4451-6, R. 4451-7 et R. 4451-8, l'employeur prend immédiatement des mesures pour :

1° Faire cesser cette exposition ;

2° Déterminer dans les plus brefs délais les causes du dépassement des valeurs limites ;

3° Procéder à l'évaluation des doses efficaces et équivalentes reçues par le travailleur et leur répartition dans l'organisme ;

4° Adapter en conséquence les mesures de prévention en vue d'éviter tout nouveau dépassement ;

5° Procéder aux vérifications initiales prévues aux articles R. 4451-40 et R. 4451-44 afin de s'assurer de l'efficacité des mesures de prévention qu'il a mises en œuvre, ou lorsque la situation concerne un véhicule utilisé lors d'opération d'acheminement de matière radioactive, aux vérifications prévues au 1° et, le cas échéant, au 2° du I de l'article R. 4451-44.

II. – L'employeur informe le comité social et économique ainsi que l'agent de contrôle de l'inspection du travail mentionné à l'article L. 8112-1 et, selon le cas, l'Autorité de sûreté nucléaire ou le délégué à la sûreté nucléaire et à la radioprotection pour les installations et activités intéressant la défense, en précisant les causes présumées, les circonstances et les mesures envisagées pour éviter le renouvellement de ce dépassement.

Art. R. 4451-81. Le travailleur concerné par le dépassement d'une des valeurs limites fixées aux articles R. 4451-6, R. 4451-7 et R. 4451-8 bénéficie, pendant les douze mois suivants le constat de ce dépassement, du suivi de l'état de santé applicable aux travailleurs classés en catégorie A.

SECTION 10 (RÉGLEMENTAIRE). Suivi de l'état de santé des travailleurs

Sous-section 1. Modalités spécifiques du suivi individuel renforcé

Art. R. 4451-82. Le suivi individuel renforcé des travailleurs classés au sens de l'article R. 4451-57 ou des travailleurs faisant l'objet d'un suivi individuel de l'exposition au radon prévu à l'article R. 4451-65 est assuré dans les conditions prévues aux articles R. 4624-22 à R. 4624-28.

Pour un travailleur classé en catégorie A, la visite médicale mentionnée à l'article R. 4624-28 est renouvelée chaque année. La visite intermédiaire mentionnée au même article n'est pas requise.

Art. R. 4451-83. I. – Le dossier médical en santé au travail mentionné à l'article R. 4624-26 de chaque travailleur est complété par :

1° L'évaluation individuelle de l'exposition aux rayonnements ionisants transmise par l'employeur au titre de l'article R. 4451-53 ;

2° Les résultats du suivi dosimétrique individuel, ainsi que la dose efficace ;

3° Le cas échéant, les expositions ayant conduit à un dépassement des valeurs limites fixées aux articles R. 4451-6, R. 4451-7 et R. 4451-8 ainsi que la dose reçue au cours de ces expositions ;

4° Les résultats des examens complémentaires prescrits par le médecin du travail dans les conditions prévues aux articles R. 4624-35 à R. 4624-38.

II. – Le dossier médical en santé au travail de chaque travailleur est conservé jusqu'au moment où il a ou aurait atteint l'âge de soixante-quinze ans et, en tout état de cause, pendant une période d'au moins cinquante ans à compter de la fin de l'activité professionnelle impliquant une exposition aux rayonnements ionisants.

Art. R. 4451-84. Le médecin du travail peut se faire communiquer les résultats des vérifications prévues à la section 6 du présent chapitre qu'il juge nécessaires pour apprécier l'état de santé des travailleurs.

Sous-section 2. **Modalités particulières applicables aux installations nucléaires de base**

§ 1. Suivi des travailleurs d'entreprises extérieures

Art. R. 4451-85. I. – Le médecin du travail assurant le suivi individuel de l'état de santé de travailleurs classés au sens de l'article R. 4451-57 exécutant ou participant à l'exécution d'une opération dans un établissement comprenant une installation nucléaire de base bénéficie au préalable d'une formation spécifique et adaptée aux risques liés aux rayonnements ionisants.

II. – Un arrêté conjoint des ministres chargés du travail et de l'agriculture détermine :

1° Le contenu et la durée de la formation des médecins du travail concernés ;
2° La qualification des personnes chargées de la formation ;
3° Les modalités de formation et de vérification des acquis et les conditions de son renouvellement ;
4° Les conditions de délivrance de l'attestation.

§ 2. Agrément des services de santé au travail

Art. R. 4451-86. I. – L'agrément du service de santé au travail prévu à l'article D. 4622-48 tient compte du nombre de médecin du travail ayant bénéficié de la formation mentionnée à l'article R. 4451-85.

II. – Le directeur régional des entreprises, de la concurrence, de la consommation, du travail et de l'emploi, après avis du médecin inspecteur du travail, peut décider de déroger aux dispositions des articles D. 4622-25 à D. 4622-27 lorsque la répartition géographique des travailleurs bénéficiant du suivi individuel mentionné au I de l'article R. 4451-85 le justifie.

Art. R. 4451-87. I. – Dans le cas où le service de santé au travail de l'entreprise extérieure ou le service de santé au travail auquel adhère cette entreprise n'est pas agréé pour assurer le suivi individuel de l'état de santé des travailleurs exposés aux rayonnements ionisants, celui-ci est exercé par le service de santé au travail de l'établissement pour le compte duquel cette entreprise intervient.

II. – Les modalités du suivi individuel mentionné au I sont précisées par un accord écrit conclu entre le chef de l'entreprise extérieure et le chef de l'entreprise utilisatrice. Le projet d'accord est communiqué pour avis aux médecins du travail de l'établissement et de l'entreprise extérieure. L'accord et les avis sont transmis pour information au directeur régional des entreprises, de la concurrence, de la consommation, du travail et de l'emploi.

Lorsque l'entreprise extérieure est appelée à intervenir dans plusieurs établissements où sont implantées des installations nucléaires de base, l'accord prévoit les conditions dans lesquelles les informations médicales relatives aux travailleurs concernés sont échangées entre les services de santé au travail de ces établissements.

Les membres du comité social et économique de l'entreprise extérieure et de l'entreprise utilisatrice, ainsi que l'agent de contrôle de l'inspection du travail mentionnés à l'article L. 8112-1, sont informés de cet accord qui est annexé au plan de prévention prévu à l'article R. 4513-9.

§ 3. Modalités particulières pour le suivi des travailleurs d'entreprises de travail temporaire

Art. R. 4451-88. Dans un établissement comprenant une installation nucléaire de base, l'examen médical d'aptitude des travailleurs classés au sens de l'article R. 4451-57 est réalisé par le service de santé au travail de l'entreprise utilisatrice dans laquelle est détaché le travailleur temporaire.

Le médecin du travail de l'entreprise utilisatrice organise le suivi de l'exposition interne du travailleur temporaire.

Le médecin du travail de l'entreprise de travail temporaire est informé des résultats de cet examen et de ce suivi dans le respect des obligations de confidentialité.

SECTION 11 (RÉGLEMENTAIRE). Exposition exceptionnelle

Sous-section 1. **Exposition soumise à autorisation**

Art. R. 4451-89. I. – Dans des circonstances exceptionnelles, lorsque les mesures de protection collective et individuelle ne permettent pas de garantir que l'exposition des travailleurs demeure inférieure aux valeurs limites d'exposition prévues à l'article R. 4451-6, l'employeur demande à l'agent de contrôle de l'inspection du travail mentionné à l'article L. 8112-1 l'autorisation de les dépasser.

II. – L'employeur démontre l'absence d'alternative possible au dépassement aux valeurs mentionnés au I compte tenu du caractère exceptionnel des travaux à effectuer.

L'employeur demande l'avis du médecin du travail et celui du comité social et économique.

Art. R. 4451-90. Le niveau d'exposition exceptionnelle n'excède pas 50 millisieverts sur douze mois consécutifs en termes de dose efficace ou en termes de dose équivalente pour le cristallin, pour autant que la dose annuelle moyenne reçue sur une période de cinq années consécutives, y compris les années au cours desquelles la limite a été dépassée, ne soit pas supérieure à 20 millisieverts.

Art. R. 4451-91. L'employeur s'assure que le travailleur concerné :

1° A donné son accord pour réaliser ces travaux ;

2° Bénéficie de tous les moyens de protection appropriés ;

3° Est classé en catégorie A ;

4° N'a pas reçu, dans les douze mois qui précèdent, une dose supérieure à l'une des valeurs limites fixées à l'article R. 4451-6 ;

5° Ne présente pas de contre-indication médicale ;

6° A reçu une formation sur les risques liées aux travaux à réaliser dans les circonstances exceptionnelles prévues à l'article R. 4451-89.

Art. R. 4451-92. La demande d'autorisation comprend :

1° La dénomination et le siège social de l'entreprise et l'adresse de l'établissement ;

2° Le nom et l'adresse du service de santé au travail dont il relève ;

3° Le nom et la qualité du conseiller en radioprotection ;

4° Le résultat de l'évaluation des risques d'exposition aux rayonnements ionisants ;

5° Les circonstances qui justifient cette demande, notamment la démonstration de l'absence d'alternative possible au dépassement des valeurs limites d'exposition ;

6° Les mesures et moyens de protection envisagés ;

7° La liste des postes de travail et des travailleurs concernés ;

8° Le cas échéant, les dispositions particulières prises dans le cadre de travaux réalisés par une entreprise extérieure ;

9° L'avis du médecin du travail et l'avis du comité social et économique.

L'employeur en informe, selon le cas, l'Autorité de sûreté nucléaire ou le délégué à la sûreté nucléaire et à la radioprotection pour les installations et activités intéressant la défense.

Art. R. 4451-93. I. – L'agent de contrôle de l'inspection du travail mentionné à l'article L. 8112-1 fait connaître à l'employeur sa décision dans les meilleurs délais compte tenu des circonstances exceptionnelles et au plus tard dans un délai de quinze jours suivant la date de réception de la demande d'autorisation.

Il peut saisir l'Institut de radioprotection et de sûreté nucléaire pour avis.

II. – Le silence gardé pendant plus de quinze jours à compter de la réception de la demande d'autorisation par l'administration vaut décision de rejet.

Sous-section 2. **Gestion du dépassement de dose**

Art. R. 4451-94. À l'issue des situations d'exposition prévues à la sous-section 1, pendant la période où la dose reçue demeure supérieure à l'une des valeurs limites fixées à l'article R. 4451-6 et par dérogation aux dispositions de cet article, le travailleur peut être affecté à des travaux l'exposant aux rayonnements ionisants sous réserve de :

1° La délivrance d'un nouvel avis d'aptitude préalable attestant l'absence de contre-indication médicale à ces travaux ;

2° L'accord préalable du travailleur concerné qui a reçu, par le médecin du travail, une information telle que prévue au 4° de l'article R. 4624-24 ;

3° Son classement en catégorie A.

La dose efficace susceptible d'être reçue dans les cinq années à venir, incluant la dose reçue dans le cadre du dépassement, n'excède pas 100 millisieverts.

L'employeur en informe le comité social et économique.

Sous-section 3. **Exposition à bord d'engins spatiaux**

Art. R. 4451-95. Il peut être dérogé à la valeur limite de dose efficace et de la dose équivalente pour le cristallin fixées à l'article R. 4451-6 au cours d'un vol spatial sous réserve que l'employeur veille à maintenir ces doses en dessous d'un niveau de référence de 500 millisieverts sur la durée du vol.

SECTION 12 (RÉGLEMENTAIRE). Situation d'urgence radiologique

Sous-section 1. **Champ d'application**

Art. R. 4451-96. I. – Les dispositions de la présente section s'appliquent à tout employeur susceptible de confier à un travailleur lors d'une situation d'urgence radiologique mentionnée à l'article L. 1333-3 du code de la santé publique la mise en œuvre d'actions destinées à :

1° Prévenir ou réduire un risque lié à une telle situation ;

2° Contribuer au maintien en fonctionnement d'une activité d'importance stratégique non interruptible.

II. – Les actions concernées sont celles réalisées dans les périmètres :

1° De l'établissement à l'origine de la situation d'urgence radiologique ;

2° De protection des populations mis en place par les pouvoirs publics en situation d'urgence radiologique lors du déclenchement d'un plan de secours prévu aux articles L. 741-1 à L. 741-4 et L. 741-6 du code de la sécurité intérieure ;

3° De protection mis en place lorsqu'une opération de transport est à l'origine de la situation d'urgence radiologique.

Art. R. 4451-97. Est un travailleur intervenant en situation d'urgence, tout travailleur à qui a été confiée l'une des actions mentionnées à l'article R. 4451-96.

Ces actions ne peuvent être confiées à une femme enceinte, une femme allaitant ou à un jeune travailleur.

Sous-section 2. **Organisation préalable à la situation d'urgence radiologique**

Art. R. 4451-98. L'employeur s'assure qu'il dispose de l'organisation et des moyens permettant la mise œuvre dans les meilleurs délais des dispositions de la présente section.

L'employeur en informe le comité social et économique.

Art. R. 4451-99. I. – L'employeur identifie tout travailleur susceptible d'intervenir en situation d'urgence radiologique.

II. – Après avis du médecin du travail, l'employeur affecte le travailleur mentionné au I :

1° Au « premier groupe », lorsque la dose efficace liée à l'exposition professionnelle due aux actions mentionnées à l'article R. 4451-96 est susceptible de dépasser 20 millisieverts durant la situation d'urgence radiologique ;

2° Au « second groupe » lorsqu'il ne relève pas du premier groupe et que la dose efficace est susceptible de dépasser 1 millisievert durant la situation d'urgence radiologique.

III. – L'employeur établit et tient à jour, en liaison avec le médecin du travail, la liste de ces affectations.

Art. R. 4451-100. I. – Chaque travailleur affecté au premier groupe mentionné au 1° du II de l'article R. 4451-99 :

1° Donne son accord à l'affectation ;

2° Ne présente pas de contre-indication médicale à l'intervention en situation d'urgence radiologique ;

3° Reçoit une formation appropriée sur les risques pour la santé et les précautions à prendre lors d'une intervention en situation d'urgence radiologique, renouvelée au moins tous les trois ans.

Les travailleurs titulaires d'un contrat à durée déterminée, les travailleurs temporaires et les travailleurs titulaires d'un contrat conclu pour la durée d'un chantier ne peuvent être affectés dans le premier groupe.

II. – Chaque travailleur affecté au second groupe mentionné au 2° du II de l'article R. 4451-99 :

1° Ne présente pas de contre-indication médicale à l'intervention en situation d'urgence radiologique ;

2° Reçoit une information appropriée sur les risques pour la santé et les précautions à prendre lors de l'intervention en situation d'urgence radiologique.

Sous-section 3. **Intervention en situation d'urgence radiologique**

§ 1. Moyens organisationnels et techniques

Art. R. 4451-101. L'employeur met en place une organisation de la radioprotection adaptée à la situation d'urgence radiologique, notamment :

1° Il désigne, s'il ne l'a pas déjà fait à un autre titre, un conseiller en radioprotection dans les conditions prévues à l'article R. 4451-112 ;

2° Il signale et délimite, si possible, dans les périmètres mentionnés au II de l'article R. 4451-96 les zones spécifiques à la situation d'urgence radiologique, afin d'organiser les mesures de protection collective et individuelle adaptées à la situation.

§ 2. Conditions d'intervention

Art. R. 4451-102. Chaque travailleur intervenant en situation d'urgence radiologique affecté au premier groupe :

1° Reçoit une information adaptée à la situation d'urgence radiologique survenue et aux conditions d'intervention ;

2° Confirme son accord pour l'intervention ;

3° Bénéficie des moyens de protection individuelle adaptés à la nature de l'intervention en situation d'urgence radiologique ;

4° Fait l'objet d'une surveillance dosimétrique individuelle telle que celle prévue à l'article R. 4451-64 ;

5° Bénéficie d'un suivi de l'exposition externe au moyen d'un dosimètre opérationnel.

Art. R. 4451-103. Chaque travailleur intervenant en situation d'urgence radiologique affecté au second groupe :

1° Reçoit une information adaptée à la situation d'urgence radiologique survenue et aux conditions d'intervention ;

2° Bénéficie des moyens de protection individuelle adaptés à la nature de l'intervention en situation d'urgence radiologique ;

3° Fait l'objet d'une évaluation de son exposition aux rayonnements ionisants, réalisée au moyen d'une surveillance dosimétrique individuelle telle que celle prévue à l'article R. 4451-65 ou lorsque le caractère de la situation d'urgence ne le permet pas, selon toute autre méthode appropriée établie par l'employeur avec l'appui de l'Institut de radioprotection et de sûreté nucléaire.

Art. R. 4451-104. I. – Dans le respect du principe d'optimisation mentionné au 2° de l'article L. 1333-2 du code de la santé publique, l'employeur veille à maintenir, dans la mesure du possible, l'exposition des travailleurs intervenant en situation d'urgence radiologique en dessous des valeurs limites d'exposition professionnelle fixées au 1° de l'article R. 4451-6.

II. – Lorsque les conditions d'intervention ne le permettent pas, l'employeur veille à maintenir leur exposition en dessous du niveau de référence fixé au I de l'article R. 4451-11.

III. – Dans des situations exceptionnelles, pour sauver des vies, empêcher de graves effets sanitaires radio-induits ou empêcher l'apparition de situations catastrophiques, l'employeur s'assure que l'exposition individuelle du travailleur concerné demeure en dessous du niveau de référence fixé au II de l'article R. 4451-11.

Art. R. 4451-105. L'employeur informe l'agent de contrôle de l'inspection du travail mentionné à l'article L. 8112-1 et, selon le cas, l'Autorité de sûreté nucléaire ou le délégué à la sûreté nucléaire et à la radioprotection pour les installations et activités intéressant la défense à l'issue de toute situation d'urgence radiologique ayant nécessité l'intervention d'un travailleur affecté au premier groupe.

§ 3. Gestion de la surveillance dosimétrique

Art. R. 4451-106. Le médecin du travail et le conseiller en radioprotection mettent en œuvre de manière concertée la surveillance dosimétrique individuelle prévue au 4° de l'article R. 4451-102 ou l'évaluation des expositions prévue au 3° de l'article R. 4451-103.

Ils recourent, si nécessaire, à l'appui technique de l'Institut de radioprotection et de sûreté nucléaire.

Ils informent, chacun en ce qui le concerne, l'employeur, sous les formes et conditions respectivement prévues aux articles R. 4451-75 et R. 4451-76, lorsque l'exposition d'un travailleur est susceptible de dépasser l'un des niveaux de référence mentionnés à l'article R. 4451-11.

Ils en informent, chacun en ce qui le concerne, le travailleur concerné.

Art. R. 4451-107. I. – Dans le cas où l'un des niveaux de référence mentionnés à l'article R. 4451-11 a été dépassé, l'employeur informe sans délai de ce dépassement le travailleur concerné.

II. – Lorsque l'exposition d'un travailleur dépasse le niveau de référence mentionné au I de l'article R. 4451-11, la poursuite des actions mentionnées à l'article R. 4451-96 qui lui sont confiées est conditionnée à :

1° La justification par l'employeur de la nécessité de maintenir le travailleur à son poste ;

2° L'absence de contre-indication médicale ;

3° L'accord du travailleur concerné qui a reçu des informations appropriées sur les risques sanitaires associés.

L'employeur informe le comité social et économique du dépassement et du maintien au poste du travailleur.

L'employeur en informe également l'agent de contrôle de l'inspection du travail mentionné à l'article L. 8112-1 et, selon le cas, l'Autorité de sûreté nucléaire ou le délégué à la sûreté nucléaire et à la radioprotection pour les installations et activités intéressant la défense.

§ 4. Suivi de l'état de santé des travailleurs à l'issue d'une situation d'urgence radiologique

Art. R. 4451-108. À l'issue de la situation d'urgence radiologique, le médecin du travail prescrit tous les examens qu'il juge pertinents pour apprécier l'état de santé des travailleurs intervenant en situation d'urgence radiologique.

Il établit pour chaque travailleur un bilan dosimétrique qu'il consigne dans le dossier médical en santé au travail mentionné à l'article R. 4624-12 et qu'il remet au travailleur.

Il recourt, si nécessaire, à l'appui technique ou méthodologique de l'Institut de radioprotection et de sûreté nucléaire.

Art. R. 4451-109. I. – Chaque travailleur étant intervenu dans une situation d'urgence radiologique bénéficie des mesures de suivi individuel renforcé applicables aux travailleurs classés en catégorie A prévues à l'article R. 4451-82 pendant au moins cinq ans à l'issue de la situation d'urgence radiologique ou pendant la période où la dose reçue demeure supérieure à l'une des valeurs limites fixées à l'article R. 4451-6.

II. – Le travailleur mentionné au I peut être affecté à des travaux l'exposant aux rayonnements ionisants dans les conditions prévues à l'article R. 4451-94.

§ 5. Dispositions d'application

Art. R. 4451-110. Les modalités et conditions de mise en œuvre du suivi de l'exposition individuelle en situation d'urgence radiologique prévu aux articles R. 4451-102 et R. 4451-103 sont fixées par un arrêté conjoint des ministres chargés du travail et de l'agriculture.

SECTION 13 (RÉGLEMENTAIRE). Organisation de la radioprotection

Sous-section 1. Champ d'application

Art. R. 4451-111. L'employeur, le chef de l'entreprise extérieure ou le travailleur indépendant met en place, le cas échéant, une organisation de la radioprotection lorsque la nature et l'ampleur du risque d'exposition des travailleurs aux rayonnements ionisants le conduisent à mettre en œuvre au moins l'une des mesures suivantes :

1° Le classement de travailleur au sens de l'article R. 4451-57 ;

2° La délimitation de zone dans les conditions fixée aux articles R. 4451-22 et R. 4451-28 ;

3° Les vérifications prévues à la section 6 du présent chapitre.

Sous-section 2. **Désignation du conseiller en radioprotection**

Art. R. 4451-112. L'employeur désigne au moins un conseiller en radioprotection pour la mise en œuvre des mesures et moyens de prévention prévus au présent chapitre. Ce conseiller est :

1° Soit une personne physique, dénommée « personne compétente en radioprotection », salariée de l'établissement ou à défaut de l'entreprise ;

2° Soit une personne morale, dénommée « organisme compétent en radioprotection ».

Art. R. 4451-113. I. – Dans un établissement comprenant une installation nucléaire de base, l'employeur constitue un pôle de compétences en radioprotection chargé de le conseiller en matière de radioprotection.

Ne sont pas concernées par les dispositions du premier alinéa :

1° Les installations mettant en œuvre uniquement des sources radioactives scellées et celles comprenant un accélérateur tel que défini à l'article 3 du décret n° 2007-830 du 11 mai 2007 modifié relatif aux installations nucléaires de base ;

2° Les entreprises extérieures intervenant dans les établissements mentionnées au premier alinéa.

II. – Dans les établissements mentionnés au I, l'employeur peut confier au pôle qu'il a constitué les missions de conseiller en radioprotection au titre d'autres activités nucléaires exercées dans le même établissement.

III. – Le pôle de compétence en radioprotection peut accomplir les vérifications initiales prévues aux articles R. 4451-40 et R. 4451-44.

Art. R. 4451-114. Lorsque plusieurs personnes compétentes en radioprotection sont désignées, elles sont regroupées au sein d'une entité interne dotée de moyens de fonctionnement adaptés.

Art. R. 4451-115. Lorsque l'employeur a désigné un organisme compétent en radioprotection, il s'assure de la coordination des actions de prévention mises en œuvre au titre du présent chapitre sur le fondement des conseils dispensés en la matière par cet organisme avec celles qu'il a mis en œuvre concernant les autres risques professionnels.

Art. R. 4451-116. L'organisme compétent en radioprotection ainsi que le pôle de compétences en radioprotection comprennent au moins une personne désignée pour se charger de l'exploitation des résultats de la surveillance dosimétrique individuelle des travailleurs prévue aux articles R. 4451-64 et suivants.

Art. R. 4451-117. Dans les entreprises de moins de vingt salariés, lorsque l'évaluation des risques exclut tout risque d'exposition interne, l'employeur peut occuper la fonction de personne compétente en radioprotection s'il est titulaire du certificat prévu au 1° de l'article R. 4451-125.

Art. R. 4451-118. L'employeur consigne par écrit les modalités d'exercice des missions du conseiller en radioprotection qu'il a définies. Il précise le temps alloué et les moyens mis à sa disposition, en particulier ceux de nature à garantir la confidentialité des données relatives à la surveillance de l'exposition des travailleurs prévue aux articles R. 4451-64 et suivants.

Art. R. 4451-119. La personne compétente en radioprotection définie au 1° de l'article R. 4451-112 ne peut subir de discrimination en raison de l'exercice de sa mission.

Art. R. 4451-120. Le comité social et économique est consulté sur l'organisation mise en place par l'employeur pour l'application des dispositions de la présente section.

Art. R. 4451-121. Le conseiller en radioprotection désigné par l'employeur en application de l'article R. 4451-112 peut également être désigné par le responsable de l'activité nucléaire en application de l'article R. 1333-19 du code de la santé publique.

Sous-section 3. **Mission du conseiller en radioprotection**

Art. R. 4451-122. Sous la responsabilité de l'employeur, le conseiller en radioprotection participe, dans un objectif de prévention, à la préservation de la santé et de la sécurité des travailleurs.

Il exerce ses missions en lien avec le médecin du travail, le salarié mentionné au I de l'article L. 4644-1 et le comité social et économique.

Art. R. 4451-123. Le conseiller en radioprotection :

1° Donne des conseils en ce qui concerne :

a) La conception, la modification ou l'aménagement des lieux de travail et des dispositifs de sécurité destinés à prévenir les risques liés aux rayonnements ionisants ;

b) Les programmes des vérifications des équipements de travail et des lieux de travail prévues à la section 6 du présent chapitre ainsi que les modalités de suivi de l'exposition individuelle des travailleurs ;

c) L'instrumentation appropriée aux vérifications mentionnées au *b)* et les dosimètres opérationnels ;

d) Les modalités de classement des travailleurs prévu à l'article R. 4451-57 ;

e) Les modalités de délimitation et conditions d'accès aux zones mentionnées aux articles R. 4451-24 et R. 4451-28 ;

f) La préparation et l'intervention en situations d'urgence radiologique prévues à la section 12 du présent chapitre ;

2° Apporte son concours en ce qui concerne :

a) L'évaluation des risques prévue à l'article R. 4451-13 et suivants ;

b) La définition et à la mise en œuvre des dispositions relatives aux mesures et moyens de prévention prévus à la section 5 du présent chapitre, notamment celles concernant la définition des contraintes de dose prévue au 1° de l'article R. 4451-33 et l'identification et la délimitation des zones prévues aux articles R. 4451-22 et R. 4451-26 ;

c) La définition et à la mise en œuvre des dispositions relatives aux conditions d'emploi des travailleurs prévue à la section 7 du présent chapitre, notamment celles concernant l'évaluation individuelle du risque lié aux rayonnements ionisants prévue à l'article R. 4451-52, les mesures de protection individuelle prévues à l'article R. 4451-56 et l'information et la formation à la sécurité des travailleurs prévue aux articles R. 4451-58 et R. 4451-59 ;

d) La définition et à la mise en œuvre des dispositions relatives à la surveillance de l'exposition individuelle des travailleurs prévue à la section 9 du présent chapitre en liaison avec le médecin du travail ;

e) La coordination des mesures de prévention relatives à la radioprotection au sens de l'article R. 4511-5 ;

f) L'élaboration des procédures et moyens pour la décontamination des lieux de travail susceptibles de l'être ;

g) L'enquête et l'analyse des événements significatifs mentionnés à l'article R. 4451-77 ;

3° Exécute ou supervise :

a) Les mesurages prévus à l'article R. 4451-15 ;

b) Les vérifications de l'efficacité des moyens de prévention prévues à la section 6 du présent chapitre à l'exception de celles prévues aux articles R. 4451-40 et R. 4451-44.

Art. R. 4451-124. I. – Le conseiller en radioprotection consigne les conseils qu'il donne en application du 1° de l'article R. 4451-123 sous une forme en permettant la consultation pour une période d'au moins dix ans.

Dans les établissements dotés d'un comité social et économique, ces éléments sont utilisés pour établir le rapport et le programme de prévention des risques professionnels annuels prévus à l'article L. 4612-16.

II. – Les conseils donnés par le conseiller en radioprotection au titre du 1° du I de l'article R. 1333-19 du code de la santé publique peuvent être regardés comme étant des conseils donnés au titre du I de l'article R. 4451-123 lorsqu'ils portent sur le même objet.

Sous-section 4. **Dispositions d'application**

Art. R. 4451-125. Pour être désigné conseiller en radioprotection est requis :

1° Pour la personne compétente en radioprotection, un certificat de formation délivré par un organisme de formation certifié par un organisme certificateur accrédité par le Comité français d'accréditation ou par tout autre organisme mentionné à l'article R. 4724-1 ;

2° Pour l'organisme compétent en radioprotection, une certification délivrée par un organisme certificateur accrédité par le Comité français d'accréditation ou par tout autre organisme mentionné à l'article R. 4724-1 ;

3° Pour le pôle de compétences en radioprotection, une approbation, selon le cas, de l'Autorité de sûreté nucléaire ou du délégué à la sûreté nucléaire et à la radioprotection pour les installations et activités intéressant la défense.

Art. R. 4451-126. Un arrêté conjoint des ministres chargés du travail, de la radioprotection et de l'agriculture détermine :

1° Pour ce qui concerne la personne compétente en radioprotection :

a) Le contenu et la durée de la formation à la radioprotection du public, des travailleurs et de l'environnement, en tenant compte de la nature de l'activité exercée, des caractéristiques des sources de rayonnements ionisants utilisés ;

b) La qualification, la compétence et l'expérience des personnes chargées de la formation ;

c) Les modalités de contrôle des connaissances ;

d) Les conditions de délivrance et de renouvellement du certificat de formation ;

e) La durée de validité du certificat de formation ;

f) Les modalités et conditions de certification des organismes de formation ;

g) Les modalités et conditions d'accréditation des organismes certificateurs ;

2° Pour ce qui concerne l'organisme compétent en radioprotection :

a) La qualification, la compétence et l'expérience professionnelle des personnes assurant au sein de cet organisme les fonctions de conseiller en radioprotection dans les établissements clients ;

b) Les exigences organisationnelles, notamment permettant d'assurer la confidentialité des données relatives à la surveillance dosimétrique individuelle ;

c) Les modalités et conditions de certification de ces organismes ;

d) Les modalités et conditions d'accréditation des organismes certificateurs ;

3° Pour ce qui concerne le pôle de compétences en radioprotection :

a) La qualification, les compétences et l'expérience professionnelle des personnes le constituant ;

b) Les exigences organisationnelles, notamment permettant d'assurer la confidentialité des données relatives à la surveillance dosimétrique individuelle ;

c) Les modalités et conditions d'approbation des pôles de compétences en radioprotection par les autorités compétentes mentionnées au 3° de l'article R. 4451-125 ;

d) Les exigences organisationnelles et de moyens nécessaires à l'exercice indépendant et objectif des missions prévues à l'article R. 4451-123 de celles de vérification initiale prévues aux articles R. 4451-40 et R. 4451-44.

SECTION 14 (RÉGLEMENTAIRE). Missions de l'Institut de radioprotection et de sûreté nucléaire

Sous-section 1. Gestion du système d'information et de surveillance de l'exposition aux rayonnements ionisants

Art. R. 4451-127. L'Institut de radioprotection et de sûreté nucléaire est chargé :

1° D'assurer la gestion du système d'information et de surveillance de l'exposition aux rayonnements ionisants et d'organiser les accès nécessaires pour l'application des dispositions de la section 6 du présent chapitre ;

2° De centraliser, vérifier et conserver au moins cinquante ans après la dernière exposition l'ensemble des résultats de la surveillance dosimétrique individuelle de l'exposition des travailleurs recueillies en application des dispositions de l'article R. 4451-66 ainsi que les données administratives relatives à chaque travailleur fournies par l'employeur, en vue notamment de les exploiter à des fins statistiques ou épidémiologiques.

Art. R. 4451-128. Lorsque, au vu des résultats de la surveillance dosimétrique individuelle, l'exposition d'un travailleur a dépassé l'une des valeurs limites de dose fixées à l'article R. 4451-6, l'Institut de radioprotection et de sûreté nucléaire informe sans délai l'employeur, le ministre chargé du travail, l'Autorité de sûreté nucléaire ou le délégué à la sûreté nucléaire et à la radioprotection pour les installations et activités intéressant la défense.

Art. R. 4451-129. L'Institut de radioprotection et de sûreté nucléaire établit un bilan annuel des résultats des mesures de l'exposition des travailleurs comprenant les niveaux d'exposition aux rayonnements ionisants, compte tenu notamment des activités professionnelles et de la nature des expositions ainsi qu'une analyse de ces données.

Ce rapport est transmis au ministre chargé du travail, à l'Autorité de sûreté nucléaire ou au délégué à la sûreté nucléaire et à la radioprotection pour les installations et activités intéressant la défense et est rendu accessible sur le site internet de l'Institut.

Art. R. 4451-130. L'Institut de radioprotection et de sûreté nucléaire peut, dans le respect des exigences liées à la défense nationale et celles liées au secret médical, communiquer les résultats de la surveillance dosimétrique qu'il détient à des organismes d'études et de recherche qui en font la demande et avec lesquels il conclut une convention.

Sous-section 2. **Appui technique**

Art. R. 4451-131. L'Institut de radioprotection et de sûreté nucléaire est chargé de :

1° Définir les modalités de communication des résultats des mesurages de la concentration d'activité du radon dans l'air prévue au II de l'article R. 4451-17 ;

2° Contribuer à la vérification de la qualité et la pertinence de la surveillance de l'exposition individuelle réalisée par l'organisme, le service et le laboratoire mentionnés à l'article R. 4451-65, notamment au moyen d'inter-comparaisons qu'il organise le cas échéant et d'avis qu'il rend au ministre chargé du travail ;

3° Organiser, dans le respect des exigences liées à la défense nationale, l'accès pour les agents de contrôle de l'inspection du travail mentionnés à l'article L. 8112-1 aux relevés des sources et des appareils émettant des rayonnements ionisants qui lui sont transmis en application du II de l'article R. 1333-158 du code de la santé publique ainsi que pour les inspecteurs et agents mentionnés à l'article R. 4451-135.

Art. R. 4451-132. L'Institut de radioprotection et de sûreté nucléaire définit, après avis du ministre chargé du travail, les conditions organisationnelles et tarifaires dans lesquelles il exerce les missions qui lui sont confiées à l'article R. 4451-61.

Art. R. 4451-133. L'Institut de radioprotection et de sûreté nucléaire rend un avis technique sur les arrêtés pris en application du présent chapitre.

Sous-section 3. **Dispositions particulières**

Art. R. 4451-134. L'Institut de radioprotection et de sûreté nucléaire peut réaliser :

1° Les vérifications prévues à la section 6 du présent chapitre, par dérogation aux dispositions des articles R. 4451-40 et R. 4451-44, dans le respect des exigences organisationnelles et de moyen nécessaires à l'exercice indépendant et objectif définis au 6° de l'article R. 4451-51 ;

2° La fourniture des dosimètres, leur exploitation ainsi que les modélisations numériques, les mesures et les analyses prévues à l'article R. 4451-65.

SECTION 15 (RÉGLEMENTAIRE). Autres systèmes de contrôle

Art. R. 4451-135. L'employeur tient à la disposition des inspecteurs de la radioprotection mentionnés à l'article L. 1333-29 du code de la santé publique, des agents mentionnés à l'article L. 1333-30 du même code et des agents des services de prévention des organismes de sécurité sociale l'ensemble des informations et documents relatifs à la radioprotection auxquels a accès l'agent de contrôle de l'inspection du travail mentionné à l'article L. 8112-1.

Chapitre II (réglementaire)

Prévention des risques d'exposition aux rayonnements optiques artificiels

Note Ce chapitre a été introduit par le décret 2010-750 du 2 juillet 2010, JO 4.

SECTION 1. Définitions

Art. R. 4452-1. Pour l'application du présent chapitre, on entend par :

1° Rayonnements optiques : tous les rayonnements électromagnétiques d'une longueur d'onde comprise entre 100 nanomètres et 1 millimètre. Le spectre des rayonnements optiques se subdivise en rayonnements ultraviolets, en rayonnements visibles et en rayonnements infrarouges :

a) Rayonnements ultraviolets : rayonnements optiques d'une longueur d'onde comprise entre 100 nanomètres et 400 nanomètres. Le domaine de l'ultraviolet se subdivise en rayonnements UVA (315-400 nanomètres), UVB (280-315 nanomètres) et UVC (100-280 nanomètres) ;

b) Rayonnements visibles : les rayonnements optiques d'une longueur d'onde comprise entre 380 nanomètres et 780 nanomètres ;

c) Rayonnements infrarouges : les rayonnements optiques d'une longueur d'onde comprise entre 780 nanomètres et 1 millimètre. Le domaine de l'infrarouge se subdivise en rayonnements IRA (780-1 400 nanomètres), IRB (1 400-3 000 nanomètres) et IRC (3 000 nanomètres - 1 millimètre) ;

2° Laser (amplification de lumière par une émission stimulée de rayonnements) : tout dispositif susceptible de produire ou d'amplifier des rayonnements électromagnétiques de longueur d'onde correspondant aux rayonnements optiques, essentiellement par le procédé de l'émission stimulée contrôlée ;

3° Rayonnements laser : les rayonnements optiques provenant d'un laser ;

4° Rayonnements incohérents : tous les rayonnements optiques autres que les rayonnements laser ;

5° Valeurs limites d'exposition : les valeurs limites du niveau d'exposition aux rayonnements optiques, fondées directement sur des effets avérés sur la santé et des considérations biologiques, dont le respect garantit que les travailleurs exposés à des sources artificielles de rayonnement optique sont protégés de tout effet nocif connu sur la santé ;

6° Éclairement énergétique (E) ou densité de puissance : puissance rayonnée incidente par superficie unitaire sur une surface, exprimée en watts par mètre carré (W.m-2) ;

7° Exposition énergétique (H) : l'intégrale de l'éclairement énergétique par rapport au temps, exprimée en joules par mètre carré (J.m-2) ;

8° Luminance énergétique (L) : le flux énergétique ou la puissance par unité d'angle solide et par unité de surface, exprimé en watts par mètre carré par stéradian (W.m-2.sr-1) ;

9° Niveau : la combinaison d'éclairement énergétique, d'exposition énergétique et de luminance énergétique à laquelle est exposé un travailleur.

SECTION 2. Principes de prévention

Art. R. 4452-2. L'employeur, par des mesures de prévention des risques à la source et en tenant compte du progrès technique, prend les dispositions visant à supprimer ou, à défaut, à réduire au minimum les risques résultant de l'exposition aux rayonnements optiques artificiels.

Art. R. 4452-3. L'employeur veille à ce que les travailleurs exposés à des rayonnements optiques artificiels reçoivent une information sur les risques éventuels liés à ce type de rayonnements.

Art. R. 4452-4. La réduction des risques d'exposition aux rayonnements optiques artificiels se fonde sur les principes généraux de prévention mentionnés à l'article L. 4121-2.

SECTION 3. Valeurs limites d'exposition professionnelle

Art. R. 4452-5. L'exposition des travailleurs ne peut dépasser les valeurs limites d'exposition aux rayonnements incohérents autres que ceux émis par les sources naturelles de rayonnement optique fixées à l'annexe I figurant à la fin du présent chapitre.

Art. R. 4452-6. L'exposition des travailleurs ne peut dépasser les valeurs limites d'exposition pour les rayonnements laser fixées à l'annexe II figurant à la fin du présent chapitre.

SECTION 4. Évaluation des risques

Art. R. 4452-7. L'employeur évalue les risques résultant de l'exposition aux rayonnements optiques artificiels, notamment afin de vérifier le respect des valeurs limites d'exposition définies aux articles R. 4452-5 et R. 4452-6. Si une évaluation à partir des données documentaires techniques disponibles ne permet pas de conclure à l'absence de risque, il calcule et, le cas échéant, mesure les niveaux de rayonnements optiques artificiels auxquels les travailleurs sont exposés.

Art. R. 4452-8. Lorsqu'il procède à l'évaluation des risques, l'employeur prend en considération :

1° Le niveau, le domaine des longueurs d'onde et la durée de l'exposition à des sources artificielles de rayonnement optique ;

2° Les valeurs limites d'exposition définies aux articles R. 4452-5 et R. 4452-6 ;

3° Toute incidence sur la santé et la sécurité des travailleurs ;

4° Toute incidence éventuelle sur la santé et la sécurité des travailleurs résultant d'interactions, sur le lieu de travail, entre des rayonnements optiques artificiels et des substances chimiques photosensibilisantes ;

5° Tout effet indirect tel qu'un aveuglement temporaire, une explosion ou un incendie ;

6° L'existence d'équipements de remplacement conçus pour réduire les niveaux d'exposition à des rayonnements optiques artificiels ;

7° Dans la mesure du possible, les informations appropriées issues des recommandations des instances sanitaires ;

8° L'exposition à plusieurs sources de rayonnements optiques artificiels ;

9° Le classement d'un laser, conformément à une norme définie par l'arrêté mentionné à l'article R. 4452-12, dans la ou les classes de lasers intrinsèquement dangereux en cas d'exposition directe au faisceau ou d'exposition à ses réflexions ;

10° L'information fournie par les fabricants de sources de rayonnements optiques artificiels et d'équipements de travail associés conformément à la réglementation applicable.

Art. R. 4452-9. L'évaluation des risques est réalisée par l'employeur après consultation du (D. 2017-1819 du 29 déc. 2017, art. 3, 43°, JO 30, entrée en vigueur le 01.01.2018) « comité social et économique », avec le concours, le cas échéant, du service de santé au travail.

Cette évaluation est renouvelée périodiquement, notamment lorsqu'une modification des installations ou des modes de travail est susceptible de faire varier les niveaux d'exposition aux rayonnements optiques artificiels et dans le cas prévu à l'article R. 4452-30.

En cas de mesurage des niveaux d'exposition, celui-ci est renouvelé au moins tous les cinq ans.

Art. R. 4452-10. Les résultats de l'évaluation des risques sont consignés dans le document unique d'évaluation des risques prévu à l'article R. 4121-1.

Ils sont communiqués par l'employeur au médecin du travail et au (D. 2017-1819 du 29 déc. 2017, art. 3, 45°, JO 30, entrée en vigueur le 01.01.2018) « comité social et économique ».

Ils sont également tenus, sur leur demande, à la disposition de l'inspection du travail, des agents des services de prévention des organismes de sécurité sociale et des organismes de santé, de sécurité et des conditions de travail mentionnés à l'article L. 4643-1.

Art. R. 4452-11. Lorsque les résultats de l'évaluation des risques mettent en évidence la moindre possibilité de dépassement des valeurs limites d'exposition des travailleurs, l'employeur détermine les mesures de prévention, de formation et de suivi (D. 2016-1908 du 27 déc. 2016, art. 15, 1°, JO 29, entrée en vigueur le 01.01.2017) « de l'état de santé » à prendre, conformément aux dispositions des sections 5, 6 et 7.

Art. R. 4452-12. Un arrêté conjoint des ministres chargés du travail et de l'agriculture précise les modalités de l'évaluation des risques et du calcul et du mesurage des niveaux de rayonnements optiques artificiels.

SECTION 5. Mesures et moyens de prévention

Art. R. 4452-13. La réduction des risques d'exposition aux rayonnements optiques artificiels se fonde notamment sur :

1° La mise en œuvre d'autres procédés de travail n'exposant pas aux rayonnements optiques artificiels ou entraînant une exposition moindre ;

2° Le choix d'équipements de travail appropriés émettant, compte tenu du travail à effectuer, le moins de rayonnements optiques artificiels possible ;

3° La limitation de la durée et de l'intensité des expositions ;

4° La conception, l'agencement des lieux et postes de travail et leur modification ;

5° Des moyens techniques pour réduire l'exposition aux rayonnements optiques artificiels en agissant sur leur émission, leur propagation, leur réflexion, tels qu'écrans, capotages ;

6° Des programmes appropriés de maintenance des équipements de travail et du lieu de travail ;

7° L'information et la formation adéquates des travailleurs.

Art. R. 4452-14. Les lieux de travail où, d'après les résultats de l'évaluation des risques définie à la section 4, les travailleurs sont susceptibles d'être exposés à des rayonnements optiques artificiels dépassant les valeurs limites d'exposition définies aux articles R. 4452-5 et R. 4452-6 font l'objet d'une signalisation appropriée. Ces lieux sont en outre circonscrits, lorsque cela est techniquement possible, et leur accès est limité.

Art. R. 4452-15. En liaison avec le médecin du travail, l'employeur adapte les mesures de prévention prévues à la présente section aux besoins des travailleurs appartenant à des groupes à risques particulièrement sensibles.

Art. R. 4452-16. Lorsqu'il n'est pas possible d'éviter les risques dus à l'exposition aux rayonnements optiques artificiels par d'autres moyens, des équipements de protection individuelle, appropriés et adaptés, sont mis à la disposition des travailleurs. Lorsque les niveaux d'exposition fixés aux articles R. 4452-5 et R. 4452-6 sont dépassés, l'employeur veille à leur port effectif.

Art. R. 4452-17. Les équipements de protection individuelle sont tels qu'ils réduisent les expositions à un niveau qui ne dépasse pas les valeurs limites d'exposition définies aux articles R. 4452-5 et R. 4452-6.

Ils sont adoptés après consultation du (D. 2017-1819 du 29 déc. 2017, art. 3, 43°, JO 30, entrée en vigueur le 01.01.2018) « comité social et économique », du médecin du travail et, éventuellement, avec le concours des agents des services de prévention des organismes de sécurité sociale et des organismes de santé, de sécurité et des conditions de travail mentionnés à l'article L. 4643-1. Ils sont choisis en concertation avec les travailleurs.

Art. R. 4452-18. Lorsqu'en dépit des mesures de prévention mises en œuvre en application de la présente section, des expositions dépassant les valeurs limites d'exposition sont constatées, l'employeur :

1° Prend immédiatement des mesures pour réduire l'exposition à un niveau inférieur à ces valeurs limites ;

2° Détermine les causes du dépassement des valeurs limites d'exposition et adapte en conséquence les mesures de protection et de prévention en vue d'éviter tout nouveau dépassement.

SECTION 6. Information et formation des travailleurs

Art. R. 4452-19. Les mesures de formation portent notamment sur :

1° Les sources de rayonnements optiques artificiels se trouvant sur le lieu de travail ;

2° Les risques pour la santé et la sécurité pouvant résulter d'une exposition excessive aux rayonnements optiques artificiels ainsi que les valeurs limites d'exposition applicables ;

3° Les résultats de l'évaluation des risques définie à la section 4 ainsi que les mesures prises en application de la section 5 en vue de supprimer ou de réduire les risques résultant des rayonnements optiques artificiels ;

4° Les précautions à prendre par les travailleurs pour assurer leur protection et celle des autres travailleurs présents sur le lieu de travail ;

5° L'utilisation correcte des équipements de travail et des équipements de protection individuelle ;

6° La conduite à tenir en cas d'accident ;

7° La manière de repérer les effets nocifs d'une exposition sur la santé et de les signaler ;

8° Les conditions dans lesquelles les travailleurs sont soumis à (D. 2016-1908 du 27 déc. 2016, art. 15, 2°, JO 29, entrée en vigueur le 01.01.2017) « un suivi individuel de leur état de santé ».

Art. R. 4452-20. L'employeur établit une notice de poste pour chaque poste de travail ou situation de travail où, d'après les résultats de l'évaluation des risques définie à la section 4, les travailleurs sont susceptibles d'être exposés à des rayonnements optiques artificiels dépassant les valeurs limites d'exposition définies aux articles R. 4452-5 et R. 4452-6.

La notice est destinée à informer les travailleurs des risques auxquels leur travail peut les exposer et des dispositions prises pour les éviter.

Elle rappelle en particulier les règles de sécurité applicables et les consignes relatives à l'emploi des équipements de protection collective ou individuelle.

Art. R. 4452-21. Lorsqu'il est fait usage de lasers des classes mentionnées au 9° de l'article R. 4452-8, l'employeur s'assure qu'il dispose, par lui-même ou chez ses salariés, de la compétence appropriée pour la réalisation, sous sa responsabilité, des missions suivantes :

1° Participation aux évaluations des risques encourus par les travailleurs intervenant à proximité de machines ou d'appareils à laser ;

2° Participation à la mise en œuvre sur le site de toutes les mesures propres à assurer la santé et la sécurité des travailleurs intervenant à proximité de machines ou d'appareils à laser ;

3° Participation à l'amélioration continue de la prévention des risques à partir de l'analyse des situations de travail.

SECTION 7. Suivi des travailleurs et suivi individuel de l'état de santé

Art. R. 4452-22. L'employeur tient une liste actualisée des travailleurs susceptibles d'être exposés à des rayonnements optiques artificiels dépassant les valeurs limites d'exposition définies aux articles R. 4452-5 et R. 4452-6.

Cette liste précise la nature de l'exposition, sa durée ainsi que son niveau, tel qu'il est connu, le cas échéant, par les résultats du calcul ou du mesurage.

Art. R. 4452-23. L'employeur établit pour ces travailleurs une fiche d'exposition comprenant les informations suivantes :

1° La nature du travail accompli ;
2° Les caractéristiques des sources émettrices auxquelles le travailleur est exposé ;
3° La nature des rayonnements ;
4° Le cas échéant, les résultats des mesurages des niveaux de rayonnements optiques artificiels ;
5° Les périodes d'exposition.

Art. R. 4452-24. En cas d'exposition anormale, l'employeur porte sur la fiche d'exposition la durée et la nature de cette dernière.

Art. R. 4452-25. Une copie de la fiche d'exposition est remise au médecin du travail. Elle est tenue à disposition, sur sa demande, de l'inspection du travail.

Art. R. 4452-26. Chaque travailleur intéressé est informé de l'existence de la fiche d'exposition et a accès aux informations y figurant le concernant.

Art. R. 4452-29. Lorsqu'une exposition au-delà des valeurs limites est détectée ou lorsque (D. 2016-1908 du 27 déc. 2016, art. 15, 4°, JO 29, entrée en vigueur le 01.01.2017) « le suivi individuel » fait apparaître qu'un travailleur est atteint d'une maladie ou d'une anomalie susceptible de résulter d'une exposition à des rayonnements optiques artificiels, (D. 2016-1908 du 27 déc. 2016, art. 15, 4°, JO 29, entrée en vigueur le 01.01.2017) « les professionnels de santé mentionnés au premier alinéa de l'article L. 4624-1 informent sans délai le médecin du travail, qui » informe le travailleur des résultats le concernant et lui indique les suites médicales nécessaires. Il détermine la pertinence et la nature des examens éventuellement nécessaires pour les travailleurs ayant subi une exposition comparable.

Art. R. 4452-30. Quand une maladie ou une anomalie mentionnée à l'article R. 4452-29 lui est signalée par le médecin du travail, une nouvelle évaluation des risques est réalisée par l'employeur.

Art. R. 4452-31. (D. 2016-1908 du 27 déc. 2016, art. 15, 5°, JO 29, entrée en vigueur le 01.01.2017) « Le professionnel de santé mentionné au premier alinéa de l'article L. 4624-1 verse au dossier médical en santé au travail, qu'il ouvre le cas échéant », pour chaque travailleur susceptible d'être exposé à des rayonnements optiques artificiels dépassant les valeurs limites d'exposition définies aux articles R. 4452-5 et R. 4452-6 :

1° Une copie de la fiche d'exposition prévue à l'article R. 4452-23 ;
2° Les dates et les résultats (D. 2016-1908 du 27 déc. 2016, art. 15, 5°, JO 29, entrée en vigueur le 01.01.2017) « du suivi réalisé ».

Annexe I (Rayonnements optiques incohérents)
et Annexe II (Rayonnements optiques lasers) au chapitre II du titre V du livre IV de la quatrième partie du code du travail (partie réglementaire). Voir décret 2010-750 du 2 juillet 2010 (JO 4).

Chapitre III

Prévention des risques d'exposition aux champs électromagnétiques

Art. L. 4453-1. (L. 2010-788 du 12 juil. 2010, art. 183, JO 13) Les règles de prévention des risques pour la santé et la sécurité des travailleurs exposés aux champs électromagnétiques sont déterminées par décret en Conseil d'État pris en application de l'article L. 4111-6.

Ce décret se conforme aux principes de prévention fixés aux articles L. 4121-1 et L. 4121-2.

SECTION 1 (RÉGLEMENTAIRE). Définitions

Note Les sections 1 à 9 ont été introduites par le décret 2016-1074 du 3 août 2016, art. 1er, JO 6, entrée en vigueur le 01.01.2017.

Art. R. 4453-1. Pour l'application du présent chapitre, on entend par :

1° Champs électromagnétiques : des champs électriques statiques, des champs magnétiques statiques et des champs électriques, magnétiques et électromagnétiques variant dans le temps, dont les fréquences vont de 0 Hertz à 300 Gigahertz ;

2° Valeur limite d'exposition : valeur exprimée, selon la fréquence, en termes d'induction magnétique externe (Bo), d'intensité de champ électrique interne, de débit d'absorption spécifique (DAS), d'absorption spécifique (AS) ou de densité de puissance (S) ;

3° Valeur déclenchant l'action : valeur exprimée, selon la fréquence, en termes d'intensité de champ électrique (E) ou d'induction magnétique (B), et le niveau de courant, indiqué en termes de courant induit dans les extrémités (IL) ou de courant de contact (Ic) ;

Les valeurs déclenchant l'action sont les niveaux d'exposition opérationnels au-delà desquels des mesures ou moyens de prévention prévus par le présent chapitre doivent être mis en œuvre et, pour celles concernant les effets biophysiques, en deçà desquels les valeurs limites d'exposition sont considérées comme respectées ;

4° Effets biophysiques directs : effets de type thermique ou non thermique sur l'organisme humain directement causés par sa présence dans un champ électromagnétique. Selon le niveau d'exposition et la gamme de fréquence, sont distingués des effets sensoriels et des effets nocifs sur la santé ;

5° Effets indirects : effets causés par la présence d'un objet dans un champ électromagnétique pouvant entraîner un risque pour la sécurité ou la santé.

SECTION 2 (RÉGLEMENTAIRE). Principes de prévention

Art. R. 4453-2. La réduction des risques liés à l'exposition aux champs électromagnétiques se fonde sur les principes généraux de prévention mentionnés à l'article L. 4121-2.

SECTION 3 (RÉGLEMENTAIRE). Valeurs limites

Art. R. 4453-3. L'exposition d'un travailleur à des champs électromagnétiques ne dépasse pas les valeurs limites d'exposition suivantes :

<table>
<tr><th rowspan="3">FREQUENCES
(f) (1)</th><th colspan="7">VALEURS LIMITES D'EXPOSITION PROFESSIONNELLE</th></tr>
<tr><th colspan="2" rowspan="2">Effets biophysiques directs</th><th colspan="2">« Effets sensoriels »</th><th colspan="3">« Effets sur la santé »</th></tr>
<tr><th>Exposition localisée de la tête</th><th>Exposition localisée des membres</th><th>Exposition ensemble du corps</th><th>Exposition localisée de la tête et du tronc</th><th>Exposition localisée des membres</th></tr>
<tr><td>0 Hz ≤ f < 1 Hz (2)</td><td rowspan="7">Effets non thermiques</td><td rowspan="6"></td><td>2 T</td><td>8 T</td><td>8 T</td><td>-</td><td>-</td></tr>
<tr><td>1 Hz ≤ f < 10 Hz (3)</td><td>0,7/f V.m⁻¹</td><td>-</td><td rowspan="4">1,1 V.m⁻¹</td><td>-</td><td>-</td></tr>
<tr><td>10 Hz ≤ f < 25 Hz (3)</td><td>0,07 V.m⁻¹</td><td>-</td><td>-</td><td>-</td></tr>
<tr><td>25 Hz ≤ f ≤ 400 Hz (3)</td><td>0,0028 f V.m⁻¹</td><td>-</td><td>-</td><td>-</td></tr>
<tr><td>400 Hz < f < 3 kHz (3)</td><td>-</td><td>-</td><td>-</td><td>-</td></tr>
<tr><td>3 kHz ≤ f < 100 kHz (3)</td><td>-</td><td>-</td><td>3,8x10⁻⁴ f V.m⁻¹</td><td>-</td><td>-</td></tr>
<tr><td>100 kHz ≤ f < 10 MHz (3) (4) (5)</td><td rowspan="4">Effets thermiques</td><td>-</td><td>-</td><td>3,8x10⁻⁴ f V.m⁻¹ (non thermique)
0,4 W.kg⁻¹ (thermique)</td><td rowspan="3">10 W.kg⁻¹</td><td rowspan="3">20 W.kg⁻¹</td></tr>
<tr><td>10 MHz ≤ f < 0,3 GHz (4)</td><td rowspan="3"></td><td>-</td><td>-</td><td rowspan="2">0,4 W.kg⁻¹</td></tr>
<tr><td>0,3 GHz ≤ f < 6 GHz (4) (6)</td><td>10 mJ.kg⁻¹</td><td>-</td></tr>
<tr><td>6 GHz ≤ f ≤ 300 GHz (7)</td><td>-</td><td>-</td><td>50 W.m⁻²</td><td>-</td><td>-</td></tr>
<tr><td colspan="8">(1) La fréquence f est exprimée en hertz (Hz)
(2) Dans la gamme de fréquences comprises entre 0 et 1 hertz, les valeurs limites d'exposition sont des valeurs d'induction magnétique externe exprimées en tesla
(3) Dans la gamme de fréquences comprises entre 1 hertz et 10 mégahertz, les valeurs limites d'exposition sont des valeurs crête spatiale du champ électrique interne exprimées en volt par mètre
(4) Dans la gamme de fréquences comprises entre 100 kilohertz et 6 gigahertz, les valeurs limites d'exposition relatives aux effets sur la santé représentent l'énergie moyenne sur l'ensemble ou une partie du corps (tête, tronc, membres) exprimée en termes de débit d'absorption spécifique en watt par kilogramme
(5) Dans la gamme de fréquences comprises entre 100 kiloherz et 10 mégahertz, les effets thermiques et non thermiques agissant concomitamment, les valeurs limites d'exposition pour les deux types d'effets doivent être considérées
(6) Dans la gamme de fréquences comprises entre 0,3 et 6 gigahertz, la valeur limite d'exposition relative aux effets sensoriels représente l'énergie absorbée par unité de masse de tissus biologiques exprimée en termes d'absorption spécifique en joules par kilogramme
(7) Dans la gamme de fréquences comprises entre 6 et 300 gigahertz, la valeur limite d'exposition relative aux effets sur la santé représente une densité de puissance exprimée en watt par mètre carré</td></tr>
</table>

Art. R. 4453-4. Les valeurs déclenchant les actions prévues à la section 5 du présent chapitre sont les suivantes :

1° Valeurs déclenchant l'action liées aux effets biophysiques directs des champs électromagnétiques :

<table>
<tr><th rowspan="4">FREQUENCE (f) (1)</th><th colspan="7">VALEURS DECLENCHANT L'ACTION</th></tr>
<tr><th colspan="2" rowspan="3">Effets biophysiques directs</th><th>Pour l'exposition aux champs électriques</th><th colspan="3">Pour l'exposition aux champs magnétiques</th><th>Pour les courants induits</th></tr>
<tr><th rowspan="2">VA ($E_{eff.}$) (2) (3)</th><th colspan="3">VA ($B_{eff.}$) (4)</th><th>VA ($I_{Leff.}$) (5)</th></tr>
<tr><th>VA basse (6)</th><th>VA haute (6)</th><th>Exposition des membres à un champ magnétique localisé</th><th>Dans une extrémité quelconque</th></tr>
<tr><td>1 Hz ≤ f < 8 Hz</td><td rowspan="10">Effets non thermiques</td><td rowspan="8">.</td><td rowspan="3">$2x10^{4}$ V.m^{-1}</td><td>$2x10^{5}/f^{2}$ µT</td><td rowspan="4">$3x10^{5}/f$ µT</td><td rowspan="8">$9x10^{5}/f$ µT</td><td>-</td></tr>
<tr><td>8 Hz ≤ f < 25 Hz</td><td>$2,5x10^{4}/f$ µT</td><td>-</td></tr>
<tr><td>25 Hz ≤ f < 50 Hz</td><td rowspan="2">$1x10^{3}$ µT</td><td>-</td></tr>
<tr><td>50 Hz ≤ f < 300 Hz</td><td rowspan="2">$1x10^{6}/f$ V.m^{-1}</td><td>-</td></tr>
<tr><td>300 Hz ≤ f < 1,64 kHz</td><td colspan="2" rowspan="3">$3x10^{5}/f$ µT</td><td>-</td></tr>
<tr><td>1,64 kHz ≤ f < 2,5 kHz</td><td rowspan="3">$6,1x10^{2}$ V.m^{-1}</td><td>-</td></tr>
<tr><td>2,5 kHz ≤ f < 3 kHz</td><td>-</td></tr>
<tr><td>3 kHz ≤ f < 100 kHz</td><td colspan="2">$1x10^{2}$ µT</td><td>-</td></tr>
<tr><td>100 kHz ≤ f < 1 MHz (7)</td><td rowspan="6">Effets thermiques</td><td>$6,1x10^{2}$ V.m^{-1} (non thermique et thermique)</td><td colspan="2" rowspan="2">$1x10^{2}$ µT (non thermique)
$2x10^{6}/f$ µT (thermique)</td><td rowspan="2">$3x10^{2}$ µT</td><td>-</td></tr>
<tr><td>1 MHz ≤ f < 10 MHz (7)</td><td>$6,1x10^{2}$ V.m^{-1} (non thermique)
$6,1.10^{8}/f$ V.m^{-1} (thermique)</td><td>-</td></tr>
<tr><td>10 MHz ≤ f < 110 MHz</td><td rowspan="4">.</td><td rowspan="2">61 V.m^{-1}</td><td colspan="2" rowspan="2">0,2 µT</td><td>-</td><td>100 mA</td></tr>
<tr><td>110 MHz ≤ f < 400 MHz</td><td>-</td><td>-</td></tr>
<tr><td>400 MHz ≤ f < 2 GHz</td><td>$3x10^{-3} f^{1/2}$ V.m^{-1}</td><td colspan="2">$1x10^{-5} f^{1/2}$ µT</td><td>-</td><td>-</td></tr>
<tr><td>2 GHz ≤ f < 300 GHz</td><td>$1,4x10^{2}$ V.m^{-1}</td><td colspan="2">$4,5x10^{-1}$ µT</td><td>-</td><td>-</td></tr>
</table>

(1) La fréquence f est exprimée en hertz (Hz)
(2) Les valeurs déclenchant l'action pour une exposition aux champs électriques sont des valeurs d'intensité de champ électrique exprimées en volt par mètre.
(3) Sur la gamme de fréquences comprises entre 1 et 400 hertz, pour une exposition à des champs électriques, la valeur déclenchant l'action permet de respecter les valeurs limites d'exposition relatives aux effets sensoriels et aux effets sur la santé mentionnées à l'article R. 4453-2
(4) Les valeurs déclenchant l'action pour une exposition à des champs magnétiques sont des valeurs d'induction magnétique exprimées en microtesla
(5) La valeur déclenchant l'action pour les courants induits est exprimée en milliampère
(6) Sur la gamme de fréquences comprises entre 1 et 400 hertz, pour une exposition aux champs magnétiques, la valeur déclenchant l'action basse permet de respecter les valeurs limites d'exposition relatives aux effets sensoriels pour une exposition localisée de la tête tandis que la valeur déclenchant l'action haute permet de respecter les valeurs limites d'exposition relatives aux effets sur la santé mentionnées à l'article R. 4453-2
(7) Dans la gamme de fréquences comprises entre 100 kilohertz et 10 mégahertz, les effets thermiques et non thermiques agissant concomitamment pour les expositions à des champs électriques et à des champs magnétiques, les valeurs déclenchant l'action pour les deux types d'effets et les deux types de champs doivent être considérées

2° Valeurs déclenchant l'action liées à certains effets indirects des champs électromagnétiques :

<table>
<tr><th rowspan="3">FREQUENCE (f) (1)</th><th colspan="4">VALEURS DECLENCHANT L'ACTION</th></tr>
<tr><th>pour le risque d'interférence avec des dispositifs actifs implantés</th><th>pour le risque d'attraction et de projection dans le champ périphérique de source de champs intenses (> 100 mT)</th><th>pour la limitation du risque de décharges d'étincelles</th><th>pour un courant de contact d'état stable</th></tr>
<tr><th>AL(B_0) (2)</th><th>AL(B_0) (2)</th><th>VA ($E_{eff.}$) (3)</th><th>VA (I_C) (4)</th></tr>
<tr><td>0 Hz ≤ f < 1 Hz</td><td>0,5 mT</td><td>3 mT</td><td>-</td><td rowspan="3">1 mA</td></tr>
<tr><td>1 Hz ≤ f < 25 Hz</td><td>-</td><td>-</td><td>$2x10^{4}$ V.m^{-1}</td></tr>
<tr><td>25 Hz ≤ f < 2,5 kHz</td><td>-</td><td>-</td><td rowspan="2">$5x10^{5}/f$ V.m^{-1}</td></tr>
<tr><td>2,5 kHz ≤ f < 3 kHz</td><td>-</td><td>-</td><td rowspan="2">0,4 f mA</td></tr>
<tr><td>3 kHz ≤ f < 100 kHz</td><td>-</td><td>-</td><td rowspan="2">$1,7x10^{2}$ V.m^{-1}</td></tr>
<tr><td>100 kHz ≤ f < 10 MHz</td><td>-</td><td>-</td><td rowspan="2">40 mA</td></tr>
<tr><td>10 MHz ≤ f ≤ 110 MHz</td><td>-</td><td>-</td><td>-</td></tr>
</table>

(1) La fréquence f est exprimée en hertz (Hz) à l'exception de la valeur déclenchant l'action pour les courants de contact dans la gamme de fréquences comprises entre 2,5 et 100 kilohertz où elle est exprimée en kilohertz
(2) Les valeurs déclenchant l'action pour une exposition à des champs magnétiques statiques sont des valeurs d'induction magnétique exprimées en millitesla
(3) Les valeurs déclenchant l'action pour la limitation du risque de décharges d'étincelles sont des valeurs d'intensité de champ électrique exprimées en volt par mètre
(4) Les valeurs déclenchant l'action pour les courants de contact sont exprimées en milliampère

Art. R. 4453-5. Un arrêté conjoint des ministres chargés du travail et de l'agriculture précise les grandeurs physiques que représentent les valeurs limites d'exposition mentionnées à l'article R. 4453-3 et les valeurs déclenchant l'action mentionnées à l'article R. 4453-4 ainsi que les paramètres associés.

SECTION 4 (RÉGLEMENTAIRE). Évaluation des risques

Art. R. 4453-6. L'employeur évalue les risques résultant de l'exposition des travailleurs à des champs électromagnétiques.

Cette évaluation a notamment pour objectif :

1° D'identifier parmi les valeurs limites d'exposition et les valeurs déclenchant l'action fixées aux articles R. 4453-3 et R. 4453-4, celles pertinentes au regard de la situation de travail ;

2° De constater si, dans une situation donnée, l'une des valeurs mentionnées au 1° est susceptible d'être dépassée ;

3° De déterminer le cas échéant les mesures et moyens de prévention.

Art. R. 4453-7. Lorsque l'évaluation des risques réalisée à partir des données documentaires ne permet pas de conclure à l'absence de risque de dépassement des valeurs déclenchant l'action ou des valeurs limites d'exposition, l'employeur procède à la mesure, au calcul ou à la simulation numérique des niveaux de champs électromagnétiques auxquels les travailleurs sont susceptibles d'être exposés.

Art. R. 4453-8. Lorsqu'il procède à l'évaluation des risques, l'employeur prend en considération :

1° L'origine et les caractéristiques des émissions de champs électromagnétiques présents sur le lieu de travail ;

2° Les valeurs limites d'exposition et les valeurs déclenchant l'action fixées aux articles R. 4453-3 et R. 4453-4 ;

3° Le résultat des évaluations d'expositions réalisées en application de dispositions réglementaires relatives à la limitation de l'exposition du public aux champs électromagnétiques ;

4° Les informations sur les niveaux d'émission de champs électromagnétiques, fournis par le fabricant d'équipements de travail ou de dispositifs médicaux, en application des règles techniques de conception ou d'utilisation auxquels ils sont soumis, ou par le fabricant d'équipements conçus pour un usage public, s'ils sont utilisés conformément à l'usage auquel ils sont destinés ;

5° La fréquence, le niveau, la durée et le type d'exposition, y compris la répartition dans l'organisme du travailleur et dans l'espace de travail ;

6° Tout effet biophysique direct sur le travailleur ou tout effet indirect pouvant résulter de l'exposition aux champs électromagnétiques ;

7° Toute incidence sur la santé et la sécurité des travailleurs de moins de 18 ans et des travailleurs à risques particuliers, notamment les femmes enceintes et les travailleurs équipés de dispositifs médicaux implantés ou non, passifs ou actifs ;

8° Les informations fournies par (D. 2016-1908 du 27 déc. 2016, art. 16, 1°, JO 29, entrée en vigueur le 01.01.2017) « les professionnels de santé mentionnés au premier alinéa de l'article L. 4624-1 concernant le suivi » de l'état de santé des travailleurs pour ce type d'exposition ;

9° L'existence d'équipements de travail permettant de réduire le niveau d'exposition aux champs électromagnétiques et susceptibles d'être utilisés en remplacement ;

10° L'exposition simultanée à des champs de fréquences multiples.

Art. R. 4453-9. Lorsqu'il procède à l'évaluation des risques, l'employeur s'appuie sur le ou les salariés compétents mentionnés à l'article L. 4644-1 ou à défaut sur l'intervenant et les organismes mentionnés au même article.

Art. R. 4453-10. Les résultats de l'évaluation des risques ainsi que les valeurs limites d'exposition ou les valeurs déclenchant l'action identifiées en application de l'article R. 4453-6, sont consignés dans le document unique d'évaluation des risques prévu à l'article R. 4121-1.

Les résultats de l'évaluation des risques sont conservés sous une forme susceptible d'en permettre la consultation à une date ultérieure.

L'employeur les communique au médecin du travail (D. 2016-1908 du 27 déc. 2016, art. 16, 2°, JO 29, entrée en vigueur le 01.01.2017) « , aux professionnels de santé du service de santé au travail » et au (D. 2017-1819 du 29 déc. 2017, art. 3, 45°, JO 30, entrée en vigueur le 01.01.2018) « comité social et économique ».

(D. 2016-1908 du 27 déc. 2016, art. 16, 2°, JO 29, entrée en vigueur le 01.01.2017) « Les travailleurs exposés à des champs électromagnétiques affectés à des postes pour lesquels les valeurs limites d'exposition fixées à l'article R. 4453-3 sont dépassées bénéficient d'une visite d'information et de prévention prévue aux articles R. 4624-10 à R. 4624-21 réalisée avant l'affectation au poste afin notamment d'orienter sans délai les travailleurs mentionnés au 7° de l'article R. 4453-8 vers le médecin du travail. »

Art. R. 4453-11. Lorsque les résultats de l'évaluation des risques mettent en évidence le dépassement des valeurs déclenchant l'action, l'employeur détermine et met en œuvre les mesures et moyens de prévention prévus à l'article R. 4453-13.

Ces dispositions ne sont pas exigées, lorsque les conditions cumulatives suivantes sont remplies :

1° Les valeurs déclenchant l'action ne concernent que les effets biophysiques directs ;

2° L'employeur a démontré que les valeurs limites d'exposition ne sont pas dépassées ;

3° Les risques pour la sécurité peuvent être écartés.

Art. R. 4453-12. Un arrêté conjoint des ministres chargés du travail et de l'agriculture précise les conditions de mesurage, de calcul et de simulation numérique des niveaux de champs électromagnétiques.

SECTION 5 (RÉGLEMENTAIRE). Mesures et moyens de prévention

Art. R. 4453-13. La réduction des risques liés à l'exposition aux champs électromagnétiques se fonde notamment sur :

1° La mise en œuvre d'autres procédés de travail n'exposant pas aux champs électromagnétiques ou entraînant une exposition moindre ;

2° Le choix d'équipements de travail appropriés émettant, compte tenu du travail à effectuer, des champs électromagnétiques moins intenses ;

3° La mise en œuvre de moyens techniques visant à réduire l'émission de champs électromagnétiques des équipements de travail ;

4° La modification de la conception et de l'agencement des lieux et postes de travail visant à réduire l'exposition aux champs électromagnétiques ;

5° Le choix d'une organisation du travail visant à réduire la durée et l'intensité des expositions ;

6° Des programmes appropriés de maintenance des équipements de travail, des postes de travail et du lieu de travail ;

7° La mise à disposition d'équipements de protection individuelle appropriés ;

8° La mise en œuvre de mesures techniques et organisationnelles visant à éviter tout risque lié aux effets indirects.

Art. R. 4453-14. Les lieux de travail où les travailleurs sont susceptibles d'être exposés à des niveaux de champs électromagnétiques dépassant les valeurs déclenchant l'action sont identifiés et font l'objet d'une signalisation spécifique et appropriée. Leur accès est limité s'il y a lieu.

Ils font l'objet d'une restriction ou d'un contrôle d'accès lorsque les travailleurs sont susceptibles d'être exposés à des niveaux de champs électromagnétiques dépassant les valeurs limites d'exposition.

Lorsque l'accès à ces lieux est restreint au titre des risques d'origine électrique et que les travailleurs sont informés et formés conformément à l'article R. 4453-17, la signalisation et les restrictions d'accès propres aux champs électromagnétiques ne sont pas requises. Le (D. 2017-1819 du 29 déc. 2017, art. 3, 54°, JO 30, entrée en vigueur le 01.01.2018) « comité social et économique » est consulté sur cette organisation.

Art. R. 4453-15. Pour les travailleurs à risques particuliers mentionnés au 7° de l'article R. 4453-8, l'employeur adapte, en liaison avec le médecin du travail, les mesures de prévention prévues à la présente section.

Art. R. 4453-16. Lorsqu'en dépit des mesures de prévention mises en œuvre en application de la présente section, l'exposition d'un travailleur dépasse les valeurs limites d'exposition, l'employeur :

1° Prend immédiatement des mesures pour réduire l'exposition à un niveau inférieur à ces valeurs limites ;

2° Détermine les causes du dépassement des valeurs limites d'exposition et adapte en conséquence les mesures de protection et de prévention en vue d'éviter tout nouveau dépassement ;

3° Informe le (D. 2017-1819 du 29 déc. 2017, art. 3, 49°, JO 30, entrée en vigueur le 01.01.2018) « comité social et économique » ainsi que l'agent de contrôle de l'inspection du travail mentionné à l'article L. 8112-1 en précisant les circonstances, les causes présumées et les mesures envisagées pour éviter le renouvellement de ce dépassement.

SECTION 6 (RÉGLEMENTAIRE). Information et formation des travailleurs

Art. R. 4453-17. L'employeur veille à ce que chaque travailleur susceptible d'être exposé à un risque lié à des champs électromagnétiques reçoive toute l'information nécessaire et une formation en rapport avec les résultats de l'évaluation des risques réalisée conformément à la section 4.

Cette information et cette formation portent, notamment, sur :

1° Les caractéristiques des émissions de champs électromagnétiques ;

2° Les effets biophysiques directs et les effets indirects pouvant résulter d'une exposition à des champs électromagnétiques ;

3° Les mesures prises en application de la section 5 en vue de supprimer ou de réduire les risques résultant des champs électromagnétiques ;

4° Les précautions à prendre par les travailleurs pour assurer la protection de leur santé et de leur sécurité et celle des autres travailleurs présents sur le lieu de travail, notamment l'importance de déclarer le plus précocement possible au médecin du travail (D. 2016-1908 du 27 déc. 2016, art. 16, 3°, JO 29, entrée en vigueur le 01.01.2017) « ou les professionnels de santé du service de santé au travail » qu'ils sont équipés de dispositifs médicaux implantés ou non, passifs ou actifs ;

5° Les règles particulières établies pour les travailleurs à risques particuliers mentionnés au 7° de l'article R. 4453-8 ;

6° La conduite à tenir en cas d'apparition d'effets sensoriels ou sur la santé, d'accident ou d'exposition au-delà des valeurs limites d'exposition, ainsi que les modalités de leur signalement.

Art. R. 4453-18. L'employeur établit une notice de poste pour chaque poste de travail lorsque les travailleurs sont susceptibles d'être exposés à des champs électromagnétiques dépassant les valeurs déclenchant l'action identifiées en application de l'article R. 4453-6 ou présentant d'autres risques d'effets indirects.

La notice est destinée à informer les travailleurs des risques auxquels leur travail peut les exposer et des dispositions prises pour les éviter. Elle rappelle en particulier les règles de sécurité applicables et les consignes relatives aux mesures de protection collective et individuelle.

SECTION 7 (RÉGLEMENTAIRE). Suivi de l'état de santé des travailleurs

Art. R. 4453-19. Lorsqu'une exposition au-delà des valeurs limites d'exposition est détectée ou lorsqu'un effet indésirable ou inattendu sur la santé susceptible de résulter d'une exposition à des champs électromagnétiques est signalé par un travailleur, celui-ci bénéficie d'(D. 2016-1908 du 27 déc. 2016, art. 16, 4°, JO 29, entrée en vigueur le 01.01.2017) « un examen médical complémentaire réalisé dans les conditions prévues aux articles R. 4624-35 à R. 4624-38 ».

SECTION 8 (RÉGLEMENTAIRE). Dispositions particulières encadrant le dépassement des valeurs limites d'exposition relatives aux effets sensoriels

Art. R. 4453-20. Sans préjudice des dispositions prévues aux sections 1 à 7 du présent chapitre, à l'exception de l'article R. 4453-16, lorsque les mesures et moyens de prévention mis en place par l'employeur au titre de l'article R. 4453-13 ne permettent pas de maintenir les expositions en deçà des valeurs limites d'exposition relatives aux effets sensoriels et lorsque la pratique de travail le nécessite, ces valeurs peuvent être temporairement dépassées.

L'exposition du travailleur ne dépasse pas les valeurs limites d'exposition relatives aux effets sur la santé.

Art. R. 4453-21. L'employeur démontre l'absence d'alternative possible au dépassement des valeurs limites d'exposition relatives aux effets sensoriels compte tenu de la pratique de travail et consigne la justification dans le document unique d'évaluation des risques.

L'employeur en informe le médecin du travail (D. 2016-1908 du 27 déc. 2016, art. 16, 5°, JO 29, entrée en vigueur le 01.01.2017) « , les professionnels de santé du service de santé au travail » et le (D. 2017-1819 du 29 déc. 2017, art. 3, 55°, JO 30, entrée en vigueur le 01.01.2018) « comité social et économique ».

Art. R. 4453-22. L'employeur s'assure de la mise en œuvre de mesures et moyens de prévention complémentaires propres à garantir la santé et la sécurité des travailleurs.

Art. R. 4453-23. L'employeur désigne une personne chargée d'assurer la fonction de conseiller à la prévention des risques liés aux champs électromagnétiques. Cette personne peut être le salarié sur lequel s'appuie l'employeur au titre de l'article R. 4453-9 pour procéder à l'évaluation des risques.

Sous la responsabilité de l'employeur, celle-ci participe notamment à :

1° L'évaluation des risques prévue à l'article R. 4453-6 ;

2° La mise en œuvre de toutes mesures propres à assurer la santé et la sécurité des travailleurs ;

3° L'amélioration continue de la prévention des risques à partir de l'analyse des situations de travail ;

4° L'information et la formation des travailleurs relatives aux risques liés aux champs électromagnétiques.

Art. R. 4453-24. En complément de la formation prévue à l'article R. 4453-17, l'employeur organise, pour chaque travailleur concerné, une formation renforcée sur les risques, les mesures et moyens de prévention spécifiques à prendre pendant cette exposition.

Art. R. 4453-25. L'employeur met en place un dispositif permettant aux travailleurs de signaler l'apparition de tout effet sensoriel.

Après chaque signalement, l'employeur met à jour, si nécessaire, l'évaluation des risques prévue à l'article R. 4453-6 et adapte les moyens et mesures de prévention mentionnés à l'article R. 4453-13.

Art. R. 4453-26. Pour chaque travailleur concerné, l'employeur identifie et transmet au médecin du travail (D. 2016-1908 du 27 déc. 2016, art. 16, 6°, JO 29, entrée en vigueur le 01.01.2017) « et aux professionnels de santé mentionnés au premier alinéa de l'article L. 4624-1 » les informations suivantes, qu'il réactualise en tant que de besoin :

1° La nature du travail ;

2° Les caractéristiques des champs électromagnétiques auxquelles le travailleur est exposé ;

3° Les niveaux d'exposition, et le cas échéant, les résultats des mesures, du calcul, ou de la simulation numérique des niveaux de champs électromagnétiques ;

4° La fréquence des expositions.

SECTION 9 (RÉGLEMENTAIRE). Dispositions particulières applicables aux équipements d'imagerie par résonance magnétique destinés aux soins des patients dans le secteur de la santé ou à la recherche dans ce domaine encadrant le dépassement des valeurs limites d'exposition relatives aux effets sur la santé

Art. R. 4453-27. Sans préjudice des dispositions prévues aux sections 1 à 8 du présent chapitre, à l'exception de l'article R. 4453-16, les dispositions de la présente section sont applicables à l'installation, à l'essai, à l'utilisation, au développement et à l'entretien des équipements d'imagerie par résonance magnétique destinés aux soins des patients dans le secteur de la santé ou à la recherche dans ce domaine lorsque les mesures de prévention mises en place par l'employeur au titre de l'article R. 4453-13 ne permettent pas de maintenir l'exposition des travailleurs en deçà des valeurs limites d'exposition relatives aux effets sur la santé.

Art. R. 4453-28. L'employeur démontre l'absence d'alternative possible au dépassement des valeurs limites d'exposition relatives aux effets sur la santé compte tenu de la pratique de travail et consigne la justification dans le document d'évaluation des risques.

L'employeur demande l'avis du médecin du travail et celui du (D. 2017-1819 du 29 déc. 2017, art. 3, 56°, JO 30, entrée en vigueur le 01.01.2018) « comité social et économique ».

Art. R. 4453-29. L'employeur définit les mesures et moyens de protection appropriés garantissant que :

1° Les travailleurs sont protégés contre les effets nocifs pour la santé et les risques pour la sécurité ;

2° L'exposition du travailleur ne soit que temporaire ;

3° Le travailleur ne fait l'objet d'aucune contre-indication médicale ;

4° L'accès au poste de travail fait l'objet d'une habilitation nominative délivrée par l'employeur, renouvelée si la pratique de travail le nécessite.

Art. R. 4453-30. L'employeur complète le dispositif prévu à l'article R. 4453-25 permettant aux travailleurs de signaler l'apparition de tout autre effet.

Après chaque signalement, l'employeur met à jour, si nécessaire, l'évaluation des risques prévue à l'article R. 4453-6 et adapte les moyens et mesures de prévention mis en œuvre au titre de la présente section.

Art. R. 4453-31. L'employeur demande l'autorisation de dépasser, dans les conditions prévues à la présente section, les valeurs limites d'exposition relatives aux effets sur la santé au directeur régional des entreprises, de la concurrence, de la consommation, du travail et de l'emploi.

Art. R. 4453-32. La demande d'autorisation comprend :

1° La dénomination et le siège social de l'entreprise et l'adresse de l'établissement ;

2° Le nom et l'adresse du service de santé au travail dont il relève ;

3° Le nom et la qualité du conseiller à la prévention des risques liés aux champs électromagnétiques désigné par l'employeur ;

4° Le résultat de l'évaluation des risques d'exposition aux champs électromagnétiques ;

5° Les circonstances qui justifient cette démarche ;

6° Les mesures et moyens de protection envisagés ;

7° La liste des postes de travail concernés ;

8° Le cas échéant, les dispositions particulières prises dans le cadre de travaux réalisés par une entreprise extérieure ;

9° L'avis du médecin du travail et l'avis du (D. 2017-1819 du 29 déc. 2017, art. 3, 47°, JO 30, entrée en vigueur le 01.01.2018) « comité social et économique ».

Art. R. 4453-33. I. – Le directeur régional des entreprises, de la concurrence, de la consommation, du travail et de l'emploi saisi d'une demande d'autorisation, prend sa décision dans un délai de deux mois, après enquête de l'agent de contrôle de l'inspection du travail mentionné à l'article L. 8112-1.

II. – Le silence gardé par le directeur régional des entreprises, de la concurrence, de la consommation, du travail et de l'emploi pendant deux mois à la demande d'autorisation mentionnée au I vaut rejet de celle-ci.

Art. R. 4453-34. L'autorisation du directeur régional des entreprises, de la concurrence, de la consommation, du travail et de l'emploi peut être retirée lorsque les conditions ayant justifié sa délivrance ne sont plus réunies.

TITRE VI

AUTRES RISQUES

Chapitre Ier

Prévention des risques en milieu hyperbare

Note Les dispositions réglementaires de ce chapitre sont issues du décret 2011-45 du 11 janvier 2011, JO 13.

Art. L. 4461-1. (L. 2019-486 du 22 mai 2019, art. 11, VI, 9°, JO 23, entrée en vigueur le 01.01.2020) Par dérogation aux articles L. 1111-2 et L. 1111-3, pour l'application du chapitre Ier du titre VI du livre IV de la quatrième partie de la partie réglementaire, un décret en Conseil d'État fixe les conditions dans lesquelles l'effectif salarié et les règles de franchissement des seuils d'effectif sont déterminés.

SECTION 1 (RÉGLEMENTAIRE). Définitions et dispositions générales

Art. R. 4461-1. Les dispositions du présent chapitre s'appliquent dès lors que des travailleurs sont exposés à une pression relative supérieure à 100 hectopascals dans l'exercice des activités suivantes réalisées avec ou sans immersion :

1° Travaux hyperbares exécutés par des entreprises soumises à certification et dont la liste est fixée par l'arrêté prévu à l'article R. 4461-48, en tenant compte de la nature et de l'importance du risque, comprenant notamment les travaux industriels, de génie civil ou maritimes ;

2° Interventions en milieu hyperbare réalisées à d'autres fins que celles des travaux mentionnés au 1°, notamment dans le cadre d'activités physiques ou sportives, culturelles, scientifiques, techniques, maritimes, aquacoles, médicales, de sécurité, de secours et de défense.

Art. R. 4461-2. La pression relative considérée par le présent chapitre est la pression absolue au niveau des voies respiratoires du travailleur, au moment où elle atteint sa valeur maximale pendant la durée de travail, diminuée de la pression atmosphérique locale.

SECTION 2 (RÉGLEMENTAIRE). Évaluation des risques

Sous-section 1. Document unique

Art. R. 4461-3. Dans le cadre de l'évaluation des risques prévue à l'article R. 4121-1, l'employeur consigne en particulier les éléments suivants dans le document unique d'évaluation :

1° Le niveau, le type et la durée d'exposition au risque hyperbare des travailleurs ;

2° L'incidence sur la santé et la sécurité des travailleurs exposés à ce risque ;

3° L'incidence sur la santé et la sécurité des autres risques liés aux interventions et leurs interactions avec le risque hyperbare ;

4° Les variables d'environnement tels que les courants, la météorologie, la température, la turbidité et tout autre élément ayant une incidence sur les conditions d'intervention ;

5° Les caractéristiques techniques des équipements de travail ;

6° Les recommandations spécifiques du médecin du travail concernant la surveillance de la santé des travailleurs.

Sous-section 2. **Conseiller à la prévention hyperbare**

Art. R. 4461-4. I. – L'employeur désigne une personne chargée d'assurer la fonction de conseiller à la prévention hyperbare. Sous la responsabilité de l'employeur, ce conseiller participe notamment :

1° À l'évaluation des risques prévue à l'article R. 4461-3 ;

2° À la mise en œuvre de toutes les mesures propres à assurer la santé et la sécurité des travailleurs intervenant en milieu hyperbare ;

3° À l'amélioration continue de la prévention des risques à partir de l'analyse des situations de travail.

II. – Ne peut être désigné en qualité de conseiller à la prévention hyperbare que le travailleur titulaire du certificat prévu au II de l'article R. 4461-27.

La durée de validité de ce certificat ainsi que les conditions de son renouvellement sont fixées par l'arrêté prévu à l'article R. 4461-30.

III. – Dans les entreprises de moins de (D. 2019-1586 du 31 déc. 2019, JO 1er janv. 2020, entrée en vigueur le 01.01.2020) « onze » salariés, l'employeur peut occuper cette fonction à la condition d'être titulaire du certificat mentionné au II ci-dessus.

(D. 2019-1586 du 31 déc. 2019, JO 1er janv. 2020, entrée en vigueur le 01.01.2020) « L'effectif salarié ainsi que le franchissement du seuil de onze salariés sont déterminés selon les modalités prévues à l'article L. 130-1 du code de la sécurité sociale. »

Art. R. 4461-5. L'employeur porte à la connaissance de chaque travailleur amené à intervenir en milieu hyperbare le nom et les coordonnées du conseiller à la prévention hyperbare mentionné à l'article R. 4461-4.

SECTION 3 (RÉGLEMENTAIRE). Mesures et moyens de prévention

Sous-section 1. **Organisation du travail en milieu hyperbare**

§ 1. Procédures et méthodes d'intervention, procédures de secours et manuel de sécurité hyperbare

Art. R. 4461-6. Les procédures, et leurs paramètres, retenues pour les différentes méthodes d'intervention ou d'exécution de travaux sont fixées par des arrêtés conjoints du ministre chargé du travail et, chacun en ce qui le concerne, des ministres intéressés.

Chaque arrêté précise notamment :

1° Les gaz ou mélanges gazeux respiratoires autorisés, en application des dispositions de la sous-section 2 ci-après ;

2° Les durées d'intervention ou d'exécution des travaux, tenant compte de l'exposition du travailleur ;

3° Les caractéristiques et conditions d'utilisation des appareils respiratoires ;

4° La composition des équipes lorsque, par dérogation aux dispositions de la section 5 du présent chapitre, il est nécessaire que celles-ci soient renforcées pour tenir compte des méthodes et conditions d'intervention ou d'exécution de travaux particulières, en milieu hyperbare ;

5° Les prescriptions d'utilisation applicables aux enceintes pressurisées habitées, notamment aux caissons de recompression, aux systèmes de plongées à saturation, aux caissons hyperbares thérapeutiques, aux tourelles de plongées, aux bulles de plongées et aux caissons hyperbares des tunneliers ;

6° Les procédures et moyens de compression et de décompression ;

7° Les méthodes d'intervention et d'exécution de travaux ainsi que les procédures de secours et la conduite à tenir devant les accidents liés à l'exposition au risque hyperbare.

Art. R. 4461-7. L'employeur établit, pour chacun de ses établissements, un manuel de sécurité hyperbare, en tenant compte des résultats de l'évaluation des risques consignés dans le document unique prévu à l'article R. 4461-3.

Ce manuel précise notamment :

1° Les fonctions, compétences et les rôles respectifs des différentes catégories de travailleurs intervenant lors des opérations ;

2° Les équipements requis selon les méthodes d'intervention employées par l'entreprise et les vérifications devant être effectuées avant leur mise en œuvre ;

3° Les règles de sécurité à observer au cours des différents types d'opérations ainsi que celles à respecter préalablement et ultérieurement à ces opérations, en particulier dans les déplacements entraînant des modifications de pression ayant des conséquences sur la santé et en cas d'intervention dans les conditions mentionnées à l'article R. 4461-49 ;

4° Les éléments devant être pris en compte par les travailleurs lors du déroulement des opérations tels que les caractéristiques des lieux, les variables d'environnement, les interférences avec d'autres opérations, la pression relative ;

5° Les méthodes d'intervention et d'exécution des travaux ;

6° Les procédures d'alerte et d'urgence, les moyens de secours extérieurs à mobiliser, les moyens de recompression disponibles et leur localisation.

Art. R. 4461-8. Le manuel de sécurité hyperbare, établi en liaison avec le conseiller à la prévention hyperbare, est soumis à l'avis préalable du médecin du travail et du (D. 2017-1819 du 29 déc. 2017, art. 3, 43°, JO 30, entrée en vigueur le 01.01.2018) « comité social et économique ».

Il est mis à jour périodiquement notamment à l'occasion de toute modification importante des conditions d'intervention ou d'exécution de travaux.

Art. R. 4461-9. L'employeur remet un exemplaire du manuel de sécurité hyperbare au conseiller à la prévention hyperbare qui veille à la disponibilité de ce manuel sur le site d'intervention ou de travaux.

L'employeur le tient à la disposition des travailleurs et du (D. 2017-1819 du 29 déc. 2017, art. 3, 43°, JO 30, entrée en vigueur le 01.01.2018) « comité social et économique ».

À bord des navires, le manuel de sécurité hyperbare est également tenu à la disposition des délégués de bord mentionnés à l'article L. 5543-2 du code des transports.

Art. R. 4461-10. L'employeur établit, sur la base de l'évaluation des risques réalisée pour chaque poste de travail et mentionnée à l'article R. 4461-3, une notice de poste remise à chaque travailleur afin de l'informer sur les risques auxquels son travail peut l'exposer et les dispositions prises pour les éviter ou les réduire. Cette notice, tenue à jour, rappelle les règles d'hygiène et de sécurité applicables ainsi que, le cas échéant, les consignes relatives à l'emploi des mesures de protection collective ou des équipements de protection individuelle.

Art. R. 4461-11. Lorsque le chef de l'entreprise utilisatrice fait intervenir une entreprise extérieure ou un travailleur indépendant, il assure la coordination générale des mesures de prévention qu'il prend et de celles prises par le chef de l'entreprise extérieure ou le travailleur indépendant, conformément aux dispositions des articles R. 4511-1 et suivants.

Il transmet les consignes particulières applicables à l'établissement en matière de prévention du risque hyperbare aux chefs des entreprises extérieures ou aux travailleurs indépendants auxquels il fait appel. Il leur remet notamment le manuel de sécurité hyperbare applicable à l'établissement au sein duquel ils sont appelés à intervenir.

Chaque chef d'entreprise est responsable, chacun en ce qui le concerne, de l'application des mesures de prévention nécessaires à la protection des travailleurs qu'il emploie, notamment de la fourniture, de l'entretien et du contrôle des appareils et mesures de protection collective et des équipements de protection individuelle.

Des accords peuvent être conclus entre le chef de l'entreprise utilisatrice et les chefs des entreprises extérieures ou les travailleurs indépendants concernant les modalités de mise à disposition des moyens de protection collective, des appareils et des équipements de protection individuelle, ainsi que des gaz respiratoires.

§ 2. Fiche de sécurité

Art. R. 4461-12. L'employeur s'assure de l'adéquation des qualifications et de l'aptitude médicale de chaque travailleur avec la fonction qu'il lui a confiée.

Art. R. 4461-13. Sur le site d'intervention ou de travaux hyperbares, pour chaque intervention à des fins de travaux ou à d'autres fins, l'employeur établit une fiche de sécurité sur laquelle il indique :

1° La date et le lieu de l'intervention ou des travaux ;

2° L'identité des travailleurs concernés ainsi que leur fonction et, s'il s'agit de travailleurs indépendants ou de salariés d'une entreprise extérieure, l'identification de celle-ci ;

3° Les paramètres relatifs à l'intervention ou aux travaux, notamment les durées d'exposition et les pressions relatives ;

4° Les mélanges utilisés.

Un modèle de ce document est intégré dans le manuel de sécurité hyperbare.

Sous-section 2. **Règles techniques**

§ 1. Gaz et mélanges gazeux respiratoires

Sous-§ 1. Principes

Art. R. 4461-14. Sauf pour les interventions en apnée mentionnées à l'article R. 4461-42, les interventions et travaux en milieu hyperbare sont pratiqués en respirant de l'air, un autre mélange gazeux ou de l'oxygène pur dans les conditions fixées à la présente sous-section.

Art. R. 4461-15. L'employeur détermine le gaz respiratoire le plus approprié aux conditions de travail.

Art. R. 4461-16. La respiration d'air comprimé est autorisée jusqu'à la pression relative de 6 000 hectopascals. Au-delà de 6 000 hectopascals, des mélanges respiratoires spécifiques doivent être utilisés.

Sous-§ 2. Composition des gaz

Art. R. 4461-17. Sans préjudice des valeurs limites d'exposition professionnelle fixées aux articles R. 4222-10, R. 4412-149 et R. 4412-150, l'air ou les mélanges respirés au cours des interventions et travaux doivent présenter les caractéristiques suivantes :

1° S'agissant du gaz carbonique, une pression partielle inférieure à 10 hectopascals ;

2° S'agissant du monoxyde de carbone, une pression partielle inférieure à 5 pascals ;

3° S'agissant de la vapeur d'eau, pour les expositions d'une durée supérieure à 24 heures, un degré hygrométrique compris entre 60 pour 100 et 80 pour 100 ;

4° S'agissant des vapeurs d'huile, une pression partielle exprimée en équivalent méthane inférieure à 0,5 hectopascal et une concentration inférieure à 0,5 mg/m^3.

La masse volumique d'un mélange respiratoire ne doit pas excéder 9 grammes par litre à la pression d'utilisation.

Art. R. 4461-18. La pression partielle d'azote dans un mélange respiré doit être inférieure à 5 600 hectopascals.

Art. R. 4461-19. La pression partielle d'oxygène d'un mélange respiré ne doit pas :

I. – Être inférieure à 160 hectopascals et, dans une enceinte hyperbare de travail, être supérieure à 25 pour 100 de la pression (D. 2013-607 du 9 juil. 2013, JO 11) « absolue ».

II. – Dépasser les valeurs suivantes :

1° En période d'activités physiques, en dehors des phases de compression et de décompression et pour des durées continues d'exposition n'excédant pas respectivement 3, 4, 5, 6 et 8 heures : 1 600 hectopascals, 1 400 hectopascals, 1 200 hectopascals, 1 000 hectopascals et 900 hectopascals ;

2° Lors de la phase de décompression en immersion,1 600 hectopascals ;

3° Lors de la phase de décompression au sec, 2 200 hectopascals pour une décompression d'une durée inférieure à 24 heures et 800 hectopascals pour une décompression d'une durée supérieure à 24 heures ;

4° Lors des phases de compression ou de repos à saturation, entre 300 hectopascals et 450 hectopascals ;

5° Lors d'une recompression d'urgence après un accident de décompression, 2 800 hectopascals, sauf prescription médicale différente.

Art. R. 4461-20. Par dérogation au I de l'article R. 4461-19, la respiration d'oxygène pur sous pression avec un appareil de protection respiratoire individuel est autorisée durant les périodes de décompression conformément aux procédures de décompression définies au 6° de l'article R. 4461-6.

§ 2. Équipements de protection individuelle

Art. R. 4461-21. L'employeur met à disposition les équipements de protection individuelle spécifiques à la nature de l'intervention ou des travaux, comprenant notamment les appareils respiratoires, les appareils respiratoires de secours et les accessoires appropriés aux méthodes d'intervention et de secours.

Art. R. 4461-22. Doivent être constamment disponibles pour prévenir une défaillance d'alimentation en gaz respirable :

1° Un réservoir de gaz de secours ou un moyen de contrôle continu de la pression permettant d'alerter le travailleur ;

2° Un dispositif d'alimentation de secours.

§ 3. Contrôle des gaz et détendeurs

Art. R. 4461-23. L'employeur s'assure, en procédant ou en faisant procéder, par analyse, et avant leur utilisation, de :

1° La conformité des gaz respiratoires, fournis par des compresseurs, aux valeurs limites d'exposition professionnelle fixées par la présente sous-section ;

2° La conformité de la teneur en oxygène des mélanges autres que l'air aux valeurs limites d'exposition professionnelle fixées par la présente sous-section ;

3° En cas d'utilisation de mélanges binaires ou ternaires, la conformité de la teneur en azote et, le cas échéant, en hélium.

Art. R. 4461-24. L'employeur consigne les résultats des analyses mentionnées à l'article R. 4461-23 et les tient à disposition des personnes mentionnées à l'article R. 4121-4.

Lorsque les gaz sont destinés à être utilisés par une entreprise extérieure, ils sont accompagnés d'une fiche mentionnant le résultat de ces analyses.

Art. R. 4461-25. L'employeur assure la maintenance et le contrôle des détendeurs destinés à ramener la pression du gaz d'un réservoir à la pression d'utilisation.

Art. R. 4461-26. Un arrêté conjoint du ministre chargé du travail et, chacun en ce qui le concerne, des ministres intéressés précise la périodicité et les modalités selon lesquelles sont effectuées :

1° Les analyses de gaz prévues à l'article R. 4461-23 ;

2° Les opérations de maintenance et de contrôle prévues à l'article R. 4461-25.

SECTION 4 (RÉGLEMENTAIRE). Formation

Sous-section 1. Certificat d'aptitude à l'hyperbarie et certificat de conseiller à la prévention hyperbare

Art. R. 4461-27. I. – Seuls peuvent intervenir en milieu hyperbare les travailleurs titulaires d'un certificat d'aptitude à l'hyperbarie délivré à l'issue d'une formation dispensée dans les conditions prévues par la présente section.

II. – Seuls peuvent exercer les fonctions de conseiller à la prévention hyperbare les travailleurs titulaires du certificat mentionné à l'article R. 4461-4 délivré à l'issue d'une formation dispensée dans les conditions prévues par la présente section.

III. – La durée de validité de ces certificats ainsi que les modalités et conditions de leur renouvellement sont fixées par les arrêtés prévus à l'article R. 4461-30.

L'obligation de détention de ces certificats n'est pas applicable aux travailleurs qui justifient d'une formation acquise de façon prépondérante dans l'Union, ou d'un diplôme, certificat ou autre titre délivré dans un État membre de l'Union européenne, ou délivré par une autorité d'un pays tiers, à condition que soit fournie une attestation de l'autorité compétente de l'État membre qui a reconnu le titre, certificat ou un autre titre attestant de la formation et de la qualification de cette personne par une autorité ou d'une formation acquise remplissant les mêmes objectifs pédagogiques que ceux figurant au I du R. 4461-30.

Art. R. 4461-28. I. – Les certificats d'aptitude à l'hyperbarie et de conseiller à la prévention hyperbare indiquent notamment :

1° La mention correspondant à l'activité professionnelle exercée ;

2° La classe définissant, compte tenu de la pression relative maximale, la zone dans laquelle le travailleur peut intervenir ou la zone d'intervention ou de travaux pour laquelle le conseiller à la prévention hyperbare peut proposer les mesures de prévention adaptées.

II. – Les mentions relatives aux activités professionnelles sont définies comme suit :

1° Mention A : Travaux subaquatiques effectués par des entreprises soumises à certification telle que définie à l'article R. 4461-43 ;

2° Mention B : Interventions subaquatiques :

a) Activités physiques ou sportives ;

b) Archéologie sous-marine et subaquatique ;

c) Arts, spectacles et médias ;

d) Cultures marines et aquaculture ;

e) Défense ;

f) Pêche et récoltes subaquatiques ;

g) Secours et sécurité ;

h) Techniques, sciences et autres interventions ;

3° Mention C : Interventions sans immersion :

a) Défense ;

b) Médical ;

c) Secours et sécurité ;

d) Techniques, sciences et autres interventions ;

4° Mention D : Travaux sans immersion effectués par des entreprises soumises à certification telle que définie à l'article R. 4461-43.

III. – Les classes sont définies comme suit :

1° Classe 0 : pour une pression relative maximale n'excédant pas 1 200 hectopascals ;

2° Classe I : pour une pression relative maximale n'excédant pas 3 000 hectopascals ;

3° Classe II : pour une pression relative maximale n'excédant pas 5 000 hectopascals ;

4° Classe III : pour une pression relative supérieure à 5 000 hectopascals.

IV. – Le certificat d'aptitude à l'hyperbarie est accompagné d'un livret de suivi des interventions ou d'exécution de travaux en milieu hyperbare.

Sous-section 2. **Organisation de la formation**

Art. R. 4461-29. Les formations réalisées en vue de la délivrance des certificats d'aptitude à l'hyperbarie et de conseiller à la prévention hyperbare le sont par :

1° Un organisme habilité dans les conditions et selon les modalités définies à la sous-section 3 ci-après, pour les formations donnant lieu à la délivrance d'un certificat d'aptitude à l'hyperbarie mention B, pour les activités suivantes :

a) Archéologie sous-marine et subaquatique ;

b) Secours et sécurité ;

2° Un organisme certifié par un organisme de certification accrédité dans les conditions prévues à l'article R. 4724-1, pour les autres formations.

Art. R. 4461-30. Pour la réalisation des formations, des arrêtés conjoints du ministre chargé du travail et, chacun en ce qui le concerne, des ministres intéressés, fixent :

I. – Pour la réalisation des formations, en tenant compte de l'ampleur et la nature du risque lié à chaque type d'intervention ou de travaux en milieu hyperbare :

1° Les objectifs pédagogiques, la durée des formations des travailleurs intéressés et les conditions d'accès aux formations ;

2° La qualification des personnes chargées de ces formations ;

3° Les modalités de contrôle des connaissances acquises à l'issue des formations ;

4° Les conditions d'organisation de la formation des travailleurs concernés.

II. – Pour la délivrance des certificats prévus aux articles R. 4461-4 et R. 4461-27 :

1° Les conditions de délivrance, la durée de validité et les modalités de renouvellement du certificat d'aptitude à l'hyperbarie et du certificat de conseiller à la prévention hyperbare ;

2° Les informations devant figurer sur le certificat d'aptitude à l'hyperbarie et sur le certificat de conseiller à la prévention hyperbare.

Art. R. 4461-31. Les organismes de formation mentionnés à l'article R. 4461-29 transmettent, dans un délai maximum d'un mois à compter de la délivrance des certificats d'aptitude à l'hyperbarie et de conseiller à la prévention hyperbare, les informations suivantes à un organisme désigné par le ministre chargé du travail :

1° L'identité, la date de naissance et les coordonnées de résidence des titulaires du certificat délivré ;

2° La date de délivrance du certificat ainsi que la mention et la classe obtenues.

Cet organisme centralise, vérifie et consolide ces informations pour constituer et tenir à jour le fichier national des travailleurs hyperbares. Il détermine les modalités pratiques de transmission de ces informations et les porte à la connaissance des organismes de formation mentionnés à l'article R. 4461-29. Il transmet dans un rapport annuel au ministre chargé du travail les éléments statistiques et informations relatifs à ce fichier.

Dans le cadre de leur mission de contrôle, les agents des services de l'inspection du travail et les services déconcentrés de l'État chargés des sports, de l'intérieur et de la mer ont accès sur demande à ces informations individuelles nominatives.

Sous-section 3. **Habilitation, accréditation et certification**

§ 1. Habilitation

Art. R. 4461-32. (D. 2020-733 du 15 juin 2020, art. 8, JO 17) « I. – La demande d'habilitation des organismes de formation, mentionnés au 1° de l'article R. 4461-29, est adressée, par pli recommandé avec demande d'avis de réception :

1° Aux services centraux placés sous l'autorité du ministre chargé de la sécurité civile pour ce qui concerne la mention B " secours et sécurité " ;

2° Aux services placés sous l'autorité du directeur du département des recherches archéologiques subaquatiques et sous-marines pour ce qui concerne la mention B " archéologie sous-marine et subaquatique ". »

II. – Ce dossier comprend des informations relatives :

1° À l'identification de l'organisme ;

2° Aux catégories d'intervention pour lesquelles l'habilitation est demandée ;

3° Aux moyens mis en œuvre ;

4° Aux modalités de financement de ces formations.

Le dossier est réputé complet, si le service instructeur a délivré un accusé de réception ou n'a pas fait connaître, dans le délai d'un mois à compter de sa réception, au demandeur, par lettre recommandée avec demande d'avis de réception, la liste des pièces manquantes ou incomplètes.

(D. 2020-733 du 15 juin 2020, art. 8, JO 17) « III. – Pour l'octroi d'une habilitation à un organisme de formation, l'autorité administrative compétente est :

1° Lorsque la demande d'habilitation relève des services mentionnés au 1° du I, le ministre chargé de la sécurité civile ;

2° Lorsque la demande d'habilitation relève des services mentionnés au 2° du I, le directeur du département des recherches archéologiques subaquatiques et sous-marines.

IV. – L'autorité administrative compétente se prononce dans un délai de deux mois à compter de la présentation d'une demande complète. L'habilitation est réputée acquise au terme de ce délai. En cas d'octroi de l'habilitation, l'autorité administrative compétente en informe l'organisme désigné à l'article R. 4461-29.

L'habilitation est valable pour une durée de trois ans. Elle peut être renouvelée par l'autorité administrative compétente, pour une durée identique, sur demande du titulaire de l'habilitation adressée au plus tard quatre mois avant sa date d'expiration, par lettre recommandée avec demande d'avis de réception. Les dispositions du II s'appliquent à ces demandes de renouvellement. »

Art. R. 4461-33. Pour délivrer l'habilitation mentionnée au 1° de l'article R. 4461-29, l'autorité administrative compétente s'assure en particulier que les modalités et conditions d'organisation répondent aux exigences fixées par les arrêtés mentionnés à l'article R. 4461-30.

Lorsque les modalités et conditions d'organisation ne répondent plus aux exigences fixées par les arrêtés mentionnés à l'article R. 4461-30, l'autorité administrative compétente retire l'habilitation délivrée.

Le retrait est prononcé par décision motivée après l'expiration d'un délai de trente jours suivant la notification d'une mise en demeure au titulaire de l'habilitation précisant les griefs formulés à son encontre.

Art. R. 4461-34. Toutes les modifications portant sur les 2°, 3° et 4° du II de l'article R. 4461-32 sont subordonnées à une autorisation préalable après avoir été transmises à l'autorité administrative compétente par pli recommandé avec demande d'avis de réception. Le silence gardé par l'autorité administrative compétente pendant un délai de trente jours à compter de la date de délivrance de l'accusé de réception du pli recommandé vaut acceptation de ces modifications.

Les modifications portant sur le 1° du II de l'article R. 4461-32 font l'objet d'une déclaration annuelle.

Art. R. 4461-35. L'habilitation mentionnée au 1° de l'article R. 4461-29 délivrée par l'autorité administrative compétente devient caduque si :

1° L'organisme de formation n'a pas mis en œuvre de formation dans les douze mois qui suivent sa délivrance ;

2° L'organisme de formation n'a pas mis en œuvre de formation pendant douze mois consécutifs.

Toutefois, les dispositions des 1° et 2° ne trouvent pas à s'appliquer lorsque l'autorité administrative compétente prend une décision en ce sens en raison de circonstances particulières.

§ 2. Accréditation et certification

Art. R. 4461-36. Pour obtenir l'accréditation prévue au 2° de l'article R. 4461-29, l'organisme candidat doit remplir les conditions prévues par le référentiel d'accréditation défini par le Comité français d'accréditation (COFRAC) mentionné à l'article R. 4724-1.

Des arrêtés conjoints du ministre chargé du travail et, chacun en ce qui le concerne, des ministres intéressés déterminent les garanties minimales que doivent présenter les organismes de formation mentionnés au 2° de l'article R. 4461-29, notamment en ce qui concerne :

1° La qualification des personnes chargées de la formation ;

2° Les méthodes et capacités pédagogiques adaptées au but poursuivi ;

3° La capacité d'évaluation préalable des candidats au regard de leur compétence professionnelle ou de leur diplôme ;

4° La capacité de se conformer au référentiel de formation comprenant les éléments figurant au I du R. 4461-30 ;

5° La capacité à assurer un contrôle des connaissances et des acquis.

SECTION 5 (RÉGLEMENTAIRE). Organisation des interventions et travaux en milieu hyperbare

Sous-section 1. Dispositions communes

Art. R. 4461-37. Les interventions et travaux en milieu hyperbare ne peuvent être effectués par une personne seule sans surveillance.

Art. R. 4461-38. En application des dispositions réglementaires qui s'appliquent à son établissement, prévues à l'article R. 4461-6, l'employeur adapte la composition de l'équipe d'intervention ou de travaux en fonction de la nature et de l'ampleur du risque.

Art. R. 4461-39. L'employeur s'assure que les méthodes et conditions d'intervention et d'exécution des travaux sont consignées sur le livret individuel hyperbare de chaque travailleur, mentionné au IV de l'article R. 4461-28.

Sous-section 2. Dispositions spécifiques aux interventions en milieu hyperbare

§ 1. Équipe d'intervention

Art. R. 4461-40. Les équipes réalisant une intervention en milieu hyperbare, mentionnée au 2° de l'article R. 4461-1, sont constituées d'au moins deux personnes :

1° Un opérateur intervenant en milieu hyperbare titulaire du certificat d'aptitude à l'hyperbarie ;

2° Un surveillant, formé pour donner en cas d'urgence les premiers secours, qui veille à la sécurité des travailleurs intervenant en milieu hyperbare à partir d'un lieu adapté soumis à la pression atmosphérique locale et regroupant les moyens de communication, d'alerte et de secours.

Art. R. 4461-41. Au cours d'une intervention en milieu hyperbare, les travailleurs peuvent occuper alternativement des fonctions différentes au sein de l'équipe sous réserve qu'ils aient les compétences et aptitudes requises conformément au 1° de l'article R. 4461-7.

§ 2. Interventions en apnée

Art. R. 4461-42. I. – La pratique de l'apnée est autorisée pour les travailleurs disposant d'un certificat d'aptitude mention B « activités physiques ou sportives ». Les conditions d'exercice de cette pratique sont celles déterminées au chapitre II du titre II du livre III du code du sport.

II. – Pour les travailleurs titulaires d'un certificat comportant une autre des mentions B visées au II de l'article R. 4461-28, la pratique de l'apnée est autorisée sous réserve que la pression relative d'exposition ne soit pas supérieure à 1 000 hectopascals.

Des arrêtés conjoints des ministres chargés du travail, et, chacun en ce qui le concerne, des ministres intéressés précisent les activités ouvertes à cette pratique et les conditions et modalités d'exercice des interventions en apnée.

Sous-section 3. **Dispositions spécifiques aux travaux en milieu hyperbare**

Art. R. 4461-43. Les travaux en milieu hyperbare, mentionnés au 1° de l'article R. 4461-1, ne peuvent être effectués que par des entreprises ayant obtenu un certificat délivré par un organisme de certification, accrédité dans les conditions de l'article R. 4724-1.

Art. R. 4461-44. Les entreprises de travail temporaire qui mettent à disposition des travailleurs pour la réalisation de travaux mentionnés à l'article R. 4461-43 sont soumises aux obligations de ce même article.

§ 1. Équipe de travaux

Art. R. 4461-45. Les équipes réalisant des travaux en milieu hyperbare, mentionnés au 1° de l'article R. 4461-1, sont constituées d'au moins trois personnes entre lesquelles sont réparties les cinq fonctions suivantes :

1° Un opérateur intervenant en milieu hyperbare, titulaire du certificat d'aptitude à l'hyperbarie mentionné à l'article R. 4461-27 ;

2° Un aide opérateur chargé de l'environnement de travail de l'opérateur, titulaire du certificat d'aptitude à l'hyperbarie mentionné à l'article R. 4461-27 ;

3° Un opérateur de secours chargé, en cas de situation anormale de travail, de prêter assistance à l'opérateur intervenant en milieu hyperbare ;

4° Un surveillant qui veille à la sécurité des travailleurs intervenant en milieu hyperbare à partir d'un lieu adapté soumis à la pression atmosphérique locale et regroupant les moyens de communication, d'alerte et de secours et chargé notamment de la gestion des paramètres du milieu hyperbare et de la communication avec l'opérateur ;

5° Un chef d'opération hyperbare chargé, sous la responsabilité de l'employeur, de s'assurer de la mise en œuvre des mesures de prévention des risques prévues dans le manuel de sécurité hyperbare sur le site et de la coordination de l'équipe. Il s'assure que les méthodes et conditions d'intervention sont consignées sur le livret individuel hyperbare de chaque travailleur.

Art. R. 4461-46. Au cours de travaux en milieu hyperbare, les travailleurs peuvent occuper alternativement des fonctions différentes au sein de l'équipe sous réserve qu'ils aient les compétences requises conformément au 1° de l'article R. 4461-7.

Dans les conditions prévues au 4° de l'article R. 4461-6, les fonctions suivantes peuvent être cumulées au sein d'une même équipe de travaux :

Chef d'opération hyperbare et surveillant ;

Aide opérateur et opérateur de secours.

§ 2. Équipements de travail

Art. R. 4461-47. L'équipement de travail s'entend comme comprenant l'ensemble des éléments permettant :

1° L'exécution de travaux en situation d'hyperbarie ;

2° La surveillance des travailleurs en situation d'hyperbarie ;

3° La production, le transfert, le stockage, la distribution et le contrôle des gaz respiratoires ;
4° Les secours.

Un arrêté conjoint des ministres chargés du travail et de l'agriculture précise les spécifications techniques et opérationnelles auxquelles doivent satisfaire ces équipements.

§ 3. Dispositif de certification

Art. R. 4461-48. Un arrêté conjoint des ministres chargés du travail, de la mer, de l'intérieur, de l'agriculture et de la culture détermine :
1° Les modalités et conditions d'accréditation des organismes chargés de la certification ;
2° Les modalités et conditions de certification des entreprises en tenant compte de leurs compétences techniques et du secteur d'activité dans lequel elles peuvent intervenir ;
3° La liste des activités ou des catégories d'activités pour lesquelles cette certification est requise.

SECTION 6 (RÉGLEMENTAIRE). Situations exceptionnelles d'interventions et de travaux exécutés en milieu hyperbare

Art. R. 4461-49. Dans le cas de la survenance d'un événement impromptu nécessitant la modification ponctuelle de l'organisation de travail initialement définie, l'employeur peut demander au travailleur de déroger aux pressions maximales autorisées par son certificat d'aptitude à l'hyperbarie, sous réserve de mettre en œuvre les mesures de sécurité nécessaires telles que définies au 3° de l'article R. 4461-7.

Il consigne cette intervention dans le livret individuel hyperbare du travailleur concerné.

Ce travailleur, qui accepte cette intervention, ne peut être conduit à dépasser les valeurs de pression relative maximale suivantes :
1° Pour la classe I : 4 000 hectopascals ;
2° Pour la classe II : 6 000 hectopascals.

Le refus ne peut être constitutif d'une faute du salarié entraînant une sanction disciplinaire.

Chapitre II (réglementaire)

Prévention du risque pyrotechnique

Note Ce chapitre a été introduit par le décret 2013-973 du 29 octobre 2013, JO 31, entrée en vigueur le 01.07.2014.

SECTION 1. Champ d'application et définitions

Art. R. 4462-1. I. – Les dispositions du présent chapitre déterminent les prescriptions particulières s'appliquant à tous les employeurs mentionnés par l'article L. 4111-1 qui effectuent les activités pyrotechniques suivantes :

La fabrication, l'étude, l'expérimentation, le contrôle, le conditionnement, la conservation, la destruction de substances ou d'objets explosibles destinés à être utilisés pour les effets de leur explosion ou à des fins pyrotechniques, la démolition ou le démantèlement d'équipements ou de bâtiments pyrotechniques.

Ne relèvent pas des dispositions du présent chapitre les activités pyrotechniques suivantes :
1° La conservation, le montage ou le démontage d'objets pyrotechniques, dont le fonctionnement n'induit aucun effet pyrotechnique extérieur à leur enveloppe ;
2° L'utilisation des substances ou d'objets explosifs pour les effets de leur fonctionnement.

II. – Sont exclues du champ d'application du présent chapitre les activités pyrotechniques se déroulant :
1° À bord des navires ou sur des plates-formes de forage en mer ;
2° Lors des opérations de déminage, désobusage et débombage effectuées par le ministre de l'intérieur et le ministre de la défense en application du décret n° 76-225 du 4 mars 1976 modifié fixant les attributions respectives du ministre de l'intérieur et du ministre de la défense en matière de recherche, de neutralisation, d'enlèvement et de destruction des munitions et explosifs ;

3° Dans les chantiers de dépollution pyrotechnique relevant de l'article 1er du décret n° 2005-1325 du 26 octobre 2005 modifié relatif aux règles de sécurité applicables lors des travaux réalisés dans le cadre d'un chantier de dépollution pyrotechnique ;

4° Dans les espaces de vente des magasins auxquels sont applicables les dispositions relatives aux munitions et artifices du règlement de sécurité, contre les risques d'incendie et de panique dans les établissements recevant du public (ERP), approuvé en application de l'article R. 123-12 du code de la construction et de l'habitation ;

5° Dans les installations de stockage momentané, dûment déclarées à l'autorité compétente, d'articles pyrotechniques avant un spectacle pyrotechnique, lorsque la quantité totale de matière active n'atteint pas le seuil du régime de la déclaration prévu à la rubrique 1311 de la colonne A de l'annexe à l'article R. 511-9 du code de l'environnement et lorsque la durée du stockage momentané n'excède pas quinze jours ;

6° Dans les installations de stockage des munitions de la division de risque 1.4, telle que définie par la directive 2008/68/CE du 24 septembre 2008 relative au transport intérieur des marchandises dangereuses, qui relèvent du ministère de l'intérieur ;

7° Dans les installations, autres que celles qui sont mentionnées au 6°, de stockage des munitions de la division de risque 1.4 S en emballage admis au transport et dont la quantité totale de matière active est inférieure à 20 kg ;

8° Lors de l'armement et du désarmement des plates-formes de combat et des unités de combat.

Art. R. 4462-2. Pour l'application du présent chapitre, on entend par :

1° " Substance ou mélange explosible " toute substance ou tout mélange de substances solide ou liquide qui est en soi susceptible, par réaction chimique, de dégager des gaz à une température, une pression et une vitesse telles qu'il en résulte des dégâts dans la zone environnante. Les substances pyrotechniques sont incluses dans cette définition, même si elles ne dégagent pas de gaz ;

2° " Substance ou mélange pyrotechnique " toute substance ou tout mélange de substances destiné à produire un effet calorifique, lumineux, sonore, gazeux ou fumigène, ou une combinaison de ces effets à la suite de réactions chimiques exothermiques autoentretenues non détonantes ;

3° " Substance ou objet explosif " toute substance explosible ou tout objet contenant une ou plusieurs substances ou mélanges explosibles destiné à être utilisé pour les effets de leur explosion ou à des fins pyrotechniques ;

4° " Poste de travail " toute zone affectée à l'exécution d'une tâche par un ou plusieurs travailleurs pouvant englober la zone de conservation temporaire des produits dans le flux associé ;

5° " Emplacement de travail " toute zone dans laquelle un ou plusieurs travailleurs sont appelés à se déplacer pour effectuer un travail défini. Cette zone peut inclure un ou plusieurs postes de travail ;

6° " Installation pyrotechnique " tout local, toute aire de chargement et de déchargement, de stationnement, de contrôle, d'expérimentation, de destruction, unité mobile de fabrication ou véhicule de transport, relevant de l'employeur, contenant ou mettant en œuvre une substance ou un objet explosif ;

7° " Enceinte pyrotechnique " la partie parfaitement délimitée du site où sont implantées des installations pyrotechniques ;

8° " Site " tout lieu où se situent une ou plusieurs installations relevant d'un employeur ;

9° " Site pyrotechnique multiemployeurs " tout lieu dont l'accès est réglementé et surveillé en permanence dans lequel se situent plusieurs installations fixes relevant d'employeurs différents, et dont au moins une est une installation pyrotechnique ;

10° " Événement pyrotechnique " toute détonation, déflagration, combustion ou décomposition de substances ou d'objets explosifs, non contrôlée ;

11° " Effet pyrotechnique " tout phénomène physique de surpression ou de projection d'éclats, thermique, toxique et tellurique, survenant à la suite d'un événement pyrotechnique ;

12° " Effet domino " tout événement pyrotechnique survenant dans une ou plusieurs installations dont les effets déclenchent un autre événement sur une autre installation, conduisant à une aggravation générale des effets du premier événement ;

13° " Gravité " l'importance des dommages prévisibles subis par les personnes ou les biens exposés aux effets d'un événement pyrotechnique ;

14° " Risque pyrotechnique " la combinaison de la probabilité d'être exposé aux effets pyrotechniques et de la gravité de ces effets ;

15° " Siège potentiel d'événement pyrotechnique " tout lieu de présence de substance ou d'objet explosif ;

16° " Siège exposé " tout emplacement de travail ou installation, à l'intérieur d'un site ou d'un site pyrotechnique multiemployeurs, exposé aux effets pyrotechniques survenant dans un siège potentiel d'événement pyrotechnique ;

17° " Périmètre de sécurité " toute zone où la présence de toute personne est interdite, dans laquelle sont circonscrits l'ensemble des effets d'un événement pyrotechnique résultant du fonctionnement volontaire d'une substance ou d'un objet explosif lors d'une expérimentation ou d'un contrôle, ou survenant lors de la destruction d'une substance ou d'un objet explosif.

SECTION 2. L'étude de sécurité

Art. R. 4462-3. [I. –] En complément du document unique d'évaluation des risques prévu à l'article R. 4121-1, l'employeur rédige une étude de sécurité, pour chaque activité pyrotechnique mentionnée à l'article R. 4462-1 ainsi que pour les activités de chargement et de déchargement des substances ou objets explosifs afin de :

1° Déceler toutes les possibilités d'événements pyrotechniques et établir, dans chaque cas, leur nature et les risques encourus par les travailleurs ;

2° Déterminer les mesures à prendre pour éviter les événements pyrotechniques et limiter leurs conséquences.

Chaque étude de sécurité justifie le dimensionnement des dispositifs de réduction des effets et définit l'étendue du périmètre de sécurité à retenir lors des tirs de contrôle, d'expérimentation ou de destruction.

Chaque étude de sécurité fait l'objet d'un examen par l'employeur au minimum tous les cinq ans afin de vérifier que les conditions de sécurité des travailleurs ne sont pas modifiées.

L'employeur consulte le (D. 2017-1819 du 29 déc. 2017, art. 3, 57°, JO 30, entrée en vigueur le 01.01.2018) « comité social et économique [qui peut] », en tant que de besoin, se faire assister d'un expert, sur toute étude de sécurité.

II. – Un arrêté des ministres chargés du travail et de l'agriculture précise le contenu de l'étude de sécurité, qui est adapté pour les unités mobiles de fabrication, et qui comprend :

1° Une description du site ou site pyrotechnique multiemployeurs, de chacune des installations pyrotechniques et de son voisinage ;

2° Une description détaillée des substances ou objets explosifs, de leurs caractéristiques et de leurs sensibilités aux sollicitations accidentelles ;

3° Une évaluation des risques permettant d'identifier les événements pyrotechniques susceptibles de se produire et d'analyser leurs causes ;

4° Les mesures de prévention et de protection à prendre pour éviter la survenance de tels événements ou leur répétition et limiter leurs conséquences.

Art. R. 4462-4. Toute modification apportée à l'activité ou aux équipements d'une installation pyrotechnique ou toute modification apportée à proximité d'une installation pyrotechnique fixe pouvant avoir un effet sur les mesures de prévention et de protection retenues dans cette installation fait l'objet d'une analyse de sécurité rédigée par l'employeur permettant de juger du caractère notable ou non de cette modification.

Une modification est considérée comme notable dans les cas suivants :

1° Présence de nouvelles substances ou de nouveaux objets explosifs au poste de travail ;

2° Modification de l'étendue des zones d'effets pyrotechniques retenues pour l'installation pyrotechnique considérée ;

3° Augmentation de la probabilité d'occurrence d'un événement pyrotechnique ;

4° Création d'un nouveau poste de travail au sein de l'installation pyrotechnique considérée ;

5° Augmentation du nombre de travailleurs exposés ;

6° Création d'une situation de non-conformité.

Dès lors qu'une modification est considérée comme notable, chaque étude de sécurité concernée par cette modification fait l'objet d'une nouvelle approbation, conformément aux dispositions de l'article R. 4462-30.

Si la modification n'est pas considérée comme notable, l'analyse de sécurité rédigée par l'employeur est versée au dossier de sécurité défini à l'article R. 4462-34.

L'employeur informe le (D. 2017-1819 du 29 déc. 2017, art. 3, 49°, JO 30, entrée en vigueur le 01.01.2018) « comité social et économique » de toute analyse de sécurité visée par cet article.

Art. R. 4462-5. I. – Lorsque les travailleurs d'une entreprise extérieure réalisent une activité pyrotechnique mentionnée à l'article R. 4462-1, à l'intérieur du site d'une entreprise utilisatrice au sens de l'article R. 4511-1, l'étude de sécurité de cette activité est communiquée par l'employeur de l'entreprise extérieure à l'entreprise utilisatrice. Les conclusions de l'étude de sécurité effectuée par l'entreprise extérieure sont annexées au plan de prévention défini à l'article R. 4512-6.

Dans le cas où les travailleurs de l'entreprise extérieure et ceux de l'entreprise utilisatrice effectuent ensemble une même activité pyrotechnique, une seule étude de sécurité est rédigée par l'employeur de l'entreprise utilisatrice puis validée par l'employeur de l'entreprise extérieure.

Dans tous les cas mentionnés aux alinéas ci-dessus, les (D. 2017-1819 du 29 déc. 2017, art. 3, 58°, JO 30, entrée en vigueur le 01.01.2018) « comités sociaux et économiques » de l'entreprise extérieure et de l'entreprise utilisatrice sont consultés sur cette étude.

II. – Lorsque les travailleurs d'une entreprise extérieure réalisent une activité non pyrotechnique dans une installation pyrotechnique de l'entreprise utilisatrice au sens de l'article R. 4511-1, les conclusions de l'étude (ou des études) de sécurité de l'activité (ou des activités) pyrotechnique (s) de l'installation pyrotechnique sont reportées dans le plan de prévention défini à l'article R. 512-6.

III. – Pour les activités de chargement et de déchargement de substances ou d'objets explosifs effectuées par les travailleurs d'une entreprise extérieure, les conclusions de l'étude de sécurité relative aux activités de chargement et de déchargement de substances ou d'objets explosifs ainsi que les conclusions du document cité à l'article R. 4462-14 sont reportées dans le protocole de sécurité prévu à l'article R. 4515-4.

IV. – Pour l'ensemble des activités mentionnées au premier alinéa de l'article R. 4462-3 qui sont réalisées sur les chantiers de bâtiment ou de génie civil soumis à l'obligation de coordination prévue à l'article L. 4532-2, les conclusions de l'étude (ou des études) de sécurité sont annexées au plan particulier de sécurité et de protection de la santé prévu à l'article L. 4532-9.

SECTION 3. Mesures générales de sécurité

Art. R. 4462-6. L'employeur établit une consigne générale de sécurité qui définit les règles générales d'accès et de sécurité dans les enceintes pyrotechniques et qui comporte :

1° L'interdiction de porter tout article de fumeurs ainsi que l'interdiction, sauf autorisation délivrée par l'employeur, de porter des feux nus, des objets incandescents, des allumettes ou tout autre moyen de mise à feu ;

2° L'interdiction d'introduire, sauf autorisation de l'employeur, des matériels autres que ceux prévus dans les consignes de sécurité relatives à chaque poste de travail pyrotechnique, notamment les matériels qui sont sources de rayonnements électromagnétiques ;

3° L'interdiction pour chaque travailleur de se rendre à un emplacement de travail sans motif de service. Sous réserve de l'observation des consignes de sécurité, cette interdiction ne s'applique pas aux représentants du personnel dans l'exercice des fonctions qui leur sont confiées par les lois et règlements ;

4° L'interdiction de procéder dans les installations pyrotechniques à des opérations non prévues par les consignes en vigueur, notamment à l'ouverture des emballages dans les bâtiments de stockage ;

5° L'obligation pour les travailleurs de revêtir pendant les heures de travail les équipements de protection individuelle fournis par l'employeur ;

6° L'interdiction pour les travailleurs d'emporter des substances ou des objets explosifs ;

7° Les mesures à observer, à l'intérieur de l'enceinte pyrotechnique, pour la circulation des personnes et des véhicules de toute nature ainsi que pour leur stationnement ;

8° Les dispositions générales à prendre en cas d'incendie ou d'explosion.

L'employeur porte cette consigne générale de sécurité à la connaissance des travailleurs et de toute personne pénétrant dans l'enceinte pyrotechnique.

Art. R. 4462-7. L'employeur établit également, compte tenu des conclusions des études de sécurité, avant la mise en œuvre des activités qu'elles concernent :

1° Les consignes de sécurité relatives à chaque installation pyrotechnique ;

2° Les consignes de sécurité relatives à chaque poste de travail pyrotechnique ;

3° Les modes opératoires relatifs à chaque poste de travail pyrotechnique.

Le contenu et les modalités d'affichage de chacune des consignes de sécurité mentionnées aux 1° et 2° ci-dessus sont fixés par un arrêté des ministres chargés du travail et de l'agriculture.

Art. R. 4462-8. L'équipement des postes de travail pyrotechniques et le mode opératoire sont conçus en prenant en compte la nécessité d'une attention soutenue des travailleurs et de manière à empêcher les variations brusques de la cadence, notamment lorsque la tâche confiée aux travailleurs est répétitive.

Aucune forme de salaire n'incite les travailleurs affectés à ces postes à accomplir une production supérieure à celle qui est compatible avec l'équipement et le respect du mode opératoire ainsi définis.

Art. R. 4462-9. I. – Sans préjudice des dispositions des articles R. 4227-28 à R. 4227-33, les mesures de lutte contre l'incendie suivantes sont prises pour les installations fixes dans l'enceinte pyrotechnique :

1° Les abords immédiats des installations pyrotechniques sont désherbés et débroussaillés. Les produits utilisés pour le désherbage et le débroussaillage sont de nature telle qu'ils ne puissent provoquer des réactions dangereuses avec les matières utilisées dans l'enceinte pyrotechnique ;

2° Les installations pyrotechniques où l'on manipule des substances ou objets présentant en raison des opérations effectuées un risque élevé d'inflammation pouvant conduire à un incendie sont dotées d'un système d'extinction automatique compatible avec la nature des produits à éteindre. Ce système doit pouvoir en outre être commandé manuellement depuis un emplacement restant accessible et protégé en cas de début d'incendie sur l'installation concernée ;

3° Des dispositifs de détection automatique d'incendie commandant un système d'alarme à fonctionnement instantané sont installés dans les installations où fonctionnent sans surveillance permanente des appareils susceptibles de provoquer des incendies tels que des étuves ou séchoirs.

II. – Toutefois, sans préjudice des autres réglementations applicables en matière de lutte contre l'incendie, les dispositifs prévus par les 2° et 3° du I ne sont pas exigés si les incendies envisagés ne peuvent, par la nature ou la quantité des substances concernées :

1° Ni s'étendre à des installations voisines ;

2° Ni amorcer d'événement pyrotechnique ;

3° Ni provoquer de projections dangereuses ou le dégagement de quantités dangereuses de gaz ou de vapeurs toxiques.

SECTION 4. Implantation des installations et transports internes

Sous-section 1. Implantation des installations et des postes de travail

Art. R. 4462-10. Les installations pyrotechniques sont conçues, réalisées et implantées de manière telle qu'un événement pyrotechnique n'entraîne pas de risque important pour les travailleurs autres que ceux qui, du fait de leur activité, sont directement exposés aux effets de cet événement.

À l'intérieur du site, les distances d'isolement entre les sièges potentiels d'événement pyrotechnique et les sièges exposés sont telles que, en cas d'événement pyrotechnique, les travailleurs ne sont exposés qu'à un risque limité et la transmission ou propagation vers les autres installations pyrotechniques est peu probable.

Un arrêté des ministres chargés du travail, de l'agriculture, de la défense, des mines, de l'intérieur, des carrières et de l'industrie fixe les règles d'évaluation des risques permettant de déterminer les distances d'isolement minimales à respecter entre les emplacements de travail ou entre les installations, compte tenu notamment de la nature des activités exercées et des installations.

Art. R. 4462-11. Chaque enceinte pyrotechnique est matérialisée par une clôture ou, à défaut, par un système de signalisation bien visible de toute personne y pénétrant en quelque point que ce soit.

L'accès à ces enceintes est interdit à toute personne non concernée par les activités s'y déroulant. Cette interdiction ne s'applique pas aux représentants du personnel dans l'exercice des fonctions qui leur sont confiées par les lois et règlements, aux représentants de l'administration ainsi qu'aux personnes autorisées par l'employeur, sous réserve de l'observation des consignes de sécurité.

Art. R. 4462-12. I. – À l'intérieur de l'enceinte pyrotechnique, des installations pyrotechniques distinctes sont prévues pour :

1° L'étude, l'expérimentation et le contrôle des substances ou des objets explosifs ;

2° La fabrication et la manipulation des objets explosifs ;

3° La fabrication et la manipulation des substances explosives ;

4° La destruction des substances ou des objets explosifs ;

5° La conservation des substances ou des objets explosifs, à l'exception du stockage des quantités nécessaires aux fabrications en cours.

II. – Toutefois, la fabrication ou le contrôle d'objets explosifs peuvent être effectués dans les mêmes bâtiments que la fabrication des substances explosives sous les deux conditions suivantes :

1° La disposition des installations permet de réduire le nombre des travailleurs exposés au risque pyrotechnique, notamment en évitant des stockages ou des manutentions intermédiaires ;

2° L'étude de sécurité montre que le risque pyrotechnique auquel chaque travailleur est individuellement exposé n'est pas plus élevé que si les deux catégories d'installations se trouvaient dans des bâtiments distincts.

Art. R. 4462-13. Les installations présentant un risque caractérisé d'incendie ou d'explosion non pyrotechnique, telles que les dépôts de produits inflammables n'entrant pas dans la fabrication des substances ou objets explosifs, dépôts de bois ou de papiers, de pneumatiques et de cartons, menuiseries, dépôts de gaz comprimés, sont situées hors de l'enceinte pyrotechnique ou disposées de telle sorte que tout incident survenant dans l'une de ces installations n'affecte pas les conditions de sécurité dans l'enceinte pyrotechnique.

Sous-section 2. **Transports de substances ou d'objets explosifs internes au site**

Art. R. 4462-14. Pour les transports de substances ou d'objets explosifs à destination ou en provenance de la voie publique, l'employeur rédige un document qui, compte tenu de la nature du chargement, indique précisément les itinéraires autorisés dans le site et analyse les effets domino possibles entre le convoi et chaque installation. Ce document est versé au dossier de sécurité mentionné à l'article R. 4462-34.

Ces transports font l'objet, à leur entrée du site, d'un contrôle afin de vérifier que le chargement est conforme aux données figurant dans le document prévu au premier alinéa et de s'assurer de l'absence d'anomalie de nature à introduire un risque accru lors de la circulation interne.

Art. R. 4462-15. Pour les transports de substances ou d'objets explosifs internes au site, qui se font dans le respect des réglementations particulières relatives aux transports de marchandises dangereuses en vigueur ou présentent un niveau de sécurité que l'employeur évalue comme équivalent à celui d'un transport effectué conformément à ces réglementations, l'employeur rédige et tient à disposition des représentants de l'administration, un document tel que celui qui est défini au premier alinéa de l'article R. 4462-14.

Si ces transports internes ne se font pas dans les conditions de sécurité décrites dans l'alinéa précédent, ils sont alors couverts par une étude de sécurité telle que prévue à l'article R. 4462-3.

SECTION 5. Exigences de sécurité concernant les installations

Sous-section 1. **Caractéristiques générales**

Art. R. 4462-16. L'employeur s'assure que le mode de construction des bâtiments et la nature des matériaux utilisés sont tels qu'en cas d'événement pyrotechnique, le risque de projection de masses importantes soit aussi réduit que possible.

Il s'assure également que les matériaux constituant les parois, les portes, les fenêtres et en particulier les vitrages des bâtiments situés dans les zones d'effets et pouvant être occupés par des travailleurs, ne produisent pas des éclats tranchants s'ils sont susceptibles d'être brisés par une surpression interne ou externe.

Il prend des dispositions pour éviter, en cas d'événement pyrotechnique survenant dans une installation pyrotechnique voisine, la chute d'éléments importants de toiture ou de plafond d'un bâtiment habituellement occupé par des travailleurs.

Art. R. 4462-17. Les bâtiments où s'effectuent des activités pyrotechniques n'ont ni étage ni sous-sol, sauf si cet étage ou ce sous-sol contient uniquement les installations permettant d'abriter les servitudes de ces bâtiments.

Le présent article n'est pas applicable :

1° Aux activités pyrotechniques dont le mode opératoire nécessite des bâtiments comportant des postes de travail sur plusieurs niveaux, à l'intérieur ou à l'extérieur d'un bâtiment. Dans ce cas, ces postes de travail sont disposés de manière telle que les effets pyrotechniques survenant sur l'un des niveaux ne puissent affecter gravement les postes de travail situés sur les autres niveaux, à moins que les postes situés à des niveaux différents ne soient pas occupés simultanément ;

2° Aux travaux effectués sur des objets explosifs de grande hauteur nécessitant l'usage de plates-formes superposées. Dans ce dernier cas, plusieurs opérations indépendantes sur plusieurs niveaux différents peuvent être effectuées sur lesdits objets ou à proximité desdits objets, si l'étude de sécurité démontre que les effets d'un événement propre à un poste de travail survenant sur l'un des niveaux, autres que les effets d'un événement pyrotechnique lié auxdits objets, ne peuvent affecter gravement les autres postes de travail situés sur les autres niveaux;

3° Aux activités pyrotechniques autres que celles mentionnées au 1° et pour lesquelles l'étude de sécurité définie à l'article R. 4462-3 démontre que les effets d'un événement pyrotechnique n'affectent pas les étages voisins et les installations situées à proximité, y compris leurs voies d'accès.

Sous-section 2. **Issues et dégagements**

Art. R. 4462-18. Les portes des issues et dégagements, prévus aux articles R. 4227-4 à R. 4227-14, des locaux où s'effectuent des activités pyrotechniques, s'ouvrent vers l'extérieur par une simple poussée de l'intérieur et facilement de l'extérieur lorsque des travailleurs se trouvent dans le local.

Pour les locaux où s'effectuent des activités pyrotechniques munis uniquement de portes coulissantes, ces dernières doivent être immobilisées en position ouverte lorsqu'il y a des travailleurs à l'intérieur.

Art. R. 4462-19. Dans les locaux où s'effectuent des activités pyrotechniques, les issues et dégagements répondent aux prescriptions particulières suivantes :

1° Il ne peut y avoir moins de deux issues lorsque celles-ci doivent permettre le passage de plus de cinq personnes ; pour un nombre de personnes allant de six à dix, la largeur totale des issues n'est pas inférieure à 1,80 mètre ; elle est augmentée de 0,60 mètre par tranche de une à cinq personnes en plus des dix premières ;

2° Pour un nombre de personnes allant de trois à cinq, s'il n'y a qu'une issue, sa largeur n'est pas inférieure à 1,40 mètre ;

3° Les largeurs mentionnées aux 1° et 2° sont mesurées déduction faite des saillies et des obstacles.

Art. R. 4462-20. Aucun poste de travail où s'effectuent des activités pyrotechniques ne se trouve à plus de 7 mètres d'une issue ou d'un abri efficace. Cette distance est mesurée selon le trajet réel à parcourir entre le poste de travail pyrotechnique et l'issue. Elle ne s'applique pas aux bâtiments de stockage de substances ou d'objets explosifs ni, en cas d'impossibilité, aux bâtiments où le travail s'effectue sur des objets explosifs de grande dimension et aux installations pyrotechniques mobiles.

Art. R. 4462-21. Les bâtiments où s'effectuent des activités pyrotechniques comportant plusieurs niveaux mentionnés à l'article R. 4462-17 sont desservis, indépendamment des escaliers intérieurs, par un ou plusieurs escaliers extérieurs ou par des dispositifs équivalents, dont l'emplacement et la capacité de dégagement seront choisis de manière à assurer une évacuation rapide des travailleurs.

Art. R. 4462-22. Toute incompatibilité entre l'application des exigences du présent chapitre et celles qui sont fixées par d'autres réglementations en vue de la mise en œuvre d'impératifs de sécurité fait l'objet d'une demande de dérogation présentée par l'employeur, fondée sur une analyse spécifique et assortie d'une proposition visant à obtenir le niveau de sécurité des travailleurs le plus élevé possible par la mise en œuvre de mesures compensatoires. Cette demande de dérogation est soumise à l'autorité administrative compétente dans les conditions prévues aux II et III de l'article R. 4462-36.

Sous-section 3. **Installations électriques et précaution contre l'électricité statique**

Art. R. 4462-23. Tous les bâtiments où s'effectuent des activités pyrotechniques sont réputés constituer des locaux ou emplacements exposés à des risques d'incendie au sens de l'article R. 4215-12. Dans le cas d'atmosphère explosive, ils sont également réputés exposés à des risques d'explosion au sens du même article.

Aucune ligne électrique aérienne en conducteurs nus ne doit surplomber les installations de l'enceinte pyrotechnique.

Art. R. 4462-24. L'installation électrique de chaque bâtiment ou local où s'effectuent des activités pyrotechniques comporte un dispositif permettant de couper en cas d'urgence l'alimentation électrique du bâtiment ou du local. L'organe de manœuvre de ce dispositif est situé à l'extérieur et à proximité du bâtiment ou du local. Cet organe est aisément reconnaissable et facilement accessible.

Art. R. 4462-25. Lors de la manipulation de substances ou objets explosifs réputés sensibles à des décharges d'électricité statique, il convient, pour réduire la possibilité des décharges potentielles, d'organiser cette manipulation afin de favoriser l'écoulement des charges statiques et d'assurer le même niveau de potentiel électrique en tout point du poste de travail pyrotechnique.

Les travailleurs portent des vêtements de travail et des équipements de protection individuelle évitant l'accumulation de charges électrostatiques.

SECTION 6. Encadrement et formation

Art. R. 4462-26. L'employeur s'assure que les chefs de service et les chefs d'atelier, de laboratoire ou de chantier possèdent la compétence et l'autorité nécessaires pour organiser et diriger, conformément au présent chapitre et aux règles de l'art, les activités dont ils sont chargés dans l'enceinte pyrotechnique.

L'employeur vérifie également que les travailleurs chargés de conduire ou de surveiller les activités pyrotechniques, les activités de maintenance ainsi que les activités de transport interne de substances ou objets explosifs, sous la direction des chefs mentionnés au précédent alinéa, disposent des moyens nécessaires pour assurer la stricte application des consignes de sécurité et des modes opératoires.

Art. R. 4462-27. I. – La conduite et la surveillance, ou l'exécution, d'activités pyrotechniques déterminées, ainsi que d'activités déterminées de maintenance ou de transport interne de substances ou objets explosifs, ne sont confiées qu'à un travailleur habilité à cet effet par l'employeur à l'issue des formations initiales et complémentaires dispensées dans les conditions définies par le II et le III du présent article en application de l'article L. 4141-2.

II. – Une formation initiale à la sécurité est dispensée par l'employeur au bénéfice des travailleurs qu'il embauche, ou des travailleurs temporaires, appelés à conduire, à surveiller ou à exécuter des activités pyrotechniques, les activités de maintenance ainsi que les activités de transport interne de substances ou objets explosifs.

Cette formation comprend :

1° Un commentaire des prescriptions des articles R. 4462-1 à R. 4462-36 ;

2° Un commentaire de la consigne générale de sécurité prévue à l'article R. 4462-6, dont un exemplaire est remis à chaque travailleur suivant cette formation.

III. – Cette formation initiale est complétée, avant toute affectation à un poste de travail comportant les activités mentionnées au premier alinéa, par une formation particulière à ce poste, qui comprend notamment :

1° Une présentation du (ou des) poste (s) de travail et des risques associés ;

2° Un commentaire des consignes de sécurité de l'installation et du poste, prévues à l'article R. 4462-7 ;

3° Une formation pratique au poste de travail.

IV. – À l'issue de ces formations initiales et complémentaires, et en vue de la délivrance de l'habilitation prévue au premier alinéa, l'employeur vérifie que le travailleur a les aptitudes nécessaires pour remplir les fonctions associées à son poste de travail.

L'habilitation fait l'objet d'un document signé par l'employeur et remis au travailleur.

Chaque habilitation est renouvelée par l'employeur tous les cinq ans après qu'il s'est assuré du maintien des (D. 2016-1908 du 27 déc. 2016, art. 17, I, JO 29, entrée en vigueur le 01.01.2017) « compétences » des travailleurs, compte tenu notamment des formations qu'ils ont suivies en application de l'article R. 4462-28.

Art. R. 4462-28. En application de l'article L. 4141-2, une formation continue des travailleurs affectés aux activités pyrotechniques ainsi qu'aux activités de transport interne de substances ou objets explosifs, y compris les chefs de service, chefs d'atelier, de laboratoire ou de chantier mentionnés à l'article R. 4462-26, est effectuée pendant l'horaire normal de travail.

Cette formation vise à maintenir et à perfectionner les connaissances des intéressés dans le domaine des risques pyrotechniques et de leur prévention. Chaque travailleur participe au moins une fois par trimestre à l'une des séances de formation au cours desquelles divers sujets concernant l'amélioration de la sécurité sont traités. Cette périodicité peut être adaptée pour des travailleurs qui ne sont pas affectés de façon permanente à des opérations pyrotechniques.

Un compte rendu indiquant les sujets traités auquel est annexée la liste d'émargement, signée par les participants, est établi pour chacune de ces séances.

SECTION 7. Dispositions administratives

Art. R. 4462-29. Pour l'application du présent chapitre aux établissements mentionnés aux articles R. 8111-9 et R. 8111-12, le ministre de la défense et les autorités qu'il désigne à cet effet sont substitués au ministre chargé du travail et aux directeurs régionaux des entreprises, de la concurrence, de la consommation, du travail et de l'emploi.

Pour l'application du présent chapitre aux établissements de la gendarmerie, de la police et de la sécurité civile, le ministre de l'intérieur et les autorités qu'il désigne à cet effet sont substitués au ministre chargé du travail et aux directeurs régionaux des entreprises, de la concurrence, de la consommation, du travail et de l'emploi.

Pour l'application du présent chapitre aux sites du Commissariat à l'énergie atomique et aux énergies alternatives dont les activités sont liées à des applications militaires et qui sont mentionnées à l'article R. 1333-37 du code de la défense, le ministre de la défense et le directeur des applications militaires du Commissariat à l'énergie atomique et aux énergies alternatives sont substitués au ministre chargé du travail et aux directeurs régionaux des entreprises, de la concurrence, de la consommation, du travail et de l'emploi.

Art. R. 4462-30. I. – Chacune des études de sécurité prévues à l'article R. 4462-3, à laquelle est joint le compte rendu de la consultation du (D. 2017-1819 du 29 déc. 2017, art. 3, 43°, JO 30, entrée en vigueur le 01.01.2018) « comité social et économique », est soumise pour approbation au directeur régional des entreprises, de la concurrence, de la consommation, du travail et de l'emploi ou à l'autorité qui lui est substituée en application des articles R. 8111-8 et R. 4462-29, et donne lieu à consultation de l'inspecteur de l'armement pour les poudres et explosifs.

II. – Le directeur régional des entreprises, de la concurrence, de la consommation, du travail et de l'emploi ou l'autorité qui lui est substituée fait connaître sa décision à l'employeur dans un délai de trois mois à compter de la date de réception de la demande d'approbation, par tout moyen permettant de donner date certaine à cette notification. Il peut toutefois, par décision motivée notifiée selon les mêmes modalités avant l'expiration du délai mentionné ci-dessus, fixer un nouveau délai si l'instruction du dossier l'exige, sans que le délai global puisse excéder six mois.

Il peut aussi, par décision motivée, notifiée selon les modalités prévues à l'alinéa précédent, demander à l'employeur de lui transmettre des compléments d'information ou d'effectuer ou de faire effectuer aux frais de l'entreprise par un organisme compétent les essais complémentaires nécessaires à l'appréciation des risques éventuels et de l'efficacité des moyens de protection envisagés. Cette demande suspend le cours du délai mentionné à l'alinéa précédent.

Le délai recommence à courir à partir du moment où le directeur régional des entreprises, de la concurrence, de la consommation, du travail et de l'emploi ou l'autorité qui lui est substituée a eu connaissance des compléments d'information demandés ou du résultat de ces essais.

En l'absence de réponse du directeur régional des entreprises, de la concurrence, de la consommation, du travail et de l'emploi ou de l'autorité qui lui est substituée dans le délai résultant de l'application du premier alinéa du II, l'employeur peut, dans les conditions qui résultent de l'étude de sécurité, mettre en œuvre les activités envisagées.

III. – Pour les unités mobiles de fabrication, l'autorité compétente pour l'approbation de l'étude de sécurité est le directeur régional des entreprises, de la concurrence, de la consommation, du travail et de l'emploi du siège de l'entreprise qui est propriétaire de l'unité mobile de fabrication.

IV. – Le présent article ne s'applique pas aux employeurs effectuant uniquement des activités de conservation de substances ou d'objets explosifs ne relevant pas des prescriptions de l'arrêté du ministre chargé de l'intérieur, du ministre chargé du travail et du ministre de la défense relatif aux installations pyrotechniques soumises à agrément technique, pris en application de l'article R. 2352-97 du code de la défense.

Art. R. 4462-31. L'employeur signale, dans les meilleurs délais, au directeur régional des entreprises, de la concurrence, de la consommation, du travail et de l'emploi ou à l'autorité qui lui est substituée en application des articles R. 8111-8 et R. 4462-29, et à l'inspection de l'armement pour les poudres et explosifs, tout événement pyrotechnique survenant dans le cadre de ses activités.

Art. R. 4462-32. I. – Dans le cas d'un site pyrotechnique multi-employeurs tel que défini à l'article R. 4462-2, les activités pyrotechniques du site ne peuvent être exercées que sur la base d'une convention établie et conclue par les différents employeurs présents.

Cette convention définit, dans le respect des dispositions du présent chapitre et de l'ensemble des dispositions législatives et réglementaires applicables aux activités du site pyrotechnique multi-employeurs, l'organisation mise en place sur le site entre les différents employeurs pour :

1° La gestion des effets pyrotechniques résultant de la coexistence sur le site des activités relevant des différents employeurs et ayant des conséquences sur les différentes installations du site pyrotechnique multi-employeurs ;

2° La gestion des secours vis-à-vis du risque pyrotechnique.

II. – Un arrêté du ministre chargé du travail précise le contenu de la convention, qui comporte :

1° Les règles de fonctionnement des instances de concertation et de décision traitant des questions de santé et de sécurité sur le site ;

2° Les règles internes au site d'implantation des installations ;

3° Les règles d'accès et de circulation sur le site ;

4° Les modalités communes de formation du personnel aux risques du site ;

5° Les modalités de résolution des désaccords éventuels ;

6° Les modalités de prise en compte des modifications concernant la sécurité effectuées par un employeur et susceptibles d'avoir un impact sur les autres employeurs du site.

III. – La convention est transmise pour information au directeur régional des entreprises, de la concurrence, de la consommation, du travail et de l'emploi ou à l'autorité qui lui est substituée en application des articles R. 8111-8 et R. 4462-29.

IV. – Les employeurs élaborent également de façon conjointe, pour le site pyrotechnique multi-employeurs, la consigne générale du site mentionnée à l'article R. 4462-6.

V. – La convention, les procédures et les documents permettant de vérifier le respect des engagements qu'elle prévoit sont incorporés au dossier de sécurité défini par l'article R. 4462-34.

VI. – Chaque employeur présent sur le site pyrotechnique multi-employeurs est consulté sur les conclusions de chacune des études de sécurité réalisées par les employeurs mentionnés à l'article R. 4462-1 si celles-ci démontrent que ses travailleurs sont exposés aux effets pyrotechniques. Il consulte son (D. 2017-1819 du 29 déc. 2017, art. 3, 59°, JO 30, entrée en vigueur le 01.01.2018) « comité social et économique » sur les conclusions de chacune de ces études de sécurité.

Chaque employeur présent sur le site pyrotechnique multi-employeurs est informé des conclusions de chaque étude de sécurité, en particulier sur les zones d'effets et les risques correspondants.

Art. R. 4462-33. Pour l'application du présent chapitre, le directeur régional des entreprises, de la concurrence, de la consommation, du travail et de l'emploi ou l'autorité qui lui est substituée en application des articles R. 8111-8 et R. 4462-29 reçoit le concours de l'inspecteur de l'armement pour les poudres et explosifs du ministère de la défense. Ce dernier effectue, en accord avec le directeur régional des entreprises, de la concurrence, de la consommation, du travail et de l'emploi ou avec les autorités qui lui sont substituées, des inspections de sécurité pyrotechnique dans les sites des employeurs relevant du présent chapitre.

Art. R. 4462-34. L'employeur établit un dossier de sécurité qu'il tient constamment à jour en l'enrichissant sur la base des enseignements tirés des événements pyrotechniques et de toute observation ou information pouvant intéresser la sécurité. Ce dossier comprend :

1° Les études de sécurité prescrites à l'article R. 4462-3 auxquelles sont joints les résultats des essais qui ont été nécessaires à leur établissement ;

2° Les analyses de sécurité citées à l'article R. 4462-4 ;

3° Les documents cités aux articles R. 4462-14 et R. 4462-15 ;

4° Les procès-verbaux des (D. 2017-1819 du 29 déc. 2017, art. 3, 73°, JO 30, entrée en vigueur le 01.01.2018) « comités sociaux et économiques » sur les études de sécurité citées à l'article R. 4462-3 et à l'article R. 4462-32 ;

5° Les consignes établies en application des dispositions des articles R. 4462-6 et R. 4462-7 ;

6° Les comptes-rendus des événements pyrotechniques et des incidents significatifs qui ont été constatés ;

7° La liste des personnes habilitées à réaliser des opérations pyrotechniques ;

8° Les comptes rendus et les listes d'émargement des formations cités à l'article R. 4462-28 ;

9° Pour les sites pyrotechniques multi-employeurs, la convention prévue à l'article R. 4462-32.

Art. R. 4462-35. Le dossier de sécurité prévu à l'article R. 4462-34 est tenu par l'employeur à la disposition du directeur régional des entreprises, de la concurrence, de la consommation, du travail et de l'emploi ou de l'autorité qui lui est substituée en application des articles R. 8111-8 et R. 4462-29, des agents en charge du contrôle de la législation du travail, des ingénieurs de prévention, du service de santé au travail, des services de prévention des organismes de sécurité sociale, des (D. 2017-1819 du 29 déc. 2017, art. 3, 60°, JO 30, entrée en vigueur le 01.01.2018) « comités sociaux et économiques ».

Les personnes qui accèdent au dossier de sécurité en vertu des dispositions de l'alinéa précédent sont astreintes, en ce qui concerne les informations concernant les sites pyrotechniques qui figurent dans le dossier, aux obligations de secret et aux exigences de confidentialité, dans les conditions prévues par les textes qui leur sont applicables.

Art. R. 4462-36. I. – Sur demande motivée de l'employeur précisant les mesures compensatoires qu'il prévoit, le directeur régional des entreprises, de la concurrence, de la consommation, du travail et de l'emploi ou l'autorité qui lui est substituée en application des articles R. 8111-8 et R. 4462-29 peut, par décision prise après avis de l'inspecteur de l'armement pour les poudres et explosifs, accorder pour une ou plusieurs installations déterminées, et dans les conditions qu'il fixe, une dérogation aux dispositions figurant dans les articles du présent chapitre mentionnées ci-dessous :

1° Article R. 4462-10 - Absence de risque important sur un emplacement de travail en cas d'accident sur un emplacement de travail voisin ;

2° Article R. 4462-13 - Exclusion d'installations non pyrotechniques de l'enceinte pyrotechnique ;

3° Article R. 4462-17 - Interdiction des bâtiments à étage ou sous-sol et travail sur plusieurs niveaux ;

4° Article R. 4462-18 - Immobilisation en position ouverte des portes coulissantes lorsqu'il y a des travailleurs à l'intérieur des locaux où s'effectuent des activités pyrotechniques qui sont munis uniquement de telles portes ;

5° Article R. 4462-19 - Largeur des issues et des dégagements ;

6° Article R. 4462-20 - Distance des postes de travail par rapport aux issues ou aux abris ;

7° Article R. 4462-21 - Desserte par un ou plusieurs escaliers externes ou par des dispositifs équivalents des bâtiments où s'effectuent des activités pyrotechniques comportant plusieurs niveaux ;

8° Article R. 4462-32 - Distance des installations dans un site pyrotechnique multi-employeurs.

II. – Le directeur régional des entreprises, de la concurrence, de la consommation, du travail et de l'emploi ou l'autorité qui lui est substituée en application des articles R. 8111-8 et R. 4462-29 peut également, sur demande motivée de l'employeur dans les situations mentionnées à l'article R. 4462-22, accorder une dérogation lorsque l'analyse effectuée par l'employeur démontre l'existence d'une incompatibilité entre une disposition du présent chapitre et des exigences fixées par d'autres réglementations en vue de la mise en œuvre d'impératifs de sécurité, et que la proposition présentée par l'employeur permet d'obtenir le niveau de sécurité des travailleurs le plus élevé possible par l'application de mesures compensatoires.

III. – La demande présentée par l'employeur en application des dispositions du I ou du II est accompagnée de l'avis du (D. 2017-1819 du 29 déc. 2017, art. 3, 43°, JO 30, entrée en vigueur le 01.01.2018) « comité social et économique ».

IV. – La décision du directeur régional des entreprises, de la concurrence, de la consommation, du travail et de l'emploi ou de l'autorité qui lui est substituée est portée à la connaissance du (D. 2017-1819 du 29 déc. 2017, art. 3, 43°, JO 30, entrée en vigueur le 01.01.2018) « comité social et économique » par l'employeur.

LIVRE V

PRÉVENTION DES RISQUES LIÉS À CERTAINES ACTIVITÉS OU OPÉRATIONS

TITRE Ier

TRAVAUX RÉALISÉS DANS UN ÉTABLISSEMENT PAR UNE ENTREPRISE EXTÉRIEURE

Chapitre Ier

Dispositions générales

Art. L. 4511-1. Les règles de prévention des risques pour la santé et la sécurité des travailleurs, liés aux travaux réalisés dans un établissement par une entreprise extérieure, sont déterminées par décret en Conseil d'État pris en application des articles L. 4111-6 et L. 4611-8.

SECTION 1 (RÉGLEMENTAIRE). Champ d'application

Art. R. 4511-1. Les dispositions du présent titre s'appliquent au chef de l'entreprise utilisatrice et au chef de l'entreprise extérieure lorsqu'une entreprise extérieure fait intervenir des travailleurs pour exécuter ou participer à l'exécution d'une opération, quelle que soit sa nature, dans un établissement d'une entreprise utilisatrice, y compris dans ses dépendances ou chantiers.

Art. R. 4511-2. Les dispositions du présent titre ne s'appliquent pas aux travaux relatifs à la construction et à la réparation navales.

Art. R. 4511-3. Les dispositions du présent titre ne s'appliquent pas aux chantiers de bâtiment ou de génie civil soumis à l'obligation de coordination prévue à l'article L. 4532-2, ni aux autres chantiers clos et indépendants.

Toutefois, le chef de l'entreprise utilisatrice coopère avec le coordonnateur en matière de sécurité et de protection de la santé, dans les conditions fixées à l'article R. 4532-14.

Lorsque ces chantiers sont soumis à l'obligation d'établir un plan général de coordination en matière de sécurité et de protection de la santé prévu à l'article L. 4532-8, le chef de l'entreprise utilisatrice reçoit copie de ce plan et participe, sur sa demande, aux travaux du collège interentreprises de sécurité, de santé et des conditions de travail, s'il en existe un.

Art. R. 4511-4. On entend par opération, au sens du présent titre, les travaux ou prestations de services réalisés par une ou plusieurs entreprises afin de concourir à un même objectif.

SECTION 2 (RÉGLEMENTAIRE). Coordination de la prévention

Art. R. 4511-5. Le chef de l'entreprise utilisatrice assure la coordination générale des mesures de prévention qu'il prend et de celles que prennent l'ensemble des chefs des entreprises extérieures intervenant dans son établissement.

Art. R. 4511-6. Chaque chef d'entreprise est responsable de l'application des mesures de prévention nécessaires à la protection des travailleurs qu'il emploie.

Art. R. 4511-7. La coordination générale des mesures de prévention a pour objet de prévenir les risques liés à l'interférence entre les activités, les installations et matériels des différentes entreprises présentes sur un même lieu de travail.

Art. R. 4511-8. Au titre de la coordination générale des mesures de prévention, le chef de l'entreprise utilisatrice alerte le chef de l'entreprise extérieure intéressée lorsqu'il est informé d'un danger grave concernant un des travailleurs de cette entreprise, même s'il estime que la cause du danger est exclusivement le fait de cette entreprise, afin que les mesures de prévention nécessaires puissent être prises par l'employeur intéressé.

En outre, il demande au propriétaire de l'établissement les dossiers techniques regroupant les informations relatives à la recherche et à l'identification des matériaux contenant de l'amiante prévus (D. 2017-899 du 9 mai 2017, JO 10) « aux articles R. 1334-29-4 à R. 1334-29-6 du code de la santé publique et à l'article R. 111-45 du code de la construction et de l'habitation ou, le cas échéant, le rapport de repérage de l'amiante prévu à l'article R. 4412-97-5 du présent code ». Il communique ces documents au chef de l'entreprise extérieure intervenant dans l'établissement.

Art. R. 4511-9. Pour l'application des dispositions du présent titre, le chef de l'entreprise extérieure ne peut déléguer ses attributions qu'à un travailleur doté de l'autorité, de la compétence et des moyens nécessaires.

Ce dernier est désigné, lorsque c'est possible, parmi un des travailleurs appelés à participer à l'exécution des opérations prévues dans l'établissement de l'entreprise utilisatrice.

Art. R. 4511-10. Les chefs des entreprises extérieures font connaître par écrit à l'entreprise utilisatrice :

1° La date de leur arrivée et la durée prévisible de leur intervention ;

2° Le nombre prévisible de travailleurs affectés ;

3° Le nom et la qualification de la personne chargée de diriger l'intervention ;

4° Les noms et références de leurs sous-traitants, le plus tôt possible et en tout état de cause avant le début des travaux dévolus à ceux-ci ;

5° L'identification des travaux sous-traités.

Art. R. 4511-11. Le chef de l'entreprise utilisatrice et les chefs des entreprises extérieures tiennent les informations mentionnées à l'article R. 4511-10 à la disposition :

1° Du (D. 2017-1819 du 29 déc. 2017, art. 3, 70°, JO 30, entrée en vigueur le 01.01.2018) « comité social et économique » compétent ;

2° Des médecins du travail compétents ;

3° De l'inspection du travail ;

4° Des agents des services de prévention des organismes de sécurité sociale ;

5° Le cas échéant, des agents de l'Organisme professionnel de prévention du bâtiment et des travaux publics.

Art. R. 4511-12. Les chefs des entreprises extérieures fournissent à l'inspection du travail, sur sa demande, l'état des heures réellement passées à l'exécution de l'opération par les travailleurs qui y sont affectés.

Chapitre II (réglementaire)

Mesures préalables à l'exécution d'une opération

SECTION 1. Dispositions générales

Art. R. 4512-1. Lorsque, après le début de l'intervention, une entreprise extérieure recourt à de nouveaux sous-traitants, les procédures prévues par le présent chapitre sont à nouveau applicables à ces derniers.

SECTION 2. Inspection commune préalable

Art. R. 4512-2. Il est procédé, préalablement à l'exécution de l'opération réalisée par une entreprise extérieure, à une inspection commune des lieux de travail, des installations qui s'y trouvent et des matériels éventuellement mis à disposition des entreprises extérieures.

Art. R. 4512-3. Au cours de l'inspection commune préalable, le chef de l'entreprise utilisatrice :

1° Délimite le secteur de l'intervention des entreprises extérieures ;

2° Matérialise les zones de ce secteur qui peuvent présenter des dangers pour les travailleurs ;

3° Indique les voies de circulation que pourront emprunter ces travailleurs ainsi que les véhicules et engins de toute nature appartenant aux entreprises extérieures ;

4° Définit les voies d'accès de ces travailleurs aux locaux et installations à l'usage des entreprises extérieures prévus à l'article R. 4513-8.

Art. R. 4512-4. Le chef de l'entreprise utilisatrice communique aux chefs des entreprises extérieures ses consignes de sécurité applicables aux travailleurs chargés d'exécuter l'opération, y compris durant leurs déplacements.

Art. R. 4512-5. Les employeurs se communiquent toutes informations nécessaires à la prévention des risques, notamment la description des travaux à accomplir, des matériels utilisés et des modes opératoires dès lors qu'ils ont une incidence sur la santé et la sécurité.

SECTION 3. Plan de prévention

Art. R. 4512-6. Au vu des informations et éléments recueillis au cours de l'inspection commune préalable, les chefs des entreprises utilisatrice et extérieures procèdent en commun à une analyse des risques pouvant résulter de l'interférence entre les activités, installations et matériels.

Lorsque ces risques existent, les employeurs arrêtent d'un commun accord, avant le début des travaux, un plan de prévention définissant les mesures prises par chaque entreprise en vue de prévenir ces risques.

Art. R. 4512-7. Le plan de prévention est établi par écrit et arrêté avant le commencement des travaux dans les deux cas suivants :

1° Dès lors que l'opération à réaliser par les entreprises extérieures, y compris les entreprises sous-traitantes auxquelles elles peuvent faire appel, représente un nombre total d'heures de travail prévisible égal au moins à 400 heures sur une période inférieure ou égale à douze mois, que les travaux soient continus ou discontinus. Il en est de même dès lors qu'il apparaît, en cours d'exécution des travaux, que le nombre d'heures de travail doit atteindre 400 heures ;

2° Quelle que soit la durée prévisible de l'opération, lorsque les travaux à accomplir sont au nombre des travaux dangereux figurant sur une liste fixée, respectivement, par arrêté du ministre chargé du travail et par arrêté du ministre chargé de l'agriculture.

Art. R. 4512-8. Les mesures prévues par le plan de prévention comportent au moins les dispositions suivantes :

1° La définition des phases d'activité dangereuses et des moyens de prévention spécifiques correspondants ;

2° L'adaptation des matériels, installations et dispositifs à la nature des opérations à réaliser ainsi que la définition de leurs conditions d'entretien ;

3° Les instructions à donner aux travailleurs ;

4° L'organisation mise en place pour assurer les premiers secours en cas d'urgence et la description du dispositif mis en place à cet effet par l'entreprise utilisatrice ;

5° Les conditions de la participation des travailleurs d'une entreprise aux travaux réalisés par une autre en vue d'assurer la coordination nécessaire au maintien de la sécurité et, notamment, de l'organisation du commandement.

Art. R. 4512-9. Chaque entreprise concernée fournit la liste des postes occupés par les travailleurs susceptibles de relever (D. 2016-1908 du 27 déc. 2016, art. 17, II, JO 29, entrée en vigueur le 01.01.2017) « du suivi individuel renforcé prévu par les articles R. 4624-22 à R. 4624-28 » ou, s'il s'agit d'un salarié agricole, par l'article R. 717-16 du code rural (Ord. 2010-462 du 6 mai 2010, JO 7) « et de la pêche maritime », en raison des risques liés aux travaux réalisés dans l'entreprise utilisatrice. Cette liste figure dans le plan de prévention.

Art. R. 4512-10. Le plan de prévention fixe la répartition des charges d'entretien entre les entreprises extérieures dont les travailleurs utilisent les locaux et installations prévus à l'article R. 4513-8 et mis à disposition par l'entreprise utilisatrice.

Art. R. 4512-11. Les dossiers techniques regroupant les informations relatives à la recherche et à l'identification des matériaux contenant de l'amiante prévus (D. 2017-899 du 9 mai 2017, JO 10) « aux articles R. 1334-29-4 à R. 1334-29-6 du code de la santé publique et à l'article R. 111-45 du code de la construction et de l'habitation ou, le cas échéant, le rapport de repérage de l'amiante prévu à l'article R. 4412-97-5 du présent code » sont joints au plan de prévention.

Art. R. 4512-12. Lorsque l'établissement d'un plan de prévention par écrit est obligatoire, en application de l'article R. 4512-7 :

1° Ce plan est tenu, pendant toute la durée des travaux, à la disposition de l'inspection du travail, des agents de prévention des organismes de sécurité sociale et, le cas échéant, de l'Organisme professionnel de prévention du bâtiment et des travaux publics ;

2° Le chef de l'entreprise utilisatrice informe par écrit l'inspection du travail de l'ouverture des travaux.

SECTION 4. Travail isolé

Art. R. 4512-13. Lorsque l'opération est réalisée de nuit ou dans un lieu isolé ou à un moment où l'activité de l'entreprise utilisatrice est interrompue, le chef de l'entreprise extérieure intéressé prend les mesures nécessaires pour qu'aucun travailleur ne travaille isolément en un point où il ne pourrait être secouru à bref délai en cas d'accident.

Art. R. 4512-14. Pour les travaux accomplis dans un établissement agricole, les dispositions de l'article R. 4512-13 ne s'appliquent qu'aux travaux réalisés dans les locaux de l'exploitation, de l'entreprise ou de l'établissement ou à proximité de ceux-ci.

SECTION 5. Information des travailleurs

Art. R. 4512-15. Avant le début des travaux et sur le lieu même de leur exécution, le chef de l'entreprise extérieure fait connaître à l'ensemble des travailleurs qu'il affecte à ces travaux les dangers spécifiques auxquels ils sont exposés et les mesures de prévention prises en application du présent titre.

Il précise notamment les zones dangereuses ainsi que les moyens adoptés pour les matérialiser. Il explique l'emploi des dispositifs collectifs et individuels de protection.

Il montre à ces travailleurs les voies à emprunter pour accéder au lieu d'intervention et le quitter, pour accéder aux locaux et installations mis à leur disposition ainsi que, s'il y a lieu, les issues de secours.

Art. R. 4512-16. Le temps consacré à l'information des travailleurs est assimilé à du temps de travail effectif.

Chapitre III (réglementaire)

Mesures à prendre pendant l'exécution des opérations

SECTION 1. Inspections et réunions périodiques de coordination

Art. R. 4513-1. Pendant l'exécution des opérations, chaque entreprise met en œuvre les mesures prévues par le plan de prévention.

Le chef de l'entreprise utilisatrice s'assure auprès des chefs des entreprises extérieures que les mesures décidées sont exécutées. Il coordonne les mesures nouvelles à prendre lors du déroulement des travaux.

Art. R. 4513-2. Le chef de l'entreprise utilisatrice organise, avec les chefs des entreprises extérieures qu'il estime utile d'inviter, des inspections et réunions périodiques, selon une périodicité qu'il définit, afin d'assurer, en fonction des risques ou lorsque les circonstances l'exigent :

1° Soit la coordination générale dans l'enceinte de l'entreprise utilisatrice ;

2° Soit la coordination des mesures de prévention pour une opération donnée ;

3° Soit la coordination des mesures rendues nécessaires par les risques liés à l'interférence entre deux ou plusieurs opérations.

Art. R. 4513-3. Les chefs des entreprises intéressées par les opérations en cause sont informés de la date à laquelle se tiennent les inspections et réunions périodiques de coordination.

Lorsqu'ils l'estiment nécessaire en fonction des risques, les chefs des entreprises extérieures qui ne sont pas conviés participent, sur leur demande, aux réunions et inspections organisées par l'entreprise utilisatrice.

En l'absence de réunion ou d'inspection, les chefs des entreprises extérieures peuvent, lorsqu'ils l'estiment nécessaire pour la sécurité des travailleurs, demander au chef de l'entreprise utilisatrice d'organiser de telles réunions ou inspections.

Art. R. 4513-4. Les mesures prises lors de la coordination font l'objet d'une mise à jour du plan de prévention.

Art. R. 4513-5. Lorsque l'ensemble des opérations des entreprises extérieures présentes dans l'établissement conduit à l'emploi de travailleurs pour une durée totale supérieure à 90 000 heures pour les douze mois à venir, les inspections et réunions périodiques de coordination se tiennent au moins tous les trois mois.

Ces dispositions s'appliquent, y compris lorsque sont mises en œuvre les dispositions des deuxième et troisième alinéas de l'article R. 4513-3.

Art. R. 4513-6. Lorsque de nouveaux travailleurs sont affectés à l'exécution des travaux en cours d'opération, le chef de l'entreprise extérieure en informe le chef de l'entreprise utilisatrice.

Le chef de l'entreprise (D. 2009-289 du 13 mars 2009, JO 15) « extérieure » est tenu, à l'égard de ces travailleurs, aux obligations d'information prévues à l'article R. 4512-15.

Art. R. 4513-7. Le chef de l'entreprise utilisatrice s'assure auprès des chefs des entreprises extérieures qu'ils ont donné aux travailleurs des instructions appropriées aux risques liés à la présence dans son établissement de plusieurs entreprises.

SECTION 2. Locaux et installations à l'usage des entreprises extérieures

Art. R. 4513-8. Les installations sanitaires, les vestiaires collectifs et les locaux de restauration sont mis par l'entreprise utilisatrice à la disposition des entreprises extérieures présentes dans l'établissement, excepté lorsque ces dernières mettent en place un dispositif équivalent.

Des installations supplémentaires sont mises en place, si nécessaire, sur la base de l'effectif moyen des travailleurs des entreprises extérieures devant être employés au cours de l'année à venir de manière habituelle dans l'établissement de l'entreprise utilisatrice.

SECTION 3. Suivi individuel de l'état de santé

Art. R. 4513-9. Lorsque l'établissement d'un plan de prévention par écrit est obligatoire, en application de l'article R. 4512-7, ce plan est tenu à la disposition du médecin du travail de l'entreprise utilisatrice et des médecins du travail des entreprises extérieures intéressées.

Ceux-ci sont informés de ses mises à jour.

Le plan de prévention et ses mises à jour leur sont communiqués sur leur demande.

Art. R. 4513-10. Le médecin du travail de l'entreprise extérieure communique au médecin du travail de l'entreprise utilisatrice, sur demande de ce dernier, les éléments du dossier médical individuel des travailleurs de l'entreprise extérieure qui lui sont nécessaires.

Le médecin du travail de l'entreprise utilisatrice fournit au médecin du travail de l'entreprise extérieure, sur demande de ce dernier, les indications sur les risques particuliers que présentent les travaux pour la santé des travailleurs intéressés de l'entreprise extérieure.

Art. R. 4513-11. Le médecin du travail de l'entreprise utilisatrice assure, pour le compte de l'entreprise extérieure, la réalisation des examens complémentaires rendus nécessaires par la nature et la durée des travaux réalisés par le travailleur de l'entreprise extérieure dans l'entreprise utilisatrice.

Les résultats sont communiqués au médecin du travail de l'entreprise extérieure.

Art. R. 4513-12. (D. 2012-135 du 30 janv. 2012, JO 31, entrée en vigueur le 01.07.2012) Par accord entre les chefs de l'entreprise utilisatrice et de l'entreprise extérieure et les médecins du travail intéressés, (D. 2016-1908 du 27 déc. 2016, art. 17, V, JO 29, entrée en vigueur le 01.01.2017) « le suivi individuel de l'état de santé » et pour les salariés agricoles, à l'article (D. 2017-1311 du 29 août 2017, JO 31) « R. 717-14 » du code rural et de la pêche maritime, peut être réalisé par le médecin du travail de l'entreprise utilisatrice pour le compte de l'entreprise extérieure. Cet accord peut également prévoir que le médecin du travail de l'entreprise utilisatrice et, le cas échéant, les autres membres de l'équipe pluridisciplinaire de santé au travail, mènent les actions sur le milieu de travail prévues aux articles R. 4624-1 et suivants pour le compte des salariés de l'entreprise extérieure.

Le médecin du travail de l'entreprise utilisatrice communique les résultats au médecin de l'entreprise extérieure.

Art. R. 4513-13. Les conditions dans lesquelles le médecin du travail de l'entreprise extérieure a accès aux postes de travail occupés ou susceptibles d'être occupés par les travailleurs de l'entreprise extérieure sont fixées entre l'entreprise utilisatrice et l'entreprise extérieure, après avis des médecins du travail intéressés.

Chapitre IV (réglementaire)

Rôle des institutions représentatives du personnel

SECTION 1. Dispositions communes

Art. R. 4514-1. Les (D. 2017-1819 du 29 déc. 2017, art. 3, 73°, JO 30, entrée en vigueur le 01.01.2018) « comités sociaux et économiques » de l'entreprise utilisatrice et des entreprises extérieures sont informés :

1° De la date de l'inspection commune préalable par les chefs des entreprises intéressées, dès qu'ils en ont connaissance et au plus tard trois jours avant qu'elle ait lieu. En cas d'urgence, ils sont informés sur le champ ;

2° De la date des inspections et réunions périodiques de coordination, au plus tard trois jours avant qu'elles aient lieu. En cas d'urgence, ils sont informés sur le champ ;

3° De toute situation d'urgence et de gravité mentionnée au 3° de l'article L. 4614-6.

Art. R. 4514-2. Lorsque l'établissement d'un plan de prévention par écrit est obligatoire, en application de l'article R. 4512-7, ce plan est tenu à la disposition du (D. 2017-1819 du 29 déc. 2017, art. 3, 70°, JO 30, entrée en vigueur le 01.01.2018) « comité social et économique » de l'entreprise utilisatrice et de ceux des entreprises extérieures.

Ces comités sont informés de ses mises à jour.

Ce plan et ses mises à jour leur sont communiqués sur leur demande.

Ils reçoivent toutes informations nécessaires à l'exercice de leurs missions.

Art. R. 4514-3. Le (D. 2017-1819 du 29 déc. 2017, art. 3, 70°, JO 30, entrée en vigueur le 01.01.2018) « comité social et économique » de l'entreprise utilisatrice compétent charge, s'il l'estime nécessaire, un ou plusieurs de ses membres appartenant à la délégation du personnel de participer à l'inspection commune préalable.

Les (D. 2017-1819 du 29 déc. 2017, art. 3, 73°, JO 30, entrée en vigueur le 01.01.2018) « comités sociaux et économiques » des entreprises extérieures intéressées participent, s'ils l'estiment nécessaire, à l'inspection commune préalable, dans les conditions prévues à l'article R. 4514-9.

Les membres des comités désignés pour participer à l'inspection commune préalable émettent un avis sur les mesures de prévention. Cet avis est porté sur le plan de prévention lorsque ce plan doit être établi par écrit.

Art. R. 4514-4. Des inspections et réunions périodiques de coordination sont organisées à la demande motivée de deux représentants du personnel au (D. 2017-1819 du 29 déc. 2017, art. 3, 70°, JO 30, entrée en vigueur le 01.01.2018) « comité social et économique » de l'entreprise utilisatrice.

À la demande motivée de deux représentants du personnel au (D. 2017-1819 du 29 déc. 2017, art. 3, 70°, JO 30, entrée en vigueur le 01.01.2018) « comité social et économique » de l'entreprise extérieure, les dispositions prévues aux deuxième et troisième alinéas de l'article R. 4513-3 sont mises en œuvre par le chef de l'entreprise extérieure.

Art. R. 4514-5. Aux lieux d'entrée et de sortie du personnel de l'entreprise utilisatrice sont affichés :

1° Les noms et lieux de travail des membres du (D. 2017-1819 du 29 déc. 2017, art. 3, 70°, JO 30, entrée en vigueur le 01.01.2018) « comité social et économique » de l'entreprise utilisatrice et des entreprises extérieures ;

2° Le nom du médecin du travail de l'entreprise utilisatrice ;

3° Le lieu où est située l'infirmerie de l'entreprise utilisatrice.

SECTION 2. [Comité social et économique] de l'entreprise utilisatrice

Art. R. 4514-6. Le (D. 2017-1819 du 29 déc. 2017, art. 3, 70°, JO 30, entrée en vigueur le 01.01.2018) « comité social et économique » de l'entreprise utilisatrice charge, s'il l'estime nécessaire, un ou plusieurs de ses membres appartenant à la délégation du personnel de participer aux inspections et réunions périodiques de coordination.

Ces membres émettent un avis sur les mesures de prévention. Cet avis est porté sur le plan de prévention lorsque ce plan doit être établi par écrit.

Art. R. 4514-7. Lorsqu'il peut y avoir des risques liés à l'interférence entre les activités, les installations et matériels des différentes entreprises, le (D. 2017-1819 du 29 déc. 2017, art. 3, 70°, JO 30, entrée en vigueur le 01.01.2018) « comité social et économique » de l'entreprise utilisatrice procède, dans le cadre de ses missions, aux inspections et enquêtes prévues aux articles L. 4612-4 et L. 4612-5, sur les lieux de travail temporairement occupés par des travailleurs d'entreprises extérieures.

Art. R. 4514-7-1. (D. 2008-467 du 19 mai 2008, JO 21) Les représentants des entreprises extérieures au (D. 2017-1819 du 29 déc. 2017, art. 3, 70°, JO 30, entrée en vigueur le 01.01.2018) « comité social et économique » de l'entreprise utilisatrice, élargi en application de l'article L. 4523-11, ne sont pas considérés comme appartenant à la délégation du personnel du (D. 2017-1819 du 29 déc. 2017, art. 3, 70°, JO 30, entrée en vigueur le 01.01.2018) « comité social et économique » de l'entreprise utilisatrice.

SECTION 3. [Comité social et économique] de l'entreprise extérieure

Art. R. 4514-8. Le (D. 2017-1819 du 29 déc. 2017, art. 3, 70°, JO 30, entrée en vigueur le 01.01.2018) « comité social et économique » de l'entreprise extérieure charge, s'il l'estime nécessaire, un ou plusieurs de ses membres appartenant à la délégation du personnel de participer aux inspections et réunions périodiques de coordination, lorsqu'il est prévu que l'entreprise extérieure y participe.

Ces membres émettent un avis sur les mesures de prévention. Cet avis est porté sur le plan de prévention lorsque ce plan doit être établi par écrit.

Art. R. 4514-9. Avant le début des travaux, lorsqu'un représentant du personnel au (D. 2017-1819 du 29 déc. 2017, art. 3, 70°, JO 30, entrée en vigueur le 01.01.2018) « comité social et économique » est appelé à faire partie de l'équipe intervenant dans l'entreprise utilisatrice et que le comité entend participer à l'inspection commune préalable, en application du deuxième alinéa de l'article R. 4514-3, ce représentant du personnel est désigné pour participer à cette inspection.

Dans le cas contraire, le comité peut désigner un représentant du personnel élu titulaire d'un autre mandat, s'il est appelé à être affecté dans l'entreprise utilisatrice.

Art. R. 4514-10. Les dispositions de l'article R. 4514-9 s'appliquent pendant l'exécution des travaux lorsque le (D. 2017-1819 du 29 déc. 2017, art. 3, 70°, JO 30, entrée en vigueur le 01.01.2018) « comité social et économique » de l'entreprise extérieure entend faire application du premier alinéa de l'article R. 4514-8.

Chapitre V (réglementaire)

Opérations de chargement et de déchargement

SECTION 1. Champ d'application

Art. R. 4515-1. Les dispositions du présent chapitre s'appliquent aux opérations de chargement ou de déchargement réalisées par des entreprises extérieures transportant des marchandises, en provenance ou à destination d'un lieu extérieur à l'enceinte de l'entreprise utilisatrice, dite " entreprise d'accueil ".

Elles dérogent aux dispositions relatives :

1° À la transmission à l'inspection du travail de l'état des heures passées à l'exécution de l'opération, prévue à l'article R. 4511-12 ;

2° À l'inspection commune préalable prévue aux articles R. 4512-2 à R. 4512-5 ;

3° Au plan de prévention prévu aux articles R. 4512-6 à R. 4512-11 ;

4° À l'information et à la communication au (D. 2017-1819 du 29 déc. 2017, art. 3, 70°, JO 30, entrée en vigueur le 01.01.2018) « comité social et économique » des renseignements et documents prévues aux articles R. 4514-1 et R. 4514-2.

Art. R. 4515-2. On entend par opération de chargement ou de déchargement, l'activité concourant à la mise en place ou à l'enlèvement sur ou dans un engin de transport routier, de produits, fonds et valeurs, matériels ou engins, déchets, objets et matériaux de quelque nature que ce soit.

Art. R. 4515-3. On entend par opérations de chargement ou de déchargement à caractère répétitif, celles qui portent sur des produits ou substances de même nature, sont accomplies sur les mêmes emplacements, selon le même mode opératoire, et mettent en œuvre les mêmes types de véhicules et de matériels de manutention.

SECTION 2. Protocole de sécurité

Art. R. 4515-4. Les opérations de chargement ou de déchargement, font l'objet d'un document écrit, dit « protocole de sécurité », remplaçant le plan de prévention.

Art. R. 4515-5. Le protocole de sécurité comprend les informations utiles à l'évaluation des risques de toute nature générés par l'opération ainsi que les mesures de prévention et de sécurité à observer à chacune des phases de sa réalisation.

Art. R. 4515-6. Pour l'entreprise d'accueil, le protocole de sécurité comprend, notamment, les informations suivantes :

1° Les consignes de sécurité, particulièrement celles qui concernent l'opération de chargement ou de déchargement ;

2° Le lieu de livraison ou de prise en charge, les modalités d'accès et de stationnement aux postes de chargement ou de déchargement accompagnées d'un plan et des consignes de circulation ;

3° Les matériels et engins spécifiques utilisés pour le chargement ou le déchargement ;

4° Les moyens de secours en cas d'accident ou d'incident ;

5° L'identité du responsable désigné par l'entreprise d'accueil, auquel l'employeur (D. 2009-289 du 13 mars 2009, JO 15) « délègue, le cas échéant, ses attributions ».

Art. R. 4515-7. Pour le transporteur, le protocole de sécurité décrit, notamment :

1° Les caractéristiques du véhicule, son aménagement et ses équipements ;

2° La nature et le conditionnement de la marchandise ;

3° Les précautions ou sujétions particulières résultant de la nature des substances ou produits transportés, notamment celles imposées par la réglementation relative au transport de matières dangereuses.

Art. R. 4515-8. Le protocole de sécurité est établi dans le cadre d'un échange entre les employeurs intéressés, préalablement à la réalisation de l'opération.

Chacune des opérations ne revêtant pas le caractère répétitif défini à l'article R. 4515-3 donne lieu à un protocole de sécurité spécifique.

Art. R. 4515-9. Les opérations de chargement ou de déchargement impliquant les mêmes entreprises et revêtant un caractère répétitif font l'objet d'un seul protocole de sécurité établi préalablement à la première opération.

Ce protocole de sécurité reste applicable aussi longtemps que les employeurs intéressés considèrent que les conditions de déroulement des opérations n'ont subi aucune modification significative, dans l'un quelconque de leurs éléments constitutifs.

Art. R. 4515-10. Lorsque le prestataire ne peut pas être identifié préalablement par l'entreprise d'accueil ou lorsque l'échange préalable n'a pas permis de réunir toutes les informations nécessaires, par dérogation aux dispositions de l'article R. 4515-8, l'employeur de l'entreprise d'accueil fournit et recueille par tout moyen approprié les éléments qui se rapportent au protocole de sécurité.

Art. R. 4515-11. Les chefs d'établissement des entreprises d'accueil et de transport tiennent un exemplaire de chaque protocole de sécurité, daté et signé, à la disposition :

1° Des (D. 2017-1819 du 29 déc. 2017, art. 3, 73°, JO 30, entrée en vigueur le 01.01.2018) « comités sociaux et économiques » des entreprises intéressées ;

2° De l'inspection du travail.

TITRE II

INSTALLATIONS NUCLÉAIRES DE BASE ET INSTALLATIONS SUSCEPTIBLES DE DONNER LIEU À DES SERVITUDES D'UTILITÉ PUBLIQUE

Chapitre Ier

Champ d'application

Art. L. 4521-1. Les dispositions du présent titre sont applicables dans les établissements comprenant au moins une installation nucléaire de base au sens de (Ord. 2012-6 du 5 janv. 2012, art. 5, JO 6) «l'article L. 593-1 du code de l'environnement ou une installation figurant sur la liste prévue (L. 2013-619 du 16 juil. 2013, art. 11 et 46, JO 17, entrée en vigueur le 01.06.2015) «à l'article L. 515-36» du même code» ou soumise aux (Ord. 2011-91 du 20 janv. 2011, art. 11, JO 25, entrée en vigueur le 01.03.2011) «dispositions des articles L. 211-2 et L. 211-3, des titres II à VII et du chapitre II du titre VIII du livre II du code minier».

Chapitre II

Coordination de la prévention

Art. L. 4522-1. Dans les établissements mentionnés à l'article L. 4521-1, lorsqu'un travailleur ou le chef d'une entreprise extérieure ou un travailleur indépendant est appelé à réaliser une intervention pouvant présenter des risques particuliers en raison de sa nature ou de la proximité de cette installation, le chef d'établissement de l'entreprise utilisatrice et le chef de l'entreprise extérieure définissent conjointement les mesures de prévention prévues aux articles L. 4121-1 à L. 4121-4.

Le chef d'établissement de l'entreprise utilisatrice veille au respect par l'entreprise extérieure des mesures que celle-ci a la responsabilité d'appliquer, compte tenu de la spécificité de l'établissement, préalablement à l'exécution de l'opération, durant son déroulement et à son issue.

Art. L. 4522-2. L'employeur définit et met en œuvre au bénéfice des chefs d'entreprises extérieures et des travailleurs qu'ils emploient ainsi que des travailleurs indépendants, avant le début de leur première intervention dans l'enceinte de l'établissement, une formation pratique et appropriée aux risques particuliers que leur intervention peut présenter en raison de sa nature ou de la proximité de l'installation classée.

Cette formation est dispensée sans préjudice de celles prévues par les articles L. 4141-2 et L. 4142-1. Ses modalités de mise en œuvre, son contenu et les conditions de son renouvellement peuvent être précisés par convention ou accord collectif de branche ou par convention ou accord collectif d'entreprise ou d'établissement.

Chapitre III

Comité social et économique

SECTION 1. Attributions particulières

Art. L. 4523-1. Les dispositions du présent chapitre s'appliquent sans préjudice de celles prévues (Ord. 2017-1386 du 22 sept. 2017, art. 3, I, 2°, JO 23, entrée en vigueur au plus tard le 01.01.2018) «au titre II du livre III de la deuxième partie relatives au comité social et économique».

Art. L. 4523-2. (Ord. 2017-1386 du 22 sept. 2017, art. 3, I, 3°, JO 23, entrée en vigueur au plus tard le 01.01.2018) «Le comité social et économique» est consulté sur la liste des postes de travail liés à la sécurité de l'installation. Cette liste est établie par l'employeur dans des conditions déterminées par décret en Conseil d'État.

Le comité est également consulté avant toute décision de sous-traiter une activité, jusqu'alors réalisée par les salariés de l'établissement, à une entreprise extérieure appelée à réaliser une intervention pouvant présenter des risques particuliers en raison de sa nature ou de la proximité de l'installation.

Art. L. 4523-3. (Ord. 2017-1386 du 22 sept. 2017, art. 3, I, 3°, JO 23, entrée en vigueur au plus tard le 01.01.2018) «Le comité social et économique» est informé à la suite de tout incident qui aurait pu entraîner des conséquences graves. Il peut procéder à l'analyse de l'incident et proposer toute action visant à prévenir son renouvellement. Le suivi de ces propositions fait l'objet d'un examen (Ord. 2017-1386 du 22 sept. 2017, art. 3, I, 4°, JO 23, entrée en vigueur au plus tard le 01.01.2018) «dans le cadre de la présentation de bilan et de programme annuels, prévue à l'article (Ord. 2017-1718 du 20 déc. 2017, art. 1er, I, 138°, JO 21) « L. 2312-27».

Art. L. 4523-4. Dans les établissements comportant une ou plusieurs installations nucléaires de base, (Ord. 2017-1386 du 22 sept. 2017, art. 3, I, 3°, JO 23, entrée en vigueur au plus tard le 01.01.2018) «le comité social et économique» est informé par l'employeur de la politique de sûreté et peut lui demander communication des informations sur les risques liés à l'exposition aux rayonnements ionisants et sur les mesures de sûreté et de radioprotection prises pour prévenir ou réduire ces risques ou expositions, dans les conditions définies aux articles L. 124-1 à L. 124-6 du code de l'environnement.

Le comité est consulté par l'employeur sur la définition et les modifications ultérieures du plan d'urgence interne mentionné (Ord. 2016-128 du 10 févr. 2016, art. 42, V, 4°, JO 11, entrée en vigueur au plus tard le 01.07.2017) «à l'article L. 1333-12 du code de la santé publique». Il peut proposer des modifications de ce plan à l'employeur qui justifie auprès du comité les suites qu'il donne à ces propositions.

Un décret en Conseil d'État détermine le délai dans lequel le comité formule son avis.

Art. L. 4523-5. (Ord. 2017-1386 du 22 sept. 2017, art. 3, I, 3°, JO 23, entrée en vigueur au plus tard le 01.01.2018) «Le comité social et économique» peut faire appel à un expert en risques technologiques, dans des conditions déterminées par décret en Conseil d'État.

Toutefois, ces dispositions ne sont pas applicables dans les établissements comprenant au moins une installation nucléaire de base.

Art. R. 4523-1. La liste des postes de travail liés à la sécurité de l'installation prévue à l'article L. 4523-2 précise, le cas échéant, au titre des actions de prévention prévues aux articles L. 4121-3 et L. 4121-4 :

1° Les postes qui ne peuvent être confiés à des salariés titulaires d'un contrat de travail à durée déterminée ou à des salariés temporaires ;

2° Les postes destinés à être occupés par les salariés de l'établissement ;

3° Les postes dont les tâches exigent la présence d'au moins deux personnes qualifiées.

Art. R. 4523-2. (D. 2017-1819 du 29 déc. 2017, art. 4, I, 2°, JO 30, entrée en vigueur le 01.01.2018) « Le comité social et économique » peut décider de faire appel à l'expert en risques technologiques mentionné à l'article L. 4523-5 à l'occasion de la demande d'autorisation préfectorale prévue par l'article L. 512-1 du code de l'environnement et avant d'émettre l'avis prévu à l'article R. 4612-4.

Le comité peut prendre sa décision à compter de la réunion au cours de laquelle il est informé sur les documents joints à la demande d'autorisation communiquée au préfet,

Cet expert, choisi après consultation du service instructeur de la demande d'autorisation, remet son rapport au comité avant la clôture de l'enquête publique. Il le présente en réunion du comité avant la consultation de ce dernier sur l'ensemble du dossier.

Art. R. 4523-3. (D. 2017-1819 du 29 déc. 2017, art. 4, I, 2°, JO 30, entrée en vigueur le 01.01.2018) « Le comité social et économique » peut faire appel à l'expert en risques technologiques mentionné à l'article L. 4523-5 en cas de danger grave en rapport avec l'installation classée.

L'expert présente son rapport dans le délai de quarante-cinq jours à compter de sa saisine.

Art. R. 4523-4. Les représentants des entreprises extérieures mentionnés à l'article L. 4523-11 disposent d'une voix consultative (D. 2017-1819 du 29 déc. 2017, art. 4, I, 3°, JO 30, entrée en vigueur le 01.01.2018) « à la commission santé, sécurité et conditions de travail élargie ».

Art. R. 4523-4-1. (D. 2009-289 du 13 mars 2009, JO 15) Les accidents du travail pour lesquels (D. 2017-1819 du 29 déc. 2017, art. 4, I, 4°, JO 30, entrée en vigueur le 01.01.2018) « la commission santé, sécurité et conditions de travail élargie est réunie », en application de l'article L. 4523-13, sont les accidents ayant entraîné ou ayant pu entraîner des conséquences graves.

SECTION 2. Composition

Art. L. 4523-6. Le nombre de représentants du personnel (Ord. 2017-1386 du 22 sept. 2017, art. 3, I, 5°, JO 23, entrée en vigueur au plus tard le 01.01.2018) «au comité social et économique» est augmenté par voie de convention collective ou d'accord collectif de travail entre l'employeur et les organisations syndicales représentatives dans l'entreprise.

SECTION 3. Fonctionnement

Art. L. 4523-7. (Ord. 2017-1386 du 22 sept. 2017, art. 3, I, 7°, JO 23, entrée en vigueur au plus tard le 01.01.2018) La commission santé, sécurité et conditions de travail, mentionnée aux articles L. 2315-36 et suivants, est créée au sein du comité social et économique.

Art. L. 4523-7-1. (Ord. 2017-1386 du 22 sept. 2017, art. 3, I, 6°, JO 23, entrée en vigueur au plus tard le 01.01.2018) À défaut d'accord, le nombre d'heures de délégation prévu à l'article (Ord. 2017-1718 du 20 déc. 2017, art. 1er, I, 139°, JO 21) « L. 2315-7 », accordé aux représentants du personnel au comité social et économique pour exercer leurs fonctions, est majoré de 30 %.

Art. L. 4523-8. (Ord. 2017-1386 du 22 sept. 2017, art. 3, I, 8°, JO 23, entrée en vigueur au plus tard le 01.01.2018) L'autorité chargée de la police des installations est invitée aux réunions du comité social et économique et de la commission santé, sécurité et conditions de travail dans les conditions prévues à l'article L. 2314-3.

Art. L. 4523-9. Les représentants du personnel (Ord. 2017-1386 du 22 sept. 2017, art. 3, I, 9°, JO 23, entrée en vigueur au plus tard le 01.01.2018) «au comité social et économique» sont informés par l'employeur de la présence de l'autorité chargée de la police des installations, lors de ses visites, et peuvent présenter leurs observations écrites.

SECTION 4. Formation des représentants

Art. L. 4523-10. Les représentants du personnel (Ord. 2017-1386 du 22 sept. 2017, art. 3, I, 9°, JO 23, entrée en vigueur au plus tard le 01.01.2018) «au comité social et économique», y compris, le cas échéant, les représentants des salariés des entreprises extérieures, bénéficient d'une formation spécifique correspondant aux risques ou facteurs de risques particuliers, en rapport avec l'activité de l'entreprise.

Les conditions dans lesquelles cette formation est dispensée et renouvelée peuvent être définies par convention ou accord collectif de branche, d'entreprise ou d'établissement.

SECTION 5. Commission santé, sécurité et conditions de travail élargie

Art. L. 4523-11. Lorsque la réunion (Ord. 2017-1386 du 22 sept. 2017, art. 3, I, 11°, JO 23, entrée en vigueur au plus tard le 01.01.2018) «du comité social et économique» a pour objet de contribuer à la définition des règles communes de sécurité dans l'établissement et à l'observation des mesures de prévention définies en application de l'article L. 4522-1, (Ord. 2017-1386 du 22 sept. 2017, art. 3, I, 11°, JO 23, entrée en vigueur au plus tard le 01.01.2018) «il s'appuie sur les travaux de la commission santé, sécurité et conditions de travail élargie» à une représentation des chefs d'entreprises extérieures et des travailleurs qu'ils emploient selon des conditions déterminées par convention ou accord collectif de branche, d'entreprise ou d'établissement. Cette convention ou cet accord détermine également les modalités de fonctionnement (Ord. 2017-1718 du 20 déc. 2017, art. 1er, I, 140°, JO 21) «de la commission élargie».

À défaut de convention ou d'accord, (Ord. 2017-1386 du 22 sept. 2017, art. 3, I, 11°, JO 23, entrée en vigueur au plus tard le 01.01.2018) «la commission est élargie» et fonctionne dans des conditions déterminées par décret en Conseil d'État.

Art. L. 4523-12. Les dispositions de l'article L. 4523-11 ne sont pas applicables aux établissements comprenant au moins une installation nucléaire de base dans lesquels les chefs d'entreprises extérieures et les représentants de leurs salariés sont associés à la prévention des risques particuliers liés à l'activité de l'établissement, selon des modalités mises en œuvre avant la publication de la loi n° 2006-686 du 13 juin 2006 relative à la transparence et à la sécurité en matière nucléaire et répondant à des caractéristiques définies par décret.

Art. L. 4523-13. (Ord. 2017-1386 du 22 sept. 2017, art. 3, I, 12°, JO 23, entrée en vigueur au plus tard le 01.01.2018) «La commission santé, sécurité et conditions de travail élargie» se réunit au moins une fois par an. Elle est également réunie lorsque s'est produit un accident du travail dont la victime est une personne extérieure intervenant dans l'établissement.

Art. L. 4523-14. La représentation des entreprises extérieures (Ord. 2017-1386 du 22 sept. 2017, art. 3, I, 13°, JO 23, entrée en vigueur au plus tard le 01.01.2018) «à la commission santé, sécurité et conditions de travail élargie» est fonction de la durée de leur intervention, de la nature de cette dernière et de leur effectif intervenant dans l'établissement.

Les salariés des entreprises extérieures sont désignés, parmi les salariés intervenant régulièrement sur le site, par (Ord. 2017-1386 du 22 sept. 2017, art. 3, I, 13°, JO 23, entrée en vigueur au plus tard le 01.01.2018) «le comité social et économique» de leur établissement ou, à défaut, par les membres de l'équipe appelés à intervenir dans l'établissement.

Art. L. 4523-15. L'employeur et les chefs des entreprises extérieures prennent respectivement les dispositions relevant de leurs prérogatives pour permettre aux salariés des entreprises extérieures désignés (Ord. 2017-1386 du 22 sept. 2017, art. 3, I, 14°, JO 23, entrée en vigueur au plus tard le 01.01.2018) «à la commission santé, sécurité et conditions de travail élargie» d'exercer leurs fonctions.

Le comité (Ord. 2017-1386 du 22 sept. 2017, art. 3, I, 14°, JO 23, entrée en vigueur au plus tard le 01.01.2018) «social et économique» peut inviter, à titre consultatif et occasionnel, le chef d'une entreprise extérieure.

Art. L. 4523-16. Les salariés d'entreprises extérieures qui siègent ou ont siégé en qualité de représentants du personnel dans (Ord. 2017-1386 du 22 sept. 2017, art. 3, I, 15°, JO 23, entrée en vigueur au plus tard le 01.01.2018) «une commission santé, sécurité et conditions de travail élargie» sont tenus à une obligation de discrétion à l'égard des informations présentant un caractère confidentiel et données comme telles par l'employeur.

Ils sont tenus au secret professionnel pour toutes les questions relatives aux procédés de fabrication.

Art. L. 4523-17. Les salariés d'entreprises extérieures qui siègent ou ont siégé en qualité de représentants du personnel dans (Ord. 2017-1386 du 22 sept. 2017, art. 3, I, 15°, JO 23, entrée en vigueur au plus tard le 01.01.2018) «une commission santé, sécurité et conditions de travail élargie» bénéficient de la protection prévue par le livre IV de la deuxième partie.

SECTION 2 (RÉGLEMENTAIRE). Dispositions relatives à l'élargissement du comité, applicables en l'absence de convention ou d'accord collectif

Note Cette section a été introduite par le décret 2008-467 du 19 mai 2008, JO 21.

Sous-section 1. Désignation des entreprises extérieures et de leurs représentants

Art. R. 4523-5. Pour élargir la composition (D. 2017-1819 du 29 déc. 2017, art. 4, I, 5°, JO 30, entrée en vigueur le 01.01.2018) « de la commission santé, sécurité et conditions de travail » de l'entreprise utilisatrice à une représentation des entreprises extérieures, en application de l'article L. 4523-11, il incombe :

1° Au chef d'établissement de l'entreprise utilisatrice d'identifier les entreprises extérieures répondant aux critères définis à l'article R. 4523-6 et de sélectionner parmi celles-ci les entreprises appelées à désigner un ou des représentants ;

2° Au chef de chaque entreprise extérieure de désigner nominativement les représentants de son entreprise.

Art. R. 4523-6. L'identification et la sélection des entreprises extérieures par l'entreprise utilisatrice s'effectuent sur la base des trois critères cumulatifs suivants :

1° La nature des risques particuliers liés à l'intervention et susceptibles de porter atteinte à la sécurité des travailleurs présents au sein ou à proximité de l'installation, qui constitue le critère prépondérant ;

2° L'importance des effectifs intervenant ou appelés à intervenir, exprimée en nombre moyen d'hommes par jour présents au sein ou à proximité de l'installation durant une période de douze mois consécutifs ;

3° La durée des interventions prévisibles à compter du jour de la consultation (D. 2017-1819 du 29 déc. 2017, art. 4, I, 6°, JO 30, entrée en vigueur le 01.01.2018) « du comité social et économique », prévue à l'article R. 4523-8.

Art. R. 4523-7. Le chef d'établissement de l'entreprise utilisatrice classe la liste des entreprises extérieures répondant aux critères définis à l'article R. 4523-6 par ordre de pertinence. Il mentionne les entreprises qu'il envisage de sélectionner et, pour chacune d'elles, sa représentation soit par un ou des salariés, soit par un représentant de la direction, soit par une représentation des salariés et de la direction.

Le nombre total de représentants des salariés des entreprises extérieures est égal au nombre de représentants du personnel de l'entreprise utilisatrice, dans la limite de trois représentants par entreprise extérieure. Le nombre de représentants de la direction des entreprises extérieures est au plus égal au nombre d'entreprises sélectionnées pour désigner une représentation de salariés.

Art. R. 4523-8. Le chef d'établissement de l'entreprise utilisatrice communique cette liste au (D. 2017-1819 du 29 déc. 2017, art. 4, I, 7°, JO 30, entrée en vigueur le 01.01.2018) « comité social et économique », accompagnée des éléments qui justifient la composition retenue au regard des critères fixés à l'article R. 4523-6. Après un délai de trente jours au moins et soixante jours au plus suivant cette communication, le (D. 2017-1819 du 29 déc. 2017, art. 4, I, 7°, JO 30, entrée en vigueur le 01.01.2018) « comité social et économique » rend son avis sur la liste et la représentation mentionnées à l'article R. 4523-7.

Art. R. 4523-9. Dans les quinze jours suivant la consultation (D. 2017-1819 du 29 déc. 2017, art. 4, I, 8°, JO 30, entrée en vigueur le 01.01.2018) « du comité social et économique », le chef d'établissement de l'entreprise utilisatrice :

1° Communique aux chefs des entreprises extérieures figurant sur la liste mentionnée à l'article R. 4523-7 l'avis (D. 2017-1819 du 29 déc. 2017, art. 4, I, 8°, JO 30, entrée en vigueur le 01.01.2018) « du comité social et économique » prévu à l'article R. 4523-8 et les consulte avant d'arrêter la liste des entreprises extérieures appelées à désigner une représentation de leur direction ;

2° Arrête la liste des entreprises extérieures appelées à désigner une représentation de salariés et le nombre de représentants par entreprise ;

3° Envoie sa décision aux chefs des entreprises sélectionnées ;

4° (D. 2016-1417 du 20 oct. 2016, art. 12, JO 22) « Communique sa décision, à l'agent de contrôle de l'inspection du travail, à la demande de celui-ci », accompagnée des éléments qui la motivent et du procès-verbal de la réunion de consultation (D. 2017-1819 du 29 déc. 2017, art. 4, I, 8°, JO 30, entrée en vigueur le 01.01.2018) « du comité social et économique ».

Art. R. 4523-10. Dans les trente jours suivant l'envoi de la décision de sélection des entreprises extérieures, chaque chef d'entreprise extérieure sélectionnée :

1° Organise la désignation des représentants des salariés ou, selon les cas, de la direction de son entreprise (D. 2017-1819 du 29 déc. 2017, art. 4, I, 9°, JO 30, entrée en vigueur le 01.01.2018) « à la commission santé, sécurité et conditions de travail élargie » de l'entreprise utilisatrice, selon les modalités fixées à l'article R. 4523-11 ;

2° Transmet au chef d'établissement de l'entreprise utilisatrice les noms et adresses des représentants désignés.

Art. R. 4523-11. Les représentants des salariés des entreprises extérieures sont désignés parmi ceux qui sont intervenus régulièrement, sur ou à proximité de l'installation de l'entreprise utilisatrice, durant les douze derniers mois ou parmi ceux qui sont appelés à y intervenir régulièrement durant les douze prochains mois.

Ils sont désignés par (D. 2017-1819 du 29 déc. 2017, art. 4, I, 10°, JO 30, entrée en vigueur le 01.01.2018) « le comité social et économique » constitué dans leur établissement.

En l'absence (D. 2017-1819 du 29 déc. 2017, art. 4, I, 10°, JO 30, entrée en vigueur le 01.01.2018) « de comité social et économique », la représentation des salariés est désignée par les salariés qui, au jour du vote au scrutin secret, interviennent régulièrement dans l'établissement de l'entreprise utilisatrice depuis douze mois au moins ou sont appelés à y intervenir régulièrement au cours des douze prochains mois. Le procès-verbal de désignation des salariés, accompagné de la liste d'émargement datée et signée par les personnes ayant participé à la désignation et par leur employeur ou son représentant, est tenu à la disposition de l'inspecteur du travail.

Art. R. 4523-12. (D. 2016-1417 du 20 oct. 2016, art. 13, JO 22) Le chef de l'entreprise utilisatrice communique, à l'agent de contrôle de l'inspection du travail, à la demande de celui-ci, les noms des représentants des entreprises extérieures désignés selon les modalités prévues à l'article R. 4523-11.

Art. R. 4523-13. Le chef d'établissement de l'entreprise utilisatrice affiche la liste nominative des représentants des entreprises extérieures (D. 2017-1819 du 29 déc. 2017, art. 4, I, 11°, JO 30, entrée en vigueur le 01.01.2018) « à la commission santé, sécurité et conditions de travail élargie » au même emplacement que celui réservé aux informations mentionnées à l'article R. 4514-5. Il adresse cette liste, qui doit être actualisée au moins tous les deux ans selon les modalités fixées aux articles R. 4523-7 à R. 4523-12, à toutes les entreprises extérieures.

Sous-section 2. **Fonctionnement de la commission élargie**

Art. R. 4523-14. Les représentants des entreprises extérieures (D. 2017-1819 du 29 déc. 2017, art. 4, I, 13°, JO 30, entrée en vigueur le 01.01.2018) « à la commission santé, sécurité et conditions de travail » de l'entreprise utilisatrice sont désignés (D. 2017-1819 du 29 déc. 2017, art. 4, I, 13°, JO 30, entrée en vigueur le 01.01.2018) « pour une durée qui prend fin avec celle du mandat des membres élus du comité social et économique ». Si, pendant la durée normale de son mandat, un représentant cesse ses fonctions, il est remplacé dans le délai d'un mois, pour la période du mandat restant à courir, sauf si cette période est inférieure à trois mois. Les modalités de ce remplacement sont celles fixées aux articles R. 4523-10 et R. 4523-11.

Art. R. 4523-15. Les réunions (D. 2017-1819 du 29 déc. 2017, art. 4, I, 14°, JO 30, entrée en vigueur le 01.01.2018) « de la commission santé, sécurité et conditions de travail » de l'entreprise utilisatrice en formation élargie se tiennent séparément de celles (D. 2017-1819 du 29 déc. 2017, art. 4, I, 14°, JO 30, entrée en vigueur le 01.01.2018) « de la commission » en formation ordinaire.

L'ordre du jour de la réunion (D. 2017-1819 du 29 déc. 2017, art. 4, I, 14°, JO 30, entrée en vigueur le 01.01.2018) « de la commission élargie » et les documents joints sont transmis par le président (D. 2017-1819 du 29 déc. 2017, art. 4, I, 14°, JO 30, entrée en vigueur le 01.01.2018) « de la commission, selon les modalités fixées à l'article L. 2315-30 et au quatrième alinéa de l'article L. 2315-27 », au moins trente jours avant la date fixée pour la réunion.

Le temps passé en réunion (D. 2017-1819 du 29 déc. 2017, art. 4, I, 14°, JO 30, entrée en vigueur le 01.01.2018) « de la commission élargie » est considéré comme temps de travail et payé à l'échéance normale.

Art. R. 4523-16. Les procès-verbaux des réunions (D. 2017-1819 du 29 déc. 2017, art. 4, I, 15°, JO 30, entrée en vigueur le 01.01.2018) « de la commission élargie » sont transmis aux personnes qui y siègent et sont tenus à la disposition de toutes les entreprises extérieures.

Sous-section 3. **Dérogation applicable aux établissements comprenant une installation nucléaire de base**

Art. R. 4523-17. Les établissements comprenant une installation nucléaire de base qui ne sont pas soumis aux dispositions relatives (D. 2017-1819 du 29 déc. 2017, art. 4, I, 16°, JO 30, entrée en vigueur le 01.01.2018) « à la commission santé, sécurité et conditions de travail élargie », en application de l'article L. 4523-12, répondent aux caractéristiques suivantes :

1° Une instance est exclusivement dédiée au dialogue interentreprises dans le but d'améliorer la sécurité des travailleurs et de contribuer à la prévention des risques professionnels liés à l'interférence entre les activités, les installations et les matériels des différentes entreprises présentes sur un même lieu de travail. Elle se réunit au moins une fois par an ;

2° La sélection des entreprises extérieures appelées à désigner des représentants pour siéger à cette instance fait l'objet d'une consultation de la représentation du personnel ou syndicale de l'entreprise utilisatrice ;

3° Le critère prépondérant de sélection des entreprises extérieures est la nature des risques particuliers liés à l'intervention extérieure, qui sont susceptibles de porter atteinte à la sécurité des travailleurs présents au sein ou à proximité de l'installation nucléaire de base ;

4° Les représentants des salariés des entreprises extérieures sont désignés parmi ceux qui interviennent régulièrement sur ou à proximité de l'installation nucléaire de base. Ils exercent leurs fonctions durant leur temps de travail ;

5° Les président et secrétaire (D. 2017-1819 du 29 déc. 2017, art. 4, I, 16°, JO 30, entrée en vigueur le 01.01.2018) « de comité social et économique » des établissements de l'entreprise utilisatrice situés à proximité de l'installation nucléaire de base sont invités aux réunions de l'instance prévue au présent article ;

6° Les procès-verbaux des réunions de cette instance sont tenus à la disposition de toutes les entreprises extérieures.

Chapitre IV

Comité interentreprises de santé et de sécurité au travail

Art. L. 4524-1. Dans le périmètre d'un plan de prévention des risques technologiques mis en place en application de l'article L. 515-15 du code de l'environnement, un comité interentreprises de santé et de sécurité au travail est institué par l'autorité administrative.

Il assure la concertation entre (Ord. 2017-1386 du 22 sept. 2017, art. 3, II, JO 23, entrée en vigueur au plus tard le 01.01.2018) «les comités sociaux et économiques» des établissements comprenant au moins une installation figurant sur la liste prévue (L. 2013-619 du 16 juil. 2013, art. 11, JO 17, entrée en vigueur le 01.06.2015) «à l'article L. 515-36» du code de l'environnement ou soumise aux (Ord. 2011-91 du 20 janv. 2011, art. 11, JO 25, entrée en vigueur le 01.03.2011) «dispositions des articles L. 211-2 et L. 211-3, des titres II à VII et du chapitre II du titre VIII du livre II du code minier» situés dans ce périmètre.

Il contribue à la prévention des risques professionnels susceptibles de résulter des interférences entre les activités et les installations des différents établissements.

La composition du comité interentreprises, les modalités de sa création, de la désignation de ses membres et de son fonctionnement sont déterminées par décret en Conseil d'État.

SECTION 1 (RÉGLEMENTAIRE). Mise en place

Art. R. 4524-1. Lorsqu'un plan de prévention des risques technologiques a été prescrit en application de l'article L. 515-15 du code de l'environnement, le préfet met en place un comité interentreprises de santé et de sécurité au travail.

Ce comité représente tous les établissements comprenant au moins une installation susceptible de donner lieu à des servitudes d'utilité publique en application de l'article L. 515-8 du même code ou mentionnée aux articles 3-1 et 104 à 104-8 du code minier, situés dans le périmètre de ce plan.

Art. R. 4524-2. Lorsque le périmètre d'exposition au risque couvre tout ou partie du territoire de plusieurs départements, le préfet qui organise la mise en place du comité interentreprises de santé et de sécurité au travail est celui du département le plus exposé.

SECTION 2 (RÉGLEMENTAIRE). Missions

Art. R. 4524-3. Pour l'exercice de leur mission, les membres du comité interentreprises de santé et de sécurité au travail peuvent émettre des observations, des préconisations et proposer des actions de prévention.

Art. R. 4524-4. Le comité interentreprises de santé et de sécurité au travail est informé, par le préfet, des dispositions du plan de prévention des risques technologiques.

SECTION 3 (RÉGLEMENTAIRE). Composition

Art. R. 4524-5. Le comité interentreprises de santé et de sécurité au travail est composé du président de chacun (D. 2017-1819 du 29 déc. 2017, art. 4, II, JO 30, entrée en vigueur le 01.01.2018) « des comités sociaux et économiques » concernés et de représentants des salariés, à raison d'un membre titulaire et d'un membre suppléant.

Ses membres sont désignés, en son sein, par la délégation du personnel de chacun des comités.

Art. R. 4524-6. Les représentants du personnel au comité interentreprises sont désignés pour une durée de trois ans renouvelable.

Leur mandat prend fin dès qu'ils cessent d'être représentants des salariés (D. 2017-1819 du 29 déc. 2017, art. 4, III, JO 30, entrée en vigueur le 01.01.2018) « au comité social et économique » de leur établissement. Il est procédé à leur remplacement dans les conditions prévues à l'article R. 4524-5.

SECTION 4 (RÉGLEMENTAIRE). Fonctionnement

Art. R. 4524-7. Le comité interentreprises de santé et de sécurité au travail est présidé par le (D. 2009-1377 du 10 nov. 2009, JO 13; D. 2010-687 du 24 juin 2010, JO 25; voir D. 2010-1582 du 17 déc. 2010, JO 18, pour outre-mer) « directeur régional des entreprises, de la concurrence, de la consommation, du travail et de l'emploi » ou son représentant.

Lorsque le périmètre d'exposition au risque couvre tout ou partie du territoire de plusieurs départements, le comité est présidé par (D. 2009-1377 du 10 nov. 2009, JO 13; D. 2010-687 du 24 juin 2010, JO 25; voir D. 2010-1582 du 17 déc. 2010, JO 18, pour outre-mer) « directeur régional des entreprises, de la concurrence, de la consommation, du travail et de l'emploi » du département le plus exposé.

Art. R. 4524-8. Le comité interentreprises de santé et de sécurité au travail est réuni par le président au moins une fois par an ou à la demande motivée d'un tiers de ses membres.

Seuls ses membres ont voix délibérative.

Art. R. 4524-9. Le préfet peut inviter les présidents et les secrétaires (D. 2017-1819 du 29 déc. 2017, art. 4, II, JO 30, entrée en vigueur le 01.01.2018) « des comités sociaux et économiques » constitués dans d'autres établissements et situés dans le périmètre de ce plan, à assister aux réunions du comité mis en place à cet effet en raison de risques particuliers liés à leur implantation ou à leur activité.

Les inspecteurs du travail et les inspecteurs des installations classées, compétents pour contrôler ces établissements, sont invités à participer aux réunions du comité interentreprises.

Le président peut inviter toute personne susceptible d'éclairer les débats en raison de sa compétence.

Art. R. 4524-10. Les chefs d'établissement intéressés communiquent au comité interentreprises toutes les informations utiles à l'exercice de ses missions, notamment :

1° La politique de prévention des accidents majeurs qu'ils conduisent ;

2° Les systèmes de gestion de la sécurité mis en œuvre dans chaque établissement et les résultats des contrôles de ces systèmes, audits et revues de direction, organisés par les chefs d'établissement ;

3° Les risques d'accidents majeurs, identifiés comme susceptibles d'affecter les établissements voisins comportant des installations classées ;

4° Les plans d'urgence et les exercices relatifs à ces plans d'urgence ;

5° Les enseignements tirés du retour d'expérience des établissements concernés ;

6° Les projets de modification ou d'extension des installations à l'origine du risque, le plus en amont possible.

Chapitre V

Dispositions particulières en matière d'incendie et de secours

Art. L. 4525-1. Sans préjudice de l'application des autres mesures prévues par le présent code, relatives à la prévention des incendies et des explosions, des moyens appropriés, humains et matériels, de prévention, de lutte contre l'incendie et de secours sont prévus afin de veiller en permanence à la sécurité des personnes occupées dans l'enceinte de l'établissement.

L'employeur définit ces moyens en fonction du nombre de personnes employées dans l'enceinte de l'établissement et des risques encourus.

Il consulte (Ord. 2017-1386 du 22 sept. 2017, art. 3, III, JO 23, entrée en vigueur au plus tard le 01.01.2018) « le comité social et économique » sur la définition et la modification de ces moyens.

Chapitre VI

Dispositions particulières en cas de danger grave et imminent et droit de retrait

Art. L. 4526-1. En cas de danger grave et imminent, l'employeur informe, dès qu'il en a connaissance, l'(L. 2016-1088 du 8 août 2016, art. 113, III, 1°, JO 9) « agent de contrôle de l'inspection du travail mentionné à l'article L. 8112-1 », le service de prévention des organismes de sécurité sociale et, selon le cas, l'Autorité de sûreté nucléaire, l'inspection des installations classées ou l'ingénieur chargé de l'exercice de la police des installations mentionnées à (Ord. 2011-91 du 20 janv. 2011, art. 11, JO 25, entrée en vigueur le 01.03.2011) « l'article L. 211-2 du code minier », de l'avis émis par le représentant (Ord. 2017-1386 du 22 sept. 2017, art. 3, IV, JO 23, entrée en vigueur au plus tard le 01.01.2018) « du comité social et économique » en application de l'article L. 4132-2.

L'employeur précise à cette occasion les suites qu'il entend donner à cet avis.

TITRE III

BÂTIMENT ET GÉNIE CIVIL

Chapitre Ier

Principes de prévention

Art. L. 4531-1. Afin d'assurer la sécurité et de protéger la santé des personnes qui interviennent sur un chantier de bâtiment ou de génie civil, le maître d'ouvrage, le maître d'œuvre et le coordonnateur en matière de sécurité et de protection de la santé mentionné à l'article L. 4532-4 mettent en œuvre, pendant la phase de conception, d'étude et d'élaboration du projet et pendant la réalisation de l'ouvrage, les principes généraux de prévention énoncés aux 1° à 3° et 5° à 8° de l'article L. 4121-2.

Ces principes sont pris en compte notamment lors des choix architecturaux et techniques ainsi que dans l'organisation des opérations de chantier, en vue :

1° De permettre la planification de l'exécution des différents travaux ou phases de travail se déroulant simultanément ou successivement ;

2° De prévoir la durée de ces phases ;

3° De faciliter les interventions ultérieures sur l'ouvrage.

Art. L. 4531-2. Pour les opérations de bâtiment ou de génie civil entreprises par les communes ou groupements de communes de moins de 5 000 habitants, le maître d'œuvre peut se voir confier, sur délégation du maître d'ouvrage, l'application des principes généraux de prévention prévus au premier alinéa de l'article L. 4531-1 ainsi que les règles de coordination prévues au chapitre II.

Art. L. 4531-3. Lorsque, sur un même site, plusieurs opérations de bâtiment ou de génie civil doivent être conduites dans le même temps par plusieurs maîtres d'ouvrage, ceux-ci se concertent afin de prévenir les risques résultant de l'interférence de ces interventions.

Chapitre II

Coordination lors des opérations de bâtiment et de génie civil

SECTION 1. Déclaration préalable

Art. L. 4532-1. Lorsque la durée ou le volume prévus des travaux d'une opération de bâtiment ou de génie civil excède certains seuils, le maître d'ouvrage adresse avant le début des travaux une déclaration préalable :

1° À l'autorité administrative ;

2° À l'organisme professionnel de santé, de sécurité et des conditions de travail prévu par l'article L. 4111-6 dans la branche d'activité du bâtiment et des travaux publics ;

3° Aux organismes de sécurité sociale compétents en matière de prévention des risques professionnels.

Le texte de cette déclaration, dont le contenu est précisé par arrêté ministériel, est affiché sur le chantier.

Art. R. 4532-1. Les opérations de bâtiment et de génie civil sont classées en trois catégories :

1° Première catégorie : opérations soumises à l'obligation de constituer un collège interentreprises de sécurité, de santé et des conditions de travail ;

2° Deuxième catégorie : opérations soumises à l'obligation de déclaration préalable prévue à l'article L. 4532-1 ne relevant pas de la première catégorie ;

3° Troisième catégorie : opérations soumises à l'obligation d'établir un plan général de coordination simplifié en application des articles R. 4532-52 et R. 4532-54 et autres opérations ne relevant pas des première et deuxième catégories.

Art. R. 4532-2. Les opérations de bâtiment ou de génie civil, soumises à l'obligation de déclaration préalable prévue à l'article L. 4532-1, sont celles pour lesquelles l'effectif prévisible des travailleurs doit dépasser vingt travailleurs à un moment quelconque des travaux et dont la durée doit excéder trente jours ouvrés, ainsi que celles dont le volume prévu des travaux doit être supérieur à 500 hommes-jours.

Art. R. 4532-3. La déclaration préalable est adressée à l'inspecteur du travail et aux organismes mentionnés à l'article L. 4532-1 territorialement compétents au lieu de l'opération.

Elle est adressée à la date de dépôt de la demande de permis de construire lorsque celui-ci est requis ou, lorsque celui-ci n'est pas requis, au moins trente jours avant le début effectif des travaux.

SECTION 2. Mission de coordination et coordonnateur en matière de sécurité et de protection de la santé

Art. L. 4532-2. Une coordination en matière de sécurité et de santé des travailleurs est organisée pour tout chantier de bâtiment ou de génie civil où sont appelés à intervenir plusieurs travailleurs indépendants ou entreprises, entreprises sous-traitantes incluses, afin de prévenir les risques résultant de leurs interventions simultanées ou successives et de prévoir, lorsqu'elle s'impose, l'utilisation des moyens communs tels que les infrastructures, les moyens logistiques et les protections collectives.

Art. L. 4532-3. La coordination en matière de sécurité et de santé est organisée tant au cours de la conception, de l'étude et de l'élaboration du projet qu'au cours de la réalisation de l'ouvrage.

Art. L. 4532-4. Le maître d'ouvrage désigne un coordonnateur en matière de sécurité et de protection de la santé pour chacune des deux phases de conception et de réalisation ou pour l'ensemble de celles-ci.

Art. L. 4532-5. Sauf dans les cas prévus à l'article L. 4532-7, les dispositions nécessaires pour assurer aux personnes chargées d'une mission de coordination, l'autorité et les moyens indispensables à l'exercice de leur mission sont déterminées par voie contractuelle, notamment par les contrats de maîtrise d'œuvre.

Art. L. 4532-6. L'intervention du coordonnateur ne modifie ni la nature ni l'étendue des responsabilités qui incombent, en application des autres dispositions du présent code, à chacun des participants aux opérations de bâtiment et de génie civil.

Art. L. 4532-7. Pour les opérations de bâtiment ou de génie civil entreprises par un particulier pour son usage personnel, celui de son conjoint, partenaire lié par un pacte civil de solidarité, concubin ou de ses ascendants ou descendants, la coordination est assurée :

1° Lorsqu'il s'agit d'opérations soumises à l'obtention d'un permis de construire, par la personne chargée de la maîtrise d'œuvre pendant la phase de conception, d'étude et d'élaboration du projet, et par la personne qui assure effectivement la maîtrise du chantier pendant la phase de réalisation de l'ouvrage ;

2° Lorsqu'il s'agit d'opérations non soumises à l'obtention d'un permis de construire, par l'un des entrepreneurs présents sur le chantier au cours des travaux.

Sous-section 1 (réglementaire). **Obligations du maître d'ouvrage**

Art. R. 4532-4. Le maître d'ouvrage désigne un coordonnateur en matière de sécurité et de protection de la santé dès le début de la phase d'élaboration de l'avant-projet sommaire, au sens de l'article 4 du décret n° 93-1268 du 29 novembre 1993 relatif aux missions de maîtrise d'œuvre confiées par des maîtres d'ouvrage publics à des prestataires de droit privé, ou de la phase d'élaboration de son équivalent, lorsque l'opération n'est pas soumise à une telle élaboration.

Art. R. 4532-5. Lorsque le maître d'ouvrage désigne, pour la phase de réalisation de l'ouvrage, un coordonnateur distinct de celui de la phase de conception, d'étude et d'élaboration du projet, cette désignation intervient avant le lancement de la consultation des entreprises.

Art. R. 4532-6. Afin notamment d'assurer au coordonnateur l'autorité et les moyens nécessaires au bon déroulement de sa mission, le maître d'ouvrage prévoit, dès les études d'avant-projet de l'ouvrage, la coopération entre les différents intervenants dans l'acte de construire et le coordonnateur.

Les modalités pratiques de cette coopération font l'objet d'un document joint aux contrats conclus avec les différents intervenants.

Art. R. 4532-7. Le maître d'ouvrage demande au propriétaire du bâtiment les dossiers techniques regroupant les informations relatives à la recherche et à l'identification des matériaux contenant de l'amiante prévus (D. 2017-899 du 9 mai 2017, JO 10) « aux articles R. 1334-29-4 à R. 1334-29-6 du code de la santé publique et à l'article R. 111-45 du code de la construction et de l'habitation ou, le cas échéant, le rapport de repérage de l'amiante prévu à l'article R. 4412-97-5 du présent code ».

Il communique ces documents au maître d'œuvre et au coordonnateur.

Art. R. 4532-8. Le maître d'ouvrage veille à ce que le coordonnateur soit associé pendant toutes les phases de l'opération à l'élaboration et à la réalisation du projet de l'ouvrage, en particulier en lui donnant accès à toutes les réunions organisées par le maître d'œuvre et en le rendant destinataire, dans un délai compatible avec l'exercice de sa mission, de toutes les études réalisées par celui-ci.

Art. R. 4532-9. Le maître d'ouvrage tient compte, lorsqu'il les estime justifiées, des observations du coordonnateur ou adopte des mesures d'une efficacité au moins équivalente.

Art. R. 4532-10. Dans le cas d'opérations entreprises par un particulier non soumises à l'obtention d'un permis de construire, prévu au 2° de l'article L. 4532-7, la coordination est assurée, pendant chacune de ses interventions sur le chantier, par l'entreprise dont la part de main-d'œuvre dans l'opération est la plus élevée.

Lorsque cette entreprise interrompt ou met fin à son intervention, l'entreprise qui répond à son tour au critère défini au premier alinéa prend en charge la coordination.

Chaque changement de titulaire de la mission de coordination donne préalablement lieu à concertation entre les entrepreneurs concernés.

Sous-section 2 (réglementaire). **Coordonnateur en matière de sécurité et de protection de la santé**

§ 1. Missions du coordonnateur

Art. R. 4532-11. Le coordonnateur veille, à ce que les principes généraux de prévention définis aux articles L. 4531-1 et L. 4535-1 soient effectivement mis en œuvre.

(D. 2009-289 du 13 mars 2009, JO 15) « Il exerce ses missions sous la responsabilité du maître d'ouvrage. »

Art. R. 4532-12. Le coordonnateur, au cours de la conception, de l'étude et de l'élaboration du projet de l'ouvrage :

1° Élabore le plan général de coordination lorsqu'il est requis ;

2° Constitue le dossier d'intervention ultérieure sur l'ouvrage ;

3° Ouvre un registre-journal de la coordination dès la signature du contrat ou de l'avenant spécifique ;

4° Définit les sujétions relatives à la mise en place et à l'utilisation des protections collectives, des appareils de levage, des accès provisoires et des installations générales, notamment les installations électriques. Il mentionne dans les pièces écrites leur répartition entre les différents corps d'état ou de métier qui interviendront sur le chantier ;

5° Assure le passage des consignes et la transmission des documents mentionnés aux 1° à 4° au coordonnateur de la phase de réalisation de l'ouvrage lorsque celui-ci est différent.

Art. R. 4532-13. Le coordonnateur, au cours de la réalisation de l'ouvrage :

1° Organise entre les entreprises, y compris sous-traitantes, qu'elles se trouvent ou non présentes ensemble sur le chantier, la coordination de leurs activités simultanées ou successives, les modalités de leur utilisation en commun des installations, matériels et circulations verticales et horizontales, leur information mutuelle ainsi que l'échange entre elles des consignes en matière de sécurité et de protection de la santé. À cet effet, il procède avec chaque entreprise, préalablement à l'intervention de celle-ci, à une inspection commune au cours de laquelle sont en particulier précisées, en fonction des caractéristiques des travaux que cette entreprise s'apprête à exécuter, les consignes à observer ou à transmettre et les observations particulières de sécurité et de santé prises pour l'ensemble de l'opération. Cette inspection commune est réalisée avant remise du plan particulier de sécurité et de protection de la santé lorsque l'entreprise est soumise à l'obligation de le rédiger ;

2° Veille à l'application correcte des mesures de coordination qu'il a définies ainsi que des procédures de travail qui interfèrent ;

3° Tient à jour et adapte le plan général de coordination et veille à son application ;

4° Complète en tant que de besoin le dossier d'intervention ultérieure sur l'ouvrage.

Art. R. 4532-14. Le coordonnateur tient compte des interférences avec les activités d'exploitation sur le site à l'intérieur ou à proximité duquel est implanté le chantier et à cet effet, notamment :

1° Procède avec le chef de l'établissement en activité, préalablement au commencement des travaux, à une inspection commune visant à :

a) Délimiter le chantier ;

b) Matérialiser les zones du secteur dans lequel se situe le chantier qui peuvent présenter des dangers spécifiques pour les travailleurs des entreprises appelées à intervenir ;

(D. 2008-1382 du 19 déc. 2008, JO 24) « *c)* Préciser les voies de circulation que pourront emprunter les travailleurs, les véhicules et engins de toute nature des entreprises concourant à la réalisation des travaux, ainsi qu'à définir, pour les chantiers non clos et non indépendants, les installations sanitaires, les vestiaires, les locaux de restauration et le local ou les aménagements mentionnés à l'article R. 4534-142-1 auxquels auront accès leurs travailleurs ; »

2° Communique aux entreprises appelées à intervenir sur le chantier les consignes de sécurité arrêtées avec le chef d'établissement et, en particulier, celles qu'elles devront donner à leurs travailleurs, ainsi que, s'agissant des chantiers non clos et non indépendants, l'organisation prévue pour assurer les premiers secours en cas d'urgence et la description du dispositif mis en place à cet effet dans l'établissement.

Art. R. 4532-15. Le coordonnateur préside le collège interentreprises de sécurité, de santé et des conditions de travail lorsque sa création est requise.

Art. R. 4532-16. Le coordonnateur prend les dispositions nécessaires pour que seules les personnes autorisées puissent accéder au chantier.

§ 2. Conditions et modalités d'exercice de la mission

Art. R. 4532-17. (D. 2009-289 du 13 mars 2009, JO 15) « Sauf dans les cas d'opérations entreprises par un particulier pour son usage personnel, prévus à l'article L. 4532-7, nul » ne peut exercer la fonction de coordonnateur s'il ne possède la compétence requise conformément aux dispositions des paragraphes 3 et 4.

Art. R. 4532-18. Une personne morale en mesure d'affecter à cette fonction une personne physique compétente peut être désignée en tant que coordonnateur.

Art. R. 4532-19. Une personne physique qui exerce la fonction de coordonnateur, en son nom propre ou au nom de l'organisme qui l'emploie, ne peut pas être chargée de la fonction de contrôleur technique prévue à l'article L. 111-23 du code de la construction et de l'habitation dans le cadre d'une même opération de bâtiment ou de génie civil.

(D. 2009-289 du 13 mars 2009, JO 15) « Sauf dans les cas d'opérations entreprises par un particulier pour son usage personnel, prévus à l'article L. 4532-7, cette » personne ne peut pas, lorsque l'opération excède le montant fixé par l'article R. 4533-1, être chargée d'une autre fonction dans le cadre de la même opération. Toutefois, cette disposition n'est pas applicable aux opérations de bâtiment ou de génie civil entreprises par les communes ou groupements de communes de moins de 5 000 habitants, dans lesquels il est fait application de l'article L. 4531-2.

Art. R. 4532-20. La mission de coordination fait l'objet de contrats ou d'avenants spécifiques écrits.

Elle est rémunérée distinctement.

La rémunération tient compte, notamment, du temps passé sur le chantier par le coordonnateur et, le cas échéant, des frais de fonctionnement occasionnés par la mise en place du collège interentreprises de sécurité, de santé et des conditions de travail, en particulier, des frais de secrétariat.

Art. R. 4532-21. Lorsque le coordonnateur est employé par le maître d'ouvrage et lié à celui-ci par un contrat de travail, la mission de coordination fait l'objet d'un document écrit permettant d'individualiser chaque opération.

Art. R. 4532-22. Le contrat, l'avenant ou le document :

1° Définit le contenu de la mission confiée au coordonnateur, les moyens, notamment financiers, que le maître d'ouvrage met à la disposition de celui-ci ainsi que l'autorité qu'il lui confère par rapport à l'ensemble des intervenants dans l'opération, maître d'œuvre et entrepreneurs, employeurs ou travailleurs indépendants ;

2° Précise les obligations du coordonnateur, notamment les modalités de sa présence aux réunions lors de la phase de conception, d'étude et d'élaboration du projet et aux réunions de chantier pendant la phase de réalisation de l'ouvrage.

§ 3. Compétences

Art. R. 4532-23. Les trois niveaux de compétence de coordonnateur en matière de sécurité et de protection de la santé sont :

1° Niveau 1 : aptitude à coordonner toutes opérations ;

2° Niveau 2 : aptitude à coordonner les opérations des deuxième et troisième catégories ;

3° Niveau 3 : aptitude à coordonner les opérations de troisième catégorie.

Art. R. 4532-24. Pour ce qui concerne les opérations des première et deuxième catégories, l'aptitude à coordonner est distincte pour la phase de conception, d'étude et d'élaboration du projet et pour la phase de réalisation de l'ouvrage.

Art. R. 4532-25. Est réputée compétente, pour exercer la fonction de coordonnateur durant la phase de conception, d'étude et d'élaboration du projet de l'ouvrage, la personne physique qui justifie à la fois :

(D. 2011-39 du 10 janv. 2011, JO 12, entrée en vigueur le 01.07.2012) « 1° Soit d'une expérience professionnelle en architecture, ingénierie ou maîtrise d'œuvre d'une durée minimale de cinq ans pour la compétence de niveaux 1 et 2 ou de trois ans pour la compétence de niveau 3, soit d'un diplôme de niveau au moins égal à la licence en architecture ou dans le domaine de la construction, du bâtiment et des travaux publics ou de la prévention des risques professionnels, pour la compétence de niveau 3 ;

2° D'une formation spécifique de coordonnateur en matière de sécurité et de protection de la santé adaptée, d'une part, à l'expérience professionnelle ou au diplôme du candidat et, d'autre part, au niveau de compétence défini à l'article R. 4532-23. Cette formation est actualisée tous les cinq ans, dans l'année civile qui suit l'échéance de la dernière attestation de compétence prévue à l'article R. 4532-31. »

Art. R. 4532-26. Est réputée compétente, pour exercer la fonction de coordonnateur durant la phase de réalisation de l'ouvrage la personne physique qui justifie à la fois :

(D. 2011-39 du 10 janv. 2011, JO 12, entrée en vigueur le 01.07.2012) « 1° Soit d'une expérience professionnelle en matière de contrôle des travaux, d'ordonnancement, de pilotage et de conduite des travaux ou de maîtrise de chantier ou en tant que coordonnateur ou agent en matière de sécurité, d'une durée minimale de cinq ans pour la compétence de niveaux 1 et 2 ou de trois ans pour la compétence de niveau 3, soit d'un diplôme de niveau au moins égal à la licence en architecture ou dans le domaine de la construction, du bâtiment et des travaux publics ou de la prévention des risques professionnels, pour la compétence de niveau 3 ;

2° D'une formation spécifique de coordonnateur en matière de sécurité et de protection de la santé adaptée, d'une part, à l'expérience professionnelle ou au diplôme du candidat et, d'autre part, au niveau de compétence défini à l'article R. 4532-23. Cette formation est actualisée tous les cinq ans, dans l'année civile qui suit l'échéance de la dernière attestation de compétence prévue à l'article R. 4532-31. »

Art. R. 4532-27. Le coordonnateur qui a exercé pendant cinq ans sa fonction à un niveau de compétence donné peut se voir reconnaître le niveau de compétence immédiatement supérieur, s'il a préalablement acquis, à l'issue de la formation correspondante, l'attestation de compétence correspondant à ce niveau.

(D. 2011-39 du 10 janv. 2011, JO 12, entrée en vigueur le 01.07.2012) « S'il est titulaire de l'un des diplômes visés au 1° de l'article R. 4532-25 ou de l'article R. 4532-26, la condition de durée d'exercice mentionnée au premier alinéa est réduite à deux ans. »

Art. R. 4532-28. L'aptitude peut être étendue à la phase pour laquelle elle n'a pas été initialement prévue lorsque le coordonnateur apporte la preuve de l'acquisition de l'expérience professionnelle requise.

Cette expérience professionnelle est vérifiée par l'organisme de formation de son choix et portée par ce dernier sur l'attestation de compétence prévue à l'article R. 4532-31.

Art. R. 4532-29. Le maître d'ouvrage justifie, sur demande de l'inspection du travail, de la compétence du coordonnateur qu'il a désigné.

§ 4. Formation du coordonnateur et organisme de formation

Art. R. 4532-30. (D. 2011-39 du 10 janv. 2011, JO 12, entrée en vigueur le 01.07.2012) Peut exercer la fonction de formateur de coordonnateurs la personne physique qui justifie à la fois :

1° D'un niveau de compétence au moins égal à celui exigé pour les coordonnateurs aux articles R. 4532-25 et R. 4532-26, excepté lorsqu'elle fait partie du personnel qualifié de l'un des organismes de prévention mentionnés au 2° ;

2° Du suivi d'un stage de formation de formateurs auprès de l'Organisme professionnel de prévention dans le bâtiment et les travaux publics, de l'Institut national de recherche et de sécurité ou d'un organisme établi dans un autre État membre de l'Union européenne ou partie à l'accord sur l'Espace économique européen autorisé dans cet État à pratiquer une telle activité de formation, sous réserve que la formation dispensée soit reconnue équivalente à celle prévue en application du présent paragraphe.

Art. R. 4532-31. (D. 2011-39 du 10 janv. 2011, JO 12, entrée en vigueur le 01.07.2012) « La durée et le contenu de la formation des coordonnateurs et des formateurs sont adaptés au niveau de compétence recherché ainsi qu'à l'expérience professionnelle ou au diplôme des candidats. »

La formation donne lieu à un contrôle de capacité à l'issue du stage et à la délivrance, par l'organisme de formation, d'une attestation de compétence.

Art. R. 4532-32. L'admission à un stage de formation de coordonnateur ou de formateur est prononcée par l'organisme de formation, après qu'il a vérifié que les conditions d'expérience professionnelle (D. 2011-39 du 10 janv. 2011, JO 12, entrée en vigueur le 01.07.2012) « ou de diplôme » sont satisfaites.

Art. R. 4532-33. (D. 2011-39 du 10 janv. 2011, JO 12, entrée en vigueur le 01.07.2012) Le refus d'admission à un stage de formation de formateurs est motivé. Il peut faire l'objet, dans les formes et délai prévus à l'article R. 4723-1, d'une réclamation auprès du ministre chargé du travail, qui statue dans le délai prévu aux articles R. 4723-2 et R. 4723-3.

Art. R. 4532-34. (D. 2011-39 du 10 janv. 2011, JO 12, entrée en vigueur le 01.07.2012) Peuvent assurer la formation de coordonnateurs prévue aux articles R. 4532-25 et R. 4532-26 l'Organisme professionnel de prévention dans le bâtiment et les travaux publics et les organismes de formation certifiés, au vu d'un référentiel garantissant qu'ils satisfont aux exigences issues du présent code, par un organisme bénéficiant à cette fin d'une accréditation délivrée par un organisme mentionné au premier alinéa de l'article R. 4724-1.

Art. R. 4532-35. La formation des coordonnateurs est dispensée dans chaque organisme par des formateurs remplissant les conditions prévues à l'article R. 4532-30.

Toutefois, pour des domaines requérant des compétences particulières, ces organismes peuvent faire appel à d'autres personnes justifiant de la qualification adéquate, sous réserve que le volume horaire qui leur est imparti n'excède pas la moitié du volume horaire total du cycle de formation.

Art. R. 4532-37. (D. 2011-39 du 10 janv. 2011, JO 12, entrée en vigueur le 01.07.2012) Un arrêté conjoint des ministres chargés du travail et de l'agriculture détermine :

1° Les garanties minimales que doivent présenter les organismes de formation mentionnés à l'article R. 4532-34, relatives notamment aux méthodes et qualités pédagogiques des personnes chargées de la formation et à la capacité à évaluer les candidats au regard de leur compétence professionnelle ou de leur diplôme, à se conformer au référentiel de formation prévu au 2° et à assurer le contrôle des connaissances et des acquis ;

2° Le référentiel des formations prévues aux articles R. 4532-25 et R. 4532-26, précisant leurs objectifs, leur durée et leur contenu ;

3° Les indications à faire figurer sur l'attestation prévue à l'article R. 4532-31 ;

4° Les conditions d'organisation de la formation de formateurs par l'Organisme professionnel de prévention du bâtiment et des travaux publics et par l'Institut national de recherche et de sécurité et celles de leur contribution aux stages d'actualisation de la formation ;

5° Les conditions de reconnaissance du caractère équivalent de la formation mentionnée à l'article R. 4532-30.

Sous-section 3 (réglementaire). **Registre-journal**

Art. R. 4532-38. Le coordonnateur consigne sur le registre-journal de la coordination, au fur et à mesure du déroulement de l'opération :

1° Les comptes rendus des inspections communes, les consignes à transmettre et les observations particulières prévues au 1° de l'article R. 4532-13, qu'il fait viser par les entreprises concernées ;

2° Les observations ou notifications qu'il juge nécessaire de faire au maître d'ouvrage, au maître d'œuvre ou à tout autre intervenant sur le chantier, qu'il fait viser dans chaque cas par les intéressés avec leur réponse éventuelle ;

3° Dès qu'il en a connaissance, les noms et adresses des entrepreneurs contractants, cocontractants et sous-traitants, ainsi que la date approximative d'intervention de chacun d'eux sur le chantier, et, par entreprise, l'effectif prévisible des travailleurs affectés au chantier et la durée prévue des travaux. Cette liste est, si nécessaire, précisée au moment de l'intervention sur le chantier et tenue à jour ;

4° Le procès-verbal de passation de consignes avec le coordonnateur appelé à lui succéder.

Art. R. 4532-39. Une copie du procès-verbal de transmission du dossier d'intervention ultérieure sur l'ouvrage mentionné à l'article R. 4532-97 est annexée au registre-journal.

Art. R. 4532-40. Le coordonnateur présente le registre-journal, sur leur demande, au maître d'œuvre, à l'inspection du travail, aux agents des services de prévention des organismes de sécurité sociale, aux agents de l'Organisme professionnel de prévention du bâtiment et des travaux publics, et, lorsqu'il est constitué, aux membres du collège interentreprises de sécurité, de santé et des conditions de travail.

Art. R. 4532-41. Le registre-journal est conservé par le coordonnateur pendant une durée de cinq ans à compter de la date de réception de l'ouvrage.

SECTION 3. Plan général de coordination en matière de sécurité et de protection de la santé

Art. L. 4532-8. Lorsque plusieurs entreprises sont appelées à intervenir sur un chantier qui, soit fait l'objet de la déclaration préalable prévue à l'article L. 4532-1, soit nécessite l'exécution d'un ou de plusieurs des travaux inscrits sur une liste de travaux comportant des risques particuliers déterminée par arrêté des ministres chargés du travail et de l'agriculture, le maître d'ouvrage fait établir par le coordonnateur un plan général de coordination en matière de sécurité et de protection de la santé.

Ce plan est rédigé dès la phase de conception, d'étude et d'élaboration du projet et tenu à jour pendant toute la durée des travaux.

Sous-section 1 (réglementaire). **Opérations de première et deuxième catégories**

Art. R. 4532-42. Le maître d'ouvrage, ou l'entrepreneur principal en cas de sous-traitance, mentionne dans les documents remis aux entrepreneurs, que le chantier sur lequel ils seront appelés à travailler en cas de conclusion d'un contrat est soumis à l'obligation de plan général de coordination en matière de sécurité et de protection de la santé.

Art. R. 4532-43. Le plan général de coordination est un document écrit qui définit l'ensemble des mesures propres à prévenir les risques découlant de l'interférence des activités des différents intervenants sur le chantier, ou de la succession de leurs activités lorsqu'une intervention laisse subsister après son achèvement des risques pour les autres entreprises.

Art. R. 4532-44. Le plan général de coordination est joint aux autres documents remis par le maître d'ouvrage aux entrepreneurs qui envisagent de contracter. Il énonce notamment :

1° Les renseignements d'ordre administratif intéressant le chantier, et notamment ceux complétant la déclaration préalable ;

2° Les mesures d'organisation générale du chantier arrêtées par le maître d'œuvre en concertation avec le coordonnateur ;

3° Les mesures de coordination prises par le coordonnateur en matière de sécurité et de santé et les sujétions qui en découlent concernant, notamment :

a) Les voies ou zones de déplacement ou de circulation horizontales ou verticales ;

b) Les conditions de manutention des différents matériaux et matériels, en particulier pour ce qui concerne l'interférence des appareils de levage sur le chantier ou à proximité, ainsi que la limitation du recours aux manutentions manuelles ;

c) La délimitation et l'aménagement des zones de stockage et d'entreposage des différents matériaux, en particulier s'il s'agit de matières ou de substances dangereuses ;

d) Les conditions de stockage, d'élimination ou d'évacuation des déchets et des décombres ;

e) Les conditions d'enlèvement des matériaux dangereux utilisés ;

f) L'utilisation des protections collectives, des accès provisoires et de l'installation électrique générale ;

g) Les mesures prises en matière d'interactions sur le site ;

4° Les sujétions découlant des interférences avec des activités d'exploitation sur le site à l'intérieur ou à proximité duquel est implanté le chantier ;

5° Les mesures générales prises pour assurer le maintien du chantier en bon ordre et en état de salubrité satisfaisant, notamment :

a) Pour les opérations de construction de bâtiment, les mesures arrêtées par le maître de l'ouvrage en application de l'article R. 4533-1 ;

b) Pour les opérations de génie civil, les dispositions prises par le maître d'ouvrage pour établir des conditions telles que les locaux destinés au personnel du chantier soient conformes aux prescriptions qui leur sont applicables en matière de santé, de sécurité et de conditions de travail ;

6° Les renseignements pratiques propres au lieu de l'opération concernant les secours et l'évacuation des travailleurs ainsi que les mesures communes d'organisation prises en la matière ;

7° Les modalités de coopération entre les entrepreneurs, employeurs ou travailleurs indépendants.

Art. R. 4532-45. Le plan général de coordination rappelle, dans le cas de la constitution d'un collège interentreprises de sécurité, de santé et des conditions de travail, la mission de ce collège en la matière.

Art. R. 4532-46. Les dossiers techniques regroupant les informations relatives à la recherche et à l'identification des matériaux contenant de l'amiante prévus aux articles R. 1334-22, R. 1334-27 et R. 1334-28 du code de la santé publique sont joints au plan général de coordination.

Art. R. 4532-47. Le plan général de coordination est complété et adapté en fonction de l'évolution du chantier et de la durée effective à consacrer aux différents types de travaux ou phases de travail. Ces modifications sont portées à la connaissance des entreprises.

Art. R. 4532-48. Le plan général de coordination intègre, notamment, au fur et à mesure de leur élaboration et en les harmonisant, les plans particuliers de sécurité et de santé ainsi que, lorsqu'ils sont requis, les plans de prévention prévus par d'autres dispositions du code du travail.

Art. R. 4532-49. Dès la phase de consultation des entreprises, le maître d'ouvrage adresse le plan général de coordination, sur leur demande, à l'inspection du travail, à l'Organisme professionnel de prévention du bâtiment et des travaux publics et au service de prévention des organismes de sécurité sociale.

Art. R. 4532-50. Le plan général de coordination tenu sur le chantier peut être consulté par :

1° Les membres des (D. 2017-1819 du 29 déc. 2017, art. 3, 58°, JO 30, entrée en vigueur le 01.01.2018) « comités sociaux et économiques », appelés à intervenir sur le chantier ;

2° Le médecin du travail ;

3° Les membres du collège interentreprises de sécurité, de santé et des conditions de travail ;

4° L'inspection du travail ;

5° L'Organisme professionnel de prévention du bâtiment et des travaux publics ;

6° Le service de prévention des organismes de sécurité sociale.

Art. R. 4532-51. Le plan général de coordination tenu sur le chantier est conservé par le maître d'ouvrage pendant une durée de cinq années à compter de la date de réception de l'ouvrage.

Sous-section 2 (réglementaire). **Opérations de troisième catégorie**

Art. R. 4532-52. Lorsqu'il est prévu, pour une opération de bâtiment ou de génie civil faisant intervenir plusieurs entreprises et n'appartenant pas à la première ou à la deuxième catégorie, d'exécuter des travaux présentant des risques particuliers inscrits sur la liste fixée par l'arrêté prévu par l'article L. 4532-8, le coordonnateur établit par écrit, avant la phase de consultation des entreprises, un plan général simplifié de coordination en matière de sécurité et de protection de la santé.

Ce plan prend en considération les mesures propres à prévenir les risques découlant de l'interférence de ces travaux avec les autres activités des différents intervenants sur le chantier, ou de la succession de leurs activités lorsqu'une intervention laisse subsister après son achèvement un des risques particuliers énumérés dans la même liste.

Art. R. 4532-53. Les dossiers techniques regroupant les informations relatives à la recherche et à l'identification des matériaux contenant de l'amiante prévus aux articles R. 1334-22, R. 1334-27 et R. 1334-28 du code de la santé publique sont joints au plan général simplifié de coordination.

Art. R. 4532-54. Lorsque, lors d'une opération de troisième catégorie, un coordonnateur a connaissance, après le début des travaux, de l'existence d'un ou plusieurs des travaux présentant des risques particuliers inscrits sur la liste fixée par l'arrêté prévu par l'article L. 4532-8, il prend toutes les mesures utiles afin de rédiger, avant toute poursuite des travaux, le plan général simplifié de coordination en matière de sécurité et de protection de la santé.

Les sujétions découlant de l'observation de ce plan sont définies, le cas échéant, par voie d'avenants aux différents contrats conclus avec les entreprises chargées de l'exécution des travaux.

Art. R. 4532-55. Sont applicables au plan général simplifié de coordination et, dès son élaboration, à celui établi en application de l'article R. 4532-54, les dispositions des articles R. 4532-42 et R. 4532-47 à R. 4532-51.

SECTION 4. Plan particulier de sécurité et de protection de la santé

Art. L. 4532-9. Sur les chantiers soumis à l'obligation d'établir un plan général de coordination, chaque entreprise, y compris les entreprises sous-traitantes, appelée à intervenir à un moment quelconque des travaux, établit, avant le début des travaux, un plan particulier de sécurité et de protection de la santé. Ce plan est communiqué au coordonnateur.

Toute entreprise appelée à exécuter seule des travaux dont la durée et le volume prévus excèdent certains seuils établit également ce plan. Elle le communique au maître d'ouvrage.

Sous-section 1 (réglementaire). Opérations de première et deuxième catégories

Art. R. 4532-56. L'entrepreneur tenu de remettre un plan particulier de sécurité et de santé au coordonnateur ou au maître d'ouvrage, en application du premier alinéa de l'article L. 4532-9, dispose de trente jours à compter de la réception du contrat signé par le maître de l'ouvrage pour établir ce plan.

Art. R. 4532-57. L'entrepreneur qui intervient seul remet au maître d'ouvrage un plan particulier de sécurité, en application du deuxième alinéa de l'article L. 4532-9, lorsqu'il est prévu qu'il réalisera des travaux d'une durée supérieure à un an et qu'il emploiera, à un moment quelconque des travaux, plus de cinquante travailleurs pendant plus de dix jours ouvrés consécutifs.

Il dispose du délai prévu à l'article R. 4532-56.

Art. R. 4532-58. Dès la conclusion du contrat de l'entreprise, le coordonnateur communique à chacun des entrepreneurs appelés à intervenir sur un chantier soumis à l'obligation de plan général de coordination, les noms et adresses des entrepreneurs contractants.

Il transmet à chaque entrepreneur qui en fait la demande les plans particuliers de sécurité et de protection de la santé établis par les autres entrepreneurs.

Art. R. 4532-59. En cas d'opération de construction de bâtiment, le coordonnateur communique aux autres entrepreneurs les plans particuliers de sécurité et de santé des entrepreneurs chargés du gros œuvre ou du lot principal et de ceux ayant à exécuter des travaux présentant des risques particuliers, tels qu'énumérés sur la liste prévue à l'article L. 4532-8.

Art. R. 4532-60. L'entrepreneur qui fait exécuter le contrat conclu avec le maître d'ouvrage, en tout ou partie, par un ou plusieurs sous-traitants remet à ceux-ci :

1° Un exemplaire du plan général de coordination ;

2° Le cas échéant, un document précisant les mesures d'organisation générales qu'il a retenues pour la partie du chantier dont il a la responsabilité et qui sont de nature à avoir une incidence sur la santé et la sécurité des travailleurs.

Art. R. 4532-61. Pour l'élaboration du plan particulier de sécurité, le sous-traitant tient compte des informations fournies par l'entrepreneur, notamment de celles qui sont contenues dans le plan général de coordination.

Il tient également compte des informations contenues dans le document prévu au 2° de l'article R. 4532-60.

Art. R. 4532-62. À compter de la réception du contrat signé par l'entrepreneur, le sous-traitant dispose d'au moins trente jours pour établir le plan particulier de sécurité.

Ce délai est réduit à huit jours pour les travaux du second œuvre lorsqu'il s'agit d'une opération de bâtiment ou pour les lots ou travaux accessoires dans le cas d'une opération de génie civil, dès lors que ceux-ci ne figurent pas sur la liste des travaux comportant des risques particuliers prévue à l'article L. 4532-8.

Art. R. 4532-63. Le plan particulier de sécurité indique :

1° Les nom et adresse de l'entrepreneur ;

2° L'évolution prévisible de l'effectif sur le chantier ;

3° Le cas échéant, les noms et qualité de la personne chargée de diriger l'exécution des travaux.

Art. R. 4532-64. Le plan particulier de sécurité est adapté aux conditions spécifiques de l'intervention sur le chantier.

À cet effet, outre la prise en compte des mesures de coordination générale décidées par le coordonnateur et l'énumération des installations de chantier et des matériels et dispositifs prévus pour la réalisation de l'opération, le plan mentionne, en les distinguant :

1° Les mesures spécifiques prises par l'entreprise pour prévenir les risques spécifiques découlant :

a) De l'exécution par d'autres entreprises de travaux dangereux pouvant avoir une incidence sur la santé et la sécurité des travailleurs de l'entreprise ou du travailleur indépendant ;

b) Des contraintes propres au chantier ou à son environnement, en particulier en matière de circulations ou d'activités d'exploitation particulièrement dangereuses ;

2° La description des travaux et des processus de travail de l'entreprise pouvant présenter des risques pour la santé et la sécurité des autres intervenants sur le chantier, notamment lorsqu'il s'agit de travaux comportant des risques particuliers tels que ceux énumérés sur la liste prévue à l'article L. 4532-8 ;

3° Les dispositions à prendre pour prévenir les risques pour la santé et la sécurité que peuvent encourir les travailleurs de l'entreprise lors de l'exécution de ses propres travaux.

Art. R. 4532-65. Lorsqu'il ressort du plan général de coordination et de l'évaluation préalable des risques menée par l'entreprise que des mesures mentionnées à l'article R. 4532-64 n'ont pas à être prises du fait de l'absence de risques, résultant en particulier de l'exécution de travaux figurant sur la liste prévue à l'article L. 4532-8, l'employeur le mentionne expressément sur le plan.

Art. R. 4532-66. Le plan particulier de sécurité :

1° Analyse de manière détaillée les procédés de construction et d'exécution ainsi que les modes opératoires retenus dès lors qu'ils ont une incidence particulière sur la santé et la sécurité des travailleurs sur le chantier ;

2° Définit les risques prévisibles liés aux modes opératoires, aux matériels, dispositifs et installations mis en œuvre, à l'utilisation de produits, aux déplacements des travailleurs, à l'organisation du chantier ;

3° Indique les mesures de protection collective ou, à défaut, individuelle, adoptées pour parer à ces risques ainsi que les conditions dans lesquelles sont contrôlés l'application de ces mesures et l'entretien des moyens matériels qui s'y rattachent ;

4° Précise les mesures prises pour assurer la continuité des solutions de protection collective lorsque celles-ci requièrent une adaptation particulière.

Art. R. 4532-67. Le plan particulier de sécurité comporte de manière détaillée :

1° Les dispositions en matière de secours et d'évacuation, notamment :

a) Les consignes de premiers secours aux victimes d'accidents et aux malades ;

b) Le nombre de travailleurs du chantier formés pour donner les premiers secours en cas d'urgence ;

c) Le matériel médical existant sur le chantier ;

d) Les mesures prises pour évacuer, dans les moindres délais, dans un établissement hospitalier de toute victime d'accident semblant présenter des lésions graves ;

2° Les mesures assurant l'hygiène des conditions de travail et celle des locaux destinés aux travailleurs. Il mentionne, pour chacune des installations prévues, leur emplacement sur le chantier et leur date de mise en service prévisible.

Art. R. 4532-68. Lorsque les dispositions en matière de secours et d'évacuation sont prévues par le plan général de coordination, mention peut être faite dans le plan particulier de sécurité du renvoi au plan général de coordination.

Art. R. 4532-69. Le plan particulier de sécurité peut être consulté pour avis, avant toute intervention sur le chantier, par le médecin du travail ainsi que par les membres des (D. 2017-1819 du 29 déc. 2017, art. 3, 58°, JO 30, entrée en vigueur le 01.01.2018) « comités sociaux et économiques ».

Art. R. 4532-70. L'entrepreneur chargé du gros œuvre ou du lot principal ainsi que celui appelé à exécuter des travaux présentant des risques particuliers figurant sur la liste de travaux prévue à l'article L. 4532-8, adressent à l'inspection du travail, au service de prévention des organismes de sécurité sociale et à l'Organisme professionnel de prévention du bâtiment et des travaux publics, avant toute intervention sur le chantier, un exemplaire du plan particulier de sécurité. Ils joignent les avis du médecin du travail et des membres du (D. 2017-1819 du 29 déc. 2017, art. 3, 43°, JO 30, entrée en vigueur le 01.01.2018) « comité social et économique », s'ils ont été donnés dans les conditions prévues à l'article R. 4532-69.

Art. R. 4532-71. Un exemplaire à jour du plan particulier de sécurité est tenu disponible en permanence sur le chantier. Sont joints, y compris pour les entrepreneurs non mentionnés à l'article R. 4532-70, les avis du médecin du travail et du (D. 2017-1819 du 29 déc. 2017, art. 3, 70°, JO 30, entrée en vigueur le 01.01.2018) « comité social et économique » prévus à l'article R. 4532-69.

Art. R. 4532-72. Lorsqu'une mesure de prévention prévue au plan n'a pu être appliquée, l'entrepreneur indique sur le plan les moyens d'une efficacité au moins équivalente qui ont été mis en œuvre. Cette substitution est portée à la connaissance du coordonnateur et des personnes et organismes mentionnés à l'article R. 4532-70.

Art. R. 4532-73. Le plan particulier de sécurité tenu sur le chantier peut être consulté par :

1° Les membres du collège interentreprises de sécurité, de santé et des conditions de travail ;

2° Les membres du (D. 2017-1819 du 29 déc. 2017, art. 3, 49°, JO 30, entrée en vigueur le 01.01.2018) « comité social et économique » ;

3° Le médecin du travail ;

4° L'inspection du travail ;

5° Le service de prévention des organismes de sécurité sociale ;

6° L'Organisme professionnel de prévention du bâtiment et des travaux publics.

Art. R. 4532-74. Le plan particulier de sécurité tenu sur le chantier est conservé par l'entrepreneur pendant une durée de cinq années à compter de la date de réception de l'ouvrage.

Sous-section 2 (réglementaire). **Opérations de troisième catégorie**

Art. R. 4532-75. Pour les opérations soumises à l'obligation de plan général simplifié de coordination en matière de sécurité et de protection de la santé prévue aux articles R. 4532-52 et R. 4532-54, chaque entrepreneur appelé à exécuter des travaux présentant des risques particuliers figurant sur la liste de travaux prévue à l'article L. 4532-8 établit par écrit, préalablement à leur début ou à leur poursuite, un plan particulier simplifié de sécurité et de protection de la santé. Le plan évalue ces risques et décrit les consignes à observer ou à transmettre aux travailleurs appelés à intervenir sur le chantier et les conditions de santé et de sécurité dans lesquelles vont être exécutés les travaux.

Art. R. 4532-76. Sont applicables au plan particulier simplifié, les dispositions des articles R. 4532-56 à R. 4532-62, de l'article R. 4532-63, des 2° et 3° de l'article R. 4532-64 et des articles R. 4532-69 à R. 4532-74.

SECTION 5. Collège interentreprises de sécurité, de santé et des conditions de travail

Art. L. 4532-10. Lorsque le nombre des entreprises, travailleurs indépendants et entreprises sous-traitantes inclus, et l'effectif des travailleurs dépassent certains seuils, le maître d'ouvrage constitue un collège interentreprises de sécurité, de santé et des conditions de travail.

Art. L. 4532-11. Les opinions que les travailleurs employés sur le chantier émettent dans l'exercice de leurs fonctions au sein du collège interentreprises ne peuvent motiver une sanction ou un licenciement.

Art. L. 4532-12. Le maître d'ouvrage ainsi que l'entrepreneur qui entend sous-traiter une partie des travaux mentionnent dans les contrats conclus respectivement avec les entrepreneurs ou les sous-traitants l'obligation de participer à un collège interentreprises de sécurité, de santé et des conditions de travail.

Art. L. 4532-13. Le collège interentreprises de sécurité, de santé et des conditions de travail peut définir, notamment sur proposition du coordonnateur, certaines règles communes destinées à assurer le respect des mesures de sécurité et de protection de la santé applicables au chantier.

Il vérifie que l'ensemble des règles prescrites, soit par lui-même, soit par le coordonnateur, sont effectivement mises en œuvre.

Art. L. 4532-14. L'intervention du collège interentreprises de sécurité, de santé et des conditions de travail ne modifie pas la nature et l'étendue des responsabilités qui incombent aux participants à l'opération de bâtiment ou de génie civil en application des autres dispositions du présent code, ni les attributions des institutions représentatives du personnel compétentes en matière de santé, de sécurité et des conditions de travail.

Art. L. 4532-15. Les salariés désignés comme membres du collège interentreprises disposent du temps nécessaire, rémunéré comme temps de travail, pour assister aux réunions de ce collège.

Sous-section 1 (réglementaire). **Conditions de mise en place**

Art. R. 4532-77. Le maître d'ouvrage constitue un collège interentreprises de sécurité, de santé et des conditions de travail lorsque le chantier doit dépasser un volume de 10 000 hommes-jours et que le nombre d'entreprises, travailleurs indépendants et entreprises sous-traitantes inclus, est supérieur à dix s'il s'agit d'une opération de bâtiment ou à cinq s'il s'agit d'une opération de génie civil.

Cette constitution est effective au plus tard vingt-et-un jours avant le début des travaux.

Sous-section 2 (réglementaire). **Composition**

Art. R. 4532-78. Le collège interentreprises de sécurité, de santé et des conditions de travail comprend :

1° Les coordonnateurs en matière de santé et de sécurité ;
2° Le maître d'œuvre désigné par le maître d'ouvrage ;
3° Les entrepreneurs ;
4° Des salariés employés sur le chantier, avec voix consultative.

Art. R. 4532-79. Peuvent assister aux réunions du collège interentreprises à titre consultatif :

1° Les médecins du travail ;
2° Les représentants de l'inspection du travail ;
3° Les représentants de l'Organisme professionnel de prévention du bâtiment et des travaux publics ;
4° Les représentants du service de prévention des organismes de sécurité sociale.

Art. R. 4532-80. Pendant la durée de son intervention sur le chantier, chaque entreprise est représentée au collège interentreprises par :

1° Le chef de l'entreprise ou son représentant habilité à cet effet ;
2° Un salarié effectivement employé sur le chantier, désigné par le (D. 2017-1819 du 29 déc. 2017, art. 3, 62°, JO 30, entrée en vigueur le 01.01.2018) « comité social et économique ou, en son absence », choisi par les membres de l'équipe appelée à intervenir sur le chantier.

Art. R. 4532-81. Chaque entreprise communique les noms de ses deux représentants au président du collège interentreprises, au plus tard avant la réunion d'adoption de son règlement prévue à l'article R. 4532-92.

Art. R. 4532-82. Ne sont pas tenues de participer aux travaux du collège interentreprises les entreprises dont il est prévu qu'elles n'occuperont pas sur le chantier au moins dix travailleurs pendant au moins quatre semaines, dès lors qu'elles n'auront pas à exécuter l'un des travaux figurant sur la liste de travaux comportant des risques particuliers prévue à l'article L. 4532-8.

Art. R. 4532-83. La liste nominative des représentants des entreprises et des autres membres du collège interentreprises, ainsi que des personnes qui peuvent assister aux réunions du collège à titre consultatif, est tenue à jour et affichée sur le chantier par le coordonnateur.

Sous-section 3 (réglementaire). **Fonctionnement**

Art. R. 4532-84. Le collège interentreprises de sécurité, de santé et des conditions de travail est présidé par le coordonnateur en matière de sécurité et de protection de la santé désigné pour la phase de réalisation de l'ouvrage en application de l'article L. 4532-3.

Art. R. 4532-85. Le collège interentreprises se réunit pour la première fois dès que deux entreprises au moins sont effectivement présentes sur le chantier, puis au moins tous les trois mois sur convocation de son président.

En outre, il est réuni par celui-ci :

1° À la demande de la majorité des représentants ayant voix délibérative ;

2° À la demande motivée du tiers des membres représentant les salariés ;

3° À la suite de tout accident ayant eu ou ayant pu avoir des conséquences graves.

Art. R. 4532-86. Les réunions du collège interentreprises ont lieu sur le chantier dans un local approprié et, sauf cas exceptionnels justifiés par l'urgence, pendant les heures de travail.

Les réunions sont précédées par une inspection du chantier.

Art. R. 4532-87. L'ordre du jour des séances du collège interentreprises peut évoquer toute question entrant dans le cadre de ses missions, notamment, la formation et l'information des travailleurs.

La convocation et l'ordre du jour des séances sont établis par le président du collège interentreprises. Sauf en cas de réunion d'urgence, ils sont communiqués quinze jours au moins avant la date de réunion aux membres du collège, à l'inspection du travail, à l'Organisme professionnel de prévention du bâtiment et des travaux publics et au service de prévention des organismes de sécurité sociale. Le procès-verbal de la réunion précédente est joint à cet envoi.

Les membres du collège interentreprises peuvent demander par écrit au président de porter à l'ordre du jour toute question relevant de sa compétence dans les huit jours qui suivent la réception de la convocation.

Art. R. 4532-88. Les procès-verbaux des réunions du collège interentreprises sont consignés sur un registre tenu à la disposition de l'inspection du travail, de l'Organisme professionnel de prévention du bâtiment et des travaux publics et du service de prévention des organismes de sécurité sociale.

Les procès-verbaux font ressortir, notamment :

1° Les décisions prises par le collège interentreprises ;

2° Le compte rendu des inspections du chantier ;

3° Les formations à la sécurité dispensées par les entreprises en application de l'article L. 4141-2 ainsi que les formations à la sécurité complémentaires décidées par le collège interentreprises.

Art. R. 4532-89. Les membres du collège interentreprises peuvent consulter le registre des procès-verbaux de ses réunions à tout moment.

Le registre est conservé par le coordonnateur pendant une durée de cinq années à compter de la date de réception de l'ouvrage.

Art. R. 4532-90. Les règles de fonctionnement du collège interentreprises sont précisées par un règlement.

Ce règlement prévoit, notamment :

1° La fréquence accrue des réunions du collège en fonction de l'importance et de la nature des travaux ;

2° Les procédures propres à assurer le respect des règles communes relatives à la santé, à la sécurité et aux conditions de travail ;

3° Les conditions de la vérification de l'application des mesures prises par le coordonnateur ou par le collège interentreprises ;

4° La procédure de règlement des difficultés qui pourraient s'élever entre ses membres ;

5° Les attributions du président.

Art. R. 4532-91. Le projet de règlement du collège interentreprises est élaboré par le coordonnateur pendant la phase de conception, d'étude et d'élaboration du projet.

Il est annexé aux documents du dossier de consultation adressés par le maître d'ouvrage aux entrepreneurs et, en l'absence de consultation, à chaque marché ou contrat conclu pour une opération entrant dans les prévisions de l'article R. 4532-77.

En cas de sous-traitance, l'entrepreneur principal communique à chacun de ses sous-traitants le règlement du collège, ou son projet si le règlement n'a pas encore été adopté au moment de la conclusion du contrat de sous-traitance.

Art. R. 4532-92. Sur l'initiative de son président, le collège interentreprises est réuni, en temps utile, aux fins d'adoption du règlement du collège.

(D. 2016-1417 du 20 oct. 2016, art. 14, JO 22) « Le président communique le règlement ainsi que le procès-verbal de la séance au cours de laquelle il a été adopté, à leur demande, à l'agent de contrôle de l'inspection du travail, à l'Organisme professionnel de prévention du bâtiment et des travaux publics et au service de prévention des organismes de sécurité sociale. Ce procès-verbal mentionne les résultats du vote émis à l'occasion de cette adoption. »

Art. R. 4532-93. Lorsque, sur un chantier soumis à la présente section, il a été prévu de différer l'attribution de certains lots, les entreprises appelées à intervenir après la constitution du collège interentreprises ont l'obligation d'y participer dès leur intervention sur le chantier.

Elles se conforment également au règlement du collège et communiquent au président le nom de leurs représentants dans les conditions prévues à l'article R. 4532-81.

Art. R. 4532-94. Les (D. 2017-1819 du 29 déc. 2017, art. 3, 58°, JO 30, entrée en vigueur le 01.01.2018) « comités sociaux et économiques » des établissements appelés à intervenir sur le chantier reçoivent les copies des procès-verbaux du collège interentreprises et peuvent saisir par écrit le président de ce dernier de toute question relevant de sa compétence.

Le président répond par écrit aux observations formulées et en informe les membres du collège en temps utile et, au plus tard, lors de la réunion qui suit la demande des intéressés.

SECTION 6. Interventions ultérieures sur l'ouvrage

Art. L. 4532-16. Sauf dans les cas prévus à l'article L. 4532-7, au fur et à mesure du déroulement des phases de conception, d'étude et d'élaboration du projet puis de la réalisation de l'ouvrage, le maître d'ouvrage fait établir et compléter par le coordonnateur un dossier rassemblant toutes les données de nature à faciliter la prévention des risques professionnels lors d'interventions ultérieures.

Art. R. 4532-95. Le dossier d'intervention ultérieure sur l'ouvrage prévu à l'article L. 4532-16 rassemble, sous bordereau, tous les documents, tels que les plans et notes techniques, de nature à faciliter l'intervention ultérieure sur l'ouvrage, ainsi que le dossier technique regroupant les informations relatives à la recherche et à l'identification des matériaux contenant de l'amiante prévus aux articles R. 1334-22 et R. 1334-28 du code de la santé publique (D. 2017-899 du 9 mai 2017, JO 10) « ou, le cas échéant, le rapport de repérage de l'amiante prévu à l'article R. 4412-97-5 du présent code ».

Il comporte notamment, s'agissant des bâtiments destinés à recevoir des travailleurs, le dossier de maintenance des lieux de travail prévu à l'article R. 4211-3 ;

Pour ce qui concerne les autres ouvrages, il comporte, notamment, les dispositions prévues aux 1° à 4° de l'article R. 4211-3 et à l'article R. 4211-4.

Art. R. 4532-96. Le dossier d'intervention ultérieur est constitué dès la phase de conception de l'ouvrage par le coordonnateur qui en a la responsabilité et transmis au coordonnateur chargé de la phase de réalisation des travaux lorsque celui-ci est différent. Cette transmission fait l'objet d'un procès-verbal joint au dossier.

Art. R. 4532-97. Le dossier d'intervention ultérieure sur l'ouvrage est remis au maître d'ouvrage par le coordonnateur en fonctions lors de la réception de l'ouvrage. Cette transmission fait l'objet d'un procès-verbal joint au dossier.

Le dossier est joint aux actes notariés établis à chaque mutation de l'ouvrage.

Dans le cas d'une copropriété, un exemplaire du dossier est également remis au syndic de l'immeuble.

Art. R. 4532-98. Lors de toute nouvelle opération pour laquelle un coordonnateur en matière de sécurité et de santé est requis, un exemplaire du dossier d'intervention ultérieure sur l'ouvrage est remis au coordonnateur en matière de sécurité et de santé désigné par le maître de l'ouvrage.

Le coordonnateur apporte au dossier les modifications et compléments éventuels découlant des nouveaux travaux.

Les règles de transmission prévues à la présente section s'appliquent au dossier mis à jour.

SECTION 7. Travaux d'extrême urgence

Art. L. 4532-17. En cas de travaux d'extrême urgence dont l'exécution immédiate est nécessaire pour prévenir des accidents graves et imminents ou organiser des mesures de sauvetage, les obligations suivantes ne s'appliquent pas:

1° Envoi de la déclaration préalable prévue à l'article L. 4532-1;

2° Établissement d'un plan général de coordination en matière de sécurité et de protection de la santé prévu à l'article L. 4532-8;

3° Établissement et envoi d'un plan particulier de sécurité et de protection de la santé prévu à l'article L. 4532-9.

SECTION 8. Dispositions d'application

Art. L. 4532-18. Des décrets en Conseil d'État déterminent les conditions d'application du présent (L. 2009-526 du 12 mai 2009, JO 13) «chapitre».

Chapitre III (réglementaire)

Prescriptions techniques applicables avant l'exécution des travaux

SECTION 1. Voies et réseaux divers

Art. R. 4533-1. Lorsque le montant d'une opération de construction de bâtiment excède 760 000 euros, le chantier relatif à cette opération dispose, en un point au moins de son périmètre, d'une desserte en voirie, d'un raccordement à des réseaux de distribution d'eau potable et d'électricité, d'une évacuation des matières usées, dans des conditions telles que les locaux destinés aux travailleurs du chantier soient conformes aux dispositions qui leur sont applicables en matière de santé et de sécurité au travail.

Le maître d'ouvrage prend les mesures nécessaires, avant toute intervention des entrepreneurs et des sous-traitants sur le chantier dans les conditions prévues à la présente section.

Art. R. 4533-2. Une voie d'accès au chantier est construite pour permettre aux véhicules et aux piétons de parvenir en un point au moins du périmètre d'emprise du chantier.

Cette voie est prolongée dans le chantier par d'autres voies permettant aux travailleurs d'accéder aux zones où sont installés les divers locaux qui leur sont destinés.

Les voies d'accès sont constamment praticables. Les eaux pluviales sont drainées et évacuées.

Ces voies sont convenablement éclairées.

Art. R. 4533-3. Le raccordement à un réseau de distribution d'eau potable est réalisé de manière à permettre une alimentation suffisante des divers points d'eau prévus dans les locaux destinés aux travailleurs.

Art. R. 4533-4. Le raccordement à un réseau de distribution électrique permet de disposer d'une puissance suffisante pour alimenter les divers équipements et installations prévus dans les locaux destinés aux travailleurs.

Art. R. 4533-5. Les matières usées sont évacuées conformément aux règlements sanitaires en vigueur.

SECTION 2. Dérogations

Art. R. 4533-6. Le (D. 2009-1377 du 10 nov. 2009, JO 13; D. 2010-687 du 24 juin 2010, JO 25; voir D. 2010-1582 du 17 déc. 2010, JO 18, pour outre-mer) « directeur régional des entreprises, de la concurrence, de la consommation, du travail et de l'emploi » peut, sur la demande du maître d'ouvrage, accorder des dérogations à titre exceptionnel :

1° Aux règles d'accès prévues à l'article R. 4533-2 lorsque la configuration du chantier ou son isolement s'oppose soit à l'aménagement de tout ou partie des voies prévues à cet article, soit au respect des conditions fixées par celui-ci ;

2° Aux règles de raccordement prévues aux articles R. 4533-3 et R. 4533-4 lorsqu'il n'existe pas de réseau de distribution d'eau potable ou d'électricité à proximité du chantier.

Art. R. 4533-7. Les dérogations du (D. 2009-1377 du 10 nov. 2009, JO 13; D. 2010-687 du 24 juin 2010, JO 25; voir D. 2010-1582 du 17 déc. 2010, JO 18, pour outre-mer) « directeur régional des entreprises, de la concurrence, de la consommation, du travail et de l'emploi » sont accordées sous réserve de la mise en œuvre de mesures compensatrices d'hygiène et de sécurité.

Elles sont prises après consultation de l'Organisme professionnel de prévention du bâtiment et des travaux publics.

Elles fixent la durée de leur application.

Chapitre IV (réglementaire)

Prescriptions techniques de protection durant l'exécution des travaux

SECTION 1. Champ d'application

Art. R. 4534-1. Les dispositions du présent chapitre s'appliquent aux employeurs du bâtiment et des travaux publics, dont les travailleurs accomplissent, même à titre occasionnel, des travaux de terrassement, de construction, d'installation, de démolition, d'entretien, de réfection, de nettoyage, toutes opérations annexes et tous autres travaux prévus par le présent chapitre, portant sur des immeubles par nature ou par destination.

Elles s'appliquent également aux autres employeurs dont les travailleurs accomplissent les mêmes travaux.

Art. R. 4534-2. Les dispositions du présent chapitre ne s'appliquent pas aux travaux de démontage, d'entretien ou de maintenance portant sur des immeubles par destination, y compris ceux mentionnés à l'article 524 du code civil, dès lors qu'ils sont soumis aux conditions d'installations des équipements de travail prévues aux articles R. 4323-7 à R. 4323-12.

SECTION 2. Mesures générales de sécurité

Sous-section 1. Chutes de personnes

Art. R. 4534-3. Les parties d'une construction qui ne sont pas livrables au service du chantier et dont l'accès présente des dangers pour les personnes sont nettement délimitées et visiblement signalées.

Leur accès est interdit par des dispositifs matériels.

Art. R. 4534-4. Les ouvertures d'une construction donnant sur le vide, telles que les baies, sont munies, une fois le gros œuvre d'un étage terminé, de garde-corps placés à 90 cm des planchers et de plinthes d'une hauteur de 15 cm au moins, sauf si ces ouvertures comportent des dispositifs de protection d'une efficacité au moins équivalente ou si leur accès a été interdit en application des dispositions de l'article R. 4534-3.

Art. R. 4534-5. Lorsque, pour l'exécution des travaux à l'intérieur d'une construction, sont installées des plates-formes coupant les ouvertures en bordure du vide dans leur hauteur, à une distance verticale de plus de 90 cm de la partie supérieure des ouvertures, un garde-corps et une plinthe sont établis au droit de ces ouvertures.

Art. R. 4534-6. Les orifices des puits, des galeries d'une inclinaison de plus de 45°, et les ouvertures, telles que celles qui sont prévues pour le passage des ascenseurs, ou telles que les trémies de cheminées ou les trappes, pouvant exister dans les planchers d'une construction ainsi que dans les planchers des échafaudages, passerelles ou toutes autres installations, sont clôturés (D. 2009-289 du 13 mars 2009, JO 15) « ou obturés » :

1° Soit par un garde-corps placé à une hauteur de 90 cm et une plinthe d'une hauteur minimale de 15 cm ;

2° Soit par un plancher provisoire jointif convenablement fixé ;
3° Soit par tout autre dispositif équivalent.

Sous-section 2. **Rangement et éclairage du chantier**

Art. R. 4534-7. Les matériaux se trouvant sur le chantier sont empilés et disposés de manière à ne pas mettre des travailleurs en danger.

Art. R. 4534-8. Il est interdit de laisser à l'abandon sur le chantier des planches munies de pointes saillantes.

Art. R. 4534-9. Les lieux où sont exécutés des travaux, ainsi que leur accès, sont convenablement éclairés.

Sous-section 3. **Travaux faisant appel à des véhicules, appareils et engins de chantier**

Art. R. 4534-10. Lorsqu'un chantier comporte habituellement un important mouvement de camions ou de tous autres véhicules de transport, des pistes spécialement réservées à la circulation de ces véhicules et convenablement balisées sont aménagées.

Art. R. 4534-11. Lorsque le conducteur d'un camion exécute une manœuvre, notamment de recul, dans des conditions de visibilité insuffisantes, un ou plusieurs travailleurs dirigent le conducteur et avertissent, par la voix ou par des signaux conventionnels, les personnes survenant dans la zone où évolue le véhicule.

Les mêmes mesures sont prises lors du déchargement d'une benne de camion.

Art. R. 4534-12. Le véhicule, l'appareil ou l'engin de chantier mobile qui se trouve, sans son conducteur, à l'arrêt sur un terrain en pente est maintenu immobilisé par tout moyen approprié.

Art. R. 4534-13. Il est interdit d'entreprendre un travail sous la benne d'un camion ou sous une partie mobile d'un engin de chantier sans que soit utilisé un dispositif approprié pour empêcher un accident en cas de défaillance du dispositif normal de retenue.

Dans les bétonnières, le dispositif courant d'arrêt de la benne agissant sur le câble de manœuvre est doublé par un dispositif complémentaire d'immobilisation en position haute. Ce dispositif est indépendant du mécanisme de manœuvre, fixé en attente au châssis, et toujours prêt à être utilisé.

Art. R. 4534-14. Les crics sont munis d'un dispositif capable de s'opposer à un retour de manivelle.

Sous-section 4. **Examens, vérifications, registres**

Art. R. 4534-15. Le matériel, les engins, les installations et les dispositifs de protection de toute nature utilisés sur un chantier sont, avant leur mise ou remise en service, examinés dans toutes leurs parties en vue de s'assurer qu'ils sont conformes aux dispositions du présent chapitre.

Art. R. 4534-16. Les examens du matériel, des engins, des installations ou des dispositifs de (D. 2020-88 du 5 févr. 2020, art. 1er, 6°, JO 6) « protection » sont renouvelés aussi souvent que nécessaire, notamment :

1° Après chaque démontage ou modification, ou lorsque l'une de leurs parties a été remplacée ;
2° À la suite de toute défaillance ayant entraîné ou non un accident ;
3° Après tout effort anormal ou incident ayant pu provoquer un désordre dans les installations.

Art. R. 4534-17. Tant qu'il n'a pas été procédé aux examens et, éventuellement, aux réparations nécessaires, le matériel, l'engin, l'installation ou le dispositif de (D. 2020-88 du 5 févr. 2020, art. 1er, 6°, JO 6) « protection » dont l'état paraît défectueux est retiré du service.

Le matériel, l'engin, l'installation ou le dispositif réformé est définitivement retiré du service.

Art. R. 4534-18. L'employeur fait réaliser les examens par une personne compétente désignée à cet effet.

Le nom et la qualité de cette personne sont consignés sur un registre de sécurité. Ce registre est conservé sur le chantier ou, en cas d'impossibilité, au siège de l'établissement.

Art. R. 4534-19. Un registre d'observations est mis à la disposition des travailleurs et des membres du (D. 2017-1819 du 29 déc. 2017, art. 3, 43°, JO 30, entrée en vigueur le 01.01.2018) « comité social et économique ».

Ceux-ci y consignent leurs observations relatives à l'état du matériel et des installations, l'existence de causes susceptibles d'en compromettre la solidité et l'application des dispositions du présent chapitre.

L'employeur peut également y consigner ses observations.

Art. R. 4534-20. Le registre d'observations est tenu à la disposition de l'inspection du travail, du médecin du travail, des agents de l'Organisme professionnel de prévention du bâtiment et des travaux publics, du service de prévention des organismes de sécurité sociale, ainsi que des membres du collège interentreprises de sécurité, de santé et des conditions de travail.

Il est conservé sur le chantier ou, en cas d'impossibilité, au siège de l'établissement.

SECTION 3. Opération de chargement ou de déchargement en hauteur

Art. R. 4534-21. Les recettes sont aménagées de telle sorte que les travailleurs chargés des opérations de chargement ou de déchargement ne soient pas obligés, pour tirer la charge, de se pencher au-dessus du vide.

Toutefois, pour le chargement ou le déchargement de matériaux ou d'objets d'un poids inférieur ou égal à 50 kilogrammes, il peut être mis à la disposition des travailleurs, d'une part, des crochets d'une longueur suffisante pour amener les charges à l'aplomb du plancher de la recette, ou tout autre dispositif équivalent, d'autre part, des appuis leur permettant d'assurer efficacement leur équilibre.

SECTION 4. Travaux de terrassement à ciel ouvert

Art. R. 4534-22. Afin de prendre s'il y a lieu les mesures de sécurité appropriées et avant de commencer des travaux de terrassement, l'employeur s'informe auprès du service de voirie compétent dans le cas de travaux sur le domaine public ou auprès du propriétaire dans le cas de travaux sur le domaine privé :

1° De l'existence éventuelle de terres rapportées ;

2° De l'emplacement et de la nature des canalisations ou câbles souterrains pouvant se trouver dans la zone où les travaux seront entrepris ;

3° Des risques d'imprégnation du sous-sol par des émanations ou produits nocifs.

Art. R. 4534-23. Les arbres, les blocs de pierre, ainsi que le matériel, les matériaux et objets de toute nature se trouvant à proximité de l'emplacement où des fouilles sont entreprises, sont enlevés ou solidement maintenus lorsqu'il apparaît que leur équilibre risque d'être compromis lors de l'exécution des travaux.

Art. R. 4534-24. Les fouilles en tranchée de plus de 1,30 mètre de profondeur et d'une largeur égale ou inférieure aux deux tiers de la profondeur sont, lorsque leurs parois sont verticales ou sensiblement verticales, blindées, étrésillonnées ou étayées.

Les parois des autres fouilles en tranchée, ainsi que celles des fouilles en excavation ou en butte sont aménagées, eu égard à la nature et à l'état des terres, de façon à prévenir les éboulements. À défaut, des blindages, des étrésillons ou des étais appropriés à la nature et à l'état des terres sont mis en place. Ces mesures de protection ne sont pas réduites ou supprimées lorsque les terrains sont gelés.

Ces mesures de protection sont prises avant toute descente d'un travailleur ou d'un employeur dans la fouille pour un travail autre que celui de la mise en place des dispositifs de (D. 2020-88 du 5 févr. 2020, art. 1er, 6°, JO 6) « protection ».

Lorsque nul n'a à descendre dans la fouille, les zones situées à proximité du bord et qui présenteraient un danger pour les travailleurs sont nettement délimitées et visiblement signalées.

Art. R. 4534-25. Pour la détermination de l'inclinaison à donner aux parois ou pour l'établissement des blindages, des étrésillons et des étais des fouilles en tranchée ou en excavation, il est tenu compte des surcharges dues aux constructions ou aux dépôts de toute nature, tels que matériaux divers, déblais, matériel, existant dans le voisinage, ainsi que des surcharges et des ébranlements prévisibles dus à la circulation sur les voies carrossables, les pistes de circulation et les voies ferrées se trouvant à proximité des fouilles.

Art. R. 4534-26. La reprise des fondations en sous-œuvre ne peut être exécutée que par petites portions et au fur et à mesure que les blindages, les étrésillons ou les étais mis en place assurent une sécurité suffisante.

Toutefois, cette prescription ne fait pas obstacle à l'emploi de procédés particuliers assurant aux travailleurs une sécurité au moins équivalente.

Art. R. 4534-27. Les pentes et les crêtes des parois sont débarrassées des éléments dont la chute présente un danger.

Art. R. 4534-28. Lorsque des parties en surplomb d'un terrain ne peuvent être abattues, des mesures appropriées, telles qu'étaiement et consolidation, sont prises pour empêcher leur éboulement.

Art. R. 4534-29. La mise en place des blindages, étrésillons ou étais est accomplie dès que l'avancement des travaux le permet.

Art. R. 4534-30. Lorsque les divers éléments d'un blindage sont assemblés hors de la fouille, la hauteur de ces éléments est au moins égale à la profondeur totale de la fouille.

Pour éviter tout renversement ou déplacement, le blindage, après avoir été descendu dans la fouille, est convenablement calé.

Art. R. 4534-31. Afin d'empêcher les chutes de déblais, de matériaux, d'outils ou d'objets de toute nature à l'intérieur des fouilles en tranchée de plus de 1,30 mètre de profondeur, celles-ci sont entourées de plinthes d'une hauteur de 15 centimètres au moins ou comportent un blindage dont les éléments constituants dépassent le niveau du sol d'une hauteur minimale de 15 centimètres.

Art. R. 4534-32. Des déblais ou du matériel ne peuvent être déposés le long d'une tranchée de plus de 1,30 mètre de profondeur que s'il est possible de ménager une berme d'une largeur de 40 centimètres au moins.

Cette berme reste constamment dégagée de tout dépôt.

Art. R. 4534-33. Des mesures, telles que le creusement de cunettes et l'exécution de drainages sont prises pour limiter les infiltrations provenant des eaux de ruissellement.

En outre, des mesures, telles que la mise en service de pompes, sont prévues pour remédier aux effets des infiltrations qui pourraient se produire.

Art. R. 4534-34. Après une période de pluie ou de gel, il est procédé à un examen du talus des fouilles en excavation ou en tranchée. S'il y a lieu, le blindage est consolidé.

L'employeur fait procéder à cet examen par une personne compétente. Le nom et la qualité de cette personne sont consignés sur le registre de sécurité.

Art. R. 4534-35. Les fouilles en tranchée ou en excavation comportent les moyens nécessaires à une évacuation rapide des travailleurs.

Art. R. 4534-36. Lorsque des travailleurs sont appelés à franchir une tranchée de plus de 40 centimètres de largeur, des moyens de passage sont mis en place.

Art. R. 4534-37. Il ne peut être procédé à l'enlèvement d'un blindage, d'un étrésillon ou d'un étai que lorsque des mesures de protection efficaces ont été prises contre les risques d'éboulement.

Art. R. 4534-38. L'abattage en sous-cave ne peut être réalisé qu'à l'aide d'engins mus mécaniquement et à condition qu'il n'en résulte aucun danger pour les travailleurs.

Lors de l'exécution de tels travaux, des mesures sont prises pour interdire l'accès de la zone dans laquelle l'éboulement est appelé à se produire.

Art. R. 4534-39. En cas de découverte d'un engin susceptible d'exploser, le travail est immédiatement interrompu au voisinage jusqu'à ce que les autorités compétentes aient fait procéder à l'enlèvement de l'engin.

SECTION 5. Travaux souterrains

Sous-section 1. Éboulements et chutes de blocs

Art. R. 4534-40. Dans tous les ouvrages souterrains, les risques d'éboulement ou de chutes de blocs sont prévenus, selon des modalités appropriées à la hauteur de l'ouvrage :

1° Soit au moyen d'un soutènement appuyé ou suspendu et d'un garnissage approprié à la nature des terrains ;

2° Soit grâce à la surveillance, au sondage et à la purge méthodique des parements et de la couronne.

Art. R. 4534-41. Les parois des puits et des galeries souterraines, le toit de ces dernières, ainsi que les travaux de consolidation réalisés ou les dispositifs de soutènement mis en place, sont examinés :

1° À la reprise de chaque poste de travail, sur toute la hauteur des puits et sur toute la longueur des galeries ;

2° Après chaque tir de mine, sur une longueur de 50 mètres au moins en arrière du front de tir.

Ces examens sont réalisés par une personne compétente choisie par l'employeur. Le nom et la qualité de cette personne sont consignés sur le registre de sécurité.

Art. R. 4534-42. Lorsqu'un puits ou une galerie souterraine sont destinés à recevoir un revêtement maçonné ou bétonné, les éléments du dispositif de soutènement ne sont enlevés qu'au fur et à mesure de l'avancement des travaux et seulement dans la mesure où, eu égard à la stabilité du terrain traversé, cet enlèvement ne peut nuire à la sécurité des travailleurs.

Des précautions similaires sont prises pour l'exécution de travaux d'abattage latéral ainsi que pour l'exécution de travaux de comblement.

Sous-section 2. **Ventilation**

Art. R. 4534-43. La qualité de l'air des galeries souterraines en cours de percement et des puits en cours de fonçage doit être compatible avec la santé et la sécurité des travailleurs.

Art. R. 4534-44. Lorsque l'aération naturelle d'une galerie en cours de percement est insuffisante, l'assainissement de l'atmosphère est obtenu au moyen d'une installation de ventilation mécanique.

Cette installation de ventilation assure au front de taille un débit minimal d'air de vingt-cinq litres par seconde et par homme.

L'air introduit est prélevé loin de toute source de pollution.

Art. R. 4534-45. Dans les galeries souterraines en cours de percement où il est fait usage d'explosifs, la ventilation est réalisée dans les conditions suivantes :

1° Il est introduit au front de taille, au moyen d'une installation de ventilation mécanique, 200 litres au moins d'air par seconde et par mètre carré de la plus grande section de galerie ventilée. L'air introduit est prélevé loin de toute source de pollution ;

2° Après chaque tir, une aspiration est réalisée le plus près possible du front de taille, afin d'éliminer au maximum les poussières en suspension ;

3° Éventuellement, une ventilation auxiliaire permet d'accélérer l'absorption du bouchon de tir.

Art. R. 4534-46. Lorsqu'il est fait usage de moteurs à combustion interne ou qu'il existe des émanations nocives, les quantités minimales d'air à introduire prévues par les articles R. 4534-44 et R. 4534-45 sont augmentées de telle sorte que la qualité de l'air demeure compatible avec la santé et la sécurité des travailleurs.

Art. R. 4534-47. Lorsqu'une galerie est percée ou lorsqu'un puits est foncé dans une roche renfermant de la silice libre, seuls des fleurets à injection d'eau ou munis d'un dispositif efficace pour le captage à sec des poussières sont utilisés.

Une consigne indique les postes de travail où il est nécessaire de renforcer les mesures de protection collective par l'utilisation d'un appareil respiratoire approprié. Cette consigne précise, en outre, pour chaque poste de travail, la durée maximale de port de l'appareil et les conditions de son entretien.

Art. R. 4534-48. Dans les travaux où il est fait usage d'explosifs ainsi que dans ceux qui sont exécutés dans des terrains renfermant de la silice libre, les déblais sont arrosés.

Art. R. 4534-49. Dans les galeries souterraines et les puits où des émanations de gaz susceptibles de former avec l'air un mélange détonant sont à craindre, l'usage de lampes ou d'appareils à feu nu est interdit.

Sous-section 3. **Circulation**

Art. R. 4534-50. Dans les puits dont la profondeur dépasse vingt-cinq mètres, les treuils utilisés pour le transport des travailleurs sont mus mécaniquement.

Art. R. 4534-51. Tant qu'il y a des travailleurs dans une galerie souterraine ou au fond d'un puits, la présence d'un travailleur est requise en permanence pour la manœuvre du treuil.

Lorsque la profondeur d'un puits dépasse six mètres, le service d'un treuil mû à la main est assuré par deux travailleurs au moins.

Art. R. 4534-52. Les puits dans lesquels est installée une descenderie par échelles, des paliers de repos d'une dimension suffisante pour accueillir au moins deux travailleurs sont établis à six mètres au plus les uns des autres. Les volées ainsi délimitées peuvent être verticales.

À chaque palier, des poignées fixes sont placées de façon à en permettre facilement l'accès.

Art. R. 4534-53. Lorsqu'une galerie est percée dans un terrain où des venues d'eau importantes et soudaines sont à craindre, cette galerie comporte des issues permettant une évacuation rapide des travailleurs. À défaut, des mesures appropriées, telles que l'aménagement de niches surélevées en nombre suffisant, sont mises en œuvre.

Lorsqu'un puits est foncé dans un terrain analogue à celui mentionné au premier alinéa, des échelles de secours sont installées du fond du puits à l'orifice au jour ou à un emplacement sûr.

Art. R. 4534-54. Dans les galeries souterraines où se trouvent disposées des voies ferrées, à défaut d'un espace libre de 55 centimètres mesuré entre la partie la plus saillante du matériel roulant et les parties les plus saillantes des parois de la galerie, il est aménagé, au fur et à mesure de l'avancement des travaux et tous les 10 mètres au plus, une niche de sûreté ayant des dimensions suffisantes pour abriter simultanément deux travailleurs et ayant au moins 60 centimètres de profondeur.

En cas d'impossibilité, la sécurité des travailleurs est assurée d'une autre manière par des mesures appropriées. L'employeur porte préalablement ces mesures à la connaissance de l'inspection du travail.

Sous-section 4. **Signalisation et éclairage**

Art. R. 4534-55. Les orifices des puits et des galeries d'une inclinaison de plus de 45° sont convenablement signalés la nuit.

Art. R. 4534-56. Les ouvertures ou dénivellations existant dans le sol d'une galerie, les passages resserrés, les abaissements de voûte ainsi que tous obstacles pouvant présenter un danger ou une gêne pour la circulation des travailleurs, des véhicules ou des convois sont convenablement signalés par des moyens appropriés, tels que la pose de feux de position ou de dispositifs réfléchissants d'une efficacité équivalente.

À défaut d'un éclairage suffisant, des dispositifs avertisseurs sont prévus, tels que chaînettes et fils pendants, balais souples, dont le contact permet de signaler aux travailleurs la présence d'un obstacle.

Art. R. 4534-57. À défaut d'un éclairage suffisant dans les galeries où circulent des véhicules ou des convois, les postes de travail sont signalés par des feux très visibles et les véhicules ou convois sont munis :

1° À l'avant, d'un feu blanc ;

2° À l'arrière, d'un feu rouge, soit d'un dispositif réfléchissant de même couleur ou d'une efficacité équivalente.

Art. R. 4534-58. Sauf dans les galeries pourvues d'un éclairage fixe suffisant, les véhicules sont munis d'un projecteur capable d'éclairer sur une distance au moins égale au parcours d'arrêt du véhicule ou du convoi.

Art. R. 4534-59. Lorsque les chantiers souterrains sont éclairés électriquement, un éclairage de sécurité destiné à être utilisé en cas d'arrêt du courant pendant le temps nécessaire pour assurer l'évacuation du chantier est mis à la disposition des travailleurs.

SECTION 6. Travaux de démolition

Art. R. 4534-60. Avant de commencer les travaux de démolition d'un ouvrage, l'employeur vérifie la résistance et de la stabilité de chacune des parties de cet ouvrage, notamment des planchers.

S'il y a lieu, des étaiements sûrs sont mis en place.

Art. R. 4534-61. Aucun travailleur ne peut être chargé d'un travail de démolition ou de démontage pour lequel il n'est pas compétent et qui comporte, pour lui ou pour les autres travailleurs du chantier, un risque anormal.

Art. R. 4534-62. Dès que les travaux nécessitent l'emploi de dix travailleurs, un chef d'équipe est exclusivement affecté à la surveillance des travaux.

Au moins un chef d'équipe est désigné pour dix travailleurs.

Lorsque des travaux nécessitent l'intervention simultanée de plusieurs équipes, les chefs de ces équipes sont placés sous l'autorité d'un chef unique.

Art. R. 4534-63. La démolition des ouvrages en béton armé ou en matériaux précontraints, ainsi que la démolition des ouvrages soutenus par une charpente métallique, ne peut être accomplie que sous la direction de travailleurs ayant l'expérience des techniques particulières mises en œuvre pour la démolition de ces ouvrages.

Art. R. 4534-64. Les travailleurs ne peuvent être employés à des hauteurs différentes que si les précautions sont prises pour assurer la sécurité de ceux qui travaillent dans les plans inférieurs.

Art. R. 4534-65. Les murs à abattre sont préalablement débarrassés de toutes les pièces de bois ou de fer en saillie qui ne sont pas scellées ou qui, bien que scellées, sont en saillie de plus de deux mètres.

Art. R. 4534-66. Lorsque, dans une construction, des éléments présentant une certaine élasticité sont soumis à des contraintes et qu'un fouettement peut résulter de leur rupture ou de leur brusque libération, ou que leur dépose peut avoir des conséquences graves sur la stabilité de tout ou partie de la construction, il ne peut être procédé à leur enlèvement que d'une manière sûre et, s'agissant de travailleurs, conformément aux directives de l'employeur.

Art. R. 4534-67. Lorsque la démolition d'un pan de mur ou de tout autre élément de construction est réalisée par des tractions exercées au moyen de câbles métalliques, de cordages ou de tous autres dispositifs similaires, la zone dans laquelle le pan de mur ou l'élément de construction viendra s'écrouler est délimitée avec soin.

Art. R. 4534-68. Lorsque la démolition d'un pan de mur ou de tout autre élément de construction est réalisée au moyen de poussées ou de chocs, des mesures appropriées sont prises pour empêcher l'écroulement du mur ou de l'élément de construction du côté où se trouvent les travailleurs.

Art. R. 4534-69. Lorsque à la suite de la démolition de certains éléments d'un ouvrage, l'équilibre des parties restantes ou des constructions voisines paraît compromis, des mesures, telles que la pose d'étais, sont prises pour prévenir tout risque d'écroulement.

Art. R. 4534-70. Le sapement d'un ouvrage au moyen d'un engin mû mécaniquement n'est autorisé que s'il n'en résulte aucun danger.

Art. R. 4534-71. Un plancher de travail est mis en place pour les travaux de démolition réalisés à une hauteur de plus de six mètres au-dessus du sol.

Le plancher situé en bordure du vide est clôturé par des garde-corps et des plinthes établis conformément aux dispositions de l'article R. 4534-78.

Art. R. 4534-72. Lorsque les travaux de démolition sont réalisés à une hauteur qui ne dépasse pas 6 mètres au-dessus du sol, l'installation d'un plancher de travail n'est pas obligatoire, sous réserve des dispositions suivantes :

1° Les travaux ne peuvent être confiés qu'à des travailleurs qualifiés ;

2° Il est interdit de laisser monter des travailleurs sur des murs à déraser de moins de 35 centimètres d'épaisseur.

Art. R. 4534-73. Le port du casque de protection est obligatoire pour les travaux de démolition.

SECTION 7. Utilisation de plates-formes de travail, passerelles et escaliers

Sous-section 1. Plates-formes de travail

Art. R. 4534-74. Les dispositions de la présente section ne font pas obstacle à celles applicables à l'exécution des travaux temporaires en hauteur et aux équipements de travail utilisés à cette fin prévues aux articles R. 4323-58 et suivants.

Art. R. 4534-75. Les plates-formes de travail, les passerelles et les escaliers sont :

1° Construits de manière qu'aucune de leurs parties ne puisse subir une flexion exagérée ou inégale ;

2° Construits et entretenus de manière à réduire autant que possible, compte tenu des conditions existantes, les risques de trébuchement ou de glissement de personnes ;

3° Maintenus libres de tout encombrement inutile ;

4° Constamment débarrassés de tous gravats et décombres.

Art. R. 4534-76. Les plates-formes de travail sont établies sur des parties solides de la construction.

Les plates-formes servant à l'exécution de travaux à l'intérieur des constructions prennent appui sur des traverses reposant sur des solives. Elles ne peuvent s'appuyer sur des hourdis de remplissage.

Art. R. 4534-77. Les plates-formes de travail et les boulins supportant leur plancher obéissent aux caractéristiques prévues pour les échafaudages aux articles R. 4323-69 et suivants.

Art. R. 4534-78. Les plates-formes de travail sont munies, sur les côtés extérieurs :

1° De garde-corps constitués par deux lisses placées l'une à un mètre, l'autre à 45 centimètres au-dessus du plancher ;

2° De plinthes d'une hauteur de 15 centimètres au moins.

Toutefois, ces dispositions ne font pas obstacle à l'établissement de dispositifs de protection d'une efficacité au moins équivalente.

Art. R. 4534-79. Les garde-corps des plates-formes de travail sont solidement fixés à l'intérieur des montants.

Art. R. 4534-80. Lorsque des plates-formes de travail reposent sur des chevalets ou des tréteaux, ces derniers ne sont pas espacés de plus de 2 mètres. Ils sont rigides, ont leurs pieds soigneusement étrésillonnés et reposent sur des points d'appui résistants.

Il est interdit de les surélever par des moyens de fortune, de les superposer et de les disposer sur le plancher d'un autre échafaudage ou d'une autre plate-forme.

Sous-section 2. **Passerelles et escaliers**

Art. R. 4534-81. Les planchers des passerelles obéissent aux dispositions relatives aux planchers des plates-formes de travail.

Art. R. 4534-82. Les passerelles ainsi que les diverses installations sur lesquelles circulent des personnes sont munies, en bordure du vide, de garde-corps placés à une hauteur de 90 centimètres et de plinthes de 15 centimètres de hauteur au moins ou de tous autres dispositifs de protection d'une efficacité au moins équivalente.

Art. R. 4534-83. Lorsque les passerelles sont rendues glissantes par suite de verglas, de gelée ou de neige, des mesures sont prises pour prévenir toute glissade.

Art. R. 4534-84. Les escaliers qui ne sont pas munis de leurs rampes définitives sont bordés, du côté du vide, de garde-corps et de plinthes.

SECTION 8. Travaux sur toitures

Art. R. 4534-85. Lorsque des travailleurs sont appelés à intervenir sur un toit présentant des dangers de chute de personnes ou de matériaux d'une hauteur de plus de trois mètres, des mesures appropriées sont prises pour éviter toute chute.

Art. R. 4534-86. Les échafaudages utilisés pour exécuter des travaux sur les toitures sont munis de garde-corps constitués par des éléments jointifs ou écartés de sorte qu'ils ne puissent permettre le passage d'un corps humain. Ces garde-corps ont une solidité suffisante pour s'opposer efficacement à la chute dans le vide d'une personne ayant perdu l'équilibre.

À défaut d'échafaudages appropriés, des dispositifs de protection collective d'une efficacité au moins équivalente sont mis en place.

Lorsque l'utilisation de ces dispositifs de protection est reconnue impossible, le port d'un système d'arrêt de chute est obligatoire.

Art. R. 4534-87. Lorsqu'il existe des dispositifs permanents de protection, tels que crochets de service, rambardes, mains courantes, ceux-ci ne peuvent être utilisés qu'après avoir été examinés en vue de s'assurer de leur solidité.

Ces examens sont accomplis par une personne compétente choisie par l'employeur. Le nom et la qualité de cette personne sont consignés sur le registre de sécurité.

Art. R. 4534-88. Les travailleurs intervenant sur des toitures en matériaux d'une résistance insuffisante, tels que vitres, plaques en agglomérés à base de ciment, tôles, ou vétustes, travaillent sur des échafaudages, plates-formes de travail, planches ou échelles leur permettant de ne pas prendre directement appui sur ces matériaux.

Les dispositifs ainsi interposés entre ces travailleurs et la toiture portent sur une étendue de toiture comprenant plusieurs éléments de charpente, dont un à chaque extrémité des dispositifs, et sont agencés de manière à prévenir tout effet de bascule.

Au fur et à mesure de l'avancement des travaux, ces dispositifs doivent pouvoir, le cas échéant, être déplacés sans que les travailleurs aient à prendre directement appui sur la couverture.

Art. R. 4534-89. Lorsque le respect des dispositions de l'article R. 4534-88 est impossible, des dispositifs propres à prévenir efficacement les conséquences d'une chute sont installés en dessous de la toiture.

Lorsque la mise en place de ces dispositifs est impossible, le port d'un système d'arrêt de chute est obligatoire.

Art. R. 4534-90. Lors des travaux de vitrage sur toiture, les débris de verre sont immédiatement enlevés.

Art. R. 4534-91. Les échelles plates, dites « échelles de couvreurs », sont fixées de manière à ne pouvoir ni glisser ni basculer.

Art. R. 4534-92. Les antennes de radio ou de télévision, les haubans ainsi que les obstacles de toute nature pouvant exister sur les parties de toiture sur lesquelles les travailleurs sont appelés à circuler sont signalés, pendant la durée des travaux, par les dispositifs visibles.

Art. R. 4534-93. Lorsque des travailleurs réalisent fréquemment, pendant plus d'une journée, sur des chéneaux, chemins de marche ou tous autres lieux de passage, des déplacements comportant des risques de chute sur une toiture en matériaux d'une résistance insuffisante, cette toiture, à défaut de garde-corps ou d'un dispositif permanent de protection, est recouverte de planches ou de tous autres dispositifs capables d'arrêter une personne ayant perdu l'équilibre.

Art. R. 4534-94. Il est interdit de travailler sur des toits rendus glissants par les circonstances atmosphériques, sauf s'il existe des dispositifs de protection installés à cet effet.

SECTION 9. Montage, démontage et levage de charpentes et ossatures

Art. R. 4534-95. Lors des travaux de montage, de démontage et de levage de charpentes et ossatures, toutes mesures sont prises pour réduire au minimum les travaux et déplacements en hauteur qui exposent les travailleurs à un risque de chute.

À cette fin, il est procédé, chaque fois que cela est possible, à l'assemblage des pièces au sol et à la mise en œuvre de dispositifs d'accrochage ou de décrochage à distance.

Art. R. 4534-96. Lorsque, dans les travaux de montage, de démontage et de levage de charpentes et ossatures, les travailleurs sont appelés à accéder à un poste de travail ou à circuler en se trouvant exposé à un risque de chute dans le vide, l'employeur prend l'une des mesures suivantes :

1° Installation d'échelles de service en nombre suffisant fixées en tête et au pied, et des paliers de repos convenablement aménagés ;

2° Installation de passerelles munies de garde-corps placés à une hauteur de 90 centimètres et de plinthes de 15 centimètres de hauteur au moins, susceptibles d'être déplacées à l'aide d'un appareil de levage ;

3° Élévation, dans les conditions prévues par l'article R. 4534-98, des travailleurs dans les nacelles, ou tous autres dispositifs similaires, suspendues à un appareil de levage.

Art. R. 4534-97. Lorsque, dans les travaux de montage, de démontage et de levage de charpentes et ossatures, des travailleurs sont appelés à intervenir en se trouvant exposé à un risque de chute dans le vide, l'employeur prend l'une des mesures suivantes :

1° Installation de planchers de travail fixes, munis de garde-corps placés à une hauteur de 90 centimètres et de plinthes de 15 centimètres de hauteur au moins ;

2° Mise en œuvre, dans les conditions prévues par l'article R. 4534-98, de plates-formes de travail mobiles, ou tous autres dispositifs similaires, suspendues à un appareil de levage.

Art. R. 4534-98. Les plates-formes de travail, nacelles et dispositifs similaires utilisés pour le transport ou le travail en élévation des travailleurs employés à des travaux mentionnés à la présente section, ainsi que les appareils de levage auxquels ces plates-formes, nacelles ou dispositifs similaires sont suspendus, obéissent aux dispositions relatives au levage des personnes prévues par les articles R. 4323-31 et R. 4323-32.

Art. R. 4534-99. À défaut de l'installation des dispositifs prévus par les articles R. 4534-96 et R. 4534-97, ou à défaut de l'utilisation de nacelles et de plates-formes de travail, ou tous autres dispositifs similaires, suspendues à un appareil de levage, sont installés :

1° Soit des auvents, éventails ou planchers propres à empêcher une chute libre de plus de trois mètres ;

2° Soit des filets, ou tous autres dispositifs présentant une élasticité au moins équivalente, propres à empêcher une chute libre de plus de six mètres.

Art. R. 4534-100. Les dispositifs prévus aux 1° et 2° de l'article R. 4534-99 sont agencés de manière à prévenir les effets de bascule ou de rebondissement.

Art. R. 4534-101. Lorsque la mise en œuvre des mesures de sécurité prévues par les articles R. 4534-96 à R. 4534-99 paraît impossible, le port d'un système d'arrêt de chute est obligatoire.

Art. R. 4534-102. Le port d'un casque de protection est obligatoire pour les travaux de montage, de démontage et de levage de charpentes et ossatures.

SECTION 10. Travaux de construction comportant la mise en œuvre d'éléments préfabriqués lourds ou de béton précontraint

Art. R. 4534-103. Lors de l'exécution des travaux de construction comportant la mise en œuvre d'éléments préfabriqués lourds, la stabilité de chacun de ces éléments est assurée, dès sa mise en place, par des dispositifs rigides appropriés.

L'enlèvement des dispositifs mis en œuvre ne peut être accompli que sur l'ordre du chef de chantier et sous son contrôle personnel.

Art. R. 4534-104. La mise en tension des armatures du béton précontraint ainsi que l'enlèvement des vérins utilisés pour cette opération ne peuvent être réalisés que sous la surveillance du chef de chantier ou d'un agent des cadres ou d'un ingénieur désigné par l'employeur en raison de sa compétence.

Cet agent veille à la mise en place de dispositifs appropriés pour protéger efficacement les travailleurs contre le danger qui pourrait résulter d'une libération intempestive de l'énergie emmagasinée dans les armatures au cours de leur mise en tension.

SECTION 11. Étaiements, cintres et coffrages

Art. R. 4534-105. La conception des étaiements d'une hauteur de plus de six mètres est justifiée par une note de calcul et leur construction réalisée conformément à un plan de montage préalablement établi, sauf en cas d'urgence ou d'impossibilité. La note de calcul et le plan de montage sont conservés sur le chantier.

Ces dispositions ne sont pas applicables aux étaiements mis en œuvre pour l'exécution des travaux souterrains.

Art. R. 4534-106. L'enlèvement des cintres et des coffrages ainsi que l'enlèvement des charpentes soutenant ces installations ne peut être réalisé que sous le contrôle d'une personne compétente désignée par l'employeur.

SECTION 12. Travaux au voisinage de lignes, canalisations et installations électriques

Sous-section 1. Lignes, canalisations et installations intérieures et extérieures de haute tension et de basse tension B et lignes, canalisations et installations situées à l'extérieur de locaux et de basse tension A

§ 1. Champ d'application

Art. R. 4534-107. Les dispositions de la présente sous-section s'appliquent lors de l'exécution de travaux au voisinage de lignes, canalisations et installations électriques :

1° Situées à l'extérieur de locaux et du domaine basse tension A (BTA), c'est-à-dire dont la tension excède 50 volts, sans dépasser 500 volts en courant alternatif, ou excède 120 volts, sans dépasser 750 volts en courant continu lisse ;

2° Situées à l'extérieur ou à l'intérieur de locaux et du domaine basse tension B (BTB), c'est-à-dire dont la tension excède 500 volts, sans dépasser 1 000 volts en courant alternatif, ou excède 750 volts, sans dépasser 1 500 volts en courant continu lisse ;

3° Situées à l'extérieur ou à l'intérieur de locaux et du domaine haute tension A (HTA), c'est-à-dire dont la tension excède 1 000 volts en courant alternatif sans dépasser 50 000 volts ou excède 1 500 volts sans dépasser 75 000 volts en courant continu lisse ;

4° Situées à l'extérieur ou à l'intérieur de locaux et du domaine haute tension B (HTB), c'est-à-dire dont la tension excède 50 000 volts en courant alternatif ou excède 75 000 volts en courant continu lisse.

§ 2. Distances minimales de sécurité

Art. R. 4534-108. L'employeur qui envisage d'accomplir des travaux au voisinage de lignes ou d'installations électriques s'informe auprès de l'exploitant, qu'il s'agisse du représentant local de la distribution d'énergie ou de l'exploitant de la ligne ou installation publique ou privée en cause, de la valeur des tensions de ces lignes ou installations. Au vu de ces informations, l'employeur s'assure qu'au cours de l'exécution des travaux les travailleurs ne sont pas susceptibles de s'approcher ou d'approcher les outils, appareils ou engins qu'ils utilisent, ou une partie quelconque des matériels et matériaux qu'ils manutentionnent, à une distance dangereuse des pièces conductrices nues normalement sous tension, notamment, à une distance inférieure à :

1° Trois mètres pour les lignes ou installations dont la plus grande des tensions, en valeur efficace pour le courant alternatif, existant en régime normal entre deux conducteurs quelconques est inférieure à 50 000 volts ;

2° Cinq mètres pour les lignes ou installations dont la plus grande des tensions, en valeur efficace pour le courant alternatif, existant en régime normal entre deux conducteurs quelconques est égale ou supérieure à 50 000 volts.

Art. R. 4534-109. Il est tenu compte, pour déterminer les distances minimales à respecter par rapport aux pièces conductrices nues normalement sous tension :

1° De tous les mouvements possibles des pièces conductrices nues sous tension de la ligne, canalisation ou installation électrique ;

2° De tous les mouvements, déplacements, balancements, fouettements, notamment en cas de rupture éventuelle d'un organe, ou chutes possibles des engins utilisés pour les travaux envisagés.

Art. R. 4534-110. L'employeur qui envisage de réaliser des travaux de terrassement, des fouilles, des forages ou des enfoncements s'informe, auprès du service de voirie compétent en cas de travaux sur le domaine public, auprès du propriétaire en cas de travaux sur le domaine privé et, dans tous les cas, auprès du représentant local de la distribution d'énergie électrique, s'il existe des canalisations électriques souterraines, qu'elles soient ou non enterrées, à l'intérieur du périmètre des travaux projetés ou à moins de 1,50 mètre à l'extérieur de ce périmètre.

§ 3. Travaux exécutés hors tension

Art. R. 4534-111. L'employeur ne peut accomplir les travaux qu'après la mise hors tension de l'installation électrique, à moins que l'exploitant ait fait connaître par écrit qu'il ne peut, pour une raison qu'il juge impérieuse, procéder à la mise hors tension.

Dans ce dernier cas, l'employeur se conforme aux prescriptions du paragraphe 4.

Art. R. 4534-112. Lorsqu'il a été convenu de mettre hors tension la ligne, la canalisation ou l'installation électrique, souterraine ou non, l'employeur demande à l'exploitant de faire procéder à cette mise hors tension.

Il fixe, après accord écrit de l'exploitant, les dates auxquelles les travaux pourront avoir lieu et, pour chaque jour, l'heure du début et de la fin des travaux. Ces indications, utiles pour l'organisation des travaux, ne dispensent pas d'établir et de remettre l'attestation de mise hors tension et l'avis de cessation de travail.

Art. R. 4534-113. Le travail ne peut commencer que lorsque l'employeur est en possession de l'attestation de mise hors tension écrite, datée et signée par l'exploitant.

Art. R. 4534-114. Lorsque le travail a cessé, qu'il soit interrompu ou terminé, l'employeur s'assure que les travailleurs ont évacué le chantier ou ne courent plus aucun risque. Il établit alors et signe l'avis de cessation de travail qu'il remet à l'exploitant, cette remise valant décharge.

Art. R. 4534-115. Lorsque l'employeur a délivré l'avis de cessation de travail, il ne peut reprendre les travaux que s'il est en possession d'une nouvelle attestation de mise hors tension.

Art. R. 4534-116. L'attestation de mise hors tension et l'avis de cessation de travail sont conformes à un modèle fixé par un arrêté du ministre chargé du travail.

La remise en mains propres de ces documents peut être remplacée par l'échange de messages téléphoniques ou électroniques enregistrés sur un carnet spécial et relus en retour, avec le numéro d'enregistrement, lorsque le temps de transmission d'un document écrit augmenterait dans une mesure excessive la durée de l'interruption de la distribution.

Art. R. 4534-117. En cas de travaux exécutés dans le voisinage d'une ligne, canalisation ou installation électrique du domaine basse tension A (BTA), et dans ce cas seulement, l'employeur peut, sous réserve de l'accord écrit de l'exploitant, procéder à la mise hors tension avant les travaux et au rétablissement de la tension après les travaux.

L'employeur :

1° N'ordonne le début du travail qu'après avoir vérifié que la mise hors tension est effective ;

2° Signale de façon visible la mise hors tension ;

3° Se prémunit contre le rétablissement inopiné de la tension pendant la durée des travaux, de préférence en condamnant, en position d'ouverture, les appareils de coupure ou de sectionnement correspondants ;

4° Ne rétablit la tension que lorsque les travaux ont cessé et que les travailleurs ne courent plus aucun danger.

§ 4. Travaux exécutés sous tension

Art. R. 4534-118. Lorsque l'exploitant a fait connaître par écrit qu'il ne peut, pour une raison qu'il juge impérieuse, mettre hors tension la ligne, la canalisation ou l'installation électrique au voisinage de laquelle les travaux seront accomplis, l'employeur arrête, avant le début des travaux et en accord avec l'exploitant, les mesures de sécurité à prendre.

L'employeur porte, au moyen de la consigne prévue par l'article R. 4534-125, ces mesures à la connaissance des travailleurs.

Art. R. 4534-119. Lorsque les travaux à réaliser se situent au voisinage d'une ligne ou d'une installation électrique autre qu'une canalisation souterraine et que l'exploitant, pour une raison qu'il juge impérieuse, estime qu'il ne peut mettre hors tension cette ligne ou cette installation, la consigne prévue par l'article R. 4534-125 précise les mesures à prendre pour mettre la ligne ou l'installation hors d'atteinte des travailleurs.

Si la ligne ou l'installation électrique est du domaine basse tension A (BTA), cette mise hors d'atteinte est réalisée :

1° Soit en mettant en place des obstacles efficaces solidement fixés ;

2° Soit en isolant par recouvrement les conducteurs ou autres pièces nus sous tension, ainsi que le neutre.

Art. R. 4534-120. S'il n'est pas possible de recourir aux mesures prévues à l'article R. 4534-119, la consigne prévue par l'article R. 4534-125 prescrit aux travailleurs de porter des gants isolants mis à leur disposition par l'employeur ainsi que des vêtements à manches longues et une coiffe. Ces mesures ne font pas obstacle aux mesures propres à isoler les travailleurs par rapport au sol.

Art. R. 4534-121. Lorsque la ligne ou l'installation électrique est des domaines basse tension B (BTB), haute tension A (HTA) et haute tension B (HTB), la mise hors d'atteinte de cette ligne ou de cette installation est réalisée en mettant en place des obstacles efficaces solidement fixés devant les conducteurs ou pièces nus sous tension, ainsi que devant le neutre.

Si cette mesure ne peut être envisagée, la zone de travail est délimitée matériellement, dans tous les plans possibles, par une signalisation très visible, telle que pancartes, barrières, rubans. La consigne prévue par l'article R. 4534-125 précise les conditions dans lesquelles cette délimitation est réalisée. En outre, l'employeur désigne une personne compétente ayant pour unique fonction de s'assurer que les travailleurs ne franchissent pas la limite de la zone de travail et de les alerter dans le cas contraire.

Les mises hors d'atteinte susceptibles d'amener des travailleurs à une distance dangereuse des pièces conductrices nues normalement sous tension, ainsi que l'intervention directe sur des lignes, installations électriques ou pièces nues normalement sous tension, ne peuvent être accomplies que par des travailleurs compétents et pourvus du matériel approprié.

Art. R. 4534-122. Lorsque des travaux de terrassement, des fouilles, des forages ou des enfoncements sont à réaliser au voisinage de canalisations électriques souterraines de quelque classe que ce soit, le parcours des canalisations et l'emplacement des installations sont balisés de façon très visible à l'aide de pancartes, banderoles, fanions, peintures ou tous autres dispositifs ou moyens équivalents. Ce balisage est réalisé en tenant compte des informations recueillies par application des articles R. 4534-110 à R. 4534-118. Il est accompli avant le début des travaux et maintenu pendant toute leur durée.

En outre, l'employeur désigne une personne compétente pour surveiller les travailleurs et les alerter dès qu'ils s'approchent ou approchent leurs outils à moins de 1,50 mètre des canalisations et installations électriques souterraines.

Art. R. 4534-123. Lorsque des engins de terrassement, de transport, de levage ou de manutention doivent être utilisés ou déplacés au voisinage d'une ligne, installation ou canalisation électrique de quelque classe que ce soit, et que l'exploitant, pour une raison qu'il juge impérieuse, estime qu'il ne peut mettre hors tension cette ligne, installation ou canalisation, les emplacements à occuper et les itinéraires à suivre par ces engins sont choisis, dans toute la mesure du possible, de manière à éviter qu'une partie quelconque des engins approche de la ligne, installation ou canalisation à une distance inférieure aux distances minimales de sécurité fixées par les articles R. 4534-108 et R. 4534-110.

S'il ne peut en être ainsi, la consigne prévue par l'article R. 4534-125 précise les précautions à prendre pour éviter de tels rapprochements, même s'il existe des limiteurs de déplacement des éléments mobiles ou si des dispositions appropriées d'avertissement ou d'arrêt ont été prises.

§ 5. Dispositions communes

Art. R. 4534-124. En cas de désaccord entre l'employeur et l'exploitant, soit sur la possibilité de mettre l'installation hors tension, soit, dans le cas où la mise hors tension est reconnue impossible, sur les mesures à prendre pour assurer la protection des travailleurs, les contestations sont portées par l'employeur devant l'inspecteur du travail, qui tranche le litige, en accord, s'il y a lieu, avec le service chargé du contrôle de la distribution d'énergie électrique en cause.

Art. R. 4534-125. En application des dispositions de la présente sous-section et avant le début des travaux, l'employeur :

1° Fait mettre en place les dispositifs protecteurs nécessaires ;

2° Informe les travailleurs, au moyen d'une consigne écrite, sur les mesures de protection à mettre en œuvre lors de l'exécution des travaux.

Sous-section 2. **Lignes, canalisations et installations situées à l'intérieur des locaux et de basse tension A**

Art. R. 4534-126. Les dispositions de la présente sous-section s'appliquent lors de l'exécution de travaux à l'intérieur de locaux ne comportant que des lignes ou installations électriques du domaine basse tension A (BTA) au sens de l'article R. 4534-107.

Art. R. 4534-127. Lorsque les travailleurs risquent, au cours de l'exécution des travaux, d'entrer directement ou indirectement en contact soit avec un conducteur ou pièce conductrice sous tension nu ou insuffisamment isolé, soit avec une masse métallique pouvant être mise accidentellement sous tension, les travaux ne sont réalisés que lorsque la ligne ou l'installation a été mise hors tension.

Excepté le cas où les travaux sont exécutés dans des locaux très conducteurs et le cas où les travailleurs sont susceptible d'avoir les pieds ou les mains humides, il peut être dérogé aux dispositions du premier alinéa lorsque l'exploitant a fait connaître par écrit qu'il ne peut, pour une raison qu'il juge impérieuse, mettre la ligne ou l'installation hors tension, sous réserve toutefois que les travaux soient exécutés dans les conditions fixées par les articles R. 4534-129 et R. 4534-130.

Art. R. 4534-128. En cas de mise hors tension de la ligne ou de l'installation, l'employeur demande à l'exploitant ou à l'usager de la ligne ou de l'installation de procéder à cette mise hors tension ou obtient de lui l'autorisation de la réaliser lui-même.

L'employeur :

1° N'ordonne le début du travail qu'après avoir vérifié que la mise hors tension est effective ;

2° Signale de façon visible la mise hors tension ;

3° Se prémunit contre le rétablissement inopiné de la tension pendant la durée des travaux, de préférence en condamnant, en position d'ouverture, les appareils de coupure ou de sectionnement correspondants ;

4° Ne rétablit la tension que lorsque les travaux ont cessé et que le personnel ne court plus aucun danger.

Art. R. 4534-129. Lorsque les travaux sont réalisés alors que la ligne ou l'installation demeure sous tension, les parties de la ligne ou de l'installation susceptibles de provoquer des contacts dangereux sont mises hors d'atteinte :

1° Soit en disposant des obstacles efficaces solidement fixés ;

2° Soit en faisant procéder ou en procédant à une isolation efficace par recouvrement des conducteurs et pièces nus ou insuffisamment isolés sous tension ou susceptibles d'y être portés.

Art. R. 4534-130. Les dispositions de l'article R. 4534-129 ne font pas obstacle à la mise en œuvre, en accord avec l'usager, de toute autre mesure de protection appropriée à chaque cas considéré, telle que l'isolation des travailleurs au moyen de vêtements, de gants, de coiffures ou de planchers isolants.

L'employeur porte, au moyen d'une consigne, à la connaissance des travailleurs intéressés les mesures de sécurité mises en œuvre.

SECTION 13. Travaux de soudage, de rivetage, de sablage ou de découpage

Art. R. 4534-131. Les travaux de soudage, de rivetage et de sablage ne peuvent être confiés qu'à des travailleurs compétents.

Des moyens de protection individuelle, tels que des gants, des guêtres ou cuissards, des tabliers ou gilets de protection, des baudriers « supports de tas », des masques ou cagoules, des lunettes de sûreté, sont mis à la disposition de ces travailleurs et de leurs aides, afin de les protéger contre les risques de brûlure ou de projections de matières.

Art. R. 4534-132. Des appareils respiratoires empêchant l'inhalation des vapeurs ou poussières nocives sont mis à la disposition des travailleurs qui réalisent des travaux de soudage, de rivetage ou de découpage sur des éléments recouverts de peinture au minium de plomb, ainsi qu'à la disposition des travailleurs qui réalisent des travaux de métallisation ou de sablage.

Ces appareils sont maintenus en bon état de fonctionnement et désinfectés avant d'être attribués à un nouveau titulaire.

Art. R. 4534-133. Lorsque des travaux de soudage à l'arc sont accomplis sur un chantier, des écrans masquent les arcs aux personnes autres que les soudeurs ou leurs aides, afin de supprimer les risques d'éblouissement et les dangers du rayonnement ultra-violet.

À défaut d'écrans protecteurs, les zones dangereuses sont délimitées et convenablement signalées.

SECTION 14. Travaux exposant à des risques de projection

Art. R. 4534-134. Des mesures sont prises pour éviter que les travailleurs puissent être blessés par des projections de béton, de mortier ou de ciment mis en œuvre par des moyens mécaniques ou pneumatiques.

Art. R. 4534-135. Le port de lunettes de sûreté est obligatoire pour tous travaux sur des matériaux durs susceptibles de produire des éclats.

SECTION 15. Travaux exposant à des risques de noyade

Art. R. 4534-136. Lorsque des travailleurs sont exposés à des risques de noyade, l'employeur prend, indépendamment des mesures de sécurité prescrites par le présent chapitre, les mesures particulières de protection suivantes :

1° Les travailleurs exposés sont munis de gilets de sauvetage ;

2° Un signal d'alarme est prévu ;

3° Le cas échéant, une barque au moins, conduite par des mariniers sachant nager et plonger, est placée en permanence auprès des postes de travail les plus dangereux. Cette barque est équipée de gaffes, de cordages et de bouées de sauvetage. Le nombre de barques de sauvetage est en rapport avec le nombre de travailleurs exposés au risque de noyade ;

4° Lorsque des travaux sont réalisés la nuit, des projecteurs orientables sont installés, afin de permettre l'éclairage de la surface de l'eau, et les mariniers sont munis de lampes puissantes ;

5° Lorsqu'un chantier fixe occupant plus de vingt travailleurs pendant plus de quinze jours est éloigné de tout poste de secours, un appareil de respiration artificielle ou tout autre dispositif ou moyen d'une efficacité au moins équivalente est placé en permanence sur le chantier.

SECTION 16. Mesures d'hygiène

Art. R. 4534-137. Sous réserve de l'observation des dispositions correspondantes prévues par la présente section, il peut être dérogé, dans les chantiers dont la durée n'excède pas quatre mois, aux obligations relatives :

1° Aux installations sanitaires, prévues par les articles R. 4228-2 à R. 4228-7 et R. 4228-10 à R. 4228-18;

2° À la restauration, prévues par les articles R. 4228-22 à R. 4228-25.

Art. R. 4534-138. Les locaux de travail fermés qui appartiennent, sont loués ou sont gérés par les entreprises chargées des travaux ainsi que ceux mis à la disposition de ces entreprises sur les chantiers soumis à l'obligation de coordination en matière de sécurité et de protection de la santé, répondent aux dispositions suivantes :

1° Règles d'aération et d'assainissement prévues aux articles R. 4222-1 à R. 4222-17 et R. 4222-20 à R. 4222-22 ;

2° Règles relatives à l'ambiance thermique, au froid et aux intempéries prévues aux articles R. 4223-13 et R. 4223-15 ;

3° Règles relatives à la sécurité des lieux de travail prévues par les R. 4224-2 à R. 4224-18 ;

4° Règles relatives à [l]'aménagement des lieux de travail prévues à l'article R. 4225-5.

Art. R. 4534-139. L'employeur met à la disposition des travailleurs un local-vestiaire :

1° Convenablement aéré et éclairé, et suffisamment chauffé ;

2° Nettoyé au moins une fois par jour et tenu en état constant de propreté ;

3° Pourvu d'un nombre suffisant de sièges.

Il est interdit d'y entreposer des produits ou matériels dangereux ou salissants ainsi que des matériaux.

Lorsque l'exiguïté du chantier ne permet pas d'équiper le local d'armoires-vestiaires individuelles en nombre suffisant, le local est équipé de patères en nombre suffisant.

Pour les chantiers souterrains, le local est installé au jour.

Art. R. 4534-140. Lorsque les installations prévues à l'article R. 4534-139 ne sont pas adaptées à la nature du chantier, des véhicules de chantier spécialement aménagés à cet effet peuvent être utilisés pour permettre aux travailleurs d'assurer leur propreté individuelle, de disposer de cabinets d'aisances, de vestiaires et, si possible, de douches à l'abri des intempéries.

L'utilisation d'un local en sous-sol est exceptionnelle et n'est tolérée que s'il est possible de le tenir en état constant de propreté, de l'aérer et de l'éclairer convenablement.

Art. R. 4534-141. Les employeurs mettent à la disposition des travailleurs une quantité d'eau potable suffisante pour assurer leur propreté individuelle. Lorsqu'il est impossible de mettre en place l'eau courante, un réservoir d'eau potable d'une capacité suffisante est raccordé aux lavabos afin de permettre leur alimentation.

Dans les chantiers mentionnés à l'article R. 4534-137, sont installés des lavabos ou des rampes, si possible à température réglable, à raison d'un orifice pour dix travailleurs.

Des moyens de nettoyage et de séchage ou d'essuyage appropriés, entretenus et changés chaque fois que nécessaire, sont mis à disposition des travailleurs.

Art. R. 4534-142. Lorsque des travailleurs prennent leur repas sur le chantier, un local réfectoire est mis à leur disposition.

Ce local répond aux exigences suivantes :

1° Il est pourvu de tables et de chaises en nombre suffisant :

2° Il dispose d'au moins un appareil permettant d'assurer le réchauffage ou la cuisson des aliments et d'un garde-manger destiné à protéger les aliments d'une capacité suffisante et, si possible, d'un réfrigérateur ;

3° Il est tenu en parfait état de propreté.

Art. R. 4534-142-1. (D. 2008-1382 du 19 déc. 2008, JO 24) Les travailleurs disposent soit d'un local permettant leur accueil dans des conditions de nature à préserver leur santé et leur sécurité en cas de survenance de conditions climatiques susceptibles d'y porter atteinte, soit d'aménagements de chantiers les garantissant dans des conditions équivalentes.

Art. R. 4534-143. L'employeur met à la disposition des travailleurs de l'eau potable et fraîche pour la boisson, à raison de trois litres au moins par jour et par travailleur.

Les conventions collectives nationales prévoient les situations de travail, notamment climatiques, pour lesquelles des boissons chaudes non alcoolisées sont mises gratuitement à la disposition des travailleurs.

Art. R. 4534-144. Sur les chantiers, des cabinets d'aisance conformes aux dispositions (D. 2009-289 du 13 mars 2009, JO 15) « des articles R. 4228-11 à R. 4228-15 » sont mis à la disposition des travailleurs.

Art. R. 4534-145. Lorsque la disposition des lieux ne permet pas de mettre en place les véhicules de chantier, le local réfectoire et les cabinets d'aisance, prévus aux articles R. 4534-140, R. 4534-142 et R. 4534-144, l'employeur recherche à proximité du chantier un local ou un emplacement offrant des conditions au moins équivalentes.

SECTION 17. Hébergement

Art. R. 4534-146. Dans les chantiers où sont logés des travailleurs, les locaux affectés au logement satisfont aux obligations de l'employeur en matière de prévention des risques d'incendies et d'évacuation, prévues aux articles R. 4227-1 à R. 4227-14, et d'hébergement, prévues aux articles R. 4228-26 à R. 4228-35.

Toutefois, s'agissant d'installations provisoires, ces dispositions ne font pas obstacle à l'utilisation de logements mobiles tels que voitures ou remorques routières, sous réserve que des mesures compensatrices soient mises en œuvre afin d'assurer aux travailleurs des conditions d'hébergement au moins équivalentes.

Art. R. 4534-147. Les voies d'accès aux logements des travailleurs sont entretenues de telle sorte qu'elles soient praticables et convenablement éclairées.

Art. R. 4534-148. Les (D. 2017-1819 du 29 déc. 2017, art. 3, 58°, JO 30, entrée en vigueur le 01.01.2018) « comités sociaux et économiques » des entreprises appelées à intervenir sur les chantiers où il est prévu de loger des travailleurs, ainsi que le comité interentreprises de sécurité, de santé et des conditions de travail, sont consultés sur les installations prévues.

Art. R. 4534-149. Les situations dans lesquelles les travailleurs déplacés sont logés à proximité du chantier et nourris sont déterminées par les conventions collectives nationales concernant ces travailleurs.

Art. R. 4534-150. Il est interdit à l'employeur de laisser les travailleurs loger sur le terrain mis à sa disposition par le maître d'ouvrage, à moins que les logements occupés présentent des garanties d'hygiène correspondant au moins à celles prévues par la présente section.

Art. R. 4534-151. L'inspecteur du travail peut accorder des dérogations lorsque l'application des mesures prévues par la présente section est rendue difficile par les conditions d'exploitation du chantier.

SECTION 18. Premiers secours

Art. R. 4534-152. Des mesures appropriées sont prises pour donner rapidement les premiers secours au travailleur blessé au cours du travail.

SECTION 19. Affichage et information

Art. R. 4534-153. Les obligations prévues par le présent chapitre sont affichées dans le local-vestiaire prévu par l'article R. 4534-139.

Elles sont affichées à une place convenable, aisément accessibles et tenues dans un bon état de lisibilité.

Art. R. 4534-154. Dans les chantiers où la durée des travaux dépasse une semaine, l'employeur indique, par un avis, l'adresse ou le numéro téléphonique du service d'urgence auquel s'adresser en cas d'accident.

Art. R. 4534-155. Dans les chantiers autres que ceux mentionnés à l'article R. 4534-137, un document rappelant les obligations prévues par le présent chapitre est remis à chaque travailleur intéressé.

SECTION 20. Dérogations

Art. R. 4534-156. Les ministres chargés du travail et de l'agriculture peuvent, par décision prise sur le rapport de l'inspecteur ou du contrôleur du travail, et après avis du (D. 2016-1834 du 22 déc. 2016, JO 24) « Conseil d'orientation des conditions de travail », autoriser pour un ou des chantiers déterminés et, le cas échéant, pour une certaine nature de travaux, des dérogations temporaires et limitées à certaines dispositions du présent chapitre.

Ils peuvent également autoriser par arrêté, pour une durée déterminée, des dérogations de portée générale à certaines dispositions.

Ces décisions et arrêtés ne peuvent intervenir que sous réserve de prévoir des mesures compensatrices de sécurité.

Chapitre V

Dispositions applicables aux travailleurs indépendants

Art. L. 4535-1. Les travailleurs indépendants, ainsi que les employeurs lorsqu'ils exercent directement une activité sur un chantier de bâtiment et de génie civil, mettent en œuvre, vis-à-vis des autres personnes intervenant sur le chantier comme d'eux-mêmes, les principes généraux de prévention fixés aux 1°, 2°, 3°, 5° et 6° de l'article L. 4121-2 ainsi que les dispositions des articles L. 4111-6, L. 4311-1, L. 4321-1, L. 4321-2, L. 4411-1 et L. 4411-6.

SECTION 1 (RÉGLEMENTAIRE). Prescriptions techniques durant l'exécution de travaux de bâtiment et de génie civil

Art. R. 4535-1. Sous réserve des adaptations prévues par la présente section, les travailleurs indépendants ainsi que les employeurs qui exercent directement une activité sur un chantier de bâtiment et de génie civil sont soumis aux dispositions du chapitre IV à l'exception de celles relatives aux mesures générales d'hygiène, prévues par la section 16, et au logement provisoire des travailleurs, prévues par la section 17.

Art. R. 4535-2. Les travailleurs indépendants ainsi que les employeurs, lorsqu'ils exercent directement une activité sur un chantier de bâtiment et de génie civil, ne sont soumis aux dispositions prévues en matière d'examen du matériel, des engins, installations ou (D. 2020-88 du 5 févr. 2020, art. 1er, 7°, JO 6) « dispositifs de protection » par l'article R. 4534-18 que sur les chantiers soumis à obligation de coordination en matière de sécurité et de santé des travailleurs mentionnés à l'article L. 4532-2, à l'exception des opérations entreprises par un particulier pour son usage personnel mentionné au 2° de l'article L. 4532-7.

De même, le respect des dispositions des premier et deuxième alinéas de l'article R. 4534-86 et celles de l'article R. 4534-99 n'est pas obligatoire pour ces travailleurs, sous réserve qu'ils utilisent effectivement un système d'arrêt de chute.

Art. R. 4535-3. Pour les travaux au voisinage de lignes, canalisations et installations électriques, le travailleur indépendant peut suivre la procédure prévue à l'article R. 4534-117, sous réserve de respecter les prescriptions des 2° à 4° du même article.

Il suit la procédure prévue à l'article R. 4534-128 en respectant les prescriptions des 2° à 4° du même article.

Art. R. 4535-4. Lors des travaux mentionnés à l'article R. 4534-132, les travailleurs indépendants et les employeurs, lorsqu'ils exercent directement une activité sur un chantier de bâtiment et de génie civil, portent des appareils respiratoires appropriés et en bon état de fonctionnement.

Art. R. 4535-5. Lors des travaux exposant à des risques de noyade mentionnés à l'article R. 4534-136, les travailleurs indépendants et les employeurs, lorsqu'ils exercent directement une activité sur un chantier de bâtiment et de génie civil, portent des gilets de sauvetage.

SECTION 2 (RÉGLEMENTAIRE). Utilisation d'équipements de travail et de protection individuelle

Art. R. 4535-6. Lorsqu'ils utilisent des équipements de travail et des équipements de protection individuelle, les travailleurs indépendants ainsi que les employeurs qui exercent directement une activité sur un chantier de bâtiment et de génie civil sont soumis aux dispositions suivantes :

1° Règles générales d'utilisation des équipements de travail et des moyens de protection prévues aux articles R. 4321-1 à R. 4321-5 ;

2° Obligation de maintien en conformité prévue à l'article R. 4322-1 ;

3° Règles d'installation et d'utilisation des équipements de travail prévues aux articles R. 4323-6, R. 4323-14 et R. 4323-18 ;

4° Règles de vérification des équipements de travail prévues aux articles R. 4323-22 à R. 4323-28 ;

5° Dispositions particulières applicables aux équipements de travail servant au levage de charges prévues aux articles R. 4323-29 à R. 4323-36, R. 4323-39, R. 4323-40 et R. 4323-44 à R. 4323-49 ;

6° Dispositions particulières applicables aux équipements de travail mobiles prévues à l'article R. 4323-53 ;

7° Formation à la conduite prévue à l'article R. 4323-55 ;

8° Dispositions particulières applicables aux travaux en hauteur prévues aux articles R. 4323-58 à R. 4323-89 ;

9° Règles d'utilisation et de vérifications des équipements de protection individuelle prévues aux articles R. 4323-91 à R. 4323-94 et R. 4323-98 à R. 4323-103.

Art. R. 4535-7. S'ils répondent aux critères de qualification et de compétence définis par les articles R. 4323-24 et R. 4323-100, les travailleurs indépendants peuvent procéder eux-mêmes aux vérifications périodiques des équipements de travail et des équipements de protection individuelle.

Dans les situations prévues aux articles (D. 2020-88 du 5 févr. 2020, art. 1er, 8°, JO 6) « R. 4722-5 » et suivants, les travailleurs indépendants consignent les résultats de ces vérifications, ainsi que le nom et la qualité de la personne qui les a réalisées sur le registre prévu à l'article R. 4534-18.

SECTION 3 (RÉGLEMENTAIRE). Risques chimiques

Sous-section 1. Mesures générales de prévention des risques chimiques

Art. R. 4535-8. Lorsqu'ils sont exposés ou susceptibles d'être exposés à des agents chimiques dangereux autres que des agents cancérogènes, mutagènes ou toxiques pour la reproduction, les travailleurs indépendants ainsi que les employeurs qui exercent directement une activité sur un chantier de bâtiment et de génie civil sont soumis aux dispositions relatives aux risques d'exposition aux agents chimiques dangereux suivantes :

1° Champ d'application et définitions prévus aux articles R. 4412-1 à R. 4412-4 ;

2° Évaluation des risques prévue aux articles R. 4412-5 à R. 4412-8 et à l'article R. 4412-10 ;

3° Mesures et moyens de prévention prévus aux articles R. 4412-11 à R. 4412-22 à l'exception du 3° de l'article R. 4412-11 ;

4° Vérifications des installations et appareils de protection collective prévues aux articles R. 4412-23 et R. 4412-26 ;

5° Mesures en cas d'accident ou d'incident prévues aux articles R. 4412-33 à R. 4412-37 ;

6° Surveillance médicale prévue aux articles R. 4412-44 à R. 4412-57.

Sous-section 2. **Agents cancérogènes, mutagènes ou toxiques pour la reproduction**

Art. R. 4535-9. Lorsqu'ils sont exposés ou susceptibles d'être exposés à des agents chimiques dangereux cancérogènes, mutagènes ou toxiques pour la reproduction, les travailleurs indépendants ainsi que les employeurs qui exercent directement une activité sur un chantier de bâtiment et de génie civil sont soumis aux dispositions relatives aux risques d'exposition aux agents cancérogènes, mutagènes et toxiques pour la reproduction suivantes :

1° Champ d'application et définitions prévus aux articles R. 4412-59 à R. 4412-60 ;

2° Évaluation des risques prévue aux articles R. 4412-61 à R. 4412-65 à l'exception du premier alinéa de l'article R. 4412-64 ;

3° Mesures et moyens de prévention prévus aux articles R. 4412-66 à R. 4412-75 à l'exception du 2° de l'article R. 4412-70 ;

4° Mesures à prendre en cas d'accidents ou d'incidents prévues aux articles R. 4412-83 à R. 4412-85.

Ils sont également soumis aux dispositions relatives aux risques d'exposition aux agents chimiques dangereux suivantes :

1° Champ d'application et définitions prévus aux articles R. 4412-1 à R. 4412-4 ;

2° Mesures et dispositions à prendre contre les dangers découlant des propriétés chimiques et physico-chimiques des agents chimiques prévues aux articles R. 4412-7 et R. 4412-18 ;

3° Vérifications des installations et appareils de protection collective prévues aux articles R. 4412-23 à R. 4412-26 ;

4° Mesures en cas d'accident ou d'incident prévues aux articles R. 4412-33 à R. 4412-37 ;

5° Surveillance médicale prévue aux articles R. 4412-44 à R. 4412-57.

Sous-section 3. **Activités de confinement et de retrait d'amiante et activités et interventions sur des matériaux et appareils susceptibles de libérer des fibres d'amiante**

Art. R. 4535-10. Lorsqu'ils sont susceptibles d'être exposés à l'inhalation de poussières d'amiante à l'occasion d'activités de confinement et de retrait d'amiante ou d'activités ou interventions sur des matériaux et appareils susceptibles de libérer des fibres d'amiante, les travailleurs indépendants ainsi que les employeurs qui exercent directement une activité sur un chantier de bâtiment et de génie civil sont soumis aux dispositions particulières relatives aux risques d'exposition à l'amiante de la section 3 du chapitre II du titre Ier du livre IV, à l'exception des (D. 2012-639 du 4 mai 2012, JO 5) « articles (D. 2013-594 du 5 juil. 2013, JO 7) « R. 4412-116 » et R. 4412-118 ».

Ils sont également soumis aux dispositions de l'article R. 4535-9.

SECTION 4 (RÉGLEMENTAIRE). **Risques électriques**

Note Les sections 4 et 5 ont été introduites par le décret 2013-607 du 9 juillet 2013, JO 11.

Sous-section 1. **Utilisation des installations électriques**

Art. R. 4535-11. Les travailleurs indépendants et les employeurs qui exercent directement une activité sur un chantier de bâtiment et de génie civil sont soumis aux dispositions des articles R. 4226-1 à R. 4226-21.

Sous-section 2. **Opérations sur ou au voisinage des installations électriques**

Art. R. 4535-12. Les travailleurs indépendants ou les employeurs qui exercent directement une activité sur un chantier de bâtiment et de génie civil, lorsqu'ils effectuent des opérations sur les installations électriques ou dans leur voisinage, ont un niveau de connaissance des risques liés à l'électricité et des mesures à prendre pour intervenir en sécurité équivalant à celui des travailleurs auxquels sont confiées ces opérations.

SECTION 5 (RÉGLEMENTAIRE). Risque hyperbare

Art. R. 4535-13. Les travailleurs indépendants ainsi que les employeurs qui exercent directement une activité sur un chantier de bâtiment et de génie civil sont soumis aux dispositions du titre VI du livre IV du code du travail.

TITRE IV

AUTRES ACTIVITÉS ET OPÉRATIONS

Chapitre Ier

Manutention des charges

Art. L. 4541-1. Les règles de prévention des risques pour la santé et la sécurité des travailleurs résultant de la manutention des charges sont déterminées par décret en Conseil d'État pris en application de l'article L. 4111-6.

SECTION 1 (RÉGLEMENTAIRE). Dispositions générales

Art. R. 4541-1. Les dispositions du présent (D. 2009-289 du 13 mars 2009, JO 15) « chapitre » s'appliquent à toutes les manutentions dites manuelles comportant des risques, notamment dorso-lombaires, pour les travailleurs en raison des caractéristiques de la charge ou des conditions ergonomiques défavorables.

Art. R. 4541-2. On entend par manutention manuelle, toute opération de transport ou de soutien d'une charge, dont le levage, la pose, la poussée, la traction, le port ou le déplacement, qui exige l'effort physique d'un ou de plusieurs travailleurs.

SECTION 2 (RÉGLEMENTAIRE). Principes de prévention

Art. R. 4541-3. L'employeur prend les mesures d'organisation appropriées ou utilise les moyens appropriés, et notamment les équipements mécaniques, afin d'éviter le recours à la manutention manuelle de charges par les travailleurs.

Art. R. 4541-4. Lorsque la nécessité d'une manutention manuelle de charges ne peut être évitée, notamment en raison de la configuration des lieux où cette manutention est réalisée, l'employeur prend les mesures d'organisation appropriées ou met à la disposition des travailleurs les moyens adaptés, si nécessaire en combinant leurs effets, de façon à limiter l'effort physique et à réduire le risque encouru lors de cette opération.

SECTION 3 (RÉGLEMENTAIRE). Évaluation des risques

Art. R. 4541-5. Lorsque la manutention manuelle ne peut pas être évitée, l'employeur :

1° Évalue les risques que font encourir les opérations de manutention pour la santé et la sécurité des travailleurs ;

2° Organise les postes de travail de façon à éviter ou à réduire les risques, notamment dorso-lombaires, en mettant en particulier à la disposition des travailleurs des aides mécaniques ou, à défaut de pouvoir les mettre en œuvre, les accessoires de préhension propres à rendre leur tâche plus sûre et moins pénible.

Art. R. 4541-6. Pour l'évaluation des risques et l'organisation des postes de travail, l'employeur tient compte :

1° Des caractéristiques de la charge, de l'effort physique requis, des caractéristiques du milieu de travail et des exigences de l'activité ;

2° Des facteurs individuels de risque, définis par arrêté conjoint des ministres chargés du travail et de l'agriculture.

SECTION 4 (RÉGLEMENTAIRE). Mesures et moyens de prévention

Art. R. 4541-7. L'employeur veille à ce que les travailleurs reçoivent des indications estimatives et, chaque fois que possible, des informations précises sur le poids de la charge et sur la position de son centre de gravité ou de son côté le plus lourd lorsque la charge est placée de façon excentrée dans un emballage.

Art. R. 4541-8. L'employeur fait bénéficier les travailleurs dont l'activité comporte des manutentions manuelles :

1° D'une information sur les risques qu'ils encourent lorsque les activités ne sont pas exécutées d'une manière techniquement correcte, en tenant compte des facteurs individuels de risque définis par l'arrêté prévu à l'article R. 4541-6 ;

2° D'une formation adéquate à la sécurité relative à l'exécution de ces opérations. Au cours de cette formation, essentiellement à caractère pratique, les travailleurs sont informés sur les gestes et postures à adopter pour accomplir en sécurité les manutentions manuelles.

Art. R. 4541-9. Lorsque le recours à la manutention manuelle est inévitable et que les aides mécaniques prévues au 2° de l'article R. 4541-5 ne peuvent pas être mises en œuvre, un travailleur ne peut être admis à porter d'une façon habituelle des charges supérieures à 55 kilogrammes qu'à condition d'y avoir été reconnu apte par le médecin du travail, sans que ces charges puissent être supérieures à 105 kilogrammes.

Toutefois, les femmes ne sont pas autorisées à porter des charges supérieures à 25 kilogrammes ou à transporter des charges à l'aide d'une brouette supérieures à 40 kilogrammes, brouette comprise.

Art. R. 4541-10. L'expéditeur de tout colis ou objet pesant 1 000 kilogrammes ou plus de poids brut destiné à être transporté par mer ou voie navigable intérieure porte, sur le colis, l'indication de son poids marquée à l'extérieur de façon claire et durable.

Dans les cas exceptionnels où il est difficile de déterminer le poids exact, le poids marqué peut être un poids maximum établi d'après le volume et la nature du colis.

À défaut de l'expéditeur, cette obligation incombe au mandataire chargé par lui de l'expédition du colis.

SECTION 5 (RÉGLEMENTAIRE). Surveillance médicale

Note L'article R. 4541-11 qui figurait dans cette section a été abrogé par le décret 2012-135 du 30 janvier 2012, art. 2, JO 31, entrée en vigueur le 01.07.2012.

Chapitre II (réglementaire)

Utilisation d'écrans de visualisation

SECTION 1. Champ d'application et définitions

Art. R. 4542-1. Les dispositions du présent chapitre s'appliquent aux travailleurs qui utilisent de façon habituelle et pendant une partie non négligeable du temps de travail des équipements de travail comportant des écrans de visualisation.

Toutefois, elles ne s'appliquent pas aux équipements suivants :

1° Les postes de conduite de véhicules ou d'engins ;

2° Les systèmes informatiques à bord d'un moyen de transport ;

3° Les systèmes informatiques destinés à être utilisés en priorité par le public ;

4° Les systèmes portables dès lors qu'ils ne font pas l'objet d'une utilisation soutenue à un poste de travail ;

5° Les machines à calculer, les caisses enregistreuses et tout équipement possédant un petit dispositif de visualisation de données ou de mesures nécessaires à l'utilisation directe de cet équipement.

Art. R. 4542-2. Pour l'application des dispositions du présent chapitre, on entend par écran de visualisation, un écran alphanumérique ou graphique quel que soit le procédé d'affichage utilisé.

On entend par poste de travail, l'ensemble comprenant un équipement de travail comportant notamment un écran de visualisation, un clavier ou un dispositif de saisies de données, des périphériques, un siège et une table ou une surface de travail, ainsi que l'environnement de travail immédiat.

SECTION 2. Évaluation des risques

Art. R. 4542-3. Après analyse des conditions de travail et évaluation des risques de tous les postes comportant un écran de visualisation, l'employeur prend les mesures appropriées pour remédier aux risques constatés.

SECTION 3. Mesures et moyens de prévention

Art. R. 4542-4. L'employeur organise l'activité du travailleur de telle sorte que son temps quotidien de travail sur écran soit périodiquement interrompu par des pauses ou par des changements d'activité réduisant la charge de travail sur écran.

Art. R. 4542-5. Pour l'élaboration, le choix, l'achat et la modification de logiciels ainsi que pour la définition des tâches impliquant l'utilisation d'écrans de visualisation, l'employeur prend en compte les facteurs suivants, dans la mesure où les exigences ou les caractéristiques intrinsèques de la tâche ne s'y opposent pas :

1° Le logiciel est adapté à la tâche à exécuter ;

2° Le logiciel est d'un usage facile et est adapté au niveau de connaissance et d'expérience de l'utilisateur ;

3° Les systèmes fournissent aux travailleurs des indications sur leur déroulement ;

4° Les systèmes affichent l'information dans un format et à un rythme adaptés aux opérateurs ;

5° Les principes d'ergonomie sont appliqués en particulier au traitement de l'information par l'homme.

Art. R. 4542-6. L'écran de visualisation obéit aux caractéristiques suivantes :

1° Les caractères sont d'une bonne définition et formés d'une manière claire, d'une dimension suffisante et avec un espace adéquat entre les caractères et les lignes ;

2° L'image est stable ;

3° La luminance ou le contraste entre les caractères et le fond de l'écran sont facilement adaptables par l'utilisateur de terminaux à écrans et facilement adaptables aux conditions ambiantes ;

4° L'écran est orientable et inclinable facilement pour s'adapter aux besoins de l'utilisateur. Il peut être installé sur un pied séparé ou sur une table réglable ;

5° L'écran est exempt de reflets et de réverbérations susceptibles de gêner l'utilisateur.

Art. R. 4542-7. Le clavier de l'écran de visualisation obéit aux caractéristiques suivantes :

1° Il est inclinable et dissocié de l'écran pour permettre au travailleur d'avoir une position confortable qui ne provoque pas de fatigue des avant-bras ou des mains ;

2° L'espace devant le clavier est suffisant pour permettre un appui pour les mains et les avant-bras de l'utilisateur ;

3° Le clavier a une surface mate pour éviter les reflets ;

4° La disposition du clavier et les caractéristiques des touches tendent à faciliter son utilisation ;

5° Les symboles des touches sont suffisamment contrastés et lisibles à partir de la position de travail normale.

Art. R. 4542-8. L'espace de travail obéit aux caractéristiques suivantes :

1° Le plateau de la table ou de la surface de travail a une surface peu réfléchissante et de dimensions suffisantes pour permettre de modifier l'emplacement respectif de l'écran, du clavier, des documents et du matériel accessoire ;

2° Le support de documents est stable et réglable. Il se situe de telle façon que les mouvements inconfortables de la tête, du dos et des yeux soient évités au maximum ;

3° L'espace de travail est suffisant pour permettre une position confortable pour les travailleurs.

Art. R. 4542-9. Le siège est, s'il y a lieu, adaptable en hauteur et en inclinaison.

Un repose-pieds est mis à la disposition des travailleurs qui en font la demande.

Art. R. 4542-10. Les dimensions et l'aménagement du poste de travail assurent suffisamment de place pour permettre au travailleur de changer de position et de se déplacer.

Art. R. 4542-11. Les dispositions des articles R. 4542-6 à R. 4542-10 ne s'appliquent que dans la mesure où les éléments considérés existent dans le poste de travail et où les caractéristiques de la tâche en rendent l'application possible.

SECTION 4. Ambiance physique de travail

Art. R. 4542-12. Les équipements des postes de travail ne doivent pas produire un surcroît de chaleur susceptible de constituer une gêne pour les travailleurs.

Art. R. 4542-13. Les radiations, à l'exception de la partie visible du spectre électromagnétique, sont réduites à des niveaux négligeables pour la protection de la santé et de la sécurité des travailleurs.

Art. R. 4542-14. Un taux d'humidité satisfaisant est établi et maintenu dans les locaux affectés au travail sur écran de visualisation.

Art. R. 4542-15. Le bruit émis par les équipements du poste de travail est pris en compte lors de l'aménagement du poste de façon, en particulier, à ne pas perturber l'attention et l'audition.

SECTION 5. Information et formation des travailleurs

Art. R. 4542-16. L'employeur assure l'information et la formation des travailleurs sur les modalités d'utilisation de l'écran et de l'équipement de travail dans lequel cet écran est intégré.

Chaque travailleur en bénéficie avant sa première affectation à un travail sur écran de visualisation et chaque fois que l'organisation du poste de travail est modifiée de manière substantielle.

SECTION 6. Suivi individuel de l'état de santé

Art. R. 4542-17. Un travailleur ne peut être affecté à des travaux sur écran de visualisation que s'il a fait l'objet (D. 2016-1908 du 27 déc. 2016, art. 17, VI, 2°, JO 29, entrée en vigueur le 01.01.2017) « dans le cadre des visites d'information et de prévention » d'un examen approprié des yeux et de la vue. (D. 2016-1908 du 27 déc. 2016, art. 17, VI, 2°, JO 29, entrée en vigueur le 01.01.2017) « Si le résultat de cet examen le nécessite, ils bénéficient d'un examen ophtalmologique complémentaire prescrit par le médecin du travail dans les conditions prévues aux articles R. 4624-35 à R. 4624-38. »

Art. R. 4542-18. L'employeur fait examiner par le médecin du travail tout travailleur se plaignant de troubles pouvant être dus au travail sur écran de visualisation.

Si les résultats des examens médicaux le rendent nécessaire, un examen ophtalmologique est pratiqué.

Art. R. 4542-19. Si les résultats de la surveillance médicale rendent nécessaire une correction et si les dispositifs de correction normaux ne peuvent être utilisés, les travailleurs sur écran de visualisation reçoivent des dispositifs de correction spéciaux en rapport avec le travail concerné.

Ces dispositifs ne peuvent entraîner aucune charge financière additionnelle pour les travailleurs.

Chapitre III (réglementaire)

Interventions sur les équipements élévateurs et installés à demeure

Note Ce chapitre a été introduit par le décret 2008-1325 du 15 décembre 2008, JO 17, entrée en vigueur le 18.12.2010.

SECTION 1. Champ d'application

Art. R. 4543-1. Les dispositions des sections 2 à 6 du présent chapitre sont applicables, sans préjudice de celles du titre Ier du présent livre, aux interventions de vérification, de maintenance, de contrôle technique ainsi qu'aux travaux de réparation et de transformation effectués sur les équipements installés à demeure suivants : ascenseurs, monte-charges, élévateurs de personnes dont la vitesse n'excède pas 0,15 mètre par seconde, escaliers mécaniques, trottoirs roulants ou installations de parcage automatique de véhicules.

SECTION 2. Étude de sécurité spécifique

Art. R. 4543-2. Les interventions et travaux mentionnés à l'article R. 4543-1 ne peuvent être réalisés sur un équipement qui n'a pas fait l'objet d'une étude de sécurité spécifique, effectuée par l'entreprise chargée de ces interventions et travaux, dénommée " entreprise intervenante ". Cette étude est réalisée dans les six semaines suivant la prise en charge de l'équipement par l'entreprise.

Art. R. 4543-3. L'étude est confiée à une personne compétente dans le domaine de la prévention des risques et connaissant les dispositions applicables aux interventions et travaux mentionnés à l'article R. 4543-1 ainsi que les dispositions réglementaires applicables aux équipements concernés.

Art. R. 4543-4. L'étude de sécurité spécifique est mise à jour, dans un délai de six semaines, lorsque survient un événement susceptible d'affecter l'évaluation des risques, notamment :

1° En cas de transformation importante ;

2° À la réception, pour les ascenseurs, du rapport d'inspection du contrôleur technique ;

3° Après l'intervention de mesures consécutives au signalement d'une situation de danger grave et imminent dans les conditions de l'article L. 4131-1.

Art. R. 4543-5. Le rapport de contrôle technique défini à l'article R. 125-2-4 du code de la construction et de l'habitation est réputé constituer l'étude de sécurité de l'entreprise intervenante qui réalise ce contrôle. Pour cette entreprise, il vaut étude de sécurité préalable aux vérifications qu'elle réalise ultérieurement sur le même équipement.

Art. R. 4543-6. Sauf dans le cas prévu à l'article R. 4543-5, l'étude de sécurité spécifique reste la propriété de l'entreprise intervenante. Il en est remis copie au propriétaire de l'appareil.

Art. R. 4543-7. Le chef de l'entreprise intervenante tient l'étude de sécurité à la disposition de l'inspecteur ou du contrôleur du travail, des agents des services de prévention des organismes de sécurité sociale, du médecin du travail et des membres du (D. 2017-1819 du 29 déc. 2017, art. 3, 63°, JO 30, entrée en vigueur le 01.01.2018) « comité social et économique ».

Art. R. 4543-8. Lorsque le dossier de maintenance élaboré en application de l'article R. 4211-3 du code du travail existe, son détenteur met à la disposition de l'entreprise intervenante celles des pièces de ce dossier qui précisent les conditions d'accès aux équipements.

Art. R. 4543-9. Pour chaque équipement pris en charge dans le cadre de la réalisation d'interventions ou travaux mentionnés à l'article R. 4543-1, l'étude de sécurité spécifique complète le document unique d'évaluation des risques de l'entreprise intervenante, en tenant compte des caractéristiques particulières de l'équipement et des risques de chute ou d'écrasement.

Art. R. 4543-10. L'étude de sécurité comporte toutes les données permettant au chef de l'entreprise intervenante de définir et de mettre en œuvre les mesures de prévention qui s'imposent pour assurer la sécurité et préserver la santé des personnes chargées de l'intervention ou des travaux.

À ce titre, elle comporte notamment :

1° La description de l'équipement ;

2° Les conditions d'accès aux différentes parties de l'équipement, et notamment la machinerie ;

3° Le descriptif des dispositifs d'aide à la manutention ;

4° L'évaluation de l'équipement et de son installation au regard de la sécurité des travailleurs chargés des interventions ou des travaux ainsi que les mesures de prévention, y compris les modes opératoires, pertinentes ;

5° L'appréciation de la validité et de l'exhaustivité des documents techniques disponibles.

Art. R. 4543-11. Une fiche signalétique annexée à l'étude de sécurité spécifique récapitule l'ensemble des risques mis en évidence. Cette récapitulation peut être réalisée à l'aide de pictogrammes. Lorsque la nature du risque exige que des mesures particulières de prévention soient prises, la fiche signalétique renvoie, par tout moyen approprié, à la consultation de l'étude de sécurité pour la mise en œuvre de ces mesures.

SECTION 3. Information des travailleurs intervenants

Art. R. 4543-12. Le personnel de l'entreprise intervenante a accès à l'étude de sécurité spécifique, avant l'exécution des interventions ou des travaux.

Art. R. 4543-13. La fiche signalétique est tenue en permanence à la disposition des travailleurs de l'entreprise intervenante soit dans le local de machinerie de l'ascenseur ou du monte-charge, soit dans un lieu proche, pour les autres équipements.

Elle est communiquée par le propriétaire de l'équipement à toute personne appelée, du fait de ses fonctions, à pénétrer dans les parties normalement inaccessibles de l'appareil.

SECTION 4. Organisation de l'intervention

Art. R. 4543-14. Le chef de l'entreprise intervenante organise les interventions ou travaux de manière à assurer la sécurité et à préserver la santé des travailleurs qui les effectuent.

À ce titre, il prend les mesures de prévention appropriées en vue d'éviter tout risque pouvant résulter, pour les travailleurs et les autres personnes exposées, de l'éventuelle neutralisation des dispositifs de (D. 2020-88 du 5 févr. 2020, art. 1er, 6°, JO 6) « protection ».

Art. R. 4543-15. Le chef de l'entreprise intervenante définit les interventions ou travaux nécessitant l'emploi de plus d'un travailleur, en fonction de leur caractère pénible, répétitif ou complexe.

Lors de l'intervention de deux ou plusieurs travailleurs, le chef de l'entreprise intervenante prend les mesures de prévention nécessaires pour éliminer les risques liés à la simultanéité de l'activité de ces travailleurs et pour assurer une communication satisfaisante entre eux.

Art. R. 4543-16. Lors de l'organisation des interventions ou travaux mentionnés à l'article R. 4543-15, le chef de l'entreprise intervenante définit les modes opératoires appropriés à la technologie de l'équipement et à son environnement.

Cette organisation prend en compte :

1° Les conséquences de l'introduction de nouvelles technologies ;

2° Les conclusions tirées de l'expérience acquise et de l'analyse des accidents du travail ;

3° Les formations et les qualifications professionnelles des personnels au regard de l'aptitude nécessaire à la réalisation des interventions ou travaux.

Art. R. 4543-17. Lorsqu'un ou plusieurs appareils circulent simultanément dans la même gaine, les interventions ou travaux sur l'un d'eux sont effectués lorsque les autres ont été mis à l'arrêt, sauf si la séparation entre les équipements permet d'assurer la sécurité des intervenants.

Art. R. 4543-18. Lorsque les interventions ou travaux exigent la présence d'un travailleur en toit de cabine et que l'équipement est doté du dispositif de commande de manœuvre d'inspection, ces interventions ou travaux ne peuvent être entrepris qu'après vérification du bon fonctionnement de ce dispositif selon une méthode permettant de s'assurer de la prise de contrôle.

SECTION 5. Travailleurs isolés

Art. R. 4543-19. Un travailleur isolé doit pouvoir signaler toute situation de détresse et être secouru dans les meilleurs délais.

Art. R. 4543-20. Un travailleur isolé ne peut réaliser des interventions ou travaux qui :

1° Comportent le port manuel d'une masse supérieure à 30 kg, la pose ou la dépose manuelle d'éléments d'appareils d'une masse supérieure à 50 kg, ou la pose ou la dépose des câbles de traction d'ascenseur ;

2° Exigent le port d'un équipement de protection individuelle respiratoire isolant ou filtrant à ventilation assistée.

Art. R. 4543-21. Un travailleur isolé ne peut réaliser des interventions ou travaux qui conduisent à sa présence sur le toit de l'habitacle d'un équipement pendant son déplacement qu'aux conditions cumulatives suivantes :

1° L'équipement est doté d'un dispositif de commande de manœuvre d'inspection conçu et installé de manière à garantir la sécurité des intervenants ;

2° La prévention du risque de chute est assurée :

a) Prioritairement, par la conception de l'installation ou par la mise en œuvre de mesures de protection collective ;

b) À défaut, par le port d'un équipement de protection individuelle empêchant toute sortie du travailleur de la surface du toit de l'habitacle, sous réserve que cette protection soit adaptée à la nature du risque compte tenu de la technologie de l'équipement, de la nature et de la durée des interventions ou travaux ainsi que de la possibilité de les réaliser dans des conditions ergonomiques.

SECTION 6. Formation des travailleurs

Art. R. 4543-22. Tout travailleur effectuant les interventions ou travaux mentionnés à l'article R. 4543-1, y compris les travailleurs temporaires ou sous contrat à durée déterminée, reçoit de l'entreprise qui l'emploie une formation particulière. Cette formation est renouvelée aussi souvent que nécessaire, notamment lors de l'introduction de nouvelles technologies.

Cette formation porte notamment :

1° Sur l'évaluation du risque figurant dans l'étude de sécurité en vue de faciliter la compréhension des mesures d'organisation et techniques qu'elle préconise et leur mise en œuvre ;

2° Sur les méthodes de travail et les procédures d'intervention applicables aux équipements sur lesquels le travailleur peut être amené à intervenir ;

3° Sur les équipements de travail et les équipements de protection individuelle qui doivent être utilisés.

Art. R. 4543-23. La formation comporte une période d'exercices pratiques effectuée sous le contrôle d'un tuteur désigné par l'employeur. Ce tuteur dispose de la qualification nécessaire et connaît notamment les principes de sécurité applicables aux interventions ou travaux.

La durée de la période de tutorat est définie par l'employeur en fonction de la qualification et de l'expérience du travailleur. Elle permet à celui-ci d'acquérir les savoir-faire correspondant au contenu théorique de la formation.

Art. R. 4543-24. L'accomplissement de la formation spécifique prévue à la présente section fait l'objet d'une attestation nominative remise au travailleur par l'employeur, après une évaluation effectuée par ce dernier. Cette attestation porte la date à laquelle elle a été délivrée, et mentionne la durée de la formation.

L'employeur tient à la disposition de l'inspecteur ou du contrôleur du travail, ainsi que des agents des services de prévention des organismes de sécurité sociale les copies des attestations de formation spécifique qu'il a délivrées.

SECTION 7. Montage et démontage des ascenseurs

Art. R. 4543-25. Les dispositions de la présente section s'appliquent au montage et au démontage des ascenseurs, sans préjudice de celles du titre III du présent livre.

Art. R. 4543-26. Le montage et le démontage des ascenseurs sont réalisés en suivant une méthode sûre. Celle-ci est établie pour le montage et, le cas échéant, pour le démontage sur la base des éléments fournis par le constructeur.

La méthode de montage des ascenseurs tient, notamment, compte des documentations et indications prévues (D. 2016-550 du 3 mai 2016, JO 5) « à l'article R. 125-2-24 du code de la construction et de l'habitation ».

Pendant toutes les phases de démontage d'un ascenseur, la stabilité de la cabine est assurée et son toit ne peut être utilisé comme poste de travail que s'il satisfait aux dispositions des articles R. 4323-58 à R. 4323-61.

Art. R. 4543-27. Toute opération de levage ou de maintien en hauteur de la cabine est effectuée au moyen d'un appareil de levage approprié.

Art. R. 4543-28. Tout salarié se déplaçant dans la trémie dispose des équipements de travail et des équipements de protection individuelle prévus par les articles R. 4323-62 et R. 4323-64.

Chapitre IV (réglementaire)

Opérations sur les installations électriques ou dans leur voisinage

Note Ce chapitre a été introduit par le décret 2010-1118 du 22 septembre 2010, JO 24, entrée en vigueur le 01.07.2011.

SECTION 1. Champ d'application et définitions

Art. R. 4544-1. Les dispositions du présent chapitre comportent les prescriptions particulières aux opérations effectuées sur des installations électriques ou dans leur voisinage.

Elles ne s'appliquent pas aux installations des distributions d'énergie électrique régies par la loi du 15 juin 1906 sur les distributions d'énergie.

Dans le cas des installations de traction électrique, cette exclusion s'étend aux chantiers d'extension, de transformation et d'entretien de ces installations, aux équipements électriques du matériel roulant ferroviaire ainsi qu'aux installations techniques et de sécurité ferroviaires.

Art. R. 4544-2. Pour l'application des dispositions du présent chapitre, on entend par opérations sur les installations électriques :

1° Dans les domaines haute et basse tension, les travaux hors tension, les travaux sous tension, les manœuvres, les essais, les mesurages et les vérifications ;

2° Dans le domaine basse tension, les interventions.

On entend par opérations effectuées dans le voisinage d'installations électriques les opérations d'ordre électrique et non électrique effectuées dans une zone définie autour de pièces nues sous tension, dont les dimensions varient en fonction du domaine de tension. Un arrêté des ministres chargés du travail et de l'agriculture précise ces dimensions.

Art. R. 4544-3. La définition des opérations sur les installations électriques ou dans leur voisinage ainsi que les modalités recommandées pour leur exécution figurent dans les normes homologuées dont les références sont publiées au *Journal officiel* de la République française par arrêté des ministres chargés du travail et de l'agriculture.

SECTION 2. Obligations générales de l'employeur

Art. R. 4544-4. L'employeur définit et met en œuvre les mesures de prévention de façon à supprimer ou, à défaut, à réduire autant qu'il est possible le risque d'origine électrique lors des opérations sur les installations électriques ou dans leur voisinage. À cet effet, il s'assure que :

1° Les travaux sont effectués hors tension, sauf s'il ressort de l'évaluation des risques que les conditions d'exploitation rendent dangereuse la mise hors tension ou en cas d'impossibilité technique ;

2° Les opérations effectuées au voisinage de pièces nues sous tension sont limitées aux cas où il n'a pas été possible de supprimer ce voisinage soit en consignant l'installation ou la partie d'installation à l'origine de ce voisinage soit à défaut, en assurant la protection par éloignement, obstacle ou isolation ;

3° Les opérations d'ordre non électrique dans le voisinage de pièces nues sous tension sont limitées aux seules opérations qui concourent à l'exploitation et à la maintenance des installations électriques.

SECTION 3. Prescriptions particulières

Art. R. 4544-5. Les travaux hors tension sont réalisés dans les conditions suivantes :

1° La partie de l'installation sur laquelle ils sont effectués doit être préalablement identifiée et consignée, de telle façon que, pendant toute la durée des travaux, aucune tension ne subsiste, ne puisse apparaître ou réapparaître dans cette partie d'installation ;

2° La tension ne doit pouvoir être rétablie dans la partie d'installation considérée qu'après que l'installation a été déconsignée, et que si le rétablissement de la tension ne présente aucun risque.

Art. R. 4544-6. Dans le cas de travaux effectués au voisinage de parties actives nues sous tension des domaines HTA ou HTB mentionnés aux 3° et 4° de l'article R. 4226-2, une surveillance permanente est assurée par une personne habilitée, désignée à cet effet, qui veille à l'application des mesures de sécurité prescrites.

L'accès aux locaux ou emplacements à risques particuliers de choc électrique mentionnés à l'article R. 4226-9 est réservé aux personnes titulaires d'une habilitation appropriée. Toutefois, pour des opérations d'ordre non électrique, d'autres personnes peuvent être autorisées à y pénétrer, à la condition d'avoir été informées des instructions de sécurité à respecter vis-à-vis des risques électriques et d'être placées sous la surveillance constante d'une personne habilitée et désignée à cet effet.

Art. R. 4544-7. Les travaux sous tension, y compris lorsqu'ils sont confiés à une entreprise extérieure, ne peuvent être entrepris que sur un ordre écrit du chef de l'établissement dans lequel ils sont effectués, justifiant la nécessité de travailler sous tension.

Art. R. 4544-8. Pour la réalisation de travaux sous tension, l'employeur met en œuvre les mesures de prévention qui comprennent, compte tenu de l'évaluation des risques :

1° La définition des modes opératoires appropriés ;

2° Le choix des équipements de travail appropriés aux conditions et caractéristiques des travaux à effectuer ainsi que des équipements de protection individuelle et des vêtements de travail, appropriés aux risques et aux conditions dans lesquelles les travaux sont effectués.

Ces mesures de prévention sont conformes aux normes homologuées dont les références sont précisées par arrêté des ministres chargés du travail et de l'agriculture.

SECTION 4. Travailleurs autorisés à effectuer des opérations sur les installations électriques ou dans leur voisinage

Art. R. 4544-9. Les opérations sur les installations électriques ou dans leur voisinage ne peuvent être effectuées que par des travailleurs habilités.

Art. R. 4544-10. Un travailleur est habilité dans les limites des attributions qui lui sont confiées. L'habilitation, délivrée par l'employeur, spécifie la nature des opérations qu'il est autorisé à effectuer.

Avant de délivrer l'habilitation, l'employeur s'assure que le travailleur a reçu la formation théorique et pratique qui lui confère la connaissance des risques liés à l'électricité et des mesures à prendre pour intervenir en sécurité lors de l'exécution des opérations qui lui sont confiées.

L'employeur délivre, maintient ou renouvelle l'habilitation selon les modalités contenues dans les normes mentionnées à l'article R. 4544-3.

L'employeur remet à chaque travailleur un carnet de prescriptions établi sur la base des prescriptions pertinentes de ces normes, complété, le cas échéant, par des instructions de sécurité particulières au travail effectué.

(D. 2016-1908 du 27 déc. 2016, art. 17, VII, JO 29, entrée en vigueur le 01.01.2017) « Tout travailleur habilité au titre du présent article bénéficie d'un suivi individuel renforcé prévu aux articles R. 4624-22 à R. 4624-28 en application du II de l'article R. 4624-23. »

Art. R. 4544-11. (D. 2016-1318 du 5 oct. 2016, JO 7, entrée en vigueur le 01.01.2017) I. – Tout travailleur qui effectue des travaux sous tension est titulaire d'une habilitation spécifique délivrée par l'employeur après l'obtention d'un document délivré par un organisme de formation agréé attestant qu'il a acquis les connaissances et les compétences nécessaires. Cette habilitation spécifique est délivrée, maintenue ou renouvelée selon les modalités contenues dans les normes mentionnées à l'article R. 4544-3.

II. – L'employeur s'assure avant toute formation que les travailleurs qui suivent la formation mentionnée au I ont les capacités et les compétences et expérience professionnelles requises dans le domaine des opérations d'ordre électrique.

III. – Les organismes de formation mentionnés au I sont agréés pour une durée d'au plus quatre ans par le ministre chargé du travail, au vu du rapport technique établi par un organisme expert compétent et après avis du conseil d'orientation des conditions de travail.

IV. – Un arrêté du ministre chargé du travail détermine la procédure et les modalités de délivrance ou de retrait d'agrément des organismes de formation et désigne l'organisme expert mentionné au III chargé d'établir un rapport technique sur toute demande d'agrément.

LIVRE VI

INSTITUTIONS ET ORGANISMES DE PRÉVENTION

TITRE II

SERVICES DE SANTÉ AU TRAVAIL

Chapitre Ier

Champ d'application

Art. L. 4621-1. Les dispositions du présent livre sont applicables aux employeurs de droit privé ainsi qu'aux travailleurs.

(L. 2009-526 du 12 mai 2009, JO 13) «Elles sont également applicables aux établissements mentionnés aux 1°, 2° et 3° de l'article L. 4111-1.»

Art. L. 4621-2. (L. 2019-486 du 22 mai 2019, art. 11, VI, 10°, JO 23, entrée en vigueur le 01.01.2020) Par dérogation aux articles L. 1111-2 et L. 1111-3, pour l'application de la section 1 du chapitre III du titre II du livre VI de la quatrième partie de la partie réglementaire, un décret en Conseil d'État fixe les conditions dans lesquelles l'effectif salarié et les règles de franchissement des seuils d'effectif sont déterminés.

Art. R. 4621-1. (D. 2012-135 du 30 janv. 2012, JO 31, entrée en vigueur le 01.07.2012) Les dispositions du présent titre ne s'appliquent pas aux entreprises et établissements agricoles, dont les services de santé au travail sont régis par le livre VII du code rural et de la pêche maritime.

Chapitre II

Missions et organisation

SECTION 1. Principes

Art. L. 4622-1. Les employeurs relevant du présent titre organisent des services de santé au travail.

Art. L. 4622-2. (L. 2011-867 du 20 juil. 2011, art. 1er, JO 24) Les services de santé au travail ont pour mission exclusive d'éviter toute altération de la santé des travailleurs du fait de leur travail. À cette fin, ils:

1° Conduisent les actions de santé au travail, dans le but de préserver la santé physique et mentale des travailleurs tout au long de leur parcours professionnel;

2° Conseillent les employeurs, les travailleurs et leurs représentants sur les dispositions et mesures nécessaires afin d'éviter ou de diminuer les risques professionnels, d'améliorer les conditions de travail, de prévenir la consommation d'alcool et de drogue sur le lieu de travail, (L. 2012-954 du 6 août 2012, JO 7) «de prévenir le harcèlement sexuel ou moral,» de prévenir ou de réduire (Ord. 2017-1389 du 22 sept. 2017, JO 23, entrée en vigueur le 01.10.2017) «les effets de l'exposition (Ord. 2017-1718 du 20 déc. 2017, art. 1er, I, 142°, JO 21) «aux facteurs de risques professionnels mentionnés à l'article L. 4161-1» et la désinsertion professionnelle et de contribuer au maintien dans l'emploi des travailleurs;

3° Assurent la surveillance de l'état de santé des travailleurs en fonction des risques concernant leur (L. 2015-994 du 17 août 2015, art. 26, II, JO 18) «santé au travail et leur sécurité et celle des tiers» (Ord. 2017-1389 du 22 sept. 2017, JO 23, entrée en vigueur le 01.10.2017) «, des effets de l'exposition (Ord. 2017-1718 du 20 déc. 2017, art. 1er, I, 142°, JO 21) «aux facteurs de risques professionnels mentionnés à l'article L. 4161-1» et de leur âge;

4° Participent au suivi et contribuent à la traçabilité des expositions professionnelles et à la veille sanitaire.

Art. L. 4622-3. Le rôle du médecin du travail est exclusivement préventif. Il consiste à éviter toute altération de la santé des travailleurs du fait de leur travail, notamment en surveillant leurs conditions d'hygiène au travail, les risques de contagion et leur état de santé (L. 2015-994 du 17 août 2015, art. 26, III, JO 18) «, ainsi que (L. 2016-1088 du 8 août 2016, art. 102, II, 1°, JO 9, entrée en vigueur au plus tard le 01.01.2017) «tout risque manifeste d'atteinte à la sécurité des tiers évoluant dans l'environnement immédiat de travail».

Art. L. 4622-4. (L. 2011-867 du 20 juil. 2011, art. 1er, JO 24) Dans les services de santé au travail autres que ceux mentionnés à l'article L. 4622-7, les missions définies à l'article L. 4622-2 sont exercées par les médecins du travail en toute indépendance. Ils mènent leurs actions en coordination avec les employeurs, les membres du (Ord. 2017-1386 du 22 sept. 2017, art. 4, 63°, JO 23, entrée en vigueur au plus tard le 01.01.2018) «comité social et économique» et les personnes ou organismes mentionnés à l'article L. 4644-1.

Art. L. 4622-5. Selon l'importance des entreprises, les services de santé au travail peuvent être propres à une seule entreprise ou communs à plusieurs.

Art. L. 4622-6. Les dépenses afférentes aux services de santé au travail sont à la charge des employeurs.

2° La modification de la compétence géographique ou professionnelle du service de santé au travail ;

3° Les créations, suppressions ou modifications de secteurs ;

4° Les créations et suppressions d'emploi de médecin du travail, d'intervenant en prévention des risques professionnels ou d'infirmier ;

5° Les recrutements de médecins du travail en contrat de travail à durée déterminée ;

6° La nomination, le changement d'affectation, le licenciement, la rupture conventionnelle du contrat de travail, la rupture du contrat de travail à durée déterminée dans les cas prévus à l'article L. 4623-5-1 et le transfert d'un médecin du travail ;

7° Le licenciement d'un intervenant en prévention des risques professionnels ou d'un infirmier.

Le comité ou la commission peut en outre être consulté sur toute question relevant de sa compétence.

Art. D. 4622-32. (D. 2012-137 du 30 janv. 2012, JO 31, entrée en vigueur le 01.07.2012) Le comité interentreprises ou la commission de contrôle est informé :

1° De tout changement de secteur ou d'affectation d'un médecin d'une entreprise ou d'un établissement de cinquante salariés et plus ;

2° Des observations et des mises en demeure de l'inspection du travail relatives aux missions des services de santé au travail et des mesures prises pour s'y conformer ;

3° Des observations d'ordre technique faites par l'inspection médicale du travail et des mesures prises pour s'y conformer ;

4° Des suites données aux suggestions qu'il a formulées ;

5° De l'état d'application des clauses des accords ou conventions collectifs relatives à l'activité et aux missions des services de santé au travail dès lors que ces accords ou conventions intéressent une ou plusieurs des entreprises adhérentes à ces services.

§ 2. Dispositions particulières à la commission de contrôle

Art. D. 4622-33. (D. 2012-137 du 30 janv. 2012, JO 31, entrée en vigueur le 01.07.2012) La commission de contrôle comprend neuf membres au moins et vingt et un membres au plus, issus des entreprises adhérant au service de santé au travail.

Art. D. 4622-34. (D. 2012-137 du 30 janv. 2012, JO 31, entrée en vigueur le 01.07.2012) La commission de contrôle est constituée puis renouvelée à la diligence du président du service de santé au travail.

Lorsque, par défaut de candidatures, la commission de contrôle n'a pas été constituée ou renouvelée, un procès-verbal est établi par le président. Celui-ci (D. 2016-1418 du 20 oct. 2016, JO 22) « communique, par tout moyen, le procès-verbal aux salariés ». Il le transmet dans les quinze jours au directeur régional des entreprises, de la concurrence, de la consommation, du travail et de l'emploi.

Art. D. 4622-35. (D. 2012-137 du 30 janv. 2012, JO 31, entrée en vigueur le 01.07.2012) Les représentants des salariés sont désignés par les organisations syndicales de salariés représentatives au niveau national et interprofessionnel.

Les représentants des employeurs sont désignés par les entreprises adhérentes après avis des organisations professionnelles d'employeurs représentatives au plan national interprofessionnel ou professionnel.

La répartition des sièges pour les représentants des employeurs et les représentants des salariés fait l'objet respectivement d'un accord entre le président du service de santé au travail et les organisations professionnelles d'employeurs représentatives au plan national interprofessionnel ou professionnel et d'un accord (D. 2014-799 du 11 juil. 2014, JO 13) « , valide au sens de l'article L. 2232-2, » entre le président du service de santé au travail et les organisations syndicales de salariés représentatives au niveau national et interprofessionnel intéressées.

La fonction de trésorier du conseil d'administration est incompatible avec celle de président de la commission de contrôle.

Art. D. 4622-36. (D. 2012-137 du 30 janv. 2012, JO 31, entrée en vigueur le 01.07.2012) La composition de la commission de contrôle ainsi que toute modification intervenant dans cette composition sont communiquées, dans le délai d'un mois, au directeur régional des entreprises, de la concurrence, de la consommation, du travail et de l'emploi.

Art. D. 4622-37. (D. 2012-137 du 30 janv. 2012, JO 31, entrée en vigueur le 01.07.2012) Les difficultés soulevées par l'application des articles D. 4622-33 à D. 4622-36 sont tranchées par le directeur régional des entreprises, de la concurrence, de la consommation, du travail et de l'emploi.

(D. 2014-799 du 11 juil. 2014, JO 13) « Toutefois, le directeur régional des entreprises, de la concurrence, de la consommation, du travail et de l'emploi ne peut être saisi de difficultés liées à la répartition des sièges entre organisations au sein de la commission de contrôle qu'en l'absence d'accord mentionné au troisième alinéa de l'article D. 4622-35. »

Art. D. 4622-38. (D. 2012-137 du 30 janv. 2012, JO 31, entrée en vigueur le 01.07.2012) La durée du mandat des membres de la commission de contrôle est de quatre ans.

Art. D. 4622-39. (D. 2012-137 du 30 janv. 2012, JO 31, entrée en vigueur le 01.07.2012) Les membres de la commission de contrôle bénéficient, dans les trois mois qui suivent leur nomination, de la formation nécessaire à l'exercice de leur mandat, auprès de l'organisme de leur choix. Cette formation est à la charge du service de santé au travail.

En cas de renouvellement de leur mandat et lorsqu'ils ont exercé leurs fonctions pendant trois ans, consécutifs ou non, les membres de la commission de contrôle bénéficient, dans les mêmes conditions, d'un stage de perfectionnement et d'actualisation de leurs connaissances.

Le contenu et les conditions d'organisation de ces formations peuvent être précisés par accord collectif de branche.

Art. D. 4622-40. (D. 2012-137 du 30 janv. 2012, JO 31, entrée en vigueur le 01.07.2012) La commission élabore son règlement intérieur, qui précise notamment :

1° Le nombre de réunions annuelles de la commission ;

2° La possibilité et les modalités de réunions extraordinaires ;

3° Les modalités selon lesquelles les représentants des employeurs désignent parmi eux le secrétaire de la commission ;

4° Les conditions d'élaboration de l'ordre du jour de chaque réunion.

Art. D. 4622-41. (D. 2012-137 du 30 janv. 2012, JO 31, entrée en vigueur le 01.07.2012) L'ordre du jour des réunions de la commission de contrôle est arrêté par le président et le secrétaire de la commission.

Il est transmis par le président aux membres de la commission au moins quinze jours avant la date de la réunion, accompagné des documents correspondants.

Ce délai est porté à dix jours en cas de mise à pied d'un médecin du travail, dans le cadre de la procédure prévue au quatrième alinéa de l'article R. 4623-20.

L'ordre du jour est communiqué, dans les mêmes conditions, au directeur régional des entreprises, de la concurrence, de la consommation, du travail et de l'emploi.

Art. D. 4622-42. (D. 2012-137 du 30 janv. 2012, JO 31, entrée en vigueur le 01.07.2012) Le procès-verbal de chaque réunion, cosigné par le président et le secrétaire de la commission, est tenu à disposition du directeur régional des entreprises, de la concurrence, de la consommation, du travail et de l'emploi dans le délai d'un mois à compter de la date de la réunion.

Art. D. 4622-43. (D. 2012-137 du 30 janv. 2012, JO 31, entrée en vigueur le 01.07.2012) Les membres salariés de la commission de contrôle sont indemnisés intégralement par leur employeur de toute éventuelle perte de rémunération résultant de l'exercice de leur mandat. Cette indemnisation prend notamment en compte le temps de déplacement et les frais de transport.

Le service de santé au travail interentreprises rembourse à l'employeur les frais ainsi engagés.

Sous-section 4. **Contractualisation**

Art. D. 4622-44. (D. 2012-137 du 30 janv. 2012, JO 31, entrée en vigueur le 01.07.2012) Le contrat pluriannuel d'objectifs et de moyens mentionné à l'article L. 4622-10 est conclu entre chaque service de santé au travail agréé d'une part, le directeur régional des entreprises, de la concurrence, de la consommation, du travail et de l'emploi et les organismes de prévention des caisses de sécurité sociale d'autre part, après avis du (D. 2016-1834 du 22 déc. 2016, JO 24) « groupe permanent régional d'orientation des conditions de travail ».

Art. D. 4622-45. (D. 2012-137 du 30 janv. 2012, JO 31, entrée en vigueur le 01.07.2012) Le contrat pluriannuel définit des actions visant à :

1° Mettre en œuvre les priorités d'actions du projet de service pluriannuel prévu à l'article (D. 2014-799 du 11 juil. 2014, JO 13) « L. 4622-14 » et faire émerger des bonnes pratiques ;

2° Améliorer la qualité individuelle et collective de la prévention des risques professionnels et des conditions de travail ;

3° Mettre en œuvre les objectifs régionaux de santé au travail définis dans les plans régionaux de santé au travail ;

4° Promouvoir une approche collective et concertée et les actions en milieu de travail ;

5° Mutualiser, y compris entre les services de santé au travail, des moyens, des outils, des méthodes, des actions, notamment en faveur des plus petites entreprises ;

6° Cibler des moyens et des actions sur certaines branches professionnelles, en faveur de publics particuliers ou sur la prévention de risques spécifiques ;

7° Permettre le maintien dans l'emploi des salariés et lutter contre la désinsertion professionnelle.

Art. D. 4622-46. (D. 2012-137 du 30 janv. 2012, JO 31, entrée en vigueur le 01.07.2012) Le contrat pluriannuel indique les moyens mobilisés par les parties, la programmation des actions et les modalités de collaboration pour atteindre des objectifs chiffrés. Il détermine également les modalités de suivi, de contrôle et d'évaluation des résultats, à l'aide d'indicateurs quantitatifs et qualitatifs.

Art. D. 4622-47. (D. 2012-137 du 30 janv. 2012, JO 31, entrée en vigueur le 01.07.2012) Le contrat pluriannuel est conclu pour une durée maximale de cinq ans. Il peut être révisé par voie d'avenants.

SECTION 4 (RÉGLEMENTAIRE). Dispositions communes

Sous-section 1. Agréments

Art. D. 4622-48. (D. 2012-137 du 30 janv. 2012, JO 31, entrée en vigueur le 01.07.2012) Chaque service de santé au travail fait l'objet d'un agrément, pour une période de cinq ans, par le directeur régional des entreprises, de la concurrence, de la consommation, du travail et de l'emploi, après avis du médecin inspecteur du travail.

Le directeur régional peut autoriser le rattachement, au service de santé au travail qu'il agrée, d'un établissement ou d'une entreprise situé dans le ressort d'une autre région, sous réserve de l'accord du directeur régional géographiquement compétent.

L'agrément fixe l'effectif maximal de travailleurs suivis par médecin du travail ou, pour les services de santé au travail interentreprises, par l'équipe pluridisciplinaire de santé au travail.

Art. D. 4622-49. (D. 2012-137 du 30 janv. 2012, JO 31, entrée en vigueur le 01.07.2012) L'agrément ne peut être refusé que pour des motifs tirés de la non-conformité aux prescriptions du présent titre (D. 2014-799 du 11 juil. 2014, JO 13) « ou des besoins en médecine du travail, appréciés au niveau régional ».

Tout refus d'agrément est motivé.

Art. D. 4622-50. (D. 2012-137 du 30 janv. 2012, JO 31, entrée en vigueur le 01.07.2012) La demande d'agrément ou de renouvellement d'agrément est accompagnée d'un dossier dont les éléments sont fixés par arrêté du ministre chargé du travail qui tient compte notamment de la couverture géographique assurée, professionnelle ou interprofessionnelle, des moyens affectés ainsi que des locaux et des équipements dédiés et, le cas échéant, de la mise en œuvre des dispositions du contrat pluriannuel d'objectifs et de moyens par le service de santé au travail interentreprises.

La demande de renouvellement d'agrément est présentée au moins quatre mois avant le terme de l'agrément en cours.

Art. D. 4622-51. (D. 2012-137 du 30 janv. 2012, JO 31, entrée en vigueur le 01.07.2012) Lorsque le directeur régional des entreprises, de la concurrence, de la consommation, du travail et de l'emploi constate que les conditions de fonctionnement du service de santé ne satisfont pas aux obligations résultant des dispositions du présent titre, il peut, après avis du médecin inspecteur du travail :

(D. 2014-799 du 11 juil. 2014, JO 13) « 1° En cas de demande d'agrément ou de renouvellement, délivrer un agrément pour une durée maximale de deux ans non renouvelable, sous réserve d'un engagement précis et daté de mise en conformité de la part du service de santé au travail. Lorsqu'à l'issue de cette période le service de santé au travail satisfait à ses obligations, l'agrément lui est accordé pour cinq ans ;

2° En cours d'agrément :

a) Soit mettre fin à l'agrément accordé et délivrer un agrément pour une durée maximale de deux ans non renouvelable, sous réserve d'un engagement précis et daté de mise en conformité de la part du service de santé au travail. Lorsqu'à l'issue de cette période le service de santé au travail satisfait à ces obligations, l'agrément lui est accordé pour cinq ans ;

b) Soit modifier ou retirer, par décision motivée, l'agrément délivré, ces mesures ne pouvant intervenir que lorsque le service de santé au travail, invité par tout moyen permettant de conférer date certaine à cet envoi à se mettre en conformité dans un délai fixé par le directeur régional dans la limite de six mois, n'a pas accompli dans ce délai les diligences nécessaires. »

Le président du service de santé au travail informe individuellement les entreprises adhérentes de la modification ou du retrait de l'agrément.

Art. R. 4622-52. Le silence gardé pendant plus de quatre mois sur une demande d'agrément ou de renouvellement d'agrément vaut décision d'agrément.

Le silence gardé pendant plus de quatre mois par le ministre chargé du travail saisi d'un recours hiérarchique sur une décision relative à l'agrément vaut décision d'agrément.

Art. D. 4622-53. (D. 2012-137 du 30 janv. 2012, JO 31, entrée en vigueur le 01.07.2012) Chaque année, le directeur régional des entreprises, de la concurrence, de la consommation, du travail et de l'emploi présente la politique régionale d'agrément au (D. 2016-1834 du 22 déc. 2016, JO 24) « groupe permanent régional d'orientation des conditions de travail ».

Sous-section 2. **Rapports**

Art. D. 4622-54. (D. 2012-137 du 30 janv. 2012, JO 31, entrée en vigueur le 01.07.2012) L'employeur ou le président du service de santé au travail interentreprises établit et présente le rapport annuel relatif à l'organisation, au fonctionnement et à la gestion financière du service de santé au travail soit au (D. 2017-1819 du 29 déc. 2017, art. 3, 4°, JO 30, entrée en vigueur le 01.01.2018) « comité social et économique », soit au comité interentreprises ou à la commission de contrôle et au conseil d'administration.

Cette présentation est faite au plus tard à la fin du quatrième mois qui suit l'année pour laquelle il a été établi.

L'instance mentionnée au premier alinéa peut faire toute proposition relative à l'organisation, au fonctionnement, à l'équipement et au budget du service de santé au travail, notamment sur le financement des examens médicaux complémentaires prévus à l'article R. 4624-25.

Art. D. 4622-55. (D. 2012-137 du 30 janv. 2012, JO 31, entrée en vigueur le 01.07.2012) L'employeur ou le président du service de santé au travail interentreprises communique un exemplaire du rapport mentionné à l'article D. 4622-54 au directeur régional des entreprises, de la concurrence, de la consommation, du travail et de l'emploi chargé du contrôle du service.

Cette communication, accompagnée des observations de l'instance compétente selon le cas, est faite dans le délai d'un mois à compter de sa présentation devant l'instance intéressée.

Art. D. 4622-56. (D. 2012-137 du 30 janv. 2012, JO 31, entrée en vigueur le 01.07.2012) Un arrêté du ministre chargé du travail fixe le modèle de rapport annuel.

Art. D. 4622-57. (D. 2012-137 du 30 janv. 2012, JO 31, entrée en vigueur le 01.07.2012) Un rapport comptable d'entreprise, certifié par un commissaire aux comptes, est versé en complément du rapport prévu à l'article D. 4622-54 au plus tard avant la fin du premier semestre suivant l'exercice considéré.

Chapitre III

Personnels concourant aux services de santé au travail

SECTION UNIQUE. Médecin du travail

Sous-section 1. **Recrutement et conditions d'exercice**

Art. L. 4623-1. Un diplôme spécial est obligatoire pour l'exercice des fonctions de médecin du travail.

(L. 2011-867 du 20 juil. 2011, art. 12, JO 24) «Par dérogation au premier alinéa, un décret fixe les conditions dans lesquelles les services de santé au travail peuvent recruter, après délivrance d'une licence de remplacement et autorisation par les conseils départementaux compétents de l'ordre des médecins, à titre temporaire, un interne de la spécialité qui exerce sous l'autorité d'un médecin du travail du service de santé au travail expérimenté.»

(L. 2016-41 du 26 janv. 2016, art. 36, JO 27) «Par dérogation au premier alinéa, un décret fixe les conditions dans lesquelles un collaborateur médecin, médecin non spécialiste en médecine du travail et engagé dans une formation en vue de l'obtention de cette qualification auprès de l'ordre des médecins, exerce, sous l'autorité d'un médecin du travail d'un service de santé au travail et dans le cadre d'un protocole écrit et validé par ce dernier, les fonctions dévolues aux médecins du travail.»

Art. L. 4623-2. Un décret détermine les conditions dans lesquelles les fonctions de médecins du travail peuvent être déclarées incompatibles avec l'exercice de certaines autres activités médicales.

Art. L. 4623-3. Le médecin du travail est un médecin autant que possible employé à temps complet qui ne pratique pas la médecine de clientèle courante.

Sous-section 2. **Protection**

Art. L. 4623-4. Tout licenciement d'un médecin du travail envisagé par l'employeur est soumis pour avis, (Ord. 2017-1386 du 22 sept. 2017, art. 4, 81°, JO 23, entrée en vigueur au plus tard le 01.01.2018) «soit au comité social et économique, soit au comité social et économique interentreprises» ou à la commission de contrôle du service interentreprises.

Dans les services interentreprises administrés paritairement, le projet de licenciement est soumis au conseil d'administration.

Art. L. 4623-5. Le licenciement d'un médecin du travail ne peut intervenir qu'après autorisation de l'inspecteur du travail dont dépend le service de santé au travail, après avis du médecin inspecteur du travail.

Toutefois, en cas de faute grave, l'employeur peut prononcer la mise à pied immédiate de l'intéressé dans l'attente de la décision définitive. En cas de refus de licenciement, la mise à pied est annulée et ses effets supprimés de plein droit.

Art. L. 4623-5-1. (L. 2011-867 du 20 juil. 2011, art. 7, JO 24) La rupture du contrat de travail à durée déterminée d'un médecin du travail avant l'échéance du terme en raison d'une faute grave ou de son inaptitude médicale, ou à l'arrivée du terme lorsque l'employeur n'envisage pas de renouveler un contrat comportant une clause de renouvellement, ne peut intervenir qu'après autorisation de l'inspecteur du travail dont dépend le service de santé au travail, après avis du médecin inspecteur du travail, dans les conditions prévues à l'article L. 4623-5.

Art. L. 4623-5-2. (L. 2011-867 du 20 juil. 2011, art. 8, JO 24) L'arrivée du terme du contrat de travail à durée déterminée n'entraîne sa rupture qu'après constatation par l'inspecteur du travail que celle-ci n'est pas en lien avec l'exercice des missions de médecin du travail et ne constitue pas une mesure discriminatoire.

L'employeur saisit l'inspecteur du travail un mois avant l'arrivée du terme.

L'inspecteur du travail statue avant la date du terme du contrat.

Art. L. 4623-5-3. (L. 2011-867 du 20 juil. 2011, art. 9, JO 24) Le transfert d'un médecin du travail compris dans un transfert partiel de service de santé au travail par application de l'article L. 1224-1 ne peut intervenir qu'après autorisation de l'inspecteur du travail dont dépend le service de santé au travail, après avis du médecin inspecteur du travail. L'inspecteur du travail s'assure que le transfert n'est pas en lien avec l'exercice des missions du médecin du travail et ne constitue pas une mesure discriminatoire.

Art. L. 4623-6. Lorsque le ministre compétent annule, sur recours hiérarchique, la décision de l'inspecteur du travail autorisant le licenciement d'un médecin du travail, celui-ci a le droit, s'il le demande dans un délai de deux mois à compter de la notification de la décision, d'être réintégré dans son emploi ou dans un emploi équivalent conformément aux dispositions de l'article L. 2422-1.

Il en est de même lorsque le juge administratif a annulé une décision de l'inspecteur du travail ou du ministre compétent autorisant un tel licenciement.

Art. L. 4623-7. Lorsque l'annulation d'une décision d'autorisation est devenue définitive, le médecin du travail a droit au paiement d'une indemnité correspondant à la totalité du préjudice subi au cours de la période écoulée entre son licenciement et sa réintégration s'il a demandé cette dernière dans le délai de deux mois à compter de la notification de la décision.

L'indemnité correspond à la totalité du préjudice subi au cours de la période écoulée entre son licenciement et l'expiration du délai de deux mois s'il n'a pas demandé sa réintégration.

Ce paiement s'accompagne du versement des cotisations correspondant à cette indemnité qui constitue un complément de salaire.

Art. L. 4623-8. (L. 2011-867 du 20 juil. 2011, art. 1er, JO 24) Dans les conditions d'indépendance professionnelle définies et garanties par la loi, le médecin du travail assure les missions qui lui sont dévolues par le présent code.

SECTION 1 (RÉGLEMENTAIRE). Médecin du travail

Note Les sections 1 à 3 ont été introduites par le décret 2012-135 du 30 janvier 2012, JO 31, entrée en vigueur le 01.07.2012.

Sous-section 1. Missions du médecin du travail

Art. R. 4623-1. (D. 2016-1908 du 27 déc. 2016, art. 18, II, 1°, JO 29, entrée en vigueur le 01.01.2017) Le médecin du travail est le conseiller de l'employeur, des travailleurs, des représentants du personnel et des services sociaux. Dans le champ de ses missions :

1° Il participe à la prévention des risques professionnels et à la protection de la santé des travailleurs, notamment par :

a) L'amélioration des conditions de vie et de travail dans l'entreprise ;

b) L'adaptation des postes, des techniques et des rythmes de travail à la santé physique et mentale, notamment en vue de préserver le maintien dans l'emploi des salariés ;

c) La protection des travailleurs contre l'ensemble des nuisances, notamment contre les risques d'accidents du travail ou d'exposition à des agents chimiques dangereux ;

d) L'amélioration de l'hygiène générale de l'établissement et l'hygiène dans les services de restauration ;

e) La prévention et l'éducation sanitaires dans le cadre de l'établissement en rapport avec l'activité professionnelle ;

f) La construction ou les aménagements nouveaux ;

g) Les modifications apportées aux équipements ;

h) La mise en place ou la modification de l'organisation du travail de nuit ;

i) L'accompagnement en cas de réorganisation importante de l'entreprise ;

2° Il conseille l'employeur, notamment en participant à l'évaluation des risques dans le cadre de l'élaboration de la fiche d'entreprise et dans le cadre de son action sur le milieu de travail, réalisées, conformément à sa mission définie à l'article L. 4622-3, au service de la prévention et du maintien dans l'emploi des travailleurs, qu'il conduit avec les autres membres de l'équipe pluridisciplinaire, qu'il anime et coordonne ;

3° Il décide du suivi individuel de l'état de santé des travailleurs, qui a une vocation exclusivement préventive et qu'il réalise avec les personnels de santé mentionnés au premier alinéa de l'article L. 4624-1, qui exercent dans le cadre de protocoles et sous son autorité ;

4° Il contribue à la veille épidémiologique et à la traçabilité.

Dans les services de santé au travail interentreprises, l'équipe pluridisciplinaire et, le cas échéant, le service social du travail, se coordonnent avec le service social du travail de l'entreprise.

Sous-section 2. Recrutement, nomination, affectation et conditions d'exercice

§ 1. Recrutement

Art. R. 4623-2. Seul un médecin remplissant l'une des conditions suivantes peut pratiquer la médecine du travail :

1° Être qualifié en médecine du travail ;

2° Avoir été autorisé, à titre exceptionnel, à poursuivre son exercice en tant que médecin du travail en application de l'article 28 de la loi n° 98-535 du 1er juillet 1998 ou de l'article 189 de la loi n° 2002-73 du 17 janvier 2002 de modernisation sociale ;

3° Être titulaire d'une capacité en médecine de santé au travail et de prévention des risques professionnels.

Art. R. 4623-3. Le médecin du travail communique ses titres à l'inspection médicale du travail, dans le mois qui suit son entrée en fonction dans un service de santé au travail.

Art. R. 4623-4. Le médecin du travail est lié par un contrat de travail conclu avec l'employeur ou le président du service de santé au travail interentreprises, dans les conditions prévues par le code de déontologie médicale prévu à l'article L. 4127-1 du code de la santé publique.

§ 2. Nomination

Art. R. 4623-5. Le médecin du travail est nommé et affecté avec l'accord du (D. 2017-1819 du 29 déc. 2017, art. 3, 4°, JO 30, entrée en vigueur le 01.01.2018) « comité social et économique » ou, dans les services de santé au travail interentreprises, avec l'accord du comité interentreprises ou de la commission de contrôle, ainsi que du conseil d'administration.

Art. R. 4623-6. Les instances mentionnées à l'article R. 4623-5 se prononcent par un vote à bulletin secret, à la majorité de leurs membres, régulièrement convoqués, présents ou représentés. Chaque membre ne peut disposer du pouvoir que d'un seul autre membre.

Art. R. 4623-7. Les instances mentionnées à l'article R. 4623-5 ont communication des données suivantes :

1° L'effectif des salariés suivis par le médecin nommé ;

2° Dans les services de santé au travail d'entreprise ou d'établissement, le secteur auquel le médecin du travail est affecté ;

3° Dans les services de santé au travail de groupe, inter-établissements ou commun aux entreprises constituant une unité économique et sociale, la liste des entreprises ou établissements surveillés par le médecin du travail ;

4° Dans les services de santé au travail interentreprises, la liste des entreprises surveillées par le médecin du travail.

Art. R. 4623-8. La consultation des instances mentionnées à l'article R. 4623-5 intervient au plus tard avant la fin de la période d'essai.

À défaut d'accord de ces instances, la nomination intervient sur autorisation de l'inspecteur du travail prise après avis du médecin inspecteur du travail.

Art. R. 4623-9. Lorsque l'effectif d'une entreprise, d'un établissement ou d'un service de santé au travail interentreprises correspond à l'emploi d'un seul médecin du travail à temps plein ou à temps partiel, il ne peut être fait appel à plusieurs médecins du travail.

Des dérogations peuvent être accordées, à titre exceptionnel, par le directeur régional des entreprises, de la concurrence, de la consommation, du travail et de l'emploi après avis du médecin inspecteur du travail.

Art. R. 4623-10. Dans les services de santé au travail interentreprises, une liste d'entreprises et d'établissements indiquant les effectifs de travailleurs correspondants et les risques professionnels auxquels ils sont exposés est attribuée à chaque médecin.

Art. R. 4623-11. Dans les services autonomes de santé au travail employant plusieurs médecins du travail, chacun d'eux est affecté à un secteur déterminé, défini par l'employeur et dont l'effectif salarié lui est communiqué.

§ 3. Changement d'affectation

Art. R. 4623-12. La procédure prévue à l'article R. 4623-5 s'applique également :

1° Dans les services autonomes de santé au travail, en cas de changement de secteur ou d'entreprise du groupe suivi par un médecin du travail, lorsque ce changement est contesté par l'intéressé ou par le (D. 2017-1819 du 29 déc. 2017, art. 3, 4°, JO 30, entrée en vigueur le 01.01.2018) « comité social et économique » concerné ;

2° Dans les services de santé au travail interentreprises :

a) En cas de changement d'affectation d'une entreprise ou d'un établissement à un médecin du travail, lorsque ce changement est contesté par le médecin du travail, par l'employeur ou par le (D. 2017-1819 du 29 déc. 2017, art. 3, 4°, JO 30, entrée en vigueur le 01.01.2018) « comité social et économique » concerné ;

b) En cas de changement de secteur d'un médecin du travail, lorsque ce changement est contesté par le médecin du travail, par le comité interentreprises ou la commission de contrôle du service ou son conseil d'administration.

Art. R. 4623-13. À défaut d'accord des instances mentionnées à l'article R. 4623-5 ou de l'employeur, les changements de secteur et d'affectation du médecin du travail interviennent sur autorisation de l'inspecteur du travail délivrée après avis du médecin inspecteur du travail.

Un document annuel faisant état de ces changements, ainsi que de tout autre changement d'affectation d'une entreprise ou d'un établissement (D. 2019-1586 du 31 déc. 2019, JO 1er janv. 2020, entrée en vigueur le 01.01.2020) « d'au moins » cinquante salariés, est tenu à disposition du directeur régional des entreprises, de la concurrence, de la consommation, du travail et de l'emploi ainsi que du médecin inspecteur du travail.

(D. 2019-1586 du 31 déc. 2019, JO 1er janv. 2020, entrée en vigueur le 01.01.2020) « L'effectif salarié ainsi que le franchissement du seuil de cinquante salariés sont déterminés selon les modalités prévues à l'article L. 130-1 du code de la sécurité sociale. Lorsque l'entreprise comporte plusieurs établissements, les effectifs sont décomptés par établissement. »

§ 4. Modalités d'exercice

Art. R. 4623-14. Le médecin du travail assure personnellement l'ensemble de ses fonctions, dans le cadre des missions définies à l'article R. 4623-1. Elles sont exclusives de toute autre fonction dans les établissements dont il a la charge et dans le service interentreprises dont il est salarié.

Toutefois, le médecin du travail peut confier certaines activités, sous sa responsabilité, dans le cadre de protocoles écrits, (D. 2014-798 du 11 juil. 2014, JO 13) « aux collaborateurs médecins, aux internes, aux candidats à l'autorisation d'exercice, » aux infirmiers, aux assistants de service de santé au travail ou, lorsqu'elle est mise en place, aux membres de l'équipe pluridisciplinaire. Pour les professions dont les conditions d'exercice relèvent du code de la santé publique, ces activités sont exercées dans la limite des compétences respectives des professionnels de santé déterminées par les dispositions de ce code.

Art. R. 4623-15. Le médecin du travail peut être remplacé durant son absence.

Lorsque la durée de l'absence excède trois mois, son remplacement est de droit.

Lorsque la durée de l'absence est inférieure à trois mois, le médecin du travail peut être remplacé par un médecin du travail, par un collaborateur médecin ou par un interne en médecine du travail dans les conditions mentionnées à l'article (D. 2014-798 du 11 juil. 2014, JO 13) « R. 4623-28 ».

Sous-section 3. **Participation aux organes de surveillance et de consultation**

Art. R. 4623-16. Lorsque l'ordre du jour comporte des questions relatives à l'organisation et au fonctionnement des services de santé au travail ou des questions qui concernent les missions des médecins telles que définies à l'article L. 4622-3, le médecin du travail ou, en cas de pluralité de médecins, le ou les délégués des médecins assistent, avec voix consultative, aux réunions :

1° Du (D. 2017-1819 du 29 déc. 2017, art. 3, 4°, JO 30, entrée en vigueur le 01.01.2018) « comité social et économique » lorsqu'ils relèvent d'un service autonome de santé au travail ;

2° Du comité interentreprises ou de la commission de contrôle ainsi que du conseil d'administration lorsqu'ils relèvent d'un service de santé au travail interentreprises.

Art. R. 4623-17. Dans les services autonomes de santé au travail, les délégués des médecins du travail sont élus à raison d'un titulaire et d'un suppléant pour huit médecins, dans la limite de quatre titulaires et quatre suppléants.

Dans les services interentreprises, ils sont élus à raison d'un titulaire et d'un suppléant par secteur, dans la limite de quatre titulaires et quatre suppléants.

La durée du mandat des délégués est de trois ans.

L'employeur ou le président du service de santé au travail organise l'élection.

Sous-section 4. **Procédure d'autorisation applicable à la rupture ou au transfert du contrat**

Art. R. 4623-18. Lorsqu'est envisagé le licenciement ou la rupture conventionnelle du contrat de travail d'un médecin du travail, ou en cas de rupture de son contrat de travail à durée déterminée dans les cas prévus à l'article L. 4623-5-1, le (D. 2017-1819 du 29 déc. 2017, art. 3, 4°, JO 30, entrée en vigueur le 01.01.2018) « comité social et économique », le comité interentreprises ou la commission de contrôle ainsi que le conseil d'administration, selon le cas, se prononcent après audition de l'intéressé. L'entretien préalable prévu à l'article L. 1232-2 précède la consultation de l'instance.

Art. R. 4623-19. Les instances mentionnées à l'article R. 4623-18 se prononcent par un vote à bulletin secret, à la majorité de leurs membres, régulièrement convoqués, présents ou représentés.

Chaque membre ne peut disposer du pouvoir que d'un seul autre membre.

Art. R. 4623-20. (D. 2014-798 du 11 juil. 2014, JO 13) « La demande d'autorisation de licenciement d'un médecin du travail, de rupture du contrat de travail à durée déterminée dans les cas prévus à l'article L. 4623-5-1 ainsi que la demande de constatation de l'arrivée du terme du contrat dans le cas prévu à l'article L. 4623-5-2 sont adressées à l'inspecteur du travail dont dépend le service de santé au travail qui l'emploie par tout moyen permettant de conférer date certaine.

En cas de licenciement, de rupture anticipée ou de non-renouvellement du contrat de travail à durée déterminée, la demande en énonce les motifs. Elle est accompagnée du procès-verbal de la réunion des instances mentionnées à l'article R. 4623-18. »

La demande est transmise dans les quinze jours suivant la délibération des instances mentionnées à l'article R. 4623-18.

En cas de mise à pied, la consultation de ces instances a lieu dans un délai de dix jours à compter de la mise à pied.

La demande d'autorisation de licenciement ou de rupture du contrat à durée déterminée avant l'échéance du terme ou de non-renouvellement du contrat à durée déterminée est transmise à l'inspecteur du travail dans les quarante-huit heures suivant la délibération des instances mentionnées à l'article R. 4623-18.

Art. R. 4623-21. L'inspecteur du travail procède à une enquête contradictoire au cours de laquelle le médecin du travail peut, sur sa demande, se faire assister par une personne de son choix appartenant au personnel du service de santé au travail ou de l'entreprise.

L'inspecteur du travail prend sa décision dans un délai de quinze jours, réduit à huit jours en cas de mise à pied. Ce délai court à compter de la réception de la demande motivée présentée par l'employeur. Il n'est prolongé que si les nécessités de l'enquête le justifient.

Art. R. 4623-22. La décision de l'inspecteur du travail est motivée. Elle est notifiée (D. 2014-798 du 11 juil. 2014, JO 13) « par tout moyen permettant de lui conférer une date certaine » :

1° À l'employeur ;

2° Au médecin du travail ;

(D. 2014-798 du 11 juil. 2014, JO 13) « 3° Dans le cas d'un service autonome, au (D. 2017-1819 du 29 déc. 2017, art. 3, 4°, JO 30, entrée en vigueur le 01.01.2018) « comité social et économique » ;

4° Dans le cas d'un service interentreprises, au conseil d'administration et, selon le cas, soit au comité interentreprises, soit à la commission de contrôle. »

Art. R. 4623-23. Lors du transfert partiel de l'entreprise ou de l'établissement auquel appartient le médecin du travail, seules les dispositions des articles R. 4623-21 et R. 4623-22 s'appliquent. La demande d'autorisation de transfert prévue à l'article L. 4623-5-3 est adressée à l'inspecteur du travail par lettre recommandée avec avis de réception quinze jours avant la date arrêtée pour le transfert.

Art. R. 4623-24. Le ministre peut annuler ou réformer la décision de l'inspecteur du travail mentionnée à l'article (D. 2014-798 du 11 juil. 2014, JO 13) « R. 4623-22 » sur le recours de l'employeur ou du médecin du travail.

Ce recours est introduit dans un délai de deux mois à compter de la notification de la décision de l'inspecteur.

Le silence gardé pendant plus de quatre mois sur ce recours vaut décision de rejet.

SECTION 2 (RÉGLEMENTAIRE). Collaborateur médecin

Art. R. 4623-25. Le service de santé au travail ou l'employeur peut recruter des collaborateurs médecins. Ces médecins s'engagent à suivre une formation en vue de l'obtention de la qualification en médecine du travail auprès de l'ordre des médecins. Ils sont encadrés par un médecin qualifié en médecine du travail qu'ils assistent dans ses missions.

(D. 2016-1358 du 11 oct. 2016, JO 13) « Les collaborateurs médecins communiquent leurs titres à l'inspection médicale du travail dans le mois qui suit leur embauche.

Ils exercent leurs fonctions dans les conditions fixées aux articles R. 4623-25-1 et R. 4623-25-2. »

Art. R. 4623-25-1. (D. 2014-798 du 11 juil. 2014, JO 13) Le collaborateur médecin remplit les missions que lui confie le médecin du travail qui l'encadre, dans le cadre du protocole écrit prévu par l'article R. 4623-14 et validé par ce dernier, en fonction des compétences et de l'expérience qu'il a acquises.

(D. 2016-1358 du 11 oct. 2016, JO 13) « Ce protocole définit notamment les conditions dans lesquelles le collaborateur médecin procède aux examens prévus dans le cadre du suivi individuel de l'état de santé du salarié. »

Art. R. 4623-25-2. (D. 2014-798 du 11 juil. 2014, JO 13) Le collaborateur médecin dispose du temps nécessaire et des moyens requis pour exercer ses missions et suivre la formation mentionnée à l'article R. 4623-25.

Il ne peut subir de discrimination en raison de l'exercice de ses missions.

SECTION 3 (RÉGLEMENTAIRE). Interne en médecine du travail

Art. R. 4623-26. Les services de santé au travail peuvent être agréés, dans les conditions prévues par l'article L. 632-5 du code de l'éducation, comme organismes extrahospitaliers accueillant en stage les internes inscrits au diplôme d'études spécialisées de médecine du travail ou les étudiants inscrits en deuxième cycle des études médicales.

Art. R. 4623-27. L'interne en médecine du travail est soumis aux dispositions relatives au régime de l'internat déterminé en application de l'article L. 6153-1 du code de la santé publique et à l'organisation du troisième cycle des études médicales fixée en application de l'article L. 632-2 du code de l'éducation.

Art. R. 4623-28. Peuvent être autorisés à exercer la médecine du travail en remplacement d'un médecin du travail temporairement absent, l'interne en médecine du travail disposant du niveau d'études requis par l'article L. 4131-2 du code de la santé publique et autorisé par le conseil départemental de l'ordre des médecins dans les conditions fixées par ce même article. L'interne en médecine du travail peut aussi être autorisé à exercer la médecine du travail dans l'attente de la prise de fonction d'un médecin du travail.

SECTION 4 (RÉGLEMENTAIRE). Médecin candidat à l'autorisation d'exercice

Note Cette section a été introduite par le décret 2014-798 du 11 juillet 2014, JO 13.

Art. R. 4623-25-3. I. – Le candidat à l'autorisation ministérielle d'exercice de la profession de médecin, dans la spécialité médecine du travail, prévue au I de l'article L. 4111-2 du code de la santé publique, lauréat des épreuves de vérification des connaissances, peut être recruté par un service de santé au travail, agréé comme organisme extrahospitalier accueillant en stage les internes inscrits au diplôme d'études spécialisées de médecine du travail, pour l'accomplissement des fonctions requises par les dispositions du même article.

Ces fonctions sont exercées à temps plein ou à temps partiel selon les dispositions prévues au quatrième alinéa du I de l'article L. 4111-2 du code de la santé publique ou à l'article 83 de la loi n° 2006-1640 du 21 décembre 2006 de financement de la sécurité sociale pour 2007 modifiée.

II. – Le candidat à l'autorisation d'exercice de la profession de médecin, dans la spécialité médecine du travail, prévue au II de l'article L. 4111-2 et à l'article L. 4131-1-1 du code de la santé publique, qui effectue un stage d'adaptation en application de l'article R. 4111-18 du même code, peut être recruté par un service de santé au travail pour l'accomplissement de ce stage.

Art. R. 4623-25-4. Le candidat à l'autorisation d'exercice est lié par un contrat de travail conclu avec l'employeur ou le président du service de santé au travail interentreprises.

La durée du contrat de travail est, selon le cas, soit conforme aux dispositions du second alinéa du I de l'article R. 4623-25-3, soit égale à la durée du stage prescrit en application de l'article R. 4111-17 du code de la santé publique, dans la limite de trois ans.

Le non-renouvellement du contrat à l'issue d'une période d'engagement est notifié avec un préavis de deux mois. Les démissions sont présentées avec le même préavis.

Art. R. 4623-25-5. Le médecin recruté en application des dispositions de l'article R. 4623-25-3 exerce sous la responsabilité d'un médecin qualifié en médecine du travail.

SECTION 5 (RÉGLEMENTAIRE). Personnel infirmier

Note Les sections 5 à 7 ont été introduites par le décret 2012-135 du 30 janvier 2012, JO 31, entrée en vigueur le 01.07.2012.

Sous-section 1. Dispositions communes

Art. R. 4623-29. L'infirmier recruté dans un service de santé au travail est diplômé d'État ou a l'autorisation d'exercer sans limitation dans les conditions prévues par le code de la santé publique. Si l'infirmier n'a pas suivi une formation en santé au travail, l'employeur l'y inscrit au cours des douze mois qui suivent son recrutement et favorise sa formation continue.

Art. R. 4623-30. Dans le respect des dispositions des articles R. 4311-1 et suivants du code de la santé publique, l'infirmier exerce ses missions propres ainsi que celles définies par le médecin du travail, sur la base du protocole mentionné à l'article R. 4623-14 du présent code.

Art. R. 4623-31. Un entretien infirmier peut être mis en place pour réaliser les activités confiées à l'infirmier par le protocole prévu à l'article R. 4623-14. Cet entretien donne lieu à la délivrance d'une (D. 2016-1908 du 27 déc. 2016, art. 18, II, 2°, JO 29, entrée en vigueur le 01.01.2017) « attestation de suivi » qui ne comporte aucune mention relative à l'aptitude ou l'inaptitude médicale du salarié.

L'infirmier peut également, selon les mêmes modalités, effectuer des examens complémentaires et participer à des actions d'information collectives conçues en collaboration avec le médecin du travail et validées par lui dans le respect des règles liées à l'exercice de la profession d'infirmier déterminées en application de l'article L. 4311-1 du code de la santé publique.

Sous-section 2. Le personnel infirmier en entreprise

Art. R. 4623-32. Dans les établissements industriels de 200 à 800 salariés, est présent au moins un infirmier et, au-delà de cet effectif, un infirmier supplémentaire par tranche de 600 salariés.

Dans les autres établissements de 500 à 1 000 salariés, est présent au moins un infirmier et, au-delà de cet effectif, un infirmier supplémentaire par tranche de 1 000 salariés.

Art. R. 4623-33. Dans les établissements industriels de moins de 200 salariés et dans les autres établissements de moins de 500 salariés, un infirmier est présent si le médecin du travail et le (D. 2017-1819 du 29 déc. 2017, art. 3, 4°, JO 30, entrée en vigueur le 01.01.2018) « comité social et économique » en font la demande.

Lorsque l'employeur conteste la demande, la décision est prise par l'inspecteur du travail après avis du médecin inspecteur du travail.

Art. R. 4623-34. (D. 2016-1908 du 27 déc. 2016, art. 18, II, 3°, JO 29, entrée en vigueur le 01.01.2017) L'infirmier assure ses missions de santé au travail sous l'autorité du médecin du travail de l'entreprise dans le cadre de protocoles écrits ou sous celle du médecin du service de santé interentreprises intervenant dans l'entreprise, dans le cadre de protocoles écrits. L'équipe pluridisciplinaire se coordonne avec l'infirmier de l'entreprise.

Sous-section 3. Le personnel infirmier au sein des services de santé au travail interentreprises

Art. R. 4623-35. L'infirmier est recruté après avis du ou des médecins du travail.

Art. R. 4623-36. Les missions de l'infirmier sont exclusivement préventives, à l'exception des situations d'urgence.

SECTION 6 (RÉGLEMENTAIRE). Intervenant en prévention des risques professionnels des services de santé au travail interentreprises

Art. R. 4623-37. L'intervenant en prévention des risques professionnels a des compétences techniques ou organisationnelles en matière de santé et de sécurité au travail. Il dispose du temps nécessaire et des moyens requis pour exercer ses missions.

Il ne peut subir de discrimination en raison de ses activités de prévention.

Il assure ses missions dans des conditions garantissant son indépendance.

Art. R. 4623-38. L'intervenant en prévention des risques professionnels participe, dans un objectif exclusif de prévention, à la préservation de la santé et de la sécurité des travailleurs et à l'amélioration des conditions de travail. Dans ce cadre, il assure des missions de diagnostic, de conseil, d'accompagnement et d'appui, et communique les résultats de ses études au médecin du travail.

Art. R. 4623-39. Lorsque le service de santé au travail ne dispose pas des compétences techniques nécessaires à son intervention, il fait appel, le cas échéant, à un intervenant en prévention des risques professionnels enregistré en application des dispositions de l'article L. 4644-1.

SECTION 7 (RÉGLEMENTAIRE). Assistant de service de santé au travail

Art. R. 4623-40. Dans les services de santé au travail interentreprises, l'assistant de service de santé au travail apporte une assistance administrative au médecin du travail et aux autres membres de l'équipe pluridisciplinaire dans leurs activités.

Il contribue également à repérer les dangers et à identifier les besoins en santé au travail, notamment dans les entreprises de moins de vingt salariés. Il participe à l'organisation, à l'administration des projets de prévention et à la promotion de la santé au travail et des actions du service dans ces mêmes entreprises.

Chapitre IV

Actions et moyens des membres des équipes pluridisciplinaires de santé au travail

Art. L. 4624-1. (L. 2016-1088 du 8 août 2016, art. 102, II, 7°, JO 9, entrée en vigueur au plus tard le 01.01.2017) Tout travailleur bénéficie, au titre de la surveillance de l'état de santé des travailleurs prévue à l'article L. 4622-2, d'un suivi individuel de son état de santé assuré par le médecin du travail et, sous l'autorité de celui-ci, par le collaborateur médecin mentionné à l'article L. 4623-1, l'interne en médecine du travail et l'infirmier.

Ce suivi comprend une visite d'information et de prévention effectuée après l'embauche par l'un des professionnels de santé mentionnés au premier alinéa du présent article. Cette visite donne lieu à la délivrance d'une attestation. Un décret en Conseil d'État fixe le délai de cette visite. Le modèle de l'attestation est défini par arrêté.

Le professionnel de santé qui réalise la visite d'information et de prévention peut orienter le travailleur sans délai vers le médecin du travail, dans le respect du protocole élaboré par ce dernier.

Les modalités et la périodicité de ce suivi prennent en compte les conditions de travail, l'état de santé et l'âge du travailleur, ainsi que les risques professionnels auxquels il est exposé.

Tout travailleur qui déclare, lors de la visite d'information et de prévention, être considéré comme travailleur handicapé au sens de l'article L. 5213-1 du présent code et être reconnu par la commission des droits et de l'autonomie des personnes handicapées mentionnée à l'article L. 146-9 du code de l'action sociale et des familles, ainsi que tout travailleur qui déclare être titulaire d'une pension d'invalidité attribuée au titre du régime général de sécurité sociale ou de tout autre régime de protection sociale obligatoire, est orienté sans délai vers le médecin du travail et bénéficie d'un suivi individuel adapté de son état de santé.

Tout salarié peut, lorsqu'il anticipe un risque d'inaptitude, solliciter une visite médicale dans l'objectif d'engager une démarche de maintien dans l'emploi.

Tout travailleur de nuit bénéficie d'un suivi individuel régulier de son état de santé. La périodicité de ce suivi est fixée par le médecin du travail en fonction des particularités du poste occupé et des caractéristiques du travailleur, selon des modalités déterminées par décret en Conseil d'État.

Le rapport annuel d'activité, établi par le médecin du travail, pour les entreprises dont il a la charge, comporte des données présentées par sexe. Un arrêté du ministre chargé du travail fixe les modèles de rapport annuel d'activité du médecin du travail et de synthèse annuelle de l'activité du service de santé au travail.

Art. L. 4624-2. (L. 2016-1088 du 8 août 2016, art. 102, II, 8°, JO 9, entrée en vigueur au plus tard le 01.01.2017) I. – Tout travailleur affecté à un poste présentant des risques particuliers pour sa santé ou sa sécurité ou pour celles de ses collègues ou des tiers évoluant dans l'environnement immédiat de travail bénéficie d'un suivi individuel renforcé de son état de santé. Ce suivi comprend notamment un examen médical d'aptitude, qui se substitue à la visite d'information et de prévention prévue à l'article L. 4624-1.

II. – L'examen médical d'aptitude permet de s'assurer de la compatibilité de l'état de santé du travailleur avec le poste auquel il est affecté, afin de prévenir tout risque grave d'atteinte à sa santé ou à sa sécurité ou à celles de ses collègues ou des tiers évoluant dans l'environnement immédiat de travail. Il est réalisé avant l'embauche et renouvelé périodiquement. Il est effectué par le médecin du travail, sauf lorsque des dispositions spécifiques le confient à un autre médecin.

Art. L. 4624-2-1. (L. 2018-217 du 29 mars 2018, art. 13, JO 31) Les travailleurs bénéficiant du dispositif de suivi individuel renforcé prévu à l'article L. 4624-2, ou qui ont bénéficié d'un tel suivi au cours de leur carrière professionnelle sont examinés par le médecin du travail au cours d'une visite médicale, avant leur départ à la retraite.

Cet examen médical vise à établir une traçabilité et un état des lieux, à date, des expositions à un ou plusieurs facteurs de risques professionnels mentionnés à l'article L. 4161-1 auxquelles a été soumis le travailleur. Le médecin du travail a la faculté, s'il constate une exposition du travailleur à certains risques dangereux, notamment chimiques, mentionnés au *a* du 2° du I du même article L. 4161-1, de mettre en place une surveillance post-professionnelle en lien avec le médecin traitant.

Les modalités d'application du présent article sont précisées par décret en Conseil d'État.

Art. L. 4624-3. (L. 2016-1088 du 8 août 2016, art. 102, II, 8°, JO 9, entrée en vigueur au plus tard le 01.01.2017) Le médecin du travail peut proposer, par écrit et après échange avec le salarié et l'employeur, des mesures individuelles d'aménagement, d'adaptation ou de transformation du poste de travail ou des mesures d'aménagement du temps de travail justifiées par des considérations relatives notamment à l'âge ou à l'état de santé physique et mental du travailleur.

Art. L. 4624-4. (L. 2016-1088 du 8 août 2016, art. 102, II, 8°, JO 9, entrée en vigueur au plus tard le 01.01.2017) Après avoir procédé ou fait procéder par un membre de l'équipe pluridisciplinaire à une étude de poste et après avoir échangé avec le salarié et l'employeur, le médecin du travail qui constate qu'aucune mesure d'aménagement, d'adaptation ou de transformation du poste de travail occupé n'est possible et que l'état de santé du travailleur justifie un changement de poste déclare le travailleur inapte à son poste de travail. L'avis d'inaptitude rendu par le médecin du travail est éclairé par des conclusions écrites, assorties d'indications relatives au reclassement du travailleur.

Art. L. 4624-5. (L. 2016-1088 du 8 août 2016, art. 102, II, 8°, JO 9, entrée en vigueur au plus tard le 01.01.2017) Pour l'application des articles L. 4624-3 et L. 4624-4, le médecin du travail reçoit le salarié, afin d'échanger sur l'avis et les indications ou les propositions qu'il pourrait adresser à l'employeur.

Le médecin du travail peut proposer à l'employeur l'appui de l'équipe pluridisciplinaire ou celui d'un organisme compétent en matière de maintien en emploi pour mettre en œuvre son avis et ses indications ou ses propositions.

Art. L. 4624-6. (L. 2016-1088 du 8 août 2016, art. 102, II, 9°, JO 9, entrée en vigueur au plus tard le 01.01.2017) L'employeur est tenu de prendre en considération l'avis et les indications ou les propositions émis par le médecin du travail en application des articles L. 4624-2 à L. 4624-4. En cas de refus, l'employeur fait connaître par écrit au travailleur et au médecin du travail les motifs qui s'opposent à ce qu'il y soit donné suite.

Art. L. 4624-7. (Ord. 2017-1387 du 22 sept. 2017, art. 8, JO 23, entrée en vigueur au plus tard le 01.01.2018) I. – Le salarié ou l'employeur peut saisir le conseil de prud'hommes (Ord. 2019-738 du 17 juil. 2019, art. 15, JO 18) «selon la procédure accélérée au fond» d'une contestation portant sur les avis, propositions, conclusions écrites ou indications émis par le médecin du travail reposant sur des éléments de nature médicale en application des articles L. 4624-2, L. 4624-3 et L. 4624-4. Le médecin du travail, informé de la contestation (L. 2018-217 du 29 mars 2018, art. 11, I, 23°, JO 31) «par l'employeur», n'est pas partie au litige.

II. – Le conseil de prud'hommes peut confier toute mesure d'instruction au médecin inspecteur du travail territorialement compétent pour l'éclairer sur les questions de fait relevant de sa compétence. Celui-ci, peut, le cas échéant, s'adjoindre le concours de tiers. À la demande de l'employeur, les éléments médicaux ayant fondé les avis, propositions, conclusions écrites ou indications émis par le médecin du travail peuvent être notifiés au médecin que l'employeur mandate à cet effet. Le salarié est informé de cette notification.

III. – La décision du conseil de prud'hommes se substitue aux avis, propositions, conclusions écrites ou indications contestés.

(L. 2018-217 du 29 mars 2018, art. 11, I, 23°, JO 31) «IV. – Le conseil de prud'hommes peut décider, par décision motivée, de ne pas mettre tout ou partie des honoraires et frais d'expertise à la charge de la partie perdante, dès lors que l'action en justice n'est pas dilatoire ou abusive. Ces honoraires et frais sont réglés d'après le tarif fixé par un arrêté conjoint des ministres chargés du travail et du budget.»

V. – Les conditions et les modalités d'application du présent article sont définies par décret en Conseil d'État.

Art. L. 4624-8. Un dossier médical en santé au travail, constitué par le médecin du travail, retrace dans le respect du secret médical les informations relatives à l'état de santé du travailleur, aux expositions auxquelles il a été soumis ainsi que les avis et propositions du médecin du travail, notamment celles formulées en application (L. 2016-1088 du 8 août 2016, art. 102, II, 3°, JO 9, entrée en vigueur au plus tard le 01.01.2017) «des articles L. 4624-3 et L. 4624-4». Ce dossier ne peut être communiqué qu'au médecin de son choix, à la demande de l'intéressé. En cas de risque pour la santé publique ou à sa demande, le médecin du travail le transmet au médecin inspecteur du travail. Ce dossier peut être communiqué à un autre médecin du travail dans la continuité de la prise en charge, sauf refus du travailleur. Le travailleur, ou en cas de décès de celui-ci toute personne autorisée par les articles L. 1110-4 et L. 1111-7 du code de la santé publique, peut demander la communication de ce dossier.

Art. L. 4624-9. I. – Lorsque le médecin du travail constate la présence d'un risque pour la santé des travailleurs, il propose par un écrit motivé et circonstancié des mesures visant à la préserver.

L'employeur prend en considération ces propositions et, en cas de refus, fait connaître par écrit les motifs qui s'opposent à ce qu'il y soit donné suite.

II. – Lorsque le médecin du travail est saisi par un employeur d'une question relevant des missions qui lui sont dévolues en application de l'article L. 4622-3, il fait connaître ses préconisations par écrit.

III. – Les propositions et les préconisations du médecin du travail et la réponse de l'employeur, prévues aux I et II du présent article, sont transmises au (Ord. 2017-1386 du 22 sept. 2017, art. 4, 64°, JO 23, entrée en vigueur au plus tard le 01.01.2018) «comité social et économique», à l'agent de contrôle de l'inspection du travail mentionné à l'article L. 8112-1, au médecin inspecteur du travail ou aux agents des services de prévention des organismes de sécurité sociale et des organismes mentionnés à l'article L. 4643-1.

Art. L. 4624-10. Des décrets en Conseil d'État précisent les modalités d'action des personnels concourant aux services de santé au travail ainsi que les conditions d'application du présent chapitre (L. 2016-1088 du 8 août 2016, art. 102, II, 6°, JO 9, entrée en vigueur au plus tard le 01.01.2017) «, notamment les modalités du suivi individuel prévu à l'article L. 4624-1, les modalités d'identification des travailleurs mentionnés à l'article L. 4624-2 et les modalités du suivi individuel renforcé dont ils bénéficient».

SECTION 1 (RÉGLEMENTAIRE). Actions sur le milieu de travail

Note Cette section a été introduite par le décret 2012-135 du 30 janvier 2012, JO 31, entrée en vigueur le 01.07.2012.

Art. R. 4624-1. Les actions sur le milieu de travail s'inscrivent dans la mission des services de santé au travail définie à l'article L. 4622-2. Elles comprennent notamment :

1° La visite des lieux de travail ;

2° L'étude de postes en vue de l'amélioration des conditions de travail, de leur adaptation dans certaines situations ou du maintien dans l'emploi ;

3° L'identification et l'analyse des risques professionnels ;

4° L'élaboration et la mise à jour de la fiche d'entreprise ;

5° La délivrance de conseils en matière d'organisation des secours et des services d'urgence ;

6° La participation aux réunions du (D. 2017-1819 du 29 déc. 2017, art. 3, 70°, JO 30, entrée en vigueur le 01.01.2018) « comité social et économique » ;

7° La réalisation de mesures métrologiques ;

8° L'animation de campagnes d'information et de sensibilisation aux questions de santé publique en rapport avec l'activité professionnelle ;

9° Les enquêtes épidémiologiques ;

10° La formation aux risques spécifiques ;

11° L'étude de toute nouvelle technique de production ;

12° L'élaboration des actions de formation à la sécurité prévues à l'article L. 4141-2 et à celle des secouristes.

Art. R. 4624-2. Les actions sur le milieu de travail sont menées :

1° Dans les entreprises disposant d'un (D. 2014-798 du 11 juil. 2014, JO 13) « service autonome de santé au travail », par le médecin du travail, en collaboration avec les services chargés des activités de protection des salariés et de prévention des risques professionnels dans l'entreprise ;

2° Dans les entreprises adhérant à un service de santé au travail interentreprises, par l'équipe pluridisciplinaire de santé au travail, sous la conduite du médecin du travail et dans le cadre des objectifs fixés par le projet pluriannuel prévu à l'article L. 4622-14.

Art. R. 4624-3. (D. 2016-1908 du 27 déc. 2016, art. 18, III, 1°, JO 29, entrée en vigueur le 01.01.2017) « Les professionnels de santé de l'équipe pluridisciplinaire » ont libre accès aux lieux de travail (D. 2016-1908 du 27 déc. 2016, art. 18, III, 1°, JO 29, entrée en vigueur le 01.01.2017) « , sous l'autorité du médecin du travail ».

Il y réalise des visites soit à son initiative, soit à la demande de l'employeur ou du (D. 2017-1819 du 29 déc. 2017, art. 3, 43°, JO 30, entrée en vigueur le 01.01.2018) « comité social et économique ».

Art. R. 4624-4. L'employeur ou le président du service interentreprises prend toutes mesures pour permettre au médecin du travail de consacrer à ses missions en milieu de travail le tiers de son temps de travail, dans le cadre des actions mentionnées à l'article R. 4624-1.

Ce temps comporte au moins cent cinquante demi-journées de travail effectif chaque année, pour un médecin à plein temps. Pour un médecin à temps partiel, cette obligation est calculée proportionnellement à son temps de travail. (D. 2016-1908 du 27 déc. 2016, art. 18, III, 2°, JO 29, entrée en vigueur le 01.01.2017) « Ce temps est également consacré par le médecin du travail à sa mission d'animation et de coordination de l'équipe pluridisciplinaire en santé au travail. »

Art. R. 4624-4-1. Afin d'éviter toute altération de la santé des travailleurs du fait de leur travail, le médecin du travail ou, dans les services de santé au travail interentreprises, l'équipe pluridisciplinaire est informé :

1° De la nature et de la composition des produits utilisés ainsi que de leurs modalités d'emploi. L'employeur transmet notamment au médecin du travail les fiches de données de sécurité délivrées par le fournisseur de ces produits ;

2° Des résultats de toutes les mesures et analyses réalisées dans les domaines mentionnés à l'article R. 4623-1.

Art. R. 4624-5. Le médecin du travail ou, dans les services de santé au travail interentreprises, l'équipe pluridisciplinaire a accès à tous les documents non nominatifs rendus obligatoires par la présente partie.

Ce droit d'accès s'exerce dans des conditions garantissant le caractère confidentiel des données ainsi que la protection des informations mentionnées à l'article R. 4624-9.

Art. R. 4624-6. L'employeur prend en considération les avis présentés par le médecin du travail sur l'application des dispositions relatives à l'emploi des travailleurs handicapés. Il lui fait connaître les motifs qui s'opposent à ce qu'il y soit donné suite.

En cas de difficulté ou de désaccord, la décision est prise par l'inspecteur du travail, après avis du médecin inspecteur du travail.

Art. R. 4624-7. Dans l'exercice de ses fonctions, le médecin du travail peut, aux frais de l'employeur, réaliser ou faire réaliser des prélèvements et des mesures aux fins d'analyses. Il peut également faire procéder à des analyses ou mesures qu'il estime nécessaires par un organisme habilité. En cas de désaccord entre l'employeur et le médecin du travail, la décision est prise par l'inspecteur du travail, après avis du médecin inspecteur du travail.

Le médecin du travail avertit l'employeur, qui informe les travailleurs concernés ainsi que le (D. 2017-1819 du 29 déc. 2017, art. 3, 70°, JO 30, entrée en vigueur le 01.01.2018) « comité social et économique », des risques éventuels et des moyens de protection dont il doit être fait usage.

Art. R. 4624-8. Le médecin du travail communique à l'employeur les rapports et les résultats des études menées par lui ou, dans les services de santé au travail interentreprises, l'équipe pluridisciplinaire, dans le cadre de son action en milieu de travail. L'employeur porte ces rapports et résultats à la connaissance du (D. 2017-1819 du 29 déc. 2017, art. 3, 43°, JO 30, entrée en vigueur le 01.01.2018) « comité social et économique ». Il les tient à disposition du médecin inspecteur du travail.

Art. R. 4624-9. Il est interdit au médecin du travail et, dans les services de santé au travail interentreprises, aux autres membres de l'équipe pluridisciplinaire, de révéler les secrets de fabrication et les procédés d'exploitation dont il pourrait prendre connaissance dans l'exercice de ses fonctions.

La méconnaissance de ces interdictions est punie conformément à l'article 226-13 du code pénal.

SECTION 2 (RÉGLEMENTAIRE). Le suivi individuel de l'état de santé du travailleur

Note Cette section a été introduite par le décret 2016-1908 du 27 décembre 2016, art. 1er, I, JO 29, entrée en vigueur le 01.01.2017.

Sous-section 1. Dispositions relatives au suivi de l'état de santé des travailleurs

§ 1. Visite d'information et de prévention

Art. R. 4624-10. Tout travailleur bénéficie d'une visite d'information et de prévention, réalisée par l'un des professionnels de santé mentionnés au premier alinéa de l'article L. 4624-1 dans un délai qui n'excède pas trois mois à compter de la prise effective du poste de travail.

Art. R. 4624-11. La visite d'information et de prévention dont bénéficie le travailleur est individuelle. Elle a notamment pour objet :

1° D'interroger le salarié sur son état de santé ;

2° De l'informer sur les risques éventuels auxquels l'expose son poste de travail ;

3° De le sensibiliser sur les moyens de prévention à mettre en œuvre ;

4° D'identifier si son état de santé ou les risques auxquels il est exposé nécessitent une orientation vers le médecin du travail ;

5° De l'informer sur les modalités de suivi de son état de santé par le service et sur la possibilité dont il dispose, à tout moment, de bénéficier d'une visite à sa demande avec le médecin du travail.

Art. R. 4624-12. Lors de cette visite, un dossier médical en santé au travail est ouvert par le professionnel de santé du service de santé au travail mentionné au premier alinéa de l'article L. 4624-1, sous l'autorité du médecin du travail dans les conditions prévues à l'article L. 4624-8.

Art. R. 4624-13. À l'issue de toute visite d'information et de prévention, si elle n'a pas été réalisée par le médecin du travail, le professionnel de santé qui a effectué cette visite peut, s'il l'estime nécessaire, orienter sans délai le travailleur vers le médecin du travail dans le respect du protocole prévu au troisième alinéa de l'article L. 4624-1. Cette nouvelle visite, effectuée par le médecin du travail, a notamment pour objet de proposer, si elles sont nécessaires, des adaptations du poste ou l'affectation à d'autres postes.

Art. R. 4624-14. Le professionnel de santé délivre une attestation de suivi au travailleur et à l'employeur à l'issue de toute visite d'information et de prévention.

Art. R. 4624-15. Lorsque le travailleur a bénéficié d'une visite d'information et de prévention dans les cinq ans ou, pour le travailleur mentionné à l'article R. 4624-17, dans les trois ans précédant son embauche, l'organisation d'une nouvelle visite d'information et de prévention n'est pas requise dès lors que l'ensemble des conditions suivantes sont réunies :

1° Le travailleur est appelé à occuper un emploi identique présentant des risques d'exposition équivalents ;

2° Le professionnel de santé mentionné au premier alinéa de l'article L. 4624-1 est en possession de la dernière attestation de suivi ou du dernier avis d'aptitude ;

3° Aucune mesure formulée au titre de l'article L. 4624-3 ou aucun avis d'inaptitude rendu en application L. 4624-4 n'a été émis au cours des cinq dernières années ou, pour le travailleur mentionné à l'article R. 4624-17, au cours des trois dernières années.

§ 2. Périodicité du suivi individuel de l'état de santé des travailleurs

Art. R. 4624-16. Le travailleur bénéficie d'un renouvellement de la visite d'information et de prévention initiale, réalisée par un professionnel de santé mentionné au premier alinéa de l'article L. 4624-1, selon une périodicité qui ne peut excéder cinq ans. Ce délai, qui prend en compte les conditions de travail, l'âge et l'état de santé du salarié, ainsi que les risques auxquels il est exposé, est fixé par le médecin du travail dans le cadre du protocole mentionné à l'article L. 4624-1.

§ 3. Adaptation du suivi individuel de l'état de santé des travailleurs

Art. R. 4624-17. Tout travailleur dont l'état de santé, l'âge, les conditions de travail ou les risques professionnels auxquels il est exposé le nécessitent, notamment les travailleurs handicapés, les travailleurs qui déclarent être titulaires d'une pension d'invalidité et les travailleurs de nuit mentionnés à l'article L. 3122-5, bénéficie, à l'issue de la visite d'information et de prévention, de modalités de suivi adaptées déterminées dans le cadre du protocole écrit prévu au troisième alinéa de l'article L. 4624-1, selon une périodicité qui n'excède pas une durée de trois ans.

Art. R. 4624-18. Tout travailleur de nuit mentionné à l'article L. 3122-5 et tout travailleur âgé de moins de dix-huit ans bénéficie d'une visite d'information et de prévention réalisée par un professionnel de santé mentionné au premier alinéa de l'article L. 4624-1 préalablement à son affectation sur le poste.

Art. R. 4624-19. Toute femme enceinte, venant d'accoucher ou allaitante est, à l'issue de la visite d'information et de prévention, ou, à tout moment si elle le souhaite, orientée sans délai vers le médecin du travail dans le respect du protocole mentionné à l'article L. 4624-1. Cette nouvelle visite, effectuée par le médecin du travail, a notamment pour objet de proposer, si elles sont nécessaires, des adaptations du poste ou l'affectation à d'autres postes.

Art. R. 4624-20. Lors de la visite d'information et de prévention, tout travailleur handicapé ou qui déclare être titulaire d'une pension d'invalidité mentionné au cinquième alinéa de l'article L. 4624-1 est orienté sans délai vers le médecin du travail, qui peut préconiser des adaptations de son poste de travail. Le médecin du travail, dans le cadre du protocole mentionné à l'article L. 4624-1, détermine la périodicité et les modalités du suivi de son état de santé qui peut être réalisé par un professionnel de santé mentionné au premier alinéa de l'article L. 4624-1.

Art. R. 4624-21. Si le médecin du travail est informé et constate que le travailleur est affecté à un poste présentant des risques particuliers pour sa santé ou sa sécurité ou pour celles de ses collègues ou des tiers évoluant dans l'environnement immédiat de travail défini à l'article R. 4624-23, le travailleur bénéficie sans délai des modalités de suivi individuel renforcé prévues à la sous-section 2.

Sous-section 2. **Suivi individuel renforcé de l'état de santé des travailleurs**

Art. R. 4624-22. Tout travailleur affecté à un poste présentant des risques particuliers pour sa santé ou sa sécurité ou pour celles de ses collègues ou des tiers évoluant dans l'environnement immédiat de travail défini à l'article R. 4624-23 bénéficie d'un suivi individuel renforcé de son état de santé selon des modalités définies par la présente sous-section.

§ 1. Définition des postes à risque

Art. R. 4624-23. I. – Les postes présentant des risques particuliers mentionnés au premier alinéa de l'article L. 4624-2 sont ceux exposant les travailleurs :

1° À l'amiante ;

2° Au plomb dans les conditions prévues à l'article R. 4412-160 ;

3° Aux agents cancérogènes, mutagènes ou toxiques pour la reproduction mentionnés à l'article R. 4412-60 ;

4° Aux agents biologiques des groupes 3 et 4 mentionnés à l'article R. 4421-3 ;

5° Aux rayonnements ionisants ;
6° Au risque hyperbare ;
7° Au risque de chute de hauteur lors des opérations de montage et de démontage d'échafaudages.

II. – Présente également des risques particuliers tout poste pour lequel l'affectation sur celui-ci est conditionnée à un examen d'aptitude spécifique prévu par le présent code.

III. – S'il le juge nécessaire, l'employeur complète la liste des postes entrant dans les catégories mentionnées au I par des postes présentant des risques particuliers pour la santé ou la sécurité du travailleur ou pour celles de ses collègues ou des tiers évoluant dans l'environnement immédiat de travail mentionnés au premier alinéa de l'article L. 4624-2, après avis du ou des médecins concernés et du (D. 2017-1819 du 29 déc. 2017, art. 3, 64°, JO 30, entrée en vigueur le 01.01.2018) « comité social et économique s'il existe », en cohérence avec l'évaluation des risques prévue à l'article L. 4121-3 et, le cas échéant, la fiche d'entreprise prévue à l'article R. 4624-46. Cette liste est transmise au service de santé au travail, tenue à disposition du directeur régional des entreprises, de la concurrence, de la consommation, du travail et de l'emploi et des services de prévention des organismes de sécurité sociale et mise à jour tous les ans. L'employeur motive par écrit l'inscription de tout poste sur cette liste.

IV. – Le Conseil d'orientation des conditions de travail est consulté tous les trois ans sur la mise à jour éventuelle de la liste mentionnée au I du présent article.

§ 2. Examen médical d'aptitude à l'embauche

Art. R. 4624-24. Le suivi individuel renforcé comprend un examen médical d'aptitude, qui se substitue à la visite d'information et de prévention prévue à l'article R. 4624-10. Il est effectué par le médecin du travail préalablement à l'affectation sur le poste.

Cet examen a notamment pour objet :
1° De s'assurer que le travailleur est médicalement apte au poste de travail auquel l'employeur envisage de l'affecter, notamment en vérifiant la compatibilité du poste avec l'état de santé du travailleur qui y est affecté, afin de prévenir tout risque grave d'atteinte à sa santé ou à sa sécurité ou à celles de ses collègues ou des tiers évoluant dans l'environnement immédiat de travail ;
2° De rechercher si le travailleur n'est pas atteint d'une affection comportant un danger pour les autres travailleurs ;
3° De proposer éventuellement les adaptations du poste ou l'affectation à d'autres postes ;
4° D'informer le travailleur sur les risques des expositions au poste de travail et le suivi médical nécessaire ;
5° De sensibiliser le travailleur sur les moyens de prévention à mettre en œuvre.

Art. R. 4624-25. Cet examen ainsi que son renouvellement donnent lieu à la délivrance par le médecin du travail d'un avis d'aptitude ou d'inaptitude rendu conformément aux dispositions de l'article L. 4624-4. Cet avis d'aptitude ou d'inaptitude est transmis au travailleur et à l'employeur et versé au dossier médical en santé au travail de l'intéressé.

Art. R. 4624-26. Lors de cette visite, un dossier médical en santé au travail est constitué par le médecin du travail dans les conditions prévues à l'article L. 4624-8.

Art. R. 4624-27. Lorsque le travailleur a bénéficié d'une visite médicale d'aptitude dans les deux ans précédant son embauche, l'organisation d'un nouvel examen médical d'aptitude n'est pas requise dès lors que l'ensemble des conditions suivantes sont réunies :
1° Le travailleur est appelé à occuper un emploi identique présentant des risques d'exposition équivalents ;
2° Le médecin du travail intéressé est en possession du dernier avis d'aptitude du travailleur ;
3° Aucune mesure formulée au titre de l'article L. 4624-3 ou aucun avis d'inaptitude rendu en application de L. 4624-4 n'a été émis au cours des deux dernières années.

§ 3. Périodicité du suivi individuel renforcé

Art. R. 4624-28. Tout travailleur affecté à un poste présentant des risques particuliers pour sa santé ou sa sécurité ou pour celles de ses collègues ou des tiers évoluant dans l'environnement immédiat de travail, tels que définis à l'article R. 4624-23, bénéficie, à l'issue de l'examen médical d'embauche, d'un renouvellement de cette visite, effectuée par le médecin du travail selon une périodicité qu'il détermine et qui ne peut être supérieure à quatre ans. Une visite intermédiaire est effectuée par un professionnel de santé mentionné au premier alinéa de l'article L. 4624-1 au plus tard deux ans après la visite avec le médecin du travail.

Sous-section 3. **Visites de préreprise et de reprise du travail**

Art. R. 4624-29. En vue de favoriser le maintien dans l'emploi des travailleurs en arrêt de travail d'une durée de plus de trois mois, une visite de préreprise est organisée par le médecin du travail à l'initiative du médecin traitant, du médecin conseil des organismes de sécurité sociale ou du travailleur.

Art. R. 4624-30. Au cours de l'examen de préreprise, le médecin du travail peut recommander :

1° Des aménagements et adaptations du poste de travail ;

2° Des préconisations de reclassement ;

3° Des formations professionnelles à organiser en vue de faciliter le reclassement du travailleur ou sa réorientation professionnelle.

À cet effet, il s'appuie en tant que de besoin sur le service social du travail du service de santé au travail interentreprises ou sur celui de l'entreprise.

Il informe, sauf si le travailleur s'y oppose, l'employeur et le médecin conseil de ces recommandations afin que toutes les mesures soient mises en œuvre en vue de favoriser le maintien dans l'emploi du travailleur.

Art. R. 4624-31. Le travailleur bénéficie d'un examen de reprise du travail par le médecin du travail :

1° Après un congé de maternité ;

2° Après une absence pour cause de maladie professionnelle ;

3° Après une absence d'au moins trente jours pour cause d'accident du travail, de maladie ou d'accident non professionnel.

Dès que l'employeur a connaissance de la date de la fin de l'arrêt de travail, il saisit le service de santé au travail qui organise l'examen de reprise le jour de la reprise effective du travail par le travailleur, et au plus tard dans un délai de huit jours qui suivent cette reprise.

Art. R. 4624-32. L'examen de reprise a pour objet :

1° De vérifier si le poste de travail que doit reprendre le travailleur ou le poste de reclassement auquel il doit être affecté est compatible avec son état de santé ;

2° D'examiner les propositions d'aménagement ou d'adaptation du poste repris par le travailleur ou de reclassement faites par l'employeur à la suite des préconisations émises le cas échéant par le médecin du travail lors de la visite de préreprise ;

3° De préconiser l'aménagement, l'adaptation du poste ou le reclassement du travailleur ;

4° D'émettre, le cas échéant, un avis d'inaptitude.

Art. R. 4624-33. Le médecin du travail est informé par l'employeur de tout arrêt de travail d'une durée inférieure à trente jours pour cause d'accident du travail afin de pouvoir apprécier, notamment, l'opportunité d'un nouvel examen médical et, avec l'équipe pluridisciplinaire, de préconiser des mesures de prévention des risques professionnels.

Sous-section 4. **Visites à la demande de l'employeur, du travailleur ou du médecin du travail**

Art. R. 4624-34. Indépendamment des examens d'aptitude à l'embauche et périodiques ainsi que des visites d'information et de prévention, le travailleur bénéficie, à sa demande ou à celle de l'employeur, d'un examen par le médecin du travail.

Le travailleur peut solliciter notamment une visite médicale, lorsqu'il anticipe un risque d'inaptitude, dans l'objectif d'engager une démarche de maintien en emploi et de bénéficier d'un accompagnement personnalisé.

La demande du travailleur ne peut motiver aucune sanction.

Le médecin du travail peut également organiser une visite médicale pour tout travailleur le nécessitant.

Sous-section 5. **Examens complémentaires**

Art. R. 4624-35. Le médecin du travail peut réaliser ou prescrire les examens complémentaires nécessaires :

1° À la détermination de la compatibilité entre le poste de travail et l'état de santé du travailleur, notamment au dépistage des affections pouvant entraîner une contre-indication à ce poste de travail ;

2° Au dépistage d'une maladie professionnelle ou à caractère professionnel susceptible de résulter de l'activité professionnelle du travailleur ;

3° Au dépistage des maladies dangereuses pour l'entourage professionnel du travailleur.

Art. R. 4624-36. Les examens complémentaires sont à la charge de l'employeur lorsqu'il dispose d'un service autonome de santé au travail et du service de santé au travail interentreprises dans les autres cas.

Le médecin du travail réalise ou fait réaliser ces examens au sein du service de santé au travail, ou choisit l'organisme chargé de pratiquer les examens.

Ces derniers sont réalisés dans des conditions garantissant le respect de leur anonymat.

Art. R. 4624-37. Dans le cadre du suivi des travailleurs de nuit, le médecin du travail peut prescrire, s'il le juge utile, des examens spécialisés complémentaires, qui sont à la charge de l'employeur.

Art. R. 4624-38. En cas de désaccord entre l'employeur et le médecin du travail sur la nature et la fréquence de ces examens, la décision est prise par le médecin inspecteur du travail.

Sous-section 6. **Déroulement des visites et des examens médicaux**

Art. R. 4624-39. Le temps nécessité par les visites et les examens médicaux, y compris les examens complémentaires, est soit pris sur les heures de travail des travailleurs sans qu'aucune retenue de salaire puisse être opérée, soit rémunéré comme temps de travail effectif lorsque ces examens ne peuvent avoir lieu pendant les heures de travail.

Le temps et les frais de transport nécessités par ces visites et ces examens sont pris en charge par l'employeur.

Art. R. 4624-40. Dans les établissements de 200 travailleurs et plus, le suivi individuel peut être réalisé dans l'établissement.

Art. R. 4624-41. Un arrêté du ministre chargé du travail détermine les caractéristiques auxquelles répondent les centres de visites et d'examens fixes ou mobiles et leurs équipements, en fonction de l'importance du service de santé au travail. Cet arrêté précise le matériel minimum nécessaire au médecin du travail, au collaborateur médecin, à l'interne ou à l'infirmier pour l'exercice de leurs missions.

Sous-section 7. **Déclaration d'inaptitude**

Art. R. 4624-42. Le médecin du travail ne peut constater l'inaptitude médicale du travailleur à son poste de travail que :

1° S'il a réalisé au moins un examen médical de l'intéressé, accompagné, le cas échéant, des examens complémentaires, permettant un échange sur les mesures d'aménagement, d'adaptation ou de mutation de poste ou la nécessité de proposer un changement de poste ;

2° S'il a réalisé ou fait réaliser une étude de ce poste ;

3° S'il a réalisé ou fait réaliser une étude des conditions de travail dans l'établissement et indiqué la date à laquelle la fiche d'entreprise a été actualisée ;

4° S'il a procédé à un échange, par tout moyen, avec l'employeur.

Ces échanges avec l'employeur et le travailleur permettent à ceux-ci de faire valoir leurs observations sur les avis et les propositions que le médecin du travail entend adresser.

S'il estime un second examen nécessaire pour rassembler les éléments permettant de motiver sa décision, le médecin réalise ce second examen dans un délai qui n'excède pas quinze jours après le premier examen. La notification de l'avis médical d'inaptitude intervient au plus tard à cette date.

Le médecin du travail peut mentionner dans cet avis que tout maintien du salarié dans un emploi serait gravement préjudiciable à sa santé ou que l'état de santé du salarié fait obstacle à tout reclassement dans un emploi.

Art. R. 4624-43. Avant d'émettre son avis, le médecin du travail peut consulter le médecin inspecteur du travail.

Art. R. 4624-44. Les motifs de l'avis du médecin du travail sont consignés dans le dossier médical en santé au travail du travailleur.

Sous-section 8. **Contestation des avis et mesures émis par le médecin du travail**

Art. R. 4624-45. (D. 2017-1698 du 15 déc. 2017, JO 17) En cas de contestation portant sur les avis, propositions, conclusions écrites ou indications reposant sur des éléments de nature médicale émis par le médecin du travail mentionnés à l'article L. 4624-7, le conseil de prud'hommes statuant (D. 2019-1419 du 20 déc. 2019, art. 10, 7°, JO 22) « selon la procédure accélérée au fond » est saisi dans un délai de quinze jours à compter de leur notification. Les modalités de recours ainsi que ce délai sont mentionnés sur les avis et mesures émis par le médecin du travail.

Le conseil de prud'hommes statue (D. 2019-1419 du 20 déc. 2019, art. 10, 7°, JO 22) « selon la procédure accélérée au fond » dans les conditions prévues à l'article R. 1455-12.

Le médecin du travail informé de la contestation peut être entendu par le médecin-inspecteur du travail.

Art. R. 4624-45-1. (D. 2017-1008 du 10 mai 2017, JO 11) La provision des sommes dues au (D. 2017-1698 du 15 déc. 2017, JO 17) « médecin-inspecteur du travail » désigné en application de l'article L. 4624-7 est consignée à la Caisse des dépôts et consignations.

Le greffe est avisé de la consignation par la Caisse des dépôts et consignations.

(D. 2017-1698 du 15 déc. 2017, JO 17) « Le président du conseil de prud'hommes statuant (D. 2019-1419 du 20 déc. 2019, art. 10, 7°, JO 22) « selon la procédure accélérée au fond » fixe la rémunération du médecin-inspecteur du travail conformément au IV de l'article L. 4624-7. »

La libération des sommes consignées est faite par la Caisse des dépôts et consignations sur présentation de l'autorisation du président de la formation de référé.

Art. R. 4624-45-2. (D. 2017-1698 du 15 déc. 2017, JO 17) En cas d'indisponibilité du médecin-inspecteur du travail ou en cas de récusation de celui-ci, notamment lorsque ce dernier est intervenu dans les conditions visées à l'article R. 4624-43, le conseil de prud'hommes statuant (D. 2019-1419 du 20 déc. 2019, art. 10, 7°, JO 22) « selon la procédure accélérée au fond » peut désigner un autre médecin inspecteur du travail que celui qui est territorialement compétent.

SECTION 3 (RÉGLEMENTAIRE). Documents et rapports

Note Cette section a été introduite par le décret 2012-135 du 30 janvier 2012, JO 31, entrée en vigueur le 01.07.2012.

Sous-section 1. **Fiche d'entreprise**

Note
- Les sous-sections 1 et 2 ont été introduites par le décret 2014-798 du 11 juillet 2014, JO 13.
- Les articles R. 4624-46 à 54 sont les anciens articles R. 4624-37 à 45 (décret 2016-1908 du 27 décembre 2016, art. 1er, II, 1°, JO 29, entrée en vigueur le 01.01.2017).

Art. R. 4624-46. Pour chaque entreprise ou établissement, le médecin du travail ou, dans les services de santé au travail interentreprises, l'équipe pluridisciplinaire établit et met à jour une fiche d'entreprise ou d'établissement sur laquelle figurent, notamment, les risques professionnels et les effectifs de salariés qui y sont exposés.

Art. R. 4624-47. Pour les entreprises adhérentes à un service de santé au travail interentreprises, la fiche d'entreprise est établie dans l'année qui suit l'adhésion de l'entreprise ou de l'établissement à ce service.

Art. R. 4624-48. La fiche d'entreprise est transmise à l'employeur.

Elle est présentée au (D. 2017-1819 du 29 déc. 2017, art. 3, 45°, JO 30, entrée en vigueur le 01.01.2018) « comité social et économique » en même temps que le bilan annuel prévu à l'article L. 4612-16.

Art. R. 4624-49. La fiche d'entreprise est tenue à la disposition du directeur régional des entreprises, de la concurrence, de la consommation, du travail et de l'emploi et du médecin inspecteur du travail.

Elle peut être consultée par les agents des services de prévention des organismes de sécurité sociale et par ceux des organismes professionnels de santé, de sécurité et des conditions de travail mentionnés à l'article L. 4643-1.

Art. R. 4624-50. Le modèle de fiche d'entreprise est fixé par arrêté du ministre chargé du travail.

Sous-section 2. **Rapport annuel d'activité**

Art. R. 4624-51. Le médecin du travail établit un rapport annuel d'activité pour les entreprises dont il a la charge.

Pour les services de santé au travail interentreprises, le directeur du service établit une synthèse annuelle de l'activité du service de santé au travail qui rend compte de la réalisation des actions approuvées par le conseil d'administration dans le cadre du projet pluriannuel de service, de la réalisation des actions sur le milieu de travail, définies à l'article R. 4624-1, et des actions menées pour assurer le suivi individuel de la santé des salariés, notamment à partir du rapport annuel établi par chaque médecin du travail pour les entreprises dont il a la charge.

La commission médico-technique prévue à l'article L. 4622-13 émet un avis sur cette synthèse, avant sa présentation aux organes de surveillance.

Un arrêté du ministre chargé du travail fixe les modèles de rapport annuel d'activité du médecin du travail et de synthèse annuelle de l'activité du service de santé au travail.

Art. R. 4624-52. Le rapport annuel d'activité est remis par le médecin du travail :

1° Pour les services autonomes, au (D. 2017-1819 du 29 déc. 2017, art. 3, 27°, JO 30, entrée en vigueur le 01.01.2018) « comité social et économique ou comité social et économique d'établissement » compétent ;

2° Pour les services interentreprises, au conseil d'administration et, selon les cas, au comité interentreprises ou à la commission de contrôle.

Cette présentation intervient au plus tard à la fin du quatrième mois qui suit l'année pour laquelle le rapport a été établi.

Pour les services interentreprises, la synthèse annuelle mentionnée à l'article R. 4624-[51] est remise aux organes mentionnés au 2° dans les mêmes conditions.

Art. R. 4624-53. L'employeur ou le président du service de santé au travail transmet, dans le délai d'un mois à compter de sa présentation devant l'organe compétent, un exemplaire du rapport annuel d'activité de chaque médecin du travail et de la synthèse annuelle au directeur régional des entreprises, de la concurrence, de la consommation, du travail et de l'emploi et au médecin inspecteur du travail. Cette transmission est accompagnée des éventuelles observations formulées par l'organe de surveillance.

Art. R. 4624-54. Dans les entreprises ou établissements de plus de trois cents salariés, le médecin du travail établit un rapport annuel d'activité propre à l'entreprise. Ce rapport est transmis au (D. 2017-1819 du 29 déc. 2017, art. 3, 4°, JO 30, entrée en vigueur le 01.01.2018) « comité social et économique » dans les conditions prévues à l'article R. 4624-[52].

Il en est de même dans les autres entreprises ou établissements lorsque le comité en fait la demande.

Sous-section 3. **Avis médicaux d'aptitude et d'inaptitude**

Art. R. 4624-55. (D. 2016-1908 du 27 déc. 2016, art. 1er, II, 3°, JO 29, entrée en vigueur le 01.01.2017) L'avis médical d'aptitude ou d'inaptitude émis par le médecin du travail est transmis au salarié ainsi qu'à l'employeur par tout moyen leur conférant une date certaine. L'employeur le conserve pour être en mesure de le présenter à tout moment, sur leur demande, à l'inspecteur du travail et au médecin inspecteur du travail. Une copie de l'avis est versée au dossier médical en santé au travail du travailleur.

Art. R. 4624-56. (D. 2016-1908 du 27 déc. 2016, art. 1er, II, 3°, JO 29, entrée en vigueur le 01.01.2017) Lorsque le médecin du travail constate que l'inaptitude du salarié est susceptible d'être en lien avec un accident ou une maladie d'origine professionnelle, il remet à ce dernier le formulaire de demande prévu à l'article D. 433-3 du code de la sécurité sociale.

Art. R. 4624-57. (D. 2016-1908 du 27 déc. 2016, art. 1er, II, 3°, JO 29, entrée en vigueur le 01.01.2017) Le modèle d'avis d'aptitude ou d'inaptitude est fixé par arrêté du ministre chargé du travail.

SECTION 4 (RÉGLEMENTAIRE). **Recherches, études et enquêtes**

Note Cette section a été introduite par le décret 2014-798 du 11 juillet 2014, JO 13.

Art. R. 4624-58. Le médecin du travail participe, notamment en liaison avec le médecin inspecteur du travail, à toutes recherches, études et enquêtes, en particulier à caractère épidémiologique, entrant dans le cadre de ses missions.

Chapitre V

Surveillance médicale de catégories particulières de travailleurs

Art. L. 4625-1. (L. 2011-867 du 20 juil. 2011, art. 14, JO 24) Un décret détermine les règles relatives à l'organisation, au choix et au financement du service de santé au travail ainsi qu'aux modalités de surveillance de l'état de santé des travailleurs applicables aux catégories de travailleurs suivantes :

1° Salariés temporaires ;

2° Stagiaires de la formation professionnelle ;

3° Travailleurs des associations intermédiaires ;

4° Travailleurs exécutant habituellement leur contrat de travail dans une entreprise autre que celle de leur employeur ;

5° Travailleurs éloignés exécutant habituellement leur contrat de travail dans un département différent de celui où se trouve l'établissement qui les emploie ;

6° Travailleurs détachés temporairement par une entreprise non établie en France ;

7° Travailleurs saisonniers.

Ces travailleurs bénéficient d'une protection égale à celle des autres travailleurs.

Des règles et modalités de surveillance adaptées ne peuvent avoir pour effet de modifier la périodicité des examens médicaux définie par le présent code.

Des règles adaptées relatives à l'organisation du service de santé au travail ne peuvent avoir pour effet de modifier les modalités de composition et de fonctionnement du conseil d'administration prévues à l'article L. 4622-11.

Pour tenir compte de spécificités locales en matière de recours à des travailleurs saisonniers, l'autorité administrative peut approuver des accords adaptant les modalités définies par décret sous réserve que ces adaptations garantissent un niveau au moins équivalent de protection de la santé aux travailleurs concernés.

Art. L. 4625-1-1. (L. 2016-1088 du 8 août 2016, art. 102, II, 10°, JO 9, entrée en vigueur au plus tard le 01.01.2017) Un décret en Conseil d'État prévoit les adaptations des règles définies aux articles L. 4624-1 et L. 4624-2 pour les salariés temporaires et les salariés en contrat à durée déterminée.

Ces adaptations leur garantissent un suivi individuel de leur état de santé d'une périodicité équivalente à celle du suivi des salariés en contrat à durée indéterminée.

Ce décret en Conseil d'État prévoit les modalités d'information de l'employeur sur le suivi individuel de l'état de santé de son salarié et les modalités particulières d'hébergement des dossiers médicaux en santé au travail et d'échanges d'informations entre médecins du travail.

Art. L. 4625-2. (L. 2011-867 du 20 juil. 2011, art. 10, JO 24) Un accord collectif de branche étendu peut prévoir des dérogations aux règles relatives à l'organisation et au choix du service de santé au travail ainsi qu'aux modalités de surveillance de l'état de santé des travailleurs dès lors que ces dérogations n'ont pas pour effet de modifier la périodicité des examens médicaux définie par le présent code.

Ces dérogations concernent les catégories de travailleurs suivantes :

1° Artistes et techniciens intermittents du spectacle ;

2° Mannequins ;

3° Salariés du particulier employeur ;

4° Voyageurs, représentants et placiers.

L'accord collectif de branche étendu après avis du Conseil national de l'ordre des médecins peut prévoir que le suivi médical des salariés du particulier employeur et des mannequins soit effectué par des médecins non spécialisés en médecine du travail qui signent un protocole avec un service de santé au travail interentreprises. Ces protocoles prévoient les garanties en termes de formation des médecins non spécialistes, les modalités de leur exercice au sein du service de santé au travail ainsi que l'incompatibilité entre la fonction de médecin de soin du travailleur ou de l'employeur et le suivi médical du travailleur prévu par le protocole. Ces dispositions ne font pas obstacle à l'application de l'article L. 1133-3.

En cas de difficulté ou de désaccord avec les avis délivrés par les médecins mentionnés au septième alinéa du présent article, l'employeur ou le travailleur peut solliciter un examen médical auprès d'un médecin du travail appartenant au service de santé au travail interentreprises ayant signé le protocole.

SECTION 1 (RÉGLEMENTAIRE). Modalités de suivi individuel applicables aux travailleurs titulaires de contrats à durée déterminée

Note Les sections 1 et 2 ont été introduites par le décret 2016-1908 du 27 décembre 2016, art. 2, JO 29, entrée en vigueur le 01.01.2017.

Art. R. 4625-1. Les dispositions des chapitres Ier à IV sont applicables aux travailleurs titulaires de contrats à durée déterminée. Ces travailleurs bénéficient d'un suivi individuel de leur état de santé d'une périodicité équivalente à celui des salariés en contrat à durée indéterminée, notamment des dispositions prévues aux articles R. 4624-15 et R. 4624-27.

SECTION 2 (RÉGLEMENTAIRE). Modalités de suivi individuel applicables aux travailleurs temporaires

Note Avant l'intervention du décret 2016-1908 du 27 décembre 2016 (JO 29), le chapitre V comportait une section 2 réglementaire intitulée «Salarié saisonnier» où figurait l'article D. 4625-22 qui, à notre sens, est toujours en vigueur; nous le rapportons ci-après dans sa rédaction issue du décret 2016-1908 précité.

Art. D. 4625-22. (D. 2012-137 du 30 janv. 2012, JO 31, entrée en vigueur le 01.07.2012) Un examen médical d'embauche est obligatoire pour les salariés saisonniers recrutés pour une durée au moins égale à quarante-cinq jours de travail effectif ***(D. 2016-1908 du 27 déc. 2016, art. 19, I, 2°, JO 29, entrée en vigueur le 01.01.2017)*** «affectés à des emplois présentant des risques particuliers mentionnés à l'article R. 4624-23,» sauf en ce qui concerne les salariés recrutés pour un emploi équivalent à ceux précédemment occupés si aucune inaptitude n'a été reconnue lors du dernier examen médical intervenu au cours des vingt-quatre mois précédents.

Pour les salariés saisonniers recrutés pour une durée inférieure à quarante-cinq jours ***(D. 2016-1908 du 27 déc. 2016, art. 19, I, 2°, JO 29, entrée en vigueur le 01.01.2017)*** «et ceux affectés à des emplois autres que ceux présentant des risques particuliers mentionnés à l'article R. 4624-23», le service de santé au travail organise des actions de formation et de prévention. Ces actions peuvent être communes à plusieurs entreprises.

Le ***(D. 2017-1819 du 29 déc. 2017, art. 3, 70°, JO 30, entrée en vigueur le 01.01.2018)*** «comité social et économique» est consulté sur ces actions.

Sous-section 1. Champ d'application

Art. R. 4625-2. Les dispositions des chapitres Ier à IV sont applicables aux travailleurs temporaires, sous réserve des modalités particulières prévues par la présente section.

Sous-section 2. Agrément du service de santé au travail

Art. R. 4625-3. Pour les entreprises de travail temporaire, la demande d'agrément et de renouvellement des services de santé au travail est accompagnée d'un dossier spécifique dont les éléments sont fixés par arrêté du ministre chargé du travail.

Art. R. 4625-4. Le service de santé au travail interentreprises agréé pour exercer les missions de santé au travail pour les travailleurs temporaires constitue un secteur à compétence géographique propre réservé à ces salariés.

Ce secteur peut être commun à plusieurs services de santé au travail interentreprises agréés pour exercer les missions de santé au travail pour les travailleurs temporaires.

Art. R. 4625-5. Le secteur réservé aux travailleurs temporaires n'est pas soumis à l'obligation de créer au moins un centre médical fixe. Lorsqu'aucun centre médical fixe n'est créé, ce secteur est rattaché au centre d'un autre secteur du même service.

Art. R. 4625-6. L'affectation d'un médecin du travail au secteur réservé aux travailleurs temporaires ne peut être faite à titre exclusif. Une dérogation peut être accordée après avis du médecin inspecteur du travail par le directeur régional des entreprises, de la concurrence, de la consommation, du travail et de l'emploi, lorsque les caractéristiques particulières du secteur l'exigent.

Sous-section 3. **Action sur le milieu de travail**

Art. R. 4625-7. Les conditions dans lesquelles le médecin du travail et, sous son autorité, les professionnels de santé de l'entreprise de travail temporaire ont accès aux postes de travail utilisés ou susceptibles d'être utilisés par des travailleurs temporaires sont fixées entre l'entreprise utilisatrice et l'entreprise de travail temporaire, après avis des médecins du travail intéressés.

Sous-section 4. **Suivi individuel de l'état de santé des travailleurs temporaires**

§ 1. Dispositions communes

Art. R. 4625-8. Pour les travailleurs temporaires, les visites prévues par les sous-sections 1 et 2 de la section 2 du présent chapitre sont réalisées par le service de santé au travail de l'entreprise de travail temporaire. Les entreprises de travail temporaire ont également la possibilité de s'adresser, sous réserve de leur accord, aux services suivants pour faire réaliser ces visites :

1° Un service interentreprises de santé au travail proche du lieu de travail du salarié temporaire, d'un autre secteur ou professionnel ;

2° Le service autonome de l'entreprise utilisatrice auprès de laquelle est détaché le travailleur temporaire.

Les entreprises de travail temporaire informent le médecin inspecteur du travail qui les suit de leur intention de recourir à cette faculté.

Les entreprises de travail temporaire recourant à cette faculté communiquent au service de santé au travail concerné les coordonnées de leur service de médecine du travail habituel afin de faciliter l'échange d'informations entre les deux services dans le respect des obligations de confidentialité.

Art. R. 4625-9. Si le travailleur est affecté, le cas échéant en cours de mission, à un poste à risque mentionné à l'article R. 4624-23 pour lequel il n'a pas bénéficié du suivi individuel renforcé mentionné au paragraphe 3 de la présente sous-section, l'entreprise utilisatrice organise un examen médical d'aptitude pour ce poste.

Le médecin du travail de l'entreprise utilisatrice se prononce, le cas échéant, sur l'aptitude ou l'inaptitude du travailleur à occuper ce poste de travail.

Le médecin du travail de l'entreprise de travail temporaire est informé du résultat de cet examen.

§ 2. Suivi individuel de l'état de santé des travailleurs temporaires

Art. R. 4625-10. Les visites réalisées en application de la sous-section 1 de la section 2 du présent chapitre peuvent être effectuées pour plusieurs emplois, dans la limite de trois.

Art. R. 4625-11. Il n'est pas réalisé de nouvelle visite d'information et de prévention par le personnel de santé du service de santé au travail de l'entreprise de travail temporaire avant une nouvelle mission si l'ensemble des conditions suivantes sont réunies :

1° Le personnel de santé a pris connaissance d'une attestation de suivi délivrée pour un même emploi dans les deux années précédant l'embauche ;

2° Le travailleur est appelé à occuper un emploi identique présentant des risques d'exposition équivalents ;

3° Aucun avis médical formulé au titre des articles L. 4624-3 ou avis d'inaptitude rendu en application L. 4624-4 n'a été émis au cours des deux dernières années.

§ 3. Suivi individuel renforcé de l'état de santé des travailleurs temporaires

Art. R. 4625-12. Les examens médicaux d'aptitude réalisés en application de la sous-section 2 de la section 2 du présent chapitre peuvent être effectués pour plusieurs emplois, dans la limite de trois. Ils sont réalisés par le médecin du travail de l'entreprise de travail temporaire, dans les conditions mentionnées à l'article R. 4625-9.

Art. R. 4625-13. Il n'est pas réalisé de nouvel examen médical d'aptitude avant la nouvelle mission si les conditions suivantes sont réunies :

1° Le médecin du travail a pris connaissance d'un avis d'aptitude pour un même emploi dans les deux années précédant l'embauche ;

2° Le travailleur est appelé à occuper un emploi identique présentant des risques d'exposition équivalents ;

3° Aucun avis médical formulé au titre des articles L. 4624-3 ou avis d'inaptitude rendu en application L. 4624-4 n'a été émis au cours des deux dernières années.

Art. R. 4625-14. Lorsqu'un décret intéressant certaines professions, certains modes de travail ou certains risques pris en application au 3° de l'article L. 4111-6 prévoit la réalisation d'examens obligatoires destinés à vérifier l'aptitude à un emploi, notamment avant l'affectation, ces examens sont réalisés par le médecin du travail de l'entreprise utilisatrice, qui se prononce sur l'aptitude ou l'inaptitude du travailleur.

Sous-section 5. **Documents et rapports**

Art. R. 4625-15. Dans les entreprises de travail temporaire, le document prévu à l'article D. 4622-22 comporte des indications particulières, fixées par arrêté du ministre chargé du travail.

Art. R. 4625-16. Le rapport annuel relatif à l'organisation, au fonctionnement et à la gestion financière du service de santé au travail et les rapports d'activité du médecin du travail comportent des éléments particuliers consacrés au suivi individuel de l'état de santé des travailleurs temporaires.

Sous-section 6. **Dossier médical**

Art. R. 4625-17. Le médecin du travail ou, sous son autorité, les personnels de santé du service de santé au travail de l'entreprise de travail temporaire constituent et complètent le dossier médical en santé au travail prévu à l'article L. 4624-8. Le médecin du travail conserve ce dossier médical.

Sous-section 7. **Communication d'informations entre entreprises de travail temporaire et entreprises utilisatrices**

Art. R. 4625-18. Lors de la signature du contrat de mise à disposition du travailleur temporaire, l'entreprise de travail temporaire et l'entreprise utilisatrice se transmettent l'identité de leur service de santé au travail.

L'entreprise utilisatrice indique à l'entreprise de travail temporaire si le poste de travail occupé par le travailleur présente des risques particuliers mentionné à l'article L. 4624-2.

Les médecins du travail de l'entreprise de travail temporaire et de l'entreprise utilisatrice sont également informés.

Art. R. 4625-19. Les informations nécessaires à l'exercice des missions de médecine du travail au bénéfice des travailleurs temporaires sont communiquées par l'entreprise de travail temporaire à l'entreprise utilisatrice et aux autres entreprises de travail temporaire intéressées.

Art. R. 4625-20. Le médecin du travail de l'entreprise utilisatrice et le médecin du travail de l'entreprise de travail temporaire échangent les renseignements nécessaires à l'accomplissement de leur mission.

SECTION 3 (RÉGLEMENTAIRE). Travailleurs éloignés

Note Cette section a été introduite par le décret 2014-423 du 24 avril 2014, JO 26.

Sous-section 1. **Champ d'application**

Art. D. 4625-23. Les dispositions des chapitres Ier à IV sont applicables à la surveillance médicale des travailleurs éloignés définis à l'article L. 4625-1, sous réserve des modalités particulières prévues par la présente section.

Art. D. 4625-24. Pour l'application de la présente section, le service de santé au travail chargé du suivi des travailleurs de l'établissement est appelé : service de santé au travail principal.

Le service de santé au travail interentreprises chargé du suivi des travailleurs éloignés est appelé : service de santé au travail de proximité.

Sous-section 2. **Adhésion à un service de santé au travail**

Art. D. 4625-25. L'employeur peut adhérer à un ou plusieurs services de santé au travail de proximité situés dans le département où travaillent, à titre principal, ses travailleurs éloignés.

En cas d'adhésion à plusieurs services de santé au travail de proximité, ces derniers ne sont pas compétents sur le même secteur géographique.

Art. D. 4625-26. L'employeur peut adhérer à un service de santé au travail de proximité pour ses travailleurs éloignés :

1° Soit parce que l'affectation de ces travailleurs éloignés en dehors de l'établissement qui les emploie est suffisamment durable ;

2° Soit parce que ces travailleurs éloignés ne se rendent pas habituellement au sein de l'établissement qui les emploie.

Art. D. 4625-27. L'employeur informe et consulte le (D. 2017-1819 du 29 déc. 2017, art. 3, 4°, JO 30, entrée en vigueur le 01.01.2018) « comité social et économique » sur le recours à un ou plusieurs services de santé au travail de proximité pour la surveillance médicale de ses travailleurs éloignés.

Art. D. 4625-28. Lors de son adhésion, l'employeur communique au service de santé au travail de proximité les informations suivantes :

1° La liste des travailleurs concernés, dont ceux relevant d'(D. 2016-1908 du 27 déc. 2016, art. 19, I, 3°, JO 29, entrée en vigueur le 01.01.2017) « un suivi individuel renforcé » ;

2° L'adresse du site ou des sites à suivre ;

3° La fiche d'entreprise prévue à l'article R. 4624-[46] ;

4° Les coordonnées du service de santé au travail principal (D. 2016-1908 du 27 déc. 2016, art. 19, I, 3°, JO 29, entrée en vigueur le 01.01.2017) « , des médecins du travail et des professionnels de santé mentionnés au premier alinéa de l'article L. 4624-1 » compétents.

Sous-section 3. **Échanges d'informations, documents et rapports**

Art. D. 4625-29. Le service de santé au travail principal est informé, par l'employeur, dans le délai d'un mois après son adhésion au service de santé au travail de proximité :

1° Des coordonnées du service de santé au travail de proximité ;

2° Du nom et des coordonnées des médecins du travail (D. 2016-1908 du 27 déc. 2016, art. 19, I, 4°, JO 29, entrée en vigueur le 01.01.2017) « et des professionnels de santé mentionnés au premier alinéa de l'article L. 4624-1 » compétents ;

3° De la liste des travailleurs suivis par le service de santé au travail de proximité, dont ceux relevant d'(D. 2016-1908 du 27 déc. 2016, art. 19, I, 4°, JO 29, entrée en vigueur le 01.01.2017) « un suivi individuel renforcé ».

Art. D. 4625-30. Le médecin du travail du service de santé au travail principal et le médecin du travail du service de santé au travail de proximité échangent les renseignements nécessaires à l'accomplissement de leur mission.

Art. D. 4625-31. Le rapport annuel propre à l'entreprise, prévu à l'article R. 4624-45, est élaboré par le médecin du travail du service de santé au travail principal. Ce rapport tient compte des informations communiquées par les médecins du travail de chacun des services de santé au travail de proximité compétents pour le suivi des travailleurs éloignés.

Art. D. 4625-32. La fiche d'entreprise prévue à l'article R. 4624-37 est complétée, le cas échéant, par les informations communiquées par le médecin du travail qui anime et coordonne l'équipe pluridisciplinaire de chacun des services de santé au travail de proximité compétents pour le suivi des travailleurs éloignés.

Sous-section 4. **Dossier médical en santé au travail**

Art. D. 4625-33. Le médecin du travail du service de santé au travail de proximité constitue, complète et conserve le dossier médical en santé au travail prévu à l'article (D. 2016-1908 du 27 déc. 2016, art. 19, I, 5°, JO 29, entrée en vigueur le 01.01.2017) « L. 4624-8 ».

Sous-section 5. **Contestation des avis médicaux**

Art. D. 4625-34. En cas de contestation d'un avis émis par le médecin du travail en application (D. 2016-1908 du 27 déc. 2016, art. 19, I, 6°, JO 29, entrée en vigueur le 01.01.2017) « de l'article L. 4624-7, le recours est adressé au conseil de prud'hommes dans le ressort duquel se trouve » l'établissement qui emploie le salarié.

(D. 2016-1908 du 27 déc. 2016, art. 19, I, 6°, JO 29, entrée en vigueur le 01.01.2017) « Le médecin inspecteur du travail saisi par le conseil de prud'hommes d'une consultation relative à la contestation est celui dont la compétence géographique couvre le service de santé au travail de proximité. »

Chapitre VI (réglementaire)

Services de santé au travail des établissements de santé, sociaux et médico-sociaux

SECTION 1. Champ d'application

Art. D. 4626-1. Les dispositions des chapitres Ier à V s'appliquent aux établissements de santé, sociaux et médico-sociaux mentionnés à l'article 2 de la loi n° 86-33 du 9 janvier 1986 portant dispositions particulières relatives à la fonction publique hospitalière, sous réserve des dispositions du présent chapitre.

SECTION 2. Services de santé au travail

Sous-section 1. Organisation

Art. D. 4626-2. (D. 2015-1588 du 4 déc. 2015, JO 6, entrée en vigueur le 01.01.2016) Le service de santé au travail est organisé sous la forme :

1° Soit d'un service autonome de santé au travail propre à l'établissement ;

2° Soit d'un service autonome de santé au travail constitué par convention entre plusieurs établissements.

Toutefois, pour les établissements de moins de mille cinq cents agents, lorsque la création d'un service autonome de santé au travail se révélerait impossible, l'établissement peut passer convention avec :

– un service commun à plusieurs administrations prévu au deuxième alinéa de l'article 11 du décret n° 82-453 du 28 mai 1982 modifié relatif à l'hygiène et à la sécurité du travail ainsi qu'à la prévention médicale dans la fonction publique ;

– un service de santé au travail interentreprises tel que défini aux articles D. 4622-22 et suivants.

Art. D. 4626-3. (D. 2015-1588 du 4 déc. 2015, JO 6, entrée en vigueur le 01.01.2016) Lorsque le service autonome de santé au travail regroupe par convention plusieurs établissements, la convention fixe notamment les modalités de gestion du service et de répartition des charges. La gestion du service peut être confiée à l'un des établissements parties à la convention.

Art. D. 4626-4. L'effectif à prendre en considération pour l'organisation du service (D. 2015-1588 du 4 déc. 2015, JO 6, entrée en vigueur le 01.01.2016) « autonome » de santé au travail est (D. 2015-1588 du 4 déc. 2015, JO 6, entrée en vigueur le 01.01.2016) « l'effectif physique de l'ensemble des agents » y compris les personnels médicaux, employés dans l'établissement au 31 décembre de la dernière année civile.

Art. D. 4626-4-1. (D. 2015-1588 du 4 déc. 2015, JO 6, entrée en vigueur le 01.01.2016) Les caractéristiques auxquelles répondent les locaux médicaux et leurs équipements sont déterminées en fonction de l'importance du service autonome de santé au travail, après consultation du médecin du travail et du (D. 2017-1819 du 29 déc. 2017, art. 3, 70°, JO 30, entrée en vigueur le 01.01.2018) « comité social et économique » compétents.

Art. D. 4626-5. (D. 2015-1588 du 4 déc. 2015, JO 6, entrée en vigueur le 01.01.2016) Lorsque le service autonome de santé au travail regroupe par convention plusieurs établissements, le montant total des dépenses est réparti entre les établissements intéressés proportionnellement à l'effectif physique de l'ensemble des agents employés par chacun d'eux au 31 décembre de la dernière année civile.

Art. D. 4626-5-1. (D. 2015-1588 du 4 déc. 2015, JO 6, entrée en vigueur le 01.01.2016) Les services autonomes de santé au travail ne sont pas soumis aux dispositions des articles D. 4622-48 à D. 4622-53 du présent code.

L'établissement qui gère le service autonome de santé au travail adresse une déclaration décrivant l'organisation et le fonctionnement du service au directeur régional des entreprises, de la concurrence, de la consommation, du travail et de l'emploi. Dans un délai de quatre mois, celui-ci peut présenter ses observations à l'établissement sur l'organisation et le fonctionnement prévus du service.

Le contenu de la déclaration est précisé par arrêté conjoint des ministres chargés de la santé et du travail. La déclaration est actualisée tous les cinq ans.

Sous-section 2. **Rapport annuel**

Art. D. 4626-6. (D. 2015-1588 du 4 déc. 2015, JO 6, entrée en vigueur le 01.01.2016) Le chef d'établissement établit chaque année un rapport sur l'organisation, le fonctionnement et la gestion financière du service autonome de santé au travail. Il est élaboré selon un modèle fixé par arrêté conjoint des ministres chargés de la santé et du travail.

Lorsque le service autonome de santé au travail regroupe par convention plusieurs établissements, un rapport commun est établi par le chef d'établissement hébergeant le service. Il retrace l'activité du service autonome de santé au travail dans chacun des établissements concernés. Un exemplaire de ce rapport est adressé à chaque établissement partie à la convention.

Art. D. 4626-7. (D. 2015-1588 du 4 déc. 2015, JO 6, entrée en vigueur le 01.01.2016) Le rapport annuel est présenté en même temps que le rapport mentionné à l'article D. 4626-32 et que le bilan social au comité technique d'établissement, à la commission médicale d'établissement et au (D. 2017-1819 du 29 déc. 2017, art. 3, 70°, JO 30, entrée en vigueur le 01.01.2018) « comité social et économique ». Il est transmis, assorti des observations éventuelles de ces instances, dans un délai d'un mois, au directeur régional des entreprises, de la concurrence, de la consommation, du travail et de l'emploi.

Art. D. 4626-8. Les dispositions de l'article D. 4626-7 s'appliquent lorsque l'établissement a conclu une convention avec un service de santé au travail interentreprises.

SECTION 3. Personnels concourant aux services de santé au travail

Sous-section 1. **Médecin du travail**

Art. R. 4626-9. Les médecins du travail sont recrutés parmi les médecins remplissant les conditions prévues à l'article R. 4623-2.

Art. R. 4626-10. Le certificat d'études spéciales de médecine du travail et le diplôme d'études spécialisés de médecine du travail ne sont pas obligatoires pour les médecins chargés d'un service de médecine préventive du personnel en fonction à la date du 8 septembre 1985.

Art. R. 4626-11. (D. 2015-1588 du 4 déc. 2015, JO 6, entrée en vigueur le 01.01.2016) Le médecin du travail est lié par un contrat conclu avec l'établissement chargé de la gestion du service de santé au travail conformément à un modèle de contrat établi par arrêté conjoint des ministres chargés de la santé et du travail.

Art. R. 4626-12. (D. 2015-1588 du 4 déc. 2015, JO 6, entrée en vigueur le 01.01.2016) L'établissement informe le comité technique d'établissement, le (D. 2017-1819 du 29 déc. 2017, art. 3, 70°, JO 30, entrée en vigueur le 01.01.2018) « comité social et économique » et le directeur régional des entreprises, de la concurrence, de la consommation, du travail et de l'emploi de la nomination ou du recrutement du médecin du travail.

Sans préjudice des dispositions réglementaires applicables en matière disciplinaire aux personnels visés à l'article L. 952-21 du code de l'éducation et au 1° de l'article L. 6152-1 du code de la santé publique, la décision de licenciement du médecin du travail, de rupture ou de non-renouvellement de son contrat à durée déterminée est prise après avis conforme de l'inspecteur du travail. Cet avis est rendu après consultation du (D. 2017-1819 du 29 déc. 2017, art. 3, 70°, JO 30, entrée en vigueur le 01.01.2018) « comité social et économique » compétent et avis du médecin inspecteur du travail.

Art. R. 4626-13. (D. 2015-1588 du 4 déc. 2015, JO 6, entrée en vigueur le 01.01.2016) Le médecin du travail assure personnellement l'ensemble de ses fonctions. Dans les établissements dont il a la charge, ces fonctions sont exclusives de toute autre fonction susceptible de remettre en cause l'indépendance du médecin du travail prévue à l'article L. 4622-4 ou qui déroge à l'article R. 4127-99 du code de la santé publique.

Toutefois, le médecin du travail peut confier certaines activités, sous sa responsabilité et dans le cadre de protocoles écrits, notamment aux collaborateurs médecins, aux internes, aux candidats à l'autorisation d'exercice, aux infirmiers, aux assistants de service de santé au travail. Pour les professions dont les conditions d'exercice relèvent du code de la santé publique, ces activités sont exercées dans la limite des compétences respectives des professionnels de santé déterminées par les dispositions du présent code.

Art. R. 4626-13-1. (D. 2015-1588 du 4 déc. 2015, JO 6, entrée en vigueur le 01.01.2016) Dans les centres hospitaliers universitaires, les fonctions de médecin du travail peuvent être confiées à un professeur des universités-praticien hospitalier en médecine du travail dans les conditions définies aux articles R. 4626-12 et R. 4626-13. Dans ce cas, les dispositions des articles R. 4623-4 et R. 4626-9 ne sont pas applicables.

Art. R. 4626-14. (D. 2015-1588 du 4 déc. 2015, JO 6, entrée en vigueur le 01.01.2016) Le service autonome de santé au travail comprend au moins un médecin du travail employé à temps complet pour mille cinq cents agents.

Pour tout effectif ou fraction inférieure à mille cinq cents agents, il est fait appel à un médecin du travail employé à temps partiel.

Le seuil de mille cinq cents agents est porté à deux mille lorsque le service autonome de santé au travail est assisté de l'équipe pluridisciplinaire composée de l'ensemble des agents mentionnés aux 1° à 3° de l'article R. 4626-17.

Art. R. 4626-15. Lorsque le service (D. 2015-1588 du 4 déc. 2015, JO 6, entrée en vigueur le 01.01.2016) « autonome » de santé au travail comprend plusieurs médecins, la coordination administrative de leurs activités peut être confiée à l'un d'entre eux.

Art. R. 4626-16. Dans le cas d'un (D. 2015-1588 du 4 déc. 2015, JO 6, entrée en vigueur le 01.01.2016) « service autonome de santé au travail constitué par convention entre plusieurs établissements », le temps consacré aux déplacements est compté dans le temps de travail du médecin.

Sous-section 2. **Équipes pluridisciplinaires**

Art. R. 4626-17. (D. 2015-1588 du 4 déc. 2015, JO 6, entrée en vigueur le 01.01.2016) Afin d'assurer la mise en œuvre des compétences médicales, techniques et organisationnelles nécessaires à la prévention des risques professionnels et à l'amélioration des conditions de travail, l'établissement met à disposition du service autonome de santé au travail les moyens nécessaires à son bon fonctionnement et à la réalisation de ses missions, notamment :

1° Du personnel infirmier ;

2° Du personnel assistant de service de santé au travail ;

3° Sur proposition du médecin du travail, de manière ponctuelle ou permanente, des personnes ou des organismes possédant des compétences nécessaires à la prévention des risques professionnels et à l'amélioration des conditions de travail.

L'équipe pluridisciplinaire ainsi constituée est animée et coordonnée par le médecin du travail.

Les membres de l'équipe pluridisciplinaire exercent leurs fonctions en toute indépendance.

L'indépendance des personnes et des organismes associés extérieurs à l'établissement est garantie dans le cadre d'une convention qui précise :

- les actions qui leur sont confiées et les modalités de leur exercice ;
- les moyens mis à leur disposition ainsi que les règles assurant leur accès aux lieux de travail et les conditions d'accomplissements de leurs missions, notamment celles propres à assurer la libre présentation de leurs observations et propositions.

Les services sociaux peuvent être associés à la mise en œuvre des actions menées par l'équipe du service autonome de santé au travail.

SECTION 4. Actions et moyens des membres de l'équipe pluridisciplinaire de santé au travail

Sous-section 1. **Action sur le milieu de travail**

Art. R. 4626-19. (D. 2015-1588 du 4 déc. 2015, JO 6, entrée en vigueur le 01.01.2016) Le médecin du travail est informé dans les meilleurs délais par le chef d'établissement de toute déclaration de maladie professionnelle, de maladie contractée pendant le travail et d'accident du travail.

Il établit, s'il l'estime nécessaire, un rapport sur les mesures à prendre pour éviter la répétition de tels faits. Ce rapport est adressé au (D. 2017-1819 du 29 déc. 2017, art. 3, 70°, JO 30, entrée en vigueur le 01.01.2018) « comité social et économique » ainsi qu'au chef d'établissement qui en adresse copie à l'autorité de tutelle, et il est tenu à la disposition de l'inspecteur du travail et du médecin inspecteur du travail.

Le médecin du travail est également informé de la saisine du comité médical ou de la commission départementale de réforme. Il rédige un rapport dans les conditions précisées à l'article 9 du décret n° 88-386 du 19 avril 1988 modifié relatif aux conditions d'aptitude physique et aux congés de maladie des agents de la fonction publique hospitalière.

Art. R. 4626-20. Le médecin du travail consacre à ses missions en milieu de travail le tiers de son temps de travail.

(D. 2015-1588 du 4 déc. 2015, JO 6, entrée en vigueur le 01.01.2016) « Le chef d'établissement prend toutes les mesures pour permettre au médecin du travail d'effectuer ce tiers-temps dans le cadre des actions mentionnées à l'article R. 4624-1. »

Art. R. 4626-21. (D. 2015-1588 du 4 déc. 2015, JO 6, entrée en vigueur le 01.01.2016) Le médecin du travail assiste, à titre consultatif, aux réunions du comité technique d'établissement et de la commission médicale d'établissement lorsque l'ordre du jour de ces instances comporte des questions intéressant la santé, la sécurité et les conditions de travail.

Sous-section 2. **Examens médicaux**

§ 1. Examen médical préalable à la prise de fonction et vaccinations

Art. R. 4626-22. L'agent fait l'objet, avant sa prise de fonction, d'un examen médical par le médecin du travail. Celui-ci est informé du poste auquel cet agent est affecté.

Art. R. 4626-23. (D. 2015-1588 du 4 déc. 2015, JO 6, entrée en vigueur le 01.01.2016) Le médecin du travail prévoit les examens complémentaires adaptés en fonction des antécédents de la personne, du poste qui sera occupé et dans une démarche de prévention des maladies infectieuses transmissibles.

Le médecin du travail procède ou fait procéder aux examens complémentaires prévus par les dispositions en vigueur pour certaines catégories de travailleurs exposés à des risques particuliers dans les conditions prévues à l'article R. 4626-31.

Art. R. 4626-25. Le médecin du travail veille, sous la responsabilité du chef d'établissement, à l'application des dispositions du code de la santé publique sur les vaccinations obligatoires.

Il procède lui-même ou fait procéder à ces vaccinations ainsi qu'à celles qui seraient imposées par une épidémie. Les agents peuvent les faire pratiquer par le médecin de leur choix. Ils fournissent un certificat détaillé.

Le médecin du travail est habilité à pratiquer les vaccinations qui sont recommandées en cas de risques particuliers de contagion.

§ 2. Examens périodiques

Art. R. 4626-26. (D. 2015-1588 du 4 déc. 2015, JO 6, entrée en vigueur le 01.01.2016) Les agents bénéficient d'un examen médical au moins tous les vingt-quatre mois.

Des examens médicaux ou, en application du premier alinéa de l'article R. 4623-31, des entretiens infirmiers peuvent être réalisés plus fréquemment, à l'appréciation du médecin du travail.

§ 3. Surveillance médicale renforcée

Art. R. 4626-27. (D. 2015-1588 du 4 déc. 2015, JO 6, entrée en vigueur le 01.01.2016) Bénéficient d'une surveillance médicale renforcée :

1° Les agents mentionnés à l'article R. 4624-18 ;
2° Les agents réintégrés après un congé de longue durée ou de longue maladie.

Art. R. 4626-28. (D. 2015-1588 du 4 déc. 2015, JO 6, entrée en vigueur le 01.01.2016) Le médecin du travail détermine les modalités de la surveillance médicale renforcée en tenant compte des recommandations de bonnes pratiques.

§ 4. Examens de pré-reprise et de reprise du travail

Art. R. 4626-29. (D. 2015-1588 du 4 déc. 2015, JO 6, entrée en vigueur le 01.01.2016) L'agent bénéficie d'un examen de reprise par le médecin du travail :

1° Après un congé de maternité ;

2° Après une absence pour cause de maladie professionnelle ;

3° Après une absence d'au moins trente jours pour cause d'accident du travail, de maladie ou d'accident non professionnel ou, à l'initiative du médecin du travail, pour une absence d'une durée inférieure à trente jours.

L'examen de reprise est organisé dans un délai de huit jours à compter de la reprise du travail par l'agent.

Art. R. 4626-29-1. (D. 2015-1588 du 4 déc. 2015, JO 6, entrée en vigueur le 01.01.2016) Un examen de pré-reprise peut être organisé dans les conditions prévues aux articles R. 4624-20 à R. 4624-21.

§ 5. Examens complémentaires

Art. R. 4626-30. (D. 2015-1588 du 4 déc. 2015, JO 6, entrée en vigueur le 01.01.2016) Le médecin du travail peut prescrire les examens complémentaires nécessaires :

1° À la détermination de l'aptitude de l'agent au poste de travail et notamment au dépistage des affections comportant une contre-indication à ce poste de travail ;

2° Au dépistage d'une maladie professionnelle ou à caractère professionnel susceptible de résulter de l'activité professionnelle de l'agent ;

3° Au dépistage des affections susceptibles d'exposer l'entourage de l'agent à des risques de contagion.

À cet effet, le médecin du travail est informé par le chef d'établissement, le plus tôt possible, de tout changement d'affectation et peut, à cette occasion, prendre l'initiative de procéder à un nouvel examen de l'agent.

§ 6. Déroulement des examens médicaux

Art. R. 4626-31. (D. 2015-1588 du 4 déc. 2015, JO 6, entrée en vigueur le 01.01.2016) Les examens médicaux prévus à la présente sous-section sont :

1° À la charge de l'établissement lorsqu'il dispose d'un service autonome de santé au travail ou lorsqu'il est lié par convention à un service commun à plusieurs administrations. L'établissement fournit au médecin du travail le moyen d'assurer le respect de l'anonymat des examens. Dans la mesure où ces examens ne peuvent être réalisés dans l'établissement, le médecin du travail choisit l'organisme chargé de les pratiquer ;

2° À la charge du service de santé au travail interentreprises lorsque l'établissement fait appel à cette structure, sauf clause contraire figurant dans la convention signée avec le service de santé au travail interentreprises.

SECTION 5. Documents et rapports

Sous-section 1. Rapport annuel d'activité

Art. D. 4626-32. (D. 2015-1588 du 4 déc. 2015, JO 6, entrée en vigueur le 01.01.2016) Le médecin du travail établit chaque année, après consultation de l'équipe pluridisciplinaire, un rapport d'activité qui doit être annexé au bilan social.

Ce rapport annuel est présenté en même temps que celui mentionné à l'article D. 4626-6 et que le bilan social au comité technique d'établissement, à la commission médicale d'établissement et au (D. 2017-1819 du 29 déc. 2017, art. 3, 70°, JO 30, entrée en vigueur le 01.01.2018) « comité social et économique ». Il est transmis assorti des observations éventuelles de ces instances dans un délai d'un mois au destinataire prévu à l'article D. 4626-7.

Sous-section 2. Dossier médical et fiche médicale d'aptitude

Art. R. 4626-33. (D. 2015-1588 du 4 déc. 2015, JO 6, entrée en vigueur le 01.01.2016) Un dossier médical en santé au travail est constitué par le médecin du travail dans les conditions prévues à l'article L. 4624-2 du code du travail.

Dans le respect des dispositions prévues aux articles L. 1110-4 et L. 1111-7 du code de la santé publique, le médecin du travail recueille et actualise avec l'agent et les services concernés les informations administratives, médicales et professionnelles nécessaires aux actions individuelles et collectives en santé au travail. Ces données sont conservées dans le dossier médical en santé au travail. Il en est de même des avis des différentes instances médicales formulés en application de l'article 71 de la loi n° 86-33 du 9 janvier 1986 modifiée portant dispositions statutaires relatives à la fonction publique hospitalière.

Lorsque l'agent quitte l'établissement, un double du dossier médical est remis, avec son accord, au médecin du travail de sa nouvelle affectation. En cas de refus de l'agent, seuls la liste des vaccinations pratiquées et les résultats des tests tuberculiniques sont transmis au médecin du travail.

Art. R. 4626-35. (D. 2015-1588 du 4 déc. 2015, JO 6, entrée en vigueur le 01.01.2016) Le médecin du travail établit, à l'issue de chacun des examens médicaux prévus à la sous-section 2 de la section 4, à l'exception de l'examen de pré-reprise mentionné à l'article R. 4626-29-1, une fiche médicale d'aptitude en triple exemplaire.

Il en remet un exemplaire à l'agent, classe un exemplaire dans son dossier médical en santé au travail et transmet le troisième à l'employeur par tout moyen conférant date certaine, qui le conserve dans le dossier administratif de l'agent. Cet exemplaire est présenté, à tout moment, sur leur demande, à l'inspecteur du travail et au médecin inspecteur du travail.

Cette fiche ne contient aucun renseignement sur la nature des affections dont l'agent serait ou aurait été atteint. Elle mentionne uniquement les contre-indications et les recommandations concernant l'affectation éventuelle à certains postes de travail.

TITRE III

SERVICE SOCIAL DU TRAVAIL

Chapitre Ier

Mise en place et missions

Art. L. 4631-1. Un service social du travail est organisé dans tout établissement employant habituellement (L. 2012-387 du 22 mars 2012, art. 43, 14°, JO 23) « au moins deux cent cinquante salariés ».

Art. L. 4631-2. Le service social du travail agit sur les lieux mêmes du travail pour suivre et faciliter la vie personnelle des travailleurs.

Il collabore étroitement avec le service de santé au travail. Il se tient en liaison constante avec les organismes de prévoyance, d'assistance et de placement en vue de faciliter aux travailleurs l'exercice des droits que leur confère la législation sociale.

Art. D. 4631-1. Le service social agit sur les lieux mêmes du travail pour suivre et faciliter la vie personnelle des travailleurs, notamment des femmes, des jeunes et des travailleurs handicapés.

Il peut éventuellement agir en dehors des lieux de travail pour seconder l'action des services sociaux sur les questions en rapport avec l'activité professionnelle.

Chapitre II (réglementaire)

Organisation et fonctionnement

Art. D. 4632-1. Dans l'exercice de ses missions dans le domaine social, le (D. 2017-1819 du 29 déc. 2017, art. 3, 4°, JO 30, entrée en vigueur le 01.01.2018) « comité social et économique » s'appuie sur le service social.

Le comité établit chaque année un rapport sur l'organisation, le fonctionnement et la gestion financière du service social. (D. 2016-1418 du 20 oct. 2016, JO 22) « Ce rapport est communiqué, à sa demande, à l'agent de contrôle de l'inspection du travail dont dépend l'entreprise. »

Art. D. 4632-2. Lorsque plusieurs entreprises possèdent déjà ou envisagent de créer un service social commun et ont, par application de l'article R. 2323-33, créé un comité interentreprises chargé de sa gestion, celui-ci établit chaque année un rapport sur l'organisation, le fonctionnement et la gestion financière du service social. (D. 2016-1418 du 20 oct. 2016, JO 22) « Ce rapport est communiqué, sur sa demande, à l'agent de contrôle de l'inspection du travail. »

Les difficultés pouvant naître de l'application du présent article, notamment entre les employeurs et la délégation des salariés siégeant au comité, ou entre plusieurs entreprises ou des (D. 2017-1819 du 29 déc. 2017, art. 3, 32°, JO 30, entrée en vigueur le 01.01.2018) « comités sociaux et économiques », sont portées devant l'inspecteur du travail.

Art. D. 4632-3. Le service social du travail dispose d'un bureau au moins.

Art. D. 4632-4. Le service social est assuré par un conseiller du travail qui exerce les fonctions de conseiller technique pour les questions sociales auprès du (D. 2017-1819 du 29 déc. 2017, art. 3, 4°, JO 30, entrée en vigueur le 01.01.2018) « comité social et économique ». Le conseiller du travail peut être chargé par lui de l'organisation et de la direction des institutions sociales de l'entreprise.

Il assiste de droit, avec voix consultative, à toutes les réunions du comité ou des commissions spéciales consacrées, selon leur ordre du jour, à des questions sociales.

Il assure les tâches d'ordre social dévolues par l'employeur au service social sur le lieu de travail.

Il réalise, tous les trois mois, un compte rendu de son activité au (D. 2017-1819 du 29 déc. 2017, art. 3, 4°, JO 30, entrée en vigueur le 01.01.2018) « comité social et économique » et à l'employeur.

Art. D. 4632-5. Le conseiller du travail est désigné et maintenu en fonction après accord, selon le cas, entre l'employeur et le (D. 2017-1819 du 29 déc. 2017, art. 3, 4°, JO 30, entrée en vigueur le 01.01.2018) « comité social et économique » ou entre les employeurs et le comité interentreprises.

En cas de désaccord, la décision est prise par l'inspecteur du travail.

Art. D. 4632-6. Le conseiller du travail consacre au moins trois demi-journées par semaine pour chaque groupe de deux cent cinquante salariés.

Art. D. 4632-7. Le conseiller du travail doit être titulaire du diplôme spécial délivré par le ministre chargé du travail.

Art. D. 4632-8. Le conseiller du travail agit sur les lieux du travail afin :

1° De veiller au bien-être du travailleur dans l'entreprise et de faciliter son adaptation au travail ;

2° D'étudier plus particulièrement les problèmes soulevés par l'emploi des femmes, des jeunes et des travailleurs handicapés ;

3° De coordonner et de promouvoir les réalisations sociales décidées par l'employeur et par le (D. 2017-1819 du 29 déc. 2017, art. 3, 4°, JO 30, entrée en vigueur le 01.01.2018) « comité social et économique » et d'exercer auprès de ce dernier les fonctions de conseiller technique pour les questions sociales ;

4° De concourir à toute action d'ordre éducatif entreprise par le (D. 2017-1819 du 29 déc. 2017, art. 3, 4°, JO 30, entrée en vigueur le 01.01.2018) « comité social et économique ».

Art. D. 4632-9. Le conseiller du travail collabore avec le service de santé au travail de l'entreprise. Il recherche, en accord avec l'employeur et le (D. 2017-1819 du 29 déc. 2017, art. 3, 4°, JO 30, entrée en vigueur le 01.01.2018) « comité social et économique » ou le comité interentreprises, les améliorations susceptibles d'être apportées aux conditions de travail, au bien-être des travailleurs et au fonctionnement des œuvres sociales de l'entreprise ou interentreprises.

Art. D. 4632-10. Le conseiller du travail est en liaison constante avec les organismes de prévoyance, d'assistance, de placement, des diverses institutions sociales et les services sociaux de la sécurité sociale et de la santé publique en vue de faciliter aux travailleurs l'exercice des droits que lui confère la législation sociale et de les orienter, le cas échéant, vers les organismes compétents.

Art. D. 4632-11. Le conseiller du travail responsable, dans les entreprises ou les services interentreprises, de l'initiative, de l'étude et de la mise en place des réalisations sociales décidées par le (D. 2017-1819 du 29 déc. 2017, art. 3, 4°, JO 30, entrée en vigueur le 01.01.2018) « comité social et économique » et l'employeur exerce les fonctions de conseiller chef du travail.

TITRE IV

INSTITUTIONS ET PERSONNES CONCOURANT À L'ORGANISATION DE LA PRÉVENTION

Chapitre Ier

Conseil d'orientation des conditions de travail et comités régionaux d'orientation des conditions de travail

Note Ce chapitre a été introduit par la loi 2015-994 du 17 août 2015, art. 26, VIII, JO 18. Les dispositions réglementaires sont issues du décret 2016-1834 du 22 décembre 2016, JO 24.

SECTION 1. Conseil d'orientation des conditions de travail

Art. L. 4641-1. Le conseil d'orientation des conditions de travail est placé auprès du ministre chargé du travail. Il assure les missions suivantes en matière de santé et de sécurité au travail et d'amélioration des conditions de travail:

1° Il participe à l'élaboration des orientations stratégiques des politiques publiques nationales;

2° Il contribue à la définition de la position française sur les questions stratégiques au niveau européen et international;

3° Il est consulté sur les projets de textes législatifs et réglementaires concernant cette matière;

4° Il participe à la coordination des acteurs intervenant dans ces domaines.

Art. L. 4641-2. Le conseil d'orientation des conditions de travail comprend des représentants de l'État, des représentants des organisations professionnelles d'employeurs représentatives au niveau national et des organisations syndicales de salariés représentatives au niveau national, des représentants des organismes nationaux de sécurité sociale, des représentants des organismes nationaux d'expertise et de prévention, ainsi que des personnalités qualifiées.

Art. L. 4641-3. Un décret en Conseil d'État détermine l'organisation, les missions, la composition et le fonctionnement des formations du conseil d'orientation des conditions de travail.

Sous-section 1 (réglementaire). **Dispositions générales**

§ 1. Missions

Art. R. 4641-1. Le Conseil d'orientation des conditions de travail est placé auprès du ministre chargé du travail.

I. – Il participe à l'élaboration des orientations des politiques publiques dans les domaines de la santé et de la sécurité au travail et de l'amélioration des conditions de travail, en particulier les stratégies nationales d'action et les projets de stratégies et d'instruments internationaux. Cette participation peut se faire en soumettant des avis et des propositions dans les domaines relevant de sa compétence et en diligentant à cette fin des études ou en établissant des rapports particuliers.

II. – Il est consulté sur les projets de textes législatifs et réglementaires qui concourent à la mise en oeuvre de ces politiques publiques:

1° Les projets de loi ou d'ordonnance relatifs à la protection et à la promotion de la santé et de la sécurité au travail dans les établissements mentionnés aux articles L. 4111-1 et L. 4111-3;

2° Les projets de décrets et d'arrêtés pris relevant de la quatrième partie du présent code ou en application des textes mentionnés au 1° ci-dessus;

3° Les projets de décrets et d'arrêtés pris en application des dispositions législatives des chapitres V, VI et VII du titre Ier du livre VII du code rural et de la pêche maritime.

Il constitue, pour le ministre chargé de l'agriculture, l'organisme mentionné à l'article R. 717-74 du code rural et de la pêche maritime consulté sur les projets de textes réglementaires applicables aux professions agricoles et sur les priorités nationales en santé et sécurité au travail conformément à l'article D. 717-33 de ce code.

Art. R. 4641-2. Le Conseil d'orientation des conditions de travail est constitué des formations suivantes :

1° Le Conseil national d'orientation des conditions de travail, présidé par le ministre chargé du travail, et le groupe permanent d'orientation des conditions de travail, qui exercent les fonctions d'orientation du Conseil d'orientation des conditions de travail ;

2° La commission générale, présidée par le président de la section sociale du Conseil d'État et les commissions spécialisées, qui exercent les fonctions consultatives du Conseil d'orientation des conditions de travail.

§ 2. Composition et désignation

Art. R. 4641-3. Chacune des formations du conseil, à l'exception du groupe permanent d'orientation, comprend :

1° Le collège des départements ministériels ;

2° Le collège des partenaires sociaux, comportant un nombre égal de représentants des salariés et des employeurs ;

3° Le collège des organismes nationaux de sécurité sociale, d'expertise et de prévention ;

4° Le collège des personnalités qualifiées.

Les membres des collèges mentionnés aux 2° et 4° sont nommés par arrêté du ministre chargé du travail pour un mandat de trois ans renouvelable au sein des différentes formations du conseil et par arrêté conjoint du ministre chargé du travail et du ministre chargé de l'agriculture pour la commission spécialisée chargée des questions relatives aux activités agricoles. Pour chacun des membres du collège mentionné au 2°, deux suppléants sont nommés dans les mêmes conditions.

§ 3. Fonctionnement

Art. R. 4641-4. Le vice-président du Conseil national d'orientation des conditions de travail est nommé par arrêté du ministre chargé du travail pour un mandat de trois ans renouvelable. Le secrétaire général, qui l'assiste dans ses missions, est nommé par arrêté du ministre chargé du travail. Il assure, sous l'autorité du vice-président, l'organisation et l'animation des travaux du Conseil national d'orientation des conditions de travail et du groupe permanent d'orientation des conditions de travail ainsi que l'établissement de leurs rapports. Il est membre de droit de chacune des formations du conseil dont il peut assurer, le cas échéant, la présidence en cas d'absence des présidents titulaire et suppléant.

La convocation et l'ordre du jour des réunions du Conseil national d'orientation des conditions de travail et du groupe permanent d'orientation sont établis par le secrétaire général du Conseil d'orientation des conditions de travail, qui en assure le secrétariat. La convocation et l'ordre du jour des réunions de la commission générale et des commissions spécialisées sont établis par le directeur général du travail ou son représentant, qui en assurent le secrétariat. Pour la commission spécialisée chargée des questions relatives aux activités agricoles, ces fonctions sont assurées par le directeur des affaires financières, sociales et logistiques du ministère chargé de l'agriculture ou son représentant.

Les positions du groupe permanent d'orientation sont adoptées par consensus.

Les avis des formations du Conseil d'orientation des conditions de travail requis en application du II de l'article R. 4641-1 sont retracés dans le compte rendu de séance établi par les services du ministère chargé du travail, et, pour la commission chargée des questions relatives aux activités agricoles, par les services du ministère chargé de l'agriculture. Ce compte rendu est signé par le président de séance.

S'il le juge nécessaire, le président des formations consultatives peut procéder à un vote. Les membres des formations du Conseil d'orientation des conditions de travail mentionnés au 2° de l'article R. 4641-3 disposent chacun d'une voix. Lorsqu'il n'est pas suppléé, chacun de ces membres peut donner mandat à un autre membre du même collège pour le représenter.

Le président de chaque formation du Conseil d'orientation des conditions de travail peut, dans le cadre des attributions de celle-ci, constituer et mandater des groupes de travail et faire appel à des experts afin d'apporter un avis technique sur une question particulière, formuler des recommandations ou diligenter des études. Dotés d'un mandat et d'un calendrier prévisionnel, ces groupes rapportent le résultat de leurs travaux devant la formation qui les a mandatés.

La participation aux réunions du Conseil d'orientation des conditions de travail ouvre droit aux indemnités pour frais de déplacement et de séjour dans les conditions prévues par le décret n° 2006-781 du 3 juillet 2006 fixant les conditions et les modalités de règlement des frais occasionnés par les déplacements temporaires des personnels civils de l'État.

Sous-section 2 (réglementaire). **Conseil national d'orientation des conditions de travail et groupe permanent d'orientation des conditions de travail**

§ 1. Conseil national d'orientation des conditions de travail

Art. R. 4641-5. Le Conseil national d'orientation des conditions de travail :

1° Participe à l'élaboration des orientations stratégiques nationales et internationales relatives à la santé et à la sécurité au travail, à l'amélioration des conditions de travail et à la prévention des risques professionnels, et notamment du plan santé au travail, le cas échéant sur la base des propositions du groupe permanent d'orientation ainsi qu'au suivi de leur mise en œuvre ;

2° Examine le bilan annuel des conditions de travail établi par les services du ministère chargé du travail, qui comprend le bilan annuel des comités régionaux d'orientation des conditions de travail. Dans ce cadre, il organise un suivi des statistiques sur les conditions de travail et peut réaliser toute étude se rapportant aux conditions de travail ;

3° Participe à la coordination des acteurs intervenant dans ces domaines.

Art. R. 4641-6. Le Conseil national d'orientation des conditions de travail est présidé par le ministre chargé du travail, ou en son absence, par le vice-président du conseil.

Il comprend :

1° Au titre du collège des partenaires sociaux :

a) Huit représentants des salariés, soit : deux sur proposition de la Confédération générale du travail (CGT), deux sur proposition de la Confédération française démocratique du travail (CFDT), deux sur proposition de la Confédération générale du travail-Force ouvrière (CGT-FO), un sur proposition de la Confédération française des travailleurs chrétiens (CFTC) et un sur proposition de la Confédération française de l'encadrement-Confédération générale des cadres (CFE-CGC) ;

b) Huit représentants des employeurs, soit : quatre sur proposition du Mouvement des entreprises de France (MEDEF), un sur proposition de la Confédération générale des petites et moyennes entreprises (CGPME), un sur proposition de l'Union professionnelle artisanale (UPA), un sur proposition conjointe de la Fédération nationale des syndicats d'exploitants agricoles (FNSEA) et de la Confédération nationale de la mutualité, de la coopération et du crédit agricoles (CNMCCA) et un sur proposition de l'Union nationale des professions libérales (UNAPL) ;

2° Au titre du collège des départements ministériels :

a) Le directeur général du travail ou son représentant ;

b) Le directeur général de la santé ou son représentant ;

c) Le directeur général des entreprises ou son représentant ;

d) Le directeur général de la prévention des risques ou son représentant ;

e) Le directeur des affaires financières, sociales et logistiques du ministère chargé de l'agriculture ou son représentant ;

f) Le directeur général des infrastructures, des transports et de la mer ou son représentant ;

g) Le directeur général de la fonction publique ou son représentant ;

h) Le directeur général des collectivités locales ou son représentant ;

i) Le directeur de la sécurité sociale ou son représentant ;

j) Le directeur général de l'offre de soins ou son représentant ;

k) Le chef du service de l'inspection générale des affaires sociales ou son représentant ;

3° Au titre du collège des organismes nationaux de sécurité sociale, d'expertise et de prévention :

a) Le directeur de l'Agence nationale de sécurité sanitaire de l'alimentation, de l'environnement et du travail ou son représentant ;

b) Le directeur de l'Agence nationale de santé publique ou son représentant ;

c) Le directeur de l'Agence nationale pour l'amélioration des conditions de travail ou son représentant ;

d) Le directeur de l'Institut national de recherche et de sécurité ou son représentant ;

e) Le directeur des risques professionnels de la Caisse nationale (D. 2019-718 du 5 juil. 2019, art. 9, III, 3°, JO 7) « de l'assurance maladie » ou son représentant ;

f) Le directeur de la santé et de la sécurité au travail de la Caisse centrale de la mutualité sociale agricole ou son représentant ;

g) Le directeur de l'Organisme professionnel de prévention du bâtiment et des travaux publics ou son représentant ;

h) Le directeur de l'Institut de radioprotection et de sûreté nucléaire ou son représentant ;

4° Au titre du collège des personnalités qualifiées et des représentants d'associations ou des organisations professionnelles de prévention, quinze représentants :

a) Douze personnalités qualifiées, dont le président et les vice-présidents de la commission des accidents du travail et des maladies professionnelles de la Caisse nationale (D. 2019-718 du 5 juil. 2019, art. 9, III, 3°, JO 7) « de l'assurance maladie » et neuf personnalités, parmi lesquelles sont désignés les présidents des commissions spécialisées ;

b) Trois représentants d'associations de victimes des risques professionnels et des organisations professionnelles de prévention.

Ce collège comporte au moins une personne spécialiste de médecine du travail.

§ 2. Groupe permanent d'orientation des conditions de travail

Art. R. 4641-7. Le groupe permanent d'orientation des conditions de travail :

1° Participe à l'élaboration du plan santé au travail, en proposant au ministre chargé du travail les orientations pour celui-ci ;

2° Participe à l'orientation de la politique publique en santé sécurité au travail, en formulant des avis ou des propositions sur les questions particulières figurant dans son programme de travail annuel ou traitées à la demande du ministre chargé du travail ou encore de tout autre thème entrant dans son domaine de compétences ;

3° Contribue à la définition de la position française sur les questions stratégiques au niveau européen ou international en matière de santé et de sécurité au travail ;

4° Participe à la coordination des acteurs de la santé au travail, notamment en formulant des avis et des propositions visant à améliorer son pilotage ;

5° Participe à la coordination et l'information des groupes permanents régionaux d'orientation des conditions de travail mentionnés aux articles R. 4641-21 et suivants ;

6° Élabore une synthèse annuelle de l'évolution des conditions de travail.

Art. R. 4641-8. Le groupe permanent d'orientation des conditions de travail est présidé par le vice-président du Conseil d'orientation des conditions de travail et animé par son secrétaire général.

Il comprend :

1° Au titre du collège des partenaires sociaux : un représentant de chacune des organisations mentionnées au 1° de l'article R. 4641-6 relatif au Conseil national d'orientation des conditions de travail ;

2° Au titre du collège des départements ministériels et du collège des organismes nationaux de sécurité sociale, d'expertise et de prévention :

a) Le directeur général du travail ou son représentant ;

b) Le directeur des affaires financières, sociales et logistiques du ministère chargé de l'agriculture ou son représentant ;

c) Le directeur des risques professionnels de la Caisse nationale (D. 2019-718 du 5 juil. 2019, art. 9, III, 3°, JO 7) « de l'assurance maladie » ou son représentant.

Le groupe permanent d'orientation établit un programme de travail annuel par consensus entre ses membres, sur la base d'une proposition élaborée par le secrétaire général.

En fonction des thèmes inscrits à l'ordre du jour, un expert ou un représentant d'un département ministériel figurant au sein du collège ministériel ne siégeant pas au groupe permanent d'orientation peut être sollicité à titre consultatif par le secrétaire général.

Les membres du collège des partenaires sociaux peuvent demander l'inscription d'un sujet à l'ordre du jour établi par le secrétaire général.

Sous-section 3 (réglementaire). **La commission générale et les commissions spécialisées**

§ 1. La commission générale

Art. R. 4641-9. La commission générale est consultée sur les projets de loi et d'ordonnance ainsi que sur les projets de décret pris sur le rapport du ministre chargé du travail. Sur ces textes, elle rend l'avis du Conseil d'orientation des conditions de travail.

Cet avis rend compte, s'il y a lieu, de la position de la commission spécialisée chargée des questions relatives aux activités agricoles pour les textes applicables aux activités agricoles.

Les travaux de la commission générale portant sur les projets de décret pris sur le rapport du ministre chargé du travail sont préparés par les commissions spécialisées.

Art. R. 4641-10. La commission générale est présidée par le président de la section sociale du Conseil d'État, ou, en son absence, par un président de commission spécialisée ou, en son absence, le directeur général du travail ou son représentant.

Elle comprend :

1° Au titre du collège des partenaires sociaux :

a) Cinq représentants des salariés, soit : un sur proposition de la Confédération générale du travail (CGT), un sur proposition de la Confédération française démocratique du travail (CFDT), un sur proposition de la Confédération générale du travail-Force ouvrière (CGT-FO), un sur proposition de la Confédération française des travailleurs chrétiens (CFTC) et un sur proposition de la Confédération française de l'encadrement-Confédération générale des cadres (CFE-CGC) ;

b) Cinq représentants des employeurs, soit : un sur proposition du Mouvement des entreprises de France (MEDEF), un sur proposition de la Confédération générale des petites et moyennes entreprises (CGPME), un sur proposition de l'Union professionnelle artisanale (UPA), un sur proposition conjointe de la Fédération nationale des syndicats d'exploitants agricoles (FNSEA) et de la Confédération nationale de la mutualité, de la coopération et du crédit agricoles (CNMCCA) et un sur proposition de l'Union nationale des professions libérales (UNAPL) ;

2° Au titre du collège des départements ministériels :

a) Le directeur général du travail ou son représentant ;

b) Le directeur général de la santé ou son représentant ;

c) Le directeur général de la prévention des risques ou son représentant ;

d) Le directeur des affaires financières, sociales et logistiques du ministère chargé de l'agriculture ou son représentant ;

e) Le directeur de la sécurité sociale ou son représentant ;

3° Au titre du collège des organismes nationaux de sécurité sociale, d'expertise et de prévention :

a) Le directeur de l'Agence nationale pour l'amélioration des conditions de travail ou son représentant ;

b) Le directeur de l'Institut national de recherche et de sécurité ou son représentant ;

c) Le directeur des risques professionnels de la Caisse nationale (D. 2019-718 du 5 juil. 2019, art. 9, III, 3°, JO 7) « de l'assurance maladie » ou son représentant ;

d) Le directeur de la santé et de la sécurité au travail de la Caisse centrale de la mutualité sociale agricole ou son représentant ;

e) Le directeur de l'Organisme professionnel de prévention du bâtiment et des travaux publics ou son représentant ;

4° Au titre du collège des personnalités qualifiées : huit personnalités désignées à raison de leurs compétences personnelles en santé au travail, dont les présidents des commissions spécialisées.

§ 2. Les commissions spécialisées

Art. R. 4641-11. Les commissions spécialisées :

1° Préparent les avis de la commission générale ;

2° Sont consultées sur les instruments internationaux et européens, les projets de décrets autres que ceux pris sur le rapport du ministre chargé du travail, ainsi que sur les projets d'arrêtés pris sur le rapport du ministre chargé du travail. Sur ces textes, elles rendent l'avis du Conseil d'orientation des conditions de travail prévu au II de l'article R. 4641-1.

Art. R. 4641-12. Les six commissions spécialisées, à l'exception de la commission spécialisée chargée des questions relatives aux activités agricoles, comprennent :

1° Au titre du collège des partenaires sociaux :

a) Cinq représentants des salariés, soit : un sur proposition de la Confédération générale du travail (CGT), un sur proposition de la Confédération française démocratique du travail (CFDT), un sur proposition de la Confédération générale du travail-Force ouvrière (CGT-FO), un sur proposition de la Confédération française des travailleurs chrétiens (CFTC) et un sur proposition de la Confédération française de l'encadrement-Confédération générale des cadres (CFE-CGC) ;

b) Cinq représentants des employeurs, soit : un sur proposition du Mouvement des entreprises de France (MEDEF), un sur proposition de la Confédération générale des petites et moyennes entreprises (CGPME), un sur proposition de l'Union professionnelle artisanale (UPA), un sur proposition conjointe de la Fédération nationale des syndicats d'exploitants agricoles (FNSEA) et de la Confédération nationale de la mutualité, de la coopération et du crédit agricoles (CNMCCA) et un sur proposition de l'Union nationale des professions libérales (UNAPL) ;

2° Au titre du collège des départements ministériels : cinq représentants des départements ministériels, désignés par décision du directeur général du travail parmi ceux désignés au 2° de l'article R. 4641-6 ;

3° Au titre du collège des organismes nationaux de sécurité sociale, d'expertise et de prévention : cinq représentants désignés par décision du directeur général du travail parmi ceux désignés au 3° de l'article R. 4641-6 ;

4° Au titre du collège des personnalités qualifiées : six personnalités désignées à raison de leurs compétences personnelles au regard des attributions de la commission.

Pour chaque commission spécialisée, à l'exception de la commission spécialisée chargée des questions relatives aux activités agricoles mentionnée à l'article R. 4641-14, un président est nommé au sein du collège des personnalités qualifiées, parmi ses membres visés au 4° de l'article R 4641-6. En son absence, la commission est présidée par un suppléant désigné au sein du collège mentionné au 4° du présent article ou un représentant du directeur général du travail.

Art. R. 4641-13. Les cinq premières commissions spécialisées formées au sein du Conseil d'orientation des conditions de travail sont les suivantes :

1° Une commission spécialisée relative aux questions transversales, aux études et à la recherche. Elle est notamment compétente sur la promotion et la diffusion de la culture de prévention, la formation, les risques relatifs à l'organisation du travail, les études, la recherche et les interventions des agences publiques dans ces domaines, notamment celles de l'Agence nationale de sécurité sanitaire de l'alimentation, de l'environnement et du travail et de l'Agence nationale pour l'amélioration des conditions de travail. Elle est également compétente sur les missions, l'organisation et le fonctionnement du Conseil d'orientation des conditions de travail et des comités régionaux d'orientation des conditions de travail. Elle est compétente sur les aspects transversaux et les orientations de la politique européenne et internationale ;

2° Une commission spécialisée relative à la prévention des risques physiques, chimiques et biologiques pour la santé au travail ;

3° Une commission spécialisée relative à la prévention des risques liés à la conception et à l'utilisation des équipements de travail, des équipements de protection individuelle et des locaux et lieux de travail temporaires ;

4° Une commission spécialisée relative aux pathologies professionnelles. Elle est notamment compétente sur les questions relatives à la connaissance de l'origine professionnelle des pathologies, aux maladies professionnelles et à l'articulation entre la réparation et la prévention des pathologies professionnelles ;

5° Une commission spécialisée relative aux acteurs de la prévention en entreprise. Elle est notamment compétente sur les services de santé au travail et médecins du travail, membres de l'équipe pluridisciplinaire et sur les (D. 2017-1819 du 29 déc. 2017, art. 3, 73°, JO 30, entrée en vigueur le 01.01.2018) « comités sociaux et économiques ».

Art. R. 4641-14. La commission spécialisée chargée des questions relatives aux activités agricoles est consultée, en application des dispositions de l'article R. 4641-1, sur les textes présentés sur le rapport du ministre chargé de l'agriculture.

Par exception aux dispositions de l'article R. 4641-11, elle peut être également saisie par le ministre chargé de l'agriculture soit d'autres projets de loi, d'ordonnance, de décret ou d'arrêté lorsqu'ils intéressent la santé et la sécurité des travailleurs en agriculture, soit de questions relatives à ces matières. Elle peut proposer à ce ministre toutes mesures susceptibles d'être prises en ce domaine. Le compte rendu de ses travaux est communiqué à la commission générale.

Cette commission spécialisée comprend :

1° Au titre du collège des partenaires sociaux :

a) Cinq représentants des salariés, soit : un sur proposition de la Confédération générale du travail (CGT), un sur proposition de la Confédération française démocratique du travail (CFDT), un sur proposition de la Confédération générale du travail-Force ouvrière (CGT-FO), un sur proposition de la Confédération française des travailleurs chrétiens (CFTC) et un sur proposition de la Confédération française de l'encadrement-Confédération générale des cadres (CFE-CGC) ;

b) Cinq représentants des employeurs, soit : un sur proposition de la Fédération nationale des syndicats d'exploitants agricoles (FNSEA), un sur proposition de la Fédération nationale des syndicats d'exploitants forestiers, scieurs et industriels du bois (FNB), un sur proposition de COOP de France, un sur proposition d'Entrepreneurs des territoires et un sur proposition de l'Union nationale des entrepreneurs du paysage (UNEP) ;

2° Au titre du collège des départements ministériels : cinq représentants ;

3° Au titre du collège des organismes nationaux de sécurité sociale, d'expertise et de prévention : cinq représentants ;

4° Au titre du collège des personnalités qualifiées : cinq personnalités désignées à raison de leurs compétences au regard des attributions de la commission.

La commission spécialisée chargée des questions relatives aux activités agricoles est présidée par une personne qualifiée mentionnée au *a* du 4° de l'article R. 4641-6, nommée par arrêté conjoint des ministres chargés de l'agriculture et du travail, ou, en son absence, par un représentant du ministre chargé de l'agriculture.

SECTION 2. Comités régionaux d'orientation des conditions de travail

Art. L. 4641-4. Un comité régional d'orientation des conditions de travail est placé auprès de chaque représentant de l'État dans la région.

Il participe à l'élaboration et au suivi des politiques publiques régionales en matière de santé, de sécurité au travail et de conditions de travail ainsi qu'à la coordination des acteurs intervenant dans cette matière au niveau régional.

Un décret en Conseil d'État détermine son organisation, ses missions, sa composition et son fonctionnement.

Sous-section 1 (réglementaire). **Dispositions générales**

§ 1. Missions

Art. R. 4641-15. Placé auprès du préfet de région, le comité régional d'orientation des conditions de travail participe à l'élaboration des orientations de la politique de santé et de sécurité au travail et d'amélioration des conditions de travail au plan régional.

Un groupe permanent régional d'orientation des conditions de travail est constitué en son sein. Il exerce une fonction d'orientation dans le domaine de la politique de santé et de sécurité au travail et d'amélioration des conditions de travail.

§ 2. Composition et désignation

Art. R. 4641-16. Les formations du comité régional d'orientation des conditions de travail, à l'exception du groupe régional d'orientation des conditions de travail, comprennent :

1° Le préfet de région ou son représentant, président ;

2° Un collège de représentants des administrations régionales de l'État ;

3° Un collège de représentants, en nombre égal, des organisations d'employeurs et de salariés représentatives au niveau national ;

4° Un collège des organismes régionaux de sécurité sociale, d'expertise et de prévention ;

5° Un collège de personnalités qualifiées, comprenant notamment :

a) Des personnalités désignées à raison de leurs compétences en santé au travail, dont, notamment, des experts scientifiques ou techniques de la prévention en entreprise ;

b) Des représentants d'associations de victimes de risques professionnels et d'organisations de professionnels de la prévention.

Les membres des collèges mentionnés aux 3° et 5° du présent article sont nommés par arrêté du préfet pour trois ans renouvelables au sein des différentes formations du comité régional. Les membres du collège mentionné au 3° du même article peuvent être représentés par leur suppléant nommé dans les mêmes conditions.

§ 3. Fonctionnement

Art. R. 4641-17. Les membres du comité régional mentionnés aux 3° et 5° de l'article R. 4641-16 remplissent et actualisent une déclaration individuelle d'intérêts déposée à la direction régionale des entreprises, de la concurrence, de la consommation, du travail et de l'emploi. Ils ne participent pas aux travaux susceptibles de comporter un conflit d'intérêts.

En tant que de besoin, tout représentant ministériel ou toute autre personne que le représentant de la direction régionale des entreprises, de la concurrence, de la consommation, du travail et de l'emploi estime utile à la réflexion sur les thèmes inscrits à l'ordre du jour.

Dans le cadre de ses attributions, le comité régional d'orientation des conditions de travail peut constituer et mandater des groupes de travail sur une question particulière pour accompagner et suivre la mise en œuvre du plan régional santé au travail, formuler des recommandations ou diligenter des études. Dotés d'un mandat et d'un calendrier prévisionnel, ces groupes rapportent le résultat de leurs travaux devant le comité régional.

Lorsqu'un vote est demandé soit par le président, soit par la moitié des représentants du collège des partenaires sociaux, il est acquis à la majorité des membres présents ayant voix délibérative. En cas de partage des voix, la voix du président est prépondérante.

La participation aux réunions du comité régional d'orientation des conditions de travail ouvre droit aux indemnités pour frais de déplacement et de séjour, au sein de la région, dans les conditions prévues par le décret n° 2006-781 du 3 juillet 2006 fixant les conditions et les modalités de règlement des frais occasionnés par les déplacements temporaires des personnels civils de l'État.

Sous-section 2 (réglementaire). **Le comité régional d'orientation des conditions de travail**

§ 1. Missions

Art. R. 4641-18. Placé auprès du préfet de région, le comité régional d'orientation des conditions de travail :

1° Participe à l'élaboration et à l'actualisation de diagnostics territoriaux portant sur les conditions de travail et la prévention des risques professionnels ;

2° Participe à l'élaboration et au suivi du plan régional santé au travail, qui décline à l'échelle régionale le plan santé au travail. Il constitue le programme de prévention des risques liés au travail du plan régional de santé publique, mentionné à l'article L. 1411-11 du code de la santé publique ;

3° Est consulté sur la mise en œuvre régionale des politiques publiques intéressant la santé et la sécurité au travail ainsi que l'amélioration des conditions de travail, qui lui sont soumises par les autorités publiques ;

4° Est consulté sur les actions coordonnées prévues à l'article D. 717-43-2 du code rural et de la pêche maritime adoptées après avis du comité technique régional visé à l'article R. 751-160 de ce code ;

5° Est consulté sur les instruments régionaux d'orientation des politiques publiques en matière de santé et de sécurité au travail et est informé de la mise en œuvre des politiques publiques intéressant ces domaines ;

6° Contribue à la coordination avec la commission de coordination des politiques de prévention de l'agence régionale de santé et à l'organisation territoriale de la politique de santé publique mentionnée à l'article L. 1411-11 du code de la santé publique ;

7° Contribue à la coordination avec le comité régional d'orientation et de suivi (CROS) chargé de la mise en œuvre territoriale du plan Ecophyto conformément à l'article L. 253-6 du code rural et de la pêche maritime, dans ses actions relatives à la santé et sécurité au travail lors de l'utilisation des produits phytopharmaceutiques ;

8° Adopte les avis du groupe permanent régional d'orientation.

§ 2. Composition

Art. R. 4641-19. Les membres du comité régional sont :

1° Au titre du collège des administrations régionales de l'État :

a) Le directeur régional des entreprises, de la concurrence, de la consommation, du travail et de l'emploi ou son représentant et trois autres membres de ce service qu'il désigne ;

b) Le directeur général de l'Agence régionale de santé ou son représentant ;

c) Le directeur régional de l'environnement, de l'aménagement et du logement ou son représentant ;

2° Au titre du collège des partenaires sociaux :

a) Huit représentants des salariés, soit : deux sur proposition de la Confédération générale du travail (CGT), deux sur proposition de la Confédération française démocratique du travail (CFDT), deux sur proposition de la Confédération générale du travail-Force ouvrière (CGT-FO), un sur proposition de la Confédération française des travailleurs chrétiens (CFTC) et un sur proposition de la Confédération française de l'encadrement-Confédération générale des cadres (CFE-CGC) ;

b) Huit représentants des employeurs, soit : quatre sur proposition du Mouvement des entreprises de France (MEDEF), dont deux issus d'organisations de branche, deux sur proposition de la Confédération générale des petites et moyennes entreprises (CGPME), un sur proposition de l'Union professionnelle artisanale (UPA) et un sur proposition conjointe de la Fédération nationale des syndicats d'exploitants agricoles (FNSEA) et de la coopération et du crédit agricoles (CNMCCA) ;

3° Au titre du collège des représentants d'organismes de sécurité sociale, d'expertise et de prévention :

a) Le directeur de la caisse régionale d'assurance retraite et de la santé au travail de la circonscription régionale ou son représentant ;

b) Le directeur de l'association régionale pour l'amélioration des conditions de travail ou son représentant ;

c) Le médecin du travail, coordonnateur régional santé et sécurité au travail de la mutualité sociale agricole ou son représentant ;

d) Le directeur du comité régional de l'Organisme professionnel de prévention du bâtiment et des travaux publics ou son représentant ;

4° Au titre du collège des personnalités qualifiées :

a) Huit personnes physiques désignées par arrêté préfectoral ;

b) Deux représentants de personnes morales désignés par arrêté préfectoral.

Ce collège comporte au moins une personne spécialiste en médecine du travail.

§ 3. Organisation et fonctionnement

Art. R. 4641-20. Le comité régional se réunit au moins une fois par an en séance plénière. Il se réunit également à l'initiative de son président ou à la demande d'une moitié, au moins, des représentants du collège des partenaires sociaux.

Seuls le président et les membres des collèges du comité régional mentionnés aux 1°, 2° et 3° de l'article R. 4641-19 ont voix délibérative.

Le compte rendu de chaque réunion, établi par les services de direction régionale des entreprises, de la concurrence, de la consommation et de l'emploi, rend compte de l'expression de tous les membres du comité. Il est diffusé aux membres du comité.

Sous-section 3 (réglementaire). **Le groupe permanent régional d'orientation des conditions de travail**

§ 1. Missions

Art. R. 4641-21. Le groupe permanent régional d'orientation des conditions de travail exerce une fonction d'orientation dans les domaines de la santé et de la sécurité au travail et de l'amélioration des conditions de travail dans le ressort du territoire régional. À ce titre, il :

1° Rend un avis sur toute question de nature stratégique dans le domaine de la santé au travail, des conditions de travail et des risques professionnels dont il se saisit ;

2° Formule les orientations du plan régional santé au travail et participe au suivi de sa mise en œuvre ;

3° Participe à l'élaboration du diagnostic territorial portant sur la santé au travail, les conditions de travail et la prévention des risques professionnels ;

4° Favorise la coordination des orientations et des positions prises adoptées dans les principales instances paritaires régionales dans le champ de la santé au travail, en cohérence avec les orientations du groupe permanent d'orientation mentionné à l'article R. 4641-7 ;

5° Adresse au groupe permanent d'orientation un bilan annuel de son activité.

Il rend un avis, qu'il remet au comité régional d'orientation des conditions de travail :

a) Sur le contenu des contrats pluriannuels d'objectifs et de moyens des services de santé au travail prévus à l'article L. 4622-10 ;

b) Sur la politique régionale d'agrément prévue à l'article D. 4622-53.

Dans le cadre de son domaine de compétence, le groupe permanent régional peut, de sa propre initiative, soumettre des propositions et des avis et diligenter des analyses ou des études.

§ 2. Composition et fonctionnement

Art. R. 4641-22. Le groupe permanent régional d'orientation des conditions de travail est présidé par le préfet de région ou son représentant. Deux vice-présidents sont élus respectivement par les membres des collèges mentionnés aux *a* et *b* du 2° de l'article R. 4641-19, l'un au titre des représentants des salariés, l'autre au titre des représentants des employeurs. Le directeur régional des entreprises, de la concurrence, de la consommation, du travail et de l'emploi ou son représentant assure l'animation de ses travaux.

Le groupe permanent régional d'orientation des conditions de travail est formé au sein du comité régional d'orientations des conditions de travail. Il comprend :

1° Au titre du collège des partenaires sociaux : les représentants mentionnés au 2° de l'article R. 4641-19 ;

2° Un représentant de la caisse régionale d'assurance retraite et de la santé au travail de la circonscription régionale.

Chapitre II

Agence nationale pour l'amélioration des conditions de travail

SECTION 1. Missions

Art. L. 4642-1. L'Agence nationale pour l'amélioration des conditions de travail a pour mission :

1° De contribuer au développement et à l'encouragement de recherches, d'expériences ou réalisations en matière d'amélioration des conditions de travail ;

2° De rassembler et de diffuser les informations concernant, en France et à l'étranger, toute action tendant à améliorer les conditions de travail ;

3° D'appuyer les démarches d'entreprise en matière d'évaluation et de prévention des risques professionnels.

SECTION 2. Composition

Art. L. 4642-2. L'Agence nationale pour l'amélioration des conditions de travail est administrée par un conseil d'administration qui comprend en nombre égal :

1° Des représentants des organisations d'employeurs représentatives au niveau national ;

2° Des représentants des organisations syndicales de salariés représentatives au niveau national ;

3° Des représentants des ministres intéressés et de personnes qualifiées.

En outre, participent au conseil d'administration, à titre consultatif, un représentant de chacune des commissions chargées des affaires sociales au Parlement, ainsi qu'un représentant de la section chargée des affaires sociales au (L. 2010-704 du 28 juin 2010, JO 29) « Conseil économique, social et environnemental ».

SECTION 3. Dispositions d'application

Art. L. 4642-3. Un décret en Conseil d'État détermine les modalités d'application du présent chapitre.

SECTION 1 (RÉGLEMENTAIRE). Missions de l'agence et de son réseau

Art. R. 4642-1. (D. 2015-968 du 31 juil. 2015, JO 5 août) I. – L'Agence nationale pour l'amélioration des conditions de travail est un établissement public national à caractère administratif placé sous la tutelle du ministre chargé du travail.

Dans le cadre des missions qui lui sont confiées en application de l'article L. 4642-1, l'agence conduit des actions visant à agir sur les éléments déterminants des conditions de travail, notamment l'organisation du travail et les relations professionnelles, en vue de leur amélioration.

Ses champs d'intervention, dans le cadre des politiques publiques, couvrent notamment :

1° La promotion de la santé au travail et de la qualité de vie au travail, en particulier lors de la conception des organisations, des équipements et des installations de travail ;

2° La prévention des risques professionnels dans le cadre de l'organisation du travail ;

3° L'amélioration de l'environnement de travail par l'adaptation des postes, des lieux et des situations de travail.

L'agence met également à disposition son expertise pour faciliter l'expression des salariés sur les conditions de réalisation de leur travail, notamment lors de la conduite de projets de transformation des entreprises et des organisations, et pour aider au dialogue social sur les questions de conditions de travail.

Les activités conduites par l'agence dans le champ de l'amélioration des conditions de travail et de la qualité de vie au travail contribuent notamment à l'accès et au maintien en emploi durable des travailleurs, au développement des connaissances et des compétences des travailleurs tout au long de leur vie professionnelle et à l'égalité professionnelle.

II. – Pour mener à bien ses missions, l'agence :

1° Conduit des interventions à caractère expérimental dans les entreprises, les associations et les structures publiques ;

2° Développe et produit à partir de ces expérimentations des outils et des méthodes susceptibles d'être utilisés par les employeurs, les travailleurs et leurs représentants ;

3° Assure l'information, la diffusion et la formation nécessaires à l'utilisation de ces outils et méthodes ;

4° Conduit une activité de veille, d'étude et de prospective sur les enjeux liés aux conditions de travail ;

5° Développe des partenariats avec les autres acteurs intervenant dans le domaine des conditions de travail, au niveau national et international.

Les actions de l'agence, conduites au besoin par l'intermédiaire de tout acteur pertinent tel que les organisations professionnelles, consulaires ou de formation, bénéficient prioritairement aux petites et moyennes entreprises.

Ses interventions au sein des structures publiques sont subordonnées à la passation d'une convention de partenariat fixant notamment les conditions dans lesquelles la structure contribue financièrement à l'intervention.

L'agence conduit ses activités dans le respect des principes de neutralité et d'impartialité vis-à-vis des acteurs de l'entreprise, de l'association ou de la structure publique au sein de laquelle elle est amenée à intervenir.

Art. R. 4642-2. (D. 2015-968 du 31 juil. 2015, JO 5 août) Des associations régionales paritaires ayant pour objet l'amélioration des conditions de travail participent aux missions définies à l'article R. 4642-1. Elles constituent un réseau dont l'agence assure le pilotage.

L'appartenance au réseau est subordonnée à l'adhésion de l'association à la charte du réseau mentionnée à l'article R. 4642-4. Chaque association conclut avec l'agence une convention annuelle fixant ses actions et les financements correspondants.

Les services déconcentrés de l'État en charge du travail et de l'emploi peuvent également confier à ces associations la réalisation d'actions dans les domaines énumérés à l'article R. 4642-1, en lien avec les objectifs stratégiques de l'agence mentionnés à l'article R. 4642-4. Les obligations réciproques qui en résultent font l'objet de conventions spécifiques.

Chaque association est dotée d'un comité d'orientation composé de représentants des organisations d'employeurs et des organisations de salariés qui siègent au conseil d'administration de l'association, de représentants des institutions publiques participant au financement de l'association et de personnes qualifiées. Ce comité se prononce sur les orientations et la programmation des activités de l'association. Une commission de financement constituée en son sein se prononce sur la programmation des activités et l'affectation des ressources correspondantes.

SECTION 2 (RÉGLEMENTAIRE). Organisation et fonctionnement

Sous-section 1. Conseil d'administration

Art. R. 4642-3. (D. 2015-968 du 31 juil. 2015, JO 5 août) I. – L'Agence nationale pour l'amélioration des conditions de travail est administrée par un conseil d'administration et dirigée par un directeur général.

Le conseil d'administration comprend :

1° Neuf représentants des employeurs nommés dans les conditions suivantes :

a) Cinq représentants, sur proposition du Mouvement des entreprises de France (MEDEF) ;

b) Un représentant des entreprises publiques, après consultation du Mouvement des entreprises de France (MEDEF) ;

c) Un représentant, sur proposition de la (D. 2019-196 du 15 mars 2019, JO 17) « Confédération des petites et moyennes entreprises (CPME) » ;

d) Un représentant, sur proposition de la Fédération nationale des syndicats d'exploitants agricoles (FNSEA) ;

e) Un représentant, sur proposition de (D. 2019-196 du 15 mars 2019, JO 17) « l'Union des entreprises de proximité (U2P) » ;

2° Neuf représentants de salariés nommés dans les conditions suivantes :

a) Trois représentants, sur proposition de la Confédération générale du travail (CGT) ;

b) Deux représentants, sur proposition de la Confédération française démocratique du travail (CFDT) ;

c) Deux représentants, sur proposition de la Confédération générale du travail-Force ouvrière (CGT-FO) ;

d) Un représentant, sur proposition de la Confédération française de l'encadrement-Confédération générale des cadres (CFE-CGC) ;

e) Un représentant, sur proposition de la Confédération française des travailleurs chrétiens (CFTC) ;

3° Six représentants de l'État, membres de droit :

a) Le ministre chargé du travail ou son représentant ;

b) Le ministre chargé de l'emploi ou son représentant ;

c) Le ministre chargé de l'agriculture ou son représentant ;

d) Le ministre chargé de l'économie ou son représentant ;

e) Le ministre chargé du droit des femmes ou son représentant ;

f) Le ministre chargé de la fonction publique ou son représentant ;

4° Trois personnes qualifiées en matière de conditions de travail, dont l'une sur proposition de l'Association des régions de France.

II. – Outre les personnalités prévues au quatrième alinéa de l'article L. 4642-2, assistent avec voix consultative aux réunions du conseil d'administration :

1° Le directeur général et l'agent comptable de l'agence ou leurs représentants ;

2° Le président du conseil scientifique de l'agence ;

3° Le contrôleur budgétaire de l'agence ou son représentant ;

4° En tant que de besoin, les représentants des ministres qui ne siègent pas au conseil d'administration lorsque le conseil est appelé à connaître de questions entrant dans leurs attributions.

En outre, le conseil d'administration peut entendre toute personne dont il estime l'audition utile à son information.

III. – Le conseil d'administration élit un président parmi ses membres, à la majorité absolue. Son mandat est d'une durée de trois ans renouvelable. (D. 2019-196 du 15 mars 2019, JO 17) « La limite d'âge qui lui est applicable est fixée à soixante-dix ans. »

En cas d'absence ou d'empêchement du président, le ministre chargé du travail ou son représentant exerce ses prérogatives.

Les membres du conseil d'administration mentionnés aux 1°, 2° et 4° du I sont nommés pour trois ans renouvelables par arrêté du ministre chargé du travail.

Les membres du conseil d'administration mentionnés aux 1° et 2° du même article peuvent être représentés par leur suppléant nommé dans les mêmes conditions.

Les fonctions de membre du conseil d'administration sont incompatibles avec la qualité de membre du conseil scientifique.

En cas de vacance d'un siège du fait de l'empêchement définitif de son titulaire ou de la perte par un membre de la qualité au titre de laquelle il a été désigné, il est procédé à la désignation d'un nouveau membre ou d'un nouveau président dans les conditions prévues au présent article. Le mandat de ce membre ou du président expire dans les mêmes délais que le mandat du membre ou du président qui est remplacé.

Art. R. 4642-4. (D. 2015-968 du 31 juil. 2015, JO 5 août) Le conseil d'administration fixe par ses délibérations les orientations générales de l'agence. Outre les attributions qu'il tient du titre III du décret n° 2012-1246 du 7 novembre 2012 relatif à la gestion budgétaire et comptable publique, il délibère notamment sur :

1° Les objectifs stratégiques pluriannuels, notamment ceux fixés dans le cadre du contrat d'objectifs et de performance conclu entre l'agence et l'État ;

2° Le programme de travail de l'agence ;

3° L'organisation générale de l'agence et son règlement intérieur ;

4° Le budget de l'agence et ses modifications, le compte financier, l'affectation des résultats, le tableau des emplois ainsi que les emprunts ;

5° Les conditions générales d'emploi et de recrutement du personnel ;

6° Les acquisitions, aliénations, échanges d'immeubles et les baux et locations concernant l'agence ;

7° L'acceptation ou le refus de dons et legs ;

8° L'approbation des conventions de partenariat dès lors que les recettes qu'elles procurent dépassent un montant fixé par le conseil d'administration ;

9° La participation à un groupement d'intérêt public ou tout autre organisme.

En outre, le conseil d'administration adopte la charte qui fixe les relations entre l'agence et les associations mentionnées à l'article R. 4642-2 et approuve les conventions mentionnées à ce même article ainsi que la synthèse annuelle budgétaire et financière de ces associations.

Il autorise le directeur général à ester en justice.

Il donne un avis sur toute question qui lui est soumise par le président du conseil d'administration ou par le ministre chargé du travail et, le cas échéant, par d'autres ministres.

Art. R. 4642-5. (D. 2015-968 du 31 juil. 2015, JO 5 août) Le conseil d'administration est réuni au moins quatre fois par an, sur convocation de son président. Il se réunit également sur demande du ministre chargé du travail, du directeur général de l'agence ou de la moitié de ses membres.

L'ordre du jour de chaque réunion est arrêté par le président sur proposition du directeur général. Toute question dont l'inscription a été demandée par le ministre chargé du travail ou par six membres au moins du conseil d'administration est portée à l'ordre du jour.

Les membres du conseil d'administration mentionnés au I de l'article R. 4642-3 disposent chacun d'une voix. Chaque membre du conseil d'administration peut donner mandat à un autre membre du conseil d'administration pour le représenter. Nul ne peut être porteur de plus d'un de ces mandats.

Le conseil d'administration ne délibère valablement que si la moitié au moins des membres est présente. Si le quorum n'est pas atteint, le conseil est convoqué sur le même ordre du jour au plus tard dans les quinze jours suivants. Il délibère alors valablement, quel que soit le nombre des membres présents.

Les délibérations du conseil d'administration sont prises à la majorité des membres présents. En cas de partage, la voix du président est prépondérante.

En cas d'urgence, les délibérations du conseil d'administration peuvent être adoptées selon les modalités prévues par l'ordonnance n° 2014-1329 du 6 novembre 2014 relative aux délibérations à distance des instances administratives à caractère collégial.

Les délibérations du conseil d'administration sont exécutoires dans un délai d'un mois suivant leur transmission au ministre chargé du travail dès lors qu'il n'a pas fait connaître son opposition motivée. Les délibérations portant sur le budget de l'agence et ses modifications, le compte financier, l'affectation des résultats, le tableau des emplois, les emprunts, les acquisitions, les aliénations, les échanges d'immeubles, les baux et locations, la participation à un groupement d'intérêt public ou tout autre organisme, les conventions mentionnées au 9° de l'article R. 4642-4, ainsi que les conventions et la synthèse annuelle budgétaire et financière mentionnées à l'avant-dernier alinéa de cet article, sont également transmises au ministre chargé du budget, qui peut, dans le même délai, faire connaître son opposition motivée. Le délai d'un mois est suspendu jusqu'à la production des informations ou documents complémentaires demandés, le cas échéant, par ces ministres.

Le procès-verbal de chaque séance, signé par le président, est approuvé lors de la séance suivante du conseil d'administration.

Les fonctions de membre du conseil d'administration sont exercées à titre gracieux. Elles ouvrent droit aux indemnités pour frais de déplacement et de séjour dans les conditions prévues par le décret n° 2006-781 du 3 juillet 2006 fixant les conditions et les modalités de règlement des frais occasionnés par les déplacements temporaires des personnels civils de l'État.

Sous-section 2. **Directeur général et personnels de l'agence**

Art. R. 4642-6. (D. 2015-968 du 31 juil. 2015, JO 5 août) Le directeur général est nommé pour une durée de trois ans renouvelable par arrêté du ministre en charge du travail.

Il exerce la direction générale de l'établissement.

Il accomplit tous les actes qui ne sont pas réservés au conseil d'administration en application de l'article R. 4642-4.

Il prépare les délibérations du conseil d'administration et en assure l'exécution.

Il propose au conseil d'administration les orientations stratégiques, le programme de travail et le bilan d'activité de l'établissement.

Il assure le fonctionnement des services de l'établissement. Il a autorité sur l'ensemble du personnel.

Il est ordonnateur des dépenses et des recettes.

Il assure la coordination et le pilotage du réseau mentionné à l'article R. 4642-2.

Il représente l'établissement en justice et dans tous les actes de la vie civile et dans ses rapports avec les tiers. Il passe, au nom de l'établissement, les contrats, les marchés et conventions ainsi que les actes d'acquisition et de vente et les transactions, sous réserve des attributions conférées au conseil d'administration par l'article R. 4642-4.

Il est assisté d'un secrétaire général qui le supplée en cas d'absence ou d'empêchement. Il peut déléguer sa signature à ceux de ses collaborateurs qui exercent une fonction de direction au sein de l'agence.

Art. R. 4642-7. (D. 2015-968 du 31 juil. 2015, JO 5 août) L'agence peut employer des agents contractuels dans les conditions prévues par le décret n° 2014-21 du 9 janvier 2014 fixant les conditions contractuelles applicables aux agents de l'Agence nationale pour l'amélioration des conditions de travail.

Sous-section 3. **Conseil scientifique**

Art. R. 4642-8. (D. 2015-968 du 31 juil. 2015, JO 5 août) I. – Le conseil scientifique comprend :

1° Huit membres, ayant voix délibérative, nommés sur proposition du directeur général de l'agence, choisis parmi les personnalités compétentes et reconnues dans le domaine d'intervention de celle-ci :

a) Six personnalités du monde de la recherche en sciences humaines, économiques et sociales ;

b) Deux personnalités ayant une expertise sur les questions d'organisation du travail en entreprise ;

2° Cinq membres, ayant voix consultative, représentants d'organismes ou d'administrations intervenant dans le domaine de compétence de l'agence :

a) Le directeur de l'animation de la recherche, des études et des statistiques au ministère chargé du travail ou son représentant ;

b) Le directeur du Centre d'études et de recherches sur les qualifications ou son représentant ;

c) Le directeur général de l'Institut national de recherche et de sécurité pour la prévention des accidents du travail et des maladies professionnelles ou son représentant ;

d) Le directeur général de l'Agence nationale de sécurité sanitaire de l'alimentation, de l'environnement et du travail ou son représentant ;

e) Le directeur de la Fondation de Dublin ou son représentant.

II. – Les membres du conseil scientifique sont nommés pour une durée de trois ans renouvelable par arrêté du ministre chargé du travail.

En cas de vacance d'un siège du fait de l'empêchement définitif de son titulaire ou de la perte par un membre de la qualité au titre de laquelle il a été désigné, il est procédé à la désignation d'un nouveau membre dans les conditions prévues au présent article. Le mandat de ce membre expire dans les mêmes délais que le mandat du membre qui est remplacé.

Le conseil scientifique élit son président pour trois ans parmi les membres mentionnés au 1° du I. Son mandat est renouvelable.

Le directeur général ou son représentant participe avec voix consultative aux séances du conseil scientifique.

Le conseil scientifique peut s'adjoindre le concours de tout collaborateur de son choix.

III. – Le conseil scientifique est chargé :

1° De donner un avis sur les orientations et sur le projet de programme de travail préalablement à la tenue des délibérations du conseil d'administration prévues à l'article R. 4642-4 ;

2° De contribuer au suivi et à l'évaluation des actions menées par l'agence ;

3° D'assister l'agence dans ses missions d'anticipation de l'évolution des conditions de travail ;

4° D'assister l'agence dans l'élaboration de projets.

En outre, le conseil scientifique donne un avis, à la demande du président du conseil d'administration, du directeur général ou de sa propre initiative, sur toute question scientifique ou technique entrant dans le champ de compétence de l'agence.

IV. – Le conseil scientifique est convoqué par son président, à la demande du directeur général, à la demande du conseil d'administration ou à l'initiative d'au moins un tiers de ses membres. Il se réunit au moins deux fois par an.

Les fonctions de membre du conseil scientifique sont exercées à titre gracieux. Elles ouvrent droit aux indemnités pour frais de déplacement et de séjour dans les conditions prévues à l'article R. 4642-5.

SECTION 3 (RÉGLEMENTAIRE). Régime financier et comptable

Art. R. 4642-9. (D. 2015-968 du 31 juil. 2015, JO 5 août) Le régime financier de l'agence est fixé, sous réserve des dispositions résultant du présent chapitre, par les titres Ier et III du décret n° 2012-1246 du 7 novembre 2012 relatif à la gestion budgétaire et comptable publique.

Le budget de l'agence comprend, d'une manière générale, toutes les recettes autorisées par les lois et les règlements et les dépenses prévues à l'article 178 du décret n° 2012-1246 du 7 novembre 2012 relatif à la gestion budgétaire et comptable publique.

Art. R. 4642-10. (D. 2015-968 du 31 juil. 2015, JO 5 août) Le Fonds pour l'amélioration des conditions de travail a pour objet d'inciter et d'aider les entreprises, notamment les petites et moyennes entreprises, les associations ou les branches professionnelles au moyen de subventions et dans le cadre de démarches participatives, à concevoir et à mettre en œuvre des projets d'expérimentation dans le champ des missions confiées à l'Agence nationale pour l'amélioration des conditions de travail. Les modalités d'attribution des subventions allouées au titre du fonds sont fixées par arrêté du ministre chargé du travail.

La gestion des crédits du Fonds pour l'amélioration des conditions de travail est confiée à l'Agence nationale pour l'amélioration des conditions de travail. Le cadre général d'intervention de l'agence fait l'objet d'une convention conclue entre l'État et l'agence.

Chapitre III

Organismes et commissions de santé et de sécurité

SECTION 1. Organismes professionnels de santé, de sécurité et des conditions de travail

Art. L. 4643-1. Des organismes professionnels de santé, de sécurité et des conditions de travail sont constitués dans les branches d'activités présentant des risques particuliers.

Ces organismes sont chargés notamment :

1° De promouvoir la formation à la sécurité ;

2° De déterminer les causes techniques des risques professionnels ;

3° De susciter les initiatives professionnelles en matière de prévention ;

4° De proposer aux pouvoirs publics toutes mesures dont l'expérience a fait apparaître l'utilité.

Art. L. 4643-2. Les organismes professionnels de santé, de sécurité et des conditions de travail associent les représentants des organisations professionnelles d'employeurs et de salariés représentatives.

Leur activité est coordonnée par l'Agence nationale pour l'amélioration des conditions de travail.

Art. L. 4643-3. Des décrets en Conseil d'État déterminent l'organisation, le fonctionnement ainsi que les modalités de participation des employeurs au financement des organismes prévus par la présente section.

SECTION 2. Commissions de santé et de sécurité

Art. L. 4643-4. Des commissions de santé et de sécurité, instituées par conventions et accords collectifs de travail et composées de représentants des employeurs et des salariés, sont chargées de promouvoir la formation à la sécurité et de contribuer à l'amélioration des conditions de santé et de sécurité.

Ces dispositions ne sont pas applicables aux exploitations et aux entreprises agricoles qui ne disposent pas de (Ord. 2017-1386 du 22 sept. 2017, art. 4, 82°, JO 23, entrée en vigueur au plus tard le 01.01.2018) «comité social et économique». Ces exploitations et entreprises relèvent de l'article L. 717-7 du code rural (Ord. 2010-462 du 6 mai 2010, JO 7) «et de la pêche maritime», relatif aux commissions paritaires d'hygiène, de sécurité et des conditions de travail en agriculture.

À défaut de constitution de commissions dans les conditions prévues au premier alinéa, leur mission est assurée par des organismes professionnels de santé, de sécurité et des conditions de travail constitués dans les branches d'activité présentant des risques particuliers prévus à l'article L. 4643-1.

SECTION 1 (RÉGLEMENTAIRE). Dispositions générales

Art. R. 4643-1. Dans les branches d'activité où existe un organisme professionnel de santé, de sécurité et conditions de travail, prévu à l'article L. 4643-1, cet organisme est chargé de promouvoir la formation à la sécurité et d'apporter son concours technique pour sa mise en œuvre.

SECTION 2 (RÉGLEMENTAIRE). Organisme professionnel de prévention du bâtiment et des travaux publics

Sous-section 1. Missions

Art. R. 4643-2. L'Organisme professionnel de prévention du bâtiment et des travaux publics a pour mission, notamment, de contribuer à la promotion de la prévention des accidents du travail et des maladies professionnelles ou à caractère professionnel ainsi qu'à l'amélioration des conditions de travail dans les entreprises adhérentes.

Art. R. 4643-3. Afin de remplir sa mission, l'Organisme professionnel de prévention du bâtiment et des travaux publics :

1° Participe à la veille en matière de risques professionnels ;

2° Conduit les études relatives aux conditions de travail ;

3° Analyse les causes des risques professionnels ;

4° Suscite les initiatives des professionnels de la branche du bâtiment et des travaux publics ainsi que de toutes les personnes qui interviennent dans le processus de construction pour une meilleure prise en compte de la sécurité dans les procédés de fabrication ;

5° Propose aux pouvoirs publics toutes mesures résultant du retour d'expérience organisé dans la profession ;

6° Exerce des actions d'information et de conseil en matière de prévention ;

7° Contribue à la formation à la sécurité ;

8° Participe aux travaux menés dans le cadre de l'Union européenne dans son champ de compétences.

Sous-section 2. Composition

Art. R. 4643-4. Les entreprises qui relèvent des caisses de congés payés des professions du bâtiment et des travaux publics adhèrent à l'Organisme professionnel de prévention du bâtiment et des travaux publics.

Sous-section 3. Organisation et fonctionnement

§ 1. Comité national

Art. R. 4643-5. L'Organisme professionnel de prévention du bâtiment et des travaux publics comprend un comité national qui règle, par ses délibérations, les affaires de l'organisme.

À ce titre, le conseil du comité national :

1° Détermine les orientations de l'organisme, fixe le programme annuel et adopte le rapport d'activité, conformément à la politique générale de prévention et d'amélioration des conditions de travail définie par le ministre chargé du travail et en concertation avec les organismes chargés de la santé et de la sécurité et de l'amélioration des conditions de travail ;

2° Anime, coordonne et contrôle l'action des comités régionaux de prévention prévus à l'article R. 4643-19 ;

3° Vote le budget ;

4° Approuve le bilan et les comptes de résultats de l'exercice ;

5° Autorise les acquisitions et les ventes de biens immobiliers ainsi que les emprunts. Le comité national peut déléguer cette compétence au bureau ;

6° Se prononce sur les conditions générales de recrutement, d'emploi et de rémunération du personnel ;

7° Nomme le secrétaire général ;

8° Établit le règlement intérieur type du comité national et des comités régionaux de prévention.

Art. R. 4643-6. Le conseil du comité national comprend dix membres, dont cinq sont désignés par les organisations professionnelles d'employeurs représentatives au plan national et cinq par les organisations syndicales de salariés représentatives au plan national. Le ministre chargé du travail procède à la répartition des sièges entre les organisations.

Dix suppléants sont désignés dans les mêmes conditions.

Les désignations sont soumises à l'approbation du ministre chargé du travail. Le mandat d'un représentant peut prendre fin à la demande de l'organisation qui l'avait désigné.

Art. R. 4643-7. Le conseil du comité national élit, chaque année, en son sein, un bureau composé d'un président et d'un vice-président appelé à remplacer le président en cas d'absence ou d'empêchement.

Lorsque le président appartient à la catégorie des membres représentant les employeurs, le vice-président est choisi parmi les membres représentant les salariés et inversement.

Art. R. 4643-8. Le conseil du comité national se réunit sur la convocation de son président et sur l'ordre du jour fixé par lui. Il est également réuni à la demande de la majorité de ses membres ou du ministre chargé du travail.

Il ne peut délibérer que si trois membres au moins appartenant à chaque catégorie sont présents. À défaut, il est convoqué une nouvelle fois dans les quinze jours et sur le même ordre du jour, il délibère sans condition de nombre.

Art. R. 4643-9. Sauf convocation du conseil du comité national en cas d'urgence motivée, les dossiers relatifs à l'ordre du jour sont adressés aux membres ainsi qu'aux représentants avec voix consultative, quinze jours au moins avant la date fixée sur la convocation.

Art. R. 4643-10. Le secrétaire général prépare et exécute les délibérations du conseil comité national.

Il est le chef des services de l'organisme, recrute et dirige le personnel.

Il définit l'organisation opérationnelle de l'organisme qu'il propose au conseil du comité national pour accord.

Art. R. 4643-11. Le secrétaire général, un représentant de la Caisse nationale d'assurance maladie et le représentant du ministre chargé du travail assistent aux séances du comité national avec voix consultative. Ce dernier peut jouer le rôle d'arbitre en cas de nécessité.

Le comité national peut faire appel à toute personne qualifiée.

Art. R. 4643-12. Les délibérations du comité national, énumérées à l'article R. 4643-5 sont exécutoires de plein droit, à l'exception de celles portant sur le vote du budget.

Ces dernières sont adoptées et rendues exécutoires dans les conditions suivantes :

1° Le budget primitif, détaillé selon le plan comptable applicable aux établissements de droit privé, est adopté par le conseil du comité national au plus tard vingt et un jours avant le début de l'année auquel il s'applique. Il n'est exécutoire que si, dans le délai de vingt et un jours de son adoption, le ministre chargé du travail n'a pas fait connaître son opposition. L'adoption du budget primitif est précédée, dans le courant du mois d'octobre, d'un débat d'orientation au sein du comité national destiné à préparer le budget primitif de l'année suivante à la lumière, notamment, de l'exécution du budget en cours et du programme annuel envisagé pour l'année à venir ;

2° À défaut d'adoption du budget primitif dans le délai prévu ou d'approbation, le ministre chargé du travail peut autoriser l'organisme à reconduire le budget de l'exercice précédent selon la règle dite du douzième ;

3° Les modifications à apporter en cours d'exercice à l'exécution du budget primitif sont approuvées par le conseil du comité national. Elles ne sont exécutoires que si le ministre chargé du travail n'a pas fait connaître son opposition dans le délai de quinze jours de leur adoption.

Art. R. 4643-13. Le conseil du comité national est assisté, pour le suivi des questions financières, d'un comité financier.

Le comité financier comprend le président et le vice-président de l'Organisme professionnel de prévention du bâtiment et des travaux publics, un représentant désigné par chacun des deux collèges siégeant au comité national, le secrétaire général de l'organisme et le représentant désigné par le ministre chargé du travail.

Le président de l'organisme préside le comité financier.

Art. R. 4643-14. Le comité financier se réunit en tant que de besoin, et au moins deux fois par an, sur convocation du secrétaire général.

Art. R. 4643-15. Le comité financier donne son avis sur le projet de budget primitif de l'organisme, ainsi que sur les modifications de ce budget envisagées en cours de gestion, et sur le financement des investissements.

Au cours de ses réunions, il se prononce sur l'état de l'exécution du budget en cours qui lui est présenté par le secrétaire général de l'organisme.

Art. R. 4643-16. Les documents relatifs à l'ordre du jour du comité financier sont transmis, par le secrétaire général, aux membres du comité quinze jours avant sa tenue, sauf en cas d'urgence.

Art. R. 4643-17. Le secrétaire général porte à la connaissance du comité national les avis du comité financier lors de la première réunion qui suit celle de ce dernier.

Art. R. 4643-18. Le comité national s'adjoint, en qualité de conseiller technique, un médecin choisi parmi les médecins du travail assurant la surveillance médicale des salariés de la branche d'activité.

§ 2. Comités régionaux

Art. R. 4643-19. L'Organisme professionnel de prévention du bâtiment et des travaux publics comprend des comités régionaux de prévention chargés, notamment :

1° De conduire les actions en vue de l'amélioration de l'hygiène, de la santé, de la sécurité et des conditions de travail sur tous les lieux dans lesquels interviennent les entreprises adhérentes ;

2° De mettre en œuvre, sous le contrôle du comité national et conformément au programme d'actions adopté par le conseil du comité national, les programmes d'action de l'Organisme professionnel de prévention du bâtiment et des travaux publics dans leur champ de compétence territorial.

Art. R. 4643-20. Le conseil du comité régional de prévention assure l'organisation et le fonctionnement des services mis à sa disposition par le comité national, conformément aux orientations définies par celui-ci.

Il adopte le programme régional d'action annuel en cohérence avec celui défini par le conseil du comité national.

Il fixe ses prévisions de dépenses.

Il établit son règlement intérieur conformément au règlement intérieur type établi par le conseil du comité national.

Art. R. 4643-21. Le comité national fixe le nombre des comités régionaux de prévention.

Art. R. 4643-22. Chaque conseil de comité régional de prévention comprend dix membres nommés par le conseil du comité national, à raison de cinq sur proposition des organisations professionnelles d'employeurs représentatives au plan national et cinq sur proposition des organisations syndicales de salariés représentatives au plan national.

Dix suppléants sont désignés dans les mêmes conditions.

Art. R. 4643-23. Le conseil de comité régional de prévention élit, chaque année, en son sein, un bureau composé d'un président et d'un vice-président, lequel est chargé de remplacer le président en cas d'absence ou d'empêchement.

Lorsque le président appartient à la catégorie des membres désignés sur proposition des organisations professionnelles d'employeurs, le vice-président est choisi parmi les membres désignés sur proposition des organisations syndicales de salariés, et inversement.

Art. R. 4643-24. Le conseil de comité régional de prévention se réunit sur la convocation de son président et sur l'ordre du jour fixé par lui. Il est également réuni à la demande de la majorité de ses membres ou du (D. 2009-1377 du 10 nov. 2009, JO 13; D. 2010-687 du 24 juin 2010, JO 25; voir D. 2010-1582 du 17 déc. 2010, JO 18, pour outre-mer) « directeur régional des entreprises, de la concurrence, de la consommation, du travail et de l'emploi ».

Il ne peut délibérer que si trois membres au moins appartenant à chaque catégorie sont présents. À défaut, convoqué une nouvelle fois dans les quinze jours et sur le même ordre du jour, il délibère sans condition de nombre.

Le responsable opérationnel du comité régional, un représentant de la caisse régionale d'assurance maladie et le directeur régional des entreprises, de la concurrence, de la consommation, du travail et de l'emploi siègent avec voix consultative. Ce dernier peut jouer le rôle d'arbitre en cas de nécessité.

Le conseil régional peut faire appel à toute personne qualifiée.

Art. R. 4643-25. Les responsables opérationnels régionaux préparent et exécutent les délibérations des conseils des comités régionaux de prévention.

Ils dirigent, par délégation du secrétaire général, les services et le personnel mis à leur disposition.

Art. R. 4643-26. Chaque comité régional s'adjoint, en qualité de conseiller technique, un médecin choisi parmi les médecins du travail assurant la surveillance médicale des salariés de la branche d'activité.

Art. R. 4643-27. L'action du comité régional de prévention est mise en œuvre notamment par des ingénieurs et des techniciens de prévention, dont les modalités de recrutement sont fixées par délibération du conseil du comité national.

§ 3. Membres des comités

Art. R. 4643-28. Nul ne peut appartenir au conseil du comité national ou à celui d'un comité régional de prévention s'il ne justifie de l'exercice, pendant cinq années au moins, d'une profession, d'un métier ou d'une activité salariée dans la branche du bâtiment et des travaux publics.

Art. R. 4643-29. L'employeur laisse aux salariés membres d'un conseil d'un comité de l'organisme le temps nécessaire à l'exercice de leurs fonctions.

L'organisme assure aux intéressés le maintien de leur rémunération pendant les absences correspondantes ou, le cas échéant, rembourse, à la demande de l'employeur, les charges supportées par lui à ce titre.

Art. R. 4643-30. Les membres du conseil du comité national et le secrétaire général, dûment mandatés par lui et les membres du personnel de l'organisme, mandatés par le secrétaire général, ont libre accès dans les établissements et chantiers des entreprises adhérentes.

Les membres du conseil du comité régional de prévention et le responsable opérationnel de ce comité, dûment mandatés par lui et les membres du personnel mandaté par ce responsable, ont libre accès dans les établissements et chantiers des entreprises adhérentes de la circonscription.

Dans ces établissements et chantiers, les personnes mentionnées aux premier et deuxième alinéas peuvent, au cours de leurs visites, demander communication des documents mentionnés à l'article L. 4711-1. Les représentants mandatés peuvent porter à la connaissance de l'inspecteur du travail les manquements répétés ou les infractions graves qu'ils constatent aux dispositions légales en matière de santé et sécurité au travail.

Art. R. 4643-31. De leur propre initiative ou à la demande d'un (D. 2017-1819 du 29 déc. 2017, art. 3, 38°, JO 30, entrée en vigueur le 01.01.2018) « membre [de] la délégation du personnel du comité social et économique », les personnes mentionnées aux premier et deuxième alinéas de l'article R. 4643-30 procèdent aux enquêtes techniques sur les causes des accidents du travail et des maladies professionnelles ou à caractère professionnel dans les entreprises qui ne disposent pas d'un (D. 2017-1819 du 29 déc. 2017, art. 3, 70°, JO 30, entrée en vigueur le 01.01.2018) « comité social et économique ».

Dans les autres entreprises, ces personnes peuvent participer à ces enquêtes à la demande de l'employeur ou d'un membre du (D. 2017-1819 du 29 déc. 2017, art. 3, 70°, JO 30, entrée en vigueur le 01.01.2018) « comité social et économique ».

Art. R. 4643-32. (D. 2017-1819 du 29 déc. 2017, art. 3, 74°, JO 30, entrée en vigueur le 01.01.2018) Un représentant mandaté du comité régional de prévention est invité et assiste avec voix consultative :

1° Aux réunions de la commission santé, sécurité et conditions de travail ;

2° À l'initiative de l'employeur ou à la demande de la majorité de la délégation du personnel au comité social et économique aux réunions de ce comité mentionnées aux premier et deuxième alinéas de l'article L. 2315-27 :

3° Aux réunions du comité consécutives à un accident de travail ayant entraîné un arrêt de travail d'au moins huit jours ou à une maladie professionnelle ou à caractère professionnel.

Le calendrier prévisionnel et l'ordre du jour sont communiqués dans les conditions fixées respectivement au quatrième alinéa de l'article L. 2315-27 et à l'article L. 2315-30.

Art. R. 4643-33. Les membres du comité du conseil national et des comités des conseils régionaux ainsi que les salariés de l'Organisme professionnel de prévention du bâtiment et des travaux publics sont tenus de ne rien révéler des secrets dont ils pourraient avoir connaissance dans l'exercice de leurs fonctions.

Ils ne peuvent faire état de procédés de fabrication améliorant la prise en compte de la sécurité qu'avec l'accord exprès de l'employeur qui en dispose.

Art. R. 4643-34. Les employeurs des entreprises adhérentes déclarent au comité régional, dans les quarante-huit heures, tout accident grave.

On entend par accident grave, au sens du présent article, l'accident ayant entraîné la mort ou paraissant devoir entraîner une incapacité permanente ou ayant révélé l'existence d'un danger grave, même si les conséquences ont pu en être évitées, ainsi que toute maladie professionnelle ou à caractère professionnel.

Les employeurs communiquent au comité régional, à sa demande, tous renseignements statistiques nécessaires à l'exercice de sa mission, ainsi que toutes informations de nature à permettre un bon déroulement des enquêtes prévues à l'article R. 4643-31.

Ils transmettent au comité régional une copie de la déclaration d'ouverture de tout chantier ou autre lieu de travail à caractère temporaire prévue au second alinéa de l'article R. 8113-1.

§ 4. Dispositions financières

Art. R. 4643-35. Les ressources de l'Organisme professionnel de prévention du bâtiment et des travaux publics comprennent :

1° Les cotisations des entreprises adhérentes ;

2° À titre exceptionnel, la rémunération des services rendus qui par leur nature, leur importance ou leur durée excéderaient les limites habituelles des interventions de l'organisme ;

3° Le produit des ventes des productions et publications ;

4° Les produits financiers.

Art. R. 4643-36. Les cotisations sont constituées :

1° Par une fraction du montant des salaires versés aux salariés permanents par les entreprises adhérentes, augmenté des indemnités de congés payés pour lesquelles une cotisation est perçue par les caisses de congés payés instituées dans la branche du bâtiment et des travaux publics ;

2° Par une contribution au titre des salariés temporaires mis à la disposition de ces entreprises. Cette contribution est assise sur le produit obtenu en multipliant le nombre d'heures de travail accomplies par les salariés temporaires auxquels les entreprises adhérentes font appel par le salaire de référence fixé dans les conditions prévues à l'article R. 4643-38.

Art. R. 4643-37. Les entreprises dotées d'un (D. 2017-1819 du 29 déc. 2017, art. 3, 70°, JO 30, entrée en vigueur le 01.01.2018) « comité social et économique » peuvent être admises à cotiser à taux réduit par décision du comité régional de prévention dont elles relèvent, compte tenu de leurs résultats en matière de prévention tels qu'ils ressortent, notamment, des documents mentionnés à l'article L. 4612-16.

Art. R. 4643-38. Un arrêté du ministre chargé du travail, pris après avis du conseil du comité national de l'Organisme professionnel de prévention du bâtiment et des travaux publics, fixe le taux plein et le taux réduit des cotisations.

Il fixe le salaire de référence de la contribution due au titre de l'emploi de salariés temporaires, ainsi que les taux qui lui sont applicables.

Art. R. 4643-39. Le recouvrement des cotisations est assuré par les caisses de congés payés instituées dans la branche d'activité, dans les mêmes conditions que celui des cotisations de congés payés.

Le recouvrement de la contribution est assuré par trimestre civil sur la base des heures accomplies au cours du trimestre précédant la date du recouvrement.

Le montant des frais de recouvrement et de gestion des fonds est fixé par convention entre le comité national et les caisses intéressées.

Art. R. 4643-40. Le montant des cotisations recouvrées est versé à l'Union des caisses de France – Congés intempéries BTP et porté au crédit de l'Organisme professionnel de prévention du bâtiment et des travaux publics.

Art. R. 4643-41. L'Union des caisses de France – Congés intempéries BTP procède au règlement des dépenses figurant au budget de l'organisme suivant les ordres qu'elle reçoit à cet effet du secrétaire général. Elle transmet chaque année au comité national un état récapitulatif des opérations comptables effectuées pour le compte de l'organisme. L'organisme la met en mesure de connaître, préalablement à l'exécution des ordres, la situation des soldes comptables et bancaires.

Les opérations d'encaissement des cotisations et de règlement des dépenses de l'organisme font l'objet, dans les écritures de l'Union des caisses de France – Congés intempéries BTP, d'une comptabilité distincte.

Art. R. 4643-42. La gestion financière de l'Organisme professionnel de prévention du bâtiment et des travaux publics est soumise au contrôle du ministre chargé du travail.

Chapitre IV

Aide à l'employeur pour la gestion de la santé et de la sécurité au travail

Note Ce chapitre a été introduit par la loi 2011-867 du 20 juillet 2011, art. 1er, 6°, JO 24, entrée en vigueur au plus tard le 01.06.2012.

Art. L. 4644-1. I. – L'employeur désigne un ou plusieurs salariés compétents pour s'occuper des activités de protection et de prévention des risques professionnels de l'entreprise.

Le ou les salariés ainsi désignés par l'employeur bénéficient, à leur demande, d'une formation en matière de santé au travail dans les conditions prévues aux articles L. 4614-14 à L. 4614-16.

À défaut, si les compétences dans l'entreprise ne permettent pas d'organiser ces activités, l'employeur peut faire appel, après avis du (Ord. 2017-1386 du 22 sept. 2017, art. 4, 67°, JO 23, entrée en vigueur au plus tard le 01.01.2018) «comité social et économique», aux intervenants en prévention des risques professionnels appartenant au service de santé au travail interentreprises auquel il adhère ou dûment enregistrés auprès de l'autorité administrative disposant de compétences dans le domaine de la prévention des risques professionnels et de l'amélioration des conditions de travail.

L'employeur peut aussi faire appel aux services de prévention des caisses de sécurité sociale avec l'appui de l'Institut national de recherche et de sécurité dans le cadre des programmes de prévention mentionnés à l'article L. 422-5 du code de la sécurité sociale, à l'organisme professionnel de prévention du bâtiment et des travaux publics et à l'Agence nationale pour l'amélioration des conditions de travail et son réseau.

Cet appel aux compétences est réalisé dans des conditions garantissant les règles d'indépendance des professions médicales et l'indépendance des personnes et organismes mentionnés au présent I. Ces conditions sont déterminées par décret en Conseil d'État.

II. – Les modalités d'application du présent article sont déterminées par décret.

SECTION 1 (RÉGLEMENTAIRE). Conditions d'exercice

Note Les sections 1 et 2 ont été introduites par le décret 2012-135 du 30 janvier 2012, JO 31, entrée en vigueur le 01.07.2012.

Art. R. 4644-1. Les personnes mentionnées au premier alinéa de l'article L. 4644-1 sont désignées après avis du (D. 2017-1819 du 29 déc. 2017, art. 3, 65°, JO 30, entrée en vigueur le 01.01.2018) « comité social et économique s'il existe ».

Elles disposent du temps nécessaire et des moyens requis pour exercer leurs missions.

Elles ne peuvent subir de discrimination en raison de leurs activités de prévention.

Art. R. 4644-2. L'intervention de l'intervenant en prévention des risques professionnels enregistré dans les conditions prévues à la section 2 est subordonnée à la conclusion d'une convention entre celui-ci et l'employeur ou le président du service de santé au travail interentreprises.

Cette convention précise :

1° Les activités confiées à l'intervenant ainsi que les modalités de leur exercice ;

2° Les moyens mis à la disposition de l'intervenant ainsi que les règles définissant son accès aux lieux de travail et l'accomplissement de ses missions, notamment la présentation de ses propositions, dans des conditions assurant son indépendance.

Art. R. 4644-3. Lorsque l'employeur fait appel à un intervenant en prévention des risques professionnels enregistré ou aux organismes de prévention mentionnés à l'article L. 4644-1, il informe son service de santé au travail de cette intervention ainsi que des résultats des études menées dans ce cadre.

Art. R. 4644-4. La convention mentionnée à l'article R. 4644-2 ne peut comporter de clauses autorisant l'intervenant en prévention des risques professionnels enregistré à réaliser des actes relevant de la compétence du médecin du travail.

Art. R. 4644-5. L'intervenant en prévention des risques professionnels enregistré a accès à tous les documents non nominatifs rendus obligatoires par la présente partie.

Ce droit d'accès s'exerce dans des conditions garantissant le caractère confidentiel des données ainsi que la protection des informations mentionnées à l'article R. 4624-9.

SECTION 2 (RÉGLEMENTAIRE). Enregistrement

Art. D. 4644-6. (D. 2012-137 du 30 janv. 2012, JO 31, entrée en vigueur le 01.07.2012) Le dossier de l'enregistrement prévu à l'article L. 4644-1 est adressé au directeur régional des entreprises, de la concurrence, de la consommation, du travail et de l'emploi par lettre recommandée avec avis de réception. Il contient :

1° Les justificatifs attestant de la détention par le demandeur d'un diplôme d'ingénieur (D. 2014-799 du 11 juil. 2014, JO 13) « ou » d'un diplôme sanctionnant au moins deux ans d'études supérieures dans les domaines de la santé, de la sécurité ou de l'organisation du travail, d'un diplôme sanctionnant au moins trois ans d'études supérieures dans un domaine scientifique ou dans une matière relevant des sciences humaines et sociales et (D. 2014-799 du 11 juil. 2014, JO 13) « liés » au travail ou d'une expérience professionnelle dans le domaine de la prévention des risques professionnels d'au moins cinq ans ;

2° Une déclaration d'intérêts dont le modèle est fixé par arrêté ;

3° Un rapport d'activité de l'intervenant en prévention des risques professionnels concernant les cinq dernières années d'exercice lorsqu'il s'agit d'un renouvellement de l'enregistrement.

Art. D. 4644-7. (D. 2012-137 du 30 janv. 2012, JO 31, entrée en vigueur le 01.07.2012) Le directeur régional des entreprises, de la concurrence, de la consommation, du travail et de l'emploi enregistre l'intervenant en prévention des risques professionnels dans un délai d'un mois, à compter de la date de réception du dossier.

Art. D. 4644-8. (D. 2012-137 du 30 janv. 2012, JO 31, entrée en vigueur le 01.07.2012) L'enregistrement des intervenants en prévention des risques professionnels est renouvelé au terme d'un délai de cinq ans.

Il est valable pour l'ensemble du territoire national.

Art. D. 4644-9. (D. 2012-137 du 30 janv. 2012, JO 31, entrée en vigueur le 01.07.2012) Le directeur régional des entreprises, de la concurrence, de la consommation, du travail et de l'emploi peut mettre fin, à tout moment, à l'enregistrement d'un intervenant en prévention des risques professionnels lorsque celui-ci ne dispose pas des compétences nécessaires, qu'il ne respecte pas les prescriptions légales ou qu'il n'est plus en mesure d'assurer sa mission.

Art. D. 4644-10. (D. 2012-137 du 30 janv. 2012, JO 31, entrée en vigueur le 01.07.2012) L'intervenant en prévention des risques professionnels tient à disposition du directeur régional des entreprises, de la concurrence, de la consommation, du travail et de l'emploi les éléments permettant de justifier son activité.

Art. D. 4644-11. (D. 2012-137 du 30 janv. 2012, JO 31, entrée en vigueur le 01.07.2012) Une personne d'un État membre de l'Union européenne non établie en France peut effectuer de façon occasionnelle des prestations de prévention des risques professionnels si elle peut justifier de compétences ou de diplômes équivalents dans son pays d'origine.

LIVRE VII

CONTRÔLE

TITRE Ier

DOCUMENTS ET AFFICHAGES OBLIGATOIRES

Chapitre unique

Art. L. 4711-1. Les attestations, consignes, résultats et rapports relatifs aux vérifications et contrôles mis à la charge de l'employeur au titre de la santé et de la sécurité au travail comportent des mentions obligatoires déterminées par voie réglementaire.

Art. L. 4711-2. Les observations et mises en demeure notifiées par l'inspection du travail en matière de santé et de sécurité, de médecine du travail et de prévention des risques sont conservées par l'employeur.

Art. L. 4711-3. Au cours de leurs visites, les (L. 2016-1088 du 8 août 2016, art. 113, III, 4°, JO 9) «agents de contrôle de l'inspection du travail mentionnés à l'article L. 8112-1» et les agents du service de prévention des organismes de sécurité sociale ont accès aux documents mentionnés aux articles L. 4711-1 et L. 4711-2.

Art. L. 4711-4. Les documents mentionnés aux articles L. 4711-1 et L. 4711-2 sont communiqués, dans des conditions déterminées par voie réglementaire, aux membres des (Ord. 2017-1386 du 22 sept. 2017, art. 4, 68°, JO 23, entrée en vigueur au plus tard le 01.01.2018) «comités sociaux et économiques», au médecin du travail et, le cas échéant, aux représentants des organismes professionnels d'hygiène, de sécurité et des conditions de travail prévues à l'article L. 4643-2.

Art. L. 4711-5. Lorsqu'il est prévu que les informations énumérées aux articles L. 4711-1 et L. 4711-2 figurent dans des registres distincts, l'employeur est autorisé à réunir ces informations dans un registre unique dès lors que cette mesure est de nature à faciliter la conservation et la consultation de ces informations.

Art. D. 4711-1. L'employeur affiche, dans des locaux normalement accessibles aux travailleurs, l'adresse et le numéro d'appel :

1° Du médecin du travail ou du service de santé au travail compétent pour l'établissement ;
2° Des services de secours d'urgence ;
3° De l'inspection du travail compétente ainsi que le nom de l'inspecteur compétent.

Art. D. 4711-2. Les attestations, consignes, résultats et rapports relatifs aux vérifications et contrôles mis à la charge de l'employeur au titre de la santé et de la sécurité au travail sont datés.

Ils mentionnent l'identité de la personne ou de l'organisme chargé du contrôle ou de la vérification ainsi que celle de la personne qui a réalisé le contrôle ou la vérification.

Art. D. 4711-3. Sauf dispositions particulières, l'employeur conserve les documents concernant les observations et mises en demeure de l'inspection du travail ainsi que ceux concernant les vérifications et contrôles mis à la charge des employeurs au titre de la santé et de la sécurité au travail des cinq dernières années et, en tout état de cause, ceux des deux derniers contrôles ou vérifications.

(D. 2009-289 du 13 mars 2009, JO 15) « Il conserve, pendant la même durée, les copies des déclarations d'accidents du travail déclarés à la caisse primaire d'assurance maladie. »

TITRE II

MISES EN DEMEURE ET DEMANDES DE VÉRIFICATIONS

Chapitre Ier

Mises en demeure

SECTION 1. Mises en demeure du directeur départemental du travail, de l'emploi et de la formation professionnelle

Art. L. 4721-1. Le (L. 2011-525 du 17 mai 2011, art. 170, JO 18) «directeur régional des entreprises, de la concurrence, de la consommation, du travail et de l'emploi», sur le rapport de l'(L. 2016-1088 du 8 août 2016, art. 113, III, 1°, JO 9) «agent de contrôle de l'inspection du travail mentionné à l'article L. 8112-1» constatant une situation dangereuse, peut mettre en demeure l'employeur de prendre toutes mesures utiles pour y remédier, si ce constat résulte:

1° D'un non-respect par l'employeur des principes généraux de prévention prévus par les articles L. 4121-1 à L. 4121-5 et L. 4522-1;

2° D'une infraction à l'obligation générale de santé et de sécurité résultant des dispositions de l'article L. 4221-1.

Art. R. 4721-1. La mise en demeure du (D. 2009-1377 du 10 nov. 2009, JO 13; D. 2010-687 du 24 juin 2010, JO 25; voir D. 2010-1582 du 17 déc. 2010, JO 18, pour outre-mer) « directeur régional des entreprises, de la concurrence, de la consommation, du travail et de l'emploi », prévue au 2° de l'article L. 4721-1, peut être adressée à l'employeur lorsque la situation dangereuse créant un risque professionnel trouve son origine, notamment:

1° Dans les conditions d'organisation du travail ou d'aménagement du poste de travail;

2° Dans l'état des surfaces de circulation;

3° Dans l'état de propreté et d'ordre des lieux de travail;

4° Dans le stockage des matériaux et des produits de fabrication.

Art. R. 4721-2. Le délai d'exécution de la mise en demeure prévue au 2° de l'article L. 4721-1 ne peut être inférieur à quatre jours ouvrables.

Art. R. 4721-3. La mise en demeure du (D. 2009-1377 du 10 nov. 2009, JO 13; D. 2010-687 du 24 juin 2010, JO 25; voir D. 2010-1582 du 17 déc. 2010, JO 18, pour outre-mer) « directeur des entreprises, de la concurrence, de la consommation, du travail et de l'emploi » adressée à l'employeur est écrite, datée et signée.

Art. L. 4721-2. Les mises en demeure du (L. 2011-525 du 17 mai 2011, art. 170, JO 18) «directeur régional des entreprises, de la concurrence, de la consommation, du travail et de l'emploi», établies selon des modalités déterminées par voie réglementaire, fixent un délai d'exécution tenant compte des difficultés de réalisation.

Si, à l'expiration de ce délai, l'(L. 2016-1088 du 8 août 2016, art. 113, III, 1°, JO 9) «agent de contrôle de l'inspection du travail mentionné à l'article L. 8112-1» constate que la situation dangereuse n'a pas cessé, il peut dresser procès-verbal à l'employeur.

Art. L. 4721-3. Les dispositions du 2° de l'article L. 4721-1 ne sont pas applicables aux établissements mentionnés aux 2° et 3° de l'article L. 4111-1.

SECTION 2. Mises en demeure de l'inspecteur du travail et du contrôleur du travail

Sous-section 1. Mise en demeure préalable au procès-verbal

Art. L. 4721-4. Lorsque cette procédure est prévue, (L. 2016-1088 du 8 août 2016, art. 113, III, 6°, JO 9) «les agents de contrôle de l'inspection du travail mentionnés à l'article L. 8112-1», avant de dresser procès-verbal, mettent l'employeur en demeure de se conformer aux prescriptions des décrets mentionnés aux articles L. 4111-6 et L. 4321-4.

Art. R. 4721-4. La mise en demeure préalable prévue à l'article L. 4721-4 est écrite, datée et signée.

Art. L. 4721-5. Par dérogation aux dispositions de l'article L. 4721-4, (L. 2016-1088 du 8 août 2016, art. 113, III, 6°, JO 9) «les agents de contrôle de l'inspection du travail mentionnés à l'article L. 8112-1» sont autorisés à dresser immédiatement procès-verbal, sans mise en demeure préalable, lorsque les faits qu'ils constatent présentent un danger grave ou imminent pour l'intégrité physique des travailleurs.

Le procès-verbal précise les circonstances de fait et les dispositions légales applicables à l'espèce.

Ces dispositions ne font pas obstacle à la mise en œuvre de la procédure de référé prévue aux articles L. 4732-1 et L. 4732-2.

Art. L. 4721-6. La mise en demeure indique les infractions constatées et fixe un délai à l'expiration duquel ces infractions doivent avoir disparu.

Ce délai est fixé en tenant compte des circonstances. Il est établi à partir du délai minimum prévu dans chaque cas par les décrets pris en application des articles L. 4111-6 et L. 4321-4. Il ne peut être inférieur à quatre jours.

Art. R. 4721-5. Le tableau ci-après détermine les dispositions de la présente partie qui donnent lieu à l'application de la procédure de mise en demeure préalable ainsi que le délai minimum d'exécution :

PRESCRIPTIONS POUR LESQUELLES LA MISE EN DEMEURE EST PRÉVUE	DÉLAI MINIMUM D'EXÉCUTION
Femmes enceintes, venant d'accoucher ou allaitant	
Local dédié à l'allaitement prévu à l'article L. 1225-32.	1 mois
Utilisation des lieux de travail	
Dispositions relatives aux obligations de l'employeur pour l'utilisation des lieux de travail du titre II du livre II à l'exception du deuxième alinéa de l'article R. 4224-7 et de l'article R. 4224-15.	8 jours
Obligation de former des secouristes dans les ateliers où sont accomplis des travaux dangereux prévue à l'article R. 4224-15.	1 mois
Conditions d'installation et de protection des cuves, bassins et réservoirs prévues au deuxième alinéa de l'article R. 4224-7	1 mois
Utilisation des équipements de travail	
Principes généraux d'utilisation des équipements de travail et des moyens de protection prévus aux articles R. 4321-1 à R. 4321-5.	8 jours
Mise à disposition des représentants du personnel de la documentation relative aux équipements de travail prévue à l'article R. 4323-5.	8 jours
Largeur, profil et état des passages et allées de circulation prévus à l'article R. 4323-12.	3 mois
Gabarit et profil des voies de circulation empruntées par les équipements de travail mobiles prévus à l'article R. 4323-50.	3 mois
Caractéristiques et conditions d'utilisation des équipements de protection individuelle prévues aux article R. 4323-91 à R. 4323-94.	8 jours
Élaboration et mise à disposition des représentants du personnel de la consigne d'utilisation des équipements de protection individuelle prévues à l'article R. 4323-105.	8 jours

PRESCRIPTIONS POUR LESQUELLES LA MISE EN DEMEURE EST PRÉVUE	DÉLAI MINIMUM D'EXÉCUTION
Risques chimiques	
Mesures contre les risques de débordement, d'éclaboussure et de déversement par rupture des cuves, bassins, réservoirs et récipients prévues au 2° de l'article R. 4412-17.	1 mois
Vibrations mécaniques	
Caractéristiques des équipements de protection individuelle contre les effets nuisibles des vibrations mécaniques prévues à l'article R. 4445-3.	8 jours
Travaux du bâtiment et du génie civil	
Dispositions relatives à l'hébergement des travailleurs prévues aux articles R. 4534-146 et R. 4534-147.	8 jours
Services de santé au travail	
Conditions de qualification exigées des médecins et des infirmiers des services de santé au travail, prévues aux articles R. 4623-2 et R. 4623-53.	1 mois
Modalités d'établissement du contrat de travail des médecins du travail, prévues à l'article R. 4623-4.	1 mois
Obligation pour le médecin du travail d'exercer personnellement ses fonctions, prévues à l'article R. 4623-16.	1 mois
Présence dans l'établissement d'au moins un infirmier pendant les heures normales de travail, prévues à l'article R. 4623-56.	1 mois
Installation matérielle du service de santé au travail, prévues par l'arrêté mentionné à l'article R. 4624-[41].	1 mois
Service social du travail	
Dispositions du titre III du livre VI relatives à la mise en place, aux missions, à l'organisation et au fonctionnement du service social du travail.	1 mois

Art. L. 4721-7. Les dispositions de l'article L. 4721-4 ne sont pas applicables aux établissements mentionnés aux 2° et 3° de l'article L. 4111-1.

Sous-section 2. **Mise en demeure préalable à l'arrêt temporaire d'activité**

Art. L. 4721-8. (Ord. 2016-413 du 7 avril 2016, art. 2, JO 8, entrée en vigueur le 01.07.2016) «Lorsque l'agent de contrôle de l'inspection du travail mentionné à l'article L. 8112-1 constate que le travailleur est exposé à un agent chimique cancérogène, mutagène ou toxique pour la reproduction, et qu'il se trouve dans une situation dangereuse avérée résultant de l'une des infractions mentionnées au présent article, il met en demeure l'employeur de remédier à cette situation. Dans le cas où cette mise en demeure est infructueuse, il procède à un arrêt temporaire de l'activité en application de l'article L. 4731-2.

Les infractions justifiant les mesures mentionnées au premier alinéa sont :

1° Le dépassement d'une valeur limite d'exposition professionnelle déterminée par un décret pris en application de l'article L. 4111-6 ;

2° Le défaut ou l'insuffisance de mesures et moyens de prévention tels que prévus par le chapitre II du titre Ier du livre IV de la quatrième partie en ce qui concerne les agents chimiques cancérogènes, mutagènes ou toxiques pour la reproduction.»

La mise en demeure est établie selon des modalités prévues par voie réglementaire.

Art. R. 4721-6. Dès qu'il a constaté que les travailleurs se trouvent dans la situation dangereuse mentionnée à l'article L. 4721-8, l'(D. 2016-510 du 25 avril 2016, JO 27, entrée en vigueur le 01.07.2016) « agent de contrôle de l'inspection du travail mentionné à l'article L. 8112-1 » met l'employeur en demeure de remédier à cette situation. Cette mise en demeure se déroule selon les deux étapes suivantes :

1° Dès le constat de la situation dangereuse, l'(D. 2016-510 du 25 avril 2016, JO 27, entrée en vigueur le 01.07.2016) « agent de contrôle de l'inspection du travail mentionné à l'article L. 8112-1 » demande à l'employeur de lui transmettre par écrit, dans un délai de quinze jours, un plan d'action contenant les mesures correctives appropriées qu'il prend parmi celles prévues notamment aux articles R. 4412-66 à R. 4412-71 en vue de remédier à cette situation ainsi qu'un calendrier prévisionnel. Il lui notifie en même temps, si les circonstances l'exigent, l'obligation de prendre des mesures provisoires afin de protéger immédiatement la santé et la sécurité des travailleurs ;

2° Dans un délai de quinze jours à compter de la réception de ce plan d'action, l'(D. 2016-510 du 25 avril 2016, JO 27, entrée en vigueur le 01.07.2016) « agent de contrôle de l'inspection du travail mentionné à l'article L. 8112-1 » met l'employeur en demeure de réaliser les mesures correctives. Il fixe un délai d'exécution et communique, le cas échéant, ses observations concernant le contenu du plan d'action.

Art. R. 4721-7. L'employeur informe sans délai les agents des services de prévention des organismes de sécurité sociale, le médecin du travail, le (D. 2017-1819 du 29 déc. 2017, art. 3, 49°, JO 30, entrée en vigueur le 01.01.2018) « comité social et économique », ainsi que les travailleurs intéressés, du constat de situation dangereuse effectué par l'inspecteur du travail en application du 1° de l'article R. 4721-6.

Art. R. 4721-8. Le plan d'action est établi par l'employeur après avis du médecin du travail, du (D. 2017-1819 du 29 déc. 2017, art. 3, 43°, JO 30, entrée en vigueur le 01.01.2018) « comité social et économique ».

En l'absence d'avis, il est passé outre dès lors que le médecin du travail, le (D. 2017-1819 du 29 déc. 2017, art. 3, 49°, JO 30, entrée en vigueur le 01.01.2018) « comité social et économique », ont été régulièrement informés et convoqués pour cette consultation.

Art. R. 4721-9. L'employeur informe et consulte régulièrement le médecin du travail, le (D. 2017-1819 du 29 déc. 2017, art. 3, 43°, JO 30, entrée en vigueur le 01.01.2018) « comité social et économique » sur la mise en œuvre du plan d'action.

Art. R. 4721-10. À défaut de réception du plan d'action ou à l'issue du délai d'exécution fixé en application du 2° de l'article R. 4721-6, (D. 2016-510 du 25 avril 2016, JO 27, entrée en vigueur le 01.07.2016) « si l'agent de contrôle de l'inspection du travail mentionné à l'article L. 8112-1 » constate que la situation dangereuse persiste, il peut, après avoir entendu l'employeur, ordonner l'arrêt temporaire de l'activité (D. 2009-289 du 13 mars 2009, JO 15) « dans les conditions prévues aux articles (D. 2019-253 du 27 mars 2019, art. 2, 1°, JO 30) « R. 4731-10 » et suivants ».

Sous-section 3 (réglementaire). **Mise en demeure de réduction d'intervalle entre les vérifications périodiques**

Art. R. 4721-11. L'inspecteur ou le contrôleur du travail peut mettre l'employeur en demeure de réduire l'intervalle entre les vérifications des équipements de travail ou catégories d'équipements de travail prévues par les arrêtés mentionnés à l'article R. 4323-23 lorsque, en raison notamment des conditions ou de la fréquence d'utilisation, du mode de fonctionnement ou de la conception de certains organes, les équipements de travail sont soumis à des contraintes génératrices d'une usure prématurée susceptible d'être à l'origine de situations dangereuses.

Art. R. 4721-12. L'inspecteur ou le contrôleur du travail peut mettre l'employeur en demeure de réduire l'intervalle entre les vérifications des équipements de protection individuelle ou catégories d'équipements de protection individuelle prévues par les arrêtés mentionnés à l'article R. 4323-99 lorsque, en raison notamment des conditions de stockage ou d'environnement, du mode de fonctionnement ou de la conception de certains organes, les équipements de protection individuelle sont soumis à des contraintes susceptibles de nuire à leur fonction protectrice.

Chapitre II

Demandes de vérifications, de mesures et d'analyses

Art. L. 4722-1. (Ord. 2016-413 du 7 avril 2016, art. 2, III, 1°, JO 8, entrée en vigueur le 01.07.2016) « L'agent de contrôle de l'inspection du travail mentionné à l'article L. 8112-1 » peut, dans des conditions déterminées par décret en Conseil d'État, demander à l'employeur de faire procéder à des contrôles techniques, consistant notamment :

1° À faire vérifier l'état de conformité de ses installations et équipements avec les dispositions qui lui sont applicables ;

2° À faire procéder à la mesure de l'exposition des travailleurs à des nuisances physiques, à des agents physiques, chimiques ou biologiques donnant lieu à des limites d'exposition ;

3° (Ord. 2016-413 du 7 avril 2016, art. 2, III, 2°, JO 8, entrée en vigueur le 01.07.2016) « À faire procéder à l'analyse de toutes matières, y compris substances, mélanges, matériaux, équipements, matériels ou articles susceptibles de comporter ou d'émettre des agents physiques, chimiques ou biologiques dangereux pour les travailleurs. »

Art. L. 4722-2. Les vérifications (Ord. 2016-413 du 7 avril 2016, art. 2, IV, JO 8, entrée en vigueur le 01.07.2016) «, mesures et analyses prévues à » l'article L. 4722-1 sont réalisées par des organismes ou des personnes désignés dans des conditions déterminées par décret en Conseil d'État.

SECTION 1 (RÉGLEMENTAIRE). Aération et assainissement des locaux de travail

Art. R. 4722-1. L'inspecteur ou le contrôleur du travail peut demander à l'employeur de faire procéder par une personne ou un organisme agréé aux contrôles et aux mesures permettant de vérifier la conformité de l'aération et de l'assainissement des locaux de travail avec les dispositions des articles R. 4222-6 à R. 4222-17, R. 4222-20 et R. 4222-21.

Art. R. 4722-2. L'employeur justifie qu'il a saisi l'organisme agréé dans les quinze jours suivant la date de demande de vérification.

Il transmet à l'inspection du travail les résultats dans les dix jours qui suivent leur réception.

SECTION 2 (RÉGLEMENTAIRE). Éclairage des lieux de travail

Art. R. 4722-3. L'inspecteur ou le contrôleur du travail peut demander à l'employeur de faire procéder à des relevés photométriques par une personne ou un organisme agréé, permettant de vérifier la conformité de l'éclairage des lieux de travail avec les dispositions des articles R. 4223-4 à R. 4223-8.

Art. R. 4722-4. L'employeur transmet les résultats des relevés photométriques à l'inspection du travail dans les quinze jours qui suivent leur réception.

SECTION 3 (RÉGLEMENTAIRE). Équipements de travail et moyens de protection

Art. R. 4722-5. (D. 2020-88 du 5 févr. 2020, art. 1er, 11°, JO 6) L'agent de contrôle de l'inspection du travail mentionné à l'article L. 8112-1 peut demander à l'employeur de faire vérifier, par un organisme accrédité, la conformité des équipements de travail mentionnés à l'article L. 4321-1 avec les dispositions qui leur sont applicables.

Il fixe le délai dans lequel cet organisme doit être saisi.

Art. R. 4722-6. (D. 2020-88 du 5 févr. 2020, art. 1er, 12°, JO 6) « L'agent de contrôle de l'inspection du travail mentionné à l'article L. 8112-1 » peut demander de faire vérifier, par un organisme (D. 2008-1156 du 7 nov. 2008, art. 12, JO 9) « accrédité », la conformité des équipements de travail et moyens de protection d'occasion soumis à la procédure de certification de conformité prévue par l'article (D. 2008-1156 du 7 nov. 2008, art. 12, JO 9) « R. 4313-14 » et faisant l'objet d'une des opérations mentionnées à l'article L. 4311-3, avec les dispositions techniques qui leur sont applicables.

Art. R. 4722-7. (D. 2020-88 du 5 févr. 2020, art. 1er, 13°, JO 6) L'employeur ou le responsable de l'opération mentionnée à l'article L. 4311-3 justifie qu'il a saisi l'organisme accrédité dans le délai qui lui a été imparti et transmet à l'agent de contrôle de l'inspection du travail, dès leur réception, les résultats des vérifications de la conformité des équipements de travail.

Art. R. 4722-8. Une copie du rapport de l'organisme accrédité est adressée simultanément par l'employeur au service de prévention de l'organisme de sécurité social compétent.

SECTION 4 (RÉGLEMENTAIRE). Risques chimiques

Sous-section 1. Contrôle des valeurs limites d'exposition professionnelle

Note Cette sous-section a été introduite par le décret 2009-1570 du 15 décembre 2009, JO 17.

Art. R. 4722-12. L'inspecteur ou le contrôleur du travail peut demander à l'employeur de faire procéder à un contrôle technique des valeurs limites d'exposition professionnelle par un organisme accrédité conformément aux articles R. 4724-8 à R. 4724-13.

Il fixe le délai dans lequel l'organisme accrédité doit être saisi.

Art. R. 4722-13. L'employeur justifie qu'il a saisi l'organisme accrédité pendant le délai qui lui a été fixé et transmet à l'inspecteur ou au contrôleur du travail les résultats dès leur réception.

Sous-section 2. Amiante

Art. R. 4722-14. L'inspecteur ou le contrôleur du travail du travail peut demander à l'employeur exerçant une activité relevant de la section 3 du chapitre II du titre premier du livre IV, relatif à la prévention des risques d'exposition à l'amiante, de faire procéder à un contrôle des niveaux d'empoussièrement en fibres d'amiante par un laboratoire accrédité, qui procède au prélèvement et à l'analyse.

La demande de vérification fixe un délai d'exécution.

Art. R. 4722-15. L'employeur justifie qu'il a saisi le laboratoire accrédité pendant le délai d'exécution qui lui a été fixé.

Il transmet les résultats à l'inspection du travail dès leur réception.

SECTION 5 (RÉGLEMENTAIRE). Bruit

Art. R. 4722-16. L'inspecteur ou le contrôleur du travail peut demander à l'employeur de faire procéder à un mesurage de l'exposition au bruit par un organisme accrédité dans ce domaine, en vue de s'assurer du respect des obligations relatives à la prévention des risques d'exposition au bruit prévues par le titre III du livre IV.

Art. R. 4722-17. L'employeur justifie qu'il a saisi l'organisme accrédité dans les quinze jours suivant la date de mise en demeure.

Il transmet à l'inspection du travail les résultats dans les dix jours qui suivent leur réception.

SECTION 6 (RÉGLEMENTAIRE). Vibrations mécaniques

Art. R. 4722-18. L'inspecteur ou le contrôleur du travail peut demander à l'employeur de faire procéder à un mesurage de l'exposition aux vibrations mécaniques par un organisme accrédité, en vue de s'assurer du respect des obligations relatives à la prévention des risques d'exposition aux vibrations mécaniques prévues au titre IV du livre IV.

Art. R. 4722-19. L'employeur justifie qu'il a saisi l'organisme accrédité dans les quinze jours suivant la date de mise en demeure.

Il transmet à l'inspection du travail les résultats dans les dix jours qui suivent leur réception.

SECTION 7 (RÉGLEMENTAIRE). Rayonnements

Art. R. 4722-20. (D. 2018-437 du 4 juin 2018, art. 2, JO 5, entrée en vigueur le 01.07.2018) L'agent de contrôle de l'inspection du travail mentionné à l'article L. 8112-1, l'inspecteur de la radioprotection mentionné à l'article L. 1333-29 du code de la santé publique ainsi que les agents mentionnés à l'article L. 1333-30 du même code peuvent demander à l'employeur de faire procéder aux mesurages prévus à l'article R. 4451-15 ou aux vérifications de l'efficacité des moyens de prévention prévues aux articles R. 4451-40 à R. 4451-48.

Ils fixent le délai dans lequel l'Institut de radioprotection et sûreté nucléaire ou l'organisme accrédité mentionné à l'article R. 4451-40 doit être saisi.

Art. R. 4722-20-1. (D. 2010-750 du 2 juil. 2010, JO 4) L'employeur justifie qu'il a saisi (D. 2018-437 du 4 juin 2018, art. 2, JO 5, entrée en vigueur le 01.07.2018) « l'organisme accrédité ou » l'Institut de radioprotection et de sûreté nucléaire pendant le délai qui lui a été fixé.

Il transmet les résultats à l'agent ayant demandé la vérification dès leur réception.

Art. R. 4722-21. (D. 2010-750 du 2 juil. 2010, JO 4) (D. 2019-1547 du 30 déc. 2019, JO 31) « L'agent de contrôle de l'inspection du travail mentionné à l'article L. 8112-1 peut demander à l'employeur de faire procéder aux mesurages des niveaux de rayonnements optiques artificiels prévus à l'article R. 4452-7 par un organisme accrédité ou à défaut, par le laboratoire national de métrologie et d'essais mentionné à l'article L. 823-1 du code de la consommation. »

Il fixe le délai dans lequel l'organisme accrédité (D. 2019-1547 du 30 déc. 2019, JO 31) « ou le laboratoire national de métrologie et d'essais » doit être saisi.

Art. R. 4722-21-1. (D. 2010-750 du 2 juil. 2010, JO 4) L'employeur justifie qu'il a saisi l'organisme accrédité (D. 2019-1547 du 30 déc. 2019, JO 31) « ou, à défaut, le laboratoire national de métrologie et d'essais » pendant le délai qui lui a été fixé et transmet à l'(D. 2019-1547 du 30 déc. 2019, JO 31) « agent de contrôle de l'inspection du travail mentionné à l'article L. 8112-1 » les résultats dès leur réception.

Art. R. 4722-21-2. (D. 2016-1074 du 3 août 2016, art. 2, JO 6, entrée en vigueur le 01.01.2017) L'agent de contrôle de l'inspection du travail mentionné à l'article L. 8112-1 peut demander à l'employeur de faire procéder à un contrôle technique des valeurs limites d'exposition aux champs électromagnétiques définies aux articles R. 4453-3 et R. 4453-4 par un organisme accrédité (D. 2020-88 du 5 févr. 2020, art. 1er, 15°, JO 6) « ou, à défaut, par un organisme désigné par arrêté des ministres chargés du travail et de l'agriculture ».

Art. R. 4722-21-3. (D. 2020-88 du 5 févr. 2020, art. 1er, 16°, JO 6) L'employeur justifie qu'il a saisi l'organisme mentionné à l'article R. 4722-21-2 dans le délai qui lui a été imparti et transmet à l'agent de contrôle de l'inspection du travail, dès leur réception, les résultats du contrôle technique.

SECTION 8 (RÉGLEMENTAIRE). Travaux du bâtiment et du génie civil

Note Les articles R. 4722-22 à 24 qui figuraient dans cette section ont été abrogés par le décret 2020-88 du 5 février 2020, art. 1er, 17°, JO 6.

SECTION 9 (RÉGLEMENTAIRE). Installations électriques

Note Les sections 9 et 10 ont été introduites par le décret 2010-1018 du 30 août 2010, JO 1er sept., entrée en vigueur le 01.07.2011.

Art. R. 4722-26. L'inspecteur du travail ou le contrôleur du travail peut demander à l'employeur de faire vérifier, par un organisme accrédité, la conformité de tout ou partie des installations électriques fixes ou temporaires aux dispositions qui leur sont applicables.

Art. R. 4722-27. L'employeur justifie qu'il a saisi l'organisme accrédité dans les quinze jours suivant la date de demande de vérification.

Il transmet à l'inspecteur du travail, dans les dix jours qui suivent sa réception, le rapport établi par l'organisme.

Art. R. 4722-28. Une copie du rapport de l'organisme accrédité est adressée simultanément par l'employeur au service de prévention de l'organisme de sécurité sociale compétent.

SECTION 10 (RÉGLEMENTAIRE). Analyse de toutes matières ou d'équipements susceptibles de comporter ou d'émettre des agents physiques, chimiques ou biologiques dangereux

Note Cette section est issue du décret 2020-88 du 5 février 2020, art. 1er, 18°, JO 6.

Art. R. 4722-29. Sans préjudice du droit de prélèvement prévu à l'article L. 8113-3, l'agent de contrôle de l'inspection du travail mentionné à l'article L. 8112-1 peut demander à l'employeur de faire procéder, par un organisme accrédité ou, à défaut d'organisme accrédité, par un organisme désigné par arrêté des ministres du travail et de l'agriculture, à des analyses de toutes matières, y compris des substances, mélanges, matériaux, équipements, matériels ou articles susceptibles de comporter ou d'émettre des agents physiques, chimiques ou biologiques dangereux pour les travailleurs, en vue d'en connaître la composition et les effets sur l'organisme humain.

Il fixe dans sa demande le délai dans lequel le résultat des analyses doit lui être adressé par l'employeur.

SECTION 11 (RÉGLEMENTAIRE). Dispositions communes

Note Cette section est issue du décret 2020-88 du 5 février 2020, art. 1er, 19°, JO 6.

Art. R. 4722-30. Le prélèvement des échantillons et leur expédition à l'organisme choisi, ou l'analyse de l'équipement, de l'article ou du matériel sont réalisés sous le contrôle de l'agent qui a formulé la demande.

Art. R. 4722-31. L'employeur transmet les résultats des analyses à l'agent de contrôle de l'inspection du travail dès leur réception.

Art. R. 4722-32. Des arrêtés conjoints des ministres chargés du travail et de l'agriculture précisent les conditions d'accréditation et les méthodes de prélèvement et d'analyses prévus aux articles R. 4722-29 et R. 4722-30.

Art. R. 4722-33. Le coût des prestations liées aux contrôles et mesurages réalisés au titre du présent chapitre sont à la charge de l'employeur.

Chapitre III

Recours

Art. L. 4723-1. (L. 2011-525 du 17 mai 2011, art. 170, JO 18) S'il entend contester la mise en demeure prévue à l'article L. 4721-1, l'employeur exerce un recours devant le ministre chargé du travail.

S'il entend contester la mise en demeure prévue (Ord. 2016-413 du 7 avril 2016, art. 2, V, 1°, JO 8, entrée en vigueur le 01.07.2016) « aux articles L. 4721-4 ou L. 4721-8 » ainsi que la demande de vérification (Ord. 2016-413 du 7 avril 2016, art. 2, V, 2°, JO 8, entrée en vigueur le 01.07.2016) « , de mesure et d'analyse » prévue à l'article L. 4722-1, l'employeur exerce un recours devant le directeur régional des entreprises, de la concurrence, de la consommation, du travail et de l'emploi.

Le refus opposé à ces recours est motivé.

Art. R. 4723-1. Le recours contre les mises en demeure prévu (D. 2019-253 du 27 mars 2019, art. 2, 2°, JO 30) « au deuxième alinéa de l'article L. 4723-1 » est formé devant le (D. 2009-1377 du 10 nov. 2009, JO 13; D. 2010-687 du 24 juin 2010, JO 25; voir D. 2010-1582 du 17 déc. 2010, JO 18, pour outre-mer) « directeur régional des entreprises, de la concurrence, de la consommation, du travail et de l'emploi » avant l'expiration du délai d'exécution fixé en application (D. 2019-253 du 27 mars 2019, art. 2, 2°, JO 30) « de l'article L. 4721-6 » et, au plus tard, dans les quinze jours qui suivent la mise en demeure.

Le recours contre une demande de vérification prévu (D. 2019-253 du 27 mars 2019, art. 2, 2°, JO 30) « au deuxième alinéa de l'article L. 4723-1 » est formé au plus tard dans les quinze jours suivants la demande de vérification.

Ces recours sont suspensifs.

Ils sont faits par lettre recommandée avec avis de réception.

Art. R. 4723-2. La date de présentation de la lettre recommandée adressée au (D. 2009-1377 du 10 nov 2009, JO 13; D. 2010-687 du 24 juin 2010, JO 25; voir D. 2010-1582 du 17 déc. 2010, JO 18, pour outre-mer) « directeur régional des entreprises, de la concurrence, de la consommation, du travail et de l'emploi » constitue le point de départ du délai accordé à ce dernier pour prendre sa décision.

Art. R. 4723-3. Le (D. 2009-1377 du 10 nov. 2009, JO 13; D. 2010-687 du 24 juin 2010, JO 25; voir D. 2010-1582 du 17 déc. 2010, JO 18, pour outre-mer) « directeur régional des entreprises, de la concurrence, de la consommation, du travail et de l'emploi » prend sa décision dans un délai de vingt et un jours.

Si les nécessités de l'instruction de la réclamation l'exigent, ce délai peut être prolongé d'une nouvelle période de vingt et un jours. L'employeur en est informé par lettre recommandée avec avis de réception.

Art. R. 4723-4. La non-communication à l'employeur de la décision du (D. 2009-1377 du 10 nov. 2009, JO 13; D. 2010-687 du 24 juin 2010, JO 25; D. 2010-1582 du 17 déc. 2010, JO 18, pour outre-mer) « directeur régional des entreprises, de la concurrence, de la consommation, du travail et de l'emploi » dans le délai prévu à l'article R. 4723-3 vaut acceptation du recours.

Art. R. 4723-5. L'employeur qui conteste la nature, l'importance ou le délai imposé par l'inspecteur du travail d'une demande d'analyse de produit faite en application de l'article (D. 2020-88 du 5 févr. 2020, art. 1er, 20°, JO 6) « R. 4722-29 », adresse son recours, dans les huit jours de la mise en demeure, au (D. 2009-1377 du 10 nov. 2009, JO 13; D. 2010-687 du 24 juin 2010, JO 25; voir D. 2010-1582 du 17 déc. 2010, JO 18, pour outre-mer) « directeur régional des entreprises, de la concurrence, de la consommation, du travail et de l'emploi ».

Le recours est suspensif. Toutefois, il ne fait pas obstacle à l'exécution du prélèvement.

Art. R. 4723-6. (D. 2019-253 du 27 mars 2019, art. 2, 3°, JO 30) Le recours contre la mise en demeure du directeur régional des entreprises, de la concurrence, de la consommation, du travail et de l'emploi prévu au premier alinéa de l'article L. 4723-1 est formé devant le ministre chargé du travail avant l'expiration du délai d'exécution fixé en application de l'article L. 4721-2 et, au plus tard, dans les quinze jours qui suivent la mise en demeure.

Ce recours est suspensif. Il est transmis par lettre recommandée avec avis de réception.

Le silence gardé pendant plus deux mois sur ce recours vaut décision d'acceptation.

Chapitre IV (réglementaire)

Organismes de mesures et de vérifications

SECTION 1. Accréditations

Art. R. 4724-1. (D. 2010-699 du 25 juin 2010, JO 27) Les accréditations sont délivrées par le Comité français d'accréditation ou par tout autre organisme d'accréditation désigné en application du règlement (CE) n° 765/2008 du Parlement européen et du Conseil du 9 juillet 2008 fixant les prescriptions relatives à l'accréditation et à la surveillance du marché pour la commercialisation des produits.

Un organisme d'un État membre de l'Union européenne non établi en France peut effectuer de façon occasionnelle des prestations de service mentionnées à l'article L. 4722-1 s'il dispose d'une accréditation attestant qu'il a été reconnu compétent pour mettre en œuvre toute méthode normalisée ou assimilée, applicable sur le territoire national, dans le domaine de compétence au titre duquel il intervient.

SECTION 2. Organismes de vérification en matière d'aération et d'assainissement des locaux de travail

Art. R. 4724-2. Des arrêtés conjoints des ministres chargés du travail et de l'agriculture fixent les conditions et modalités d'agrément des organismes mentionnés à l'article R. 4722-1.

Art. R. 4724-3. Le silence gardé pendant plus de quatre mois sur une demande d'agrément vaut décision de rejet.

SECTION 3. Organismes de vérification des équipements de travail

Art. R. 4724-4. Pour l'application des articles R. 4722-5 et R. 4722-6, un arrêté des ministres chargés du travail et de l'agriculture fixe (D. 2008-1156 du 7 nov. 2008, art. 12, JO 9) « les conditions de recours à l'accréditation ».

SECTION 4. Organismes de contrôle des risques chimiques

Sous-section 1. Contrôle des valeurs limites d'exposition professionnelle

Note Cette sous-section a été introduite par le décret 2009-1570 du 15 décembre 2009, JO 17.

Art. R. 4724-8. Les contrôles techniques destinés à vérifier, en application des articles R. 4412-27 et R. 4412-76, le respect des valeurs limites d'exposition professionnelle aux agents chimiques fixées par les articles R. 4412-149 et R. 4412-150 sont réalisés par un organisme accrédité dans ce domaine.

Art. R. 4724-9. L'organisme accrédité, dont le personnel est tenu au secret professionnel, est indépendant des établissements qu'il contrôle. Il possède les compétences spécifiques requises pour chacun des agents chimiques sur lesquels il opère des contrôles techniques.

Art. R. 4724-10. L'organisme accrédité établit la stratégie de prélèvement, après consultation de l'employeur, du médecin du travail et du (D. 2017-1819 du 29 déc. 2017, art. 3, 66°, JO 30, entrée en vigueur le 01.01.2018) « comité social et économique s'il existe ». L'employeur lui communique toutes données utiles, notamment le résultat de l'évaluation des risques chimiques.

Les prélèvements sont faits par l'organisme accrédité sur des postes de travail en situation représentative de l'exposition.

Art. R. 4724-11. L'organisme accrédité qui établit la stratégie de prélèvement et effectue les prélèvements dans l'entreprise est maître d'œuvre du contrôle technique. Il peut sous-traiter la prestation d'analyse en la confiant à un autre organisme accrédité.

Art. R. 4724-12. Indépendamment de la communication du rapport prévue à l'article R. 4412-30, l'organisme maître d'œuvre du contrôle technique communique les résultats à un organisme national désigné par arrêté des ministres chargés du travail et de l'agriculture. Ce dernier les exploite, dans le respect de l'anonymat des entreprises concernées, à des fins d'études et d'évaluation.

Art. R. 4724-13. Des arrêtés des ministres chargés du travail et de l'agriculture précisent :

1° Les conditions d'accréditation des organismes chargés des contrôles techniques, qui comportent le respect des dispositions de l'article R. 4412-151, des articles R. 4724-9 à R. 4724-12 et des normes techniques européennes en vigueur, ainsi que la vérification de leur capacité d'intervention dans des délais appropriés pour réaliser les contrôles techniques ;

2° Les modalités de communication des résultats à l'organisme national mentionné à l'article R. 4724-12.

Sous-section 2. **Contrôle de la concentration en fibres d'amiante**

Art. R. 4724-14. (D. 2012-639 du 4 mai 2012, JO 5) Un arrêté du ministre chargé du travail détermine :

1° Les conditions de mesurage des niveaux d'empoussièrement des processus mis en œuvre par les entreprises ;

2° Les conditions de contrôle du respect de la valeur limite d'exposition professionnelle ;

3° Les conditions d'accréditation des organismes procédant au mesurage des niveaux d'empoussièrement selon le référentiel technique défini par l'organisme chargé de l'accréditation pour la stratégie d'échantillonnage, le prélèvement et l'analyse.

Sous-section 3. **Contrôle des valeurs limites biologiques**

Note Cette sous-section a été introduite par le décret 2009-1570 du 15 décembre 2009, JO 17, entrée en vigueur le 01.01.2012.

Art. R. 4724-15. Les analyses destinées à vérifier le respect des valeurs limites biologiques fixées par décret sont réalisées par un organisme accrédité dans ce domaine.

Art. R. 4724-15-1. L'organisme accrédité, dont le personnel est tenu au secret professionnel, est indépendant des établissements qu'il contrôle. Il possède les compétences spécifiques requises pour chacun des agents chimiques sur lesquels il conduit ses analyses.

Art. R. 4724-15-2. Un arrêté des ministres chargés du travail et de l'agriculture précise les conditions d'accréditation des organismes chargés des analyses, qui comportent le respect des dispositions des articles R. 4412-51-2 et R. 4724-15-1 et des normes techniques européennes en vigueur.

SECTION 5. Contrôle des ambiances physiques de travail

Art. R. 4724-16. Les conditions et les modalités de l'agrément prévu par l'article R. 4722-3 pour les relevés photométriques ainsi que les règles à suivre pour réaliser ces relevés sont fixées par arrêtés des ministres chargés du travail et de l'agriculture.

Art. R. 4724-17. Le silence gardé pendant plus de quatre mois sur une demande d'agrément vaut décision de rejet.

Art. R. 4724-17-1. (D. 2016-1074 du 3 août 2016, art. 3, JO 6, entrée en vigueur le 01.01.2017) Les conditions et les modalités de délivrance de l'agrément au laboratoire prévu par l'article R. 4722-21-2 pour le contrôle technique des valeurs limites d'exposition aux champs électromagnétiques ainsi que les règles à suivre pour réaliser ce contrôle sont fixées par arrêté des ministres chargés du travail et de l'agriculture.

Art. R. 4724-17-2. (D. 2016-1074 du 3 août 2016, art. 3, JO 6, entrée en vigueur le 01.01.2017) Le silence gardé pendant plus de quatre mois sur une demande d'agrément vaut décision de rejet.

Art. R. 4724-18. Des arrêtés conjoints des ministres chargés du travail et de l'agriculture précisent les conditions d'accréditation et les méthodes à utiliser pour le mesurage :

1° Du bruit ;

2° Des vibrations mécaniques ;

(D. 2010-750 du 2 juil. 2010, JO 4) « 3° Des rayonnements optiques artificiels » ;

(D. 2016-1074 du 3 août 2016, art. 4, JO 6, entrée en vigueur le 01.01.2017) « 4° Des champs électromagnétiques. »

SECTION 6. Vérification des installations électriques

Note Cette section a été introduite par le décret 2010-1018 du 30 août 2010, JO 1er sept., entrée en vigueur le 01.07.2011.

Art. R. 4724-19. Les modalités de la vérification prévue à l'article R. 4722-26, ainsi que le contenu du rapport de vérification, sont fixés par arrêté des ministres chargés du travail et de l'agriculture.

TITRE III

MESURES ET PROCÉDURES D'URGENCE

Chapitre Ier

Arrêts temporaires de travaux ou d'activité

Art. L. 4731-1. (Ord. 2016-413 du 7 avril 2016, art. 2, VII, 1°, JO 8, entrée en vigueur le 01.07.2016) « L'agent de contrôle de l'inspection du travail mentionné à l'article L. 8112-1 » peut prendre toutes mesures utiles visant à soustraire immédiatement un (Ord. 2016-413 du 7 avril 2016, art. 2, VII, 1°, JO 8, entrée en vigueur le 01.07.2016) « travailleur » qui ne s'est pas retiré d'une situation de danger grave et imminent pour sa vie ou sa santé, constituant une infraction aux obligations des décrets pris en application (Ord. 2016-413 du 7 avril 2016, art. 2, VII, 1°, JO 8, entrée en vigueur le 01.07.2016) « des articles L. 4111-6, L. 4311-7 ou L. 4321-4 », notamment en prescrivant l'arrêt temporaire de la partie des travaux (Ord. 2016-413 du 7 avril 2016, art. 2, VII, 1°, JO 8, entrée en vigueur le 01.07.2016) « ou de l'activité » en cause, lorsqu'il constate que la cause de danger résulte :

1° Soit d'un défaut de protection contre les chutes de hauteur ;

2° Soit de l'absence de dispositifs de nature à éviter les risques d'ensevelissement ;

3° Soit de l'absence de dispositifs de protection de nature à éviter les risques liés aux (Ord. 2016-413 du 7 avril 2016, art. 2, VII, 2°, JO 8, entrée en vigueur le 01.07.2016) « travaux de retrait ou d'encapsulage d'amiante et de matériaux, d'équipements et de matériels ou d'articles en contenant, y compris dans les cas de démolition, ainsi qu'aux interventions sur des matériaux, des équipements, des matériels ou des articles susceptibles de provoquer l'émission de fibres d'amiante ».

(Ord. 2016-413 du 7 avril 2016, art. 2, VII, 3°, JO 8, entrée en vigueur le 01.07.2016) « 4° Soit de l'utilisation d'équipements de travail dépourvus de protecteurs, de dispositifs de protection ou de composants de sécurité appropriés ou sur lesquels ces protecteurs, dispositifs de protection ou composants de sécurité sont inopérants ;

5° Soit du risque résultant de travaux ou d'une activité dans l'environnement des lignes électriques aériennes ou souterraines ;

6° Soit du risque de contact électrique direct avec des pièces nues sous tension en dehors des opérations prévues au chapitre IV du titre IV du livre V de la présente partie. »

Art. L. 4731-2. Si, à l'issue du délai fixé dans une mise en demeure notifiée en application de l'article L. 4721-8 (Ord. 2016-413 du 7 avril 2016, art. 2, VIII, JO 8, entrée en vigueur le 01.07.2016) « , la situation dangereuse persiste, l'agent de contrôle de l'inspection du travail mentionné à l'article L. 8112-1 » peut ordonner l'arrêt temporaire de l'activité concernée.

Art. L. 4731-3. Lorsque toutes les mesures ont été prises pour faire cesser la situation de danger grave et imminent ou la situation dangereuse ayant donné lieu à un arrêt temporaire de travaux ou d'activité, l'employeur informe l'(Ord. 2016-413 du 7 avril 2016, art. 2, IX, JO 8, entrée en vigueur le 01.07.2016) « agent de contrôle de l'inspection du travail mentionné à l'article L. 8112-1 ».

Après vérification, l'(Ord. 2016-413 du 7 avril 2016, art. 2, IX, JO 8, entrée en vigueur le 01.07.2016) « agent de contrôle » autorise la reprise des travaux ou de l'activité concernée.

Art. L. 4731-4. En cas de contestation par l'employeur de la réalité du danger ou de la façon de le faire cesser, notamment à l'occasion de la mise en œuvre de la procédure d'arrêt des travaux ou de l'activité, celui-ci saisit le juge (Ord. 2016-413 du 7 avril 2016, art. 2, X, JO 8, entrée en vigueur le 01.07.2016) «administratif par la voie du référé».

Art. L. 4731-5. La décision d'arrêt temporaire de travaux (Ord. 2016-413 du 7 avril 2016, art. 2, XI, JO 8, entrée en vigueur le 01.07.2016) «ou d'activité» de l'(Ord. 2016-413 du 7 avril 2016, art. 2, XI, JO 8, entrée en vigueur le 01.07.2016) «agent de contrôle de l'inspection du travail mentionné à l'article L. 8112-1» prise en application du présent chapitre ne peut entraîner ni rupture, ni suspension du contrat de travail, ni aucun préjudice pécuniaire à l'encontre des salariés concernés.

Art. L. 4731-6. Un décret en Conseil d'État détermine les modalités d'application des articles L. 4731-1 à L. 4731-4.

SECTION 1 (RÉGLEMENTAIRE). Arrêt de travaux

Art. R. 4731-1. Pour l'application de l'article L. 4731-1, l'(D. 2016-510 du 25 avril 2016, JO 27, entrée en vigueur le 01.07.2016) « agent de contrôle de l'inspection du travail mentionné à l'article L. 8112-1 » relève les éléments caractérisant la situation de danger grave et imminent et précise les mesures qu'il prend pour y remédier.

Sa décision, qui est d'application immédiate, fait l'objet d'un écrit.

Art. R. 4731-2. Lorsque l'employeur ou son représentant est présent, la décision lui est remise directement contre récépissé.

À défaut, elle est adressée d'urgence à l'employeur par tous moyens appropriés et confirmée au plus tard dans le délai d'un jour franc par lettre recommandée avec avis de réception.

Toutefois, cette décision, ou copie de celle-ci dans le cas où elle lui a déjà été adressée dans les formes prévues au premier alinéa, est remise directement, contre récépissé, à l'employeur qui s'est porté à la rencontre de l'inspecteur du travail. Cette procédure se substitue alors à celle définie au deuxième alinéa.

Art. R. 4731-3. Lorsque la décision a été remise directement au représentant de l'employeur, copie en est adressée à ce dernier par lettre recommandée avec avis de réception dans le délai mentionné au deuxième alinéa de l'article R. 4731-2.

Art. R. 4731-4. L'employeur informe, (D. 2019-253 du 27 mars 2019, art. 2, 5°, JO 30) « par tout moyen donnant date certaine à la réception de cette information », l'(D. 2016-510 du 25 avril 2016, JO 27, entrée en vigueur le 01.07.2016) « agent de contrôle de l'inspection du travail mentionné à l'article L. 8112-1 » des mesures qu'il a prises pour faire cesser la situation de danger grave et imminent.

Art. R. 4731-5. L'(D. 2016-510 du 25 avril 2016, JO 27, entrée en vigueur le 01.07.2016) « agent de contrôle de l'inspection du travail mentionné à l'article L. 8112-1 » vérifie d'urgence, et au plus tard dans un délai de deux jours (D. 2019-253 du 27 mars 2019, art. 2, 6°, JO 30) « ouvrés » à compter de la date de remise ou de réception de la lettre de l'employeur ou de son représentant, le caractère approprié des mesures prises pour faire cesser la cause de danger grave et imminent.

Art. R. 4731-6. La décision d'autorisation ou de refus d'autorisation de reprise des travaux motivé par l'inadéquation ou l'insuffisance de mesures prises pour faire cesser la cause de danger grave et imminent est notifiée dans les formes et les délais définis aux articles R. 4731-2 et R. 4731-3.

SECTION 2 (RÉGLEMENTAIRE). Arrêt d'activité

Art. R. 4731-10. L'arrêt temporaire d'activité (D. 2009-289 du 13 mars 2009, JO 15) « faisant suite à la procédure de mise en demeure prévue aux articles R. 4721-6 et suivants » fait l'objet d'une décision motivée comportant les éléments de fait et de droit caractérisant la persistance de la situation dangereuse et l'injonction à l'employeur de prendre des mesures appropriées pour y remédier, ainsi que la voie de recours prévue par l'article L. 4731-4.

Cette décision est notifiée à l'employeur soit par remise en main propre contre décharge, soit par lettre recommandée avec avis de réception. Elle prend effet le jour de remise de la notification ou le jour de la présentation de la lettre recommandée.

Art. R. 4731-11. L'employeur informe, (D. 2019-253 du 27 mars 2019, art. 2, 7°, JO 30) « par tout moyen donnant date certaine à la réception de cette information », l'(D. 2016-510 du 25 avril 2016, JO 27, entrée en vigueur le 01.07.2016) « agent de contrôle de l'inspection du travail mentionné à l'article L. 8112-1 » des mesures qu'il a prises pour faire cesser la situation dangereuse et lui communique l'avis du médecin du travail, du (D. 2017-1819 du 29 déc. 2017, art. 3, 43°, JO 30, entrée en vigueur le 01.01.2018) « comité social et économique » concernant ces mesures.

Art. R. 4731-12. L'(D. 2016-510 du 25 avril 2016, JO 27, entrée en vigueur le 01.07.2016) « agent de contrôle de l'inspection du travail mentionné à l'article L. 8112-1 » vérifie, au plus tard dans un délai de huit jours à compter de la date de remise ou de réception de la lettre de l'employeur, le caractère approprié des mesures prises par ce dernier pour faire cesser la situation dangereuse.
La décision d'autorisation ou la décision de refus d'autorisation de reprise de l'activité concernée motivée par l'inadéquation ou l'insuffisance de ces mesures est alors notifiée sans délai par l'(D. 2016-510 du 25 avril 2016, JO 27, entrée en vigueur le 01.07.2016) « agent de contrôle de l'inspection du travail mentionné à l'article L. 8112-1 » dans les formes définies à l'article R. 4731-10.

Chapitre II
Référé judiciaire

Art. L. 4732-1. Indépendamment de la mise en œuvre des dispositions de l'article L. 4721-5, l'inspecteur du travail saisit le (Ord. 2016-413 du 7 avril 2016, art. 2, XII, JO 8, entrée en vigueur le 01.07.2016) « juge judiciaire statuant en référé » pour voir ordonner toutes mesures propres à faire cesser le risque, telles que la mise hors service, l'immobilisation, la saisie des matériels, machines, dispositifs, produits ou autres, lorsqu'il constate un risque sérieux d'atteinte à l'intégrité physique d'un travailleur résultant de l'inobservation des dispositions suivantes de la présente partie ainsi que des textes pris pour leur application :

1° Titres Ier, III et IV et chapitre III du titre V du livre Ier ;
2° Titre II du livre II ;
3° Livre III ;
4° Livre IV ;
5° Titre Ier, chapitres III et IV du titre III et titre IV du livre V.

Le juge peut également ordonner la fermeture temporaire d'un atelier ou chantier.

Il peut assortir sa décision d'une astreinte qui est liquidée au profit du Trésor.

Art. L. 4732-2. Pour les opérations de bâtiment ou de génie civil, lorsqu'un risque sérieux d'atteinte à l'intégrité physique d'un intervenant sur le chantier résulte, lors de la réalisation des travaux, ou peut résulter, lors de travaux ultérieurs, de l'inobservation des dispositions incombant au maître d'ouvrage prévues au titre Ier du livre II et de celles du titre III du livre V ainsi que des textes pris pour leur application, l'inspecteur du travail saisit le (Ord. 2016-413 du 7 avril 2016, art. 2, XII, JO 8, entrée en vigueur le 01.07.2016) « juge judiciaire statuant en référé » pour voir ordonner toutes mesures propres à faire cesser ou à prévenir ce risque.

Ces mesures peuvent consister notamment en la mise en œuvre effective d'une coordination en matière de sécurité et de santé sur le chantier ou la détermination de délais de préparation et d'exécution des travaux compatibles avec la prévention des risques professionnels.

Le juge peut, en cas de non-respect des dispositions de l'article L. 4531-3, provoquer la réunion des maîtres d'ouvrage intéressés et la rédaction en commun d'un plan général de coordination.

Il peut ordonner la fermeture temporaire d'un atelier ou chantier.

Il peut assortir sa décision d'une astreinte liquidée au profit du Trésor.

La procédure de référé prévue au présent article s'applique sans préjudice de celle prévue à l'article L. 4732-1.

Art. L. 4732-3. Les décisions du (Ord. 2016-413 du 7 avril 2016, art. 2, XII, JO 8, entrée en vigueur le 01.07.2016) « juge judiciaire statuant en référé » prévues au présent chapitre ne peuvent entraîner ni rupture, ni suspension du contrat de travail, ni aucun préjudice pécuniaire à l'encontre des salariés concernés.

Art. L. 4732-4. Les dispositions du présent chapitre ne sont pas applicables aux établissements mentionnés aux 2° et 3° de l'article L. 4111-1.

Chapitre III

Procédures d'urgences et mesures concernant les jeunes âgés de moins de dix-huit ans

Note Ce chapitre a été introduit par l'ordonnance 2016-413 du 7 avril 2016, art. 2, XIII, JO 8, entrée en vigueur le 01.07.2016 et ratifiée par la loi 2016-1088 du 8 août 2016, art. 118, JO 9.

SECTION 1. Retrait d'affectation à certains travaux

Art. L. 4733-1. Les jeunes travailleurs âgés de moins de dix-huit ans relevant de la présente section sont ceux mentionnés aux articles L. 4153-8 et L. 4153-9.

Art. L. 4733-2. Tout jeune travailleur de moins de dix-huit ans affecté à un ou plusieurs travaux interdits prévus à l'article L. 4153-8 est retiré immédiatement de cette affectation lorsque l'agent de contrôle de l'inspection du travail mentionné à l'article L. 8112-1 le constate.

Art. L. 4733-3. Lorsque l'agent de contrôle de l'inspection du travail mentionné à l'article L. 8112-1 constate que, par l'affectation à un ou plusieurs travaux réglementés prévus à l'article L. 4153-9, un jeune travailleur âgé de moins de dix-huit ans est placé dans une situation l'exposant à un danger grave et imminent pour sa vie ou sa santé, il procède à son retrait immédiat.

Art. L. 4733-4. Les décisions de retrait prises en application des articles L. 4733-2 et L. 4733-3 ne peuvent entraîner aucun préjudice pécuniaire à l'encontre du jeune concerné ni la suspension ou la rupture du contrat de travail ou de la convention de stage.

Art. L. 4733-5. Lorsque toutes les mesures ont été prises pour faire cesser la situation de danger grave et imminent ayant donné lieu à la décision de retrait prévue à l'article L. 4733-3, l'employeur ou le chef d'établissement informe l'agent de contrôle de l'inspection du travail. Après vérification, l'agent de contrôle de l'inspection du travail autorise la reprise des travaux réglementés concernés.

Art. L. 4733-6. Les décisions prévues aux articles L. 4733-2 à L. 4733-5 peuvent être contestées devant le juge administratif par la voie du référé.

SECTION 2. Suspension et rupture du contrat de travail ou de la convention de stage

Art. L. 4733-7. Les jeunes concernés par la présente section sont les travailleurs mentionnés à l'article L. 4111-5 âgés de moins de dix-huit ans.

Art. L. 4733-8. Lorsque l'agent de contrôle de l'inspection du travail constate un risque sérieux d'atteinte à la santé, à la sécurité ou à l'intégrité physique ou morale du jeune dans l'entreprise, il peut proposer au directeur régional des entreprises, de la concurrence, de la consommation, du travail et de l'emploi de suspendre le contrat de travail ou la convention de stage. Cette suspension s'accompagne du maintien par l'employeur de la rémunération ou de la gratification due au jeune. Elle ne peut pas entraîner la rupture du contrat de travail ou de la convention de stage.

Art. L. 4733-9. Dans le délai de quinze jours à compter du constat de l'agent de contrôle de l'inspection du travail, le directeur régional des entreprises, de la concurrence, de la consommation, du travail et de l'emploi se prononce sur la reprise de l'exécution du contrat de travail ou de la convention de stage.

Le refus d'autoriser la reprise de l'exécution du contrat de travail ou de la convention de stage entraîne sa rupture à la date de notification du refus aux parties. Dans ce cas, l'employeur verse au jeune les sommes dont il aurait été redevable si le contrat de travail ou la convention de stage s'était poursuivi jusqu'à son terme.

En cas de recrutement du jeune sous contrat à durée indéterminée, l'employeur lui verse les sommes dont il aurait été redevable si le contrat de travail s'était poursuivi jusqu'au terme de la formation professionnelle suivie.

Art. L. 4733-10. La décision de refus du directeur régional des entreprises, de la concurrence, de la consommation, du travail et de l'emploi peut s'accompagner de l'interdiction faite à l'employeur de recruter ou d'accueillir de nouveaux jeunes âgés de moins de dix-huit ans, travailleurs ou stagiaires, pour une durée qu'elle détermine.

Art. L. 4733-11. En cas de refus d'autoriser la reprise de l'exécution du contrat du travail ou de la convention de stage, l'établissement de formation où est inscrit le jeune est informé de cette décision afin de pouvoir prendre les dispositions nécessaires pour lui permettre de suivre provisoirement la formation dispensée par l'établissement et de trouver un nouvel employeur susceptible de contribuer à l'achèvement de sa formation.

Pour un jeune suivant une formation sous statut scolaire, l'établissement d'enseignement prend les dispositions nécessaires pour assurer la continuité de sa formation.

SECTION 3. Dispositions d'application

Art. L. 4733-12. Un décret en Conseil d'État détermine les modalités d'application du présent chapitre.

SECTION 1 (RÉGLEMENTAIRE). Dispositions générales

Note Les sections 1 à 4 ont été introduites par le décret 2019-253 du 27 mars 2019, JO 30.

Art. R. 4733-1. Pour l'application du présent chapitre, le chef d'établissement est le chef de l'établissement d'enseignement, le directeur du centre de formation d'apprentis ou de l'organisme de formation professionnelle, le directeur de l'établissement ou du service social ou médico-social mentionné au V de l'article L. 312-1 du code de l'action sociale et des familles.

SECTION 2 (RÉGLEMENTAIRE). Retrait d'affectation à certains travaux

Sous-section 1. Retrait d'affectation à un ou plusieurs travaux interdits

Art. R. 4733-2. Pour l'application de l'article L. 4733-2, la décision de l'agent de contrôle de l'inspection du travail mentionné à l'article L. 8112-1 portant retrait d'affectation est d'application immédiate. Elle est écrite.

Art. R. 4733-3. Lorsque l'employeur, le chef d'établissement ou leur représentant est présent, la décision lui est remise en main propre contre décharge.

À défaut, elle est adressée d'urgence à l'employeur ou au chef d'établissement par tous moyens appropriés et confirmée au plus tard dans le délai d'un jour franc par tout moyen donnant date certaine à sa réception.

Art. R. 4733-4. Lorsque la décision a été remise directement au représentant de l'employeur ou à celui du chef d'établissement, copie en est adressée à l'employeur ou au chef d'établissement par tout moyen donnant date certaine à sa réception dans le délai mentionné au deuxième alinéa de l'article R. 4733-3.

Sous-section 2. Retrait d'affectation à un ou plusieurs travaux réglementés

Art. R. 4733-5. Pour l'application de l'article L. 4733-3, l'agent de contrôle de l'inspection du travail mentionné à l'article L. 8112-1 relève les éléments caractérisant la situation de danger grave et imminent motivant sa décision de retrait.

Cette décision, précisant ces éléments, est d'application immédiate. Elle est écrite.

Art. R. 4733-6. Lorsque l'employeur, le chef d'établissement ou leur représentant est présent, la décision lui est remise en main propre contre décharge.

À défaut, elle est adressée d'urgence à l'employeur ou au chef d'établissement par tous moyens appropriés et confirmée au plus tard dans le délai d'un jour franc par tout moyen donnant date certaine à sa réception.

Art. R. 4733-7. Lorsque la décision a été remise directement au représentant de l'employeur ou à celui du chef d'établissement, copie en est adressée à l'employeur ou au chef d'établissement par tout moyen donnant date certaine à sa réception dans le délai mentionné au deuxième alinéa de l'article R. 4733-6.

Art. R. 4733-8. L'employeur ou le chef d'établissement informe l'agent de contrôle de l'inspection du travail mentionné à l'article L. 8112-1 des mesures qu'il a prises pour faire cesser la situation de danger grave et imminent, par tout moyen donnant date certaine à la réception de cette information.

Art. R. 4733-9. L'agent de contrôle de l'inspection du travail mentionné à l'article L. 8112-1 vérifie d'urgence, et au plus tard dans un délai de deux jours ouvrés à compter de la date de remise ou de réception des informations transmises par l'employeur ou par le chef d'établissement, ou leur représentant, le caractère approprié des mesures prises pour faire cesser la situation de danger grave et imminent et permettre la reprise des travaux réglementés par le jeune.

Art. R. 4733-10. La décision d'autorisation ou de refus de reprise des travaux réglementés concernés est notifiée dans les formes et les délais mentionnés aux articles R. 4733-6 et R. 4733-7.

SECTION 3 (RÉGLEMENTAIRE). Suspension et rupture du contrat de travail ou de la convention de stage

Art. R. 4733-11. La présente section ne s'applique pas aux apprentis âgés de moins de dix-huit ans. Ces derniers sont soumis aux dispositions de la section 3 du chapitre V du titre II du livre II de la sixième partie.

Art. R. 4733-12. En application de l'article L. 4733-8, l'agent de contrôle de l'inspection du travail mentionné à l'article L. 8112-1 peut proposer au directeur régional des entreprises, de la concurrence, de la consommation, du travail et de l'emploi la suspension de l'exécution du contrat de travail ou de la convention de stage, après avoir procédé, lorsque les circonstances le permettent, à une enquête contradictoire.

L'agent de contrôle en informe sans délai l'employeur.

Le directeur régional des entreprises, de la concurrence, de la consommation, du travail et de l'emploi se prononce au vu du rapport établi par l'agent de contrôle.

Art. R. 4733-13. Pour obtenir la levée de l'interdiction de recruter ou d'accueillir de nouveaux jeunes âgés de moins de dix-huit ans, travailleurs ou stagiaires, en application de l'article L. 4733-10, l'employeur peut demander au directeur régional des entreprises, de la concurrence, de la consommation, du travail et de l'emploi de mettre fin à cette interdiction.

L'employeur joint à sa demande toutes justifications de nature à établir qu'il a pris les mesures nécessaires pour supprimer tout risque d'atteinte à la santé ou à l'intégrité physique ou morale des jeunes âgés de moins de dix-huit ans.

Art. R. 4733-14. Le directeur régional des entreprises, de la concurrence, de la consommation, du travail et de l'emploi, au vu des justifications présentées par l'employeur, statue sur la demande de levée de l'interdiction de recruter ou d'accueillir de nouveaux jeunes âgés de moins de dix-huit ans. Il notifie sa décision à l'employeur. Le silence gardé dans le délai de deux mois vaut rejet de cette demande.

SECTION 4 (RÉGLEMENTAIRE). Dispositions communes

Art. R. 4733-15. Une copie des décisions de retrait d'affectation, des décisions de refus ou d'autorisation de reprise des travaux réglementés, et des décisions de suspension ou de refus de reprise d'exécution du contrat de travail ou de la convention de stage est transmise sans délai au jeune, à son représentant légal et, le cas échéant au chef d'établissement mentionné à l'article R. 4733-1.

TITRE IV

DISPOSITIONS PÉNALES

Chapitre Ier

Infractions aux règles de santé et de sécurité

SECTION 1. Infractions commises par l'employeur ou son délégataire

Art. L. 4741-1. Est puni d'une amende de (Ord. 2016-413 du 7 avril 2016, art. 2, XIV, JO 8, entrée en vigueur le 01.07.2016) «10 000 €», le fait pour l'employeur ou (L. 2011-525 du 17 mai 2011, art. 170, JO 18) «son délégataire» de méconnaître par sa faute personnelle les dispositions suivantes et celles des décrets en Conseil d'État pris pour leur application:

1° Titres Ier, III et IV ainsi que section 2 du chapitre IV du titre V du livre Ier;

2° Titre II du livre II;

3° Livre III;

4° Livre IV;

5° Titre Ier, (Ord. 2016-413 du 7 avril 2016, art. 2, XIV, JO 8, entrée en vigueur le 01.07.2016) «chapitres II et IV à VI du titre II, chapitre IV» du titre III et titre IV du livre V;

6° Chapitre II du titre II du présent livre.

La récidive est punie d'un emprisonnement d'un an et d'une amende de (Ord. 2016-413 du 7 avril 2016, art. 2, XIV, JO 8, entrée en vigueur le 01.07.2016) «30 000 €».

L'amende est appliquée autant de fois qu'il y a de (Ord. 2016-413 du 7 avril 2016, art. 2, XIV, JO 8, entrée en vigueur le 01.07.2016) «travailleurs» de l'entreprise concernés (L. 2011-525 du 17 mai 2011, art. 170, JO 18) «indépendamment du nombre d'infractions» relevées dans le procès-verbal prévu à l'article L. 8113-7.

Art. L. 4741-2. Lorsqu'une des infractions énumérées à l'article L. 4741-1, qui a provoqué la mort ou des blessures dans les conditions définies aux articles 221-6, 222-19 et 222-20 du code pénal ou, involontairement, des blessures, coups ou maladies n'entraînant pas une incapacité totale de travail personnelle supérieure à trois mois, a été commise par un (L. 2011-525 du 17 mai 2011, art. 170, JO 18) «délégataire», la juridiction peut, compte tenu des circonstances de fait et des conditions de travail de l'intéressé, décider que le paiement des amendes prononcées sera mis, en totalité ou en partie, à la charge de l'employeur (L. 2011-525 du 17 mai 2011, art. 170, JO 18) «si celui-ci a été cité à l'audience».

Art. L. 4741-3. Le fait pour l'employeur de ne pas s'être conformé aux mesures prises par (Ord. 2016-413 du 7 avril 2016, art. 2, XV, JO 8, entrée en vigueur le 01.07.2016) «le directeur régional des entreprises, de la concurrence, de la consommation, du travail et de l'emploi en application de l'article L. 4721-1 est puni» d'une amende de 3 750 €.

Art. L. 4741-3-1. (Ord. 2016-413 du 7 avril 2016, art. 2, XVI, JO 8, entrée en vigueur le 01.07.2016) Le fait pour l'employeur de ne pas s'être conformé aux mesures prises par l'agent de contrôle en application des articles L. 4731-1 ou L. 4731-2 est puni d'un emprisonnement d'un an et d'une amende de 3 750 euros.

Art. L. 4741-4. En cas d'infraction aux dispositions de l'article L. 4221-1, de celles du livre III ainsi que des articles L. 4411-7, L. 4525-1 et L. 4721-4 et des décrets pris en application, le jugement fixe, en outre, le délai dans lequel sont exécutés les travaux de sécurité et de salubrité imposés par ces dispositions. Ce délai ne peut excéder dix mois.

Art. L. 4741-5. En cas de condamnation prononcée en application de l'article L. 4741-1, la juridiction peut ordonner, à titre de peine complémentaire, l'affichage du jugement aux portes des établissements de la personne condamnée, aux frais de celle-ci, dans les conditions prévues à l'article 131-35 du code pénal, et son insertion, intégrale ou par extraits, dans les journaux qu'elle désigne. Ces frais ne peuvent excéder le montant de l'amende encourue.

En cas de récidive, la juridiction peut prononcer contre l'auteur de l'infraction l'interdiction d'exercer, pendant une durée maximale de cinq ans, certaines fonctions qu'elle énumère soit dans l'entreprise, soit dans une ou plusieurs catégories d'entreprises qu'elle définit.

Le fait de méconnaître cette interdiction est puni d'un emprisonnement de deux ans et d'une amende de 9 000 €.

Art. L. 4741-6. Les dispositions des articles L. 4741-1 à L. 4741-5 et L. 4741-9 à L. 4742-1 ne sont pas applicables aux établissements mentionnés aux 2° et 3° de l'article L. 4111-1.

Art. L. 4741-7. L'employeur est civilement responsable des condamnations prononcées contre ses directeurs, gérants ou (L. 2011-525 du 17 mai 2011, art. 170, JO 18) «délégataires».

Art. L. 4741-8. Le fait d'employer des mineurs à la mendicité habituelle, soit ouvertement, soit sous l'apparence d'une profession, est puni des peines prévues aux articles 225-12-6 et 227-29 du code pénal.

Art. R. 4741-1. Le fait de ne pas transcrire ou de ne pas mettre à jour les résultats de l'évaluation des risques, dans les conditions prévues aux articles R. 4121-1 et R. 4121-2, est puni de l'amende prévue pour les contraventions de cinquième classe.

La récidive est réprimée conformément aux articles 132-11 et 132-15 du code pénal.

Art. R. 4741-1-1. (D. 2015-1885 du 30 déc. 2015, JO 31) Le fait de ne pas remplir ou actualiser la fiche de suivi des expositions d'un travailleur mentionné au 2° du V de l'article L. 4161-1, dans les conditions prévues par l'article D. 4161-1-1, est puni de l'amende prévue pour les contraventions de la cinquième classe.

L'amende est appliquée autant de fois qu'il y a de travailleurs concernés par l'infraction.

La récidive est réprimée conformément aux articles 132-11 et 132-15 du code pénal.

Art. R. 4741-3. Le fait de méconnaître les dispositions des articles L. 4711-1 à L. 4711-5 (D. 2009-289 du 13 mars 2009, JO 15) «ainsi que celles des articles D. 4711-1 à D. 4711-3» relatives aux documents et affichages obligatoires est puni de l'amende prévue pour les contraventions de la quatrième classe.

L'amende est appliquée autant de fois qu'il y a de personnes employées dans des conditions susceptibles d'être sanctionnées au titre du présent article.

Art. R. 4741-3-1. (D. 2010-150 du 17 févr. 2010, JO 19) Le fait de ne pas donner aux travailleurs et à leurs représentants l'accès aux informations prévues à l'article 35 du règlement (CE) n° 1907/2006 est puni de l'amende prévue pour les contraventions de la cinquième classe.

L'amende est appliquée autant de fois qu'il y a de personnes employées dans les conditions susceptibles d'être sanctionnées au titre du présent article.

La récidive est réprimée conformément aux articles 132-11 et 132-15 du code pénal.

SECTION 2. Infractions commises par une personne autre que l'employeur ou son délégataire

Art. L. 4741-9. Est puni d'une amende de 3750 €, le fait pour toute personne autre que celles mentionnées à l'article L. 4741-1, de méconnaître par sa faute personnelle les dispositions des articles L. 4311-1 à L. 4311-4, L. 4314-1, L. 4321-2, L. 4321-3, (Ord. 2009-229 du 26 févr. 2009, JO 27) « L. 4411-1, L. 4411-2, L. 4411-4 à L. 4411-6» (L. 2016-1088 du 8 août 2016, art. 113, II, 2°, JO 9) «, L. 4412-2», (Ord. 2016-128 du 10 févr. 2016, art. 42, V, 5°, JO 11, entrée en vigueur au plus tard le 01.07.2017) « L. 4451-1 à L. 4451-4» et celles des décrets en Conseil d'État pris pour leur application.

La récidive est punie d'un emprisonnement d'un an et d'une amende de 9 000 €.

L'amende est appliquée autant de fois qu'il y a de salariés de l'entreprise concernés par la ou les infractions relevées dans le procès-verbal mentionné à l'article L. 8113-7.

Art. L. 4741-10. En cas de condamnation prononcée en application de l'article L. 4741-9, la juridiction peut ordonner, à titre de peine complémentaire, l'affichage du jugement aux portes des établissements de la personne condamnée, aux frais de celle-ci, dans les conditions prévues à l'article 131-35 du code pénal, et son insertion, intégrale ou par extraits, dans les journaux qu'elle désigne. Ces frais ne peuvent excéder le montant maximum de l'amende encourue.

En cas de récidive, la juridiction peut prononcer contre l'auteur de l'infraction l'interdiction d'exercer, pendant une durée maximale de cinq ans, certaines fonctions qu'elle énumère soit dans l'entreprise, soit dans une ou plusieurs catégories d'entreprises qu'il définit.

Le fait de méconnaître cette interdiction est puni d'un emprisonnement de deux ans et d'une amende de 9000 €.

Art. R. 4741-4. Est puni de la peine d'amende prévue pour les contraventions de la cinquième classe le fait, pour un maître d'ouvrage :

1° De ne pas avoir mentionné dans les contrats, en méconnaissance de l'article L. 4532-12, l'obligation de participer à un collège interentreprises de sécurité, de santé et des conditions de travail ;

2° De ne pas avoir constitué, en méconnaissance de l'article R. 4532-77, un collège interentreprises de sécurité, de santé et des conditions de travail ;

3° De ne pas avoir annexé aux documents du dossier de consultation adressé aux entreprises, ou aux marchés ou contrats conclus avec elles, en méconnaissance de l'article R. 4532-91, le projet de règlement du collège ;

4° De ne pas s'être assuré, en méconnaissance de l'article R. 4532-94 de l'envoi aux (D. 2017-1819 du 29 déc. 2017, art. 3, 67°, JO 30, entrée en vigueur le 01.01.2018) « [comités sociaux et économiques s'ils existent] » des entreprises ou établissements intervenant sur le chantier, des procès-verbaux des réunions du collège.

La récidive est réprimée conformément aux articles 132-11 et 132-15 du code pénal.

Art. R. 4741-5. Est puni de la peine d'amende prévue pour les contraventions de la cinquième classe le fait, pour l'entrepreneur ou le sous-traitant :

1° De ne pas avoir laissé les travailleurs émettre des opinions pendant les réunions du collège ou de les avoir sanctionnés ou licenciés, en méconnaissance de l'article L. 4532-11 ;

2° De ne pas avoir fait mentionner dans les contrats de sous-traitance l'obligation de participer à un collège interentreprises de sécurité, de santé et des conditions de travail, en méconnaissance de l'article L. 4532-12 ;

3° De ne pas avoir laissé aux travailleurs désignés comme membres du collège le temps nécessaire pour assister aux réunions du collège ou d'avoir refusé de rémunérer ce temps comme temps de travail en méconnaissance de l'article L. 4532-15 ;

4° De ne pas avoir désigné de représentants au collège en méconnaissance de l'article R. 4532-80 ;

5° De ne pas avoir participé ou d'avoir empêché son représentant de participer aux réunions du collège dans les conditions prévues aux articles R. 4532-85 et R. 4532-86.

La récidive est réprimée conformément aux articles 132-11 et 132-15 du code pénal.

SECTION 3. Dispositions particulières aux personnes morales

Art. L. 4741-11. Lorsqu'un accident du travail survient dans une entreprise où ont été relevés des manquements graves ou répétés aux règles de santé et sécurité au travail, la juridiction saisie, qui relaxe la ou les personnes physiques poursuivies sur le fondement des articles 221-6, [222-19 et 222-20] du code pénal, fait obligation à l'entreprise de prendre toutes mesures pour rétablir des conditions normales de santé et sécurité au travail.

À cet effet, la juridiction enjoint à l'entreprise de présenter, dans un délai qu'elle fixe, un plan de réalisation de ces mesures, accompagné de l'avis motivé du (Ord. 2017-1386 du 22 sept. 2017, art. 4, 48°, JO 23, entrée en vigueur au plus tard le 01.01.2018) « comité social et économique ».

La juridiction adopte le plan présenté après avis du (L. 2011-525 du 17 mai 2011, art. 170, JO 18) « directeur régional des entreprises, de la concurrence, de la consommation, du travail et de l'emploi ». À défaut de présentation ou d'adoption d'un tel plan, elle condamne l'entreprise à exécuter, pendant une période qui ne peut excéder cinq ans, un plan de nature à faire disparaître les manquements mentionnés au premier alinéa.

Dans ce dernier cas, les dépenses mises à la charge de l'entreprise ne peuvent annuellement dépasser le montant annuel moyen des cotisations d'accidents du travail prélevé au cours des cinq années antérieures à celle du jugement, dans le ou les établissements où ont été relevés les manquements.

Le contrôle de l'exécution des mesures prescrites est exercé par l'inspecteur du travail. S'il y a lieu, celui-ci saisit le juge des référés, qui peut ordonner la fermeture totale ou partielle de l'établissement pendant le temps nécessaire pour assurer cette exécution.

L'employeur qui, dans les délais prévus, n'a pas présenté le plan mentionné au deuxième alinéa ou n'a pas pris les mesures nécessaires à la réalisation du plan arrêté par la juridiction en vertu du troisième alinéa, est puni d'une amende de 18 000 € ainsi que des peines prévues à l'article L. 4741-14.

Art. L. 4741-12. Lorsqu'il a été fait application de l'article L. 4741-11, aucune infraction nouvelle ne peut être relevée pour la même cause durant le délai qui a été, le cas échéant, accordé.

En cas de récidive constatée par procès-verbal, après une condamnation prononcée en vertu de l'article précité, la juridiction peut ordonner la fermeture totale ou partielle, définitive ou temporaire, de l'établissement dans lequel n'ont pas été faits les travaux de sécurité ou de salubrité imposés par les dispositions légales.

Le jugement est susceptible d'appel. Dans ce cas, la juridiction statue d'urgence.

Art. L. 4741-13. Les condamnations prononcées en application de l'article L. 4741-12 ne peuvent, sous réserve des dispositions du second alinéa, entraîner ni rupture, ni suspension du contrat de travail, ni aucun préjudice pécuniaire à l'encontre des salariés concernés.

Lorsque la fermeture totale et définitive entraîne le licenciement du personnel, elle donne lieu, en dehors de l'indemnité de préavis et de l'indemnité de licenciement, aux dommages et intérêts prévus aux articles L. 1235-2 à L. 1235-5 en cas de rupture du contrat de travail.

Art. L. 4741-14. En cas de condamnation prononcée en application de l'article L. 4741-12, la juridiction peut ordonner, à titre de peine complémentaire, l'affichage du jugement aux portes des établissements de la personne condamnée, aux frais de celle-ci, dans les conditions prévues à l'article 131-35 du code pénal, et son insertion, intégrale ou par extraits, dans les journaux qu'elle désigne. Ces frais ne peuvent excéder le montant maximum de l'amende encourue.

En cas de récidive, la juridiction peut prononcer contre l'auteur de l'infraction l'interdiction d'exercer, pendant une durée maximale de cinq ans, certaines fonctions qu'elle énumère soit dans l'entreprise, soit dans une ou plusieurs catégories d'entreprises qu'elle définit.

Le fait de méconnaître cette interdiction est puni d'un emprisonnement de deux ans et d'une amende de 9000 €.

Chapitre II

Infractions aux règles de représentation des salariés

Art. L. 4742-1. Le fait de porter atteinte ou de tenter de porter atteinte soit à la constitution, soit à la libre désignation des membres du comité d'hygiène, de sécurité et des conditions de travail, notamment par la méconnaissance des dispositions du livre IV de la deuxième partie relatives à la protection des représentants du personnel à ce comité, est puni d'un emprisonnement d'un an et d'une amende de (L. 2015-990 du 6 août 2015, art. 262, JO 7) «7500 €».

(L. 2015-990 du 6 août 2015, art. 262, JO 7) «Le fait de porter atteinte au fonctionnement régulier du comité est puni d'une amende de 7500 €».

Chapitre III

Infractions aux règles concernant le travail des jeunes et des femmes enceintes, venant d'accoucher ou allaitant

Art. L. 4743-1. En cas d'infraction aux dispositions relatives au travail des jeunes et des femmes enceintes, venant d'accoucher ou allaitant, l'affichage du jugement peut, suivant les circonstances et en cas de récidive seulement, être ordonné par la juridiction.

La juridiction peut également ordonner, dans le même cas, l'insertion du jugement, aux frais du contrevenant, dans un ou plusieurs journaux du département.

Art. L. 4743-2. (L. 2009-526 du 12 mai 2009, JO 13) Est puni d'un emprisonnement de cinq ans et d'une amende de 75 000 € le fait, pour le père, la mère, le tuteur ou l'employeur, et généralement toute personne ayant autorité sur un enfant ou en ayant la garde, de le placer sous la conduite de vagabonds, de personnes sans moyen de subsistance ou se livrant à la mendicité, en méconnaissance des dispositions de l'article L. 4153-7.

La condamnation entraîne de plein droit, pour les tuteurs, la destitution de la tutelle. Les pères et mères peuvent être privés de l'autorité parentale.

Art. L. 4743-3. (Ord. 2016-413 du 7 avril 2016, art. 2, XVII, JO 8, entrée en vigueur le 01.07.2016) Est puni d'un emprisonnement d'un an et d'une amende de 3 750 euros le fait de ne pas se conformer aux mesures prises par l'agent de contrôle en application de l'article L. 4733-2 ou de l'article L. 4733-3.

Art. R. 4743-1. Le fait d'employer une femme enceinte, venant d'accoucher ou allaitant à des travaux interdits, en méconnaissance de l'article L. 4152-1 et des décrets pris pour son application, est puni de l'amende prévue pour les contraventions de la cinquième classe.

La récidive est réprimée conformément aux articles 132-11 et 132-15 du code pénal.

Art. R. 4743-2. Le fait de méconnaître les dispositions des articles R. 4152-13 à R. 4152-28, relatives au local dédié à l'allaitement, est puni de l'amende prévue pour les contraventions de la cinquième classe, prononcée autant de fois qu'il y a de travailleurs concernés par l'infraction.

La récidive de la contravention prévue au présent article est réprimée conformément aux articles 132-11 et 132-15 du code pénal.

En cas de pluralité de contraventions entraînant les peines de la récidive, l'amende est appliquée autant de fois qu'il a été relevé de nouvelles infractions.

Art. R. 4743-3. Le fait d'employer un travailleur de moins de dix-huit ans à des travaux interdits, en méconnaissance de l'article L. 4153-8 et des décrets pris pour son application, est puni de l'amende prévue pour les contraventions de la cinquième classe.

La récidive est réprimée conformément aux articles 132-11 et 132-15 du code pénal.

Art. R. 4743-4. Le fait d'employer un travailleur de moins de dix-huit ans à des travaux mentionnés à l'article L. 4153-9, en méconnaissance des conditions énoncées à ce même article et de celles des décrets pris pour son application, est puni de l'amende prévue pour les contraventions de la cinquième classe.

La récidive est réprimée conformément aux articles 132-11 et 132-15 du code pénal.

Art. R. 4743-5. Le fait de méconnaître les dispositions relatives à l'âge d'admission prévues aux articles L. 4153-1 à L. 4153-5 ainsi que celles des décrets pris pour leur application, est puni de l'amende prévue pour les contraventions de la cinquième classe.

La récidive est réprimée conformément aux articles 132-11 et 132-15 du code pénal.

Art. R. 4743-6. L'amende prévue à l'article R. 4743-5 est appliquée autant de fois qu'il y a de personnes employées dans des conditions contraires aux prescriptions mentionnées à ce même article.

En cas de pluralité de contraventions entraînant les peines de la récidive, l'amende est appliquée autant de fois qu'il a été relevé de nouvelles infractions.

Art. R. 4743-7. Le fait, pour un exploitant d'un débit de boissons à consommer sur place, sans avoir obtenu l'agrément prévu à l'article R. 4153-8, d'employer ou de recevoir en stage des mineurs, à l'exception du conjoint du débitant ou de ses parents ou alliés jusqu'au quatrième degré inclusivement, est puni de l'amende prévue pour les contraventions de la cinquième classe.

La récidive est réprimée conformément aux articles 132-11 et 132-15 du code pénal.

Chapitre IV

Opérations de bâtiment et de génie civil

Art. L. 4744-1. Le fait pour un maître d'ouvrage de faire construire ou aménager un ouvrage en méconnaissance des obligations mises à sa charge en application des articles L. 4211-1 et L. 4211-2 est puni des peines prévues aux articles L. 480-4 et L. 480-5 du code de l'urbanisme.

Art. L. 4744-2. Le fait pour un maître d'ouvrage de ne pas adresser à l'autorité administrative la déclaration préalable prévue à l'article L. 4532-1 est puni d'une amende de 4500 €.

Art. L. 4744-3. Le fait pour un maître d'ouvrage de faire ouvrir un chantier ne disposant pas de voies et réseaux divers satisfaisant aux dispositions (Ord. 2016-413 du 7 avril 2016, art. 2, XVIII, 1°, JO 8, entrée en vigueur le 01.07.2016) «réglementaires du chapitre III du titre III du livre V de la présente partie» est puni d'une amende de 22 500 €.

L'interruption du travail peut être ordonnée dans les conditions prévues à l'article L. 480-2 du code de l'urbanisme.

Art. L. 4744-4. Est puni d'une amende de (Ord. 2016-413 du 7 avril 2016, art. 2, XVIII, 2°, JO 8, entrée en vigueur le 01.07.2016) «10 000 €» le fait pour un maître d'ouvrage:

1° De ne pas désigner de coordonnateur en matière de sécurité et de santé, en méconnaissance de l'article L. 4532-4, ou de ne pas assurer au coordonnateur l'autorité et les moyens indispensables à l'exercice de sa mission, en méconnaissance de l'article L. 4532-5;

2° De désigner un coordonnateur ne répondant pas à des conditions définies par décret pris en application de l'article L. 4532-18;

3° De ne pas faire établir le plan général de coordination prévu à l'article L. 4532-8;

4° De ne pas faire constituer le dossier des interventions ultérieures sur l'ouvrage prévu à l'article L. 4532-16.

La récidive est punie d'un emprisonnement d'un an et d'une amende de 15 000 €. La juridiction peut, en outre, prononcer les peines prévues à l'article L. 4741-5.

Art. L. 4744-5. Le fait pour l'entrepreneur de ne pas remettre au maître d'ouvrage ou au coordonnateur le plan particulier de sécurité et de protection de la santé des travailleurs prévu à l'article L. 4532-9 est puni d'une amende de 9000 €.

La récidive est punie d'un emprisonnement d'un an et d'une amende de 15000 €. La juridiction peut, en outre, prononcer les peines prévues à l'article L. 4741-5.

Art. L. 4744-6. Le fait pour les travailleurs indépendants, ainsi que pour les employeurs lorsqu'ils exercent eux-mêmes une activité sur un chantier de bâtiment ou de génie civil, de ne pas mettre en œuvre les obligations qui leur incombent, (Ord. 2016-413 du 7 avril 2016, art. 2, XVIII, 3°, JO 8, entrée en vigueur le 01.07.2016) «[en application] des dispositions législatives et réglementaires du chapitre V du titre III du livre V de la présente partie», est puni d'une amende de 4 500 €.

Art. L. 4744-7. Outre les officiers de police judiciaire et les (L. 2016-1088 du 8 août 2016, art. 113, III, 4°, JO 9) «agents de contrôle de l'inspection du travail mentionnés à l'article L. 8112-1», les infractions définies aux articles L. 4744-1 à L. 4744-5 sont constatées par les personnes prévues à l'article L. 480-1 du code de l'urbanisme.

Chapitre V

Infractions aux règles relatives à la médecine du travail

Art. L. 4745-1. Le fait de méconnaître les dispositions des articles L. 4621-1 à (L. 2011-867 du 20 juil. 2011, art. 16, JO 24) «(L. 2016-1088 du 8 août 2016, art. 102, II, 11°, JO 9, entrée en vigueur au plus tard le 01.01.2017) « L. 4624-9» et L. 4644-1» et des règlements pris pour leur application est puni, en cas de récidive dans le délai de trois ans, d'un emprisonnement de quatre mois et d'une amende de 3750 €.

La juridiction peut également ordonner, à titre de peine complémentaire, l'affichage du jugement aux portes de l'établissement de la personne condamnée, aux frais de celle-ci, dans les conditions prévues à l'article 131-35 du code pénal, et son insertion, intégrale ou par extraits, dans les journaux qu'elle désigne. Ces frais ne peuvent excéder le montant maximum de l'amende encourue.

Art. R. 4745-1. Le fait de méconnaître les dispositions relatives aux missions et à l'organisation des services de santé au travail, prévues aux articles L. 4622-1 à (D. 2014-798 du 11 juil. 2014, JO 13) « L. 4622-17 » ainsi que celles des décrets pris pour leur application, est puni de l'amende prévue pour les contraventions de la cinquième classe.

Art. R. 4745-2. Le fait de méconnaître les dispositions relatives au recrutement, aux conditions d'exercice (D. 2014-798 du 11 juil. 2014, JO 13) «, à la protection et à l'indépendance professionnelle» dont bénéficie le médecin du travail, prévues aux articles L. 4623-1 à (D. 2014-798 du 11 juil. 2014, JO 13) « L. 4623-8 » (D. 2012-135 du 30 janv. 2012, JO 31, entrée en vigueur le 01.07.2012) «et L. 1237-15» et celles des décrets pris pour leur application, est puni de l'amende prévue pour les contraventions de la cinquième classe.

Art. R. 4745-3. Le fait de méconnaître les dispositions relatives à l'action du médecin du travail, prévues à l'article L. 4624-1 et celles des décrets pris pour leur application, est puni de l'amende prévue pour les contraventions de la cinquième classe.

Art. R. 4745-4. Le fait, pour un employeur ou son préposé, de ne pas avoir organisé des services sociaux du travail dans un établissement dont l'effectif est égal ou supérieur à deux cent cinquante, en méconnaissance de l'article L. 4631-1, est puni de l'amende prévue pour les contraventions de la quatrième classe.

Art. R. 4745-5. (D. 2014-798 du 11 juil. 2014, JO 13) Le fait de méconnaître les dispositions relatives à la surveillance médicale des catégories particulières de travailleurs prévues aux articles L. 4625-1 et L. 4625-2 et à celles des décrets pris pour leur application est puni de l'amende prévue pour les contraventions de la cinquième classe.

Art. R. 4745-6. (D. 2014-798 du 11 juil. 2014, JO 13) Le fait de méconnaître les dispositions relatives au personnel infirmier en entreprise prévues aux articles R. 4623-32 à R. 4623-33 ou, s'agissant des professions agricoles, à l'article R. 717-53 du code rural et de la pêche maritime est puni de l'amende prévue pour les contraventions de la cinquième classe.

TITRE V

AMENDES ADMINISTRATIVES

Note Ce titre a été introduit par l'ordonnance 2016-413 du 7 avril 2016, art. 3, JO 8, entrée en vigueur le 01.07.2016.

Chapitre Ier

Dispositions communes

Art. L. 4751-1. Les amendes prévues au présent titre sont prononcées et recouvrées par l'autorité administrative compétente dans les conditions définies aux articles L. 8115-4, L. 8115-5 et L. 8115-7, sur rapport de l'agent de contrôle de l'inspection du travail mentionné à l'article L. 8112-1.

La décision de l'autorité administrative peut être contestée conformément à l'article L. 8115-6.

Art. L. 4751-2. L'autorité administrative informe le (Ord. 2017-1386 du 22 sept. 2017, art. 4, 66°, JO 23, entrée en vigueur au plus tard le 01.01.2018) «comité social et économique», des amendes qu'elle prononce à l'encontre de l'employeur en application du présent titre.

Chapitre II

Manquements aux décisions prises par l'inspection du travail en matière de santé et de sécurité au travail

Art. L. 4752-1. Le fait pour l'employeur de ne pas se conformer aux décisions prises par l'agent de contrôle de l'inspection du travail mentionné à l'article L. 8112-1 en application des articles L. 4731-1 ou L. 4731-2 est passible d'une amende au plus égale à 10 000 euros par travailleur concerné par l'infraction.

Art. L. 4752-2. Le fait pour l'employeur de ne pas se conformer aux demandes de vérifications, de mesures ou d'analyses prises par l'agent de contrôle de l'inspection du travail mentionné à l'article L. 8112-1 en application de l'article L. 4722-1 et aux dispositions réglementaires prises pour l'application du même article, est passible d'une amende maximale de 10 000 euros.

Chapitre III

Manquements concernant les jeunes âgés de moins de dix-huit ans

Art. L. 4753-1. Le fait de ne pas se conformer aux décisions prises par l'agent de contrôle de l'inspection du travail mentionné à l'article L. 8112-1 en application de l'article L. 4733-2 ou de l'article L. 4733-3 est passible d'une amende au plus égale à 10 000 euros par jeune concerné.

Art. L. 4753-2. Le fait d'employer un travailleur âgé de moins de dix-huit ans à un ou plusieurs travaux interdits prévus à l'article L. 4153-8 et aux dispositions réglementaires prises pour son application ou à des travaux réglementés prévus à l'article L. 4153-9 en méconnaissance des conditions énoncées à ce même article et des dispositions réglementaires prises pour son application est passible d'une amende de 2 000 euros par travailleur concerné.

Chapitre IV

Manquements aux règles concernant les repérages avant travaux

Note Ce chapitre est issu de la loi 2016-1088 du 8 août 2016, art. 113, II, 3°, JO 9.

Art. L. 4754-1. Le fait pour le donneur d'ordre, le maître d'ouvrage ou le propriétaire de ne pas se conformer aux obligations prévues à l'article L. 4412-2 et aux dispositions réglementaires prises pour son application est passible d'une amende maximale de 9 000 €.

LIVRE VIII

DISPOSITIONS RELATIVES À L'OUTRE-MER

TITRE Ier

DISPOSITIONS GÉNÉRALES

Chapitre unique

Art. L. 4811-1. Les dispositions générales prévues par l'article L. 1511-1 sont également applicables aux dispositions du présent livre.

TITRE II

GUADELOUPE, GUYANE, MARTINIQUE, MAYOTTE, LA RÉUNION, SAINT-BARTHÉLEMY, SAINT-MARTIN ET SAINT-PIERRE-ET-MIQUELON

Chapitre Ier

Dispositions générales

Art. L. 4821-1. Les dispositions générales prévues par (Ord. 2008-205 du 27 févr. 2008, JO 1er mars) «les articles L. 1521-1 à L. 1521-4» sont également applicables aux dispositions du présent titre.

Chapitre II

Services de santé au travail

Art. L. 4822-1. À Saint-Pierre-et-Miquelon, en l'absence de médecin du travail, l'autorité administrative peut autoriser un médecin à y exercer l'activité de médecin du travail sans être titulaire du diplôme spécial prévu à l'article L. 4623-1.

Art. R. 4822-1. La décision prévue à l'article L. 4822-1 est prise par (D. 2020-88 du 5 févr. 2020, art. 1er, 26°, JO 6) « le préfet de Saint-Pierre-et-Miquelon sur la proposition du directeur de la cohésion sociale, du travail, de l'emploi et de la population » constatant l'absence de médecin du travail dans l'archipel.

TITRE III

MESURES DE COORDINATION AVEC LES AUTRES COLLECTIVITÉS ULTRAMARINES

Chapitre unique

Art. L. 4831-1. L'Agence pour l'amélioration des conditions de travail ainsi que les organismes professionnels d'hygiène, de sécurité et des conditions de travail mentionnés à l'article L. 4643-2 dont elle coordonne l'activité peuvent exercer leurs missions à Wallis et Futuna et dans les Terres australes et antarctiques françaises.

CINQUIÈME PARTIE

L'EMPLOI

LIVRE Ier

LES DISPOSITIFS EN FAVEUR DE L'EMPLOI

TITRE Ier

POLITIQUE DE L'EMPLOI

Chapitre Ier

Objet

Art. L. 5111-1. Les aides à l'emploi ont pour objet :

1° De faciliter la continuité de l'activité des salariés face aux transformations consécutives aux mutations économiques et de favoriser, à cette fin, leur adaptation à de nouveaux emplois en cas de changements professionnels dus à l'évolution technique ou à la modification des conditions de la production ;

2° De favoriser la mise en place d'actions de prévention permettant de préparer l'adaptation professionnelle des salariés à l'évolution de l'emploi et des qualifications dans les entreprises et les branches professionnelles ;

3° De favoriser la qualification et l'insertion de demandeurs d'emploi ;

4° De contribuer à l'égalité professionnelle entre les femmes et les hommes.

Art. L. 5111-2. L'action des pouvoirs publics s'exerce en liaison avec celle des partenaires sociaux organisée par des accords professionnels ou interprofessionnels.

Art. L. 5111-3. Un décret en Conseil d'État détermine les conditions d'application du présent titre.

Art. R. 5111-1. Pour la mise en œuvre de la politique de l'emploi définie à l'article L. 5111-1, le ministre chargé de l'emploi est habilité à conclure des conventions de coopération avec les organismes professionnels ou interprofessionnels, les organisations syndicales et avec des entreprises.

Art. R. 5111-2. Les actions d'urgence conclues dans le cadre des conventions de coopération comportent, notamment :

1° Des mesures temporaires de formation professionnelle ;

2° Des mesures temporaires assurant certaines garanties de ressources aux salariés privés de tout ou partie de leur rémunération par suite de circonstances économiques ;

3° Des aides favorisant l'embauche et la mobilité professionnelle des salariés ;

4° Des aides temporaires aux entreprises qui réalisent un programme de reclassement de leurs salariés en engageant des actions de réinsertion professionnelle préalables aux suppressions d'emplois et en accordant aux salariés intéressés un congé de conversion ;

5° Des actions de reclassement de salariés licenciés pour motif économique ou menacés de l'être.

Art. R. 5111-3. Le (D. 2017-1819 du 29 déc. 2017, art. 3, 2°, JO 30, entrée en vigueur le 01.01.2018) « comité social et économique est consulté » sur les projets de convention mentionnés à l'article R. 5111-1.

Lorsque les conventions font partie des mesures prévues à l'occasion d'un projet de licenciement pour motif économique, elles sont soumises à l'une ou l'autre des réunions du (D. 2017-1819 du 29 déc. 2017, art. 3, 4°, JO 30, entrée en vigueur le 01.01.2018) « comité social et économique » prévues aux articles L. 1233-8 et L. 1233-28.

Art. R. 5111-4. Le comité de coordination régional de l'emploi et de la formation professionnelle est consulté sur les conditions générales de mise en œuvre dans la région des conventions et actions prévues à l'article R. 5111-1, notamment en ce qui concerne leur adaptation aux caractères spécifiques de la région concernée en matière d'emploi.

Art. R. 5111-5. Les conventions mentionnées à l'article R. 5111-1, à l'exception de celles conclues à l'occasion d'un projet de licenciement de moins de dix salariés dans une même période de trente jours, sont soumises, avant leur conclusion, pour avis :

1° (D. 2018-1262 du 26 déc. 2018, art. 1er, III, JO 28, entrée en vigueur le 01.01.2019) « À la Commission nationale de la négociation collective, de l'emploi et de la formation professionnelle » lorsqu'elles relèvent de la compétence du ministre chargé de l'emploi ;

2° Au comité de coordination régional de l'emploi et de la formation professionnelle lorsqu'elles relèvent de la compétence du préfet de région ;

3° À la commission départementale de l'emploi et de l'insertion lorsqu'elles relèvent de la compétence du préfet.

Art. R. 5111-6. Chaque année, avant l'examen du projet de loi de finances, le ministre chargé de l'emploi fournit au Parlement un rapport sur les mesures prises pour mettre en œuvre les aides à l'emploi prévues à l'article L. 5111-1.

Chapitre II

Instances concourant à la politique de l'emploi

Art. L. 5112-1-1. (L. 2008-776 du 4 août 2008, art. 7, JO 5) L'administration chargée des dispositifs en faveur de l'emploi mentionnés dans le présent livre et définis par décret doit se prononcer de manière explicite sur toute demande formulée par un employeur sur une situation de fait au regard des dispositions contenues dans le présent livre, à l'exception de celles ayant un caractère purement fiscal ou social.

Art. L. 5112-2. (L. 2008-126 du 13 févr. 2008, art. 16, JO 14) Un décret en Conseil d'État précise les conditions d'application (L. 2014-288 du 5 mars 2014, art. 24, II, 2°, JO 6) « du présent chapitre ».

SECTION 2 (RÉGLEMENTAIRE). Commissions départementales

Sous-section 1. Missions

Art. R. 5112-11. Des commissions départementales de l'emploi et de l'insertion concourent à la mise en œuvre des orientations de la politique publique de l'emploi et de l'insertion professionnelle et des décisions du Gouvernement en la matière.

Elles sont régies par les dispositions des articles 8 et 9 du décret n° 2006-665 du 7 juin 2006.

Art. R. 5112-12. La commission départementale de l'emploi et de l'insertion est compétente en matière d'apprentissage en liaison avec le (D. 2020-372 du 30 mars 2020, art. 1er, JO 31) « comité régional de l'emploi, de la formation et de l'orientation professionnelles ».

Art. R. 5112-13. La commission départementale de l'emploi et de l'insertion coordonne ses travaux avec ceux des commissions ou conseils placés auprès des collectivités territoriales dans le domaine de l'emploi et de l'insertion.

Elle émet, sur les demandes d'agrément, les avis prévus par les dispositions légales.

Sous-section 2. Composition et fonctionnement

Art. R. 5112-14. La commission départementale de l'emploi et de l'insertion est présidée par le préfet. Elle comprend :

1° Des représentants de l'État, notamment le (D. 2009-1377 du 10 nov. 2009, JO 13; D. 2010-687 du 24 juin 2010, JO 25; voir D. 2010-1582 du 17 déc. 2010, JO 18, pour outre-mer) « directeur régional des entreprises, de la concurrence, de la consommation, du travail et de l'emploi » et le (D. 2009-1484 du 3 déc. 2009, JO 14) « directeur départemental de la cohésion sociale et de la protection des populations ou directeur départemental de la cohésion sociale » ;

2° Des élus, représentants des collectivités territoriales et de leurs groupements, dont un membre du (D. 2013-938 du 18 oct. 2013, art. 1er, JO 20) « conseil départemental », élu par ce conseil, un membre du conseil régional, élu par ce conseil, et des élus, représentants de communes et des établissements publics de coopération intercommunale du département, sur proposition de l'association départementale des maires. En cas de pluralité d'associations, ces représentants sont désignés par accord des présidents d'associations des maires du département ou, à défaut d'accord, par le préfet ;

3° Des représentants des organisations professionnelles et interprofessionnelles d'employeurs ;

4° Des représentants des organisations syndicales de salariés, représentatives au niveau national, désignés par leurs confédérations respectives ;

5° Des représentants des chambres consulaires ;

6° Des personnes qualifiées désignées par le préfet en raison de leur compétence dans le domaine de l'emploi, de l'insertion et de la création d'entreprise.

Art. R. 5112-15. Au sein de la commission départementale de l'emploi et de l'insertion sont instituées deux formations spécialisées compétentes respectivement dans le domaine de l'emploi et dans le domaine de l'insertion par l'activité économique.

Art. R. 5112-16. La formation spécialisée compétente dans le domaine de l'emploi se compose de quinze membres :

1° Cinq représentants de l'État désignés par le préfet, dont le (D. 2009-1377 du 10 nov. 2009, JO 13 ; D. 2010-687 du 24 juin 2010, JO 25 ; voir D. 2010-1582 du 17 déc. 2010, JO 18, pour outre-mer) « directeur régional des entreprises, de la concurrence, de la consommation, du travail et de l'emploi » ;

2° Cinq représentants des organisations syndicales de salariés représentatives ;

3° Cinq représentants des organisations d'employeurs représentatives.

(D. 2013-703 du 1er août 2013, JO 3) « Le directeur départemental ou, le cas échéant, régional des finances publiques ou son représentant peut être entendu par la formation spécialisée compétente dans le domaine de l'emploi si elle le juge utile. »

Art. R. 5112-17. La formation spécialisée compétente en matière d'insertion par l'activité économique, dénommée conseil départemental de l'insertion par l'activité économique, comprend, outre le préfet :

1° Le (D. 2009-1377 du 10 nov. 2009, JO 13 ; D. 2010-687 du 24 juin 2010, JO 25 ; voir D. 2010-1582 du 17 déc. 2010, JO 18, pour outre-mer) « directeur régional des entreprises, de la concurrence, de la consommation, du travail et de l'emploi » ;

2° Le (D. 2009-1484 du 3 déc. 2009, JO 4) « directeur départemental de la cohésion sociale et de la protection des populations ou directeur départemental de la cohésion sociale » ;

(D. 2016-531 du 27 avril 2016, JO 30) « 3° Le directeur régional des services pénitentiaires » ;

4° Des élus, représentants des collectivités territoriales et de leurs groupements, dont un membre du (D. 2013-938 du 18 oct. 2013, art. 1er, JO 20) « conseil départemental », élu par ce conseil, un membre du conseil régional, élu par ce conseil, et des élus, représentants de communes et d'établissements publics de coopération intercommunale du département, sur proposition de l'association départementale des maires. En cas de pluralité d'associations, ces représentants sont désignés par accord des présidents d'associations des maires du département ou, à défaut d'accord, par le préfet ;

5° Un représentant de (D. 2014-524 du 22 mai 2014, art. 16, JO 24) « Pôle emploi » ;

6° Des représentants du secteur de l'insertion par l'activité économique ;

7° Des représentants des organisations professionnelles et interprofessionnelles d'employeurs ;

8° Des représentants des organisations syndicales représentatives des salariés, désignés par leurs confédérations respectives.

Art. R. 5112-18. Le conseil départemental de l'insertion par l'activité économique a pour missions :

1° D'émettre les avis relatifs aux demandes de conventionnement des employeurs mentionnés à l'article L. 5132-2 et aux demandes de concours du fonds départemental pour l'insertion prévu à l'article R. 5132-44 ;

2° De déterminer la nature des actions à mener en vue de promouvoir les actions d'insertion par l'activité économique. À cette fin, il élabore un plan d'action pour l'insertion par l'activité économique et veille à sa cohérence avec les autres dispositifs concourant à l'insertion, notamment le programme départemental d'insertion mentionné (D. 2018-953 du 31 oct. 2018, art. 6, 1°, JO 6 nov.) « à l'article L. 263-1 du code de l'action sociale et des familles » et les plans locaux pluriannuels pour l'insertion et l'emploi mentionnés à l'article L. 5131-2 du présent code.

SECTION 3 (RÉGLEMENTAIRE). Conseil régional de l'emploi

Note Les articles R. 5112-19 à 22 qui figuraient dans cette section ont été abrogés par le décret 2014-1055 du 16 septembre 2014, JO 18.

SECTION 4 (RÉGLEMENTAIRE). Demandes d'informations relatives à certains dispositifs d'aides à l'emploi

Note Cette section a été introduite par le décret 2009-1696 du 29 décembre 2009, JO 31, entrée en vigueur le 01.01.2010.

Art. R. 5112-23. Le préfet se prononce de façon motivée sur toute demande d'un employeur ayant pour objet de connaître l'application à sa situation de dispositions relatives aux dispositifs en faveur de l'emploi énumérés à l'article D. 5112-24.

Art. D. 5112-24. Les dispositifs en faveur de l'emploi auxquels s'appliquent les dispositions de l'article R. 5112-23 sont ceux qui sont définis aux articles L. 5121-3 à L. 5124-1, L. 5132-1 à L. 5132-17 et L. 5134-100 à L. 5134-109.

TITRE II

MAINTIEN ET SAUVEGARDE DE L'EMPLOI

Chapitre Ier

Aides à l'adaptation des salariés aux évolutions de l'emploi et des compétences et à la gestion des âges

SECTION 1. Aide au développement de l'emploi et des compétences

Art. L. 5121-1. L'État peut apporter une aide technique et financière à des organisations professionnelles de branche ou à des organisations interprofessionnelles par le moyen de conventions, dénommées «engagements de développement de l'emploi et des compétences», qui ont pour objet d'anticiper et d'accompagner l'évolution des emplois et des qualifications des actifs occupés.

Ces engagements sont annuels ou pluriannuels.

Art. L. 5121-2. Un décret détermine les modalités d'application de la présente section.

Art. D. 5121-1. Les conventions d'aide au développement de l'emploi et des compétences mentionnées à l'article L. 5121-1 déterminent en particulier:

1° Le champ de l'accord: branches professionnelles ou territoires;

2° L'objet de l'accord: étude prospective, diagnostic sectoriel ou territorial, actions de développement des compétences;

3° La durée d'application de l'accord;

4° Les objectifs à atteindre au terme de l'exécution de l'accord au regard, notamment, de la prévention des risques d'inadaptation à l'emploi et du maintien dans l'emploi des salariés en seconde partie de carrière;

5° Les moyens techniques et financiers de mise en œuvre;

6° Les modalités de suivi et de contrôle en cours d'exécution et au terme de l'engagement.

Art. D. 5121-2. Les conventions conclues au niveau national sont soumises à l'avis (D. 2018-1262 du 26 déc. 2018, art. 1er, III, JO 28, entrée en vigueur le 01.01.2019) «de la Commission nationale de la négociation collective, de l'emploi et de la formation professionnelle» et signées par le ministre chargé de l'emploi.

Les conventions conclues aux niveaux régional et local sont soumises à l'avis du (D. 2014-1055 du 16 sept. 2014, JO 18) «comité régional de l'emploi, de la formation [et] de l'orientation professionnelles» et signées par le préfet de région.

Art. D. 5121-3. Ces conventions précisent notamment les modalités de participation des organisations syndicales de salariés préalablement consultées en vue de leur élaboration au suivi et à l'évaluation des opérations prévues par ces conventions.

SECTION 2. Aide à l'élaboration d'un plan de gestion prévisionnelle des emplois et des compétences

Art. L. 5121-3. Les entreprises qui souhaitent élaborer un plan de gestion prévisionnelle des emplois et des compétences, peuvent bénéficier d'un dispositif d'appui à la conception de ce plan. Ce dispositif ouvre droit à une prise en charge financière par l'État.

Un décret détermine l'effectif maximal des entreprises éligibles et les conditions de prise en charge par l'État.

Art. D. 5121-4. Le plan de gestion prévisionnelle des emplois et des compétences prévu à l'article L. 5121-3 comprend, notamment, des actions de formation destinées à assurer l'adaptation des salariés à l'évolution de leurs emplois ou des actions favorisant l'égalité professionnelle entre les femmes et les hommes, en particulier grâce à des mesures améliorant l'articulation entre l'activité professionnelle et la vie personnelle et familiale.

Art. D. 5121-5. L'État prend en charge une partie des frais liés aux études préalables à la conception du plan de gestion prévisionnelle des emplois et des compétences.

Art. D. 5121-6. L'État peut prendre en charge, dans la limite de 50 %, les coûts supportés par les entreprises pour la conception et l'élaboration d'un plan de gestion prévisionnelle des emplois et des compétences dans le cadre de conventions dénommées « conventions d'aide au conseil ».

Art. D. 5121-7. Dans le cadre d'une convention conclue avec une seule entreprise, dont l'effectif ne peut excéder trois cents salariés, la participation financière de l'État est au maximum de 15 000 €. Cette convention est signée par le préfet.

Dans le cadre d'une convention conclue avec plusieurs entreprises, la participation financière de l'État est, au maximum, de 12 500 € par entreprise. Elle est conclue par le préfet de région lorsque les sièges sociaux des entreprises signataires sont situés dans plusieurs départements compris dans une même région.

Art. D. 5121-8. L'entreprise précise dans sa demande, adressée à l'autorité administrative compétente, les motifs de sa démarche de gestion prévisionnelle au regard, notamment :

1° De son organisation du travail ;

2° De l'évolution des compétences des salariés et du maintien de leur emploi ;

3° De sa gestion des âges ;

4° Du développement du dialogue social ;

5° De la prise en compte du principe d'égalité professionnelle entre les femmes et les hommes ;

6° Des perspectives d'amélioration de l'articulation entre l'activité professionnelle et la vie personnelle et familiale de ses salariés ;

7° De la promotion de la diversité.

Art. D. 5121-9. Le (D. 2017-1819 du 29 déc. 2017, art. 3, 2°, JO 30, entrée en vigueur le 01.01.2018) « comité social et économique est consulté » sur la conclusion de cette convention avec l'État. Ils sont consultés sur le contenu et les modalités de mise en œuvre du plan de gestion prévisionnelle des emplois et des compétences.

Art. D. 5121-10. L'État peut conclure avec des organismes professionnels ou interprofessionnels ou tout organisme représentant ou animant un réseau d'entreprises des conventions ayant pour objet de préparer les entreprises aux enjeux de la gestion prévisionnelle des emplois et des compétences.

Art. D. 5121-11. (D. 2020-88 du 5 févr. 2020, art. 1er, 27°, JO 6) Les conventions mentionnées à l'article D. 5121-10 sont signées par le préfet de région ou les préfets de département lorsqu'elles concernent, respectivement, des entreprises de la région ou du département.

Art. D. 5121-12. Ces conventions peuvent prévoir :

1° D'une part, des actions d'information, de communication et d'animation ;

2° D'autre part, des actions de capitalisation, d'évaluation et de diffusion de bonnes pratiques.

Art. D. 5121-13. L'État peut prendre en charge jusqu'à 70 % du coût global des actions, en prenant en compte le nombre des entreprises visées, leurs effectifs et l'intérêt des actions envisagées.

SECTION 3. Aide aux actions de formation pour l'adaptation des salariés

Art. L. 5121-4. Afin de favoriser l'adaptation des salariés aux évolutions de l'emploi dans l'entreprise, notamment de ceux qui présentent des caractéristiques sociales les exposant plus particulièrement aux conséquences des mutations économiques, des accords d'entreprise ouvrant droit à une aide de l'État, conclus dans le cadre d'une convention de branche ou d'un accord professionnel sur l'emploi national, régional ou local, peuvent prévoir la réalisation d'actions de formation de longue durée.

Ces accords peuvent étendre le bénéfice de ces actions aux salariés dont l'entreprise envisage le reclassement externe, à condition que ce reclassement soit expressément accepté par le salarié et intervienne par contrat à durée indéterminée ou dans les conditions prévues pour l'emploi des salariés du secteur public ou des collectivités territoriales.

Art. L. 5121-5. Les entreprises dépourvues de représentants syndicaux bénéficient de l'aide de l'État lorsqu'elles appliquent une convention de branche ou un accord professionnel sur l'emploi qui en prévoit la possibilité et en détermine les modalités d'application directe.

L'aide est attribuée après avis du (Ord. 2017-1386 du 22 sept. 2017, art. 4, 33°, JO 23, entrée en vigueur au plus tard le 01.01.2018) «comité social et économique, s'il existe».

Sous-section 1 (réglementaire). Agrément

§ 1. Dispositions communes

Note Les articles R. 5121-14 à 18 qui figuraient dans ce paragraphe ont été abrogés par le décret 2020-88 du 5 février 2020, art. 1er, 28°, JO 6.

§ 2. Entreprises dépourvues de représentants syndicaux

Note Les articles R. 5121-19 à 22 qui figuraient dans ce paragraphe ont été abrogés par le décret 2020-88 du 5 février 2020, art. 1er, 28°, JO 6.

Sous-section 2 (réglementaire). Calcul de l'aide

Art. R. 5121-23. L'aide de l'État aux actions de formation pour l'adaptation des salariés, est calculée forfaitairement par salarié, en fonction de la durée de la formation.

Ce montant est majoré lorsque la formation est organisée au bénéfice de salariés âgés de quarante-cinq ans et plus.

Art. R. 5121-24. L'aide de l'État est attribuée sous les conditions suivantes :

1° Les actions de formation ont une durée minimale de cinq cents heures ;

2° Les actions concernent des salariés justifiant d'une ancienneté de deux ans dans l'entreprise.

Art. R. 5121-25. Les modalités de calcul de l'aide de l'État sont fixées par arrêté conjoint des ministres chargés de l'emploi et du budget.

SECTION 4. Contrat de génération

Note Les dispositions législatives de cette section ont été abrogées par l'ordonnance 2017-1387 du 22 septembre 2017, art. 9, II, JO 23; les dispositions réglementaires l'ont été par les décrets 2017-1646 et 2017-1647 du 30 novembre 2017, JO 2 déc.

Les entreprises ayant conclu un contrat avec un jeune dans les conditions prévues à cette section avant le 23 septembre 2017, et ayant déposé leur demande dans un délai de trois mois suivant le premier jour d'exécution du contrat de travail, bénéficient de l'aide prévue aux anciens articles L. 5121-17 à L. 5121-21 dans les conditions prévues aux anciens articles R. 5121-26, R. 5121-28 à R. 5121-38, R. 5121-40, R. 5121-41, R. 5121-43 et R. 5121-45 à R. 5121-55 (décret 2017-1646 précité, art. 2 et ordonnance 2017-1718 du 20 décembre 2017, art. 3, VI, JO 21).

SECTION 5. Dispositions d'application

Art. L. 5121-22. Sauf dispositions contraires, un décret en Conseil d'État détermine les conditions d'application du présent chapitre.

Chapitre II

Aide aux salariés placés en activité partielle

Art. L. 5122-1. (L. 2009-1437 du 24 nov. 2009, art. 19, JO 25) (L. 2013-504 du 14 juin 2013, art. 16, III, JO 16) « I. – » Les salariés sont placés en position (L. 2013-504 du 14 juin 2013, art. 16, III, JO 16) « d'activité partielle, après autorisation expresse ou implicite de l'autorité administrative, » s'ils subissent une perte de (L. 2013-504 du 14 juin 2013, art. 16, III, JO 16) « rémunération » imputable :

- soit à la fermeture temporaire de leur établissement ou partie d'établissement ;
- soit à la réduction de l'horaire de travail pratiqué dans l'établissement ou partie d'établissement en deçà de la durée légale de travail.

(L. 2013-504 du 14 juin 2013, art. 16, III, JO 16) « En cas de réduction collective de l'horaire de travail, les salariés peuvent être placés en position d'activité partielle individuellement et alternativement. »

(L. 2013-504 du 14 juin 2013, art. 16, III, JO 16) « II. – Les salariés reçoivent une indemnité horaire, versée par leur employeur, correspondant à une part de leur rémunération antérieure dont le pourcentage est fixé par décret en Conseil d'État. L'employeur perçoit une allocation financée conjointement par l'État et l'organisme gestionnaire du régime d'assurance chômage. Une convention conclue entre l'État et cet organisme détermine les modalités de financement de cette allocation.

Le contrat de travail des salariés placés en activité partielle est suspendu pendant les périodes où ils ne sont pas en activité.

III. – L'autorité administrative peut définir des engagements spécifiquement souscrits par l'employeur en contrepartie de l'allocation qui lui est versée, en tenant compte des stipulations de l'accord collectif d'entreprise relatif à l'activité partielle, lorsqu'un tel accord existe. Un décret en Conseil d'État fixe les modalités selon lesquelles sont souscrits ces engagements. »

(L. 2018-1317 du 28 déc. 2018, art. 272, I, 1°, JO 30) « IV. – Sont prescrites, au profit de l'État et de l'organisme gestionnaire de l'assurance chômage, les créances constituées au titre de l'allocation mentionnée au II pour lesquelles l'employeur n'a pas déposé de demande de versement auprès de l'autorité administrative dans un délai d'un an à compter du terme de la période couverte par l'autorisation de recours à l'activité partielle. »

Art. R. 5122-1. (D. 2012-1271 du 19 nov. 2012, JO 21) « L'employeur peut placer ses salariés en position (D. 2013-551 du 26 juin 2013, art. 1er, JO 28) « d'activité partielle » lorsque l'entreprise est contrainte de réduire ou de suspendre temporairement son activité pour l'un des motifs suivants : »

1° La conjoncture économique ;
2° Des difficultés d'approvisionnement en matières premières ou en énergie ;
3° Un sinistre ou des intempéries de caractère exceptionnel ;
4° La transformation, restructuration ou modernisation de l'entreprise ;
5° Toute autre circonstance de caractère exceptionnel.

Art. R. 5122-2. (D. 2013-551 du 26 juin 2013, art. 4, JO 28) L'employeur adresse au préfet du département où est implanté l'établissement concerné une demande préalable d'autorisation d'activité partielle.

La demande précise :

1° Les motifs justifiant le recours à l'activité partielle ;
2° La période prévisible de sous-activité ;
3° Le nombre de salariés concernés.

(D. 2020-794 du 26 juin 2020, JO 28) « Elle est accompagnée, lorsque l'entreprise compte au moins cinquante salariés, de l'avis rendu préalablement par le comité social et économique en application de l'article L. 2312-8. » (D. 2020-325 du 25 mars 2020, JO 26) « Par dérogation, dans les cas prévus au 3° ou au 5° de l'article R. 5122-1, cet avis peut être recueilli postérieurement à la demande mentionnée au premier alinéa, et transmis dans un délai d'au plus deux mois à compter de cette demande. »

Lorsque la demande s'effectue sur le fondement du II de l'article R. 5122-9, elle mentionne les engagements que l'employeur propose de souscrire.

La demande d'autorisation est adressée par voie dématérialisée (D. 2014-740 du 30 juin 2014, JO 1er juil.) « dans les conditions fixées par l'article R. 5122-26 ».

Art. R. 5122-3. (D. 2020-325 du 25 mars 2020, JO 26) Par dérogation à l'article R. 5122-2, l'employeur dispose d'un délai de trente jours à compter du placement des salariés en activité partielle pour adresser sa demande par tout moyen donnant date certaine à sa réception :

1° En cas de suspension d'activité due à un sinistre ou à des intempéries prévues au 3° de l'article R. 5122-1 ;

2° En cas de circonstance de caractère exceptionnel prévue au 5° de l'article R. 5122-1.

Art. R. 5122-4. (D. 2012-1271 du 19 nov. 2012, JO 21) La décision d' (D. 2013-551 du 26 juin 2013, art. 6, JO 28) « autorisation » ou de refus (D. 2014-740 du 30 juin 2014, JO 1er juil.) « , signée par le préfet, » est notifiée à l'employeur dans un délai de quinze jours à compter de la date de réception de la demande d'autorisation.

(D. 2014-740 du 30 juin 2014, JO 1er juil.) « La décision d'autorisation précise notamment les coordonnées bancaires de l'employeur. »

L'absence de décision dans un délai de quinze jours vaut acceptation implicite de la demande.

La décision de refus est motivée.

(D. 2013-551 du 26 juin 2013, art. 6, JO 28) « La décision du préfet est notifiée par voie dématérialisée à l'employeur. Celui-ci en informe le (D. 2017-1819 du 29 déc. 2017, art. 3, 28°, JO 30, entrée en vigueur le 01.01.2018) « comité social et économique ». »

Art. R. 5122-5. (D. 2013-551 du 26 juin 2013, art. 7, JO 28) En cas de décision d'autorisation expresse ou tacite prévue à l'article R. 5122-4, l'employeur peut adresser à l'Agence de services et de paiement une demande d'indemnisation au titre de l'allocation d'activité partielle prévue à l'article L. 5122-1.

Cette demande comporte :

1° Des informations relatives à l'identité de l'employeur ;

2° La liste nominative des salariés concernés ainsi que le numéro d'inscription au répertoire national d'identification des personnes physiques ;

3° Les états nominatifs précisant notamment le nombre d'heures chômées par salarié.

Pour les établissements appliquant un accord d'aménagement du temps de travail sur une période supérieure à la semaine et inférieure à l'année, l'employeur y joint, dans le cas où il ne souhaite pas un remboursement à la fin de la période, une demande de remboursement mensuel.

La demande est adressée par voie dématérialisée (D. 2014-740 du 30 juin 2014, JO 1er juil.) « à l'Agence de services et de paiement qui se charge d'en assurer la conservation selon des modalités garantissant l'intégrité des informations reçues ».

Après vérification, l'Agence de services et de paiement liquide l'allocation d'activité partielle selon les modalités fixées aux articles R. 5122-14 à R. 5122-17.

Art. R. 5122-6. L'allocation (D. 2013-551 du 26 juin 2013, art. 8, JO 28) « d'activité partielle » est attribuée dans la limite d'un contingent annuel d'heures indemnisables fixé, en tenant compte de la situation économique, par arrêté du ministre chargé de l'emploi.

Cette limite ne peut être dépassée que dans des cas exceptionnels résultant de la situation particulière de l'entreprise, sur décision conjointe des ministres chargés de l'emploi et du budget.

Art. R. 5122-7. Au sein du contingent annuel d'heures indemnisables, l'arrêté du ministre chargé de l'emploi fixe le nombre d'heures pouvant être indemnisées en cas (D. 2020-325 du 25 mars 2020, JO 26) « d'activité partielle justifiée par l'un des motifs prévus au 4° de l'article R. 5122-1 ».

Cette limite ne peut être dépassée que dans des cas exceptionnels résultant de la situation particulière de l'entreprise, sur décision conjointe du préfet (D. 2013-551 du 26 juin 2013, art. 9, JO 28) « de département et du directeur départemental des finances publiques ».

Art. R. 5122-8. (D. 2020-325 du 25 mars 2020, JO 26) Ne peuvent bénéficier de l'allocation et de l'indemnité d'activité partielle les employeurs et leurs salariés quand la réduction ou la suspension de l'activité est provoquée par un différend collectif de travail intéressant l'établissement dans lequel ces salariés sont employés. Toutefois, dans le cas d'une fermeture de l'entreprise ou d'un service décidée par l'employeur suite à une grève, le versement des allocations et des indemnités peut être autorisé par décision du ministre chargé de l'emploi, si la fermeture se prolonge plus de trois jours.

Art. R. 5122-9. (D. 2013-551 du 26 juin 2013, art. 11, JO 28) I. – Une autorisation d'activité partielle peut être accordée pour une durée maximum de (D. 2020-325 du 25 mars 2020, JO 26) « douze mois ». Elle peut être renouvelée dans les conditions fixées au II.

II. – Lorsque l'employeur a, préalablement à sa demande, déjà placé ses salariés en activité partielle au cours des trente-six mois précédant la date de dépôt de la demande d'autorisation, celle-ci mentionne les engagements souscrits par l'employeur.

Ces engagements peuvent notamment porter sur :

1° Le maintien dans l'emploi des salariés pendant une durée pouvant atteindre le double de la période d'autorisation ;

2° Des actions spécifiques de formation pour les salariés placés en activité partielle ;

3° Des actions en matière de gestion prévisionnelle des emplois et des compétences ;

4° Des actions visant à rétablir la situation économique de l'entreprise.

L'autorité administrative fixe ces engagements en tenant compte de la situation de l'entreprise, d'un éventuel accord collectif sur les conditions du recours à l'activité partielle ou, à défaut, des propositions figurant dans la demande d'autorisation ainsi que de la récurrence du recours à l'activité partielle dans l'établissement.

III. – Les engagements sont notifiés dans la décision d'autorisation.

IV. – L'autorité administrative s'assure du respect des engagements souscrits par l'employeur.

Art. R. 5122-10. (D. 2013-551 du 26 juin 2013, art. 12, JO 28) (D. 2020-794 du 26 juin 2020, JO 28) « L'autorité administrative demande à l'employeur le remboursement à l'Agence de service et de paiement, dans un délai ne pouvant être inférieur à trente jours, des sommes versées au titre de l'allocation d'activité partielle en cas de trop perçu ou en cas de non-respect par l'entreprise, sans motif légitime, des engagements mentionnés au II de l'article R 5122-9. »

Le remboursement peut ne pas être exigé s'il est incompatible avec la situation économique et financière de l'entreprise.

Art. R. 5122-11. (D. 2013-551 du 26 juin 2013, art. 13, JO 28) Les heures non travaillées au titre de l'activité partielle font l'objet du versement de l'allocation dans la limite de la durée légale ou, lorsqu'elle est inférieure, la durée collective du travail ou la durée stipulée au contrat sur la période considérée. Au-delà de la durée légale ou, lorsqu'elle est inférieure, la durée collective du travail ou la durée stipulée au contrat sur la période considérée, les heures non travaillées au titre de l'activité partielle sont considérées comme chômées mais n'ouvrent pas droit au versement par l'État à l'employeur de l'allocation d'activité partielle et au versement par l'employeur au salarié de l'indemnité prévues à l'article L. 5122-1.

La totalité des heures chômées est prise en compte pour le calcul de l'acquisition des droits à congés payés. Elle est également prise en compte pour la répartition de la participation et de l'intéressement lorsque cette répartition est proportionnelle à la durée de présence du salarié. Lorsque cette répartition est proportionnelle au salaire, les salaires à prendre en compte sont ceux qu'aurait perçus le salarié s'il n'avait pas été placé en activité partielle.

Art. R. 5122-12. (D. 2020-325 du 25 mars 2020, JO 26) Le taux horaire de l'allocation d'activité partielle versée à l'employeur correspond, pour chaque salarié autorisé à être placé en activité partielle, à un pourcentage de la rémunération horaire antérieure brute calculée dans les conditions du II de l'article L. 3141-24 et du premier alinéa de l'article R. 5122-18. Un décret détermine ce pourcentage, ainsi que le minimum de ce taux horaire et la rémunération maximale prise en compte pour le calcul de l'allocation.

Art. D. 5122-13. (D. 2020-325 du 25 mars 2020, JO 26) Le taux horaire de l'allocation d'activité partielle est égal pour chaque salarié concerné à 70 % de la rémunération horaire brute telle que calculée à l'article R. 5122-12, limitée à 4,5 fois le taux horaire du salaire minimum interprofessionnel de croissance.

Ce taux horaire ne peut être inférieur à 8,03 euros. Ce minimum n'est pas applicable dans les cas mentionnés au troisième alinéa de l'article R. 5122-18.

Art. R. 5122-14. (D. 2013-551 du 26 juin 2013, art. 16, JO 28) L'allocation d'activité partielle est liquidée mensuellement par l'Agence de services et de paiement pour le compte de l'État et de l'organisme gestionnaire du régime d'assurance chômage.

Les indemnités mentionnées au II de l'article L. 5122-1 sont versées aux salariés à la date normale de paie par l'employeur.

Art. R. 5122-16. En cas de procédure de sauvegarde ou de redressement ou de liquidation judiciaire, ou de difficultés financières de l'employeur, le préfet, ou sur délégation (D. 2009-1377 du 10 nov. 2009, JO 13; D. 2010-687 du 24 juin 2010, JO 25; voir D. 2010-1582 du 17 déc. 2010, JO 18, pour outre-mer) « le directeur régional des entreprises, de la concurrence, de la consommation, du travail et de l'emploi », peut faire procéder (D. 2020-794 du 26 juin 2020, JO 28) « au paiement de l'allocation d'activité partielle par l'Agence de services et de paiement :

1° Soit directement aux salariés ;

2° Soit, le cas échéant, au mandataire judiciaire chargé du versement des indemnités aux salariés ou à l'association mentionnée à l'article L. 3253-14 lorsque cette dernière assure le versement des indemnités au mandataire judiciaire. »

La procédure de paiement direct (D. 2013-551 du 26 juin 2013, art. 17, JO 28) « par l'Agence de services et de paiement » de l'allocation aux salariés peut également être employée pour assurer, sous le contrôle des services de l'emploi, l'indemnisation des travailleurs à domicile habituellement employés par plusieurs employeurs.

(D. 2020-794 du 26 juin 2020, JO 28) « Dans les cas mentionnés au premier alinéa, l'allocation d'activité partielle peut, sur décision de l'autorité administrative, être liquidée par l'Agence de services et de paiement avant l'échéance du mois, lorsque l'entreprise est dans l'impossibilité d'assurer le paiement mensuel des indemnités d'activité partielle aux salariés. »

Art. R. 5122-17. (D. 2020-325 du 25 mars 2020, JO 26) Dans les cas prévus à l'article R. 5122-16, un document comportant les mentions prévues au 16° de l'article R. 3243-1 est remis au salarié par l'Agence de services et de paiement.

Art. R. 5122-18. (D. 2013-551 du 26 juin 2013, art. 19, JO 28) Le salarié placé en activité partielle reçoit une indemnité horaire, versée par son employeur, correspondant à 70 % de sa rémunération brute servant d'assiette de l'indemnité de congés payés telle que prévue au II de l'article (D. 2016-1551 du 18 nov. 2016, art. 6, V, 21°, JO 19, entrée en vigueur le 01.01.2017) « L. 3141-24 » ramenée à un montant horaire sur la base de la durée légale du travail applicable dans l'entreprise ou, lorsqu'elle est inférieure, la durée collective du travail ou la durée stipulée au contrat de travail.

Pendant les actions de formation mentionnées à l'article L. 5122-2 mises en œuvre pendant les heures chômées, cette indemnité horaire est portée à 100 % de la rémunération nette antérieure du salarié.

Pour les salariés en contrat d'apprentissage ou de professionnalisation, l'allocation mentionnée à l'article L. 5122-1 ne peut être supérieure au montant de l'indemnité horaire due par l'employeur.

Art. R. 5122-19. (D. 2013-551 du 26 juin 2013, art. 20, JO 28) Le nombre d'heures pouvant justifier de l'attribution de l'allocation d'activité partielle correspond à la différence entre la durée légale du travail sur la période considérée ou, lorsqu'elle est inférieure, la durée collective du travail ou la durée stipulée au contrat, et le nombre d'heures travaillées sur ladite période.

Lorsque la durée du travail du salarié est fixée par forfait en heures ou en jours sur l'année, en application des articles (D. 2016-1551 du 18 nov. 2016, art. 6, V, 22°, JO 19, entrée en vigueur le 01.01.2017) « L. 3121-56 et L. 3121-58 », est prise en compte la durée légale correspondant aux jours de fermeture de l'établissement (D. 2020-325 du 25 mars 2020, JO 26) « ou aux jours de réduction de l'horaire de travail pratiquée dans l'établissement, à due proportion de cette réduction ».

Lorsque le salarié est employé dans le cadre d'un régime d'équivalence tel que prévu (D. 2016-1551 du 18 nov. 2016, art. 6, V, 22°, JO 19, entrée en vigueur le 01.01.2017) « aux articles L. 3121-13 à L. 3121-15 », est déduit de la durée légale mentionnée au premier alinéa le nombre d'heures rémunérées sur la période considérée.

Pour l'application du présent article, la durée légale du travail et la durée stipulée au contrat sont définies sur la période considérée en tenant compte du nombre de mois entiers, du nombre de semaines entières et du nombre de jours ouvrés.

Art. R. 5122-20. (D. 2014-740 du 30 juin 2014, JO 1er juil.) L'Agence de services et de paiement est autorisée à mettre en œuvre un traitement automatisé des données à caractère personnel contenues dans les demandes préalables d'autorisation de placement en position d'activité partielle et les demandes d'indemnisation en application des articles R. 5122-2 et R. 5122-5.

Le traitement automatisé a pour finalité :

1° La gestion, le contrôle et le suivi des demandes préalables d'autorisation de placement en position d'activité partielle de salariés et des demandes d'indemnisation ;

2° Le calcul et le paiement de l'allocation d'activité partielle versée à l'établissement ou au salarié en cas de paiement direct selon les modalités prévues à l'article R. 5122-16 ;
3° L'élaboration de données statistiques et financières anonymisées.

Art. R. 5122-21. (D. 2014-740 du 30 juin 2014, JO 1er juil.) Les catégories de données à caractère personnel enregistrées sont les suivantes :
1° En cas de paiement de l'allocation de l'activité partielle à l'établissement (D. 2020-794 du 26 juin 2020, JO 28) « , au mandataire judiciaire ou à l'association mentionnée à l'article L. 3253-14 » :
a) Les identifiants de connexion ;
b) Le nom d'usage et le prénom des salariés ;
c) Le numéro d'inscription au répertoire national d'identification des personnes physiques ;
d) La catégorie socioprofessionnelle ;
e) Les coordonnées bancaires de l'établissement (D. 2020-794 du 26 juin 2020, JO 28) « , du mandataire judiciaire ou de l'association mentionnée à l'article L. 3253-14 » ;
f) Le mode d'aménagement du temps de travail de chaque salarié, le nombre d'heures chômées et celles ouvrant droit à indemnisation sur la période considérée, dans les conditions prévues à l'article R. 5122-11 ;
(D. 2020-325 du 25 mars 2020, JO 26) « *g)* Les données inscrites dans le bulletin de paie mentionnées aux 4° à 7°, 10° à 12° ainsi qu'aux 14° et 16° de l'article R. 3243-1. »
2° En cas de paiement direct aux salariés de l'allocation d'activité partielle dans le cadre des articles R. 5122-16 et R. 5122-17 :
a) Les identifiants de connexion ;
b) Les nom d'usage, nom de famille, prénom, civilité, date de naissance, commune de naissance, code INSEE de la commune de naissance des salariés ;
c) Le numéro d'inscription au répertoire national d'identification des personnes physiques ;
d) L'adresse des salariés, le code postal et la commune ;
e) Les coordonnées bancaires des salariés ;
f) Le mode d'aménagement du temps de travail de chaque salarié, le nombre d'heures chômées et celles ouvrant droit à indemnisation sur la période considérée, dans les conditions prévues à l'article R. 5122-11 ;
(D. 2020-325 du 25 mars 2020, JO 26) « *g)* Les données inscrites dans le bulletin de paie mentionnées aux 4° à 7°, 10° à 12° ainsi qu'aux 14° et 16° de l'article R. 3243-1. »

Art. R. 5122-22. (D. 2014-740 du 30 juin 2014, JO 1er juil.) À l'exception du numéro d'inscription au répertoire national d'identification des personnes physiques, sont destinataires des données du traitement pour les nécessités liées aux seules finalités mentionnées aux 1°, 2° et 3° de l'article R. 5122-20, les agents des administrations et organismes mentionnés ci-après, désignés et habilités par l'autorité responsable de ces administrations et organismes :
1° La délégation générale à l'emploi et à la formation professionnelle ;
2° L'organisme gestionnaire du régime d'assurance chômage ;
3° Les services déconcentrés du ministère chargé de l'emploi.

Art. R. 5122-23. (D. 2014-740 du 30 juin 2014, JO 1er juil.) Les agents des services statistiques du ministère chargé de l'emploi désignés et habilités par l'autorité responsable de ces services sont destinataires des données, à l'exception du nom de famille et, le cas échéant, du nom d'usage, ainsi que du numéro d'inscription au répertoire national d'identification des personnes physiques, pour les nécessités liées à la seule finalité mentionnée au 3° de l'article R. 5122-20.

Art. R. 5122-24. (D. 2014-740 du 30 juin 2014, JO 1er juil.) Les données à caractère personnel ne peuvent être conservées au-delà de cinq ans. Toutefois, en cas de contentieux relatif à une demande d'indemnisation, les données correspondantes sont conservées jusqu'au règlement définitif de l'affaire.
L'enregistrement, l'utilisation, la conservation et la transmission de ces données sont réalisés selon des modalités propres à garantir leur confidentialité.

Art. R. 5122-25. (D. 2014-740 du 30 juin 2014, JO 1er juil.) Les droits d'accès et de rectification prévus aux articles 39 et 40 de la loi n° 78-17 du 6 janvier 1978 relative à l'informatique, aux fichiers et aux libertés s'exercent auprès de l'Agence de services et de paiement.

Art. R. 5122-26. (D. 2014-740 du 30 juin 2014, JO 1er juil.) I. – La demande d'autorisation mentionnée à l'article R. 5122-2 adressée par voie dématérialisée est établie sur un site accessible en ligne, par l'intermédiaire du réseau internet, offrant les fonctionnalités nécessaires à la dématérialisation des échanges d'information entre l'employeur et le préfet de manière sécurisée et confidentielle.

Les conditions générales d'utilisation de ce site précisent notamment les règles relatives à l'identification de l'auteur de la demande d'autorisation, à l'intégrité, à la lisibilité et à la fiabilité de la transmission, à sa date et à son heure, à l'assurance de sa réception ainsi qu'à sa conservation.

Pour adhérer à ces conditions générales d'utilisation, l'employeur fournit les informations nécessaires à son identification ainsi que le nom de la personne physique, dûment habilitée, chargée de procéder à la demande d'autorisation et une adresse électronique, afin que puissent lui être communiquées les informations permettant d'authentifier l'auteur de la demande d'autorisation.

L'adhésion par l'employeur donne lieu à la délivrance d'un récépissé électronique établi dans des conditions de nature à permettre sa conservation garantissant son intégrité sur la durée.

Cette adhésion lui ouvre l'accès au dépôt de sa demande dématérialisée d'activité partielle.

II. – La demande d'autorisation, qui comporte notamment les coordonnées bancaires du compte sur lequel sera payée l'allocation mentionnée à l'article L. 5122-1, donne lieu à la délivrance d'un récépissé électronique de dépôt établi dans des conditions de nature à permettre sa conservation garantissant son intégrité sur la durée. Ce récépissé récapitule notamment les informations relatives à l'identification de l'auteur de la demande, la date et l'heure de la réception de celle-ci et le délai au terme duquel l'absence de décision vaut acceptation implicite de la demande d'autorisation.

La transmission de ce récépissé est assurée de manière sécurisée.

Art. L. 5122-2. (L. 2013-504 du 14 juin 2013, art. 16, IV, JO 16) Les salariés placés en activité partielle peuvent bénéficier, pendant les périodes où ils ne sont pas en activité, de l'ensemble des actions et de la formation mentionnées aux articles L. 6313-1 et L. 6314-1 réalisées notamment dans le cadre du plan de formation.

Dans ce cas, le pourcentage mentionné au II de l'article L. 5122-1 est majoré dans des conditions prévues par décret en Conseil d'État.

Art. L. 5122-4. Le régime social et fiscal applicable aux contributions mentionnées à l'article L. 5422-10 est applicable (L. 2013-504 du 14 juin 2013, art. 16, VI, JO 16) «à l'indemnité versée au salarié».

(L. 2013-504 du 14 juin 2013, art. 16, VI, JO 16) «Cette indemnité est cessible et saisissable dans les mêmes conditions et limites que les salaires.»

Art. L. 5122-5. Un décret en Conseil d'État détermine les autres conditions d'application du présent chapitre.

Chapitre III

Aides aux actions de reclassement et de reconversion professionnelle

Art. L. 5123-1. Dans les territoires ou à l'égard des professions atteints ou menacés d'un grave déséquilibre de l'emploi, l'autorité administrative engage des actions de reclassement, de placement et de reconversion professionnelle. Elle en assure ou coordonne l'exécution.

Les maisons de l'emploi prévues à l'article L. 5313-1 participent à la mise en œuvre des actions de reclassement prévues au présent chapitre.

Art. L. 5123-2. Dans les cas prévus à l'article L. 5123-1, peuvent être attribuées par voie de conventions conclues entre l'État et les organismes professionnels ou interprofessionnels, les organisations syndicales ou avec les entreprises:

1° Des allocations temporaires dégressives en faveur des travailleurs qui ne peuvent bénéficier d'un stage de formation et ne peuvent être temporairement occupés que dans des emplois entraînant un déclassement professionnel;

2° (Abrogé);

3° Des allocations de conversion en faveur des salariés auxquels est accordé un congé en vue de bénéficier d'actions destinées à favoriser leur reclassement et dont le contrat de travail est, à cet effet, temporairement suspendu;

4° Des allocations en faveur des salariés dont l'emploi à temps plein est transformé, avec leur accord, en emploi à temps partiel dans le cadre d'une convention d'aide au passage à temps partiel conclue en vue d'éviter des licenciements économiques. Le montant des ressources nettes garanties des salariés adhérents à ces conventions ne pourra dépasser 90 % de leur rémunération nette antérieure.

Art. L. 5123-3. L'autorité administrative peut accorder des aides individuelles au reclassement en faveur de certaines catégories de travailleurs sans emploi reprenant un emploi à temps partiel.

Art. L. 5123-4. Les allocations versées en application du présent chapitre sont cessibles et saisissables dans les mêmes conditions et limites que les salaires.

Art. L. 5123-5. Les contributions des employeurs aux allocations prévues par le présent chapitre ne sont passibles ni de la taxe sur les salaires, ni des cotisations (Ord. 2018-474 du 12 juin 2018, art. 6, 4°, JO 13) «et des contributions» de sécurité sociale.

Art. L. 5123-6. Lorsqu'une indemnisation résultant d'accords professionnels ou interprofessionnels, nationaux ou régionaux, vise à permettre à certains salariés de bénéficier d'un avantage de préretraite, elle doit, pour ouvrir droit au bénéfice des exonérations et déductions prévues à l'article L. 5422-10, être mise en œuvre dans le respect de conditions déterminées par décret en Conseil d'État, liées à l'âge et aux caractéristiques, notamment (Ord. 2017-1389 du 22 sept. 2017, JO 23, entrée en vigueur le 01.10.2017) «les effets de l'exposition à certains facteurs de risques professionnels», de l'activité des bénéficiaires.

Art. L. 5123-8. La pénalité administrative prévue à l'article L. 5426-5 est applicable en cas de déclarations délibérément inexactes ou incomplètes faites pour le bénéfice des allocations prévues par le présent chapitre et en cas d'absence de déclaration d'un changement dans la situation justifiant le bénéfice de ces allocations, ayant abouti à des versements indus.

Art. L. 5123-9. Un décret détermine les conditions dans lesquelles les maisons de l'emploi participent à la mise en œuvre des actions de reclassement prévues au présent chapitre.

Les autres dispositions du présent chapitre sont déterminées par décret en Conseil d'État.

SECTION 1 (RÉGLEMENTAIRE). Dispositions générales

Art. R. 5123-1. Le ministre chargé de l'emploi engage les actions de reclassement, de placement et de reconversion professionnelle prévues à l'article L. 5123-1 et peut accorder les aides individuelles au reclassement mentionnées aux articles L. 5123-2 et L. 5123-3 après avis (D. 2018-1262 du 26 déc. 2018, art. 1er, III, JO 28, entrée en vigueur le 01.01.2019) «de la Commission nationale de la négociation collective, de l'emploi et de la formation professionnelle».

Art. R. 5123-2. Pour l'application du 4° de l'article R. 5111-2, le congé de conversion accordé aux salariés doit être d'une durée au moins égale à quatre mois et leur garantir une allocation de conversion au moins égale à 65 % de la rémunération brute moyenne des douze mois précédant l'entrée en congé, et à 85 % du salaire minimum de croissance.

Les conventions de congé de conversion sont conformes à une convention type fixée par arrêté conjoint des ministres chargés de l'économie et de l'emploi.

SECTION 2 (RÉGLEMENTAIRE). Convention de coopération pour la mise en œuvre des cellules de reclassement

Art. R. 5123-3. Pour l'application du 5° de l'article R. 5111-2, la convention de coopération détermine la nature des actions de reclassement, leur champ d'application et le montant de la participation de l'État au financement des cellules chargées de les mettre en œuvre.

Le taux maximal de cette participation et la durée maximale pendant laquelle les intéressés peuvent bénéficier de ces actions sont fixés par arrêté conjoint des ministres chargés de l'emploi et de l'économie.

Art. D. 5123-4. Les maisons de l'emploi mentionnées à l'article L. 5313-1 peuvent, pour la mise en œuvre de cellules de reclassement interentreprises, conclure avec l'État une convention de coopération portant sur les actions prévues au 5° de l'article R. 5111-2.

SECTION 3 (RÉGLEMENTAIRE). Convention de formation

Art. R. 5123-5. Les conventions prévoyant des mesures temporaires de formation professionnelle mentionnées au 1° de l'article R. 5111-2 sont conclues pour une durée limitée en vue d'organiser :

1° Des actions de conversion ;

2° Des actions d'adaptation ;

3° Des actions de prévention.

Art. R. 5123-6. Ces conventions peuvent prévoir :

1° Soit l'organisation de sections temporaires homogènes de formation ;

2° Soit l'accomplissement du stage aux postes mêmes de travail, sous la direction de moniteurs.

Art. R. 5123-7. Les conventions de formation déterminent notamment :

1° L'objet, la nature et la durée de la formation dispensée ainsi que le nombre prévu de stagiaires ;

2° Les conditions de création et de fonctionnement des stages ;

3° Le contrôle technique permettant notamment de fixer le temps de formation servant de base à la participation de l'État aux dépenses de fonctionnement ;

4° Les conditions de prise en charge des frais de formation pédagogique des moniteurs et de leur rémunération ;

5° La participation de l'État aux dépenses de matières d'œuvre et d'amortissement des machines, et éventuellement, pour les sections homogènes de formation, sa participation à l'équipement en matériel et à l'aménagement des locaux ;

6° La partie de la rémunération et des charges sociales des stagiaires pris en charge par l'État dans le cas des stages d'adaptation ou de prévention, conformément aux dispositions des articles L. 6341-2, L. 6341-9 et R. 6341-10.

Art. R. 5123-8. Le salarié qui suit une action de conversion ayant fait l'objet d'une convention est rémunéré dans les conditions fixées par l'article L. 6341-4.

SECTION 4 (RÉGLEMENTAIRE). Convention d'allocation temporaire dégressive

Art. R. 5123-9. Les conventions mentionnées au 2° de l'article R. 5111-2 peuvent prévoir le versement d'une allocation temporaire dégressive aux salariés ayant fait l'objet d'un licenciement économique et reclassés dans un emploi comportant une rémunération inférieure à celle qu'ils recevaient au titre de leur emploi antérieur.

Art. R. 5123-10. Les conventions d'allocation temporaire dégressive garantissent à leurs bénéficiaires, pour une période qui ne peut excéder deux ans, le versement d'une allocation évaluée au moment de l'embauche et calculée forfaitairement en prenant en compte l'écart existant entre le salaire net moyen perçu au cours des douze derniers mois au titre du dernier emploi, à l'exclusion de la rémunération des heures supplémentaires et des primes et indemnités n'ayant pas le caractère d'un complément de salaire, et le salaire net de l'emploi de reclassement.

Art. R. 5123-11. La participation de l'État ne peut excéder 75 % du montant de l'allocation, ni dépasser un montant maximum par salarié fixé par arrêté conjoint des ministres chargés de l'emploi et du budget.

SECTION 5 (RÉGLEMENTAIRE). Convention d'allocation spéciale pour les travailleurs âgés

Art. R. 5123-12. La convention mentionnée au 2° de l'article L. 5123-2 peut prévoir l'attribution d'une allocation spéciale pour les travailleurs âgés faisant l'objet d'un licenciement pour motif économique qui, selon des modalités fixées par chaque convention, ont été déclarés non susceptibles d'un reclassement.

Art. R. 5123-13. La convention détermine le montant de la contribution financière due par l'entreprise signataire.

Art. R. 5123-14. Le salaire de référence servant de base à la détermination de l'allocation spéciale est fixé d'après les rémunérations sur lesquelles ont été assises les contributions au régime d'assurance chômage au titre des douze derniers mois civils précédant le dernier jour de travail payé à l'intéressé, dans la limite du double du plafond prévu à l'article L. 241-3 du code de la sécurité sociale. Il est calculé selon les règles définies dans le cadre du régime d'assurance chômage prévu au chapitre II du titre II du livre IV de la partie V du présent code.

Art. R. 5123-15. Le montant total de l'allocation spéciale est égal à 65 % du salaire journalier de référence dans la limite du plafond prévu à l'article L. 241-3 du code de la sécurité sociale, auxquels s'ajoutent 50 % du salaire de référence pour la part de ce salaire comprise entre une et deux fois ce même plafond.

Art. R. 5123-16. Le montant de l'allocation spéciale ne peut être inférieur au montant minimum de l'allocation d'assurance chômage prévue à l'article L. 5422-3.

Le montant de l'allocation journalière garantie ne peut excéder 85 % du salaire de référence.

Art. R. 5123-17. L'allocation spéciale est attribuée au plus tard jusqu'à (D. 2011-620 du 31 mai 2011, art. 7, JO 2 juin) « l'âge prévu au 1° de l'article L. 351-8 du code de la sécurité sociale ». Les conditions dans lesquelles elle peut être éventuellement cumulée avec une pension de retraite et les modalités de ce cumul sont déterminées par décret.

Art. R. 5123-18. Le versement de l'allocation spéciale est suspendu en cas de reprise d'une activité professionnelle.

Art. R. 5123-19. Cependant, à titre exceptionnel et pour certaines tâches d'intérêt général accomplies pour le compte d'organismes privés à but non lucratif ou de collectivités publiques ayant à cet effet conclu une convention avec le préfet, le versement de l'allocation spéciale peut être maintenu en tenant compte des rémunérations éventuellement perçues par l'intéressé.

Art. R. 5123-20. Le salaire de référence et le montant minimum de l'allocation sont revalorisés dans des conditions et suivant des modalités définies par décret.

Art. R. 5123-21. Un arrêté conjoint des ministres chargés de l'emploi et du budget précise notamment les conditions d'adhésion des salariés aux conventions, les modalités de calcul du salaire de référence et les modalités de détermination de la contribution financière des entreprises.

SECTION 6 (RÉGLEMENTAIRE). Convention d'allocation pour cessation anticipée d'activité

Sous-section 1. Convention

Art. R. 5123-22. L'État peut prendre partiellement en charge le revenu de remplacement versé aux salariés bénéficiant d'avantages de préretraite, en application d'un accord professionnel national ouvrant droit à une exonération des cotisations de sécurité sociale dans les conditions prévues aux articles L. 5123-6 et L. 5422-10 et d'un accord d'entreprise dans les conditions définies ci-après, lorsque les salariés connaissent des difficultés d'adaptation à l'évolution de leur emploi liées à des conditions spécifiques d'exercice de leur activité.

Art. R. 5123-23. La prise en charge partielle par l'État du revenu de remplacement dans le cadre d'une convention d'allocation pour cessation anticipée d'activité ne peut être accordée que si l'accord professionnel national a déterminé :

1° Son champ d'application ;

2° Les conditions d'ouverture pour les salariés du droit à la cessation d'activité ;

3° Les conditions d'âge pour en bénéficier ;

4° Le montant de l'allocation servie au bénéficiaire ainsi que les modalités de son versement ;

5° Les conditions de reprise d'activité dans l'entreprise par les salariés intéressés ;

6° La période pendant laquelle les salariés peuvent adhérer aux mesures de cessation d'activité, l'État ne pouvant s'engager que si la durée de cette période n'excède pas cinq ans.

Art. R. 5123-24. La prise en charge de l'allocation par l'État ne peut intervenir que si l'entreprise a prévu par convention ou accord collectif de travail des dispositions relatives à la gestion prévisionnelle de l'emploi, au développement des compétences de ses salariés et à leur adaptation à l'évolution de leur emploi. La convention ou l'accord collectif de travail détermine également le nombre maximum de bénéficiaires de l'allocation pour la période d'adhésion définie par l'accord professionnel.

Art. R. 5123-25. L'employeur consulte, avant la conclusion d'une convention de cessation d'activité, le (D. 2017-1819 du 29 déc. 2017, art. 3, 5°, JO 30, entrée en vigueur le 01.01.2018) « comité social et économique ». Il s'engage également à leur présenter annuellement un bilan de l'application de la convention relative à la cessation d'activité.

Art. R. 5123-26. Une convention conclue entre l'État, l'entreprise et, l'organisme gestionnaire désigné par l'accord professionnel pour effectuer, au nom de l'entreprise, le versement de l'allocation aux bénéficiaires de la cessation d'activité indique le nombre maximum de salariés susceptibles d'être placés en cessation d'activité pendant la période prévue au 6° de l'article R. 5123-23.

Art. R. 5123-27. La convention prévoit que, chaque année, l'entreprise fait connaître par une déclaration à l'autorité signataire de la convention le nombre de salariés répartis par âge qui sont susceptibles d'adhérer au dispositif pendant l'année suivant celle au cours de laquelle cette déclaration est établie. Cette déclaration n'est pas susceptible de modification.

Le revenu de remplacement versé au salarié ne peut faire l'objet d'une prise en charge partielle par l'État si l'adhésion de l'intéressé n'est pas prévue dans la déclaration visée au premier alinéa.

La convention prévoit également que l'entreprise transmet annuellement à l'autorité signataire de la convention un état de la réalisation des engagements qu'elle a souscrits dans l'accord d'entreprise ainsi qu'un bilan précisant le nombre de bénéficiaires ayant effectivement opté pour le dispositif.

La convention stipule que, pendant la période prévue au 6° de l'article R. 5123-23, l'entreprise s'engage à ne solliciter aucune convention tendant à l'attribution de l'allocation spéciale pour les travailleurs âgés prévue à l'article R. 5123-12.

Art. R. 5123-28. Aucune convention au titre de la cessation d'activité ne peut être conclue avec une entreprise ayant déjà conclu une convention en vue de l'attribution de l'allocation spéciale pour les travailleurs âgés, durant la période pendant laquelle les salariés peuvent adhérer à cette dernière convention.

Sous-section 2. **Conditions d'attribution relatives au salarié**

Art. R. 5123-29. Pour bénéficier de la prise en charge partielle de l'allocation pour cessation anticipée d'activité par l'État, le salarié remplit les conditions suivantes :

1° Le salarié a adhéré personnellement au dispositif de cessation d'activité ;

2° Son contrat de travail est suspendu pendant la durée du versement effectif de l'allocation ;

3° Il est âgé d'au moins cinquante-sept ans ;

4° Il a adhéré au dispositif, au plus tôt, à cinquante-cinq ans et, au plus tard, avant son soixante-cinquième anniversaire ;

5° Il a été salarié de l'entreprise de manière continue pendant un an au moins avant son adhésion au dispositif ;

6° Il a :

a) Soit accompli quinze ans de travail à la chaîne au sens du c de l'article 70-3 du décret du 29 décembre 1945 dans sa rédaction issue du décret n° 76-404 du 10 mai 1976 ou de travail en équipes successives, soit avoir travaillé habituellement deux cents nuits ou plus par an pendant quinze ans ;

b) Soit, s'il est travailleur handicapé au sens de l'article L. 5212-13 à la date d'entrée en vigueur de l'accord professionnel mentionné à l'article R. 5123-22, justifié d'au moins quarante trimestres valables pour la retraite au sens des articles R. 351-3, R. 351-4, R. 351-12 et R. 351-15 du code de la sécurité sociale, dans un ou plusieurs régimes de sécurité sociale de salariés ;

7° Il n'a pas réuni les conditions nécessaires à la validation d'une retraite à taux plein au sens (D. 2008-1555 du 31 déc. 2008, JO 1er janv.) « de l'article R. 351-27 » du code de la sécurité sociale ;

8° Il n'exerce aucune autre activité professionnelle ;

9° Il ne bénéficie ni d'un avantage vieillesse à caractère viager acquis à titre personnel liquidé après l'entrée dans le dispositif, ni d'une indemnisation versée en application des articles L. 5421-2, R. 5123-12 ou de la loi n° 96-126 du 21 février 1996 portant création d'un fonds paritaire en faveur de l'emploi.

Un arrêté du ministre chargé de l'emploi détermine les modalités selon lesquelles il est vérifié que le salarié remplit les conditions ci-dessus.

Sous-section 3. **Calcul et paiement de l'allocation**

Art. R. 5123-30. Pendant la durée de la suspension du contrat de travail du salarié, l'entreprise lui assure le versement d'une allocation pour cessation anticipée d'activité dont le montant minimum est déterminé par l'accord professionnel.

Art. R. 5123-31. Le versement de l'allocation est interrompu en cas de reprise d'une activité professionnelle par le salarié.

L'allocation cesse d'être versée lorsque, à partir de (D. 2011-620 du 31 mai 2011, art. 7, JO 2 juin) « l'âge prévu à l'article L. 161-17-2 du code de la sécurité sociale », les bénéficiaires remplissent les conditions nécessaires à la validation d'une retraite à taux plein au sens (D. 2008-1555 du 31 déc. 2008, JO 1er janv.) « de l'article R. 351-27 » du code de la sécurité sociale.

Art. R. 5123-32. L'État participe au financement de l'allocation versée aux bénéficiaires dans les conditions suivantes :

1° La participation de l'État n'est due qu'après l'expiration d'un délai courant à compter de la date de suspension du contrat de travail et comprenant un nombre de jours correspondant aux indemnités compensatrices de congés payés versées par l'employeur ;

2° L'assiette prise en compte pour la détermination de la participation financière de l'État est égale à l'allocation définie par l'accord professionnel national, dans la limite de 65 % du salaire de référence pour la part du salaire n'excédant pas le plafond prévu à l'article L. 241-3 du code de la sécurité sociale auxquels s'ajoutent 50 % du salaire de référence pour la part de ce salaire comprise entre une et deux fois ce même plafond ;

3° Le montant de la participation de l'État au financement de l'allocation est égal à une proportion, fixée par arrêté conjoint des ministres chargés de l'emploi et des finances, de l'assiette définie au 2° ci-dessus. Cette proportion croît dans les conditions précisées par cet arrêté en fonction de l'âge auquel le salarié a bénéficié de la cessation d'activité.

Art. R. 5123-33. Le salaire de référence est déterminé d'après les rémunérations sur lesquelles ont été assises les contributions au régime d'assurance chômage au titre des douze derniers mois civils précédant l'adhésion au dispositif de cessation d'activité.

Il est calculé selon les règles définies dans le cadre du régime d'assurance chômage prévu au chapitre II du titre II du livre IV. Il est revalorisé selon les règles définies aux deuxième et troisième alinéas de l'article L. 161-23-1 du code de la sécurité sociale. La première revalorisation ne peut intervenir que dès lors que les rémunérations qui composent le salaire de référence sont intégralement afférentes à des périodes de plus de six mois à la date de revalorisation.

Le salaire de référence pour les salariés bénéficiant d'une préretraite progressive est celui qui a servi de base au versement des allocations de préretraite progressive, revalorisé le cas échéant dans les conditions prévues aux articles 1er et 2 du décret n° 98-1024 du 12 novembre 1998 portant application de l'article R. 322-7 du code du travail.

Art. R. 5123-34. L'État rembourse l'entreprise en versant à l'organisme gestionnaire désigné par l'accord professionnel la participation financière qui est à sa charge.

Ce remboursement s'effectue trimestriellement à terme échu.

Sous-section 4. **Suspension ou dénonciation de la convention**

Art. R. 5123-35. La convention de cessation d'activité peut être totalement ou partiellement suspendue en cas de non-respect par l'entreprise des dispositions des accords professionnel ou d'entreprise ou des dispositions de la convention.

Art. R. 5123-36. La convention peut être dénoncée en cas de dénonciation des accords professionnel ou d'entreprise.

Art. R. 5123-37. La suspension de la convention entraîne la suspension du versement de la participation financière de l'État à compter du premier jour du mois suivant celui au cours duquel le manquement a été constaté. Elle n'a pas pour effet de prolonger la durée de la convention.

Toutefois, l'autorité signataire de la convention peut, après appréciation de la gravité des manquements de l'entreprise, de sa situation et des nouveaux engagements pris par l'employeur, conclure un avenant à la convention prévoyant le maintien d'une partie de la participation financière de l'État.

Art. R. 5123-38. La dénonciation de la convention entraîne la cessation définitive du versement de la participation financière de l'État, à compter du premier jour du mois suivant celui au cours duquel l'accord cesse de produire effet.

Art. R. 5123-39. L'accord professionnel national et l'accord d'entreprise ne peuvent délier l'entreprise des engagements pris à l'égard des salariés et notamment du versement de l'allocation lorsque la participation financière de l'État est suspendue ou interrompue en application des dispositions de la présente sous-section.

SECTION 7 (RÉGLEMENTAIRE). Convention d'aide au passage à temps partiel

Art. R. 5123-40. L'allocation complémentaire mentionnée au 4° de l'article L. 5123-2 est accordée aux salariés acceptant la transformation de leur emploi à temps plein en emploi dont la durée de travail est inférieure d'au moins un cinquième à la durée légale du travail afin d'éviter des licenciements pour motif économique.

Art. R. 5123-41. Cette allocation dégressive est versée pendant une durée maximale de deux ans. Son montant, sa durée et les règles de détermination de la participation respective de l'État et de l'employeur à son financement, ainsi que les conditions d'adhésion et les garanties complémentaires dont bénéficient les salariés intéressés, notamment en cas de licenciement, pendant la période de versement ou à son issue, sont fixés par arrêté conjoint des ministres chargés de l'emploi et du budget.

Chapitre IV
Dispositions pénales

Art. L. 5124-1. (L. 2013-1203 du 23 déc. 2013, art. 86, VI, JO 24) Sauf constitution éventuelle du délit d'escroquerie, défini et sanctionné à l'article 313-1, au 5° de l'article 313-2 et à l'article 313-3 du code pénal, le fait de bénéficier ou de tenter de bénéficier frauduleusement des allocations mentionnées (L. 2018-1317 du 28 déc. 2018, art. 272, I, 2°, JO 30) «aux articles L. 5122-1 et L. 5123-2» du présent code est puni des peines prévues à l'article 441-6 du code pénal. Le fait de faire obtenir frauduleusement ou de tenter de faire obtenir frauduleusement ces allocations est puni de la même peine.

TITRE III
AIDES À L'INSERTION, À L'ACCÈS ET AU RETOUR À L'EMPLOI

Chapitre Ier
Accompagnement personnalisé pour l'accès à l'emploi

SECTION 1. Objet et conventions

Art. L. 5131-1. L'accompagnement personnalisé pour l'accès à l'emploi a pour objet de faciliter l'accès et le maintien dans l'emploi des personnes qui, rencontrant des difficultés particulières d'insertion professionnelle, ont besoin d'un accompagnement social (L. 2018-771 du 5 sept. 2018, art. 29, JO 6) «et d'une formation».

À cette fin, l'État peut conclure des conventions avec des organismes compétents.

Art. R. 5131-1. Les personnes mentionnées à l'article L. 5131-1 sont, notamment:

1° Les jeunes de dix-huit à vingt-cinq ans révolus rencontrant des difficultés particulières d'accès à l'emploi;

2° Les chômeurs de longue durée;

3° Les chômeurs âgés de plus de cinquante ans;

4° Les bénéficiaires du revenu minimum d'insertion;

5° Les personnes handicapées.

Art. R. 5131-2. Les conventions mentionnées au second alinéa de l'article L. 5131-1 peuvent prévoir des aides de l'État.

Les modalités de ces conventions et, notamment, le montant des aides sont fixées par décret.

SECTION 2. Plan local pluriannuel pour l'insertion et l'emploi

Art. L. 5131-2. Afin de faciliter l'accès à l'emploi des personnes en grande difficulté d'insertion sociale et professionnelle dans le cadre de parcours individualisés en associant accueil, accompagnement social, orientation, formation, insertion et suivi, les communes et leurs groupements peuvent établir des plans locaux pluriannuels pour l'insertion et l'emploi dans le ressort géographique le plus approprié à la satisfaction des besoins locaux.

Les autres collectivités territoriales, les entreprises et les organismes intervenant dans le secteur de l'insertion et de l'emploi peuvent s'associer à ces plans.

Art. R. 5131-3. L'État apporte son concours, pour une durée maximale de cinq ans, à la mise en œuvre des plans locaux pluriannuels pour l'insertion et l'emploi, dans le cadre d'accords conclus avec les collectivités intéressées et les agences d'insertion mentionnées à l'article L. 522-1 du code de l'action sociale et des familles.

SECTION 3. Droit à l'accompagnement des jeunes vers l'emploi et l'autonomie

Note La loi 2016-1088 du 8 août 2016, art. 46, JO 9, a supprimé la subdivision de cette section en sous-sections, applicabilité depuis le 01.01.2017; les contrats d'insertion dans la vie sociale prévus à l'ancienne sous-section 2 et conclus antérieurement continuent à produire leurs effets dans les conditions applicables avant cette date, jusqu'à leur terme.

Art. L. 5131-3. Tout jeune de seize à vingt-cinq ans révolus en difficulté et confronté à un risque d'exclusion professionnelle a droit à un accompagnement (L. 2016-1088 du 8 août 2016, art. 46, I, 3°, JO 9, entrée en vigueur le 01.01.2017) «vers l'emploi et l'autonomie», organisé par l'État.

Art. L. 5131-4. (L. 2016-1088 du 8 août 2016, art. 46, I, 4°, JO 9, entrée en vigueur le 01.01.2017) L'accompagnement mentionné à l'article L. 5131-3 peut prendre la forme d'un parcours contractualisé d'accompagnement vers l'emploi et l'autonomie conclu avec l'État, élaboré avec le jeune et adapté à ses besoins identifiés lors d'un diagnostic. Ce parcours est mis en œuvre par les organismes mentionnés à l'article L. 5314-1. Toutefois, par dérogation, un autre organisme peut être désigné par le représentant de l'État dans le département, lorsque cela est justifié par les besoins de la politique d'insertion sociale et professionnelle des jeunes. Le contrat d'engagements est signé préalablement à l'entrée dans le parcours contractualisé d'accompagnement vers l'emploi et l'autonomie.

Art. L. 5131-5. (L. 2016-1088 du 8 août 2016, art. 46, I, 5°, JO 9, entrée en vigueur le 01.01.2017) Afin de favoriser son insertion professionnelle, le jeune qui s'engage dans un parcours contractualisé d'accompagnement vers l'emploi et l'autonomie peut bénéficier d'une allocation versée par l'État et modulable en fonction de la situation de l'intéressé.

Cette allocation est incessible et insaisissable.

Elle peut être suspendue ou supprimée en cas de non-respect par son bénéficiaire des engagements du contrat.

Art. L. 5131-6. (L. 2016-1088 du 8 août 2016, art. 46, I, 6°, JO 9, entrée en vigueur le 01.01.2017) La garantie jeunes est une modalité spécifique du parcours contractualisé d'accompagnement vers l'emploi et l'autonomie.

Elle est mise en œuvre par les organismes mentionnés à l'article L. 5314-1. Toutefois, par dérogation, un autre organisme peut être désigné par le représentant de l'État dans le département, lorsque cela est justifié par les besoins de la politique d'insertion sociale et professionnelle des jeunes.

Elle comporte un accompagnement intensif du jeune, ainsi qu'une allocation dégressive en fonction de ses ressources d'activité, dont le montant est défini par décret. Cette allocation est incessible et insaisissable. Elle peut être suspendue ou supprimée en cas de non-respect par son bénéficiaire des engagements du contrat.

La garantie jeunes est un droit ouvert aux jeunes de seize à vingt-cinq ans qui vivent hors du foyer de leurs parents ou au sein de ce foyer sans recevoir de soutien financier de leurs parents, qui ne sont pas étudiants, ne suivent pas une formation et n'occupent pas un emploi et dont le niveau de ressources ne dépasse pas un montant fixé par décret, dès lors qu'ils s'engagent à respecter les engagements conclus dans le cadre de leur parcours contractualisé d'accompagnement vers l'emploi et l'autonomie.

Art. L. 5131-6-1. (L. 2017-86 du 27 janv. 2017, art. 67, II, JO 28) Tout bénéficiaire de l'allocation mentionnée à l'article L. 5131-6 est éligible de droit, sous réserve de ne pas bénéficier de caution parentale ou d'un tiers, au dispositif de la caution publique mis en place pour les prêts délivrés par les établissements de crédit ou les sociétés de financement dans le cadre de l'aide au financement de la formation à la conduite et à la sécurité routière prévue par le décret n° 2005-1225 du 29 septembre 2005 instituant une aide au financement de la formation à la conduite et à la sécurité routière.

Sous-section 1 (réglementaire). **Droit à l'accompagnement**

Note Les sous-sections 1 à 3 ont été introduites par le décret 2016-1855 du 23 décembre 2016, JO 27, entrée en vigueur le 01.01.2017.

Art. R. 5131-4. L'État établit, en concertation avec la région, des orientations stratégiques relatives à la mise en œuvre du droit à l'accompagnement des jeunes confrontés à un risque d'exclusion professionnelle mentionné à l'article L. 5131-3. Il associe à ces travaux les départements, les communes et leurs groupements.

Ces orientations s'inscrivent dans le cadre du schéma prévisionnel de développement du service public régional de l'orientation mentionné au 5° de l'article L. 214-13 du code de l'éducation et de la stratégie régionale coordonnée en matière d'emploi, d'orientation et de formation professionnelles mentionnée à l'article L. 6123-4-1 du code du travail.

Ces orientations font l'objet d'une concertation préalable au sein du comité régional de l'emploi, de la formation et de l'orientation professionnelles, qui en assure également le suivi.

Ces orientations précisent notamment les conditions de mobilisation par les missions locales des acteurs de l'éducation, de l'information, de l'orientation, de l'insertion, de la formation et de l'emploi au bénéfice de l'accompagnement des jeunes.

Art. R. 5131-5. Dans le cadre des orientations stratégiques définies à l'article R. 5131-4, les missions locales mettent en œuvre le droit à l'accompagnement, en lien avec l'ensemble des organismes susceptibles d'y contribuer, dans le cadre du conseil en évolution professionnelle mentionné à l'article L. 6111-6.

Art. R. 5131-6. L'État conclut avec les missions locales des conventions pluriannuelles d'objectifs. Les collectivités territoriales et leurs groupements signent également ces conventions lorsqu'ils participent au financement des missions locales.

Au vu des orientations stratégiques mentionnées à l'article R. 5131-4, ces conventions précisent :

1° Les jeunes susceptibles de bénéficier prioritairement du parcours d'accompagnement contractualisé vers l'emploi et l'autonomie ;

2° Les objectifs à atteindre en termes d'accès à l'emploi et à l'autonomie des jeunes ;

3° L'offre de services proposée et les moyens mobilisés afin d'identifier les modalités du parcours contractualisé les plus adaptées pour ses bénéficiaires ;

4° L'offre de services proposée aux entreprises dans leurs processus de recrutement ;

5° Les financements accordés pour la mise en œuvre des dispositifs nationaux de la politique de l'emploi ;

6° Leurs modalités de suivi et d'évaluation.

Les conseils départementaux signataires des conventions pluriannuelles d'objectifs peuvent confier l'accompagnement des bénéficiaires du revenu de solidarité active et de leur conjoint, concubin ou partenaire lié par un pacte civil de moins de vingt-cinq ans révolus aux missions locales, qui l'assureront dans le cadre du parcours contractualisé d'accompagnement vers l'emploi et l'autonomie.

Art. R. 5131-7. Les cas de dérogation prévus aux articles L. 5131-4 et L. 5131-6 concernent les cas d'absence d'une mission locale sur tout ou partie du territoire ou de cessation d'activité d'une mission locale et les cas où une mission locale ne serait pas sur un territoire en mesure d'accompagner seule les jeunes dans le cadre du parcours contractualisé d'accompagnement vers l'emploi et l'autonomie et de la garantie jeunes. Dans ces cas, un autre organisme peut être désigné par le représentant de l'État dans le département, après consultation du comité régional de l'emploi, de la formation et de l'orientation professionnelles, pour mettre en œuvre le parcours contractualisé d'accompagnement vers l'emploi et l'autonomie et la garantie jeunes. L'État, la région et les autres collectivités territoriales qui participent au financement de l'organisme désigné définissent par convention son cadre d'intervention et notamment la durée de l'intervention, son périmètre et les moyens mobilisés par chaque partie.

Les organismes désignés dans ce cadre mettent en œuvre les dispositions de la présente section dans les mêmes conditions que les missions locales.

Sous-section 2 (réglementaire). **Parcours contractualisé d'accompagnement vers l'emploi et l'autonomie**

§ 1. Modalités du parcours

Art. R. 5131-8. Le diagnostic prévu à l'article L. 5131-4 résulte d'une analyse menée avec le jeune de sa situation, de ses demandes, de ses projets et de ses besoins. Ce diagnostic formalisé permet notamment d'identifier et valoriser les compétences. Il fonde l'orientation du jeune vers la modalité la plus adaptée du parcours contractualisé d'accompagnement vers l'emploi et l'autonomie.

Art. R. 5131-9. Le parcours contractualisé d'accompagnement vers l'emploi et l'autonomie est constitué de phases d'accompagnement pouvant varier dans leur durée et leur intensité. Chaque phase fait l'objet d'objectifs définis avec le jeune et d'une évaluation à son terme, en vue de mesurer la progression du jeune vers l'accès à l'emploi et l'autonomie et de s'assurer que les objectifs de la phase ont été atteints. Chaque phase d'accompagnement peut comporter :

1° Des périodes de formation ;

2° Des situations professionnelles, y compris des périodes de mise en situation en milieu professionnel mentionnées aux articles L. 5131-5 et suivants ;

3° Des actions spécifiques dans le cadre de l'accompagnement social et professionnel ;

4° Des actions portées par d'autres organismes susceptibles de contribuer à l'accompagnement.

Art. R. 5131-10. Le contrat d'engagements est signé un mois au plus tard après la réalisation du diagnostic, d'une part, au nom de l'État, par le représentant légal de la mission locale, ou tout salarié dûment habilité par lui et, d'autre part, par le bénéficiaire de l'accompagnement.

Il mentionne :

1° Les phases du parcours, leurs objectifs et leur durée définis par le bénéficiaire et le conseiller référent ;

2° Les engagements de chaque partie au contrat pour chaque phase. Parmi ces engagements figurent pour le bénéficiaire la participation active aux différentes actions prévues au sein des phases d'accompagnement ainsi que la sincérité et l'exactitude des informations communiquées, notamment au titre de l'article R. 5131-13 ;

3° Le cas échéant, l'attribution d'une allocation, son montant et sa durée prévisionnels.

La première phase du parcours débute au plus tard un mois après la signature du contrat.

Le contrat peut être modifié en fonction des évaluations mentionnées à l'article R. 5131-9 ou de l'évolution de la situation du jeune.

§ 2. Fin du contrat et sanctions

Art. R. 5131-11. Le contrat d'engagements du parcours contractualisé est conclu pour une durée déterminée et peut être renouvelé dans la limite de vingt-quatre mois consécutifs.

Toutefois, lorsque le bénéficiaire du parcours contractualisé intègre en cours de parcours la garantie jeunes, le contrat d'engagements peut être prolongé jusqu'à la fin de la garantie jeunes.

Le contrat d'engagements prend fin :

1° Lorsque l'autonomie du jeune est considérée comme acquise, au vu des évaluations mentionnées à l'article R. 5131-9 ou de l'évolution de la situation du jeune ;

2° Lorsque son bénéficiaire atteint son vingt-sixième anniversaire ;

3° À la demande expresse de son bénéficiaire ;

4° En cas de manquement du bénéficiaire à ses engagements contractuels.

Art. R. 5131-12. En cas de manquement du bénéficiaire à ses engagements contractuels, le représentant légal de la mission locale, après avoir mis à même l'intéressé de présenter ses observations, peut procéder à :

1° La suspension du paiement de l'allocation ;

2° La suppression du paiement de l'allocation ;

3° La rupture du contrat.

Il notifie sa décision, dûment motivée, par tout moyen conférant date certaine au bénéficiaire de l'accompagnement ou à ses représentants légaux lorsque celui-ci est mineur ou fait l'objet d'une mesure de protection juridique.

§ 3. Montant et modalités de versement de l'allocation

Art. R. 5131-13. Le bénéfice de l'allocation prévue à l'article L. 5131-5 peut être accordé par le représentant de la mission locale, au nom et pour le compte de l'État, à compter de la signature du contrat d'engagements, en fonction de la situation et des besoins de l'intéressé pendant les périodes durant lesquelles ce dernier ne perçoit ni une rémunération au titre d'un emploi ou d'un stage, ni une autre allocation.

Art. R. 5131-14. Le montant de l'allocation et sa durée prévisionnelle sont fixés dans le contrat d'engagements et peuvent être révisés à l'issue des évaluations de chaque phase ou en cas d'évolution de la situation de l'intéressé.

Le montant mensuel de l'allocation ne peut pas excéder le montant mensuel du revenu de solidarité active mentionné à l'article L. 262-2 du code de l'action sociale et des familles pour une personne seule, déduction faite de la fraction mentionnée au 1° de l'article R. 262-9 du même code. L'allocation versée au bénéficiaire est plafonnée à trois fois ce montant par an.

Art. R. 5131-15. L'allocation est versée mensuellement et à terme échu, au nom de l'État, par l'Agence de services et de paiement, qui transmet au ministre chargé de l'emploi les éléments d'information nécessaires au suivi statistique des bénéficiaires de l'allocation, à la connaissance des crédits engagés ainsi qu'à l'évaluation de la mesure.

Sous-section 3 (réglementaire). **Garantie jeunes**

Art. R. 5131-16. La garantie jeunes est une modalité spécifique du parcours contractualisé vers l'emploi et l'autonomie. Elle constitue une phase d'accompagnement du parcours contractualisé d'une durée de douze mois. Cette durée peut être prolongée jusqu'à six mois sur décision de la commission mentionnée à l'article R. 5131-17.

Les articles R. 5131-8, R. 5131-9, R. 5131-10, R. 5131-11 et R. 5131-15 sont applicables à la garantie jeunes.

Art. R. 5131-17. Les missions locales s'assurent que les jeunes demandant à bénéficier de la garantie jeunes respectent les conditions d'entrée fixées à l'article L. 5131-6.

Une commission locale, présidée par le représentant de l'État dans le département, réunissant les acteurs impliqués dans l'insertion sociale et professionnelle des jeunes et les signataires de la convention pluriannuelle d'objectifs, est chargée du suivi des parcours en garantie jeunes et prend, dans ce cadre, les décisions de prolongation. Elle prend également les décisions en cas de manquement du bénéficiaire à ses engagements contractuels mentionnées à l'article R. 5131-18. Elle peut prendre des décisions d'admission à titre conservatoire pour les jeunes apportant des éléments de nature à démontrer qu'ils satisfont aux conditions d'éligibilité mentionnées à l'article L. 5131-6 mais ne disposant pas de l'ensemble des pièces justificatives permettant d'en attester, ainsi que des décisions d'admission à titre dérogatoire pour les jeunes dont les ressources dépassent le niveau mentionné au même article, lorsque leur situation le justifie et sans pouvoir dépasser ce niveau de ressources de plus de 30 %.

Art. R. 5131-18. En cas de manquement du bénéficiaire à ses engagements contractuels, la commission mentionnée à l'article R. 5131-17, après avoir mis à même l'intéressé de présenter ses observations, peut procéder à :

1° La suspension du paiement de l'allocation ;

2° La suppression du bénéfice de la garantie jeunes.

Elle notifie sa décision, dûment motivée, par tout moyen conférant date certaine au bénéficiaire de la garantie jeunes ou à ses représentants légaux lorsque celui-ci est mineur ou fait l'objet d'une mesure de protection juridique.

Art. D. 5131-19. I. – Le niveau de ressources ouvrant droit à la garantie jeunes, pour l'application de l'article L. 5131-6, correspond au montant forfaitaire du revenu de solidarité active mentionné à l'article L. 262-2 du code de l'action sociale et des familles pour une personne seule, déduction faite de la fraction mentionnée au 1° de l'article R. 262-9 du même code.

II. – Sont pris en compte pour la détermination du niveau de ressources ouvrant droit au bénéfice de la garantie jeunes :

1° Les revenus mentionnés aux articles R. 844-1 et R. 844-2 du code de la sécurité sociale ;

2° Les bourses d'études ainsi que l'allocation pour la diversité dans la fonction publique ;

3° Les revenus tirés de stages réalisés en application de l'article L. 124-1 du code de l'éducation ;

4° L'allocation aux adultes handicapés mentionnée aux articles L. 821-1 et L. 821-2 du code de la sécurité sociale ;

5° L'allocation temporaire d'attente mentionnée à l'article L. 5423-8 du code du travail ;

6° Le revenu de solidarité active mentionné à l'article L. 262-1 du code de l'action sociale et des familles ;

7° La prime d'activité mentionnée à l'article L. 841-1 du code de la sécurité sociale.

Art. D. 5131-20. La garantie jeunes ouvre droit à une allocation forfaitaire, d'un montant mensuel équivalent à celui du revenu de solidarité active mentionné à l'article L. 262-2 du code de l'action sociale et des familles pour une personne seule, déduction faite de la fraction mentionnée au 1° de l'article R. 262-9 du même code.

Art. R. 5131-21. L'allocation est intégralement cumulable avec les ressources d'activité du jeune tant que celles-ci ne dépassent pas un montant mensuel net de 300 euros. Au-delà, l'allocation est dégressive linéairement et s'annule lorsque le total des ressources d'activité du jeune équivaut à 80 % du montant mensuel brut du salaire minimum interprofessionnel de croissance.

Art. R. 5131-22. Sont considérés comme des ressources d'activité, pour l'application de l'article L. 5131-6 :

1° Les revenus mentionnés à l'article R. 844-1 du code de la sécurité sociale ;

2° Les allocations versées aux travailleurs privés d'emploi en application du titre II du livre IV de la cinquième partie du code du travail, ainsi que de l'article L. 1233-68 du même code ;

3° Les bourses d'études ainsi que l'allocation pour la diversité dans la fonction publique ;

4° Les revenus tirés de stages réalisés en application de l'article L. 124-1 du code de l'éducation.

L'allocation est entièrement cumulable avec les autres ressources perçues par le bénéficiaire, sous réserve des articles R. 5131-23 à R. 5131-25.

Art. R. 5131-23. L'allocation n'est cumulable ni avec l'indemnité de service civique ni avec l'allocation temporaire d'attente. Le cas échéant, le versement de l'allocation est suspendu pendant la période durant laquelle le jeune perçoit ces prestations.

Art. R. 5131-24. L'allocation n'est pas cumulable avec la prime d'activité mentionnée à l'article L. 841-1 du code de la sécurité sociale, sauf pour les personnes à charge mentionnées à l'article R. 842-3 du même code. Le versement de l'allocation prend fin, le cas échéant, à compter de l'ouverture du droit à la prime d'activité. Toutefois, lorsqu'un droit à la prime d'activité est ouvert au titre d'une activité antérieure à l'entrée dans la garantie jeunes, la prime correspondant à cette période d'activité demeure cumulable avec l'allocation.

Art. R. 5131-25. L'allocation n'est pas cumulable avec le revenu de solidarité active mentionné à l'article L. 262-1 du code de l'action sociale et des familles, sauf pour les personnes à charge mentionnées à l'article R. 262-3 du même code. Les bénéficiaires du revenu de solidarité active et leur conjoint, concubin ou partenaire lié par un pacte civil de solidarité qui sont accompagnés en garantie jeunes dans le cadre fixé à l'article R. 5131-6 ne bénéficient pas de l'allocation prévue à l'article L. 5131-6.

SECTION 4. Dispositions d'application

Art. L. 5131-7. (L. 2016-1088 du 8 août 2016, art. 46, I, 7°, JO 9, entrée en vigueur le 01.01.2017) Un décret en Conseil d'État détermine les modalités d'application du présent chapitre, en particulier :

1° Les modalités du parcours contractualisé d'accompagnement vers l'emploi et l'autonomie, ainsi que la nature des engagements de chaque partie au contrat ;

2° Les modalités de fixation de la durée et de renouvellement du parcours contractualisé d'accompagnement vers l'emploi et l'autonomie;

3° Les modalités d'orientation vers les différentes modalités du parcours contractualisé d'accompagnement vers l'emploi et l'autonomie, ainsi que leurs caractéristiques respectives;

4° Les modalités d'attribution, de modulation, de suppression et de versement de l'allocation prévue aux articles L. 5131-5 et L. 5131-6.

Chapitre II
Insertion par l'activité économique

SECTION 1. Objet

Art. L. 5132-1. L'insertion par l'activité économique a pour objet de permettre à des personnes sans emploi, rencontrant des difficultés sociales et professionnelles particulières, de bénéficier de contrats de travail en vue de faciliter leur insertion professionnelle. Elle met en œuvre des modalités spécifiques d'accueil et d'accompagnement.

(L. 2008-1249 du 1er déc. 2008, art. 20, JO 3, entrée en vigueur le 01.06.2009) «L'insertion par l'activité économique, notamment par la création d'activités économiques, contribue également au développement des territoires.»

SECTION 2. Conventions

Art. L. 5132-2. L'État peut conclure des conventions prévoyant, le cas échéant, des aides financières avec:

1° Les employeurs dont l'activité a spécifiquement pour objet l'insertion par l'activité économique;

2° Les employeurs autorisés à mettre en œuvre, pour l'application des dispositions prévues à l'article L. 5132-15, un atelier ou un chantier d'insertion;

3° Les organismes relevant des articles L. 121-2, L. 222-5 et L. 345-1 du code de l'action sociale et des familles pour mettre en œuvre des actions d'insertion sociale et professionnelle au profit des personnes bénéficiant de leurs prestations;

4° Les régies de quartiers.

(L. 2013-1278 du 29 déc. 2013, art. 142, JO 30) «Lorsque le département participe au financement de ces aides financières, le président du conseil général conclut une convention avec la structure concernée, selon des modalités fixées par décret.»

Art. L. 5132-3. Seules les embauches de personnes agréées par l' (L. 2008-126 du 13 févr. 2008, JO 14) «institution mentionnée à l'article L. 5312-1» ouvrent droit:

1° Aux aides relatives aux contrats d'accompagnement dans l'emploi pour les ateliers et chantiers d'insertion;

(L. 2008-1249 du 1er déc. 2008, art. 18, JO 3, entrée en vigueur le 01.06.2009) «2° Aux aides financières aux entreprises d'insertion, aux entreprises de travail temporaire d'insertion et aux ateliers et chantiers d'insertion mentionnées au premier alinéa de l'article L. 5132-2;»

(L. 2018-771 du 5 sept. 2018, art. 28, I, 1°, JO 6) «3° À la possibilité pour les structures définies à l'article L. 5132-4 de conclure un contrat de professionnalisation dans le cadre du conventionnement.»

Art. L. 5132-3-1. (L. 2013-1278 du 29 déc. 2013, art. 142, JO 30) La convention annuelle d'objectifs et de moyens signée avec l'État, prévue à l'article L. 5134-19-4, comporte un volet relatif au cofinancement par le département des aides financières prévues à l'article L. 5132-2.

En cas d'accord des parties, ce volet fixe le nombre prévisionnel d'aides cofinancées par le département, la manière dont ces aides sont attribuées aux structures d'insertion par l'activité économique et les montants financiers associés. Il peut également prévoir des modalités complémentaires de coordination des financements attribués au secteur de l'insertion par l'activité économique.

À défaut d'accord des parties sur ces points, le conseil général participe au financement des aides financières mentionnées à l'article L. 5132-2, pour les employeurs relevant du 4° de l'article L. 5132-4 lorsque ces aides sont attribuées pour le recrutement de salariés qui étaient, avant leur embauche, bénéficiaires du revenu de solidarité active financé par le département.

La participation mentionnée au troisième alinéa du présent article est déterminée, dans des conditions fixées par décret, par référence au montant forfaitaire mentionné (L. 2015-994 du 17 août 2015, art. 59, V et 60, I, JO 18, entrée en vigueur le 01.01.2016) «à» l'article L. 262-2 du code de l'action sociale et des familles applicable à une personne isolée. Dans ce cas, la convention prévoit le nombre prévisionnel d'aides attribuées aux ateliers et chantiers d'insertion au titre de l'embauche de ces personnes.

Art. D. 5132-41. (D. 2014-728 du 27 juin 2014, JO 29, entrée en vigueur le 01.07.2014) Pour l'application du troisième alinéa de l'article L. 5132-3-1, la participation mensuelle du département aux aides financières est égale, pour chaque salarié en insertion qui était, avant son embauche, bénéficiaire du revenu de solidarité active financé par le département, à 88 % du montant forfaitaire mentionné (D. 2015-1710 du 21 déc. 2015, art. 4, IV, JO 22, entrée en vigueur le 01.01.2016) « à » l'article L. 262-2 du code de l'action sociale et des familles applicable à un foyer composé d'une seule personne, dans la limite de la durée de conventionnement avec la structure d'insertion par l'activité économique concernée.

SECTION 3. Mise en œuvre des actions d'insertion par l'activité économique

Sous-section 1. Structures d'insertion par l'activité économique

Art. L. 5132-4. Les structures d'insertion par l'activité économique pouvant conclure des conventions avec l'État sont:
1° Les entreprises d'insertion;
2° Les entreprises de travail temporaire d'insertion;
3° Les associations intermédiaires;
4° Les ateliers et chantiers d'insertion.

Sous-section 2. Entreprises d'insertion

Art. L. 5132-5. (L. 2008-1249 du 1er déc. 2008, art. 18, JO 3, entrée en vigueur le 01.06.2009) Les entreprises d'insertion concluent avec des personnes sans emploi rencontrant des difficultés sociales et professionnelles particulières des contrats à durée déterminée en application de l'article L. 1242-3.

(L. 2014-288 du 5 mars 2014, art. 20, I, 8°, JO 6) «Pendant l'exécution de ces contrats, une ou plusieurs conventions conclues en vertu de l'article L. 5135-4 peuvent prévoir une période de mise en situation en milieu professionnel auprès d'un autre employeur dans les conditions prévues au chapitre V du présent titre.»

La durée de ces contrats ne peut être inférieure à quatre mois (L. 2015-994 du 17 août 2015, art. 46, JO 18) «, sauf pour les personnes ayant fait l'objet d'une condamnation et bénéficiant d'un aménagement de peine».

Ces contrats peuvent être renouvelés dans la limite d'une durée totale de vingt-quatre mois.

À titre dérogatoire, ces contrats peuvent être renouvelés au-delà de la durée maximale prévue en vue de permettre d'achever une action de formation professionnelle en cours de réalisation à l'échéance du contrat. La durée de ce renouvellement ne peut excéder le terme de l'action concernée.

À titre exceptionnel, lorsque des salariés âgés de cinquante ans et plus ou des personnes reconnues travailleurs handicapés rencontrent des difficultés particulières qui font obstacle à leur insertion durable dans l'emploi, ce contrat de travail peut être prolongé au-delà de la durée maximale prévue. Cette prolongation peut être accordée par l'institution mentionnée à l'article L. 5312-1 après examen de la situation du salarié au regard de l'emploi, de la capacité contributive de l'employeur et des actions d'accompagnement et de formation conduites dans le cadre de la durée initialement prévue du contrat.

La durée hebdomadaire de travail du salarié embauché dans ce cadre ne peut être inférieure à vingt heures. Elle peut varier sur tout ou partie de la période couverte par le contrat sans dépasser la durée légale hebdomadaire. Les périodes travaillées permettent de valider des trimestres de cotisations d'assurance vieillesse dans les conditions de l'article L. 351-2 du code de la sécurité sociale.

Ce contrat peut être suspendu, à la demande du salarié, afin de lui permettre:

1° En accord avec son employeur, d'effectuer une (L. 2014-288 du 5 mars 2014, art. 20, I, 8°, JO 6) «période de mise en situation en milieu professionnel dans les conditions prévues au chapitre V du présent titre» ou une action concourant à son insertion professionnelle;

2° D'accomplir une période d'essai afférente à une offre d'emploi visant une embauche en contrat de travail à durée indéterminée ou à durée déterminée au moins égale à six mois.

En cas d'embauche à l'issue de cette (L. 2014-288 du 5 mars 2014, art. 20, I, 8°, JO 6) «période de mise en situation en milieu professionnel, d'une action concourant à son insertion professionnelle,» ou de cette période d'essai, le contrat est rompu sans préavis.

(L. 2015-994 du 17 août 2015, art. 46, JO 18) «Par dérogation aux dispositions relatives à la rupture avant terme du contrat de travail à durée déterminée prévues à l'article L. 1243-2, le contrat peut être rompu avant son terme, à l'initiative du salarié, lorsque la rupture a pour objet de lui permettre de suivre une formation conduisant à une qualification prévue à l'article L. 6314-1.»

Sous-section 1 (réglementaire). **Convention**

Art. R. 5132-1. Après consultation du conseil départemental de l'insertion par l'activité économique, et en tenant compte de l'offre existante pour assurer un développement équilibré des actions d'insertion, le préfet peut conclure les conventions prévues à l'article L. 5132-2 avec des (D. 2014-197 du 21 févr. 2014, art. 1er, JO 23) «entreprises candidates au conventionnement d'entreprise d'insertion», quelle que soit leur forme juridique, (D. 2014-197 du 21 févr. 2014, art. 1er, JO 23) «contribuant à l'insertion professionnelle des personnes» mentionnées à l'article L. 5132-1.

Art. R. 5132-2. (D. 2014-197 du 21 févr. 2014, art. 2, JO 23) La convention conclue avec une entreprise d'insertion comporte notamment:

1° Une présentation du projet d'insertion de la structure précisant:

a) Les caractéristiques générales de la structure;

b) Les principales caractéristiques des personnes en difficulté embauchées (D. 2016-531 du 27 avril 2016, JO 30) «ou des personnes détenues ayant signé un acte d'engagement tel que défini à l'article R. 57-9-2 du code de procédure pénale»;

c) Les modalités d'accompagnement des salariés en insertion et de collaboration avec, d'une part, (D. 2014-524 du 22 mai 2014, art. 16, JO 24) «Pôle emploi» et, d'autre part, les organismes chargés de l'insertion sociale et professionnelle de ces personnes;

d) Le cas échéant, la mention de l'existence d'une autre convention au titre d'une structure de l'insertion par l'activité économique;

e) L'adéquation du projet économique et social de la structure avec l'environnement local et l'offre d'insertion déjà existante;

2° La présentation des moyens en personnel ainsi que des moyens matériels et financiers mobilisés pour mettre en œuvre le projet d'insertion de la structure et accomplir les tâches administratives et les obligations comptables résultant de l'activité de l'entreprise d'insertion;

3° Le nombre de postes d'insertion ouvrant droit à l'aide financière prévue à l'article R. 5132-7;

4° Les engagements d'insertion pris par la structure et les indicateurs destinés à rendre compte des actions et des résultats;

5° Les modalités de dépôt des offres d'emploi auprès de (D. 2014-524 du 22 mai 2014, art. 16, JO 24) «Pôle emploi»;

6° La nature et le montant des autres aides publiques directes ou privées dont la structure a bénéficié les années antérieures;

7° Les règles selon lesquelles sont rémunérés les salariés en insertion (D. 2016-531 du 27 avril 2016, JO 30) «ou les personnes détenues ayant signé un acte d'engagement» et, le cas échéant, la nature des différents contrats proposés;

8° La durée collective de travail applicable dans la structure;

9° Les modalités de suivi, de contrôle et d'évaluation de la convention;

(D. 2016-531 du 27 avril 2016, JO 30) «10° Lorsque l'entreprise d'insertion exerce son activité dans un établissement pénitentiaire, le contrat d'implantation conclu à ce titre.»

Art. R. 5132-3. (D. 2014-197 du 21 févr. 2014, art. 3, JO 23) La convention peut être conclue pour une durée maximale de trois ans avec des structures présentant des perspectives de viabilité économique; elle peut être renouvelée selon la même procédure.

Les stipulations financières des conventions pluriannuelles font l'objet d'avenants annuels.

La structure transmet chaque année au préfet ses comptes annuels et un bilan d'activité précisant pour les salariés en insertion (D. 2016-531 du 27 avril 2016, JO 30) « ou les personnes détenues ayant signé un acte d'engagement », les actions mises en œuvre et leurs résultats à l'issue du parcours dans la structure.

Ce document précise les réalisations en termes de suivi, d'accompagnement social et professionnel, d'encadrement des personnes présentant des difficultés sociales et professionnelles particulières, comportant notamment les mentions suivantes :

1° Les moyens humains et matériels affectés à la réalisation de ces actions ;

2° Les caractéristiques des personnes embauchées et de leur contrat de travail (D. 2016-531 du 27 avril 2016, JO 30) « ou des personnes détenues ayant signé un acte d'engagement » ;

3° La nature, l'objet, la durée des actions de suivi individualisé et d'accompagnement social et professionnel des personnes ;

4° Le cas échéant, les propositions d'action sociale faites à la personne pendant la durée de l'action et avant la sortie de la structure ;

5° Les propositions d'orientation professionnelle, de formation préqualifiante ou qualifiante, ou d'emploi faites aux personnes ainsi que les suites qui leur auront été données ;

6° Les résultats en termes d'accès et de retour à l'emploi des personnes sorties de la structure.

Art. R. 5132-4. (D. 2014-197 du 21 févr. 2014, art. 4, JO 23) Le préfet contrôle l'exécution de la convention. L'employeur lui fournit, à sa demande, tout élément permettant de vérifier la bonne exécution de la convention, la réalité des actions d'insertion mises en œuvre ainsi que leurs résultats.

Art. R. 5132-5. En cas de non-respect des dispositions de la convention par l'employeur, le préfet l'informe par lettre recommandée de son intention de résilier la convention. Celui-ci dispose d'un délai, qui ne peut être inférieur à (D. 2014-197 du 21 févr. 2014, art. 5, JO 23) « un mois », pour faire connaître ses observations.

Le préfet peut alors demander le reversement des sommes indûment perçues.

Art. R. 5132-6. (D. 2014-197 du 21 févr. 2014, art. 6, JO 23) Lorsque l'aide financière est obtenue à la suite de fausses déclarations ou lorsque la convention est détournée de son objet, le préfet résilie la convention après avoir observé la procédure prévue à l'article R. 5132-5. Les sommes indûment perçues donnent alors lieu à reversement.

Sous-section 2 (réglementaire). **Aide financière**

Art. R. 5132-7. L'embauche des personnes mentionnées à l'article L. 5132-1 (D. 2016-531 du 27 avril 2016, JO 30) « ou l'emploi des personnes détenues ayant signé un acte d'engagement » par les entreprises d'insertion ouvre droit, dans la limite du nombre de postes d'insertion fixé par la convention, à une (D. 2014-197 du 21 févr. 2014, art. 7, JO 23) « aide financière ».

(D. 2014-197 du 21 févr. 2014, art. 7, JO 23) « Cette aide comprend un montant socle et un montant modulé. Le montant modulé est déterminé chaque année par le préfet, dans les conditions fixées par l'article R. 5132-8, en tenant compte :

- des caractéristiques des personnes embauchées (D. 2016-531 du 27 avril 2016, JO 30) « et le cas échéant des personnes détenues ayant signé un acte d'engagement » ;
- des actions et des moyens d'insertion mis en œuvre ;
- des résultats constatés à la sortie de la structure. »

Art. R. 5132-8. (D. 2014-197 du 21 févr. 2014, art. 8, JO 23) L'aide financière est versée à l'entreprise d'insertion pour chaque poste de travail occupé à temps plein. Le cas échéant, le montant de l'aide est réduit à due proportion de l'occupation des postes.

Son montant socle, le montant maximum de la part modulée dans la limite d'un pourcentage du montant socle et ses conditions de versement sont fixés par arrêté conjoint des ministres chargés de l'emploi et du budget (D. 2016-531 du 27 avril 2016, JO 30) « respectivement pour les salariés en insertion recrutés sous contrat de travail et pour les personnes détenues ayant signé un acte d'engagement ». Un arrêté conjoint du ministre chargé de l'emploi et du ministre chargé du budget revalorise, chaque année, cette aide en fonction de l'évolution du salaire minimum de croissance à compter du 1er janvier 2015.

(D. 2015-1435 du 5 nov. 2015, JO 7) « En cas de modification de la situation juridique de l'employeur au sens de l'article L. 1224-1, le nouvel employeur est substitué dans les droits et obligations de l'employeur initial résultant de la convention prévue à l'article R. 5132-2. »

Art. R. 5132-9. (D. 2014-197 du 21 févr. 2014, art. 9, JO 23) L'aide financière mentionnée à l'article R. 5132-7 est versée, pour le compte de l'État, par l'Agence de services et de paiement.

Cette aide ne peut se cumuler pour un même poste avec une autre aide à l'emploi financée par l'État.

Art. R. 5132-10. Lorsque la durée du travail prévue au contrat de travail du salarié (D. 2016-531 du 27 avril 2016, JO 30) « ou dans l'acte d'engagement de la personne détenue » est inférieure à trente-cinq heures par semaine, le montant de l'aide au poste qu'il occupe est réduit par application du rapport entre la durée prévue au contrat (D. 2016-531 du 27 avril 2016, JO 30) « ou dans l'acte d'engagement » et :

1° La durée collective applicable à l'organisme employeur si cette durée est au moins égale à trente-cinq heures par semaine ;

2° La durée de trente-cinq heures si la durée collective du travail applicable à l'organisme employeur est inférieure à trente-cinq heures par semaine.

Sous-section 3 (réglementaire). **Périodes de mise en situation en milieu professionnel**

Note Cette sous-section a été introduite par le décret 2014-1360 du 13 novembre 2014, art. 4, JO 15.

Art. D. 5132-10-1. La convention mentionnée à l'article L. 5132-2 peut prévoir la possibilité pour l'entreprise d'insertion signataire de mettre en place des périodes de mise en situation en milieu professionnel pour ses salariés recrutés dans le cadre de contrats conclus en application de l'article L. 5132-5.

Dans ce cas, la convention précise :

1° Le nombre prévisionnel de salariés concernés ;

2° Les structures d'accueil auprès desquelles ces salariés peuvent effectuer des périodes de mise en situation en milieu professionnel ;

3° Les modalités d'accompagnement spécifiques prévues par l'entreprise d'insertion pendant ces périodes ;

4° Le ou les objets, parmi ceux mentionnés à l'article L. 5135-1, pour lesquels il pourra être mis en œuvre des périodes de mise en situation en milieu professionnel.

Art. D. 5132-10-2. Chaque période de mise en situation en milieu professionnel prescrite, en accord avec son employeur, pour un salarié en insertion, fait l'objet d'une convention selon les modalités prévues au chapitre V du présent titre, sous réserve des dispositions prévues par la présente sous-section.

Art. D. 5132-10-3. La durée cumulée de l'ensemble des périodes de mise en situation en milieu professionnel effectuées au cours du contrat conclu en application de l'article L. 5132-5 ne peut représenter plus de 25 % de la durée totale du contrat.

Art. D. 5132-10-4. L'entreprise d'insertion transmet à l'Agence de services et de paiement une copie de la convention mentionnée à l'article D. 5135-2.

Sous-section 3. **Entreprises de travail temporaire d'insertion**

Art. L. 5132-6. Les entreprises de travail temporaire dont l'activité exclusive consiste à faciliter l'insertion professionnelle des personnes sans emploi rencontrant des difficultés sociales et professionnelles particulières concluent avec ces personnes des contrats de mission.

(L. 2013-504 du 14 juin 2013, art. 12, X, JO 16) « Une durée de travail hebdomadaire inférieure à la durée (L. 2016-1088 du 8 août 2016, art. 8, XI, 4°, JO 9) « minimale mentionnée à l'article L. 3123-6 » peut être proposée à ces personnes lorsque le parcours d'insertion le justifie. »

L'activité des entreprises de travail temporaire d'insertion est soumise à l'ensemble des dispositions relatives au travail temporaire prévues au chapitre Ier du titre V du livre II de la première partie. Toutefois, par dérogation aux dispositions (Ord. 2017-1718 du 20 déc. 2017, art. 1er, I, 144°, JO 21) « des articles L. 1251-12 et L. 1251-12-1 », la durée des contrats de mission peut être portée à vingt-quatre mois, renouvellement compris.

Sous-section 1 (réglementaire). **Convention**

Note Les sous-sections 1 et 2 ont été introduites par le décret 2014-197 du 21 février 2014, art. 10, JO 23.

Art. R. 5132-10-6. Après consultation du conseil départemental de l'insertion par l'activité économique, et en tenant compte de l'offre existante pour assurer un développement équilibré des actions d'insertion, le préfet peut conclure les conventions prévues à l'article L. 5132-2 avec des entreprises candidates au conventionnement d'entreprise de travail temporaire d'insertion, quelle que soit leur forme juridique, contribuant à l'insertion professionnelle des personnes mentionnées à l'article L. 5132-1.

Art. R. 5132-10-7. La convention conclue avec une entreprise de travail temporaire d'insertion comporte notamment :

1° Une présentation du projet d'insertion de la structure précisant :

a) Les caractéristiques générales de la structure ;

b) Les principales caractéristiques des personnes en difficulté embauchées ;

c) Les modalités d'accompagnement des salariés en insertion et de collaboration avec, d'une part, (D. 2014-524 du 22 mai 2014, art. 16, JO 24) « Pôle emploi » et, d'autre part, les organismes chargés de l'insertion sociale et professionnelle de ces personnes ;

d) Le cas échéant, la mention de l'existence d'une autre convention au titre d'une structure de l'insertion par l'activité économique ;

e) L'adéquation du projet économique et social de la structure avec l'environnement local et l'offre d'insertion déjà existante ;

2° La présentation des moyens en personnel ainsi que des moyens matériels et financiers mobilisés pour mettre en œuvre le projet d'insertion de la structure et accomplir les tâches administratives et les obligations comptables résultant de l'activité de l'entreprise de travail temporaire d'insertion ;

3° Le nombre de postes d'insertion ouvrant droit à l'aide financière prévue à l'article (D. 2015-1435 du 5 nov. 2015, JO 7) « R. 5132-10-12 » ;

4° Les engagements d'insertion pris par la structure et les indicateurs destinés à rendre compte des actions et des résultats ;

5° Les modalités de dépôt des offres d'emploi auprès de (D. 2014-524 du 22 mai 2014, art. 16, JO 24) « Pôle emploi » ;

6° La nature et le montant des autres aides publiques directes ou privées dont la structure a bénéficié les années antérieures ;

7° Les modalités de suivi, de contrôle et d'évaluation de la convention.

Art. R. 5132-10-8. La convention peut être conclue pour une durée maximale de trois ans avec des structures présentant des perspectives de viabilité économique ; elle peut être renouvelée selon la même procédure.

Les stipulations financières des conventions pluriannuelles font l'objet d'avenants annuels.

La structure transmet chaque année ses comptes annuels et un bilan d'activité précisant pour les salariés en insertion, les actions mises en œuvre et leurs résultats à l'issue du parcours dans la structure.

Ce document précise les réalisations en termes de suivi, d'accompagnement social et professionnel, d'encadrement des personnes présentant des difficultés sociales et professionnelles particulières, comportant notamment les mentions suivantes :

1° Les moyens humains et matériels affectés à la réalisation de ces actions ;

2° Les caractéristiques des personnes embauchées et de leur contrat de travail ;

3° La nature, l'objet, la durée des actions de suivi individualisé et d'accompagnement social et professionnel des personnes ;

4° Le cas échéant, les propositions d'action sociale faites à la personne pendant la durée de l'action et avant la sortie de la structure ;

5° Les propositions d'orientation professionnelle, de formation préqualifiante ou qualifiante, ou d'emploi faites aux personnes ainsi que les suites qui leur auront été données ;

6° Les résultats en termes d'accès et de retour à l'emploi des personnes sorties de la structure.

Art. R. 5132-10-9. Le préfet contrôle l'exécution de la convention. L'employeur lui fournit, à sa demande, tout élément permettant de vérifier la bonne exécution de la convention, la réalité des actions d'insertion mises en œuvre ainsi que leurs résultats.

Art. R. 5132-10-10. En cas de non-respect des dispositions de la convention par l'employeur, le préfet l'informe par lettre recommandée de son intention de résilier la convention. Celui-ci dispose d'un délai, qui ne peut être inférieur à un mois, pour faire connaître ses observations.

Le préfet peut alors demander le reversement des sommes indûment perçues.

Art. R. 5132-10-11. Lorsque l'aide financière est obtenue à la suite de fausses déclarations ou lorsque la convention est détournée de son objet, le préfet résilie la convention après avoir observé la procédure prévue à l'article R. 5132-10-10. Les sommes indûment perçues donnent alors lieu à reversement.

Sous-section 2 (réglementaire). **Aide financière**

Art. R. 5132-10-12. L'embauche des personnes mentionnées à l'article L. 5132-1 par les entreprises de travail temporaire d'insertion ouvre droit, dans la limite du nombre de poste d'insertion fixé par la convention, à une aide financière. Cette aide comprend un montant socle et un montant modulé. Le montant modulé est déterminé chaque année par le préfet, dans les conditions fixées par l'article R. 5132-10-13, en tenant compte :
- des caractéristiques des personnes embauchées ;
- des actions et des moyens d'insertion mis en œuvre ;
- des résultats constatés à la sortie de la structure.

Art. R. 5132-10-13. L'aide financière est versée à l'entreprise de travail temporaire d'insertion pour chaque poste de travail occupé à temps plein. Le cas échéant, le montant de l'aide est réduit à due proportion de l'occupation des postes.

Son montant socle, le montant maximum de la part modulée dans la limite d'un pourcentage du montant socle et ses conditions de versement sont fixés par arrêté conjoint des ministres chargés de l'emploi et du budget. Un arrêté conjoint du ministre chargé de l'emploi et du ministre chargé du budget revalorise, chaque année, cette aide en fonction de l'évolution du salaire minimum de croissance à compter du 1er janvier 2015.

Art. R. 5132-10-14. L'aide financière mentionnée à l'article R. 5132-10-12 est versée, pour le compte de l'État, par l'Agence de services et de paiement.

Cette aide ne peut se cumuler pour un même poste avec une autre aide à l'emploi financée par l'État.

Sous-section 4. **Associations intermédiaires**

Art. L. 5132-7. Les associations intermédiaires sont des associations conventionnées par l'État ayant pour objet l'embauche des personnes sans emploi, rencontrant des difficultés sociales et professionnelles particulières, en vue de faciliter leur insertion professionnelle en les mettant à titre onéreux à disposition de personnes physiques ou de personnes morales.

L'association intermédiaire assure l'accueil des personnes ainsi que le suivi et l'accompagnement de ses salariés en vue de faciliter leur insertion sociale et de rechercher les conditions d'une insertion professionnelle durable.

(L. 2013-504 du 14 juin 2013, art. 12, X, JO 16) « Une durée de travail hebdomadaire inférieure à la durée (L. 2016-1088 du 8 août 2016, art. 8, XI, 4°, JO 9) « minimale mentionnée à l'article L. 3123-6 » peut être proposée aux salariés lorsque le parcours d'insertion le justifie. »

Une association intermédiaire ne peut mettre une personne à disposition d'employeurs ayant procédé à un licenciement économique sur un emploi équivalent ou de même qualification dans les six mois précédant cette mise à disposition.

Art. L. 5132-8. Une convention de coopération peut être conclue entre l'association intermédiaire et l' (L. 2008-126 du 13 févr. 2008, JO 14) « institution mentionnée à l'article L. 5312-1 » définissant notamment les conditions de recrutement (L. 2018-771 du 5 sept. 2018, art. 28, I, 2°, JO 6) « , de mise à disposition et de formation des salariés de l'association intermédiaire. »

Cette convention de coopération peut également porter sur l'organisation des fonctions d'accueil, de suivi et d'accompagnement des salariés.

Cette convention peut mettre en œuvre des actions expérimentales d'insertion ou de réinsertion.

Art. L. 5132-9. Seules les associations intermédiaires qui ont conclu une convention de coopération avec l' (L. 2008-126 du 13 févr. 2008, JO 14) « institution mentionnée à l'article L. 5312-1 » peuvent effectuer des mises à disposition auprès des employeurs mentionnés à l'article L. 2212-1 dans les conditions suivantes :

1° La mise à disposition pour l'exécution d'une tâche précise et temporaire d'une durée supérieure à un seuil déterminé par décret en Conseil d'État n'est autorisée que pour les personnes ayant fait l'objet de l'agrément de l' (L. 2008-126 du 13 févr. 2008, JO 14) « institution mentionnée à l'article L. 5312-1 » mentionné à l'article L. 5132-3 ;

(L. 2008-1249 du 1er déc. 2008, art. 19, JO 3, entrée en vigueur le 01.06.2009) « 2° La durée totale des mises à disposition d'un même salarié ne peut excéder une durée déterminée par décret, pour une durée de vingt-quatre mois à compter de la première mise à disposition. Dans l'attente du décret susmentionné, cette durée est fixée à 480 heures. »

Ces dispositions ne sont pas applicables en cas de mise à disposition auprès de personnes physiques pour des activités ne ressortissant pas à leurs exercices professionnels et de personnes morales de droit privé à but non lucratif.

Art. L. 5132-10. Une personne mise à disposition par une association intermédiaire ne peut en aucun cas être embauchée pour accomplir des travaux particulièrement dangereux qui figurent sur une liste établie par l'autorité administrative.

Art. L. 5132-11. Pour les mises à disposition entrant dans le champ de l'article L. 5132-9, la rémunération du salarié, au sens de l'article L. 3221-3, ne peut être inférieure à celle que percevrait un salarié de qualification équivalente occupant le même poste de travail dans l'entreprise, après période d'essai.

Le salarié d'une association intermédiaire peut être rémunéré soit sur la base du nombre d'heures effectivement travaillées chez l'utilisateur, soit sur la base d'un nombre d'heures forfaitaire déterminé dans le contrat pour les activités autres que celles mentionnées à l'article L. 5132-9.

Le paiement des jours fériés est dû au salarié d'une association intermédiaire mis à disposition des employeurs mentionnés à l'article L. 221[1]-1 dès lors que les salariés de cette personne morale en bénéficient.

Art. L. 5132-11-1. (L. 2008-1249 du 1er déc. 2008, art. 18, JO 3, entrée en vigueur le 01.06.2009) Les associations intermédiaires peuvent conclure avec des personnes sans emploi rencontrant des difficultés sociales et professionnelles particulières des contrats à durée déterminée en application de l'article L. 1242-3.

(L. 2014-288 du 5 mars 2014, art. 20, I, 9°, JO 6) « Pendant l'exécution de ces contrats, une ou plusieurs conventions conclues en vertu de l'article L. 5135-4 peuvent prévoir une période de mise en situation en milieu professionnel auprès d'un autre employeur dans les conditions prévues au chapitre V du présent titre. »

La durée de ces contrats ne peut être inférieure à quatre mois (L. 2015-994 du 17 août 2015, art. 46, JO 18) « , sauf pour les personnes ayant fait l'objet d'une condamnation et bénéficiant d'un aménagement de peine ».

Ces contrats peuvent être renouvelés dans la limite d'une durée totale de vingt-quatre mois.

À titre dérogatoire, ces contrats peuvent être renouvelés au-delà de la durée maximale prévue en vue de permettre d'achever une action de formation professionnelle en cours de réalisation à l'échéance du contrat. La durée de ce renouvellement ne peut excéder le terme de l'action concernée.

À titre exceptionnel, lorsque des salariés âgés de cinquante ans et plus ou des personnes reconnues travailleurs handicapés rencontrent des difficultés particulières qui font obstacle à leur insertion durable dans l'emploi, ce contrat de travail peut être prolongé au-delà de la durée maximale prévue. Cette prolongation peut être accordée par l'institution mentionnée à l'article L. 5312-1 après examen de la situation du salarié au regard de l'emploi, de la capacité contributive de l'employeur et des actions d'accompagnement et de formation conduites dans le cadre de la durée initialement prévue du contrat.

La durée hebdomadaire de travail du salarié embauché dans ce cadre ne peut être inférieure à vingt heures. Elle peut varier sur tout ou partie de la période couverte par le contrat sans dépasser la durée légale hebdomadaire. Les périodes travaillées permettent de valider des trimestres de cotisations d'assurance vieillesse dans les conditions de l'article L. 351-2 du code de la sécurité sociale.

Ce contrat peut être suspendu, à la demande du salarié, afin de lui permettre :

1° En accord avec son employeur, d'effectuer une (L. 2014-288 du 5 mars 2014, art. 20, I, 9°, JO 6) « période de mise en situation en milieu professionnel dans les conditions prévues au chapitre V du présent titre » ou une action concourant à son insertion professionnelle ;

2° D'accomplir une période d'essai afférente à une offre d'emploi visant une embauche en contrat de travail à durée indéterminée ou à durée déterminée au moins égale à six mois.

En cas d'embauche à l'issue de cette (L. 2014-288 du 5 mars 2014, art. 20, I, 9°, JO 6) «période de mise en situation en milieu professionnel, d'une action concourant à son insertion professionnelle,» ou de cette période d'essai, le contrat est rompu sans préavis.

(L. 2015-994 du 17 août 2015, art. 46, JO 18) «Par dérogation aux dispositions relatives à la rupture avant terme du contrat de travail à durée déterminée prévues à l'article L. 1243-2, le contrat peut être rompu avant son terme, à l'initiative du salarié, lorsque la rupture a pour objet de lui permettre de suivre une formation conduisant à une qualification prévue à l'article L. 6314-1.»

Art. L. 5132-13. Les salariés des associations intermédiaires ont droit à la formation professionnelle continue:

1° Soit à l'initiative de l'employeur, dans le cadre du plan de formation de l'association ou des actions de formation en alternance;

2° Soit à l'initiative du salarié, dans le cadre d'un (Ord. 2019-861 du 21 août 2019, art. 1er, 4°, JO 22) «congé spécifique mentionné à l'article L. 6323-17-1» ou d'un congé de bilan de compétences.

Art. L. 5132-14. Lorsque l'activité de l'association intermédiaire est exercée dans les conditions de la présente sous-section, ne sont pas applicables:

1° Les sanctions relatives au travail temporaire, prévues aux articles (L. 2016-1088 du 8 août 2016, art. 85, VI, JO 9) « L. 1255-1 à L. 1255-12»;

2° Les sanctions relatives au marchandage, prévues aux articles L. 8234-1 et L. 8234-2;

3° Les sanctions relatives au prêt illicite de main-d'œuvre, prévues aux articles L. 8243-1 et L. 8243-2.

Les sanctions prévues en cas de non-respect des dispositions auxquelles renvoie l'article L. 8241-2, relatives aux opérations de prêt de main-d'œuvre à but non lucratif, sont applicables.

Sous-section 1 (réglementaire). **Convention**

Art. R. 5132-11. (D. 2014-197 du 21 févr. 2014, art. 11, JO 23, entrée en vigueur le 01.07.2014) Après consultation du conseil départemental de l'insertion par l'activité économique et en tenant compte de l'offre existante pour assurer un développement équilibré des actions d'insertion, le préfet peut conclure les conventions prévues à l'article L. 5132-7 avec des associations candidates au statut d'association intermédiaire contribuant à l'insertion professionnelle des personnes mentionnées à l'article L. 5132-1. Cette convention peut porter sur tout ou partie des activités d'insertion des associations candidates.

Art. R. 5132-12. (D. 2014-197 du 21 févr. 2014, art. 12, JO 23, entrée en vigueur le 01.07.2014) La convention conclue avec une association intermédiaire comporte notamment:

1° Une présentation du projet d'insertion de la structure précisant:

a) Les caractéristiques générales de la structure;

b) Les principales caractéristiques des personnes en difficulté embauchées;

c) Les modalités d'accompagnement des personnes accueillies et des salariés en insertion ainsi que les modalités de collaboration avec, d'une part, Pôle emploi et, d'autre part, les organismes chargés de l'insertion sociale et professionnelle de ces personnes;

d) Le cas échéant, la mention de l'existence d'une autre convention au titre d'une structure de l'insertion par l'activité économique;

e) L'adéquation du projet économique et social de la structure avec l'environnement local et l'offre d'insertion déjà existante;

f) Le territoire dans lequel l'association se propose d'exercer son activité;

2° La présentation des moyens en personnel ainsi que des moyens matériels et financiers mobilisés pour:

a) Accomplir les tâches administratives et les obligations comptables résultant de l'activité de l'association;

b) Mettre en œuvre le projet d'insertion de la structure;

c) Assurer une permanence d'une durée au moins équivalente à trois jours par semaine pour l'accueil des publics et la réception des offres d'activité;

3° Le nombre de postes d'insertion, ouvrant droit à l'aide financière prévue à l'article R. 5132-23;

4° Les engagements d'insertion pris par la structure et les indicateurs destinés à rendre compte des actions et des résultats;

5° Les conditions de coopération envisagées avec l'institution mentionnée à l'article L. 5312-1 [Pôle emploi] afin de favoriser l'insertion dans l'emploi des personnes dont l'association assure le suivi ainsi que les modalités de dépôt des offres d'emploi auprès de cette institution [cet établissement];

6° La nature et le montant des autres aides publiques directes ou privées dont la structure a bénéficié les années antérieures;

7° Les modalités de suivi, de contrôle et d'évaluation de la convention.

Art. R. 5132-13. (D. 2014-197 du 21 févr. 2014, art. 13, JO 23, entrée en vigueur le 01.07.2014) La convention peut être conclue pour une durée maximale de trois ans avec des structures présentant des perspectives de viabilité économique; elle peut être renouvelée selon la même procédure.

Les stipulations financières des conventions pluriannuelles font l'objet d'avenants annuels.

La structure transmet chaque année ses comptes annuels et un bilan d'activité précisant pour les salariés en insertion, les actions mises en œuvre et leurs résultats à l'issue du parcours dans la structure.

Ce document précise les réalisations en termes de suivi, d'accompagnement social et professionnel, d'encadrement des personnes présentant des difficultés sociales et professionnelles particulières, comportant notamment les mentions suivantes:

1° Les moyens humains et matériels affectés à la réalisation de ces actions;

2° Les caractéristiques des personnes embauchées et de leur contrat de travail;

3° La nature, l'objet, la durée des actions de suivi individualisé et d'accompagnement social et professionnel des personnes;

4° Le cas échéant, les propositions d'action sociale faites à la personne pendant la durée de l'action et avant la sortie de la structure;

5° Les propositions d'orientation professionnelle, de formation préqualifiante ou qualifiante, ou d'emploi faites aux personnes ainsi que les suites qui leur auront été données;

6° Les résultats en termes d'accès et de retour à l'emploi des personnes sorties de la structure.

Art. R. 5132-15. (D. 2014-197 du 21 févr. 2014, art. 14, JO 23, entrée en vigueur le 01.07.2014) Le préfet contrôle l'exécution de la convention. L'employeur lui fournit, à sa demande, tout élément permettant de vérifier la bonne exécution de la convention, la réalité des actions d'insertion mises en œuvre ainsi que leurs résultats.

Art. R. 5132-16. (D. 2014-197 du 21 févr. 2014, art. 15, JO 23, entrée en vigueur le 01.07.2014) En cas de non-respect des dispositions de la convention par l'employeur, le préfet l'informe par lettre recommandée de son intention de résilier la convention. Celui-ci dispose d'un délai, qui ne peut être inférieur à un mois, pour faire connaître ses observations.

Le préfet peut alors demander le reversement des sommes indûment perçues.

Sous-section 2 (réglementaire). **Convention de coopération et mise à disposition**

Art. R. 5132-17. La convention de coopération prévue à l'article L. 5132-8 comporte, notamment:

1° Les modalités de mise en relation des candidats avec l'association intermédiaire;

2° Les modalités selon lesquelles l'association informe l'agence locale pour l'emploi de toute évolution de la situation de ses salariés justifiant son intervention;

3° Les actions susceptibles d'être réalisées par l'agence pour faciliter l'accès à l'emploi des personnes salariées de l'association;

4° Le cas échéant, les conditions dans lesquelles l'association intermédiaire réalise des prestations pour le compte de (D. 2014-524 du 22 mai 2014, art. 16, JO 24) «Pôle emploi», ainsi que les conditions de financement de ces prestations.

Art. R. 5132-18. En application de l'article L. 5132-9, les conditions suivantes doivent être respectées:

1° Le seuil prévu au 1° de l'article précité est de 16 heures;

2° La durée totale mentionnée au 2° de ce même article est de (D. 2014-197 du 21 févr. 2014, art. 16, JO 23, entrée en vigueur le 01.07.2014) «480 heures».

Art. R. 5132-19. L'association intermédiaire ne peut pas mettre ses salariés à disposition d'employeurs pour des activités situées hors du territoire défini dans la convention conclue par elle avec l'État.

Art. R. 5132-20. Un contrat est établi par écrit entre l'association intermédiaire et la personne, dite l'utilisateur, à la disposition de laquelle elle met un ou plusieurs salariés.

Le contrat comporte notamment :

1° Le nom des salariés mis à disposition ;

2° Les tâches à remplir ;

3° Le lieu où elles s'exécutent ;

4° Le terme de la mise à disposition ;

5° Lorsque l'utilisateur est une entreprise, le montant de la rémunération avec ses différentes composantes, y compris, s'il en existe, les primes et accessoires de salaire que percevrait après période d'essai un salarié de qualification équivalente occupant le même poste de travail ;

6° La nature des équipements de protection individuelle que le salarié doit utiliser en précisant, le cas échéant, s'ils sont fournis par l'association intermédiaire.

Art. R. 5132-21. Les travaux particulièrement dangereux figurant sur la liste prévue à l'article L. 5132-10 sont ceux mentionnés à l'article D. 4154-1.

Art. R. 5132-22. La convention conclue avec l'État peut être résiliée par le préfet si l'association intermédiaire effectue des mises à disposition pour la réalisation de travaux particulièrement dangereux pour lesquels il ne peut être fait appel à des salariés sous contrat de travail à durée déterminée, en application de l'article L. 1242-6, ou ne respecte pas les conditions de mise à disposition mentionnées à l'article L. 5132-9.

Sous-section 3 (réglementaire). **Aide financière**

Art. R. 5132-23. (D. 2014-197 du 21 févr. 2014, art. 17, JO 23, entrée en vigueur le 01.07.2014) L'embauche des personnes mentionnées à l'article L. 5132-1 par les associations intermédiaires ouvre droit, dans la limite du nombre de postes d'insertion fixé par la convention, à une aide financière.

Cette aide comprend un montant socle et un montant modulé. Le montant modulé est déterminé chaque année par le préfet, dans les conditions fixées par l'article R. 5132-24, en tenant compte :
- des caractéristiques des personnes embauchées ;
- des actions et des moyens d'insertion mis en œuvre ;
- des résultats constatés à la sortie de la structure.

Art. R. 5132-24. (D. 2014-197 du 21 févr. 2014, art. 18, JO 23, entrée en vigueur le 01.07.2014) L'aide financière est versée à l'association intermédiaire pour chaque poste de travail occupé à temps plein. Le cas échéant, le montant de l'aide est réduit à due proportion de l'occupation des postes.

Son montant socle, le montant maximum de la part modulée dans la limite d'un pourcentage du montant socle et ses conditions de versement sont fixés par arrêté conjoint des ministres chargés de l'emploi et du budget. Un arrêté conjoint du ministre chargé de l'emploi et du ministre chargé du budget revalorise, chaque année, cette aide en fonction de l'évolution du salaire minimum de croissance à compter du 1er janvier 2015.

Art. R. 5132-25. (D. 2014-197 du 21 févr. 2014, art. 19, JO 23, entrée en vigueur le 01.07.2014) L'aide financière mentionnée à l'article R. 5132-23 est versée, pour le compte de l'État, par l'Agence de services et de paiement.

Cette aide ne peut se cumuler pour un même poste avec une autre aide à l'emploi financée par l'État.

(D. 2015-1435 du 5 nov. 2015, JO 7) « En cas de modification de la situation juridique de l'employeur au sens de l'article L. 1224-1, le nouvel employeur est substitué dans les droits et obligations de l'employeur initial résultant de la convention prévue à l'article R. 5132-12. »

Art. R. 5132-26. (D. 2014-197 du 21 févr. 2014, art. 20, JO 23, entrée en vigueur le 01.07.2014) Lorsque l'aide financière est obtenue à la suite de fausses déclarations ou lorsque la convention est détournée de son objet, le préfet résilie la convention après avoir observé la procédure prévue à l'article R. 5132-16. Les sommes indûment perçues donnent alors lieu à reversement.

Sous-section 4 (réglementaire). **Périodes de mise en situation en milieu professionnel**

Note Cette sous-section a été introduite par le décret 2014-1360 du 13 novembre 2014, art. 5, JO 15.

Art. D. 5132-26-1. La convention mentionnée à l'article L. 5132-2 peut prévoir la possibilité, pour l'association intermédiaire signataire, de mettre en place des périodes de mise en situation en milieu professionnel pour ses salariés recrutés dans le cadre de contrats conclus en application de l'article L. 5132-11-1.

Dans ce cas, la convention précise :

1° Le nombre prévisionnel de salariés concernés ;

2° Les structures d'accueil auprès desquelles ces salariés peuvent effectuer des périodes de mise en situation en milieu professionnel ;

3° Les modalités d'accompagnement spécifiques prévues par l'association intermédiaire pendant ces périodes ;

4° Le ou les objets, parmi ceux mentionnés à l'article L. 5135-1, pour lesquels il pourra être mis en œuvre des périodes de mise en situation en milieu professionnel.

Art. D. 5132-26-2. Chaque période de mise en situation en milieu professionnel prescrite, en accord avec son employeur, pour un salarié en insertion fait l'objet d'une convention selon les modalités prévues au chapitre V du présent titre, sous réserve des dispositions prévues par la présente sous-section.

Art. D. 5132-26-3. La durée cumulée de l'ensemble des périodes de mise en situation en milieu professionnel effectuées au cours du contrat conclu en application de l'article L. 5132-11-1 ne peut représenter plus de 25 % de la durée totale du contrat.

Art. D. 5132-26-4. L'association intermédiaire transmet à l'Agence de services et de paiement une copie de la convention mentionnée à l'article D. 5135-2.

Sous-section 5 (réglementaire). **Suivi de l'état de santé des salariés de l'association intermédiaire**

Note Cette sous-section a été introduite par le décret 2012-135 du 30 janvier 2012, JO 31, entrée en vigueur le 01.07.2012.

Art. R. 5132-26-6. L'association intermédiaire assure le suivi (D. 2016-1908 du 27 déc. 2016, art. 19, II, 2°, JO 29, entrée en vigueur le 01.01.2017) « de l'état de santé » des personnes mises à disposition d'un utilisateur par un service de santé au travail interentreprises.

Art. R. 5132-26-7. (D. 2016-1908 du 27 déc. 2016, art. 19, II, 3°, JO 29, entrée en vigueur le 01.01.2017) « La visite d'information et de prévention et l'examen médical d'embauche » de la personne mise à disposition d'un utilisateur (D. 2016-1908 du 27 déc. 2016, art. 19, II, 3°, JO 29, entrée en vigueur le 01.01.2017) « sont organisés » par l'association intermédiaire, dès sa première mise à disposition ou au plus tard dans le mois suivant.

Art. R. 5132-26-8. (D. 2016-1908 du 27 déc. 2016, art. 19, II, 4°, JO 29, entrée en vigueur le 01.01.2017) Les visites réalisées en application des sous-sections 1 et 2 de la section 2 du chapitre IV du titre II du livre VI de la quatrième partie du présent code peuvent être effectuées pour plusieurs emplois, dans la limite de trois.

Sous-section 5. **Ateliers et chantiers d'insertion**

Art. L. 5132-15. Les ateliers et chantiers d'insertion conventionnés par l'État sont organisés par les employeurs figurant sur une liste.

Ils ont pour mission :

1° D'assurer l'accueil, l'embauche et la mise au travail sur des actions collectives des personnes sans emploi rencontrant des difficultés sociales et professionnelles particulières ;

2° D'organiser le suivi, l'accompagnement, l'encadrement technique et la formation de leurs salariés en vue de faciliter leur insertion sociale et de rechercher les conditions d'une insertion professionnelle durable.

Art. L. 5132-15-1. (L. 2008-1249 du 1er déc. 2008, art. 18, JO 3, entrée en vigueur le 01.06.2009) Les ateliers et chantiers d'insertion (L. 2014-288 du 5 mars 2014, art. 20, I, 15°, JO 6) « , quel que soit leur statut juridique, » peuvent conclure avec des personnes sans emploi rencontrant des difficultés sociales et professionnelles particulières des contrats à durée déterminée en application de l'article L. 1242-3.

(L. 2014-288 du 5 mars 2014, art. 20, I, 10°, JO 6) « Pendant l'exécution de ces contrats, une ou plusieurs conventions conclues en vertu de l'article L. 5135-4 peuvent prévoir une période de mise en situation en milieu professionnel auprès d'un autre employeur dans les conditions prévues au chapitre V du présent titre. »

La durée de ces contrats ne peut être inférieure à quatre mois (L. 2015-994 du 17 août 2015, art. 46, JO 18) «, sauf pour les personnes ayant fait l'objet d'une condamnation et bénéficiant d'un aménagement de peine».

Ces contrats peuvent être renouvelés dans la limite d'une durée totale de vingt-quatre mois.

À titre dérogatoire, ces contrats peuvent être renouvelés au-delà de la durée maximale prévue en vue de permettre d'achever une action de formation professionnelle en cours de réalisation à l'échéance du contrat. La durée de ce renouvellement ne peut excéder le terme de l'action concernée.

(L. 2016-1088 du 8 août 2016, art. 53, JO 9) «À titre exceptionnel, ce contrat de travail peut être prolongé par Pôle emploi, au-delà de la durée maximale prévue, après examen de la situation du salarié au regard de l'emploi, de la capacité contributive de l'employeur et des actions d'accompagnement et de formation conduites dans le cadre de la durée initialement prévue du contrat:

a) Lorsque des salariés âgés de cinquante ans et plus ou des personnes reconnues travailleurs handicapés rencontrent des difficultés particulières qui font obstacle à leur insertion durable dans l'emploi, quel que soit leur statut juridique;

b) Lorsque des salariés rencontrent des difficultés particulièrement importantes dont l'absence de prise en charge ferait obstacle à leur insertion professionnelle, par décisions successives d'un an au plus, dans la limite de soixante mois.»

La durée hebdomadaire de travail du salarié embauché dans ce cadre ne peut être inférieure à vingt heures, (L. 2014-288 du 5 mars 2014, art. 20, I, 15°, JO 6) «sauf lorsque le contrat le prévoit pour prendre en compte les difficultés particulièrement importantes de l'intéressé». Elle peut varier sur tout ou partie de la période couverte par le contrat sans dépasser la durée légale hebdomadaire. Les périodes travaillées permettent de valider des trimestres de cotisations d'assurance vieillesse dans les conditions de l'article L. 351-2 du code de la sécurité sociale.

Ce contrat peut être suspendu, à la demande du salarié, afin de lui permettre:

1° En accord avec son employeur, d'effectuer une (L. 2014-288 du 5 mars 2014, art. 20, I, 10°, JO 6) «période de mise en situation en milieu professionnel dans les conditions prévues au chapitre V du présent titre» ou une action concourant à son insertion professionnelle;

2° D'accomplir une période d'essai afférente à une offre d'emploi visant une embauche en contrat de travail à durée indéterminée ou à durée déterminée au moins égale à six mois.

En cas d'embauche à l'issue de cette (L. 2014-288 du 5 mars 2014, art. 20, I, 10°, JO 6) «période de mise en situation en milieu professionnel, d'une action concourant à son insertion professionnelle,» ou de cette période d'essai, le contrat est rompu sans préavis.

(L. 2014-288 du 5 mars 2014, art. 20, I, 15°, JO 6) «Un décret définit les conditions dans lesquelles la dérogation à la durée hebdomadaire de travail minimale prévue au septième alinéa peut être accordée.»

(L. 2015-994 du 17 août 2015, art. 46, JO 18) «Par dérogation aux dispositions relatives à la rupture avant terme du contrat de travail à durée déterminée prévues à l'article L. 1243-2, le contrat peut être rompu avant son terme, à l'initiative du salarié, lorsque la rupture a pour objet de lui permettre de suivre une formation conduisant à une qualification prévue à l'article L. 6314-1.»

Sous-section 1 (réglementaire). **Conventions**

Art. R. 5132-27. (D. 2014-197 du 21 févr. 2014, art. 21, JO 23, entrée en vigueur le 01.07.2014) Après consultation du conseil départemental de l'insertion par l'activité économique et en tenant compte de l'offre existante pour assurer un développement équilibré des actions d'insertion sociale et professionnelle, le préfet peut conclure des conventions pour la mise en place d'un ou plusieurs ateliers et chantiers d'insertion avec:

1° Un organisme de droit privé à but non lucratif ayant pour objet l'embauche de personnes mentionnées à l'article L. 5132-1 (D. 2016-531 du 27 avril 2016, JO 30) «ou l'emploi de personnes détenues ayant signé un acte d'engagement» afin de faciliter leur insertion sociale et professionnelle en développant des activités ayant principalement un caractère d'utilité sociale;

2° Un centre communal ou intercommunal d'action sociale;

3° Une commune;

4° Un établissement public de coopération intercommunale;

5° Un syndicat mixte;

6° Les départements ;

7° Une chambre d'agriculture ;

8° Un établissement d'enseignement professionnel et d'enseignement agricole de l'État ;

9° L'Office national des forêts.

Art. R. 5132-28. (D. 2014-197 du 21 févr. 2014, art. 22, JO 23, entrée en vigueur le 01.07.2014) La convention conclue pour la mise en place d'un ou plusieurs ateliers et chantiers d'insertion comporte notamment :

1° Une présentation du projet d'insertion de l'organisme conventionné précisant :

a) Le statut juridique de l'organisme porteur ;

b) Le nombre, l'objet, la durée et les caractéristiques des ateliers et chantiers d'insertion ;

c) Les modalités d'accompagnement des salariés en insertion (D. 2016-531 du 27 avril 2016, JO 30) « ou des personnes détenues ayant signé un acte d'engagement » et de collaboration avec, d'une part, l'institution mentionnée à l'article L. 5312-1 du code du travail et, d'autre part, les organismes chargés de l'insertion sociale et professionnelle de ces personnes ;

d) Le cas échéant, la mention de l'existence d'une autre convention au titre d'une structure de l'insertion par l'activité économique ;

e) L'adéquation du projet économique et social des ateliers et chantiers d'insertion avec l'environnement local et l'offre d'insertion déjà existante ;

f) Le territoire dans lequel les ateliers et chantiers d'insertion sont réalisés ;

(D. 2016-531 du 27 avril 2016, JO 30) « *g)* Lorsque l'activité est réalisée dans un établissement pénitentiaire, le contrat d'implantation conclu à ce titre ; »

2° La présentation des moyens en personnel ainsi que des moyens matériels et financiers mobilisés pour mettre en œuvre le projet d'insertion de l'organisme conventionné et accomplir les tâches administratives et les obligations comptables résultant de l'activité de l'organisme conventionné ;

3° Le nombre de postes d'insertion susceptibles d'être conventionnés ouvrant droit à l'aide financière prévue à l'article R. 5132-37 et, le cas échéant, leur affectation entre les différents ateliers et chantiers d'insertion ;

4° Les engagements d'insertion pris par l'organisme conventionné et les indicateurs destinés à rendre compte des actions et des résultats ;

5° Les modalités de dépôt des offres d'emploi auprès de l'institution précitée ;

6° La nature et le montant des aides publiques et privées dont l'organisme conventionné est susceptible de bénéficier pour réaliser des ateliers et chantiers d'insertion et, pour ceux qui ont une activité de commercialisation, le montant des ressources tirées de la commercialisation des biens et services produits ;

7° Les modalités de suivi, de contrôle et d'évaluation de la convention.

Art. R. 5132-29. (D. 2014-197 du 21 févr. 2014, art. 23, JO 23, entrée en vigueur le 01.07.2014) La convention pour la mise en place d'un ou plusieurs chantiers d'insertion peut être conclue pour une durée maximale de trois ans avec des organismes présentant des perspectives de viabilité économique ; elle peut être renouvelée selon la même procédure.

Les stipulations financières des conventions pluriannuelles font l'objet d'avenants annuels.

L'organisme conventionné au titre d'un atelier ou chantier d'insertion transmet chaque année ses comptes annuels et un bilan d'activité précisant (D. 2016-531 du 27 avril 2016, JO 30) « respectivement » pour les salariés en insertion (D. 2016-531 du 27 avril 2016, JO 30) « et les personnes détenues ayant signé un acte d'engagement », les actions mises en œuvre et leurs résultats à l'issue du parcours dans la structure.

Ce document précise les réalisations en termes de suivi, d'accompagnement social et professionnel, d'encadrement des personnes présentant des difficultés sociales et professionnelles particulières, comportant notamment les mentions suivantes :

1° Les moyens humains et matériels affectés à la réalisation de ces actions ;

2° Les caractéristiques des personnes embauchées et de leur contrat de travail (D. 2016-531 du 27 avril 2016, JO 30) « et le cas échéant des personnes détenues ayant signé un acte d'engagement » ;

3° La nature, l'objet, la durée des actions de suivi individualisé et d'accompagnement social et professionnel des personnes ;

4° Le cas échéant, les propositions d'action sociale faites à la personne pendant la durée de l'action et avant la sortie de la structure ;

5° Les propositions d'orientation professionnelle, de formation préqualifiante ou qualifiante, ou d'emploi faites aux personnes ainsi que les suites qui leur auront été données ;

6° Les résultats en termes d'accès et de retour à l'emploi des personnes sorties de la structure.

Art. D. 5132-30. Après avis favorable du conseil départemental de l'insertion par l'activité économique, un organisme conventionné au titre d'un atelier ou chantier d'insertion peut également être conventionné au titre d'une entreprise d'insertion ou d'une association intermédiaire.

Les activités réalisées par l'organisme conventionné au titre de chacune des deux conventions font alors l'objet d'une comptabilité distincte et donnent lieu à une information sectorielle distincte donnée en annexe des comptes.

Art. D. 5132-31. Lorsque l'organisme conventionné au titre de l'article L. 5132-15 est une association, elle établit les comptes annuels conformément au règlement (Ord. 2009-79 du 22 janv. 2009, JO 23) « de l'Autorité des normes comptables » en vigueur pour les comptes annuels des associations.

Art. R. 5132-32. (D. 2014-197 du 21 févr. 2014, art. 24, JO 23, entrée en vigueur le 01.07.2014) En cas de non-respect des dispositions de la convention par l'employeur, le préfet l'informe par lettre recommandée de son intention de résilier la convention. Celui-ci dispose d'un délai, qui ne peut être inférieur à un mois, pour faire connaître ses observations.

Le préfet peut alors demander le reversement des sommes indûment perçues.

Sous-section 2 (réglementaire). **Mise en œuvre des actions**

Art. D. 5132-34. La commercialisation des biens et des services produits dans le cadre des ateliers et des chantiers d'insertion est possible lorsqu'elle contribue à la réalisation et au développement des activités d'insertion sociale et professionnelle des personnes mentionnées à l'article L. 5132-1.

Toutefois, les recettes tirées de cette commercialisation ne peuvent couvrir qu'une part inférieure à 30 % des charges liées à ces activités.

Cette part peut être augmentée sur décision du préfet, dans la limite de 50 %, après avis favorable du conseil départemental de l'insertion par l'activité économique, si les activités développées ne sont pas déjà assurées et satisfaites par les entreprises locales.

Art. R. 5132-35. (D. 2014-197 du 21 févr. 2014, art. 25, JO 23, entrée en vigueur le 01.07.2014) Le préfet contrôle l'exécution de la convention conclue pour la mise en place d'un ou plusieurs ateliers et chantiers d'insertion. L'employeur lui fournit, à sa demande, tout élément permettant de vérifier la bonne exécution de la convention, la réalité des actions d'insertion mises en œuvre ainsi que leurs résultats.

Sous-section 3 (réglementaire). **Aide financière**

Art. R. 5132-37. (D. 2014-197 du 21 févr. 2014, art. 26, JO 23, entrée en vigueur le 01.07.2014) L'embauche des personnes mentionnées à l'article L. 5132-1 (D. 2016-531 du 27 avril 2016, JO 30) « ou l'emploi des personnes détenues ayant signé un acte d'engagement » par les organismes conventionnés au titre d'un atelier ou chantier d'insertion ouvre droit, dans la limite du nombre de postes d'insertion fixé par la convention, à une aide financière.

Cette aide comprend un montant socle et un montant modulé. Le montant modulé est déterminé chaque année par le préfet, dans les conditions fixées par l'article R. 5132-38, en tenant compte :

- des caractéristiques des personnes embauchées (D. 2016-531 du 27 avril 2016, JO 30) « et, le cas échéant, des personnes détenues ayant signé un acte d'engagement » ;
- des actions et des moyens d'insertion mis en œuvre ;
- des résultats constatés à la sortie de la structure.

Art. R. 5132-38. (D. 2014-197 du 21 févr. 2014, art. 27, JO 23, entrée en vigueur le 01.07.2014) L'aide financière est versée à l'organisme conventionné au titre d'un atelier ou chantier d'insertion pour chaque poste de travail occupé à temps plein. Le cas échéant, le montant de l'aide est réduit à due proportion de l'occupation des postes.

Son montant socle, le montant maximum de la part modulée dans la limite d'un pourcentage du montant socle et ses conditions de versement sont fixés par arrêté conjoint des ministres chargés de l'emploi et du budget (D. 2016-531 du 27 avril 2016, JO 30) « respectivement pour les salariés en insertion recrutés sous contrat de travail et pour les personnes détenues ayant signé un acte d'engagement ». Un arrêté conjoint du ministre chargé de l'emploi et du ministre chargé du budget revalorise, chaque année, cette aide en fonction de l'évolution du salaire minimum de croissance à compter du 1er janvier 2015.

Art. R. 5132-40. (D. 2014-197 du 21 févr. 2014, art. 28, JO 23, entrée en vigueur le 01.07.2014) L'aide financière mentionnée à l'article R. 5132-37 est versée, pour le compte de l'État, par l'Agence de services et de paiement.

Cette aide ne peut se cumuler pour un même poste avec une autre aide à l'emploi financée par l'État.

(D. 2015-1435 du 5 nov. 2015, JO 7) « En cas de modification de la situation juridique de l'employeur au sens de l'article L. 1224-1, le nouvel employeur est substitué dans les droits et obligations de l'employeur initial résultant de la convention prévue à l'article R. 5132-28. »

Art. R. 5132-43. (D. 2014-197 du 21 févr. 2014, art. 29, JO 23, entrée en vigueur le 01.07.2014) Lorsque l'aide financière est obtenue à la suite de fausses déclarations ou lorsque la convention est détournée de son objet, le préfet résilie la convention après avoir observé la procédure prévue à l'article R. 5132-32. Les sommes indûment perçues donnent alors lieu à reversement.

Sous-section 4 (réglementaire). **Périodes de mise en situation en milieu professionnel**

Note Cette sous-section a été introduite par le décret 2014-1360 du 13 novembre 2014, art. 6, JO 15.

Art. D. 5132-43-1. La convention mentionnée à l'article L. 5132-2 peut prévoir la possibilité pour l'organisme conventionné en tant qu'atelier et chantier d'insertion signataire de mettre en place des périodes de mise en situation en milieu professionnel pour ses salariés recrutés dans le cadre de contrats conclus en application de l'article L. 5132-15-1.

Dans ce cas, la convention précise :

1° Le nombre prévisionnel de salariés concernés ;

2° Les structures auprès desquelles ces salariés peuvent effectuer des périodes de mise en situation en milieu professionnel ;

3° Les modalités d'accompagnement spécifiques prévues par l'organisme conventionné en tant qu'atelier et chantier d'insertion pendant ces périodes ;

4° Le ou les objets, parmi ceux mentionnés à l'article L. 5135-1, pour lesquels il pourra être mis en œuvre des périodes de mise en situation en milieu professionnel.

Art. D. 5132-43-2. Chaque période de mise en situation en milieu professionnel prescrite, en accord avec son employeur, pour un salarié en insertion fait l'objet d'une convention selon les modalités prévues au chapitre V du présent titre, sous réserve des dispositions prévues par la présente sous-section.

Art. D. 5132-43-3. La durée cumulée de l'ensemble des périodes de mise en situation en milieu professionnel effectuées au cours du contrat conclu en application de l'article L. 5132-15-1 ne peut représenter plus de 25 % de la durée totale du contrat.

Art. D. 5132-43-4. L'organisme conventionné en tant qu'atelier et chantier d'insertion transmet à l'Agence de services et de paiement une copie de la convention mentionnée à l'article D. 5135-2.

Sous-section 5 (réglementaire). **Dérogation à la durée hebdomadaire de travail**

Note Cette sous-section a été introduite par le décret 2015-1435 du 5 novembre 2015, JO 7.

Art. R. 5132-43-5. La dérogation à la durée hebdomadaire de travail du titulaire d'un contrat à durée déterminée conclu en application de l'article L. 1242-3 dans les ateliers et chantiers d'insertion intervient après examen par Pôle emploi de la situation de l'intéressé.

La période durant laquelle il peut être dérogé à la durée hebdomadaire minimale de vingt heures ne peut excéder six mois.

Cette période peut être prolongée après un bilan établi par l'employeur de la situation du salarié au regard de l'emploi, des actions d'accompagnement et de formation dont il a bénéficié, le cas échéant en coopération avec Pôle emploi et les organismes chargés de l'insertion sociale et professionnelle de cette personne.

La prolongation doit permettre d'achever les actions d'accompagnement et de formation prescrite lors de la demande initiale. Sa durée ne peut excéder la durée de l'action ou de l'atelier et chantier conventionné.

La demande de dérogation intervient soit à l'initiative de l'employeur avant l'embauche, soit à l'initiative du salarié en accord avec son employeur.

Art. R. 5132-43-6. Lorsqu'un employeur envisage de conclure un contrat de travail dérogeant à la durée hebdomadaire minimale de vingt heures, il fournit à Pôle emploi avant l'embauche :

1° Tout document visant à établir que la situation de la personne recrutée présente les caractéristiques mentionnées à l'article R. 5132-43-7 et justifie le recours à cette dérogation ;

2° Un document répertoriant les actions d'accompagnement et de formation qu'il envisage de mettre en œuvre pendant la période dérogatoire.

Lorsqu'un salarié envisage de passer à une durée de travail hebdomadaire inférieure à la durée minimale de vingt heures, il fait une demande écrite et motivée à son employeur qui, s'il accepte cette demande, saisit Pôle emploi dans les conditions prévues ci-dessus.

Art. R. 5132-43-7. En application des dispositions de l'article L. 5132-15-1, le diagnostic de la situation des personnes susceptibles de bénéficier d'une durée de travail inférieure à vingt heures doit permettre d'établir que leurs difficultés particulièrement importantes caractérisent un risque de grande exclusion dont l'absence de prise en charge ferait obstacle à leur insertion professionnelle.

Ce diagnostic est réalisé par Pôle emploi, le cas échéant en collaboration avec les organismes chargés de l'insertion sociale et professionnelle de la personne concernée, avant son embauche.

Sous-section 6. **Groupes économiques solidaires**

Note Cette sous-section a été introduite par la loi 2008-1249 du 1er décembre 2008, art. 20, JO 3, entrée en vigueur le 01.06.2009.

Art. L. 5132-15-2. Afin de favoriser la coordination, la complémentarité et le développement économique du territoire et de garantir la continuité des parcours d'insertion, une personne morale de droit privé peut porter ou coordonner une ou plusieurs actions d'insertion telles que visées à la sous-section 1 de la présente section.

SECTION 4 (RÉGLEMENTAIRE). Fonds départemental d'insertion

Art. R. 5132-44. Dans chaque département, un fonds pour l'insertion finance le développement et la consolidation des initiatives locales en matière d'insertion par l'activité économique.

Art. R. 5132-45. Le fonds départemental pour l'insertion est géré par le préfet qui arrête le montant des aides accordées.

Art. R. 5132-46. Le fonds départemental pour l'insertion a pour objet de concourir au financement :

1° D'aides au conseil nécessaires à l'identification, à l'élaboration et au suivi des projets de développement d'activités des organismes mentionnés à l'article L. 5132-2 ;

2° D'aides au démarrage, au développement et, à titre exceptionnel, à la consolidation de l'activité de ces organismes.

Art. R. 5132-47. Après avis du conseil départemental de l'insertion par l'activité économique, les concours du fonds départemental pour l'insertion sont attribués par le préfet, qui en détermine le montant. Ils font l'objet de conventions entre l'État et l'organisme, qui mentionnent notamment la nature, la durée et l'objet de l'action financée.

Le préfet peut subordonner l'attribution de ces aides à des engagements de l'organisme concernant le suivi des actions financées.

SECTION 4. Dispositions d'application

Art. L. 5132-16. Sous réserve des dispositions de l'article L. 5132-17, un décret en Conseil d'État détermine les conditions d'application du présent chapitre, notamment :

1° Les conditions d'exécution, de suivi, de renouvellement et de contrôle des conventions conclues avec l'État et les modalités de leur suspension ou de leur dénonciation ;

2° Les conditions d'application de l'article L. 5132-3. Ce décret précise les modalités spécifiques d'accueil et d'accompagnement ainsi que les modalités des aides de l'État.

Art. L. 5132-17. (L. 2011-867 du 20 juil. 2011, art. 16, JO 24) Un décret détermine la liste des employeurs habilités à mettre en œuvre les ateliers et chantiers d'insertion mentionnée à l'article L. 5132-15.

Chapitre III

Prime de retour à l'emploi et aide personnalisée de retour à l'emploi

SECTION 1 (RÉGLEMENTAIRE). Prime de retour à l'emploi

Art. R. 5133-1. Pour ouvrir droit à la prime de retour à l'emploi instituée par l'article L. 5133-1, la durée minimale de l'activité professionnelle exercée par le bénéficiaire de l'une des allocations mentionnées à ce même article est de quatre mois consécutifs.

Lorsque cette activité est salariée, la durée contractuelle résultant de la conclusion d'un ou plusieurs contrats de travail est au moins égale à soixante-dix-huit heures mensuelles.

Art. R. 5133-2. La liste des justificatifs exigés pour l'ouverture du droit à la prime et attestant l'effectivité de la reprise d'activité est fixée par arrêté des ministres chargés de l'action sociale (D. 2009-289 du 13 mars 2009, JO 15) « et de l'emploi ».

Art. R. 5133-3. Le montant de la prime de retour à l'emploi est de 1 000 €.

Art. R. 5133-4. Lorsque la reprise d'activité résulte de la conclusion d'un ou plusieurs contrats de travail à durée indéterminée ou d'un ou plusieurs contrats de travail à durée déterminée de plus de six mois, la prime est, à la demande de l'intéressé, versée par anticipation dès la fin du premier mois d'activité.

Dans les autres cas, la prime est versée à compter de la fin du quatrième mois d'activité professionnelle.

Art. R. 5133-5. Le bénéfice de la prime de retour à l'emploi ne peut être accordé plus d'une fois dans un délai de dix-huit mois, courant à compter du premier des quatre mois d'activité mentionnés à l'article R. 5133-1.

Art. R. 5133-6. Lorsqu'une personne bénéficie simultanément de l'allocation solidarité spécifique et du revenu minimum d'insertion ou de l'allocation de parent isolé, la prime lui est versée en sa qualité de bénéficiaire de l'allocation de solidarité spécifique.

Lorsqu'une personne bénéficie simultanément du revenu minimum d'insertion et de l'allocation de parent isolé, la prime lui est versée en sa qualité de bénéficiaire de l'allocation parent isolé.

Art. R. 5133-7. Tout paiement indu de la prime est récupéré par remboursement en un ou plusieurs versements.

La créance peut être réduite ou remise en cas de précarité de la situation du débiteur, sauf en cas de manœuvre frauduleuse ou de fausse déclaration.

Art. R. 5133-8. La récupération de l'indu sur la prime de retour à l'emploi intervient après information écrite de l'intéressé sur la source de l'erreur et expiration du délai de recours.

SECTION 2. Aide personnalisée de retour à l'emploi

Note Cette section a été introduite par la loi 2008-1249 du 1er décembre 2008, art. 8, JO 3, entrée en vigueur le 01.06.2009.

Art. L. 5133-8. Une aide personnalisée de retour à l'emploi peut être attribuée par l'organisme au sein duquel le référent mentionné à l'article L. 262-27 du code de l'action sociale et des familles a été désigné. Elle a pour objet de prendre en charge tout ou partie des coûts exposés par l'intéressé lorsqu'il débute ou reprend une activité professionnelle.

L'aide personnalisée de retour à l'emploi est incessible et insaisissable.

Art. L. 5133-9. (L. 2016-1917 du 29 déc. 2016, art. 152, III, 1°, JO 30, entrée en vigueur le 01.01.2017) L'aide personnalisée de retour à l'emploi est financée par l'État. Les crédits affectés à l'aide sont répartis entre les organismes au sein desquels les référents mentionnés à l'article L. 262-27 du code de l'action sociale et des familles sont désignés.

Art. L. 5133-10. Un décret en Conseil d'État détermine les modalités d'application de la présente section.

Art. R. 5133-9. (D. 2009-404 du 15 avril 2009, JO 16, entrée en vigueur le 01.06.2009) Une fraction des crédits du Fonds national des solidarités actives, définie chaque année par arrêté des ministres chargés du budget, de l'action sociale et de l'emploi, est consacrée à l'aide personnalisée de retour à l'emploi.

Art. R. 5133-10. (D. 2009-404 du 15 avril 2009, JO 16, entrée en vigueur le 01.06.2009) L'aide personnalisée de retour à l'emploi peut être attribuée aux bénéficiaires du revenu de solidarité active tenus à l'obligation prévue à l'article L. 262-28 du code de l'action sociale et des familles.

Elle a pour objet de prendre en charge tout ou partie des coûts exposés à l'occasion de la prise ou la reprise d'une activité professionnelle, que ce soit sous la forme d'un emploi, du suivi d'une formation ou de la création d'une entreprise.

Art. R. 5133-11. (D. 2009-404 du 15 avril 2009, JO 16, entrée en vigueur le 01.06.2009) Les dépenses mentionnées à l'article R. 5133-10 justifiant le versement de l'aide sont notamment celles découlant du retour à l'emploi, en matière de transport, d'habillement, de logement, d'accueil des jeunes enfants, d'obtention d'un diplôme, licence, certification ou autorisation qu'implique une activité professionnelle.

Art. R. 5133-12. (D. 2009-404 du 15 avril 2009, JO 16, entrée en vigueur le 01.06.2009) L'aide personnalisée de retour à l'emploi est versée :

1° Soit au bénéficiaire, pour couvrir tout ou partie de dépenses exposées par lui-même ;

2° Soit à un prestataire en paiement direct d'une dépense.

Le montant de l'aide est attribué sur la base de justificatifs, selon les modalités et dans la limite d'un plafond fixé par la convention mentionnée à l'article L. 262-32 du code de l'action sociale et des familles.

Art. R. 5133-13. (D. 2009-404 du 15 avril 2009, JO 16, entrée en vigueur le 01.06.2009) Une convention entre le président du conseil de gestion du Fonds national des solidarités actives et Pôle emploi détermine les conditions dans lesquelles l'aide personnalisée de retour à l'emploi intervient pour abonder les aides et mesures attribuées par cet organisme aux bénéficiaires du revenu de solidarité active, en cas de reprise d'activité professionnelle.

Art. R. 5133-14. (D. 2009-404 du 15 avril 2009, JO 16, entrée en vigueur le 01.06.2009) Le montant des crédits attribués par département au titre de l'aide personnalisée de retour à l'emploi est arrêté par le président du conseil de gestion du Fonds national des solidarités actives en fonction du nombre prévisionnel de bénéficiaires du revenu de solidarité active relevant des dispositions de l'article L. 262-28 du code de l'action sociale et des familles. Ce montant est notifié au préfet avant le 31 mars de chaque année.

Art. R. 5133-15. (D. 2009-404 du 15 avril 2009, JO 16, entrée en vigueur le 01.06.2009) Sur la base de la convention d'orientation prévue à l'article L. 262-32 du code de l'action sociale et des familles, le préfet arrête la répartition des crédits entre les organismes au sein desquels peuvent être désignés des référents en application de l'article L. 262-27 du code de l'action sociale et des familles. Cette répartition tient compte, notamment, du nombre des bénéficiaires suivis par l'organisme, de l'objet des aides versées et du retour à l'emploi des bénéficiaires effectivement constaté. La convention détermine les modalités de versement et de suivi des dépenses. Le préfet notifie les sommes attribuées à chaque organisme.

Les crédits ainsi répartis sont versés par le Fonds national des solidarités actives sur la base de l'arrêté du préfet.

Art. R. 5133-16. (D. 2009-404 du 15 avril 2009, JO 16, entrée en vigueur le 01.06.2009) Avant la fin de chaque exercice budgétaire, le préfet procède à l'estimation des crédits engagés pour le service de l'aide personnalisée de retour à l'emploi. Il peut procéder à une répartition modificative de ces crédits entre organismes, sur la base des besoins constatés.

Art. R. 5133-17. (D. 2009-404 du 15 avril 2009, JO 16, entrée en vigueur le 01.06.2009) En l'absence de convention d'orientation prévue à l'article L. 262-32 du code de l'action sociale et des familles, le préfet répartit les crédits qui lui sont notifiés au titre de l'article R. 5133-14 du présent code entre les organismes chargés du service du revenu de solidarité active.

L'aide personnalisée de retour à l'emploi est alors servie par les organismes aux bénéficiaires du revenu de solidarité active relevant des dispositions de l'article L. 262-28 du code de l'action sociale et des familles et qui ont débuté ou repris une activité professionnelle au cours de l'année.

Les dispositions des articles L. 262-45 à L. 262-53 du même code sont applicables.

Chapitre IV

Contrats de travail aidés

SECTION 1 (RÉGLEMENTAIRE). Contrat emploi-jeune

Sous-section 1. Objet

Art. D. 5134-1. La condition d'activité prévue au 2° de l'article L. 5134-1 est appréciée à compter de la fin de la scolarité et à l'exclusion des périodes de travail accomplies en exécution des contrats de travail suivants :

1° Le contrat d'apprentissage ;

2° Le contrat d'accompagnement dans l'emploi ;

3° Le contrat initiative-emploi ;

4° Le contrat de professionnalisation ;

5° (Abrogé) ;

6° Les contrats conclus avec un employeur relevant des dispositions de l'article L. 5132-1 relatif à l'insertion par l'activité économique.

Sous-section 2. Convention

Art. D. 5134-2. Les conventions pluriannuelles mentionnées à l'article L. 5134-3 répondent aux exigences d'un cahier des charges qui comporte notamment les conditions prévisibles de la pérennisation des activités et les dispositions de nature à assurer la professionnalisation des emplois.

Elles comportent également des dispositions relatives aux objectifs de qualification, aux conditions de la formation professionnelle et, selon les besoins, aux modalités du tutorat.

Les régions, dans le cadre de leurs compétences, ainsi que d'autres personnes morales peuvent participer à l'effort de formation.

Art. D. 5134-3. La convention emploi-jeune mentionnée au 1° de l'article L. 5134-2 précise notamment :

1° La description des activités prévues ;

2° Le nombre de postes et la nature des contrats de travail ouvrant droit à l'aide dont la création est envisagée ;

3° La fixation de la période, de douze mois au plus à compter de la conclusion de la convention, pendant laquelle les postes peuvent être créés ;

4° La durée collective de travail applicable dans l'organisme employeur ;

5° Pour chaque poste, la durée du travail fixée au contrat de travail du salarié occupant le poste ;

6° Les objectifs fixés pour assurer la professionnalisation des activités envisagées et, le cas échéant, les actions de formation et de qualification professionnelle des salariés exerçant ces activités ;

7° La convention collective éventuellement applicable ;

8° Le montant et les modalités de versement de l'aide de l'État ;

9° Les modalités du contrôle de l'application de la convention.

Art. D. 5134-4. Aucune embauche ne peut intervenir avant la date de la signature de la convention.

Art. D. 5134-5. Le préfet contrôle l'exécution de la convention. À cette fin, l'employeur fournit à sa demande tout élément permettant de vérifier la bonne exécution de la convention et la réalité des emplois créés.

Art. D. 5134-6. Les conventions conclues, en application de l'article L. 5134-3, avec les établissements d'enseignement, publics ou sous contrat, sont instruites, signées et résiliées par les autorités académiques et exécutées sous leur contrôle, lorsque les activités envisagées participent directement à l'action éducatrice.

Les conventions relatives aux activités périscolaires relèvent de la compétence du préfet, qui consulte les autorités académiques sur les projets de convention concernés.

Sous-section 3. **Contrat de travail**

Art. D. 5134-7. L'autorité administrative mentionnée à l'article L. 5134-11 est le préfet, signataire de la convention.

Sous-section 4. **Aide financière**

Art. D. 5134-8. L'aide prévue par la convention pluriannuelle est versée pendant une durée de soixante mois à compter de la création du poste de travail, pour les périodes pendant lesquelles le poste est effectivement occupé par une personne remplissant les conditions prévues à l'article L. 5134-1.

Art. D. 5134-9. Le montant annuel de l'aide par poste de travail est fixé à 15 924,55 €.

L'aide est versée mensuellement et par avance à l'organisme employeur.

Art. D. 5134-10. Lorsque le paiement de l'aide a été suspendu à la suite d'une vacance de poste due à une rupture du contrat de travail, il n'y a pas de reprise du versement de l'aide de l'État.

Le versement de l'aide peut cependant être repris pour les postes pour lesquels les conventions initiales ont fait l'objet d'un avenant portant la durée de l'aide à une période supérieure à soixante mois.

Les personnes morales qui en sollicitent la reprise en font la demande au préfet qui vérifie les conditions d'exécution de la convention à la date de la demande.

Art. D. 5134-11. Pour chaque poste, les conventions conclues avec les organismes de droit privé à but non lucratif peuvent faire l'objet d'avenants prévoyant, au cours d'une durée additionnelle de trente-six mois, le versement d'une partie de l'aide initiale ainsi que l'octroi d'une prime de consolidation d'un montant maximum de 15 245 €.

Art. D. 5134-12. En cas de résiliation des avenants, les sommes que l'employeur aurait dû percevoir au titre de l'aide initiale s'il n'avait pas opté pour le versement différé de cette aide lui sont reversées.

Art. D. 5134-13. Lorsque la durée du travail prévue au contrat de travail du salarié est inférieure à trente-cinq heures par semaine, le montant de l'aide est réduit par application du rapport entre la durée prévue au contrat et la durée collective applicable à l'organisme employeur où est créé le poste.

SECTION 1-1. **Contrat unique d'insertion**

Note Cette section a été introduite par la loi 2008-1249 du 1er décembre 2008, art. 21, JO 3, entrée en vigueur le 01.01.2010.

Art. L. 5134-19-1. (L. 2012-1189 du 26 oct. 2012, art. 7, JO 27, entrée en vigueur le 01.11.2012) Le contrat unique d'insertion est un contrat de travail conclu entre un employeur et un salarié dans les conditions prévues à la sous-section 3 des sections 2 et 5 du présent chapitre, au titre duquel est attribuée une aide à l'insertion professionnelle dans les conditions prévues à la sous-section 2 des mêmes sections 2 et 5. La décision d'attribution de cette aide est prise par:

1° Soit, pour le compte de l'État, l'institution mentionnée à l'article L. 5312-1, les organismes mentionnés à l'article L. 5314-1 ou, selon des modalités fixées par décret, un des organismes mentionnés au 1° *bis* de l'article L. 5311-4;

2° Soit le président du (L. 2013-403 du 17 mai 2013, art. 1er, JO 18) «conseil départemental» lorsque cette aide concerne un bénéficiaire du revenu de solidarité active financé par le département;

3° Soit, pour le compte de l'État, (L. 2019-791 du 26 juil. 2019, art. 54, V, JO 28, entrée en vigueur le 01.01.2020) «l'autorité académique» pour les contrats mentionnés au I de l'article L. 5134-125.

Le montant de cette aide résulte d'un taux, fixé par l'autorité administrative, appliqué au salaire minimum de croissance.

Art. L. 5134-19-2. Le président du (L. 2013-403 du 17 mai 2013, art. 1er, JO 18) « conseil départemental » peut déléguer tout ou partie (L. 2012-1189 du 26 oct. 2012, art. 7, JO 27, entrée en vigueur le 01.11.2012) « de la décision d'attribution de l'aide à l'insertion professionnelle mentionnée à » l'article L. 5134-19-1 à l'institution mentionnée à l'article L. 5312-1 ou à tout autre organisme qu'il désigne à cet effet.

Art. L. 5134-19-3. Le contrat unique d'insertion prend la forme :

1° Pour les employeurs du secteur non marchand mentionnés à l'article L. 5134-21, du contrat d'accompagnement dans l'emploi défini par la section 2 ;

2° Pour les employeurs du secteur marchand mentionnés à l'article L. 5134-66, du contrat initiative-emploi défini par la section 5.

Art. L. 5134-19-4. (L. 2012-1189 du 26 oct. 2012, art. 7, JO 27, entrée en vigueur le 01.11.2012) « Le président du (L. 2013-403 du 17 mai 2013, art. 1er, JO 18) « conseil départemental » signe, préalablement à (L. 2012-1189 du 26 oct. 2012, art. 7, JO 27, entrée en vigueur le 01.11.2012) « l'attribution des aides à l'insertion professionnelle prévues à » l'article L. 5134-19-1 (L. 2013-1278 du 29 déc. 2013, art. 142, JO 30) « et à la signature des conventions prévues à l'article L. 5132-2 », une convention annuelle d'objectifs et de moyens avec l'État.

Cette convention fixe :

1° Le nombre prévisionnel (L. 2012-1189 du 26 oct. 2012, art. 7, JO 27, entrée en vigueur le 01.11.2012) « d'aides à l'insertion professionnelle attribuées » au titre de l'embauche, dans le cadre d'un contrat unique d'insertion, de bénéficiaires du revenu de solidarité active financé par le département ;

2° Les modalités de financement des (L. 2012-1189 du 26 oct. 2012, art. 7, JO 27, entrée en vigueur le 01.11.2012) « aides à l'insertion professionnelle » et les taux d'aide applicables.

Lorsque le département participe au financement de l'aide, les taux mentionnés au dernier alinéa de l'article L. 5134-19-1 peuvent être majorés, en fonction des critères énoncés aux 1°, 2° et 4° des articles L. 5134-30 et L. 5134-72.

Lorsque l'aide est en totalité à la charge du département, le conseil général en fixe le taux sur la base des critères mentionnés aux articles L. 5134-30 et L. 5134-72, dans la limite du plafond prévu aux articles L. 5134-30-1 et L. 5134-72-1 ;

3° Les actions d'accompagnement et les autres actions ayant pour objet de favoriser l'insertion durable des salariés embauchés en contrat unique d'insertion (L. 2013-1278 du 29 déc. 2013, art. 142, JO 30) « et dans les structures d'insertion par l'activité économique ».

À l'occasion de chaque renouvellement de la convention annuelle d'objectifs et de moyens, l'État et le département procèdent au réexamen de leur participation financière au financement du contrat unique d'insertion (L. 2013-1278 du 29 déc. 2013, art. 142, JO 30) « et des aides financières aux structures d'insertion par l'activité économique, » en tenant compte des résultats constatés en matière d'insertion durable des salariés embauchés dans ce cadre ainsi que des contraintes économiques qui pèsent sur certains territoires.

Art. L. 5134-19-5. Le président du (L. 2013-403 du 17 mai 2013, art. 1er, JO 18) « conseil départemental » transmet à l'État, dans des conditions fixées par décret, toute information permettant le suivi du contrat unique d'insertion.

Sous-section 1 (réglementaire). **Dispositions générales**

Note Les sous-sections 1 et 2 ont été introduites par le décret 2009-1442 du 25 novembre 2009, JO 26, entrée en vigueur le 01.01.2010.

Art. R. 5134-14. (D. 2014-524 du 22 mai 2014, art. 16, JO 24) « Pôle emploi, » (D. 2012-1211 du 31 oct. 2012, JO 1er nov.) « les organismes mentionnés à l'article L. 5314-1 et au 1° *bis* de l'article L. 5311-4, ainsi que les recteurs d'académie pour les contrats mentionnés à l'article L. 5134-125, peuvent attribuer pour le compte de l'État des aides à l'insertion professionnelle en application » de l'article L. 5134-19-1, dans le cadre des missions d'insertion professionnelle que l'État leur confie par une convention ou par un marché et dans la limite de l'enveloppe financière qu'il notifie annuellement à chaque organisme.

Art. R. 5134-15. Lorsque les organismes mentionnés (D. 2012-1211 du 31 oct. 2012, JO 1er nov.) « à l'article L. 5314-1 et au 1° *bis* de l'article L. 5311-4, ainsi que les recteurs d'académie pour les contrats mentionnés à l'article L. 5134-125 » prennent des décisions ou (D. 2012-1211 du 31 oct. 2012, JO 1er nov.) « attribuent des aides à l'insertion professionnelle » pour le compte de l'État en application de l'article L. 5134-19-1, ils statuent également au nom de l'État en cas de recours gracieux formés contre ces décisions. Les recours hiérarchiques sont portés devant le préfet de région.

Art. R. 5134-16. La convention annuelle d'objectifs et de moyens prévue à l'article L. 5134-19-4 comporte une annexe, dont le modèle est fixé par arrêté du ministre chargé de l'emploi, faisant apparaître la liste des taux de prise en charge de l'aide financière définis en application du dernier alinéa de l'article L. 5134-19-1, du cinquième et du sixième alinéa de l'article L. 5134-19-4. Cette annexe mentionne également le nombre prévisionnel (D. 2012-1211 du 31 oct. 2012, JO 1er nov.) « d'aides à l'insertion professionnelle attribuées » par le président du (D. 2013-938 du 18 oct. 2013, art. 1er, JO 20) « conseil départemental », selon que l'aide est financée pour partie ou en totalité par le département.

La convention annuelle d'objectifs et de moyens peut être modifiée en cours d'année par avenant.

Art. R. 5134-17. La (D. 2012-1211 du 31 oct. 2012, JO 1er nov.) « demande d'aide à l'insertion professionnelle », dont le modèle est fixé par arrêté du ministre chargé de l'emploi, comporte :

1° Des informations relatives à l'identité du bénéficiaire et à sa situation au regard de l'emploi, des allocations dont il bénéficie et de sa qualification ;

2° Des informations relatives à l'identité et aux caractéristiques de l'employeur ;

3° Des informations relatives à la nature, aux caractéristiques et au contenu du contrat de travail conclu avec le salarié ;

4° Les modalités de mise en œuvre de (D. 2012-1211 du 31 oct. 2012, JO 1er nov.) « l'aide à l'insertion professionnelle », notamment :

a) La nature des actions prévues au cours du contrat d'accompagnement dans l'emploi ou du contrat initiative-emploi, respectivement, en matière d'orientation et d'accompagnement professionnel, de formation professionnelle et de validation des acquis de l'expérience, en application de l'article L. 5134-22, et en matière d'accompagnement professionnel et, le cas échéant, de formation, en application de l'article L. 5134-65 ;

b) Le cas échéant, l'indication qu'une ou plusieurs périodes d'immersion auprès d'un autre employeur sont prévues au cours du contrat, en application de l'article L. 5134-20 ;

c) Le nom du référent mentionné aux articles R. 5134-37 et R. 5134-60 et l'organisme dont il relève ;

d) Le nom et la fonction du tuteur mentionné aux articles R. 5134-38 et R. 5134-61 ;

e) Le taux de prise en charge servant au calcul de l'aide versée à l'employeur et le nombre d'heures de travail auquel il s'applique ;

f) L'identité de l'organisme ou des organismes en charge du versement de l'aide financière et les modalités de versement ;

g) Les modalités de contrôle par l'autorité (D. 2012-1211 du 31 oct. 2012, JO 1er nov.) « attribuant l'aide de la mise en œuvre de l'aide ».

(D. 2012-1211 du 31 oct. 2012, JO 1er nov.) « Les conditions d'attribution de l'aide peuvent être modifiées avant le terme prévu par la décision avec l'accord de l'employeur, du salarié et de l'autorité visée à l'article R. 5134-14 ayant attribué l'aide ».

Art. R. 5134-17-1. (D. 2012-1211 du 31 oct. 2012, JO 1er nov.) La décision d'attribution de l'aide à l'insertion professionnelle est transmise par l'autorité signataire à l'Agence de services et de paiement.

Elle comprend l'ensemble des éléments indiqués à l'article R. 5134-17.

Sous-section 2 (réglementaire). **Suivi financier et statistique**

Art. R. 5134-18. L'Agence de services et de paiement est autorisée à mettre en œuvre un traitement automatisé des données à caractère personnel contenues dans les (D. 2012-1211 du 31 oct. 2012, JO 1er nov.) « décisions d'attribution de l'aide à l'insertion professionnelle ».

Le traitement automatisé a pour finalité :

1° La gestion, le contrôle et le suivi des (D. 2012-1211 du 31 oct. 2012, JO 1er nov.) « aides à l'insertion professionnelle » ;

2° Le calcul et le paiement de l'aide versée à l'employeur ;

3° L'identification des cas dans lesquels l'allocation de revenu de solidarité active est intégralement à la charge du Fonds national des solidarités actives en application du troisième alinéa du I de l'article L. 262-24 du code de l'action sociale et des familles ;

4° L'élaboration de données statistiques et financières anonymes ;

(D. 2012-657 du 4 mai 2012, JO 6) « 5° La réalisation d'enquêtes permettant d'étudier la situation des personnes en contrats aidés et leur parcours professionnel. »

Art. R. 5134-19. Les catégories de données à caractère personnel enregistrées sont les suivantes :

1° Le nom de famille et, le cas échéant, le nom (D. 2012-1211 du 31 oct. 2012, JO 1er nov.) « d'usage », les prénoms, le sexe et la date de naissance ;

2° La nationalité, sous l'une des formes suivantes :

- français ;
- ressortissant d'un État membre de l'Union européenne ;
- ressortissant d'un État tiers.

3° Le numéro d'inscription au répertoire national d'identification des personnes physiques ;

4° Le niveau de formation ;

5° L'adresse ;

6° Le cas échéant, le numéro d'inscription sur la liste des demandeurs d'emploi et la durée de cette inscription ;

7° Le cas échéant, l'indication de la qualité de bénéficiaire du revenu de solidarité active financé par le département, le numéro d'allocataire, l'organisme en charge du versement et la durée pendant laquelle il a bénéficié de cette allocation ;

8° Le cas échéant, l'indication de la qualité de bénéficiaire de l'allocation de solidarité spécifique, de l'allocation aux adultes handicapés ou de l'allocation temporaire d'attente et la durée pendant laquelle il a bénéficié de cette allocation ;

9° Le cas échéant, l'indication (D. 2012-1211 du 31 oct. 2012, JO 1er nov.) « de la reconnaissance de la qualité de bénéficiaire de l'obligation d'emploi des travailleurs handicapés, pour les personnes mentionnées à l'article L. 5212-13 » ;

10° Les données mentionnées aux 2°, 3° et 4° de l'article R. 5134-17.

Art. R. 5134-20. Pour les nécessités liées à la seule finalité mentionnée au 3° de l'article R. 5134-18 les agents des organismes mentionnés à l'article L. 262-16 du code de l'action sociale et des familles désignés et habilités par l'autorité responsable de ces organismes sont destinataires des données du traitement relatives aux personnes bénéficiaires du revenu de solidarité active financé par le département et portant sur :

1° Le nom et l'adresse des intéressés ;

2° Leur numéro d'inscription au répertoire national d'identification des personnes physiques ;

3° Leur numéro d'allocataire ;

4° La date de leur embauche.

Art. R. 5134-21. À l'exception du numéro d'inscription au répertoire national d'identification des personnes physiques et, le cas échéant, du numéro d'allocataire du revenu de solidarité active financé par le département, sont destinataires des données du traitement pour les nécessités liées aux seules finalités mentionnées aux 1°, 2° et 4° de l'article R. 5134-18 les agents des administrations et organismes mentionnés ci-après, désignés et habilités par l'autorité responsable de ces administrations et organismes :

1° Les services déconcentrés du ministre chargé de l'emploi dans le département ;

2° Les (D. 2012-657 du 4 mai 2012, JO 6) « agences » locales de Pôle emploi ;

3° Les organismes mentionnés à l'article D. 5134-14, pour les (D. 2012-1211 du 31 oct. 2012, JO 1er nov.) « aides attribuées » au nom de l'État ;

4° Le cas échéant, le département, lorsque le président du (D. 2013-938 du 18 oct. 2013, art. 1er, JO 20) « conseil départemental » le demande, pour les (D. 2012-1211 du 31 oct. 2012, JO 1er nov.) « aides qu'il a attribuées ».

Art. R. 5134-22. (D. 2012-657 du 4 mai 2012, JO 6) Pour permettre aux agents des services statistiques du ministre chargé de l'emploi désignés et habilités par l'autorité responsable de ces services de conduire les opérations prévues aux 4° et 5° de l'article R. 5134-18, ces derniers sont destinataires des données du traitement, à l'exception du numéro d'inscription au répertoire national d'identification des personnes physiques.

Ces données ne peuvent être conservées par les services statistiques du ministre chargé de l'emploi au-delà de la période nécessaire à la conduite de ces opérations et au plus tard cinq ans après (D. 2012-1211 du 31 oct. 2012, JO 1er nov.) « le terme de l'aide à l'insertion professionnelle ».

Art. R. 5134-23. Les données à caractère personnel ne peuvent être conservées au-delà de la période nécessaire à la conduite des opérations prévues à l'article R. 5134-18 et au maximum un an après (D. 2012-1211 du 31 oct. 2012, JO 1er nov.) « le terme de l'aide à l'insertion professionnelle ».

Toutefois, en cas de contentieux relatif à une (D. 2012-1211 du 31 oct. 2012, JO 1er nov.) « aide à l'insertion professionnelle », les données correspondantes sont conservées jusqu'à une décision de justice devenue définitive.

L'enregistrement, l'utilisation, la conservation et la transmission de ces données sont réalisés selon des modalités propres à garantir leur confidentialité.

Art. R. 5134-24. Les droits d'accès et de rectification prévus aux articles 39 et 40 de la loi n° 78-17 du 6 janvier 1978 relative à l'informatique, aux fichiers et aux libertés s'exercent auprès de l'Agence de services et de paiement.

SECTION 2. Contrat d'accompagnement dans l'emploi

Sous-section 1. Objet

Art. L. 5134-20. (L. 2008-1249 du 1er déc. 2008, art. 22, JO 3, entrée en vigueur le 01.01.2010) Le contrat d'accompagnement dans l'emploi a pour objet de faciliter l'insertion professionnelle des personnes sans emploi rencontrant des difficultés sociales et professionnelles particulières d'accès à l'emploi. À cette fin, il comporte des actions d'accompagnement professionnel. (L. 2014-288 du 5 mars 2014, art. 20, I, 11°, JO 6) « Pendant l'exécution de ces contrats, une ou plusieurs conventions conclues en vertu de l'article L. 5135-4 peuvent prévoir une période de mise en situation en milieu professionnel auprès d'un autre employeur dans les conditions prévues au chapitre V du présent titre. » Un décret détermine la durée et les conditions d'agrément et d'exécution de cette période d'immersion.

Sous-section 2. Décision d'attribution de l'aide à l'insertion professionnelle

Art. L. 5134-21. (L. 2012-1189 du 26 oct. 2012, art. 7, JO 27, entrée en vigueur le 01.11.2012) « Les aides à l'insertion professionnelle au titre d'un contrat d'accompagnement dans l'emploi peuvent être accordées aux employeurs suivants : »

(L. 2008-1249 du 1er déc. 2008, art. 22, JO 3, entrée en vigueur le 01.01.2010) « 1° Les collectivités territoriales ;

2° Les autres personnes morales de droit public ;

3° Les organismes de droit privé à but non lucratif ;

4° Les personnes morales de droit privé chargées de la gestion d'un service public » ;

(L. 2014-856 du 31 juil. 2014, art. 34, JO 1er août) « 5° Les sociétés coopératives d'intérêt collectif. »

Art. L. 5134-21-1. (L. 2012-1189 du 26 oct. 2012, art. 7, JO 27, entrée en vigueur le 01.11.2012) « La décision d'attribution d'une nouvelle aide à l'insertion professionnelle » (L. 2008-1249 du 1er déc. 2008, art. 22, JO 3, entrée en vigueur le 01.01.2010) « mentionnée à l'article L. 5134-19-1 est subordonnée au bilan préalable des actions d'accompagnement et des actions visant à l'insertion durable des salariés, réalisées dans le cadre d'un contrat aidé antérieur. »

Art. L. 5134-21-2. (L. 2012-1189 du 26 oct. 2012, art. 7, JO 27, entrée en vigueur le 01.11.2012) Il ne peut être attribué d'aide à l'insertion professionnelle dans les cas suivants :

1° Lorsque l'embauche vise à procéder au remplacement d'un salarié licencié pour un motif autre que la faute grave ou lourde. S'il apparaît que l'embauche a eu pour conséquence le licenciement d'un autre salarié, la décision d'attribution de l'aide est retirée par l'État ou par le président du (L. 2012-403 du 17 mai 2013, art. 1er, JO 18) « conseil départemental ». La décision de retrait de l'attribution de l'aide emporte obligation pour l'employeur de rembourser l'intégralité des sommes perçues au titre de l'aide ;

2° Lorsque l'employeur n'est pas à jour du versement de ses cotisations et contributions sociales.

Art. L. 5134-22. (L. 2008-1249 du 1er déc. 2008, art. 22, JO 3, entrée en vigueur le 01.01.2010) La (L. 2012-1189 du 26 oct. 2012, art. 7, JO 27, entrée en vigueur le 01.11.2012) « demande d'aide à l'insertion professionnelle indique » les modalités d'orientation et d'accompagnement professionnel de la personne sans emploi et prévoit des actions de formation professionnelle et de validation des acquis de l'expérience nécessaires à la réalisation de son projet professionnel.

Les actions de formation peuvent être menées pendant le temps de travail ou en dehors de celui-ci.

Art. L. 5134-23. (L. 2008-1249 du 1er déc. 2008, art. 22, JO 3, entrée en vigueur le 01.01.2010) La durée de (L. 2012-1189 du 26 oct. 2012, art. 7, JO 27, entrée en vigueur le 01.11.2012) «l'aide à l'insertion professionnelle attribuée au titre» du contrat d'accompagnement dans l'emploi ne peut excéder le terme du contrat de travail.

(L. 2012-1189 du 26 oct. 2012, art. 7, JO 27, entrée en vigueur le 01.11.2012) «L'attribution de l'aide» peut être prolongée dans la limite d'une durée totale de vingt-quatre mois.

Art. L. 5134-23-1. (L. 2008-1249 du 1er déc. 2008, art. 22, JO 3, entrée en vigueur le 01.01.2010) Il peut être dérogé, selon des modalités fixées par voie réglementaire, à la durée maximale (L. 2012-1189 du 26 oct. 2012, art. 7, JO 27, entrée en vigueur le 01.11.2012) «pour laquelle est attribuée une aide à l'insertion professionnelle», soit lorsque celle-ci concerne un salarié âgé de cinquante ans et plus (L. 2015-994 du 17 août 2015, art. 43, 1°, JO 18) «rencontrant des difficultés particulières qui font obstacle à son insertion durable dans l'emploi» ou une personne reconnue travailleur handicapé, soit pour permettre d'achever une action de formation professionnelle en cours de réalisation et (L. 2012-1189 du 26 oct. 2012, art. 7, JO 27, entrée en vigueur le 01.11.2012) «prévue au titre de l'aide attribuée». La durée de cette prolongation ne peut excéder le terme de l'action concernée.

Art. L. 5134-23-2. (L. 2008-1249 du 1er déc. 2008, art. 22, JO 3, entrée en vigueur le 01.01.2010) La prolongation de (L. 2012-1189 du 26 oct. 2012, art. 7, JO 27, entrée en vigueur le 01.11.2012) «l'attribution de l'aide à l'insertion professionnelle» et, s'il est à durée déterminée, du contrat de travail (L. 2012-1189 du 26 oct. 2012, art. 7, JO 27, entrée en vigueur le 01.11.2012) «au titre duquel l'aide est attribuée» est subordonnée à l'évaluation des actions réalisées au cours du contrat en vue de favoriser l'insertion durable du salarié.

Sous-section 1 (réglementaire). **Aide à l'insertion professionnelle**

Note Les sous-sections 1 et 3 ont été introduites par le décret 2009-1442 du 25 novembre 2009, JO 26, entrée en vigueur le 01.01.2010.

Art. R. 5134-26. (D. 2012-1211 du 31 oct. 2012, JO 1er nov.) L'aide à l'insertion professionnelle est attribuée préalablement à la conclusion du contrat de travail mentionné à l'article L. 5134-24.

Art. R. 5134-27. (D. 2012-1211 du 31 oct. 2012, JO 1er nov.) L'employeur qui effectue une nouvelle demande d'aide à l'insertion professionnelle transmet à l'autorité appelée à attribuer cette aide les éléments nécessaires à l'établissement du bilan mentionné à l'article L. 5134-21-1.

Art. R. 5134-28. L'employeur informe, dans un délai franc de sept jours, de toute suspension ou rupture du contrat de travail qui interviendrait avant la fin de (D. 2012-1211 du 31 oct. 2012, JO 1er nov.) « l'attribution de l'aide à l'insertion professionnelle » :

1° L'autorité (D. 2012-1211 du 31 oct. 2012, JO 1er nov.) « ayant attribué l'aide » ;

2° Le ou les organismes chargés du versement des aides.

Un arrêté du ministre chargé de l'emploi fixe le modèle de fiche de signalement, par l'employeur, des suspensions ou ruptures du contrat de travail.

Art. R. 5134-29. (D. 2012-1211 du 31 oct. 2012, JO 1er nov.) En cas de non-respect par l'employeur des dispositions de la décision d'attribution de l'aide à l'insertion professionnelle, l'aide à l'insertion professionnelle n'est pas due et les sommes versées font l'objet d'un remboursement.

L'autorité attribuant l'aide informe l'employeur de son intention de procéder à la récupération de l'indu.

L'employeur dispose d'un délai franc de sept jours pour faire connaître ses observations.

Tout paiement indu donne lieu à remboursement par l'employeur de la totalité des aides perçues.

L'autorité attribuant l'aide informe l'organisme de recouvrement des cotisations sociales de la procédure.

Art. R. 5134-30. En cas de modification de la situation juridique de l'employeur au sens de l'article L. 1224-1, le nouvel employeur est substitué dans les droits de l'employeur en ce qui concerne le contrat de travail. Le nouvel employeur est également substitué dans les droits de l'employeur initial en ce qui concerne (D. 2012-1211 du 31 oct. 2012, JO 1er nov.) « l'aide à l'insertion professionnelle, sous réserve de l'accord de l'autorité ayant attribué l'aide, au regard des engagements du nouvel employeur ».

Art. R. 5134-31. En application de l'article L. 5134-23-2, l'employeur qui souhaite prolonger une (D. 2012-1211 du 31 oct. 2012, JO 1er nov.) « aide à l'insertion professionnelle » au titre d'un contrat d'accompagnement dans l'emploi adresse à l'autorité (D. 2012-1211 du 31 oct. 2012, JO 1er nov.) « qui a attribué l'aide » initiale une demande préalable.

Cette demande motivée est accompagnée d'un bilan des actions réalisées en matière d'accompagnement et de formation, notamment des actions d'aide à la prise de poste, de remise à niveau, d'acquisition de nouvelles compétences, de formation qualifiante, ou de la réalisation d'une période d'immersion. L'employeur joint également à sa demande un document répertoriant les actions d'accompagnement et de formation qu'il envisage de mettre en œuvre pendant la période de prolongation.

Art. R. 5134-32. La durée maximale de (D. 2012-1211 du 31 oct. 2012, JO 1er nov.) « l'aide à l'insertion professionnelle », fixée à vingt-quatre mois par l'article L. 5134-23, peut être prolongée, en application du premier alinéa de l'article L. 5134-23-1, pour la durée de la formation suivie par le salarié restant à courir et dans la limite de soixante mois.

La demande de prolongation déposée par l'employeur est accompagnée :

1° De tous justificatifs visant à établir que l'action de formation professionnelle qualifiante visée à l'article L. 6314-1 et (D. 2012-1211 du 31 oct. 2012, JO 1er nov.) « prévue au titre de l'aide attribuée » initiale est en cours de réalisation et que le terme de cette action dépasse le terme de (D. 2012-1211 du 31 oct. 2012, JO 1er nov.) « l'aide » ;

2° Des éléments d'organisation des actions de formation permettant de s'assurer qu'elles pourront être réalisées durant la période de prolongation.

Art. R. 5134-33. La durée maximale de vingt-quatre mois de (D. 2012-1211 du 31 oct. 2012, JO 1er nov.) « l'aide à l'insertion professionnelle » peut, pour les personnes mentionnées au premier alinéa de l'article L. 5134-23-1, être portée, par (D. 2012-1211 du 31 oct. 2012, JO 1er nov.) « décisions de prolongation successives » d'un an au plus, à soixante mois.

La condition d'âge mentionnée au premier alinéa des articles L. 5134-23-1 et L. 5134-25-1 s'apprécie à l'échéance de la durée maximale de (D. 2012-1211 du 31 oct. 2012, JO 1er nov.) « l'aide ».

Art. R. 5134-35. En application de l'article L. 2323-48, les institutions représentatives du personnel des organismes employeurs, lorsqu'elles existent, sont informées des contrats d'accompagnement dans l'emploi conclus.

Sous-section 3 (réglementaire). **Accompagnement**

Art. R. 5134-37. L'autorité (D. 2012-1211 du 31 oct. 2012, JO 1er nov.) « qui attribue l'aide à l'insertion professionnelle » désigne en son sein ou auprès d'un organisme chargé de l'accompagnement ou de l'insertion, en le mentionnant dans la (D. 2012-1211 du 31 oct. 2012, JO 1er nov.) « décision d'attribution initiale de l'aide », un référent chargé d'assurer le suivi du parcours d'insertion professionnelle du salarié en contrat d'accompagnement dans l'emploi.

Dans le cas où ce salarié est bénéficiaire du revenu de solidarité active, le référent peut être le même que celui désigné en application de l'article L. 262-27 du code de l'action sociale et des familles.

Art. R. 5134-38. Dès la (D. 2012-1211 du 31 oct. 2012, JO 1er nov.) « transmission de la demande d'aide à l'insertion professionnelle », l'employeur désigne un tuteur parmi les salariés qualifiés et volontaires pour assumer cette fonction.

Ce dernier doit justifier d'une expérience professionnelle d'au moins deux ans. Exceptionnellement, sur autorisation de l'autorité (D. 2012-1211 du 31 oct. 2012, JO 1er nov.) « qui attribue l'aide », l'employeur peut assurer lui-même le tutorat. Le tuteur ne peut suivre plus de trois salariés en contrat d'accompagnement dans l'emploi.

Art. R. 5134-39. Les missions du tuteur sont les suivantes :

1° Participer à l'accueil, aider, informer et guider le salarié en contrat d'accompagnement dans l'emploi ;

2° Contribuer à l'acquisition des savoir-faire professionnels ;

3° Assurer la liaison avec le référent mentionné à l'article R. 5134-37 ;

4° Participer à l'établissement de l'attestation d'expérience professionnelle prévue à l'article L. 5134-28-1 avec le salarié concerné et l'employeur.

Sous-section 3. Contrat de travail

Art. L. 5134-24. (L. 2008-1249 du 1er déc. 2008, art. 22, JO 3, entrée en vigueur le 01.01.2010) Le contrat de travail, associé à (L. 2012-1189 du 26 oct. 2012, art. 7, JO 27, entrée en vigueur le 01.11.2012) «une aide à l'insertion professionnelle attribuée au titre d'un» contrat d'accompagnement dans l'emploi, est un contrat de travail de droit privé, soit à durée déterminée, conclu en application de l'article L. 1242-3, soit à durée indéterminée. Il porte sur des emplois visant à satisfaire des besoins collectifs non satisfaits.

Il ne peut être conclu pour pourvoir des emplois dans les services de l'État.

Art. L. 5134-25. La durée du contrat d'accompagnement dans l'emploi ne peut être inférieure à six mois, ou trois mois pour les personnes ayant fait l'objet d'une condamnation et bénéficiant d'un aménagement de peine.

Les dispositions relatives au nombre maximum des renouvellements, prévues (Ord. 2017-1718 du 20 déc. 2017, art. 1er, I, 18°, JO 21) «aux articles L. 1243-13 et L. 1243-13-1», ne sont pas applicables.

Art. L. 5134-25-1. (L. 2008-1249 du 1er déc. 2008, art. 22, JO 3, entrée en vigueur le 01.01.2010) Le contrat de travail, associé à (L. 2012-1189 du 26 oct. 2012, art. 7, JO 27, entrée en vigueur le 01.11.2012) «l'attribution d'une aide à l'insertion professionnelle au titre d'un» contrat d'accompagnement dans l'emploi, conclu pour une durée déterminée, peut être prolongé dans la limite d'une durée totale de vingt-quatre mois, ou de cinq ans pour les salariés âgés de cinquante ans et plus (L. 2015-994 du 17 août 2015, art. 43, 2°, JO 18) «rencontrant des difficultés particulières qui font obstacle à leur insertion durable dans l'emploi», ainsi que pour les personnes reconnues travailleurs handicapés.

À titre dérogatoire, ce contrat de travail peut être prolongé au-delà de la durée maximale prévue, en vue de permettre d'achever une action de formation professionnelle en cours de réalisation à l'échéance du contrat et (L. 2012-1189 du 26 oct. 2012, art. 7, JO 27, entrée en vigueur le 01.11.2012) «prévue au titre de l'aide attribuée» (L. 2015-994 du 17 août 2015, art. 43, 2°, JO 18) «, sans que cette prolongation puisse excéder le terme de l'action concernée ou, pour les salariés âgés de cinquante-huit ans ou plus, jusqu'à la date à laquelle ils sont autorisés à faire valoir leurs droits à la retraite».

Art. L. 5134-26. La durée hebdomadaire du travail du titulaire d'un contrat d'accompagnement dans l'emploi ne peut être inférieure à vingt heures, sauf lorsque (L. 2012-1189 du 26 oct. 2012, art. 7, JO 27, entrée en vigueur le 01.11.2012) «la décision d'attribution de l'aide» le prévoit en vue de répondre aux difficultés particulièrement importantes de l'intéressé.

(L. 2008-1249 du 1er déc. 2008, art. 22, JO 3, entrée en vigueur le 01.01.2010) «Lorsque le contrat de travail, associé à (L. 2012-1189 du 26 oct. 2012, art. 7, JO 27, entrée en vigueur le 01.11.2012) «l'attribution d'une aide à l'insertion professionnelle accordée au titre d'un» contrat d'accompagnement dans l'emploi, a été conclu pour une durée déterminée avec une collectivité territoriale ou une autre personne de droit public, la durée hebdomadaire du travail peut varier sur tout ou partie de la période couverte par le contrat, sans être supérieure à la durée légale hebdomadaire. Cette variation est sans incidence sur le calcul de la rémunération due au salarié.»

Art. R. 5134-36. (D. 2009-1442 du 25 nov. 2009, JO 26, entrée en vigueur le 01.01.2010) En application de l'article L. 5134-26, pour le calcul de la rémunération, le nombre d'heures hebdomadaires de travail accomplies est réputé égal à la durée du travail contractuelle.

Le programme prévisionnel de la répartition de la durée du travail sur l'année ou sur la période couverte par le contrat de travail est indiqué dans le contrat de travail.

Ce programme prévisionnel peut être modifié à la condition que cette possibilité ait été prévue dans le contrat de travail. En ce cas, sa modification éventuelle respecte un délai de prévenance de quinze jours au moins.

Art. L. 5134-27. Le titulaire d'un contrat d'accompagnement dans l'emploi perçoit un salaire au moins égal au produit du montant du salaire minimum de croissance par le nombre d'heures de travail accomplies.

Art. L. 5134-28. Par dérogation aux dispositions relatives à la rupture avant terme du contrat de travail à durée déterminée prévues à l'article L. 1243-2, le contrat d'accompagnement dans l'emploi peut être rompu avant son terme, à l'initiative du salarié, lorsque la rupture a pour objet de lui permettre :

1° D'être embauché par un contrat de travail à durée indéterminée ;

2° D'être embauché par un contrat de travail à durée déterminée d'au moins six mois;
3° De suivre une formation conduisant à une qualification prévue à l'article L. 6314-1.

Art. L. 5134-28-1. (L. 2008-1249 du 1er déc. 2008, art. 22, JO 3, entrée en vigueur le 01.01.2010) Une attestation d'expérience professionnelle est établie par l'employeur et remise au salarié à sa demande ou au plus tard un mois avant la fin du contrat d'accompagnement dans l'emploi.

Art. L. 5134-29. (L. 2008-1249 du 1er déc. 2008, art. 22, JO 3, entrée en vigueur le 01.01.2010) Le contrat d'accompagnement dans l'emploi peut être suspendu, à la demande du salarié, afin de lui permettre:

1° En accord avec son employeur, d'effectuer une (L. 2014-288 du 5 mars 2014, art. 20, I, 12°, JO 6) «période de mise en situation en milieu professionnel dans les conditions prévues au chapitre V du présent titre» ou une action concourant à son insertion professionnelle;

2° D'accomplir une période d'essai afférente à une offre d'emploi visant une embauche en contrat de travail à durée indéterminée ou à durée déterminée au moins égale à six mois.

En cas d'embauche à l'issue de cette (L. 2014-288 du 5 mars 2014, art. 20, I, 12°, JO 6) «période de mise en situation en milieu professionnel, d'une action concourant à son insertion professionnelle,» ou de cette période d'essai, le contrat est rompu sans préavis.

Sous-section 4. **Aide financière et exonérations**

Art. L. 5134-30. (L. 2012-1189 du 26 oct. 2012, art. 7, JO 27, entrée en vigueur le 01.11.2012) «L'aide à l'insertion professionnelle attribuée au titre d'un contrat d'accompagnement dans l'emploi» (L. 2008-1249 du 1er déc. 2008, art. 22, JO 3, entrée en vigueur le 01.01.2010) «peut être modulée en fonction:

1° De la catégorie et du secteur d'activité de l'employeur;

2° Des actions prévues en matière d'accompagnement professionnel et des actions visant à favoriser l'insertion durable du salarié;

3° Des conditions économiques locales;

4° Des difficultés d'accès à l'emploi antérieurement rencontrées par le salarié».

Art. L. 5134-30-1. (L. 2008-1249 du 1er déc. 2008, art. 22, JO 3, entrée en vigueur le 01.01.2010) Le montant de (L. 2012-1189 du 26 oct. 2012, art. 7, JO 27, entrée en vigueur le 01.11.2012) «l'aide à l'insertion professionnelle versée au titre d'un contrat d'accompagnement dans l'emploi» ne peut excéder 95 % du montant brut du salaire minimum de croissance par heure travaillée, dans la limite de la durée légale hebdomadaire du travail. Elle n'est soumise à aucune charge fiscale.

(Supprimé par L. 2013-1278 du 29 déc. 2013, art. 142, I, 4°, JO 30) (L. 2009-1673 du 30 déc. 2008, art. 139, JO 31) «Toutefois, pour les ateliers et chantiers d'insertion conventionnés par l'État au titre de l'article L. 5132-2, le montant de (L. 2012-1189 du 26 oct. 2012, art. 7, JO 27, entée en vigueur le 01.11.2012) «l'aide à l'insertion professionnelle versée au titre d'un contrat d'accompagnement dans l'emploi» peut être porté jusqu'à 105 % du montant brut du salaire minimum de croissance par heure travaillée, dans la limite de la durée légale hebdomadaire du travail.»

Art. L. 5134-30-2. (L. 2008-1249 du 1er déc. 2008, art. 22, JO 3, entrée en vigueur le 01.01.2010) Lorsque (L. 2012-1189 du 26 oct. 2012, art. 7, JO 27, entrée en vigueur le 01.11.2012) «l'aide à l'insertion professionnelle prévue à la sous-section 2 de la présente section a été attribuée pour le recrutement d'un» salarié qui était, avant son embauche, bénéficiaire du revenu de solidarité active financé par le département, le département participe au financement de l'aide mentionnée à l'article L. 5134-19-1. Cette participation est déterminée, dans des conditions fixées par décret, par référence au montant forfaitaire mentionné (L. 2015-994 du 17 août 2015, art. 59, V et 60, I, JO 18, entrée en vigueur le 01.01.2016) «à» l'article L. 262-2 du code de l'action sociale et des familles applicable à une personne isolée et en fonction de la majoration des taux prévue par la convention mentionnée à l'article L. 5134-19-4.

§ 1 (réglementaire). Aide financière

Note Ce paragraphe a été introduit par le décret 2009-1442 du 25 novembre 2009, JO 26, entrée en vigueur le 01.01.2010.

Art. R. 5134-40. L'aide mentionnée à l'article L. 5134-30 est versée mensuellement:

1° Par l'Agence de services et de paiement pour le compte de l'État;

2° Par le département ou par tout organisme qu'il mandate à cet effet, lorsque (D. 2012-1211 du 31 oct. 2012, JO 1er nov.) « l'aide à l'insertion professionnelle est attribuée pour » un bénéficiaire du revenu de solidarité active financé par le département.

L'employeur communique aux organismes mentionnés au 1° ou au 2° les justificatifs attestant de l'effectivité de l'activité du salarié.

Art. D. 5134-41. Pour l'application de l'article L. 5134-30-2, la participation mensuelle du département au financement de l'aide est égale à 88 % du montant forfaitaire mentionné (D. 2015-1710 du 21 déc. 2015, art. 4, IV, JO 22, entrée en vigueur le 01.01.2016) « à » l'article L. 262-2 du code de l'action sociale et des familles, applicable à un foyer composé d'une seule personne, dans la limite de l'aide effectivement versée.

(D. 2011-1999 du 27 déc. 2011, JO 29) « Toutefois, lorsque la convention individuelle de contrat d'accompagnement dans l'emploi prévoit une prise en charge de la durée hebdomadaire de travail égale à sept heures en application de la dérogation prévue à l'article L. 5134-26, le taux de la participation mensuelle du département mentionné à l'alinéa précédent est réduit à 45 %. »

Art. R. 5134-42. Les taux de prise en charge déterminant le montant de l'aide financière mentionné à l'article L. 5134-30-1 sont fixés par un arrêté du préfet de région, en fonction des critères énumérés à l'article L. 5134-30 et compte tenu, le cas échéant, des statistiques publiques de l'emploi dans la région.

Art. R. 5134-43. Lorsque, en application du cinquième alinéa de l'article L. 5134-19-4, le département majore les taux de l'aide à l'employeur mentionnés à l'article R. 5134-42, le coût induit par cette majoration est à la charge du département. Cette contribution du département s'ajoute au montant de sa participation telle que définie à l'article D. 5134-41.

Art. R. 5134-44. Lorsque le contrat d'accompagnement dans l'emploi est suspendu sans que soit maintenue la rémunération du salarié, l'aide afférente à la période de suspension n'est pas versée.

Lorsque, au cours de la période de suspension, la rémunération est maintenue en totalité ou partiellement, l'aide afférente à la période de suspension est versée au prorata de la rémunération effectivement versée par l'employeur.

Art. R. 5134-45. En cas de rupture du contrat de travail à l'initiative de l'employeur avant la fin de (D. 2012-1211 du 31 oct. 2012, JO 1er nov.) « l'aide à l'insertion professionnelle, celle-ci n'est pas due ».

Sous réserve des cas mentionnés aux articles R. 5134-46 et R. 5134-47, l'employeur reverse alors à l'Agence de services et de paiement ou, le cas échéant, au département ou à l'organisme désigné par lui dans le cadre de l'article R. 5134-40 l'intégralité des sommes déjà perçues au titre de (D. 2012-1211 du 31 oct. 2012, JO 1er nov.) « l'aide à l'insertion professionnelle ».

Art. R. 5134-46. Les (D. 2012-1211 du 31 oct. 2012, JO 1er nov.) « montants perçus au titre de l'aide à l'insertion professionnelle » ne font pas l'objet d'un reversement et l'employeur conserve le bénéfice des aides correspondant au nombre de jours travaillés par le salarié dont le contrat d'accompagnement dans l'emploi est un contrat à durée indéterminée dans les cas suivants :

1° Licenciement pour faute grave du salarié ;
2° Licenciement pour force majeure ;
3° Licenciement pour inaptitude médicalement constatée ;
4° Licenciement pour motif économique notifié dans le cadre d'une procédure de redressement ou de liquidation judiciaire ;
5° Rupture du contrat au cours de la période d'essai ;
6° Rupture conventionnelle intervenue dans le cadre de l'article L. 1237-11.

Art. R. 5134-47. Les (D. 2012-1211 du 31 oct. 2012, JO 1er nov.) « montants perçus au titre de l'aide à l'insertion professionnelle » ne font pas l'objet d'un reversement, et l'employeur conserve le bénéfice des aides correspondant au nombre de jours travaillés par le salarié dont le contrat d'accompagnement dans l'emploi est un contrat à durée déterminée, en cas de :

1° Rupture anticipée résultant de la volonté claire et non équivoque des parties ;
2° Rupture anticipée pour faute grave ;
3° Rupture anticipée pour force majeure ;
4° Rupture anticipée au cours de la période d'essai.

Art. L. 5134-31. Les embauches réalisées en contrat d'accompagnement dans l'emploi donnent droit à l'exonération :

1° (L. 2018-1203 du 22 déc. 2018, art. 8, VI, 1°, JO 23, entrée en vigueur le 01.01.2019) « Pour les personnes morales mentionnées aux 1° et 2° de l'article L. 5134-21 du présent code, » des cotisations à la charge de l'employeur au titre des assurances sociales et des allocations familiales, pendant la durée (L. 2012-1189 du 26 oct. 2012, art. 7, JO 27, entrée en vigueur le 01.11.2012) « d'attribution de l'aide à l'insertion professionnelle », sans qu'il soit fait application des dispositions de l'article L. 131-7 du code de la sécurité sociale. Toutefois, les cotisations afférentes à la partie de la rémunération qui excède un montant fixé par décret ne donnent pas lieu à exonération ;

2° De la taxe sur les salaires ;

3° De la taxe d'apprentissage ;

4° Des participations dues par les employeurs au titre de l'effort de construction.

§ 2 (réglementaire). Exonérations

Note Ce paragraphe a été introduit par le décret 2009-1442 du 25 novembre 2009, JO 26, entrée en vigueur le 01.01.2010.

Art. D. 5134-48. Le montant de l'exonération prévue au 1° de l'article L. 5134-31 est égal à celui des cotisations patronales au titre des assurances sociales et des allocations familiales correspondant à la fraction de la rémunération n'excédant pas le produit du salaire minimum de croissance par le nombre d'heures rémunérées, dans la limite de la durée légale du travail calculée sur le mois ou, si elle est inférieure, de la durée conventionnelle applicable dans l'établissement.

Art. R. 5134-49. En cas de suspension du contrat de travail avec maintien total ou partiel de la rémunération mensuelle brute du salarié, le nombre d'heures rémunérées pris en compte pour le calcul de l'exonération est égal au produit de la durée de travail que le salarié aurait accomplie s'il avait continué à travailler et de la part de la rémunération restée à la charge de l'employeur et soumise à cotisation. Le nombre d'heures rémunérées ainsi déterminé ne peut excéder au titre du mois civil considéré la durée légale du travail calculée sur le mois ou, si elle est inférieure, la durée conventionnelle applicable dans l'établissement.

Art. R. 5134-50. En cas de rupture du contrat d'accompagnement dans l'emploi à l'initiative de l'employeur avant la fin de (D. 2012-1211 du 31 oct. 2012, JO 1er nov.) « l'aide à l'insertion professionnelle » dans un cas autre que ceux mentionnés aux articles R. 5134-46 et R. 5134-47, l'employeur verse le montant des cotisations et contributions sociales patronales dont il a été exonéré en application de l'article L. 5134-31.

Ces cotisations et contributions sont versées au plus tard à la première date d'exigibilité des cotisations et contributions sociales qui suit la date d'effet de la rupture du contrat de travail.

Art. L. 5134-32. L'État peut contribuer au financement des actions de formation professionnelle et de validation des acquis de l'expérience prévues à l'article L. 5134-22.

Art. L. 5134-33. Les aides et les exonérations prévues par la présente sous-section ne peuvent être cumulées avec une autre aide de l'État à l'emploi.

Sous-section 5 (réglementaire). **Périodes de mise en situation en milieu professionnel**

Note Cette sous-section a été introduite par le décret 2014-1360 du 13 novembre 2014, art. 2, JO 15.

Art. D. 5134-50-1. Une ou plusieurs périodes de mise en situation en milieu professionnel peuvent être prescrites à un salarié en contrat d'accompagnement dans l'emploi, avec son accord et celui de son employeur.

Chacune de ces périodes fait l'objet d'une convention selon les modalités prévues au chapitre V du présent titre, sous réserve des dispositions prévues par la présente sous-section.

Art. D. 5134-50-2. La durée cumulée de l'ensemble des périodes de mise en situation en milieu professionnel effectuées au cours du contrat d'accompagnement dans l'emploi ne peut représenter plus de 25 % de la durée totale du contrat.

Art. D. 5134-50-3. L'organisme prescripteur de la mise en situation en milieu professionnel en application de l'article L. 5135-2 transmet à l'Agence de services et de paiement une copie de la convention mentionnée à l'article D. 5135-2.

Sous-section 5. **Dispositions d'application**

Art. L. 5134-34. Un décret en Conseil d'État détermine les conditions d'application de la présente section.

SECTION 5. Contrat initiative-emploi

Sous-section 1. **Objet**

Art. L. 5134-65. (L. 2008-1249 du 1er déc. 2008, art. 23, JO 3, entrée en vigueur le 01.01.2010) Le contrat initiative-emploi a pour objet de faciliter l'insertion professionnelle des personnes sans emploi rencontrant des difficultés sociales et professionnelles d'accès à l'emploi. À cette fin, il comporte des actions d'accompagnement professionnel. Les actions de formation nécessaires à la réalisation du projet professionnel de la personne peuvent être mentionnées dans la (L. 2012-1189 du 26 oct. 2012, art. 7, JO 27, entrée en vigueur le 01.11.2012) «demande d'aide à l'insertion professionnelle»; elles sont menées dans le cadre défini à l'article L. 6312-1.

Sous-section 2. **Décision d'attribution de l'aide à l'insertion professionnelle**

Art. L. 5134-66. (L. 2012-1189 du 26 oct. 2012, art. 7, JO 27, entrée en vigueur le 01.11.2012) «Les aides à l'insertion professionnelle au titre d'un contrat initiative-emploi peuvent être accordées aux employeurs suivants:»

1° Les employeurs mentionnés à l'article L. 5422-13 et aux 3° et 4° de l'article L. 5424-1;

2° Les groupements d'employeurs (L. 2014-288 du 5 mars 2014, art. 20, IV, 2°, JO 6) «pour l'insertion et la qualification mentionnés à l'article L. 1253-1»;

3° Les employeurs de pêche maritime non couverts par l'article L. 5422-13, les 3° et 4° de l'article L. 5424-1 et l'article L. 1253-1.

Art. L. 5134-66-1. (L. 2012-1189 du 26 oct. 2012, art. 7, JO 27, entrée en vigueur le 01.11.2012) «La décision d'attribution d'une nouvelle aide à l'insertion professionnelle» (L. 2008-1249 du 1er déc. 2008, art. 23, JO 3, entrée en vigueur le 01.01.2010) «est subordonnée au bilan préalable des actions d'accompagnement et des actions visant à l'insertion durable des salariés, réalisées dans le cadre d'un contrat aidé antérieur».

Art. L. 5134-67. Les particuliers employeurs (L. 2012-1189 du 26 oct. 2012, art. 7, JO 27, entrée en vigueur le 01.11.2012) «ne sont pas éligibles aux aides attribuées au titre d'un contrat initiative-emploi».

Art. L. 5134-67-1. (L. 2008-1249 du 1er déc. 2008, art. 23, JO 3, entrée en vigueur le 01.01.2010) La durée de (L. 2012-1189 du 26 oct. 2012, art. 7, JO 27, entrée en vigueur le 01.11.2012) «l'aide à l'insertion professionnelle attribuée au titre» du contrat initiative-emploi ne peut excéder le terme du contrat de travail.

(L. 2012-1189 du 26 oct. 2012, art. 7, JO 27, entrée en vigueur le 01.11.2012) «L'attribution de l'aide» peut être prolongée dans la limite d'une durée totale de vingt-quatre mois.

Il peut être dérogé, selon des modalités fixées par voie réglementaire, à la durée maximale (L. 2012-1189 du 26 oct. 2012, art. 7, JO 27, entrée en vigueur le 01.11.2012) «pour laquelle est attribuée une aide à l'insertion professionnelle», soit lorsque celle-ci concerne un salarié âgé de cinquante ans et plus (L. 2015-994 du 17 août 2015, art. 43, 3°, JO 18) «rencontrant des difficultés particulières qui font obstacle à son insertion durable dans l'emploi» ou une personne reconnue travailleur handicapé, soit pour permettre d'achever une action de formation professionnelle en cours de réalisation et (L. 2012-1189 du 26 oct. 2012, art. 7, JO 27, entrée en vigueur le 01.11.2012) «prévue au titre de l'aide attribuée». La durée de cette prolongation ne peut excéder le terme de l'action concernée.

Art. L. 5134-67-2. (L. 2008-1249 du 1er déc. 2008, art. 23, JO 3, entrée en vigueur le 01.01.2010) La prolongation de (L. 2012-1189 du 26 oct. 2012, art. 7, JO 27, entrée en vigueur le 01.11.2012) «l'attribution de l'aide à l'insertion professionnelle» et, s'il est à durée déterminée, du contrat de travail (L. 2012-1189 du 26 oct. 2012, art. 7, JO 27, entrée en vigueur le 01.11.2012) «au titre duquel l'aide est attribuée» est subordonnée à l'évaluation des actions réalisées au cours du contrat en vue de favoriser l'insertion durable du salarié.

Art. L. 5134-68. (L. 2008-1249 du 1er déc. 2008, art. 23, JO 3, entrée en vigueur le 01.01.2010) Il ne peut être (L. 2012-1189 du 26 oct. 2012, art. 7, JO 27, entrée en vigueur le 01.11.2012) «attribué d'aide à l'insertion professionnelle» dans les cas suivants:

1° Lorsque l'établissement a procédé à un licenciement économique dans les six mois précédant la date d'embauche;

2° Lorsque l'embauche vise à procéder au remplacement d'un salarié licencié pour un motif autre que la faute grave ou lourde. S'il apparaît que l'embauche a eu pour conséquence le licenciement d'un autre salarié, (L. 2012-1189 du 26 oct. 2012, art. 7, JO 27, entrée en vigueur le 01.11.2012) «la décision d'attribution de l'aide peut être retirée» par l'État ou par le président du (L. 2013-403 du 17 mai 2013, art. 1er, JO 18) «conseil départemental». (L. 2012-1189 du 26 oct. 2012, art. 7, JO 27, entrée en vigueur le 01.11.2012) «La décision de retrait de l'attribution de l'aide» emporte obligation pour l'employeur de rembourser l'intégralité des sommes perçues;

3° Lorsque l'employeur n'est pas à jour du versement de ses cotisations et contributions sociales.

Sous-section 1 (réglementaire). **Aide à l'insertion professionnelle**

Note Les sous-sections 1 et 2 ont été introduites par le décret 2009-1442 du 25 novembre 2009, JO 26, entrée en vigueur le 01.01.2010.

Art. R. 5134-51. (D. 2012-1211 du 31 oct. 2012, JO 1er nov.) L'aide à l'insertion professionnelle est attribuée préalablement à la conclusion du contrat de travail mentionné à l'article L. 5134-69.

Art. R. 5134-52. (D. 2012-1211 du 31 oct. 2012, JO 1er nov.) L'employeur qui effectue une nouvelle demande d'aide à l'insertion professionnelle transmet à l'autorité appelée à attribuer cette aide les éléments nécessaires à l'établissement du bilan mentionné à l'article L. 5134-66-1.

Art. R. 5134-53. L'employeur informe, dans un délai franc de sept jours, de toute suspension ou rupture du contrat de travail qui interviendrait avant la fin de (D. 2012-1211 du 31 oct. 2012, JO 1er nov.) « l'attribution de l'aide à l'insertion professionnelle » :

1° L'autorité (D. 2012-1211 du 31 oct. 2012, JO 1er nov.) « ayant attribué l'aide » ;

2° Le ou les organismes chargés du versement des aides.

Un arrêté du ministre chargé de l'emploi fixe le modèle de fiche de signalement, par l'employeur, des suspensions ou ruptures du contrat de travail.

Art. R. 5134-54. (D. 2012-1211 du 31 oct. 2012, JO 1er nov.) En cas de non-respect par l'employeur des dispositions de la décision d'attribution de l'aide à l'insertion professionnelle, cette aide n'est pas due et les sommes versées font l'objet d'un remboursement.

L'autorité attribuant l'aide informe l'employeur de son intention de procéder à la récupération de l'indu.

L'employeur dispose d'un délai franc de sept jours pour faire connaître ses observations.

Tout paiement indu donne lieu à remboursement par l'employeur de la totalité des aides perçues.

L'autorité attribuant l'aide informe l'organisme de recouvrement des cotisations sociales de la procédure.

Art. R. 5134-55. En cas de modification de la situation juridique de l'employeur au sens de l'article L. 1224-1, le nouvel employeur est substitué dans les droits de l'employeur en ce qui concerne le contrat de travail. Le nouvel employeur est substitué également dans les droits de l'employeur initial en ce qui concerne (D. 2012-1211 du 31 oct. 2012, JO 1er nov.) « l'aide à l'insertion professionnelle sous réserve de l'accord de l'autorité ayant attribué l'aide, au regard des engagements du nouvel employeur » et à condition qu'il n'entre pas dans un des cas mentionnés à l'article L. 5134-68.

Art. R. 5134-56. En application de l'article L. 5134-67-2, l'employeur qui souhaite prolonger une (D. 2012-1211 du 31 oct. 2012, JO 1er nov.) « aide à l'insertion professionnelle » au titre du contrat initiative-emploi adresse à l'autorité (D. 2012-1211 du 31 oct. 2012, JO 1er nov.) « qui a attribué l'aide » initiale une demande préalable.

Cette demande motivée est accompagnée d'un bilan des actions réalisées en matière d'accompagnement et de formation, notamment des actions d'aide à la prise de poste, de remise à niveau, d'acquisition de nouvelles compétences et de formation qualifiante. L'employeur joint également à sa demande un document répertoriant les actions d'accompagnement et de formation qu'il envisage de mettre en œuvre pendant la période de prolongation.

Art. R. 5134-57. La durée maximale de (D. 2012-1211 du 31 oct. 2012, JO 1er nov.) « l'aide à l'insertion professionnelle », fixée à vingt-quatre mois par l'article L. 5134-67-1, peut être prolongée, en application du troisième alinéa du même article, pour la durée de la formation suivie par le salarié restant à courir et dans la limite de soixante mois.

La demande de prolongation faite par l'employeur est accompagnée :

1° De tous justificatifs visant à établir que l'action de formation professionnelle qualifiante visée à l'article L. 6314-1 (D. 2012-1211 du 31 oct. 2012, JO 1er nov.) « prévue au titre de l'aide attribuée » initiale est en cours de réalisation et que le terme de cette action dépasse le terme de (D. 2012-1211 du 31 oct. 2012, JO 1er nov.) « l'aide » ;

2° Des éléments d'organisation des actions de formation permettant de s'assurer qu'elles pourront être réalisées durant la période de prolongation.

Art. R. 5134-58. La durée maximale de vingt-quatre mois de (D. 2012-1211 du 31 oct. 2012, JO 1er nov.) « l'aide à l'insertion professionnelle » peut, pour les personnes mentionnées au troisième alinéa de l'article L. 5134-67-1, être portée, par (D. 2012-1211 du 31 oct. 2012, JO 1er nov.) « décisions de prolongation successives » d'un an au plus, à soixante mois.

La condition d'âge mentionnée au troisième alinéa de l'article L. 5134-67-1 et à l'article L. 5134-69-1 s'apprécie à l'échéance de la durée maximale de (D. 2012-1211 du 31 oct. 2012, JO 1er nov.) « l'aide ».

Art. R. 5134-59. En application de l'article L. 2323-48, les institutions représentatives du personnel des organismes employeurs, lorsqu'elles existent, sont informées des contrats initiative-emploi conclus.

Sous-section 2 (réglementaire). **Accompagnement**

Art. R. 5134-60. L'autorité (D. 2012-1211 du 31 oct. 2012, JO 1er nov.) « qui attribue l'aide à l'insertion professionnelle » désigne en son sein ou auprès d'un organisme chargé de l'accompagnement ou de l'insertion, en le mentionnant dans la (D. 2012-1211 du 31 oct. 2012, JO 1er nov.) « décision d'attribution initiale de l'aide », un référent chargé d'assurer le suivi du parcours d'insertion professionnelle du salarié en contrat initiative-emploi.

Dans le cas où ce salarié est bénéficiaire du revenu de solidarité active, le référent peut être le même que celui désigné en application de l'article L. 262-27 du code de l'action sociale et des familles.

Art. R. 5134-61. L'employeur, dès la (D. 2012-1211 du 31 oct. 2012, JO 1er nov.) « transmission de la demande d'aide à l'insertion professionnelle », désigne un tuteur parmi les salariés qualifiés et volontaires pour assumer cette fonction.

Ce dernier doit justifier d'une expérience professionnelle d'au moins deux ans. Exceptionnellement, sur autorisation de l'autorité (D. 2012-1211 du 31 oct. 2012, JO 1er nov.) « qui attribue l'aide », l'employeur peut assurer lui-même le tutorat. Le tuteur ne peut suivre plus de trois salariés en contrat initiative-emploi.

Art. R. 5134-62. Les missions du tuteur sont les suivantes :

1° Participer à l'accueil, aider, informer et guider le salarié en contrat initiative-emploi ;

2° Contribuer à l'acquisition des savoir-faire professionnels ;

3° Assurer la liaison avec le référent mentionné à l'article R. 5134-60 ;

4° Participer à l'établissement de l'attestation d'expérience professionnelle prévue à l'article L. 5134-70-2 avec le salarié concerné et l'employeur.

Sous-section 3. **Contrat de travail**

Art. L. 5134-69. Le contrat initiative-emploi est un contrat de travail de droit privé à durée indéterminée ou à durée déterminée conclu en application de l'article L. 1242-3.

Lorsqu'il est conclu pour une durée déterminée les règles de renouvellement prévues (Ord. 2017-1718 du 20 déc. 2017, art. 1er, I, 18°, JO 21) « aux articles L. 1243-13 et L. 1243-13-1 » ne sont pas applicables.

Art. L. 5134-69-1. (L. 2008-1249 du 1er déc. 2008, art. 23, JO 3, entrée en vigueur le 01.01.2010) Le contrat de travail associé à une (L. 2012-1189 du 26 oct. 2012, art. 7, JO 27, entrée en vigueur le 01.11.2012) « aide à l'insertion professionnelle attribuée au titre d'un » contrat initiative-emploi, conclu pour une durée déterminée, peut être prolongé dans la limite d'une durée totale de vingt-quatre mois, ou de cinq ans pour les salariés âgés de cinquante ans et plus (L. 2015-994 du 17 août 2015, art. 43, 4°, JO 18) « rencontrant des difficultés particulières qui font obstacle à leur insertion durable dans l'emploi », ainsi que pour les personnes reconnues travailleurs handicapés.

(L. 2015-994 du 17 août 2015, art. 43, 4°, JO 18) «À titre dérogatoire, pour les salariés âgés de cinquante-huit ans ou plus, ce contrat de travail peut être prolongé jusqu'à la date à laquelle ils sont autorisés à faire valoir leurs droits à la retraite».

Art. L. 5134-69-2. (L. 2008-1249 du 1er déc. 2008, art. 23, JO 3, entrée en vigueur le 01.01.2010) La durée du contrat initiative-emploi ne peut être inférieure à six mois, ou trois mois pour les personnes ayant fait l'objet d'une condamnation et bénéficiant d'un aménagement de peine.

Art. L. 5134-70. Par dérogation aux dispositions relatives à la rupture avant le terme du contrat de travail à durée déterminée prévues à l'article L. 1243-2, le contrat initiative emploi peut être rompu avant son terme, à l'initiative du salarié, lorsque la rupture a pour objet de lui permettre:

1° D'être embauché par un contrat à durée déterminée d'au moins six mois;

2° D'être embauché par un contrat à durée indéterminée;

3° De suivre une formation conduisant à une qualification telle que prévue à l'article L. 6314-1.

Art. L. 5134-70-1. (L. 2008-1249 du 1er déc. 2008, art. 23, JO 3, entrée en vigueur le 01.01.2010) La durée hebdomadaire du travail (L. 2015-994 du 17 août 2015, art. 43, 5°, JO 18) «du titulaire d'un contrat initiative-emploi ne peut être inférieure à vingt heures, sauf lorsque la décision d'attribution de l'aide le prévoit pour répondre aux besoins d'un salarié âgé de soixante ans ou plus et éligible à un dispositif d'intéressement à la reprise d'activité des bénéficiaires des allocations du régime de solidarité.»

Art. L. 5134-70-2. (L. 2008-1249 du 1er déc. 2008, art. 23, JO 3, entrée en vigueur le 01.01.2010) Une attestation d'expérience professionnelle est établie par l'employeur et remise au salarié à sa demande ou au plus tard un mois avant la fin du contrat initiative-emploi.

Art. L. 5134-71. (L. 2008-1249 du 1er déc. 2008, art. 23, JO 3, entrée en vigueur le 01.01.2010) Le contrat initiative-emploi peut être suspendu, à la demande du salarié, afin de lui permettre:

1° En accord avec son employeur, d'effectuer une (L. 2014-288 du 5 mars 2014, art. 20, I, 13°, JO 6) «période de mise en situation en milieu professionnel dans les conditions prévues au chapitre V du présent titre» ou une action concourant à son insertion professionnelle;

2° D'accomplir une période d'essai afférente à une offre d'emploi visant une embauche en contrat de travail à durée indéterminée ou à durée déterminée au moins égale à six mois.

En cas d'embauche à l'issue de cette (L. 2014-288 du 5 mars 2014, art. 20, I, 13°, JO 6) «période de mise en situation en milieu professionnel, d'une action concourant à son insertion professionnelle,» ou de cette période d'essai, le contrat est rompu sans préavis.

Sous-section 4. **Aide financière**

Art. L. 5134-72. (L. 2012-1189 du 26 oct. 2012, art. 7, JO 27, entrée en vigueur le 01.11.2012) «L'aide à l'insertion professionnelle attribuée au titre d'un contrat initiative-emploi» (L. 2008-1249 du 1er déc. 2008, art. 23, JO 3, entrée en vigueur le 01.01.2010) «peut être modulée en fonction:

1° De la catégorie et du secteur d'activité de l'employeur;

2° Des actions prévues en matière d'accompagnement professionnel et des actions visant à favoriser l'insertion durable du salarié;

3° Des conditions économiques locales;

4° Des difficultés d'accès à l'emploi antérieurement rencontrées par le salarié».

Art. L. 5134-72-1. (L. 2008-1249 du 1er déc. 2008, art. 23, JO 3, entrée en vigueur le 01.01.2010) Le montant de (L. 2012-1189 du 26 oct. 2012, art. 7, JO 27, entrée en vigueur le 01.11.2012) «l'aide à l'insertion professionnelle versée au titre d'un contrat initiative-emploi» ne peut excéder 47 % du montant brut du salaire minimum de croissance par heure travaillée, dans la limite de la durée légale hebdomadaire du travail.

Art. L. 5134-72-2. (L. 2008-1249 du 1er déc. 2008, art. 23, JO 3, entrée en vigueur le 01.01.2010) Lorsque (L. 2012-1189 du 26 oct. 2012, art. 7, JO 27, entrée en vigueur le 01.11.2012) «l'aide à l'insertion professionnelle a été attribuée pour le recrutement d'un» salarié qui était, avant son (L. 2012-1189 du 26 oct. 2012, art. 7, JO 27, entrée en vigueur le 01.11.2012) «recrutement», bénéficiaire du revenu de solidarité active financé par le département, le département participe au financement de l'aide mentionnée à l'article L. 5134-19-1. Cette participation est déterminée, dans des conditions fixées par décret, par référence au montant forfaitaire mentionné (L. 2015-994 du 17 août 2015, art. 59, V et 60, I, JO 18, entrée en vigueur le 01.01.2016) «à» l'article L. 262-2 du code de l'action sociale et des familles applicable à une personne isolée et en fonction de la majoration des taux prévue par la convention mentionnée à l'article L. 5134-19-4.

Sous-section 3 (réglementaire). **Aide financière**

Note Cette sous-section a été introduite par le décret 2009-1442 du 25 novembre 2009, JO 26, entrée en vigueur le 01.01.2010.

Art. R. 5134-63. L'aide mentionnée à l'article L. 5134-72 est versée mensuellement :

1° Par l'Agence de services et de paiement pour le compte de l'État ;

2° Par le département ou par tout organisme qu'il mandate à cet effet, lorsque (D. 2012-1211 du 31 oct. 2012, JO 1er nov.) « l'aide à l'insertion professionnelle est attribuée pour » un bénéficiaire du revenu de solidarité active financé par le département.

L'employeur communique aux organismes mentionnés au 1° ou au 2° les justificatifs attestant de l'effectivité de l'activité du salarié.

Art. D. 5134-64. Pour l'application de l'article L. 5134-72-2, la participation mensuelle du département au financement de l'aide est égale à 88 % du montant forfaitaire mentionné (D. 2015-1710 du 21 déc. 2015, art. 4, IV, JO 22, entrée en vigueur le 01.01.2016) « à » l'article L. 262-2 du code de l'action sociale et des familles, applicable à un foyer composé d'une seule personne, dans la limite du montant de l'aide effectivement versée.

Art. R. 5134-65. Les taux de prise en charge déterminant le montant de l'aide financière mentionné à l'article L. 5134-72-1 sont fixés par un arrêté du préfet de région, en fonction des critères énumérés à l'article L. 5134-72 et compte tenu, le cas échéant, des statistiques publiques de l'emploi dans la région.

Art. R. 5134-66. Lorsque, en application du cinquième alinéa de l'article L. 5134-19-4, le département majore les taux de prise en charge mentionnés à l'article R. 5134-65, le coût induit par cette majoration est à la charge du département. Cette contribution du département s'ajoute au montant de sa participation telle que définie à l'article D. 5134-64.

Art. R. 5134-67. Lorsque le contrat initiative-emploi est suspendu sans que soit maintenue la rémunération du salarié, l'aide afférente à la période de suspension n'est pas versée.

Lorsque, au cours de la période de suspension, la rémunération est maintenue en totalité ou partiellement, l'aide afférente à la période de suspension est versée au prorata de la rémunération effectivement versée par l'employeur.

Art. R. 5134-68. En cas de rupture du contrat de travail à l'initiative de l'employeur avant la fin de (D. 2012-1211 du 31 oct. 2012, JO 1er nov.) « l'aide à l'insertion professionnelle, celle-ci n'est pas due ».

Sous réserve des cas mentionnés aux articles R. 5134-69 et R. 5134-70, l'employeur reverse alors à l'Agence de services et de paiement ou, le cas échéant, au département ou à l'organisme désigné par lui dans le cadre de l'article R. 5134-63 l'intégralité des sommes déjà perçues au titre de (D. 2012-1211 du 31 oct. 2012, JO 1er nov.) « l'aide à l'insertion professionnelle ».

Art. R. 5134-69. Les (D. 2012-1211 du 31 oct. 2012, JO 1er nov.) « montants perçus au titre de l'aide à l'insertion professionnelle » ne font pas l'objet d'un reversement et l'employeur conserve le bénéfice des aides correspondant au nombre de jours travaillés par le salarié dont le contrat initiative-emploi est un contrat à durée indéterminée, dans les cas suivants :

1° Licenciement pour faute grave du salarié ;

2° Licenciement pour force majeure ;

3° Licenciement pour inaptitude médicalement constatée ;

4° Licenciement pour motif économique notifié dans le cadre d'une procédure de redressement ou de liquidation judiciaire ;

5° Rupture du contrat au cours de la période d'essai ;

6° Rupture conventionnelle intervenue dans le cadre de l'article L. 1237-11.

Art. R. 5134-70. Les (D. 2012-1211 du 31 oct. 2012, JO 1er nov.) « montants perçus au titre de l'aide à l'insertion professionnelle » ne font pas l'objet d'un reversement, et l'employeur conserve le bénéfice des aides correspondant au nombre de jours travaillés par le salarié dont le contrat initiative-emploi est un contrat à durée déterminée, dans les cas suivants :

1° Rupture anticipée résultant de la volonté claire et non équivoque des parties ;

2° Rupture anticipée pour faute grave ;

3° Rupture anticipée pour force majeure ;

4° Rupture anticipée au cours de la période d'essai.

Sous-section 4 (réglementaire). **Périodes de mise en situation en milieu professionnel**

Note Cette sous-section a été introduite par le décret 2014-1360 du 13 novembre 2014, art. 3, JO 15.

Art. D. 5134-71-1. Une ou plusieurs périodes de mise en situation en milieu professionnel peuvent être prescrites à un salarié en contrat initiative-emploi, avec son accord et celui de son employeur.

Chacune de ces périodes fait l'objet d'une convention selon les modalités prévues au chapitre V du présent titre, sous réserve des dispositions prévues par la présente sous-section.

Art. D. 5134-71-2. La durée cumulée de l'ensemble des périodes de mise en situation en milieu professionnel effectuées au cours du contrat initiative-emploi ne peut représenter plus de 25 % de la durée totale du contrat.

Art. D. 5134-71-3. L'organisme prescripteur de la mise en situation en milieu professionnel en application de l'article L. 5135-2 transmet à l'Agence de services et de paiement une copie de la convention mentionnée à l'article D. 5135-2.

Sous-section 5. **Dispositions d'application**

Art. L. 5134-73. Un décret en Conseil d'État détermine les conditions d'application de la présente section.

SECTION 7. Contrat relatif aux activités d'adultes-relais

Sous-section 1. **Objet**

Art. L. 5134-100. Le contrat relatif aux activités d'adultes-relais a pour objet d'améliorer, dans les (L. 2014-173 du 21 févr. 2014, art. 26, I, JO 22, entrée en vigueur le 01.01.2015) «quartiers prioritaires de la politique de la ville» et les autres territoires prioritaires des contrats de ville, les relations entre les habitants de ces quartiers et les services publics, ainsi que les rapports sociaux dans les espaces publics ou collectifs.

Il donne lieu :

1° À la conclusion d'une convention entre l'État et l'employeur dans les conditions prévues à la sous-section 2 ;

2° À la conclusion d'un contrat de travail entre l'employeur et le bénéficiaire de la convention dans les conditions prévues à la sous-section 3 ;

3° À l'attribution d'une aide financière dans les conditions prévues à la sous-section 4.

Art. D. 5134-145. Les adultes-relais mentionnés à l'article L. 5134-100 assurent des missions de médiation sociale et culturelle. Les activités de ces adultes-relais consistent notamment à :

1° Accueillir, écouter, exercer toute activité qui concourt au lien social ;

2° Informer et accompagner les habitants dans leurs démarches, faciliter le dialogue entre services publics et usagers, et notamment établir des liens entre les parents et les services qui accueillent leurs enfants ;

3° Contribuer à améliorer ou préserver le cadre de vie ;

4° Prévenir et aider à la résolution des petits conflits de la vie quotidienne par la médiation et le dialogue ;

5° Faciliter le dialogue entre les générations, accompagner et renforcer la fonction parentale par le soutien aux initiatives prises par les parents ou en leur faveur ;

6° Contribuer à renforcer la vie associative locale et développer la capacité d'initiative et de projet dans le quartier et la ville.

Art. D. 5134-146. Les adultes-relais ne peuvent accomplir aucun acte relevant du maintien de l'ordre public et ne peuvent être employés à des fonctions dont le seul objet est d'assurer les services au domicile des personnes physiques mentionnés à l'article L. 7231-1.

Les personnes morales de droit public et les personnes morales de droit privé chargées d'un service public ne peuvent pas embaucher d'adultes-relais pour des missions relevant de leur activité normale.

Sous-section 2. **Convention**

Art. L. 5134-101. L'État peut conclure des conventions ouvrant droit au bénéfice de contrats relatifs à des activités d'adultes-relais avec :

1° Les collectivités territoriales et les établissements publics de coopération intercommunale, ainsi que leurs établissements publics ;

2° Les établissements publics locaux d'enseignement ;

3° Les établissements publics de santé ;

4° Les offices publics d'habitations à loyer modéré et les offices publics d'aménagement et de construction ;

5° Les organismes de droit privé à but non lucratif ;

6° Les personnes morales de droit privé chargées de la gestion d'un service public.

Art. D. 5134-147. Les personnes morales mentionnées à l'article L. 5134-101 qui sollicitent le bénéfice d'une convention ouvrant droit au bénéfice de contrats relatifs à des activités d'adultes-relais en font la demande au préfet.

Art. D. 5134-148. La demande de convention se traduit par le dépôt d'un dossier qui comprend notamment :

1° La présentation de l'organisme employeur, de son projet et de ses objectifs ;

2° Le nombre et les caractéristiques des postes ;

3° Les zones urbaines sensibles ou les autres territoires prioritaires des contrats de ville au bénéfice duquel le projet doit se mettre en place ;

4° Pour les organismes privés à but non lucratif, les statuts et les comptes pour le dernier exercice complet ou le compte de résultat et le bilan lorsque celui-ci est établi ;

5° Le budget prévisionnel de l'action, précisant notamment les contributions financières au titre de la rémunération, de la formation ou de l'encadrement obtenues en dehors de l'État.

Art. D. 5134-149. Les projets retenus font l'objet d'une convention par poste signée entre l'employeur et l'État, représenté par le préfet, et en présence de l'Agence nationale pour la cohésion sociale et l'égalité des chances, représentée par son délégué départemental.

Art. D. 5134-150. La durée pour laquelle la convention est signée ne peut excéder trois ans.

La convention peut être renouvelée par accord exprès des parties.

Art. D. 5134-151. La convention précise :

1° La nature du projet ;

2° La durée hebdomadaire de travail ;

3° Les caractéristiques du poste et de l'activité engagée au regard des besoins à satisfaire ;

4° Le montant et les modalités de versement de l'aide versée, au nom de l'État, par l'agence et les modalités du contrôle de l'application de la convention ;

5° Le cas échéant, la dérogation du préfet sur le lieu de résidence de l'adulte-relais lorsque ce dernier ne réside pas en zone urbaine sensible mentionnée à l'article L. 5134-102.

Art. D. 5134-152. Aucune embauche ne peut intervenir avant la date de la signature de la convention.

Art. D. 5134-153. Le préfet contrôle l'exécution de la convention. À cette fin, l'employeur lui fournit, à sa demande, tout élément de nature à permettre de vérifier la bonne exécution de la convention et la réalité des emplois créés.

Art. D. 5134-154. La convention peut être résiliée par le préfet, notamment en cas de non-respect par l'employeur des clauses de la convention. Le préfet, en sa qualité de délégué de l'agence, peut demander le reversement des sommes indûment perçues.

Lorsque l'aide est obtenue à la suite de fausses déclarations ou lorsque la convention est détournée de son objet, celle-ci est résiliée d'office. Les sommes indûment perçues donnent lieu à reversement.

La convention est également résiliée d'office lorsque l'employeur n'a pas, sans justification, transmis pendant deux trimestres consécutifs les pièces prévues à la convention.

La convention peut être résiliée par l'employeur. Celui-ci en avertit le préfet avec un préavis de deux mois.

Sous-section 3. **Contrat de travail**

Art. L. 5134-102. Le contrat de travail relatif à des activités d'adultes-relais peut être conclu avec des personnes âgées d'au moins trente ans, sans emploi ou bénéficiant, sous réserve qu'il soit mis fin à ce contrat, (L. 2015-990 du 6 août 2015, art. 298, II, JO 7) «d'un contrat d'accompagnement dans l'emploi» et résidant (L. 2014-173 du 21 févr. 2014, art. 26, VI, JO 22, entrée en vigueur le 01.01.2015) «dans un quartier prioritaire de la politique de la ville» ou dans un autre territoire prioritaire des contrats de ville.

Art. L. 5134-103. Le contrat relatif à des activités d'adultes-relais est un contrat de travail de droit privé à durée indéterminée ou à durée déterminée conclu en application du 1° de l'article L. 1242-3 dans la limite d'une durée de trois ans renouvelable une fois.

Les collectivités territoriales et les autres personnes morales de droit public mentionnées à l'article L. 5134-101, à l'exception des établissements publics industriels et commerciaux, ne peuvent conclure que des contrats de travail à durée déterminée dans les conditions mentionnées à la présente section.

Le contrat à durée déterminée comporte une période d'essai d'un mois renouvelable une fois.

Art. L. 5134-104. Sans préjudice des cas prévus aux articles L. 1243-1 et L. 1243-2, le contrat de travail relatif à des activités d'adultes-relais peut être rompu, à l'expiration de chacune des périodes annuelles de leur exécution, à l'initiative du salarié, sous réserve du respect d'un préavis de deux semaines, ou de l'employeur, s'il justifie d'une cause réelle et sérieuse.

Dans ce dernier cas, les dispositions relatives à l'entretien préalable au licenciement, prévues aux articles L. 1232-2 à L. 1232-4, L. 1233-11 à L. 1233-13 et L. 1233-38, et celles relatives au préavis, prévues à l'article L. 1234-1, sont applicables.

Art. L. 5134-105. L'employeur qui décide de rompre le contrat du salarié pour une cause réelle et sérieuse notifie cette rupture par lettre recommandée avec avis de réception. Cette lettre ne peut être expédiée au salarié moins de deux jours francs après la date fixée pour l'entretien préalable. La date de présentation de la lettre fixe le point de départ du préavis.

Art. L. 5134-106. Le salarié dont le contrat est rompu par son employeur dans les conditions prévues à l'article L. 5134-104 bénéficie d'une indemnité calculée sur la base de la rémunération perçue.

Le montant retenu pour le calcul de cette indemnité ne peut cependant excéder le montant perçu par le salarié au titre des dix-huit derniers mois d'exécution de son contrat de travail. Son taux est identique à celui de l'indemnité de fin de contrat prévue à l'article L. 1243-8.

Art. L. 5134-107. Par dérogation aux dispositions de l'article L. 1243-2, la méconnaissance par l'employeur des dispositions relatives à la rupture du contrat de travail à durée déterminée prévues par la présente sous-section ouvre droit pour le salarié à des dommages et intérêts correspondant au préjudice subi.

Il en est de même lorsque la rupture du contrat intervient suite au non-respect de la convention mentionnée à l'article L. 5134-101 ayant entraîné sa dénonciation.

Art. D. 5134-155. Le contrat de travail est conclu avec une personne remplissant à la date de la signature les conditions de l'article L. 5134-102.

Art. D. 5134-156. Le contrat de travail, lorsqu'il est conclu à temps partiel, ne peut être inférieur à un mi-temps.

Sous-section 4. **Aide financière**

Art. L. 5134-108. Les employeurs mentionnés à l'article L. 5134-101 bénéficient d'une aide financière de l'État.

Cette aide n'est pas imposable pour les personnes non assujetties à l'impôt sur les sociétés.

Cette aide ne peut être cumulée avec une autre aide de l'État à l'emploi.

Art. D. 5134-157. L'aide financière de l'État mentionnée à l'article L. 5134-108, forfaitaire, est versée par l'Agence nationale pour la cohésion sociale et l'égalité des chances.

L'agence peut confier, dans le cadre d'une convention, la gestion de cette aide (D. 2009-340 du 27 mars 2009, JO 29) «à l'Agence de services et de paiement».

Art. D. 5134-158. L'aide de l'État est versée à compter de la création du poste d'adulte-relais pour les périodes pendant lesquelles le poste est effectivement occupé.

Pour un emploi à temps partiel, elle est versée à due proportion du temps de travail prévu à la convention par rapport à un emploi à temps plein.

Art. D. 5134-159. Sous réserve des cas de résiliation de la convention mentionnés à l'article D. 5134-154 et de la production des documents justificatifs prévus dans la convention, l'aide est versée pendant la durée de la convention.

Art. D. 5134-160. Le montant annuel de l'aide par poste de travail à temps plein est fixé par décret.

Ce montant est revalorisé annuellement au 1er juillet, proportionnellement à l'évolution du salaire minimum de croissance depuis le 1er juillet de l'année précédente et arrondi au dixième d'euro le plus proche.

Sous-section 5. **Dispositions d'application**

Art. L. 5134-109. Un décret détermine les conditions d'application de la présente section.

SECTION 8. Emploi d'avenir

Note Les sections 8 et 9 ont été introduites par la loi 2012-1189 du 26 octobre 2012, art. 1er et 4, JO 27, entrée en vigueur le 01.11.2012.

Sous-section 1. **Dispositions générales**

Art. L. 5134-110. I. – L'emploi d'avenir a pour objet de faciliter l'insertion professionnelle et l'accès à la qualification des jeunes sans emploi âgés de seize à vingt-cinq ans au moment de la signature du contrat de travail soit sans qualification, soit peu qualifiés et rencontrant des difficultés particulières d'accès à l'emploi, par leur recrutement dans des activités présentant un caractère d'utilité sociale ou environnementale ou ayant un fort potentiel de création d'emplois. Les personnes bénéficiant de la reconnaissance de la qualité de travailleur handicapé et remplissant ces mêmes conditions peuvent accéder à un emploi d'avenir lorsqu'elles sont âgées de moins de trente ans.

II. – L'emploi d'avenir est destiné en priorité aux jeunes mentionnés au I qui résident soit dans les (L. 2014-173 du 21 févr. 2014, art. 26, VI, JO 22, entrée en vigueur le 01.01.2015) «quartiers prioritaires de la politique de la ville» ou les zones de revitalisation rurale au sens de l'article 1465 A du code général des impôts, soit (Ord. 2017-1491 du 25 oct. 2017, art. 6, 1°, JO 26, entrée en vigueur le 01.01.2018) «en Guadeloupe, en Guyane, en Martinique, à Mayotte, à La Réunion», à Saint-Barthélemy, à Saint-Martin ou à Saint-Pierre-et-Miquelon, soit dans les territoires dans lesquels les jeunes connaissent des difficultés particulières d'accès à l'emploi.

Art. L. 5134-111. L'aide relative à l'emploi d'avenir peut être attribuée aux employeurs suivants:

1° Les organismes de droit privé à but non lucratif;

2° Les collectivités territoriales et leurs groupements;

3° Les autres personnes morales de droit public, à l'exception de l'État;

4° Les groupements d'employeurs (L. 2014-288 du 5 mars 2014, art. 20, IV, 2°, JO 6) «pour l'insertion et la qualification mentionnés à l'article L. 1253-1»;

5° Les structures d'insertion par l'activité économique mentionnées à l'article L. 5132-4;

6° Les personnes morales de droit privé chargées de la gestion d'un service public;

(L. 2014-856 du 31 juil. 2014, art. 34, JO 1er août) «7° Les sociétés coopératives d'intérêt collectif.»

Par exception, lorsqu'ils ne relèvent pas d'une des catégories mentionnées aux 1° à (L. 2014-856 du 31 juil. 2014, art. 34, JO 1er août) «7°» du présent article, les employeurs relevant de l'article L. 5422-13 et des 3° et 4° de l'article L. 5424-1 sont éligibles à l'aide relative aux emplois d'avenir s'ils remplissent les conditions fixées par décret en Conseil d'État relatives à leur secteur d'activité et au parcours d'insertion et de qualification proposé au futur bénéficiaire.

Les particuliers employeurs ne sont pas éligibles à l'aide attribuée au titre d'un emploi d'avenir.

Pour être éligible à une aide relative à l'emploi d'avenir, l'employeur doit pouvoir justifier de sa capacité, notamment financière, à maintenir l'emploi au moins le temps de son versement.

Art. L. 5134-112. L'emploi d'avenir est conclu sous la forme, selon le cas, d'un contrat d'accompagnement dans l'emploi régi par la section 2 du présent chapitre ou d'un contrat initiative-emploi régi par la section 5 du même chapitre. Les dispositions relatives à ces contrats s'appliquent à l'emploi d'avenir, sous réserve des dispositions spécifiques prévues par la présente section.

Un suivi personnalisé professionnel et, le cas échéant, social du bénéficiaire d'un emploi d'avenir est assuré pendant le temps de travail par l'institution mentionnée à l'article L. 5312-1 ou par l'un des organismes mentionnés à l'article L. 5314-1 ou au 1° *bis* de l'article L. 5311-4 ou par la personne mentionnée au 2° de l'article L. 5134-19-1. Un bilan relatif au projet professionnel du bénéficiaire et à la suite donnée à l'emploi d'avenir est notamment réalisé deux mois avant l'échéance de l'aide relative à l'emploi d'avenir.

Art. R. 5134-161. (D. 2012-1210 du 31 oct. 2012, JO 1er nov., entrée en vigueur le 01.11.2012) Peuvent être recrutés en emploi d'avenir les jeunes sans emploi de seize à vingt-cinq ans et les personnes handicapées de moins de trente ans sans emploi, à la date de la signature du contrat, qui :

1° Soit ne détiennent aucun diplôme du système de formation initiale ;

2° Soit sont titulaires uniquement d'un diplôme ou d'un titre à finalité professionnelle enregistré au répertoire national des certifications professionnelles prévu à l'article L. 335-6 du code de l'éducation et classé au niveau V de la nomenclature interministérielle des niveaux de formation mentionnée à l'article R. 335-13 du code de l'éducation, et totalisent une durée de six mois minimum de recherche d'emploi au cours des douze derniers mois. (D. 2014-188 du 20 févr. 2014, JO 22) « Sur appréciation des organismes mentionnés aux 1° et 2° de l'article L. 5134-19-1, cette durée peut être inférieure à six mois si le parcours de formation des intéressés, leurs perspectives locales d'accès à l'emploi au regard de leur qualification ou des difficultés sociales particulières le justifient » ;

3° Soit, à titre exceptionnel, s'ils résident dans une zone urbaine sensible, dans une zone de revitalisation rurale ou dans un département d'outre-mer, à Saint-Barthélemy, à Saint-Martin ou à Saint-Pierre-et-Miquelon, ont atteint au plus le niveau du premier cycle de l'enseignement supérieur, et totalisent une durée de douze mois minimum de recherche d'emploi au cours des dix-huit derniers mois. (D. 2014-188 du 20 févr. 2014, JO 22) « Sur appréciation des organismes mentionnés aux 1° et 2° de l'article L. 5134-19-1, cette durée peut être inférieure à douze mois si le parcours de formation des intéressés, leurs perspectives locales d'accès à l'emploi au regard de leur qualification ou des difficultés sociales particulières le justifient. »

Art. R. 5134-162. (D. 2012-1210 du 31 oct. 2012, JO 1er nov., entrée en vigueur le 01.11.2012) I. – Le schéma d'orientation régional définit la stratégie territoriale de mise en œuvre des emplois d'avenir, notamment :

1° Les filières et secteurs d'activité prioritaires pour le déploiement des emplois d'avenir, en particulier les secteurs qui présentent un fort potentiel de création d'emplois ou offrent des perspectives de développement d'activités nouvelles, en cohérence avec les stratégies de développement économique et de développement des compétences au niveau régional ;

2° Les principaux parcours d'insertion et de qualification qui peuvent être proposés dans ces différents filières et secteurs.

II. – Le schéma d'orientation régional tient compte des modalités d'accès des jeunes à la formation définies au contrat de plan régional de développement des formations professionnelles adopté au titre de l'article L. 214-13 du code de l'éducation.

Art. R. 5134-163. (D. 2012-1210 du 31 oct. 2012, JO 1er nov., entrée en vigueur le 01.11.2012) I. – Chaque année, le (D. 2014-1055 du 16 sept. 2014, JO 18) « comité régional de l'emploi, de la formation [et] de l'orientation professionnelles » est consulté sur le schéma d'orientation régional mentionné à l'article R. 5134-162 et, s'il y a lieu, sur le bilan des emplois d'avenir au titre de l'année écoulée.

II. – Le projet de schéma d'orientation régional mentionné à l'article R. 5134-162 est établi par le préfet de région, après consultation du président du conseil régional. Il est soumis pour avis au (D. 2014-1055 du 16 sept. 2014, JO 18) « comité régional de l'emploi, de la formation [et] de l'orientation professionnelles » et fait l'objet, avant son adoption, d'une publication sous forme électronique sur le site de la préfecture de région. Les (D. 2013-938 du 18 oct. 2013, art. 1er, JO 20) « conseils départementaux », les communes, (D. 2014-524 du 22 mai 2014, JO 24) « Pôle emploi », les missions locales pour l'insertion professionnelle et sociale des jeunes mentionnées à l'article L. 5314-1 ainsi que la chambre régionale de l'économie sociale et solidaire peuvent faire connaître leur avis au préfet de région dans un délai d'un mois à compter de cette publication.

III. – À l'issue de la procédure de consultation définie au II, le préfet de région publie le schéma d'orientation régional au recueil des actes administratifs de la préfecture de région.

Art. R. 5134-164. (D. 2012-1210 du 31 oct. 2012, JO 1er nov., entrée en vigueur le 01.11.2012) I. – Est éligible à l'aide à l'emploi d'avenir l'employeur relevant du huitième alinéa de l'article L. 5134-111 qui :

1° Propose au titulaire d'un emploi d'avenir une perspective de qualification et d'insertion professionnelle durable ;

2° Appartient à un secteur d'activité présentant un fort potentiel de création d'emplois ou offrant des perspectives de développement d'activités nouvelles.

II. – Les secteurs mentionnés au 2° du I sont fixés par arrêté du préfet de région, compte tenu des secteurs prioritaires définis au schéma d'orientation régional en application de l'article R. 5134-162.

Art. R. 5134-165. (D. 2012-1210 du 31 oct. 2012, JO 1er nov., entrée en vigueur le 01.11.2012) L'emploi d'avenir est conclu sous la forme, selon le cas :

1° S'agissant d'un employeur mentionné au 2° ou au 3° de l'article L. 5134-111, d'un contrat d'accompagnement dans l'emploi à durée déterminée, d'au moins douze mois et d'au plus trente-six mois, régi par les dispositions de la section première-1 et de la section 2 du présent chapitre, sous réserve des dispositions spécifiques prévues par la présente section ;

2° S'agissant des autres employeurs mentionnés à l'article L. 5134-111, selon leur situation, d'un contrat d'accompagnement dans l'emploi régi par les dispositions de la section première-1 et de la section 2 du présent chapitre ou d'un contrat initiative-emploi régi par les dispositions de la section première-1 et de la section 3 du présent chapitre, sous réserve des dispositions spécifiques prévues par la présente section.

Sous-section 2. **Aide à l'insertion professionnelle**

Art. L. 5134-113. L'aide relative à l'emploi d'avenir est accordée pour une durée minimale de douze mois et pour une durée maximale de trente-six mois, sans pouvoir excéder le terme du contrat de travail.

Lorsque l'aide a été initialement accordée pour une durée inférieure à trente-six mois, elle peut être prolongée jusqu'à cette durée maximale.

À titre dérogatoire, afin de permettre au bénéficiaire d'achever une action de formation professionnelle, une prolongation de l'aide au-delà de la durée maximale de trente-six mois peut être autorisée par les personnes mentionnées aux 1° et 2° de l'article L. 5134-19-1. La durée de la prolongation ne peut excéder le terme de l'action concernée.

Art. L. 5134-114. L'aide relative à l'emploi d'avenir est attribuée au vu des engagements de l'employeur sur le contenu du poste proposé et sa position dans l'organisation de la structure employant le bénéficiaire de l'emploi d'avenir, sur les conditions d'encadrement et de tutorat ainsi que sur la qualification ou les compétences dont l'acquisition est visée pendant la période en emploi d'avenir. Ces engagements portent obligatoirement sur les actions de formation, réalisées prioritairement pendant le temps de travail, ou en dehors de celui-ci, qui concourent à l'acquisition de cette qualification ou de ces compétences et les moyens à mobiliser pour y parvenir. Ils précisent les modalités d'organisation du temps de travail envisagées afin de permettre la réalisation des actions de formation. Ces actions de formation privilégient l'acquisition de compétences de base et de compétences transférables permettant au bénéficiaire de l'emploi d'avenir d'accéder à un niveau de qualification supérieur.

L'aide est également attribuée au vu des engagements de l'employeur sur les possibilités de pérennisation des activités et les dispositions de nature à assurer la professionnalisation des emplois.

En cas de non-respect de ses engagements par l'employeur, notamment en matière de formation, le remboursement de la totalité des aides publiques perçues est dû à l'État.

La décision d'attribution d'une nouvelle aide à l'insertion professionnelle mentionnée à l'article L. 5134-113 est subordonnée au contrôle du respect par l'employeur des engagements qu'il avait souscrits au titre d'une embauche antérieure en emploi d'avenir.

Art. R. 5134-166. (D. 2012-1210 du 31 oct. 2012, JO 1er nov., entrée en vigueur le 01.11.2012) Par dérogation selon le cas aux articles R. 5134-42 ou R. 5134-65, un arrêté du ministre chargé de l'emploi et du ministre chargé du budget fixe les taux de prise en charge déterminant le montant de l'aide financière relative à l'emploi d'avenir.

Art. R. 5134-167. (D. 2012-1210 du 31 oct. 2012, JO 1er nov., entrée en vigueur le 01.11.2012) La durée maximale de l'aide, fixée à trente-six mois par l'article L. 5134-113, peut être prolongée, sur autorisation de l'autorité délivrant la décision d'attribution, afin de permettre au bénéficiaire d'achever la formation professionnelle qu'il a engagée, dans la limite d'une durée totale de soixante mois. La demande de prolongation faite par l'employeur est accompagnée des documents mentionnés selon le cas aux articles R. 5134-32 et R. 5134-57.

Art. R. 5134-168. (D. 2012-1210 du 31 oct. 2012, JO 1er nov., entrée en vigueur le 01.11.2012) L'exécution des engagements de l'employeur, notamment en matière de formation, est examinée par l'autorité délivrant la décision d'attribution de l'aide à chaque échéance annuelle. En cas de non-respect de ces engagements, l'aide fait l'objet d'un remboursement selon la procédure prévue selon le cas aux articles R. 5134-29 et R. 5134-54.

Sous-section 3. **Contrat de travail**

Art. L. 5134-115. Le contrat de travail associé à un emploi d'avenir peut être à durée indéterminée ou à durée déterminée.

Lorsqu'il est à durée déterminée, il est conclu pour une durée de trente-six mois.

En cas de circonstances particulières liées soit à la situation ou au parcours du bénéficiaire, soit au projet associé à l'emploi, il peut être conclu initialement pour une durée inférieure, qui ne peut être inférieure à douze mois.

S'il a été initialement conclu pour une durée inférieure à trente-six mois, il peut être prolongé jusqu'à cette durée maximale.

Sans préjudice des dispositions de l'article L. 1243-1, il peut être rompu à l'expiration de chacune des périodes annuelles de son exécution à l'initiative du salarié, moyennant le respect d'un préavis de deux semaines, ou de l'employeur, s'il justifie d'une cause réelle et sérieuse, moyennant le respect d'un préavis d'un mois et de la procédure prévue à l'article L. 1232-2.

Dans le cas prévu au dernier alinéa de l'article L. 5134-113, les personnes mentionnées aux 1° et 2° de l'article L. 5134-19-1 peuvent autoriser une prolongation du contrat au-delà de la durée maximale de trente-six mois, sans que cette prolongation puisse excéder le terme de l'action de formation concernée.

Le bénéficiaire d'un emploi d'avenir en contrat à durée déterminée bénéficie d'une priorité d'embauche durant un délai d'un an à compter du terme de son contrat. L'employeur l'informe de tout emploi disponible et compatible avec sa qualification ou ses compétences. Le salarié ainsi recruté est dispensé de la période d'essai mentionnée à l'article L. 1221-19.

Art. L. 5134-116. Le bénéficiaire d'un emploi d'avenir occupe un emploi à temps plein.

Toutefois, lorsque le parcours ou la situation du bénéficiaire le justifient, notamment pour faciliter le suivi d'une action de formation, ou lorsque la nature de l'emploi ou le volume de l'activité ne permettent pas l'emploi d'un salarié à temps complet, la durée hebdomadaire de travail peut être fixée à temps partiel, avec l'accord du salarié, après autorisation des personnes mentionnées aux 1° et 2° de l'article L. 5134-19-1. Elle ne peut alors être inférieure à la moitié de la durée hebdomadaire de travail à temps plein. Dès lors que les conditions rendent possible une augmentation de la durée hebdomadaire de travail, le contrat ainsi que la demande associée peuvent être modifiés en ce sens avec l'accord des personnes mentionnées aux mêmes 1° et 2°.

Sous-section 4. **Reconnaissance des compétences acquises**

Art. L. 5134-117. Les compétences acquises dans le cadre de l'emploi d'avenir sont reconnues par une attestation de formation, une attestation d'expérience professionnelle ou une validation des acquis de l'expérience prévue à l'article L. 6411-1. Elles peuvent également faire l'objet d'une certification inscrite au répertoire national des certifications professionnelles.

La présentation à un examen pour acquérir un diplôme ou à un concours doit être favorisée pendant ou à l'issue de l'emploi d'avenir.

À l'issue de son emploi d'avenir, le bénéficiaire qui souhaite aboutir dans son parcours d'accès à la qualification peut prétendre aux contrats de travail mentionnés au livre II et au chapitre V du titre II du livre III de la sixième partie ainsi qu'aux actions de formation professionnelle mentionnées à l'article L. 6313-1, selon des modalités définies dans le cadre d'une concertation annuelle du comité de coordination régional de l'emploi et de la formation professionnelle.

Sous-section 5. **Dispositions d'application**

Art. L. 5134-118. Un décret en Conseil d'État fixe les conditions d'application de la présente section, notamment les niveaux de qualification et les critères d'appréciation des difficultés particulières d'accès à l'emploi mentionnés au I de l'article L. 5134-110, qui peuvent différer selon que les jeunes résident ou non dans des (L. 2014-173 du 21 févr. 2014, art. 26, I, JO 22, entrée en vigueur le 01.01.2015) «quartiers prioritaires de la politique de la ville» ou des zones de revitalisation rurale ou (Ord. 2017-1491 du 25 oct. 2017, art. 6, 1°, JO 26, entrée en vigueur le 01.01.2018) «en Guadeloupe, en Guyane, en Martinique, à Mayotte, à La Réunion», à Saint-Barthélemy, à Saint-Martin ou à Saint-Pierre-et-Miquelon.

À titre exceptionnel, (Ord. 2017-1491 du 25 oct. 2017, art. 6, 1°, JO 26, entrée en vigueur le 01.01.2018) «en Guadeloupe, en Guyane, en Martinique, à Mayotte, à La Réunion», à Saint-Barthélemy, à Saint-Martin et à Saint-Pierre-et-Miquelon, dans les (L. 2014-173 du 21 févr. 2014, art. 26, I, JO 22, entrée en vigueur le 01.01.2015) «quartiers prioritaires de la politique de la ville» et les zones de revitalisation rurale, les jeunes ayant engagé des études supérieures et confrontés à des difficultés particulières d'insertion professionnelle peuvent être recrutés en emploi d'avenir, sur décision de l'autorité administrative compétente.

Art. L. 5134-119. Les autres textes encadrant la mise en œuvre des emplois d'avenir comportent:

1° Des mesures de nature à favoriser une répartition équilibrée des femmes et des hommes par secteur d'activité;

2° Des dispositions particulières applicables aux emplois d'avenir créés dans le secteur de l'aide aux personnes handicapées ou aux personnes âgées dépendantes, de nature à favoriser l'amélioration de la qualité de vie de ces personnes;

3° Les adaptations nécessaires pour tenir compte de la situation particulière des collectivités territoriales d'outre-mer entrant dans son champ d'application.

SECTION 9. **Emploi d'avenir professeur**

Sous-section 1. **Dispositions générales**

Art. L. 5134-120. I. – Pour faciliter l'insertion professionnelle et la promotion sociale des jeunes dans les métiers du professorat, les établissements publics locaux d'enseignement et les établissements publics locaux d'enseignement et de formation professionnelle agricoles peuvent proposer des emplois d'avenir professeur.

II. – L'emploi d'avenir professeur est destiné à des étudiants titulaires de bourses de l'enseignement supérieur relevant du chapitre Ier du titre II du livre VIII de la troisième partie du code de l'éducation inscrits en deuxième année de licence ou, le cas échéant, en troisième année de licence ou en première année de master dans un établissement d'enseignement supérieur, âgés de vingt-cinq ans au plus et se destinant aux métiers du professorat. La limite d'âge est portée à trente ans lorsque l'étudiant présente un handicap reconnu par la commission des droits et de l'autonomie des personnes handicapées.

III. – Les étudiants mentionnés au II bénéficient d'une priorité d'accès aux emplois d'avenir professeur lorsqu'ils effectuent leurs études dans une académie ou dans une discipline connaissant des besoins particuliers de recrutement et qu'ils justifient:

1° Soit d'avoir résidé pendant une durée minimale dans (L. 2014-173 du 21 févr. 2014, art. 26, VI, JO 22, entrée en vigueur le 01.01.2015) «un quartier prioritaire de la politique de la ville», dans une zone de revitalisation rurale au sens de l'article 1465 A du code général des impôts, (Ord. 2017-

1491 du 25 oct. 2017, art. 6, 1°, JO 26, entrée en vigueur le 01.01.2018) «en Guadeloupe, en Guyane, en Martinique, à Mayotte, à La Réunion», à Saint-Barthélemy, à Saint-Martin ou à Saint-Pierre-et-Miquelon ;

2° Soit d'avoir effectué pendant une durée minimale leurs études secondaires dans un établissement situé dans l'une de ces zones ou relevant de l'éducation prioritaire.

Les durées minimales mentionnées aux 1° et 2° du présent III sont fixées par décret.

Art. L. 5134-121. Les bénéficiaires des emplois d'avenir professeur sont recrutés par les établissements publics locaux d'enseignement ou les établissements publics locaux d'enseignement et de formation professionnelle agricoles, après avis d'une commission chargée de vérifier leur aptitude. Lorsqu'ils sont recrutés par un établissement public local d'enseignement, ils peuvent exercer leurs fonctions dans les conditions fixées au (L. 2019-791 du 26 juil. 2019, art. 35, II, JO 28) «III» de l'article L. 421-10 du code de l'éducation.

Sous-section 2. **Aide à la formation et à l'insertion professionnelle**

Art. L. 5134-122. Les établissements publics locaux d'enseignement et les établissements publics locaux d'enseignement et de formation professionnelle agricoles qui concluent des contrats pour le recrutement d'un étudiant au titre d'un emploi d'avenir professeur bénéficient d'une aide financière et des exonérations déterminées dans les conditions prévues à la sous-section 4 de la section 2 du présent chapitre.

Art. L. 5134-123. La demande d'aide à la formation et à l'insertion professionnelle décrit le contenu du poste proposé, sa position dans l'organisation de l'établissement d'affectation ainsi que les compétences dont l'acquisition est visée pendant la durée du contrat. Elle mentionne obligatoirement la formation dans laquelle est inscrit l'étudiant concerné et le ou les concours de recrutement d'enseignants du premier ou du second degré organisés par l'État auxquels il se destine. L'étudiant bénéficie d'un tutorat au sein de l'établissement dans lequel il exerce son activité. Les modalités d'organisation du tutorat sont fixées par décret.

Art. L. 5134-124. L'aide définie à l'article L. 5134-123 est accordée pour une durée de douze mois, renouvelable chaque année, dans la limite d'une durée totale de trente-six mois, sans pouvoir excéder le terme du contrat de travail.

Sous-section 3. **Contrat de travail**

Art. L. 5134-125. I. – Le contrat associé à un emploi d'avenir professeur est conclu, sous réserve des dispositions spécifiques prévues par la présente section, sous la forme d'un contrat d'accompagnement dans l'emploi régi par la section 2 du présent chapitre.

II. – Le contrat associé à un emploi d'avenir professeur est conclu pour une durée de douze mois, renouvelable s'il y a lieu, dans la limite d'une durée totale de trente-six mois, en vue d'exercer une activité d'appui éducatif compatible, pour l'étudiant bénéficiaire, avec la poursuite de ses études universitaires et la préparation aux concours.

Le bénéficiaire d'un emploi d'avenir professeur s'engage à poursuivre sa formation dans un établissement d'enseignement supérieur et à se présenter à un des concours de recrutement d'enseignants du premier ou du second degré organisés par l'État. En cas de réussite au concours, le contrat prend fin de plein droit, avant son échéance normale, à la date de nomination dans des fonctions d'enseignement.

Art. L. 5134-126. Le bénéficiaire d'un emploi d'avenir professeur effectue une durée hebdomadaire de travail adaptée à la poursuite de ses études et à la préparation des concours auxquels il se destine. Le contrat de travail mentionne la durée de travail moyenne hebdomadaire, qui ne peut excéder la moitié de la durée fixée à l'article (L. 2016-1088 du 8 août 2016, art. 8, XI, 15°, JO 9) « L. 3121-27 ».

Le contrat de travail peut prévoir que la durée hebdomadaire peut varier sur tout ou partie de la période couverte par le contrat.

Art. L. 5134-127. La rémunération versée au titre d'un emploi d'avenir professeur est cumulable avec les bourses de l'enseignement supérieur dont l'intéressé peut par ailleurs être titulaire.

À sa demande, le bénéficiaire d'un emploi d'avenir professeur se voit délivrer une attestation d'expérience professionnelle.

Sous-section 4. **Dispositions applicables aux établissements d'enseignement privés ayant passé un contrat avec l'État**

Art. L. 5134-128. Les sous-sections 1 à 3 de la présente section sont applicables aux établissements d'enseignement privés mentionnés aux articles L. 442-5 et L. 442-12 du code de l'éducation et à l'article L. 813-1 du code rural et de la pêche maritime, sous réserve des adaptations nécessaires fixées, le cas échéant, par décret en Conseil d'État.

Sous-section 5. **Dispositions d'application**

Art. L. 5134-129. Un décret en Conseil d'État détermine les conditions d'application de la présente section.

Art. R. 5134-169. (D. 2013-50 du 15 janv. 2013, JO 17) L'étudiant bénéficiaire d'un emploi d'avenir professeur doit posséder la qualité de boursier de l'enseignement supérieur au titre de l'année universitaire durant laquelle il est recruté.

Sa qualité de boursier est vérifiée à chaque renouvellement de contrat.

Art. R. 5134-170. (D. 2013-50 du 15 janv. 2013, JO 17) La liste des académies et la liste des disciplines connaissant des besoins particuliers justifiant la priorité de recrutement prévue au III de l'article L. 5134-120 sont fixées par arrêté conjoint du ministre chargé de l'éducation nationale et du ministre chargé de l'enseignement agricole.

Art. R. 5134-171. (D. 2013-50 du 15 janv. 2013, JO 17) Dans chaque académie concernée, une commission présidée par le recteur (D. 2019-1554 du 30 déc. 2019, art. 2, IV, JO 31, entrée en vigueur le 01.01.2020) « d'académie » ou son représentant vérifie si les candidats à un emploi d'avenir professeur remplissent les conditions leur permettant d'en bénéficier.

Le recteur (D. 2019-1554 du 30 déc. 2019, art. 2, IV, JO 31, entrée en vigueur le 01.01.2020) « d'académie » désigne les membres de la commission qui comprend :

1° Au moins deux et au maximum six enseignants-chercheurs, dont au moins un président d'université ou de pôle de recherche et d'enseignement supérieur ou un directeur de grand établissement, ou leur représentant ;

2° Au moins un directeur académique des services de l'éducation nationale ;

3° Au moins quatre et au maximum six membres des corps d'inspection et chefs d'établissement, dont au moins un chef d'établissement d'enseignement privé ayant passé un contrat avec l'État.

La commission comprend également le directeur régional de l'alimentation, de l'agriculture et de la forêt ou son représentant.

Art. R. 5134-172. (D. 2013-50 du 15 janv. 2013, JO 17) Sur la base d'un dossier de candidature dont le contenu est fixé par arrêté du ministre chargé de l'éducation nationale, la commission donne un avis sur l'aptitude des candidats à un emploi d'avenir professeur.

L'avis rendu par la commission tient compte, notamment, du projet professionnel de l'étudiant et de ses résultats universitaires.

À partir de la liste des candidats établie par la commission, le recteur (D. 2019-1554 du 30 déc. 2019, art. 2, IV, JO 31, entrée en vigueur le 01.01.2020) « d'académie » propose aux établissements publics locaux d'enseignement et aux établissements d'enseignement privés ayant passé un contrat avec l'État le nom d'un ou plusieurs candidats à un recrutement au titre d'un emploi d'avenir professeur dans le premier ou le second degré.

S'agissant de l'enseignement agricole, le directeur régional de l'alimentation, de l'agriculture et de la forêt propose aux établissements publics locaux d'enseignement et de formation professionnelle agricoles et aux établissements d'enseignement privé agricole ayant passé un contrat avec l'État le nom d'un ou plusieurs candidats à un recrutement au titre d'un emploi d'avenir professeur.

Art. R. 5134-173. (D. 2013-50 du 15 janv. 2013, JO 17) Un arrêté conjoint du ministre chargé de l'emploi, du ministre chargé du budget, du ministre chargé de l'éducation nationale ou du ministre chargé de l'enseignement agricole fixe les taux de prise en charge déterminant le montant de l'aide financière relative à l'emploi d'avenir professeur.

Art. R. 5134-174. (D. 2013-50 du 15 janv. 2013, JO 17) Le salaire mensuel du bénéficiaire d'un emploi d'avenir professeur est égal au produit du montant du salaire minimum interprofessionnel de croissance par le nombre moyen mensuel d'heures de travail.

Art. R. 5134-175. (D. 2013-50 du 15 janv. 2013, JO 17) I. – Le contrat conclu pour le recrutement d'un étudiant sur un emploi d'avenir professeur précise l'établissement ou l'école au sein duquel l'étudiant exerce ses fonctions, la durée du contrat, la durée hebdomadaire moyenne de travail et les modalités de variation de celle-ci au cours de l'année scolaire.

Le contrat comporte également l'engagement de l'étudiant de suivre la formation universitaire dans laquelle il est inscrit et de se présenter à un des concours de recrutement d'enseignants du premier ou du second degré organisés par l'État.

II. – La durée moyenne hebdomadaire de travail est fixée par arrêté conjoint du ministre chargé de l'éducation nationale et du ministre chargé de l'enseignement agricole dans la limite de la moitié de la durée fixée à l'article (D. 2016-1551 du 18 nov. 2016, art. 6, V, 23°, JO 19, entrée en vigueur le 01.01.2017) « L. 3121-27 ».

Le même arrêté détermine les critères de variation de la durée hebdomadaire de travail afin de prendre en compte, notamment, le calendrier de la formation universitaire et le temps nécessaire à la préparation et aux épreuves du concours ainsi que l'organisation du temps de travail de l'école ou de l'établissement scolaire dans lequel l'étudiant exerce.

Art. R. 5134-176. (D. 2013-50 du 15 janv. 2013, JO 17) Les étudiants recrutés sur des emplois d'avenir professeur accomplissent, dans les établissements d'enseignement et dans les écoles, sous la direction des autorités chargées de l'organisation du service, des fonctions d'appui éducatif.

En appui des enseignants, ils peuvent participer aux séquences d'enseignement, aux actions de soutien scolaire ainsi qu'à toute activité de nature éducative organisée au sein de l'établissement ou de l'école.

Les étudiants recrutés sur des emplois d'avenir professeur peuvent également assister à certains conseils de l'établissement ou de l'école.

Art. D. 5134-177. (D. 2013-52 du 15 janv. 2013, JO 17) Pour bénéficier de la priorité de recrutement fixée au III de l'article L. 5134-120, les étudiants doivent avoir résidé au moins deux ans dans l'une des zones mentionnées ou avoir effectué au moins deux années d'études secondaires dans un établissement situé dans l'une de ces zones ou dans un établissement relevant de l'éducation prioritaire.

Art. D. 5134-178. (D. 2013-52 du 15 janv. 2013, JO 17) Le tutorat des étudiants recrutés sur des emplois d'avenir professeur est assuré par un enseignant désigné par le recteur d'académie.

Dans l'enseignement agricole, le directeur régional de l'alimentation, de l'agriculture et de la forêt désigne l'enseignant chargé du tutorat.

L'enseignant suit et accompagne l'étudiant dans sa formation progressive au métier du professorat notamment en l'associant à la préparation et à la conduite de séquences d'enseignement, à la gestion de classe et au suivi des élèves.

Chapitre V

Périodes de mise en situation en milieu professionnel

Note Ce chapitre a été introduit par la loi 2014-288 du 5 mars 2014, art. 20, I, 7°, JO 6.

Art. L. 5135-1. (L. 2014-288 du 5 mars 2014, art. 20, I, 7°, JO 6) Les périodes de mise en situation en milieu professionnel ont pour objet de permettre à un travailleur, privé ou non d'emploi, ou à un demandeur d'emploi :

1° Soit de découvrir un métier ou un secteur d'activité ;
2° Soit de confirmer un projet professionnel ;
3° Soit d'initier une démarche de recrutement.

Art. L. 5135-2. (L. 2014-288 du 5 mars 2014, art. 20, I, 7°, JO 6) Les périodes de mise en situation en milieu professionnel sont ouvertes à toute personne faisant l'objet d'un accompagnement social ou professionnel personnalisé, sous réserve d'être prescrites par l'un des organismes suivants :

1° L'institution mentionnée à l'article L. 5312-1 ;
2° Les organismes mentionnés à l'article L. 5314-1 ;
3° Les organismes mentionnés au 1° *bis* de l'article L. 5311-4 ;

4° Les organismes mentionnés au 2° du même article L. 5311-4;

5° Les organismes employant ou accompagnant des bénéficiaires de périodes de mise en situation en milieu professionnel, lorsqu'ils sont liés à l'un des organismes mentionnés aux 1° à 3° du présent article par une convention leur ouvrant la possibilité de prescrire ces périodes dans des conditions définies par décret.

Art. L. 5135-3. (L. 2014-288 du 5 mars 2014, art. 20, I, 7°, JO 6) Le bénéficiaire d'une période de mise en situation en milieu professionnel conserve le régime d'indemnisation et le statut dont il bénéficiait avant cette période. Il n'est pas rémunéré par la structure dans laquelle il effectue une période de mise en situation en milieu professionnel.

Il a accès dans la structure d'accueil aux moyens de transport et aux installations collectifs dont bénéficient les salariés.

Lorsqu'il est salarié, le bénéficiaire retrouve son poste de travail à l'issue de cette période.

Art. L. 5135-4. (L. 2014-288 du 5 mars 2014, art. 20, I, 7°, JO 6) Les périodes de mise en situation en milieu professionnel font l'objet d'une convention entre le bénéficiaire, la structure dans laquelle il effectue la mise en situation en milieu professionnel, l'organisme prescripteur de la mesure mentionné à l'article L. 5135-2 et la structure d'accompagnement, lorsqu'elle est distincte de l'organisme prescripteur. Un décret détermine les modalités de conclusion de cette convention et son contenu.

Art. L. 5135-5. (L. 2014-288 du 5 mars 2014, art. 20, I, 7°, JO 6) Une période de mise en situation en milieu professionnel dans une même structure ne peut être supérieure à une durée définie par décret.

(L. 2018-1317 du 28 déc. 2018, art. 270, I, JO 30) «Pendant cette durée, les modalités de tarification ou de financement de l'organisme employant ou accueillant le bénéficiaire de la période de mise en situation en milieu professionnel restent inchangées.»

Art. L. 5135-6. (L. 2014-288 du 5 mars 2014, art. 20, I, 7°, JO 6) La personne effectuant une période de mise en situation en milieu professionnel suit les règles applicables aux salariés de la structure dans laquelle s'effectue la mise en situation pour ce qui a trait:

1° Aux durées quotidienne et hebdomadaire de présence;

2° À la présence de nuit;

3° Au repos quotidien, au repos hebdomadaire et aux jours fériés;

4° À la santé et à la sécurité au travail.

Art. L. 5135-7. (L. 2014-288 du 5 mars 2014, art. 20, I, 7°, JO 6) Aucune convention de mise en situation en milieu professionnel ne peut être conclue pour exécuter une tâche régulière correspondant à un poste de travail permanent, pour faire face à un accroissement temporaire de l'activité de la structure d'accueil, pour occuper un emploi saisonnier (L. 2016-1088 du 8 août 2016, art. 86, III, JO 9) «défini au 3° de l'article L. 1242-2» ou pour remplacer un salarié en cas d'absence ou de suspension de son contrat de travail.

Art. L. 5135-8. (L. 2014-288 du 5 mars 2014, art. 20, I, 7°, JO 6) Le bénéficiaire d'une période de mise en situation en milieu professionnel bénéficie des protections et droits mentionnés aux articles L. 1121-1, L. 1152-1 et L. 1153-1, dans les mêmes conditions que les salariés.

Art. D. 5135-1. (D. 2014-1360 du 13 nov. 2014, art. 1er, JO 15) Lorsque le bénéficiaire est salarié, son employeur est également partie à la convention de mise en situation en milieu professionnel mentionnée à l'article L. 5135-4.

Art. D. 5135-2. (D. 2014-1360 du 13 nov. 2014, art. 1er, JO 15) La convention mentionnée à l'article L. 5135-4, dont le modèle est fixé par arrêté du ministre chargé de l'emploi, comporte notamment les indications suivantes:

1° La dénomination, l'adresse et la forme juridique de l'organisme prescripteur;

2° Les nom, prénom, adresse et date de naissance du bénéficiaire, sa situation professionnelle, l'indication, le cas échéant, de sa qualité de bénéficiaire du revenu de solidarité active financé par le département, et, s'il est salarié, les coordonnées de son employeur;

3° La dénomination, l'adresse, la forme juridique, le numéro et la date d'immatriculation de la structure d'accueil, son activité principale et, le cas échéant, la convention collective dont elle relève, ainsi que le nom et la fonction de la personne en charge de l'accueil et du suivi du bénéficiaire et de la transmission des consignes d'hygiène et de sécurité ;

4° La dénomination, l'adresse et la forme juridique de la structure d'accompagnement, ainsi que le nom et la fonction du conseiller référent du bénéficiaire ;

5° Les dates de début et de fin de la ou des périodes de mise en situation, le nombre d'heures de présence, le lieu d'exécution, l'objet assigné à cette période parmi ceux mentionnés à l'article L. 5135-1 ainsi que le ou les objectifs précis fixés dans ce cadre et les modalités prévues pour évaluer leur réalisation ;

6° La description des tâches confiées au bénéficiaire dans le but de développer les compétences recherchées ainsi que les horaires de présence dans la structure d'accueil.

Art. D. 5135-3. (D. 2014-1360 du 13 nov. 2014, art. 1er, JO 15) La convention mentionnée à l'article L. 5135-4 est conclue pour une durée ne pouvant excéder un mois de date à date, que la présence du bénéficiaire au sein de la structure d'accueil soit continue ou discontinue.

Lorsque le ou les objectifs fixés conformément au 5° de l'article D. 5135-2 n'ont pas été atteints, la convention peut être renouvelée une fois, pour le même objet et les mêmes objectifs que ceux initialement fixés et pour une durée au plus égale à celle mentionnée au premier alinéa du présent article.

Il peut être conclu, avec un même bénéficiaire et au cours d'une période de douze mois consécutifs, au plus deux conventions de mise en situation en milieu professionnel dans la même structure d'accueil, sous réserve que ces conventions comportent des objets ou des objectifs différents et sans que la durée totale de ces conventions, renouvellements compris, n'excède soixante jours sur la même période.

Art. D. 5135-4. (D. 2014-1360 du 13 nov. 2014, art. 1er, JO 15) Pendant la durée de la période de mise en situation en milieu professionnel, le bénéficiaire observe le règlement intérieur de la structure d'accueil et les mesures en matière d'hygiène et de sécurité propres aux activités prévues par la convention mentionnée à l'article D. 5135-2.

Art. D. 5135-5. (D. 2014-1360 du 13 nov. 2014, art. 1er, JO 15) Pendant la période de mise en situation en milieu professionnel, la structure d'accueil désigne une personne chargée d'aider, d'informer, de guider et d'évaluer le bénéficiaire.

En cas d'accident survenant au cours ou sur le lieu de la mise en situation en milieu professionnel, ou pendant le trajet effectué par le bénéficiaire, la structure d'accueil informe au plus tard dans les vingt-quatre heures la structure d'accompagnement. La structure d'accompagnement transmet l'information sans délai à l'employeur, si le bénéficiaire est salarié ou, dans le cas contraire, au prescripteur, qui procèdent l'un ou l'autre dans les quarante-huit heures à la déclaration d'accident du travail.

Art. D. 5135-6. (D. 2014-1360 du 13 nov. 2014, art. 1er, JO 15) L'organisme prescripteur s'assure de la pertinence de la période de mise en situation en milieu professionnel envisagée et établit le projet de convention mentionné à l'article D. 5135-2.

La structure d'accompagnement assure la mise en œuvre de la période de mise en situation en milieu professionnel et en réalise le bilan et l'évaluation.

Art. D. 5135-7. (D. 2014-1360 du 13 nov. 2014, art. 1er, JO 15) Les organismes mentionnés aux 1° à 3° de l'article L. 5135-2 peuvent conclure avec un organisme employant ou accompagnant des bénéficiaires de mise en situation en milieu professionnel des conventions autorisant ce dernier organisme à prescrire pour ces bénéficiaires des périodes de mise en situation en milieu professionnel.

Cette autorisation ne peut être liée à aucune clause financière et l'organisme qui l'a accordée peut la suspendre ou la retirer sans préavis.

Art. D. 5135-8. (D. 2014-1360 du 13 nov. 2014, art. 1er, JO 15) La convention mentionnée à l'article D. 5135-7 comporte notamment les indications suivantes :

1° La dénomination, l'adresse, la forme juridique de chaque partie à la convention, ainsi que le nom et la fonction de chaque signataire ;

2° Les catégories de personnes pouvant se voir prescrire des périodes de mise en situation parmi celles employées ou accompagnées par l'organisme prescripteur ;

3° La durée de la convention.

TITRE IV

AIDES À LA CRÉATION D'ENTREPRISE ET APPUI AUX ENTREPRISES

Chapitre Ier

Aides à la création ou à la reprise d'entreprise

SECTION 1 (RÉGLEMENTAIRE). Dispositions communes

Sous-section 1. Nature et bénéfice des aides

Art. R. 5141-1. Les aides destinées aux personnes qui créent ou reprennent une entreprise, ou qui entreprennent l'exercice d'une autre profession non salariée, prévues au présent chapitre, comprennent :

1° L'exonération de cotisations sociales prévue à l'article L. 161-1-1 du code de la sécurité sociale. Cette exonération peut être cumulée avec les allocations mentionnées à l'article 9 de la loi n° 98-657 du 29 juillet 1998 d'orientation relative à la lutte contre les exclusions ;

2° L'avance remboursable prévue à l'article L. 5141-2. La dotation aux jeunes agriculteurs accordée en application des articles R. 343-3 et suivants du code rural (Ord. 2010-462 du 6 mai 2010, JO 7) « et de la pêche maritime » n'est pas cumulable avec cette avance remboursable ;

3° Le versement par l'État, aux bénéficiaires des exonérations prévues au 1°, effectué conformément aux dispositions de l'article L. 5141-3. Pour les personnes admises au bénéfice de ces exonérations au cours de leur période d'indemnisation au titre de l'allocation d'assurance, le bénéfice de l'allocation de solidarité spécifique prévue à l'article L. 5423-1 est maintenu jusqu'au terme du bénéfice de ces exonérations ;

4° Le financement partiel par l'État des actions de conseil (D. 2010-1642 du 23 déc. 2010, JO 28) « et » d'accompagnement au bénéfice des créateurs ou repreneurs d'entreprises (D. 2010-1642 du 23 déc. 2010, JO 28) « en application de l'article L. 5141-5 du code du travail ».

Art. R. 5141-2. Pour l'application des dispositions de l'article L. 5141-1, sont considérés comme remplissant la condition de contrôle effectif de l'entreprise créée ou reprise lorsqu'elle est constituée sous la forme de société :

1° Le demandeur du bénéfice de ces dispositions qui détient, personnellement ou avec son conjoint, son partenaire lié par un pacte civil de solidarité ou son concubin, ses ascendants et descendants, plus de la moitié du capital de la société, sans que sa part personnelle puisse être inférieure à 35 % de celui-ci ;

2° Le demandeur qui a la qualité de dirigeant de la société et qui détient, personnellement ou avec son conjoint, son partenaire lié par un pacte civil de solidarité, ses ascendants et descendants, au moins un tiers du capital de celle-ci, sans que sa part personnelle puisse être inférieure à 25 % et sous réserve qu'un autre actionnaire ou porteur de parts ne détienne pas directement ou indirectement plus de la moitié du capital ;

3° Les demandeurs qui détiennent ensemble plus de la moitié du capital de la société, à condition qu'un ou plusieurs d'entre eux aient la qualité de dirigeant et que chaque demandeur détienne une part de capital égale à un dixième au moins de la part détenue par le principal actionnaire ou porteur de parts.

Art. R. 5141-3. Lorsqu'une personne a obtenu le bénéfice d'une aide à la création, à la reprise d'entreprise ou pour l'exercice d'une autre profession non salariée, elle ne peut obtenir à nouveau cette aide qu'à l'expiration d'un délai de trois ans suivant la précédente décision du préfet ou de l'organisme habilité prévu à l'article R. 5141-22.

(D. 2010-1642 du 23 déc. 2010, JO 28) « Les dispositions du premier alinéa ne s'appliquent pas à l'aide prévue au 4° de l'article R. 5141-1. »

Sous-section 2. Retrait des aides

Art. R. 5141-4. S'il est établi que l'aide a été obtenue à la suite de fausses déclarations ou si la condition de contrôle effectif de la société créée ou reprise cesse d'être remplie dans les deux ans suivant la création ou la reprise, et sous réserve de l'article R. 5141-6 :

1° Le bénéfice des exonérations de cotisations sociales mentionnées au 1° de l'article R. 5141-1 est retiré par décision de l'Union de recouvrement des cotisations de sécurité sociale et d'allocations familiales (URSSAF) ;

2° Le bénéfice de l'avance remboursable mentionnée au 2° de l'article précité est retiré par décision de l'organisme habilité ou du préfet, qui en informe l'URSSAF.

Art. R. 5141-5. Dans le cas prévu à l'article R. 5141-4, le bénéficiaire acquitte auprès des organismes de sécurité sociale concernés les cotisations dont il a été exonéré, en application des articles L. 161-1-1 et L. 161-24 du code de la sécurité sociale, et rembourse le montant de l'aide financière déjà perçue.

Art. R. 5141-6. Par dérogation aux articles R. 5141-4 et R. 5141-5, lorsque la perte du contrôle effectif résulte de la cessation de l'activité créée ou reprise, ou de la cession de l'entreprise dans le cadre d'une procédure de sauvegarde, de redressement ou de liquidation judiciaire, le remboursement de l'aide financière ainsi que le versement des cotisations sociales dont le bénéficiaire a été exonéré peuvent ne pas être exigés, sur décision motivée du préfet.

SECTION 1. Bénéficiaires

Art. L. 5141-1. Peuvent bénéficier (L. 2017-1836 du 30 déc. 2017, art. 13, III, JO 31) « d'aides à la création ou à la reprise d'entreprise, dans les conditions prévues au présent chapitre, » lorsqu'elles créent ou reprennent une activité économique, industrielle, commerciale, artisanale, agricole ou libérale, soit à titre individuel, soit sous la forme d'une société, à condition d'en exercer effectivement le contrôle, ou entreprennent l'exercice d'une autre profession non salariée :

1° Les demandeurs d'emploi indemnisés ;

2° Les demandeurs d'emploi non indemnisés inscrits à l' (L. 2008-126 du 13 févr. 2008, JO 14) « institution mentionnée à l'article L. 5312-1 » six mois au cours des dix-huit derniers mois ;

3° Les bénéficiaires de l'allocation de solidarité spécifique ou (L. 2008-1249 du 1er déc. 2008, art. 24, JO 3) « du revenu de solidarité active » ;

(L. 2015-1702 du 21 déc. 2015, art. 21, IV, JO 22) « 4° Les personnes âgées de 18 ans à moins de 26 ans ;

5° Les personnes de moins de 30 ans handicapées mentionnées à l'article L. 5212-13 ou qui ne remplissent pas la condition de durée d'activité antérieure pour ouvrir des droits à l'allocation d'assurance mentionnée à l'article L. 5422-1 ; »

6° Les personnes salariées ou les personnes licenciées d'une entreprise soumise à l'une des procédures de sauvegarde, de redressement ou de liquidation judiciaires prévues aux titres II, III et IV du livre VI du code de commerce qui reprennent tout ou partie (L. 2016-1827 du 23 déc. 2016, art. 6, JO 24) « d'une entreprise » ;

7° Les personnes ayant conclu un contrat d'appui au projet d'entreprise mentionné à l'article L. 127-1 du code de commerce, sous réserve qu'elles remplissent l'une des conditions prévues aux 1° à 6° à la date de conclusion de ce contrat ;

8° Les personnes physiques créant (L. 2016-1827 du 23 déc. 2016, art. 6, JO 24) « ou reprenant » une entreprise implantée au sein (L. 2014-173 du 21 févr. 2014, art. 26, VI, JO 22, entrée en vigueur le 01.01.2015) « d'un quartier prioritaire de la politique de la ville » ;

9° Les bénéficiaires du complément de libre choix d'activité mentionné à l'article L. 531-4 du code de la sécurité sociale.

Art. R. 5141-7. Peuvent être admis au bénéfice des exonérations de cotisations et des droits à prestation prévus aux articles L. 161-1-1 et L. 161-24 du code de la sécurité sociale :

1° Les personnes privées d'emploi percevant l'allocation d'assurance chômage mentionnée à l'article L. 5422-1 et l'allocation de solidarité spécifique de l'article L. 5423-1 ;

2° Les personnes remplissant les conditions pour percevoir l'allocation d'assurance ou l'allocation prévue en cas de convention de reclassement prévue à l'article L. 1233-65 ;

3° Les bénéficiaires de l'allocation de revenu (D. 2015-1709 du 21 déc. 2015, art. 3, IX, JO 22, entrée en vigueur le 01.01.2016) « de solidarité active » ou leur conjoint ou concubin ainsi que les bénéficiaires de l'allocation prévue à l'article L. 524-1 du code de la sécurité sociale ;

4° Les demandeurs d'emploi non indemnisés inscrits depuis plus de six mois au cours des dix-huit derniers mois et n'appartenant pas aux catégories mentionnées aux 2° et 3 ;

5° Les personnes mentionnées aux 4° à 9° de l'article L. 5141-1 ;

6° Les personnes mentionnées au premier alinéa de l'article L. 5141-2.

Art. R. 5141-8. La demande d'attribution d'exonérations de cotisations sociales mentionnées au 1° de l'article R. 5141-1 est adressée au centre de formalités des entreprises.

Elle peut être introduite dès le dépôt de la déclaration de création ou de reprise d'entreprise.

Elle est introduite au plus tard le quarante-cinquième jour qui suit ce dépôt.

Art. R. 5141-9. Par dérogation à l'article R. 5141-8, les personnes qui se sont vu octroyer l'avance remboursable mentionnée au 2° de l'article R. 5141-1 sont dispensées de présenter la demande d'attribution d'exonérations de cotisations sociales.

Art. R. 5141-10. Un arrêté du ministre chargé de l'emploi définit la composition du dossier de demande d'attribution d'exonérations de cotisations sociales.

Art. R. 5141-11. Lorsque le dossier de demande d'attribution d'exonérations de cotisations sociales est complet, le centre de formalités des entreprises délivre au demandeur un récépissé indiquant que la demande a été enregistrée. Il informe les organismes sociaux concernés de l'enregistrement de cette demande et transmet, dans les vingt-quatre heures, le dossier de demande et une copie du récépissé (D. 2017-864 du 9 mai 2017, JO 10) « aux organismes mentionnés aux articles L. 213-1 et L. 752-4 du code de la sécurité sociale » qui, au nom de l'État, (D. 2017-864 du 9 mai 2017, JO 10) « statuent » sur la demande dans un délai d'un mois à compter de la date du récépissé.

Art. R. 5141-12. Lorsque les conditions d'octroi sont remplies, (D. 2017-864 du 9 mai 2017, JO 10) « les organismes mentionnés aux articles L. 213-1 et L. 752-4 du code de la sécurité sociale délivrent » à l'intéressé une attestation d'admission au bénéfice de l'exonération mentionnée à l'article L. 161-1-1 du code de la sécurité sociale.

Lorsque ces conditions ne sont pas réunies, (D. 2017-864 du 9 mai 2017, JO 10) « ils notifient » au demandeur la décision de rejet de sa demande et en informe les organismes sociaux concernés.

Le silence gardé par (D. 2017-864 du 9 mai 2017, JO 10) « les organismes mentionnés à l'article R. 5141-11 » pendant plus d'un mois à compter de la date du récépissé vaut décision d'acceptation.

SECTION 2. Avance remboursable

Art. L. 5141-2. Les personnes remplissant l'une des conditions mentionnées aux 3° à 7° de l'article L. 5141-1 ainsi que les personnes de cinquante ans et plus inscrites sur la liste des demandeurs d'emploi peuvent bénéficier d'une aide financière de l'État.

La décision d'attribution de cette aide emporte décision d'attribution des droits mentionnés à l'article (L. 2017-1836 du 30 déc. 2017, art. 13, III, JO 31) « L. 131-6-4 » du code de la sécurité sociale.

Sous-section 1 (réglementaire). **Nature et conditions d'octroi**

Art. R. 5141-13. L'avance remboursable est un prêt sans intérêt financé par l'État et attribué, après expertise du projet de création ou de reprise d'entreprise, à une ou à plusieurs personnes physiques qui s'engagent à intégrer son montant au capital de la société créée ou reprise ou à l'utiliser pour le fonctionnement de l'entreprise individuelle créée ou reprise.

Art. R. 5141-14. Pour bénéficier de l'avance remboursable mentionnée au 2° de l'article R. 5141-1, le demandeur doit présenter un projet de création ou de reprise réel, consistant et viable au regard de l'environnement économique local, des moyens mobilisés et de ses compétences.

Art. R. 5141-15. La demande est préalable à la création ou reprise d'entreprise ou à l'exercice de la nouvelle activité. Elle est accompagnée d'un dossier justifiant que le demandeur remplit les conditions d'attribution de cette avance.

Un arrêté du ministre chargé de l'emploi définit la composition de ce dossier.

Art. R. 5141-16. Lorsqu'il n'y a pas dans le département d'organisme mandaté, en application de l'article L. 5141-6, la demande tendant à l'octroi de l'avance remboursable est adressée au préfet.

Le préfet délivre au demandeur un accusé de réception et statue sur la demande dans un délai de deux mois à compter de la date de sa réception. Sa décision est notifiée au demandeur.

En cas de non-réponse dans le délai de deux mois, la demande est réputée rejetée.

Art. R. 5141-17. La décision d'attribution de l'avance remboursable emporte attribution simultanée des aides prévues aux 1° et 3° de l'article R. 5141-1.

Art. R. 5141-18. L'attribution de l'avance remboursable est subordonnée à l'obtention d'un financement complémentaire.

Art. R. 5141-19. Le montant de l'avance remboursable varie en fonction des caractéristiques financières du projet et du nombre de personnes physiques bénéficiaires de l'aide au titre de ce projet.

Art. R. 5141-20. Le montant maximum de l'aide attribuée à un projet, selon que celui-ci est individuel, collectif ou concerne les salariés repreneurs de leur entreprise en difficulté prévus au 6° de l'article L. 5141-1, ainsi que les caractéristiques du financement complémentaire mentionné à l'article R. 5141-18, sont déterminés par arrêté conjoint des ministres chargés de l'emploi, de l'économie et du budget.

Art. R. 5141-21. L'avance est remboursable dans le délai maximum de cinq ans.

Le premier remboursement intervient, au plus tard, douze mois après son versement.

Sous-section 2 (réglementaire). **Organismes habilités pour accorder et gérer l'avance**

Art. R. 5141-22. Le préfet peut mandater des organismes, dont il fixe la liste par arrêté, afin d'accorder et gérer l'avance remboursable mentionnée au 2° de l'article R. 5141-1.

Lorsque la demande du créateur vise les avantages prévus aux 2, 3° et 4° de l'article R. 5141-1, le mandataire se prononce sur l'octroi de chacun d'entre eux par une décision distincte.

Art. R. 5141-23. Lorsque l'avance remboursable est relative aux projets présentés par plus de dix demandeurs ou donnant lieu à une demande d'avance remboursable d'un montant supérieur à un seuil fixé par arrêté conjoint des ministres chargés de l'emploi, de l'économie et du budget, la décision d'attribution et la gestion de celle-ci peuvent être confiées, sous forme d'un mandat de gestion, à des organismes dont la liste est fixée par arrêté du ministre chargé de l'emploi.

Art. R. 5141-24. Dans les cas prévus aux articles R. 5141-22 et R. 5141-23, le dossier de demande d'avance remboursable est adressé à l'organisme habilité qui délivre au demandeur une attestation de dépôt et statue sur la demande dans un délai de deux mois à compter de la date du dépôt.

Il notifie sa décision au demandeur et en informe simultanément le préfet et l'URSSAF.

En cas de non-réponse dans le délai de deux mois, la demande est réputée rejetée.

Art. R. 5141-25. Seuls peuvent être titulaires d'une habilitation les organismes ayant pour objet exclusif de participer, par le versement d'aides financières, à la création ou à la reprise d'entreprise et ceux définis par les articles L. 511-1 et suivants du code monétaire et financier.

Ces organismes sont contrôlés par un commissaire aux comptes, tel que défini par les articles (D. 2016-1026 du 26 juil. 2016, art. 92, JO 28) « L. 822-1 » et suivants du code de commerce.

Pour être habilités, les organismes justifient des caractéristiques suivantes :

1° Leur capacité et leur savoir-faire en matière d'accueil et de conseil des créateurs ou repreneurs d'entreprise ;

2° Une compétence reconnue en matière financière ;

3° Une expérience en matière de mobilisation de financements complémentaires ;

4° Des moyens techniques adaptés à l'exercice de ce mandat.

Art. R. 5141-26. Le préfet ou le ministre chargé de l'emploi peut procéder à tout contrôle, sur pièces et sur place, de l'utilisation des fonds gérés par un organisme habilité par l'État.

Art. R. 5141-27. L'organisme habilité communique au préfet ou au ministre chargé de l'emploi, un rapport d'activité semestriel comprenant notamment la liste des projets aidés, les conditions de leur réalisation, le montant des aides financières accordées, ainsi que le montant et la nature des financements complémentaires mobilisés.

L'organisme habilité communique également au préfet un rapport annuel d'évaluation portant notamment sur la consolidation et le développement des projets aidés.

SECTION 3. Maintien d'allocations

Art. L. 5141-3. (L. 2016-1827 du 23 déc. 2016, art. 6, JO 24) «Les personnes qui remplissent l'une des conditions mentionnées aux 1° à 9° de l'article L. 5141-1» et qui perçoivent l'allocation de solidarité spécifique ou l'allocation veuvage prévue à l'article L. 356-1 du code de la sécurité sociale reçoivent une aide de l'État, attribuée pour une durée courant à compter de la date de création ou de reprise d'une entreprise.

Art. R. 5141-28. L'aide de l'État prévue à l'article L. 5141-3 est attribuée pour une durée d'un an à compter de la date de création ou de reprise d'une entreprise.

Art. L. 5141-4. (L. 2016-1827 du 23 déc. 2016, art. 6, JO 24) «Les personnes qui remplissent l'une des conditions mentionnées aux 1° à 9° de l'article L. 5141-1» et qui perçoivent l'allocation d'insertion ou l'allocation de veuvage ont droit au maintien du versement de leur allocation dans des conditions prévues par décret.

SECTION 4. Financement d'actions de conseil, de formation et d'accompagnement

Art. L. 5141-5. (L. 2015-991 du 7 août 2015, art. 7, II, JO 8, entrée en vigueur le 01.01.2017) «La région participe, par convention,» au financement d'actions d'accompagnement et de conseil organisées avant la création ou la reprise d'une entreprise et pendant les trois années suivantes. Ces actions (L. 2015-991 du 7 août 2015, art. 7, II, JO 8, entrée en vigueur le 01.01.2017) «bénéficient» à des personnes sans emploi ou rencontrant des difficultés pour s'insérer durablement dans l'emploi, pour lesquelles la création ou la reprise d'entreprise est un moyen d'accès, de maintien ou de retour à l'emploi.

SECTION 5 (RÉGLEMENTAIRE). Organisation et labellisation d'actions de conseil et d'accompagnement

Note Cette section a été introduite par le décret 2010-1642 du 23 décembre 2010, JO 28.

Sous-section 1. Organisation du parcours d'accompagnement pour la création ou la reprise d'entreprise

Art. R. 5141-29. Les actions de conseil et d'accompagnement mentionnées au 4° de l'article R. 5141-1 sont réalisées par un opérateur avec lequel l'État passe à cet effet une convention.

Les actions sont réalisées dans le cadre d'un parcours comportant les trois phases suivantes :

1° Une phase d'aide au montage, d'une durée maximum de quatre mois pour un projet de création et de six mois pour un projet de reprise d'entreprise ;

2° Une phase d'aide à la structuration financière, d'une durée maximum de quatre mois pour un projet de création d'entreprise et de six mois pour un projet de reprise d'entreprise ;

3° Une phase d'accompagnement du démarrage et du développement de l'activité de l'entreprise d'une durée fixe de trente-six mois.

La convention peut porter sur tout ou partie des phases mentionnées aux 1° à 3°. Toutefois, un opérateur conventionné pour la phase d'aide à la structuration financière doit l'être également pour la phase d'accompagnement du démarrage et du développement de l'activité de l'entreprise.

Des expertises spécialisées répondant à un besoin particulier du projet peuvent également être réalisées au cours des phases mentionnées aux 1° et 3°, dans des conditions définies par la convention.

Art. R. 5141-30. Les personnes mentionnées à l'article L. 5141-5 peuvent solliciter auprès des opérateurs conventionnés de leur choix le bénéfice des actions de conseil et d'accompagnement prévues à l'article R. 5141-29. Elles peuvent demander à entrer dans le parcours à n'importe laquelle des phases prévues par cet article. Elles peuvent s'adresser pour chaque phase à un opérateur différent de celui qui les a accompagnées au cours de la phase précédente.

La demande est adressée à l'opérateur conventionné par tout moyen permettant d'établir avec certitude la date de sa réception. L'opérateur délivre à la personne un accusé de réception comportant les mentions prévues par le décret du 6 juin 2001 susvisé.

L'opérateur conventionné peut refuser d'accompagner une personne :

1° Soit en raison de l'absence de difficultés particulières du demandeur dans l'accès, le maintien ou le retour à l'emploi ;

2° Soit en raison du manque de consistance ou de viabilité économique du projet de création ou de reprise d'entreprise ;

L'opérateur peut également refuser la demande lorsqu'il ne dispose pas de moyens d'accompagnement suffisants.

Art. R. 5141-31. En cas d'acceptation de la demande, l'opérateur conclut avec la personne, par délégation de l'État, un contrat d'accompagnement indiquant, parmi les trois phases définies à l'article R. 5141-29, la phase par laquelle commence l'accompagnement. Les phases d'aide au montage et d'aide à la structuration financière peuvent être réalisées concomitamment ou successivement.

Le contrat d'accompagnement définit les engagements réciproques de l'opérateur et de la personne accompagnée.

L'opérateur peut résilier le contrat d'accompagnement lorsque la personne ne respecte pas, sans motif légitime, les engagements qui y sont stipulés. L'opérateur qui envisage de résilier le contrat le notifie à la personne, par tout moyen permettant d'attester la réception de la notification. La notification informe la personne de la possibilité de présenter ses observations par écrit ou dans le cadre d'un entretien, au cours duquel elle peut se faire assister d'une personne de son choix.

La décision de résiliation est notifiée à la personne par tout moyen permettant d'établir avec certitude la date de sa réception. La décision est motivée et comporte la mention des voies et délais de recours.

Art. R. 5141-32. Les décisions de refus d'accompagnement et de résiliation du contrat d'accompagnement peuvent faire l'objet d'un recours hiérarchique devant le préfet de région.

Art. R. 5141-33. Un arrêté du ministre chargé de l'emploi fixe la composition du dossier de demande et le modèle de contrat d'accompagnement.

Sous-section 2. **Modalités de délivrance d'un label**

Art. R. 5141-34. Il est créé un label attestant de la capacité d'une personne physique ou morale à assurer une ou plusieurs des phases de conseil et d'accompagnement des créateurs et repreneurs d'entreprise mentionnées à l'article R. 5141-29.

La décision d'accorder le label, pour une ou pour l'ensemble des phases mentionnées à l'article R. 5141-29, est prise par le préfet de région.

Les conditions d'octroi du label, sa durée de validité ainsi que les conditions de renouvellement et de prorogation sont définies par un arrêté du ministre chargé de l'emploi.

SECTION 5. Dispositions d'application

Art. L. 5141-6. Un décret en Conseil d'État détermine les conditions d'application du présent chapitre, notamment les conditions dans lesquelles la décision d'attribution des aides peut être déléguée à des organismes habilités par l'État.

Chapitre II

Contrat d'appui au projet d'entreprise

Art. L. 5142-1. La personne physique liée par un contrat d'appui au projet d'entreprise pour la création ou la reprise d'une activité économique, dans les conditions prévues à l'article L. 127-1 du code de commerce, bénéficie des dispositions de la quatrième partie relative à la santé et à la sécurité au travail, à l'exclusion de celles figurant au titre IV du livre VII, ainsi que des dispositions du titre II du livre IV relatives aux garanties de ressources du travailleur privé d'emploi. Cette personne bénéficie également des dispositions du code de la sécurité sociale prévues aux articles L. 311-3 et L. 412-8.

Les obligations mises à la charge de l'employeur par les dispositions mentionnées au premier alinéa incombent à la personne morale responsable de l'appui qui a conclu le contrat prévu aux articles L. 127-1 à L. 127-7 du code de commerce.

Art. L. 5142-2. Les aides de l'État et des collectivités publiques peuvent être mobilisées au bénéfice de l'appui et de la préparation à la création ou la reprise d'une activité économique défini à l'article L. 127-1 du code de commerce.

Art. L. 5142-3. Un décret en Conseil d'État précise les modalités d'application du présent chapitre.

Art. R. 5142-1. Dès la conclusion du contrat d'appui au projet d'entreprise prévu à l'article L. 5142-1, la personne morale responsable de l'appui informe, d'une part l'Union de recouvrement des cotisations de sécurité sociale et d'allocations familiales (URSSAF) (D. 2008-1010 du 29 sept. 2008, art. 7, JO 30) « ou la Caisse générale de sécurité sociale (CGSS) », d'autre part (D. 2014-524 du 22 mai 2014, art. 16, JO 24) « Pôle emploi » de la conclusion du contrat d'appui et du terme prévu.

Elle les informe de ses renouvellements ou de sa rupture anticipée.

Art. R. 5142-2. Lorsque le bénéficiaire procède à l'immatriculation de son entreprise et qu'il effectue la déclaration prévue à l'annexe II du décret n° 96-650 du 19 juillet 1996, le centre de formalités des entreprises transmet aux organismes auxquels le bénéficiaire du contrat est tenu, le cas échéant, de s'affilier, à l'issue de ce contrat, une copie de celui-ci portant mention de son terme prévu.

La personne responsable de l'appui informe ces organismes des renouvellements ou de la rupture anticipée de celui-ci.

Art. R. 5142-3. Sont considérés comme rémunération, au sens de l'article L. 242-1 du code de la sécurité sociale, et par dérogation aux dispositions du sixième alinéa de l'article R. 242-1 de ce code, les revenus correspondant aux recettes hors taxe dégagées par l'activité du bénéficiaire du contrat d'appui et à la rémunération prévue au 7° de l'article 1er du décret n° 2005-505 du 19 mai 2005 relatif au contrat d'appui au projet d'entreprise pour la création ou la reprise d'une activité économique, déduction faite des frais liés à l'exercice de l'activité du bénéficiaire et des frais mentionnés au deuxième alinéa de l'article L. 127-3 du code de commerce.

Art. R. 5142-4. Le recouvrement des cotisations et contributions de sécurité sociale s'effectue dans les conditions prévues au titre III et aux chapitres III et IV du titre IV du livre II du code de la sécurité sociale.

Par dérogation à l'article R. 243-6 du code de la sécurité sociale, les cotisations et les contributions de sécurité sociale dues à raison des rémunérations payées au cours d'un trimestre civil sont versées dans les quinze premiers jours du trimestre civil suivant à l'organisme chargé du recouvrement dans la circonscription de laquelle se trouve la personne morale responsable de l'appui.

Art. R. 5142-5. Pour le calcul de l'allocation d'assurance et la détermination des contributions prévues aux articles L. 5422-9 à L. 5422-11, la rémunération est calculée selon les modalités fixées à l'article R. 5142-3.

Art. R. 5142-6. À compter du début d'activité économique, au sens de l'article L. 127-4 du code de commerce, et jusqu'à la fin du contrat d'appui, l'exonération prévue au 7° de l'article L. 5141-1 porte sur les cotisations de sécurité sociale calculées selon les modalités fixées par l'article R. 5142-3 et versées par la personne morale responsable de l'appui pour le compte du bénéficiaire du contrat.

Chapitre III

Appui aux entreprises

Note Ce chapitre est issu de la loi 2016-1088 du 8 août 2016, art. 61, JO 9.

Art. L. 5143-1. Tout employeur d'une entreprise de moins de trois cents salariés a le droit d'obtenir une information précise et délivrée dans un délai raisonnable lorsqu'il sollicite l'administration sur une question relative à l'application d'une disposition du droit du travail ou des stipulations des accords et conventions collectives qui lui sont applicables.

Ce droit à l'information peut porter sur les démarches et les procédures légales à suivre face à une situation de fait. Si la demande est suffisamment précise et complète, le document formalisant la prise de position de l'administration peut être produit par l'entreprise en cas de contentieux pour attester de sa bonne foi.

Pour assurer la mise en œuvre de ce droit, un service public territorial de l'accès au droit est mis en place par le directeur régional des entreprises, de la concurrence, de la consommation, du travail et de l'emploi, qui y associe des représentants des organisations syndicales et professionnelles, les chambres consulaires mentionnées à l'article L. 710-1 du code de commerce, à l'article L. 511-1 du code rural et de la pêche maritime et à l'article 5-1 du code de l'artisanat, les commissions paritaires interprofessionnelles mentionnées à l'article L. 23-111-1 du présent code, les conseils départementaux de l'accès au droit mentionnés à l'article 54 de la loi n° 91-647 du 10 juillet 1991 relative à l'aide juridique et toute autre personne compétente.

TITRE V

COMPTE PERSONNEL D'ACTIVITÉ

Note Ce titre a été introduit par la loi 2016-1088 du 8 août 2016, art. 39, I, JO 9, entrée en vigueur le 01.01.2017.

Chapitre unique

SECTION 1. Dispositions générales

Art. L. 5151-1. Le compte personnel d'activité a pour objectifs, par l'utilisation des droits qui y sont inscrits, de renforcer l'autonomie et la liberté d'action de son titulaire et de sécuriser son parcours professionnel en supprimant les obstacles à la mobilité. Il contribue au droit à la qualification professionnelle mentionné à l'article L. 6314-1. Il permet la reconnaissance de l'engagement citoyen.

Le titulaire du compte personnel d'activité décide de l'utilisation de ses droits dans les conditions définies au présent chapitre, au chapitre III du titre II du livre III de la sixième partie ainsi qu'au chapitre II du titre VI du livre Ier de la quatrième partie.

Le titulaire du compte personnel d'activité a droit à un accompagnement global et personnalisé destiné à l'aider à exercer ses droits pour la mise en œuvre de son projet professionnel. Cet accompagnement est fourni notamment dans le cadre du conseil en évolution professionnelle mentionné à l'article L. 6111-6.

Art. L. 5151-2. Un compte personnel d'activité est ouvert pour toute personne âgée d'au moins seize ans se trouvant dans l'une des situations suivantes :

1° Personne occupant un emploi, y compris lorsqu'elle est titulaire d'un contrat de travail de droit français et qu'elle exerce son activité à l'étranger ;

2° Personne à la recherche d'un emploi ou accompagnée dans un projet d'orientation et d'insertion professionnelles ;

3° Personne accueillie dans un établissement et service d'aide par le travail mentionné au a du 5° du I de l'article L. 312-1 du code de l'action sociale et des familles ;

4° Personne ayant fait valoir l'ensemble de ses droits à la retraite.

Par dérogation au premier alinéa du présent article, un compte personnel d'activité est ouvert dès l'âge de quinze ans pour le jeune qui signe un contrat d'apprentissage sur le fondement du deuxième alinéa de l'article L. 6222-1 du présent code.

Les personnes âgées d'au moins seize ans mais ne relevant pas des situations mentionnées aux 1° à 3° du présent article peuvent ouvrir un compte personnel d'activité afin de bénéficier du compte d'engagement citoyen et d'accéder aux services en ligne mentionnés à l'article L. 5151-6.

Le compte est fermé à la date du décès de la personne. (L. 2018-771 du 5 sept. 2018, art. 2, I, 1°, JO 6, entrée en vigueur le 01.01.2019) « Lorsque son titulaire remplit l'une des conditions mentionnées aux 1° à 3° de l'article L. 5421-4 », le compte personnel de formation cesse d'être alimenté, sauf en application de l'article L. 5151-9.

Art. L. 5151-3. Les droits inscrits sur le compte personnel d'activité, y compris en cas de départ du titulaire à l'étranger, demeurent acquis par leur titulaire jusqu'à leur utilisation ou à la fermeture du compte.

Art. L. 5151-5. Le compte personnel d'activité est constitué :

1° Du compte personnel de formation ;

2° Du compte (Ord. 2017-1389 du 22 sept. 2017, JO 23, entrée en vigueur le 01.10.2017) « professionnel de prévention » ;

3° Du compte d'engagement citoyen.

Il organise la conversion des droits selon les modalités prévues par chacun des comptes le constituant.

Art. L. 5151-6. I. – Chaque titulaire d'un compte personnel d'activité peut consulter les droits inscrits sur celui-ci et peut les utiliser en accédant à un service en ligne gratuit. Ce service en ligne est géré par la Caisse des dépôts et consignations, sans préjudice de l'article L. 4162-11. La Caisse des dépôts et consignations et la Caisse nationale d'assurance vieillesse concluent une convention définissant les modalités d'articulation des différents comptes et de mobilisation par leur titulaire.

II. – Chaque titulaire d'un compte a également accès à une plateforme de services en ligne qui :

1° Lui fournit une information sur ses droits sociaux et la possibilité de les simuler ;

2° Lui donne accès à un service de consultation de ses bulletins de paie, lorsqu'ils ont été transmis par l'employeur sous forme électronique dans les conditions mentionnées à l'article L. 3243-2 ;

3° Lui donne accès à des services utiles à la sécurisation des parcours professionnels et à la mobilité géographique et professionnelle.

Le gestionnaire de la plateforme met en place des interfaces de programmation permettant à des tiers de développer et de mettre à disposition ces services.

III. – Un décret en Conseil d'État, pris après avis de la Commission nationale de l'informatique et des libertés, détermine les conditions dans lesquelles les données à caractère personnel afférentes au compte personnel de formation et au compte (Ord. 2017-1389 du 22 sept. 2017, JO 23, entrée en vigueur le 01.10.2017) « professionnel de prévention », ainsi que celles issues de la déclaration sociale nominative mentionnée à l'article L. 133-5-3 du code de la sécurité sociale, peuvent être utilisées pour fournir les services mentionnés aux I et II du présent article.

Art. R. 5151-1. (D. 2016-1950 du 28 déc. 2016, JO 30, entrée en vigueur le 01.01.2017) Le compte personnel d'activité est mis en œuvre au moyen du traitement automatisé défini par la présente section.

Les dispositions de la présente section s'appliquent sans préjudice des dispositions régissant les systèmes d'information mis en œuvre pour le compte personnel de formation, le compte (D. 2017-1768 du 27 déc. 2017, JO 28) « professionnel de prévention » et le compte d'engagement citoyen.

Art. R. 5151-2. (D. 2016-1950 du 28 déc. 2016, JO 30, entrée en vigueur le 01.01.2017) Conformément aux dispositions de l'article L. 5151-6, est autorisée la création, par le ministre chargé de l'emploi, d'un traitement automatisé de données à caractère personnel dénommé " Système d'information du compte personnel d'activité " (SI-CPA).

Ce traitement automatisé est mis en œuvre et géré par la Caisse des dépôts et consignations.

Art. R. 5151-3. (D. 2016-1950 du 28 déc. 2016, JO 30, entrée en vigueur le 01.01.2017) Le système d'information du compte personnel d'activité a pour finalités de permettre :

1° La consultation par le titulaire du compte et l'utilisation, dans le compte personnel d'activité, des droits inscrits ou mentionnés sur le compte personnel de formation, le compte (D. 2017-1768 du 27 déc. 2017, JO 28) « professionnel de prévention » ou le compte d'engagement citoyen, dans le cadre du service en ligne mentionné au I de l'article L. 5151-6 ;

2° L'accès des titulaires du compte à un service de consultation de leurs bulletins de paie, lorsqu'ils ont été transmis par l'employeur sous forme électronique dans les conditions prévues par l'article L. 3243-2 au moyen de la plateforme de services en ligne mentionnée au II de l'article L. 5151-6 ;

3° L'accès des titulaires du compte à des services utiles à la sécurisation des parcours professionnels et à la mobilité géographique et professionnelle, au moyen de la même plateforme ainsi que l'accompagnement des titulaires dans l'utilisation de ces services ;

4° Le partage entre titulaires de compte de tout ou partie des données de leur espace personnel dans les conditions prévues au II de l'article R. 5151-6 afin de favoriser les échanges sur des questions liées à la sécurisation des parcours professionnels et à la mobilité géographique et professionnelle ;

5° L'analyse de l'utilisation et l'évaluation de la mise en œuvre du compte personnel d'activité, notamment par le biais de la statistique.

Art. R. 5151-4. (D. 2016-1950 du 28 déc. 2016, JO 30, entrée en vigueur le 01.01.2017) Dans la mesure où leur exploitation est nécessaire à la poursuite des finalités définies à l'article R. 5151-3, les catégories de données à caractère personnel pouvant être enregistrées dans le traitement automatisé sont les suivantes :

1° Des données issues du système d'information du compte personnel de formation, y compris celles relevant du compte d'engagement citoyen ;

2° Des données issues du système d'information du compte (D. 2017-1768 du 27 déc. 2017, JO 28) « professionnel de prévention » ;

3° Des données à caractère personnel librement renseignées par le titulaire du compte et des données issues de l'utilisation par celui-ci des services en ligne mentionnés au I et aux 2° et 3° du II de l'article L. 5151-6 relatives aux éléments suivants :

a) Les données relatives au parcours professionnel du titulaire du compte : activités professionnelles exercées ou ayant été exercées, activités d'engagement citoyen exercées ou ayant été exercées, études et formations initiales et continues suivies, diplômes et certifications obtenus, qualifications détenues et exercées ;

b) Les données relatives aux compétences professionnelles du titulaire du compte : aptitudes et compétences, permis de conduire, langues étrangères ;

c) Les données issues de l'utilisation des services en ligne susmentionnés ;

d) Les données relatives au projet professionnel du titulaire du compte : métiers envisagés ou recherchés, formations envisagées ou recherchées, région de résidence actuelle ou recherchée, région du lieu de travail actuel et du lieu de travail recherché ;

e) Les données issues du profil professionnel du titulaire du compte : dénomination de la branche professionnelle d'origine, code APE de l'employeur ;

f) Les données relatives aux coordonnées du titulaire de compte : adresse électronique.

Art. R. 5151-5. (D. 2016-1950 du 28 déc. 2016, JO 30, entrée en vigueur le 01.01.2017) Le titulaire du compte personnel d'activité accède directement aux données à caractère personnel le concernant.

Dans la mesure nécessaire à l'exercice de leurs missions, les personnels de la Caisse des dépôts et consignations assurant la gestion du traitement accèdent directement à tout ou partie des données à caractère personnel du système d'information du compte personnel d'activité, pour la gestion des services en ligne mentionnés au I et au 2° et au 3° du II de l'article L. 5151-6.

Les agents des organismes de conseil en évolution professionnelle mentionnés à l'article L. 6111-6 sont habilités, lorsque le titulaire y consent, à accéder aux données mentionnées au *c* du 3° de l'article R. 5151-4 se rapportant à ses profils, parcours, compétences et projets professionnels dans les limites strictement nécessaires à l'exercice de leurs missions.

Art. R. 5151-6. (D. 2016-1950 du 28 déc. 2016, JO 30, entrée en vigueur le 01.01.2017) I. – Sont destinataires de tout ou partie des données à caractère personnel incluses dans le traitement automatisé, dans les limites strictement nécessaires à l'exercice de leurs missions :

1° Les agents de la direction de l'animation de la recherche, des études et des statistiques du ministère chargé de l'emploi, et des organismes qu'elle mandate au moyen de conventions de recherche, pour leur exploitation à des fins statistiques destinées à la recherche ou à l'évaluation du " Système d'information du compte personnel d'activité " (SI-CPA) ;

2° Les agents de la délégation générale à l'emploi et à la formation professionnelle ;

3° Les agents de la direction générale du travail ;

4° Les agents de la direction de la sécurité sociale ;

5° Les agents de la direction de la jeunesse, de l'éducation populaire et de la vie associative.

II. – Dans le cadre de la finalité mentionnée au 4° de l'article R. 5151-3, le titulaire du compte peut décider de rendre accessibles aux autres titulaires de compte tout ou partie des données issues de son espace personnel dans des conditions garantissant qu'ils ne font pas l'objet d'une indexation par des moteurs de recherche. Il peut, à tout moment, revenir sur cette décision.

Art. R. 5151-7. (D. 2016-1950 du 28 déc. 2016, JO 30, entrée en vigueur le 01.01.2017) I. – Une information conforme aux dispositions de l'article 32 de la loi n° 78-17 du 6 janvier 1978 relative à l'informatique, aux fichiers et aux libertés figure sur le service en ligne mentionné au I de l'article L. 5151-6.

II. – Le droit d'opposition prévu à l'article 38 de la même loi ne s'applique pas au système d'information du compte personnel d'activité.

III. – Le droit d'accès et de rectification prévu aux articles 39 et 40 de la même loi s'exerce auprès de la Caisse des dépôts et consignations.

Art. R. 5151-8. (D. 2016-1950 du 28 déc. 2016, JO 30, entrée en vigueur le 01.01.2017) Les données à caractère personnel et les informations enregistrées dans le système d'information du compte personnel d'activité sont conservées pendant toute la durée d'ouverture du compte et pendant une durée de trois ans à compter de la date du décès du titulaire du compte. En cas de contentieux, ce délai est prorogé jusqu'à l'intervention d'une décision juridictionnelle définitive.

Art. R. 5151-9. (D. 2016-1950 du 28 déc. 2016, JO 30, entrée en vigueur le 01.01.2017) Toute opération relative au système d'information du compte personnel d'activité fait l'objet d'un enregistrement comprenant l'identification de l'utilisateur, la date, l'heure et la nature de l'intervention dans ce traitement. Ces informations sont conservées pendant une durée d'un an.

Art. R. 5151-10. (D. 2016-1950 du 28 déc. 2016, JO 30, entrée en vigueur le 01.01.2017) I. – Les personnes morales de droit public et les personnes morales de droit privé chargées d'une mission de service public qui développent et mettent à disposition les services en ligne mentionnés au 3° du II de l'article L. 5151-6 sont autorisées à créer les traitements de données à caractère personnel nécessaires dans les conditions définies au présent article.

La personne morale qui développe et met à disposition le service en ligne est responsable du traitement de données à caractère personnel correspondant.

Le traitement de données à caractère personnel doit avoir reçu le consentement du titulaire du compte personnel d'activité.

Conformément au IV de l'article 26 de la loi du 6 janvier 1978 précitée, la mise en œuvre de chaque traitement est subordonnée à l'envoi préalable à la Commission nationale de l'informatique et des libertés, d'un engagement de conformité aux dispositions du présent article. Cet engagement est accompagné d'un dossier technique sommaire décrivant le traitement mis en œuvre et les mesures prises pour en assurer la sécurité.

II. – Dans la mesure où elles sont strictement nécessaires à la fourniture du service en ligne, peuvent être collectées, traitées et conservées les données mentionnées à l'article R. 5151-4, à l'exception des données suivantes :

1° Les (D. 2017-1768 du 27 déc. 2017, JO 28) « données relatives à l'exposition aux facteurs de risques professionnels » mentionnées aux 3° à 6° du I de l'article 2 du décret du 11 août 2016 autorisant la création d'un traitement de données à caractère personnel dénommé compte (D. 2017-1813 du 29 déc. 2017, JO 30, entrée en vigueur le 01.01.2018) « professionnel de prévention » ;

2° Les données relatives aux activités bénévoles ou de volontariat enregistrées en application de l'article L. 5151-8, lorsqu'elles relèvent des données énumérées par l'article 8 de la loi du 6 janvier 1978 précitée.

III. – Un arrêté du ministre chargé de l'emploi, pris après avis motivé et publié de la Commission nationale de l'informatique et des libertés, précise les conditions techniques d'accès aux données.

IV. – Peuvent être destinataires des données mentionnées au II, à condition d'avoir été spécifiquement habilités à cette fin, les employés et agents des organismes mentionnés au I de même nature que ceux mentionnés aux articles R. 5151-5 et R. 5151-6.

V. – Chaque responsable de traitement conserve les données mentionnées au II pour la durée des opérations requises par la fourniture du service en ligne. Cette durée ne peut excéder un mois après l'achèvement des opérations.

VI. – Chaque responsable du traitement procède, conformément aux dispositions du I de l'article 32 de la loi du 6 janvier 1978 précitée, à l'information des personnes dans le cadre du service en ligne. Cette information mentionne notamment l'identité du responsable de traitement, la finalité poursuivie par le traitement, les destinataires des données et les modalités d'exercice des droits des personnes.

Les droits d'opposition, d'accès et de rectification s'exercent, conformément aux articles 38 à 40 de la même loi, auprès des services désignés par le responsable de traitement dans l'engagement de conformité mentionné au I.

SECTION 1 BIS (RÉGLEMENTAIRE). Compte personnel d'activité des travailleurs indépendants, des membres des professions libérales et des professions non salariées, de leurs conjoints collaborateurs et des artistes auteurs

Note Cette section a été introduite par le décret 2016-1999 du 30 décembre 2016, JO 31, entrée en vigueur le 01.01.2018.

Art. D. 5151-10-1. Conformément à l'article L. 5151-2 du code du travail, un compte personnel d'activité est ouvert pour toute personne assujettie à la contribution prévue aux articles L. 6331-48, L. 6331-53 et L. 6331-65 et à l'article L. 718-2-1 du code rural et de la pêche maritime. Il est constitué :

1° Du compte personnel de formation, dans les conditions définies par les articles L. 6323-25 à L. 6323-31 et les dispositions prises pour leur application ;

2° Du compte d'engagement citoyen, dans les conditions définies par les articles L. 5151-7 à L. 5151-11 et les dispositions prises pour leur application.

SECTION 2. Compte d'engagement citoyen

Art. L. 5151-7. Le compte d'engagement citoyen recense les activités bénévoles ou de volontariat de son titulaire. Il permet d'acquérir :

1° Des (L. 2018-771 du 5 sept. 2018, art. 2, I, 3°, JO 6, entrée en vigueur le 01.01.2019) « droits » sur le compte personnel de formation à raison de l'exercice de ces activités ;

2° Des jours de congés destinés à l'exercice de ces activités.

Art. L. 5151-8. Les activités bénévoles ou de volontariat sont recensées dans le cadre du traitement de données à caractère personnel mentionné au II de l'article L. 6323-8.

Le titulaire du compte décide des activités qu'il souhaite y recenser.

Art. L. 5151-9. Les activités bénévoles ou de volontariat permettant d'acquérir des (L. 2018-771 du 5 sept. 2018, art. 2, I, 4°, JO 6, entrée en vigueur le 01.01.2019) « droits comptabilisés en euros, inscrits » sur le compte personnel de formation sont :

1° Le service civique mentionné à l'article L. 120-1 du code du service national ;

2° La réserve militaire (L. 2017-86 du 27 janv. 2017, art. 9, I, 1°, JO 28, entrée en vigueur le 01.01.2017) « opérationnelle » mentionnée à l'article L. 4211-1 du code de la défense ;

(L. 2017-86 du 27 janv. 2017, art. 9, I, 1°, JO 28, entrée en vigueur le 01.01.2017) « 2° *bis* Le volontariat de la réserve civile de la police nationale mentionné aux 2° et 3° de l'article L. 411-7 du code de la sécurité intérieure ; »

(L. 2017-86 du 27 janv. 2017, art. 9, I, 1°, JO 28, entrée en vigueur le 01.01.2017) « 3° La réserve civique mentionnée à l'article 1er de la loi n° 2017-86 du 27 janvier 2017 relative à l'égalité et à la citoyenneté, et les réserves thématiques qu'elle comporte ; »

4° La réserve sanitaire mentionnée à l'article L. 3132-1 du code de la santé publique ;

5° L'activité de maître d'apprentissage mentionnée à l'article L. 6223-5 du présent code ;

6° Les activités de bénévolat associatif, lorsque les conditions suivantes sont remplies :

(L. 2017-86 du 27 janv. 2017, art. 9, I, 1°, JO 28, entrée en vigueur le 01.01.2017) « *a)* L'association est régie par la loi du 1er juillet 1901 relative au contrat d'association ou inscrite au registre des associations en application du code civil local applicable dans les départements du Bas-Rhin, du Haut-Rhin et de la Moselle, est déclarée depuis trois ans au moins et l'ensemble de ses activités est mentionné au b du 1 de l'article 200 du code général des impôts ; »

b) Le bénévole siège dans l'organe d'administration ou de direction de l'association ou participe à l'encadrement d'autres bénévoles, dans des conditions, notamment de durée, fixées par décret ;

(L. 2018-771 du 5 sept. 2018, art. 2, I, 4°, JO 6, entrée en vigueur le 01.01.2019) « 7° L'aide apportée à une personne en situation de handicap ou à une personne âgée en perte d'autonomie dans les conditions prévues à l'article L. 113-1 du code de l'action sociale et des familles, lorsque les conditions suivantes sont remplies :

a) Un accord collectif de branche détermine les modalités permettant d'acquérir les droits à la formation ;

b) Les droits à la formation acquis à ce titre font l'objet d'une prise en charge mutualisée par les employeurs de la branche professionnelle concernée ; »

(L. 2016-1867 du 27 déc. 2016, art. 7, JO 28, entrée en vigueur le 01.01.2017) « 8° Le volontariat dans les corps de sapeurs-pompiers mentionné aux articles L. 723-3 à L. 726-20 du code de la sécurité intérieure et dans la loi n° 96-370 du 3 mai 1996 relative au développement du volontariat dans les corps de sapeurs-pompiers.»

Toutefois, les activités mentionnées au présent article ne permettent pas d'acquérir des (L. 2018-771 du 5 sept. 2018, art. 2, I, 4°, JO 6, entrée en vigueur le 01.01.2019) «droits inscrits» sur le compte personnel de formation lorsqu'elles sont effectuées dans le cadre des formations secondaires mentionnées au code de l'éducation.

Un décret en Conseil d'État définit les modalités d'application du 6° du présent article.

Art. L. 5151-10. Un décret définit, pour chacune des activités mentionnées à l'article L. 5151-9, (L. 2018-771 du 5 sept. 2018, art. 2, I, 5°, JO 6, entrée en vigueur le 01.01.2019) «le montant des droits acquis en fonction de la durée consacrée à cette activité, dans la limite d'un plafond».

Art. L. 5151-11. La mobilisation des (L. 2018-771 du 5 sept. 2018, art. 2, I, 6°, JO 6, entrée en vigueur le 01.01.2019) «droits mentionnés» à l'article L. 5151-10 est financée:

1° Par l'État, pour les activités mentionnées aux 1°, 2° (L. 2017-86 du 27 janv. 2017, art. 9, I, 2°, JO 28, entrée en vigueur le 01.01.2017) «, 2° *bis*», 5° (L. 2017-86 du 27 janv. 2017, art. 9, I, 2°, JO 28, entrée en vigueur le 01.01.2017) «et 6°» de l'article L. 5151-9 (L. 2017-86 du 27 janv. 2017, art. 9, I, 2°, JO 28, entrée en vigueur le 01.01.2017) «, ainsi que pour l'activité mentionnée au 3° du même article L. 5151-9, à l'exception de la réserve communale de sécurité civile mentionnée (L. 2018-771 du 5 sept. 2018, art. 2, I, 6°, JO 6, entrée en vigueur le 01.01.2019) «au chapitre IV du titre II du livre VII» du code de la sécurité intérieure»;

2° Par la commune, (L. 2017-86 du 27 janv. 2017, art. 9, I, 2°, JO 28, entrée en vigueur le 01.01.2017) «pour la réserve communale de sécurité civile»;

3° Par l'établissement public chargé de la gestion de la réserve sanitaire, mentionné à l'article L. 1413-1 du code de la santé publique, pour l'activité mentionnée au 4° de l'article L. 5151-9 du présent code.

(L. 2016-1867 du 27 déc. 2016, art. 7, JO 28) «4° Par l'autorité de gestion du sapeur-pompier volontaire, soit l'État, le service d'incendie et de secours, la commune ou l'établissement public de coopération intercommunale, pour l'activité mentionnée au 8° du même article L. 5151-9.»

(L. 2019-1479 du 28 déc. 2019, art. 206, 1°, JO 29) «Les ressources destinées au financement des droits mentionnés à l'article L. 5151-10 sont versées à l'organisme mentionné à l'article L. 6333-1.»

Art. L. 5151-12. L'employeur a la faculté d'accorder des jours de congés payés consacrés à l'exercice d'activités bénévoles ou de volontariat. Ces jours de congés peuvent être retracés sur le compte d'engagement citoyen.

Sous-section 1 (réglementaire). **Dispositions générales**

Note Les sous-sections 1 et 2 ont été introduites par le décret 2016-1970 du 28 décembre 2016, JO 30.

Art. D. 5151-11. Les (D. 2018-1349 du 28 déc. 2018, art. 2, JO 30, entrée en vigueur le 01.01.2019) «droits acquis» au titre de l'engagement citoyen sont (D. 2018-1349 du 28 déc. 2018, art. 2, JO 30, entrée en vigueur le 01.01.2019) «mobilisés» après utilisation des (D. 2018-1349 du 28 déc. 2018, art. 2, JO 30, entrée en vigueur le 01.01.2019) «droits inscrits» sur le compte personnel de formation, sous réserve des dispositions prévues au (D. 2018-1349 du 28 déc. 2018, art. 3, JO 30, entrée en vigueur le 01.01.2019) «5° du II» de l'article L. 6323-6.

Art. D. 5151-12. L'action financée en tout ou partie par les (D. 2018-1349 du 28 déc. 2018, art. 2, JO 30, entrée en vigueur le 01.01.2019) «droits acquis» au titre de l'engagement citoyen est prise en charge dans les conditions définies par le chapitre III du titre II du livre III de la sixième partie du présent code.

Lorsque le titulaire du compte d'engagement citoyen ne relève pas de l'une des situations mentionnées aux 1° à 3° de l'article L. 5151-2, un (D. 2018-1349 du 28 déc. 2018, art. 4, JO 30, entrée en vigueur le 01.01.2019) «organisme» désigné par arrêté du ministre chargé de la formation professionnelle assure cette prise en charge.

Art. D. 5151-13. Lorsque, en application de l'article L. 5151-11, plusieurs personnes morales financent les (D. 2018-1349 du 28 déc. 2018, art. 2, JO 30, entrée en vigueur le 01.01.2019) «droits mobilisés» au titre de l'engagement citoyen, elles (D. 2018-1349 du 28 déc. 2018, art. 5, JO 30, entrée en vigueur le 01.01.2019) «versent leur financement à l'organisme qui assure la prise en charge par ordre d'antériorité de la date de déclaration des activités ayant ouvert » (D. 2017-1058 du 10 mai 2017, JO 11) « ces (D. 2018-1349 du 28 déc. 2018, art. 2, JO 30, entrée en vigueur le 01.01.2019) « droits » à la Caisse des dépôts et consignations ».

La Caisse des dépôts et consignations transmet, selon une périodicité définie par arrêté des ministres chargés de la formation professionnelle, de la vie associative, des collectivités territoriales de la santé, de la sécurité civile, (D. 2017-1058 du 10 mai 2017, JO 11) « de la police nationale, des affaires étrangères, de l'éducation nationale, » de la défense et du budget, les informations nécessaires aux personnes morales mentionnées à l'article L. 5151-11.

Sous-section 2 (réglementaire). **Acquisition des droits**

Art. D. 5151-14. I. – La durée minimale nécessaire à l'acquisition de (D. 2018-1349 du 28 déc. 2018, art. 6, JO 30, entrée en vigueur le 01.01.2019) « 240 euros » sur le compte personnel de formation correspond à :

1° Pour le service civique, une durée de six mois continus ;

2° Pour la réserve militaire opérationnelle, une durée d'activités accomplies de quatre-vingt-dix jours ;

(D. 2017-1058 du 10 mai 2017, JO 11) « 3° Pour la réserve citoyenne de défense et de sécurité, une durée continue de cinq ans d'engagement ; »

4° Pour la réserve communale de sécurité civile, une durée d'engagement de cinq ans ;

5° Pour la réserve sanitaire, une durée (D. 2017-1058 du 10 mai 2017, JO 11) « d'emploi de trente jours » ;

6° Pour l'activité de maître d'apprentissage, une durée de six mois, quel que soit le nombre d'apprentis accompagnés ;

7° Pour les activités de bénévolat associatif, une durée de 200 heures, réalisées dans une ou plusieurs associations, dont au moins 100 heures dans une même association.

(D. 2017-1058 du 10 mai 2017, JO 11) « 8° Pour la réserve citoyenne de l'éducation nationale, une durée d'engagement continue d'un an ayant donné lieu à au moins vingt-cinq interventions ; »

(D. 2017-828 du 5 mai 2017, JO 7) « 9° Pour l'activité de sapeur-pompier volontaire, la signature de l'engagement de cinq ans ; »

(D. 2017-1058 du 10 mai 2017, JO 11) « 10° Pour les réservistes de la réserve civile de la police nationale mentionnés aux 2° et 3° de l'article L. 411-7 du code de la sécurité intérieure, une durée continue de trois ans d'engagement ayant donné lieu à la réalisation de soixante-quinze vacations par an ;

11° Pour la réserve citoyenne de la police nationale, une durée continue de trois ans d'engagement ayant donné lieu à la réalisation de trois cent cinquante heures par an ;

12° Pour la réserve civique et ses réserves thématiques à l'exception de celles mentionnées aux 3°, 4°, 8° et au 11°, une durée d'activité annuelle d'au moins quatre-vingts heures. »

II. – Pour les activités mentionnées (D. 2017-1058 du 10 mai 2017, JO 11) « aux 2°, 5° et au 7° » du I, la durée est appréciée sur l'année civile écoulée. La déclaration à la Caisse des dépôts et consignations intervient à l'issue de cette année civile.

Pour les activités mentionnées (D. 2017-1058 du 10 mai 2017, JO 11) « aux 1°, 6°, 8° et au 12° » du I, la durée est appréciée sur l'année civile écoulée et sur l'année précédente. La déclaration à la Caisse des dépôts et consignations intervient à l'issue de l'année civile écoulée.

Pour les activités mentionnées (D. 2017-1058 du 10 mai 2017, JO 11) « au 4° » du I, la durée est appréciée au vu du contrat d'engagement signé par le réserviste. La déclaration à la Caisse des dépôts et consignations intervient à l'issue de l'année civile au cours de laquelle le contrat d'engagement a été signé.

(D. 2017-828 du 5 mai 2017, JO 7) « Pour l'activité mentionnée au 9°, la durée est appréciée au vu de la signature de l'engagement du sapeur-pompier volontaire. La déclaration à la Caisse des dépôts et consignations intervient à l'issue de l'année civile au cours de laquelle l'arrêté de nomination a été notifié au sapeur-pompier volontaire. »

(D. 2017-1058 du 10 mai 2017, JO 11) « Pour les activités mentionnées au 3° du I, la durée est appréciée au terme d'une durée continue de cinq ans d'engagement. La déclaration à la Caisse des dépôts et consignations intervient au début de l'année civile suivante.

Pour les activités mentionnées au 10° et au 11° du I, la durée est appréciée au terme d'une durée continue de trois ans d'engagement ayant donné lieu respectivement à soixante-quinze vacations par an et à la réalisation de trois cent cinquante heures par an. La déclaration à la Caisse des dépôts et consignations intervient au début de l'année civile suivante. »

III. – (D. 2018-1349 du 28 déc. 2018, art. 6, JO 30, entrée en vigueur le 01.01.2019) « Le montant des droits acquis au titre du compte d'engagement citoyen ne peut excéder le plafond de 720 euros ».

Sous-section 3 (réglementaire). **Déclaration de l'engagement associatif bénévole**

Note Les dispositions de cette sous-section ont été introduites par le décret 2016-1826 du 21 décembre 2016, JO 23, entrée en vigueur le 01.01.2017.

Art. R. 5151-16. Le titulaire du compte personnel d'activité souhaitant acquérir des (D. 2018-1164 du 17 déc. 2018, JO 19, entrée en vigueur le 01.01.2019) « droits inscrits » sur son compte personnel de formation au titre des activités mentionnées au 6° de l'article L. 5151-9 déclare à la Caisse des dépôts et consignations, au plus tard le 30 juin de chaque année, le nombre d'heures qu'il a réalisées au cours de l'année civile précédente en tant que bénévole siégeant dans l'organe d'administration ou de direction de l'association ou participant à l'encadrement d'autres bénévoles.

Art. R. 5151-17. L'exactitude des données figurant dans la déclaration mentionnée à l'article R. 5151-16 est attestée, auprès de la Caisse des dépôts et consignations, par l'une des personnes chargées de l'administration ou de la direction de l'association au plus tard le 31 décembre de l'année au cours de laquelle la déclaration a été effectuée.

Art. R. 5151-18. Les activités faisant l'objet d'une déclaration ou d'une attestation au-delà des dates prévues aux articles R. 5151-16 et R. 5151-17 ne sont pas prises en compte pour le calcul de la durée d'activité nécessaire à l'acquisition (D. 2018-1164 du 17 déc. 2018, JO 19, entrée en vigueur le 01.01.2019) « des droits inscrits » sur le compte personnel formation mentionnée à l'article L. 5151-10.

Art. R. 5151-19. (D. 2018-1164 du 17 déc. 2018, JO 19) Un téléservice national dénommé : " Le Compte Bénévole ", placé sous la responsabilité du ministère chargé de la vie associative, permet la déclaration prévue à l'article R. 5151-16 et sa transmission à l'une des personnes chargées de l'administration ou de la direction de l'association pour l'attestation de l'exactitude des données prévue à l'article R. 5151-17.

Un téléservice national dénommé : " Le Compte Asso ", placé sous la responsabilité du ministère chargé de la vie associative permet cette attestation et la transmission des données prévues à l'alinéa précédent à la Caisse des dépôts et consignations.

LIVRE II

DISPOSITIONS APPLICABLES À CERTAINES CATÉGORIES DE TRAVAILLEURS

TITRE Ier

TRAVAILLEURS HANDICAPÉS

Chapitre Ier

Objet des politiques en faveur de l'emploi des personnes handicapées

Art. L. 5211-1. Le reclassement des travailleurs handicapés comporte :

1° La réadaptation fonctionnelle, complétée éventuellement par un réentraînement à l'effort ;

2° L'orientation ;

3° La rééducation ou la formation professionnelle pouvant inclure un réentraînement scolaire ;

4° Le placement.

Art. L. 5211-2. (L. 2014-288 du 5 mars 2014, art. 21, I, 1° et 27, II, JO 6, entrée en vigueur le 01.01.2015) «La région est chargée, dans le cadre du service public régional de la formation professionnelle défini à l'article L. 6121-2, de l'accès à la formation et à la qualification professionnelle des personnes handicapées.

Elle définit et met en œuvre un programme régional d'accès à la formation et à la qualification professionnelle des personnes handicapées en concertation avec:»

1° L'État;
2° Le service public de l'emploi;
3° L'association de gestion du fonds pour l'insertion professionnelle des handicapés;
4° Le fonds pour l'insertion des personnes handicapées dans la fonction publique;
5° (Abrogé);
6° Les organismes de protection sociale;
7° Les organisations syndicales et associations représentatives des personnes handicapées.

Art. D. 5211-1. Pour la mise en œuvre des politiques d'accès à la formation et à la qualification prévues à l'article L. 5211-2, une programmation pluriannuelle de l'accueil en formation garantit un ensemble complet de services aux personnes handicapées.

Cette offre respecte la possibilité de libre choix de ces personnes tout en tenant compte de l'analyse des besoins et de la proximité des lieux de formation.

Art. L. 5211-3. (L. 2014-288 du 5 mars 2014, art. 21, I, 2°, JO 6, entrée en vigueur le 01.01.2015) «Le programme régional d'accès à la formation et à la qualification professionnelle des personnes handicapées a pour objectif de répondre à leurs besoins de développement de compétences afin de faciliter leur insertion professionnelle.

Il recense et quantifie les besoins en s'appuyant sur le diagnostic intégré dans le plan régional pour l'insertion des travailleurs handicapés défini à l'article L. 5211-5 et l'analyse contenue dans le contrat de plan régional de développement des formations et de l'orientation professionnelles défini au I de l'article L. 214-13 du code de l'éducation.»

(L. 2014-288 du 5 mars 2014, art. 21, I, 2°, JO 6, entrée en vigueur le 01.01.2015) «Il favorise» l'utilisation efficiente des différents dispositifs en facilitant la coordination entre les organismes de formation ordinaires et les organismes spécialement conçus pour la compensation des conséquences du handicap ou la réparation du préjudice.

(L. 2014-288 du 5 mars 2014, art. 21, I, 2°, JO 6, entrée en vigueur le 01.01.2015) «Il est soumis pour avis au comité régional de l'emploi, de la formation et de l'orientation professionnelles.

Les établissements et services sociaux et médico-sociaux de réadaptation, de préorientation et de rééducation professionnelle mentionnés au *b* du 5° du I de l'article L. 312-1 du code de l'action sociale et des familles participent au service public régional de la formation professionnelle dans le cadre du programme régional.»

Art. L. 5211-4. Afin de tenir compte des contraintes particulières des personnes handicapées ou présentant un trouble de santé invalidant, les actions de formation professionnelle prévues à la sixième partie prévoient un accueil à temps partiel ou discontinu ainsi qu'une durée et des modalités adaptées de validation de la formation professionnelle, dans des conditions déterminées par décret.

Art. D. 5211-2. En application de l'article L. 5211-4, les organismes de formation ordinaires, ceux spécialement conçus pour la compensation des conséquences du handicap ou la réparation du préjudice et les acteurs mentionnés à l'article D. 6312-1 mettent en œuvre, au titre de la formation professionnelle continue, un accueil à temps partiel ou discontinu, une durée adaptée de formation et des modalités adaptées de validation de la formation professionnelle pour les personnes handicapées mentionnées à l'article L. 5212-13 du présent code et à l'article L. 114 du code de l'action sociale et des familles.

Art. D. 5211-3. Les adaptations mentionnées à l'article D. 5211-2 peuvent être individuelles ou collectives pour un groupe de personnes ayant des besoins similaires. Elles portent également sur les méthodes et les supports pédagogiques et peuvent recourir aux technologies de l'information et de la communication.

Art. D. 5211-4. (D. 2009-289 du 13 mars 2009, JO 15) «Les adaptations sont mises en œuvre sur la base des informations fournies par:»

(D. 2009-289 du 13 mars 2009, JO 15) «1°» La personne handicapée;

(D. 2009-289 du 13 mars 2009, JO 15) « 2° » Le service public de l'emploi ;

(D. 2009-289 du 13 mars 2009, JO 15) « 3° » Les organismes de placement spécialisés qui l'accompagnent dans son parcours d'accès à l'emploi ;

(D. 2009-289 du 13 mars 2009, JO 15) « 4° » La commission des droits et de l'autonomie des personnes handicapées ;

(D. 2009-289 du 13 mars 2009, JO 15) « 5° » Les organismes participant à l'élaboration de son projet d'insertion sociale et professionnelle.

Art. D. 5211-5. L'adaptation de la validation de la formation professionnelle porte sur les aménagements des modalités générales d'évaluation des connaissances et des compétences acquises au cours de la formation.

Art. D. 5211-6. Les organismes dispensant des formations professionnelles et les institutions délivrant des diplômes, titres professionnels ou certificats de qualification professionnelle mettent en œuvre les adaptations, notamment en faisant évoluer leur propre réglementation.

Art. L. 5211-5. (L. 2011-901 du 28 juil. 2011, art. 11, JO 30) Tous les cinq ans, le service public de l'emploi élabore, sous l'autorité du représentant de l'État dans la région, un plan régional pour l'insertion des travailleurs handicapés. Ce plan, coordonné avec (L. 2014-288 du 5 mars 2014, art. 21, I, 3° et 27, II, JO 6, entrée en vigueur le 01.01.2015) «le programme régional défini à l'article L. 5211-3», comprend :

1° Un diagnostic régional englobant les diagnostics locaux établis avec la collaboration des référents pour l'insertion professionnelle des maisons départementales des personnes handicapées ;

2° Un plan d'action régional pour l'insertion des travailleurs handicapés comportant des axes d'intervention et des objectifs précis ;

3° Des indicateurs régionaux de suivi et d'évaluation des actions menées au niveau régional.

(L. 2014-288 du 5 mars 2014, art. 21, I, 3° et 27, II, JO 6, entrée en vigueur le 01.01.2015) «Les conventions prévues à l'article L. 6123-4 contribuent à mettre en œuvre ce plan.»

Chapitre II

Obligation d'emploi des travailleurs handicapés, mutilés de guerre et assimilés

SECTION 1. Champ d'application

Art. L. 5212-1. (L. 2018-771 du 5 sept. 2018, art. 67, I, 1°, JO 6, entrée en vigueur le 01.01.2020) La mobilisation en faveur de l'emploi des travailleurs handicapés concerne tous les employeurs. À ce titre, ces derniers déclarent l'effectif total des bénéficiaires de l'obligation d'emploi mentionnés à l'article L. 5212-13 qu'ils emploient, selon des modalités fixées par décret.

Les articles L. 5212-2 à L. 5212-17 s'appliquent à tout employeur occupant au moins vingt salariés, y compris les établissements publics industriels et commerciaux.

(L. 2019-486 du 22 mai 2019, art. 11, VI, 11°, JO 23, entrée en vigueur le 01.01.2020) «Pour l'application des dispositions du présent chapitre, l'effectif salarié et le franchissement de seuil sont déterminés selon les modalités prévues à l'article L. 130-1 du code de la sécurité sociale. Toutefois, dans les entreprises de travail temporaire, les entreprises de portage salarial et les groupements d'employeurs, l'effectif salarié ne prend pas en compte les salariés mis à disposition ou portés.

Le nombre de bénéficiaires de l'obligation d'emploi est déterminé selon les modalités prévues au même article L. 130-1, sous réserve des dispositions particulières prévues aux articles L. 5212-6 à L. 5212-7-2 du présent code.»

SECTION 2. Obligation d'emploi

Art. L. 5212-2. (L. 2018-771 du 5 sept. 2018, art. 67, I, 2°, JO 6, entrée en vigueur le 01.01.2020) Tout employeur emploie des bénéficiaires de l'obligation d'emploi mentionnés à l'article L. 5212-13 dans la proportion minimale de 6 % de l'effectif total de ses salariés.

Ce taux est révisé tous les cinq ans, en référence à la part des bénéficiaires de l'obligation d'emploi dans la population active et à leur situation au regard du marché du travail, après avis du conseil mentionné à l'article L. 146-1 du code de l'action sociale et des familles.

Art. L. 5212-3. Dans les entreprises à établissements multiples, l'obligation d'emploi s'applique (L. 2018-771 du 5 sept. 2018, art. 67, I, 3°, JO 6, entrée en vigueur le 01.01.2020) «au niveau de l'entreprise».

Art. L. 5212-4. Toute entreprise qui occupe (L. 2012-387 du 22 mars 2012, art. 43, 4°, JO 23) «au moins vingt salariés» au moment de sa création dispose, pour se mettre en conformité avec l'obligation d'emploi, d'un délai (L. 2019-486 du 22 mai 2019, art. 11, VI, 13°, JO 23, entrée en vigueur le 01.01.2020) «de cinq ans».

Art. L. 5212-5. (L. 2010-1657 du 29 déc. 2010, art. 208, JO 30) (L. 2018-771 du 5 sept. 2018, art. 67, I, 4°, JO 6, entrée en vigueur le 01.01.2020) «L'employeur déclare sa situation au regard de l'obligation d'emploi à laquelle il est soumis en application de l'article L. 5212-2 du présent code au moyen de la déclaration prévue à l'article L. 133-5-3 du code de la sécurité sociale.»

À défaut de toute déclaration, l'employeur est considéré comme ne satisfaisant pas à l'obligation d'emploi.

(L. 2018-771 du 5 sept. 2018, art. 67, I, 4°, JO 6, entrée en vigueur le 01.01.2020) «Les informations contenues dans cette déclaration sont confidentielles. Elles ne peuvent être communiquées à un autre employeur auprès duquel un bénéficiaire de l'obligation d'emploi que la déclaration concerne sollicite un emploi.»

Art. D. 5212-1. (D. 2019-522 du 27 mai 2019, JO 28, entrée en vigueur le 01.01.2020) L'assujettissement à l'obligation d'emploi mentionnée au premier alinéa de l'article L. 5212-2 est déterminé en fonction de l'effectif calculé selon les modalités fixées à l'article L. 130-1 du code de la sécurité sociale.

Dans les entreprises de travail temporaire, les groupements d'employeurs et les entreprises de portage salarial, cet effectif ne prend pas en compte les salariés mis à disposition ou portés.

Art. D. 5212-2. (D. 2019-522 du 27 mai 2019, JO 28, entrée en vigueur le 01.01.2020) Le nombre de bénéficiaires de l'obligation d'emploi devant être employés résulte du produit de l'effectif d'assujettissement par le taux d'obligation d'emploi défini à l'article L. 5212-2, arrondi à l'entier inférieur.

Art. D. 5212-3. (D. 2019-522 du 27 mai 2019, JO 28, entrée en vigueur le 01.01.2020) L'effectif des bénéficiaires de l'obligation d'emploi mentionné à l'article L. 5212-13 prend en compte l'ensemble des travailleurs mentionnés à l'article L. 5212-13, quelles que soient la durée et la nature de leur contrat, y compris les stagiaires, les personnes en période de mise en situation en milieu professionnel et les personnes mises à disposition par les entreprises de travail temporaire ou les groupements d'employeurs.

Pour les entreprises de travail temporaire, les groupements d'employeurs et les entreprises de portage salarial, les salariés portés ou mis à disposition ne sont pas pris en compte dans les effectifs de bénéficiaires de l'obligation d'emploi.

L'effectif des bénéficiaires de l'obligation d'emploi est calculé, sous les réserves découlant des alinéas précédents, selon les modalités fixées à l'article L. 130-1 du code de la sécurité sociale.

Le nombre des bénéficiaires de l'obligation d'emploi âgés d'au moins 50 ans pris en compte dans le calcul de l'effectif total des bénéficiaires de l'obligation d'emploi est égal au produit du nombre de bénéficiaires de l'obligation d'emploi âgés d'au moins 50 ans par 1,5. Pour l'établissement de ce calcul, sont pris en compte les bénéficiaires qui atteignent l'âge de 50 ans au cours de l'année civile.

Un bénéficiaire de l'obligation d'emploi ne peut pas être pris en compte plusieurs fois dans le calcul au motif qu'il entre dans plusieurs catégories de bénéficiaires mentionnées à l'article L. 5212-13.

Art. D. 5212-4. (D. 2019-522 du 27 mai 2019, JO 28, entrée en vigueur le 01.01.2020) Tout employeur, quels que soient ses effectifs, identifie dans la déclaration sociale nominative, mentionnée à l'article L. 133-5-3 du code de la sécurité sociale, les informations relatives aux bénéficiaires de l'obligation d'emploi.

Art. D. 5212-5. (D. 2019-522 du 27 mai 2019, JO 28, entrée en vigueur le 01.01.2020) Pour l'établissement de la déclaration relative à l'obligation d'emploi, les organismes mentionnés aux articles L. 213-1 et L. 752-4 du code de la sécurité sociale ou à l'article L. 723-2 du code rural et de la pêche maritime transmettent à l'employeur, au plus tard le 31 janvier de l'année suivant celle au titre de laquelle cette déclaration est effectuée, les informations suivantes :

- l'effectif d'assujettissement, mentionné à l'article D. 5212-1 ;

- le nombre de bénéficiaires de l'obligation d'emploi devant être employés au titre de l'obligation d'emploi, calculé selon les modalités fixées à l'article D. 5212-2 ;
- l'effectif de bénéficiaires de l'obligation d'emploi mentionnés par l'article L. 5212-13, hors salariés mis à disposition par les entreprises de travail temporaire et les groupements d'employeurs, calculé selon les modalités fixées à l'article D. 5212-3 ;
- l'effectif de salariés relevant d'un emploi exigeant des conditions d'aptitude particulière, calculé selon les modalités fixées à l'article D. 5212-1 pour l'effectif d'assujettissement.

Art. D. 5212-6. (D. 2019-522 du 27 mai 2019, JO 28, entrée en vigueur le 01.01.2020) Au plus tard le 31 janvier de l'année suivant celle au titre de laquelle la déclaration relative à l'obligation d'emploi est effectuée, les entreprises de travail temporaire et les groupements d'employeurs transmettent à chaque employeur une attestation annuelle portant sur le nombre de bénéficiaires de l'obligation d'emploi mis à disposition, calculés selon les modalités définies à l'article D. 5212-3, selon un modèle défini par arrêté du ministre chargé du travail.

Art. D. 5212-7. (D. 2019-522 du 27 mai 2019, JO 28, entrée en vigueur le 01.01.2020) Au plus tard le 31 janvier de l'année suivant celle au titre de laquelle la déclaration relative à l'obligation d'emploi est effectuée, les entreprises adaptées, les établissements ou services d'aide par le travail et les travailleurs indépendants handicapés adressent à leurs entreprises clientes une attestation annuelle, selon un modèle défini par arrêté du ministre chargé du travail.

Cette attestation indique :
- le montant du prix hors taxes des fournitures, travaux ou prestations figurant aux contrats réglés par l'entreprise au cours de l'année considérée ;
- le montant de la différence entre ce prix hors taxe et les coûts des matières premières, des produits, des matériaux, de la sous-traitance, des consommations intermédiaires et des frais de vente et de commercialisation, effectivement payé dans l'année ;
- le montant de la déduction avant plafonnement prévue au premier alinéa de l'article D. 5212-22.

Art. D. 5212-8. (D. 2019-522 du 27 mai 2019, JO 28, entrée en vigueur le 01.01.2020) L'employeur assujetti à l'obligation d'emploi mentionnée au deuxième alinéa de l'article L. 5212-1 renseigne annuellement, dans la déclaration prévue à l'article L. 133-5-3 du code de la sécurité sociale, effectuée pour la période d'emploi du mois de février de l'année suivant celle au titre de laquelle la déclaration relative à l'obligation d'emploi est effectuée :
- le nombre de salariés handicapés mis à sa disposition par une entreprise de travail temporaire ou un groupement d'employeurs ;
- le montant de la contribution initialement due, avant déductions prévues aux articles L. 5212-10-1, L. 5212-11 et au troisième alinéa de l'article L. 5212-9, calculée conformément aux dispositions de l'article D. 5212-20 ;
- le montant de la déduction non plafonnée liée à la conclusion de contrats de fourniture, de sous-traitance ou de prestations de service avec des entreprises adaptées, des établissements ou services d'aide par le travail ou avec des travailleurs indépendants handicapés, calculé conformément aux dispositions de l'article D. 5212-22 ;
- le montant de la déduction non plafonnée liée aux dépenses déductibles, calculé conformément aux dispositions de l'article D. 5212-23 ;
- le montant de la déduction non plafonnée liée au nombre de salariés de l'entreprise exerçant des emplois exigeant des conditions d'aptitude particulière, conformément aux dispositions du troisième alinéa de l'article L. 5212-9 ;
- le montant de la contribution mentionnée à l'article L. 5212-9 ;
- le cas échéant, s'il s'acquitte de l'obligation d'emploi par la conclusion d'un accord agréé de branche, de groupe, ou d'entreprise mentionné à l'article L. 5212-8.

Lorsqu'un montant de contribution est dû, l'employeur procède à son versement à la date de la déclaration mentionnée au premier alinéa.

Lorsque l'entreprise comprend plusieurs établissements, la déclaration et le versement sont effectués par un seul de ses établissements.

Art. D. 5212-9. (D. 2019-522 du 27 mai 2019, JO 28, entrée en vigueur le 01.01.2020) L'employeur porte à la connaissance du comité social et économique la déclaration annuelle mentionnée à l'article L. 5212-5, à l'exclusion de la liste nominative des bénéficiaires de l'obligation d'emploi.

SECTION 3. Modalités de mise en œuvre de l'obligation

Sous-section 1. Mise en œuvre par l'emploi de travailleurs handicapés

Art. L. 5212-6. (L. 2018-771 du 5 sept. 2018, art. 67, I, 6°, JO 6, entrée en vigueur le 01.01.2020) L'employeur s'acquitte de son obligation d'emploi en employant les bénéficiaires mentionnés à l'article L. 5212-13, quelles que soient la durée et la nature de leur contrat.

Art. L. 5212-7. (L. 2018-771 du 5 sept. 2018, art. 67, I, 6°, JO 6, entrée en vigueur le 01.01.2020) L'employeur peut s'acquitter de son obligation d'emploi :

1° En accueillant en stage les bénéficiaires mentionnés à l'article L. 5212-13, quelle qu'en soit la durée, ainsi que les jeunes de plus de seize ans bénéficiaires de droits à la prestation de compensation du handicap, de l'allocation compensatrice pour tierce personne ou de l'allocation d'éducation de l'enfant handicapé qui disposent d'une convention de stage ;

2° En accueillant les bénéficiaires mentionnés au même article L. 5212-13 pour des périodes de mise en situation en milieu professionnel dans les conditions fixées au chapitre V du titre III du livre Ier de la présente partie ;

3° En employant les bénéficiaires mentionnés à l'article L. 5212-13 mis à disposition par les entreprises de travail temporaire et par les groupements d'employeurs.

Les modalités de prise en compte des bénéficiaires mentionnés au présent article sont fixées par décret.

Art. L. 5212-7-2. (L. 2018-771 du 5 sept. 2018, art. 67, I, 6°, JO 6, entrée en vigueur le 01.01.2020) Peut être pris en compte, dans le calcul du nombre de bénéficiaires de l'obligation d'emploi mentionnés à l'article L. 5212-13, l'effort consenti par l'entreprise en faveur des bénéficiaires qui rencontrent des difficultés particulières de maintien en emploi, selon des modalités fixées par décret.

Sous-section 2. Mise en œuvre par application d'un accord

Art. L. 5212-8. (L. 2018-771 du 5 sept. 2018, art. 67, I, 7°, JO 6, entrée en vigueur le 01.01.2020) L'employeur peut s'acquitter de son obligation d'emploi en faisant application d'un accord de branche, de groupe ou d'entreprise agréé prévoyant la mise en œuvre d'un programme pluriannuel en faveur des travailleurs handicapés pour une durée maximale de trois ans, renouvelable une fois.

Les mentions obligatoires de cet accord et les conditions dans lesquelles cet accord est agréé par l'autorité administrative sont fixées par décret en Conseil d'État.

Art. R. 5212-12. (D. 2019-521 du 27 mai 2019, JO 28, entrée en vigueur le 01.01.2020) Pour que l'accord mentionné à l'article L. 5212-8 soit agréé, le programme pluriannuel qu'il prévoit doit comporter un plan d'embauche et un plan de maintien dans l'emploi dans l'entreprise.

Ces documents sont assortis d'objectifs, au nombre desquels doivent notamment figurer, pour chaque année d'exécution du programme, le nombre de bénéficiaires de l'obligation d'emploi mentionnés à l'article L. 5212-13 rapporté à l'effectif d'assujettissement et le nombre de ces bénéficiaires dont le recrutement est envisagé. Ils précisent en outre le financement prévisionnel des différentes actions programmées.

Le montant du financement par l'employeur du programme pluriannuel est au moins égal, par année, au montant de la contribution mentionnée à l'article L. 5212-10 due au titre de cette même année, à l'exclusion des dépenses mentionnées à l'article L. 5212-11 prises en compte au titre de la déduction prévue par ce même article.

Lorsque le programme comporte des actions de sensibilisation des salariés de l'entreprise ou des actions de pilotage et de suivi, les sommes consacrées au financement de ces actions ne peuvent excéder 25 % du total des sommes consacrées au financement des actions prévues par l'accord.

Le programme pluriannuel est établi par année civile.

Art. R. 5212-13. (D. 2019-521 du 27 mai 2019, JO 28, entrée en vigueur le 01.01.2020) Le montant du financement par l'employeur mentionné à l'article R. 5212-12 est révisé chaque année sur la base du montant de la contribution qui aurait dû être versée l'année précédente, à l'exclusion des déductions mentionnées à l'article L. 5212-11.

Les montants de financement annuels prévus au titre du programme qui n'ont pas été dépensés sont reportés sur l'année suivante.

Art. R. 5212-14. (D. 2019-521 du 27 mai 2019, JO 28, entrée en vigueur le 01.01.2020) L'accord est transmis pour agrément à l'autorité administrative compétente par la partie la plus diligente au plus tard le 31 mars de la première année de mise en œuvre du programme, selon des modalités définies par arrêté du ministre chargé de l'emploi.

Art. R. 5212-15. (D. 2019-521 du 27 mai 2019, JO 28, entrée en vigueur le 01.01.2020) Les autorités administratives compétentes pour délivrer l'agrément sont :

1° Pour l'accord de branche, le ministre chargé de l'emploi ;

2° Pour l'accord d'entreprise, le préfet du département où est situé le siège de l'entreprise ;

3° Pour les accords de groupe, le préfet du département où est situé le siège de l'entreprise dominante définie à l'article L. 2331-1 du code du travail.

L'agrément est délivré pour la durée de validité de l'accord. L'autorité administrative compétente prend en compte la nature, la portée et la cohérence des différentes actions envisagées ainsi que le respect des conditions mentionnées à l'article R. 5212-12.

Art. R. 5212-16. (D. 2019-521 du 27 mai 2019, JO 28, entrée en vigueur le 01.01.2020) L'employeur dresse un bilan annuel de la mise en œuvre de l'accord qu'il présente, selon les cas, au comité social et économique ou au comité de groupe.

La mise en œuvre des accords de branche fait également l'objet d'un bilan annuel.

Art. R. 5212-17. (D. 2019-521 du 27 mai 2019, JO 28, entrée en vigueur le 01.01.2020) Dans les deux mois qui suivent le terme de l'accord, l'employeur ou la branche transmet à l'autorité administrative compétente mentionnée à l'article R. 5212-15 :

1° Les bilans annuels et le bilan récapitulatif des actions réalisées dans le cadre de l'accord, précisant leur financement ;

2° Le solde des dépenses exposées pour la mise en œuvre du programme au regard du montant des contributions mentionnées à l'article L. 5212-10.

L'employeur ou la branche communique également, à la demande de l'autorité administrative compétente, les pièces justificatives nécessaires au contrôle du bilan récapitulatif des actions réalisées.

Art. R. 5212-18. (D. 2019-521 du 27 mai 2019, JO 28, entrée en vigueur le 01.01.2020) L'agrément de l'accord peut être renouvelé une fois par l'autorité compétente mentionnée à l'article R. 5212-15 pour une durée maximale de trois ans, selon des modalités définies par arrêté du ministre chargé de l'emploi.

Le renouvellement de l'agrément est accordé après présentation, selon les cas, au comité social et économique ou au comité de groupe, ou après examen par la branche, du bilan du programme exécuté et de la demande de renouvellement.

Le renouvellement de l'agrément est apprécié au regard du bilan quantitatif et qualitatif du programme réalisé et du nouveau programme pluriannuel élaboré.

Art. R. 5212-19. (D. 2019-521 du 27 mai 2019, JO 28, entrée en vigueur le 01.01.2020) I. – Si les dépenses réalisées pour la durée du programme sont inférieures au montant total des contributions, à l'exclusion du montant des dépenses déduites au titre de l'article L. 5212-11, l'employeur procède au versement aux organismes mentionnés aux articles L. 213-1 et L. 752-4 du code de la sécurité sociale et à l'article L. 723-2 du code rural et de la pêche maritime des sommes équivalentes aux dépenses prévues par l'accord et non réalisées.

II. – Si l'autorité administrative compétente fait droit à la demande de renouvellement, elle peut autoriser le report total ou partiel de ce solde sur le nouveau programme.

À défaut de renouvellement de l'agrément, cette autorité adresse à l'employeur, par tout moyen permettant de donner date certaine à sa réception par le destinataire, une notification du montant à régler.

III. – Une copie de cette notification est adressée à l'organisme de recouvrement des cotisations de sécurité sociale dont dépend l'employeur.

Le montant dû est déclaré et versé par l'employeur à l'organisme chargé du recouvrement des cotisations de sécurité sociale. Ce versement est effectué à la première date d'échéance des cotisations et contributions sociales dont il est redevable auprès de cet organisme intervenant à l'issue d'un délai de deux mois suivant la réception de la notification.

Sous-section 3. Mise en œuvre par le versement d'une contribution annuelle

Art. L. 5212-9. L'employeur peut s'acquitter de l'obligation d'emploi en versant au fonds de développement pour l'insertion professionnelle des handicapés prévu à l'article L. 5214-1 une contribution annuelle pour chacun des bénéficiaires de l'obligation qu'il aurait dû employer. (L. 2018-771 du 5 sept. 2018, art. 67, I, 8°, JO 6, entrée en vigueur le 01.01.2020) «Tout employeur qui n'a pas satisfait à l'obligation mentionnée à l'article L. 5212-2 est tenu de s'en acquitter en versant une contribution annuelle, dans des conditions fixées par décret, pour chacun des bénéficiaires de l'obligation qu'il aurait dû employer. Cette contribution est recouvrée (Ord. 2019-861 du 21 août 2019, art. 1er, 8°, JO 22) «et contrôlée» par les organismes mentionnés à l'article L. 213-1 du code de la sécurité sociale ou à l'article L. 752-4 du même code ou à l'article L. 723-2 du code rural et de la pêche maritime dont relève l'employeur, (Ord. 2019-861 du 21 août 2019, art. 1er, 8°, JO 22) «selon les règles et sous les garanties et sanctions applicables au recouvrement des cotisations du régime général de la sécurité sociale et du régime de protection sociale des personnes salariées des professions agricoles».»

Le montant de cette contribution peut être modulé en fonction de l'effectif de l'entreprise et des emplois, déterminés par décret (L. 2018-771 du 5 sept. 2018, art. 67, I, 9°, JO 6, entrée en vigueur le 01.01.2020) «, après avis du conseil mentionné à l'article L. 146-1 du code de l'action sociale et des familles», exigeant des conditions d'aptitude particulières, occupés par des salariés de l'entreprise.

(Ord. 2019-861 du 21 août 2019, art. 1er, 8°, JO 22) «La modulation de la contribution prenant en compte les emplois exigeant des conditions d'aptitude particulière occupés par des salariés de l'entreprise peut prendre la forme d'une déduction du montant de la contribution annuelle.»

Art. L. 5212-10. Les modalités de calcul de la contribution annuelle, qui ne peut excéder la limite de 600 fois le salaire horaire minimum de croissance par bénéficiaire non employé, sont déterminées par décret.

Pour les entreprises qui n'ont occupé aucun bénéficiaire de l'obligation d'emploi, n'ont passé aucun contrat prévu à l'article (L. 2018-771 du 5 sept. 2018, art. 67, I, 11°, JO 6, entrée en vigueur le 01.01.2020) « L. 5212-10-1 » (L. 2011-901 du 28 juil. 2011, art. 18, JO 30) «d'un montant supérieur à un montant fixé par décret» ou n'appliquent aucun accord collectif mentionné à l'article L. 5212-8 pendant une période supérieure à trois ans, la limite de la contribution est portée, dans des conditions définies par décret, à 1 500 fois le salaire horaire minimum de croissance.

Art. L. 5212-10-1. (L. 2018-771 du 5 sept. 2018, art. 67, I, 12°, JO 6, entrée en vigueur le 01.01.2020) Peuvent être déduites du montant de la contribution annuelle les dépenses supportées directement par l'entreprise afférentes à des contrats de fourniture, de sous-traitance ou de prestations de services qu'elle passe avec:

1° Des entreprises adaptées;

2° Des établissements ou services d'aide par le travail;

3° Des travailleurs indépendants handicapés reconnus bénéficiaires de l'obligation d'emploi au sens de l'article L. 5212-13. Est présumée travailleur indépendant au sens du présent article toute personne remplissant les conditions mentionnées au I de l'article L. 8221-6 ou à l'article L. 8221-6-1;

(Ord. 2019-861 du 21 août 2019, art. 1er, 9°, JO 22) «4° Des entreprises de portage salarial lorsque le salarié porté est reconnu bénéficiaire de l'obligation d'emploi au sens de l'article L. 5212-13.»

La nature des dépenses mentionnées au premier alinéa du présent article ainsi que les conditions dans lesquelles celles-ci peuvent être déduites du montant de la contribution sont déterminées par décret.

Art. L. 5212-11. Peuvent être déduites du montant de la contribution annuelle des dépenses supportées directement par l'entreprise et destinées à favoriser l'accueil, l'insertion ou le maintien dans l'emploi des travailleurs handicapés qui ne lui incombent pas en application d'une disposition législative ou réglementaire.

L'avantage représenté par cette déduction ne peut se cumuler avec une aide accordée pour le même objet par l'association mentionnée à l'article L. 5214-1.

La nature des dépenses mentionnées au premier alinéa ainsi que les conditions dans lesquelles celles-ci peuvent être déduites du montant de la contribution sont déterminées par décret.

Art. D. 5212-20. (D. 2019-523 du 27 mai 2019, JO 28, entrée en vigueur le 01.01.2020) La contribution annuelle, avant déductions prévues aux articles L. 5212-10-1, L. 5212-11 et au troisième alinéa de l'article L. 5212-9, est égale au produit :

1° du nombre de travailleurs handicapés bénéficiaires de l'obligation d'emploi manquants, résultant de l'écart entre le nombre de bénéficiaires de l'obligation d'emploi devant être employés calculé en application des dispositions de l'article D. 5212-2 et le nombre de bénéficiaires de l'obligation d'emploi employés calculé en application des dispositions de l'article D. 5212-3 ;

2° par les montants suivants, déterminés en fonction de l'effectif d'assujettissement de l'entreprise :

1° 400 fois le salaire horaire minimum de croissance brut pour les entreprises de 20 à moins de 250 salariés ;

2° 500 fois le salaire horaire minimum de croissance brut pour les entreprises de 250 à moins de 750 salariés ;

3° 600 fois le salaire horaire minimum de croissance brut pour les entreprises de 750 salariés et plus.

Le salaire horaire minimum de croissance brut applicable mentionné au deuxièmement est le salaire applicable au 31 décembre de l'année au titre de laquelle la contribution est due.

Art. D. 5212-21. (D. 2019-523 du 27 mai 2019, JO 28, entrée en vigueur le 01.01.2020) Pour les employeurs n'ayant employé aucun travailleur handicapé bénéficiaire de l'obligation d'emploi ou n'ayant pas conclu de contrats de fournitures, de sous-traitance ou de services dans les conditions prévues à l'article L. 5212-10-1 ou n'ayant pas conclu d'accord mentionné à l'article L. 5212-8 pendant une période supérieure à trois ans, le montant mentionné au 2° de l'article D. 5212-20 est fixé à 1 500 fois le salaire horaire minimum de croissance, quel que soit le nombre de salariés employés.

Le montant du prix hors taxes payé des contrats de fournitures, de sous-traitance ou de services mentionnés à l'article L. 5212-10-1, duquel sont déduits les coûts des matières premières, des produits, des matériaux, de la sous-traitance, des consommations intermédiaires et des frais de vente et de commercialisation, doit être supérieur, sur quatre ans, à 600 fois le salaire horaire minimum de croissance brut.

Art. D. 5212-22. (D. 2019-523 du 27 mai 2019, JO 28, entrée en vigueur le 01.01.2020) Le montant de la déduction mentionnée à l'article L. 5212-10-1 résultant de la conclusion de contrats de fournitures, de sous-traitance ou de prestations de services avec des entreprises adaptées, des établissements ou services d'aide par le travail ou avec des travailleurs indépendants handicapés est calculé en appliquant un taux de 30 % au prix hors taxes des fournitures, travaux ou prestations figurant au contrat, duquel sont déduits les coûts des matières premières, des produits, des matériaux, de la sous-traitance, des consommations intermédiaires et des frais de vente et de commercialisation.

Lorsqu'il emploie moins de 50 % du taux mentionné à l'article L. 5212-2 de travailleurs handicapés bénéficiaires de l'obligation d'emploi dans ses effectifs, l'employeur peut soustraire du montant de sa contribution la déduction mentionnée à l'alinéa précédent dans la limite de 50 % du montant de la contribution calculé conformément aux dispositions de l'article D. 5212-20. Cette limite est portée à 75 % lorsqu'il emploie au moins 50 % du taux mentionné à l'article L. 5212-2 de bénéficiaires de l'obligation d'emploi dans ses effectifs.

En cas de contrats conclus par un groupement d'achats, le montant de la déduction est réparti entre les différents employeurs membres du groupement d'achat à due proportion de leurs dépenses respectives.

Art. D. 5212-23. (D. 2019-523 du 27 mai 2019, JO 28, entrée en vigueur le 01.01.2020) Les dépenses déductibles mentionnées à l'article L. 5212-11 sont relatives :

1° À la réalisation de diagnostics et de travaux afin de rendre les locaux de l'entreprise accessibles aux bénéficiaires de l'obligation d'emploi ;

2° Au maintien dans l'emploi au sein de l'entreprise et à la reconversion professionnelle de bénéficiaires de l'obligation d'emploi par la mise en œuvre de moyens humains, techniques ou organisationnels compensatoires à la situation de handicap, à l'exclusion des dépenses déjà prises en charge ou faisant l'objet d'aides financières délivrées par d'autres organismes ;

3° Aux prestations d'accompagnement des bénéficiaires de l'obligation d'emploi, aux actions de sensibilisation et de formation des salariés réalisées par d'autres organismes pour le compte de l'entreprise afin de favoriser la prise de poste et le maintien en emploi des bénéficiaires de l'obligation d'emploi.

L'employeur peut déduire du montant de sa contribution annuelle ces dépenses dans la limite de 10 % du montant de la contribution annuelle calculée en application de l'article D. 5212-20.

Art. D. 5212-24. Le coefficient de minoration, au titre des emplois exigeant des conditions d'aptitude particulières, est égal à 1 moins 1,3 fois le pourcentage de l'effectif des salariés occupant des emplois qui relèvent des catégories exigeant des conditions d'aptitude particulières.

Ce pourcentage est calculé par rapport à l'effectif total des salariés de l'établissement.

Le nombre de salariés affectés à des emplois relevant des catégories exigeant des conditions d'aptitude particulières et le nombre total de salariés de l'établissement sont calculés conformément aux dispositions de l'article L. 1111-2.

Art. D. 5212-25. Les catégories d'emploi exigeant des conditions d'aptitude particulières sont énumérées dans la liste ci-dessous :

NUMÉRO DE LA NOMENCLATURE	INTITULÉ DE LA NOMENCLATURE DES PROFESSIONS ET CATÉGORIES socioprofessionnelles-emplois salariés d'entreprise (PCS-ESE)
389b	Officiers et cadres navigants techniques et commerciaux de l'aviation civile.
389c	Officiers et cadres navigants techniques de la marine marchande.
480b	Maîtres d'équipage de la marine marchande et de la pêche.
526e	Ambulanciers.
533a	Pompiers.
533b	Agents techniques forestiers, gardes des espaces naturels, exclusivement pour les gardes-chasse et les gardes-pêche.
534a	Agents civils de sécurité et de surveillance, excepté les gardiens d'usine et les gardiens de nuit.
534b	Convoyeurs de fonds, gardes du corps, enquêteurs privés et métiers assimilés.
546a	Contrôleurs des transports (personnels roulants).
546b	Hôtesses de l'air et stewards.
546e	Autres agents et hôtesses d'accompagnement (transports, tourisme).
553b	Vendeurs polyvalents des grands magasins.
624d	Monteurs qualifiés en structures métalliques.
621a	Chefs d'équipe du gros œuvre et des travaux publics.
621b	Ouvriers qualifiés du travail en béton.
621c	Conducteurs qualifiés d'engins de chantiers du bâtiment et des travaux publics.
621e	Autres ouvriers qualifiés des travaux publics.
621g	Mineurs de fond qualifiés et autres ouvriers qualifiés des industries d'extraction (carrières, pétrole, gaz...).
632a	Maçons qualifiés.
632c	Charpentiers en bois qualifiés.
632e	Couvreurs qualifiés.
641a	Conducteurs routiers et grands routiers.
641b	Conducteurs de véhicules routiers de transport en commun.
643a	Conducteurs livreurs et coursiers.
651a	Conducteurs d'engins lourds de levage.
651b	Conducteurs d'engins lourds de manœuvre.
652b	Dockers.
654b	Conducteurs qualifiés d'engins de transport guidés (sauf remontées mécaniques).
654c	Conducteurs qualifiés de systèmes de remontées mécaniques.

NUMÉRO DE LA NOMENCLATURE	INTITULÉ DE LA NOMENCLATURE DES PROFESSIONS ET CATÉGORIES socioprofessionnelles-emplois salariés d'entreprise (PCS-ESE)
656b	Matelots de la marine marchande.
656c	Capitaines et matelots timoniers de la navigation fluviale.
671c	Ouvriers non qualifiés des travaux publics et du travail du béton.
671d	Aides-mineurs et ouvriers non qualifiés de l'extraction.
681a	Ouvriers non qualifiés du gros œuvre du bâtiment.
691a	Conducteurs d'engins agricoles ou forestiers.
692a	Marins pêcheurs et ouvriers de l'aquaculture.

Sous-section 4. **Sanction administrative**

Note L'article L. 5212-12 qui figurait dans cette sous-section a été abrogé par l'ordonnance 2019-861 du 21 août 2019, art. 1er, 7°, JO 22; cette abrogation s'applique depuis le 1er janvier 2020 (ordonnance précitée, art. 9, I).

Art. R. 5212-31. (D. 2012-1354 du 4 déc. 2012, JO 6) La liste des employeurs qui n'ont pas rempli les obligations définies aux articles L. 5212-2 et L. 5212-6 à L. 5212-11 est transmise par l'association mentionnée à l'article L. 5214-1 au préfet de département compétent pour prononcer la pénalité prévue à l'article L. 5212-12. Les modalités de cette transmission sont précisées par arrêté du ministre chargé de l'emploi.

La pénalité est notifiée à l'employeur défaillant par décision motivée:

1° Du préfet du département où est situé l'établissement;

2° Du préfet du département où est situé chaque établissement en cas d'application d'un accord mentionné à l'article L. 5212-8;

3° Du préfet du département où est situé le siège de l'entreprise dans le cas des entreprises ayant conclu un accord concernant des établissements situés dans plusieurs départements.

Le préfet établit un titre de perception pour la somme correspondante.

Il transmet ce titre au (D. 2014-551 du 27 mai 2014, art. 29, JO 29) «directeur départemental ou, le cas échéant, régional des finances publiques» qui en assure le recouvrement.

SECTION 4. Bénéficiaires de l'obligation d'emploi

Sous-section 1. **Catégories de bénéficiaires**

Art. L. 5212-13. Bénéficient de l'obligation d'emploi instituée par l'article L. 5212-2:

1° Les travailleurs reconnus handicapés par la commission des droits et de l'autonomie des personnes handicapées mentionnée à l'article L. 146-9 du code de l'action sociale et des familles;

2° Les victimes d'accidents du travail ou de maladies professionnelles ayant entraîné une incapacité permanente au moins égale à 10 % et titulaires d'une rente attribuée au titre du régime général de sécurité sociale ou de tout autre régime de protection sociale obligatoire;

3° Les titulaires d'une pension d'invalidité attribuée au titre du régime général de sécurité sociale, de tout autre régime de protection sociale obligatoire ou au titre des dispositions régissant les agents publics à condition que l'invalidité des intéressés réduise au moins des deux tiers leur capacité de travail ou de gain;

(L. 2008-492 du 26 mai 2008, JO 27, entrée en vigueur au plus tard le 31.12.2009) «4° Les bénéficiaires mentionnés à l'article (Ord. 2015-1781 du 28 déc. 2015, JO 29, entrée en vigueur au plus tard le 01.01.2017) « L. 241-2» du code des pensions militaires d'invalidité et des victimes de la guerre;

5° Les bénéficiaires mentionnés aux articles (Ord. 2015-1781 du 28 déc. 2015, JO 29, entrée en vigueur au plus tard le 01.01.2017) « L. 241-3 et L. 241-4» du même code;»

6° (Abrogé);

7° (Abrogé);

8° (Abrogé);

9° Les titulaires d'une allocation ou d'une rente d'invalidité attribuée dans les conditions définies par la loi n° 91-1389 du 31 décembre 1991 relative à la protection sociale des sapeurs-pompiers volontaires en cas d'accident survenu ou de maladie contractée en service;

10° Les titulaires de la (L. 2016-1321 du 7 oct. 2016, art. 107, VII, JO 8, entrée en vigueur le 01.01.2017) «carte " mobilité inclusion " portant la mention " invalidité "» définie à l'article L. 241-3 du code de l'action sociale et des familles;

11° Les titulaires de l'allocation aux adultes handicapés.

Sous-section 2. **Calcul du nombre de bénéficiaires**

Art. L. 5212-15. Les titulaires d'un emploi réservé attribué en application des dispositions [des chapitres Ier et II du titre IV du livre II] du code des pensions militaires d'invalidité et des victimes de la guerre sont pris en compte pour le calcul du nombre de bénéficiaires de l'obligation d'emploi.

SECTION 5. Actions en justice

Art. L. 5212-16. Les associations ayant pour objet principal la défense des intérêts des bénéficiaires du présent chapitre peuvent exercer une action civile fondée sur l'inobservation des dispositions de ce même chapitre, lorsque cette inobservation porte un préjudice certain à l'intérêt collectif qu'elles représentent.

SECTION 6. Dispositions d'application

Art. L. 5212-17. Un décret en Conseil d'État détermine les modalités d'application du présent chapitre.

Chapitre III

Reconnaissance et orientation des travailleurs handicapés

SECTION 1. Reconnaissance de la qualité de travailleur handicapé

Art. L. 5213-1. Est considérée comme travailleur handicapé toute personne dont les possibilités d'obtenir ou de conserver un emploi sont effectivement réduites par suite de l'altération d'une ou plusieurs fonctions physique, sensorielle, mentale ou psychique.

Art. L. 5213-2. (L. 2008-1425 du 27 déc. 2008, art. 182, JO 28) La qualité de travailleur handicapé est reconnue par la commission des droits et de l'autonomie des personnes handicapées mentionnée à l'article L. 241-5 du code de l'action sociale et des familles. Cette reconnaissance s'accompagne d'une orientation vers un établissement ou service d'aide par le travail, vers le marché du travail ou vers un centre de rééducation professionnelle. L'orientation vers un établissement ou service d'aide par le travail, vers le marché du travail ou vers un centre de rééducation professionnelle vaut reconnaissance de la qualité de travailleur handicapé. (L. 2018-771 du 5 sept. 2018, art. 67, I, 17°, JO 6, entrée en vigueur le 01.01.2020) «Lorsque le handicap est irréversible, la qualité de travailleur handicapé est attribuée de façon définitive.»

Art. L. 5213-2-1. (L. 2016-1088 du 8 août 2016, art. 52, II, JO 9) I. – Les travailleurs handicapés reconnus au titre de l'article L. 5213-2 peuvent bénéficier d'un dispositif d'emploi accompagné comportant un accompagnement médico-social et un soutien à l'insertion professionnelle, en vue de leur permettre d'accéder et de se maintenir dans l'emploi rémunéré sur le marché du travail. Sa mise en œuvre comprend un soutien et un accompagnement du salarié, ainsi que de l'employeur.

Ce dispositif, mis en œuvre par une personne morale gestionnaire qui respecte les conditions d'un cahier des charges prévu par décret, peut être sollicité tout au long du parcours professionnel par le travailleur handicapé et, lorsque celui-ci occupe un emploi, par l'employeur.

Le dispositif d'emploi accompagné est mobilisé en complément des services, aides et prestations existants.

II. – Le dispositif d'emploi accompagné est mis en œuvre sur décision de la commission mentionnée à l'article L. 146-9 du code de l'action sociale et des familles en complément d'une décision d'orientation (L. 2020-935 du 30 juil. 2020, art. 74, JO 31) «ou sur prescription» des organismes désignés aux articles L. 5214-3-1, L. 5312-1 et L. 5314-1 du présent code. Cette commission (L. 2020-935 du 30 juil. 2020, art. 74, JO 31) «ou ces organismes désignent», après accord de l'intéressé ou de ses représentants légaux, un dispositif d'emploi accompagné.

Une convention individuelle d'accompagnement conclue entre la personne morale gestionnaire du dispositif d'emploi accompagné, la personne accompagnée ou son représentant légal et son employeur, précise notamment les modalités d'accompagnement et de soutien du travailleur handicapé et de l'employeur, notamment sur le lieu de travail.

III. – Pour la mise en œuvre du dispositif, la personne morale gestionnaire du dispositif d'emploi accompagné conclut une convention de gestion :

1° D'une part, avec l'un des organismes désignés aux articles L. 5214-3-1, L. 5312-1 et L. 5314-1 ;

2° Et, d'autre part, lorsqu'il ne s'agit pas d'un établissement ou service mentionné aux 5° ou 7° du I de l'article L. 312-1 du code de l'action sociale et des familles, avec au moins une personne morale gestionnaire d'un de ces établissement ou service.

Cette convention précise les engagements de chacune des parties.

IV. – Le décret mentionné au I du présent article précise notamment les modalités de mise en œuvre du dispositif d'emploi accompagné, de contractualisation entre le salarié, l'employeur et la personne morale gestionnaire du dispositif, les financements pouvant être mobilisés dans ce cadre, ainsi que les conditions dans lesquelles la personne morale gestionnaire du dispositif d'emploi accompagné ou, le cas échéant, la personne morale gestionnaire d'un établissement ou service conclut avec le directeur de l'agence régionale de santé une convention de financement ou un avenant au contrat mentionné à l'article L. 313-11 du code de l'action sociale et des familles. Le modèle de ces conventions est fixé par arrêté des ministres chargés des affaires sociales et de l'emploi.

Art. D. 5213-88. (D. 2016-1899 du 27 déc. 2016, JO 29, entrée en vigueur le 01.01.2017) Le dispositif d'emploi accompagné mentionné à l'article L. 5213-2-1 est mis en œuvre aux fins d'insertion dans le milieu ordinaire de travail, par une personne morale gestionnaire qui organise, au moyen de la convention de gestion mentionnée au III du même article, le soutien à l'insertion professionnelle et l'accompagnement médico-social du travailleur handicapé ainsi que l'accompagnement de son employeur. Il s'inscrit dans le cadre du plan régional d'insertion des travailleurs handicapés défini à l'article L. 5211-5.

La personne morale gestionnaire est :

1° Soit un établissement ou un service mentionnés aux 5° ou 7° de l'article L. 312-1 du code de l'action sociale et des familles ayant conclu une convention de gestion avec l'un au moins des organismes mentionnés aux articles L. 5214-3-1, L. 5312-1 et L. 5314-1 du présent code ;

2° Soit un organisme (D. 2017-473 du 3 avril 2017, JO 5) « , notamment un établissement ou service mentionnés aux 1° ou 2° de l'article L. 312-1 du code de l'action sociale et des familles, » ayant conclu une convention de gestion avec un établissement ou service mentionné à l'alinéa précédent et avec au moins un des organismes mentionnés au même alinéa.

Art. D. 5213-89. (D. 2016-1899 du 27 déc. 2016, JO 29, entrée en vigueur le 01.01.2017) Peuvent être bénéficiaires du dispositif d'emploi accompagné, donnant lieu à l'accompagnement de leur employeur :

1° Les travailleurs handicapés reconnus au titre de l'article L. 5213-2 ayant un projet d'insertion en milieu ordinaire de travail ;

2° Les travailleurs handicapés accueillis dans un établissement ou service d'aide par le travail mentionné au a du 5° du I de l'article L. 312-1 du code de l'action sociale et des familles ayant un projet d'insertion en milieu ordinaire de travail ;

3° Les travailleurs handicapés en emploi en milieu ordinaire de travail qui rencontrent des difficultés particulières pour sécuriser de façon durable leur insertion professionnelle.

Le dispositif d'emploi accompagné est ouvert dès l'âge de seize ans.

Art. D. 5213-90. (D. 2016-1899 du 27 déc. 2016, JO 29, entrée en vigueur le 01.01.2017) I. – La personne morale gestionnaire chargée de mettre en œuvre le dispositif d'emploi accompagné respecte un cahier des charges défini, pour chaque personne gestionnaire, par l'agence régionale de santé, conjointement avec la direction régionale des entreprises, de la concurrence, de la consommation, du travail et de l'emploi, après consultation du Fonds de développement pour l'insertion professionnelle des handicapés mentionné à l'article L. 5214-1 et du Fonds d'insertion des personnes handicapées dans la fonction publique.

II. – Le cahier des charges comprend notamment :

1° La description des activités et des prestations de soutien à l'insertion professionnelle et des prestations d'accompagnement médico-social proposées, ainsi que les modalités d'entrée et de sortie du dispositif. Ces activités et prestations sont adaptées aux besoins du travailleur handicapé et couvrent toutes les périodes durant lesquelles l'accompagnement est nécessaire. Cet accompagnement comporte (D. 2017-473 du 3 avril 2017, JO 5) « au moins les » quatre modules suivants :

a) L'évaluation de la situation du travailleur handicapé, en tenant compte de son projet professionnel, de ses capacités et de ses besoins, ainsi que, le cas échéant, des besoins de l'employeur ;

b) La détermination du projet professionnel et l'aide à sa réalisation, en vue de l'insertion dans l'emploi en milieu ordinaire de travail dans les meilleurs délais ;

c) L'assistance du bénéficiaire dans sa recherche d'emploi en lien avec les entreprises susceptibles de le recruter ;

d) L'accompagnement dans l'emploi afin de sécuriser le parcours professionnel du travailleur handicapé en facilitant notamment l'accès à la formation et aux bilans de compétences, incluant si nécessaire une intermédiation entre la personne handicapée et son employeur, ainsi que des modalités d'adaptation ou d'aménagement de l'environnement de travail aux besoins de la personne handicapée, en lien notamment avec les acteurs de l'entreprise, notamment le médecin de travail ;

2° La description de la nature des activités et des prestations visant à répondre aux besoins des employeurs, pouvant inclure l'appui ponctuel du référent emploi accompagné de la personne handicapée pour prévenir ou pallier les difficultés rencontrées dans l'exercice des missions confiées au travailleur handicapé, pour s'assurer des modalités d'adaptation au collectif de travail notamment par la sensibilisation et la formation des équipes de travail, pour évaluer et adapter le poste et l'environnement de travail, ainsi que pour faciliter la gestion des compétences et le parcours du travailleur handicapé en lien avec les acteurs de l'entreprise dont le médecin du travail ;

3° La présentation des entreprises avec lesquelles la personne morale gestionnaire du dispositif d'emploi accompagné envisage d'intervenir sur le territoire considéré, ainsi que sa démarche de sensibilisation auprès de nouvelles entreprises susceptibles de recruter des travailleurs handicapés ;

4° La présentation des moyens mobilisés pour la mise en œuvre des actions prévues aux alinéas précédents, notamment les effectifs, leur qualification et les compétences mobilisées, l'organisation retenue pour l'accompagnement du travailleur handicapé et de l'employeur par un même référent emploi accompagné au regard du nombre de personnes susceptibles d'être accompagnées au titre d'une année ;

5° La convention de gestion mentionnée au III de l'article L. 5213-2-1 ;

6° Les modalités de suivi et d'évaluation du dispositif d'emploi accompagné, comportant des données quantitatives et qualitatives relatives aux profils des travailleurs handicapés et des employeurs accompagnés, à la file active, à la durée effective des accompagnements, aux sorties du dispositif et à leurs motifs, à la nature des prestations mobilisées ainsi qu'aux difficultés rencontrées, le cas échéant, à chacune des étapes d'accompagnement. Le suivi des indicateurs est réalisé par la personne morale gestionnaire conformément à un référentiel national élaboré selon les modalités précisées dans la convention prévue à l'article D. 5213-91.

Art. D. 5213-91. (D. 2016-1899 du 27 déc. 2016, JO 29, entrée en vigueur le 01.01.2017) La convention de financement conclue en application du IV de l'article L. 5213-2-1 peut notamment associer le Fonds de développement pour l'insertion professionnelle des handicapés mentionné à l'article L. 5214-1 et le Fonds d'insertion des personnes handicapées dans la fonction publique mentionné à l'article L. 323-8-6-1 dans les conditions prévues par une convention nationale conclue, le cas échéant, entre l'État et ces deux fonds.

Art. D. 5213-92. (D. 2016-1899 du 27 déc. 2016, JO 29, entrée en vigueur le 01.01.2017) Le dispositif d'emploi accompagné fait l'objet d'un appel à candidatures de l'agence régionale de santé, qui définit le ou les territoires d'intervention du dispositif dans le respect du cahier des charges mentionné à l'article D. 5213-90. Pour l'instruction des candidatures, l'agence régionale de santé peut associer la direction régionale des entreprises, de la concurrence, de la consommation, du travail et de l'emploi et consulter le Fonds de développement pour l'insertion professionnelle des handicapés et le Fonds d'insertion des personnes handicapées dans la fonction publique.

À l'issue de la procédure d'appel à candidatures, l'agence régionale de santé informe la commission mentionnée à l'article L. 146-9 du code de l'action sociale et des familles de la ou des personnes morales gestionnaires sélectionnées.

Art. D. 5213-93. (D. 2016-1899 du 27 déc. 2016, JO 29, entrée en vigueur le 01.01.2017) I. – La décision d'admission du travailleur handicapé dans le dispositif, prise après accord de l'intéressé, est rendue par la commission mentionnée à l'article L. 146-9 du code de l'action sociale et des familles conformément aux dispositions de l'article L. 241-6 du même code.

Le dispositif d'emploi accompagné et la maison départementale des personnes handicapées compétente organisent, le cas échéant dans le cadre d'une convention, les modalités de partenariat et d'échanges permettant à la commission mentionnée à l'article L. 146-9 précité de prononcer une décision en urgence au titre du 5° de l'article R. 241-28 du même code.

II. – En amont des décisions mentionnées au I, une évaluation préliminaire peut être réalisée à la demande du travailleur handicapé ou de la maison départementale des personnes handicapée dont il relève afin de déterminer si, au regard de son projet professionnel, de ses capacités et de ses besoins, ainsi que des besoins de l'employeur, le travailleur handicapé peut entrer dans le dispositif. Pour les besoins de cette évaluation, peuvent être mobilisées les ressources et les prestations des partenaires parties prenantes à la convention de gestion mentionnée au I de l'article D. 5[2]13-88, du Fonds de développement pour l'insertion professionnelle des handicapés et du Fonds d'insertion des personnes handicapées dans la fonction publique.

III. – La décision est notifiée à l'intéressé, au gestionnaire du dispositif d'emploi accompagné aux fins de l'élaboration de la convention individuelle prévue au II de l'article L. 5213-2-1 et, le cas échéant, à l'employeur.

SECTION 1 (RÉGLEMENTAIRE). Orientation et placement

Art. R. 5213-1. Le pilotage des actions du service public de l'emploi et des organismes de placement spécialisés en matière d'insertion professionnelle des personnes handicapées associe :

1° L'État ;

2° Le service public de l'emploi ;

3° L'association chargée de la gestion du fonds de développement pour l'insertion professionnelle des handicapés ;

4° Le Fonds de développement pour l'insertion professionnelle des handicapés dans la fonction publique ;

5° Les organismes de placement spécialisés.

Art. R. 5213-1-1. (D. 2018-850 du 5 oct. 2018, JO 6) Toute demande de renouvellement de la reconnaissance de la qualité de travailleur handicapé, formée auprès de la maison départementale des personnes handicapées, proroge les effets du bénéfice de la reconnaissance de cette qualité délivrée au titre de la précédente décision par la commission des droits et de l'autonomie des personnes handicapées jusqu'à ce qu'il soit statué à nouveau sur son renouvellement avant l'expiration du délai mentionné à l'article R. 241-33 du code de l'action sociale et des familles, dès lors qu'elle a été déposée avant l'échéance du droit en cours par tout moyen permettant de conférer date certaine à la réception de cette demande. Le bénéfice de cette prorogation demeure acquis indépendamment du sort de la demande en cours d'instruction.

Art. R. 5213-2. Des centres de préorientation contribuent à l'orientation professionnelle des travailleurs handicapés.

Ils accueillent, sur décision motivée de la commission des droits et de l'autonomie des personnes handicapées, des travailleurs reconnus handicapés dont l'orientation professionnelle présente des difficultés particulières qui n'ont pu être résolues par l'équipe technique de cette commission.

Art. R. 5213-3. Les centres de préorientation ont une compétence interdépartementale ou régionale et peuvent être rattachés à des établissements de réadaptation fonctionnelle ou de rééducation professionnelle. Dans ce cas, ils ont une gestion autonome et une comptabilité distincte.

Art. R. 5213-4. La préorientation est opérée dans le cadre d'un stage dont la durée est en moyenne et par stagiaire de huit semaines sans pouvoir excéder douze semaines.

À cet effet, l'agrément du stage prévu à l'article L. 6341-4 est exprimé en nombre de semaines-stagiaires. Ce dernier est au plus égal au produit du nombre de places par le nombre annuel de semaines ouvrées.

Art. R. 5213-5. Pendant son séjour en centre de préorientation, la personne handicapée est mise dans des situations de travail caractéristiques de catégories de métiers nettement différentes les unes des autres. Elle est informée des perspectives professionnelles que lui offrent ces métiers et mise en état de pouvoir élaborer un projet professionnel en liaison avec les services de (D. 2014-524 du 22 mai 2014, art. 16, JO 24) « Pôle emploi ».

Art. R. 5213-6. À l'issue de la période de préorientation, le centre adresse à la commission des droits et de l'autonomie des personnes handicapées un rapport détaillé sur les souhaits et sur les capacités d'adaptation intellectuelles et physiques de la personne observée à l'exercice ou à l'apprentissage d'un métier. La commission se prononce au vu de ce rapport.

Art. R. 5213-7. Des organismes de placement spécialisés, en charge de la préparation, de l'accompagnement et du suivi durable dans l'emploi des personnes handicapées, participent au dispositif d'insertion professionnelle et d'accompagnement particulier pendant la période d'adaptation au poste de travail des travailleurs handicapés mis en œuvre par l'État, le service public de l'emploi, l'association chargée de la gestion du fonds de développement pour l'insertion professionnelle des handicapés et le gestionnaire du fonds pour l'insertion professionnelle des handicapés dans la fonction publique.

Ils sont conventionnés à cet effet et peuvent, à cette condition, recevoir l'aide de l'association et du fonds mentionnés au premier alinéa.

Les conventions sont conformes aux orientations fixées par la convention d'objectifs conclue entre l'État et l'association chargée de la gestion du fonds de développement pour l'insertion professionnelle des handicapés.

Art. R. 5213-8. Les centres de préorientation et les organismes de placement spécialisés concluent une convention avec la maison départementale des personnes handicapées mentionnée à l'article L. 146-3 du code de l'action sociale et des familles afin de coordonner leurs interventions auprès des personnes handicapées.

SECTION 2. Réadaptation, rééducation et formation professionnelle

Art. L. 5213-3. Tout travailleur handicapé peut bénéficier d'une réadaptation, d'une rééducation ou d'une formation professionnelle.

Art. L. 5213-4. Le travailleur handicapé bénéficie des aides financières accordées aux stagiaires de la formation professionnelle et prévues par le titre IV du livre III de la sixième partie, sous réserve d'adaptations à leur situation particulière.

(L. 2010-1657 du 29 déc. 2010, art. 208, III, JO 30, entrée en vigueur le 01.01.2011) « En outre, le travailleur handicapé peut bénéficier, à l'issue de son stage, de primes destinées à faciliter son reclassement dont le montant et les conditions d'attribution sont déterminés par l'association mentionnée à l'article L. 5214-1. »

Ces primes ne se cumulent pas avec les primes de même nature dont le travailleur handicapé pourrait bénéficier au titre de la législation dont il relève.

Art. L. 5213-5. Tout établissement ou groupe d'établissements appartenant à une même activité professionnelle de plus de cinq mille salariés assure, après avis médical, le ré-entraînement au travail et la rééducation professionnelle de ses salariés malades et blessés.

Les (L. 2016-1088 du 8 août 2016, art. 113, III, 4°, JO 9) « agents de contrôle de l'inspection du travail mentionnés à l'article L. 8112-1 » peuvent mettre les chefs d'entreprise en demeure de se conformer à ces prescriptions.

Sous-section 1 (réglementaire). Centres d'éducation, de rééducation et de formation professionnelle

Art. R. 5213-9. L'éducation ou la rééducation professionnelle des travailleurs handicapés est assurée par :

1° Les centres d'éducation ou de rééducation professionnelle créés par l'État, par une collectivité publique ou par un établissement public, et notamment les écoles de reconversion mentionnées par l'article (D. 2016-1903 du 28 déc. 2016, JO 29, entrée en vigueur le 01.01.2017) « D. 614-2 » du code des pensions militaires d'invalidité et des victimes de guerre ;

2° Les centres d'éducation ou de rééducation professionnelle créés par les organismes de sécurité sociale ;

3° Les centres d'éducation ou de rééducation professionnelle privés autres que ceux qui sont mentionnés au 2° ;
4° Les employeurs au titre d'actions d'éducation ou de rééducation professionnelle ;
5° Les organismes de formation au titre d'actions agréées en application de l'article L. 6341-4.

Art. R. 5213-10. La commission des droits et de l'autonomie des personnes handicapées est consultée sur toutes les demandes ou propositions de rééducation ou de réadaptation d'un travailleur handicapé.

Art. R. 5213-11. En cas d'urgence, l'organisme de prise en charge du travailleur handicapé peut, à titre provisoire, prononcer l'admission de l'intéressé, sous réserve de transmettre dans les trois jours son dossier à la commission des droits et de l'autonomie des personnes handicapées. En ce cas, celle-ci statue en urgence.

Art. R. 5213-12. La commission des droits et de l'autonomie des personnes handicapées donne également son avis sur la nature, les modalités et la durée de la réadaptation, rééducation ou formation professionnelle appropriée.

En cas de prolongation de la période de stage ou en cas de mutation de section, la commission est saisie à nouveau pour avis. Elle est tenue informée avant la fin du stage des résultats de celui-ci. Ces informations sont portées sans délai à la connaissance de la commission par l'intermédiaire du (D. 2009-1377 du 10 nov. 2009, JO 13 ; D. 2010-687 du 24 juin 2010, JO 25 ; voir D. 2010-1582 du 17 déc. 2010, JO 18, pour outre-mer) « directeur régional des entreprises, de la concurrence, de la consommation, du travail et de l'emploi » du département où se trouve situé le centre en cause de l'entreprise.

Art. R. 5213-13. Les demandes de subvention présentées par les centres collectifs de réadaptation, de rééducation ou de formation professionnelle ou par des entreprises du chef de leurs centres accueillant des travailleurs handicapés dans les conditions prévues à l'article R. 5213-9 à R. 5213-12 sont soumises pour avis à la section permanente du conseil supérieur pour le reclassement professionnel et social des travailleurs handicapés.

Art. R. 5213-14. L'attribution d'une aide financière fait l'objet d'une convention conclue entre le ministre chargé du travail et l'organisation ou l'établissement intéressé. Il est tenu compte, lors de cette attribution, des autres subventions que ce centre pourrait recevoir.

La convention détermine notamment :
1° Le nombre de bénéficiaires ;
2° La nature et les types de programmes ;
3° La durée des stages de réadaptation, de rééducation ou de formation professionnelle ;
4° Les modalités du contrôle technique et financier exercé sur le centre.

Sous-section 3 (réglementaire). **Réentraînement au travail**

Art. R. 5213-22. Le réentraînement au travail prévu à l'article L. 5213-5 a pour but de permettre au salarié qui a dû interrompre son activité professionnelle à la suite d'une maladie ou d'un accident, de reprendre son travail et de retrouver après une période de courte durée son poste de travail antérieur ou, le cas échéant, d'accéder directement à un autre poste de travail.

Art. R. 5213-23. Les obligations d'assurer le réentraînement au travail et la rééducation professionnelle sont satisfaites par :
1° La création d'un atelier spécial de rééducation et de réentraînement au travail ;
2° L'aménagement dans l'entreprise de postes spéciaux de rééducation et de réentraînement ;
3° La mise en œuvre simultanée de ces deux types de mesures.

Art. R. 5213-24. Le médecin du travail et le (D. 2017-1819 du 29 déc. 2017, art. 3, 70°, JO 30, entrée en vigueur le 01.01.2018) « comité social et économique » sont consultés sur les moyens les mieux adaptés aux conditions d'exploitation et à la nature des activités professionnelles visant le réentraînement au travail et la rééducation professionnelle.

Art. R. 5213-25. Les modalités de réentraînement et de rééducation retenues sont communiquées à l'inspecteur du travail qui peut mettre l'employeur en demeure d'adopter, dans un délai déterminé, l'une ou l'autre des mesures énoncées à l'article R. 5213-23 ou de compléter les dispositions prises.

Art. R. 5213-26. L'affectation du travailleur handicapé aux ateliers ou postes spéciaux prévus à l'article R. 5213-23 est prononcée sur avis du médecin du travail.

SECTION 3 (RÉGLEMENTAIRE). Agrément et contrôle des centres de préorientation et d'éducation professionnelle

Art. R. 5213-27. Les centres de préorientation définis à l'article R. 5213-2 et les centres d'éducation ou de rééducation professionnelle définis aux 1° à 3° de l'article R. 5213-9 sont agréés par le préfet de région.

Art. R. 5213-28. La demande d'agrément est adressée par la personne responsable du projet au préfet de la région dans laquelle est situé l'établissement. Elle est accompagnée d'un dossier dont la composition est fixée par arrêté conjoint des ministres chargés des personnes handicapées et de l'emploi et qui comprend, notamment, les programmes de formation projetés.

Cette demande est soumise pour avis aux organismes d'assurance maladie intéressés, au comité de coordination régional de l'emploi et de la formation professionnelle et au conseil régional.

Art. R. 5213-29. L'extension d'un centre doit faire l'objet d'un nouvel agrément pris dans les conditions fixées aux articles R. 5213-27 et R. 5213-28.

La modification des programmes de formation est agréée par le préfet de région, après consultation du comité de coordination régional de l'emploi et de la formation professionnelle.

Art. R. 5213-30. L'agrément peut être retiré dans les formes et après les consultations prévues aux articles R. 5213-27 et R. 5213-28. L'institution gestionnaire est alors mise à même de présenter ses observations.

En cas d'urgence, l'agrément peut être suspendu par le préfet de région.

Art. R. 5213-31. Les centres de préorientation sont placés sous le contrôle des ministres chargés de la sécurité sociale, de l'action sociale, de l'emploi, de la formation professionnelle et, le cas échéant, de l'agriculture ainsi que du ministre chargé de la défense en ce qui concerne les établissements gérés par l'Office national des anciens combattants.

Les centres adressent chaque année un rapport d'activité aux ministres intéressés par l'intermédiaire du préfet de région.

SECTION 3. Orientation en milieu professionnel

Sous-section 1. Droits et garanties des travailleurs handicapés

Art. L. 5213-6. Afin de garantir le respect du principe d'égalité de traitement à l'égard des travailleurs handicapés, l'employeur prend, en fonction des besoins dans une situation concrète, les mesures appropriées pour permettre aux travailleurs mentionnés aux 1° à 4° et 9° à 11° de l'article L. 5212-13 d'accéder à un emploi ou de conserver un emploi correspondant à leur qualification, de l'exercer ou d'y progresser ou pour qu'une formation adaptée à leurs besoins leur soit dispensée.

(L. 2016-1088 du 8 août 2016, art. 56, JO 9, entrée en vigueur au plus tard le 08.08.2019) «L'employeur s'assure que les logiciels installés sur le poste de travail des personnes handicapées et nécessaires à leur exercice professionnel sont accessibles. Il s'assure également que le poste de travail des personnes handicapées est accessible en télétravail.»

Ces mesures sont prises sous réserve que les charges consécutives à leur mise en œuvre ne soient pas disproportionnées, compte tenu de l'aide prévue à l'article L. 5213-10 qui peuvent compenser en tout ou partie les dépenses supportées à ce titre par l'employeur.

Le refus de prendre des mesures au sens du premier alinéa peut être constitutif d'une discrimination au sens de l'article (L. 2008-496 du 27 mai 2008, art. 6, JO 28) « L. 1133-3 ».

Art. L. 5213-6-1. (L. 2018-771 du 5 sept. 2018, art. 69, JO 6) Dans toute entreprise employant au moins deux cent cinquante salariés, est désigné un référent chargé d'orienter, d'informer et d'accompagner les personnes en situation de handicap.

(L. 2019-486 du 22 mai 2019, art. 11, VI, 16°, JO 23, entrée en vigueur le 01.01.2020) «Pour l'application du présent article, l'effectif salarié et le franchissement du seuil de deux cent cinquante salariés sont déterminés selon les modalités prévues à l'article L. 130-1 du code de la sécurité sociale.»

Art. L. 5213-7. Le salaire des bénéficiaires mentionnés à l'article L. 5212-13 ne peut être inférieur à celui qui résulte de l'application des dispositions légales ou des stipulations de la convention ou de l'accord collectif de travail.

Art. L. 5213-8. Les travailleurs handicapés embauchés en application des dispositions du chapitre II ne peuvent, en cas de rechute de l'affection invalidante, bénéficier des avantages spéciaux accordés en cas de maladie par un statut particulier ou une convention ou accord collectif de travail.

Toutefois, ces statuts ou conventions collectives peuvent prévoir des dérogations aux dispositions mentionnées au premier alinéa.

Dans le cas d'accident ou de maladie autre que l'affection invalidante, les intéressés peuvent bénéficier des avantages spéciaux dès leur embauche dans les mêmes conditions que les autres membres du personnel.

Lorsque l'affection du travailleur handicapé est dite consolidée, celui-ci peut, s'il est à nouveau atteint de la maladie qui était à l'origine de son invalidité, bénéficier des avantages spéciaux mentionnés au premier alinéa à l'expiration d'un délai d'un an, à compter de la date de la consolidation.

Art. L. 5213-9. En cas de licenciement, la durée du préavis déterminée en application de l'article L. 1234-1 est doublée pour les bénéficiaires du chapitre II, sans toutefois que cette mesure puisse avoir pour effet de porter au-delà de trois mois la durée de ce préavis.

Toutefois, ces dispositions ne sont pas applicables lorsque les conventions ou accords collectifs de travail ou, à défaut, les usages prévoient un préavis d'une durée au moins égale à trois mois.

Sous-section 2. **Aides financières**

Art. L. 5213-10. L'État peut attribuer une aide financière du fonds de développement pour l'insertion professionnelle des handicapés à tout employeur soumis à l'obligation d'emploi de travailleurs handicapés afin de faciliter la mise ou la remise au travail en milieu ordinaire de production des personnes handicapées.

Cette aide peut également être destinée à compenser les charges supplémentaires d'encadrement.

Art. L. 5213-11. Pour l'application des dispositions de l'article L. 5213-7 relatives au salaire du travailleur handicapé, une aide financée par le fonds de développement pour l'insertion professionnelle des handicapés peut être attribuée sur décision de (L. 2010-1657 du 29 déc. 2010, art. 208, II B et VIII, JO 30, entrée en vigueur le 01.07.2011) « l'association mentionnée à l'article L. 5214-1 ».

Cette aide, demandée par l'employeur, peut être allouée en fonction des caractéristiques des bénéficiaires.

Art. L. 5213-12. Les travailleurs handicapés qui font le choix d'exercer une activité professionnelle non salariée peuvent bénéficier d'une aide du fonds de développement pour l'insertion professionnelle des handicapés lorsque, du fait de leur handicap, leur productivité se trouve notoirement diminuée.

§ 1 (réglementaire). Aide pour l'adaptation du lieu de travail

Art. R. 5213-32. L'aide financière prévue à l'article L. 5213-10 peut concerner, notamment :

1° L'adaptation des machines ou des outillages ;

2° L'aménagement de postes de travail, y compris l'équipement individuel nécessaire aux travailleurs handicapés pour occuper ces postes ;

3° Les accès aux lieux de travail.

Art. R. 5213-33. La demande d'aide financière présentée au titre de l'article R. 5213-32 est adressée au préfet du département où est situé l'établissement.

Elle est accompagnée d'une description technique du projet et d'un devis estimatif ainsi que de l'avis du (D. 2017-1819 du 29 déc. 2017, art. 3, 70°, JO 30, entrée en vigueur le 01.01.2018) « comité social et économique ».

Art. R. 5213-34. Le montant de l'aide financière susceptible d'être accordée ne peut excéder 80 % du coût de l'adaptation ou de l'aménagement envisagé.

Art. R. 5213-35. Le préfet statue sur la demande d'aide financière.

Toutefois, lorsque l'aide susceptible d'être accordée excède un montant fixé par arrêté conjoint des ministres chargés du budget et de l'emploi, l'arrêté du préfet est, avant mise à exécution, transmis au ministre chargé de l'emploi, qui dispose d'un délai de quinze jours à compter de la réception de cet arrêté pour évoquer le dossier et statuer sur la demande.

§ 2 (réglementaire). Aide pour le renforcement de l'encadrement

Art. R. 5213-36. Lorsque la demande d'aide financière concerne la compensation des charges supplémentaires d'encadrement, elle est adressée au préfet du département où est situé l'établissement.

Elle est accompagnée de la justification des dépenses correspondant à ce supplément d'encadrement ainsi que de l'avis du (D. 2017-1819 du 29 déc. 2017, art. 3, 70°, JO 30, entrée en vigueur le 01.01.2018) « comité social et économique ».

Art. R. 5213-37. L'aide financière susceptible d'être accordée ne peut concerner que la seule période durant laquelle la présence d'un encadrement supplémentaire est nécessaire pour assurer l'adaptation à l'emploi des travailleurs handicapés et ne peut excéder 50 % des dépenses d'encadrement supplémentaire correspondant à cette période.

Art. R. 5213-38. Le préfet statue sur la demande d'aide financière.

Toutefois, lorsque l'aide susceptible d'être accordée excède un montant fixé par arrêté conjoint des ministres chargés du budget et de l'emploi, l'arrêté du préfet est, avant mise à exécution, transmis au ministre chargé de l'emploi, qui dispose d'un délai de quinze jours à compter de la réception de cet arrêté pour évoquer le dossier et statuer sur la demande.

§ 3 (réglementaire). Compensation de la lourdeur du handicap

Art. R. 5213-39. (D. 2016-100 du 2 févr. 2016, JO 4, entrée en vigueur le 01.07.2016) La reconnaissance de la lourdeur du handicap mentionnée à l'article L. 5212-9 et l'attribution de l'aide mentionnée à l'article L. 5213-11 font l'objet de décisions de l'association mentionnée à l'article L. 5214-1.

Art. R. 5213-40. La modulation de la contribution annuelle et l'attribution de l'aide à l'emploi prévues aux articles L. 5212-9 et L. 5213-11 ont pour objet de compenser la lourdeur du handicap d'un bénéficiaire de l'obligation d'emploi.

La lourdeur du handicap est évaluée, au regard du poste de travail, après aménagement optimal de ce dernier.

Art. R. 5213-42. (D. 2016-100 du 2 févr. 2016, JO 4, entrée en vigueur le 01.07.2016) La demande de reconnaissance de la lourdeur du handicap est présentée par l'employeur au moyen d'un formulaire dont le modèle est fixé par arrêté conjoint des ministres chargés de l'emploi et des personnes handicapées.

Ce formulaire, dûment renseigné et signé, est accompagné des pièces suivantes :

1° L'un des justificatifs de la qualité de bénéficiaire de l'obligation d'emploi dont la liste figure à l'article L. 5212-13 du code du travail ;

(D. 2016-1908 du 27 déc. 2016, art. 19, II, 5°, JO 29, entrée en vigueur le 01.01.2017) « 2° L'avis d'aptitude ou l'attestation de suivi délivrés par les professionnels de santé du service de santé au travail » ;

3° Le contrat de travail du bénéficiaire et, le cas échéant, le ou les avenants à ce contrat ;

4° Le dernier bulletin de salaire du bénéficiaire ;

5° Les justificatifs des coûts supportés par l'employeur dans le cadre de l'aménagement optimal du poste et de l'environnement de travail du bénéficiaire ;

6° Les justificatifs des coûts supportés par l'employeur au titre des charges pérennes induites par le handicap.

Art. R. 5213-43. L'employeur informe le salarié du dépôt de la demande de la reconnaissance de la lourdeur de son handicap.

Art. R. 5213-44. (D. 2016-100 du 2 févr. 2016, JO 4, entrée en vigueur le 01.07.2016) Lorsque la demande émane d'un bénéficiaire de l'obligation d'emploi exerçant une activité professionnelle non salariée, elle est présentée au moyen d'un formulaire dont le modèle est fixé par arrêté conjoint des ministres chargés de l'emploi et des personnes handicapées.

Ce formulaire, dûment renseigné et signé, est accompagné des pièces suivantes :

1° L'un des justificatifs de la qualité de bénéficiaire de l'obligation d'emploi dont la liste figure à l'article L. 5212-13 du code du travail ;

2° Un justificatif d'immatriculation ou d'inscription attestant de l'activité de travailleur non salarié ;

3° Un justificatif des revenus professionnels de la dernière année écoulée ;

4° Les justificatifs des coûts supportés par le bénéficiaire dans le cadre de l'aménagement optimal de son poste et de son environnement de travail ;

5° Les justificatifs des coûts supportés par le bénéficiaire au titre des charges pérennes induites par son handicap.

Art. R. 5213-45. (D. 2016-100 du 2 févr. 2016, JO 4, entrée en vigueur le 01.07.2016) L'association mentionnée à l'article L. 5214-1 détermine le montant annuel des charges pérennes induites par le handicap mentionnées au 6° de l'article R. 5213-42 ou au 5° de l'article R. 5213-44, en application des modalités de calcul fixées par arrêté conjoint des ministres chargés de l'emploi et des personnes handicapées.

La reconnaissance de la lourdeur du handicap est accordée comme suit :

1° Pour les salariés, lorsque le montant déterminé par l'association est supérieur ou égal à 20 % du produit du salaire horaire minimum de croissance par un nombre d'heures correspondant, sur une base annuelle, soit à la durée collective du travail applicable dans l'établissement, soit à la durée de travail inscrite au contrat en cas de temps partiel, dans la limite d'une durée correspondant à l'application, sur une base annuelle, de la durée légale du travail fixée à l'article (D. 2016-1551 du 18 nov. 2016, art. 6, V, 23°, JO 19, entrée en vigueur le 01.01.2017) « L. 3121-27 » ;

2° Pour les bénéficiaires de l'obligation d'emploi qui exercent une activité professionnelle non salariée, lorsque le montant déterminé par l'association est supérieur ou égal à 20 % du produit du salaire horaire minimum de croissance par un nombre d'heures correspondant à l'application, sur une base annuelle, de la durée légale du travail fixée à l'article (D. 2016-1551 du 18 nov. 2016, art. 6, V, 23°, JO 19, entrée en vigueur le 01.01.2017) « L. 3121-27 ».

Art. R. 5213-46. (D. 2016-100 du 2 févr. 2016, JO 4, entrée en vigueur le 01.07.2016) La décision prise par l'association mentionnée à l'article L. 5214-1 est motivée, puis notifiée au demandeur. Lorsque celui-ci est l'employeur, il en informe aussitôt le bénéficiaire de l'obligation d'emploi.

Cette décision prend effet à compter de la date du dépôt de la demande. Elle est accordée pour une durée de trois ans. Si le contrat de travail, ou l'activité professionnelle du travailleur non salarié, se termine ou est interrompu avant cette échéance, la décision de reconnaissance de la lourdeur du handicap prend fin à cette même date.

Pour les personnes âgées de 50 ans révolus et plus à la date du dépôt de la demande, la décision de reconnaissance de la lourdeur du handicap est valable jusqu'à la fin de l'activité professionnelle pour laquelle elle a été obtenue, sauf si elles se trouvent dans un des cas prévus à l'article R. 5213-46-2, et sans préjudice de l'article R. 5213-48.

Art. R. 5213-46-1. (D. 2016-100 du 2 févr. 2016, JO 4, entrée en vigueur le 01.07.2016) Pour les personnes présentant un taux d'invalidité ou d'incapacité permanente égal ou supérieur à 80 %, dans le cas d'une première demande ou d'une demande de révision, la décision de reconnaissance de la lourdeur du handicap peut être accordée pour une durée d'un an, sur présentation de la liste des prévisions d'aménagement du poste et de l'environnement de travail. Ces aménagements sont à réaliser au cours de l'année qui suit le dépôt de la demande. À l'expiration de cette décision, la demande de reconnaissance de la lourdeur du handicap devra être faite dans les conditions fixées aux articles R. 5213-42 ou R. 5213-44.

Art. R. 5213-46-2. (D. 2016-100 du 2 févr. 2016, JO 4, entrée en vigueur le 01.07.2016) Pour les salariés ouvrant droit à l'aide au poste sortant d'entreprises adaptées (D. 2018-1334 du 28 déc. 2018, art. 2, III, JO 30, entrée en vigueur le 01.01.2019) « mentionnées » à l'article L. 5213-13 du code du travail, et les usagers sortant d'établissements et services d'aide par le travail mentionnés à l'article L. 344-2 du code de l'action sociale et des familles, recrutés par une entreprise du milieu ordinaire de travail autre qu'une entreprise adaptée, la première décision de reconnaissance de la lourdeur du handicap est prise sur présentation du justificatif établi par la structure du milieu adapté ou protégé, attestant de la sortie depuis moins d'un an à la date du dépôt de la demande. Cette première décision ouvre droit à une aide à l'emploi à taux majoré ou le cas échéant à une modulation de la contribution annuelle prévue à l'article L. 5212-9 dans les conditions prévues à l'article R. 5213-51.

Le modèle de formulaire contenant l'attestation susmentionnée est fixé par arrêté conjoint des ministres chargés de l'emploi et des personnes handicapées. Ce formulaire, dûment renseigné et signé par l'employeur ou le travailleur non salarié demandeur de la reconnaissance de la lourdeur du handicap, est accompagné des justificatifs prévus aux 1°, 2° et 3° de l'article R. 5213-42 ou aux 1° et 2° de l'article R. 5213-44.

Art. R. 5213-47. (D. 2016-100 du 2 févr. 2016, JO 4, entrée en vigueur le 01.07.2016) La reconnaissance de la lourdeur du handicap peut être renouvelée, à l'expiration de la décision, sur présentation d'une nouvelle demande.

Si la décision de reconnaissance de la lourdeur du handicap, venue à expiration, a été faite dans les conditions fixées à l'article R. 5213-42 ou à l'article R. 5213-44, et dans le cas où la demande de renouvellement n'inclut pas une demande de révision au titre de l'article R. 5213-48 et si la personne handicapée est âgée de moins de 50 ans à la date du dépôt de cette nouvelle demande, la décision de l'association mentionnée à l'article L. 5214-1 est prise au vu d'un formulaire simplifié dont le modèle est fixé par arrêté conjoint des ministres chargés de l'emploi et des personnes handicapées, accompagné des pièces prévues aux 1°, 2° et 4° de l'article R. 5213-42 ou aux 1° et 3° de l'article R. 5213-44. Cette demande de renouvellement simplifiée doit être présentée dans un délai de six mois maximum à compter de la date de fin de la décision précédente.

Art. R. 5213-48. (D. 2016-100 du 2 févr. 2016, JO 4, entrée en vigueur le 01.07.2016) Lorsqu'une décision de reconnaissance de la lourdeur du handicap est en cours et que le bénéficiaire de l'obligation d'emploi change de poste au sein de l'entreprise ou d'activité non salariée, ou lorsque son handicap ou son environnement de travail évolue, l'employeur ou le bénéficiaire non salarié présente une demande de révision dans les conditions fixées aux articles R. 5213-42 ou R. 5213-44.

Art. R. 5213-49. (D. 2016-100 du 2 févr. 2016, JO 4, entrée en vigueur le 01.07.2016) Un arrêté conjoint des ministres chargés de l'emploi et des personnes handicapées fixe le montant de l'aide à l'emploi, ainsi qu'un montant majoré. Ce montant majoré est applicable lorsque le montant annuel des charges pérennes induites par le handicap est supérieur ou égal à 50 % du produit résultant du calcul déterminé en application des alinéas 3 ou 4 de l'article R. 5213-45.

Art. R. 5213-50. L'aide à l'emploi est calculée à due proportion du temps de travail accompli par rapport à la durée collective du travail applicable dans l'établissement, ou, pour le bénéficiaire de l'obligation d'emploi non salarié, par rapport à la durée légale du travail.

Art. R. 5213-51. (D. 2016-100 du 2 févr. 2016, JO 4, entrée en vigueur le 01.07.2016) Dans le mois qui suit la date de notification de la décision, l'employeur soumis à l'obligation d'emploi peut opter pour la modulation de la contribution annuelle prévue à l'article L. 5212-9.

Faute d'avoir notifié son option pour la modulation, dans ce délai d'un mois, l'employeur est censé avoir opté, pour toute la durée de la décision, pour le versement de l'aide à l'emploi.

Dans le cas où, pendant la durée de la décision, l'employeur ayant opté pour la modulation ne serait plus assujetti à l'obligation d'emploi ou remplirait cette obligation, l'aide à l'emploi se substituerait, à sa demande, à la modulation de la contribution.

§ 4 (réglementaire). Subvention à l'installation pour l'exercice d'une activité indépendante

Art. R. 5213-52. La personne handicapée pour laquelle la commission des droits et de l'autonomie des personnes handicapées prononce une orientation vers le marché du travail et qui se dirige vers une activité indépendante peut bénéficier d'une subvention d'installation.

Cette subvention, dont le montant et les conditions d'attribution sont fixés par décret, contribue à l'achat et à l'installation de l'équipement nécessaire à cette activité.

Art. D. 5213-53. Pour prétendre à la subvention d'installation, le travailleur handicapé répond aux conditions suivantes :

1° Il n'a subi aucune des condamnations prévues par le chapitre VIII du titre II du livre premier du code de commerce ;

2° Il présente toutes les garanties de moralité nécessaires ;

3° S'il ne possède pas la nationalité française ou celle d'un État membre de l'Union européenne, il réside en France depuis trois ans au moins au moment de la demande ;

4° Il dispose d'un local permettant l'exercice de la profession et remplit les conditions habituelles d'exploitation ;

5° Il justifie des diplômes éventuellement exigés pour l'exercice de la profession ;

6° Il est inscrit au répertoire des métiers au registre du commerce et aux ordres professionnels, lorsque cette inscription est nécessaire pour l'exercice de la profession.

Art. D. 5213-54. La demande de subvention est adressée par l'intéressé au secrétariat de la commission des droits et de l'autonomie des personnes handicapées de son lieu de résidence, au plus tard dans les douze mois qui suivent la fin du stage de formation ou de la sortie de l'université.

La commission instruit la demande et la transmet avec son avis motivé au préfet de département de résidence de l'intéressé, qui prend la décision.

Art. D. 5213-55. La subvention est attribuée dans la limite des crédits délégués par le ministère chargé de l'emploi.

Son montant maximum est fixé par arrêté conjoint des ministres chargés de l'emploi et du budget.

Art. D. 5213-56. Le versement de la subvention est subordonné à l'établissement d'une convention précisant son objet et les modalités de contrôle exercé par la collectivité publique.

Art. D. 5213-57. La subvention est affectée à l'achat ou à l'installation de l'équipement nécessaire à l'exercice de la profession indépendante vers laquelle le travailleur handicapé a été dirigé par la commission des droits et de l'autonomie des personnes handicapées.

Art. D. 5213-58. La profession indépendante exercée est choisie dans une des branches déterminées par arrêté du ministre chargé de l'emploi sur avis des ministres chargés de l'industrie, de l'économie, du commerce et de l'artisanat ainsi que de l'agriculture si la subvention est destinée à l'équipement d'une entreprise du secteur agricole.

Art. D. 5213-59. Pour bénéficier de la subvention d'installation, le travailleur handicapé s'engage à exploiter personnellement l'entreprise indépendante ainsi qu'à exercer personnellement la profession libérale en vue de laquelle la subvention est sollicitée.

Art. D. 5213-60. Le remboursement de la subvention est exigible en cas d'utilisation à des fins autres que celles pour lesquelles elle a été consentie, de non-exploitation du fonds ou d'abandon non justifié de la profession par l'intéressé.

Art. D. 5213-61. L'inspection du travail est habilitée à contrôler l'utilisation de la subvention.

Sous-section 3. **Entreprises adaptées**

Art. L. 5213-13. (L. 2018-771 du 5 sept. 2018, art. 76, II, JO 6, entrée en vigueur le 01.01.2019) L'État agrée en qualité d'entreprise adaptée des structures qui répondent aux critères prévus à l'article L. 5213-13-1. Il conclut avec elles des contrats pluriannuels d'objectifs et de moyens valant agrément.

Les entreprises adaptées sont constituées par des collectivités territoriales ou des organismes publics ou privés. Lorsqu'elles sont constituées par des sociétés commerciales, elles prennent la forme de personnes morales distinctes.

Art. L. 5213-13-1. (L. 2018-771 du 5 sept. 2018, art. 76, III, JO 6, entrée en vigueur le 01.01.2019) Les entreprises adaptées contribuent au développement des territoires et promeuvent un environnement économique inclusif favorable aux femmes et aux hommes en situation de handicap.

Elles concluent des contrats de travail avec des travailleurs reconnus handicapés par la commission des droits et de l'autonomie des personnes handicapées mentionnée à l'article L. 241-5 du code de l'action sociale et des familles qui se trouvent sans emploi ou qui courent le risque de perdre leur emploi en raison de leur handicap. Elles permettent à leurs salariés d'exercer une activité professionnelle dans un environnement adapté à leurs possibilités, afin qu'ils obtiennent ou conservent un emploi.

Ces entreprises emploient des proportions minimale et maximale, fixées par décret, de travailleurs reconnus handicapés, qu'elles recrutent soit sur proposition du service public de l'emploi, soit directement, en application de critères déterminés par arrêté du ministre chargé de l'emploi.

Elles mettent en œuvre pour ces salariés un accompagnement spécifique destiné à favoriser la réalisation de leur projet professionnel, la valorisation de leurs compétences et leur mobilité au sein de l'entreprise elle-même ou vers d'autres entreprises.

Le premier alinéa de l'article L. 1224-2 n'est pas applicable à l'entreprise cédante ni au repreneur à la suite d'une reprise de marché ou à la suite d'une entreprise adaptée.

Art. L. 5213-14. Les dispositions du présent code sont applicables aux travailleurs handicapés salariés des entreprises adaptées.

Art. L. 5213-15. Le travailleur handicapé employé dans une entreprise adaptée reçoit un salaire fixé compte tenu de l'emploi qu'il occupe et de sa qualification par référence aux dispositions légales ou stipulations conventionnelles applicables dans la branche d'activité.

Ce salaire ne peut être inférieur au salaire minimum de croissance déterminé en application des articles L. 3231-1 et suivants.

Le travailleur en entreprise adaptée bénéficie en outre des dispositions prévues au livre III de la troisième partie relatives à l'intéressement, à la participation et à l'épargne salariale.

Art. L. 5213-16. (L. 2018-771 du 5 sept. 2018, art. 76, IV, JO 6, entrée en vigueur le 01.01.2019) «Pour favoriser la réalisation de leur projet professionnel,» un ou plusieurs travailleurs handicapés employés dans une entreprise adaptée peuvent être mis à la disposition provisoire d'un autre employeur (L. 2018-771 du 5 sept. 2018, art. 76, IV, JO 6, entrée en vigueur le 01.01.2019) «pour une durée déterminée, en vue de leur éventuelle embauche,» dans des conditions prévues par l'article L. 8241-2 et suivant des modalités précisées par décret.

(L. 2018-771 du 5 sept. 2018, art. 76, IV, JO 6, entrée en vigueur le 01.01.2019) «Pour faciliter leur accès à un emploi durable, l'entreprise adaptée met en œuvre un appui individualisé pour l'entreprise utilisatrice et des actions d'accompagnement professionnel et de formation pour les travailleurs handicapés. La prestation d'appui individualisée est rémunérée par l'entreprise utilisatrice et est distincte de la mise à disposition.»

Art. L. 5213-17. En cas de départ volontaire vers l'entreprise ordinaire, le salarié handicapé démissionnaire bénéficie, au cas où il souhaiterait réintégrer l'entreprise adaptée, d'une priorité d'embauche dont les modalités sont déterminées par décret.

Art. L. 5213-18. (L. 2018-771 du 5 sept. 2018, art. 76, VIII, 3°, JO 6, entrée en vigueur le 01.01.2019) Les entreprises adaptées bénéficient de l'ensemble des dispositifs prévus au livre Ier de la présente partie.

Art. L. 5213-19. (L. 2018-771 du 5 sept. 2018, art. 76, V, JO 6, entrée en vigueur le 01.01.2019) Seul l'emploi des travailleurs qui remplissent les conditions mentionnées aux deuxième et troisième alinéas de l'article L. 5213-13-1 ouvre droit au bénéfice d'aides financières contribuant à compenser les conséquences du handicap et des actions engagées liées à leur emploi. Ces aides sont attribuées dans la limite des crédits fixés annuellement par la loi de finances.

Art. L. 5213-19-1. (L. 2018-771 du 5 sept. 2018, art. 76, VI, JO 6, entrée en vigueur le 01.01.2019) Un décret en Conseil d'État détermine les conditions d'application de la présente sous-section, notamment :

1° Les conditions d'exécution, de suivi, de renouvellement et du contrôle des contrats pluriannuels d'objectifs et de moyens mentionnés à l'article L. 5213-13 ainsi que leurs modalités de suspension ou de dénonciation ;

2° Les modalités de l'accompagnement spécifique mentionné à l'article L. 5213-13-1 ;

3° Les modalités de détermination, d'attribution et de versement des aides financières de l'État mentionnées à l'article L. 5213-19 et les règles de non-cumul.

§ 1 (réglementaire). Contrat pluriannuel d'objectifs et de moyens

Art. R. 5213-62. (D. 2018-1334 du 28 déc. 2018, art. 1er, II, 2°, JO 30, entrée en vigueur le 01.01.2019) Le préfet de région, en tenant compte des besoins économiques et sociaux et de l'offre existante sur son territoire, peut conclure avec une structure présentant un projet économique et social viable en faveur de l'emploi de travailleurs handicapés un contrat pluriannuel d'objectifs et de moyens valant agrément en qualité d'entreprise adaptée dans la région d'implantation.

Lorsqu'une entreprise adaptée est implantée dans plusieurs régions et sollicite un agrément, sa demande est adressée au préfet de la région dans laquelle elle a son siège social. Le préfet de la région d'implantation du siège social coordonne l'instruction de la demande avec les autres préfets de région concernés qui lui transmettent leurs avis. Le préfet de la région d'implantation du siège social notifie la décision. Le contrat est conclu entre l'entreprise et le préfet de région du ressort de chaque établissement.

Art. D. 5213-63. (D. 2019-39 du 23 janv. 2019, JO 25, entrée en vigueur le 01.01.2019) I. – Pour la conclusion du contrat pluriannuel d'objectifs et de moyens prévu au quatrième alinéa de l'article L. 5213-

13 valant agrément des entreprises adaptées, les proportions minimale et maximale de travailleurs reconnus handicapés dans les effectifs salariés s'établissent respectivement à 55 % et 100 %.

Ces proportions sont déterminées par le rapport, calculé en pourcentage, entre le nombre en équivalents temps plein, de personnes mentionnées au deuxième alinéa de l'article L. 5213-13-1, et l'effectif salarié annuel de l'entreprise adaptée.

II. – L'effectif salarié annuel de l'entreprise adaptée est déterminé conformément aux dispositions de l'article R. 130-1 du code de la sécurité sociale.

Art. D. 5213-63-1. (D. 2019-39 du 23 janv. 2019, JO 25, entrée en vigueur le 01.01.2019) Le montant total annuel d'aide versée à l'entreprise adaptée au titre de l'enveloppe financière mentionnée à l'article R. 5213-76 est calculé sur la base d'une proportion de travailleurs qui ne peut être supérieure à 75 % de l'effectif salarié annuel de l'entreprise.

Ce pourcentage est égal au rapport, du nombre en équivalents temps plein, des personnes mentionnées au deuxième alinéa de l'article L. 5213-13-1, dont l'emploi ouvre droit à une aide financière et de l'effectif salarié annuel de l'entreprise.

Les travailleurs reconnus handicapés ayant conclu un contrat à durée déterminée dans les conditions visées à l'article 78 de la loi n° 2018-771 susvisée sont exclus du calcul.

Art. R. 5213-64. (D. 2018-1334 du 28 déc. 2018, art. 1er, II, 2°, JO 30, entrée en vigueur le 01.01.2019) Le contrat pluriannuel d'objectifs et de moyens mentionné à l'article L. 5213-13-1 comprend :

1° Une présentation du projet économique et social de la structure visant à favoriser l'accès à l'emploi des travailleurs reconnus handicapés précisant :

a) Les données relatives à l'identification de l'entreprise et un descriptif de ses activités ;

b) Les modalités de suivi et d'accompagnement des salariés handicapés dans leur projet professionnel ;

2° La présentation des moyens mobilisés pour mettre en œuvre le projet économique et social de l'entreprise adaptée ;

3° Le nombre de travailleurs reconnus handicapés ouvrant droit à l'aide financière mentionnée à l'article L. 5213-19 ;

4° Les documents administratifs, comptables et financiers à transmettre au préfet de région ;

5° Les modalités de suivi, d'évaluation et de résiliation du contrat pluriannuel d'objectifs et de moyens.

Art. R. 5213-65. (D. 2018-1334 du 28 déc. 2018, art. 1er, II, 3°, JO 30, entrée en vigueur le 01.01.2019) Le contrat pluriannuel d'objectifs et de moyens peut être conclu pour une durée maximale de cinq ans. Les stipulations financières du contrat conclu avec le préfet de région font l'objet d'avenants annuels. Chaque avenant fixe le montant des aides financières affectées à l'entreprise adaptée.

Le préfet de région peut réviser en cours d'année par voie d'avenant, à la hausse ou à la baisse, les aides affectées pour tenir compte d'un changement de situation de l'entreprise adaptée.

Art. R. 5213-66. (D. 2018-1334 du 28 déc. 2018, art. 1er, II, 3°, JO 30, entrée en vigueur le 01.01.2019) Afin de favoriser la réalisation des projets professionnels des salariés, la valorisation de leurs compétences et leur mobilité professionnelle au sein de l'entreprise adaptée elle-même ou vers d'autres employeurs, l'entreprise adaptée met en œuvre, au titre de l'accompagnement spécifique, un parcours d'accompagnement individualisé qui tient compte des besoins et capacités des travailleurs handicapés qu'elle emploie. Cet accompagnement peut comprendre, notamment, une aide à la définition du projet professionnel, des actions de formation professionnelle et des actions d'évaluation des compétences.

Art. R. 5213-67. (D. 2018-1334 du 28 déc. 2018, art. 1er, II, 3°, JO 30, entrée en vigueur le 01.01.2019) L'entreprise adaptée transmet au préfet de région du ressort de chaque établissement ses comptes annuels et un bilan annuel d'activité présentant, pour les travailleurs reconnus handicapés qu'elle accompagne, les actions mises en œuvre et leurs résultats ainsi que les moyens affectés à la réalisation de ces actions.

Il précise les réalisations menées en termes d'accompagnement individualisé, notamment en matière de formation et d'encadrement destiné à favoriser le projet professionnel, ainsi que les résultats constatés en matière d'accès et de maintien dans l'emploi des travailleurs handicapés.

Art. R. 5213-68. (D. 2018-1334 du 28 déc. 2018, art. 1er, II, 3°, JO 30, entrée en vigueur le 01.01.2019) I. – Le préfet contrôle l'exécution du contrat pluriannuel d'objectifs et de moyens. L'entreprise adaptée lui fournit, à sa demande, tout élément permettant de vérifier la bonne exécution du contrat, la réalité des actions mises en œuvre, ainsi que leurs résultats.

II. – En cas de non-respect des stipulations du contrat par l'entreprise adaptée, le préfet l'informe par tout moyen conférant date certaine de son intention de résilier le contrat. L'entreprise adaptée dispose d'un délai d'un mois pour faire connaître ses observations. Le préfet demande le reversement des sommes indûment perçues.

En cas de manquement aux règles du droit du travail constaté par l'inspection du travail, le préfet peut suspendre le contrat conclu avec l'entreprise adaptée si celle-ci n'a pas régularisé la situation dans le délai accordé par l'inspection du travail. Dans ce cas, le préfet prononce cette suspension à l'issue de ce délai et pour une durée identique.

III. – Lorsque l'aide financière est obtenue à la suite de fausses déclarations, le préfet résilie le contrat après avoir observé la procédure mentionnée au 1er alinéa du II. Les sommes indûment perçues donnent lieu à reversement.

Art. R. 5213-69. L'avenant financier annuel fait état de l'avancement de la réalisation des objectifs du contrat triennal, actualise les données relatives à la situation de l'entreprise adaptée ou du centre de distribution de travail à domicile et fixe le nombre et le montant des aides au poste.

§ 2 (réglementaire). Fonctionnement

Art. R. 5213-70. Chaque entreprise adaptée est placée sous l'autorité d'un responsable, sans préjudice des responsabilités incombant à l'organisme gestionnaire.

Quand une section d'entreprise adaptée est annexée à un établissement ou service d'aide par le travail, elle peut être placée sous l'autorité du même responsable.

Art. R. 5213-71. Chaque entreprise adaptée fait l'objet d'une comptabilité distincte tenue conformément aux prescriptions du plan comptable général.

Art. R. 5213-72. L'entreprise adaptée dispose de ses propres locaux.

Art. R. 5213-73. Les organismes gestionnaires des entreprises adaptées se soumettent au contrôle des agents des services du travail et de l'emploi. Ceux-ci peuvent se faire présenter tous les documents relatifs à la gestion, notamment les livres et registres dont la tenue est prescrite aux employeurs par les dispositions légales.

§ 3 (réglementaire). Aides financières

Art. R. 5213-76. (D. 2018-1334 du 28 déc. 2018, art. 1er, III, 2°, JO 30, entrée en vigueur le 01.01.2019) L'emploi des personnes mentionnées à l'article L. 5213-13-1 par les entreprises adaptées ouvre droit à une aide financière dans la limite de l'enveloppe financière fixée par l'avenant au contrat conclu avec le préfet de région.

Le montant de l'aide financière contribuant à compenser les conséquences du handicap et des actions engagées liées à l'emploi des travailleurs reconnus handicapés peut varier pour tenir compte de l'impact du vieillissement de ces travailleurs. L'aide est versée mensuellement à l'entreprise pour chaque poste de travail occupé en proportion du temps de travail effectif ou assimilé. Le cas échéant, le montant de l'aide est réduit à due proportion du temps de travail effectif ou assimilé d'occupation des postes.

Un arrêté conjoint du ministre chargé de l'emploi et du ministre chargé du budget revalorise chaque année cette aide en fonction de l'évolution du salaire minimum de croissance. Cet arrêté peut fixer à Mayotte un montant spécifique des aides financières en fonction de l'évolution du salaire minimum de croissance en vigueur à Mayotte.

Art. R. 5213-77. (D. 2018-1334 du 28 déc. 2018, art. 1er, III, 3°, JO 30, entrée en vigueur le 01.01.2019) Sont considérés comme du temps de travail effectif, quand ils sont rémunérés, les trois premiers jours d'absence justifiée par l'incapacité résultant de maladie ou d'accident.

Une aide minorée est versée à l'entreprise, lorsque l'employeur est tenu, en application de dispositions légales ou conventionnelles, de maintenir la rémunération pendant les périodes donnant lieu au versement de l'indemnité journalière prévue à l'article L. 321-1 du code de la sécurité sociale.

Le montant de cette aide minorée est calculé sur la base de 30 % du salaire horaire minimum de croissance brut. Il tient compte de la durée du travail applicable ou de la durée inscrite au contrat en cas de travail à temps partiel, dans la limite de la durée légale du travail. Lorsque l'absence ne recouvre pas un mois civil entier, l'aide est réduite au prorata du nombre d'indemnités journalières versées.

Art. R. 5213-78. (D. 2018-1334 du 28 déc. 2018, art. 1er, III, 3°, JO 30, entrée en vigueur le 01.01.2019) L'État confie à l'Agence de services et de paiement le versement et les contrôles des aides mentionnées à l'article L. 5213-19 du code du travail dans les conditions suivantes :

a) Les aides sont attribuées dans la limite des crédits inscrits dans la loi de finances, à des entreprises adaptées qui ont conclu un contrat pluriannuel d'objectifs et de moyens mentionné à l'article L. 5213-13 ;

b) Les aides susmentionnées ne peuvent se cumuler pour un même poste, avec une autre aide de même nature et ayant le même objet, versée par l'État ;

c) La vérification des proportions minimale et maximale de travailleurs reconnus handicapés dans les effectifs salariés des entreprises adaptées, ainsi que le respect par des règles européennes relatives aux aides d'État, s'effectuent notamment à partir des déclarations réalisées sous forme dématérialisée par l'intermédiaire d'un téléservice.

§ 5 (réglementaire). Mises à disposition dans une autre entreprise

Art. D. 5213-81. Le travailleur handicapé employé dans une entreprise adaptée peut, avec son accord et en vue d'une embauche éventuelle, être mis à la disposition d'un autre employeur, dans le cadre du contrat de mise à disposition prévu à l'article D. 5213-84.

(D. 2019-39 du 23 janv. 2019, JO 25, entrée en vigueur le 01.01.2019) « Le travailleur reconnu handicapé mis à disposition auprès d'un employeur autre qu'une entreprise adaptée, ouvre droit à une aide financière versée à l'entreprise adaptée au titre de l'accompagnement professionnel individualisé visant à favoriser la réalisation de son projet professionnel et faciliter son embauche.

Le montant de cette aide est fixé par arrêté conjoint du ministre chargé de l'emploi et du ministre chargé du budget. Il est revalorisé, chaque année, en fonction de l'évolution du salaire minimum de croissance. Cet arrêté peut fixer à Mayotte un montant spécifique en fonction de l'évolution du salaire minimum de croissance en vigueur à Mayotte.

L'aide est versée mensuellement. Elle est réduite au prorata du temps de travail effectif ou assimilé.

L'embauche d'un travailleur handicapé par l'entreprise adaptée, pour remplacer le travailleur mis à disposition d'un autre employeur, ouvre droit à une aide financière dans les conditions prévues à l'article R. 5213-76.

L'entreprise adaptée peut réaliser auprès de l'entreprise utilisatrice une prestation d'appui individualisée qui consiste notamment à l'accompagnement de l'intégration de travailleurs handicapés, à l'adaptation de l'environnement de travail. Cette prestation est facturée par l'entreprise adaptée à l'entreprise utilisatrice de manière distincte de la mise à disposition. »

Art. D. 5213-82. Les conditions de la mise à disposition du travailleur handicapé sont fixées par des contrats écrits que l'entreprise adaptée conclut, d'une part, avec l'employeur utilisateur et, d'autre part, avec le travailleur handicapé.

Art. D. 5213-83. Les contrats de mise à disposition (D. 2019-39 du 23 janv. 2019, JO 25, entrée en vigueur le 01.01.2019) « auprès d'un même employeur » sont conclus pour une durée maximale d'un an, renouvelable une fois.

(D. 2019-39 du 23 janv. 2019, JO 25, entrée en vigueur le 01.01.2019) « À titre exceptionnel, cette durée peut être prolongée d'un an avec l'accord du salarié, lorsque des difficultés particulièrement importantes liées à la situation de handicap du salarié ont fait obstacle à la réalisation de la mise à disposition.

Ils sont transmis pour information à l'inspecteur du travail et donnent lieu à une consultation du comité social et économique, ou à défaut des délégués du personnel, de l'entreprise utilisatrice. »

Art. D. 5213-84. (D. 2019-39 du 23 janv. 2019, JO 25, entrée en vigueur le 01.01.2019) Une convention de mise à disposition entre l'entreprise adaptée prêteuse et l'entreprise utilisatrice précise notamment :

1° L'identité et la qualification du salarié concerné ;

2° La durée, l'horaire et le lieu de la mise à disposition ;

3° Les caractéristiques des travaux à accomplir et de l'environnement de travail ;

4° Le mode de détermination des salaires, des charges sociales et des frais professionnels qui seront facturés à l'entreprise utilisatrice par l'entreprise adaptée prêteuse.

Art. D. 5213-85. (D. 2019-39 du 23 janv. 2019, JO 25, entrée en vigueur le 01.01.2019) Le salarié signe avec l'entreprise adaptée un avenant au contrat de travail qui précise notamment :

1° Le travail confié au sein de l'entreprise utilisatrice, les horaires et le lieu d'exécution du travail, ainsi que les caractéristiques particulières du poste de travail ;

2° Les éléments et les modalités de paiement de la rémunération due ;

3° Les conditions d'une offre d'embauche au sein de l'entreprise utilisatrice.

Art. D. 5213-86. Le salarié handicapé qui a démissionné d'une entreprise adaptée pour travailler dans une entreprise ordinaire bénéficie, dans le délai d'un an à compter de la rupture de son contrat, de la priorité d'embauche mentionnée à l'article L. 5213-17 s'il manifeste le souhait de réintégrer l'entreprise adaptée.

Dans ce cas, l'entreprise adaptée l'informe de tout emploi disponible compatible avec (D. 2019-39 du 23 janv. 2019, JO 25, entrée en vigueur le 01.01.2019) « sa situation ».

SECTION 5 (RÉGLEMENTAIRE). Autres orientations

Art. R. 5213-87. Lorsque la commission des droits et de l'autonomie des personnes handicapées envisage l'orientation sur le marché du travail ou vers un établissement ou service d'aide par le travail, elle se prononce par une décision motivée, en tenant compte des possibilités réelles d'insertion dans le marché du travail ou au sein d'un tel établissement ou service.

SECTION 5. Actions en justice

Art. L. 5213-21. Les associations ayant pour objet principal la défense des intérêts des bénéficiaires du présent chapitre peuvent exercer une action civile fondée sur l'inobservation des dispositions des articles L. 5213-7 et L. 5213-9 à L. 5213-12, lorsque cette inobservation porte un préjudice certain à l'intérêt collectif qu'elles représentent.

SECTION 6. Dispositions d'application

Art. L. 5213-22. Un décret en Conseil d'État détermine les modalités d'application du présent chapitre.

Chapitre IV

Institutions et organismes concourant à l'insertion professionnelle des handicapés

SECTION 1 A. Pilotage des politiques en faveur de l'emploi des personnes handicapées

Note Cette section a été introduite par la loi 2011-901 du 28 juillet 2011, art. 12, JO 30.

Art. L. 5214-1 A. L'État assure le pilotage de la politique de l'emploi des personnes handicapées. Il fixe, en lien avec le service public de l'emploi, (L. 2014-288 du 5 mars 2014, art. 21, I, 4° et 27, II, JO 6, entrée en vigueur le 01.01.2015) «les régions chargées du service public régional de la formation professionnelle,» l'association chargée de la gestion du fonds de développement pour l'insertion professionnelle des handicapés et le fonds d'insertion des personnes handicapées dans la fonction publique, les objectifs et priorités de cette politique.

Art. L. 5214-1 B. Une convention pluriannuelle d'objectifs et de moyens est conclue entre l'État, l'institution mentionnée à l'article L. 5312-1, l'association chargée de la gestion du fonds de développement pour l'insertion professionnelle des handicapés, le fonds d'insertion des personnes handicapées dans la fonction publique et la Caisse nationale de solidarité pour l'autonomie.

Cette convention prévoit :

1° Les modalités de mise en œuvre par les parties à la convention des objectifs et priorités fixés en faveur de l'emploi des personnes handicapées ;

2° Les services rendus aux demandeurs d'emploi bénéficiaires de l'obligation d'emploi et aux employeurs privés et publics qui souhaitent recruter des personnes handicapées ;

3° Les modalités de mise en œuvre de l'activité de placement et les conditions du recours aux organismes de placement spécialisés mentionnés à l'article L. 5214-3-1, en tenant compte de la spécificité des publics pris en charge;

4° Les actions, prestations, aides ou moyens mis à disposition du service public de l'emploi et des organismes de placement spécialisés par l'association et le fonds mentionnés au premier alinéa du présent article;

5° Les modalités du partenariat que les maisons départementales des personnes handicapées mettent en place avec le service public de l'emploi, l'association et le fonds mentionnés au premier alinéa et les moyens qui leur sont alloués dans ce cadre pour leur permettre de s'acquitter de leur mission d'évaluation et d'orientation professionnelles;

6° Les conditions dans lesquelles un comité de suivi, composé des représentants des parties à la convention, assure l'évaluation des actions dont elle prévoit la mise en œuvre.

(L. 2014-288 du 5 mars 2014, art. 21, I, 5° et 27, II, JO 6, entrée en vigueur le 01.01.2015) «Avant sa signature, la convention est transmise pour avis [à la Commission nationale de la négociation collective, de l'emploi et de la formation professionnelle].»

Pour son application, la convention fait l'objet de déclinaisons régionales associant les maisons départementales des personnes handicapées et l'ensemble des acteurs concourant à l'insertion des personnes les plus éloignées de l'emploi. Les organismes de placement spécialisés sont consultés pour avis. Ces conventions régionales s'appuient sur les plans régionaux d'insertion professionnelle des travailleurs handicapés.

SECTION 1. Fonds de développement pour l'insertion professionnelle des handicapés

Art. L. 5214-1. Le fonds de développement pour l'insertion professionnelle des handicapés a pour objet d'accroître les moyens consacrés à l'insertion des handicapés en milieu ordinaire de travail.

La gestion de ce fonds est confiée à une association administrée par des représentants des salariés, des employeurs et des personnes handicapées ainsi que par des personnalités qualifiées.

Les statuts de l'association sont agréés par l'autorité administrative.

Art. L. 5214-2. Une convention d'objectifs est conclue, tous les trois ans, entre l'État et l'association chargée de la gestion du fonds de développement pour l'insertion professionnelle des handicapés.

Art. L. 5214-3. Les ressources du fonds de développement pour l'insertion professionnelle des handicapés sont destinées à favoriser toutes les formes d'insertion professionnelle des handicapés en milieu ordinaire de travail.

Elles sont affectées notamment:

1° À la compensation du coût supplémentaire des actions de formation et au financement d'actions d'innovation et de recherche dont bénéficient les intéressés dans l'entreprise;

(L. 2016-1088 du 8 août 2016, art. 101, JO 9, entrée en vigueur le 01.01.2018) «2° À des mesures nécessaires à l'insertion professionnelle, au suivi durable et au maintien dans l'emploi des travailleurs handicapés dans l'objectif de favoriser la sécurisation de leurs parcours professionnels;»

(L. 2014-288 du 5 mars 2014, art. 21, I, 7°, JO 6, entrée en vigueur le 01.01.2015) «3° Au financement de tout ou partie des actions de formation professionnelle préqualifiantes et certifiantes des demandeurs d'emploi handicapés.»

Les actions définies au présent article peuvent concerner les entreprises non assujetties à l'obligation d'emploi prévue par l'article L. 5212-2 lorsqu'elles emploient des bénéficiaires de cette obligation, ainsi que les travailleurs handicapés qui exercent une activité indépendante.

Art. R. 5214-19. Les statuts de l'association chargée de la gestion du Fonds de développement pour l'insertion professionnelle des handicapés mentionnée à l'article L. 5214-1 sont agréés par le ministre chargé de l'emploi.

Art. R. 5214-20. L'association procède annuellement à l'évaluation des actions qu'elle conduit pour l'insertion professionnelle des personnes handicapées en milieu ordinaire.

Elle publie un rapport d'activité annuel et est soumise au contrôle administratif et financier de l'État.

Art. R. 5214-21. L'association transmet au ministre chargé de l'emploi, pour approbation, le projet de répartition des contributions pour l'année en cours, au plus tard au 31 mars de chaque année.

Elle lui adresse également le rapport d'utilisation des contributions pour l'année écoulée.

Art. R. 5214-22. Dans le respect des missions prévues à l'article L. 5214-3, la convention d'objectifs détermine notamment :

1° Les engagements réciproques contribuant à la cohérence entre les mesures de droit commun de l'emploi et de la formation professionnelle et les mesures spécifiques arrêtées par l'association et les moyens financiers nécessaires à l'atteinte de ces objectifs ;

2° Les priorités et les grands principes d'intervention du service public de l'emploi et des organismes de placement spécialisés.

Art. R. 5214-23. Une convention de coopération est conclue entre l'association chargée de la gestion du fonds de développement pour l'insertion professionnelle des handicapés et le fonds pour l'insertion professionnelle des handicapés dans la fonction publique.

Elle détermine notamment les obligations respectives des parties à l'égard des organismes de placement spécialisés.

SECTION 1 BIS. Organismes de placement spécialisés dans l'insertion professionnelle des personnes handicapées

Note Cette section a été introduite par la loi 2011-901 du 28 juillet 2011, art. 14, JO 30.

Art. L. 5214-3-1. Des organismes de placement spécialisés, chargés de la préparation, de l'accompagnement (L. 2016-1088 du 8 août 2016, art. 101, JO 9, entrée en vigueur le 01.01.2018) «, du suivi durable et du maintien» dans l'emploi des personnes handicapées, participent au dispositif d'insertion professionnelle et d'accompagnement spécifique prévu pour les travailleurs handicapés mis en œuvre par l'État, le service public de l'emploi, l'association chargée de la gestion du fonds de développement pour l'insertion professionnelle des handicapés et le fonds pour l'insertion professionnelle des personnes handicapées dans la fonction publique.

Ils sont conventionnés à cet effet et peuvent, à cette condition, mobiliser les aides, actions et prestations proposées par l'association et le fonds mentionnés au premier alinéa.

Les organismes de placement spécialisés assurent, en complémentarité avec l'institution mentionnée à l'article L. 5312-1, une prise en charge adaptée des demandeurs d'emploi bénéficiaires de l'obligation d'emploi dans des conditions définies par une convention.

SECTION 2. Actions en justice

Art. L. 5214-4. Les associations ayant pour objet principal la défense des intérêts des bénéficiaires du présent chapitre peuvent exercer une action civile fondée sur l'inobservation des dispositions de ce même chapitre, lorsque cette inobservation porte un préjudice certain à l'intérêt collectif qu'elles représentent.

SECTION 3. Dispositions d'application

Art. L. 5214-5. Un décret en Conseil d'État détermine les modalités d'application du présent chapitre, notamment :

1° (Abrogé) ;

2° Les modalités du contrôle de la répartition et de l'utilisation des contributions versées au fonds de développement pour l'insertion professionnelle des handicapés.

SECTION 1 (RÉGLEMENTAIRE). Coordination

Art. R. 5214-1. Le ministre chargé de l'emploi est chargé de coordonner l'activité des organismes et services publics ou privés qui, à quelque titre que ce soit, concourent à l'une des opérations prévues aux articles L. 5212-6 et suivants et de définir les modalités de liaison entre ces organismes et services.

Chapitre V

Dispositions pénales

Art. L. 5215-1. En cas de méconnaissance des dispositions de l'article L. 5213-5 relatives au réentraînement au travail et à la rééducation professionnelle des malades et blessés, les dispositions des articles L. 4741-4, L. 4741-5 et L. 4741-12 sont applicables.

Art. R. 5215-1. Le fait de ne pas respecter l'obligation de réentraînement au travail et de rééducation professionnelle des salariés malades et blessés, en méconnaissance des dispositions de l'article L. 5213-5, est puni de l'amende prévue pour les contraventions de la quatrième classe.

TITRE II

TRAVAILLEURS ÉTRANGERS

Chapitre Ier

Emploi d'un salarié étranger

SECTION 1. Accords internationaux

Art. L. 5221-1. Les dispositions du présent titre sont applicables, sous réserve de celles des traités, conventions ou accords régulièrement ratifiés ou approuvés et publiés, et notamment des traités instituant les communautés européennes ainsi que de celles des actes des autorités de ces communautés pris pour l'application de ces traités.

SECTION 2. Introduction d'un travailleur étranger

Art. L. 5221-2. Pour entrer en France en vue d'y exercer une profession salariée, l'étranger présente :

1° Les documents et visas exigés par les conventions internationales et les règlements en vigueur ;

2° Un contrat de travail visé par l'autorité administrative ou une autorisation de travail.

Art. L. 5221-2-1. (L. 2019-774 du 24 juil. 2019, art. 70, VII, JO 26) Par dérogation à l'article L. 5221-2, n'est pas soumis à la condition prévue au 2° du même article L. 5221-2 :

1° L'étranger qui entre en France afin d'y exercer une activité salariée pour une durée inférieure ou égale à trois mois dans un domaine figurant sur une liste fixée par décret ;

2° Le praticien étranger titulaire d'un diplôme, d'un certificat ou d'un autre titre permettant l'exercice dans le pays d'obtention de ce diplôme, de ce certificat ou de ce titre, sur présentation de la décision d'affectation du ministre chargé de la santé dans un établissement de santé, prévue aux articles L. 4111-2 et L. 4221-12 du code de la santé publique, ainsi que, à titre transitoire, les médecins, chirurgiens-dentistes, sages-femmes et pharmaciens mentionnés à l'article 83 de la loi n° 2006-1640 du 21 décembre 2006 de financement de la sécurité sociale pour 2007, sur présentation de la décision du ministre chargé de la santé d'affectation dans un établissement de santé prévue au même article 83.

Art. L. 5221-3. L'étranger qui souhaite entrer en France en vue d'y exercer une profession salariée et qui manifeste la volonté de s'y installer durablement atteste d'une connaissance suffisante de la langue française sanctionnée par une validation des acquis de l'expérience ou s'engage à l'acquérir après son installation en France.

Art. L. 5221-4. Sous réserve des accords internationaux, il est interdit à une entreprise de travail temporaire de mettre à la disposition de quelque personne que ce soit des travailleurs étrangers si la prestation de service s'effectue hors du territoire français.

SECTION 3. Conditions d'exercice d'une activité salariée

Art. L. 5221-5. Un étranger autorisé à séjourner en France ne peut exercer une activité professionnelle salariée en France sans avoir obtenu au préalable l'autorisation de travail mentionnée au 2° de l'article L. 5221-2.

(L. 2009-1437 du 24 nov. 2009, JO 25) «L'autorisation de travail est accordée de droit à l'étranger autorisé à séjourner en France pour la conclusion d'un contrat d'apprentissage ou de professionnalisation à durée déterminée.» (L. 2018-778 du 10 sept. 2018, art. 50, JO 11) «Cette autorisation est accordée de droit aux mineurs isolés étrangers pris en charge par l'aide sociale à l'enfance, sous réserve de la présentation d'un contrat d'apprentissage ou de professionnalisation.»

L'autorisation de travail peut être retirée si l'étranger ne s'est pas fait délivrer un certificat médical dans les trois mois suivant la délivrance de cette autorisation.

Art. L. 5221-6. La délivrance d'un titre de séjour ouvre droit, dans les conditions fixées aux chapitres III à VI du titre Ier du livre III du code de l'entrée et du séjour des étrangers et du droit d'asile, à l'exercice d'une activité professionnelle salariée.

Art. L. 5221-7. L'autorisation de travail peut être limitée à certaines activités professionnelles ou zones géographiques.

L'autorisation délivrée en France métropolitaine ne confère de droits qu'en France métropolitaine.

Pour l'instruction de la demande d'autorisation de travail, l'autorité administrative peut échanger tous renseignements et documents relatifs à cette demande avec les organismes concourant au service public de l'emploi mentionnés à l'article L. 5311-2, avec les organismes gérant un régime de protection sociale, avec l'établissement mentionné à l'article L. 767-1 du code de la sécurité sociale ainsi qu'avec les caisses de congés payés prévues à l'article (L. 2016-1088 du 8 août 2016, art. 8, XI, 7°, JO 9) « L. 3141-32».

Art. L. 5221-8. L'employeur s'assure auprès des administrations territorialement compétentes de l'existence du titre autorisant l'étranger à exercer une activité salariée en France, sauf si cet étranger est inscrit sur la liste des demandeurs d'emploi tenue par l' (L. 2008-126 du 13 févr. 2008, JO 14) «institution mentionnée à l'article L. 5312-1».

Art. L. 5221-9. L'embauche d'un salarié étranger titulaire de la carte de séjour temporaire prévue à l'article L. 313-7 du code de l'entrée et du séjour des étrangers et du droit d'asile ne peut intervenir qu'après déclaration nominative effectuée par l'employeur auprès de l'autorité administrative.

Art. L. 5221-11. Un décret en Conseil d'État détermine les modalités d'application des articles L. 5221-3 et L. 5221-5 à L. 5221-8.

SECTION 1 (RÉGLEMENTAIRE). Catégories d'autorisation de travail et activités professionnelles autorisées

Art. R. 5221-1. Pour exercer une activité professionnelle (D. 2016-1456 du 28 oct. 2016, art. 20, JO 30, entrée en vigueur le 01.11.2016) «salariée» en France, les personnes suivantes (D. 2008-634 du 30 juin 2008, JO 1er juil.) «doivent détenir» une autorisation de travail et (D. 2016-1456 du 28 oct. 2016, art. 20, JO 30, entrée en vigueur le 01.11.2016) «, lorsqu'elles doivent le produire,» le certificat médical mentionné au (D. 2016-1456 du 28 oct. 2016, art. 20, JO 30, entrée en vigueur le 01.11.2016) «3°» de l'article R. 313-1 du code de l'entrée et du séjour des étrangers et du droit d'asile (D. 2008-634 du 30 juin 2008, JO 1er juil.) «qui leur est remis à l'issue de la visite médicale à laquelle elles se soumettent au plus tard trois mois après la délivrance de l'autorisation de travail»:

1° Étranger non ressortissant d'un État membre de l'Union européenne, d'un autre État partie à l'Espace économique européen ou de la Confédération suisse;

2° Étranger ressortissant d'un État membre de l'Union européenne pendant la période d'application des mesures transitoires relatives à la libre circulation des travailleurs.

Art. R. 5221-2. (D. 2016-1456 du 28 oct. 2016, art. 20, JO 30, entrée en vigueur le 01.11.2016) Sont dispensés de l'autorisation de travail prévue à l'article R. 5221-1:

1° Le salarié, détaché dans les conditions prévues aux articles L. 1262-1 et L. 1262-2 et travaillant de façon régulière et habituelle pour le compte d'un employeur établi sur le territoire d'un État membre de l'Union européenne, d'un autre État partie à l'accord sur l'Espace économique européen ou de la Confédération suisse ;

2° Le salarié, ressortissant d'un État membre de l'Union européenne pendant la période d'application des mesures transitoires, dans les conditions prévues au dernier alinéa de l'article L. 121-2 du code de l'entrée et du séjour des étrangers et du droit d'asile ;

3° L'étranger, entré en France pour exercer une activité professionnelle salariée pour une durée inférieure ou égale à trois mois, dans les conditions prévues à l'article L. 5221-2-1 ;

(D. 2019-141 du 27 févr. 2019, art. 36, JO 28) « 4° L'étudiant ayant été admis au séjour dans un autre État membre de l'Union européenne et séjournant en France, après notification de sa mobilité aux autorités administratives compétentes, pour effectuer une partie de ses études dans les conditions prévues à l'article L. 313-7 du code de l'entrée et du séjour des étrangers et du droit d'asile et qui exerce une activité professionnelle à titre accessoire dans les conditions prévues à l'article R. 5221-26 ;

5° Le chercheur ayant été admis au séjour dans un autre État membre de l'Union européenne et séjournant en France, après notification de sa mobilité aux autorités administratives compétentes, pour mener une partie de ses travaux de recherche et, le cas échéant, dispenser un enseignement dans les conditions prévues à l'article L. 313-20 du code de l'entrée et du séjour des étrangers et du droit d'asile. Cette dispense est également accordée au conjoint et aux enfants du couple admis au séjour dans les mêmes conditions que le chercheur en cas de mobilité de longue durée. »

Art. D. 5221-2-1. (D. 2016-1461 du 28 oct. 2016, JO 30) En application de l'article L. 5221-2-1 du code du travail, n'est pas soumis à la condition prévue au 2° de l'article L. 5221-2 du même code l'étranger qui entre en France afin d'y exercer une activité salariée pour une durée inférieure ou égale à trois mois dans les domaines suivants :

1° Les manifestations sportives, culturelles, artistiques et scientifiques ;

2° Les colloques, séminaires et salons professionnels ;

3° La production et la diffusion cinématographiques, audiovisuelles, du spectacle et de l'édition phonographique, lorsqu'il est artiste du spectacle ou personnel technique attaché directement à la production ou à la réalisation ;

4° Le mannequinat et la pose artistique ;

5° Les services à la personne et les employés de maison pendant le séjour en France de leurs employeurs particuliers ;

6° Les missions d'audit et d'expertise en informatique, gestion, finance, assurance, architecture et ingénierie, lorsqu'il est détaché en application des dispositions de l'article L. 1262-1 du code du travail ;

7° Les activités d'enseignement dispensées, à titre occasionnel, par des professeurs invités.

Art. R. 5221-3. (D. 2016-1456 du 28 oct. 2016, art. 20, JO 30, entrée en vigueur le 01.11.2016) L'autorisation de travail peut être constituée par l'un des documents suivants :

1° La carte de résident, délivrée en application de l'article L. 314-4 du code de l'entrée et du séjour des étrangers et du droit d'asile.

Elle permet l'exercice de toute activité professionnelle salariée ;

2° La carte de séjour pluriannuelle portant la mention " passeport talent " délivrée en application des 1°, 2°, 3°, 4°, 9° et 10° de l'article L. 313-20 du code de l'entrée et du séjour des étrangers et du droit d'asile ou le visa de long séjour valant titre de séjour mentionné au 9° de l'article R. 311-3 du même code.

Elle permet l'exercice de l'activité professionnelle salariée ayant justifié la délivrance du titre de séjour.

Lorsqu'elle est délivrée en application du 1° et du 2° de l'article L. 313-20, elle autorise à exercer toute activité salariée à l'issue de sa deuxième année de validité sous réserve du respect de ses conditions de délivrance.

Lorsqu'elle est délivrée en application du 3° de l'article L. 313-20, elle permet l'exercice d'une activité professionnelle salariée dans le cadre de la mission ayant justifié sa délivrance.

Lorsqu'elle est délivrée en application du 4° de l'article L. 313-20, elle permet l'exercice d'une activité salariée dans le cadre de la convention d'accueil ayant justifié sa délivrance ;

Lorsqu'elle est délivrée en application du 10° de l'article L. 313-20, elle permet l'exercice de toute activité professionnelle salariée ;

3° La carte de séjour pluriannuelle portant la mention " passeport-talent (famille) ", délivrée en application de l'article L. 313-21 du code de l'entrée et du séjour des étrangers et du droit d'asile ou le visa de long séjour valant titre de séjour correspondant mentionné au 9° de l'article R. 311-3 du même code.

Elle permet l'exercice de toute activité professionnelle salariée ;

3° *bis* La carte de séjour temporaire portant la mention " stagiaire ICT (famille) " délivrée en application du deuxième alinéa du I de l'article L. 313-7-2 du code de l'entrée et du séjour des étrangers et du droit d'asile.

Elle permet l'exercice de toute activité professionnelle salariée ;

4° La carte de séjour pluriannuelle portant la mention " travailleur saisonnier ", délivrée en application de l'article L. 313-23 du code de l'entrée et du séjour des étrangers et du droit d'asile, accompagné du contrat de travail visé.

Elle permet l'exercice d'une activité salariée dans les conditions prévues aux articles R. 5221-23, R. 5221-24 et R. 5221-25 du code du travail ;

5° La carte de séjour pluriannuelle portant la mention " salarié détaché ICT ", délivrée en application de l'article L. 313-24 du code de l'entrée et du séjour des étrangers et du droit d'asile.

Lorsqu'elle est délivrée en application du I et du premier alinéa du IV de l'article L. 313-24, elle permet l'exercice d'une activité professionnelle salariée dans le cadre du détachement ayant justifié sa délivrance.

Lorsqu'elle est délivrée en application du II et du deuxième alinéa du IV de l'article L. 313-24 elle permet l'exercice de toute activité professionnelle salariée ;

6° La carte de séjour pluriannuelle générale portant la mention " salarié ", délivrée en application de l'article L. 313-17 du code de l'entrée et du séjour des étrangers et du droit d'asile.

Elle permet l'exercice de toute activité professionnelle salariée ;

7° La carte de séjour temporaire ou pluriannuelle portant la mention " étudiant ", délivrée en application du 3° de l'article L. 121-1, de l'article L. 313-7 ou des articles L. 313-17 et L. 313-19 du code de l'entrée et du séjour des étrangers et du droit d'asile ainsi que le visa de long séjour valant titre de séjour mentionné au 6° de l'article R. 311-3 du même code.

Elle permet l'exercice de toute activité professionnelle salariée dans les conditions prévues aux articles R. 5221-26 et R. 5221-27 du code du travail ;

8° La carte de séjour temporaire portant la mention " salarié ", délivrée en application du 1° de l'article L. 313-10 du code de l'entrée et du séjour des étrangers et du droit d'asile ou le visa de long séjour valant titre de séjour mentionné au 7° de l'article R. 311-3 du même code, accompagné du contrat de travail visé.

Elle autorise à exercer une activité professionnelle salariée dans le respect des termes de l'autorisation de travail accordée.

À l'issue de la deuxième année de validité, elle autorise à exercer toute activité professionnelle salariée.

Lorsqu'elle a été délivrée dans les conditions prévues à l'article L. 313-4-1 du code de l'entrée et du séjour des étrangers et du droit d'asile, elle permet l'exercice de toute activité professionnelle salariée après un séjour de douze mois continus à compter de sa délivrance ;

9° La carte de séjour temporaire portant la mention " travailleur temporaire ", délivrée en application du 2° de l'article L. 313-10 du code de l'entrée et du séjour des étrangers et du droit d'asile ou le visa de long séjour valant titre de séjour mentionné au 8° de l'article R. 311-3 du même code, accompagné du contrat de travail visé.

Elle permet l'exercice de l'activité professionnelle salariée dans le respect des termes de l'autorisation de travail accordée ;

10° La carte de séjour temporaire ou pluriannuelle portant la mention " vie privée et familiale ", délivrée en application des articles L. 313-11, L. 316-1, L. 316-3, L. 313-17 et L. 313-19 du code de l'entrée et du séjour des étrangers et du droit d'asile ; ou le visa de long séjour valant titre de séjour mentionné aux 4° et 11° de l'article R. 311-3 du même code.

Elle permet l'exercice de toute activité professionnelle salariée sous réserve des dispositions du quatrième alinéa de l'article L. 313-12 du même code ;

11° Le récépissé de première demande ou de demande de renouvellement d'un titre de séjour portant la mention " autorise son titulaire à travailler ".

Il permet l'exercice d'une activité professionnelle salariée ;

(D. 2019-141 du 27 févr. 2019, art. 37, JO 28) « 12° La carte de séjour temporaire portant la mention " recherche d'emploi ou création d'entreprise ", délivrée en application de l'article L. 313-8 du code de l'entrée et du séjour des étrangers et du droit d'asile.

Elle permet l'exercice de toute activité professionnelle salariée ; »

13° La carte de séjour délivrée au ressortissant d'un État membre de l'Union européenne soumis à des mesures transitoires par son traité d'adhésion ou au membre de sa famille portant la mention " Toutes activités professionnelles ". Elle permet l'exercice d'une activité professionnelle salariée dans le respect des termes de l'autorisation de travail accordée.

Lorsqu'elle est délivrée sur le fondement du dernier alinéa du I, du II de l'article R. 121-16, du R. 122-1 ou du R. 122-2 du code de l'entrée et du séjour des étrangers et du droit d'asile, elle permet l'exercice de toute activité professionnelle salariée ;

14° L'autorisation provisoire de travail, d'une durée maximale de douze mois renouvelable, délivrée soit à l'étranger salarié qui, par la nature de son séjour ou de son activité, ne relève pas du champ d'application des autorisations de travail précitées, soit à l'étudiant qui, en raison de son cursus, dépasse la durée annuelle de travail prévue par l'article L. 313-7 du code de l'entrée et du séjour des étrangers et du droit d'asile.

Elle permet l'exercice de l'activité professionnelle salariée dans le respect des termes de l'autorisation provisoire de travail accordée ;

15° L'autorisation provisoire de séjour, délivrée en application de l'article L. 311-12 du code de l'entrée et du séjour des étrangers et du droit d'asile.

Elle permet l'exercice de toute activité professionnelle salariée ;

(D. 2018-1335 du 28 déc. 2018, art. 7, 1°, JO 30, entrée en vigueur le 01.01.2019) « 15° *bis* L'autorisation provisoire de séjour délivrée en application de l'article L. 316-1-1 du code de l'entrée et du séjour des étrangers et du droit d'asile. Elle permet l'exercice de toute activité professionnelle salariée ; »

16° Le formulaire de demande d'autorisation de travail revêtu du visa accordée par le préfet, dans l'attente de la délivrance des cartes de séjour mentionnées aux 8° et 9° du présent article (salarié et travailleur temporaire) ;

Il permet l'exercice de l'activité professionnelle salariée dans le respect des termes de l'autorisation de travail accordée ;

17° Le visa d'une durée supérieure à trois mois prévu au 3° *bis* de l'article R. 311-3 du même code.

(D. 2019-141 du 27 févr. 2019, art. 37, JO 28) « Il permet l'exercice de toute activité professionnelle salariée ; »

18° La carte de séjour portant la mention " Carte de séjour de membre de la famille d'un citoyen de l'Union/EEE/Suisse-toutes activités professionnelles " délivrée au salarié non ressortissant d'un État membre de l'Union européenne, d'un autre État partie à l'Espace économique européen ou de la Confédération suisse, en application de l'article R. 121-14.

Elle permet l'exercice de toute activité professionnelle salariée ;

(D. 2019-141 du 27 févr. 2019, art. 37, JO 28) « 19° La carte de séjour pluriannuelle portant la mention " bénéficiaire de la protection subsidiaire " ou la mention " membre de la famille d'un bénéficiaire de la protection subsidiaire ", délivrée en application de l'article L. 313-25 du code de l'entrée et du séjour des étrangers et du droit d'asile.

Elle permet l'exercice de toute activité professionnelle salariée ;

20° La carte de séjour pluriannuelle portant la mention " bénéficiaire du statut d'apatride " ou la mention " membre de la famille d'un bénéficiaire du statut d'apatride ", délivrée en application de l'article L. 313-26 du code de l'entrée et du séjour des étrangers et du droit d'asile.

Elle permet l'exercice de toute activité professionnelle salariée. »

Art. R. 5221-4. L'autorisation de travail permet à l'étranger d'exercer (D. 2016-1456 du 28 oct. 2016, art. 20, JO 30, entrée en vigueur le 01.11.2016) « une activité professionnelle salariée, dans les conditions prévues à l'article R. 5221-3 », sous réserve de la justification des conditions d'exercice de cette activité lorsqu'elle est soumise à une réglementation particulière.

Art. R. 5221-6. (D. 2016-1456 du 28 oct. 2016, art. 20, JO 30, entrée en vigueur le 01.11.2016) Sous réserve des dispositions de l'article R. 5221-22, le contrat de travail conclu dans le cadre de dispositifs en faveur de l'emploi prévus au livre I de la cinquième partie ou dans le cadre de la formation professionnelle tout au long de la vie prévue à la sixième partie du présent code ne permet pas la délivrance de l'une des autorisations de travail mentionnées aux 2°, 4°, au deuxième alinéa du 5°, aux 8°, 9°, 13 et 14° de l'article R. 5221-3 du présent code et ne peuvent être conclus par les titulaires des documents de séjour mentionnés aux 7°, 15° et 17° de l'article R. 5221-3 du même code.

Art. R. 5221-7. (D. 2016-1456 du 28 oct. 2016, art. 20, JO 30, entrée en vigueur le 01.11.2016) Par dérogation à l'article R. 5221-6, peut conclure un contrat d'apprentissage ou de professionnalisation relevant de la formation professionnelle tout au long de la vie l'étudiant étranger, titulaire du document de séjour visé au 7° de l'article R. 5221-3 du présent code, à l'issue d'une première année de séjour.

Pour pouvoir exercer une activité salariée dont la durée excède le nombre d'heures prévu à l'article R. 5221-26 du présent code, une autorisation provisoire de travail prévue (D. 2018-1335 du 28 déc. 2018, art. 7, 2°, JO 30, entrée en vigueur le 01.01.2019) « au 14° » de l'article R. 5221-3 lui est délivrée de plein droit lorsqu'il a signé un tel contrat.

Art. R. 5221-8. (D. 2016-1456 du 28 oct. 2016, art. 20, JO 30, entrée en vigueur le 01.11.2016) Sous réserve de l'article R. 5221-8-1, les autorisations de travail mentionnées aux 1°, 2°, 3°, 7°, 10° de l'article R. 5221-3 sont valables sur l'ensemble du territoire métropolitain.

Art. R. 5221-8-1. (D. 2011-1049 du 6 sept. 2011, JO 7) L'autorisation de travail mentionnée (D. 2016-1456 du 28 oct. 2016, art. 20, JO 30, entrée en vigueur le 01.11.2016) « au troisième alinéa du 2°, aux 13° et 18° » de l'article R. 5221-3 est valable sur l'ensemble du territoire métropolitain ainsi que dans les départements d'outre-mer.

Art. R. 5221-9. La validité des autorisations de travail mentionnées aux 6°, 7°, 8°, 9°, 11° et 13° de l'article R. 5221-3 est déterminée pour une, plusieurs ou toutes les zones géographiques du territoire métropolitain en fonction de la situation de l'emploi.

SECTION 2 (RÉGLEMENTAIRE). Procédure de demande

Art. R. 5221-11. La demande d'autorisation de travail relevant des (D. 2016-1456 du 28 oct. 2016, art. 21, JO 30, entrée en vigueur le 01.11.2016) « 4°, 8°, 9°, 13° et 14° » de l'article R. 5221-3 est faite par l'employeur.

Elle peut également être présentée par une personne habilitée à cet effet par un mandat écrit de l'employeur.

Art. R. 5221-12. La liste des documents à présenter à l'appui d'une demande d'autorisation de travail est fixée par un arrêté conjoint des ministres chargés de l'immigration et du travail.

Art. R. 5221-14. Peut faire l'objet de la demande prévue à l'article R. 5221-11 l'étranger résidant hors du territoire national ou, lorsque la détention d'un titre de séjour est obligatoire, l'étranger résidant en France sous couvert d'une carte de séjour, d'un récépissé de demande ou de renouvellement de carte de séjour ou d'une autorisation provisoire de séjour.

Art. R. 5221-15. Lorsque l'étranger est déjà présent sur le territoire national, la demande d'autorisation de travail mentionnée à l'article R. 5221-11 est adressée au préfet de son département de résidence.

Art. R. 5221-15-1. (D. 2018-335 du 4 mai 2018, art. 9, JO 6) Par dérogation à l'article R. 5221-15, le préfet du département des Bouches-du-Rhône est compétent pour prendre les décisions relatives aux demandes d'autorisation de travail relevant des 4°, 6°, 8°, 9°, 11°, 14° et 16° de l'article R. 5221-3 qui lui sont adressées par l'un des employeurs mentionnés aux alinéas 2 à 4 de l'article R. 311-10-1 du code de l'entrée et du séjour des étrangers et du droit d'asile.

Art. R. 5221-16. Lorsque l'étranger ne réside pas sur le territoire national, la demande est adressée :

1° Lorsque l'employeur est établi en France, au préfet du département dans lequel se trouve l'établissement auquel l'étranger sera rattaché ou dans lequel se trouve le domicile du particulier qui se propose de l'embaucher ;

2° Lorsque l'employeur est établi hors de France, soit au préfet du département où se trouve le cocontractant de l'employeur lorsque l'étranger est détaché dans le cadre du 1° de l'article L. 1262-1, soit au préfet du département de l'établissement d'accueil lorsque l'étranger est détaché dans le cadre soit du 2° de l'article L. 1262-1, soit de l'article L. 1262-2. Si l'étranger exerce un emploi itinérant, la demande est adressée au préfet du département de son premier lieu d'emploi. Dans les autres cas, la demande est adressée au préfet du département du lieu d'emploi.

SECTION 3 (RÉGLEMENTAIRE). Délivrance des autorisations de travail

Art. R. 5221-17. La décision relative à la demande d'autorisation de travail mentionnée à l'article R. 5221-11 est prise par le préfet. Elle est notifiée à l'employeur ou au mandataire qui a présenté la demande, ainsi qu'à l'étranger.

Art. R. 5221-18. En cas d'accord, le préfet adresse les autorisations de travail portant sur des contrats d'une durée supérieure à trois mois ou sur des contrats de travail saisonniers à l' (D. 2009-331 du 25 mars 2009, JO 27) « Office français de l'immigration et de l'intégration ».

Art. R. 5221-19. Les recours hiérarchiques dirigés contre les décisions mentionnées aux articles R. 5221-17, R. 5221-32 et suivants sont formés auprès du ministre chargé de l'immigration.

Art. R. 5221-20. Pour accorder ou refuser l'une des autorisations de travail mentionnées à l'article R. 5221-11, le préfet prend en compte les éléments d'appréciation suivants :

1° La situation de l'emploi dans la profession et dans la zone géographique pour lesquelles la demande est formulée, compte tenu des spécificités requises pour le poste de travail considéré, et les recherches déjà accomplies par l'employeur auprès des (D. 2016-1456 du 28 oct. 2016, art. 22, 2°, JO 30, entrée en vigueur le 01.11.2016) « organismes concourant au service public de l'emploi » pour recruter un candidat déjà présent sur le marché du travail ;

2° L'adéquation entre la qualification, l'expérience, les diplômes ou titres de l'étranger et les caractéristiques de l'emploi auquel il postule ;

(D. 2016-1456 du 28 oct. 2016, art. 22, 3°, JO 30, entrée en vigueur le 01.11.2016) « Lorsque la demande concerne un étudiant ayant achevé son cursus sur le territoire français cet élément s'apprécie au regard des seules études suivies et seuls diplômes obtenus en France » ;

3° Le respect par l'employeur (D. 2008-634 du 30 juin 2008, JO 1er juil.) « , l'utilisateur mentionné à l'article L. 1251-1 » ou l'entreprise d'accueil de la législation relative au travail et à la protection sociale ;

4° Le cas échéant, le respect par (D. 2008-634 du 30 juin 2008, JO 1er juil.) « l'employeur, l'utilisateur, l'entreprise d'accueil ou » le salarié des conditions réglementaires d'exercice de l'activité considérée ;

5° Les conditions d'emploi et de rémunération offertes à l'étranger, qui sont comparables à celles des salariés occupant un emploi de même nature dans l'entreprise ou, à défaut, (D. 2016-1456 du 28 oct. 2016, art. 22, 4°, JO 30, entrée en vigueur le 01.11.2016) « conformes aux rémunérations pratiquées sur le marché du travail pour l'emploi sollicité » ;

6° Le salaire proposé à l'étranger qui, même en cas d'emploi à temps partiel, est au moins équivalent à la rémunération minimale mensuelle mentionnée à l'article L. 3232-1 ;

7° Le cas échéant, lorsque l'étranger réside hors de France au moment de la demande et lorsque l'employeur ou l'entreprise d'accueil pourvoit à son hébergement, les dispositions prises par l'employeur pour assurer ou faire assurer, dans des conditions normales, le logement de l'étranger directement ou par une personne entrant dans le champ d'application de la loi n° 73-548 du 27 juin 1973 relative à l'hébergement collectif. Ces dispositions s'appliquent également lorsque l'étranger change d'employeur avant l'expiration du délai de six mois prévu à l'article R. 5221-23.

Art. R. 5221-21. (D. 2016-1456 du 28 oct. 2016, art. 22, 5°, JO 30, entrée en vigueur le 01.11.2016) Les éléments d'appréciation mentionnés au 1° de l'article R. 5221-20 ne sont pas opposables lorsque la demande d'autorisation de travail est présentée au bénéfice de :

1° L'étranger visé à l'article L. 121-2 du code de l'entrée et du séjour des étrangers et du droit d'asile ou au sixième alinéa de l'article L. 313-10 du même code lorsque l'emploi sollicité figure sur l'une des listes visées par ces dispositions ;

(D. 2019-141 du 27 févr. 2019, art. 38, JO 28) « 2° L'étranger, titulaire d'une carte de séjour temporaire portant la mention " recherche d'emploi ou création d'entreprise " délivrée en application de l'article L. 313-8 du code de l'entrée et du séjour des étrangers et du droit d'asile et qui présente un contrat de travail en relation avec sa formation ou ses recherches et assorti d'une rémunération supérieure à un montant fixé par décret ; »

3° L'étudiant visé au septième alinéa de l'article L. 313-10 du code de l'entrée et du séjour des étrangers et du droit d'asile qui, titulaire d'un diplôme obtenu dans l'année, justifie d'un contrat de travail en relation avec sa formation et assorti d'une (D. 2019-141 du 27 févr. 2019, art. 38, JO 28) « rémunération supérieure à un montant fixé par décret » ;

4° Le mineur étranger, pris en charge par l'aide sociale à l'enfance, lorsqu'il remplit les conditions de l'article R. 5221-22 du code du travail.

Art. D. 5221-21-1. (D. 2016-1463 du 28 oct. 2016, JO 30, entrée en vigueur le 01.11.2016) Le seuil de rémunération (D. 2019-151 du 28 févr. 2019, JO 1er mars) « mentionné aux 2° et 3° de l'article R. 5221-21 et au 1° du II de l'article L. 313-8 et à l'article L. 313-10 » du code de l'entrée et du séjour des étrangers et du droit d'asile est fixé à une fois et demie le montant de la rémunération minimale mensuelle.

Art. R. 5221-22. Lorsque l'autorisation de travail est demandée en vue de la conclusion d'un contrat d'apprentissage ou d'un contrat de professionnalisation, la situation de l'emploi ne peut être opposée à la demande d'un étranger qui a été pris en charge par le service de l'aide sociale à l'enfance mentionné à l'article L. 221-1 du code de l'action sociale et des familles avant qu'il ait atteint l'âge de seize ans et qui l'est toujours au moment où il présente sa demande.

(D. 2011-1049 du 6 sept. 2011, JO 7) « La situation de l'emploi ne peut être opposée lorsque l'autorisation de travail est demandée par un étranger confié à l'aide sociale à l'enfance entre l'âge de seize ans et l'âge de dix-huit ans, dès lors qu'il satisfait les conditions fixées à l'article L. 313-15 du code de l'entrée et du séjour des étrangers et du droit d'asile pour obtenir la carte de séjour temporaire prévue au 1° de l'article L. 313-10 du même code et portant la mention « salarié » ou la mention « travailleur temporaire ». »

SECTION 4 (RÉGLEMENTAIRE). Travailleurs saisonniers, étudiants, salariés en mission et travailleurs hautement qualifiés

Sous-section 1. Travailleurs saisonniers

Art. R. 5221-23. Un étranger peut occuper un ou plusieurs emplois saisonniers dont la durée cumulée ne peut excéder six mois par an.

Art. R. 5221-24. L'étranger justifiant d'un contrat de travail d'une durée d'au moins trois mois obtient, sous réserve du respect des conditions mentionnées aux articles R. 5221-20 et R. 5221-21, l'autorisation de travail correspondant au premier emploi saisonnier et prenant la forme d'une carte de séjour (D. 2016-1456 du 28 oct. 2016, art. 23, 1°, JO 30, entrée en vigueur le 01.11.2016) « pluriannuelle » portant la mention « travailleur saisonnier ».

Art. R. 5221-25. Le contrat de travail saisonnier de l'étranger est visé, avant son entrée en France, par le préfet territorialement compétent selon les critères mentionnés à l'article R. 5221-16 et sous réserve des conditions d'appréciation mentionnées aux articles R. 5221-20 et R. 5221-21.

(D. 2008-634 du 30 juin 2008, JO 1er juil.) « La procédure de visa par le préfet s'applique également lors du renouvellement de ce contrat et lors de la conclusion d'un nouveau contrat de travail saisonnier en France. »

Sous-section 2. Étudiants

Art. R. 5221-26. L'étranger titulaire du titre de séjour (D. 2009-477 du 27 avril 2009, JO 29, entrée en vigueur le 01.06.2009) « ou du visa pour un séjour d'une durée supérieure à trois mois mentionné au (D. 2016-1456 du 28 oct. 2016, art. 23, 2°, JO 30, entrée en vigueur le 01.11.2016) « 7° » de l'article R. 5221-3 » portant la mention « étudiant » est autorisé à exercer une activité salariée, à titre accessoire, dans la limite d'une durée annuelle de travail égale à 964 heures.

(D. 2019-141 du 27 févr. 2019, art. 39, JO 28) « Il en est de même pour l'étudiant ayant été admis au séjour dans un autre État membre de l'Union européenne et séjournant en France, après notification de sa mobilité aux autorités administratives compétentes, pour effectuer une partie de ses études dans les conditions prévues à l'article L. 313-7. »

Art. R. 5221-27. La déclaration nominative préalable prévue à l'article L. 5221-9 est adressée par l'employeur au préfet qui a accordé à l'étranger le titre de séjour mentionné à l'article R. 5221-26 (D. 2009-477 du 27 avril 2009, JO 29, entrée en vigueur le 01.06.2009) « ou, s'agissant d'un étranger titulaire d'un visa pour un séjour d'une durée supérieure à trois mois mentionné au (D. 2016-1456 du 28 oct. 2016, art. 23, 2°, JO 30, entrée en vigueur le 01.11.2016) « 7° » de l'article R. 5221-3, au préfet du département du lieu de résidence de l'étranger », au moins deux jours ouvrables avant la date d'effet de l'embauche. Cette formalité est accomplie soit par lettre datée, signée et recommandée avec avis de réception, soit par courrier électronique.

Art. R. 5221-28. La déclaration nominative comporte la transmission d'une copie du titre produit par l'étranger ou, à la demande du préfet, le document original.

La déclaration comporte également les indications suivantes :

1° La dénomination sociale ou les nom et prénoms de l'employeur, l'adresse de l'employeur, le numéro du système d'identification du répertoire des entreprises et de leurs établissements ou, à défaut, le numéro sous lequel les cotisations de sécurité sociale sont versées ;

2° Les nom de famille, prénoms, nationalité, date et lieu de naissance du salarié ;

3° Le numéro du titre de séjour de l'étranger (D. 2009-477 du 27 avril 2009, JO 29, entrée en vigueur le 01.06.2009) « ou le numéro du visa pour un séjour d'une durée supérieure à trois mois mentionné au (D. 2016-1456 du 28 oct. 2016, art. 23, 2°, JO 30, entrée en vigueur le 01.11.2016) « 7° » de l'article R. 5221-3 » ;

4° La nature de l'emploi, la durée du contrat et le nombre d'heures de travail annuel ;

5° La date prévue d'embauche.

SECTION 5 (RÉGLEMENTAIRE). Renouvellement de l'autorisation de travail

Sous-section 1. Procédure de renouvellement

Art. R. 5221-32. Le renouvellement d'une autorisation de travail mentionnée à l'article R. 5221-11 est sollicité dans le courant des deux mois précédant son expiration.

La demande de renouvellement est accompagnée de documents dont la liste est fixée par arrêté conjoint des ministres chargés de l'immigration et du travail.

L'autorisation de travail est renouvelée dans la limite de la durée du contrat de travail restant à courir ou de la mission restant à accomplir en France.

Art. R. 5221-33. Par dérogation à l'article R. 5221-32, la validité (D. 2016-1456 du 28 oct. 2016, art. 23, 5°, JO 30, entrée en vigueur le 01.11.2016) « de l'autorisation de travail mentionnée au 8° » de l'article R. 5221-3 est prorogée d'un an lorsque l'étranger se trouve involontairement privé d'emploi à la date de la première demande de renouvellement.

Si, au terme de cette période de prorogation, l'étranger est toujours privé d'emploi, il est statué sur sa demande compte tenu de ses droits au regard du régime d'indemnisation des travailleurs involontairement privés d'emploi.

Art. R. 5221-34. Le renouvellement d'une des autorisations de travail mentionnées aux articles R. 5221-32 et R. 5221-33 peut être refusé en cas de non-respect des termes de l'autorisation par l'étranger ou en cas de non respect par l'employeur :

1° De la législation relative au travail ou à la protection sociale ;
2° Des conditions d'emploi, de rémunération ou de logement fixées par cette autorisation.

Art. R. 5221-35. Les critères mentionnés à l'article R. 5221-20 sont également opposables lors du premier renouvellement de l'une de ces autorisations de travail lorsque l'étranger demande à occuper un emploi dans un métier ou une zone géographique différents de ceux qui étaient mentionnés sur l'autorisation de travail initiale.

Art. R. 5221-36. Le premier renouvellement peut également être refusé lorsque le contrat de travail a été rompu dans les douze mois suivant l'embauche sauf en cas de privation involontaire d'emploi.

Sous-section 2. Taxe

Note Les articles D. 5221-37 à 40 qui figuraient dans cette sous-section ont été abrogés par le décret 2009-2 du 2 janvier 2009, JO 4.

SECTION 6 (RÉGLEMENTAIRE). Contrôle des autorisations de travail

Art. R. 5221-41. Pour s'assurer de l'existence de l'autorisation de travail d'un étranger qu'il se propose d'embaucher, en application de l'article L. 5221-8, l'employeur adresse au préfet du département du lieu d'embauche ou, à Paris, au préfet de police une lettre datée, signée et recommandée avec avis de réception ou un courrier électronique, comportant la transmission d'une copie du document produit par l'étranger. À la demande du préfet, il peut être exigé la production par l'étranger du document original.

Art. R. 5221-42. La demande de l'employeur est adressée au préfet au moins deux jours ouvrables avant la date d'effet de l'embauche.

Le préfet notifie sa réponse à l'employeur par courrier, télécopie ou courrier électronique dans un délai de deux jours ouvrables à compter de la réception de la demande. À défaut de réponse dans ce délai, l'obligation de l'employeur de s'assurer de l'existence de l'autorisation de travail est réputée accomplie.

Art. R. 5221-43. Les dispositions des articles R. 5221-41 et R. 5221-42 s'appliquent lorsque l'autorisation de travail produite par l'étranger est matérialisée par l'un des documents mentionnés à l'article R. 5221-3.

Elles ne s'appliquent pas lorsque l'étranger produit à l'employeur un justificatif d'inscription sur la liste des demandeurs d'emploi délivré par (D. 2014-524 du 22 mai 2014, art. 16, JO 24) « Pôle emploi » ou lorsqu'il se trouve dans le cas prévu au (D. 2016-1456 du 28 oct. 2016, art. 24, 1°, JO 30, entrée en vigueur le 01.11.2016) « 2° » de l'article R. 5221-2.

Art. R. 5221-44. Lorsqu'une entreprise de travail temporaire s'est assurée de l'existence de l'autorisation de travail dans les conditions prévues à l'article R. 5221-41, cette formalité est réputée remplie pour la durée de validité du titre de séjour et pour tout contrat de mission, conclu entre l'étranger et cette entreprise de travail temporaire.

Art. R. 5221-45. La déclaration de l'employeur accomplie en application de l'article R. 5221-27 pour l'embauche d'un étranger titulaire de la carte de séjour temporaire (D. 2009-477 du 27 avril 2009, JO 29, entrée en vigueur le 01.06.2009) « ou du visa pour un séjour d'une durée supérieure à trois mois mentionné au (D. 2016-1456 du 28 oct. 2016, art. 24, 2°, JO 30, entrée en vigueur le 01.11.2016) « 7° » de l'article R. 5221-3, » portant la mention « étudiant » vaut accomplissement de la vérification de l'existence des autorisations de travail, à défaut de réponse du préfet dans un délai de deux jours ouvrables à compter de la réception de cette déclaration.

Art. R. 5221-46. L'autorisation de travail est présentée sans délai à toute demande des autorités mentionnées à l'article L. 8271-17.

SECTION 7 (RÉGLEMENTAIRE). Inscription sur la liste des demandeurs d'emploi

Art. R. 5221-47. Pour demander son inscription sur la liste des demandeurs d'emploi, le travailleur étranger doit satisfaire aux conditions d'inscription prévues par la section 1 du chapitre premier du titre premier du livre IV, et notamment à celles mentionnées (D. 2015-1264 du 9 oct. 2015, JO 14) « aux articles R. 5411-2 et R. 5411-3 » et au 5° de l'article R. 5411-6 relatives à la justification de la régularité de sa situation au regard des dispositions qui réglementent l'exercice d'activités professionnelles par les étrangers.

Art. R. 5221-48. (D. 2016-1456 du 28 oct. 2016, art. 25, JO 30, entrée en vigueur le 01.11.2016) Pour être inscrit, le travailleur étranger doit être titulaire de l'un des titres de séjour suivants :

1° La carte de résident délivrée en application des articles L. 314-8, L. 314-8-1, L. 314-8-2, L. 314-9, L. 314-11, L. 314-12, L. 314-14 et L. 316-3 du code de l'entrée et du séjour des étrangers et du droit d'asile ;

2° La carte de séjour pluriannuelle portant la mention salarié mentionnée au 6° de l'article R. 5221-3 du code du travail ;

3° La carte de séjour portant la mention " passeport talent " délivrée en application des 1°, 2°, 4° et 9° de l'article L. 313-20 ou de l'article L. 313-21 du code de l'entrée et du séjour des étrangers et du droit d'asile, ainsi que le visa de long séjour valant titre de séjour correspondant à ces motifs de séjour ;

4° La carte de séjour temporaire portant la mention " salarié " mentionnée au 8° et au 13° de l'article R. 5221-3 du code du travail ;

5° L'un des documents mentionnés au 9° ou l'autorisation provisoire de travail mentionnée au 14° de l'article R. 5221-3, lorsque le contrat de travail, conclu avec un employeur établi en France, a été rompu avant son terme, du fait de l'employeur, pour un motif qui lui est imputable ou pour un cas de force majeure ;

6° La carte de séjour temporaire ou pluriannuelle portant la mention " vie privée et familiale ", délivrée en application de l'article L. 313-11, de L. 316-1 ainsi que des articles L. 313-17 et L. 313-19 du code de l'entrée et du séjour des étrangers et du droit d'asile ; ou le visa de long séjour valant titre de séjour mentionné aux 4° et 11° de l'article R. 311-3 du même code ;

7° Le récépissé mentionné au 11° de l'article R. 5221-3 du présent code ;

8° Les visas de long séjour valant titre de séjour mentionnés (D. 2019-141 du 27 févr. 2019, art. 40, JO 28) « aux 8°, 10° et 12° de l'article R. 5221-3 » ;

(D. 2018-1335 du 28 déc. 2018, art. 7, 3°, JO 30, entrée en vigueur le 01.01.2019) « 9° L'autorisation provisoire de séjour délivrée en application de l'article L. 316-1-1 du code de l'entrée et du séjour des étrangers et du droit d'asile ; »

(D. 2019-141 du 27 févr. 2019, art. 40, JO 28) « 10° La carte de séjour temporaire portant la mention " recherche d'emploi ou création d'entreprise " mentionnée à l'article L. 313-8 du code de l'entrée et du séjour des étrangers et du droit d'asile ;

11° La carte de séjour pluriannuelle portant la mention " bénéficiaire de la protection subsidiaire " ou la mention " membre de la famille d'un bénéficiaire de la protection subsidiaire ", mentionnée à l'article L. 313-25 du code de l'entrée et du séjour des étrangers et du droit d'asile ;

12° La carte de séjour pluriannuelle portant la mention " bénéficiaire du statut d'apatride " ou la mention " membre de la famille d'un bénéficiaire du statut d'apatride ", mentionnée à l'article L. 313-26 du code de l'entrée et du séjour des étrangers et du droit d'asile. »

Chapitre II
Interdictions

Art. L. 5222-1. Il est interdit, sous réserve des dispositions de l'article L. 7121-18 de se faire remettre ou tenter de se faire remettre, de manière occasionnelle ou renouvelée, des fonds, des valeurs ou des biens mobiliers en vue ou à l'occasion de l'introduction en France d'un travailleur étranger ou de son embauche.

Art. L. 5222-2. Il est interdit à tout employeur de se faire rembourser la redevance forfaitaire qu'il a versée à l' (D. 2009-331 du 25 mars 2009, JO 27) «Office français de l'immigration et de l'intégration» ou les frais de voyage qu'il a réglés pour la venue d'un travailleur étranger en France ainsi que d'opérer sur le salaire de celui-ci des retenues, sous quelque dénomination que ce soit, à l'occasion de son embauche.

Chapitre III
Office français de l'immigration et de l'intégration

SECTION 1. Missions et exercice des missions

Art. L. 5223-1. L'(D. 2009-331 du 25 mars 2009, JO 27) «Office français de l'immigration et de l'intégration» est chargé, sur l'ensemble du territoire, du service public de l'accueil des étrangers titulaires, pour la première fois, d'un titre les autorisant à séjourner durablement en France.

Il a également pour mission de participer à toutes actions administratives, sanitaires et sociales relatives:

1° À l'entrée et au séjour d'une durée inférieure ou égale à trois mois des étrangers;

2° À l'accueil des demandeurs d'asile (L. 2015-925 du 29 juil. 2015, art. 27, JO 30) «et à la gestion de l'allocation pour demandeur d'asile mentionnée à l'article L. 744-9 du code de l'entrée et du séjour des étrangers et du droit d'asile»;

3° À l'introduction en France, au titre du regroupement familial, du mariage avec un Français ou en vue d'y effectuer un travail salarié, d'étrangers ressortissants de pays tiers à l'Union européenne;

4° (L. 2018-778 du 10 sept. 2018, art. 47, I, 1°, JO 11) «À la visite médicale» des étrangers admis à séjourner en France pour une durée supérieure à trois mois. (L. 2018-778 du 10 sept. 2018, art. 47, I, 2°, JO 11, entrée en vigueur au plus tard le 01.03.2019) «Cette visite médicale permet un repérage des troubles psychiques;»

5° Au retour et à la réinsertion des étrangers dans leur pays d'origine (L. 2018-778 du 10 sept. 2018, art. 47, I, 3°, JO 11) «depuis le territoire national ou depuis les pays de transit»;

(L. 2009-323 du 25 mars 2009, art. 67, JO 27) «6° À l'intégration en France des étrangers, pendant une période de cinq années au plus à compter de la délivrance d'un premier titre de séjour les autorisant à séjourner durablement en France ou, pour la mise en œuvre des dispositifs d'apprentissage (L. 2017-86 du 27 janv. 2017, art. 157, 3°, JO 28) «et d'amélioration de la maîtrise» de la langue française adaptés à leurs besoins, le cas échéant en partenariat avec d'autres opérateurs, quelle que soit la durée de leur séjour»;

(L. 2016-274 du 7 mars 2016, art. 20, VIII, JO 8, entrée en vigueur le 01.01.2017) «7° À la procédure d'instruction des demandes de titre de séjour en qualité d'étranger malade prévue au 11° de l'article L. 313-11 du code de l'entrée et du séjour des étrangers et du droit d'asile.»

(L. 2018-778 du 10 sept. 2018, art. 47, I, 4°, JO 11, entrée en vigueur au plus tard le 01.03.2019) «L'Office français de l'immigration et de l'intégration comprend un service médical.»

(L. 2015-925 du 29 juil. 2015, art. 27, JO 30) «Le conseil d'administration de l'Office français de l'immigration et de l'intégration délibère sur le rapport annuel d'activité présenté par le directeur général, qui comporte des données quantitatives et qualitatives par sexe ainsi que des données sur les actions de formation des agents, en particulier sur la prise en compte des enjeux relatifs au sexe et à la vulnérabilité dans l'accueil des demandeurs d'asile.»

Art. R. 5223-1. (D. 2012-336 du 7 mars 2012, art. 1er, JO 9) L'Office français de l'immigration et de l'intégration met en œuvre les missions définies à l'article L. 5223-1 dans les conditions fixées par le code de l'entrée et du séjour des étrangers et du droit d'asile.

Pour la mise en œuvre de la politique d'accueil des demandeurs d'asile, l'Office français de l'immigration et de l'intégration assure le pilotage d'un réseau de structures de premier accueil, d'information, d'orientation et d'accompagnement dont les missions sont définies par le ministère chargé de l'asile et dont il peut déléguer la gestion, par convention, à des personnes morales de droit privé.

En application des dispositions de l'article (D. 2015-1166 du 21 sept. 2015, art. 26, JO 22, entrée en vigueur le 01.11.2015) « L. 744-4 du code de l'entrée et du séjour des étrangers et du droit d'asile », l'Office assure également, pour le compte du ministère chargé de l'asile, la coordination du dispositif national d'hébergement des demandeurs d'asile et des réfugiés.

Art. R. 5223-2. L' (D. 2009-331 du 25 mars 2009, JO 27) « Office français de l'immigration et de l'intégration » peut, par convention, associer à ses missions tout organisme privé ou public, notamment les collectivités territoriales et les organismes de droit privé à but non lucratif.

Art. R. 5223-3. La mise en œuvre des missions de l'agence fait l'objet d'un (D. 2012-336 du 7 mars 2012, art. 3, JO 9) « contrat d'objectifs et de performance » conclu avec l'État.

SECTION 2. Statut, organisation et fonctionnement

Art. L. 5223-2. L' (D. 2009-331 du 25 mars 2009, JO 27) « Office français de l'immigration et de l'intégration » est un établissement public administratif de l'État.

Art. L. 5223-3. L' (D. 2009-331 du 25 mars 2009, JO 27) « Office français de l'immigration et de l'intégration » est administré par un conseil d'administration composé :

1° D'un président nommé par décret ;

(L. 2018-699 du 3 août 2018, art. 75, III, JO 5) « 1° *bis* D'un député et d'un sénateur ; »

2° De représentants de l'État ;

3° De représentants du personnel de l'office ;

4° De personnalités qualifiées.

Art. L. 5223-5. Les règles d'organisation et de fonctionnement de l' (D. 2009-331 du 25 mars 2009, JO 27) « Office français de l'immigration et de l'intégration » sont déterminées par décret en Conseil d'État.

Sous-section 1 (réglementaire). Statut

Art. R. 5223-4. L' (D. 2009-331 du 25 mars 2009, JO 27) « Office français de l'immigration et de l'intégration » est placé (D. 2012-336 du 7 mars 2012, art. 4, JO 9) « sous la tutelle des ministres chargés de l'immigration et de l'intégration ».

Sous-section 2 (réglementaire). Organisation

§ 1. Conseil d'administration

Art. R. 5223-5. (D. 2012-336 du 7 mars 2012, art. 5, JO 9) Le conseil d'administration de l'Office comprend, outre son président (D. 2016-358 du 25 mars 2016, JO 27) « et deux parlementaires désignés l'un par l'Assemblée nationale et l'autre par le Sénat, » quinze membres :

1° Huit membres représentant l'État :

a) Le représentant du ministre chargé de l'immigration ;

b) Le représentant du ministre chargé de l'intégration ;

c) Le représentant du ministre chargé de l'emploi ;

d) Le représentant du ministre chargé des affaires étrangères ;

e) (D. 2016-358 du 25 mars 2016, JO 27) « Le représentant du ministre chargé des affaires sociales ; »

f) Le représentant du ministre chargé de l'enseignement supérieur ;

g) Le représentant du ministre chargé de la santé ;

h) Le représentant du ministre chargé du budget ;

2° Deux représentants du personnel élus dans les conditions fixées par le chapitre II du titre II de la loi n° 83-675 du 26 juillet 1983 relative à la démocratisation du secteur public, à l'exception des dispositions relatives à la durée de leur mandat. Celle-ci est de trois ans ;

3° Cinq personnalités qualifiées désignées par les ministres chargés de l'immigration et de l'intégration en raison de leur expérience dans les domaines de compétences de l'Office.

Art. R. 5223-6. (D. 2012-336 du 7 mars 2012, art. 6, JO 9) Le président du conseil d'administration est nommé par décret, pour une durée de trois ans renouvelable, sur proposition conjointe des ministres chargés de l'immigration et de l'intégration.

Il est assisté de deux vice-présidents :

1° Un des représentants des ministres chargés de l'immigration et de l'intégration, désigné conjointement par ces derniers ;

2° Une personnalité qualifiée désignée en son sein par le conseil d'administration.

Art. R. 5223-7. Les membres du conseil d'administration mentionnés (D. 2012-336 du 7 mars 2012, art. 7, JO 9) « au 3° » de l'article R. 5223-5 sont nommés pour une durée de trois ans, renouvelable une fois, (D. 2012-336 du 7 mars 2012, art. 7, JO 9) « par arrêté conjoint du ministre chargé de l'immigration et du ministre chargé de l'intégration ».

Chaque membre du conseil d'administration, hormis les personnalités qualifiées, dispose d'un suppléant désigné et nommé dans les mêmes conditions.

Art. R. 5223-8. Toute vacance, pour quelque cause que ce soit ou perte de la qualité au titre de laquelle les membres du conseil ont été désignés, donne lieu à remplacement dans les mêmes conditions dans un délai de deux mois à compter de cette vacance, pour la durée du mandat restant à courir.

Art. R. 5223-9. (D. 2012-336 du 7 mars 2012, art. 8, JO 9) I. – Dans le cadre des missions fixées à l'article L. 5223-1, le conseil d'administration délibère sur :

1° Les conditions générales d'organisation et de fonctionnement de l'établissement, et notamment les ouvertures et fermetures des directions territoriales en France et des représentations à l'étranger ;

2° Les missions et l'implantation des services territoriaux et de ses représentations à l'étranger ;

3° Le projet de contrat d'objectifs et de performance conclu avec l'État ;

4° Le programme prévisionnel d'activité, le projet de budget de l'Office et ses modifications ;

5° Le compte financier et l'affectation des résultats de l'établissement ;

6° Le tableau des emplois ;

7° Le rapport annuel d'activité présenté par le directeur général ;

8° Le placement des fonds disponibles dans les conditions fixées par le ministre chargé du budget ;

9° La stratégie immobilière de l'établissement, notamment son schéma pluriannuel de stratégie immobilière, les achats, ventes, échanges d'immeubles et prises à bail d'immeubles, constitution et cession de droits réels immobiliers ;

10° Les conditions générales de vente des produits et services fournis par l'établissement ;

11° L'acceptation ou le refus de dons et legs ;

12° L'autorisation des transactions ;

II. – Le conseil d'administration rend un avis sur les projets d'arrêtés prévus à l'article R. 512-1-2 du code de l'entrée et du séjour des étrangers et du droit d'asile concernant les conditions d'octroi et le montant de l'aide au retour.

III. – Le conseil d'administration peut déléguer au directeur général certaines de ses attributions mentionnées aux 11° et 12° dans les conditions qu'il détermine. Le directeur général rend compte au conseil d'administration, lors de sa plus prochaine réunion, des décisions qu'il a prises en vertu de cette délégation.

IV. – Pour l'adoption des délibérations modificatives prévues au 4° du I et de celles relatives aux baux d'immeubles prévues au 9° du I, le recours à une procédure de consultation des membres du conseil d'administration par visioconférence peut être décidé par le président lorsque l'urgence l'impose.

À titre exceptionnel, lorsqu'il ne peut être procédé à une consultation par visioconférence, le recours à une procédure de consultation écrite peut être décidé par le président lorsque l'urgence impose de consulter le conseil d'administration dans les délais les plus brefs. Dans ce cas, les membres du conseil d'administration sont consultés individuellement par tout moyen écrit permettant d'établir la preuve de la réception de la demande de consultation. Les observations émises sur la délibération par l'un des membres du conseil d'administration sont immédiatement communiquées aux autres membres.

Tout membre du conseil d'administration peut s'opposer à ce mode de consultation, auquel cas il est mis un terme à la procédure et le conseil d'administration est convoqué par son président afin de procéder au vote sur la ou les décisions soumises à consultation écrite.

Ces décisions sont prises selon les règles de majorité fixées à l'article R. 5223-13. Elles font l'objet d'une information au conseil d'administration dans les meilleurs délais et sont inscrites au compte rendu de sa plus prochaine séance.

Les modalités de mise en œuvre de ces deux procédures de consultation en urgence, et notamment le délai minimum d'envoi des documents avant la date à laquelle il appartient aux membres du conseil d'administration de se prononcer sur les questions dont ils sont saisis, sont arrêtées par le règlement intérieur du conseil d'administration.

Art. R. 5223-10. (D. 2012-336 du 7 mars 2012, art. 9, JO 9) « Le président convoque le conseil d'administration et fixe l'ordre du jour de sa réunion sur proposition du directeur général de l'Office.

Le conseil d'administration se réunit au moins deux fois par an pour délibérer sur l'approbation du compte financier présenté par le comptable et l'adoption du budget primitif. »

Le conseil d'administration est réuni de plein droit à la demande des ministres de tutelle ou de la majorité de ses membres, sur les points de l'ordre du jour déterminés par eux, dans le délai d'un mois suivant la demande.

Art. R. 5223-11. (D. 2012-336 du 7 mars 2012, art. 10, JO 9) « Le conseil d'administration ne peut valablement délibérer que si la moitié au moins de ses membres titulaires ou suppléants est présente ou représentée. »

Si le quorum n'est pas atteint, le conseil est à nouveau convoqué sur le même ordre du jour dans un délai maximum de quinze jours. Il délibère alors sans condition de quorum.

Art. R. 5223-12. En cas d'absence ou d'empêchement du président, le conseil d'administration est présidé par le vice-président représentant (D. 2012-336 du 7 mars 2012, art. 11, JO 9) « les ministres chargés de l'immigration et de l'intégration ».

Art. R. 5223-13. Les délibérations du conseil d'administration sont adoptées à la majorité des voix des membres présents ou représentés. La voix du président est prépondérante en cas de partage égal des voix.

Art. R. 5223-14. (D. 2016-358 du 25 mars 2016, JO 27) « Les secrétaires généraux des ministères de tutelle ou leurs représentants, le directeur général, le contrôleur budgétaire et l'agent comptable assistent aux réunions du conseil d'administration avec voix consultative. »

(D. 2012-336 du 7 mars 2012, art. 12, JO 9) « Le directeur général peut être assisté de membres du personnel de l'établissement qui participent aux réunions du conseil d'administration sans prendre part aux votes. »

Art. R. 5223-15. Les fonctions de membre du conseil d'administration ne sont pas rémunérées.

Toutefois, le président reçoit une indemnité de fonctions dont le montant est fixé par arrêté des ministres chargés de l'immigration et du budget.

Art. R. 5223-16. Les membres du conseil d'administration peuvent bénéficier du remboursement de leurs frais de déplacement et de séjour dans les conditions prévues par la réglementation applicable aux fonctionnaires de l'État.

Art. R. 5223-17. (D. 2012-336 du 7 mars 2012, art. 13, JO 9) Sous réserve des dispositions de l'article R. 5223-37, les délibérations du conseil d'administration sont exécutoires de plein droit quinze jours après leur réception par les ministres chargés de l'immigration et de l'intégration.

§ 2. Directeur général

Art. R. 5223-18. L' (D. 2009-331 du 25 mars 2009, JO 27) « Office français de l'immigration et de l'intégration » est dirigé par un directeur général nommé par décret (D. 2012-336 du 7 mars 2012, art. 14, JO 9) « pour trois ans renouvelables » sur proposition du ministre chargé de l'immigration.

Art. R. 5223-20. Le directeur général assure la gestion et la conduite générale de l' (D. 2012-336 du 7 mars 2012, art. 25, JO 9) « Office », la préparation et l'exécution des délibérations du conseil d'administration. Il est ordonnateur des recettes et des dépenses de l'établissement. Il passe tous actes, contrats ou marchés et conclut les transactions.

(D. 2012-336 du 7 mars 2012, art. 15, JO 9) « Il peut ester en justice et représente l'Office en justice ainsi que dans tous les actes de la vie civile. »

Art. R. 5223-21. Le directeur général peut déléguer sa signature à tout agent de l'établissement exerçant des fonctions d'encadrement.

Il peut nommer des ordonnateurs secondaires.

Art. R. 5223-22. Le directeur général élabore la contribution de l' (D. 2012-336 du 7 mars 2012, art. 25, JO 9) « Office » au rapport annuel sur les orientations pluriannuelles de la politique d'immigration prévu par l'article L. 111-10 du code de l'entrée et du séjour des étrangers et du droit d'asile.

Art. R. 5223-23. Il dresse chaque année un rapport qu'il présente au conseil d'administration au cours du premier semestre, qui rend compte de l'exécution du (D. 2012-336 du 7 mars 2012, art. 16, JO 9) « contrat d'objectifs et de performance » mentionné à l'article R. 5223-3 et de l'activité de l' (D. 2012-336 du 7 mars 2012, art. 25, JO 9) « Office » durant l'exercice écoulé.

Sous-section 3 (réglementaire). **Fonctionnement**

Art. R. 5223-33. L' (D. 2009-331 du 25 mars 2009, JO 27) « Office français de l'immigration et de l'intégration » peut accueillir en détachement ou par voie de mise à disposition des agents relevant de la fonction publique ainsi que des agents relevant d'organismes publics ou privés assurant la gestion d'un service public, dans le cadre de la réglementation qui leur est applicable.

Art. R. 5223-34. Les missions de l' (D. 2012-336 du 7 mars 2012, art. 20, JO 9) « Office » à l'étranger sont placées sous le contrôle permanent des représentants diplomatiques et consulaires français à l'étranger.

(D. 2012-509 du 18 avril 2012, art. 14, JO 20) « Les représentations de l'office à l'étranger sont placées sous le contrôle des représentations diplomatiques et consulaires françaises. Elles mettent en œuvre les orientations définies par le conseil d'administration de l'établissement. »

SECTION 3. Ressources

Art. L. 5223-6. Les ressources de l' (D. 2009-331 du 25 mars 2009, JO 27) « Office français de l'immigration et de l'intégration » sont constituées par des taxes, des redevances et des subventions de l'État.

Art. R. 5223-35. (D. 2012-336 du 7 mars 2012, art. 21, JO 9) Les ressources de l'Office proviennent :

1° Des taxes, redevances et frais de dossiers qu'il est autorisé à percevoir ;
2° Des dons, legs et libéralités de toute nature qu'elle est appelée à recueillir ;
3° Des avances et subventions de l'État ou d'autres collectivités publiques ;
4° Des produits financiers résultant du placement de ses fonds ;
5° Du produit des cessions et des participations ;
6° Du produit des aliénations ;
7° De tout autre produit prévu par des dispositions légales, réglementaires ou conventionnelles.

Art. R. 5223-37. (D. 2012-1247 du 7 nov. 2012, art. 45, JO 10, entrée en vigueur le 01.01.2013) Les délibérations portant sur le budget et le compte financier sont exécutoires dans les conditions prévues par le titre III du décret n° 2012-1246 du 7 novembre 2012 relatif à la gestion budgétaire et comptable publique.

Art. R. 5223-38. (D. 2012-1247 du 7 nov. 2012, art. 45, JO 10, entrée en vigueur le 01.01.2013) L'établissement public est soumis aux dispositions des titres Ier et III du décret n° 2012-1246 du 7 novembre 2012 relatif à la gestion budgétaire et comptable publique.

Art. R. 5223-39. Des comptables secondaires peuvent être désignés par le directeur général avec l'agrément du ministre chargé du budget et de l'agent comptable de l' (D. 2012-336 du 7 mars 2012, art. 25, JO 9) « Office ».

Des régies de recettes et d'avances peuvent être instituées conformément aux dispositions du décret (D. 2019-798 du 26 juil. 2019, art. 20, 24°, JO 28, entrée en vigueur le 01.08.2019) « n° 2019-798 du 26 juillet 2019 » relatives aux régies de recettes et aux régies d'avances des organismes publics.

Chapitre IV

Dispositions pénales

Art. L. 5224-1. Le fait de méconnaître les dispositions de l'article L. 5221-4 est puni d'une amende de 3000 €.

La juridiction peut également prononcer à titre de peines complémentaires :

1° L'interdiction d'exercer l'activité d'entrepreneur de travail temporaire pour une durée de dix ans au plus ;

2° L'affichage du jugement aux frais de la personne condamnée dans les conditions prévues à l'article 131-35 du code pénal et son insertion, intégrale ou par extraits, dans les journaux qu'elle désigne. Ces frais ne peuvent excéder le montant maximum de l'amende encourue.

Art. L. 5224-2. Le fait de méconnaître les dispositions de l'article L. 5222-1 est puni d'un emprisonnement de trois ans et d'une amende de 45000 €.

La juridiction peut également prononcer à titre de peines complémentaires :

1° L'interdiction, pour une durée de cinq ans au plus, d'exercer directement ou par personne interposée l'activité professionnelle dans l'exercice ou à l'occasion de l'exercice de laquelle l'infraction a été commise, selon les modalités prévues par l'article 131-27 du code pénal ;

2° L'exclusion des marchés publics pour une durée de cinq ans au plus ;

3° La confiscation des objets ayant servi, directement ou indirectement, à commettre l'infraction ou qui ont été utilisés à cette occasion, à quelque personne qu'ils appartiennent dès lors que leur propriétaire ne pouvait en ignorer l'utilisation frauduleuse, ainsi que des objets qui sont le produit de l'infraction et qui appartiennent au condamné ;

4° L'affichage du jugement aux frais de la personne condamnée dans les conditions prévues à l'article 131-35 du code pénal et son insertion, intégrale ou par extraits, dans les journaux qu'elle désigne. Ces frais ne peuvent excéder le montant maximum de l'amende encourue ;

5° L'interdiction, suivant les modalités prévues par l'article 131-26 du code pénal, des droits civiques, civils et de la famille ;

6° L'interdiction de séjour pour une durée de cinq ans au plus.

Art. L. 5224-3. L'interdiction du territoire français peut être prononcée, dans les conditions prévues par les articles 131-30 à 131-30-2 du code pénal, pour une durée de dix ans au plus ou à titre définitif à l'encontre de tout étranger coupable des infractions définies à l'article L. 5224-2.

Art. L. 5224-4. Le fait de méconnaître les dispositions de l'article L. 5222-2 est puni d'un emprisonnement de deux ans et d'une amende de 3000 €.

La juridiction peut également ordonner, à titre de peine complémentaire, l'affichage du jugement aux frais de la personne condamnée dans les conditions prévues à l'article 131-35 du code pénal et son insertion, intégrale ou par extraits, dans les journaux qu'elle désigne. Ces frais ne peuvent excéder le montant maximum de l'amende encourue.

Art. R. 5224-1. Le fait de ne pas s'assurer de l'existence de l'autorisation de travail ou de ne pas accomplir une déclaration nominative de l'étranger, en méconnaissance des dispositions des articles L. 5221-8 et L. 5221-9, est puni de l'amende prévue pour les contraventions de la 5e classe.

La récidive de la contravention prévue au présent article est réprimée conformément aux articles 132-11 et 132-15 du code pénal.

LIVRE III

SERVICE PUBLIC DE L'EMPLOI ET PLACEMENT

TITRE Ier

LE SERVICE PUBLIC DE L'EMPLOI

Chapitre Ier

Missions et composantes du service public de l'emploi

Art. L. 5311-1. (L. 2008-126 du 13 févr. 2008, art. 16, JO 14) Le service public de l'emploi a pour mission l'accueil, l'orientation, la formation et l'insertion ; il comprend le placement, le versement d'un revenu de remplacement, l'accompagnement des demandeurs d'emploi et l'aide à la sécurisation des parcours professionnels de tous les salariés.

Art. L. 5311-2. Le service public de l'emploi est assuré par :

1° Les services de l'État chargés de l'emploi et de l'égalité professionnelle ;

(L. 2008-126 du 13 févr. 2008, art. 16, JO 14) « 2° L'institution publique mentionnée à l'article L. 5312-1 ; »

3° (Ord. 2016-1519 du 10 nov. 2016, art. 7, JO 11, entrée en vigueur au plus tard le 01.01.2017) « L'établissement mentionné à l'article L. 5315-1 du code du travail ».

Il est également assuré par (L. 2008-126 du 13 févr. 2008, art. 16, JO 14) « l'organisme gestionnaire du régime d'assurance chômage mentionné à l'article L. 5427-1 dans le cadre des dispositions légales qui lui » sont propres.

Art. L. 5311-3. (L. 2015-991 du 7 août 2015, art. 6, I, 1°, JO 8) La région participe à la coordination des acteurs du service public de l'emploi sur son territoire, dans les conditions prévues aux articles L. 6123-3 et L. 6123-4.

Les départements, les communes et leurs groupements peuvent concourir au service public de l'emploi, dans les conditions prévues aux articles L. 5322-1 à L. 5322-4.

Art. L. 5311-3-1. (L. 2015-991 du 7 août 2015, art. 7, I, JO 8) L'État peut déléguer à la région, dans les conditions prévues à l'article L. 1111-8-1 du code général des collectivités territoriales et après avis du comité régional de l'emploi, de la formation et de l'orientation professionnelles, la mission de veiller à la complémentarité et de coordonner l'action des différents intervenants, notamment les missions locales, les plans locaux pluriannuels pour l'insertion et l'emploi, Cap emploi et les maisons de l'emploi, ainsi que de mettre en œuvre la gestion prévisionnelle territoriale des emplois et des compétences, sans préjudice des prérogatives de l'institution mentionnée à l'article L. 5312-1 du présent code. La région évalue le taux d'insertion dans l'emploi.

La convention de délégation signée entre les présidents des régions délégataires et le représentant de l'État précise les objectifs et les conditions d'exercice et de suivi de la délégation, notamment les conditions de transfert par l'État aux régions délégataires des crédits affectés hors dispositifs nationaux des politiques de l'emploi.

Art. L. 5311-4. Peuvent également participer au service public de l'emploi :

1° Les organismes publics ou privés dont l'objet consiste en la fourniture de services relatifs au placement, à l'insertion, à la formation et à l'accompagnement des demandeurs d'emploi ;

(L. 2011-901 du 28 juil. 2011, art. 12, JO 30) « 1° *bis* Les organismes de placement spécialisés dans l'insertion professionnelle des personnes handicapées, avec avis consultatif ; »

2° Les organismes liés à l'État par une convention mentionnée à l'article L. 5132-2, relative à l'insertion par l'activité économique de personnes rencontrant des difficultés sociales et professionnelles particulières ;

3° Les entreprises de travail temporaire.

Art. L. 5311-6. Des décrets en Conseil d'État déterminent les conditions d'application du présent chapitre, notamment les modalités de coordination des actions des services de l'État, de l' (L. 2008-126 du 13 févr. 2008, art. 16, JO 14) « institution mentionnée à l'article L. 5312-1 » et de l' (L. 2008-126 du 13 févr. 2008, art. 16, JO 14) « organisme gestionnaire du régime d'assurance chômage » en l'absence de la convention pluriannuelle prévue à l'article L. 5311-5.

Chapitre II

Placement et accompagnement des demandeurs d'emploi

Note Ce chapitre a été introduit par la loi 2008-126 du 13 février 2008, art. 16, JO 14.

Art. L. 5312-1. (L. 2014-288 du 5 mars 2014, art. 20, I, 16°, JO 6) « Pôle emploi est » une institution nationale publique dotée de la personnalité morale et de l'autonomie financière (L. 2014-288 du 5 mars 2014, art. 20, I, 16°, JO 6) « qui » a pour mission de :

1° Prospecter le marché du travail, développer une expertise sur l'évolution des emplois et des qualifications, procéder à la collecte des offres d'emploi, aider et conseiller les entreprises dans leur recrutement, assurer la mise en relation entre les offres et les demandes d'emploi et participer activement à la lutte contre les discriminations à l'embauche et pour l'égalité professionnelle ;

2° Accueillir, informer, orienter et accompagner les personnes, qu'elles disposent ou non d'un emploi, à la recherche d'un emploi, d'une formation ou d'un conseil professionnel, prescrire toutes actions utiles pour développer leurs compétences professionnelles et améliorer leur employabilité, favoriser leur reclassement et leur promotion professionnelle, faciliter leur mobilité géographique et professionnelle et participer aux parcours d'insertion sociale et professionnelle. (L. 2019-791 du 26 juil. 2019, art. 15, II, 1°, JO 28, entrée en vigueur le 01.09.2020) «À ce titre, Pôle emploi concourt à la mise en œuvre de l'obligation de formation définie à l'article L. 114-1 du code de l'éducation;»

3° Procéder aux inscriptions sur la liste des demandeurs d'emploi, tenir celle-ci à jour dans les conditions prévues au titre Ier du livre IV de la présente partie et assurer le contrôle de la recherche d'emploi dans les conditions prévues au chapitre VI du titre II du livre IV;

4° Assurer, pour le compte de l'organisme gestionnaire du régime d'assurance chômage, le service de l'allocation d'assurance (L. 2018-771 du 5 sept. 2018, art. 51, II, 1°, JO 6, entrée en vigueur le 01.01.2019) «et de l'allocation des travailleurs indépendants» et, pour le compte de l'État, le service des allocations de solidarité prévues à la section 1 du chapitre III du titre II du livre IV de la présente partie, des allocations mentionnées à l'article (L. 2017-1837 du 30 déc. 2017, art. 112, I, JO 31) « L. 5424-21, de l'aide prévue au II de l'article 136 de la loi n° 96-1181 du 30 décembre 1996 de finances pour 1997, des sommes restant dues au titre du versement de l'allocation équivalent retraite prévue à l'article L. 5423-18, dans sa rédaction antérieure au 1er janvier 2009, et des sommes restant dues au titre de la prime forfaitaire prévue à l'article L. 5425-3, dans sa rédaction antérieure au 1er septembre 2017, ainsi que le service» de toute autre allocation ou aide dont l'État lui confierait le versement par convention;

(L. 2018-771 du 5 sept. 2018, art. 60, I, 2°, JO 6, entrée en vigueur le 01.01.2019) «4° *bis* Décider de la suppression du revenu de remplacement et du prononcé de la pénalité administrative, et de recouvrer cette pénalité, dans les conditions prévues aux sections 2 et 3 du chapitre VI du titre II du livre IV de la présente partie;»

5° Recueillir, traiter, diffuser et mettre à la disposition des services de l'État et de l'organisme gestionnaire du régime d'assurance chômage les données relatives au marché du travail et à l'indemnisation des demandeurs d'emploi;

6° Mettre en œuvre toutes autres actions qui lui sont confiées par l'État, les collectivités territoriales et l'organisme gestionnaire du régime d'assurance chômage en relation avec sa mission.

(L. 2014-288 du 5 mars 2014, art. 20, I, 16°, JO 6) «Pôle emploi» agit en collaboration avec les instances territoriales intervenant dans le domaine de l'emploi, en particulier les maisons de l'emploi, ainsi qu'avec les associations nationales et les réseaux spécialisés d'accueil et d'accompagnement, par des partenariats adaptés.

Art. L. 5312-2. L'institution mentionnée à l'article L. 5312-1 est administrée par un conseil d'administration et dirigée par un directeur général.

Art. L. 5312-3. (L. 2015-991 du 7 août 2015, art. 6, I, 2°, JO 8) «Après concertation au sein [de la Commission nationale de la négociation collective, de l'emploi et de la formation professionnelle],» une convention pluriannuelle conclue entre l'État, l'organisme gestionnaire du régime d'assurance chômage mentionné à l'article L. 5427-1 et l'institution publique mentionnée à l'article L. 5312-1 définit les objectifs assignés à celle-ci au regard de la situation de l'emploi et au vu des moyens prévisionnels qui lui sont alloués par l'organisme gestionnaire du régime d'assurance chômage et l'État.

Elle précise notamment:

1° Les personnes devant bénéficier prioritairement des interventions de l'institution mentionnée à l'article L. 5312-1;

2° Les objectifs d'amélioration des services rendus aux demandeurs d'emploi et aux entreprises et en particulier le nombre de demandeurs d'emplois suivis en moyenne par conseiller et les objectifs de réduction de ce ratio;

3° L'évolution de l'organisation territoriale de l'institution;

(L. 2015-991 du 7 août 2015, art. 6, I, 2°, JO 8) «3° *bis* Les conditions dans lesquelles l'institution coopère au niveau régional avec les autres intervenants du service public de l'emploi, le cas échéant au moyen des conventions régionales pluriannuelles de coordination de l'emploi, de l'orientation et de la formation;»

4° Les conditions de recours aux organismes privés exerçant une activité de placement mentionnés à l'article L. 5311-4;

5° Les conditions dans lesquelles les actions de l'institution sont évaluées à partir d'indicateurs de performance qu'elle définit.

Un comité de suivi veille à l'application de la convention et en évalue la mise en œuvre.

Art. R. 5311-1. (D. 2008-1010 du 29 sept. 2008, art. 3, JO 30) La convention pluriannuelle prévue à l'article L. 5312-3 est conclue entre l'État, représenté par le ministre chargé de l'emploi, l'organisme gestionnaire de l'assurance chômage, représenté par son président, son vice-président et son directeur général et (D. 2014-524 du 22 mai 2014, art. 16, JO 24) « Pôle emploi, représenté » par le président de son conseil d'administration et son directeur général.

Sans préjudice des dispositions de l'article L. 5312-3, cette convention détermine :

1° Les orientations relatives aux mesures que (D. 2014-524 du 22 mai 2014, art. 16, JO 24) « l'établissement » met en œuvre destinées à faciliter les opérations de recrutement des entreprises, à favoriser l'insertion, le reclassement, la promotion professionnelle et la mobilité géographique et professionnelle des personnes, qu'elles disposent ou non d'un emploi ;

2° Les modalités de constitution du dossier unique du demandeur d'emploi et de l'accès à ce dossier ;

3° Les échanges de données et d'informations nécessaires à l'accomplissement des missions de l'État, de l'organisme d'assurance chômage mentionné à l'article L. 5427-1 et de (D. 2014-524 du 22 mai 2014, art. 16, JO 24) « Pôle emploi » et répondant à leurs besoins.

Art. R. 5311-2. (D. 2008-1010 du 29 sept. 2008, art. 3, JO 30) Le comité de suivi prévu à l'article L. 5312-3 comprend :

1° Trois représentants de l'État désignés par le ministre chargé de l'emploi ;

2° Le directeur général et deux représentants du conseil d'administration, nommés sur proposition de ce conseil, de l'organisme gestionnaire de l'assurance chômage mentionné à l'article L. 5427-1 ;

3° Le président du conseil d'administration et le directeur général de (D. 2014-524 du 22 mai 2014, art. 16, JO 24) « Pôle emploi ».

Le président du comité de suivi est désigné en son sein par le ministre chargé de l'emploi.

Les membres et le président du comité de suivi sont nommés par arrêté du ministre chargé de l'emploi.

Le comité de suivi se réunit au moins deux fois par an sur convocation de son président.

Le représentant (D. 2012-1247 du 7 nov. 2012, art. 2, JO 10) « du contrôleur budgétaire » assiste aux réunions du comité de suivi.

Art. R. 5311-3. (D. 2008-1010 du 29 sept. 2008, art. 3, JO 30) Le comité de suivi remet chaque année (D. 2018-1262 du 26 déc. 2018, art. 1er, III, JO 28, entrée en vigueur le 01.01.2019) « à la Commission nationale de la négociation collective, de l'emploi et de la formation professionnelle » un rapport annuel sur la mise en œuvre de la convention pluriannuelle prévue à l'article L. 5312-3.

Ce rapport est rendu public.

Art. L. 5312-4. Le conseil d'administration comprend :

1° Cinq représentants de l'État ;

2° Cinq représentants des employeurs et cinq représentants des salariés ;

3° Deux personnalités qualifiées choisies en raison de leurs compétences dans les domaines d'activité de l'institution ;

(L. 2015-991 du 7 août 2015, art. 6, I, 3°, JO 8) « 4° Un représentant des régions, désigné sur proposition de l'Association des régions de France ;

5° Un représentant des autres collectivités territoriales, désigné sur proposition conjointe des associations des collectivités concernées. »

Les représentants des employeurs et les représentants des salariés sont désignés par les organisations syndicales d'employeurs et de salariés représentatives au niveau national et interprofessionnel, mentionnées à l'article L. 5422-22.

Les personnalités qualifiées sont désignées par le ministre chargé de l'emploi.

Le président est élu par le conseil d'administration en son sein.

Art. L. 5312-5. Le conseil d'administration règle par ses délibérations les affaires relatives à l'objet de l'institution.

Les décisions relatives au budget et aux emprunts ainsi qu'aux encours maximaux des crédits de trésorerie sont prises à la majorité des deux tiers des membres présents (L. 2018-771 du 5 sept. 2018, art. 87, 1°, JO 6) «ou représentés».

Le conseil d'administration désigne en son sein un comité d'audit et un comité d'évaluation.

Art. L. 5312-6. Le directeur général exerce la direction de l'institution dans le cadre des orientations définies par le conseil d'administration; il prépare les délibérations de ce conseil et en assure l'exécution.

Le directeur général est nommé par décret, après avis du conseil d'administration. Le conseil d'administration peut adopter, à la majorité des deux tiers de ses membres, une délibération demandant sa révocation.

Art. L. 5312-7. Le budget de l'institution comporte quatre sections non fongibles qui doivent chacune être présentées à l'équilibre:

1° La section " Assurance chômage " retrace en dépenses les allocations d'assurance prévues à la section 1 du chapitre II du titre II du livre IV de la présente partie, qui sont versées pour le compte de l'organisme gestionnaire du régime d'assurance chômage, ainsi que les cotisations sociales afférentes à ces allocations dans les conditions prévues par les lois et règlements en vigueur, et en recettes une contribution de l'organisme gestionnaire du régime d'assurance chômage prévue à l'article L. 5422-20 permettant d'assurer l'équilibre;

2° La section " Solidarité " retrace en dépenses les allocations et aides versées pour le compte de l'État, ainsi que les cotisations sociales afférentes à ces allocations dans les conditions prévues par les lois et règlements en vigueur, et en recettes une contribution de l'État permettant d'assurer l'équilibre;

3° La section " Intervention " comporte en dépenses les dépenses d'intervention concourant au placement, à l'orientation, à l'insertion professionnelle, à la formation et à l'accompagnement des demandeurs d'emploi;

4° La section " Fonctionnement et investissement " comporte en dépenses les charges de personnel et de fonctionnement, les charges financières et les charges exceptionnelles et les dépenses d'investissement.

Le financement de ces deux dernières sections est assuré par une contribution de l'État et une contribution de l'organisme gestionnaire du régime d'assurance chômage dans les conditions prévues à l'article L. 5422-24 ainsi que, le cas échéant, les subventions des collectivités territoriales et autres organismes publics et les produits reçus au titre des prestations pour services rendus, toutes autres recettes autorisées par les lois et règlements en vigueur, les produits financiers et les produits exceptionnels.

L'institution peut en outre créer toute autre section pour compte de tiers.

La contribution de l'État et la contribution de l'organisme gestionnaire du régime d'assurance chômage sont fixées à un niveau compatible avec la poursuite des activités de l'institution, compte tenu de l'évolution du marché du travail.

L'institution est autorisée à placer ses fonds disponibles dans des conditions fixées par les ministres chargés de l'emploi et du budget.

Art. L. 5312-8. L'institution est soumise en matière de gestion financière et comptable aux règles applicables aux entreprises industrielles et commerciales.

Elle est soumise à l'ordonnance n° 2005-649 du 6 juin 2005 relative aux marchés passés par certaines personnes publiques ou privées non soumises au code des marchés publics.

Art. L. 5312-9. Les agents de l'institution nationale, qui sont chargés d'une mission de service public, sont régis par le présent code dans les conditions particulières prévues par une convention collective étendue agréée par les ministres chargés de l'emploi et du budget. Cette convention comporte des stipulations, notamment en matière de stabilité de l'emploi et de protection à l'égard des influences extérieures, nécessaires à l'accomplissement de cette mission.

Les règles relatives aux relations collectives de travail prévues par la deuxième partie du présent code s'appliquent à tous les agents de l'institution, sous réserve des garanties justifiées par la situation particulière de ceux qui restent contractuels de droit public. Ces garanties sont définies par décret en Conseil d'État.

Art. L. 5312-10. (L. 2018-771 du 5 sept. 2018, art. 87, 2°, JO 6) «Pôle emploi est composé d'une direction générale, de directions régionales et, sur décision de son conseil d'administration, d'établissements à compétence nationale ou spécifique.»

Au sein de chaque direction régionale, une instance paritaire, composée de représentants des employeurs et des salariés désignés par les organisations syndicales d'employeurs et de salariés représentatives au niveau national et interprofessionnel, veille à l'application (L. 2016-1088 du 8 août 2016, art. 121, JO 9) «des accords d'assurance chômage prévus» à l'article L. 5422-20 (L. 2016-1088 du 8 août 2016, art. 121, JO 9) «, statue dans les cas prévus par ces accords selon les modalités d'examen qu'ils définissent» et est consultée sur la programmation des interventions au niveau territorial.

(L. 2016-1088 du 8 août 2016, art. 121, JO 9) «Il peut, en outre, être créé au sein de Pôle emploi, par délibération de son conseil d'administration, des instances paritaires territoriales ou spécifiques exerçant tout ou partie des missions prévues au deuxième alinéa du présent article.»

Art. L. 5312-12. Les litiges relatifs aux prestations dont le service est assuré par l'institution, pour le compte de l'organisme chargé de la gestion du régime d'assurance chômage (L. 2016-1918 du 29 déc. 2016, art. 143, I, 9°, JO 30, entrée en vigueur le 01.01.2018) «ou de l'État» sont soumis au régime contentieux qui leur était applicable antérieurement à la création de cette institution.

Art. L. 5312-12-1. (L. 2008-758 du 1er août 2008, JO 2) Il est créé, au sein de l'institution mentionnée à l'article L. 5312-1, un médiateur national dont la mission est de recevoir et de traiter les réclamations individuelles relatives au fonctionnement de cette institution, sans préjudice des voies de recours existantes. Le médiateur national, placé auprès du directeur général, coordonne l'activité de médiateurs régionaux, placés auprès de chaque directeur régional, qui reçoivent et traitent les réclamations dans le ressort territorial de la direction régionale. Les réclamations doivent avoir été précédées de démarches auprès des services concernés.

Le médiateur national est le correspondant du (L. 2011-334 du 29 mars 2011, art. 17, JO 30) «Défenseur des droits».

Il remet chaque année au conseil d'administration de l'institution mentionnée à l'article L. 5312-1 un rapport dans lequel il formule les propositions qui lui paraissent de nature à améliorer le fonctionnement du service rendu aux usagers. Ce rapport est transmis au ministre chargé de l'emploi, [à la Commission nationale de la négociation collective, de l'emploi et de la formation professionnelle mentionnée à l'article L. 2271-1] et au (L. 2011-334 du 29 mars 2011, art. 17, JO 30) «Défenseur des droits».

(L. 2011-334 du 29 mars 2011, art. 15, JO 30) «En dehors de celles qui mettent en cause l'institution mentionnée à l'article L. 5312-1, les réclamations qui relèvent de la compétence du Défenseur des droits en application de la loi organique n° 2011-333 du 29 mars 2011 relative au Défenseur des droits sont transmises à ce dernier.»

La saisine du (L. 2011-334 du 29 mars 2011, art. 17, JO 30) «Défenseur des droits», dans son champ de compétences, met fin à la procédure de réclamation.

Art. L. 5312-12-2. (L. 2018-727 du 10 août 2018, art. 21, V, 2°, JO 11) Pôle emploi se prononce de manière explicite sur toute demande d'un employeur concernant un de ses mandataires sociaux ou d'une personne titulaire d'un mandat social ayant pour objet de déterminer son assujettissement à l'obligation d'assurance contre le risque de privation d'emploi prévue à l'article L. 5422-13.

La décision ne s'applique qu'à la personne objet de cette demande et est opposable pour l'avenir à son employeur, à Pôle emploi et aux organismes en charge du recouvrement des contributions d'assurance chômage tant que la situation de fait exposée dans la demande ou la législation au regard de laquelle la situation a été appréciée n'a pas été modifiée.

Pour toute la période couverte par une décision explicite de Pôle emploi concluant au non-assujettissement à l'obligation d'assurance, il ne peut être procédé à la mise en œuvre d'une action, d'une poursuite ou d'un recouvrement prévu à l'article L. 5422-16.

Lorsque Pôle emploi entend modifier pour l'avenir sa réponse, il en informe le demandeur selon des conditions et des modalités fixées par décret en Conseil d'État.

Art. L. 5312-13. Les biens immobiliers de l'institution mentionnée à l'article L. 5312-1 relèvent en totalité de son domaine privé. Sont déclassés les biens immobiliers qui lui sont transférés, lorsqu'ils appartiennent au domaine public. Lorsqu'un ouvrage ou terrain appartenant à l'institution est nécessaire à la bonne exécution de ses missions de service public ou au développement de celles-ci, l'État peut s'opposer à sa cession, à son apport, sous quelque forme que ce soit, à la création d'une sûreté sur cet ouvrage ou terrain, ou subordonner la cession, la réalisation de l'apport ou la création de la sûreté à la condition qu'elle ne soit pas susceptible de porter préjudice à l'accomplissement de ces missions. Est nul de plein droit tout acte de cession, apport ou création de sûreté réalisé sans que l'État ait été mis à même de s'y opposer, en violation de son opposition ou en méconnaissance des conditions fixées à la réalisation de l'opération.

Art. L. 5312-13-1. (L. 2011-267 du 14 mars 2011, art. 105, JO 15) Au sein de (L. 2018-771 du 5 sept. 2018, art. 64, III, 1°, JO 6, entrée en vigueur le 01.01.2019) «Pôle emploi», des agents chargés de la prévention des fraudes sont assermentés et agréés dans des conditions définies par arrêté du ministre chargé de l'emploi. Ces agents ont qualité pour dresser, en cas d'infraction aux dispositions du présent code entrant dans le champ de compétence de ladite institution, des procès-verbaux faisant foi jusqu'à preuve du contraire. Ils les transmettent, aux fins de poursuite, au procureur de la République s'il s'agit d'infractions pénalement sanctionnées.

Le fait de faire obstacle à l'accomplissement des fonctions des agents mentionnés au premier alinéa, quel que soit leur cadre d'action, est puni de six mois d'emprisonnement et de 7 500 € d'amende.

Art. L. 5312-14. Un décret en Conseil d'État précise les modalités d'application du présent chapitre.

SECTION 1 (RÉGLEMENTAIRE). Statut et missions de Pôle emploi

Art. R. 5312-1. (D. 2014-524 du 22 mai 2014, art. 2, JO 24) Pôle Emploi est un établissement public à caractère administratif.

Art. R. 5312-1-1. (D. 2014-524 du 22 mai 2014, art. 2, JO 24) Dans le cadre des missions mentionnées à l'article L. 5312-1, Pôle emploi apporte son concours à l'orientation et au placement des travailleurs handicapés.

Art. R. 5312-2. Les préfets de région et de département, assistés des (D. 2009-1377 du 10 nov. 2009, JO 13; D. 2010-687 du 24 juin 2010, JO 25; voir D. 2010-1582 du 17 déc. 2010, JO 18, pour outre-mer) «directeurs régionaux des entreprises, de la concurrence, de la consommation, du travail et de l'emploi», coordonnent l'action de (D. 2014-524 du 22 mai 2014, art. 16, JO 24) «Pôle emploi» avec celle des autres services et organismes chargés de la mise en œuvre de la politique de l'emploi définie par les pouvoirs publics.

Art. R. 5312-3. (D. 2014-524 du 22 mai 2014, art. 16, JO 24) «Pôle emploi rend compte au ministre chargé de l'emploi, aux préfets de région et de département et aux directeurs régionaux des entreprises, de la concurrence, de la consommation, du travail et de l'emploi des activités du service public de l'emploi qu'il» assure avec le concours des organismes visés aux articles L. 5311-2 à L. 5311-4 et L. 5322-2.

Art. R. 5312-4. (D. 2014-524 du 22 mai 2014, art. 3, JO 24) Lorsque Pôle emploi prend des décisions ou conclut des conventions pour le compte de l'État, il statue également, au nom de l'État, en cas de recours administratifs formés contre ces décisions ou ces conventions.

Art. R. 5312-5. (D. 2014-524 du 22 mai 2014, art. 16, JO 24) «Pôle emploi» (D. 2008-1010 du 29 sept. 2008, art. 4, JO 30) «représente l'État devant les juridictions administratives compétentes en cas de litiges relatifs à des décisions prises ou à des conventions conclues (D. 2014-524 du 22 mai 2014, art. 4, JO 24) «pour (D. 2017-1747 du 22 déc. 2017, art. 7, JO 24) «son» compte».

Art. R. 5312-5-1. (D. 2018-1227 du 24 déc. 2018, art. 6, I, 4°, JO 26) La demande de rescrit, émanant d'un employeur concernant un de ses mandataires sociaux ou d'une personne titulaire d'un mandat social, prévue à l'article L. 5312-12-2 comporte une présentation précise et complète de la situation de fait de nature à permettre à Pôle emploi d'apprécier si les conditions requises sont satisfaites pour la détermination de l'assujettissement à l'assurance chômage.

La demande, accompagnée de toutes les informations et pièces nécessaires, est présentée à Pôle emploi par tout moyen conférant date certaine à sa réception.

Si la demande est incomplète, Pôle emploi invite son auteur, dans les mêmes formes, à fournir les éléments complémentaires nécessaires. En l'absence de réponse dans un délai de deux mois à compter de la date de réception de cette demande de renseignements complémentaires, la demande est réputée caduque.

Pôle emploi se prononce dans un délai de deux mois à compter de la date de réception de la demande de rescrit, ou des éléments complémentaires demandés.

La décision sur la demande de rescrit est notifiée à l'employeur et à la personne concernée. Elle ne fait pas obstacle à la régularisation de la situation contributive de l'employeur au titre de l'assurance chômage dans la limite du délai de prescription applicable.

Art. R. 5312-5-2. (D. 2018-1227 du 24 déc. 2018, art. 6, I, 4°, JO 26) Toute modification d'une décision prise en application de l'article R. 5312-5-1 tenant à un changement de la situation de fait de la personne concernée ou de l'analyse de cette situation est notifiée par Pôle emploi à l'employeur et à la personne concernée.

Cette modification prend effet à la date du changement de la situation de fait ou, s'agissant d'un changement d'analyse de cette situation, à la date de sa notification.

SECTION 2 (RÉGLEMENTAIRE). Organisation et fonctionnement de Pôle emploi

Note Cette section a été introduite par le décret 2008-1010 du 29 septembre 2008, art. 5, JO 30.

Sous-section 1. Conseil d'administration

§ 1. Attributions

Art. R. 5312-6. Le conseil d'administration règle les affaires relatives à l'objet de (D. 2014-524 du 22 mai 2014, art. 5, JO 24) « Pôle emploi ». Il délibère sur :

1° Les orientations annuelles et les plans de développement des activités ;

2° Les mesures destinées à faciliter les opérations de recrutement des entreprises, à favoriser l'insertion, le reclassement, la promotion professionnelle et la mobilité géographique et professionnelle des personnes, qu'elles disposent ou non d'un emploi, en application de la convention tripartite mentionnée à l'article L. 5312-3 ;

(D. 2014-524 du 22 mai 2014, art. 5, JO 24) « 3° Les conditions de mise en œuvre par Pôle emploi des dispositifs de la politique publique de l'emploi ;

4° La nature des conventions soumises à délibération préalable et spéciale du conseil, dans la limite, le cas échéant, d'un montant qu'il détermine ; »

5° Les conditions de recours à des prestataires spécialisés pour l'exécution d'actions organisées en faveur des demandeurs d'emploi ou des entreprises, dans le cadre des orientations fixées par la convention tripartite mentionnée à l'article L. 5312-3 ;

6° Le rapport annuel d'activité ;

7° Les conditions générales d'organisation et de fonctionnement de (D. 2014-524 du 22 mai 2014, art. 5, JO 24) « Pôle emploi, en particulier la création ou la suppression d'établissements à compétence nationale ou spécifique » ;

8° Le programme des implantations territoriales ;

9° Les conditions générales d'emploi et de rémunération du personnel ;

10° Le règlement intérieur de (D. 2014-524 du 22 mai 2014, art. 5, JO 24) « Pôle emploi », qui prévoit notamment le régime des frais de déplacement applicable à ses personnels ;

11° Le budget initial et ses révisions ;

12° Les comptes annuels ;

13° Les emprunts et encours maximum des crédits de trésorerie ;

14° L'acceptation des dons et legs ;

15° (D. 2014-524 du 22 mai 2014, art. 5, JO 24) « Les prises » de participation financière, de participation à des groupements d'intérêt économique, à des groupements d'intérêt public ou à des groupements européens de coopération territoriale ;

16° Les conditions générales de tarification pour services rendus ;

17° La nature (D. 2014-524 du 22 mai 2014, art. 5, JO 24) « des actions en justice, des transactions et des remises de dette » pour lesquelles le directeur général peut agir sans délibération préalable et spéciale du conseil, dans la limite, le cas échéant, d'un montant (D. 2014-524 du 22 mai 2014, art. 5, JO 24) « que le conseil détermine » ;

18° La désignation des commissaires aux comptes ;

19° Le règlement intérieur des marchés, ainsi que la composition de la commission des marchés ;

20° La nature des marchés que le directeur général peut conclure sans délibération préalable et spéciale du conseil, dans la limite, le cas échéant, d'un montant (D. 2014-524 du 22 mai 2014, art. 5, JO 24) « que le conseil détermine ».

Il autorise le président du conseil d'administration et le directeur général à signer la convention pluriannuelle mentionnée à l'article L. 5312-3.

Lors de chaque réunion, le conseil d'administration examine le compte rendu d'activité et de gestion de (D. 2014-524 du 22 mai 2014, art. 5, JO 24) « Pôle emploi » préparé par le directeur général.

§ 2. Composition, nomination et mandat

Art. R. 5312-7. Le conseil d'administration de (D. 2014-524 du 22 mai 2014, art. 6, JO 24) « Pôle emploi » est ainsi composé :

1° Cinq représentants de l'État :

– un représentant désigné par le ministre chargé de l'emploi ;

– un représentant désigné par le ministre chargé du budget ;

– un représentant désigné par le ministre chargé de l'éducation nationale ;

– un représentant désigné par le ministre chargé de l'intérieur ;

– un représentant désigné par le ministre chargé (D. 2014-524 du 22 mai 2014, art. 6, JO 24) « des affaires sociales » ;

2° Cinq représentants des organisations syndicales de salariés interprofessionnelles représentatives au niveau national :

a) Un représentant nommé sur proposition de la Confédération générale du travail (CGT) ;

b) Un représentant nommé sur proposition de la Confédération française démocratique du travail (CFDT) ;

c) Un représentant nommé sur proposition de la Confédération générale du travail-Force ouvrière (CGT-FO) ;

d) Un représentant nommé sur proposition de la Confédération française des travailleurs chrétiens (CFTC) ;

e) Un représentant nommé sur proposition de la Confédération française de l'encadrement-CGC (CFE-CGC) ;

3° Cinq représentants des organisations professionnelles d'employeurs représentatives au niveau national et interprofessionnel :

a) Trois représentants nommés sur proposition du Mouvement des entreprises de France (MEDEF) ;

b) Un représentant nommé sur proposition de la Confédération générale des petites et moyennes entreprises (CGPME) ;

c) Un représentant nommé sur proposition de l'Union professionnelle artisanale (UPA) ;

4° Deux personnalités qualifiées désignées par le ministre chargé de l'emploi ;

(D. 2015-1192 du 28 sept. 2015, JO 30) « 5° Un représentant des régions, désigné sur proposition de l'Association des régions de France ;

6° Un représentant des autres collectivités territoriales, désigné sur proposition conjointe de l'Association des départements de France et l'Association des maires de France. »

Art. R. 5312-8. Le président est élu par le conseil d'administration en son sein à la majorité absolue des suffrages exprimés. Il est assisté par deux vice-présidents élus par le conseil d'administration.

Art. R. 5312-9. Les membres du conseil d'administration sont nommés par arrêté du ministre chargé de l'emploi.

Chaque membre, à l'exception des personnalités qualifiées, peut se faire représenter par un suppléant, nommé dans les mêmes conditions.

Art. R. 5312-10. Le directeur général et le représentant du contrôle général économique et financier [contrôleur budgétaire] participent aux séances du conseil d'administration avec voix consultative.

Art. R. 5312-11. La durée du mandat des membres titulaires et suppléants du conseil d'administration est de trois ans renouvelable.

Le mandat des membres du conseil d'administration est gratuit, sous réserve du remboursement des frais de déplacement et de séjour, ainsi que, le cas échéant, de perte de salaire, dans les conditions prévues par le règlement intérieur mentionné à l'article R. 5312-14.

Art. R. 5312-12. Les membres décédés, démissionnaires ou qui ont perdu la qualité au titre de laquelle ils ont été nommés sont remplacés dans un délai de trois mois. Dans ce cas, le mandat des nouveaux membres expire à la date à laquelle aurait normalement pris fin celui de leur prédécesseur.

§ 3. Fonctionnement et réunions

Art. R. 5312-13. Le conseil d'administration est convoqué par son président. Il se réunit au minimum six fois par an.

Art. R. 5312-14. Le conseil d'administration se dote d'un règlement intérieur relatif à son fonctionnement.

Ce règlement intérieur détermine notamment la composition et les attributions du comité d'audit prévu à l'article L. 5312-5, auquel assiste le représentant du (D. 2012-1247 du 7 nov. 2012, art. 2, JO 10) «contrôle budgétaire», et du comité d'évaluation prévu à l'article L. 5312-5 ainsi que les conditions dans lesquelles ceux-ci peuvent avoir recours à des compétences extérieures.

Art. R. 5312-15. L'ordre du jour de chaque réunion est arrêté par le président, après consultation des vice-présidents, et sur proposition du directeur général.

La convocation est de droit si elle est demandée par le ministre chargé de l'emploi, le directeur général ou la majorité des membres, sur un ordre du jour déterminé.

Art. R. 5312-16. Le conseil d'administration ne peut valablement délibérer que si au moins dix de ses membres sont présents. Si ce nombre n'est pas atteint, le conseil est convoqué à nouveau dans un délai de quinze jours. Il peut alors délibérer valablement quel que soit le nombre des membres présents.

(D. 2014-524 du 22 mai 2014, art. 7, JO 24) « Le vote par procuration est admis. Un membre du conseil ne peut être porteur que d'une procuration. »

Les décisions sont prises à la majorité des membres présents (D. 2014-524 du 22 mai 2014, art. 7, JO 24) «ou représentés», à l'exception de celles relatives aux matières mentionnées aux 11° et 13° de l'article R. 5312-6 qui le sont à la majorité des deux tiers des membres présents (D. 2014-524 du 22 mai 2014, art. 7, JO 24) «ou représentés». En cas de partage égal de voix, celle du président est prépondérante.

Art. R. 5312-17. Le secrétariat du conseil d'administration est assuré à la diligence du directeur général. Un exemplaire du procès-verbal de chaque réunion du conseil d'administration, signé par le président, est transmis aux membres du conseil d'administration ainsi qu'au représentant du contrôle général économique et financier [contrôleur budgétaire].

Sous-section 2. **Directeur général**

Art. R. 5312-18. Le directeur général est nommé pour une durée de trois ans. Son mandat est renouvelable.

Art. R. 5312-19. Le directeur général prépare les délibérations du conseil d'administration et en assure l'exécution. Il prend toutes les décisions autres que celles qui relèvent de la compétence de ce conseil.

Il représente (D. 2014-524 du 22 mai 2014, art. 8, JO 24) « Pôle emploi » en justice et dans les actes de la vie civile, sous réserve des dispositions des articles R. 5312-23 et R. 5312-26.

Il a autorité sur l'ensemble du personnel de (D. 2014-524 du 22 mai 2014, art. 8, JO 24) « Pôle emploi ». Il nomme les directeurs régionaux (D. 2014-524 du 22 mai 2014, art. 8, JO 24) « ainsi que les directeurs des établissements créés sur le fondement du 7° de l'article R. 5312-6 ».

Il peut déléguer sa signature aux personnels placés sous son autorité. Il peut déléguer ses pouvoirs dans le cadre fixé par une délibération du conseil d'administration.

Sous-section 3. **Dispositions économiques et financières**

Art. R. 5312-20. Les comptes de (D. 2014-524 du 22 mai 2014, art. 16, JO 24) « Pôle emploi » sont certifiés par deux commissaires aux comptes.

Art. R. 5312-21. (D. 2014-524 du 22 mai 2014, art. 16, JO 24) « Pôle emploi est soumis » au (D. 2012-1247 du 7 nov. 2012, art. 2, JO 10) « contrôle budgétaire de l'État dans les conditions prévues par le décret n° 2012-1246 du 7 novembre 2012 relatif à la gestion budgétaire et comptable publique ».

(D. 2014-524 du 22 mai 2014, art. 16, JO 24) « Pôle emploi » est soumis au contrôle de la Cour des comptes.

Art. R. 5312-22. Les opérations de dépenses et de recettes des deux premières sections du budget de (D. 2014-524 du 22 mai 2014, art. 16, JO 24) « Pôle emploi » sont présentées en compte de tiers.

Les conventions relatives aux mandats confiés à (D. 2014-524 du 22 mai 2014, art. 16, JO 24) « Pôle emploi » définissent les dispositions assurant la neutralité des opérations pour le budget et la trésorerie de (D. 2014-524 du 22 mai 2014, art. 16, JO 24) « Pôle emploi ».

Une délibération du conseil d'administration précise les modalités de présentation du budget.

(D. 2014-524 du 22 mai 2014, art. 16, JO 24) « Pôle emploi » tient une comptabilité analytique dont les principes de présentation sont délibérés par le conseil d'administration.

Dans le cas où, avant le début de l'exercice, le budget n'a pas été voté par le conseil d'administration, les opérations de recettes et de dépenses sont effectuées sur la base du budget de l'exercice précédent.

Art. R. 5312-23. Le règlement intérieur des marchés et des achats précise notamment les marchés pour lesquels les directeurs régionaux exercent le pouvoir adjudicateur.

Art. R. 5312-24. (D. 2014-524 du 22 mai 2014, art. 16, JO 24) « Pôle emploi n'est pas soumis » au chapitre II du titre II du livre Ier de la partie réglementaire du code du domaine de l'État et aux dispositions du décret n° 86-455 du 14 mars 1986 relatif à la suppression des commissions des opérations immobilières et de l'architecture et modalités de consultation du service des domaines.

Les projets de cession, d'apport ou de création de sûreté portant sur un ouvrage ou terrain répondant aux caractéristiques de l'article L. 5312-13 sont communiqués aux ministres chargés de l'emploi et du budget, accompagnés du projet de convention avec le cessionnaire, le destinataire de l'apport ou le bénéficiaire de la sûreté. Ces ministres disposent d'un délai de trois mois à compter de la réception du projet pour faire connaître leur décision motivée d'opposition ou, le cas échéant, les conditions particulières auxquelles ils subordonnent la réalisation de l'opération.

Sous-section 4. **Directeur régional ou d'établissement**

Art. R. 5312-25. (D. 2014-524 du 22 mai 2014, art. 10, JO 24) « Sous l'autorité du directeur général, le directeur régional ou le directeur d'un établissement créé sur le fondement du 7° de l'article R. 5312-6 anime et contrôle l'activité de Pôle emploi dans la région ou dans le ressort de l'établissement. »

Il a autorité sur l'ensemble du personnel (D. 2014-524 du 22 mai 2014, art. 10, JO 24) « affecté à la région ou à l'établissement ».

Il peut déléguer sa signature aux personnels placés sous son autorité. Il peut déléguer ses pouvoirs dans le cadre fixé par une délibération du conseil d'administration.

Art. R. 5312-26. Le directeur régional représente (D. 2014-524 du 22 mai 2014, art. 11, JO 24) « Pôle emploi » dans ses relations avec, les usagers, (D. 2014-524 du 22 mai 2014, art. 11, JO 24) « les agents » et les tiers et dans les actions en justice et les actes de la vie civile intéressant la région, en particulier ceux relatifs aux acquisitions, échanges et aliénations de biens immobiliers conformément au programme des implantations territoriales voté par le conseil d'administration et mis en œuvre par le directeur général. (D. 2014-524 du 22 mai 2014, art. 11, JO 24) « Il prend l'ensemble des décisions en matière de gestion de la liste des demandeurs d'emploi, notamment les décisions mentionnées aux articles R. 5411-18, R. 5412-1 et R. 5412-8. » (D. 2018-1335 du 28 déc. 2018, art. 2, JO 30, entrée en vigueur le 01.01.2019) « Il décide de la suppression du revenu de remplacement et du prononcé de la pénalité administrative dans les conditions prévues aux sections 2 et 3 du chapitre VI du titre II du livre IV de la présente partie. »

(D. 2014-524 du 22 mai 2014, art. 11, JO 24) « Le directeur d'un établissement créé sur le fondement du 7° de l'article R. 5312-6 représente Pôle emploi dans ses relations avec les usagers, les agents et les tiers et dans les actes de la vie civile relevant des attributions de l'établissement. » (D. 2019-796 du 26 juil. 2019, JO 28) « Il décide le cas échéant de la radiation et de la suppression du revenu de remplacement et du prononcé de la pénalité administrative dans les conditions prévues au chapitre II du titre I, et aux sections 2 et 3 du chapitre VI du titre II du livre IV de la présente partie. »

Art. R. 5312-27. (D. 2014-524 du 22 mai 2014, art. 16, JO 24) Le directeur régional transmet au préfet de région les informations nécessaires à l'analyse et au suivi des actions de Pôle Emploi dans la région.

Sous-section 5. **Instance paritaire régionale**

Art. R. 5312-28. L'instance paritaire régionale prévue à l'article L. 5312-10 comprend cinq membres représentant les employeurs et cinq membres représentant les salariés désignés par les organisations syndicales de salariés et d'employeurs représentatives au plan national et interprofessionnel mentionnées à l'article L. 5422-22.

Les membres de l'instance paritaire régionale sont désignés pour trois ans. Ce mandat est renouvelable. Pour chacun d'entre eux, un suppléant, chargé de le remplacer en cas d'empêchement, est désigné dans les mêmes conditions. Les suppléants peuvent assister aux réunions de l'instance.

Tous les ans, au cours de la première réunion de l'exercice, l'instance paritaire désigne parmi ses membres un président et un vice-président, qui ne peuvent appartenir au même collège.

Les membres décédés, démissionnaires ou qui ont perdu la qualité au titre de laquelle ils ont été désignés sont remplacés dans un délai de trois mois. Dans ce cas, le mandat des nouveaux membres expire à la date à laquelle aurait normalement pris fin celui de leur prédécesseur.

Le mandat de l'instance paritaire est gratuit, sous réserve du remboursement des frais de déplacement et de séjour, ainsi que, le cas échéant, de perte de salaire, dans les conditions prévues par le règlement intérieur de (D. 2014-524 du 22 mai 2014, art. 16, JO 24) « Pôle emploi ».

Art. R. 5312-29. L'instance paritaire régionale de (D. 2014-524 du 22 mai 2014, art. 16, JO 24) « Pôle emploi » est réunie sur convocation de son président, qui arrête l'ordre du jour.

Art. R. 5312-30. Un exemplaire du procès-verbal de chaque réunion de l'instance paritaire, signé par le président, est transmis :

1° Aux membres de l'instance paritaire ;

2° Au directeur régional de (D. 2014-524 du 22 mai 2014, art. 16, JO 24) « Pôle emploi » ;

3° Au préfet de région ;

4° Au président du conseil d'administration et au directeur général de (D. 2014-524 du 22 mai 2014, art. 16, JO 24) « Pôle emploi » ;

5° Au président, au vice-président et au directeur général de l'organisme gestionnaire de l'assurance chômage mentionné à l'article L. 5427-1.

SECTION 3 (RÉGLEMENTAIRE). Transmissions à Pôle emploi d'une liste nominative des bénéficiaires du revenu de solidarité active et de l'allocation aux adultes handicapés

Note Cette section a été introduite par le décret 2011-2096 du 30 décembre 2011, JO 31.

Art. R. 5312-32. Est autorisée la création par la Caisse nationale des allocations familiales, d'une part, et la Caisse centrale de la mutualité sociale agricole, d'autre part, de traitements de données à caractère personnel dénommés " transmissions à Pôle emploi de données relatives aux bénéficiaires du revenu de solidarité active (D. 2015-1863 du 29 déc. 2015, JO 31) « , de la prime d'activité » et de l'allocation aux adultes handicapés ". Ces traitements ont pour finalité l'identification, parmi les demandeurs d'emploi, des bénéficiaires de ces allocations. Ces données sont enregistrées par Pôle emploi dans ses traitements automatisés de données relatives à la gestion de la demande d'emploi, afin de lui permettre de :

1° Remplir ses missions prévues à l'article L. 5312-1 du code du travail ;

2° Satisfaire aux obligations posées à l'article L. 262-42 du code de l'action sociale et des familles ;

3° Mettre en œuvre des dispositions particulières prévues aux articles L. 5132-5, L. 5134-23-1 et L. 5134-25-1 du code du travail.

Art. R. 5312-33. Les données à caractère personnel collectées sont celles permettant d'identifier le bénéficiaire ainsi que, le cas échéant, son conjoint, concubin ou partenaire lié par un pacte civil de solidarité, soit, pour chacun d'eux :

1° Le nom de famille et, le cas échéant, le nom marital, le prénom, la date de naissance, la commune de résidence ;

2° Le numéro d'inscription au répertoire national d'identification des personnes physiques;

3° Le numéro de la caisse de rattachement, le numéro d'allocataire et l'allocation perçue;

4° Pour le revenu de solidarité active (D. 2015-1863 du 29 déc. 2015, JO 31) « et la prime d'activité », la date d'ouverture des droits, la date de la demande, la nature de l'allocation perçue et la date de sortie de l'allocation.

Art. R. 5312-34. Pôle emploi conserve les données à caractère personnel collectées dans le cadre des traitements mis en place par l'article R. 5312-32 jusqu'à l'extinction du droit du demandeur d'emploi au revenu de solidarité active (D. 2015-1863 du 29 déc. 2015, JO 31) « , à la prime d'activité » ou à l'allocation aux adultes handicapés.

Art. R. 5312-35. Sont destinataires des données à caractère personnel mentionnées aux 3° et 4° de l'article R. 5312-33, pour les nécessités liées aux seules finalités mentionnées à l'article R. 5312-32, les agents de Pôle emploi désignés et habilités par l'autorité responsable de cet organisme pour accéder aux traitements de données relatives à la gestion de la demande d'emploi mentionnés au premier alinéa de l'article R. 5312-32.

Art. R. 5312-36. Les droits d'accès et de rectification prévus par les articles 39 et 40 de la loi n° 78-17 du 6 janvier 1978 relative à l'informatique, aux fichiers et aux libertés s'exercent auprès de l'organisme chargé du service de l'allocation dont bénéficie l'intéressé parmi celles mentionnées à l'article R. 5312-32.

Art. R. 5312-37. Le droit d'opposition prévu au premier alinéa de l'article 38 de la loi n° 78-17 du 6 janvier 1978 relative à l'informatique, aux fichiers et aux libertés ne s'applique pas aux traitements prévus par la présente section.

SECTION 4 (RÉGLEMENTAIRE). Système d'information concernant les demandeurs d'emploi et les salariés

Note Cette section a été introduite par le décret 2016-729 du 1er juin 2016, JO 3.

Art. R. 5312-38. Est autorisée la création par Pôle emploi d'un traitement automatisé de données à caractère personnel dénommé " Système d'information concernant les demandeurs d'emploi et salariés ".

Il a pour finalités:

1° L'information, l'accueil, l'orientation et l'accompagnement des personnes à la recherche d'un emploi, d'une formation ou d'un conseil professionnel et leur mise en relation avec des employeurs;

2° L'inscription, le non-renouvellement de l'inscription, les changements de situation sur la liste des demandeurs d'emploi, l'actualisation et la radiation de cette liste;

3° L'élaboration et le suivi du projet personnalisé d'accès à l'emploi, le contrôle de la recherche d'emploi;

4° L'attribution et le versement d'allocations et d'aides, la répétition des sommes indûment perçues;

5° La gestion des réclamations et des contentieux;

6° La gestion électronique des documents;

7° L'échange de données avec des organismes de sécurité sociale ou de retraite complémentaire afin de garantir les droits sociaux des demandeurs d'emploi ou d'éviter les cumuls indus d'allocations et aides avec des prestations sociales ou un salaire;

8° Le partage de données entre les acteurs des services publics de l'emploi, de l'orientation et de la formation ainsi qu'avec l'Agence de services et de paiement visée à l'article L. 313-1 du code rural et de la pêche maritime, afin de permettre l'exercice des missions légales de chacun;

9° La prévention et la lutte contre la fraude;

10° L'alimentation et l'agrégation des données afin de produire les statistiques afférentes aux missions prévues à l'article L. 5312-1 et les indicateurs permettant le pilotage des activités de Pôle emploi.

Art. R. 5312-39. Dans le cadre des finalités mentionnées à l'article R. 5312-38, est également mis à disposition par Pôle emploi un téléservice permettant d'accomplir, à travers un espace personnel sur le site internet de Pôle emploi ou à travers toute autre technologie de l'information et de la communication, des démarches et formalités visant notamment à:

1° Être mis en relation avec un employeur;

2° Créer ou télécharger un curriculum vitae et le transmettre à des employeurs ou à des partenaires de Pôle emploi ;

3° S'inscrire à une prestation ou faire une demande d'aide ;

4° S'inscrire sur la liste des demandeurs d'emploi, faire une demande d'allocation, préparer le premier entretien du parcours personnalisé d'accès à l'emploi et télécharger des documents justificatifs ;

5° Actualiser sa situation sur la liste des demandeurs d'emploi, actualiser son projet personnalisé d'accès à l'emploi, faire une demande d'aide ou une réclamation ;

6° Être en contact avec un conseiller par messagerie électronique ou instantanée, par visioconférence ou par téléphone ;

7° Effectuer des modules de conseil ou de formation en ligne et participer à des forums.

Les démarches et formalités mentionnées au 4° sont accomplies uniquement par l'usage d'un téléservice, avec l'assistance du personnel de Pôle emploi dans les conditions définies par l'article R. 5411-2 du code du travail.

Art. R. 5312-40. Outre les données directement collectées auprès des personnes concernées, le système d'information est alimenté, dans le cadre des finalités mentionnées à l'article R. 5312-38 et dans la stricte limite des informations nécessaires, par :

1° Le traitement de données à caractère personnel dénommé " Déclaration sociale nominative " mentionné par l'article 3 du décret n° 2013-266 du 28 mars 2013 relatif à la déclaration sociale nominative ;

2° La déclaration préalable à l'embauche mentionnée à l'article R. 1221-17 ;

3° Le traitement automatisé de données à caractère personnel dénommé " Système d'information du compte personnel de formation " mentionné à l'article R. 6323-13 ;

4° Un fichier d'annonces légales permettant d'identifier les entreprises et leurs dirigeants.

Art. R. 5312-41. Dans le cadre des finalités mentionnées à l'article R. 5312-38, le système d'information est mis en relation, aux fins de vérification et de mise à jour, avec :

1° Le système national de gestion des identifiants mis en œuvre par la Caisse nationale d'assurance vieillesse des travailleurs salariés, mentionné à l'article L. 114-12-1 du code de la sécurité sociale, pour identifier de manière unique les demandeurs d'emploi et les salariés par la certification de leur numéro d'inscription au répertoire national d'identification des personnes physiques (NIR) ;

2° L'application de gestion des dossiers des ressortissants étrangers en France (AGDREF2) mentionnée à l'article R. 611-1 du code de l'entrée et du séjour des étrangers en France pour vérifier la validité du titre de séjour, l'accès au marché du travail et le droit de s'inscrire (D. 2018-1335 du 28 déc. 2018, art. 7, 4°, JO 30, entrée en vigueur le 01.01.2019) « et de demeurer inscrit » sur la liste des demandeurs d'emploi ;

3° Le fichier national des comptes bancaires (FICOBA2), mentionné par l'article 2 de l'arrêté du 14 juin 1982 relatif à l'extension d'un système automatisé de gestion du fichier des comptes bancaires, pour vérifier que les coordonnées bancaires sont celles du demandeur d'emploi ;

4° Les fichiers des organismes mentionnés aux 7° et 8° de l'article R. 5312-38 ;

5° Un fichier d'annonces légales, afin de vérifier si l'usager exerce un mandat social, et ainsi fiabiliser les données issues de la demande d'inscription sur la liste des demandeurs d'emploi, de la demande d'allocation de chômage ou de toute demande d'aide à l'emploi pouvant être accordée au demandeur d'emploi ou à l'employeur.

Art. R. 5312-42. Les catégories de données à caractère personnel traitées dans le système d'information sont :

1° Concernant les demandeurs d'emploi et salariés :

a) Données d'identification : numéro d'inscription au répertoire national d'identification des personnes physiques (NIR), noms, prénoms, sexe, date et lieu de naissance, adresse, domiciliation fiscale, nationalité, photographie de la personne, caractéristiques physiques pour les mannequins et artistes interprètes, numéros d'identifiant internes à Pôle emploi, régime de protection sociale, numéro d'enregistrement dans l'AGDREF2, date d'expiration et référence réglementaire du titre de séjour, numéros de téléphone, adresses de messagerie électronique ;

b) Données relatives à la vie personnelle : situation familiale, nombre d'enfants à charge ;

c) Données relatives à la vie professionnelle : formation, qualification, expérience professionnelle, périodes de travail, périodes et motifs d'inscription sur la liste des demandeurs d'emploi, caractéristiques des emplois recherchés, *curriculum vitae* correspondant au modèle téléchargeable sur le téléservice de Pôle emploi au titre du 2° de l'article R. 5312-39, projet personnalisé d'accès à l'emploi, suivi des actions menées avec le demandeur d'emploi ou le salarié, informations sur les contacts et relations entre le demandeur d'emploi ou le salarié et Pôle emploi, périodes d'indisponibilité pour la recherche d'un emploi, reconnaissance de la qualité de travailleur handicapé ;

d) Données d'ordre économique et financier : coordonnées bancaires, revenus, allocations ou aides versées par Pôle emploi, périodes de perception de pensions d'invalidité ou vieillesse, d'indemnités journalières de sécurité sociale, d'allocations parentales liées à une suspension d'activité professionnelle ou toutes autres allocations ou prestations sociales, bénéfice du revenu de solidarité active, montant des pensions d'invalidité ou de retraites, charges et revenus du foyer, sommes indûment perçues ;

e) Données relatives aux contentieux et à l'exécution des décisions liées à l'inscription et au suivi du demandeur d'emploi, à l'attribution et au versement des aides et allocations, à la discrimination, à la fausse déclaration et à la fraude ;

f) Données relatives aux personnes sous main de justice aptes à exercer un emploi et disponibles dans un délai de six mois : données enregistrées sous une forme codifiée (PMJ), numéros d'écrou, catégories administratives du quartier d'affectation, dates de transfert, dates prévisibles et effectives de libération, dates d'éligibilité à un aménagement de peine, dates et types d'aménagement de peine demandés et décidés, dates de placement sous surveillance électronique et dates de fin de peine ;

2° Concernant les huissiers et avocats : nom, prénom, adresse professionnelle, téléphone, adresse électronique ;

3° Concernant les correspondants de Pôle emploi au sein des organismes de formation, des prestataires, des partenaires ou des entreprises : nom, prénom, adresse professionnelle, téléphone, adresse électronique, identification de l'entreprise ;

4° Concernant les agents de Pôle emploi : nom, prénom, adresse professionnelle, téléphone et adresse électronique professionnels, identifiants de connexion et traces des actions effectuées.

Art. R. 5312-43. Les catégories de destinataires de tout ou partie des données à caractère personnel incluses dans le système d'information sont :

1° À raison de leurs attributions respectives et dans la stricte limite des informations dont ils ont à connaître dans le cadre de l'exercice de leurs missions :

a) Les membres du service public de l'emploi ;

b) Les partenaires, organismes ou établissements liés à Pôle emploi par une convention ;

c) Les collectivités territoriales compétentes en matière d'emploi, formation, orientation et insertion sociale ;

d) Les organismes participant au financement de la formation professionnelle ;

e) Les organismes de formation ;

f) Les employeurs mentionnés à l'article L. 5424-1 dans le cadre de la gestion de l'assurance chômage de leurs anciens agents ;

g) Les employeurs dans le cadre du placement et de la gestion des contrats aidés ;

h) Les organismes de sécurité sociale et de retraite complémentaire ;

i) Les huissiers et avocats ;

j) Les services ministériels ou déconcentrés de l'État ;

k) Les institutions des États membres de l'Union européenne compétentes pour la mise en œuvre du règlement portant sur la coordination des systèmes de sécurité sociale ;

l) Le Fonds social européen ;

2° Les demandeurs d'emploi pour les noms, prénoms, numéro de téléphone et l'adresse électronique professionnelle du conseiller chargé de leur accompagnement ou de leur indemnisation.

Art. R. 5312-44. Les données à caractère personnel et les informations enregistrées dans le système d'information sont conservées pendant une durée maximum de vingt années à compter de la cessation d'inscription sur la liste des demandeurs d'emploi, sans préjudice des durées de conservation fixées dans les traitements comportant une durée inférieure.

Les données à caractère personnel et les informations enregistrées dans le système d'information relatives à l'incarcération des personnes sous main de justice visées au *f* du 1° de l'article R. 5312-42 sont conservées pendant une durée de trois mois à compter de la fin de l'incarcération de ces personnes.

Pour toute personne ne sollicitant pas son inscription sur la liste des demandeurs d'emploi ayant accompli des démarches auprès de Pôle emploi en utilisant le téléservice mentionné à l'article

R. 5312-39, les données à caractère personnel et les informations enregistrées sont conservées pendant une durée de treize mois à compter de l'absence d'utilisation du téléservice.

Art. R. 5312-45. Les droits d'accès et de rectification prévus par les articles 39 et 40 de la loi n° 78-17 du 6 janvier 1978 modifiée relative à l'informatique, aux fichiers et aux libertés s'exercent à l'agence Pôle emploi où ils sont inscrits pour les demandeurs d'emploi et, pour les autres personnes, auprès du correspondant informatique et libertés de Pôle emploi à la direction générale de Pôle emploi.

Art. R. 5312-46. Le droit d'opposition prévu à l'article 38 de la loi n° 78-17 du 6 janvier 1978 modifiée relative à l'informatique, aux fichiers et aux libertés ne s'applique pas au traitement visé à l'article R. 5312-38.

Chapitre III

Maisons de l'emploi

Art. L. 5313-1. (L. 2008-126 du 13 févr. 2008, art. 16, JO 14) Les maisons de l'emploi, dont le ressort, adapté à la configuration des bassins d'emploi, ne peut excéder la région ou, en Corse, la collectivité territoriale, concourent à la coordination des politiques publiques et du partenariat local des acteurs publics et privés qui agissent en faveur de l'emploi, de la formation, de l'insertion et du développement économique.

À partir d'un diagnostic partagé, elles exercent notamment une mission d'observation de la situation de l'emploi et d'anticipation des mutations économiques.

Elles contribuent à la coordination des actions du service public de l'emploi et participent en complémentarité avec l'institution mentionnée à l'article L. 5312-1, les réseaux spécialisés et les acteurs locaux dans le respect des compétences des régions et des départements:

- à l'accueil, l'information, l'orientation et l'accompagnement des personnes à la recherche d'une formation ou d'un emploi;
- au maintien et au développement de l'activité et de l'emploi ainsi qu'à l'aide à la création et à la reprise d'entreprise.

En lien avec les entreprises, les partenaires sociaux, les chambres consulaires et les branches professionnelles, elles contribuent au développement de la gestion territorialisée des ressources humaines. Elles mènent également des actions d'information et de sensibilisation aux phénomènes des discriminations à l'embauche et dans l'emploi ainsi que relatives à l'égalité professionnelle et à la réduction des écarts de rémunération entre les femmes et les hommes.

Les maisons de l'emploi qui respectent les missions qui leur sont attribuées bénéficient d'une aide de l'État selon un cahier des charges dans des conditions fixées par décret en Conseil d'État.

Art. L. 5313-2. Les maisons de l'emploi associent obligatoirement l'État, l' (L. 2008-126 du 13 févr. 2008, art. 16, JO 14) «institution mentionnée à l'article L. 5312-1» et au moins une collectivité territoriale ou un établissement public de coopération intercommunale.

Art. L. 5313-3. (L. 2011-525 du 17 mai 2011, art. 119, JO 18) Les maisons de l'emploi peuvent prendre la forme de groupements d'intérêt public régis par le chapitre II de la loi n° 2011-525 du 17 mai 2011 de simplification et d'amélioration de la qualité du droit.

Art. L. 5313-5. Des décrets en Conseil d'État déterminent les conditions d'application du présent chapitre.

SECTION 1 (RÉGLEMENTAIRE). Actions d'information et de sensibilisation

Art. R. 5313-1. Les maisons de l'emploi mentionnées à l'article L. 5313-1 conduisent auprès des employeurs privés et publics des actions d'information et de sensibilisation aux phénomènes des discriminations à l'embauche et dans l'emploi.

Art. R. 5313-2. Les maisons de l'emploi et, pour les Français établis hors de France, les conseils consulaires conduisent auprès des employeurs privés et publics en activité dans leur ressort des actions d'information et de sensibilisation relatives à l'égalité professionnelle et à la réduction des écarts de rémunération entre les femmes et les hommes.

SECTION 2 (RÉGLEMENTAIRE). Aide de l'État et conventions

Art. R. 5313-3. (D. 2009-1593 du 18 déc. 2009, JO 20, entrée en vigueur le 01.01.2010) L'aide de l'État mentionnée à l'article L. 5313-1 est attribuée, par le préfet de région, aux maisons de l'emploi, pour la mise en œuvre, à partir d'un diagnostic territorial, des actions suivantes :

1° Participation à l'anticipation des mutations économiques ;
2° Contribution au développement de l'emploi local ;
3° Réduction des obstacles culturels ou sociaux à l'accès à l'emploi.

Cette aide ne peut être attribuée qu'à la condition que la maison de l'emploi se constitue sous forme d'association ou sous forme de groupement d'intérêt public.

Les membres fondateurs à titre obligatoire doivent disposer de la majorité des voix au sein du conseil d'administration et du bureau.

Art. R. 5313-4. (D. 2009-1593 du 18 déc. 2009, JO 20, entrée en vigueur le 01.01.2010) Les maisons de l'emploi ne peuvent bénéficier de l'aide de l'État que si elles remplissent les conditions figurant dans un cahier des charges, pris par arrêté du ministre chargé de l'emploi, qui précise les relations avec leurs partenaires et les modalités de leur financement par l'État.

Art. R. 5313-5. (D. 2009-1593 du 18 déc. 2009, JO 20, entrée en vigueur le 01.01.2010) La participation de l'État ne peut excéder un pourcentage du budget de fonctionnement de la maison de l'emploi et un plafond fixés par arrêté du ministre chargé de l'emploi.

L'aide de l'État ne peut porter que sur les dépenses de fonctionnement.

Art. R. 5313-6. (D. 2009-1593 du 18 déc. 2009, JO 20, entrée en vigueur le 01.01.2010) Une convention est conclue entre le préfet de région et la maison de l'emploi. Cette convention précise les objectifs à atteindre, les moyens mis en œuvre, la durée du conventionnement et le budget de la maison de l'emploi, ainsi que le montant et les conditions de contrôle de l'utilisation de l'aide allouée.

Le préfet de région présente la convention au conseil régional de l'emploi.

Art. R. 5313-7. (D. 2009-1593 du 18 déc. 2009, JO 20, entrée en vigueur le 01.01.2010) Les maisons de l'emploi adressent chaque année au préfet de région un compte rendu financier et un bilan d'activité mettant en évidence les contributions apportées au fonctionnement du service public de l'emploi et du marché de l'emploi sur leur territoire d'intervention.

SECTION 3 (RÉGLEMENTAIRE). Organisation sous forme de groupement d'intérêt public

Art. R. 5313-8. Lorsque la maison de l'emploi prend la forme d'un groupement d'intérêt public, elle est administrée par un conseil d'administration composé de représentants de ses membres constitutifs. Ce conseil élit son président en son sein.

Le directeur du groupement, nommé par le conseil d'administration, assure, sous l'autorité du conseil et de son président, le fonctionnement du groupement.

Chapitre IV

Missions locales pour l'insertion professionnelle et sociale des jeunes

Art. L. 5314-1. Des missions locales pour l'insertion professionnelle et sociale des jeunes peuvent être constituées entre l'État, des collectivités territoriales, des établissements publics, des organisations professionnelles et syndicales et des associations.

Elles prennent la forme d'une association ou d'un groupement d'intérêt public. Dans ce dernier cas, elles peuvent recruter des personnels qui leur sont propres, régis par le présent code.

Art. L. 5314-2. Les missions locales pour l'insertion professionnelle et sociale des jeunes, dans le cadre de leur mission de service public pour l'emploi, ont pour objet d'aider les jeunes de seize à vingt-cinq ans révolus à résoudre l'ensemble des problèmes que pose leur insertion professionnelle et sociale en assurant des fonctions d'accueil, d'information, d'orientation et d'accompagnement (L. 2014-288 du 5 mars 2014, art. 21, I, 8° et 27, II, JO 6, entrée en vigueur le 01.01.2015) «à l'accès à la formation professionnelle initiale ou continue, ou à un emploi».

Elles favorisent la concertation entre les différents partenaires en vue de renforcer ou compléter les actions conduites par ceux-ci, notamment pour les jeunes rencontrant des difficultés particulières d'insertion professionnelle et sociale.

(L. 2019-791 du 26 juil. 2019, art. 15, II, 2°, JO 28, entrée en vigueur le 01.09.2020) «Elles concourent à la mise en œuvre de l'obligation de formation définie à l'article L. 114-1 du code de l'éducation.»

Elles contribuent à l'élaboration et à la mise en œuvre, dans leur zone de compétence, d'une politique locale concertée d'insertion professionnelle et sociale des jeunes.

(L. 2016-41 du 26 janv. 2016, art. 6, JO 27) «À ce titre, les missions locales sont reconnues comme participant au repérage des situations qui nécessitent un accès aux droits sociaux, à la prévention et aux soins, et comme mettant ainsi en œuvre les actions et orientant les jeunes vers des services compétents qui permettent la prise en charge du jeune concerné par le système de santé de droit commun et la prise en compte par le jeune lui-même de son capital santé.»

(L. 2009-1437 du 24 nov. 2009, JO 25) «Les résultats obtenus par les missions locales en termes d'insertion professionnelle et sociale, ainsi que la qualité de l'accueil, de l'information, de l'orientation et de l'accompagnement qu'elles procurent aux jeunes sont évalués dans des conditions qui sont fixées par convention avec l'État, (L. 2014-288 du 5 mars 2014, art. 21, I, 8° et 27, II, JO 6, entrée en vigueur le 01.01.2015) «la région et les autres» collectivités territoriales qui les financent. Les financements accordés tiennent compte de ces résultats.»

Art. L. 5314-4. Des décrets en Conseil d'État déterminent les conditions d'application du présent chapitre.

Art. D. 5314-0. (D. 2010-485 du 12 mai 2010, JO 13) Les missions locales pour l'insertion professionnelle et sociale des jeunes assurent par tout moyen à leur disposition une information sur le service civique créé par la loi n° 2010-241 du 10 mars 2010.

Chapitre V

Établissement public chargé de la formation professionnelle des adultes

Note Ce chapitre est issu de l'ordonnance 2016-1519 du 10 novembre 2016, JO 11, entrée en vigueur le 01.01.2017.

Art. L. 5315-1. Un établissement public de l'État à caractère industriel et commercial contribue au service public de l'emploi mentionné à l'article L. 5311-1. À ce titre:

1° Il participe à la formation et à la qualification des personnes les plus éloignées de l'emploi et contribue à leur insertion sociale et professionnelle;

2° Il contribue à la politique de certification menée par le ministre chargé de l'emploi;

3° Il contribue à l'égal accès des femmes et des hommes à la formation professionnelle et à la promotion de la mixité des métiers;

4° Il contribue à l'égal accès, sur l'ensemble du territoire, aux services publics de l'emploi et de la formation professionnelle.

Art. L. 5315-2. Dans le respect des compétences des régions chargées du service public régional de la formation professionnelle, l'établissement mentionné à l'article L. 5315-1 a également pour missions:

1° De contribuer à l'émergence et à l'organisation de nouveaux métiers et de nouvelles compétences, notamment par le développement d'une ingénierie de formation adaptée aux besoins;

2° De développer une expertise prospective de l'évolution des compétences adaptées au marché local de l'emploi;

3° De fournir un appui aux opérateurs chargés des activités de conseil en évolution professionnelle mentionné à l'article L. 6111-6;

4° D'exercer les activités qui constituent le complément normal de ses missions de service public et sont directement utiles à l'amélioration des conditions d'exercice de celles-ci, notamment:

a) En contribuant à la politique de certification de l'État exercée par d'autres ministres que celui chargé de l'emploi, en application du chapitre V du titre III du livre III de la deuxième partie du code de l'éducation;

b) En participant à la formation des personnes en recherche d'emploi;

c) En participant à la formation des personnes en situation d'emploi;

Les activités prévues aux *b* et *c* sont mises en œuvre au moyen des filiales créées dans les conditions mentionnées à l'article L. 5315-6;

5° De contribuer au développement des actions de formation en matière de développement durable et de transition énergétique.

Art. L. 5315-3. L'établissement public est dirigé par un directeur général nommé par décret, après avis [de la Commission nationale de la négociation collective, de l'emploi et de la formation professionnelle].

Il est administré par un conseil d'administration composé de représentants de l'État, des régions, des organisations syndicales de salariés et des organisations professionnelles d'employeurs représentatives au niveau national et interprofessionnel, de personnalités qualifiées et de représentants du personnel. Pour la détermination du nombre de représentants de cette dernière catégorie, il peut être dérogé au cinquième alinéa de l'article 5 de la loi n° 83-675 du 26 juillet 1983 relative à la démocratisation du secteur public.

À l'exception de son président, nommé par décret parmi les personnalités qualifiées, les membres du conseil d'administration sont nommés par arrêté des ministres de tutelle.

Les représentants de l'État et des régions disposent chacun d'au plus deux voix.

Art. L. 5315-4. Un médiateur national est chargé au sein de l'établissement public d'instruire les réclamations individuelles des usagers, sans préjudice des voies de recours existantes.

Le médiateur national est le correspondant du Défenseur des droits.

Art. L. 5315-5. Les ressources de l'établissement public sont constituées par des dotations de l'État, des redevances pour service rendu, le produit des ventes et des locations ainsi que par des emprunts autorisés, dons et legs et recettes diverses.

Les dotations de l'État sont calculées pour compenser au plus la charge financière des missions et sujétions de service public résultant de l'application de l'article L. 5315-1 et des 1° à 3° et du *a* du 4° de l'article L. 5315-2.

Art. L. 5315-6. L'établissement public peut créer des filiales ou prendre des participations dans des sociétés, groupements ou organismes en vue de réaliser toute opération utile à ses missions.

Art. L. 5315-7. Les biens de l'établissement public relèvent de son domaine privé. Ils peuvent être librement gérés et aliénés dans les conditions du droit commun.

Lorsqu'un bien appartenant à l'établissement public est nécessaire à la bonne exécution de ses missions de service public ou au développement de celles-ci, l'État peut s'opposer à la disposition de ce bien par cession ou apport sous quelque forme que ce soit, à la création d'une sûreté sur ce bien, ou subordonner la cession, la réalisation de l'apport ou la création de la sûreté à la condition qu'elle ne soit pas susceptible de porter préjudice à l'accomplissement de ces missions. Est nul de plein droit tout acte de cession, apport ou création de sûreté réalisé sans que l'État ait été mis à même de s'y opposer, en violation de son opposition ou en méconnaissance des conditions fixées à la réalisation de l'opération.

Le produit des cessions des biens immobiliers transférés à l'établissement public, mentionnés dans l'arrêté prévu à l'article 2 de l'ordonnance n° 2016-1519 du 10 novembre 2016 est exclusivement réservé au financement des investissements destinés à l'exercice de la mission de service public prévue au 4° de l'article L. 5315-1 ou, à défaut, affecté au budget de l'État.

Il en est de même des produits des cessions des biens immobiliers financés en remploi du produit des ventes des biens visés au troisième alinéa.

Toutefois les produits issus de la réalisation des sûretés réelles portant sur des biens mentionnés au troisième alinéa sont destinés aux créanciers.

Art. L. 5315-8. Les organismes de formation bénéficiant d'une habilitation au titre de l'article L. 6121-2-1 ont accès aux locaux et équipements de l'établissement public dans des conditions objectives, transparentes et non discriminatoires, selon des modalités fixées par une convention signée entre l'État, la région et l'établissement public.

Cette convention est conforme à la stratégie coordonnée de la région et de l'État prévue à l'article L. 6123-4-1.

Cette convention est conclue dans le respect d'un cahier des charges défini par décret en Conseil d'État qui fixe notamment les modalités du versement par l'organisme bénéficiaire à l'établissement public d'une redevance pour service rendu. Cette redevance est fixée en fonction du coût d'entretien et de fonctionnement des installations, après déduction des coûts liés aux actifs immobiliers mentionnés à l'article L. 5315-7.

Art. L. 5315-9. Pour la mise en œuvre des dispositions prévues au 2° de l'article L. 5315-1 et au 1° de l'article L. 5315-2, les organismes de formation concourant au service public régional de la formation professionnelle défini à l'article L. 6121-2 ont accès aux locaux et équipements mentionnés à l'article L. 5315-7 dans des conditions objectives, transparentes et non discriminatoires selon un cahier des charges, défini par décret en Conseil d'État. Ce cahier des charges détermine notamment les modalités du versement par l'organisme bénéficiaire d'une redevance pour service rendu à l'établissement public.

Art. L. 5315-10. Un décret en Conseil d'État définit les modalités d'application du présent chapitre.

SECTION 1 (RÉGLEMENTAIRE). Organisation et fonctionnement

Note Les sections 1 et 2 sont issues du décret 2016-1539 du 15 novembre 2016, JO 17, entrée en vigueur le 01.01.2017.

Sous-section 1. Conseil d'administration

Art. R. 5315-1. L'établissement mentionné à l'article L. 5315-1 est placé sous la tutelle conjointe des ministres chargés de l'emploi, de la formation professionnelle et du budget.

Art. R. 5315-2. Le conseil d'administration de l'établissement est composé des membres suivants :

1° Neuf représentants de l'État, disposant chacun de deux voix, désignés selon les modalités suivantes :

a) Deux représentants désignés par le ministre chargé de l'emploi ;

b) Deux représentants désignés par le ministre chargé du budget ;

c) Un représentant désigné par le ministre chargé de la formation professionnelle ;

d) Un représentant désigné par le ministre chargé de l'économie ;

e) Un représentant désigné par le ministre chargé de l'éducation nationale ;

f) Un représentant désigné par le ministre chargé des affaires sociales ;

g) Un représentant désigné par le ministre chargé de l'intérieur ;

2° Quatre personnalités qualifiées, dont au moins une personne choisie parmi les représentants des usagers, nommées sur proposition conjointe des ministres chargés de l'emploi, de la formation professionnelle et du budget ;

3° Quatre représentants élus des conseils régionaux, nommés sur proposition de l'Association des régions de France. Chaque représentant dispose de deux voix ;

4° Un représentant de chaque organisation syndicale de salariés représentative au plan national et interprofessionnel, désigné par chacune d'elles ;

5° Un représentant de chaque organisation professionnelle d'employeurs représentative au plan national et interprofessionnel, désigné par chacune d'elles ;

6° Deux représentants du personnel, désignés dans les conditions prévues au chapitre II du titre II de la loi n° 83-675 du 26 juillet 1983 relative à la démocratisation du secteur public.

Les membres mentionnés au 1° peuvent se faire représenter.

La durée du mandat des membres du conseil d'administration est de cinq ans renouvelable une fois.

(D. 2018-660 du 26 juil. 2018, JO 27) « Le président du conseil d'administration ne peut être âgé de plus de soixante-dix ans le jour de sa nomination. »

Le directeur général, l'autorité chargée du contrôle économique et financier et le secrétaire du (D. 2017-1819 du 29 déc. 2017, art. 3, 35°, JO 30, entrée en vigueur le 01.01.2018) « comité social et économique central » participent aux séances du conseil d'administration avec voix consultative.

Art. R. 5315-3. Le conseil d'administration règle les affaires de l'établissement. Il délibère notamment sur :

1° Les orientations annuelles et pluriannuelles, notamment celles prévues dans le contrat d'objectifs et de performance signé entre l'État et l'établissement public, représenté, sur son autorisation, par le président et le directeur général ;

2° Les plans de développement des activités, les mesures destinées à favoriser l'insertion, la qualification et à accompagner la promotion et la mobilité des personnes, qu'elles disposent ou non d'un emploi ;

3° Les conditions de mise en œuvre par l'établissement des dispositifs des politiques publiques concourant au service public de l'emploi pour le compte de l'État selon les orientations fixées par le contrat d'objectifs et de performance ;

4° La nature des conventions soumises à délibération préalable et spéciale du conseil, dans la limite, le cas échéant, d'un montant qu'il détermine ;

5° Les conditions générales d'organisation et de fonctionnement de l'établissement, en particulier la création ou la suppression de filiales ;

6° Le programme des implantations territoriales ;

7° Les projets d'achat d'immeubles et les baux à long terme ;

8° Les projets d'aliénation de biens immobiliers ;

9° Les conditions générales d'emploi et de rémunération du personnel ;

10° Le règlement intérieur de l'établissement ;

11° Les règlements intérieurs du conseil d'administration et de ses comités mentionnés à l'article R. 5315-5 ;

12° Le rapport annuel d'activité et le rapport social ;

13° Le budget initial, les autorisations d'emplois ainsi que leurs rectifications ;

14° Les comptes annuels ;

15° Les emprunts autorisés et encours maximum des crédits de trésorerie ;

16° L'octroi de cautions, garanties et autres sûretés personnelles ;

17° La constitution de sûretés sur les biens de l'établissement public ;

18° L'acceptation des dons et legs ;

19° Les prises de participation financière, de participation à des groupements d'intérêt économique, groupements d'intérêt public et organismes ;

20° La nature des actions en justice, des transactions et des remises de dette pour lesquelles le directeur général peut agir sans délibération préalable et spéciale du conseil, dans la limite, le cas échéant, d'un montant que le conseil détermine ;

21° La désignation des commissaires aux comptes ;

22° Les principes de présentation de la comptabilité analytique prévue à l'article R. 5315-10, qu'il approuve après avis du comité d'audit mentionné au 1° de l'article R. 5315-5.

Après avis du comité d'audit mentionné au 1° de l'article R. 5315-5, le conseil d'administration examine lors de chaque réunion, le compte rendu d'activité et de gestion de l'établissement préparé par le directeur général.

Art. R. 5315-4. Le président du conseil d'administration :

1° Préside les débats du conseil d'administration. Il a voix prépondérante en cas de partage égal des voix ;

2° Convoque le conseil d'administration, arrête son ordre du jour sur proposition du directeur général, signe les procès-verbaux des séances du conseil d'administration et veille à ce qu'ils soient adressés sans délai aux ministres de tutelle ;

3° S'assure de la mise en œuvre de ses délibérations, dont le directeur général rend compte régulièrement ;

4° Signe, conjointement avec le directeur général, le contrat d'objectifs et de performance mentionné au 1° de l'article R. 5315-2.

Art. R. 5315-5. Afin d'assister le président du conseil d'administration et le directeur général dans la conduite de l'établissement, sont institués au sein du conseil d'administration :

1° Un comité d'audit ;

2° Un comité stratégique ;

3° Un comité des nominations et des rémunérations.

Les membres de chaque comité sont désignés par le conseil d'administration sur proposition du président. L'autorité chargée du contrôle économique et financier assiste aux réunions de ces comités.

Art. R. 5315-6. Le conseil d'administration se réunit sur convocation de son président au moins trois fois par an.

Il est en outre réuni de plein droit, à la demande écrite d'un tiers de ses membres ou à celle de l'un des ministres de tutelle, sur les points de l'ordre du jour déterminés par eux, dans le délai d'un mois suivant la demande.

L'ordre du jour ainsi que les documents nécessaires à la préparation des questions devant faire l'objet d'une délibération sont portés à la connaissance des membres du conseil d'administration au moins dix jours avant la réunion, sauf en cas d'urgence motivée. Dans ce cas, le délai ne peut être inférieur à quarante-huit heures.

Le conseil d'administration délibère valablement si la moitié au moins de ses membres sont présents.

Le conseil d'administration entend les ministres de tutelle à leur demande.

Le conseil d'administration, à son initiative ou à celle de son président, peut entendre toute personne dont l'audition lui paraît utile.

Lorsque le conseil d'administration délibère sur une décision dans laquelle un des membres a, directement ou indirectement, un intérêt quelconque, le membre intéressé n'assiste pas à la délibération. Les délibérations prises en violation de cette obligation sont nulles de plein droit.

Il est établi un procès-verbal de chaque séance du conseil d'administration.

Le mandat d'administrateur est gratuit, sans préjudice du remboursement par l'établissement public des frais exposés pour l'exercice de ce mandat.

Art. R. 5315-7. Sous réserve de l'alinéa suivant et des dispositions de l'article R. 5315-12 en ce qui concerne les délibérations relevant du 8° de l'article R. 5315-3, les délibérations du conseil d'administration sont exécutoires quinze jours après leur réception par les ministres de tutelle si ceux-ci ne s'y sont pas opposés. Elles peuvent être immédiatement exécutées, en cas d'urgence déclarée par le conseil d'administration, après autorisation des ministres de tutelle.

Les délibérations relevant des 4°, 6°, 7°, 9°, 13°, 14°, 15°, 16°, 19° et 20° de l'article R. 5315-3 sont exécutoires après approbation conjointe des ministres de tutelle. Dans le cas où aucune décision expresse n'a été notifiée dans le délai d'un mois après leur réception par ces autorités, ces décisions sont réputées approuvées. Lorsqu'un ministre de tutelle demande par écrit des informations ou documents complémentaires, ce délai est suspendu jusqu'à la production de ces informations ou documents.

Sous-section 2. **Directeur général**

Art. R. 5315-8. Le directeur général est nommé par décret sur proposition conjointe des ministres de tutelle.

Le directeur général :

1° Prépare, cosigne et exécute le contrat d'objectifs et de performance prévu au 1° de l'article R. 5315-3 ;

2° Prépare les délibérations du conseil d'administration et en assure l'exécution ;

3° Prépare et exécute le budget de l'établissement ;

4° Est ordonnateur des recettes et des dépenses ;

5° A autorité sur l'ensemble des personnels de l'établissement et en assure la gestion. À ce titre, il recrute, nomme et gère le personnel ;

6° Préside le (D. 2017-1819 du 29 déc. 2017, art. 3, 35°, JO 30, entrée en vigueur le 01.01.2018) « comité social et économique central » ;

7° Conclut les conventions et marchés se rapportant aux missions de l'établissement dans les limites fixées par le conseil d'administration ;

8° Représente l'établissement en justice et dans les actes de la vie civile dans les conditions prévues par le conseil d'administration en application du 20° de l'article R. 5315-3 ;

9° Établit le rapport annuel d'activité ainsi que le rapport social ;

10° Rend compte de sa gestion au conseil d'administration.

Il peut déléguer sa signature aux personnels placés sous son autorité.

Sous-section 3. **Règles financières et comptables**

Art. R. 5315-9. L'établissement public est soumis :

1° En matière de gestion financière et comptable, aux règles applicables aux entreprises industrielles et commerciales ;

2° Au contrôle économique et financier de l'État, dans les conditions fixées par les décrets n° 53-707 du 9 août 1953 relatif au contrôle de l'État sur les entreprises publiques nationales et certains organismes ayant un objet d'ordre économique ou social et n° 55-733 du 26 mai 1955 relatif au contrôle économique et financier de l'État ;

3° Au contrôle de la Cour des comptes.

Art. R. 5315-10. L'établissement public tient une comptabilité analytique permettant de répondre aux exigences de gestion des services d'intérêt économique général et d'évaluation des obligations de service public donnant lieu à compensation.

Art. R. 5315-11. Le budget de l'établissement comporte un compte de résultat prévisionnel et un état prévisionnel de l'évolution de la situation patrimoniale en droits constatés. Les crédits concernant les dépenses de personnel, à l'exception des personnels recrutés à titre temporaire ou occasionnel, sont limitatifs.

Dans le cas où, avant le début de l'exercice, le budget n'a pas été voté par le conseil d'administration ou n'a pas été approuvé par les ministres de tutelle à la date d'ouverture de l'exercice, l'ordonnateur peut être autorisé par les ministres de tutelle à exécuter temporairement les opérations de recettes et de dépenses strictement nécessaires à la continuité de l'activité.

Art. R. 5315-12. Les projets de cession, d'apport ou de création de sûreté portant sur un bien mentionné au deuxième alinéa de l'article L. 5315-7 sont communiqués aux ministres de tutelle, accompagnés du projet de convention avec le cessionnaire, le destinataire de l'apport ou le bénéficiaire de la sûreté. Ces ministres disposent d'un délai de trois mois à compter de la réception du projet pour faire connaître leur décision conjointe, soit d'approbation, soit d'opposition motivée ou, le cas échéant, les conditions particulières auxquelles ils subordonnent la réalisation de l'opération. Dans le cas où aucune décision expresse n'a été notifiée dans le délai précité après leur réception, ces projets sont réputés rejetés.

Concernant les biens meubles, un arrêté conjoint des ministres de tutelle détermine les conditions dans lesquelles il peut être dérogé à ces dispositions.

Sous-section 4. **Organisation territoriale**

Art. R. 5315-13. L'établissement public est composé d'une direction nationale et de directions régionales.

Le directeur régional est placé sous l'autorité du directeur général. Pour les activités conduites dans le cadre du service public de l'emploi, il rend également compte au préfet de région et au comité régional de l'emploi, de la formation et de l'orientation professionnelles mentionné à l'article L. 6123-3.

SECTION 2 (RÉGLEMENTAIRE). Médiateur

Art. R. 5315-14. Le médiateur mentionné à l'article L. 5315-4 remet chaque année au conseil d'administration de l'établissement un rapport dans lequel il formule les propositions qui lui paraissent de nature à améliorer le fonctionnement du service rendu aux usagers. Ce rapport est transmis aux ministres chargés de l'emploi, de la formation professionnelle et du budget et au Défenseur des droits.

En dehors de celles qui mettent en cause l'établissement public, les réclamations qui relèvent de la compétence du Défenseur des droits sont transmises directement à ce dernier.

La saisine du Défenseur des droits, dans son champ de compétences, met fin à la procédure de réclamation.

TITRE II

PLACEMENT

Chapitre Ier

Principes

Art. L. 5321-1. L'activité de placement consiste à fournir, à titre habituel, des services visant à rapprocher les offres et les demandes d'emploi, sans que la personne assurant cette activité ne devienne partie aux relations de travail susceptibles d'en découler.

(L. 2010-853 du 23 juil. 2010, art. 29, JO 24) «La fourniture de services de placement peut être exercée à titre lucratif. Les entreprises de travail temporaire peuvent fournir des services de placement au sens du présent article.»

Art. L. 5321-2. Aucun service de placement ne peut être refusé à une personne à la recherche d'un emploi ou à un employeur fondé sur l'un des motifs de discrimination énumérés à l'article L. 1132-1. Aucune offre d'emploi ne peut comporter de référence à l'une des caractéristiques mentionnées à cet article.

Art. L. 5321-3. Aucune rétribution, directe ou indirecte, ne peut être exigée des personnes à la recherche d'un emploi en contrepartie de la fourniture de services de placement, sous réserve des dispositions :

1° (Ord. 2015-1682 du 17 déc. 2015, art. 15, JO 18, entrée en vigueur le 01.01.2016) «De l'article L. 7121-9», relatives aux conditions de placement, à titre onéreux, des artistes du spectacle ;

2° De l'article L. 222-6 du code du sport, relatives aux conditions d'exercice de l'activité d'agent sportif.

Chapitre II

Rôle des collectivités territoriales

Art. L. 5322-1. Dans les localités où il n'existe pas de bureau de l' (L. 2008-126 du 13 févr. 2008, JO 14) «institution mentionnée à l'article L. 5312-1» ou de bureau des organismes ayant conclu une convention avec l' (L. 2008-126 du 13 févr. 2008, JO 14) «institution mentionnée à l'article L. 5312-1» en application des dispositions de l'article L. 5312-3, les maires sont chargés de recevoir et de consigner les déclarations des demandeurs d'emploi et de les transmettre à ces organismes ou, en l'absence de convention, à l' (L. 2008-126 du 13 févr. 2008, JO 14) «institution mentionnée à l'article L. 5312-1».

Art. L. 5322-2. Les communes peuvent recevoir des offres d'emploi et réaliser des opérations de placement en faveur de leurs administrés à la recherche d'un emploi, après avoir conclu à cet effet une convention avec l'État et l' (L. 2008-126 du 13 févr. 2008, JO 14) «institution mentionnée à l'article L. 5312-1».

Art. L. 5322-3. À leur demande, les maires, pour les besoins du placement ou pour la détermination des avantages sociaux auxquels peuvent prétendre les intéressés, ont communication de la liste des demandeurs d'emploi domiciliés dans leur commune.

Art. L. 5322-4. Des décrets en Conseil d'État déterminent les conditions d'application du présent chapitre, notamment les conditions de transmission aux maires de la liste des demandeurs d'emploi inscrits sur leur commune, en application de l'article L. 5322-3.

Art. R. 5322-1. Lorsqu'une commune souhaite réaliser des opérations de placement, elle adresse sa demande de convention au préfet et à (D. 2014-524 du 22 mai 2014, art. 16, JO 24) « Pôle emploi ».

Une copie de la délibération du conseil municipal autorisant le maire à conclure une convention avec (D. 2014-524 du 22 mai 2014, art. 16, JO 24) « l'établissement » et l'État est jointe à la demande.

Art. R. 5322-2. Le projet de convention est soumis par le préfet à l'avis de l'instance paritaire régionale prévue à l'article L. 5312-10.

Art. R. 5322-3. La convention par laquelle une commune devient correspondant de (D. 2014-524 du 22 mai 2014, art. 16, JO 24) « Pôle emploi », est conclue compte tenu des moyens que la commune est disposée à mettre en œuvre au profit des usagers du service public du placement.

Cette convention est signée par le préfet et par le directeur régional.

Art. R. 5322-4. Lorsque des informations sont communiquées au maire au titre de l'article L. 5322-3, elles comprennent les noms, prénoms et adresses des demandeurs d'emploi et, le cas échéant, l'indication qu'un revenu de remplacement mentionné à l'article L. 5421-1 est versé.

Art. R. 5322-5. Les informations reçues par le maire en application de l'article L. 5322-3 ne peuvent être partagées par lui qu'avec ses adjoints ayant reçu délégation en matière de placement, ou d'attribution d'avantages sociaux ainsi qu'avec les services municipaux compétents dans l'un de ces domaines.

Art. R. 5322-6. Les dépenses occasionnées par la communication au maire de la liste des demandeurs d'emploi sont réparties entre (D. 2014-524 du 22 mai 2014, art. 16, JO 24) « Pôle emploi » et la commune dans les conditions fixées par arrêté des ministres chargés des collectivités locales, du budget et de l'emploi.

Chapitre III (réglementaire)

Placement privé

SECTION 1. Transmission d'informations

Art. R. 5323-7. L'agence de placement privée adresse régulièrement au préfet des renseignements d'ordre statistique sur son activité de placement.

Art. R. 5323-8. L'organisme de droit privé exerçant une fonction de placement adresse au préfet chaque année, avant le 31 mars de l'année suivante, et selon un modèle fixé par arrêté du ministre chargé de l'emploi :

1° Le chiffre d'affaires relatif au placement, réalisé sur l'année écoulée, rapporté s'il y a lieu au chiffre d'affaires total ;

2° Le nombre des personnes à la recherche d'un emploi, réparties selon le sexe et l'âge :

a) Reçues au cours de l'année ;

b) Placées au cours de l'année ;

c) Inscrites dans les fichiers de l'organisme au 31 décembre.

Art. R. 5323-9. L'organisme privé de placement peut collecter les données à caractère personnel relatives aux personnes à la recherche d'un emploi dans la mesure où elles sont nécessaires à l'activité de placement, à l'exception du numéro d'inscription au répertoire national d'identification des personnes physiques.

Art. R. 5323-10. La collecte, l'utilisation, la conservation et la transmission des données à caractère personnel sont réalisées dans le respect du principe de non-discrimination mentionné aux articles L. 1132-1 à L. 1132-4 et de la loi n° 78-17 du 6 janvier 1978 relative à l'informatique, aux fichiers et aux libertés.

Art. R. 5323-11. Les données relatives aux personnes à la recherche d'un emploi enregistrées dans un traitement de données mis en œuvre par les seuls organismes privés de placement ne peuvent être conservées au-delà d'un délai de six ans à compter de leur enregistrement.

SECTION 2. Contrats de prestations

Art. R. 5323-12. L'organisme privé de placement qui a conclu un contrat de prestations de services avec l'un des organismes participant au service public de l'emploi mentionnés à l'article L. 5311-2 pour la prise en charge de demandeurs d'emploi est destinataire du projet personnalisé d'accès à l'emploi prévu par les articles R. 5411-14 à R. 5411-16.

Art. R. 5323-13. L'organisme privé de placement adresse à l'organisme du service public de l'emploi commanditaire de la prestation de placement et, dans tous les cas, à (D. 2014-524 du 22 mai 2014, art. 16, JO 24) « Pôle emploi », les informations relatives au demandeur d'emploi qui sont nécessaires, notamment :

1° À l'adaptation dans le temps du projet personnalisé d'accès à l'emploi du demandeur d'emploi ;

2° À l'actualisation de la liste des demandeurs d'emploi ;

3° À l'indemnisation des demandeurs d'emploi ;

4° À l'exercice effectif des opérations de suivi de la recherche d'emploi prévues aux articles L. 5426-1 à L. 5426-4.

Art. R. 5323-14. Les échanges d'informations prévus à l'article R. 5323-13 sont réalisés par la transmission du dossier unique du demandeur d'emploi et selon les modalités fixées par la convention conclue entre l'État, (D. 2014-524 du 22 mai 2014, art. 16, JO 24) « Pôle emploi » et les organismes gestionnaires du régime d'assurance chômage.

Ces échanges d'informations sont conformes à des normes définies par arrêté du ministre chargé de l'emploi.

Chapitre III

Contrôle

Art. L. 5323-1. (L. 2010-853 du 23 juil. 2010, art. 29, JO 24) «Les fonctionnaires et agents chargés du contrôle de l'application du droit du travail sont habilités à constater les manquements aux dispositions du chapitre Ier».

Lorsque l'activité de placement est exercée en méconnaissance de ces dispositions ou en cas d'atteinte à l'ordre public, l'autorité administrative peut, après mise en demeure, ordonner la fermeture de l'organisme en cause pour une durée n'excédant pas trois mois.

Art. R. 5324-1. Lorsque des manquements à la réglementation ont été constatés dans les conditions fixées à l'article L. 5324-1, l'organisme privé de placement est invité à présenter ses observations dans un délai de quinze jours.

Au-delà de ce délai, le préfet peut adresser à l'organisme une mise en demeure de se mettre en conformité. Cette mise en demeure, notifiée par lettre recommandée avec avis de réception, énonce les manquements constatés.

Passé un délai qui ne peut être inférieur à quinze jours, le préfet peut ordonner la fermeture de l'organisme pour une durée n'excédant pas trois mois.

Chapitre IV

Dispositions pénales

Art. L. 5324-1. Le fait d'exiger une rétribution, directe ou indirecte, des personnes à la recherche d'un emploi, en contrepartie de la fourniture de services de placement, en méconnaissance des dispositions de l'article L. 5321-3, est puni d'un emprisonnement de six mois et d'une amende de 3750 €.

TITRE III

DIFFUSION ET PUBLICITÉ DES OFFRES ET DEMANDES D'EMPLOI

Chapitre Ier

Interdictions

Art. L. 5331-1. Il est interdit de vendre des offres ou des demandes d'emploi, quel que soit le support utilisé.

Toutefois, cette interdiction ne fait pas obstacle à l'insertion, à titre onéreux, d'offres ou de demandes d'emploi dans une publication ou un autre moyen de communication payant.

Art. L. 5331-2. Il est interdit de faire publier dans un journal, revue ou écrit périodique ou de diffuser par tout autre moyen de communication accessible au public une insertion d'offres d'emploi ou d'offres de travaux à domicile comportant la mention d'une limite d'âge supérieure exigée du postulant à un emploi.

Cette interdiction ne concerne pas les offres qui fixent des conditions d'âge imposées par les dispositions légales.

Art. L. 5331-3. Il est interdit de faire publier dans un journal, revue ou écrit périodique ou de diffuser par tout autre moyen de communication accessible au public une insertion d'offres d'emploi ou d'offres de travaux à domicile comportant des allégations fausses ou susceptibles d'induire en erreur et portant en particulier sur un ou plusieurs éléments suivants:

1° L'existence, le caractère effectivement disponible, l'origine, la nature et la description de l'emploi ou du travail à domicile offert;

2° La rémunération et les avantages annexes proposés;

3° Le lieu du travail.

Art. L. 5331-4. Il est interdit de faire publier dans un journal, revue ou écrit périodique ou de diffuser par tout autre moyen de communication accessible au public une insertion d'offres d'emploi ou d'offres de travaux à domicile comportant un texte rédigé en langue étrangère.

Lorsque l'emploi ou le travail offert ne peut être désigné que par un terme étranger sans correspondant en français, le texte français en comporte une description suffisamment détaillée pour ne pas induire en erreur au sens de l'article L. 5331-3.

Ces prescriptions s'appliquent aux services à exécuter sur le territoire français, quelle que soit la nationalité de l'auteur de l'offre ou de l'employeur, et aux services à exécuter hors du territoire français lorsque l'auteur de l'offre ou l'employeur est français, alors même que la parfaite connaissance d'une langue étrangère serait une des conditions requises pour tenir l'emploi proposé.

Toutefois, les directeurs de publications et les personnes responsables de moyens de communication utilisant, en tout ou partie, une langue étrangère peuvent, en France, recevoir des offres d'emploi rédigées dans cette langue.

Art. L. 5331-5. Il est interdit de faire publier dans un journal, revue ou écrit périodique, ou de diffuser par tout autre moyen de communication accessible au public une insertion de prestation de services concernant les offres d'emploi ou les carrières et comportant des allégations fausses ou susceptibles d'induire en erreur, notamment sur le caractère gratuit de ce service.

Art. L. 5331-6. Des décrets en Conseil d'État déterminent les conditions d'application du présent chapitre.

Chapitre II

Conditions de publication et de diffusion des offres d'emploi

Art. L. 5332-1. Toute offre d'emploi publiée ou diffusée est datée.

Art. L. 5332-2. Tout employeur qui fait insérer dans un journal, revue ou écrit périodique ou fait diffuser par tout autre moyen de communication accessible au public une offre anonyme d'emploi fait connaître son nom ou sa raison sociale et son adresse au directeur de la publication ou au responsable du moyen de communication.

Lorsque l'insertion est demandée par une agence de publicité, un organisme de sélection ou tout autre intermédiaire, celui-ci fournit au directeur de la publication ou au responsable du moyen de communication les renseignements concernant l'employeur mentionnés au premier alinéa.

Art. L. 5332-3. Les publicités faites en faveur d'une ou plusieurs entreprises de travail temporaire et les offres d'emploi provenant de celles-ci mentionnent expressément leur dénomination et leur caractère d'entreprise de travail temporaire.

Art. L. 5332-4. Dans le cas d'offre anonyme, l'autorité administrative et les services de l' (L. 2008-126 du 13 févr. 2008, JO 14) «institution mentionnée à l'article L. 5312-1» peuvent, sur simple demande de leur part, obtenir du directeur de la publication ou du responsable du moyen de communication le nom ou la raison sociale et l'adresse de l'employeur.

Ces renseignements peuvent être utilisés pour l'information des candidats éventuels à l'offre d'emploi publiée ou diffusée.

Art. L. 5332-5. Des décrets en Conseil d'État déterminent les conditions d'application du présent chapitre, notamment, les conditions d'utilisation des informations nominatives que les organismes exerçant une activité de placement peuvent demander, détenir, conserver, diffuser et céder pour les besoins de cette activité.

Art. R. 5332-1. L'autorité administrative mentionnée à l'article L. 5332-4 est le (D. 2009-1377 du 10 nov. 2009, JO 13; D. 2010-687 du 24 juin 2010, JO 25; voir D. 2010-1582 du 17 déc. 2010, JO 18, pour outre-mer) « directeur régional des entreprises, de la concurrence, de la consommation, du travail et de l'emploi ».

Art. R. 5332-2. La transmission des offres d'emploi au (D. 2009-1377 du 10 nov. 2009, JO 13; D. 2010-687 du 24 juin 2010, JO 25; voir D. 2010-1582 du 17 déc. 2010, JO 18, pour outre-mer) « directeur régional des entreprises, de la concurrence, de la consommation, du travail et de l'emploi » n'est faite que sur demande expresse de celui-ci précisant le numéro ou la date de la publication auxquels ces offres se rapportent.

Chapitre III

Contrôle

Art. L. 5333-1. Les agents de la concurrence, de la consommation et de la répression des fraudes sont habilités à rechercher et constater, dans les conditions prévues à l'article (Ord. 2016-301 du 14 mars 2016, art. 21, JO 16) « L. 511-5 » du code de la consommation :

1° Les infractions aux dispositions de l'article L. 5331-3 ;

2° Les infractions aux dispositions de l'article L. 5331-5.

Art. L. 5333-2. Des décrets en Conseil d'État déterminent les conditions d'application du présent chapitre.

Chapitre IV

Dispositions pénales

Art. L. 5334-1. Le fait d'insérer une offre d'emploi ou une offre de travaux à domicile, en méconnaissance des dispositions de l'article L. 5331-3, est puni d'un emprisonnement d'un an et d'une amende de 37 500 €.

Le fait d'insérer une offre de service concernant les emplois et carrières, en méconnaissance des dispositions de l'article L. 5331-5, est puni des mêmes peines.

L'annonceur qui a demandé la diffusion de l'offre est responsable de l'infraction commise. Le directeur de la publication ou le fournisseur du service ayant communiqué l'offre au public est responsable lorsqu'il a agi sans demande expresse d'insertion de l'offre émanant de l'annonceur.

Art. R. 5334-1. Le fait de méconnaître les dispositions des articles (D. 2009-289 du 13 mars 2009, JO 15) « L. 5331-1, L. 5331-2, L. 5331-4, L. 5332-1 et L. 5332-3 », relatives aux conditions de publication et de diffusion des offres d'emploi, est puni de l'amende prévue pour les contraventions de la 3e classe.

LIVRE IV

LE DEMANDEUR D'EMPLOI

TITRE Ier

DROITS ET OBLIGATIONS DU DEMANDEUR D'EMPLOI

Chapitre Ier

Inscription du demandeur d'emploi et recherche d'emploi

SECTION 1. Inscription sur la liste des demandeurs d'emploi

Art. L. 5411-1. A la qualité de demandeur d'emploi toute personne qui recherche un emploi et demande son inscription sur la liste des demandeurs d'emploi auprès de (L. 2018-771 du 5 sept. 2018, art. 64, III, 1°, JO 6, entrée en vigueur le 01.01.2019) « Pôle emploi ».

Art. L. 5411-2. Les demandeurs d'emploi renouvellent périodiquement leur inscription selon des modalités fixées par arrêté du ministre chargé de l'emploi et la catégorie dans laquelle ils ont été inscrits.

Ils portent également à la connaissance de (L. 2018-771 du 5 sept. 2018, art. 64, III, 1°, JO 6, entrée en vigueur le 01.01.2019) «Pôle emploi» les changements affectant leur situation susceptibles d'avoir une incidence sur leur inscription comme demandeurs d'emploi.

Art. L. 5411-3. Les personnes inscrites sur la liste des demandeurs d'emploi sont classées dans des catégories déterminées par arrêté du ministre chargé de l'emploi en fonction de l'objet de leur demande et de leur disponibilité pour occuper un emploi.

Art. L. 5411-4. Lors de l'inscription d'une personne étrangère sur la liste des demandeurs d'emplois, (L. 2018-771 du 5 sept. 2018, art. 64, III, 2°, JO 6, entrée en vigueur le 01.01.2019) «Pôle emploi» vérifie la validité de ses titres de séjour et de travail.

(L. 2018-771 du 5 sept. 2018, art. 64, III, 2°, JO 6, entrée en vigueur le 01.01.2019) «Pôle emploi» peut avoir accès aux fichiers des services de l'État pour obtenir les informations nécessaires à cette vérification (L. 2018-771 du 5 sept. 2018, art. 64, III, 2°, JO 6, entrée en vigueur le 01.01.2019) «, y compris lors du renouvellement des titres de séjour et de travail afin de s'assurer du maintien de l'intéressé sur la liste des demandeurs d'emploi».

Lorsque ces informations sont conservées sur support informatique, elles peuvent faire l'objet d'une transmission (Ord. 2018-1125 du 12 déc. 2018, art. 25, JO 13, entrée en vigueur au plus tard le 01.06.2019) «dans le respect des dispositions» de la loi n° 78-17 du 6 janvier 1978 relative à l'informatique, aux fichiers et aux libertés.

Art. L. 5411-5. Les personnes invalides mentionnées aux 2° et 3° de l'article L. 341-4 du code de la sécurité sociale, bénéficiaires à ce titre d'un avantage social lié à une incapacité totale de travail, ne peuvent être inscrites sur la liste des demandeurs d'emploi pendant la durée de leur incapacité.

Art. R. 5411-1. La liste des demandeurs d'emploi est tenue par (D. 2014-524 du 22 mai 2014, art. 16, JO 24) « Pôle emploi ».

Art. R. 5411-2. (D. 2015-1264 du 9 oct. 2015, JO 14) L'inscription sur la liste des demandeurs d'emploi est faite par voie électronique auprès de Pôle emploi. Le travailleur recherchant un emploi qui demande son inscription déclare sa domiciliation et transmet les informations permettant de procéder à son identification.

À défaut de parvenir à s'inscrire lui-même par voie électronique, le travailleur recherchant un emploi peut procéder à cette inscription dans les services de Pôle emploi, également par voie électronique, et bénéficier le cas échéant de l'assistance du personnel de Pôle emploi.

Les modalités d'application du présent article sont déterminées par un arrêté du ministre chargé de l'emploi.

Art. R. 5411-3. Le travailleur étranger justifie de la régularité de sa situation au regard des dispositions réglementant l'exercice d'activités professionnelles salariées par les étrangers.

Art. R. 5411-4. Lors de son inscription, le travailleur recherchant un emploi est informé de ses droits et obligations.

SECTION 2 (RÉGLEMENTAIRE). Changement de situation

Art. R. 5411-6. Les changements affectant la situation au regard de l'inscription ou du classement du demandeur d'emploi et devant être portés à la connaissance de (D. 2014-524 du 22 mai 2014, art. 16, JO 24) « Pôle emploi », en application du second alinéa de l'article L. 5411-2, sont les suivants :

1° L'exercice de toute activité professionnelle, même occasionnelle ou réduite et quelle que soit sa durée ;

2° Toute période d'indisponibilité due à une maladie, une maternité, à un accident de travail, une incorporation dans le cadre du service national ou une incarcération ;

3° La participation à une action de formation, rémunérée ou non ;

4° L'obtention d'une pension d'invalidité au titre des 2° et 3° de l'article L. 341-4 du code de la sécurité sociale ;

5° Pour le travailleur étranger, l'échéance de son titre de travail.

Art. R. 5411-7. Le demandeur d'emploi porte à la connaissance de (D. 2014-524 du 22 mai 2014, art. 16, JO 24) « Pôle emploi » les changements de situation le concernant dans un délai de soixante-douze heures.

Art. R. 5411-8. Le demandeur d'emploi informe, dans un délai de soixante-douze heures, les services de (D. 2014-524 du 22 mai 2014, art. 16, JO 24) « Pôle emploi » de toute absence de sa résidence habituelle d'une durée supérieure à sept jours et de tout changement de domicile.

SECTION 2. Recherche d'emploi

Art. L. 5411-6. (L. 2008-758 du 1er août 2008, JO 2) Le demandeur d'emploi immédiatement disponible pour occuper un emploi est orienté et accompagné dans sa recherche d'emploi par (L. 2018-771 du 5 sept. 2018, art. 64, III, 1°, JO 6, entrée en vigueur le 01.01.2019) « Pôle emploi ». Il est tenu de participer à la définition et à l'actualisation du projet personnalisé d'accès à l'emploi mentionné à l'article L. 5411-6-1, d'accomplir des actes positifs et répétés de recherche d'emploi et d'accepter les offres raisonnables d'emploi telles que définies aux articles L. 5411-6-2 et L. 5411-6-3.

Art. L. 5411-6-1. (L. 2008-758 du 1er août 2008, JO 2) Un projet personnalisé d'accès à l'emploi est élaboré et actualisé conjointement par le demandeur d'emploi et (L. 2018-771 du 5 sept. 2018, art. 59, I, JO 6, entrée en vigueur le 01.01.2019) « Pôle emploi » ou, lorsqu'une convention passée avec (L. 2018-771 du 5 sept. 2018, art. 59, I, JO 6, entrée en vigueur le 01.01.2019) « Pôle emploi » le prévoit, un organisme participant au service public de l'emploi. Le projet personnalisé d'accès à l'emploi et ses actualisations sont alors transmis pour information à (L. 2018-771 du 5 sept. 2018, art. 59, I, JO 6, entrée en vigueur le 01.01.2019) « Pôle emploi ».

Ce projet précise, en tenant compte de la formation du demandeur d'emploi, de ses qualifications, de ses connaissances et compétences acquises au cours de ses expériences professionnelles, de sa situation personnelle et familiale ainsi que de la situation du marché du travail local, la nature et les caractéristiques de l'emploi ou des emplois recherchés, la zone géographique privilégiée et le niveau de salaire attendu. (L. 2018-771 du 5 sept. 2018, art. 59, I, JO 6, entrée en vigueur le 01.01.2019) « Il intègre, le cas échéant, le projet de reconversion professionnelle mentionné au 2° du II de l'article L. 5422-1. »

Le projet personnalisé d'accès à l'emploi retrace les actions que (L. 2018-771 du 5 sept. 2018, art. 59, I, JO 6, entrée en vigueur le 01.01.2019) « Pôle emploi » s'engage à mettre en œuvre dans le cadre du service public de l'emploi, notamment en matière d'accompagnement personnalisé et, le cas échéant, de formation et d'aide à la mobilité.

(L. 2018-771 du 5 sept. 2018, art. 59, I, JO 6, entrée en vigueur le 01.01.2019) « La notification du projet personnalisé d'accès à l'emploi adressée au demandeur d'emploi précise ses droits concernant l'acceptation ou le refus des offres raisonnables d'emploi qui lui sont soumises et, notamment, les voies et délais de recours en cas de sanction par Pôle emploi. »

Art. L. 5411-6-2. (L. 2008-758 du 1er août 2008, JO 2) La nature et les caractéristiques de l'emploi ou des emplois recherchés, la zone géographique privilégiée et le salaire attendu, tels que mentionnés dans le projet personnalisé d'accès à l'emploi, sont constitutifs de l'offre raisonnable d'emploi.

Art. L. 5411-6-3. (L. 2008-758 du 1er août 2008, JO 2) Le projet personnalisé d'accès à l'emploi est actualisé périodiquement. Lors de cette actualisation, les éléments constitutifs de l'offre raisonnable d'emploi sont révisés, notamment pour accroître les perspectives de retour à l'emploi.

Art. L. 5411-6-4. (L. 2018-771 du 5 sept. 2018, art. 59, III, JO 6, entrée en vigueur le 01.01.2019) Les dispositions de la présente section et du 2° de l'article L. 5412-1 ne peuvent obliger un demandeur d'emploi à accepter :

1° Un niveau de salaire inférieur au salaire normalement pratiqué dans la région et pour la profession concernée, sans préjudice des autres dispositions légales et des stipulations conventionnelles en vigueur, notamment celles relatives au salaire minimum de croissance ;

2° Un emploi à temps partiel, lorsque le projet personnalisé d'accès à l'emploi prévoit que le ou les emplois recherchés sont à temps complet ;

3° Un emploi qui ne soit pas compatible avec ses qualifications et ses compétences professionnelles.

Art. L. 5411-7. Lorsqu'elles satisfont à des conditions déterminées par décret en Conseil d'État, les personnes qui ne peuvent occuper sans délai un emploi, notamment en raison d'une activité occasionnelle ou réduite ou d'une formation, peuvent être réputées immédiatement disponibles.

Sous-section 1 (réglementaire). Disponibilité du demandeur d'emploi

Art. R. 5411-9. Est considérée comme immédiatement disponible pour occuper un emploi, pour l'application de l'article L. 5411-6, la personne qui n'exerce aucune activité professionnelle, qui ne suit aucune action de formation professionnelle et dont la situation personnelle lui permet d'occuper sans délai un emploi.

Art. R. 5411-10. Est réputée immédiatement disponible pour occuper un emploi, au sens de l'article L. 5411-7 (D. 2008-1056 du 13 oct. 2008, art. 2, JO 14) « et pour l'application de l'article L. 5411-6 », la personne qui, au moment de son inscription à (D. 2014-524 du 22 mai 2014, art. 16, JO 24) « Pôle emploi » ou du renouvellement de sa demande d'emploi :

1° Exerce ou a exercé au cours du mois précédent une activité occasionnelle ou réduite n'excédant pas soixante-dix-huit heures par mois ;

2° Suit une action de formation n'excédant pas au total quarante heures ou dont les modalités d'organisation, notamment sous forme de cours du soir ou par correspondance, lui permettent d'occuper simultanément un emploi ;

3° S'absente de son domicile habituel, après en avoir avisé (D. 2014-524 du 22 mai 2014, art. 16, JO 24) « Pôle emploi », dans la limite de trente-cinq jours dans l'année civile ;

4° Est en congé de maladie ou en incapacité temporaire de travail, pour une durée n'excédant pas quinze jours ;

5° Est incarcérée pour une durée n'excédant pas quinze jours ;

6° Bénéficie d'un congé de paternité.

Sous-section 2 (réglementaire). Obligation d'actes positifs de recherche d'emploi

Art. R. 5411-11. Sous réserve des dispenses prévues à l'article L. 5411-8 et au deuxième alinéa de l'article L. 5421-3, le demandeur d'emploi immédiatement disponible accomplit de manière permanente, tant sur proposition de l'un des organismes mentionnés à l'article L. 5311-2, en particulier dans le cadre du projet personnalisé d'accès à l'emploi prévu (D. 2008-1056 du 13 oct. 2008, art. 2, JO 14) « à l'article L. 5411-6-1 », que de leur propre initiative, des actes positifs et répétés en vue de retrouver un emploi, de créer (D. 2018-1335 du 28 déc. 2018, art. 1er, 1°, JO 30, entrée en vigueur le 01.01.2019) « , reprendre ou développer » une entreprise.

Art. R. 5411-12. Le caractère réel et sérieux des démarches entreprises par le demandeur d'emploi est apprécié compte tenu de la situation du demandeur et de la situation (D. 2008-1056 du 13 oct. 2008, art. 11, JO 14) « du marché du travail local ».

Sous-section 3 (réglementaire). Projet personnalisé d'accès à l'emploi et offre raisonnable d'emploi

Art. R. 5411-14. (D. 2014-524 du 22 mai 2014, art. 12, JO 24) Le projet personnalisé d'accès à l'emploi est élaboré conjointement par le demandeur d'emploi et Pôle emploi ou un des organismes mentionnés à l'article L. 5411-6-1 lors de l'inscription sur la liste des demandeurs d'emploi ou au plus tard dans les (D. 2015-1264 du 9 oct. 2015, JO 14) « trente » jours suivant cette inscription. Il est actualisé selon la périodicité et les modalités définies avec le demandeur d'emploi. À l'issue de l'élaboration ou de l'actualisation du projet, Pôle emploi ou l'un des organismes mentionnés à l'article L. 5411-6-1 le communique au demandeur d'emploi.

Art. R. 5411-16. (D. 2008-1056 du 13 oct. 2008, art. 4, JO 14) Les conventions conclues entre (D. 2014-524 du 22 mai 2014, art. 16, JO 24) « Pôle emploi » et les organismes participant au service public de l'emploi mentionnés à l'article L. 5311-4 définissent, conformément aux dispositions prévues par la convention pluriannuelle mentionnée à l'article L. 5312-3 :

1° Les règles d'élaboration et d'actualisation du projet personnalisé d'accès à l'emploi des demandeurs d'emploi dont l'accompagnement et le placement sont confiés à ces organismes ;

2° L'offre de service adaptée que ces organismes proposent ;

3° Les modalités de mise en œuvre du suivi de la recherche d'emploi ;

4° Les modalités d'échange d'information, d'évaluation et de suivi des résultats.

Les conventions prévoient également que, lorsque ces organismes constatent des faits susceptibles de constituer un des manquements mentionnés aux articles L. 5412-1 (D. 2018-1335 du 28 déc. 2018, art. 1er, 3°, JO 30, entrée en vigueur le 01.01.2019) «, L. 5412-2, L. 5426-2 et L. 5426-5 », ils en informent (D. 2014-524 du 22 mai 2014, art. 16, JO 24) « Pôle emploi ».

SECTION 3. Représentation du demandeur d'emploi

Art. L. 5411-9. Afin d'améliorer l'information des demandeurs d'emploi et leur capacité à exercer leurs droits, l'État ainsi que les organismes chargés du placement et de la formation des demandeurs d'emploi fixent les règles de constitution de comités de liaison auprès de leurs échelons locaux dans lesquels siègent des demandeurs d'emploi représentant les organisations syndicales représentatives au plan national et les organisations ayant spécifiquement pour objet la défense des intérêts ou l'insertion des personnes privées d'emploi.

SECTION 4. Dispositions d'application

Art. L. 5411-10. Un décret en Conseil d'État détermine les conditions d'application du présent chapitre, notamment:

1° La liste des changements affectant la situation des demandeurs d'emploi que ceux-ci sont tenus de signaler à (L. 2018-771 du 5 sept. 2018, art. 64, III, 1°, JO 6, entrée en vigueur le 01.01.2019) «Pôle emploi»;

2° Les conditions dans lesquelles cessent d'être inscrites sur la liste des demandeurs d'emploi les personnes:

a) Qui ne renouvellent pas leur demande d'emploi;

b) Pour lesquelles l'employeur ou l'organisme compétent informe (L. 2018-771 du 5 sept. 2018, art. 64, III, 1°, JO 6, entrée en vigueur le 01.01.2019) «Pôle emploi» d'une reprise d'emploi ou d'activité, d'une entrée en formation ou de tout changement affectant leur situation au regard des conditions d'inscription.

SECTION 4 (RÉGLEMENTAIRE). Cessation d'inscription sur la liste des demandeurs d'emploi

Art. R. 5411-17. Cesse d'être inscrit sur la liste des demandeurs d'emploi ou est transféré dans la catégorie correspondant à sa nouvelle situation, le demandeur d'emploi :

1° Soit qui ne satisfait pas à l'obligation de renouvellement périodique de sa demande d'emploi ;

2° Soit pour lequel l'employeur ou un organisme lui assurant une indemnisation, un avantage social ou une formation porte à la connaissance de (D. 2014-524 du 22 mai 2014, art. 16, JO 24) « Pôle emploi » une reprise d'emploi ou d'activité, une entrée en formation ou tout autre changement affectant sa situation au regard des conditions d'inscription ou de classement dans une catégorie.

Art. R. 5411-18. La décision motivée par laquelle (D. 2014-524 du 22 mai 2014, art. 13, JO 24) « le directeur régional de Pôle emploi » constate la cessation d'inscription sur la liste des demandeurs d'emploi ou le changement de catégorie est notifiée à l'intéressé.

La personne qui entend la contester forme un recours préalable dans les conditions prévues à l'article R. 5412-8.

Chapitre II

Radiation de la liste des demandeurs d'emploi

Art. L. 5412-1. (L. 2008-758 du 1er août 2008, JO 2) Est radiée de la liste des demandeurs d'emploi, dans des conditions déterminées par un décret en Conseil d'État, la personne qui:

1° Soit ne peut justifier de l'accomplissement d'actes positifs et répétés en vue de retrouver un emploi, de créer (L. 2018-771 du 5 sept. 2018, art. 60, II, 1°, JO 6, entrée en vigueur le 01.01.2019) «, reprendre ou développer» une entreprise;

2° Soit, sans motif légitime, refuse à deux reprises une offre raisonnable d'emploi mentionnée à l'article L. 5411-6-2;

3° Soit, sans motif légitime:

a) Refuse d'élaborer ou d'actualiser le projet personnalisé d'accès à l'emploi prévu à l'article L. 5411-6-1;

(L. 2018-771 du 5 sept. 2018, art. 60, II, 2° et 3°, JO 6, entrée en vigueur le 01.01.2019) « *b)* Est absente à une action de formation ou abandonne celle-ci;

c) Est absente à un rendez-vous avec les» services et organismes mentionnés à l'article L. 5311-2 ou mandatés par ces services et organismes;

d) Refuse de se soumettre à une visite médicale destinée à vérifier son aptitude au travail ou à certains types d'emploi;

(L. 2018-771 du 5 sept. 2018, art. 60, II, 5° et 6°, JO 6, entrée en vigueur le 01.01.2019) « *e)* Refuse de suivre ou abandonne une action d'aide à la recherche d'une activité professionnelle;

f) Ne peut justifier, sans motif légitime, de la réalité des démarches mentionnée au II de l'article L. 5426-1-2.»

Art. L. 5412-2. (L. 2008-758 du 1er août 2008, JO 2) Est radiée de la liste des demandeurs d'emploi, dans des conditions déterminées par un décret en Conseil d'État, la personne qui a fait de fausses déclarations pour être ou demeurer inscrite sur cette liste.

Art. R. 5412-1. (D. 2014-524 du 22 mai 2014, art. 14, JO 24) « Le directeur régional de Pôle emploi » radie les personnes de la liste des demandeurs d'emploi dans les cas prévus (D. 2008-1056 du 13 oct. 2008, art. 5, JO 14) « aux articles L. 5412-1 et L. 5412-2 ».

Art. R. 5412-4. Le retrait du bénéfice du revenu de remplacement pour l'un des motifs énumérés à l'article R. 5426-3 entraîne pour l'intéressé la radiation de la liste des demandeurs d'emploi.

Art. R. 5412-5. (D. 2018-1335 du 28 déc. 2018, art. 3, 2°, JO 30, entrée en vigueur le 01.01.2019) La radiation de la liste des demandeurs d'emploi entraîne l'impossibilité d'obtenir une nouvelle inscription :

1° Pendant une période d'un mois lorsqu'est constaté pour la première fois le manquement mentionné au *c* du 3° de l'article L. 5412-1. En cas de deuxième manquement, cette période est portée à une durée de deux mois consécutifs. À partir du troisième manquement, cette période est portée à une durée de quatre mois consécutifs ;

2° Pendant une période d'un mois lorsque sont constatés pour la première fois les manquements mentionnés aux 1°, 2° et *a, b, d* et *e* du 3° de l'article précité. En cas de deuxième manquement au sein de ce groupe de manquements, cette période est portée à une durée de deux mois consécutifs. À partir du troisième manquement au sein de ce groupe de manquements, cette période est portée à une durée de quatre mois consécutifs ;

(D. 2019-796 du 26 juil. 2019, JO 28, entrée en vigueur le 01.11.2019) « 2° *bis* Pendant une période de quatre mois consécutifs lorsqu'est constaté le manquement mentionné au *f* du 3° de l'article précité ; »

3° Pendant une période dont la durée est comprise entre six et douze mois consécutifs lorsque sont constatées les fausses déclarations mentionnées à l'article L. 5412-2.

L'appréciation du caractère répété des manquements tient compte des nouveaux manquements constatés dans un délai de deux ans à compter du jour de la notification de la radiation concernant le premier manquement.

Art. R. 5412-6. Lorsque la radiation est prononcée en application des dispositions de l'article R. 5412-4, sa durée (D. 2018-1335 du 28 déc. 2018, art. 3, 3°, JO 30, entrée en vigueur le 01.01.2019) « est égale à la durée » de la suppression du revenu de remplacement.

(D. 2018-1335 du 28 déc. 2018, art. 3, 3°, JO 30, entrée en vigueur le 01.01.2019) « En cas de suppression définitive du revenu de remplacement, la durée de la radiation est comprise entre six et douze mois consécutifs. Toutefois, lorsque la suppression définitive concerne un manquement lié à une activité non déclarée d'une durée très brève, la durée de la radiation est de six mois. »

Art. R. 5412-7. (D. 2018-1335 du 28 déc. 2018, art. 3, 4°, JO 30, entrée en vigueur le 01.01.2019) Lorsqu'il envisage de prendre une décision de radiation, le directeur mentionné à l'article R. 5312-26 informe préalablement par tout moyen donnant date certaine l'intéressé des faits qui lui sont reprochés et de la durée de radiation envisagée, en lui indiquant qu'il dispose d'un délai de dix jours pour présenter des observations écrites ou, s'il le souhaite, pour demander à être entendu, le cas échéant assisté d'une personne de son choix.

Art. R. 5412-7-1. (D. 2018-1335 du 28 déc. 2018, art. 3, 5°, JO 30, entrée en vigueur le 01.01.2019) Le directeur mentionné à l'article R. 5312-26 se prononce dans un délai de quinze jours à compter de l'expiration du délai de dix jours dans lequel l'intéressé peut présenter des observations écrites ou, si l'intéressé demande à être entendu, à compter de la date de l'audition.

La décision, notifiée à l'intéressé, est motivée. Elle indique la durée de la radiation et mentionne les voies et délais de recours.

Art. R. 5412-8. La personne qui entend contester une décision de radiation de la liste des demandeurs d'emploi forme un recours préalable devant (D. 2014-524 du 22 mai 2014, art. 15, JO 24) « le directeur régional de Pôle emploi ».

(D. 2008-1056 du 13 oct. 2008, art. 5, JO 14) « Ce recours n'est pas suspensif. »

Chapitre III

Dispositions pénales

Art. L. 5413-1. Le fait d'établir de fausses déclarations ou de fournir de fausses informations pour être ou demeurer inscrit sur la liste des demandeurs d'emploi mentionnée à l'article L. 5411-1 est puni (L. 2013-1203 du 23 déc. 2013, art. 86, VI, JO 24) « des peines prévues à l'article 441-6 du code pénal ».

TITRE II

INDEMNISATION DES TRAVAILLEURS PRIVÉS D'EMPLOI

Chapitre Ier

Dispositions générales

Art. L. 5421-1. (L. 2018-771 du 5 sept. 2018, art. 49, I, JO 6, entrée en vigueur le 01.01.2019) En complément des mesures tendant à faciliter leur reclassement ou leur conversion, les personnes aptes au travail et recherchant un emploi ont droit à un revenu de remplacement dans les conditions fixées au présent titre.

Art. L. 5421-2. (L. 2018-771 du 5 sept. 2018, art. 49, I, JO 6, entrée en vigueur le 01.01.2019) Le revenu de remplacement prend, selon le cas, la forme :

1° D'une allocation d'assurance, prévue au chapitre II du présent titre ;

2° Des allocations de solidarité, prévues au chapitre III ;

3° De l'allocation des travailleurs indépendants et des autres allocations et indemnités régies par les régimes particuliers, prévues au chapitre IV.

Art. L. 5421-3. La condition de recherche d'emploi requise pour bénéficier d'un revenu de remplacement est satisfaite dès lors que les intéressés sont inscrits comme demandeurs d'emploi et accomplissent, à leur initiative ou sur proposition de l'un des organismes mentionnés à l'article L. 5311-2, des actes positifs et répétés en vue de retrouver un emploi, de créer (L. 2018-771 du 5 sept. 2018, art. 60, III, JO 6, entrée en vigueur le 01.01.2019) « , reprendre ou développer » une entreprise.

Un décret en Conseil d'État détermine les mesures d'application du présent article.

Art. R. 5421-2. Le bénéficiaire d'une dispense de recherche d'emploi informe, dans un délai de soixante-douze heures, l'organisme qui lui verse le revenu de remplacement de tout changement susceptible d'affecter sa situation au regard du paiement du revenu de remplacement, notamment de toute reprise d'activité, salariée ou non, rémunérée ou non.

Art. R. 5421-3. Le travailleur étranger bénéficie du revenu de remplacement prévu à l'article L. 5421-1 dans les mêmes conditions que le travailleur français s'il se trouve en situation régulière au regard des dispositions réglementant son activité professionnelle salariée.

Art. L. 5421-4. Le revenu de remplacement cesse d'être versé :

1° Aux allocataires (L. 2010-1330 du 9 nov. 2010, art. 32, JO 10) « ayant atteint l'âge prévu à l'article L. 161-17-2 du code de la sécurité sociale » justifiant de la durée d'assurance, définie au deuxième alinéa de l'article L. 351-1 du code de la sécurité sociale, requise pour l'ouverture du droit à une pension de vieillesse à taux plein ;

2° Aux allocataires atteignant l'âge (L. 2010-1330 du 9 nov. 2010, art. 32, JO 10) «prévu à l'article L. 161-17-2 du même code augmenté de cinq ans»;

(L. 2014-40 du 20 janv. 2014, art. 21, JO 21) «3° Aux allocataires bénéficiant d'une retraite attribuée en application des articles L. 161-17-4, L. 351-1-1, L. 351-1-3 (L. 2018-771 du 5 sept. 2018, art. 51, II, 2°, JO 6, entrée en vigueur le 01.01.2019) «, L. 351-1-4 et des II et III des articles L. 643-3 et L. 723-10-1 du code de la sécurité sociale, des articles L. 732-18-1 à L. 732-18-3 du code rural et de la pêche maritime» et des troisième et septième alinéas du I de l'article 41 de la loi de financement de la sécurité sociale pour 1999 (n° 98-1194 du 23 décembre 1998).»

Chapitre II

Régime d'assurance

SECTION 1. Conditions et modalités d'attribution de l'allocation d'assurance

Sous-section 1. Conditions d'attribution

Art. L. 5422-1. (L. 2018-771 du 5 sept. 2018, art. 49, II, JO 6, entrée en vigueur le 01.01.2019) I. – Ont droit à l'allocation d'assurance les travailleurs aptes au travail et recherchant un emploi qui satisfont à des conditions d'âge et d'activité antérieure, et dont:

1° Soit la privation d'emploi est involontaire, ou assimilée à une privation involontaire par les accords relatifs à l'assurance chômage mentionnés à l'article L. 5422-20;

2° Soit le contrat de travail a été rompu conventionnellement selon les modalités prévues aux articles L. 1237-11 à L. 1237-16 du présent code ou à l'article L. 421-12-2 du code de la construction et de l'habitation;

3° Soit le contrat de travail a été rompu d'un commun accord selon les modalités prévues aux articles L. 1237-17 à L. 1237-19-14 du présent code.

II. – Ont également droit à l'allocation d'assurance les travailleurs dont la privation d'emploi volontaire résulte d'une démission au sens de l'article L. 1237-1, sans préjudice du 1° du I du présent article, aptes au travail et recherchant un emploi qui:

1° Satisfont à des conditions d'activité antérieure spécifiques;

2° Poursuivent un projet de reconversion professionnelle nécessitant le suivi d'une formation ou un projet de création ou de reprise d'une entreprise. Ce projet doit présenter un caractère réel et sérieux attesté par la commission paritaire interprofessionnelle régionale mentionnée à l'article L. 6323-17-6, dans des conditions fixées par décret en Conseil d'État.

Art. L. 5422-1-1. (L. 2018-771 du 5 sept. 2018, art. 50, I, JO 6, entrée en vigueur le 01.01.2019) Pour bénéficier de l'allocation d'assurance au titre du II de l'article L. 5422-1, le travailleur salarié demande, préalablement à sa démission, un conseil en évolution professionnelle auprès des institutions, organismes ou opérateurs mentionnés à l'article L. 6111-6, à l'exception de Pôle emploi et des organismes mentionnés à l'article L. 5314-1, dans les conditions prévues à l'article L. 6111-6. Le cas échéant, l'institution, l'organisme ou l'opérateur en charge du conseil en évolution professionnelle informe le travailleur salarié des droits qu'il pourrait faire valoir pour mettre en œuvre son projet dans le cadre de son contrat de travail.

Le travailleur salarié établit avec le concours de l'institution, de l'organisme ou de l'opérateur le projet de reconversion professionnelle mentionné au 2° du II de l'article L. 5422-1.

Art. L. 5422-2. L'allocation d'assurance est accordée pour des durées limitées qui tiennent compte de l'âge des intéressés et de leurs conditions d'activité professionnelle antérieure. (L. 2018-771 du 5 sept. 2018, art. 64, III, 4°, JO 6, entrée en vigueur le 01.01.2019) «Ces durées peuvent également tenir compte, le cas échéant, du suivi d'une formation par les intéressés. Elles» ne peuvent être inférieures aux durées déterminées par décret en Conseil d'État.

Art. L. 5422-2-1. (L. 2013-504 du 14 juin 2013, art. 10, I, JO 16) Les droits à l'allocation d'assurance non épuisés, issus de périodes antérieures d'indemnisation, sont pris en compte, en tout ou partie, dans le calcul de la durée et du montant des droits lors de l'ouverture d'une nouvelle période d'indemnisation, dans les conditions définies dans les accords relatifs à l'assurance chômage mentionnés à l'article L. 5422-20.

Art. R. 5422-1. (D. 2017-692 du 2 mai 2017, JO 3) « La durée pendant laquelle l'allocation prévue à l'article L. 5422-2 est accordée » ne peut être inférieure (D. 2019-796 du 26 juil. 2019, JO 28, entrée en vigueur le 01.11.2019) « à cent quatre-vingt-deux jours calendaires ».

(D. 2014-670 du 24 juin 2014, JO 25) « Cette durée est diminuée, le cas échéant, de la durée du contrat de sécurisation professionnelle dont l'intéressé a bénéficié à la fin du même contrat de travail en application de l'article L. 1233-65. »

Art. R. 5422-2. (D. 2014-670 du 24 juin 2014, JO 25, entrée en vigueur le 01.10.2014) I. – Lorsque l'intéressé a exercé une activité salariée alors qu'il n'avait pas encore épuisé les droits à l'allocation d'assurance qui lui avaient été précédemment accordés, il bénéficie, en cas de perte de cette nouvelle activité, de la reprise du versement du reliquat de ses droits jusqu'à leur épuisement.

Si l'intéressé justifie d'une durée d'affiliation d'au moins (D. 2019-796 du 26 juil. 2019, JO 28, entrée en vigueur le 01.11.2019) « neuf cent-dix heures ou cent trente jours » au titre d'activités exercées antérieurement à la date d'épuisement des droits mentionnés à l'alinéa précédent, il bénéficie, à cette date, de droits à l'allocation d'assurance dont la durée et le montant prennent en compte ces activités.

(D. 2015-922 du 27 juil. 2015, JO 29) « II. – Lorsque l'intéressé n'a pas épuisé les droits à l'allocation d'assurance qui lui ont été précédemment accordés et qu'il remplit les conditions qui permettraient une ouverture de nouveaux droits, il peut, par dérogation aux dispositions du I du présent article, opter pour une durée, et le montant d'indemnisation auquel il a droit en fonction de cette durée, prenant exclusivement en compte ces nouveaux droits si :

1° Le (D. 2019-796 du 26 juil. 2019, JO 28, entrée en vigueur le 01.11.2019) « montant global du droit » de son reliquat est inférieur ou égal à un montant fixé dans l'accord relatif à l'assurance chômage prévu à l'article L. 5422-20 ;

2° Ou le (D. 2019-796 du 26 juil. 2019, JO 28, entrée en vigueur le 01.11.2019) « montant global du droit » qui lui aurait été servi en l'absence de reliquat est supérieur au (D. 2019-796 du 26 juil. 2019, JO 28, entrée en vigueur le 01.11.2019) « montant global du droit » du reliquat d'au moins une fraction fixée dans l'accord relatif à l'assurance chômage prévu à l'article L. 5422-20. »

(D. 2015-922 du 27 juil. 2015, JO 29) « III. » – Lorsque l'intéressé n'a pas épuisé les droits à l'allocation d'assurance qui lui ont été précédemment accordés au titre des contrats prévus aux articles L. 6221-1 et L. 6325-1, et qu'il remplit les conditions qui permettraient une ouverture de nouveaux droits, il peut, par dérogation aux dispositions du I du présent article, opter pour une durée et un montant d'indemnisation prenant exclusivement en compte ces nouveaux droits.

Art. R. 5422-2-1. (D. 2019-796 du 26 juil. 2019, JO 28, entrée en vigueur le 01.11.2019) I. – La demande d'attestation du caractère réel et sérieux du projet professionnel mentionné au 2° du II de l'article L. 5422-1 est adressée par le salarié, par tout moyen donnant date certaine à sa réception, à la commission paritaire interprofessionnelle régionale mentionnée à l'article L. 6323-17-6, agréée dans la région de son lieu de résidence principale ou de son lieu de travail.

Cette demande est recevable dès lors que le salarié n'a pas démissionné de son emploi préalablement à la demande de conseil en évolution professionnelle mentionnée à l'article L. 5422-1-1.

Un arrêté du ministre chargé de l'emploi précise le contenu de la demande d'attestation et la liste des pièces justificatives devant être transmis par le salarié.

II. – La commission paritaire interprofessionnelle régionale procède à l'examen du dossier du salarié et se prononce sur le caractère réel et sérieux de son projet professionnel :

1° Pour les projets de reconversion professionnelle nécessitant le suivi d'une formation, au regard de la cohérence et de la pertinence des informations suivantes et de leur connaissance par le salarié :

- le projet de reconversion ;
- les caractéristiques du métier souhaité ;
- la formation envisagée et les modalités de financement envisagées ;
- les perspectives d'emploi à l'issue de la formation ;

2° Pour les projets de création ou de reprise d'une entreprise, au regard de la cohérence et de la pertinence des informations suivantes et de leur connaissance par le salarié :

- les caractéristiques et les perspectives d'activité du marché de l'entreprise à créer ou à reprendre ;
- les besoins de financement et les ressources financières de l'entreprise à créer ou à reprendre ;
- les moyens techniques et humains de l'entreprise à créer ou à reprendre.

Art. R. 5422-2-2. (D. 2019-796 du 26 juil. 2019, JO 28, entrée en vigueur le 01.11.2019) La commission paritaire interprofessionnelle régionale notifie sa décision au salarié par tout moyen donnant date certaine à la réception de cette notification et l'informe, le cas échéant, des raisons motivant le refus d'attester du caractère réel et sérieux de son projet professionnel. Elle l'informe également de la possibilité d'exercer un recours gracieux contre cette décision, dans un délai de deux mois à compter de sa notification. Ce recours est examiné dans les conditions fixées au deuxième alinéa de l'article R. 6323-16.

La décision prise sur le recours gracieux est notifiée au salarié par tout moyen donnant date certaine à la réception de cette notification. En cas de confirmation du refus d'attester du caractère réel et sérieux du projet professionnel, elle est motivée.

Art. R. 5422-2-3. (D. 2019-796 du 26 juil. 2019, JO 28, entrée en vigueur le 01.11.2019) En cas d'attestation par la commission paritaire interprofessionnelle régionale du caractère réel et sérieux de son projet professionnel, le salarié dispose d'un délai de six mois à compter de la notification de la décision pour déposer auprès de Pôle emploi une demande d'allocation d'assurance au titre du II de l'article L. 5422-1.

Sous-section 2. **Modalités de calcul et de paiement**

Art. L. 5422-3. L'allocation d'assurance est calculée soit en fonction de la rémunération antérieurement perçue dans la limite d'un plafond, soit en fonction de la rémunération ayant servi au calcul des contributions mentionnées (L. 2018-771 du 5 sept. 2018, art. 51, II, 3°, JO 6, entrée en vigueur le 01.01.2019) «au 1° de l'article L. 5422-9 et à l'article L. 5422-11».

Elle ne peut excéder le montant net de la rémunération antérieurement perçue.

Elle peut comporter un taux dégressif en fonction de l'âge des intéressés et de la durée de l'indemnisation.

Art. L. 5422-4. La demande en paiement de l'allocation d'assurance est déposée auprès de (L. 2018-771 du 5 sept. 2018, art. 64, III, 5°, JO 6, entrée en vigueur le 01.01.2019) «Pôle emploi» par le travailleur privé d'emploi dans un délai de deux ans à compter de sa date d'inscription comme demandeur d'emploi.

(L. 2018-771 du 5 sept. 2018, art. 61, JO 6, entrée en vigueur le 01.01.2019) «La notification de la décision relative à la demande en paiement de l'allocation d'assurance prise par Pôle emploi mentionne, à peine de nullité, les délais et voies de recours.»

L'action en paiement est précédée du dépôt de la demande en paiement. Elle se prescrit par deux ans à compter de la date de notification de la décision prise par (L. 2018-771 du 5 sept. 2018, art. 64, III, 5°, JO 6, entrée en vigueur le 01.01.2019) «Pôle emploi».

Art. L. 5422-5. L'action en remboursement de l'allocation d'assurance indûment versée se prescrit par trois ans.

En cas de fraude ou de fausse déclaration, elle se prescrit par dix ans.

Ces délais courent à compter du jour de versement de ces sommes.

Art. L. 5422-6. Lorsque, du fait des modalités particulières d'exercice d'une profession, les conditions d'activité antérieure pour l'admission à l'allocation d'assurance ne sont pas remplies, des aménagements peuvent être apportés à ces conditions d'activité ainsi qu'à la durée d'indemnisation et aux taux de l'allocation dans des conditions fixées selon le cas par l'accord prévu à l'article L. 5422-20 ou par décret en Conseil d'État.

Art. L. 5422-7. Les travailleurs privés d'emploi bénéficient de l'allocation d'assurance, indépendamment du respect par l'employeur des obligations qui pèsent sur lui en application de la section 3, des dispositions réglementaires et des stipulations conventionnelles prises pour son exécution.

Art. L. 5422-8. Par dérogation aux dispositions des articles L. 5421-1 et L. 5421-3, le bénéfice de l'allocation d'assurance peut être maintenu, sur leur demande, aux travailleurs étrangers involontairement privés d'emploi qui quittent la France pour s'installer dans leur pays d'origine.

Le versement du revenu de remplacement se fait alors en une fois, dans la limite maximum des droits constitués à la date du départ.

Les mesures d'application du présent article sont prises par l'accord prévu à l'article L. 5422-20.

SECTION 2. Financement de l'allocation d'assurance

Art. L. 5422-9. (L. 2018-771 du 5 sept. 2018, art. 54, I, JO 6, entrée en vigueur le 01.01.2019) «L'allocation d'assurance et l'allocation des travailleurs indépendants prévue à la section 4 du chapitre IV du présent titre sont financées par:

1° Des contributions des employeurs;

2° Le cas échéant, des contributions des salariés relevant des professions de la production cinématographique, de l'audiovisuel ou du spectacle mentionnées à la section 3 du même chapitre IV;

3° Le cas échéant, des contributions de salariés expatriés (Ord. 2019-861 du 21 août 2019, art. 1er, 10°, JO 22) «qui adhèrent individuellement au régime d'assurance et» dont l'employeur ne relève pas du champ d'application de l'article L. 5422-13;

4° Le cas échéant, des contributions des salariés (Ord. 2019-861 du 21 août 2019, art. 1er, 10°, JO 22) «, à l'exception des salariés expatriés,» relevant de l'extension du champ d'application des accords mentionnés à l'article L. 5422-20 hors du territoire national;

5° Les impositions de toute nature qui sont affectées en tout ou partie à l'organisme mentionné au premier alinéa de l'article L. 5427-1, notamment pour le financement de l'allocation des travailleurs indépendants.

Les contributions mentionnées aux 1° à 3° sont assises sur les rémunérations brutes dans la limite d'un plafond.»

Toutefois, l'assiette des contributions peut être forfaitaire pour les catégories de salariés pour lesquelles les cotisations à un régime de base de sécurité sociale sont ou peuvent être calculées sur une assiette forfaitaire.

Art. L. 5422-10. Les contributions des employeurs ne sont passibles ni du versement forfaitaire sur les salaires ni des cotisations (Ord. 2018-474 du 12 juin 2018, art. 6, 5°, JO 13) «et des contributions» de sécurité sociale. Elles sont déductibles des bénéfices industriels et commerciaux, agricoles ou non commerciaux pour l'établissement de l'impôt sur le revenu ou de l'impôt sur les sociétés dû par ces employeurs.

Les contributions payées (L. 2018-771 du 5 sept. 2018, art. 54, II, 1°, JO 6, entrée en vigueur le 01.01.2019) «par les travailleurs, mentionnées aux 2° et 3° de l'article L. 5422-9,» sont déductibles pour l'établissement de l'impôt sur le revenu des personnes physiques dû par les intéressés.

Art. L. 5422-11. L'allocation d'assurance peut être financée par des contributions forfaitaires à la charge de l'employeur à l'occasion de la fin d'un contrat de travail dont la durée permet l'ouverture du droit à l'allocation.

Ces contributions forfaitaires ne sont pas applicables:

1° Au contrat d'apprentissage, au contrat d'accompagnement dans l'emploi et au contrat de professionnalisation;

2° Au contrat conclu par une personne physique pour un service rendu à son domicile;

3° Au contrat conclu par une personne physique pour un emploi d'assistant maternel agréé.

Art. L. 5422-12. Les taux des contributions et de l'allocation sont calculés de manière à garantir l'équilibre financier du régime.

(L. 2018-771 du 5 sept. 2018, art. 52, JO 6, entrée en vigueur le 01.01.2019) «Le taux de contribution de chaque employeur peut être minoré ou majoré en fonction:

1° Du nombre de fins de contrat de travail et de contrats de mise à disposition mentionnés au 1° de l'article L. 1251-1, à l'exclusion des démissions et des contrats de mission mentionnés au 2° du même article L. 1251-1, et sous réserve de l'inscription des personnes concernées par ces fins de contrat sur la liste des demandeurs d'emploi mentionnée à l'article L. 5411-1;

2° De la nature du contrat de travail, de sa durée ou du motif de recours à un contrat d'une telle nature;

3° De l'âge du salarié;

4° De la taille de l'entreprise;

5° Du secteur d'activité de l'entreprise.»

SECTION 3. Obligations d'assurance et de déclaration des rémunérations

Art. L. 5422-13. Sauf dans les cas prévus à l'article L. 5424-1, dans lesquels l'employeur assure lui-même la charge et la gestion de l'allocation d'assurance, tout employeur assure contre le risque de privation d'emploi tout salarié, y compris les travailleurs salariés détachés à l'étranger ainsi que les travailleurs salariés français expatriés.

L'adhésion au régime d'assurance ne peut être refusée.

Art. L. 5422-14. Les employeurs soumis à l'obligation d'assurance déclarent les rémunérations servant au calcul (L. 2018-771 du 5 sept. 2018, art. 54, II, 2°, JO 6, entrée en vigueur le 01.01.2019) «des contributions mentionnées aux 1° et 2° de l'article L. 5422-9».

Ces contributions sont dues à compter de la date d'embauche de chaque salarié.

Art. R. 5422-5. Pour satisfaire à son obligation d'affiliation définie à l'article L. 5422-13, l'employeur qui embauche pour la première fois un salarié qu'il est tenu d'assurer contre le risque de privation d'emploi, adresse un bordereau d'affiliation à (D. 2014-524 du 22 mai 2014, art. 16, JO 24) «Pôle emploi».

(D. 2008-1010 du 29 sept. 2008, art. 8, JO 30 et 2009-1708 du 30 déc. 2009, JO 31, entrée en vigueur le 01.01.2011) «Il est réputé s'être acquitté de cette obligation par l'accomplissement de la déclaration mentionnée à l'article L. 1221-16.»

Quelle que soit la date à laquelle (D. 2008-1010 du 29 sept. 2008, art. 8, JO 30 et 2009-1708 du 30 déc. 2009, JO 31, entrée en vigueur le 01.01.2011) «ces formalités déclaratives ont été accomplies», l'affiliation prend effet à la date d'embauche du premier salarié.

Art. R. 5422-6. L'employeur adresse à l'organisme de recouvrement compétent une déclaration comportant, pour chaque salarié, le montant total des rémunérations payées et les périodes de travail correspondantes.

Art. R. 5422-7. La déclaration prévue à l'article R. 5422-6 et le paiement des cotisations correspondant aux rémunérations déclarées sont faits aux mêmes dates que le paiement des cotisations dues au régime général de sécurité sociale.

Art. R. 5422-8. L'employeur (D. 2008-1010 du 29 sept. 2008, art. 8, JO 30 et 2009-1708 du 30 déc. 2009, JO 31, entrée en vigueur le 01.01.2011) «déclare à l'organisme de recouvrement compétent mentionné à l'article L. 5427-1» l'ensemble des rémunérations payées à ses salariés.

Il joint à (D. 2008-1010 du 29 sept. 2008, art. 8, JO 30 et 2009-1708 du 30 déc. 2009, JO 31, entrée en vigueur le 01.01.2011) «cette déclaration», le cas échéant, le versement (D. 2008-1010 du 29 sept. 2008, art. 8, JO 30 et 2009-1708 du 30 déc. 2009, JO 31, entrée en vigueur le 01.01.2011) «des cotisations correspondant aux rémunérations déclarées».

SECTION 4. Modalités de recouvrement et de contrôle des contributions

Art. L. 5422-15. Toute action ou poursuite intentée contre un employeur pour manquement aux dispositions du présent titre, à l'exception de celles des articles L. 5422-10, L. 5422-21, L. 5422-22 et L. 5422-24 ainsi que de celles du chapitre IV, est précédée d'une mise en demeure.

Les modalités d'application du présent article sont déterminées par décret en Conseil d'État.

Art. R. 5422-9. La mise en demeure de l'organisme de recouvrement prévue à l'article L. 5422-15 est adressée par lettre recommandée avec avis de réception.

Art. L. 5422-16. (L. 2012-1189 du 26 oct. 2012, art. 9, JO 27, entrée en vigueur le 01.01.2013) «Les contributions prévues aux (L. 2018-771 du 5 sept. 2018, art. 64, III, 6°, JO 6, entrée en vigueur le 01.01.2019) «1° à 3° de l'article L. 5422-9 ainsi qu'aux articles L. 5422-11» et L. 5424-20 sont recouvrées et contrôlées par les organismes» (L. 2008-126 du 13 févr. 2008, art. 17, JO 14) «chargés du recouvrement mentionnés à l'article L. 5427-1 pour le compte de l'organisme gestionnaire du régime d'assurance chômage mentionné à ce même article, selon les règles et sous les garanties et sanctions applicables au recouvrement des cotisations du régime général de la sécurité sociale assises sur les rémunérations. (L. 2011-525 du 17 mai 2011, art. 41, I, JO 18) «Pour l'application des dispositions prévues aux (L. 2012-1189 du 26 oct. 2012, art. 9, JO 27, entrée en vigueur le 01.01.2013) «articles L. 1233-66, L. 1233-69 ainsi qu'aux» *a* et *e* de l'article L. 5427-1, le directeur de (L. 2018-771 du 5 sept. 2018, art. 64, III, 1°, JO 6, entrée en vigueur le 01.01.2019) «Pôle emploi» dispose de la faculté prévue à l'article L. 244-9 du code de la sécurité sociale.» Les différends relatifs au recouvrement de ces contributions relèvent du contentieux de la sécurité sociale.

Par dérogation à l'alinéa précédent:

1° Les contributions dues au titre de l'emploi des salariés mentionnés à l'article L. 722-20 du code rural (Ord. 2010-462 du 6 mai 2010, JO 7) «et de la pêche maritime» sont recouvrées et contrôlées selon les règles et sous les garanties et sanctions applicables au recouvrement des cotisations dues au titre des assurances sociales agricoles obligatoires, dans des conditions définies par convention entre l'organisme gestionnaire du régime d'assurance chômage et la Caisse centrale de la mutualité sociale agricole;

2° Les différends relatifs au recouvrement des contributions dues au titre de l'emploi de salariés à Saint-Pierre-et-Miquelon relèvent de la compétence des juridictions mentionnées à l'article 8 de l'ordonnance n° 77-1102 du 26 septembre 1977 portant extension et adaptation au département de Saint-Pierre-et-Miquelon de diverses dispositions relatives aux affaires sociales.

Une convention conclue entre l'Agence centrale des organismes de sécurité sociale et l'organisme gestionnaire du régime d'assurance chômage mentionné à l'article L. 5427-1 précise les conditions garantissant à ce dernier la pleine autonomie de gestion, notamment de sa trésorerie grâce à une remontée quotidienne des fonds, ainsi que l'accès aux données nécessaires à l'exercice de ses activités. Elle fixe également les conditions dans lesquelles est assuré le suivi de la politique du recouvrement et définit les objectifs de la politique de contrôle et de lutte contre la fraude. Elle prévoit enfin les modalités de rémunération du service rendu par les organismes chargés du recouvrement des cotisations du régime général.»

SECTION 5. Accords relatifs à l'assurance chômage

Art. L. 5422-20. Les mesures d'application des dispositions du présent chapitre, (L. 2008-126 du 13 févr. 2008, art. 17, JO 14; D. 2009-1708 du 30 déc. 2009, JO 31, entrée en vigueur le 01.01.2011) «à l'exception des articles (L. 2018-771 du 5 sept. 2018, art. 56, I, JO 6, entrée en vigueur le 01.01.2019) «de la présente section, du 5° de l'article L. 5422-9, des articles L. 5422-10,» L. 5422-14 à L. 5422-16» (L. 2014-1653 du 29 déc. 2014, JO 30) «et de l'article L. 5422-25», font l'objet d'accords conclus entre les organisations représentatives d'employeurs et de salariés.

Ces accords sont agréés dans les conditions définies par la présente section.

En l'absence d'accord ou d'agrément de celui-ci, les mesures d'application sont déterminées par décret en Conseil d'État.

Art. L. 5422-20-1. (L. 2018-771 du 5 sept. 2018, art. 56, II, JO 6, entrée en vigueur le 01.01.2019) Préalablement à la négociation de l'accord mentionné à l'article L. 5422-20 dont l'agrément arrive à son terme ou à celle de l'accord mentionné à l'article L. 5422-25 et après concertation avec les organisations syndicales de salariés et les organisations professionnelles d'employeurs représentatives au niveau national et interprofessionnel, le Premier ministre transmet à ces organisations un document de cadrage. Ce document est transmis concomitamment au Parlement.

Ce document précise les objectifs de la négociation en ce qui concerne la trajectoire financière, le délai dans lequel cette négociation doit aboutir et, le cas échéant, les objectifs d'évolution des règles du régime d'assurance chômage.

Il détaille les hypothèses macroéconomiques sur lesquelles se fonde la trajectoire financière, ainsi que le montant prévisionnel, pour les trois exercices à venir, du produit des impositions de toute nature mentionnées au 5° de l'article L. 5422-9, sans préjudice des dispositions des prochaines lois de finances et lois de financement de la sécurité sociale.

Un décret en Conseil d'État détermine les conditions d'application du présent article.

Art. L. 5422-20-2. (L. 2018-771 du 5 sept. 2018, art. 56, II, JO 6, entrée en vigueur le 01.01.2019) Pôle emploi et l'organisme chargé de la gestion de l'assurance chômage mentionné à l'article L. 5427-1 fournissent aux services de l'État toutes les informations nécessaires à l'élaboration du document de cadrage mentionné aux articles L. 5422-20-1 et L. 5422-25 ainsi qu'au suivi des négociations.

Art. L. 5422-21. L'agrément rend obligatoires les dispositions de l'accord pour tous les employeurs et salariés compris dans le champ d'application professionnel et territorial de cet accord.

L'agrément est délivré pour la durée de la validité de l'accord.

Les accords présentés à l'agrément (L. 2018-771 du 5 sept. 2018, art. 56, III, JO 6, entrée en vigueur le 01.01.2019) «du Premier ministre» sont soumis aux conditions de publicité des arrêtés d'extension et d'élargissement des conventions et accords collectifs de travail.

Art. L. 5422-22. (L. 2018-771 du 5 sept. 2018, art. 56, IV, JO 6, entrée en vigueur le 01.01.2019) Pour être agréés, les accords mentionnés à l'article L. 5422-20 doivent avoir été négociés et conclus sur le plan national et interprofessionnel entre organisations d'employeurs et de salariés représentatives au niveau national et interprofessionnel.

Ces accords doivent être conformes aux dispositions légales et réglementaires en vigueur. Ils doivent également être compatibles avec la trajectoire financière et, le cas échéant, les objectifs d'évolution des règles du régime d'assurance-chômage définis dans le document de cadrage mentionné à l'article L. 5422-20-1.

Art. L. 5422-23. Lorsque l'accord prévu à l'article L. 5422-20 n'a pas été signé par la totalité des organisations représentatives d'employeurs et de salariés, le (L. 2018-771 du 5 sept. 2018, art. 56, V, JO 6, entrée en vigueur le 01.01.2019) «Premier ministre» peut procéder à son agrément selon une procédure déterminée par décret en Conseil d'État, en l'absence d'opposition exprimée dans des conditions prévues par ce même décret.

Art. L. 5422-24. (L. 2008-126 du 13 févr. 2008, art. 16, JO 14) (L. 2018-771 du 5 sept. 2018, art. 54, II, 3°, JO 6, entrée en vigueur le 01.01.2019) « I. – Les ressources» mentionnées aux articles L. 5422-9, L. 5422-11 et L. 5424-20 financent, pour la part définie par la convention mentionnée à l'article L. 5422-20 et qui ne peut être inférieure à 10 % (L. 2018-771 du 5 sept. 2018, art. 54, II, 3°, JO 6, entrée en vigueur le 01.01.2019) «du montant des ressources précitées», une contribution globale versée à la section " Fonctionnement et investissement " et à la section " Intervention " du budget de (L. 2018-771 du 5 sept. 2018, art. 54, II, 3°, JO 6, entrée en vigueur le 01.01.2019) «Pôle emploi», dont la répartition est décidée annuellement par le conseil d'administration de cette institution.

(L. 2018-771 du 5 sept. 2018, art. 54, II, 3°, JO 6, entrée en vigueur le 01.01.2019) «II. – Pour l'application du I du présent article, l'appréciation des contributions des employeurs mentionnées au 1° de l'article L. 5422-9 s'entend avant application des exonérations et réductions applicables à ces contributions.»

Sous-section 1 (réglementaire). **Contenu du document de cadrage**

Note Les sous-sections 1 à 3 sont issues du décret 2018-791 du 14 septembre 2018, JO 15, entrée en vigueur le 01.01.2019.

Art. R. 5422-10. Le document de cadrage mentionné à l'article L. 5422-20-1 comprend :

1° Des objectifs en matière de trajectoire financière, exprimés selon les conventions de la comptabilité nationale ;

2° Le délai dans lequel la négociation doit aboutir ;

3° Le cas échéant, des objectifs d'évolution des règles du régime d'assurance chômage.

Art. R. 5422-11. Le document de cadrage intègre un état des hypothèses macroéconomiques, cohérent avec les prévisions de la loi de finances, de la loi de financement de la sécurité sociale et de la loi de programmation des finances publiques, ainsi que des hypothèses d'évolution du nombre prévisionnel de demandeurs d'emploi indemnisés, sur les trois prochains exercices à venir.

Sous-section 2 (réglementaire). **Agrément des accords d'assurance chômage**

Art. R. 5422-16. L'agrément des accords mentionnés à l'article L. 5422-22 est délivré par (D. 2018-791 du 14 sept. 2018, JO 15, entrée en vigueur le 01.01.2019) «le Premier ministre», après avis (D. 2018-791 du 14 sept. 2018, JO 15, entrée en vigueur le 01.01.2019) «de la Commission nationale de la négociation collective, de l'emploi et de la formation professionnelle. Le document de cadrage mentionné à l'article L. 5422-20-1 est annexé à l'arrêté d'agrément.

Il peut être abrogé lorsque les stipulations de l'accord ou ses conditions d'application cessent d'être en conformité avec les dispositions légales et réglementaires ou dans le cas prévu au dernier alinéa de l'article L. 5422-25.»

Art. R. 5422-17. Dans le cas prévu à l'article L. 5422-23, (D. 2018-791 du 14 sept. 2018, JO 15, entrée en vigueur le 01.01.2019) «le Premier ministre» peut procéder à l'agrément de l'accord lorsque l'avis motivé favorable (D. 2018-791 du 14 sept. 2018, JO 15, entrée en vigueur le 01.01.2019) «de la Commission nationale de la négociation collective, de l'emploi et de la formation professionnelle» a été émis sans l'opposition écrite et motivée, soit de deux organisations d'employeurs, soit de deux organisations de salariés représentées à (D. 2018-791 du 14 sept. 2018, JO 15, entrée en vigueur le 01.01.2019) «cette commission».

En cas d'opposition, (D. 2018-791 du 14 sept. 2018, JO 15, entrée en vigueur le 01.01.2019) « le Premier ministre » peut à nouveau consulter (D. 2018-791 du 14 sept. 2018, JO 15, entrée en vigueur le 01.01.2019) « la Commission nationale de la négociation collective, de l'emploi et de la formation professionnelle » à partir d'un rapport qui précise la portée des dispositions en cause, ainsi que les conséquences de l'agrément.

(D. 2018-791 du 14 sept. 2018, JO 15, entrée en vigueur le 01.01.2019) « Le Premier ministre » peut délivrer l'agrément au vu du nouvel avis émis par (D. 2019-796 du 26 juil. 2019, JO 28) « la commission ». Cette décision est motivée.

Sous-section 3 (réglementaire). **Modification des accords d'assurance chômage agréés**

Art. R. 5422-18. Les accords d'assurance chômage agréés peuvent être modifiés par avenant agréé dans les conditions fixées à l'article L. 5422-22, sous réserve que cet avenant soit compatible avec les objectifs fixés dans le document de cadrage établi préalablement à l'agrément initial de l'accord en vigueur.

SECTION 6. Suivi financier du régime d'assurance chômage

Note Cette section a été introduite par la loi 2014-1653 du 29 décembre 2014, art. 29, JO 30.

Art. L. 5422-25. (L. 2018-771 du 5 sept. 2018, art. 56, VI, JO 6, entrée en vigueur le 01.01.2019) Le Gouvernement transmet chaque année au Parlement et aux partenaires sociaux gestionnaires de l'organisme mentionné à l'article L. 5427-1, au plus tard le 15 octobre, un rapport sur la situation financière de l'assurance chômage, précisant notamment les mesures mises en œuvre pour contribuer à l'atteinte de l'équilibre financier à moyen terme et celles susceptibles de l'être.

Si ce rapport fait état d'un écart significatif entre la trajectoire financière du régime d'assurance chômage et la trajectoire financière prévue par l'accord mentionné à l'article L. 5422-20, ou si la trajectoire financière décidée par le législateur dans le cadre de la loi de programmation des finances publiques évolue significativement, le Premier ministre peut demander aux organisations d'employeurs et de salariés représentatives au niveau national et interprofessionnel de prendre les mesures nécessaires pour corriger cet écart en modifiant l'accord mentionné au même article L. 5422-20, dans un délai qu'il détermine. À cette fin, le Premier ministre transmet un document de cadrage aux organisations précitées dans les conditions fixées à l'article L. 5422-20-1.

Les dispositions de la section 5 du présent chapitre sont applicables à la modification de l'accord mentionné à l'article L. 5422-20 opérée dans le cadre des dispositions du présent article.

Lorsqu'aucun accord remplissant les conditions du second alinéa de l'article L. 5422-22 n'est conclu, le Premier ministre peut mettre fin à l'agrément de l'accord qu'il avait demandé aux organisations d'employeurs et de salariés représentatives au niveau national et interprofessionnel de modifier. Il est alors fait application du dernier alinéa de l'article L. 5422-20.

Chapitre III

Régime de solidarité

SECTION 1. Allocations

Sous-section 1. **Allocation de solidarité spécifique**

Art. L. 5423-1. Ont droit à une allocation de solidarité spécifique les travailleurs privés d'emploi qui ont épuisé leurs droits à l'allocation d'assurance (Ord. 2019-861 du 21 août 2019, art. 1er, 11°, JO 22) «, qui ne satisfont pas aux conditions pour bénéficier de l'allocation des travailleurs indépendants prévue à l'article L. 5424-25 » et qui satisfont à des conditions d'activité antérieure et de ressources.

Art. L. 5423-2. Ont également droit à l'allocation de solidarité spécifique les bénéficiaires de l'allocation d'assurance âgés de cinquante ans au moins qui satisfont aux conditions mentionnées à l'article L. 5423-1 et qui optent pour la perception de cette allocation.

Dans ce cas, le versement de l'allocation d'assurance est interrompu.

Art. L. 5423-3. Les artistes non salariés, dès lors qu'ils ne peuvent prétendre au bénéfice de l'allocation d'assurance, ont également droit à l'allocation de solidarité spécifique, selon des conditions d'âge et d'activité antérieure.

Art. L. 5423-5. (L. 2011-1977 du 28 déc. 2011, art. 61, JO 29) «Sous réserve des dispositions prévues aux articles L. 5426-8-1 à L. 5426-8-3, l'allocation» de solidarité spécifique est incessible et insaisissable.

Les blocages de comptes courants de dépôts ou d'avances ne peuvent avoir pour effet de faire obstacle à son insaisissabilité.

Nonobstant toute opposition, le bénéficiaire dont l'allocation est versée sur un compte courant de dépôts ou d'avances peut effectuer mensuellement des retraits de ce compte dans la limite du montant de son allocation.

Art. L. 5423-6. Le taux de l'allocation de solidarité spécifique est (L. 2015-1785 du 29 déc. 2015, art. 67, III, 1°, JO 30, entrée en vigueur le 01.01.2016) «revalorisé le 1er avril de chaque année par application du coefficient mentionné à l'article L. 161-25 du code de la sécurité sociale» et est fixé par décret.

Art. L. 5423-7. (L. 2016-1917 du 29 déc. 2016, art. 87, V, A, JO 30, entrée en vigueur le 01.01.2017) L'allocation de solidarité spécifique ne peut être cumulée avec l'allocation aux adultes handicapés mentionnée aux articles L. 821-1 et L. 821-2 du code de la sécurité sociale dès lors qu'un versement a été effectué au titre de cette dernière allocation et tant que les conditions d'éligibilité à celle-ci demeurent remplies.

Pour la récupération des sommes trop perçues à ce titre, l'institution mentionnée à l'article L. 5312-1 du présent code est subrogée dans les droits du bénéficiaire vis-à-vis des organismes payeurs mentionnés à l'article L. 821-7 du code de la sécurité sociale.

§ 1 (réglementaire). Conditions d'attribution

Art. R. 5423-1. Pour bénéficier de l'allocation de solidarité spécifique, les personnes mentionnées à l'article L. 5423-1 :

1° Justifient de cinq ans d'activité salariée dans les dix ans précédant la fin du contrat de travail à partir de laquelle ont été ouverts leurs droits aux allocations d'assurance. En ce qui concerne les personnes ayant interrompu leur activité salariée pour élever un enfant, cette durée est réduite, dans la limite de trois ans, d'un an par enfant à charge ou élevé dans les conditions fixées à l'article R. 342-2 du code de la sécurité sociale ;

2° Sont effectivement à la recherche d'un emploi au sens de l'article L. 5421-3, sous réserve des dispositions de l'article R. 5421-1 ;

3° Justifient, à la date de la demande, de ressources mensuelles inférieures à un plafond correspondant à 70 fois le montant journalier de l'allocation pour une personne seule et 110 fois le même montant pour un couple.

Art. R. 5423-2. Les ressources prises en considération pour l'application du plafond prévu au 3° de l'article R. 5423-1 comprennent l'allocation de solidarité ainsi que les autres ressources de l'intéressé et, le cas échéant, de son conjoint, partenaire lié par un pacte civil de solidarité ou concubin, telles qu'elles doivent être déclarées à l'administration fiscale pour le calcul de l'impôt sur le revenu avant déduction des divers abattements. Toutefois ces dispositions ne s'appliquent pas lorsque le conjoint, partenaire lié par un pacte civil de solidarité ou concubin du demandeur est dirigeant d'une entreprise entrant dans le champ d'application de l'article 50-0 du code général des impôts.

Le montant pris en compte est le douzième du total des ressources perçues pendant les douze mois précédant celui au cours duquel la demande a été présentée.

Les ressources perçues hors du territoire national sont prises en compte comme si elles avaient été perçues sur ce territoire.

Art. R. 5423-3. Ne sont pas prises en compte pour la détermination du droit à l'allocation de solidarité spécifique, les ressources suivantes :

1° L'allocation d'assurance précédemment perçue par l'intéressé ;

2° La majoration de l'allocation de solidarité ;

3° Les prestations familiales ;

4° La prime exceptionnelle de retour à l'emploi instituée par le décret n° 2005-1054 du 29 août 2005 créant une prime exceptionnelle de retour à l'emploi en faveur de certains bénéficiaires de minima sociaux ;

5° La prime de retour à l'emploi instituée par l'article L. 5133-1 ;

6° Les primes forfaitaires instituées respectivement par les articles L. 5425-3 du présent code, L. 262-11 du code de l'action sociale et des familles et L. 524-5 du code de la sécurité sociale ;

7° L'allocation de logement prévue aux articles L. 831-1 et suivants du code de la sécurité sociale ;

(D. 2019-796 du 26 juil. 2019, JO 28, entrée en vigueur le 01.11.2019) « 8° L'allocation des travailleurs indépendants mentionnée à l'article L. 5424-25 précédemment perçue par l'intéressé. »

Art. R. 5423-4. La pension alimentaire ou la prestation compensatoire fixée par (D. 2016-1907 du 28 déc. 2016, art. 13, JO 29, entrée en vigueur le 01.01.2017) « une convention de divorce (D. 2019-1380 du 17 déc. 2019, art. 13, JO 19) « ou de séparation de corps » par consentement mutuel prévue à l'article 229-1 du code civil, un acte reçu en la forme authentique par un notaire, une convention de divorce homologuée par le juge ou par » une décision de justice devenue exécutoire est déduite des ressources de celui qui la verse.

Art. R. 5423-5. Il n'est pas tenu compte, pour la détermination des ressources, des allocations de solidarité, (D. 2009-289 du 13 mars 2009, JO 15) « des allocations d'assurance », des rémunérations de stage ou des revenus d'activité perçus pendant la période de référence lorsqu'il est justifié que leur perception est interrompue de manière certaine à la date de la demande et que le bénéficiaire de ces ressources ne peut prétendre à un revenu de substitution.

Lorsque le bénéficiaire peut prétendre à un revenu de substitution, un abattement de 30 % est appliqué sur la moyenne des ressources auxquelles ce revenu se substitue.

Art. R. 5423-6. Lorsque le total des ressources prises en considération excède le plafond mentionné au 3° de l'article R. 5423-1, l'allocation n'est versée qu'à concurrence d'un montant global de ressources égal au plafond.

§ 2 (réglementaire). Versement, renouvellement et prolongation

Art. R. 5423-8. L'allocation de solidarité spécifique est attribuée pour une période de six mois renouvelable.

Toutefois, l'allocation est attribuée par périodes d'un an renouvelables aux bénéficiaires de la dispense de recherche d'emploi prévue à l'article L. 5421-3.

Art. R. 5423-9. Le renouvellement de l'allocation est subordonné aux mêmes conditions que son attribution initiale.

Art. R. 5423-12. Le délai dans lequel doit être présentée la demande de paiement de l'allocation solidarité spécifique, est fixé à deux ans à compter du jour où les personnes intéressées remplissent l'ensemble des conditions exigées pour pouvoir prétendre au bénéfice de cette allocation.

Art. R. 5423-13. Dans les cas où la condition de ressources est applicable aux bénéficiaires, l'allocation solidarité spécifique n'est pas versée lorsque le montant mensuel dû est inférieur au taux journalier de cette allocation.

Sous-section 3. **Allocation temporaire d'attente**

Note • Les dispositions législatives de cette sous-section ont été abrogées par la loi 2016-1917 du 29 décembre 2016, art. 87, IV, A, JO 30 et les dispositions réglementaires l'ont été par le décret 2017-826 du 5 mai 2017, art. 3, I, 1°, JO 7, entrée en vigueur le 01.09.2017.

• Les personnes qui, au 1er septembre 2017, avaient des droits ouverts à l'allocation temporaire d'attente continuent à bénéficier de cette allocation dans les conditions antérieures à la loi 2016-1917 précitée jusqu'à expiration de leurs droits (loi 2016-1917 précitée, art. 87, IV, E).

Sous-section 5. **Allocation équivalent retraite**

Note Les demandeurs d'emploi qui bénéficiaient au 31 décembre 2010 de l'allocation équivalent retraite continuent d'en bénéficier jusqu'à l'âge prévu à l'article L. 351-1 c. séc. soc. (loi 2010-1330 du 9 novembre 2010, art. 106, JO 10).

SECTION 2. Financement des allocations

Note Cette section a été abrogée par la loi 2017-1837 du 30 décembre 2017, art. 112, I, JO 31 ; cette abrogation s'applique aux revenus perçus depuis le 1er janvier 2018 (loi précitée, art. 112, IV).

Sous-section 1 (réglementaire). Fonds de solidarité

Note L'article R. 5423-48 qui figurait dans cette sous-section a été abrogé au 01.01.2018 par le décret 2017-1747 du 22 décembre 2017, art. 7, JO 24.

SECTION 3. Dispositions d'application

Art. L. 5423-33. Un décret en Conseil d'État détermine les conditions d'application du présent chapitre, notamment :

1° Les délais après l'expiration desquels l'inscription comme demandeur d'emploi est réputée tardive pour l'ouverture du droit à indemnisation ;

2° Le délai au terme duquel le reliquat des droits antérieurement constitués ne peut plus être utilisé ;

3° Le délai dans lequel doit être présentée la demande de paiement de cette indemnisation ;

4° Le montant au-dessous duquel l'indemnisation différentielle n'est plus versée ;

5° Le montant au-dessous duquel l'indemnisation indûment versée ne donne pas lieu à remboursement.

Chapitre IV

Régimes particuliers

SECTION 1. Dispositions particulières à certains salariés

Art. L. 5424-1. Ont droit à une allocation d'assurance (Ord. 2019-861 du 21 août 2019, art. 1er, 12°, JO 22) « , lorsque leur privation d'emploi est involontaire ou assimilée à une privation involontaire ou en cas de cessation d'un commun accord de leur relation de travail avec leur employeur, et lorsqu'ils satisfont à des conditions d'âge et d'activité antérieure, » dans les conditions prévues aux articles L. 5422-2 et L. 5422-3 :

1° Les agents fonctionnaires et non fonctionnaires de l'État et de ses établissements publics administratifs, les agents titulaires des collectivités territoriales ainsi que les agents statutaires des autres établissements publics administratifs ainsi que les militaires ;

2° Les agents non titulaires des collectivités territoriales et les agents non statutaires des établissements publics administratifs autres que ceux de l'État et ceux mentionnés au 4° ainsi que les agents non statutaires des groupements d'intérêt public ;

3° Les salariés des entreprises inscrites au répertoire national des entreprises contrôlées majoritairement par l'État, les salariés relevant soit des établissements publics à caractère industriel et commercial des collectivités territoriales, soit des sociétés d'économie mixte dans lesquelles ces collectivités ont une participation majoritaire ;

4° Les salariés non statutaires des chambres de métiers, des chambres d'agriculture, ainsi que les salariés des établissements et services d'utilité agricole de ces chambres ;

(L. 2019-486 du 22 mai 2019, art. 52, 1°, JO 23) « 4° *bis* Les personnels des chambres de commerce et d'industrie ; »

5° Les fonctionnaires de France Télécom placés hors de la position d'activité dans leurs corps en vue d'assurer des fonctions soit dans l'entreprise, en application du cinquième alinéa de l'article 29 de la loi n° 90-568 du 2 juillet 1990 relative à l'organisation du service public de la poste et des télécommunications, soit dans l'une de ses filiales ;

(L. 2010-1488 du 7 déc. 2010, art. 26, JO 8) « 6° Les salariés des entreprises de la branche professionnelle des industries électriques et gazières soumis au statut national du personnel des industries électriques et gazières » ;

(L. 2019-486 du 22 mai 2019, art. 151, II, 1°, JO 23) « 7° Dans le cas où l'État ne détiendrait plus la majorité du capital de La Poste, les personnels de la société anonyme La Poste. »

Art. L. 5424-2. Les employeurs mentionnés à l'article L. 5424-1 assurent la charge et la gestion de l'allocation d'assurance. (L. 2008-126 du 13 févr. 2008, art. 16, JO 14) « Ceux-ci peuvent, par convention conclue avec (L. 2018-771 du 5 sept. 2018, art. 64, III, 1°, JO 6, entrée en vigueur le 01.01.2019) «Pôle emploi», pour le compte de l'organisme mentionné à l'article L. 5427-1, lui confier cette gestion.»

Toutefois, peuvent adhérer au régime d'assurance:

1° Les employeurs mentionnés au 2° de l'article L. 5424-1;

2° Par une option irrévocable, les employeurs mentionnés aux 3° (L. 2010-1488 du 7 déc. 2010, art. 26, JO 8) «, 4°» (L. 2019-486 du 22 mai 2019, art. 52, 2°, JO 23) «, 4° *bis*» (L. 2019-486 du 22 mai 2019, art. 151, II, 2°, JO 23) «, 6° et 7°» de ce même article;

3° Pour leurs agents non titulaires, les établissements publics d'enseignement supérieur et les établissements publics à caractère scientifique et technologique;

4° Pour les assistants d'éducation, les établissements d'enseignement mentionnés à l'article L. 916-1 du code de l'éducation.

(L. 2010-1488 du 7 déc. 2010, art. 26, JO 8) «Les entreprises de la branche professionnelle des industries électriques et gazières soumises au statut national du personnel des industries électriques et gazières, adhérentes, avant leur assujettissement au statut national, au régime d'assurance chômage prévu par les articles L. 5422-1 et suivants, ainsi que les entreprises en création sont considérées comme ayant exercé leur option irrévocable mentionnée au 2°.»

Art. L. 5424-3. Les employeurs mentionnés à la présente section adhèrent au régime d'assurance pour les salariés engagés à titre temporaire qui relèvent des professions de la production cinématographique, de l'audiovisuel ou du spectacle, lorsque l'activité exercée bénéficie de l'aménagement des conditions d'indemnisation prévues par l'article L. 5424-20.

Art. L. 5424-4. Un décret en Conseil d'État fixe les règles de coordination applicables pour l'indemnisation des travailleurs dont les activités antérieures prises en compte pour l'ouverture des droits ont été exercées auprès d'employeurs relevant les uns de l'article L. 5422-13, les autres de la présente section.

Art. L. 5424-5. Les litiges résultant de l'adhésion au régime d'assurance (L. 2008-126 du 13 févr. 2008, art. 17, JO 14; D. 2009-1708 du 30 déc. 2009, JO 31, entrée en vigueur le 01.01.2011) «suivent les règles de compétence prévues à l'article L. 5422-16».

Art. L. 5424-5-1. (L. 2019-486 du 22 mai 2019, art. 52, 3°, JO 23) Les employeurs mentionnés au 4° *bis* de l'article L. 5424-1 ayant eu recours à l'option mentionnée au 2° de l'article L. 5424-2 s'acquittent, en sus de la contribution prévue au 1° de l'article L. 5422-9, pour une durée limitée, d'une contribution spécifique assise sur la rémunération brute de leurs agents statutaires et non statutaires dans la limite d'un plafond, dans des conditions fixées par décret.

Art. R. 5424-2. Lorsque, au cours de la période retenue pour l'application de l'article L. 5422-2, la durée totale d'emploi accomplie pour le compte d'un ou plusieurs employeurs affiliés au régime d'assurance a été plus longue que l'ensemble des périodes d'emploi accomplies pour le compte d'un ou plusieurs employeurs relevant de l'article L. 5424-1, la charge de l'indemnisation incombe à (D. 2014-524 du 22 mai 2014, art. 16, JO 24) «Pôle emploi» (D. 2008-1010 du 29 sept. 2008, art. 7, JO 30) «pour le compte de l'organisme mentionné à l'article L. 5427-1». Dans le cas contraire, cette charge incombe à l'employeur relevant de l'article L. 5424-1, ou à celui des employeurs relevant de cet article qui a employé l'intéressé durant la période la plus longue.

Art. R. 5424-3. Lorsque, au cours de la période retenue pour l'application de l'article L. 5422-2, les durées d'emploi accomplies pour le compte d'un ou plusieurs employeurs relevant de l'article L. 5424-1 et pour le compte d'un ou plusieurs employeurs affiliés au régime d'assurance sont égales, la charge de l'indemnisation incombe:

1° À l'employeur relevant de l'article L. 5424-1 ou à celui des employeurs relevant de cet article qui a employé l'intéressé pendant la durée la plus longue, si le dernier contrat de travail ou engagement liait l'intéressé à un tel employeur;

2° Au régime d'assurance si le dernier employeur est affilié à ce régime.

À égalité de durée d'emploi pour le compte de plusieurs employeurs relevant de l'article L. 5424-1, la charge de l'indemnisation incombe à l'employeur auquel l'intéressé a été lié par le dernier contrat de travail ou engagement.

Art. R. 5424-4. Le calcul des périodes d'emploi s'effectue, le cas échéant, après application à chacune d'elles d'un coefficient égal au rapport entre la durée hebdomadaire de travail de l'intéressé, fixée par son contrat de travail ou engagement, pendant la période d'emploi et la durée légale de travail ou la durée de travail conventionnelle lorsque celle-ci est inférieure à la durée légale, applicable à l'employeur pendant cette période d'emploi.

Toutefois, ce correctif n'est appliqué que lorsque la durée hebdomadaire de travail de l'intéressé est inférieure à la moitié de la durée de travail légale ou conventionnelle précédemment mentionnée pendant la période d'emploi.

Art. R. 5424-5. Pour l'ouverture des droits à indemnisation, la durée totale des activités salariées accomplies par un même travailleur pour le compte d'employeurs relevant des articles L. 5422-13 ou L. 5424-1 est prise en compte.

(D. 2020-741 du 16 juin 2020, art. 4, JO 18) « Il est également tenu compte des périodes de suspension de la relation de travail durant lesquelles les personnels sont indemnisés en application, selon le cas, des dispositions statutaires applicables aux personnels concernés ou du régime de sécurité sociale dont relèvent ces personnels. Les périodes de suspension de la relation de travail durant lesquelles les personnels ne sont ni rémunérés ni indemnisés ne sont pas prises en compte. »

Art. R. 5424-6. (D. 2014-670 du 24 juin 2014, JO 25, entrée en vigueur le 01.10.2014) Lorsque l'intéressé a épuisé les droits ouverts lors d'une précédente admission et qu'il remplit les conditions lui permettant de bénéficier de droits au titre d'une ou de plusieurs activités exercées antérieurement à la fin des droits, en application du I de l'article R. 5422-2, l'allocation est à la charge de l'employeur ou de l'institution mentionnée à l'article L. 5312-1 pour le compte de l'organisme mentionné à l'article L. 5427-1 qui décide de la nouvelle admission, après, le cas échéant, application des dispositions des articles R. 5424-2 à R. 5424-5.

Art. D. 5424-6-1. (D. 2019-1550 du 30 déc. 2019, JO 31) La contribution spécifique mentionnée à l'article L. 5424-5-1 est fixée à 0,2 %, dans la limite du plafond prévu à l'article L. 5422-9.

Cette contribution spécifique est acquittée par l'employeur pour une durée de 24 mois, à compter du mois suivant la date de l'adhésion ou de la date de l'extension de l'adhésion au régime d'assurance pour les personnels mentionnés au 4° *bis* de l'article L. 5424-1.

SECTION 2. Entreprises du bâtiment et des travaux publics privées d'emploi par suite d'intempéries

Art. L. 5424-6. Les dispositions de la présente section déterminent les règles suivant lesquelles les entreprises du bâtiment et des travaux publics relevant de certaines activités professionnelles déterminées par décret indemnisent les travailleurs qu'elles occupent habituellement en cas d'arrêt de travail occasionné par les intempéries.

Art. L. 5424-7. Dans les zones où les conditions climatiques entraînent un arrêt saisonnier pour diverses catégories d'entreprises mentionnées à l'article L. 5424-6, l'autorité administrative, après avis des organisations d'employeurs et de salariés, intéressées, détermine par région pour chaque catégorie d'entreprises les périodes où il n'y a pas lieu à l'indemnisation du fait de l'arrêt habituel de l'activité.

Art. L. 5424-8. Sont considérées comme intempéries, les conditions atmosphériques et les inondations lorsqu'elles rendent dangereux ou impossible l'accomplissement du travail eu égard soit à la santé ou à la sécurité des salariés, soit à la nature ou à la technique du travail à accomplir.

Art. L. 5424-9. L'arrêt du travail en cas d'intempéries est décidé par l'entrepreneur ou par son représentant sur le chantier après consultation (Ord. 2017-1386 du 22 sept. 2017, art. 4, 72°, JO 23, entrée en vigueur au plus tard le 01.01.2018) « du comité social et économique ».

Lorsque les travaux sont exécutés pour le compte d'une administration, d'une collectivité publique, d'un service concédé ou subventionné, le représentant du maître d' (L. 2009-526 du 12 mai 2009, JO 13) « ouvrage » sur le chantier peut s'opposer à l'arrêt du travail.

Art. L. 5424-10. Les salariés bénéficient de l'indemnisation pour intempéries, quels que soient le montant et la nature de leur rémunération.

Art. L. 5424-11. Le salarié a droit à l'indemnisation pour intempéries s'il justifie avoir accompli avant l'arrêt du travail un nombre minimum d'heures de travail durant une période déterminée dans l'une des entreprises définies à l'article L. 5424-6.

Art. L. 5424-12. L'indemnité journalière d'intempéries est due pour chaque heure perdue après expiration d'un délai de carence fixé par décret.

Ce décret détermine également:

1° La limite d'indemnisation des heures perdues en fonction du salaire afférent à ces heures;

2° Le nombre maximum des indemnités journalières susceptibles d'être attribuées au cours d'une année civile.

Art. L. 5424-13. L'indemnité journalière d'intempéries est versée au salarié par son entreprise à l'échéance normale de la paie dans les mêmes conditions que cette dernière.

Elle n'est pas due au salarié momentanément inapte.

Elle ne se cumule pas avec les indemnités journalières d'accident du travail, de maladie, des assurances sociales et de congés payés.

Elle est exclusive de toute indemnité de chômage.

Elle cesse d'être due dans le cas où le salarié exerce une autre activité salariée pendant la période d'arrêt du travail.

Art. L. 5424-14. Les indemnités journalières d'intempéries ne constituent pas un salaire et ne donnent pas lieu en conséquence au versement de cotisations sociales, à l'exception de celles concernant l'application de la législation sur les congés payés et de celles qui sont prévues à l'article 6 de la loi n° 82-1 du 4 janvier 1982 portant diverses mesures d'ordre social.

Toutefois, les dispositions des titres III, IV et V du livre II de la troisième partie du présent code et de l'article 2101 du code civil sont applicables au paiement des indemnités d'intempéries.

En vue de la détermination du droit des intéressés aux diverses prestations de la sécurité sociale, les périodes pour lesquelles ils ont bénéficié des indemnités journalières d'intempéries sont assimilées à des périodes de chômage involontaire.

Art. L. 5424-15. La charge du paiement des indemnités journalières d'intempéries, y compris les charges sociales, [est répartie] au plan national entre les entreprises prévues à l'article L. 5424-6 en fonction des salaires payés par celles-ci à leurs salariés.

La péréquation des charges est opérée par des organismes et dans des conditions déterminés par décret.

Art. L. 5424-16. Le contrôle de l'application par les employeurs des dispositions de la présente section est confié aux (L. 2016-1088 du 8 août 2016, art. 113, III, 4°, JO 9) «agents de contrôle de l'inspection du travail mentionnés à l'article L. 8112-1» et aux contrôleurs des caisses de congés payés du bâtiment.

Art. L. 5424-17. En cas de retard dans le paiement des cotisations et dans la production des déclarations de salaires servant d'assiette aux cotisations, les cotisations échues et non payées ou correspondant aux déclarations non produites en temps utile sont majorées selon un taux et dans des conditions fixées par décret.

Art. L. 5424-18. En cas d'arrêt pour cause d'intempéries, les salariés que leur employeur ne peut occuper peuvent être mis par leur entreprise à la disposition de collectivités publiques pour l'exécution de travaux d'intérêt général.

Dans ce cas, les intéressés perçoivent le salaire correspondant aux travaux accomplis auquel s'ajoutent, le cas échéant, une indemnité égale à la différence entre le salaire servant de base au calcul de l'indemnité d'intempéries et le salaire perçu pour ces travaux occasionnels.

Art. L. 5424-19. Un décret détermine les modalités d'application de la présente section, notamment les conditions dans lesquelles les contestations nées de son application peuvent être soumises à des organismes paritaires de conciliation dont il peut rendre l'intervention obligatoire.

Sous-section 1 (réglementaire). **Champ d'application**

Art. D. 5424-7. Les dispositions des articles L. 5424-6 à L. 5424-19 sont applicables:

1° Aux travailleurs appartenant aux activités professionnelles mentionnées par le décret n° 59-534 du 9 avril 1959 relatif à la nomenclature des activités économiques sous les numéros ci-après:

330.

331.

332 (à l'exception des entreprises de fabrication de décors de théâtre).
333.
334.
335 (à l'exclusion de 335-2).
336 (à l'exclusion de 336-22 et de 336-23).
337-03.
338.
34 (à l'exclusion de 348-22 et de 348-3).

2° Aux carrières à ciel ouvert extrayant des matériaux destinés au bâtiment et aux travaux publics et qui sont directement exploitées par les entreprises du bâtiment et des travaux publics.

Sous-section 2 (réglementaire). **Périodes d'arrêt saisonnier**

Art. D. 5424-8. Les périodes d'arrêt saisonnier de travail prévues à l'article L. 5424-7 sont déterminées par le (D. 2009-1377 du 10 nov. 2009, JO 13; D. 2010-687 du 24 juin 2010, JO 25; voir D. 2010-1582 du 17 déc. 2010, JO 18, pour outre-mer) « directeur régional des entreprises, de la concurrence, de la consommation, du travail et de l'emploi » après avis d'une commission composée comme suit :

1° Quatre membres employeurs et quatre membres salariés désignés respectivement par les organisations d'employeurs et de salariés représentatives pour les activités professionnelles mentionnées à l'article D. 5424-7 ;

2° Le (D. 2009-1484 du 3 déc. 2009, JO 4) « directeur départemental des territoires ou directeur départemental des territoires et de la mer » ;

3° L' (D. 2009-1106 du 10 sept. 2009, JO 12) « ingénieur en chef des ponts, des eaux et des forêts » du service ordinaire.

Peut également être appelée à siéger, en tant que de besoin, toute personne dont la compétence est jugée utile par les membres de la commission.

Art. D. 5424-9. Les périodes d'arrêt saisonnier peuvent varier selon la nature des professions énumérées à l'article D. 5424-7. Elles peuvent, chaque année, faire l'objet d'une révision intervenant avant le 1er août.

Art. D. 5424-10. La décision du (D. 2009-1377 du 10 nov. 2009, JO 13; D. 2010-687 du 24 juin 2010, JO 25; voir D. 2010-1582 du 17 déc. 2010, JO 18, pour outre-mer) « directeur régional des entreprises, de la concurrence, de la consommation, du travail et de l'emploi » est soumise à l'approbation du ministre chargé de l'emploi.

Sous-section 3 (réglementaire). **Conditions d'attribution de l'indemnité**

Art. D. 5424-11. Le nombre minimum d'heures de travail ouvrant droit à l'indemnisation pour intempéries prévu à l'article L. 5424-11 est fixé à 200 heures durant les deux mois précédant l'arrêt de travail.

Art. D. 5424-12. L'indemnité journalière d'intempéries est due pour chaque heure perdue à partir de la deuxième au cours d'une même semaine ou au cours d'une période continue d'arrêt.

Art. D. 5424-13. La limite d'indemnisation prévue à l'article L. 5424-12 est fixée aux trois quarts du salaire.

Le nombre maximum d'heures de travail pouvant être indemnisées est fixé à neuf heures par jour dans la limite de quarante-cinq heures par semaine.

Art. D. 5424-14. Le nombre maximum des indemnités journalières susceptibles d'être attribuées au cours d'une année civile est fixé à cinquante-cinq.

Sous-section 4 (réglementaire). **Calcul de l'indemnité**

Art. D. 5424-15. Le montant de l'indemnité horaire versée en application des articles L. 5424-12 et L. 5424-13 est calculé en prenant pour base le salaire horaire perçu par le salarié à la veille de l'interruption du travail y compris, le cas échéant, les primes accessoires du salaire et les primes de rendement. Les primes représentatives de frais ou de risque et des majorations pour heures supplémentaires sont exclues.

Art. D. 5424-16. La partie du salaire dépassant la somme correspondant au salaire limite prévu pour le calcul des cotisations de sécurité sociale majoré de 20 % n'est pas prise en compte pour la fixation de la base de calcul de l'indemnité.

Sous-section 5 (réglementaire). **Situation des salariés**

Art. D. 5424-17. Les heures de travail effectuées en remplacement des heures perdues pour cause d'intempéries sont rémunérées conformément à la réglementation sans tenir compte de l'indemnisation à laquelle elles ont donné lieu au titre des articles L. 5424-6 à L. 5424-19.

Art. D. 5424-18. Le salarié bénéficiant du régime chômage intempéries reste à la disposition de l'entreprise qui l'employait au moment de l'arrêt de travail pendant toute la période de l'inactivité du chantier.

Art. D. 5424-19. Le salarié perd son droit à indemnisation s'il refuse d'exécuter les travaux qui lui sont demandés par son entreprise, lorsque ces travaux peuvent être accomplis pendant l'intempérie, notamment en atelier ou bureau.

Art. D. 5424-20. L'employeur qui occupe le salarié pendant l'intempérie lui maintient, pendant la durée des travaux, le salaire qu'il percevait avant l'arrêt de travail dû aux intempéries.

Les heures ainsi rémunérées sont déduites des heures chômées donnant lieu à indemnisation.

Art. D. 5424-21. La date de reprise de travail pour le salarié mis en chômage est décidée par l'employeur ou le représentant du maître d'œuvre sur les chantiers.

Elle est portée à la connaissance du salarié par un avis affiché au siège ou au bureau de l'entreprise ou à l'entrée du chantier.

Le salarié qui ne reprend pas le travail dès la réouverture du chantier cesse d'avoir droit à l'indemnité à partir de la date de cette réouverture.

Art. D. 5424-22. L'entreprise ne peut, sauf en cas de faute grave de l'intéressé ou en cas d'arrêt des travaux par le maître d'œuvre dans les chantiers de travaux publics, licencier un salarié au cours de la période d'inactivité du chantier sur lequel celui-ci est employé.

Toutefois, ces dispositions ne portent pas atteinte aux effets découlant de l'expiration du préavis au cours de la période d'inactivité lorsque le préavis a été donné avant le début de cette période.

Art. D. 5424-23. Lorsque l'employeur met à la disposition de collectivités publiques les salariés, en application du premier alinéa de l'article L. 5424-18, il dépose, à la demande de la mairie de la commune du lieu du chantier, l'effectif et la spécialité des salariés dont l'activité est interrompue.

Art. D. 5424-24. L'indemnité différentielle prévue au second alinéa de l'article L. 5424-18 est remboursée aux collectivités publiques par les caisses de congés payés.

Sous-section 6 (réglementaire). **Remboursement de l'employeur**

Art. D. 5424-25. L'entreprise est remboursée par les caisses de congés payés des indemnités versées à ses salariés au titre de la législation sur les intempéries qui sont calculées en affectant le montant de chaque indemnité versée d'un coefficient égal au rapport entre le montant des salaires servant de base à la cotisation versée par l'entreprise en application de l'article D. 5424-36 et le montant de ces salaires avant déduction de l'abattement prévu à ce même article.

Art. D. 5424-26. Il est versé à l'employeur 85 % du montant obtenu à l'article D. 5424-25 lorsque la masse salariale dépasse trois fois le montant de l'abattement prévu au même article et 90 % lorsque la masse salariale est au plus égale à trois fois le montant de cet abattement.

Art. D. 5424-27. Pour les six premières heures indemnisées suivant l'heure de carence prévue à l'article D. 5424-12, il est versé de façon uniforme à l'employeur 10 % du montant obtenu à l'article D. 5424-25.

Art. D. 5424-28. L'employeur adresse le bordereau de déclaration d'arrêt de travail et de demande de remboursement des indemnités versées aux salariés à la caisse des congés payés mentionnée à l'article D. 5424-32 dans un délai fixé par arrêté du ministre chargé de l'emploi.

Le modèle de ce bordereau est établi par la caisse nationale de surcompensation.

L'employeur transmet aux (D. 2017-1819 du 29 déc. 2017, art. 3, 39°, JO 30, entrée en vigueur le 01.01.2018) « membres de la délégation du personnel du comité social et économique », à leur demande, les informations du bordereau relatives au nombre des heures perdues pour cause d'intempéries et à leurs dates.

Sous-section 7 (réglementaire). **Cotisations et péréquation des charges**

Art. D. 5424-29. Les dépenses d'indemnisation du chômage-intempéries sont couvertes au moyen d'une cotisation mise à la charge des entreprises exerçant une ou plusieurs activités professionnelles mentionnées à l'article D. 5424-7.

Art. D. 5424-30. Les services créés au sein des caisses de congés payés en vue de l'attribution de l'indemnité journalière d'intempéries définie à l'article L. 5424-12 ont une comptabilité distincte de celle des autres services de la caisse de compensation.

Art. D. 5424-31. L'employeur délivre au salarié qui quitte l'entreprise un certificat indiquant le nombre d'heures et les périodes pendant lesquelles il a bénéficié de l'indemnité chômage-intempéries pendant la période de l'année civile en cours durant laquelle il a été employé dans l'entreprise.

Art. D. 5424-32. L'employeur verse les cotisations de l'assurance intempérie à la caisse de compensation dont il dépend déjà pour l'application de la législation sur les congés payés.

Art. D. 5424-33. Pour les entreprises énumérées au 2° de l'article D. 5424-7 qui, au titre de la législation sur les congés payés, ne sont pas tenues de s'affilier à une caisse de compensation du bâtiment ou des travaux publics, l'employeur verse ses cotisations à la caisse de compensation compétente pour les entreprises du bâtiment et la localité du siège de l'entreprise.

Art. D. 5424-34. L'employeur se conforme aux obligations découlant du règlement établi pour l'application de la présente section par la caisse à laquelle il est affilié.

Art. D. 5424-35. L'affiliation prévue aux articles D. 5424-32 et D. 5424-33 prend effet à la date à laquelle l'entreprise a commencé à employer des salariés.

Art. D. 5424-36. Les cotisations versées par l'employeur aux caisses de congés payés sont assises sur l'ensemble des salaires pris en compte pour le calcul des cotisations de sécurité sociale, déduction faite pour chacun d'eux d'un abattement dont le montant est fixé annuellement par un arrêté conjoint des ministres chargés de l'emploi et du budget. Cet abattement ne peut être inférieur à 8 000 fois le salaire horaire d'un manœuvre de l'industrie du bâtiment.

Art. D. 5424-37. La cotisation comporte deux taux distincts applicables l'un aux entreprises du gros œuvre et des travaux publics, l'autre aux entreprises n'entrant pas dans cette catégorie.

L'entreprise qui, du fait de ses activités, appartient simultanément à ces deux catégories est rattachée à celle qui correspond à son activité principale sauf lorsqu'elle dispose d'établissements distincts pour chaque catégorie.

Art. D. 5424-38. Les taux de cotisations sont calculés de façon à assurer entre toutes les entreprises assujetties une péréquation des charges sur le plan national, tout en tenant compte des particularités propres à chacune des deux catégories définies à l'article D. 5424-37.

Art. D. 5424-39. Des arrêtés des ministres chargés de l'emploi et de l'économie, pris après avis de la Caisse nationale de surcompensation du bâtiment et des travaux publics, répartissent les entreprises entre les deux catégories d'après la nomenclature des activités économiques et fixent le montant de l'abattement prévu à l'article D. 5424-36.

Art. D. 5424-40. Les arrêtés mentionnés à l'article D. 5424-39 fixent chaque année les taux de cotisations mises à la charge des entreprises et le montant du fonds de réserve destiné à assurer le remboursement des indemnités journalières d'intempéries. Lorsque ce montant est dépassé, le conseil d'administration de la Caisse nationale de surcompensation peut, lorsque les ministres chargés de l'emploi et de l'économie, préalablement informés, n'ont pas fait connaître leur opposition dans un délai d'un mois à compter de la réception de cette information, réduire pour le reste de l'année les cotisations des entreprises dans la limite de 20 % des taux initialement fixés.

Art. D. 5424-41. La péréquation des charges mentionnées à l'article L. 5424-15 est opérée par (D. 2009-289 du 13 mars 2009, JO 15) « l'Union des caisses de France-Congés intempérie BTP » et par les caisses des congés payés prévues par l'article D. 3141-12, dans les conditions fixées par arrêté du ministre chargé de l'emploi pris sur proposition de la caisse de surcompensation.

Art. D. 5424-42. (D. 2009-289 du 13 mars 2009, JO 15) « L'Union des caisses de France-Congés intempérie BTP » est autorisée à se procurer, par des emprunts à court terme, les sommes nécessaires pour permettre aux caisses de congés payés, en attendant le recouvrement des cotisations des entreprises, d'effectuer des remboursements.

Art. D. 5424-43. En cas de retard dans le paiement des cotisations et dans la production des déclarations de salaires, le taux de majoration prévu à l'article L. 5424-17 est de 1 % par jour de retard.

Cette majoration ne peut être appliquée qu'après mise en demeure par la caisse des congés payés à l'employeur d'effectuer le versement des cotisations ou les déclarations de salaires.

Sous-section 8 (réglementaire). **Contrôles et contestations**

Art. D. 5424-44. L'employeur présente à tout moment aux contrôleurs des caisses de congés payés les bulletins de paye en vue de leur permettre de contrôler l'exactitude du montant des salaires servant d'assiette au calcul de la cotisation ainsi que toutes pièces justifiant le versement effectif de la cotisation et des indemnités prévues.

Art. D. 5424-45. Les contestations collectives résultant de l'application de la présente section, sauf en ce qui concerne les salariés employés en régie par l'État, sont soumises à une commission paritaire de conciliation.

Cette commission est composée de quatre membres employeurs et de quatre membres salariés désignés respectivement par les organisations d'employeurs et de salariés représentatives pour l'ensemble des activités professionnelles énumérées à l'article D. 5424-7.

Elle siège sous la présidence du (D. 2009-1377 du 10 nov. 2009, JO 13; D. 2010-687 du 24 juin 2010, JO 25; voir D. 2010-1582 du 17 déc. 2010, JO 18, pour outre-mer) « directeur régional des entreprises, de la concurrence, de la consommation, du travail et de l'emploi » en présence, le cas échéant, des représentants des administrations intéressées.

Sous-section 9 (réglementaire). **Salariés employés en régie par l'État**

Art. D. 5424-46. En ce qui concerne les salariés employés en régie par l'État, les ministres intéressés peuvent, en tant que de besoin, prévoir des modalités spéciales pour l'application de la présente section.

Art. D. 5424-47. Les heures de travail accomplies pour l'exécution en régie des travaux publics ou de bâtiment pour le compte de l'État entrent dans le calcul du minimum d'heures prévu à l'article D. 5424-11.

Art. D. 5424-48. Les journées directement indemnisées par l'État, au titre des intempéries, entrent en compte pour le calcul du maximum de soixante jours prévus à l'article D. 5424-14.

Art. D. 5424-49. Le préfet délivre aux salariés intéressés quittant le service un certificat portant les indications prévues à l'article D. 5424-31.

SECTION 3. Professions de la production cinématographique, de l'audiovisuel ou du spectacle

Sous-section 1. **Contributions et allocations**

Note Les sous-sections 1 et 2 ont été introduites par la loi 2015-994 du 17 août 2015, art. 34, I, JO 18.

Art. L. 5424-20. Du fait de l'aménagement de leurs conditions d'indemnisation, l'allocation d'assurance versée aux travailleurs privés d'emploi relevant des professions de la production cinématographique, de l'audiovisuel ou du spectacle peut, en sus de la contribution (L. 2018-771 du 5 sept. 2018, art. 54, II, 4°, JO 6, entrée en vigueur le 01.01.2019) « des employeurs prévue au 1° de l'article L. 5422-9 », être financée par une contribution spécifique à la charge des employeurs, y compris ceux mentionnés à l'article L. 5424-3 et des salariés relevant de ces professions, assise sur la rémunération brute dans la limite d'un plafond, dans des conditions fixées par l'accord prévu à l'article L. 5422-20.

(L. 2008-126 du 13 févr. 2008, art. 16, 29°, a, et art. 5, III, JO 14; D. 2009-1708 du 30 déc. 2009, JO 31, entrée en vigueur le 01.01.2011, modifié par D. 2010-1736 du 30 déc. 2010, JO 31 et D. 2011-972 du 16 août 2011, JO 18) « La contribution spécifique est recouvrée et contrôlée par les organismes chargés du recouvrement mentionnés à l'article L. 5427-1 selon les règles applicables aux contributions mentionnées

(L. 2018-771 du 5 sept. 2018, art. 54, II, 4°, JO 6, entrée en vigueur le 01.01.2019) «aux 1° à 3° de l'article L. 5422-9». Les différends relatifs au recouvrement de cette contribution suivent les règles de compétence prévues à l'article L. 5422-16.»

(L. 2018-771 du 5 sept. 2018, art. 54, II, 4°, JO 6, entrée en vigueur le 01.01.2019) «Les fins de contrat de travail des travailleurs relevant de la contribution spécifique prévue au présent article ne sont pas prises en compte au titre du 1° de l'article L. 5422-12 et la majoration ou la minoration de contributions qui résulte de l'application du même 1° n'est pas applicable à ces contrats.»

Art. L. 5424-21. Les travailleurs privés d'emploi et qui ont épuisé leurs droits à l'assurance chômage au titre des dispositions spécifiques relatives aux artistes du spectacle et aux ouvriers et techniciens de l'édition d'enregistrement sonore, de la production cinématographique et audiovisuelle, de la radio, de la diffusion et du spectacle, annexées au règlement général annexé à la convention relative à l'aide au retour à l'emploi et à l'indemnisation du chômage peuvent bénéficier d'allocations spécifiques d'indemnisation du chômage au titre de la solidarité nationale dans les conditions suivantes :

1° Ne pas satisfaire aux conditions pour bénéficier de (Ord. 2019-861 du 21 août 2019, art. 1er, 13°, JO 22) «l'allocation des travailleurs indépendants prévue à l'article L. 5424-25 ni aux conditions pour bénéficier de» l'allocation de solidarité spécifique prévue à l'article L. 5423-1 ;

2° Satisfaire à des conditions d'activité professionnelle antérieure et de prise en charge au titre d'un revenu de remplacement.

Ces allocations sont à la charge (L. 2016-1918 du 29 déc. 2016, art. 143, I, 11°, JO 30, entrée en vigueur le 01.01.2018) «de l'État». Leur gestion est assurée par (L. 2018-771 du 5 sept. 2018, art. 64, III, 8°, JO 6, entrée en vigueur le 01.01.2019) «Pôle emploi» dans les conditions prévues par une convention conclue avec l'État.

Ces allocations sont cessibles et saisissables dans les mêmes conditions et limites que les salaires.

Un décret détermine les modalités d'application du présent article.

Sous-section 1 (réglementaire). **Allocation de professionnalisation et de solidarité et allocation de fin de droits**

Art. D. 5424-50. Les allocations spécifiques d'indemnisation du chômage mentionnées à l'article L. 5424-21 prennent, selon le cas, la forme :

1° D'une allocation de professionnalisation et de solidarité ;

2° D'une allocation de fin de droits.

Art. D. 5424-51. (D. 2017-1023 du 10 mai 2017, JO 11) « I. – » L'allocation de professionnalisation et de solidarité est attribuée selon les règles définies (D. 2017-1023 du 10 mai 2017, JO 11) « par les annexes au règlement général annexé à la convention relative à l'indemnisation du chômage et applicables aux artistes du spectacle et aux ouvriers et techniciens de l'édition d'enregistrement sonore, de la production cinématographique et audiovisuelle, de la radio, de la diffusion et du spectacle mentionnées à l'article L. 5424-21, dans les conditions définies au présent article et aux articles D. 5424-51-1 et D. 5424-52 ».

(D. 2017-1023 du 10 mai 2017, JO 11) « II. – Bénéficie de l'allocation de professionnalisation et de solidarité le travailleur involontairement privé d'emploi qui :

1° Ne remplit pas les conditions pour bénéficier de la clause de rattrapage prévue aux annexes mentionnées au I ;

2° Et justifie de 507 heures de travail au cours des douze mois précédant la fin de contrat de travail immédiatement antérieure à la date anniversaire prévue aux annexes mentionnées au I ou à la date de dépôt de la demande d'allocation d'assurance.

III. – Bénéficie également de l'allocation de professionnalisation et de solidarité le travailleur involontairement privé d'emploi qui justifie de 507 heures de travail au cours des dix-huit mois qui précèdent la date de fin de la période d'indemnisation ouverte au titre de la clause de rattrapage prévue aux annexes mentionnées au I. »

(D. 2017-1023 du 10 mai 2017, JO 11) « IV. – » Outre les périodes mentionnées dans (D. 2017-1023 du 10 mai 2017, JO 11) « les annexes mentionnées au I », sont pris en compte pour la recherche de la condition d'activité antérieure :

1° Les congés maladie de trois mois ou plus. Ces périodes sont assimilées à des heures d'activité à raison de cinq heures de travail par jour de congé ;

(D. 2017-1023 du 10 mai 2017, JO 11) « 2° Les heures prises en compte pour l'ouverture de la clause de rattrapage prévue aux annexes mentionnées au I » ;

3° Dans la limite de 120 heures, les heures d'enseignement dispensées dans des établissements d'enseignement ou de formation dans lesquels les intéressés interviennent au titre de leur profession pour transmettre leurs compétences. La liste de ces établissements est fixée par arrêté du ministre chargé de l'emploi. Ces heures d'enseignement réduisent à due proportion le nombre d'heures de formation assimilables conformément aux annexes précitées.

Art. D. 5424-51-1. (D. 2017-1023 du 10 mai 2017, JO 11) Les dispositions des annexes mentionnées au I de l'article D. 5424-51 relatives au différé d'indemnisation et au délai d'attente ne sont pas applicables à l'allocation de professionnalisation et de solidarité.

À l'issue de la période d'indemnisation au titre de cette allocation, le reliquat éventuel de franchise prévue aux annexes mentionnées au I de l'article D. 5424-51 ne donne lieu à aucune régularisation.

Art. D. 5424-52. Le versement de l'allocation de professionnalisation et de solidarité cesse définitivement au titre de la même ouverture de droits dès lors que l'allocataire justifie des conditions d'attribution de l'allocation d'assurance chômage.

(D. 2017-1023 du 10 mai 2017, JO 11) « Lorsque l'allocataire bénéficie de l'allocation de professionnalisation et de solidarité au titre du II de l'article D. 5424-51, la durée maximale de versement est de douze mois à compter :

1° Du lendemain de la date anniversaire prévue aux annexes mentionnées au I de l'article D. 5424-51 ;

2° Ou de la demande d'allocation d'assurance au titre des annexes mentionnées au I de l'article D. 5424-51.

Lorsque l'allocataire bénéficie l'allocation de professionnalisation et de solidarité au titre du III de l'article D. 5424-51, la durée maximale de versement est de six mois à compter la date de fin de la période d'indemnisation ouverte au titre de la clause de rattrapage prévue aux annexes mentionnées au I de l'article D. 5424-51. »

Art. D. 5424-53. Bénéficie de l'allocation de fin de droits, le travailleur involontairement privé d'emploi qui :

1° A épuisé ses droits à l'allocation d'assurance mentionnée à l'article L. 5422-1 ou à l'allocation de professionnalisation et de solidarité ;

2° Ne satisfait pas à nouveau aux conditions d'attribution de l'allocation d'assurance chômage ou de l'allocation de professionnalisation et de solidarité ;

3° Justifie de 507 heures de travail selon les règles définies à l'article D. 5424-51 au cours des douze mois précédant la fin de contrat de travail immédiatement antérieure (D. 2017-1023 du 10 mai 2017, JO 11) « à la date anniversaire ou à la demande d'allocation d'assurance ;

4° Ne remplit pas les conditions pour bénéficier de la clause de rattrapage prévue par les annexes mentionnées au I de l'article D. 5424-51. »

Art. D. 5424-54. (D. 2017-1023 du 10 mai 2017, JO 11) Les franchises prévues par les annexes mentionnées au I de l'article D. 5424-51 sont applicables à l'allocation de fin de droits.

À l'issue de la période d'indemnisation au titre de cette allocation, le reliquat éventuel de franchise prévue aux annexes mentionnées au I de l'article D. 5424-51 ne donne lieu à aucune régularisation.

Art. D. 5424-55. La durée de versement de l'allocation de fin de droits varie en fonction d'une ancienneté continue de prise en charge dans le régime d'assurance chômage spécifique aux artistes et techniciens du spectacle prévu à l'article L. 5424-20 ou dans le régime d'indemnisation du chômage prévu à l'article L. 5424-21 ainsi qu'au titre du fonds spécifique provisoire et du fonds transitoire, dans les conditions fixées aux articles D. 5424-58 à D. 5424-61.

Les périodes de congés de maladie ou de maternité n'interrompent pas la durée d'ancienneté. Elles ne sont pas prises en compte pour le calcul de celle-ci.

La durée d'ancienneté s'apprécie au terme du dernier contrat de travail retenu pour l'ouverture des droits à l'allocation de fin de droits.

Art. D. 5424-56. Les travailleurs involontairement privés d'emploi mentionnés à l'article L. 5424-21 peuvent bénéficier :

1° D'une seule ouverture de droits au titre de l'allocation de fin de droits lorsqu'ils justifient d'une ancienneté continue inférieure à cinq ans ;

2° De deux ouvertures de droits au titre de l'allocation de fin de droits, entre la date à laquelle ils ont acquis cinq ans d'ancienneté et la date à laquelle ils acquièrent dix ans d'ancienneté lorsque :

a) Ils justifient d'une ancienneté continue comprise entre cinq ans et moins de dix ans ;

b) Ils ont été admis au bénéfice de l'allocation d'assurance mentionnée à l'article L. 5422-1 entre deux prises en charge au titre de l'allocation de fin de droits ;

3° De trois ouvertures de droits à l'allocation de fin de droits, postérieurement à la date à laquelle ils ont acquis dix ans d'ancienneté lorsque :

a) Ils justifient d'une ancienneté continue de dix ans ou plus ;

b) Ils ont été admis au bénéfice de l'allocation d'assurance mentionnée à l'article L. 5422-1 entre deux prises en charge au titre de l'allocation de fin de droits.

Art. D. 5424-57. Le travailleur involontairement privé d'emploi qui a cessé de bénéficier de l'allocation de fin de droits, alors que la période d'indemnisation n'était pas épuisée, et qui n'a pas acquis de nouveaux droits au titre de l'allocation d'assurance mentionnée à l'article L. 5422-1 ou au titre de l'allocation de professionnalisation et de solidarité, bénéficie d'une reprise de ses droits à l'allocation de fin de droits dès lors que le temps écoulé depuis la date d'admission à la période d'indemnisation considérée n'est pas supérieur à la durée de cette période augmentée de trois ans de date à date.

Art. D. 5424-58. Le montant journalier de l'allocation de fin de droits est fixé à 30 €.

Art. D. 5424-59. La durée d'indemnisation de l'allocation de fin de droits est de :

1° 61 jours lorsque le travailleur privé d'emploi justifie de moins de cinq ans d'ancienneté au sens de l'article D. 5424-55 ;

2° 92 jours lorsque le travailleur privé d'emploi justifie d'au moins cinq ans d'ancienneté ou plus ;

3° 182 jours lorsque le travailleur privé d'emploi justifie de dix ans d'ancienneté ou plus.

Art. D. 5424-60. L'allocation de fin de droits est partiellement cumulable avec les revenus tirés d'une activité professionnelle.

Le nombre de jours indemnisables au cours d'un mois civil est égal à la différence entre le nombre de jours calendaires du mois civil concerné et le nombre de jours correspondant au montant des rémunérations brutes mensuelles divisé par cinquante.

Art. D. 5424-61. Le versement de l'allocation de fin de droits cesse définitivement au titre de la même ouverture de droits dès lors que l'allocataire justifie des conditions d'attribution de l'allocation d'assurance chômage ou de l'allocation de professionnalisation et de solidarité.

Sous-section 2 (réglementaire). **Allocation de solidarité spécifique**

Art. D. 5424-62. Bénéficient de l'allocation de solidarité spécifique, dans les conditions et selon les modalités fixées aux 2° et 3° de l'article R. 5423-1 et aux articles R. 5423-12 à R. 5423-14 et R. 5425-1 :

1° Les artistes auteurs d'œuvres, mentionnés au titre V du livre VI du code de la sécurité sociale ;

2° Les artistes du spectacle qui ne sont pas réputés salariés, au sens de l'article L. 762-1, à condition qu'ils justifient d'un exercice professionnel et qu'ils aient retiré de cet exercice des moyens d'existence réguliers pendant au moins trois ans.

Pour les artistes auteurs d'œuvres, cette condition est réputée satisfaite lorsqu'ils justifient de leur affiliation au régime général de la sécurité sociale, conformément au titre V du livre VI du code de la sécurité sociale.

Art. D. 5424-63. Pour bénéficier de l'allocation de solidarité spécifique, les intéressés doivent être âgés d'au moins dix-huit ans.

Art. D. 5424-64. L'allocation de solidarité spécifique est attribuée pour une période maximale de 274 jours.

À l'expiration de cette durée, de nouveaux droits peuvent être ouverts à l'intéressé s'il satisfait à nouveau aux conditions fixées par la présente sous-section.

Sous-section 3 (réglementaire). **Actions en recouvrement**

Art. D. 5424-65. Par dérogation à la règle de compétence territoriale énoncée à l'article R. 5422-11, l'opposition du débiteur faisant l'objet de la contrainte mentionnée à l'article L. 5422-16 est formée auprès du tribunal dans le ressort duquel l'organisme créancier a son siège lorsque la contrainte a été délivrée pour le recouvrement de contributions et de majorations de retard dues pour l'emploi de salariés intermittents relevant des professions de la production cinématographique, de l'audiovisuel ou du spectacle.

Sous-section 2. **Règles spécifiques en matière de négociation des accords relatifs à l'assurance chômage**

Art. L. 5424-22. (L. 2015-994 du 17 août 2015, art. 34, I, JO 18) I. – Pour tenir compte des modalités particulières d'exercice des professions de la production cinématographique, de l'audiovisuel ou du spectacle, les accords relatifs au régime d'assurance chômage mentionnés à l'article L. 5422-20 comportent des règles spécifiques d'indemnisation des artistes et des techniciens intermittents du spectacle, annexées au règlement général annexé à la convention relative à l'indemnisation du chômage.

II. – Les organisations d'employeurs et de salariés représentatives de l'ensemble des professions mentionnées à l'article L. 5424-20 négocient entre elles les règles spécifiques définies au I du présent article. À cette fin, dans le cadre de la négociation des accords relatifs au régime d'assurance chômage mentionnés à l'article L. 5422-20, les organisations professionnelles d'employeurs et les organisations syndicales de salariés représentatives au niveau national et interprofessionnel leur transmettent en temps utile un document de cadrage.

Ce document précise les objectifs de la négociation en ce qui concerne la trajectoire financière et le respect de principes généraux applicables à l'ensemble du régime d'assurance chômage (L. 2018-771 du 5 sept. 2018, art. 56, VII, JO 6, entrée en vigueur le 01.01.2019) «, en respectant les objectifs et la trajectoire financière définis dans le document de cadrage mentionné à l'article L. 5422-20-1». Il fixe le délai dans lequel cette négociation doit aboutir.

Les règles spécifiques prévues par un accord respectant les objectifs définis par le document de cadrage et conclu dans le délai fixé par le même document sont reprises dans les accords relatifs au régime d'assurance chômage mentionnés à l'article L. 5422-20. À défaut de conclusion d'un tel accord, les organisations professionnelles d'employeurs et les organisations syndicales de salariés représentatives au niveau national et interprofessionnel fixent les règles d'indemnisation du chômage applicables aux artistes et aux techniciens intermittents du spectacle (L. 2018-771 du 5 sept. 2018, art. 56, VII, JO 6, entrée en vigueur le 01.01.2019) «, dans le respect des conditions définies au second alinéa de l'article L. 5422-22».

Art. L. 5424-23. (L. 2015-994 du 17 août 2015, art. 34, I, JO 18) I. – Il est créé un comité d'expertise sur les règles spécifiques applicables en matière d'indemnisation des artistes et des techniciens intermittents du spectacle, composé de représentants de services statistiques de l'État, de (L. 2018-771 du 5 sept. 2018, art. 56, VIII, JO 6, entrée en vigueur le 01.01.2019) «Pôle emploi» et de l'organisme chargé de la gestion du régime d'assurance chômage mentionné à l'article L. 5427-1, ainsi que de personnalités qualifiées. Ces représentants sont désignés par l'État. Un décret précise les modalités de désignation des membres du comité ainsi que ses règles de fonctionnement.

II. – Le comité évalue toutes les propositions qui lui sont transmises en cours de négociation par une organisation d'employeurs ou de salariés représentative de l'ensemble des professions mentionnées à l'article L. 5424-20. Il peut également être saisi d'une telle demande d'évaluation par une organisation professionnelle d'employeurs ou par une organisation syndicale de salariés représentative au niveau national et interprofessionnel. Le décret mentionné au I du présent article détermine les modalités de communication de cette évaluation.

III. – Lorsque les organisations d'employeurs et de salariés représentatives de l'ensemble des professions mentionnées à l'article L. 5424-20 ont conclu un accord, le comité évalue le respect par celui-ci de la trajectoire financière figurant dans (L. 2018-771 du 5 sept. 2018, art. 56, VIII, JO 6, entrée en vigueur le 01.01.2019) «les documents de cadrage mentionnés» au II de l'article L. 5424-22 (L. 2018-771 du 5 sept. 2018, art. 56, VIII, JO 6, entrée en vigueur le 01.01.2019) «et à l'article L. 5422-20-1», dans un délai fixé par le décret mentionné au I du présent article.

IV. – (L. 2018-771 du 5 sept. 2018, art. 56, VIII, JO 6, entrée en vigueur le 01.01.2019) «Pôle emploi» et l'organisme chargé de la gestion de l'assurance chômage mentionné à l'article L. 5427-1 fournissent au comité d'expertise les informations nécessaires à l'exercice de ses missions.

Sous-section 4 (réglementaire). **Composition et fonctionnement du comité d'expertise sur les règles spécifiques applicables en matière d'indemnisation des artistes et des techniciens intermittents du spectacle**

Art. D. 5424-66. (D. 2015-1889 du 30 déc. 2015, JO 31) Le comité d'expertise est composé :

1° Du directeur de l'animation de la recherche, des études et des statistiques du ministère en charge de l'emploi ou de son représentant ;

2° Du chef du département des études, de la prospective et des statistiques du ministère en charge de la culture ou de son représentant ;

3° Du directeur des statistiques, des études et de l'évaluation de Pôle emploi ou de son représentant ;

4° Du directeur des études et analyses de l'organisme chargé de la gestion du régime d'assurance chômage mentionné à l'article L. 5427-1 ou de son représentant ;

5° De quatre personnalités qualifiées nommées par arrêté conjoint du ministre chargé de l'emploi et du ministre chargé de la culture.

Le président du comité d'expertise est désigné par l'arrêté mentionné au 5° parmi les quatre personnalités qualifiées qui y siègent.

Le mandat des personnalités qualifiées prend fin neuf mois avant la fin de validité des accords prévus à l'article L. 5422-20. Toute vacance ou perte de qualité au titre de laquelle elles ont été désignées donne lieu à remplacement pour la durée du mandat restant à courir.

Art. D. 5424-67. (D. 2015-1889 du 30 déc. 2015, JO 31) Le comité d'expertise se réunit sur convocation de son président.

Le secrétariat du comité d'expertise est conjointement assuré par le ministère chargé de l'emploi et le ministère chargé de la culture.

Le comité d'expertise adopte un règlement intérieur.

Les membres du comité d'expertise sont tenus au respect de la confidentialité sur les informations qui leur sont transmises et sur les délibérations du comité.

Art. D. 5424-68. (D. 2015-1889 du 30 déc. 2015, JO 31) Le comité est saisi dans les conditions prévues au II de l'article L. 5424-23. Il transmet le résultat de son évaluation à l'organisation qui l'a saisi. Cette dernière peut communiquer le résultat de cette évaluation.

Le délai prévu au III de l'article L. 5424-23 est fixé à vingt jours à compter de la réception de l'accord par le président du comité d'expertise. Le résultat de l'évaluation de l'accord est rendu public par le président du comité d'expertise.

Les informations mentionnées au IV de l'article L. 5424-23 du code du travail sont transmises par Pôle emploi et l'organisme chargé de la gestion de l'assurance chômage mentionné à l'article L. 5427-1 au comité d'expertise dans les formes et délais que ce dernier précise.

Art. D. 5424-69. (D. 2015-1889 du 30 déc. 2015, JO 31) Les personnalités qualifiées qui n'ont pas la qualité de fonctionnaire ou d'agent de l'État bénéficient du remboursement de leurs frais de déplacement dans les conditions prévues par le décret n° 66-619 du 10 août 1966.

SECTION 4. **Allocation des travailleurs indépendants**

Note Cette section a été introduite par la loi 2018-771 du 5 septembre 2018, art. 51, I, JO 6, entrée en vigueur le 01.01.2019.

Art. L. 5424-24. Pour l'application de la présente section, sont regardées comme travailleurs indépendants les personnes mentionnées à l'article L. 611-1 du code de la sécurité sociale, aux articles L. 722-1 et L. 731-23 du code rural et de la pêche maritime, aux 4° à 6°, 11°, 12°, 23°, 30° et 35° de l'article L. 311-3 du code de la sécurité sociale et à l'article L. 382-1 du même code.

Art. L. 5424-25. Ont droit à l'allocation des travailleurs indépendants les travailleurs qui étaient indépendants au titre de leur dernière activité, qui satisfont à des conditions de ressources, de durée antérieure d'activité et de revenus antérieurs d'activité et :

1° Dont l'entreprise a fait l'objet d'un jugement d'ouverture de liquidation judiciaire dans les conditions prévues à l'article L. 641-1 du code de commerce, à l'exception des cas prévus à l'article L. 640-3 du même code ;

2° Ou dont l'entreprise a fait l'objet d'une procédure de redressement judiciaire dans les conditions prévues au titre III du livre VI dudit code, lorsque l'adoption du plan de redressement est subordonnée par le tribunal au remplacement du dirigeant conformément à l'article L. 631-19-1 du même code.

Art. L. 5424-26. Les articles L. 5422-4 et L. 5422-5 sont applicables à l'allocation des travailleurs indépendants.

Art. L. 5424-27. Les mesures d'application de la présente section, notamment les conditions de ressources, de durée antérieure d'activité et de revenus antérieurs d'activité auxquelles est subordonné le droit à l'allocation des travailleurs indépendants sont fixées par décret en Conseil d'État. Toutefois:

1° Le montant de l'allocation, qui est forfaitaire, et sa durée d'attribution sont fixés par décret;

2° Les mesures d'application relatives à la coordination de l'allocation des travailleurs indépendants avec l'allocation d'assurance sont fixées par les accords mentionnés à l'article L. 5422-20.

Art. L. 5424-28. L'allocation des travailleurs indépendants est financée exclusivement par les impositions de toute nature mentionnées au 5° de l'article L. 5422-9.

Sous-section 1 (réglementaire). **Conditions d'attribution**

Note Cette sous-section est issue du décret 2019-796 du 26 juillet 2019, JO 28, entrée en vigueur le 01.11.2019.

Art. R. 5424-70. Pour bénéficier de l'allocation des travailleurs indépendants, les personnes mentionnées à l'article L. 5424-24:

1° Justifient d'une activité non salariée pendant une période minimale ininterrompue de deux ans au titre d'une seule et même entreprise, dont le terme est la date du fait générateur d'ouverture du droit prévu à l'article L. 5424-25.

Les personnes mentionnées à l'article L. 382-1 du code de la sécurité sociale sont réputées remplir cette condition lorsqu'elles justifient d'une affiliation au régime général de sécurité sociale dans les conditions prévues aux articles L. 382-1 et R. 382-1 du code de la sécurité sociale pendant une période minimale de deux ans dont le terme est la date du fait générateur d'ouverture du droit prévu à l'article L. 5424-25;

2° Sont effectivement à la recherche d'un emploi au sens de l'article L. 5421-3;

3° Justifient, au titre de l'activité non salariée mentionnée à l'article L. 5424-25, de revenus antérieurs d'activité égaux ou supérieurs à 10 000 euros par an;

4° Justifient d'autres ressources prévues à l'article R. 5424-72 inférieures au montant forfaitaire mensuel mentionné à l'article L. 262-2 du code de l'action sociale et des familles, applicable à un foyer composé d'une personne seule.

Art. R. 5424-71. Pour l'application de la condition de revenus antérieurs d'activité mentionnée au 3° de l'article R. 5424-70, sont pris en compte les revenus déclarés par le travailleur indépendant à l'administration fiscale au titre de l'impôt sur le revenu et correspondant à l'activité non salariée mentionnée à l'article L. 5424-25.

S'agissant des travailleurs indépendants relevant des régimes d'imposition prévus aux articles 50-0 *ter* et 102 *ter* du code général des impôts, sont pris en compte les chiffres d'affaires ou recettes déclarés, diminués des abattements mentionnés aux mêmes articles. S'agissant des travailleurs indépendants soumis au régime d'imposition défini à l'article 64 *bis* du code général des impôts, sont prises en compte les recettes de l'année d'imposition diminuées de l'abattement mentionné au même article.

S'agissant des personnes mentionnées à l'article L. 382-1 du code de la sécurité sociale soumises au régime de la déclaration contrôlée et qui exercent l'option de l'article 100 *bis* du code général des impôts, est prise en compte la moyenne des recettes de l'année de l'imposition et des deux années précédentes diminuée de la moyenne des dépenses de ces mêmes années.

S'agissant des personnes mentionnées à l'article L. 382-1 du code de la sécurité sociale relevant du régime d'imposition prévu au 9 de l'article 93 du code général des impôts, sont pris en compte leurs bénéfices, diminués de l'abattement mentionné au même article.

La condition de revenus antérieurs d'activité s'apprécie sur la base de la moyenne des revenus ayant fait l'objet des deux dernières déclarations fiscales correspondant chacune à une année complète d'activité. Lorsqu'une seule déclaration fiscale correspondant à une année complète d'activité est disponible, la condition de revenus antérieurs d'activité s'apprécie sur la base des revenus ayant fait l'objet de cette déclaration. Lorsqu'aucune déclaration fiscale correspondant à une année complète d'activité n'est disponible, la condition de revenus antérieurs d'activité s'apprécie sur la base des revenus ayant fait l'objet de la dernière déclaration fiscale, recalculés pour correspondre à une année complète d'activité.

Art. R. 5424-72. Les ressources prises en considération pour l'application du plafond prévu au 4° de l'article R. 5424-70 comprennent l'ensemble des revenus de l'intéressé déclarés à l'administration fiscale pour le calcul de l'impôt sur le revenu, à l'exception des revenus déclarés au titre de l'activité non salariée mentionnée à l'article L. 5424-25, de l'allocation d'assurance et de l'allocation de solidarité spécifique, et avant déduction des divers abattements.

Le montant pris en compte est le douzième du total des ressources perçues pendant les douze mois précédant celui au cours duquel la demande a été présentée.

Les ressources perçues hors du territoire national sont prises en compte comme si elles avaient été perçues sur ce territoire.

Art. R. 5424-73. Les droits à l'allocation des travailleurs indépendants sont ouverts à compter de la fin d'activité non salariée, qui doit se situer dans un délai de 12 mois précédant la veille de l'inscription comme demandeur d'emploi ou, le cas échéant, le premier jour du mois au cours duquel la demande d'allocation a été déposée.

Sous-section 2 (réglementaire). **Détermination du montant et de la durée de l'allocation et versement de l'allocation**

Note Cette sous-section est issue du décret 2019-976 du 20 septembre 2019, JO 22, entrée en vigueur le 01.11.2019.

Art. D. 5424-74. Le montant journalier de l'allocation des travailleurs indépendants mentionnée à l'article L. 5424-25 est fixé comme suit :

1° En métropole, en Guadeloupe, en Guyane, en Martinique, à La Réunion, à Saint-Barthélemy, à Saint-Martin et à Saint-Pierre-et-Miquelon, il est fixé à 26,30 euros ;

2° À Mayotte, il est fixé à 19,73 euros.

Art. D. 5424-75. L'allocation des travailleurs indépendants mentionnée à l'article L. 5424-25 est attribuée pour une période de cent quatre-vingt-deux jours calendaires.

Art. D. 5424-76. La période mentionnée à l'article D. 5424-75 court à compter de la date d'inscription sur la liste des demandeurs d'emploi ou, lorsque la personne est déjà inscrite sur cette liste, de la date du premier jour du mois au cours duquel la demande d'allocation a été déposée.

Chapitre V

Maintien des droits au revenu de remplacement du demandeur indemnisé

SECTION 1. Cumul d'un revenu de remplacement avec d'autres revenus

Art. L. 5425-1. Les allocations du présent titre, à l'exception de celles prévues à la section 2 du chapitre IV, pour les salariés du bâtiment et des travaux publics privés d'emploi par suite d'intempéries, peuvent se cumuler avec les revenus tirés d'une activité occasionnelle ou réduite ainsi qu'avec les prestations de sécurité sociale ou d'aide sociale dans les conditions et limites fixées :

1° Pour l'allocation d'assurance (L. 2018-771 du 5 sept. 2018, art. 51, II, 5°, JO 6, entrée en vigueur le 01.01.2019) « et l'allocation des travailleurs indépendants », par l'accord prévu à l'article L. 5422-20 ;

2° Pour les allocations de solidarité, par décret en Conseil d'État.

Ces dispositions s'appliquent notamment au cas des revenus tirés de travaux saisonniers.

Art. L. 5425-2. Les personnes mentionnées à l'article L. 5421-4 de moins de soixante-cinq ans et ne pouvant percevoir qu'une pension de vieillesse à taux plein calculée sur une durée de cotisation inférieure à 150 trimestres bénéficient sous condition de ressources d'une allocation complémentaire à la charge de l'État jusqu'à la date à laquelle elles peuvent faire liquider au taux plein l'ensemble des pensions auxquelles elles peuvent prétendre, dans des conditions déterminées par décret en Conseil d'État.

La période pendant laquelle cette allocation complémentaire est versée n'est pas prise en considération en vue de l'ouverture de droits à pension.

Sous-section 1 (réglementaire). **Exercice d'une activité professionnelle**

Art. R. 5425-1. L'exercice d'une activité professionnelle ou le fait de suivre une formation rémunérée ne fait pas obstacle à la reprise du versement (D. 2017-826 du 5 mai 2017, JO 7, entrée en vigueur le 01.09.2017) « de l'allocation de solidarité spécifique » (D. 2019-796 du 26 juil. 2019, JO 28, entrée en vigueur le 01.11.2019) « ou de l'allocation des travailleurs indépendants.

S'agissant de l'allocation de solidarité spécifique », ce versement ne peut être réalisé qu'à l'expiration des droits éventuels aux allocations d'assurance chômage et à la condition qu'il n'intervienne pas plus de quatre ans après la date d'admission à l'allocation considérée ou la date de son dernier renouvellement.

(D. 2019-796 du 26 juil. 2019, JO 28, entrée en vigueur le 01.11.2019) « S'agissant de l'allocation des travailleurs indépendants, ce versement ne peut être réalisé qu'à la condition qu'il intervienne dans un délai de trois ans à compter de la date d'admission à l'allocation, augmenté de la durée d'indemnisation initialement notifiée. »

Art. R. 5425-2. (D. 2017-826 du 5 mai 2017, JO 7, entrée en vigueur le 01.09.2017) Lorsque le bénéficiaire de l'allocation de solidarité spécifique reprend une activité professionnelle salariée ou non salariée, la rémunération tirée de l'exercice de cette activité est intégralement cumulée avec le versement de l'allocation de solidarité spécifique pendant une période de trois mois, consécutifs ou non, dans la limite des droits aux allocations restants.

Tout mois civil au cours duquel une activité même occasionnelle ou réduite a été exercée est pris en compte pour le calcul de cette période.

Art. R. 5425-6. Lorsque le bénéficiaire (D. 2017-826 du 5 mai 2017, JO 7, entrée en vigueur le 01.09.2017) « de l'allocation de solidarité spécifique » interrompt son activité professionnelle pendant une durée minimale de (D. 2017-826 du 5 mai 2017, JO 7, entrée en vigueur le 01.09.2017) « trois » mois, il peut bénéficier à nouveau et dans leur intégralité des dispositions de la présente sous-section.

Art. R. 5425-7. Lorsque le bénéficiaire (D. 2017-826 du 5 mai 2017, JO 7, entrée en vigueur le 01.09.2017) « de l'allocation de solidarité spécifique » cesse son activité pendant ou au terme de la période de versement de l'allocation, il n'est pas fait application du délai de quatre ans institué à l'article R. 5425-1 s'il sollicite la reprise du versement de l'allocation dont il bénéficiait avant la fin du mois suivant la cessation d'activité.

Art. R. 5425-8. Les revenus procurés par les activités professionnelles mentionnées aux articles (D. 2017-826 du 5 mai 2017, JO 7, entrée en vigueur le 01.09.2017) « R. 5425-2, R. 5425-6 et R. 5425-7 » sont pris en compte pour l'application des conditions de ressources prévues pour le bénéfice de l'allocation de solidarité spécifique.

Sous-section 2 (réglementaire). **Bénéficiaires d'un contrat d'insertion par l'activité**

Art. R. 5425-9. Par dérogation aux dispositions de la sous-section 1, le bénéficiaire du contrat d'insertion par l'activité mentionné à l'article L. 522-8 du code de l'action sociale et des familles peut cumuler la rémunération perçue au titre de ce contrat avec le versement de l'allocation de solidarité spécifique pendant toute la durée de ce contrat. Le nombre des allocations journalières est réduit à proportion de 60 % du quotient, par le montant journalier de l'allocation, de la rémunération brute perçue.

Art. R. 5425-10. Les revenus procurés par les activités professionnelles mentionnées à l'article R. 5425-9 sont pris en compte pour l'application des conditions de ressources prévues pour le bénéfice de l'allocation de solidarité spécifique.

SECTION 2. Accès des bénéficiaires de l'allocation de solidarité spécifique à la prime d'activité

Note Cette section est issue de la loi 2016-917 du 29 décembre 2016, art. 87, III, C, 3°, JO 30, entrée en vigueur le 01.09.2017.

Art. L. 5425-3. Lorsqu'il exerce, prend ou reprend une activité professionnelle, le bénéficiaire de l'allocation de solidarité spécifique est réputé avoir formulé une demande de prime d'activité mentionnée à l'article L. 841-1 du code de la sécurité sociale, sauf mention contraire de sa part.

SECTION 3. Exercice d'une activité bénévole

Art. L. 5425-8. Tout demandeur d'emploi peut exercer une activité bénévole.

Cette activité ne peut s'accomplir chez un précédent employeur, ni se substituer à un emploi salarié, et doit rester compatible avec l'obligation de recherche d'emploi.

L'exercice d'une activité bénévole n'est pas considéré comme un motif légitime pour écarter l'application des dispositions prévues par l'article L. 5426-2.

SECTION 4. Exercice d'une activité d'intérêt général

Art. L. 5425-9. Les travailleurs privés d'emploi, bénéficiaires d'un revenu de remplacement, peuvent accomplir pendant une durée limitée des tâches d'intérêt général agréées par l'autorité administrative.

Leur indemnisation peut être complétée par une rémunération directement versée par l'organisme qui les emploie.

Un décret en Conseil d'État détermine les mesures d'application du présent article.

Art. R. 5425-19. Le travailleur privé d'emploi bénéficiaire du revenu de remplacement peut accomplir des tâches d'intérêt général prévues à l'article L. 5425-9 pendant une durée maximale de cinquante heures par mois lorsque les tâches en question donnent lieu à une rémunération et de quatre-vingts heures par mois dans le cas contraire.

La durée pendant laquelle le travailleur peut participer à des tâches d'intérêt général ne peut excéder six mois.

Art. R. 5425-20. Sont réputées tâches d'intérêt général les tâches qui, sur proposition d'une collectivité publique ou d'un organisme privé à but non lucratif, ont fait l'objet d'un agrément par le préfet du département dans le ressort duquel se trouve la collectivité publique ou le siège de l'organisme intéressé.

La décision fixe la durée de l'agrément ainsi que les conditions dans lesquelles sont accomplies les tâches d'intérêt général qui font l'objet de cet agrément.

Chapitre VI

Contrôle et sanctions

SECTION 1. Agents chargés du contrôle de la recherche d'emploi

Art. L. 5426-1. (L. 2008-126 du 13 févr. 2008, art. 16, JO 14) Le contrôle de la recherche d'emploi est exercé par les agents de (L. 2018-771 du 5 sept. 2018, art. 64, III, 1°, JO 6, entrée en vigueur le 01.01.2019) «Pôle emploi».

SECTION 1 (RÉGLEMENTAIRE). Agents chargés du contrôle de la condition d'aptitude au travail et de recherche d'emploi

Art. R. 5426-1. Le contrôle de la condition d'aptitude au travail prévu à l'article L. 5421-1 relève de la compétence du préfet.

Art. R. 5426-2. Les agents chargés des opérations de contrôle peuvent se faire communiquer par (D. 2014-524 du 22 mai 2014, art. 16, JO 24) « Pôle emploi » tous documents et informations nécessaires à l'accomplissement de leur mission de contrôle.

SECTION 1 BIS. Périodes d'activité non déclarées

Note Cette section a été introduite par la loi 2016-1088 du 8 août 2016, art. 119, II, JO 9.

Art. L. 5426-1-1. I. – Les périodes d'activité professionnelle d'une durée supérieure à trois jours, consécutifs ou non, au cours du même mois civil, non déclarées par le demandeur d'emploi à Pôle emploi au terme de ce mois ne sont pas prises en compte pour l'ouverture ou le rechargement des droits à l'allocation d'assurance. Les rémunérations correspondant aux périodes non déclarées ne sont pas incluses dans le salaire de référence.

II. – Sans préjudice de l'exercice d'un recours gracieux ou contentieux par le demandeur d'emploi, lorsque l'application du I du présent article fait obstacle à l'ouverture ou au rechargement des droits à l'allocation d'assurance, le demandeur d'emploi peut saisir l'instance paritaire de Pôle emploi mentionnée à l'article L. 5312-10.

SECTION 1 TER. Dispositions particulières applicables aux bénéficiaires de l'allocation d'assurance à la suite d'une démission

Note Cette section a été introduite par la loi 2018-771 du 5 septembre 2018, art. 50, II, JO 6, entrée en vigueur le 01.01.2019.

Art. L. 5426-1-2. I. – Par dérogation à l'article L. 5421-3, durant la période de mise en œuvre du projet mentionné au 2° du II de l'article L. 5422-1, la condition de recherche d'emploi requise pour bénéficier de l'allocation d'assurance au titre du même II est satisfaite dès lors que les intéressés sont inscrits comme demandeurs d'emploi et accomplissent les démarches nécessaires à la mise en œuvre de leur projet.

II. – La réalité des démarches accomplies en vue de la mise en œuvre du projet mentionné au 2° du II de l'article L. 5422-1 est contrôlée par Pôle emploi au plus tard à l'issue d'une période de six mois suivant l'ouverture du droit à l'allocation d'assurance.

La personne qui ne peut justifier, sans motif légitime, de la réalité de ces démarches est radiée de la liste des demandeurs d'emploi, dans les conditions mentionnées au *f* du 3° de l'article L. 5412-1. L'allocation d'assurance cesse alors d'être due.

Les accords relatifs à l'assurance chômage mentionnés à l'article L. 5422-20 définissent les conditions dans lesquelles l'allocataire peut bénéficier de la reprise du versement du reliquat de ses droits à l'allocation d'assurance.

Art. R. 5426-2-1. (D. 2019-796 du 26 juil. 2019, JO 28, entrée en vigueur le 01.11.2019) Le motif de radiation mentionné au *f* du 3° de l'article L. 5412-1 ne peut être invoqué par Pôle emploi que dans le cadre du contrôle mentionné au II de l'article L. 5426-1-2.

SECTION 2. Suppression du revenu de remplacement

Art. L. 5426-2. (L. 2018-771 du 5 sept. 2018, art. 60, IV, 2°, JO 6, entrée en vigueur le 01.01.2019) « Le revenu de remplacement est supprimé par Pôle emploi dans les cas mentionnés aux 1° à 3° de l'article L. 5412-1, à l'article L. 5412-2 et au II de l'article L. 5426-1-2. »

Il est également supprimé en cas de fraude ou de fausse déclaration. Les sommes indûment perçues donnent lieu à remboursement.

Art. R. 5426-3. (D. 2018-1335 du 28 déc. 2018, art. 4, 2°, JO 30, entrée en vigueur le 01.01.2019) Le directeur mentionné à l'article R. 5312-26 supprime le revenu de remplacement mentionné à l'article L. 5421-1 pour une durée limitée ou définitivement selon les modalités suivantes :

1° En cas de deuxième manquement mentionné au *c* du 3° de l'article L. 5412-1, il supprime le revenu de remplacement pour une durée de deux mois consécutifs. À partir du troisième manquement, le revenu de remplacement est supprimé pour une durée de quatre mois consécutifs ;

2° En cas de manquement mentionné aux 1°, 2° et *a*, *b*, *d*, et *e* du 3° de l'article précité, il supprime le revenu de remplacement pour une durée d'un mois. En cas de deuxième manquement au sein de ce groupe de manquements, le revenu de remplacement est supprimé pour une durée de deux mois consécutifs. À partir du troisième manquement au sein de ce groupe de manquements, le revenu de remplacement est supprimé pour une durée de quatre mois consécutifs ;

(D. 2019-796 du 26 juil. 2019, JO 28, entrée en vigueur le 01.11.2019) « 2° *bis* En cas de manquement mentionné au *f* du 3° de l'article précité, il supprime le revenu de remplacement pour une durée de quatre mois consécutifs ; »

3° En cas de manquement mentionné à l'article L. 5412-2 et, en application du deuxième alinéa de l'article L. 5426-2, en cas d'absence de déclaration, ou de déclaration mensongère du demandeur d'emploi, faites en vue de percevoir indûment le revenu de remplacement, il supprime ce revenu de façon définitive. Toutefois, lorsque ce manquement est lié à une activité non déclarée d'une durée très brève, le revenu de remplacement est supprimé, en cas de premier manquement, pour une durée de deux à six mois et, en cas de manquements répétés, de façon définitive.

L'appréciation du caractère répété des manquements tient compte des nouveaux manquements constatés dans un délai de deux ans à compter du jour de la notification de la décision de radiation ou de suppression du revenu de remplacement concernant le premier manquement.

Art. R. 5426-8. (D. 2018-1335 du 28 déc. 2018, art. 4, 4°, JO 30, entrée en vigueur le 01.01.2019) Lorsqu'il envisage de prendre une décision de suppression du revenu de remplacement, le directeur mentionné à l'article R. 5312-26 informe préalablement l'intéressé par tout moyen donnant date certaine des faits qui lui sont reprochés et de la durée de la suppression envisagée, en lui indiquant qu'il dispose d'un délai de dix jours pour présenter des observations écrites ou, s'il le souhaite, pour demander à être entendu, le cas échéant assisté d'une personne de son choix.

Art. R. 5426-10. (D. 2018-1335 du 28 déc. 2018, art. 4, 5°, JO 30, entrée en vigueur le 01.01.2019) Le directeur mentionné à l'article R. 5312-26 se prononce dans un délai de quinze jours à compter de l'expiration du délai de dix jours dans lequel l'intéressé peut présenter des observations écrites ou, si l'intéressé demande à être entendu, à compter de la date de l'audition.

La décision, notifiée à l'intéressé, est motivée. Elle indique la durée de la suppression et mentionne les voies et délais de recours.

Art. R. 5426-11. (D. 2008-1056 du 13 oct. 2008, art. 8, JO 14) « Le demandeur d'emploi intéressé » forme, lorsqu'il entend contester la décision (D. 2018-1335 du 28 déc. 2018, art. 4, 6°, JO 30, entrée en vigueur le 01.01.2019) « de suppression du revenu de remplacement », un recours préalable (D. 2018-1335 du 28 déc. 2018, art. 4, 6°, JO 30, entrée en vigueur le 01.01.2019) « devant le directeur mentionné à l'article R. 5312-26 ».

Ce recours n'est pas suspensif.

SECTION 3. Pénalité administrative

Art. L. 5426-5. Sans préjudice des actions en récupération des allocations indûment versées et des poursuites pénales, l'inexactitude ou le caractère incomplet, lorsqu'ils sont délibérés, des déclarations faites pour le bénéfice des allocations d'aide aux travailleurs privés d'emploi, ainsi que l'absence de déclaration d'un changement dans la situation justifiant ce bénéfice, ayant abouti à des versements indus, peuvent être sanctionnés par une pénalité prononcée par (L. 2018-771 du 5 sept. 2018, art. 60, IV, 3°, JO 6, entrée en vigueur le 01.01.2019) « Pôle emploi ».

Le montant de la pénalité ne peut excéder 3 000 €.

Art. L. 5426-6. La pénalité est recouvrée par (L. 2018-771 du 5 sept. 2018, art. 60, IV, 4°, JO 6, entrée en vigueur le 01.01.2019) « Pôle emploi. Les dispositions de l'article L. 5426-8-2 sont applicables au recouvrement de la pénalité. »

Art. L. 5426-7. Aucune pénalité ne peut être prononcée à raison de faits remontant à plus de deux ans, ni lorsque la personne intéressée a, pour les mêmes faits, déjà été définitivement condamnée par le juge pénal ou a bénéficié d'une décision définitive de non-lieu ou de relaxe déclarant que la réalité de l'infraction n'est pas établie ou que cette infraction ne lui est pas imputable.

Si une telle décision de non-lieu ou de relaxe intervient postérieurement au prononcé d'une pénalité par (L. 2018-771 du 5 sept. 2018, art. 60, IV, 3°, JO 6, entrée en vigueur le 01.01.2019) « Pôle emploi », la révision de cette pénalité est de droit.

Si, à la suite du prononcé d'une pénalité par (L. 2018-771 du 5 sept. 2018, art. 60, IV, 3°, JO 6, entrée en vigueur le 01.01.2019) « Pôle emploi », une amende pénale est infligée pour les mêmes faits, la pénalité s'impute sur cette amende.

Art. L. 5426-8. La personne à l'égard de laquelle est susceptible d'être prononcée la pénalité est informée préalablement des faits qui lui sont reprochés et de la pénalité envisagée, afin qu'elle puisse présenter ses observations écrites et orales, le cas échéant assistée d'une personne de son choix, dans un délai qui ne peut être inférieur à un mois.

Art. R. 5426-15. Le (D. 2018-1335 du 28 déc. 2018, art. 5, 1°, JO 30, entrée en vigueur le 01.01.2019) « directeur mentionné à l'article R. 5312-26 » peut prononcer pour des faits présentant un caractère délibéré et selon les modalités fixées par l'article L. 5426-5 et suivants, la pénalité prévue à cet article.

Lorsqu'il envisage de prononcer cette pénalité, il informe préalablement par écrit (D. 2018-1335 du 28 déc. 2018, art. 5, 1°, JO 30, entrée en vigueur le 01.01.2019) « l'intéressé » des faits qui lui sont reprochés et de la pénalité envisagée, en lui indiquant qu'(D. 2018-1335 du 28 déc. 2018, art. 5, 1°, JO 30, entrée en vigueur le 01.01.2019) « il » dispose d'un délai d'un mois pour présenter (D. 2018-1335 du 28 déc. 2018, art. 5, 1°, JO 30, entrée en vigueur le 01.01.2019) « des » observations écrites ou pour demander à être (D. 2018-1335 du 28 déc. 2018, art. 5, 1°, JO 30, entrée en vigueur le 01.01.2019) « entendu », le cas échéant (D. 2018-1335 du 28 déc. 2018, art. 5, 1°, JO 30, entrée en vigueur le 01.01.2019) « assisté » d'une personne de son choix.

Art. R. 5426-17. (D. 2018-1335 du 28 déc. 2018, art. 5, 3°, JO 30, entrée en vigueur le 01.01.2019) Le directeur mentionné à l'article R. 5312-26 se prononce par tout moyen donnant date certaine dans un délai de quinze jours à compter de l'expiration du délai d'un mois dans lequel l'intéressé peut présenter des observations écrites ou, si l'intéressé demande à être entendu, à compter de la date de l'audition.

La décision, notifiée à l'intéressé, est motivée. Elle indique le montant de la pénalité et mentionne les voies et délais de recours.

Art. R. 5426-17-1. (D. 2018-1335 du 28 déc. 2018, art. 5, 4°, JO 30, entrée en vigueur le 01.01.2019) Le demandeur d'emploi intéressé forme, lorsqu'il entend contester la décision de pénalité administrative, un recours préalable devant le directeur mentionné à l'article R. 5312-26.

Ce recours n'est pas suspensif.

SECTION 4. Répétition des prestations indues

Note Cette section a été introduite par la loi 2011-1977 du 28 décembre 2011, art. 61, JO 29.

Art. L. 5426-8-1. Pour le remboursement des allocations, aides, ainsi que de toute autre prestation indûment versées par (L. 2016-1088 du 8 août 2016, art. 119, I, 1°, JO 9) « Pôle emploi », pour son propre compte, pour le compte de l'État ou des employeurs mentionnés à l'article L. 5424-1, (L. 2016-1088 du 8 août 2016, art. 119, I, 1°, JO 9) « Pôle emploi » peut, si le débiteur n'en conteste pas le caractère indu, procéder par retenues sur les échéances à venir dues à quelque titre que ce soit (L. 2016-1088 du 8 août 2016, art. 119, I, 1°, JO 9) « , à l'exclusion des allocations mentionnées au deuxième alinéa du présent article ».

(L. 2016-1088 du 8 août 2016, art. 119, I, 1°, JO 9) « Pour le remboursement des allocations indûment versées par Pôle emploi pour le compte de l'organisme chargé de la gestion du régime d'assurance chômage mentionné à l'article L. 5427-1, Pôle emploi peut, si le débiteur n'en conteste pas le caractère indu, procéder par retenues sur les échéances à venir dues à ce titre.

Le montant des retenues prévues aux deux premiers alinéas du présent article ne peut dépasser un plafond fixé selon des modalités définies par voie réglementaire, sauf en cas de remboursement intégral de la dette en un seul versement si le bénéficiaire opte pour cette solution. »

Art. L. 5426-8-2. Pour le remboursement des allocations, aides, ainsi que de toute autre prestation indûment versées par l'institution prévue à l'article L. 5312-1, pour son propre compte, (L. 2016-1088 du 8 août 2016, art. 119, JO 9) « pour le compte de l'organisme chargé de la gestion du régime d'assurance chômage mentionné à l'article L. 5427-1, » pour le compte de l'État ou des employeurs mentionnés à l'article L. 5424-1, le directeur général de (L. 2016-1088 du 8 août 2016, art. 119, JO 9) « Pôle emploi » ou la personne qu'il désigne en son sein peut, dans les délais et selon les conditions fixés par voie réglementaire, et après mise en demeure, délivrer une contrainte qui, à défaut d'opposition du débiteur devant la juridiction compétente, comporte tous les effets d'un jugement et confère le bénéfice de l'hypothèque judiciaire.

Art. L. 5426-8-3. (L. 2018-771 du 5 sept. 2018, art. 64, III, 10°, JO 6, entrée en vigueur le 01.01.2019) «Pôle emploi est autorisé» à différer ou à abandonner la mise en recouvrement des allocations, aides, ainsi que de toute autre prestation indûment versées pour son propre compte, pour le compte de l'État ou des employeurs mentionnés à l'article L. 5424-1.

SECTION 4 (RÉGLEMENTAIRE). Répétition des prestations indues et recouvrement de la pénalité administrative

Note Cette section a été introduite par le décret 2012-1066 du 18 septembre 2012, JO 20.

Art. R. 5426-18. (D. 2014-524 du 22 mai 2014, art. 16, JO 24) « Pôle emploi » peut, si le débiteur n'en conteste pas le caractère indu, procéder au recouvrement par retenue des paiements indus mentionnés à l'article L. 5426-8-1 sur les prestations à venir, dans la limite de 20 % de leur montant pour celles prévues (D. 2017-826 du 5 mai 2017, JO 7, entrée en vigueur le 01.09.2017) « à l'article L. 5423-1 ».

Art. R. 5426-19. Le débiteur qui conteste le caractère indu des prestations qui lui sont réclamées forme un recours gracieux préalable devant le directeur général de (D. 2014-524 du 22 mai 2014, art. 16, JO 24) « Pôle emploi » (D. 2016-1592 du 24 nov. 2016, JO 26) « dans un délai de deux mois à compter de la date de notification de l'indu par Pôle emploi.

Conformément aux dispositions de l'article L. 411-7 du code des relations entre le public et l'administration, lorsque la décision du directeur général de Pôle emploi sur ce recours gracieux n'a pas été portée à la connaissance du requérant dans le délai de deux mois, l'intéressé peut considérer sa contestation comme rejetée. Il peut alors, s'il le souhaite, se pourvoir devant le juge compétent. »

Art. R. 5426-20. La contrainte prévue à l'article L. 5426-8-2 est délivrée après que le débiteur a été mis en demeure de rembourser l'allocation, l'aide ou toute autre prestation indue mentionnée à l'article L. 5426-8-1 (D. 2018-1335 du 28 déc. 2018, art. 6, 2°, JO 30, entrée en vigueur le 01.01.2019) « ou de s'acquitter de la pénalité administrative mentionnée à l'article L. 5426-6 ».

Le directeur général de (D. 2014-524 du 22 mai 2014, art. 16, JO 24) « Pôle emploi » lui adresse, par lettre recommandée avec demande d'avis de réception, une mise en demeure qui comporte le motif, la nature et le montant des sommes demeurant réclamées, la date du ou des versements indus donnant lieu à recouvrement (D. 2018-1335 du 28 déc. 2018, art. 6, 2°, JO 30, entrée en vigueur le 01.01.2019) « ou la date de la pénalité administrative » ainsi que, le cas échéant, le motif ayant conduit à rejeter totalement ou partiellement le recours formé par le débiteur.

Si la mise en demeure reste sans effet au terme du délai d'un mois à compter de sa notification, le directeur général de (D. 2014-524 du 22 mai 2014, art. 6, JO 24) « Pôle emploi » peut décerner la contrainte prévue à l'article L. 5426-8-2.

Art. R. 5426-21. La contrainte est notifiée au débiteur par lettre recommandée avec demande d'avis de réception ou lui est signifiée par acte d'huissier de justice. À peine de nullité, l'acte d'huissier ou la lettre recommandée mentionne :

1° La référence de la contrainte ;

2° Le montant des sommes réclamées et la nature des allocations, aides et autres prestations en cause (D. 2018-1335 du 28 déc. 2018, art. 6, 3°, JO 30, entrée en vigueur le 01.01.2019) « ou la date de la pénalité administrative » ;

3° Le délai dans lequel l'opposition doit être formée ;

4° L'adresse du tribunal compétent et les formes requises pour sa saisine.

L'huissier de justice avise dans les huit jours l'organisme créancier de la date de signification.

Art. R. 5426-22. Le débiteur peut former opposition par inscription au secrétariat du tribunal compétent dans le ressort duquel il est domicilié ou par lettre recommandée avec demande d'avis de réception adressée au secrétariat dudit tribunal dans les quinze jours à compter de la notification.

L'opposition est motivée. Une copie de la contrainte contestée y est jointe.

Cette opposition suspend la mise en œuvre de la contrainte.

La décision du tribunal, statuant sur opposition, est exécutoire de droit à titre provisoire.

Art. R. 5426-23. Le secrétariat du tribunal informe le directeur général de (D. 2014-524 du 22 mai 2014, art. 16, JO 24) « Pôle emploi » dans les huit jours de la réception de l'opposition.

Dès qu'il a connaissance de l'opposition, le directeur général adresse au tribunal une copie de la contrainte, accompagnée d'une copie de la mise en demeure comportant l'indication du montant des sommes réclamées qui a servi de base à l'établissement de la contrainte, ainsi que l'avis de réception, par le débiteur, de cette mise en demeure.

Art. R. 5426-24. Les allocations, aides et autres prestations mentionnées à l'article L. 5426-8-1 d'un montant inférieur à 77 € indûment versées par (D. 2014-524 du 22 mai 2014, art. 16, JO 24) « Pôle emploi » ne donnent pas lieu à récupération.

SECTION 5. Dispositions d'application

Art. L. 5426-9. Un décret en Conseil d'État détermine les modalités d'application du présent chapitre, notamment:

1° Les conditions dans lesquelles les agents chargés du contrôle ont accès, pour l'exercice de leur mission, aux renseignements détenus par les administrations sociales et fiscales;

2° Les conditions dans lesquelles (L. 2018-771 du 5 sept. 2018, art. 60, IV, 5°, JO 6, entrée en vigueur le 01.01.2019) «et la durée pendant laquelle» le revenu de remplacement peut être supprimé en application du premier alinéa de l'article L. 5426-2;

(L. 2011-1977 du 28 déc. 2011, art. 61, JO 29) «3° Les conditions dans lesquelles (L. 2018-771 du 5 sept. 2018, art. 60, IV, 5°, JO 6, entrée en vigueur le 01.01.2019) «Pôle emploi» procède à la répétition des prestations indues en application des articles L. 5426-8-1 à L. 5426-8-3 ainsi que la part des échéances mensuelles mentionnée au même article L. 5426-8-1;»

4° Les conditions dans lesquelles (L. 2018-771 du 5 sept. 2018, art. 60, IV, 5°, JO 6, entrée en vigueur le 01.01.2019) «Pôle emploi prononce et recouvre» la pénalité prévue à l'article L. 5426-5.

Chapitre VII

Organismes gestionnaires du régime d'assurance chômage

SECTION 1. Gestion confiée à des organismes de droit privé par voie d'accord ou de convention

Art. L. 5427-1. (L. 2008-126 du 13 févr. 2008, art. 16, JO 14) Les parties signataires de l'accord prévu à l'article L. 5422-20 confient la gestion du régime d'assurance chômage à un organisme de droit privé de leur choix.

Le service de l'allocation d'assurance (L. 2018-771 du 5 sept. 2018, art. 51, II, 6°, JO 6, entrée en vigueur le 01.01.2019) «et de l'allocation des travailleurs indépendants» est assuré, pour le compte de cet organisme, par l'institution mentionnée à l'article L. 5312-1.

(L. 2012-1189 du 26 oct. 2012, art. 9, JO 27, entrée en vigueur le 01.01.2013) «Le recouvrement des contributions mentionnées (L. 2018-771 du 5 sept. 2018, art. 54, II, 5°, JO 6, entrée en vigueur le 01.01.2019) «aux 1° à 3° de l'article L. 5422-9 et à l'article L. 5422-11» est assuré, pour le compte de cet organisme, par les unions pour le recouvrement des cotisations de sécurité sociale et d'allocations familiales et les caisses générales de sécurité sociale mentionnées aux articles L. 213-1 et L. 752-1 du code de la sécurité sociale.»

Par dérogation, le recouvrement de ces contributions est assuré pour le compte de l'organisme gestionnaire du régime d'assurance chômage:

a) Par (L. 2018-771 du 5 sept. 2018, art. 54, II, 5°, JO 6, entrée en vigueur le 01.01.2019) «Pôle emploi», lorsqu'elles sont dues au titre des salariés expatriés, des travailleurs frontaliers résidant en France et ne remplissant pas les conditions pour bénéficier des dispositions du règlement (L. 2018-771 du 5 sept. 2018, art. 54, II, 5°, JO 6, entrée en vigueur le 01.01.2019) «(CE) n° 883/2004 du Parlement européen et du Conseil du 29 avril 2004 sur la coordination des systèmes de sécurité sociale», notamment en matière d'assurance chômage, et des marins embarqués sur des navires battant pavillon d'un État étranger autre qu'un État membre de l'Union européenne, de l'Espace économique européen ou de la Confédération helvétique, ressortissants de ces États, inscrits à un quartier maritime français et admis au bénéfice de l'Établissement national des invalides de la marine;

b) Par les organismes mentionnés à l'article L. 723-1 du code rural (Ord. 2010-462 du 6 mai 2010, JO 7) «et de la pêche maritime», lorsqu'elles sont dues au titre de l'emploi de salariés mentionnés à l'article L. 722-20 du même code;

c) (Abrogé) ;

d) Par la caisse de prévoyance sociale prévue par l'ordonnance n° 77-1102 du 26 septembre 1977 portant extension et adaptation au département de Saint-Pierre-et-Miquelon de diverses dispositions relatives aux affaires sociales, lorsqu'elles sont dues au titre de l'emploi de salariés à Saint-Pierre-et-Miquelon ;

e) Par (L. 2018-771 du 5 sept. 2018, art. 54, II, 5°, JO 6, entrée en vigueur le 01.01.2019) « Pôle emploi », lorsqu'elles sont dues au titre des salariés engagés à titre temporaire qui relèvent des professions de la production cinématographique, de l'audiovisuel ou du spectacle et lorsque l'activité exercée bénéficie de l'aménagement des conditions d'indemnisation mentionné à l'article L. 5424-20 ;

(Ord. 2017-1491 du 25 oct. 2017, art. 6, 2°, JO 26, entrée en vigueur le 01.01.2018) « *f)* Par la caisse de sécurité sociale prévue par l'ordonnance n° 96-1122 du 20 décembre 1996, relative à l'amélioration de la santé publique, à l'assurance maladie, maternité, invalidité et décès, au financement de la sécurité sociale à Mayotte et à la Caisse de sécurité sociale de Mayotte, lorsqu'elles sont dues au titre de l'emploi de salariés à Mayotte. »

Art. L. 5427-2. (L. 2008-126 du 13 févr. 2008, art. 16, JO 14) Les agents des organismes de sécurité sociale peuvent communiquer à (L. 2018-771 du 5 sept. 2018, art. 64, III, 1°, JO 6, entrée en vigueur le 01.01.2019) « Pôle emploi » les renseignements nécessaires au calcul des prestations.

Art. L. 5427-3. (L. 2008-126 du 13 févr. 2008, art. 16, JO 14) Les informations détenues par les organismes de sécurité sociale peuvent être rapprochées de celles détenues par (L. 2018-771 du 5 sept. 2018, art. 64, III, 1°, JO 6, entrée en vigueur le 01.01.2019) « Pôle emploi » pour garantir le respect des règles d'inscription et vérifier les droits des salariés au revenu de remplacement prévu à l'article L. 5421-2.

Art. L. 5427-4. (L. 2008-126 du 13 févr. 2008, art. 16, JO 14) Pour procéder à la vérification des droits des salariés au revenu de remplacement prévu à l'article L. 5421-2, les informations détenues par la caisse de congés payés des professions de la production cinématographique et audiovisuelle et des spectacles ainsi que par les institutions des régimes complémentaires de retraite de ces professions peuvent être rapprochées de celles détenues par (L. 2018-771 du 5 sept. 2018, art. 64, III, 1°, JO 6, entrée en vigueur le 01.01.2019) « Pôle emploi ».

Art. L. 5427-5. (L. 2008-126 du 13 févr. 2008, art. 16, JO 14) La caisse de congés payés des professions de la production cinématographique et audiovisuelle et des spectacles, les institutions des régimes complémentaires de retraite de ces professions et les organismes de sécurité sociale se communiquent les informations nécessaires à la vérification des droits des salariés et des demandeurs d'emploi, et des obligations des employeurs.

Art. L. 5427-6. Un décret en Conseil d'État, pris après avis de la Commission nationale de l'informatique et des libertés, détermine les conditions d'application des articles L. 5427-1 à L. 5427-5.

Art. R. 5427-1. (D. 2014-524 du 22 mai 2014, art. 16, JO 24) « Pôle emploi » communique aux organismes de sécurité sociale les renseignements nécessaires à la garantie des droits sociaux des bénéficiaires du revenu de remplacement.

SECTION 2. Gestion confiée à un établissement public en l'absence de convention

Art. L. 5427-7. En l'absence de la convention prévue au (L. 2008-126 du 13 févr. 2008, art. 16, JO 14) « premier » alinéa de l'article L. 5427-1, un établissement public national à caractère administratif exerce les compétences définies au premier alinéa de cet article.

Les missions nécessaires à l'exercice de ces compétences peuvent être confiées, en tout ou partie, à un ou des organismes ayant conclu avec l'établissement public une convention délibérée par le conseil d'administration et approuvée dans les conditions déterminées par décret.

Le décret portant création de l'établissement public détermine, en outre, l'ensemble des règles d'organisation et de fonctionnement nécessaires à l'application du présent article.

Art. L. 5427-8. Le conseil d'administration de l'établissement public mentionné par l'article L. 5427-7 comprend un nombre égal de représentants des travailleurs et des employeurs, désignés par le ministre chargé de l'emploi sur proposition des organisations syndicales représentatives au plan national.

Le conseil d'administration élit son président parmi ses membres.

Art. L. 5427-9. Les conditions du contrôle auquel est soumis l'organisme (L. 2008-126 du 13 févr. 2008, art. 16, JO 14) « mentionné à l'article L. 5427-1 » sont déterminées par voie réglementaire.

Art. D. 5427-2. Le conseil d'administration de l'établissement public mentionné à l'article L. 5427-7 règle par ses délibérations les affaires de l'établissement.

À l'exclusion de celles qui présentent le caractère d'actes d'administration courante, ces délibérations ne sont exécutoires qu'en l'absence d'opposition des ministres chargés de l'emploi ou du budget, dans un délai fixé par décret.

Art. D. 5427-3. Deux commissaires du Gouvernement, représentant respectivement les ministres chargés de l'emploi et du budget, assistent aux séances du conseil d'administration et sont entendus chaque fois qu'ils le demandent.

Art. D. 5427-4. Les associations pour l'emploi dans l'industrie et le commerce (Assédic) et l'Union nationale interprofessionnelle pour l'emploi dans l'industrie et le commerce (Unédic) tiennent leur comptabilité selon un plan comptable approuvé par le ministre chargé des finances, après avis (Ord. 2009-79 du 22 janv. 2009, JO 23) « de l'Autorité des normes comptables ».

Les instructions relatives à la tenue de la comptabilité sont soumises à l'agrément préalable du ministre chargé des finances.

Art. D. 5427-5. Les organismes énumérés à l'article D. 5427-4 procèdent aux opérations de recettes et de dépenses selon les règles en usage dans le commerce.

Ces opérations sont toujours effectuées sous double signature, celle du président du conseil d'administration et celle du directeur de l'organisme ou, à leur défaut, les personnes habilitées à cet effet par le conseil d'administration.

Art. D. 5427-6. Les organismes énumérés à l'article D. 5427-4 sont soumis aux vérifications de l'inspection générale des finances et à celles des (D. 2014-552 du 27 mai 2014, art. 17, JO 29) « comptables de la direction générale des finances publiques ».

Ces derniers arrêtent la caisse, s'assurent de la régularité des écritures et de l'exacte application de l'article D. 5427-10 ainsi que de l'arrêté prévu par l'article L. 5427-10.

Art. D. 5427-7. Les organismes énumérés à l'article D. 5427-4, établissent à la fin de chaque exercice un compte d'exploitation un compte des pertes et profits et un bilan.

Après approbation de ces documents par le conseil d'administration, une expédition en est adressée au (D. 2014-552 du 27 mai 2014, art. 17, JO 29) « directeur départemental ou, le cas échéant, régional des finances publiques » chargé des vérifications ainsi qu'au (D. 2012-1247 du 7 nov. 2012, art. 2, JO 10) « contrôleur budgétaire » prévu à l'article D. 5427-11.

Art. D. 5427-8. Les pièces justificatives de recettes et de dépenses sont conservées pendant un délai minimum de cinq ans après la clôture de l'exercice pour être présentées à toute réquisition.

Art. D. 5427-9. L'Unédic établit, à la fin de chaque mois et de chaque année, un état faisant ressortir, pour chacun des organismes énumérés à l'article D. 5427-4, les renseignements d'ordre statistique et financier permettant de suivre leur fonctionnement.

Art. D. 5427-10. Les fonds disponibles des Assédic sont versés à l'Unédic qui les gère dans les conditions fixées par l'arrêté prévu à l'article L. 5427-10.

Art. D. 5427-11. Un (D. 2012-1247 du 7 nov. 2012, art. 2, JO 10) « contrôleur budgétaire » exerce son contrôle sur les organismes prévus à l'article D. 5427-4 dans les conditions et selon les modalités prévues par le décret n° 55-763 du 26 mai 1955.

Art. D. 5427-12. Un décret pris sur le rapport du ministre chargé des finances détermine le montant et les modalités des versements que doivent faire les organismes contrôlés pour assurer la couverture des frais nécessités par l'exercice du contrôle.

Art. D. 5427-13. Le ministre chargé de l'emploi reçoit communication des états prévus à l'article D. 5427-9.

Il reçoit également communication des délibérations des circulaires de portée générale concernant l'application de la convention et de ses annexes.

Art. D. 5427-14. Les délibérations de la commission paritaire instituée par l'article 2 de la convention du 31 décembre 1958 et relatives au champ d'application de la convention agréée sont soumises à l'approbation du ministre chargé de l'emploi.

À défaut de décision expresse dans un délai de trois semaines à dater du dépôt de la délibération auprès des services du ministère chargé du travail, celle-ci est considérée comme approuvée.

Art. D. 5427-15. Les services centraux et extérieurs de la Délégation générale à l'emploi et à la formation professionnelle sont habilités à s'assurer auprès des organismes énumérés à l'article D. 5427-4 du respect des dispositions légales mentionnées aux articles L. 5422-21 et L. 5422-22.

SECTION 3. Dispositions communes

Art. L. 5427-10. Les mesures propres à assurer la sécurité et la liquidité des fonds de l' (L. 2008-126 du 13 févr. 2008, JO 14) «organisme gestionnaire du régime d'assurance chômage» et de l'établissement public mentionné à l'article L. 5427-7 sont déterminées par arrêté conjoint du ministre chargé du budget et du ministre chargé de l'emploi.

Chapitre VIII

Dispositions financières

Art. L. 5428-1. (L. 2018-771 du 5 sept. 2018, art. 64, III, 11°, JO 6, entrée en vigueur le 01.01.2019) «Sous réserve des dispositions prévoyant leur incessibilité ou leur insaisissabilité, les allocations, aides ainsi que toute autre prestation versées par Pôle emploi sont cessibles et saisissables dans les mêmes conditions et limites que les salaires.»

Ces prestations ainsi que (L. 2013-504 du 14 juin 2013, art. 16, X, JO 16) «l'indemnité d'activité partielle» (L. 2018-771 du 5 sept. 2018, art. 64, III, 11°, JO 6, entrée en vigueur le 01.01.2019) «et l'allocation de solidarité spécifique» sont exonérées de la taxe sur les salaires et des cotisations de sécurité sociale, sous réserve de l'application des dispositions des articles L. 131-2, L. 241-2, L. 242-13 et L. 711-2 du code de la sécurité sociale et de l'article L. 741-9 du code rural (L. 2010-462 du 6 mai 2010, JO 7) «et de la pêche maritime».

Les règles fixées au 5 de l'article 158 du code général des impôts sont applicables.

Chapitre IX

Dispositions pénales

Art. L. 5429-1. (L. 2013-1203 du 23 déc. 2013, art. 86, VI, JO 24) Sauf constitution éventuelle du délit d'escroquerie défini et sanctionné à l'article 313-1, au 5° de l'article 313-2 et à l'article 313-3 du code pénal, le fait de bénéficier ou de tenter de bénéficier frauduleusement des allocations d'aide aux travailleurs privés d'emploi définies au présent livre, est puni des peines prévues à l'article 441-6 du code pénal. Le fait de faire obtenir frauduleusement ou de tenter de faire obtenir frauduleusement ces allocations et cette prime est puni de la même peine.

Art. L. 5429-2. En cas de récidive dans le délai de trois ans, l'employeur qui a indûment retenu la contribution prévue (L. 2018-771 du 5 sept. 2018, art. 54, II, 6°, JO 6, entrée en vigueur le 01.01.2019) «au 2° de l'article» L. 5422-9 et précomptée sur le salaire est puni (L. 2018-771 du 5 sept. 2018, art. 54, II, 6°, JO 6, entrée en vigueur le 01.01.2019) «des peines prévues par l'article L. 244-6 du code de la sécurité sociale».

Art. R. 5429-1. Le fait de méconnaître les dispositions du premier alinéa de l'article L. 5422-13 et des articles L. 5422-14 et R. 5422-5 à R. 5422-8 est puni de l'amende prévue pour les contraventions de la cinquième classe.

Art. R. 5429-2. L'employeur qui a indûment retenu la contribution du salarié prévue à l'article L. 5422-9 et précomptée sur le salaire est puni de l'amende prévue pour les contraventions de la cinquième classe.

Art. R. 5429-3. Le fait de ne pas donner suite à la mise en demeure prévue à l'article D. 5424-43 dans le délai de quinze jours est puni de l'amende prévue pour les contraventions de la troisième classe prononcée, sans préjudice de la condamnation, par le même jugement, au paiement de la somme représentant les cotisations ainsi qu'au paiement des intérêts de retard.

L'amende est appliquée autant de fois qu'il y a de personnes pour lesquelles les déclarations de salaires ou les versements de cotisations n'ont pas été effectués.

LIVRE V

DISPOSITIONS RELATIVES À L'OUTRE-MER

TITRE Ier

DISPOSITIONS GÉNÉRALES

Chapitre unique

Art. L. 5511-1. Les dispositions générales prévues par l'article L. 1511-1 sont également applicables aux dispositions du présent livre.

Art. R. 5511-1. (D. 2014-551 du 27 mai 2014, art. 29, JO 29) Pour l'application du présent livre à Saint-Pierre-et-Miquelon, les références au « directeur départemental ou, le cas échéant, régional des finances publiques » sont remplacées par la référence au « directeur chargé de la direction des finances publiques de Saint-Pierre-et-Miquelon ».

TITRE II

GUADELOUPE, GUYANE, MARTINIQUE, MAYOTTE, LA RÉUNION, SAINT-BARTHÉLEMY, SAINT-MARTIN ET SAINT-PIERRE-ET-MIQUELON

Chapitre Ier

Dispositions générales

Art. L. 5521-1. Les dispositions générales prévues par (Ord. 2008-205 du 27 févr. 2008, JO 1er mars) « les articles L. 1521-1 à L. 1521-4 » sont également applicables aux dispositions du présent titre.

Art. L. 5521-2. (Ord. 2017-1491 du 25 oct. 2017, art. 6, 4°, JO 26, entrée en vigueur le 01.01.2018) Pour l'application des articles L. 5132-11-1 et L. 5132-15-1 à Mayotte, les mots : " l'article L. 351-2 du code de la sécurité sociale " sont remplacés par les mots : " l'article 7 de l'ordonnance n° 2002-411 du 27 mars 2002 relative à la protection sanitaire et sociale à Mayotte ".

SECTION 1 (RÉGLEMENTAIRE). FEDOM

Sous-section 1. État annuel

Art. D. 5521-5. Les dépenses en faveur de l'emploi correspondent aux actions suivantes :

1° (Abrogé) ;
2° (Abrogé) ;
3° (Abrogé) ;
4° (Abrogé) ;
5° Le financement des primes à la création d'emploi ;

6° (Abrogé);
7° (Abrogé);
8° Le financement des contrats emploi-jeune;
9° Le financement du projet initiative-jeune;
10° Le financement de l'allocation de retour à l'activité prévue par l'article L. 5524-1, et du congé solidarité prévu par l'article 15 de la loi n° 2000-1207 du 13 décembre 2000 d'orientation pour l'outre-mer;
11° L'évaluation et le suivi des actions en faveur de l'emploi.

Sous-section 2. **Comité directeur**

Art. R. 5521-6. Le comité directeur est consulté sur les orientations et sur les objectifs de la politique pour l'emploi conduite par l'État (D. 2018-953 du 31 oct. 2018, art. 6, 3°, JO 6 nov.) «en Guadeloupe, en Guyane, en Martinique, à Mayotte, à La Réunion», à Saint-Barthélemy, à Saint-Martin et à Saint-Pierre-et-Miquelon.

Il donne son avis sur l'état mentionné à l'article R. 5521-1, et notamment sur la répartition entre les collectivités de ces interventions. Il est informé de l'emploi de ces crédits et des résultats obtenus.

Art. D. 5521-7. Le comité directeur est informé à chacune de ses réunions:
1° Par le ministre chargé de la lutte contre l'exclusion, de la situation en matière d'insertion, de pauvreté et de précarité (D. 2018-953 du 31 oct. 2018, art. 6, 4°, JO 6 nov.) «en Guadeloupe, en Guyane, en Martinique, à Mayotte, à La Réunion», à Saint-Barthélemy, à Saint-Martin et à Saint-Pierre-et-Miquelon;
2° Par le ministre chargé de l'emploi, de la situation de l'emploi et de la formation professionnelle (D. 2018-953 du 31 oct. 2018, art. 6, 4°, JO 6 nov.) «en Guadeloupe, en Guyane, en Martinique, à Mayotte, à La Réunion», à Saint-Barthélemy, à Saint-Martin et à Saint-Pierre-et-Miquelon;
3° Par le président de leur conseil d'administration, de l'activité des agences d'insertion;
4° Par le ministre chargé de l'outre-mer, de l'activité de l'agence mahoraise pour le développement d'activités d'utilité sociale.

Art. D. 5521-8. Sont membres du comité directeur:
1° Le ministre chargé de l'outre-mer ou son représentant, président;
2° Les ministres chargés de l'économie et des finances, du travail, de l'emploi et de la formation professionnelle, de la sécurité sociale, de la lutte contre l'exclusion, et du budget ou leurs représentants;
3° Huit députés désignés par le président de l'Assemblée nationale et représentant chacune des huit collectivités intéressées;
4° Trois sénateurs désignés par le président du Sénat parmi les représentants de ces collectivités;
5° Les préfets de région, préfets (D. 2018-953 du 31 oct. 2018, art. 6, 5°, JO 6 nov.) «de Guadeloupe, de Guyane, de Martinique, de Mayotte, de La Réunion» ou leur représentant et les représentants de l'État à Saint-Barthélemy, à Saint-Martin et à Saint-Pierre-et-Miquelon ou leurs représentants;
6° Le délégué général à l'emploi et à la formation professionnelle ou son représentant;
7° Le (D. 2010-95 du 25 janv. 2010, JO 26) «directeur général de la cohésion sociale» ou son représentant;
8° Le directeur du budget ou son représentant;
9° Le directeur général de (D. 2014-524 du 22 mai 2014, art. 16, JO 24) «Pôle emploi» ou son représentant;
10° Le directeur des affaires économiques, sociales et culturelles de l'outre-mer ou son représentant.

Art. D. 5521-9. Le mandat des parlementaires membres du comité directeur prend fin de plein droit à l'expiration du mandat électif au titre duquel ils ont été désignés.

Art. D. 5521-10. Le comité directeur se réunit au moins une fois par an, sur convocation de son président qui en fixe l'ordre du jour.

Chapitre II

Dispositifs en faveur de l'emploi

SECTION 1. Aides à l'insertion, à l'accès et au retour à l'emploi

Sous-section 1 (réglementaire). Contrat jeune en entreprise

Art. D. 5522-1. La demande de bénéfice de l'aide prévue dans le cadre du contrat jeune en entreprise, mentionnée à l'article L. 5522-3, est déposée auprès de l'organisme gestionnaire après l'embauche du salarié et au plus tard trois mois après celle-ci.

Elle est transmise par l'organisme gestionnaire au directeur du travail, de l'emploi et de la formation professionnelle, à Saint-Pierre-et-Miquelon au chef du service du travail, de l'emploi et de la formation professionnelle et, à Saint-Barthélemy et Saint-Martin, au représentant de l'État.

Art. D. 5522-2. La demande d'aide comporte:

1° L'engagement de l'employeur de respecter les conditions générales d'attribution de l'aide;

2° Les documents permettant de vérifier le respect des conditions prévues à l'article L. 5522-3, et notamment la copie du diplôme du salarié.

Art. D. 5522-3. Pour les salariés à temps plein dont la rémunération est égale au salaire minimum de croissance, le montant de l'aide est fixé à 225 € par mois.

Art. D. 5522-4. Pour les rémunérations supérieures au montant fixé à l'article D. 5522-3, le montant de l'aide est déterminé en multipliant le montant de 225 € par le rapport entre, d'une part, la rémunération et, d'autre part, le salaire minimum de croissance, dans la limite de 292,50 €.

Art. D. 5522-5. Lorsque la durée du travail prévue par le contrat de travail est inférieure à la durée collective de travail applicable dans l'entreprise, le montant de l'aide est réduit par l'application d'un coefficient égal au rapport entre la durée du travail prévue par ce contrat et la durée collective de travail applicable dans l'entreprise.

Art. D. 5522-6. Pour les professions affiliées aux caisses de congés prévues à l'article (D. 2016-1553 du 18 nov. 2016, art. 7, IV, 6°, JO 19, entrée en vigueur le 01.01.2017) « L. 3141-32 », le montant de l'aide est majoré de 10 %.

Art. D. 5522-7. L'aide de l'État est due pour une durée de trois années consécutives à compter de la date d'embauche.

Un abattement de 50 % lui est appliqué au titre de la troisième année du contrat.

Art. D. 5522-8. Le montant de l'aide est versé à l'employeur trimestriellement, à terme échu.

Art. D. 5522-9. Le versement de l'aide est interrompu pour toute suspension du contrat de travail d'une durée au moins égale à quinze jours. Ces interruptions reportent d'autant ce versement.

Art. D. 5522-10. Toute rupture, suspension ou modification du contrat jeune en entreprise qui ouvre droit au versement de l'aide entraînant un changement de son montant ou l'interruption de son paiement est communiquée par l'employeur à l'organisme gestionnaire. Ce dernier transmet cette information au directeur du travail, de l'emploi et de la formation professionnelle, à Saint-Pierre-et-Miquelon au chef du service du travail, de l'emploi et de la formation professionnelle et, à Saint-Barthélemy et Saint-Martin, au représentant de l'État.

Art. D. 5522-11. En cas de rupture du contrat de travail à l'initiative de l'employeur avant le terme de la période mentionnée à l'article D. 5522-7, le montant de l'aide est intégralement reversé par l'employeur à l'État.

Toutefois, le reversement n'est pas dû en cas de:

1° Rupture intervenant au cours de la période d'essai;

2° Licenciement pour faute grave ou faute lourde du salarié;

3° Force majeure;

4° Inaptitude professionnelle ou médicalement constatée;

5° Motif économique.

Sous-section 2. **Contrat unique d'insertion**

Note Cette sous-section a été introduite par l'ordonnance 2010-686 du 24 juin 2010, art. 4, JO 25, entrée en vigueur le 01.01.2011.

Art. L. 5522-2. (L. 2012-1189 du 26 oct. 2012, art. 8, JO 27, entrée en vigueur le 01.11.2012) Pour son application (Ord. 2017-1491 du 25 oct. 2017, art. 6, 5°, JO 26, entrée en vigueur le 01.01.2018) «en Guadeloupe, en Guyane, en Martinique, à Mayotte, à La Réunion», à Saint-Barthélemy, à Saint-Martin et à Saint-Pierre-et-Miquelon, l'article L. 5134-19-1 est ainsi rédigé:

«Art. L. 5134-19-1. – Le contrat unique d'insertion est un contrat de travail conclu entre un employeur et un salarié dans les conditions prévues à la sous-section 3 des sections 2 et 5 du présent chapitre et au paragraphe 3 de la sous-section 4 de la section 1 du chapitre II du titre II du livre V, au titre duquel est attribuée une aide à l'insertion professionnelle dans les conditions prévues à la sous-section 2 des sections 2 et 5 du présent chapitre et au paragraphe 2 de la sous-section 4 de la section 1 du chapitre II du titre II du livre V. La décision d'attribution de cette aide est prise par:

«1° Soit, pour le compte de l'État, l'institution mentionnée à l'article L. 5312-1, les organismes mentionnés à l'article L. 5314-1 ou, selon des modalités fixées par décret, un des organismes mentionnés au 1° *bis* de l'article L. 5311-4;

«2° Soit le président du conseil général lorsque cette aide concerne un bénéficiaire du revenu de solidarité active financé par le département;

«3° Soit, pour le compte de l'État, les recteurs d'académie pour les contrats mentionnés au I de l'article L. 5134-125.

«Le montant de cette aide résulte d'un taux, fixé par l'autorité administrative, appliqué au salaire minimum de croissance.»

Art. L. 5522-2-1. Pour son application (Ord. 2017-1491 du 25 oct. 2017, art. 6, 5°, JO 26, entrée en vigueur le 01.01.2018) «en Guadeloupe, en Guyane, en Martinique, à Mayotte, à La Réunion», à Saint-Barthélemy, à Saint-Martin et à Saint-Pierre-et-Miquelon, l'article L. 5134-19-3 est ainsi rédigé:

«Art. L. 5134-19-3. – Le contrat unique d'insertion prend la forme:

«1° Pour les employeurs du secteur non marchand mentionnés à l'article L. 5134-21, du contrat d'accompagnement dans l'emploi défini par la section 2 du chapitre IV du titre III du livre Ier de la présente partie;

(L. 2012-1189 du 26 oct. 2012, art. 8, JO 27, entrée en vigueur le 01.11.2012) «2° Pour les employeurs du secteur marchand (Ord. 2015-1578 du 3 déc. 2015, JO 4, entrée en vigueur le 01.01.2016) «mentionnés à l'article L. 5134-66, du contrat initiative-emploi défini par la section 5 du même chapitre IV.»»

Art. L. 5522-2-2. (Ord. 2015-1578 du 3 déc. 2015, JO 4, entrée en vigueur le 01.01.2016) Pour son application en Guadeloupe, en Guyane, en Martinique, (Ord. 2017-1491 du 25 oct. 2017, art. 6, 6°, JO 26, entrée en vigueur le 01.01.2018) «à Mayotte,» à La Réunion, à Saint-Barthélemy, à Saint-Martin et à Saint-Pierre-et-Miquelon, l'article L. 5134-72 est complété par deux alinéas ainsi rédigés:

" Lorsque le contrat initiative-emploi associe l'exercice d'une activité professionnelle et le bénéfice d'une formation liée à cette activité et dispensée pendant le temps de travail, l'État peut prendre en charge tout ou partie des frais engagés pour dispenser cette formation, selon des modalités déterminées par décret. "

" Sauf disposition contraire, un décret en Conseil d'État détermine les modalités d'application du présent article. "

Art. L. 5522-2-3. (L. 2012-1189 du 26 oct. 2012, art. 8, JO 27, entrée en vigueur le 01.11.2012) La section 5 du chapitre IV du titre III du livre Ier de la présente partie ne s'applique (Ord. 2017-1491 du 25 oct. 2017, art. 6, 7°, JO 26, entrée en vigueur le 01.01.2018) «en Guadeloupe, en Guyane, en Martinique, à Mayotte, à La Réunion», à Saint-Barthélemy, à Saint-Martin et à Saint-Pierre-et-Miquelon que dans le cadre des emplois d'avenir prévus à la section 8 du même chapitre IV.

Art. R. 5522-12. (D. 2015-1722 du 21 déc. 2015, JO 23, entrée en vigueur le 01.01.2016) Pour son application en Guadeloupe, en Guyane, à la Martinique, à La Réunion, à Saint-Barthélemy, à Saint-Martin et à Saint-Pierre-et-Miquelon, l'article R. 5134-63 est complété par un alinéa ainsi rédigé:

« Lorsque l'État concourt à la prise en charge d'une formation au titre de l'article L. 5522-2-2, sont précisés dans la décision d'attribution de l'aide à l'insertion professionnelle ou une décision modificatrice prise ultérieurement:

1° La nature de cette formation, sa durée et les modalités de son organisation;

2° La période pendant laquelle elle est dispensée ;
3° Le nom et la qualification professionnelle de la personne chargée au sein de l'entreprise de suivre le déroulement de la formation ;
4° La nature de la sanction de la formation dispensée ;
5° Le montant et les modalités de la prise en charge de cette formation par l'État ».

Art. R. 5522-13. (D. 2015-1722 du 21 déc. 2015, JO 23, entrée en vigueur le 01.01.2016) Lorsqu'une formation est prévue par la décision d'attribution de l'aide à l'insertion professionnelle ou par une décision modificatrice ultérieure à celle-ci, elle peut faire l'objet d'une aide de l'État sous réserve d'avoir une durée de 200 heures au minimum et d'être dispensée dans le cadre d'une convention avec un organisme de formation mentionné à l'article L. 6351-1.

Art. R. 5522-14. (D. 2015-1722 du 21 déc. 2015, JO 23, entrée en vigueur le 01.01.2016) Les frais de formation pris en charge par l'État au titre de l'article R. 5222-12 sont calculés sur une base forfaitaire par heure de formation dispensée et dans la limite de mille heures.

Un premier versement égal à 50 % du coût de la formation est réalisé à la date du début de la formation. Le solde est versé au terme de la formation sur présentation d'une attestation de l'organisme de formation, de l'employeur et du salarié.

Art. R. 5522-15. (D. 2015-1722 du 21 déc. 2015, JO 23, entrée en vigueur le 01.01.2016) Lorsque le contrat de travail est rompu avant le terme de la formation mentionnée à l'article R. 5522-12, les sommes déjà versées à l'employeur correspondant à des heures de formation non réalisées font l'objet d'un reversement.

Lorsque l'aide à l'insertion professionnelle ou une décision modificatrice ultérieure a prévu des heures de formation dispensées en entreprise, ces heures sont réputées être également réparties sur la période de formation.

Art. D. 5522-16. (D. 2015-1723 du 21 déc. 2015, JO 23, entrée en vigueur le 01.01.2016) Le montant horaire de l'aide forfaitaire pour les frais de formation mentionnés à l'article R. 5522-14 est fixé à 7,62 €.

Sous-section 3 (réglementaire). **Dispositions relatives à Mayotte**

Note Cette sous-section est issue du décret 2018-953 du 31 octobre 2018, art. 6, 6°, JO 6 nov.

Art. R. 5522-17. Pour l'application à Mayotte de l'article R. 5134-171, les 1° à 3° sont remplacés par des 1° et 2° ainsi rédigés :

" 1° Le directeur du centre universitaire de formation et de recherche de Mayotte, ou son représentant ;
2° De deux à quatre membres des corps d'inspection et chefs d'établissement, dont au moins un chef d'établissement d'enseignement privé ayant passé un contrat avec l'État. "

SECTION 2. Aides à la création d'entreprise

Sous-section 1. **Aide au conseil et à la formation**

Art. L. 5522-21. (Ord. 2017-1491 du 25 oct. 2017, art. 6, 5°, JO 26, entrée en vigueur le 01.01.2018) « En Guadeloupe, en Guyane, en Martinique, à Mayotte, à La Réunion » (Ord. 2008-205 du 27 févr. 2008, JO 1er mars) « , à Saint-Barthélemy, à Saint-Martin » et à Saint-Pierre-et-Miquelon, pour l'application (L. 2015-991 du 7 août 2015, art. 7, III, JO 8, entrée en vigueur le 01.01.2017) « de l'article L. 5141-1 relatif » à la création ou à la reprise d'entreprise, l'État peut participer au financement des actions de conseil ou de formation à la gestion d'entreprise qui sont organisées avant la création ou la reprise d'entreprise et pendant trois années après.

(L. 2015-991 du 7 août 2015, art. 7, III, JO 8, entrée en vigueur le 01.01.2017) « Pour l'application de l'article L. 5141-5, la région ou la collectivité territoriale régie par l'article 73 de la Constitution (L. 2017-256 du 28 févr. 2017, art. 74, JO 1er mars, entrée en vigueur le 01.01.2018) « , la collectivité d'outre-mer de Saint-Barthélemy, celle de Saint-Martin ou celle de Saint-Pierre-et-Miquelon participent », par convention, au financement d'actions d'accompagnement et de conseil organisées avant la création ou la reprise d'une entreprise et pendant les trois années suivantes ».

Sous-section 1 (réglementaire). **Prime à la création d'emploi**

§ 1. Conditions d'attribution

Art. R. 5522-45. Les entreprises, dont l'un au moins des établissements est implanté dans un département d'outre-mer, à Saint-Barthélemy, à Saint-Martin ou à Saint-Pierre-et-Miquelon et qui contribuent à l'accroissement et à la diversification des débouchés commerciaux matériels et immatériels, peuvent bénéficier d'une prime à la création d'emploi.

Art. R. 5522-46. La prime est versée aux entreprises agréées par le représentant de l'État dans le département qui, après avis du président du conseil régional, s'assure que l'activité de l'entreprise présente un intérêt pour le développement économique du département.

Art. R. 5522-47. Dès réception de la demande d'agrément prévu à l'article R. 5522-46, le représentant de l'État saisit le président du conseil régional en vue de recueillir son avis, qui, à défaut de réponse explicite, est réputé avoir été donné dans un délai de quatre semaines à compter de la saisine.

Art. R. 5522-48. Les pièces et informations transmises dans la demande d'agrément sont définies par arrêté des ministres chargés de l'emploi et de l'outre-mer.

Le représentant de l'État peut solliciter des éléments d'information complémentaire nécessaires à l'appréciation du projet.

Art. R. 5522-49. L'agrément précise l'effectif de référence des salariés.

Art. R. 5522-50. Pour percevoir la prime à la création d'emplois, l'entreprise agréée :

1° Transmet au représentant de l'État les informations sur les effectifs et le développement de l'entreprise dont le contenu et la date de transmission sont déterminés par arrêté des ministres chargés de l'emploi et de l'outre-mer ;

2° S'acquitte de ses obligations fiscales et sociales, le cas échéant dans le cadre d'un plan d'apurement ;

3° Accroît ses effectifs salariés par rapport à l'effectif de référence.

Art. R. 5522-51. L'effectif de référence est l'effectif moyen de l'année civile précédant celle au cours de laquelle est accordé l'agrément. Il est calculé conformément à l'article L. 1111-2 et arrondi à l'entier le plus voisin, à l'exclusion des contrats d'accès à l'emploi.

§ 2. Versement

Art. R. 5522-52. La prime est versée pendant dix ans, de façon dégressive, pour les créations nettes d'emplois postérieures à la date de l'agrément.

Art. D. 5522-53. La prime à la création d'emplois, d'un montant de 34 650 €, est versée annuellement selon le barème suivant :

1° Au cours de chacune des trois premières années civiles : 5 500 € ;

2° Au cours de chacune des trois années civiles suivantes : 3 650 € ;

3° Au cours de chacune des quatre années civiles restant à courir : 1 800 €.

Art. R. 5522-54. La prime est versée pour chaque emploi supplémentaire créé dans le département ou la collectivité territoriale, en équivalent temps plein, au-delà de l'effectif de référence.

Les fractions d'emploi ne sont pas prises en compte.

Art. R. 5522-55. En cas de réduction de l'effectif, le versement des primes correspondant aux plus récentes créations d'emplois est suspendu à due concurrence de cette baisse d'effectif.

Art. R. 5522-56. La moitié du montant de la prime est versée dès que l'emploi créé est pourvu à temps plein. Le solde est versé au plus tard le 31 mars de l'année suivante, après vérification de l'effectif moyen.

Chaque année, l'aide pour les emplois créés au cours des années précédentes fait l'objet d'un versement de 50 % de son montant avant le 30 juin, le solde dû étant versé avant le 31 mars de l'année qui suit.

Sous-section 2. **Aide au projet initiative-jeune**

Note Cette sous-section a été introduite par la loi 2009-594 du 27 mai 2009, art. 51, JO 28.

Art. L. 5522-22. (Ord. 2017-1491 du 25 oct. 2017, art. 6, 5°, JO 26, entrée en vigueur le 01.01.2018) «En Guadeloupe, en Guyane, en Martinique, à Mayotte, à La Réunion», à Saint-Barthélemy, à Saint-Martin et à Saint-Pierre-et-Miquelon, en vue de faciliter la réalisation d'un projet professionnel, les jeunes âgés de dix-huit à trente ans peuvent bénéficier d'une aide financière de l'État dénommée «aide au projet initiative-jeune».

Art. L. 5522-23. L'aide au projet initiative-jeune bénéficie aux jeunes qui créent ou reprennent une entreprise à but lucratif dont le siège et l'établissement principal sont situés (Ord. 2017-1491 du 25 oct. 2017, art. 6, 8°, JO 26, entrée en vigueur le 01.01.2018) «en Guadeloupe, en Guyane, en Martinique, à Mayotte, à La Réunion», à Saint-Barthélemy, à Saint-Martin ou à Saint-Pierre-et-Miquelon et dont ils assurent la direction effective.

Art. L. 5522-24. L'aide prévue à l'article L. 5522-23, dont le montant maximum est déterminé par décret, est versée à compter de la date de la création ou de la reprise effective de l'entreprise.

Art. L. 5522-25. L'aide prévue à l'article L. 5522-23 est exonérée de toutes charges sociales et fiscales.

Art. L. 5522-26. Les jeunes bénéficiant ou ayant bénéficié de l'aide au projet initiative-jeune au titre de la présente sous-section peuvent également bénéficier des aides à la création ou à la reprise d'entreprise prévues au titre IV du livre Ier de la présente partie.

Art. L. 5522-27. Un décret en Conseil d'État détermine les conditions d'application de la présente sous-section, notamment celles du versement, de la suspension ou de la suppression de l'aide, ainsi que celles relatives au non-cumul de cette aide avec d'autres aides publiques.

§ 1 (réglementaire). Dispositions communes

Sous-§ 1. Demande d'aide

Art. R. 5522-57. La demande tendant au bénéfice de l'aide au projet initiative-jeune, prévue l'article L. 5522-22, est adressée au préfet préalablement à la réalisation de ce projet professionnel.

Elle est accompagnée d'un dossier:

1° Justifiant que le demandeur appartient à l'une des catégories énumérées à l'article précité;

2° Permettant d'apprécier la réalité et la consistance du projet répondant à l'une ou l'autre des aides énumérées à l'article L. 5522-23, ainsi que sa viabilité.

Art. R. 5522-58. Un arrêté des ministres chargés de l'emploi et de l'outre-mer précise la composition du dossier de demande d'aide au projet initiative-jeune et les modalités de son dépôt.

Art. R. 5522-59. Pour l'élaboration de son projet en vue de réaliser une formation en mobilité, le demandeur bénéficie du concours, le cas échéant, d'un organisme agréé dans les conditions des articles R. 5522-80 et R. 5522-82.

Sous-§ 2. Instruction, attribution et versement des aides

Art. R. 5522-60. L'instruction du dossier de demande d'aide au projet initiative-jeune est assurée:

1° Pour la création d'entreprise, dans les mêmes conditions que pour les aides prévues aux articles L. 5141-1, L. 5141-2 et L. 5141-5. Le dossier peut être examiné conjointement à celles-ci;

2° Pour la formation en mobilité, par le délégué régional de l'Agence nationale pour l'insertion et la promotion des travailleurs d'outre-mer ou par le (D. 2014-524 du 22 mai 2014, art. 16, JO 24) «directeur régional de Pôle emploi ou son représentant» ou par le responsable de l'organisme agréé à cet effet selon les modalités prévues aux articles R. 5522-80 et R. 5522-82.

Art. R. 5522-61. La décision d'attribution de l'aide est prise par le préfet, qui apprécie la réalité, la consistance et la viabilité du projet.

Art. R. 5522-62. La gestion des crédits et le versement de l'aide en capital ainsi que des mensualités pour la formation en mobilité sont confiés (D. 2009-340 du 27 mars 2009, JO 29) «à l'Agence de services et de paiement».

Art. R. 5522-63. Les modalités de la gestion par l'organisme gestionnaire mentionné à l'article R. 5522-62 sont précisées par une convention conclue avec le ministre chargé de l'outre-mer.

Sous-§ 3. Suspension ou suppression du versement de l'aide

Art. R. 5522-64. Le bénéfice du versement de l'aide au projet initiative-jeune est suspendu par décision du préfet lorsque le projet professionnel n'est plus conforme au projet initial ainsi que dans les cas suivants :

1° En cas d'aide à la création d'entreprise, lorsque l'entreprise a cessé son activité, en cas de procédure de sauvegarde, de redressement ou de liquidation judiciaire, ou si la condition de direction effective de l'entreprise créée ou reprise cesse d'être remplie ;

2° En cas d'aide à la formation en mobilité pour manque d'assiduité à la formation professionnelle prévue.

Art. R. 5522-65. Le bénéfice du versement de l'aide est supprimé par décision du préfet en l'absence de modification de la situation du bénéficiaire à l'expiration d'un délai de trois mois suivant la notification de la décision par laquelle l'aide a été suspendue ou en cas de fausse déclaration du bénéficiaire de l'aide. Dans le cas de déclarations frauduleuses, le bénéficiaire rembourse à l'organisme gestionnaire l'aide versée.

§ 2 (réglementaire). Aide de création ou reprise d'entreprise

Art. R. 5522-66. Dans le cas prévu au 1° de l'article L. 5522-23, l'aide de l'État prend la forme d'un capital versé en deux ou plusieurs fractions.

Art. R. 5522-67. Est considéré comme remplissant la condition de direction effective de l'entreprise créée ou reprise, le demandeur qui, sous sa propre responsabilité, assure la direction de l'entreprise et la représente dans ses rapports avec les tiers.

Art. R. 5522-68. L'aide à la création d'entreprise ne peut être cumulée avec :

1° Un contrat d'apprentissage ;
2° Un contrat d'accompagnement dans l'emploi ;
3° Un contrat emploi-jeune ;
4° (Abrogé) ;
5° Un contrat de professionnalisation ;
6° (Abrogé).

Art. D. 5522-69. Le montant maximum de l'aide est de 7 320 €.

Art. D. 5522-70. Lorsque l'aide est destinée à la création d'entreprise, 15 % maximum de son montant est consacré à des actions de conseil ou de formation à la gestion d'entreprise.

§ 3 (réglementaire). Aide à la formation en mobilité

Art. R. 5522-71. Le délai dont dispose le préfet pour statuer sur la demande d'aide à la formation en mobilité, prévue au 2° de l'article L. 5522-23, est d'un mois.

Le silence gardé pendant plus d'un mois sur cette demande vaut décision de rejet.

Art. R. 5522-72. L'aide à la formation en mobilité comprend :

1° Une allocation mensuelle, dans la limite de deux ans et d'un montant maximum fixé par décret qui varie en fonction du lieu où est dispensée la formation par rapport au centre des intérêts du bénéficiaire ;

2° Une prise en charge des frais liés à la formation, notamment des frais d'installation, dans la limite d'un montant fixé par ce même décret.

Art. D. 5522-73. Le montant maximum de l'allocation mensuelle est de 305 €. Lorsque la mobilité a lieu à l'intérieur de l'archipel de la Guadeloupe, il est de 152,50 €.

Les frais liés à la formation peuvent faire l'objet d'une prise en charge forfaitaire d'un montant maximum de 762 €.

Art. R. 5522-74. L'allocation mensuelle est versée dans la limite de vingt-quatre mensualités à compter du premier jour du mois où débute la formation, et jusqu'au premier jour du mois civil suivant celui où a pris fin la formation, ou le cas échéant, sur justification de l'inscription sur la liste des demandeurs d'emploi, jusqu'au terme d'une période de deux mois à l'issue de la formation s'il est attesté d'une recherche effective d'emploi au sens de l'article L. 5421-3.

Art. R. 5522-75. Lorsque la formation en mobilité se déroule à l'étranger, la gestion des crédits et le versement des aides peuvent être confiés à un organisme, qui conclut une convention à cet effet, dans les conditions prévues à l'article R. 5522-77.

Art. R. 5522-76. La gestion de l'aide pour les frais liés à la formation est assurée par l'Agence nationale pour l'insertion et la promotion des travailleurs d'outre-mer ou un organisme agréé dans les conditions des articles R. 5522-80 à R. 5522-82.

Art. R. 5522-77. Les modalités de la gestion par les organismes gestionnaires mentionnés aux articles R. 5522-75 et R. 5522-76 sont précisées par une convention qu'ils concluent avec le ministre chargé de l'outre-mer.

Art. R. 5522-78. La formation en mobilité est dispensée sous forme :
1° D'un contrat d'apprentissage ;
2° De l'une des actions de formation énumérées à l'article L. 6313-1 ;
3° D'un contrat en alternance ;
4° D'un stage en entreprise accompli en France ou à l'étranger.

Art. R. 5522-79. L'aide à la formation en mobilité ne peut être cumulée avec :
1° Un contrat d'accompagnement dans l'emploi ;
2° Un contrat emploi-jeune ;
3° (Abrogé) ;
4° (Abrogé) ;
5° L'allocation de retour à l'activité prévue à l'article L. 5524-1.

Art. R. 5522-80. Peut être agréé au titre du 2° de l'article L. 5522-23, un organisme public ou privé ayant la capacité de proposer, ou faire accéder à une formation professionnelle, en France ou à l'étranger, ainsi que d'assurer un accompagnement du stagiaire.

Art. R. 5522-81. L'agrément est délivré par le préfet pour une durée de un à trois ans, renouvelable.

Art. R. 5522-82. Un arrêté des ministres chargés de l'emploi et de l'outre-mer précise la composition du dossier, les modalités de dépôt ainsi que les conditions d'agrément.

Sous-section 3. **Autres dispositions**

Note Cette sous-section est issue de l'ordonnance 2017-1491 du 25 octobre 2017, art. 6, 9°, JO 26, entrée en vigueur le 01.01.2018.

Art. L. 5522-27-1. I. – Pour l'application à Mayotte de l'article L. 5141-1, le 9° est supprimé.

II. – Pour l'application à Mayotte des articles L. 5141-3 et L. 5141-4, la référence : " 9° " est remplacée par la référence : " 8° ".

Art. L. 5522-27-2. Pour l'application à Mayotte de l'article L. 5142-1, les mots : " aux articles L. 311-3 et L. 412-8 " sont remplacés par les mots : " à l'article L. 412-8 ".

Art. R. 5522-83. (D. 2018-953 du 31 oct. 2018, art. 6, 7°, JO 6 nov.) Pour l'application à Mayotte de l'article R. 5141-7, au 5°, les mots : " aux 4° à 9° de l'article L. 5141-1 " sont remplacés par les mots : " aux 4° à 8° de l'article L. 5141-1 ".

Art. R. 5522-84. (D. 2018-953 du 31 oct. 2018, art. 6, 7°, JO 6 nov.) Pour l'application à Mayotte de l'article R. 5142-3, les mots : " au sens de l'article L. 242-1 du code de la sécurité sociale " sont remplacés par les mots : " au sens de l'article 28-1 de l'ordonnance n° 96-1122 du 20 décembre 1996 relative à l'amélioration de la santé publique, à l'assurance maladie, maternité, invalidité et décès, au financement de la sécurité sociale à Mayotte et à la caisse de sécurité sociale de Mayotte ".

SECTION 3 (RÉGLEMENTAIRE). Dispositions relatives à Mayotte

Note Cette section est issue du décret 2018-953 du 31 octobre 2018, art. 6, 8°, JO 6 nov.

Sous-section 1. **Instances concourant à la politique de l'emploi**

Art. R. 5522-85. Pour l'application à Mayotte de l'article R. 5112-17, les mots : " le directeur départemental des affaires sanitaires et sociales " sont remplacés par les mots : " le directeur de l'immigration, de l'intégration et de la citoyenneté ".

Sous-section 2. **Aide aux salariés placés en activité partielle**

Art. R. 5522-86. Un taux spécifique de l'allocation d'activité partielle peut être fixé à Mayotte dans les conditions prévues à l'article R. 5122-12 du code du travail.

Art. D. 5522-87. (D. 2020-1071 du 18 août 2020, JO 20) Pour l'application à Mayotte des dispositions de l'article D. 5122-13, le taux horaire de l'allocation d'activité partielle ne peut être inférieur à 7,05 euros.

Si le salarié perçoit une rémunération déterminée en pourcentage du salaire minimum interprofessionnel de croissance applicable à Mayotte et qu'une convention collective ou qu'un accord de branche ou d'entreprise ne s'applique pas, le taux horaire de l'allocation d'activité partielle est plafonné à la rémunération horaire brute du salarié.

Sous-section 3. **Aides aux actions de reclassement et de reconversion professionnelle**

Art. R. 5522-88. Pour l'application à Mayotte de l'article R. 5123-17, les mots : " au 1° de l'article L. 351-8 du code de la sécurité sociale " sont remplacés par les mots : " au deuxième alinéa de l'article 6 de l'ordonnance n° 2002-411 du 27 mars 2002 relative à la protection sanitaire et sociale à Mayotte ".

Art. R. 5522-89. Pour l'application à Mayotte de l'article R. 5123-29 :

1° Le 6° est abrogé ;

2° Les mots : " de l'article R. 351-27 du code de la sécurité sociale " sont remplacés par les mots : " de l'article 12 de l'ordonnance n° 2002-411 du 27 mars 2002 relative à la protection sanitaire et sociale à Mayotte ".

Art. R. 5522-90. Pour l'application à Mayotte de l'article R. 5123-31, le deuxième alinéa est ainsi rédigé :

" L'allocation cesse d'être versée lorsqu'à partir de l'âge prévu à l'article 2 de l'ordonnance n° 2002-411 du 27 mars 2002 relative à la protection sanitaire et sociale à Mayotte les bénéficiaires remplissent les conditions nécessaires à la validation d'une retraite à taux plein au sens de l'article 10 du décret n° 2003-589 du 1er juillet 2003 portant application des dispositions du titre II (Assurance vieillesse) et du chapitre Ier du titre VI (Allocation spéciale pour les personnes âgées) de l'ordonnance n° 2002-411 du 27 mars 2002 relative à la protection sanitaire et sociale à Mayotte. "

SOUS-SECTION 4. **Insertion par l'activité économique**

Art. R. 5522-91. Un arrêté conjoint des ministres chargés du budget, de l'emploi et des outre-mer peut fixer à Mayotte un montant spécifique des aides financières prévues aux articles R. 5132-8, R. 5132-10-13, D. 5132-34 et R. 5132-37.

Un arrêté conjoint des ministres chargés du budget, de l'emploi et des outre-mer revalorise chaque année les montants spécifiques à Mayotte des aides prévues aux articles R. 5132-8, R. 5132-10-13, R. 5132-34 et R. 5132-37 en fonction de l'évolution du salaire minimum interprofessionnel de croissance en vigueur à Mayotte.

Art. R. 5522-92. Pour l'application à Mayotte de l'article R. 5133-10, il est ajouté, après les mots : " L. 262-28 du code de l'action sociale et des familles ", les mots : " sous réserve des adaptations figurant au XII de l'article L. 542-6 du même code ".

Art. R. 5522-93. Pour l'application à Mayotte de l'article R. 5133-17, il est ajouté à la dernière phrase, après les mots : " sont applicables ", les mots : " sous réserve des adaptations figurant au XII et au XXI de l'article R. 542-6 du même code. "

SECTION 3. **Dispositions pénales**

Art. L. 5522-28. Le fait de bénéficier ou de tenter de bénéficier frauduleusement de l'aide au projet initiative-jeune, en méconnaissance des dispositions des articles L. 5522-22 à L. 5522-25, est puni des peines prévues aux articles 313-1 à 313-3 du code pénal.

SECTION 4. Compte personnel d'activité

Note Cette section est issue de l'ordonnance 2017-1491 du 25 octobre 2017, art. 6, 10°, JO 26, entrée en vigueur le 01.01.2018.

Art. L. 5522-29. Pour l'application à Mayotte de l'article L. 5151-5, les mots : " 2° Du compte professionnel de prévention " sont supprimés.

Chapitre III

Dispositions applicables à certaines catégories de travailleurs

Art. L. 5523-1. À l'exception des dispositions du deuxième alinéa de l'article L. 5221-7, les dispositions du titre II du livre II relatives aux travailleurs étrangers sont applicables (Ord. 2017-1491 du 25 oct. 2017, art. 6, 5°, JO 26, entrée en vigueur le 01.01.2018) « en Guadeloupe, en Guyane, en Martinique, à Mayotte, à La Réunion ».

Art. L. 5523-2. (L. 2016-274 du 7 mars 2016, art. 61, III, JO 8, entrée en vigueur le 01.11.2016) L'autorisation de travail accordée à l'étranger est limitée au département ou à la collectivité dans lequel elle a été délivrée lorsqu'il s'agit :

1° De la carte de séjour temporaire portant la mention " vie privée et familiale " prévue aux articles L. 313-11 à L. 313-13 du code de l'entrée et du séjour des étrangers et du droit d'asile ;

2° De la carte de séjour temporaire portant la mention " stagiaire ICT (famille) " et " stagiaire mobile ICT (famille) ", délivrées en application de l'article L. 313-7-2 du même code ;

3° De la carte de séjour pluriannuelle prévue à l'article L. 313-21 dudit code ;

4° De la carte de séjour pluriannuelle portant la mention " salarié détaché ICT (famille) " et " salarié détaché mobile ICT (famille) ", délivrées en application de l'article L. 313-24 du même code ;

5° De la carte de résident prévue aux articles L. 314-1 à L. 314-13 du même code.

Art. L. 5523-3. L'autorisation de travail accordée à l'étranger lui confère le droit d'exercer, sur le territoire du département (Ord. 2008-205 du 27 févr. 2008, JO 1er mars) « ou de la collectivité », toute activité professionnelle salariée de son choix dans le cadre de la législation en vigueur.

Art. L. 5523-5. (Ord. 2017-1491 du 25 oct. 2017, art. 6, 12°, JO 26, entrée en vigueur le 01.01.2018) Un décret prévoit les conditions dans lesquelles les taux prévus aux articles L. 5212-2 et L. 5212-7 sont atteints à Mayotte.

Le taux fixé de manière transitoire pour l'application à Mayotte de l'article L. 5212-2 ne peut être inférieur à 2 %.

Art. L. 5523-6. (L. 2018-771 du 5 sept. 2018, art. 100, JO 6) L'étranger qui entre à Saint-Pierre-et-Miquelon afin d'y exercer une activité salariée pour une durée inférieure ou égale à trois mois dans un domaine figurant sur la liste fixée par le décret pris pour l'application de l'article L. 5221-2-1 n'est pas soumis à la condition de détention de l'autorisation de travail mentionnée à l'article L. 8323-2.

SECTION 1 (RÉGLEMENTAIRE). Travailleurs handicapés

Art. R. 5523-1. Le préfet soumet pour avis chaque accord de groupe (D. 2019-521 du 27 mai 2019, JO 28, entrée en vigueur le 01.01.2020) « ou d'entreprise » mettant en œuvre l'application de l'obligation d'emploi prévue à l'article L. 5212-2 :

1° Au comité de coordination régional de l'emploi et de la formation professionnelle dans les départements d'outre-mer, à Saint-Barthélemy et à Saint-Martin ;

2° Au comité de coordination de l'emploi et de la formation professionnelle de Saint-Pierre-et-Miquelon.

Art. R. 5523-2. À Saint-Pierre-et-Miquelon, l'autorité administrative compétente pour conclure un contrat d'objectifs des entreprises adaptées mentionnée à l'article L. 5213-13, est le représentant de l'État dans la collectivité.

Art. R. 5523-2-2. (D. 2018-953 du 31 oct. 2018, art. 6, 9°, JO 6 nov.) Pour l'application à Mayotte de l'article R. 5213-76, les mots : " à l'article L. 321-1 du code de la sécurité sociale " sont remplacés par les mots : " au 7° de l'article 20-1 de l'ordonnance n° 96-1122 du 20 décembre 1996 relative à l'amélioration de la santé publique, à l'assurance maladie, maternité, invalidité et décès, au financement de la sécurité sociale à Mayotte et à la caisse de sécurité sociale de Mayotte ".

SECTION 2 (RÉGLEMENTAIRE). Travailleurs étrangers

Art. R. 5523-3. Pour exercer une activité professionnelle salariée à Saint-Pierre-et-Miquelon, le travailleur étranger est titulaire d'une autorisation de travail en cours de validité.

Art. R. 5523-4. L'autorisation de travail est délivrée par le préfet de Saint-Pierre-et-Miquelon. Elle autorise l'étranger à exercer les activités professionnelles salariées de son choix dans cette collectivité.

Art. R. 5523-5. À Saint-Pierre-et-Miquelon, l'autorisation de travail est présentée, sur demande, aux autorités chargées du contrôle des conditions de travail.

Art. R. 5523-6. À Saint-Pierre-et-Miquelon, l'autorisation de travail peut être délivrée sous la forme :

1° D'une carte de résident ;

2° D'une carte de séjour temporaire portant la mention « salarié » ;

3° D'une autorisation provisoire de travail.

Art. R. 5523-7. À Saint-Pierre-et-Miquelon, la carte de résident confère le droit d'exercer toute activité professionnelle salariée dans le cadre de la législation en vigueur.

Art. R. 5523-8. À Saint-Pierre-et-Miquelon, la carte de séjour temporaire portant la mention « salarié » autorise à exercer une ou plusieurs activités professionnelles salariées dans le cadre de la législation en vigueur.

Sa durée est au plus égale à un an. Elle est renouvelable.

Art. R. 5523-9. À Saint-Pierre-et-Miquelon, une autorisation provisoire de travail peut être délivrée à l'étranger qui ne peut prétendre ni à la carte de séjour temporaire portant la mention « salarié », ni à la carte de résident et qui est appelé à exercer chez un employeur déterminé, pendant une période dont la durée initialement prévue n'excède pas un an, une activité présentant, par sa nature ou les circonstances de son exercice, un caractère temporaire.

La durée de validité de cette autorisation, dont les caractéristiques sont fixées par arrêté du ministre chargé des travailleurs immigrés, ne peut dépasser neuf mois. Elle est renouvelable.

Art. R. 5523-10. L'étranger qui souhaite exercer une activité professionnelle salariée à Saint-Pierre-et-Miquelon joint à sa première demande d'autorisation de travail le contrat ou la promesse d'embauche, précisant la profession, le salaire offert et la durée hebdomadaire de travail, revêtus du visa du chef du service du travail et de l'emploi qu'il a dû obtenir avant son entrée dans cette collectivité.

Art. R. 5523-11. Par dérogation à l'article R. 5523-10, l'étranger qui séjourne régulièrement à Saint-Pierre-et-Miquelon peut être autorisé à y travailler. Il joint à sa demande un contrat de travail.

Art. R. 5523-12. Pour les marins, les autorisations mentionnées à l'article R. 5523-10 sont délivrées par l'autorité maritime dans les conditions fixées au code du travail maritime.

Art. R. 5523-13. À Saint-Pierre-et-Miquelon, sauf s'il est titulaire d'une carte de résident, l'étranger qui sollicite le renouvellement de l'autorisation de travail joint à sa demande un contrat ou une promesse de contrat de travail précisant la profession, le salaire offert et la durée hebdomadaire de travail.

Art. R. 5523-14. Pour accorder ou refuser l'autorisation de travail sollicitée, le préfet de Saint-Pierre-et-Miquelon prend notamment en considération :

1° La situation de l'emploi présente et à venir dans la profession demandée par le travailleur étranger ;

2° Les conditions d'application par l'employeur de la réglementation relative au travail ;

3° Les conditions d'emploi et de rémunération offertes au travailleur étranger, qui doivent être identiques à celles dont bénéficient les travailleurs français ;

4° Les dispositions prises par l'employeur pour assurer ou faire assurer, dans des conditions normales, le logement du travailleur étranger.

Art. R. 5523-15. Seuls les éléments d'appréciation mentionnés aux 2° et 3° de l'article R. 5523-14 sont pris en considération pour l'examen des demandes présentées par les réfugiés et par les apatrides.

Chapitre IV

Indemnisation des travailleurs involontairement privés d'emploi

SECTION 1. Dispositions relatives à Mayotte

Note Cette section est issue de l'ordonnance 2017-1491 du 25 octobre 2017, art. 6, 14°, JO 26, entrée en vigueur le 01.01.2018.

Art. L. 5524-1. L'article L. 5411-5 n'est pas applicable à Mayotte.

Art. L. 5524-2. Pour l'application à Mayotte de l'article L. 5421-4, les mots : " à l'article L. 161-17-2 du code de la sécurité sociale " sont remplacés par les mots : " au premier alinéa de l'article 6 de l'ordonnance (L. 2018-771 du 5 sept. 2018, art. 63, I, JO 6, entrée en vigueur le 01.01.2019) «n° 2002-411 du 27 mars 2002 relative à la protection sanitaire et sociale à Mayotte» ", les mots : " au deuxième alinéa de l'article L. 351-1 du code de la sécurité sociale " sont remplacés par les mots : " au même alinéa " et les mots : " attribuée en application des articles L. 161-17-4, L. 351-1-1, L. 351-1-3 et L. 351-1-4 du code de la sécurité sociale et des troisième et septième alinéas du I de l'article 41 de la loi de financement de la sécurité sociale pour 1999 (n° 98-1194 du 23 décembre 1998) " sont remplacés par les mots : " anticipée attribuée en application de la législation sociale applicable à Mayotte ".

Art. L. 5524-3. Mayotte peut faire l'objet d'accords spécifiques conclus en application de l'article L. 5422-20 (L. 2018-771 du 5 sept. 2018, art. 63, II, JO 6, entrée en vigueur le 01.01.2019) «, dans les conditions fixées aux articles L. 5422-20-1 et L. 5422-20-2».

Les dispositions de la section 3 du chapitre IV du titre II du livre IV de la présente partie ne sont pas applicables à ces accords. Ces accords peuvent prévoir des règles spécifiques d'indemnisation des artistes et des techniciens intermittents du spectacle, en vue de l'alignement progressif de ces règles avec celles appliquées en métropole, en Guadeloupe, en Guyane, en Martinique, à La Réunion, à Saint-Barthélemy, à Saint-Martin et à Saint-Pierre-et-Miquelon (L. 2018-771 du 5 sept. 2018, art. 63, II, JO 6, entrée en vigueur le 01.01.2019) «, dans les conditions fixées aux articles L. 5422-20-1 et L. 5422-20-2.»

Art. L. 5524-4. Le taux de l'allocation de solidarité spécifique à Mayotte est revalorisé par décret, en vue de réduire la différence de taux de l'allocation avec celui appliqué, en métropole, en Guadeloupe, en Guyane, en Martinique, à La Réunion, à Saint-Barthélemy, à Saint-Martin et à Saint-Pierre-et-Miquelon.

Art. L. 5524-5. Pour l'application à Mayotte de l'article (Ord. 2019-861 du 21 août 2019, art. 1er, 14°, JO 22) « L. 5423-7», les mots : " aux articles L. 821-1 et L. 821-2 du code de la sécurité sociale " sont remplacés par les mots : " à l'article 35 de l'ordonnance n° 2002-411 du 27 mars 2002 relative à la protection sanitaire et sociale à Mayotte " et les mots : " à l'article L. 821-7 du code de la sécurité sociale " sont remplacés par les mots : " à l'article 19 de l'ordonnance n° 2002-149 du 7 février 2002 relative à l'extension et à la généralisation des prestations familiales et de la protection sociale dans la collectivité départementale de Mayotte ".

Art. L. 5524-6. Pour l'application à Mayotte de l'article L. 5428-1, les mots : " sous réserve de l'application des dispositions des articles L. 131-1, L. 241-2, L. 242-13 et L. 711-2 du code de la sécurité sociale " sont remplacés par les mots : " sous réserve des dispositions de l'article 28-7 de l'ordonnance n° 96-1122 du 20 décembre 1996 relative à l'amélioration de la santé publique, à l'assurance maladie, maternité, invalidité et décès, au financement de la sécurité sociale à Mayotte et à la caisse de sécurité sociale de Mayotte ".

Sous-section 1 (réglementaire). **Droits et obligations du demandeur d'emploi**

Note Les sous-sections 1 à 3 sont issues du décret 2018-953 du 31 octobre 2018, art. 6, 10°, JO 6 nov.

Art. R. 5524-1. Pour l'application à Mayotte de l'article R. 5411-6, les mots : " au titre des 2° et 3° de l'article L. 341-4 du code de la sécurité sociale " sont remplacés par les mots : " à l'article 20-8-1 de l'ordonnance n° 96-1122 du 20 décembre 1996 relative à l'amélioration de la santé publique, à l'assurance maladie, maternité, invalidité et décès, au financement de la sécurité sociale à Mayotte et à la caisse de sécurité sociale de Mayotte ".

Art. R. 5524-2. À Mayotte, lorsque le bénéficiaire est marié sous le régime du statut civil de droit local, dans sa version antérieure à l'ordonnance n° 2010-590 du 3 juin 2010 portant dispositions relatives au statut civil de droit local applicable à Mayotte et aux juridictions compétentes, le plafond de ressources applicable est celui prévu à l'article R. 5423-1, pour les bénéficiaires en couple. Seules ses ressources ainsi que celles de sa première épouse sont prises en compte pour l'application de l'article R. 5423-2.

Ses épouses peuvent, le cas échéant, bénéficier à titre personnel de l'allocation de solidarité spécifique dans les conditions prévues aux articles R. 5423-1 et R. 5423-2.

Sous-section 2 (réglementaire). **Indemnisation du demandeur d'emploi**

Art. R. 5524-3. Les articles R. 5422-1 et R. 5422-2 ne sont pas applicables à Mayotte.

Art. R. 5524-4. Pour les salariés justifiant d'une durée d'affiliation de cent quatre-vingt-deux jours ou mille quatorze heures au cours des vingt-quatre mois précédant la fin de contrat de travail, la durée pendant laquelle l'allocation d'assurance est accordée ne peut être inférieure à cent quatre-vingt-deux jours.

Art. R. 5524-5. Par dérogation à l'article R. 5524-4, lorsque l'intéressé n'a pas épuisé les droits à l'allocation d'aide au retour à l'emploi qui lui ont été précédemment octroyés et qu'il remplit les conditions permettant une nouvelle ouverture de droits, la durée d'indemnisation est établie de manière à permettre le versement du montant global de droits le plus élevé et du montant de l'allocation d'aide au retour à l'emploi calculée à partir du salaire journalier de référence le plus élevé, selon des modalités définies dans l'accord relatif à l'assurance chômage prévu à l'article L. 5524-3.

Ces durées sont diminuées, le cas échéant, de la durée du contrat de sécurisation professionnelle conclu en application de l'article L. 1233-65 du code du travail dont l'intéressé a bénéficié à la fin du même contrat de travail.

Art. R. 5524-6. Pour l'application à Mayotte de l'article R. 5422-16, la référence : " L. 5422-22 " est remplacée par la référence : " L. 5524-3 ".

Art. R. 5524-7. Pour l'application à Mayotte de l'article R. 5422-17, la référence : " L. 5422-23 " est remplacée par la référence : " L. 5524-3 ".

Sous-section 3 (réglementaire). **Régimes particuliers**

Art. R. 5524-8. Pour l'application à Mayotte de l'article R. 5424-2, il est ajouté, après les mots : " affiliés au régime d'assurance ", les mots : " applicable à Mayotte ".

Art. R. 5524-9. Pour l'application à Mayotte de l'article R. 5424-3 :

1° Au premier alinéa, après les mots : " régime d'assurance ", il est inséré les mots : " applicable à Mayotte " ;

2° Au 2°, après les mots : " régime d'assurance ", il est inséré les mots : " applicable à Mayotte ".

Art. R. 5524-10. Les dispositions de la section 3 du chapitre IV du titre II du livre IV de la cinquième partie du code du travail (partie réglementaire) ne sont pas applicables à Mayotte.

Art. R. 5524-11. (D. 2019-796 du 26 juil. 2019, JO 28, entrée en vigueur le 01.11.2019) Les dispositions de la section 4 du chapitre IV du titre II du livre IV de la cinquième partie du code du travail (partie réglementaire) sont applicables à Mayotte, sous réserve des adaptations suivantes :

1° Le montant des revenus antérieurs d'activité mentionnés au 3° de l'article R. 5424-70 est fixé à 7 500 euros par an ;

2° Au 4° de l'article R. 5424-70, les mots " inférieures au montant forfaitaire mensuel " sont remplacés par les mots " inférieures à 75 % du montant forfaitaire mensuel ".

SECTION 2. Autres dispositions d'adaptation

Art. L. 5524-10. Un décret en Conseil d'État apporte aux dispositions du titre II du livre IV, relatives à l'indemnisation des travailleurs privés d'emploi, les adaptations nécessaires à leur application (Ord. 2017-1491 du 25 oct. 2017, art. 6, 5°, JO 26, entrée en vigueur le 01.01.2018) «en Guadeloupe, en Guyane, en Martinique, à Mayotte, à La Réunion» (Ord. 2008-205 du 27 févr. 2008, JO 1er mars) «, à Saint-Barthélemy, à Saint-Martin» et à Saint-Pierre-et-Miquelon.

TITRE III

MESURES DE COORDINATION AVEC LES AUTRES COLLECTIVITÉS ULTRAMARINES

Chapitre unique

Art. L. 5531-1. (L. 2018-771 du 5 sept. 2018, art. 63, IV, JO 6, entrée en vigueur le 01.01.2019) «Pôle emploi» peut exercer ses missions à Wallis-et-Futuna et dans les Terres australes et antarctiques françaises.

Sixième partie

LA FORMATION PROFESSIONNELLE TOUT AU LONG DE LA VIE

LIVRE Ier

PRINCIPES GÉNÉRAUX ET ORGANISATION INSTITUTIONNELLE DE LA FORMATION ET DE L'ORIENTATION PROFESSIONNELLES

TITRE Ier

PRINCIPES GÉNÉRAUX

Chapitre Ier

Objectifs et contenu de la formation et de l'orientation professionnelles

SECTION 1. La formation professionnelle tout au long de la vie

Art. L. 6111-1. La formation professionnelle tout au long de la vie constitue une obligation nationale. (L. 2009-1437 du 24 nov. 2009, art. 1er, JO 25) «Elle vise à permettre à chaque personne, indépendamment de son statut, d'acquérir et d'actualiser des connaissances et des compétences favorisant son évolution professionnelle, ainsi que de progresser d'au moins un niveau de qualification au cours de sa vie professionnelle. (L. 2013-504 du 14 juin 2013, art. 5, JO 16) «Elle constitue un élément déterminant de sécurisation des parcours professionnels et de la promotion des salariés.» Une stratégie nationale coordonnée est définie et mise en œuvre par l'État, les régions et les partenaires sociaux», (L. 2014-288 du 5 mars 2014, art. 24, II, 4°, JO 6, entrée en vigueur le 01.01.2015) «dans les conditions prévues au 2° de l'article L. 6123-1. Cette stratégie est déclinée dans chaque région dans le cadre du comité régional de l'emploi, de la formation et de l'orientation professionnelles.»

Elle comporte une formation initiale, comprenant notamment l'apprentissage, et des formations ultérieures, qui constituent la formation professionnelle continue, destinées aux adultes et aux jeunes déjà engagés dans la vie active ou qui s'y engagent.

En outre, toute personne engagée dans la vie active est en droit de faire valider les acquis de son expérience, notamment professionnelle (L. 2019-1461 du 27 déc. 2019, art. 110, JO 28) «, liée à l'exercice d'un mandat d'élu au sein d'une collectivité territoriale» (L. 2008-789 du 20 août 2008, art. 7, JO 21) «ou liée à l'exercice de responsabilités syndicales».

(L. 2013-504 du 14 juin 2013, art. 5, JO 16) «Afin de favoriser son accès à la formation professionnelle tout au long de la vie, chaque personne dispose dès son entrée sur le marché du travail (L. 2014-288 du 5 mars 2014, art. 1er, I, 1°, JO 6, entrée en vigueur le 01.01.2015) «et jusqu'à la retraite», indépendamment de son statut, d'un compte personnel de formation (L. 2014-288 du 5 mars 2014, art. 1er, I, 1° JO 6, entrée en vigueur le 01.01.2015) «qui contribue à l'acquisition d'un premier niveau de qualification ou au développement de ses compétences et de ses qualifications en lui permettant, à son initiative, de bénéficier de formations».

Peuvent être mobilisés en complément du compte les autres dispositifs de formation auxquels son titulaire peut prétendre.»

Art. L. 6111-2. (L. 2009-1437 du 24 nov. 2009, art. 2, JO 25) «Les connaissances et les compétences mentionnées au premier alinéa de l'article L. 6111-1 prennent appui sur le socle mentionné à l'article L. 122-1-1 du code de l'éducation, qu'elles développent et complètent.»

(L. 2017-86 du 27 janv. 2017, art. 157, 1°, JO 28) «Les actions de lutte contre l'illettrisme et en faveur de l'apprentissage et de l'amélioration de la maîtrise de la langue française ainsi que des compétences numériques font partie de la formation professionnelle tout au long de la vie. Tous les services publics, les collectivités territoriales et leurs groupements, les entreprises et leurs institutions sociales, les associations et les organisations syndicales et professionnelles concourent à l'élaboration et la mise en œuvre de ces actions dans leurs domaines d'action respectifs.»

SECTION 2. L'orientation professionnelle tout au long de la vie

Art. L. 6111-3. (L. 2009-1437 du 24 nov. 2009, art. 4, JO 25) (L. 2017-86 du 27 janv. 2017, art. 54, II, 1°, JO 28) « I. –» Toute personne dispose du droit à être informée, conseillée et accompagnée en matière d'orientation professionnelle, au titre du droit à l'éducation garanti à chacun par l'article L. 111-1 du code de l'éducation.

Le service public de l'orientation tout au long de la vie (L. 2014-288 du 5 mars 2014, art. 22, II, 3°, JO 6, entrée en vigueur le 01.01.2015) «garantit» à toute personne l'accès à une information gratuite, complète et objective sur les métiers, les formations, les certifications, les débouchés et les niveaux de rémunération, ainsi que l'accès à des services de conseil et d'accompagnement en orientation de qualité et organisés en réseaux. (L. 2014-288 du 5 mars 2014, art. 22, II, 3°, JO 6, entrée en vigueur le 01.01.2015) «Il concourt à la mixité professionnelle en luttant contre les stéréotypes de genre.»

(L. 2014-288 du 5 mars 2014, art. 22, II, 3°, JO 6, entrée en vigueur le 01.01.2015) «L'État et les régions assurent le service public de l'orientation tout au long de la vie (L. 2017-86 du 27 janv. 2017, art. 54, II, 1°, JO 28) «et garantissent à tous les jeunes l'accès à une information généraliste, objective, fiable et de qualité ayant trait à tous les aspects de leur vie quotidienne».

L'État définit, au niveau national, la politique d'orientation des élèves et des étudiants dans les établissements scolaires et les établissements d'enseignement supérieur. Avec l'appui, notamment, des centres publics d'orientation scolaire et professionnelle et des services communs internes aux universités chargés de l'accueil, de l'information et de l'orientation des étudiants mentionnés, respectivement, aux articles L. 313-5 et L. 714-1 du même code, il met en œuvre cette politique dans ces établissements scolaires et d'enseignement supérieur et délivre à cet effet l'information nécessaire sur toutes les voies de formation aux élèves et aux étudiants (L. 2018-771 du 5 sept. 2018, art. 18, I, 1° et 2°, JO 6) «ainsi que l'accompagnement utile aux élèves, étudiants ou apprentis pour trouver leur voie de formation.

La région organise des actions d'information sur les métiers et les formations aux niveaux régional, national et européen ainsi que sur la mixité des métiers et l'égalité professionnelle entre les femmes et les hommes en direction des élèves et de leurs familles, des apprentis ainsi que des étudiants, notamment dans les établissements scolaires et universitaires. Lorsque ces actions ont lieu dans un établissement scolaire, elles sont organisées en coordination avec les psychologues de l'éducation nationale et les enseignants volontaires formés à cet effet. Pour garantir l'unité du service public de l'orientation et favoriser l'égalité d'accès de l'ensemble des élèves, des apprentis et des étudiants à cette information sur les métiers et les formations, un cadre national de référence est établi conjointement entre l'État et les régions. Il précise les rôles respectifs de l'État et des régions et les principes guidant l'intervention des régions dans les établissements.» La région coordonne les actions des autres organismes participant au service public régional de l'orientation et met en place un réseau de centres de conseil sur la validation des acquis de l'expérience. (L. 2018-771 du 5 sept. 2018, art. 18, I, 4°, JO 6) «Avec le concours de l'établissement public national mentionné à l'article L. 313-6 dudit code, elle élabore la documentation de portée régionale sur les enseignements et les professions et, en lien avec les services de l'État, diffuse l'information et la met à disposition des établissements de l'enseignement scolaire et supérieur, selon des modalités fixées par décret.»

Les organismes mentionnés (L. 2018-771 du 5 sept. 2018, art. 3, I, 1°, JO 6, entrée en vigueur le 01.01.2019) «à l'avant-dernier» alinéa de l'article L. 6111-6 du présent code ainsi que les organismes consulaires participent au service public régional de l'orientation.

Une convention annuelle conclue entre l'État et la région dans le cadre du contrat de plan régional de développement des formations et de l'orientation professionnelles prévu au I de l'article L. 214-13 du code de l'éducation détermine les conditions dans lesquelles l'État et la région coordonnent l'exercice de leurs compétences respectives dans la région.»

(L. 2017-86 du 27 janv. 2017, art. 54, II, 1°, JO 28) «II. – La région coordonne également, de manière complémentaire avec le service public régional de l'orientation et sous réserve des missions de l'État, les initiatives des collectivités territoriales, des établissements publics de coopération intercommunale et des personnes morales, dont une ou plusieurs structures d'information des jeunes sont labellisées par l'État dans les conditions et selon les modalités prévues par décret. Ces structures visent à garantir à tous les jeunes l'accès à une information généraliste, objective, fiable et de qualité touchant tous les domaines de leur vie quotidienne.»

(L. 2018-771 du 5 sept. 2018, art. 18, II, JO 6) «La région établit annuellement un rapport publié rendant compte des actions mises en œuvre par les structures en charge de l'orientation professionnelle et garantissant la qualité de l'information disponible auprès des jeunes, notamment en termes de lutte contre les stéréotypes et les classifications sexistes.»

Art. D. 6111-8. (D. 2019-1303 du 6 déc. 2019, JO 7, modifié par D. 2020-19 du 9 janv. 2020, JO 11) Les régions organisent la publication et transmettent la liste et les coordonnées des centres de conseil sur la validation des acquis de l'expérience mentionnés au I de l'article L. 6111-3 au portail national dématérialisé dédié à la validation des acquis de l'expérience.

Art. L. 6111-4. (L. 2009-1437 du 24 nov. 2009, art. 4, JO 25, entrée en vigueur le 01.01.2015) Il est créé un service dématérialisé gratuit et accessible à toute personne, lui permettant:

1° De disposer d'une première information et d'un premier conseil personnalisé en matière d'orientation et de formation professionnelles;

2° D'être orientée vers les structures susceptibles de lui fournir les informations et les conseils nécessaires à sa bonne orientation professionnelle.

Une convention peut être conclue entre l'État, les régions et le fonds visé à l'article L. 6332-18 pour concourir au financement de ce service.

Art. L. 6111-5. (L. 2014-288 du 5 mars 2014, art. 22, II, 5°, JO 6, entrée en vigueur le 01.01.2015) «Sur le fondement de normes de qualité élaborées par la région à partir d'un cahier des charges qu'elle arrête, peuvent être reconnus comme participant au service public régional de l'orientation tout au long de la vie les organismes qui proposent à toute personne un ensemble de services lui permettant:»

1° De disposer d'une information exhaustive et objective sur les métiers, les compétences et les qualifications nécessaires pour les exercer, les dispositifs de formation et de certification, ainsi que les organismes de formation et les labels de qualité dont ceux-ci bénéficient;

(L. 2017-86 du 27 janv. 2017, art. 54, II, 2°, JO 28) «2° S'agissant des jeunes de seize ans à trente ans, de disposer d'une information sur l'accès aux droits sociaux et aux loisirs;»

(L. 2017-86 du 27 janv. 2017, art. 54, II, 2°, JO 28) «3°» De bénéficier de conseils personnalisés afin de pouvoir choisir en connaissance de cause un métier, une formation ou une certification adapté à ses aspirations, à ses aptitudes et aux perspectives professionnelles liées aux besoins prévisibles de la société, de l'économie et de l'aménagement du territoire et, lorsque le métier, la formation ou la certification envisagé fait l'objet d'un service d'orientation ou d'accompagnement spécifique assuré par un autre organisme, d'être orientée de manière pertinente vers cet organisme.

SECTION 3. Le conseil en évolution professionnelle

Art. L. 6111-6. (L. 2018-771 du 5 sept. 2018, art. 3, I, 2°, JO 6, entrée en vigueur le 01.01.2019) Toute personne peut bénéficier tout au long de sa vie professionnelle d'un conseil en évolution professionnelle, dont l'objectif est de favoriser l'évolution et la sécurisation de son parcours professionnel.

Le conseil est gratuit et est mis en œuvre dans le cadre du service public régional de l'orientation mentionné à l'article L. 6111-3. L'opérateur du conseil en évolution professionnelle accompagne la personne dans la formalisation et la mise en œuvre de ses projets d'évolution professionnelle, en lien avec les besoins économiques et sociaux existants et prévisibles dans les territoires. Il facilite l'accès à la formation, en identifiant les compétences de la personne, les qualifications et les formations répondant aux besoins qu'elle exprime ainsi que les financements disponibles.

Il accompagne les salariés dans le cadre de leurs projets de transition professionnelle prévus à l'article L. 6323-17-1.

L'offre de service du conseil en évolution professionnelle est définie par un cahier des charges arrêté par le ministre chargé de la formation professionnelle.

Sous réserve de l'article L. 6111-6-1, le conseil en évolution professionnelle est assuré par les institutions et organismes mentionnés au 1° *bis* de l'article L. 5311-4 et à l'article L. 5314-1, par Pôle emploi, par l'institution chargée de l'amélioration du fonctionnement du marché de l'emploi des cadres créée par l'accord national interprofessionnel du 12 juillet 2011 relatif à l'Association pour l'emploi des cadres ainsi que par les opérateurs désignés au titre du 4° de l'article L. 6123-5, après avis du bureau du comité régional de l'emploi, de l'orientation et de la formation professionnelles mentionné à l'article L. 6123-3. Les opérateurs régionaux sont financés par France compétences et sélectionnés (Ord. 2019-861 du 21 août 2019, art. 1er, 15°, JO 22) «par un marché public».

Ces institutions, organismes et opérateurs assurent l'information directe des personnes sur les modalités d'accès à ce conseil et sur son contenu, selon des modalités définies par voie réglementaire.

Art. L. 6111-6-1. (L. 2018-771 du 5 sept. 2018, art. 3, I, 3°, JO 6, entrée en vigueur le 01.01.2019) Les organismes chargés du conseil en évolution professionnelle partagent les données relatives à leur activité de conseil dans les conditions prévues à l'article L. 6353-10.

Ceux d'entre eux qui ne remplissent pas cette obligation perdent le bénéfice des dispositions mentionnées à l'article L. 6111-6, dans des conditions précisées par décret en Conseil d'État.

Art. R. 6111-5. (D. 2019-657 du 27 juin 2019, JO 28, entrée en vigueur le 01.01.2020) I. – Lorsque le ministre chargé de la formation professionnelle constate que les institutions et organismes mentionnés au 1° *bis* de l'article L. 5311-4 et à l'article L. 5314-1, Pôle emploi et l'institution chargée de l'amélioration du fonctionnement du marché de l'emploi des cadres créée par l'accord national interprofessionnel du 12 juillet 2011 relatif à l'Association pour l'emploi des cadres, chargés de délivrer le conseil en évolution professionnelle au titre de l'article L. 6111-6 ne fournissent pas, pendant une durée supérieure à six mois, les données relatives au parcours professionnel et au parcours de formation du bénéficiaire prévues l'article R. 6323-34, ainsi que les données relatives à leur activité de conseil prévues à l'article L. 6111-6-1, il les met en demeure de se mettre en conformité avec les obligations mentionnées à l'article L. 6111-6-1 dans un délai de deux mois. À l'expiration de ce délai, si les organismes ne se sont pas mis en conformité avec leurs obligations, ils ne bénéficient plus des dispositions de l'article L. 6111-6. Le ministre chargé de la formation professionnelle, leur en fait notification, par tout moyen donnant date certaine à cette notification et en informe France compétences.

II. – Lorsque le conseil d'administration de France compétences constate que les opérateurs chargés de délivrer le conseil en évolution professionnelle désignés au titre du 4° de l'article L. 6123-5 ne fournissent pas, dans les conditions prévues à l'article L. 6111-6-1, pendant une durée supérieure à six mois, les données relatives au parcours professionnel et au parcours de formation du bénéficiaire prévues à l'article R. 6323-34, ainsi que les données relatives à leur activité de conseil prévues à l'article L. 6111-6-1, il les met en demeure de se mettre en conformité avec ces obligations dans un délai de deux mois. À l'expiration de ce délai, si les organismes ne se sont pas mis en conformité avec leurs obligations, France compétences résilie le contrat conclu avec les opérateurs. France compétences, leur notifie cette résiliation, par tout moyen donnant date certaine à cette notification, et en informe le ministre chargé de la formation professionnelle.

Art. D. 6111-6. Les institutions, organismes et opérateurs mentionnés à l'article L. 6111-6 assurent le conseil en évolution professionnelle.

Ils assurent l'information directe des personnes sur les modalités d'accès à ce conseil et sur son contenu, notamment en organisant des sessions d'information des personnes en activité professionnelle et des demandeurs d'emploi au titre du conseil en évolution professionnelle.

Ces institutions, organismes et opérateurs informent les personnes dès leur premier entretien sur les modalités d'accès et le contenu du conseil en évolution professionnelle, selon les modalités prévues par l'arrêté mentionné à l'article L. 6111-6.

Art. D. 6111-7. Les institutions, organismes et opérateurs chargés de délivrer le conseil en évolution professionnelle évaluent l'apport du conseil sur leurs bénéficiaires et partagent ces données dans les conditions prévues à l'article L. 6353-10 du code du travail.

SECTION 4. Supports d'information

Art. L. 6111-7. (L. 2018-771 du 5 sept. 2018, art. 1er, III, JO 6, entrée en vigueur le 01.01.2019) Les informations relatives à l'offre de formation, définies par un arrêté du ministre chargé de la formation professionnelle, sont collectées au sein d'un système d'information national géré par la Caisse des dépôts et consignations, dont les conditions de mise en œuvre sont précisées par décret.

Ce système est alimenté par:

1° Les organismes mentionnés à l'article L. 6316-1;

2° Les prestataires d'actions mentionnés à l'article L. 6351-1.

France compétences communique à la Caisse des dépôts et consignations la liste des opérateurs du conseil en évolution professionnelle qu'elle finance.

Ce système d'information identifie les formations éligibles au compte personnel de formation mentionnées à l'article L. 6323-6. Ce système d'information national est publié en ligne, dans un standard ouvert aisément réutilisable.

Art. L. 6111-8. (L. 2018-771 du 5 sept. 2018, art. 24, I, JO 6) Chaque année, pour chaque centre de formation d'apprentis et pour chaque lycée professionnel, sont rendus publics quand les effectifs concernés sont suffisants:

1° Le taux d'obtention des diplômes ou titres professionnels;

2° Le taux de poursuite d'études;

3° Le taux d'interruption en cours de formation;

4° Le taux d'insertion professionnelle des sortants de l'établissement concerné, à la suite des formations dispensées;

5° La valeur ajoutée de l'établissement.

Pour chaque centre de formation d'apprentis, est également rendu public chaque année le taux de rupture des contrats d'apprentissage conclus.

Les modalités de diffusion des informations publiées sont déterminées par arrêté conjoint des ministres chargés de la formation professionnelle et de l'éducation nationale.

SECTION 1 (RÉGLEMENTAIRE). Système d'information relatif à l'offre de formation professionnelle

Note Cette section a été introduite par le décret 2015-742 du 24 juin 2015, JO 27, entrée en vigueur le 01.01.2016.

Art. R. 6111-1. Le système d'information national prévu à l'article L. 6111-7 utilise un langage de référence commun dénommé " Langage harmonisé d'échange d'informations sur l'offre de formation - LHÉO ".

Art. R. 6111-2. Le langage de référence mentionné à l'article R. 6111-1 est défini par arrêté du ministre en charge de la formation professionnelle, pris après avis (D. 2018-1262 du 26 déc. 2018, art. 1er, III, JO 28, entrée en vigueur le 01.01.2019) «de la Commission nationale de la négociation collective, de l'emploi et de la formation professionnelle» et publié au *Journal officiel* de la République française. Il est actualisé de façon régulière.

Il est mis à disposition du public par voie dématérialisée.

Art. R. 6111-3. L'information préalable relative aux sessions de formation prévue au premier alinéa de l'article L. 6121-5 et l'information relative à l'offre de formation professionnelle continue sur le territoire par la région déterminée à l'article L. 6121-6 sont diffusées selon le langage de référence mentionné à l'article L. 6111-1.

Le système d'information du compte personnel de formation défini au II de l'article L. 6323-8 recense l'offre de formation professionnelle selon le même langage.

Art. R. 6111-4. Les membres du service public de l'emploi, les opérateurs du conseil en évolution professionnelle ainsi que les organismes mentionnés aux 3° et 4° du II de l'article L. 6323-4 sont destinataires des informations mentionnées au premier alinéa de l'article R. 6111-3.

Chapitre II

Égalité d'accès à la formation

SECTION 1. Égalité d'accès entre les femmes et les hommes

Art. L. 6112-1. Pour l'application de la présente partie, aucune distinction entre les femmes et les hommes ne peut être faite.

Art. D. 6112-1. Toute personne concourant à la formation professionnelle tout au long de la vie est formée aux règles relatives à l'égalité professionnelle entre les femmes et les hommes et contribue, dans l'exercice de son activité, à favoriser cette égalité.

Art. L. 6112-2. Le principe de non-discrimination énoncé à l'article L. 6112-1 ne fait pas obstacle à l'intervention, à titre transitoire, par voie réglementaire ou conventionnelle, de mesures prises au seul bénéfice des femmes en vue d'établir l'égalité des chances entre les femmes et les hommes en matière de formation.

Ces mesures sont destinées notamment à corriger les déséquilibres constatés au détriment des femmes dans la répartition des femmes et des hommes dans les actions de formation et à favoriser l'accès à la formation des femmes souhaitant reprendre une activité professionnelle interrompue pour des motifs familiaux.

SECTION 2. Égalité d'accès des personnes handicapées et assimilées

Art. L. 6112-3. Les personnes handicapées et assimilées, mentionnées à l'article L. 5212-13, ont accès à l'ensemble des dispositifs de formation prévus dans la présente partie dans le respect du principe d'égalité de traitement, en prenant les mesures appropriées.

Elles bénéficient, le cas échéant, d'actions spécifiques de formation ayant pour objet de permettre leur insertion ou leur réinsertion professionnelle ainsi que leur maintien dans l'emploi, de favoriser le développement de leurs compétences et l'accès aux différents niveaux de la qualification professionnelle et de contribuer au développement économique et culturel et à la promotion sociale.

(L. 2013-504 du 14 juin 2013, art. 5, JO 16) «La stratégie nationale définie à l'article L. 6111-1 comporte un volet consacré à l'accès et au développement de la formation professionnelle des personnes en situation de handicap.»

SECTION 3. Égalité d'accès des représentants du personnel et des délégués syndicaux

Art. L. 6112-4. (L. 2015-994 du 17 août 2015, art. 5, JO 18) Les ministres chargés du travail et de la formation professionnelle établissent une liste des compétences correspondant à l'exercice d'un mandat de représentant du personnel ou d'un mandat syndical. Après avis de la (L. 2018-771 du 5 sept. 2018, art. 45, I, 5°, JO 6) «commission de France compétences en charge de la certification professionnelle», ces compétences font l'objet d'une certification inscrite (L. 2018-771 du 5 sept. 2018, art. 45, I, 5°, JO 6) «au répertoire spécifique mentionné à l'article L. 6113-6». La certification est enregistrée en blocs de compétences qui permettent d'obtenir des dispenses dans le cadre notamment d'une démarche de validation des acquis de l'expérience permettant, le cas échéant, l'obtention d'une autre certification.

Un recensement des certifications ou parties de certification comportant ces compétences et enregistrées au répertoire national des certifications professionnelles est annexé à la liste mentionnée au premier alinéa du présent article.

Art. D. 6112-2. (D. 2019-1422 du 20 déc. 2019, art. 1er, JO 22) Les actions de formation certifiantes nécessaires à l'obtention de la certification relative aux compétences acquises dans l'exercice d'un mandat de représentant du personnel ou d'un mandat syndical, notamment les actions de positionnement, d'accompagnement et d'évaluation des compétences, constituent un temps de travail effectif et donnent lieu pendant leur déroulement au maintien par l'entreprise de la rémunération, conformément aux dispositions de l'article L. 6321-6, dès lors qu'elles ne relèvent pas des exceptions prévues aux 1° et 2° de ce même article.

Chapitre III

La certification professionnelle

Note Ce chapitre a été introduit par la loi 2018-771 du 5 septembre 2018, art. 31, I, JO 6.

SECTION 1. Principes généraux

Art. L. 6113-1. Un répertoire national des certifications professionnelles est établi et actualisé par l'institution nationale dénommée France compétences mentionnée à l'article L. 6123-5.

Les certifications professionnelles enregistrées (Ord. 2019-861 du 21 août 2019, art. 1er, 17°, JO 22) «dans le répertoire national» des certifications professionnelles permettent une validation des compétences et des connaissances acquises nécessaires à l'exercice d'activités professionnelles. Elles sont définies notamment par un référentiel d'activités qui décrit les situations de travail et les activités exercées, les métiers ou emplois visés, un référentiel de compétences qui identifie les compétences et les connaissances, y compris transversales, qui en découlent et un référentiel d'évaluation qui définit les critères et les modalités d'évaluation des acquis.

Les certifications professionnelles sont classées par niveau de qualification et domaine d'activité. La classification par niveau de qualification est établie selon un cadre national des certifications (Ord. 2019-861 du 21 août 2019, art. 1er, 17°, JO 22) «professionnelles» défini par décret qui détermine les critères de gradation des compétences au regard des emplois et des correspondances possibles avec les certifications des États appartenant à l'Union européenne.

Les certifications professionnelles sont constituées de blocs de compétences, ensembles homogènes et cohérents de compétences contribuant à l'exercice autonome d'une activité professionnelle et pouvant être évaluées et validées.

Art. L. 6113-2. Les ministères, les commissions paritaires nationales de l'emploi de branches professionnelles, les organismes et les instances à l'origine de l'enregistrement d'une ou plusieurs certifications professionnelles enregistrées (Ord. 2019-861 du 21 août 2019, art. 1er, 18°, JO 22) «dans le répertoire national» des certifications professionnelles ou d'une ou plusieurs certifications ou habilitations enregistrées (Ord. 2019-861 du 21 août 2019, art. 1er, 18°, JO 22) «dans le répertoire spécifique» mentionné à l'article L. 6113-6 sont dénommés ministères et organismes certificateurs.

SECTION 2. Diplômes et titres à finalité professionnelle et certificats de qualification professionnelle

Art. L. 6113-3. I. – Des commissions professionnelles consultatives ministérielles, composées au moins pour moitié de représentants d'organisations syndicales de salariés représentatives au niveau national et interprofessionnel et d'organisations professionnelles d'employeurs représentatives (Ord. 2019-861 du 21 août 2019, art. 1er, 19°, JO 22) «au niveau national et interprofessionnel ou au niveau national et multiprofessionnel», peuvent être créées afin d'examiner les projets de création, de révision ou de suppression de diplômes et titres à finalité professionnelle et de leurs référentiels, à l'exception des diplômes de l'enseignement supérieur régis par les articles L. 613-1, L. 641-4 et L. 641-5 du code de l'éducation. La composition, les règles d'organisation et les règles de fonctionnement de ces commissions sont fixées par décret en Conseil d'État.

Les projets de création, de révision ou de suppression de diplômes de l'enseignement supérieur à finalité professionnelle régis par les mêmes articles L. 613-1, L. 641-4 et L. 641-5 font l'objet d'une concertation spécifique, selon des modalités fixées par voie réglementaire, avec les organisations syndicales de salariés représentatives au niveau national et interprofessionnel et les organisations professionnelles d'employeurs représentatives (Ord. 2019-861 du 21 août 2019, art. 1er, 19°, JO 22) «au niveau national et interprofessionnel ou au niveau national et multiprofessionnel».

II. – La création, la révision ou la suppression de diplômes et titres à finalité professionnelle et de leurs référentiels, à l'exception des modalités de mise en œuvre de l'évaluation des compétences et connaissances en vue de la délivrance de ces diplômes et titres, est décidée après avis conforme des commissions professionnelles consultatives ministérielles.

Lorsque la décision porte sur un diplôme ou titre à finalité professionnelle requis pour l'exercice d'une profession en application d'une (Ord. 2019-861 du 21 août 2019, art. 1er, 19°, JO 22) «norme» internationale ou d'une (Ord. 2019-861 du 21 août 2019, art. 1er, 19°, JO 22) «disposition législative ou réglementaire», la commission professionnelle consultative ministérielle compétente émet un avis simple.

Art. L. 6113-4. Les certificats de qualification professionnelle sont établis par une ou plusieurs commissions paritaires nationales de l'emploi de branche professionnelle.

Ces commissions déterminent à l'occasion de la création de cette certification professionnelle la personne morale détentrice des droits de sa propriété intellectuelle. Elles peuvent, dans les mêmes formes et à tout moment, désigner une nouvelle personne morale qui se substitue à la précédente détentrice des droits de propriété de ce certificat.

Ces certificats sont transmis à France compétences et à la Caisse des dépôts et consignations.

Ils peuvent faire l'objet d'une demande d'enregistrement (Ord. 2019-861 du 21 août 2019, art. 1er, 20°, JO 22) «dans le répertoire national» des certifications professionnelles dans les conditions prévues à l'article L. 6113-5 ou (Ord. 2019-861 du 21 août 2019, art. 1er, 20°, JO 22) «dans le répertoire spécifique» prévu à l'article L. 6113-6 dans les conditions prévues au même article L. 6113-6.

SECTION 3. Enregistrement dans les répertoires nationaux

Art. L. 6113-5. I. – Sont enregistrés par France compétences, pour une durée (Ord. 2019-861 du 21 août 2019, art. 1er, 22°, JO 22) «maximale» de cinq ans, (Ord. 2019-861 du 21 août 2019, art. 1er, 22°, JO 22) «dans le répertoire national» des certifications professionnelles les diplômes et titres à finalité professionnelle délivrés au nom de l'État créés par décret et organisés par arrêté des ministres compétents, après avis des commissions professionnelles consultatives ministérielles compétentes rendu dans les conditions prévues au II de l'article L. 6113-3, ainsi que ceux délivrés au nom de l'État prévus aux articles L. 613-1, L. 641-4 et L. 641-5 du code de l'éducation.

II. – Sont enregistrés par France compétences, pour une durée maximale de cinq ans, (Ord. 2019-861 du 21 août 2019, art. 1er, 22°, JO 22) «dans le répertoire national» des certifications professionnelles, sur demande des ministères et organismes certificateurs les ayant créés et après avis conforme de la commission de France compétences en charge de la certification professionnelle, les diplômes et titres à finalité professionnelle ne relevant pas du I et les certificats de qualification professionnelle.

Un décret en Conseil d'État définit les modalités d'enregistrement des titres, diplômes et certificats mentionnés au I et au présent II ainsi que les conditions simplifiées d'enregistrement des certifications professionnelles portant sur des métiers identifiés par la commission de France compétences en charge de la certification professionnelle comme particulièrement en évolution ou en émergence.

Art. L. 6113-6. Sont enregistrées pour une durée maximale de cinq ans, dans un répertoire spécifique établi par France compétences, sur demande des ministères et organismes certificateurs les ayant créées et après avis conforme de la commission de France compétences en charge de la certification professionnelle, les certifications et habilitations correspondant à des compétences professionnelles complémentaires aux certifications professionnelles. Ces certifications et habilitations peuvent, le cas échéant, faire l'objet de correspondances avec des blocs de compétences de certifications professionnelles.

(Ord. 2019-861 du 21 août 2019, art. 1er, 23°, JO 22) «Les certifications et habilitations établies par l'État requises pour l'exercice d'une profession ou une activité sur le territoire national en application d'une norme internationale ou d'une disposition législative ou réglementaire sont enregistrées de droit dans le répertoire spécifique.»

Art. L. 6113-7. La commission de France compétences en charge de la certification professionnelle peut adresser aux ministères et organismes certificateurs une demande tendant à la mise en place de correspondances totales ou partielles entre la certification professionnelle dont ils sont responsables (Ord. 2019-861 du 21 août 2019, art. 1er, 24°, JO 22) «et» les certifications professionnelles équivalentes et de même niveau de qualification et leurs blocs de compétences. À défaut pour (Ord. 2019-861 du 21 août 2019, art. 1er, 24°, JO 22) «le ministère ou» l'organisme certificateur de satisfaire cette demande, France compétences procède au retrait de la certification professionnelle délivrée par l'organisme du répertoire.

Art. L. 6113-8. Les ministères et organismes certificateurs procèdent à la communication des informations relatives aux titulaires des certifications délivrées au système d'information du compte personnel de formation prévu au II de l'article L. 6323-8, selon les modalités de mise en œuvre fixées par décret en Conseil d'État.

Un décret en Conseil d'État définit les conditions dans lesquelles (Ord. 2019-861 du 21 août 2019, art. 1er, 25°, JO 22) «France compétences» vérifie les conditions d'honorabilité professionnelle des organismes certificateurs et s'assure qu'ils ne poursuivent pas des buts autres que ceux liés à la certification professionnelle.

Art. L. 6113-9. Les personnes qui appartiennent aux promotions prises en compte dans le cadre de la procédure d'instruction pour enregistrement (Ord. 2019-861 du 21 août 2019, art. 1er, 18°, JO 22) «dans le répertoire national» des certifications professionnelles ainsi que celles qui appartiennent à la promotion en cours et ayant obtenu la certification peuvent se prévaloir de l'inscription de cette certification (Ord. 2019-861 du 21 août 2019, art. 1er, 18°, JO 22) «dans le répertoire national» des certifications professionnelles.

Les personnes dont la candidature a été déclarée recevable à une démarche de validation des acquis de l'expérience au sens de l'article L. 6412-2 ou les personnes suivant une formation visant à l'acquisition d'une certification professionnelle en cours de validité au moment de leur entrée en formation peuvent, après obtention de la certification, se prévaloir de l'inscription de celle-ci (Ord. 2019-861 du 21 août 2019, art. 1er, 18°, JO 22) «dans le répertoire national» des certifications professionnelles.

Art. L. 6113-10. Un décret en Conseil d'État détermine les modalités d'application du présent chapitre.

SECTION 1 (RÉGLEMENTAIRE). Commission de la certification professionnelle

Note Les sections 1 et 2 ont été introduites par le décret 2018-1172 du 18 décembre 2018, JO 20, entrée en vigueur le 01.01.2019.

Art. R. 6113-1. I. – La commission de France compétences en charge de la certification professionnelle prévue à l'article L. 6113-6 est dénommée : " Commission de la certification professionnelle ". Elle est composée, outre de son président, des membres suivants, nommés pour une durée de cinq ans par arrêté du ministre chargé de la formation professionnelle :

1° Huit représentants de l'État, désignés respectivement par le ministre chargé de la formation professionnelle, le ministre chargé de l'éducation nationale, le ministre chargé de l'enseignement supérieur, le ministre chargé de la santé, le ministre chargé des sports, le ministre chargé de l'agriculture, le ministre chargé des affaires sociales et le ministre chargé de la culture ;

2° Deux représentants de conseils régionaux ou d'assemblées délibérantes ultramarines exerçant les compétences dévolues aux conseils régionaux en matière de formation professionnelle, désignés par le ministre chargé de la formation professionnelle, sur proposition de l'Association des régions de France ;

3° Un représentant de chaque organisation syndicale de salariés représentative au niveau national et interprofessionnel, sur proposition de leur organisation respective ;

4° Un représentant de chaque organisation professionnelle d'employeurs représentative au niveau national et interprofessionnel, sur proposition de leur organisation respective.

II. – Participent aux débats, sans voix délibérative :

1° À la demande des ministres concernés, un représentant du ministre chargé de l'économie, un représentant du ministre chargé du développement durable, un représentant du ministre chargé du travail, un représentant du ministre chargé de la jeunesse et un représentant du ministre de la défense ;

2° Les rapporteurs, auprès de la commission, des demandes d'enregistrement prévues au II de l'article L. 6113-5 et à l'article L. 6113-6, des projets des demandes prévues à l'article L. 6113-7 et du projet de liste annuelle des métiers considérés comme particulièrement en évolution ou en émergence prévue à l'article R. 6113-1[0] ;

3° Toute personne dont l'audition est de nature à éclairer les débats, sur invitation du président.

Art. R. 6113-2. Pour chaque membre titulaire de la commission, à l'exception du président, un suppléant de l'autre sexe est désigné et nommé dans les mêmes conditions qu'à l'article R. 6113-1.

Art. R. 6113-3. Lorsqu'un membre décède, démissionne ou perd la qualité au titre de laquelle il a été désigné, il est remplacé pour la durée du mandat restant à courir par une personne désignée dans les mêmes conditions et, sauf s'il s'agit du président, du même sexe.

En cas d'empêchement temporaire du président, la commission est présidée par un membre élu à la majorité simple des voix exprimées par les membres présents.

Art. R. 6113-4. Avec l'accord du président, les membres de la commission peuvent participer aux débats au moyen d'une conférence téléphonique ou audiovisuelle.

Lorsqu'il n'est pas suppléé, un membre empêché peut donner son mandat à un autre membre ayant voix délibérative. Un membre ne peut détenir plus d'un mandat. Le mandat n'est valable que pour la séance pour laquelle il a été donné.

Les avis de la commission sont adoptés à la majorité simple des voix exprimées. Le président a voix prépondérante en cas de partage égal des voix.

Le quorum est atteint lorsque la moitié au moins des membres composant la commission sont présents, y compris les membres prenant part aux débats au moyen d'une conférence téléphonique ou audiovisuelle, ou ont donné mandat. Lorsque le quorum n'est pas atteint, la commission délibère valablement sans condition de quorum après une nouvelle convocation portant sur le même ordre du jour et spécifiant qu'aucun quorum ne sera exigé.

Art. R. 6113-5. La commission élabore son règlement intérieur qui précise notamment les règles de prévention des conflits d'intérêts. Ce règlement est applicable après son approbation par le conseil d'administration de France compétences.

Art. R. 6113-6. La commission se réunit sur convocation de son président, qui arrête son programme de travail annuel et fixe l'ordre du jour de chaque séance.

Le président peut solliciter, en tant que de besoin, l'avis ou l'expertise d'autorités publiques pour l'appréciation des critères d'examen des demandes d'enregistrement dans les répertoires nationaux fixés aux articles R. 6113-9 et R. 6113-11.

Art. R. 6113-7. Dans l'exercice de ses missions définies aux articles L. 6113-4 à L. 6113-8, la commission :

1° Contribue à l'harmonisation de la terminologie employée par les ministères et organismes certificateurs pour l'intitulé des certifications professionnelles, les activités qu'elles visent et les compétences qu'elles attestent ;

2° Veille à la qualité de l'information, à destination des personnes et des entreprises, relative aux certifications professionnelles et certifications et habilitations enregistrées dans les répertoires nationaux et aux certifications reconnues dans les États membres de l'Union européenne ou parties à l'accord sur l'Espace économique européen et s'assure notamment que les référentiels des certifications professionnelles enregistrées dans le répertoire national des certifications professionnelles sont accessibles au public ;

3° Contribue aux travaux internationaux sur la qualité des certifications ;

4° Peut être saisie par les ministères et les commissions paritaires nationales de l'emploi de branches professionnelles de toute question relative aux certifications professionnelles.

Pour l'exercice de ses missions, la commission tient compte des travaux des observatoires de l'emploi et des qualifications régionaux, nationaux et internationaux, du centre d'études et de recherches sur les qualifications et des observatoires prospectifs des métiers et des qualifications mis en place par les commissions paritaires nationales de l'emploi de branches professionnelles. Elle peut solliciter le conseil d'administration de France compétences pour la réalisation de toute action qu'elle juge nécessaire en matière d'évaluation de la politique de certification professionnelle.

SECTION 2 (RÉGLEMENTAIRE). Enregistrement dans les répertoires nationaux

Sous-section 1. Conditions de l'enregistrement aux répertoires nationaux

Note Cette sous-section a été introduite par le décret 2019-1490 du 27 décembre 2019, art. 1er et 3, JO 29, entrée en vigueur le 01.07.2021, modifiés par décret 2020-894 du 22 juillet 2020, art. 4, JO 23, entrée en vigueur le 23.07.2020, et comprend les articles R. 6113-8 à R. 6113-17 préexistants.

Art. R. 6113-8. Pour permettre l'enregistrement d'une certification professionnelle ou d'une certification ou habilitation dans les répertoires nationaux au titre des procédures prévues aux articles L. 6113-5 et L. 6113-6, les ministères ou organismes certificateurs transmettent au directeur général de France compétences les informations dont la liste et le contenu sont fixés par arrêté du ministre chargé de la formation professionnelle.

Art. R. 6113-9. Les demandes d'enregistrement dans le répertoire national des certifications professionnelles au titre du II de l'article L. 6113-5 sont examinées selon les critères suivants :

1° L'adéquation des emplois occupés par rapport au métier visé par le projet de certification professionnelle s'appuyant sur l'analyse d'au moins deux promotions de titulaires du projet de certification professionnelle ;

2° L'impact du projet de certification professionnelle en matière d'accès ou de retour à l'emploi, apprécié pour au moins deux promotions de titulaires et comparé à l'impact de certifications visant des métiers similaires ou proches ;

3° La qualité du référentiel d'activités, du référentiel de compétences et du référentiel d'évaluation ;

4° La mise en place de procédures de contrôle de l'ensemble des modalités d'organisation des épreuves d'évaluation ;

5° La prise en compte des contraintes légales et réglementaires liées à l'exercice du métier visé par le projet de certification professionnelle ;

6° La possibilité d'accéder au projet de certification professionnelle par la validation des acquis de l'expérience ;

7° La cohérence des blocs de compétences constitutifs du projet de certification professionnelle et de leurs modalités spécifiques d'évaluation ;

8° Le cas échéant, la cohérence des correspondances totales ou partielles mises en place avec des certifications professionnelles équivalentes et de même niveau de qualification et leurs blocs de compétences ;

9° Le cas échéant, les modalités d'association des commissions paritaires nationales de l'emploi de branches professionnelles dans l'élaboration ou la validation des référentiels.

Art. R. 6113-10. En application du II de l'article L. 6113-5, la commission de la certification professionnelle établit, selon une périodicité annuelle et sur proposition d'un comité scientifique composé du président de la commission et de trois personnalités qualifiées nommées par arrêté du ministre chargé de la formation professionnelle, une liste des métiers considérés comme particulièrement en évolution ou en émergence.

Les demandes d'enregistrement portant sur un projet de certification professionnelle relatif à un métier figurant sur la liste mentionnée au précédent alinéa ne sont pas soumises aux critères d'examen prévus aux 1° et 2° de l'article R. 6113-9.

L'enregistrement effectué au titre de la procédure du présent article est d'une durée maximale de trois ans.

Art. R. 6113-11. Les demandes d'enregistrement des projets de certifications et habilitations au titre de l'article L. 6113-6 sont examinées selon les critères suivants :

1° L'adéquation des connaissances et compétences visées par rapport aux besoins du marché du travail ;

2° La qualité du référentiel de compétences et du référentiel d'évaluation ;

3° La mise en place de procédures de contrôle de l'ensemble des modalités d'organisation des épreuves d'évaluation ;

4° La prise en compte des contraintes légales et réglementaires liées à l'exercice des compétences professionnelles visées par le projet de certification ou d'habilitation ;

5° Le cas échéant, la cohérence des correspondances mises en place avec des blocs de compétences de certifications professionnelles enregistrées dans le répertoire national des certifications professionnelles ;

6° Le cas échéant, les modalités d'association des commissions paritaires nationales de l'emploi de branches professionnelles dans l'élaboration ou la validation des référentiels.

Art. R. 6113-12. Le directeur général de France compétences prononce, par décision publiée au *Journal officiel* de la République française et mise en ligne sur le site internet de France compétences, l'enregistrement des certifications professionnelles dans le répertoire national des certifications professionnelles au titre de la procédure prévue au II de l'article L. 6113-5 et l'enregistrement des certifications et habilitations dans le répertoire spécifique au titre de la procédure prévue à l'article L. 6113-6.

Art. R. 6113-13. Les demandes tendant à la mise en place de correspondances totales ou partielles en application de l'article L. 6113-7 sont notifiées aux ministères et organismes certificateurs par le président de la commission de la certification professionnelle.

Les ministères et organismes certificateurs disposent d'un délai de deux mois à compter de cette notification pour faire part de leurs observations écrites.

Au terme de ce délai et au vu des observations produites, la commission de la certification professionnelle confirme, modifie ou infirme sa demande initiale. Cette demande est notifiée par son président aux ministères et organismes certificateurs.

Le ministère ou l'organisme certificateur dispose d'un délai d'un an à compter de cette notification pour se conformer à la demande de la commission de la certification professionnelle et l'en informer. À défaut de mise en conformité, le directeur général de France compétences notifie au ministère ou à l'organisme certificateur le retrait de la certification professionnelle du répertoire national de la certification professionnelle.

Art. R. 6113-14. Nul ne peut exercer, en droit ou en fait, une fonction de direction ou d'administration dans un organisme certificateur au sens de l'article L. 6113-2 s'il a fait l'objet d'une condamnation pour crime ou délit contraire à la probité et aux bonnes mœurs.

Cette condition d'honorabilité s'apprécie au moment de la demande d'enregistrement d'un projet de certification professionnelle ou de certification ou habilitation dans les répertoires nationaux et à tout moment pendant la période d'enregistrement.

Le bulletin n° 3 du casier judiciaire ayant moins de trois mois de date des personnes mentionnées au premier alinéa est annexé au dossier de demande d'enregistrement adressé au directeur général de France compétences. L'absence de transmission de ce bulletin à l'échéance d'un délai d'un mois à compter de la notification d'une mise en demeure par le directeur général de France compétences entraîne l'irrecevabilité de la demande d'enregistrement.

En cas de changement du personnel de direction au cours de la période d'enregistrement, le bulletin n° 3 du casier judiciaire ayant moins de trois mois de date des personnes concernées est adressé au directeur général de France compétences. L'absence de transmission de ce bulletin à l'échéance d'un délai de deux mois à compter de la notification d'une mise en demeure par le directeur général de France compétences entraîne le retrait de la certification professionnelle du répertoire national de la certification professionnelle ou de la certification ou habilitation du répertoire spécifique.

En cas de signalement identifiant un risque imminent et sérieux d'atteinte à l'intégrité physique ou morale des candidats à l'acquisition d'une certification professionnelle ou d'une certification ou habilitation enregistrée dans les répertoires nationaux, le directeur général de France compétences peut procéder, à titre conservatoire, à la suspension de l'enregistrement de la certification professionnelle ou de la certification ou habilitation.

Art. R. 6113-15. Les ministères et organismes certificateurs communiquent au directeur général de France compétences, au minimum tous les deux ans, les données statistiques portant sur l'insertion professionnelle des titulaires des certifications professionnelles enregistrées dans le répertoire national des certifications professionnelles au titre du II de l'article L. 6113-5.

Art. R. 6113-16. Les ministères et organismes certificateurs communiquent au directeur général de France compétences toute modification portant sur les habilitations qu'ils délivrent à des organismes pour préparer à acquérir, évaluer ou délivrer les certifications professionnelles et les certifications et habilitations, selon des modalités définies par arrêté du ministre chargé de la formation professionnelle.

Art. R. 6113-17. I. – Le directeur général de France compétences peut, notamment en cas de signalement effectué sur le fondement du dernier alinéa de l'article R. 6113-14, demander tous documents et pièces lui permettant de s'assurer, pendant la durée de l'enregistrement, du respect de la condition d'honorabilité prévue à l'article R. 6113-14 ou du respect des critères mentionnés aux articles R. 6113-9 et R. 6113-11 au regard desquels ont été enregistrées les certifications professionnelles et les certifications ou habilitations.

Au regard des éléments transmis au titre du premier alinéa, un rapport d'observation peut être notifié aux organismes certificateurs par le directeur général de France compétences avec l'indication du délai dont ils disposent pour présenter des observations écrites et demander, le cas échéant, à être entendus. Ce délai ne peut être inférieur à trente jours à compter de la date de la notification.

II. – Sans préjudice des dispositions du dernier alinéa de l'article R. 6113-14, en cas de non-respect de la condition d'honorabilité prévue à l'article R. 6113-14 ou d'atteintes graves et avérées à l'intégrité physique ou morale des candidats à l'acquisition d'une certification professionnelle ou d'une certification ou habilitation enregistrée dans les répertoires nationaux, le directeur général de

France compétences prononce, à l'issue de la procédure prévue au I et après avis de la commission de la certification professionnelle, en fonction de la gravité des manquements constatés, et par une décision motivée qu'il notifie à l'organisme certificateur, la suspension ou le retrait des répertoires nationaux de certaines ou de l'ensemble des certifications professionnelles ou certifications ou habilitations délivrées par l'organisme concerné.

III. – À l'issue de la procédure prévue au I, en cas de non-respect des critères mentionnés aux articles R. 6113-9 et R. 6113-11 au regard desquels ont été enregistrées les certifications professionnelles et les certifications ou habilitations, ou de l'obligation prévue à l'article R. 6113-15, une mise en demeure est notifiée aux organismes certificateurs par le directeur général de France compétences avec l'indication du délai dont ils disposent pour se mettre en conformité avec leurs obligations. Les organismes certificateurs peuvent présenter des observations écrites et demander, le cas échéant, à être entendus. Ce délai ne peut être inférieur à soixante jours à compter de la date de la notification.

En l'absence de mise en conformité dans le délai prévu à l'alinéa précédent, le directeur général de France compétences prononce, par une décision motivée qu'il notifie à l'organisme certificateur, le retrait des répertoires nationaux, selon la gravité des faits, de certaines ou de l'ensemble des certifications professionnelles ou certifications ou habilitations délivrées par l'organisme concerné.

La décision de retrait du directeur de France compétences peut être assortie d'une interdiction de présenter un nouveau projet de certification professionnelle ou de certification ou habilitation pendant un délai d'un an.

La décision ne peut être prononcée qu'au vu des observations écrites et après audition, le cas échéant, de l'intéressé, à moins qu'aucun document ni aucune demande d'audition n'ait été présenté avant l'expiration des délais prévus aux alinéas précédents.

Sous-section 2. **Transmission au système d'information du compte personnel de formation des informations relatives aux titulaires des certifications enregistrées aux répertoires nationaux**

Note Cette sous-section a été introduite par le décret 2019-1490 du 27 décembre 2019, art. 1er et 3, JO 29, entrée en vigueur le 01.07.2021, modifiés par décret 2020-894 du 22 juillet 2020, art. 4, JO 23, entrée en vigueur le 23.07.2020.

Art. R. 6113-17-1. Les informations relatives aux titulaires des certifications professionnelles enregistrées au répertoire national des certifications professionnelles mentionné à l'article L. 6113-5 et des certifications ou habilitations enregistrées au répertoire spécifique mentionné à l'article L. 6113-6 qui sont transmises au système d'information du compte personnel de formation en application de l'article L. 6113-8 relèvent des catégories suivantes :

1° Les données relatives à l'identification des personnes, à l'exception du numéro d'inscription des personnes au répertoire national d'identification des personnes physiques ;

2° Les données relatives aux certifications professionnelles et aux certifications ou habilitations obtenues.

Art. R. 6113-17-2. Les ministères et organismes certificateurs mentionnés à l'article L. 6113-2 transmettent au système d'information du compte personnel de formation les données mentionnées à l'article R. 6113-17-1 dans un délai de trois mois à compter de la date de délivrance des certifications professionnelles ou des certifications ou habilitations.

Art. R. 6113-17-3. I. – Lorsqu'il constate un manquement à l'obligation de transmission des informations prévue à l'article R. 6113-17-1, le directeur général de la Caisse des dépôts et consignations notifie au ministère ou à l'organisme certificateur, par tout moyen donnant date certaine à sa réception, une mise en demeure indiquant le délai dont il dispose pour se mettre en conformité avec ses obligations, lequel ne peut être inférieur à soixante jours à compter de la date de notification de la mise en demeure. Le directeur général informe le ministère ou l'organisme certificateur qu'il peut présenter des observations écrites et demander à être entendu.

En l'absence de mise en conformité dans le délai imparti, le directeur général de la Caisse des dépôts et consignations en informe le directeur général de France compétences en lui transmettant, le cas échéant, les observations écrites ou le procès-verbal d'audition du ministère ou de l'organisme certificateur. Le directeur général de France compétences peut, selon la nature et la gravité du manquement, notifier au ministère ou à l'organisme certificateur :

1° La suspension ou le retrait des répertoires nationaux de la certification professionnelle ou de la certification ou habilitation concernée ;

2° La suspension ou le retrait des répertoires nationaux de l'ensemble des certifications professionnelles ou certifications ou habilitations délivrées par le ministère ou l'organisme concerné.

II. – Les personnes dont la candidature a été déclarée recevable à une démarche de validation des acquis de l'expérience au sens de l'article L. 6412-2 et les personnes inscrites dans un parcours de formation au moment de la suspension ou du retrait de la certification professionnelle ou de la certification ou habilitation visée peuvent, après son obtention, se prévaloir de l'enregistrement de celle-ci au répertoire national des certifications professionnelles ou au répertoire spécifique. Les personnes qui ont obtenu une certification professionnelle ou une certification ou habilitation avant la date d'effet de sa suspension ou de son retrait peuvent se prévaloir de l'enregistrement de celle-ci au répertoire national des certifications professionnelles ou au répertoire spécifique.

Art. R. 6113-17-4. Un arrêté du ministre chargé de la formation professionnelle précise les données mentionnées à l'article R. 6113-17-1 et leurs modalités de transmission au système d'information du compte personnel de formation.

SECTION 3 (RÉGLEMENTAIRE). Cadre national des certifications professionnelles

Note Cette section a été introduite par le décret 2019-14 du 8 janvier 2019, JO 9.

Art. D. 6113-18. Le cadre national des certifications professionnelles prévu à l'article L. 6113-1 définit le niveau de qualification associé à chaque certification professionnelle en fonction de critères de gradation des compétences nécessaires à l'exercice d'activités professionnelles.

Ces critères permettent d'évaluer :

1° La complexité des savoirs associés à l'exercice de l'activité professionnelle ;

2° Le niveau des savoir-faire, qui s'apprécie notamment en fonction de la complexité et de la technicité d'une activité dans un processus de travail ;

3° Le niveau de responsabilité et d'autonomie au sein de l'organisation de travail.

Art. D. 6113-19. I. – Le cadre national des certifications professionnelles comprend huit niveaux de qualification. Il précise la gradation des compétences associées à chacun de ces niveaux.

II. – Le niveau 1 du cadre national des certifications professionnelles correspond à la maîtrise des savoirs de base.

III. – Les autres niveaux de qualification sont définis comme suit :

1° Le niveau 2 atteste la capacité à effectuer des activités simples et résoudre des problèmes courants à l'aide de règles et d'outils simples en mobilisant des savoir-faire professionnels dans un contexte structuré. L'activité professionnelle associée s'exerce avec un niveau restreint d'autonomie ;

2° Le niveau 3 atteste la capacité à effectuer des activités et résoudre des problèmes en sélectionnant et appliquant des méthodes, des outils, des matériels et des informations de base, dans un contexte connu, ainsi que la capacité à adapter les moyens d'exécution et son comportement aux circonstances ;

3° Le niveau 4 atteste la capacité à effectuer des activités nécessitant de mobiliser un éventail large d'aptitudes, d'adapter des solutions existantes pour résoudre des problèmes précis, à organiser son travail de manière autonome dans des contextes généralement prévisibles mais susceptibles de changer, ainsi qu'à participer à l'évaluation des activités. Le diplôme national du baccalauréat est classé à ce niveau du cadre national ;

4° Le niveau 5 atteste la capacité à maîtriser des savoir-faire dans un champ d'activité, à élaborer des solutions à des problèmes nouveaux, à analyser et interpréter des informations, en mobilisant des concepts, à transmettre le savoir-faire et des méthodes ;

5° Le niveau 6 atteste la capacité à analyser et résoudre des problèmes complexes imprévus dans un domaine spécifique, à formaliser des savoir-faire et des méthodes et à les capitaliser. Les diplômes conférant le grade de licence sont classés à ce niveau du cadre national ;

6° Le niveau 7 atteste la capacité à élaborer et mettre en œuvre des stratégies alternatives pour le développement de l'activité professionnelle dans des contextes professionnels complexes, ainsi qu'à évaluer les risques et les conséquences de son activité. Les diplômes conférant le grade de master sont classés à ce niveau du cadre national ;

7° Le niveau 8 atteste la capacité à identifier et résoudre des problèmes complexes et nouveaux impliquant une pluralité de domaines, en mobilisant les connaissances et les savoir-faire les plus avancés, à concevoir et piloter des projets et des processus de recherche et d'innovation. Le diplôme national de doctorat est classé à ce niveau du cadre national.

IV. – Les critères relatifs aux savoirs, aux savoir-faire et aux niveaux de responsabilité et d'autonomie prévus à l'article D. 6113-18 sont fixés, pour les niveaux de qualification mentionnés au III, par arrêté conjoint des ministres chargés de la santé, des affaires sociales, de la formation professionnelle, de l'éducation nationale, de l'enseignement supérieur, de la culture, de l'enseignement agricole, des sports et de la mer.

Art. D. 6113-20. Les ministères certificateurs prévus à l'article L. 6113-2 déterminent, en fonction des critères de gradation du cadre national des certifications professionnelles, le niveau de qualification des diplômes et titres à finalité professionnelle enregistrés au répertoire national des certifications professionnelles au titre de la procédure prévue au I de l'article L. 6113-5.

SECTION 4 (RÉGLEMENTAIRE). Commissions professionnelles consultatives

Note Cette section a été introduite par le décret 2018-1230 du 24 décembre 2018, JO 26, entrée en vigueur le 01.09.2019.

Art. R. 6113-21. Des commissions professionnelles consultatives peuvent être instituées, par un décret qui (D. 2019-1119 du 31 oct. 2019, art. 4, JO 3 nov.) « en précise la composition et » en définit les modalités d'organisation et de fonctionnement, auprès d'un ou de plusieurs ministres certificateurs, selon un périmètre qui permet une analyse des diplômes et titres à finalité professionnelle cohérente en matière d'activité professionnelle et d'organisation économique.

Sous réserve des dispositions du deuxième alinéa du II de l'article L. 6113-3, ces commissions émettent des avis conformes sur la création, la révision ou la suppression de diplômes et titres à finalité professionnelle et de leurs référentiels, dans le ou les champs professionnels relevant de leurs compétences.

Ces avis tiennent compte de l'évolution des qualifications, de leur usage dans le ou les champs professionnels concernés et de l'objectif de mise en cohérence des certifications professionnelles existantes.

Les commissions professionnelles consultatives peuvent également être saisies par le ministre ou les ministres auprès desquels elles sont instituées de toute question générale ou particulière relative aux diplômes et titres à finalité professionnelle.

Art. R. 6113-22. Les commissions professionnelles consultatives sont composées des membres suivants, nommés pour une durée maximale de cinq ans par arrêté du ou des ministres auprès desquels elles sont instituées :

1° Un représentant de chaque organisation syndicale de salariés représentative au niveau national et interprofessionnel, sur proposition de leur organisation respective ;

2° Un représentant de chaque organisation professionnelle d'employeurs représentative au niveau national et interprofessionnel, sur proposition de leur organisation respective ;

3° Deux représentants désignés soit par (D. 2019-1119 du 31 oct. 2019, art. 4, JO 3 nov.) « des organisations professionnelles d'employeurs représentatives au niveau national et multiprofessionnel » ou au niveau d'une ou plusieurs branches professionnelles, soit par (D. 2019-1119 du 31 oct. 2019, art. 4, JO 3 nov.) « des organisations représentant les employeurs publics » intervenant dans le ou les champs professionnels de la commission professionnelle consultative concernée ;

(D. 2019-1119 du 31 oct. 2019, art. 4, JO 3 nov.) « 4° Six représentants de l'État, dont :

a) Un représentant désigné par le ministre chargé de la formation professionnelle ;

b) Un représentant désigné par le ministre chargé de l'éducation nationale ;

c) Un représentant désigné par le ministre chargé de l'enseignement supérieur ;

d) Trois représentants désignés, pour chaque commission professionnelle consultative, dans des conditions définies par décret ; »

5° Cinq membres associés n'ayant pas voix délibérative, représentant les organisations intervenant dans les champs professionnels dont relèvent les titres ou diplômes concernés ou ayant une expertise en matière de formation et d'emploi, (D. 2019-1119 du 31 oct. 2019, art. 4, JO 3 nov.) « sur proposition de leur organisation respective ».

Pour chaque membre titulaire de la commission, un suppléant est désigné et nommé dans les mêmes conditions.

Les commissions professionnelles consultatives sont présidées (D. 2019-1119 du 31 oct. 2019, art. 4, JO 3 nov.) « alternativement, pour la moitié de la durée pour laquelle les membres de la commission ont été nommés, par un membre élu par et parmi les membres mentionnés au 1° et par un membre élu par et parmi les membres mentionnés aux 2° et 3° ».

Art. R. 6113-23. Lorsqu'il n'est pas suppléé, un membre empêché peut donner son mandat à un autre membre ayant voix délibérative. Un membre ne peut détenir plus de deux mandats. Le mandat n'est valable que pour la séance pour laquelle il a été donné.

Art. R. 6113-24. Le secrétariat de chaque commission est assuré par les services du ou des ministères auprès desquels elle est instituée.

Le secrétariat établit le règlement intérieur de la commission, qui fixe les conditions de son fonctionnement et précise les règles de procédure applicables devant elle.

La commission se réunit sur convocation de son secrétariat, qui fixe l'ordre du jour.

Le secrétariat arrête, au plus tard le 31 janvier de chaque année, le programme biennal (D. 2019-1119 du 31 oct. 2019, art. 4, JO 3 nov.) « prévisionnel » des commissions, qu'il publie au bulletin officiel du ou des ministères concernés.

Dans un délai de six mois à compter de cette publication, les commissions paritaires nationales de l'emploi de branches professionnelles peuvent, à condition d'en avoir informé le secrétariat des commissions professionnelles consultatives dans un délai de deux mois à compter de cette publication, lui transmettre des propositions de création de tout ou partie d'un projet de diplôme ou titre à finalité professionnelle. Si le ou les ministres certificateurs décident de ne pas retenir tout ou partie de ces propositions, ils informent les commissions professionnelles consultatives des raisons de leurs choix.

Art. R. 6113-25. Des groupes de travail, temporaires ou permanents, sont mis en place auprès des commissions professionnelles consultatives par leur secrétariat, afin d'en préparer les travaux et les avis.

Ces groupes de travail sont composés de personnes dont la présence paraît utile aux travaux entrepris en raison de leur activité, de leurs travaux ou de leur implication dans le système de certification, notamment des représentants d'organisations syndicales de salariés ou d'organisations professionnelles d'employeurs représentatives au niveau d'une branche professionnelle.

Art. R. 6113-26. (D. 2019-1119 du 31 oct. 2019, art. 4, JO 3 nov.) Les frais occasionnés par la participation aux travaux des commissions professionnelles consultatives et de leurs groupes de travail sont pris en charge selon des modalités définies par décret.

SECTION 5 (RÉGLEMENTAIRE). Concertation avec les partenaires sociaux en vue de l'enregistrement de diplômes de l'enseignement supérieur délivrés au nom de l'État

Note Cette section a été introduite par le décret 2019-434 du 10 mai 2019, JO 12.

Art. D. 6113-27. Les projets de création, de révision ou de suppression des diplômes de l'enseignement supérieur inscrits au répertoire national des certifications professionnelles au titre du I de l'article L. 6113-5 sont soumis à une concertation préalable conformément au I de l'article L. 6113-3 selon les modalités suivantes :

1° Les diplômes nationaux, les diplômes conférant un grade universitaire relevant de l'article L. 613-1 du code de l'éducation et les diplômes relevant des articles L. 641-4 ou L. 641-5 du code de l'éducation autres que ceux mentionnés aux 2° et 4° du présent article sont examinés par l'instance chargée des consultations conduisant à la révision périodique des nomenclatures des mentions de ces diplômes. Pour chaque diplôme, un binôme composé d'un enseignant-chercheur ou d'un enseignant et d'une personnalité du domaine socio-économique correspondant présente la certification au sein de cette instance ; le calendrier de concertation est présenté annuellement à cette instance ;

2° Les titres d'ingénieurs diplômés relevant des articles L. 641-4 et L. 641-5 du code de l'éducation sont examinés par la commission mentionnée à l'article L. 642-3 du même code ;

3° Les diplômes universitaires de technologie régis par les articles L. 641-4 et D. 643-61 du code de l'éducation sont examinés par les commissions instituées par l'article D. 643-60 ;

4° Les diplômes de gestion relevant des articles L. 641-4 et L. 641-5 et revêtus d'un visa de l'État sont examinés par la commission instituée par le décret n° 2001-295 du 4 avril 2001 portant création de la commission d'évaluation des formations et diplômes de gestion.

Art. D. 6113-28. Les instances mentionnées à l'article D. 6113-27 se fondent, lors de l'examen de chaque diplôme, sur les critères définis à l'article R. 6113-9.

SECTION 6 (RÉGLEMENTAIRE). Socle de connaissances et de compétences professionnelles

Note Cette section a été introduite par le décret 2019-14 du 8 janvier 2019, JO 9.

Art. D. 6113-29. Le socle de connaissances et de compétences mentionné aux articles L. 6121-2, L. 6324-1 et L. 6323-6 est constitué de l'ensemble des connaissances et des compétences qu'il est utile pour un individu de maîtriser afin de favoriser son accès à la formation professionnelle et son insertion professionnelle. Ce socle doit être apprécié dans un contexte professionnel. Ces connaissances et compétences sont également utiles à la vie sociale, civique et culturelle de l'individu.

Art. D. 6113-30. I. – Le socle de connaissances et de compétences professionnelles comprend :

1° La communication en français ;

2° L'utilisation des règles de base de calcul et du raisonnement mathématique ;

3° L'utilisation des techniques usuelles de l'information et de la communication numérique ;

4° L'aptitude à travailler dans le cadre de règles définies d'un travail en équipe ;

5° L'aptitude à travailler en autonomie et à réaliser un objectif individuel ;

6° La capacité d'apprendre à apprendre tout au long de la vie ;

7° La maîtrise des gestes et postures et le respect des règles d'hygiène, de sécurité et environnementales élémentaires.

II. – Au socle de connaissances et de compétences professionnelles mentionné au I, peuvent s'ajouter des modules complémentaires définis dans le cadre du service public régional de la formation professionnelle, pour lutter contre l'illettrisme et favoriser l'accès à la qualification.

III. – À l'utilisation des techniques usuelles de l'information et de la communication numérique mentionnée au 3° du I, s'ajoute un module complémentaire ayant pour objet l'acquisition des connaissances et des compétences relatives aux usages fondamentaux du numérique au sein d'un environnement de travail. Ce module permet l'acquisition et l'exploitation de l'information, la prise en compte des principes de la sécurité numérique et la gestion collaborative des projets.

Art. D. 6113-31. Le socle de connaissances et de compétences professionnelles mentionné au I de l'article D. 6113-30 et le module complémentaire mentionné au III du même article font chacun l'objet d'une certification, sur proposition des organisations syndicales de salariés représentatives au niveau national et interprofessionnel et des organisations professionnelles d'employeurs représentatives au niveau national et interprofessionnel dans les conditions définies par arrêté du ministre chargé de la formation professionnelle.

Chacune de ces certifications s'appuie sur un référentiel qui précise les connaissances et les compétences attendues et sur un référentiel d'évaluation qui détermine les modalités d'évaluation des acquis.

Le référentiel d'évaluation prévoit les principes directeurs permettant une mise en perspective du socle de connaissances et [de] compétences et du module complémentaire mentionné au III de l'article D. 6113-30 pour prendre en compte les spécificités des différents secteurs d'activité professionnelle.

Les modalités de la délivrance de chacune de ces certifications sont définies par les organisations syndicales de salariés représentatives au niveau national et interprofessionnel et les organisations professionnelles d'employeurs représentatives au niveau national et interprofessionnel dans les conditions prévues par l'arrêté mentionné à l'article D. 6113-3. Dans ce cadre, elles s'assurent notamment que la délivrance de ces certifications s'effectue dans le respect :

1° De la transparence de l'information donnée au public ;

2° De la qualité du processus de certification.

Ces certifications sont enregistrées au répertoire spécifique prévu à l'article L. 6113-6.

Art. D. 6113-32. Les modules complémentaires mentionnés au II de l'article D. 6113-30 sont définis par arrêté du ministre chargé de la formation professionnelle sur proposition de l'Association des régions de France.

Art. D. 6113-33. Les formations relatives à l'acquisition des compétences et connaissances peuvent être proposées indépendamment les unes des autres. Elles peuvent comprendre une évaluation préalable des compétences et des connaissances des bénéficiaires de l'action de formation. La modularisation des formations et l'évaluation préalable visent, par une bonne utilisation des acquis de la personne, à permettre l'adaptation de l'action de formation aux besoins de celle-ci.

TITRE II

RÔLE DES RÉGIONS, DE L'ÉTAT ET DES INSTITUTIONS DE LA FORMATION PROFESSIONNELLE

Chapitre Ier

Rôle des régions

SECTION 1. Compétences des régions

Note Les sections 1 et 2 ont été introduites par la loi 2014-288 du 5 mars 2014, art. 21, II, JO 6, entrée en vigueur le 01.01.2015.

Art. L. 6121-1. Sans préjudice des compétences de l'État en matière de formation professionnelle initiale des jeunes sous statut scolaire et universitaire et en matière de service militaire adapté prévu à l'article L. 4132-12 du code de la défense, la région est chargée de la politique régionale d'accès à l'apprentissage et à la formation professionnelle des jeunes et des adultes à la recherche d'un emploi ou d'une nouvelle orientation professionnelle.

Elle assure, dans le cadre de cette compétence, les missions suivantes :

1° Conformément aux orientations précisées à l'article L. 6111-1 du présent code, elle définit et met en œuvre la politique d'apprentissage et de formation professionnelle, élabore le contrat de plan régional de développement des formations et de l'orientation professionnelles défini au I de l'article L. 214-13 du code de l'éducation et adopte la carte régionale des formations professionnelles initiales (L. 2018-771 du 5 sept. 2018, art. 34, II, 1°, JO 6, entrée en vigueur le 01.01.2020) « hors apprentissage » prévue au troisième alinéa de l'article L. 214-13-1 du même code ;

2° Dans le cadre du service public régional défini à l'article L. 6121-2 du présent code, elle peut accorder des aides individuelles à la formation et coordonne les interventions contribuant au financement d'actions de formation au bénéfice du public mentionné au premier alinéa du présent article ;

3° Elle conclut, avec les départements qui souhaitent contribuer au financement de formations collectives pour la mise en œuvre de leur programme départemental d'insertion prévu à l'article L. 263-1 du code de l'action sociale et des familles, une convention qui détermine l'objet, le montant et les modalités de ce financement ;

4° Elle organise l'accompagnement des jeunes et des adultes à la recherche d'un emploi qui sont candidats à la validation des acquis de l'expérience et participe à son financement. Cet accompagnement recouvre les actions d'assistance et de préparation de ces candidats après la recevabilité de leur dossier de candidature. Un décret en Conseil d'État en définit les modalités ;

5° Elle pilote la concertation sur les priorités de sa politique et sur la complémentarité des interventions en matière de formation professionnelle et d'apprentissage, notamment au sein du bureau du comité régional de l'emploi, de la formation et de l'orientation professionnelles mentionné à l'article L. 6123-3 ;

(L. 2018-771 du 5 sept. 2018, art. 34, II, 1°, JO 6, entrée en vigueur le 01.01.2020) « 6° Elle contribue à l'évaluation de la politique de formation professionnelle continue pour les jeunes et les personnes à la recherche d'un emploi ;

7° Elle contribue à la mise en œuvre du développement de l'apprentissage de manière équilibrée sur son territoire selon les modalités prévues à l'article L. 6211-3. »

Art. L. 6121-2. I. – La région organise et finance le service public régional de la formation professionnelle selon les principes ci-après.

Toute personne cherchant à s'insérer sur le marché du travail dispose, quel que soit son lieu de résidence, du droit d'accéder à une formation professionnelle afin d'acquérir un premier niveau de qualification, de faciliter son insertion professionnelle, sa mobilité ou sa reconversion. À cette fin, la région assure, selon des modalités définies par décret, l'accès gratuit à une formation professionnelle conduisant à un diplôme ou à un titre à finalité professionnelle classé au plus (Ord. 2019-861 du 21 août 2019, art. 1er, 26°, JO 22) « au niveau 4 » et enregistré au répertoire national des certifications professionnelles prévu à l'article (L. 2018-771 du 5 sept. 2018, art. 45, I, 6°, JO 6) « L. 6113-1 ».

Des conventions conclues entre les régions concernées ou, à défaut, un décret fixent les conditions de la prise en charge par la région de résidence du coût de la formation et, le cas échéant, des frais d'hébergement et de restauration d'une personne accueillie dans une autre région.

II. – La région exerce, dans le cadre du service public régional de la formation professionnelle, les missions spécifiques suivantes :

1° En application de l'article L. 121-2 du code de l'éducation, la région contribue à la lutte contre l'illettrisme sur le territoire régional, en organisant des actions de prévention et d'acquisition d'un socle de connaissances et de compétences défini par décret ;

2° Elle favorise l'égal accès des femmes et des hommes aux filières de formation et contribue à développer la mixité de ces dernières ;

3° Elle assure l'accès des personnes handicapées à la formation, dans les conditions fixées à l'article L. 5211-3 du présent code ;

4° Elle finance et organise la formation professionnelle des personnes sous main de justice. Une convention conclue avec l'État précise les conditions de fonctionnement du service public régional de la formation professionnelle au sein des établissements pénitentiaires ;

5° Elle finance et organise la formation professionnelle des Français établis hors de France et l'hébergement des bénéficiaires. Une convention conclue avec l'État précise les modalités de leur accès au service public régional de la formation professionnelle ;

6° Elle peut conduire des actions de sensibilisation et de promotion de la validation des acquis de l'expérience et contribuer au financement des projets collectifs mis en œuvre sur le territoire afin de favoriser l'accès à cette validation.

Art. L. 6121-2-1. Dans le cadre du service public régional de la formation professionnelle défini à l'article L. 6121-2 et sous réserve des compétences du département, la région peut financer des actions d'insertion et de formation professionnelle à destination des jeunes et des adultes rencontrant des difficultés d'apprentissage ou d'insertion, afin de leur permettre de bénéficier, à titre gratuit, d'un parcours individualisé comportant un accompagnement à caractère pédagogique, social ou professionnel.

À cette fin, elle peut, par voie de convention, habiliter des organismes chargés de mettre en œuvre ces actions, en contrepartie d'une juste compensation financière. L'habilitation, dont la durée ne peut pas excéder cinq ans, précise notamment les obligations de service public qui pèsent sur l'organisme.

Cette habilitation est délivrée, dans des conditions de transparence et de non-discrimination et sur la base de critères objectifs de sélection, selon une procédure définie par décret en Conseil d'État.

SECTION 2. Coordination avec les branches professionnelles, le service public de l'emploi et le service public de l'orientation

Art. L. 6121-4. (L. 2018-771 du 5 sept. 2018, art. 34, II, 3°, JO 6) Pôle emploi attribue des aides individuelles à la formation.

Lorsqu'il procède ou contribue à l'achat de formations collectives, il le fait dans le cadre d'une convention conclue avec la région, qui en précise l'objet et les modalités.

Il peut procéder ou contribuer à l'achat de formations mentionnées aux I et II de l'article L. 6122-1, dans les conditions prévues aux mêmes I et II.

Art. L. 6121-5. (L. 2018-771 du 5 sept. 2018, art. 34, II, 4°, JO 6) Les prestataires mentionnés à l'article L. 6351-1 informent Pôle emploi ainsi que les missions locales et les Capemploi, dans des conditions fixées par décret, de l'entrée effective en formation, de l'interruption et de la sortie effective d'une personne inscrite sur la liste des demandeurs d'emploi ou bénéficiant d'un accompagnement personnalisé au sein des structures mentionnées au présent article.

Art. L. 6121-6. (L. 2018-771 du 5 sept. 2018, art. 34, II, 5°, JO 6) La région organise sur son territoire, en coordination avec l'État et les membres du comité régional de l'emploi, de la formation et de l'orientation professionnelles, et en lien avec les organismes de formation, la diffusion de l'information relative à l'offre de formation professionnelle continue.

Art. L. 6121-7. (L. 2014-288 du 5 mars 2014, art. 21, II et 27, II, JO 6, entrée en vigueur le 01.01.2015) Un décret en Conseil d'État détermine les modalités de mise en œuvre du présent chapitre.

SECTION 1 (RÉGLEMENTAIRE). Procédure d'habilitation des organismes chargés d'actions d'insertion et de formation professionnelle

Note Cette section a été introduite par le décret 2014-1390 du 21 novembre 2014, JO 23, entrée en vigueur le 01.01.2015.

Art. R. 6121-1. L'habilitation prévue à l'article L. 6121-2-1 est insérée dans une convention conclue entre la région et un organisme, qui confie à celui-ci un mandat de service d'intérêt économique général.

Elle charge cet organisme, en contrepartie d'une juste compensation financière, de mettre en œuvre des actions d'insertion et de formation professionnelle à destination des jeunes et des adultes rencontrant des difficultés d'apprentissage ou d'insertion, visant leur accès au marché du travail.

Elle est délivrée selon la procédure prévue aux articles R. 6121-2 à R. 6121-7. Le code des marchés publics ne lui est pas applicable.

Art. R. 6121-2. La procédure d'habilitation s'effectue dans le respect des principes de transparence et d'égalité de traitement des candidats.

Elle est ouverte après l'établissement d'un dossier d'habilitation et le lancement d'un appel public à propositions.

Art. R. 6121-3. Le dossier d'habilitation comporte notamment les informations suivantes :

1° La définition de la mission, en référence aux besoins de formation ;

2° La nature et le contenu des obligations de service public ;

3° La nature des actions d'insertion et de formation professionnelle comportant un accompagnement à caractère pédagogique, social ou professionnel devant être mises en œuvre par l'organisme, le public concerné ainsi qu'une estimation des éléments quantitatifs caractérisant ces actions ;

4° Le territoire concerné ;

5° La nature des partenariats à développer et leur contenu ;

6° Les paramètres de calcul, de contrôle et de révision de la juste compensation financière mentionnée à l'article L. 6121-2-1, qui peut être fixée en fonction des coûts prévisionnels ou des coûts réels. Les coûts prévisionnels peuvent tenir lieu de plafonds de dépenses ;

7° Les modalités de paiement, ainsi que les modalités de remboursement éventuel, notamment dans le cas d'une surcompensation ;

8° La durée de la convention d'habilitation, qui peut être fractionnée en périodes reconductibles sans pouvoir excéder cinq ans ;

9° Les modalités de conclusion d'un avenant à la convention d'habilitation et de sa résiliation, dans les conditions fixées à l'article R. 6121-6 ;

10° Les modalités de suivi et d'évaluation de l'exercice de la mission, fondée sur des indicateurs et des modalités de contrôle reposant notamment sur la vérification des comptes de la mission confiée et sur l'imputation des coûts de structure, ainsi que le régime des pénalités ;

11° Une référence à la décision 2012/21/UE de la Commission du 20 décembre 2011 relative à l'application de l'article 106, paragraphe 2, du traité sur le fonctionnement de l'Union européenne aux aides d'État sous forme de compensations de service public octroyées à certaines entreprises chargées de la gestion de services d'intérêt économique général ainsi que, le cas échéant, les droits exclusifs ou spéciaux octroyés par la région.

Art. R. 6121-4. Le mode de publicité préalable relève de la responsabilité de la région. Il comprend les éléments suivants :

1° Les informations à fournir par le candidat, relatives à ses capacités financières, notamment à ses comptes annuels, à ses bilans, comptes de résultat et annexes, aux moyens qui seront mis en œuvre pour l'accomplissement de la mission, au budget prévisionnel de celle-ci et aux autres éléments sollicités en fonction des critères de sélection. Le candidat indique s'il se présente seul ou en groupement ;

2° Le dossier d'habilitation prévu à l'article R. 6121-3 ;

3° La date de clôture du dépôt des propositions par les candidats et leur durée de validité ;

4° La procédure de sélection des candidats, comprenant les critères objectifs de sélection des propositions, notamment la qualité des réponses, leur capacité à répondre aux besoins, aux obligations de service public et aux critères prévus dans l'appel à propositions, ainsi que les modalités de consultation éventuelle des candidats.

Art. R. 6121-5. Après le dépôt des propositions des candidats, la région peut solliciter de leur part des éléments autres que ceux mentionnés à l'article R. 6121-4, en fonction des critères de sélection retenus. Elle peut également demander à un candidat de compléter son dossier et en informe alors les autres candidats.

Elle peut autoriser les candidats à proposer des variantes au dossier d'habilitation mentionné à l'article R. 6121-3, sous réserve du respect des exigences minimales qu'elle définit.

Elle peut demander aux candidats de préciser, améliorer ou adapter leur proposition afin de mieux répondre aux obligations de service public mentionnées dans le dossier d'habilitation. Si elle choisit de ne faire cette demande qu'à certains candidats, elle en informe les autres candidats en leur en donnant la raison.

Art. R. 6121-6. Dès que le choix de l'organisme a été effectué et notifié à celui-ci, ce choix et le rejet motivé des autres candidatures sont notifiés aux candidats par tout moyen permettant d'établir la date de sa réception.

La région peut déclarer la procédure de sélection infructueuse en motivant sa décision et en la notifiant aux candidats.

Art. R. 6121-7. I. – La convention d'habilitation contient les informations figurant aux 1° à 11° de l'article R. 6121-3 et mentionne les droits et les engagements de l'organisme retenu.

Elle est signée par celui-ci puis par le président du conseil régional. Sa notification au candidat retenu permet son exécution.

II. – Lorsque la compensation financière est d'un montant égal ou supérieur à 207 000 euros HT, la convention d'habilitation fait l'objet d'un avis d'attribution transmis à l'office des publications officielles de l'Union européenne.

III. – Au plus tard six mois avant l'échéance de la convention d'habilitation, l'organisme signataire fournit à la région les éléments lui permettant d'évaluer quantitativement et qualitativement la réalisation de la mission de service public qu'il assure, au regard des objectifs de celle-ci et des indicateurs mentionnés au 10° de l'article R. 6121-3.

Art. R. 6121-8. La région peut résilier la convention d'habilitation :

1° Pour un motif d'intérêt général, sous réserve des droits à indemnités de l'organisme titulaire ;

2° Du fait d'une inexécution partielle ou totale par l'organisme titulaire de ses obligations, après une mise en demeure mentionnant les obligations non respectées à laquelle il n'est pas donné suite dans un délai de trente jours. La résiliation est prononcée par une décision mentionnant expressément son motif et sa date d'effet. Un décompte des dépenses engagées est produit selon les principes fixés à l'article R. 6121-3 et donne lieu à un paiement.

SECTION 2 (RÉGLEMENTAIRE). Service public régional de la formation professionnelle

Note Cette section a été introduite par le décret 2016-153 du 12 février 2016, JO 14.

Art. R. 6121-9. (D. 2016-380 du 29 mars 2016, JO 31) La gratuité de la formation professionnelle, financée par la région en application du deuxième alinéa du I de l'article L. 6121-2 au bénéfice de toute personne cherchant à s'insérer sur le marché du travail, s'entend des dépenses liées aux frais pédagogiques de cette formation et aux frais de la procédure d'acquisition de la certification professionnelle classée au plus au niveau IV auquel elle conduit.

Elle peut également s'étendre à la prise en charge par la région des frais d'inscription et d'éventuels frais annexes, notamment des frais d'hébergement ou de restauration.

Art. R. 6121-10. (D. 2016-380 du 29 mars 2016, JO 31) La région fixe, dans le cadre du programme régional d'apprentissage et de formation professionnelle continue mentionné au VI de l'article L. 214-13 du code de l'éducation, les modalités de la gratuité des formations professionnelles qu'elle finance, conformément aux dispositions de l'article R. 6121-9 du présent code.

Art. D. 6121-11. Sans préjudice des dispositions de l'article du 5° du II de l'article L. 6121-2, l'accès au service public régional de la formation professionnelle est garanti dans les mêmes conditions quel que soit le lieu de résidence de la personne.

À défaut de conclusion des conventions prévues au troisième alinéa de l'article L. 6121-2, la région contribue au financement des actions de formation du programme régional de formation et des droits associés mis en œuvre sur son territoire sans distinction du lieu de résidence de la personne.

Le financement des aides individuelles à la formation prévues au 2° de l'article L. 6121-1 relève de la compétence de la région de résidence de la personne.

Chapitre II

Rôle de l'État

Art. L. 6122-1. (L. 2016-1691 du 9 déc. 2016, art. 126, JO 10) « I. – L'État peut organiser et financer, au profit des personnes à la recherche d'un emploi, des formations dont le faible développement ou le caractère émergent justifient, temporairement ou durablement, des actions définies au niveau national pour répondre aux besoins de compétences.»

(L. 2018-771 du 5 sept. 2018, art. 34, II, 6°, JO 6) «II. – Pour la mise en œuvre d'un programme national défini par l'État et destiné à répondre à un besoin additionnel de qualification au profit de jeunes sortis du système scolaire sans qualification et des personnes à la recherche d'emploi disposant d'un niveau de qualification inférieur ou égal au baccalauréat, en insistant en priorité sur les personnes en situation d'illettrisme, avec ou sans activité professionnelle, l'État engage une procédure de conventionnement avec la région.

Ce conventionnement peut être prévu dans le contrat de plan régional de développement des formations et de l'orientation professionnelles mentionné à l'article L. 214-13 du code de l'éducation.

En l'absence de conventionnement, l'État peut organiser et financer ces actions de formation avec Pôle emploi ou l'une des institutions mentionnées à l'article L. 5311-4 du présent code. Ces actions peuvent notamment prendre en compte les besoins spécifiques des quartiers prioritaires de la politique de la ville.

III. –» Lorsque l'État contribue au financement des actions de formation professionnelle, à travers les dépenses de rémunération des stagiaires, de financement des stages ou d'investissement des centres, il conclut avec les organismes des conventions qui prennent en compte les types d'actions de formation définis à l'article L. 6313-1, les publics accueillis, les objectifs poursuivis et les résultats obtenus, notamment en matière d'insertion professionnelle. Les modalités particulières de ces conventions sont définies par décret.

Lorsque ces conventions concernent des centres de formation gérés par une ou plusieurs entreprises, elles font l'objet d'une consultation du ou des (Ord. 2017-1386 du 22 sept. 2017, art. 4, 54°, JO 23, entrée en vigueur au plus tard le 01.01.2018) «comités sociaux et économiques» intéressés, conformément à l'article (L. 2015-994 du 17 août 2015, art. 18, XIV, 17°, JO 18, entrée en vigueur le 01.01.2016) « L. 2323-15».

Art. L. 6122-3. Afin de faciliter l'accès aux fonctions de chef d'entreprise du secteur des métiers et d'assurer le perfectionnement et la qualification professionnelle des chefs d'entreprise de ce secteur et de leurs salariés, l'État concourt, dans les conditions fixées au présent titre, au financement des stages qui leur sont destinés.

En outre, l'État peut participer au financement des fonds d'assurance-formation de non-salariés prévus à l'article L. 6332-9 créés pour ce secteur professionnel.

Art. L. 6122-4. L'État concourt financièrement, dans le cadre de conventions conclues en application de l'article L. 6353-2, à la formation des travailleurs du secteur des métiers mentionnés à l'article L. 6122-3 du code du travail et à l'article L. 718-2-2 du code rural (Ord. 2010-462 du 6 mai 2010, JO 7) «et de la pêche maritime», appelés à exercer des responsabilités dans des organisations syndicales ou professionnelles.

Cette formation peut être assurée par des centres créés par les organisations professionnelles ou syndicales ou reconnus par celles-ci, sous réserve que ces centres obtiennent la délivrance d'un agrément des ministères intéressés.

SECTION 1 (RÉGLEMENTAIRE). Financement des actions de formation professionnelle continue

Art. D. 6122-1. Chaque année, le gouvernement présente au Parlement un document :

1° Regroupant les crédits demandés pour l'année suivante et l'emploi de ceux accordés pour l'année antérieure et pour l'année en cours ;

2° Retraçant l'emploi de la participation des employeurs au développement de la formation professionnelle continue, prévue à l'article L. 6331-1, notamment en matière de contrats de professionnalisation pour les jeunes, et de conditions de mise en œuvre de la formation professionnelle continue dans les entreprises de moins de (D. 2017-249 du 27 févr. 2017, JO 28) «onze» salariés selon les secteurs d'activité. Ce rapport fait apparaître les situations propres à chacun des secteurs intéressés de l'artisanat, du commerce et des professions libérales ;

3° Comportant un état des ressources et des dépenses des fonds régionaux de l'apprentissage et de la formation professionnelle continue pour l'année antérieure et pour l'année en cours.

Art. D. 6122-2. L'État met à disposition du Parlement, (D. 2018-1262 du 26 déc. 2018, art. 1er, III, JO 28, entrée en vigueur le 01.01.2019) « de la Commission nationale de la négociation collective, de l'emploi et de la formation professionnelle », des syndicats professionnels, du Conseil supérieur pour le reclassement professionnel et social des travailleurs handicapés et du Conseil national consultatif des personnes handicapées, les résultats de l'exploitation des données recueillies auprès des (L. 2018-771 du 5 sept. 2018, art. 45, II, JO 6) « opérateurs de compétences » mentionnés à l'article L. 6332-1 et du fonds national de péréquation mentionné à l'article L. 6332-18.

Art. D. 6122-3. L'État assure la publication régulière des données qui lui sont transmises par les (L. 2018-771 du 5 sept. 2018, art. 45, II, JO 6) « opérateurs de compétences » et le fonds national de péréquation, en application de l'article L. 6332-23.

SECTION 2 (RÉGLEMENTAIRE). Convention de formation professionnelle continue

Art. D. 6122-4. Les conventions de formation professionnelle continue conclues en application du premier alinéa de l'article L. 6122-1 sont arrêtées conformément à l'un des modèles annexés à la fin du présent livre.

Art. D. 6122-5. Les conventions de formation professionnelle continue renseignent avec les mentions appropriées les articles figurant dans les " dispositions communes applicables aux conventions de formation professionnelle comportant une aide de l'État ", annexées à la fin du présent livre.

Art. D. 6122-6. Les conventions de formation professionnelle continue ouvrent droit au concours de l'État dans les conditions qu'elles prévoient.

ANNEXE

DÉFINISSANT LES MODÈLES DE CONVENTION DE FORMATION PROFESSIONNELLE CONTINUE PRÉVUS PAR LES ARTICLES D. 6122-4 ET D. 6122-5

Convention de formation professionnelle prévoyant une aide financière de l'État au fonctionnement des stages

Entre le (ministre ou préfet de région) ....
et le (dénomination du centre) ....

Il est convenu ce qui suit :

Art. 1er. La présente convention est conclue en application des livres premier et III de la partie VI du code du travail.

Les dispositions prévues par l'annexe mentionnée aux articles D. 6122-4 et D. 6122-5 du code du travail lui sont applicables, à l'exclusion des articles 9 (2, c) et 11.

Art. 2. En exécution de la présente convention, le centre s'engage à s'organiser les cycles de formation prévus à l'annexe pédagogique et dans les conditions fixées par cette annexe.

Art. 3. En application des articles L. 6341-1 et suivants du code du travail, l'État apporte son aide à la rémunération des stagiaires dans la limite des effectifs prévus par l'annexe jointe,

ou

Il n'est prévu aucune aide de l'État à la rémunération des stagiaires.

Art. 4. L'État apporte au centre l'aide technique prévue à l'article 9-1 de l'annexe mentionnée aux articles D. 6122-4 et D. 6122-5 du code du travail (préciser s'il y a lieu).

L'État apporte au centre une aide financière, dans les conditions prévues par la réglementation en vigueur et dont le montant est fixé chaque année par une annexe financière.

Art. 5. Le contrôle pédagogique, technique et financier sera exercé par …

Art. 6. La présente convention prend effet à compter du …

Convention de formation professionnelle prévoyant une aide de l'État à l'équipement du centre

Entre le (ministre ou préfet de région) ....
et le (dénomination du centre) ....

Il est convenu ce qui suit :

Art. 1er. La présente convention est conclue en application des livres Ier et III de la partie VI du code du travail.

Les dispositions prévues par les articles 1er, 2, 5, 8, 9 (2 c) et 11 de l'annexe mentionnée aux articles D. 6122-4 et D. 6122-5 du code du travail lui sont également applicables.

Art. 2. Le centre organisera les formations prévues à l'annexe jointe.

Art. 3. L'État apportera une aide financière à la construction et à l'équipement du centre dans les conditions prévues par la réglementation en vigueur et pour un montant de …

Art. 4. Le contrôle technique et financier sera exercé par …

DISPOSITIONS COMMUNES À L'ENSEMBLE DES CONVENTIONS DE FORMATION PROFESSIONNELLE COMPORTANT UNE AIDE DE L'ÉTAT

I. - Objet et organisation du centre et des cycles de formation

Art. 1er. Pour bénéficier d'une aide de l'État, le centre organise une ou plusieurs actions de formation professionnelle répondant aux orientations prioritaires et aux critères d'intervention définis par les instances de la formation professionnelle.

Art. 2. *Le conseil de centre.* Le centre de formation est doté d'un conseil auquel participent notamment les employeurs et salariés désignés par les organismes ou organisations professionnels, ou, le cas échéant, par les entreprises et travailleurs intéressés.

Dans des conditions fixées par le conseil, des représentants des stagiaires seront appelés à participer aux réunions du conseil.

Lorsqu'un accord conclu entre les organisations d'employeurs et de salariés prévoit la composition et les modalités de fonctionnement de ce conseil, ce sont les dispositions de cet accord qui s'appliquent.

Lorsque la gestion du centre est assurée par une entreprise ou un groupe d'entreprises de cinquante salariés et plus, le ou les ***(D. 2017-1819 du 29 déc. 2017, art. 3, 32°, JO 30, entrée en vigueur le 01.01.2018)*** «comités sociaux et économiques» intéressés exercent les attributions que leur confère la réglementation en vigueur. Ils doivent, en particulier, avoir délibéré sur les problèmes propres à l'entreprise relatifs à la formation professionnelle continue et sur les actions pour lesquelles l'aide de l'État est accordée.

Art. 3. *Organisation des cycles.* La formation est délivrée par le centre au moyen de cycles de formation qui peuvent comporter des stages à temps plein ou à temps partiel, ainsi que des cours de types divers.

L'objet du cycle, les types de stage, le lieu, la durée, le nombre de stagiaires prévus, le niveau de la formation dispensée et la sanction prévue sont définis pour chaque cycle dans une annexe pédagogique jointe à la convention.

Les règles particulières aux stages qui pourraient être mis en place ultérieurement sont fixées par avenant.

Les parties peuvent demander des modifications dans les conditions prévues à l'article 12 ci-après.

Pour les actions s'adressant à des stagiaires sous contrat de travail, la formation dispensée à temps partiel est, en principe, donnée pendant les heures normales de travail. Cependant, l'organisation des stages à temps partiel pourra tenir compte des situations particulières relatives aux conditions et aux horaires de travail ainsi qu'à la nature des formations dispensées et à la situation des stagiaires au regard du droit à congé de formation.

Art. 4. *Personnel du centre.* Le personnel assurant un enseignement au centre peut comprendre des personnels à temps plein et des personnels à temps partiel.

Ce personnel est choisi par le responsable du centre, après avis du conseil du centre.

La rémunération des personnes dispensant un enseignement au centre, ainsi que celle du personnel de direction et d'administration, est assurée par le centre.

II. - Stagiaires

Art. 5. *Recrutement.* Les stagiaires sont recrutés parmi les candidats qui adressent à titre individuel leur demande d'admission au centre, et notamment ceux auxquels les services de l'emploi ainsi que les organismes d'information et d'orientation compétents peuvent apporter leur concours ou parmi les candidats présentés par les entreprises ou les organisations professionnelles et syndicales.

Le choix des stagiaires est opéré sur des critères et dans les conditions arrêtées en accord avec l'autorité cosignataire.

Lorsque les stagiaires sont envoyés par leur entreprise, aucune participation financière ne doit leur être demandée.

Art. 6. *Rémunération.* Les stagiaires présentés au centre par leur employeur bénéficient, de la part de ce dernier, du maintien intégral de la rémunération qu'ils percevaient avant leur entrée en stage. Lorsque les conditions prévues par la législation en vigueur sont remplies, l'État peut prendre en charge une partie de la rémunération maintenue.

Les autres stagiaires peuvent bénéficier, sous réserve de remplir les conditions prévues, du versement de la rémunération prévu par les articles L. 6341-1 et suivants du code du travail.

Dans tous les cas, l'aide de l'État ne peut intervenir que si elle est prévue expressément par la convention ou par un avenant à la convention.

Art. 7. *Protection sociale.* Le centre s'assure que les stagiaires bénéficient d'une protection sociale.

Il prend les dispositions appropriées pour assurer la couverture des risques sociaux et notamment des accidents du travail pour les stagiaires qui ne seraient pas couverts par la réglementation en vigueur.

Art. 8. *Reconnaissance de la formation acquise.* Le centre s'engage à rechercher auprès des employeurs intéressés les modalités propres à assurer la reconnaissance de la formation acquise par les stagiaires du centre.

III. - Aide de l'État

Art. 9. L'État peut apporter :

1. Une aide technique :

a) Concours à la formation des personnels appelés à assurer un enseignement au centre ;

b) Mise à disposition de locaux et installations ;

c) Mise à disposition de documents d'ordre technique et pédagogique ;

d) Mise à disposition de personnel d'enseignement.

2. Une aide financière :

L'État peut verser au centre :

a) Une subvention destinée à permettre la mise au point des différents cycles ;

b) Une subvention forfaitaire de fonctionnement.

Le montant de cette subvention est calculé, pour chaque exercice, dans les conditions fixées par le ministre chargé de la formation professionnelle, après avis du Conseil national de la formation professionnelle tout au long de la vie.

Dans tous les cas, il est tenu une comptabilité distincte pour les cycles et stagiaires relevant de la convention.

Dans l'hypothèse où les effectifs réellement présents ou la durée des formations seraient inférieurs aux prévisions, le montant de la subvention sera réduit à due concurrence.

Si le montant des différentes ressources perçues au titre des cycles conventionnés excède le montant des dépenses effectivement exposées pour le fonctionnement de ces cycles, cet excédent devra être déduit de la subvention due au titre de l'exercice suivant ou reversé au Trésor.

c) Une subvention destinée à couvrir une partie du coût de construction et d'équipement du centre.

Les conditions d'attribution de cette subvention, ainsi que les modalités selon lesquelles elle est calculée, sont fixées par le ministre chargé de la formation professionnelle, après avis du Conseil national de la formation professionnelle tout au long de la vie.

Le montant de cette subvention ne peut être augmenté si le coût réel des travaux réalisés dépasse le montant du devis prévisionnel, que ce dépassement résulte d'une sous-estimation du coût des travaux, d'une actualisation du prix de l'opération ou d'une hausse de prix contractuelle.

Le centre bénéficiaire d'une subvention d'équipement est tenu, au cas où il serait mis fin aux formations prévues par la convention ou si les équipements réalisés ne sont pas utilisés conformément aux stipulations de la convention, de rembourser la subvention reçue, proportionnellement au nombre d'années restant à courir sur les délais d'amortissement : cinq ans pour le matériel, dix ans pour les aménagements immobiliers, vingt ans pour les constructions ou achats d'immeubles. Lorsque l'aide de l'État a porté sur l'acquisition du terrain, cette participation doit être remboursée intégralement.

De même, si la capacité de formation est inférieure à celle prévue par la convention, le centre rembourse la subvention reçue proportionnellement au nombre de places prévues et non réalisées.

3. Une aide technique et financière :

Les aides prévues aux 1 et 2 ci-dessus peuvent se cumuler. Dans ce cas, les aides techniques font l'objet d'une évaluation financière et sont déduites du monde de la subvention.

IV. - Contrôle de l'État

Art. 10. *Aide au fonctionnement*

a) Contrôle pédagogique et technique.

Le centre est soumis au contrôle pédagogique exercé par les services et organismes compétents désignés par l'autorité cosignataire. Il porte sur l'objet de la formation, les méthodes, les programmes et la qualité des enseignements dispensés. Le conseil de centre est consulté à l'occasion de ce contrôle.

b) Contrôle financier.

Le responsable du centre adresse chaque année un compte rendu des résultats qu'ont permis d'obtenir les cycles de formation organisés, un bilan financier des dépenses et ressources réellement constatées et un budget annuel ; ces différents documents sont transmis avec l'avis du conseil du centre.

Sans préjudice des contrôles que l'État peut exercer en vertu de la réglementation en vigueur sur les organismes et entreprises recevant des subventions sur fonds publics, les services ou organismes désignés par l'autorité cosignataire, compétents pour effectuer des inspections administratives, financières et techniques, ont accès dans les locaux du centre. Ils peuvent en outre se faire communiquer toutes pièces nécessaires permettant de contrôler l'activité du centre [de] l'assiduité des stagiaires, et notamment les situations d'effectifs et les emplois du temps.

Art. 11. *Aide à l'équipement.* Pendant l'exécution des travaux, le service chargé du contrôle peut s'assurer de leur conformité avec les plans et devis présentés.

Lorsque les travaux sont achevés ou les matériels acquis, l'autorité cosignataire pourra s'assurer à tout moment que la capacité créée et l'utilisation des équipements sont bien conformes à la destination prévue par l'annexe à la convention.

À cet effet, les services désignés par cette autorité ont accès dans les locaux du centre et peuvent se faire communiquer toutes précisions nécessaires permettant de contrôler son activité.

V. - Application et durée de la convention

Art. 12. *Modification de la convention.* L'autorité cosignataire peut, à tout moment, mettre fin sans délai à la convention dans le cas où le contrôle exercé sur le centre fait apparaître que l'organisation des cycles de formation ou les conditions de sa gestion ne répondent pas aux conditions définies dans la convention.

L'autorité cosignataire peut également demander, à tout moment, au responsable du centre de modifier les conditions d'organisation ou de fonctionnement d'un cycle de formation en cours lorsque celui-ci [celles-ci] apparaissent défectueuses.

Dans ces deux cas, le conseil du centre est consulté.

En dehors de ces cas, chacune des parties porte à la connaissance de l'autre, au moins deux mois à l'avance, les modifications éventuelles qu'elle désire voir apporter aux dispositions de la convention ou de ses annexes.

C'est notamment le cas lorsqu'il apparaît nécessaire d'adapter l'objet des cycles ou les méthodes de formation aux exigences ou aux possibilités nouvelles que ferait apparaître l'évolution de l'emploi et des moyens de formation existant[s].

Les modifications arrêtées d'un commun accord et après consultation du conseil du centre font l'objet d'un avenant.

Art. 13. *Résiliation de la convention.* La convention peut être résiliée par l'une ou l'autre des parties sur préavis de trois mois.

Lorsqu'il est mis fin à la convention, des dispositions particulières sont prises, le conseil du centre ayant été consulté pour sauvegarder les intérêts des stagiaires en cours de formation.

Chapitre III

Coordination et régulation des politiques de l'emploi, de l'orientation et de la formation professionnelle

Note Ce chapitre a été introduit par la loi 2014-288 du 5 mars 2014, art. 24, I, JO 6.

SECTION 2. Comité régional de l'emploi, de la formation et de l'orientation professionnelles

Art. L. 6123-3. Le comité régional de l'emploi, de la formation et de l'orientation professionnelles a pour mission d'assurer la coordination entre les acteurs des politiques d'orientation, de formation professionnelle et d'emploi et la cohérence des programmes de formation dans la région.

Il comprend le président du conseil régional, des représentants de la région (Ord. 2016-1562 du 21 nov. 2016, art. 24, JO 22, entrée en vigueur le 01.01.2018) «, ou, en Corse, le président du conseil exécutif et des conseillers à l'Assemblée de Corse élus en son sein», des représentants de l'État dans la région (Ord. 2016-1562 du 21 nov. 2016, art. 24, JO 22, entrée en vigueur le 01.01.2018) «ou, en Corse, dans la collectivité,» et des représentants des organisations syndicales de salariés et des organisations professionnelles d'employeurs représentatives au niveau national et interprofessionnel ou multi-professionnel, ou intéressées, et des chambres consulaires, ainsi que, avec voix consultative, des représentants des principaux opérateurs de l'emploi, de l'orientation et de la formation professionnelles. Pour chaque institution ou organisation pour laquelle le nombre de représentants est supérieur à un, le principe de parité entre les femmes et les hommes doit être respecté.

Il est présidé conjointement par le président du conseil régional et le représentant de l'État dans la région (Ord. 2016-1562 du 21 nov. 2016, art. 24, JO 22, entrée en vigueur le 01.01.2018) «, ou, en Corse, par le président du conseil exécutif et le représentant de l'État dans la collectivité de Corse». La vice-présidence est assurée par un représentant des organisations professionnelles d'employeurs et par un représentant des organisations syndicales de salariés.

Il est doté d'un bureau, composé de représentants de l'État, de la région (Ord. 2016-1562 du 21 nov. 2016, art. 24, JO 22, entrée en vigueur le 01.01.2018) «, ou, en Corse, de la collectivité de Corse», de représentants régionaux des organisations syndicales de salariés et des organisations professionnelles d'employeurs représentatives au niveau national et interprofessionnel.

(L. 2015-991 du 7 août 2015, art. 6, I, 5°, JO 8) «Il est doté également d'une commission chargée de la concertation relative aux politiques de l'emploi sur le territoire, qui assure la coordination des acteurs du service public de l'emploi défini à l'article L. 5311-1 en fonction de la stratégie prévue à l'article L. 6123-4-1.»

(Ord. 2019-861 du 21 août 2019, art. 1er, 27°, JO 22) «Le bureau rend également l'avis prévu au cinquième alinéa de l'article L. 6111-6».

Un décret en Conseil d'État précise la composition, le rôle et le fonctionnement du bureau.

Art. L. 6123-4. Le président du conseil régional et le représentant de l'État dans la région (Ord. 2016-1562 du 21 nov. 2016, art. 24, JO 22, entrée en vigueur le 01.01.2018) «ou, en Corse, le président du conseil exécutif et le représentant de l'État dans la collectivité de Corse» signent avec (L. 2018-771 du 5 sept. 2018, art. 36, V, 4°, JO 6) «Pôle emploi», les représentants régionaux des missions locales mentionnées à l'article L. 5314-1 (L. 2015-991 du 7 août 2015, art. 6, I, 6°, JO 8) «, des organismes spécialisés dans l'insertion professionnelle des personnes handicapées et des présidents de maisons de l'emploi et de structures gestionnaires de plans locaux pluriannuels pour l'insertion et l'emploi» une convention régionale pluriannuelle de coordination de l'emploi, de l'orientation et de la formation.

(L. 2018-771 du 5 sept. 2018, art. 36, V, 4°, JO 6) «Cette convention détermine pour chaque signataire, en cohérence avec les orientations définies par l'État et par la région dans le schéma régional de développement économique, d'innovation et d'internationalisation, avec les plans de convergence mentionnés à l'article 7 de la loi n° 2017-256 du 28 février 2017 de programmation relative à l'égalité réelle outre-mer et portant autres dispositions en matière sociale et économique, dans le respect de ses missions et, s'agissant de Pôle emploi, de la convention tripartite pluriannuelle mentionnée à l'article L. 5312-3 :»

1° Les conditions dans lesquelles il mobilise de manière coordonnée les outils des politiques de l'emploi et de la formation professionnelle de l'État et de la région (Ord. 2016-1562 du 21 nov. 2016, art. 24, JO 22, entrée en vigueur le 01.01.2018) «, ou, en Corse, de la collectivité de Corse», au regard de la situation locale de l'emploi et dans le cadre de la politique nationale de l'emploi ;

2° Les conditions dans lesquelles il participe (L. 2015-991 du 7 août 2015, art. 6, I, 6°, JO 8) «, le cas échéant,» au service public régional de l'orientation ;

3° Les conditions dans lesquelles il conduit (L. 2015-991 du 7 août 2015, art. 6, I, 6°, JO 8) «, le cas échéant,» son action au sein du service public régional de la formation professionnelle ;

4° Les modalités d'évaluation des actions entreprises.

(L. 2015-991 du 7 août 2015, art. 6, I, 6°, JO 8) «Un plan de coordination des outils qui concourent au service public de l'emploi et à la mise en œuvre de ses objectifs, visant à rationaliser et à mutualiser les interventions à l'échelle des bassins d'emploi, est inscrit dans la convention régionale pluriannuelle.»

Sous-section 1 (réglementaire). **Missions**

Note Les sous-sections 1 à 3 ont été introduites par le décret 2014-1055 du 16 septembre 2014, JO 18.

Art. R. 6123-3. I. – Le comité régional de l'emploi, de la formation et de l'orientation professionnelles est chargé des fonctions de diagnostic, d'étude, de suivi et d'évaluation des politiques nécessaires pour assurer la coordination entre les acteurs des politiques d'orientation, de formation professionnelle et d'emploi et la cohérence des programmes de formation dans la région, en lien avec (D. 2018-1262 du 26 déc. 2018, art. 1er, III, JO 28, entrée en vigueur le 01.01.2019) « la Commission nationale de la négociation collective, de l'emploi et de la formation professionnelle » mentionnée à l'article [L. 2271-1].

II. – Pour l'exercice de ces fonctions, le comité régional de l'emploi, de la formation et de l'orientation professionnelles s'appuie en tant que de besoin sur les études et les travaux d'observation réalisés notamment par :

1° Les collectivités territoriales ressortissant du territoire régional ;

2° Le Conseil économique, social et environnemental régional ;

3° Pôle emploi ;

4° Les services statistiques de l'État et les organismes publics d'étude et de recherche ;

5° Les organismes paritaires de gestion et d'observation des branches professionnelles, présents dans la région ;

6° Le Centre d'animation, de ressources et d'information sur la formation-observatoire régional de l'emploi et de la formation professionnelle.

III. – Le comité régional de l'emploi, de la formation et de l'orientation professionnelles est informé :

1° Chaque année, par les services compétents de l'État, du montant des sommes collectées au titre de la taxe d'apprentissage et de leurs affectations, ainsi que du financement des contrats de professionnalisation ;

2° Des projets d'investissement et des moyens d'intervention dont disposent les services régionaux de Pôle emploi.

Il est, en outre, destinataire des comptes rendus des séances plénières et des commissions (D. 2018-1262 du 26 déc. 2018, art. 1er, III, JO 28, entrée en vigueur le 01.01.2019) « de la Commission nationale de la négociation collective, de l'emploi et de la formation professionnelle », ainsi que de ses études et travaux.

Art. R. 6123-3-1. Chaque année, le comité régional de l'emploi, de la formation et de l'orientation professionnelles établit un bilan régional des actions financées au titre de l'emploi, de la formation et de l'orientation professionnelles selon une méthodologie définie par (D. 2018-1262 du 26 déc. 2018, art. 1er, III, JO 28, entrée en vigueur le 01.01.2019) « la Commission nationale de la négociation collective, de l'emploi et de la formation professionnelle ».

Art. R. 6123-3-2. Le comité régional de l'emploi, de la formation et de l'orientation professionnelles émet, avant leur adoption ou leur conclusion, un avis sur :

1° Les conventions régionales pluriannuelles de coordination de l'emploi, de l'orientation et de la formation relevant de l'article L. 6123-4 ;

2° La carte régionale des formations professionnelles initiales mentionnée à l'article L. 214-13-1 du code de l'éducation ;

3° Les programmes relevant du service public régional de formation professionnelle dont celui prévu à l'article L. 5211-3, ainsi que le projet de convention élaboré en application de l'article L. 6121-4 ;

4° Le cahier des charges prévu à l'article L. 6111-5, fixant des normes de qualité aux organismes participant au service public régional de l'orientation ;

5° La convention annuelle de coordination relative au service public de l'orientation professionnelle conclue entre l'État et la région prévue à l'article L. 6111-3.

Les avis sont rendus publics par le comité et sont transmis (D. 2018-1262 du 26 déc. 2018, art. 1er, III, JO 28, entrée en vigueur le 01.01.2019) « à la Commission nationale de la négociation collective, de l'emploi et de la formation professionnelle ».

Sous-section 2 (réglementaire). **Composition**

Art. R. 6123-3-3. Le comité régional de l'emploi, de la formation et de l'orientation professionnelles est composé, outre le préfet de région et le président du conseil régional, de membres nommés par arrêté du préfet de région :

1° Six représentants de la région désignés par le conseil régional ;

2° Six représentants de l'État :

a) (D. 2015-1616 du 10 déc. 2015, art. 10, JO 11, entrée en vigueur le 01.01.2016) « Le recteur de région académique » ;

b) Le directeur régional des entreprises, de la concurrence, de la consommation, du travail et de l'emploi (DIRECCTE) ;

c) Le directeur régional de la jeunesse, des sports et de la cohésion sociale (DRJSCS) ;

d) Le directeur régional de l'alimentation, de l'agriculture et de la forêt (DRAAF) ;

e) Les autres représentants de l'État restant à nommer après application des *a* à *d*, désignés par le préfet de région ;

3° Des représentants des organisations syndicales de salariés et professionnelles d'employeurs sur proposition de leur organisation respective :

a) Un représentant de chaque organisation syndicale de salariés, représentative au plan national et interprofessionnel ;

b) Un représentant de chaque organisation professionnelle d'employeurs, représentative au plan national et interprofessionnel ;

c) Un représentant de chaque organisation professionnelle d'employeurs représentative au plan national et multi professionnel ;

d) Deux représentants des organisations syndicales intéressées. Ces organisations sont déterminées par l'arrêté du ministre en charge de l'emploi et de la formation professionnelle prévu à l'article R. 6123-1-8 ;

4° Un représentant pour chacun des trois réseaux consulaires sur proposition de leur organisation respective ;

5° Des représentants des principaux opérateurs de l'emploi, de la formation et de l'orientation professionnelles dans la région, dont un représentant du regroupement d'établissements d'enseignement supérieurs constitué en application des dispositions combinées de l'article L. 718-2 et du 2° de l'article L. 718-3 du code de l'éducation, le directeur régional de Pôle emploi, le délégué régional de l'association de gestion du fonds pour l'insertion professionnelle des personnes handicapées, le représentant régional des Cap emploi, le directeur du fonds de gestion du congé individuel de formation, le président de l'association régionale des missions locales, le délégué en région de l'association pour l'emploi des cadres mentionné au L. 6111-6, le directeur du centre d'animation, de ressources et d'information sur la formation et observatoire régional de l'emploi et de la formation professionnelle ainsi que le directeur régional de l'office national d'information des enseignements et des professions.

Les représentants désignés en application du 1° comprennent un nombre égal de femmes et d'hommes, conformément au principe de parité tel que défini à l'article L. 6123-3. Les représentants désignés au titre du *e* du 2° comprennent un nombre égal de femmes et d'hommes s'ils sont en nombre pair, et au moins une personne de chaque sexe si leur nombre est impair et au moins égal à deux.

Les membres mentionnés au 5° du présent article siègent sans voix délibératives.

Art. R. 6123-3-4. Les collectivités départementales du ressort de la région sont associées aux réflexions et travaux conduits par le comité en matière d'insertion professionnelle, selon des modalités définies dans son règlement intérieur.

Art. R. 6123-3-5. Pour chaque représentant, un suppléant est désigné dans les mêmes conditions que le titulaire.

Les suppléants peuvent assister avec les titulaires aux séances du comité régional de l'emploi, de la formation et de l'orientation professionnelles. Ils ne délibèrent qu'en l'absence des membres titulaires.

Pour les représentants ayant la qualité de membres du bureau du comité régional de l'emploi, de la formation et de l'orientation professionnelles, mentionné à l'article R. 6123-3-9, un second suppléant peut être désigné dans les mêmes conditions que pour le titulaire.

Art. R. 6123-3-6. Les membres du comité régional de l'emploi, de la formation et de l'orientation professionnelles sont nommés pour une durée de trois ans.

Toute vacance ou perte de la qualité au titre de laquelle ils ont été désignés donne lieu à remplacement pour la durée du mandat restant à courir.

Art. R. 6123-3-7. Avant de procéder à la nomination des membres du comité en application de l'article R. 6123-3-3, le préfet de région consulte le président du conseil régional sur la nomination, au titre du 5° de cet article, de représentants d'opérateurs qui n'y sont pas mentionnés, dans la limite de trois.

Sous-section 3 (réglementaire). **Organisation et fonctionnement**

Art. R. 6123-3-8. Le comité régional de l'emploi, de la formation et de l'orientation professionnelles ainsi que son bureau sont présidés conjointement par le préfet de région et le président du conseil régional.

La vice-présidence du comité et de son bureau est assurée conjointement par :

a) Un représentant des organisations professionnelles d'employeurs, désigné par les représentants mentionnés au *b* du 3° de l'article R. 6123-3-3 pour le comité et au 3° de l'article R. 6123-3-10 pour le bureau ;

b) Un représentant des organisations syndicales de salariés, désigné par les représentants mentionnés au *a* du 3° de l'article R. 6123-3-3 pour le comité et par les représentants mentionnés au 3° de l'article R. 6123-3-10 pour le bureau.

Art. R. 6123-3-9. Le bureau prépare les réunions du comité régional. Il oriente et suit les travaux des commissions prévues mentionnées à l'article R. 6123-3-13.

Il est chargé de la concertation entre l'État, la région et les organisations professionnelles et syndicales représentatives au plan national et interprofessionnel sur les sujets mentionnés aux articles L. 6111-6, L. 6121-1, L. 6241-3, L. 6241-10. L. 6323-3, L. 6323-16 et L. 6323-21.

Il favorise dans ce cadre la définition et la mise en œuvre d'une stratégie régionale concertée en matière d'orientation professionnelle, de développement de l'alternance et de formation professionnelle des salariés comme des demandeurs d'emploi.

Art. R. 6123-3-10. Le bureau comprend :

1° Quatre représentants de l'État, dont le préfet de région et trois représentants désignés par lui parmi ceux mentionnés au 2° de l'article R. 6123-3-3, dont le directeur régional des entreprises, de la concurrence, de la consommation, du travail et de l'emploi et (D. 2015-1616 du 10 déc. 2015, art. 10, JO 11, entrée en vigueur le 01.01.2016) « le recteur de région académique » ;

2° Quatre représentants de la région, dont le président du conseil régional et trois représentants désignés par le conseil régional parmi ceux mentionnés au 1° de l'article R. 6123-3-3 ;

3° Un représentant dans la région de chaque organisation syndicale de salariés et de chaque organisation professionnelle d'employeurs mentionnés aux *a* et *b* du 3° de l'article R. 6123-3-3, représentative au plan national et interprofessionnel.

Art. R. 6123-3-11. En tant que de besoin, le président du conseil régional et le préfet de région peuvent inviter conjointement des représentants de collectivités territoriales ou d'opérateurs ne faisant pas partie du comité régional de l'emploi, de la formation et de l'orientation professionnelles, ou des personnalités qualifiées, à participer aux séances plénières du comité sans prendre part aux délibérations relatives aux avis mentionnés à l'article R. 6123-3-2, à celles du bureau ou celles des commissions mentionnées à l'article R. 6123-3-13.

Art. R. 6123-3-12. Le comité régional de l'emploi, de la formation et de l'orientation professionnelles adopte un règlement intérieur qui fixe l'organisation de ses travaux.

Art. R. 6123-3-13. Le comité régional de l'emploi, de la formation et de l'orientation professionnelles se dote des commissions nécessaires à son fonctionnement ainsi que d'un secrétariat permanent.

Art. R. 6123-3-14. Le comité régional de l'emploi, de la formation et de l'orientation professionnelles se réunit au moins deux fois par an, sur convocation conjointe du préfet de région et du président du conseil régional qui fixent l'ordre du jour, ou à la demande de la majorité de ses membres.

La convocation est accompagnée des documents relatifs aux points inscrits à l'ordre du jour.

Art. R. 6123-3-15. La convocation du bureau du comité est effectuée conjointement par le préfet de région et le président du conseil régional au moins cinq jours avant sa réunion. Elle est accompagnée des documents relatifs aux points inscrits à l'ordre du jour.

Dans les cas d'urgence définis conjointement par le préfet de région et le président du conseil régional pour la mise en œuvre des dispositions du cinquième alinéa de l'article L. 6123-3, le délai mentionné au premier alinéa est ramené à 48 heures.

Le bureau est réputé s'être prononcé à l'expiration du délai mentionné au précédent alinéa.

SECTION 3. France compétences

Note Cette section a été introduite par la loi 2018-771 du 5 septembre 2018, art. 36, V, 6°, JO 6.

Art. L. 6123-5. France compétences est une institution nationale publique dotée de la personnalité morale et de l'autonomie financière. Elle a pour mission:

1° De verser aux opérateurs de compétences mentionnés à l'article L. 6332-1 des fonds pour un financement complémentaire des contrats d'apprentissage et de professionnalisation et des reconversions ou promotions par alternance mentionnées à l'article L. 6324-1, au titre de la péréquation (Ord. 2019-861 du 21 août 2019, art. 1er, 28°, JO 22) «inter-branches» ainsi que d'assurer le financement de l'aide au permis de conduire, selon des modalités fixées par décret;

2° De verser aux régions des fonds pour le financement des centres de formation d'apprentis, au titre de l'article L. 6211-3, selon des (Ord. 2019-861 du 21 août 2019, art. 1er, 28°, JO 22) «modalités définies» par décret en Conseil d'État, pris après concertation avec les régions;

3° D'assurer la répartition et le versement des fonds (Ord. 2019-861 du 21 août 2019, art. 1er, 28°, JO 22) «issus des contributions dédiées au financement de la formation professionnelle», en fonction (Ord. 2019-861 du 21 août 2019, art. 1er, 28°, JO 22) «des conditions d'utilisation des ressources allouées,» des effectifs et des catégories de public, dans des conditions fixées par décret:

a) À la Caisse des dépôts et consignations, pour le financement du compte personnel de formation;

b) À l'État, pour la formation des demandeurs d'emploi;

c) Aux opérateurs de compétences, (Ord. 2019-861 du 21 août 2019, art. 1er, 28°, JO 22) «selon leur champ d'intervention» pour l'aide au développement des compétences au bénéfice des entreprises de moins de cinquante salariés et pour le financement de l'alternance (Ord. 2019-861 du 21 août 2019, art. 1er, 28°, JO 22) «selon des modalités fixées par décret»;

(Ord. 2019-861 du 21 août 2019, art. 1er, 28°, JO 22) «*d)* Aux régions;

e) À l'opérateur assurant le versement de l'aide au permis de conduire;

f) Aux opérateurs chargés de la mise en œuvre du conseil en évolution professionnelle désignés au titre du 4°;

g) Aux commissions paritaires interprofessionnelles régionales mentionnées à l'article L. 6323-17-6;

h) Aux fonds d'assurance-formation de non-salariés mentionnés à l'article L. 6332-9;»

4° D'organiser et de financer le conseil en évolution professionnelle à destination de l'ensemble des actifs occupés, hors agents publics, selon des modalités fixées par décret;

5° De verser aux commissions paritaires interprofessionnelles régionales mentionnées à l'article L. 6323-17-6 des fonds pour le financement de projets de transition professionnelle mentionnés à l'article L. 6323-17-1 selon des modalités fixées par décret;

6° D'assurer la veille, l'observation et la transparence des coûts et des règles de prise en charge en matière de formation professionnelle, lorsque les prestataires perçoivent un financement d'un opérateur de compétences, de la commission mentionnée à l'article L. 6323-17-6, des fonds d'assurances formation de non-salariés, de l'État, des régions, de la Caisse des dépôts et consignations, de Pôle emploi et de l'institution mentionnée à l'article L. 5214-1, de collecter à cette fin les informations transmises par les prestataires de formation et de publier des indicateurs permettant d'apprécier la valeur ajoutée des actions de formation. À ce titre, elle est (Ord. 2019-861 du 21 août 2019, art. 1er, 28°, JO 22) «associée à la mise en œuvre du» partage d'informations prévu à l'article L. 6353-10 et (Ord. 2019-861 du 21 août 2019, art. 1er, 28°, JO 22) «rend compte» annuellement de l'usage des fonds de la formation professionnelle et du conseil en évolution professionnelle. Les centres de formation d'apprentis ont l'obligation de transmettre à France compétences tout élément relatif à la détermination de leurs coûts;

7° De contribuer au suivi et à l'évaluation de la qualité des actions de formation dispensées. À ce titre, elle émet un avis sur le référentiel national mentionné à l'article L. 6316-3;

8° D'établir le répertoire national des certifications professionnelles prévu à l'article L. 6113-1 et le répertoire spécifique prévu à l'article L. 6113-6;

9° De suivre la mise en œuvre des contrats de plan régionaux de développement des formations et de l'orientation professionnelles définis au I de l'article L. 214-13 du code de l'éducation. France compétences est destinataire, à cet effet, de ces contrats de plans régionaux de développement des formations et de l'orientation professionnelles ainsi que de leurs conventions annuelles d'application;

10° D'émettre des recommandations sur :

a) Le niveau et les règles de prise en charge du financement de l'alternance afin de favoriser leur convergence ;

b) La qualité des formations effectuées, notamment au regard de leurs résultats en matière d'accès à l'emploi et à la qualification ;

c) L'articulation des actions en matière d'orientation, de formation professionnelle et d'emploi ;

d) La garantie de l'égal accès de tous les actifs à la formation professionnelle continue et à l'apprentissage ;

e) Toute question relative à la formation professionnelle continue et à l'apprentissage, notamment à leurs modalités d'accès et à leur financement ;

f) Les modalités et règles de prise en charge des financements alloués au titre du compte personnel de formation mentionné à l'article L. 6323-17-1 du présent code, en vue de leur harmonisation sur l'ensemble du territoire ;

11° De mettre en œuvre toutes autres actions en matière de formation professionnelle continue et d'apprentissage qui lui sont confiées par l'État, les régions et les organisations syndicales de salariés et les organisations professionnelles d'employeurs représentatives au niveau national et interprofessionnel ;

12° De signaler tout dysfonctionnement identifié dans le cadre de ses missions en matière de formation professionnelle aux services de contrôle de l'État ;

13° De consolider, d'animer et de rendre publics les travaux des observatoires prospectifs des métiers et des qualifications mentionnés à l'article L. 2241-4 ;

14° De financer des enquêtes de satisfaction pour évaluer la qualité de l'offre de service, au regard notamment des missions des opérateurs de compétences mentionnées au 1° du I de l'article L. 6332-1. Ces enquêtes sont réalisées auprès d'une partie significative des entreprises couvertes par les accords collectifs des branches adhérentes à chaque opérateur de compétences ainsi qu'auprès des organismes de formation que l'opérateur finance. Ces enquêtes sont transmises à l'État, afin que leurs résultats soient pris en compte dans le cadre de l'élaboration et de l'évaluation des conventions d'objectifs et de moyens mentionnées au même article L. 6332-1.

Art. L. 6123-6. France compétences est administrée par un conseil d'administration et dirigée par un directeur général.

Art. L. 6123-7. Le conseil d'administration de France compétences comprend :

1° Un collège de représentants de l'État ;

2° Un collège de représentants des organisations syndicales de salariés représentatives au niveau national et interprofessionnel ;

3° Un collège de représentants des organisations professionnelles d'employeurs représentatives au niveau national et interprofessionnel ;

4° Un collège de représentants des régions ;

5° Un collège de personnalités qualifiées désignées par le ministre chargé de la formation professionnelle.

Le président du conseil d'administration est nommé par décret du président de la République parmi le collège des personnalités qualifiées.

La fonction de membre du conseil d'administration est exercée à titre gratuit.

La composition et le fonctionnement du conseil d'administration sont déterminés par décret en Conseil d'État.

Art. L. 6123-8. Le directeur général exerce la direction de l'institution dans le cadre des orientations définies par le conseil d'administration. Il prépare les délibérations de ce conseil et en assure l'exécution.

Le directeur général est nommé par décret, après avis du conseil d'administration, sur le rapport du ministre chargé de la formation professionnelle. Il est auditionné par le Parlement avant sa nomination et durant l'exercice de ses fonctions. Le conseil d'administration peut adopter, à la majorité des deux tiers de ses membres, une délibération demandant sa révocation.

Art. L. 6123-9. Les agents de l'institution nationale, qui sont chargés d'une mission de service public, sont régis par le présent code.

Les règles relatives aux relations collectives de travail prévues par la deuxième partie du présent code s'appliquent à tous les agents de l'institution.

Art. L. 6123-10. Les recommandations mentionnées au 10° de l'article L. 6123-5 sont adoptées par le conseil d'administration de France compétences. Elles sont rendues publiques et transmises (Ord. 2019-861 du 21 août 2019, art. 1er, 30°, JO 22) «, en fonction de leur objet,» aux ministres chargés de la formation professionnelle, de l'éducation nationale, de l'enseignement supérieur et de l'enseignement agricole, aux présidents des conseils régionaux, aux présidents des commissions nationales paritaires pour l'emploi et aux présidents des opérateurs de compétences (Ord. 2019-861 du 21 août 2019, art. 1er, 30°, JO 22) «concernés».

Art. L. 6123-11. Une convention triennale d'objectifs et de performance est conclue entre l'État et France compétences. Cette convention est rendue publique à sa signature et à son renouvellement. Elle définit les modalités de financement, la mise en œuvre des missions et les modalités de suivi de l'activité. Un rapport d'activité est remis chaque année au Parlement et au ministre chargé de la formation professionnelle pour indiquer la mise en œuvre des missions dévolues à France compétences.

L'institution est soumise en matière de gestion financière et comptable aux règles applicables aux entreprises industrielles et commerciales. (Ord. 2019-861 du 21 août 2019, art. 1er, 31°, JO 22) «Elle est soumise aux dispositions du code de la commande publique.».

Art. L. 6123-12. Les recettes de France compétences sont constituées d'impositions de toutes natures, de subventions, de redevances pour service rendu, du produit des ventes et des locations ainsi que de dons et legs et recettes diverses.

Un pourcentage assis sur ces recettes permet de financer la mise en œuvre des missions de l'institution.

Les recettes et leurs modalités d'affectation sont précisées par décret.

Art. L. 6123-13. Lorsque (Ord. 2019-861 du 21 août 2019, art. 1er, 32°, JO 22) «la commission paritaire nationale de l'emploi ou la commission paritaire de la branche concernée» ne (Ord. 2019-861 du 21 août 2019, art. 1er, 32°, JO 22) «fixe» pas les modalités de prise en charge du financement de l'alternance ou lorsque le niveau retenu ne converge pas vers le niveau identifié par les recommandations mentionnées au *a* du 10° de l'article L. 6123-5, le niveau de prise en charge des contrats de professionnalisation ou d'apprentissage est fixé par décret.

Art. L. 6123-14. Un décret en Conseil d'État détermine les conditions d'application de la présente section, notamment:

1° La nature des disponibilités et des charges mentionnées au 6° de l'article L. 6332-6;

2° Les documents et pièces relatifs à leur gestion que les opérateurs de compétences communiquent à France compétences et ceux qu'ils présentent aux personnes commissionnées par cette dernière pour les contrôler. Ces dispositions s'appliquent sans préjudice des contrôles exercés par les agents mentionnés à l'article L. 6361-5.

Sous-section 1 (réglementaire). **Dispositions générales**

Note Les sous-sections 1 à 5 ont été introduites par le décret 2018-1331 du 28 décembre 2018, JO 30, entrée en vigueur le 01.01.2019.

Art. R. 6123-5. L'institution nationale publique dénommée France compétences, définie à l'article L. 6123-5, est un établissement public national à caractère administratif placé sous la tutelle du ministre chargé de la formation professionnelle.

Sous-section 2 (réglementaire). **Organisation de l'établissement**

§ 1. Conseil d'administration

Art. R. 6123-6. Le conseil d'administration comprend quinze membres nommés par arrêté du ministre chargé de la formation professionnelle selon la répartition suivante:

1° Un collège composé de trois représentants de l'État disposant de quarante-cinq voix, désignés selon la répartition suivante:

a) Un représentant désigné par le ministre chargé de la formation professionnelle, disposant de quinze voix;

b) Un représentant désigné par le ministre chargé du budget, disposant de quinze voix;

c) Un représentant désigné conjointement par le ministre chargé de l'éducation nationale, par le ministre chargé de l'enseignement supérieur et par le ministre en charge de l'agriculture, disposant de quinze voix;

2° Un collège composé de cinq représentants des organisations syndicales de salariés représentatives au niveau national et interprofessionnel, désignés par chacune d'elles et disposant de vingt voix. Au sein de ce collège, chaque organisation syndicale dispose d'un nombre de voix fixé, par arrêté du ministre chargé de la formation professionnelle, en proportion de son audience au niveau national et interprofessionnel ;

3° Un collège composé de trois représentants des organisations professionnelles d'employeurs représentatives au niveau national et interprofessionnel, désignés par chacune d'elles et disposant de vingt voix. Au sein de ce collège, chaque organisation professionnelle d'employeurs dispose d'un nombre de voix fixé, par arrêté du ministre chargé de la formation professionnelle, en proportion de son audience au niveau national et interprofessionnel ;

4° Un collège composé de deux représentants des conseils régionaux, désignés par le ministre chargé de la formation professionnelle, sur proposition [de] l'Association Régions de France, disposant chacun de sept voix et demie ;

5° Un collège composé de deux personnalités qualifiées, de sexe différent, dont au moins une personne titulaire d'un mandat électif local et dont l'une après avis du ministre chargé du handicap, désignées par le ministre chargé de la formation professionnelle, disposant chacune de cinq voix ;

Les membres du conseil d'administration, à l'exception des personnalités qualifiées, peuvent être représentés par un suppléant, nommé dans les mêmes conditions.

La durée du mandat des membres du conseil d'administration est de trois ans.

Le directeur général, ainsi que toute personne dont la présence est jugée utile par le président, assistent aux réunions du conseil d'administration.

Art. R. 6123-7. I. – Les frais exposés par les membres du conseil d'administration pour l'exercice de leur mandat sont remboursés par l'établissement dans les conditions prévues par le décret n° 2006-781 du 3 juillet 2006 fixant les conditions et les modalités de règlement des frais occasionnés par les déplacements temporaires des personnels civils de l'État.

II. – Lorsque le conseil d'administration délibère sur une décision dans laquelle un des membres a, directement ou indirectement, un intérêt quelconque, le membre intéressé n'assiste pas à la délibération. Les délibérations prises en violation de cette obligation sont nulles de plein droit.

Art. R. 6123-8. I. – Le conseil d'administration délibère sur :

1° La fixation d'un niveau maximal de prise en charge éligible à la péréquation inter-branche mentionnée au 1° de l'article (D. 2019-1326 du 10 déc. 2019, JO 11) « L. 6123-5 » ;

2° Le suivi et l'évaluation de la qualité des actions de formation mentionnés au 7° de l'article L. 6123-5, notamment sur le référentiel national prévu par l'article L. 6316-3 ;

3° Les recommandations mentionnées au 10° de l'article L. 6123-5 conformément aux dispositions de l'article L. 6123-10 ;

4° Les actions mises en œuvre en application du 11° de l'article L. 6123-5 ;

5° La reconnaissance d'instances de labellisation prévues par l'article L. 6316-2, sur le fondement du référentiel national mentionné à l'article L. 6316-3 ;

6° Le rapport annuel d'activité destiné au Parlement et au ministre chargé de la formation professionnelle continue, conformément aux dispositions de l'article L. 6123-11 ;

7° La convention triennale d'objectifs et de performance conclue avec l'État en application de l'article L. 6123-11 ;

8° L'affectation des excédents constatés auprès des opérateurs de compétences et des commissions paritaires interprofessionnelles régionales, dans le cadre d'une ou des sections financières mentionnées à l'article R. 6123-15 ;

9° Le budget initial de l'établissement et les budgets rectificatifs ;

10° Le bilan annuel, le compte de résultat, les principes de comptabilité analytique et les décisions relatives à la fixation, à l'affectation des résultats de l'exercice et à la constitution de réserves ;

11° La conclusion d'emprunts, dont le terme ne peut être supérieur à douze mois, à partir d'un seuil défini par le règlement du conseil ;

12° Les marchés et autres contrats comportant, de la part de l'établissement, un engagement financier dont la valeur excède un seuil défini par le règlement du conseil ou pris au titre du 4° et du 14° de l'article L. 6123-5 ;

13° L'acquisition ou l'aliénation des biens immobiliers ;

14° Le schéma pluriannuel de stratégie immobilière ;

15° Les actions en justice et transactions supérieures à un montant fixé par le règlement intérieur du conseil ;

16° Le schéma directeur des systèmes d'information ;

17° La désignation des commissaires aux comptes ;

18° L'octroi d'avances à des organismes ou sociétés ayant pour objet de contribuer à l'exécution des missions de l'établissement ;

19° La participation à un groupement d'intérêt public ou à toute autre forme de groupement public ou privé ;

20° Le règlement du conseil d'administration, le règlement intérieur de la commission en charge de la certification professionnelle prévue à l'article L. 6113-6 et la charte déontologique applicable aux membres du conseil d'administration et au personnel de l'établissement ;

21° La création de commissions spécialisées au sein de l'établissement et leurs règlements intérieurs.

II. – Le conseil d'administration est tenu informé :

1° Des travaux des commissions et des instances créées au sein de l'établissement ;

2° Des signalements de dysfonctionnements mentionnés au 12° de l'article L. 6123-5 ;

3° De la consolidation, de l'animation et de la publicité des travaux des observatoires prospectifs des métiers et des qualifications au titre du 13° de l'article L. 6123-5 ;

4° Des comptes rendus annuels d'exécution du projet d'établissement et de la convention triennale d'objectifs et de performance ;

5° Des conditions générales d'organisation et de fonctionnement de l'établissement, notamment les conditions générales d'emploi et de rémunération des personnels ;

6° Des emprunts, dont le terme ne peut être supérieur à douze mois, d'un montant inférieur au seuil mentionné au 11° du I ;

7° Du plan pluriannuel d'action achats et des marchés et autres contrats non couverts autres que ceux mentionnés au 12° du I ;

8° Des baux et locations d'immeubles ;

9° De l'état d'avancement du schéma pluriannuel de stratégie immobilière, du schéma directeur des systèmes d'information et du plan d'actions achats.

Art. R. 6123-9. Le conseil d'administration peut déléguer au directeur général certaines de ses attributions dans les limites qu'il détermine, à l'exclusion de celles mentionnées aux 2°, 3°, 5°, 7°, 9°, 10°, 11°, 12°, 13°, 16°, 17° et 20° du I de l'article R. 6123-8.

Le directeur général rend compte des décisions qu'il a prises en vertu de cette délégation lors de la séance suivante du conseil d'administration.

Art. R. 6123-10. Le conseil administration se réunit sur convocation de son président au moins six fois par an.

Il est en outre réuni de plein droit, sur un ordre du jour déterminé, à la demande écrite du représentant du ministre chargé de la formation professionnelle ou de la majorité des membres du conseil d'administration, dans le délai d'un mois suivant la demande.

Il est établi un procès-verbal de chaque séance du conseil d'administration.

Le procès-verbal est adressé sans délai au ministre chargé de la formation professionnelle, ainsi qu'à l'autorité chargée du contrôle économique et financier.

Art. R. 6123-11. Les délibérations du conseil d'administration relevant des 8°, 9°, 10°, 11°, 13° et 19° du I de l'article R. 6123-8 sont exécutoires de plein droit quinze jours après leur réception par les ministres chargé de la formation professionnelle et chargé du budget, à moins que l'un d'entre eux n'y fasse opposition dans ce délai.

Les autres délibérations sont exécutoires à compter de la signature du relevé des délibérations par le président de séance.

Les délibérations sont transmises sans délai à l'autorité chargée du contrôle économique et financier.

§ 2. Le président du conseil d'administration

Art. R. 6123-12. I. – Le président du conseil d'administration est nommé, dans les conditions prévues à l'article L. 6123-7, pour trois ans.

II. – Le président du conseil d'administration :

1° Préside les débats du conseil d'administration ;

2° Convoque le conseil d'administration, arrête son ordre du jour sur proposition du directeur général, signe les procès-verbaux des séances du conseil d'administration et veille à ce qu'ils soient adressés sans délai au ministre de tutelle et à l'autorité chargée du contrôle économique et financier conformément aux articles R. 6123-10 et R. 6123-11 ;

3° S'assure de la mise en œuvre de ses délibérations, dont le directeur général rend compte régulièrement ;

4° Signe, conjointement avec le directeur général, la convention triennale d'objectifs et de performance mentionnée à l'article L. 6123-11.

(D. 2019-1326 du 10 déc. 2019, JO 11) « III. – En cas de partage égal des voix, la délibération du conseil d'administration est renvoyée à une nouvelle séance du conseil d'administration. Le président du conseil d'administration dispose alors d'une voix prépondérante. »

§ 3. Le directeur général

Art. R. 6123-13. Le directeur général :

1° Prépare, signe conjointement avec le président du conseil administration et exécute la convention triennale d'objectifs et de performance prévue à l'article L. 6123-10 ;

2° Prépare les délibérations du conseil d'administration et en assure l'exécution ;

3° Prépare et exécute le budget de l'établissement ;

4° Exécute les recettes et les dépenses, dans les conditions prévues au règlement intérieur ;

5° A autorité sur l'ensemble des personnels de l'établissement et en assure la gestion. À ce titre, il recrute, nomme et gère le personnel ;

6° Préside les instances de dialogue social de l'établissement ;

7° Négocie et conclut les conventions et marchés se rapportant aux missions de l'établissement dans les limites fixées, le cas échéant, par le conseil d'administration ;

8° Représente l'établissement en justice et dans les actes de la vie civile dans les conditions prévues le cas échéant par le conseil d'administration ;

9° Établit le rapport annuel d'activité au Parlement et au ministre chargé de la formation professionnelle ;

10° Assure la publication de la liste actualisée des certifications professionnelles enregistrées au répertoire national des certifications professionnelles au titre de la procédure prévue au II de l'article L. 6113-5 ainsi que des certifications et habilitations recensées dans le répertoire spécifique au titre de la procédure prévue à l'article L. 6113-6 ;

11° Prépare et exécute les délibérations prévues au I de l'article R. 6123-8 ;

12° Rend compte de sa gestion au conseil d'administration et au ministre chargé de la formation professionnelle. Il rend également compte de sa gestion devant le Parlement en application de l'article L. 6123-8.

Il peut déléguer sa signature aux personnels placés sous son autorité.

§ 4. Médiateur

Art. R. 6123-14. Un médiateur est chargé au sein de France compétences d'instruire les réclamations individuelles des usagers relatives au conseil en évolution professionnelle mentionné au 4° de l'article L. 6123-5 et aux projets de transition professionnelle mentionnés à l'article L. 6323-17-6.

Il établit un rapport annuel dans lequel il formule les propositions qui lui paraissent de nature à améliorer le fonctionnement de France compétences et le service rendu aux usagers. Ce rapport est transmis au conseil d'administration de France compétences, au ministre chargé de la formation professionnelle et au Défenseur des droits.

La saisine du Défenseur des droits, dans son champ de compétences, met fin à la procédure de réclamation introduite auprès du médiateur.

Sous-section 3 (réglementaire). **Règles financières et comptables**

Art. R. 6123-15. Le budget comprend :

1° En recettes :

a) Les versements de l'État, de l'Union européenne et les fonds mentionnés aux articles L. 6331-2, L. 6331-4 et L. 6241-3 ;

b) Les remboursements d'avances et de prêts ;

c) Le produit du placement des fonds disponibles ;

d) Les dons et legs ;

e) Les revenus procurés par les participations financières ;
f) Le produit des cessions et de location ;
g) Le produit des redevances pour services rendus ;
h) D'une manière générale, toute autre recette provenant de l'exercice de ses activités ou autorisées par les lois et règlements ;
2° En dépenses :
a) Les dépenses de personnel ;
b) Les dépenses de fonctionnement ;
c) Les dépenses d'investissement ;
d) Les dépenses d'intervention autres que celles gérées en compte de tiers.

Art. R. 6123-16. Le budget de l'établissement comporte sept sections financières :
1° Une section dédiée au financement de l'alternance, divisée en quatre sous-sections :
a) Une sous-section dédiée à la péréquation entre les opérateurs de compétences mentionnée au 1° de l'article L. 6123-5 ;
b) Une sous-section dédiée au financement de l'aide au permis de conduire mentionnée au 1° du même article ;
c) Une sous-section dédiée au versement aux régions des fonds pour le financement des centres de formation d'apprentis au titre du 2° du même article ;
d) Une sous-section dédiée aux opérateurs de compétences pour le financement de l'alternance mentionné *c* du 3° de l'article L. 6123-5 ;
2° Une section dédiée au financement du compte personnel de formation mentionné au *a* du 3° du même article ;
3° Une section dédiée au financement de la formation des demandeurs d'emploi mentionné au *b* du 3° du même article ;
4° Une section dédiée au financement de l'aide au développement des compétences au bénéfice des entreprises de moins de cinquante salariés mentionné au *c* du 3° du même article ;
5° Une section dédiée au financement du conseil en évolution professionnelle au titre du 4° du même article ;
6° Une section dédiée au financement des projets de transition professionnelle mentionné au 5° du même article ;
7° Une section dédiée au fonctionnement et aux investissements de l'établissement :
a) Une sous-section dédiée aux dépenses de fonctionnement ;
b) Une sous-section dédiée aux dépenses d'investissement ;

France compétences peut créer toute autre section pour compte de tiers.

Art. R. 6123-17. France compétences tient une comptabilité analytique dont les principes de présentation sont fixés par le conseil d'administration.

Art. R. 6123-18. Le budget de l'établissement comporte un compte de résultat prévisionnel et un état prévisionnel de l'évolution de la situation patrimoniale en droits constatés. Les crédits concernant les dépenses de personnel, à l'exception des personnels recrutés à titre temporaire ou occasionnel, sont limitatifs, et fixés dans le respect des stipulations de la convention triennale d'objectifs et de performance visée à l'article L. 6123-11.

Art. R. 6123-19. Le budget de l'année est soumis au vote du conseil d'administration avant le 30 novembre de l'année précédente.

Dans le cas où, avant le début de l'exercice, le budget n'a pas été voté par le conseil d'administration à la date d'ouverture de l'exercice, les opérations de recettes et de dépenses sont effectuées sur la base et dans la limite de 80 % du budget voté de l'exercice précédent.

Art. R. 6123-20. France compétence est soumis au contrôle économique et financier de l'État dans les conditions prévues par le décret n° 55-733 du 26 mai 1955 relatif au contrôle économique et financier de l'État.

France compétences est tenu de déposer ses fonds au Trésor.

(D. 2019-1326 du 10 déc. 2019, JO 11) « Toutefois, par décision du ministre chargé de l'économie et du ministre chargé du budget, France compétences peut être autorisé à ouvrir un compte bancaire auprès d'un établissement de crédit. Une telle autorisation est valable pour une durée maximale de trois ans. »

Sous-section 4 (réglementaire). **Fonctionnement**

§ 1. Charte déontologique

Art. R. 6123-21. Les membres du conseil d'administration et les agents de France compétences exercent leurs fonctions dans le respect de principes fixés dans une charte déontologique, préparée par le directeur général et adoptée par le conseil d'administration.

Cette charte comprend des dispositions spécifiques applicables aux agents affectés aux missions relatives à la certification prévue au 8° de l'article L. 6123-5, à la médiation prévue à l'article (D. 2019-1326 du 10 déc. 2019, JO 11) « R. 6123-14 » et aux missions relatives à l'évaluation et aux recommandations mentionnées au 7°, 10° et 12° de l'article L. 6123-5.

§ 2. Dotations financières versées par France compétences

Art. R. 6123-24. France compétences verse à l'État une dotation annuelle pour le financement de la formation des demandeurs d'emploi en application du *b* du 3° de l'article L. 6123-5.

Le montant de cette dotation est fixé par décret en Conseil d'État.

Art. R. 6123-25. I. – France compétences affecte, chaque année, le produit des contributions des employeurs qui lui sont reversées au titre des 2°, 3° et 4° du I de l'article L. 6131-1, déduction faite du versement mentionné à l'article R. 6123-24, et détermine le montant des différentes dotations dans les conditions suivantes :

1° Entre 10 % et 20 % à la Caisse des dépôts et consignations pour le financement du compte personnel de formation mentionné au *a* du 3° de l'article L. 6123-5 ;

2° Entre 8 % et 13 % aux opérateurs de compétences pour l'aide au développement des compétences au bénéfice des entreprises de moins de cinquante salariés mentionnée au *c* du 3° de l'article L. 6123-5 ;

3° Entre 5 % et 10 % aux commissions paritaires interprofessionnelles régionales mentionnées à l'article L. 6323-17-6 pour le financement des projets de transition professionnelle ;

4° Entre 1 % et 3 % aux opérateurs du conseil en évolution professionnelle. Ces montants sont augmentés de la seconde fraction mentionnée à l'article L. 6332-11 de la collecte des travailleurs indépendants ;

5° Entre 64 % et 72 % pour les dépenses relatives à l'alternance. Ce versement se répartit ainsi :

a) Un montant qui est fixé par arrêté du ministre chargé de la formation professionnelle est affecté aux régions pour le financement des centres de formation d'apprentis et pour des besoins d'aménagement du territoire et de développement économique ;

b) Le solde restant est versé selon les modalités suivantes :

- entre 15 % et 35 % de ce solde aux opérateurs de compétences dans le cadre de la péréquation permettant l'aide à la prise en charge des contrats en alternance selon les besoins des structures au vu de leurs capacités financières et des niveaux de prise en charge déterminés selon les modalités mentionnées à l'article L. 6332-14 ;
- entre 0,5 % et 1 % du même solde au titre du financement de l'aide au permis de conduire mentionnée au 1° de l'article L. 6123-5 dans le cadre d'une convention avec le gestionnaire de l'aide ;
- la part restante de ce même solde aux opérateurs de compétences pour le financement des dépenses de la section des actions de financement de l'alternance mentionnée au 1° de l'article L. 6332-3. Cette part est attribuée aux opérateurs de compétences en fonction des contributions des entreprises relevant des branches adhérentes à l'opérateur de compétences ou, à défaut, des entreprises relevant du champ interprofessionnel dans les conditions prévues à l'article L. 6332-1-1.

II. – L'ensemble des parts mentionnées aux 1° à 5° du I et la part des ressources dédiée au financement de la mise en œuvre des missions de France compétences fixée par la convention mentionnée au deuxième alinéa de l'article L. 6123-12 représentent la totalité des contributions qui lui sont reversées au titre des 2°, 3° et 4° du I de l'article L. 6131-1, déduction faite du versement mentionné à l'article R. 6123-24.

(D. 2019-1326 du 10 déc. 2019, JO 11) « Les montants prévisionnels » des versements mentionnés au I est fixé, chaque année, par délibération du conseil d'administration de France compétences avant le (D. 2019-1326 du 10 déc. 2019, JO 11) « 30 novembre » de l'année précédant le versement. (D. 2019-1326 du 10 déc. 2019, JO 11) « Après cette date et en l'absence de cette délibération, ces montants sont fixés par arrêté du ministre chargé de la formation professionnelle. »

L'arrêté mentionné au *a* du 5° du I est publié avant le 30 septembre de l'année précédant le versement.

Art. R. 6123-26. I. – France compétences verse :

1° La dotation relative à l'aide au développement des compétences des entreprises de moins de cinquante salariés, mentionnée au 2° du I de l'article R. 6123-25, aux opérateurs de compétences en fonction du nombre d'entreprises de moins de cinquante salariés adhérentes et de salariés couverts ;

2° La dotation relative au financement des projets de transition professionnelle, mentionnée au 3° du I de l'article R. 6123-25, aux commissions paritaires interprofessionnelles régionales en fonction de la masse salariale des établissements par région, dans le respect des recommandations qu'elle a fixées, en application du 10° de l'article L. 6123-5, en ce qui concerne les modalités et règles de prise en charge de ces projets.

II. – France compétences fixe les modalités de répartition des dotations mentionnées au I par délibération de son conseil d'administration.

France compétences communique aux opérateurs de compétences mentionnés au 1° du I, avant le 30 septembre de l'année précédant le versement, les modalités de répartition et une estimation des montants correspondants.

Art. R. 6123-27. France compétences sélectionne tous les quatre ans, dans le cadre de l'appel d'offre national prévu par l'article L. 6111-6, les opérateurs chargés du conseil en évolution professionnelle susceptibles de bénéficier de ses dotations.

Art. R. 6123-28. Les dotations mentionnées aux articles R. 6123-24 et R. 6123-25 sont versées par trimestre.

Par dérogation au premier alinéa, le calendrier de versement des dotations relatives, d'une part, au financement de l'alternance par les opérateurs de compétences et, d'autre part, au financement du conseil en évolution professionnelle est défini par délibération du conseil d'administration de France compétences.

§ 3. Missions d'évaluation et de qualité de France compétences

Art. R. 6123-29. France compétences, point national de référence qualité pour la France auprès de l'Union européenne, participe au réseau du cadre européen de référence pour l'assurance de la qualité dans l'enseignement et la formation professionnels. Il en promeut les principes, les critères de référence et les indicateurs auprès de l'ensemble des financeurs et des dispensateurs de formation.

Art. R. 6123-30. I. – Le rapport d'activité annuel mentionné à l'article L. 6123-11 retrace l'ensemble des activités de France compétences au titre de ses missions énumérées à l'article L. 6123-5.

II. – Chaque année, à l'occasion de la remise du rapport au Parlement et au ministre chargé de la formation professionnelle, le président du conseil d'administration de France compétences présente l'activité de l'établissement et ses perspectives de travail, devant une assemblée composée, outre les administrateurs de l'établissement, des membres suivants :

1° Douze représentants de l'État, désignés respectivement par le ministre en charge de la jeunesse et des sports, le ministre en charge de la santé, le ministre en charge des affaires sociales, le ministre en charge de la défense, le ministre en charge des collectivités territoriales, le ministre en charge de l'industrie, le ministre en charge de la mer et le ministre en charge de l'outre-mer ;

2° Un représentant de chaque organisation professionnelle d'employeurs représentative au plan national multiprofessionnel sur proposition de leur organisation respective ;

3° Trois représentants au titre des organisations syndicales de salariés intéressées sur proposition de leur organisation respective. Ces organisations sont déterminées par arrêté du ministre en charge de l'emploi et de la formation ;

4° Un représentant pour chaque réseau consulaire, sur proposition de CCI France, de l'Assemblée permanente des chambres d'agriculture et de (D. 2019-56 du 30 janv. 2019, art. 8, JO 31) « CMA France » ;

5° Un représentant de la Conférence des présidents d'université.

Sous-section 5 (réglementaire). **Péréquation**

Art. R. 6123-31. France compétences verse à un opérateur de compétences, au titre de la péréquation inter-branches mentionnée au 1° de l'article L. 6123-5, une dotation complémentaire pour le financement de l'alternance lorsque :

1° Les fonds affectés à la section financière mentionnée au 1° de l'article L. 6332-3 sont insuffisants pour prendre en charge les dépenses mentionnées au I de l'article L. 6332-14 ;

2° L'opérateur de compétences a affecté au moins 90 % de ses fonds destinés à financer des actions de formation relatives aux contrats d'apprentissage, et à ses frais annexes, notamment d'hébergement et de restauration, ainsi que des actions de formation relatives aux contrats de professionnalisation et aux reconversions ou promotions par alternance mentionnées à l'article L. 6324-1.

Art. R. 6123-32. La part de la dotation de financement complémentaire affectée, en application du second alinéa de l'article R. 6123-31, aux contrats de professionnalisation et aux reconversions ou promotions par alternance est versée dans la limite d'un plafond fixé par arrêté du ministre chargé de la formation professionnelle, en fonction, notamment, de leurs coûts moyens observés et de majorations liées à des publics prioritaires, pris après avis de France compétences.

Art. R. 6123-33. Pour l'accomplissement de la mission de péréquation, France compétences attribue aux opérateurs de compétences la dotation complémentaire mentionnée à l'article R. 6123-31 en fonction de prévisions d'activité démontrant une insuffisance de couverture.

Les prévisions d'activité détaillent les besoins d'engagements nouveaux et anciens.

La dotation tient compte de la moyenne d'annulation des engagements constatés au cours des quatre dernières années pour les contrats d'apprentissage et des trois dernières années pour les contrats de professionnalisation et les reconversions ou promotions par alternance. Elle exclut du besoin de couverture les engagements anciens de plus de quatre ans pour les contrats d'apprentissage et de plus de trois ans pour les contrats de professionnalisation et les reconversions ou promotions par alternance.

TITRE III

FINANCEMENT DE LA FORMATION PROFESSIONNELLE

Note Ce titre a été introduit par la loi 2018-771 du 5 septembre 2018, art. 37, I, JO 6.

Chapitre unique

Financement de la formation professionnelle

Art. L. 6131-1. I. – Les employeurs concourent, chaque année, au développement de la formation professionnelle et de l'apprentissage par:

1° Le financement direct des actions de formation de leurs salariés;

2° Le versement de la contribution unique à la formation professionnelle et à l'alternance mentionnée à l'article L. 6131-2;

3° Le versement de la contribution supplémentaire à l'apprentissage mentionnée à l'article L. 6241-1;

4° Le versement de la contribution dédiée au financement du compte personnel de formation pour les titulaires d'un contrat à durée déterminée mentionnée à l'article L. 6331-6.

II. – Le I ne s'applique pas à l'État, aux collectivités territoriales et à leurs établissements publics à caractère administratif.

III. – À l'exception du 1° du I du présent article et du solde mentionné au II de l'article L. 6241-2, ces contributions sont recouvrées par les unions pour le recouvrement des cotisations de sécurité sociale et d'allocations familiales et les caisses générales de sécurité sociale mentionnées aux articles L. 213-1 et L. 752-1 du code de la sécurité sociale et par les organismes mentionnés à l'article L. 723-1 du code rural et de la pêche maritime selon les règles et sous les garanties et sanctions applicables en matière de cotisations et de contributions de sécurité sociale. Elles sont reversées à France compétences selon les modalités prévues à l'article L. 6123-5 (L. 2019-1479 du 28 déc. 2019, art. 81, IV, JO 29, entrée en vigueur le 01.01.2020) «et, s'agissant de la contribution mentionnée au 2° du I, dans la limite du plafond prévu au I de l'article 46 de la loi n° 2011-1977 du 28 décembre 2011 de finances pour 2012».

Art. L. 6131-2. La contribution unique à la formation professionnelle et à l'alternance mentionnée au 2° de l'article L. 6131-1 est composée:

1° De la taxe d'apprentissage mentionnée à l'article L. 6241-1;

2° De la contribution à la formation professionnelle mentionnée aux articles L. 6331-1 et L. 6331-3.

Art. L. 6131-3. Un décret en Conseil d'État détermine les dispositions d'application du présent chapitre, notamment l'organisation, les modalités et les critères d'affectation ainsi que les modalités et conditions de recouvrement des différentes contributions.

LIVRE II

L'APPRENTISSAGE

TITRE Ier

DISPOSITIONS GÉNÉRALES

Chapitre unique

Art. L. 6211-1. L'apprentissage concourt aux objectifs éducatifs de la nation. (L. 2018-771 du 5 sept. 2018, art. 11, II, 1°, JO 6) «Il contribue à l'insertion professionnelle.»

Il a pour objet de donner à des travailleurs, ayant satisfait à l'obligation scolaire, une formation générale, théorique et pratique, en vue de l'obtention d'une qualification professionnelle sanctionnée par un diplôme ou un titre à finalité professionnelle enregistré au répertoire national des certifications professionnelles.

(L. 2018-771 du 5 sept. 2018, art. 11, II, 1°, JO 6) «La formation est gratuite pour l'apprenti et pour son représentant légal.»

Art. L. 6211-2. L'apprentissage est une forme d'éducation alternée associant:

1° Une formation dans une ou plusieurs entreprises, fondée sur l'exercice d'une ou plusieurs activités professionnelles en relation directe avec la qualification objet du contrat entre l'apprenti et l'employeur;

(L. 2018-771 du 5 sept. 2018, art. 24, II, 1°, JO 6) «2° Des enseignements dispensés pendant le temps de travail dans un centre de formation d'apprentis, dont tout ou partie peut être effectué à distance.

La durée de formation en centre de formation tient compte des exigences propres à chaque niveau de qualification et des orientations prévues par les conventions ou les accords de branches nationaux ou conclus à d'autres niveaux territoriaux mentionnés à l'article L. 2261-23. Sous réserve, le cas échéant, des règles fixées par l'organisme certificateur du diplôme ou titre à finalité professionnelle visé, cette durée ne peut être inférieure à 25 % de la durée totale du contrat.»

(L. 2018-771 du 5 sept. 2018, art. 24, II, 2°, JO 6) «Les formations par apprentissage conduisant à l'obtention d'un diplôme sont soumises à un contrôle pédagogique associant les corps d'inspection ou les agents publics habilités par les ministres certificateurs et des représentants désignés par les branches professionnelles et les chambres consulaires, selon des modalités déterminées par décret en Conseil d'État.»

Art. L. 6211-3. (L. 2018-771 du 5 sept. 2018, art. 34, II, 8°, JO 6, entrée en vigueur le 01.01.2020) I. – La région peut contribuer au financement des centres de formation d'apprentis quand des besoins d'aménagement du territoire et de développement économique qu'elle identifie le justifient. Elle peut:

1° En matière de dépenses de fonctionnement, majorer la prise en charge des contrats d'apprentissage assurée par les opérateurs de compétences, dans les conditions prévues à l'article L. 6332-14;

2° En matière de dépenses d'investissement, verser des subventions.

II. – Le montant des dépenses engagées et mandatées en matière de fonctionnement et d'investissement mentionnées au I du présent article ainsi qu'un état détaillé de leur affectation font l'objet d'un débat annuel en conseil régional sur la base d'un rapport présenté par le président du conseil régional. Ce débat peut également porter sur les autres dépenses engagées par la région en matière d'apprentissage. Le rapport, comprenant une annexe présentant les montants des dépenses engagées et mandatées et l'état détaillé de leur affectation, est transmis pour information au représentant de l'État dans la région et à France compétences. Les ressources allouées à la région pour les dépenses d'investissement mentionnées au 2° du même I sont déterminées et réparties sur la base des dépenses d'investissement constatées au titre des exercices (L. 2019-1479 du 28 déc. 2019, art. 76, IV, 1°, JO 29) « 2017 et 2018 ».

III. – Les dépenses mentionnées au II s'inscrivent dans les orientations du contrat de plan régional de développement des formations et de l'orientation professionnelles mentionné à l'article L. 214-13 du code de l'éducation. À ce titre, elles peuvent faire l'objet de conventions d'objectifs et de moyens avec les opérateurs de compétences agissant pour le compte des branches adhérentes.

Art. L. 6211-4. (L. 2018-771 du 5 sept. 2018, art. 11, II, 2°, JO 6, entrée en vigueur le 01.01.2020) Les chambres de commerce et d'industrie, les chambres de métiers et de l'artisanat et les chambres d'agriculture exercent leurs attributions en matière d'apprentissage dans le cadre du présent livre. Elles participent à la formation professionnelle initiale ou continue, notamment grâce aux établissements publics et privés d'enseignement qu'elles créent, gèrent ou financent.

Elles contribuent au développement de l'apprentissage en accomplissant les missions:

1° D'accompagner les entreprises qui le souhaitent, notamment pour la préparation du contrat d'apprentissage, préalablement à son dépôt dans les conditions prévues à l'article L. 6224-1. À ce dernier titre, les chambres consulaires peuvent être chargées par les opérateurs de compétences de participer à la mission définie au même article L. 6224-1;

2° D'assurer la médiation définie à l'article L. 6222-39;

3° De participer à la formation des maîtres d'apprentissage. Dans ce cadre, elles peuvent conclure avec les opérateurs de compétences des conventions de partenariat;

4° De participer au service public régional de l'orientation conformément à l'article L. 6111-3;

5° De participer à la gouvernance régionale de l'apprentissage conformément à l'article L. 214-13 du code de l'éducation.

SECTION 1 (RÉGLEMENTAIRE). Enseignements à distance

Art. D. 6211-2. (D. 2020-373 du 30 mars 2020, JO 31) Lorsque les enseignements prévus au 2° de l'article L. 6211-2 sont effectués en tout ou partie à distance, ils sont mis en œuvre selon les modalités prévues à l'article D. 6313-3-1. La réalisation de l'action de formation par apprentissage est justifiée par tout élément probant.

SECTION 2 (RÉGLEMENTAIRE). Rôle des chambres consulaires

Art. D. 6211-3. Les chambres consulaires adressent à la commission départementale de l'emploi et de l'insertion tout avis sur l'apprentissage dans le département.

SECTION 3 (RÉGLEMENTAIRE). Rôle des instances consultatives

Art. R. 6211-6. Conformément au [2° de l'article L. 2271-1], (D. 2018-1262 du 26 déc. 2018, art. 1er, III, JO 28, entrée en vigueur le 01.01.2019) « la Commission nationale de la négociation collective, de l'emploi et de la formation professionnelle » est consultée sur les projets de dispositions réglementaires prévus par le présent livre.

Le Conseil supérieur de l'éducation est consulté sur les projets de décret en Conseil d'État prévus par le présent livre et sur les projets de décret prévus à l'article L. 6241-2.

Le décret en Conseil d'État prévu à l'article L. 6222-33 est pris après avis des commissions professionnelles consultatives compétentes.

TITRE II
CONTRAT D'APPRENTISSAGE

Chapitre Ier
Définition et régime juridique

Art. L. 6221-1. Le contrat d'apprentissage est un contrat de travail de type particulier conclu entre un apprenti ou son représentant légal et un employeur.

L'employeur s'engage, outre le versement d'un salaire, à assurer à l'apprenti une formation professionnelle complète, dispensée pour partie en entreprise et pour partie en centre de formation d'apprentis ou section d'apprentissage.

L'apprenti s'oblige, en retour, en vue de sa formation, à travailler pour cet employeur, pendant la durée du contrat, et à suivre cette formation.

Art. L. 6221-2. (L. 2014-288 du 5 mars 2014, art. 14, III, 1° JO 6) Aucune contrepartie financière ne peut être demandée ni à l'apprenti (L. 2018-771 du 5 sept. 2018, art. 11, II, 3°, JO 6, entrée en vigueur le 01.01.2020) «ou à son représentant légal» à l'occasion de la conclusion, (L. 2018-771 du 5 sept. 2018, art. 11, II, 3°, JO 6, entrée en vigueur le 01.01.2020) «du dépôt» ou de la rupture du contrat d'apprentissage, ni à l'employeur à l'occasion (L. 2018-771 du 5 sept. 2018, art. 11, II, 3°, JO 6, entrée en vigueur le 01.01.2020) «du dépôt» du contrat d'apprentissage.

Chapitre II
Contrat de travail et conditions de travail

SECTION 1. Formation, exécution et rupture du contrat de travail

Sous-section 1. Conditions de formation du contrat

Art. L. 6222-1. Nul ne peut être engagé en qualité d'apprenti s'il n'est âgé de seize ans au moins à (L. 2018-771 du 5 sept. 2018, art. 13, II, 1°, JO 6) «vingt-neuf ans révolus» au début de l'apprentissage.

(L. 2011-893 du 28 juil. 2011, art. 19, JO 29) «Toutefois, les jeunes âgés d'au moins quinze ans peuvent (L. 2018-771 du 5 sept. 2018, art. 13, II, 1°, JO 6) «débuter» un contrat d'apprentissage s'ils justifient avoir accompli la scolarité du premier cycle de l'enseignement secondaire».

(L. 2014-288 du 5 mars 2014, art. 14, III, 2° JO 6) «Les jeunes qui atteignent l'âge de quinze ans avant le terme de l'année civile peuvent être inscrits, sous statut scolaire, dans un lycée professionnel ou dans un centre de formation d'apprentis pour débuter leur formation, dans des conditions fixées par décret en Conseil d'État.»

Art. R. 6222-1-1. (D. 2014-1031 du 10 sept. 2014, JO 12) En application du troisième alinéa de l'article L. 6222-1, les jeunes qui atteignent l'âge de quinze ans avant le terme de l'année civile peuvent être inscrits, sous statut scolaire, dans un lycée professionnel ou dans un centre de formation d'apprentis pour débuter leur formation, dans les conditions suivantes :

1° L'élève a accompli la scolarité du premier cycle de l'enseignement secondaire ;

2° L'élève est inscrit, soit dans un lycée professionnel, soit dans un centre de formation d'apprentis sous statut scolaire, pour commencer une formation conduisant à la délivrance d'un diplôme ou d'un titre à finalité professionnelle enregistré au répertoire national des certifications professionnelles. La formation comprend des périodes de formation en milieu professionnel, qui sont régies par les articles D. 331-3, D. 331-4 et D. 331-15 du code de l'éducation et R. 715-1 et R. 715-1-5 du code rural et de la pêche maritime.

Art. D. 6222-1-2. (D. 2020-373 du 30 mars 2020, JO 31) L'âge de l'apprenti ne fait pas obstacle à la conclusion d'un nouveau contrat d'apprentissage dans les conditions fixées au 2° de l'article L. 6222-11.

Art. L. 6222-2. La limite d'âge de (L. 2018-771 du 5 sept. 2018, art. 13, II, 2°, JO 6) «vingt-neuf ans révolus» n'est pas applicable dans les cas suivants :

(L. 2014-288 du 5 mars 2014, art. 14, III, 4°, JO 6) «1° Lorsque le contrat ou la période d'apprentissage proposés fait suite à un contrat ou à une période d'apprentissage précédemment exécutés et conduit à un niveau de diplôme supérieur à celui obtenu à l'issue du contrat ou de la période d'apprentissage précédents ;»

2° Lorsqu'il y a eu rupture de contrat pour des causes indépendantes de la volonté de l'apprenti ou suite à une inaptitude physique et temporaire de celui-ci ;

3° Lorsque le contrat d'apprentissage est souscrit par une personne à laquelle la qualité de travailleur handicapé est reconnue ;

4° Lorsque le contrat d'apprentissage est souscrit par une personne qui a un projet de création ou de reprise d'entreprise dont la réalisation est subordonnée à l'obtention du diplôme ou titre sanctionnant la formation poursuivie ;

(L. 2015-1541 du 27 nov. 2015, art. 10, JO 28) «5° Lorsque le contrat d'apprentissage est souscrit par une personne inscrite en tant que sportif de haut niveau sur la liste mentionnée au premier alinéa de l'article L. 221-2 du code du sport.»

Art. D. 6222-1. Les dérogations à la limite d'âge supérieure, prévue à l'article L. 6222-2, sont applicables dans les conditions suivantes :

1° Pour les dérogations prévues aux (D. 2009-596 du 26 mai 2009, JO 8) « 1° et 2° », l'âge de l'apprenti au moment de la conclusion du contrat est de (D. 2020-373 du 30 mars 2020, JO 31) « trente-cinq » ans au plus ;

2° Pour les dérogations prévues aux 1° et 2°, le contrat d'apprentissage doit être souscrit dans un délai maximum d'un an après l'expiration du précédent contrat ;

3° Pour la dérogation prévue au 2°, les causes indépendantes de la volonté de l'apprenti ayant entraîné la rupture du contrat d'apprentissage sont les suivantes :

a) La cessation d'activité de l'employeur ;

b) La faute de l'employeur ou les manquements répétés à ses obligations ;

c) La mise en œuvre de la procédure de suspension de l'exécution du contrat d'apprentissage, prévue aux articles L. 6225-4 et suivants ;

4° Pour l'inaptitude physique et temporaire de l'apprenti constatée dans les conditions prévues (D. 2020-373 du 30 mars 2020, JO 31) « à l'article L. 6222-18 ».

Art. L. 6222-3. Un décret détermine les conditions d'application des dérogations prévues à l'article L. 6222-2, notamment le délai maximum dans lequel le contrat d'apprentissage mentionné au 1° de ce même article est souscrit après l'expiration du contrat précédent.

Les autres mesures d'application de la présente sous-section sont déterminées par décret en Conseil d'État.

Sous-section 2. **Conclusion du contrat**

Art. L. 6222-4. Le contrat d'apprentissage est un contrat écrit qui comporte des clauses et des mentions obligatoires.

Il est signé par les deux parties contractantes préalablement à l'emploi de l'apprenti.

Art. L. 6222-5. Lorsque l'apprenti mineur est employé par un ascendant, le contrat d'apprentissage est remplacé par une déclaration souscrite par l'employeur. Cette déclaration est assimilée dans tous ses effets à un contrat d'apprentissage.

Elle comporte l'engagement de satisfaire aux conditions prévues par les articles :

1° L. 6221-1, relatif à la définition et au régime juridique du contrat ;

2° L. 6222-1 à L. 6222-3, relatifs aux conditions de formation du contrat ;

3° L. 6222-4, relatif à la conclusion du contrat ;

4° L. 6222-11 et L. 6222-12, relatifs à la durée du contrat ;

5° L. 6222-16, relatif au contrat d'apprentissage suivi d'un contrat de travail à durée indéterminée ;

6° L. 6222-27 à L. 6222-29, relatifs au salaire ;

7° L. 6223-1 à L. 6223-8, relatifs aux obligations de l'employeur en matière d'organisation de l'apprentissage et de formation ;

8° L. 6225-1, relatif à l'opposition à l'engagement d'apprentis ;

9° L. 6225-4 à L. 6225-7, relatifs à la suspension de l'exécution du contrat et à l'interdiction de recruter de nouveaux apprentis.

L'ascendant verse une partie du salaire à un compte ouvert à cet effet au nom de l'apprenti.

Art. L. 6222-5-1. (L. 2011-893 du 28 juil. 2011, art. 6, JO 29) Par dérogation à l'article L. 6221-1 et au second alinéa de l'article L. 6222-4 et pour l'exercice d'activités saisonnières au sens du 3°

de l'article L. 1242-2, deux employeurs peuvent conclure conjointement un contrat d'apprentissage avec toute personne éligible à ce contrat en application des articles L. 6222-1 et L. 6222-2. Par dérogation à l'article L. 6211-1, ce contrat peut avoir pour finalité l'obtention de deux qualifications professionnelles sanctionnées par un diplôme ou un titre à finalité professionnelle enregistré au répertoire national des certifications professionnelles.

Une convention tripartite signée par les deux employeurs et l'apprenti est annexée au contrat d'apprentissage. Elle détermine :

1° L'affectation de l'apprenti entre les deux entreprises au cours du contrat selon un calendrier prédéfini, ainsi que le nombre d'heures effectuées dans chaque entreprise ;

2° Les conditions de mise en place du tutorat entre les deux entreprises ;

3° La désignation de l'employeur tenu de verser la rémunération due au titre de chaque période consacrée par l'apprenti à la formation dispensée dans les centres de formation d'apprentis et les sections d'apprentissage.

Le premier alinéa de l'article L. 6222-18 est applicable, à l'initiative de l'apprenti ou de l'un des employeurs.

L'apprenti bénéficie d'un maître d'apprentissage, au sens de l'article L. 6223-5, dans chacune des entreprises.

Le contrat peut être rompu, dans les conditions prévues à l'article L. 6222-18, à l'initiative des deux employeurs ou de l'un d'entre eux, lequel prend en charge les conséquences financières d'une rupture à ses torts.

Art. L. 6222-6. Un décret en Conseil d'État détermine les conditions d'application de la présente sous-section.

Art. R. 6222-2. Le contrat d'apprentissage est établi par écrit.

Chaque exemplaire est signé par l'employeur, l'apprenti et, le cas échéant, son représentant légal.

Art. R. 6222-3. (D. 2020-372 du 30 mars 2020, art. 2, 2°, JO 31) Le contrat d'apprentissage précise :

1° Les nom et prénom de l'employeur ou la dénomination de l'entreprise ;

2° L'effectif de l'entreprise, au sens de l'article L. 130-1 du code de la sécurité sociale ;

3° Le diplôme ou le titre préparé par l'apprenti ;

4° Les nom, prénom et date de naissance du maître d'apprentissage ;

5° L'attestation de l'employeur précisant que le maître d'apprentissage remplit les conditions de compétence professionnelle imposées par l'article L. 6223-8-1.

Art. R. 6222-4. Le contrat d'apprentissage fixe le salaire dû à l'apprenti pour chacune des années (D. 2014-1031 du 10 sept. 2014, JO 12) « du contrat ou de la période d'apprentissage ». Ce salaire ne peut être inférieur aux taux prévus par (D. 2020-372 du 30 mars 2020, art. 2, 3°, JO 31) « les articles D. 6222-26 à D. 6222-32 ».

Lorsque des avantages en nature sont accordés, le contrat fixe, dans des limites prévues par décret, les conditions dans lesquelles ils sont déduits du salaire.

Sous-section 3. **Durée du contrat**

Art. L. 6222-7. (L. 2014-288 du 5 mars 2014, art. 14, III, 6°, JO 6) Le contrat d'apprentissage peut être conclu pour une durée limitée ou pour une durée indéterminée.

Lorsqu'il est conclu pour une durée indéterminée, le contrat débute par la période d'apprentissage, pendant laquelle il est régi par le présent titre. À l'issue de cette période, la relation contractuelle est régie par les titres II et III du livre II de la première partie, à l'exception de l'article L. 1221-19.

Art. L. 6222-7-1. (L. 2018-771 du 5 sept. 2018, art. 13, II, 3°, JO 6) La durée du contrat d'apprentissage, lorsqu'il est conclu pour une durée limitée, ou de la période d'apprentissage, lorsque le contrat d'apprentissage est conclu pour une durée indéterminée, varie entre six mois et trois ans, sous réserve des cas de prolongation prévus à l'article L. 6222-11.

Elle est égale à la durée du cycle de formation préparant à la qualification qui fait l'objet du contrat, laquelle est fixée en fonction du type de profession et du niveau de qualification préparés.

Par dérogation au deuxième alinéa du présent article, la durée du contrat ou de la période d'apprentissage peut être inférieure (Ord. 2019-861 du 21 août 2019, art. 1er, 34°, JO 22) « ou supérieure » à celle du cycle de formation préparant à la qualification qui fait l'objet du contrat, compte tenu du niveau initial de compétences de l'apprenti ou des compétences acquises, le cas échéant, lors d'une mobilité à l'étranger, telle que prévue à l'article L. 6222-42, lors d'une activité militaire dans la réserve opérationnelle prévue au livre II de la quatrième partie du code de la défense, lors d'un service civique défini au II de l'article L. 120-1 du code du service national, lors d'un volontariat militaire prévu à l'article L. 121-1 du même code ou lors d'un engagement comme sapeur-pompier volontaire en application de l'article L. 723-3 du code de la sécurité intérieure. Cette durée est alors fixée par une convention tripartite signée par le centre de formation, l'employeur et l'apprenti ou son représentant légal, annexée au contrat d'apprentissage.

Art. R. 6222-6. (D. 2020-372 du 30 mars 2020, art. 2, 5°, JO 31) La durée du contrat ou de la période d'apprentissage peut être réduite ou allongée par la convention prévue au dernier aliéna de l'article L. 6222-7-1, après évaluation par le centre de formation d'apprentis du niveau initial de compétence de l'apprenti ou de ses compétences acquises.

La convention ne peut pas conduire à une durée du contrat ou de la période d'apprentissage inférieure à six mois ou supérieure à trois ans.

Dans le cadre d'un centre de formation d'apprentis interne à l'entreprise, la convention est signée par l'employeur et l'apprenti ou son représentant légal.

Art. R. 6222-7. (D. 2020-372 du 30 mars 2020, art. 2, 5°, JO 31) Un arrêté du ministre chargé de la formation professionnelle détermine le modèle de la convention tripartite prévue au dernier alinéa de l'article L. 6222-7-1.

Art. R. 6222-8. (D. 2020-372 du 30 mars 2020, art. 2, 5°, JO 31) La convention tripartite prévue au dernier alinéa de l'article L. 6222-7-1 est conclue sans préjudice du respect des obligations fixées par l'organisme certificateur pour l'inscription au diplôme ou titre à finalité professionnelle mentionné dans le contrat d'apprentissage.

Art. R. 6222-9. (D. 2020-372 du 30 mars 2020, art. 2, 5°, JO 31) La conclusion de la convention tripartite prévue au dernier alinéa de l'article L. 6222-7-1 n'est pas requise dans les cas prévus aux articles L. 6222-11 et L. 6222-12-1, au 2° de l'article L. 6222-37 et au 1° de l'article L. 6222-40.

Art. R. 6222-10. (D. 2020-372 du 30 mars 2020, art. 2, 5°, JO 31) Une convention tripartite peut être conclue pour allonger la durée du contrat ou de la période d'apprentissage en cas de suspension de celui-ci ou de celle-ci pour une raison indépendante de la volonté de l'apprenti. La durée du contrat ou de la période d'apprentissage est alors prolongée jusqu'à l'expiration du cycle de formation suivant.

Art. L. 6222-11. En cas d'échec à (L. 2018-771 du 5 sept. 2018, art. 13, II, 5°, JO 6) «l'obtention du diplôme ou du titre professionnel visé», l'apprentissage peut être prolongé pour une durée d'un an au plus:

1° Soit par prorogation du contrat initial (L. 2014-288 du 5 mars 2014, art. 14, III, 10°, JO 6) «ou de la période d'apprentissage»;

2° Soit par conclusion d'un nouveau contrat avec un autre employeur dans des conditions fixées par décret.

Art. L. 6222-12. (L. 2018-771 du 5 sept. 2018, art. 13, II, 6°, JO 6) Le contrat d'apprentissage porte mention de la date du début de l'exécution du contrat d'apprentissage, de la période de formation pratique chez l'employeur et de la période de formation en centre de formation d'apprentis.

La date de début de la formation pratique chez l'employeur ne peut être postérieure de plus de trois mois au début d'exécution du contrat.

La date de début de la période de formation en centre de formation d'apprentis ne peut être postérieure de plus de trois mois au début d'exécution du contrat.

Art. L. 6222-12-1. (L. 2018-771 du 5 sept. 2018, art. 13, II, 7°, JO 6) Par dérogation à l'article L. 6222-12, toute personne âgée de seize à vingt-neuf ans révolus, ou ayant au moins quinze ans et justifiant avoir accompli la scolarité du premier cycle de l'enseignement secondaire, peut, à sa demande, si elle n'a pas été engagée par un employeur, débuter un cycle de formation en apprentissage dans la limite d'une durée de trois mois.

Elle bénéficie pendant cette période du statut de stagiaire de la formation professionnelle et le centre de formation d'apprentis dans lequel elle est inscrite l'assiste dans la recherche d'un employeur. Les coûts de formation correspondants peuvent faire l'objet d'une prise en charge par les opérateurs de compétences selon des modalités déterminées par décret.

À tout moment, le bénéficiaire du présent article peut signer un contrat d'apprentissage. Dans ce cas, la durée du contrat ou de la période d'apprentissage est réduite du nombre de mois écoulés depuis le début du cycle de formation.

Art. L. 6222-13. Lorsqu'un salarié est titulaire d'un contrat de travail à durée indéterminée, ce contrat peut, par accord entre le salarié et l'employeur, être suspendu pendant la durée d'un contrat d'apprentissage conclu avec le même employeur.

La durée de la suspension du contrat de travail est égale à la durée de la formation nécessaire à l'obtention de la qualification professionnelle recherchée, prévue à l'article L. 6233-8.

Art. L. 6222-14. Un décret en Conseil d'État détermine les conditions d'application de la présente sous-section.

Sous-section 4. **Succession de contrats**

Art. L. 6222-15. Tout jeune travailleur peut souscrire des contrats d'apprentissage successifs pour préparer des diplômes ou titres sanctionnant des qualifications différentes.

Lorsque l'apprenti a déjà conclu deux contrats successifs de même niveau, il doit obtenir l'autorisation du directeur du dernier centre de formation d'apprentis qu'il a fréquenté pour conclure un troisième contrat d'apprentissage du même niveau.

Il n'est exigé aucune condition de délai entre deux contrats.

Art. L. 6222-16. Si le contrat d'apprentissage est suivi de la signature d'un contrat de travail à durée indéterminée, (L. 2011-893 du 28 juil. 2011, art. 8, JO 29) «d'un contrat à durée déterminée ou d'un contrat de travail temporaire» dans la même entreprise, aucune période d'essai ne peut être imposée, sauf dispositions conventionnelles contraires.

La durée du contrat d'apprentissage est prise en compte pour le calcul de la rémunération et l'ancienneté du salarié.

Art. L. 6222-17. Un décret en Conseil d'État détermine les mesures d'application de la présente sous-section.

Sous-section 5. **Rupture du contrat**

Art. L. 6222-18. Le contrat d'apprentissage peut être rompu par l'une ou l'autre des parties (L. 2015-994 du 17 août 2015, art. 53, I, JO 18) «jusqu'à l'échéance des quarante-cinq premiers jours, consécutifs ou non, de formation pratique en entreprise effectuée par l'apprenti».

(L. 2018-771 du 5 sept. 2018, art. 16, 1°, JO 6) «Passé ce délai, le contrat peut être rompu par accord écrit signé des deux parties.

À défaut, le contrat peut être rompu en cas de force majeure, de faute grave de l'apprenti, d'inaptitude constatée par le médecin du travail dans les conditions définies à l'article L. 4624-4 ou en cas de décès d'un employeur maître d'apprentissage dans le cadre d'une entreprise unipersonnelle. La rupture prend la forme d'un licenciement prononcé selon les modalités prévues aux articles L. 1232-2 à L. 1232-6 et L. 1332-3 à L. 1332-5. En cas d'inaptitude constatée par le médecin du travail, l'employeur n'est pas tenu à une obligation de reclassement.

Au-delà de la période prévue au premier alinéa du présent article, la rupture du contrat d'apprentissage peut intervenir à l'initiative de l'apprenti et après respect d'un préavis, dans des conditions déterminées par décret. L'apprenti doit, au préalable, solliciter le médiateur mentionné à l'article L. 6222-39 ou, pour les apprentis du secteur public non industriel et commercial, le service désigné comme étant chargé de la médiation. Si l'apprenti est mineur, l'acte de rupture doit être conjointement signé par son représentant légal. Lorsque l'apprenti mineur ne parvient pas à obtenir de réponse de son représentant légal, il peut solliciter le médiateur mentionné au même article L. 6222-39. Le médiateur intervient, dans un délai maximum de quinze jours calendaires consécutifs à la demande de l'apprenti, afin d'obtenir l'accord ou non du représentant légal sur l'acte de rupture du contrat. Une copie de cet acte est adressée, pour information, à l'établissement de formation dans lequel l'apprenti est inscrit.

En cas de liquidation judiciaire sans maintien de l'activité ou lorsqu'il est mis fin au maintien de l'activité en application du dernier alinéa de l'article L. 641-10 du code de commerce et qu'il doit être mis fin au contrat d'apprentissage, le liquidateur notifie la rupture du contrat à l'apprenti. Dans cette hypothèse, les dispositions de l'article L. 1243-4 du présent code s'appliquent, à l'exception de celles relatives à l'indemnité prévue à l'article L. 1243-8.»

Art. L. 6222-18-1. (L. 2018-771 du 5 sept. 2018, art. 16, 2°, JO 6) Lorsque le centre de formation d'apprentis prononce l'exclusion définitive de l'apprenti, l'employeur peut engager à son encontre une procédure de licenciement. Cette exclusion constitue la cause réelle et sérieuse du licenciement, qui est prononcé dans les conditions prévues par les dispositions du code du travail relatives à la rupture du contrat de travail pour motif personnel. Le centre de formation d'apprentis ou l'apprenti peut saisir le médiateur mentionné à l'article L. 6222-39 et, pour les apprentis du secteur public non industriel et commercial, le service désigné comme étant chargé de la médiation.

À défaut pour l'apprenti d'être inscrit dans un nouveau centre de formation d'apprentis dans un délai de deux mois à compter de son exclusion définitive, son maintien dans l'entreprise est subordonné à la conclusion soit d'un contrat de travail dans les conditions du droit commun, soit d'un avenant mettant fin à la période d'apprentissage lorsque le contrat d'apprentissage est conclu pour une durée indéterminée.

Art. L. 6222-18-2. (L. 2018-771 du 5 sept. 2018, art. 16, 2°, JO 6) En cas de rupture du contrat d'apprentissage en application de l'article L. 6222-18, le centre de formation dans lequel est inscrit l'apprenti prend les dispositions nécessaires pour lui permettre de suivre sa formation théorique pendant six mois et contribue à lui trouver un nouvel employeur susceptible de lui permettre d'achever son cycle de formation.

(Ord. 2019-861 du 21 août 2019, art. 1er, 35°, JO 22) «L'apprenti bénéficie pendant cette période du statut de stagiaire de la formation professionnelle.»

Art. L. 6222-19. En cas d'obtention du diplôme ou du titre préparé, le contrat d'apprentissage peut prendre fin, à l'initiative de l'apprenti, avant le terme fixé initialement, à condition d'en avoir informé l'employeur.

Art. L. 6222-21. La rupture pendant (L. 2018-771 du 5 sept. 2018, art. 16, 3°, JO 6) «la période prévue au premier alinéa de l'article L. 6222-18» ne peut donner lieu à indemnité à moins d'une stipulation contraire dans le contrat.

Art. L. 6222-22. Un décret en Conseil d'État détermine les mesures d'application de la présente sous-section.

Art. R. 6222-21. (D. 2020-372 du 30 mars 2020, art. 2, 6°, JO 31) La rupture anticipée du contrat d'apprentissage ou de la période d'apprentissage fait l'objet d'un document écrit, dans les conditions prévues aux articles L. 6222-18 à L. 6222-19.

Elle est notifiée au directeur du centre de formation d'apprentis ainsi qu'à l'organisme chargé du dépôt du contrat.

Art. D. 6222-21-1. (D. 2018-1231 du 24 déc. 2018, JO 26) Dans un délai qui ne peut être inférieur à cinq jours calendaires à compter de la saisine du médiateur prévue à l'article L. 6222-18, l'apprenti informe l'employeur de son intention de rompre le contrat par tout moyen conférant date certaine.

La rupture du contrat d'apprentissage ne peut intervenir qu'après un délai qui ne peut être inférieur à sept jours calendaires après la date à laquelle l'employeur a été informé de l'intention de l'apprenti de rompre son contrat.

Art. R. 6222-23. L'apprenti qui souhaite rompre son contrat en cas d'obtention du diplôme ou du titre préparé, en application de l'article L. 6222-19, en informe l'employeur, par écrit, au moins (D. 2020-372 du 30 mars 2020, art. 2, 8°, JO 31) «un» mois avant la fin du contrat.

Art. R. 6222-23-1. (D. 2020-372 du 30 mars 2020, art. 2, 9°, JO 31) Afin de permettre la signature d'un nouveau contrat d'apprentissage en application de l'article L. 6222-18-2, il peut être dérogé à la durée minimale du contrat d'apprentissage mentionnée au premier alinéa de l'article L. 6222-7-1 et à la durée minimale de formation en centre de formation d'apprentis mentionnée au cinquième alinéa de l'article L. 6211-2.

La signature de la convention de réduction de durée prévue à l'article L. 6222-7-1 n'est pas nécessaire.

Sous-section 6. **Contrat d'apprentissage préparant au baccalauréat professionnel**

Note Cette sous-section a été introduite par la loi 2011-893 du 28 juillet 2011, art. 24, JO 29.

Art. L. 6222-22-1. Un apprenti engagé dans la préparation d'un baccalauréat professionnel peut, à sa demande ou à celle de son employeur, au terme de la première année du contrat, poursuivre sa formation en vue d'obtenir un certificat d'aptitude professionnelle, un certificat d'aptitude professionnelle agricole ou un brevet professionnel agricole.

Lorsque la spécialité du certificat d'aptitude professionnelle, du certificat d'aptitude professionnelle agricole ou du brevet professionnel agricole appartient au même domaine professionnel que celle du baccalauréat professionnel initialement visée, la durée du contrat (L. 2014-288 du 5 mars 2014, art. 14, III, 8°, JO 6) «ou de la période d'apprentissage» est réduite d'une année.

Un avenant au contrat d'apprentissage précisant le diplôme préparé et la durée du contrat (L. 2014-288 du 5 mars 2014, art. 14, III, 9°, JO 6) «ou de la période d'apprentissage» correspondante est signé entre l'apprenti, ou son représentant légal, et l'employeur.

Il est (L. 2018-771 du 5 sept. 2018, art. 11, II, 4°, JO 6, entrée en vigueur le 01.01.2020) «déposé» dans les conditions fixées au chapitre IV du présent titre.

SECTION 2. Conditions de travail de l'apprenti

Sous-section 1. **Garanties**

Art. L. 6222-23. L'apprenti bénéficie des dispositions applicables à l'ensemble des salariés dans la mesure où elles ne sont pas contraires à celles qui sont liées à sa situation de jeune travailleur en formation.

Sous-section 2. **Durée du travail**

Art. L. 6222-24. Le temps consacré par l'apprenti à la formation dispensée dans les centres de formation d'apprentis est compris dans l'horaire de travail, sauf lorsqu'il s'agit de modules complémentaires au cycle de formation, librement choisis par l'apprenti et acceptés par le centre de formation d'apprentis.

Pour le temps restant, et dans la limite de l'horaire de travail applicable dans l'entreprise, l'apprenti accomplit le travail qui lui est confié par l'employeur. Ce travail doit être en relation directe avec la formation professionnelle prévue au contrat.

Art. L. 6222-25. (L. 2018-771 du 5 sept. 2018, art. 13, III, 2°, JO 6) La durée du temps de travail de l'apprenti de moins de dix-huit ans est déterminée dans les conditions fixées à l'article L. 3162-1.

Art. L. 6222-26. Le travail de nuit défini à l'article L. 3163-1 est interdit pour l'apprenti de moins de dix-huit ans.

Toutefois, des dérogations peuvent être accordées dans les conditions prévues à l'article L. 3163-2 pour les établissements mentionnés à ce même article.

Art. R. 6222-24. La dérogation à l'interdiction du travail de nuit des apprentis, prévue à l'article L. 6222-26, est accordée par l'inspecteur du travail pour une durée maximale d'une année, renouvelable. Celui-ci apprécie les caractéristiques particulières de l'activité mentionnée à l'article R. 3163-1 justifiant cette dérogation.

L'absence de réponse dans le délai d'un mois à compter du dépôt de la demande vaut décision d'acceptation.

Art. R. 6222-25. Le travail de nuit des apprentis de moins de dix-huit ans, accompli dans les conditions prévues à l'article R. 6222-24, est réalisé sous la responsabilité du maître d'apprentissage.

Sous-section 3. **Salaire**

Art. L. 6222-27. Sous réserve de dispositions contractuelles ou conventionnelles plus favorables, l'apprenti (L. 2018-771 du 5 sept. 2018, art. 13, VIII, JO 6) «ne peut percevoir un salaire inférieur à un montant» déterminé en pourcentage du salaire minimum de croissance et (L. 2018-771 du 5 sept. 2018, art. 13, VIII, JO 6) «variant» en fonction de l'âge du bénéficiaire et de sa progression dans le ou les cycles de formation faisant l'objet de l'apprentissage.

Art. L. 6222-28. Les modalités de rémunération des heures supplémentaires sont celles applicables aux salariés de l'entreprise.

Art. L. 6222-29. Un décret détermine le montant du salaire prévu à l'article L. 6222-27 et les conditions dans lesquelles les avantages en nature peuvent être déduits du salaire.

Art. D. 6222-26. (D. 2018-1347 du 28 déc. 2018, JO 30) Le salaire minimum perçu par l'apprenti prévu à l'article L. 6222-29 pendant le contrat ou la période d'apprentissage est fixé :

1° Pour les jeunes âgés de seize à dix-sept ans :

a) À 27 % du salaire minimum de croissance pendant la première année d'exécution du contrat ;

b) À 39 % du salaire minimum de croissance pendant la deuxième année d'exécution du contrat ;

c) À 55 % du salaire minimum de croissance pendant la troisième année d'exécution du contrat ;

2° Pour les jeunes âgés de dix-huit à vingt ans :

a) À 43 % du salaire minimum de croissance pendant la première année d'exécution du contrat ;

b) À 51 % du salaire minimum de croissance pendant la deuxième année d'exécution du contrat ;

c) À 67 % du salaire minimum de croissance pendant la troisième année d'exécution du contrat ;

3° Pour les jeunes âgés de vingt-et-un ans à vingt-cinq ans :

a) À 53 % du salaire minimum de croissance ou, s'il est supérieur, du salaire minimum conventionnel correspondant à l'emploi occupé pendant la première année d'exécution du contrat ;

b) À 61 % du salaire minimum de croissance ou, s'il est supérieur, du salaire minimum conventionnel correspondant à l'emploi occupé pendant la deuxième année d'exécution du contrat ;

c) À 78 % du salaire minimum de croissance ou, s'il est supérieur, du salaire minimum conventionnel correspondant à l'emploi occupé pendant la troisième année d'exécution du contrat ;

4° Pour les jeunes âgés de 26 ans et plus, à 100 % du salaire minimum de croissance ou, s'il est supérieur, du salaire minimum conventionnel correspondant à l'emploi occupé pendant la durée d'exécution du contrat d'apprentissage.

Art. D. 6222-27. Les jeunes apprentis de moins de seize ans bénéficient d'une rémunération identique à celle prévue pour les apprentis âgés de seize à dix-sept ans.

Art. D. 6222-28. Lorsque l'apprentissage est prolongé, par application de l'article L. 6222-11, le salaire minimum applicable pendant la prolongation est celui correspondant à la dernière année précédant cette prolongation.

Art. D. 6222-28-1. (D. 2020-373 du 30 mars 2020, JO 31) Lorsque la durée du contrat ou de la période d'apprentissage est inférieure à celle du cycle de formation préparant à la qualification qui fait l'objet du contrat en application du troisième alinéa des articles L. 6222-7-1 ou L. 6222-12-1, ou en application de l'article R. 6222-23-1, l'apprenti est considéré, en ce qui concerne sa rémunération, comme ayant accompli une durée d'apprentissage égale à ce cycle de formation.

Art. D. 6222-28-2. (D. 2020-373 du 30 mars 2020, JO 31) Lorsque la durée du contrat ou de la période d'apprentissage est supérieure à celle du cycle de formation préparant à la qualification qui fait l'objet du contrat, en application du troisième alinéa de l'article L. 6222-7-1, le salaire minimum applicable pendant la prolongation est celui correspondant à la dernière année d'exécution du contrat précédant cette prolongation selon les modalités prévues à l'article D. 6222-26.

Art. D. 6222-29. (D. 2018-1347 du 28 déc. 2018, JO 30) Lorsqu'un apprenti conclut un nouveau contrat d'apprentissage avec le même employeur, sa rémunération est au moins égale à celle qu'il percevait lors de la dernière année d'exécution du contrat précédent lorsque ce dernier a conduit à l'obtention du titre ou du diplôme ainsi préparé, sauf quand l'application des rémunérations prévues à la présente sous-section en fonction de son âge est plus favorable.

Lorsqu'un apprenti conclut un nouveau contrat d'apprentissage avec un employeur différent, sa rémunération est au moins égale à celle à laquelle il pouvait prétendre lors de la dernière année d'exécution du contrat précédent, lorsque ce dernier a conduit à l'obtention du titre ou du diplôme ainsi préparé, sauf quand l'application des rémunérations prévues à la présente sous-section en fonction de son âge est plus favorable.

Art. D. 6222-30. (D. 2018-1347 du 28 déc. 2018, JO 30) Lorsqu'un contrat d'apprentissage est conclu pour une durée inférieure ou égale à un an pour préparer un diplôme ou un (D. 2020-373 du 30 mars 2020, JO 31) « titre » de même niveau que celui précédemment obtenu, lorsque la nouvelle qualification recherchée est en rapport direct avec celle qui résulte du diplôme ou du titre précédemment obtenu, une majoration de 15 points est appliquée à la rémunération prévue à l'article D. 6222-26.

Dans ce cas, les jeunes issus d'une voie de formation autre que celle de l'apprentissage sont considérés, en ce qui concerne leur rémunération minimale, comme ayant accompli la durée d'apprentissage pour l'obtention de leur diplôme ou titre.

Art. D. 6222-31. Les montants des rémunérations prévues (D. 2020-373 du 30 mars 2020, JO 31) « à la présente sous-section » sont majorés à compter du premier jour du mois suivant le jour où l'apprenti atteint dix-huit ans ou vingt et un ans (D. 2018-1347 du 28 déc. 2018, JO 30) « ou vingt-six ans ».

(D. 2020-373 du 30 mars 2020, JO 31) « Sous réserve de dispositions contractuelles ou conventionnelles plus favorables, les majorations prévues à la présente sous-section ne peuvent conduire l'apprenti à percevoir un salaire supérieur à 100 % du salaire minimum de croissance. »

Les années du contrat exécutées avant que l'apprenti ait atteint l'âge de dix-huit ans ou vingt et un ans (D. 2018-1347 du 28 déc. 2018, JO 30) « ou vingt-six ans » sont prises en compte pour le calcul de ces montants de rémunération.

Art. D. 6222-32. (D. 2020-373 du 30 mars 2020, JO 31) La rémunération minimale perçue par l'apprenti préparant une licence professionnelle pendant le contrat ou la période d'apprentissage correspond à celle fixée pour la deuxième année d'exécution du contrat dans les conditions prévues à l'article D. 6222-26.

Art. D. 6222-33. Excepté dans le cas où un taux moins élevé est prévu par une convention ou un contrat particulier, les avantages en nature dont bénéficie l'apprenti peuvent être déduits du salaire dans la limite de 75 % de la déduction autorisée, pour les autres travailleurs, par la réglementation applicable en matière de sécurité sociale.

Ces déductions ne peuvent excéder, chaque mois, un montant égal aux trois quarts du salaire.

Sous-section 4. **Santé et sécurité**

Art. L. 6222-30. Il est interdit d'employer l'apprenti à des travaux dangereux pour sa santé ou sa sécurité.

Art. L. 6222-31. (L. 2009-1437 du 24 nov. 2009, art. 26, JO 25) Pour certaines formations professionnelles limitativement énumérées par décret et dans des conditions fixées par ce décret, l'apprenti peut accomplir tous les travaux que peut nécessiter sa formation, sous la responsabilité de l'employeur.

L'employeur adresse à cette fin une déclaration à la direction régionale des entreprises, de la concurrence, de la consommation, du travail et de l'emploi.

Ces dispositions s'appliquent sans préjudice des pouvoirs de contrôle en cours d'exécution du contrat de travail par l'inspection du travail.

Art. L. 6222-32. Lorsque l'apprenti fréquente le centre de formation, il continue à bénéficier du régime de sécurité sociale sur les accidents du travail et les maladies professionnelles dont il relève en tant que salarié.

Art. R. 6222-36. L'apprenti bénéficie d'une visite d'information et de prévention prévue aux articles R. 4624-10 à R. 4624-15 ou d'un examen médical d'embauche prévu aux articles R. 4624-22 à R. 4624-27 au plus tard dans les deux mois qui suivent son embauche.

Sous-section 5. **Dispositions d'application**

Art. L. 6222-33. Les mesures d'application de la présente section sont déterminées par décret en Conseil d'État, notamment les conditions dans lesquelles l'apprenti peut accomplir des travaux dangereux ainsi que les formations spécifiques à la sécurité que doit dispenser le centre de formation d'apprentis.

SECTION 3. Présentation et préparation aux examens

Art. L. 6222-34. L'apprenti est tenu de se présenter aux épreuves du diplôme ou du titre prévu par le contrat d'apprentissage.

Art. L. 6222-35. (L. 2009-1437 du 24 nov. 2009, art. 25, JO 25) « Pour la préparation directe des épreuves, l'apprenti a droit à un congé supplémentaire de cinq jours ouvrables. Il doit suivre les enseignements spécialement dispensés dans le centre de formation d'apprentis dès lors que la convention mentionnée à l'article L. 6232-1 en prévoit l'organisation. »

Ce congé, qui donne droit au maintien du salaire, est situé dans le mois qui précède les épreuves. Il s'ajoute au congé payé prévu à l'article L. 3141-1 et au congé annuel pour les salariés de moins de vingt et un ans prévu à l'article L. 3164-9, ainsi qu'à la durée de formation en centre de formation d'apprentis fixée par le contrat.

Art. L. 6222-36. Un décret en Conseil d'État détermine les mesures d'application de la présente section.

SECTION 3 BIS. Carte d'étudiant des métiers

Note Cette section a été introduite par la loi 2011-893 du 28 juillet 2011, art. 1er, JO 29.

Art. L. 6222-36-1. Une carte portant la mention : " Étudiant des métiers " est délivrée à l'apprenti par l'organisme qui assure sa formation. Cette carte permet à l'apprenti de faire valoir sur l'ensemble du territoire national la spécificité de son statut auprès des tiers, notamment en vue d'accéder à des réductions tarifaires identiques à celles dont bénéficient les étudiants de l'enseignement supérieur.

La carte d'étudiant des métiers est établie conformément à un modèle déterminé par voie réglementaire.

Art. D. 6222-42. Une carte (D. 2011-2001 du 28 déc. 2011, JO 29) « d'étudiant des métiers » est délivrée à l'apprenti par le centre qui assure sa formation (D. 2011-2001 du 28 déc. 2011, JO 29) « dans les trente jours qui suivent l'inscription par le centre de formation d'apprentis. En cas de rupture du contrat d'apprentissage, la carte est remise à l'établissement de formation, qui assure sa destruction. »

Art. D. 6222-43. La carte permet à l'apprenti de faire valoir la spécificité de son statut auprès des tiers, notamment en vue d'accéder, le cas échéant, à des réductions tarifaires.

Elle est valable sur l'ensemble du territoire national.

Art. D. 6222-44. (D. 2011-2001 du 28 déc. 2011, JO 29) La carte d'étudiant des métiers comporte les mentions suivantes :

Au recto :

- la photo du titulaire, tête découverte ;
- la date de début et de fin de la formation pour laquelle la carte est délivrée ;
- le nom et le prénom du titulaire ;
- la date de naissance du titulaire ;
- la signature du titulaire ;
- les mentions : " Carte d'étudiant des métiers " et " Cette carte est strictement personnelle " ;
- le logo du ministère chargé de la formation professionnelle.

Au verso :

- le nom, l'adresse et les coordonnées téléphoniques de l'établissement délivrant la formation ;
- les nom, prénom et signature du directeur de l'établissement délivrant la formation ;
- les mentions : " Carte d'étudiant des métiers " et " Merci de retourner cette carte à l'adresse indiquée ci-dessus ".

Le modèle de la carte d'étudiant des métiers est déterminé par arrêté du ministre chargé de la formation professionnelle.

SECTION 4. Aménagements en faveur des personnes handicapées

Art. L. 6222-37. En ce qui concerne les personnes handicapées, des aménagements sont apportés aux dispositions des articles :

1° L. 6222-1 à L. 6222-3, relatifs aux conditions de formation du contrat d'apprentissage ;

2° L. 6222-7 à L. 6222-10, relatifs à la durée du contrat ;

3° L. 6222-15, relatif à la succession de contrats d'apprentissage ;

4° L. 6222-19, relatif à la rupture du contrat avant le terme fixé en cas d'obtention du diplôme ou du titre préparé ;

5° L. 6223-3 et L. 6223-4, relatifs aux obligations de l'employeur en matière de formation ; (L. 2014-288 du 5 mars 2014, art. 14, III, 13°, JO 6) « 6° Et du second alinéa de l'article L. 6222-24, relatif à la durée du temps de travail dans l'entreprise. »

Art. L. 6222-38. (L. 2018-771 du 5 sept. 2018, art. 27, II, JO 6) Un décret en Conseil d'État détermine les aménagements prévus à l'article L. 6222-37 pour les personnes handicapées.

Sous-section 1 (réglementaire). **Champ d'application**

Art. R. 6222-45. Les dispositions de la présente section s'appliquent aux personnes auxquelles la qualité de travailleur handicapé est reconnue et qui souscrivent un contrat d'apprentissage en application du 1° du I de l'article L. 241-6 du code de l'action sociale et des familles.

Sous-section 2 (réglementaire). **Durée du contrat et temps de travail**

Art. R. 6222-46. La durée du contrat d'apprentissage du travailleur handicapé peut être portée à quatre ans.

Art. R. 6222-47. Lorsque l'état de l'apprenti handicapé l'exige, l'enseignement dispensé dans le centre de formation d'apprentis en vue de conduire au diplôme prévu au contrat est réparti sur une période de temps égale à la durée normale d'apprentissage pour la formation considérée, augmentée d'un an au plus.

Art. R. 6222-48. Dans le cas prévu à l'article R. 6222-47, la durée de l'apprentissage est prolongée d'un an au plus, sans faire obstacle à la conclusion, s'il y a lieu, d'un nouveau contrat avec un autre employeur en application du 2° de l'article L. 6222-11.

(D. 2018-1163 du 17 déc. 2018, JO 19, entrée en vigueur le 01.01.2019) « Lorsque la durée du contrat d'apprentissage est ainsi prolongée, il est appliqué au salaire minimum qui s'impose au contrat une majoration uniforme de quinze points aux pourcentages correspondant à la dernière année de la durée du contrat. »

Art. R. 6222-49. (D. 2016-1711 du 12 déc. 2016, JO 14) Les dispositions des articles (D. 2020-372 du 30 mars 2020, art. 2, 12°, JO 31) « R. 6222-46, » R. 6222-47, R. 6222-48 et R. 6222-50 sont également applicables aux apprentis auxquels la qualité de travailleur handicapé est reconnue au cours de leur apprentissage.

Art. R. 6222-49-1. (D. 2016-1711 du 12 déc. 2016, JO 14) Le médecin du travail peut proposer un aménagement du temps de travail de l'apprenti reconnu travailleur handicapé. (D. 2020-372 du 30 mars 2020, art. 2, 12°, JO 31) « Il en informe le référent chargé de l'intégration des personnes en situation de handicap désigné par le centre de formation d'apprentis en application du 1° de l'article L. 6231-2 et, le cas échéant, le référent chargé d'orienter, d'informer et d'accompagner les personnes en situation de handicap de l'entreprise désigné conformément à l'article L. 5213-6-1. »

Sous-section 3 (réglementaire). **Aménagements de la formation**

Note Cette sous-section est issue du décret 2020-372 du 30 mars 2020, art. 2, 13°, JO 31.

Art. R. 6222-50. I. – Lorsque l'apprenti en situation de handicap est en mesure de suivre l'enseignement du centre de formation d'apprentis, moyennant un aménagement spécifique de la pédagogie appliquée dans ce centre, cet aménagement est mis en œuvre par le référent chargé de l'intégration des personnes en situation de handicap désigné par le centre en application du 1° de l'article L. 6231-2 après avis de son médecin traitant ou du médecin de la maison départementale des personnes handicapées.

II. – Lorsque l'apprenti n'est pas en mesure, en raison de son handicap, de fréquenter le centre de formation d'apprentis correspondant à la formation prévue au contrat, il peut être autorisé :

1° Soit à suivre cette formation à distance ;

2° Soit à suivre à distance une formation ou un enseignement pratique et théorique équivalents à celui dispensé en centre.

Ces aménagements sont mis en œuvre par le référent mentionné au I après avis du médecin traitant de l'apprenti ou du médecin de la maison départementale des personnes handicapées.

III. – Les aménagements de la formation mentionnés au II sont inscrits dans la convention de formation mentionnée à l'article L. 6353-1.

Art. R. 6222-51. Pour assurer la formation des personnes en situation de handicap, les conventions prévues aux articles L. 6232-1 et L. 6233-1 peuvent être conclues par le centre de formation d'apprentis avec, selon le cas, des établissements d'enseignement, des organismes de formation ou des entreprises dont l'organisation et la pédagogie sont adaptées aux personnes en situation de handicap. Elles contiennent les aménagements nécessaires pour tenir compte de la spécificité des formations.

SECTION 5. Médiateur consulaire

Art. L. 6222-39. Dans les entreprises ressortissant des chambres consulaires, un médiateur désigné par celles-ci peut être sollicité par les parties pour résoudre les différends entre les employeurs et les apprentis ou leur famille, au sujet de l'exécution ou de la rupture du contrat d'apprentissage.

SECTION 6. Aménagements en faveur des sportifs de haut niveau

Note Cette section a été introduite par la loi 2015-1541 du 27 novembre 2015, art. 10, JO 28.

Art. L. 6222-40. En ce qui concerne les sportifs de haut niveau, des aménagements sont apportés :

1° Aux articles L. 6222-7 à L. 6222-10, relatifs à la durée du contrat ;

2° Et au second alinéa de l'article L. 6222-24, relatif à la durée du temps de travail dans l'entreprise.

Art. L. 6222-41. Un décret en Conseil d'État détermine les aménagements prévus à l'article L. 6222-40 pour les sportifs de haut niveau.

Sous-section 1 (réglementaire). **Champ d'application**

Note Les sous-sections 1 à 3 ont été introduites par le décret 2016-1711 du 12 décembre 2016, JO 14.

Art. R. 6222-59. Les dispositions de la présente section s'appliquent aux sportifs de haut niveau figurant sur la liste mentionnée au premier alinéa de l'article L. 221-2 du code du sport qui concluent un contrat d'apprentissage.

Sous-section 2 (réglementaire). **Durée du contrat**

Art. R. 6222-60. La durée du contrat d'apprentissage du sportif de haut niveau peut être portée à quatre ans.

Dans ce cas, la rémunération de l'apprenti au titre de la quatrième année d'exécution du contrat est identique à celle prévue à l'article D. 6222-26 pour la troisième année.

Art. R. 6222-61. Lorsque les activités sportives de l'apprenti l'exigent, l'enseignement dispensé dans l'établissement de formation en vue de conduire au diplôme ou au titre à finalité professionnelle prévu au contrat est réparti sur une période de temps égale à la durée normale d'apprentissage pour la formation considérée, augmentée d'un an au plus.

Art. R. 6222-62. Dans le cas prévu à l'article R. 6222-61, la durée de l'apprentissage est prolongée d'un an au plus, sans faire obstacle à la conclusion, s'il y a lieu, d'un nouveau contrat avec un autre employeur.

Art. R. 6222-63. Les dispositions des articles R. 6222-61 et R. 6222-62 sont également applicables aux apprentis auxquels la qualité de sportif de haut niveau est reconnue au cours de leur apprentissage.

Sous-section 3 (réglementaire). **Aménagement de la formation pratique et théorique**

Art. R. 6222-64. L'employeur de l'apprenti s'engage à libérer ce dernier pour ses activités sportives, et prend l'attache de la fédération sportive dont dépend le sportif de haut niveau afin d'organiser son temps de formation pratique.

Sauf dispositions particulières prévues par le contrat, les périodes consacrées à ces activités sportives n'emportent pas rémunération de l'apprenti.

Art. R. 6222-65. L'établissement de formation dans lequel est inscrit l'apprenti prend l'attache de la fédération sportive dont dépend le sportif de haut niveau afin d'adapter l'organisation de l'enseignement théorique au calendrier des activités sportives.

SECTION 7. Mobilité internationale et européenne des apprentis

Note Cette section est issue de la loi 2018-217 du 29 mars 2018, art. 23, I, 1°, JO 31.

Art. L. 6222-42. (L. 2018-771 du 5 sept. 2018, art. 13, V, 1°, JO 6) « I. –» Le contrat d'apprentissage peut être exécuté en partie à l'étranger pour une durée qui ne peut excéder un an.

(L. 2018-771 du 5 sept. 2018, art. 13, V, 2°, JO 6) «La durée d'exécution du contrat en France doit être au minimum de six mois.

Pendant la période de mobilité à l'étranger, les dispositions de l'article L. 6211-2 ne s'appliquent pas.»

(L. 2018-771 du 5 sept. 2018, art. 13, V, 3°, JO 6) «II. –» Pendant la période de mobilité dans un État membre de l'Union européenne autre que la France (L. 2018-771 du 5 sept. 2018, art. 13, V, 4°, JO 6) «ou hors de l'Union européenne», l'entreprise ou le centre de formation d'accueil est seul responsable des conditions d'exécution du travail de l'apprenti, telles qu'elles sont déterminées par les dispositions légales et conventionnelles en vigueur dans le pays d'accueil, notamment ce qui a trait:

1° À la santé et à la sécurité au travail;
2° À la rémunération;
3° À la durée du travail;
4° Au repos hebdomadaire et aux jours fériés.

Pendant la période de mobilité dans (L. 2018-771 du 5 sept. 2018, art. 13, V, 5°, JO 6) «ou hors de» l'Union européenne, l'apprenti relève de la sécurité sociale de l'État d'accueil, sauf lorsqu'il ne bénéficie pas du statut de salarié ou assimilé dans cet État. Dans ce cas, sa couverture sociale est régie par le code de la sécurité sociale pour ce qui concerne les risques maladie, vieillesse, (L. 2018-771 du 5 sept. 2018, art. 13, V, 6°, JO 6) «maternité,» accidents du travail et maladies professionnelles et invalidité. (L. 2018-771 du 5 sept. 2018, art. 13, V, 7°, JO 6) «Cette couverture est assurée en dehors de l'Union européenne, sous réserve des dispositions des (Ord. 2019-861 du 21 août 2019, art. 1er, 36°, JO 22) «règlements européens et des» conventions internationales de sécurité sociale, par une adhésion à une assurance volontaire.»

Par dérogation à l'article L. 6221-1 et au second alinéa de l'article L. 6222-4, une convention peut être conclue entre l'apprenti, l'employeur en France, l'employeur à l'étranger, le centre de formation en France et, le cas échéant, le centre de formation à l'étranger pour la mise en œuvre de cette mobilité dans (L. 2018-771 du 5 sept. 2018, art. 13, V, 8°, JO 6) «ou hors de» l'Union européenne.

(L. 2018-771 du 5 sept. 2018, art. 13, V, 9°, JO 6) «III. – Pour les périodes de mobilité n'excédant pas quatre semaines, une convention de mise à disposition organisant la mise à disposition d'un apprenti peut être conclue entre l'apprenti, l'employeur en France, le centre de formation en France et le centre de formation à l'étranger ainsi que, le cas échéant, l'employeur à l'étranger.»

Art. L. 6222-43. Les apprentis originaires d'un État membre de l'Union européenne effectuant une période de mobilité en France bénéficient des dispositions du présent livre. En raison du caractère temporaire de cette mobilité, les dispositions suivantes ne leur sont pas applicables:

1° L'article L. 6211-1, relatif à la finalité du contrat d'apprentissage;
2° L'article L. 6222-7-1, relatif à la durée du contrat d'apprentissage;
3° Le deuxième alinéa de l'article L. 6222-12, relatif aux conditions d'intégration d'une formation en apprentissage;
4° L'article (Ord. 2019-861 du 21 août 2019, art. 1er, 37°, JO 22) « L. 6211-2», relatif à la durée de la formation en apprentissage.

Art. L. 6222-44. Le contenu des relations conventionnelles qui lient (L. 2018-771 du 5 sept. 2018, art. 13, VI, JO 6) «l'apprenti, l'employeur en France, l'employeur à l'étranger, le centre de formation en France et le centre de formation à l'étranger» est fixé par décret en Conseil d'État.

Art. R. 6222-66. (D. 2019-1086 du 24 oct. 2019, JO 26) La convention conclue entre l'apprenti et ses représentants légaux pour les mineurs, l'employeur en France, l'employeur à l'étranger, le centre de formation en France et, le cas échéant, le centre de formation à l'étranger, en application du II de l'article L. 6222-42, précise, notamment:

1° La date de début et de fin de la période de mobilité;

2° L'objet de la formation et la nature des tâches confiées à l'apprenti en lien avec la certification visée, objet du contrat d'apprentissage ;
3° Les lieux de travail et le cas échéant, de formation ;
4° Le nom et la qualification des personnes chargées d'en suivre le déroulement en France, au sein du centre de formation d'apprentis et dans le pays d'accueil ainsi que les modalités de suivi ;
5° Les équipements et produits utilisés ;
6° Les horaires de travail, la durée du travail, les repos hebdomadaires, les congés et les jours fériés ;
7° Le cas échéant, les modalités de prise en charge de la rémunération et des frais annexes générés par la mobilité ;
8° Le cas échéant, les modalités d'évaluation et de validation des compétences acquises à l'étranger ;
9° Les dispositions applicables à l'apprenti dans le pays d'accueil en matière de santé et sécurité au travail ;
10° L'information relative aux garanties prises en matière de responsabilité civile ou de couverture de risques équivalents dans le pays concerné, par l'apprenti, l'entreprise d'accueil et, le cas échéant, le centre de formation d'accueil.

Un arrêté du ministre chargé de la formation professionnelle détermine le modèle de cette convention.

Art. R. 6222-67. (D. 2019-1086 du 24 oct. 2019, JO 26) La convention conclue entre l'apprenti et ses représentants légaux pour les mineurs, l'employeur en France, l'employeur à l'étranger, le centre de formation d'apprentis en France et, le cas échéant, le centre de formation à l'étranger, en application du III de l'article L. 6222-42, précise, notamment :
1° La date de début et de fin de la période de mobilité ;
2° L'objet de la formation et la nature des tâches confiées à l'apprenti en lien avec la certification visée, objet du contrat d'apprentissage ;
3° Les lieux de travail et le cas échéant de formation ;
4° Le nom et la qualification de la personne chargée d'en suivre le déroulement en France et dans le pays d'accueil ainsi que les modalités de suivi ;
5° Les équipements utilisés et produits ;
6° Les horaires de travail, la durée du travail, les repos hebdomadaires, les congés et les jours fériés ;
7° Le cas échéant, les modalités de prise en charge des frais annexes générés par la mobilité ;
8° Le cas échéant, les modalités d'évaluation et de validation des compétences acquises à l'étranger ;
9° Les dispositions applicables à l'apprenti dans le pays d'accueil en matière de santé et sécurité au travail ;
10° L'information relative aux garanties prises en matière de responsabilité civile ou de couverture de risques équivalents dans le pays concerné, par l'apprenti, l'entreprise d'accueil et, le cas échéant, le centre de formation d'accueil.

Un arrêté du ministre chargé de la formation professionnelle détermine le modèle de cette convention.

Art. R. 6222-68. (D. 2019-1086 du 24 oct. 2019, JO 26) Avant la conclusion de la convention prévue à l'article R. 6222-66 le centre de formation d'apprentis adresse à l'opérateur de compétences de l'employeur en France, le projet de convention avec une demande de prise en charge des frais générés par la mobilité hors du territoire national de l'apprenti en application du 3° du II de l'article L. 6332-14 et du 5e alinéa de l'article D. 6332-83. (D. 2020-372 du 30 mars 2020, art. 2, 15°, JO 31) « L'opérateur de compétences se prononce sur la prise en charge financière et informe le ministère chargé de la formation professionnelle, sous forme dématérialisée, des conventions qui lui sont transmises ainsi que des modifications qui leur sont apportées. »

Dès sa conclusion, la convention prévue à l'article R. 6222-66, est adressée par le centre de formation d'apprentis à l'opérateur de compétences de l'employeur en France.

Ces dispositions ne s'appliquent pas aux conventions relatives à la mobilité des apprentis relevant des dispositions de l'article L. 6227-1.

Art. R. 6222-69. (D. 2019-1086 du 24 oct. 2019, JO 26) Avant la conclusion de la convention prévue à l'article R. 6222-67, l'employeur adresse à son opérateur de compétences, le projet de convention avec une demande de prise en charge des frais générés par la mobilité hors du territoire national de l'apprenti en application du 3° du II de l'article L. 6332-14 et du 5e alinéa de l'article D. 6332-83. (D. 2020-372 du 30 mars 2020, art. 2, 16°, JO 31) « L'opérateur de compétences se prononce sur la prise en charge financière et informe le ministère chargé de la formation professionnelle, sous forme dématérialisée, des conventions qui lui sont transmises ainsi que des modifications qui leur sont apportées. »

Dès sa conclusion, la convention prévue à l'article R. 6222-67, est adressée par l'employeur à son opérateur de compétences.

Ces dispositions ne s'appliquent pas aux conventions relatives à la mobilité des apprentis relevant des dispositions de l'article L. 6227-1.

Chapitre III
Obligations de l'employeur

SECTION 1. Organisation de l'apprentissage

Art. L. 6223-1. Toute entreprise peut engager un apprenti si l'employeur déclare à l'autorité administrative prendre les mesures nécessaires à l'organisation de l'apprentissage et s'il garantit que l'équipement de l'entreprise, les techniques utilisées, les conditions de travail, de santé et de sécurité, les compétences professionnelles et pédagogiques ainsi que la moralité des personnes qui sont responsables de la formation sont de nature à permettre une formation satisfaisante.

Cette déclaration devient caduque si l'entreprise n'a pas conclu de contrat d'apprentissage dans la période de cinq ans écoulée à compter de sa notification.

Sous-section 1 (réglementaire). **Obligations envers l'administration**

Note Cette sous-section est issue du décret 2020-372 du 30 mars 2020, art. 3, 1°, JO 31.

Art. R. 6223-1. Pendant la durée du contrat d'apprentissage, l'employeur fournit, à la demande de l'inspection du travail, de la mission chargée du contrôle pédagogique mentionnée à l'article R. 6251-1 ou des organismes en charge du dépôt du contrat d'apprentissage, les pièces permettant d'attester du respect des déclarations figurant dans le contrat d'apprentissage prévu à l'article L. 6222-4, la convention de formation prévue à l'article L. 6353-1 et, le cas échéant, la convention d'aménagement de la durée du contrat d'apprentissage prévue à l'article L. 6222-7-1.

Sous-section 2 (réglementaire). **Nombre maximal d'apprentis**

Art. R. 6223-6. Le nombre maximal d'apprentis pouvant être accueillis simultanément dans une entreprise ou un établissement est fixé à deux par maître d'apprentissage.

Le maître d'apprentissage peut également, en application de l'article L. 6222-11, accueillir un apprenti (D. 2018-1138 du 13 déc. 2018, JO 14) « supplémentaire » dont la formation est prolongée en cas d'échec à l'examen.

Art. R. 6223-7. La commission départementale de l'emploi et de l'insertion peut délivrer des dérogations individuelles au plafond de deux apprentis lorsque la qualité de la formation dispensée dans l'entreprise et les possibilités d'insertion professionnelle dans la branche considérée le justifient.

Ces dérogations sont valables pour cinq ans au plus, renouvelables.

Art. R. 6223-8. Pour une branche professionnelle déterminée, un arrêté interministériel, pris après avis de la Commission professionnelle consultative nationale compétente pour la branche considérée, peut fixer des plafonds d'emplois simultanés, différents de celui prévu au premier alinéa de l'article R. 6223-6.

Ces plafonds sont fixés en tenant compte du rapport qui doit être maintenu entre le nombre d'apprentis et celui des personnes possédant les qualifications prévues (D. 2020-372 du 30 mars 2020, art. 3, 2°, JO 31) « en application de l'article L. 6223-8 ».

Sous-section 3 (réglementaire). **Obligations envers les représentants de l'apprenti**

Art. R. 6223-9. L'employeur prévient les représentants légaux de l'apprenti mineur, en cas de maladie ou d'absence, ou de tout fait de nature à motiver leur intervention.

Sous-section 4 (réglementaire). **Conventionnement avec une entreprise d'accueil**

Art. R. 6223-10. (D. 2012-627 du 2 mai 2012, JO 4) I. – Afin de permettre à l'apprenti de compléter sa formation, en application de l'article L. 6221-1, une partie de sa formation pratique peut être dispensée dans d'autres entreprises que celle qui l'emploie notamment pour recourir à des équipements ou des techniques qui ne sont pas utilisés dans celle-ci.

L'accueil de l'apprenti dans d'autres entreprises que celle qui l'emploie ne peut excéder la moitié du temps de formation en entreprise prévu par le contrat d'apprentissage. Le nombre d'entreprises d'accueil autres que celle qui l'emploie ne peut être supérieur à deux au cours de l'exécution d'un même contrat d'apprentissage.

II. – En application des dispositions de l'article L. 6223-5, un maître d'apprentissage est nommé au sein de chaque entreprise d'accueil.

Pour l'application de l'article R. 6223-6 à chaque entreprise d'accueil, l'apprenti est pris en compte dans le calcul du nombre maximal d'apprentis par maître d'apprentissage.

La dérogation à l'interdiction du travail de nuit des apprentis, prévue à l'article L. 6222-26, est accomplie sous la responsabilité du maître d'apprentissage nommé au sein de l'entreprise d'accueil.

III. – Pour l'application (D. 2020-372 du 30 mars 2020, art. 3, 3°, JO 31) « du 3° du I de l'article L. 6131-1 », l'apprenti est pris en compte au prorata de son temps de travail dans chaque entreprise d'accueil.

Art. R. 6223-11. (D. 2012-627 du 2 mai 2012, JO 4) « L'accueil de l'apprenti dans une autre entreprise que celle qui l'emploie fait l'objet d'une convention tripartite conclue entre l'employeur, l'entreprise d'accueil et l'apprenti. »

La convention précise, notamment :

(D. 2012-627 du 2 mai 2012, JO 4) « 1° Le titre ou le diplôme préparé par l'apprenti ;

2° La durée de la période d'accueil ;

3° La nature des tâches confiées à l'apprenti, qui doivent être en relation directe avec la formation professionnelle prévue au contrat d'apprentissage ;

4° Les horaires et le lieu de travail ;

5° Le nom du maître d'apprentissage désigné au sein de l'entreprise avec laquelle a été signé le contrat d'apprentissage ;

(D. 2020-372 du 30 mars 2020, art. 3, 4°, JO 31) « 6° Le nom du maître d'apprentissage désigné au sein de l'entreprise d'accueil et les pièces attestant du respect des conditions imposées par l'article L. 6223-8-1 ; »

7° Les modalités selon lesquelles l'entreprise d'accueil informe l'employeur de l'apprenti du déroulement de la formation professionnelle de l'apprenti en son sein ;

8° Les modalités selon lesquelles est organisée la liaison entre les maîtres d'apprentissage et le centre de formation des apprentis ;

9° Les modalités de partage, entre l'employeur et l'entreprise d'accueil, des charges, rémunérations et avantages liés à l'emploi de l'apprenti ;

10° Les modalités de prise en charge par l'employeur ou l'entreprise d'accueil de l'apprenti des frais de transport et d'hébergement ; »

(D. 2012-627 du 2 mai 2012, JO 4) « 11° » L'obligation pour l'entreprise d'accueil de se garantir en matière de responsabilité civile.

Art. R. 6223-12. (D. 2020-372 du 30 mars 2020, art. 3, 5°, JO 31) Dès sa conclusion, la convention est adressée par l'employeur au directeur du centre de formation d'apprentis, à l'organisme en charge du dépôt ainsi que, le cas échéant, à la mission chargée du contrôle pédagogique mentionnée à l'article R. 6251-1.

Art. R. 6223-14. Pendant l'exécution de la convention, l'apprenti continue de suivre les enseignements dispensés par le centre de formation auquel il est inscrit. Il se conforme au règlement intérieur de l'entreprise d'accueil.

Art. R. 6223-15. L'entreprise d'accueil est responsable du respect des dispositions relatives à la durée du travail ainsi qu'à la santé et la sécurité au travail.

Lorsque l'activité exercée par l'apprenti dans l'entreprise d'accueil nécessite (D. 2016-1908 du 27 déc. 2016, art. 19, III, 2°, JO 29, entrée en vigueur le 01.01.2017) « un suivi individuel renforcé », les obligations correspondantes sont à la charge de cette entreprise.

Art. R. 6223-16. L'engagement d'apprentis par une entreprise peut faire l'objet d'une décision d'opposition selon la procédure prévue à l'article L. 6225-1, lorsqu'il s'avère que les conditions dans lesquelles une partie de la formation est dispensée dans une ou plusieurs autres entreprises ne permettent pas le bon déroulement du contrat d'apprentissage.

SECTION 2. Engagements dans le cadre de la formation

Art. L. 6223-2. L'employeur inscrit l'apprenti dans un centre de formation d'apprentis assurant l'enseignement correspondant à la formation prévue au contrat.

Le choix du centre de formation d'apprentis est précisé par le contrat d'apprentissage.

Art. L. 6223-3. L'employeur assure dans l'entreprise la formation pratique de l'apprenti.

Il lui confie notamment des tâches ou des postes permettant d'exécuter des opérations ou travaux conformes à une progression annuelle définie par accord entre le centre de formation d'apprentis et les représentants des entreprises qui inscrivent des apprentis dans celui-ci.

Art. L. 6223-4. L'employeur s'engage à faire suivre à l'apprenti la formation dispensée par le centre et à prendre part aux activités destinées à coordonner celle-ci et la formation en entreprise.

Il veille à l'inscription et à la participation de l'apprenti aux épreuves du diplôme ou du titre sanctionnant la qualification professionnelle prévue par le contrat.

SECTION 3. Maître d'apprentissage

Art. L. 6223-5. La personne directement responsable de la formation de l'apprenti et assumant la fonction de tuteur est dénommée maître d'apprentissage.

Le maître d'apprentissage a pour mission de contribuer à l'acquisition par l'apprenti dans l'entreprise des compétences correspondant à la qualification recherchée et au titre ou diplôme préparés, en liaison avec le centre de formation d'apprentis.

(L. 2016-1088 du 8 août 2016, art. 91, JO 9) «Lorsque l'apprenti est recruté par un groupement d'employeurs mentionné aux articles L. 1253-1 à L. 1253-23, les dispositions relatives au maître d'apprentissage sont appréciées au niveau de l'entreprise utilisatrice membre de ce groupement.»

Art. L. 6223-6. La fonction tutorale peut être partagée entre plusieurs salariés.

Art. R. 6223-23. Lorsque la fonction tutorale est partagée entre plusieurs salariés constituant une équipe tutorale, un maître d'apprentissage référent est désigné.

Il assure la coordination de l'équipe et la liaison avec le centre de formation d'apprentis.

Art. L. 6223-7. L'employeur permet au maître d'apprentissage de dégager sur son temps de travail les disponibilités nécessaires à l'accompagnement de l'apprenti et aux relations avec le centre de formation d'apprentis.

Art. L. 6223-8. L'employeur veille à ce que le maître d'apprentissage bénéficie de formations lui permettant d'exercer correctement sa mission et de suivre l'évolution du contenu des formations dispensées à l'apprenti et des diplômes qui les valident.

(L. 2014-288 du 5 mars 2014, art. 14, III, 19°, JO 6) «Un accord collectif d'entreprise ou de branche peut définir les modalités de mise en œuvre et de prise en charge de ces formations.»

Art. L. 6223-8-1. (L. 2018-771 du 5 sept. 2018, art. 13, VII, JO 6) Le maître d'apprentissage doit être salarié de l'entreprise, volontaire, majeur et offrir toutes garanties de moralité. Le cas échéant, l'employeur (Ord. 2019-861 du 21 août 2019, art. 1er, 38°, JO 22) «ou le conjoint collaborateur» peut remplir cette fonction.

Les conditions de compétence professionnelle exigées d'un maître d'apprentissage en application de l'article L. 6223-1 sont déterminées par convention ou accord collectif de branche.

À défaut d'un tel accord, les conditions de compétence professionnelle exigées d'un maître d'apprentissage sont déterminées par voie réglementaire.

Pour les contrats conclus en application de l'article L. 6227-1, les conditions de compétence professionnelle exigées d'un maître d'apprentissage sont déterminées par voie réglementaire.

Art. R. 6223-22. (D. 2018-1138 du 13 déc. 2018, JO 14) À défaut de convention ou accord collectif de branche fixant les conditions de compétence professionnelle exigées d'un maître d'apprentissage, sont réputées remplir la condition de compétence professionnelle exigée d'un maître d'apprentissage en application de l'article L. 6223-8-1 :

1° Les personnes titulaires d'un diplôme ou d'un titre relevant du domaine professionnel correspondant à la finalité du diplôme ou du titre préparé par l'apprenti et d'un niveau au moins équivalent, justifiant d'une année d'exercice d'une activité professionnelle en rapport avec la qualification préparée par l'apprenti ;

2° Les personnes justifiant de deux années d'exercice d'une activité professionnelle en rapport avec la qualification préparée par l'apprenti.

Les stages et les périodes de formation effectués en milieu professionnel, dans le cadre d'une formation initiale, y compris sous contrat d'apprentissage, ou d'une formation continue qualifiante prévue à l'article L. 6314-1, ne sont pas pris en compte dans le décompte de la durée d'expérience requise.

SECTION 4. Dispositions d'application

Art. L. 6223-9. Un décret en Conseil d'État détermine les mesures d'application du présent chapitre.

Chapitre IV

Dépôt du contrat

Art. L. 6224-1. (L. 2018-771 du 5 sept. 2018, art. 11, II, 6°, JO 6, entrée en vigueur le 01.01.2020) Le contrat d'apprentissage ou, le cas échéant, la déclaration mentionnée à l'article L. 6222-5 est (Ord. 2019-861 du 21 août 2019, art. 1er, 39°, JO 22) «transmis à l'opérateur de compétences, qui procède à son dépôt» dans des conditions fixées par voie réglementaire.

Art. D. 6224-1. (D. 2019-1489 du 27 déc. 2019, JO 29, entrée en vigueur le 01.01.2020) Au plus tard dans les cinq jours ouvrables qui suivent le début de l'exécution du contrat d'apprentissage, l'employeur transmet ce contrat, accompagné de la convention mentionnée à l'article L. 6353-1 et, le cas échéant, de la convention tripartite prévue au troisième alinéa de l'article L. 6222-7-1, à l'opérateur de compétences.

Lorsque la formation de l'apprenti est confiée à un centre de formation d'apprentis, service interne de l'entreprise, mentionné à l'article D. 6241-30, l'employeur transmet à l'opérateur de compétences le contrat, accompagné le cas échéant de la convention tripartite mentionnée à l'alinéa précédent, et une annexe pédagogique et financière précisant l'intitulé, l'objectif et le contenu de l'action de formation, les moyens prévus, la durée et la période de réalisation, les modalités de déroulement, de suivi et de sanction de l'action et le prix.

Les transmissions prévues au présent article peuvent se faire par voie dématérialisée.

Art. D. 6224-2. (D. 2019-1489 du 27 déc. 2019, JO 29, entrée en vigueur le 01.01.2020) À réception du contrat, l'opérateur de compétences se prononce sur la prise en charge financière. Il vérifie à cet effet que le contrat satisfait aux conditions posées par :

1° L'article L. 6211-1 relatif aux formations éligibles à l'apprentissage ;

2° Les articles L. 6222-1 à L. 6222-3 relatifs à l'âge de l'apprenti ;

3° Le premier alinéa de l'article L. 6223-8-1 relatif au maître d'apprentissage ;

4° L'article D. 6222-26 relatif à la rémunération des apprentis.

S'il constate la méconnaissance d'une ou plusieurs de ces conditions, l'opérateur de compétences refuse la prise en charge financière du contrat par une décision motivée qu'il notifie aux parties ainsi qu'au centre de formation d'apprentis. La notification peut être faite par voie dématérialisée.

Art. R. 6224-3. (D. 2019-1489 du 27 déc. 2019, JO 29, entrée en vigueur le 01.01.2020) L'opérateur de compétences statue sur la prise en charge financière dans un délai de vingt jours à compter de la réception de l'ensemble des documents mentionnés à l'article D. 6224-1. Son silence fait naître, au terme de ce délai, une décision implicite refusant la prise en charge.

Art. D. 6224-4. (D. 2019-1489 du 27 déc. 2019, JO 29, entrée en vigueur le 01.01.2020) L'opérateur de compétences dépose le contrat, par voie dématérialisée, auprès des services du ministre en charge de la formation professionnelle. Le cas échéant, il informe simultanément ces services de son refus de prise en charge financière, ainsi que des motifs de ce refus.

Art. D. 6224-5. (D. 2019-1489 du 27 déc. 2019, JO 29, entrée en vigueur le 01.01.2020) Toute modification d'un élément essentiel du contrat fait l'objet d'un avenant transmis à l'opérateur de compétences pour dépôt dans les conditions fixées au présent chapitre. À réception de l'avenant, l'opérateur de compétences statue soit sur la prise en charge financière, s'il l'avait refusée initialement, soit sur le maintien de cette prise en charge.

Art. D. 6224-6. (D. 2019-1489 du 27 déc. 2019, JO 29, entrée en vigueur le 01.01.2020) Lorsque le contrat d'apprentissage est rompu avant son terme, l'employeur notifie sans délai la rupture à l'opérateur de compétences, qui informe les services du ministre chargé de la formation professionnelle. La notification peut être faite par voie dématérialisée.

Art. D. 6224-7. (D. 2019-1489 du 27 déc. 2019, JO 29, entrée en vigueur le 01.01.2020) Le dépôt du contrat d'apprentissage ne donne lieu à aucun frais.

Art. R. 6224-8. (D. 2020-372 du 30 mars 2020, art. 4, JO 31) Lorsqu'un apprenti mineur est employé par un ascendant, la déclaration prévue à l'article L. 6222-5, souscrite par l'ascendant employeur, est revêtue de la signature de l'apprenti et est visée par le directeur du centre de formation d'apprentis.

Elle est transmise à l'opérateur de compétences et soumise à la procédure de dépôt dans les conditions prévues au présent chapitre.

Chapitre V

Procédures d'opposition, de suspension et d'interdiction de recrutement

SECTION 1. Opposition à l'engagement d'apprentis

Art. L. 6225-1. L'autorité administrative peut s'opposer à l'engagement d'apprentis par une entreprise lorsqu'il est établi par les autorités chargées du contrôle de l'exécution du contrat d'apprentissage que l'employeur méconnaît les obligations mises à sa charge, soit par le présent livre, soit par les autres dispositions du présent code applicables aux jeunes travailleurs ou aux apprentis, soit par le contrat d'apprentissage.

Art. L. 6225-2. En cas d'opposition à l'engagement d'apprentis, l'autorité administrative décide si les contrats en cours peuvent (L. 2014-288 du 5 mars 2014, art. 14, III, 15°, JO 6) «continuer à être exécutés».

Il en va de même en cas de transfert des contrats de travail dans le cas prévu à l'article L. 1224-1, en l'absence de déclaration par l'employeur de la nouvelle entreprise.

Art. L. 6225-3. Lorsque l'autorité administrative décide que les contrats en cours ne peuvent (L. 2014-288 du 5 mars 2014, art. 14, III, 16°, JO 6) «continuer à être exécutés», la décision entraîne la rupture des contrats à la date de notification de ce refus aux parties en cause.

L'employeur verse aux apprentis les sommes dont il aurait été redevable si le contrat s'était poursuivi jusqu'à son terme (L. 2014-288 du 5 mars 2014, art. 14, III, 16°, JO 6) «ou jusqu'au terme de la période d'apprentissage».

Art. L. 6225-3-1. (L. 2018-771 du 5 sept. 2018, art. 16, 4°, JO 6) En cas de rupture du contrat d'apprentissage en application de l'article L. 6225-3, le centre de formation dans lequel est inscrit l'apprenti prend les dispositions nécessaires pour lui permettre de suivre sa formation théorique pendant six mois et contribue à lui trouver un nouvel employeur susceptible de lui permettre d'achever son cycle de formation.

SECTION 1 (RÉGLEMENTAIRE). Mise en demeure préalable à l'opposition

Art. R. 6225-1. (D. 2020-372 du 30 mars 2020, art. 5, 1°, JO 31) Lorsqu'il est constaté lors d'un contrôle de l'inspection du travail, ou lors de la transmission du contrat auprès de l'organisme chargé du dépôt du contrat ou au service mentionné à l'article D. 6275-1, ou lors de la mission de contrôle pédagogique de l'apprentissage mentionnée à l'article R. 6251-1, que l'employeur méconnaît les obligations mentionnées à l'article L. 6225-1, l'inspecteur du travail met l'employeur en demeure de régulariser la situation et de prendre les mesures ou d'assurer les garanties de nature à permettre une formation satisfaisante.

Art. R. 6225-2. Lorsqu'il est constaté, par les services mentionnés à l'article R. 6225-1, qu'un maître d'apprentissage, autre que l'employeur, méconnaît les obligations mises à sa charge par le contrat d'apprentissage ou ne présente plus les garanties de moralité requises, l'inspecteur du travail met l'employeur en demeure de désigner un autre maître d'apprentissage et d'informer de ses nom, prénoms et compétences professionnelles, l'organisme chargé (D. 2020-372 du 30 mars 2020, art. 5, 2°, JO 31) « du dépôt » du contrat.

Art. R. 6225-3. Lorsqu'il est constaté par les services mentionnés à l'article R. 6225-1 qu'un employeur, en tant que maître d'apprentissage, méconnaît les obligations mises à sa charge par le contrat d'apprentissage ou ne présente plus les garanties de moralité requises, l'inspecteur du travail le met en demeure de régulariser la situation et de prendre les mesures ou d'assurer les garanties de nature à permettre une formation satisfaisante.

SECTION 2 (RÉGLEMENTAIRE). Opposition à l'engagement d'apprentis

Art. R. 6225-4. Dans les cas prévus à la section 1, la décision d'opposition du préfet à l'engagement d'apprenti intervient, s'il y a lieu, dans un délai de trois mois à compter de l'expiration du délai fixé par la mise en demeure de l'inspecteur du travail.

Art. R. 6225-5. (D. 2020-372 du 30 mars 2020, art. 5, 5°, JO 31) La décision d'opposition à l'engagement d'apprentis est communiquée à l'inspecteur du travail, au comité social et économique, à l'organisme chargé du dépôt du contrat ainsi que, le cas échéant, à la mission chargée du contrôle pédagogique mentionnée à l'article R. 6251-1.

Art. R. 6225-6. Lorsque le préfet prend une décision d'opposition à l'engagement d'apprentis, en application de l'article L. 6225-1 ou de l'article R. 6223-16, l'employeur peut lui demander de mettre fin à cette opposition.

Il joint à sa demande toutes justifications de nature à établir qu'il remplit les obligations mises à sa charge par le présent code ou par d'autres dispositions légales applicables aux jeunes travailleurs et aux apprentis.

Art. R. 6225-7. Lorsque le préfet, au vu des justifications de l'employeur, décide de mettre fin à l'opposition, il notifie sa décision à l'employeur.

L'employeur peut à nouveau procéder à (D. 2020-372 du 30 mars 2020, art. 5, 6°, JO 31) « l'engagement d'apprentis ».

Art. R. 6225-8. (D. 2020-372 du 30 mars 2020, art. 5, 7°, JO 31) La décision de levée d'opposition, prise en application de l'article R. 6225-7, est communiquée sans délai à l'organisme chargé du dépôt du contrat et, le cas échéant, à la mission chargée du contrôle pédagogique mentionnée à R. 6251-1.

SECTION 2. Suspension de l'exécution du contrat et interdiction de recrutement

Art. L. 6225-4. En cas de risque sérieux d'atteinte à la santé ou à l'intégrité physique ou morale de l'apprenti, l'(L. 2016-1088 du 8 août 2016, art. 113, III, 1°, JO 9) «agent de contrôle de l'inspection du travail mentionné à l'article L. 8112-1» ou le fonctionnaire de contrôle assimilé propose au (L. 2011-525 du 17 mai 2011, art. 170, JO 18) «directeur régional des entreprises, de la concurrence, de la consommation, du travail et de l'emploi» la suspension du contrat d'apprentissage.

Cette suspension s'accompagne du maintien par l'employeur de la rémunération de l'apprenti.

Art. R. 6225-9. En application de l'article L. 6225-4, l'inspecteur du travail propose la suspension de l'exécution du contrat d'apprentissage, après qu'il ait été procédé, lorsque les circonstances le permettent, à une enquête contradictoire. Il en informe sans délai l'employeur et adresse cette proposition au (D. 2009-1377 du 10 nov. 2009, JO 13; D. 2010-687 du 24 juin 2010, JO 25; voir D. 2010-1582 du 17 déc. 2010, JO 18, pour outre-mer) « directeur régional des entreprises, de la concurrence, de la consommation, du travail et de l'emploi ».

Ce dernier se prononce sans délai et, le cas échéant, dès la fin de l'enquête contradictoire.

Art. L. 6225-5. Dans le délai de quinze jours à compter du constat de l'agent de contrôle, le (L. 2011-525 du 17 mai 2011, art. 170, JO 18) «directeur régional des entreprises, de la concurrence, de la consommation, du travail et de l'emploi» se prononce sur la reprise de l'exécution du contrat d'apprentissage.

Le refus d'autoriser la reprise de l'exécution du contrat d'apprentissage entraîne la rupture de ce contrat à la date de notification du refus aux parties. Dans ce cas, l'employeur verse à l'apprenti les sommes dont il aurait été redevable si le contrat s'était poursuivi jusqu'à son terme (L. 2014-288 du 5 mars 2014, art. 14, III, 17°, JO 6) «ou jusqu'au terme de la période d'apprentissage».

Art. L. 6225-6. La décision de refus du (L. 2011-525 du 17 mai 2011, art. 170, JO 18) «directeur régional des entreprises, de la concurrence, de la consommation, du travail et de l'emploi» peut s'accompagner de l'interdiction faite à l'employeur de recruter de nouveaux apprentis ainsi que des jeunes titulaires d'un contrat d'insertion en alternance, pour une durée qu'elle détermine.

Art. R. 6225-10. Lorsque le (D. 2009-1377 du 10 nov. 2009, JO 13; D. 2010-687 du 24 juin 2010, JO 25; voir D. 2010-1582 du 17 déc. 2010, JO 18, pour outre-mer) «directeur régional des entreprises, de la concurrence, de la consommation, du travail et de l'emploi» a interdit le recrutement de nouveaux apprentis, en application de l'article L. 6225-6, l'employeur peut lui demander de mettre fin à cette interdiction.

L'employeur joint à sa demande toutes justifications de nature à établir qu'il a pris les mesures nécessaires pour supprimer tout risque d'atteinte à la santé ou à l'intégrité physique ou morale des apprentis dans l'entreprise.

Art. R. 6225-11. Lorsque le (D. 2009-1377 du 10 nov. 2009, JO 13; D. 2010-687 du 24 juin 2010, JO 25; voir D. 2010-1582 du 17 déc. 2010, JO 18, pour outre-mer) «directeur régional des entreprises, de la concurrence, de la consommation, du travail et de l'emploi» décide, au vu des justifications présentées par l'employeur, de mettre fin à l'interdiction de recruter de nouveaux apprentis, il notifie sa décision à l'employeur.

L'employeur peut à nouveau procéder à (D. 2020-372 du 30 mars 2020, art. 5, 8°, JO 31) «l'engagement d'apprentis».

Art. R. 6225-12. (D. 2020-372 du 30 mars 2020, art. 5, 9°, JO 31) «Sont communiquées sans délai à l'organisme chargé du dépôt du contrat et, le cas échéant, à la mission chargée du contrôle pédagogique mentionnée à l'article R. 6251-1 :»

1° La décision d'interdiction de recruter de nouveaux apprentis, prise en application de l'article L. 6225-6 ;

2° La décision de levée d'interdiction de recruter de nouveaux apprentis, prise en application de l'article R. 6225-11.

Art. L. 6225-7. En cas de refus d'autoriser la reprise de l'exécution du contrat d'apprentissage, le centre de formation d'apprentis où est inscrit l'apprenti prend les dispositions nécessaires pour lui permettre de suivre provisoirement la formation dispensée par le centre et de trouver un nouvel employeur susceptible de contribuer à l'achèvement de sa formation.

SECTION 3. Dispositions d'application

Art. L. 6225-8. Un décret en Conseil d'État détermine les mesures d'application du présent chapitre.

Chapitre VI

Entreprises de travail temporaire

Note Ce chapitre a été introduit par la loi 2011-893 du 28 juillet 2011, art. 7, JO 29.

Art. L. 6226-1. Les entreprises de travail temporaire mentionnées à l'article L. 1251-45 peuvent conclure des contrats d'apprentissage. Ces contrats assurent à l'apprenti une formation professionnelle dispensée pour partie en entreprise dans le cadre des missions de travail temporaire définies au chapitre Ier du titre V du livre II de la première partie et pour partie en centre de formation d'apprentis ou section d'apprentissage dans les conditions prévues à l'article L. 1251-57.

La durée minimale de chaque mission de travail temporaire effectuée dans le cadre de l'apprentissage est de six mois. Le temps consacré aux enseignements dispensés en centre de formation d'apprentis ou en section d'apprentissage et afférents à ces missions est pris en compte dans cette durée.

La fonction tutorale mentionnée à l'article L. 6223-6 est assurée par un maître d'apprentissage dans l'entreprise de travail temporaire et par un maître d'apprentissage dans l'entreprise utilisatrice.

SECTION 1 (RÉGLEMENTAIRE). Dispositions générales

Note Les sections 1 et 2 ont été introduites par le décret 2012-472 du 11 avril 2012, JO 13.

Art. R. 6226-1. Le contrat d'apprentissage conclu avec une entreprise de travail temporaire précise notamment le nom du maître d'apprentissage nommé dans cette dernière et la durée de son expérience en entreprise de travail temporaire.

Art. R. 6226-2. Le contrat de mise à disposition de l'apprenti au sein de l'entreprise utilisatrice précise :

1° Le titre ou diplôme préparé par l'apprenti ;

2° La nature des travaux confiés à l'apprenti, qui doivent être en relation directe avec la formation professionnelle prévue au contrat d'apprentissage ;

3° Le nom du maître d'apprentissage désigné au sein de l'entreprise de travail temporaire ;

(D. 2020-372 du 30 mars 2020, art. 6, 1°, JO 31) « 4° Le nom du maître d'apprentissage désigné au sein de l'entreprise utilisatrice et les informations attestant du respect des conditions imposées par l'article L. 6223-8-1 ; »

5° Les modalités selon lesquelles l'entreprise utilisatrice informe l'entreprise de travail temporaire du déroulement de la formation professionnelle de l'apprenti en son sein ;

6° Les modalités selon lesquelles est organisée la liaison entre les maîtres d'apprentissage et le centre de formation des apprentis.

Art. R. 6226-3. I. – Les mentions figurant sur le contrat de mission en application de l'article L. 1251-16 sont complétées par les mentions du contrat de mise à disposition de l'apprenti prévues à l'article R. 6226-2.

II. – L'entreprise de travail temporaire adresse le contrat de mission de l'apprenti, dès sa conclusion, au directeur du centre de formation d'apprentis. Elle l'informe de tout changement concernant le maître d'apprentissage désigné au sein de l'entreprise utilisatrice.

III. – La suspension du contrat d'apprentissage, en application des dispositions de l'article L. 6225-4, emporte la suspension du contrat de mission de l'apprenti. La rupture du contrat d'apprentissage, en application des dispositions de l'article L. 6225-5, emporte la rupture du contrat de mission de l'apprenti.

Art. R. 6226-4. Pour la formation de l'apprenti qu'elle emploie, l'entreprise de travail temporaire ne peut pas conclure de convention avec une entreprise d'accueil en application de l'article R. 6223-10 ni avec une entreprise d'un autre État membre de (D. 2020-372 du 30 mars 2020, art. 6, 3°, JO 31) « l'Union » européenne susceptible d'accueillir temporairement l'apprenti en application de l'article (D. 2020-372 du 30 mars 2020, art. 6, 3°, JO 31) « L. 6222-42 ».

SECTION 2 (RÉGLEMENTAIRE). Maîtres d'apprentissage

Art. R. 6226-5. Le maître d'apprentissage désigné au sein de l'entreprise de travail temporaire assure le suivi de l'apprenti tout au long de sa formation et veille à sa progression, en liaison avec le centre de formation des apprentis et les maîtres d'apprentissage nommés dans les entreprises utilisatrices.

Est réputée remplir la condition de compétence professionnelle exigée, en application de l'article L. 6223-1, d'un maître d'apprentissage nommé dans une entreprise de travail temporaire une personne justifiant d'une expérience professionnelle minimale de deux années dans ce type d'entreprise.

Par dérogation aux dispositions de l'article R. 6223-6, le nombre maximal d'apprentis pouvant être accueillis simultanément dans une entreprise de travail temporaire est fixé à cinq par maître d'apprentissage.

Art. R. 6226-6. En application de l'article L. 6223-5, le maître d'apprentissage nommé au sein de l'entreprise utilisatrice contribue à l'acquisition par l'apprenti dans cette entreprise des compétences correspondant à la qualification recherchée et au titre ou diplôme préparé, en liaison avec le maître d'apprentissage désigné au sein de l'entreprise de travail temporaire et avec le centre de formation d'apprentis.

(D. 2020-372 du 30 mars 2020, art. 6, 4°, JO 31) « Le maître d'apprentissage nommé au sein de l'entreprise utilisatrice doit remplir les conditions imposées par l'article L. 6223-8-1. »

Pour l'application de l'article R. 6223-6 à l'entreprise utilisatrice, l'apprenti mis à disposition par une entreprise de travail temporaire est pris en compte dans le calcul du nombre maximal d'apprentis par maître d'apprentissage.

La dérogation à l'interdiction du travail de nuit des apprentis, prévue à l'article L. 6222-26, est accomplie sous la responsabilité du maître d'apprentissage nommé au sein de l'entreprise utilisatrice.

Chapitre VII

Développement de l'apprentissage dans le secteur public non industriel et commercial

Note Ce chapitre est issu de la loi 2016-1088 du 8 août 2016, art. 73, JO 9.

Art. L. 6227-1. Les personnes morales de droit public dont le personnel ne relève pas du droit privé peuvent conclure des contrats d'apprentissage selon les modalités définies au présent titre, sous réserve du présent chapitre.

(L. 2019-828 du 6 août 2019, art. 18, III, JO 7) « Les organismes publics ne disposant pas de la personnalité morale peuvent, sous réserve d'avoir la capacité juridique de recruter des personnels, conclure des contrats d'apprentissage dans les mêmes conditions que celles prévues au premier alinéa. »

Art. L. 6227-2. Par dérogation à l'article L. 6222-7, le contrat d'apprentissage est conclu pour une durée limitée.

Art. L. 6227-3. Les personnes morales mentionnées à l'article L. 6227-1 peuvent conclure avec une autre personne morale de droit public ou avec une entreprise des conventions prévoyant qu'une partie de la formation pratique est dispensée par cette autre personne morale de droit public ou par cette entreprise. Un décret fixe les clauses que comportent ces conventions ainsi que les autres dispositions qui leur sont applicables.

Art. L. 6227-4. Les conditions générales d'accueil et de formation des apprentis font l'objet d'un avis du comité technique ou de toute autre instance compétente au sein de laquelle siègent les représentants du personnel. Cette instance examine annuellement un rapport sur l'exécution des contrats d'apprentissage.

Art. L. 6227-5. Pour la mise en œuvre du présent chapitre, un centre de formation d'apprentis peut conclure avec un ou plusieurs centres de formation gérés par une personne mentionnée à l'article L. 6227-1 ou avec le Centre national de la fonction publique territoriale une convention aux termes de laquelle ces établissements assurent une partie des formations normalement dispensées par le centre de formation d'apprentis et peut mettre à sa disposition des équipements pédagogiques ou d'hébergement. Dans ce cas, les centres de formation d'apprentis conservent la responsabilité administrative et pédagogique des enseignements dispensés.

Art. L. 6227-6. Les personnes morales mentionnées à l'article L. 6227-1 prennent en charge les coûts de la formation de leurs apprentis dans les centres de formation d'apprentis qui les accueillent, sauf lorsque ces personnes morales sont redevables de la taxe d'apprentissage. À cet effet, elles concluent une convention avec ces centres pour définir les conditions de cette prise en charge.

Art. L. 6227-8. L'apprenti est affilié au régime général de la sécurité sociale pour tous les risques et au régime complémentaire de retraite institué au profit des agents non titulaires de l'État et des collectivités territoriales ou au profit des agents des autres personnes morales de droit public mentionnées à l'article L. 6227-1. Les validations de droit à l'assurance vieillesse sont opérées selon les conditions fixées (L. 2018-1203 du 22 déc. 2018, art. 8, VI, 3°, JO 23, entrée en vigueur le 01.01.2019) «au dernier alinéa de l'article L. 6243-3».

Art. L. 6227-8-1. (L. 2018-1203 du 22 déc. 2018, art. 8, VI, 4°, JO 23, entrée en vigueur le 01.01.2019) L'employeur de l'apprenti est exonéré de la totalité des cotisations sociales d'origine légale et conventionnelle qui sont à sa charge, à l'exclusion de celles dues au titre des accidents du travail et des maladies professionnelles.

Art. L. 6227-9. L'État prend en charge les cotisations d'assurance sociale et les allocations familiales dues par l'employeur ainsi que les cotisations et contributions salariales d'origine légale et conventionnelle rendues obligatoires par la loi dues au titre des salaires versés aux apprentis, y compris les contributions d'assurance chômage versées par l'employeur qui a adhéré au régime mentionné à l'article L. 5422-13. Par dérogation, cette adhésion peut être limitée aux apprentis.

Art. L. 6227-10. Les services accomplis par l'apprenti au titre de son ou de ses contrats d'apprentissage ne peuvent ni être pris en compte comme services publics au sens des dispositions applicables aux fonctionnaires, aux agents publics ou aux agents employés par les personnes morales mentionnées à l'article L. 6227-1, ni au titre de l'un des régimes spéciaux de retraite applicables à ces agents.

Art. L. 6227-11. Le contrat d'apprentissage est (L. 2018-771 du 5 sept. 2018, art. 11, II, 8°, JO 6, entrée en vigueur le 01.01.2020) «déposé auprès du» représentant de l'État dans le département du lieu d'exécution du contrat.

Art. L. 6227-12. (L. 2018-771 du 5 sept. 2018, art. 11, II, 9°, JO 6) L'ensemble des dispositions relatives à l'apprentissage est applicable au secteur public non industriel et commercial, à l'exception des articles L. 6222-5, L. 6222-13, L. 6222-16, L. 6222-31, L. 6222-39, L. 6223-1, L. 6224-1, L. 6225-1 à L. 6225-3-1, L. 6243-1 et L. 6243-1-2.

Les modalités de mise en œuvre du présent chapitre sont déterminées par voie réglementaire.

Art. D. 6271-1. (D. 2017-199 du 16 févr. 2017, JO 18) (D. 2020-478 du 24 avril 2020, JO 26) «Lorsque l'employeur public mentionné» à l'article L. 6227-1 n'est pas en mesure de proposer des tâches ou ne dispose pas des équipements ou techniques recouvrant l'ensemble des besoins de formation pratique nécessaires à l'obtention du diplôme ou du titre à finalité professionnelle inscrit au répertoire national des certifications professionnelles préparé par l'apprenti (D. 2020-478 du 24 avril 2020, JO 26) «qu'il emploie, il peut» conclure une convention avec (D. 2020-478 du 24 avril 2020, JO 26) «un autre employeur public mentionné à l'article L. 6227-1 ou une entreprise privée» afin de permettre à l'apprenti de compléter sa formation pratique.

(D. 2020-478 du 24 avril 2020, JO 26) «Il doit» toutefois assurer plus de la moitié de la durée de la formation pratique exigée par le diplôme ou le titre préparé par l'apprenti.

Pendant l'exécution de la convention, l'apprenti continue de suivre les enseignements dispensés par le centre de formation d'apprentis auquel il est inscrit et doit se conformer au règlement intérieur qui s'applique dans la structure d'accueil au sein de laquelle il effectue sa formation pratique.

Art. D. 6271-2. (D. 2017-199 du 16 févr. 2017, JO 18) La convention est conclue, en début ou en cours de contrat, (D. 2020-478 du 24 avril 2020, JO 26) «entre l'employeur public mentionné à l'article L. 6227-1, l'autre employeur public ou l'entreprise qui assure l'accueil de l'apprenti».

Elle doit préciser :

1° La durée de la période d'accueil ;

2° L'objet de la formation (D. 2020-478 du 24 avril 2020, JO 26) «et le titre ou diplôme préparé par l'apprenti» ;

(D. 2020-478 du 24 avril 2020, JO 26) «3° La nature des tâches qui sont confiées à l'apprenti qui doivent être en relation directe avec la formation professionnelle prévue au contrat d'apprentissage ;»

4° Les horaires et le lieu de travail ;

(D. 2020-478 du 24 avril 2020, JO 26) «5° Le nom du maître d'apprentissage et les informations attestant du respect des conditions de compétences professionnelles prévues à l'article D. 6273-1 ;»

6° Les modalités de prise en charge par (D. 2020-478 du 24 avril 2020, JO 26) «l'établissement d'accueil» des frais de transport et d'hébergement résultant pour l'apprenti de l'exécution de la formation pratique ;

7° L'obligation pour (D. 2020-478 du 24 avril 2020, JO 26) « l'établissement d'accueil » de se garantir en matière de responsabilité civile.

(D. 2020-478 du 24 avril 2020, JO 26) « 8° Les modalités de partage, entre l'employeur public mentionné à l'article L. 6227-1 et l'établissement d'accueil, des rémunérations ;

9° Les modalités selon lesquelles l'établissement d'accueil informe l'employeur de l'apprenti du déroulement de la formation. »

(D. 2020-478 du 24 avril 2020, JO 26) « Dès sa conclusion, la convention est adressée par l'employeur au directeur du centre de formation d'apprentis qui la transmet au représentant de l'État mentionné à l'article L. 6227-11. »

Art. D. 6271-3. (D. 2017-199 du 16 févr. 2017, JO 18) Lorsque l'employeur d'accueil est soumis aux dispositions du code du travail, celui-ci est responsable du respect des dispositions relatives à la durée du travail prévues au livre Ier de la troisième partie, ainsi qu'à l'hygiène, à la sécurité et aux conditions de travail prévues à la quatrième partie et, le cas échéant, du code rural et de la pêche marine. Si l'activité exercée par l'apprenti dans la structure d'accueil nécessite une surveillance médicale spéciale au sens de la réglementation relative à la médecine du travail, les obligations correspondantes sont à la charge de cet employeur.

Lorsque l'employeur d'accueil est une personne morale de droit public, celui-ci est responsable du respect des dispositions relatives à l'hygiène, à la sécurité et à la médecine préventive définies par le décret n° 82-453 du 28 mai 1982 modifié relatif à l'hygiène et à la sécurité du travail ainsi qu'à la prévention médicale dans la fonction publique.

Art. D. 6272-1. (D. 2020-478 du 24 avril 2020, JO 26) Le salaire perçu par l'apprenti en application de l'article L. 6222-27 est fixé selon les modalités définies à la sous-section 2 de la section 2 du chapitre II du titre II du présent livre.

Art. D. 6272-2. (D. 2020-478 du 24 avril 2020, JO 26) Les employeurs publics peuvent majorer la rémunération prévue par l'article D. 6222-26 de 10 points ou 20 points.

Art. D. 6273-1. (D. 2019-32 du 18 janv. 2019, JO 20) Pour les contrats conclus en application de l'article L. 6227-1 sont réputées remplir la condition de compétence professionnelle exigée d'un maître d'apprentissage en application de l'article L. 6223-8-1 :

1° Les personnes titulaires d'un diplôme ou d'un titre relevant du domaine professionnel correspondant à la finalité du diplôme ou du titre préparé par l'apprenti et d'un niveau au moins équivalent, justifiant d'une année d'exercice d'une activité professionnelle en rapport avec la qualification préparée par l'apprenti ;

2° Les personnes justifiant de deux années d'exercice d'une activité professionnelle en rapport avec la qualification préparée par l'apprenti.

Art. D. 6274-1. (D. 2019-32 du 18 janv. 2019, JO 20) Pour les (D. 2020-478 du 24 avril 2020, JO 26) « employeurs publics mentionnés » à l'article L. 6227-1, un médiateur est désigné pour résoudre les différends entre l'employeur et l'apprenti ou son représentant légal au sujet de l'exécution ou de la rupture du contrat d'apprentissage.

La médiation prévue par l'article L. 6222-18 est assurée soit par le médiateur soit par le service de ressources humaines de proximité dont relève l'apprenti. Cette médiation est mise en œuvre dans les conditions prévues à l'article D. 6222-21-1.

Art. D. 6275-1. (D. 2019-1489 du 27 déc. 2019, JO 29, entrée en vigueur le 01.01.2020) Au plus tard dans les cinq jours ouvrables qui suivent le début de l'exécution du contrat d'apprentissage, l'employeur public mentionné à l'article L. 6227-1 transmet ce contrat, accompagné de la convention mentionnée à l'article L. 6227-6 et, le cas échéant, de la convention tripartite mentionnée au troisième alinéa de l'article L. 6222-7-1, à l'unité départementale de la direction régionale des entreprises, de la concurrence, de la consommation, du travail et de l'emploi compétente.

Cette transmission peut se faire par voie dématérialisée.

Art. D. 6275-2. (D. 2019-1489 du 27 déc. 2019, JO 29, entrée en vigueur le 01.01.2020) À réception du contrat, l'unité départementale de la direction régionale des entreprises, de la concurrence, de la consommation, du travail et de l'emploi vérifie qu'il satisfait aux conditions posées par :

1° L'article L. 6211-1 relatif aux formations éligibles à l'apprentissage ;

2° Les articles L. 6222-1 à L. 6222-3 relatifs à l'âge de l'apprenti ;

3° Les articles D. 6222-26 à D. 6222-33 relatifs à la rémunération des apprentis.

S'il est constaté que l'une au moins de ces conditions n'est pas satisfaite, le dépôt du contrat d'apprentissage est refusé. Ce refus est notifié aux parties ainsi qu'au centre de formation d'apprentis. La notification précise le motif du refus. Elle peut être faite par voie dématérialisée.

Art. R. 6275-3. (D. 2019-1489 du 27 déc. 2019, JO 29, entrée en vigueur le 01.01.2020) L'unité départementale de la direction régionale des entreprises, de la concurrence, de la consommation, du travail et de l'emploi se prononce dans un délai de vingt jours à compter de la réception de l'ensemble des documents mentionnés à l'article D. 6275-1. Son silence fait naître, au terme de ce délai, une décision implicite acceptant le dépôt du contrat.

Art. D. 6275-4. (D. 2019-1489 du 27 déc. 2019, JO 29, entrée en vigueur le 01.01.2020) Toute modification d'un élément essentiel du contrat fait l'objet d'un avenant transmis à l'unité départementale de la direction régionale des entreprises, de la concurrence, de la consommation, du travail et de l'emploi compétente pour dépôt dans les conditions fixées au présent chapitre.

Art. D. 6275-5. (D. 2019-1489 du 27 déc. 2019, JO 29, entrée en vigueur le 01.01.2020) Lorsque le contrat d'apprentissage est rompu avant son terme, l'employeur notifie sans délai la rupture, et par tout moyen approprié, à l'unité départementale de la direction régionale des entreprises, de la concurrence, de la consommation, du travail et de l'emploi.

Chapitre VII (réglementaire)

Dispositions pénales

Art. R. 6227-1. Le fait, pour l'employeur, de méconnaître les dispositions des articles L. 6222-1, L. 6222-2, L. 6222-11, L. 6222-24, L. 6223-2 à L. 6223-8, R. 6223-9, R. 6223-22 et R. 6223-23, est puni de l'amende prévue pour les contraventions de la quatrième classe.

Art. R. 6227-2. Le fait d'employer un apprenti à un travail effectif excédant huit heures par jour ou la durée légale hebdomadaire fixée par l'article (D. 2016-1551 du 18 nov. 2016, art. 6, V, 23°, JO 19, entrée en vigueur le 01.01.2017) « L. 3121-27 » du code du travail et par l'article L. 713-2 du code rural (Ord. 2010-462 du 6 mai 2010, JO 7) « et de la pêche maritime », en méconnaissance des dispositions de l'article L. 6222-25, est puni de l'amende prévue pour les contraventions de la quatrième classe.

Art. R. 6227-3. Le fait d'employer un apprenti âgé de moins de dix-huit ans à un travail de nuit, en méconnaissance des dispositions de l'article L. 6222-26, est puni de l'amende prévue pour les contraventions de la cinquième classe.

La récidive est réprimée conformément aux articles 132-11 et 132-15 du code pénal.

Art. R. 6227-4. Le fait de verser un salaire à l'apprenti inférieur au minimum prévu par l'article L. 6222-27, est puni de l'amende prévue pour les contraventions de la cinquième classe.

L'amende est appliquée autant de fois qu'il y a d'apprentis rémunérés dans des conditions illégales. La récidive est réprimée conformément aux articles 132-11 et 132-15 du code pénal.

Art. R. 6227-5. Le fait d'employer un apprenti à des travaux dangereux pour sa santé ou sa sécurité, en méconnaissance des dispositions de l'article L. 6222-30, est puni de l'amende prévue pour les contraventions de la cinquième classe.

La récidive est réprimée conformément aux articles 132-11 et 132-15 du code pénal.

Art. R. 6227-6. Le fait de ne pas présenter l'apprenti aux épreuves du diplôme ou du titre prévu par le contrat d'apprentissage, en méconnaissance des dispositions de l'article L. 6222-34, est puni de l'amende prévue pour les contraventions de la cinquième classe.

La récidive est réprimée conformément aux articles 132-11 et 132-15 du code pénal.

Art. R. 6227-7. Le fait de ne pas accorder un congé supplémentaire de cinq jours à l'apprenti pour lui permettre de préparer les épreuves dans un centre de formation d'apprentis, ou de ne pas maintenir le salaire de l'apprenti pendant ce congé en méconnaissance des dispositions de l'article L. 6222-35, est puni de l'amende prévue pour les contraventions de la cinquième classe.

La récidive est réprimée conformément aux articles 132-11 et 132-15 du code pénal.

Art. R. 6227-8. Le fait, pour l'employeur, de méconnaître les dispositions de l'article L. 6223-1, est puni de l'amende prévue pour les contraventions de la cinquième classe.

Art. R. 6227-9. Le fait, pour l'employeur, de méconnaître les dispositions de l'article L. 6225-1, est puni de l'amende prévue pour les contraventions de la cinquième classe.

TITRE III

DISPOSITIONS SPÉCIFIQUES APPLICABLES AUX CENTRES DE FORMATION D'APPRENTIS

Note Ce titre est issu de la loi 2018-771 du 5 septembre 2018, art. 24, VI, JO 6.

Chapitre Ier

Missions et obligations des centres de formation d'apprentis

Art. L. 6231-1. Le titre V du livre III de la présente partie, à l'exception des articles L. 6353-3 à L. 6353-7, s'applique aux centres de formation d'apprentis.

Les dispositions spécifiques applicables à ces organismes sont prévues au présent titre.

Art. L. 6231-2. Les centres de formation dispensant les actions mentionnées au 4° de l'article L. 6313-1 ont pour mission:

1° D'accompagner les personnes, y compris celles en situation de handicap, souhaitant s'orienter ou se réorienter par la voie de l'apprentissage, en développant leurs connaissances et leurs compétences et en facilitant leur intégration en emploi, en cohérence avec leur projet professionnel. Pour les personnes en situation de handicap, le centre de formation d'apprentis appuie la recherche d'un employeur et facilite leur intégration tant en centre de formation d'apprentis qu'en entreprise en proposant les adaptations nécessaires au bon déroulement de leur contrat d'apprentissage. Pour accomplir cette mission, le centre de formation d'apprentis désigne un référent chargé de l'intégration des personnes en situation de handicap;

2° D'appuyer et d'accompagner les postulants à l'apprentissage dans leur recherche d'un employeur;

3° D'assurer la cohérence entre la formation dispensée en leur sein et celle dispensée au sein de l'entreprise, en particulier en organisant la coopération entre les formateurs et les maîtres d'apprentissage;

4° D'informer, dès le début de leur formation, les apprentis de leurs droits et devoirs en tant qu'apprentis et en tant que salariés et des règles applicables en matière de santé et de sécurité en milieu professionnel;

5° De permettre aux apprentis en rupture de contrat la poursuite de leur formation pendant six mois tout en les accompagnant dans la recherche d'un nouvel employeur, en lien avec le service public de l'emploi. Les apprentis en rupture de contrat sont affiliés à un régime de sécurité sociale et peuvent bénéficier d'une rémunération, en application des dispositions prévues respectivement aux articles L. 6342-1 et L. 6341-1;

6° D'apporter, en lien avec le service public de l'emploi, en particulier avec les missions locales, un accompagnement aux apprentis pour prévenir ou résoudre les difficultés d'ordre social et matériel susceptibles de mettre en péril le déroulement du contrat d'apprentissage;

7° De favoriser la mixité au sein de leurs structures en sensibilisant les formateurs, les maîtres d'apprentissage et les apprentis à la question de l'égalité entre les femmes et les hommes ainsi qu'à la prévention du harcèlement sexuel au travail et en menant une politique d'orientation et de promotion des formations qui met en avant les avantages de la mixité. Ils participent à la lutte contre la répartition sexuée des métiers;

8° D'encourager la mixité des métiers et l'égalité professionnelle entre les femmes et les hommes en organisant des actions d'information sur ces sujets à destination des apprentis;

9° De favoriser, au-delà de l'égalité entre les femmes et les hommes, la diversité au sein de leurs structures en sensibilisant les formateurs, les maîtres d'apprentissage et les apprentis à l'égalité des chances et à la lutte contre toutes formes de discriminations et en menant une politique d'orientation et de promotion des formations qui mette en avant les avantages de la diversité;

10° D'encourager la mobilité nationale et internationale des apprentis en nommant un personnel dédié, qui peut comprendre un référent mobilité mobilisant, au niveau national, les ressources locales et, au niveau international, les programmes de l'Union européenne, et en mentionnant, le cas échéant, dans le contenu de la formation, la période de mobilité;

11° D'assurer le suivi et l'accompagnement des apprentis quand la formation prévue au 2° de l'article L. 6211-2 est dispensée en tout ou partie à distance;

12° D'évaluer les compétences acquises par les apprentis, y compris sous la forme d'un contrôle continu, dans le respect des règles définies par chaque organisme certificateur;

13° D'accompagner les apprentis ayant interrompu leur formation et ceux n'ayant pas, à l'issue de leur formation, obtenu de diplôme ou de titre à finalité professionnelle vers les personnes et les organismes susceptibles de les accompagner dans la définition d'un projet de poursuite de formation;

14° D'accompagner les apprentis dans leurs démarches pour accéder aux aides auxquelles ils peuvent prétendre au regard de la législation et de la réglementation en vigueur.

Les centres de formation peuvent confier certaines de ces missions aux chambres consulaires dans des conditions déterminées par décret.

Art. L. 6231-3. Tout centre de formation d'apprentis prévoit l'institution d'un conseil de perfectionnement dont la fonction est de veiller à son organisation et à son fonctionnement.

Art. L. 6231-4. Tout centre de formation d'apprentis a l'obligation de mettre en place une comptabilité analytique. Les règles de mise en œuvre de cette comptabilité analytique ainsi que le seuil à partir duquel cette obligation s'applique sont fixés par arrêté du ministre chargé de la formation professionnelle.

Art. L. 6231-5. Les statuts de l'organisme de formation qui dispense des actions au titre du 4° de l'article L. 6313-1 mentionnent expressément dans leur objet l'activité de formation en apprentissage.

(Ord. 2019-861 du 21 août 2019, art. 1er, 40°, JO 22) «Cette obligation ne s'applique pas au centre de formation d'apprentis d'entreprise mentionné au I de l'article L. 6241-2.»

Art. L. 6231-6. Il est interdit de donner le nom de centre de formation d'apprentis à un organisme dont la déclaration d'activité n'a pas été enregistrée par l'autorité administrative conformément à l'article L. 6351-1 et dont les statuts ne font pas référence à l'apprentissage (Ord. 2019-861 du 21 août 2019, art. 1er, 40° bis, JO 22) «sans préjudice des dispositions de l'article L. 6231-5».

Le fait de contrevenir aux dispositions du premier alinéa du présent article est puni de 4 500 € d'amende.

Art. L. 6231-7. La devise de la République, le drapeau tricolore et le drapeau européen sont apposés sur la façade des centres de formation d'apprentis. La Déclaration des droits de l'homme et du citoyen du 26 août 1789 est affichée de manière visible dans les locaux des mêmes établissements.

SECTION 1 (RÉGLEMENTAIRE). Missions des centres de formation d'apprentis

Note Les sections 1 et 2 sont issues du décret 2019-1143 du 7 novembre 2019, art. 1er, JO 8.

Art. R. 6231-1. Le directeur de l'organisme de formation délivrant des formations par apprentissage est chargé de la mise en œuvre des missions et obligations du centre de formation d'apprentis.

Art. R. 6231-2. Les centres de formation d'apprentis peuvent confier par convention aux chambres consulaires une ou plusieurs des missions mentionnées aux 1° à 14° de l'article L. 6231-2.

La convention comporte les mentions suivantes:

1° La désignation de la chambre consulaire signataire;

2° Les missions confiées;

3° Les moyens mis en œuvre pour réaliser la ou les missions;

4° Les modalités de financement;

5° Les modalités choisies pour suivre, contrôler et évaluer la réalisation de la mission;

6° La durée de validité de la convention.

SECTION 2 (RÉGLEMENTAIRE). Conseil de perfectionnement

Art. R. 6231-3. Le conseil de perfectionnement prévu à l'article L. 6231-3 est placé auprès du directeur de l'organisme de formation délivrant des formations par apprentissage.

Art. R. 6231-4. Le conseil de perfectionnement examine et débat des questions relatives à l'organisation et au fonctionnement du centre de formation d'apprentis, notamment sur :

1° Le projet pédagogique du centre de formation d'apprentis ;

2° Les conditions générales d'accueil, d'accompagnement des apprentis, notamment des apprentis en situation de handicap, de promotion de la mixité et de la mobilité nationale et internationale ;

3° L'organisation et le déroulement des formations ;

4° Les conditions générales de préparation et de perfectionnement pédagogique des formateurs ;

5° L'organisation des relations entre les entreprises accueillant des apprentis et le centre ;

6° Les projets de convention à conclure, en application des articles L. 6232-1 et L. 6233-1, avec des établissements d'enseignement, des organismes de formation ou des entreprises ;

7° Les projets d'investissement ;

8° Les informations publiées chaque année en application de l'article L. 6111-8.

Art. R. 6231-5. La présidence du conseil de perfectionnement est assurée par le directeur de l'organisme de formation délivrant des formations par apprentissage ou son représentant. Toutefois, pour les centres de formation d'apprentis des établissements mentionnés à l'article L. 811-8 du code rural et de la pêche maritime, le deuxième alinéa de l'article R. 811-46 du même code est applicable.

Le règlement intérieur mentionné à l'article R. 6352-1 définit les modalités de fonctionnement du conseil de perfectionnement et de la désignation de ses membres.

Chapitre II

Organisation de l'apprentissage au sein des centres de formation d'apprentis

Art. L. 6232-1. Un centre de formation d'apprentis peut conclure avec des établissements d'enseignement, des organismes de formation ou des entreprises une convention aux termes de laquelle ces derniers assurent tout ou partie des enseignements normalement dispensés par le centre de formation d'apprentis et mettent à disposition des équipements pédagogiques ou d'hébergement.

Les centres de formation d'apprentis mentionnés au premier alinéa conservent la responsabilité pédagogique et administrative des enseignements dispensés.

Art. R. 6232-1. (D. 2019-1143 du 7 nov. 2019, art. 1er, JO 8) La convention prévue à l'article L. 6232-1 fixe les conditions dans lesquelles tout ou partie des enseignements normalement dispensés par le centre de formation d'apprentis est assurée par les structures mentionnées à cet article.

La mise en œuvre de cette convention s'effectue sans préjudice des missions et obligations du centre de formation d'apprentis prévues aux articles L. 6231-2 à L. 6231-7.

Art. R. 6232-2. (D. 2019-1143 du 7 nov. 2019, art. 1er, JO 8) La convention précise notamment :

1° Son objet ;

2° Sa durée de validité ;

3° La description de l'organisation des formations et des équipements pédagogiques ;

4° Le nombre d'apprentis pouvant être accueillis simultanément ;

5° Les moyens humains permettant de dispenser la formation ;

6° Le cas échéant, la mise à disposition de locaux destinés à l'hébergement ;

7° Les modalités de financement.

Art. R. 6232-3. (D. 2019-1143 du 7 nov. 2019, art. 1er, JO 8) Pour les enseignements assurés par une ou des entreprises, la convention prévoit également que l'entreprise garantit la nature des équipements mis à la disposition des apprentis ainsi que la technologie à laquelle ils ont accès.

Chapitre III

Création d'unités de formation par apprentissage

Art. L. 6233-1. Les enseignements dispensés par le centre de formation d'apprentis peuvent être dispensés dans un établissement d'enseignement au sein d'une unité de formation par apprentissage. Cette unité est créée dans le cadre d'une convention entre cet établissement et le centre de formation d'apprentis.

L'établissement d'enseignement a la responsabilité pédagogique des formations dispensées par son unité de formation par apprentissage.

Art. R. 6233-1. (D. 2019-1143 du 7 nov. 2019, art. 1er, JO 8) La convention entre un établissement d'enseignement et un centre de formation d'apprentis créant une unité de formation par apprentissage dans l'établissement est conclue pour une durée au moins égale à celle du cycle de la formation, nécessaire à l'acquisition d'une certification professionnelle, pour laquelle elle a été ouverte.

La mise en œuvre de cette convention s'effectue sans préjudice des missions et obligations du centre de formation d'apprentis prévues aux articles L. 6231-2 à L. 6231-7.

Art. R. 6233-2. (D. 2019-1143 du 7 nov. 2019, art. 1er, JO 8) La convention créant une unité de formation par apprentissage détermine notamment :

1° Le recrutement, les effectifs des apprentis à former et les certifications professionnelles préparées ;

2° Les moyens humains et matériels destinés à la formation, l'organisation pédagogique, les modalités d'accompagnement, le contenu des enseignements et, le cas échéant, les locaux destinés à l'hébergement ;

3° Les modalités de financement.

Chapitre IV

Dispositions d'application

Art. L. 6234-1. Un décret en Conseil d'État détermine les mesures d'application du présent titre.

Chapitre IV (réglementaire)

Dispositions applicables à l'entreprise disposant d'un centre de formation d'apprentis

Note Ce chapitre est issu du décret 2019-1143 du 7 novembre 2019, art. 1er, JO 8.

Art. R. 6234-1. Le centre de formation d'apprentis d'entreprise mentionné au I de l'article L. 6241-2 dépose une déclaration d'activité dans les conditions prévues aux articles R. 6351-1 et suivants.

TITRE IV

FINANCEMENT DE L'APPRENTISSAGE

Chapitre Ier

Taxe d'apprentissage

SECTION 1. Principes

Art. L. 6241-1. La taxe d'apprentissage est régie par les articles (L. 2013-1279 du 29 déc. 2013, art. 60, II, JO 30) « 1599 *ter* A à (L. 2018-1317 du 28 déc. 2018, art. 136, II, 1°, JO 30, entrée en vigueur le 01.01.2019) « 1599 *ter* C, 1599 *ter* J et 1599 *ter* K » du code général des impôts.

(L. 2013-1279 du 29 déc. 2013, art. 60, II, JO 30) «Les dispositions du présent chapitre déterminent les conditions dans lesquelles l'employeur s'acquitte de la contribution supplémentaire à l'apprentissage et des fractions de la taxe d'apprentissage réservées au développement de l'apprentissage.»

Art. L. 6241-2. (L. 2018-771 du 5 sept. 2018, art. 37, II, 1°, JO 6) I. – Une part égale à 87 % du produit de la taxe d'apprentissage mentionnée à l'article 1599 *ter* A du code général des impôts est destinée au financement de l'apprentissage en application du 2° de l'article L. 6211-2 du présent code et reversée à France compétences selon les modalités prévues à l'article L. 6123-5. Pour satisfaire à cette obligation de financement, une entreprise qui dispose d'un (Ord. 2019-861 du 21 août 2019, art. 1er, 41°, JO 22) «centre de formation d'apprentis», accueillant ses apprentis, peut déduire de cette fraction de la taxe d'apprentissage le montant des dépenses relatives aux formations délivrées par ce service, dans des conditions de mise en œuvre et sous réserve d'un plafonnement précisés par décret. L'entreprise peut aussi déduire de cette même fraction les versements destinés à financer le développement d'offres nouvelles de formations par apprentissage, lorsque ces dernières servent à former un ou plusieurs apprentis de cette même entreprise, dans des conditions de mise en œuvre et sous réserve d'un plafonnement précisés par décret.

II. – Le solde, soit 13 % du produit de la taxe d'apprentissage due, est destiné à des dépenses libératoires effectuées par l'employeur en application de l'article L. 6241-4.

Art. L. 6241-3. (L. 2018-771 du 5 sept. 2018, art. 37, II, 2°, JO 6) La fraction mentionnée au I de l'article L. 6241-2 et la contribution supplémentaire à l'apprentissage sont recouvrées dans les conditions prévues au III de l'article L. 6131-1.

SECTION 2. Versements libératoires

Art. L. 6241-4. (L. 2018-771 du 5 sept. 2018, art. 37, II, 3°, JO 6) Pour satisfaire aux dispositions du II de l'article L. 6241-2, les employeurs mentionnés au (L. 2018-1317 du 28 déc. 2018, art. 136, II, 2°, JO 30, entrée en vigueur le 01.01.2019) «2» de l'article 1599 *ter* A du code général des impôts imputent sur cette fraction de la taxe d'apprentissage:

1° Les dépenses réellement exposées afin de favoriser le développement des formations initiales technologiques et professionnelles, hors apprentissage, et l'insertion professionnelle, dont les frais de premier équipement, de renouvellement de matériel existant et d'équipement complémentaire;

2° Les subventions versées au centre de formation d'apprentis sous forme d'équipements et de matériels conformes aux besoins des formations dispensées.

Les formations technologiques et professionnelles mentionnées au 1° du présent article sont celles qui, dispensées dans le cadre de la formation initiale, conduisent à des diplômes ou titres enregistrés au répertoire national des certifications professionnelles et classés dans la nomenclature interministérielle des niveaux de formation. Ces formations sont dispensées, à temps complet et de manière continue ou selon un rythme approprié, dans le cadre de l'article L. 813-9 du code rural et de la pêche maritime.

Les entreprises mentionnées au I de l'article 1609 *quinvicies* du code général des impôts qui dépassent, au titre d'une année, le seuil d'effectif prévu au cinquième alinéa du même I bénéficient d'une créance égale au pourcentage de l'effectif qui dépasse ledit seuil, retenu dans la limite de deux points, multiplié par l'effectif annuel moyen de l'entreprise au 31 décembre de l'année et divisé par cent puis multiplié par un montant, compris entre 250 € et 500 €, défini par arrêté des ministres chargés du budget et de la formation professionnelle.

Cette créance est imputable sur le solde mentionné au II de l'article L. 6241-2. Le surplus éventuel ne peut donner lieu ni à report ni à restitution.

Art. L. 6241-5. (L. 2018-771 du 5 sept. 2018, art. 37, II, 4°, JO 6) Sont habilités à percevoir le solde de la taxe d'apprentissage correspondant aux dépenses mentionnées au 1° de l'article L. 6241-4:

1° Les établissements publics d'enseignement du second degré;

2° Les établissements d'enseignement privés du second degré gérés par des organismes à but non lucratif et qui remplissent l'une des conditions suivantes:

a) Être lié à l'État par l'un des contrats d'association mentionnés à l'article L. 442-5 du code de l'éducation ou à l'article L. 813-1 du code rural et de la pêche maritime;

b) Être habilité à recevoir des boursiers nationaux conformément aux procédures prévues à l'article L. 531-4 du code de l'éducation;

c) Être reconnu conformément à la procédure prévue à l'article L. 443-2 du même code ;

3° Les établissements publics d'enseignement supérieur ou leurs groupements agissant pour leur compte ;

4° Les établissements gérés par une chambre consulaire et les établissements d'enseignement supérieur consulaire mentionnés à l'article L. 711-17 du code de commerce ;

5° Les établissements privés relevant de l'enseignement supérieur gérés par des organismes à but non lucratif ou leurs groupements agissant pour leur compte ;

6° Les établissements publics ou privés dispensant des formations conduisant aux diplômes professionnels délivrés par les ministères chargés de la santé, des affaires sociales, de la jeunesse et des sports ;

7° Les écoles de la deuxième chance, mentionnées à l'article L. 214-14 du code de l'éducation, les centres de formation gérés et administrés par l'établissement public d'insertion de la défense, mentionnés à l'article L. 130-1 du code du service national, et les établissements à but non lucratif concourant, par des actions de formation professionnelle, à offrir aux jeunes sans qualification une nouvelle chance d'accès à la qualification ;

8° Les établissements ou services d'enseignement qui assurent, à titre principal, une éducation adaptée et un accompagnement social ou médico-social aux mineurs ou jeunes adultes handicapés ou présentant des difficultés d'adaptation, mentionnés au 2° du I de l'article L. 312-1 du code de l'action sociale et des familles, ainsi que les établissements délivrant l'enseignement adapté prévu au premier alinéa de l'article L. 332-4 du code de l'éducation ;

9° Les établissements ou services mentionnés au 5° du I de l'article L. 312-1 du code de l'action sociale et des familles ;

10° Les établissements ou services à caractère expérimental accueillant des jeunes handicapés ou présentant des difficultés d'adaptation, mentionnés au 12° du I du même article L. 312-1 ;

11° Les organismes participant au service public de l'orientation tout au long de la vie, dont la liste est établie par décision du président du conseil régional ;

12° Les écoles de production mentionnées à l'article L. 443-6 du code de l'éducation ;

13° Les organismes figurant sur une liste établie par arrêté des ministres chargés de l'éducation nationale et de la formation professionnelle, agissant au plan national pour la promotion de la formation technologique et professionnelle initiale et des métiers. Cette liste est établie pour trois ans et les organismes y figurant justifient d'un niveau d'activité suffisant, déterminé par décret, pour prétendre continuer à y être inscrits. Le montant versé par les entreprises à ces organismes au titre du solde de la taxe d'apprentissage ne peut dépasser 30 % du montant dû.

SECTION 3. Affectation des fonds

Note Les articles L. 6241-10 et 11 qui figuraient dans cette section ont été abrogés par la loi 2018-771 du 5 septembre 2018, art. 37, II, 5°, JO 6.

SECTION 4. Dispositions d'application

Note L'article L. 6241-12 qui figurait dans cette section a été abrogé par la loi 2018-771 du 5 septembre 2018, art. 37, II, 5°, JO 6.

SECTION 1 (RÉGLEMENTAIRE). Principes

Note Les articles R. 6241-1 à 3-1 et 5 à 10 et D. 6241-4 qui figuraient dans cette section ont été abrogés par le décret 2020-372 du 30 mars 2020, art. 7, 1°, JO 31.

SECTION 2 (RÉGLEMENTAIRE). Financement national du développement et de la modernisation de l'apprentissage

Note Les articles R. 6241-11, 16 et 17 et D. 6241-13 à 15 qui figuraient dans cette section ont été abrogés par le décret 2011-1970 du 26 décembre 2011, JO 28 ; l'article D. 6241-12 l'a été par le décret 2015-151 du 10 février 2015, JO 12.

SECTION 3 (RÉGLEMENTAIRE). Solde de la taxe d'apprentissage

Note Cette section a été introduite par le décret 2019-1491 du 27 décembre 2019, JO 29.

Art. R. 6241-19. Les employeurs assujettis à la taxe d'apprentissage s'acquittent du solde de 13 % mentionné au II de l'article L. 6241-2 sur la base d'une assiette constituée de la masse salariale de l'année précédant l'année au titre de laquelle la taxe est due. L'imputation des dépenses libératoires sur cette fraction de la taxe d'apprentissage s'effectue, au choix de l'employeur, alternativement ou cumulativement selon les modalités prévues au 1° et au 2° de l'article L. 6241-4.

Art. R. 6241-20. Lorsque les employeurs procèdent aux dépenses libératoires selon les modalités prévues au 1° de l'article L. 6241-4, les dépenses réellement exposées prises en compte pour l'année au titre de laquelle la taxe d'apprentissage est due sont celles effectuées, avant le 1er juin de cette année, directement auprès des établissements et organismes habilités à en bénéficier en application de l'article L. 6241-5.

Les établissements et organismes mentionnés à l'alinéa précédent établissent un reçu destiné à l'entreprise indiquant le montant versé et la date du versement.

Art. R. 6241-21. Le représentant de l'État dans la région arrête et publie, au plus tard le 31 décembre de l'année précédant celle au titre de laquelle la taxe d'apprentissage est due, la liste des formations dispensées par les établissements, services ou écoles mentionnés aux 1° à 10° et 12° de l'article L. 6241-5, habilités à bénéficier des dépenses libératoires selon les modalités prévues au 1° de l'article L. 6241-4 et établis dans la région.

Art. R. 6241-22. Le représentant de l'État dans la région publie, au plus tard le 31 décembre de l'année précédant celle au titre de laquelle la taxe d'apprentissage est due, la liste, communiquée par le président du conseil régional, des organismes participant au service public de l'orientation tout au long de la vie mentionnés au 11° de l'article L. 6241-5.

Art. R. 6241-23. Les listes mentionnées aux articles R. 6241-21 et R. 6241-22 font l'objet d'un avis du comité régional de l'emploi, de la formation et de l'orientation professionnelles mentionné à l'article L. 6123-3.

Art. R. 6241-24. Lorsque les employeurs procèdent aux dépenses libératoires selon les modalités prévues au 2° de l'article L. 6241-4, les subventions prises en compte pour l'année au titre de laquelle la taxe d'apprentissage est due sont celles versées aux centres de formation d'apprentis entre le 1er juin de l'année précédente et le 31 mai de cette année.

Les centres de formation d'apprentis établissent un reçu destiné à l'entreprise daté du jour de livraison des matériels et équipements et indiquant l'intérêt pédagogique de ces biens ainsi que la valeur comptable justifiée par l'entreprise selon des modalités fixées par arrêté du ministre chargé de la formation professionnelle.

SECTION 5 (RÉGLEMENTAIRE). Déductions de la taxe d'apprentissage

Note Les sections 5 et 6 ont été introduites par le décret 2019-1438 du 23 décembre 2019, JO 26.

Art. D. 6241-29. Les dépenses déductibles, en application du I de l'article L. 6241-2, de la part de la taxe d'apprentissage mentionnée au même I, sont celles qui remplissent les conditions suivantes :

1° Les dépenses des investissements destinés au financement des équipements et matériels nécessaires à la réalisation de la formation d'un ou plusieurs apprentis de l'entreprise au sein du centre de formation d'apprentis dont celle-ci dispose ;

2° Les versements concourant aux investissements destinés au financement des équipements et matériels nécessaires à la mise en place par le centre de formation d'apprentis d'une offre nouvelle de formation par apprentissage, lorsque celle-ci sert à former un ou plusieurs apprentis de l'entreprise.

Art. D. 6241-30. Le centre de formation d'apprentis mentionné au 1° de l'article D. 6241-29 est un centre de formation d'apprentis qui remplit l'une des conditions suivantes :

1° Être interne à l'entreprise ;

2° Dont l'entreprise détient plus de la moitié du capital au sens de l'article L. 233-1 du code de commerce ou plus de la moitié des voix au sein de l'organe de gouvernance du centre de formation d'apprentis ;

3° Est constitué par un groupe au sens du deuxième alinéa de l'article L. 1233-4 ;

4° Est constitué par plusieurs entreprises partageant des perspectives communes d'évolution des métiers ou qui interviennent dans des secteurs d'activité complémentaires.

(D. 2020-373 du 30 mars 2020, JO 31) « Le centre de formation d'apprentis d'entreprise mentionné aux 2°, 3° et 4° adresse la déclaration d'activité dans les conditions prévues aux articles R. 6351-1 à R. 6351-7, accompagnée d'une attestation de l'entreprise précisant la situation du centre de formation en fonction des modalités prévues aux 1° à 4° du présent article. »

Art. D. 6241-31. L'offre nouvelle de formation par apprentissage mentionnée au 2° de l'article D. 6241-29 est celle qui n'a jamais été dispensée (D. 2020-373 du 30 mars 2020, JO 31) « par la voie de l'apprentissage » sur le territoire national avant l'ouverture de la session de formation au titre de laquelle les versements prévus au même alinéa sont effectués.

Art. D. 6241-32. Le montant total des dépenses pouvant être déduites au titre de l'article D. 6241-29 ne peut excéder 10 % de la part des 87 % de la taxe d'apprentissage mentionnée au I de l'article L. 6241-2 sur la base des dépenses réelles effectuées par l'entreprise au titre de l'année précédant leur déduction.

SECTION 6 (RÉGLEMENTAIRE). Liste nationale des organismes habilités à percevoir le solde de la taxe d'apprentissage

Art. D. 6241-33. Le niveau d'activité prévu au 13° de l'article L. 6241-5 est fixé en fonction du nombre d'actions mises en œuvre et de leur périodicité, du nombre de bénéficiaires, de régions et de départements concernés, en fonction des ressources et des moyens engagés.

Au titre d'une année, les ressources et moyens engagés sont appréciés au regard du nombre d'actions mises en œuvre qui ne peut être inférieur à un au sein d'au moins deux régions. Le nombre de bénéficiaires de ces actions ne peut être inférieur à dix.

Chapitre III

Aides à l'apprentissage

SECTION 1. Aide unique aux employeurs d'apprentis

Art. L. 6243-1. (L. 2018-771 du 5 sept. 2018, art. 27, I, A, 2°, JO 6) Les contrats d'apprentissage conclus dans les entreprises de moins de deux cent cinquante salariés afin de préparer un diplôme ou un titre à finalité professionnelle équivalant au plus au baccalauréat ouvrent droit à une aide versée à l'employeur par l'État.

Un décret fixe les modalités d'application du présent article.

Art. L. 6243-1-1. (L. 2019-486 du 22 mai 2019, art. 11, VI, 17°, JO 23, entrée en vigueur le 01.01.2020) Pour l'application de l'article L. 6243-1, l'effectif salarié est déterminé selon les modalités prévues au I de l'article L. 130-1 du code de la sécurité sociale.

Art. L. 6243-1-2. (L. 2014-1545 du 20 déc. 2014, art. 3, JO 21) Le ministère chargé de l'emploi et de la formation professionnelle transmet à l'institution mentionnée à l'article L. 5312-1 du présent code la liste annuelle nominative des entreprises qui ont versé la contribution supplémentaire à l'apprentissage en application de l'article 1609 *quinvicies* du code général des impôts, à l'exclusion de toute information financière. Cette institution aide et conseille les entreprises mentionnées sur cette liste dans leur recrutement de jeunes ou d'adultes par la voie de l'apprentissage ou de la professionnalisation.

Art. D. 6243-1. (D. 2018-1348 du 28 déc. 2018, JO 30, entrée en vigueur le 01.01.2019) Les entreprises de moins de deux cent cinquante salariés bénéficient d'une aide forfaitaire de l'État pour la conclusion d'un contrat d'apprentissage visant un diplôme ou un titre à finalité professionnelle équivalant au plus au baccalauréat.

Art. D. 6243-2. (D. 2018-1348 du 28 déc. 2018, JO 30, entrée en vigueur le 01.01.2019) I. – L'aide est attribuée à hauteur de :

1° 4 125 euros maximum pour la première année d'exécution du contrat d'apprentissage ;
2° 2 000 euros maximum pour la deuxième année d'exécution du contrat d'apprentissage ;
3° 1 200 euros maximum pour la troisième année d'exécution du contrat d'apprentissage.

II. – Dans les cas prévus au 2° de l'article L. 6222-37, au 1° de l'article L. 6222-40 et au 1° de l'article L. 6222-11 et lorsque le contrat a une durée supérieure à trois ans, le montant maximal prévu pour la troisième année d'exécution du contrat s'applique également pour la quatrième année d'exécution du contrat.

III. – L'aide est versée avant le paiement de la rémunération par l'employeur et chaque mois dans l'attente des données mentionnées dans la déclaration prévue à l'article L. 133-5-3 du code de la sécurité sociale effectuée par l'employeur. À défaut de transmission de ces données, le mois suivant, l'aide est suspendue.

IV. – En cas de rupture anticipée du contrat d'apprentissage, l'aide n'est pas due à compter du mois suivant la date de fin du contrat.

En cas d'une suspension du contrat conduisant au non versement de la rémunération par l'employeur à l'apprenti, l'aide n'est pas due pour chaque mois considéré.

V. – Les sommes indûment perçues sont remboursées à l'opérateur national mentionné à l'article D. 6243-4.

Art. D. 6243-3. (D. 2018-1348 du 28 déc. 2018, JO 30, entrée en vigueur le 01.01.2020) (D. 2020-373 du 30 mars 2020, JO 31) « Le bénéfice de l'aide est subordonné au dépôt du contrat d'apprentissage par l'opérateur de compétences auprès du ministre chargé de la formation professionnelle. »

Le ministre chargé de la formation professionnelle adresse par le service dématérialisé les informations nécessaires au paiement de l'aide pour chaque contrat éligible à l'opérateur national mentionné à l'article D. 6243-4. Cette transmission vaut décision d'attribution.

Art. D. 6243-4. (D. 2018-1348 du 28 déc. 2018, JO 30, entrée en vigueur le 01.01.2019) I. – La gestion de l'aide unique aux employeurs d'apprentis est confiée à l'Agence de services et de paiement, avec laquelle le ministre chargé de la formation professionnelle conclut une convention à cet effet.

II. – L'Agence de services et de paiement assure le paiement de l'aide. À ce titre, elle est chargée :

1° De notifier la décision d'attribution de l'aide à l'employeur bénéficiaire et de l'informer des modalités de versement de l'aide ;

2° De verser mensuellement l'aide à l'employeur bénéficiaire ;

3° Le cas échéant, de recouvrer les sommes indûment perçues par l'employeur.

III. – L'Agence de services et de paiement traite les réclamations et recours relatifs à l'aide.

IV. – L'Agence de services et de paiement peut demander à l'employeur et à l'opérateur de compétences toute information complémentaire nécessaire au paiement de l'aide.

V. – L'Agence de services et de paiement est responsable des traitements de données, y compris personnelles, nécessaires au versement de l'aide et à la gestion des réclamations et des recours.

SECTION 2. Cotisations dues au titre de l'emploi des apprentis

Art. L. 6243-2. (L. 2018-1203 du 22 déc. 2018, art. 8, VI, 5°, JO 23, entrée en vigueur le 01.01.2019) L'apprenti est exonéré de la totalité des cotisations salariales d'origine légale et conventionnelle pour la part de sa rémunération inférieure ou égale à un plafond fixé par décret.

Art. D. 6243-5. (D. 2018-1357 du 28 déc. 2018, art. 3, JO 30) Le plafond mentionné à l'article L. 6243-2 est égal à 79 % du salaire minimum de croissance en vigueur au titre du mois considéré.

Art. L. 6243-3. (L. 2018-1203 du 22 déc. 2018, art. 8, VI, 6°, JO 23, entrée en vigueur le 01.01.2019) « L'État prend en charge les cotisations et contributions sociales des apprentis qui font l'objet des exonérations prévues aux articles L. 6227-8-1 et L. 6243-2. »

(L. 2014-40 du 20 janv. 2014, art. 30, JO 21) « Le fonds mentionné à l'article L. 135-1 du code de la sécurité sociale prend à sa charge, dans des conditions fixées par décret, le versement d'un complément de cotisations d'assurance vieillesse afin de valider auprès des régimes de base un nombre de trimestres correspondant à la durée du contrat d'apprentissage. »

SECTION 2 (RÉGLEMENTAIRE). Exonération de charges salariales

Art. R. 6243-6. (D. 2009-775 du 23 juin 2009, JO 24) Pour l'application des dispositions prévues à l'article L. 6243-2, l'effectif de l'entreprise calculé au 31 décembre, tous établissements confondus, est égal à la moyenne des effectifs déterminés chaque mois de l'année civile.

Pour la détermination des effectifs du mois, il est tenu compte des salariés titulaires d'un contrat de travail le dernier jour de chaque mois, y compris les salariés absents, conformément aux dispositions des articles L. 1111-2, L. 1111-3 et L. 1251-54.

Pour une entreprise créée en cours d'année, l'effectif est apprécié à la date de sa création. Au titre de l'année suivante, l'effectif de cette entreprise est apprécié dans les conditions définies aux deux alinéas précédents, en fonction de la moyenne des effectifs de chacun des mois d'existence de la première année.

Pour la détermination de la moyenne mentionnée aux premier et troisième alinéas, les mois au cours desquels aucun salarié n'est employé ne sont pas pris en compte.

SECTION 3. Dispositions d'application

Art. L. 6243-4. Un décret en Conseil d'État détermine les mesures d'application du présent chapitre.

TITRE V (réglementaire)

CONTRÔLE PÉDAGOGIQUE DES FORMATIONS PAR APPRENTISSAGE CONDUISANT À UN DIPLÔME

Note Ce titre est issu du décret 2018-1210 du 21 décembre 2018, JO 23, entrée en vigueur le 01.01.2019.

Art. R. 6251-1. Pour l'application du dernier alinéa de l'article L. 6211-2, chaque ministre certificateur instaure une mission, placée sous son autorité, chargée du contrôle pédagogique des formations par apprentissage conduisant à l'obtention des diplômes relevant de sa compétence.

Ces missions sont composées :

1° D'inspecteurs ou d'agents publics habilités des ministères certificateurs ;

2° D'experts désignés par les commissions paritaires régionales de l'emploi ou, à défaut, par les commissions paritaires nationales de l'emploi ;

3° D'experts désignés par les chambres consulaires.

En cas d'absence de désignation des personnes mentionnées aux 2° et 3°, le ministre certificateur met en demeure les instances concernées de procéder à cette désignation.

Les personnes mentionnées aux 2° et 3° sont nommées par le ministre certificateur pour une durée de cinq ans.

L'exercice du contrôle pédagogique est incompatible avec l'exercice d'une fonction dans un centre de formation d'apprentis ou la qualité de membre d'une instance d'un centre de formation d'apprentis.

Les modalités d'organisation et de fonctionnement des missions de contrôle pédagogique sont fixées par arrêté de chaque ministre certificateur pour les diplômes qui le concernent.

Art. R. 6251-2. Le contrôle pédagogique des formations par apprentissage conduisant à l'obtention d'un diplôme est diligenté par le ministre certificateur concerné, qui en informe le préfet de région.

Le contrôle peut être sollicité par un centre de formation d'apprentis, un employeur d'apprenti, un apprenti ou son représentant légal s'il est mineur. La demande est formée auprès du préfet de région, qui la transmet au ministère concerné.

Le contrôle est mené conjointement par au moins une personne de chacune des catégories mentionnées aux 1°, 2° et 3° de l'article R. 6251-1. En cas de non désignation des personnes mentionnées aux 2° ou 3° de cet article après mise en demeure prévue à l'article R. 6251-1, le contrôle peut être effectué en leur absence.

Le contrôle porte sur la mise en œuvre de la formation au regard du référentiel du diplôme concerné.

Il est réalisé sur pièces et sur les lieux de formation des apprentis.

Les personnes chargées du contrôle peuvent se faire communiquer par les organismes contrôlés tous documents et pièces utiles au contrôle.

Les personnes chargées du contrôle sont tenues au secret professionnel pour toutes les questions relatives aux procédés de fabrication, dans les conditions prévues aux articles 226-13 et 226-14 du code pénal.

Art. R. 6251-3. Le projet de rapport de contrôle est adressé au centre de formation d'apprentis et aux employeurs d'apprentis avec l'indication du délai dont ils disposent pour présenter des observations écrites et demander, le cas échéant, à être entendus. Ce délai ne peut être inférieur à trente jours à compter de la date de la notification.

Au terme de ce délai, le rapport de contrôle, accompagné, le cas échéant, de recommandations pédagogiques, est adressé au centre de formation d'apprentis et aux employeurs d'apprentis.

Le centre de formation d'apprentis, sur demande de l'organisme ou de l'instance mentionné à l'article L. 6316-2 lui ayant délivré la certification prévue à l'article L. 6316-1, lui adresse le rapport de contrôle.

Art. R. 6251-4. Les missions de contrôle pédagogique transmettent chaque année au préfet de région un rapport d'activité.

Le préfet de région établit un rapport annuel de synthèse des activités et des recommandations des missions de contrôle pédagogique, qu'il présente au comité régional pour l'emploi, la formation et l'orientation professionnelles.

TITRE VI

DISPOSITIONS PARTICULIÈRES AUX DÉPARTEMENTS DE LA MOSELLE, DU BAS-RHIN ET DU HAUT-RHIN

Chapitre unique

Art. L. 6261-2. Dans les départements de la Moselle, du Bas-Rhin et du Haut-Rhin, un décret en Conseil d'État détermine les modalités particulières d'application du présent livre pour tenir compte des circonstances locales.

SECTION 1 (RÉGLEMENTAIRE). Dispositions générales

Art. R. 6261-1. Les décrets n°s 72-279 et 72-283 du 12 avril 1972 ainsi que les dispositions du présent livre s'appliquent dans les départements de la Moselle, du Bas-Rhin et du Haut-Rhin, dans la mesure où il n'y est pas dérogé par les dispositions des articles R. 6261-2 à R. 6261-14.

Les textes modifiant ou remplaçant ces décrets et ces dispositions ne sont applicables à ces départements qu'après consultation (D. 2020-372 du 30 mars 2020, art. 8, 1°, JO 31) « du comité régional » (D. 2015-151 du 10 févr. 2015, JO 12) « de l'emploi, de la formation et de l'orientation professionnelles » ainsi que, (D. 2015-151 du 10 févr. 2015, JO 12) « dans le département de la Moselle, de la chambre de métiers et de l'artisanat et de la chambre de commerce et d'industrie (D. 2020-372 du 30 mars 2020, art. 8, 1°, JO 31) « compétentes ».

Art. R. 6261-2. Toute disposition visant des personnes, entreprises, activités ou professions régies par le décret n° 83-487 du 10 juin 1983 s'applique, dans les départements de la Moselle, du Bas-Rhin et du Haut-Rhin, aux personnes, entreprises, activités ou professions qui, dans ces départements, relèvent des (D. 2010-1356 du 11 nov. 2010, art. 25, JO 13) « chambres de métiers et de l'artisanat de région ».

SECTION 2 (RÉGLEMENTAIRE). Contrat d'apprentissage

Art. R. 6261-5. Dans les entreprises relevant de la (D. 2010-1356 du 11 nov. 2010, art. 25, JO 13) « chambre de métiers et de l'artisanat de région », les litiges entre les employeurs et les apprentis ou leurs représentants légaux sur l'exécution ou la rupture du contrat d'apprentissage ne peuvent être portés devant la juridiction compétente qu'après une tentative de conciliation devant la commission paritaire ou l'organisme délégué à cet effet par la (D. 2010-1356 du 11 nov. 2010, art. 25, JO 13) « chambre de métiers et de l'artisanat de région ».

La procédure de conciliation n'a pas à être mise en œuvre lorsqu'une infraction a été constatée.

Faute de conciliation dans le mois suivant la notification du litige à la chambre, la juridiction peut être saisie.

SECTION 3 (RÉGLEMENTAIRE). Maître d'apprentissage

Art. R. 6261-9. Dans les entreprises relevant de la (D. 2010-1356 du 11 nov. 2010, art. 25, JO 13) « chambre de métiers et de l'artisanat de région », le maître d'apprentissage doit être titulaire du brevet de maîtrise délivré par les (D. 2010-1356 du 11 nov. 2010, art. 25, JO 13) « chambres de métiers et de l'artisanat de région » de la Moselle, du Bas-Rhin et du Haut-Rhin ou d'un diplôme ou titre de niveau équivalent.

Art. R. 6261-10. Dans des métiers de création récente, ainsi que là où des cas particuliers le rendent nécessaire, il peut être dérogé à la condition de titre prévue à l'article R. 6261-9.

Dans ce cas, l'avis (D. 2020-372 du 30 mars 2020, art. 8, 3°, JO 31) « des chambres des métiers et de l'artisanat compétentes pour les départements du Haut-Rhin, du Bas-Rhin et de la Moselle » est demandé avant (D. 2020-372 du 30 mars 2020, art. 8, 3°, JO 31) « le dépôt » du contrat d'apprentissage.

SECTION 5 (RÉGLEMENTAIRE). Financement de l'apprentissage

Art. R. 6261-13. Dans les départements de la Moselle, du Bas-Rhin et du Haut-Rhin, et conformément aux dispositions de l'article 9 de la loi n° 71-578 du 16 juillet 1971, le taux de la taxe d'apprentissage est réduit (D. 2019-1491 du 27 déc. 2019, JO 29) « au taux mentionné à l'article 1599 *ter* J du code général des impôts.

Le produit de la taxe d'apprentissage est réservé au financement de l'apprentissage, selon les modalités prévues au I de l'article L. 6241-2. »

SECTION 6 (RÉGLEMENTAIRE). Contrôle pédagogique des formations par apprentissage conduisant à un diplôme

Note Cette section est issue du décret 2019-967 du 18 septembre 2019, JO 19.

Art. R. 6261-15. Les dispositions du chapitre unique du titre V relatif au contrôle pédagogique des formations par apprentissage conduisant à un diplôme sont applicables dans les départements de la Moselle, du Bas-Rhin et du Haut-Rhin, sous réserve des exceptions et des règles spéciales résultant des articles qui suivent.

Art. R. 6261-16. Le contrôle de la formation dispensée aux apprentis dans les entreprises auxquelles s'applique le décret n° 98-247 du 2 avril 1998 relatif à la qualification artisanale et au répertoire des métiers est assuré par les experts mentionnés au 3° de l'article R. 6251-1 désignés par la chambre régionale de métiers et de l'artisanat des départements de la Moselle, du Bas-Rhin et du Haut-Rhin.

Le contrôle de la formation dispensée aux apprentis dans les entreprises relevant des secteurs de l'industrie et du commerce est assuré par les experts mentionnés au 3° de l'article R. 6251-1 désignés par les chambres de commerce et d'industrie territoriales de ces mêmes départements.

Art. R. 6261-17. Les dispositions relatives au secret professionnel, prévues au dernier alinéa de l'article R. 6251-2, sont applicables aux experts désignés par les chambres consulaires mentionnés à l'article R. 6261-16.

Art. R. 6261-18. Les dispositions de l'article R. 6251-3 sont applicables aux rapports des experts désignés par les chambres consulaires mentionnés à l'article R. 6261-16.

Les rapports sont adressés systématiquement à la mission de contrôle pédagogique concernée par la formation contrôlée.

Art. R. 6261-19. Chaque expert désigné par les chambres consulaires mentionné à l'article R. 6261-16 établit annuellement un rapport d'activité.

Ce rapport est transmis par le président de la chambre intéressée au préfet de région.

Art. R. 6261-20. Un règlement, établi avec l'accord du préfet de région par chaque mission en charge du contrôle pédagogique des formations par apprentissage conduisant à l'obtention d'un diplôme et la chambre de métiers et de l'artisanat ou la chambre de commerce et d'industrie territoriale intéressée, fixe les modalités de la coopération entre la mission et cette chambre en vue de coordonner l'organisation des contrôles.

LIVRE III

LA FORMATION PROFESSIONNELLE

TITRE Ier

DISPOSITIONS GÉNÉRALES

Chapitre Ier

Objet de la formation professionnelle continue

Art. L. 6311-1. La formation professionnelle continue a pour objet de favoriser l'insertion ou la réinsertion professionnelle des travailleurs, de permettre leur maintien dans l'emploi, de favoriser le développement de leurs compétences et l'accès aux différents niveaux de la qualification professionnelle, de contribuer au développement économique et culturel, (L. 2009-1437 du 24 nov. 2009, art. 1er, JO 25) «à la sécurisation des parcours professionnels» et à leur promotion sociale.

Elle a également pour objet de permettre le retour à l'emploi des personnes qui ont interrompu leur activité professionnelle pour s'occuper de leurs enfants ou de leur conjoint ou ascendants en situation de dépendance.

Chapitre II

Accès à la formation professionnelle continue

Art. L. 6312-1. (L. 2018-771 du 5 sept. 2018, art. 8, I, 1°, JO 6) L'accès des salariés à des actions de formation professionnelle est assuré:

1° À l'initiative de l'employeur, le cas échéant, dans le cadre d'un plan de développement des compétences;

2° À l'initiative du salarié, notamment par la mobilisation du compte personnel de formation prévu à l'article L. 6323-1;

3° Dans le cadre des contrats de professionnalisation prévus à l'article L. 6325-1.

Art. L. 6312-2. Les travailleurs indépendants, les membres des professions libérales et des professions non-salariées, y compris ceux n'employant aucun salarié, ainsi que leur conjoint collaborateur ou leur conjoint associé mentionné à l'article L. 121-4 du code de commerce, bénéficient personnellement du droit à la formation professionnelle continue.

Le même droit est ouvert aux travailleurs privés d'emploi.

Art. D. 6312-1. L'État, les collectivités locales, les établissements publics, les établissements d'enseignement publics et privés, les associations, les organisations d'employeurs, de salariés et familiales, ainsi que les entreprises, concourent à assurer la formation professionnelle continue.

Chapitre III

Catégories d'actions

Art. L. 6313-1. (L. 2018-771 du 5 sept. 2018, art. 4, II, 2°, JO 6) Les actions concourant au développement des compétences qui entrent dans le champ d'application des dispositions relatives à la formation professionnelle sont:

1° Les actions de formation;

2° Les bilans de compétences;

3° Les actions permettant de faire valider les acquis de l'expérience, dans les conditions prévues au livre IV de la présente partie;

4° Les actions de formation par apprentissage, au sens de l'article L. 6211-2.

Art. L. 6313-2. (L. 2018-771 du 5 sept. 2018, art. 4, II, 2°, JO 6) L'action de formation mentionnée au 1° de l'article L. 6313-1 se définit comme un parcours pédagogique permettant d'atteindre un objectif professionnel.

Elle peut être réalisée en tout ou partie à distance.

Elle peut également être réalisée en situation de travail.

Les modalités d'application des deuxième et troisième alinéas du présent article sont déterminées par décret.

Art. L. 6313-3. (L. 2018-771 du 5 sept. 2018, art. 4, II, 2°, JO 6) Les actions de formation mentionnées au 1° de l'article L. 6313-1 ont pour objet :

1° De permettre à toute personne sans qualification professionnelle ou sans contrat de travail d'accéder dans les meilleures conditions à un emploi ;

2° De favoriser l'adaptation des travailleurs à leur poste de travail, à l'évolution des emplois ainsi que leur maintien dans l'emploi et de participer au développement de leurs compétences en lien ou non avec leur poste de travail. Elles peuvent permettre à des travailleurs d'acquérir une qualification plus élevée ;

3° De réduire, pour les travailleurs dont l'emploi est menacé, les risques résultant d'une qualification inadaptée à l'évolution des techniques et des structures des entreprises, en les préparant à une mutation d'activité soit dans le cadre, soit en dehors de leur entreprise. Elles peuvent permettre à des salariés dont le contrat de travail est rompu d'accéder à des emplois exigeant une qualification différente, ou à des non-salariés d'accéder à de nouvelles activités professionnelles ;

4° De favoriser la mobilité professionnelle.

Art. L. 6313-4. (L. 2018-771 du 5 sept. 2018, art. 4, II, 4°, JO 6) « Les bilans de compétences mentionnés au 2° de l'article L. 6313-1 » ont pour objet de permettre à des travailleurs d'analyser leurs compétences professionnelles et personnelles ainsi que leurs aptitudes et leurs motivations afin de définir un projet professionnel et, le cas échéant, un projet de formation.

Ce bilan ne peut être réalisé qu'avec le consentement du travailleur. Le refus d'un salarié d'y consentir ne constitue ni une faute ni un motif de licenciement.

(L. 2018-771 du 5 sept. 2018, art. 4, II, 4°, JO 6) « Les informations demandées au bénéficiaire du bilan doivent présenter un lien direct et nécessaire avec son objet. Le bénéficiaire est tenu d'y répondre de bonne foi. Il est destinataire des résultats détaillés et d'un document de synthèse. Ce document de synthèse peut être communiqué, à sa demande, à l'opérateur du conseil en évolution professionnelle mentionné à l'article L. 6111-6. Les résultats détaillés et le document de synthèse ne peuvent être communiqués à toute autre personne ou institution qu'avec l'accord du bénéficiaire. »

Les personnes chargées de réaliser et de détenir les bilans sont soumises aux dispositions des articles 226-13 et 226-14 du code pénal en ce qui concerne les informations qu'elles détiennent à ce titre.

(L. 2018-771 du 5 sept. 2018, art. 4, II, 4°, JO 6) « La durée du bilan de compétences ne peut excéder vingt-quatre heures par bilan. »

Art. L. 6313-5. (L. 2018-771 du 5 sept. 2018, art. 4, II, 5°, JO 6) Les actions permettant de faire valider les acquis de l'expérience mentionnées au 3° de l'article L. 6313-1 ont pour objet l'acquisition d'une certification professionnelle enregistrée au répertoire national des certifications professionnelles mentionné à l'article L. 6113-1.

Art. L. 6313-6. (L. 2018-771 du 5 sept. 2018, art. 4, II, 5°, JO 6) Les actions de formation par apprentissage mentionnées au 4° de l'article L. 6313-1 ont pour objet :

1° De permettre aux travailleurs titulaires d'un contrat d'apprentissage d'obtenir une qualification professionnelle sanctionnée par un diplôme ou un titre à finalité professionnelle enregistré au répertoire national des certifications professionnelles mentionné à l'article L. 6113-1 ;

2° De dispenser aux travailleurs titulaires d'un contrat d'apprentissage ainsi qu'aux apprentis originaires de l'Union européenne en mobilité en France une formation générale associée à une formation technologique et pratique, qui complète la formation reçue en entreprise et s'articule avec elle ;

3° De contribuer au développement des connaissances, des compétences et de la culture nécessaires à l'exercice de la citoyenneté ;

4° De contribuer au développement de l'aptitude des apprentis à poursuivre des études par la voie de l'apprentissage ou par toute autre voie.

La préparation à l'apprentissage vise à accompagner les personnes souhaitant s'orienter ou se réorienter par la voie de l'apprentissage, par toute action qui permet de développer leurs connaissances et leurs compétences et de faciliter leur intégration dans l'emploi, en cohérence avec leur projet professionnel. Ces actions sont accessibles en amont d'un contrat d'apprentissage. Elles sont organisées par les centres de formation d'apprentis ainsi que par des organismes et établissements déterminés par arrêté conjoint des ministres chargés de la formation professionnelle, de l'éducation nationale, de l'enseignement supérieur et de l'enseignement agricole. Les bénéficiaires des actions de préparation à l'apprentissage sont obligatoirement affiliés à un régime de sécurité sociale tel que défini à l'article L. 6342-1. Par ailleurs, ils peuvent bénéficier d'une rémunération en application de l'article L. 6341-1. Les actions de préparation à l'apprentissage (Ord. 2019-861 du 21 août 2019, art. 1er, 45°, JO 22) «peuvent être financées par l'État dans le cadre d'un programme national destiné à répondre à un besoin additionnel de qualification au profit de jeunes sortis du système scolaire sans qualification et des personnes à la recherche d'emploi disposant d'un niveau de qualification inférieur ou égal au baccalauréat».

Art. L. 6313-7. (L. 2018-771 du 5 sept. 2018, art. 4, II, 5°, JO 6) Sont dénommées formations certifiantes, les formations sanctionnées :

1° Par une certification professionnelle enregistrée au répertoire national des certifications professionnelles mentionné à l'article L. 6113-1 ;

2° Par l'acquisition d'un bloc de compétences au sens du même article L. 6113-1 ;

3° Par une certification enregistrée au répertoire spécifique mentionné à l'article L. 6113-6.

Les autres formations peuvent faire l'objet d'une attestation dont le titulaire peut se prévaloir.

Art. L. 6313-8. (L. 2018-771 du 5 sept. 2018, art. 4, II, 5°, JO 6) Un décret en Conseil d'État précise les conditions d'application du présent chapitre.

SECTION 1 (RÉGLEMENTAIRE). Action de formation

Note Les sections 1 et 2 ont été introduites par le décret 2018-1330 du 28 décembre 2018, JO 30, entrée en vigueur le 01.01.2019.

Art. R. 6313-1. L'action de formation mentionnée au 1° de l'article L. 6313-1 peut être organisée selon différentes modalités de formation permettant d'acquérir des compétences.

Selon les modalités de formation composant le parcours pédagogique, les moyens humains et techniques ainsi que les ressources pédagogiques, les conditions de prise en charge par les financeurs peuvent être différenciées. Sont considérés comme financeurs au sens du présent chapitre les employeurs, les organismes mentionnés à l'article L. 6316-1 et les organismes habilités à percevoir la contribution de financement mentionnée aux articles L. 6331-48 et L. 6331-54.

Art. R. 6313-2. Les informations relatives à l'organisation du parcours sont rendues accessibles par le dispensateur d'actions de formation, par tout moyen, aux bénéficiaires et aux financeurs concernés.

Art. R. 6313-3. La réalisation de l'action de formation composant le parcours doit être justifiée par le dispensateur par tout élément probant.

Art. D. 6313-3-1. (D. 2018-1341 du 28 déc. 2018, JO 30, entrée en vigueur le 01.01.2019) La mise en œuvre d'une action de formation en tout ou partie à distance comprend :

1° Une assistance technique et pédagogique appropriée pour accompagner le bénéficiaire dans le déroulement de son parcours ;

2° Une information du bénéficiaire sur les activités pédagogiques à effectuer à distance et leur durée moyenne ;

3° Des évaluations qui jalonnent ou concluent l'action de formation.

Art. D. 6313-3-2. (D. 2018-1341 du 28 déc. 2018, JO 30, entrée en vigueur le 01.01.2019) La mise en œuvre d'une action de formation en situation de travail comprend :

1° L'analyse de l'activité de travail pour, le cas échéant, l'adapter à des fins pédagogiques ;

2° La désignation préalable d'un formateur pouvant exercer une fonction tutorale ;

3° La mise en place de phases réflexives, distinctes des mises en situation de travail et destinées à utiliser à des fins pédagogiques les enseignements tirés de la situation de travail, qui permettent d'observer et d'analyser les écarts entre les attendus, les réalisations et les acquis de chaque mise en situation afin de consolider et d'expliciter les apprentissages ;

4° Des évaluations spécifiques des acquis de la formation qui jalonnent ou concluent l'action.

SECTION 2 (RÉGLEMENTAIRE). Bilan de compétences

Art. R. 6313-4. Le bilan de compétences mentionné au 2° de l'article L. 6313-1 comprend, sous la conduite du prestataire effectuant ce bilan, les trois phases suivantes :

1° Une phase préliminaire qui a pour objet :

a) D'analyser la demande et le besoin du bénéficiaire ;

b) De déterminer le format le plus adapté à la situation et au besoin ;

c) De définir conjointement les modalités de déroulement du bilan ;

2° Une phase d'investigation permettant au bénéficiaire soit de construire son projet professionnel et d'en vérifier la pertinence, soit d'élaborer une ou plusieurs alternatives ;

3° Une phase de conclusions qui, par la voie d'entretiens personnalisés, permet au bénéficiaire :

a) De s'approprier les résultats détaillés de la phase d'investigation ;

b) De recenser les conditions et moyens favorisant la réalisation du ou des projets professionnels ;

c) De prévoir les principales modalités et étapes du ou des projets professionnels, dont la possibilité de bénéficier d'un entretien de suivi avec le prestataire de bilan de compétences.

Art. R. 6313-5. Les employeurs ne peuvent réaliser eux-mêmes des bilans de compétences pour leurs salariés.

Art. R. 6313-6. L'organisme prestataire de bilans de compétences qui exerce par ailleurs d'autres activités dispose en son sein d'une organisation identifiée, spécifiquement destinée à la réalisation de bilans de compétences.

Art. R. 6313-7. L'organisme prestataire de bilans de compétences procède à la destruction des documents élaborés pour la réalisation du bilan de compétences, dès le terme de l'action.

Toutefois, les dispositions du premier alinéa ne s'appliquent pas pendant un an :

- au document de synthèse dans le cas mentionné au troisième alinéa de l'article L. 6313-4 ;
- aux documents faisant l'objet d'un accord écrit du bénéficiaire fondé sur la nécessité d'un suivi de sa situation.

Art. R. 6313-8. Lorsque le bilan de compétences est réalisé au titre du plan de développement des compétences mentionné au 1° de l'article L. 6312-1 ou dans le cadre d'un congé de reclassement dans les conditions prévues à l'article L. 1233-71, il fait l'objet d'une convention écrite conclue entre l'employeur, le salarié et l'organisme prestataire du bilan de compétences.

La convention comporte les mentions suivantes :

1° L'intitulé, l'objectif et le contenu de l'action, les moyens prévus, la durée et la période de réalisation, les modalités de déroulement et de suivi du bilan ainsi que les modalités de remise des résultats détaillés et du document de synthèse ;

2° Le prix et les modalités de règlement.

Le salarié dispose d'un délai de dix jours à compter de la transmission par son employeur du projet de convention pour faire connaître son acceptation en apposant sa signature.

L'absence de réponse du salarié au terme de ce délai vaut refus de conclure la convention.

Chapitre IV

Droit à la qualification professionnelle

Art. L. 6314-1. Tout travailleur engagé dans la vie active ou toute personne qui s'y engage a droit à (L. 2014-288 du 5 mars 2014, art. 22, III, JO 6, entrée en vigueur le 01.01.2015) «la qualification professionnelle» et doit pouvoir suivre, à son initiative, une formation lui permettant, quel que soit son statut, (L. 2009-1437 du 24 nov. 2009, art. 3, JO 25) «de progresser au cours de sa vie professionnelle d'au moins un niveau en acquérant» une qualification correspondant aux besoins de l'économie prévisibles à court ou moyen terme:

1° Soit enregistrée dans le répertoire national des certifications professionnelles (Ord. 2019-861 du 21 août 2019, art. 1er, 46°, JO 22) «mentionné à l'article L. 6113-1»;

2° Soit reconnue dans les classifications d'une convention collective nationale de branche; (L. 2014-288 du 5 mars 2014, art. 1er, I, 2°, JO 6, entrée en vigueur le 01.01.2015) «3° Soit ouvrant droit à un certificat de qualification professionnelle de branche ou interbranche.»

Art. D. 6314-1. Les régions et l'État contribuent à l'exercice du droit à la qualification, notamment pour les personnes n'ayant pas acquis de qualification reconnue dans le cadre de la formation initiale.

Art. L. 6314-2. (L. 2009-1437 du 24 nov. 2009, art. 22, JO 25) Les certificats de qualification professionnelle sont établis par une ou plusieurs commissions paritaires nationales de l'emploi d'une branche professionnelle.

Ils s'appuient, d'une part, sur un référentiel d'activités qui permet d'analyser les situations de travail et d'en déduire les connaissances et les compétences nécessaires et, d'autre part, sur un référentiel de certification qui définit les modalités et les critères d'évaluation des acquis.

Les certificats de qualification professionnelle ainsi que les référentiels mentionnés à l'alinéa précédent sont transmis à la Commission nationale de la certification professionnelle.

Chapitre V

Entretien professionnel

Note Ce chapitre a été introduit par la loi 2014-288 du 5 mars 2014, art. 5, I, 7°, JO 6.

Art. L. 6315-1. I. – À l'occasion de son embauche, le salarié est informé qu'il bénéficie tous les deux ans d'un entretien professionnel avec son employeur consacré à ses perspectives d'évolution professionnelle, notamment en termes de qualifications et d'emploi. Cet entretien ne porte pas sur l'évaluation du travail du salarié. (L. 2016-1088 du 8 août 2016, art. 78, II, 1°, JO 9) «Cet entretien comporte également des informations relatives à la validation des acquis de l'expérience (L. 2018-771 du 5 sept. 2018, art. 8, I, 2°, JO 6) «, à l'activation par le salarié de son compte personnel de formation, aux abondements de ce compte que l'employeur est susceptible de financer et au conseil en évolution professionnelle».»

Cet entretien professionnel, qui donne lieu à la rédaction d'un document dont une copie est remise au salarié, est proposé systématiquement au salarié qui reprend son activité à l'issue d'un congé de maternité, d'un congé parental d'éducation, d'un (L. 2016-1088 du 8 août 2016, art. 9, III, 3°, JO 9) «congé de proche aidant», d'un congé d'adoption, d'un congé sabbatique, d'une période de mobilité volontaire sécurisée mentionnée à l'article L. 1222-12, d'une période d'activité à temps partiel au sens de l'article L. 1225-47 du présent code, d'un arrêt longue maladie prévu à l'article L. 324-1 du code de la sécurité sociale ou à l'issue d'un mandat syndical. (L. 2018-771 du 5 sept. 2018, art. 8, I, 2°, JO 6) «Cet entretien peut avoir lieu, à l'initiative du salarié, à une date antérieure à la reprise de poste.»

II. – Tous les six ans, l'entretien professionnel mentionné au I du présent article fait un état des lieux récapitulatif du parcours professionnel du salarié. Cette durée s'apprécie par référence à l'ancienneté du salarié dans l'entreprise.

Cet état des lieux, qui donne lieu à la rédaction d'un document dont une copie est remise au salarié, permet de vérifier que le salarié a bénéficié au cours des six dernières années des entretiens professionnels prévus au I et d'apprécier s'il a:

1° Suivi au moins une action de formation;

2° Acquis des éléments de certification par la formation ou par une validation des acquis de son expérience;

3° Bénéficié d'une progression salariale ou professionnelle.

Dans les entreprises d'au moins cinquante salariés, lorsque, au cours de ces six années, le salarié n'a pas bénéficié des entretiens prévus et d'au moins (L. 2018-771 du 5 sept. 2018, art. 8, I, 2°, JO 6) «une formation autre que celle mentionnée à l'article L. 6321-2», son compte personnel est abondé dans les conditions définies à l'article L. 6323-13.

(L. 2019-486 du 22 mai 2019, art. 11, VI, 18°, JO 23, entrée en vigueur le 01.01.2020) «Pour l'application du présent article, l'effectif salarié et le franchissement du seuil de cinquante salariés sont déterminés selon les modalités prévues à l'article L. 130-1 du code de la sécurité sociale.»

(L. 2018-771 du 5 sept. 2018, art. 8, I, 2°, JO 6) «III. – Un accord collectif d'entreprise ou, à défaut, de branche peut définir un cadre, des objectifs et des critères collectifs d'abondement par l'employeur du compte personnel de formation des salariés. Il peut également prévoir d'autres modalités d'appréciation du parcours professionnel du salarié que celles mentionnés aux 1° à 3° du II du présent article ainsi qu'une périodicité des entretiens professionnels différente de celle définie au I.»

Art. L. 6315-2. (L. 2019-1461 du 27 déc. 2019, art. 90, II, JO 28) Au début de son mandat de conseiller municipal, de conseiller départemental ou de conseiller régional, le salarié bénéficie, à sa demande, d'un entretien individuel avec son employeur portant sur les modalités pratiques d'exercice de son mandat au regard de son emploi. Cet entretien ne se substitue pas à l'entretien professionnel mentionné à l'article L. 6315-1.

L'employeur et le salarié concerné peuvent s'accorder sur les mesures à mettre en œuvre pour faciliter la conciliation entre la vie professionnelle et les fonctions électives du salarié et, le cas échéant, sur les conditions de rémunération des temps d'absence consacrés à l'exercice de ces fonctions.

Chapitre VI

Qualité des actions de formation professionnelle

Note Ce chapitre a été introduit par la loi 2014-288 du 5 mars 2014, art. 8, JO 6.

Art. L. 6316-1. Les (L. 2018-771 du 5 sept. 2018, art. 6, II, JO 6) «opérateurs de compétences, les commissions mentionnées à l'article L. 6323-17-6», l'État, les régions, Pôle emploi et l'institution mentionnée à l'article L. 5214-1 s'assurent, lorsqu'ils financent une action de formation professionnelle et sur la base de critères définis par décret en Conseil d'État, de la capacité du prestataire de formation mentionné à l'article L. 6351-1 à dispenser une formation de qualité.

Art. L. 6316-2. (L. 2018-771 du 5 sept. 2018, art. 6, I, 3° et III, JO 6, modifié par Ord. 2020-387 du 1er avril 2020, art. 1er, I, 1°, JO 2, entrée en vigueur le 01.01.2022) La certification mentionnée à l'article L. 6316-1 est délivrée par un organisme certificateur accrédité à cet effet ou en cours d'accréditation par l'instance nationale d'accréditation mentionnée à l'article 137 de la loi n° 2008-776 du 4 août 2008 de modernisation de l'économie ou par tout autre organisme signataire d'un accord européen multilatéral pris dans le cadre de la coordination européenne des organismes d'accréditation.

Elle peut également être délivrée par une instance de labellisation reconnue par France compétences sur la base du référentiel national mentionné à l'article L. 6316-3 du présent code.

Art. L. 6316-3. (L. 2018-771 du 5 sept. 2018, art. 6, I, 3°, JO 6) Un référentiel national déterminé par décret pris après avis de France compétences fixe les indicateurs d'appréciation des critères mentionnés à l'article L. 6316-1 ainsi que les modalités d'audit associées qui doivent être mises en œuvre.

Ce référentiel prend notamment en compte les spécificités des publics accueillis et des actions dispensées par apprentissage.

Les organismes financeurs mentionnés au même article L. 6316-1 procèdent à des contrôles afin de s'assurer de la qualité des formations effectuées.

Art. L. 6316-4. (L. 2018-771 du 5 sept. 2018, art. 6, I, 3°, JO 6) I. – Les établissements d'enseignement secondaire publics et privés associés à l'État par contrat ayant déclaré un centre de formation d'apprentis sont soumis à l'obligation de certification mentionnée à l'article L. 6316-1 pour les actions de formation dispensées par apprentissage à compter du 1er janvier 2022.

II. – Les établissements d'enseignement supérieur publics accrédités conformément à l'article L. 613-1 du code de l'éducation après évaluation par le Haut Conseil de l'évaluation de la recherche et de l'enseignement supérieur ou après une évaluation dont les procédures ont été validées par celui-ci ainsi que les établissements d'enseignement supérieur privés évalués par le comité consultatif pour l'enseignement supérieur privé mentionné à l'article L. 732-1 du même code et ceux évalués par la commission mentionnée à l'article L. 642-3 dudit code sont réputés avoir satisfait à l'obligation de certification mentionnée à l'article L. 6316-1 du présent code.

III. – Les accréditations et évaluations mentionnées au II sont mises en œuvre selon des critères et des indicateurs qui font l'objet d'une conférence annuelle entre France compétences, le Haut Conseil de l'évaluation de la recherche et de l'enseignement supérieur et la commission mentionnée à l'article L. 642-3 du code de l'éducation. Cette conférence concourt à la réalisation de l'objectif de mise en cohérence des critères d'évaluation de la qualité des formations en apprentissage.

Art. L. 6316-5. (L. 2018-771 du 5 sept. 2018, art. 6, I, 3°, JO 6) Un décret en Conseil d'État détermine les modalités d'application du présent chapitre.

Art. R. 6316-1. (D. 2019-564 du 6 juin 2019, JO 8) Les critères mentionnés à l'article L. 6316-1 auxquels doivent satisfaire les prestataires d'actions concourant au développement des compétences mentionnés à l'article L. 6351-1 sont :

1° Les conditions d'information du public sur les prestations proposées, les délais pour y accéder et les résultats obtenus ;

2° L'identification précise des objectifs des prestations proposées et l'adaptation de ces prestations aux publics bénéficiaires, lors de la conception des prestations ;

3° L'adaptation aux publics bénéficiaires des prestations et des modalités d'accueil, d'accompagnement, de suivi et d'évaluation mises en œuvre ;

4° L'adéquation des moyens pédagogiques, techniques et d'encadrement aux prestations mises en œuvre ;

5° La qualification et le développement des connaissances et compétences des personnels chargés de mettre en œuvre les prestations ;

6° L'inscription et l'investissement du prestataire dans son environnement professionnel ;

7° Le recueil et la prise en compte des appréciations et des réclamations formulées par les parties prenantes aux prestations délivrées.

Art. D. 6316-1-1. (D. 2019-565 du 6 juin 2019, JO 8) Les indicateurs d'appréciation des critères mentionnés à l'article R. 6316-1 et les modalités d'audit mises en œuvre par les organismes certificateurs pour délivrer la certification mentionnée à l'article L. 6316-1 sont définis dans le référentiel national figurant en annexe du présent chapitre. Les conditions de mise en œuvre des audits sont précisées par un arrêté du ministre chargé de la formation professionnelle.

Art. R. 6316-2. (D. 2019-564 du 6 juin 2019, JO 8) La certification mentionnée à l'article L. 6316-1 est délivrée par les organismes et instances mentionnés à l'article L. 6316-2 pour une durée de trois ans. Un arrêté fixe les modalités selon lesquelles elle peut être suspendue ou retirée par l'organisme ou l'instance qui l'a délivrée.

Art. R. 6316-3. (D. 2019-564 du 6 juin 2019, JO 8) I. – L'accréditation des organismes certificateurs prévue à l'article L. 6316-2 garantit le respect :

1° De la norme de l'organisation internationale de normalisation correspondant à l'exercice de l'activité de certification des produits, des procédés et des services ;

2° D'exigences permettant notamment de garantir la compétence des auditeurs pour la certification des organismes mentionnés à l'article L. 6351-1, fixées par arrêté du ministre chargé de la formation professionnelle.

II. – Les organismes certificateurs mentionnés au I figurent sur une liste publiée sur le site internet du ministère chargé de la formation professionnelle.

Art. R. 6316-4. (D. 2019-564 du 6 juin 2019, JO 8) France compétences inscrit sur une liste les instances de labellisation qu'elle reconnaît après avoir vérifié que le processus de certification mis en œuvre par ces instances implique une autorité administrative et qu'il présente des garanties d'indépendance à l'égard des prestataires certifiés.

France compétences met cette liste à la disposition du public et la révise tous les trois ans.

Art. R. 6316-5. (D. 2019-564 du 6 juin 2019, JO 8) Les organismes et instances mentionnés à l'article L. 6316-2 transmettent au ministre chargé de la formation professionnelle les listes des prestataires qu'ils ont certifiés. Les modalités de transmission et de publication de ces listes sont fixées par arrêté du ministre chargé de la formation professionnelle.

Art. R. 6316-6. (D. 2019-564 du 6 juin 2019, JO 8) Les organismes financeurs mentionnés à l'article L. 6316-1 veillent à l'adéquation financière des prestations achetées aux besoins de formation, à l'ingénierie pédagogique déployée par le prestataire, à l'innovation des moyens mobilisés et aux tarifs pratiqués dans des conditions d'exploitation comparables pour des prestations analogues.

Art. R. 6316-7. (D. 2019-564 du 6 juin 2019, JO 8) Les contrôles mentionnés à l'article L. 6316-3 peuvent être mutualisés entre les financeurs mentionnés à l'article L. 6316-1. Ces financeurs effectuent auprès du ministre chargé de la formation professionnelle tout signalement utile et étayé relatif à la qualité des actions de formation professionnelle. Lorsque les constats opérés sont susceptibles de remettre en cause une certification délivrée en application de l'article L. 6316-1, le ministre chargé de la formation professionnelle en informe l'organisme ou l'instance qui l'a délivrée.

ANNEXE

AU CHAPITRE VI DU TITRE PREMIER DU LIVRE III DE LA SIXIÈME PARTIE DU CODE DU TRAVAIL
(PARTIE RÉGLEMENTAIRE)

RÉFÉRENTIEL NATIONAL DE CERTIFICATION QUALITÉ DES ORGANISMES MENTIONNÉS À L'ARTICLE L. 6351-1

I. – Indicateurs d'appréciation des critères définis à l'article R. 6316-1 du code du travail

Critère 1 : Les conditions d'information du public sur les prestations proposées, les délais pour y accéder et les résultats obtenus.				
L. 6313-1 – 1°	**L. 6313-1 – 2°**	**L. 6313-1 – 3°**	**L. 6313-1 – 4°**	**Indicateurs d'appréciation**
x	x	x	x	1) Le prestataire diffuse une information accessible au public, détaillée et vérifiable sur les prestations proposées : prérequis, objectifs, durée, modalités et délais d'accès, tarifs, contacts, méthodes mobilisées et modalités d'évaluation, accessibilité aux personnes handicapées.
x	x	x	x	2) Le prestataire diffuse des indicateurs de résultats adaptés à la nature des prestations mises en œuvre et des publics accueillis.
Indicateur spécifique d'appréciation				
x		x	x	3) Lorsque le prestataire met en œuvre des prestations conduisant à une certification professionnelle, il informe sur les taux d'obtention des certifications préparées, les possibilités de valider un/ou des blocs de compétences, ainsi que sur les équivalences, passerelles, suites de parcours et les débouchés.
Critère 2 : L'identification précise des objectifs des prestations proposées et l'adaptation de ces prestations aux publics bénéficiaires, lors de la conception des prestations.				
L. 6313-1 – 1°	**L. 6313-1 – 2°**	**L. 6313-1 – 3°**	**L. 6313-1 – 4°**	**Indicateurs d'appréciation**
x	x	x	x	4) Le prestataire analyse le besoin du bénéficiaire en lien avec l'entreprise et/ou le financeur concerné(s).
x	x	x	x	5) Le prestataire définit les objectifs opérationnels et évaluables de la prestation.
x	x	x	x	6) Le prestataire établit les contenus et les modalités de mise en œuvre de la prestation, adaptés aux objectifs définis et aux publics bénéficiaires.
Indicateurs spécifiques d'appréciation				
x			x	7) Lorsque le prestataire met en œuvre des prestations conduisant à une certification professionnelle, il s'assure de l'adéquation du ou des contenus de la prestation aux exigences de la certification visée.
x			x	8) Le prestataire détermine les procédures de positionnement et d'évaluation des acquis à l'entrée de la prestation.

Critère 3 : L'adaptation aux publics bénéficiaires des prestations et des modalités d'accueil, d'accompagnement, de suivi et d'évaluation mises en œuvre.				
L. 6313-1 – 1°	L. 6313-1 – 2°	L. 6313-1 – 3°	L. 6313-1 – 4°	**Indicateurs d'appréciation**
x	x	x	x	9) Le prestataire informe les publics bénéficiaires sur les conditions de déroulement de la prestation.
x	x	x	x	10) Le prestataire met en œuvre et adapte la prestation, l'accompagnement et le suivi aux publics bénéficiaires.
x	x	x	x	11) Le prestataire évalue l'atteinte par les publics bénéficiaires des objectifs de la prestation.
x	x	x	x	12) Le prestataire décrit et met en œuvre les mesures pour favoriser l'engagement des bénéficiaires et prévenir les ruptures de parcours.
Indicateurs spécifiques d'appréciation				
	x		x	13) Pour les formations en alternance, le prestataire, en lien avec l'entreprise, anticipe avec l'apprenant les missions confiées, à court, moyen et long terme, et assure la coordination et la progressivité des apprentissages réalisés en centre de formation et en entreprise.
			x	14) Le prestataire met en œuvre un accompagnement socio-professionnel, éducatif et relatif à l'exercice de la citoyenneté.
			x	15) Le prestataire informe les apprentis de leurs droits et devoirs en tant qu'apprentis et salariés ainsi que des règles applicables en matière de santé et de sécurité en milieu professionnel.
x		x	x	16) Lorsque le prestataire met en œuvre des formations conduisant à une certification professionnelle, il s'assure que les conditions de présentation des bénéficiaires à la certification respectent les exigences formelles de l'autorité de certification.
Critère 4 : L'adéquation des moyens pédagogiques, techniques et d'encadrement aux prestations mises en œuvre.				
L. 6313-1 – 1°	L. 6313-1 – 2°	L. 6313-1 – 3°	L. 6313-1 – 4°	**Indicateurs d'appréciation**
x	x	x	x	17) Le prestataire met à disposition ou s'assure de la mise à disposition des moyens humains et techniques adaptés et d'un environnement approprié (conditions, locaux, équipements, plateaux techniques…).
x	x	x	x	18) Le prestataire mobilise et coordonne les différents intervenants internes et/ou externes (pédagogiques, administratifs, logistiques, commerciaux …).
x	x	x	x	19) Le prestataire met à disposition du bénéficiaire des ressources pédagogiques et permet à celui-ci de se les approprier.
Indicateur spécifique d'appréciation				
			x	20) Le prestataire dispose d'un personnel dédié à l'appui à la mobilité nationale et internationale, d'un référent handicap et d'un conseil de perfectionnement.
Critère 5 : La qualification et le développement des connaissances et compétences des personnels chargés de mettre en œuvre les prestations.				
L. 6313-1 – 1°	L. 6313-1 – 2°	L. 6313-1 – 3°	L. 6313-1 – 4°	**Indicateurs d'appréciation**
x	x	x	x	21) Le prestataire détermine, mobilise et évalue les compétences des différents intervenants internes et/ou externes, adaptées aux prestations.
x	x	x	x	22) Le prestataire entretient et développe les compétences de ses salariés, adaptées aux prestations qu'il délivre.

L. 6313-1 – 1°	L. 6313-1 – 2°	L. 6313-1 – 3°	L. 6313-1 – 4°	Critère 6 : L'inscription et l'investissement du prestataire dans son environnement professionnel. Indicateurs d'appréciation
x	x	x	x	23) Le prestataire réalise une veille légale et réglementaire sur le champ de la formation professionnelle et en exploite les enseignements.
x	x	x	x	24) Le prestataire réalise une veille sur les évolutions des compétences, des métiers et des emplois dans ses secteurs d'intervention et en exploite les enseignements.
x	x	x	x	25) Le prestataire réalise une veille sur les innovations pédagogiques et technologiques permettant une évolution de ses prestations et en exploite les enseignements.
x	x	x	x	26) Le prestataire mobilise les expertises, outils et réseaux nécessaires pour accueillir, accompagner/former ou orienter les publics en situation de handicap.
x	x	x	x	27) Lorsque le prestataire fait appel à la sous-traitance ou au portage salarial, il s'assure du respect de la conformité au présent référentiel.
				Indicateurs spécifiques d'appréciation
x			x	28) Lorsque les prestations dispensées au bénéficiaire comprennent des périodes de formation en situation de travail, le prestataire mobilise son réseau de partenaires socio-économiques pour co-construire l'ingénierie de formation et favoriser l'accueil en entreprise.
			x	29) Le prestataire développe des actions qui concourent à l'insertion professionnelle ou la poursuite d'étude par la voie de l'apprentissage ou par toute autre voie permettant de développer leurs connaissances et leurs compétences.

L. 6313-1 – 1°	L. 6313-1 – 2°	L. 6313-1 – 3°	L. 6313-1 – 4°	Critère 7 : Le recueil et la prise en compte des appréciations et des réclamations formulées par les parties prenantes aux prestations délivrées. Indicateurs d'appréciation
x	x	x	x	30) Le prestataire recueille les appréciations des parties prenantes : bénéficiaires, financeurs, équipes pédagogiques et entreprises concernées.
x	x	x	x	31) Le prestataire met en œuvre des modalités de traitement des difficultés rencontrées par les parties prenantes, des réclamations exprimées par ces dernières, des aléas survenus en cours de prestation.
x	x	x	x	32) Le prestataire met en œuvre des mesures d'amélioration à partir de l'analyse des appréciations et des réclamations.

II. – Modalités d'audit prévues à l'article L. 6316-3 du code du travail

1. Périmètre

Les audits mis en œuvre par les organismes certificateurs pour s'assurer du respect des indicateurs fixés par le référentiel national concernent les organismes disposant d'un numéro d'enregistrement de la déclaration d'activité prévue à l'article L. 6351-1 ou en cours d'enregistrement et souhaitant bénéficier des fonds des financeurs mentionnés à l'article L. 6316-1.

Dans le cas d'un organisme implanté sur plusieurs sites, la certification porte sur l'ensemble des sites.

L'organisme informe en amont le certificateur des catégories d'actions de développement des compétences pour lesquelles il souhaite être certifié.

2. Procédure et cycle de la certification

La procédure de certification repose sur des audits, selon des cycles de trois années, selon des modalités précisées par arrêté du ministre chargé de la formation professionnelle. Elle comprend :

a) Un audit initial, qui permet de vérifier que les actions de développement des compétences répondent aux exigences requises. En cas de résultats satisfaisants, la certification est délivrée pour trois ans ;

b) Un audit de surveillance, qui permet de s'assurer de la bonne application du référentiel ;

c) En cas de demande de renouvellement de certification de l'organisme, un audit de renouvellement qui s'effectue durant la troisième année avant l'expiration de la certification.

La durée de chacun des audits varie en fonction du chiffre d'affaires relatif à l'activité de prestataire d'action concourant au développement des compétences de l'organisme et du nombre de catégories d'actions de développement des compétences pour lesquelles l'organisme demande à être certifié, selon des modalités précisées par arrêté du ministre chargé de la formation professionnelle.

3. Cas de non-conformité au référentiel

Une non-conformité est un écart par rapport à un ou plusieurs indicateurs du référentiel.

Elle peut être mineure ou majeure. La non-conformité mineure est la prise en compte partielle d'un indicateur ne remettant pas en cause la qualité de la prestation délivrée. La non-conformité majeure est la non prise en compte d'un indicateur ou sa prise en compte partielle remettant en cause la qualité de la prestation délivrée. Les modalités relatives à ces non conformités au référentiel national de certification de qualité des organismes mentionnés à l'article L. 6351-1 sont précisées par arrêté du ministre chargé de la formation professionnelle.

4. Modalités de certification d'un organisme disposant d'une certification ou d'une labellisation de qualité des actions concourant au développement des compétences

Les modalités de l'audit initial de certification d'un organisme disposant d'une certification ou d'une labellisation de qualité des actions concourant au développement des compétences obtenue en application de l'article R. 6316-3 du code du travail dans sa rédaction antérieure à l'entrée en vigueur du décret n° 2018-1262 du 26 décembre 2018 relatif à la Commission nationale de la négociation collective, de l'emploi et de la formation professionnelle, et en cours de validité au moment de sa demande de certification, sont précisées par arrêté du ministre chargé de la formation professionnelle.

TITRE II

DISPOSITIFS DE FORMATION PROFESSIONNELLE CONTINUE

Chapitre Ier

Formations à l'initiative de l'employeur et plan de formation

SECTION 1. Obligations de l'employeur et plan de formation

Art. L. 6321-1. L'employeur assure l'adaptation des salariés à leur poste de travail.

Il veille au maintien de leur capacité à occuper un emploi, au regard notamment de l'évolution des emplois, des technologies et des organisations.

Il peut proposer des formations qui participent au développement des compétences, (L. 2016-1321 du 7 oct. 2016, art. 109, JO 8) «y compris numériques,» ainsi qu'à la lutte contre l'illettrisme (L. 2016-1088 du 8 août 2016, art. 40, JO 9) «, notamment des actions d'évaluation et de formation permettant l'accès au socle de connaissances et de compétences défini par décret».

Les actions de formation mises en œuvre à ces fins sont prévues, le cas échéant, par le (L. 2018-771 du 5 sept. 2018, art. 8, I, 3°, JO 6) «plan de développement des compétences» mentionné au 1° de l'article L. 6312-1. (L. 2016-1088 du 8 août 2016, art. 40, JO 9) «Elles peuvent permettre d'obtenir une partie identifiée de certification professionnelle, classée au sein du répertoire national des certifications professionnelles et visant à l'acquisition d'un bloc de compétences.»

SECTION 2. Régimes applicables aux heures de formation

Art. L. 6321-2. (L. 2018-771 du 5 sept. 2018, art. 8, I, 3°, JO 6) Toute action de formation qui conditionne l'exercice d'une activité ou d'une fonction, en application d'une convention internationale ou de dispositions légales et réglementaires, constitue un temps de travail effectif et donne lieu pendant sa réalisation au maintien par l'entreprise de la rémunération.

Art. L. 6321-6. (L. 2018-771 du 5 sept. 2018, art. 8, I, 3°, JO 6) Les actions de formation autres que celles mentionnées à l'article L. 6321-2 constituent également un temps de travail effectif et donnent lieu pendant leur déroulement au maintien par l'entreprise de la rémunération, à l'exception:

1° Des actions de formation déterminées par accord collectif d'entreprise ou, à défaut, de branche qui peuvent se dérouler, en tout ou partie, hors du temps de travail, selon le cas, soit dans une limite horaire par salarié, soit dans une limite correspondant à un pourcentage du forfait pour les salariés dont la durée de travail est fixée par une convention de forfait en jours ou en heures sur l'année, fixées par ledit accord. L'accord peut également prévoir les contreparties mises en œuvre par l'employeur pour compenser les charges induites par la garde d'enfant pour les salariés qui suivent des formations se déroulant en dehors du temps de travail;

2° En l'absence d'accord collectif et avec l'accord du salarié, des actions de formation qui peuvent se dérouler, en tout ou partie, hors du temps de travail, dans la limite de trente heures par an et par salarié. Pour les salariés dont la durée de travail est fixée par une convention de forfait en jours ou en heures sur l'année, cette limite est fixée à 2 % du forfait.

L'accord du salarié est formalisé et peut être dénoncé.

Un décret en Conseil d'État précise les modalités d'application du présent article.

Art. R. 6321-4. (D. 2018-1229 du 24 déc. 2018, JO 26, entrée en vigueur le 01.01.2019) En l'absence d'accord collectif d'entreprise ou de branche, l'accord du salarié sur les actions de formation se déroulant hors du temps de travail, prévu au 2° de l'article L. 6321-6, est écrit. Il peut être dénoncé par ce dernier dans un délai de huit jours à compter de sa conclusion.

Art. L. 6321-7. (L. 2018-771 du 5 sept. 2018, art. 8, I, 3°, JO 6) «Dans les cas prévus aux 1° et 2° de l'article L. 6321-6» le refus du salarié de participer à des actions de formation (L. 2018-771 du 5 sept. 2018, art. 8, I, 3°, JO 6) «hors temps de travail» ou la dénonciation de l'accord dans les conditions prévues à l'article L. 6321-6, ne constitue ni une faute ni un motif de licenciement.

Art. L. 6321-8. Pendant la durée de la formation accomplie en dehors du temps de travail, le salarié bénéficie de la législation de la sécurité sociale relative à la protection en matière d'accidents du travail et de maladies professionnelles.

SECTION 3. Actions de formation du salarié occupant un emploi saisonnier

Art. L. 6321-9. Sans préjudice des dispositions de la section 2, lorsque, en application d'une convention ou d'un accord collectif étendu ou du contrat de travail, l'employeur s'engage à reconduire le contrat d'un salarié occupant un emploi à caractère saisonnier défini au 3° de l'article L. 1242-2 pour la saison suivante, un contrat de travail à durée déterminée peut être conclu, sur le fondement de l'article L. 1242-3, pour permettre au salarié de participer à une action de formation prévue au (L. 2018-771 du 5 sept. 2018, art. 8, I, 3°, JO 6) «plan de développement des compétences» de l'entreprise. La durée du contrat est égale à la durée prévue de l'action de formation.

Pour la détermination de la rémunération perçue par le salarié, les fonctions mentionnées à l'article L. 1242-15 sont celles que le salarié doit exercer au cours de la saison suivante.

(L. 2018-771 du 5 sept. 2018, art. 8, I, 3°, JO 6) «Les saisonniers pour lesquels l'employeur s'engage à reconduire le contrat la saison suivante peuvent également bénéficier d'un abondement du compte personnel de formation par accord de branche ou d'entreprise.»

Art. L. 6321-10. Une convention ou un accord collectif de travail étendu détermine les conditions dans lesquelles l'employeur propose au salarié de participer à une action de formation et, en particulier, dans quel délai avant le début de la formation cette proposition doit être faite.

Art. L. 6321-11. Le refus du salarié de participer à une action de formation dans les conditions fixées à la présente section n'exonère pas l'employeur de son obligation de reconduction du contrat pour la saison suivante.

SECTION 4. Secteur public

Art. L. 6321-12. Dans les entreprises mentionnées à l'article 1er de la loi n° 83-675 du 26 juillet 1983 relative à la démocratisation du secteur public, tout plan de formation contient un programme d'actions, notamment avec le service public de l'éducation, portant notamment sur l'accueil d'élèves et de stagiaires dans l'entreprise, la formation dispensée au personnel de l'entreprise par les établissements d'enseignement et un programme de collaboration dans le domaine de la recherche scientifique et technique.

Chapitre II (réglementaire)

Formations à l'initiative du salarié

SECTION 3. Autres congés

Sous-section 1. Congés d'enseignement ou de recherche

§ 1. Condition d'ouverture

Art. R. 6322-64. Les salariés définis à l'article L. 6322-53 ont droit à une autorisation d'absence en vue de dispenser un enseignement ou de se livrer à une activité de recherche et d'innovation :

1° Soit à temps partiel, l'absence de l'entreprise ne pouvant alors excéder huit heures par semaine ou quarante heures par mois ;

2° Soit à temps plein pour une période maximale d'un an.

Art. R. 6322-65. L'autorisation d'absence en vue de dispenser un enseignement ou de se livrer à une activité de recherche et d'innovation à temps partiel est accordée pour une période maximale d'un an.

Elle peut être renouvelée sur demande faite auprès de l'employeur.

Art. R. 6322-66. L'employeur peut différer la date de prise de congé de recherche et d'innovation lorsqu'il estime, après avis du (D. 2017-1819 du 29 déc. 2017, art. 3, 30°, JO 30, entrée en vigueur le 01.01.2018) « comité social et économique », que l'absence du salarié peut avoir des conséquences préjudiciables sur la politique de recherche et de développement technologique de l'entreprise.

La durée pendant laquelle ce congé peut être différé ne peut excéder neuf mois.

Art. R. 6322-67. Le salarié ayant bénéficié d'un congé d'enseignement à temps plein ou d'un congé de recherche et d'innovation à temps plein ne peut prétendre, dans la même entreprise, au bénéfice d'un nouveau congé avant un délai dont la durée, exprimée en mois, est égale au douzième de la durée, exprimée en heures, du congé précédemment suivi.

Ce délai ne peut être inférieur à six mois ni supérieur à six ans.

§ 2. Obligations du salarié

Art. R. 6322-68. Le bénéficiaire du congé d'enseignement ou de recherche remet à l'employeur une attestation d'exercice effectif de l'enseignement ou de l'activité de recherche et d'innovation. Cette attestation est remise à la fin de chaque mois et au moment de la reprise du travail.

Art. R. 6322-69. Le salarié qui, sans motif légitime, cesse d'exercer l'enseignement ou de se livrer à l'activité de recherche et d'innovation pour lesquels le congé a été accordé perd le bénéfice du congé.

Sous-section 2. **Congés de formation pour les salariés de vingt-cinq ans et moins**

Art. R. 6322-70. La durée minimum de présence dans l'entreprise pour l'ouverture du droit au congé de formation pour les salariés âgés de vingt-cinq ans et moins est fixée à trois mois.

Art. R. 6322-71. La demande de congé est formulée au plus tard trente jours avant la date d'effet.

Elle indique la date, la désignation et la durée d'ouverture du stage ainsi que le nom de l'organisme qui en est responsable.

Art. R. 6322-72. Dans les dix jours suivant la réception de la demande de congé, l'employeur fait connaître à l'intéressé soit son accord, soit les raisons qui motivent le rejet ou le report de la demande.

Art. R. 6322-73. La durée pendant laquelle le congé peut être différé, en application du 3° de l'article L. 6322-63, ne peut excéder trois mois.

Art. R. 6322-74. Lorsque les nécessités de l'entreprise font obstacle à ce que les demandes de congés présentées soient simultanément satisfaites, les demandes sont départagées selon l'ordre de priorité suivant :

1° Demandes déjà différées ;

2° Demandes présentées par les salariés dont le stage a été interrompu pour des motifs reconnus valables, après avis du (D. 2017-1819 du 29 déc. 2017, art. 3, 25°, JO 30, entrée en vigueur le 01.01.2018) « comité social et économique » ;

3° Demandes formulées par les salariés ayant la plus grande ancienneté dans l'entreprise.

Art. R. 6322-75. Le report de congé ne supprime pas le droit à congé pour le salarié qui atteint :

1° Soit l'âge de (D. 2009-289 du 13 mars 2009, JO 15) « vingt-six » ans après le dépôt de sa demande ;

2° Soit vingt-quatre mois d'activité professionnelle après le dépôt de (D. 2009-289 du 13 mars 2009, JO 15) « sa » demande.

Art. R. 6322-76. Outre la possibilité de bénéficier du congé individuel de formation prévu à l'article L. 6322-1, le salarié conserve le droit de prendre le congé de formation prévu à la présente sous-section au-delà des limites énoncées à l'article R. 6322-75.

Art. R. 6322-77. La décision de refus ou de report de congé est prise après avis du (D. 2017-1819 du 29 déc. 2017, art. 3, 25°, JO 30, entrée en vigueur le 01.01.2018) « comité social et économique ».

Art. R. 6322-78. Les heures de congé auxquelles a droit le salarié peuvent, sur sa demande, être reportées d'une année à l'autre.

Le congé total peut être utilisé en une ou plusieurs fois pour suivre des stages, continus ou discontinus, à temps plein ou à temps partiel.

SECTION 4. Formations se déroulant en dehors du temps de travail

Note Cette section a été introduite par le décret 2010-65 du 18 janvier 2010, JO 19.

Art. D. 6322-79. La durée minimum mentionnée au second alinéa de l'article L. 6322-64 est fixée à cent vingt heures.

Chapitre III

Compte personnel de formation

Note Ce chapitre a été introduit par la loi 2014-288 du 5 mars 2014, art. 1er, I, 3°, JO 6.

SECTION 1. Principes communs

Art. L. 6323-1. (L. 2016-1088 du 8 août 2016, art. 39, II, 1°, JO 9, entrée en vigueur le 01.01.2017) Le compte personnel de formation est ouvert et fermé dans les conditions définies à l'article L. 5151-2.

Art. L. 6323-2. Le compte personnel de formation est comptabilisé (L. 2018-771 du 5 sept. 2018, art. 1er, I, 1°, JO 6, entrée en vigueur le 01.01.2019) «en euros» et mobilisé par la personne, qu'elle soit salariée, à la recherche d'un emploi, (L. 2016-1088 du 8 août 2016, art. 39, II, 2°, JO 9, entrée en vigueur le 01.01.2018) «travailleur indépendant, membre d'une profession libérale ou d'une profession non salariée ou conjoint collaborateur,» afin de suivre, à son initiative, une formation. Le compte ne peut être mobilisé qu'avec l'accord exprès de son titulaire. Le refus du titulaire du compte de le mobiliser ne constitue pas une faute.

Art. L. 6323-3. (L. 2018-771 du 5 sept. 2018, art. 1er, I, 2°, JO 6, entrée en vigueur le 01.01.2019) Les droits inscrits sur le compte personnel de formation demeurent acquis en cas de changement de situation professionnelle ou de perte d'emploi de son titulaire.

(L. 2019-828 du 6 août 2019, art. 58, III, JO 7) «Les droits acquis en heures, conformément à l'article 22 *quater* de la loi n° 83-634 du 13 juillet 1983 portant droits et obligations des fonctionnaires, sont conservés et convertis en euros au bénéfice de toute personne qui, au moment de sa demande, est autorisée, au titre d'une disposition du présent code, à utiliser les droits inscrits sur son compte personnel de formation. Les modalités d'application du présent alinéa sont fixées par décret en Conseil d'État.»

Le compte personnel de formation cesse d'être alimenté et les droits qui y sont inscrits ne peuvent plus être mobilisés lorsque son titulaire remplit l'une des conditions mentionnées aux 1° à 3° de l'article L. 5421-4.

Toutefois, par dérogation au (L. 2019-828 du 6 août 2019, art. 58, III, JO 7) «troisième» alinéa du présent article, les droits inscrits sur le compte personnel de formation au titre du compte d'engagement citoyen en application de l'article L. 5151-9 demeurent mobilisables pour financer les actions de formation destinées à permettre aux volontaires, aux bénévoles et aux sapeurs-pompiers volontaires d'acquérir les compétences nécessaires à l'exercice de leurs missions.

Art. L. 6323-4. (L. 2018-771 du 5 sept. 2018, art. 1er, I, 3°, JO 6, entrée en vigueur le 01.01.2019) I. – Les droits inscrits sur le compte personnel de formation permettent à son titulaire de financer une formation éligible au compte, au sens des articles L. 6323-6, L. 6323-21, L. 6323-31 et L. 6323-34.

II. – Lorsque le coût de cette formation est supérieur au montant des droits inscrits sur le compte ou aux plafonds respectivement mentionnés aux articles L. 6323-11, L. 6323-11-1, L. 6323-27 et L. 6323-34, le compte peut faire l'objet, à la demande de son titulaire, d'abondements en droits complémentaires pour assurer le financement de cette formation. Ces abondements peuvent être financés notamment par :

1° Le titulaire lui-même ;

2° L'employeur, lorsque le titulaire du compte est salarié ;

3° Un opérateur de compétences ;

4° L'organisme mentionné à l'article L. 4163-14, chargé de la gestion du compte professionnel de prévention, à la demande de la personne, dans des conditions déterminées par décret en Conseil d'État ;

5° Les organismes chargés de la gestion de la branche accidents du travail et maladies professionnelles en application de l'article L. 221-1 du code de la sécurité sociale, à la demande de la personne, dans des conditions déterminées par décret en Conseil d'État ;

6° L'État ;

7° Les régions ;

8° Pôle emploi ;

9° L'institution mentionnée à l'article L. 5214-1 du présent code ;

10° Un fonds d'assurance-formation de non-salariés défini à l'article L. 6332-9 du présent code ou à l'article L. 718-2-1 du code rural et de la pêche maritime ;

11° Une chambre régionale de métiers et de l'artisanat ou une chambre de métiers et de l'artisanat de région ;

12° Une autre collectivité territoriale ;

13° L'établissement public chargé de la gestion de la réserve sanitaire mentionné à l'article L. 1413-1 du code de la santé publique ;

14° L'organisme gestionnaire de l'assurance chômage mentionné à l'article L. 5427-1 du présent code.

III. – À l'exception du titulaire du compte personnel de formation, les financeurs mentionnés au II peuvent alimenter le compte du titulaire. Les sommes correspondant à cette alimentation supplémentaire sont versées à l'organisme mentionné à l'article L. 6333-1 dans des conditions fixées par décret en Conseil d'État.

Art. L. 6323-6. (L. 2018-771 du 5 sept. 2018, art. 1er, I, 5°, JO 6, entrée en vigueur le 01.01.2019) I. – Sont éligibles au compte personnel de formation les actions de formation sanctionnées par les certifications professionnelles enregistrées au répertoire national prévu à l'article L. 6113-1, celles sanctionnées par les attestations de validation de blocs de compétences au sens du même article L. 6113-1 et celles sanctionnées par les certifications et habilitations enregistrées dans le répertoire spécifique mentionné à l'article L. 6113-6 comprenant notamment la certification relative au socle de connaissances et de compétences professionnelles.

II. – Sont également éligibles au compte personnel de formation, dans des conditions définies par décret :

1° Les actions permettant de faire valider les acquis de l'expérience mentionnées au 3° de l'article L. 6313-1 ;

2° Les bilans de compétences mentionnés au 2° du même article L. 6313-1 ;

3° La préparation de l'épreuve théorique du code de la route et de l'épreuve pratique du permis de conduire des véhicules du groupe léger et du groupe lourd ;

4° Les actions de formation d'accompagnement et de conseil dispensées aux créateurs ou repreneurs d'entreprises ayant pour objet de réaliser leur projet de création ou de reprise d'entreprise et de pérenniser l'activité de celle-ci ;

5° Les actions de formation destinées à permettre aux bénévoles et aux volontaires en service civique d'acquérir les compétences nécessaires à l'exercice de leurs missions. Seuls les droits acquis au titre du compte d'engagement citoyen peuvent financer ces actions.

Art. L. 6323-6-1. (L. 2016-1088 du 8 août 2016, art. 39, II, 5°, JO 9, entrée en vigueur le 01.01.2017) Le compte peut être mobilisé par son titulaire pour la prise en charge d'une formation à l'étranger dans les conditions fixées à l'article L. 6323-6.

Art. L. 6323-8. (L. 2018-771 du 5 sept. 2018, art. 1er, I, 7°, JO 6, entrée en vigueur le 01.01.2019) « I. – Chaque titulaire d'un compte a connaissance du montant des droits inscrits sur son compte et des abondements dont il peut bénéficier en accédant à un service dématérialisé gratuit. Ce service dématérialisé donne également les informations sur les formations éligibles. Il assure la prise en charge des actions de formation de l'inscription du titulaire du compte aux formations jusqu'au paiement des prestataires mentionnés à l'article L. 6351-1. »

II. – Un traitement automatisé de données à caractère personnel, dénommé " système d'information du compte personnel de formation ", dont les modalités de mise en œuvre sont fixées par décret en Conseil d'État, permet la gestion (L. 2018-771 du 5 sept. 2018, art. 1er, I, 7°, JO 6, entrée en vigueur le 01.01.2019) « et l'utilisation des droits inscrits » sur le compte personnel de formation.

Ce traitement intègre la possibilité, pour chaque titulaire du compte, de disposer d'un passeport d'orientation, de formation et de compétences, dont la consultation est autorisée exclusivement par le titulaire, qui recense les formations et les qualifications suivies dans le cadre de la formation initiale ou continue ainsi que les acquis de l'expérience professionnelle, selon des modalités déterminées par décret.

Art. L. 6323-9. (L. 2018-771 du 5 sept. 2018, art. 1er, I, 8°, JO 6, entrée en vigueur le 01.01.2019) La Caisse des dépôts et consignations gère le compte personnel de formation, le service dématérialisé, ses conditions générales d'utilisation et le traitement automatisé mentionnés à l'article L. 6323-8 dans les conditions prévues au chapitre III du titre III du présent livre. Les conditions générales d'utilisation précisent les engagements souscrits par les titulaires du compte et les prestataires mentionnés à l'article L. 6351-1.

SECTION 2. Mise en œuvre du compte personnel de formation pour les salariés

Sous-section 1. Alimentation et abondement du compte

Art. L. 6323-10. Le compte est alimenté en (L. 2018-771 du 5 sept. 2018, art. 1er, I, 9°, JO 6, entrée en vigueur le 01.01.2019) «euros» (Ord. 2019-861 du 21 août 2019, art. 1er, 48°, JO 22) «au titre» de chaque année et, le cas échéant, par des abondements (L. 2018-771 du 5 sept. 2018, art. 1er, I, 9°, JO 6, entrée en vigueur le 01.01.2019) «en droits complémentaires», selon les modalités définies par la présente sous-section.

Art. L. 6323-11. (L. 2018-771 du 5 sept. 2018, art. 1er, I, 10°, JO 6, entrée en vigueur le 01.01.2019) «Le compte du salarié ayant effectué une durée de travail supérieure ou égale à la moitié de la durée légale ou conventionnelle du travail sur l'ensemble de l'année est alimenté (Ord. 2019-861 du 21 août 2019, art. 1er, 48°, JO 22) «au titre» de cette année dans la limite d'un plafond. La valeur de ce plafond ne peut excéder dix fois le montant annuel de cette alimentation. Cette valeur et ce montant, exprimés en euros, sont fixés par décret en Conseil d'État.

Le compte du salarié ayant effectué une durée de travail inférieure à la moitié de la durée légale ou conventionnelle du travail sur l'ensemble de l'année est alimenté (Ord. 2019-861 du 21 août 2019, art. 1er, 48°, JO 22) «au titre» de cette année, dans la limite du plafond mentionné au premier alinéa, à due proportion de la durée de travail effectuée.

En outre, le compte d'un bénéficiaire mentionné à l'article L. 5212-13 est alimenté par une majoration dont le montant est défini par décret dans la limite du plafond mentionné (Ord. 2019-861 du 21 août 2019, art. 1er, 49°, JO 22) «à l'article L. 6323-11-1».

Un accord collectif d'entreprise, de groupe ou, à défaut, un accord de branche peut prévoir des modalités d'alimentation du compte plus favorables dans des conditions fixées par décret en Conseil d'État dès lors qu'elles sont assorties d'un financement spécifique à cet effet.

Un accord d'entreprise ou de groupe peut définir les actions de formation éligibles au sens de l'article L. 6323-6 pour lesquelles l'employeur s'engage à financer, dans les conditions définies par cet accord, les abondements prévus au 2° du II de l'article L. 6323-4, sans préjudice des dispositions de l'article L. 6323-2. Dans ce cas, l'entreprise peut prendre en charge l'ensemble des frais et peut demander le remboursement à la Caisse des dépôts et consignations des sommes correspondantes dans la limite des droits inscrits sur le compte personnel de chaque salarié concerné.

Tous les trois ans à compter de la promulgation de la loi n° 2018-771 du 5 septembre 2018 pour la liberté de choisir son avenir professionnel, sur la base du rapport de la Caisse des dépôts et consignations mentionné à l'article L. 6333-5, le ministre chargé de la formation professionnelle saisit le conseil d'administration de France compétences pour un avis relatif à l'actualisation des droits au compte personnel de formation, compte tenu de l'évolution générale des prix des biens et services et, plus particulièrement, de l'observation des coûts des organismes de formation par France compétences, telle que mentionnée au 6° de l'article L. 6123-5. Une fois cet avis recueilli, une éventuelle actualisation des droits à l'alimentation annuelle du compte personnel de formation et des plafonds mentionnés au présent article ainsi qu'aux articles L. 6323-11-1, L. 6323-27 et L. 6323-34 est fixée par décret en Conseil d'État.»

Les salariés à caractère saisonnier, au sens du 3° de l'article L. 1242-2, peuvent bénéficier, en application d'un accord ou d'une décision unilatérale de l'employeur, de droits majorés sur leur compte personnel de formation.

Art. L. 6323-11-1. (L. 2016-1088 du 8 août 2016, art. 39, II, 8°, JO 9, entrée en vigueur le 01.01.2017) Pour le salarié qui n'a pas atteint un niveau de formation sanctionné par un diplôme classé (Ord. 2019-861 du 21 août 2019, art. 1er, 50°, JO 22) «au niveau 3», un titre professionnel enregistré et classé (Ord. 2019-861 du 21 août 2019, art. 1er, 50°, JO 22) «au niveau 3» du répertoire national des certifications professionnelles ou une certification reconnue par une convention collective nationale de branche, l'alimentation du compte se fait à hauteur (L. 2018-771 du 5 sept. 2018, art. 1er, I, 11° et 12°, JO 6, entrée en vigueur le 01.01.2019) «d'un montant annuel et d'un plafond, exprimés en euros et fixés par décret en Conseil d'État, supérieurs au montant et au plafond mentionnés à l'article L. 6323-11. Ce montant et ce plafond sont portés à un niveau au moins égal à 1,6 fois ceux prévus au premier alinéa du même article L. 6323-11.»

Art. L. 6323-12. La période d'absence du salarié pour un congé de maternité, de paternité et d'accueil de l'enfant, d'adoption, de présence parentale, de (L. 2016-1088 du 8 août 2016, art. 39, II, 9°, JO 9, entrée en vigueur le 01.01.2017) «proche aidant» ou un congé parental d'éducation ou pour une maladie professionnelle ou un accident du travail est intégralement prise en compte pour le calcul (L. 2018-771 du 5 sept. 2018, art. 1er, I, 13°, JO 6, entrée en vigueur le 01.01.2019) «de la durée du travail effectuée».

Art. L. 6323-13. (L. 2018-771 du 5 sept. 2018, art. 1er, I, 14°, JO 6, entrée en vigueur le 01.01.2019) «Dans les entreprises d'au moins cinquante salariés, lorsque le salarié n'a pas bénéficié, durant les six ans précédant l'entretien mentionné au II de l'article L. 6315-1, des entretiens prévus au même article L. 6315-1 et d'au moins une formation autre que celle mentionnée à l'article L. 6321-2, un abondement est inscrit à son compte dans des conditions définies par décret en Conseil d'État et l'entreprise verse, dans le cadre de ses contributions au titre de la formation professionnelle, une somme dont le montant, fixé par décret en Conseil d'État, ne peut excéder six fois le montant annuel mentionné à l'article L. 6323-11. Le salarié est informé de ce versement.»

Dans le cadre des contrôles menés par les agents mentionnés à l'article L. 6361-5, lorsque l'entreprise n'a pas opéré le versement prévu au premier alinéa du présent article ou a opéré un versement insuffisant, elle est mise en demeure de procéder au versement de l'insuffisance constatée (L. 2018-771 du 5 sept. 2018, art. 1er, I, 14°, JO 6, entrée en vigueur le 01.01.2019) «dans le respect de la procédure contradictoire mentionnée à l'article L. 6362-10».

À défaut, l'entreprise verse au Trésor public un montant équivalent à l'insuffisance constatée majorée de 100 %.

(L. 2018-771 du 5 sept. 2018, art. 1er, I, 14°, JO 6, entrée en vigueur le 01.01.2019) «Ce versement est établi et recouvré selon les modalités ainsi que sous les sûretés, garanties et sanctions applicables aux taxes sur le chiffre d'affaires.

Le contrôle et le contentieux de ce versement sont opérés selon les règles applicables en matière de taxe sur le chiffre d'affaires.»

(L. 2019-486 du 22 mai 2019, art. 11, VI, 19°, JO 23, entrée en vigueur le 01.01.2020) «Pour l'application du premier alinéa du présent article, l'effectif salarié et le franchissement du seuil de cinquante salariés sont déterminés selon les modalités prévues à l'article L. 130-1 du code de la sécurité sociale.»

Art. L. 6323-14. Le compte personnel de formation peut être abondé en application d'un accord d'entreprise ou de groupe, un accord de branche ou un accord conclu par les organisations syndicales de salariés et d'employeurs (L. 2018-771 du 5 sept. 2018, art. 1er, I, 15°, JO 6, entrée en vigueur le 01.01.2019) «gestionnaires d'un opérateur de compétences», portant notamment sur la définition des formations éligibles et les salariés prioritaires, en particulier les salariés les moins qualifiés, les salariés exposés à des facteurs de risques professionnels mentionnés à l'article (Ord. 2017-1389 du 22 sept. 2017, JO 23, entrée en vigueur le 01.10.2017) « L. 4161-1», les salariés occupant des emplois menacés par les évolutions économiques ou technologiques (L. 2019-485 du 22 mai 2019, JO 23) «, les salariés mentionnés à l'article L. 6323-12» et les salariés à temps partiel.

(L. 2019-485 du 22 mai 2019, JO 23) «Un décret en Conseil d'État fixe les conditions d'application du premier alinéa du présent article pour les agents publics civils et militaires.»

Art. L. 6323-15. Les abondements mentionnés aux articles (Ord. 2017-1385 du 22 sept. 2017, art. 3, II, JO 23) « L. 2254-2,» (L. 2016-1088 du 8 août 2016, art. 39, II, 10°, JO 9, entrée en vigueur le 01.01.2017) « L. 5151-9,» L. 6323-13 et L. 6323-14 n'entrent pas en compte dans les modes de calcul (L. 2018-771 du 5 sept. 2018, art. 1er, I, 16°, JO 6, entrée en vigueur le 01.01.2019) «du montant des droits inscrits» sur le compte du salarié chaque année et du plafond mentionnés à l'article L. 6323-11.

Sous-section 2. Formations éligibles et mobilisation du compte

Art. L. 6323-16. (L. 2018-771 du 5 sept. 2018, art. 1er, I, 17°, JO 6, entrée en vigueur le 01.01.2019) Les formations éligibles au compte personnel de formation sont les formations mentionnées à l'article L. 6323-6.

Art. L. 6323-17. (L. 2018-771 du 5 sept. 2018, art. 1er, I, 18°, JO 6, entrée en vigueur le 01.01.2019) Lorsque les formations financées dans le cadre du compte personnel de formation sont suivies en tout ou partie pendant le temps de travail, le salarié demande une autorisation d'absence à l'employeur qui lui notifie sa réponse dans des délais déterminés par décret. L'absence de réponse de l'employeur vaut acceptation.

Art. L. 6323-17-1. (L. 2018-771 du 5 sept. 2018, art. 1er, I, 19° JO 6, entrée en vigueur le 01.01.2019) Tout salarié mobilise les droits inscrits sur son compte personnel de formation afin que celui-ci contribue au financement d'une action de formation certifiante, destinée à lui permettre de changer de métier ou de profession dans le cadre d'un projet de transition professionnelle. Il bénéficie d'un positionnement préalable au suivi de l'action de formation afin d'identifier ses acquis professionnels permettant d'adapter la durée du parcours de formation proposé. Il bénéficie d'un congé spécifique lorsqu'il suit cette action de formation en tout ou partie durant son temps de travail.

(Ord. 2019-861 du 21 août 2019, art. 1er, 51°, JO 22) «Pour les salariés titulaires d'un contrat de travail conclu avec une entreprise de travail temporaire et les salariés intermittents du spectacle, un décret en Conseil d'État détermine les conditions d'ouverture et de prise en charge des projets de transition professionnelle.»

Art. L. 6323-17-2. (L. 2018-771 du 5 sept. 2018, art. 1er, I, 19° JO 6, entrée en vigueur le 01.01.2019) I. – Pour bénéficier d'un projet de transition professionnelle, le salarié doit justifier d'une ancienneté minimale en qualité de salarié, déterminée par décret. La condition d'ancienneté n'est pas exigée pour le salarié mentionné à l'article L. 5212-13, ni pour le salarié qui a changé d'emploi à la suite d'un licenciement pour motif économique ou pour inaptitude et qui n'a pas suivi d'action de formation entre son licenciement et son réemploi.

II. – Le projet du salarié peut faire l'objet d'un accompagnement par l'un des opérateurs financés par l'organisme mentionné à l'article L. 6123-5 au titre du conseil en évolution professionnelle mentionné à l'article L. 6111-6. Cet opérateur informe, oriente et aide le salarié à formaliser son projet. Il propose un plan de financement.

Le projet est présenté à la commission paritaire interprofessionnelle régionale mentionnée à l'article L. 6323-17-6. Cette commission apprécie la pertinence du projet et du positionnement préalable prévu à l'article L. 6323-17-1, instruit la demande de prise en charge financière et autorise la réalisation et le financement du projet. Cette décision est motivée et notifiée au salarié.

Les modalités d'accompagnement du salarié et de prise en charge financière du projet de transition professionnelle sont précisées par décret en Conseil d'État.

Un système d'information national commun aux commissions paritaires interprofessionnelles régionales mentionnées à l'article L. 6323-17-6 est mis en œuvre par France compétences. Ses règles de création et d'alimentation sont précisées par décret en Conseil d'État.

Art. L. 6323-17-3. (L. 2018-771 du 5 sept. 2018, art. 1er, I, 19° JO 6, entrée en vigueur le 01.01.2019) La durée du projet de transition professionnelle correspond à la durée de l'action de formation.

Art. L. 6323-17-4. (L. 2018-771 du 5 sept. 2018, art. 1er, I, 19° JO 6, entrée en vigueur le 01.01.2019) La durée du projet de transition professionnelle ne peut être imputée sur la durée du congé payé annuel. Ce projet est assimilé à une période de travail:

1° Pour la détermination des droits des intéressés en matière de congé payé annuel;

2° À l'égard des droits que le salarié tient de son ancienneté dans l'entreprise.

Art. L. 6323-17-5. (L. 2018-771 du 5 sept. 2018, art. 1er, I, 19° JO 6, entrée en vigueur le 01.01.2019) Le salarié bénéficiaire du projet de transition professionnelle a droit à une rémunération minimale déterminée par décret.

(Ord. 2019-861 du 21 août 2019, art. 1er, 52°, JO 22) «Dans les entreprises de cinquante salariés et plus, la rémunération due au bénéficiaire du projet de transition professionnelle est versée par l'employeur, qui est remboursé par la commission paritaire interprofessionnelle régionale mentionnée à l'article L. 6323-17-6.»

Un décret précise les modalités selon lesquelles cette rémunération est versée, notamment dans les entreprises de moins de cinquante salariés.

(L. 2019-486 du 22 mai 2019, art. 11, VI, 20°, JO 23, entrée en vigueur le 01.01.2020) «Pour l'application du présent article, l'effectif salarié est déterminé selon les modalités prévues au I de l'article L. 130-1 du code de la sécurité sociale.»

Art. L. 6323-17-6. (L. 2018-771 du 5 sept. 2018, art. 1er, I, 19° JO 6, entrée en vigueur le 01.01.2019) Une commission paritaire interprofessionnelle est agréée dans chaque région par l'autorité administrative pour prendre en charge financièrement le projet de transition professionnelle mentionné à l'article L. 6323-17-1. Elle est dotée de la personnalité morale. Cette commission atteste également du caractère réel et sérieux du projet mentionné au 2° du II de l'article L. 5422-1. Elle suit la mise en œuvre du conseil en évolution professionnelle sur le territoire régional. L'agrément de cette commission est accordé au regard des critères mentionnés aux 1°, 3° et 5° du II de l'article L. 6332-1-1 et de leur aptitude à assurer leurs missions compte tenu de leurs moyens.

Cette commission est composée de représentants des organisations syndicales de salariés et des organisations professionnelles d'employeurs représentatives au niveau national et interprofessionnel.

Les frais de gestion correspondant aux missions de cette commission sont fixés par arrêté du ministre chargé de la formation professionnelle, dans la limite d'un plafond déterminé en pourcentage des ressources reçues par la commission, en application du 5° de l'article L. 6123-5.

Les commissions sont soumises au contrôle économique et financier de l'État et aux obligations mentionnées au 4° du II de l'article L. 6332-1-1.

En cas de dysfonctionnement répété ou de défaillance de la commission, un administrateur est nommé par le ministre chargé de la formation professionnelle. L'administrateur prend toute décision pour le compte de la commission, afin de rétablir son fonctionnement normal.

Un décret détermine les conditions d'application du présent article.

Sous-section 3. **Rémunération et protection sociale**

Art. L. 6323-18. Les heures consacrées à la formation pendant le temps de travail constituent un temps de travail effectif et donnent lieu au maintien par l'employeur de la rémunération du salarié.

Art. L. 6323-19. Pendant la durée de la formation, le salarié bénéficie du régime de sécurité sociale relatif à la protection en matière d'accidents du travail et de maladies professionnelles.

Sous-section 4. **Prise en charge des frais de formation**

Art. L. 6323-20. (L. 2018-771 du 5 sept. 2018, art. 1er, I, 20°, JO 6, entrée en vigueur le 01.01.2019) Les frais pédagogiques et les frais liés à la validation des compétences et des connaissances afférents à la formation sont pris en charge par l'organisme mentionné à l'article L. 6333-1.

Par dérogation au premier alinéa du présent article, les frais pédagogiques et les frais liés à la validation des compétences et des connaissances afférents à la formation suivie dans le cadre du projet de transition professionnelle mentionné à l'article L. 6323-17-1 sont pris en charge par la commission paritaire interprofessionnelle régionale mentionnée à l'article L. 6323-17-6.

Les modalités selon lesquelles ces prises en charges sont réalisées sont déterminées par décret.

Art. L. 6323-20-1. (L. 2018-771 du 5 sept. 2018, art. 1er, I, 21°, JO 6, entrée en vigueur le 01.01.2019) «Le salarié employé par une personne publique qui ne verse pas la contribution mentionnée à l'article L. 6331-4 à un opérateur de compétences mobilise son compte personnel de formation en application de l'article 22 *ter* de la loi n° 83-634 du 13 juillet 1983 portant droits et obligations des fonctionnaires.

Lorsque la personne publique verse la contribution mentionnée à l'article L. 6331-4 à un opérateur de compétences, le salarié qu'elle emploie utilise ses droits inscrits sur le compte personnel de formation dans les conditions définies au présent chapitre. Il peut également solliciter une formation dans les conditions définies à l'article 22 *ter* de la loi n° 83-634 du 13 juillet 1983 précitée.»

Les établissements mentionnés à l'article 2 de la loi n° 86-33 du 9 janvier 1986 portant dispositions statutaires relatives à la fonction publique hospitalière peuvent choisir une prise en charge par l'organisme paritaire agréé par l'État mentionné à l'article 22 de la loi n° 90-579 du 4 juillet 1990 relative au crédit-formation, à la qualité et au contrôle de la formation professionnelle continue et modifiant le livre IX du code du travail.

Sous-section 1 (réglementaire). **Alimentation du compte**

Note Cette sous-section a été introduite par le décret 2018-1329 du 28 décembre 2018, art. 1er, 2°, JO 30, entrée en vigueur le 01.01.2019.

Art. R. 6323-1. (D. 2018-1329 du 28 décembre 2018, art. 1er, 3°, JO 30, entrée en vigueur le 01.01.2019) « I. – Le compte personnel de formation du salarié ayant effectué une durée de travail supérieure ou égale à la moitié de la durée légale ou conventionnelle de travail sur l'ensemble de l'année est alimenté à hauteur de 500 euros au titre de cette année, dans la limite d'un plafond total de 5 000 euros.

II. – Le compte du salarié dont la durée de travail a été inférieure à la moitié de la durée légale ou conventionnelle de travail sur l'ensemble de l'année est alimenté, au titre de cette année, d'une fraction du montant mentionné au I, calculée à due proportion de la durée de travail qu'il a effectuée. Lorsque le calcul de ses droits aboutit à un montant en euros comportant des décimales, ce montant est arrondi à la deuxième décimale, au centime d'euro supérieur. »

Pour les salariés dont la durée de travail à temps plein est fixée en application d'un accord (D. 2018-1329 du 28 décembre 2018, art. 1er, 3°, JO 30, entrée en vigueur le 01.01.2019) « collectif » d'entreprise ou de branche, le nombre d'heures de travail de référence pour le calcul de l'alimentation du compte personnel de formation est égal à la durée conventionnelle de travail.

Pour les salariés dont la durée de travail à temps plein n'est pas fixée en application d'un accord (D. 2018-1329 du 28 décembre 2018, art. 1er, 3°, JO 30, entrée en vigueur le 01.01.2019) « collectif » d'entreprise ou de branche, le nombre d'heures de travail de référence pour le calcul de l'alimentation du compte personnel de formation est égal à 1 607 heures.

(D. 2018-1329 du 28 décembre 2018, art. 1er, 3°, JO 30, entrée en vigueur le 01.01.2019) « Pour les salariés dont la durée de travail est décomptée en jours dans le cadre d'une convention de forfait annuel en jours, le nombre de jours de travail de référence pour le calcul de l'alimentation du compte personnel de formation est égal au nombre de jours compris dans le forfait tel que fixé par l'accord collectif instaurant le forfait annuel, dans la limite de 218 jours. »

Pour les salariés dont la rémunération n'est pas établie en fonction d'un horaire de travail, le montant de référence pour le calcul de l'alimentation du compte personnel de formation est fixé à 2 080 fois le montant du salaire minimum horaire de croissance.

L'alimentation du compte de ces salariés est calculée au prorata du rapport entre la rémunération effectivement perçue et le montant de référence mentionné à l'alinéa précédent.

(D. 2018-1329 du 28 décembre 2018, art. 1er, 3°, JO 30, entrée en vigueur le 01.01.2019) « III. – Le calcul des droits des salariés est effectué par la Caisse des dépôts et consignations au moyen des données issues de la déclaration sociale nominative des employeurs mentionnée à l'article L. 133-5-3 du code de la sécurité sociale afin de procéder à l'alimentation de leurs comptes personnels de formation.

Un arrêté du ministre chargé de la formation professionnelle fixe les modalités selon lesquelles la caisse procède à ce calcul et à cette alimentation lorsqu'elle ne reçoit pas ces données et lorsque les données qu'elle reçoit sont incomplètes ou erronées. »

Art. R. 6323-2. (D. 2018-1171 du 18 déc. 2018, JO 20, entrée en vigueur le 01.01.2019) I. – Lorsqu'en application des dispositions du quatrième alinéa de l'article L. 6323-11, des dispositions plus favorables ont été prévues par un accord collectif d'entreprise, de groupe ou, à défaut, de branche, pour l'alimentation du compte personnel de formation des salariés, l'employeur effectue annuellement, pour chacun des salariés concernés, le calcul des droits venant abonder son compte personnel de formation.

II. – Une somme d'un montant égal à celui de l'abondement mentionné au I est versée par l'employeur à la Caisse des dépôts et consignations qui en assure la gestion conformément aux dispositions des articles L. 6333-6 et L. 6333-7. Le compte du salarié concerné est alimenté de l'abondement correspondant dès réception de cette somme.

(D. 2019-1049 du 11 oct. 2019, JO 13, entrée en vigueur le 01.01.2020) « III. – L'employeur adresse à la Caisse des dépôts et consignations la liste des salariés bénéficiaires des dispositions plus favorables mentionnées au I, ainsi que les données permettant leur identification et l'abondement attribué à chacun d'eux. »

Art. R. 6323-3. (D. 2018-1171 du 18 déc. 2018, JO 20, entrée en vigueur le 01.01.2019) I. – Le salarié mentionné au premier alinéa de l'article L. 6323-13 bénéficie d'un abondement de son compte personnel de formation d'un montant de 3 000 euros.

II. – Une somme d'un montant égal à celui de l'abondement mentionné au I est versée par l'employeur à la Caisse des dépôts et consignations qui en assure la gestion conformément aux dispositions des articles L. 6333-6 et L. 6333-7. Le compte du salarié concerné est alimenté de l'abondement correspondant dès réception de cette somme.

(D. 2019-1049 du 11 oct. 2019, JO 13, entrée en vigueur le 01.01.2020) « III. – L'employeur adresse à la Caisse des dépôts et consignations les informations nécessaires à l'abondement mentionné au I, notamment son montant, le nom du salarié bénéficiaire ainsi que les données permettant son identification. »

Art. R. 6323-3-1. (D. 2018-1329 du 28 déc. 2018, art. 1er, 4°, JO 30, entrée en vigueur le 01.01.2019) « I. – Le compte personnel de formation du salarié mentionné à l'article L. 6323-11-1 qui a effectué une durée de travail supérieure ou égale à la moitié de la durée légale ou conventionnelle de travail sur l'ensemble de l'année est alimenté, au titre de cette année, à hauteur de 800 euros, dans la limite d'un plafond de 8 000 euros.

II. – Afin de bénéficier de cette majoration, le salarié déclare remplir les conditions prévues à cet article par l'intermédiaire du service dématérialisé mentionné au I de l'article L. 6323-8. Cette déclaration peut être effectuée, à sa demande et selon les mêmes modalités, par son conseiller en évolution professionnelle. La majoration est effective à compter de l'alimentation du compte effectuée au titre de l'année au cours de laquelle cette déclaration est intervenue.»

(D. 2018-1329 du 28 déc. 2018, art. 1er, 4°, JO 30, entrée en vigueur le 01.01.2019) « III. – Le salarié » qui ne remplit plus les conditions prévues à l'article L. 6323-11-1 le déclare par l'intermédiaire (D. 2018-1329 du 28 déc. 2018, art. 1er, 4°, JO 30, entrée en vigueur le 01.01.2019) « du service dématérialisé mentionné » au I de l'article L. 6323-8. Il cesse de bénéficier des dispositions du même article à compter de l'année civile suivante.

(D. 2018-1329 du 28 déc. 2018, art. 1er, 4°, JO 30, entrée en vigueur le 01.01.2019) « IV ». – Une information spécifique portant sur les modalités de cette déclaration, sur la majoration des droits en résultant, ainsi que sur les conséquences d'une déclaration frauduleuse ou erronée est fournie par l'intermédiaire (D. 2018-1329 du 28 déc. 2018, art. 1er, 4°, JO 30, entrée en vigueur le 01.01.2019) « du service dématérialisé mentionné » au I de l'article L. 6323-8. Cette information est également délivrée par le (D. 2018-1329 du 28 déc. 2018, art. 1er, 4°, JO 30, entrée en vigueur le 01.01.2019) « conseiller » en évolution professionnelle, dans des conditions définies par le cahier des charges mentionné au (D. 2018-1329 du 28 déc. 2018, art. 1er, 4°, JO 30, entrée en vigueur le 01.01.2019) « quatrième » alinéa de l'article L. 6111-6.

(D. 2018-1329 du 28 déc. 2018, art. 1er, 4°, JO 30, entrée en vigueur le 01.01.2019) « V ». – En cas de déclaration frauduleuse ou erronée, les droits inscrits au compte personnel de formation font l'objet d'un nouveau calcul opéré conformément aux dispositions de l'article L. 6323-11, sans préjudice des sanctions prévues aux articles 313-3 et 441-6 du code pénal.

(D. 2018-1329 du 28 déc. 2018, art. 1er, 4°, JO 30, entrée en vigueur le 01.01.2019) « Les conditions générales d'utilisation du service dématérialisé mentionnées à l'article L. 6323-9 précisent que les droits, exprimés en euros, obtenus à la suite d'une déclaration frauduleuse ou erronée ne peuvent être utilisés. Lorsque le titulaire d'un compte a tout de même utilisé de tels droits, il rembourse les sommes correspondantes à la Caisse des dépôts et consignations ou, le cas échéant, à la commission paritaire interprofessionnelle régionale mentionnée à l'article L. 6323-17-6, au terme d'une procédure contradictoire et selon des modalités que les conditions générales d'utilisation précisent. »

Art. R. 6323-3-2. (D. 2018-1171 du 18 déc. 2018, JO 20, entrée en vigueur le 01.01.2019) I. – Le salarié licencié à la suite du refus d'une modification de son contrat de travail résultant de l'application d'un accord d'entreprise mentionné à l'article L. 2254-2 bénéficie d'un abondement de son compte personnel de formation d'un montant minimal de 3 000 euros.

II. – Une somme d'un montant égal à celui de l'abondement mentionné au I est versée par l'employeur à la Caisse des dépôts et consignations qui en assure la gestion conformément aux dispositions des articles L. 6333-6 et L. 6333-7. Le compte du salarié licencié concerné est alimenté de l'abondement correspondant dès réception de cette somme.

(D. 2019-1049 du 11 oct. 2019, JO 13, entrée en vigueur le 01.01.2020) « III. – L'employeur dispose d'un délai de quinze jours à compter de la notification du licenciement, pour adresser à la Caisse des dépôts et consignations les informations nécessaires à l'abondement mentionné au I, notamment son montant, le nom du salarié bénéficiaire ainsi que les données permettant son identification. »

Art. D. 6323-3-3. (D. 2019-566 du 7 juin 2019, JO 8) Le compte personnel de formation du salarié bénéficiaire de l'obligation d'emploi mentionné à l'article L. 5212-13 est alimenté annuellement à hauteur de 300 euros au titre de la majoration prévue au troisième alinéa de l'article L. 6323-11, dans la limite du plafond mentionné au I de l'article R. 6323-3-1.

Sous-section 2 (réglementaire). **Mobilisation du compte**

Note Les sous-sections 2 et 3 ont été introduites par le décret 2018-1336 du 28 décembre 2018, JO 30, entrée en vigueur le 01.01.2019.

Art. D. 6323-4. I. – Le salarié qui souhaite bénéficier d'une action mentionnée à l'article L. 6323-6 suivie en tout ou partie pendant le temps de travail au titre du compte personnel de formation adresse une demande d'autorisation d'absence à l'employeur avant le début de l'action de formation dans un délai qui ne peut être inférieur à :

1° Soixante jours calendaires si la durée de l'action de formation est inférieure à six mois ;

2° Cent vingt jours calendaires si la durée de l'action de formation est égale ou supérieure à six mois.

II. – À compter de la réception de la demande, l'employeur dispose d'un délai de trente jours calendaires pour notifier sa réponse au salarié. L'absence de réponse de l'employeur dans ce délai vaut acceptation de la demande.

Sous-section 3 (réglementaire). **Prise en charge des frais de formation au titre du compte personnel de formation**

Art. D. 6323-5. I. – Les frais pédagogiques et les frais liés à la validation des compétences et des connaissances afférents à l'une des actions mentionnées à l'article L. 6323-6 suivie par le salarié, pendant son temps de travail ou hors temps de travail, sont pris en charge par la Caisse des dépôts et consignations, dans le cadre des fonds affectés à la prise en charge du compte personnel de formation.

II. – Lorsque les frais pédagogiques et les frais liés à la validation des compétences et des connaissances afférents à l'action de formation suivie par le salarié sont pris en charge par la commission paritaire interprofessionnelle régionale en application du deuxième alinéa de l'article L. 6323-20, la Caisse des dépôts et consignations débite le compte du titulaire des droits correspondants sans opérer de remboursement auprès de la commission.

III. – Un suivi de la mise en œuvre des dispositions prévues au I est effectué par la Caisse des dépôts et consignations. Il est intégré au rapport mentionné au troisième alinéa de l'article L. 6333-5.

Sous-section 4 (réglementaire). **Formations éligibles au titre du compte personnel de formation**

Note Cette sous-section a été introduite par le décret 2018-1338 du 28 décembre 2018, JO 30, entrée en vigueur le 01.01.2019.

Art. D. 6323-6. Les dispositions des articles R. 6313-4 à R. 6313-7 sont applicables aux bilans de compétences réalisés en mobilisant des droits inscrits au compte personnel de formation.

Le bilan de compétences peut notamment être effectué dans le cadre du conseil en évolution professionnelle mentionné à l'article L. 6111-6. À cet effet, le titulaire du compte est informé de la possibilité de s'adresser à un organisme de conseil en évolution professionnelle pour être accompagné dans sa réflexion sur son évolution professionnelle, préalablement à la décision de mobiliser ses droits pour effectuer un bilan. Cette information est fournie par l'intermédiaire du service dématérialisé mentionné au I de l'article L. 6323-8.

Art. D. 6323-7. I. – Les actions de formation dispensées aux créateurs ou repreneurs d'entreprises éligibles au compte personnel de formation sont réalisées dans le cadre du parcours pédagogique prévu à l'article L. 6313-2 suivi par le créateur ou le repreneur d'entreprise, ayant pour objet de réaliser le projet de création ou de reprise d'entreprise et de pérenniser son activité.

II. – Ces actions sont mises en œuvre par des opérateurs ayant procédé à la déclaration prévue à l'article L. 6351-1.

III. – L'opérateur peut refuser de dispenser à la personne les actions mentionnées au I, soit en raison du manque de consistance ou de viabilité économique du projet de création ou de reprise d'entreprise, soit lorsque le projet du créateur ou du repreneur ne correspond pas au champ de compétences de l'opérateur.

Art. D. 6323-8. I. – Sans préjudice des dispositions de l'article L. 6321-1, la préparation à l'épreuve théorique du code de la route et à l'épreuve pratique du permis de conduire autorisant la conduite des véhicules des catégories B, C1, C, D1, D, C1E, CE, D1E, DE, mentionnées à l'article R. 221-4 du code de la route est éligible au compte personnel de formation dans les conditions suivantes :

1° L'obtention du permis de conduire contribue à la réalisation d'un projet professionnel ou à favoriser la sécurisation du parcours professionnel du titulaire du compte ;

2° Le titulaire du compte ne fait pas l'objet d'une suspension de son permis de conduire ou d'une interdiction de solliciter un permis de conduire. Cette obligation est vérifiée par une attestation sur l'honneur de l'intéressé produite lors de la mobilisation de son compte.

II. – La préparation mentionnée au I est assurée par un établissement d'enseignement de la conduite et de la sécurité routière qui satisfait l'ensemble des obligations suivantes :

1° Être agréé au titre des articles L. 213-1 ou L. 213-7 du code de la route ;

2° Avoir procédé à la déclaration prévue à l'article L. 6351-1 du présent code.

SECTION 2 (RÉGLEMENTAIRE). Projet de transition professionnelle

Note Cette section a été introduite par le décret 2018-1332 du 28 décembre 2018, art. 1er, 2°, JO 30, entrée en vigueur le 01.01.2019.

Sous-section 1. Mobilisation du CPF dans le cadre d'un projet de transition professionnelle

Note Cette sous-section a été introduite par le décret 2018-1332 du 28 décembre 2018, art. 1er, 3°, JO 30, entrée en vigueur le 01.01.2019.

§ 1. Conditions d'ancienneté

Note Ce paragraphe a été introduit par le décret 2018-1339 du 28 décembre 2018, art. 1er, I, JO 30, entrée en vigueur le 01.01.2019.

Art. D. 6323-9. I. – Pour bénéficier d'un projet de transition professionnelle, le salarié doit justifier :

1° Soit d'une ancienneté d'au moins vingt-quatre mois, consécutifs ou non, en qualité de salarié, dont douze mois dans l'entreprise, quelle qu'ait été la nature des contrats de travail successifs ;

2° Soit d'une ancienneté d'au moins vingt-quatre mois, consécutifs ou non, en qualité de salarié, quelle qu'ait été la nature des contrats successifs, au cours des cinq dernières années dont quatre mois, consécutifs ou non, en contrat de travail à durée déterminée au cours des douze derniers mois.

II. – Ne peut être prise en compte au titre du calcul des quatre mois en contrat de travail à durée déterminée mentionnée au I l'ancienneté acquise au titre :

1° D'un contrat d'accompagnement dans l'emploi mentionné à l'article L. 5134-20 ;

2° D'un contrat d'apprentissage mentionné à l'article L. 6221-1 ;

3° D'un contrat de professionnalisation mentionné à l'article L. 6325-1 ;

4° D'un contrat conclu avec un jeune au cours de son cursus scolaire ou universitaire ;

5° D'un contrat de travail à durée déterminée qui se poursuit par un contrat à durée indéterminée.

III. – Cette ancienneté est appréciée à la date de départ en formation du salarié.

Art. R. 6323-9-1. (D. 2019-1549 du 30 déc. 2019, JO 31) I. – Pour bénéficier d'un projet de transition professionnelle, le salarié intermittent du spectacle qui relève des secteurs d'activité du spectacle vivant ou du spectacle enregistré doit justifier de deux-cent-vingt jours de travail ou cachets répartis sur les deux à cinq dernières années et remplir, selon le cas, l'une des conditions d'ancienneté suivantes :

1° Pour le technicien du spectacle enregistré, justifier de cent-trente jours de travail sur les vingt-quatre derniers mois ou soixante-cinq jours sur les douze derniers mois ;

2° Pour le technicien du spectacle vivant, justifier de quatre-vingt-huit jours de travail sur les vingt-quatre derniers mois ou quarante-quatre jours sur les douze derniers mois ;

3° Pour l'artiste du spectacle mentionné à l'article L. 7121-2, justifier de soixante jours de travail ou soixante cachets sur les vingt-quatre derniers mois ou trente jours ou trente cachets sur les douze derniers mois.

II. – Pour bénéficier d'un projet de transition professionnelle, le salarié titulaire d'un contrat de travail conclu avec une entreprise de travail temporaire mentionnée à l'article L. 1251-2 doit justifier d'une ancienneté de 1 600 heures travaillées dans la branche, dont 600 heures dans l'entreprise de travail temporaire, ou le groupe d'entreprises de travail temporaire, dans lequel est déposée la demande du congé spécifique mentionné à l'article L. 6323-17-1. L'ancienneté s'apprécie, toutes missions confondues, sur une période de référence de dix-huit mois.

Pour le salarié titulaire d'un contrat de travail à durée indéterminée, les périodes sans exécution de mission sont prises en compte pour le calcul de l'ancienneté.

III. – L'ancienneté mentionnée au présent article est appréciée à la date du départ en formation du salarié.

§ 2. La demande de congé dans le cadre d'un projet de transition professionnelle

Note Les paragraphes 2 à 5 ont été introduits par le décret 2018-1332 du 28 décembre 2018, art. 1er, 4°, JO 30, entrée en vigueur le 01.01.2019.

Art. R. 6323-10. I. – Le salarié présente une demande de congé dans le cadre d'un projet de transition professionnelle à son employeur par écrit, au plus tard :

1° Cent vingt jours avant le début de l'action de formation lorsque la réalisation de celle-ci entraîne une interruption continue de travail d'au moins six mois ;

2° Soixante jours avant le début de l'action de formation lorsque la réalisation de celle-ci entraîne une interruption continue de travail d'une durée inférieure à six mois ou lorsque l'action de formation est réalisée à temps partiel.

(D. 2019-1549 du 30 déc. 2019, JO 31) « Le salarié titulaire d'un contrat de travail conclu avec une entreprise de travail temporaire mentionnée à l'article L. 1251-2 adresse sa demande de congé de transition professionnelle à cette entreprise. »

II. – La demande de congé indique la date du début de l'action de formation, la désignation et la durée de celle-ci ainsi que le nom de l'organisme qui en est responsable, l'intitulé et la date de l'examen concerné.

III. – L'employeur informe l'intéressé de sa réponse, par écrit, dans le délai de trente jours suivant la réception de la demande de congé. En l'absence de réponse dans ce délai, l'autorisation est réputée accordée.

IV. – L'employeur ne peut refuser d'accorder le congé demandé qu'en cas de non-respect, par le salarié, des conditions prévues au I ou au II ou des conditions d'ancienneté prévues au paragraphe 1. La décision par laquelle l'employeur rejette la demande est motivée.

Art. R. 6323-10-1. I. – L'employeur peut différer le bénéfice du congé de transition professionnelle demandé par un salarié :

1° Lorsqu'il estime que l'absence de l'intéressé pourrait avoir des conséquences préjudiciables à la production et à la marche de l'entreprise. Un tel report est décidé pour une durée maximale de neuf mois, après avis du comité social et économique lorsque celui-ci existe ;

2° Afin que :

a) Dans un établissement de 100 salariés et plus, le pourcentage de salariés simultanément absents au titre du congé de transition professionnelle ne dépasse pas 2 % de l'effectif total ;

b) Dans un établissement de moins de 100 salariés, le congé de transition professionnelle ne bénéficie qu'à un salarié à la fois ;

(D. 2019-1549 du 30 déc. 2019, JO 31) « Les dispositions du présent 2° ne sont pas applicables au salarié lorsque son employeur lui oppose deux refus successifs à des demandes de période de mobilité volontaire en application de l'article L. 1222-12. »

II. – La décision par laquelle l'employeur diffère le congé est motivée.

(D. 2019-1549 du 30 déc. 2019, JO 31) « III. – Le I n'est pas applicable au salarié titulaire d'un contrat de travail conclu avec une entreprise de travail temporaire. Celle-ci peut toutefois différer le bénéfice du congé de transition professionnelle demandé par le salarié lorsque la demande de congé et le début de l'action de formation interviennent au cours d'une même mission, à l'exception des cas suivants :

1° Le projet de transition professionnelle a pour but d'acquérir une qualification dans un secteur d'activité différent ;

2° Le projet de transition professionnelle a une durée supérieure à 1 200 heures. »

Art. R. 6323-10-2. Les demandes de congés de transition professionnelle qui ne peuvent être toutes satisfaites par l'employeur sont retenues suivant l'ordre de priorité décroissante suivant :

1° Les demandes déjà présentées et qui ont été différées ;

2° Les demandes formulées par les salariés dont l'action de formation a dû être interrompue pour des motifs légitimes, après avis du comité social et économique lorsqu'il existe ;

3° Les demandes formulées par les salariés ayant un niveau de qualification inférieur au niveau IV ;

4° Les demandes formulées par les salariés les plus anciens dans l'entreprise ;

5° Les demandes formulées par les salariés n'ayant jamais bénéficié d'un congé de transition professionnelle.

Art. R. 6323-10-3. Le salarié ayant bénéficié d'un congé de transition professionnelle ne peut prétendre, dans la même entreprise, au bénéfice d'un nouveau congé de transition professionnelle avant un délai, exprimé en mois, égal à dix fois la durée du projet de transition professionnelle précédemment effectué, exprimée en mois.

Ce délai ne peut être inférieur à six mois ni supérieur à six ans.

Art. R. 6323-10-4. I. – Le bénéficiaire du congé de transition professionnelle remet à l'employeur des justificatifs, établis par l'organisme de formation, prouvant son assiduité à l'action de formation à la fin de chaque mois et lorsqu'il reprend son poste de travail.

Le salarié qui, sans motif légitime, cesse de suivre l'action de formation, perd le bénéfice du congé.

II. – Par dérogation, dans les entreprises de moins de cinquante salariés, le bénéficiaire du congé de transition professionnelle remet les justificatifs prouvant son assiduité à la commission paritaire interprofessionnelle régionale qui assure la prise en charge financière de son projet de transition professionnelle.

§ 3. Le positionnement préalable et la demande de prise en charge

Art. R. 6323-11. La demande de prise en charge d'un projet de transition professionnelle est adressée par le salarié à la commission paritaire interprofessionnelle régionale compétente pour son lieu de résidence principale ou à celle compétente pour son lieu de travail, après que celui-ci a obtenu l'accord de son employeur pour bénéficier du congé de transition professionnelle. Le salarié ne peut déposer simultanément plusieurs demandes de prise en charge d'un projet de transition professionnelle.

Art. R. 6323-11-1. Lorsque le salarié est titulaire d'un contrat à durée déterminée, il peut adresser une demande de prise en charge d'un projet de transition professionnelle à la commission paritaire interprofessionnelle régionale compétente au cours de l'exécution de son contrat de travail. L'accord préalable de l'employeur est requis lorsque le salarié souhaite suivre l'action de formation correspondante pour tout ou partie pendant son temps de travail.

Art. R. 6323-11-2. (D. 2019-1549 du 30 déc. 2019, JO 31) Le salarié mentionné à l'article R. 6323-9-1 et réunissant l'une des conditions d'ancienneté prévues à cet article peut adresser une demande de prise en charge d'un projet de transition professionnelle à la commission paritaire interprofessionnelle régionale compétente au plus tard quatre mois après le terme de son dernier contrat de travail ou contrat de mission, à la condition que l'action de formation débute au plus tard six mois après ce terme.

Art. R. 6323-12. La demande de prise en charge d'un projet de transition professionnelle intervient après la réalisation d'une action de positionnement préalable. Le positionnement préalable est réalisé à titre gratuit par le prestataire de formation contacté en vue de suivre l'action de formation. Ce positionnement ne constitue pas une action de formation au sens de l'article L. 6313-1.

À l'issue de la réalisation du positionnement préalable, un document, joint à la demande de prise en charge, identifie les acquis du salarié et propose un parcours de formation individualisé et adapté, dans son contenu et sa durée, aux besoins de formation identifiés pour la réalisation du projet de transition professionnelle. Il comprend un devis approuvé par le salarié, précisant le coût et le contenu de l'action de formation proposée.

Art. R. 6323-13. La liste des pièces à transmettre à la commission paritaire interprofessionnelle régionale par le salarié souhaitant bénéficier d'un projet de transition professionnelle est arrêtée par le ministre chargé de la formation professionnelle.

§ 4. Les critères et modalités de prise en charge du projet de transition professionnelle

Art. R. 6323-14. La commission paritaire interprofessionnelle régionale procède à l'examen du dossier du salarié.

Elle contrôle le respect des conditions d'ancienneté et d'accès prévues au paragraphe 1 de la présente section et à l'article R. 6323-10 ainsi que la capacité, requise par l'article L. 6316-1, du prestataire de formation à dispenser une formation de qualité.

La commission apprécie la pertinence du projet professionnel au regard des critères cumulatifs suivants :

1° La cohérence du projet de transition professionnelle destiné à permettre de changer de métier ou de profession ;

2° La pertinence du parcours de formation et des modalités de financement envisagés à l'issue de l'action de positionnement préalable ;

3° Les perspectives d'emploi à l'issue de l'action de formation, notamment dans la région.

Art. R. 6323-14-1. I. – Lorsque la demande de prise en charge est présentée par le salarié mentionné à l'article R. 6323-11-1, la commission paritaire interprofessionnelle régionale peut décider de prendre en charge le projet même quand l'action de formation associée débute après le terme du contrat de travail, à la condition toutefois qu'elle débute au plus tard six mois après celui-ci.

II. – Pendant la durée de son projet de transition professionnelle, le travailleur mentionné au I a la qualité de stagiaire de la formation professionnelle.

Il bénéficie de la rémunération prévue à l'article L. 6323-17-5 ainsi que du maintien du régime de protection sociale dont il bénéficiait lorsqu'il était titulaire d'un contrat de travail à durée déterminée, en matière de sécurité sociale, d'assurance chômage et de retraite complémentaire. La commission paritaire interprofessionnelle régionale verse aux régimes concernés les cotisations sociales afférentes à ces garanties.

Art. R. 6323-14-2. I. – Les demandes de prise en charge d'un projet de transition professionnelle sont satisfaites dans l'ordre de leur réception. Toutefois, les commissions paritaires interprofessionnelles régionales sont admises à déterminer certaines catégories d'actions et de publics prioritaires lorsque les demandes de prise en charge d'un projet de transition professionnelle qui leur sont présentées ne peuvent être toutes satisfaites simultanément.

L'ordre de priorité est fixé par chaque commission au regard des spécificités de son territoire. Il tient compte notamment des analyses effectuées dans le cadre du contrat de plan régional de développement des formations et de l'orientation professionnelle élaboré par la région en application de l'article L. 6121-1, d'une part, et du référentiel de priorités dans la satisfaction des demandes de prise en charge établi par France compétences en application du 10° de l'article L. 6123-5, d'autre part.

Ce référentiel tient notamment compte du niveau de qualification et de la catégorie socioprofessionnelle des demandeurs ainsi que de leur éventuelle inaptitude à leur emploi, de la taille des entreprises qui les emploient et de l'objectif d'assurer l'égalité professionnelle entre les femmes et les hommes.

II. – La commission paritaire interprofessionnelle régionale planifie la répartition prévisionnelle de ses engagements financiers au cours de l'année.

III. – L'ordre de priorité et la répartition prévus au I et II sont définis et publiés chaque année dans des rubriques dédiées du système d'information national commun aux commissions paritaires interprofessionnelles régionales prévu au II de l'article L. 6323-17-2.

Art. R. 6323-14-3. I. – La commission paritaire interprofessionnelle régionale prend en charge :

1° Les frais pédagogiques et les frais de validation des compétences et des connaissances liés à la réalisation de l'action de formation ;

2° Les frais annexes, composés des frais de transport, de repas et d'hébergement occasionnés par la formation suivie par le salarié qui exécute un projet de transition professionnelle ;

3° La rémunération du salarié mentionnée à l'article L. 6323-17-5 ;

4° Les cotisations de sécurité sociale afférentes à cette rémunération ;

5° Les charges légales et conventionnelles assises sur cette rémunération.

II. – Sous réserve de la transmission, par le bénéficiaire, du justificatif matérialisant la décision de rompre le contrat de travail postérieurement à l'accord de prise en charge de la commission paritaire interprofessionnelle régionale, la prise en charge est maintenue en cas de rupture du contrat de travail :

1° Par l'employeur ;

2° Par le bénéficiaire, sous réserve de la conclusion d'un nouveau contrat de travail succédant au précédent dans un délai d'un mois à compter de la date de fin de préavis et de l'accord donné par le nouvel employeur à la demande de congé associé.

Art. R. 6323-14-4. La commission paritaire interprofessionnelle régionale mobilise prioritairement les droits inscrits sur le compte personnel de formation du salarié ayant fait l'objet d'une décision de prise en charge de son projet de transition professionnelle.

Le salarié peut bénéficier de compléments de financement versés à la commission paritaire interprofessionnelle régionale par les financeurs mentionnés au II de l'article L. 6323-4.

§ 5. Le refus de prise en charge d'un projet de transition professionnelle

Art. R. 6323-15. La commission paritaire interprofessionnelle régionale qui rejette tout ou partie d'une demande de prise en charge notifie au salarié les raisons motivant ce rejet par tout moyen conférant date certaine à la réception de cette notification. Elle l'informe également, dans sa notification, de la possibilité de déposer un recours gracieux.

Art. R. 6323-16. Le recours gracieux contre la décision est adressé à la commission paritaire interprofessionnelle régionale dans un délai de deux mois à compter de la date d'envoi de la notification du rejet.

Il est examiné par une instance paritaire de recours créée au sein de la commission paritaire interprofessionnelle régionale par son conseil d'administration. La commission détermine les conditions dans lesquelles elle délègue à cette instance le pouvoir de se prononcer sur les recours au nom du conseil d'administration.

La décision prise sur le recours gracieux est notifiée au salarié dans un délai de deux mois à compter de la date de dépôt du recours. En cas de confirmation du rejet, elle est motivée.

Art. R. 6323-17. L'intéressé peut solliciter une médiation de France compétences réalisée en application de l'article R. 6123-14 du code du travail. La commission paritaire interprofessionnelle régionale transmet, sur demande de France compétences, le dossier de demande de prise en charge du salarié accompagné de la décision motivée de refus de prise en charge du projet de transition professionnelle et, le cas échéant, de la décision prise sur le recours gracieux.

§ 6. Modalités de rémunération

Note Ce paragraphe a été introduit par le décret 2018-1339 du 28 décembre 2018, art. 1er, II, JO 30, entrée en vigueur le 01.01.2019.

Art. D. 6323-18-1. I. – Lorsque le projet de transition professionnelle est réalisé sur le temps de travail, le salarié bénéficie de la rémunération prévue à l'article L. 6323-17-5 pendant la durée de son projet, sous réserve de son assiduité à l'action de formation ou au stage en entreprise nécessaire à l'obtention de la certification prévue par le projet de transition professionnelle.

II. – La rémunération du bénéficiaire du projet de transition professionnelle et les cotisations sociales légales et conventionnelles à la charge de l'employeur assises sur cette rémunération sont versées mensuellement par l'employeur.

La commission paritaire interprofessionnelle régionale rembourse l'employeur dans le délai maximum d'un mois à compter de la réception des justificatifs suivants :

1° La copie du bulletin de paie ;

2° Le ou les justificatifs prouvant l'assiduité du bénéficiaire à l'action de formation (D. 2019-1439 du 23 déc. 2019, JO 26, entrée en vigueur le 01.01.2020) « ou au stage en entreprise » ;

3° Le cas échéant, les justificatifs relatifs aux cotisations sociales légales et conventionnelles à la charge de l'employeur assises sur les rémunérations dans l'entreprise concernée.

(D. 2019-1439 du 23 déc. 2019, JO 26, entrée en vigueur le 01.03.2020) « III. – Dans les entreprises de moins de cinquante salariés, l'employeur bénéficie, sur sa demande, du remboursement de la rémunération versée et des cotisations sociales légales et conventionnelles assises sur cette rémunération sous forme d'avances.

Le montant total des avances ne peut excéder 90 % du montant total des rémunérations mensuelles et des cotisations sociales légales et conventionnelles assises sur les rémunérations dues par l'employeur pendant le projet de transition professionnelle.

La première avance est versée à l'employeur par la commission paritaire interprofessionnelle régionale au plus tard trente jours après la réception de la facture émise par l'employeur comprenant le montant total des rémunérations et des cotisations sociales légales et conventionnelles dues par l'employeur pendant le projet de transition professionnelle. Le solde est versé à l'employeur par la commission paritaire interprofessionnelle régionale, après la réception des justificatifs, à la fin du projet de transition professionnelle.

En cas d'abandon du projet de transition professionnelle par le salarié ou d'absence supérieure à un mois, le paiement est réalisé au *prorata temporis* de la durée du projet de transition professionnelle.

Le taux et les conditions de versement des avances sont définis conjointement par la commission paritaire interprofessionnelle régionale et l'employeur. Ils peuvent s'appliquer pour l'ensemble des salariés bénéficiaires d'un projet de transition professionnelle au cours d'une période définie conjointement par la commission paritaire interprofessionnelle régionale et l'employeur. À défaut d'accord avant le début du projet de transition professionnelle, le taux et les conditions de versement de l'avance sont déterminés par arrêté du ministre chargé de la formation professionnelle.

L'employeur informe le cas échéant la commission paritaire interprofessionnelle régionale de la survenance de tout événement pouvant avoir des conséquences sur le suivi par le salarié de l'action de formation ou le montant de la rémunération et des cotisations sociales légales et conventionnelles et adresse les justificatifs avant le versement de l'avance suivante ou du solde.

Le versement sous forme d'avances est suspendu lorsque l'employeur ne transmet pas les justificatifs à la commission paritaire interprofessionnelle régionale.

En cas de trop perçu au titre des avances versées par la commission paritaire interprofessionnelle régionale, l'employeur rembourse la commission paritaire interprofessionnelle régionale concernée au plus tard trente jours après la constatation du trop perçu par la commission.

IV. – Pour les particuliers employeurs, la rémunération du salarié bénéficiaire d'un projet de transition professionnelle et les cotisations sociales légales et conventionnelles assises sur cette rémunération lui sont versées mensuellement par la commission paritaire interprofessionnelle régionale. »

Art. D. 6323-18-2. Lorsque le projet de transition professionnelle est réalisé après le terme du contrat de travail à durée déterminée en application de l'article R. 6323-14-1, la rémunération est versée par la commission paritaire interprofessionnelle régionale.

Art. R. 6323-18-2-1. (D. 2019-1549 du 30 déc. 2019, JO 31) I. – Lorsque le projet de transition professionnelle est accordé à un artiste ou technicien intermittent du spectacle mentionnés à l'article R. 6323-9-1 qui remplit la condition d'ancienneté mentionnée au 1°, au 2° ou au 3° du I de cet article, la rémunération et les cotisations sociales légales et conventionnelles assises sur cette rémunération, y compris celles versées en application des règles spécifiques d'indemnisation au titre du régime d'assurance chômage prévues à l'article L. 5424-22, sont versées mensuellement par la commission paritaire interprofessionnelle régionale.

II. – Lorsque le projet de transition professionnelle est accordé à un salarié, titulaire d'un contrat de travail conclu avec une entreprise de travail temporaire, qui remplit les conditions d'ancienneté mentionnées au III de l'article R. 6323-9-1, l'entreprise de travail temporaire établit un contrat de mission en application de l'article L. 1251-57 ou une lettre de mission pour les salariés titulaires d'un contrat à durée indéterminée intérimaire relevant de l'article L. 1251-58-1.

III. – La rémunération du salarié bénéficiaire du projet de transition professionnelle et les cotisations sociales légales et conventionnelles assises sur cette rémunération sont versées par l'employeur.

La commission paritaire interprofessionnelle régionale rembourse l'employeur dans le délai maximum d'un mois à compter de la réception des justificatifs suivants :

1° La copie du bulletin de paie ;

2° Les justificatifs prouvant l'assiduité du bénéficiaire à l'action de formation ou au stage en entreprise ;

3° Le cas échéant, les justificatifs relatifs aux cotisations sociales légales et conventionnelles à la charge de l'employeur assises sur les rémunérations dans l'entreprise concernée.

IV. – Dans les entreprises de moins de cinquante salariés, l'employeur bénéficie, sur sa demande, du remboursement de la rémunération versée et des cotisations sociales légales et conventionnelles assises sur cette rémunération sous forme d'avances.

Le montant total des avances ne peut excéder 90 % du montant total des rémunérations mensuelles et des cotisations sociales légales et conventionnelles assises sur les rémunérations dues par l'employeur pendant le projet de transition professionnelle.

La première avance est versée à l'employeur par la commission paritaire interprofessionnelle régionale au plus tard trente jours après la réception de la facture émise par l'employeur comprenant le montant total des rémunérations et des cotisations sociales légales et conventionnelles dues par l'employeur pendant le projet de transition professionnelle. Le solde est versé à l'employeur par la commission paritaire interprofessionnelle régionale, après la réception des justificatifs, à la fin du projet de transition professionnelle.

En cas d'abandon du projet de transition professionnelle par le salarié ou d'absence supérieure à un mois, le paiement est réalisé au *prorata temporis* de la durée du projet de transition professionnelle.

Le taux et les conditions de versement des avances sont définis conjointement par la commission paritaire interprofessionnelle régionale et l'employeur. Ils peuvent s'appliquer pour l'ensemble des salariés bénéficiaires d'un projet de transition professionnelle au cours d'une période définie conjointement par la commission paritaire interprofessionnelle régionale et l'employeur. À défaut d'accord avant le début du projet de transition professionnelle, le taux et les conditions de versement de l'avance sont déterminés par arrêté du ministre chargé de la formation professionnelle.

L'employeur informe le cas échéant la commission paritaire interprofessionnelle régionale de la survenance de tout événement pouvant avoir des conséquences sur le suivi par le salarié de l'action de formation ou le montant de la rémunération et des cotisations sociales légales et conventionnelles et adresse les justificatifs avant le versement de l'avance suivante ou du solde.

Le versement sous forme d'avances est suspendu lorsque l'employeur ne transmet pas les justificatifs à la commission paritaire interprofessionnelle régionale.

Art. D. 6323-18-3. I. – La rémunération due au titre du projet de transition professionnelle est égale à un pourcentage du salaire moyen de référence du bénéficiaire du projet, déterminé en fonction des salaires perçus au cours d'une période de référence.

II. – Le salaire moyen de référence du salarié qui remplit les conditions d'ancienneté mentionnées au 1° de l'article D. 6323-9 est calculé sur la base des salaires perçus au cours des douze mois précédant la formation.

III. – Le salaire moyen de référence du salarié qui remplit les conditions d'ancienneté mentionnées au 2° de l'article D. 6323-9 est calculé sur la base des salaires perçus au cours des quatre derniers mois en contrat de travail à durée déterminée, à l'exclusion des contrats mentionnés (D. 2019-1439 du 23 déc. 2019, JO 26, entrée en vigueur le 01.01.2020) « au II » de l'article D. 6323-9.

Art. R. 6323-18-3-1. (D. 2019-1549 du 30 déc. 2019, JO 31) I. – Le salaire moyen de référence de l'artiste ou technicien intermittent du spectacle mentionné à l'article R. 6323-9-1 qui bénéficie d'un projet de transition professionnelle est calculé sur la base des salaires perçus au cours des périodes travaillées mentionnées au 1°, au 2° ou au 3° du I de l'article R. 6323-9-1, du montant de l'allocation d'assurance perçu par le salarié et des indemnités versées par la caisse des congés spectacles.

II. – Le salaire moyen de référence du salarié titulaire d'un contrat de travail conclu avec une entreprise de travail temporaire, qui remplit les conditions d'ancienneté mentionnées au II de l'article R. 6323-9-1, est calculé sur la base des salaires moyens perçus au cours des 600 dernières heures de mission effectuées pour le compte de l'entreprise de travail temporaire dans laquelle cette demande est déposée.

Le salaire moyen tient compte du salaire de base, des heures complémentaires ou supplémentaires et des primes de toute nature versées au cours de la période de référence, à l'exception de l'indemnité de fin de mission, de l'indemnité compensatrice de congés payés et des remboursements de frais professionnels.

Art. D. 6323-18-4. I. – Lorsque le salaire moyen de référence du salarié est inférieur ou égal à deux fois le salaire minimum de croissance, la rémunération perçue au titre du projet de transition professionnelle est égale à 100 % du salaire moyen de référence.

II. – Lorsque le salaire moyen de référence du salarié est supérieur à deux fois le salaire minimum de croissance, la rémunération est égale à :

1° 90 % du salaire moyen de référence, lorsque la durée du congé de transition professionnelle n'excède pas un an ou 1 200 heures pour une formation discontinue ou à temps partiel ;

2° 90 % du salaire moyen de référence pour la première année de formation ou pour les premières 1 200 heures de formation, lorsque la durée du congé de transition professionnelle est supérieure à un an ou 1 200 heures pour une formation discontinue ou à temps partiel, et 60 % du salaire moyen de référence pour les années suivantes ou à partir de la 1 201e heure.

Lorsque le salaire moyen de référence du bénéficiaire excède deux fois le salaire minimum de croissance, le montant de la rémunération perçue au titre d'un projet de transition professionnelle ne peut être inférieur [à] un montant égal à deux fois le salaire minimum de croissance.

Sous-section 2. **Commissions paritaires interprofessionnelles régionales**

Note Cette sous-section a été introduite par le décret 2018-1339 du 28 décembre 2018, art. 2, JO 30, entrée en vigueur le 01.01.2019.

§ 1. Agrément

Art. D. 6323-19. I. – L'autorité administrative mentionnée au premier alinéa de l'article L. 6323-17-6 est le (D. 2020-88 du 5 févr. 2020, art. 1er, 30°, JO 6) « préfet de région ».

II. – La commission paritaire interprofessionnelle régionale prévue à l'article L. 6323-17-6 est gérée par une association paritaire administrée par un conseil d'administration.

III. – Les règles d'organisation et de fonctionnement des commissions paritaires interprofessionnelles régionales sont définies par un accord national interprofessionnel conclu entre les organisations d'employeurs et de salariés représentatives au plan national et interprofessionnel, sous réserve des dispositions prévues par le présent code.

§ 2. Retrait de l'agrément et nomination d'un administrateur provisoire

Art. D. 6323-19-1. I. – Lorsqu'il constate des dysfonctionnements répétés ou des défaillances, le (D. 2020-88 du 5 févr. 2020, art. 1er, 31°, JO 6) « préfet de région » adresse à la commission paritaire interprofessionnelle régionale une mise en demeure motivée par tout moyen donnant date certaine à la réception de cette mise en demeure.

La commission paritaire interprofessionnelle dispose d'un délai d'un mois pour présenter ses observations écrites et, le cas échéant, orales relatives à cette situation ainsi que les mesures correctives envisagées.

Au vu des éléments de réponse de la commission paritaire interprofessionnelle régionale ou le cas échéant à l'expiration de ce délai, le (D. 2020-88 du 5 févr. 2020, art. 1er, 31°, JO 6) « préfet de région » peut, en application de l'article L. 6323-17-6, nommer par arrêté un administrateur provisoire. L'arrêté fixe la durée de cette fonction.

II. – L'administrateur provisoire peut avoir pour mission :

1° D'accomplir une opération déterminée par l'arrêté mentionné au I ;

2° De gérer et de représenter l'organisme par substitution au conseil d'administration et à la direction générale pour la durée fixée par l'arrêté mentionné au I.

Art. D. 6323-19-2. I. – L'agrément peut être retiré lorsqu'une commission paritaire interprofessionnelle régionale ne satisfait plus aux dispositions des articles L. 6323-17-6, D. 6323-20-1, D. 6323-21, D. 6323-21-2 et D. 6323-21-4.

II. – Lorsqu'il constate qu'une commission paritaire interprofessionnelle régionale ne satisfait plus les dispositions mentionnées au I, le (D. 2020-88 du 5 févr. 2020, art. 1er, 32°, JO 6) « préfet de région » lui adresse une mise en demeure motivée, par tout moyen donnant date certaine à la réception de cette mise en demeure.

La commission paritaire interprofessionnelle régionale dispose d'un délai de deux mois pour présenter ses observations écrites ou orales.

III. – Au vu des éléments de réponse de la commission paritaire interprofessionnelle régionale ou, le cas échéant, à l'expiration de ce délai, le (D. 2020-88 du 5 févr. 2020, art. 1er, 32°, JO 6) « préfet de région » peut retirer l'agrément par arrêté.

L'arrêté précise la date à laquelle le retrait prend effet, ainsi que les modalités de dévolution des biens de l'opérateur concerné. L'arrêté lui est notifié et fait l'objet d'une publication au (D. 2020-88 du 5 févr. 2020, art. 1er, 32°, JO 6) « recueil des actes administratifs de la préfecture ».

§ 3. Constitution et fonctionnement des commissions paritaires interprofessionnelles régionales

Art. D. 6323-20. L'acte de constitution de la commission paritaire interprofessionnelle régionale détermine son champ d'intervention géographique, ainsi que les conditions de sa gestion. Il fixe notamment :

1° La composition et l'étendue des pouvoirs du conseil d'administration paritaire ;

2° Les modalités de désignation des organes chargés de la préparation et de l'exécution des décisions de gestion de l'organisme. L'acte de constitution peut prévoir à cet effet l'existence de commissions paritaires afférentes.

Art. D. 6323-20-1. I. – Le conseil d'administration de la commission paritaire interprofessionnelle régionale est composé, en tenant compte de la représentativité des signataires de l'accord constitutif de la commission, d'au plus vingt membres titulaires comme suit :

- dix membres titulaires au plus représentant les organisations syndicales de salariés représentatives au niveau national et interprofessionnel ;
- dix membres titulaires au plus représentant les organisations professionnelles d'employeurs représentatives au niveau national et interprofessionnel.

II. – Chaque organisation membre du conseil d'administration dispose d'un nombre de voix proportionnel à l'audience établie au niveau national et interprofessionnel en application du 3° de l'article L. 2122-9.

Art. D. 6323-20-2. I. – Les membres du conseil d'administration doivent être en activité professionnelle ou avoir été en activité professionnelle au cours des cinq années précédant leur désignation. Ils peuvent se faire représenter par un suppléant désigné selon les mêmes modalités que le titulaire.

II. – Les incompatibilités mentionnées aux articles L. 6332-2-1 et R. 6332-12 sont applicables aux membres de la commission paritaire interprofessionnelle régionale.

III. – Les fonctions d'administrateur ou de salarié dans un opérateur chargé d'organiser et de financer le conseil en évolution professionnelle désigné par France compétences en application du 4° de l'article L. 6123-5 sont incompatibles avec les fonctions d'administrateur ou de salarié d'une commission paritaire interprofessionnelle régionale.

Art. D. 6323-20-3. Les dispositions des articles R. 6332-13, R. 6332-14 et R. 6332-34 à R. 6332-37 sont applicables aux commissions paritaires interprofessionnelles régionales.

§ 4. Missions

Art. D. 6323-20-4. La commission paritaire interprofessionnelle régionale a pour mission :

1° L'examen, l'autorisation et la prise en charge des projets de transition professionnelle prévus à l'article L. 6323-17-2 ;

2° L'examen et la vérification du caractère réel et sérieux du projet de reconversion professionnelle mentionné au 2° du II de l'article L. 5422-1 ;

3° L'information du public sur les organismes délivrant du conseil en évolution professionnelle et le suivi de la mise en œuvre du conseil en évolution professionnelle sur le territoire régional prévus à l'article L. 6223-17-6. Ce suivi donne lieu à la transmission annuelle d'un rapport à France compétences, réalisé sur la base d'indicateurs transmis par les opérateurs de conseil en évolution professionnelle et d'une méthodologie définie par France compétences ;

4° L'examen des recours mentionnés à l'article R. 6323-16 et R. 5422-2-2, et, le cas échéant, pour les projets mentionnés à l'article L. 6323-17-1, la transmission d'une demande de médiation à France compétences prévue à l'article R. 6123-14 ;

5° Le contrôle de la qualité des formations dispensées dans le cadre d'un projet de transition professionnelle prévu à l'article L. 6316-3 ;

6° L'analyse des besoins en emploi, en compétences et en qualifications sur le territoire et l'élaboration de partenariats régionaux avec notamment l'État, le conseil régional et les acteurs du service public de l'emploi permettant l'élaboration et la mise en œuvre des parcours professionnels. (D. 2019-1439 du 23 déc. 2019, JO 26, entrée en vigueur le 01.01.2020) « La commission paritaire interprofessionnelle régionale organise des actions d'information sur la certification relative au socle de connaissances et de compétences professionnelles mentionné au I de l'article D. 6113-30 et des sessions de validation de cette certification dans la région. »

7° Le paiement des frais résultant des actions de formation mentionnées au 1° de l'article L. 6313-1 qui s'effectue dans les conditions prévues par le I et II de l'article R. 6332-25 et par l'article R. 6332-26.

Art. D. 6323-20-5. Les commissions paritaires interprofessionnelles régionales ne peuvent pas être désignées opérateurs de conseil en évolution professionnelle par France compétences.

Art. D. 6323-20-6. Les commissions paritaires interprofessionnelles régionales gèrent au sein d'une section financière unique les fonds reçus pour financer les projets de transition professionnelle en application du 5° de l'article L. 6123-5.

§ 5. Financement et disponibilités

Art. D. 6323-21. I. – Les commissions paritaires interprofessionnelles régionales financent :

1° Les frais pédagogiques, les frais annexes et les frais liés à la validation des compétences et des connaissances des projets de transition professionnelle prévus par l'article R. 6323-14-3 ;

2° La rémunération des bénéficiaires d'un projet de transition professionnelle et la prise en charge des cotisations sociales légales et conventionnelles à la charge de l'employeur assises sur ces rémunérations prévues à l'article R. 6323-14-3 ;

3° Les dépenses réalisées au titre du suivi de la mise en œuvre du conseil en évolution professionnelle sur le territoire régional prévu à l'article L. 6323-17-6 ;

4° Les frais de gestion correspondant aux missions de la commission paritaire interprofessionnelle régionale dans les limites définies par la convention d'objectifs et de moyens prévue à l'article (D. 2019-1439 du 23 déc. 2019, JO 26, entrée en vigueur le 01.01.2020) « D. 6323-21-4 » ou, à défaut, dans celles arrêtées par le ministre chargé de la formation professionnelle, dans les conditions prévues (D. 2019-1439 du 23 déc. 2019, JO 26, entrée en vigueur le 01.01.2020) « au III du même article ».

II. – Les commissions paritaires interprofessionnelles régionales n'assurent aucun financement, direct ou indirect, des organisations syndicales de salariés et des organisations professionnelles d'employeurs, sous réserve du remboursement, sur présentation de justificatifs, des frais de déplacement, de séjour et de restauration engagés par les personnes qui siègent au sein des organes de direction de ces commissions.

Art. D. 6323-21-1. Les règles et les sanctions prévues aux articles R. 6332-27 à R. 6332-29 s'appliquent à la gestion des fonds dont la commission paritaire interprofessionnelle régionale peut disposer au 31 décembre au titre de la section financière unique mentionnée à l'article D. 6323-20-6.

§ 6. Transmission de documents

Art. D. 6323-21-2. Les articles R. 6332-30 à R. 6332-32 sont applicables aux commissions paritaires interprofessionnelles régionales. Les documents prévus aux articles R. 6332-30 et R. 6332-31 sont également transmis, avant le 31 mai de l'année civile considérée, au préfet de région.

§ 7. Convention d'objectifs et de moyens

Art. D. 6323-21-3. I. – Une convention d'objectifs et de moyens triennale est conclue entre la commission paritaire interprofessionnelle régionale et le préfet de région.

Lors de la procédure préalable à cette convention, la commission paritaire interprofessionnelle régionale transmet au préfet de région un état des orientations de son activité et de l'évolution prévisionnelle des charges qui en résultent.

II. – Les parties procèdent annuellement à l'évaluation de suivi de la convention d'objectifs et de moyens. Elles apprécient le niveau de réalisation des objectifs fixés.

III. – Une copie de la convention et de l'évaluation annuelle est transmise à France compétences et au ministre chargé de la formation professionnelle par le préfet de région.

Art. D. 6323-21-4. I. – Les frais de gestion des commissions ne peuvent excéder un plafond déterminé dans la convention d'objectifs et de moyens.

Ces frais sont définis en fonction des demandes présentées par la commission paritaire interprofessionnelle et des objectifs fixés avec le préfet de région.

II. – Le plafond des frais de gestion mentionné au I est compris entre un minimum et un maximum déterminés en pourcentage des sommes perçues au titre des fonds mentionnés au 5° de l'article L. 6123-5. Ce minimum et ce maximum sont fixés par arrêté du ministre chargé de la formation professionnelle.

III. – En cas d'absence de conclusion de la convention d'objectifs et de moyens, les frais mentionnés au I ne peuvent excéder le minimum mentionné au II.

Art. D. 6323-21-5. Les frais de gestion de la commission paritaire interprofessionnelle régionale sont constitués par :

1° Les frais de gestion administrative relatifs à l'instruction et au suivi des projets de transition professionnelle (D. 2019-1439 du 23 déc. 2019, JO 26, entrée en vigueur le 01.01.2020) « , des » projets mentionnés au 2° du II de l'article L. 5422-1 (D. 2019-1439 du 23 déc. 2019, JO 26, entrée en vigueur le 01.01.2020) « et à l'organisation des sessions de validation de la certification relative au socle de connaissances et de compétences professionnelles mentionné au I de l'article D. 6113-30 » ;

2° Les frais de gestion liés à la mission de suivi de la mise en œuvre du conseil en évolution professionnelle sur le territoire régional ;

3° Le remboursement des frais de déplacement, de séjour et de restauration engagés par les personnes qui siègent au sein des organes de direction de l'organisme ;

4° Les frais d'information des salariés sur les projets de transition professionnelle (D. 2019-1439 du 23 déc. 2019, JO 26, entrée en vigueur le 01.01.2020) « , la certification relative au socle de connaissances et de compétences professionnelles mentionné au I de l'article D. 6113-30 », les projets mentionnés au 2° du II de l'article L. 5422-1 et l'information sur les organismes délivrant du conseil en évolution professionnelle ;

5° Les frais engagés pour s'assurer de la qualité des formations dispensées (D. 2019-1439 du 23 déc. 2019, JO 26, entrée en vigueur le 01.01.2020) « , notamment ceux liés à l'analyse des besoins en emploi, en compétences et en qualification sur le territoire ».

Art. D. 6323-21-6. En cas de dépassement des plafonds ou lorsque les objectifs prévus aux articles D. 6323-21-3 et D. 6323-21-4 ne sont pas atteints, le ministre chargé de la formation professionnelle adresse, sur proposition du préfet de région, à la commission paritaire interprofessionnelle régionale par tout moyen donnant date certaine à sa réception une mise en demeure motivée afin de présenter, dans un délai d'un mois, ses observations écrites et, le cas échéant, orales justifiant cette situation.

Au vu des éléments de réponse de la commission paritaire interprofessionnelle régionale ou après l'expiration de ce délai, le ministre chargé de la formation professionnelle peut :

1° Adresser à la commission une notification afin de procéder aux mesures correctives permettant d'assurer le respect des plafonds et objectifs prévus aux articles D. 6323-21-3 et D. 6323-21-4, ces mesures devant faire l'objet d'un suivi permettant d'apprécier la réponse apportée par la commission paritaire interprofessionnelle régionale ;

2° Décider le versement au Trésor public par la commission paritaire interprofessionnelle régionale d'une somme correspondant en tout ou partie au montant du dépassement constaté. Le recouvrement du versement est établi et poursuivi selon les modalités ainsi que sous les sûretés, garanties et sanctions applicables aux taxes sur le chiffre d'affaires ;

3° Nommer un administrateur provisoire au sein de la commission paritaire interprofessionnelle régionale ;

4° Retirer l'agrément de la commission paritaire interprofessionnelle régionale.

§ 8. Le système d'information national commun aux commissions paritaires interprofessionnelles régionales

Note Ce paragraphe a été introduit par le décret 2019-1492 du 27 décembre 2019, JO 29.

Art. R. 6323-21-7. I. – Le système d'information national commun prévu à l'article L. 6323-17-2 est mis en œuvre par France compétences qui en assure la conception, le déploiement, l'exploitation et la maintenance.

France compétences est en charge du pilotage de ce système d'information et fixe les modalités de sa gouvernance et de son organisation financière. Elle définit et met en œuvre le cadre stratégique commun pour son développement et organise son administration. Elle veille également à son adaptation et détermine les modalités et les actions d'accompagnement nécessaires à son utilisation.

II. – Les commissions paritaires interprofessionnelles régionales ont recours au système d'information national commun pour l'exercice de leurs missions et procèdent, à ce titre, à son alimentation.

Art. R. 6323-21-8. Le directeur général de France compétences est responsable des traitements de données à caractère personnel mis en œuvre au moyen du système d'information national commun mentionné à l'article R. 6323-21-7.

Art. R. 6323-21-9. Le système d'information national commun des commissions paritaires interprofessionnelles permet la transmission dans le système d'information du compte personnel de formation mentionné à l'article L. 6323-8 des données mentionnées au II de l'article R. 6323-34 dont il dispose.

SECTION 3. Mise en œuvre du compte personnel de formation pour les demandeurs d'emploi

Sous-section 1. Formations éligibles et mobilisation du compte

Art. L. 6323-21. (Ord. 2019-861 du 21 août 2019, art. 1er, 53°, JO 22) Les formations éligibles au compte personnel de formation sont, pour les demandeurs d'emploi, les formations mentionnées à l'article L. 6323-6.

Art. L. 6323-22. (L. 2018-771 du 5 sept. 2018, art. 1er, I, 23°, JO 6, entrée en vigueur le 01.01.2019) Lorsque le demandeur d'emploi accepte une formation achetée par la région, (Ord. 2019-861 du 21 août 2019, art. 1er, 54°, JO 22) «l'opérateur de compétences mentionné à l'article L. 6332-1,» Pôle emploi ou l'institution mentionnée à l'article L. 5214-1, son compte personnel de formation est débité du montant de l'action réalisée, dans la limite des droits inscrits sur son compte, après que le demandeur en a été informé. Dans ce cas, ces organismes ou collectivités prennent en charge les frais pédagogiques et les frais liés à la validation des compétences et des connaissances afférents à la formation du demandeur d'emploi. Ils peuvent également prendre en charge des frais annexes hors rémunération.

Sous-section 2. Prise en charge des frais de formation

Art. L. 6323-23. (L. 2018-771 du 5 sept. 2018, art. 1er, I, 24°, JO 6, entrée en vigueur le 01.01.2019) Les frais pédagogiques et les frais liés à la validation des compétences et des connaissances afférents à la formation du demandeur d'emploi qui mobilise son compte personnel sont pris en charge par l'organisme mentionné à l'article L. 6333-1 si la prise en charge de l'action est effectuée sans financement complémentaire ou dans la limite du droit acquis du compte personnel en cas de financement complémentaire. Ce financement complémentaire correspond à toute aide individuelle à la formation du demandeur d'emploi.

Art. L. 6323-24. (L. 2016-1088 du 8 août 2016, art. 39, II, 13°, JO 9, entrée en vigueur le 01.01.2017) Le compte peut être mobilisé par son titulaire à la recherche d'emploi dans un État membre de l'Union européenne autre que la France s'il n'est pas inscrit auprès de l'institution mentionnée à l'article L. 5312-1, sous réserve de la conclusion d'une convention entre cette institution et l'organisme chargé du service public de l'emploi dans le pays de la recherche d'emploi. Cette convention détermine les conditions de prise en charge des formations mobilisées par le demandeur d'emploi dans le cadre de son compte.

Sous-section 3. **Dispositions d'application**

Note Cette sous-section a été introduite par la loi 2018-771 du 5 septembre 2018, art. 1er, I, 25°, JO 6, entrée en vigueur le 01.01.2019.

Art. L. 6323-24-1. Un décret en Conseil d'État fixe les conditions d'application de la présente section.

SECTION 4. Mise en œuvre du compte personnel de formation pour les travailleurs indépendants, les membres des professions libérales et des professions non salariées, leurs conjoints collaborateurs et les artistes auteurs

Note Cette section a été introduite par la loi 2016-1088 du 8 août 2016, art. 39, II, 14°, JO 9, entrée en vigueur le 01.01.2018.

Sous-section 1. **Alimentation et abondement du compte**

Art. L. 6323-25. (L. 2018-771 du 5 sept. 2018, art. 1er, I, 26°, JO 6, entrée en vigueur le 01.01.2019) Les droits à formation inscrits sur le compte personnel de formation des travailleurs indépendants, des membres des professions libérales et des professions non salariées, de leurs conjoints collaborateurs et des artistes auteurs sont financés conformément aux modalités de répartition de la contribution prévue aux articles L. 6331-48, L. 6331-53 et L. 6331-65 du présent code et à l'article L. 718-2-1 du code rural et de la pêche maritime.

Art. L. 6323-26. Le compte est alimenté en (L. 2018-771 du 5 sept. 2018, art. 1er, I, 27°, JO 6, entrée en vigueur le 01.01.2019) «euros» (Ord. 2019-861 du 21 août 2019, art. 1er, 48°, JO 22) «au titre» de chaque année et, le cas échéant, par des abondements supplémentaires, selon les modalités définies à la présente sous-section.

Art. L. 6323-27. (L. 2018-771 du 5 sept. 2018, art. 1er, I, 28°, JO 6, entrée en vigueur le 01.01.2019) «L'alimentation du compte se fait à hauteur d'un montant annuel, exprimé en euros, dans la limite d'un plafond qui ne peut excéder dix fois le montant annuel. La valeur de ce plafond et ce montant sont fixés par décret en Conseil d'État.»

L'alimentation du compte est subordonnée à l'acquittement effectif de la contribution mentionnée aux articles L. 6331-48 et L. 6331-53 et au 1° de l'article L. 6331-65 du présent code ainsi qu'à l'article L. 718-2-1 du code rural et de la pêche maritime.

(L. 2018-771 du 5 sept. 2018, art. 1er, I, 28°, JO 6, entrée en vigueur le 01.01.2019) «Le montant mentionné au premier alinéa du présent article est diminué au prorata du temps d'exercice de l'activité au cours de l'année.»

Art. R. 6323-22. (D. 2018-1329 du 28 déc. 2018, art. 2, JO 30, entrée en vigueur le 01.01.2019) Le compte personnel de formation du travailleur mentionné à l'article L. 6323-25 est alimenté à hauteur de 500 euros par année de travail, dans la limite d'un plafond de 5 000 euros.

Lorsque le travailleur n'a pas exercé son activité au titre d'une année entière, son compte personnel de formation est alimenté d'une fraction du montant mentionné au I, calculée à due proportion du temps d'exercice de l'activité au cours de l'année. Lorsque le calcul des droits aboutit à un montant en euros comportant des décimales, ce montant est arrondi à la deuxième décimale, au centime d'euro supérieur.

(D. 2019-1049 du 11 oct. 2019, JO 13) «Un arrêté du ministre chargé de la formation professionnelle détermine les données permettant l'identification du travailleur et celles relatives à son activité professionnelle, transmises et utilisées par la Caisse des dépôts et consignations pour l'alimentation du compte personnel de formation.»

Art. L. 6323-28. La période d'absence du travailleur indépendant, du membre d'une profession libérale ou d'une profession non salariée, du conjoint collaborateur ou de l'artiste auteur pour un congé de maternité, de paternité et d'accueil de l'enfant, d'adoption, de présence parentale ou de proche aidant, pour un congé parental d'éducation ou pour une maladie professionnelle ou un accident du travail est intégralement prise en compte pour le calcul (L. 2018-771 du 5 sept. 2018, art. 1er, I, 29°, JO 6, entrée en vigueur le 01.01.2019) «du montant mentionné» au premier alinéa de l'article L. 6323-27.

Art. L. 6323-29. Le compte personnel de formation peut être abondé en application de l'accord constitutif du fonds d'assurance-formation de non-salariés mentionné à l'article L. 6332-9 du présent code ou à l'article L. 718-2-1 du code rural et de la pêche maritime. Il peut également être abondé par les chambres de métiers et de l'artisanat de région et les chambres régionales de métiers et de l'artisanat mentionnées à l'article 5-1 du code de l'artisanat, grâce aux contributions à la formation professionnelle versées dans les conditions prévues aux articles L. 6331-48 et L. 6331-50 du présent code.

Le compte personnel de formation des travailleurs indépendants de la pêche maritime, des employeurs de pêche maritime de moins de onze salariés, ainsi que des travailleurs indépendants et des employeurs de cultures marines de moins de onze salariés peut être abondé en application d'une décision du conseil d'administration de (L. 2018-771 du 5 sept. 2018, art. 1er, I, 30°, JO 6, entrée en vigueur le 01.01.2019) «l'opérateur de compétences» mentionné au troisième alinéa de l'article L. 6331-53 du présent code.

Le compte personnel de formation des artistes auteurs peut être abondé en application d'une décision du conseil d'administration de (L. 2018-771 du 5 sept. 2018, art. 1er, I, 30°, JO 6, entrée en vigueur le 01.01.2019) «l'opérateur de compétences» mentionné au premier alinéa de l'article L. 6331-68.

Sous-section 2. **Formations éligibles et mobilisation du compte**

Art. L. 6323-31. (L. 2018-771 du 5 sept. 2018, art. 1er, I, 32°, JO 6, entrée en vigueur le 01.01.2019) Les formations éligibles au compte personnel de formation sont les formations mentionnées à l'article L. 6323-6.

Art. D. 6323-23. (D. 2018-1338 du 28 déc. 2018, art. 2, II, JO 30, entrée en vigueur le 01.01.2019) Les dispositions des articles D. 6323-6, D. 6323-7 et D. 6323-8 sont applicables aux formations du travailleur mentionné à l'article L. 6323-25 éligibles au compte personnel de formation dans le cadre de la présente section.

Sous-section 3. **Prise en charge des frais de formation**

Art. L. 6323-32. (L. 2018-771 du 5 sept. 2018, art. 1er, I, 33°, JO 6, entrée en vigueur le 01.01.2019) Les frais pédagogiques et les frais liés à la validation des compétences et des connaissances afférents à la formation du travailleur indépendant, du membre d'une profession libérale ou d'une profession non salariée, du conjoint collaborateur ou de l'artiste auteur qui mobilise son compte personnel de formation sont pris en charge par l'organisme mentionné à l'article L. 6333-1.

SECTION 4 (RÉGLEMENTAIRE). Mise en œuvre du compte personnel de formation pour les pluriactifs

Note Cette section est l'ancienne section 8 (décret 2018-1329 du 28 décembre 2018, art. 3, JO 30, entrée en vigueur le 01.01.2019).

Art. R. 6323-27. (D. 2018-1329 du 28 déc. 2018, art. 3, JO 30, entrée en vigueur le 01.01.2019) Lorsque le titulaire d'un compte relève de plusieurs catégories au cours d'une même année, la Caisse des dépôts et consignations applique le montant d'alimentation annuel et le plafond les plus favorables. (D. 2019-1392 du 17 déc. 2019, art. 8, JO 19, entrée en vigueur le 01.01.2020) « Le titulaire d'un compte, qui exerce concomitamment des activités ouvrant des droits alimentés en euros et en heures, utilise ses droits acquis en euros ou en heures en fonction de son activité principale. Si ces activités sont exercées selon la même quotité, il peut utiliser ses droits acquis indifféremment en euros ou en heures. »

SECTION 5. Mise en œuvre du compte personnel de formation pour les personnes handicapées accueillies dans un établissement ou service d'aide par le travail

Note Cette section a été introduite par la loi 2016-1088 du 8 août 2016, art. 43, 2°, JO 9.

Sous-section 1. **Alimentation et abondement du compte**

Art. L. 6323-33. Le compte personnel de formation du bénéficiaire d'un contrat de soutien et d'aide par le travail mentionné à l'article L. 311-4 du code de l'action sociale et des familles est alimenté en (L. 2018-771 du 5 sept. 2018, art. 1er, I, 34°, JO 6, entrée en vigueur le 01.01.2019) «euros» (Ord. 2019-861 du 21 août 2019, art. 1er, 48°, JO 22) «au titre» de chaque année et mobilisé par le titulaire ou son représentant légal afin qu'il puisse suivre, à son initiative, une formation. Le compte ne peut être mobilisé qu'avec l'accord exprès de son titulaire ou de son représentant légal.

Art. L. 6323-34. (L. 2018-771 du 5 sept. 2018, art. 1er, I, 35°, JO 6, entrée en vigueur le 01.01.2019) L'alimentation du compte se fait à hauteur d'un montant exprimé en euros, par année d'admission à temps plein ou à temps partiel dans un établissement ou un service d'aide par le travail, dans la limite d'un plafond. La valeur de ce plafond et ce montant sont supérieurs au montant et au plafond mentionnés à l'article L. 6323-11. Le montant inscrit sur le compte permet à son titulaire de financer une formation éligible au compte, au sens de l'article L. 6323-6.

Art. R. 6323-29. (D. 2018-1329 du 28 déc. 2018, art. 4, JO 30, entrée en vigueur le 01.01.2019) I. – Le compte personnel de formation de la personne mentionnée à l'article L. 6323-33 est alimenté à hauteur de 800 euros par année d'admission à temps plein ou à temps partiel dans un établissement ou un service d'aide par le travail, dans la limite d'un plafond de 8 000 euros.

II. – Le calcul des droits des salariés est effectué par la Caisse des dépôts et consignations au moyen des données issues de la déclaration sociale nominative des employeurs mentionnée à l'article L. 133-5-3 du code de la sécurité sociale afin de procéder à l'alimentation de leurs comptes personnels de formation.

Un arrêté du ministre chargé de la formation professionnelle fixe les modalités selon lesquelles la caisse procède à ce calcul et à cette alimentation lorsqu'elle ne reçoit pas ces données et lorsque les données qu'elle reçoit sont incomplètes ou erronées.

Art. D. 6323-29-1. (D. 2018-1338 du 28 déc. 2018, JO 30, entrée en vigueur le 01.01.2019) Les dispositions des articles D. 6323-6, D. 6323-7 et D. 6323-8 sont applicables aux formations de la personne mentionnée à l'article L. 6323-33 éligibles au compte personnel de formation dans le cadre de la présente section.

Art. L. 6323-35. La période d'absence de la personne handicapée pour un congé de maternité, de paternité et d'accueil de l'enfant, d'adoption, de présence parentale, de soutien familial ou un congé parental d'éducation ou pour une maladie professionnelle ou un accident du travail est intégralement prise en compte pour le calcul (L. 2018-771 du 5 sept. 2018, art. 1er, I, 36°, JO 6, entrée en vigueur le 01.01.2019) «du montant des droits inscrits sur le compte».

Art. L. 6323-36. (L. 2018-771 du 5 sept. 2018, art. 1er, I, 37°, JO 6, entrée en vigueur le 01.01.2019) L'établissement ou le service d'aide par le travail verse à l'opérateur de compétences dont il relève une contribution égale au plus à 0,35 % d'une partie forfaitaire de la rémunération garantie versée aux travailleurs handicapés concernés dont le montant ainsi que le taux de la contribution sont définis par décret.

Art. D. 6323-29-2. (D. 2018-1346 du 28 déc. 2018, JO 30) La contribution de l'établissement ou du service d'aide par le travail mentionnée à l'article L. 6323-36 est égale à 0,20 % de l'assiette égale à la somme :

1° D'une part, de la fraction de rémunération garantie mentionnée à l'article L. 243-4 du code de l'action sociale et des familles qui est financée par l'établissement ou le service d'aide par le travail ;

2° Et, d'autre part, de la moitié de l'aide au poste financée par l'État et mentionnée au même article L. 243-4.

Art. L. 6323-37. (L. 2018-771 du 5 sept. 2018, art. 1er, I, 38°, JO 6, entrée en vigueur le 01.01.2019) Lorsque le coût de cette formation est supérieur au montant inscrit sur le compte ou au plafond mentionné à l'article L. 6323-34, le compte peut faire l'objet, à la demande de son titulaire ou de son représentant légal, d'abondements complémentaires. Outre les abondements mentionnés à l'article L. 6323-4, ces abondements peuvent être financés par les entreprises dans le cadre d'une mise à disposition par l'établissement ou le service d'aide par le travail mentionnée à l'article L. 344-2-4 du code de l'action sociale et des familles.

Sous-section 2. **Mobilisation du compte et prise en charge des frais de formation**

Art. L. 6323-39. Lorsque la formation financée dans le cadre du compte personnel de formation est suivie pendant le temps d'exercice d'une activité à caractère professionnel au sein de l'établissement ou du service d'aide par le travail, le travailleur handicapé doit demander l'accord préalable dudit établissement ou service sur le contenu et le calendrier de la formation.

Art. L. 6323-40. En cas d'acceptation par l'établissement ou le service d'aide par le travail, le travailleur handicapé bénéficie pendant la durée de la formation du maintien de sa rémunération garantie et du régime de sécurité sociale relatif à la protection en matière d'accidents du travail et de maladies professionnelles.

Art. L. 6323-41. (L. 2018-771 du 5 sept. 2018, art. 1er, I, 40°, JO 6, entrée en vigueur le 01.01.2019) Les frais pédagogiques et les frais liés à la validation des compétences et des connaissances afférents à la formation du titulaire qui mobilise son compte personnel de formation sont pris en charge par l'organisme mentionné à l'article L. 6333-1.

Sous-section 3. **Dispositions d'application**

Note Cette sous-section a été introduite par la loi 2018-771 du 5 septembre 2018, art. 1er, I, 41°, JO 6.

Art. L. 6323-42. Un décret en Conseil d'État fixe les conditions d'application de la présente section.

SECTION 6 (RÉGLEMENTAIRE). Système d'information du compte personnel de formation

Note • Cette section a été introduite par le décret 2014-1717 du 30 décembre 2014, JO 31, entrée en vigueur le 01.01.2015.

• Les articles R. 6323-31 à 40 sont les anciens articles R. 6323-12 à 21 (décret 2018-1332 du 28 décembre 2018, art. 1er, 1°, JO 30, entrée en vigueur le 01.01.2019).

Art. R. 6323-31. Le compte personnel de formation est mis en œuvre au moyen du traitement automatisé mentionné à la présente section.

Art. R. 6323-32. Conformément (D. 2019-1049 du 11 oct. 2019, JO 13) « aux dispositions de l'article » L. 6323-8, est autorisée la création, par le ministre chargé de la formation professionnelle, d'un traitement automatisé de données à caractère personnel dénommé Système d'information du compte personnel de formation (SI-CPF), permettant la gestion des droits inscrits sur le compte personnel de formation (D. 2019-1049 du 11 oct. 2019, JO 13) «, la gestion du parcours de formation du titulaire du compte, la mise à disposition des informations relatives à l'offre de formation et la prise en charge des actions de formation de l'inscription du titulaire du compte aux formations jusqu'au paiement des prestataires mentionnés à l'article L. 6351-1 ».

(D. 2019-1049 du 11 oct. 2019, JO 13) « Le ministre chargé de la formation professionnelle et la Caisse des dépôts et consignations sont responsables conjoints du traitement automatisé, qui est mis en œuvre et géré par la Caisse des dépôts et consignations ».

Art. R. 6323-33. (D. 2019-1049 du 11 oct. 2019, JO 13) Le traitement automatisé mentionné à l'article R. 6323-32 a pour finalités de permettre :

1° La gestion et le contrôle des droits acquis ainsi que des abondements en droits complémentaires du compte personnel de formation, accessible via un service dématérialisé mis en place à cet effet ;

2° L'information du titulaire du compte personnel de formation sur le montant des droits inscrits sur son compte, les formations éligibles et les abondements en droits complémentaires pouvant être sollicités ;

3° La prise en charge des actions de formation, de l'inscription jusqu'au paiement des prestataires mentionnés à l'article L. 6351-1, après vérification du service fait ;

4° La mise en relation du titulaire du compte personnel de formation et des prestataires mentionnés à l'article L. 6351-1, conformément aux modalités prévues par les conditions générales d'utilisation du service dématérialisé mentionnées à l'article L. 6323-9 ;

5° L'analyse de l'utilisation et l'évaluation de la mise en œuvre du compte personnel de formation, notamment au moyen de la statistique ;

6° La mise à disposition des services prévus au titre du compte personnel d'activité mentionnés au II de l'article L. 5151-6 par l'intermédiaire du service en ligne mentionné au I de l'article L. 5151-6 ;

7° La mise à disposition de services permettant d'accompagner le titulaire du compte personnel de formation dans la construction de son parcours professionnel et de lui formuler des propositions en lien avec ses préférences, ses attentes et son parcours ;

8° Le recensement des activités bénévoles ou de volontariat, l'alimentation et la mobilisation des droits inscrits sur le compte d'engagement citoyen conformément aux dispositions des articles L. 5151-7, L. 5151-8 et L. 5151-9 ;

9° La mise à disposition de services permettant au titulaire du compte personnel de formation de recenser les connaissances et compétences acquises, au cours de sa formation initiale et continue, et de sa carrière ;

10° La mise en œuvre du partage des données mentionné au deuxième alinéa de l'article L. 6353-10.

Art. R. 6323-34. (D. 2019-1049 du 11 oct. 2019, JO 13) I. – Dans la mesure où leur exploitation est nécessaire à la poursuite des finalités définies aux 1° à 9° de l'article R. 6323-33, les catégories de données à caractère personnel pouvant être enregistrées dans le traitement automatisé sont les suivantes :

1° Données relatives à l'identité et à l'activité professionnelle du titulaire du compte personnel de formation ;

2° Données relatives au parcours professionnel du titulaire du compte personnel de formation ;

3° Données d'ordre économique et financier relatives au titulaire du compte personnel de formation ;

4° Données relatives aux droits et parcours de formation du titulaire du compte personnel de formation.

II. – Dans la mesure où leur exploitation est nécessaire à la poursuite des finalités définies au 10° de l'article R. 6323-33, les catégories de données à caractère personnel pouvant être enregistrées dans le traitement automatisé sont les suivantes :

1° Données relatives à l'identité et à l'activité professionnelle du titulaire du compte personnel de formation ;

2° Données relatives à l'action de formation ;

3° Données relatives à l'entrée effective, aux interruptions et aux sorties de formation ;

4° Données relatives au parcours professionnel du titulaire du compte ;

5° Données relatives au parcours de formation du titulaire du compte.

III. – Un arrêté du ministre chargé de la formation professionnelle précise les catégories de données à caractère personnel mentionnées aux I et II.

Art. R. 6323-35. (D. 2019-1049 du 11 oct. 2019, JO 13) I. – Le titulaire du compte personnel de formation accède directement aux données à caractère personnel le concernant, en vue de renseigner et mettre à jour ses données à caractère personnel, son dossier de formation et son passeport d'orientation, de formation et de compétences.

II. – Ont seuls accès à tout ou partie des données à caractère personnel incluses dans le traitement automatisé mentionné à l'article R. 6323-32, dans les conditions fixées par les responsables de traitement et dans les limites strictement nécessaires à l'exercice de leurs missions, aux seules fins de la constitution et de la mise à jour des données relatives aux droits acquis et complémentaires, au projet de formation et aux sources de financement de la formation, les personnes et agents habilités des organismes. La liste de ces organismes est fixée par arrêté du ministre chargé de la formation professionnelle.

Art. R. 6323-36. (D. 2019-1049 du 11 oct. 2019, JO 13) Sont destinataires de tout ou partie des données à caractère personnel incluses dans le traitement automatisé mentionné à l'article R. 6323-32, dans les conditions fixées par les responsables de traitement et dans les limites strictement nécessaires à l'exercice de leurs missions, les personnes et les agents habilités des organismes pour ce qui relève de :

1° La gestion et du contrôle des droits acquis sur le compte personnel de formation et des abondements en droits complémentaires ;

2° La mise en relation du titulaire du compte personnel de formation et des prestataires mentionnés à l'article L. 6351-1 ;

3° L'analyse de l'utilisation et de l'évaluation de la mise en œuvre du compte personnel de formation ;

(D. 2019-1490 du 27 déc. 2019, art. 2, JO 29) « 4° La mise en œuvre du partage de données mentionné au deuxième alinéa de l'article L. 6353-10. »

La liste de ces organismes est fixée par arrêté du ministre chargé de la formation professionnelle.

Art. R. 6323-37. (D. 2019-1049 du 11 oct. 2019, JO 13) I. – Dans le cadre des finalités définies à l'article R. 6323-33 et dans la limite du besoin d'en connaître, le traitement automatisé mentionné à l'article R. 6323-32 peut être alimenté par les traitements automatisés de données à caractère personnel comportant le numéro d'inscription des personnes au répertoire national d'identification des personnes physiques pour ce qui relève :

1° De la gestion et du contrôle des droits inscrits sur le compte personnel de formation ;

2° Du recensement des activités bénévoles ou de volontariat, de l'alimentation et de la mobilisation des droits inscrits sur le compte d'engagement citoyen ;

3° De la mise en œuvre du partage de données mentionné au deuxième alinéa de l'article L. 6353-10.

La liste de ces traitements automatisés est fixée par arrêté du ministre chargé de la formation professionnelle.

II. – Dans le cadre des finalités définies à l'article R. 6323-33 et dans la limite du besoin d'en connaître, le traitement automatisé mentionné à l'article R. 6323-32 peut être mis en relation avec d'autres traitements automatisés de données à caractère personnel comportant le numéro d'inscription des personnes au répertoire national d'identification des personnes physiques pour ce qui relève de la prise en charge des actions de formation. La liste de ces traitements automatisés est fixée par arrêté du ministre chargé de la formation professionnelle.

III. – Dans le cadre des finalités définies à l'article R. 6323-33 et dans la limite du besoin d'en connaître, le traitement automatisé mentionné à l'article R. 6323-32 peut être mis en relation avec d'autres traitements automatisés de données à caractère personnel ne comportant pas le numéro d'inscription des personnes au répertoire national d'identification des personnes physiques pour ce qui relève de :

1° La mise en relation du titulaire du compte personnel de formation et des prestataires mentionnés à l'article L. 6351-1 ;

2° L'analyse de l'utilisation et de l'évaluation de la mise en œuvre du compte personnel de formation ;

3° La mise à disposition des services prévus au titre du compte personnel d'activité ;

4° La mise à disposition de services permettant d'accompagner le titulaire du compte personnel de formation dans la construction de son parcours professionnel.

La liste de ces traitements automatisés est fixée par arrêté du ministre chargé de la formation professionnelle.

Art. R. 6323-38. I. – Une information conforme aux dispositions de l'article 32 de la (D. 2019-1049 du 11 oct. 2019, JO 13) « loi n° 78-17 du 6 janvier 1978 relative à l'informatique, aux fichiers et aux libertés » figure sur le site internet du traitement automatisé mentionné à l'article (D. 2019-1049 du 11 oct. 2019, JO 13) « R. 6323-32 ».

II. – Le droit d'opposition prévu à l'article (D. 2019-1049 du 11 oct. 2019, JO 13) « 21 du règlement (UE) n° 2016/679 du Parlement européen et du Conseil du 27 avril 2016 relatif à la protection des personnes physiques à l'égard du traitement des données à caractère personnel et à la libre circulation de ces données » ne s'applique pas à ce traitement.

III. – Le droit d'accès et de rectification prévu aux articles (D. 2019-1049 du 11 oct. 2019, JO 13) « 15 et 16 du même règlement » s'exerce auprès de la Caisse des dépôts et consignations.

Art. R. 6323-39. Les données à caractère personnel et les informations enregistrées dans le traitement sont conservées pendant une durée de trois ans à compter de la date du décès du titulaire du compte personnel de formation.

En cas de contentieux, ce délai est prorogé, le cas échéant, jusqu'à l'intervention d'une décision juridictionnelle définitive.

Art. R. 6323-40. Toute opération relative au traitement automatisé mentionné à l'article (D. 2019-1049 du 11 oct. 2019, JO 13) « R. 6323-32 » fait l'objet d'un enregistrement comprenant l'identification de l'utilisateur, la date, l'heure et la nature de l'intervention dans ce traitement. Ces informations sont conservées pendant une durée d'un an.

(D. 2019-1049 du 11 oct. 2019, JO 13) « En cas de contentieux, ce délai est prorogé, le cas échéant, jusqu'à l'intervention d'une décision juridictionnelle définitive. »

SECTION 7 (RÉGLEMENTAIRE). Modalités d'alimentation supplémentaire du compte personnel de formation

Note Cette section a été introduite par le décret 2019-1049 du 11 octobre 2019, JO 13, entrée en vigueur le 01.01.2020.

Art. R. 6323-42. I. – Lorsqu'en application des dispositions du III de l'article L. 6323-4, les financeurs mentionnés au II du même article alimentent en droits supplémentaires le compte personnel de formation, ils adressent à la Caisse des dépôts et consignations les informations nécessaires à cette alimentation, notamment le nom du titulaire du compte, les données permettant son identification et le montant attribué.

II. – Une somme d'un montant égal à celui de l'alimentation mentionnée au I est versée par le financeur à la Caisse des dépôts et consignations qui en assure la gestion conformément aux dispositions de l'article L. 6333-6. Le compte du titulaire est alimenté du montant correspondant dès réception de cette somme.

SECTION 8 (RÉGLEMENTAIRE). Modalités d'utilisation des droits acquis au titre d'une activité relevant du droit public

Note Cette section a été introduite par le décret 2019-1392 du 17 décembre 2019, art. 8, JO 19, entrée en vigueur le 01.01.2020.

Art. R. 6323-43. Les droits acquis en heures au titre de l'article 22 *quater* de la loi n° 83-634 du 13 juillet 1983 peuvent être convertis en euros, à l'initiative de toute personne mentionnée aux articles L. 6323-2 et L. 6323-33, dans la limite des plafonds définis au I des articles R. 6323-1, R. 6323-3-1, R. 6323-29 et au premier alinéa de l'article R. 6323-22.

Art. D. 6323-44. La conversion en euros des droits acquis en heures mentionnée à l'article R. 6323-43 s'effectue à raison de 15 euros par heure.

Chapitre IV

Reconversion ou promotion par alternance

SECTION 1. Objet et conditions d'ouverture

Art. L. 6324-1. (L. 2018-771 du 5 sept. 2018, art. 28, II, 2°, JO 6) La reconversion ou la promotion par alternance a pour objet de permettre au salarié de changer de métier ou de profession, ou de bénéficier d'une promotion sociale ou professionnelle par des actions de formation (Ord. 2019-861 du 21 août 2019, art. 1er, 56°, JO 22) «ou par des actions permettant de faire valider les acquis de l'expérience mentionnées à l'article L. 6313-5».

Elle concerne les salariés en contrat à durée indéterminée, les salariés, qu'ils soient sportifs ou entraîneurs professionnels, en contrat de travail à durée déterminée conclu en application de l'article L. 222-2-3 du code du sport et les salariés bénéficiaires d'un contrat à durée indéterminée conclu en application de l'article L. 5134-19-1 du présent code, notamment les salariés dont la qualification est insuffisante au regard de l'évolution des technologies ou de l'organisation du travail. (Ord. 2019-861 du 21 août 2019, art. 1er, 56°, JO 22) «Elle concerne également les salariés placés en position d'activité partielle mentionnée à l'article L. 5122-1.»

Art. D. 6324-1. (D. 2018-1232 du 24 déc. 2018, JO 26, entrée en vigueur le 01.01.2019) La reconversion ou la promotion par alternance mentionnée à l'article L. 6324-1 s'effectue selon les modalités et la durée prévues aux articles L. 6325-11 à L. 6325-15 (D. 2020-262 du 16 mars 2020, JO 17) «, à l'exception des actions d'acquisition du socle de connaissance et de compétences mentionné aux articles L. 6121-2 et L. 6323-6 et de validation des acquis de l'expérience mentionnées à l'article L. 6313-5, pour lesquelles cette durée n'est pas applicable.»

Art. L. 6324-2. (L. 2018-771 du 5 sept. 2018, art. 28, II, 2°, JO 6) (Ord. 2019-861 du 21 août 2019, art. 1er, 57°, JO 22) «La reconversion ou promotion par alternance concerne» les salariés dont la qualification est inférieure ou égale à un niveau déterminé par décret.

Art. D. 6324-1-1. (D. 2018-1232 du 24 déc. 2018, JO 26, entrée en vigueur le 01.01.2019) Les salariés mentionnés à l'article L. 6324-2 sont ceux n'ayant pas atteint un niveau de qualification sanctionné par une certification professionnelle enregistrée au répertoire national des certifications professionnelles prévu à l'article L. 6113-1 et correspondant au grade de la licence.

Art. L. 6324-3. (Ord. 2019-861 du 21 août 2019, art. 1er, 57° bis, JO 22) Un accord collectif de branche étendu définit la liste des certifications professionnelles éligibles à la reconversion ou promotion par alternance. L'extension de cet accord est subordonnée au respect des critères de forte mutation de l'activité et de risque d'obsolescence des compétences.

La reconversion ou promotion par alternance peut permettre l'acquisition du socle de connaissance et de compétences mentionné aux articles L. 6121-2, L. 6324-1 et L. 6323-6.

Art. L. 6324-4. (Ord. 2019-861 du 21 août 2019, art. 1er, 58°, JO 22) «Lorsque la reconversion ou la promotion par alternance prévoit des actions de formation, ces dernières associent» des enseignements généraux, professionnels et technologiques dispensés dans des organismes publics ou privés de formation ou, lorsqu'elle dispose d'un service de formation, par l'entreprise et l'acquisition d'un savoir-faire par l'exercice en entreprise d'une ou plusieurs activités professionnelles en relation avec les qualifications recherchées.

Art. L. 6324-5. Les actions de formation mentionnées à l'article L. 6324-2 sont financées selon les modalités prévues au (Ord. 2019-861 du 21 août 2019, art. 1er, 59°, JO 22) «5°» du I de l'article L. 6332-14.

(Ord. 2019-861 du 21 août 2019, art. 1er, 59°, JO 22) «L'accord de branche étendu mentionné à l'article L. 6324-3 prévoit que la rémunération du salarié en reconversion ou promotion par alternance peut être prise en charge par l'opérateur de compétences selon les modalités prévues au 5° du II de l'article L. 6332-14 et dans les conditions déterminées par décret.»

Art. L. 6324-6. (L. 2018-771 du 5 sept. 2018, art. 28, II, 2°, JO 6) Le contrat de travail du salarié fait l'objet d'un avenant qui précise la durée et l'objet de la reconversion ou de la promotion par alternance. L'avenant au contrat est déposé selon les modalités prévues à l'article (Ord. 2019-861 du 21 août 2019, art. 1er, 60°, JO 22) « L. 6325-5».

SECTION 2. Déroulement de la reconversion ou de la promotion par alternance

Art. L. 6324-7. (L. 2018-771 du 5 sept. 2018, art. 28, II, 3°, JO 6) Les actions de reconversion ou de promotion par alternance peuvent se dérouler pour tout ou partie en dehors du temps de travail à l'initiative soit du salarié, soit de l'employeur, après accord écrit du salarié, en application du 2° de l'article L. 6321-6.

Art. L. 6324-8. (L. 2018-771 du 5 sept. 2018, art. 28, II, 3°, JO 6) Lorsque les actions mises en œuvre en application de l'article L. 6324-1 sont effectuées pendant le temps de travail, elles donnent lieu au maintien par l'employeur de la rémunération du salarié.

Art. L. 6324-9. Pendant la durée des formations, le salarié bénéficie de la législation de la sécurité sociale relative à la protection en matière d'accidents du travail et de maladies professionnelles.

Art. L. 6324-10. (Ord. 2019-861 du 21 août 2019, art. 1er, 63°, JO 22) Un décret précise les modalités d'application du présent chapitre.

SECTION 2 (RÉGLEMENTAIRE). Tutorat

Art. D. 6324-2. (D. 2018-1232 du 24 déc. 2018, JO 26, entrée en vigueur le 01.01.2019) L'employeur désigne, parmi les salariés de l'entreprise, un tuteur chargé d'accompagner chaque bénéficiaire de la reconversion ou la promotion par alternance, selon les modalités prévues aux articles D. 6325-6 à D. 6325-10.

Chapitre V

Contrats de professionnalisation

SECTION 1. Objet et conditions d'ouverture

Art. L. 6325-1. Le contrat de professionnalisation a pour objet de permettre d'acquérir une des qualifications prévues à l'article L. 6314-1 et de favoriser l'insertion ou la réinsertion professionnelle.

Ce contrat est ouvert :

1° Aux personnes âgées de seize à vingt-cinq ans révolus afin de compléter leur formation initiale ;

2° Aux demandeurs d'emploi âgés de vingt-six ans et plus ;

(L. 2009-1437 du 24 nov. 2009, art. 23, JO 25) « 3° Aux bénéficiaires du revenu de solidarité active, de l'allocation de solidarité spécifique ou de l'allocation aux adultes handicapés ou aux personnes ayant bénéficié d'un contrat conclu en application de l'article L. 5134-19-1 ;

4° (Abrogé). »

Art. L. 6325-1-1. (L. 2009-1437 du 24 nov. 2009, art. 23, JO 25) Les personnes mentionnées au 1° de l'article L. 6325-1 qui n'ont pas validé un second cycle de l'enseignement secondaire et qui ne sont pas titulaires d'un diplôme de l'enseignement technologique ou professionnel, (L. 2015-994 du 17 août 2015, art. 42, JO 18) « les personnes mentionnées aux 1° et 2° du même article L. 6325-1 inscrites depuis plus d'un an sur la liste des demandeurs d'emploi définie à l'article L. 5411-1, » ainsi que les personnes mentionnées (L. 2015-994 du 17 août 2015, art. 42, JO 18) « au 3° de l'article L. 6325-1 » bénéficient du contrat de professionnalisation selon les modalités prévues aux articles L. 6325-11, L. 6325-14, L. 6332-14 et L. 6332-15.

Art. L. 6325-2. Le contrat de professionnalisation associe des enseignements généraux, professionnels et technologiques dispensés dans des organismes publics ou privés de formation ou, lorsqu'elle dispose d'un service de formation, par l'entreprise, et l'acquisition d'un savoir-faire par l'exercice en entreprise d'une ou plusieurs activités professionnelles en relation avec les qualifications recherchées.

(L. 2015-994 du 17 août 2015, art. 54, JO 18) « Le contrat de professionnalisation peut comporter des périodes d'acquisition d'un savoir-faire dans plusieurs entreprises. Une convention est conclue à cet effet entre l'employeur, les entreprises d'accueil et le salarié en contrat de professionnalisation. Les modalités de l'accueil et le contenu de la convention sont fixés par décret. »

Art. L. 6325-2-1. (L. 2014-288 du 5 mars 2014, art. 7, I, 4°, JO 6) Les organismes publics ou privés de formation mentionnés à l'article L. 6325-2 ne peuvent conditionner l'inscription d'un salarié en contrat de professionnalisation au versement par ce dernier d'une contribution financière de quelque nature qu'elle soit.

Art. L. 6325-3. L'employeur s'engage à assurer une formation au salarié lui permettant d'acquérir une qualification professionnelle et à lui fournir un emploi en relation avec cet objectif pendant la durée du contrat à durée déterminée ou de l'action de professionnalisation du contrat à durée indéterminée.

Le salarié s'engage à travailler pour le compte de son employeur et à suivre la formation prévue au contrat.

Art. L. 6325-3-1. (L. 2014-288 du 5 mars 2014, art. 7, I, 5°, JO 6) L'employeur désigne, pour chaque salarié en contrat de professionnalisation, un tuteur chargé de l'accompagner. Un décret fixe les conditions de cette désignation ainsi que les missions et les conditions d'exercice de la fonction de tuteur.

Art. L. 6325-4. Les titulaires d'un contrat de professionnalisation ne sont pas pris en compte pour le calcul du nombre de salariés simultanément absents au titre de congés de formation pour l'application des articles (L. 2018-771 du 5 sept. 2018, art. 28, III, 1°, JO 6) « L. 6323-17-1 à L. 6323-17-5 ».

Art. L. 6325-4-1. (L. 2011-893 du 28 juil. 2011, art. 6, JO 29) Pour l'exercice d'activités saisonnières au sens du 3° de l'article L. 1242-2, deux employeurs peuvent conclure conjointement un contrat de professionnalisation à durée déterminée avec toute personne mentionnée au 1° de l'article L. 6325-1, en vue de l'acquisition d'une ou, par dérogation au même article L. 6325-1, de deux qualifications mentionnées à l'article L. 6314-1.

Une convention tripartite signée par les deux employeurs et le titulaire du contrat est annexée au contrat de professionnalisation. Elle détermine :

1° L'affectation du titulaire entre les deux entreprises au cours du contrat, selon un calendrier prédéfini ;

2° La désignation de l'employeur tenu de verser la rémunération due au titre de chaque période consacrée par le titulaire aux actions et aux enseignements mentionnés à l'article L. 6325-13 ;

3° Les conditions de mise en place du tutorat.

La période d'essai prévue à l'article L. 1242-10 est applicable au début de la première période de travail effectif chez chacun des employeurs.

Ce contrat peut être rompu, dans les conditions applicables aux contrats à durée déterminée, à l'initiative de chacune des parties, laquelle prend en charge les conséquences financières éventuelles de cette rupture.

SECTION 2. Formation et exécution du contrat

Art. L. 6325-5. Le contrat de professionnalisation est un contrat de travail à durée déterminée ou à durée indéterminée. Il est établi par écrit.

Lorsqu'il est à durée déterminée, il est conclu en application de l'article L. 1242-3.
Le contrat de professionnalisation est déposé auprès de l'autorité administrative.

Art. L. 6325-6. Le titulaire d'un contrat de professionnalisation bénéficie de l'ensemble des dispositions applicables aux autres salariés de l'entreprise dans la mesure où elles ne sont pas incompatibles avec les exigences de la formation.

Art. L. 6325-6-1. (L. 2009-1437 du 24 nov. 2009, art. 23, JO 25) Les mineurs titulaires d'un contrat de professionnalisation peuvent être autorisés à utiliser au cours de leur formation professionnelle les équipements de travail dont l'usage est interdit aux jeunes travailleurs, dans des conditions définies par décret.

Art. L. 6325-6-2. (L. 2011-893 du 28 juil. 2011, art. 3, JO 29) Une carte portant la mention " Étudiant des métiers " est délivrée par l'organisme ou le service chargé de leur formation aux personnes qui sont mentionnées au 1° de l'article L. 6325-1 et dont le contrat de professionnalisation a pour objet d'acquérir une qualification enregistrée dans le répertoire national des certifications professionnelles mentionné à l'article (L. 2018-771 du 5 sept. 2018, art. 45, I, 7°, JO 6) « L. 6113-1» et comporte une action de professionnalisation, au sens de l'article L. 6325-11 du présent code, d'une durée minimale de douze mois. Cette carte permet à son titulaire de faire valoir sur l'ensemble du territoire national la spécificité de son statut auprès des tiers, notamment en vue d'accéder à des réductions tarifaires identiques à celles dont bénéficient les étudiants de l'enseignement supérieur.

La carte d'étudiant des métiers est établie conformément à un modèle déterminé par voie réglementaire.

Art. L. 6325-7. (L. 2011-893 du 28 juil. 2011, art. 9, JO 29) Le contrat de professionnalisation à durée déterminée peut être renouvelé une fois si :

1° Le bénéficiaire, ayant obtenu la qualification visée, prépare une qualification supérieure ou complémentaire ;

2° Le bénéficiaire n'a pu obtenir la qualification visée pour cause d'échec aux épreuves d'évaluation de la formation suivie, de maternité, de maladie, d'accident du travail, de maladie professionnelle ou de défaillance de l'organisme de formation.

SECTION 3. Salaire et durée du travail

Art. L. 6325-8. Sauf dispositions conventionnelles ou contractuelles plus favorables, le salarié âgé de moins de vingt-six ans et titulaire d'un contrat de professionnalisation perçoit pendant la durée du contrat à durée déterminée ou de l'action de professionnalisation du contrat à durée indéterminée une rémunération calculée en fonction du salaire minimum de croissance.

Le montant de cette rémunération peut varier en fonction de l'âge du bénéficiaire et du niveau de sa formation.

Un décret détermine ce montant et les conditions de déduction des avantages en nature.

Art. L. 6325-9. Le titulaire d'un contrat de professionnalisation âgé d'au moins vingt-six ans perçoit, pendant la durée du contrat à durée déterminée ou de l'action de professionnalisation du contrat à durée indéterminée, une rémunération qui ne peut être inférieure ni au salaire minimum de croissance ni à un pourcentage déterminé par décret de la rémunération minimale prévue par les dispositions de la convention ou de l'accord collectif de branche dont relève l'entreprise.

Art. L. 6325-10. La durée du travail du salarié, incluant le temps passé en formation, ne peut excéder la durée hebdomadaire de travail pratiquée dans l'entreprise ni la durée quotidienne maximale du travail fixée par l'article (L. 2016-1088 du 8 août 2016, art. 8, XI, 17°, JO 9) « L. 3121-18».

Il bénéficie du repos hebdomadaire dans les conditions fixées au présent code et au I de l'article L. 714-1 du code rural (Ord. 2010-462 du 6 mai 2010, JO 7) «et de la pêche maritime».

SECTION 4. Durée et mise en œuvre des actions de professionnalisation

Art. L. 6325-11. L'action de professionnalisation d'un contrat de professionnalisation à durée déterminée ou qui se situe au début d'un contrat de professionnalisation à durée indéterminée est d'une durée minimale comprise entre six et douze mois. (L. 2009-1437 du 24 nov. 2009, art. 23, JO 25) «Elle peut être allongée jusqu'à (L. 2018-771 du 5 sept. 2018, art. 28, III, 2°, JO 6) «trente-six» mois pour les personnes mentionnées à l'article L. 6325-1-1.»

Art. L. 6325-12. La durée minimale de l'action de professionnalisation peut être allongée jusqu'à vingt-quatre mois (L. 2009-1437 du 24 nov. 2009, art. 23, JO 25) «pour d'autres personnes que celles mentionnées à l'article L. 6325-11» ou lorsque la nature des qualifications prévues l'exige.

Ces bénéficiaires et la nature de ces qualifications sont définis par convention ou accord collectif de branche ou, à défaut, par accord collectif conclu entre les organisations représentatives d'employeurs et de salariés signataires de l'accord constitutif d'un organisme collecteur paritaire interprofessionnel agréé.

La nature de ces qualifications peut être définie par un accord conclu au niveau national et interprofessionnel.

Art. L. 6325-13. Dans le cadre du contrat de professionnalisation à durée déterminée ou d'actions de professionnalisation engagées dans le cadre de contrats à durée indéterminée, les actions (L. 2016-1088 du 8 août 2016, art. 82, JO 9) «de positionnement,» d'évaluation et d'accompagnement ainsi que les enseignements généraux, professionnels et technologiques sont mis en œuvre par un organisme de formation ou, lorsqu'elle dispose d'un service de formation, par l'entreprise elle-même.

Ils sont d'une durée minimale comprise entre 15 %, sans être inférieure à cent cinquante heures, et 25 % de la durée totale du contrat.

Art. L. 6325-14. Un accord de branche peut porter au-delà de 25 % la durée des actions pour certaines catégories de bénéficiaires, notamment pour (L. 2009-1437 du 24 nov. 2009, art. 23, JO 25) «ceux mentionnés à l'article L. 6325-1-1» ou pour ceux qui visent des formations diplômantes.

À défaut d'accord de branche, un accord peut être conclu entre les organisations représentatives d'employeurs et de salariés signataires de l'accord constitutif d'un organisme collecteur paritaire des fonds de la formation professionnelle continue à compétence interprofessionnelle mentionné à l'article L. 6325-12.

Art. L. 6325-14-1. (L. 2011-893 du 28 juil. 2011, art. 10, JO 29) Un accord de branche ou un accord collectif conclu entre les organisations syndicales de salariés et d'employeurs signataires de l'accord constitutif d'un (L. 2018-771 du 5 sept. 2018, art. 28, III, 3°, JO 6) «opérateur de compétences» interprofessionnel peut définir les modalités de continuation et de financement, pour une durée n'excédant pas (L. 2018-771 du 5 sept. 2018, art. 28, III, 3°, JO 6) «six» mois, des actions d'évaluation et d'accompagnement et des enseignements mentionnés à l'article L. 6325-13, au bénéfice des personnes dont le contrat de professionnalisation comportait une action de professionnalisation, au sens de l'article L. 6325-11, d'une durée minimale de douze mois et a été rompu sans que ces personnes soient à l'initiative de cette rupture.

Art. L. 6325-15. Est nulle, toute clause prévoyant le remboursement à l'employeur par le titulaire d'un contrat de professionnalisation des dépenses de formation en cas de rupture du contrat de travail.

SECTION 6. Entreprises de travail temporaire

Art. L. 6325-23. Les entreprises de travail temporaire peuvent conclure des contrats de professionnalisation à durée déterminée en application de l'article L. 1242-3.

Les activités professionnelles en relation avec les enseignements reçus sont alors exercées dans le cadre des missions de travail temporaire définies par le chapitre Ier du titre V du livre II de la première partie.

Art. L. 6325-24. Un accord, conclu au niveau de la branche professionnelle entre les organisations représentatives d'employeurs et de salariés du travail temporaire et l'État, peut prévoir qu'une partie des fonds (L. 2014-288 du 5 mars 2014, art. 1er, I, 10°, JO 6, entrée en vigueur le 01.01.2015) «affectés (L. 2018-771 du 5 sept. 2018, art. 28, III, 4°, JO 6) «à l'alternance» soit utilisée pour le» financement d'actions de formation réalisées dans le cadre de l'article L. 1251-57 et ayant pour objet la professionnalisation des salariés intérimaires ou l'amélioration de leur insertion professionnelle.

SECTION 7. Mobilité dans l'Union européenne et à l'étranger

Note Cette section a été introduite par la loi 2018-771 du 5 septembre 2018, art. 28, III, 5°, JO 6.

Art. L. 6325-25. I. – Le contrat de professionnalisation peut être exécuté en partie à l'étranger pour une durée qui ne peut excéder un an.

La durée du contrat peut être portée à vingt-quatre mois. L'exécution du contrat en France doit être au minimum de six mois.

Pendant la période de mobilité à l'étranger, l'article L. 6325-13 ne s'applique pas.

II. – Pendant la période de mobilité dans ou hors de l'Union européenne, l'entreprise ou l'organisme de formation d'accueil est seul responsable des conditions d'exécution du travail, telles qu'elles sont déterminées par les dispositions légales et conventionnelles en vigueur dans le pays d'accueil, notamment ce qui a trait:

1° À la santé et à la sécurité au travail;
2° À la rémunération;
3° À la durée du travail;
4° Au repos hebdomadaire et aux jours fériés.

Pendant la période de mobilité dans ou hors de l'Union européenne, le bénéficiaire du contrat de professionnalisation relève de la sécurité sociale de l'État d'accueil, sauf lorsqu'il ne bénéficie pas du statut de salarié ou assimilé dans cet État. Dans ce cas, sa couverture sociale est régie par le code de la sécurité sociale pour ce qui concerne les risques maladie, vieillesse, maternité, accidents du travail et maladies professionnelles et invalidité. Cette couverture est assurée en dehors de l'Union européenne, sous réserve des dispositions des (Ord. 2019-861 du 21 août 2019, art. 1er, 36°, JO 22) «règlements européens et des» conventions internationales de sécurité sociale, par une adhésion à une assurance volontaire.

Une convention peut être conclue entre le bénéficiaire, l'employeur en France, l'employeur à l'étranger, l'organisme de formation en France et, le cas échéant, l'organisme de formation à l'étranger pour la mise en œuvre de cette mobilité dans ou hors de l'Union européenne.

Un arrêté du ministre chargé du travail détermine le modèle de cette convention.

III. – Pour les périodes de mobilité n'excédant pas quatre semaines, une convention organisant la mise à disposition d'un bénéficiaire d'un contrat de professionnalisation peut être conclue entre le bénéficiaire, l'employeur en France, l'organisme de formation en France et l'organisme de formation à l'étranger ainsi que, le cas échéant, l'employeur à l'étranger.

SECTION 1 (RÉGLEMENTAIRE). Formation, enregistrement et rupture du contrat

Art. D. 6325-1. (D. 2011-535 du 17 mai 2011, JO 19) «L'employeur adresse le contrat de professionnalisation accompagné du document annexé à ce contrat mentionné à l'article D. 6325-11 à l'organisme paritaire collecteur agréé au titre de la professionnalisation, au plus tard dans les cinq jours qui suivent le début du contrat.»

(D. 2015-1093 du 28 août 2015, JO 30, entrée en vigueur le 01.09.2016) «L'employeur transmet, sous une forme dématérialisée, les documents prévus au premier alinéa au moyen du service dématérialisé favorisant le développement de la formation en alternance mentionné à l'article 4 de la loi n° 2011-893 du 28 juillet 2011 pour le développement de l'alternance et la sécurisation des parcours professionnels.

Les décisions d'accord ou de refus de prise en charge prévues à l'article D. 6325-2 sont notifiées à l'employeur au moyen du service dématérialisé mentionné au précédent alinéa.

Ces décisions sont également adressées au directeur régional des entreprises, de la concurrence, de la consommation, du travail et de l'emploi du lieu d'exécution du contrat par l'intermédiaire du service dématérialisé mentionné au deuxième alinéa. »

Art. D. 6325-2. (D. 2011-535 du 17 mai 2011, JO 19) Dans le délai de vingt jours à compter de la réception du contrat et du document annexé à ce contrat, l'organisme collecteur se prononce sur la prise en charge financière. Il vérifie notamment que les stipulations du contrat ne sont pas contraires à une disposition légale ou à une stipulation conventionnelle. Il notifie à l'employeur sa décision relative à la prise en charge financière. À défaut d'une décision de l'organisme dans ce délai, la prise en charge est réputée acceptée et le contrat est réputé déposé.

Lorsque l'organisme refuse la prise en charge financière au motif que les stipulations du contrat sont contraires à une disposition légale ou à une stipulation conventionnelle, il notifie sa décision motivée à l'employeur et au salarié titulaire du contrat.

Art. D. 6325-4. Les périodes en entreprise réalisées au titre de la formation initiale des jeunes sous statut scolaire ou universitaire ne peuvent donner lieu à la conclusion de contrats de professionnalisation.

Art. D. 6325-5. Lorsque le contrat de professionnalisation, ou l'action de professionnalisation lorsqu'il s'agit d'un contrat de travail à durée indéterminée, est rompu avant son terme, l'employeur signale cette rupture dans un délai de trente jours :

1° Au (D. 2009-1377 du 10 nov. 2009, JO 13; D. 2010-687 du 24 juin 2010, JO 25; voir D. 2010-1582 du 17 déc. 2010, JO 18, pour outre-mer) « directeur régional des entreprises, de la concurrence, de la consommation, du travail et de l'emploi » (D. 2015-1093 du 28 août 2015, JO 30, entrée en vigueur le 01.09.2016) « par l'intermédiaire du service dématérialisé mentionné au deuxième alinéa de l'article D. 6325-1 »;

2° À l'(L. 2018-771 du 5 sept. 2018, art. 45, II, JO 6) « opérateur de compétences » (D. 2015-1093 du 28 août 2015, JO 30, entrée en vigueur le 01.09.2016) « par l'intermédiaire du service dématérialisé mentionné au deuxième alinéa de l'article D. 6325-1 » ;

3° À l'organisme chargé du recouvrement des cotisations et contributions sociales.

SECTION 2 (RÉGLEMENTAIRE). Tutorat

Art. D. 6325-6. Pour chaque salarié en contrat de professionnalisation, l'employeur (D. 2014-969 du 22 août 2014, JO 27) « choisit » un tuteur parmi les salariés qualifiés de l'entreprise.

Le salarié choisi pour être tuteur doit être volontaire et justifier d'une expérience professionnelle d'au moins deux ans dans une qualification en rapport avec l'objectif de professionnalisation visé.

(D. 2014-969 du 22 août 2014, JO 27) « Toutefois, l'employeur peut, notamment en l'absence d'un salarié qualifié répondant aux conditions prévues au second alinéa et à l'article D. 6325-9, assurer lui-même le tutorat dès lors qu'il remplit les conditions de qualification et d'expérience. »

Art. D. 6325-7. Les missions du tuteur sont les suivantes :

1° Accueillir, aider, informer et guider les bénéficiaires du contrat de professionnalisation ;

2° Organiser avec les salariés intéressés l'activité de ces bénéficiaires dans l'entreprise et contribuer à l'acquisition des savoir-faire professionnels ;

3° Veiller au respect de l'emploi du temps du bénéficiaire ;

4° Assurer la liaison avec l'organisme ou le service chargé des actions d'évaluation, de formation et d'accompagnement des bénéficiaires à l'extérieur de l'entreprise ;

5° Participer à l'évaluation du suivi de la formation.

Art. D. 6325-8. L'employeur laisse au tuteur le temps nécessaire pour exercer ses fonctions et se former.

Art. D. 6325-9. Lorsqu'il est salarié, le tuteur ne peut exercer simultanément ses fonctions à l'égard de plus de trois salariés bénéficiaires de contrats de professionnalisation ou d'apprentissage ou de périodes de professionnalisation.

L'employeur ne peut assurer simultanément le tutorat à l'égard de plus de deux salariés.

Art. D. 6325-10. (D. 2014-969 du 22 août 2014, JO 27) Dans le cadre d'un contrat de professionnalisation conclu avec une entreprise de travail temporaire ou un groupement d'employeurs, l'entreprise utilisatrice désigne un tuteur chargé d'exercer, pendant les périodes de mise à disposition, les missions prévues aux 1°, 2° et 3° de l'article D. 6325-7.

L'entreprise de travail temporaire ou le groupement d'employeurs désigne également un tuteur chargé d'exercer, en lien avec le tuteur de l'entreprise utilisatrice, les missions prévues aux 4° et 5° de l'article D. 6325-7. Les conditions prévues aux articles D. 6325-6 et D. 6325-9 ne s'appliquent pas à ce tuteur.

SECTION 3 (RÉGLEMENTAIRE). Organisation de la formation

Art. D. 6325-11. Un document précisant les objectifs, le programme et les modalités d'organisation, d'évaluation et de sanction de la formation est annexé au contrat de professionnalisation.

Art. D. 6325-12. Les actions d'accompagnement ainsi que les enseignements généraux, professionnels et technologiques mentionnés à l'article L. 6325-13, mis en place dans le cadre d'un contrat de professionnalisation par un organisme de formation ou un établissement d'enseignement, donnent lieu à la signature, entre l'entreprise et l'organisme de formation ou l'établissement d'enseignement, d'une convention précisant les objectifs, le programme et les modalités d'organisation, d'évaluation et de sanction de la formation.

Art. D. 6325-13. Dans les deux mois suivant le début du contrat de professionnalisation, l'employeur examine avec le salarié l'adéquation du programme de formation au regard des acquis du salarié.

En cas d'inadéquation, l'employeur et le salarié peuvent, dans les limites de la durée de ce contrat, conclure un avenant.

Cet avenant est transmis à l'(L. 2018-771 du 5 sept. 2018, art. 45, II, JO 6) «opérateur de compétences». Il est déposé à la (D. 2009-1377 du 10 nov. 2009, JO 13; D. 2010-687 du 24 juin 2010, JO 25; voir D. 2010-1582 du 17 déc. 2010, JO 18, pour outre-mer) «direction régionale des entreprises, de la concurrence, de la consommation, du travail et de l'emploi» selon les modalités et dans les conditions définies (D. 2011-535 du 17 mai 2011, JO 19) «à l'article D. 6325-2».

SECTION 4 (RÉGLEMENTAIRE). Salaire

Art. D. 6325-14. Les salariés âgés de moins de vingt-six ans titulaires d'un contrat de professionnalisation perçoivent pendant la durée du contrat de travail à durée déterminée ou de l'action de professionnalisation du contrat de travail à durée indéterminée un salaire minimum calculé en fonction de leur âge et de leur niveau de formation.

Art. D. 6325-15. Le salaire ne peut être inférieur à 55 % du salaire minimum de croissance pour les bénéficiaires âgés de moins de vingt et un ans et à 70 % du salaire minimum de croissance pour les bénéficiaires âgés de vingt et un ans et plus.

Ces rémunérations ne peuvent, respectivement, être inférieures à 65 % et 80 % du salaire minimum de croissance, lorsque le bénéficiaire est titulaire d'une qualification au moins égale à celle d'un baccalauréat professionnel ou d'un titre ou diplôme à finalité professionnelle de même niveau.

Art. D. 6325-16. Les montants de rémunération prévus à l'article D. 6325-15 sont calculés à partir du premier jour du mois suivant le jour où le titulaire du contrat a atteint l'âge indiqué.

Art. D. 6325-17. Excepté dans le cas où un taux moins élevé est prévu par une convention collective ou un contrat, les avantages en nature dont bénéficie le titulaire du contrat de professionnalisation peuvent être déduits du salaire dans la limite de 75 % de la déduction autorisée pour les autres salariés par la réglementation applicable en matière de sécurité sociale.

Ces déductions ne peuvent excéder, chaque mois, un montant égal aux trois quarts du salaire.

Art. D. 6325-18. La rémunération du titulaire d'un contrat de professionnalisation âgé d'au moins vingt-six ans, prévue à l'article L. 6325-9, ne peut être inférieure à 85 % de la rémunération minimale prévue par les dispositions de la convention ou de l'accord collectif de branche dont relève l'entreprise.

SECTION 5 (RÉGLEMENTAIRE). Exonérations de cotisations sociales

Art. D. 6325-19. En cas de suspension du contrat de travail avec maintien total ou partiel de la rémunération mensuelle brute du salarié, le nombre d'heures rémunérées pris en compte pour le calcul (D. 2009-612 du 2 juin 2009, JO 4) « des exonérations prévues aux articles L. 6325-16 et L. 6325-17 » est égal au produit de la durée de travail que le salarié aurait accomplie s'il avait continué à travailler et du pourcentage de la rémunération demeuré à la charge de l'employeur et soumis à cotisation.

Ce nombre d'heures rémunérées ne peut excéder, au titre du mois civil considéré, la durée légale du travail calculée sur le mois, ou, lorsqu'elle est inférieure, la durée conventionnelle applicable dans l'établissement.

Art. D. 6325-19-1. (D. 2009-612 du 2 juin 2009, JO 4) L'exonération prévue à l'article L. 6325-17 bénéficie aux groupements d'employeurs (D. 2015-998 du 17 août 2015, JO 18) « pour l'insertion et la qualification » bénéficiant de l'aide prévue aux articles D. 6325-23 et D. 6325-24.

Art. R. 6325-20. Lorsque les services chargés du contrôle de l'exécution du contrat ou les agents de contrôle mentionnés à l'article L. 6361-5 constatent que l'employeur a méconnu les dispositions de l'article L. 1111-3, relatives aux modalités de calcul des effectifs, et celles du présent chapitre, le (D. 2009-1377 du 10 nov. 2009, JO 13 ; D. 2010-687 du 24 juin 2010, JO 25 ; voir D. 2010-1582 du 17 déc. 2010, JO 18, pour outre-mer) « directeur régional des entreprises, de la concurrence, de la consommation, du travail et de l'emploi » peut, par décision motivée, prononcer le retrait du bénéfice de l'exonération.

Art. R. 6325-21. La décision de retrait du bénéfice de l'exonération est notifiée à l'employeur. Ce dernier en informe les représentants du personnel.

Elle est également transmise à l'organisme chargé du recouvrement des cotisations et contributions sociales et à (D. 2018-1209 du 21 déc. 2018, art. 1er, 1°, JO 23, entrée en vigueur le 01.01.2019) « l'opérateur de compétences ».

Les cotisations dont l'employeur a été exonéré avant la notification de la décision de retrait sont versées au plus tard à la première date d'exigibilité des cotisations et contributions sociales qui suit la date de notification de la décision.

SECTION 6 (RÉGLEMENTAIRE). Dispositions applicables aux groupements d'employeurs

Art. D. 6325-22. Dans le cas d'un contrat de travail conclu avec un groupement d'employeurs, lorsque l'entreprise utilisatrice désigne un tuteur, les missions prévues à l'article D. 6325-7 peuvent, pendant les périodes de mise à disposition, être confiées à ce tuteur.

Toutefois, lorsque l'employeur désigne un tuteur, l'évaluation du suivi de la formation et la liaison avec l'organisme de formation, ou le service de formation, sont assurées par ce tuteur. Les conditions prévues aux articles D. 6325-6 et D. 6325-9 ne s'appliquent pas à ce tuteur.

Art. D. 6325-23. Le groupement d'employeurs (D. 2015-998 du 17 août 2015, JO 18) « pour l'insertion et la qualification » qui organise, dans le cadre du contrat de professionnalisation (D. 2020-1122 du 10 sept. 2020, JO 11) « ou du contrat d'apprentissage », des parcours d'insertion et de qualification peut bénéficier d'une aide de l'État.

(D. 2020-1122 du 10 sept. 2020, JO 11) « Sont éligibles à cette aide les groupements d'employeurs pour l'insertion et la qualification qui organisent l'accompagnement personnalisé vers l'emploi au profit des personnes rencontrant des difficultés d'insertion particulières et répondant aux caractéristiques fixées dans le cahier des charges mentionné à l'article D. 1253-45. »

Art. D. 6325-24. Pour bénéficier de l'aide prévue à l'article D. 6325-23, les groupements d'employeurs concluent une convention avec le préfet.

Cette convention précise :

1° Le nombre prévisionnel d'accompagnements (D. 2020-1122 du 10 sept. 2020, JO 11) « éligibles à cette aide dans l'année » ;

2° Les secteurs d'activité concernés, les qualifications préparées, les postes de travail sur lesquels les bénéficiaires du contrat sont embauchés ;

3° Le contenu et les modalités de mise en œuvre de l'accompagnement personnalisé vers l'emploi ;

4° Le nombre et la qualité des personnes chargées de l'accompagnement.

Art. D. 6325-25. Le groupement d'employeurs bénéficiant de l'aide prévue à l'article D. 6325-23 établit annuellement un bilan d'exécution de la convention.

Art. D. 6325-26. L'aide de l'État prévue aux articles D. 6325-23 et D. 6325-24 est attribuée chaque année, en fonction du nombre d'accompagnements prévus par le groupement d'employeurs.

Elle est calculée sur une base forfaitaire par accompagnement et par an, dont le montant est fixé par arrêté conjoint des ministres chargés de l'emploi et du budget.

(D. 2009-612 du 2 juin 2009, JO 4) « Elle est cumulable avec les exonérations prévues aux articles L. 6325-16 et L. 6325-17. »

Art. D. 6325-27. L'aide de l'État est versée à raison de 75 % de son montant prévisionnel au moment de la conclusion de la convention.

Le solde est versé après examen du bilan d'exécution de la convention par la (D. 2009-1377 du 10 nov. 2009, JO 13; D. 2010-687 du 24 juin 2010, JO 25; voir D. 2010-1582 du 17 déc. 2010, JO 18, pour outre-mer) « direction régionale des entreprises, de la concurrence, de la consommation, du travail et de l'emploi ».

Art. D. 6325-28. Lorsqu'il ressort de l'examen du bilan d'exécution que le nombre d'accompagnements réalisés est inférieur à celui prévu par la convention ou que le contenu et les modalités de mise en œuvre de l'accompagnement ne sont pas conformes à la convention, les sommes correspondantes sont déduites du solde de l'aide restant à verser et, le cas échéant, reversées au Trésor public pour la part excédant le montant du solde.

SECTION 7 (RÉGLEMENTAIRE). Carte d'étudiant des métiers

Note Cette section a été introduite par le décret 2011-2001 du 28 décembre 2011, JO 29.

Art. D. 6325-29. Une carte d'étudiant des métiers est délivrée gratuitement aux salariés en contrat de professionnalisation mentionnés à l'article L. 6325-6-2, par l'organisme ou le service chargé de leur formation dans les trente jours suivant la conclusion du contrat. En cas de rupture du contrat de professionnalisation, la carte est remise à l'établissement de formation, qui assure sa destruction.

La carte d'étudiant des métiers comporte les mentions prévues à l'article D. 6222-44 et est conforme au modèle défini en application de ce même article.

SECTION 8 (RÉGLEMENTAIRE). Conventionnement avec l'entreprise d'accueil

Note Cette section a été introduite par le décret 2016-95 du 1er février 2016, JO 3.

Art. D. 6325-30. En application du second alinéa de l'article L. 6325-2, l'accueil du salarié dans d'autres entreprises que celle qui l'emploie ne peut excéder la moitié du temps de formation en entreprise prévu par le contrat de professionnalisation. Cet accueil doit permettre au salarié de compléter sa formation en recourant, notamment, à des équipements ou des techniques qui ne sont pas utilisés par l'employeur.

Chaque entreprise d'accueil désigne un tuteur.

Le salarié doit se conformer au règlement intérieur de chaque entreprise d'accueil.

Chaque entreprise d'accueil est responsable du respect des dispositions relatives à la durée du travail ainsi qu'à la santé et la sécurité au travail.

Lorsque l'activité exercée par le salarié en entreprise d'accueil nécessite (D. 2016-1908 du 27 déc. 2016, art. 19, III, 2°, JO 29, entrée en vigueur le 01.01.2017) « un suivi individuel renforcé », les obligations correspondantes sont à la charge de cette entreprise.

Art. D. 6325-31. L'accueil du salarié dans d'autres entreprises que celle qui l'emploie fait l'objet d'une convention conclue entre l'employeur, les entreprises d'accueil et le salarié.

La convention précise notamment :

1° Le titre, le diplôme ou le certificat de qualification professionnel préparé, la durée de la période d'accueil et la nature des tâches confiées au salarié ;

2° Les horaires et les lieux de travail ;

3° Les modalités de partage, entre l'employeur et chaque entreprise d'accueil, des charges, rémunérations et avantages liés à l'emploi du salarié ;

4° Les modalités de partage, entre l'employeur et chaque entreprise d'accueil, des frais de transport et d'hébergement ;

5° L'obligation pour chaque entreprise d'accueil de se garantir en matière de responsabilité civile.

Art. D. 6325-32. Dès sa conclusion, la convention est adressée par l'employeur à l'établissement de formation dans lequel est inscrit le salarié, ainsi qu'à l'organisme paritaire collecteur agréé chargé de financer la formation de ce contrat.

SECTION 9 (RÉGLEMENTAIRE). Mobilité dans ou hors de l'Union européenne

Note Cette section a été introduite par le décret 2019-1086 du 24 octobre 2019, JO 26.

Art. R. 6325-33. La convention conclue entre le bénéficiaire du contrat de professionnalisation et ses représentants légaux pour les mineurs, l'employeur en France, l'employeur à l'étranger, l'organisme de formation en France et, le cas échéant, l'organisme de formation à l'étranger, en application du II de l'article L. 6325-25, précise, notamment :

1° La date de début et de fin de la période de mobilité ;

2° L'objet de la formation et la nature des tâches confiées au bénéficiaire du contrat de professionnalisation en lien avec la certification visée, objet du contrat de professionnalisation ;

3° Les lieux de travail et le cas échéant, de formation ;

4° Le nom et la qualification des personnes chargées d'en suivre le déroulement en France au sein de l'organisme de formation et dans le pays d'accueil ainsi que les modalités de suivi ;

5° Les équipements utilisés et produits ;

6° Les horaires de travail, la durée du travail, les repos hebdomadaires, les congés et les jours fériés ;

7° Le cas échéant, les modalités de prise en charge de la rémunération et des frais annexes générés par la mobilité ;

8° Le cas échéant, les modalités d'évaluation et de validation des compétences acquises à l'étranger ;

9° Les dispositions applicables au bénéficiaire du contrat de professionnalisation dans le pays d'accueil en matière de santé et sécurité au travail ;

10° L'information relative aux garanties prises en matière de responsabilité civile ou de couverture de risques équivalents dans le pays concerné, par le bénéficiaire du contrat de professionnalisation, l'entreprise d'accueil et, le cas échéant, l'organisme de formation d'accueil.

Un arrêté du ministre chargé de la formation professionnelle détermine le modèle de cette convention.

Art. R. 6325-34. La convention conclue entre le bénéficiaire du contrat de professionnalisation et ses représentants légaux pour les mineurs, l'employeur en France, l'employeur à l'étranger, l'organisme de formation en France et, le cas échéant, l'organisme de formation à l'étranger, en application du III de l'article L. 6325-25, précise, notamment :

1° La date de début et de fin et la durée de la période de mobilité ;

2° L'objet de la formation et la nature des tâches confiées au bénéficiaire du contrat de professionnalisation en lien avec la certification visée, objet du contrat de professionnalisation ;

3° Les lieux de travail et le cas échéant de formation ;

4° Le nom et la qualification de la personne chargée d'en suivre le déroulement en France et dans le pays d'accueil ainsi que les modalités de suivi ;

5° Les équipements utilisés et produits ;

6° Les horaires de travail, la durée du travail, les repos hebdomadaires, les congés et les jours fériés ;

7° Le cas échéant, les modalités de prise en charge des frais annexes générés par la mobilité ;

8° Le cas échéant, les modalités d'évaluation et de validation des compétences acquises à l'étranger ;

9° Les dispositions applicables au bénéficiaire du contrat de professionnalisation dans le pays d'accueil en matière de santé et sécurité au travail ;

10° L'information relative aux garanties prises en matière de responsabilité civile ou de couverture de risques équivalents dans le pays concerné, par le bénéficiaire du contrat de professionnalisation, l'entreprise d'accueil et, le cas échéant, l'organisme de formation d'accueil.

Un arrêté du ministre chargé de la formation professionnelle détermine le modèle de cette convention.

Art. R. 6325-35. Avant la conclusion de la convention prévue à l'article R. 6325-33, l'organisme de formation adresse à l'opérateur de compétences de l'employeur en France, le projet de convention avec une demande de prise en charge des frais supportés par le bénéficiaire du contrat de professionnalisation en application du 3° du II de l'article L. 6332-14.

Dès sa conclusion, la convention prévue à l'article R. 6325-33 est adressée par l'organisme de formation à l'opérateur de compétences de l'employeur en France.

Art. R. 6325-36. Avant la conclusion de la convention prévue à l'article R. 6325-34, l'employeur adresse à son opérateur de compétences le projet de convention avec une demande de prise en charge des frais supportés par le bénéficiaire du contrat de professionnalisation en application du 3° du II de l'article L. 6332-14.

Dès sa conclusion, la convention prévue à l'article R. 6325-34 est adressée par l'employeur à son opérateur de compétences.

Chapitre VI

Préparation opérationnelle à l'emploi

Note Ce chapitre a été introduit par la loi 2009-1437 du 24 novembre 2009, art. 18, JO 25.

Art. L. 6326-1. La préparation opérationnelle à l'emploi (L. 2011-893 du 28 juil. 2011, art. 22, JO 29) «individuelle» permet à un demandeur d'emploi (L. 2014-288 du 5 mars 2014, art. 7, III, 1°, JO 6) «ou à un salarié recruté en contrat à durée déterminée ou indéterminée conclu en application de l'article L. 5134-19-1, ou en contrat à durée déterminée conclu en application de l'article L. 1242-3 avec un employeur relevant de l'article L. 5132-4» de bénéficier d'une formation nécessaire à l'acquisition des compétences requises pour occuper un emploi correspondant à une offre déposée par une entreprise auprès de (L. 2018-771 du 5 sept. 2018, art. 28, V, 1°, JO 6) «Pôle emploi». L'offre d'emploi est située dans la zone géographique privilégiée définie par le projet personnalisé d'accès à l'emploi du demandeur d'emploi. À l'issue de la formation, qui est dispensée préalablement à l'entrée dans l'entreprise, le contrat de travail qui peut être conclu par l'employeur et le demandeur d'emploi est un contrat à durée indéterminée, un contrat de professionnalisation (L. 2011-893 du 28 juil. 2011, art. 22, JO 29) «d'une durée minimale de douze mois, un contrat d'apprentissage ou» un contrat à durée déterminée d'une durée minimale de douze mois.

Art. L. 6326-2. (L. 2018-771 du 5 sept. 2018, art. 28, V, 2°, JO 6) Dans le cadre de la préparation opérationnelle à l'emploi, la formation est financée par Pôle emploi. L'opérateur de compétences dont relève l'entreprise concernée peut contribuer au financement du coût pédagogique et des frais annexes de la formation.

L'employeur, en concertation avec Pôle emploi et avec l'opérateur de compétences dont relève l'entreprise concernée, définit les compétences que le demandeur d'emploi acquiert au cours de la formation pour occuper l'emploi proposé.

Art. L. 6326-3. (L. 2011-893 du 28 juil. 2011, art. 22, JO 29) La préparation opérationnelle à l'emploi collective permet à plusieurs demandeurs d'emploi (L. 2014-288 du 5 mars 2014, art. 7, III, 2°, JO 6) «et salariés recrutés en contrat à durée déterminée ou indéterminée conclu en application de l'article L. 5134-19-1, ou en contrat à durée déterminée conclu en application de l'article L. 1242-3 avec un employeur relevant de l'article L. 5132-4» de bénéficier d'une formation nécessaire à l'acquisition des compétences requises pour occuper des emplois correspondant à des besoins identifiés par un accord de branche ou, à défaut, par un conseil d'administration d'un (L. 2018-771 du 5 sept. 2018, art. 28, V, 3°, JO 6) «opérateur de compétences».

Le contrat de travail qui peut être conclu à l'issue de la préparation opérationnelle à l'emploi collective est un contrat à durée indéterminée, un contrat de professionnalisation d'une durée minimale de douze mois, un contrat d'apprentissage ou un contrat à durée déterminée d'une durée minimale de douze mois.

La formation est financée par l'(L. 2018-771 du 5 sept. 2018, art. 28, V, 3°, JO 6) «opérateur de compétences» compétent. (L. 2018-771 du 5 sept. 2018, art. 28, V, 3°, JO 6) «L'État et Pôle emploi peuvent également financer la formation dans des conditions fixées, le cas échéant, par une convention avec l'opérateur de compétences.»

Pour les demandeurs d'emploi âgés de moins de vingt-six ans, la formation peut être dispensée dans un centre de formation d'apprentis.

Art. L. 6326-4. (L. 2014-288 du 5 mars 2014, art. 7, III, 3°, JO 6) Dans le cadre de la préparation opérationnelle à l'emploi, la rémunération du salarié recruté en contrat à durée déterminée ou indéterminée conclu en application de l'article L. 5134-19-1, ou en contrat à durée déterminée conclu en application de l'article L. 1242-3 avec un employeur relevant de l'article L. 5132-4 est maintenue par l'employeur.

Elle peut être prise en charge par l'(L. 2018-771 du 5 sept. 2018, art. 28, V, 4°, JO 6) «opérateur de compétences» compétent (L. 2018-771 du 5 sept. 2018, art. 28, V, 4°, JO 6) «, l'État ou Pôle emploi», déduction faite des aides financières et exonérations de cotisations sociales dont bénéficie l'employeur au titre du contrat mentionné au premier alinéa.

TITRE III

FINANCEMENT DE LA FORMATION PROFESSIONNELLE CONTINUE

Chapitre Ier

Participation des employeurs au développement de la formation professionnelle continue

SECTION PRÉLIMINAIRE. Décompte et franchissement d'un seuil d'effectif

Note Cette section a été introduite par la loi 2019-486 du 22 mai 2019, art. 11, VI, 21°, JO 23, entrée en vigueur le 01.01.2020.

Art. L. 6331-1 A. Pour l'application du présent chapitre, l'effectif salarié et le franchissement d'un seuil d'effectif salarié sont déterminés selon les modalités prévues à l'article L. 130-1 du code de la sécurité sociale.

SECTION 1. Obligation de financement des employeurs de moins de onze salariés

Note Les sections 1 à 3 sont issues de la loi 2018-771 du 5 septembre 2018, art. 37, V, JO 6.

Art. L. 6331-1. L'employeur de moins de onze salariés s'acquitte de la contribution à la formation professionnelle mentionnée au 2° de l'article L. 6131-2 du présent code par le versement de 0,55 % du montant du revenu d'activité retenu pour le calcul des cotisations sociales mentionnées à l'article L. 242-1 du code de la sécurité sociale et à l'article L. 741-10 du code rural et de la pêche maritime. Les rémunérations versées aux apprentis sont exonérées de cette contribution (Supprimé par L. 2019-1479 du 28 déc. 2019, art. 190, III, JO 29, applicabilité au plus tard le 01.01.2022) «; il en va de même des rémunérations exonérées de la taxe sur les salaires en application de l'article 231 *bis* L du code général des impôts».

Cette contribution est recouvrée dans les conditions prévues au III de l'article L. 6131-1 du présent code.

Art. L. 6331-2. La contribution mentionnée à l'article L. 6331-1 est versée à France compétences et est dédiée au financement :

1° De l'alternance ;

2° Du conseil en évolution professionnelle pour les actifs occupés du secteur privé ;

3° Du développement des compétences des salariés des entreprises de moins de cinquante salariés ;

4° De la formation des demandeurs d'emploi ;

5° Du compte personnel de formation.

SECTION 2. Obligation de financement des employeurs d'au moins onze salariés

Art. L. 6331-3. L'employeur (L. 2019-486 du 22 mai 2019, art. 11, VI, 21°, JO 23, entrée en vigueur le 01.01.2020) «d'au moins onze salariés» s'acquitte de la contribution à la formation professionnelle mentionnée au 2° de l'article L. 6131-2 du présent code par le versement de 1 % du montant du revenu d'activité retenu pour le calcul des cotisations sociales mentionnées à l'article L. 242-1 du code de la sécurité sociale et à l'article L. 741-10 du code rural et de la pêche maritime. (Supprimé par L. 2019-1479 du 28 déc. 2019, art. 190, III, JO 29, applicabilité au plus tard le 01.01.2022) «Les rémunérations exonérées de la taxe sur les salaires en application de l'article 231 *bis* L du code général des impôts sont exonérées de cette contribution.»

Cette contribution est recouvrée dans les conditions prévues au III de l'article L. 6131-1 du présent code.

Art. L. 6331-4. La contribution mentionnée à l'article L. 6331-3 est versée à France compétences et est dédiée au financement:

1° De l'alternance;

2° Du conseil en évolution professionnelle pour les actifs occupés du secteur privé;

3° Du développement des compétences des salariés des entreprises de moins de cinquante salariés;

4° De la formation des demandeurs d'emploi;

5° Du compte personnel de formation.

Art. L. 6331-5. Pour les entreprises de travail temporaire, le taux mentionné au premier alinéa de l'article L. 6331-3 est fixé à 1,30 %.

(Ord. 2019-861 du 21 août 2019, art. 1er, 64°, JO 22) «Cette contribution fait l'objet de la répartition suivante:

– une part de 1 % fait l'objet de la répartition par France compétences mentionnée au 3° de l'article L. 6123-5;

– pour la part restante de 0,30 %, un accord de branche étendu conclu entre les organisations syndicales de salariés et les organisations professionnelles d'employeurs concernés en détermine les modalités d'utilisation tenant compte notamment des besoins des publics prioritaires au titre de la politique de l'emploi.»

SECTION 3. Mesures diverses

Art. L. 6331-6. Les employeurs s'acquittent d'une contribution dédiée au financement du compte personnel de formation égale à 1 % du revenu d'activité retenu pour le calcul des cotisations sociales des titulaires d'un contrat à durée déterminée mentionnées à l'article L. 242-1 du code de la sécurité sociale et à l'article L. 741-10 du code rural et de la pêche maritime.

Cette contribution est recouvrée dans les conditions prévues au III de l'article L. 6131-1 (Ord. 2019-861 du 21 août 2019, art. 1er, 65°, JO 22) «et est versée à France compétences».

Les contrats déterminés par décret et ceux visant les salariés occupant un emploi à caractère saisonnier défini au 3° de l'article L. 1242-2 ne donnent pas lieu au versement de cette contribution.

SECTION 1 (RÉGLEMENTAIRE). Modalités de calcul des effectifs

Note L'article R. 6331-1 qui figurait dans cette section a été abrogé par le décret 2019-1586 du 31 décembre 2019, JO 1er janv. 2020, entrée en vigueur le 01.01.2020.

SECTION 2 (RÉGLEMENTAIRE). Employeurs de moins de onze salariés

Art. R. 6331-2. (D. 2014-968 du 22 août 2014, JO 27, entrée en vigueur le 01.01.2015) Pour l'application de l'article L. 6331-2, l'employeur de moins de (D. 2017-249 du 27 févr. 2017, JO 28) «onze» salariés procède au versement de la participation avant le 1er mars de l'année suivant celle au titre de laquelle elle est due.

SECTION 3 (RÉGLEMENTAIRE). Employeurs d'au moins onze salariés

Sous-section 1. Montant et mise en œuvre de la participation

§ 1. Dispositions générales

Art. R. 6331-9. (D. 2019-1586 du 31 déc. 2019, JO 1er janv. 2020, entrée en vigueur le 01.01.2020) Pour l'application de l'article L. 6331-3, l'employeur d'au moins onze salariés procède au versement de la participation avant le 1er mars de l'année suivant celle au titre de laquelle elle est due.

§ 2. Prise en compte d'un accroissement d'effectif

Art. R. 6331-12. (Abrogé par D. 2019-1586 du 31 déc. 2019, JO 1er janv. 2020, entrée en vigueur le 01.01.2020) (D. 2014-968 du 22 août 2014, JO 27, entrée en vigueur le 01.01.2015) Lorsque, en raison de l'accroissement de leur effectif, les employeurs atteignent ou dépassent au titre d'une année l'effectif de (D. 2017-249 du 27 févr. 2017, JO 28) « onze » salariés, dans les conditions prévues à l'article L. 6331-15, le pourcentage minimal mentionné au premier alinéa de l'article L. 6331-9 est calculé en diminuant respectivement, pour les quatrième et cinquième années, le montant des rémunérations versées pendant l'année en cours d'un montant équivalent à (D. 2016-189 du 24 févr. 2016, JO 26) « 30 % puis 10 % ».

§ 3. Dépenses éligibles au financement par l'employeur du compte personnel de formation

Art. R. 6331-13. (D. 2014-968 du 22 août 2014, JO 27, entrée en vigueur le 01.01.2015) L'accord d'entreprise mentionné à l'article L. 6331-10 porte sur la masse salariale de l'année civile au titre de laquelle il est conclu et sur celles des deux années suivantes.

Lorsque à l'issue de la période de ces trois années les dépenses effectuées par l'employeur sont inférieures au montant total correspondant à 0,2 % de la masse salariale des trois années couvertes par l'accord, une somme égale à la différence entre ce montant total et les dépenses effectivement consacrées par l'employeur au financement du compte personnel de formation de ses salariés et à son abondement fait l'objet d'un versement à l'(L. 2018-771 du 5 sept. 2018, art. 45, II, JO 6) « opérateur de compétences » mentionné à l'article L. 6331-11 avant le 1er mars de l'année qui suit la dernière année d'application de l'accord.

Art. R. 6331-15. En cas de cession, de cessation d'entreprise ou de décès de l'exploitant, les dispositions (D. 2014-968 du 22 août 2014, JO 27, entrée en vigueur le 01.01.2015) « du second alinéa de l'article R. 6331-13 » ne sont applicables qu'aux dépenses engagées et payées antérieurement à la cession, à la cessation de l'entreprise ou au décès.

Art. R. 6331-16. (D. 2014-1120 du 2 oct. 2014, JO 4, entrée en vigueur le 01.01.2015) Les dépenses effectuées par l'employeur, mentionnées au second alinéa de l'article R. 6331-13, sont prises en compte selon les modalités définies aux I, III et V de l'article R. 6323-5.

SECTION 4. Dispositions applicables à certaines catégories d'employeurs

Sous-section 1. Employeurs du bâtiment et des travaux publics

Art. L. 6331-35. Les entreprises appartenant aux professions du bâtiment et des travaux publics entrant dans le champ d'application des articles (L. 2016-1088 du 8 août 2016, art. 8, XI, 18°, JO 9) « L. 3141-32 et L. 3141-33 », relatifs à la caisse de congés payés, ainsi que des articles L. 5424-6 à L. 5424-19, relatifs au régime particulier applicable à ces entreprises en cas d'intempéries, versent une cotisation créée par accord entre les organisations représentatives au niveau national des employeurs et des salariés du bâtiment et des travaux publics.

Cette cotisation est (L. 2019-1479 du 28 déc. 2019, art. 198, 1°, JO 29) « , sauf exception prévue par la loi ou par l'accord mentionné à l'article L. 6331-38, » versée au profit du comité de concertation et de coordination de l'apprentissage du bâtiment et des travaux publics.

Art. R. 6331-39. Pour les entreprises nouvellement créées ou celles qui entrent dans le champ d'application prévu à l'article L. 6331-35, les acomptes des cotisations prévues à l'article L. 6331-35 sont calculés pour la première année sur la base de l'effectif moyen de l'entreprise de l'année en cours. Ils sont assis, de manière forfaitaire, sur le salaire minimum de croissance applicable aux travailleurs intéressés. La régularisation est opérée au moment de la liquidation de la cotisation, dans les conditions prévues à l'article R. 6331-38.

Art. L. 6331-36. La cotisation prévue à l'article L. 6331-35 concourt au développement de la formation professionnelle initiale, notamment de l'apprentissage, et de la formation professionnelle continue dans les métiers des professions du bâtiment et des travaux publics.

Cette cotisation contribue :

1° À l'information des jeunes, de leurs familles et des entreprises, sur la formation professionnelle initiale ou sur les métiers du bâtiment et des travaux publics ;

2° Au développement de la formation professionnelle dans les métiers du bâtiment et des travaux publics;

3° Au financement d'actions particulières visant, d'une part, la préformation et l'insertion professionnelle des publics de moins de vingt-six ans, d'autre part, l'animation et l'accompagnement connexes à la formation des apprentis;

4° Aux frais de fonctionnement du comité de concertation et de coordination de l'apprentissage du bâtiment et des travaux publics, dans certaines limites;

5° À la prise en charge des dépenses exposées pour la gestion paritaire de cette cotisation par les organisations, siégeant au comité de concertation et de coordination de l'apprentissage du bâtiment et des travaux publics, dans la limite d'un pourcentage du montant des sommes collectées au titre de la cotisation.

Art. R. 6331-36. La cotisation prévue à l'article L. 6331-35 contribue au développement des actions mentionnées au 2° de l'article L. 6331-36, en ce qui concerne en particulier:

1° Le financement des investissements et du fonctionnement des établissements d'enseignement professionnel, des centres de formation d'apprentis et des sections d'apprentissage;

2° La formation des personnels enseignants et des maîtres d'apprentissage;

3° L'acquisition de matériel technique et pédagogique.

Art. R. 6331-43. La limite prévue au 4° de l'article L. 6331-36 est déterminée par le taux du montant total de la collecte de la cotisation fixé par arrêté du ministre chargé de la formation professionnelle, au regard de la mission particulière d'intérêt général du Comité de concertation et de coordination de l'apprentissage du bâtiment et des travaux publics.

Art. L. 6331-37. La cotisation prévue à la présente sous-section est assise sur les rémunérations versées pendant l'année en cours entendues au sens des règles prévues aux chapitres Ier et II du titre IV du livre II du code de la sécurité sociale.

Art. L. 6331-38. (L. 2018-771 du 5 sept. 2018, art. 38, I, 1°, JO 6) (L. 2019-1479 du 28 déc. 2019, art. 198, 2°, JO 29) « I. –» Le taux de cotisation pour les entreprises est fixé par accord entre les organisations professionnelles d'employeurs et les organisations syndicales de salariés représentatives au niveau national dans le secteur du bâtiment et des travaux publics.

(L. 2019-1479 du 28 déc. 2019, art. 198, 2°, JO 29) «II. – À défaut d'accord au 31 décembre de l'année précédant l'exercice, le taux de contribution au titre des salaires versés sur l'année de l'exercice est le suivant:

1° Pour les entreprises dont l'effectif moyen est d'au moins onze salariés:

a) 0,30 % pour les entreprises relevant du secteur des métiers du bâtiment;

b) 0,22 % pour les entreprises relevant du secteur des travaux publics;

2° Pour les entreprises dont l'effectif moyen est inférieur à onze salariés:

a) 0,30 % pour les entreprises relevant du secteur des métiers du bâtiment;

b) 0,22 % pour les entreprises relevant du secteur des travaux publics.

Le nombre de salariés pris en compte pour la détermination du taux applicable est celui de l'année au titre de laquelle la cotisation est due.

III. – Les fractions du produit de la cotisation prévue à l'article L. 6331-35 obtenue en application du *a* des 1° et 2° du II du présent article sont reversées pour moitié à la section financière dédiée au financement de l'alternance de l'opérateur de compétences de la construction, dans les conditions prévues à l'article L. 6331-39.»

Art. L. 6331-39. La cotisation donne lieu au versement d'acomptes provisionnels dont la périodicité et la quotité sont déterminées par décret en Conseil d'État.

Art. R. 6331-37. La cotisation donne lieu à trois versements d'acomptes provisionnels, les 30 avril, 31 juillet et 31 octobre de chaque année.

Le montant de chaque acompte est égal au quart de la cotisation mise à la charge du redevable au cours de la dernière année au titre de laquelle il a été assujetti. Pour l'année en cours, leur montant est égal au quart de la cotisation évaluée sur la base des rémunérations de l'année précédente calculée selon les modalités prévues à l'article L. 6331-37.

Art. R. 6331-38. La cotisation est liquidée le 31 janvier de l'année suivant le paiement du dernier acompte. Le solde de cotisation exigible est versé à cette date.

Les éventuels trop-perçus sont déduits de l'acompte suivant, sauf si l'entreprise en demande expressément le remboursement. Dans ce cas, le remboursement est réalisé dans le délai de trois mois.

Art. L. 6331-40. La caisse BTP Prévoyance recouvre la cotisation affectée au bénéfice du comité de concertation et de coordination de l'apprentissage du bâtiment et des travaux publics, sous la responsabilité de cet organisme.

À ce titre, l'institution de prévoyance assure la gestion du fichier des entreprises redevables et est chargée de l'émission des bordereaux d'appel de la cotisation et de l'encaissement des versements des entreprises redevables.

Art. R. 6331-40. Les entreprises redevables de la cotisation adressent leurs versements à la caisse BTP Prévoyance selon les modalités prévues aux articles R. 6331-37 à R. 6331-39.

Art. R. 6331-41. L'ensemble des opérations liées au recouvrement de la cotisation et au versement de son produit au Comité de concertation et de coordination de l'apprentissage du bâtiment et des travaux publics fait l'objet d'une comptabilité distincte dans les comptes de la caisse BTP Prévoyance.

Art. R. 6331-42. Le produit de la cotisation est versé mensuellement par la caisse BTP Prévoyance au Comité de concertation et de coordination de l'apprentissage du bâtiment et des travaux publics, déduction faite d'un prélèvement de 0,6 % hors cotisations. Ce prélèvement représente les frais engagés par la caisse BTP Prévoyance pour procéder au recouvrement de la cotisation.

Art. L. 6331-41. Le montant de la cotisation constitue une dépense déductible (L. 2014-1655 du 29 déc. 2014, art. 19, I, 3°, JO 30) «des obligations prévues aux articles (L. 2018-771 du 5 sept. 2018, art. 38, I, 2°, JO 6) « L. 6331-1 et L. 6331-3» dans des conditions déterminées par (L. 2018-771 du 5 sept. 2018, art. 38, I, 2°, JO 6) «décret».»

Art. L. 6331-42. La caisse BTP Prévoyance met en œuvre toute action précontentieuse ou contentieuse relative au recouvrement de la cotisation à l'encontre des entreprises redevables défaillantes.

À défaut, le recouvrement de cette cotisation est opéré selon les règles ainsi que sous les sûretés, garanties et sanctions applicables aux taxes sur le chiffre d'affaires telles qu'elles sont prévues par l'article L. 137-4 du code de la sécurité sociale pour (L. 2011-1906 du 21 déc. 2011, art. 12, JO 22) «les contributions mentionnées au chapitre VII du titre III du livre Ier» du même code.

Art. L. 6331-43. Le comité de concertation et de coordination de l'apprentissage du bâtiment et des travaux publics est constitué sous la forme d'une association régie par la loi du 1er juillet 1901 relative au contrat d'association.

Il est géré paritairement par les organisations syndicales d'employeurs et de salariés représentatives au plan national du bâtiment et des travaux publics.

Art. L. 6331-44. Les statuts du comité de concertation et de coordination de l'apprentissage du bâtiment et des travaux publics sont élaborés par les organisations syndicales d'employeurs et de salariés représentatives au plan national du bâtiment et des travaux publics.

Les frais de gestion correspondant aux missions de ce comité ainsi que les dépenses liées à la gestion du paritarisme au sein de l'organisme sont respectivement fixés par arrêté conjoint des ministres chargés de la formation professionnelle et de l'éducation nationale, dans la limite d'un plafond déterminé en pourcentage de la collecte annuelle encaissée par l'association.

Art. L. 6331-45. Le comité de concertation et de coordination de l'apprentissage du bâtiment et des travaux publics est soumis au contrôle économique et financier de l'État.

Art. R. 6331-44. Un commissaire du Gouvernement auprès du Comité de concertation et de coordination de l'apprentissage du bâtiment et des travaux publics est désigné par le ministre chargé de l'éducation nationale en accord avec les ministres chargés de l'équipement, du logement et de la formation professionnelle.

Art. R. 6331-45. Le contrôleur général économique et financier de l'État auprès du Comité de concertation et de coordination de l'apprentissage du bâtiment et des travaux publics est compétent pour contrôler l'ensemble des opérations relatives à la collecte et au recouvrement de la cotisation instituée au profit de ce comité, y compris lorsque ces opérations sont assurées par la caisse BTP Prévoyance.

Art. R. 6331-46. Un compte rendu annuel d'activités et des sommes consacrées à la prise en charge des dépenses mentionnées au 5° de l'article L. 6331-6 est adressé au commissaire du Gouvernement et au contrôleur général économique et financier de l'État placés auprès du Comité de concertation et de coordination de l'apprentissage du bâtiment et des travaux publics.

Art. L. 6331-47. Un décret en Conseil d'État détermine les conditions d'application de la présente sous-section.

Sous-section 2. **Travailleurs indépendants, membres des professions libérales et professions non salariées**

Art. L. 6331-48. (L. 2016-1088 du 8 août 2016, art. 41, I, 1°, JO 9, entrée en vigueur le 01.01.2018) Les travailleurs indépendants, y compris ceux n'employant aucun salarié, consacrent chaque année au financement des actions définies à l'article L. 6331-1 du présent code:

1° Une contribution qui ne peut être inférieure à 0,25 % du montant annuel du plafond de la sécurité sociale pour les personnes (L. 2016-1827 du 23 déc. 2016, art. 50, III, 1°, JO 24) «mentionnées au premier alinéa, à l'exception de celles mentionnées au 2° du présent article». Ce taux est porté à 0,34 % lorsque ces personnes bénéficient du concours de leur conjoint collaborateur dans les conditions prévues au premier alinéa du I de l'article L. 121-4 du code de commerce;

2° Une contribution égale à 0,29 % du montant annuel du plafond de la sécurité sociale pour les personnes (L. 2016-1827 du 23 déc. 2016, art. 50, III, 2°, JO 24) «immatriculées au répertoire des métiers» dont:

a) Une fraction correspondant à 0,12 point est affectée, en application de l'article L. 6331-50 du présent code, aux chambres mentionnées au a de l'article 1601 du code général des impôts pour le financement d'actions de formation au sens des articles L. 6313-1 à L. 6313-11 et L. 6353-1 du présent code. Ces actions de formation font l'objet d'une comptabilité analytique et sont gérées sur un compte annexe;

b) Une fraction correspondant à 0,17 point est affectée, en application de l'article L. 6331-50, au fonds d'assurance-formation des chefs d'entreprise mentionné au III de l'article 8 de l'ordonnance n° 2003-1213 du 18 décembre 2003 relative aux mesures de simplification des formalités concernant les entreprises, les travailleurs indépendants, les associations et les particuliers employeurs.

Les travailleurs indépendants (Ord. 2018-470 du 12 juin 2018, art. 1er, II, I, JO 13) «mentionnés à l'article L. 613-7» du code de la sécurité sociale consacrent chaque année au financement des actions définies à l'article L. 6313-1 du présent code, en sus des cotisations et contributions acquittées au titre de ce régime, une contribution égale à 0,1 % du montant annuel de leur chiffre d'affaires pour ceux mentionnés au 1° du présent article qui relèvent de la première catégorie définie au dernier alinéa du 1 de l'article 50-0 du code général des impôts, à 0,2 % du montant annuel de leur chiffre d'affaires pour les autres travailleurs indépendants mentionnés au même 1° et à 0,3 % du montant annuel de leur chiffre d'affaires pour les travailleurs indépendants mentionnés au 2° du présent article. Pour cette dernière catégorie, la contribution est répartie dans les conditions mentionnées au même 2°, au prorata des valeurs qui y sont indiquées.

Un décret en Conseil d'État détermine les modalités de mise en œuvre du présent article.

Art. R. 6331-47. La contribution prévue à l'article L. 6331-48 est due par les personnes non salariées, à l'exception de celles dont la rémunération ne peut être prise en compte pour la détermination du montant des salaires, entendu au sens du 1 de l'article 231 du code général des impôts, prévues aux articles L. 6331-53 et L. 6331-54.

Ces personnes ne peuvent bénéficier du droit à la formation professionnelle continue que si elles sont à jour du paiement de cette contribution.

Art. L. 6331-48-1. (L. 2014-626 du 18 juin 2014, art. 30, JO 19) Les travailleurs indépendants mentionnés (L. 2016-1088 du 8 août 2016, art. 41, I, 2°, JO 9, entrée en vigueur le 01.01.2018) «à l'avant-dernier» alinéa de l'article L. 6331-48 qui ont déclaré un montant de chiffre d'affaires ou de recettes nul pendant une période de douze mois civils consécutifs précédant le dépôt de la demande de prise en charge de la formation ne peuvent bénéficier du droit prévu à l'article L. 6312-2.

Art. L. 6331-50. (L. 2017-1837 du 30 déc. 2017, art. 44, V, JO 31) La contribution mentionnée au 1° de l'article L. 6331-48 est versée à un fonds d'assurance-formation de non-salariés.

La contribution mentionnée au *a* du 2° du même article L. 6331-48 est affectée aux chambres mentionnées au *a* de l'article 1601 du code général des impôts, dans la limite d'un plafond individuel fixé de façon à respecter le plafond général prévu au I de l'article 46 de la loi n° 2011-1977 du 28 décembre 2011 de finances pour 2012 pour les actions de formation financées par les chambres de métiers et de l'artisanat.

Ce plafond individuel est obtenu, pour chacun de ces bénéficiaires, en répartissant le montant prévu au même I *au prorata* des appels des contributions mentionnées au deuxième alinéa du présent article émis l'année directement antérieure auprès des travailleurs indépendants situés dans le ressort géographique de chaque bénéficiaire.

La contribution mentionnée au *b* du 2° de l'article L. 6331-48 est affectée au fonds d'assurance formation des chefs d'entreprise mentionné au III de l'article 8 de l'ordonnance n° 2003-1213 du 18 décembre 2003 relative aux mesures de simplification des formalités concernant les entreprises, les travailleurs indépendants, les associations et les particuliers employeurs.

Les sommes excédant les plafonds mentionnés aux deuxième et cinquième alinéas du présent article sont reversées au budget général de l'État avant le 31 décembre de chaque année.

Art. L. 6331-51. (L. 2016-1088 du 8 août 2016, art. 41, I, 4°, JO 9, entrée en vigueur le 01.01.2018) Les contributions prévues à l'article L. 6331-48, à l'exception de celle mentionnée à l'avant-dernier alinéa, sont recouvrées et contrôlées selon les règles et sous les garanties et sanctions applicables au recouvrement des cotisations (L. 2017-1836 du 30 déc 2017, art. 15, X, JO 31) «du régime général dues par les assujettis concernés». Elles font l'objet d'un versement unique s'ajoutant à l'échéance provisionnelle des cotisations et contributions sociales du mois de novembre de l'année au titre de laquelle elles sont dues.

Les versements de la contribution mentionnée à l'avant-dernier alinéa de l'article L. 6331-48 du présent code sont effectués suivant la périodicité, selon les règles et sous les garanties et sanctions applicables au recouvrement des cotisations et contributions de sécurité sociale mentionnées à l'article (Ord. 2018-470 du 12 juin 2018, art. 1er, II, A, 4°, JO 13) « L. 613-7» du code de la sécurité sociale.

Les organismes chargés du recouvrement reversent le montant de leur collecte aux fonds d'assurance formation de non-salariés, agréés à cet effet par l'État et aux organismes mentionnés au a de l'article 1601 du code général des impôts, dans des conditions déterminées par décret en Conseil d'État. Ce décret prévoit les modalités de fixation des frais afférents au recouvrement et au reversement de la contribution mentionnée à l'article L. 6331-48 du présent code.

Les règles applicables en cas de contentieux sont (Ord. 2018-358 du 16 mai 2018, JO 17, entrée en vigueur au plus tard le 01.01.2019) «celles du (L. 2019-222 du 23 mars 2019, art. 96, V, JO 24) «contentieux» de la sécurité sociale».

Art. L. 6331-52. Les organismes chargés du recouvrement (L. 2010-1657 du 29 déc. 2010, art. 137, JO 30) «des contributions prévues à l'article L. 6331-48» peuvent percevoir des frais de gestion dont les modalités et le montant sont déterminés par arrêté conjoint du ministre chargé de la sécurité sociale et du ministre chargé de la formation professionnelle.

Art. L. 6331-53. Les travailleurs indépendants de la pêche maritime et les employeurs de pêche maritime de moins de (L. 2015-1785 du 29 déc. 2015, art. 15, II, JO 30) «onze» salariés ainsi que les travailleurs indépendants et les employeurs de cultures marines de moins de (L. 2015-1785 du 29 déc. 2015, art. 15, II, JO 30) «onze» salariés affiliés au régime social des marins et, le cas échéant, leurs conjoints, partenaires liés par un pacte civil de solidarité ou concubins, collaborateurs ou associés, consacrent chaque année, pour le financement de leurs propres actions de formation, telles que définies à l'article L. 6313-1, une contribution qui ne peut être inférieure à 0,15 % du montant annuel du plafond de la sécurité sociale.

Cette contribution est directement recouvrée en une seule fois et contrôlée par (L. 2014-1554 du 22 déc. 2014, art. 30, III, 2°, JO 24, entrée en vigueur le 01.01.2016) «l'organisme (L. 2015-1702 du 21 déc. 2015, art. 16, II, 2°, JO 22) «mentionné à l'article L. 213-4 du code de la sécurité sociale», selon les règles et sous les garanties et sanctions applicables au recouvrement des cotisations dues au titre du régime de protection sociale maritime.

S'agissant des chefs d'entreprise de pêche maritime et des travailleurs indépendants du même secteur, (L. 2014-1554 du 22 déc. 2014, art. 30, III, 2°, JO 24, entrée en vigueur le 01.01.2016) «l'organisme

(L. 2015-1702 du 21 déc. 2015, art. 16, II, 2°, JO 22) «mentionné à l'article L. 213-4 du code de la sécurité sociale» reverse le montant annuel de la collecte de la contribution prévue au premier alinéa à l'(L. 2018-771 du 5 sept. 2018, art. 45, II, JO 6) «opérateur de compétences» à cet effet, dans les conditions déterminées par décret en Conseil d'État.

S'agissant des chefs d'entreprise de cultures marines et des travailleurs indépendants du même secteur et, le cas échéant, de leurs conjoints collaborateurs ou associés, la caisse de mutualité sociale agricole reverse le montant de leur collecte à l'(L. 2018-771 du 5 sept. 2018, art. 45, II, JO 6) «opérateur de compétences» mentionné au troisième alinéa.

Art. R. 6331-48. La contribution prévue à l'article L. 6331-53 est due au titre de la participation au développement de la formation professionnelle continue des travailleurs indépendants et des employeurs de la pêche maritime de moins de (D. 2017-249 du 27 févr. 2017, JO 28) «onze» salariés ainsi que des travailleurs indépendants et des employeurs de cultures marines de moins de (D. 2017-249 du 27 févr. 2017, JO 28) «onze» salariés.

Cette disposition s'applique également aux conjoint, partenaire lié par un pacte civil de solidarité ou concubin des personnes mentionnées au premier alinéa, s'ils sont leurs collaborateurs ou associés.

Ces personnes ne peuvent bénéficier du droit à la formation professionnelle continue que si elles sont à jour du paiement de cette contribution.

Art. R. 6331-49. Les personnes mentionnées à l'article R. 6331-48 adhèrent à l'(L. 2018-771 du 5 sept. 2018, art. 45, II, JO 6) «opérateur de compétences» mentionné au troisième alinéa de l'article L. 6331-53.

Art. R. 6331-50. L'agrément de l'(L. 2018-771 du 5 sept. 2018, art. 45, II, JO 6) «opérateur de compétences» mentionné au troisième alinéa de l'article L. 6331-53 est prononcé par arrêté conjoint des ministres chargés de la formation professionnelle, des gens de mer et de la pêche maritime.

Art. R. 6331-51. L'agrément peut être retiré par arrêté conjoint des ministres chargés de la formation professionnelle, des gens de mer et de la pêche maritime lorsque les dispositions légales applicables à l'organisme ou les conditions particulières prévues le cas échéant par l'agrément ne sont pas respectées.

La décision de retrait intervient après que l'organisme gestionnaire a été appelé à s'expliquer.

Art. R. 6331-52. La contribution prévue au premier alinéa de l'article L. 6331-53 est reversée à l'(L. 2018-771 du 5 sept 2018, art. 45, II, JO 6) «opérateur de compétences» avant le premier mois de l'année suivant celle du recouvrement.

Art. R. 6331-53. Les modalités du reversement prévu à l'article R. 6331-52 sont précisées par arrêté conjoint des ministres chargés de la formation professionnelle, des gens de mer et de la pêche maritime.

Cet arrêté détermine, notamment, le montant maximum des frais de gestion que la Caisse maritime d'allocations familiales est autorisée à prélever.

Art. R. 6331-54. L'(L. 2018-771 du 5 sept. 2018, art. 45, II, JO 6) «opérateur de compétences» désigne en son sein une section particulière.

Cette section est gérée par les organisations syndicales représentatives des travailleurs indépendants et des employeurs de la pêche maritime et des cultures marines.

Sous-section 3 (réglementaire). **Travailleurs indépendants du secteur artisanal**

Note Cette sous-section a été introduite par le décret 2012-528 du 19 avril 2012, JO 21.

§ 1. Fonds d'assurance formation des chefs d'entreprise artisanale

Art. R. 6331-55. I. – Le fonds d'assurance formation des chefs d'entreprise exerçant une activité artisanale créé en application de l'article 8 de l'ordonnance n° 2003-1213 du 18 décembre 2003 a pour mission d'organiser, de développer et de promouvoir la formation de ces chefs d'entreprise ainsi que celle de leurs conjoints collaborateurs ou associés, de leurs auxiliaires familiaux et, pour l'exercice de leurs responsabilités, de ceux d'entre eux qui ont la qualité d'élus des organisations professionnelles. Il participe au financement de cette formation.

II. – Ce fonds est constitué sous forme d'une association régie par la loi du 1er juillet 1901 et placé sous la tutelle du ministre chargé de l'artisanat.

III. – Le fonds est habilité par arrêté conjoint du ministre chargé de l'artisanat et du ministre chargé de la formation professionnelle après vérification de la conformité de son statut et de son règlement intérieur aux dispositions législatives et réglementaires en vigueur.

En cas de modification de ce statut ou de ce règlement, une nouvelle habilitation est requise.

(D. 2015-254 du 3 mars 2015, JO 5) « IV. – En cas de non-respect des dispositions législatives et réglementaires applicables, l'habilitation peut être retirée par arrêté conjoint des autorités mentionnées au III. Préalablement à cette décision, le conseil d'administration du fonds est informé et appelé à présenter ses observations.

Cet arrêté est motivé et précise la date à laquelle il prend effet ainsi que les modalités de dévolution des biens du fonds dans les conditions prévues à l'article R. 6331-63. Il fait l'objet d'une publication au *Journal officiel* de la République française.

V. – L'acte constitutif du fonds détermine son champ professionnel par référence à la nomenclature des activités françaises de l'artisanat. »

Art. R. 6331-56. Le fonds d'assurance formation des chefs d'entreprise exerçant une activité artisanale est administré par un conseil d'administration et dirigé par un directeur général, nommé par le conseil d'administration.

Art. R. 6331-57. Le conseil d'administration du fonds définit les priorités de financement de la formation professionnelle des bénéficiaires mentionnés à l'article R. 6331-55 dans le respect des conditions fixées par les dispositions du chapitre III du titre Ier du présent livre (D. 2019-1143 du 7 nov. 2019, art. 2, JO 8) « et de l'article L. 6353-1 ». Il détermine les critères et les modalités de prise en charge des actions de formation financées par le fonds. (D. 2015-254 du 3 mars 2015, JO 5) « Le fonds rend publiques ces informations. »

Il fixe les principes de gestion et les règles de procédure applicables au financement des actions de formation. Il contrôle leur mise en œuvre.

Il décide des actions d'information, de sensibilisation et de conseil des bénéficiaires mentionnés à l'article R. 6331-55 relatives aux besoins et aux moyens de formation.

Art. R. 6331-58. Le fonds respecte le principe d'égalité de traitement des ressortissants du fonds, et des prestataires de formation ou d'actions entrant dans le champ d'application des titres Ier et III du livre troisième de la sixième partie du présent code. Le conseil d'administration veille à ce que l'allocation des financements tienne compte des besoins de formation des différents métiers représentés au sein du fonds.

(D. 2015-254 du 3 mars 2015, JO 5) « Le fonds établit, en coordination avec (D. 2019-56 du 30 janv. 2019, art. 8, JO 31) « CMA France », la liste relative à la nature des actions de formation finançables par le fonds. Cette liste est rendue publique auprès des bénéficiaires mentionnés à l'article R. 6331-55 et est établie de manière à rendre impossible tout cofinancement d'une même action de formation par le fonds d'assurance formation des chefs d'entreprise artisanale et par les conseils de la formation institués auprès des chambres de métiers et de l'artisanat de niveau régional.

Le fonds crée un site internet dédié proposant un service dématérialisé de traitement des demandes de financement des formations professionnelles.

Ce site internet présente des éléments comptables et extra-comptables du fonds. Il comporte notamment au sein de rubriques dédiées et identifiables :

1° La liste relative à la nature des actions de formation financées par le fonds prévue au deuxième alinéa du présent article ;

2° Les priorités de financement et les critères et modalités de prise en charge des actions de formation prévues à l'article R. 6331-57 ;

3° Les comptes annuels du fonds et le rapport du commissaire aux comptes, sans préjudice de l'application des dispositions de l'article L. 612-4 du code de commerce ;

4° Le bilan annuel quantitatif et financier de l'activité du fonds qui présente :

– l'état des ressources et la répartition des dépenses ;
– la typologie des entreprises et des stagiaires qui bénéficient d'un financement du fonds ;
– la typologie des actions de formation financées par le fonds ;
– la formation des élus des organisations professionnelles ;

5° Le bilan annuel détaillé qualitatif et financier des actions prévues au *b* de l'article R. 6331-60 du code du travail.

Les rubriques 1° et 2° sont actualisées dans les quinze jours suivant la modification de l'une de ces informations.

Les rubriques 3°, 4° et 5° relatives à un exercice sont mises en ligne au plus tard le 30 juin de l'exercice suivant. Ces informations portant sur les cinq derniers exercices sont consultables sur le site internet du fonds. »

Art. R. 6331-59. (D. 2015-254 du 3 mars 2015, JO 5) « I. – » Les statuts et le règlement intérieur du fonds fixent la composition du conseil d'administration, les modalités et les conditions de désignation ou de radiation de ses membres ainsi que ses règles de fonctionnement. Ils peuvent prévoir la mise en place de commissions dont les membres sont nommés par le conseil d'administration.

(D. 2015-254 du 3 mars 2015, JO 5) « II. – » Le président du conseil d'administration est élu par ce conseil.

(D. 2015-254 du 3 mars 2015, JO 5) « III. – » Les membres du conseil d'administration doivent être des chefs d'entreprise en activité exerçant une activité artisanale ou des conjoints collaborateurs ou associés en activité au moment de leur désignation. Ils doivent être à jour de leurs cotisations sociales et fiscales. La cessation d'activité entraîne obligatoirement le remplacement au sein du conseil.

(D. 2015-254 du 3 mars 2015, JO 5) « IV. – Nul ne peut être salarié du fonds s'il est administrateur ou salarié dans un établissement de formation, un établissement bancaire ou un organisme de crédit.

Le cumul des fonctions d'administrateur du fonds avec celles de salarié ou d'administrateur d'un établissement de formation, d'un établissement bancaire ou d'un organisme de crédit doit être porté à la connaissance du conseil d'administration du fonds ainsi qu'à celle du commissaire aux comptes qui établit, s'il y a lieu, un rapport spécial.

Le directeur et le personnel du fonds ne peuvent être membres d'une des organisations professionnelles administrant le fonds.

V. – Le directeur général du fonds peut procéder à des vérifications auprès des organismes de formation (D. 2016-480 du 18 avril 2016, JO 20) « et des bénéficiaires mentionnés au I de l'article R. 6331-55 » pour s'assurer de la bonne exécution des prestations pour lesquelles une prise en charge est demandée au fonds. »

Art. R. 6331-60. I. – Les ressources du fonds d'assurance formation des chefs d'entreprise exerçant une activité artisanale, lorsqu'elles proviennent des contributions mentionnées à l'article 1601 B et au troisième alinéa de l'article 1609 *quatervicies* B du code général des impôts, assurent le financement :

a) Des actions de formations mentionnées à l'article L. 6313-1, et notamment de celles qui permettent l'accès à la qualification professionnelle au sens de l'article L. 6314-1, et la prise en charge des frais de transport et d'hébergement des stagiaires ;

b) Des actions d'information, de sensibilisation et de conseil des chefs d'entreprise exerçant une activité artisanale, de leurs conjoints collaborateurs ou associés et de leurs auxiliaires familiaux relatives aux besoins et aux moyens de formation. La mise en œuvre de ces actions par des prestataires extérieurs est subordonnée à la conclusion d'une convention approuvée par le conseil d'administration ;

c) Des frais de gestion du fonds. Cette gestion ne peut pas être confiée à un établissement de formation, à un établissement bancaire, à un organisme de crédit ou à une organisation professionnelle ;

d) De la formation des élus des organisations professionnelles ;

e) Le cas échéant, des indemnités pour perte de ressources allouées aux membres du conseil d'administration et aux membres des commissions mentionnées à l'article R. 6331-59.

II. – L'agrément financier d'une formation par le fonds ne peut être délivré plus de trois mois avant le début du stage. Il est soumis obligatoirement à l'identification du stagiaire qui se matérialise par une inscription formelle.

Le niveau de prise en charge des actions de formation est déterminé de manière à permettre le caractère effectif de celle-ci pendant la durée de l'exercice. Il fait, le cas échéant, l'objet d'ajustements en cours d'année à cette fin.

III. – Les dépenses sont engagées à concurrence de la totalité de la contribution perçue au titre des articles 1601 B et 1609 *quatervicies* B du code général des impôts en appliquant le principe de la mutualisation au premier euro dès réception des dossiers complets dans les conditions prévues à l'article R. 6331-58 et au II ci-dessus. Les paiements sont effectués après exécution des prestations et réception des justificatifs probants, et notamment les attestations de présence et les feuilles d'émargement signées par les stagiaires.

Les dépenses mentionnées aux *b*, *c*, *d* et *e* du I ci-dessus ne peuvent excéder un plafond fixé par arrêté du ministre chargé de l'artisanat.

Art. R. 6331-61. (D. 2015-254 du 3 mars 2015, JO 5) Le fonds d'assurance formation des chefs d'entreprise exerçant une activité artisanale ne peut posséder d'autres biens, meubles et immeubles, que ceux qui sont nécessaires à son fonctionnement.

Art. R. 6331-62. (D. 2015-254 du 3 mars 2015, JO 5) « I. – » Toutes les sommes destinées au fonds d'assurance formation des chefs d'entreprise exerçant une activité artisanale sont versées directement et sans délai à son compte bancaire.

(D. 2015-254 du 3 mars 2015, JO 5) « II. – » Les intérêts produits par les sommes placées à court terme ont le même caractère que les sommes dont ils sont issus. Ils sont soumis aux mêmes conditions d'utilisation et à la même procédure de contrôle.

(D. 2015-254 du 3 mars 2015, JO 5) « III. – » Les disponibilités, au sens de l'article R. 6332-29, dont le fonds peut disposer au 31 décembre d'un exercice ne peuvent excéder le tiers du montant des charges comptabilisées au cours dudit exercice, à l'exception des dotations aux amortissements, des dépréciations et des provisions autres que celles relatives à un contentieux engagé avec un organisme de formation.

(D. 2018-1209 du 21 déc. 2018, art. 1er, 2°, a), JO 23, entrée en vigueur le 01.01.2019) « N'entrent pas dans le calcul des disponibilités les contributions à la formation versée en année N permettant de financer les formations réalisées en année N+1. »

En cas d'excédent, celui-ci est reversé (D. 2020-372 du 30 mars 2020, art. 10, JO 31) « à France compétences » (D. 2016-480 du 18 avril 2016, JO 20) « avant le 30 avril de l'année suivant la clôture de l'exercice. »

IV. – La comptabilité du fonds est tenue par référence au plan comptable applicable aux organismes collecteurs paritaires mentionnés à l'article (D. 2018-1209 du 21 déc. 2018, art. 1er, 2°, a), JO 23, entrée en vigueur le 01.01.2019) « R. 6332-34 ». Elle est certifiée par un commissaire aux comptes en application des dispositions prévues aux articles L. 612-1 à L. 612-5 du code du commerce.

Les pièces justificatives des recettes et des dépenses sont transmises, à leur demande, aux autorités de tutelle ou de contrôle.

V. – Le fonds d'assurance formation transmet au ministre chargé de l'artisanat, après validation de son conseil d'administration et au plus tard le 30 juin de l'année suivant la clôture de l'exercice, la liste des éléments comptables et extra-comptables comprenant notamment :

1° Un état comportant les renseignements statistiques et financiers permettant de suivre son fonctionnement, la réalisation des programmes d'intervention et l'emploi des fonds collectés.

Celui-ci présente notamment :

a) Sous forme de graphiques appropriés les données ci-après :

- les ressources du fonds et leur affectation au titre des différentes catégories de dépenses prévues à l'article R. 6331-60 ;
- la typologie des entreprises et des stagiaires qui bénéficient d'un financement du fonds. Pour les créateurs et repreneurs d'entreprise de moins de trois ans, les futurs créateurs et repreneurs d'entreprise et les (D. 2016-480 du 18 avril 2016, JO 20) « travailleurs indépendants mentionnés (D. 2019-718 du 5 juil. 2019, art. 2, III, 5°, JO 7) « à l'article L. 613-7 » du code de la sécurité sociale », des graphiques spécifiques présentent des données relatives au nombre de stagiaires et aux montants financiers qui leur sont alloués ;
- la typologie des actions de formation financées par le fonds et les financements accordés ;
- le nombre d'élus des organisations professionnelles formés et les financements accordés ;

b) Un bilan détaillé qualitatif et financier des actions prévues au b de l'article R. 6331-60 ;

2° Un bilan et un compte de résultat certifié par le commissaire aux comptes ;

3° Un rapport présentant les principales orientations de son activité.

Les procès-verbaux des conseils d'administration du fonds sont transmis au ministre chargé de l'artisanat dans les quinze jours qui suivent la date de leur validation par le conseil d'administration.

Art. R. 6331-63. En cas de cessation d'activité du fonds d'assurance formation des chefs d'entreprise exerçant une activité artisanale, ses biens sont dévolus, sous réserve des dispositions de l'article 2 du décret n° 2007-1268 du 24 août 2007, à d'autres fonds d'assurance formation désignés par le conseil d'administration ou, à défaut, à l'État. La dévolution des biens, des droits et des obligations à d'autres fonds d'assurance formation est soumise à l'accord préalable conjoint du ministre chargé de l'artisanat et du ministre chargé de la formation professionnelle. Les conditions de cette dévolution sont fixées par arrêté conjoint des ministres chargés de l'artisanat et du budget.

§ 2. Conseils de la formation institués auprès des chambres de métiers et de l'artisanat de région et auprès des chambres régionales de métiers et de l'artisanat

<u>*Note*</u> Ce paragraphe a été introduit par le décret 2015-254 du 3 mars 2015, JO 5.

Art. R. 6331-63-1. Il est institué (D. 2016-480 du 18 avril 2016, JO 20) «auprès des chambres de métiers et de l'artisanat de région et auprès des chambres régionales de métiers et de l'artisanat» un conseil de la formation chargé de promouvoir et de financer les actions de formation professionnelle, au sens (D. 2019-1143 du 7 nov. 2019, art. 2, JO 8) «de l'article L. 6313-1», des chefs d'entreprise exerçant une activité artisanale ainsi que de leurs conjoints collaborateurs ou associés, de leurs auxiliaires familiaux dans le seul domaine de la gestion et du développement de leurs entreprises.

L'information des chefs d'entreprise sur la nature des actions de formation pouvant être financées par les conseils de la formation est assurée par (D. 2019-56 du 30 janv. 2019, art. 8, JO 31) «CMA France» en coordination avec le fonds d'assurance formation mentionné à l'article R. 6331-55.

La liste relative à la nature des actions de formation est établie de manière à rendre impossible tout cofinancement d'une même action de formation par les conseils de la formation et par le fonds d'assurance formation des chefs d'entreprise artisanale.

Art. R. 6331-63-2. Le conseil de la formation a pour missions:

1° De définir les priorités de financement de la formation professionnelle dans le respect des conditions prévues à l'article R. 6331-63-1 et de fixer les critères et les modalités de prise en charge des actions de formation qu'il finance;

2° De fixer les principes de gestion et les règles de procédure applicables au financement des actions de formation;

3° De rendre publics les priorités annuelles, les critères et les modalités de prise en charge des actions de formation fixés par le conseil ainsi que les règles de traitement des demandes de financement des actions de formation, notamment celles portant sur les critères applicables aux organismes de formation leur permettant de présenter des demandes collectives de prise en charge de formations pour le compte des stagiaires dans le cadre de la subrogation de paiement.

L'ensemble de ces informations sont mises en ligne sur le site internet de la chambre de métiers et de l'artisanat compétente au sein d'une rubrique dédiée au conseil de la formation, dans un délai de quinze jours suivant leur approbation par le conseil de la formation.

Art. R. 6331-63-3. Le conseil de la formation délibère sur:

1° Les priorités de financement, les critères et les modalités de prise en charge des formations;

2° Les orientations ainsi que les mesures générales relatives à son organisation et à son fonctionnement;

3° Les actions financées au titre du 3° du I de l'article R. 6331-63-6;

4° Le budget et ses modifications;

5° Le compte financier et l'affectation des résultats de l'exercice;

6° Le rapport annuel d'activité;

7° Les conventions relatives aux modalités et aux conditions de mise en œuvre de la procédure de subrogation de paiement entre le conseil de la formation et un organisme de formation et celles visant à déléguer la mise en œuvre des actions prévues au 3° du I de l'article R. 6331-63-6;

8° Le règlement intérieur.

Le conseil de la formation contrôle la mise en œuvre de ces décisions.

Art. R. 6331-63-4. Le conseil de la formation est constitué de sept membres désignés parmi les élus des chambres de métiers et de l'artisanat de région (D. 2016-480 du 18 avril 2016, JO 20) « et des chambres régionales de métiers et de l'artisanat. Le règlement intérieur mentionné à l'article R. 6331-63-3 peut prévoir, lorsque la diversité de représentation des métiers le justifie, de porter le nombre de membres jusqu'à treize et la désignation de membres suppléants. »

Les fonctions de membre du conseil sont incompatibles avec celles :

1° D'administrateur ou de salarié d'un établissement de formation, d'un établissement bancaire ou d'un organisme de crédit ;

2° De président, de trésorier et de vice-président responsable de la formation des chambres de métiers et de l'artisanat ;

3° De personnel administratif affecté au service de formation de la chambre.

Le président du conseil de la formation est élu par ce conseil.

Le président du conseil et le commissaire du Gouvernement mentionné à l'article R. 6331-63-5 peuvent conjointement convier toute personne qu'ils jugent utile d'inviter au conseil afin d'y apporter son expertise sur un point particulier.

Le conseil de la formation fixe ses règles de fonctionnement, notamment les modalités de vote applicables en son sein, par un règlement intérieur approuvé par le préfet de région.

Art. R. 6331-63-5. Un commissaire du Gouvernement est nommé par le préfet de région auprès du conseil de la formation.

Il veille au respect de la réglementation, du règlement intérieur du conseil, de l'application des décisions prises par le conseil, de l'égalité d'accès à la formation et de l'égalité de traitement des organismes de formation. Il s'assure de la bonne utilisation des fonds et de leur affectation au compte mentionné à l'article R. 6331-63-9.

Il a accès aux documents comptables ou extra-comptables nécessaires à l'exercice de ses missions.

Il assiste aux réunions du conseil. Il reçoit quinze jours avant la réunion du conseil l'ordre du jour et l'ensemble des documents soumis à examen, notamment ceux relatifs au compte mentionné à l'article R. 6331-63-9 ainsi que le projet de procès-verbal de la réunion précédente.

Il peut formuler des observations ou des réserves sur les décisions du conseil. Il peut également, dans un délai de huit jours à compter de la date d'une délibération, en demander une nouvelle. Cette demande a un effet suspensif jusqu'à l'intervention d'une nouvelle délibération.

Art. R. 6331-63-6. I. – Les recettes du conseil de la formation sont constituées des fonds provenant du droit additionnel prévu au c de l'article 1601 du code général des impôts et de la contribution prévue au deuxième alinéa de l'article 1609 *quatervicies* B du même code ainsi que, le cas échéant, des concours financiers de l'État et des collectivités territoriales.

Les recettes et dépenses du conseil de la formation sont retracées dans un budget et une comptabilité distincts de ceux de la chambre de métiers et de l'artisanat auprès de laquelle le conseil est institué.

Les dépenses du conseil de la formation sont constituées :

1° Du financement des actions de formation prévues à l'article R. 6331-63-1 ;

2° Du financement des actions prévues au 12° de l'article L. 6313-1 et du stage de préparation à l'installation prévu à l'article 2 de la loi n° 82-1091 du 23 décembre 1982 relative à la formation professionnelle des artisans ;

3° Du financement des actions d'information, de sensibilisation et de conseil des chefs d'entreprise exerçant une activité artisanale, de leurs conjoints collaborateurs ou associés, de leurs auxiliaires familiaux, relatives aux besoins et aux moyens de formation ;

4° Du financement de la formation des élus (D. 2016-480 du 18 avril 2016, JO 20) « du réseau des chambres de métiers et de l'artisanat » ;

5° Du financement des frais de transport et d'hébergement des stagiaires ;

6° Du financement des indemnités pour perte de ressources servies aux membres du conseil lorsqu'il en est alloué ;

7° Du financement des frais de gestion de l'ensemble de ces actions.

Les dépenses mentionnées aux 2°, 3°, 4°, 5°, 6° et 7° ci-dessus ne doivent pas excéder des plafonds fixés par arrêté du ministre chargé de l'artisanat.

II. – L'agrément financier d'une formation par le conseil ne peut être délivré plus de trois mois avant le début du stage. Il est soumis obligatoirement à l'identification du stagiaire qui se matérialise par une inscription formelle.

Le niveau de prise en charge des actions de formation est déterminé de manière à permettre le caractère effectif de celle-ci pendant la durée de l'exercice comptable. Il fait, le cas échéant, l'objet des ajustements nécessaires en cours d'année.

III. – Sous réserve du respect du principe de l'équilibre réel du budget, les dépenses sont engagées à concurrence de la totalité de la contribution perçue au titre des articles 1601 c et 1609 *quatervicies* B du code général des impôts en appliquant le principe de la mutualisation au premier euro dès réception des dossiers complets. Les paiements sont effectués après exécution des prestations et réception des justificatifs probants, notamment les attestations de présence et les feuilles d'émargement signées par les stagiaires.

Art. R. 6331-63-7. Un agent comptable est nommé auprès du conseil de la formation de chaque chambre de métiers et de l'artisanat de région (D. 2016-480 du 18 avril 2016, JO 20) « et de chaque chambre régionale de métiers et de l'artisanat », par arrêté conjoint du préfet de région et du directeur régional des finances publiques.

Il assiste aux réunions du conseil. Il reçoit quinze jours avant la réunion du conseil l'ordre du jour et l'ensemble des documents soumis à examen ainsi que le projet de procès-verbal de la réunion précédente.

Art. R. 6331-63-8. Par dérogation aux dispositions de l'article 3 du décret n° 2012-1246 du 7 novembre 2012 relatif à la gestion budgétaire et comptable publique, les conseils de la formation sont soumis aux dispositions des titres Ier et III de ce même décret, à l'exception des 1° et 2° de l'article 175 et des articles 178 à 185, 204 à 208 et 220 à 228.

Art. R. 6331-63-9. Les recettes du conseil de la formation mentionnées à l'article R. 6331-63-6 sont versées directement et sans délai au compte de dépôt de fonds au Trésor, ouvert à son nom.

Art. R. 6331-63-10. Les disponibilités, au sens de l'article R. 6332-29, dont le conseil peut disposer au 31 décembre d'un exercice déterminé ne peuvent excéder le tiers du montant des charges comptabilisées au cours de cet exercice à l'exception des dotations aux amortissements, des dépréciations et des provisions autres que celles relatives à un contentieux engagé avec un organisme de formation.

(D. 2018-1209 du 21 déc. 2018, art. 1er, 2°, b), JO 23, entrée en vigueur le 01.01.2019) « N'entrent pas dans le calcul des disponibilités les contributions à la formation versée en année N permettant de financer les formations réalisées en année N+1. »

En cas d'excédent, celui-ci est reversé (D. 2020-372 du 30 mars 2020, art. 10, JO 31) « à France compétences » (D. 2016-480 du 18 avril 2016, JO 20) « avant le 30 avril de l'année suivant la clôture de l'exercice. »

Art. R. 6331-63-11. Le conseil de la formation transmet au préfet de région et au ministre chargé de l'artisanat, au plus tard le 31 mars de l'année suivant la clôture de l'exercice, le compte financier établi dans les conditions prévues aux articles 210 à 214 du décret n° 2012-1246 du 7 novembre 2012 relatif à la gestion budgétaire et comptable publique ainsi que des éléments extra-comptables comprenant notamment :

1° Un état comportant les renseignements statistiques et financiers permettant de suivre son fonctionnement, la réalisation des programmes d'intervention et l'emploi des fonds collectés ;

2° Un rapport présentant les principales orientations de son activité ;

3° Un bilan détaillé qualitatif et financier des actions prévues au 3° du I de l'article R. 6331-63-6.

Art. R. 6331-63-12. En cas de cessation d'activité d'un conseil de la formation, les modalités d'une nouvelle affectation de ses droits et obligations sont fixées par arrêté (D. 2016-480 du 18 avril 2016, JO 20) « du préfet de région ».

Sous-section 3. **Employeurs occupant des salariés intermittents du spectacle**

Art. L. 6331-55. Par dérogation aux dispositions relatives au financement du (L. 2018-771 du 5 sept. 2018, art. 38, I, 4°, JO 6) « compte personnel » de formation, prévues par l'article (Ord. 2019-861 du 21 août 2019, art. 1er, 66°, JO 22) « L. 6331-6 », à l'obligation de financement pour les employeurs de moins de (L. 2015-1785 du 29 déc. 2015, art. 15, II, JO 30) « onze » salariés, prévue par l'article (L. 2018-771 du

5 sept. 2018, art. 38, I, 4°, JO 6) « L. 6135-1 », et à l'obligation de financement pour les employeurs de (L. 2015-1785 du 29 déc. 2015, art. 15, II, JO 30) « onze » salariés et plus, prévue par les articles (L. 2018-771 du 5 sept. 2018, art. 38, I, 4°, JO 6) « L. 6133-1 et L. 6134-1 », lorsque des employeurs occupent un ou plusieurs salariés intermittents du spectacle qui relèvent des secteurs d'activités (L. 2014-288 du 5 mars 2014, art. 3, JO 6) « du spectacle vivant et du spectacle enregistré », pour lesquels il est d'usage constant de ne pas recourir au contrat à durée indéterminée en raison de la nature de l'activité exercée et du caractère par nature temporaire de ces emplois, une convention ou un accord professionnel national étendu peut prévoir pour ce ou ces salariés intermittents une participation unique au développement de la formation professionnelle, quel que soit le nombre de salariés occupés. Cette contribution est due à compter du premier salarié intermittent.

Le pourcentage de la contribution ne peut être inférieur à 2 % des rémunérations versées pendant l'année en cours. Les rémunérations sont entendues au sens des règles prévues aux chapitres premier et II du titre IV du livre II du code de la sécurité sociale.

(L. 2014-288 du 5 mars 2014, art. 3, JO 6) « Pour permettre la gestion des droits inscrits ou mentionnés dans le compte personnel de formation de ces salariés, le décret prévu à l'article L. 6323-8 peut prévoir des aménagements spécifiques. »

Art. L. 6331-56. (L. 2018-771 du 5 sept. 2018, art. 38, I, 5°, JO 6) La convention ou l'accord mentionné à l'article L. 6331-55, qui détermine la répartition de la contribution au titre du compte personnel de formation, de l'aide au développement des compétences, de l'alternance, du conseil en évolution professionnelle des actifs occupés du secteur privé ainsi que des actions de formation au bénéfice des demandeurs d'emploi ne peut avoir pour effet d'abaisser le taux en dessous de :

1° 0,35 % du revenu d'activité retenu pour le calcul des cotisations sociales en application de l'article L. 242-1 du code de la sécurité sociale, au titre du compte personnel de formation ;

2° 1,10 % au titre de l'aide au développement des compétences ;

3° 0,10 % au titre des actions de formation au bénéfice des demandeurs d'emploi.

Sous-section 4. Particuliers employeurs

Art. L. 6331-57. Sont redevables d'une contribution versée au titre de la participation au développement de la formation professionnelle continue et égale à 0,15 % des rémunérations de l'année de référence les particuliers employeurs occupant un ou plusieurs :

1° (L. 2016-1088 du 8 août 2016, art. 93, II, JO 9) « Salariés du particulier employeur » mentionnés à l'article L. 7221-1 ;

2° Assistants maternels mentionnés [à l'article] L. 421-1 du code de l'action sociale et des familles ;

3° Salariés mentionnés aux 2° et 3° de l'article L. 722-20 du code rural (Ord. 2010-462 du 6 mai 2010, JO 7) « et de la pêche maritime ».

Art. L. 6331-58. La contribution prévue à l'article L. 6331-57 est calculée sur l'assiette retenue en application :

1° Pour les employés de maison, de l'article L. 133-7 du code de la sécurité sociale ;

2° Pour les assistants maternels, de l'article L. 242-1 du même code.

Art. L. 6331-59. La contribution est recouvrée et contrôlée par les organismes chargés du recouvrement des cotisations de sécurité sociale et d'allocations familiales en même temps que les cotisations de sécurité sociale dues sur les rémunérations versées aux travailleurs salariés et assimilés, selon les mêmes règles et sous les mêmes garanties et sanctions.

Art. L. 6331-60. (L. 2018-771 du 5 sept. 2018, art. 38, I, 6°, JO 6) La contribution est versée à un opérateur de compétences agréé, France Compétences ou à la Caisse des dépôts et consignations selon une répartition et des modalités déterminées par un arrêté du ministre chargé de la formation professionnelle.

La part versée à l'opérateur de compétences peut faire l'objet d'une gestion particulière par un organisme créé par accord entre les organisations représentatives au niveau national des employeurs et des salariés des branches des salariés du particulier employeur et des assistants maternels du particulier employeur. Elle fait l'objet d'un suivi comptable distinct et permet le financement des dépenses éligibles au titre des sections financières mentionnées (Ord. 2019-861 du 21 août 2019, art. 1er, 67°, JO 22) « aux 1° et 2° » de l'article L. 6332-3 ainsi que des dépenses spécifiques nécessaires à l'accessibilité à la formation des salariés du particulier employeur et des assistants maternels du particulier employeur.

Les modalités de constitution et de gestion de cet organisme ainsi que les dépenses spécifiques mentionnées au deuxième alinéa du présent article sont fixées par décret.

Art. D. 6331-67. (D. 2018-1344 du 28 déc. 2018, JO 30, entrée en vigueur le 01.01.2019) I. – L'accord prévu à l'article L. 6331-60 détermine l'organisation de l'organisme mentionné au même article et ses missions, sous réserve des dispositions prévues à la présente sous-section.

II. – L'organisme mentionné au I est doté d'un conseil de gestion composé d'au plus 12 membres représentant les employeurs et les salariés en nombre égal désignés par les organisations signataires de l'accord le créant. Ces membres peuvent se faire représenter par un suppléant désigné selon les mêmes modalités que le titulaire.

III. – Les dispositions de l'article R. 6332-12 sont applicables aux membres du conseil de gestion et aux salariés de l'organisme mentionné au I.

IV. – L'organisme mentionné au I définit son règlement intérieur. Il le transmet à l'opérateur de compétences dont il relève.

Art. D. 6331-68. (D. 2018-1344 du 28 déc. 2018, JO 30, entrée en vigueur le 01.01.2019) I. – L'opérateur de compétences définit, sur proposition du conseil de gestion mentionné à l'article D. 6331-67, les actions de formation éligibles au titre du 1° de l'article L. 6332-3 ainsi que des dépenses spécifiques nécessaires à l'accessibilité à la formation des salariés et des assistants maternels du particulier employeur, les priorités, les critères et les conditions de prise en charge de ces formations et de ces dépenses.

À défaut de proposition du conseil de gestion, le conseil d'administration de l'opérateur de compétences les définit.

Art. D. 6331-69. (D. 2018-1344 du 28 déc. 2018, JO 30, entrée en vigueur le 01.01.2019) La part versée à l'opérateur de compétences reçue au titre du premier alinéa de l'article L. 6331-60 permet le financement :

I. – 1° Des frais des actions mentionnées à l'article L. 6313-1 ;

2° Des frais de transport et d'hébergement des stagiaires afférents aux actions prévues au I, ainsi qu'à la rémunération des salariés du particulier employeur et des assistants maternels du particulier employeur, que cette rémunération soit assurée directement par l'employeur ou par mandatement ;

II. – En fonction des missions confiées à l'organisme prévu à l'article L. 6331-60 :

1° Des frais de gestion administrative relatifs à l'instruction et au suivi des dossiers de formation ;

2° Des frais d'information générale et de sensibilisation des particuliers employeurs et de leurs salariés ;

3° Du remboursement des frais de déplacement, de séjour et de restauration engagés par les personnes qui siègent au sein du conseil de gestion ;

4° D'études ou de recherches relatives à la formation des salariés du particulier employeur et des assistants maternels du particulier employeur.

Les dépenses mentionnées au II ne peuvent excéder un plafond arrêté par le ministre chargé de la formation professionnelle.

Art. D. 6331-70. (D. 2018-1344 du 28 déc. 2018, JO 30, entrée en vigueur le 01.01.2019) L'organisme mentionné à l'article L. 6331-60 adresse avant le 30 avril à l'opérateur de compétences les informations financières et statistiques nécessaires au respect des obligations prévues aux articles R. 6332-30 à R. 6332-33.

Il transmet avant le 30 avril au ministre chargé de la formation professionnelle un bilan de son activité annuelle précédente permettant de suivre son fonctionnement et d'apprécier l'emploi des fonds reçus.

Art. D. 6331-71. (D. 2018-1344 du 28 déc. 2018, JO 30, entrée en vigueur le 01.01.2019) En cas de dépassement du plafond mentionné au dernier alinéa de l'article D. 6331-69 ou de dysfonctionnement de l'organisme spécifique mentionné à l'article L. 6331-60, le ministre chargé de la formation professionnelle adresse à l'organisme spécifique et à l'opérateur de compétences, par tout moyen donnant date certaine à sa réception, une mise en demeure motivée afin de présenter, dans un délai d'un mois, ses observations écrites et, le cas échéant, orales justifiant cette situation et précisant les mesures prévues pour y remédier.

Au vu des éléments de réponse de l'opérateur de compétences ou après l'expiration de ce délai, le ministre chargé de la formation professionnelle peut :

1° Adresser à l'organisme spécifique mentionné à l'article L. 6331-60 et à l'opérateur de compétences une notification afin de procéder aux mesures correctives permettant d'assurer le respect des plafonds et objectifs définis à l'article D. 6331-69, ces mesures devant faire l'objet d'un suivi permettant d'apprécier la réponse apportée ;

2° Décider le versement au Trésor public par l'opérateur de compétences d'une somme correspondant en tout ou partie au montant du dépassement constaté. Le recouvrement du versement est établi et poursuivi selon les modalités ainsi que sous les sûretés, garanties et sanctions applicables aux taxes sur le chiffre d'affaires ;

3° De retirer la gestion de la part reçue au titre du premier alinéa de l'article L. 6331-60 à l'organisme spécifique et les frais de gestion y afférent.

Art. L. 6331-61. Le produit de la contribution est reversé à l'(L. 2018-771 du 5 sept. 2018, art. 45, II, JO 6) «opérateur de compétences», après déduction de frais de gestion, selon des modalités déterminées par arrêté conjoint du ministre chargé de la sécurité sociale et du ministre chargé de la formation professionnelle.

Art. L. 6331-62. Les règles applicables en cas de contentieux sont (Ord. 2018-358 du 16 mai 2018, JO 17, entrée en vigueur au plus tard le 01.01.2019) «celles du (L. 2019-222 du 23 mars 2019, art. 96, V, JO 24) «contentieux» de la sécurité sociale».

Sous-section 5. **Employeurs de la pêche maritime et des cultures marines**

Note Les articles L. 6331-63 et 64 qui figuraient dans cette sous-section ont été abrogés par la loi 2018-771 du 5 septembre 2018, art. 38, I, 7°, JO 6.

Sous-section 6. **Artistes auteurs**

Note Cette sous-section a été introduite par la loi 2011-1978 du 28 décembre 2011, art. 89, JO 29, entrée en vigueur le 01.07.2012.

Art. L. 6331-65. Pour le financement des actions prévues à l'article L. 6331-1 au profit des artistes auteurs définis à l'article L. 382-1 du code de la sécurité sociale, il est créé :

1° Une contribution annuelle des artistes auteurs assise sur les revenus définis à l'article L. 382-3 du même code. Le taux de cette contribution est de 0,35 % ;

2° Une contribution annuelle des personnes physiques ou morales mentionnées à l'article L. 382-4 du même code, assise sur les éléments mentionnés au deuxième alinéa du même article. Le taux de cette contribution est de 0,1 %.

Les contributions prévues aux 1° et 2° du présent article ne sont pas exclusives de financements par les sociétés d'auteurs.

(L. 2014-288 du 5 mars 2014, art. 4, JO 6) «Pour permettre la gestion des droits inscrits ou mentionnés dans le compte personnel de formation des artistes auteurs et leur compatibilité avec les droits mis en place au titre du présent article, le décret prévu à l'article L. 6323-8 peut prévoir des aménagements spécifiques.»

Art. L. 6331-66. Les contributions mentionnées aux 1° et 2° de l'article L. 6331-65 sont recouvrées et contrôlées selon les règles et sous les garanties et sanctions applicables au recouvrement des cotisations de sécurité sociale dues sur les revenus et éléments mentionnés à ces mêmes 1° et 2°.

Art. L. 6331-67. (L. 2017-1836 du 30 déc. 2017, art. 23, II, JO 31) «L'organisme mentionné à l'article L. 382-5 du code de la sécurité sociale, chargé» du recouvrement des contributions mentionnées à l'article L. 6331-65 du présent code, (L. 2017-1836 du 30 déc. 2017, art. 23, II, JO 31) «peut» percevoir des frais de gestion dont les modalités et le montant sont déterminés par arrêté conjoint des ministres chargés de la sécurité sociale, de la culture et de la formation professionnelle.

Art. L. 6331-68. Les contributions prévues à l'article L. 6331-65 sont affectées à (Ord. 2019-861 du 21 août 2019, art. 1er, 68°, JO 22) «l'opérateur de compétences» agréé au titre des contributions versées en application de l'article L. 6331-55 (Ord. 2019-861 du 21 août 2019, art. 1er, 68°, JO 22) «au sein d'une section particulière, à France compétences ou à la Caisse des dépôts et consignations selon une répartition et» des modalités déterminées par arrêté conjoint des ministres chargés de la sécurité sociale, de la culture et de la formation professionnelle.

Un décret en Conseil d'État détermine les modalités d'organisation et de fonctionnement de la section particulière mentionnée au premier alinéa.

Art. R. 6331-64. (D. 2012-1370 du 7 déc. 2012, JO 9) I. – Il est créé au sein de l'(D. 2018-1209 du 21 déc. 2018, art. 1er, 2°, c), JO 23, entrée en vigueur le 01.01.2019) «opérateur de compétences chargé de gérer la contribution mentionnée à» l'article L. 6331-55 une section particulière chargée de gérer les contributions mentionnées à l'article L. 6331-65 du présent code.

II. – Le conseil d'administration de l'(D. 2018-1209 du 21 déc. 2018, art. 1er, 2°, c), JO 23, entrée en vigueur le 01.01.2019) «opérateur de compétences» arrête, sur proposition du conseil de gestion de la section mentionnée au I, les services et actions de formation susceptibles d'êtres financés, les priorités, les critères et les conditions de prise en charge des demandes de formation présentées par les artistes auteurs. À défaut de proposition, le conseil d'administration délibère valablement sur ces questions.

(D. 2018-1209 du 21 déc. 2018, art. 1er, 2°, c), JO 23, entrée en vigueur le 01.01.2019) «III. – Le conseil de gestion de la section mentionnée au I est composé:

1° D'un collège comprenant vingt et un membres représentant des organisations professionnelles d'artistes auteurs;

2° D'un collège comprenant sept membres représentant des organisations professionnelles de diffuseurs;

3° D'un collège comprenant cinq membres représentant des organismes de gestion collective contribuant au financement.

IV. – Un arrêté du ministre chargé de la culture fixe, pour une durée de deux ans:

- la répartition en nombre de sièges entre les branches professionnelles du collège des artistes auteurs;
- les organismes professionnels appelés à siéger au sein des trois collèges ainsi que le nombre de sièges affectés à chacun des organismes.

La répartition en nombre de sièges au sein de chaque collège tient compte:

- pour le collège des artistes auteurs, du montant des contributions par branches professionnelles définies à l'article R. 382-1 du code de la sécurité sociale;
- pour le collège des diffuseurs, du montant des contributions par secteurs professionnels;
- pour le collège organismes de gestion collective, du montant de leurs contributions au regard des branches professionnelles d'artistes auteurs qu'elles représentent.

Le conseil de gestion arrête son règlement intérieur et le communique au conseil d'administration de l'opérateur de compétences.»

Art. R. 6331-65. (D. 2012-1370 du 7 déc. 2012, JO 9) Les ressources reçues au titre de l'article L. 6331-65 peuvent être également destinées:

1° Au financement des frais de fonctionnement liés aux actions de formation mentionnées à l'article L. 6313-1 et des frais de transport et d'hébergement afférents des stagiaires;

2° Au financement des dépenses d'information et de conseil aux artistes auteurs;

3° Au financement des autres frais de gestion de la section mentionnée à l'article R. 6331-64.

Les dépenses mentionnées aux 2° et 3° ne peuvent excéder le plafond fixé pour les fonds d'assurance formation des non-salariés en application de l'article R. 6332-64.

Art. R. 6331-66. (D. 2012-1370 du 7 déc. 2012, JO 9) Sont applicables à la gestion des actions de formation des artistes auteurs les dispositions de l'article R. 6332-63.

Sous-section 6 (réglementaire). **Contrats à durée déterminée ne donnant pas lieu au versement de la contribution spécifique assise sur le revenu d'activité pour les cotisations sociales des titulaires d'un contrat à durée déterminée**

Note Cette sous-section a été introduite par le décret 2018-1233 du 24 décembre 2018, JO 26, entrée en vigueur le 01.01.2019.

Art. D. 6331-72. Les contrats à durée déterminée ne donnant pas lieu au versement de la contribution spécifique mentionnée à l'article L. 6331-6 sont:

1° Les contrats d'accompagnement dans l'emploi;

2° Les contrats d'apprentissage;

3° Les contrats de professionnalisation ;

4° Les contrats conclus avec des jeunes au cours de leur cursus scolaire ou universitaire ;

5° Les contrats de travail à durée déterminée qui se poursuivent par des contrats à durée indéterminée ;

6° Les contrats mentionnés à l'article L. 6321-9.

Chapitre II

Opérateurs de compétences

SECTION 1. Dispositions générales

Sous-section préliminaire. Décompte et franchissement d'un seuil d'effectif

Note Cette sous-section a été introduite par la loi 2019-486 du 22 mai 2019, art. 11, VI, 22°, JO 23, entrée en vigueur le 01.01.2020.

Art. L. 6332-1 A. Pour l'application du présent chapitre, l'effectif salarié est déterminé selon les modalités prévues au I de l'article L. 130-1 du code de la sécurité sociale.

Sous-section 1. Agrément

Art. L. 6332-1. (L. 2018-771 du 5 sept. 2018, art. 39, I, 2°, JO 6) I. – Les organismes paritaires agréés sont dénommés " opérateurs de compétences ". Ils ont pour mission :

1° D'assurer le financement des contrats d'apprentissage et de professionnalisation, selon les niveaux de prise en charge fixés par les branches ;

2° D'apporter un appui technique aux branches adhérentes pour établir la gestion prévisionnelle de l'emploi et des compétences et pour déterminer les niveaux de prise en charge des contrats d'apprentissage et des contrats de professionnalisation ;

3° D'assurer un appui technique aux branches professionnelles pour leur mission de certification mentionnée à l'article (Ord. 2019-861 du 21 août 2019, art. 1er, 69°, JO 22) « L. 6113-4 » ;

4° D'assurer un service de proximité au bénéfice des très petites, petites et moyennes entreprises, permettant d'améliorer l'information et l'accès des salariés de ces entreprises à la formation professionnelle et d'accompagner ces entreprises dans l'analyse et la définition de leurs besoins en matière de formation professionnelle, notamment au regard des mutations économiques et techniques de leur secteur d'activité ;

5° De promouvoir les modalités de formation prévues aux deuxième et troisième alinéas de l'article L. 6313-2 auprès des entreprises.

II. – Les opérateurs de compétences peuvent conclure :

1° Avec l'État :

a) Des conventions dont l'objet est notamment de définir la part de leurs ressources qu'ils peuvent affecter au cofinancement d'actions en faveur de la formation professionnelle et du développement des compétences des salariés et des demandeurs d'emploi ;

b) Une convention-cadre de coopération définissant les conditions de leur participation à l'amélioration et à la promotion des formations technologiques et professionnelles initiales, notamment l'apprentissage, ainsi que la promotion des métiers. Cette convention peut, le cas échéant, être conclue conjointement avec les organisations couvrant une branche ou un secteur d'activité ;

2° Avec les régions, des conventions dans les conditions déterminées à l'article L. 6211-3.

Art. L. 6332-1-1. (L. 2018-771 du 5 sept. 2018, art. 39, I, 2°, JO 6) I. – L'opérateur de compétences est agréé par l'autorité administrative pour gérer les fonds mentionnés aux 1° et *c* du 3° de l'article L. 6123-5. Il a une compétence nationale.

II. – L'agrément est accordé aux opérateurs de compétences en fonction :

1° De leur capacité financière et de leurs performances de gestion ;

2° De la cohérence et de la pertinence économique de leur champ d'intervention ;

3° De leur mode de gestion paritaire ;

4° De leur aptitude à assurer leurs missions compte tenu de leurs moyens et de leur capacité à assurer des services de proximité aux entreprises et à leurs salariés sur l'ensemble du territoire national, sans préjudice des dispositions de l'article L. 6523-1 ;

5° De l'application d'engagements relatifs à la transparence de la gouvernance et à la publicité des comptes.

L'agrément des opérateurs de compétences n'est accordé que lorsque le montant des contributions gérées ou le nombre d'entreprises couvertes sont supérieurs respectivement à un montant et à un nombre fixés par décret.

III. – L'agrément est subordonné à l'existence d'un accord conclu à cette fin entre les organisations syndicales de salariés et les organisations professionnelles d'employeurs représentatives d'une ou plusieurs branches qui composent le champ d'application de l'accord.

Une branche professionnelle ne peut adhérer qu'à un seul opérateur de compétences dans le champ d'application d'une convention collective au sens de l'article L. 2222-1.

S'agissant d'un opérateur de compétences interprofessionnel, cet accord est valide et peut être agréé même s'il n'est signé, en ce qui concerne la représentation des employeurs, que par une organisation professionnelle.

IV. – En cas de refus d'agrément par l'autorité administrative, celle-ci émet des recommandations permettant de satisfaire les critères mentionnés au II. À compter de la notification de ces recommandations, les organisations syndicales de salariés et les organisations professionnelles d'employeurs concernées disposent d'un délai de deux mois pour parvenir à un nouvel accord et transmettre celui-ci à l'autorité administrative.

À défaut d'agrément sur le fondement du nouvel accord, l'autorité administrative peut, eu égard à l'intérêt général que constituent la cohérence et la pertinence économique du champ d'intervention des opérateurs de compétences:

1° Agréer l'opérateur de compétences désigné par le nouvel accord dès lors qu'il satisfait aux critères mentionnés au II, pour les branches dont les activités répondent au critère mentionné au 2° du même II;

2° Agréer un autre opérateur de compétences satisfaisant aux critères mentionnés au II, pour chacune des branches dont les activités ne permettent pas le rattachement au champ d'intervention de l'opérateur de compétences désigné par le nouvel accord en application du critère mentionné au 2° du même II.

Art. L. 6332-1-2. (L. 2014-288 du 5 mars 2014, art. 11, I, 4°, JO 6, entrée en vigueur le 01.01.2015) Les (L. 2018-771 du 5 sept. 2018, art. 39, I, 3°, JO 6) «opérateurs de compétences agréés pour gérer» la contribution mentionnée au chapitre Ier du présent titre peuvent collecter des contributions supplémentaires ayant pour objet le développement de la formation professionnelle continue.

Ces contributions sont versées soit en application d'un accord professionnel national conclu entre les organisations représentatives d'employeurs et de salariés et mutualisées dès réception par l'organisme (L. 2018-771 du 5 sept. 2018, art. 39, I, 3°, JO 6) «au sein des branches concernées», soit sur une base volontaire par l'entreprise.

Elles font l'objet d'un suivi comptable distinct.

Art. L. 6332-1-3. (L. 2018-771 du 5 sept. 2018, art. 39, I, 4°, JO 6) I. – L'opérateur de compétences prend en charge:

1° Les actions concourant au développement des compétences au bénéfice des entreprises de moins de cinquante salariés mentionnées à l'article L. 6313-1;

2° Les contrats d'apprentissage et de professionnalisation, les dépenses afférentes à la formation du tuteur et du maître d'apprentissage et à l'exercice de leurs fonctions ainsi que les actions de reconversion ou de promotion par l'alternance;

3° Si un accord de branche le prévoit, pendant une durée maximale de deux ans, les coûts de formation engagés pour faire face à de graves difficultés économiques conjoncturelles.

II. – L'opérateur de compétences n'assure aucun financement, direct ou indirect, des organisations syndicales de salariés et des organisations professionnelles d'employeurs.

Il peut toutefois rembourser, sur présentation de justificatifs, les frais de déplacement, de séjour et de restauration engagés par les personnes qui siègent au sein de leurs organes de direction.

Art. L. 6332-2. (L. 2018-771 du 5 sept. 2018, art. 39, I, 5°, JO 6) Une convention d'objectifs et de moyens est conclue entre chaque opérateur de compétences et l'État. Elle prévoit les modalités de financement, le cadre d'action ainsi que les objectifs et les résultats attendus des opérateurs dans la conduite de leurs missions définies à l'article L. 6332-1. Cette convention est rendue publique à sa signature et à son renouvellement.

Un décret détermine le contenu, la périodicité ainsi que les modalités d'évaluation de ces conventions.

Art. L. 6332-2-1. (L. 2009-1437 du 24 nov. 2009, art. 41, JO 25) Lorsqu'une personne exerce une fonction de salarié dans un (L. 2018-771 du 5 sept. 2018, art. 39, I, 6°, JO 6) «organisme» de formation, elle ne peut exercer une fonction de salarié dans un (L. 2018-771 du 5 sept. 2018, art. 39, I, 6°, JO 6) «opérateur de compétences» ou un organisme délégué par ce dernier.

Lorsqu'une personne exerce une fonction de salarié dans un établissement de crédit, elle ne peut exercer une fonction de salarié dans un (L. 2018-771 du 5 sept. 2018, art. 39, I, 6°, JO 6) «opérateur de compétences» ou un organisme délégué par ce dernier.

Le cumul des fonctions d'administrateur dans un (L. 2018-771 du 5 sept. 2018, art. 39, I, 6°, JO 6) «opérateur de compétences» et d'administrateur ou de salarié dans un établissement de crédit est porté à la connaissance des instances paritaires de l'(L. 2018-771 du 5 sept. 2018, art. 39, I, 6°, JO 6) «opérateur de compétences» ainsi qu'à celle du commissaire aux comptes qui établit, s'il y a lieu, un rapport spécial.

§ 1 (réglementaire). Délivrance de l'agrément

Note Les paragraphes 1 à 3 ont été introduits par le décret 2018-1209 du 21 décembre 2018, art. 1er, 3°, *b)*, JO 23, entrée en vigueur le 01.01.2019.

Art. R. 6332-1. L'agrément des opérateurs de compétences mentionnés à l'article L. 6332-1-1 est délivré par arrêté du ministre chargé de la formation professionnelle.

Art. R. 6332-2. La composition du dossier de demande d'agrément est fixée par arrêté du ministre chargé de la formation professionnelle.

Art. R. 6332-3. L'accord mentionné au premier alinéa du III de l'article L. 6332-1-1 détermine le champ d'intervention professionnel ou interprofessionnel de l'opérateur de compétences, ainsi que, le cas échéant, la présence et la capacité d'intervention de ce dernier dans les territoires d'outre-mer.

Art. R. 6332-4. L'agrément est accordé en application du II de l'article L. 6332-1-1 lorsque les opérateurs de compétences :

1° Sont en capacité de mettre en œuvre une comptabilité analytique ;

2° Interviennent dans un champ caractérisé par des métiers, des emplois et des compétences proches, ou par l'existence de secteurs d'activités complémentaires, ou bien encore par un niveau général de qualification des salariés ou par des perspectives communes d'évolution des métiers des branches concernées ;

3° Gèrent un montant de contributions, déduction faite de la péréquation inter-branche mentionnée au 1° de l'article L. 6123-5, supérieur à 200 millions d'euros, ou couvrent au moins 200 000 entreprises ;

4° Sont dirigés par un conseil d'administration ou disposent des organes mentionnés au 2° de l'article R. 6332-8 permettant d'assurer une représentation de l'ensemble des organisations syndicales de salariés et des organisations professionnelles d'employeurs relevant des branches adhérentes de l'opérateur de compétences ;

5° Prévoient dans leurs statuts qu'un commissaire du Gouvernement, nommé par arrêté du ministre chargé de la formation professionnelle, assiste aux séances du conseil d'administration avec voix consultative.

§ 2 (réglementaire). Nomination de l'administrateur provisoire

Art. R. 6332-5. I. – Lorsqu'il constate des dysfonctionnements répétés ou des défaillances, le ministre chargé de la formation professionnelle adresse à l'opérateur de compétences une mise en demeure motivée, par tout moyen donnant date certaine à la réception de cette mise en demeure.

L'opérateur de compétences dispose d'un délai d'un mois pour présenter ses observations écrites et, le cas échéant, orales relatives à cette situation ainsi que les mesures correctives envisagées.

Au vu des éléments de réponse de l'opérateur de compétences ou le cas échéant à l'expiration de ce délai, le ministre chargé de la formation professionnelle peut, en application du 4° de l'article L. 6332-6, nommer par arrêté un administrateur provisoire. L'arrêté fixe la durée de cette fonction.

II. – L'administrateur provisoire peut avoir pour mission :

1° D'accomplir une opération déterminée par l'arrêté mentionné au I ;

2° De gérer et de représenter l'organisme par substitution au conseil d'administration et à la direction générale pour la durée fixée par l'arrêté mentionné au I.

§ 3 (réglementaire). Retrait de l'agrément

Art. R. 6332-6. L'agrément peut être retiré lorsqu'un opérateur de compétences ne satisfait plus les conditions fixées aux 1°, 2°, 4° et 5° de l'article R. 6332-4.

L'agrément est retiré lorsque l'opérateur de compétences ne satisfait plus les conditions prévues au 3° de l'article R. 6332-4 pendant trois années consécutives.

Art. R. 6332-7. Lorsqu'il constate qu'un opérateur de compétences ne satisfait plus les conditions d'agrément prévues à l'article R. 6332-4, le ministre chargé de la formation professionnelle lui adresse une mise en demeure motivée, par tout moyen donnant date certaine à la réception de cette mise en demeure.

L'opérateur de compétences dispose d'un délai de deux mois pour présenter ses observations écrites ou orales.

Au vu des éléments de réponse de l'opérateur de compétences ou, le cas échéant, à l'expiration de ce délai, le ministre chargé de la formation professionnelle peut retirer l'agrément par arrêté.

L'arrêté précise la date à laquelle le retrait prend effet, ainsi que les modalités de dévolution des biens de l'opérateur concerné. L'arrêté lui est notifié et fait l'objet d'une publication au *Journal officiel* de la République française.

Sous-section 2 (réglementaire). **Constitution et fonctionnement des opérateurs de compétence**

Note Cette sous-section a été introduite par le décret 2018-1209 du 21 décembre 2018, art. 1er, 3°, *b)*, JO 23, entrée en vigueur le 01.01.2019.

Art. R. 6332-8. L'accord de constitution d'un opérateur de compétences mentionné au premier alinéa du III de l'article L. 6332-1-1 détermine son champ d'intervention professionnel ou interprofessionnel, ainsi que les conditions de sa gestion. Il fixe notamment :

1° L'étendue des pouvoirs du conseil d'administration ainsi que les modalités de prise en compte par celui-ci des orientations, priorités de formation et conditions de prise en charge des actions de formation proposées par les sections paritaires professionnelles ou les commissions constituées dans les conditions mentionnées au 2° ;

2° Le mode de désignation des organes chargés de la préparation des mesures énumérées au 1° et de l'exécution des décisions de gestion de l'organisme. L'accord de constitution peut prévoir à cet effet l'existence de sections paritaires professionnelles de branches ou de commissions paritaires afférentes à un champ plus large, ou relatives aux activités complémentaires, chargées de proposer au conseil d'administration les orientations et priorités de formation pour les champs professionnels concernés.

Art. R. 6332-9. Le conseil d'administration de l'opérateur de compétences est composé d'un nombre égal de représentants des salariés et des employeurs désignés parmi les organisations signataires. Les membres du conseil d'administration peuvent se faire représenter par un suppléant désigné selon les mêmes modalités que le titulaire.

La composition du conseil d'administration tient compte de la diversité des branches professionnelles adhérentes.

Art. R. 6332-10. Les opérateurs de compétences peuvent conclure avec une personne morale une convention de délégation de mise en œuvre d'une partie des décisions en matière d'informations et de services mentionnées aux 1°, 2°, 3° et 5° du II de l'article R. 6332-17.

Cette personne morale ne peut être ni un prestataire de formation, ni un gestionnaire d'organisme de formation, ni une organisation d'employeur ou une organisation de salariés.

La convention de délégation peut être conclue au plan national ou territorial avec les personnes morales autres que celles mentionnées à l'alinéa précédent dans leur champ d'application géographique, à l'exclusion de tout champ d'application professionnel.

La délégation est autorisée par le conseil d'administration et exercée sous sa responsabilité et son contrôle.

Cette convention est transmise au ministre chargé de la formation professionnelle.

Art. R. 6332-11. Les tâches de gestion d'un opérateur de compétences ne peuvent être confiées directement ou indirectement à un organisme prestataire de formation mentionné à l'article L. 6351-1 ou à un établissement de crédit.

Toutefois, les tâches relatives à la gestion du compte personnel de formation peuvent être confiées à la Caisse des dépôts et consignations.

Art. R. 6332-12. I. – Une fonction salariée au sein d'un opérateur de compétences est incompatible avec l'exercice d'une fonction salariée dans un organisme prestataire de formation mentionné à l'article L. 6351-1, un établissement de crédit ou une société de financement.

II. – Le cumul des fonctions d'administrateur au sein d'un opérateur de compétences et de salarié ou d'administrateur dans un organisme de formation prestataire mentionné à l'article L. 6351-1, un établissement de crédit ou une société de financement est porté à la connaissance des instances paritaires de l'opérateur de compétences ainsi qu'à celle du commissaire aux comptes qui établit, s'il y a lieu, un rapport spécial.

L'administrateur concerné par ce cumul ne prend pas part aux délibérations impliquant l'organisme de formation prestataire mentionné à l'article L. 6351-1, l'établissement de crédit ou la société de financement auquel il est lié.

Art. R. 6332-13. Les biens des opérateurs de compétences qui cessent leur activité sont dévolus à des organismes de même nature, désignés par le conseil d'administration.

Cette dévolution est soumise à l'accord préalable du ministre chargé de la formation professionnelle. La décision est publiée au *Journal officiel* de la République française.

À défaut les biens sont dévolus au Trésor public.

Art. R. 6332-14. Les opérateurs de compétences ne peuvent posséder d'autres biens que ceux nécessaires à leur fonctionnement.

Sous-section 2. **Gestion des fonds**

Art. L. 6332-3. (L. 2018-771 du 5 sept. 2018, art. 39, I, 7°, JO 6) L'opérateur de compétences gère, paritairement, les fonds mentionnés au I de l'article L. 6332-1-1 au sein des sections financières suivantes :

1° Des actions de financement de l'alternance ;

2° Des actions utiles au développement des compétences au bénéfice des entreprises de moins de cinquante salariés.

Art. L. 6332-5-1. (L. 2009-1437 du 24 nov. 2009, art. 41, JO 25) L'(L. 2018-771 du 5 sept. 2018, art. 45, II, JO 6) « opérateur de compétences » est assujetti aux (Ord. 2019-698 du 3 juil. 2019, JO 4) « deuxième et troisième alinéas du I de l'article L. 441-10 et au I de l'article L. 441-11 » du code de commerce pour le délai de règlement des sommes dues aux organismes de formation.

§ 1 (réglementaire). Sections financières

Note Les paragraphes 1 à 6 ont été introduits par le décret 2018-1209 du 21 décembre 2018, art. 1er, 3°, *b)*, JO 23, entrée en vigueur le 01.01.2019.

Art. R. 6332-15. I. – L'opérateur de compétences gère les contributions mentionnées aux 2°, 3° et 4° de l'article L. 6131-1 au sein des sections consacrées au financement respectivement :

1° Des actions en alternance ;

2° Des actions utiles au développement des compétences au bénéfice des entreprises de moins de cinquante salariés.

II. – L'opérateur de compétences gère, le cas échéant, dans le cadre de sections constituées en son sein à cet effet, les contributions supplémentaires ayant pour objet le développement de la formation professionnelle continue mentionnées à l'article L. 6332-1-2 qui lui sont versées :

1° En application d'un accord de branche ;

2° Sur une base volontaire par l'entreprise.

Art. D. 6332-16. L'opérateur de compétences gère, le cas échéant, dans le cadre d'une section particulière constituée en son sein, les contributions des travailleurs indépendants versées dans les conditions prévues à l'article L. 6332-11-1.

Le conseil d'administration de l'opérateur de compétences arrête, sur proposition d'un conseil de gestion composé des organisations professionnelles représentatives des travailleurs indépendants, les services et actions de formation susceptibles d'être financés, les priorités, les critères et les conditions de prise en charge des demandes de formation présentées par le conseil de gestion. À défaut de proposition, le conseil d'administration de l'opérateur de compétences délibère valablement sur ces questions.

§ 2 (réglementaire). Frais de gestion et d'information et frais relatifs aux missions des opérateurs de compétences

Art. R. 6332-17. I. – Les frais de gestion mentionnés au 9° de l'article L. 6332-6 des opérateurs de compétences sont constitués par :

1° Les frais de gestion administrative relatifs à l'instruction et au suivi des dossiers de formation ;

2° Le remboursement des frais de déplacement, de séjour et de restauration engagés par les personnes qui siègent au sein des organes de direction de l'organisme.

II. – Les frais d'information et de missions mentionnés au 9° de l'article L. 6332-6 des opérateurs de compétences sont constitués par :

1° Les frais d'accompagnement des branches professionnelles pour le développement de l'alternance (D. 2019-1326 du 10 déc. 2019, JO 11) « et les frais de » mise en œuvre des conventions cadre de coopération mentionnées au *b* du II de l'article L. 6332-1 ;

2° L'appui technique aux branches pour aider les commissions paritaires nationales de l'emploi, ou la commission paritaire de branche, à déterminer les niveaux de prise en charge des contrats d'apprentissage et de professionnalisation ;

3° Les dépenses réalisées pour le fonctionnement d'observatoires prospectifs des métiers et des qualifications destinées à mesurer l'évolution quantitative et qualitative des emplois et des qualifications, en privilégiant les approches multi branches couvrant tout ou partie du champ professionnel de l'opérateur de compétences ;

4° Le financement des frais relatifs à l'ingénierie de certification professionnelle visée au 3° de l'article L. 6332-1 et les frais d'études ou de recherches intéressant la formation ;

5° Les frais d'information-conseil, de pilotage de projet et de service de proximité aux entreprises notamment des très petites entreprises et des petites et moyennes entreprises, dont les coûts de diagnostics et d'accompagnement des entreprises ;

6° Les frais engagés pour s'assurer du contrôle de la qualité des formations dispensées.

Art. D. 6332-18. I. – Les frais de gestion, d'information et de missions mentionnés à l'article R. 6332-17 ne peuvent excéder un plafond déterminé dans la convention d'objectifs et de moyens mentionnée à l'article L. 6332-2.

Ces frais sont définis en fonction des demandes présentées par l'opérateur de compétences et des objectifs fixés avec le ministre chargé de la formation professionnelle.

Le plafond des frais de gestion mentionné au I de l'article R. 6332-17 est compris entre un minimum et un maximum déterminés en pourcentage des sommes perçues au titre des fonds mentionnés aux 1° et *c* du 3° de l'article L. 6123-5 et de l'article L. 6332-1-2 par arrêté du ministre chargé de la formation professionnelle.

II. – Pour préparer la convention d'objectifs et de moyens, l'opérateur de compétences transmet au ministre chargé de la formation professionnelle un document comprenant :

1° Les principales orientations pour son activité ;

2° L'évolution correspondante de ses charges ;

3° Les moyens mis en place pour assurer les services de proximité aux entreprises et à leurs salariés sur l'ensemble du territoire, et pour organiser des observatoires ou financer une structure paritaire spécifique accomplissant cette mission ;

4° Une carte précisant ses lieux d'implantation géographique sur le territoire.

III. – La convention d'objectifs et de moyens mentionnée à l'article L. 6332-2 est triennale.

Les parties procèdent annuellement à son évaluation.

Art. R. 6332-19. La répartition des dépenses mentionnées à l'article R. 6332-17 de l'opérateur de compétences s'effectue, au prorata des sommes affectées dans le cadre :

1° Des sections mentionnées à l'article L. 6332-3 ;

2° Le cas échéant, des sections constituées en application du II de l'article R. 6332-17 pour regrouper les sommes versées au titre des contributions supplémentaires versées en application de l'article L. 6332-1-2 soit en application d'un accord professionnel national, soit sur une base volontaire par l'entreprise.

Sur la base d'une comptabilité analytique, cette répartition peut toutefois faire l'objet d'une modulation déterminée par la convention d'objectifs et de moyens mentionnée au dernier alinéa de l'article L. 6332-2, sans que cette modulation ne puisse avoir pour effet de faire peser sur les sections mentionnées au 1° les frais de gestion des sections mentionnées au 2°. Afin de garantir le respect de cette obligation, les frais de gestion afférents aux sections mentionnées au 2° sont égaux ou supérieurs à un minimum fixé par arrêté du ministre chargé de la formation professionnelle.

Art. D. 6332-20. Les frais de gestion de la section financière mentionnée à l'article D. 6332-18 sont constitués par les frais de gestion administrative relatifs à l'instruction et au suivi des dossiers de formation, les frais d'information générale et de sensibilisation des travailleurs indépendants et le remboursement des frais de déplacement, de séjour et de restauration engagés par les personnes qui siègent au sein des organes de direction de l'organisme, le financement d'études ou de recherches intéressant la formation et les dépenses pour assurer le contrôle de la qualité des formations dispensées.

Ces dépenses sont exprimées en pourcentage des sommes perçues au titre de la part de la collecte non affectée au financement du compte personnel de formation des travailleurs indépendants et du conseil en évolution professionnelle. Ce pourcentage doit être inférieur ou égal à un taux maximum fixé par arrêté du ministre chargé de la formation professionnelle.

Art. R. 6332-21. En cas d'absence de conclusion de la convention d'objectifs et de moyens mentionnée à l'article L. 6332-2, les dépenses mentionnées à l'article R. 6332-17 ne peuvent excéder le minimum mentionné au troisième alinéa du I de l'article D. 6332-18.

Art. R. 6332-22. En cas de dépassement des plafonds ou lorsque les objectifs définis à l'article D. 6332-18 ne sont pas atteints, le ministre chargé de la formation professionnelle adresse à l'opérateur de compétences, par tout moyen donnant date certaine à sa réception, une mise en demeure motivée afin de présenter, dans un délai d'un mois, ses observations écrites et, le cas échéant, orales justifiant cette situation.

Au vu des éléments de réponse de l'opérateur de compétences ou après l'expiration de ce délai, le ministre chargé de la formation professionnelle peut :

1° Adresser à l'opérateur de compétences une notification afin de procéder aux mesures correctives permettant d'assurer le respect des plafonds et objectifs définis à l'article D. 6332-18, ces mesures devant faire l'objet d'un suivi permettant d'apprécier la réponse apportée par l'opérateur de compétences ;

2° Décider le versement au Trésor public par l'opérateur de compétences d'une somme correspondant en tout ou partie au montant du dépassement constaté. Le recouvrement du versement est établi et poursuivi selon les modalités ainsi que sous les sûretés, garanties et sanctions applicables aux taxes sur le chiffre d'affaires ;

3° Nommer un administrateur provisoire au sein de l'opérateur de compétences ;

4° Retirer l'agrément de l'opérateur de compétences.

§ 3 (réglementaire). Prise en charge des demandes des employeurs et du paiement des bénéficiaires

Art. R. 6332-23. Les opérateurs de compétences créent un service dématérialisé qui publie au sein d'une rubrique dédiée et identifiable :

1° La liste des priorités, des critères et des conditions de prise en charge des demandes présentées par les employeurs, des coûts de diagnostics visés au 4° du I de l'article L. 6332-1 ainsi que les services proposés correspondant à l'emploi des sommes mentionnées au II de l'article R. 6332-17 ;

2° Les niveaux de prise en charge décidés par les branches professionnelles ou les commissions paritaires mentionnés au 1° du I de l'article L. 6332-14 ;

3° La liste annuelle des organismes bénéficiaires des fonds de l'opérateur de compétences ainsi que le montant versé pour chacun des organismes ;

4° Les comptes annuels des opérateurs de compétences et le rapport du commissaire aux comptes en application du 6° de l'article L. 6332-1, sans préjudice de l'application des dispositions de l'article L. 612-4 du code de commerce.

Cette rubrique est actualisée dans les quinze jours suivant la modification de l'une de ces informations.

Art. R. 6332-24. La décision de rejet total ou partiel par un opérateur de compétences d'une demande de prise en charge formée par un employeur ou un organisme prestataire de formation est motivée et notifiée dans un délai de deux mois.

Art. R. 6332-25. I. – Le paiement des frais de formation pris en charge par les opérateurs de compétences est réalisé après exécution des actions mentionnées à l'article L. 6313-1.

II. – Pour les actions mentionnées aux 1° à 3° de l'article L. 6313-1, les parties peuvent convenir d'un échelonnement des paiements au fur et à mesure du déroulement des actions de formation. Cet échelonnement peut être assorti d'une avance dont le montant ne peut être supérieur à 30 % du prix convenu.

III. – Pour les actions mentionnées au 4° de l'article L. 6313-1, l'opérateur de compétences verse au centre de formation d'apprentis un montant annuel constitué de la somme du niveau de la prise en charge mentionnée au 1° du I de l'article L. 6332-14 et des frais annexes mentionnés au 3° du même article, selon les modalités de versement suivantes :

1° Au plus tard dans les 30 jours après (D. 2019-1326 du 10 déc. 2019, JO 11) « la réception d'une facture adressée par le centre de formation d'apprentis », une avance de 50 % du montant annuel ;

2° Avant la fin du septième mois, 25 % du montant annuel ;

3° Le solde au dixième mois.

(D. 2019-1326 du 10 déc. 2019, JO 11) « IV. – Par dérogation au III, lorsque la durée du contrat est inférieure à un an :

1° Le montant est calculé au *prorata temporis* du niveau de la prise en charge mentionnée au 1° du I de l'article L. 6332-14 pour la durée du contrat d'apprentissage ;

2° Le montant peut être majoré de 10 % en application du troisième alinéa de l'article L. 6222-7-1. Le versement au centre de formation au titre de ce contrat ne peut toutefois excéder le niveau de prise en charge déterminé en application du décret n° 2018-1345 du 28 décembre 2018 relatif aux modalités de détermination des niveaux de prise en charge des contrats d'apprentissage.

Lorsque le contrat d'apprentissage prépare à un titre à finalité professionnelle du ministère chargé de la formation professionnelle et lorsque la durée de ce contrat a été fixée à moins d'un an par voie réglementaire, les 1° et 2° ne s'appliquent pas.

Le centre de formation d'apprentis perçoit une avance de 50 % de ce montant au plus tard trente jours après la réception de la facture par l'opérateur de compétences et le solde à la fin du contrat.

V. – Lorsque la durée du contrat est supérieure à un an, les modalités de versement prévues au premier alinéa du III s'appliquent pour chaque année d'exécution. Pour la dernière année d'exécution, le montant est calculé au *prorata temporis* du niveau de la prise en charge mentionnée au 1° du I de l'article L. 6332-14.

VI. – En cas de rupture anticipée du contrat d'apprentissage, le paiement est réalisé au *prorata temporis* de la durée du contrat d'apprentissage.

Chaque mois de contrat d'apprentissage débuté est dû.

Dans le cas prévu aux articles L. 6222-12-1 et R. 6222-1-1, et après conclusion d'un contrat d'apprentissage, le montant versé par les opérateurs de compétences prend en compte la période passée en centre de formation d'apprentis préalable à la signature du contrat.

Dans le cas prévu à l'article L. 6222-18-2, l'opérateur de compétences maintient les versements du niveau de prise en charge déterminé à l'article L. 6332-14, et ce jusqu'à la signature d'un nouveau contrat d'apprentissage ou jusqu'à expiration du délai de six mois.

VII. – Les modalités de versement mentionnées au III du présent article peuvent être modifiées par arrêté du ministre chargé de la formation professionnelle. »

Art. R. 6332-26. I. – Les opérateurs de compétences s'assurent de l'exécution des actions de formation mentionnées à l'article L. 6313-1 dans le cadre d'un contrôle de service fait.

II. – Le contrôle mentionné au I s'effectue au regard des pièces justificatives définies par un arrêté du ministre chargé de la formation professionnelle.

En cas d'anomalie constatée dans l'exécution d'une action mentionnée aux 1° à 3° de l'article L. 6313-1, l'opérateur de compétences peut demander à l'organisme prestataire de formation ou à l'employeur tout document complémentaire nécessaire pour s'assurer de la réalité de l'action qu'il finance et de sa conformité aux dispositions légales, réglementaires et conventionnelles.

III. – Lorsque le prestataire de formation ou l'employeur ne fournissent pas l'ensemble des pièces prévues ou demandées en application du II, l'opérateur de compétences ne prend pas en charge les dépenses liées aux actions définies à l'article L. 6313-1.

IV. – Les opérateurs de compétences effectuent tout signalement utile et étayé auprès des services de l'État chargés du contrôle de la formation professionnelle.

En cas d'anomalie constatée dans l'exécution d'un contrat d'apprentissage, les opérateurs de compétences effectuent un signalement auprès des services de l'État chargés du contrôle de la formation professionnelle et auprès des services chargés du contrôle pédagogique mentionnés au dernier alinéa de l'article L. 6211-2.

§ 4 (réglementaire). Disponibilités

Art. R. 6332-27. Les disponibilités, dont un opérateur de compétences peut disposer au 31 décembre d'une année donnée au titre des actions de l'alternance ou du plan de développement des compétences, ne peuvent excéder le tiers des charges comptabilisées au cours du dernier exercice clos.

N'entrent pas dans le calcul des disponibilités les dotations aux amortissements et provisions.

Art. R. 6332-28. Les disponibilités au 31 décembre sont constituées par les montants figurant aux comptes de placement, de banque et de caisse, tels que définis par le plan comptable prévu à l'article R. 6332-35. Les placements sont toutefois appréciés à leur valeur liquidative.

Art. R. 6332-29. Les disponibilités excédant les montants dont un opérateur de compétences peut disposer en application des articles R. 6332-27 sont versées à France compétences avant le 30 avril de l'année suivant la clôture de l'exercice.

§ 5 (réglementaire). Transmission de documents

Art. R. 6332-30. Les opérateurs de compétences informent le ministre chargé de la formation professionnelle de toute modification apportée à leurs statuts, à leur règlement intérieur et à leur organigramme en lui transmettant ces documents dès modification.

Ils lui communiquent également chaque année le nombre et la composition des conseils d'administration, des commissions paritaires et des sections paritaires professionnelles mises en place pour chaque branche professionnelle.

Art. R. 6332-31. I. – Les opérateurs de compétences transmettent chaque année, avant le 31 mai suivant l'année civile considérée, au ministre chargé de la formation professionnelle et à France compétences un état, dont le modèle est fixé par le ministre chargé de la formation professionnelle.

II. – L'état mentionné au I comporte les renseignements statistiques et financiers permettant de suivre le fonctionnement de l'opérateur de compétences et d'apprécier l'emploi des fonds reçus, ainsi que ses comptes et bilans.

Les renseignements statistiques et financiers qui peuvent être rendus publics sont définis par arrêté du ministre chargé de la formation professionnelle.

III. – Le commissaire aux comptes des opérateurs de compétences atteste de la réalité et de l'exactitude des renseignements financiers.

Art. R. 6332-32. Le conseil d'administration de France compétences peut, en tant que de besoin, recourir à des experts, notamment des commissaires aux comptes pour l'accomplissement des missions mentionnées à l'article L. 6123-5, pour pratiquer des audits auprès des opérateurs de compétences.

Les opérateurs de compétences présentent à ces experts toutes pièces ou documents établissant la réalité et le bien-fondé des éléments figurant sur l'état statistique et financier mentionné à l'article R. 6332-31.

Art. R. 6332-33. Chaque opérateur de compétences transmet au ministre chargé de la formation professionnelle les informations individuelles relatives aux bénéficiaires des contrats d'apprentissage et de professionnalisation qu'il contribue à financer.

Ces informations sont transmises lors du dépôt, de la modification et de la fin des contrats.

Les opérateurs de compétences transmettent simultanément les informations relatives aux entreprises qui ont conclu ces contrats ainsi qu'aux actions de formation correspondantes.

§ 6 (réglementaire). Contrôle et comptabilité

Art. R. 6332-34. Les opérateurs de compétences établissent des comptes annuels selon les principes et méthodes comptables définis au code de commerce.

Art. R. 6332-35. (D. 2019-1326 du 10 déc. 2019, JO 11) Les opérateurs de compétences sont tenus d'établir des comptes annuels selon les modalités définies par un règlement de l'Autorité des normes comptables.

Art. R. 6332-36. Pour l'exercice du contrôle des comptes, les opérateurs de compétences désignent au moins un commissaire aux comptes et un suppléant.

Art. R. 6332-37. Les ressources des opérateurs de compétences sont conservées en numéraire, soit déposées à vue, soit placées à court terme.

Les intérêts produits par les sommes déposées ou placées à court terme ont le même caractère que les sommes dont ils sont issus. Ils sont soumis aux mêmes conditions d'utilisation et à la même procédure de contrôle.

Art. R. 6332-38. Les opérateurs de compétences et les fonds d'assurance formation des non-salariés sont soumis au contrôle économique et financier de l'État dans les conditions prévues par le décret n° 55-733 du 26 mai 1955.

Sous-section 3. **Dispositions d'application**

Art. L. 6332-6. (L. 2018-771 du 5 sept. 2018, art. 39, I, 9°, JO 6) Un décret en Conseil d'État détermine les conditions d'application de la présente section ainsi que:

1° Les règles relatives à la constitution, aux attributions, au fonctionnement des opérateurs de compétences;

2° Les modalités de mise en œuvre du principe de transparence dans le fonctionnement de l'opérateur de compétences, notamment en ce qui concerne l'égalité de traitement des entreprises, des salariés et des prestataires de formations ou de prestations entrant dans le champ d'application du présent livre, notamment au regard de leurs obligations prévues à l'article L. 6316-1;

3° Les modalités d'information, sur chacun des points mentionnés aux 1° et 2°, des entreprises ayant contribué au financement de la formation professionnelle et des prestataires de formation;

4° Les conditions dans lesquelles un administrateur provisoire peut être nommé en cas de dysfonctionnement répété ou de défaillance de l'opérateur de compétences, notamment en matière de non-respect des délais de paiement par l'opérateur, lesquels sont fixés au trentième jour suivant la date de réception des pièces justificatives pour le règlement des organismes de formation au titre des frais relatifs aux contrats de professionnalisation et aux contrats d'apprentissage;

5° Les conditions dans lesquelles l'agrément de l'opérateur de compétences peut être accordé, refusé ou retiré, ainsi que, le cas échéant, les modalités de désignation par l'autorité administrative, pour les branches concernées, d'un opérateur de compétences, eu égard à l'intérêt général que constituent la cohérence et la pertinence économique de son champ d'intervention;

6° Les règles applicables aux excédents financiers dont est susceptible de disposer l'opérateur de compétences agréé et les conditions de reversement de ces fonds à France compétences;

7° Les conditions d'utilisation des versements ainsi que les modalités de fonctionnement des sections prévues à l'article L. 6332-3;

8° Les conditions de gestion des versements mentionnés à l'article L. 6123-5;

9° La définition et les modalités de fixation du plafond des dépenses pouvant être négociées dans le cadre de la convention prévue à l'article L. 6332-2 relatives aux frais de gestion, d'information et de mission des opérateurs de compétences.

SECTION 2. Fonds d'assurance-formation

Sous-section 2. Fonds d'assurance-formation de non-salariés

Art. L. 6332-9. Les travailleurs indépendants, les membres des professions libérales et des professions non-salariées peuvent créer dans les professions ou les branches professionnelles considérées des fonds d'assurance-formation de non-salariés.

Ces fonds sont dotés de la personnalité morale. (L. 2018-771 du 5 sept. 2018, art. 39, I, 11°, JO 6) «Ils peuvent, le cas échéant, être créés au sein d'un opérateur de compétences mentionné à l'article L. 6332-1-1, selon des modalités définies par décret, et faire l'objet d'une gestion dans une section particulière.»

Art. L. 6332-10. Les fonds d'assurance-formation de non-salariés sont alimentés par des ressources dégagées par voie de concertation entre les organisations professionnelles intéressées ou les chambres consulaires.

Art. L. 6332-11. (L. 2018-771 du 5 sept. 2018, art. 39, I, 12°, JO 6) Deux fractions de la collecte, dont le montant est déterminé par un arrêté du ministre chargé de la formation professionnelle, sont affectées au financement du compte personnel de formation des travailleurs indépendants et au conseil en évolution professionnelle et versées respectivement à l'organisme mentionné à l'article L. 6333-1 et à France compétences.

Art. L. 6332-11-1. (L. 2018-771 du 5 sept. 2018, art. 39, I, 13°, JO 6) Un accord de branche peut prévoir que la part de la collecte non affectée au financement du compte personnel de formation des travailleurs indépendants et du conseil en évolution professionnelle est gérée au sein d'une section particulière d'un opérateur de compétences mentionné à l'article L. 6332-1-1. L'opérateur de compétences désigné est celui agréé pour recevoir les fonds mentionnés au *c* du 3° de l'article L. 6123-5 de la branche professionnelle concernée.

Un décret détermine les modalités d'organisation et de fonctionnement de la section particulière mentionnée au premier alinéa du présent article.

Art. L. 6332-12. À défaut d'être déjà financées par un organisme de financement de la formation professionnelle continue des professions salariées ou des demandeurs d'emploi, les dépenses de formation engagées par le bénéficiaire du stage d'initiation à la gestion prévu à l'article 59 de la loi n° 73-1193 du 27 décembre 1973 d'orientation du commerce et de l'artisanat sont éligibles au financement du fonds d'assurance-formation, à condition que ce bénéficiaire soit immatriculé au registre du commerce et des sociétés dans un délai déterminé par décret et courant à compter de la fin du stage.

§ 1 (réglementaire). Constitution

Art. R. 6332-63. Sont applicables aux fonds d'assurance formation de non-salariés habilités au titre (D. 2010-1116 du 22 sept. 2010, JO 24) «de la présente section», y compris aux fonds d'assurance-formation de non salariés des employeurs et travailleurs indépendants de la pêche maritime et des cultures marines, les articles suivants:

1° (D. 2018-1209 du 21 déc. 2018, art. 1er, 3°, d), JO 23, entrée en vigueur le 01.01.2019) « R. 6332-13 », relatif à la dévolution des biens des (D. 2019-1326 du 10 déc. 2019, JO 11) «opérateurs de compétences» qui cessent leur activité;

2° (D. 2018-1209 du 21 déc. 2018, art. 1er, 3°, d), JO 23, entrée en vigueur le 01.01.2019) « R. 6332-14 », relatif aux biens nécessaires au fonctionnement des (D. 2019-1326 du 10 déc. 2019, JO 11) «opérateurs de compétences»;

3° (D. 2018-1209 du 21 déc. 2018, art. 1er, 3°, d), JO 23, entrée en vigueur le 01.01.2019) « R. 6332-23 à R. 6332-25 », relatifs aux conditions de prise en charge et de paiement des frais de formation;

(D. 2014-1240 du 24 oct. 2014, art. 22, JO 26, entrée en vigueur le 01.01.2015) «4°» R. 6332-30 à (D. 2018-1209 du 21 déc. 2018, art. 1er, 3°, d), JO 23, entrée en vigueur le 01.01.2019) « R. 6332-33 », relatifs à la transmission de documents par les (D. 2019-1326 du 10 déc. 2019, JO 11) «opérateurs de compétences»;

(D. 2014-1240 du 24 oct. 2014, art. 22, JO 26, entrée en vigueur le 01.01.2015) «5°» (D. 2018-1209 du 21 déc. 2018, art. 1er, 3°, d), JO 23, entrée en vigueur le 01.01.2019) « R. 6332-34 à R. 6332-36 », relatifs à la comptabilité et au contrôle des comptes des (D. 2019-1326 du 10 déc. 2019, JO 11) «opérateurs de compétences»;

(D. 2014-1240 du 24 oct. 2014, art. 22, JO 26, entrée en vigueur le 01.01.2015) « 6° » (D. 2018-1209 du 21 déc. 2018, art. 1er, 3°, d), JO 23, entrée en vigueur le 01.01.2019) « R. 6332-37 », relatif aux ressources des (D. 2019-1326 du 10 déc. 2019, JO 11) « opérateurs de compétences ».

Art. R. 6332-64. Un fonds d'assurance formation de non-salariés est destiné à recevoir la contribution des travailleurs indépendants, membres des professions libérales et professions non salariées prévue à l'article R. 6331-47.

Ce fonds a pour objet exclusif de financer la formation des personnes intéressées. (D. 2015-753 du 24 juin 2015, JO 28) « Il définit les services proposés, les priorités, les critères et les conditions de prise en charge des demandes présentées. »

(D. 2010-1116 du 22 sept. 2010, JO 24) « Les ressources du fonds sont destinées :

1° Au financement des frais de fonctionnement des actions de formation mentionnées aux articles L. 6313-1 et L. 6314-1 et des frais de transport, d'hébergement et d'indemnisation de la perte de ressources des stagiaires ;

2° Au financement d'études ou de recherches intéressant la formation ;

3° Au financement des dépenses d'information et de conseil des non-salariés ;

4° Au financement des frais de gestion du fonds d'assurance formation.

Les dépenses mentionnées au 2° à 4° ne peuvent excéder un plafond fixé par arrêté du ministre chargé de la formation professionnelle. »

Art. R. 6332-65. Le fonds d'assurance formation de non-salariés est créé soit par des organisations d'employeurs représentatives et des (D. 2010-1463 du 1er déc. 2010, art. 87, JO 2) « chambres de commerce et d'industrie territoriales », soit par des organisations représentatives de professions libérales.

Art. R. 6332-66. L'acte constitutif du fonds d'assurance formation de non-salariés détermine son champ d'intervention géographique et professionnel ou interprofessionnel.

Lorsqu'il est professionnel, ce champ d'intervention est obligatoirement national.

Ce champ est défini par référence à la Nomenclature d'activités française.

Art. R. 6332-67. L'acte constitutif du fonds d'assurance formation de non-salariés fixe notamment :

1° La composition du conseil de gestion et l'étendue des pouvoirs de celui-ci ;

2° Les règles de détermination des actions donnant lieu à intervention du fonds et de répartition des ressources entre ces interventions ;

3° Le mode de désignation des organes chargés de la préparation des mesures énumérées aux 1° et 2° et de l'exécution des décisions de gestion du fonds.

§ 2 (réglementaire). Habilitation

Art. R. 6332-68. Le fonds d'assurance formation de non-salariés est habilité par l'État.

Art. R. 6332-69. L'habilitation d'un fonds d'assurance formation de non-salariés est accordée par arrêté du ministre chargé de la formation professionnelle, après avis (D. 2018-1209 du 21 déc. 2018, art. 1er, 3°, e), JO 23, entrée en vigueur le 01.01.2019) « de France compétences ».

Art. R. 6332-70. L'habilitation du fonds d'assurance formation de non-salariés ne peut être délivrée que s'il respecte les dispositions légales relatives à sa constitution.

L'habilitation n'est accordée que lorsque le montant estimé de la collecte annuelle est supérieur à un seuil fixé par arrêté du ministre chargé de la formation professionnelle. Ce seuil est déterminé en vue d'assurer une capacité financière suffisante pour le développement de la formation professionnelle.

Art. R. 6332-71. L'habilitation d'un fonds d'assurance formation de non-salariés peut être retirée lorsque les dispositions légales applicables aux fonds d'assurance formation ou les conditions particulières prévues par la décision d'habilitation ne sont pas respectées.

L'habilitation est également retirée lorsque le montant de la collecte annuelle n'atteint pas, pendant deux années consécutives, le seuil prévu au second alinéa de l'article R. 6332-70.

La décision de retrait intervient après que le fonds d'assurance formation a été appelé à s'expliquer.

§ 3 (réglementaire). Contribution et gestion

Art. R. 6332-72. Lorsque la contribution des travailleurs indépendants, membres des professions libérales et professions non salariées prévue à l'article R. 6331-47 est recouvrée par les organismes chargés du recouvrement des cotisations de sécurité sociale du régime général, conformément au second alinéa de l'article L. 6331-51, elle est acquittée au plus tard le 31 mai de chaque année auprès de ces organismes (D. 2018-1209 du 21 déc. 2018, art. 1er, 3°, f), JO 23, entrée en vigueur le 01.01.2019) « minorée des parts mentionnées à l'article L. 6332-11.

Les parts mentionnées à l'article L. 6332-11 (D. 2019-1326 du 10 déc. 2019, JO 11) « et au quatrième alinéa de l'article L. 718-2-1 du code rural et de la pêche maritime » sont acquittées au plus tard le 31 mai de chaque année à France compétences pour le financement du conseil en évolution professionnelle et à l'organisme mentionné à l'article L. 6333-1 pour le financement du compte personnel de formation des travailleurs indépendants. »

Art. R. 6332-73. La contribution est assise sur le montant du plafond annuel de la sécurité sociale de l'année précédant celle de la mise en recouvrement.

Elle est versée par la personne non salariée à l'organisme destinataire de ses cotisations personnelles d'allocations familiales.

Art. R. 6332-74. Un arrêté du ministre chargé de la sécurité sociale fixe le modèle des déclarations que les travailleurs indépendants, membres des professions libérales et professions non salariées mentionnés à l'article R. 6331-47 fournissent aux organismes de recouvrement pour le versement de la contribution.

Art. R. 6332-75. (D. 2020-88 du 5 févr. 2020, art. 1er, 33°, JO 6) « La répartition du produit des contributions encaissées par les organismes chargés du recouvrement des cotisations du régime général de la sécurité sociale est assurée par France compétences. »

Cette répartition est établie en fonction de la population des cotisants relevant du champ d'intervention de chaque fonds.

Art. R. 6332-77. Les tâches de gestion d'un fonds d'assurance formation de non-salariés ne peuvent être confiées à un établissement de formation, à un établissement bancaire ou à un organisme de crédit.

Art. R. 6332-77-1. (D. 2014-1240 du 24 oct. 2014, art. 24, JO 26, entrée en vigueur le 01.01.2015) Les disponibilités dont un fonds d'assurance formation de non-salariés peut disposer au 31 décembre d'un exercice déterminé ne peuvent excéder (D. 2019-1326 du 10 déc. 2019, JO 11) « le tiers du montant » des charges comptabilisées au cours du même exercice.

(D. 2018-1209 du 21 déc. 2018, art. 1er, 3°, g), JO 23, entrée en vigueur le 01.01.2019) « N'entrent pas dans le calcul des disponibilités les contributions à la formation versée en année N permettant de financer les formations réalisées en année N+1. »

Les disponibilités au 31 décembre sont constituées par les montants figurant aux comptes de placement, de banque et de caisse, tels que définis par le plan comptable prévu (D. 2019-1326 du 10 déc. 2019, JO 11) « au 5° de l'article R. 6332-63 ». Les placements sont toutefois appréciés à leur valeur liquidative.

Les disponibilités excédant les montants dont le fonds d'assurance formation de non-salariés peut disposer en application du premier alinéa du présent article sont versées (D. 2020-372 du 30 mars 2020, art. 10, JO 31) « à France compétences » avant le 30 avril de l'année suivant la clôture de l'exercice.

D. 2019-1326 du 10 déc. 2019, JO 11) « Le fonds d'assurance formation de non-salariés transmet à France compétences le bilan comptable de l'exercice pour lequel un excédent financier est déterminé, accompagné du rapport du commissaire aux comptes et des pièces justifiant la situation de trésorerie de la structure, avec le versement correspondant. Ces documents sont également transmis au ministre chargé de la formation professionnelle. »

À défaut, il est fait application de la procédure prévue par les articles L. 6362-8 à L. 6362-12.

Sous-section 3. **Dispositions d'application**

Art. L. 6332-13. (L. 2009-1437 du 24 nov. 2009, art. 41, JO 25) Un décret en Conseil d'État détermine les conditions d'application de la présente section selon les modalités définies à l'article L. 6332-6.

SECTION 3. Utilisation des fonds par les opérateurs de compétences pour la prise en charge de l'alternance, du compte personnel de formation et du développement des compétences au bénéfice des entreprises de moins de cinquante salariés

Art. L. 6332-14. (L. 2018-771 du 5 sept. 2018, art. 39, I, 15°, JO 6) I. – L'opérateur de compétences prend en charge au titre de la section financière mentionnée au 1° de l'article L. 6332-3:

1° Les contrats d'apprentissage et de professionnalisation au niveau de prise en charge fixé par les branches ou, à défaut, par un accord collectif conclu entre les organisations représentatives d'employeurs et de salariés signataires d'un accord constitutif d'un opérateur de compétences interprofessionnel gestionnaire des fonds de la formation professionnelle continue. Ce niveau est déterminé pour les contrats d'apprentissage en fonction du domaine d'activité du titre ou du diplôme visé. Ces niveaux de prise en charge prennent en compte les recommandations de France compétences mentionnées au 10° de l'article L. 6123-5 en matière d'observation des coûts et de niveaux de prise en charge. Les niveaux de prise en charge fixés par les branches peuvent faire l'objet de modulations en fonction de critères et selon un montant déterminés par décret, en particulier lorsque le salarié est reconnu travailleur handicapé ou lorsqu'il existe d'autres sources de financement public. À défaut de fixation du niveau de la prise en charge ou de prise en compte des recommandations à une date et dans un délai fixés par voie réglementaire, les modalités de détermination de la prise en charge sont définies par décret;

2° Les dépenses d'investissement visant à financer les équipements nécessaires à la réalisation des formations;

3° Des frais annexes à la formation des salariés en contrat d'apprentissage ou de professionnalisation, notamment d'hébergement et de restauration, dans des conditions déterminées par décret;

4° Les dépenses exposées par l'entreprise pour chaque salarié, ou pour tout employeur de moins de onze salariés, lorsqu'il bénéficie d'une action de formation en qualité de tuteur ou de maître d'apprentissage, limitées à un plafond horaire et à une durée maximale, ainsi que les coûts liés à l'exercice de ces fonctions engagés par l'entreprise dans la limite de plafonds mensuels et de durées maximales. Les plafonds et durées mentionnés au présent 4° sont fixés par décret;

5° Les frais pédagogiques et les frais annexes d'une action de reconversion ou de promotion par l'alternance mentionnée à l'article L. 6324-1.

II. – L'opérateur de compétences peut également prendre en charge dans les conditions prévues au I du présent article:

1° Des actions d'évaluation, d'accompagnement, d'inscription aux examens et de formation des bénéficiaires des contrats prévus aux articles L. 6221-1 et L. 6325-5 dans les cas de rupture du contrat définis aux articles L. 1233-3, L. 1243-4 et L. 6222-18, dans les cas prévus à l'article L. 6222-12-1 et dans les cas de redressement ou de liquidation judiciaires de l'entreprise;

2° Une partie des dépenses de tutorat externe à l'entreprise engagées pour:

a) Les personnes mentionnées à l'article L. 6325-1-1;

b) Les personnes qui ont été suivies par un référent avant la signature d'un contrat de professionnalisation ou d'un contrat d'apprentissage;

c) Les personnes qui n'ont exercé aucune activité professionnelle à plein temps et en contrat à durée indéterminée au cours des trois années précédant la signature du contrat de professionnalisation;

3° Tout ou partie de la perte de ressources ainsi que des coûts de toute nature y compris ceux correspondant aux cotisations sociales et, le cas échéant, la rémunération et les frais annexes générés par la mobilité hors du territoire national des apprentis et des salariés en contrat de professionnalisation en application des articles L. 6222-42 et L. 6325-25;

4° Les actions portées par une convention-cadre de coopération mentionnée au *b* du 1° du II de l'article L. 6332-1, dans la limite d'un plafond fixé par voie réglementaire;

(Ord. 2019-861 du 21 août 2019, art. 1er, 70° bis, JO 22) «5° La rémunération des salariés bénéficiaires d'une action de reconversion ou de promotion par alternance.»

Art. L. 6332-17. (L. 2018-771 du 5 sept. 2018, art. 39, I, 18°, JO 6) L'opérateur de compétences finance au titre de la section financière mentionnée au 2° de l'article L. 6332-3 relative aux actions concourant au développement des compétences au bénéfice des entreprises de moins de cinquante salariés :

1° Les coûts des actions de formation du plan de développement des compétences, de la rémunération du salarié en formation et des frais annexes ;

2° Un abondement du compte personnel de formation d'un salarié ;

3° Les coûts des diagnostics et d'accompagnement de ces entreprises en vue de la mise en œuvre d'actions de formation ;

4° La formation de demandeurs d'emploi, dont notamment la préparation opérationnelle à l'emploi mentionnée aux articles L. 6326-1 et L. 6326-3 ;

5° Les dépenses afférentes à la participation d'un salarié ou d'un bénévole à un jury d'examen ou de validation des acquis de l'expérience selon les modalités fixées par accord de branche.

Les dépenses y afférentes couvrent :

a) Les frais de transport, d'hébergement et de restauration ;

b) La rémunération du salarié ;

c) Les cotisations sociales obligatoires ou conventionnelles qui s'y rattachent ;

d) Le cas échéant, la taxe sur les salaires qui s'y rattache.

Les modalités et priorités de prise en charge de ces frais sont définies par le conseil d'administration de l'opérateur de compétences.

Art. L. 6332-17-1. (L. 2018-771 du 5 sept. 2018, art. 39, I, 19°, JO 6) Un décret détermine les conditions d'application de la présente section.

SECTION 2 (RÉGLEMENTAIRE). Prise en charge des actions utiles au développement des compétences au bénéfice des entreprises de moins de cinquante salariés

Note Cette section a été introduite par le décret 2018-1342 du 28 décembre 2018, JO 30, entrée en vigueur le 01.01.2019.

Art. D. 6332-39. I. – Les opérateurs de compétences peuvent prendre en charge au titre de la section financière mentionnée au 2° de l'article L. 6332-3 la rémunération et les charges sociales légales et conventionnelles des salariés des entreprises de moins de cinquante salariés en formation, dans la limite du coût horaire du salaire minimum interprofessionnel de croissance par heure de formation, selon les modalités définies par le conseil d'administration de l'opérateur de compétences prévues à l'article L. 6332-17.

II. – Les frais annexes mentionnés au 1° de l'article L. 6332-17 couvrent les frais de transport, de restauration et d'hébergement afférents à la formation suivie. Lorsque les formations se déroulent pour tout ou partie en dehors du temps de travail, les frais de garde d'enfants ou de parents à charge peuvent également être pris en charge selon les modalités définies par le conseil d'administration mentionnées au I.

Le conseil d'administration détermine les priorités, les critères et les conditions de prise en charge des demandes présentées par les employeurs.

SECTION 4 (RÉGLEMENTAIRE). Prise en charge des actions de formation en alternance par les opérateurs de compétences

Sous-section 1. Prise en charge des contrats d'apprentissage

Note Cette sous-section a été introduite par le décret 2018-1345 du 28 décembre 2018, JO 30, entrée en vigueur le 01.01.2019.

Art. D. 6332-78. (D. 2019-956 du 13 sept. 2019, JO 14) I. – La commission paritaire nationale de l'emploi, ou à défaut la commission paritaire de la branche professionnelle, détermine le niveau de prise en charge du contrat d'apprentissage en fonction du diplôme ou du titre à finalité professionnelle préparé. Ce niveau correspond à un montant annuel. Le niveau de prise en charge du contrat d'apprentissage permet le financement des centres de formation d'apprentis par les opérateurs de compétences dans les conditions prévues à l'article R. 6332-25.

II. – Ce niveau de prise en charge comprend les charges de gestion administrative et les charges de production suivantes :

1° La conception, la réalisation des enseignements mentionnés au 2° de l'article L. 6211-2 et au 11° de l'article L. 6231-2, ainsi que l'évaluation des compétences acquises par les apprentis prévue au 12° du même article ;

2° La réalisation des missions d'accompagnement et de promotion de la mixité prévues aux 1° à 9°, 13° et 14° de l'article L. 6231-2 ;

3° Le déploiement d'une démarche qualité engagée pour satisfaire aux exigences liées au cadre de certification prévu à l'article L. 6316-1.

Les charges d'amortissement annuelles comptabilisées pour des équipements qui participent à la mise en œuvre des enseignements dispensés par apprentissage ainsi qu'à l'ingénierie pédagogique sont prises en compte pour la détermination du niveau de prise en charge du contrat d'apprentissage dès lors que leur durée d'amortissement n'excède pas trois ans.

Lorsque la commission paritaire nationale de l'emploi, ou à défaut la commission paritaire de la branche professionnelle, le sollicite, l'opérateur de compétences apporte son appui technique et son expertise conformément aux dispositions prévues au 2° du I de l'article L. 6332-1.

Art. D. 6332-78-1. (D. 2019-956 du 13 sept. 2019, JO 14) I. – La commission paritaire nationale de l'emploi ou à défaut la commission paritaire de la branche professionnelle transmet le niveau de prise en charge du contrat d'apprentissage qu'elle a déterminé en application de l'article D. 6332-78 à l'opérateur de compétences dont relève la branche, qui le communique à France compétences.

II. – France compétences en informe les commissions paritaires nationales de l'emploi autres que celle mentionnée au premier alinéa, ou à défaut les commissions paritaires des branches professionnelles, qui disposent de deux mois pour transmettre le niveau de prise en charge qu'elles ont déterminé.

III. – À compter de la réception des niveaux de prise en charge fixés en application des I et II, France compétences dispose d'un délai de deux mois pour émettre ses recommandations prévues au 10° de l'article L. 6123-5.

IV. – La prise en compte des recommandations de France compétences prévue au 1° du I de l'article L. 6332-14 est assurée dans un délai d'un mois à compter de leur réception par la commission paritaire nationale de l'emploi ou le cas échéant la commission paritaire de la branche professionnelle concernée.

V. – À défaut de la prise en compte des recommandations de France compétences dans le délai imparti par la commission paritaire, le ministre chargé de la formation professionnelle fixe (D. 2020-1076 du 20 août 2020, JO 21) « par arrêté » le niveau de prise en charge du contrat d'apprentissage en tenant compte des recommandations de France compétences.

VI. – Le niveau de prise en charge du contrat d'apprentissage est établi pour une période minimale de deux ans, sans préjudice des modifications rendues nécessaires par la prise en compte des recommandations de France compétences.

Art. D. 6332-78-2. (D. 2019-956 du 13 sept. 2019, JO 14) Lorsque la commission paritaire nationale de l'emploi ou à défaut la commission paritaire de la branche professionnelle n'a pas déterminé le niveau de prise en charge du contrat d'apprentissage prévu à l'article D. 6332-78, le ministre chargé de la formation professionnelle fixe (D. 2020-1076 du 20 août 2020, JO 21) « par arrêté un niveau de prise en charge qui correspond à un montant annuel » applicable au contrat d'apprentissage selon le diplôme ou titre à finalité professionnelle préparé et la nature des dépenses mentionnées au (D. 2020-1076 du 20 août 2020, JO 21) « II » du même article.

Art. D. 6332-79. (D. 2019-956 du 13 sept. 2019, JO 14) I. – Lorsqu'un contrat d'apprentissage dont le niveau de prise en charge n'a jamais été fixé est transmis pour dépôt auprès de l'opérateur de compétences, il saisit la commission paritaire nationale de l'emploi, ou le cas échéant la commission paritaire de la branche professionnelle concernée, dans le mois suivant la réception de ce contrat. Il en informe France compétences.

II. – France compétences en informe les commissions paritaires nationales de l'emploi autres que celle mentionnée au premier alinéa, ou à défaut les commissions paritaires des branches professionnelles.

III. – Les commissions paritaires nationales de l'emploi, ou le cas échéant les commissions paritaires des branches professionnelles, disposent de deux mois pour transmettre le niveau de prise en charge qu'elles ont déterminé en application de l'article D. 6332-78 à l'opérateur de compétences dont elles relèvent, qui le communique à France compétences.

IV. – À compter de la réception des niveaux de prise en charge fixés en application des II et III, France compétences dispose d'un délai de deux mois pour émettre ses recommandations prévues au 10° de l'article L. 6123-5.

V. – La prise en compte des recommandations de France compétences prévue au 1° du I de l'article L. 6332-14 est assurée dans un délai d'un mois à compter de leur réception par la commission paritaire nationale de l'emploi ou le cas échéant la commission paritaire de la branche professionnelle concernée.

VI. – À défaut de la prise en compte des recommandations de France compétences dans le délai imparti par la commission paritaire, le ministre chargé de la formation professionnelle fixe (D. 2020-1076 du 20 août 2020, JO 21) « par arrêté » le niveau de prise en charge du contrat d'apprentissage en tenant compte des recommandations de France compétences au plus tard le 31 mai de l'année suivant la date de transmission pour dépôt du contrat d'apprentissage auprès de l'opérateur de compétences mentionné au I.

VII. – Le niveau de prise en charge du contrat d'apprentissage est établi pour une période minimale de deux ans, sans préjudice des modifications rendues nécessaires par la prise en compte des recommandations de France compétences.

Art. D. 6332-80. (D. 2019-956 du 13 sept. 2019, JO 14) Jusqu'à la détermination du niveau de prise en charge, l'opérateur de compétences verse au centre de formation d'apprentis un montant forfaitaire annuel fixé par décret conformément aux dispositions prévues à l'article R. 6332-25.

À compter de la fixation du niveau de prise en charge par la commission paritaire nationale de l'emploi, ou le cas échéant par la commission paritaire de la branche professionnelle concernée, ou à défaut par le ministère chargé de la formation professionnelle, l'opérateur de compétences procède, le cas échéant, à la régularisation des sommes dues ou à la récupération des sommes avancées à ce titre, dès le premier versement suivant la décision fixant le niveau de prise en charge applicable.

Art. D. 6332-81. (D. 2019-956 du 13 sept. 2019, JO 14) Avant le 31 décembre de chaque année, France compétences communique au ministre chargé de la formation professionnelle la liste actualisée des commissions paritaires nationale pour l'emploi ou des commissions paritaires qui n'ont pas respecté leurs obligations en matière de détermination de niveaux de prise en charge des contrats d'apprentissage, ainsi que celle des diplômes ou titres à finalité professionnelle préparés pour lesquels elles devaient se déterminer.

Art. D. 6332-82. L'opérateur de compétences peut moduler le niveau de prise en charge, en application du 1° du I de l'article L. 6332-14, en appliquant une majoration dans la limite de 50 % du niveau de prise en charge, pour l'accueil d'un apprenti reconnu personne handicapée par la commission mentionnée à l'article L. 241-5 du code de l'action sociale et des familles.

Art. D. 6332-83. L'opérateur de compétence prend en charge, dès lors qu'ils sont financés par les centres de formation d'apprentis, les frais annexes à la formation des apprentis prévus aux 3° des I et II de l'article L. 6332-14 selon les modalités suivantes :

1° Les frais d'hébergement sont pris en charge par nuitée pour un montant déterminé par arrêté du ministre chargé de la formation professionnelle ;

2° Les frais de restauration sont pris en charge par repas pour un montant déterminé par arrêté du ministre chargé de la formation professionnelle ;

3° Les frais de premier équipement pédagogique nécessaire à l'exécution de la formation sont pris en charge selon un forfait déterminé par l'opérateur de compétences identique pour l'ensemble des centres de formation d'apprentis concernés, établi en fonction de la nature des activités des apprentis, et dans la limite d'un plafond maximal de 500 euros ;

4° Les frais liés à la mobilité internationale des apprentis prévus au 10° de l'article L. 6231-2 sont pris en charge selon un forfait déterminé par l'opérateur de compétences identique pour l'ensemble des centres de formation d'apprentis concernés.

Art. D. 6332-84. Le financement des actions mentionnées au 4° du II de l'article L. 6332-14 ne peut excéder un montant déterminé dans le cadre des frais de missions fixés lors de la conclusion de la convention d'objectifs et de moyens établie entre l'opérateur de compétences et l'État.

Sous-section 2. **Prise en charge des contrats de professionnalisation**

Note Les sous-sections 2 à 4 ont été introduites par le décret 2018-1342 du 28 décembre 2018, JO 30, entrée en vigueur le 01.01.2019.

Art. D. 6332-85. I. – L'opérateur de compétences prend en charge au titre de la section financière mentionnée au 1° de l'article L. 6332-3 les contrats de professionnalisation au niveau de prise en charge fixé par les branches ou, à défaut d'accord, par un accord collectif conclu entre les organisations représentatives d'employeurs et de salariés signataires d'un accord constitutif d'un opérateur gestionnaire des fonds de la formation professionnelle continue.

II. – Le niveau de prise en charge correspond à un montant forfaitaire par contrat versé par l'opérateur de compétences. Il couvre tout ou partie des frais pédagogiques, des rémunérations et charges sociales légales et conventionnelles des stagiaires, ainsi que des frais de transport et d'hébergement.

III. – Le montant prévu au II est communiqué à France compétences par l'opérateur de compétences.

Art. D. 6332-86. À défaut de fixation du montant forfaitaire de la prise en charge prévu à l'article D. 6332-85, ce montant est fixé à 9,15 euros par heure ou, lorsqu'il porte sur des contrats conclus avec les personnes mentionnées à l'article L. 6325-1-1 (D. 2020-1122 du 10 sept. 2020, JO 11) « ou les personnes en parcours d'insertion dans un groupement d'employeur pour l'insertion et la qualification mentionné au troisième alinéa de l'article L. 1253-1 », à 15 euros par heure.

Art. D. 6332-87. Pôle emploi peut prendre en charge, pour le compte de l'organisme gestionnaire du régime d'assurance chômage par l'intermédiaire des opérateurs de compétences les dépenses afférentes aux contrats de professionnalisation des demandeurs d'emploi âgés de vingt-six ans et plus.

Art. D. 6332-88. Les dépenses exposées par les employeurs des entreprises de moins de 50 salariés au-delà des montants forfaitaires prévus par l'article D. 6332-85 peuvent être financées par l'opérateur de compétences au titre des fonds affectés au développement des compétences au bénéfice des entreprises de moins de 50 salariés, selon les modalités définies par le conseil d'administration de l'opérateur de compétences prévues à l'article L. 6332-17.

Sous-section 3. **Prise en charge des actions de reconversion ou promotion par l'alternance**

Art. D. 6332-89. Dans le respect d'un accord de branche ou, à défaut, d'un accord collectif conclu entre les organisations représentatives d'employeurs et de salariés signataires d'un accord constitutif d'un opérateur de compétences, un opérateur de compétences finance les actions selon un niveau de prise en charge déterminé.

Le niveau de prise en charge correspond à un montant forfaitaire versé par l'opérateur de compétences. Ce montant couvre tout ou partie des frais pédagogiques ainsi que des frais de transport et d'hébergement.

(D. 2020-262 du 16 mars 2020, JO 17) « La prise en charge de la rémunération du salarié en reconversion ou en alternance prévue par l'accord de branche étendu mentionné au deuxième alinéa de l'article L. 6324-5 peut également comprendre les charges sociales légales et conventionnelles dues par l'employeur au titre des salariés concernés, sans que le montant total pris en charge au titre de la rémunération puisse toutefois excéder le coût horaire du salaire minimum interprofessionnel de croissance par heure. »

Ce montant est communiqué par l'opérateur de compétences à France compétences.

Le dépôt de l'avenant au contrat de travail prévoyant la reconversion ou la promotion par l'alternance est effectué selon les modalités mentionnées aux articles D. 6325-1 et suivants.

Art. D. 6332-90. En l'absence de forfaits fixés dans les conditions prévues à l'article D. 6332-89, ce montant est de 9,15 euros par heure.

(D. 2020-262 du 16 mars 2020, JO 17) « Lorsque l'accord de branche étendu mentionné à l'article L. 6324-3 prévoit la prise en charge de la rémunération par l'opérateur de compétences sans en préciser le niveau de prise en charge, celui-ci est fixé par l'opérateur de compétences. Il peut également comprendre les charges sociales légales et conventionnelles dues par l'employeur au titre des salariés concernés, sans que le montant total pris en charge au titre de la rémunération puisse toutefois excéder le coût horaire du salaire minimum interprofessionnel de croissance par heure. »

Art. D. 6332-91. Les dépenses exposées par les employeurs des entreprises de moins de 50 salariés au-delà des montants forfaitaires prévus par l'article D. 6332-89 peuvent être financées par l'opérateur de compétences au titre des fonds affectés au développement des compétences au bénéfice des entreprises de moins de 50 salariés, selon des modalités précisées par le conseil d'administration de l'opérateur de compétences.

Sous-section 4. **Dépenses de tutorat et de formation pédagogique des maîtres d'apprentissage**

Art. D. 6332-92. Le plafond horaire et la durée maximale prévus au 4° de l'article L. 6332-14 des dépenses exposées pour les actions de formation en qualité de tuteur ou de maître d'apprentissage pour chaque salarié ou employeur de moins de onze salariés sont respectivement de 15 euros par heure de formation et de 40 heures.

Ces dépenses couvrent les frais pédagogiques, les rémunérations, les cotisations et contributions sociales légales et conventionnelles, ainsi que les frais de transport, de restauration et d'hébergement.

Art. D. 6332-93. Le plafond mensuel et la durée prévus au 4° de l'article L. 6332-14 sont :

1° Pour l'exercice de tutorat, de 230 euros par mois et par salarié pour une durée maximale de six mois. Ce plafond mensuel est majoré de 50 % lorsque la personne chargée de l'exercice du tutorat est âgée de 45 ans ou plus ou accompagne une personne mentionnée à l'article L. 6325-1-1.

[2°] Pour l'exercice de maître d'apprentissage de 230 euros par mois et par apprenti pour une durée maximale de 12 mois.

SECTION 5 (RÉGLEMENTAIRE). **Prise en charge par l'opérateur de compétences des formations organisées au titre du compte personnel de formation**

Note Cette section a été introduite par le décret 2014-1240 du 24 octobre 2014, art. 36, JO 26, entrée en vigueur le 01.01.2015.

§ 1. Sommes perçues par l'opérateur de compétences

Art. R. 6332-93. Les (L. 2018-771 du 5 sept. 2018, art. 45, II, JO 6) « opérateurs de compétences » gèrent paritairement les contributions des employeurs affectées au financement du compte personnel de formation selon les modalités définies par les articles R. 6332-22-3 à R. 6332-22-5 et suivent l'emploi des sommes collectées au sein d'une section particulière.

Ils définissent les services proposés, les priorités, les critères et les conditions de prise des demandes présentées dans le cadre du compte personnel de formation selon les modalités définies par l'article R. 6323-5.

Dès leur réception, les fonds mentionnés au premier alinéa sont mutualisés au sein de la section particulière.

§ 2. Gestion des ressources

Art. R. 6332-94. Les ressources au titre de la section particulière mentionnée à l'article R. 6332-93 sont destinées :

1° Au financement des frais de formation des actions de formation mentionnées à l'article L. 6323-16 organisées dans le cadre du compte personnel de formation selon les modalités définies par l'article R. 6323-5 ;

2° Au financement des frais prévus à l'article R. 6332-36. Ces frais sont répartis selon les modalités définies à l'article R. 6332-7.

Les formations se déroulent selon les modalités définies à l'article L. 6353-1.

§ 3. Contrôle

Art. R. 6332-95. Les agents de contrôle mentionnés à l'article L. 6361-5 sont habilités à exercer le contrôle des recettes et des dépenses des organismes collecteurs paritaires au titre du compte personnel de formation.

Donnent lieu à un reversement de même montant par l'organisme collecteur paritaire au Trésor public les emplois de fonds qui ne sont pas conformes aux règles posées par les articles R. 6332-22, R. 6332-22-3 à R. 6332-22-5, R. 6332-25 à R. 6332-27, R. 6332-28-1 et R. 6332-29, R. 6332-42 et R. 6332-94.

SECTION 5. Information de l'État

Art. L. 6332-23. Les (L. 2018-771 du 5 sept. 2018, art. 45, II, JO 6) «opérateurs de compétences» et (Ord. 2019-861 du 21 août 2019, art. 1er, 71°, JO 22) «France compétences» transmettent à l'État, dans des conditions déterminées par décret en Conseil d'État:

1° Des données physiques et comptables relatives aux actions qu'ils contribuent à financer;

2° Des données agrégées et sexuées sur les caractéristiques des bénéficiaires des actions menées;

3° Des informations relatives aux bénéficiaires des actions menées et destinées à la constitution d'échantillons statistiquement représentatifs.

Art. L. 6332-24. Lorsqu'un (L. 2018-771 du 5 sept. 2018, art. 45, II, JO 6) «opérateur de compétences» ou (Ord. 2019-861 du 21 août 2019, art. 1er, 71°, JO 22) «France compétences» n'établit pas ou ne transmet pas les informations prévues à l'article L. 6332-23, l'autorité administrative peut le mettre en demeure d'y procéder.

Art. R. 6332-114. La mise en demeure prévue à l'article L. 6332-24 est réalisée par le préfet de région.

Chapitre III

Gestion du compte personnel de formation par la Caisse des dépôts et consignations

Note Les dispositions législatives de ce chapitre ont été introduites par la loi 2018-771 du 5 septembre 2018, art. 1er, II, JO 6, entrée en vigueur le 01.01.2019. Les dispositions réglementaires de ce chapitre ont été introduites par le décret 2018-1333 du 28 décembre 2018, JO 30 ; ces dispositions entrent en vigueur à compter de la date à laquelle la Caisse des dépôts et consignations (CDC) reçoit de France compétences les fonds affectés au financement du compte personnel de formation qui lui sont versés en 2019 en application du b du 2° du B du III de l'article 4 du décret 2018-1331 du 28 décembre 2018 relatif à l'organisation et au fonctionnement de France compétences (décret 2018-1333 précité, art. 4, II).

SECTION 1. Missions

Art. L. 6333-1. La Caisse des dépôts et consignations est habilitée à recevoir les ressources mentionnées au *a* du 3° de l'article L. 6123-5 et aux articles L. 6331-6, L. 6323-36 et L. 6332-11.

La Caisse des dépôts et consignations assure la gestion de ces ressources en vue de financer les droits acquis au titre du compte personnel de formation selon les modalités prévues aux deux premiers alinéas de l'article L. 6323-11 et aux articles L. 6323-11-1, L. 6323-27 et L. 6323-34.

(L. 2019-1479 du 28 déc. 2019, art. 206, 2°, JO 29) «La Caisse des dépôts et consignations est habilitée à recevoir les ressources mentionnées à l'article L. 5151-11 dans des conditions définies par conventions entre la Caisse des dépôts et consignations et les financeurs mentionnés à l'article L. 5151-11.»

Art. L. 6333-2. La Caisse des dépôts et consignations peut recevoir des ressources supplémentaires mentionnées au VI de l'article L. 2254-2 et aux articles L. 6323-4, L. 6323-11, L. 6323-13, L. 6323-14, L. 6323-29 et L. 6323-37.

Art. L. 6333-3. La Caisse des dépôts et consignations reçoit les ressources supplémentaires prévues par un accord collectif de branche et destinées à financer l'abondement du compte personnel de formation. Cet accord détermine les priorités et modalités d'abondement.

Elle peut également recevoir des ressources supplémentaires destinées à financer l'abondement du compte personnel de formation versées à cet effet par l'employeur hors accord collectif d'entreprise ou de branche.

Art. L. 6333-4. La Caisse des dépôts et consignations est habilitée à conduire les procédures d'attribution des marchés publics répondant à ses besoins pour la mise en œuvre du compte personnel de formation ainsi qu'à conclure ces marchés et à assurer le suivi de leur exécution.

La Caisse des dépôts et consignations peut conclure avec toute personne morale des conventions, notamment financières, dont l'objet est de promouvoir le développement de la formation professionnelle continue pour tout ou partie des titulaires du compte personnel de formation.

Art. L. 6333-5. La Caisse des dépôts et consignations conclut avec l'État une convention triennale d'objectifs et de performance qui définit notamment la part des ressources mentionnées aux articles L. 6333-1 et L. 6333-2 destinée à financer les frais de mise en œuvre de ses missions, dont le financement des traitements automatisés de données à caractère personnel mentionnés aux articles L. 5151-6, L. 6111-7 et L. 6323-8.

La Caisse des dépôts et consignations rend compte trimestriellement à France compétences de l'utilisation de ses ressources et de ses engagements financiers dans des conditions prévues par décret.

Elle élabore un rapport annuel de gestion du compte personnel de formation remis à France compétences.

Ce rapport est transmis au Parlement et aux ministres chargés de la formation professionnelle et du budget.

SECTION 2. Gestion

Art. L. 6333-6. La Caisse des dépôts et consignations gère les ressources mentionnées au premier alinéa de l'article L. 6333-1 (Ord. 2019-861 du 21 août 2019, art. 1er, 72°, JO 22) «et à l'article L. 6333-2» au sein d'un fonds dédié dont elle assure la gestion administrative, financière et comptable dans un compte spécifique ouvert dans ses livres. Les ressources (Ord. 2019-861 du 21 août 2019, art. 1er, 72°, JO 22) «mentionnées au premier alinéa de l'article L. 6333-1» sont mutualisées dès réception.

Les ressources supplémentaires mentionnées à l'article L. 6333-2 font l'objet d'un suivi comptable distinct. (L. 2019-1479 du 28 déc. 2019, art. 206, 3°, JO 29) «Il en est de même des ressources mentionnées au dernier alinéa de l'article L. 6333-1.»

Les sommes dont dispose la Caisse des dépôts et consignations au 31 décembre de chaque année constituent, pour l'année suivante, ses ressources et alimentent une réserve de précaution dans un compte spécifique ouvert dans ses livres.

Art. L. 6333-7. La Caisse des dépôts et consignations conclut avec les régions, Pôle emploi, l'institution mentionnée à l'article L. 5214-1, les opérateurs de compétences, les commissions mentionnées à l'article L. 6323-17-6, les organismes mentionnés à l'article L. 6332-9 et tout autre organisme intervenant dans le suivi ou la gestion des droits acquis au titre du compte personnel de formation des titulaires des conventions définissant les modalités de gestion permettant le suivi de ces droits.

SECTION 3. Dispositions d'application

Art. L. 6333-8. Un décret en Conseil d'État détermine les conditions d'application du présent chapitre.

SECTION 1 (RÉGLEMENTAIRE). Ressources perçues par la Caisse des dépôts et consignations

Art. R. 6333-1. Les ressources mentionnées au premier alinéa de l'article L. 6333-1 sont versées trimestriellement, par France compétences, à la Caisse des dépôts et consignations, à l'exception de celle mentionnée à l'article L. 6332-11 qui fait l'objet d'un versement dans des délais définis par convention entre la Caisse des dépôts et consignations et les organismes de recouvrement mentionnés aux articles L. 213-1 du code de la sécurité sociale et L. 718-2-1 du code rural et de la pêche maritime.

Art. R. 6333-2. La mobilisation, par un titulaire d'un compte personnel de formation, de droits complémentaires associés à des ressources mentionnées à l'article L. 6333-2 est subordonnée à la réception des ressources correspondantes par la Caisse des dépôts et consignations.

Art. R. 6333-2-1. (D. 2020-894 du 22 juil. 2020, JO 23) Les financeurs mentionnés aux 2° à 14° du II de l'article L. 6323-4 peuvent confier à la Caisse des dépôts et consignations, le cas échéant dans le cadre d'une convention conclue sur le fondement de l'article L. 6333-7, la gestion d'une enveloppe globale de fonds lui permettant de financer des abondements en droits complémentaires en application des dispositions de ce II ou des alimentations supplémentaires en application des dispositions du III du même article.

SECTION 2 (RÉGLEMENTAIRE). Modalités de financement des actions de formation

Art. R. 6333-3. I. – Afin de financer une formation éligible au compte personnel de formation mentionnée à l'article L. 6323-6, la Caisse des dépôts et consignations mobilise d'abord les ressources mentionnées à l'article L. 6333-1 destinées au financement des droits acquis par le titulaire du compte, puis, lorsque ces derniers sont insuffisants, les ressources supplémentaires mentionnées à l'article L. 6333-2 destinées au financement des droits complémentaires.

II. – Lorsque la Caisse des dépôts et consignations procède à la mobilisation des droits complémentaires, elle utilise les ressources mentionnées à l'article L. 6333-2 dans un ordre de priorité fixé par arrêté du ministre chargé de la formation professionnelle.

III. – Les frais de formation qui ne sont pas financés par les droits mobilisés au titre du compte personnel de formation restent à la charge du titulaire du compte. Les délais et modalités de versement du reste à charge par le titulaire à la Caisse des dépôts et consignations sont fixés par les conditions générales d'utilisation du service dématérialisé mentionnées à l'article L. 6323-9.

SECTION 3 (RÉGLEMENTAIRE). Paiement des organismes de formation par la Caisse des dépôts et consignations

Art. R. 6333-4. La Caisse des dépôts et consignations procède au paiement des prestataires mentionnés à l'article L. 6351-1 après réception des informations nécessaires au débit des droits inscrits sur le compte personnel de formation et vérification du service fait, selon des modalités prévues aux conditions générales d'utilisation du service dématérialisé mentionnées à l'article L. 6323-9.

SECTION 4 (RÉGLEMENTAIRE). Obligations contractuelles des organismes de formation et des titulaires du compte personnel de formation

Art. R. 6333-5. La Caisse des dépôts et consignations définit dans les conditions générales d'utilisation du service dématérialisé mentionnées à l'article L. 6323-9, les engagements souscrits par les titulaires du compte personnel de formation et les prestataires mentionnés à l'article L. 6351-1.

Art. R. 6333-6. Lorsque la Caisse des dépôts et consignations constate un manquement de l'un des prestataires mentionnés à l'article L. 6351-1 aux engagements qu'il a souscrits, elle peut, selon la nature du manquement, lui demander le remboursement des sommes qu'elle lui a indûment versées et suspendre temporairement son référencement sur le service dématérialisé mentionné à l'article L. 6323-9. Ces mesures, proportionnées aux manquements constatés, sont prises après application d'une procédure contradictoire et selon des modalités que les conditions générales d'utilisation du service dématérialisé précisent.

La Caisse des dépôts et consignations effectue tout signalement utile et étayé des manquements qu'elle constate auprès des services de l'État chargés du contrôle de la formation professionnelle.

Art. R. 6333-7. Lorsque la Caisse des dépôts et consignations constate un manquement du titulaire d'un compte personnel de formation aux engagements qu'il a souscrits, elle peut, selon la nature du manquement, suspendre temporairement la prise en charge des formations dont il bénéficie ou dont il demande à bénéficier. Ces mesures, proportionnées aux manquements constatés, sont prises après application d'une procédure contradictoire et selon des modalités que les conditions générales d'utilisation du service dématérialisé précisent.

SECTION 5 (RÉGLEMENTAIRE). Gestion administrative, comptable et financière du compte personnel de formation

Art. R. 6333-8. La convention triennale d'objectifs et de performance mentionnée au premier alinéa de l'article L. 6333-5 définit les objectifs stratégiques, opérationnels et de performance de la Caisse des dépôts et consignations pour la gestion du compte personnel de formation, qu'elle assortit d'indicateurs quantitatifs et qualitatifs. Elle fixe les moyens dont dispose la Caisse pour mettre en œuvre cette gestion et détermine les modalités de suivi de ses actions.

Art. R. 6333-9. La Caisse des dépôts et consignations élabore et transmet à France compétences, avant le 30 juin suivant l'année au titre de laquelle il est établi, un rapport annuel relatif à la gestion administrative, comptable et financière du compte personnel de formation. Ce rapport présente les perspectives pluriannuelles de mobilisation du compte personnel de formation des actifs et les hypothèses d'évolutions financières qui en découlent.

Art. R. 6333-10. La réserve de précaution mentionnée au troisième alinéa de l'article L. 6333-6 est affectée à la correction des déséquilibres financiers du fonds mentionné au premier alinéa du même article.
Si elle constate que la couverture des engagements n'est pas assurée de manière durable, la Caisse des dépôts et consignations en informe le directeur général de France compétences. Ce dernier propose au ministre chargé de la formation professionnelle un programme de rétablissement destiné à assurer la couverture intégrale des engagements.

Art. R. 6333-11. Un commissaire aux comptes certifie les comptes annuels du fonds mentionné au premier alinéa de l'article L. 6333-6 et vérifie chaque année son équilibre financier, en procédant à l'évaluation des provisions et du taux de couverture des engagements.

Art. R. 6333-12. Le fonds mentionné au premier alinéa de l'article L. 6333-6 est soumis en matière de gestion financière et comptable aux règles applicables aux entreprises industrielles et commerciales.

Art. R. 6333-13. I. – Les modalités de gestion de trésorerie, ainsi que la politique de placement réalisée par la Caisse des dépôts et consignations dans sa gestion financière du compte personnel de formation sont prévues par la convention triennale d'objectifs et de performance.
II. – La gestion des actifs et des instruments financiers peut être déléguée à des entreprises ou des sociétés exerçant les activités mentionnées au I de l'article L. 532-9 du code monétaire et financier. Cette délégation de gestion porte sur les opérations d'achat et de vente des actifs ainsi que sur les opérations relatives à leur gestion. Les mandats de gestion correspondants prévoient que le mandataire accepte de se soumettre aux contrôles et aux expertises sur pièces et sur place diligentés par le mandant.
III. – Les produits financiers provenant de la politique de placement sont affectés au fonds mentionné au premier alinéa de l'article L. 6333-6.

Art. R. 6333-14. La Caisse des dépôts et consignations met en place un dispositif permanent de contrôle interne administratif, financier et comptable de la gestion du fonds mentionné au premier alinéa de l'article L. 6333-6. Le rapport de contrôle interne détaille notamment :
1° Les objectifs et la méthodologie du contrôle interne ;
2° Les procédures et dispositifs permettant d'identifier, d'évaluer, de gérer et de contrôler les risques ;
3° Les suites données aux recommandations des personnes chargées du contrôle interne.

TITRE IV

STAGIAIRE DE LA FORMATION PROFESSIONNELLE

Chapitre Ier

Rémunération du stagiaire

SECTION 1. Financement des stages rémunérés par l'État ou la région

Art. L. 6341-1. L'État, les régions, les employeurs et les (L. 2018-771 du 5 sept. 2018, art. 45, II, JO 6) «opérateurs de compétences» concourent au financement de la rémunération des stagiaires de la formation professionnelle.

(L. 2008-126 du 13 févr. 2008, art. 16, JO 14) «L'institution mentionnée à l'article L. 5312-1 y concourt également, le cas échéant pour le compte de l'organisme mentionné à l'article L. 5427-1, notamment dans les conditions prévues (L. 2011-893 du 28 juil. 2011, art. 44, JO 29) «à l'article L. 1233-68».»

Art. L. 6341-2. Les stages pour lesquels l'État et les régions concourent au financement de la rémunération du stagiaire, lorsqu'il suit un stage agréé dans les conditions fixées à l'article L. 6341-4, sont:

1° Les stages suivis par les salariés à l'initiative de leur employeur;

2° Les stages suivis par les travailleurs non salariés prévus à l'article L. 6341-8;

(L. 2014-288 du 5 mars 2014, art. 21, V, 1° et 27, II, JO 6, entrée en vigueur le 01.01.2015) «3° Les stages en direction des demandeurs d'emploi qui ne relèvent plus du régime d'assurance chômage, mentionnés à l'article L. 6341-7.»

Art. L. 6341-3. Les stages pour lesquels les régions assurent le financement de la rémunération du stagiaire, lorsqu'il suit un stage agréé dans les conditions fixées à l'article L. 6341-4, sont:

1° (Abrogé);

2° Les stages en direction des travailleurs reconnus handicapés en application de l'article L. 5213-1;

3° (Abrogé);

(L. 2014-288 du 5 mars 2014, art. 21, V, 2°, JO 6, entrée en vigueur le 01.01.2015) «4° Les stages en direction des personnes sous main de justice.»

Art. L. 6341-4. Dans la limite de leurs compétences respectives, l'agrément des stages est accordé:

1° En ce qui concerne l'État, par l'autorité administrative;

2° En ce qui concerne les régions, par décision du conseil régional;

(L. 2018-771 du 5 sept. 2018, art. 39, II, JO 6) «3° En ce qui concerne les opérateurs de compétences, par décision du conseil d'administration.»

Art. L. 6341-6. (Ord. 2009-325 du 25 mars 2009, JO 27) Les collectivités territoriales responsables de la gestion de la rémunération des stagiaires de la formation professionnelle assurent l'accueil et l'information des stagiaires, le respect de délais rapides de paiement de cette rémunération, la conservation des archives nécessaires au calcul de leurs droits à pension et la transmission aux services de l'État des informations relatives aux stagiaires, dont la liste est fixée par décret.

(L. 2016-1088 du 8 août 2016, art. 81, I, 5°, JO 9) «Les collectivités territoriales mentionnées au premier alinéa du présent article transmettent chaque mois à Pôle emploi les informations individuelles nominatives relatives aux stagiaires de la formation professionnelle inscrits sur la liste mentionnée à l'article L. 5411-1 dont elles financent la rémunération.»

Sous-section 1 (réglementaire). **Dispositions générales**

Art. R. 6341-1. Les actions de formations définies aux articles L. 6313-1 à L. 6314-1 ouvrent droit au bénéfice des régimes de rémunération du stagiaire prévus au présent chapitre, si elles répondent aux conditions prévues à la présente section.

Sous-section 2 (réglementaire). **Agrément des stages**

Art. R. 6341-2. (D. 2015-466 du 23 avril 2015, JO 26) «Dans la limite de leurs compétences respectives, l'agrément des stages de formation professionnelle est accordé par:»

1° Le ministre chargé de la formation professionnelle, après avis (D. 2018-1262 du 26 déc. 2018, art. 1er, III, JO 28, entrée en vigueur le 01.01.2019) «de la Commission nationale de la négociation collective, de l'emploi et de la formation professionnelle», pour les stages organisés et financés au niveau national;

2° Le préfet de région, après avis du (D. 2014-1055 du 16 sept. 2014, JO 18) «comité régional de l'emploi, de la formation [et] de l'orientation professionnelles», pour les stages organisés et financés au niveau régional;

3° Le préfet de département, après avis du (D. 2014-1055 du 16 sept. 2014, JO 18) «comité régional de l'emploi, de la formation [et] de l'orientation professionnelles», pour les stages organisés et financés au niveau départemental.

Art. R. 6341-3. La consultation (D. 2018-1262 du 26 déc. 2018, art. 1er, III, JO 28, entrée en vigueur le 01.01.2019) « de la Commission nationale de la négociation collective, de l'emploi et de la formation professionnelle » et du (D. 2015-466 du 23 avril 2015, JO 26) « comité régional de l'emploi, de la formation et de l'orientation professionnelles » prévue à l'article R. 6341-2 porte sur les programmes au titre desquels sont organisés les stages dont l'agrément est sollicité.

Art. R. 6341-4. Les stages autres que ceux mentionnés à l'article R. 6341-2 sont agréés par le président du conseil régional après avis du (D. 2015-466 du 23 avril 2015, JO 26) « comité régional de l'emploi, de la formation et de l'orientation professionnelles ».

Art. R. 6341-5. L'autorité administrative compétente pour délivrer l'agrément examine le projet de stage selon les critères d'appréciation suivants :

1° La nature du stage ;
2° Les conditions d'admission du stagiaire ;
3° Le niveau de la formation ;
4° Le contenu des programmes ;
5° Le contenu du plan de formation prévu à l'article R. 6341-12 ;
6° La sanction des études ;
7° La qualification des enseignants et des responsables du stage ;
8° L'installation des locaux ;
9° L'exercice du contrôle financier, technique et pédagogique.

Art. R. 6341-6. La décision d'agrément précise :

1° Lorsqu'il s'agit de stages dont la durée est préalablement définie :
a) Le nombre maximal de stagiaires susceptibles d'être rémunérés chaque année ;
b) La durée totale et la durée hebdomadaire du stage, ainsi que le nombre de mois-stagiaires ;
c) Les dates de début et de fin du stage ;

2° Lorsqu'il s'agit de stages accueillant des stagiaires en continu : le nombre annuel de mois-stagiaires ;

3° Lorsqu'il s'agit de stages comportant un enseignement à distance, outre le nombre de stagiaires et les dates de début et de fin du stage :
a) Lorsque l'enseignement est dispensé en totalité à distance ;
- le nombre d'heures estimées nécessaires pour réaliser les travaux demandés à chaque stagiaire ;
- la fréquence, au moins mensuelle, et la durée des séances d'évaluation pédagogique se déroulant dans les locaux du centre de formation ;

b) Lorsque l'enseignement, dispensé en formation dite ouverte, comporte alternativement un enseignement dans les locaux d'un centre de formation et un enseignement à distance ;
- la durée totale, en heures, de l'ensemble de ces enseignements ;
- pour l'enseignement à distance, le nombre d'heures estimées nécessaires pour réaliser les travaux demandés à chaque stagiaire.

Art. R. 6341-7. Les stages organisés par les employeurs en application de l'article L. 6341-2 ne peuvent être agréés que lorsque leur création est motivée par une création d'emplois, une modification du processus de production, une réduction de l'effectif ou une cessation d'activité.

Art. R. 6341-8. L'agrément du stage est délivré pour une durée de trois ans maximum.

Son renouvellement, au terme de la période pour laquelle il a été délivré, intervient par une décision explicite.

Art. R. 6341-9. L'agrément du stage peut être retiré après un préavis de trois mois en raison des résultats des contrôles opérés par les organismes ou services chargés [de] réaliser les inspections administrative, financière ou technique.

Le retrait d'agrément ne fait pas obstacle au maintien de la rémunération des intéressés jusqu'à la fin du stage.

Art. R. 6341-10. Les conventions mentionnées à l'article R. 5111-1 prévoyant le financement d'une action de formation ou d'adaptation valent agrément de cette action par l'État au titre de la rémunération des stagiaires.

Art. R. 6341-11. L'établissement public de l'État auquel la gestion des rémunérations peut être confiée, en application de l'article L. 6341-6, est un établissement public à caractère administratif.

Sous-section 3 (réglementaire). **Plan de formation des stages comportant un enseignement à distance**

Art. R. 6341-12. Les stages comportant un enseignement dispensé en totalité ou en partie à distance donnent lieu, avant le début des travaux du stagiaire, à l'élaboration d'un plan de formation établi par accord entre le directeur de l'établissement et le stagiaire.

Art. R. 6341-13. Le plan de formation définit :

1° Pour chaque mois, le calendrier, la nature, la durée estimée nécessaire pour réaliser les travaux demandés et le mode de vérification de l'exécution de ces derniers ;

2° L'assiduité du stagiaire, par le rapport entre la durée estimée de l'exécution des travaux effectivement réalisés par le stagiaire et vérifiés par l'établissement et la durée estimée nécessaire pour réaliser tous les travaux prévus chaque mois.

Art. R. 6341-14. Le plan de formation est transmis, avec la demande de rémunération établie par le stagiaire, dans les conditions prévues au 1° de l'article R. 6341-33.

Sous-section 4 (réglementaire). **Durée des stages**

Art. R. 6341-15. Les durées des stages sont les suivantes :

1° Stages à temps plein :

a) Durée maximum : trois ans ;

b) Durée minimum : quarante heures ;

c) Durée minimum hebdomadaire : trente heures ;

2° Stages à temps partiel :

a) Durée maximum : trois ans ;

b) Durée minimum : quarante heures.

Sous-section 5 (réglementaire). **Titulaires d'un livret d'épargne**

Art. R. 6341-16. Le titulaire d'un livret d'épargne institué par l'article 80 de la loi n° 76-1232 du 29 décembre 1976 qui envisage de créer ou d'acquérir une entreprise artisanale, ainsi que son conjoint, partenaire lié par un pacte civil de solidarité ou concubin, est prioritaire pour l'accès aux stages agréés ou conventionnés par l'État lorsque la formation dispensée vise l'acquisition de la qualification nécessaire à la gestion d'une entreprise.

Art. R. 6341-17. Le titulaire d'un livret d'épargne bénéficie de la priorité prévue à l'article R. 6341-16 dans l'année qui précède ou qui suit l'échéance du plan d'épargne et pour une formation d'une durée maximale de quatre cents heures.

Art. R. 6341-18. L'État prend en charge les frais de stage des titulaires d'un livret d'épargne.

Art. R. 6341-19. Le stagiaire, qui ne crée pas ou n'acquiert pas une entreprise artisanale dans l'année qui suit l'achèvement du stage, rembourse à l'État 50 % des frais de stage :

1° Soit lorsque l'aide de l'État est limitée aux titulaires d'un livret d'épargne ;

2° Soit lorsque le stage a été suivi avec maintien du contrat de travail et que les conditions de délai prévues à l'article (D. 2018-1332 du 28 déc. 2018, art. 3, II, 1°, JO 30, entrée en vigueur le 01.01.2019) « R. 6323-10-3 » ne sont pas remplies.

Art. R. 6341-20. Le titulaire d'un livret d'épargne est exonéré du remboursement prévu à l'article R. 6341-19 lorsque l'établissement dépositaire du livret d'épargne a refusé de délivrer le prêt prévu au deuxième alinéa du III de l'article 80 de la loi n° 76-1232 du 2 décembre 1976.

Art. R. 6341-21. Le titulaire d'un livret d'épargne peut être exonéré du remboursement en fonction de circonstances exceptionnelles, par décision de l'autorité signataire de la convention ou, dans le cas d'un stage ne faisant pas l'objet d'une convention, par décision du préfet de région.

Art. R. 6341-22. Les dispositions relatives à la périodicité du (D. 2018-1332 du 28 déc. 2018, art. 3, II, 2°, JO 30, entrée en vigueur le 01.01.2019) « congé de transition professionnelle », prévues par l'article (D. 2018-1332 du 28 déc. 2018, art. 3, II, 2°, JO 30, entrée en vigueur le 01.01.2019) « R. 6323-10-3 », ne s'appliquent pas au titulaire d'un livret d'épargne et à son conjoint salarié, partenaire lié par un pacte civil de solidarité ou concubin.

Ils peuvent bénéficier, sans condition de délai, dans l'année qui précède ou qui suit l'échéance du plan d'épargne, d'un (D. 2018-1332 du 28 déc. 2018, art. 3, II, 2°, JO 30, entrée en vigueur le 01.01.2019)

« congé de transition professionnelle » d'une durée maximum de 400 heures en vue de les préparer à la fonction de chef d'entreprise.

SECTION 2. Montant de la rémunération

Art. L. 6341-7. Lorsqu'elles suivent des stages agréés dans les conditions prévues à l'article L. 6341-4, les personnes inscrites comme demandeurs d'emploi perçoivent une rémunération dont le montant minimum est déterminé par décret.

Cette rémunération est déterminée à partir du salaire antérieur :

1° Lorsque les intéressés se sont vu reconnaître la qualité de travailleurs handicapés et satisfont à des conditions de durée d'activité salariée définies par décret ;

2° Lorsqu'ils suivent des formations d'une durée minimum déterminée par décret et remplissent des conditions relatives à la durée de leur activité professionnelle et à leur situation définies par le même décret.

(L. 2014-288 du 5 mars 2014, art. 21, V, 4° et 27, II, JO 6, entrée en vigueur le 01.01.2015) « Elle peut se cumuler avec une rémunération perçue par le demandeur d'emploi au titre d'une activité salariée exercée à temps partiel, sous réserve du respect des obligations de la formation, dans des conditions déterminées par l'autorité agréant ces formations sur le fondement de l'article L. 6341-4. »

Art. L. 6341-8. Les travailleurs non salariés bénéficient d'une rémunération déterminée par décret, à condition d'avoir exercé pendant une durée minimale une activité professionnelle salariée ou non salariée.

Sous-section 1 (réglementaire). **Montant et cumul de la rémunération**

§ 1. Travailleurs non salariés

Art. D. 6341-23. La durée minimale d'activité professionnelle mentionnée à l'article L. 6341-8 est d'au moins douze mois, dont six consécutifs, dans les trois années qui précèdent l'entrée en stage.

Art. R. 6341-24. Les travailleurs titulaires d'un livret d'épargne institué par l'article 80 de la loi n° 76-1232 du 29 décembre 1976 ainsi que leur conjoint, partenaire lié par un pacte civil de solidarité ou concubin reçoivent une rémunération dont le montant est fixé par décret lorsqu'ils suivent un stage de formation agréé par l'État ou par une région au titre de la rémunération des stagiaires et que leur demande de prise en charge, présentée au titre du 2° de l'article L. 6331-11, n'a pas reçu de suite favorable.

§ 2. Travailleurs privés d'emploi

Art. R. 6341-25. Les travailleurs ayant la qualité de demandeur d'emploi perçoivent une rémunération déterminée sur une base mensuelle lorsque :

1° Ils ne sont pas pris en charge dans les conditions prévues au deuxième alinéa de l'article L. 6341-1 ;

2° Ils suivent des stages agréés en application des dispositions de l'article L. 6341-4.

Art. D. 6341-26. La rémunération due aux travailleurs handicapés privés d'emploi ayant exercé une activité salariée pendant six mois au cours d'une période de douze mois ou pendant douze mois au cours d'une période de vingt-quatre mois est établie sur la base du salaire perçu antérieurement.

Elle est calculée selon la durée légale du travail fixée à l'article (D. 2016-1553 du 18 nov. 2016, art. 7, IV, 7°, JO 19, entrée en vigueur le 01.01.2017) « L. 3121-27 » à partir de la moyenne des salaires perçus pendant la durée d'activité de six mois ou de douze mois considérée. Les majorations pour heures supplémentaires, les indemnités compensatrices de congé payé et de préavis ainsi que les primes et indemnités qui ne sont pas retenues pour le calcul des cotisations sociales n'entrent pas dans le décompte des salaires perçus.

Lorsque l'interruption du travail est antérieure depuis plus d'un an à l'entrée en stage, le salaire perçu dans le dernier emploi est affecté d'un coefficient de revalorisation correspondant aux majorations du salaire minimum de croissance au cours de la période considérée.

Art. R. 6341-27. La rémunération due aux demandeurs d'emploi qui n'entrent pas dans la catégorie définie à l'article D. 6341-26 et qui ont également exercé une activité salariée pendant six mois au cours d'une période de douze mois ou pendant douze mois au cours d'une période de vingt-quatre mois est fixée par décret à partir du montant de l'allocation de solidarité spécifique prévue à l'article L. 5423-1.

Le nombre d'heures à retenir pour calculer les sommes dues à ces stagiaires est celui de la durée légale du travail fixée à l'article (D. 2016-1551 du 18 nov. 2016, art. 6, V, 23°, JO 19, entrée en vigueur le 01.01.2017) « L. 3121-27 ».

Art. R. 6341-28. La rémunération due aux demandeurs d'emploi qui n'entrent pas dans les catégories définies aux articles D. 6341-26 et R. 6341-27 est fixée par décret en fonction :

1° Soit de leur situation personnelle ;

2° Soit de leur âge ;

3° Soit de la catégorie de stages définie à l'initiative de l'État.

Art. R. 6341-29. La rémunération perçue au titre d'un stage de formation professionnelle peut se cumuler avec les pensions et les rentes versées aux travailleurs reconnus handicapés au sens de l'article L. 5213-1 (D. 2015-466 du 23 avril 2015, JO 26) « ou avec la rémunération perçue pour une activité salariée à temps partiel. »

Art. R. 6341-30. Les indemnités journalières, à l'exclusion de celle servie par application combinée des articles L. 432-9 et L. 433-1 du code de la sécurité sociale, sont (D. 2015-466 du 23 avril 2015, JO 26) « déduites » de la rémunération perçue au titre des stages de formation professionnelle.

À cet effet, le montant des indemnités journalières est notifié par les organismes concernés :

1° Au préfet du département dans lequel est situé l'établissement de formation ou, le cas échéant, (D. 2009-340 du 27 mars 2009, JO 29) « à l'Agence de services et de paiement », lorsque le stage a été agréé par l'État ;

2° Au président du conseil régional, lorsque le stage a été agréé par une région.

Art. R. 6341-31. Les bénéficiaires de l'allocation aux adultes handicapés, définie à l'article L. 821-1 du code de la sécurité sociale, et de la prestation de compensation, définie à l'article L. 245-1 du code de l'action sociale et des familles, peuvent cumuler avec celles-ci les rémunérations perçues au titre d'un stage de formation professionnelle dans la limite des plafonds prévus par ces codes.

Art. R. 6341-32. Pour permettre le versement aux bénéficiaires de l'aide sociale des allocations qu'ils sont susceptibles de percevoir, le service chargé du paiement de ces rémunérations ou éventuellement (D. 2009-340 du 27 mars 2009, JO 29) « l'Agence de services et de paiement » notifie le montant de la rémunération versée à l'occasion d'un stage de formation professionnelle aux caisses d'allocations familiales, aux caisses de mutualité sociale agricole (D. 2010-344 du 31 mars 2010, art. 350, JO 1er avril) « aux directions départementales interministérielles chargées de la cohésion sociale ».

Sous-section 2 (réglementaire). **Obligations du directeur de l'établissement ou du centre de formation**

Art. R. 6341-33. Les rémunérations dues aux stagiaires sont liquidées sur demande établie par les intéressés le premier jour du stage. Le directeur de l'établissement ou du centre de formation certifie :

1° Les mentions portées sur la demande et relatives au stage ;

2° Que cette demande est comprise dans les limites de l'effectif agréé au titre du stage considéré par la décision prévue aux articles R. 6341-6 et R. 6341-7.

Art. R. 6341-34. Dès le début du stage, le directeur de l'établissement ou du centre de formation :

1° Lorsqu'il s'agit de stages agréés par l'État, et en ce qui concerne les stagiaires pour lesquels la gestion de la rémunération est confiée à (D. 2014-524 du 22 mai 2014, art. 16, JO 24) « Pôle emploi, adresse la demande à cet établissement » ;

2° Lorsqu'il s'agit de stages agréés par l'État, et en ce qui concerne les autres stagiaires, adresse la demande au service régional (D. 2009-340 du 27 mars 2009, JO 29) « de l'Agence de services et de paiement » dans le ressort duquel est implanté l'établissement ou le centre de formation ;

3° Lorsqu'il s'agit de stages agréés par la région, donne suite à la demande conformément aux instructions du président du conseil régional.

(D. 2016-1539 du 15 nov. 2016, art. 6, JO 17, entrée en vigueur au plus tard le 01.01.2017) « L'établissement mentionné à l'article L. 5315-1 du code du travail » assure les obligations prévues par l'article R. 6341-33 pour les stagiaires dont elle est chargée par convention de gérer la rémunération.

Art. R. 6341-35. Le directeur de l'établissement ou du centre de formation :

1° Fait connaître à l'institution ou au service chargé de la gestion des rémunérations tout changement survenu dans la situation des stagiaires susceptible de modifier le montant notifié par la décision mentionnée à l'article R. 6341-36 ;

2° Certifie les documents individuels mensuels de présence en ce qui concerne les stagiaires pour lesquels la gestion de la rémunération est confiée à (D. 2014-524 du 22 mai 2014, art. 16, JO 24) « Pôle emploi et notifie à cet établissement » les abandons et les renvois de stage ainsi que leurs motifs et les accidents du travail ;

3° Communique au service chargé de la rémunération en ce qui concerne les autres stagiaires les états mensuels de présence et notifie à ce service les abandons et les renvois de stage ainsi que leurs motifs et les accidents du travail.

Dans le cas des stages comportant un enseignement à distance, les documents individuels mensuels de présence et les états mensuels de présence mentionnés aux 2° et 3° précisent les durées définies au 3° de l'article R. 6341-6.

Sous-section 3 (réglementaire). **Paiement**

Art. R. 6341-36. Selon le cas, l'organisme auquel a été confiée la gestion, ou (D. 2009-340 du 27 mars 2009, JO 29) « l'Agence de services et de paiement », ou le président du conseil régional, fixe le montant de la rémunération à servir pendant la durée du stage et notifie sa décision au stagiaire.

Art. R. 6341-37. Lorsqu'il s'agit de stages agréés par l'État et que la gestion de la rémunération est assurée par (D. 2014-524 du 22 mai 2014, art. 16, JO 24) « Pôle emploi » ou par (D. 2016-1539 du 15 nov. 2016, art. 6, JO 17, entrée en vigueur au plus tard le 01.01.2017) « l'établissement mentionné à l'article L. 5315-1 du code du travail », le préfet, (D. 2014-524 du 22 mai 2014, art. 16, JO 24) « saisi par l'établissement ou l'association » :

1° Prononce les décisions de rejet relatives à la prise en charge ;

2° Prend les décisions relatives aux demandes qui lui sont soumises ;

3° Statue sur les cas dans lesquels la décision de (D. 2014-524 du 22 mai 2014, art. 16, JO 24) « l'établissement » ou de l'association a été contestée par le stagiaire.

Art. R. 6341-38. Pour l'application des dispositions de l'article R. 6341-37, le préfet compétent est :

1° Soit celui du département du siège de l'institution chargée de la gestion de la rémunération ;

2° Soit celui du département dans lequel est implanté le centre de (D. 2016-1539 du 15 nov. 2016, art. 6, JO 17, entrée en vigueur au plus tard le 01.01.2017) « l'établissement mentionné à l'article L. 5315-1 du code du travail » qui dispense le stage, en ce qui concerne les stagiaires qu'elle est chargée de rémunérer.

Art. R. 6341-39. Les rémunérations des stagiaires, lorsqu'elles sont à la charge de l'État, sont payées, selon le cas, par l'organisme auquel a été confiée la gestion ou par (D. 2009-340 du 27 mars 2009, JO 29) « l'Agence de services et de paiement ».

Art. R. 6341-40. Les rémunérations dues aux stagiaires à plein temps sont payées mensuellement et à terme échu.

Dès la fin du premier mois de stage ouvrant droit à rémunération à la charge de l'État, ces stagiaires perçoivent au moins un acompte dont le montant est fixé par décret.

Art. R. 6341-41. Lorsque la rémunération des stagiaires est déterminée par décret en application des articles L. 6341-7 et L. 6341-8, le paiement de l'acompte peut être opéré, par l'organisme ou l'établissement mentionnés à l'article R. 6341-39, avant notification au stagiaire de la décision prévue à l'article R. 6341-36.

Art. R. 6341-42. La liquidation et le paiement des sommes dues aux stagiaires à l'issue d'un stage à titre de solde des rémunérations et, le cas échéant, des indemnités compensatrices de congés payés, sont réalisés dans les mêmes conditions que la liquidation et le paiement des rémunérations.

Art. R. 6341-43. Par dérogation aux dispositions des articles R. 6341-39 à R. 6341-42, le paiement des rémunérations à la charge de l'État peut être réalisé par les établissements ou centres de formation lorsque ceux-ci sont soumis au contrôle administratif et financier de l'État.

Des conventions conclues entre ces organismes, le ministre de l'économie et des finances et le ministre intéressé fixent les modalités d'application du présent article.

Art. R. 6341-44. La fraction de la rémunération à rembourser à l'employeur qui maintient le salaire des salariés qui suivent des stages agréés ainsi que les cotisations de sécurité sociale relatives à cette fraction sont liquidées, en application du 1° de l'article L. 6341-2, sur demande de l'employeur, selon le cas par:

1° Le préfet du département du lieu du stage;

2° Le président du conseil régional;

3° Le directeur de (D. 2009-340 du 27 mars 2009, JO 29) «l'Agence de services et de paiement», lorsqu'il s'agit de stages relevant du ministre de l'agriculture ou faisant l'objet d'une convention conclue au nom de l'État par ce ministre.

Art. R. 6341-45. Les rémunérations versées aux stagiaires et les rémunérations remboursées aux employeurs ainsi que, le cas échéant, les sommes payées au titre des cotisations de sécurité sociale afférentes à ces rémunérations, font l'objet de retenues proportionnelles à la durée des absences non justifiées aux séances de formation.

Art. R. 6341-46. Les manquements non justifiés à l'obligation d'assiduité déterminée dans les conditions prévues au 2° de l'article R. 6341-13 et les absences non justifiées aux séquences de formation en centre, dans le cas des formations ouvertes, font l'objet des retenues proportionnelles prévues à l'article R. 6341-45.

Les absences non justifiées aux séquences d'évaluation pédagogique en centre donnent lieu au reversement de la rémunération perçue depuis la dernière séquence, ou à retenue de la rémunération due depuis celle-ci.

Art. R. 6341-47. Lorsque le stagiaire abandonne sans motif légitime le stage ou fait l'objet d'un renvoi pour faute lourde, les rémunérations perçues par les stagiaires et les rémunérations qui ont été remboursées aux employeurs ainsi que, le cas échéant, les sommes versées au titre des cotisations de sécurité sociale afférentes à ces rémunérations sont reversées en totalité à l'État ou, selon le cas, à la région.

Art. R. 6341-48. Le recouvrement des sommes indûment versées est opéré, suivant le cas, soit par le préfet lorsque le reversement n'a pu être obtenu par l'organisme auquel a été confiée la gestion de la rémunération, soit par (D. 2009-340 du 27 mars 2009, JO 29) «l'Agence de services et de paiement», soit par le président du conseil régional.

À titre exceptionnel, une remise partielle ou totale de dette peut être accordée, suivant le cas, par le préfet, par (D. 2009-340 du 27 mars 2009, JO 29) «l'Agence de services et de paiement» ou par le président du conseil régional.

Pour l'application de ces dispositions, le préfet compétent est celui mentionné à l'article R. 6341-38.

SECTION 3. Remboursement des frais de transport

Art. L. 6341-9. Les frais de transport supportés par les stagiaires qui reçoivent une rémunération de l'État ou des régions pour les déplacements de toute nature nécessités par les stages donnent lieu à un remboursement total ou partiel par l'État ou la région.

Art. R. 6341-49. Les stagiaires dont la rémunération est prise en charge par l'État ou par la région ont droit (D. 2015-466 du 23 avril 2015, JO 26) «à la prise en charge» des frais de transport exposés à l'occasion des déplacements réalisés en fonction des nécessités des stages (D. 2015-466 du 23 avril 2015, JO 26) «dans les conditions précisées à la présente section».

Le remboursement couvre notamment, dans le cas des stages comportant un enseignement à distance, les frais de transport exposés au début et à la fin de chaque période en centre et de chaque séance d'évaluation pédagogique.

Art. R. 6341-50. À condition que la distance à parcourir à partir de leur domicile soit supérieure à 25 kilomètres, les stagiaires dont la rémunération est prise en charge par l'État ou par la région ont droit au remboursement de la totalité des frais de transport exposés au début et à la fin du stage pour rejoindre l'établissement ou le centre de formation et en revenir.

Art. R. 6341-51. Les stagiaires ont droit au remboursement des trois quarts des frais de transport exposés pour se rendre (D. 2015-466 du 23 avril 2015, JO 26) «à leur domicile habituel», à condition que la distance à parcourir soit supérieure à 25 kilomètres, à raison:

1° Pour les stagiaires âgés de moins de dix-huit ans, d'un voyage mensuel;

2° Pour les autres stagiaires, lorsqu'ils sont célibataires, d'un voyage si la durée du stage est supérieure à huit mois ;

3° Pour les autres stagiaires, lorsqu'ils sont mariés ou chargés de famille, d'un voyage si la durée du stage est comprise entre trois et huit mois et de deux voyages si cette durée est supérieure à huit mois.

Art. R. 6341-52. Les frais de transport exposés par les stagiaires participant à des sessions de regroupement ouvrant droit à rémunération dans le cadre de stages d'enseignement à distance sont remboursés dans les mêmes conditions que les frais correspondants aux déplacements mentionnés au premier alinéa de l'article R. 6341-49.

Art. R. 6341-53. Le remboursement des frais de transport est opéré dans les conditions prévues aux articles R. 6341-35 à R. 6341-43.

SECTION 4. Prêts au stagiaire

Art. L. 6341-10. Sous certaines conditions définies par décret en Conseil d'État, le stagiaire peut bénéficier d'un prêt accordé par l'État ou par les organismes agréés bénéficiant du concours de l'État.

Ce prêt peut se cumuler avec les indemnités éventuellement perçues en vertu des dispositions du présent titre.

SECTION 5. Règlement des litiges

Art. L. 6341-11. Tous les litiges auxquels peuvent donner lieu la liquidation, le versement et le remboursement des rémunérations et indemnités prévues au présent chapitre relèvent de la compétence du juge judiciaire.

SECTION 6. Dispositions d'application

Art. L. 6341-12. Un décret en Conseil d'État détermine les conditions d'application du présent chapitre.

Chapitre II
Protection sociale du stagiaire

SECTION 1. Affiliation à un régime de sécurité sociale

Art. L. 6342-1. Toute personne qui suit un stage de formation professionnelle continue en vertu du présent livre est obligatoirement affiliée à un régime de sécurité sociale.

Le stagiaire qui, avant son stage, relevait, à quelque titre que ce soit, d'un régime de sécurité sociale, reste affilié à ce régime pendant la durée de son stage.

Celui qui ne relevait d'aucun régime est affilié au régime général de sécurité sociale.

Toutefois, des exceptions peuvent, par décret, être apportées à la règle posée par les deuxième et troisième alinéas lorsque le stage de formation suivi prépare exclusivement et directement à une profession relevant d'un régime de sécurité sociale plus favorable que le régime général.

SECTION 2. Prise en charge des cotisations par l'État ou la région

Art. L. 6342-2. Lorsque le stagiaire de la formation professionnelle relevant d'un régime de sécurité sociale de salariés est rémunéré par son employeur, l'État participe aux cotisations de sécurité sociale incombant à l'employeur dans la même proportion qu'aux rémunérations.

Art. L. 6342-3. Les cotisations de sécurité sociale d'un stagiaire qui est rémunéré par l'État (L. 2020-935 du 30 juil. 2020, art. 75, JO 31) «, l'opérateur de compétences» ou par la région pendant la durée du stage ou qui ne bénéficie d'aucune rémunération sont intégralement prises en charge au même titre que le financement de l'action de formation, selon le cas, par l'État (L. 2020-935 du 30 juil. 2020, art. 75, JO 31) «, l'opérateur de compétences» ou la région.

(L. 2014-288 du 5 mars 2014, art. 21, V, 5° et 27, II, JO 6, entrée en vigueur le 01.01.2015) «Pour les formations financées par le fonds de développement pour l'insertion professionnelle des handicapés mentionné à l'article L. 5214-1 ou cofinancées avec le fonds d'insertion des personnes handicapées dans la fonction publique mentionné à l'article L. 5214-1 A, les cotisations de sécurité sociale d'un stagiaire, qu'il soit rémunéré ou non par le ou les fonds, sont prises en charge par ce ou ces fonds.»

Ces cotisations sont calculées sur la base de taux forfaitaires fixés par voie réglementaire et révisés annuellement compte tenu de l'évolution du plafond retenu pour le calcul des cotisations du régime général de sécurité sociale.

SECTION 3. Droits aux prestations

Art. L. 6342-4. Les droits aux prestations de sécurité sociale d'un salarié qui a bénéficié d'un congé non rémunéré au titre de la formation professionnelle continue sont garantis dans des conditions identiques à celles qui leur étaient appliquées antérieurement à ce congé.

Art. L. 6342-5. Les dispositions applicables en matière d'accidents du travail et de maladies professionnelles aux personnes mentionnées au 2° de l'article L. 412-8 du code de la sécurité sociale sont applicables à l'ensemble des stagiaires de la formation professionnelle continue, réserve faite des fonctionnaires de l'État et des collectivités territoriales qui restent régis par les dispositions qui leur sont propres.

SECTION 4. Règlement des litiges

Art. L. 6342-6. Tous les litiges auxquels peuvent donner lieu le versement et la prise en charge des cotisations de sécurité sociale en application du présent chapitre relèvent de la compétence du juge judiciaire.

SECTION 5. Dispositions d'application

Art. L. 6342-7. Un décret en Conseil d'État détermine les mesures d'application du présent chapitre autres que celles qui portent fixation des taux forfaitaires prévus à l'article L. 6342-3.

Art. R. 6342-1. Sous réserve de l'application des dispositions du présent titre, les obligations qui incombent à l'employeur en application des législations de sécurité sociale sont assumées par la personne, le service ou l'organisme qui assure le versement de la rémunération due au stagiaire.

Art. R. 6342-2. L'organisme qui assure le versement de la rémunération des stagiaires est dispensé du versement des cotisations dues au titre des assurances sociales et des prestations familiales en ce qui concerne:

1° Les travailleurs reconnus handicapés au sens de l'article L. 5213-1 et dont les périodes de stages sont prises en compte sans cotisation pour l'ouverture des droits aux assurances sociales et aux prestations familiales;

2° Les travailleurs privés d'emploi dont la rémunération est assurée par (D. 2014-524 du 22 mai 2014, art. 16, JO 24) «Pôle emploi» (D. 2008-1010 du 29 sept. 2008, art. 7, JO 30) «pour le compte de l'organisme mentionné à l'article L. 5427-1», en application des dispositions du second alinéa de l'article L. 6341-1, et qui bénéficient des dispositions du 2° de l'article L. 351-3 du code de la sécurité sociale.

Art. R. 6342-3. En matière d'accidents du travail et de maladies professionnelles, les obligations autres que celles qui concernent le paiement des cotisations incombent à la personne ou à l'organisme responsable de la gestion du centre où le stage est accompli.

Chapitre III

Conditions de travail du stagiaire

Art. L. 6343-1. Pendant la durée de sa présence en entreprise au titre de l'une des actions de formation mentionnées à l'article L. 6313-1, le stagiaire non titulaire d'un contrat de travail bénéficie des dispositions du présent code et, le cas échéant, du code rural (Ord. 2010-462 du 6 mai 2010, JO 7) «et de la pêche maritime» relatives:

1° À la durée du travail, à l'exception de celles relatives aux heures supplémentaires.

2° Au repos hebdomadaire;

3° À la santé et à la sécurité.

Art. L. 6343-2. La durée du travail applicable au stagiaire non titulaire d'un contrat de travail ne peut excéder la durée légale hebdomadaire et la durée quotidienne du travail respectivement fixées par les articles (L. 2016-1088 du 8 août 2016, art. 8, XI, 19°, JO 9) « L. 3121-27 et L. 3121-18». La durée maximale hebdomadaire ci-dessus fixée s'entend de toute heure de travail effectif ou de présence sur les lieux de travail.

Art. L. 6343-3. Le stagiaire non titulaire d'un contrat de travail ne peut accomplir d'heures supplémentaires.

Art. L. 6343-4. Le stagiaire non titulaire d'un contrat de travail bénéficie du repos dominical.

TITRE V
ORGANISMES DE FORMATION

Chapitre Ier

Déclaration d'activité

SECTION 1. Principes généraux

Note Cette section a été introduite par la loi 2009-1437 du 24 novembre 2009, art. 49, JO 25.

Art. L. 6351-1 A. L'employeur est libre de choisir l'organisme de formation, enregistré conformément aux dispositions de la section 2 ou en cours d'enregistrement, auquel il confie la formation de ses salariés.

SECTION 2. Régime juridique de la déclaration d'activité

Art. L. 6351-1. Toute personne qui réalise (L. 2018-771 du 5 sept. 2018, art. 24, VII, 2°, JO 6) «des actions prévues à» l'article L. 6313-1 dépose auprès de l'autorité administrative une déclaration d'activité, dès la conclusion de la première convention de formation professionnelle ou du premier contrat de formation professionnelle, conclus respectivement en application des articles (L. 2018-771 du 5 sept. 2018, art. 24, VII, 2°, JO 6) « L. 6353-1» et L. 6353-3.

(L. 2009-1437 du 24 nov. 2009, art. 49, JO 25) «L'autorité administrative procède à l'enregistrement de la déclaration sauf dans les cas prévus par l'article L. 6351-3.»

Art. L. 6351-2. La déclaration d'activité comprend les informations administratives d'identification du déclarant, ainsi que les éléments descriptifs de son activité.

Art. L. 6351-3. (L. 2009-1437 du 24 nov. 2009, art. 49, JO 25) L'enregistrement de la déclaration d'activité peut être refusé de manière motivée, avec indication des modalités de recours, par décision de l'autorité administrative dans les cas suivants:

1° Les prestations prévues à la première convention de formation professionnelle ou au premier contrat de formation professionnelle ne correspondent pas aux actions mentionnées à l'article L. 6313-1;

2° Les dispositions du chapitre III du présent titre relatives à la réalisation des actions de formation ne sont pas respectées;

(L. 2018-771 du 5 sept. 2018, art. 24, VII, 3°, JO 6) «3° Les statuts de l'organisme ne mentionnent pas expressément dans leur objet l'activité de formation en apprentissage, conformément à l'article L. 6231-5;

4°» L'une des pièces justificatives n'est pas produite.

Art. L. 6351-4. (L. 2009-1437 du 24 nov. 2009, art. 49, JO 25) L'enregistrement de la déclaration d'activité est annulé par décision de l'autorité administrative lorsqu'il est constaté, au terme d'un contrôle réalisé en application du 1° de l'article L. 6361-2 :

1° Soit que les prestations réalisées ne correspondent pas aux actions mentionnées à l'article L. 6313-1 ;

2° Soit que l'une des dispositions du chapitre III du présent titre relatives à la réalisation des actions de formation n'est pas respectée ;

3° Soit que, après mise en demeure de se mettre en conformité avec les textes applicables dans un délai fixé par décret, l'une des dispositions du chapitre II du présent titre relatives au fonctionnement des organismes de formation (L. 2018-771 du 5 sept. 2018, art. 24, VII, 4°, JO 6) « ou l'une des dispositions du titre III du livre II de la présente partie relatives aux dispositions spécifiques applicables aux organismes de formation d'apprentis » n'est pas respectée.

Avant toute décision d'annulation, l'intéressé est invité à faire part de ses observations.

Art. L. 6351-5. (L. 2009-1437 du 24 nov. 2009, art. 49, JO 25) « Une déclaration rectificative est souscrite en cas de modification d'un ou des éléments de la déclaration initiale. »

La cessation d'activité fait l'objet d'une déclaration.

Art. L. 6351-6. (L. 2009-1437 du 24 nov. 2009, art. 49, JO 25) La déclaration d'activité devient caduque lorsque le bilan pédagogique et financier prévu à l'article L. 6352-11 ne fait apparaître aucune activité de formation, ou lorsque ce bilan n'a pas été adressé à l'autorité administrative.

Art. L. 6351-7. Le conseil régional a communication des éléments de la déclaration d'activité et de ses éventuelles modifications.

Il a communication du bilan pédagogique et financier de l'activité, du bilan, du compte de résultat et de l'annexe du dernier exercice clos par les organismes dont les actions de formation au sens de l'article L. 6313-1 bénéficient de son concours financier.

Art. L. 6351-7-1. (L. 2009-1437 du 24 nov. 2009, art. 49, JO 25) La liste des organismes déclarés dans les conditions fixées au présent chapitre et à jour de leur obligation de transmettre le bilan pédagogique et financier mentionné à l'article L. 6352-11 est rendue publique et comporte les renseignements relatifs à la raison sociale de l'organisme, à ses effectifs, à la description des actions de formation dispensées et au nombre de salariés et de personnes formées.

Art. L. 6351-8. Un décret en Conseil d'État détermine les modalités d'application du présent chapitre.

SECTION 1 (RÉGLEMENTAIRE). Dépôt et enregistrement de la déclaration

Art. R. 6351-1. (D. 2010-530 du 20 mai 2010, JO 22) La déclaration d'activité prévue à l'article L. 6351-2 est adressée par le prestataire de formation au préfet de région compétent. Elle est complétée des pièces justificatives mentionnées à l'article R. 6351-5.

Cette déclaration est effectuée au plus tard dans les trois mois qui suivent la conclusion par le prestataire de formation de la première convention ou du premier contrat de formation professionnelle.

Art. R. 6351-2. (D. 2010-530 du 20 mai 2010, JO 22) L'organisme prestataire se déclare auprès du préfet de région compétent à raison soit du lieu de son principal établissement, soit du lieu où est assurée sa direction effective, soit du lieu de son siège social.

Art. R. 6351-3. Les organismes de formation qui exercent leur activité sur le territoire français, mais dont le siège social se trouve hors de ce territoire, désignent un représentant domicilié en France habilité à répondre en leur nom aux obligations résultant de la présente partie (D. 2019-1143 du 7 nov. 2019, art. 3, JO 8) « et immatriculé ou ayant déclaré son activité auprès d'un centre de formalités des entreprises ». (D. 2010-530 du 20 mai 2010, JO 22) « Dans ce cas, l'organisme se déclare auprès du préfet de région compétent à raison du lieu du domicile de ce représentant. »

Cette obligation ne concerne pas les organismes de formation dont le siège social est situé dans un autre État membre de la Communauté européenne ou de l'Espace économique européen et qui interviennent de manière occasionnelle sur le territoire français.

Art. R. 6351-4. La déclaration d'activité indique la dénomination, l'adresse, l'objet de l'activité et le statut juridique du déclarant.

(D. 2010-530 du 20 mai 2010, JO 22) « Le cas échéant, l'organisme mentionne dans sa déclaration les autres activités exercées. »

Art. R. 6351-5. (D. 2010-530 du 20 mai 2010, JO 22) La déclaration d'activité est accompagnée des pièces justificatives suivantes :

1° Une copie du justificatif d'attribution du numéro SIREN ;

2° Le bulletin n° 3 du casier judiciaire du dirigeant pour les personnes morales ou celui du déclarant pour les personnes physiques ;

(D. 2019-1143 du 7 nov. 2019, art. 3, JO 8) « 3° Une copie de la première convention de formation professionnelle relative à une des actions concourant au développement des compétences prévues à l'article L. 6313-1, ou du premier contrat de formation professionnelle prévu à l'article L. 6353-3, ou, s'il y a lieu, d'un contrat d'apprentissage lorsque l'entreprise dispose d'un centre de formation d'apprentis d'entreprise mentionné au I de l'article L. 6241-2 ;

4° Pour les personnes morales de droit privé qui dispensent des actions de formation par apprentissage, à l'exception des centres de formation d'apprentis d'entreprise, une copie de leurs statuts » ;

5° (D. 2019-1143 du 7 nov. 2019, art. 3, JO 8) « Les informations relatives au contenu des actions, à leur organisation et aux moyens techniques et pédagogiques mobilisés lorsque ces informations ne figurent pas sur les pièces produites en application du 3° », ainsi que la liste des personnes qui interviennent dans la réalisation de l'action avec la mention de leurs titres et qualités, du lien entre ces titres et qualités et la prestation réalisée conformément à l'article L. 6352-1 et du lien contractuel qui les lie à l'organisme.

L'administration peut demander, pour l'appréciation de la conformité de la déclaration d'activité un justificatif relatif à la première prestation de formation réalisée, au public bénéficiaire ou à la nature de cette prestation.

Elle peut aussi demander, pour l'appréciation de la conformité de cette déclaration aux dispositions de l'article L. 6352-1, un justificatif relatif aux titres et qualités des personnes qui interviennent dans la réalisation de la prestation et à la relation entre ces titres et qualités et la prestation.

La demande de justificatifs complémentaires prévue aux deux alinéas précédents est adressée à l'organisme dans le délai de dix jours à compter de la réception des pièces mentionnées aux 1° à 5° du présent article. L'organisme dispose d'un délai de quinze jours à compter de la réception de la demande pour fournir les justificatifs.

Art. R. 6351-6. (D. 2010-530 du 20 mai 2010, JO 22) « Dans les trente jours qui suivent la réception de la déclaration complétée des pièces justificatives mentionnées à l'article R. 6351-5, le préfet de région délivre un récépissé comportant un numéro d'enregistrement à l'organisme qui satisfait aux conditions d'enregistrement de la déclaration d'activité.

Jusqu'à la délivrance de ce récépissé ou la notification de la décision de refus d'enregistrement, l'organisme est réputé déclaré. »

À l'exception de la première convention ou du premier contrat de formation professionnelle, le prestataire de formation fait figurer ce numéro d'enregistrement sur les conventions et, en l'absence de conventions, sur les bons de commandes (D. 2019-1143 du 7 nov. 2019, art. 3, JO 8) « , devis » ou factures, ou les contrats de formation professionnelle qu'il conclut, sous la forme suivante : « déclaration d'activité enregistrée sous le numéro auprès du préfet de région de... ».

Art. R. 6351-6-1. (D. 2010-530 du 20 mai 2010, JO 22) La décision de refus d'enregistrement est notifiée au prestataire de formation par le préfet de région dans les trente jours qui suivent la réception de la déclaration complétée des pièces justificatives.

Le silence gardé dans ce délai vaut enregistrement de la déclaration.

Art. R. 6351-7. Toute personne qui exerce, en droit ou en fait, une fonction de direction (D. 2019-1143 du 7 nov. 2019, art. 3, JO 8) « , d'enseignement aux apprentis » ou d'administration dans un organisme de formation au sens du présent titre présente, sur demande du préfet de région territorialement compétent, un bulletin n° 3 de son casier judiciaire de moins d'un mois.

Art. R. 6351-7-1. (D. 2019-1143 du 7 nov. 2019, art. 3, JO 8) Sur demande des inspections compétentes, les personnes morales de droit privé mentionnées au 4° de l'article R. 6351-5 leur transmettent leurs statuts.

SECTION 2 (RÉGLEMENTAIRE). Déclaration rectificative et annulation

Art. R. 6351-8. La modification de la déclaration ainsi que la cessation d'activité du prestataire de formation font l'objet, dans un délai de trente jours, d'une déclaration rectificative auprès du préfet de région destinataire de la déclaration d'activité.

Celui-ci en informe le président du conseil régional.

Art. R. 6351-8-1. (D. 2019-1143 du 7 nov. 2019, art. 3, JO 8) Lorsque l'organisme de formation titulaire d'un numéro d'enregistrement dispense pour la première fois une action de formation par apprentissage, il transmet une copie de ses statuts au préfet de région dans un délai de trente jours. Cette disposition s'applique aux personnes morales de droit privé mentionnées au 4° de l'article R. 6351-5.

Art. R. 6351-9. (D. 2010-530 du 20 mai 2010, JO 22) Pour l'appréciation des conditions d'annulation de l'enregistrement de la déclaration d'activité mentionnées aux 1° et 2° de l'article L. 6351-4, les prestations examinées sont celles qui correspondent aux recettes figurant dans le dernier bilan pédagogique et financier adressé par le prestataire au préfet de région en application des articles L. 6352-11 et R. 6352-22 à R. 6352-24 et aux recettes perçues entre la date de la fin de ce bilan et la date du contrôle.

Lorsque le prestataire vient de déclarer son activité et n'est donc pas tenu de dresser le bilan pédagogique et financier, l'examen porte sur les prestations réalisées jusqu'à la date du contrôle.

Art. R. 6351-10. (D. 2010-530 du 20 mai 2010, JO 22) L'annulation de l'enregistrement de la déclaration est prononcée par le préfet de région.

Art. R. 6351-11. (D. 2010-530 du 20 mai 2010, JO 22) L'intéressé qui entend contester la décision de refus ou d'annulation de l'enregistrement de la déclaration d'activité saisit d'une réclamation, préalablement à tout recours pour excès de pouvoir, l'autorité qui a pris la décision.

Art. D. 6351-12. (D. 2010-63 du 18 janv. 2010, JO 19) Le délai mentionné au 3° de l'article L. 6351-4 est fixé à trente jours.

Chapitre II
Fonctionnement

SECTION 1. Personnels

Art. L. 6352-1. La personne mentionnée à l'article L. 6351-1 doit justifier des titres et qualités des personnels d'enseignement et d'encadrement (L. 2009-1437 du 24 novembre 2009, art. 49, JO 25) «qui interviennent à quelque titre que ce soit dans les prestations de formation qu'elle réalise», et de la relation entre ces titres et qualités et les prestations réalisées dans le champ de la formation professionnelle.

Art. L. 6352-2. Nul ne peut, même de fait, exercer une fonction de direction (L. 2018-771 du 5 sept. 2018, art. 24, VII, 5°, JO 6) «, d'enseignement» (Ord. 2019-861 du 21 août 2019, art. 1er, 73°, JO 22) «aux apprentis» ou d'administration dans un organisme de formation s'il a fait l'objet d'une condamnation pénale pour des faits constituant des manquements à la probité, aux bonnes mœurs et à l'honneur.

SECTION 2. Règlement intérieur

Art. L. 6352-3. Tout organisme de formation établit un règlement intérieur applicable aux stagiaires (L. 2018-771 du 5 sept. 2018, art. 24, VII, 6°, JO 6) «et aux apprentis. Ce règlement constitue un document écrit qui détermine les principales mesures applicables en matière de santé, de sécurité dans l'établissement et de discipline ainsi que les modalités de représentation des stagiaires et apprentis.»

Art. L. 6352-5. Un décret en Conseil d'État détermine les mesures d'application de la présente section.

SECTION 3. Obligations comptables

Sous-section 1. Dispensateurs de droit privé

Art. L. 6352-6. Les dispensateurs de formation de droit privé établissent, chaque année, un bilan, un compte de résultat et une annexe dans des conditions déterminées par décret.

Art. L. 6352-7. Les organismes de formation à activités multiples suivent d'une façon distincte en comptabilité l'activité exercée au titre (L. 2018-771 du 5 sept. 2018, art. 24, VII, 8°, JO 6) «, d'une part,» de la formation professionnelle continue (L. 2018-771 du 5 sept. 2018, art. 24, VII, 8°, JO 6) «et, d'autre part, de l'apprentissage».

Art. L. 6352-8. Un décret en Conseil d'État pris conformément aux articles L. 221-9, L. 223-35 et L. 612-1 du code de commerce détermine des seuils particuliers aux dispensateurs de formation en ce qui concerne l'obligation de désigner un commissaire aux comptes.

Art. L. 6352-9. Le contrôle des comptes des dispensateurs de formation de droit privé constitués en groupement d'intérêt économique est exercé par un commissaire aux comptes, dans les conditions fixées par l'article L. 251-12 du code de commerce lorsque leur chiffre d'affaires annuel est supérieur à un montant déterminé par décret en Conseil d'État.

Sous-section 2. Dispensateurs de droit public

Art. L. 6352-10. Les dispensateurs de formation de droit public tiennent un compte séparé de leur activité en matière de formation professionnelle continue (L. 2018-771 du 5 sept. 2018, art. 24, VII, 9°, JO 6) «, d'une part, et d'apprentissage, d'autre part».

SECTION 4. Bilan pédagogique et financier

Art. L. 6352-11. Une personne qui réalise des actions entrant dans le champ de la formation professionnelle défini à l'article L. 6313-1 adresse chaque année à l'autorité administrative un document retraçant l'emploi des sommes reçues et dressant un bilan pédagogique et financier de leur activité.

(L. 2018-771 du 5 sept. 2018, art. 24, VII, 10°, JO 6) «Sur demande des inspections compétentes, le bilan, le compte de résultat et l'annexe du dernier exercice clos sont transmis par l'organisme de formation.»

Un décret en Conseil d'État détermine les conditions d'application du présent article.

SECTION 5. Publicité

Art. L. 6352-12. Lorsque la publicité réalisée par un organisme de formation fait mention de la déclaration d'activité, elle doit l'être sous la seule forme: «Enregistrée sous le numéro... Cet enregistrement ne vaut pas agrément de l'État.»

Art. L. 6352-13. La publicité (L. 2018-771 du 5 sept. 2018, art. 24, VII, 11°, JO 6) «réalisée par un organisme de formation» ne doit comporter aucune mention de nature à induire en erreur sur les conditions d'accès aux formations proposées, leurs contenus, leurs sanctions ou leurs modalités de financement.

SECTION 1 (RÉGLEMENTAIRE). Règlement intérieur

Art. R. 6352-1. Le règlement intérieur est établi dans tous les organismes de formation, y compris dans ceux qui accueillent les stagiaires (D. 2019-1143 du 7 nov. 2019, art. 4, JO 8) « et apprentis » dans des locaux mis à leur disposition.

Lorsque l'organisme comporte plusieurs établissements (D. 2019-1143 du 7 nov. 2019, art. 4, JO 8) « ou qu'il dispense l'activité de formation par apprentissage », le règlement intérieur peut faire l'objet des adaptations nécessaires, notamment en matière de santé et de sécurité au travail.

Lorsque la formation se déroule dans une entreprise ou un établissement déjà doté d'un règlement intérieur, les mesures de santé et de sécurité applicables aux stagiaires (D. 2019-1143 du 7 nov. 2019, art. 4, JO 8) « et apprentis » sont celles de ce dernier règlement.

Art. R. 6352-2. Le règlement intérieur est établi dans les trois mois suivant le début de l'activité de l'organisme de formation.

Il se conforme aux dispositions de la présente section.

SECTION 2 (RÉGLEMENTAIRE). Droit disciplinaire

Art. R. 6352-3. Constitue une sanction toute mesure, autre que les observations verbales, prise par le directeur de l'organisme de formation ou son représentant, à la suite d'un agissement du stagiaire (D. 2019-1143 du 7 nov. 2019, art. 4, JO 8) « ou de l'apprenti » considéré par lui comme fautif, que cette mesure soit de nature à affecter immédiatement ou non la présence de l'intéressé dans (D. 2019-1143 du 7 nov. 2019, art. 4, JO 8) « la formation » ou à mettre en cause la continuité de la formation qu'il reçoit.

Les amendes ou autres sanctions pécuniaires sont interdites.

Art. R. 6352-4. Aucune sanction ne peut être infligée au stagiaire (D. 2019-1143 du 7 nov. 2019, art. 4, JO 8) « ou à l'apprenti » sans que celui-ci ait été informé au préalable des griefs retenus contre lui.

Art. R. 6352-5. Lorsque le directeur de l'organisme de formation ou son représentant envisage de prendre une sanction qui a une incidence, immédiate ou non, sur la présence d'un stagiaire (D. 2019-1143 du 7 nov. 2019, art. 4, JO 8) « ou d'un apprenti » dans une formation, il est procédé comme suit :

1° Le directeur ou son représentant convoque le stagiaire (D. 2019-1143 du 7 nov. 2019, art. 4, JO 8) « ou l'apprenti » en lui indiquant l'objet de cette convocation. Celle-ci précise la date, l'heure et le lieu de l'entretien. Elle est écrite et est adressée par lettre recommandée ou remise à l'intéressé contre décharge ;

2° Au cours de l'entretien, le stagiaire (D. 2019-1143 du 7 nov. 2019, art. 4, JO 8) « ou l'apprenti » peut se faire assister par la personne de son choix, notamment le délégué de stage. La convocation mentionnée au 1° fait état de cette faculté ;

3° Le directeur ou son représentant indique le motif de la sanction envisagée et recueille les explications du stagiaire (D. 2019-1143 du 7 nov. 2019, art. 4, JO 8) « ou de l'apprenti.

L'employeur de l'apprenti est informé de cette procédure, de son objet et du motif de la sanction envisagée. »

Art. R. 6352-6. La sanction ne peut intervenir moins d'un jour franc ni plus de quinze jours après l'entretien.

Elle fait l'objet d'une décision écrite et motivée, notifiée au stagiaire (D. 2019-1143 du 7 nov. 2019, art. 4, JO 8) « ou à l'apprenti » par lettre recommandée ou remise contre récépissé.

Art. R. 6352-7. Lorsque l'agissement a rendu indispensable une mesure conservatoire d'exclusion temporaire à effet immédiat, aucune sanction définitive, relative à cet agissement, ne peut être prise sans que la procédure prévue à l'article R. 6352-4 et, éventuellement, aux articles R. 6352-5 et R. 6352-6, ait été observée.

Art. R. 6352-8. (D. 2019-1143 du 7 nov. 2019, art. 4, JO 8) Le directeur de l'organisme de formation informe l'employeur et l'organisme financeur de la sanction prise.

SECTION 3 (RÉGLEMENTAIRE). Représentation des stagiaires et des apprentis

Sous-section 1. Élection et scrutin

Art. R. 6352-9. (D. 2019-1143 du 7 nov. 2019, art. 4, JO 8) « Pour les actions de formation organisées en sessions d'une durée totale supérieure à cinq cents heures », il est procédé simultanément à l'élection d'un délégué titulaire et d'un délégué suppléant au scrutin uninominal à deux tours.

Tous les stagiaires (D. 2019-1143 du 7 nov. 2019, art. 4, JO 8) « ou apprentis » sont électeurs et éligibles.

Art. R. 6352-10. Le scrutin se déroule pendant les heures de la formation. Il a lieu au plus tôt vingt heures et au plus tard quarante heures après le début (D. 2019-1143 du 7 nov. 2019, art. 4, JO 8) « de la première session collective ».

Art. R. 6352-11. Le directeur de l'organisme de formation est responsable de l'organisation du scrutin. Il en assure le bon déroulement.

Art. R. 6352-12. Lorsque, à l'issue du scrutin, il est constaté que la représentation des stagiaires (D. 2019-1143 du 7 nov. 2019, art. 4, JO 8) « et apprentis » ne peut être assurée, le directeur dresse un procès-verbal de carence.

Sous-section 2. **Mandat et attribution**

Art. R. 6352-13. Les délégués sont élus pour la durée (D. 2019-1143 du 7 nov. 2019, art. 4, JO 8) « de la formation ». Leurs fonctions prennent fin lorsqu'ils cessent de participer (D. 2019-1143 du 7 nov. 2019, art. 4, JO 8) « à la formation ».

Lorsque le délégué titulaire et le délégué suppléant ont cessé leurs fonctions avant la fin (D. 2019-1143 du 7 nov. 2019, art. 4, JO 8) « de la formation », il est procédé à une nouvelle élection, dans les conditions prévues à la sous-section 1.

Art. R. 6352-14. Les délégués font toute suggestion pour améliorer le déroulement des (D. 2019-1143 du 7 nov. 2019, art. 4, JO 8) « formations » et les conditions de vie des stagiaires (D. 2019-1143 du 7 nov. 2019, art. 4, JO 8) « et des apprentis » dans l'organisme de formation.

Ils présentent les réclamations individuelles ou collectives relatives à ces matières, aux conditions de santé et de sécurité au travail et à l'application du règlement intérieur.

Art. R. 6352-15. Les dispositions de la présente section ne sont pas applicables aux détenus admis à participer à une action de formation professionnelle.

SECTION 4 (RÉGLEMENTAIRE). **Obligations comptables**

Art. D. 6352-16. Les dispensateurs de formation qui ont un statut de droit privé établissent des comptes annuels selon les principes et méthodes comptables définis au code de commerce.

Art. D. 6352-17. Le plan comptable applicable aux dispensateurs de formation est approuvé par arrêté conjoint du garde des sceaux, ministre de la justice, du ministre du budget et du ministre chargé de la formation professionnelle.

Cet arrêté est pris après avis (Ord. 2009-79 du 22 janv. 2009, JO 23) « de l'Autorité des normes comptables ».

Art. D. 6352-18. Les organismes qui interviennent dans le déroulement des actions destinées à la validation des acquis de l'expérience tiennent une comptabilité distincte pour cette activité lorsqu'ils exercent simultanément plusieurs autres activités.

Art. R. 6352-19. Sans préjudice des dispositions du (D. 2016-1026 du 26 juil. 2016, art. 92, JO 28) « I de l'article L. 822-1 » du code de commerce applicables aux sociétés anonymes, les dispensateurs de formation de droit privé désignent au moins un commissaire aux comptes et un suppléant lorsqu'ils dépassent, à la fin de l'année civile ou à la clôture de l'exercice, les chiffres fixés pour deux des trois critères suivants :

1° Trois pour le nombre des salariés ;

2° 153 000 € pour le montant hors taxe du chiffre d'affaires ou des ressources ;

3° 230 000 € pour le total du bilan.

Art. R. 6352-20. Les dispensateurs de formation de droit privé ne sont pas tenus à l'obligation de désigner un commissaire aux comptes lorsqu'ils ne dépassent pas les chiffres fixés pour deux des trois critères définis à l'article R. 6352-19 pendant deux exercices successifs.

Art. R. 6352-21. Le montant du chiffre annuel mentionné à l'article L. 6352-9 est fixé à 152 449,02 € hors taxes.

SECTION 5 (RÉGLEMENTAIRE). **Bilan pédagogique et financier**

Art. R. 6352-22. Le bilan pédagogique et financier prévu à l'article L. 6352-11 indique :

1° Les activités de formation conduites au cours de l'exercice comptable ;

2° Le nombre de stagiaires (D. 2019-1143 du 7 nov. 2019, art. 4, JO 8) « et apprentis » accueillis ;

(D. 2019-1143 du 7 nov. 2019, art. 4, JO 8) « 3° Le nombre d'heures de formation suivies par les stagiaires et les apprentis, ainsi que le nombre d'heures de formation dispensées, en fonction de la nature, du niveau, des domaines et de la durée des formations ; »

4° La répartition des fonds reçus selon leur nature et le montant des factures émises par le prestataire ;

5° Les données comptables relatives aux prestations de formation professionnelle.

Art. R. 6352-23. Le prestataire de formation déclaré adresse au préfet de région son bilan pédagogique et financier avant le 30 avril de chaque année.

Art. R. 6352-24. Sur la demande du préfet de région compétent, le prestataire produit la liste des prestations de formation réalisées ou à accomplir.

SECTION 6 (RÉGLEMENTAIRE). Centres de formation professionnelle

Sous-section 1. Objet, organisation et fonctionnement

Art. D. 6352-25. Les centres de formation professionnelle ont pour objet :

1° Soit de délivrer aux travailleurs une formation professionnelle accélérée leur permettant d'exercer un métier, de s'adapter à un nouveau métier ou d'acquérir une qualification professionnelle d'un niveau supérieur ;

2° Soit de former les moniteurs aptes à assurer cette formation.

Art. D. 6352-26. Les centres de formation professionnelle peuvent être créés sous forme :

1° Soit de centres d'entreprises par une entreprise dans ses propres établissements ;

2° Soit de centres collectifs par des organisations professionnelles d'employeurs ou de salariés, par des collectivités publiques ou par des associations ayant pour objet la rééducation professionnelle.

Art. R. 6352-27. Les centres de formation professionnelle sont soumis à la déclaration d'activité prévue à l'article L. 6351-1.

Art. D. 6352-28. La gestion des centres d'entreprises est soumise au contrôle du (D. 2017-1819 du 29 déc. 2017, art. 3, 4°, JO 30, entrée en vigueur le 01.01.2018) « comité social et économique ».

La gestion des centres collectifs est soumise au contrôle d'une commission composée de trois représentants des employeurs et de trois représentants des salariés.

Art. D. 6352-29. Les centres d'entreprises sont installés dans des locaux séparés des locaux de travail, suivant les modalités permettant de s'assurer que tout en participant, le cas échéant, à l'activité, les salariés sont formés ou perfectionnés progressivement.

Art. D. 6352-30. La comptabilité du centre de formation professionnelle et les comptes bancaires qu'il se fait ouvrir sont distincts de ceux de l'organisme créateur.

La comptabilité est tenue suivant les règles fixées par un arrêté conjoint des ministres chargés de la formation professionnelle et des finances.

Art. D. 6352-31. En cas de cessation d'activité d'un centre de formation professionnelle, le ministre chargé de la formation professionnelle fixe les conditions dans lesquelles il est procédé à la liquidation du centre ou à sa prise en charge par un autre groupement.

Sous-section 2. Stagiaires

Art. D. 6352-32. Les stagiaires des centres d'entreprises sont recrutés soit parmi le personnel de l'entreprise, soit parmi les candidats présentés par le service public de l'emploi.

Les stagiaires des centres collectifs sont recrutés parmi les candidats présentés par le service public de l'emploi.

Art. D. 6352-33. L'entrée en stage est subordonnée à un examen médical et psychotechnique organisé ou contrôlé par le service public de l'emploi.

Art. D. 6352-34. La rémunération versée par le centre de formation professionnelle au demandeur d'emploi se substitue à l'allocation qui lui est versée à ce titre.

Ce stagiaire est tenu de suivre le cours de formation jusqu'à son expiration.

Le stagiaire qui abandonne le stage pour des motifs non reconnus valables est exclu du bénéfice des allocations de chômage pendant une durée d'un an, à compter du jour de son départ.

Sous-section 3. Subventions

Art. R. 6352-35. Les centres de formation professionnelle peuvent bénéficier des financements de la région ou de l'État dans les conditions prévues respectivement aux articles L. 6121-1 et L. 6122-1.

Art. D. 6352-36. Les dépenses ouvrant droit à subvention sont :

1° Pour les centres d'entreprise, les salaires des moniteurs et les charges sociales correspondantes ;

2° Pour les centres collectifs :

a) Les salaires du personnel administratif, technique et de service nécessaire au fonctionnement du centre, ainsi que les charges sociales correspondantes ;

b) Les frais de location et d'aménagement du mobilier ainsi que d'entretien des locaux et ateliers nécessaires au fonctionnement du centre ;

c) Les frais de bureau, affranchissement, téléphone, frais divers ;

d) Les frais d'achat de machines-outils, d'outillage et de moteurs ;

e) Les frais de location ou d'amortissement du matériel ;

f) Les frais d'assurances comprenant les assurances accidents du personnel et des élèves, les assurances de vol et incendie du matériel et des locaux, les assurances recours contre le tiers ;

g) Les frais d'achat de matières premières et de petit outillage ;

h) Les frais d'éclairage, frais de chauffage, frais d'eau des locaux ainsi que les frais de combustible et de force motrice ;

i) Les frais d'inspection médicale et de service social ;

j) Les frais d'aménagement et d'entretien des locaux mis à la disposition des stagiaires.

Art. D. 6352-37. Les subventions portent sur les dépenses opérées au cours de chaque trimestre civil, compte tenu des recettes, notamment des heures passées à la production, vente des vieilles matières et des produits fabriqués par les stagiaires.

Art. D. 6352-38. Les subventions ne peuvent s'appliquer qu'aux dépenses ayant fait l'objet de prévisions fournies par le centre et acceptées par le ministre chargé de la formation professionnelle.

À cet effet, le centre présente au début de chaque trimestre civil des prévisions de recettes et de dépenses portant sur le trimestre qui suit. Ces prévisions sont fournies en même temps que la demande de subventions.

Exceptionnellement, les subventions peuvent porter, si elles s'avèrent indispensables à l'exécution des programmes de rééducation établis par les centres.

Art. D. 6352-39. La demande de subvention est présentée dans un délai de dix jours à compter de l'expiration de chaque trimestre civil au (D. 2009-1377 du 10 nov. 2009, JO 13 ; D. 2010-687 du 24 juin 2010, JO 25 ; voir D. 2010-1582 du 17 déc. 2010, JO 18, pour outre-mer) « directeur régional des entreprises, de la concurrence, de la consommation, du travail et de l'emploi ».

Elle est accompagnée d'un relevé de la situation financière du centre de formation professionnelle faisant ressortir les recettes et les dépenses effectuées au cours du trimestre considéré.

Art. D. 6352-40. Des avances à valoir sur subventions peuvent être allouées au centre.

Lors du démarrage, ces avances peuvent être égales aux dépenses de fonctionnement prévues pour les deux premiers trimestres civils qui suivent la date d'ouverture du centre sur la base des prévisions fournies à l'appui de la demande d'agrément.

Par la suite, elles peuvent être égales aux dépenses de fonctionnement prévues pour le trimestre auquel s'appliquent les prévisions fournies dans les conditions fixées au deuxième alinéa de l'article D. 6352-38.

Chapitre III

Réalisation des actions de formation

SECTION 1. Convention de formation entre l'acheteur de formation et l'organisme de formation

Art. L. 6353-1. (L. 2018-771 du 5 sept. 2018, art. 24, VII, 12°, JO 6) Pour la réalisation des actions mentionnées à l'article L. 6313-1, une convention est conclue entre l'acheteur et l'organisme qui les dispense, selon des modalités déterminées par décret.

Art. D. 6353-1. (D. 2018-1341 du 28 déc. 2018, JO 30, entrée en vigueur le 01.01.2019) I. – Lorsque les actions concourant au développement des compétences prévues à l'article L. 6313-1 sont financées par un organisme mentionné à l'article L. 6316-1 ou par un organisme habilité à percevoir la contribution de financement mentionnée aux articles L. 6331-48 et L. 6331-54, la convention prévue à l'article L. 6353-1 comporte :

1° L'intitulé, l'objectif et le contenu de l'action, les moyens prévus, la durée et la période de réalisation, ainsi que les modalités de déroulement, de suivi et de sanction de l'action ;

2° Le prix de l'action et les modalités de règlement.

II. – Pour les actions mentionnées au 1° de l'article L. 6313-1 qui sont financées par un organisme mentionné à l'article L. 6316-1 ou par un organisme habilité à percevoir la contribution de financement mentionnée aux articles L. 6331-48 et L. 6331-54, les bons de commandes ou les devis approuvés peuvent tenir lieu de la convention prévue au I s'ils satisfont à ses prescriptions, ou si une de leurs annexes y satisfait.

III. – Lorsque les actions concourant au développement des compétences prévues à l'article L. 6313-1 sont financées par la Caisse des dépôts et consignations et mises en œuvre dans le cadre du compte personnel de formation, les conditions générales d'utilisation du service dématérialisé mentionnées à l'article L. 6323-9 tiennent lieu de la convention prévue au I pour le prestataire et le titulaire du compte.

SECTION 2. Contrat de formation entre une personne physique et un organisme de formation

Art. L. 6353-3. Lorsqu'une personne physique entreprend une formation, à titre individuel et à ses frais, un contrat est conclu entre elle et le dispensateur de formation.

(L. 2009-1437 du 24 nov. 2009, art. 51, JO 25) « Ce contrat est conclu avant l'inscription définitive du stagiaire et tout règlement de frais. »

Art. L. 6353-4. Le contrat conclu entre la personne physique qui entreprend une formation et le dispensateur de formation précise, à peine de nullité :

1° La nature, la durée, le programme et l'objet des actions de formation qu'il prévoit ainsi que les effectifs qu'elles concernent ;

2° Le niveau de connaissances préalables requis pour suivre la formation et obtenir les qualifications auxquelles elle prépare ;

3° Les conditions dans lesquelles la formation est donnée aux stagiaires, notamment les modalités de formation dans le cas des formations réalisées en tout ou en partie à distance, les moyens pédagogiques et techniques mis en œuvre ainsi que les modalités de contrôle des connaissances et la nature de la sanction éventuelle de la formation ;

4° Les diplômes, titres ou références des personnes chargées de la formation prévue par le contrat ;

5° Les modalités de paiement ainsi que les conditions financières prévues en cas de cessation anticipée de la formation ou d'abandon en cours de stage.

Art. L. 6353-5. Dans le délai de dix jours à compter de la signature du contrat, le stagiaire peut se rétracter par lettre recommandée avec avis de réception.

Art. L. 6353-6. Aucune somme ne peut être exigée du stagiaire avant l'expiration du délai de rétractation prévu à l'article L. 6353-5.

Il ne peut être payé à l'expiration de ce délai une somme supérieure à 30 % du prix convenu.

Le solde donne lieu à échelonnement des paiements au fur et à mesure du déroulement de l'action de formation.

Art. L. 6353-7. Si, par suite de force majeure dûment reconnue, le stagiaire est empêché de suivre la formation, il peut rompre le contrat. Dans ce cas, seules les prestations effectivement dispensées sont rémunérées à due proportion de leur valeur prévue au contrat.

SECTION 3. Obligations vis-à-vis du stagiaire et de l'apprenti

Art. L. 6353-8. (L. 2009-1437 du 24 nov. 2009, art. 51, JO 25) (L. 2018-771 du 5 sept. 2018, art. 24, VII, 15°, JO 6) « Les objectifs et le contenu de la formation, la liste des formateurs et des enseignants, les horaires, les modalités d'évaluation, les coordonnées de la personne chargée des relations avec les stagiaires ou les apprentis par l'entité commanditaire de la formation et le règlement intérieur applicable à la formation sont mis à disposition du stagiaire et de l'apprenti avant leur inscription définitive.»

Dans le cas des contrats conclus en application de l'article L. 6353-3, les informations mentionnées au premier alinéa du présent article ainsi que les tarifs, les modalités de règlement et les conditions financières prévues en cas de cessation anticipée de la formation ou d'abandon en cours de stage sont remis au stagiaire potentiel avant son inscription définitive et tout règlement de frais.

Art. L. 6353-9. Les informations demandées, sous quelque forme que ce soit, par un organisme de formation au candidat (L. 2018-771 du 5 sept. 2018, art. 24, VII, 16°, JO 6) «à une action telle que définie à l'article L. 6313-1, à un stagiaire ou à un apprenti» ne peuvent avoir comme finalité que d'apprécier son aptitude à suivre l'action de formation, qu'elle soit sollicitée, proposée ou poursuivie.

Ces informations doivent présenter un lien direct et nécessaire avec l'action de formation (L. 2018-771 du 5 sept. 2018, art. 24, VII, 16°, JO 6) «et il doit y être répondu de bonne foi».

SECTION 4. Obligations vis-à-vis des organismes financeurs

Note Cette section est issue de la loi 2016-1088 du 8 août 2016, art. 81, I, 3°, JO 9.

Art. L. 6353-10. Les organismes de formation informent les organismes qui financent la formation, dans des conditions définies par décret, du début, des interruptions et de l'achèvement de la formation, pour chacun de leurs stagiaires (L. 2018-771 du 5 sept. 2018, art. 24, VII, 17°, JO 6, entrée en vigueur le 01.01.2021) «et apprentis», et leur communiquent les données relatives à l'emploi et au parcours de formation professionnelle dont ils disposent sur ces stagiaires (L. 2018-771 du 5 sept. 2018, art. 24, VII, 17°, JO 6, entrée en vigueur le 01.01.2021) «et apprentis».

Les organismes financeurs, l'organisme gestionnaire du système d'information du compte personnel de formation mentionné (L. 2018-771 du 5 sept. 2018, art. 1er, IV, 4°, JO 6, entrée en vigueur le 01.01.2019) «à l'article L. 6323-9» et les institutions et organismes chargés du conseil en évolution professionnelle mentionnés à l'article L. 6111-6 partagent les données mentionnées au premier alinéa du présent article, ainsi que celles relatives aux coûts des actions de formation, sous forme dématérialisée et dans des conditions définies par décret en Conseil d'État.

Chapitre IV

Sanctions financières

Art. L. 6354-1. En cas d'inexécution totale ou partielle d'une prestation de formation, l'organisme prestataire rembourse au cocontractant les sommes indûment perçues de ce fait.

Chapitre V

Dispositions pénales

Art. L. 6355-1. Le fait de réaliser des (L. 2018-771 du 5 sept. 2018, art. 24, VII, 19°, JO 6) «actions mentionnées à l'article L. 6313-1» sans déposer auprès de l'autorité administrative une déclaration d'activité, dès la conclusion de la première convention de formation professionnelle ou du premier contrat de formation professionnelle, en méconnaissance des dispositions de l'article L. 6351-1, est puni d'une amende de 4 500 €.

Art. L. 6355-2. Le fait de procéder à une déclaration d'activité, en méconnaissance des dispositions de l'article L. 6351-2, est puni d'une amende de 4 500 €.

Art. L. 6355-3. Le fait de ne pas souscrire une déclaration rectificative en cas de modification d'un ou des éléments de la déclaration initiale, en méconnaissance des dispositions (L. 2009-1437 du 24 nov. 2009, art. 49, JO 25) «du premier alinéa de l'article L. 6351-5», est puni d'une amende de 4 500 €.

Art. L. 6355-4. Le fait de ne pas déclarer la cessation d'activité, en méconnaissance des dispositions de l'article L. 6351-5, est puni d'une amende de 4 500 €.

Art. L. 6355-6. Le fait de ne pas justifier des titres et qualités des personnels d'enseignement et d'encadrement employés et de la relation entre ces titres et qualités et les prestations réalisées dans le champ de la formation professionnelle, en méconnaissance des dispositions de l'article L. 6352-1, est puni d'une amende de 4 500 €.

Art. L. 6355-7. Le fait, pour toute personne qui a fait l'objet d'une condamnation pénale pour des faits constituant des manquements à la probité, aux bonnes mœurs et à l'honneur, d'exercer, même de fait, une fonction de direction (L. 2018-771 du 5 sept. 2018, art. 24, VII, 21°, JO 6) «, d'enseignement» (Ord. 2019-861 du 21 août 2019, art. 1er, 73°, JO 22) «aux apprentis» ou d'administration dans un organisme de formation, en méconnaissance des dispositions de l'article L. 6352-2, est puni d'une amende de 4 500 €.

Art. L. 6355-8. Le fait de ne pas établir un règlement intérieur applicable aux stagiaires (L. 2018-771 du 5 sept. 2018, art. 24, VII, 22°, JO 6) «et aux apprentis», en méconnaissance des dispositions de l'article L. 6352-3, est puni d'une amende de 4 500 €.

Art. L. 6355-9. Le fait d'établir un règlement intérieur ne comportant pas les prescriptions exigées par l'article (Ord. 2019-861 du 21 août 2019, art. 1er, 74°, JO 22) « L. 6352-3» est puni d'une amende de 4 500 €.

Art. L. 6355-10. Le fait, pour tout dispensateur de formation de droit privé, de ne pas avoir établi un bilan, un compte de résultat et une annexe, en méconnaissance des dispositions de l'article L. 6352-6, est puni d'une amende de 4 500 €.

Art. L. 6355-11. Le fait, pour tout dispensateur de formation de droit privé, lorsque l'organisme de formation exerce des activités multiples, de ne pas suivre d'une façon distincte en comptabilité l'activité au titre de la formation professionnelle continue (L. 2018-771 du 5 sept. 2018, art. 24, VII, 23°, JO 6) «, d'une part, et de l'apprentissage, d'autre part», en méconnaissance des dispositions de l'article L. 6352-7, est puni d'une amende de 4 500 €.

Art. L. 6355-12. Le fait, pour tout dispensateur de formation de droit privé, de ne pas désigner un commissaire aux comptes, en méconnaissance des dispositions de l'article L. 6352-8, est puni d'une amende de 4 500 €.

Art. L. 6355-13. Le fait, pour tout dispensateur de formation de droit privé, constitué en groupement d'intérêt économique, de ne pas confier le contrôle des comptes à un commissaire aux comptes, en méconnaissance des dispositions de l'article L. 6352-9, est puni d'une amende de 4 500 €.

Art. L. 6355-14. Le fait, pour tout dispensateur de formation de droit public, de ne pas tenir un compte séparé de son activité en matière de formation professionnelle continue (L. 2018-771 du 5 sept. 2018, art. 24, VII, 24°, JO 6) «, d'une part, et d'apprentissage, d'autre part», en méconnaissance des dispositions de l'article L. 6352-10, est puni d'une amende de 4 500 €.

Art. L. 6355-15. Le fait de réaliser des actions entrant dans le champ de la formation professionnelle continue sans adresser à l'autorité administrative le document retraçant l'emploi des sommes reçues et dressant le bilan pédagogique et financier de son activité, le bilan, le compte de résultat et l'annexe du dernier exercice clos, en méconnaissance des dispositions de l'article L. 6352-11, est puni d'une amende de 4 500 €.

Art. L. 6355-16. Le fait de réaliser une publicité mentionnant la déclaration d'activité, en méconnaissance des formes prescrites par l'article L. 6352-12, est puni d'un emprisonnement d'un an et d'une amende de 4 500 €.

Art. L. 6355-17. (L. 2018-771 du 5 sept. 2018, art. 24, VII, 25°, JO 6) Le fait de réaliser une publicité comportant une mention de nature à induire en erreur sur les conditions d'accès aux formations proposées, leurs contenus, leurs sanctions ou leurs modalités de financement, en méconnaissance de l'article L. 6352-13, est puni d'un an emprisonnement et de 4 500 € d'amende.

Art. L. 6355-18. Le fait, pour tout dispensateur de formation, de ne pas conclure un contrat avec la personne physique qui entreprend une formation à titre individuel et à ses frais, en méconnaissance des dispositions de l'article L. 6353-3, est puni d'une amende de 4 500 €.

Art. L. 6355-19. Le fait, pour tout dispensateur de formation, d'établir un contrat ne comportant pas les prescriptions exigées par l'article L. 6353-4 est puni d'une amende de 4 500 €.

Art. L. 6355-20. Le fait, pour tout dispensateur de formation, d'exiger du stagiaire, avant l'expiration du délai de rétractation prévu à l'article L. 6353-5, le paiement de sommes en méconnaissance des dispositions du premier alinéa de l'article L. 6353-6 est puni d'une amende de 4 500 €.

Est puni de la même peine le dispensateur de formation qui exige le paiement à l'expiration de ce délai de rétractation une somme supérieure à 30 % du prix convenu, en méconnaissance du deuxième alinéa de l'article L. 6353-6.

Est également puni de la même peine le dispensateur de formation qui n'échelonne pas les paiements du solde du prix convenu, en méconnaissance du troisième alinéa de l'article L. 6353-6.

Art. L. 6355-21. Le fait de demander au stagiaire empêché de suivre la formation par suite de force majeure dûment reconnue le paiement de prestations, en méconnaissance des dispositions de l'article L. 6353-7, est puni d'une amende de 4 500 €.

Art. L. 6355-22. Le fait, pour tout dispensateur de formation, de ne pas remettre au stagiaire avant son inscription définitive et tout règlement de frais (L. 2009-1437 du 24 nov. 2009, art. 51, JO 25) «le document mentionné» à l'article L. 6353-8 est puni d'une amende de 4 500 €.

Art. L. 6355-23. La condamnation aux peines prévues aux articles L. 6355-1 à L. 6355-22 peut être assortie, à titre de peine complémentaire, d'une interdiction d'exercer temporairement ou définitivement l'activité de dirigeant d'un organisme de formation professionnelle.

Toute infraction à cette interdiction est punie d'un emprisonnement de deux ans et d'une amende de 15 000 €.

En outre, en cas de récidive, la juridiction peut, pour l'application des peines prévues aux articles L. 6355-16 et L. 6355-17 ainsi qu'au deuxième alinéa du présent article, ordonner l'insertion du jugement, aux frais du contrevenant, dans un ou plusieurs journaux.

Art. L. 6355-24. (L. 2018-771 du 5 sept. 2018, art. 24, VII, 26°, JO 6) Est punie de cinq ans d'emprisonnement et de 37 500 € d'amende toute personne qui:

1° En qualité d'employeur, de travailleur indépendant, de membre des professions libérales et des professions non salariées, a, par des moyens ou agissements frauduleux, éludé les obligations qui lui incombent en application des articles L. 6331-1, L. 6331-3, L. 6331-5 à L. 6331-8, L. 6331-48 à L. 6331-52, L. 6331-55 et L. 6331-56;

2° En qualité de responsable d'un opérateur de compétences ou d'un fonds d'assurance-formation, a frauduleusement utilisé les fonds reçus dans des conditions non conformes aux dispositions légales régissant l'utilisation de ces fonds.

TITRE VI

CONTRÔLE DE LA FORMATION PROFESSIONNELLE

Chapitre Ier

Objet du contrôle et fonctionnaires de contrôle

SECTION 1. Objet du contrôle

Sous-section 1. Contrôle des dépenses et activités de formation

Art. L. 6361-1. (L. 2018-771 du 5 sept. 2018, art. 42, I, 2°, JO 6) L'État exerce un contrôle administratif et financier, dans les conditions prévues au présent titre, sur les actions prévues à l'article L. 6313-1 conduites par les employeurs lorsqu'elles sont financées par l'État, les collectivités territoriales, la Caisse des dépôts et consignations, Pôle emploi ou les opérateurs de compétences ainsi que sur le respect des obligations mentionnées à l'article L. 6323-13.

Art. L. 6361-2. L'État exerce un contrôle administratif et financier sur:
(L. 2018-771 du 5 sept. 2018, art. 42, I, 3°, JO 6) «1° Les activités en matière de formation professionnelle conduites par:

a) Les opérateurs de compétences;

b) Les organismes habilités à percevoir la contribution de financement mentionnée (Ord. 2019-861 du 21 août 2019, art. 1er, 75°, JO 22) «à l'article L. 6331-48»;

c) Les organismes chargés de réaliser des conseils en évolution professionnelle qui sont financés à ce titre par France compétences;

d) Les commissions mentionnées à l'article L. 6323-17-6 agréées pour prendre en charge les projets de transition professionnelle;

e) Les organismes chargés de réaliser tout ou partie des actions mentionnées à l'article L. 6313-1;»

2° Les activités d'accueil, d'information, d'orientation et d'évaluation, en matière de formation professionnelle, au financement desquelles l'État concourt par voie de convention, conduites par tout organisme.

Art. L. 6361-3. Le contrôle administratif et financier des dépenses et activités porte sur l'ensemble des moyens financiers, techniques et pédagogiques, à l'exclusion des qualités pédagogiques, mis en œuvre pour la formation professionnelle.

Ce contrôle peut porter sur tout ou partie de l'activité, des actions de formation ou des dépenses de l'organisme.

(L. 2014-288 du 5 mars 2014, art. 34, II, 1°, JO 6) «Les agents de contrôle peuvent solliciter, en tant que de besoin, l'avis ou l'expertise d'autorités publiques ou professionnelles pour les aider à apprécier les moyens financiers, techniques et pédagogiques mis en œuvre pour la formation professionnelle.»

SECTION 2. Agents de contrôle

Art. L. 6361-5. (L. 2009-1437 du 24 nov. 2009, art. 58, JO 25) Sans préjudice des attributions propres des corps d'inspection compétents à l'égard des établissements concernés, les contrôles prévus au présent titre sont réalisés par les (L. 2016-1088 du 8 août 2016, art. 113, III, 2°, JO 9) «agents de contrôle de l'inspection du travail mentionnés à l'article L. 8112-1», les inspecteurs de la formation professionnelle et les agents de la fonction publique de l'État de catégorie A placés sous l'autorité du ministre chargé de la formation professionnelle, formés préalablement pour assurer les contrôles prévus au présent titre, assermentés et commissionnés à cet effet. Ils peuvent se faire assister par des agents de l'État.

Les agents participant aux contrôles sont tenus au secret professionnel dans les termes des articles 226-13 et 226-14 du code pénal.

SECTION 3. Dispositions d'application

Art. L. 6361-6. Un décret en Conseil d'État détermine les conditions d'application du présent chapitre.

Art. R. 6361-1. Avant d'entrer en fonction, (D. 2010-530 du 20 mai 2010, JO 22) «les agents de contrôle mentionnés au premier alinéa de l'article L. 6361-5» prêtent serment devant le (D. 2019-966 du 18 sept. 2019, art. 8, JO 19, entrée en vigueur le 01.01.2020) «tribunal judiciaire» de leur résidence administrative en ces termes: «Je jure d'accomplir avec exactitude et probité, en conformité avec les lois et règlements en vigueur, les missions de contrôle qui me sont confiées».

Art. R. 6361-2. (D. 2010-530 du 20 mai 2010, JO 22) «Les agents de contrôle mentionnés au premier alinéa de l'article L. 6361-5» sont commissionnés par:

1° Le préfet de région lorsqu'ils interviennent dans les limites d'une région;

2° Le ministre chargé de la formation professionnelle lorsqu'ils ont vocation à intervenir sur l'ensemble du territoire.

Art. D. 6361-3. (D. 2010-530 du 20 mai 2010, JO 22) Les agents de la fonction publique de l'État placés sous l'autorité du ministre chargé de la formation professionnelle mentionnés au premier alinéa de l'article L. 6361-5 suivent une formation pratique de six mois dans les services en charge des contrôles. Durant ce stage, ils participent aux contrôles en qualité d'assistant.

Art. D. 6361-4. (D. 2010-530 du 20 mai 2010, JO 22) Les inspecteurs et contrôleurs du travail mentionnés au premier alinéa de l'article L. 6361-5 suivent la formation préalable à l'exercice des missions de contrôle prévue par les dispositions statutaires relatives aux formations et aux stages précédant leur titularisation.

Chapitre II

Déroulement des opérations de contrôle

SECTION 1. Accès aux documents et justifications à apporter

Art. L. 6362-1. L'administration fiscale, (L. 2007-1787 du 20 déc. 2007, art. 12, III, JO 21) «les organismes de sécurité sociale,» (L. 2018-771 du 5 sept. 2018, art. 42, I, 6°, JO 6) «les opérateurs de compétences, Pôle emploi, les commissions mentionnées à l'article L. 6323-17-6, les organismes habilités à percevoir la contribution de financement mentionnée (Ord. 2019-861 du 21 août 2019, art. 1er, 75°, JO 22) «à l'article L. 6331-48», la Caisse des dépôts et consignations, France compétences», (L. 2009-1437 du 24 nov. 2009, art. 60, JO 25) «, les collectivités territoriales, les employeurs, les organismes (L. 2018-771 du 5 sept. 2018, art. 42, I, 6°, JO 6) «chargés de réaliser tout ou partie des actions mentionnées à l'article L. 6313-1» et les administrations qui financent des actions de formation communiquent aux agents de contrôle mentionnés à l'article L. 6361-5 les renseignements nécessaires à l'accomplissement de leur mission.

Art. L. 6362-2. (L. 2018-771 du 5 sept. 2018, art. 42, I, 7°, JO 6) Les employeurs présentent aux agents de contrôle mentionnés à l'article L. 6361-5 les documents et pièces établissant le respect des obligations mentionnées à l'article L. 6323-13.

À défaut, l'employeur n'est pas regardé comme ayant rempli les obligations qui lui incombent et verse au Trésor public, par décision de l'autorité administrative, les sommes mentionnées au troisième alinéa de l'article L. 6323-13.

Art. L. 6362-3. (L. 2014-288 du 5 mars 2014, art. 34, II, 3°, JO 6) En cas de contrôle d'un organisme (L. 2018-771 du 5 sept. 2018, art. 42, I, 8°, JO 6) «chargé de réaliser tout ou partie des actions mentionnées à l'article L. 6313-1», lorsqu'il est constaté que des actions financées par des fonds de la formation professionnelle ont poursuivi d'autres buts que (L. 2018-771 du 5 sept. 2018, art. 42, I, 8°, JO 6) «ceux définis aux articles L. 6313-1 à L. 6313-8», ces actions sont réputées inexécutées et donnent lieu à remboursement des fonds auprès de l'organisme ou de la personne qui les a financées.

À défaut de remboursement dans le délai fixé à l'intéressé pour faire valoir ses observations, l'organisme mentionné au premier alinéa du présent article est tenu de verser au Trésor public, par décision de l'autorité administrative, un montant équivalent aux sommes non remboursées.

Art. L. 6362-4. (L. 2018-771 du 5 sept. 2018, art. 42, I, 9°, JO 6) «Les employeurs présentent les documents et pièces justifiant les objectifs et la réalisation des actions mentionnées à l'article L. 6313-1 ainsi que les moyens mis en œuvre à cet effet, lorsque ces actions sont financées par l'État, les collectivités territoriales, la Caisse des dépôts et consignations, Pôle emploi ou les opérateurs de compétences.»

À défaut, ces actions sont réputées ne pas avoir été exécutées et donnent lieu à remboursement auprès de l'organisme ou de la collectivité qui les a financées.

Art. L. 6362-5. Les organismes mentionnés à l'article L. 6361-2 sont tenus, à l'égard des agents de contrôle mentionnés à l'article L. 6361-5:

1° De présenter les documents et pièces établissant l'origine des produits et des fonds reçus ainsi que la nature et la réalité des dépenses exposées pour l'exercice des activités conduites en matière de formation professionnelle;

2° De justifier (L. 2018-771 du 5 sept. 2018, art. 42, I, 10°, JO 6) «le bien-fondé de ces dépenses et leur rattachement» à leurs activités ainsi que la conformité de l'utilisation des fonds aux dispositions légales (L. 2018-771 du 5 sept. 2018, art. 42, I, 10°, JO 6) «et réglementaires» régissant ces activités.

À défaut de remplir ces conditions, les organismes font, pour les dépenses (L. 2018-771 du 5 sept. 2018, art. 42, I, 10°, JO 6) «ou les emplois de fonds considérés», l'objet de la décision de rejet prévue à l'article L. 6362-10.

Art. L. 6362-6. Les organismes (L. 2018-771 du 5 sept. 2018, art. 42, I, 11°, JO 6) «chargés de réaliser tout ou partie des actions mentionnées à» l'article L. 6313-1 présentent tous documents et pièces établissant (L. 2018-771 du 5 sept. 2018, art. 42, I, 11°, JO 6) «les objectifs et la réalisation de ces actions ainsi que les moyens mis en œuvre à cet effet».

À défaut, celles-ci sont réputées ne pas avoir été exécutées (L. 2009-1437 du 24 nov. 2009, art. 61, JO 25) «et donnent lieu à remboursement au cocontractant des sommes (L. 2018-771 du 5 sept. 2018, art. 42, I, 11°, JO 6) «indûment» perçues».

Art. L. 6362-6-1. (L. 2018-771 du 5 sept. 2018, art. 42, I, 12°, JO 6) Les organismes mentionnés aux *a* à *d* du 1° de l'article L. 6361-2 versent au Trésor public une somme égale au montant des emplois de fonds injustifiés ayant fait l'objet d'une décision de rejet en application de l'article L. 6362-10.

Art. L. 6362-6-2. (L. 2018-771 du 5 sept. 2018, art. 42, I, 12°, JO 6) Les dépenses des organismes mentionnés au 2° de l'article L. 6361-2 qui ne sont pas conformes à leur objet ou aux stipulations des conventions conclues avec l'État donnent lieu à reversement à ce dernier, à due proportion de sa participation financière, dans les conditions prévues par les textes qui régissent ces conventions ou les stipulations de ces dernières.

Art. L. 6362-7. Les organismes (L. 2018-771 du 5 sept. 2018, art. 42, I, 13°, JO 6) «chargés de réaliser tout ou partie des actions mentionnées à» l'article L. 6313-1 versent au Trésor public, solidairement avec leurs dirigeants de fait ou de droit, une somme égale au montant des dépenses ayant fait l'objet d'une décision de rejet en application de l'article L. 6362-10.

Art. L. 6362-7-1. (L. 2009-1437 du 24 nov. 2009, art. 61, JO 25) En cas de contrôle, les remboursements mentionnés aux articles L. 6362-4 et L. 6362-6 interviennent dans le délai fixé à l'intéressé pour faire valoir ses observations.

À défaut, l'intéressé verse au Trésor public, par décision de l'autorité administrative, une somme équivalente aux remboursements non effectués.

Art. L. 6362-7-2. (L. 2009-1437 du 24 nov. 2009, art. 61, JO 25) Tout employeur ou (L. 2018-771 du 5 sept. 2018, art. 42, I, 14°, JO 6) «organisme chargé de réaliser tout ou partie des actions mentionnées à l'article L. 6313-1» qui établit ou utilise intentionnellement des documents de nature à obtenir indûment le versement d'une aide, le paiement ou la prise en charge de tout ou partie du prix des prestations de formation professionnelle est tenu, par décision de l'autorité administrative, solidairement avec ses dirigeants de fait ou de droit, de verser au Trésor public une somme égale aux montants indûment reçus.

Art. L. 6362-7-3. (L. 2009-1437 du 24 nov. 2009, art. 61, JO 25) Sans préjudice des dispositions des articles L. 8114-1 et L. 8114-2, le refus de se soumettre aux contrôles prévus au présent chapitre donne lieu à évaluation d'office par l'administration des sommes faisant l'objet des remboursements ou des versements au Trésor public prévus au présent livre.

Un décret en Conseil d'État détermine les modalités d'application du présent article.

SECTION 2. Procédure

Art. L. 6362-8. Les contrôles en matière de formation professionnelle peuvent être opérés soit sur place, soit sur pièces.

Art. L. 6362-9. Les résultats du contrôle sont notifiés à l'intéressé.

Cette notification interrompt la prescription courant à l'encontre du Trésor public, au regard des versements dus et des pénalités fiscales correspondantes.

Art. L. 6362-10. Les décisions de rejet et de versement mentionnées (L. 2009-1437 du 24 nov. 2009, art. 61, JO 25) «au présent livre» prises par l'autorité administrative ne peuvent intervenir, après la notification des résultats du contrôle, que si une procédure contradictoire a été respectée.

Art. L. 6362-11. (L. 2009-1437 du 24 nov. 2009, art. 60, JO 25) (L. 2018-771 du 5 sept. 2018, art. 42, I, 17°, JO 6) «Lorsque les contrôles ont porté sur des actions mentionnées à l'article L. 6313-1 ou des activités de conseil en évolution professionnelle financées par l'État, les collectivités territoriales, la Caisse des dépôts et consignations, France compétences, Pôle emploi, les commissions mentionnées à l'article L. 6323-17-6, les employeurs, les opérateurs de compétences ou les organismes habilités à percevoir la contribution de financement mentionnée (Ord. 2019-861 du 21 août 2019, art. 1er, 75°, JO 22) «à l'article L. 6331-48», l'autorité administrative les informe, chacun pour ce qui le concerne, des constats opérés.»

Le cas échéant, les constats opérés sont adressés au service chargé du contrôle de l'application de la législation du travail.

SECTION 3. Sanctions

Art. L. 6362-12. Le recouvrement des versements exigibles au titre des contrôles réalisés en application des articles L. 6361-1 à L. 6361-3 est établi et poursuivi selon les modalités ainsi que sous les sûretés, garanties et sanctions applicables aux taxes sur le chiffre d'affaires.

SECTION 4. Dispositions d'application

Art. L. 6362-13. Un décret en Conseil d'État détermine les conditions d'application du présent chapitre.

Art. R. 6362-1. Les personnes et organismes mentionnés aux articles L. 6361-1 et L. 6361-2 qui ont fait l'objet d'un contrôle sur place, sont informés de la fin de la période d'instruction par lettre recommandée avec avis de réception.

Des faits nouveaux constatés postérieurement à la réception de cette lettre peuvent justifier l'ouverture d'une nouvelle période d'instruction.

(D. 2010-530 du 20 mai 2010, JO 22) « Les dispositions qui précèdent ne s'appliquent pas lorsque la procédure d'évaluation d'office est mise en œuvre. »

Art. R. 6362-1-1. (D. 2010-530 du 20 mai 2010, JO 22) En cas d'obstacle à l'accomplissement des contrôles réalisés par les agents mentionnés à l'article L. 6361-5, la procédure d'évaluation d'office est mise en œuvre au plus tôt trente jours après l'envoi d'une mise en demeure de lever tout obstacle à l'exercice par les agents de contrôle de leurs missions.

Art. R. 6362-1-2. (D. 2010-530 du 20 mai 2010, JO 22) L'évaluation d'office est établie à partir des déclarations souscrites en matière professionnelle, des informations recueillies auprès des administrations et organismes visés à l'article L. 6362-1 ou à l'occasion de contrôles par les agents mentionnés au premier alinéa de l'article L. 6361-5 des organismes ou entreprises participant au financement des actions de formation (D. 2018-1209 du 21 déc. 2018, art. 1er, 4°, b), JO 23, entrée en vigueur le 01.01.2019) « mentionnées à l'article L. 6313-1 ».

Les bases ou les éléments servant au calcul des remboursements ou des versements à opérer au bénéfice du Trésor public et leurs modalités de détermination sont notifiés à l'intéressé conformément à l'article L. 6362-9 avec les garanties prévues aux articles R. 6362-2 à R. 6362-6.

L'intéressé peut faire valoir ses observations sur la détermination des éléments chiffrés par l'administration.

Art. R. 6362-1-3. (D. 2010-530 du 20 mai 2010, JO 22) La mise en demeure est motivée. Elle précise le délai dont dispose l'intéressé pour permettre aux agents de débuter ou de reprendre le contrôle sur place et rappelle les dispositions applicables dans le cas où la procédure d'évaluation d'office est mise en œuvre. Elle est visée par l'autorité qui a commissionné l'agent de contrôle en application de l'article R. 6361-2.

Art. R. 6362-2. La notification des résultats du contrôle prévue à l'article L. 6362-9 intervient dans un délai ne pouvant dépasser trois mois à compter de la fin de la période d'instruction avec l'indication des procédures dont l'organisme contrôlé dispose pour faire valoir ses observations.

Les résultats du contrôle peuvent comporter des observations adressées à l'organisme contrôlé.

(D. 2010-530 du 20 mai 2010, JO 22) « Lorsque la procédure d'évaluation d'office est mise en œuvre, le délai mentionné ci-dessus est de six mois à compter de la fin de la période fixée par la mise en demeure. »

Art. R. 6362-3. Les résultats des contrôles prévus aux articles L. 6361-1 à L. 6361-3 sont notifiés à l'intéressé avec l'indication du délai dont il dispose pour présenter des observations écrites et demander, le cas échéant, à être entendu.

Ce délai ne peut être inférieur à trente jours à compter de la date de la notification.

Art. R. 6362-4. La décision du ministre chargé de la formation professionnelle ou du préfet de région ne peut être prise qu'au vu des observations écrites et après audition, le cas échéant, de l'intéressé, à moins qu'aucun document ni aucune demande d'audition n'aient été présentés avant l'expiration du délai prévu à l'article R. 6362-3.

La décision est motivée et notifiée à l'intéressé.

Art. R. 6362-5. Les décisions de rejet et de versement sont transmises, s'il y a lieu, à l'administration fiscale.

Art. R. 6362-6. L'intéressé qui entend contester la décision administrative qui lui a été notifiée en application de l'article R. 6362-4, saisit d'une réclamation, préalablement à tout recours (D. 2018-1209 du 21 déc. 2018, art. 1er, 4°, d), JO 23, entrée en vigueur le 01.01.2019) « contentieux », l'autorité qui a pris la décision.

Le rejet total ou partiel de la réclamation fait l'objet d'une décision motivée notifiée à l'intéressé.

Art. R. 6362-7. Le ministre chargé de la formation professionnelle et le préfet de région peuvent déférer ou défendre devant le juge administratif tout contentieux consécutif aux contrôles mentionnés aux articles L. 6361-1 à L. 6361-3, à l'exception du contentieux relatif à l'établissement et au recouvrement des versements mentionnés aux articles L. 6362-8 à L. 6362-12.

Art. R. 6362-8. Le préfet de région présente chaque année au (D. 2014-1055 du 16 sept. 2014, JO 18) « comité régional de l'emploi, de la formation [et] de l'orientation professionnelles » un rapport relatif à l'activité des services de contrôle.

Chapitre III

Constatation des infractions et dispositions pénales

SECTION 1. Constatation des infractions

Art. L. 6363-1. Les (L. 2016-1088 du 8 août 2016, art. 113, III, 2°, JO 9) «agents de contrôle de l'inspection du travail mentionnés à l'article L. 8112-1», concurremment avec les inspecteurs de la formation professionnelle (L. 2009-1437 du 24 nov. 2009, art. 58, JO 25) «et les agents de la fonction publique de l'État de catégorie A placés sous l'autorité du ministre chargé de la formation professionnelle», habilités dans des conditions prévues par décret en Conseil d'État, peuvent rechercher et constater par procès-verbal les infractions prévues aux articles L. 6355-1 à L. 6355-22, L. 6355-24 et L. 6363-2.

Les contrôles s'exercent dans les conditions prévues au présent titre.

Le procureur de la République est préalablement informé des opérations envisagées en cas de recherche d'une infraction. Il peut s'opposer à ces opérations.

Les procès-verbaux lui sont transmis dans les cinq jours suivant leur établissement. Une copie est remise à l'intéressé.

Art. R. 6363-1. (D. 2010-530 du 20 mai 2010, JO 22) « Les agents de contrôle mentionnés au premier alinéa de l'article L. 6361-5 » sont habilités à rechercher et constater par procès-verbal les infractions prévues aux articles L. 6355-1 à L. 6355-24 et L. 6363-2.

SECTION 2. Dispositions pénales

Art. L. 6363-2. (L. 2009-1437 du 24 nov. 2009, art. 58, JO 25) Les articles L. 8114-1 et L. 8114-2 sont applicables aux faits et gestes commis à l'égard des agents en charge des contrôles prévus au présent titre.

LIVRE IV
VALIDATION DES ACQUIS DE L'EXPÉRIENCE

TITRE Ier
OBJET DE LA VALIDATION DES ACQUIS DE L'EXPÉRIENCE ET RÉGIME JURIDIQUE

Chapitre Ier
Objet de la validation des acquis de l'expérience

Art. L. 6411-1. (L. 2018-771 du 5 sept. 2018, art. 4, IV, 3°, JO 6) La validation des acquis de l'expérience mentionnée à l'article L. 6111-1 a pour objet l'acquisition d'une certification professionnelle enregistrée dans le répertoire national des certifications professionnelles mentionné à l'article L. 6113-1.

Chapitre II
Régime juridique

Art. L. 6412-1. (L. 2014-288 du 5 mars 2014, art. 6, III, 1°, JO 6) La validation des acquis de l'expérience est régie par le II de l'article L. 335-5, le premier alinéa de l'article L. 613-3 et l'article L. 613-4 du code de l'éducation.

Art. L. 6412-2. (L. 2018-771 du 5 sept. 2018, art. 4, IV, 4°, JO 6) Sous réserve des dérogations prévues aux articles L. 231-4 à L. 231-6 du code des relations entre le public et l'administration, le ministère ou l'organisme certificateur au sens de l'article L. 6113-2 du présent code se prononce, dans un délai de deux mois à compter de la réception de la demande, sur la recevabilité du candidat à la validation des acquis de l'expérience au regard des conditions fixées aux articles L. 335-5 et L. 613-3 du code de l'éducation. À l'expiration de ce délai, l'absence de réponse vaut recevabilité de la demande.

Art. R. 6412-1. La procédure de validation des acquis de l'expérience pour la délivrance d'une certification professionnelle est fixée par les articles R. 335-5 à R. 335-11 (D. 2017-1135 du 4 juil. 2017, JO 6, entrée en vigueur le 01.10.2017) « et R. 613-33 à R. 613-37 » du code de l'éducation.

TITRE II
MISE EN ŒUVRE DE LA VALIDATION DES ACQUIS DE L'EXPÉRIENCE

Chapitre Ier
Garanties

Art. L. 6421-1. La validation des acquis de l'expérience ne peut être réalisée qu'avec le consentement du travailleur.

Art. L. 6421-2. Le refus d'un salarié de consentir à une action de validation des acquis de l'expérience ne constitue ni une faute ni un motif de licenciement.

Art. L. 6421-3. Les informations demandées au bénéficiaire d'une action de validation des acquis de l'expérience présentent un lien direct et nécessaire avec l'objet de la validation tel qu'il est défini à l'article L. 6411-1.

Art. L. 6421-4. Les personnes dépositaires d'informations communiquées par le candidat dans le cadre de sa demande de validation sont soumises aux dispositions des articles 226-13 et 226-14 du code pénal.

Art. R. 6421-1. (D. 2017-1135 du 4 juil. 2017, JO 6, entrée en vigueur le 01.10.2017) Toute personne bénéficie gratuitement d'une information sur les principes, sur les modalités de mise en œuvre et de financement (D. 2019-1119 du 31 oct. 2019, art. 3, JO 3 nov.) « des actions permettant la validation des acquis de l'expérience » et d'un conseil, mentionné à l'article L. 6111-3 du code du travail, sur l'identification des certifications en rapport direct avec son expérience, le cas échéant, en s'appuyant sur un bilan de compétences.

Ces informations et ces conseils sont disponibles sur un portail national dématérialisé, ainsi qu'auprès des opérateurs de conseil en évolution professionnelle et des centres de conseil sur la validation des acquis de l'expérience dans le cadre du service public régional de l'orientation.

Chapitre II

Dispositions générales de mise en œuvre

SECTION 1. Congé de validation des acquis de l'expérience

Art. L. 6422-1. (L. 2018-771 du 5 sept. 2018, art. 9, I, 3°, JO 6) Lorsqu'un salarié fait valider les acquis de son expérience en tout ou partie pendant le temps de travail et à son initiative, il bénéficie d'un congé à cet effet.

Le salarié demande à l'employeur une autorisation d'absence prévue à l'article L. 6323-17. L'employeur peut refuser cette autorisation pour des raisons de service, motivant son report sous un délai et selon des modalités définis par décret.

Art. L. 6422-2. (L. 2018-771 du 5 sept. 2018, art. 9, I, 3°, JO 6) La durée de cette autorisation d'absence ne peut excéder vingt-quatre heures par session d'évaluation. Cette durée peut être augmentée par convention ou accord collectif pour les salariés n'ayant pas atteint un niveau de qualification fixé par décret ou dont l'emploi est menacé par les évolutions économiques ou technologiques.

Sous-section 1 (réglementaire). Demande de congé

Art. R. 6422-1. Le congé pour validation des acquis de l'expérience peut être demandé en vue :

1° De participer (D. 2019-1119 du 31 oct. 2019, art. 3, JO 3 nov.) « à la session d'évaluation organisée par le ministère ou l'organisme certificateur » ;

2° (D. 2019-1119 du 31 oct. 2019, art. 3, JO 3 nov.) « De se préparer à » cette validation.

Art. R. 6422-2. La demande d'autorisation d'absence au titre du congé pour validation des acquis de l'expérience précise :

1° (D. 2019-1119 du 31 oct. 2019, art. 3, JO 3 nov.) « La certification professionnelle visée » ;

2° Les dates, la nature et la durée des actions permettant au salarié de faire valider les acquis de son expérience ;

3° La dénomination (D. 2019-1119 du 31 oct. 2019, art. 3, JO 3 nov.) « du ministère ou de l'organisme certificateur.

Le salarié joint à sa demande tout document attestant de la recevabilité de sa candidature à une validation des acquis de l'expérience. Lorsque le salarié peut bénéficier d'une augmentation de la durée de l'autorisation d'absence, en application de l'article R. 6422-8, il joint également à sa demande tout document permettant d'attester de son niveau de qualification. »

Art. R. 6422-3. La demande d'autorisation d'absence est transmise à l'employeur au plus tard soixante jours avant le début des actions de validation des acquis de l'expérience (D. 2019-1119 du 31 oct. 2019, art. 3, JO 3 nov.) « par tout moyen conférant date certaine à sa réception ».

Art. R. 6422-4. Dans les trente jours (D. 2019-1119 du 31 oct. 2019, art. 3, JO 3 nov.) « calendaires » suivant la réception de la demande d'autorisation d'absence, l'employeur fait connaître par écrit à l'intéressé son accord ou les raisons de service motivant le report de l'autorisation d'absence.

Ce report ne peut excéder six mois à compter de la demande.

(D. 2019-1119 du 31 oct. 2019, art. 3, JO 3 nov.) « L'absence de réponse de l'employeur dans un délai de trente jours calendaires suivant la réception de la demande d'autorisation d'absence vaut accord. »

Art. R. 6422-5. Au terme d'un congé de validation des acquis de l'expérience, le bénéficiaire du congé présente (D. 2017-1135 du 4 juil. 2017, JO 6, entrée en vigueur le 01.10.2017) « sur demande de l'employeur » (D. 2019-1119 du 31 oct. 2019, art. 3, JO 3 nov.) « ou d'un organisme financeur mentionné à l'article L. 6316-1, tout justificatif attestant de sa participation aux actions de validation des acquis de l'expérience » fournie par (D. 2019-1119 du 31 oct. 2019, art. 3, JO 3 nov.) « le ministère ou l'organisme certificateur » (D. 2017-1135 du 4 juil. 2017, JO 6, entrée en vigueur le 01.10.2017) « et le cas échéant, par l'organisme accompagnateur ».

Art. R. 6422-6. Le salarié ayant bénéficié d'une autorisation d'absence pour accomplir des actions de validation des acquis de l'expérience ne peut prétendre, dans la même entreprise, au bénéfice d'une nouvelle autorisation dans le même but avant un an (D. 2017-1135 du 4 juil. 2017, JO 6, entrée en vigueur le 01.10.2017) « , à l'exception des candidats ayant obtenu une ou plusieurs parties de certification pour le passage de l'évaluation complémentaire prévue à l'article L. 335-5 du code de l'éducation ».

Art. R. 6422-7. (D. 2019-1119 du 31 oct. 2019, art. 3, JO 3 nov.) L'autorisation d'absence n'est pas prise en compte dans le calcul du délai de franchise applicable au congé spécifique dans le cadre d'un projet de transition professionnelle.

Sous-section 2 (réglementaire). **Dispositions propres aux salariés titulaires d'un contrat à durée déterminée**

Note Cette sous-section a été introduite par le décret 2014-1354 du 12 novembre 2014, JO 14.

Art. R. 6422-7-1. Le congé pour validation des acquis de l'expérience se déroule en dehors de la période d'exécution du contrat de travail à durée déterminée. Il débute au plus tard douze mois après le terme du contrat.

Par dérogation, le congé pour validation des acquis de l'expérience peut être pris, à la demande du salarié et après accord de l'employeur, en tout ou partie avant le terme du contrat de travail.

SECTION 2. Rémunération

Note Cette section est issue de la loi 2018-771 du 5 septembre 2018, art. 9, I, 4°, JO 6.

Art. L. 6422-3. Les heures consacrées à la validation des acquis de l'expérience bénéficiant de l'autorisation prévue à l'article L. 6422-1 constituent du temps de travail effectif et donnent lieu au maintien de la rémunération et de la protection sociale du salarié conformément aux articles L. 6323-18 et L. 6323-19 et par dérogation à l'article L. 6323-17-5.

Art. D. 6422-8. Le salarié bénéficiaire d'un congé pour validation des acquis de l'expérience a droit à une rémunération égale à celle qu'il aurait perçue s'il était resté à son poste de travail, dans la limite de vingt-quatre heures (D. 2019-1119 du 31 oct. 2019, art. 3, JO 3 nov.) « , continues ou discontinues, » par validation.

(D. 2017-1135 du 4 juil. 2017, JO 6, entrée en vigueur le 01.10.2017) « Toutefois, cette limite peut être augmentée par convention ou accord collectif de travail pour les travailleurs n'ayant pas atteint un niveau (D. 2019-1119 du 31 oct. 2019, art. 3, JO 3 nov.) « 4 » de qualification, au sens du (D. 2019-1119 du 31 oct. 2019, art. 3, JO 3 nov.) « cadre » national des certifications professionnelles, ou dont l'emploi est menacé par les évolutions économiques ou technologiques. »

Art. R. 6422-8-1. (D. 2019-1119 du 31 oct. 2019, art. 3, JO 3 nov.) Lorsque les actions de validation des acquis de l'expérience se déroulent pendant le temps de travail, dans le cadre du plan de développement des compétences, de la mobilisation du compte personnel de formation, d'un congé de validation des acquis de l'expérience ou de la reconversion ou promotion par alternance, les heures qui y sont consacrées constituent un temps de travail effectif et donnent lieu au maintien de la rémunération.

Lorsque les actions de validation des acquis de l'expérience se déroulent en dehors du temps de travail, au titre du plan de développement des compétences, du compte personnel de formation ou de la reconversion ou promotion par alternance, le salarié bénéficie de la législation de la sécurité sociale relative à la protection en matière d'accidents du travail et de maladies professionnelles.

SECTION 3. Conditions de prise en charge et rémunération

Art. L. 6422-4. (L. 2018-771 du 5 sept. 2018, art. 9, I, 5°, JO 6) Les frais afférents aux actions permettant de faire valider les acquis de l'expérience comprennent les frais de procédure et d'accompagnement déterminés par voie réglementaire.

Art. L. 6422-5. (L. 2018-771 du 5 sept. 2018, art. 9, I, 5°, JO 6) Les motifs de refus des demandes de prise en charge des frais mentionnés à l'article L. 6422-4 sont déterminés par voie réglementaire.

Art. R. 6422-9. (D. 2019-1119 du 31 oct. 2019, art. 3, JO 3 nov.) Les frais de procédure et d'accompagnement relatifs à la validation des acquis de l'expérience comprennent :

1° Les frais de transport, de repas et d'hébergement ;

2° Les frais d'examen du dossier de recevabilité au sens de l'article R. 335-7 du code de l'éducation ;

3° Les frais d'accompagnement du candidat défini à l'article R. 6423-3 ;

4° Les frais occasionnés par les formations obligatoires ou complémentaires recommandées, le cas échéant, au candidat par le ministère ou l'organisme certificateur au terme de l'analyse de la recevabilité de sa demande ;

5° Les frais de session d'évaluation organisée par le ministère ou l'organisme certificateur.

(D. 2020-372 du 30 mars 2020, art. 9, JO 31) « Lorsque les actions de validation des acquis de l'expérience sont financées dans le cadre de la mobilisation du compte personnel de formation, les frais mentionnés au 1° ne sont pas pris en charge par l'organisme mentionné à l'article L. 6333-1. »

Art. R. 6422-10. (D. 2019-1119 du 31 oct. 2019, art. 3, JO 3 nov.) L'absence de transmission, par le candidat, d'un document attestant de la recevabilité de sa demande de validation des acquis de l'expérience, constitue un motif de refus de prise en charge des dépenses mentionnées à l'article R. 6422-9 par, selon le cas, l'employeur, les organismes mentionnés à l'article L. 6316-1 ou l'organisme gestionnaire du système d'information du compte personnel de formation.

Ceux-ci peuvent également refuser de prendre en charge les dépenses mentionnées à l'article R. 6422-9 lorsque les actions de validation des acquis de l'expérience sont insusceptibles de se rattacher aux priorités qui régissent leur intervention en matière de formation professionnelle ou lorsque les demandes de prise en charge ne peuvent être toutes simultanément satisfaites.

Art. R. 6422-11. (D. 2019-1119 du 31 oct. 2019, art. 3, JO 3 nov.) I. – Lorsque les actions permettant de faire valider les acquis de l'expérience font l'objet d'une prise en charge par l'employeur ou par un ou plusieurs organismes mentionnés à l'article L. 6316-1, en l'absence de mobilisation du compte personnel de formation, une convention est conclue entre :

1° Le candidat à une validation des acquis de l'expérience ;

2° Le ou les financeurs des actions permettant de faire valider les acquis de l'expérience ;

3° L'organisme ou chacun des organismes intervenant dans la procédure de validation des acquis de l'expérience du candidat.

Cette convention précise, en plus du contenu prévu par les dispositions réglementaires prises en application de l'article L. 6353-1, la certification ciblée ainsi que la nature et les conditions de prise en charge des frais mentionnés à l'article R. 6422-9. Sa signature est conditionnée à la production, par le candidat, de tout document attestant de la recevabilité de sa demande de validation des acquis de l'expérience.

II. – Lorsque le candidat à une validation des acquis de l'expérience mobilise son compte personnel de formation en vue de financer les actions permettant de faire valider les acquis de l'expérience, l'acceptation des conditions générales d'utilisation du service dématérialisé mentionnées à l'article L. 6323-9 tient lieu de convention.

III. – Lorsqu'une personne entreprend, à titre individuel et à ses frais, des actions en vue de faire valider les acquis de son expérience, une convention est conclue entre elle et les organismes intervenant dans cette procédure. Ce contrat est conforme aux articles L. 6353-3 à L. 6353-7.

Art. R. 6422-12. La signature par le salarié de la convention (D. 2019-1119 du 31 oct. 2019, art. 3, JO 3 nov.) « mentionnée au I de l'article R. 6422-11 » atteste de son consentement au sens de l'article L. 6421-1.

SECTION 4. Dispositions d'application

Art. L. 6422-6. Un décret en Conseil d'État détermine les conditions d'application du présent chapitre.

Chapitre III

Accompagnement à la validation des acquis de l'expérience

Note Ce chapitre a été introduit par la loi 2014-288 du 5 mars 2014, art. 6, III, 4°, JO 6.

Art. L. 6423-1. Toute personne dont la candidature a été déclarée recevable en application de l'article L. 6412-2 peut bénéficier d'un accompagnement dans la préparation de son dossier et de son entretien avec le jury en vue de la validation des acquis de son expérience.

La région organise cet accompagnement pour les jeunes et les adultes à la recherche d'un emploi selon les modalités définies au 4° de l'article L. 6121-1.

Un décret en Conseil d'État détermine les modalités de cet accompagnement.

(L. 2016-1088 du 8 août 2016, art. 78, II, 5°, JO 9) «Un accompagnement renforcé pour certains publics peut être prévu et financé par un accord de branche.»

Art. L. 6423-2. Le comité régional de l'emploi, de la formation et de l'orientation professionnelles et (L. 2018-771 du 5 sept. 2018, art. 36, VI, JO 6) «France compétences» assurent le suivi statistique des parcours de validation des acquis de l'expérience, selon des modalités définies par décret en Conseil d'État.

SECTION 1 (RÉGLEMENTAIRE). Dispositions générales

Art. R. 6423-1. (D. 2014-1354 du 12 nov. 2014, JO 14) L'accompagnement des candidats à la validation des acquis de l'expérience entre dans le champ d'application des dispositions relatives à la formation professionnelle continue prévues au (D. 2019-1119 du 31 oct. 2019, art. 3, JO 3 nov.) «3°» de l'article L. 6313-1.

SECTION 2 (RÉGLEMENTAIRE). Contenu et déroulement

Art. R. 6423-2. (D. 2014-1354 du 12 nov. 2014, JO 14) L'accompagnement (D. 2017-1135 du 4 juil. 2017, JO 6, entrée en vigueur le 01.10.2017) «est facultatif et» débute dès que (D. 2017-1135 du 4 juil. 2017, JO 6, entrée en vigueur le 01.10.2017) «la demande de recevabilité en vue de la validation des acquis de l'expérience a été déclarée recevable. Il» prend fin à la date d'évaluation par le jury.

Il peut s'étendre, (D. 2017-1135 du 4 juil. 2017, JO 6, entrée en vigueur le 01.10.2017) «en cas d'attribution d'une ou plusieurs parties de certification», jusqu'au contrôle complémentaire prévu au (D. 2017-1135 du 4 juil. 2017, JO 6, entrée en vigueur le 01.10.2017) «sixième» alinéa du II de l'article L. 335-5 du code de l'éducation ou au (D. 2017-1135 du 4 juil. 2017, JO 6, entrée en vigueur le 01.10.2017) «troisième» alinéa de l'article L. 613-4 du même code.

Art. R. 6423-3. (D. 2014-1354 du 12 nov. 2014, JO 14) L'accompagnement à la validation des acquis de l'expérience (D. 2017-1135 du 4 juil. 2017, JO 6, entrée en vigueur le 01.10.2017) «est proposé en fonction des besoins du candidat (D. 2019-1119 du 31 oct. 2019, art. 3, JO 3 nov.) «. Ceux-ci sont déterminés avec le candidat, notamment en fonction des formations complémentaires recommandées, le cas échéant, par le ministère ou l'organisme certificateur au terme de l'examen de la recevabilité de sa demande.» Il» comprend un module de base composé d'une aide méthodologique à la description des activités et de l'expérience du candidat correspondant aux exigences du référentiel de la certification visée, à la formalisation de son dossier de validation, à la préparation de l'entretien avec le jury et le cas échéant à la mise en situation professionnelle.

(D. 2017-1135 du 4 juil. 2017, JO 6, entrée en vigueur le 01.10.2017) «L'accompagnement peut également comprendre :

1° Une assistance à l'orientation vers une formation complémentaire, correspondant aux formations obligatoires requises ou aux apprentissages liés à l'exercice d'activité manquante dans le parcours du candidat et correspondant à une partie identifiée du référentiel de la certification ;

2° La recherche de financement pour la prise en charge de cette formation.

Dans ce cas, l'organisme chargé de cet accompagnement peut s'appuyer sur les propositions d'un représentant d'un des organismes mentionnés au quatrième alinéa de l'article L. 6111-6.»

Art. R. 6423-3-1. (D. 2019-1119 du 31 oct. 2019, art. 3, JO 3 nov.) Dans le cadre de leurs compétences respectives mentionnées aux articles L. 5311-1 et L. 5311-2 et au 6° de l'article L. 6121-1, l'État ou la région peuvent financer, le cas échéant avec les branches professionnelles, des actions d'accompagnement collectif à la validation des acquis de l'expérience.

Par dérogation aux articles R. 6422-10 et R. 6423-3, cet accompagnement peut comporter une assistance au dépôt d'une demande de recevabilité en vue de la validation des acquis de l'expérience, lorsque les personnes accompagnées n'ont pas atteint un niveau 4 de qualification ou que leurs emplois sont menacés.

SECTION 3 (RÉGLEMENTAIRE). Information des candidats

Art. R. 6423-4. (D. 2014-1354 du 12 nov. 2014, JO 14) Toute personne qui souhaite recourir à un service d'accompagnement pour la validation des acquis de l'expérience bénéficie d'une information sur les conditions d'accueil, les modalités et méthodes utilisées par l'organisme intervenant (D. 2019-1119 du 31 oct. 2019, art. 3, JO 3 nov.) «ainsi que sur les certifications qualité prévues par l'article L. 6316-1 du code du travail qu'il détient».

SECTION 4 (RÉGLEMENTAIRE). Suivi statistique des parcours de validation des acquis de l'expérience

Art. R. 6423-5. (D. 2014-1354 du 12 nov. 2014, JO 14) Le comité régional de l'emploi, de la formation et de l'orientation professionnelles et (D. 2019-1119 du 31 oct. 2019, art. 3, JO 3 nov.) «France compétences» assurent le suivi statistique du parcours des candidats à la validation des acquis de l'expérience depuis le dépôt du dossier de recevabilité de la demande (D. 2017-1135 du 4 juil. 2017, JO 6, entrée en vigueur le 01.10.2017) «jusqu'au contrôle complémentaire prévu au sixième alinéa du II de l'article L. 335-5 du code de l'éducation ou au troisième alinéa de l'article L. 613-4 du même code».

Au niveau régional, les autorités ou organismes publics et privés en charge d'instruire les dossiers de recevabilité de la demande de validation et de délivrer la certification ainsi que les organismes en charge de l'accompagnement des candidats sont tenus de transmettre leurs données anonymisées selon des modalités établies par le comité régional de l'emploi, de la formation et de l'orientation professionnelles.

En application du (D. 2019-1119 du 31 oct. 2019, art. 3, JO 3 nov.) «6° de l'article L. 6123-5, France Compétences» veille à l'harmonisation des catégories de données collectées par les systèmes automatisés de traitement d'informations régionales afin de permettre à la fois le suivi longitudinal des parcours des candidats à la validation des acquis de l'expérience et le suivi des effectifs annuels accueillis à chaque étape du dispositif.

LIVRE V

DISPOSITIONS RELATIVES À L'OUTRE-MER

TITRE Ier

DISPOSITIONS GÉNÉRALES

Chapitre unique

Art. L. 6511-1. Les dispositions générales prévues par l'article L. 1511-1 sont également applicables aux dispositions du présent livre.

Art. R. 6511-1. (D. 2018-953 du 31 oct. 2018, art. 7, 2°, JO 6 nov.) Pour l'application à Mayotte de l'article D. 6121-11, les mots : " de la région de résidence de la personne " sont remplacés par les mots : " du Département de Mayotte ".

TITRE II

GUADELOUPE, GUYANE, MARTINIQUE, MAYOTTE, LA RÉUNION, SAINT-BARTHÉLEMY, SAINT-MARTIN ET SAINT-PIERRE-ET-MIQUELON

Chapitre Ier

Dispositions générales

Art. L. 6521-1. Les dispositions générales prévues par (Ord. 2008-205 du 27 févr. 2008, JO 1er mars) «les articles L. 1521-1 à L. 1521-4» sont également applicables aux dispositions du présent titre.

Art. L. 6521-2. (L. 2014-288 du 5 mars 2014, art. 21, VI, JO 6, entrée en vigueur le 01.01.2015) Les personnes ayant leur résidence habituelle en Guadeloupe, en Guyane, à la Martinique, à La Réunion, à Mayotte, à Saint-Barthélemy, à Saint-Martin, à Saint-Pierre-et-Miquelon, en Nouvelle-Calédonie, en Polynésie française ou à Wallis-et-Futuna qui poursuivent une formation professionnelle en dehors de leur territoire de résidence peuvent bénéficier des aides versées par l'État, notamment dans le cadre de la mise en œuvre de la politique nationale de continuité territoriale prévue au chapitre III du titre préliminaire du livre VIII de la première partie du code des transports.

Art. L. 6521-3. (Ord. 2017-1491 du 25 oct. 2017, art. 7, 2°, JO 26, entrée en vigueur le 01.01.2018) Pour l'application à Mayotte de l'article L. 6121-1, les mots: " et adopte la carte régionale des formations professionnelles initiales (L. 2018-771 du 5 sept. 2018, art. 43, II, JO 6) «hors apprentissage» prévue au troisième alinéa de l'article L. 214-13-1 du même code " sont supprimés.

Chapitre II

Dispositions spécifiques à l'apprentissage

Art. L. 6522-1. (Ord. 2017-1491 du 25 oct. 2017, art. 7, 3°, JO 26, entrée en vigueur le 01.01.2018) «En Guadeloupe, en Guyane, en Martinique, à Mayotte, à La Réunion» (Ord. 2008-205 du 27 févr. 2008, JO 1er mars) «, à Saint-Barthélemy, à Saint-Martin» et à Saint-Pierre-et-Miquelon, les modalités particulières d'application du livre II relatif à l'apprentissage sont déterminées par décret.

Art. L. 6522-2. (Ord. 2017-1491 du 25 oct. 2017, art. 7, 3°, JO 26, entrée en vigueur le 01.01.2018) «En Guadeloupe, en Guyane, en Martinique, à Mayotte, à La Réunion» (Ord. 2008-205 du 27 févr. 2008, JO 1er mars) «, à Saint-Barthélemy, à Saint-Martin» et à Saint-Pierre-et-Miquelon, l'employeur peut assurer dans l'entreprise la formation pratique d'un apprenti dans les mêmes conditions de parrainage que celles prévues aux articles L. 6523-3 et suivants.

Art. L. 6522-3. (Ord. 2019-893 du 28 août 2019, JO 29, entrée en vigueur le 01.01.2020) Pour son application en Guadeloupe, en Guyane, en Martinique, à Mayotte, à La Réunion, à Saint-Barthélemy, à Saint-Martin et à Saint-Pierre-et-Miquelon le II de l'article L. 6211-3 est ainsi rédigé:

" II. – Le montant des dépenses engagées et mandatées en matière de fonctionnement et d'investissement mentionnées au I du présent article ainsi qu'un état détaillé de leur affectation font l'objet d'un débat annuel en conseil régional sur la base d'un rapport présenté par le président du conseil régional. Ce débat peut également porter sur les autres dépenses engagées par la région en matière d'apprentissage. Le rapport, comprenant une annexe présentant les montants des dépenses engagées et mandatées et l'état détaillé de leur affectation, est transmis pour information au représentant de l'État dans la région et à France compétences. Les ressources allouées à la région pour les dépenses d'investissement mentionnées au 2° du même I sont déterminées et réparties sur la base des dépenses d'investissement constatées au titre des exercices (L. 2019-1479 du 28 déc. 2019, art. 76, IV, 2°, JO 29) «2017 et 2018», ou, à défaut de dépenses d'investissement réalisées sur cette période dans les territoires d'outre-mer, en fonction d'un montant minimum défini par (L. 2019-1479 du 28 déc. 2019, art. 76, IV, 2°, JO 29) «décret». "

Art. L. 6522-4. (Ord. 2019-893 du 28 août 2019, JO 29, entrée en vigueur le 01.01.2020) Pour l'application de l'article L. 6243-1 en Guadeloupe, en Guyane, en Martinique, à Mayotte, à La Réunion, à

Saint-Barthélemy, à Saint-Martin et à Saint-Pierre-et-Miquelon, les mots: " au baccalauréat " sont remplacés par les mots: " au niveau 5 ".

Art. D. 6522-1. Les dispositions du livre II relatives à l'apprentissage sont applicables (D. 2018-953 du 31 oct. 2018, art. 7, 4°, JO 6 nov.) «en Guadeloupe, en Guyane, en Martinique, à Mayotte, à La Réunion», à Saint-Barthélemy et à Saint-Martin.

Art. D. 6522-2. (D. 2020-138 du 18 févr. 2020, JO 20) Pour l'application de l'article D. 6243-1 en Guadeloupe, en Guyane, en Martinique, à Mayotte, à La Réunion, à Saint-Barthélemy, Saint-Martin et à Saint-Pierre-et-Miquelon, les mots: " au baccalauréat " sont remplacés par les mots: " au niveau 5 ".

Chapitre III

La formation professionnelle

SECTION 1. Financement de la formation professionnelle

Art. L. 6523-1. (Ord. 2017-1491 du 25 oct. 2017, art. 7, 5°, JO 26, entrée en vigueur le 01.01.2018) «En Guadeloupe, en Guyane, en Martinique, (Ord. 2019-893 du 28 août 2019, JO 29, entrée en vigueur le 01.01.2021) «et» à La Réunion», (Ord. 2019-861 du 21 août 2019, art. 1er, 76°, JO 22) «les contributions mentionnées au titre III du livre Ier de la présente partie» (L. 2014-288 du 5 mars 2014, art. 11, II, JO 6, entrée en vigueur le 01.01.2015) «ne peuvent être (L. 2018-771 du 5 sept. 2018, art. 43, III, 3°, JO 6) «gérées» que par des (L. 2018-771 du 5 sept. 2018, art. 43, III, 3°, JO 6) «opérateurs de compétences» (Ord. 2019-893 du 28 août 2019, JO 29, entrée en vigueur le 01.01.2021) «interprofessionnels», à l'exception des contributions des entreprises relevant du (L. 2014-288 du 5 mars 2014, art. 11, II, JO 6, entrée en vigueur le 01.01.2015) «champ professionnel des (L. 2018-771 du 5 sept. 2018, art. 43, III, 3°, JO 6) «opérateurs de compétences» autorisés à (L. 2018-771 du 5 sept. 2018, art. 43, III, 3°, JO 6) «les gérer» dans ces territoires par arrêté conjoint des ministres chargés de la formation professionnelle et de l'outre-mer».

(L. 2014-288 du 5 mars 2014, art. 11, II, JO 6, entrée en vigueur le 01.01.2015) «Un décret détermine les modalités et les critères selon lesquels cette autorisation est accordée, en fonction notamment des services de proximité aux entreprises que les (L. 2018-771 du 5 sept. 2018, art. 43, III, 4°, JO 6) «opérateurs de compétences» sont en mesure d'assurer sur les territoires concernés.»

(L. 2015-994 du 17 août 2015, art. 36, JO 18) «Le présent article n'est pas applicable aux secteurs d'activité employant les salariés mentionnés aux articles L. 6331-55, L. 6331-65 et L. 7111-1. La liste des secteurs concernés est fixée par arrêté du ministre du travail.»

Art. L. 6523-1-1. (Ord. 2019-893 du 28 août 2019, JO 29, entrée en vigueur le 01.01.2020) Les opérateurs de compétences qui ne sont pas implantés dans les territoires d'outre-mer en application de l'article L. 6523-1 ou des articles L. 6523-1-2 à L. 6523-1-4 peuvent conclure, dans des conditions prévues par décret en Conseil d'État, des conventions avec un opérateur de compétences implanté dans ces territoires.

Art. L. 6523-1-2. (Ord. 2019-893 du 28 août 2019, JO 29, entrée en vigueur le 01.01.2021) À Mayotte, les contributions mentionnées au titre III du livre Ier de la présente partie sont gérées par un seul opérateur de compétences interprofessionnel.

Les conditions de désignation et les modalités d'intervention de cet opérateur de compétences sur le territoire de Mayotte sont déterminées par décret en Conseil d'État.

Art. L. 6523-1-3. (Ord. 2019-893 du 28 août 2019, JO 29, entrée en vigueur le 01.01.2021) À Saint-Martin et à Saint-Barthélemy, les contributions mentionnées au titre III du livre Ier de la présente partie sont gérées par un seul opérateur de compétences interprofessionnel.

Les conditions de désignation et les modalités d'intervention de cet opérateur de compétences sur les territoires de Saint-Martin et de Saint-Barthélemy sont déterminées par décret en Conseil d'État.

Art. L. 6523-1-4. (Ord. 2019-893 du 28 août 2019, JO 29, entrée en vigueur le 01.01.2021) À Saint-Pierre-et-Miquelon, les contributions dédiées au développement de la formation professionnelle et à l'alternance sont gérées par un seul opérateur de compétences interprofessionnel.

Les conditions de désignation et les modalités d'intervention de cet opérateur de compétences ainsi que les modalités selon lesquelles les ressources sont versées à l'opérateur de compétences pour la réalisation de ses missions sont déterminées par décret en Conseil d'État.

Art. L. 6523-2. (Ord. 2017-1491 du 25 oct. 2017, art. 7, 3°, JO 26, entrée en vigueur le 01.01.2018) «En Guadeloupe, en Guyane, en Martinique, à Mayotte, à La Réunion», (Ord. 2019-893 du 28 août 2019, JO 29, entrée en vigueur le 01.01.2021) «à Saint-Barthélemy, à Saint-Martin et à Saint-Pierre-et-Miquelon», les (L. 2018-771 du 5 sept. 2018, art. 43, III, 5°, JO 6) «opérateurs de compétences» à compétence interprofessionnelle rendent compte aux (L. 2018-771 du 5 sept. 2018, art. 43, III, 5°, JO 6) «opérateurs de compétences» à compétence nationale et professionnelle de l'utilisation des fonds (L. 2018-771 du 5 sept. 2018, art. 43, III, 5°, JO 6) «qu'ils gèrent» auprès d'entreprises relevant du champ professionnel de ces organismes.

(Ord. 2019-893 du 28 août 2019, JO 29, entrée en vigueur le 01.01.2021) «Les opérateurs de compétence rendent compte annuellement de leur activité et de l'état de leurs engagements financiers au comité régional de l'emploi, de l'orientation et de la formation professionnelles, ou au comité de l'emploi, de la formation et de l'orientation professionnelles lorsqu'il en exerce les attributions.»

Art. L. 6523-2-1. (Ord. 2017-1491 du 25 oct. 2017, art. 7, 6°, JO 26, entrée en vigueur le 01.01.2018) Ne sont pas applicables à Mayotte:

a) Le deuxième alinéa de l'article L. 6331-54;

b) La sous-section 6 de la section 4 du chapitre Ier du titre III du livre III.

Art. L. 6523-2-2. (Ord. 2019-893 du 28 août 2019, JO 29, entrée en vigueur le 01.01.2021) Pour l'application, en Guadeloupe, en Guyane, en Martinique, à Mayotte, à La Réunion, à Saint-Barthélemy, à Saint-Martin et à Saint-Pierre-et-Miquelon, de l'article L. 6332-3, l'opérateur de compétences comporte un conseil d'orientation comprenant les organisations syndicales de salariés et les organisations professionnelles d'employeurs adhérentes et présentes sur le territoire concerné. Ce conseil d'orientation reçoit communication du rapport annuel d'activité de l'opérateur de compétences comportant l'état de ses engagements financiers sur le territoire concerné. Il propose des orientations au conseil d'administration de l'opérateur de compétences pour la gestion des fonds et la mise en œuvre de ses missions.

Art. L. 6523-2-3. (Ord. 2019-893 du 28 août 2019, JO 29, entrée en vigueur le 01.01.2020) Pour l'application en Guadeloupe, en Guyane, en Martinique, à Mayotte, à La Réunion, à Saint-Barthélemy, à Saint-Martin et à Saint-Pierre-et-Miquelon de l'article L. 6332-14:

1° Les niveaux de prise en charge des contrats d'apprentissage fixés au niveau national par les branches, mentionnés au 1° du I de cet article, peuvent faire l'objet d'une modulation par décision du conseil d'administration de l'opérateur de compétences pour tenir compte des surcoûts liés à l'accompagnement social des apprentis les plus en difficulté;

2° L'opérateur de compétences peut prendre en charge, au titre de la section financière mentionnée au 1° de l'article L. 6332-3, les frais annexes générés par la mobilité des apprentis vers la métropole ou vers d'autres territoires d'outre-mer.

Art. L. 6523-2-4. (Ord. 2019-893 du 28 août 2019, JO 29, entrée en vigueur le 01.01.2020) Pour l'application en Guadeloupe, en Guyane, en Martinique, à Mayotte, à La Réunion, à Saint-Barthélemy, à Saint-Martin et à Saint-Pierre-et-Miquelon de l'article L. 6332-17 du code du travail, le 1° de cet article est ainsi rédigé:

" 1° Les coûts des actions de formation du plan de développement des compétences, de la rémunération du salarié en formation et des frais annexes, notamment une partie des frais de transport liés à la mobilité vers la métropole ou vers d'autres territoires d'outre-mer et à la mobilité internationale en l'absence d'offre de formation disponible sur les territoires d'outre-mer. À cette fin, l'opérateur de compétences peut notamment solliciter le concours financier de la collectivité territoriale; ".

SECTION 2. Parrainage

Art. L. 6523-3. (Ord. 2017-1491 du 25 oct. 2017, art. 7, 3°, JO 26, entrée en vigueur le 01.01.2018) «En Guadeloupe, en Guyane, en Martinique, à Mayotte, à La Réunion» (Ord. 2008-205 du 27 févr. 2008, JO 1er mars) «, à Saint-Barthélemy, à Saint-Martin» et à Saint-Pierre-et-Miquelon, pour assurer dans l'entreprise la formation pratique d'un salarié en contrat de professionnalisation, l'employeur peut, pour une durée limitée, bénéficier du concours de personnes qui le parrainent.

Ces personnes sont choisies parmi les salariés concernés par une mesure de retraite anticipée au sens de l'article L. 5123-2, les travailleurs privés d'emploi, bénéficiaires d'un des revenus de remplacement dont la liste est déterminée par décret ou parmi les personnes retraitées.

Art. L. 6523-4. Les personnes habilitées à exercer les fonctions de parrain sont agréées par l'autorité administrative, compte tenu notamment de leur expérience en matière de tutorat au sens des articles L. 6223-5, relatif au maître d'apprentissage, et L. 6325-1 et suivants, relatifs au contrat de professionnalisation.

Pendant l'exercice de leur mission, elles bénéficient de la législation de sécurité sociale relative à la protection en matière d'accident du travail et de maladie professionnelle dans les conditions prévues à l'article L. 754-5 du code de la sécurité sociale.

Art. L. 6523-5. Un décret en Conseil d'État détermine les mesures d'application de la présente section.

SECTION 2 BIS. Autres dispositifs

Note Cette section est issue de l'ordonnance 2017-1491 du 25 octobre 2017, art. 7, 4°, JO 26, entrée en vigueur le 01.01.2018.

Art. L. 6523-5-1. Pour l'application à Mayotte de l'article L. 6315-1, les mots : " prévu à l'article L. 324-1 du code de la sécurité sociale " sont supprimés.

SECTION 3. Stagiaire de la formation professionnelle

Art. L. 6523-6. À Saint-Pierre-et-Miquelon, en vue d'améliorer la qualification et de faciliter l'insertion professionnelle des personnes sans emploi rencontrant des difficultés particulières d'accès à l'emploi ou l'adaptation des salariés à l'évolution de l'emploi dans les entreprises, l'État peut prendre en charge, en application de conventions conclues avec des organismes de formation pour l'organisation de stages de formation et d'insertion professionnelles, les frais de formation ainsi que les dépenses afférentes à la rémunération et à la protection sociale des stagiaires.

SECTION 3 BIS. Comité régional de l'emploi, de la formation et de l'orientation professionnelles

Note Cette section a été introduite par la loi 2014-288 du 5 mars 2014, art. 25, JO 6.

Art. L. 6523-6-1. (L. 2018-771 du 5 sept. 2018, art. 43, III, 7°, JO 6) Pour son application en Guadeloupe, en Guyane, en Martinique, à Mayotte, à La Réunion, à Saint-Barthélemy, à Saint-Martin et à Saint-Pierre-et-Miquelon, l'article L. 6123-3 est ainsi modifié :

1° Au deuxième alinéa, après le mot : " intéressées ", sont insérés les mots : " et des représentants des organisations syndicales de salariés et des organisations professionnelles d'employeurs les plus représentatives au niveau régional et interprofessionnel et intéressées " ;

2° Le quatrième alinéa est complété par les mots : " ainsi que des représentants régionaux des organisations syndicales de salariés et des organisations professionnelles d'employeurs les plus représentatives au niveau régional et interprofessionnel ".

SECTION 4. Dispositions d'adaptation

Art. L. 6523-7. (L. 2018-771 du 5 sept. 2018, art. 43, III, 9°, JO 6) En Guadeloupe, en Guyane, en Martinique, à Mayotte, à La Réunion, à Saint-Barthélemy, à Saint-Martin et à Saint-Pierre-et-Miquelon, les modalités particulières d'application de la présente partie, notamment celles relatives aux dispositifs et au financement de la formation professionnelle et celles relatives aux opérateurs de compétences, sont déterminées par décret.

SECTION 1 (RÉGLEMENTAIRE). Dispositions générales

Art. R. 6523-1. (D. 2020-138 du 18 févr. 2020, JO 20) Les modalités d'application en Guadeloupe, en Guyane, en Martinique, à Mayotte, à La Réunion, à Saint-Barthélemy et à Saint-Martin des dispositions relatives à l'accès des salariés à la formation, prévues à l'article L. 6312-1, à l'obligation de l'employeur en matière de formation, prévues à l'article L. 6321-1, à la participation des employeurs au développement de la formation professionnelle, prévues par les articles L. 6131-1 à L. 6131-3 et L. 6331-1 à L. 6331-68, sont celles qui résultent des articles R. 6323-10 à R. 6323-10-4 et R. 6331-1, dans la mesure où il n'y est pas dérogé par les dispositions du présent chapitre.

SECTION 2 (RÉGLEMENTAIRE). Financement de la formation professionnelle

Sous-section 1. Dispositions générales

Note Les sous-sections 1 et 2 ont été introduites par le décret 2018-953 du 31 octobre 2018, art. 7, 9°, JO 6 nov.

Art. R. 6523-2. Les employeurs (D. 2018-953 du 31 oct. 2018, art. 7, 7°, JO 6 nov.) « de Guadeloupe, Guyane, Martinique, Mayotte, La Réunion », de Saint-Barthélemy et de Saint-Martin employant des salariés à temps partiel, d'une manière intermittente ou travaillant à domicile ne sont soumis à l'obligation de participer au financement de la formation professionnelle continue, prévue par les articles L. 6313-1 et suivants, que si le montant total des salaires versés pendant l'année est au moins égal à 520 fois le salaire hebdomadaire minimum de croissance.

En cas de début ou de fin d'activité, ce nombre est réduit, pour l'année considérée, à due proportion du nombre de semaines pendant lesquelles l'activité est exercée.

Art. D. 6523-2-1. (D. 2019-204 du 18 mars 2019, JO 20, entrée en vigueur le 01.01.2019) En Guadeloupe, en Guyane, en Martinique, à Mayotte, à La Réunion, à Saint- Barthélemy et à Saint-Martin, des opérateurs de compétences agréés d'une ou plusieurs branches professionnelles, peuvent être autorisés, pour une ou plusieurs collectivités, à gérer les contributions des entreprises mentionnées au titre III du livre Ier de la sixième partie du présent code lorsqu'ils satisfont aux deux conditions suivantes :

1° Le montant de contributions annuelles devant être géré est au moins égal à un seuil fixé, pour chaque collectivité concernée, par arrêté conjoint des ministres chargés de la formation professionnelle et de l'outre-mer ;

2° Leur implantation locale leur permet d'assurer des services de proximité auprès des entreprises concernées et, notamment, la mise en œuvre de partenariats pour le déploiement d'actions de formation sur les territoires concernés.

L'autorisation mentionnée au premier alinéa est délivrée par un arrêté conjoint des ministres chargés de la formation professionnelle et de l'outre-mer, qui précise le champ territorial sur lequel est délivrée l'autorisation ainsi que le champ d'application de l'accord constitutif de l'opérateur de compétence concernés.

Art. D. 6523-2-2. (D. 2019-204 du 18 mars 2019, JO 20, entrée en vigueur le 01.01.2019) Les opérateurs de compétences agréés d'une ou plusieurs branches professionnelles intéressés saisissent d'une demande de gestion des contributions mentionnées à l'article D. 6523-2-1 les ministres chargés de la formation professionnelle et de l'outre-mer.

Cette demande est accompagnée des éléments de nature à justifier du respect des conditions prévues à l'article D. 6523-2-1.

Art. D. 6523-2-3. (D. 2019-204 du 18 mars 2019, JO 20, entrée en vigueur le 01.01.2019) Les opérateurs de compétences autorisés en application de l'article D. 6523-2-1 mentionnent dans l'état statistique et financier prévu à l'article R. 6332-31, pour la ou les collectivités territoriales concernées, les montants des fonds gérés et des fonds dépensés, ainsi que le nombre de salariés concernés.

Art. D. 6523-2-4. (D. 2019-204 du 18 mars 2019, JO 20, entrée en vigueur le 01.01.2019) L'autorisation mentionnée à l'article D. 6523-2-2 est abrogée, par arrêté conjoint des ministres chargés de la formation professionnelle et de l'outre-mer, après procédure contradictoire, lorsque les conditions justifiant sa délivrance cessent d'être remplies.

Art. R. 6523-2-4-1. (D. 2020-138 du 18 févr. 2020, JO 20) En application de l'article L. 6523-1-1, un opérateur de compétences qui n'est pas implanté dans un territoire d'outre-mer peut conclure avec un opérateur de compétences qui y est implanté une convention ayant pour objet l'accomplissement de ses missions dans ce territoire au bénéfice des entreprises soumises à une convention collective qui y est applicable et des entreprises du territoire concerné dont l'activité principale relève du champ professionnel pour lequel il est agréé. Une convention peut concerner plusieurs territoires d'outre-mer.

Les conventions mentionnées au précédent alinéa font notamment état des orientations, priorités de formation, décisions de gestion et conditions de prise en charge des actions de formation, telles qu'elles ont été définies par l'opérateur de compétences non implanté sur le ou les territoires concernés, et prévoient les modalités de financement par l'opérateur de compétences non implanté des actions réalisées localement par l'opérateur de compétences implanté.

Ces conventions font l'objet, préalablement à leur conclusion, d'une délibération du conseil d'administration des opérateurs de compétences concernés. Le conseil d'administration de chaque organisme autorise leur conclusion et contrôle leur exécution.

Les opérateurs de compétences implantés dans les territoires d'outre-mer rendent compte aux opérateurs de compétences non implantés avec lesquels ils ont conclu une convention de l'activité accomplie et de l'utilisation des fonds qu'ils gèrent localement pour leur compte.

Ces conventions font l'objet d'un contrôle dans le cadre des conventions triennales d'objectifs et de moyens que les opérateurs de compétences concluent avec l'État en application de l'article L. 6332-2.

Sous-section 2. **Dispositions relatives à Mayotte**

Art. R. 6523-2-5. La sous-section 4 de la section 4 du chapitre Ier du titre III du livre III de la présente partie n'est pas applicable à Mayotte.

Art. R. 6523-2-6. Pour l'application à Mayotte de l'article R. 6331-63-1, les mots : “ des chambres de métiers et de l'artisanat de région et auprès des chambres régionales de métiers et de l'artisanat ” sont remplacés par les mots : “ de la chambre de métiers et de l'artisanat de Mayotte ”.

Art. R. 6523-2-7. Pour l'application à Mayotte de l'article R. 6331-63-4, les mots : “ des chambres de métiers et de l'artisanat de région et auprès des chambres régionales de métiers et de l'artisanat ” sont remplacés par les mots : “ de la chambre de métiers et de l'artisanat de Mayotte ”.

Art. R. 6523-2-8. Pour l'application à Mayotte de l'article R. 6331-63-7, les mots : “ de chaque chambre de métiers et de l'artisanat de région et chaque chambre régionale de métiers et de l'artisanat ” sont remplacés par les mots : “ de la chambre de métiers et de l'artisanat de Mayotte ”.

SECTION 3 (RÉGLEMENTAIRE). Parrainage

Art. R. 6523-3. Peuvent être agréées pour exercer l'activité de parrainage, prévue à l'article L. 6523-3, les personnes volontaires justifiant soit d'une expérience minimale de deux années en qualité de maître d'apprentissage ou de tuteur, soit d'une expérience professionnelle de cinq ans.

Art. R. 6523-4. L'agrément des personnes habilitées à exercer les fonctions de parrain est délivré par le préfet pour trois ans.

Art. R. 6523-5. Une même personne ne peut parrainer simultanément plus de trois apprentis ou jeunes bénéficiaires de contrat de professionnalisation.

Art. R. 6523-6. Le parrain a pour mission d'assister et d'informer l'apprenti ou le jeune bénéficiaire en contrat de professionnalisation.

Cette mission est complémentaire des fonctions du maître d'apprentissage ou du tuteur désigné dans le cadre du contrat précité.

Art. R. 6523-7. La fonction de parrain n'est pas rémunérée.

Art. R. 6523-8. La liste des parrains agréés est arrêtée par le préfet.

Elle comporte le nom, le prénom, le métier antérieurement exercé ainsi que la qualification professionnelle de chaque parrain.

Elle est tenue à disposition des employeurs à la direction du travail, de l'emploi et de la formation professionnelle et dans chaque mairie.

Art. D. 6523-9. Les revenus de remplacement mentionnés au deuxième alinéa de l'article L. 6523-3 sont :

1° L'allocation d'assurance, mentionnée au 1° de l'article L. 5421-2 ;

(D. 2020-138 du 18 févr. 2020, JO 20) « 2° L'allocation des travailleurs indépendants et les autres allocations et indemnités régies par les régimes particuliers, mentionnées au 3° de ce même article ; »

3° L'allocation de congé solidarité, instituée sur le fondement de l'article 15 de la loi n° 2000-1207 du 13 décembre 2000 d'orientation pour l'outre-mer.

SECTION 4 (RÉGLEMENTAIRE). Stagiaire de la formation professionnelle

Sous-section 1. Remboursement des frais de transport exposés par les stagiaires

Note Les sous-sections 1 et 2 ont été introduites par le décret 2018-953 du 31 octobre 2018, art. 7, 14°, JO 6 nov.

Art. R. 6523-10. Les dispositions du premier alinéa de l'article R. 6341-49 sont applicables aux stagiaires qui suivent (D. 2018-953 du 31 oct. 2018, art. 7, 10°, JO 6 nov.) « en Guadeloupe, en Guyane, en Martinique, à Mayotte, à La Réunion », à Saint-Barthélemy ou à Saint-Martin un stage ouvrant droit à rémunération à la charge de l'État, de la région ou de la collectivité.

Art. R. 6523-11. Les stagiaires résidant (D. 2018-953 du 31 oct. 2018, art. 7, 11°, JO 6 nov.) « en Guadeloupe, en Guyane, en Martinique, à Mayotte, à La Réunion », à Saint-Barthélemy ou à Saint-Martin qui suivent, dans ce même département ou cette même collectivité, un stage donnant lieu à rémunération à la charge de l'État ou de la région ont droit :

1° Au remboursement par l'État ou la région de la totalité des frais de transport exposés au début et à la fin du stage pour rejoindre l'établissement ou le centre de formation et en revenir, à condition que la distance à parcourir à partir de leur domicile soit supérieure à 25 km ;

2° Au remboursement des trois quarts des frais de transport exposés pour se rendre dans leur famille, à condition que la distance à parcourir soit supérieure à 25 km, à raison :

a) Pour les stagiaires âgés de moins de dix-huit ans, d'un voyage mensuel ;

b) Pour les autres stagiaires ;

– lorsqu'ils sont célibataires, d'un voyage si la durée du stage est supérieure à huit mois ;

– lorsqu'ils sont mariés, liés par un pacte civil de solidarité, concubins ou chargés de famille, d'un voyage si la durée du stage est comprise entre trois et huit mois et de deux voyages si cette durée est supérieure à huit mois.

Art. R. 6523-12. Les stagiaires résidant en Guadeloupe, Guyane, Martinique ou à Saint-Barthélemy, Saint-Martin et qui suivent un stage donnant lieu à rémunération à la charge de l'État, de la région ou de la collectivité dans l'un des autres départements ou collectivités précités ont droit au remboursement par l'État de la totalité des frais de transport exposés au début et à la fin du stage pour rejoindre l'établissement de formation et en revenir.

Ces stagiaires ont également droit au remboursement par l'État des trois quarts des frais de transport exposés pour se rendre dans leur famille, dans l'un des départements précités, à raison d'un voyage par stage d'une durée supérieure à six mois.

Art. R. 6523-13. (D. 2020-88 du 5 févr. 2020, art. 1er, 35°, JO 6) À défaut de prise en charge par les financeurs de l'action de formation des frais de transport correspondants, le préfet peut accorder aux stagiaires résidant en Guadeloupe, en Guyane, en Martinique, à La Réunion, à Mayotte, à Saint-Barthélemy, à Saint-Martin à Saint-Pierre-et-Miquelon, qui suivent en France métropolitaine un stage donnant lieu à rémunération à la charge de l'État ou de la région le remboursement de la totalité des frais de transport occasionnés par le stage.

Un bilan annuel des décisions prises par le préfet en matière de remboursement de frais de transport pour les stagiaires mentionnés à l'alinéa précédent est présenté au comité régional de l'emploi, de la formation et de l'orientation professionnelles.

Art. R. 6523-14. Le remboursement des frais de transport est opéré dans les conditions prévues aux articles R. 6341-35 à R. 6341-43.

Sous-section 2. Dispositions relatives à Mayotte

Art. R. 6523-14-1. Pour l'application à Mayotte de l'article R. 6341-31, les mots : " à l'article L. 821-1 du code de la sécurité sociale " sont remplacés par les mots : " à l'article 35 de l'ordonnance n° 2002-411 du 27 mars 2002 relative à la protection sanitaire et sociale à Mayotte ".

Art. R. 6523-14-2. Pour l'application à Mayotte de l'article R. 6342-2, les mots : " du 2° de l'article L. 351-3 du code de la sécurité sociale " sont remplacés par les mots : " de l'article 8 de l'ordonnance n° 2002-411 du 27 mars 2002 relative à la protection sanitaire et sociale à Mayotte ".

Art. R. 6523-14-3. Les stagiaires résidant à Mayotte ou à La Réunion et qui suivent un stage donnant lieu à rémunération à la charge de l'État, de La Réunion ou du département de Mayotte dans l'autre territoire que celui où ils sont domiciliés, ont droit au remboursement par l'État de la totalité des frais de transport exposés au début et à la fin du stage pour rejoindre l'établissement de formation et en revenir.

Ces stagiaires ont également droit au remboursement par l'État des trois quarts des frais de transport exposés pour se rendre dans leur famille, dans l'un des territoires précités, à raison d'un voyage par stage d'une durée supérieure à six mois.

Art. R. 6523-14-4. Pour l'application à Mayotte de l'article R. 6523-11, les mots : " 25 km " sont remplacés par les mots : " 10 km ".

SECTION 5 (RÉGLEMENTAIRE). Comité régional de l'emploi, de la formation et de l'orientation professionnelles

Note Cette section a été introduite par le décret 2014-1055 du 16 septembre 2014, JO 18.

Sous-section 1. Guadeloupe, Guyane, Martinique, La Réunion

Art. R. 6523-15. La section 2 du chapitre III du titre II du livre Ier de la présente partie s'applique (D. 2018-953 du 31 oct. 2018, art. 7, 12°, JO 6 nov.) « en Guadeloupe, en Guyane, en Martinique » et à La Réunion sous réserve des dispositions de la présente sous-section.

Art. R. 6523-16. I. – Les articles R. 6123-3-3, R. 6123-3-4 et R. 6123-3-10 ne sont pas applicables.

II. – Pour l'application de l'article R. 6123-3-9, les mots : " national et " sont supprimés.

Art. R. 6523-17. Outre les attributions dévolues au comité régional par les articles R. 6123-3 à R. 6123-3-2, le comité de chacune des collectivités mentionnées à l'article R. 6523-15 est chargé :

a) D'émettre un avis sur la charte ou le plan régional de prévention et de lutte contre l'illettrisme établi sous l'égide du préfet et du président du conseil régional en Guadeloupe et à La Réunion, du préfet et du président de l'assemblée en Guyane (D. 2020-138 du 18 févr. 2020, JO 20) « ou du préfet et du président du conseil exécutif en Martinique » ;

b) D'examiner toute question relative à l'emploi et à la formation professionnelle en mobilité.

Art. R. 6523-18. Au III de l'article R. 6123-3, sont ajoutées après le troisième alinéa les dispositions suivantes :

3° Chaque année, des activités de l'Agence de l'outre-mer pour la mobilité et du service militaire adapté dans la collectivité ;

4° Chaque année, du bilan des activités du (D. 2020-138 du 18 févr. 2020, JO 20) « conseil départemental », de l'assemblée de Guyane ou de l'assemblée de Martinique en matière d'aide à l'insertion sociale et professionnelle ;

5° Chaque année, par les services compétents de l'État, des données relatives au (D. 2020-138 du 18 févr. 2020, JO 20) « territoire » d'outre-mer concernées figurant dans les états statistiques et financiers des (D. 2020-138 du 18 févr. 2020, JO 20) « opérateurs de compétences ».

Art. R. 6523-19. Le comité régional de l'emploi, de la formation et de l'orientation professionnelle est composé, outre le préfet ou son représentant et, selon le cas, le président du conseil régional en Guadeloupe et à La Réunion, le président de l'assemblée de Guyane ou le président du conseil exécutif de la Martinique, de membres nommés par arrêté du préfet :

1° Huit représentants de l'État :

a) Le recteur (D. 2019-1554 du 30 déc. 2019, art. 2, V, JO 31, entrée en vigueur le 01.01.2020) « de région académique » ;

b) Le chef de corps commandant le régiment du service militaire adapté présent dans la collectivité ;

c) Le directeur des entreprises, de la concurrence, de la consommation, du travail et de l'emploi ;

d) Le directeur régional de la jeunesse, des sports et de la cohésion sociale ;

e) Le directeur de la mer ;

f) Le directeur de l'agriculture, de l'agroalimentaire et de la forêt ;

g) Un représentant local de l'administration pénitentiaire ;

h) Un autre représentant de l'État désigné par le préfet ;

2° Sept représentants de la région désignés par le conseil régional, ainsi que le président du conseil général ou son représentant en Guadeloupe et à La Réunion, huit représentants de l'assemblée de Guyane et huit représentants de l'assemblée de la Martinique ;

3° Un nombre compris entre cinq et onze au titre du *a* comme du *b* de représentants désignés par leurs organisations respectives :

a) Des organisations syndicales de salariés représentatives au niveau national et interprofessionnel, des organisations syndicales de salariés représentatives au niveau régional et interprofessionnel et des organisations syndicales de salariés intervenant dans les secteurs d'activités correspondant à ceux des organisations intéressées (D. 2020-138 du 18 févr. 2020, JO 20) « mentionnées au III de l'article R. 2272-9 » ;

b) Des organisations professionnelles d'employeurs représentatives au niveau national et interprofessionnel, des organisations professionnelles d'employeurs représentatives au niveau régional et interprofessionnel, ou au niveau multi professionnel, ainsi que de chacun des trois réseaux consulaires ;

4° Des représentants des principaux opérateurs de l'emploi, de la formation et de l'orientation professionnelles implantés localement, dont un représentant du regroupement des établissements d'enseignement supérieur constitué en application des dispositions combinées de l'article L. 718-2 et du 2° de l'article L. 718-3 du code de l'éducation, le directeur régional de Pôle emploi, le représentant régional des Cap emploi, le directeur (D. 2020-138 du 18 févr. 2020, JO 20) « de la commission paritaire interprofessionnelle régionale », le président de l'association régionale des missions locales, le délégué en région de l'association pour l'emploi des cadres, le directeur du centre d'animation, de ressources et d'information sur les formations et observatoire régional de l'emploi et de la formation professionnelle, le directeur régional de l'Office national d'information des enseignements et des professions, le président du conseil économique, social et environnemental régional, le directeur de l'association de gestion du fonds pour l'insertion professionnelle des personnes handicapées, et le délégué régional de l'agence de l'outre-mer pour la mobilité.

Les représentants désignés en application du 2° comprennent un nombre égal de femmes et d'hommes, conformément au principe de parité tel que défini à l'article L. 6123-3. Le représentant désigné en application du *h* du 1° de l'article R. 6523-19 doit être du sexe qui a le moins de représentants nommés en application des *a* à *g*.

Les membres mentionnés au 4° du présent article siègent sans voix délibératives.

Pour l'application du présent article, le préfet arrête le nombre et la liste des organisations représentatives au niveau régional mentionnées au *a* et *b* du 3° de l'article R. 6523-19, en application des dispositions du chapitre II du titre II du livre Ier de la deuxième partie et du chapitre II du titre V du même livre.

Art. R. 6523-20. Afin d'obtenir le même nombre de représentants, d'une part, des organisations syndicales et, d'autre part, des organisations professionnelles augmentées des représentants des réseaux consulaires, le préfet peut nommer des représentants supplémentaires d'une organisation syndicale ou professionnelle. Selon le cas, les sièges supplémentaires sont attribués aux organisations syndicales de salariés ayant obtenu les meilleurs résultats dans le cadre de la mesure de l'audience effectuée en application des dispositions du chapitre II du titre II du livre Ier de la deuxième partie ou aux organisations professionnelles d'employeurs dont la mesure d'audience effectuée en application des dispositions du chapitre II du titre V du livre Ier de la deuxième partie est la plus importante.

Art. R. 6523-21. Le comité régional de l'emploi, de la formation et de l'orientation professionnelles constitue en son sein en un bureau comprenant :

1° Trois représentants de l'État, dont le préfet de région, le recteur (D. 2019-1554 du 30 déc. 2019, art. 2, III, JO 31, entrée en vigueur le 01.01.2020) « de région académique » et un représentant de l'État désigné par le préfet de région parmi ceux mentionnés au 1° de l'article R. 6123-19 ;

2° Trois représentants des collectivités territoriales investies des compétences en matière de formation et d'orientation professionnelles, selon les modalités suivantes :

a) En Guadeloupe et à La Réunion, trois représentants de la région, dont le président du conseil régional et deux représentants de la région désignés par lui parmi ceux qui ont été nommés en application du 2° de l'article R. 6523-19 ;

b) En Guyane, trois représentants de l'assemblée de Guyane dont son président et deux représentants désignés par lui parmi ceux qui ont été nommés en application du 2° de l'article R. 6523-19 ;

c) En Martinique, trois représentants de l'assemblée de Martinique dont le président du conseil exécutif et deux représentants désignés par lui parmi ceux qui ont été nommés en application du 2° de l'article R. 6523-19 ;

3° Quatre représentants des organisations syndicales de salariés représentatives au plan national et interprofessionnel ou au plan régional et interprofessionnel et des organisations professionnelles d'employeurs représentatives au plan national et interprofessionnel ou représentatives au niveau régional et interprofessionnel, désignés sur proposition du collège constitué par l'ensemble des représentants des partenaires sociaux mentionnés au 3° de l'article R. 6523-19.

Dans le cas où aucun accord ne peut être obtenu au sein du collège mentionné à l'alinéa précédent dans un délai d'un mois à compter de la saisine à cet effet de tous ses membres par le préfet de région, celui-ci désigne deux organisations syndicales de salariés et deux organisations professionnelles d'employeurs dont l'audience, mesurée suivant les dispositions des titres II et V du livre Ier de la deuxième partie, est la plus forte.

Sous-section 2. **Saint-Barthélemy et Saint-Martin**

Art. R. 6523-22. Les dispositions de la sous-section 1 de la présente section, à l'exclusion de l'article R. 6523-19, sont applicables à Saint-Barthélemy et Saint-Martin sous réserve des adaptations suivantes :

1° Les attributions du comité régional de l'emploi, de la formation et de l'orientation professionnelles, sont exercées par le comité de l'emploi, de la formation et de l'orientation professionnelles ;

2° Les attributions dévolues au préfet de région sont exercées par le représentant de l'État à Saint-Barthélemy et à Saint-Martin ;

3° Les compétences dévolues au président du conseil régional sont exercées par le président du conseil territorial ;

4° Les références à la région, à la Guadeloupe, à la Guyane, à la Martinique et à La Réunion sont remplacées par celles de Saint-Barthélemy et de Saint-Martin ;

5° Les références au conseil général sont remplacées par celles du conseil territorial.

Art. R. 6523-23. Le Comité de l'emploi, de la formation et de l'orientation professionnelle est composé, outre le représentant de l'État à Saint-Barthélemy et à Saint-Martin et le président du conseil territorial, de membres nommés par arrêté du représentant de l'État dans chacune des collectivités :

1° Six représentants de l'État :

a) Le (D. 2019-1554 du 30 déc. 2019, art. 2, III, JO 31, entrée en vigueur le 01.01.2020) « recteur de la région académique Guadeloupe » ou son représentant ;

b) Le chef de corps commandant le régiment du service militaire adapté présent en Guadeloupe ou son représentant ;

c) Le directeur des entreprises, de la concurrence, de la consommation, du travail et de l'emploi (DIECCTE) ou son représentant ;

d) Le directeur régional de la jeunesse, des sports et de la cohésion sociale (DRJSCS) ou son représentant ;

e) Deux autres représentants des services de l'État désignés par le représentant de l'État ;

2° Six représentants de la collectivité d'outre-mer désigné par le président du conseil territorial ;

3° Un nombre compris entre quatre et huit, au titre du *a* comme du *b*, de représentants désignés par leurs organisations respectives :

a) Des organisations syndicales de salariés représentatives au niveau national et interprofessionnel, des organisations syndicales de salariés représentatives au niveau régional et interprofessionnel et des organisations syndicales de salariés intervenant dans les secteurs d'activités correspondant à ceux des organisations intéressées (D. 2020-138 du 18 févr. 2020, JO 20) « mentionnées au III de l'article R. 2272-9 » ;

b) Des organisations professionnelles d'employeurs représentatives au niveau national et interprofessionnel, des organisations professionnelles d'employeurs représentatives au niveau régional et interprofessionnel ou au niveau multi-professionnel, ainsi que de la chambre économique multi-professionnelle à Saint-Barthélemy et de la chambre consulaire interprofessionnelle à Saint-Martin.

4° Des représentants des principaux opérateurs de l'emploi, de la formation et de l'orientation professionnelles implantés localement dont le directeur de l'institut universitaire, le directeur régional de Pôle emploi, le directeur (D. 2020-138 du 18 févr. 2020, JO 20) « de la commission paritaire interprofessionnelle régionale », le directeur de l'association régionale des missions locales, le représentant du réseau des associations de financement des créateurs-repreneurs d'entreprise, le directeur du centre d'animation, de ressources et d'information sur les formations et observatoire régional de l'emploi et de la formation professionnelle, le président du comité économique, social et environnemental régional, le directeur régional de l'Office national d'information des enseignements et des professions ainsi que le directeur régional de l'agence de l'outre-mer pour la mobilité ou leurs représentants.

Les représentants désignés en application du *e* du 1° et du 2° comprennent un nombre égal de femmes et d'hommes, conformément au principe de parité tel que défini à l'article L. 6123-3.

Les membres mentionnés au 4° du présent article siègent sans voix délibératives.

Pour l'application du présent article, le représentant de l'État arrête la liste des organisations représentatives au niveau local mentionnées aux *a* et *b* du 3°, en application des dispositions du chapitre II du titre II du livre Ier de la deuxième partie et du chapitre II du titre V du même livre.

Sous-section 3. **Saint-Pierre-et-Miquelon**

Art. R. 6523-24. Les dispositions de la sous-section 1 de la présente section, à l'exception de celles du II de l'article R. 6523-16, du a de l'article R. 6523-17, de l'article R. 6523-18 en ce qu'il ajoute un 3° et un 4° au III de l'article R. 6123-3, de l'article R. 6523-19 et de l'article R. 6523-21, sont applicables à Saint-Pierre-et-Miquelon sous réserve des adaptations suivantes :

1° Les attributions du comité régional de l'emploi, de la formation et de l'orientation professionnelles, sont exercées par le comité de l'emploi, de la formation et de l'orientation professionnelles ;

2° Les attributions dévolues au préfet de région sont exercées par le représentant de l'État à Saint-Pierre-et-Miquelon ;

3° Les compétences dévolues au président du conseil régional sont exercées par le président du conseil territorial ;

4° Les références à la région, à la Guadeloupe, à la Guyane, à la Martinique et à La Réunion sont remplacées par celles de Saint-Pierre-et-Miquelon ;

5° Les références au conseil général sont remplacées par celles du conseil territorial ;

6° L'article R. 6123-3-4 n'est pas applicable à Saint-Pierre-et-Miquelon.

Art. R. 6523-25. Le comité de l'emploi, de la formation et de l'orientation professionnelle est composé, outre le représentant de l'État à Saint-Pierre-et-Miquelon et le président du conseil territorial, de membres nommés par arrêté du représentant de l'État :

1° Quatre représentants de l'État :

a) Le chef de service de l'éducation nationale ;

b) Le directeur de la cohésion sociale, du travail, de l'emploi et de la population ;

c) Le correspondant aux droits des femmes et à l'égalité ;

d) Le directeur du centre pénitentiaire ;

2° Trois représentants de la collectivité d'outre-mer désigné par le président du conseil territorial ;

3° Un nombre compris entre quatre et six, au titre du *a* comme du *b*, de représentants désignés par leurs organisations respectives :

a) Des organisations syndicales de salariés représentatives au niveau national et interprofessionnel, des organisations syndicales de salariés représentatives au niveau régional et interprofessionnel et des organisations syndicales de salariés intervenant dans les secteurs d'activités correspondant à ceux des organisations intéressées (D. 2020-138 du 18 févr. 2020, JO 20) « mentionnées au III de l'article R. 2272-9 » ;

b) Des organisations professionnelles d'employeurs les plus représentatives au niveau national et interprofessionnel, des organisations syndicales des salariés représentatives au niveau régional et interprofessionnel, dans la région au niveau interprofessionnel ou multi professionnel, ainsi que de la chambre d'agriculture, du commerce, d'industrie et des métiers ;

4° Des représentants des principaux opérateurs de l'emploi, de la formation et de l'orientation professionnelles implantés localement dont le directeur régional de Pôle emploi, le chef du centre d'information et d'orientation et le directeur du groupement d'intérêt public Expertise, mobilisation et valorisation des initiatives vers l'emploi (EMVIE).

Les représentants désignés en application du 2° comprennent au moins une personne de chaque sexe.

Chaque membre du conseil émet un avis sauf les membres mentionnés au 4° du présent article. Ils peuvent, le cas échéant, être entendus pour éclairer les débats.

Pour l'application du présent article, le représentant de l'État arrête la liste des organisations les plus représentatives au niveau local mentionnées aux *a* et *b* du 3° en application des dispositions du chapitre II du titre II du livre Ier de la deuxième partie et du chapitre II du titre V du même livre.

Art. R. 6523-26. Le comité de l'emploi, de la formation et de l'orientation professionnelles constitue en son sein un bureau comprenant le représentant de l'État, le président du conseil territorial, un représentant des organisations syndicales de salariés représentatives au plan national et interprofessionnel et un représentant des organisations professionnelles d'employeurs représentatives au plan national et interprofessionnel.

Les représentants des organisations syndicales de salariés et des organisations professionnelles d'employeurs représentatives sont désignés sur proposition du collège constitué par l'ensemble des personnes nommées au titre du 3° de l'article R. 6523-26. Dans le cas où aucun accord ne peut être obtenu sur cette désignation dans le délai d'un mois à compter de la saisine à cet effet des membres concernés par le représentant de l'État, celui-ci désigne, pour le choix des deux membres du bureau l'organisation syndicale de salariés et l'organisation professionnelle d'employeurs dont l'audience, mesurée suivant les dispositions des titres II et V du livre Ier de la deuxième partie est la plus forte.

Sous-section 4. **Dispositions relatives à Mayotte**

Note Cette sous-section est issue du décret 2018-953 du 31 octobre 2018, art. 7, 15°, JO 6 nov.

Art. R. 6523-26-1. La section 2 du chapitre III du titre II du livre Ier de la présente partie s'applique à Mayotte sous réserve des dispositions de la présente sous-section.

Art. R. 6523-26-2. I. – Le 2° de l'article R. 6123-3-2 et les articles R. 6123-3-3, R. 6123-3-4 et R. 6123-3-10 ne sont pas applicables à Mayotte.

II. – Pour l'application de l'article R. 6123-3-9 à Mayotte, les mots : " national et " sont supprimés.

Art. R. 6523-26-3. Outre les attributions dévolues au comité régional par les articles R. 6123-3 à R. 6123-3-2, le comité de Mayotte est chargé :

1° D'émettre un avis sur la charte ou le plan régional de prévention et de lutte contre l'illettrisme établi sous l'égide du préfet et du président du conseil départemental de Mayotte ;

2° D'examiner toute question relative à l'emploi et à la formation professionnelle en mobilité.

Art. R. 6523-26-4. Après le troisième alinéa du III de l'article R. 6123-3, sont ajoutées les dispositions suivantes :

" 3° Chaque année, des activités de l'Agence de l'outre-mer pour la mobilité et du service militaire adapté dans la collectivité ;

4° Chaque année, du bilan des activités du conseil départemental de Mayotte en matière d'aide à l'insertion sociale et professionnelle ;

5° Chaque année, par les services compétents de l'État, des données relatives au (D. 2020-138 du 18 févr. 2020, JO 20) « territoire » d'outre-mer concernées figurant dans les états statistiques et financiers des (D. 2020-138 du 18 févr. 2020, JO 20) « opérateurs de compétences » ".

Art. R. 6523-26-5. Le comité régional de l'emploi, de la formation et de l'orientation professionnelle est composé, outre le préfet ou son représentant et du président du conseil départemental de Mayotte, de membres nommés par arrêté du préfet :

1° Huit représentants de l'État ;

a) Le (D. 2019-1553 du 30 déc. 2019, art. 11, JO 31, entrée en vigueur le 01.01.2020) « recteur » d'académie ;

b) Le chef de bataillon du service militaire adapté de Mayotte ;

c) Le directeur des entreprises, de la concurrence, de la consommation, du travail et de l'emploi ;

d) Le directeur régional de la jeunesse, des sports et de la cohésion sociale ;

e) Le chef des affaires maritimes ;

f) Le directeur de l'agriculture, de l'agroalimentaire et de la forêt ;

g) Un représentant local de l'administration pénitentiaire ;

h) Un autre représentant de l'État désigné par le préfet ;

2° Sept représentants du Département de Mayotte désignés par le conseil départemental, ainsi que le président du conseil départemental ou son représentant ;

3° Un nombre compris entre cinq et onze au titre du *a* comme du *b* de représentants désignés par leurs organisations respectives :

a) Des organisations syndicales de salariés représentatives au niveau national et interprofessionnel, des organisations syndicales de salariés représentatives au niveau régional et interprofessionnel et des organisations syndicales de salariés intervenant dans les secteurs d'activités correspondant à ceux des organisations intéressées (D. 2020-138 du 18 févr. 2020, JO 20) « mentionnées au III de l'article R. 2272-9 » ;

b) Des organisations professionnelles d'employeurs représentatives au niveau national et interprofessionnel, des organisations professionnelles d'employeurs représentatives au niveau régional et interprofessionnel, ou au niveau multi professionnel, ainsi que de chacun des trois réseaux consulaires ;

4° Des représentants des principaux opérateurs de l'emploi, de la formation et de l'orientation professionnelles implantés localement, dont un représentant des établissements d'enseignement supérieur, le directeur régional de Pôle emploi, un représentant des organismes ayant compétence pour l'accompagnement des personnes reconnues travailleurs handicapés, un représentant des missions locales de Mayotte, un représentant des organismes ayant compétence pour l'accompagnement des cadres et assimilés, le directeur du centre d'animation, de ressources et d'information sur les formations et observatoire régional de l'emploi et de la formation professionnelle, le directeur régional de l'Office national d'information des enseignements et des professions, le président du conseil économique, social et environnemental de Mayotte, le délégué régional de l'agence de l'outre-mer pour la mobilité, et un représentant de la chambre de l'économie sociale et solidaire de Mayotte.

Les représentants désignés en application du 2° comprennent un nombre égal de femmes et d'hommes, conformément au principe de parité tel que défini à l'article L. 6123-3. Le représentant désigné en application du *h* du 1° de l'article R. 6523-19 doit être du sexe qui a le moins de représentants nommés en application des *a* à *g*.

Les membres mentionnés au 4° du présent article siègent sans voix délibératives.

Pour l'application du présent article, le préfet arrête le nombre et la liste des organisations représentatives au niveau régional mentionnées au *a* et *b* du 3° de l'article R. 6523-19, en application des dispositions du chapitre II du titre II du livre Ier de la deuxième partie et du chapitre II du titre V du même livre.

Art. R. 6523-26-6. (D. 2020-138 du 18 févr. 2020, JO 20) Pour son application à Mayotte, l'article R. 6523-21 du code du travail est ainsi rédigé :

" Art. R. 6523-21. – Le comité régional de l'emploi, de la formation et de l'orientation professionnelles constitue en son sein un bureau comprenant :

1° Trois représentants de l'État, dont le préfet, le recteur et un représentant de l'État désigné par le préfet parmi ceux mentionnés au 1° de l'article R. 6123-19 ;

2° Trois représentants du Département de Mayotte, dont le président du conseil départemental de Mayotte et deux représentants désignés par lui parmi ceux qui ont été nommés en application du 2° de l'article R. 6323-26-5 ;

3° Quatre représentants des organisations syndicales de salariés représentatives au plan national et interprofessionnel ou au plan régional et interprofessionnel et des organisations professionnelles d'employeurs représentatives au plan national et interprofessionnel ou représentatives au niveau régional et interprofessionnel, désignés sur proposition du collège constitué par l'ensemble des représentants des partenaires sociaux mentionnés au 3° de l'article R. 6523-19.

Dans le cas où aucun accord ne peut être obtenu au sein du collège mentionné à l'alinéa précédent dans un délai d'un mois à compter de la saisine à cet effet de tous ses membres par le préfet, celui-ci désigne deux organisations syndicales de salariés et deux organisations professionnelles d'employeurs dont l'audience, mesurée suivant les dispositions des titres II et V du livre Ier de la deuxième partie, est la plus forte. "

Septième partie

DISPOSITIONS PARTICULIÈRES À CERTAINES PROFESSIONS ET ACTIVITÉS

LIVRE Ier

JOURNALISTES PROFESSIONNELS, PROFESSIONS DU SPECTACLE, DE LA PUBLICITÉ ET DE LA MODE

TITRE Ier

JOURNALISTES PROFESSIONNELS

Chapitre Ier

Champ d'application et définitions

SECTION 1. Champ d'application

Art. L. 7111-1. Les dispositions du présent code sont applicables aux journalistes professionnels et assimilés, sous réserve des dispositions particulières du présent titre.

Art. L. 7111-2. Est nulle toute convention contraire aux dispositions du présent chapitre du chapitre II ainsi qu'à celles de l'article L. 7113-1.

SECTION 2. Définitions

Art. L. 7111-3. Est journaliste professionnel toute personne qui a pour activité principale, régulière et rétribuée, l'exercice de sa profession dans une ou plusieurs entreprises de presse, publications quotidiennes et périodiques ou agences de presse et qui en tire le principal de ses ressources.

Le correspondant, qu'il travaille sur le territoire français ou à l'étranger, est un journaliste professionnel s'il perçoit des rémunérations fixes et remplit les conditions prévues au premier alinéa.

Art. L. 7111-4. Sont assimilés aux journalistes professionnels les collaborateurs directs de la rédaction, rédacteurs-traducteurs, sténographes-rédacteurs, rédacteurs-réviseurs, reporters-dessinateurs, reporters-photographes, à l'exclusion des agents de publicité et de tous ceux qui n'apportent, à un titre quelconque, qu'une collaboration occasionnelle.

Art. L. 7111-5. Les journalistes exerçant leur profession dans une ou plusieurs entreprises de communication au public par voie électronique ont la qualité de journaliste professionnel.

Art. L. 7111-5-1. (L. 2009-669 du 12 juin 2009, art. 20, JO 13) La collaboration entre une entreprise de presse et un journaliste professionnel porte sur l'ensemble des supports du titre de presse tel que défini au premier alinéa de l'article L. 132-35 du code de la propriété intellectuelle, sauf stipulation contraire dans le contrat de travail ou dans toute autre convention de collaboration ponctuelle.

Art. L. 7111-5-2. (L. 2016-1524 du 14 nov. 2016, art. 2, JO 15) Un exemplaire de la charte déontologique prévue à l'article 2 *bis* de la loi du 29 juillet 1881 sur la liberté de la presse est remis à tout journaliste lors de son embauche et à tout journaliste déjà employé dans une entreprise de presse, de publication quotidienne ou périodique, une agence de presse, une entreprise de communication au public par voie électronique ou de communication audiovisuelle, dans un délai de trois mois suivant l'adoption de la charte par cette entreprise ou cette agence.

SECTION 3. Carte d'identité professionnelle

Art. L. 7111-6. Le journaliste professionnel dispose d'une carte d'identité professionnelle dont les conditions de délivrance, la durée de validité, les conditions et les formes dans lesquelles elle peut être annulée sont déterminées par décret en Conseil d'État.

L'ancien journaliste professionnel peut bénéficier d'une carte d'identité de journaliste professionnel honoraire dans des conditions déterminées par ce même décret.

SECTION 4. Représentation professionnelle

Note Cette section a été introduite par la loi 2008-789 du 20 août 2008, art. 2, JO 21.

Art. L. 7111-7. Dans les entreprises mentionnées aux articles L. 7111-3 et L. 7111-5, lorsqu'un collège électoral spécifique est créé pour les journalistes professionnels et assimilés, est représentative à l'égard des personnels relevant de ce collège l'organisation syndicale qui satisfait aux critères de l'article L. 2121-1 et qui a recueilli au moins 10 % des suffrages exprimés au premier tour des dernières élections des titulaires au (Ord. 2017-1386 du 22 sept. 2017, art. 4, 16°, JO 23, entrée en vigueur au plus tard le 01.01.2018) «comité social et économique» dans ce collège.

Art. L. 7111-8. Dans les branches qui couvrent les activités des entreprises de presse, publications quotidiennes ou périodiques et agences de presse, ainsi que les activités des entreprises de communication au public par voie électronique ou de communication audiovisuelle, sont représentatives à l'égard des personnels mentionnés à l'article L. 7111-1 les organisations syndicales qui remplissent les conditions de l'article L. 2122-5 dans les collèges électoraux de journalistes.

Art. L. 7111-9. (L. 2008-789 du 20 août 2008, art. 8, JO 21) Dans les entreprises dans lesquelles un collège électoral spécifique est créé pour les journalistes professionnels et assimilés, lorsque la convention ou l'accord ne concerne que les journalistes ou assimilés, sa validité est subordonnée à sa signature par (L. 2016-1088 du 8 août 2016, art. 21, IV, JO 9) «, d'une part, l'employeur ou son représentant et, d'autre part,» une ou plusieurs organisations syndicales de salariés représentatives ayant recueilli (L. 2016-1088 du 8 août 2016, art. 21, IV, JO 9) «plus de 50 %» des suffrages exprimés (L. 2016-1088 du 8 août 2016, art. 21, IV, JO 9) «en faveur d'organisations représentatives» dans ce collège spécifique au premier tour des dernières élections des titulaires au (Ord. 2017-1386 du 22 sept. 2017, art. 4, 16°, JO 23, entrée en vigueur au plus tard le 01.01.2018) «comité social et économique», quel que soit le nombre de votants.

(L. 2016-1088 du 8 août 2016, art. 21, IV, JO 9) «Les règles de sa validité sont celles prévues à l'article L. 2232-12. Les taux de 30 % et de 50 % mentionnés au même article sont appréciés à l'échelle du collège des journalistes.»

Art. L. 7111-10. (L. 2008-789 du 20 août 2008, art. 8, JO 21) Lorsque la convention de branche ou l'accord ne concerne que les journalistes professionnels et assimilés, sa validité est subordonnée à sa signature par une ou plusieurs organisations syndicales de salariés représentatives ayant recueilli, aux élections prises en compte pour la mesure de l'audience prévue au 3° de l'article L. 2122-5, au moins 30 % des suffrages exprimés dans le collège de journalistes en faveur d'organisations reconnues représentatives à ce niveau, quel que soit le nombre de votants, et à l'absence d'opposition d'une ou de plusieurs organisations syndicales de salariés représentatives ayant recueilli la majorité des suffrages exprimés dans ce collège à ces élections, quel que soit le nombre de votants.

Art. L. 7111-11. (L. 2016-1524 du 14 nov. 2016, art. 3, JO 15) Le (Ord. 2017-1386 du 22 sept. 2017, art. 4, 20°, JO 23, entrée en vigueur au plus tard le 01.01.2018) «comité social et économique» de toute entreprise de presse, de toute publication quotidienne ou périodique, de toute agence de presse ou de toute entreprise de communication au public en ligne ou de communication audiovisuelle est informé chaque année sur le respect par celle-ci de l'article 2 *bis* de la loi du 29 juillet 1881 sur la liberté de la presse.

SECTION 1 (RÉGLEMENTAIRE). Carte d'identité professionnelle

Sous-section 1. Délivrance et renouvellement

Art. R. 7111-1. La carte d'identité professionnelle des journalistes ne peut être délivrée qu'aux personnes qui, conformément aux dispositions des articles L. 7111-3 à L. 7111-5, sont journalistes professionnels ou sont assimilées à des journalistes professionnels.

Art. R. 7111-2. À l'appui de sa première demande adressée à la commission de la carte d'identité des journalistes professionnels, prévue à la section 2, l'intéressé fournit :

1° La justification de son identité et de sa nationalité ;

2° Un curriculum vitae affirmé sur l'honneur ;

3° Le bulletin n° 3 de son casier judiciaire daté de moins de trois mois ;

4° L'affirmation sur l'honneur que le journalisme est bien sa profession principale, régulière et rétribuée et qu'il en tire une rémunération au moins égale au salaire minimum résultant de l'application des dispositions du présent code. Cette affirmation est accompagnée de l'indication des publications quotidiennes ou périodiques, agences de presse ou entreprises de communication audiovisuelle dans lesquelles le postulant exerce sa profession ;

5° L'indication des autres occupations régulières rétribuées ;

6° L'engagement de faire connaître à la commission tout changement qui surviendrait dans sa situation et qui entraînerait une modification des déclarations sur la production desquelles la carte aurait été délivrée. Cet engagement comporte l'obligation de rendre la carte à la commission lorsque le titulaire perd la qualité de journaliste professionnel.

Art. R. 7111-3. Après examen, et dans les conditions prévues aux articles R. 7111-27 et R. 7111-28, la commission de la carte d'identité des journalistes professionnels statue sur les demandes de délivrance de cartes dont elle est saisie.

Elle peut préalablement procéder ou faire procéder aux vérifications qu'elle juge utiles.

Art. R. 7111-4. La personne étrangère présentant une demande de carte d'identité de journaliste professionnel doit respecter les dispositions du présent code relatives aux conditions d'exercice d'une activité salariée par un étranger en France.

Art. R. 7111-5. La commission de la carte d'identité des journalistes professionnels délivre une carte de stagiaire à la personne qui a moins de deux ans d'ancienneté dans la profession.

Art. R. 7111-6. La carte d'identité de journaliste professionnel comporte la photographie du titulaire, sa signature, l'indication de ses nom, prénoms, nationalité et domicile, la mention des publications, agences de presse ou entreprise de communication audiovisuelle dans lesquelles il exerce sa profession.

Le cachet de la commission de la carte d'identité des journalistes professionnels et la signature de deux de ses membres, pris respectivement parmi les représentants des employeurs et des salariés, sont apposés sur la carte.

Art. R. 7111-7. La carte d'identité de journaliste professionnel est valable pour une durée d'un an. Elle mentionne la période de sa validité.

Elle est renouvelée pour une même durée sur décision favorable de la commission de la carte d'identité des journalistes professionnels.

Art. R. 7111-8. Lors du renouvellement de la carte d'identité de journaliste professionnel, la commission détermine les justificatifs à fournir à l'appui de la demande de renouvellement, compte tenu des justificatifs déjà fournis à l'appui de la demande initiale.

Art. R. 7111-9. Lorsque, sans faute de sa part, un journaliste professionnel ayant possédé cette qualité pendant deux ans au moins se trouve momentanément privé de travail, la commission peut lui délivrer une carte provisoire d'identité de journaliste professionnel dont la durée est expressément limitée.

Cette carte ne diffère de la carte ordinaire que par l'absence d'indication des publications, agences de presse ou entreprises de communication audiovisuelle dans lesquelles le titulaire est employé.

Art. R. 7111-10. La décision de la commission de refus de délivrance ou de renouvellement de la carte est notifiée à l'intéressé par lettre recommandée avec avis de réception.

Sous-section 2. **Modifications et annulation**

Art. R. 7111-11. Le titulaire d'une carte d'identité de journaliste professionnelle qui cesse d'être employé dans les publications, agences de presse ou entreprises de communication audiovisuelle auxquelles il était attaché au moment de la délivrance de la carte d'identité, saisit la commission.

Cette dernière modifie la carte en tenant compte de sa nouvelle situation ou engage, s'il y a lieu, la procédure d'annulation prévue aux articles R. 7111-12 et R. 7111-13.

Art. R. 7111-12. La commission de la carte d'identité des journalistes professionnels peut annuler une carte.

Au préalable, le président de la commission convoque le titulaire devant celle-ci par lettre recommandée. Ce dernier, qui peut être assisté d'un conseil, présente ses explications. Lorsqu'il ne comparaît pas, il peut faire parvenir à la commission des explications écrites.

Art. R. 7111-13. La décision de la commission d'annuler de la carte est notifiée à l'intéressé par lettre recommandée avec avis de réception.

Sous-section 3. **Carte d'identité de journaliste professionnel honoraire**

Art. R. 7111-14. À l'appui de sa demande de carte de journaliste professionnel honoraire, l'intéressé fournit :

1° La justification de son identité et de sa nationalité ;

2° Un curriculum vitae affirmé sur l'honneur indiquant notamment les publications quotidiennes ou périodiques, agences de presse ou entreprises de communication audiovisuelle dans lesquelles il exerçait la profession de journaliste professionnel, dans les conditions définies aux articles L. 7111-3 et L. 7111-4 ;

3° Le bulletin n° 3 de son casier judiciaire daté de moins de trois mois ;

(D. 2014-1767 du 31 déc. 2014, JO 3 janv. 2015) « 4° S'il bénéficie d'une pension de retraite, une notification de l'organisme qui lui sert cette pension de retraite attestant qu'il a été affilié en qualité de journaliste professionnel et la justification de l'exercice de la profession de journaliste pendant vingt ans au moins. Lorsqu'il ne bénéficie pas d'une pension de retraite, il justifie d'avoir atteint l'âge d'ouverture du droit à une pension de retraite prévu à l'article L. 161-17-2 du code de la sécurité sociale ainsi que de l'exercice de sa profession de journaliste pendant trente ans. La justification de la qualité de journaliste est établie par la possession de la carte d'identité de journaliste professionnel ou par la production d'attestations de ses anciens employeurs ; »

5° Deux photographies récentes.

Art. R. 7111-15. Après examen, et dans les conditions prévues aux articles R. 7111-27 et R. 7111-28, la commission de la carte d'identité des journalistes professionnels statue sur les demandes de délivrance de cartes de journaliste professionnel honoraire dont elle est saisie.

Elle peut préalablement procéder ou faire procéder aux vérifications jugées utiles.

Art. R. 7111-16. Le modèle de la carte d'identité de journaliste professionnel honoraire ainsi que les mentions qu'elle comporte sont établis par le règlement intérieur de la commission de la carte d'identité des journalistes professionnels.

Art. R. 7111-17. La carte d'identité de journaliste professionnel honoraire peut être annulée suivant la procédure prévue aux articles R. 7111-12 et R. 7111-13 lorsque le titulaire reprend son activité dans la profession ou lorsqu'il est établi que la carte lui a été délivrée au vu de déclarations ou attestations sciemment inexactes.

SECTION 2 (RÉGLEMENTAIRE). **Commission de la carte d'identité des journalistes professionnels**

Sous-section 1. **Attributions, composition et mandat**

Art. R. 7111-18. La commission chargée d'attribuer la carte d'identité des journalistes professionnels est paritaire.

Elle comprend :

1° Huit représentants des employeurs, dont :

a) Sept au titre des directeurs de journaux et agences de presse ;

b) Un au titre des entreprises de communication audiovisuelle ;
2° Huit représentants des journalistes professionnels.

Art. R. 7111-19. Les membres de la commission justifient de l'exercice de leur profession pendant deux ans au moins durant les cinq années précédant leur désignation ou leur élection.

Ils ne doivent avoir fait l'objet d'aucune interdiction, déchéance ou incapacité relative à leurs droits civiques.

Art. R. 7111-20. Le mandat des membres désignés et des membres élus de la commission est de trois ans, renouvelable.

Il expire en même temps pour les deux catégories.

Sous-section 2. **Désignation et élection des membres**

Art. R. 7111-21. Les représentants des employeurs sont désignés par les organisations représentatives des directeurs de journaux et agences de presse et des entreprises de communication audiovisuelle.

En cas de désaccord, le siège en litige est pourvu par arrêté du ministre chargé de la communication.

Art. R. 7111-22. Les représentants des journalistes professionnels sont élus par les journalistes titulaires de la carte d'identité professionnelle.

Leur élection a lieu à bulletin secret au scrutin de liste à deux tours, à la représentation proportionnelle suivant la règle de la plus forte moyenne, avec vote préférentiel et sans panachage.

Les listes peuvent comporter un nombre de candidats inférieur à celui des sièges à pourvoir.

Art. R. 7111-23. Au premier tour de scrutin de l'élection des représentants des journalistes professionnels, chaque liste est établie par les organisations de salariés représentatives au niveau national. Lorsque le nombre de votants est inférieur à la moitié des électeurs inscrits, il est procédé, dans un délai d'un mois, à un second tour de scrutin.

Pour le second tour, les électeurs peuvent voter pour des listes autres que celles qui sont présentées par les organisations précédemment mentionnées.

Les modalités techniques du scrutin sont précisées par le protocole d'accord électoral ou, à défaut, le règlement intérieur de la commission.

Art. R. 7111-24. Des membres suppléants, en nombre égal à celui des représentants des employeurs et des journalistes professionnels, sont désignés et élus simultanément et dans les mêmes conditions que les membres titulaires.

Un des suppléants des représentants des employeurs est désigné au titre des entreprises de communication audiovisuelle du secteur privé par les organisations professionnelles représentatives de ces entreprises.

En cas de désaccord entre les organisations mentionnées au premier alinéa de l'article R. 7111-21, le siège en litige est pourvu par arrêté du ministre chargé de la communication.

Ces représentants suppléent les membres titulaires absents et remplacent, entre deux renouvellements, les membres décédés, démissionnaires ou qui cessent de faire partie de la commission par suite de décès ou de toute autre cause.

Les membres suppléants qui ne remplacent pas un membre titulaire peuvent être entendus par la commission, avant que celle-ci ne délibère.

Art. R. 7111-25. Dans les régions délimitées par le règlement intérieur de la commission un représentant et un remplaçant de chaque catégorie sont désignés en qualité de correspondants.

Dans chaque région, le représentant et le remplaçant des employeurs sont désignés par l'organisation la plus représentative des directeurs de journaux, agences de presse et entreprises de communication audiovisuelle. Le représentant et le remplaçant des journalistes professionnels sont élus par les journalistes titulaires de la carte d'identité professionnelle.

Les correspondants peuvent être entendus par la commission, avant que celle-ci ne délibère.

Sous-section 3. **Organisation et fonctionnement**

Art. R. 7111-26. Le président de la commission de la carte d'identité des journalistes professionnels est alternativement un représentant des employeurs et un représentant des journalistes professionnels. Le sort détermine celui qui préside la commission la première fois.

Art. R. 7111-27. La commission de la carte d'identité des journalistes professionnels établit son règlement intérieur.

La commission ne peut délibérer que lorsqu'au moins cinq représentants des employeurs et cinq représentants des journalistes professionnels sont présents et participent au vote.

Lorsque, au cours d'une séance, l'une des deux catégories a plus de membres présents que l'autre, le nombre de ses représentants autorisés à prendre part au vote est ramené au nombre des présents de l'autre catégorie, dans des conditions déterminées par le règlement intérieur de la commission.

Art. R. 7111-28. Les décisions de la commission de la carte d'identité des journalistes professionnels, notamment celles qui comportent délivrance, renouvellement ou annulation de la carte, sont prises à la majorité absolue des représentants présents.

Sous-section 4. **Réclamations**

Art. R. 7111-29. Toute décision de la commission de la carte d'identité des journalistes professionnels peut faire l'objet d'une réclamation, par l'intéressé, devant la commission supérieure mentionnée à l'article R. 7111-32.

Art. R. 7111-30. Le délai pour formuler une réclamation devant la commission supérieure est d'un mois franc à compter de la notification de la décision comportant annulation, refus de délivrance ou de renouvellement de la carte.

Pour les personnes qui, domiciliées en France, en sont temporairement éloignées pour une cause reconnue légitime, le délai pour formuler la réclamation devant la commission supérieure est porté à six mois.

Art. R. 7111-31. La réclamation est adressée par lettre recommandée avec avis de réception au président de la commission supérieure. Elle est suspensive.

La commission statue dans les conditions prévues aux articles R. 7111-12 et R. 7111-13.

Art. R. 7111-31-1. (D. 2014-1767 du 31 déc. 2014, JO 3 janv. 2015) Le président de la commission supérieure représente l'État devant les juridictions compétentes en cas de litige relatif aux décisions de cette commission, à l'exception des pourvois devant le Conseil d'État.

Art. R. 7111-32. La commission supérieure comprend :

1° Un conseiller à la Cour de cassation, en exercice ou honoraire, président ;

2° Deux magistrats de la cour d'appel de Paris, en exercice ou honoraires ;

3° Un représentant des directeurs de journaux, agences de presse et entreprises de communication audiovisuelle ;

4° Un représentant des journalistes professionnels.

Art. R. 7111-33. Les trois magistrats de la commission supérieure ainsi qu'un suppléant pour chacun d'eux sont désignés par le premier président de la cour dont ils relèvent.

Les représentants des directeurs de journaux, agences de presse et entreprises de communication audiovisuelle et des journalistes professionnels, ainsi que deux suppléants pour chacun d'eux, sont respectivement désignés et élus simultanément et dans les mêmes conditions que les membres de la commission de la carte d'identité des journalistes professionnels.

Art. R. 7111-34. Le mandat de représentant à la commission supérieure est incompatible avec celui de membre de la commission de la carte d'identité des journalistes professionnels.

Art. R. 7111-35. Il est procédé tous les trois ans au renouvellement complet de la commission supérieure. Les membres sortants peuvent être désignés ou élus à nouveau.

Chapitre II
Contrat de travail

SECTION 1. Présomption de salariat

Art. L. 7112-1. Toute convention par laquelle une entreprise de presse s'assure, moyennant rémunération, le concours d'un journaliste professionnel est présumée être un contrat de travail.

Cette présomption subsiste quels que soient le mode et le montant de la rémunération ainsi que la qualification donnée à la convention par les parties.

SECTION 2. Rupture du contrat

Art. L. 7112-2. Dans les entreprises de journaux et périodiques, en cas de rupture par l'une ou l'autre des parties du contrat de travail à durée indéterminée d'un journaliste professionnel, la durée du préavis, sous réserve du 3° de l'article L. 7112-5, est fixée à :

1° Un mois pour une ancienneté inférieure ou égale à trois ans ;

2° Deux mois pour une ancienneté supérieure à trois ans.

Toutefois, lorsque la rupture est à l'initiative de l'employeur et que le salarié a une ancienneté de plus de deux ans et de moins de trois ans, celui-ci bénéficie du préavis prévu au 3° de l'article L. 1234-1.

Art. L. 7112-3. Si l'employeur est à l'initiative de la rupture, le salarié a droit à une indemnité qui ne peut être inférieure à la somme représentant un mois, par année ou fraction d'année de collaboration, des derniers appointements. Le maximum des mensualités est fixé à quinze.

Art. D. 7112-1. L'indemnité de rupture du contrat de travail, prévue à l'article L. 7112-3, ne peut être inférieure à un mois de salaire, par année ou fraction d'année d'ancienneté.

Le maximum des mensualités est fixé à quinze.

Art. L. 7112-4. Lorsque l'ancienneté excède quinze années, une commission arbitrale est saisie pour déterminer l'indemnité due.

Cette commission est composée paritairement d'arbitres désignés par les organisations professionnelles d'employeurs et de salariés. Elle est présidée par un fonctionnaire ou par un magistrat en activité ou retraité.

Si les parties ou l'une d'elles ne désignent pas d'arbitres, ceux-ci sont nommés par le président du (Ord. 2019-964 du 18 sept. 2019, art. 35, JO 19, entrée en vigueur le 01.01.2020) « tribunal judiciaire », dans des conditions déterminées par voie réglementaire.

Si les arbitres désignés par les parties ne s'entendent pas pour choisir le président de la commission arbitrale, celui-ci est désigné à la requête de la partie la plus diligente par le président du (Ord. 2019-964 du 18 sept. 2019, art. 35, JO 19, entrée en vigueur le 01.01.2020) « tribunal judiciaire ».

En cas de faute grave ou de fautes répétées, l'indemnité peut être réduite dans une proportion qui est arbitrée par la commission ou même supprimée.

La décision de la commission arbitrale est obligatoire et ne peut être frappée d'appel.

Art. D. 7112-2. La commission arbitrale prévue à l'article L. 7112-4 détermine l'indemnité due au salarié dont l'ancienneté excède quinze années.

Art. D. 7112-3. La décision de la commission arbitrale est obligatoire. Elle produit effet à compter de sa saisine. Aucune disposition ne peut prescrire que ses effets rétroagiront avant cette date.

Sa minute est déposée par l'un des arbitres ou par le président de la commission au greffe du (D. 2019-966 du 18 sept. 2019, art. 8, JO 19, entrée en vigueur le 01.01.2020) « tribunal judiciaire » dans le ressort duquel la décision a été rendue. Ce dépôt est accompli dans les vingt-quatre heures et rend la décision exécutoire.

Les actes nécessités par l'application de l'article L. 7112-4 et du présent article sont dispensés de formes et de frais, en particulier de timbre et d'enregistrement.

Art. D. 7112-4. La décision de la commission arbitrale est notifiée aux parties par lettre recommandée avec avis de réception vingt-quatre heures après avoir été rendue. Cette notification est faite par l'un des arbitres ou par le président de la commission.

Art. D. 7112-5. La commission arbitrale comprend deux arbitres désignés par les organisations professionnelles d'employeurs et deux arbitres désignés par les organisations syndicales de salariés.

Art. D. 7112-6. La nomination des arbitres par le président du (D. 2019-966 du 18 sept. 2019, art. 8, JO 19, entrée en vigueur le 01.01.2020) « tribunal judiciaire » intervient huit jours après une mise en demeure adressée par lettre recommandée à la partie défaillante par l'autre organisation ou aux deux parties par l'intéressé lui-même.

Art. L. 7112-5. Si la rupture du contrat de travail survient à l'initiative du journaliste professionnel, les dispositions des articles L. 7112-3 et L. 7112-4 sont applicables, lorsque cette rupture est motivée par l'une des circonstances suivantes :

1° Cession du journal ou du périodique ;

2° Cessation de la publication du journal ou périodique pour quelque cause que ce soit ;

3° Changement notable dans le caractère ou l'orientation du journal ou périodique si ce changement crée, pour le salarié, une situation de nature à porter atteinte à son honneur, à sa réputation ou, d'une manière générale, à ses intérêts moraux. Dans ces cas, le salarié qui rompt le contrat n'est pas tenu d'observer la durée du préavis prévue à l'article L. 7112-2.

Chapitre III
Rémunération

Art. L. 7113-1. Tout travail non prévu au contrat de travail conclu entre une entreprise de journal et périodique et un journaliste professionnel entraîne une rémunération spéciale.

Art. L. 7113-2. (L. 2009-669 du 12 juin 2009, art. 20, JO 13) Tout travail commandé ou accepté par l'éditeur d'un titre de presse au sens de l'article L. 132-35 du code de la propriété intellectuelle, quel qu'en soit le support, est rémunéré, même s'il n'est pas publié.

Art. L. 7113-3. (L. 2009-669 du 12 juin 2009, art. 20, JO 13) Lorsque le travail du journaliste professionnel donne lieu à publication dans les conditions définies à l'article L. 132-37 du code de la propriété intellectuelle, la rémunération qu'il perçoit est un salaire.

Art. L. 7113-4. (L. 2009-669 du 12 juin 2009, art. 20, JO 13) La négociation obligatoire visée aux articles L. 2241-1 et L. 2241-8 porte également sur les salaires versés aux journalistes professionnels qui contribuent, de manière permanente ou occasionnelle, à l'élaboration d'un titre de presse.

Chapitre IV
Dispositions pénales

Art. L. 7114-1. Est puni d'un emprisonnement de deux ans et d'une amende de 3750 €, le fait :

1° Soit de faire sciemment une déclaration inexacte en vue d'obtenir la carte d'identité de journaliste professionnel ou la carte d'identité de journaliste professionnel honoraire ;

2° Soit de faire usage d'une carte frauduleusement obtenue, périmée ou annulée, en vue de bénéficier des avantages offerts par ces cartes ;

3° Soit de délivrer sciemment des attestations inexactes en vue de faire attribuer l'une de ces cartes.

Est puni des mêmes peines le fait de fabriquer, de distribuer ou d'utiliser une carte présentant avec l'une de ces cartes ou les documents délivrés par l'autorité administrative aux journalistes une ressemblance de nature à prêter à confusion.

TITRE II

PROFESSIONS DU SPECTACLE, DE LA PUBLICITÉ ET DE LA MODE

Chapitre Ier

Artistes du spectacle

SECTION 1. Champ d'application

Art. L. 7121-1. Les dispositions du présent code sont applicables aux artistes du spectacle, sous réserve des dispositions particulières du présent chapitre.

SECTION 2. Définitions

Art. L. 7121-2. Sont considérés comme artistes du spectacle, notamment:

1° L'artiste lyrique;

2° L'artiste dramatique;

3° L'artiste chorégraphique;

4° L'artiste de variétés;

5° Le musicien;

6° Le chansonnier;

7° L'artiste de complément;

8° Le chef d'orchestre;

9° L'arrangeur-orchestrateur;

10° Le metteur en scène (L. 2016-925 du 7 juil. 2016, art. 46, JO 8) «, le réalisateur et le chorégraphe», pour l'exécution matérielle de (L. 2016-925 du 7 juil. 2016, art. 46, JO 8) «leur» conception artistique;

(L. 2016-925 du 7 juil. 2016, art. 46, JO 8) «11° L'artiste de cirque;

12° Le marionnettiste;

13° Les personnes dont l'activité est reconnue comme un métier d'artiste-interprète par les conventions collectives du spectacle vivant étendues.»

SECTION 3. Contrat de travail

Art. L. 7121-3. Tout contrat par lequel une personne s'assure, moyennant rémunération, le concours d'un artiste du spectacle en vue de sa production, est présumé être un contrat de travail dès lors que cet artiste n'exerce pas l'activité qui fait l'objet de ce contrat dans des conditions impliquant son inscription au registre du commerce.

Art. L. 7121-4. La présomption de l'existence d'un contrat de travail subsiste quels que soient le mode et le montant de la rémunération, ainsi que la qualification donnée au contrat par les parties.

Cette présomption subsiste même s'il est prouvé que l'artiste conserve la liberté d'expression de son art, qu'il est propriétaire de tout ou partie du matériel utilisé ou qu'il emploie lui-même une ou plusieurs personnes pour le seconder, dès lors qu'il participe personnellement au spectacle.

Art. L. 7121-5. La présomption de salariat prévue à l'article L. 7121-3 ne s'applique pas aux artistes reconnus comme prestataires de services établis dans un État membre de la Communauté européenne ou dans un autre État partie à l'accord sur l'Espace économique européen où ils fournissent habituellement des services analogues et qui viennent exercer leur activité en France, par la voie de la prestation de services, à titre temporaire et indépendant.

Art. L. 7121-6. Le contrat de travail d'un artiste du spectacle est individuel.

Art. L. 7121-7. Le contrat de travail peut être commun à plusieurs artistes lorsqu'il concerne des artistes se produisant dans un même numéro ou des musiciens appartenant au même orchestre.

Dans ce cas, le contrat de travail désigne nominativement tous les artistes engagés et comporte le montant du salaire attribué à chacun d'eux. Il peut être revêtu de la signature d'un seul artiste, à condition que le signataire ait reçu mandat écrit de chacun des artistes figurant au contrat.

L'artiste contractant dans ces conditions conserve la qualité de salarié.

Art. L. 7121-7-1. (L. 2011-525 du 17 mai 2011, art. 8, JO 18) Les employeurs relevant du champ d'application du guichet unique fixé à l'article L. 7122-22 doivent, en l'absence de dispositions conventionnelles spécifiques aux artistes et techniciens du spectacle au titre de leur activité principale, lorsqu'ils emploient un artiste ou un technicien du spectacle, les faire bénéficier des dispositions d'une convention collective des activités du spectacle et s'y référer dans le formulaire de déclaration d'emploi.

SECTION 4. Rémunération

Art. L. 7121-8. La rémunération due à l'artiste à l'occasion de la vente ou de l'exploitation de l'enregistrement de son interprétation, exécution ou présentation par l'employeur ou tout autre utilisateur n'est pas considérée comme salaire dès que la présence physique de l'artiste n'est plus requise pour exploiter cet enregistrement et que cette rémunération n'est pas fonction du salaire reçu pour la production de son interprétation, exécution ou présentation, mais est fonction du produit de la vente ou de l'exploitation de cet enregistrement.

SECTION 5. Placement

Sous-section 1. Activité d'agent artistique

Art. L. 7121-9. (L. 2010-853 du 23 juil. 2010, art. 21, JO 24) L'activité d'agent artistique, qu'elle soit exercée sous l'appellation d'impresario, de manager ou sous toute autre dénomination, consiste à recevoir mandat à titre onéreux d'un ou de plusieurs artistes du spectacle aux fins de placement et de représentation de leurs intérêts professionnels.

Un décret en Conseil d'État fixe les modalités du mandat écrit visé au premier alinéa et les obligations respectives à la charge des parties.

Nul ne peut exercer l'activité d'agent artistique s'il exerce, directement ou par personne interposée, l'activité de producteur d'œuvres cinématographiques ou audiovisuelles.

Art. L. 7121-11. L'activité d'agent artistique présente un caractère commercial au sens des dispositions du code de commerce.

Art. L. 7121-12. Sous réserve du respect (L. 2010-853 du 23 juil. 2010, art. 21, JO 24) «de l'incompatibilité prévue à l'article L. 7121-9», un agent artistique peut produire un spectacle vivant au sens du chapitre II, lorsqu'il est titulaire d'une licence d'entrepreneur de spectacles vivants.

Dans ce cas, il ne peut percevoir aucune commission sur l'ensemble des artistes composant la distribution du spectacle.

Sous-section 2. Rémunération des services de placement

Art. L. 7121-13. (L. 2010-853 du 23 juil. 2010, art. 21, JO 24) Les sommes que les agents artistiques peuvent percevoir en rémunération de leurs services et notamment du placement se calculent en pourcentage sur l'ensemble des rémunérations de l'artiste. Un décret fixe la nature des rémunérations prises en compte pour le calcul de la rétribution de l'agent artistique ainsi que le plafond et les modalités de versement de sa rémunération.

Ces sommes peuvent, par accord entre l'agent artistique et l'artiste du spectacle bénéficiaire du placement, être en tout ou partie mises à la charge de l'artiste. Dans ce cas, l'agent artistique donne quittance à l'artiste du paiement opéré par ce dernier.

Sous-section 3. Agences artistiques

Art. L. 7121-14. Le maire surveille les agences artistiques, leurs succursales et leurs bureaux annexes pour y assurer le maintien de l'ordre et le respect des règles d'hygiène.

SECTION 1 (RÉGLEMENTAIRE). Agents artistiques

Note Cette section a été introduite par le décret 2011-517 du 11 mai 2011, JO 13.

Sous-section 1. Dispositions générales

Art. R. 7121-1. L'agent artistique représente l'artiste du spectacle. À cette fin, il exerce notamment les missions suivantes :

1° Défense des activités et des intérêts professionnels de l'artiste du spectacle ;

2° Assistance, gestion, suivi et administration de la carrière de l'artiste du spectacle ;

3° Recherche et conclusion des contrats de travail pour l'artiste du spectacle ;

4° Promotion de la carrière de l'artiste du spectacle auprès de l'ensemble des professionnels du monde artistique ;

5° Examen de toutes propositions qui sont faites à l'artiste du spectacle ;

6° Gestion de l'agenda et des relations de presse de l'artiste du spectacle ;

7° Négociation et examen du contenu des contrats de l'artiste du spectacle, vérification de leur légalité et de leur bonne exécution auprès des employeurs.

Sous-section 2. Le mandat

Art. R. 7121-6. Le mandat entre un agent artistique et un artiste est régi dans les conditions prévues au titre XIII du livre III du code civil. Il précise au minimum :

1° La ou les missions confiées et les modalités pour rendre compte de leur exécution périodique ;

2° Leurs conditions de rémunération ;

3° Le terme du mandat ou les autres modalités par lesquelles il prend fin.

Il est établi à titre gratuit.

Sous-Section 3. Rémunérations

Note Cette sous-section a été introduite par le décret 2011-1018 du 25 août 2011, JO 27.

Art. D. 7121-7. L'agent artistique perçoit en contrepartie de ses services, dans les conditions fixées par le mandat mentionné à l'article R. 7121-6, une rémunération calculée en pourcentage des rémunérations, fixes ou proportionnelles à l'exploitation, perçues par l'artiste.

Les sommes perçues par l'agent artistique en contrepartie des missions définies à l'article R. 7121-1, autres que celles mentionnées au second alinéa de l'article D. 7121-8, ne peuvent excéder un plafond de 10 % du montant brut des rémunérations définies au premier alinéa.

Toutefois, lorsque, conformément aux usages professionnels en vigueur notamment dans le domaine des musiques actuelles, des missions particulières justifiant une rémunération complémentaire sont confiées par l'artiste à l'agent en matière d'organisation et de développement de sa carrière, le plafond mentionné à l'alinéa précédent est porté à 15 %.

Le contrat de travail signé entre l'artiste et l'employeur prévoit la partie qui prend en charge les sommes dues à l'agent artistique et, le cas échéant, selon quel partage. Ne peuvent être prises en charge par l'employeur que les sommes calculées en pourcentage des rémunérations qu'il verse directement à l'artiste et dont l'agent artistique bénéficiaire est explicitement désigné dans le contrat de travail.

La rémunération complémentaire mentionnée au troisième alinéa est prise en charge par l'artiste. Elle peut toutefois être versée par l'employeur pour le compte de l'artiste.

Art. D. 7121-8. Ne peuvent être pris en considération pour le calcul de la rémunération de l'agent artistique en application du premier alinéa de l'article D. 7121-7 les remboursements, indemnités et avantages en nature perçus par l'artiste à titre de frais professionnels.

Dans les conditions fixées par le mandat mentionné à l'article R. 7121-6 et sur présentation de pièces justificatives, les frais engagés par l'agent artistique en accord avec l'artiste peuvent faire l'objet d'un remboursement.

SECTION 2 (RÉGLEMENTAIRE). Congés payés

Sous-section 1. Champ d'application

Art. D. 7121-28. La présente section détermine, conformément à l'article (D. 2016-1553 du 18 nov. 2016, art. 7, IV, 8°, JO 19, entrée en vigueur le 01.01.2017) « L. 3141-32 », les modalités d'application des dispositions relatives aux congés payés du personnel artistique et technique du spectacle occupé :

1° Dans les entreprises de spectacle occupant les activités prévues au code 92.3 et aux codes 92.7A et 55.4C de la nomenclature des activités françaises (NAF) ainsi que par les impresarios, agences théâtrales, chefs d'orchestre, chefs de troupe ou dans les hôtels, cafés, restaurants ;

2° Dans les entreprises exerçant les activités cinématographiques et vidéo prévues au code 92.1 de la nomenclature NAF ;

3° Dans les entreprises exerçant les activités de radio et de télévision prévues au code 92.2 de la nomenclature NAF ;

4° Dans les entreprises exerçant les activités d'édition d'enregistrements sonores prévues au code 22.1G.

Art. D. 7121-29. La présente section s'applique également pour leur personnel artistique et technique :

1° Aux personnes morales de droit public exerçant les types d'activités mentionnés à l'article D. 7121-28 à titre principal, accessoire ou occasionnel, sous quelque forme juridique que ce soit ;

2° Au personnel artistique et technique détaché dans les conditions prévues à l'article L. 1261-3.

Sous-section 2. Droit au congé

Art. D. 7121-30. Les dispositions relatives aux congés payés, prévus par le chapitre premier du titre IV du livre premier de la partie III, qui ne sont pas contraires aux dispositions de la présente section s'appliquent.

Art. D. 7121-31. Lorsqu'il justifie d'au moins quatre semaines d'engagement ou de trente cachets au cours de la période de référence chez un ou plusieurs des employeurs assujettis, le bénéficiaire de la présente section a droit à un congé déterminé conformément aux dispositions des articles L. 3141-3 à (D. 2016-1553 du 18 nov. 2016, art. 7, IV, 9°, JO 19, entrée en vigueur le 01.01.2017) « L. 3141-31 ».

Chaque journée de congé payé est considérée, pour la détermination du droit au congé ultérieur, comme correspondant à une journée de travail ou à un cachet.

Art. D. 7121-32. L'employeur délivre au salarié qu'il cesse d'employer ou qui peut bénéficier de son congé annuel un certificat justificatif de ses droits à congé en double exemplaire.

Ce certificat indique :

1° La durée des engagements ou le nombre des cachets accomplis pour le compte de l'employeur dans les douze mois qui précèdent et le montant de la rémunération versée pendant la période envisagée ;

2° La raison sociale et l'adresse de la caisse de congés payés à laquelle l'employeur est affilié.

Il lui remet également une enveloppe timbrée nécessaire à la transmission de ce certificat à la caisse de congés payés.

Art. D. 7121-33. Le salarié transmet à la caisse de congés payés prévue à la sous-section 3 un exemplaire du certificat justificatif de ses droits à congés.

Art. D. 7121-34. Lorsque, au moment du départ du salarié, l'employeur ne lui a pas délivré le certificat justificatif de ses droits à congés, l'intéressé peut le réclamer dans les six mois suivant son départ.

En cas de refus de l'employeur, l'intéressé informe la caisse de congés.

Art. D. 7121-35. Le versement des cotisations accompli par l'employeur en application de l'article D. 7121-44 le dispense du paiement de l'indemnité compensatrice de congé, prévue à l'article (D. 2016-1553 du 18 nov. 2016, art. 7, IV, 10°, JO 19, entrée en vigueur le 01.01.2017) « L. 3141-28 », en cas de rupture du contrat de travail d'un salarié qui a au moins un mois d'ancienneté dans l'entreprise et qui n'a pas bénéficié de son congé payé.

Art. D. 7121-36. Pour bénéficier du congé annuel continu, en application de l'article D. 7121-31, le salarié transmet à la caisse de congés payés les certificats qu'il a reçus de son employeur ou de ses employeurs successifs. Cette transmission est faite quinze jours au moins avant la date à laquelle il prend son congé.

Après vérification, la caisse verse à l'intéressé le montant de l'indemnité à laquelle il a droit contre remise d'une pièce justifiant son immatriculation à la sécurité sociale.

Art. D. 7121-37. Le montant de l'indemnité journalière de congé est égal à la rémunération journalière moyenne que l'intéressé a reçue dans les entreprises où il a été employé pendant la période prise en considération pour la détermination du droit au congé.

Le montant de l'indemnité journalière ne peut excéder le chiffre maximum fixé dans les conventions collectives de travail ou par sentence arbitrale, rendue dans les conditions prévues aux articles L. 2524-1 et suivants.

En cas d'absence de convention collective, le montant de l'indemnité journalière est limité au triple du montant du salaire minimum de la catégorie professionnelle, à moins qu'une sentence arbitrale n'ait fixé une limite plus élevée.

Sous-section 3. **Caisse de congés payés**

§ 1. Constitution

Art. D. 7121-38. Une caisse de congés payés assure le service des congés annuels au personnel artistique et technique employé de façon intermittente dans les entreprises mentionnées aux articles D. 7121-28 et D. 7121-29.

Cette caisse répartit entre ces entreprises les charges résultant de l'attribution des congés payés.

Art. D. 7121-39. La caisse de congés payés est agréée par le ministre chargé du travail.

Le ministre approuve ses statuts et règlements ainsi que les modifications qui leur sont apportées. Ils ne peuvent être modifiés qu'avec son approbation.

Un arrêté du ministre chargé du travail fixe les pièces, justifications et garanties à fournir par la caisse, soit en vue de son agrément, soit au cours de son fonctionnement. Cet arrêté détermine également les dispositions que contiennent ses statuts et règlements.

§ 2. Affiliation

Art. D. 7121-40. Les employeurs mentionnés aux articles D. 7121-28 et D. 7121-29 s'affilient, pour le personnel artistique et technique qu'ils emploient, à la caisse de congés payés prévue à l'article D. 7121-38.

Art. D. 7121-41. Les employeurs déclarent à la caisse de congés payés le personnel artistique et technique qu'ils n'ont pas employé de façon continue pendant les douze mois précédant la demande de congé.

Art. D. 7121-42. Les entreprises établies dans un autre État membre de (D. 2016-1553 du 18 nov. 2016, art. 7, IV, 11°, JO 19, entrée en vigueur le 01.01.2017) « l'Union » européenne ou d'un autre État partie à l'accord sur l'Espace économique européen qui emploient des salariés détachés mentionnés au 2° de l'article D. 7121-29 peuvent s'exonérer des obligations figurant à la présente section lorsqu'elles justifient que ces salariés bénéficient, pour la période de détachement, de leurs droits à congés payés dans des conditions au moins équivalentes à celles prévues par la législation française.

Art. D. 7121-43. Lorsque, dans le pays où elles sont établies, les entreprises mentionnées à l'article D. 7121-42 sont affiliées à une institution équivalente aux caisses de congés payés, elles justifient, pour bénéficier de l'exonération :

1° Qu'elles sont à jour de leurs obligations à l'égard de ces institutions à la date du commencement de la prestation ;

2° Qu'elles ont continué à cotiser à l'institution compétente durant le détachement temporaire.

Art. D. 7121-44. La cotisation versée par l'employeur affilié à la caisse de congés payés est déterminée par un pourcentage du montant des salaires et appointements payés au personnel intéressé.

Le règlement intérieur de la caisse détermine le pourcentage, les périodes et les modes de versement des cotisations ainsi que les justifications dont ce versement est accompagné.

Il détermine également les vérifications auxquelles se soumettent les employeurs.

Art. D. 7121-45. L'employeur (D. 2016-1418 du 20 oct. 2016, JO 22) « communique par tout moyen aux salariés » la raison sociale et l'adresse de la caisse de congés payés à laquelle il est affilié.

Art. D. 7121-46. L'employeur justifie aux agents de l'inspection du travail et aux officiers de police judiciaire qu'il est à jour de ses obligations envers la caisse de congés payés en produisant les pièces émanant de cette caisse.

Art. D. 7121-47. L'employeur indique à la caisse de congés payés la caisse d'allocations familiales à laquelle il adhère.

Il justifie, par des pièces émanant de la caisse de congés payés, trimestriellement et plus souvent si nécessaire :

1° Du taux de compensation qui lui est appliqué ;

2° Qu'il est à jour de ses obligations envers la caisse de congés payés.

§ 3. Commission paritaire

Art. D. 7121-48. Une commission paritaire est instituée auprès de la caisse de congés payés.

Elle est chargée :

1° De contrôler le fonctionnement de la caisse quant à l'attribution des indemnités de congé aux ayants droit ;

2° De statuer sur les contestations qui peuvent s'élever sur le droit au congé.

Art. D. 7121-49. La commission paritaire est composée en nombre égal de représentants des employeurs et des salariés. Ces représentants sont désignés respectivement par les organisations professionnelles représentatives au niveau national des entreprises et professions pour lesquelles la caisse est agréée.

En cas de contestation sur la détermination des organisations représentatives, le ministre chargé du travail se prononce dans les conditions prévues à l'article L. 2121-2.

SECTION 6. Dispositions pénales

Art. L. 7121-15. Le fait, pour un agent artistique, de produire un spectacle vivant sans être titulaire d'une licence d'entrepreneur de spectacles vivants, en méconnaissance des dispositions de l'article (L. 2010-853 du 23 juil. 2010, art. 21, JO 24) « L. 7121-12 », est puni, en cas de récidive, d'un emprisonnement de six mois et d'une amende de 3750 €.

Art. L. 7121-16. Le fait, pour un agent artistique titulaire d'une licence d'entrepreneur de spectacles vivants et produisant un spectacle vivant, de percevoir une commission sur l'ensemble des artistes composant la distribution du spectacle, en méconnaissance des dispositions de l'article (L. 2010-853 du 23 juil. 2010, art. 21, JO 24) « L. 7121-12 », est puni, en cas de récidive, d'un emprisonnement de six mois et d'une amende de 3750 €.

Art. L. 7121-17. (L. 2010-853 du 23 juil. 2010, art. 21, JO 24) Le fait, pour un agent artistique établi sur le territoire national, de percevoir des sommes en méconnaissance du premier alinéa de l'article L. 7121-13 est puni, en cas de récidive, d'un emprisonnement de six mois et d'une amende de 3750 €.

Art. R. 7121-51. (D. 2011-517 du 11 mai 2011, JO 13) Le fait, pour un agent artistique titulaire d'une licence d'entrepreneur de spectacles vivants et produisant un spectacle vivant, de percevoir une commission sur l'ensemble des artistes composant la distribution du spectacle, en méconnaissance des dispositions de l'article L. 7121-12, est puni de l'amende prévue pour les contraventions de la cinquième classe.

Art. R. 7121-52. (D. 2011-517 du 11 mai 2011, JO 13) Le fait, pour un agent artistique établi sur le territoire national, de percevoir des sommes, en méconnaissance des dispositions de l'article L. 7121-13, est puni de l'amende prévue pour les contraventions de la cinquième classe.

Chapitre II
Entreprises de spectacles vivants

SECTION 1. Activité d'entrepreneur de spectacles vivants

Sous-section 1. Champ d'application

Art. L. 7122-1. Les dispositions de la présente section s'appliquent aux entrepreneurs de spectacles vivants qui, en vue de la représentation en public d'une œuvre de l'esprit, s'assurent la présence physique d'au moins un artiste du spectacle percevant une rémunération.

Sous-section 2. Définitions

Art. L. 7122-2. Est entrepreneur de spectacles vivants toute personne qui exerce une activité d'exploitation de lieux de spectacles, de production ou de diffusion de spectacles, seul ou dans le cadre de contrats conclus avec d'autres entrepreneurs de spectacles vivants, quel que soit le mode de gestion, public ou privé, à but lucratif ou non, de ces activités.

Les différentes catégories d'entrepreneurs de spectacles vivants sont déterminées par voie réglementaire.

Sous-section 3. La déclaration d'activité d'entrepreneur de spectacles vivants

Note Cette sous-section est issue de l'ordonnance 2019-700 du 3 juillet 2019, JO 4, entrée en vigueur le 01.10.2019.

Art. L. 7122-3. Toute personne établie sur le territoire national et qui relève d'une ou plusieurs des catégories mentionnées à l'article L. 7122-2 peut exercer une activité d'entrepreneur de spectacles vivants sous réserve de :

1° Remplir les conditions énoncées à l'article L. 7122-4 ;

2° Déclarer son activité auprès de l'autorité administrative compétente.

Cette déclaration donne lieu à la délivrance d'un récépissé de déclaration d'entrepreneur de spectacles vivants, valant licence. Toutefois, l'autorité administrative compétente peut s'opposer à cette délivrance lorsque les conditions pour exercer l'activité d'entrepreneur de spectacles vivants ne sont pas remplies.

Le décret en Conseil d'État mentionné à l'article L. 7122-17 détermine le délai de validité de la déclaration ainsi que les modalités d'instruction et d'opposition à cette déclaration par l'autorité administrative compétente.

Art. L. 7122-4. I. – Lorsque l'activité d'entrepreneur de spectacles vivants est exercée par une personne physique, celle-ci est tenue de remplir des conditions de compétence ou d'expérience professionnelle.

Lorsque l'activité d'entrepreneur de spectacles vivants est exercée par une personne morale, le représentant légal ou toute autre personne désignée par la structure est tenu de remplir des conditions de compétence ou d'expérience professionnelle.

En cas de cessation de fonctions, pendant le délai de validité de la déclaration, de la personne tenue de remplir les conditions de compétence ou d'expérience mentionnées au deuxième alinéa, l'entrepreneur de spectacles en informe l'administration, ainsi que des nom et qualités de la personne qui la remplace. L'administration peut alors, si elle estime que les conditions de compétence ou d'expérience ne sont plus remplies, s'opposer à la poursuite de l'activité et mettre fin à la validité de la déclaration dans les conditions et délais fixés par le décret prévu à l'article L. 7122-17.

II. – La personne déclarante ne doit pas avoir fait l'objet d'une décision judiciaire interdisant l'exercice d'une activité commerciale et doit être immatriculée au registre du commerce et des sociétés ou au répertoire des métiers lorsqu'elle est soumise à cette obligation.

III. – La déclaration d'activité d'entreprise de spectacles vivants établit que les obligations en matière de sécurité des lieux de spectacles sont respectées.

Art. L. 7122-5. Les entrepreneurs de spectacles vivants ressortissants d'un État européen peuvent s'établir, sans déclarer leur activité, pour exercer leurs activités en France, sous réserve de produire un titre d'effet équivalent délivré dans un de ces États dans des conditions comparables.

Art. L. 7122-6. Les entrepreneurs de spectacles vivants autres que ceux mentionnés aux articles L. 7122-3 et L. 7122-5 peuvent exercer cette activité de façon temporaire et occasionnelle dans des conditions fixées par décret en Conseil d'État, sous réserve :

1° S'ils sont légalement établis dans un autre État membre de l'Union européenne ou partie à l'accord sur l'Espace économique européen, d'avoir préalablement informé l'autorité administrative compétente de cette activité ;

2° S'ils ne sont pas établis dans un État membre de l'Union européenne ou partie à l'accord sur l'Espace économique européen, d'avoir préalablement informé l'autorité administrative compétente de cette activité et conclu un contrat avec un entrepreneur de spectacles vivants détenteur du récépissé mentionné à l'article L. 7122-3.

Art. L. 7122-7. L'autorité administrative compétente peut s'opposer à la poursuite de l'activité et mettre fin à la validité de la déclaration en cas de méconnaissance des obligations de l'employeur prévues par le présent code, par le régime de sécurité sociale ou par les dispositions relatives à la protection de la propriété littéraire et artistique ainsi que des obligations en matière de sécurité des lieux de spectacle.

Art. L. 7122-8. Les administrations et organismes intéressés communiquent à l'autorité administrative compétente pour délivrer le récépissé de déclaration toute information relative à la situation des entrepreneurs de spectacles au regard des obligations mentionnées à l'article L. 7122-7.

Sous-section 4. **Protection des salaires**

Art. L. 7122-15. En cas de besoin, pour assurer le paiement des salaires, les recettes peuvent, sur la demande de l'autorité administrative ou des intéressés, faire en cours de représentation l'objet de saisies autorisées par ordonnance du juge judiciaire statuant en référé.

Sous-section 1 (réglementaire). **Dispositions communes**

Note Les sous-sections 1 à 3 sont issues du décret 2019-1004 du 27 septembre 2019, art. 2, 2°, JO 29, entrée en vigueur le 01.10.2019.

Art. D. 7122-1. Les entrepreneurs de spectacles vivants soumis aux obligations du présent chapitre sont classés selon les catégories suivantes :

1° Les exploitants de lieux de spectacles aménagés pour les représentations publiques ;

2° Les producteurs de spectacles ou entrepreneurs de tournées qui ont la responsabilité d'un spectacle et notamment celle d'employeur à l'égard du plateau artistique ;

3° Les diffuseurs de spectacles qui ont la charge, dans le cadre d'un contrat, de l'accueil du public, de la billetterie et de la sécurité des spectacles, et les entrepreneurs de tournées qui n'ont pas la responsabilité d'employeur à l'égard du plateau artistique.

Art. R. 7122-2. L'entrepreneur de spectacles vivants adresse au préfet de région la déclaration prévue par le 2° de l'article L. 7122-3, ou l'informe de son activité en application de l'article L. 7122-6, au moyen d'un téléservice mentionné à l'article L. 112-9 du code des relations entre le public et l'administration, mis en place par le ministre chargé de la culture.

Le téléservice permet le signalement sans délai au déclarant des pièces ou informations manquantes et, lorsque la déclaration est complète, l'envoi sans délai d'un récépissé de déclaration. Le récépissé mentionne le numéro de la déclaration.

Le silence gardé par l'administration pendant un mois à compter de la date du récépissé vaut absence d'opposition à la déclaration.

Le site internet public du téléservice comporte la liste des récépissés de déclaration.

La liste des documents et informations à fournir en application des articles L. 7122-3, L. 7122-4, L. 7122-5 et L. 7122-6 est fixée par un arrêté du ministre chargé de la culture.

Sous-section 2 (réglementaire). **Entrepreneur de spectacles vivants établi en France**

Art. R. 7122-3. Aux fins de répondre aux conditions de compétence ou d'expérience professionnelle mentionnées au I de l'article L. 7122-4, lorsque l'entrepreneur est une personne physique, il doit être majeur et remplir l'une des conditions suivantes :

1° Être titulaire d'un diplôme de l'enseignement supérieur ou d'un titre de même niveau inscrit au répertoire national des certifications professionnelles mentionné à l'article L. 6113-1 ;

2° Justifier d'une expérience professionnelle de six mois au moins dans le spectacle vivant ;

3° Justifier d'une formation d'au moins cent vingt cinq heures ou d'un ensemble de compétences, figurant dans un répertoire établi par la commission paritaire nationale mentionnée à l'article L. 6113-2, compétente pour le spectacle vivant.

Lorsque l'entrepreneur est une personne morale, il doit justifier de la présence dans l'entreprise d'une ou plusieurs personnes physiques remplissant l'une au moins des conditions mentionnées aux 1° à 3°.

Lorsque la déclaration est faite en vue de l'exploitation de lieux de spectacles aménagés pour les représentations publiques, la personne physique déclarante doit en outre justifier avoir suivi une formation à la sécurité des spectacles adaptée à la nature de ces lieux, figurant dans un répertoire établi par la commission paritaire nationale, et la personne morale doit justifier de la présence dans l'entreprise d'une ou plusieurs personnes physiques remplissant cette condition.

Art. R. 7122-4. Lors d'une première déclaration, le déclarant peut exercer l'activité d'entrepreneur de spectacles vivants à l'issue du délai d'un mois mentionné à l'article R. 7122-2.

Art. R. 7122-5. La déclaration prévue par le 2° de l'article L. 7122-3 est renouvelée par l'entrepreneur tous les cinq ans, dans les conditions prévues à l'article R. 7122-2, auprès du préfet de région compétent pour connaître de la déclaration de l'établissement principal de l'entreprise.

La liste des documents et informations à fournir en application du présent article est fixée par un arrêté du ministre chargé de la culture.

Art. R. 7122-6. Toute modification dans les éléments constitutifs de la déclaration est portée à la connaissance du préfet de région, dans un délai de quinze jours suivant ce changement, par actualisation de la déclaration au moyen du téléservice mentionné à l'article R. 7122-2.

Lorsque la modification porte sur la cessation de présence dans l'entreprise de toute personne physique remplissant au moins l'une des conditions mentionnées aux 1° à 3° de l'article R. 7122-3, ou de toute personne physique remplissant la condition mentionnée au dernier alinéa du même article, la personne morale entrepreneur de spectacles vivants justifie en outre de leur remplacement respectivement dans les trois mois et dans le mois suivant leur départ. À défaut, le préfet de région peut engager la procédure prévue à l'article R. 7122-11.

Sous-section 3 (réglementaire). **Entrepreneur de spectacles vivants non établi en France**

§ 1. Conditions d'établissement en France des ressortissants d'un État membre de l'Union européenne ou d'un autre État partie à l'accord sur l'Espace économique européen

Art. R. 7122-7. Le titre mentionné à l'article L. 7122-5 est transmis par l'entrepreneur de spectacles vivants au préfet de région du lieu envisagé de l'établissement, au moyen du téléservice mentionné à l'article R. 7122-2. Le préfet de région apprécie l'équivalence du titre fourni eu égard aux conditions de compétence ou d'expérience professionnelle mentionnées au I de l'article L. 7122-4 et au contenu de la déclaration prévue par le 2° de l'article L. 7122-3.

Lorsqu'il reconnaît le titre d'effet équivalent, le préfet de région délivre un récépissé de déclaration pour la catégorie correspondant au titre dans un délai d'un mois à compter du dépôt du titre.

Dans le cas contraire, le préfet de région informe par tout moyen l'intéressé de son refus de reconnaître l'équivalence du titre par une décision motivée dans le même délai.

Le silence gardé par l'administration pendant un mois à compter du dépôt du titre vaut reconnaissance de l'équivalence.

§ 2. Conditions de prestation de services en France des entrepreneurs de spectacles vivants établis dans un État membre de l'Union européenne ou dans un autre État partie à l'accord sur l'Espace économique européen

Art. R. 7122-8. L'information préalable d'activité mentionnée au 1° de l'article L. 7122-6 est adressée, via le téléservice mentionné à l'article R. 7122-2, au préfet de région du lieu de la représentation publique ou, lorsque les représentations sont données dans plusieurs régions, au préfet de région du lieu de la première représentation publique. Elle précise la date de début et la durée de l'exercice envisagé en France.

L'information est transmise au moins un mois avant le début de la période d'exercice en France.

§ 3. Conditions de prestation de services en France des entrepreneurs non établis dans un État membre de l'Union européenne ou de l'Espace économique européen

Art. R. 7122-9. L'information préalable d'activité et le contrat prévus au 2° de l'article L. 7122-6 sont adressés au préfet de région du lieu de la représentation publique ou, lorsque les représentations sont données dans plusieurs régions, au préfet de région du lieu de la première représentation, au moyen du téléservice mentionné à l'article R. 7122-2.

L'information précise la date de début et la durée de l'exercice envisagé en France.

Elle est transmise au moins un mois avant le début de la période d'exercice en France.

Sous-section 4 (réglementaire). **Protection des salaires**

Art. D. 7122-10. Pour assurer le paiement des salaires, le président du tribunal peut autoriser, en application de l'article L. 7122-15, la saisie des recettes du spectacle.

Sous-section 5 (réglementaire). **Contrôle**

Art. R. 7122-11. (D. 2019-1004 du 27 sept. 2019, art. 2, 4°, JO 29, entrée en vigueur le 01.10.2019) I. – Si le préfet de région du lieu de l'établissement principal de l'entreprise de spectacles vivants ou du lieu de la représentation publique constate que l'exercice de l'activité ne satisfait pas aux exigences légales ou réglementaires relatives à la profession d'entrepreneur de spectacles vivants mentionnées à l'article L. 7122-7, il en informe par tout moyen l'entrepreneur de spectacles vivants en l'invitant à présenter des observations écrites et, le cas échéant, à régulariser sa situation dans le délai d'un mois à compter de cette notification. L'entrepreneur peut demander à être entendu par le préfet de région.

II. – Le préfet de région informe l'entrepreneur de spectacles vivants des suites données à la procédure.

En cas d'opposition à la poursuite de l'activité, l'entrepreneur ne peut plus exercer son activité en France et l'invalidité du récépissé est portée sur le site internet public du téléservice mentionné à l'article R. 7122-2.

Art. R. 7122-12. (D. 2019-1004 du 27 sept. 2019, art. 2, 4°, JO 29, entrée en vigueur le 01.10.2019) Les supports de communication et la billetterie de tout spectacle vivant mentionnent le numéro du récépissé de la déclaration en cours de validité du ou des entrepreneurs de spectacles vivants qui le produisent ou le diffusent.

Sous-section 5. **Sanctions en cas de non-respect de l'obligation de déclaration et d'information**

Note Cette sous-section est issue de l'ordonnance 2019-700 du 3 juillet 2019, JO 4, entrée en vigueur le 01.10.2019.

Art. L. 7122-16. I. – Lorsqu'il est constaté qu'une personne, physique ou morale, exerce l'activité d'entrepreneurs de spectacles vivants sans être détentrice du récépissé de déclaration d'activité valide mentionné à l'article L. 7122-3, ou qu'elle n'a pas satisfait aux obligations prévues au troisième alinéa du I de l'article L. 7122-4, ou au 1° ou au 2° de l'article L. 7122-6, ou qu'elle n'est pas titulaire d'un titre d'effet équivalent visé à l'article L. 7122-5, l'autorité administrative compétente informe par écrit la personne mise en cause de la sanction envisagée en portant à sa connaissance le manquement retenu à son encontre et en l'invitant à présenter ses observations, dans un délai fixé par voie réglementaire.

II. – À l'issue de ce délai, l'autorité administrative compétente peut, par décision motivée :

1° Prononcer une amende administrative d'un montant maximum de 1 500 €, pour une personne physique, et d'un montant maximum de 7 500 € pour une personne morale ;

2° Assortir l'amende mentionnée au 1° d'une astreinte en cas de non-paiement de l'amende. L'astreinte cesse de courir le jour de la régularisation de la situation ;

3° Ordonner la fermeture, pour une durée de un an au plus, du ou des établissements de l'entrepreneur ayant servi à commettre l'infraction.

III. – Le plafond de l'amende est porté au double en cas de nouveau manquement de même nature constaté dans un délai de deux ans à compter du jour de la notification de l'amende concernant un précédent manquement de même nature.

IV. – Sous réserve des secrets protégés par la loi, les sanctions mentionnées au présent article peuvent être assorties d'une mesure de publicité qui n'a pas à être spécialement motivée.

V. – Pour fixer le montant de l'amende ou la durée de la fermeture d'un établissement, l'autorité administrative compétente prend en compte les circonstances et la gravité du manquement, le comportement de son auteur, notamment sa bonne foi, ainsi que ses ressources et ses charges.

VI. – La décision est prise sur rapport constatant le manquement transmis à l'autorité administrative compétente dans des conditions fixées par voie réglementaire.

VII. – Le délai de prescription de l'action de l'autorité administrative compétente pour la sanction du manquement par une amende administrative ou la fermeture d'un établissement est de deux années révolues à compter du jour où le manquement a été commis.

VIII. – Les amendes et les astreintes mentionnées aux 1° et 2° du II sont recouvrées au profit du Trésor public.

Art. L. 7122-17. Outre les officiers et agents de police judiciaire, les agents de contrôle de l'inspection du travail mentionnés à l'article L. 8112-1 ainsi que les agents de contrôle des organismes de sécurité sociale sont habilités à constater l'infraction prévue à l'article L. 7122-16.

Art. L. 7122-18. Un décret en Conseil d'État détermine les conditions d'application de la présente section.

SECTION 2. Exercice de l'activité d'entrepreneur de spectacles vivants à titre accessoire

Note Cette section est issue de l'ordonnance 2019-700 du 3 juillet 2019, JO 4, entrée en vigueur le 01.10.2019.

Art. L. 7122-19. Peuvent exercer l'activité d'entrepreneur de spectacles vivants, dans la limite d'un plafond annuel de représentations, sans être soumis aux obligations de déclaration mentionnées aux articles L. 7122-3 et L. 7122-6 :

1° Toute personne qui n'a pas pour activité principale ou pour objet l'exploitation de lieux de spectacles, la production ou la diffusion de spectacles ;

2° Les groupements d'artistes amateurs bénévoles faisant occasionnellement appel à un ou plusieurs artistes du spectacle percevant une rémunération.

Art. L. 7122-20. Un décret en Conseil d'État détermine les modalités d'application de la présente section.

Art. R. 7122-13. (D. 2019-1004 du 27 sept. 2019, art. 3, JO 29, entrée en vigueur le 01.10.2019) Le plafond annuel permettant d'exercer l'activité d'entrepreneur de spectacles vivants sans être soumis aux obligations de déclaration mentionnées à l'article L. 7122-3 est fixé à six représentations.

SECTION 3. Guichet unique pour le spectacle vivant

Sous-section 1. Champ d'application

Art. L. 7122-22. Les dispositions de la présente section s'appliquent :

1° Aux personnes mentionnées à l'article L. 7122-19 ;

2° Aux personnes qui n'ont pas pour activité principale ou pour objet l'exploitation de lieux de spectacles, de parcs de loisirs ou d'attraction, la production ou la diffusion de spectacles.

Sous-section 2. Conditions de mise en œuvre

Art. L. 7122-23. Les groupements et les personnes mentionnés à l'article L. 7122-22 procèdent auprès d'un organisme habilité par l'État (L. 2016-1917 du 29 déc. 2016, art. 60, I, E, 3°, JO 30) «à la déclaration de la retenue à la source prévue à l'article 204 A du code général des impôts et» aux déclarations obligatoires liées à l'embauche et à l'emploi sous contrat de travail à durée déterminée:

1° Des artistes du spectacle mentionnés à l'article L. 7121-2;

2° Des ouvriers et des techniciens concourant au spectacle, engagés pour pourvoir l'un des emplois figurant sur une liste déterminée par décret en Conseil d'État.

Art. L. 7122-24. L'employeur, qui remet au salarié et qui adresse à l'organisme habilité par l'État les éléments de la déclaration prévue à l'article L. 7122-23 qui leur sont respectivement destinés, est réputé satisfaire aux obligations relatives:

1° À la déclaration préalable à l'embauche, prévue par l'article L. 1221-10;

2° À la remise du certificat de travail, prévue par l'article L. 1234-19;

3° À l'établissement, au contenu et à la transmission du contrat de travail à durée déterminée, prévus par les articles L. 1242-12 et L. 1242-13;

4° À l'affiliation à la caisse de congés payés, prévue par l'article (L. 2016-1088 du 8 août 2016, art. 8, XI, 7°, JO 9) « L. 3141-32».

(L. 2016-1917 du 29 déc. 2016, art. 60, I, E, 4°, JO 30) «5° Aux déclarations prévues aux articles 87 et 87-0 A du code général des impôts.»

Art. L. 7122-25. Par dérogation aux dispositions de l'article L. 7122-24, les parties conservent la faculté d'établir le contrat de travail sur un autre document que celui prévu par ce même article.

Art. L. 7122-26. L'organisme habilité par l'État délivre au salarié une attestation mensuelle d'emploi qui se substitue à la remise du bulletin de paie prévue par l'article L. 3243-2.

Sous-section 3. Litiges

Art. L. 7122-27. Les litiges résultant de l'application aux employeurs du secteur public mentionnés à l'article L. 5424-1 des dispositions de l'article L. 7122-23, relatives aux déclarations obligatoires, (L. 2008-126 du 13 févr. 2008, art. 17, JO 14; D. 2009-1708 du 30 déc. 2009, JO 31, entrée en vigueur le 01.01.2011) «suivent les règles de compétence prévues à l'article L. 5422-16».

Sous-section 4. Dispositions d'application

Art. L. 7122-28. Un décret en Conseil d'État détermine les modalités d'application de la présente section.

Art. R. 7122-14. L'employeur procède aux déclarations obligatoires mentionnées à l'article L. 7122-23:

1° Soit au moyen d'un document appelé «déclaration unique et simplifiée»;

2° Soit par voie électronique, dans les conditions prévues à l'article L. 133-5 du code de la sécurité sociale.

Art. R. 7122-15. La déclaration unique et simplifiée concerne l'embauche et l'emploi d'artistes du spectacle ainsi que des ouvriers et techniciens relevant des professions du spectacle vivant et occupant un des emplois définis par l'accord relatif à l'application du régime d'assurance chômage à ces professions prévu à l'article L. 5422-20.

Art. R. 7122-16. La déclaration unique et simplifiée permet de satisfaire:

1° Aux déclarations prévues par les dispositions suivantes, ou requises pour leur application:

a) Articles 87 A et 87-0 A du code général des impôts;

b) Articles L. 922-2, R. 243-2, R. 243-13, R. 243-14 et R. 312-4 du code de la sécurité sociale;

c) Articles L. 1221-10 et L. 1221-11, relatifs à la déclaration préalable à l'embauche;

d) Article R. 1234-9, relatif à l'attestation d'assurance chômage;

e) Article L. 4622-6, relatif aux dépenses afférentes aux services de santé au travail;

f) Articles L. 6331-55 et L. 6331-56, relatifs à la participation des employeurs de salariés intermittents au développement de la formation professionnelle continue;

g) Articles R. 4622-1 à R. 4622-4, relatifs à l'organisation du service de santé au travail;

h) Articles R. 4624-10 à R. 4624-15, relatifs à la visite d'information et de prévention, ou aux articles R. 4624-24 à R. 4624-27 relatif à l'examen médical d'aptitude ;

i) Articles R. 5422-5 et R. 5422-6, relatifs à l'obligation d'assurance contre le risque de privation d'emploi et à l'obligation pour l'employeur d'adresser à l'organisme de recouvrement compétent mentionné à l'article L. 5427-1 des déclarations ;

j) Article D. 7121-40, relatif à l'affiliation à la caisse de congés payés des artistes du spectacle ;

2° Aux déclarations et au versement des cotisations et contributions et de la retenue à la source prévue à l'article 204 A du code général des impôts dues :

a) Aux organismes chargés du recouvrement des cotisations et contributions du régime général de la sécurité sociale ;

b) À l'organisme de recouvrement compétent mentionné à l'article L. 5427-1 pour le compte de l'organisme gestionnaire de l'assurance chômage ;

c) Aux institutions mettant en œuvre les régimes de retraite complémentaire mentionnés au chapitre premier du titre II du livre IX du code de la sécurité sociale ;

d) Aux services de santé au travail interentreprises organisés en application de l'article L. 4622-2 ;

e) À l'opérateur de compétences chargé du recouvrement de la contribution mentionnée à l'article L. 6331-55 ;

f) À la caisse des congés payés mentionnée à l'article D. 7121-38 ;

g) À l'administration fiscale.

Art. R. 7122-17. La déclaration unique et simplifiée comporte deux volets :

1° Un premier volet qui permet de satisfaire à la déclaration préalable à l'embauche prévue à l'article L. 1221-10 ;

2° Un second volet constitué de quatre feuillets identiques qui permet de satisfaire aux autres obligations mentionnées aux articles L. 7122-24 et R. 7122-31.

Art. R. 7122-18. L'employeur est réputé satisfaire aux obligations énumérées aux articles L. 7122-24 et R. 7122-31 lorsque les deux volets de la déclaration unique et simplifiée comportent les informations suivantes :

1° Mentions relatives à l'employeur :

a) Nom, prénom ou dénomination sociale ;

b) Code APE ;

c) Numéro SIRET ;

d) Numéro d'inscription au répertoire national d'identification des personnes physiques lorsque l'employeur est un particulier ;

e) Adresse ;

f) Numéros de téléphone et courriel ;

2° Mentions relatives au salarié :

a) Nom et prénom ;

b) Nom marital ;

c) Adresse ;

d) Numéro d'immatriculation à la sécurité sociale ;

e) Date et lieu de naissance ;

f) Sexe ;

g) Nationalité ;

3° Mentions relatives à l'embauche et à l'emploi :

a) Date et heure d'embauche ;

b) Motif du contrat ;

c) Emploi occupé ;

d) (Abrogé) ;

e) Salaire horaire brut ou valeur unitaire en cas de rémunération au cachet ;

f) Intitulé de la convention collective de branche applicable ;

g) Montant de la retenue à la source prévue à l'article 204 A du code général des impôts ;

4° Mentions relatives à l'exécution et à la cessation du contrat de travail :

a) Nombre d'heures de travail accomplies ou de cachets ;

b) Période pendant laquelle l'emploi a été pourvu ;

c) Rémunération nette ;

d) (Abrogé) ;

e) Signature de l'employeur à la date d'expiration du contrat de travail.

Art. R. 7122-19. Les employeurs mentionnés à l'article L. 7122-22 adressent à l'organisme habilité par l'État la déclaration unique et simplifiée.

Art. R. 7122-20. L'organisme habilité délivre avant l'embauche la déclaration unique et simplifiée à l'employeur, à la demande de l'employeur ou de la personne susceptible d'être embauchée.

Au plus tard lors de l'embauche, l'employeur adresse à l'organisme habilité le premier volet de la déclaration permettant de satisfaire à l'obligation prévue à l'article L. 1221-10. L'employeur est dispensé des envois prévus à l'article R. 1221-3.

Lorsque l'employeur ne dispose pas de la déclaration avant le début effectif du travail, il satisfait aux dispositions des articles R. 1221-1 à R. 1221-12, relatives à la déclaration préalable à l'embauche.

Dans tous les cas, il n'est pas dérogé aux modes de preuve prévus à l'article R. 1221-5.

Art. R. 7122-21. Au plus tard dans les deux jours suivant l'embauche, l'employeur remet au salarié le feuillet de la déclaration unique simplifiée permettant de satisfaire aux obligations relatives à la forme, au contenu et à la transmission du contrat de travail à durée déterminée prévues aux articles L. 1242-12 et L. 1242-13.

Art. R. 7122-22. Au terme du contrat de travail, l'employeur remet au salarié les feuillets permettant de satisfaire aux obligations de délivrance des attestations d'assurance chômage, du certificat de travail et du certificat justificatif du droit au congé, prévues par les articles L. 1234-19, R. 1234-9 et D. 3141-9.

Art. R. 7122-23. Au plus tard le quinzième jour suivant le terme du contrat de travail, l'employeur adresse à l'organisme habilité le feuillet du second volet prévu à cet effet. Cet envoi est accompagné du versement des cotisations et contributions sociales ainsi que de la retenue à la source prévue à l'article 204 A du code général des impôts dont l'employeur est redevable au titre de l'emploi de ce salarié.

Art. R. 7122-24. L'employeur adresse à l'organisme habilité les volets de la déclaration unique simplifiée par voie postale, par télécopie, par télématique ou par échanges de données informatisées dans des conditions définies par arrêté conjoint des ministres chargés du travail et de la sécurité sociale.

L'organisme habilité lui délivre un avis de réception.

Art. R. 7122-25. (D. 2019-1004 du 27 sept. 2019, art. 4, 2°, JO 29, entrée en vigueur le 01.10.2019) L'organisme habilité par l'État mentionné à l'article L. 7122-23 transmet au préfet de région les informations utiles à la vérification du respect du plafond annuel mentionné à l'article R. 7122-13.

SECTION 4 (RÉGLEMENTAIRE). Sanctions administratives

Note Cette section est issue du décret 2019-1004 du 27 septembre 2019, art. 5, JO 29, entrée en vigueur le 01.10.2019.

Art. R. 7122-26. Peut être sanctionné d'une amende administrative d'un montant maximum de 800 € pour une personne physique et de 2 000 € pour une personne morale le fait de ne pas avoir porté sur les supports de communication ou la billetterie la mention rendue obligatoire par l'article R. 7122-12 du numéro de récépissé de déclaration en cours de validité.

Art. R. 7122-27. Le préfet de région du lieu de l'établissement principal prononce les sanctions prévues aux II et III de l'article L. 7122-16 et à l'article R. 7122-26 après avoir notifié par lettre recommandée avec demande d'avis de réception à la personne mise en cause les griefs qui lui sont reprochés.

Le préfet de région mentionne dans cette notification que la personne dispose d'un délai d'un mois pour transmettre ses observations écrites. Il lui indique les sanctions encourues et lui précise qu'elle peut prendre connaissance des pièces du dossier et se faire assister ou représenter par tout conseil de son choix. L'entrepreneur peut demander à être entendu par le préfet de région.

Le préfet de région fixe la sanction en tenant compte de l'ensemble des circonstances de l'affaire et la notifie par lettre recommandée avec demande d'avis de réception à la personne mise en cause.

Lorsque la sanction est assortie d'une mesure de publicité totale ou partielle, la publicité est assurée sur le site internet du téléservice mentionné à l'article R. 7122-2.

Art. R. 7122-28. Les amendes mentionnées à la présente section sont versées au Trésor et sont recouvrées comme les créances de l'État étrangères à l'impôt et au domaine.

Art. R. 7122-29. Sur leur rapport, le directeur régional des entreprises, de la concurrence, de la consommation, du travail et de l'emploi informe le préfet de région des manquements constatés au titre de la présente section par les agents de contrôle de l'inspection du travail.

Le maire, les organismes de sécurité sociale et le directeur général de Pôle emploi transmettent au préfet de région les manquements constatés au titre de la présente section par leurs agents dans le cadre de leurs missions.

Chapitre III

Mannequins et agences de mannequins

SECTION 1. Mannequins

Sous-section 1. Champ d'application

Art. L. 7123-1. Les dispositions du présent code sont applicables aux mannequins, sous réserve des dispositions particulières du présent chapitre.

Sous-section 2. Définitions

Art. L. 7123-2. Est considérée comme exerçant une activité de mannequin, même si cette activité n'est exercée qu'à titre occasionnel, toute personne qui est chargée :

1° Soit de présenter au public, directement ou indirectement par reproduction de son image sur tout support visuel ou audiovisuel, un produit, un service ou un message publicitaire ;

2° Soit de poser comme modèle, avec ou sans utilisation ultérieure de son image.

Art. L. 7123-2-1. (L. 2016-41 du 26 janv. 2016, art. 20, 1°, JO 27) L'exercice de l'activité de mannequin est conditionné à la délivrance d'un certificat médical. Ce certificat atteste que l'évaluation globale de l'état de santé du mannequin, évalué notamment au regard de son indice de masse corporelle, est compatible avec l'exercice de son métier.

Un arrêté des ministres chargés de la santé et du travail, pris après avis de la Haute Autorité de santé, définit les modalités d'application du premier alinéa.

Sous-section 3. Contrat de travail

Art. L. 7123-3. Tout contrat par lequel une personne s'assure, moyennant rémunération, le concours d'un mannequin est présumé être un contrat de travail.

Art. L. 7123-4. La présomption de l'existence d'un contrat de travail subsiste quels que soient le mode et le montant de la rémunération ainsi que la qualification donnée au contrat par les parties.

Elle n'est pas non plus détruite par la preuve que le mannequin conserve une entière liberté d'action pour l'exécution de son travail de présentation.

Art. L. 7123-4-1. (L. 2011-302 du 22 mars 2011, art. 14, JO 23) La présomption de salariat prévue aux articles L. 7123-3 et L. 7123-4 ne s'applique pas aux mannequins reconnus comme prestataires de services établis dans un État membre de l'Union européenne ou dans un autre État partie à l'accord sur l'Espace économique européen où ils fournissent habituellement des services analogues et qui viennent exercer leur activité en France, par la voie de la prestation de services, à titre temporaire et indépendant.

Art. L. 7123-5. Tout contrat de travail conclu entre une agence de mannequins et chacun des mannequins qu'elle emploie est établi par écrit et comporte la définition précise de son objet.

Sous-section 4. Rémunération

Art. L. 7123-6. La rémunération due au mannequin à l'occasion de la vente ou de l'exploitation de l'enregistrement de sa présentation par l'employeur ou tout autre utilisateur n'est pas considérée comme salaire dès que la présence physique du mannequin n'est plus requise pour exploiter cet enregistrement et que cette rémunération n'est pas fonction du salaire reçu pour la production de sa présentation, mais est fonction du produit de la vente ou de l'exploitation de l'enregistrement.

Art. L. 7123-7. Le salaire perçu par un mannequin pour une prestation donnée ne peut être inférieur à un pourcentage minimum des sommes versées à cette occasion par l'utilisateur à l'agence de mannequins.

Ce pourcentage est établi, pour les différents types de prestation, par convention ou accord collectif de travail.

Art. L. 7123-8. Toute consultation donnée à un jeune sur les possibilités d'accès à l'activité de mannequin est gratuite.

Art. L. 7123-9. Les frais avancés par l'agence de mannequins pour la promotion et le déroulement de la carrière du mannequin ne peuvent faire l'objet d'un remboursement qu'au moyen de retenues successives ne dépassant pas un pourcentage du montant des salaires et rémunérations exigibles. Ce pourcentage est déterminé par décret en Conseil d'État.

Art. L. 7123-10. Le salarié lié à l'agence de mannequins par un contrat de travail a droit à une indemnité compensatrice de congé payé pour chaque prestation, quelle que soit la durée de celle-ci.

Le montant de l'indemnité, calculé en fonction de cette durée, ne peut être inférieur au dixième de la rémunération totale due au salarié.

L'indemnité est versée à la fin de la prestation.

SECTION 2. Agences de mannequins

Sous-section 1. Licence d'agence de mannequins

Art. L. 7123-11. (L. 2011-302 du 22 mars 2011, art. 14, JO 23) Le placement des mannequins peut être réalisé à titre onéreux.

Toute personne établie sur le territoire national qui exerce l'activité définie au premier alinéa doit être titulaire d'une licence d'agence de mannequins.

Les agences de mannequins légalement établies dans un autre État membre de l'Union européenne ou partie à l'accord sur l'Espace économique européen peuvent exercer cette activité de façon temporaire et occasionnelle sur le territoire national, sous réserve d'avoir préalablement déclaré leur activité.

Art. L. 7123-12. Est considérée comme exploitant une agence de mannequins, toute personne physique ou morale dont l'activité consiste à mettre à la disposition provisoire d'utilisateurs, à titre onéreux, des mannequins qu'elle embauche et rémunère à cet effet.

Art. L. 7123-13. Les dispositions relatives au prêt de main-d'œuvre illicite prévues à l'article L. 8241-1 ne s'appliquent pas à l'activité d'exploitant d'une agence de mannequins lorsque celle-ci est exercée par une personne (L. 2011-302 du 22 mars 2011, art. 14, JO 23) «exerçant l'activité d'agence de mannequins dans les conditions prévues par l'article L. 7123-11.»

Art. L. 7123-14. (L. 2011-302 du 22 mars 2011, art. 14, JO 23) La délivrance de la licence d'agence de mannequins par l'autorité administrative est subordonnée à des conditions déterminées par voie réglementaire. Lorsqu'une agence est légalement établie dans un autre État membre de l'Union européenne ou partie à l'accord sur l'Espace économique européen, il est tenu compte des exigences équivalentes auxquelles elle est déjà soumise.

La licence devient caduque si son titulaire ne produit pas, à des échéances déterminées, les pièces établissant qu'il continue de remplir les conditions de sa délivrance et que sa situation est régulière au regard du présent code.

Art. L. 7123-15. (L. 2011-302 du 22 mars 2011, art. 14, JO 23) Les agences de mannequins prennent toutes mesures nécessaires pour garantir la défense des intérêts des mannequins qu'elles emploient et éviter les situations de conflit d'intérêts.

Un décret en Conseil d'État fixe les conditions dans lesquelles elles rendent publiques les autres activités professionnelles exercées par leurs dirigeants, dirigeants sociaux, associés et salariés, ainsi que les mesures prises pour se conformer au premier alinéa. Il fixe également les sanctions en cas de méconnaissance de ces dispositions.

Sous-section 2. **Mise à disposition**

Art. L. 7123-17. Lorsqu'une agence de mannequins met un mannequin à la disposition d'un utilisateur, un contrat de mise à disposition est conclu par écrit entre l'utilisateur et l'agence.

Ce contrat précise les caractéristiques de la prestation demandée au mannequin.

Un exemplaire du contrat est délivré par l'agence au mannequin avant toute acceptation de sa part de la mission qui lui est proposée.

Art. L. 7123-18. Pendant la durée de la prestation, l'utilisateur est responsable des conditions d'exécution du travail conformément aux dispositions légales et stipulations conventionnelles applicables au lieu du travail.

Pour l'application de ces dispositions, les conditions d'exécution du travail comprennent limitativement les dispositions relatives à la durée du travail, au travail de nuit, au repos hebdomadaire et aux jours fériés, à la santé et à la sécurité au travail, au travail des femmes enceintes, venant d'accoucher ou allaitant, des enfants et des jeunes travailleurs.

Sous-section 3. **Garantie financière**

Art. L. 7123-19. Toute agence de mannequins justifie d'une garantie financière assurant, en cas de défaillance de sa part, le paiement des salaires, de leurs accessoires et compléments, des cotisations sociales obligatoires et le versement des sommes dues au mannequin à la date de la mise en jeu de cette garantie, au titre de la rémunération définie à l'article L. 7123-6.

Art. L. 7123-20. La garantie financière ne peut résulter que d'un engagement de caution pris par une société de caution mutuelle, un organisme de garantie collective, une compagnie d'assurance, une banque ou un établissement financier habilité à donner caution.

Art. L. 7123-21. En cas d'insuffisance de la garantie financière, l'utilisateur est substitué à l'agence de mannequins pour le paiement des sommes restant dues aux salariés et aux organismes de sécurité sociale dont relèvent ces salariés, pour la durée de la prestation accomplie pour le compte de l'utilisateur.

Art. L. 7123-22. L'agence de mannequins fournit aux utilisateurs, sur leur demande, une attestation des organismes de sécurité sociale précisant leur situation au regard du recouvrement des cotisations dues à ces organismes.

SECTION 3. Dispositions d'application

Art. L. 7123-23. Un décret en Conseil d'État détermine les conditions d'application du présent chapitre.

SECTION 1 (RÉGLEMENTAIRE). Mannequins

Sous-section 1. **Contrat de travail**

Art. R. 7123-1. Le contrat de travail conclu entre une agence de mannequins et chaque mannequin mis à la disposition d'un utilisateur est remis au mannequin, ou à ses représentants légaux, au plus tard dans les deux jours ouvrables suivant sa mise à disposition.

Ce contrat comporte :

1° La date de la délivrance du contrat de mise à disposition prévu à l'article L. 7123-17 ;

2° La qualification du mannequin au regard des conventions et accords collectifs de travail applicables ;

3° Le montant, ou le cas échéant le taux horaire, et les modalités de fixation et de versement des salaires et rémunérations dus au mannequin ;

4° Une clause de rapatriement du mannequin à la charge de l'agence de mannequins lorsque la mission est réalisée hors du territoire métropolitain (D. 2018-953 du 31 oct. 2018, art. 8, 1°, JO 6 nov.) « ou du lieu d'établissement de l'agence de mannequin lorsque celle-ci est établie dans le ressort d'une collectivité ultramarine ». Cette clause n'est pas applicable en cas de rupture du contrat à l'initiative du mannequin, sauf si celui-ci est mineur ;

5° Le nom et l'adresse de la caisse de retraite complémentaire et, le cas échéant, de l'organisme de prévoyance dont relève l'agence de mannequins ;

6° Une clause précisant les conditions dans lesquelles est autorisée par le mannequin, ou ses représentants légaux, et rémunérée la vente ou l'exploitation de l'enregistrement de sa présentation, au sens de l'article L. 7123-6.

Art. R. 7123-2. Le contrat de travail conclu entre une agence de mannequins et chaque mannequin mis à la disposition d'un utilisateur est signé par les représentants légaux du mannequin lorsque celui-ci est mineur. Celui-ci peut y apposer sa signature.

Sous-section 2. **Rémunération**

Art. R. 7123-3. Aucune des retenues successives mentionnées à l'article L. 7123-9 et opérées par l'agence de mannequins en remboursement des frais qu'elle a avancés pour la promotion et le déroulement de la carrière du mannequin ne peut excéder 20 % du montant des salaires et rémunérations exigibles versés au mannequin.

SECTION 2 (RÉGLEMENTAIRE). Suivi de l'état de santé des mannequins en milieu de travail

Art. R. 7123-4. (D. 2016-1908 du 27 déc. 2016, art. 19, IV, 3°, JO 29, entrée en vigueur le 01.01.2017) « La visite d'information et de prévention prévue aux articles R. 4624-10 à R. 4624-21 et l'examen médical d'aptitude prévu aux articles R. 4624-23 à R. 4624-27 sont réalisés » par le service de santé au travail chargé du suivi médical des mannequins. (D. 2016-1908 du 27 déc. 2016, art. 19, IV, 3°, JO 29, entrée en vigueur le 01.01.2017) « Le certificat médical mentionné à l'article L. 7123-2-1 du code du travail est délivré à l'occasion de cette visite ou de cet examen. »

Art. R. 7123-5. Par dérogation aux dispositions (D. 2016-1908 du 27 déc. 2016, art. 19, IV, 4°, JO 29, entrée en vigueur le 01.01.2017) « des sous-sections 1 et 2 de la section 2 du chapitre IV du titre II du livre VI de la quatrième partie du présent code, la visite d'information et de prévention ou » l'examen médical d'embauche demeure valable un an pour les contrats conclus par le mannequin auprès de la même agence de mannequins ou six mois pour les contrats conclus avec plusieurs agences de mannequins lorsque les conditions suivantes sont réunies :

1° Le mannequin est appelé à occuper un emploi identique ;

(D. 2016-1908 du 27 déc. 2016, art. 19, IV, 4°, JO 29, entrée en vigueur le 01.01.2017) « 2° Les professionnels de santé du service de santé au travail, chargés du suivi de l'état de santé des mannequins de chaque agence de mannequins, sont en possession de l'avis médical d'aptitude ou de l'attestation de suivi de chaque mannequin et de l'avis médical prévu à l'article L. 7123-2-1 du code du travail » ;

3° Aucune inaptitude n'a été reconnue (D. 2016-1908 du 27 déc. 2016, art. 19, IV, 5°, JO 29, entrée en vigueur le 01.01.2017) « ni mesure proposée en application de l'article L. 4624-3 » lors du dernier examen médical intervenu au cours des douze mois précédents.

Art. R. 7123-6. La mise en œuvre de la dérogation mentionnée à l'article R. 7123-5 est subordonnée à la conclusion et à l'extension d'un accord de branche, prévoyant notamment les modalités de répartition du financement de la surveillance médicale.

Art. R. 7123-7. Chaque mannequin bénéficie d'au moins (D. 2016-1908 du 27 déc. 2016, art. 19, IV, 6°, JO 29, entrée en vigueur le 01.01.2017) « une visite ou un examen réalisés par un professionnel de santé du service de santé au travail » par période de douze mois en vue de s'assurer (D. 2016-1908 du 27 déc. 2016, art. 19, IV, 6°, JO 29, entrée en vigueur le 01.01.2017) « , s'il relève du suivi individuel renforcé, » du maintien de son aptitude à exercer l'emploi considéré.

(D. 2016-1908 du 27 déc. 2016, art. 19, IV, 6°, JO 29, entrée en vigueur le 01.01.2017) « La première visite ou le premier examen » a lieu dans les douze mois (D. 2016-1908 du 27 déc. 2016, art. 19, IV, 6°, JO 29, entrée en vigueur le 01.01.2017) « qui suivent la première visite d'information et de prévention ou l'examen médical d'embauche ».

SECTION 3 (RÉGLEMENTAIRE). Agences de mannequins

Sous-section 1. Licence d'agence de mannequins et déclaration préalable

Note Cette sous-section a été introduite par le décret 2011-1001 du 24 août 2011, JO 26.

§ 1. Délivrance de la licence et déclaration préalable

Art. R. 7123-8. Toute personne établie sur le territoire national qui exerce une activité de placement de mannequins à titre onéreux doit être titulaire d'une licence d'agence de mannequins.

Art. R. *7123-9. La licence d'agence de mannequins est délivrée pour une durée indéterminée par le préfet de Paris. Le directeur régional des entreprises, de la concurrence, de la consommation, du travail et de l'emploi d'Ile-de-France instruit le dossier et sollicite l'avis du directeur régional des affaires culturelles d'Ile-de-France.

L'arrêté portant délivrance de la licence d'agence de mannequins est notifié aux intéressés et publié au *Journal officiel* de la République française.

Art. R. 7123-10. La demande de licence est adressée au préfet mentionné à l'article R.* 7123-9, par lettre recommandée avec demande d'avis de réception.

Elle précise le lieu choisi comme siège de l'agence. Elle est accompagnée des documents mentionnés, suivant les cas, à l'article R. 7123-10-1 ou à l'article R. 7123-10-2.

Lorsque la demande de licence est incomplète, le préfet indique au demandeur les documents manquants et fixe un délai pour la réception de ces pièces.

Le silence gardé pendant plus de deux mois sur une demande de licence assortie d'un dossier complet vaut acceptation.

Art. R. 7123-10-1. La demande de licence comporte :

1° Un extrait K ou un extrait K *bis* de l'entreprise accompagné de ses statuts ;

2° Un *curriculum vitae* indiquant, notamment, l'expérience professionnelle du demandeur à la date de la demande ;

3° La liste des collaborateurs permanents, des délégataires de l'agence et des personnes habilitées à représenter l'agence pour tout ou partie de ses activités, au siège de l'agence ou dans les succursales, avec l'indication, pour chacune d'elles, des nom, prénoms, nationalité, date et lieu de naissance, adresse personnelle, expérience professionnelle (*curriculum vitae*) ainsi que des fonctions exercées au sein de l'agence ;

4° Une copie de l'attestation de la garantie financière mentionnée à l'article L. 7123-19 ;

5° Un extrait de bulletin de casier judiciaire n° 2 ou tout document équivalent du demandeur de la licence, des dirigeants sociaux et des gérants de l'agence ;

6° Une note sur les conditions dans lesquelles l'agence exercera son activité, notamment au plan géographique, et comportant l'identification des succursales et les secteurs professionnels concernés ;

7° Au titre des activités ou professions susceptibles d'entraîner une situation de conflit d'intérêts mentionnées à l'article R. 7123-16, une déclaration indiquant, le cas échéant, les autres activités ou professions exercées et les mandats sociaux détenus par chaque dirigeant, mandataire social, associé, délégataire et salarié. La déclaration précise, en outre, l'adresse d'exercice de l'activité en cause ou le siège de la société dont ils sont mandataires. Cette déclaration est également exigée en l'absence d'autres activités ou de mandats sociaux.

Art. R. 7123-10-2. Une agence de mannequins, légalement établie dans un autre État membre de l'Union européenne ou partie à l'accord sur l'Espace économique européen, produit à l'appui de sa demande de licence les documents mentionnés à l'article R. 7123-10-1. Si cette agence a obtenu dans son pays d'origine un titre d'effet équivalent, elle en produit la copie et est dispensée de produire ceux des documents mentionnés à l'article R. 7123-10-1 qu'elle a dû présenter dans le cadre de la procédure de délivrance de ce titre.

Art. R. 7123-11. Le bénéficiaire de la licence informe le préfet mentionné à l'article R.* 7123-9 dans le délai d'un mois, par lettre recommandée avec demande d'avis de réception, de tout changement de lieu du siège social de l'agence ou de ses succursales, ou de modification de ses statuts.

Il informe le préfet dans le même délai de tout changement de dirigeants, de collaborateurs permanents, de délégataires ou d'associés de l'agence en indiquant les nom, prénoms, nationalité, date et lieu de naissance, adresse personnelle, expérience professionnelle (*curriculum vitae*) ainsi que des fonctions exercées dans le cadre de l'agence de tout nouveau dirigeant, délégataire ou associé de cette agence, et transmet au préfet les éléments mentionnés aux 3°, 5° et 7° de l'article R. 7123-10-1.

Le bénéficiaire de la licence qui cesse ses activités en fait la déclaration au préfet mentionné à l'article R.* 7123-9 dans le délai d'un mois.

Art. R. 7123-12. Les agences de mannequins légalement établies dans un autre État membre de l'Union européenne ou partie à l'accord sur l'Espace économique européen qui veulent exercer cette activité de façon temporaire et occasionnelle sur le territoire national adressent à la direction régionale des entreprises, de la concurrence, de la consommation, du travail et de l'emploi du lieu d'exécution de la prestation et préalablement à celle-ci la déclaration comportant les informations suivantes :

1° Les références de l'immatriculation de l'agence à un registre professionnel de son pays d'origine ;

2° Le nom ou la raison sociale et l'adresse du lieu d'établissement de l'agence de mannequins ;

3° Les nom, prénoms et adresse du domicile des dirigeants de l'agence ;

4° La désignation du ou des organismes auxquels l'agence de mannequins verse les cotisations de sécurité sociale ;

5° La preuve de l'obtention d'une garantie financière conformément à l'article L. 7123-19 ou la preuve de l'obtention d'une garantie équivalente dans le pays d'établissement ;

6° Le nom ou la raison sociale ainsi que l'adresse de l'utilisateur ;

7° Les lieux, dates, durée et, le cas échéant, les heures d'exécution de la prestation ;

8° S'il y a lieu, l'autorisation individuelle pour l'emploi d'enfants mentionnée à l'article L. 7124-1.

Art. R. 7123-12-1. Pour l'application des dispositions de l'article L. 7123-4-1, les mannequins reconnus comme prestataires de services établis dans un État membre de l'Union européenne ou dans un autre État partie à l'accord sur l'Espace économique européen qui veulent exercer leur activité en France, par la voie de la prestation de services, à titre temporaire et indépendant, indiquent à l'autorité administrative mentionnée à l'article R. 7123-12 le ou les organismes auxquels ils versent les cotisations de sécurité sociale.

Art. R. 7123-13. Le bénéficiaire de la licence adresse au préfet mentionné à l'article R.* 7123-9, par lettre recommandée avec demande d'avis de réception, tous les trois ans, dans les deux mois qui précèdent la date anniversaire de l'obtention de la licence, une déclaration certifiant qu'aucun changement n'est intervenu dans la situation de l'agence au regard des pièces fournies dans la demande initiale, compte tenu, le cas échéant, des documents communiqués en application de l'article R. 7123-11.

§ 2. Refus, suspension et retrait de licence d'agence de mannequins

Art. R. 7123-14. I. – La licence d'agence de mannequins est refusée ou retirée par le préfet mentionné à l'article R.* 7123-9 :

1° Lorsque l'auteur de la demande de licence ou les dirigeants de l'agence n'offrent pas ou n'offrent plus les garanties de moralité nécessaires. A tout moment, l'autorité administrative peut demander la délivrance du bulletin n° 2 du casier judiciaire ou de tout document d'effet équivalent ;

2° Lorsque les dispositions légales ou conventionnelles relatives aux conditions d'emploi des mannequins fixées par les articles L. 7123-5, L. 7123-7 à L. 7123-9, et à l'exercice de l'activité d'agence de mannequins fixées par les articles L. 7123-14, L. 7123-15, L. 7123-17, L. 7123-19 et L. 7123-22, ne sont pas ou ne sont plus respectées.

Elle est retirée lorsque les dispositions de l'article R. 7123-15 ne sont pas ou ne sont plus respectées.

II. – En cas d'urgence, et lorsque l'agence de mannequins a commis une irrégularité particulièrement grave, le préfet mentionné à l'article R.* 7123-9 peut suspendre la licence pour une durée maximum d'un mois.

III. – La décision portant retrait est motivée. Elle ne peut être prononcée sans que l'intéressé ait été préalablement informé, par lettre recommandée avec demande d'avis de réception, des motifs invoqués à l'appui de la mesure envisagée et invité à présenter ses observations dans un délai déterminé par le préfet.

IV. – Les arrêtés portant refus, suspension ou retrait de licence sont notifiés aux intéressés. Les arrêtés portant retrait de licence sont publiés au *Journal officiel* de la République française.

§ 3. Prévention des conflits d'intérêts

Art. R. 7123-15. Pour l'application de l'article L. 7123-15 et dans le cadre du contrôle de son activité, l'agence de mannequins porte à la connaissance de chaque mannequin, de chaque utilisateur et de la direction régionale des entreprises, de la concurrence, de la consommation, du travail et de l'emploi du lieu d'exercice de l'activité :

1° Les modalités de facturation permettant d'identifier la part consacrée à la prestation du mannequin au sens de l'article L. 7123-2 ;

2° Au titre des activités ou professions susceptibles d'entraîner une situation de conflit d'intérêts, le détail des mandats sociaux exercés par chaque dirigeant, dirigeant social, associé et salarié indiquant la nature de l'activité ou la qualité de mandataire social, l'adresse d'exercice de l'activité ou le siège de la société dont il est mandataire. (D. 2016-1417 du 20 oct. 2016, art. 10, JO 22) « Ces informations sont portées, par tout moyen, à la connaissance du public et des salariés. »

Art. R. 7123-16. Les activités ou professions dont l'exercice conjoint avec l'activité d'agences de mannequins est susceptible d'entraîner des situations de conflits d'intérêts sont :

1° Production ou réalisation d'œuvres cinématographiques ou audiovisuelles ;

2° Distribution ou sélection pour l'adaptation d'une production ;

3° Organisation de cours ou de stages de formation payants pour mannequins ou comédiens ;

4° Agence de publicité ;

5° Organisation de défilés de mode ;

6° Photographe.

Art. R. 7123-17. Peut être sanctionné d'une amende administrative d'un montant maximum de 1 500 € pour une personne physique et de 7 500 € pour une personne morale, et respectivement de 3 000 € et de 15 000 € en cas de récidive, le fait de méconnaître les dispositions de l'article R. 7123-15.

Art. R. 7123-17-1. Le préfet du lieu de constat de l'infraction notifie à la personne mise en cause les griefs qui lui sont reprochés et les sanctions encourues et l'invite à présenter ses observations dans un délai d'un mois. La notification est faite par lettre recommandée adressée à l'intéressé avec demande d'avis de réception.

Pendant le délai mentionné au premier alinéa, l'intéressé peut prendre connaissance et copie des pièces du dossier et se faire assister ou représenter par tout conseil de son choix.

La décision de sanction est notifiée à l'intéressé par lettre recommandée avec demande d'avis de réception.

Les amendes prévues à l'article R. 7123-17 sont prononcées par arrêté du préfet. Elles donnent lieu à l'émission d'un titre de perception exécutoire, établi par le préfet et recouvré au profit de l'État par les comptables du Trésor, selon les modalités prévues pour les créances étrangères à l'impôt et au domaine.

Sous-section 2. **Mise à disposition**

Art. R. 7123-18. Le contrat de mise à disposition prévu à l'article L. 7123-17 est conclu avant le début de la prestation.

Il est établi pour chaque mannequin et lui est remis ainsi que, le cas échéant, à ses représentants légaux.

Art. R. 7123-19. Le contrat de mise à disposition mentionne notamment :

1° La nature et les caractéristiques de la prestation, notamment en ce qui concerne les conditions de travail et les horaires prévisibles d'emploi et de sélection ;

2° La durée prévisible et le lieu de la mission ;

3° Pour les enfants, l'avis d'un pédiatre ou d'un médecin généraliste ;

4° Le pourcentage minimum prévu à l'article L. 7123-7 et correspondant à la prestation réalisée par le mannequin ;

5° Le nom et l'adresse du garant financier de l'agence de mannequins prévu par l'article L. 7123-19.

Sous-section 3. **Garantie financière**

§ 1. Objet et montant de la garantie financière

Art. R. 7123-20. La garantie financière prévue à l'article L. 7123-19 a exclusivement pour objet d'assurer :

1° Le paiement aux mannequins, mis à la disposition d'utilisateurs par une agence de mannequins, de leur salaire et de ses accessoires, de l'indemnité compensatrice de congés payés et des rémunérations dues au titre de l'article L. 7123-6 ;

2° Le paiement aux organismes de sécurité sociale ou autres institutions sociales des cotisations obligatoires dues pour ces salariés.

Art. R. 7123-21. Le montant de la garantie financière peut être révisé à tout moment et fait l'objet d'un réexamen chaque année.

Ce montant ne peut être inférieur, pour chaque agence de mannequins, à 6 % de la masse salariale résultant des déclarations annuelles réalisées au titre de l'article R. 243-14 du code de la sécurité sociale, ni à un minimum fixé à 15 200 € et révisable par décret.

Art. R. 7123-22. En cas d'absorption ou de fusion d'agences de mannequins, le montant de la garantie de l'agence ainsi formée ne peut être inférieur au montant des garanties cumulées de ces agences.

En cas de scission d'une agence de mannequins, le montant de sa garantie est ventilé entre les agences issues de la scission, proportionnellement à leur masse salariale respective.

§ 2. Attestation de garantie

Art. R. 7123-23. L'agence de mannequins doit être en possession d'une attestation de garantie délivrée par le garant, indiquant notamment le nom et l'adresse de celui-ci, le montant, la date de prise d'effet et la date d'expiration de la garantie accordée.

Cette attestation de garantie est tenue à la disposition des agents de l'inspection du travail et des agents de contrôle des organismes de sécurité sociale et institutions sociales intéressées.

Art. R. 7123-25. Les dirigeants de l'agence de mannequins font figurer sur les documents concernant l'agence, notamment sur les contrats de travail qui les lient à chacun des mannequins et les contrats de mise à disposition qu'ils concluent avec les utilisateurs, le nom et l'adresse de leur garant ainsi que la référence à l'article L. 7123-19.

§ 3. Engagement de caution

Art. R. 7123-26. La garantie financière ne peut être donnée par des sociétés de caution mutuelle que lorsqu'elles ont pour objet unique de garantir les créances définies à l'article R. 7123-20.

Art. R. 7123-27. L'engagement de caution prévu à l'article L. 7123-20 ne peut être pris par un organisme de garantie collective, une entreprise d'assurances, une banque ou un établissement financier habilité à donner caution que lorsque cet organisme, entreprise, banque ou établissement peut légalement exercer son activité en France.

Art. R. 7123-28. L'engagement de caution fait l'objet d'un contrat écrit précisant les conditions et le montant de la garantie accordée ainsi que les modalités du contrôle comptable que le garant peut exercer sur l'agence de mannequins.

Ce contrat mentionne la renonciation du garant, en cas de défaillance de l'agence de mannequins, au bénéfice de discussion prévu aux articles 2298 à 2301 du code civil.

Le contrat est tenu, au siège de l'agence de mannequins, à la disposition des agents de l'inspection du travail et des agents de contrôle des organismes de sécurité sociale et des institutions sociales.

Art. R. 7123-29. Lorsque l'engagement de caution dont bénéficie une agence de mannequins prend fin, l'agence ne peut poursuivre son activité que si elle a obtenu, dans les conditions prévues par les articles R. 7123-26 à R. 7123-28, un autre engagement de caution, de sorte que le paiement des dettes définies à l'article R. 7123-20 soit garanti sans interruption.

§ 4. Obligations du garant

Art. R. 7123-30. L'agence de mannequins est considérée comme défaillante, au sens de l'article L. 7123-19, lorsqu'à l'expiration d'un délai de quinze jours suivant la réception d'une mise en demeure, elle n'a pas payé tout ou partie des dettes énumérées à l'article R. 7123-20.

L'agence de mannequins est également considérée comme défaillante lorsqu'elle fait l'objet d'une procédure de sauvegarde, de redressement ou de liquidation judiciaire. Dans ce cas, le garant est informé du jugement, dans les mêmes formes, par le mandataire judiciaire ou par le liquidateur.

Art. R. 7123-31. La mise en demeure mentionnée à l'article R. 7123-30 peut émaner soit d'un salarié, soit d'un organisme de sécurité sociale ou d'une institution sociale, dès lors que leurs créances sont certaines, liquides et exigibles. Cette mise en demeure est faite par lettre recommandée avec avis de réception.

Le garant est informé de l'envoi de la mise en demeure par le créancier par lettre recommandée avec avis de réception ou par lettre remise contre récépissé.

Art. R. 7123-32. Dès la constatation de la défaillance de l'agence de mannequins, le titulaire de l'une des créances définies à l'article R. 7123-20 peut adresser au garant une demande de paiement par lettre recommandée avec avis de réception ou par lettre remise contre récépissé.

Le garant entend le représentant de l'agence de mannequins et reçoit ses explications sur la demande présentée.

Art. R. 7123-33. Lorsqu'une agence de mannequins fait l'objet d'une procédure de sauvegarde, de redressement ou de liquidation judiciaire, le mandataire judiciaire ou le liquidateur adresse au garant un relevé, visé par le juge commissaire, des salaires, des cotisations impayées et rémunérations dues au titre de l'article L. 7123-6.

Ce relevé est adressé dans le délai de dix jours à compter du prononcé du jugement et dans les formes prévues à l'article R. 7123-32. Il précise les droits de chacun des créanciers et éventuellement les sommes versées par le mandataire judiciaire ou le liquidateur.

Art. R. 7123-34. Le garant paye les sommes dues dans les dix jours à compter de la réception de la demande de paiement.

Lorsque le reliquat de paiements demandés excède le montant de la garantie financière, les créances de même nature sont réglées proportionnellement aux paiements demandés.

Art. R. 7123-35. Lorsque le garant conteste l'existence, l'exigibilité ou le montant de la créance, le salarié ou l'organisme social peut l'assigner directement devant les juridictions compétentes.

Art. R. 7123-36. Le garant qui a payé les sommes définies à l'article R. 7123-20 est subrogé, à due concurrence, dans tous les droits des salariés, des organismes de sécurité sociale et des institutions sociales contre l'agence de mannequins.

Le garant informe l'utilisateur intéressé ainsi que le préfet du paiement de ces sommes.

Art. R. 7123-37. En cas de cessation de la garantie, le garant en informe dans un délai de trois jours à compter de la date à laquelle il en est informé, par lettre recommandée avec avis de réception, dans la circonscription du siège de l'agence de mannequins :

1° La (D. 2009-1377 du 10 nov. 2009, JO 13; D. 2010-687 du 24 juin 2010, JO 25; voir D. 2010-1582 du 17 déc. 2010, JO 18, pour outre-mer) « direction régionale des entreprises, de la concurrence, de la consommation, du travail et de l'emploi » ;

2° L'organisme chargé du recouvrement des cotisations de sécurité sociale.

§ 5. Substitution de l'utilisateur à l'agence de mannequins en cas d'insuffisance de la caution

Art. R. 7123-38. En cas d'insuffisance de la caution, l'utilisateur est substitué à l'agence de mannequins pour le paiement des sommes définies à l'article R. 7123-20 qui restent dues par elle au titre des prestations réalisées par des mannequins pour le compte de cet utilisateur. Cette règle s'applique nonobstant toute convention contraire et obligations qui découlent pour l'agence de mannequins des dispositions relatives à l'assurance contre le risque de non paiement, prévu par les articles L. 3253-6 à L. 3253-21.

Dans ce cas, soit le salarié ou l'organisme de sécurité sociale ou l'institution sociale, soit, en cas de procédure de sauvegarde, de redressement ou de liquidation judiciaire, le mandataire judiciaire ou le liquidateur informe l'utilisateur de l'insuffisance de la caution en lui adressant une demande de paiement des sommes restant dues. Cette demande est faite par lettre recommandée avec avis de réception ou par lettre remise contre récépissé.

Le paiement des sommes dues est réalisé par l'utilisateur dans le délai de dix jours à compter de la réception de la demande.

Art. R. 7123-39. Les salariés ainsi que les organismes de sécurité sociale ont une action directe contre l'utilisateur ainsi substitué pour les sommes qui restaient dues à l'agence de mannequins par cet utilisateur pour la mise à disposition des salariés.

Art. R. 7123-40. L'utilisateur qui a payé les sommes définies à l'article R. 7123-20 qui restaient dues est subrogé, à due concurrence, dans tous les droits des salariés, des organismes de sécurité sociale contre l'agence de mannequins.

Art. R. 7123-41. Lorsqu'un organisme de sécurité sociale poursuit à l'encontre de l'utilisateur, substitué à une agence de mannequins en raison de l'insuffisance de la caution, le remboursement de prestations sociales pour défaut de versement des cotisations dues, la somme réclamée ne peut être supérieure au montant des cotisations dues pour les salariés mis à la disposition provisoire de l'utilisateur par cette agence.

SECTION 4. Dispositions pénales

Art. L. 7123-24. Le fait, pour toute personne exploitant une agence de mannequins, de ne pas avoir conclu par écrit un contrat de travail avec chaque mannequin qu'elle emploie, en méconnaissance des dispositions de l'article L. 7123-5, est puni d'un emprisonnement de six mois et d'une amende de 75000 €.

Art. L. 7123-25. Le fait, pour toute personne exploitant une agence de mannequins, d'avoir établi un contrat de travail ne comportant pas la définition précise de son objet, en méconnaissance des dispositions de l'article L. 7123-5, est puni d'un emprisonnement de six mois et d'une amende de 75000 €.

Art. L. 7123-26. Le fait d'exercer l'activité d'exploitant d'agence de mannequins sans être titulaire d'une licence d'agence de mannequins (L. 2011-302 du 22 mars 2011, art. 14, JO 23) «ou sans avoir déclaré préalablement son activité», en méconnaissance des dispositions de l'article L. 7123-11, est puni d'un emprisonnement de six mois et d'une amende de 75 000 €.

Art. L. 7123-27. (L. 2016-41 du 26 janv. 2016, art. 20, 2°, JO 27) Le fait, pour toute personne exploitant une agence de mannequins ou s'assurant, moyennant rémunération, le concours d'un mannequin, de ne pas respecter l'obligation prévue à l'article L. 7123-2-1 est puni de six mois d'emprisonnement et de 75 000 € d'amende.

Art. L. 7123-28. Le fait, pour toute personne exploitant une agence de mannequins, de mettre un mannequin à la disposition d'un utilisateur sans conclure un contrat de mise à disposition par écrit ou ne précisant pas les caractéristiques de la prestation demandée au mannequin, en méconnaissance des dispositions des premier et deuxième alinéas de l'article L. 7123-17, est puni d'un emprisonnement de six mois et d'une amende de 75000 €.

Est puni des mêmes peines le fait de ne pas délivrer un exemplaire du contrat de mise à disposition au mannequin avant toute acceptation par celui-ci de la mission qui lui est proposée, en méconnaissance des dispositions du troisième alinéa de l'article (L. 2011-302 du 22 mars 2011, art. 14, JO 23) « L. 7123-17 ».

Art. L. 7123-29. Le fait, pour toute personne exploitant une agence de mannequins, de ne pas justifier d'une garantie financière, en méconnaissance des dispositions de l'article L. 7123-19, est puni d'un emprisonnement de six mois et d'une amende de 75000 €.

Art. L. 7123-30. Le fait, pour toute personne exploitant une agence de mannequins, de présenter une garantie financière résultant d'un engagement de caution pris en méconnaissance des dispositions de l'article L. 7123-20 est puni d'un emprisonnement de six mois et d'une amende de 75000 €.

Art. L. 7123-31. Le fait, pour tout utilisateur, en cas d'insuffisance de la garantie financière prévue à l'article L. 7123-19, de ne pas se substituer à l'agence de mannequins pour le paiement des sommes restant dues aux salariés et aux organismes de sécurité sociale, en méconnaissance des dispositions de l'article L. 7123-21, est puni d'un emprisonnement de six mois et d'une amende de 75 000 €.

Art. L. 7123-32. Le fait, pour toute personne exploitant une agence de mannequins, de ne pas fournir à l'utilisateur, sur sa demande, une attestation des organismes de sécurité sociale, en méconnaissance des dispositions de l'article L. 7123-22, est puni d'un emprisonnement de six mois et d'une amende de 75 000 €.

Chapitre IV

Enfants dans le spectacle, les professions ambulantes, la publicité et la mode

SECTION 1. Autorisation individuelle

Art. L. 7124-1. Un enfant de moins de seize ans ne peut, sans autorisation individuelle préalable, accordée par l'autorité administrative, être, à quelque titre que ce soit, engagé ou produit:

1° Dans une entreprise de spectacles, sédentaire ou itinérante;

2° Dans une entreprise de cinéma, de radiophonie, de télévision ou d'enregistrements sonores;

3° En vue d'exercer une activité de mannequin au sens de l'article L. 7123-2;

(L. 2016-1321 du 7 oct. 2016, art. 101, II, JO 8) «4° Dans une entreprise ou association ayant pour objet la participation à des compétitions de jeux vidéo au sens de l'article L. 321-8 du code de la sécurité intérieure.»

Art. L. 7124-2. L'emploi d'un mineur de plus de treize ans, en vue d'exercer les activités définies à l'article L. 7124-1, est subordonné à son avis favorable écrit.

Art. L. 7124-3. L'autorisation individuelle préalable à l'emploi d'un enfant mentionnée à l'article L. 7124-1 peut être retirée à tout moment.

SECTION 2. Dérogations pour l'emploi d'enfants par des agences de mannequins agréées

Art. L. 7124-4. L'autorisation individuelle n'est pas requise si l'enfant est engagé par une agence de mannequins (L. 2011-302 du 22 mars 2011, art. 14, JO 23) «exerçant son activité dans les conditions prévues par l'article L. 7123-11» et qui a obtenu un agrément lui permettant d'engager des enfants.

Art. L. 7124-5. L'agrément des agences de mannequins pour l'engagement des enfants de moins de seize ans est accordé par l'autorité administrative pour une durée déterminée renouvelable.

Il peut être retiré à tout moment.

En cas d'urgence, il peut être suspendu pour une durée limitée.

SECTION 3. Conditions de travail des enfants

Sous-section 1. Durée du travail et repos

Art. L. 7124-6. L'emploi et la sélection d'un enfant scolarisé ou non exerçant l'activité de mannequin ne peuvent excéder des durées journalières et hebdomadaires maximales déterminées par décret en Conseil d'État.

Art. L. 7124-7. L'emploi et la sélection d'un enfant non scolarisé exerçant l'activité de mannequin ne peuvent être autorisés que deux jours par semaine à l'exclusion du dimanche.

Art. L. 7124-8. Durant les périodes scolaires, l'emploi d'un enfant scolarisé exerçant l'activité de mannequin et la sélection préalable en vue de cette activité ne peuvent être autorisés que les jours de repos hebdomadaire autres que le dimanche.

Sous-section 2. Rémunération

Art. L. 7124-9. Une part de la rémunération perçue par l'enfant peut être laissée à la disposition de ses représentants légaux.

Le surplus, qui constitue le pécule, est versé à la Caisse des dépôts et consignations et géré par cette caisse jusqu'à la majorité de l'enfant. Des prélèvements peuvent être autorisés en cas d'urgence et à titre exceptionnel.

En cas d'émancipation, il est à nouveau statué.

Art. L. 7124-10. Lorsque, en application de l'article L. 7124-4, l'emploi d'un enfant n'est pas soumis à autorisation, les règles de répartition de la rémunération perçue par cet enfant entre ses représentants légaux et le pécule sont fixées par la décision d'agrément de l'agence de mannequins qui emploie l'enfant.

Des prélèvements sur le pécule peuvent être autorisés dans les conditions mentionnées au deuxième alinéa de l'article L. 7124-9.

Art. L. 7124-11. La rémunération à laquelle l'enfant a droit en cas d'utilisation de son image en application de l'article L. 7123-6 est soumise aux dispositions de la présente sous-section.

Art. L. 7124-12. Les rémunérations de toute nature perçues par des enfants de seize ans et moins pour l'exercice d'une activité artistique ou littéraire, autre que celles mentionnées à l'article L. 7124-1 sont soumises aux dispositions de la présente sous-section.

SECTION 4. Interdictions

Art. L. 7124-13. Il est interdit à toute personne de publier au sujet des mineurs engagés ou produits dans les conditions prévues aux articles L. 7124-1 et L. 7124-4 par tous moyens, commentaires, informations ou renseignements autres que ceux concernant leur création artistique.

Art. L. 7124-14. Est interdite toute publicité abusive tendant à attirer les mineurs vers des professions artistiques dont elle souligne le caractère lucratif.

Art. L. 7124-15. La publicité écrite tendant à proposer à des enfants de moins de seize ans une activité de mannequin ne peut émaner que des agences de mannequins titulaires d'un agrément leur permettant d'engager des enfants de moins de seize ans.

Art. L. 7124-16. Il est interdit:

1° À toute personne de faire exécuter par des enfants de moins de seize ans des tours de force périlleux ou des exercices de dislocation, ou de leur confier des emplois dangereux pour leur vie, leur santé ou leur moralité;

2° À toute personne autre que les père et mère pratiquant les professions d'acrobate saltimbanque, montreur d'animaux, directeur de cirque ou d'attraction foraine, d'employer dans ses représentations des enfants âgés de moins de seize ans;

3° Aux père et mère exerçant des activités et professions mentionnées au 1° et 2°, d'employer dans leurs représentations leurs enfants âgés de moins de douze ans;

4° À toute personne d'employer comme mannequin un enfant durant une période de vacances scolaires pour un nombre de jours supérieur à la moitié de la durée des vacances.

Art. L. 7124-17. Il est interdit aux père, mère, tuteurs ou employeurs, et généralement à toute personne ayant autorité sur un enfant ou en ayant la garde, de confier, à titre gratuit ou onéreux, leurs enfants, pupilles ou apprentis âgés de moins de seize ans aux personnes exerçant les professions mentionnées à l'article L. 7124-16.

Il est également interdit aux intermédiaires ou agents de confier ou de faire confier ces enfants.

Il est interdit à toute personne d'inciter des enfants âgés de moins de seize ans à quitter le domicile de leurs parents ou tuteurs pour suivre les personnes des activités et professions mentionnées à l'article L. 7124-16.

Art. L. 7124-18. Il est interdit à toute personne exerçant une des activités et professions mentionnées à l'article L. 7124-16 d'employer des enfants sans être porteur de l'extrait des actes de naissance et sans justifier de leur origine ainsi que de leur identité par la production d'un passeport.

Art. L. 7124-19. En cas d'infraction aux dispositions du présent chapitre, le maire interdit toutes représentations aux personnes exerçant une des professions mentionnées à l'article L. 7124-16.

Il requiert également la justification, conformément à l'article L. 7124-18, de l'origine et de l'identité de tous les enfants placés sous la conduite des personnes mentionnées à cet article. À défaut de cette justification, le maire en avise immédiatement le procureur de la République.

Art. L. 7124-20. Les dispositions des articles L. 7124-13 à L. 7124-15 s'appliquent également aux mineurs qui exercent une activité artistique ou littéraire, autre que celles mentionnées à l'article L. 7124-12.

SECTION 5. Dispositions d'application

Art. L. 7124-21. Un décret en Conseil d'État détermine les modalités d'application des articles L. 7124-1 à L. 7124-11.

SECTION 1 (RÉGLEMENTAIRE). Autorisation individuelle

Art. R. 7124-1. Toute personne souhaitant engager ou produire un enfant âgé de moins de seize ans pour un spectacle ou une production déterminés, dans une entreprise de cinéma, de radiophonie, de télévision ou d'enregistrement sonore, (D. 2017-871 du 9 mai 2017, JO 10) « ou dans une entreprise ou association ayant pour objet la participation à des compétitions de jeux vidéo au sens de l'article L. 321-8 du code de la sécurité intérieure, » dépose préalablement une demande d'autorisation auprès du préfet du siège de l'entreprise.

Lorsque le siège de l'entreprise se trouve à l'étranger ou lorsque l'entreprise n'a pas de siège fixe, la demande est déposée auprès du préfet de Paris.

Une demande d'autorisation est également déposée par toute personne, autre que l'agence de mannequins agréée, qui souhaite sélectionner, engager, employer ou produire un enfant âgé de moins de seize ans pour exercer une activité de mannequin au sens de l'article L. 7123-2.

Art. R. 7124-2. La demande d'autorisation individuelle est accompagnée :

1° D'une pièce établissant l'état civil de l'enfant ;

2° De l'autorisation écrite de ses représentants légaux accompagnée de la liste des emplois précédemment ou actuellement occupés par l'enfant ;

3° De tous documents permettant d'apprécier les difficultés et la moralité du rôle qu'il est appelé à jouer (D. 2017-871 du 9 mai 2017, JO 10) «, de la prestation qu'il fournit en tant que mannequin ou de son activité de joueur de jeu vidéo compétitif au sens du I de l'article 102 de la loi n° 2016-1321 du 7 octobre 2016 pour une République numérique » ;

4° De toutes précisions sur ses conditions d'emploi, sur sa rémunération et sur les dispositions prises pour assurer sa fréquentation scolaire.

Art. R. 7124-3. L'autorisation individuelle est accordée sur avis conforme d'une commission dont la composition et le mode de fonctionnement sont déterminés à la section 3.

Art. R. 7124-4. La demande d'autorisation individuelle est instruite par le (D. 2009-1377 du 10 nov. 2009, JO 13; D. 2010-687 du 24 juin 2010, JO 25; voir D. 2010-1582 du 17 déc. 2010, JO 18, pour outre-mer) « directeur régional des entreprises, de la concurrence, de la consommation, du travail et de l'emploi » et par le directeur départemental (D. 2011-1001 du 24 août 2011, JO 26) « interministériel en charge de la cohésion sociale », chacun en ce qui le concerne.

Art. R. 7124-5. L'instruction permet à la commission d'apprécier :

1° Si le rôle proposé (D. 2017-871 du 9 mai 2017, JO 10) «, la prestation de mannequin ou activité de joueur de jeu vidéo compétitif au sens du I de l'article 102 de la loi n° 2016-1321 du 7 octobre 2016 pour une République numérique » peut, compte tenu de ses difficultés et de sa moralité, être normalement confié à l'enfant ;

2° Si l'enfant a déjà été ou est actuellement employé dans des activités du spectacle (D. 2017-871 du 9 mai 2017, JO 10) «, comme mannequin ou comme joueur de jeu vidéo compétitif au sens du I de l'article 102 de la loi n° 2016-1321 du 7 octobre 2016 pour une République numérique » et à quelles conditions ;

3° Si, compte tenu de son âge, de l'obligation scolaire à laquelle il est soumis et de son état de santé, l'enfant est en mesure d'assurer le travail qui lui est proposé. À cet effet, un examen médical pris en charge par l'employeur est réalisé par un pédiatre ou par un médecin généraliste ;

4° Si les conditions d'emploi de l'enfant sont satisfaisantes au regard :

a) Des horaires de travail ;

(D. 2017-871 du 9 mai 2017, JO 10) « *b)* Du rythme des représentations ou des compétitions, notamment en ce qui concerne sa participation éventuelle à des représentations en soirée ou à plusieurs représentations ou compétitions au cours de la même semaine ; »

c) De sa rémunération ;

d) Des congés et temps de repos ;

e) De l'hygiène, de la sécurité ;

f) De la sauvegarde de sa santé et de sa moralité ;

5° Si des dispositions sont prises en vue de lui assurer une fréquentation scolaire normale ;

6° Si la famille de l'enfant ou les personnes qui en ont la charge sont en mesure d'exercer à son égard une surveillance efficace, notamment pendant les heures de repos et les trajets.

Art. R. 7124-6. Pour les demandes d'autorisations individuelles présentées en Ile-de-France, l'examen médical prévu au 3° de l'article R. 7124-5 est réalisé par un médecin du travail du service interprofessionnel de santé au travail spécialisé en médecine du travail des artistes et techniciens du spectacle.

Art. R. 7124-7. Un arrêté du ministre chargé de la santé fixe les vérifications auxquelles il doit être procédé au cours de l'examen médical prévu au 3° de l'article de l'article R. 7124-5 pour s'assurer, en fonction de l'âge, de l'état de santé de l'enfant, de la durée, du rythme et des horaires de l'activité proposée, que cette activité n'est pas néfaste pour la santé de l'enfant et pour déterminer d'éventuelles contre-indications.

SECTION 2 (RÉGLEMENTAIRE). Dérogations pour l'emploi d'enfants par des agences de mannequins agréées

§ 1. Agrément de l'agence

Art. R. 7124-8. La demande d'agrément ou de renouvellement d'agrément présentée par une agence de mannequins en vue d'engager des enfants est accompagnée des documents suivants :

1° Un extrait d'acte de naissance des dirigeants, associés et gérants de l'agence ;

2° Une attestation de versement des cotisations aux organismes de sécurité sociale pour les agences en activité au moment du dépôt de la demande d'agrément ;

3° Une attestation par laquelle l'agence s'engage à faire passer à l'enfant un examen médical aux frais de l'agence ;

4° Un exemplaire de la notice prévue à l'article R. 7124-15 ;

5° Tous éléments permettant d'apprécier :

a) La moralité, la compétence et l'expérience professionnelle en matière d'emploi d'enfants mannequins des dirigeants, associés et gérants de l'agence de mannequins ;

b) La situation financière de l'agence, si elle est en activité au moment du dépôt de la demande ;

c) Les conditions de fonctionnement de l'agence, notamment en ce qui concerne l'équipement dont elle dispose, les locaux dans lesquels elle est installée, l'effectif et la compétence du personnel employé ;

d) Les conditions dans lesquelles elle exercera son activité avec des enfants.

Art. R. 7124-9. L'examen médical préalable à l'emploi de l'enfant, prévu au 3° de l'article R. 7124-5, est réalisé par un pédiatre ou par un médecin généraliste, selon les modalités prévues par l'arrêté mentionné à l'article R. 7124-7.

Il fait apparaître si, compte tenu de l'âge et de l'état de santé de l'enfant, celui-ci est en mesure d'assurer une activité de mannequin sans compromettre sa santé ou son développement.

Cet examen est renouvelé tous les trois mois pour les enfants âgés de moins de trois ans, tous les six mois pour ceux âgés de trois à six ans et tous les ans pour ceux âgés de plus de six ans.

En cas d'avis négatif du médecin, l'enfant ne peut être employé.

Art. R. 7124-10. Le préfet accorde l'agrément, pour une durée d'un an renouvelable, sur avis conforme d'une commission dont la composition et le mode de fonctionnement sont déterminés à la section 3.

Il peut également le suspendre en cas d'urgence.

Art. R. 7124-11. L'agrément ou le renouvellement d'agrément ne peut être accordé que lorsque les garanties assurées aux enfants quant à leur sécurité physique et psychique sont suffisantes.

Dans le cadre de l'instruction de la demande, le préfet peut demander la délivrance du bulletin n° 2 du casier judiciaire. Aucun agrément ne peut être accordé ou renouvelé s'il apparaît qu'un dirigeant, associé ou gérant de l'agence a fait l'objet d'une condamnation figurant sur ce bulletin.

Art. R. 7124-12. La décision de suspension de l'agrément doit être justifiée par l'urgence et ne peut être fondée que sur des faits mettant en cause immédiatement et gravement la santé ou la moralité des enfants employés par l'agence ou de certains d'entre eux. Elle est motivée.

Art. R. 7124-13. La durée de la suspension de l'agrément ne peut excéder un mois. Dans ce délai, la commission, saisie par le préfet, propose à ce dernier, après que l'agence intéressée a été mise en mesure de présenter ses observations :

1° Soit le retrait de l'agrément ;

2° Soit la levée de la suspension si les mesures prises par l'agence sont de nature à supprimer les risques encourus par les enfants et à éviter leur renouvellement.

La suspension prend fin à l'expiration du délai d'un mois si le préfet n'a pas fait connaître sa décision définitive dans ce délai.

Art. R. 7124-14. La liste des décisions portant attribution, renouvellement, non-renouvellement ou retrait de l'agrément est publiée sous forme d'avis au *Journal officiel* de la République française.

§ 2. Conditions de fonctionnement

Art. R. 7124-15. L'agence de mannequins agréée qui engage un enfant lui remet ainsi qu'à ses représentants légaux, contre récépissé, une notice explicative précisant :

1° Le fonctionnement de l'agence ;

2° Le contrôle médical de l'enfant ;

3° La procédure de sélection par les utilisateurs ;

4° Les conditions de mise à disposition de l'utilisateur, y compris les durées de déplacement et les temps d'attente ;

5° Les durées maximales d'emploi ;

6° Les conditions de rémunération.

Art. R. 7124-16. L'agence de mannequins agréée consigne dans un registre spécial :

1° L'identité et l'adresse des enfants sélectionnés ou employés ainsi que celles de leurs représentants légaux ;

2° La date, le lieu et l'heure des opérations de sélection réalisées pour chaque enfant avec l'identité de l'utilisateur et du commanditaire ;

3° Les mises à disposition de l'utilisateur de chaque enfant, avec les horaires quotidiens d'emploi, la durée des déplacements et le temps d'attente.

Art. R. 7124-17. Le registre spécial est tenu à la disposition de l'inspection du travail et des représentants légaux de l'enfant en cas de sélection ou d'emploi. Les représentants légaux de l'enfant le contresignent au moins trimestriellement.

En cas de contrôle de la sélection ou de l'emploi d'un enfant mannequin, celui-ci ainsi que ses représentants légaux sont entendus par l'inspection du travail sur sa demande ou à leur propre demande.

Art. R. 7124-18. Lors de la conclusion du contrat de mise à disposition mentionné à l'article L. 7123-17, l'utilisateur informe l'enfant de la nature et des conditions de la prestation.

SECTION 3 (RÉGLEMENTAIRE). Dispositions communes

§ 1. Composition et fonctionnement de la commission consultative

Art. R. 7124-19. La commission participe à l'examen des demandes d'autorisation individuelles et des demandes d'agrément des agences de mannequins en vue d'engager des enfants.

Elle comprend :

1° Un magistrat chargé des fonctions de juge des enfants et désigné par le premier président de la cour d'appel, président ;

2° (D. 2012-16 du 5 janv. 2012, art. 7, JO 6) « Le directeur académique des services de l'éducation nationale agissant sur délégation du recteur d'académie » ou son représentant ;

3° Le (D. 2009-1377 du 10 nov. 2009, JO 13 ; D. 2010-687 du 24 juin 2010, JO 25 ; voir D. 2010-1582 du 17 déc. 2010, JO 18, pour outre-mer) « directeur régional des entreprises, de la concurrence, de la consommation, du travail et de l'emploi » ou son représentant ;

4° Le directeur départemental (D. 2011-1001 du 24 août 2011, JO 26) « interministériel en charge de la cohésion sociale » ou son représentant ;

5° Un médecin inspecteur de la santé ;

6° Le directeur régional des affaires culturelles ou son représentant.

Art. R. 7124-20. À Paris, la commission comprend :

1° Le président du tribunal pour enfants ou son suppléant, président ;

2° Le directeur de l'enseignement de la ville de Paris ou son représentant ;

3° Le directeur régional des entreprises, de la concurrence, de la consommation, du travail et de l'emploi ou son représentant ;

4° Le directeur (D. 2011-1001 du 24 août 2011, JO 26) « départemental de la cohésion sociale de Paris » ou son représentant ;

5° Un médecin inspecteur de la santé de la (D. 2010-687 du 24 juin 2010, JO 25) « préfecture de la région d'Ile-de-France, préfecture de Paris » ;

6° Un représentant du ministre chargé de la culture, désigné par arrêté ;

7° Un représentant du ministre chargé de l'information, désigné par arrêté.

Art. R. 7124-21. La commission se réunit sur convocation du préfet aussi souvent qu'il est nécessaire. Elle lui remet un avis circonstancié sur chaque demande d'autorisation individuelle ou d'agrément qui lui est soumise.

Elle ne délibère valablement que lorsqu'elle réunit au moins trois de ses membres dont l'une des personnes chargées d'assurer sa présidence.

Elle rend son avis à la majorité des voix des membres présents. En cas de partage égal des voix, celle du président est prépondérante.

Elle peut, en toute circonstance, entendre l'enfant et ses représentants légaux, séparément ou non, sur leur demande ou à celle de l'un de ses membres.

Art. R. 7124-22. Le secrétariat de la commission est chargé, notamment, de la conservation des dossiers de chaque enfant.

§ 2. Procédure devant la commission consultative

Art. R. 7124-23. Dans le délai d'un mois à compter du jour du dépôt de la demande d'autorisation individuelle, d'agrément ou de renouvellement d'agrément et à la condition que le dossier déposé soit complet, le préfet notifie aux parties intéressées :

1° Le refus de l'autorisation ou l'agrément ;

2° Le fait qu'il procède à un complément d'instruction et, dans ce cas, le délai d'un mois est prorogé d'un mois ;

3° Il soumet l'autorisation ou l'agrément au respect de certaines conditions ou modalités ;

4° Il accorde l'autorisation ou l'agrément.

Une copie de cette notification est adressée, dans les cas prévus aux 3° et 4°, à la Caisse des dépôts et consignations.

Art. R. 7124-24. Lorsque le préfet n'a pas fait connaître sa décision dans le délai d'un mois fixé au premier alinéa de l'article R. 7124-23 :

1° La demande d'autorisation individuelle ou d'agrément est considérée comme rejetée ;

2° La demande de renouvellement de l'agrément est considérée comme acceptée.

Art. R. 7124-25. Les refus et retraits d'autorisation individuelle et d'agrément sont motivés. Ils peuvent notamment être prononcés à la demande de personnes qualifiées en raison de leurs activités dans le domaine de la protection de l'enfance ou de l'intérêt qu'elles portent aux mineurs concernés.

Les convocations aux séances de la commission sont adressées par lettre recommandée avec avis de réception.

Les demandeurs sont entendus par la commission s'ils le souhaitent. Ils peuvent se faire assister ou représenter par une personne de leur choix.

Art. R. 7124-26. Le retrait de l'autorisation individuelle et de l'agrément prévu aux articles L. 7124-3 et L. 7124-5 est prononcé par le préfet sur avis conforme de la commission soit d'office, soit à la demande de toute personne qualifiée.

SECTION 4 (RÉGLEMENTAIRE). Conditions de travail des enfants

Sous-section 1. Durée du travail et repos

Art. R. 7124-27. L'emploi d'un enfant âgé de moins de six ans révolus exerçant une activité de mannequin et la sélection préalable en vue de cette activité ne peuvent être autorisés que selon les durées suivantes :

1° Durée journalière maximum :

a) Une heure, dont pas plus d'une demi-heure en continu, jusqu'à l'âge de trois ans révolus ;

b) Deux heures, dont pas plus d'une heure en continu, de trois à six ans ;

2° Durée hebdomadaire maximum :

a) Une heure, jusqu'à l'âge de six mois ;

b) Deux heures, de six mois à trois ans ;

c) Trois heures, de trois ans à six ans.

Art. R. 7124-28. L'emploi et la sélection d'un enfant scolarisé mentionné à l'article (D. 2009-289 du 13 mars 2009, JO 15) « L. 7124-8 » ne sont autorisés que les jours et demi-journées de repos autres que le dimanche.

Art. R. 7124-29. Durant les périodes scolaires, l'emploi d'un enfant âgé de six à seize ans exerçant une activité de mannequin et la sélection préalable en vue d'exercer cette activité ne peuvent être autorisés que les jours ou demi-journées de repos hebdomadaire autres que le dimanche, et selon les durées suivantes :

1° Durée journalière maximum :

a) Trois heures, dont pas plus d'une heure et demie en continu, de six à onze ans ;

b) Quatre heures, dont pas plus de deux heures en continu, de douze à seize ans.

Cette durée journalière est réduite de moitié pour l'emploi et la sélection de l'enfant pendant une demi-journée.

2° Durée hebdomadaire maximum :

a) Quatre heures et demie, de six à onze ans ;

b) Six heures, de douze à seize ans.

Art. R. 7124-30. Durant les périodes de congés scolaires, l'emploi d'un enfant âgé de six à seize ans exerçant une activité de mannequin et la sélection préalable en vue d'exercer cette activité ne peuvent être autorisés que pendant la moitié des congés et selon les durées suivantes :

1° Durée journalière maximum :

a) Six heures, dont pas plus de deux heures en continu de six à onze ans ;

b) Sept heures, dont pas plus de trois heures en continu, de douze à seize ans ;

2° Durée hebdomadaire maximum :

a) Douze heures, de six à onze ans ;

b) Quinze heures, de douze à quatorze ans ;

c) Dix-huit heures, de quatorze à seize ans.

Art. R. 7124-30-1. (D. 2008-889 du 2 sept. 2008, JO 4) Dans le secteur du spectacle, le travail de nuit des enfants de moins de 16 ans ne peut être autorisé que jusqu'à 24 heures.

Art. R. 7124-30-2. (D. 2009-1049 du 27 août 2009, JO 29) Constitue un temps de travail effectif au sens de l'article L. 3121-1 la durée des représentations payantes auxquelles participent les enfants appartenant à une manécanterie développant une activité de production de spectacles itinérants dans le cadre du projet pédagogique d'un établissement d'enseignement.

Sous-section 2. Rémunération

Art. R. 7124-31. La part de la rémunération perçue par l'enfant dont le montant peut être laissé à la disposition de ses représentants légaux est fixée par la commission mentionnée à l'article R. 7124-19.

Art. R. 7124-32. La commission statue sur demande des contractants préalablement présentée à toute exécution.

Art. R. 7124-33. Dans les cas énoncés aux 3° et 4° de l'article R. 7124-23, la notification précise la fraction de rémunération affectée à la constitution du pécule.

Cette notification rappelle l'obligation faite à l'employeur par l'article R. 7124-35. Cette fraction porte sur le salaire et la rémunération perçue par l'enfant conformément aux articles L. 7123-6 et L. 7123-12 à L. 7123-16.

Art. R. 7124-34. L'autorisation donnée aux représentants légaux de l'enfant, en application de l'article L. 7124-9, de réaliser des prélèvements, en cas d'urgence et à titre exceptionnel, sur son pécule peut être retirée à tout moment s'il apparaît que les sommes déjà prélevées n'ont pas été intégralement affectées à l'usage auquel elles étaient destinées.

Les prélèvements sur le pécule sont autorisés par le président de la commission.

Ces prélèvements ne peuvent être autorisés que dans l'intérêt exclusif de l'enfant.

Art. R. 7124-35. Le versement à la Caisse des dépôts et consignations prévu au deuxième alinéa de l'article L. 7124-9 est accompagné d'une déclaration de l'employeur rappelant l'état civil de l'enfant, son domicile et le nom de ses représentants légaux.

Art. R. 7124-36. La Caisse des dépôts et consignations ouvre dans ses écritures, au nom de chacun des mineurs intéressés, un compte de dépôt auquel sont portés les versements réalisés par les employeurs.

Le taux et le mode de calcul des intérêts produits par le compte de dépôts sont fixés dans les conditions prévues à l'article L. 518-23 du code monétaire et financier. Ce taux ne peut être inférieur au taux de l'intérêt légal de l'exercice en cours.

Art. R. 7124-37. Avant le 31 mars de chaque année, la Caisse des dépôts et consignations transmet au titulaire du compte ou à son représentant légal, à la dernière adresse connue, un document indiquant l'encours des dépôts et les intérêts qu'ils ont générés pour l'année précédente.

Lorsque l'enfant atteint sa majorité, la Caisse des dépôts et consignations lui communique à la dernière adresse connue, par lettre recommandée avec avis de réception, le solde de son compte et l'informe qu'elle tient les fonds de son pécule à sa disposition.

Lorsque, à la suite de l'émancipation du mineur, la commission décide que tout ou partie du pécule pourra être remis à l'intéressé, cette décision est notifiée à la Caisse des dépôts et consignations.

À compter de la majorité de l'enfant ou de la notification prévue au troisième alinéa, la Caisse des dépôts et consignations transfère les fonds mis à la disposition de l'intéressé à un compte ordinaire de dépôt.

SECTION 5 (RÉGLEMENTAIRE). Contrôle

Art. R. 7124-38. Toute infraction aux dispositions des articles L. 4153-7, L. 7124-1 à L. 7124-11, L. 7124-13 à L. 7124-18 et L. 7124-21 ainsi que des articles R. 7124-3, R. 7124-10, R. 7124-26, R. 7124-31 et R. 7124-34 commise à l'étranger à l'égard de Français doit être dénoncée, dans le plus bref délai, par les agents consulaires de la France aux autorités françaises ou aux autorités locales si les lois du pays en assurent la répression.

Ces agents doivent, en outre, prendre les mesures nécessaires pour assurer le rapatriement en France des enfants d'origine française.

SECTION 6. Dispositions pénales

Art. L. 7124-22. Le fait d'engager ou de produire dans une entreprise mentionnée à l'article L. 7124-1, un enfant de seize ans et moins, soumis à l'obligation scolaire, sans autorisation individuelle préalable, en méconnaissance des dispositions de ce même article, est puni d'un emprisonnement de cinq ans et d'une amende de 75000 €.

Art. L. 7124-23. Le fait d'employer un mineur de plus de treize ans, en vue d'exercer les activités définies à l'article L. 7124-1, sans avoir préalablement recueilli son avis favorable écrit, en méconnaissance des dispositions de l'article L. 7124-2, est puni d'un emprisonnement de cinq ans et d'une amende de 75000 €.

Art. L. 7124-24. Le fait de méconnaître les dispositions des articles L. 7124-6 à L. 7124-8, relatives à la durée du travail et au repos, est puni d'un emprisonnement de cinq ans et d'une amende de 75 000 €.

Art. L. 7124-25. Le fait de remettre directement ou indirectement aux enfants mentionnés aux articles L. 7124-1 et L. 7124-2 ou à leurs représentants légaux des fonds au-delà de la part fixée en application du premier alinéa de l'article L. 7124-9 est puni d'une amende de 3 750 €.

La récidive est punie d'un emprisonnement de quatre mois et d'une amende de 7 500 €.

Art. L. 7124-26. Est puni d'une amende de 3 750 € le fait de remettre des fonds, directement ou indirectement, à un enfant mentionné à l'article L. 7124-12, ou à ses représentants légaux:

1° Soit sans avoir requis ou obtenu l'autorisation individuelle préalable à l'emploi d'un enfant dans les conditions prévues par l'article L. 7124-3;

2° Soit au-delà de la part fixée en application du premier alinéa de l'article L. 7124-9.

La récidive est punie d'un emprisonnement de quatre mois et d'une amende de 7 500 €.

Art. L. 7124-27. Le fait de publier au sujet des mineurs engagés ou produits dans les conditions prévues aux articles L. 7124-1 et L. 7124-4 par tous moyens, commentaires, informations ou renseignements autres que ceux concernant leur création artistique, en méconnaissance des dispositions de l'article L. 7124-13, est puni d'une amende de 6000 €.

La récidive est punie d'un emprisonnement de deux ans.

Art. L. 7124-28. Le fait de réaliser une publicité abusive tendant à attirer un mineur vers des professions artistiques dont elle souligne le caractère lucratif, en méconnaissance des dispositions de l'article L. 7124-14, est puni d'une amende de 6000 €.

La récidive est punie d'un emprisonnement de deux ans.

Art. L. 7124-29. Le fait de réaliser une publicité écrite tendant à proposer à un enfant de moins de seize ans une activité de mannequins, en méconnaissance des dispositions de l'article L. 7124-15, est puni d'une amende de 6000 €.

La récidive est punie d'un emprisonnement de deux ans.

Art. L. 7124-30. Est puni d'un emprisonnement de cinq ans et d'une amende de 75 000 €, le fait, en méconnaissance des dispositions de l'article L. 7124-16:

1° Pour toute personne, de faire exécuter par un enfant de moins de seize ans des tours de force périlleux ou des exercices de dislocation, ou de lui confier des emplois dangereux pour sa vie, sa santé ou sa moralité;

2° Pour toute personne autre que les père et mère pratiquant les professions d'acrobate saltimbanque, montreur d'animaux, directeur de cirque ou d'attraction foraine, d'employer dans ses représentations un enfant âgé de moins de seize ans;

3° Pour le père et la mère exerçant des professions mentionnées aux 1° et 2°, d'employer dans leurs représentations leur enfant âgé de moins de douze ans;

4° Pour toute personne, d'employer comme mannequin un enfant durant une période de vacances scolaires pour un nombre de jours supérieur à la moitié de la durée des vacances.

Art. L. 7124-31. Est puni d'un emprisonnement de cinq ans et d'une amende de 75 000 € le fait, en méconnaissance des dispositions de l'article L. 7124-17:

1° Pour le père, la mère, le tuteur ou l'employeur, et généralement toute personne ayant autorité sur un enfant ou en ayant la garde, de livrer, à titre gratuit ou onéreux, son enfant, pupille ou apprenti âgé de moins de seize ans aux personnes exerçant les professions mentionnées à l'article L. 7124-16 ou de le placer sous la conduite de vagabonds, de personnes sans moyens de subsistance ou se livrant à la mendicité;

2° Pour les intermédiaires ou agents, de confier ou de faire confier l'enfant mentionné au 1°;

3° Pour toute personne, d'inciter un enfant âgé de moins de seize ans à quitter le domicile de ses parents ou tuteurs pour suivre les personnes des professions mentionnées à l'article L. 7124-16.

La condamnation entraîne de plein droit, pour les tuteurs, la destitution de la tutelle. Les pères et mères peuvent être privés de l'autorité parentale.

Art. L. 7124-32. Le fait, pour toute personne exerçant une des professions mentionnées à l'article L. 7124-16, de ne pas être porteur de l'extrait des actes de naissance des enfants placés sous son autorité et de ne pas justifier de leur origine ainsi que de leur identité par la production d'un passeport, en méconnaissance des dispositions de l'article L. 7124-18, est puni d'un emprisonnement de six mois et d'une amende de 3 750 €.

Art. L. 7124-33. Le fait de méconnaître les dispositions de l'article L. 7124-20 est puni d'une amende de 6000 €.

La récidive est punie d'un emprisonnement de deux ans.

Art. L. 7124-34. En cas d'infraction aux dispositions concernant le travail des enfants, prévues par le présent chapitre, l'affichage du jugement peut, suivant les circonstances et en cas de récidive seulement, être ordonné par la juridiction.

La juridiction peut également ordonner, dans le même cas, l'insertion du jugement, aux frais du contrevenant, dans un ou plusieurs journaux du département.

Art. L. 7124-35. Les pénalités réprimant les infractions relatives au travail des enfants ne sont pas applicables lorsque l'infraction a été le résultat d'une erreur provenant de la production d'actes de naissance, livrets ou certificats contenant de fausses énonciations ou délivrés pour une autre personne.

LIVRE II

CONCIERGES ET EMPLOYÉS D'IMMEUBLES À USAGE D'HABITATION, EMPLOYÉS DE MAISON ET SERVICES À LA PERSONNE

TITRE Ier

CONCIERGES ET EMPLOYÉS D'IMMEUBLES À USAGE D'HABITATION

Chapitre Ier

Dispositions générales

SECTION 1. Champ d'application et définitions

Art. L. 7211-1. Les dispositions du présent titre sont applicables aux salariés définis à l'article L. 7211-2, à l'exclusion des concierges attachés à la personne même du propriétaire, lesquels relèvent des dispositions du titre II applicables aux employés de maison.

Art. L. 7211-2. Est considérée comme concierge, employé d'immeubles, femme ou homme de ménage d'immeuble à usage d'habitation, toute personne salariée par le propriétaire ou par le principal locataire et qui, logeant dans l'immeuble au titre d'accessoire au contrat de travail, est chargée d'en assurer la garde, la surveillance et l'entretien ou une partie de ces fonctions.

Art. L. 7211-3. Sont applicables aux salariés définis à l'article L. 7211-2 les dispositions relatives :

1° Au harcèlement moral prévues aux articles L. 1152-1 et suivants, au harcèlement sexuel prévues aux articles L. 1153-1 et suivants ainsi qu'à l'exercice en justice par les organisations syndicales des actions qui naissent du harcèlement en application de l'article L. 1154-2 ;

2° Aux absences pour maladie ou accident, prévues à l'article L. 1226-1 ;

3° Au repos hebdomadaire, prévues par les articles L. 3132-1 et suivants ;

4° Aux jours fériés, prévues par les articles L. 3133-1 et suivants ;

5° Aux congés pour événements familiaux, prévus (L. 2016-1088 du 8 août 2016, art. 9, III, 4°, JO 9) «à la sous-section 1 de la section 1 du chapitre II du titre IV du livre Ier de la troisième partie»;

6° Au mode de paiement des salaires prévu par les articles L. 3241-1 et suivants;

(L. 2011-867 du 20 juil. 2011, art. 16, JO 24) «7° À la surveillance médicale définie au titre II du livre VI de la quatrième partie.»

SECTION 2. Dispositions d'application

Art. L. 7211-4. Un décret en Conseil d'État détermine les conditions d'application du présent titre.

Chapitre II

Contrat de travail

Art. L. 7212-1. Le salarié dont le contrat de travail est rompu à l'initiative de l'employeur ne peut être obligé à quitter son logement avant un délai minimum déterminé par décret en Conseil d'État ou sans le paiement d'une indemnité.

Le montant de cette indemnité est égal au prix de la location trimestrielle d'un logement équivalent à celui que le salarié occupe et des avantages en nature qu'il perçoit.

Art. R. 7212-1. Le délai minimum avant lequel, en application de l'article L. 7212-1, le salarié dont le contrat de travail est rompu à l'initiative de l'employeur ne peut être obligé à quitter son logement est de trois mois.

Art. L. 7212-2. En cas de faute grave dans l'exercice de ses fonctions, le licenciement immédiat du salarié peut être prononcé par le conseil de prud'hommes sur la demande de l'employeur.

Chapitre III

Congés payés

Art. L. 7213-1. La durée du congé annuel payé est déterminée conformément aux dispositions des articles L. 3141-3 à (L. 2016-1088 du 8 août 2016, art. 8, XI, 20°, JO 9) « L. 3141-23».

Art. L. 7213-2. Pendant la durée du congé annuel payé, le salarié assure lui-même son remplacement, avec l'accord et sous la responsabilité de l'employeur.

La rémunération du remplaçant est assurée par l'employeur.

Art. L. 7213-3. Lorsque le service est assuré par des conjoints, des partenaires liés par un pacte civil de solidarité ou des concubins salariés, le congé annuel payé est donné simultanément.

Art. L. 7213-4. Le salaire de la période de congé annuel payé est majoré d'une indemnité représentative du logement et de tous les autres avantages en nature accordés par l'employeur en application du contrat de travail ou de tout contrat qui en est l'accessoire.

Art. L. 7213-5. Lorsque le remplacement du salarié pendant la durée du congé payé implique l'occupation totale ou partielle du logement du salarié par son remplaçant, le salarié a le choix de ne pas user de son droit à congé.

Dans ce cas, le salarié perçoit une indemnité égale au montant de l'indemnité représentative du salaire qui serait versée à son remplaçant.

Art. L. 7213-6. L'employeur déclare, dans un délai déterminé par voie réglementaire, s'il accepte le remplaçant que lui propose le salarié.

Art. L. 7213-7. Lorsque l'employeur refuse le remplaçant proposé il pourvoit lui-même au remplacement du salarié.

Dans ce cas, pendant la durée de son congé payé, le salarié met les locaux et le mobilier à la disposition du remplaçant désigné par l'employeur.

L'employeur est responsable des abus et dommages qui pourraient être commis par le remplaçant.

SECTION 1 (RÉGLEMENTAIRE). Droit au congé

Art. R. 7213-1. Le congé à attribuer à deux salariés déterminés à l'article L. 7213-3 est déterminé compte tenu des droits distincts de chacun.

Art. R. 7213-2. Les jours autres que le dimanche et ceux qui, en application de la loi, de l'usage ou de la convention sont fériés et obligatoirement chômés par les catégories de salariés mentionnées à l'article L. 7211-2, sont réputés ouvrables pour la détermination du congé.

Art. R. 7213-3. Le congé ne peut être confondu avec :

1° Une absence pour cause de maladie ;
2° Les périodes de cure indemnisées par la sécurité sociale ;
3° Les périodes légales de repos des femmes enceintes ;
4° Les périodes obligatoires d'instruction du service national ;
5° Les repos payés bénévolement accordés par l'employeur.

SECTION 2 (RÉGLEMENTAIRE). Durée du congé

Art. R. 7213-4. Le congé annuel d'une durée inférieure ou égale à douze jours ouvrables est continu.

Art. R. 7213-5. Le congé annuel d'une durée supérieure à douze jours ouvrables peut être fractionné par l'employeur avec l'accord du salarié. En cas de fractionnement, l'une des fractions est de deux semaines civiles au moins.

Art. R. 7213-6. L'employeur peut imposer à un concierge d'immeuble à usage d'habitation un congé annuel d'une durée supérieure à celle du congé légal auquel peut prétendre l'intéressé.

Dans ce cas, l'employeur verse à l'intéressé, pendant toute la durée du repos supplémentaire, une indemnité qui ne peut être inférieure aux sommes qui seraient dues pour un même temps de congé légal.

Ce temps de repos supplémentaire et l'indemnité correspondante ne peuvent être imputés sur les congés légaux à venir et sur les indemnités correspondantes.

SECTION 3 (RÉGLEMENTAIRE). Prise des congés

Art. R. 7213-7. Sauf accord du bénéficiaire, le congé annuel est pris au cours des mois de mai à octobre inclus.

Art. R. 7213-8. Le délai dont dispose l'employeur pour déclarer s'il accepte ou refuse le remplaçant proposé par le salarié, mentionné à l'article L. 7213-6, est de huit jours.

SECTION 4 (RÉGLEMENTAIRE). Indemnité de congés payés

Art. R. 7213-9. L'indemnité correspondante au congé prévu par l'article L. 3141-3 ne peut être inférieure ni (D. 2018-953 du 31 oct. 2018, art. 8, 2°, JO 6 nov.) « au dixième » de la rémunération totale perçue par l'intéressé au cours de la période de référence, ni au salaire qui serait dû au moment du règlement de l'indemnité pour un temps de travail égal à celui du congé.

Chaque jour de congé supplémentaire accordé conformément aux dispositions de l'article (D. 2016-1551 du 18 nov. 2016, art. 6, V, 24°, JO 19, entrée en vigueur le 01.01.2017) « L. 3141-8 » donne lieu à l'attribution d'une indemnité égale au quotient de l'indemnité correspondante au congé principal par le nombre de jours ouvrables compris dans ce congé.

Art. R. 7213-10. Pour le calcul de l'indemnité de congé à attribuer à deux salariés relevant de l'article L. 7213-3, la rémunération des intéressés, tant en espèces qu'en nature, est considérée, sauf accord contraire, comme due pour moitié à chacun d'eux.

Art. R. 7213-11. À l'indemnité calculée suivant les dispositions des articles R. 7213-9 et R. 7221-2, s'ajoute, s'il y a lieu, une indemnité représentative des avantages en nature garantis par le contrat et dont le travailleur cesse de bénéficier pendant son congé.

Le montant de cette indemnité ne peut être inférieur à celui qui est fixé chaque année pour chaque département, localité ou groupe de localités, par arrêté préfectoral.

Art. R. 7213-12. En cas de licenciement, de démission ou de décès du salarié, les indemnités prévues par les articles R. 7213-9 à R. 7213-11 sont dues dans les conditions déterminées par les articles (D. 2016-1551 du 18 nov. 2016, art. 6, V, 25°, JO 19, entrée en vigueur le 01.01.2017) « L. 3141-28 à L. 3141-30 », relatifs aux indemnités de congés consécutives à la rupture du contrat de travail, et à l'article (D. 2016-1551 du 18 nov. 2016, art. 6, V, 25°, JO 19, entrée en vigueur le 01.01.2017) « D. 3141-8 » lorsque l'employeur est tenu d'adhérer à une caisse de congés payés.

SECTION 5 (RÉGLEMENTAIRE). Interdictions

Art. R. 7213-13. Il est interdit au bénéficiaire d'un congé légal d'accepter un travail rémunéré pendant ce congé.

Art. R. 7213-14. Il est interdit à toute personne de proposer un emploi rémunéré à un salarié lorsqu'elle sait que celui-ci est en congé annuel légal.

Chapitre IV
Surveillance médicale

SECTION 1 (RÉGLEMENTAIRE). Services de santé au travail

Sous-section 1. Organisation et fonctionnement

Art. R. 7214-1. La création et la constitution d'un service de santé au travail interentreprises destiné uniquement à assurer la surveillance médicale des gardiens d'immeubles à usage d'habitation et des employés de maison, sont soumises aux règles applicables aux services de santé au travail interentreprises en ce qui concerne tant la définition de leur compétence territoriale que leur agrément.

Sous-section 2. Adhésion

Art. R. 7214-5. Lorsqu'il ne dispose pas d'un service autonome de santé au travail, l'employeur d'un gardien d'immeubles à usage d'habitation ou d'un employé de maison adhère à un service de santé au travail interentreprises habilité à faire assurer la surveillance médicale.

Art. R. 7214-6. L'adhésion à un service de santé au travail interentreprises habilité est demandée dans le délai d'un mois à compter de l'engagement du premier salarié.

Sous-section 3. Dépenses et frais

Art. R. 7214-7. Les frais de transport du salarié pour se rendre au service de santé au travail interentreprises et pour en revenir sont à la charge de l'employeur.

Art. R. 7214-8. Le temps passé par le salarié pour satisfaire aux obligations de la surveillance médicale est assimilé à une période de travail. Ce temps ne peut justifier une réduction de la rémunération.

SECTION 3 (RÉGLEMENTAIRE). Documents et rapports

Sous-section 2. Documents médicaux

Art. R. 7214-21. Le dossier médical est complété lors des visites ultérieures.

Ces visites donnent lieu à l'établissement d'une nouvelle fiche médicale d'aptitude remise à l'employeur et au salarié dans les mêmes conditions que la fiche médicale d'aptitude initiale.

Chapitre V
Litiges

Art. L. 7215-1. Le conseil de prud'hommes est seul compétent pour connaître des différends relatifs au contrat de travail conclu entre les salariés définis à l'article L. 7211-2 et leurs employeurs ainsi qu'aux contrats qui en sont l'accessoire.

TITRE II

EMPLOYÉS À DOMICILE PAR DES PARTICULIERS EMPLOYEURS

Chapitre Ier

Dispositions générales

Art. L. 7221-1. (L. 2016-1088 du 8 août 2016, art. 93, JO 9) Le présent titre est applicable aux salariés employés par des particuliers à leur domicile privé pour réaliser des travaux à caractère familial ou ménager.

Le particulier employeur emploie un ou plusieurs salariés à son domicile privé, au sens de l'article 226-4 du code pénal, ou à proximité de celui-ci, sans poursuivre de but lucratif et afin de satisfaire des besoins relevant de sa vie personnelle, notamment familiale, à l'exclusion de ceux relevant de sa vie professionnelle.

Art. L. 7221-2. Sont seules applicables au salarié défini à l'article L. 7221-1 les dispositions relatives:

1° Au harcèlement moral, prévues aux articles L. 1152-1 et suivants, au harcèlement sexuel, prévues aux articles L. 1153-1 et suivants ainsi qu'à l'exercice en justice par les organisations syndicales des actions qui naissent du harcèlement en application de l'article L. 1154-2;

2° À la journée du 1er mai, prévues par les articles L. 3133-4 à L. 3133-6;

3° Aux congés payés, prévues aux articles L. 3141-1 à (L. 2016-1088 du 8 août 2016, art. 8, XI, 21°, JO 9) « L. 3141-33», sous réserve d'adaptation par décret en Conseil d'État;

4° Aux congés pour événements familiaux, prévues (L. 2016-1088 du 8 août 2016, art. 9, III, 4°, JO 9) «à la sous-section 1 de la section 1 du chapitre II du titre IV du livre Ier de la troisième partie»;

(L. 2011-867 du 20 juil. 2011, art. 16, JO 24) «5° À la surveillance médicale définie au titre II du livre VI de la quatrième partie.»

Art. R. 7221-1. L'employeur peut imposer à un employé de maison, à l'exclusion, sauf convention contraire, des femmes et des hommes de ménage, un congé annuel d'une durée supérieure à celle du congé légal auquel peut prétendre l'intéressé.

Dans ce cas l'employeur verse à l'intéressé, pendant toute la durée du repos supplémentaire, une indemnité qui ne peut être inférieure aux sommes qui seraient dues pour un même temps de congé légal.

Ce temps de repos supplémentaire et l'indemnité correspondante ne peuvent être imputés sur les congés légaux à venir et sur les indemnités correspondantes.

Art. R. 7221-2. L'indemnité journalière de congé due aux femmes et aux hommes de ménage est égale au sixième du salaire hebdomadaire habituel sauf si l'application de la règle (D. 2018-953 du 31 oct. 2018, art. 8, 3°, JO 6 nov.) «du dixième» énoncée au premier alinéa de l'article R. 7213-9 est plus favorable.

Chapitre II (réglementaire)

Dispositions pénales

Art. R. 7222-1. Le fait de méconnaître les dispositions des 2° à 5° de l'article L. 7221-2 est puni de l'amende prévue pour les contraventions de la cinquième classe.

TITRE III

ACTIVITÉS DE SERVICES À LA PERSONNE

Chapitre Ier

Champ d'application

Art. L. 7231-1. Les services à la personne portent sur les activités suivantes:

1° La garde d'enfants;

2° L'assistance aux personnes âgées, aux personnes handicapées ou aux autres personnes qui ont besoin d'une aide personnelle à leur domicile ou d'une aide à la mobilité dans l'environnement de proximité favorisant leur maintien à domicile;

3° Les services aux personnes à leur domicile relatifs aux tâches ménagères ou familiales.

Art. L. 7231-2. Des décrets précisent:

1° Le contenu des activités de services à la personne mentionnées à l'article L. 7231-1;

2° Un plafond en valeur ou en temps de travail des interventions à domicile permettant aux activités figurant dans le décret prévu au 1° de bénéficier des dispositions du présent titre.

Art. D. 7231-1. (D. 2016-750 du 6 juin 2016, JO 8) « I. – Les activités de service à la personne soumises à agrément, en application de l'article L. 7232-1, sont les suivantes:

1° Garde d'enfants à domicile, en dessous d'un âge fixé par arrêté conjoint du (D. 2016-1895 du 28 déc. 2016, JO 29) « ministre chargé de l'économie » et du ministre chargé de la famille;

2° Accompagnement des enfants en dessous d'un âge fixé par arrêté conjoint du (D. 2016-1895 du 28 déc. 2016, JO 29) « ministre chargé de l'économie » et du ministre chargé de la famille dans leurs déplacements en dehors de leur domicile (promenades, transport, actes de la vie courante);

3° Assistance dans les actes quotidiens de la vie ou aide à l'insertion sociale aux personnes âgées et aux personnes handicapées ou atteintes de pathologies chroniques qui ont besoin de telles prestations à domicile, quand ces prestations sont réalisées dans les conditions prévues aux 1° et 2° de l'article L. 7232-6 du présent code, à l'exclusion d'actes de soins relevant d'actes médicaux à moins qu'ils ne soient exécutés dans les conditions prévues à l'article L. 1111-6-1 du code de la santé publique et du décret n° 99-426 du 27 mai 1999 habilitant certaines catégories de personnes à effectuer des aspirations endo-trachéales;

4° Prestation de conduite du véhicule personnel des personnes âgées, des personnes handicapées ou atteintes de pathologies chroniques du domicile au travail, sur le lieu de vacances, pour les démarches administratives quand cette prestation est réalisée dans les conditions prévues aux 1° et 2° de l'article L. 7232-6 du présent code;

5° Accompagnement des personnes âgées, des personnes handicapées ou atteintes de pathologies chroniques, dans leurs déplacements en dehors de leur domicile (promenades, aide à la mobilité et au transport, actes de la vie courante) quand cet accompagnement est réalisé dans les conditions prévues aux 1° et 2° de l'article L. 7232-6 du même code. »

II. – Les activités de services à la personne soumises à titre facultatif à la déclaration prévue à l'article L. 7232-1-1 sont, outre celles mentionnées au I du présent article (D. 2016-750 du 6 juin 2016, JO 8) « et à l'article D. 312-6-2 du code de l'action sociale et des familles », les activités suivantes:

1° Entretien de la maison et travaux ménagers;

2° Petits travaux de jardinage, y compris les travaux de débroussaillage;

3° Travaux de petit bricolage dits " homme toutes mains ";

4° Garde d'enfants à domicile au-dessus d'un âge fixé par arrêté conjoint du (D. 2016-1895 du 28 déc. 2016, JO 29) « ministre chargé de l'économie » et du ministre chargé de la famille;

5° Soutien scolaire à domicile ou cours à domicile;

6° Soins d'esthétique à domicile pour les personnes dépendantes;

7° Préparation de repas à domicile, y compris le temps passé aux (D. 2016-750 du 6 juin 2016, JO 8) « courses »;

8° Livraison de repas à domicile;

9° Collecte et livraison à domicile de linge repassé;

10° Livraison de courses à domicile;

11° Assistance informatique à domicile;

12° Soins et promenades d'animaux de compagnie, à l'exception des soins vétérinaires et du toilettage, pour les personnes dépendantes;

13° Maintenance, entretien et vigilance temporaires, à domicile, de la résidence principale et secondaire;

14° Assistance administrative à domicile;

15° Accompagnement des enfants de plus de trois ans dans leurs déplacements en dehors de leur domicile (promenades, transport, actes de la vie courante);

(D. 2016-750 du 6 juin 2016, JO 8) « 16° Téléassistance et visio assistance;

17° Interprète en langue des signes, technicien de l'écrit et codeur en langage parlé complété;

18° Prestation de conduite du véhicule personnel des personnes mentionnées au 20° du II du présent article, du domicile au travail, sur le lieu de vacances, pour les démarches administratives;

19° Accompagnement des personnes mentionnées au 20° du II du présent article dans leurs déplacements en dehors de leur domicile (promenades, aide à la mobilité et au transport, actes de la vie courante);

20° Assistance aux personnes autres que celles mentionnées au 3° du I du présent article qui ont besoin temporairement d'une aide personnelle à leur domicile, à l'exclusion des soins relevant d'actes médicaux;

21° Coordination et délivrance des services mentionnés au présent article.»

III. – Les activités mentionnées (D. 2016-750 du 6 juin 2016, JO 8) «aux 2°, 4° et 5° du I et aux 8°, 9°, 10°, 15°, 18° et 19°» du II du présent article n'ouvrent droit au bénéfice du 1° de l'article L. 7233-2 du code du travail et de l'article L. 241-10 du code de la sécurité sociale qu'à la condition que la prestation soit comprise dans une offre de services incluant un ensemble d'activités réalisées à domicile.

Chapitre II

Déclaration et agrément des organismes et mise en œuvre des activités

SECTION 1. Déclaration et agrément des organismes

Art. L. 7232-1. (L. 2010-853 du 23 juil. 2010, art. 31, JO 24) Toute personne morale ou entreprise individuelle qui exerce les activités de service à la personne mentionnées ci-dessous est soumise à agrément délivré par l'autorité compétente suivant des critères de qualité:

1° La garde d'enfants au-dessous d'une limite d'âge fixée par arrêté conjoint du ministre de l'emploi et du ministre chargé de la famille;

2° Les activités relevant du 2° de l'article L. 7231-1, à l'exception des activités dont la liste est définie par décret et qui ne mettent pas en cause la sécurité des personnes.

Art. L. 7232-1-1. (L. 2010-853 du 23 juil. 2010, art. 31, JO 24) À condition qu'elle exerce son activité à titre exclusif, toute personne morale ou entreprise individuelle qui souhaite bénéficier des 1° et 2° de l'article L. 7233-2 et de l'article L. 7233-3 déclare son activité auprès de l'autorité compétente dans des conditions et selon des modalités prévues par décret en Conseil d'État.

Art. L. 7232-1-2. (L. 2010-853 du 23 juil. 2010, art. 31, JO 24) «Sont dispensées de la condition d'activité exclusive fixée par les articles L. 7232-1-1, L. 7233-2 et L. 7233-3:»

1° Pour leurs activités d'aide à domicile:

a) Les associations intermédiaires;

(L. 2009-1673 du 30 déc. 2009, art. 141, JO 31) «*a bis)* Les régies de quartiers. Un décret définit les conditions de leur agrément et de la dérogation à la clause d'activité exclusive dont elles bénéficient;»

b) Les communes, les centres communaux ou intercommunaux d'action sociale, les établissements publics de coopération intercommunale compétents;

c) Les organismes ayant conclu une convention avec un organisme de sécurité sociale au titre de leur action sociale;

d) Les organismes publics ou privés gestionnaires d'un établissement ou d'un service autorisé au titre du I de l'article L. 312-1 du code de l'action sociale et des familles et les groupements de coopération mentionnés au 3° de l'article L. 312-7 du même code;

2° Pour leurs activités qui concourent directement à coordonner et délivrer les services à la personne, les unions et fédérations d'associations;

3° Pour leurs activités d'aide à domicile rendues aux personnes mentionnées à l'article L. 7231-1:

a) Les organismes publics ou privés gestionnaires d'un établissement de santé relevant de l'article L. 6111-1 du code de la santé publique;

b) Les centres de santé relevant de l'article L. 6323-1 du même code;

c) Les organismes publics ou privés gestionnaires d'un établissement ou d'un service mentionné aux premier et deuxième alinéas de l'article L. 2324-1 du même code;

4° Pour les services d'aide à domicile rendus aux personnes mentionnées à l'article L. 7231-1 qui y résident, les (L. 2015-1776 du 28 déc. 2015, art. 14, II, JO 29) «prestataires appelés à fournir les services spécifiques individualisables dans les copropriétés avec services, mentionnés à l'article 41-4» de la loi n° 65-557 du 10 juillet 1965 fixant le statut de la copropriété des immeubles bâtis;

(L. 2015-1776 du 28 déc. 2015, art. 15, III, JO 29) «5° Pour leurs services d'aide à domicile rendus aux personnes mentionnées à l'article L. 7231-1 qui y résident, les gérants de résidences-services relevant de l'article L. 631-13 du code de la construction et de l'habitation.»

Art. L. 7232-4. (L. 2015-1776 du 28 déc. 2015, art. 15, IV, JO 29) Par dérogation à l'article L. 313-1-1 du code de l'action sociale et des familles, les résidences-services mentionnées au 5° de l'article L. 7232-1-2 du présent code qui gèrent des services d'aide à domicile rendus aux personnes mentionnées à l'article L. 7231-1 qui y résident sont autorisées au titre de l'article L. 313-1-2 du code de l'action sociale et des familles, sous réserve du respect du cahier des charges national prévu à l'article L. 313-1-3 du même code.

SECTION 2. Mise en œuvre des activités

Art. L. 7232-6. (L. 2010-853 du 23 juil. 2010, art. 31, JO 24) «Les personnes morales ou les entreprises individuelles mentionnées aux articles L. 7232-1, L. 7232-1-1 et L. 7232-1-2 peuvent assurer leur activité selon les modalités suivantes:»

1° Le placement de travailleurs auprès de personnes physiques employeurs ainsi que, pour le compte de ces dernières, l'accomplissement des formalités administratives et des déclarations sociales et fiscales liées à l'emploi de ces travailleurs;

2° Le recrutement de travailleurs pour les mettre, à titre onéreux, à la disposition de personnes physiques. Dans ce cas, l'activité des associations est réputée non lucrative au regard des articles L. 8231-1 et L. 8241-1;

3° La fourniture de prestations de services aux personnes physiques.

SECTION 3. Dispositions d'application

Art. L. 7232-7. Un décret en Conseil d'État détermine les conditions de délivrance, de contrôle et de retrait de l'agrément des (L. 2010-853 du 23 juil. 2010, art. 31, JO 24) «personnes morales ou des entreprises individuelles mentionnées aux articles L. 7232-1 et L. 7232-1-2», notamment les conditions particulières auxquelles sont soumises celles dont l'activité porte sur la garde d'enfants ou l'assistance aux personnes âgées, handicapées ou dépendantes et les modalités de mise en œuvre du régime de la décision implicite d'acceptation de cet agrément.

Art. L. 7232-8. (L. 2010-853 du 23 juil. 2010, art. 31, JO 24) Lorsqu'il est constaté qu'une personne morale ou une entreprise individuelle mentionnée aux articles L. 7232-1 et L. 7232-1-1 ne se livre pas à titre exclusif à une activité prévue à l'article L. 7231-1, elle perd le bénéfice des 1° et 2° de l'article L. 7233-2 (L. 2010-1657 du 29 déc. 2010, art. 200, JO 30) «et de l'article L. 241-10 du code de la sécurité sociale».

Elle ne peut bénéficier de nouveau de ces avantages à l'occasion d'une nouvelle déclaration qu'après une période de douze mois.

Le contribuable de bonne foi conserve le bénéfice (L. 2016-1917 du 29 déc. 2016, art. 82, II, 1°, JO 30) «du crédit d'impôt prévu» à l'article 199 *sexdecies* du code général des impôts.

Un décret en Conseil d'État détermine les modalités d'application des deux premiers alinéas du présent article.

Art. L. 7232-9. (L. 2010-853 du 23 juil. 2010, art. 31, JO 24) Outre les (L. 2016-1088 du 8 août 2016, art. 113, III, 2°, JO 9) «agents de contrôle de l'inspection du travail mentionnés à l'article L. 8112-1», les agents de la concurrence, de la consommation et de la répression des fraudes sont compétents pour constater, par procès-verbal, les infractions aux dispositions relatives à la facturation des services. Les agents de la concurrence, de la consommation et de la répression des fraudes disposent à cet effet des pouvoirs prévus aux articles L. 450-3, L. 450-7 et L. 450-8 du code de commerce.

Chapitre II (réglementaire)

Agrément et déclaration des personnes morales et entrepreneurs individuels

SECTION 1. Demande d'agrément

Art. R. 7232-1. (D. 2011-1132 du 20 sept. 2011, JO 22, entrée en vigueur le 23.11.2011) La demande d'agrément d'une personne morale ou d'un entrepreneur individuel mentionné à l'article L. 7232-1 est adressée par son représentant légal au préfet de département par voie électronique ou par lettre recommandée avec avis de réception.

Art. R. 7232-2. La demande d'agrément mentionne :

(D. 2011-1132 du 20 sept. 2011, JO 22, entrée en vigueur le 23.11.2011) « 1° L'adresse et la raison sociale de la personne morale ou le nom de l'entrepreneur individuel ;

2° L'adresse du principal établissement de la personne morale ou de l'entrepreneur individuel ainsi que l'adresse de leurs établissements secondaires, le cas échéant ;

3° Les départements où seront exercées les activités ;

4° La nature des prestations proposées et des publics ou clients visés ; »

(D. 2011-1132 du 20 sept. 2011, JO 22, entrée en vigueur le 23.11.2011) « 5° » Les conditions d'emploi du personnel ;

(D. 2011-1132 du 20 sept. 2011, JO 22, entrée en vigueur le 23.11.2011) « 6° » Les moyens d'exploitation mis en œuvre.

Art. R. 7232-3. À la demande d'agrément est joint un dossier comprenant :

(D. 2011-1132 du 20 sept. 2011, JO 22, entrée en vigueur le 23.11.2011) « 1° Un extrait du registre du commerce et des sociétés ou du répertoire des métiers ou une copie des statuts de la personne morale, ou, le cas échéant, pour les ressortissants d'un État membre de l'Union européenne ou d'un autre État partie à l'accord sur l'Espace économique européen, un document équivalent » ;

2° Les éléments permettant d'apprécier le niveau de qualité des services mis en œuvre ;

3° Un modèle de document prévoyant une information des clients et des usagers en matière fiscale et des services administratifs en matière statistique ;

4° La liste des sous-traitants.

(D. 2011-1132 du 20 sept. 2011, JO 22, entrée en vigueur le 23.11.2011) « Les personnes morales ou entrepreneurs individuels qui sont légalement établis dans un autre État membre de l'Union européenne ou partie à l'accord sur l'Espace économique européen joignent à leur dossier toute information et tout document relatifs à leur situation au regard de la mise en œuvre des obligations prévues, le cas échéant, par la législation applicable dans l'État où ils sont établis, en vue de l'examen de leur demande d'agrément. »

SECTION 2. Délivrance de l'agrément

Art. R. 7232-4. (D. 2011-1132 du 20 sept. 2011, JO 22, entrée en vigueur le 23.11.2011) L'agrément des personnes morales ou des entrepreneurs individuels mentionnés à l'article L. 7232-1 est délivré par le préfet du département du lieu d'implantation du principal établissement de la personne morale ou de l'entrepreneur individuel (D. 2016-1895 du 28 déc. 2016, JO 29) « . Lorsque cet agrément est demandé au titre du 1° de l'article L. 7232-1, le président du conseil départemental donne un avis » sur la capacité des personnes morales ou des entrepreneurs individuels demandant l'agrément à assurer une prestation de qualité et sur l'affectation de moyens humains, matériels et financiers proportionnés à cette exigence.

Si le dossier est incomplet, le préfet en informe le demandeur et l'invite à produire les pièces ou informations manquantes.

Le silence gardé par le préfet pendant plus de trois mois à compter de la date de réception d'un dossier complet de demande d'agrément emporte décision d'acceptation.

Lorsque la personne morale ou l'entrepreneur individuel est établi hors de France, la demande d'agrément est adressée au préfet du département où sa principale activité sera exercée.

Art. R. 7232-5. (D. 2011-1132 du 20 sept. 2011, JO 22, entrée en vigueur le 23.11.2011) Si la personne morale ou l'entrepreneur individuel projette d'exercer (D. 2016-1895 du 28 déc. 2016, JO 29) « l'activité mentionnée au 1° de l'article L. 7232-1 » dans plusieurs départements, le préfet du département du lieu d'implantation du principal établissement de la personne morale ou de l'entrepreneur individuel recueille l'avis des présidents de (D. 2013-938 du 18 oct. 2013, art. 1er, JO 20) « conseil départemental » des départements intéressés, par l'intermédiaire des préfets territorialement compétents.

Toute demande d'extension de l'agrément à une nouvelle activité ou à un nouveau département fait l'objet d'une demande de modification de l'agrément adressée au préfet du département du lieu d'implantation du principal établissement de la personne morale ou de l'entrepreneur individuel. (D. 2016-1895 du 28 déc. 2016, JO 29) « Lorsqu'il s'agit de l'activité mentionnée au 1° de l'article L. 7232-1, » ce dernier recueille l'avis du président du (D. 2013-938 du 18 oct. 2013, art. 1er, JO 20) « conseil départemental » du département intéressé, par l'extension d'agrément, par l'intermédiaire du préfet territorialement compétent.

Si le dossier de demande d'extension est incomplet, le préfet en informe le demandeur et l'invite à produire les pièces ou informations manquantes. Le silence gardé par le préfet pendant plus de trois mois à compter de la date de réception d'un dossier complet emporte décision d'acceptation.

Art. R. 7232-6. Le préfet accorde l'agrément lorsque les conditions suivantes sont remplies :

1° La personne morale ou l'entrepreneur individuel dispose, en propre ou au sein du réseau dont il fait partie, des moyens humains, matériels et financiers permettant de satisfaire l'objet pour lequel l'agrément est sollicité ;

2° Le demandeur de l'agrément s'engage à respecter un cahier des charges approuvé par arrêté du ministre chargé de l'économie et du ministre chargé de la famille. Ce cahier des charges précise les conditions de fonctionnement, d'organisation et, le cas échéant, de continuité des services, ainsi que les conditions de délivrance et d'évaluation des prestations, permettant de répondre aux exigences de qualité mentionnées à l'article L. 7232-1 ;

3° Les dirigeants de la personne morale ou l'entrepreneur individuel n'ont pas fait l'objet d'une condamnation pénale ni d'une sanction civile, commerciale ou administrative de nature à leur interdire de gérer, administrer ou diriger une personne morale ou d'exercer une activité commerciale ;

4° Lorsque l'activité de services à la personne est en lien avec les mineurs, la personne représentant la personne morale ou l'entrepreneur individuel ainsi que l'encadrant et les intervenants définis par arrêté du ministre chargé de l'économie et du ministre chargé de la famille ne sont pas inscrits au fichier judiciaire national automatisé des auteurs d'infractions sexuelles mentionné à l'article 706-53-7 du code de procédure pénale ou, pour les ressortissants d'un État membre de l'Union européenne ou d'un autre État partie à l'accord sur l'Espace économique européen, sur un document équivalent s'il existe.

Art. R. 7232-7. L'agrément est délivré pour une durée de cinq ans.

Art. R. 7232-8. La demande de renouvellement est déposée, au plus tard, trois mois avant le terme de la période d'agrément auprès du préfet du département du lieu d'implantation du principal établissement de la personne morale ou de l'entrepreneur individuel.

Chaque organisme agréé et certifié bénéficie d'un renouvellement automatique de son précédent agrément à condition que l'ensemble de ses activités et établissements concernés soient couverts par une certification telle que définie à l'article L. 433-3 du code de la consommation. Cette certification doit être fondée sur un référentiel des services à la personne qui respecte les exigences fixées par le cahier des charges mentionné au 2° de l'article R. 7232-6. La conformité du référentiel de chaque organisme certificateur au cahier des charges est reconnue par un arrêté du ministre chargé de l'économie, qui est publiée au Bulletin officiel du ministère en charge de l'économie.

Art. R. 7232-9. La personne morale ou l'entrepreneur individuel agréé produit au moins chaque trimestre un état d'activité et chaque année un bilan qualitatif et quantitatif de l'activité exercée au titre de l'année écoulée ainsi qu'un tableau statistique annuel. Ces documents sont adressés par voie électronique au préfet, qui les rend accessibles au ministre chargé de l'économie. À défaut, ils sont adressés sous forme de documents papiers au préfet, qui en assure la transmission au ministre chargé de l'économie. Celui-ci les rend accessibles par voie électronique au ministre chargé de l'emploi, à des fins statistiques.

Lorsque la personne morale ou l'entrepreneur individuel dispose de plusieurs établissements, les états statistiques et le bilan annuel distinguent l'activité exercée par chaque établissement.

Art. R. 7232-10. L'agrément délivré à une personne morale ou un entrepreneur individuel disposant de plusieurs établissements peut être modifié lorsqu'un de ses établissements se trouve dans un des cas de retrait mentionnés à l'article R. 7232-12.

Art. R. 7232-11. La décision d'agrément est publiée au recueil des actes administratifs de la préfecture.

Le préfet en informe l'organisme chargé du recouvrement des cotisations de sécurité sociale.

SECTION 3. Retrait d'agrément

Art. R. 7232-12. L'agrément est retiré à la personne morale ou à l'entrepreneur individuel qui :

1° Cesse de remplir les conditions ou de respecter les obligations mentionnées aux articles R. 7232-4 à R. 7232-9 ;

2° Ne respecte pas les dispositions légales relatives à la santé et à la sécurité au travail ;

3° Exerce des activités autres que celles déclarées dans la demande d'agrément ;

4° Ne transmet pas au préfet compétent, avant la fin du premier semestre de l'année, le bilan qualitatif et quantitatif de l'activité exercée au titre de l'année écoulée.

Art. R. 7232-13. La personne morale ou l'entrepreneur individuel qui ne remplit plus les conditions de l'agrément en est informée par lettre recommandée avec avis de réception.

Il dispose d'un délai de quinze jours au moins pour faire valoir ses observations.

Art. R. 7232-14. Lorsque l'agrément lui est retiré, la personne morale ou l'entrepreneur individuel en informe sans délai l'ensemble des bénéficiaires de ses prestations de service par lettre individuelle.

À défaut de justification de l'accomplissement de cette obligation et après mise en demeure restée sans effet, le préfet publie aux frais de la personne morale ou de l'entrepreneur individuel sa décision dans deux journaux locaux ou dans un journal local et un journal à diffusion nationale lorsque les activités en cause de services à la personne sont exercées sur le territoire d'au moins deux régions.

Art. R. 7232-15. La décision de retrait d'agrément est publiée au recueil des actes administratifs de la préfecture.

Le préfet en informe le président des conseils départementaux intéressés, le ministre chargé de l'économie ainsi que l'organisme chargé du recouvrement des cotisations de sécurité sociale territorialement compétent.

SECTION 4. Déclaration, enregistrement d'activité et retrait de l'enregistrement

Note Cette section a été introduite par le décret 2011-1132 du 20 septembre 2011, JO 22, entrée en vigueur le 23.11.2011.

Art. R. 7232-16. La déclaration de la personne morale ou de l'entrepreneur individuel, mentionnée à l'article L. 7232-1-1, est effectuée auprès du préfet du département du lieu d'implantation du principal établissement de la personne morale ou du lieu d'établissement de l'entrepreneur individuel. Elle est adressée par voie électronique ou par lettre recommandée avec avis de réception par son représentant légal.

Lorsque la personne morale ou l'entrepreneur individuel est établi hors de France, sa déclaration est adressée au préfet du département où sa principale activité sera exercée.

Lorsque la personne morale ou l'entrepreneur individuel dispose de plusieurs établissements ou exerce une nouvelle activité, l'ouverture d'un nouvel établissement ou l'exercice de la nouvelle activité fait l'objet d'une déclaration modificative dans les mêmes conditions que la déclaration initiale.

Art. R. 7232-17. La déclaration comprend :

1° La raison sociale de la personne morale ou le nom de l'entrepreneur individuel et leur adresse ;

2° L'adresse du principal établissement de la personne morale ou de l'entrepreneur individuel ainsi que l'adresse de leurs établissements secondaires ;

3° La mention des activités de services à la personne proposées ;

4° L'engagement du représentant légal de la personne morale ou de l'entrepreneur individuel d'exercer son activité dans le champ des services à la personne à titre exclusif, conformément à l'article L. 7232-1-1, sous réserve du 5° ;

5° L'engagement du représentant légal de la personne morale dispensée de la condition d'activité exclusive en application de l'article L. 7232-1-2 de mettre en place une comptabilité séparée relative aux prestations de services à la personne mentionnées à l'article L. 7231-1 ;

6° Pour certaines prestations identifiées à ce titre par le décret prévu au 1° de l'article L. 7231-2, l'engagement d'inclure ces prestations dans une offre de services comprenant un ensemble d'activités de services à la personne réalisées à domicile.

Art. R. 7232-18. Dès réception du dossier de déclaration complet, le préfet du département du lieu d'implantation du principal établissement de la personne morale ou de l'entrepreneur individuel enregistre la déclaration et lui délivre un récépissé. Dans le cas où le dossier est incomplet, le préfet en informe le demandeur et l'invite à produire les pièces ou informations manquantes.

Le récépissé délivré à la personne morale ou à l'entrepreneur individuel est publié au recueil des actes administratifs de la préfecture.

Le préfet en informe le directeur des services fiscaux et l'organisme chargé du recouvrement des cotisations de sécurité sociale territorialement compétents. Le ministre chargé de l'économie rend accessible au public par voie électronique la liste des personnes morales et entrepreneurs individuels dont la déclaration a donné lieu à délivrance d'un récépissé.

Le bénéfice des exonérations de cotisations de sécurité sociale mentionnées à l'article L. 241-10 du code de la sécurité sociale est acquis à compter du premier jour du mois qui suit la publication du récépissé.

Art. R. 7232-19. La personne morale ou l'entrepreneur individuel qui a effectué une déclaration produit au moins chaque trimestre un état d'activité et chaque année un bilan qualitatif et quantitatif de l'activité exercée au titre de l'année écoulée ainsi qu'un tableau statistique annuel. Ces documents sont adressés par voie électronique au préfet, qui les rend accessibles au ministre chargé de l'économie. À défaut, ils sont adressés sous forme de documents papiers au préfet, qui en assure la transmission au ministre chargé de l'économie. Celui-ci les rend accessibles par voie électronique au ministre chargé de l'emploi, à des fins statistiques.

Lorsque la personne morale ou l'entrepreneur individuel dispose de plusieurs établissements, les états statistiques et le bilan annuel mentionnés au premier alinéa distinguent l'activité exercée par chaque établissement.

La personne morale ou l'entrepreneur individuel qui a effectué une déclaration s'engage à apposer sur tous ses supports commerciaux le logotype identifiant le secteur des services à la personne. Ce logotype est mis gratuitement à la disposition des personnes morales et des entrepreneurs individuels par le ministre chargé de l'économie.

Art. R. 7232-20. La personne morale ou l'entrepreneur individuel qui cesse de remplir les conditions ou de respecter les obligations mentionnées aux 4°, 5° et 6° de l'article R. 7232-17 ou qui méconnaît de façon répétée, après mise en demeure par le préfet restée sans effet, les obligations définies à l'article R. 7232-19 perd le bénéfice des dispositions de l'article L. 7233-2 et des dispositions de l'article L. 241-10 du code de la sécurité sociale.

Il en est informé par le préfet, par lettre recommandée avec accusé de réception. Il dispose d'un délai de quinze jours pour faire valoir ses observations.

Lorsque le préfet estime que les manquements relevés ne justifient pas le retrait de l'enregistrement mais rendent nécessaire une modification des termes de la déclaration, la personne en cause est invitée par le préfet à apporter à sa déclaration la modification requise.

La décision de retrait ou de modification d'un enregistrement de déclaration est prise par le préfet du département où la déclaration a été enregistrée. Elle est publiée au recueil des actes administratifs de la préfecture.

Le préfet en informe le directeur des services fiscaux et l'organisme chargé du recouvrement des cotisations de sécurité sociale territorialement compétents.

Art. R. 7232-21. La décision de retrait de l'enregistrement et du bénéfice des dispositions des articles L. 7233-2 du code du travail et de l'article L. 241-10 du code de la sécurité sociale prend effet immédiatement. La personne morale ou l'entrepreneur individuel en informe sans délai l'ensemble des bénéficiaires de ses prestations de services par lettre individuelle.

À défaut de justification de l'accomplissement de cette obligation, et après mise en demeure restée sans effet, le préfet publie aux frais de la personne morale ou de l'entrepreneur individuel sa décision dans deux journaux locaux ou dans un journal local et un journal à diffusion nationale lorsque les activités en cause de services à la personne sont exercées sur le territoire d'au moins deux régions.

Art. R. 7232-22. Dans le cas prévu au premier alinéa de l'article L. 7232-8, la personne morale ou l'entrepreneur individuel qui a fait l'objet d'une décision de retrait du bénéfice des articles L. 7233-2 du code du travail et de l'article L. 241-10 du code de la sécurité sociale ne peut, en application du deuxième alinéa de l'article L. 7232-8, faire une nouvelle déclaration qu'après un délai d'un an à compter de la date de la notification de la décision de retrait de l'enregistrement de la déclaration.

Chapitre III
Dispositions financières

SECTION 1. Frais de gestion et mesures fiscales et sociales

Art. L. 7233-1. (L. 2010-853 du 23 juil. 2010, art. 31, JO 24) «La personne morale ou l'entreprise individuelle» qui assure le placement de travailleurs auprès de personnes physiques employeurs ou qui, pour le compte de ces dernières, accomplit des formalités administratives et des déclarations sociales et fiscales liées à l'emploi de ces travailleurs peut demander aux employeurs une contribution représentative de ses frais de gestion.

Art. L. 7233-2. (L. 2010-853 du 23 juil. 2010, art. 31, JO 24) «La personne morale ou l'entreprise individuelle déclarée qui exerce, à titre exclusif, une activité» de services à la personne rendus aux personnes physiques bénéficie :

1° Du taux réduit de taxe sur la valeur ajoutée (L. 2010-853 du 23 juil. 2010, art. 31, JO 24) «sous les conditions prévues» au i de l'article 279 du code général des impôts ;

2° De l'aide (L. 2010-853 du 23 juil. 2010, art. 31, JO 24) «sous les conditions prévues» à l'article 199 *sexdecies* du même code.

SECTION 2. Aide financière en faveur des salariés, du chef d'entreprise ou des dirigeants sociaux

Art. L. 7233-4. L'aide financière du (Ord. 2017-1386 du 22 sept. 2017, art. 4, 20°, JO 23, entrée en vigueur au plus tard le 01.01.2018) «comité social et économique» et celle de l'entreprise versées en faveur des salariés n'ont pas le caractère de rémunération pour l'application de la législation du travail (Ord. 2018-474 du 12 juin 2018, art. 6, 8°, JO 13) «et sont exclues de l'assiette de la contribution définie à l'article L. 136-1 du code de la sécurité sociale et de l'assiette des cotisations définie à l'article L. 242-1 du même code et à l'article L. 741-10 du code rural et de la pêche maritime», lorsque ces aides sont destinées soit à faciliter l'accès des services aux salariés, soit à financer :

1° Des activités entrant dans le champ des services à la personne ;

2° Des activités de services assurées par les organismes mentionnés aux premier et deuxième alinéas de l'article L. 2324-1 du code de la santé publique ou les organismes ou les personnes organisant l'accueil sans hébergement prévu au troisième alinéa du même article ou par des assistants maternels agréés en application de l'article L. 421-1 du code de l'action sociale et des familles ;

(L. 2010-853 du 23 juil. 2010, art. 31, JO 24) «3° Des prestations directement liées à la gestion et au fonctionnement du chèque emploi-service et proposées aux salariés par les établissements spécialisés mentionnés à l'article L. 1271-10.»

Les dispositions du présent article ne donnent pas lieu à application de l'article L. 131-7 du code de la sécurité sociale.

Art. L. 7233-5. Les dispositions de l'article L. 7233-4 s'appliquent également au chef d'entreprise ou, si l'entreprise est une personne morale, à son président, son directeur général, son ou ses directeurs généraux délégués, ses gérants ou des membres de son directoire, dès lors que l'aide financière leur est versée aux mêmes fins et peut bénéficier à l'ensemble des salariés de l'entreprise selon les mêmes règles d'attribution.

Art. L. 7233-6. L'aide financière de l'entreprise n'entre pas dans le cadre des activités sociales et culturelles du (Ord. 2017-1386 du 22 sept. 2017, art. 4, 20°, JO 23, entrée en vigueur au plus tard le 01.01.2018) «comité social et économique» mentionnées à l'article L. 2323-83 et ne constitue pas une dépense sociale au sens de l'article L. 2323-86.

Art. L. 7233-7. L'aide financière est exonérée d'impôt sur le revenu pour les bénéficiaires.

Elle n'est pas prise en compte dans le montant des dépenses à retenir pour l'assiette (L. 2016-1917 du 29 déc. 2016, art. 82, II, 2°, JO 30) «du crédit d'impôt mentionné» à l'article 199 *sexdecies* du code général des impôts.

L'aide financière de l'entreprise bénéficie des dispositions du f du I de l'article 244 *quater* F du même code.

Art. L. 7233-8. L'aide financière peut être gérée par le (Ord. 2017-1386 du 22 sept. 2017, art. 4, 20°, JO 23, entrée en vigueur au plus tard le 01.01.2018) «comité social et économique» ou l'entreprise ou, conjointement, par le (Ord. 2017-1386 du 22 sept. 2017, art. 4, 20°, JO 23, entrée en vigueur au plus tard le 01.01.2018) «comité social et économique» et l'entreprise.

La gestion de l'aide financière de l'entreprise fait l'objet d'une consultation préalable du (Ord. 2017-1386 du 22 sept. 2017, art. 4, 20°, JO 23, entrée en vigueur au plus tard le 01.01.2018) «comité social et économique» en cas de gestion conjointe et d'une procédure d'évaluation associant le (Ord. 2017-1386 du 22 sept. 2017, art. 4, 20°, JO 23, entrée en vigueur au plus tard le 01.01.2018) «comité social et économique».

Art. L. 7233-9. Un décret précise les conditions d'application des articles L. 7233-4 et L. 7233-5.

SECTION 1 (RÉGLEMENTAIRE). Facturation des services

Art. D. 7233-1. (D. 2011-1133 du 20 sept. 2011, JO 22, entrée en vigueur le 23.11.2011) «Lorsqu'ils assurent» la fourniture aux personnes physiques de prestations de services à la personne, (D. 2011-1133 du 20 sept. 2011, JO 22, entrée en vigueur le 23.11.2011) «les personnes morales et les entrepreneurs individuels» produisent une facture faisant apparaître :

1° Le nom et l'adresse de (D. 2011-1133 du 20 sept. 2011, JO 22, entrée en vigueur le 23.11.2011) «la personne morale ou de l'entrepreneur individuel» ;

(D. 2011-1133 du 20 sept. 2011, JO 22, entrée en vigueur le 23.11.2011) «2° Le numéro et la date d'enregistrement de la déclaration si celle-ci a été demandée ainsi que le numéro et la date de délivrance de l'agrément lorsque les activités relèvent de l'article L. 7232-1 ;»

3° Le nom et l'adresse du bénéficiaire de la prestation de service ;

4° La nature exacte des services fournis ;

5° Le montant des sommes effectivement acquittées au titre de la prestation de service ;

6° Un numéro d'immatriculation de l'intervenant permettant son identification dans les registres des salariés de l'entreprise ou de l'association prestataire ;

7° Les taux horaires de main-d'œuvre ou, le cas échéant, le prix forfaitaire de la prestation ;

8° Le décompte du temps passé ;

9° Les prix des différentes prestations ;

10° Le cas échéant, les frais de déplacement ;

(D. 2011-1133 du 20 sept. 2011, JO 22, entrée en vigueur le 23.11.2011) «11° Lorsque la personne morale ou l'entrepreneur individuel est agréé en application de l'article (D. 2016-1895 du 28 déc. 2016, JO 29) « L. 7232-1 » mais non déclaré au titre de l'article L. 7232-1-1, les devis, factures et documents commerciaux indiquent que les prestations fournies n'ouvrent pas droit aux avantages fiscaux prévus par l'article L. 7233-2.»

Art. D. 7233-2. Lorsque les prestations de service sont imposables à la taxe sur la valeur ajoutée, les taux, prix et frais de déplacement mentionnés à l'article D. 7233-1 comprennent cette taxe.

Art. D. 7233-3. Seules peuvent ouvrir droit à (D. 2016-1895 du 28 déc. 2016, JO 29) «l'aide» prévue par l'article 199 *sexdecies* du code général des impôts, les factures acquittées :

1° Soit par carte de paiement, prélèvement, virement, titre universel ou interbancaire de paiement ou par chèque ;

2° Soit par chèque emploi-service universel.

Art. D. 7233-4. (D. 2011-1133 du 20 sept. 2011, JO 22, entrée en vigueur le 23.11.2011) «La personne morale ou l'entrepreneur individuel déclaré en application de l'article L. 7232-1-1» délivre à chacun de ses clients une attestation fiscale annuelle, pour leur permettre de bénéficier de (D. 2016-1895 du 28 déc. 2016, JO 29) «l'aide prévue par l'article 199 *sexdecies* du code général des impôts.»

Cette attestation mentionne :

1° Le nom, l'adresse et le numéro d'identification de (D. 2011-1133 du 20 sept. 2011, JO 22, entrée en vigueur le 23.11.2011) «la personne morale ou de l'entrepreneur individuel» ;

2° Le numéro et la date (D. 2011-1133 du 20 sept. 2011, JO 22, entrée en vigueur le 23.11.2011) « d'enregistrement de la déclaration » ;

3° Le nom de la personne ayant bénéficié du service, son adresse, le numéro de son compte débité le cas échéant, le montant effectivement acquitté ;

4° Un récapitulatif des interventions faisant apparaître le nom et le code identifiant de l'intervenant, ainsi que la date et la durée de l'intervention.

SECTION 2 (RÉGLEMENTAIRE). Mesures fiscales

Art. D. 7233-5. Les activités de service à la personne à domicile ouvrent droit à (D. 2016-1895 du 28 déc. 2016, JO 29) « l'aide » prévue par l'article 199 *sexdecies* du code général des impôts sous les réserves suivantes :

1° Le montant total (D. 2011-1133 du 20 sept. 2011, JO 22, entrée en vigueur le 23.11.2011) « des travaux de petit bricolage dits » " hommes toutes mains " est plafonné à 500 € par an et par foyer fiscal. La durée d'une intervention de petit bricolage ne peut excéder deux heures ;

2° Le montant de l'assistance informatique et Internet à domicile est plafonné à (D. 2013-524 du 19 juin 2013, JO 21, entrée en vigueur le 01.07.2013) « 3 000 » € par an et par foyer fiscal ;

3° Le montant des interventions de petits travaux de jardinage des particuliers est plafonné à (D. 2013-524 du 19 juin 2013, JO 21, entrée en vigueur le 01.07.2013) « 5 000 » € par an et par foyer fiscal.

SECTION 3 (RÉGLEMENTAIRE). Aide financière en faveur des salariés, du chef d'entreprise ou des dirigeants sociaux

Art. D. 7233-6. (D. 2011-1133 du 20 sept. 2011, JO 22, entrée en vigueur le 23.11.2011) L'aide financière mentionnée à l'article L. 7233-4 peut financer des services à la personne au sein de l'entreprise au bénéfice de ses salariés.

Art. D. 7233-7. Les bénéficiaires de l'aide financière (D. 2011-1133 du 20 sept. 2011, JO 22, entrée en vigueur le 23.11.2011) « prévue à l'article L. 7233-4 » sont les salariés ou agents des personnes physiques ou morales de droit public ou de droit privé ainsi que ceux mentionnés à l'article L. 7233-5 dans les conditions prévues à cet article.

Art. D. 7233-8. Le montant maximum de l'aide financière est fixé à 1 830 € par année civile et par bénéficiaire.

Ce montant maximum est révisé annuellement, par arrêté conjoint des ministres chargés de l'économie et de la sécurité sociale, en fonction de l'évolution de l'indice des prix à la consommation des ménages.

Ce montant ne peut excéder le coût des services supportés par le bénéficiaire.

Art. D. 7233-9. Le (D. 2017-1819 du 29 déc. 2017, art. 3, 4°, JO 30, entrée en vigueur le 01.01.2018) « comité social et économique » ou l'entreprise qui verse l'aide financière établit, aux fins de contrôle, au titre de chaque année civile, un état récapitulatif individuel des aides versées aux salariés de l'entreprise et aux autres personnes mentionnées à l'article L. 7233-5.

Art. D. 7233-10. Le (D. 2017-1819 du 29 déc. 2017, art. 3, 4°, JO 30, entrée en vigueur le 01.01.2018) « comité social et économique » qui verse l'aide financière transmet à l'entreprise, dans les dix premiers jours du mois de janvier de l'année suivant celle de l'attribution de l'aide, l'identité des bénéficiaires et le montant qui leur a été versé à ce titre au cours de l'année civile précédente.

Art. D. 7233-11. L'employeur communique au bénéficiaire de l'aide, avant le 1er février de l'année suivant celle de l'attribution de l'aide versée par le (D. 2017-1819 du 29 déc. 2017, art. 3, 4°, JO 30, entrée en vigueur le 01.01.2018) « comité social et économique » ou l'entreprise au cours de l'année écoulée, une attestation mentionnant le montant total de celle-ci et précisant son caractère non imposable.

La déclaration annuelle prévue par l'article 87 du code général des impôts, souscrite par l'entreprise, mentionne, pour chaque bénéficiaire, le montant de l'aide accordée par le (D. 2017-1819 du 29 déc. 2017, art. 3, 4°, JO 30, entrée en vigueur le 01.01.2018) « comité social et économique » ou par l'entreprise.

Art. R. 7233-12. Les dispositions de l'article L. 7233-4 s'appliquent à l'aide financière de la personne morale de droit public destinée à financer les chèques emploi-service universels au bénéfice de ses agents et salariés et des ayants droit.

Chapitre IV
Agence nationale des services à la personne

Art. L. 7234-1. L'Agence nationale des services à la personne, établissement public national chargé de promouvoir le développement des activités de services à la personne, peut recruter des contractuels de droit privé pour une durée déterminée ou pour une mission déterminée.

LIVRE III
VOYAGEURS, REPRÉSENTANTS OU PLACIERS, GÉRANTS DE SUCCURSALES, ENTREPRENEURS SALARIÉS ASSOCIÉS D'UNE COOPÉRATIVE D'ACTIVITÉ ET D'EMPLOI ET TRAVAILLEURS UTILISANT UNE PLATEFORME DE MISE EN RELATION PAR VOIE ÉLECTRONIQUE

TITRE Ier
VOYAGEURS, REPRÉSENTANTS ET PLACIERS

Chapitre Ier
Champ d'application et définitions

SECTION 1. Champ d'application

Art. L. 7311-1. Les dispositions du présent code sont applicables au voyageur, représentant ou placier, sous réserve des dispositions particulières du présent titre.

Art. L. 7311-2. Les dispositions du présent titre s'appliquent au voyageur, représentant ou placier exclusif, ainsi qu'au salarié qui, conjointement à l'exercice effectif et habituel de la représentation, accepte de se livrer à d'autres activités, quelle qu'en soit la nature, pour le compte d'un ou plusieurs de ses employeurs.

SECTION 2. Définitions

Art. L. 7311-3. Est voyageur, représentant ou placier, toute personne qui:
1° Travaille pour le compte d'un ou plusieurs employeurs;
2° Exerce en fait d'une façon exclusive et constante une profession de représentant;
3° Ne fait aucune opération commerciale pour son compte personnel;
4° Est liée à l'employeur par des engagements déterminant:
a) La nature des prestations de services ou des marchandises offertes à la vente ou à l'achat;
b) La région dans laquelle il exerce son activité ou les catégories de clients qu'il est chargé de visiter;
c) Le taux des rémunérations.

Chapitre II
Accès à la profession

Art. L. 7312-1. Les dispositions du chapitre VII[I] du titre II du livre Ier du code de commerce relatives aux incapacités d'exercer une profession commerciale et industrielle sont applicables au voyageur, représentant ou placier qui exerce la représentation commerciale dans les conditions du présent titre.

Chapitre III

Contrat de travail

SECTION 1. Présomption de salariat

Art. L. 7313-1. Toute convention dont l'objet est la représentation, conclue entre un voyageur, représentant ou placier et un employeur est, nonobstant toute stipulation expresse du contrat ou en son silence, un contrat de travail.

Art. L. 7313-2. L'absence de clauses interdisant soit l'exercice d'une autre profession, soit l'accomplissement d'opérations commerciales personnelles ne peut faire obstacle à l'application des dispositions de l'article L. 7313-1.

Art. L. 7313-3. En l'absence de contrat de travail écrit, toute personne exerçant la représentation est présumée être un voyageur, représentant ou placier soumis aux règles particulières du présent titre.

Art. L. 7313-4. Est nulle toute convention qui aurait pour objet de faire obstacle l'application des dispositions du présent titre.

SECTION 2. Conclusion et exécution du contrat de travail

Sous-section 1. Période d'essai

Art. L. 7313-5. Le contrat de travail peut comporter une période d'essai dont la durée ne peut être supérieure à trois mois.

Sous-section 2. Clause d'exclusivité

Art. L. 7313-6. Le contrat de travail peut, pour sa durée, prévoir l'interdiction pour le voyageur, représentant ou placier, de représenter des entreprises ou des produits déterminés.

Lorsque le contrat de travail ne prévoit pas cette interdiction, il comporte, à moins que les parties n'y renoncent par une stipulation expresse, la déclaration des entreprises ou des produits que le voyageur, représentant ou placier représente déjà et l'engagement de ne pas prendre en cours de contrat de nouvelles représentations sans autorisation préalable de l'employeur.

SECTION 3. Rémunération et congés

Art. L. 7313-7. Les commissions dues au voyageur, représentant ou placier du commerce sont payées au moins tous les trois mois.

Art. L. 7313-8. Les dispositions des articles L. 3253-2 et L. 3253-3, relatives aux garanties des rémunérations dans le cadre d'une procédure de sauvegarde, de redressement ou de liquidation judiciaire, s'appliquent aux voyageurs, représentants ou placiers pour les rémunérations de toute nature dues au titre des quatre-vingt-dix derniers jours de travail.

Art. D. 7313-1. Pour l'application de la législation sur les congés payés, le voyageur, représentant ou placier qui exerce sa profession dans les conditions prévues par les articles L. 7311-1 à L. 7311-3, L. 7313-1 et L. 7313-6 a droit à la rémunération moyenne qu'il a reçue pour une période de même durée dans l'année qui a précédé son congé.

L'allocation de cette indemnité n'entraîne pas de réduction du montant des commissions auxquelles il a droit, dans les conditions prévues à son contrat, en raison de son activité antérieure à son départ en congé.

SECTION 4. Rupture du contrat de travail

Sous-section 1. Préavis

Art. L. 7313-9. En cas de rupture du contrat de travail, la durée du préavis ne peut être inférieure à :

1° Un mois durant la première année de présence dans l'entreprise ;

2° Deux mois durant la deuxième année ;
3° Trois mois au-delà.

Art. L. 7313-10. La durée du préavis du voyageur, représentant ou placier employé hors de France est augmentée de la durée normale du voyage de retour lorsque la rupture du contrat entraîne son retour en France.

Sous-section 2. **Commissions et remises**

Art. L. 7313-11. Quelles que soient la cause et la date de rupture du contrat de travail, le voyageur, représentant ou placier a droit, à titre de salaire, aux commissions et remises sur les ordres non encore transmis à la date de son départ, mais qui sont la suite directe des remises d'échantillon et des prix faits antérieurs à l'expiration du contrat.

Art. L. 7313-12. Sauf clause contractuelle plus favorable au voyageur, représentant ou placier, le droit à commissions est apprécié en fonction de la durée normale consacrée par les usages.

Une durée plus longue est retenue pour tenir compte des sujétions administratives, techniques, commerciales ou financières propres à la clientèle. Cette durée ne peut excéder trois ans à compter de la date à laquelle le contrat de travail a pris fin.

Sous-section 3. **Indemnité de clientèle**

Art. L. 7313-13. En cas de rupture du contrat de travail à durée indéterminée par l'employeur, en l'absence de faute grave, le voyageur, représentant ou placier a droit à une indemnité pour la part qui lui revient personnellement dans l'importance en nombre et en valeur de la clientèle apportée, créée ou développée par lui.

Le montant de cette indemnité de clientèle tient compte des rémunérations spéciales accordées en cours de contrat pour le même objet ainsi que des diminutions constatées dans la clientèle préexistante et imputables au salarié.

Ces dispositions s'appliquent également en cas de rupture du contrat de travail par suite d'accident ou de maladie entraînant une incapacité permanente totale de travail du salarié.

Art. L. 7313-14. L'indemnité de clientèle est due en cas de rupture du contrat de travail à durée déterminée par l'employeur avant l'échéance du terme ou lorsque le contrat venu à échéance n'est pas renouvelé, et en l'absence de faute grave.

Art. L. 7313-15. L'indemnité de clientèle ne se confond ni avec l'indemnité pour rupture abusive du contrat de travail à durée indéterminée, ni avec celle due en cas de rupture anticipée du contrat de travail à durée déterminée.

Art. L. 7313-16. L'indemnité de clientèle ne peut être déterminée forfaitairement à l'avance.

Sous-section 4. **Indemnité conventionnelle de substitution**

Art. L. 7313-17. Lorsque l'employeur est assujetti à une convention ou accord collectif de travail ou à une décision unilatérale de sa part ou d'un groupement d'employeurs, le voyageur, représentant ou placier peut, dans les cas de rupture du contrat de travail mentionnés aux articles L. 7313-13 et L. 7313-14, bénéficier d'une indemnité.

L'indemnité est égale à celle à laquelle le voyageur, représentant ou placier aurait pu prétendre si, bénéficiant de la convention ou du règlement il avait, selon son âge, été licencié ou mis à la retraite.

Cette indemnité n'est pas cumulable avec l'indemnité de clientèle. Seule la plus élevée est due.

SECTION 5. Litiges

Art. L. 7313-18. Le conseil de prud'hommes est seul compétent pour connaître des litiges relatifs à l'application du contrat de représentation régi par les dispositions du présent titre.

TITRE II

GÉRANTS DE SUCCURSALES

Chapitre Ier

Dispositions générales

Art. L. 7321-1. Les dispositions du présent code sont applicables aux gérants de succursales, dans la mesure de ce qui est prévu au présent titre.

Art. L. 7321-2. Est gérant de succursale toute personne:

1° Chargée, par le chef d'entreprise ou avec son accord, de se mettre à la disposition des clients durant le séjour de ceux-ci dans les locaux ou dépendances de l'entreprise, en vue de recevoir d'eux des dépôts de vêtements ou d'autres objets ou de leur rendre des services de toute nature;

2° Dont la profession consiste essentiellement:

a) Soit à vendre des marchandises de toute nature qui leur sont fournies exclusivement ou presque exclusivement par une seule entreprise (L. 2008-776 du 4 août 2008, art. 39, JO 5) «, lorsque ces personnes exercent leur profession dans un local fourni ou agréé par cette entreprise et aux conditions (L. 2009-526 du 12 mai 2009, JO 13) «et» prix imposés par cette entreprise»;

b) Soit à recueillir les commandes ou à recevoir des marchandises à traiter, manutentionner ou transporter, pour le compte d'une seule entreprise, lorsque ces personnes exercent leur profession dans un local fourni ou agréé par cette entreprise et aux conditions et prix imposés par cette entreprise.

Art. L. 7321-3. Le chef d'entreprise qui fournit les marchandises ou pour le compte duquel sont recueillies les commandes ou sont reçues les marchandises à traiter, manutentionner ou transporter n'est responsable de l'application aux gérants salariés de succursales des dispositions du livre Ier de la troisième partie relatives à la durée du travail, aux repos et aux congés et de celles de la quatrième partie relatives à la santé et à la sécurité au travail que s'il a fixé les conditions de travail, de santé et de sécurité au travail dans l'établissement ou si celles-ci ont été soumises à son accord.

Dans le cas contraire, ces gérants sont assimilés à des chefs d'établissement. Leur sont applicables, dans la mesure où elles s'appliquent aux chefs d'établissement, directeurs ou gérants salariés, les dispositions relatives:

1° Aux relations individuelles de travail prévues à la première partie;

2° À la négociation collective et aux conventions et accords collectifs de travail prévus au livre II de la deuxième partie;

3° À la durée du travail, aux repos et aux congés prévus au livre Ier de la troisième partie;

4° Aux salaires prévus au livre II de la troisième partie;

5° À la santé et à la sécurité au travail prévues à la quatrième partie.

Art. L. 7321-4. Les gérants de succursales sont responsables à l'égard des salariés placés sous leur autorité, au lieu et place du chef d'entreprise avec lequel ils ont contracté, de l'application des dispositions mentionnées aux 1° à 5° de l'article L. 7321-3 à condition d'avoir toute liberté en matière d'embauche, de licenciement et de fixation des conditions de travail de ces salariés.

Art. L. 7321-5. Est nulle toute convention contraire aux dispositions du présent chapitre.

Chapitre II

Gérants non salariés des succursales de commerce de détail alimentaire

Art. L. 7322-1. Les dispositions du chapitre Ier sont applicables aux gérants non salariés définis à l'article L. 7322-2, sous réserve des dispositions du présent chapitre.

L'entreprise propriétaire de la succursale est responsable de l'application au profit des gérants non salariés des dispositions du livre Ier de la troisième partie relatives à la durée du travail, aux repos et aux congés, ainsi que de celles de la quatrième partie relatives à la santé et à la sécurité au travail lorsque les conditions de travail, de santé et de sécurité au travail dans l'établissement ont été fixées par elle ou soumises à son accord.

Dans tous les cas, les gérants non salariés bénéficient des avantages légaux accordés aux salariés en matière de congés payés.

Par dérogation aux dispositions des articles L. 3141-1 et suivants relatives aux congés payés, l'attribution d'un congé payé peut, en cas d'accord entre les parties, être remplacée par le versement d'une indemnité d'un montant égal au douzième des rémunérations perçues pendant la période de référence.

Les obligations légales à la charge de l'employeur incombent à l'entreprise propriétaire de la succursale.

Art. L. 7322-2. Est gérant non salarié toute personne qui exploite, moyennant des remises proportionnelles au montant des ventes, les succursales des commerces de détail alimentaire ou des coopératives de consommation lorsque le contrat intervenu ne fixe pas les conditions de son travail et lui laisse toute latitude d'embaucher des salariés ou de se faire remplacer à ses frais et sous son entière responsabilité.

La clause de fourniture exclusive avec vente à prix imposé est une modalité commerciale qui ne modifie pas la nature du contrat.

Art. L. 7322-3. Les accords collectifs fixant les conditions auxquelles doivent satisfaire les contrats individuels conclus entre les entreprises et leurs gérants de succursales non salariés sont régis, en ce qui concerne leur validité, leur durée, leur résolution, leur champ d'application, leurs effets et leurs sanctions, par les dispositions du livre II de la deuxième partie.

Ces accords déterminent, notamment, le minimum de la rémunération garantie aux gérants non salariés, compte tenu de l'importance de la succursale et des modalités d'exploitation de celle-ci.

Art. L. 7322-4. Les dispositions des accords collectifs mentionnés à l'article L. 7322-3 peuvent, après consultation des organisations professionnelles intéressées, être rendues obligatoires par l'autorité administrative à l'ensemble des commerces de détail alimentaire et des coopératives de consommation comprises dans leur champ d'application.

À défaut de tels accords, l'autorité administrative peut, après consultation des organisations professionnelles intéressées, fixer, soit pour la région déterminée, soit pour l'ensemble du territoire, les conditions auxquelles doivent satisfaire les contrats individuels conclus entre les entreprises et leurs gérants non salariés, notamment le minimum de rémunération.

Art. D. 7322-1. L'autorité administrative mentionnée à l'article L. 7322-4 est le ministre chargé du travail. Il prend les décisions mentionnées au même article par arrêté.

Art. L. 7322-5. Les litiges entre les entreprises et leurs gérants non salariés relèvent de la compétence des tribunaux de commerce lorsqu'ils concernent les modalités commerciales d'exploitation des succursales.

Ils relèvent de celle des conseils de prud'hommes lorsqu'ils concernent les conditions de travail des gérants non salariés.

Art. L. 7322-6. Toute clause attributive de juridiction incluse dans un contrat conclu entre une entreprise mentionnée à l'article L. 7322-2 et un gérant non salarié de succursale est nulle.

TITRE III

ENTREPRENEURS SALARIÉS ASSOCIÉS D'UNE COOPÉRATIVE D'ACTIVITÉ ET D'EMPLOI

Note Ce titre a été introduit par la loi 2014-856 du 31 juillet 2014, art. 48, JO 1er août.

Chapitre Ier

Dispositions générales

SECTION 1. Champ d'application

Art. L. 7331-1. Le présent code est applicable aux entrepreneurs salariés associés d'une coopérative d'activité et d'emploi mentionnée à l'article 26-41 de la loi n° 47-1775 du 10 septembre 1947 portant statut de la coopération, sous réserve des dispositions du présent titre.

SECTION 2. Principes

Art. L. 7331-2. Est entrepreneur salarié d'une coopérative d'activité et d'emploi toute personne physique qui:

1° Crée et développe une activité économique en bénéficiant d'un accompagnement individualisé et de services mutualisés mis en œuvre par la coopérative en vue d'en devenir associé;

2° Conclut avec la coopérative un contrat, établi par écrit, comportant:

a) Les objectifs à atteindre et les obligations d'activité minimale de l'entrepreneur salarié;

b) Les moyens mis en œuvre par la coopérative pour soutenir et contrôler son activité économique;

c) Les modalités de calcul de la contribution de l'entrepreneur salarié au financement des services mutualisés mis en œuvre par la coopérative, dans les conditions prévues par les statuts de celle-ci;

d) Le montant de la part fixe et les modalités de calcul de la part variable de la rémunération de l'entrepreneur salarié, en application de l'article L. 7332-3;

e) La mention des statuts en vigueur de la coopérative;

f) Les conditions dans lesquelles sont garantis à l'entrepreneur salarié ses droits sur la clientèle qu'il a apportée, créée et développée, ainsi que ses droits de propriété intellectuelle.

Art. L. 7331-3. Dans un délai maximal de trois ans à compter de la conclusion du contrat mentionné à l'article L. 7331-2, l'entrepreneur salarié devient associé de la coopérative d'activité et d'emploi.

Ce délai est minoré, le cas échéant, de la durée du contrat d'appui au projet d'entreprise pour la création ou la reprise d'une activité économique prévu à l'article L. 127-1 du code de commerce ou de tout autre contrat conclu entre les parties.

Le contrat mentionné à l'article L. 7331-2 du présent code prend fin si l'entrepreneur salarié ne devient pas associé avant ce délai.

Art. R. 7331-1. (D. 2015-1363 du 27 oct. 2015, JO 29, entrée en vigueur le 01.01.2016) La coopérative d'activité et d'emploi assure l'ensemble des obligations légales, réglementaires et contractuelles inhérentes à l'exercice de l'activité économique de chaque entrepreneur salarié avec lequel elle conclut le contrat d'entrepreneur salarié mentionné au 2° de l'article L. 7331-2.

Elle assure notamment les obligations fiscales, sociales et comptables relatives à l'activité de l'entrepreneur salarié.

Art. R. 7331-2. (D. 2015-1363 du 27 oct. 2015, JO 29, entrée en vigueur le 01.01.2016) La coopérative d'activité et d'emploi assure un accompagnement individuel de chaque entrepreneur salarié en vue de favoriser le développement de son activité économique.

Les statuts de la coopérative d'activité et d'emploi déterminent les services mutualisés proposés pour l'accompagnement individuel et collectif des entrepreneurs salariés.

L'assemblée générale délibère chaque année sur les actions nécessaires à l'accompagnement individuel et collectif des entrepreneurs salariés et les ressources à affecter à cet effet.

Art. R. 7331-3. (D. 2015-1363 du 27 oct. 2015, JO 29, entrée en vigueur le 01.01.2016) Le contrat d'entrepreneur salarié mentionné au 2° de l'article L. 7331-2 définit les conditions dans lesquelles l'entrepreneur salarié bénéficie, par période de douze mois, d'au moins deux entretiens individuels d'accompagnement faisant l'objet d'un document écrit et signé par l'entrepreneur salarié. Ce document comporte notamment le bilan et les perspectives d'évolution prévisible de son activité économique, les actions individuelles et collectives nécessaires au développement de son activité économique ainsi que les besoins d'accompagnement.

Art. R. 7331-4. (D. 2015-1363 du 27 oct. 2015, JO 29, entrée en vigueur le 01.01.2016) Sans préjudice des dispositions de l'article L. 7332-2, la coopérative d'activité et d'emploi informe et conseille les entrepreneurs salariés aux fins d'assurer leur sécurité ou de protéger leur santé dans l'exercice de leur activité.

Art. R. 7331-5. (D. 2015-1363 du 27 oct. 2015, JO 29, entrée en vigueur le 01.01.2016) La coopérative d'activité et d'emploi tient, pour chaque activité économique autonome :

1° Un compte analytique de bilan qui récapitule les éléments de l'actif et du passif ;

2° Un compte analytique de résultat qui récapitule les produits et les charges de l'exercice.

L'entrepreneur salarié a accès au système d'information de la coopérative pour consulter le compte d'activité et les opérations comptables qui le concernent, ainsi que pour prendre connaissance de sa situation financière. À défaut de système d'information, ces informations lui sont transmises une fois par mois par la coopérative ou à sa demande pour les besoins de gestion de son activité.

Art. R. 7331-6. (D. 2015-1363 du 27 oct. 2015, JO 29, entrée en vigueur le 01.01.2016) Lorsque plusieurs entrepreneurs salariés d'une même coopérative d'activité et d'emploi exercent ensemble une activité économique autonome, ils concluent préalablement avec la coopérative d'activité et d'emploi une convention précisant notamment la nature de l'activité économique ainsi que les modalités de répartition de la rémunération entre les entrepreneurs salariés. Cette convention précise aussi la répartition de la propriété de la clientèle, du nom commercial commun et de tous éléments matériels et immatériels mis en commun.

Art. R. 7331-7. (D. 2015-1363 du 27 oct. 2015, JO 29, entrée en vigueur le 01.01.2016) La coopérative d'activité et d'emploi peut tenir un seul compte analytique de bilan et un seul compte analytique de résultat pour un entrepreneur salarié qui exerce plusieurs activités économiques.

Art. R. 7331-8. (D. 2015-1363 du 27 oct. 2015, JO 29, entrée en vigueur le 01.01.2016) Les statuts de la coopérative d'activité et d'emploi déterminent les principes régissant la contribution des entrepreneurs salariés au financement des services mutualisés mis en œuvre par la coopérative.

L'assemblée générale arrête les assiettes, les taux ou les montants de la contribution aux conditions de majorité des assemblées générales ordinaires prévues, selon la forme juridique de la coopérative d'activité et d'emploi, aux articles L. 223-29, L. 223-30, L. 225-98 ou L. 227-9 du code de commerce.

Le contrat d'entrepreneur salarié mentionné au 2° de l'article L. 7331-2 peut prévoir que les assiettes, les taux ou les montants de la contribution mentionnés au précédent alinéa sont, le cas échéant, modifiés par l'assemblée générale.

Art. R. 7331-9. (D. 2015-1363 du 27 oct. 2015, JO 29, entrée en vigueur le 01.01.2016) La contribution de l'entrepreneur salarié mentionnée au c du 2° de l'article L. 7331-2 participe au financement des dépenses, permettant à la coopérative la réalisation de son objet tel qu'il est défini par l'article 26-41 de la loi n° 47-1775 du 10 septembre 1947.

La coopérative met à la disposition de l'entrepreneur salarié le compte analytique des services mutualisés de la coopérative d'activité et d'emploi établi à la clôture de l'exercice comptable.

Art. R. 7331-10. (D. 2015-1363 du 27 oct. 2015, JO 29, entrée en vigueur le 01.01.2016) Le contrat d'entrepreneur salarié mentionné au 2° de l'article L. 7331-2 précise les délais et les modalités par lesquels l'entrepreneur salarié devient associé de la coopérative dans les conditions posées par l'article L. 7331-3.

Chapitre II

Mise en œuvre

Art. L. 7332-1. Le contrat mentionné au 2° de l'article L. 7331-2 peut comporter une période d'essai dont la durée, renouvellement compris, ne peut excéder huit mois.

Lorsque les parties ont préalablement conclu un contrat d'appui au projet d'entreprise pour la création ou la reprise d'une activité économique, prévu à l'article L. 127-1 du code de commerce, ou tout autre contrat, la durée de ces contrats est déduite de la durée prévue au premier alinéa du présent article.

Art. L. 7332-2. La coopérative d'activité et d'emploi est responsable de l'application, au profit des entrepreneurs salariés associés, des dispositions du livre Ier de la troisième partie relatives à la durée du travail, aux repos et aux congés, ainsi que de celles de la quatrième partie relatives à la santé et à la sécurité au travail lorsque les conditions de travail, de santé et de sécurité au travail ont été fixées par elle ou soumises à son accord.

Dans tous les cas, les entrepreneurs salariés associés bénéficient des avantages légaux accordés aux salariés, notamment en matière de congés payés.

Art. L. 7332-3. La rémunération d'un entrepreneur salarié associé d'une coopérative d'activité et d'emploi comprend une part fixe et une part variable calculée en fonction du chiffre d'affaires de son activité, après déduction des charges directement et exclusivement liées à son activité et de la contribution mentionnée au *c* du 2° de l'article L. 7331-2.

La coopérative met à la disposition de l'entrepreneur salarié associé un état des comptes faisant apparaître le détail des charges et des produits liés à son activité.

Les modalités de calcul et de versement de la rémunération à l'entrepreneur salarié associé et de déclaration auprès des organismes sociaux sont précisées par décret en Conseil d'État.

Art. R. 7331-11. (D. 2015-1363 du 27 oct. 2015, JO 29, entrée en vigueur le 01.01.2016) La rémunération prévue à l'article L. 7332-3, fixée au contrat, est composée :

1° D'une part fixe versée mensuellement dont le montant est déterminé forfaitairement en fonction des objectifs d'activités minimales définis dans le contrat de l'entrepreneur salarié ;

2° D'une part variable calculée pour chaque exercice en fonction du chiffre d'affaires défini à l'article L. 7332-3. Un acompte sur la part variable de la rémunération peut être versé mensuellement.

Art. R. 7331-12. (D. 2015-1363 du 27 oct. 2015, JO 29, entrée en vigueur le 01.01.2016) En fin d'exercice, la coopérative d'activité et d'emploi procède à la régularisation du calcul de la part variable de la rémunération de chaque entrepreneur salarié et au versement du solde restant dû dans un délai maximum d'un mois après la date de l'assemblée générale statuant sur la clôture des comptes de l'exercice.

Le contrat d'entrepreneur salarié peut stipuler les conditions dans lesquelles les parties conviennent en fin d'exercice comptable des modalités de constitution d'un résultat net comptable. Ce résultat est affecté en application des conventions et accords collectifs de travail et des statuts de la coopérative.

Art. L. 7332-4. Les dispositions des articles L. 3253-2 et L. 3253-3 relatives aux garanties des rémunérations dans le cadre d'une procédure de sauvegarde, de redressement ou de liquidation judiciaires s'appliquent aux entrepreneurs salariés associés d'une coopérative d'activité et d'emploi pour les rémunérations de toute nature dues au titre des quatre-vingt-dix derniers jours de travail.

Art. L. 7332-5. La coopérative d'activité et d'emploi est responsable des engagements pris vis-à-vis des tiers dans le cadre de l'activité économique développée par l'entrepreneur salarié associé.

Art. L. 7332-6. Le conseil de prud'hommes est seul compétent pour connaître des litiges relatifs au contrat mentionné au 2° de l'article L. 7331-2.

Toute clause attributive de juridiction incluse dans un contrat conclu entre un entrepreneur salarié associé et une coopérative d'activité et d'emploi dont il est l'associé est nulle.

Art. L. 7332-7. Le présent titre s'applique aux entrepreneurs salariés régis par les articles L. 7331-2 et L. 7331-3 qui ne sont pas encore associés de la coopérative d'activité et d'emploi.

TITRE IV

TRAVAILLEURS UTILISANT UNE PLATEFORME DE MISE EN RELATION PAR VOIE ÉLECTRONIQUE

Note Ce titre est issu de la loi 2016-1088 du 8 août 2016, art. 60, JO 9.

Chapitre Ier

Champ d'application

Art. L. 7341-1. Le présent titre est applicable aux travailleurs indépendants recourant, pour l'exercice de leur activité professionnelle, à une ou plusieurs plateformes de mise en relation par voie électronique définies à l'article 242 *bis* du code général des impôts.

Chapitre II

Responsabilité sociale des plateformes

SECTION 1. Dispositions communes

Note Cette section a été introduite par la loi 2019-1428 du 24 décembre 2019, art. 44, II, 1°, JO 26, et comprend les articles L. 7342-1 à L. 7342-6 préexistants.

Art. L. 7342-1. Lorsque la plateforme détermine les caractéristiques de la prestation de service fournie ou du bien vendu et fixe son prix, elle a, à l'égard des travailleurs concernés, une responsabilité sociale qui s'exerce dans les conditions prévues au présent chapitre.

Art. L. 7342-2. Lorsque le travailleur souscrit une assurance couvrant le risque d'accidents du travail ou adhère à l'assurance volontaire en matière d'accidents du travail mentionnée à l'article L. 743-1 du code de la sécurité sociale, la plateforme prend en charge sa cotisation, dans la limite d'un plafond fixé par décret. Ce plafond ne peut être supérieur à la cotisation prévue au même article L. 743-1.

Le premier alinéa du présent article n'est pas applicable lorsque le travailleur adhère à un contrat collectif souscrit par la plateforme et comportant des garanties au moins équivalentes à l'assurance volontaire en matière d'accidents du travail mentionnée au premier alinéa, et que la cotisation à ce contrat est prise en charge par la plateforme.

Art. L. 7342-3. Le travailleur bénéficie du droit d'accès à la formation professionnelle continue prévu à l'article L. 6312-2. La contribution à la formation professionnelle mentionnée à l'article L. 6331-48 est prise en charge par la plateforme.

(L. 2019-1428 du 24 déc. 2019, art. 44, II, 2°, JO 26) «Il bénéficie, à sa demande, des actions mentionnées au 3° de l'article L. 6313-1. La plateforme prend alors en charge les frais d'accompagnement et lui verse une indemnité dans des conditions définies par décret.

Le compte personnel de formation du travailleur est abondé par la plateforme lorsque le chiffre d'affaires qu'il réalise sur cette plateforme est supérieur à un seuil déterminé selon le secteur d'activité du travailleur. Les conditions d'abondement, les seuils et les secteurs d'activité sont précisés par décret.»

Art. L. 7342-4. (L. 2019-1428 du 24 déc. 2019, art. 44, II, 3°, JO 26) L'article L. 7342-2 et les deux premiers alinéas de l'article L. 7342-3 ne sont pas applicables lorsque le chiffre d'affaires réalisé sur la plateforme est inférieur à un seuil fixé par décret. Pour le calcul de la cotisation afférente aux accidents du travail et de la contribution à la formation professionnelle, seul est pris en compte le chiffre d'affaires réalisé par le travailleur sur la plateforme.

Art. L. 7342-5. Les mouvements de refus concerté de fournir leurs services organisés par les travailleurs mentionnés à l'article L. 7341-1 en vue de défendre leurs revendications professionnelles ne peuvent, sauf abus, ni engager leur responsabilité contractuelle, ni constituer un motif de rupture de leurs relations avec les plateformes, ni justifier de mesures les pénalisant dans l'exercice de leur activité.

Art. L. 7342-6. Les travailleurs mentionnés à l'article L. 7341-1 bénéficient du droit de constituer une organisation syndicale, d'y adhérer et de faire valoir par son intermédiaire leurs intérêts collectifs.

Art. L. 7342-7. (L. 2019-1428 du 24 déc. 2019, art. 47, JO 26) Les travailleurs mentionnés à l'article L. 7341-1 bénéficient du droit d'accès à l'ensemble des données concernant leurs activités propres au sein de la plateforme et permettant de les identifier. Ils ont le droit de recevoir ces données dans un format structuré et celui de les transmettre. Le périmètre précis de ces données ainsi que leurs modalités d'accès, d'extraction et de transmission sont définis par décret.

Art. D. 7342-1. (D. 2017-774 du 4 mai 2017, JO 6, entrée en vigueur le 01.01.2018) La cotisation mentionnée au premier alinéa de l'article L. 7342-2 et la contribution mentionnée au premier alinéa de l'article L. 7342-3 sont prises en charge par la plateforme lorsque le travailleur indépendant a réalisé sur la plateforme, au cours de l'année civile au titre de laquelle la cotisation et la contribution ont été acquittées, un chiffre d'affaires égal ou supérieur à 13 % du plafond annuel de la sécurité sociale.

Les frais d'accompagnement et l'indemnité mentionnés au deuxième alinéa de l'article L. 7342-3 sont pris en charge par la plateforme lorsque le travailleur indépendant a réalisé sur la plateforme, au cours de la dernière année civile écoulée, un chiffre d'affaires égal ou supérieur à 13 % du plafond annuel de la sécurité sociale.

Art. D. 7342-2. (D. 2017-774 du 4 mai 2017, JO 6, entrée en vigueur le 01.01.2018) Le montant du plafond mentionné au premier alinéa de l'article L. 7342-2 est égal à la cotisation due au titre de l'assurance volontaire des accidents du travail et des maladies professionnelles prévue à l'article L. 743-1 du code de la sécurité sociale, calculée sur la base du salaire minimum prévu au premier alinéa de l'article L. 434-16 du même code.

Art. D. 7342-3. (D. 2017-774 du 4 mai 2017, JO 6, entrée en vigueur le 01.01.2018) Les frais d'accompagnement à la validation des acquis de l'expérience pris en charge par la plateforme sont ceux exposés par la personne pour réaliser les actions définies aux articles R. 6423-2 et R. 6423-3, dans la limite de 3 % du plafond annuel de la sécurité sociale.

L'indemnité versée pour compenser la perte de revenus occasionnée par l'accompagnement à la validation des acquis de l'expérience est due dans la limite de vingt-quatre fois le taux horaire du salaire minimum interprofessionnel de croissance.

Art. D. 7342-4. (D. 2017-774 du 4 mai 2017, JO 6, entrée en vigueur le 01.01.2018) Lorsque plusieurs plateformes sont tenues de prendre en charge les cotisations, contributions et frais mentionnés aux articles D. 7342-1 à D. 7342-3, chacune d'entre elles les rembourse au prorata du chiffre d'affaires que le travailleur indépendant a réalisé par son intermédiaire, rapporté au chiffre d'affaires total qu'il a réalisé au cours de l'année civile par l'intermédiaire des plateformes mentionnées à l'article L. 7341-1.

Art. D. 7342-5. (D. 2017-774 du 4 mai 2017, JO 6, entrée en vigueur le 01.01.2018) Afin de bénéficier de la prise en charge par la plateforme des cotisations, contributions et frais mentionnés aux articles D. 7342-1 à D. 7342-3, le travailleur indépendant lui adresse une demande de remboursement et justifie auprès d'elle des dépenses qu'il a exposées, ainsi que du chiffre d'affaires total mentionné à l'article D. 7342-4. À cette fin, il produit les documents mentionnés au II de l'article 242 *bis* du code général des impôts.

La demande de remboursement est réalisable gratuitement et par voie électronique.

Toute plateforme remplissant les conditions définies à l'article L. 7342-1 est tenue d'informer les travailleurs indépendants qui utilisent ses services de la possibilité de présenter une demande de remboursement dans les conditions définies au présent article.

SECTION 2. Dispositions particulières

Note Cette section a été introduite par la loi 2019-1428 du 24 décembre 2019, art. 44, II, 4°, JO 26.

Art. L. 7342-8. Les dispositions de la présente section sont applicables aux travailleurs en lien avec des plateformes définis à l'article L. 7341-1 et exerçant l'une des activités suivantes:

1° Conduite d'une voiture de transport avec chauffeur;

2° Livraison de marchandises au moyen d'un véhicule à deux ou trois roues, motorisé ou non.

Art. L. 7342-9. Dans le cadre de sa responsabilité sociale à l'égard des travailleurs mentionnés à l'article L. 7342-8, la plateforme peut établir une charte déterminant les conditions et modalités d'exercice de sa responsabilité sociale, définissant ses droits et obligations ainsi que ceux des travailleurs avec lesquels elle est en relation. Cette charte, qui rappelle les dispositions du présent chapitre, précise notamment:

1° Les conditions d'exercice de l'activité professionnelle des travailleurs avec lesquels la plateforme est en relation, en particulier les règles selon lesquelles ils sont mis en relation avec ses utilisateurs ainsi que les règles qui peuvent être mises en œuvre pour réguler le nombre de connexions simultanées de travailleurs afin de répondre, le cas échéant, à une faible demande de prestations par les utilisateurs. Ces règles garantissent le caractère non exclusif de la relation entre les travailleurs et la plateforme et la liberté pour les travailleurs d'avoir recours à la plateforme et de se connecter ou se déconnecter, sans que soient imposées des plages horaires d'activité;

2° Les modalités visant à permettre aux travailleurs d'obtenir un prix décent pour leur prestation de services;

3° Les modalités de développement des compétences professionnelles et de sécurisation des parcours professionnels;

4° Les mesures visant notamment:

a) À améliorer les conditions de travail;

b) À prévenir les risques professionnels auxquels les travailleurs peuvent être exposés en raison de leur activité ainsi que les dommages causés à des tiers;

5° Les modalités de partage d'informations et de dialogue entre la plateforme et les travailleurs sur les conditions d'exercice de leur activité professionnelle;

6° Les modalités selon lesquelles les travailleurs sont informés de tout changement relatif aux conditions d'exercice de leur activité professionnelle;

7° La qualité de service attendue, les modalités de contrôle par la plateforme de l'activité et de sa réalisation et les circonstances qui peuvent conduire à une rupture des relations commerciales entre la plateforme et le travailleur répondant aux exigences de l'article L. 442-1 du code de commerce ainsi que les garanties dont le travailleur bénéficie dans ce cas;

8° Le cas échéant, les garanties de protection sociale complémentaire négociées par la plateforme dont les travailleurs peuvent bénéficier.

Dans des conditions précisées par décret, la charte est transmise par la plateforme à l'autorité administrative.

Lorsqu'elle en est saisie par la plateforme, l'autorité administrative se prononce sur toute demande d'appréciation de la conformité du contenu de la charte au présent titre par décision d'homologation. Préalablement à cette demande d'homologation, la plateforme consulte par tout moyen les travailleurs indépendants sur la charte qu'elle a établie. Le résultat de la consultation est communiqué aux travailleurs indépendants et joint à la demande d'homologation.

L'autorité administrative notifie à la plateforme la décision d'homologation ou son refus dans un délai de quatre mois à compter de la réception de la charte. À défaut de réponse dans ce délai, la charte est réputée homologuée.

La charte est publiée sur le site internet de la plateforme et annexée aux contrats ou aux conditions générales d'utilisation qui la lient aux travailleurs.

Lorsqu'elle est homologuée, l'établissement de la charte ne peut caractériser l'existence d'un lien de subordination juridique entre la plateforme et les travailleurs.

Art. L. 7342-10. Tout litige concernant la conformité de la charte aux dispositions du présent titre, l'homologation ou le refus d'homologation relève de la compétence du [tribunal judiciaire] dont le siège et le ressort sont fixés par décret, à l'exclusion de tout autre recours contentieux ou administratif. Le recours doit être formé, à peine d'irrecevabilité, par la plateforme, avant l'expiration d'un délai de deux mois à compter de la notification de la décision d'homologation de la charte ou, par le travailleur, avant l'expiration d'un délai de deux mois à compter de la date à laquelle cette décision a été portée à sa connaissance par tout moyen conférant date certaine.

La juridiction saisie se prononce dans un délai de quatre mois. Si, à l'issue de ce délai, elle ne s'est pas prononcée ou en cas d'appel, le litige est porté devant la cour d'appel.

Lorsque dans un litige relevant de la compétence du conseil de prud'hommes, est soulevée une difficulté sérieuse relative à l'homologation de la charte dont dépend la solution du litige, le conseil de prud'hommes initialement saisi sursoit à statuer et transmet la question à la juridiction judiciaire désignée par le décret mentionné au premier alinéa.

Art. L. 7342-11. Les modalités d'application de la présente section sont déterminées par voie réglementaire.

LIVRE IV

TRAVAILLEURS À DOMICILE

TITRE Ier

DISPOSITIONS GÉNÉRALES

Chapitre Ier

Champ d'application et dispositions d'application

Art. L. 7411-1. Les dispositions du présent code sont applicables aux travailleurs à domicile, sous réserve des dispositions du présent livre.

Art. L. 7411-2. Des décrets en Conseil d'État déterminent les modalités d'application du présent livre.

Chapitre II

Définitions

Art. L. 7412-1. Est travailleur à domicile toute personne qui :

1° Exécute, moyennant une rémunération forfaitaire, pour le compte d'un ou plusieurs établissements, un travail qui lui est confié soit directement, soit par un intermédiaire ;

2° Travaille soit seule, soit avec son conjoint, partenaire lié par un pacte civil de solidarité, concubin ou avec ses enfants à charge au sens fixé par l'article L. 313-3 du code de la sécurité sociale, ou avec un auxiliaire.

Il n'y a pas lieu de rechercher :

a) S'il existe entre lui et le donneur d'ouvrage un lien de subordination juridique, sous réserve de l'application des dispositions de l'article L. 8221-6 ;

b) S'il travaille sous la surveillance immédiate et habituelle du donneur d'ouvrage ;

c) Si le local où il travaille et le matériel qu'il emploie, quelle qu'en soit l'importance, lui appartient ;

d) S'il se procure lui-même les fournitures accessoires ;

e) Le nombre d'heures accomplies.

Art. L. 7412-2. Conserve la qualité de travailleur à domicile celui qui, en même temps que le travail, fournit tout ou partie des matières premières, lorsque ces matières premières lui sont vendues par un donneur d'ouvrage qui acquiert ensuite l'objet fabriqué ou par un fournisseur indiqué par le donneur d'ouvrage et auquel le travailleur est tenu de s'adresser.

Art. L. 7412-3. Lorsque des travailleurs à domicile exercent leur activité dans un même local pour exécuter des tâches complémentaires les unes des autres, ils acquièrent la qualité de salariés en atelier.

Ces dispositions ne s'appliquent pas lorsque le travailleur à domicile travaille avec son conjoint partenaire lié par un pacte civil de solidarité, concubin ou avec ses enfants, dans les conditions prévues au 2° de l'article L. 7412-1.

Chapitre III

Mise en œuvre

Art. L. 7413-1. Le donneur d'ouvrage est responsable à l'égard du travailleur à domicile de l'application de l'ensemble des dispositions légales applicables aux salariés, même s'il utilise un intermédiaire.

Art. L. 7413-2. Le travailleur à domicile bénéficie des dispositions conventionnelles liant le donneur d'ouvrage, sauf stipulations contraires, dans les conventions ou accords collectifs de travail en cause.

Art. L. 7413-3. Le donneur d'ouvrage (Ord. 2014-699 du 26 juin 2014, art. 18, JO 27) «communique, à sa demande,» à l'(L. 2016-1088 du 8 août 2016, art. 113, III, 1°, JO 9) «agent de contrôle de l'inspection du travail mentionné à l'article L. 8112-1» une déclaration dès qu'il commence ou cesse de faire exécuter du travail à domicile.

Art. L. 7413-4. Le travailleur à domicile qui utilise le concours d'un auxiliaire est responsable de l'application à celui-ci de l'ensemble des dispositions légales applicables aux salariés, sous réserve de l'application des articles L. 8232-1 à L. 8232-3 relatifs à l'obligation et à la solidarité financière du donneur d'ordre.

SECTION 1 (RÉGLEMENTAIRE). Comptabilité

Art. R. 7413-1. Le donneur d'ouvrage à domicile tient une comptabilité distincte des matières premières et fournitures destinées au travailleur à domicile.

Cette comptabilité fait ressortir séparément :

1° À l'entrée dans l'établissement : la date d'entrée, la quantité et la nature de chaque article ;

2° À la remise de l'ouvrage aux travailleurs :

a) La date de remise, la quantité, la nature de chaque article ;

b) La nature de l'ouvrage ;

c) Le nom du travailleur ;

3° À la livraison de l'ouvrage par les travailleurs : la date de la livraison.

Art. R. 7413-2. Les registres de la comptabilité du donneur d'ouvrage sont tenus à la disposition de l'inspection du travail.

Le (D. 2009-1377 du 10 nov. 2009, JO 13; D. 2010-687 du 24 juin 2010, JO 25; voir D. 2010-1582 du 17 déc. 2010, JO 18, pour outre-mer) « directeur régional des entreprises, de la concurrence, de la consommation, du travail et de l'emploi » peut demander un contrôle de cette comptabilité.

Art. R. 7413-3. Sous réserve de l'application de l'article L. 8232-2, relatif aux obligations et à la solidarité du donneur d'ordres, la responsabilité du travailleur à domicile pour l'application, à l'auxiliaire auquel il recourt, de l'ensemble des dispositions applicables aux salariés est, suivant que l'auxiliaire est employé à son propre domicile ou à celui du travailleur à domicile :

1° Soit celle d'un donneur d'ouvrage vis-à-vis d'un travailleur à domicile ;

2° Soit celle d'un chef d'entreprise industrielle vis-à-vis d'un ouvrier en atelier.

SECTION 2 (RÉGLEMENTAIRE). Rupture du contrat de travail

Art. R. 7413-4. Pour l'application aux travailleurs à domicile liés par un contrat de travail à durée indéterminée des dispositions des articles L. 1234-1 à L. 1234-8 et L. 1237-1, relatives au préavis, l'indemnité due, sauf rupture pour faute grave, en cas d'inobservation du préavis, est calculée sur la moyenne des salaires des six mois précédant la rupture du contrat.

SECTION 3 (RÉGLEMENTAIRE). Dispositions pénales

Art. R. 7413-5. Le fait de méconnaître les dispositions des articles R. 7413-1 et R. 7413-2, est puni de l'amende prévue pour les contraventions de la troisième classe.

TITRE II

RÉMUNÉRATION ET CONDITIONS DE TRAVAIL

Chapitre Ier

Fourniture et livraison des travaux

Art. L. 7421-1. Lorsqu'un donneur d'ouvrage recourt à un travailleur à domicile, il établit un bulletin ou un carnet.

Un décret en Conseil d'État détermine les conditions dans lesquelles ce bulletin ou carnet est établi. Il précise notamment les mentions devant y figurer :

1° Lors de la remise des travaux à exécuter à domicile ;

2° Lors de la livraison du travail achevé.

Art. R. 7421-1. Le bulletin ou le carnet remis au travailleur à domicile, en application de l'article L. 7421-2, est établi en deux exemplaires au moins.

Il mentionne :

1° Le nom et l'adresse de l'établissement ou les nom, prénoms et adresse du donneur d'ouvrage ;

2° La référence des organismes auxquels le donneur d'ouvrage verse les cotisations de sécurité sociale et le numéro d'immatriculation sous lequel ces cotisations sont versées ;

3° Le numéro d'inscription au registre du commerce ou au registre des métiers ;

4° La nature et la quantité du travail, la date à laquelle il est donné, les temps d'exécution, les prix de façon ou les salaires applicables ;

5° La nature et la valeur des fournitures imposées au travailleur ainsi que les frais d'atelier et accessoires ;

6° Le cas échéant, la date à laquelle le travail est livré.

Art. R. 7421-2. Lors de la livraison du travail achevé, le bulletin ou carnet mentionne :

1° La date de la livraison ;

2° Le montant :

a) Des prix de façon acquis par le travailleur ;

b) Des frais d'ateliers qui s'y ajoutent ;

c) De l'allocation de congés payés ;

d) Des retenues que la loi fait obligation aux employeurs d'opérer ;

e) Le cas échéant, des divers frais accessoires laissés à la charge de l'intéressé par le donneur d'ouvrage, dans les limites prévues aux articles L. 3251-1 et L. 3251-2, relatifs à la saisie et à la cession des sommes dues au titre de rémunération ;

3° La somme nette payée ou à payer au travailleur compte tenu des éléments énumérés aux a, b et c du 2° et après déduction des frais et retenues mentionnées aux d et e du 2°.

Art. R. 7421-3. Les inscriptions relatives à chaque travail sont portées sous un numéro d'ordre qui figure sur tous les exemplaires du bulletin ou carnet.

Art. L. 7421-2. Un exemplaire du bulletin ou carnet est remis au travailleur.

Un exemplaire est conservé pendant au moins cinq ans par le donneur d'ouvrage et, le cas échéant, son intermédiaire et présenté par eux à toute demande de l'(L. 2016-1088 du 8 août 2016, art. 113, III, 1°, JO 9) «agent de contrôle de l'inspection du travail mentionné à l'article L. 8112-1».

SECTION 2 (RÉGLEMENTAIRE). Dispositions pénales

Art. R. 7421-4. Le fait de méconnaître les dispositions des articles L. 7421-1 et L. 7421-2 ou des règlements pris pour leur application, est puni de l'amende prévue pour les contraventions de la troisième classe, prononcée autant de fois qu'il y a de personnes concernées.

Le fait de porter des mentions inexactes sur les bulletins ou carnets et leur duplicata est puni des mêmes peines.

Chapitre II

Conditions de rémunération

SECTION 1. Salaires

Sous-section 1. Détermination des temps d'exécution

Art. L. 7422-1. Dans les branches professionnelles employant des travailleurs à domicile, le tableau des temps nécessaires à l'exécution des travaux en série et de ceux qui peuvent être préalablement décrits pour les divers articles et les diverses catégories de travailleurs est établi par les conventions ou accords collectifs de travail.

Art. L. 7422-2. À défaut de convention ou accord collectif de travail étendu, l'autorité administrative dresse le tableau des temps d'exécution des travaux.

Art. L. 7422-3. L'autorité administrative peut fixer soit spontanément, soit à la demande d'une organisation professionnelle ou de toute personne intéressée, pour une partie ou pour l'ensemble du territoire, les temps d'exécution de certains travaux à domicile.

Art. R. 7422-1. Dans les cas prévus à l'article L. 7422-2, le tableau des temps d'exécution des travaux est dressé par le préfet, après avis d'une commission départementale composée de trois employeurs et de trois travailleurs à domicile.

Art. R. 7422-2. Les membres de la commission départementale sont désignés par le préfet selon la nature de l'activité, après consultation :

1° Des organisations d'employeurs et de travailleurs intéressées représentatives au niveau national ;

2° Du (D. 2009-1377 du 10 nov. 2009, JO 13; D. 2010-687 du 24 juin 2010, JO 25; voir D. 2010-1582 du 17 déc. 2010, JO 18, pour outre-mer) « directeur régional des entreprises, de la concurrence, de la consommation, du travail et de l'emploi ».

Art. R. 7422-3. La composition de la commission départementale peut varier, d'une part, selon la nature des travaux pour lesquels elle est consultée, d'autre part, pour une même branche d'activité, selon qu'elle est appelée à émettre un avis sur les temps d'exécution des travaux ou sur les salaires et les frais d'atelier.

Art. R. 7422-4. Les arrêtés pris par le préfet conformément à l'article R. 7422-1 sont publiés dans un délai d'un mois à compter de la date à laquelle ils ont été pris et insérés au recueil des actes administratifs du département.

À l'expiration du délai d'un jour franc à compter de leur publication au chef-lieu du département, ces arrêtés sont applicables dans l'étendue du département ou de la circonscription.

Les arrêtés ministériels pris conformément aux articles R. 7422-5 et R. 7422-6 sont publiés au *Journal officiel* de la République française.

Art. R. 7422-5. Un arrêté conjoint des ministres chargé du travail, de l'intérieur et des finances détermine les conditions dans lesquelles les membres employeurs sont indemnisés de leurs frais de déplacement et les membres travailleurs de leurs frais de déplacement et de leurs pertes de salaires.

Art. R. 7422-6. Dans les cas prévus à l'article L. 7422-3, le ministre chargé du travail prend un arrêté après avis :

1° Soit des commissions départementales compétentes mentionnées à l'article R. 7422-1, lorsqu'il s'agit de plusieurs départements ;

2° Soit d'une commission nationale des temps d'exécution lorsqu'il s'agit de l'ensemble du territoire.

La composition de la commission nationale des temps d'exécution est fixée dans chaque cas par arrêté du ministre chargé du travail.

Sous-section 2. **Détermination du salaire**

Art. L. 7422-4. Il est interdit au donneur d'ouvrage d'appliquer aux travaux à domicile des tarifs inférieurs aux tarifs minimaux définis à l'article L. 7422-5.

Art. L. 7422-5. Le tarif minimum des travaux à domicile est le produit du salaire fixé conformément aux dispositions des articles L. 7422-6 et L. 7422-7 par les temps d'exécution fixés conformément aux dispositions des articles L. 7422-1 à L. 7422-3.

S'ajoutent à ce tarif :

1° Le cas échéant, les majorations prévues aux articles L. 7422-9 et L. 7422-10 ;

2° Les frais d'atelier et les frais accessoires prévus à l'article L. 7422-11.

Art. L. 7422-6. À défaut de convention ou d'accord collectif de travail étendu ou lorsque les salaires pratiqués en atelier sont sensiblement supérieurs aux taux horaires prévus par la convention ou accord collectif de travail applicable, l'autorité administrative constate le salaire habituellement payé dans la région aux ouvriers de la même profession et d'habileté moyenne travaillant en atelier et exécutant les divers travaux courants de la profession.

Dans les régions où, pour les professions en cause, le travail à domicile est seul pratiqué, l'autorité administrative fixe le taux horaire du salaire, d'après le salaire des ouvriers d'habileté moyenne exécutant en atelier des travaux analogues dans la région ou dans des régions similaires.

Le taux horaire de salaire ainsi fixé peut être révisé soit d'office, soit sur la demande des employeurs ou des travailleurs intéressés, lorsque des variations de salaires se sont produites d'une manière générale dans l'industrie en cause.

Art. L. 7422-7. L'autorité administrative peut fixer soit spontanément, soit à la demande d'une organisation professionnelle, pour une partie ou pour l'ensemble du territoire, les taux horaires de salaires applicables à certaines professions.

Art. L. 7422-8. Lorsque le salaire horaire fixé par l'autorité administrative pour servir de base au calcul des tarifs d'exécution est inférieur au montant cumulé du salaire minimum de croissance et des indemnités, primes ou majorations susceptibles de s'y ajouter, les tarifs d'exécution sont complétés dès la date d'entrée en vigueur du texte modifiant le salaire minimum et sans attendre la publication de la décision administrative.

Art. R. 7422-7. Le préfet prend la décision prévue au premier alinéa de l'article L. 7422-6 sur avis conforme de la commission départementale prévue à l'article R. 7422-1.

Il prend la décision prévue au deuxième alinéa de l'article L. 7422-6 sur avis simple de cette commission.

Art. R. 7422-8. Les arrêtés pris par le préfet conformément aux articles L. 7422-6 et L. 7422-11 sont publiés et insérés au recueil des actes administratifs du département dans un délai d'un mois à compter de la date à laquelle ils ont été pris.

À l'expiration du délai d'un jour franc à compter de leur publication au chef-lieu du département, ces arrêtés sont applicables dans l'étendue du département ou de la circonscription.

L'arrêté ministériel pris conformément à l'article L. 7422-7, est publié au *Journal officiel* de la République française.

Art. R. 7422-9. Les taux horaires de salaires applicables aux professions mentionnées à l'article L. 7422-7 sont fixés par le ministre chargé du travail, après avis :

1° Soit des commissions départementales compétentes mentionnées à l'article R. 7422-1 lorsqu'il s'agit de plusieurs départements ;

2° Soit de la commission nationale de salaires lorsqu'il s'agit de l'ensemble du territoire.

La composition de la commission nationale des salaires est fixée dans chaque cas par arrêté du ministre chargé du travail après consultation des organisations d'employeurs et de travailleurs intéressées représentatives au niveau national.

Sous-section 3. **Majorations**

Art. L. 7422-9. Lorsque les délais fixés par le donneur d'ouvrage pour la remise du travail imposent au travailleur à domicile de prolonger son activité au-delà de huit heures par jour ouvrable, le tarif d'exécution est majoré, sauf stipulation plus favorable d'une convention ou d'un accord collectif de travail :

1° De 25 % au minimum pour les deux premières heures ainsi accomplies ;

2° De 50 % au minimum pour les heures suivantes.

Le droit des intéressés à ces majorations est apprécié sur la base des temps d'exécution définis conformément à l'article L. 7422-6, et compte tenu, le cas échéant, des concours auxquels le travailleur à domicile peut recourir, conformément au 2° de l'article L. 7412-1.

Art. L. 7422-10. Lorsque le donneur d'ouvrage remet un travail à livrer dans des délais tels que celui-ci ne peut être terminé qu'en travaillant le dimanche ou un jour de fête légale, le travailleur bénéficie des majorations prévues par la convention ou l'accord collectif de travail applicable pour le travail exécuté le jour de repos hebdomadaire ou les jours fériés.

Art. R. 7422-10. Pour apprécier si un donneur d'ouvrage doit verser à un travailleur à domicile les majorations pour heures supplémentaires prévues à l'article L. 7422-9, il est tenu compte :

1° Des temps d'exécution résultant de la convention collective de travail étendue ou, à défaut, de l'arrêté préfectoral ou ministériel pris en application des articles L. 7422-2 et R. 7422-6 ;

2° Le cas échéant, des concours auxquels le travailleur à domicile a eu recours conformément au 2° de l'article L. 7412-1.

Art. R. 7422-11. Pour l'application des majorations mentionnées à l'article R. 7422-10, les jours de la semaine autres que les dimanches et les jours de fêtes légales sont considérés comme jours ouvrables.

Dans le cas d'exécution d'heures supplémentaires, le pourcentage correspondant aux frais d'atelier porte sur le tarif normal, à l'exclusion de la majoration appliquée au titre des heures supplémentaires.

SECTION 2. **Frais d'atelier et frais accessoires**

Art. L. 7422-11. Les frais d'ateliers correspondant notamment au loyer, au chauffage et à l'éclairage du local de travail, à la force motrice, à l'amortissement normal des moyens de production, ainsi que les frais accessoires sont déterminés par l'autorité administrative suivant la procédure définie à l'article L. 7422-6.

Art. L. 7422-12. La valeur des matières premières et des fournitures accessoires que le travailleur à domicile est tenu de se procurer en tout ou en partie ne constitue pas un élément du tarif et fait l'objet d'un remboursement séparé.

Lorsque le travailleur est tenu de prendre les fournitures accessoires chez l'employeur, celles-ci lui sont fournies gratuitement.

SECTION 4 (RÉGLEMENTAIRE). **Affichages**

Art. R. 7422-12. Les temps d'exécution des travaux à domicile, les prix de façon ou les salaires applicables à ces travaux et les frais d'atelier et frais accessoires sont affichés en permanence par le donneur d'ouvrage dans les locaux d'attente ainsi que dans ceux où la remise au travailleur des matières premières ou objets et la réception des articles après exécution est réalisée.

Ces dispositions ne s'appliquent pas au domicile privé des travailleurs, lorsque la remise de ces matières premières ou objets et la réception des marchandises y sont réalisées par les donneurs d'ouvrages ou leurs intermédiaires.

Art. R. 7422-13. Le préfet peut décider l'affichage dans les mairies des communes intéressées des dispositions réglementaires relatives aux temps d'exécution, aux prix de façon, aux frais d'atelier et frais accessoires ainsi que la remise d'un extrait de ces dispositions à chaque travailleur à domicile de la profession.

SECTION 5 (RÉGLEMENTAIRE). Dispositions pénales

Art. R. 7422-14. Le fait de méconnaître les dispositions de l'article L. 7422-4 ou des règlements pris pour leur application, est puni de l'amende prévue pour les contraventions de la quatrième classe, prononcée autant de fois qu'il y a de travailleurs concernés.

Art. R. 7422-15. Le fait de méconnaître les dispositions de l'article L. 7422-8 ou des règlements pris pour leur application, est puni de l'amende prévue pour les contraventions de la quatrième classe, prononcée autant de fois qu'il y a de travailleurs concernés.

Art. R. 7422-16. Le fait de méconnaître les dispositions (D. 2009-289 du 13 mars 2009, JO 15) « des premier à troisième alinéa de l'article L. 7422-9 et de l'article L. 7422-10 » ou des règlements pris pour leur application, est puni de l'amende prévue pour les contraventions de la quatrième classe, prononcée autant de fois qu'il y a de travailleurs concernés.

Art. R. 7422-17. Le fait de méconnaître les dispositions du premier alinéa de l'article R. 7422-12, est puni de l'amende prévue pour les contraventions de la troisième classe.

Chapitre III

Règlement des litiges

Art. L. 7423-1. Les réclamations des travailleurs à domicile relatives au tarif du travail exécuté, aux frais d'atelier, aux frais accessoires et aux congés payés se prescrivent par cinq ans à compter du paiement de leur salaire.

Art. L. 7423-2. Les syndicats professionnels peuvent exercer toute action civile fondée sur l'inobservation des dispositions du présent livre.
Ils peuvent exercer ces actions en faveur de chacun de leurs membres, sans avoir à justifier d'un mandat de l'intéressé pourvu que celui-ci ait été averti et n'ait pas déclaré s'y opposer. L'intéressé peut toujours intervenir à l'instance engagée par le syndicat.

Art. R. 7423-1. Le conseil de prud'hommes connaît les litiges relatifs à la rémunération des travailleurs à domicile et redresse notamment les comptes faisant ressortir des tarifs inférieurs au tarif minimum défini aux articles L. 7422-4 et L. 7422-5.
La différence constatée entre le salaire effectivement versé et celui qui aurait dû l'être est payée au travailleur. Il ne doit pas être tenu compte de l'indemnité à laquelle le donneur d'ouvrage peut être condamné.

Art. R. 7423-2. À l'occasion de différend portant sur la rémunération d'un travailleur exécutant des travaux à domicile, le conseil de prud'hommes rend public, par affichage à la porte du prétoire, le tarif d'espèce résultant du jugement.
Tout intéressé et tout groupement professionnel sont autorisés à prendre sans frais copie de ces tarifs, au greffe du conseil de prud'hommes, et à les publier.

Chapitre IV

Santé et sécurité au travail

Art. L. 7424-1. L'autorité administrative peut déterminer les catégories de travaux présentant des risques pour la santé et la sécurité des travailleurs, qui ne peuvent être exécutés par des travailleurs à domicile, que dans les conditions fixées par le présent chapitre.

Art. L. 7424-2. L'employeur qui fait exécuter des travaux à domicile relevant de l'une des catégories prévues par l'article L. 7424-1 est responsable de l'application aux travailleurs à domicile et aux auxiliaires que ceux-ci emploient des mesures de protection individuelles prévues par les dispositions des décrets mentionnés à l'article L. 4111-6.

Art. L. 7424-3. Lorsque le travailleur à domicile et ses auxiliaires éventuels exécutant des travaux mentionnés à l'article L. 7424-1 sont occupés dans des conditions ne répondant pas aux obligations de santé et de sécurité au travail, l'(L. 2016-1088 du 8 août 2016, art. 113, III, 1°, JO 9) «agent de contrôle de l'inspection du travail mentionné à l'article L. 8112-1» peut mettre le donneur d'ouvrage en demeure de cesser de recourir aux services de ce travailleur.

Art. R. 7424-1. L'employeur ou le préposé qui fait exécuter à domicile des travaux présentant des risques compris dans un arrêté pris en exécution de l'article L. 7424-1, mentionne la nature exacte des travaux dans la déclaration qu'il adresse à l'inspection du travail.

Art. R. 7424-2. Le délai minimum d'exécution de la mise en demeure prévue par l'article L. 7424-3 est fixé à quinze jours.

LIVRE V

DISPOSITIONS RELATIVES À L'OUTRE-MER

TITRE Ier

DISPOSITIONS GÉNÉRALES

Chapitre unique

Art. L. 7511-1. Les dispositions générales prévues par l'article L. 1511-1 sont également applicables aux dispositions du présent livre.

TITRE II

GUADELOUPE, GUYANE, MARTINIQUE, MAYOTTE, LA RÉUNION, SAINT-BARTHÉLEMY, SAINT-MARTIN ET SAINT-PIERRE-ET-MIQUELON

Chapitre Ier

Dispositions générales

Art. L. 7521-1. Les dispositions générales prévues par (Ord. 2008-205 du 27 févr. 2008, JO 1er mars) «les articles L. 1521-1 à L. 1521-4» sont également applicables aux dispositions du présent titre.

Chapitre II (réglementaire)

Journalistes professionnels

Art. D. 7522-1. Les modalités d'application des dispositions des articles R. 7111-2 à R. 7111-35, relatives à la carte d'identité professionnelle et à la commission de la carte d'identité des journalistes professionnels, sont déterminées (D. 2018-953 du 31 oct. 2018, art. 8, 5°, JO 6 nov.) «en Guadeloupe, en Guyane, en Martinique, à Mayotte, à La Réunion», à Saint-Barthélemy et à Saint-Martin par arrêté du représentant de l'État dans le département ou la collectivité.

Chapitre III (réglementaire)

Professions du spectacle, de la publicité et de la mode

Note Les chapitres III et IV sont issus du décret 2018-953 du 31 octobre 2018, art. 8, 6°, JO 6 nov.

Art. R. 7523-1. Pour l'application à Mayotte de l'article R. 7122-30, les mots : " et occupant un des emplois définis par l'accord relatif à l'application du régime d'assurance chômage à ces professions prévu à l'article L. 5422-20 " sont remplacés par les mots : " et, le cas échéant, occupant un des emplois définis par l'accord prévu à l'alinéa 2 de l'article L. 5524-2 ".

Art. R. 7523-2. Pour l'application à Mayotte de l'article R. 7122-31 :

1° Le *b* du 1° est remplacé par les dispositions suivantes :

" *b)* Article 1er du décret n° 98-1162 du 16 décembre 1998 et article R. 243-13 du code de la sécurité sociale " ;

2° Le *c* du 2° n'est pas applicable.

Chapitre IV (réglementaire)

Concierges et employés d'immeubles à usage d'habitation, employés de maison et services à la personne

Art. R. 7524-1. Pour l'application à Mayotte de l'article R. 7213-7, les mots : " mois de mai à octobre inclus " sont remplacés par les mots : " mois de juillet à décembre inclus ".

Art. R. 7524-2. Pour l'application à Mayotte des articles D. 7231-1, R. 7232-20 et R. 7232-22, les mots : " L. 241-10 du code de la sécurité sociale " sont remplacés par les mots : " 28-8-1 de l'ordonnance n° 96-1122 du 20 décembre 1996 relative à l'amélioration de la santé publique, à l'assurance maladie, maternité, invalidité et décès, au financement de la sécurité sociale à Mayotte et à la caisse de sécurité sociale de Mayotte ".

HUITIÈME PARTIE

CONTRÔLE DE L'APPLICATION DE LA LÉGISLATION DU TRAVAIL

LIVRE Ier

INSPECTION DU TRAVAIL

TITRE Ier

COMPÉTENCES ET MOYENS D'INTERVENTION

Chapitre Ier (réglementaire)

Répartition des compétences entre les différents départements ministériels

SECTION 1. Inspection du travail dans l'industrie, les commerces et les services, les professions agricoles et le secteur des transports

Art. R. 8111-1. Sous réserve des dispositions des autres sections du présent chapitre, les missions d'inspection du travail sont exercées par les inspecteurs et contrôleurs du travail placés sous l'autorité du ministre chargé du travail.

SECTION 2. Inspection du travail dans les mines et carrières

Art. R. 8111-8. Dans les mines et carrières, ainsi que dans leurs dépendances, les missions d'inspection du travail sont exercées par les fonctionnaires habilités à cet effet par les (D. 2009-235 du 27 févr. 2009, art. 5, JO 28; voir D. 2010-1582 du 17 déc. 2010, art. 36, JO 18, pour outre-mer) « directeurs régionaux de l'environnement, de l'aménagement et du logement » parmi les agents placés sous leur autorité. Ces missions sont exercées sous l'autorité du ministre chargé du travail.

Art. R. 8111-9. Les dispositions de l'article R. 8111-8 ne s'appliquent pas aux carrières situées sur le domaine de l'État mis à la disposition du ministère de la défense.

Pour ces dernières, les missions d'inspection du travail sont exercées par des agents habilités à cet effet par le ministre de la défense.

SECTION 3. Inspection du travail dans les industries électriques et gazières

Art. R. 8111-10. (D. 2011-1697 du 1er déc. 2011, art. 30, JO 2, entrée en vigueur le 01.01.2012) Dans les établissements et ouvrages des aménagements hydroélectriques concédés, placés sous le contrôle du ministre chargé de l'énergie, les missions d'inspection du travail sont exercées par les ingénieurs ou techniciens, habilités à cet effet par les directeurs régionaux de l'environnement, de l'aménagement et du logement ou le directeur régional et interdépartemental de l'environnement et de l'énergie d'Ile-de-France parmi les agents placés sous leur autorité.

Ces missions sont exercées sous l'autorité du ministre chargé du travail.

Art. R. 8111-11. Dans les centrales de production d'électricité comprenant une ou plusieurs installations nucléaires de base au sens (D. 2018-437 du 4 juin 2018, art. 2, JO 5, entrée en vigueur le 01.07.2018) « de l'article L. 593-2 du code de l'environnement », les missions d'inspection du travail sont exercées par (D. 2018-437 du 4 juin 2018, art. 2, JO 5, entrée en vigueur le 01.07.2018) « des agents de l'Autorité de sûreté nucléaire, habilités à cet effet par cette dernière ».

Ces missions sont exercées sous l'autorité du ministre chargé du travail.

SECTION 4. Inspection du travail dans les établissements de la défense

Art. R. 8111-12. Pour les établissements placés sous l'autorité du ministre de la défense et dont l'accès est réglementé et surveillé en permanence, les missions d'inspection du travail, conformément à l'article (D. 2017-272 du 1er mars 2017, JO 3) « L. 8112-1 », sont exercées, sous l'autorité du ministre de la défense, par les agents civils et militaires qu'il désigne.

Chapitre II

Compétence des agents de contrôle de l'inspection du travail

Art. L. 8112-1. (Ord. 2016-413 du 7 avril 2016, art. 4, II, 1°, JO 8, entrée en vigueur le 01.07.2016) « Les agents de contrôle de l'inspection du travail sont membres soit du corps des inspecteurs du travail, soit du corps des contrôleurs du travail jusqu'à l'extinction de leur corps.

Ils disposent d'une garantie d'indépendance dans l'exercice de leurs missions au sens des conventions internationales concernant l'inspection du travail. »

(Ord. 2016-413 du 7 avril 2016, art. 4, II, 2°, JO 8, entrée en vigueur le 01.07.2016) « Ils » sont chargés de veiller à l'application des dispositions du code du travail et des autres dispositions légales relatives au régime du travail, ainsi qu'aux stipulations des conventions et accords collectifs de travail répondant aux conditions fixées au livre II de la deuxième partie.

Ils sont également chargés, concurremment avec les officiers et agents de police judiciaire, de constater les infractions à ces dispositions et stipulations.

(Ord. 2016-413 du 7 avril 2016, art. 4, II, 3°, JO 8, entrée en vigueur le 01.07.2016) « Les agents de contrôle de l'inspection du travail sont associés à la définition des orientations collectives et des priorités d'intérêt général pour le système d'inspection du travail arrêtées, chaque année, par le ministre chargé du travail après concertation avec les organisations syndicales de salariés et les organisations professionnelles d'employeurs représentatives, et ils contribuent à leur mise en œuvre.

Ils sont libres d'organiser et de conduire des contrôles à leur initiative et décident des suites à leur apporter. »

(L. 2016-1088 du 8 août 2016, art. 116, III, 1°, JO 9) « Les attributions des agents de contrôle de l'inspection du travail peuvent être exercées par des agents de contrôle assimilés dans des conditions fixées par voie réglementaire. »

Art. L. 8112-2. Les (Ord. 2016-413 du 7 avril 2016, art. 4, III, JO 8, entrée en vigueur le 01.07.2016) « agents de contrôle de l'inspection du travail mentionnés à l'article L. 8112-1 » constatent également :

1° Les infractions commises en matière de discriminations prévues au 3° et au 6° de l'article 225-2 du code pénal, (L. 2012-954 du 6 août 2012, JO 7) « les délits de harcèlement sexuel ou moral prévus, dans le cadre des relations de travail, par les articles 222-33 et 222-33-2 du même code » (Ord. 2016-413 du 7 avril 2016, art. 4, III, JO 8, entrée en vigueur le 01.07.2016) « , les infractions relatives à la traite des êtres humains, au travail forcé et à la réduction en servitude, prévues aux articles 225-4-1, 225-14-1 et 225-14-2 du même code, » ainsi que les infractions relatives aux conditions de travail et d'hébergement contraires à la dignité des personnes, prévues par les articles 225-13 à 225-15-1 du même code ;

2° Les infractions aux mesures de prévention édictées par les caisses régionales d'assurance maladie et étendues sur le fondement de l'article L. 422-1 du code de la sécurité sociale ainsi que les infractions aux dispositions relatives à la déclaration des accidents du travail et à la délivrance d'une feuille d'accident, prévues aux articles L. 441-2 et L. 441-5 du même code ;

3° Les infractions aux dispositions relatives à l'interdiction de fumer dans les lieux affectés à un usage collectif, prévues à l'article L. 3511-7 du code de la santé publique ;

4° Les infractions relatives aux conditions d'entrée et de séjour des étrangers en France, prévues par les articles L. 622-1 et L. 622-5 du code de l'entrée et du séjour des étrangers et du droit d'asile ;

5° Les infractions aux dispositions de la section 4 du chapitre V du titre Ier du livre Ier du code de la consommation, relatives à la certification des services et produits autres qu'alimentaires, ainsi qu'au livre II de ce même code, relatives à la conformité et la sécurité des produits et des services;

6° Les infractions aux dispositions des articles L. 123-10 à L. 123-11-1 du code de commerce, relatives à la domiciliation des personnes immatriculées au registre du commerce et des sociétés;

(L. 2014-788 du 10 juil. 2014, art. 5, JO 11) «7° Les manquements aux articles L. 124-7, L. 124-8, L. 124-10, L. 124-13 et L. 124-14 et à la première phrase du premier alinéa de l'article L. 124-9 du code de l'éducation;»

(Ord. 2020-71 du 29 janv. 2020, art. 7, V, 3°, JO 31, entrée en vigueur au plus tard le 01.07.2021) «8° Lorsqu'elles concernent des bâtiments à usage professionnel, les infractions aux dispositions des articles L. 112-2, L. 134-13 et L. 155-2 du code de la construction et de l'habitation ainsi qu'à celles des dispositions réglementaires prises pour leur application.»

Art. R. 8112-1. Dans la mise en œuvre des actions d'inspection du travail prévues à l'article L. 8112-1, l'inspecteur du travail contribue, notamment, à la prévention des risques professionnels, ainsi qu'à l'amélioration des conditions de travail et des relations sociales.

(D. 2009-1377 du 10 nov. 2009 modifié, art. 13, III, 3°, JO 13) «Outre l'exercice de ces attributions principales, il concourt à l'exécution des missions de la direction régionale des entreprises, de la concurrence, de la consommation, du travail et de l'emploi, en ce qui concerne les politiques du travail, de l'emploi et de la formation professionnelle.»

Art. R. 8112-2. L'inspecteur du travail assure un rôle de conseil et de conciliation en vue de la prévention et du règlement des conflits.

Art. R. 8112-3. L'inspecteur du travail contribue à l'élaboration des statistiques relatives aux conditions du travail dans le secteur qu'il est chargé de surveiller.

Art. R. 8112-4. L'inspecteur du travail fournit des rapports circonstanciés sur l'application, dans toute l'étendue de sa circonscription, des dispositions dont il est chargé d'assurer le contrôle de l'exécution.

Ces rapports mentionnent les accidents dont les salariés ont été victimes et leurs causes.

Ils contiennent des propositions relatives aux prescriptions nouvelles qui seraient de nature à mieux assurer la santé et la sécurité au travail.

Art. R. 8112-5. Un rapport de synthèse de l'ensemble des communications des inspecteurs du travail est publié tous les ans par le ministre chargé du travail.

Art. R. 8112-6. (D. 2011-2029 du 29 déc. 2011, JO 30) Pour l'application des articles L. 242-7, L. 422-3 et L. 422-4 du code de la sécurité sociale et des articles L. 751-21 et L. 751-48 du code rural et de la pêche maritime, l'inspecteur ou le contrôleur du travail informe la caisse chargée de la prévention et de la tarification des accidents du travail et des maladies professionnelles compétente des mesures qu'il a prises à l'encontre d'une entreprise dans laquelle il a constaté une situation particulièrement grave de risque exceptionnel, notamment dans le cas de situations de danger grave et imminent ou de risque sérieux pour l'intégrité physique des travailleurs mentionnées au titre III du livre VII de la quatrième partie du présent code.

Chapitre III

Prérogatives et moyens d'intervention

SECTION 1. Droit d'entrée dans les établissements et dans les locaux affectés à l'hébergement

Art. L. 8113-1. Les (L. 2016-1088 du 8 août 2016, art. 113, III, 2°, JO 9) «agents de contrôle de l'inspection du travail mentionnés à l'article L. 8112-1» ont un droit d'entrée dans tout établissement où sont applicables les règles énoncées au premier alinéa de l'article L. 8112-1 afin d'y assurer la surveillance et les enquêtes dont ils sont chargés.

Ils ont également un droit d'entrée dans les locaux où les travailleurs à domicile réalisent les travaux définis à l'article L. 7424-1.

Toutefois, lorsque les travaux sont exécutés dans des locaux habités, les (L. 2016-1088 du 8 août 2016, art. 113, III, 2°, JO 9) «agents de contrôle de l'inspection du travail mentionnés à l'article L. 8112-1» ne peuvent y pénétrer qu'après avoir reçu l'autorisation des personnes qui les occupent.

Art. L. 8113-2. Les (L. 2016-1088 du 8 août 2016, art. 113, III, 2°, JO 9) «agents de contrôle de l'inspection du travail mentionnés à l'article L. 8112-1» sont habilités à demander aux employeurs et aux personnes employées dans les établissements soumis au présent code de justifier de leur identité et de leur adresse.

Art. L. 8113-2-1. (L. 2015-990 du 6 août 2015, art. 280, IV, 2°, JO 7) Pour l'application des articles L. 4221-1 et L. 4231-1 et du 1° de l'article L. 8112-2 du présent code et de l'article L. 716-1 du code rural et de la pêche maritime, les agents de contrôle de l'inspection du travail peuvent pénétrer dans tout local affecté à l'hébergement de travailleurs, après avoir reçu l'autorisation de la ou des personnes qui l'occupent.

Art. R. 8113-1. Les employeurs, autres que ceux des professions agricoles, tiennent à la disposition de l'inspection du travail, au siège de leur établissement, une liste de leurs chantiers et autres lieux de travail à caractère temporaire.

Ils informent par écrit l'inspection du travail de l'ouverture de tout chantier ou autre lieu de travail employant dix salariés au moins pendant plus d'une semaine.

SECTION 2. Droit de prélèvement

Art. L. 8113-3. Les (L. 2016-1088 du 8 août 2016, art. 113, III, 4°, JO 9) «agents de contrôle de l'inspection du travail mentionnés à l'article L. 8112-1» ont qualité, concurremment avec les officiers de police judiciaire et les agents de la concurrence, de la consommation et de la répression des fraudes, pour procéder, aux fins d'analyse, à tous prélèvements portant sur les matières mises en œuvre et les produits distribués ou utilisés.

En vue de constater les infractions, ces prélèvements doivent être faits conformément à la procédure instituée par les décrets pris en application de l'article (Ord. 2016-301 du 14 mars 2016, art. 21, JO 16) « L. 512-23» du code de la consommation.

SECTION 3. Accès aux documents

Art. L. 8113-4. Les (L. 2016-1088 du 8 août 2016, art. 113, III, 2°, JO 9) «agents de contrôle de l'inspection du travail mentionnés à l'article L. 8112-1» peuvent se faire présenter, au cours de leurs visites, l'ensemble des livres, registres et documents rendus obligatoires par le présent code ou par une disposition légale relative au régime du travail.

Art. L. 8113-5. Les (L. 2016-1088 du 8 août 2016, art. 113, III, 2°, JO 9) «agents de contrôle de l'inspection du travail mentionnés à l'article L. 8112-1» peuvent se faire communiquer tout document ou tout élément d'information, quel qu'en soit le support, utile à la constatation de faits susceptibles de vérifier le respect de l'application:

1° Des dispositions des articles L. 1132-1 à L. 1132-4 du code du travail et de celles de l'article 225-2 du code pénal, relatives aux discriminations;

2° Des dispositions des articles L. 1142-1 et L. 1142-2, relatives à l'égalité professionnelle entre les femmes et les hommes;

3° Des dispositions des articles L. 2141-5 à L. 2141-8, relatives à l'exercice du droit syndical; (Ord. 2016-413 du 7 avril 2016, art. 4, V, JO 8, entrée en vigueur le 01.07.2016) «4° Des dispositions des articles L. 1152-1 à L. 1152-6 et L. 1153-1 à L. 1153-6, relatives aux harcèlements moral et sexuel;

5° Des dispositions de la quatrième partie, relatives à la santé et la sécurité au travail.»

Art. L. 8113-5-1. (L. 2018-771 du 5 sept. 2018, art. 103, JO 6) Pour la recherche et la constatation des infractions constitutives de travail illégal mentionnées à l'article L. 8211-1, les agents de contrôle définis par voie réglementaire peuvent obtenir, au cours de leurs visites, communication de tout document comptable ou professionnel ou tout autre élément d'information propre à faciliter l'accomplissement de leur mission. Ils peuvent également en prendre copie immédiate, par tout moyen et sur tout support.

Pour la communication des données informatisées, ils ont accès aux logiciels et aux données stockées ainsi qu'à la restitution en clair des informations propres à faciliter l'accomplissement de leur mission. Ils peuvent en demander la transcription par tout traitement approprié en des documents directement utilisables pour les besoins du contrôle.

Art. L. 8113-5-2. (L. 2018-771 du 5 sept. 2018, art. 103, JO 6) Pour la recherche et la constatation des infractions constitutives de travail illégal mentionnées à l'article L. 8211-1, les agents de contrôle définis par voie réglementaire disposent d'un droit de communication leur permettant d'obtenir, sans que s'y oppose le secret professionnel, communication de tout document, renseignement ou élément d'information utile à l'accomplissement de leur mission.

Sans préjudice des autres dispositions législatives applicables en matière d'échanges d'informations, le droit de communication défini au présent article est exercé dans les conditions prévues et auprès des personnes mentionnées à la section I du chapitre II du titre II de la première partie du livre des procédures fiscales, à l'exception des personnes mentionnées aux articles L. 82 C, L. 83 A à L. 83 E, L. 84 à L. 84 E, L. 91, L. 95 et L. 96 B à L. 96 F du même livre.

Pour les données conservées et traitées par les opérateurs de communications électroniques dans le cadre de l'article L. 34-1 du code des postes et des communications électroniques et par les prestataires mentionnés aux 1 et 2 du I de l'article 6 de la loi n° 2004-575 du 21 juin 2004 pour la confiance dans l'économie numérique, le droit de communication institué par le présent article ne s'applique qu'aux seules données permettant l'identification des personnes proposant un travail, une prestation ou une activité pouvant relever des infractions constitutives de travail illégal mentionnées à l'article L. 8211-1 du présent code.

Le droit de communication prévu au premier alinéa du présent article s'exerce quel que soit le support utilisé pour la conservation des documents et peut s'accompagner de la prise d'extraits et de copies. Les documents et informations sont communiqués à titre gratuit dans les trente jours qui suivent la réception de la demande écrite.

Il peut porter sur des informations relatives à des personnes non identifiées, dans des conditions fixées par décret en Conseil d'État pris après avis de la Commission nationale de l'informatique et des libertés.

Art. L. 8113-6. Lorsque des garanties de contrôle équivalentes sont maintenues, les entreprises peuvent, dans les conditions et limites déterminées par décret, déroger à la conservation des bulletins de paie et à la tenue de certains registres pour tenir compte du recours à d'autres moyens, notamment informatiques.

Art. D. 8113-2. Lorsque un décret, pris en application de l'article L. 8113-6, après consultation des organisations représentatives d'employeurs et de salariés, prévoit que l'employeur peut recourir à un support de substitution pour la tenue de certains registres, ce support est conçu et tenu de façon à obtenir, sans difficulté d'utilisation et de compréhension et sans risque d'altération, toutes les mentions obligatoires.

Il est présenté dans les mêmes conditions et conservé pendant le même délai que le registre auquel il se substitue.

Art. D. 8113-3. En cas de traitement automatisé de données nominatives pour la tenue d'un registre, l'employeur ou le responsable du traitement justifie à l'inspecteur du travail de la délivrance du récépissé attestant qu'il a accompli la déclaration préalable prévue par la loi n° 78-17 du 6 janvier 1978 relative à l'informatique, aux fichiers et aux libertés.

Art. R. 8113-3-1. (D. 2015-1359 du 26 oct. 2015, JO 28) Pour l'application des dispositions des articles L. 124-8, L. 124-10, L. 124-13, L. 124-14 et du premier alinéa de l'article L. 124-9 du code de l'éducation, l'organisme d'accueil ou l'établissement d'enseignement communique, à leur demande, aux agents de contrôle de l'inspection du travail une copie de la convention de stage conclue avec le stagiaire.

Art. R. 8113-3-2. (D. 2019-555 du 4 juin 2019, art. 4, 1°, JO 5, entrée en vigueur le 01.07.2019) Le droit de communication de documents ou d'informations prévu à l'article L. 8113-5-1 est exercé, dans le cadre de leurs visites et enquêtes, par les agents de contrôle de l'inspection du travail mentionnés à l'article L. 8112-1.

Art. R. 8113-3-3. (D. 2019-555 du 4 juin 2019, art. 4, 1°, JO 5, entrée en vigueur le 01.07.2019) Le droit de communication de documents ou d'informations auprès de tiers défini à l'article L. 8113-5-2 est exercé, dans le cadre d'une enquête visant une ou plusieurs infractions constitutives de travail illégal, par les agents de contrôle de l'inspection du travail en fonction, soit au groupe national de veille, d'appui et de contrôle prévu par l'article R. 8121-15, soit dans l'une des unités régionales d'appui et de contrôle instituées à l'article R. 8122-8.

La demande est notifiée par écrit à la personne physique ou morale destinataire du droit de communication.

Lorsque le droit de communication porte sur des informations relatives à des personnes non identifiées, il satisfait aux conditions suivantes :

1° La demande comporte les précisions suivantes :

a) La nature de la relation juridique ou économique existant entre la personne à qui la demande est adressée et les personnes qui font l'objet de la demande ;

b) Des critères relatifs à l'activité des personnes qui font l'objet de la demande, dont l'un au moins des trois critères suivants :

- lieu d'exercice de l'activité ;
- niveau d'activité ou niveau des ressources perçues, ces niveaux pouvant être exprimés en montant financier ou en nombre ou fréquence ou durée des opérations réalisées ou des versements reçus ;
- mode de paiement ou de rémunération ;

c) La période, éventuellement fractionnée, mais sans pouvoir excéder dix-huit mois, sur laquelle porte la demande ;

2° Sur demande des agents, les informations sont communiquées sur un support informatique, par un dispositif sécurisé ;

3° Les informations communiquées sont conservées pendant un délai de trois ans à compter de leur réception et jusqu'à l'épuisement des voies et délais de recours contre les sanctions administratives ou condamnations pénales consécutives aux contrôles réalisés sur la base de ces informations.

SECTION 4. Recherche et constatation des infractions ou des manquements

Sous-section 1. Procès-verbaux

Art. L. 8113-7. (Ord. 2016-413 du 7 avril 2016, art. 4, VII, JO 8, entrée en vigueur le 01.07.2016) «Les agents de contrôle de l'inspection du travail mentionnés à l'article L. 8112-1» et les fonctionnaires de contrôle assimilés constatent les infractions par des procès-verbaux qui font foi jusqu'à preuve du contraire.

Ces procès-verbaux sont transmis au procureur de la République. Un exemplaire est également adressé au représentant de l'État dans le département.

(L. 2012-387 du 22 mars 2012, art. 55, JO 23) «Avant la transmission au procureur de la République, l'agent de contrôle informe la personne visée au procès-verbal des faits susceptibles de constituer une infraction pénale ainsi que des sanctions encourues.»

(Ord. 2016-413 du 7 avril 2016, art. 4, VII, JO 8, entrée en vigueur le 01.07.2016) «Lorsqu'il constate des infractions pour lesquelles une amende administrative est prévue au titre V du livre VII de la quatrième partie ou à l'article L. 8115-1, l'agent de contrôle de l'inspection du travail peut, lorsqu'il n'a pas dressé un procès-verbal à l'attention du procureur de la République, adresser un rapport à l'autorité administrative compétente, dans le cadre de la procédure prévue au chapitre V du présent titre.»

Art. L. 8113-8. Les dispositions de l'article L. 8113-7 ne sont pas applicables à l'État, aux collectivités territoriales et à leurs établissements publics administratifs.

Un décret en Conseil d'État détermine les conditions dans lesquelles les constatations des (L. 2016-1088 du 8 août 2016, art. 113, III, 4°, JO 9) «agents de contrôle de l'inspection du travail mentionnés à l'article L. 8112-1» dans ces établissements sont communiquées par le ministre chargé du travail aux administrations concernées.

Sous-section 2. Mises en demeure et demandes de vérification

Art. L. 8113-9. Les mises en demeure prévues par le présent code ou par des dispositions légales relatives au régime du travail et les demandes de vérification (Ord. 2016-413 du 7 avril 2016, art. 4, VIII, JO 8, entrée en vigueur le 01.07.2016) «, de mesure et d'analyse» prévues à l'article L. 4722-1 sont soumises à des règles de procédure déterminées par décret en Conseil d'État.

Art. R. 8113-4. Les mises en demeure et demandes de vérification de l'inspecteur ou du contrôleur du travail sont notifiées par écrit à l'employeur soit par remise en main propre contre décharge, soit par lettre recommandée avec avis de réception.

Art. R. 8113-5. Le délai d'exécution des mises en demeure ainsi que les délais de recours courent à compter du jour de remise de la notification ou du jour de présentation de la lettre recommandée.

SECTION 4 (RÉGLEMENTAIRE). Constats dans les établissements de l'État, les collectivités territoriales et leurs établissements publics administratifs

Art. R. 8113-6. Les constatations de l'inspecteur ou du contrôleur du travail dans un établissement de l'État, d'une collectivité territoriale ou de l'un de leurs établissements publics administratifs, sont consignées dans un registre spécial fourni par l'administration intéressée ou adressées au directeur de l'établissement, qui les annexe à ce registre.

Une copie de ces observations est adressée au (D. 2009-1377 du 10 nov. 2009, JO 13; D. 2010-687 du 24 juin 2010, JO 25; voir D. 2010-1582 du 17 déc. 2010, JO 18, pour outre-mer) « directeur régional des entreprises, de la concurrence, de la consommation, du travail et de l'emploi ».

Art. R. 8113-7. Le directeur de l'établissement fait connaître au (D. 2009-1377 du 10 nov. 2009, JO 13; D. 2010-687 du 24 juin 2010, JO 25; voir D. 2010-1582 du 17 déc. 2010, JO 18, pour outre-mer) « directeur régional des entreprises, de la concurrence, de la consommation, du travail et de l'emploi », dans un délai d'un mois, les suites qu'il entend donner aux observations de l'inspecteur ou du contrôleur du travail.

Une copie de cette lettre est annexée au registre spécial sur lequel figurent les observations de l'inspection du travail.

Art. R. 8113-8. En cas de désaccord entre le directeur de l'établissement et le (D. 2009-1377 du 10 nov. 2009, JO 13; D. 2010-687 du 24 juin 2010, JO 25; voir D. 2010-1582 du 17 déc. 2010, JO 18, pour outre-mer) « directeur régional des entreprises, de la concurrence, de la consommation, du travail et de l'emploi », ce dernier informe le ministre chargé du travail, qui saisit le ministre intéressé.

SECTION 5. Secret professionnel

Art. L. 8113-10. Les inspecteurs du travail prêtent serment de ne pas révéler les secrets de fabrication et les procédés d'exploitation dont ils pourraient prendre connaissance dans l'exercice de leurs fonctions.

La méconnaissance de ce serment est punie conformément à l'article 226-13 du code pénal.

Art. D. 8113-9. Avant d'entrer en fonctions, l'inspecteur du travail prête le serment prévu à l'article L. 8113-10 devant le (D. 2019-966 du 18 sept. 2019, art. 8, JO 19, entrée en vigueur le 01.01.2020) « tribunal judiciaire » dans le ressort duquel se trouve la résidence de sa première affectation.

Art. L. 8113-11. Il est interdit aux contrôleurs du travail de révéler les secrets de fabrication et les procédés d'exploitation dont ils pourraient prendre connaissance dans l'exercice de leurs fonctions.

La méconnaissance de ces interdictions est punie conformément à l'article 226-13 du code pénal.

Chapitre IV

Dispositions pénales

Note L'ordonnance 2016-413 du 7 avril 2016, JO 8, entrée en vigueur le 01.07.2016, a divisé ce chapitre en deux sections et a créé les articles L. 8114-4 à 8.

SECTION 1. Obstacles et outrages

Art. L. 8114-1. Le fait de faire obstacle à l'accomplissement des devoirs d'un (Ord. 2016-413 du 7 avril 2016, art. 4, IX, 2°, JO 8, entrée en vigueur le 01.07.2016) « agent de contrôle de l'inspection du travail mentionné à l'article L. 8112-1 » est puni d'un emprisonnement d'un an et d'une amende de (Ord. 2016-413 du 7 avril 2016, art. 4, IX, 2°, JO 8, entrée en vigueur le 01.07.2016) « 37 500 € ».

Art. L. 8114-2. Les dispositions des articles 433-3, 433-5 et 433-6 du code pénal qui prévoient et répriment respectivement les actes de violences, d'outrages et de résistance contre les officiers de police judiciaire sont applicables à ceux qui se rendent coupables de faits de même nature à l'égard des (L. 2016-1088 du 8 août 2016, art. 113, III, 7°, JO 9) «agents de contrôle de l'inspection du travail mentionnés à l'article L. 8112-1 du présent code».

Art. L. 8114-3. Les dispositions des articles L. 8114-1 et L. 8114-2 ne sont pas applicables à l'État, aux collectivités territoriales et à leurs établissements publics administratifs.

Art. R. 8114-1. Le fait de méconnaître les dispositions de l'article R. 8113-1 est puni de l'amende prévue pour les contraventions de la quatrième classe.

Cette amende est appliquée autant de fois qu'il y a de personnes employées dans des conditions susceptibles d'être sanctionnées au titre des dispositions de cet article.

Art. R. 8114-2. (D. 2009-289 du 13 mars 2009, JO 15) Le fait de ne pas présenter à l'inspection du travail les livres, registres et documents rendus obligatoires par le présent code ou par une disposition légale relative au régime du travail, en méconnaissance de l'article L. 8113-4, est puni de l'amende prévue pour les contraventions de la troisième classe.

SECTION 2. Transaction pénale

Art. L. 8114-4. L'autorité administrative compétente peut, tant que l'action publique n'a pas été mise en mouvement, transiger avec les personnes physiques et les personnes morales sur la poursuite d'une infraction constituant une contravention ou un délit, prévue et réprimée:

1° Aux livres II et III de la première partie;

2° Au titre VI du livre II de la deuxième partie;

3° Aux livres Ier, II et IV de la troisième partie, à l'exception des dispositions mentionnées aux 1° à 4° de l'article L. 8115-1;

4° À la quatrième partie, à l'exception des dispositions mentionnées au titre V du livre VII et au 5° de l'article L. 8115-1;

5° Au titre II du livre II de la sixième partie;

6° À la septième partie.

Sont exclus de cette procédure les délits punis d'une peine d'emprisonnement d'un an ou plus.

Art. L. 8114-5. La proposition de transaction est déterminée en fonction des circonstances et de la gravité de l'infraction, de la personnalité de son auteur ainsi que de ses ressources et de ses charges.

Elle précise le montant de l'amende transactionnelle que l'auteur de l'infraction devra payer, ainsi que, le cas échéant, les obligations qui lui seront imposées pour faire cesser l'infraction, éviter son renouvellement ou se mettre en conformité avec les obligations auxquelles il est soumis par le présent code ou les autres dispositions relatives au régime du travail. Elle fixe également les délais impartis pour le paiement et, s'il y a lieu, l'exécution des obligations.

Une copie du procès-verbal de constatation de l'infraction est jointe à la proposition de transaction adressée à l'auteur de l'infraction.

Art. L. 8114-6. Lorsqu'elle a été acceptée par l'auteur de l'infraction, la proposition de transaction est soumise à l'homologation du procureur de la République.

L'acte par lequel le procureur de la République homologue la proposition de transaction est interruptif de la prescription de l'action publique.

L'action publique est éteinte lorsque l'auteur de l'infraction a exécuté dans les délais impartis l'intégralité des obligations résultant pour lui de l'acceptation de la transaction.

Art. L. 8114-7. Lorsque la transaction est homologuée, l'autorité administrative en informe le (Ord. 2017-1386 du 22 sept. 2017, art. 4, 50°, JO 23, entrée en vigueur au plus tard le 01.01.2018) «comité social et économique».

Art. L. 8114-8. Les modalités d'application de la présente section sont fixées par décret en Conseil d'État.

Art. R. 8114-3. (D. 2016-510 du 25 avril 2016, JO 27, entrée en vigueur le 01.07.2016) La proposition de transaction mentionnée à l'article L. 8114-4 est établie par le directeur régional des entreprises, de la concurrence, de la consommation, du travail et de l'emploi.

Art. R. 8114-4. (D. 2016-510 du 25 avril 2016, JO 27, entrée en vigueur le 01.07.2016) La proposition de transaction mentionne :

1° La nature des faits reprochés et leur qualification juridique ;

2° Le montant des peines encourues ;

3° Le montant de l'amende transactionnelle ;

4° Les délais impartis pour le paiement et, s'il y a lieu, pour l'exécution des obligations ;

5° Le cas échéant, la nature et les modalités d'exécution des obligations imposées en vue de faire cesser l'infraction, d'éviter son renouvellement ou de remettre en conformité les situations de travail ;

6° L'indication que la proposition, une fois acceptée par l'auteur de l'infraction, doit être homologuée par le procureur de la République.

Art. R. 8114-5. (D. 2016-510 du 25 avril 2016, JO 27, entrée en vigueur le 01.07.2016) La proposition de transaction est adressée en double exemplaire à l'auteur de l'infraction par tout moyen permettant d'établir date certaine, dans le délai de quatre mois pour les contraventions et d'un an pour les délits, à compter de la date de clôture du procès-verbal de constatation de l'infraction.

S'il l'accepte, l'auteur de l'infraction en retourne un exemplaire signé dans le délai d'un mois à compter de sa réception. Si l'auteur de l'infraction n'a pas renvoyé un exemplaire signé dans le délai susmentionné, la proposition de transaction est réputée refusée.

Art. R. 8114-6. (D. 2016-510 du 25 avril 2016, JO 27, entrée en vigueur le 01.07.2016) Après acceptation de l'intéressé, le directeur régional des entreprises, de la concurrence, de la consommation, du travail et de l'emploi transmet le dossier de transaction au procureur de la République pour homologation.

Dès que l'homologation du procureur de la République sur la proposition de transaction est intervenue, l'autorité administrative notifie celle-ci à l'auteur de l'infraction, par tout moyen permettant d'établir date certaine, pour exécution. Cette notification fait courir les délais d'exécution des obligations prévues par la transaction.

Chapitre V

Amendes administratives

Note Ce chapitre a été introduit par l'ordonnance 2016-413 du 7 avril 2016, art. 5, JO 8, entrée en vigueur le 01.07.2016.

Art. L. 8115-1. L'autorité administrative compétente peut, sur rapport de l'agent de contrôle de l'inspection du travail mentionné à l'article L. 8112-1, et sous réserve de l'absence de poursuites pénales, (L. 2018-727 du 10 août 2018, art. 18, I, 1°, JO 11) « soit adresser à l'employeur un avertissement, soit » prononcer à l'encontre de l'employeur une amende en cas de manquement :

1° Aux dispositions relatives aux durées maximales du travail fixées aux articles (L. 2016-1088 du 8 août 2016, art. 115, JO 9) « L. 3121-18 à L. 3121-25 » et aux mesures réglementaires prises pour leur application ;

2° Aux dispositions relatives aux repos fixées aux articles (L. 2016-1088 du 8 août 2016, art. 115, JO 9) « L. 3131-1 à L. 3131-3 et » L. 3132-2 et aux mesures réglementaires prises pour leur application ;

3° À l'article L. 3171-2 relatif à l'établissement d'un décompte de la durée de travail et aux dispositions réglementaires prises pour son application ;

4° Aux dispositions relatives à la détermination du salaire minimum de croissance prévues aux articles L. 3231-1 à L. 3231-11 et aux dispositions relatives au salaire minimum fixé par la convention collective ou l'accord étendu applicable à l'entreprise, et aux mesures réglementaires prises pour leur application ;

5° Aux dispositions prises pour l'application des obligations de l'employeur relatives aux installations sanitaires, à la restauration et à l'hébergement prévues au chapitre VIII du titre II du livre II de la quatrième partie, ainsi qu'aux mesures relatives aux prescriptions techniques de protection durant l'exécution des travaux de bâtiment et génie civil prévues au chapitre IV du titre III du livre V de la même partie pour ce qui concerne l'hygiène et l'hébergement.

Art. L. 8115-2. L'autorité administrative compétente informe par tout moyen le procureur de la République des suites données au rapport de l'agent de contrôle.

Art. L. 8115-3. Le montant maximal de l'amende est de (L. 2018-771 du 5 sept. 2018, art. 95, II, 1°, JO 6) «4 000 €» et peut être appliqué autant de fois qu'il y a de travailleurs concernés par le manquement.

Le plafond de l'amende est porté au double en cas de nouveau manquement constaté dans un délai (L. 2018-771 du 5 sept. 2018, art. 95, II, 2°, JO 6) «de deux ans» à compter du jour de la notification de l'amende concernant un précédent manquement (L. 2018-727 du 10 août 2018, art. 18, I, 2°, JO 11) «de même nature.

Il est majoré de 50 % en cas de nouveau manquement constaté dans un délai d'un an à compter du jour de la notification d'un avertissement concernant un précédent manquement de même nature.»

Art. L. 8115-4. (L. 2018-727 du 10 août 2018, art. 18, I, 3°, JO 11) Pour déterminer si elle prononce un avertissement ou une amende et, le cas échéant, pour fixer le montant de cette dernière, l'autorité administrative prend en compte les circonstances et la gravité du manquement, le comportement de son auteur, notamment sa bonne foi, ainsi que ses ressources et ses charges.

Art. L. 8115-5. Avant toute décision, l'autorité administrative informe par écrit la personne mise en cause de la sanction envisagée en portant à sa connaissance le manquement retenu à son encontre et en l'invitant à présenter, dans un délai fixé par décret en Conseil d'État, ses observations.

À l'issue de ce délai, l'autorité administrative peut, par décision motivée, prononcer l'amende et émettre le titre de perception correspondant.

Elle informe de cette décision le (Ord. 2017-1386 du 22 sept. 2017, art. 4, 51°, JO 23, entrée en vigueur au plus tard le 01.01.2018) «comité social et économique».

Le délai de prescription de l'action de l'autorité administrative pour la sanction du manquement par une amende administrative est de deux années révolues à compter du jour où le manquement a été commis.

Art. L. 8115-6. La personne à l'encontre de laquelle (L. 2018-727 du 10 août 2018, art. 18, I, 4°, JO 11) «un avertissement ou une amende est prononcé» peut contester la décision de l'administration devant le tribunal administratif, à l'exclusion de tout recours hiérarchique.

Art. L. 8115-7. Les amendes sont recouvrées selon les modalités prévues pour les créances de l'État étrangères à l'impôt et au domaine. (L. 2018-771 du 5 sept. 2018, art. 97, IV, JO 6) «L'opposition à l'exécution ou l'opposition aux poursuites n'a pas pour effet de suspendre l'action en recouvrement de la créance.»

Art. L. 8115-8. Les modalités d'application de la présente section sont fixées par décret en Conseil d'État.

Chapitre V (réglementaire)

Sanctions administratives

Note Ce chapitre a été introduit par le décret 2015-364 du 30 mars 2015, art. 7, II, JO 31, entrée en vigueur le 01.05.2015. Sur l'entrée en vigueur de ce décret, voir CE 8 juillet 2016, n° 389745.

SECTION 1. Dispositions générales

Art. R. 8115-1. Lorsqu'un agent de contrôle de l'inspection du travail constate l'un des manquements aux obligations mentionnées à la section 2 du présent chapitre, il transmet au directeur régional des entreprises, de la concurrence, de la consommation, du travail et de l'emploi un rapport sur le fondement duquel ce dernier peut décider de prononcer une amende administrative.

Art. R. 8115-2. Lorsque le directeur régional des entreprises, de la concurrence, de la consommation, du travail et de l'emploi décide de prononcer une amende administrative, il indique à l'intéressé (D. 2015-1579 du 3 déc. 2015, JO 4) « par l'intermédiaire du représentant de l'employeur mentionné au II de l'article L. 1262-2-1 » (D. 2019-555 du 4 juin 2019, art. 2, 1°, JO 5) « ou, à défaut, directement à l'employeur, » le montant de l'amende envisagée et l'invite à présenter ses observations dans un délai de quinze jours.

À l'expiration du délai fixé et au vu des observations éventuelles de l'intéressé, il notifie sa décision et émet le titre de perception correspondant.

L'indication de l'amende envisagée et la notification de la décision infligeant l'amende sont effectuées par tout moyen permettant de leur conférer date certaine.

Art. R. 8115-3. La décision du directeur régional des entreprises, de la concurrence, de la consommation, du travail et de l'emploi indique les voies et délais de recours.

Art. R. 8115-4. L'amende est prise en charge et recouvrée par le comptable public assignataire de la recette. (D. 2019-555 du 4 juin 2019, art. 2, 2°, JO 5) « Le délai de prescription de l'action en recouvrement de cette créance est de cinq ans à compter de la date de notification du titre de perception. Les » articles 112 à 124 (D. 2019-555 du 4 juin 2019, art. 2, 2°, JO 5) « , à l'exception du quatrième alinéa de l'article 117, » du décret n° 2012-1246 du 7 novembre 2012 relatif à la gestion budgétaire et comptable publique sont applicables au recouvrement (D. 2019-555 du 4 juin 2019, art. 2, 2°, JO 5) « de cette amende. Les sommes recouvrées sont affectées au budget général de l'État. »

SECTION 2. Dispositions particulières

Sous-section 1. Prestations de services internationales

Art. R. 8115-5. (D. 2015-1579 du 3 déc. 2015, JO 4) Les manquements aux obligations mentionnées à l'article R. 8115-1 sont ceux résultant de la méconnaissance des dispositions [de l'article] L. 1262-2-1, (D. 2020-916 du 28 juil. 2020, JO 29, entrée en vigueur le 30.07.2020) « du troisième alinéa du II de l'article L. 1262-4, des articles L. 1262-4-1, L. 1262-4-4, L. 1262-4-5, L. 1263-6 et L. 1263-7 » du code du travail.

Sous-section 2. Accueil et encadrement des stagiaires

Note Cette sous-section a été introduite par le décret 2015-1359 du 26 octobre 2015, JO 28.

Art. R. 8115-6. Les manquements mentionnés à l'article R. 8115-1 sont ceux résultant de la méconnaissance des articles L. 124-8, L. 124-14 et du premier alinéa de l'article L. 124-9 du code de l'éducation.

Pour fixer le montant de l'amende applicable aux manquements des articles L. 124-8, L. 124-14 et du premier alinéa de l'article L. 124-9 du code de l'éducation, le directeur régional des entreprises, de la concurrence, de la consommation, du travail et de l'emploi tient compte des éléments du rapport prévu à l'article R. 8115-1, des circonstances de fait, notamment, du caractère réitéré du manquement, de la proportion de stagiaires par rapport à l'effectif tel que défini à l'article R. 124-12 du code de l'éducation, de la situation économique, sociale et financière de l'établissement, ainsi que le cas échéant, de la commission d'autres infractions.

Le débiteur de l'amende administrative prévue à l'article L. 124-17 est l'organisme d'accueil du stagiaire.

Sous-section 3. Carte d'identification professionnelle des salariés du bâtiment et des travaux publics

Note Cette sous-section a été introduite par le décret 2016-175 du 22 février 2016, JO 23, entrée en vigueur le 22.03.2017.

Art. R. 8115-7. Lorsqu'un agent de contrôle de l'inspection du travail constate l'un des manquements aux obligations de déclaration et d'information mentionnées aux articles R. 8293-1 à R. 8293-4, et R. 8295-3 commis par l'employeur d'un salarié ou le cas échéant de l'entreprise utilisatrice d'un salarié intérimaire détaché, il transmet au directeur régional des entreprises, de la concurrence, de la consommation, du travail et de l'emploi, un rapport sur le fondement duquel ce dernier peut décider de prononcer l'amende administrative prévue par l'article L. 8291-2, selon les modalités prévues aux articles R. 8115-2 à R. 8115-4.

Art. R. 8115-8. Lorsqu'un agent de la direction générale des finances publiques ou un agent de la direction générale des douanes et des droits indirects constate l'un des manquements aux obligations de déclaration et d'information mentionnées aux articles R. 8293-1 à R. 8293-4 et R. 8295-3 commis par l'employeur d'un salarié ou le cas échéant de l'entreprise utilisatrice d'un salarié intérimaire détaché, il transmet, sous couvert du directeur sous l'autorité duquel il est placé, un rapport au directeur régional des entreprises, de la concurrence, de la consommation, du travail et de l'emploi, aux fins du prononcé de l'amende administrative prévue à l'article L. 8291-2.

Sous-section 4. **Manquements en matière de santé et sécurité au travail, durée du travail, repos et salaires**

Note Cette sous-section a été introduite par le décret 2016-510 du 25 avril 2016, JO 27, entrée en vigueur le 01.07.2016.

Art. R. 8115-9. Les manquements mentionnés à l'article R. 8115-1 sont ceux résultant de la méconnaissance des articles L. 4751-1 à (D. 2017-899 du 9 mai 2017, JO 10) « L. 4754-1 » et de l'article L. 8115-1.

Art. R. 8115-10. Par dérogation à l'article R. 8115-2, lorsque le directeur régional des entreprises, de la concurrence, de la consommation, du travail et de l'emploi décide de prononcer une amende administrative sur le fondement des articles L. 4751-1 à (D. 2017-899 du 9 mai 2017, JO 10) « L. 4754-1 » et L. 8115-1 à L. 8115-8, il invite l'intéressé à présenter ses observations dans un délai d'un mois.

Ce délai peut être prorogé d'un mois à la demande de l'intéressé, si les circonstances ou la complexité de la situation le justifient.

TITRE II

SYSTÈME D'INSPECTION DU TRAVAIL

Chapitre Ier

Échelon central

Art. L. 8121-1. (L. 2018-727 du 10 août 2018, art. 19, JO 11) L'autorité centrale de l'inspection du travail prévue par la convention n° 81 de l'Organisation internationale du travail du 11 juillet 1947 sur l'inspection du travail ainsi que par la convention n° 129 de l'Organisation internationale du travail du 25 juin 1969 sur l'inspection du travail veille au respect des droits, garanties et obligations des agents de l'inspection du travail placés sous sa surveillance et son contrôle. Elle détermine les règles qui encadrent l'exercice des missions et s'assure de leur respect. Elle veille à l'application du code de déontologie du service public de l'inspection du travail prévu par l'article L. 8124-1.

SECTION 1 (RÉGLEMENTAIRE). Conseil national de l'inspection du travail

Sous-section 1. **Attributions**

Art. D. 8121-1. Le Conseil national de l'inspection du travail, institué auprès du ministre chargé du travail, contribue à assurer, par ses attributions consultatives auprès du ministre, l'exercice des missions et garanties de l'inspection du travail telles qu'elles sont notamment définies par les conventions n° 81 et n° 129 de l'OIT sur l'inspection du travail et par le présent code.

Art. D. 8121-2. Le Conseil national de l'inspection du travail peut être saisi par tout agent participant aux activités de contrôle de l'inspection du travail de tout acte d'une autorité administrative de nature à porter directement et personnellement atteinte aux conditions dans lesquelles il doit pouvoir exercer sa mission.

(D. 2016-299 du 14 mars 2016, JO 16) « Le conseil se prononce sur la recevabilité de la saisine. Dans le cas où elle est recevable, il procède à l'instruction du dossier, informe l'autorité centrale, qui présente ses observations si elle le juge utile et rend un avis motivé » transmis au ministre chargé du travail et, le cas échéant, au ministre dont relève l'agent et notifié à l'agent.

(D. 2016-299 du 14 mars 2016, JO 16) « L'avis est simultanément adressé à l'autorité centrale et à la commission administrative paritaire du corps interministériel dont relève l'agent. »

Art. D. 8121-3. (D. 2016-299 du 14 mars 2016, JO 16) « Le Conseil national de l'inspection du travail peut être saisi par le ministre chargé du travail, par un autre ministre en charge d'un service d'inspection du travail ou par l'autorité centrale de l'inspection du travail de toute question à caractère général concernant le respect des missions et garanties de l'inspection du travail. »

L'avis rendu est transmis aux ministres (D. 2016-299 du 14 mars 2016, JO 16) « , à l'autorité centrale » et communiqué au (D. 2011-184 du 15 févr. 2011, art. 55, JO 17) « comité technique » compétent.

Art. D. 8121-4. Les attributions du Conseil national de l'inspection du travail sont sans incidence sur les compétences des instances paritaires telles qu'elles sont définies par les dispositions légales.

Art. D. 8121-5. Le Conseil national de l'inspection du travail établit un rapport annuel d'activité. Ce rapport est public.

Sous-section 2. **Composition et mandat**

Art. D. 8121-6. Le Conseil national de l'inspection du travail est composé :

1° D'un conseiller d'État (D. 2016-299 du 14 mars 2016, JO 16) « en activité ou honoraire » désigné par le vice-président du Conseil d'État ;

2° (D. 2016-299 du 14 mars 2016, JO 16) « D'un membre de la Cour de cassation ayant au moins le grade de conseiller, en activité ou honoraire » désigné par le premier président de la Cour de cassation ;

3° D'un inspecteur général des affaires sociales, désigné par le chef de l'inspection générale des affaires sociales ;

(D. 2008-1510 du 30 déc. 2008, JO 31) « 4° D'un membre du corps de l'inspection du travail exerçant les fonctions de (D. 2009-1377 du 10 nov. 2009, JO 13; D. 2010-687 du 24 juin 2010, JO 25; voir D. 2010-1582 du 17 déc. 2010, JO 18, pour outre-mer) « directeur régional des entreprises, de la concurrence, de la consommation, du travail et de l'emploi » (D. 2016-299 du 14 mars 2016, JO 16) « ou de chef de pôle Travail dans une direction régionale des entreprises, de la concurrence, de la consommation, du travail et de l'emploi » désigné par le collège des directeurs régionaux ; »

5° D'un inspecteur du travail, sur proposition des représentants du personnel élus à la commission administrative paritaire du corps interministériel des inspecteurs du travail ;

6° D'un contrôleur du travail, sur proposition des représentants du personnel élus à la commission administrative paritaire du corps interministériel des contrôleurs du travail.

(D. 2016-299 du 14 mars 2016, JO 16) « Chaque membre titulaire a un suppléant désigné dans les mêmes conditions, appelé à participer aux travaux en cas d'absence ponctuelle ou d'empêchement, ou à lui succéder en cas de cessation de fonctions. »

Art. D. 8121-7. (D. 2008-1510 du 30 déc. 2008, JO 31) Les membres (D. 2016-299 du 14 mars 2016, JO 16) « titulaires et suppléants » du Conseil national de l'inspection du travail sont nommés par arrêté du ministre chargé du travail.

Art. D. 8121-8. Le mandat des membres (D. 2016-299 du 14 mars 2016, JO 16) « titulaires et suppléants » du Conseil national de l'inspection du travail est de trois ans. Il est renouvelable une fois (D. 2016-299 du 14 mars 2016, JO 16) « dans l'une ou l'autre qualité. »

Si, en cours de mandat, un membre (D. 2016-299 du 14 mars 2016, JO 16) « titulaire ou suppléant » du conseil cesse d'exercer ses fonctions (D. 2016-299 du 14 mars 2016, JO 16) « pour quelque cause que ce soit », le mandat de son successeur est limité à la période restant à courir.

Sous-section 3. **Fonctionnement**

Art. D. 8121-9. Le Conseil national de l'inspection du travail établit un règlement intérieur approuvé par arrêté des ministres intéressés. (D. 2016-299 du 14 mars 2016, JO 16) « Ce règlement fixe les modalités de l'instruction contradictoire des affaires soumises au conseil. »

Art. D. 8121-9-1. (D. 2016-299 du 14 mars 2016, JO 16) Les membres du Conseil national de l'inspection du travail exercent leur mission dans le respect des exigences d'indépendance, d'impartialité et d'intégrité. Ils sont soumis au secret des débats de l'instance et ne peuvent intervenir à d'autres titres pendant l'instruction d'une affaire dont le conseil a été saisi en application de l'article D. 8121-2.

Tout membre du conseil s'abstient de participer aux débats et travaux se rapportant à une demande portant sur une affaire dans laquelle il est partie prenante ou qui le met en cause.

Art. D. 8121-10. Le Conseil national de l'inspection du travail élit son président, en son sein, à chaque renouvellement triennal.

En cas d'empêchement, de démission ou pour toute autre raison empêchant le président d'achever son mandat, son remplaçant est désigné dans les mêmes conditions pour la durée de la période restant à courir.

Art. D. 8121-11. Le secrétariat du Conseil national de l'inspection du travail est assuré par le directeur général du travail ou son représentant.

Art. D. 8121-12. Les fonctions de membre du Conseil national de l'inspection du travail ne sont pas rémunérées.

Les frais de déplacement donnent lieu à indemnisation dans les conditions prévues par le décret n° 2006-781 du 3 juillet 2006 fixant les conditions et les modalités de règlement des frais occasionnés par les déplacements temporaires des personnels civils de l'État.

SECTION 2 (RÉGLEMENTAIRE). Direction générale du travail

Art. R. 8121-13. (D. 2008-1503 du 30 déc. 2008, JO 31) La direction générale du travail a autorité sur les services déconcentrés et est chargée de l'application de la convention n° 81 de l'Organisation internationale du travail (OIT) du 11 juillet 1947 sur l'inspection du travail, ainsi que de la convention n° 129 du 25 juin 1969 sur l'inspection du travail en agriculture, (D. 2014-359 du 20 mars 2014, JO 21) « de la convention n° 178 du 22 octobre 1996 et des règles 5.1.4 à 5.1.6 du titre 5 de la convention de travail maritime 2006 » sur l'inspection des conditions de travail et de vie des gens de mer.

Elle exerce à ce titre pour les agents de l'inspection du travail la fonction d'autorité centrale, d'organe central et d'autorité centrale de coordination prévue par ces conventions.

Elle a autorité sur les agents de l'inspection du travail dans le champ des relations du travail.

(D. 2014-359 du 20 mars 2014, JO 21) « Elle fixe les modalités de coordination entre les différentes unités de contrôle du système d'inspection. »

Art. R. 8121-14. La direction générale du travail :

1° Détermine les orientations de la politique du travail, coordonne et évalue les actions, notamment en matière de contrôle de l'application du droit du travail ;

2° Contribue à la définition des principes de l'organisation du réseau territorial ;

3° Assure l'appui et le soutien des services déconcentrés dans l'exercice de leurs missions ;

4° Veille au respect des règles déontologiques des agents de l'inspection du travail ;

5° Coordonne les liaisons avec les services (D. 2008-1503 du 30 déc. 2008, JO 31) « exerçant des fonctions d'inspection du travail » relevant d'autres départements ministériels ;

(D. 2014-359 du 20 mars 2014, JO 21) « 6° Conduit des actions spécifiques de contrôle. »

SECTION 3 (RÉGLEMENTAIRE). Groupe national de veille, d'appui et de contrôle

Note Cette section a été introduite par le décret 2014-359 du 20 mars 2014, JO 21, entrée en vigueur le 01.01.2015.

Art. R. 8121-15. Le groupe national de veille, d'appui et de contrôle mène ou apporte un appui à des opérations qui nécessitent une expertise particulière, un accompagnement des services, un contrôle spécifique ou une coordination des contrôles. Des inspecteurs et contrôleurs du travail y sont affectés. Il est placé sous l'autorité d'un inspecteur du travail.

Chapitre II (réglementaire)

Services déconcentrés

Note Le chapitre est issu du décret 2009-1377 du 10 novembre 2009, JO 13, modifié.

Art. R. 8122-1. Dans le cadre des directives du directeur général du travail, le directeur régional des entreprises, de la concurrence, de la consommation, du travail et de l'emploi :

1° Met en œuvre au plan régional la politique définie par les pouvoirs publics afin d'améliorer les relations collectives et individuelles et les conditions de travail dans les entreprises ;

2° Définit les orientations générales des actions d'inspection de la législation du travail, qu'il organise, coordonne, suit et évalue ;

3° Coordonne l'action de ses services avec les autres services de l'État et les organismes chargés de la prévention ou du contrôle, en matière d'inspection de la législation du travail, de prévention des risques professionnels et d'amélioration des conditions de travail. À ce titre, il est tenu informé par l'Agence nationale pour l'amélioration des conditions de travail de ses interventions dans la région ;

4° Assure le suivi de la négociation collective dans les entreprises et au niveau territorial ;

5° Est chargé des relations avec les autorités judiciaires, sous réserve des attributions confiées par la loi aux inspecteurs du travail ;

6° Exerce les pouvoirs propres qui lui sont conférés par les dispositions en vigueur ou sur le fondement de telles dispositions.

Art. R. 8122-2. Pour l'exercice des compétences en matière d'actions d'inspection de la législation du travail, le directeur régional des entreprises, de la concurrence, de la consommation, du travail et de l'emploi peut déléguer sa signature au chef du pôle en charge des questions de travail et aux responsables d'(D. 2015-1689 du 17 déc. 2015, JO 18, entrée en vigueur le 01.01.2016) « unités départementales » chargées des politiques du travail, de l'emploi, de la formation professionnelle et de développement des entreprises.

En accord avec le délégant, ceux-ci peuvent donner délégation pour signer des actes relatifs aux affaires pour lesquelles ils ont eux-mêmes reçu délégation aux agents du corps de l'inspection du travail placés sous leur autorité. Le directeur régional peut mettre fin à tout ou partie de cette délégation. Il peut également fixer la liste des compétences qu'il souhaite exclure de la délégation que peuvent consentir ces chefs de service aux agents du corps de l'inspection du travail placés sous leur autorité.

Les responsables d'(D. 2015-1689 du 17 déc. 2015, JO 18, entrée en vigueur le 01.01.2016) « unité départementale » exercent, au nom du directeur régional, le pouvoir hiérarchique sur les agents chargés des actions d'inspection de la législation du travail.

Art. R. 8122-3. (D. 2014-359 du 20 mars 2014, art. 1er, JO 21) Sans préjudice des dispositions de l'article R. 8121-15, les inspecteurs et les contrôleurs du travail exercent leur mission :

1° Soit dans une unité de contrôle départementale ou infra-départementale ;

2° Soit dans une unité de contrôle interdépartementale ;

3° Soit dans une unité de contrôle régionale ;

4° Soit dans une unité de contrôle interrégionale.

Chacune de ces unités de contrôle est placée sous l'autorité d'un inspecteur du travail.

Art. R. 8122-4. (D. 2014-359 du 20 mars 2014, art. 1er, JO 21) Les unités de contrôle de niveau infra-départemental, départemental ou interdépartemental, rattachées à une (D. 2015-1689 du 17 déc. 2015, JO 18, entrée en vigueur le 01.01.2016) « unité départementale », et les unités de contrôle interrégionales, rattachées à une direction régionale des entreprises, de la concurrence, de la consommation, du travail et de l'emploi, sont composées de sections, dans lesquelles un inspecteur ou un contrôleur du travail exerce ses compétences.

Le responsable de l'unité de contrôle est chargé, notamment dans la mise en œuvre de l'action collective, de l'animation, de l'accompagnement et du pilotage de l'activité des agents de contrôle. Il peut apporter un appui à une opération de contrôle menée sur le territoire de l'unité dont il est responsable. Il peut en outre, sur décision du directeur régional des entreprises, de la concurrence, de la consommation, du travail et de l'emploi, être chargé d'exercer les fonctions d'inspecteur du travail dans une section relevant de son unité.

Art. R. 8122-5. Le nombre d'unités de contrôle infra-départementales, départementales ou interdépartementales et leur rattachement sont fixés pour chaque région par arrêté du ministre chargé du travail.

Lorsque des spécificités sectorielles ou thématiques justifient l'intervention d'une unité de contrôle spécialisée dont la compétence territoriale excède la région, un arrêté du ministre en charge du travail fixe sa localisation, sa délimitation et son champ d'intervention. Cet arrêté précise la direction régionale des entreprises, de la concurrence, de la consommation, du travail et de l'emploi à laquelle est rattachée cette unité de contrôle.

Art. R. 8122-6. (D. 2014-359 du 20 mars 2014, art. 1er, JO 21) Dans les limites de sa circonscription territoriale, le directeur régional des entreprises, de la concurrence, de la consommation, du travail et de l'emploi décide de la localisation et de la délimitation des unités de contrôle et, dans chaque unité de contrôle, du nombre, de la localisation et de la délimitation, et le cas échéant du champ d'intervention sectoriel ou thématique, des sections d'inspection.

Il nomme les responsables des unités de contrôle et affecte les agents de contrôle de l'inspection du travail dans les sections d'inspection.

Art. R. 8122-7. (D. 2014-359 du 20 mars 2014, art. 1er, JO 21) Dans chaque département, au moins une section exerce les missions définies au chapitre II du titre Ier du présent livre dans les exploitations, entreprises et établissements définis à l'article L. 717-1 du code rural et de la pêche maritime, sauf exception justifiée par le faible volume de l'activité agricole et prévue par arrêté des ministres chargés de l'agriculture et du travail. Le directeur régional des entreprises, de la concurrence, de la consommation, du travail et de l'emploi peut en tant que de besoin élargir le champ de compétence des sections agricoles tel qu'il résulte de l'application de l'article L. 717-1 du code rural et de la pêche maritime.

Art. R. 8122-8. (D. 2014-359 du 20 mars 2014, art. 1er, JO 21) Dans chaque région, une unité régionale d'appui et de contrôle, rattachée au pôle «politique du travail» de la direction régionale des entreprises, de la concurrence, de la consommation, du travail et de l'emploi, est chargée de la lutte contre le travail illégal (D. 2015-1579 du 3 déc. 2015, JO 4) « et du contrôle du respect des dispositions relatives aux salariés détachés temporairement en France par une entreprise non établie en France ».

Art. R. 8122-9. (D. 2014-359 du 20 mars 2014, art. 1er, JO 21) Afin d'opérer un contrôle sectoriel ou thématique (D. 2015-1579 du 3 déc. 2015, JO 4) « , de prévenir un risque particulier ou d'assurer le renfort des agents des unités de contrôle », le directeur régional des entreprises, de la concurrence, de la consommation, du travail et de l'emploi peut :

1° Soit désigner au sein des unités de contrôle des agents disposant de compétences particulières pour assurer dans la région un appui aux unités de contrôle infra-départementales, départementales ou interdépartementales ou de mener une action régionale ;

2° Soit proposer la création d'une unité de contrôle régionale chargée d'opérer ce contrôle sectoriel ou thématique (D. 2015-1579 du 3 déc. 2015, JO 4) « de prévenir ce risque particulier ou d'assurer ce renfort ». Cette unité, rattachée au pôle «politique du travail» de la direction régionale des entreprises, de la concurrence, de la consommation, du travail et de l'emploi, est créée par arrêté du ministre chargé du travail.

Art. R. 8122-10. (D. 2014-359 du 20 mars 2014, art. 1er, JO 21) I. – Dans chaque unité de contrôle mentionnée au 1° de l'article R. 8122-3, l'agent de contrôle de l'inspection du travail exerce ses missions sur le territoire d'une section. Il peut, lorsqu'une action le rend nécessaire, intervenir sur le reste du territoire de l'(D. 2015-1689 du 17 déc. 2015, JO 18, entrée en vigueur le 01.01.2016) « unité départementale » à laquelle est rattachée l'unité de contrôle où il est affecté.

II. – Dans chaque unité de contrôle mentionnée au 2° de l'article R. 8122-3, l'agent de contrôle de l'inspection du travail exerce ses missions sur le territoire d'une section. Il peut, lorsqu'une action le rend nécessaire, intervenir sur le territoire de son unité de contrôle et sur celui de l'(D. 2015-1689 du 17 déc. 2015, JO 18, entrée en vigueur le 01.01.2016) « unité départementale » de la direction régionale des entreprises, de la concurrence, de la consommation, du travail et de l'emploi à laquelle cette unité de contrôle est rattachée.

III. – Dans chaque unité de contrôle mentionnée au 4° de l'article R. 8122-3, l'agent de contrôle de l'inspection du travail exerce ses missions sur le territoire d'une section. Il peut, lorsqu'une action le rend nécessaire, intervenir sur le territoire de son unité de contrôle et sur celui de la direction régionale des entreprises, de la concurrence, de la consommation, du travail et de l'emploi à laquelle cette unité de contrôle est rattachée.

IV. – Toutefois, l'inspecteur du travail est seul habilité à prendre, dans la section où il exerce ses missions, les décisions qui relèvent de sa compétence exclusive en vertu de dispositions législatives ou réglementaires.

Art. R. 8122-11. (D. 2014-359 du 20 mars 2014, art. 1er, JO 21) Lorsque les actions d'inspection de la législation du travail ont été confiées, dans une section, à un contrôleur du travail, le directeur régional des entreprises, de la concurrence, de la consommation, du travail et de l'emploi :

1° Désigne un ou plusieurs inspecteurs du travail pour prendre les décisions qui relèvent de la compétence exclusive de l'inspecteur du travail, en vertu de dispositions législatives ou réglementaires ;

2° Peut confier le contrôle des établissements d'au moins cinquante salariés à un ou plusieurs inspecteurs du travail.

Chapitre III

Appui à l'inspection du travail

SECTION 1. Médecin inspecteur du travail

Art. L. 8123-1. Les médecins inspecteurs du travail exercent une action permanente en vue de la protection de la santé physique et mentale des travailleurs sur leur lieu de travail et participent à la veille sanitaire au bénéfice des travailleurs. Leur action porte en particulier sur l'organisation et le fonctionnement des services de santé au travail prévus au titre II du livre VI de la quatrième partie.

Les médecins inspecteurs du travail agissent en liaison avec (L. 2016-1088 du 8 août 2016, art. 113, III, 12°, JO 9) «les agents de contrôle mentionnés à l'article L. 8112-1», avec lesquels ils coopèrent à l'application de la réglementation relative à la santé au travail.

Art. L. 8123-2. Les dispositions du présent code relatives aux pouvoirs et obligations des (Ord. 2016-413 du 7 avril 2016, art. 6, JO 8, entrée en vigueur le 01.07.2016) «agents de contrôle de l'inspection du travail mentionnés à l'article L. 8112-1» sont étendues aux médecins inspecteurs du travail à l'exception des dispositions de l'article L. 8113-7, relatives aux procès-verbaux, de l'article L. 4721-4, relatives aux mises en demeure (Ord. 2016-413 du 7 avril 2016, art. 6, JO 8, entrée en vigueur le 01.07.2016) «et des articles L. 8115-1 à L. 8115-7, relatives aux sanctions administratives».

Art. L. 8123-3. En vue de la prévention des affections professionnelles, les médecins inspecteurs du travail sont autorisés à faire, aux fins d'analyse, tous prélèvements portant notamment sur les matières mises en œuvre et les produits utilisés.

Art. R. 8123-1. Le médecin inspecteur du travail concourt à l'ensemble des missions des services déconcentrés relevant des ministres chargés du travail, de l'emploi et de la formation professionnelle.

À ce titre, il formule les avis et prend les décisions prévues par les dispositions légales.

Il est notamment chargé de l'étude des risques professionnels et de leur prévention. Il exerce une mission d'information au bénéfice des médecins du travail et des médecins de main-d'œuvre, qu'il associe aux études entreprises.

Il est chargé du contrôle technique de l'activité des médecins de main-d'œuvre.

Art. D. 8123-2. Le médecin inspecteur du travail veille, avec les services de l'inspection du travail et en liaison avec les comités techniques des caisses de sécurité sociale, à l'application des dispositions légales relatives à la santé et la sécurité au travail.

Art. D. 8123-3. Le médecin inspecteur du travail exerce une action permanente en vue de la protection des travailleurs sur leur lieu de leur travail.

Cette action porte également sur le contrôle du fonctionnement des services de santé au travail.

Art. D. 8123-4. Le médecin inspecteur du travail communique aux comités techniques des caisses de sécurité sociale les renseignements qu'il possède sur les risques de maladies professionnelles et d'accidents du travail inhérents aux différentes entreprises.

Art. D. 8123-5. Le médecin inspecteur du travail assure, en coordination étroite avec les services psychotechniques, l'examen médical des travailleurs en vue de leur orientation professionnelle, de leur reclassement et de l'envoi dans les centres de rééducation de ceux qui sont provisoirement inaptes au travail ou handicapés physiquement.

Art. R. 8123-6. Le médecin inspecteur du travail est placé sous l'autorité du (D. 2009-1377 du 10 nov. 2009, JO 13; D. 2010-687 du 24 juin 2010, JO 25; voir D. 2010-1582 du 17 déc. 2010, JO 18, pour outre-mer) «directeur régional des entreprises, de la concurrence, de la consommation, du travail et de l'emploi», sauf dans l'exercice des compétences qu'il tient directement des dispositions légales, et sous réserve des dispositions de l'article R. 8123-7.

Art. R. 8123-7. Le médecin inspecteur du travail est placé sous l'autorité du chef du service de l'inspection médicale du travail pour l'exercice de ses compétences techniques.

SECTION 2. Ingénieurs de prévention

Art. L. 8123-4. Les ingénieurs de prévention des (L. 2011-525 du 17 mai 2011, art. 170, JO 18) «directions régionales des entreprises, de la concurrence, de la consommation, du travail et de l'emploi», lorsqu'ils assurent un appui technique aux (Ord. 2016-413 du 7 avril 2016, art. 7, JO 8, entrée en vigueur le 01.07.2016) «agents de contrôle de l'inspection du travail mentionnés à l'article L. 8112-1» dans leurs contrôles, enquêtes et missions, jouissent du droit d'entrée et du droit de prélèvement respectivement prévus aux articles L. 8113-1 et L. 8113-3. (Ord. 2016-413 du 7 avril 2016, art. 7, JO 8, entrée en vigueur le 01.07.2016) «Leurs constats peuvent être produits dans les actes et procédures des agents de contrôle.»

Ils peuvent se faire présenter les documents prévus à l'article L. 8113-4, lorsqu'ils concernent la santé, la sécurité et les conditions de travail.

Art. L. 8123-5. Il est interdit aux ingénieurs de prévention des (L. 2011-525 du 17 mai 2011, art. 170, JO 18) «directions régionales des entreprises, de la concurrence, de la consommation, du travail et de l'emploi» de révéler les secrets de fabrication et les procédés d'exploitation dont ils pourraient prendre connaissance dans l'exercice de leurs fonctions.

La méconnaissance de ces interdictions est punie conformément à l'article 226-13 du code pénal.

SECTION 3. Missions spéciales temporaires confiées à des médecins et ingénieurs

Art. L. 8123-6. Le ministre chargé du travail peut charger des médecins de missions spéciales temporaires concernant l'application des dispositions relatives à la santé des travailleurs.

Le ministre peut également charger des ingénieurs, titulaires du titre d'ingénieur diplômé au sens des articles L. 642-1 et suivants du code de l'éducation, de missions temporaires concernant l'application des dispositions relatives à la santé et la sécurité des travailleurs.

Les médecins conseils et les ingénieurs conseils de l'inspection du travail jouissent, pour l'exécution de ces missions, des droits attribués aux (L. 2016-1088 du 8 août 2016, art. 113, III, 4°, JO 9) «agents de contrôle de l'inspection du travail mentionnés à l'article L. 8112-1» par les articles L. 8113-1 et L. 8113-3.

Art. R. 8123-8. Les médecins-conseils de l'inspection du travail, prévus à l'article L. 8123-6, sont choisis sur une liste arrêtée par décret pris après avis du (D. 2016-1834 du 22 déc. 2016, JO 24) «Conseil d'orientation des conditions de travail».

Art. R. 8123-9. Les ingénieurs conseils de l'inspection du travail mentionnés à l'article L. 8123-6 sont choisis sur une liste arrêtée par décret pris après avis du (D. 2016-1834 du 22 déc. 2016, JO 24) «Conseil d'orientation des conditions de travail».

Chapitre IV

De la déontologie des agents du système d'inspection du travail

Note Ce chapitre est issu de la loi 2016-1088 du 8 août 2016, art. 117, JO 9.

Art. L. 8124-1. Un code de déontologie du service public de l'inspection du travail, établi par décret en Conseil d'État, fixe les règles que doivent respecter ses agents ainsi que leurs droits dans le respect des prérogatives et garanties qui leur sont accordées pour l'exercice de leurs missions définies notamment par les conventions n° 81 et n° 129 de l'Organisation internationale du travail sur l'inspection du travail et au présent livre Ier.

Chapitre IV (réglementaire)

De la déontologie des agents du système d'inspection du travail

Note Ce chapitre a été introduit par le décret 2017-541 du 12 avril 2017, JO 14.

Art. R. 8124-1. Les dispositions du présent chapitre constituent le code de déontologie du service public de l'inspection du travail.

SECTION 1. Cadre général d'exercice des missions du service public de l'inspection du travail

Art. R. 8124-2. Les règles déontologiques énoncées par le présent code procèdent de la Constitution et notamment du Préambule de la Constitution de 1946, des engagements internationaux de la France, des principes généraux du droit et des lois et règlements en vigueur, notamment des règles statutaires applicables aux agents de la fonction publique ainsi que de celles régissant les relations entre le public et l'administration.

Les agents du système d'inspection du travail bénéficient pour l'exercice de leurs missions d'une garantie d'indépendance les préservant des influences extérieures indues. Cette garantie conditionne la qualité du service rendu au public et la confiance des usagers dans le service public de l'inspection du travail.

Art. R. 8124-3. Chaque agent affecté au sein du service public de l'inspection du travail veille, compte tenu de son emploi et de ses attributions, à l'application des dispositions du code du travail et des autres dispositions légales relatives au régime du travail, ainsi qu'aux stipulations des conventions et accords collectifs de travail répondant aux conditions fixées au livre II de la deuxième partie de ce code et notamment des dispositions et stipulations assurant le respect des droits et libertés fondamentaux du travailleur et de la personne humaine. Dans l'exercice de ses missions, il contribue à la mise en œuvre des principes constitutionnels particulièrement nécessaires à notre temps proclamés par le Préambule de la Constitution de 1946.

Art. R. 8124-4. Le présent code de déontologie s'applique à tout agent quelles que soient les fonctions qu'il exerce.

Il concerne notamment :

1° Le directeur général du travail et les agents de la direction générale du travail participant au service public de l'inspection du travail ;

2° Les directeurs régionaux des entreprises, de la concurrence, de la consommation, du travail et de l'emploi et leurs adjoints, chefs de pôle " politique du travail " et responsables d'unité départementale, ainsi que les agents d'encadrement ;

3° Les agents de contrôle de l'inspection du travail mentionnés à l'article L. 8112-1 ;

4° Les médecins inspecteurs du travail, sans préjudice du code de déontologie médicale mentionné aux articles R. 4127-1 et suivants du code de la santé publique ;

5° Les agents des pôles " politique du travail " des unités régionales et départementales des directions régionales des entreprises, de la concurrence, de la consommation, du travail et de l'emploi, notamment les ingénieurs de prévention, les agents des unités de contrôle et des services mettant en œuvre la politique du travail ;

6° Les agents des services fournissant au public des renseignements sur la législation du travail ;

7° Les agents du groupe national de veille d'appui et de contrôle prévu par l'article R. 8121-15 ;

8° Les agents publics assimilés aux agents de contrôle de l'inspection mentionnés au dernier alinéa de l'article L. 8112-1 relevant de l'autorité centrale du système d'inspection du travail.

SECTION 2. Droits et devoirs respectifs de la hiérarchie et des agents placés sous son autorité

Art. R. 8124-5. Le directeur général du travail, autorité centrale du système d'inspection du travail, veille au respect par toute autorité et toute personne placée sous son autorité des obligations, prérogatives et garanties prévues pour l'inspection du travail par le présent code de déontologie.

Art. R. 8124-6. Tout agent exerçant l'autorité hiérarchique est garant du respect des règles déontologiques applicables à l'ensemble des agents placés sous son autorité. À cet effet :

1° Il en explique le sens aux agents et en précise, par ses instructions, les modalités de mise en œuvre ;

2° Il s'assure de son application effective dans les situations professionnelles dans lesquelles sont placés les agents ;

3° Il intervient en cas de méconnaissance des principes et règles déontologiques, tant dans les actions menées par les agents du service que dans les relations entre les agents ;

4° Il veille à ce que ses instructions assurent le respect des droits reconnus aux agents par les dispositions du présent code ainsi que des garanties d'indépendance dans l'exercice de leurs missions ;

5° Il veille également à l'indépendance reconnue aux médecins inspecteurs du travail par l'article R. 4127-5 du code de la santé publique ;

6° Il contribue à la mise en œuvre de la protection juridique dont les agents bénéficient dans l'exercice légal de leurs attributions ;

7° Il apporte par tout moyen approprié un soutien aux agents rencontrant des difficultés dans l'exercice de leurs missions ;

8° Il rend compte à la direction générale du travail de toute difficulté rencontrée dans la mise en œuvre du présent code de déontologie.

Tout agent exerçant l'autorité hiérarchique explique en tant que de besoin le sens des règles déontologiques aux travailleurs et aux employeurs ainsi qu'à leurs organisations professionnelles.

Art. R. 8124-7. Les agents de contrôle du système d'inspection du travail sont associés à la définition des orientations collectives et des priorités pour l'inspection du travail définies selon les modalités prévues par l'article L. 8112-1.

Tout agent est tenu de contribuer à la mise en œuvre des actions engagées conformément à ces orientations collectives et priorités.

Tout agent de contrôle est libre d'organiser et de conduire des contrôles à son initiative.

Art. R. 8124-8. Tout agent se conforme aux instructions reçues de son supérieur hiérarchique.

Les dispositions du premier alinéa s'appliquent sans préjudice de l'article 28 de la loi n° 83-634 du 13 juillet 1983 portant droits et obligations des fonctionnaires et, pour ce qui concerne les médecins inspecteurs du travail, des articles R. 4127-5 et R. 4127-95 du code de la santé publique.

Art. R. 8124-9. Tout agent rend compte de ses actions à l'autorité investie du pouvoir hiérarchique suivant les modalités définies par l'administration, notamment celles concernant le partage, dans le système d'information prévu à cet effet, des informations relatives à ses actions et aux entreprises contrôlées.

Ces obligations s'appliquent aux médecins inspecteurs du travail sous réserve des informations couvertes par le secret professionnel en vertu des articles R. 4127-4 et R. 4127-104 du code de la santé publique.

Art. R. 8124-10. Tout agent porte sans délai à la connaissance de l'autorité hiérarchique tout fait ou plainte survenue à l'occasion du service ayant entraîné ou susceptible d'entraîner sa convocation par une autorité de police, juridictionnelle ou de contrôle.

Chaque agent mis en cause par un usager en est informé par son autorité hiérarchique.

Art. R. 8124-11. Les agents du système d'inspection du travail se prêtent aide et assistance dans l'exercice de leurs missions. Ils se doivent mutuellement respect.

Art. R. 8124-12. Les agents du système d'inspection du travail bénéficient du libre exercice du droit syndical dans les conditions définies par les lois et les règlements relatifs à son exercice dans la fonction publique.

Art. R. 8124-13. Les agents peuvent exercer des mandats politiques dans les conditions garanties notamment par le code électoral et le code général des collectivités territoriales, sous réserve des dispositions de l'article R. 8124-15.

SECTION 3. Droits et devoirs envers chaque usager du service public de l'inspection du travail

Sous-section 1. Prévention des conflits d'intérêts

Art. R. 8124-14. Les agents du système d'inspection du travail ne peuvent avoir un intérêt quelconque direct ou indirect dans les entreprises qu'ils contrôlent ou entrant dans leur champ de compétence.

Art. R. 8124-15. Chaque agent veille à prévenir ou à faire cesser immédiatement toute situation d'interférence entre l'exercice de son activité professionnelle et des intérêts publics ou privés, y compris l'exercice d'un mandat politique, de nature à influencer ou paraître influencer l'exercice indépendant, impartial et objectif de ses fonctions selon les modalités prévues à l'article 25 *bis* de la loi du 13 juillet 1983 précitée.

Art. R. 8124-16. L'autorité investie du pouvoir hiérarchique propose à tout agent, lors de son affectation, et aussi souvent que nécessaire par la suite, un entretien consacré à la prévention des situations de conflits d'intérêts.

Lorsque l'agent est soumis à l'obligation de déclaration d'intérêts prévue à l'article 25 *ter* de la loi du 13 juillet 1983 précitée, l'entretien prévu au premier alinéa est obligatoire et se déroule sur la base du contenu de cette déclaration.

L'entretien permet à l'agent de faire état des intérêts ou activités, passés ou présents, notamment de nature patrimoniale, professionnelle, familiale ou personnelle susceptibles d'influencer ou de paraître influencer l'exercice indépendant, impartial et objectif de ses fonctions.

Compte tenu des éléments dont il est fait état lors de l'entretien, le travail de l'agent est organisé de façon à éviter les situations dans lesquelles un doute pourrait naître quant à l'impartialité de l'agent ou l'exercice indépendant de ses fonctions. S'il ne peut être procédé à cet aménagement, un changement d'affectation est envisagé.

Sous-section 2. **Obligation de se consacrer à ses fonctions**

Art. R. 8124-17. Les agents du système d'inspection du travail consacrent l'intégralité de leur activité professionnelle aux fonctions qui leur sont confiées.

Le cumul d'activités n'est possible que dans les conditions prévues à l'article 25 *septies* de la loi du 13 juillet 1983 précitée. Ces activités ne doivent pas faire obstacle à l'exercice de leurs fonctions principales ni porter préjudice d'une manière quelconque à l'autorité ou à l'impartialité nécessaires dans les relations avec les employeurs et les travailleurs.

Sous-section 3. **Devoirs de neutralité et d'impartialité**

Art. R. 8124-18. Les agents du système d'inspection du travail exercent leurs fonctions de manière impartiale sans manifester d'a priori par leurs comportements, paroles et actes.

Ils font bénéficier les usagers placés dans des situations identiques, quels que soient leur statut, leur implantation géographique et leur activité, d'une égalité de traitement.

Art. R. 8124-19. Dans l'exercice de leurs missions, les agents s'abstiennent de toute expression ou manifestation de convictions personnelles, de quelque nature qu'elles soient.

En dehors du service, ils s'expriment librement dans les limites posées par le devoir de réserve. Ils ne peuvent notamment tenir des propos de nature à nuire à la considération du système d'inspection du travail.

Ils ne peuvent se prévaloir de la qualité d'agent du système d'inspection du travail dans l'expression publique de leurs opinions personnelles.

Sous-section 4. **Devoir d'information**

Art. R. 8124-20. Les agents du système d'inspection du travail fournissent des informations et des conseils aux usagers sur le droit applicable, sur sa portée et sur les moyens d'assurer son respect.

Ils répondent aux demandes d'information selon les formes et les moyens les plus adaptés à leur interlocuteur, dans un délai raisonnable compte tenu de la complexité de la question.

Art. R. 8124-21. Les agents du système d'inspection du travail communiquent les documents administratifs aux usagers conformément aux articles L. 311-1 à L. 311-14 du code des relations entre le public et l'administration.

Sous-section 5. **Obligations de discrétion, de secret et de confidentialité**

Art. R. 8124-22. Soumis au devoir de discrétion professionnelle, les agents du système d'inspection du travail s'abstiennent de divulguer à quiconque n'a le droit d'en connaître les informations dont ils ont connaissance dans l'exercice de leurs fonctions, sous réserve de l'article 8 de la loi n° 2016-1691 du 9 décembre 2016 relative à la transparence, à la lutte contre la corruption et à la modernisation de la vie économique.

Art. R. 8124-23. Les agents sont soumis au secret professionnel dans les conditions prévues par la loi.

Les agents de contrôle ainsi que les ingénieurs de prévention ont interdiction de révéler les secrets de fabrication et procédés d'exploitation dont ils pourraient prendre connaissance dans l'exercice de leurs fonctions.

Les médecins inspecteurs du travail sont soumis au secret professionnel dans les conditions prévues par les articles L. 1413-15, R. 4127-4 et R. 4127-104 du code de la santé publique.

Art. R. 8124-24. Les agents respectent l'obligation de confidentialité des plaintes dont ils sont saisis et s'abstiennent de révéler à toute personne l'identité d'un plaignant et de faire état de l'existence de plaintes signalant une infraction ou un manquement aux dispositions des articles L. 8112-1 et L. 8112-2, sauf lorsque le plaignant a informé par écrit son employeur qu'il sollicitait l'intervention des agents de contrôle pour faire cesser l'infraction signalée par sa plainte.

Sous-section 6. **Droits et devoirs spécifiques liés à l'exercice de fonctions de contrôle**

Art. R. 8124-25. L'agent de contrôle pénètre librement, sans avertissement préalable, à toute heure du jour et de la nuit dans tout établissement assujetti à son contrôle.

Lors d'une visite d'inspection, inopinée ou non, l'agent de contrôle informe de sa présence l'employeur ou son représentant, à moins qu'il n'estime qu'un tel avis risque de porter préjudice à l'efficacité du contrôle.

L'agent de contrôle doit être muni de sa carte professionnelle afin de justifier de sa qualité.

Art. R. 8124-26. L'agent reste, en toute circonstance, courtois à l'égard des personnes présentes sur le lieu de travail ou dans le local affecté à l'hébergement des travailleurs soumis à son contrôle.

Art. R. 8124-27. Lorsqu'il constate des infractions ou des manquements à la réglementation, l'agent de contrôle agit en faisant preuve de discernement et de diligence dans le choix de ses modalités d'action.

Il décide librement des suites à donner à ses interventions et aux constats qu'il a réalisés. Il peut ainsi formuler des conseils ou des observations, saisir l'autorité judiciaire ou engager des suites administratives.

Art. R. 8124-28. Lorsqu'il constate ou est informé d'un accident du travail grave ou mortel, ainsi que de tout incident qui aurait pu avoir des conséquences graves, l'agent de contrôle effectue une enquête et informe son service qui à son tour informe l'autorité centrale. En tant que de besoin, il saisit les autorités compétentes.

Art. R. 8124-29. L'agent de contrôle veille à informer, selon les modalités prévues par la législation en vigueur, les usagers concernés des suites données à son contrôle.

SECTION 4. Respect du code de déontologie

Art. R. 8124-30. À tous les niveaux de la hiérarchie, les agents du système d'inspection du travail veillent au respect du présent code.

Art. R. 8124-31. Les agents de contrôle prêtent serment de remplir leurs missions conformément au présent code.

La prestation de serment intervient, lors de leur première affectation en unité de contrôle, en audience publique, devant le président du (D. 2019-966 du 18 sept. 2019, art. 8, JO 19, entrée en vigueur le 01.01.2020) « tribunal judiciaire » dans le ressort duquel se trouve leur lieu d'affectation.

La formule du serment est la suivante :

" Je m'engage à exercer mes fonctions de contrôle avec dignité, impartialité, intégrité, neutralité et probité. Je m'engage à ne pas révéler les secrets de fabrication et les procédés d'exploitation dont je pourrais prendre connaissance dans l'exercice de mes fonctions. "

Art. R. 8124-32. Les agents participant aux activités de contrôle de l'inspection du travail peuvent, sans préjudice des attributions du référent déontologue prévu à l'article 28 *bis* de la loi du 13 juillet 1983 précitée, saisir le Conseil national de l'inspection du travail de tout acte d'une autorité administrative de nature à porter directement et personnellement atteinte aux conditions dans lesquelles il doit pouvoir exercer sa mission.

Art. R. 8124-33. Les agents du système d'inspection du travail peuvent, sans préjudice des attributions du Conseil national de l'inspection du travail, saisir le référent déontologue de toute question entrant dans le cadre des missions de ce dernier.

LIVRE II

LUTTE CONTRE LE TRAVAIL ILLÉGAL

TITRE Ier

DÉFINITION

Chapitre unique

Art. L. 8211-1. Sont constitutives de travail illégal, dans les conditions prévues par le présent livre, les infractions suivantes :
1° Travail dissimulé ;
2° Marchandage ;
3° Prêt illicite de main-d'œuvre ;
4° Emploi d'étranger (L. 2016-274 du 7 mars 2016, art. 18, 1°, JO 8) « non autorisé à travailler » ;
5° Cumuls irréguliers d'emplois ;
6° Fraude ou fausse déclaration prévue aux articles L. 5124-1 et L. 5429-1.

Chapitre unique (réglementaire)

Dispositions relatives à la publication des décisions pénales

Note Ce chapitre a été introduit par le décret 2015-1327 du 21 octobre 2015, JO 23.

Art. R. 8211-1. Lorsque la juridiction a ordonné la diffusion de sa décision dans les conditions prévues (D. 2019-555 du 4 juin 2019, art. 4, 2°, JO 5) « au sixième alinéa de l'article L. 8224-3, à la seconde phrase du 4° de l'article L. 8256-3 » ainsi qu'au dernier alinéa des articles L. 8224-5, L. 8234-1, L. 8234-2, L. 8243-1, L. 8243-2 et L. 8256-7, cette diffusion est assurée par les services du ministre chargé du travail sur une partie du site internet de ce ministère, dédiée à la diffusion des décisions pénales prononcées sur le fondement des dispositions susmentionnées à titre de peine complémentaire, en matière d'infractions de travail illégal. Cette rubrique est consultable librement et gratuitement par toute personne.

Art. R. 8211-2. Lorsqu'une personne physique ou morale est condamnée par une décision pénale pour l'une des infractions de travail illégal mentionnées aux articles L. 8224-1, L. 8224-2, L. 8224-5, L. 8234-1, L. 8234-2, L. 8243-1, L. 8256-2 et L. 8256-7 à une peine complémentaire de diffusion de la décision pénale sur la partie dédiée du site internet du ministère, le greffe de la juridiction transmet la décision aux services de l'administration centrale du ministère chargé du travail dès qu'elle a acquis un caractère définitif dans les conditions prévues par l'article 708 du code de procédure pénale, et sans préjudice des dispositions des articles 471 et 512 du même code.

La transmission, qui peut être dématérialisée, est assurée dans des conditions garantissant l'intégrité et la confidentialité des données transmises.

Le greffe informe la personne condamnée de la transmission de la décision pénale au ministère chargé du travail en vue d'une publication sur la partie dédiée du site internet de ce ministère.

Art. R. 8211-3. Les informations relatives aux personnes physiques ou morales condamnées mises en ligne sur le site internet sont :
1° Pour les personnes physiques :
a) Identité (nom, prénom(s), sexe, date et lieu de naissance) ;
b) SIREN ou SIRET ou, le cas échéant, numéro d'immatriculation à un registre professionnel ou autre référence équivalente pour la personne établie à l'étranger, ou à un organisme chargé du recouvrement des cotisations de sécurité sociale ;
c) Adresse professionnelle ;
d) Activité principale exercée (APE/ NAF) ;
e) Nature de l'infraction mentionnée à l'article R. 8211-2 ;

f) Date et dispositif de la décision ;
g) Date de mise en ligne ;
h) Durée de la diffusion et date de fin de la diffusion ;
i) Références de la juridiction et indication d'un éventuel appel ou d'un éventuel recours en cassation lorsque le juge du fond a ordonné l'exécution provisoire du jugement ou de l'arrêt en application respectivement des articles 471 et 512 du code de procédure pénale ;
2° Pour les personnes morales :
a) Dénomination sociale, objet social ou statut ;
b) Identité du représentant légal lorsque celui-ci est également condamné ;
c) Numéro SIREN ou SIRET ou, le cas échéant, numéro d'immatriculation à un registre professionnel, ou autre référence équivalente pour la personne établie à l'étranger ;
d) Adresse du siège social ;
e) Activité principale exercée (APE/ NAF) ;
f) Nature de l'infraction mentionnée à l'article R. 8211-2 ;
g) Date et dispositif de la décision ;
h) Date de mise en ligne ;
i) Durée et date de fin de la diffusion ;
j) Références de la juridiction.

Art. R. 8211-4. La peine complémentaire de diffusion prend effet à compter de la date de la mise en ligne de la décision pénale sur la partie dédiée du site internet du ministère chargé du travail, pour la durée fixée par cette décision.

Lorsqu'au cours du délai de diffusion fixé par la juridiction qui a ordonné l'exécution provisoire en application des articles 471 et 512 du code de procédure pénale, les termes du dispositif de la décision diffusée sont confirmés ou modifiés par les juridictions supérieures, les services du ministre chargé du travail procèdent sans délai, pour la durée de diffusion de la décision fixée par la juridiction du fond, à la mise à jour de la partie dédiée du site internet relative :
1° À la mention sur la partie dédiée du site d'un recours en appel ou en cassation ;
2° À la confirmation ou à la modification par la juridiction supérieure des termes du dispositif de la décision ;
3° À la cessation de la diffusion de la décision de condamnation sur la partie dédiée du site internet, lorsque la modification du jugement ou de l'arrêt par la juridiction supérieure implique le retrait des données.

Pour l'application des dispositions du présent article, le greffe de la juridiction concernée transmet sans délai aux services du ministre chargé du travail les nouvelles données nécessaires.

Art. R. 8211-5. L'autorité responsable du site internet au titre de la diffusion mentionnée à l'article R. 8211-1 des décisions pénales en matière d'infractions de travail illégal est le ministre chargé du travail (direction générale du travail).

Art. R. 8211-6. L'autorité responsable prend les mesures nécessaires pour assurer l'intégrité et la sécurité des pages sur lesquelles sont diffusées les informations mentionnées à l'article R. 8211-3 et la protection des données identifiantes en vue d'empêcher leur indexation par les sites de moteur de recherche.

Ces pages mentionnent l'interdiction faite à ces sociétés de procéder à l'indexation et au référencement des données contenues durant l'exécution de la peine ou à l'issue de celle-ci.

Elles informent que ces données ne peuvent faire l'objet par quiconque d'une reproduction sur d'autres sites internet ou sur tout support électronique.

Art. R. 8211-7. L'autorité responsable indique sur ces pages la possibilité pour la personne condamnée d'exercer ses droits d'accès et de rectification des informations la concernant auprès du ministre chargé du travail (direction générale du travail), en application des articles 39 et 40 de la loi n° 78-17 du 6 janvier 1978 relative à l'informatique, aux fichiers et aux libertés, et qu'elle ne dispose pas du droit d'opposition prévu à l'article 38 de ladite loi pendant la durée d'exécution de la peine.

Art. R. 8211-8. L'autorité responsable conserve les décisions transmises par les greffes des juridictions pendant une durée de cinq ans avant de procéder à leur destruction.

TITRE II

TRAVAIL DISSIMULÉ

Chapitre Ier

Interdictions

SECTION 1. Dispositions générales

Art. L. 8221-1. Sont interdits :

1° Le travail totalement ou partiellement dissimulé, défini et exercé dans les conditions prévues aux articles L. 8221-3 et L. 8221-5 ;

2° La publicité, par quelque moyen que ce soit, tendant à favoriser, en toute connaissance de cause, le travail dissimulé ;

3° Le fait de recourir sciemment, directement ou par personne interposée, aux services de celui qui exerce un travail dissimulé.

Art. L. 8221-2. Sont exclus des interdictions prévues au présent chapitre, les travaux d'urgence dont l'exécution immédiate est nécessaire pour prévenir les accidents imminents ou organiser les mesures de sauvetage.

SECTION 2. Travail dissimulé par dissimulation d'activité

Art. L. 8221-3. Est réputé travail dissimulé par dissimulation d'activité, l'exercice à but lucratif d'une activité de production, de transformation, de réparation ou de prestation de services ou l'accomplissement d'actes de commerce par toute personne qui, se soustrayant intentionnellement à ses obligations :

1° Soit n'a pas demandé son immatriculation au répertoire des métiers ou, dans les départements de la Moselle, du Bas-Rhin et du Haut-Rhin, au registre des entreprises ou au registre du commerce et des sociétés, lorsque celle-ci est obligatoire, ou a poursuivi son activité après refus d'immatriculation, ou postérieurement à une radiation ;

2° Soit n'a pas procédé aux déclarations qui doivent être faites aux organismes de protection sociale ou à l'administration fiscale en vertu des dispositions légales en vigueur. (L. 2011-1906 du 21 déc. 2011, art. 123, JO 22) « Cette situation peut notamment résulter de la non-déclaration d'une partie de son chiffre d'affaires ou de ses revenus ou de la continuation d'activité après avoir été radié par les organismes de protection sociale en application de l'article (L. 2017-1836 du 30 déc. 2017, art. 15, XI, JO 31) « L. 613-4 » du code de la sécurité sociale. »

(L. 2018-771 du 5 sept. 2018, art. 99, JO 6) « 3° Soit s'est prévalue des dispositions applicables au détachement de salariés lorsque l'employeur de ces derniers exerce dans l'État sur le territoire duquel il est établi des activités relevant uniquement de la gestion interne ou administrative, ou lorsque son activité est réalisée sur le territoire national de façon habituelle, stable et continue. »

Art. L. 8221-4. Les activités mentionnées à l'article L. 8221-3 sont présumées, sauf preuve contraire, accomplies à titre lucratif :

1° Soit lorsque leur réalisation a lieu avec recours à la publicité sous une forme quelconque en vue de la recherche de la clientèle ;

2° Soit lorsque leur fréquence ou leur importance est établie ;

3° Soit lorsque la facturation est absente ou frauduleuse ;

4° Soit lorsque, pour des activités artisanales, elles sont réalisées avec un matériel ou un outillage présentant par sa nature ou son importance un caractère professionnel.

Art. R. 8221-1. L'entrepreneur travaillant sur un chantier ayant donné lieu à la délivrance d'un permis de construire affiche sur ce chantier, pendant la durée de l'affichage du permis, son nom, sa raison ou sa dénomination sociale ainsi que son adresse.

L'affichage est assuré sur un panneau dont les indications sont lisibles de la voie publique.

SECTION 3. Travail dissimulé par dissimulation d'emploi salarié

Art. L. 8221-5. Est réputé travail dissimulé par dissimulation d'emploi salarié le fait pour tout employeur:

1° Soit de se soustraire intentionnellement à l'accomplissement de la formalité prévue à l'article L. 1221-10, relatif à la déclaration préalable à l'embauche;

(L. 2016-1088 du 8 août 2016, art. 105, II, JO 9) «2° Soit de se soustraire intentionnellement à la délivrance d'un bulletin de paie ou d'un document équivalent défini par voie réglementaire, ou de mentionner sur le bulletin de paie ou le document équivalent un nombre d'heures» de travail inférieur à celui réellement accompli, si cette mention ne résulte pas d'une convention ou d'un accord collectif d'aménagement du temps de travail conclu en application du titre II du livre Ier de la troisième partie;

(L. 2011-672 du 16 juin 2011, art. 73, JO 17) «3° Soit de se soustraire intentionnellement aux déclarations relatives aux salaires ou aux cotisations sociales assises sur ceux-ci auprès des organismes de recouvrement des contributions et cotisations sociales ou de l'administration fiscale en vertu des dispositions légales.»

Art. L. 8221-6. I. – Sont présumés ne pas être liés avec le donneur d'ordre par un contrat de travail dans l'exécution de l'activité donnant lieu à immatriculation ou inscription:

1° Les personnes physiques immatriculées au registre du commerce et des sociétés, au répertoire des métiers, au registre des agents commerciaux ou auprès des unions de recouvrement des cotisations de sécurité sociale et d'allocations familiales pour le recouvrement des cotisations d'allocations familiales;

2° Les personnes physiques inscrites au registre des entreprises de transport routier de personnes, qui exercent une activité de transport scolaire prévu par l'article (L. 2015-991 du 7 août 2015, art. 15, IV, JO 8, entrée en vigueur le 01.09.2017) « L. 214-18» du code de l'éducation ou de transport à la demande conformément à l'article 29 de la loi n° 82-1153 du 30 décembre 1982 d'orientation des transports intérieurs;

3° Les dirigeants des personnes morales immatriculées au registre du commerce et des sociétés et leurs salariés;

II. – L'existence d'un contrat de travail peut toutefois être établie lorsque les personnes mentionnées au I fournissent directement ou par une personne interposée des prestations à un donneur d'ordre dans des conditions qui les placent dans un lien de subordination juridique permanente à l'égard de celui-ci.

(L. 2011-1906 du 21 déc. 2011, art. 125, JO 22) «Dans ce cas, la dissimulation d'emploi salarié est établie si le donneur d'ordre s'est soustrait intentionnellement par ce moyen à l'accomplissement des obligations incombant à l'employeur mentionnées à l'article L. 8221-5.»

Le donneur d'ordre qui a fait l'objet d'une condamnation pénale pour travail dissimulé en application du présent II est tenu au paiement des cotisations et contributions sociales à la charge des employeurs, calculées sur les sommes versées aux personnes mentionnées au I au titre de la période pour laquelle la dissimulation d'emploi salarié a été établie.

Art. L. 8221-6-1. (L. 2008-776 du 4 août 2008, art. 11, JO 5) Est présumé travailleur indépendant celui dont les conditions de travail sont définies exclusivement par lui-même ou par le contrat les définissant avec son donneur d'ordre.

Art. R. 8221-2. (D. 2011-681 du 16 juin 2011, JO 18, entrée en vigueur le 01.08.2011) Sur demande des agents de contrôle mentionnés à l'article L. 8271-7, pour l'application des dispositions du 1° de l'article L. 8221-5, l'employeur produit l'avis de réception prévu à l'article R. 1221-7 s'il est encore tenu de le conserver en application de l'article R. 1221-8 ou, tant qu'il n'a pas reçu cet avis, les éléments leur permettant de vérifier qu'il a procédé à la déclaration préalable à l'embauche du salarié.

SECTION 4. Règles applicables à la diffusion d'annonces

Art. L. 8221-7. Toute personne qui publie, diffuse ou fait diffuser par tout moyen une offre de service ou de vente ou une annonce destinée à faire connaître son activité professionnelle au public est tenue:

1° Lorsqu'elle est soumise au respect des formalités mentionnées aux articles L. 8221-3 et L. 8221-5:

a) De mentionner un numéro d'identification prévu par décret en Conseil d'État ou, pour l'entreprise en cours de création, son nom ou sa dénomination sociale et son adresse professionnelle ;

b) De communiquer au responsable de la publication ou de la diffusion son nom ou sa dénomination sociale et son adresse professionnelle ;

2° Lorsqu'elle n'est pas soumise au respect des formalités mentionnées au 1° :

a) De mentionner son nom et son adresse sur toute annonce faite par voie d'affiche ou de prospectus ;

b) De communiquer son nom et son adresse au responsable de la publication ou de la diffusion.

Le responsable de la publication ou de la diffusion tient ces informations à la disposition des agents de contrôle mentionnés à l'article L. 8271-7 pendant un délai de six mois à compter de la cessation de la diffusion de l'annonce.

Art. R. 8221-3. Le numéro d'identification mentionné au a du 1° de l'article L. 8221-7 est le numéro unique d'identification des entreprises défini à l'article D. 123-235 du code de commerce.

SECTION 5. Dispositions d'application

Art. L. 8221-8. Un décret en Conseil d'État détermine les conditions d'application des dispositions du présent chapitre.

Chapitre II

Obligations et solidarité financière des donneurs d'ordre et des maîtres d'ouvrage

Art. L. 8222-1. Toute personne vérifie lors de la conclusion d'un contrat dont l'objet porte sur une obligation d'un montant minimum en vue de l'exécution d'un travail, de la fourniture d'une prestation de services ou de l'accomplissement d'un acte de commerce, et périodiquement jusqu'à la fin de l'exécution du contrat, que son cocontractant (L. 2011-672 du 16 juin 2011, art. 73, JO 17) « s'acquitte » :

1° des formalités mentionnées aux articles L. 8221-3 et L. 8221-5 ;

2° de l'une seulement des formalités mentionnées au 1°, dans le cas d'un contrat conclu par un particulier pour son usage personnel, celui de son conjoint, partenaire lié par un pacte civil de solidarité, concubin, de ses ascendants ou descendants.

Les modalités selon lesquelles sont opérées les vérifications imposées par le présent article sont précisées par décret.

Art. R. 8222-1. Les vérifications à la charge de la personne qui conclut un contrat, prévues à l'article L. 8222-1, sont obligatoires pour toute opération d'un montant au moins égal à (D. 2015-364 du 30 mars 2015, art. 13, I, JO 31, entrée en vigueur le 01.05.2015) « 5 000 euros hors taxes ».

Art. L. 8222-2. Toute personne qui méconnaît les dispositions de l'article L. 8222-1, ainsi que toute personne condamnée pour avoir recouru directement ou par personne interposée aux services de celui qui exerce un travail dissimulé, est tenue solidairement avec celui qui a fait l'objet d'un procès-verbal pour délit de travail dissimulé :

1° Au paiement des impôts, taxes et cotisations obligatoires ainsi que des pénalités et majorations dus par celui-ci au Trésor ou aux organismes de protection sociale ;

2° Le cas échéant, au remboursement des sommes correspondant au montant des aides publiques dont il a bénéficié ;

3° Au paiement des rémunérations, indemnités et charges dues par lui à raison de l'emploi de salariés n'ayant pas fait l'objet de l'une des formalités prévues aux articles L. 1221-10, relatif à la déclaration préalable à l'embauche et L. 3243-2, relatif à la délivrance du bulletin de paie.

Art. L. 8222-3. Les sommes dont le paiement est exigible en application de l'article L. 8222-2 sont déterminées à due proportion de la valeur des travaux réalisés, des services fournis, du bien vendu et de la rémunération en vigueur dans la profession.

Art. L. 8222-4. Lorsque le cocontractant intervenant sur le territoire national est établi ou domicilié à l'étranger, les obligations dont le respect fait l'objet de vérifications sont celles qui résultent de la réglementation d'effet équivalent de son pays d'origine et celles qui lui sont applicables au titre de son activité en France.

Art. L. 8222-5. Le maître de l'ouvrage ou le donneur d'ordre, informé par écrit par un agent de contrôle mentionné à l'article L. 8271-7 ou par un syndicat ou une association professionnels ou une institution représentative du personnel, de l'intervention (L. 2014-790 du 10 juil. 2014, art. 6, JO 11) «du cocontractant,» d'un sous-traitant ou d'un subdélégataire en situation irrégulière au regard des formalités mentionnées aux articles L. 8221-3 et L. 8221-5 enjoint aussitôt à son cocontractant de faire cesser sans délai cette situation.

À défaut, il est tenu solidairement avec son cocontractant au paiement des impôts, taxes, cotisations, rémunérations et charges mentionnés aux 1° à 3° de l'article L. 8222-2, dans les conditions fixées à l'article L. 8222-3.

Les dispositions du présent article ne s'appliquent pas au particulier qui contracte pour son usage personnel, celui de son conjoint, partenaire lié par un pacte civil de solidarité, concubin, de ses ascendants ou descendants.

Art. R. 8222-2. L'injonction adressée au cocontractant par le maître d'ouvrage ou le donneur d'ordre, en application du premier alinéa de l'article L. 8222-5, est réalisée par lettre recommandée avec avis de réception.

Art. L. 8222-6. (L. 2013-1203 du 23 déc. 2013, art. 83, I, JO 24) Sans préjudice des articles L. 8222-1 à L. 8222-3, toute personne morale de droit public ayant contracté avec une entreprise, informée par écrit par un agent de contrôle de la situation irrégulière de cette entreprise au regard des formalités mentionnées aux articles L. 8221-3 et L. 8221-5, enjoint aussitôt à cette entreprise de faire cesser sans délai cette situation.

L'entreprise ainsi mise en demeure apporte à la personne publique, dans un délai de deux mois, la preuve qu'elle a mis fin à la situation délictuelle. À défaut, le contrat peut être rompu sans indemnité, aux frais et risques de l'entrepreneur.

La personne morale de droit public informe l'agent auteur du signalement des suites données par l'entreprise à son injonction.

À défaut de respecter les obligations qui découlent des premier et troisième alinéas du présent article ou, en cas de poursuite du contrat, si la preuve de la fin de la situation délictuelle ne lui a pas été apportée dans un délai de six mois suivant la mise en demeure, la personne morale de droit public est tenue solidairement avec son cocontractant au paiement des sommes mentionnées aux 1° à 3° de l'article L. 8222-2, dans les conditions fixées à l'article L. 8222-3.

Art. R. 8222-3. L'injonction adressée à l'entreprise en situation irrégulière par la personne morale de droit public, en application du premier alinéa de l'article L. 8222-6, est réalisée par lettre recommandée avec avis de réception.

L'entreprise mise en demeure dispose d'un délai de quinze jours pour répondre à la personne publique.

Art. L. 8222-7. Un décret en Conseil d'État détermine les conditions d'application des dispositions du présent chapitre.

SECTION 2 (RÉGLEMENTAIRE). Cocontractant établi en France

Art. D. 8222-4. Le particulier qui contracte pour son usage personnel, celui de son conjoint, partenaire lié par un pacte civil de solidarité, concubin ou de ses ascendants ou descendants, est considéré comme ayant procédé aux vérifications imposées par l'article L. 8222-1 s'il se fait remettre, par son cocontractant, lors de la conclusion du contrat et tous les six mois jusqu'à la fin de son exécution, l'un des documents énumérés à l'article D. 8222-5.

Art. D. 8222-5. La personne qui contracte, lorsqu'elle n'est pas un particulier répondant aux conditions fixées par l'article D. 8222-4, est considérée comme ayant procédé aux vérifications imposées par l'article L. 8222-1 si elle se fait remettre par son cocontractant, lors de la conclusion et tous les six mois jusqu'à la fin de son exécution :

(D. 2011-1601 du 21 nov. 2011, JO 23, entrée en vigueur le 01.01.2012) « 1° Une attestation de fourniture des déclarations sociales et de paiement des cotisations et contributions de sécurité sociale prévue à l'article L. 243-15 émanant de l'organisme de protection sociale chargé du recouvrement des cotisations et des contributions datant de moins de six mois dont elle s'assure de l'authenticité auprès de l'organisme de recouvrement des cotisations de sécurité sociale ».

2° Lorsque l'immatriculation du cocontractant au registre du commerce et des sociétés ou au répertoire des métiers est obligatoire ou lorsqu'il s'agit d'une profession réglementée, l'un des documents suivants :

a) Un extrait de l'inscription au registre du commerce et des sociétés (K ou K *bis*) ;

b) Une carte d'identification justifiant de l'inscription au répertoire des métiers ;

c) Un devis, un document publicitaire ou une correspondance professionnelle, à condition qu'y soient mentionnés le nom ou la dénomination sociale, l'adresse complète et le numéro d'immatriculation au registre du commerce et des sociétés ou au répertoire des métiers ou à une liste ou un tableau d'un ordre professionnel, ou la référence de l'agrément délivré par l'autorité compétente ;

d) Un récépissé du dépôt de déclaration auprès d'un centre de formalités des entreprises pour les personnes en cours d'inscription.

SECTION 3 (RÉGLEMENTAIRE). Cocontractant établi à l'étranger

Art. D. 8222-6. Le particulier qui contracte pour son usage personnel, celui de son conjoint, partenaire lié par un pacte civil de solidarité, concubin ou de ses ascendants ou descendants, est considéré comme ayant procédé aux vérifications imposées par l'article L. 8222-4 s'il se fait remettre par son cocontractant établi ou domicilié à l'étranger, lors de la conclusion du contrat et tous les six mois jusqu'à la fin de son exécution, l'un des documents énumérés à l'article D. 8222-7.

Art. D. 8222-7. La personne qui contracte, lorsqu'elle n'est pas un particulier répondant aux conditions fixées par l'article D. 8222-6, est considérée comme ayant procédé aux vérifications imposées par l'article (D. 2009-289 du 13 mars 2009, JO 15) « L. 8222-4 » si elle se fait remettre par son cocontractant établi ou domicilié à l'étranger, lors de la conclusion du contrat et tous les six mois jusqu'à la fin de son exécution :

1° Dans tous les cas, les documents suivants :

a) Un document mentionnant son numéro individuel d'identification attribué en application de l'article 286 *ter* du code général des impôts. Si le cocontractant n'est pas tenu d'avoir un tel numéro, un document mentionnant son identité et son adresse ou, le cas échéant, les coordonnées de son représentant fiscal ponctuel en France ;

(D. 2011-1601 du 21 nov. 2011, JO 23, entrée en vigueur le 01.01.2012) « *b)* Un document attestant de la régularité de la situation sociale du cocontractant au regard du règlement (CE) n° 883/2004 du 29 avril 2004 ou d'une convention internationale de sécurité sociale et, lorsque la législation du pays de domiciliation le prévoit, un document émanant de l'organisme gérant le régime social obligatoire et mentionnant que le cocontractant est à jour de ses déclarations sociales et du paiement des cotisations afférentes, ou un document équivalent ou, à défaut, une attestation de fourniture des déclarations sociales et de paiement des cotisations et contributions de sécurité sociale prévue à l'article L. 243-15 du code de la sécurité sociale. Dans ce dernier cas, elle doit s'assurer de l'authenticité de cette attestation auprès de l'organisme chargé du recouvrement des cotisations et contributions sociales » ;

2° Lorsque l'immatriculation du cocontractant à un registre professionnel est obligatoire dans le pays d'établissement ou de domiciliation, l'un des documents suivants :

a) Un document émanant des autorités tenant le registre professionnel ou un document équivalent certifiant cette inscription ;

b) Un devis, un document publicitaire ou une correspondance professionnelle, à condition qu'y soient mentionnés le nom ou la dénomination sociale, l'adresse complète et la nature de l'inscription au registre professionnel ;

c) Pour les entreprises en cours de création, un document datant de moins de six mois émanant de l'autorité habilitée à recevoir l'inscription au registre professionnel et attestant de la demande d'immatriculation audit registre.

Art. D. 8222-8. Les documents et attestations énumérés à l'article D. 8222-7 sont rédigés en langue française ou accompagnés d'une traduction en langue française.

Chapitre III
Droits des salariés et actions en justice

SECTION 1. Droits des salariés

Art. L. 8223-1. En cas de rupture de la relation de travail, le salarié auquel un employeur a eu recours dans les conditions de l'article L. 8221-3 ou en commettant les faits prévus à l'article L. 8221-5 a droit à une indemnité forfaitaire égale à six mois de salaire.

Art. L. 8223-1-1. (L. 2014-788 du 10 juil. 2014, art. 6, JO 11) Sans préjudice du chapitre Ier du présent titre et des articles L. 8113-7 et L. 8271-8 du présent code, lorsque l'(L. 2016-1088 du 8 août 2016, art. 113, III, 9°, JO 9) « agent de contrôle de l'inspection du travail mentionné à l'article L. 8112-1 du présent code » constate qu'un stagiaire occupe un poste de travail en méconnaissance des articles L. 124-7 et L. 124-8 du code de l'éducation ou que l'organisme d'accueil ne respecte pas les articles L. 124-13 et L. 124-14 du même code, il en informe le stagiaire, l'établissement d'enseignement dont il relève, ainsi que les institutions représentatives du personnel de l'organisme d'accueil, dans des conditions fixées par décret.

Art. L. 8223-2. Le salarié obtient des agents de contrôle mentionnés à l'article L. 8271-7, dans des conditions définies par décret, les informations relatives à l'accomplissement par son employeur de la déclaration préalable à l'embauche le concernant.

Lorsque cette formalité n'est pas accomplie par l'employeur, ces agents sont habilités à communiquer au salarié les informations relatives à son inscription sur le registre unique du personnel.

Art. L. 8223-3. Un décret en Conseil d'État détermine les conditions d'application des dispositions du présent chapitre.

Art. D. 8223-1. En application de l'article L. 8223-2, le salarié obtient les informations relatives à l'accomplissement par l'employeur de la déclaration préalable à l'embauche le concernant sur demande écrite.

La demande du salarié contient :

1° Ses nom, prénoms, nationalité, date et lieu de naissance ;

2° Son numéro national d'identification, s'il est déjà immatriculé à la sécurité sociale ;

3° Son adresse ;

4° Sa date d'embauche et la période de travail pour laquelle l'information relative à l'accomplissement de la déclaration préalable à l'embauche est sollicitée.

Art. D. 8223-2. La réponse à la demande du salarié lui est adressée dans les trente jours qui suivent la réception de sa demande.

Elle contient les informations relatives à :

1° L'existence ou non d'une déclaration préalable à l'embauche le concernant, correspondant à la date d'embauche et à la période d'emploi mentionnées dans sa demande ;

2° Lorsque l'embauche a fait l'objet d'une déclaration, la date et l'heure prévisibles d'embauche indiquées par l'employeur, ainsi que la date et l'heure auxquelles il a procédé à la déclaration ;

3° La dénomination sociale ou les nom et prénoms de l'employeur qui a procédé à cette déclaration ainsi que son adresse professionnelle et, le cas échéant, son numéro SIRET.

Art. D. 8223-3. Lorsque la demande du salarié est présentée verbalement, cette demande et la réponse qui lui est apportée sont consignées par procès-verbal.

SECTION 2. Actions en justice

Note Cette section a été introduite par la loi 2014-790 du 10 juillet 2014, art. 9, JO 11.

Art. L. 8223-4. Les organisations syndicales représentatives peuvent exercer en justice toutes les actions résultant de l'application du présent titre en faveur d'un salarié, sans avoir à justifier d'un mandat de l'intéressé.

Il suffit que celui-ci ait été averti, dans des conditions déterminées par voie réglementaire, et ne s'y soit pas opposé dans un délai de quinze jours à compter de la date à laquelle l'organisation syndicale lui a notifié son intention.

L'intéressé peut toujours intervenir à l'instance engagée par le syndicat et y mettre un terme à tout moment.

Art. D. 8223-4. (D. 2015-364 du 30 mars 2015, art. 14, JO 31, entrée en vigueur le 01.05.2015) Le salarié est informé de l'action en justice envisagée par l'organisation syndicale représentative en application de l'article L. 8223-4 par tout moyen conférant date certaine. (D. 2015-1327 du 21 oct. 2015, JO 23) « Cette information » précise la nature et l'objet de l'action envisagée par l'organisation syndicale et indique que :

1° Le salarié peut faire connaître à l'organisation syndicale son opposition à l'action envisagée dans un délai de quinze jours à compter de la date de réception de l'information ;

2° L'organisation syndicale peut exercer elle-même les voies de recours ;

3° Le salarié peut, à tout moment, intervenir dans l'instance engagée par l'organisation syndicale.

Chapitre IV

Dispositions pénales

Art. L. 8224-1. Le fait de méconnaître les interdictions définies à l'article L. 8221-1 est puni d'un emprisonnement de trois ans et d'une amende de 45 000 €.

Art. L. 8224-2. Le fait de méconnaître les interdictions définies à l'article L. 8221-1 par l'emploi dissimulé d'un mineur soumis à l'obligation scolaire est puni d'un emprisonnement de cinq ans et d'une amende de 75000 €.

(L. 2014-1554 du 22 déc. 2014, art. 94, JO 24) « Le fait de méconnaître les interdictions définies au même article L. 8221-1 en commettant les faits à l'égard de plusieurs personnes ou d'une personne dont la vulnérabilité ou l'état de dépendance sont apparents ou connus de l'auteur est puni d'un emprisonnement de cinq ans et d'une amende de 75000 €. »

(L. 2014-790 du 10 juil. 2014, art. 13, JO 11) « Le fait de méconnaître les interdictions définies aux 1° et 3° du même article L. 8221-1 en commettant les faits en bande organisée est puni de dix ans d'emprisonnement et de 100000 € d'amende. »

Art. L. 8224-3. Les personnes physiques coupables des infractions prévues aux articles L. 8224-1 et L. 8224-2 encourent les peines complémentaires suivantes :

(L. 2008-776 du 4 août 2008, art. 11, JO 5) « 1° L'interdiction, suivant les modalités prévues par l'article 131-27 du code pénal, soit d'exercer une fonction publique ou d'exercer l'activité professionnelle ou sociale dans l'exercice ou à l'occasion de l'exercice de laquelle l'infraction a été commise, soit d'exercer une profession commerciale ou industrielle, de diriger, d'administrer, de gérer ou de contrôler à un titre quelconque, directement ou indirectement, pour son propre compte ou pour le compte d'autrui, une entreprise commerciale ou industrielle ou une société commerciale. Ces interdictions d'exercice peuvent être prononcées cumulativement ; »

2° L'exclusion des marchés publics pour une durée de cinq ans au plus ;

(L. 2015-990 du 6 août 2015, art. 282, II, JO 7) « 3° La peine de confiscation dans les conditions et selon les modalités prévues à l'article 131-21 du code pénal ; »

(L. 2018-771 du 5 sept. 2018, art. 102, 1°, JO 6) « 4° L'affichage ou la diffusion de la décision prononcée, dans les conditions prévues à l'article 131-35 du même code.

Le prononcé de la peine complémentaire d'affichage ou de diffusion de la décision est obligatoire à l'encontre de toute personne coupable d'un délit mentionné à l'article L. 8224-2 du présent code. L'affichage ou la diffusion est alors opéré pour une durée maximale d'un an par les services du ministre chargé du travail sur un site internet dédié, dans des conditions prévues par décret en Conseil d'État pris après avis de la Commission nationale de l'informatique et des libertés. Toutefois, la juridiction peut, par une décision spécialement motivée, décider de ne pas prononcer la peine mentionnée au présent alinéa, en considération des circonstances de l'infraction et de la personnalité de son auteur ; »

5° L'interdiction, suivant les modalités prévues par l'article 131-26 du code pénal, des droits civiques, civils et de famille.

Art. L. 8224-4. Tout étranger coupable des infractions prévues aux articles L. 8224-1 et L. 8224-2 est passible d'une interdiction du territoire français qui peut être prononcée dans les conditions prévues par l'article 131-30 du code pénal pour une durée de cinq ans au plus.

Art. L. 8224-5. Les personnes morales reconnues pénalement responsables, dans les conditions prévues par l'article 121-2 du code pénal, des infractions prévues par les articles L. 8224-1 et L. 8224-2 encourent:

1° L'amende, dans les conditions prévues à l'article 131-38 du code pénal;

2° Les peines mentionnées aux 1° à 5°, 8° (L. 2014-790 du 10 juil. 2014, art. 12, JO 11) «et 12°» de l'article 131-39 du même code.

L'interdiction prévue au 2° de l'article 131-39 du code pénal porte sur l'activité dans l'exercice ou à l'occasion de l'exercice de laquelle l'infraction a été commise.

(L. 2018-771 du 5 sept. 2018, art. 102, 2°, JO 6) «3° L'affichage ou la diffusion de la décision prononcée, dans les conditions prévues à l'article 131-39 du code pénal.

Le prononcé de la peine complémentaire d'affichage ou de diffusion de la décision est obligatoire à l'encontre de toute personne coupable d'un délit mentionné à l'article L. 8224-2 du présent code. L'affichage ou la diffusion est alors opéré pour une durée maximale d'un an par les services du ministre chargé du travail sur un site internet dédié, dans des conditions prévues par décret en Conseil d'État pris après avis de la Commission nationale de l'informatique et des libertés. Toutefois, la juridiction peut, par une décision spécialement motivée, décider de ne pas prononcer la peine mentionnée au présent alinéa en considération des circonstances de l'infraction et de la personnalité de son auteur.»

Art. L. 8224-5-1. (L. 2011-672 du 16 juin 2011, art. 88, JO 17) Le prononcé de la peine complémentaire de fermeture provisoire d'établissement mentionnée au 4° de l'article 131-39 du code pénal n'entraîne ni rupture, ni suspension du contrat de travail, ni aucun préjudice pécuniaire à l'encontre des salariés de l'établissement concerné.

Art. L. 8224-6. Le fait, pour toute personne soumise aux obligations énoncées à l'article L. 8221-7, de diffuser ou de faire diffuser, ou de communiquer au responsable de la publication ou de la diffusion des informations mensongères relatives à son identification est puni d'une amende de 7 500 €.

Art. R. 8224-1. Le fait de ne pas respecter l'obligation d'affichage prévue à l'article R. 8221-1, est puni de l'amende prévue pour les contraventions de la cinquième classe.

TITRE III

MARCHANDAGE

Chapitre Ier

Interdiction

Art. L. 8231-1. Le marchandage, défini comme toute opération à but lucratif de fourniture de main-d'œuvre qui a pour effet de causer un préjudice au salarié qu'elle concerne ou d'éluder l'application de dispositions légales ou de stipulations d'une convention ou d'un accord collectif de travail, est interdit.

Chapitre II

Obligations et solidarité financière du donneur d'ordre

Art. L. 8232-1. Lorsqu'un chef d'entreprise conclut un contrat pour l'exécution d'un travail ou la fourniture de services avec un entrepreneur qui recrute lui-même la main-d'œuvre nécessaire et que celui-ci n'est pas propriétaire d'un fonds de commerce ou d'un fonds artisanal, le chef d'entreprise respecte, à l'égard des salariés de l'entrepreneur employés dans son établissement ou les dépendances de celui-ci et sous les mêmes sanctions que pour ses propres salariés, les prescriptions prévues:

1° À l'article L. 1225-29, relatives aux repos obligatoires prénatal et postnatal;

2° Aux articles L. 1225-30 à L. 1225-33, relatives aux dispositions particulières à l'allaitement;

3° Au livre Ier de la troisième partie, relatives à la durée du travail, aux repos et aux congés;

4° À la quatrième partie, relatives à la santé et à la sécurité au travail.

Art. D. 8232-1. L'entrepreneur qui, en application de l'article L. 8232-1, a conclu un contrat avec un chef d'entreprise sans être propriétaire d'un fonds de commerce ou d'un fonds artisanal et qui fait exécuter des travaux dans les ateliers, magasins ou chantiers autres que ceux de l'entrepreneur principal qui lui a confié ces travaux, affiche dans chacun de ces ateliers, magasins ou chantiers, le nom et l'adresse de la personne de qui il tient les travaux.

Art. L. 8232-2. En cas de défaillance de l'entreprise, à laquelle il est recouru dans les conditions prévues à l'article L. 8232-1, le chef d'entreprise encourt, nonobstant toute stipulation contraire, les responsabilités suivantes :

1° Si les travaux sont exécutés ou les services fournis dans son établissement ou dans les dépendances de celui-ci, le chef d'entreprise est substitué au sous-traitant en ce qui concerne les salariés que celui-ci emploie pour le paiement des salaires et des congés payés ainsi que pour les obligations résultant de la législation sur les assurances sociales, sur les accidents du travail et les maladies professionnelles et sur les prestations familiales ;

2° S'il s'agit de travaux exécutés dans des établissements autres que ceux du chef d'entreprise ou de travaux exécutés par des salariés travaillant à domicile, le chef d'entreprise est substitué au sous-traitant pour le paiement des salaires et congés payés ainsi que pour le versement de la cotisation des prestations familiales et de la double cotisation des assurances sociales.

Art. L. 8232-3. Dans les cas prévus au présent chapitre, le salarié lésé, les organismes de sécurité sociale et d'allocations familiales et la caisse de congés payés peuvent engager, en cas de défaillance de l'entrepreneur, une action directe contre le chef d'entreprise pour lequel le travail a été réalisé.

Chapitre III
Actions en justice

Art. L. 8233-1. Les organisations syndicales représentatives peuvent exercer en justice toutes les actions résultant de l'application des dispositions du présent titre en faveur d'un salarié sans avoir à justifier d'un mandat de l'intéressé.

Il suffit que celui-ci ait été averti, dans des conditions déterminées par voie réglementaire, et ne s'y soit pas opposé dans un délai de quinze jours à compter de la date à laquelle l'organisation syndicale lui a notifié son intention.

L'intéressé peut toujours intervenir à l'instance engagée par le syndicat et y mettre un terme à tout moment.

Art. D. 8233-1. (D. 2015-364 du 30 mars 2015, art. 15, I, JO 31, entrée en vigueur le 01.05.2015) Le salarié est informé de l'action en justice envisagée par l'organisation syndicale représentative en application de l'article L. 8233-1 par tout moyen conférant date certaine. Cette information précise la nature et l'objet de l'action envisagée par l'organisation syndicale et indique que :

1° Le salarié peut faire connaître à l'organisation syndicale son opposition à l'action envisagée dans un délai de quinze jours à compter de la date de réception de l'information ;

2° L'organisation syndicale peut exercer elle-même les voies de recours ;

3° Le salarié peut, à tout moment, intervenir dans l'instance engagée par l'organisation syndicale.

Art. D. 8233-2. Passé le délai de quinze jours prévu au 4° de l'article D. 8233-1, l'acceptation du salarié est considérée comme tacitement acquise.

Chapitre IV
Dispositions pénales

Art. L. 8234-1. Le fait de commettre le délit de marchandage, défini par l'article L. 8231-1, est puni d'un emprisonnement de deux ans et d'une amende de 30 000 €.

(L. 2014-1554 du 22 déc. 2014, art. 94, JO 24) « Les peines sont portées à cinq ans d'emprisonnement et à 75 000 € d'amende :

1° Lorsque l'infraction est commise à l'égard de plusieurs personnes ;

2° Lorsque l'infraction est commise à l'égard d'une personne dont la vulnérabilité ou l'état de dépendance sont apparents ou connus de l'auteur. »

(L. 2014-790 du 10 juil. 2014, art. 13, JO 11) « Les peines sont portées à dix ans d'emprisonnement et à 100 000 € d'amende lorsque l'infraction est commise en bande organisée. »

(L. 2015-990 du 6 août 2015, art. 282, III, JO 7) « La juridiction peut ordonner, à titre de peine complémentaire, la peine de confiscation dans les conditions et selon les modalités prévues à l'article 131-21 du code pénal. »

La juridiction peut prononcer, en outre, l'interdiction de sous-traiter de la main-d'œuvre pour une durée de deux à dix ans.

Le fait de méconnaître cette interdiction, directement ou par personne interposée, est puni d'un emprisonnement de douze mois et d'une amende de 12 000 €.

(L. 2014-790 du 10 juil. 2014, art. 8, JO 11) « La juridiction peut également ordonner, à titre de peine complémentaire, l'affichage ou la diffusion de la décision prononcée, dans les conditions prévues à l'article 131-35 du code pénal. Lorsqu'une amende est prononcée, la juridiction peut ordonner que cette diffusion soit opérée, pour une durée maximale de deux ans, par les services du ministre chargé du travail sur un site internet dédié, dans des conditions prévues par décret en Conseil d'État pris après avis de la Commission nationale de l'informatique et des libertés. »

Art. L. 8234-2. Les personnes morales reconnues pénalement responsables, dans les conditions prévues par l'article 121-2 du code pénal, du délit de marchandage défini à l'article L. 8231-1 encourent les peines suivantes :

1° L'amende dans les conditions prévues à l'article 131-38 du code pénal ;

2° Les peines mentionnées aux 1° à 5°, 8°, (L. 2014-790 du 10 juil. 2014, art. 12, JO 11) « 9° et 12° » de l'article 131-39 du même code.

L'interdiction mentionnée au 2° de l'article 131-39 porte sur l'activité dans l'exercice ou à l'occasion de l'exercice de laquelle l'infraction a été commise.

(L. 2014-790 du 10 juil. 2014, art. 8, JO 11) « Lorsqu'une amende est prononcée, la juridiction peut ordonner que la diffusion prévue au 9° du même article 131-39 soit opérée, pour une durée maximale de deux ans, par les services du ministre chargé du travail sur un site internet dédié, dans des conditions prévues par décret en Conseil d'État pris après avis de la Commission nationale de l'informatique et des libertés. »

Art. L. 8234-3. (L. 2011-672 du 16 juin 2011, art. 88, JO 17) Le prononcé de la peine complémentaire de fermeture provisoire d'établissement mentionnée au 4° de l'article 131-39 du code pénal n'entraîne ni rupture, ni suspension du contrat de travail, ni aucun préjudice pécuniaire à l'encontre des salariés de l'établissement concerné.

Art. R. 8234-1. Le fait, pour un entrepreneur ayant conclu un contrat dans les conditions prévues à l'article D. 8232-1, de ne pas afficher dans chacun des ateliers, magasins ou chantiers, le nom et l'adresse de la personne de qui il tient les travaux, est puni de l'amende prévue pour les contraventions de la quatrième classe.

TITRE IV

PRÊT ILLICITE DE MAIN-D'ŒUVRE

Chapitre Ier

Interdiction

Art. L. 8241-1. Toute opération à but lucratif ayant pour objet exclusif le prêt de main-d'œuvre est interdite.

Toutefois, ces dispositions ne s'appliquent pas aux opérations réalisées dans le cadre :

1° Des dispositions du présent code relatives au travail temporaire, aux entreprises de travail à temps partagé et à l'exploitation d'une agence de mannequins lorsque celle-ci est exercée par une personne titulaire de la licence d'agence de mannequin ;

2° Des dispositions de l'article L. 222-3 du code du sport relatives aux associations ou sociétés sportives ;

(L. 2008-789 du 20 août 2008, art. 10, JO 21) «3° Des dispositions des articles L. 2135-7 et L. 2135-8 du présent code relatives à la mise à disposition des salariés auprès des organisations syndicales ou des associations d'employeurs mentionnées à l'article L. 2231-1.»

(L. 2011-893 du 28 juil. 2011, art. 40, JO 29) «Une opération de prêt de main-d'œuvre ne poursuit pas de but lucratif lorsque l'entreprise prêteuse ne facture à l'entreprise utilisatrice, pendant la mise à disposition, que les salaires versés au salarié, les charges sociales afférentes et les frais professionnels remboursés à l'intéressé au titre de la mise à disposition.»

Art. L. 8241-2. Les opérations de prêt de main-d'œuvre à but non lucratif sont autorisées.

Dans ce cas, les articles L. 1251-21 à L. 1251-24, (Ord. 2017-1718 du 20 déc. 2017, art. 1er, I, 148°, JO 21) «les 2° et 3° de l'article L. 2312-6, le 9° du II de l'article L. 2312-26 et l'article L. 5221-4» du présent code ainsi que les articles L. 412-3 à L. 412-7 du code de la sécurité sociale sont applicables.

(L. 2011-893 du 28 juil. 2011, art. 40, JO 29) «Le prêt de main-d'œuvre à but non lucratif conclu entre entreprises requiert:

1° L'accord du salarié concerné;

2° Une convention de mise à disposition entre l'entreprise prêteuse et l'entreprise utilisatrice qui en définit la durée et mentionne l'identité et la qualification du salarié concerné, ainsi que le mode de détermination des salaires, des charges sociales et des frais professionnels qui seront facturés à l'entreprise utilisatrice par l'entreprise prêteuse;

3° Un avenant au contrat de travail, signé par le salarié, précisant le travail confié dans l'entreprise utilisatrice, les horaires et le lieu d'exécution du travail, ainsi que les caractéristiques particulières du poste de travail.

À l'issue de sa mise à disposition, le salarié retrouve son poste de travail (L. 2012-387 du 22 mars 2012, art. 56, JO 23) «ou un poste équivalent» dans l'entreprise prêteuse sans que l'évolution de sa carrière ou de sa rémunération ne soit affectée par la période de prêt.

Les salariés mis à disposition ont accès aux installations et moyens de transport collectifs dont bénéficient les salariés de l'entreprise utilisatrice.

Un salarié ne peut être sanctionné, licencié ou faire l'objet d'une mesure discriminatoire pour avoir refusé une proposition de mise à disposition.

La mise à disposition ne peut affecter la protection dont jouit un salarié en vertu d'un mandat représentatif.

Pendant la période de prêt de main-d'œuvre, le contrat de travail qui lie le salarié à l'entreprise prêteuse n'est ni rompu ni suspendu. Le salarié continue d'appartenir au personnel de l'entreprise prêteuse; il conserve le bénéfice de l'ensemble des dispositions conventionnelles dont il aurait bénéficié s'il avait exécuté son travail dans l'entreprise prêteuse.

Le (Ord. 2017-1386 du 22 sept. 2017, art. 4, 52°, JO 23, entrée en vigueur au plus tard le 01.01.2018) «comité social et économique est consulté préalablement à la mise en œuvre d'un prêt de main-d'œuvre et informé» des différentes conventions signées.

Le (Ord. 2017-1386 du 22 sept. 2017, art. 4, 52°, JO 23, entrée en vigueur au plus tard le 01.01.2018) «comité» de l'entreprise prêteuse est informé lorsque le poste occupé dans l'entreprise utilisatrice par le salarié mis à disposition figure sur la liste de ceux présentant des risques particuliers pour la santé ou la sécurité des salariés mentionnée au second alinéa de l'article L. 4154-2.

Le (Ord. 2017-1386 du 22 sept. 2017, art. 4, 52°, JO 23, entrée en vigueur au plus tard le 01.01.2018) «comité social et économique de l'entreprise utilisatrice est informé et consulté» préalablement à l'accueil de salariés mis à la disposition de celle-ci dans le cadre de prêts de main-d'œuvre.

L'entreprise prêteuse et le salarié peuvent convenir que le prêt de main-d'œuvre est soumis à une période probatoire au cours de laquelle il peut y être mis fin à la demande de l'une des parties. Cette période probatoire est obligatoire lorsque le prêt de main-d'œuvre entraîne la modification d'un élément essentiel du contrat de travail. La cessation du prêt de main-d'œuvre à l'initiative de l'une des parties avant la fin de la période probatoire ne peut, sauf faute grave du salarié, constituer un motif de sanction ou de licenciement.»

Art. L. 8241-3. (Ord. 2017-1387 du 22 sept. 2017, art. 33, JO 23, entrée en vigueur au plus tard le 01.01.2018) I. – (L. 2018-217 du 29 mars 2018, art. 11, I, 24°, JO 31) «Par dérogation au dernier alinéa» de l'article L. 8241-1 et dans les conditions prévues par le présent article, une entreprise peut mettre à disposition de manière temporaire ses salariés auprès (Ord. 2017-1718 du 20 déc. 2017, art. 1er, I, 149°,

JO 21) «d'une jeune ou d'une petite ou moyenne entreprise», afin de lui permettre d'améliorer la qualification de sa main-d'œuvre, de favoriser les transitions professionnelles ou de constituer un partenariat d'affaires ou d'intérêt commun. Le dispositif est applicable :

1° Pour les entreprises utilisatrices, (L. 2018-217 du 29 mars 2018, art. 11, I, 24°, JO 31) «aux personnes morales dont la liste est fixée aux *a* à *g* du 1 de l'article 238 *bis* du code général des impôts,» aux jeunes entreprises qui ont moins de huit ans d'existence au moment de la mise à disposition et aux petites ou moyennes entreprises (L. 2019-486 du 22 mai 2019, art. 11, VI, 23°, JO 23, entrée en vigueur le 01.01.2020) «de moins de» deux cent cinquante salariés ;

2° Pour les entreprises prêteuses, (Ord. 2017-1718 du 20 déc. 2017, art. 1er, I, 149°, JO 21) «aux entreprises ou aux entreprises appartenant à un groupe d'au moins 5 000 salariés».

(L. 2019-486 du 22 mai 2019, art. 11, VI, 23°, JO 23, entrée en vigueur le 01.01.2020) «L'effectif salarié et le franchissement du seuil de deux cent cinquante salariés sont déterminés selon les modalités prévues à l'article L. 130-1 du code de la sécurité sociale.»

La mise à disposition d'un salarié dans les conditions prévues au présent article ne peut être effectuée au sein d'un même groupe, au sens des dispositions de l'article L. 233-1, des I et II de l'article L. 233-3 et de l'article L. 233-16 du code de commerce.

Elle ne peut excéder une durée de deux ans.

II. – Les opérations de prêt de main-d'œuvre réalisées (Ord. 2017-1718 du 20 déc. 2017, art. 1er, I, 149°, JO 21) «sur le fondement» du présent article n'ont pas de but lucratif au sens de l'article L. 8241-1 (L. 2018-217 du 29 mars 2018, art. 11, I, 24°, JO 31) «pour les entreprises utilisatrices», même lorsque le montant facturé par l'entreprise prêteuse à l'entreprise utilisatrice est inférieur aux salaires versés au salarié, aux charges sociales afférentes et aux frais professionnels remboursés à l'intéressé au titre de sa mise à disposition temporaire (L. 2018-217 du 29 mars 2018, art. 11, I, 24°, JO 31) «ou est égal à zéro».

(Ord. 2017-1718 du 20 déc. 2017, art. 1er, I, 149°, JO 21) «Ces opérations ne sont pas soumises aux dispositions de l'article L. 8241-2.»

III. – Un décret en Conseil d'État détermine les conditions d'application du présent article.

Art. R. 8241-1. (D. 2017-1879 du 29 déc. 2017, JO 31, entrée en vigueur le 01.01.2018) I. – La durée d'existence maximale des jeunes entreprises mentionnées au 1° de l'article L. 8241-3 s'apprécie à compter de la date d'immatriculation à un registre professionnel ou, le cas échéant, de déclaration par l'entreprise de son activité.

II. – Le décompte des effectifs des entreprises mentionnées au (D. 2019-1586 du 31 déc. 2019, JO 1er janv. 2020, entrée en vigueur le 01.01.2020) «2° du» I de l'article L. 8241-3 s'effectue en référence à l'effectif occupé au dernier jour de l'année précédente et conformément aux dispositions de l'article L. 1111-2.

Art. R. 8241-2. (D. 2017-1879 du 29 déc. 2017, JO 31, entrée en vigueur le 01.01.2018) I. – Une convention de mise à disposition est conclue entre l'entreprise prêteuse et l'entreprise utilisatrice. Cette convention mentionne l'identité et la qualification du salarié concerné et le mode de détermination des salaires, des charges sociales et des frais professionnels qui seront facturés le cas échéant à l'entreprise utilisatrice par l'entreprise prêteuse. Elle précise la durée et la finalité poursuivie par l'opération de prêt au regard du premier alinéa de l'article L. 8241-3 du présent code et les missions confiées au salarié concerné.

L'employeur met à disposition du comité social et économique les informations relatives au nombre de conventions de mise à disposition conclues et aux types de postes occupés dans l'entreprise utilisatrice par les salariés mis à disposition, dans le cadre de la base de données économiques et sociales mentionnée à l'article L. 2312-18.

Les articles L. 1251-21 à L. 1251-24, les 2° et 3° de l'article L. 2312-6 et l'article L. 5221-4 du présent code ainsi que les articles L. 412-3 à L. 412-7 du code de la sécurité sociale sont applicables aux opérations mentionnées à l'article L. 8241-3.

II. – La mise à disposition ne peut être mise en œuvre qu'avec l'accord exprès et écrit du salarié concerné.

À l'issue de sa mise à disposition, le salarié retrouve son poste de travail ou un poste équivalent dans l'entreprise prêteuse sans que l'évolution de sa carrière ou de sa rémunération ne soit affectée par la période de prêt.

Un salarié ne peut être sanctionné, licencié ou faire l'objet d'une mesure discriminatoire pour avoir refusé une proposition de mise à disposition.

La mise à disposition ne peut affecter la protection dont jouit un salarié en vertu d'un mandat représentatif.

Pendant la période de prêt de main-d'œuvre, le contrat de travail qui lie le salarié à l'entreprise prêteuse n'est ni rompu ni suspendu. Le salarié continue d'appartenir au personnel de l'entreprise prêteuse. Il conserve le bénéfice de l'ensemble des dispositions conventionnelles dont il aurait bénéficié s'il avait exécuté son travail dans l'entreprise prêteuse.

Chapitre II

Actions en justice

Art. L. 8242-1. Les organisations syndicales représentatives peuvent exercer en justice toutes les actions résultant des dispositions du présent titre en faveur d'un salarié sans avoir à justifier d'un mandat de l'intéressé.

Il suffit que celui-ci ait été averti, dans des conditions déterminées par voie réglementaire, et ne s'y soit pas opposé dans un délai de quinze jours à compter de la date à laquelle l'organisation syndicale lui a notifié son intention.

L'intéressé peut toujours intervenir à l'instance engagée par le syndicat et y mettre un terme à tout moment.

Art. R. 8242-1. (D. 2015-364 du 30 mars 2015, art. 15, II, JO 31, entrée en vigueur le 01.05.2015) Le salarié est informé de l'action en justice envisagée par l'organisation syndicale représentative en application de l'article L. 8242-1 (D. 2015-1327 du 21 oct. 2015, JO 23) « par tout moyen conférant date certaine. Cette information » précise la nature et l'objet de l'action envisagée par l'organisation syndicale et indique que :

1° Le salarié peut faire connaître à l'organisation syndicale son opposition à l'action envisagée dans un délai de quinze jours à compter de la date de réception de la lettre ;

2° L'organisation syndicale peut exercer elle-même les voies de recours ;

3° Le salarié peut, à tout moment, intervenir dans l'instance engagée par l'organisation syndicale.

Art. R. 8242-2. Passé le délai de quinze jours prévu au 4° de l'article R. 8242-1, l'acceptation du salarié est considérée comme tacitement acquise.

Chapitre III

Dispositions pénales

Art. L. 8243-1. Le fait de procéder à une opération de prêt illicite de main-d'œuvre en méconnaissance des dispositions de l'article L. 8241-1, est puni d'un emprisonnement de deux ans et d'une amende de 30 000 €.

(L. 2014-1554 du 22 déc. 2014, art. 94, JO 24) « Les peines sont portées à cinq ans d'emprisonnement et à 75 000 € d'amende :

1° Lorsque l'infraction est commise à l'égard de plusieurs personnes ;

2° Lorsque l'infraction est commise à l'égard d'une personne dont la vulnérabilité ou l'état de dépendance sont apparents ou connus de l'auteur. »

(L. 2014-790 du 10 juil. 2014, art. 13, JO 11) « Les peines sont portées à dix ans d'emprisonnement et à 100 000 € d'amende lorsque l'infraction est commise en bande organisée. »

(L. 2015-990 du 6 août 2015, art. 282, III, JO 7) « La juridiction peut ordonner, à titre de peine complémentaire, la peine de confiscation dans les conditions et selon les modalités prévues à l'article 131-21 du code pénal. »

La juridiction peut prononcer, en outre, l'interdiction de sous-traiter de la main-d'œuvre pour une durée de deux à dix ans.

Le fait de méconnaître cette interdiction, directement ou par personne interposée, est puni d'un emprisonnement de douze mois et d'une amende de 12 000 €.

(L. 2014-790 du 10 juil. 2014, art. 8, JO 11) «Dans tous les cas, la juridiction peut ordonner l'affichage ou la diffusion de la décision prononcée, dans les conditions prévues à l'article 131-35 du code pénal. Lorsqu'une amende est prononcée, la juridiction peut ordonner que cette diffusion soit opérée, pour une durée maximale de deux ans, par les services du ministre chargé du travail sur un site internet dédié, dans des conditions prévues par décret en Conseil d'État pris après avis de la Commission nationale de l'informatique et des libertés.»

Art. L. 8243-2. Les personnes morales reconnues pénalement responsables, dans les conditions prévues par l'article 121-2 du code pénal, du délit de prêt illicite de main-d'œuvre prévu par l'article L. 8241-1 encourent les peines suivantes:

1° L'amende dans les conditions prévues à l'article 131-38 du code pénal;

2° Les peines mentionnées aux 1° à 5°, 8°, (L. 2014-790 du 10 juil. 2014, art. 12, JO 11) «9° et 12°» de l'article 131-39 du même code.

L'interdiction mentionnée au 2° de l'article 131-39 porte sur l'activité dans l'exercice ou à l'occasion de l'exercice de laquelle l'infraction a été commise.

(L. 2014-790 du 10 juil. 2014, art. 8, JO 11) «Lorsqu'une amende est prononcée, la juridiction peut ordonner que la diffusion prévue au 9° du même article 131-39 soit opérée, pour une durée maximale de deux ans, par les services du ministre chargé du travail sur un site internet dédié, dans des conditions prévues par décret en Conseil d'État pris après avis de la Commission nationale de l'informatique et des libertés.»

Art. L. 8243-3. (L. 2011-672 du 16 juin 2011, art. 88, JO 17) Le prononcé de la peine complémentaire de fermeture provisoire d'établissement mentionnée au 4° de l'article 131-39 du code pénal n'entraîne ni rupture, ni suspension du contrat de travail, ni aucun préjudice pécuniaire à l'encontre des salariés de l'établissement concerné.

TITRE V
EMPLOI D'ÉTRANGERS NON AUTORISÉS À TRAVAILLER

Chapitre Ier
Interdictions

Art. L. 8251-1. Nul ne peut, directement ou (L. 2011-672 du 16 juin 2011, art. 74, JO 17) «indirectement», embaucher, conserver à son service ou employer pour quelque durée que ce soit un étranger non muni du titre l'autorisant à exercer une activité salariée en France.

Il est également interdit à toute personne d'engager ou de conserver à son service un étranger dans une catégorie professionnelle, une profession ou une zone géographique autres que celles qui sont mentionnées, le cas échéant, sur le titre prévu au premier alinéa.

Art. L. 8251-2. (L. 2011-672 du 16 juin 2011, art. 75, JO 17, entrée en vigueur au plus tard le 30.09.2011) Nul ne peut, directement ou indirectement, recourir sciemment aux services d'un employeur d'un étranger (L. 2016-274 du 7 mars 2016, art. 18, 2°, JO 8) «non autorisé à travailler».

Chapitre II
Droits du salarié étranger

Art. L. 8252-1. Le salarié étranger employé en méconnaissance des dispositions du premier alinéa de l'article L. 8251-1 est assimilé, à compter de la date de son embauche, à un salarié régulièrement engagé au regard des obligations de l'employeur définies par le présent code:

1° Pour l'application des dispositions relatives aux périodes d'interdiction d'emploi prénatal et postnatal et à l'allaitement, prévues aux articles L. 1225-29 à L. 1225-33;

2° Pour l'application des dispositions relatives à la durée du travail, au repos et aux congés prévues au livre Ier de la troisième partie;

3° Pour l'application des dispositions relatives à la santé et la sécurité au travail prévues à la quatrième partie;

4° Pour la prise en compte de l'ancienneté dans l'entreprise.

Il en va de même pour les articles L. 713-1 et suivants du code rural (Ord. 2010-462 du 6 mai 2010, JO 7) «et de la pêche maritime» pour les professions agricoles.

Art. L. 8252-2. Le salarié étranger a droit au titre de la période d'emploi illicite:

1° Au paiement du salaire et des accessoires de celui-ci, conformément aux dispositions légales (L. 2011-672 du 16 juin 2011, art. 76, JO 17, entrée en vigueur au plus tard le 30.09.2011) «, conventionnelles» et aux stipulations contractuelles applicables à son emploi, déduction faite des sommes antérieurement perçues au titre de la période considérée. (L. 2011-672 du 16 juin 2011, art. 76, JO 17, entrée en vigueur au plus tard le 30.09.2011) «À défaut de preuve contraire, les sommes dues au salarié correspondent à une relation de travail présumée d'une durée de trois mois. Le salarié peut apporter par tous moyens la preuve du travail effectué;»

2° En cas de rupture de la relation de travail, à une indemnité forfaitaire égale à (L. 2011-672 du 16 juin 2011, art. 76, JO 17, entrée en vigueur au plus tard le 30.09.2011) «trois mois» de salaire, à moins que l'application des règles figurant aux articles L. 1234-5, L. 1234-9, L. 1243-4 et L. 1243-8 ou des stipulations contractuelles correspondantes ne conduise à une solution plus favorable.

(L. 2011-672 du 16 juin 2011, art. 76, JO 17, entrée en vigueur au plus tard le 30.09.2011) «3° Le cas échéant, à la prise en charge par l'employeur de tous les frais d'envoi des rémunérations impayées vers le pays dans lequel il est parti volontairement ou a été reconduit.

Lorsque l'étranger (L. 2016-274 du 7 mars 2016, art. 18, 3°, JO 8) «non autorisé à travailler a été employé» dans le cadre d'un travail dissimulé, il bénéficie soit des dispositions de l'article L. 8223-1, soit des dispositions du présent chapitre si celles-ci lui sont plus favorables.»

Le conseil de prud'hommes saisi peut ordonner par provision le versement de l'indemnité forfaitaire prévue au 2°.

Ces dispositions ne font pas obstacle au droit du salarié de demander en justice une indemnisation supplémentaire s'il est en mesure d'établir l'existence d'un préjudice non réparé au titre de ces dispositions.

Art. L. 8252-3. Le salarié étranger mentionné à l'article L. 8252-1 bénéficie des dispositions du chapitre III du titre V du livre II de la troisième partie relatives aux assurances et privilèges de salaire pour les sommes qui lui sont dues en application de cet article.

Art. L. 8252-4. (L. 2011-672 du 16 juin 2011, art. 77, JO 17, entrée en vigueur au plus tard le 30.09.2011) Les sommes dues à l'étranger (L. 2016-274 du 7 mars 2016, art. 18, 2°, JO 8) «non autorisé à travailler», dans les cas prévus aux 1° à 3° de l'article L. 8252-2, lui sont versées par l'employeur dans un délai de trente jours à compter de la constatation de l'infraction. Lorsque l'étranger est placé en rétention administrative en application de l'article L. 551-1 du code de l'entrée et du séjour des étrangers et du droit d'asile ou assigné à résidence en application de l'article L. 561-2 du même code ou lorsqu'il n'est plus sur le territoire national, ces sommes sont déposées sous le même délai auprès d'un organisme désigné à cet effet, puis reversées à l'étranger.

Lorsque l'employeur ne s'acquitte pas des obligations mentionnées au premier alinéa, l'organisme recouvre les sommes dues pour le compte de l'étranger.

Les modalités d'application des dispositions relatives à la consignation, au recouvrement et au reversement des sommes dues à l'étranger (L. 2016-274 du 7 mars 2016, art. 18, 2°, JO 8) «non autorisé à travailler» ainsi que les modalités d'information de celui-ci sur ses droits sont précisées par décret en Conseil d'État.

SECTION 1 (RÉGLEMENTAIRE). Information des étrangers non autorisés à travailler au regard de leurs droits

Note Les sections 1 à 3 ont été introduites par le décret 2011-1693 du 30 novembre 2011, art. 1er et 3, JO 1er déc.

Art. R. 8252-1. Lorsque l'un des agents mentionnés à l'article L. 8271-7 constate qu'un travailleur étranger est occupé sans être en possession d'un titre l'autorisant à exercer une activité salariée en France, il lui remet un document l'informant de ses droits dont le contenu est défini à l'article R. 8252-2.

SECTION 2 (RÉGLEMENTAIRE). Le document d'information

Art. R. 8252-2. Le document remis au salarié étranger (D. 2016-1456 du 28 oct. 2016, art. 26, JO 30, entrée en vigueur le 01.11.2016) « non autorisé à travailler » comporte les informations suivantes :

1° Dans tous les cas :

a) Le droit aux salaires et indemnités mentionnés aux 1° et 2° de l'article L. 8252-2 ;

b) L'obligation qui incombe à l'employeur de remettre les bulletins de paie, le certificat de travail et le solde de tout compte correspondant à la période d'emploi dans l'entreprise ;

c) La possibilité, lorsqu'il est placé dans l'une des situations mentionnées à la dernière phrase du premier alinéa de l'article L. 8252-4, d'obtenir le recouvrement des salaires et des indemnités auprès de l'Office français de l'immigration et de l'intégration ;

d) La possibilité, le cas échéant, de saisir la juridiction compétente en matière prud'homale aux fins d'obtenir le paiement des salaires et des indemnités, pour la partie non recouvrée par l'Office français de l'immigration et de l'intégration, notamment par l'intermédiaire d'une organisation syndicale représentative, conformément aux dispositions de l'article L. 8255-1 ;

e) La possibilité de saisir également la juridiction compétente en matière prud'homale afin de réclamer des dommages et intérêts s'il est en mesure d'établir l'existence d'un préjudice non réparé au titre des dispositions de l'article L. 8252-2 ;

f) La possibilité de porter plainte contre une personne qu'il accuse d'avoir commis à son encontre les infractions visées aux articles 225-4-1 à 225-4-6 et 225-5 à 225-10 du code pénal et de pouvoir bénéficier à cet effet d'une carte de séjour temporaire durant la procédure, au titre de l'article L. 316-1 du code de l'entrée et du séjour des étrangers et du droit d'asile ;

2° En outre, l'indication de l'indemnité forfaitaire mentionnée au 2° de l'article L. 8252-2 ou celle prévue par l'article L. 8223-1, en cas d'emploi dans les conditions définies aux articles L. 8221-3 et L. 8221-5.

Le document est traduit dans les langues les plus couramment utilisées désignées par le ministre chargé de l'immigration.

SECTION 3 (RÉGLEMENTAIRE). Modalités de paiement, de recouvrement et de versement des salaires et indemnités dus au salarié étranger non autorisé à travailler

Sous-section 1. Dispositions générales

Art. R. 8252-4. L'organisme mentionné à l'article L. 8252-4 est l'Office français de l'immigration et de l'intégration.

Art. R. 8252-5. Lorsqu'un des agents mentionnés à l'article L. 8271-7 a relevé une infraction à l'emploi d'étranger (D. 2016-1456 du 28 oct. 2016, art. 26, JO 30, entrée en vigueur le 01.11.2016) « non autorisé à travailler », il en informe sans délai l'Office français de l'immigration et de l'intégration, en précisant l'identité du contrevenant, du ou des salariés concernés ainsi que tout élément relatif à la mise en œuvre des dispositions de l'article L. 8252-2. Le préfet du département et, à Paris, le préfet de police tiennent l'office informé des mesures prises à l'égard du salarié concerné. Ce dernier informe l'office de sa situation au regard du règlement des sommes auxquelles il a droit en application de l'article L. 8252-2.

Sous-section 2. Paiement spontané par l'employeur des salaires et indemnités dus au salarié étranger non autorisé à travailler

Art. R. 8252-6. L'employeur d'un étranger (D. 2016-1456 du 28 oct. 2016, art. 26, JO 30, entrée en vigueur le 01.11.2016) « non autorisé à travailler » s'acquitte par tout moyen, dans le délai mentionné à l'article L. 8252-4, des salaires et indemnités déterminés à l'article L. 8252-2.

Il remet au salarié étranger (D. 2016-1456 du 28 oct. 2016, art. 26, JO 30, entrée en vigueur le 01.11.2016) « non autorisé à travailler » les bulletins de paie correspondants, un certificat de travail ainsi que le solde de tout compte. Il justifie, auprès de l'Office français de l'immigration et de l'intégration, par tout moyen, de l'accomplissement de ses obligations légales.

Art. R. 8252-7. Lorsque le salarié étranger est placé en rétention administrative, est assigné à résidence ou n'est déjà plus sur le territoire national, son employeur s'acquitte des sommes déterminées à l'article L. 8252-2, dans le délai mentionné à l'article L. 8252-4, auprès de l'Office français de l'immigration et de l'intégration, lequel les reverse à l'intéressé.

Sous-section 3. **Recouvrement forcé des salaires et indemnités dus au salarié étranger non autorisé à travailler**

Art. R. 8252-8. Pour tout salarié étranger placé en rétention administrative, assigné à résidence ou qui ne se trouve plus sur le territoire national, le directeur général de l'office rappelle à son employeur, par lettre recommandée avec avis de réception ou par tout autre moyen permettant de faire la preuve de sa réception par le destinataire, qu'il doit, s'il ne s'est pas déjà acquitté des sommes mentionnées à l'article R. 8252-6, les verser sans délai sur un compte ouvert par l'office au nom du salarié étranger concerné.

À défaut de règlement par l'employeur au terme du délai mentionné à l'article L. 8252-4, le directeur général émet à son encontre un titre exécutoire correspondant aux sommes dues en application de l'article L. 8252-2, pour permettre à l'agent comptable de l'office d'en effectuer le recouvrement. Le directeur général notifie sa décision à l'employeur ainsi que le titre de recouvrement par lettre recommandée avec avis de réception ou par tout autre moyen permettant de faire la preuve de sa réception par le destinataire.

Le recouvrement des sommes mentionnées au présent article est réalisé conformément aux dispositions régissant les états exécutoires émis pour le recouvrement des créances des établissements publics nationaux.

Si le salarié étranger est toujours sur le territoire national, l'agent comptable de l'office reverse les sommes au salarié étranger concerné.

Si le salarié étranger a quitté le territoire national, ces sommes sont transférées dans le pays où il est retourné ou a été reconduit afin qu'elles lui soient remises. Les frais d'envoi mentionnés au 3° de l'article L. 8252-2 sont mis à la charge de l'employeur.

Art. R. 8252-9. Si, dans la situation du salarié étranger mentionnée à l'article R. 8252-8, le directeur général de l'Office français de l'immigration et de l'intégration décide de mettre en œuvre la solidarité financière du donneur d'ordre mentionné à l'article L. 8254-2, il informe le donneur d'ordre, par lettre recommandée avec avis de réception ou par tout autre moyen permettant de faire la preuve de sa réception par le destinataire, qu'il doit verser les sommes dues sur un compte ouvert par l'office au nom du salarié étranger concerné.

À défaut de règlement par le donneur d'ordre au terme du délai fixé dans la décision mentionnée à l'alinéa précédent, qui ne peut être inférieur à quinze jours suivant sa notification, il est procédé dans les mêmes conditions qu'à l'article R. 8252-8.

Sous-section 4. **Recouvrement des sommes dues au salarié étranger non autorisé à travailler sur décision judiciaire**

§ 1. Dispositions générales

Art. R. 8252-10. Lorsque la juridiction statuant en matière prud'homale, saisie par un salarié étranger (D. 2016-1456 du 28 oct. 2016, art. 26, JO 30, entrée en vigueur le 01.11.2016) « non autorisé à travailler » ou son représentant, en application de l'article L. 8252-2, a rendu une décision passée en force de chose jugée condamnant l'employeur ou le donneur d'ordre au paiement des sommes restant dues, le greffe transmet une copie de cette décision au directeur général de l'Office français de l'immigration et de l'intégration.

Art. R. 8252-11. Lorsqu'une juridiction correctionnelle a prononcé une décision définitive condamnant une personne pour avoir recouru sciemment aux services d'un employeur d'un étranger (D. 2016-1456 du 28 oct. 2016, art. 26, JO 30, entrée en vigueur le 01.11.2016) « non autorisé à travailler », le greffe transmet une copie de la décision au directeur général de l'Office français de l'immigration et de l'intégration, afin de lui permettre de procéder à la mise en œuvre de la solidarité financière prévue à l'article L. 8254-2-2.

§ 2. Intervention de l'Office français de l'immigration et de l'intégration saisi sur décision judiciaire

Art. R. 8252-12. Lorsque le directeur général de l'Office français de l'immigration et de l'intégration est saisi d'une décision judiciaire mentionnée à l'article R. 8252-10, il enjoint la personne condamnée de verser ces sommes sur un compte ouvert au nom du salarié étranger concerné, par lettre recommandée avec avis de réception ou par tout autre moyen permettant de faire la preuve de sa réception par le destinataire.

À défaut de règlement par la personne condamnée au terme du délai fixé dans la décision mentionnée à l'alinéa précédent, qui ne peut être inférieur à quinze jours suivant sa notification, il est procédé dans les mêmes conditions qu'à l'article R. 8252-8.

Art. R. 8252-13. Lorsque le directeur général de l'Office français de l'immigration et de l'intégration est saisi d'une décision pénale mentionnée à l'article R. 8252-11, il met en œuvre dans les mêmes conditions la procédure prévue à l'article R. 8252-8.

Chapitre III

Contribution spéciale

Art. L. 8253-1. Sans préjudice des poursuites judiciaires pouvant être intentées à son encontre, l'employeur qui a employé un travailleur étranger en méconnaissance des dispositions du premier alinéa de l'article L. 8251-1 acquitte, (L. 2012-1509 du 29 déc. 2012, art. 42, JO 30) «pour chaque travailleur étranger (L. 2016-274 du 7 mars 2016, art. 18, 1°, JO 8) «non autorisé à travailler»,» une contribution spéciale. Le montant de cette contribution spéciale est déterminé dans des conditions fixées par décret en Conseil d'État. (L. 2012-1509 du 29 déc. 2012, art. 42, JO 30) «Il est, au plus, égal à 5 000 fois le taux horaire du minimum garanti prévu à l'article L. 3231-12. Ce montant peut être minoré en cas de non-cumul d'infractions ou en cas de paiement spontané par l'employeur des salaires et indemnités dus au salarié étranger (L. 2016-274 du 7 mars 2016, art. 18, 2°, JO 8) «non autorisé à travailler» mentionné à l'article R. 8252-6. Il est alors, au plus, égal à 2 000 fois ce même taux. Il peut être majoré en cas de réitération et est alors, au plus, égal à 15 000 fois ce même taux.»

(L. 2010-1657 du 29 déc. 2010, art. 78, JO 30) «L'Office français de l'immigration et de l'intégration est chargé de constater et (L. 2018-1317 du 28 déc. 2018, art. 245, II, JO 30, entrée en vigueur le 01.01.2018) «fixer le montant de cette contribution pour le compte de l'État selon des modalités définies par convention.

L'État est ordonnateur de la contribution spéciale. À ce titre, il liquide et émet le titre de perception.

Le comptable public compétent assure le recouvrement de cette contribution comme en matière de créances étrangères à l'impôt et aux domaines.»

Art. L. 8253-2. Le paiement de la contribution spéciale est garanti par un privilège sur les biens meubles et effets mobiliers des redevables, où qu'ils se trouvent, au même rang que celui dont bénéficie le Trésor en application de l'article 1920 du code général des impôts.

Art. L. 8253-3. Les créances privilégiées en application de l'article L. 8253-2 dues par un commerçant, un artisan ou une personne morale de droit privé même non commerçante, sont inscrites à un registre public, dans le délai de six mois suivant leur date limite de paiement.

L'inscription conserve le privilège pendant deux années et six mois à compter du jour où elle est effectuée. Elle ne peut être renouvelée.

Art. L. 8253-4. En cas de procédure de sauvegarde, de redressement ou de liquidation judiciaire du redevable ou d'un tiers tenu légalement au paiement de la contribution spéciale, le privilège dont l'inscription n'a pas été régulièrement requise à l'encontre du redevable ne peut plus être exercé pour les créances qui étaient soumises à titre obligatoire à cette inscription.

Les frais de poursuite dus par le redevable à la date du jugement d'ouverture ne sont pas dus.

Art. L. 8253-5. L'inscription d'une créance privilégiée en application de l'article L. 8253-2 peut faire l'objet à tout moment d'une radiation totale ou partielle.

Art. L. 8253-7. Un décret en Conseil d'État détermine les modalités d'application du présent chapitre.

Art. R. 8253-1. (D. 2012-812 du 16 juin 2012, art. 2, JO 19) La contribution spéciale prévue à l'article L. 8253-1 est due pour chaque étranger employé en méconnaissance des dispositions du premier alinéa de l'article L. 8251-1.

Cette contribution est à la charge de l'employeur qui a embauché ou employé un travailleur étranger non muni d'une autorisation de travail.

Art. R. 8253-2. (D. 2013-467 du 4 juin 2013, JO 6) I. – Le montant de la contribution spéciale prévue à l'article L. 8253-1 est égal à 5 000 fois le taux horaire, à la date de la constatation de l'infraction, du minimum garanti prévu à l'article L. 3231-12.

II. – Ce montant est réduit à 2 000 fois le taux horaire du minimum garanti dans l'un ou l'autre des cas suivants :

1° Lorsque le procès-verbal d'infraction ne mentionne pas d'autre infraction commise à l'occasion de l'emploi du salarié étranger en cause que la méconnaissance des dispositions du premier alinéa de l'article L. 8251-1 ;

2° Lorsque l'employeur s'est acquitté des salaires et indemnités mentionnés à l'article L. 8252-2 dans les conditions prévues par les articles R. 8252-6 et R. 8252-7.

III. – Dans l'hypothèse mentionnée au 2° du II, le montant de la contribution spéciale est réduit à 1 000 fois le taux horaire du minimum garanti lorsque le procès-verbal d'infraction ne mentionne l'emploi que d'un seul étranger sans titre l'autorisant à exercer une activité salariée en France.

IV. – Le montant de la contribution spéciale est porté à 15 000 fois le taux horaire du minimum garanti lorsqu'une méconnaissance du premier alinéa de l'article L. 8251-1 a donné lieu à l'application de la contribution spéciale à l'encontre de l'employeur au cours de la période de cinq années précédant la constatation de l'infraction.

Art. R. 8253-3. (D. 2012-812 du 16 juin 2012, art. 2, JO 19) Au vu des procès-verbaux qui lui sont transmis en application de l'article L. 8271-17, le directeur général de l'Office français de l'immigration et de l'intégration indique à l'employeur, par lettre recommandée avec avis de réception ou par tout autre moyen permettant de faire la preuve de sa date de réception par le destinataire, que les dispositions de l'article L. 8253-1 sont susceptibles de lui être appliquées et qu'il peut présenter ses observations dans un délai de quinze jours.

Art. R. 8253-4. (D. 2012-812 du 16 juin 2012, art. 2, JO 19) À l'expiration du délai fixé, le directeur général de l'Office français de l'immigration et de l'intégration décide, au vu des observations éventuelles de l'employeur, de l'application de la contribution spéciale prévue à l'article L. 8253-1.

(D. 2020-163 du 26 févr. 2020, JO 27) « Le ministre chargé de l'immigration est l'autorité compétente pour la liquider et émettre le titre de perception correspondant. »

La créance est recouvrée par le comptable public compétent comme en matière de créances étrangères à l'impôt et au domaine.

Chapitre IV

Solidarité financière du donneur d'ordre

Art. L. 8254-1. Toute personne vérifie, lors de la conclusion d'un contrat dont l'objet porte sur une obligation d'un montant minimum en vue de l'exécution d'un travail, de la fourniture d'une prestation de services ou de l'accomplissement d'un acte de commerce et périodiquement jusqu'à la fin de l'exécution de ce contrat, que son cocontractant s'acquitte de ses obligations au regard des dispositions du premier alinéa de l'article L. 8251-1.

Art. L. 8254-2. (L. 2011-672 du 16 juin 2011, art. 78, JO 17, entrée en vigueur au plus tard le 30.09.2011) La personne qui méconnaît l'article L. 8254-1 est tenue solidairement avec son cocontractant, sans préjudice de l'application des articles L. 8222-1 à L. 8222-6, au paiement :

1° Du salaire et des accessoires de celui-ci dus à l'étranger (L. 2016-274 du 7 mars 2016, art. 18, 2°, JO 8) « non autorisé à travailler », conformément au 1° de l'article L. 8252-2 ;

2° Des indemnités versées au titre de la rupture de la relation de travail, en application soit du 2° de l'article L. 8252-2, soit des articles L. 1234-5, L. 1234-9, L. 1243-4 et L. 1243-8 ou des stipulations contractuelles, lorsque celles-ci conduisent à une solution plus favorable pour le salarié ;

3° De tous les frais d'envoi des rémunérations impayées vers le pays dans lequel l'étranger est parti volontairement ou a été reconduit, mentionnés au 3° de l'article L. 8252-2 ;

4° De la contribution spéciale prévue à l'article L. 8253-1 du présent code et de la contribution forfaitaire prévue à l'article L. 626-1 du code de l'entrée et du séjour des étrangers et du droit d'asile.

Art. L. 8254-2-1. (L. 2011-672 du 16 juin 2011, art. 80, JO 17, entrée en vigueur au plus tard le 30.09.2011) Toute personne mentionnée à l'article L. 8254-1, informée par écrit par un agent mentionné à l'article L. 8271-1-2, par un syndicat de salariés, un syndicat ou une association professionnels d'employeurs ou une institution représentative du personnel que son cocontractant ou un sous-traitant direct ou indirect de ce dernier emploie un étranger (L. 2016-274 du 7 mars 2016, art. 18, 2°, JO 8) «non autorisé à travailler» enjoint aussitôt à son cocontractant de faire cesser cette situation.

L'employeur mis ainsi en demeure informe la personne mentionnée au premier alinéa des suites données à l'injonction. Si celle-ci n'est pas suivie d'effet, la personne mentionnée au premier alinéa peut résilier le contrat aux frais et risques du cocontractant.

La personne qui méconnaît le premier alinéa ainsi que son cocontractant sont tenus, solidairement avec le sous-traitant employant l'étranger (L. 2016-274 du 7 mars 2016, art. 18, 2°, JO 8) «non autorisé à travailler», au paiement des rémunérations et charges, contributions et frais mentionnés à l'article L. 8254-2.

Art. L. 8254-2-2. (L. 2011-672 du 16 juin 2011, art. 80, JO 17, entrée en vigueur au plus tard le 30.09.2011) Toute personne condamnée en vertu de l'article L. 8256-2 pour avoir recouru sciemment aux services d'un employeur d'un étranger (L. 2016-274 du 7 mars 2016, art. 18, 2°, JO 8) «non autorisé à travailler» est tenue solidairement avec cet employeur au paiement des rémunérations et charges, contributions et frais mentionnés aux 1° à 4° de l'article L. 8254-2.

Art. L. 8254-3. Le particulier qui conclut pour son usage personnel, celui de son conjoint, partenaire lié par un pacte civil de solidarité, concubin, de ses ascendants ou descendants un contrat dont l'objet porte sur une obligation d'un montant minimum est soumis aux dispositions des articles L. 8254-1 et L. 8254-2, lors de la conclusion de ce contrat.

Art. L. 8254-4. Les modalités selon lesquelles sont opérées les vérifications imposées par le présent chapitre ainsi que la répartition de la charge de la contribution en cas de pluralité de cocontractants sont précisées par décret.

SECTION 1 (RÉGLEMENTAIRE). Vérifications préalables

Art. D. 8254-1. Les vérifications à la charge de la personne qui conclut un contrat, prévues aux articles L. 8254-1 et L. 8254-3, sont obligatoires pour toute opération d'un montant au moins égal à (D. 2015-364 du 30 mars 2015, art. 13, JO 31, entrée en vigueur le 01.05.2015) « 5 000 euros hors taxes ».

Art. D. 8254-2. La personne à qui les vérifications prévues à l'article L. 8254-1 s'imposent se fait remettre, par son cocontractant, lors de la conclusion du contrat, la liste nominative des salariés étrangers employés par ce dernier et soumis à l'autorisation de travail prévue à l'article L. 5221-2.

Cette liste, établie à partir du registre unique du personnel, précise pour chaque salarié :

1° Sa date d'embauche ;

2° Sa nationalité ;

3° Le type et le numéro d'ordre du titre valant autorisation de travail.

Art. D. 8254-3. Lorsque le contrat est conclu avec un prestataire établi à l'étranger détachant des salariés sur le territoire national pour l'exécution de ce contrat, dans les conditions définies à l'article L. 1262-1, elle se fait remettre, lors de la conclusion du contrat, une liste nominative des salariés étrangers soumis à autorisation de travail, comprenant les indications prévues à l'article D. 8254-2.

Art. D. 8254-4. Sauf en ce qui concerne les particuliers, la liste nominative des salariés étrangers soumis à autorisation de travail est adressée tous les six mois, jusqu'à la fin de l'exécution du contrat.

Art. D. 8254-5. Pour les entreprises de travail temporaire, la communication de la liste nominative prévue à l'article D. 8254-2 est réputée accomplie lorsque les informations relatives au salarié étranger figurent dans le contrat de mise à disposition conclu avec l'utilisateur.

Art. D. 8254-6. L'agent de contrôle qui constate l'embauche ou l'emploi d'un étranger non muni d'un titre l'autorisant à exercer une activité salariée en France par le cocontractant prévu à l'article D. 8254-2, s'assure auprès de la personne à laquelle ce même article est applicable qu'elle s'est fait remettre par ce cocontractant la liste nominative des salariés étrangers soumis à autorisation de travail.

Lorsque cette liste n'a pas été remise, l'agent de contrôle le mentionne dans le procès-verbal prévu à l'article (D. 2012-812 du 16 juin 2012, art. 3, JO 19) « L. 8271-17 » ou dans une notice qui lui est annexée en précisant :

1° L'identité et l'adresse de chacune des personnes intéressées ;

2° L'objet et le montant de chacun des contrats qu'elles ont conclus en méconnaissance des obligations prévues à l'article L. 8254-1.

Un exemplaire du procès-verbal et, le cas échéant, de la notice sont adressés au (D. 2009-1377 du 10 nov. 2009, JO 13; D. 2010-687 du 24 juin 2010, JO 25; voir D. 2010-1582 du 17 déc. 2010, JO 18, pour outre-mer) « directeur régional des entreprises, de la concurrence, de la consommation, du travail et de l'emploi ».

SECTION 2 (RÉGLEMENTAIRE). Méconnaissance de l'obligation

Art. D. 8254-7. Indépendamment de la procédure prévue aux articles R. 8253-2 et suivants, le (D. 2009-1377 du 10 nov. 2009, JO 13; D. 2010-687 du 24 juin 2010, JO 25; voir D. 2010-1582 du 17 déc. 2010, JO 18, pour outre-mer) « directeur régional des entreprises, de la concurrence, de la consommation, du travail et de l'emploi » informe chaque personne mentionnée dans le procès-verbal ou la notice, par lettre recommandée avec avis de réception, que les dispositions de l'article L. 8254-2 sont susceptibles de lui être appliquées et qu'elle peut lui adresser des observations dans un délai de quinze jours.

Art. D. 8254-9. Dès que le délai de quinze jours est expiré et qu'il dispose des pièces mentionnées aux deuxième et troisième alinéas de l'article D. 8254-11, le directeur général de l' (D. 2009-331 du 25 mars 2009, JO 27) « Office français de l'immigration et de l'intégration » peut prescrire aux personnes mentionnées à l'article L. 8254-1 de consigner, sans délai, entre les mains de l'agent comptable de l'agence, une somme égale à 40 % du montant de la contribution spéciale. Cette somme est calculée conformément à l'article R. 8253-8.

Les dispositions de l'article R. 8253-10 sont applicables à cette consignation.

Art. D. 8254-10. Lorsque plusieurs personnes sont mentionnées au titre du même salarié étranger dans le procès-verbal mentionné à l'article R. 8253-2 et qu'il a ordonné la consignation, le directeur général de l' (D. 2009-331 du 25 mars 2009, JO 27) « Office français de l'immigration et de l'intégration » répartit à due proportion le montant de la somme à consigner entre ces personnes.

Art. D. 8254-11. Le (D. 2009-1377 du 10 nov. 2009, JO 13; D. 2010-687 du 24 juin 2010, JO 25; voir D. 2010-1582 du 17 déc. 2010, JO 18, pour outre-mer) « directeur régional des entreprises, de la concurrence, de la consommation, du travail et de l'emploi » vérifie que les conditions des articles L. 8254-1 et suivants sont réunies et demande à l'agent verbalisateur, si nécessaire, toutes informations complémentaires.

Il transmet au directeur général de l' (D. 2009-331 du 25 mars 2009, JO 27) « Office français de l'immigration et de l'intégration » son avis sur les modalités de mise en œuvre de la contribution spéciale à l'égard de chacune des personnes mentionnées dans la procédure.

Cet avis est accompagné du procès-verbal et de la notice qui lui est éventuellement annexée, ainsi que des observations de chacune de ces personnes s'il en a été produit.

Art. D. 8254-12. Au vu des documents qui lui sont transmis en application des articles D. 8254-2, D. 8254-4 et D. 8254-5, le directeur général de l' (D. 2009-331 du 25 mars 2009, JO 27) « Office français de l'immigration et de l'intégration » décide, conformément à l'article R. 8253-6, de l'application de la contribution spéciale à l'employeur qui a occupé le salarié étranger non muni d'un titre de travail.

S'il décide de faire application de la règle de solidarité financière prévue à l'article L. 8254-2, il notifie le titre de recouvrement soit à celui qui a occupé le salarié, soit aux personnes mentionnées à ce même article.

Art. D. 8254-13. Lorsque plusieurs personnes sont concernées par l'application, au titre du même salarié étranger, de la règle de solidarité financière prévue à l'article L. 8254-2, le directeur général de l' (D. 2009-331 du 25 mars 2009, JO 27) « Office français de l'immigration et de l'intégration » répartit le montant de la contribution spéciale à due proportion du nombre de personnes ayant contracté en méconnaissance des dispositions de l'article D. 8254-2.

Art. D. 8254-14. Lorsque la contribution spéciale est mise à la charge des personnes mentionnées à l'article L. 8254-1, elle est déterminée et recouvrée conformément aux dispositions des articles R. 8253-1, R. 8253-7, R. 8253-8, R. 8253-11, R. 8253-13 et R. 8253-14.

Chapitre V

Actions en justice

Art. L. 8255-1. Les organisations syndicales représentatives peuvent exercer en justice les actions nées en faveur des salariés étrangers en vertu des dispositions des articles L. 8252-1 et L. 8252-2, sans avoir à justifier d'un mandat de l'intéressé, à condition que celui-ci n'ait pas déclaré s'y opposer.

L'intéressé peut toujours intervenir à l'instance engagée par le syndicat.

Art. D. 8255-1. (D. 2015-364 du 30 mars 2015, art. 15, III, JO 31, entrée en vigueur le 01.05.2015) Le salarié est informé de l'action en justice envisagée par l'organisation syndicale représentative en application de l'article L. 8255-1 par tout moyen conférant date certaine. Cette information précise la nature et l'objet de l'action envisagée par l'organisation syndicale et indique que :

1° Le salarié peut faire connaître à l'organisation syndicale son opposition à l'action envisagée ;

2° L'organisation syndicale peut exercer elle-même les voies de recours ;

3° Le salarié peut toujours intervenir dans l'instance engagée par l'organisation syndicale.

Chapitre VI

Dispositions pénales

Art. L. 8256-1. Le fait de se rendre coupable de fraude ou de fausse déclaration pour obtenir, faire obtenir ou tenter de faire obtenir à un étranger le titre mentionné à l'article L. 8251-1 est puni d'un emprisonnement d'un an et d'une amende de 3000 €.

Art. L. 8256-2. Le fait pour toute personne, directement ou par personne interposée, d'embaucher, de conserver à son service ou d'employer pour quelque durée que ce soit un étranger non muni du titre l'autorisant à exercer une activité salariée en France, en méconnaissance des dispositions du premier alinéa de l'article L. 8251-1, est puni d'un emprisonnement de cinq ans et d'une amende de 15 000 €.

(L. 2011-672 du 16 juin 2011, art. 81, JO 17, entrée en vigueur au plus tard le 30.09.2011) « Le fait de recourir sciemment, directement ou indirectement, aux services d'un employeur d'un étranger (L. 2016-274 du 7 mars 2016, art. 18, 2°, JO 8) « non autorisé à travailler » est puni des mêmes peines. »

Ces peines sont portées à un emprisonnement de dix ans et une amende de 100 000 € lorsque l'infraction est commise en bande organisée.

(L. 2011-672 du 16 juin 2011, art. 74, JO 17) « Le premier alinéa n'est pas applicable à l'employeur qui, sur la base d'un titre frauduleux ou présenté frauduleusement par un étranger salarié, a procédé sans intention de participer à la fraude et sans connaissance de celle-ci à la déclaration auprès des organismes de sécurité sociale prévue à l'article L. 1221-10, à la déclaration unique d'embauche et à la vérification auprès des administrations territorialement compétentes du titre autorisant cet étranger à exercer une activité salariée en France. »

L'amende est appliquée autant de fois qu'il y a d'étrangers concernés.

Art. L. 8256-3. Les personnes physiques coupables des infractions prévues à l'article L. 8256-2 encourent les peines complémentaires suivantes :

1° L'interdiction, pour une durée de cinq ans au plus, d'exercer directement ou par personne interposée l'activité professionnelle dans l'exercice ou à l'occasion de l'exercice de laquelle l'infraction a été commise, selon les modalités prévues par l'article 131-27 du code pénal;

2° L'exclusion des marchés publics pour une durée de cinq ans au plus;

(L. 2015-990 du 6 août 2015, art. 282, II, JO 7) «3° La peine de confiscation dans les conditions et selon les modalités prévues à l'article 131-21 du code pénal;»

(L. 2014-790 du 10 juil. 2014, art. 8, JO 11) «4° L'affichage ou la diffusion de la décision prononcée, dans les conditions prévues à l'article 131-35 du code pénal. Lorsqu'une amende est prononcée, la juridiction peut ordonner que cette diffusion soit opérée, pour une durée maximale de deux ans, par les services du ministre chargé du travail sur un site internet dédié, dans des conditions prévues par décret en Conseil d'État pris après avis de la Commission nationale de l'informatique et des libertés;»

5° L'interdiction, suivant les modalités prévues par l'article 131-26 du code pénal, des droits civiques, civils et de la famille;

6° L'interdiction de séjour pour une durée de cinq ans au plus.

Art. L. 8256-4. Les personnes physiques coupables des infractions prévues à l'article L. 8256-2 encourent la peine complémentaire de fermeture des locaux ou établissements tenus ou exploités par elles et ayant servi à commettre les faits incriminés.

Art. L. 8256-5. Les personnes physiques condamnées au titre de l'infraction prévue au deuxième alinéa de l'article L. 8256-2 encourent la peine complémentaire de confiscation de tout ou partie de leurs biens, quelle qu'en soit la nature.

Art. L. 8256-6. L'interdiction du territoire français peut être prononcée, dans les conditions prévues par les articles 131-30 à 131-30-2 du code pénal, pour une durée de dix ans au plus ou à titre définitif à l'encontre de tout étranger coupable des infractions définies à l'article L. 8256-2.

Art. L. 8256-7. Les personnes morales reconnues pénalement responsables, dans les conditions prévues par l'article 121-2 du code pénal, des infractions prévues au présent chapitre, à l'exception de l'article L. 8256-1, encourent:

1° L'amende, dans les conditions prévues à l'article 131-38 du code pénal;

2° Les peines mentionnées aux 1° à 5°, 8°, (L. 2014-790 du 10 juil. 2014, art. 12, JO 11) «9° et 12°» de l'article 131-39 du même code.

L'interdiction mentionnée au 2° de l'article 131-39 porte sur l'activité dans l'exercice ou à l'occasion de l'exercice de laquelle l'infraction a été commise.

(L. 2014-790 du 10 juil. 2014, art. 8, JO 11) «Lorsqu'une amende est prononcée, la juridiction peut ordonner que la diffusion prévue au 9° du même article 131-39 soit opérée, pour une durée maximale de deux ans, par les services du ministre chargé du travail sur un site internet dédié, dans des conditions prévues par décret en Conseil d'État pris après avis de la Commission nationale de l'informatique et des libertés.»

Art. L. 8256-7-1. (L. 2011-672 du 16 juin 2011, art. 82, JO 17, entrée en vigueur au plus tard le 30.09.2011) Le prononcé de la peine complémentaire de fermeture provisoire d'établissement mentionnée au 4° de l'article 131-39 du code pénal n'entraîne ni rupture, ni suspension du contrat de travail, ni aucun préjudice pécuniaire à l'encontre des salariés de l'établissement concerné.

Art. L. 8256-8. Les personnes morales condamnées au titre de l'infraction prévue au (L. 2011-672 du 16 juin 2011, art. 81, JO 17, entrée en vigueur au plus tard le 30.09.2011) «troisième» alinéa de l'article L. 8256-2 encourent la peine complémentaire de confiscation de tout ou partie de leurs biens, quelle qu'en soit la nature.

Art. R. 8256-1. Le fait d'engager ou de conserver à son service un étranger dans une catégorie professionnelle, une profession ou une zone géographique autres que celles mentionnées, le cas échéant, sur le titre de travail mentionné au premier alinéa de l'article L. 8251-1, en méconnaissance du second alinéa de ce même article, est puni de l'amende prévue pour les contraventions de la cinquième classe.

La récidive est réprimée conformément aux articles 132-11 et 132-15 du code pénal.

TITRE VI

CUMULS IRRÉGULIERS D'EMPLOIS

Chapitre Ier

Interdictions et dérogations

SECTION 1. Interdictions

Art. L. 8261-1. Aucun salarié ne peut accomplir des travaux rémunérés au-delà de la durée maximale du travail, telle qu'elle ressort des dispositions légales de sa profession.

Art. L. 8261-2. Nul ne peut recourir aux services d'une personne qui méconnaît les dispositions de la présente section.

SECTION 2. Dérogations

Art. L. 8261-3. Sont exclus des interdictions prévues à l'article L. 8261-1 :

1° Les travaux d'ordre scientifique, littéraire ou artistique et les concours apportés aux œuvres d'intérêt général, notamment d'enseignement, d'éducation ou de bienfaisance ;

2° Les travaux accomplis pour son propre compte ou à titre gratuit sous forme d'une entraide bénévole ;

3° Les petits travaux ménagers accomplis chez des particuliers pour leurs besoins personnels ;

4° Les travaux d'extrême urgence dont l'exécution immédiate est nécessaire pour prévenir des accidents imminents ou organiser des mesures de sauvetage.

Art. D. 8261-1. Les agents de l'inspection du travail peuvent se faire communiquer, par les chefs d'établissement soumis à leur contrôle, la liste des noms et adresses de tous les fournisseurs de ces établissements et, pour chacun de ces fournisseurs, une lettre ou tout autre document faisant mention de l'inscription au registre du commerce ou au registre des métiers.

Art. D. 8261-2. Lorsque des présomptions tirées notamment des conditions d'organisation du travail de tout ou partie des salariés employés dans une entreprise laissent craindre à l'inspecteur ou au contrôleur du travail que cet emploi constitue une infraction à la fois à l'interdiction de cumul d'emploi prévue à l'article L. 8261-1 et à la dérogation prévue à l'article L. 8261-3, il peut demander à l'employeur d'exiger des salariés désignés une attestation écrite certifiant qu'ils ne contreviennent pas à ces mêmes dispositions ou à celles relatives à la durée du travail.

Art. D. 8271-1. Pour l'application des articles L. 8261-1 et suivants, relatifs aux interdictions et dérogations de cumul d'emplois, les droits et pouvoirs des inspecteurs du travail et contrôleurs du travail, définis au livre premier, sont étendus à tous les établissements dont le chef exerce habituellement une profession industrielle, commerciale ou artisanale, même s'il s'agit d'établissements de famille ou n'occupant pas de salariés.

Les chefs de ces établissements tiennent à la disposition des agents de l'inspection du travail toutes justifications de leurs inscriptions soit au registre du commerce, soit au registre des métiers.

Chapitre II (réglementaire)

Dispositions pénales

Art. R. 8262-1. Le fait, pour un salarié, d'accomplir des travaux rémunérés au-delà de la durée maximale hebdomadaire du travail, telle qu'elle ressort des dispositions légales de sa profession, en méconnaissance des dispositions de l'article L. 8261-1, est puni de l'amende prévue pour les contraventions de la cinquième classe.

La récidive est réprimée conformément aux articles 132-11 et 132-15 du code pénal.

Art. R. 8262-2. Le fait de recourir aux services d'une personne qui méconnaît les dispositions de l'article L. 8261-1 est puni de l'amende prévue pour les contraventions de la cinquième classe.

La récidive est réprimée conformément aux articles 132-11 et 132-15 du code pénal.

TITRE VII

CONTRÔLE DU TRAVAIL ILLÉGAL

Chapitre Ier

Compétence des agents

SECTION 1. Dispositions communes

Art. L. 8271-1. Les infractions constitutives de travail illégal mentionnées à l'article L. 8211-1 sont recherchées et constatées par les agents de contrôle mentionnés à l'article (L. 2011-672 du 16 juin 2011, art. 84, JO 17, entrée en vigueur au plus tard le 30.09.2011) « L. 8271-1-2» dans la limite de leurs compétences respectives en matière de travail illégal.

Art. L. 8271-1-1. (L. 2011-672 du 16 juin 2011, art. 83, JO 17, entrée en vigueur au plus tard le 30.09.2011) Les infractions au premier alinéa de l'article 3 de la loi n° 75-1334 du 31 décembre 1975 relative à la sous-traitance sont constatées par les agents mentionnés à l'article L. 8271-1-2. Ces infractions sont punies d'une amende de 7500 €.

Art. L. 8271-1-2. (L. 2011-672 du 16 juin 2011, art. 84, JO 17, entrée en vigueur au plus tard le 30.09.2011) Les agents de contrôle compétents en application de l'article L. 8271-1 sont:

1° Les (L. 2016-1088 du 8 août 2016, art. 113, III, 5°, JO 9) «agents de contrôle de l'inspection du travail mentionnés à l'article L. 8112-1»;

2° Les officiers et agents de police judiciaire;

3° Les agents des impôts et des douanes;

4° Les agents des organismes de sécurité sociale et des caisses de mutualité sociale agricole agréés à cet effet et assermentés;

5° (L. 2013-431 du 28 mai 2013, art. 31, IX, JO 29) «Les administrateurs des affaires maritimes, les officiers du corps technique et administratif des affaires maritimes et les fonctionnaires affectés dans les services exerçant des missions de contrôle dans le domaine des affaires maritimes sous l'autorité ou à la disposition du ministre chargé de la mer;»

6° Les fonctionnaires des corps techniques de l'aviation civile commissionnés à cet effet et assermentés;

7° Les fonctionnaires ou agents de l'État chargés du contrôle des transports terrestres;

8° Les agents de l'institution mentionnée à l'article L. 5312-1, chargés de la prévention des fraudes, agréés et assermentés à cet effet.

Art. L. 8271-1-3. (L. 2011-1977 du 28 déc. 2011, art. 62, JO 29) Pour la mise en œuvre des articles L. 8272-1 à L. 8272-4, le représentant de l'État dans le département reçoit copie des procès-verbaux relevant les infractions constitutives de travail illégal constatées par les agents de contrôle mentionnés à l'article L. 8271-1-2.

Art. L. 8271-2. Les agents de contrôle mentionnés à l'article (L. 2011-672 du 16 juin 2011, art. 84, JO 17, entrée en vigueur au plus tard le 30.09.2011) « L. 8271-1-2» se communiquent réciproquement tous renseignements et tous documents utiles à l'accomplissement de leur mission de lutte contre le travail illégal.

Les agents de la concurrence, de la consommation et de la répression des fraudes sont habilités à leur transmettre tous renseignements et documents nécessaires à cette mission.

Art. L. 8271-3. Lorsqu'ils ne relèvent pas des services de la police ou de la gendarmerie nationales, les agents de contrôle mentionnés à l'article (L. 2011-672 du 16 juin 2011, art. 84, JO 17, entrée en vigueur au plus tard le 30.09.2011) « L. 8271-1-2» peuvent solliciter des interprètes assermentés inscrits sur l'une des listes prévues à l'article 157 du code de procédure pénale, pour le contrôle de la réglementation sur la main-d'œuvre étrangère et le détachement transnational de travailleurs.

(L. 2016-1088 du 8 août 2016, art. 109, II, JO 9) «Les agents de contrôle mentionnés au premier alinéa du présent article qui exercent leur droit d'entrée dans les établissements dans les conditions mentionnées à l'article L. 8113-1 du présent code peuvent être accompagnés de ces interprètes assermentés.»

Art. L. 8271-4. Les agents de contrôle mentionnés à l'article (L. 2011-672 du 16 juin 2011, art. 84, JO 17, entrée en vigueur au plus tard le 30.09.2011) « L. 8271-1-2 » transmettent, sur demande écrite, aux agents du (Ord. 2009-901 du 24 juil. 2009, JO 25) « Centre national du cinéma et de l'image animée », des directions régionales des affaires culturelles, de l' (L. 2008-126 du 13 févr. 2008, JO 14) « institution mentionnée à l'article L. 5312-1 », de l' (L. 2008-126 du 13 févr. 2008, JO 14) « organisme gestionnaire du régime d'assurance chômage » et des collectivités territoriales tous renseignements et tous documents nécessaires à l'appréciation des droits ou à l'exécution d'obligations qui entrent dans le champ de leurs compétences respectives.

Ils disposent, dans l'exercice de leur mission de lutte contre le travail illégal, d'un droit de communication sur tous renseignements et documents nécessaires auprès de ces services.

Art. L. 8271-5. Les agents de contrôle mentionnés à l'article (L. 2011-672 du 16 juin 2011, art. 84, JO 17, entrée en vigueur au plus tard le 30.09.2011) « L. 8271-1-2 » peuvent, sur demande écrite, obtenir des organismes chargés d'un régime de protection sociale ou des caisses assurant le service des congés payés mentionnées au livre Ier de la troisième partie tous renseignements ou tous documents utiles à l'accomplissement de leurs missions en matière de travail illégal.

Ils transmettent à ces organismes, qui doivent en faire la demande par écrit, tous renseignements et tous documents permettant à ces derniers de recouvrer les sommes impayées ou d'obtenir le remboursement de sommes indûment versées.

Art. L. 8271-5-1. (L. 2016-1088 du 8 août 2016, art. 109, III, JO 9) Les agents de contrôle mentionnés à l'article L. 8271-1-2 du présent code peuvent transmettre aux agents de l'organisme mentionné à l'article L. 767-1 du code de la sécurité sociale tous renseignements et documents utiles à l'accomplissement par ces derniers des missions confiées à cet organisme pour l'application des règlements et accords internationaux et européens de sécurité sociale.

Les agents de l'organisme mentionné au même article L. 767-1 peuvent transmettre aux agents de contrôle mentionnés à l'article L. 8271-1-2 du présent code tous renseignements et documents utiles à l'accomplissement de leur mission de lutte contre le travail illégal.

Art. L. 8271-6. Les agents de contrôle mentionnés à l'article (L. 2011-672 du 16 juin 2011, art. 84, JO 17, entrée en vigueur au plus tard le 30.09.2011) « L. 8271-1-2 », ainsi que les autorités chargées de la coordination de leurs actions, peuvent échanger tous renseignements et tous documents nécessaires à l'accomplissement de leur mission de lutte contre le travail illégal avec les agents investis des mêmes compétences et les autorités chargées de la coordination de leurs actions dans les États étrangers.

Lorsque des accords sont conclus avec les autorités de ces États, ils prévoient les modalités de mise en œuvre de ces échanges.

Art. L. 8271-6-1. (L. 2011-672 du 16 juin 2011, art. 84, JO 17, entrée en vigueur au plus tard le 30.09.2011) Les agents de contrôle mentionnés à l'article L. 8271-1-2 sont habilités à entendre, en quelque lieu que ce soit et avec son consentement, tout employeur ou son représentant et toute personne rémunérée, ayant été rémunérée ou présumée être ou avoir été rémunérée par l'employeur ou par un travailleur indépendant, afin de connaître la nature des activités de cette personne, ses conditions d'emploi et le montant des rémunérations s'y rapportant, y compris les avantages en nature. De même, ils peuvent entendre toute personne susceptible de fournir des informations utiles à l'accomplissement de leur mission de lutte contre le travail illégal.

(L. 2016-731 du 3 juin 2016, art. 83, II, JO 4) « Conformément à l'article 28 du code de procédure pénale, l'article 61-1 du même code est applicable lorsqu'il est procédé à l'audition d'une personne à l'égard de laquelle il existe des raisons plausibles de soupçonner qu'elle a commis ou tenté de commettre une infraction. »

Ces auditions peuvent faire l'objet d'un procès-verbal signé des agents mentionnés au premier alinéa et des personnes entendues.

Ces agents sont en outre habilités à demander aux employeurs, aux travailleurs indépendants, aux personnes employées dans l'entreprise ou sur le lieu de travail ainsi qu'à toute personne dont ils recueillent les déclarations dans l'exercice de leur mission de justifier de leur identité et de leur adresse.

Art. L. 8271-6-2. (L. 2011-672 du 16 juin 2011, art. 84, JO 17, entrée en vigueur au plus tard le 30.09.2011) Pour la recherche et la constatation des infractions constitutives de travail illégal, les agents de contrôle mentionnés à l'article L. 8271-1-2 peuvent se faire présenter et obtenir copie immédiate des documents justifiant du respect des dispositions du présent livre (L. 2014-790 du 10 juil. 2014, art. 7, JO 11) «et du chapitre II du titre VI du livre II de la première partie».

Art. L. 8271-6-3. (L. 2015-1702 du 21 déc. 2015, art. 94, I, JO 22) Les agents de contrôle mentionnés à l'article L. 8271-1-2 peuvent transmettre aux agents habilités par le directeur du Conseil national des activités privées de sécurité, mentionnés à l'article L. 634-1 du code de la sécurité intérieure, tous renseignements et tous documents leur permettant d'assurer le contrôle des personnes exerçant les activités privées de sécurité pour tirer les conséquences d'une situation de travail illégal.

Les agents habilités par le directeur du Conseil national des activités privées de sécurité peuvent transmettre aux agents de contrôle mentionnés à l'article L. 8271-1-2 du présent code tous renseignements et documents nécessaires à leur mission de lutte contre le travail illégal.

Art. L. 8271-6-4. (L. 2016-1827 du 23 déc. 2016, art. 24, III, JO 24) Les agents de contrôle mentionnés à l'article L. 8271-1-2 communiquent leurs procès-verbaux relevant une des infractions constitutives de travail illégal mentionnées aux 1° à 4° de l'article L. 8211-1 du présent code aux organismes de recouvrement mentionnés aux articles L. 213-1 et L. 752-1 du code de la sécurité sociale et à l'article L. 723-3 du code rural et de la pêche maritime, qui procèdent à la mise en recouvrement des cotisations et contributions qui leur sont dues sur la base des informations contenues dans ces procès-verbaux.

SECTION 2. Travail dissimulé

Art. L. 8271-7. (L. 2011-672 du 16 juin 2011, art. 84, JO 17, entrée en vigueur au plus tard le 30.09.2011) Les infractions aux interdictions du travail dissimulé prévues à l'article L. 8221-1 sont recherchées par les agents mentionnés à l'article L. 8271-1-2.

Art. L. 8271-8. Les infractions aux interdictions du travail dissimulé sont constatées au moyen de procès-verbaux qui font foi jusqu'à preuve du contraire.

Ces procès-verbaux sont transmis directement au procureur de la République.

Art. L. 8271-9. Pour la recherche et la constatation des infractions aux interdictions du travail dissimulé, les agents de contrôle peuvent se faire présenter et obtenir copie immédiate des documents suivants, quels que soient leur forme et leur support:

1° Les documents justifiant que l'immatriculation, les déclarations et les formalités mentionnées aux articles L. 8221-3 et L. 8221-5 ont été effectuées ainsi que ceux relatifs à l'autorisation d'exercice de la profession ou à l'agrément lorsqu'une disposition particulière l'a prévu;

2° Les documents justifiant que l'entreprise a vérifié, conformément aux dispositions des articles L. 8222-1 ou L. 8222-4, que son ou ses cocontractants ont accompli les formalités mentionnées aux articles L. 8221-3 et L. 8221-5 ou des réglementations d'effet équivalent de leur pays d'origine;

3° Les devis, les bons de commande ou de travaux, les factures et les contrats ou documents commerciaux relatifs aux prestations exécutées en méconnaissance des dispositions de l'article L. 8221-1;

(L. 2014-626 du 18 juin 2014, art. 31, JO 19) «4° Les attestations d'assurances professionnelles détenues par les travailleurs indépendants lorsque ces assurances répondent à une obligation légale.»

Art. L. 8271-10. Les agents de contrôle peuvent, sur demande écrite, obtenir des services préfectoraux tous renseignements ou tous documents relatifs à l'autorisation d'exercice ou à l'agrément d'une profession réglementée.

Art. L. 8271-12. Les agents de contrôle sont habilités, lorsque le siège de l'entreprise est domicilié dans des locaux occupés en commun en application de l'article L. 123-10 du code de commerce réprimant certaines infractions en matière de registre du commerce et des sociétés, à se faire communiquer par l'entreprise domiciliataire tous les documents détenus dans ses locaux nécessaires à l'accomplissement de leur mission de lutte contre le travail dissimulé.

SECTION 3. Marchandage

Art. L. 8271-14. Outre les (L. 2016-1088 du 8 août 2016, art. 113, III, 2°, JO 9) «agents de contrôle de l'inspection du travail mentionnés à l'article L. 8112-1», les agents et officiers de police judiciaire, les agents des impôts et des douanes sont compétents pour rechercher et constater, au moyen de procès-verbaux transmis directement au procureur de la République, les infractions aux dispositions de l'article L. 8231-1 relatives à l'interdiction du marchandage.

Art. L. 8271-15. Dans le cadre de leur mission de lutte contre le marchandage, les agents mentionnés à l'article L. 8271-14 peuvent se faire présenter les devis, les bons de commande ou de travaux, les factures et les contrats ou documents commerciaux relatifs aux opérations de marchandage.

SECTION 4. Prêt illicite de main-d'œuvre

Art. L. 8271-16. Dans le cadre de leur mission de lutte contre le prêt illicite de main-d'œuvre, les agents mentionnés à l'article L. 8112-1 peuvent se faire présenter les devis, les bons de commande ou de travaux, les factures et les contrats ou documents commerciaux relatifs aux opérations de prêt illicite de main-d'œuvre.

SECTION 5. Emploi d'étrangers non autorisés à travailler

Art. L. 8271-17. Outre les (L. 2016-1088 du 8 août 2016, art. 113, III, 2°, JO 9) «agents de contrôle de l'inspection du travail mentionnés à l'article L. 8112-1», les agents et officiers de police judiciaire, les agents de la direction générale des douanes sont compétents pour rechercher et constater, au moyen de procès-verbaux transmis directement au procureur de la République, les infractions aux dispositions de l'article L. 8251-1 relatif à l'emploi d'un étranger (L. 2016-274 du 7 mars 2016, art. 18, 1°, JO 8) «non autorisé à travailler» (L. 2011-672 du 16 juin 2011, art. 75, JO 17, entrée en vigueur au plus tard le 30.09.2011) «et de l'article L. 8251-2 interdisant le recours aux services d'un employeur d'un étranger (L. 2016-274 du 7 mars 2016, art. 18, 2°, JO 8) «non autorisé à travailler».
(L. 2011-1977 du 28 déc. 2011, art. 62, JO 29) «Afin de permettre la liquidation de la contribution spéciale mentionnée à l'article L. 8253-1 du présent code et de la contribution forfaitaire mentionnée à l'article L. 626-1 du code de l'entrée et du séjour des étrangers et du droit d'asile, le directeur général de l'Office français de l'immigration et de l'intégration reçoit des agents mentionnés au premier alinéa du présent article une copie des procès-verbaux relatifs à ces infractions.»

Art. L. 8271-18. Les dispositions de l'article L. 8271-13 sont applicables à la recherche et à la constatation des infractions à l'emploi d'étranger (L. 2016-274 du 7 mars 2016, art. 18, 1°, JO 8) «non autorisé à travailler».

Art. L. 8271-19. Afin de lutter contre le travail illégal, les agents chargés de la délivrance des titres de séjour, individuellement désignés et dûment habilités, peuvent avoir accès aux traitements automatisés des autorisations de travail dans les conditions définies par la loi n° 78-17 du 6 janvier 1978 relative à l'informatique, aux fichiers et aux libertés.
Pour les mêmes motifs, les (L. 2016-1088 du 8 août 2016, art. 113, III, 8°, JO 9) «agents de contrôle de l'inspection du travail mentionnés à l'article L. 8112-1» et fonctionnaires assimilés, individuellement désignés et dûment habilités, peuvent avoir accès aux traitements automatisés des titres de séjour des étrangers dans les conditions définies par la loi n° 78-17 du 6 janvier 1978 précitée.

SECTION 6. Dispositions d'application

Art. L. 8271-20. Un décret en Conseil d'État détermine les conditions d'application des dispositions des articles L. 8271-7 à L. 8271-12.

Chapitre II
Sanctions administratives

Art. L. 8272-1. Lorsque l'autorité administrative a connaissance d'un procès-verbal relevant une des infractions constitutives de travail illégal mentionnées à l'article L. 8211-1, elle peut, eu égard à la gravité des faits constatés, à la nature des aides sollicitées et à l'avantage qu'elles procurent à l'employeur, refuser d'accorder, pendant une durée maximale de cinq ans, (L. 2011-672 du 16 juin 2011, art. 85, JO 17, entrée en vigueur au plus tard le 30.09.2011) «certaines des aides publiques en matière d'emploi, de formation professionnelle et de culture» à la personne ayant fait l'objet de cette verbalisation.

Cette décision de refus est prise sans préjudice des poursuites judiciaires qui peuvent être engagées.

(L. 2011-672 du 16 juin 2011, art. 85, JO 17, entrée en vigueur au plus tard le 30.09.2011) «L'autorité administrative peut également demander, eu égard aux critères mentionnés au premier alinéa, le remboursement de tout ou partie des aides publiques mentionnées au premier alinéa et perçues au cours des douze derniers mois précédant l'établissement du procès-verbal.»

Un décret fixe la nature des aides concernées et les modalités de la prise de décision relative au refus de leur attribution (L. 2011-672 du 16 juin 2011, art. 85, JO 17, entrée en vigueur au plus tard le 30.09.2011) «ou à leur remboursement».

Art. L. 8272-2. (L. 2011-672 du 16 juin 2011, art. 86, JO 17, entrée en vigueur au plus tard le 30.09.2011) Lorsque l'autorité administrative a connaissance d'un procès-verbal relevant une infraction prévue aux 1° à 4° de l'article L. 8211-1 (L. 2015-990 du 6 août 2015, art. 282, I, JO 7) «ou d'un rapport établi par l'un des agents de contrôle mentionnés à l'article L. 8271-1-2 constatant un manquement prévu aux mêmes 1° à 4°», elle peut, (L. 2014-790 du 10 juil. 2014, art. 10, JO 11) «si la proportion de salariés concernés le justifie,» eu égard à la répétition (L. 2014-790 du 10 juil. 2014, art. 10, JO 11) «ou» à la gravité des faits constatés, ordonner par décision motivée la fermeture de l'établissement ayant servi à commettre l'infraction, à titre (L. 2015-990 du 6 août 2015, art. 282, I, JO 7) «temporaire» et pour une durée ne pouvant excéder trois mois. Elle en avise sans délai le procureur de la République.

(L. 2015-990 du 6 août 2015, art. 282, I, JO 7) «La mesure de fermeture temporaire est levée de plein droit en cas de décision de relaxe ou de non-lieu. Lorsqu'une fermeture administrative temporaire a été décidée par l'autorité administrative avant un jugement pénal, sa durée s'impute sur la durée de la peine complémentaire de fermeture mentionnée au 4° de l'article 131-39 du code pénal, pour une durée de cinq ans au plus des établissements ou de l'un ou de plusieurs des établissements de l'entreprise ayant servi à commettre les faits incriminés, prononcée, le cas échéant, par la juridiction pénale.»

La mesure de fermeture (L. 2015-990 du 6 août 2015, art. 282, I, JO 7) «temporaire» peut s'accompagner de la saisie à titre conservatoire du matériel professionnel des contrevenants.

(L. 2016-1088 du 8 août 2016, art. 110, JO 9) «Lorsque l'activité de l'entreprise est exercée sur des chantiers de bâtiment ou de travaux publics (L. 2018-771 du 5 sept. 2018, art. 98, 1°, JO 6) «ou dans tout lieu autre que son siège ou l'un de ses établissements», la fermeture temporaire prend la forme d'un arrêt de l'activité de l'entreprise sur le site dans lequel a été commis l'infraction ou le manquement.

Lorsque la fermeture temporaire selon les modalités mentionnées au quatrième alinéa est devenue sans objet parce que l'activité est déjà achevée ou a été interrompue, l'autorité administrative peut, dans les conditions prévues au même alinéa, prononcer l'arrêt de l'activité de l'entreprise sur un autre site.»

Les modalités d'application du présent article ainsi que les conditions de sa mise en œuvre sont fixées par décret en Conseil d'État.

Art. L. 8272-3. (L. 2011-672 du 16 juin 2011, art. 86, JO 17, entrée en vigueur au plus tard le 30.09.2011) La décision de fermeture provisoire de l'établissement par l'autorité administrative prise en application de l'article L. 8272-2 n'entraîne ni rupture, ni suspension du contrat de travail, ni aucun préjudice pécuniaire à l'encontre des salariés de l'établissement.

Art. L. 8272-4. (L. 2011-672 du 16 juin 2011, art. 87, JO 17, entrée en vigueur au plus tard le 30.09.2011) Lorsque l'autorité administrative a connaissance d'un procès-verbal relevant une infraction prévue aux 1° à 4° de l'article L. 8211-1, elle peut, (L. 2014-790 du 10 juil. 2014, art. 10, JO 11) «si la proportion de salariés concernés le justifie,» eu égard à la répétition (L. 2014-790 du 10 juil. 2014, art. 10, JO 11) «ou» à la gravité des faits constatés, ordonner, par décision motivée prise à l'encontre de la personne ayant commis l'infraction, l'exclusion des contrats administratifs mentionnés aux articles L. 551-1 et L. 551-5 du code de justice administrative, pour une durée ne pouvant excéder six mois. Elle en avise sans délai le procureur de la République.

La mesure d'exclusion est levée de plein droit en cas de classement sans suite de l'affaire, d'ordonnance de non-lieu et de décision de relaxe ou si la juridiction pénale ne prononce pas la peine complémentaire d'exclusion des marchés publics mentionnée au 5° de l'article 131-39 du code pénal.

Les modalités d'application du présent article sont fixées par décret en Conseil d'État.

Art. L. 8272-5. (L. 2014-790 du 10 juil. 2014, art. 10, JO 11) Le fait de ne pas respecter les décisions administratives mentionnées au troisième alinéa de l'article L. 8272-1 ainsi qu'aux articles L. 8272-2 ou L. 8272-4 est puni d'un emprisonnement de deux mois et d'une amende de 3750 €.

SECTION 1 (RÉGLEMENTAIRE). Refus d'attribution et remboursement des aides publiques

Note Les sections 1 et 2 ont été introduites par le décret 2011-1693 du 30 novembre 2011, art. 4, JO 1er déc.

Sous-section 1. Dispositions générales

Art. D. 8272-1. Pour l'application de l'article L. 8272-1, l'autorité compétente est l'autorité gestionnaire des aides publiques. Cette autorité peut, dans les conditions prévues à la présente section, refuser d'accorder les aides publiques, ou demander leur remboursement, correspondant aux dispositifs suivants :

1° Contrat d'apprentissage ;

2° Contrat unique d'insertion ;

3° Contrat de professionnalisation ;

4° Prime à la création d'emploi (D. 2018-953 du 31 oct. 2018, art. 9, 1°, JO 6 nov.) « en Guadeloupe, en Guyane, en Martinique, à Mayotte, à La Réunion » et à Saint-Pierre-et-Miquelon ;

5° Aides des collectivités territoriales et de leurs groupements prévues aux articles L. 1511-1 à L. 1511-5 du code général des collectivités territoriales ;

6° Aides et subventions de soutien à la création, à la production et à la diffusion du spectacle vivant et enregistré ;

(D. 2019-555 du 4 juin 2019, art. 4, 3°, JO 5) « 7° Allocation d'activité partielle prévue à l'article L. 5122-1. »

Art. D. 8272-2. Toute décision de refus ou de remboursement des aides publiques prise par l'autorité compétente est portée à la connaissance du préfet du département situé dans le ressort de l'autorité mentionnée à l'article D. 8272-1, ou, à Paris, du préfet de police.

Sous-section 2. Refus des aides publiques

Art. D. 8272-3. Lorsque l'autorité compétente est saisie d'une demande pour l'une des aides mentionnées à l'article D. 8272-1, elle vérifie si le demandeur a été verbalisé pour l'une des infractions constitutives du travail illégal prévues à l'article L. 8211-1, dans les douze mois précédant sa demande, auprès du préfet mentionné à l'article D. 8272-2.

Art. D. 8272-4. Si l'entreprise ou son responsable de droit ou de fait ont été verbalisés dans les douze mois précédant la demande, l'autorité compétente peut décider de refuser l'aide sollicitée. Elle informe alors l'entreprise, par lettre recommandée avec avis de réception ou par tout autre moyen permettant de faire la preuve de sa réception par le destinataire, de son intention en lui précisant qu'elle peut présenter ses observations écrites dans un délai de quinze jours.

À l'expiration du délai fixé, l'autorité compétente peut décider, au vu des observations éventuelles de l'entreprise, de ne pas lui attribuer l'aide sollicitée pendant une durée maximale de cinq ans qu'elle détermine en fonction des critères mentionnés au premier alinéa de l'article L. 8272-1, compte tenu de sa situation économique, sociale et financière. Elle lui notifie sa décision par lettre recommandée avec avis de réception ou par tout autre moyen permettant de faire la preuve de sa réception par le destinataire et en adresse copie au préfet.

Sous-section 3. Remboursement des aides publiques

Art. D. 8272-5. Au vu des informations qui lui sont transmises sur la verbalisation d'une entreprise ou de son responsable de droit ou de fait, le préfet mentionné à l'article D. 8272-2 informe les autorités compétentes gestionnaires des aides mentionnées à l'article D. 8272-1 qu'elles peuvent enjoindre l'entreprise de rembourser tout ou partie des aides versées au cours des douze mois précédant l'établissement du procès-verbal de constatation de l'infraction.

Art. D. 8272-6. Si l'autorité compétente décide de mettre en œuvre la sanction prévue à l'article L. 8272-1, elle informe l'entreprise concernée, par lettre recommandée avec avis de réception ou par tout autre moyen permettant de faire la preuve de sa réception par le destinataire, de son intention en lui précisant qu'elle peut présenter ses observations écrites dans un délai de quinze jours.

À l'expiration du délai fixé, l'autorité compétente peut décider, au vu des observations éventuelles de l'entreprise, le remboursement de tout ou partie des aides publiques octroyées au cours des douze mois précédant l'établissement du procès-verbal de constatation de l'infraction, en fonction des critères mentionnés au premier alinéa de l'article L. 8272-1, compte tenu de sa situation économique, sociale et financière. Elle lui notifie sa décision par lettre recommandée avec avis de réception ou par tout autre moyen permettant de faire la preuve de sa réception par le destinataire et en adresse copie au préfet.

SECTION 2 (RÉGLEMENTAIRE). Dispositions relatives à la fermeture administrative et à l'exclusion des contrats administratifs mentionnés aux articles L. 551-1 et L. 551-5 du code de justice administrative

Sous-section 1. Dispositions générales

Art. R. 8272-7. Le préfet du département dans lequel est situé l'établissement, ou, à Paris (D. 2018-583 du 6 juil. 2018, art. 8, III, JO 7) « et sur les emprises des aérodromes de Paris-Charles de Gaulle, Paris-Le Bourget et Paris-Orly, » le préfet de police, peut décider, au vu des informations qui lui sont transmises, de mettre en œuvre à l'égard de l'employeur verbalisé l'une ou les mesures prévues aux articles L. 8272-2 et L. 8272-4, en tenant compte de l'ensemble des éléments de la situation constatée, et notamment des autres sanctions qu'il encourt. Préalablement, il informe l'entreprise, par lettre recommandée avec avis de réception ou par tout autre moyen permettant de faire la preuve de sa réception par le destinataire, de son intention en lui précisant la ou les mesures envisagées et l'invite à présenter ses observations dans un délai de quinze jours. À l'expiration de ce délai, au vu des observations éventuelles de l'entreprise, le préfet peut décider de la mise à exécution de la ou des sanctions appropriées. Il notifie sa décision à l'entreprise par lettre recommandée avec avis de réception ou par tout autre moyen permettant de faire la preuve de sa réception par le destinataire et transmet immédiatement une copie au procureur de la République. Il en adresse copie au préfet du siège de l'entreprise si l'établissement est situé dans un département différent.

Sous-section 2. Fermeture administrative et arrêt d'activité

Art. R. 8272-8. (D. 2015-364 du 30 mars 2015, art. 16, I, JO 31, entrée en vigueur le 01.05.2015) « Le préfet tient compte, pour déterminer la durée de fermeture d'au plus trois mois (D. 2019-555 du 4 juin 2019, art. 4, 4°, JO 5) « du ou des établissements ayant servi à commettre l'infraction » conformément à l'article L. 8272-2, de la nature, du nombre, de la durée de la ou des infractions relevées, du nombre de salariés concernés ainsi que de la situation économique, sociale et financière de l'entreprise ou de l'établissement. »

(D. 2019-555 du 4 juin 2019, art. 4, 4°, JO 5) « La décision du préfet est portée à la connaissance du public par voie d'affichage sur les lieux du ou des établissements. »

Si le préfet décide que la fermeture s'accompagne de la saisie conservatoire du matériel professionnel du contrevenant, la décision précise les machines-outils, les moyens de transport et tout autre matériel appartenant à l'employeur, utilisés dans le secteur d'activité dont relève l'établissement concerné, sur lesquels la saisie porte effet.

Art. R. 8272-9. Lorsque l'activité de l'employeur mis en cause s'exerce dans un lieu temporaire de travail ou dans un établissement ne relevant pas de son entreprise, le préfet du département dans le ressort duquel se trouve l'établissement mis en cause, ou, à Paris (D. 2018-583 du 6 juil. 2018, art. 8, III, JO 7) « et sur les emprises des aérodromes de Paris-Charles de Gaulle, Paris-Le Bourget et Paris-Orly, » le préfet de police, peut infliger la sanction prévue à l'article L. 8272-2 en décidant la fermeture de l'établissement employeur dans les mêmes conditions qu'à l'article R. 8272-8 (D. 2019-555 du 4 juin 2019, art. 4, 4°, JO 5) « ou l'arrêt de l'activité de l'entreprise sur les lieux du chantier ou sur le site dans lesquels a été commis l'infraction ou le manquement ».

Dans le cas mentionné au cinquième alinéa de l'article L. 8272-2, le préfet peut décider de l'arrêt de l'activité sur un autre site (D. 2019-555 du 4 juin 2019, art. 4, 4°, JO 5) « où intervient l'entreprise ». Dans ce cas, le préfet détermine la (D. 2019-555 du 4 juin 2019, art. 4, 4°, JO 5) « durée de fermeture ou de cessation de l'activité » en tenant compte de la gravité de l'infraction ou du manquement constaté et du nombre de salariés qui sont employés sur cet autre site. Lorsque l'autre site sur lequel l'entreprise exerce son activité est situé dans un département distinct de celui où a été constaté l'infraction ou le manquement, le préfet de ce département en informe le préfet du département dans lequel est situé (D. 2019-555 du 4 juin 2019, art. 4, 4°, JO 5) « l'autre site » et lui communique les documents relatifs au constat de l'infraction ou du manquement, afin qu'il décide, le cas échéant, de l'arrêt de l'activité (D. 2019-555 du 4 juin 2019, art. 4, 4°, JO 5) « de l'entreprise sur le site se trouvant » dans son département.

(D. 2019-555 du 4 juin 2019, art. 4, 4°, JO 5) « Lorsque le site concerné est un chantier de bâtiment ou de travaux publics, la décision » d'arrêt temporaire est prononcée après (D. 2019-555 du 4 juin 2019, art. 4, 4°, JO 5) « information » du maître d'ouvrage, ou à défaut, du responsable du chantier (D. 2019-555 du 4 juin 2019, art. 4, 4°, JO 5) « ou du site concerné par l'arrêt de l'activité ». Celui-ci prend les mesures permettant de prévenir tout risque pour la santé ou la sécurité des travailleurs présents sur le site concerné ainsi que des usagers ou des tiers, qui résulterait de l'arrêt temporaire de l'activité de l'entreprise sanctionnée.

La décision du préfet est portée à la connaissance du public par voie d'affichage sur les lieux du chantier (D. 2019-555 du 4 juin 2019, art. 4, 4°, JO 5) « ou du site concerné par l'arrêt de l'activité ».

Sous-section 3. **Exclusion des contrats administratifs**

Art. R. 8272-10. (D. 2015-364 du 30 mars 2015, art. 16, II, JO 31, entrée en vigueur le 01.05.2015) « Le préfet tient compte, pour déterminer la durée de l'exclusion des contrats administratifs de la personne ayant commis l'infraction conformément à l'article L. 8272-4, de la nature, du nombre, de la durée de la ou des infractions relevées, du nombre de salariés concernés ainsi que de la situation économique, sociale et financière de cette personne. »

Art. R. 8272-11. Lorsqu'il est prononcé une décision d'exclusion temporaire à l'encontre d'une entreprise, cette décision vaut pour l'entreprise et son responsable légal qui ne peut soumissionner à d'autres contrats administratifs personnellement ou par personne interposée ou encore en créant une entreprise nouvelle dont il assure la direction en droit ou en fait.

TITRE VIII

VIGILANCE DU DONNEUR D'ORDRE EN MATIÈRE D'APPLICATION DE LA LÉGISLATION DU TRAVAIL

Note Ce titre a été introduit par la loi 2014-790 du 10 juillet 2014, art. 4, JO 11.

Chapitre unique

Obligation de vigilance et responsabilité du donneur d'ordre

Art. L. 8281-1. Le maître d'ouvrage ou le donneur d'ordre, informé par écrit par l'un des agents mentionnés à l'article L. 8271-1-2 d'une infraction aux dispositions légales et aux stipulations conventionnelles applicables au salarié d'un sous-traitant direct ou indirect dans les matières suivantes :

1° Libertés individuelles et collectives dans la relation de travail ;

2° Discriminations et égalité professionnelle entre les femmes et les hommes ;

3° Protection de la maternité, congés de maternité et de paternité et d'accueil de l'enfant, congés pour événements familiaux ;

4° Conditions de mise à disposition et garanties dues aux salariés par les entreprises exerçant une activité de travail temporaire ;

5° Exercice du droit de grève ;

6° Durée du travail, repos compensateurs, jours fériés, congés annuels payés, durée du travail et travail de nuit des jeunes travailleurs ;

7° Conditions d'assujettissement aux caisses de congés et intempéries ;

8° Salaire minimum et paiement du salaire, y compris les majorations pour les heures supplémentaires ;

9° Règles relatives à la santé et sécurité au travail, âge d'admission au travail, emploi des enfants, enjoint aussitôt, par écrit, à ce sous-traitant de faire cesser sans délai cette situation.

Le sous-traitant mentionné au premier alinéa informe, par écrit, le maître d'ouvrage ou le donneur d'ordre de la régularisation de la situation. Ce dernier en transmet une copie à l'agent de contrôle mentionné au même premier alinéa.

En l'absence de réponse écrite du sous-traitant dans un délai fixé par décret en Conseil d'État, le maître d'ouvrage ou le donneur d'ordre informe aussitôt l'agent de contrôle.

Pour tout manquement à ses obligations d'injonction et d'information mentionnées au présent article, le maître d'ouvrage ou le donneur d'ordre est passible d'une sanction prévue par décret en Conseil d'État.

Art. R. 8281-1. (D. 2015-364 du 30 mars 2015, art. 17, JO 31, entrée en vigueur le 01.05.2015) Le maître d'ouvrage ou le donneur d'ordre concerné enjoint l'employeur, dans un délai de vingt-quatre heures à compter de son information, de faire cesser immédiatement le non-respect de l'une des dispositions énumérées par l'article L. 8281-1.

Art. R. 8281-2. (D. 2015-364 du 30 mars 2015, art. 17, JO 31, entrée en vigueur le 01.05.2015) Dès réception de l'injonction, l'employeur informe dans un délai de quinze jours le maître d'ouvrage ou le donneur d'ordre des mesures prises pour faire cesser la situation.

Le maître d'ouvrage ou le donneur d'ordre transmet aussitôt cette réponse à l'agent de contrôle auteur du signalement.

Art. R. 8281-3. (D. 2015-364 du 30 mars 2015, art. 17, JO 31, entrée en vigueur le 01.05.2015) En l'absence de réponse de l'employeur à son injonction, le maître d'ouvrage ou le donneur d'ordre informe l'agent auteur du signalement dans les deux jours suivant l'expiration du délai prévu par l'article R. 8281-2.

Art. R. 8281-4. (D. 2015-364 du 30 mars 2015, art. 17, JO 31, entrée en vigueur le 01.05.2015) Les injonctions et les informations mentionnées aux articles R. 8281-1 à R. 8281-3 sont effectuées par tout moyen leur conférant date certaine.

Chapitre II (réglementaire)

Dispositions pénales

Note Ce chapitre a été introduit par le décret 2015-364 du 30 mars 2015, art. 17, JO 31, entrée en vigueur le 01.05.2015. Sur l'entrée en vigueur de ce décret, voir CE 8 juillet 2016, n° 389745.

Art. R. 8282-1. Est puni de l'amende prévue pour les contraventions de la cinquième classe le maître d'ouvrage ou le donneur d'ordre, informé par un agent mentionné à l'article L. 8271-1-2 d'une infraction commise par l'employeur à l'une des dispositions légales ou des stipulations conventionnelles énumérées par l'article L. 8281-1 :

1° Qui n'a pas enjoint l'employeur de faire cesser la situation dans le délai mentionné à l'article R. 8281-1 ; ou

2° Qui n'a pas informé l'agent de contrôle auteur du signalement de l'absence de réponse de l'employeur dans le délai mentionné à l'article R. 8281-3.

TITRE IX

DÉCLARATION ET CARTE D'IDENTIFICATION PROFESSIONNELLE DES SALARIÉS DU BÂTIMENT ET DES TRAVAUX PUBLICS

Chapitre unique

Art. L. 8291-1. (L. 2015-990 du 6 août 2015, art. 282, IV, JO 7) Une carte d'identification professionnelle est délivrée par un organisme national désigné par décret en Conseil d'État à chaque salarié effectuant des travaux de bâtiment ou de travaux publics pour le compte d'une entreprise établie en France ou pour le compte d'une entreprise établie hors de France en cas de détachement. Elle comporte les informations relatives au salarié, à son employeur, le cas échéant à l'entreprise utilisatrice, ainsi qu'à l'organisme ayant délivré la carte.

Un décret en Conseil d'État détermine les modalités de déclaration des salariés soit par l'employeur établi en France, soit, en cas de détachement, par l'employeur établi hors de France, soit par l'entreprise utilisatrice qui recourt à des travailleurs temporaires, aux fins de délivrance de la carte.

Un décret en Conseil d'État, pris après avis de la Commission nationale de l'informatique et des libertés, détermine les modalités de délivrance de la carte d'identification professionnelle, ainsi que les informations relatives aux salariés y figurant. (L. 2016-1088 du 8 août 2016, art. 105, III, JO 9) «Il précise également les modalités d'information des travailleurs détachés sur le territoire national sur la réglementation qui leur est applicable en application de l'article L. 1262-4 au moyen d'un document, rédigé dans une langue qu'ils comprennent, qui leur est remis en même temps que la carte d'identification professionnelle.»

Art. L. 8291-2. (L. 2015-990 du 6 août 2015, art. 282, IV, JO 7) En cas de manquement à l'obligation de déclaration mentionnée à l'article L. 8291-1, l'employeur ou, le cas échéant, l'entreprise utilisatrice est passible d'une amende administrative.

Le manquement est passible d'une amende administrative, qui est prononcée par l'autorité administrative compétente sur le rapport motivé d'un agent de contrôle de l'inspection du travail mentionné (L. 2016-1088 du 8 août 2016, art. 113, III, 10°, JO 9) «à l'article L. 8112-1» ou d'un agent mentionné au 3° de l'article L. 8271-1-2.

Le montant maximal de l'amende est de (Ord. 2019-861 du 21 août 2019, art. 1er, 77°, JO 22) «4 000 € par salarié et de 8 000 €» en cas de récidive dans un délai (Ord. 2019-861 du 21 août 2019, art. 1er, 77°, JO 22) «de deux ans» à compter du jour de la notification de la première amende. Le montant total de l'amende ne peut être supérieur à 500 000 €.

Pour fixer le montant de l'amende, l'autorité administrative prend en compte les circonstances et la gravité du manquement, le comportement de son auteur ainsi que les ressources et les charges de ce dernier.

Le délai de prescription de l'action de l'administration pour la sanction du manquement par une amende administrative est de deux années révolues à compter du jour où le manquement a été commis.

(Ord. 2016-413 du 7 avril 2016, art. 9, JO 8, entrée en vigueur le 01.07.2016) «L'employeur ou l'entreprise utilisatrice peut contester la décision de l'administration devant le tribunal administratif, à l'exclusion de tout recours hiérarchique.»

L'amende est recouvrée comme les créances de l'État étrangères à l'impôt et au domaine.

Art. L. 8291-3. (L. 2018-727 du 10 août 2018, art. 21, V, 3°, JO 11) L'autorité administrative se prononce sur toute demande d'un employeur portant sur l'application à sa situation des dispositions du présent titre. La demande doit poser une question précise, nouvelle et présenter un caractère sérieux.

La demande mentionnée au premier alinéa n'est pas recevable dès lors qu'un agent de contrôle de l'inspection du travail a engagé un contrôle sur le respect des dispositions de l'article L. 8291-1.

La décision de l'autorité administrative est opposable pour l'avenir à l'ensemble des agents de l'administration du travail ainsi qu'aux agents mentionnés au 3° de l'article L. 8271-1-2 tant que la situation de fait exposée dans la demande ou la législation au regard de laquelle la situation a été appréciée n'ont pas été modifiées ou jusqu'à ce que l'autorité administrative notifie au demandeur une modification de son appréciation.

La demande mentionnée au premier alinéa du présent article peut être adressée par une organisation professionnelle d'employeurs représentative au niveau de la branche professionnelle.

Chapitre Ier (réglementaire)

Dispositions générales

Note Les chapitres Ier à V ont été introduits par le décret 2016-175 du 22 février 2016, JO 23, entrée en vigueur le 22.03.2017.

SECTION 1. Champ d'application

Art. R. 8291-1. Les dispositions du présent titre s'appliquent aux employeurs établis en France dont les salariés accomplissent, dirigent ou organisent, même à titre occasionnel, accessoire ou secondaire, (D. 2019-555 du 4 juin 2019, art. 4, 5°, JO 5) « sur un site ou un chantier (D. 2020-916 du 28 juil. 2020, JO 29, entrée en vigueur le 30.07.2020) « de bâtiment ou de travaux publics, des » travaux » d'excavation, de terrassement, d'assainissement, de construction, de montage et démontage d'éléments préfabriqués, d'aménagements ou équipements intérieurs ou extérieurs, de réhabilitation ou de rénovation, de démolition ou de transformation, de curage, de maintenance ou d'entretien des ouvrages, de réfection ou de réparation ainsi que de peinture et de nettoyage afférents à ces travaux et de toutes opérations annexes qui y sont directement liées.

Elles s'appliquent aux entreprises de travail temporaire établies en France employant des salariés pour effectuer l'un ou plusieurs des travaux mentionnés au premier alinéa et toutes opérations annexes qui y sont directement liées.

Elles s'appliquent aux employeurs qui ne sont pas établis sur le territoire français et qui détachent des salariés pour effectuer l'un ou plusieurs des travaux mentionnés au premier alinéa et toutes opérations annexes qui y sont directement liées dans le cadre d'une prestation de services internationale selon les modalités définies aux articles L. 1262-1 et L. 1262-2, ainsi qu'aux entreprises utilisatrices ayant recours à des salariés détachés intérimaires.

(D. 2019-555 du 4 juin 2019, art. 4, 5°, JO 5) « Elles s'appliquent aux entreprises non établies sur le territoire français employant un ou plusieurs salariés immatriculés au régime de sécurité sociale français et tenues de remplir leurs obligations relatives aux déclarations et versements des contributions et cotisations sociales d'origine légale ou conventionnelle auprès de l'organisme de recouvrement prévu à l'article R. 243-8-1 du code de la sécurité sociale, lorsque leurs salariés effectuent l'un ou plusieurs des travaux mentionnés au premier alinéa. »

Elles ne s'appliquent pas aux employeurs dont les salariés exercent les métiers suivants, même lorsqu'ils travaillent sur un site ou un chantier de travaux de bâtiment ou de travaux publics : architectes, diagnostiqueurs immobilier, métreurs, coordinateurs en matière de sécurité et de protection de la santé, chauffeurs et livreurs (D. 2019-555 du 4 juin 2019, art. 4, 5°, JO 5) « , géomètres-topographes et géomètres-experts ».

Art. R. 8291-1-1. (D. 2018-1227 du 24 déc. 2018, art. 6, I, 5°, JO 26) La demande mentionnée à l'article L. 8291-3 est accompagnée d'une description détaillée des travaux ou opérations devant être accomplis par le ou les salariés concernés.

Elle est présentée, par tout moyen conférant date certaine à sa réception, au directeur régional des entreprises, de la concurrence, de la consommation, du travail et de l'emploi de la région dans laquelle est établie l'entreprise ou situé l'établissement employant les salariés concernés, ou, à défaut d'établissement en France, la région dans laquelle est situé le lieu de la prestation envisagée ou, en cas de pluralité de lieux, de la première des prestations envisagées.

Pour l'application du dernier alinéa de l'article L. 8291-3, la demande, accompagnée des éléments mentionnés au premier alinéa, est présentée par une organisation professionnelle représentative au niveau de la branche professionnelle à la direction générale du travail, qui se prononce dans les conditions prévues au présent article.

Si la demande est incomplète, le service invite son auteur, dans les mêmes formes que la demande, à fournir les éléments complémentaires nécessaires.

L'autorité administrative se prononce dans un délai de trois mois à compter de la date de réception de la demande de rescrit, ou des éléments complémentaires demandés.

SECTION 2. Dispositions relatives à l'organisme national chargé de la gestion de la carte d'identification professionnelle des salariés du bâtiment et des travaux publics

Art. R. 8291-2. L'association dénommée " Congés intempéries BTP - Union des caisses de France ", dénommée " l'union des caisses " dans le présent titre, délivre la carte d'identification professionnelle mentionnée à l'article L. 8291-1. Elle est chargée de la gestion administrative, technique et financière de cette carte.

La comptabilité des opérations de l'union des caisses qui relève de sa mission de gestion de cette carte est distincte de celles afférentes aux autres missions qui lui sont confiées.

Art. R. 8291-3. Les charges afférentes à la gestion de la carte d'identification professionnelle du bâtiment et des travaux publics sont couvertes par une redevance dont le montant est fixé par l'union mentionnée à l'article R. 8291-2 et mise à la charge des employeurs mentionnés aux premier, (D. 2019-555 du 4 juin 2019, art. 4, 5°, JO 5) « deuxième, troisième et quatrième » alinéas de l'article R. 8291-1 ou, le cas échéant, des entreprises utilisatrices de salariés intérimaires détachés. Le produit de cette redevance ne peut être affecté au financement d'autres missions confiées à l'union des caisses mentionnée à l'article R. 8291-2.

Art. R. 8291-4. Les données nominatives recueillies par l'union des caisses mentionnée à l'article R. 8291-2 dans le cadre de la gestion de la carte d'identification professionnelle des salariés du bâtiment et des travaux publics ne peuvent faire l'objet d'une utilisation à d'autres fins que celles (D. 2019-555 du 4 juin 2019, art. 4, 5°, JO 5) « définies par le présent titre ».

Art. R. 8291-5. L'union des caisses mentionnée à l'article R. 8291-2 établit chaque année un bilan de l'application de ce dispositif et le communique au ministre chargé du travail.

Art. R. 8291-6. Les modifications des statuts de l'union des caisses mentionnée à l'article R. 8291-2 requises par la délivrance, la mise à jour et la gestion de la carte sont approuvées par le ministre du travail.

Chapitre II (réglementaire)

Dispositions relatives à la carte d'identification professionnelle

Art. R. 8292-1. La carte d'identification professionnelle est une carte individuelle sécurisée destinée à tout salarié effectuant un ou des travaux de bâtiment ou de travaux publics énumérés au premier alinéa de l'article R. 8291-1. La carte est la propriété de l'union des caisses mentionnée à l'article R. 8291-2. Elle comporte les logotypes de la " Marianne " et de l'union des caisses. Y sont mentionnés :

1° L'identité du salarié : nom, prénoms, sexe ;

2° La date de délivrance et le numéro de gestion de la carte ;

(D. 2019-555 du 4 juin 2019, art. 4, 5°, JO 5) « 3° Un code permettant de vérifier la validité de la carte, telle que définie à l'article R. 8292-3, et permettant aux agents mentionnés à l'article L. 8271-1-2 d'accéder à la base de données du traitement automatisé d'informations à caractère personnel mentionné à l'article R. 8295-1. Pour les salariés des entreprises mentionnées au deuxième alinéa de l'article R. 8291-1, le code permet également de vérifier l'existence d'une mission en cours ; »

4° Les coordonnées de l'union des caisses mentionnée au premier alinéa.

Elle comporte une photographie d'identité du salarié conforme aux normes prévues par l'article 6-1 du décret n° 2005-1726 du 30 décembre 2005 modifié relatif aux passeports.

Art. R. 8292-2. Sont mentionnées sur la carte d'identification professionnelle, en plus des informations indiquées à l'article R. 8292-1 :

1° Pour les salariés des entreprises mentionnées au premier alinéa de l'article R. 8291-1, les mentions suivantes :

a) La raison sociale de l'entreprise (D. 2019-555 du 4 juin 2019, art. 4, 5°, JO 5) « ou le nom de l'employeur précédé de la mention " Employeur : " lorsqu'il s'agit d'une entreprise individuelle, d'une entreprise en nom propre ou d'une personne physique » ;

b) Le numéro SIREN ;

c) Le logo de l'entreprise, à sa demande ;

2° Pour les salariés des entreprises mentionnées au deuxième alinéa de l'article R. 8291-1, la mention : " salarié intérimaire " ;

3° Pour les salariés intérimaires détachés en France par une entreprise de travail temporaire établie à l'étranger, les mentions suivantes :

a) La mention " salarié intérimaire détaché " ;

b) La raison sociale ou le nom de l'entreprise de travail temporaire (D. 2019-555 du 4 juin 2019, art. 4, 5°, JO 5) « ou le nom de l'employeur précédé de la mention " Employeur : " lorsqu'il s'agit d'une entreprise individuelle, d'une entreprise en nom propre ou d'une personne physique » ;

c) Le logo de l'entreprise, à sa demande ;

4° Pour les travailleurs détachés en France par une entreprise prestataire de services établie à l'étranger, les mentions suivantes :

a) La mention " salarié détaché " ;

b) La raison sociale ou le nom de l'entreprise qui l'emploie ;
c) Le logo de l'entreprise, à sa demande ;
(D. 2019-555 du 4 juin 2019, art. 4, 5°, JO 5) « 5° Pour les salariés des entreprises mentionnées au quatrième alinéa de l'article R. 8291-1, les mentions suivantes :
a) La raison sociale de l'entreprise ou le nom de l'employeur précédé de la mention " Employeur : " lorsqu'il s'agit d'une entreprise individuelle, d'une entreprise en nom propre ou d'une personne physique ;
b) Le numéro SIREN ;
c) Le logo de l'entreprise, à sa demande. »

Art. R. 8292-3. La durée de validité de la carte d'identification professionnelle d'un salarié est ainsi déterminée :
1° Pour les salariés des entreprises mentionnées (D. 2019-555 du 4 juin 2019, art. 4, 5°, JO 5) « au premier et au quatrième alinéa » de l'article R. 8291-1, la durée de validité de la carte est celle du contrat de travail du salarié dans l'entreprise ou, en cas de succession de contrats, la durée totale de ces contrats ;
2° Pour les salariés intérimaires employés par une entreprise de travail temporaire établie en France, la durée de validité de la carte est de cinq ans ;
3° Pour les travailleurs détachés en France par une entreprise prestataire de services établie à l'étranger, y compris en qualité de travailleurs intérimaires, la durée de validité de la carte est celle de leur détachement.

Art. R. 8292-4. Le renouvellement de la carte d'identification professionnelle s'effectue à partir des déclarations prévues aux articles R. 8293-1, R. 8293-2 et R. 8293-3.

Chapitre III (réglementaire)

Déclaration des salariés et paiement de la carte

SECTION 1. Employeurs établis en France

Art. R. 8293-1. I. – Lors de l'embauche d'un salarié, l'employeur mentionné (D. 2019-555 du 4 juin 2019, art. 4, 5°, JO 5) « au premier et au quatrième alinéa » de l'article R. 8291-1 adresse une déclaration auprès de l'union des caisses mentionnée à l'article R. 8291-2, afin d'obtenir une carte d'identification professionnelle.

La déclaration est accompagnée des renseignements mentionnés au 1° de l'article R. 8292-1, (D. 2019-555 du 4 juin 2019, art. 4, 5°, JO 5) « au 1° et au 5° de l'article R. 8292-2 » et (D. 2019-555 du 4 juin 2019, art. 4, 5°, JO 5) « au 1° et au 2° de l'article R. 8295-2 » et de la photographie d'identité du salarié.

(D. 2016-1748 du 15 déc. 2016, art. 2, JO 17) « Cette déclaration est effectuée par voie dématérialisée sur un site internet dédié de l'union des caisses mentionnée à l'article R. 8291-2. »

II. – Pour les salariés intérimaires ne disposant pas d'une carte en cours de validité au début de la mission, l'entreprise de travail temporaire adresse une déclaration auprès de l'union des caisses mentionnée à l'article R. 8291-2, afin d'obtenir une carte d'identification professionnelle.
La déclaration est accompagnée des renseignements mentionnés au 1° de l'article R. 8292-1, au 2° de l'article R. 8292-2 et à l'article R. 8295-2 et de la photographie d'identité du salarié.
(D. 2016-1748 du 15 déc. 2016, art. 2, JO 17) « Cette déclaration est effectuée par voie dématérialisée sur un site internet dédié de l'union des caisses mentionnée à l'article R. 8291-2. »
III. – Avant d'effectuer la déclaration, l'employeur informe le salarié de la transmission des données à caractère personnel le concernant à l'union des caisses mentionnée à l'article R. 8291-2.

SECTION 2. Réglementation applicable

Art. R. 8293-2. (D. 2016-1748 du 15 déc. 2016, art. 3, JO 17) (D. 2020-916 du 28 juil. 2020, JO 29, entrée en vigueur le 30.07.2020) « L'employeur mentionné au troisième alinéa de l'article R. 8291-1 effectue pour chaque salarié détaché en France, préalablement au détachement, une déclaration auprès de l'union des caisses mentionnée à l'article R. 8291-2, afin d'obtenir une carte d'identification professionnelle. »

Avant d'effectuer la déclaration prévue à l'alinéa précédent, l'employeur informe le salarié de la transmission des données à caractère personnel le concernant à l'union des caisses mentionnée à l'article R. 8291-2.

Art. R. 8293-3. (D. 2016-1748 du 15 déc. 2016, art. 3, JO 17) Par dérogation à l'article R. 8293-2, lorsque le salarié détaché est employé par une entreprise de travail temporaire établie hors de France, la déclaration est faite par l'entreprise utilisatrice de ce dernier.

Art. R. 8293-4. (D. 2016-1748 du 15 déc. 2016, art. 3, JO 17) (D. 2020-916 du 28 juil. 2020, JO 29, entrée en vigueur le 30.07.2020) « En complément des informations déjà contenues dans la déclaration de détachement mentionnée à l'article L. 1262-2-1, la déclaration mentionnée à l'article R. 8293-2 est accompagnée de la photographie d'identité de chaque salarié détaché et le cas échéant du numéro de l'autorisation de travail ou de la carte de séjour valant autorisant de travail.

Cette déclaration est effectuée par voie dématérialisée sur un site internet dédié de l'union des caisses mentionnée à l'article R. 8291-2. »

(D. 2019-555 du 4 juin 2019, art. 4, 5°, JO 5) « Toute déclaration non conforme est rejetée et la carte n'est pas délivrée. La transmission d'une photographie d'identité ne respectant pas les normes prévues par l'article 6-1 du décret n° 2005-1726 du 30 décembre 2005 relatif aux passeports constitue un motif valable de non-délivrance de la carte ou d'invalidation de la carte délivrée par l'union des caisses mentionnée à l'article R. 8291-2. »

Après paiement de la redevance (D. 2020-916 du 28 juil. 2020, JO 29, entrée en vigueur le 30.07.2020) « mentionnée à l'article R. 8291-3 », l'union des caisses mentionnée à l'article R. 8291-2 adresse la carte d'identification professionnelle ou le cas échéant une attestation provisoire valant carte d'identification professionnelle à l'entreprise prestataire de services établie à l'étranger ou le cas échéant, à son représentant en France.

SECTION 3. Modalités de déclaration des salariés et de paiement de la carte

Art. R. 8293-5. L'union des caisses mentionnée à l'article R. 8291-2 vérifie que l'employeur ou l'entreprise utilisatrice qui effectue la déclaration entre dans le champ d'application de l'article R. 8291-1 et que le salarié n'est possesseur d'aucune autre carte valide.

Art. R. 8293-6. La redevance mentionnée à l'article R. 8291-3 est exigible au moment de la déclaration mentionnée aux articles R. 8293-1 à R. 8293-3. Le paiement est effectué par télépaiement.

À défaut de paiement, la carte n'est pas délivrée. Les sanctions prévues aux articles R. 8115-7 et R. 8115-8 sont alors applicables à l'employeur ou, le cas échéant, à l'entreprise utilisatrice.

Chapitre IV (réglementaire)

Modalités de délivrance de la carte d'identification professionnelle

Art. R. 8294-1. À la réception de la déclaration mentionnée aux articles R. 8293-1 à R. 8293-3, l'union des caisses mentionnée à l'article R. 8291-2 adresse la carte d'identification professionnelle à l'employeur ou au représentant de l'employeur, ou à l'entreprise utilisatrice d'un salarié intérimaire détaché.

Art. R. 8294-2. Dans l'attente de l'édition de la carte d'identification professionnelle, une attestation provisoire valant carte d'identification professionnelle est adressée par l'union des caisses mentionnée à l'article R. 8291-2 à l'employeur ou au représentant de l'employeur, ou à l'entreprise utilisatrice d'un salarié intérimaire détaché, par voie dématérialisée pour être délivrée au salarié concerné.

La validité de cette attestation provisoire cesse dans un délai fixé par l'arrêté mentionné à l'article R. 8295-1 à compter de la date de la transmission de la carte professionnelle à l'employeur ou au représentant de l'employeur, ou à l'entreprise utilisatrice d'un salarié intérimaire détaché. Ce délai ne peut excéder soixante-douze heures.

La carte d'identification professionnelle est adressée par l'union des caisses mentionnée à l'article R. 8291-2 à l'employeur ou à l'entreprise utilisatrice d'un salarié intérimaire détaché, par tout moyen lui conférant date certaine.

(D. 2020-916 du 28 juil. 2020, JO 29, entrée en vigueur le 30.07.2020) « L'union des caisses lui transmet également l'adresse du site internet du ministère chargé du travail relatif au détachement (https://travail-emploi.gouv.fr/droit-du-travail/detachement-des-salaries/) en vue d'être communiquée par l'employeur ou l'entreprise utilisatrice au salarié détaché concerné. »

Art. R. 8294-3. Le titulaire de la carte d'identification professionnelle informe, dans un délai de vingt-quatre heures, son employeur ou l'entreprise utilisatrice de toute dégradation, perte ou vol de sa carte, afin que l'employeur ou l'entreprise utilisatrice en informe l'union des caisses mentionnée à l'article R. 8291-2, selon la procédure prévue par cet organisme.

Toute carte signalée comme volée, perdue ou gravement détériorée est invalidée. L'union des caisses édite, sur demande de l'employeur ou de l'entreprise utilisatrice et après paiement de la redevance mentionnée à l'article R. 8291-3, une nouvelle carte pour le salarié concerné.

Art. R. 8294-4. Le salarié est tenu, lors de la cessation de son contrat dans l'entreprise ou à l'issue de son détachement en France, de remettre sa carte d'identification professionnelle à son employeur ou à l'entreprise utilisatrice afin que celui-ci la transmette à l'union des caisses mentionnée à l'article R. 8291-2, pour qu'elle soit détruite.

Art. R. 8294-5. Le titulaire de la carte d'identification professionnelle ou de l'attestation provisoire est tenu de la présenter sans délai à toute demande des agents de contrôle mentionnés à l'article L. 8271-1-2.

Art. R. 8294-6. Tout maître d'ouvrage ou tout donneur d'ordre peut vérifier auprès de l'union des caisses mentionnée à l'article R. 8291-2 que les salariés de son cocontractant, d'un sous-traitant direct ou indirect ou d'un cocontractant d'un sous-traitant ont été déclarés auprès de cet organisme et que leurs cartes ou attestations ont été émises par celui-ci. (D. 2019-555 du 4 juin 2019, art. 4, 5°, JO 5) « Cette vérification est faite au moyen du code prévu au 3° de l'article R. 8292-1. »

Art. R. 8294-7. Le salarié titulaire d'une carte d'identification professionnelle ou de l'attestation provisoire est tenu de la présenter sans délai à la demande du maître d'ouvrage ou d'un donneur d'ordre intervenant sur le chantier où le salarié exerce son activité.

Chapitre IV bis (réglementaire)

Document d'information du salarié détaché

Note Ce chapitre a été introduit par le décret 2017-825 du 5 mai 2017, JO 7, entrée en vigueur le 01.07.2017.

Art. R. 8294-8. Lorsque le salarié est détaché en France par une entreprise prestataire de services établie à l'étranger en vue de réaliser des travaux de bâtiment ou des travaux publics, le document d'information des travailleurs détachés est mis à disposition par l'union des caisses de France mentionnée à l'article R. 8291-2 sur son site internet, en vue d'être délivré par l'employeur au salarié concerné.

Le document, dont le modèle est fixé par arrêté du ministre chargé du travail, présente au salarié détaché la réglementation française de droit du travail qui lui est applicable et les modalités selon lesquelles il peut faire valoir ses droits.

Chapitre V (réglementaire)

Système automatisé d'information de la carte d'identification professionnelle

SECTION 1. Caractéristiques générales

Art. R. 8295-1. Il est créé au sein de l'union des caisses mentionnée à l'article R. 8291-2 un traitement automatisé d'informations à caractère personnel dénommé " Système d'information de la carte d'identification professionnelle " (SI-CIP), ayant pour finalité (D. 2019-555 du 4 juin 2019, art. 4, 5°, JO 5) « la délivrance de la carte d'identification professionnelle, la gestion et le suivi du dispositif afférent ».

Un arrêté du ministre chargé du travail pris après avis de la Commission nationale de l'informatique et des libertés détermine les modalités du traitement informatisé des informations relatives aux salariés, aux employeurs et aux entreprises utilisatrices mentionnées à l'article R. 8295-2.

Art. R. 8295-2. Les catégories de données à caractère personnel pouvant être enregistrées dans le traitement automatisé sont les suivantes :

1° Données personnelles relatives au titulaire de la carte d'identification professionnelle : nom et prénoms, sexe, date et lieu de naissance, nationalité, nature du contrat de travail, photographie d'identité numérisée et, pour les salariés étrangers titulaires d'une autorisation ou d'une carte de séjour valant autorisation de travail, le numéro de cette carte ;

2° Données personnelles relatives à l'employeur du salarié et, le cas échéant, à l'entreprise utilisatrice d'un salarié intérimaire détaché ;

a) Pour les personnes physiques :

- identité (nom, prénoms, sexe, date et lieu de naissance), nationalité(s) (D. 2019-555 du 4 juin 2019, art. 4, 5°, JO 5) « , nom de l'entreprise », SIRET ou SIREN ou à défaut le numéro d'immatriculation à un registre professionnel ou à un organisme chargé du recouvrement des cotisations de sécurité sociale, adresse professionnelle postale et électronique, activité principale exercée (APE/NAF) ;

b) Pour les personnes morales :

- dénomination sociale, objet social ou statut, identité du représentant légal ou du représentant en France, numéro SIREN ou SIRET ou à défaut le numéro d'immatriculation à un registre professionnel, adresse du siège social, activité principale exercée (APE/NAF) ;

3° Données relatives au chantier ou au lieu d'activité : adresse, date de début du chantier, durée prévisible du chantier ou date de fin du chantier.

Les renseignements énumérés aux 1°, 2° et 3° du présent article sont mentionnés par les employeurs et les entreprises utilisatrices de travailleurs intérimaires détachés sur les déclarations mentionnées aux articles R. 8293-1 à R. 8293-3.

SECTION 2. Actualisation des données

Art. R. 8295-3. L'employeur ou, le cas échéant, l'entreprise utilisatrice d'un salarié intérimaire détaché informe dans un délai de vingt-quatre heures l'union des caisses mentionnée à l'article R. 8291-2 de toute modification relative aux renseignements le ou la concernant ou relatives aux salariés ou portant sur l'adresse du site ou du chantier de travaux.

LIVRE III

DISPOSITIONS RELATIVES À L'OUTRE-MER

TITRE Ier

DISPOSITIONS GÉNÉRALES

Chapitre unique

Art. L. 8311-1. Les dispositions générales prévues par l'article L. 1511-1 sont également applicables aux dispositions du présent livre.

TITRE II

GUADELOUPE, GUYANE, MARTINIQUE, MAYOTTE, LA RÉUNION, SAINT-BARTHÉLEMY, SAINT-MARTIN ET SAINT-PIERRE-ET-MIQUELON

Chapitre Ier

Dispositions générales

Art. L. 8321-1. Les dispositions générales prévues par (Ord. 2008-205 du 27 févr. 2008, JO 1er mars) « les articles L. 1521-1 à L. 1521-4 » sont également applicables aux dispositions du présent titre.

Chapitre II (réglementaire)

Inspection du travail

SECTION 1. Compétences et moyens d'intervention

Art. D. 8322-1. Les inspecteurs du travail (D. 2018-953 du 31 oct. 2018, art. 9, 3°, JO 6 nov.) « de Guadeloupe, de Guyane, de Martinique, de Mayotte, de La Réunion », de Saint-Barthélemy et de Saint-Martin ont les mêmes attributions que les inspecteurs du travail de la métropole.

SECTION 2. Systèmes d'inspection du travail

Note Cette section a été introduite par le décret 2010-1582 du 17 décembre 2010, art. 35, JO 18.

Art. R. 8322-2. Pour l'application des articles (D. 2015-364 du 30 mars 2015, art. 7, III, JO 31, entrée en vigueur le 01.05.2015) « R. 8115-1 à R. 8115-4, » (D. 2015-1359 du 26 oct. 2015, JO 28) « R. 8115-6, » R. 8122-1 et R. 8122-2 (D. 2018-953 du 31 oct. 2018, art. 9, 4°, JO 6 nov.) « en Guadeloupe, en Guyane, en Martinique, à Mayotte, à La Réunion » :

1° Les attributions dévolues aux directeurs régionaux des entreprises, de la concurrence, de la consommation, du travail et de l'emploi sont exercées par les directeurs des entreprises, de la concurrence, de la consommation, du travail et de l'emploi ;

2° Les dispositions relatives aux responsables d'(D. 2015-1689 du 17 déc. 2015, JO 18, entrée en vigueur le 01.01.2016) « unités départementales » ne s'appliquent pas.

Chapitre III

Lutte contre le travail illégal

SECTION 1. Travail dissimulé

Art. L. 8323-1. Un décret en Conseil d'État apporte aux dispositions du titre II du livre II, relatives au travail dissimulé, les adaptations nécessaires à leur application (Ord. 2017-1491 du 25 oct. 2017, art. 9, 2°, JO 26, entrée en vigueur le 01.01.2018) « en Guadeloupe, en Guyane, en Martinique, à Mayotte, à La Réunion » (Ord. 2008-205 du 27 févr. 2008, JO 1er mars) « , à Saint-Barthélemy et à Saint-Martin ».

Art. R. 8323-1. Dans le département de la Guyane, le document mentionnant le numéro individuel d'identification prévu au *a* du 1° de l'article D. 8222-7 est remplacé par une attestation certifiant que le cocontractant est connu des services fiscaux de son État d'établissement ou de domiciliation.

Art. L. 8323-1-1. (Ord. 2017-1491 du 25 oct. 2017, art. 9, 3°, JO 26, entrée en vigueur le 01.01.2018) Pour l'application à Mayotte de l'article L. 8221-3, les mots : " en application de l'article L. 133-6-7-1 du code de la sécurité sociale " sont supprimés.

Art. L. 8323-1-2. (Ord. 2017-1491 du 25 oct. 2017, art. 9, 3°, JO 26, entrée en vigueur le 01.01.2018) Pour l'application à Mayotte de l'article L. 8271-6-4, il est inséré, après les mots : " aux articles L. 213-1 et L. 752-1 du code de la sécurité sociale, " les mots : " à l'article 22 de l'ordonnance n° 96-1122 du 20 décembre 1996 relative à l'amélioration de la santé publique, à l'assurance-maladie, maternité et décès, au financement de la sécurité sociale à Mayotte et à la caisse de sécurité sociale de Mayotte ".

SECTION 2. Emploi d'étrangers sans titre de travail

Sous-section 1. Interdictions

Art. L. 8323-2. Nul ne peut, directement ou par personne interposée, engager, conserver à son service ou employer pour quelque durée que ce soit un étranger non muni du titre l'autorisant à exercer une activité salariée à Saint-Pierre-et-Miquelon.

Les conditions de délivrance de l'autorisation de travail sont déterminées par voie réglementaire.

Sous-section 2. Dispositions pénales

Art. L. 8323-3. Le fait pour toute personne, directement ou par personne interposée, d'engager, de conserver à son service ou d'employer pour quelque durée que ce soit un étranger non muni du titre l'autorisant à exercer une activité salariée à Saint-Pierre-et-Miquelon, en méconnaissance des dispositions de l'article L. 8323-2, est puni des peines prévues aux articles L. 8256-2 à L. 8256-6.

TITRE III

MESURES DE COORDINATION AVEC LES AUTRES COLLECTIVITÉS ULTRAMARINES

Chapitre unique

Art. L. 8331-1. Lorsque les salariés et les entreprises interviennent dans les collectivités de la République française exclues du champ d'application géographique défini à l'article L. 1511-1, les dispositions de l'article L. 8222-4 sont applicables au cocontractant établi ou domicilié à Wallis-et-Futuna ou dans les Terres australes et antarctiques françaises.

COVID-19

Textes publiés en droit du travail

Table analytique

CONGÉS PAYÉS

■ ORDONNANCE 2020-323 DU 25 MARS 2020

portant mesures d'urgence en matière de congés payés, de durée du travail et de jours de repos (JO 26, entrée en vigueur le 26.03.2020).

Art. 1er. – Afin de faire face aux conséquences économiques, financières et sociales de la propagation du covid-19, par dérogation aux sections 2 et 3 du chapitre Ier du titre IV du livre Ier de la troisième partie du code du travail et aux stipulations conventionnelles applicables dans l'entreprise, l'établissement ou la branche, un accord d'entreprise, ou, à défaut, un accord de branche peut déterminer les conditions dans lesquelles l'employeur est autorisé, dans la limite de six jours de congés et sous réserve de respecter un délai de prévenance qui ne peut être réduit à moins d'un jour franc, à décider de la prise de jours de congés payés acquis par un salarié, y compris avant l'ouverture de la période au cours de laquelle ils ont normalement vocation à être pris, ou à modifier unilatéralement les dates de prise de congés payés.

L'accord mentionné au premier alinéa peut autoriser l'employeur à fractionner les congés sans être tenu de recueillir l'accord du salarié et à fixer les dates des congés sans être tenu d'accorder un congé simultané à des conjoints ou des partenaires liés par un pacte civil de solidarité travaillant dans son entreprise.

La période de congés imposée ou modifiée en application du présent article ne peut s'étendre au-delà du 31 décembre 2020.

....

CONSEILS DE PRUD'HOMMES

■ ORDONNANCE 2020-304 DU 25 MARS 2020

portant adaptation des règles applicables aux juridictions de l'ordre judiciaire statuant en matière non pénale et aux contrats de syndic de copropriété (JO 26) modifiée par ordonnance 2020-595 du 20 mai 2020 (JO 21).

Art. 1er. – Les dispositions de la présente ordonnance sont applicables aux juridictions de l'ordre judiciaire statuant en matière non pénale pendant la période comprise entre le 12 mars 2020 et l'expiration d'un délai d'un mois à compter de la date de cessation de l'état d'urgence sanitaire déclaré dans les conditions de l'article 4 de la loi [n° 2020-290] du 23 mars 2020 susvisée.

....

Art. 5. – La juridiction peut, sur décision de son président, statuer à juge unique en première instance et en appel dans toutes les affaires qui lui sont soumises.

Le juge désigné est un magistrat du siège qui n'est ni magistrat honoraire ni magistrat à titre temporaire.

Devant le tribunal de commerce, le président du tribunal peut, dans toutes les affaires, décider que l'audience sera tenue par l'un des membres de la formation de jugement. Le juge rend compte au tribunal dans son délibéré.

Le conseil de prud'hommes statue en formation restreinte comprenant un conseiller employeur et un conseiller salarié. En cas de partage des voix, l'affaire est renvoyée devant un juge du tribunal judiciaire dans le ressort duquel est situé le siège du conseil de prud'hommes. Il statue après avoir recueilli par tout moyen l'avis des conseillers présents lors de l'audience de renvoi en départage. Si, au terme de la période mentionnée à l'article 1er, le juge n'a pas tenu l'audience de départage, l'affaire est renvoyée à la formation restreinte présidée par ce juge.

En procédure écrite ordinaire, le juge de la mise en état ou le magistrat chargé du rapport peut tenir seul l'audience pour entendre les plaidoiries. Il en informe les parties par tout moyen. Il rend compte au tribunal dans son délibéré.

Le présent article s'applique aux affaires dans lesquelles l'audience de plaidoirie ou la mise en délibéré de l'affaire dans le cadre de la procédure sans audience a lieu pendant la période mentionnée à l'article 1er.

....

Art. 11-3. – Lorsque, trois mois après la saisine du conseil de prud'hommes, l'audience du bureau de conciliation et d'orientation n'a pas eu lieu ou le procès-verbal prévu à l'article R. 1454-10 du code du travail n'a pas été établi et la décision sur le fondement de l'article R. 1454-14 du même code n'a pas été prise, l'affaire est, en l'absence d'opposition du demandeur, renvoyée devant le bureau de jugement approprié au règlement de l'affaire à une date que le greffe indique aux parties par tout moyen.

....

Art. 11-4. – Les agents de service de greffe affectés dans un service d'accueil unique du justiciable peuvent assurer la réception par voie électronique et la transmission par voie électronique :

1° De tous les actes en matière civile, lorsque la représentation n'est pas obligatoire ;

2° En matière prud'homale :

a) Des requêtes ;

b) Des demandes de délivrance de copie certifiée conforme, d'un extrait et d'une copie certifiée conforme revêtue de la formule exécutoire ;

3° Des demandes d'aide juridictionnelle dans les conditions prévues aux articles 26 et 132-9 du décret [n° 91-1266] du 19 décembre 1991 susvisé.

Dans le cas où il a été reçu par voie électronique, le document original établi sur support papier doit être produit par son auteur avant qu'il ne soit statué sur sa demande.

....

■ ORDONNANCE 2020-388 DU 1ER AVRIL 2020

relative au report du scrutin de mesure de l'audience syndicale auprès des salariés des entreprises de moins de onze salariés et à la prorogation des mandats des conseillers prud'hommes et membres des commissions paritaires régionales interprofessionnelles (JO 2) modifiée par loi 2020-734 du 17 juin 2020 (JO 18).

....

Art. 2. – I. – Par dérogation aux articles L. 1441-1 et L. 1441-2 du code du travail, la date du prochain renouvellement général des conseils de prud'hommes est fixée par arrêté conjoint de la garde des sceaux, ministre de la justice, et du ministre chargé du travail, au plus tard le 31 décembre 2022. Les mandats des conseillers prud'hommes en cours à la date d'entrée en vigueur de la présente ordonnance sont prorogés jusqu'à cette date.

II. – Par dérogation au 2° de l'article L. 1442-2 du même code, les employeurs accordent aux salariés de leur entreprise, membres d'un conseil de prud'hommes, sur leur demande et pour les besoins de leur formation continue, des autorisations d'absence dans la limite de six jours par an au titre de la prolongation du mandat prévue au I.

III. – Par dérogation à l'article L. 1441-1 du code du travail, la durée du mandat des conseillers prud'hommes nommés à l'occasion du renouvellement général mentionné au I du présent article est réduite de la durée de la prorogation du mandat prévue au même I.

....

■ DÉCRET 2020-482 DU 27 AVRIL 2020

relatif à la prorogation exceptionnelle des délais de formation obligatoire des conseillers prud'hommes et des juges des tribunaux de commerce (JO 29).

....

Art. 4. – Par dérogation à l'article D. 1442-10-1 du code de travail, les conseillers prud'hommes nommés par arrêté du 14 décembre 2018 et n'ayant pas exécuté leur obligation de formation initiale à la date du 30 avril 2020 disposent, à compter de cette date, d'un délai supplémentaire exceptionnel d'un an pour satisfaire à cette obligation. À défaut, conformément à l'article L. 1442-1 du code du travail, ils sont réputés démissionnaires.

Art. 5. – Par dérogation à l'article D. 1442-10-1 du code du travail, les conseillers prud'hommes nommés par arrêté du 30 octobre 2019 et n'ayant pas exécuté leur obligation de formation initiale à la date du 28 février 2021 disposent, à compter de cette date, d'un délai supplémentaire exceptionnel d'un an pour satisfaire à cette obligation. À défaut, conformément à l'article L. 1442-1 du code du travail, ils sont réputés démissionnaires.

Art. 6. – Par dérogation à l'article D. 1442-10-1 du code du travail, les conseillers prud'hommes qui ont déposé leur candidature entre le 22 janvier 2020 à 12 heures et le 24 février 2020 à 12 heures suivent leur formation initiale dans un délai de quinze mois à compter du premier jour du huitième mois suivant leur nomination. À défaut, ils sont réputés démissionnaires.

Art. 7. – Le deuxième alinéa de l'article D. 1442-10-1 du code du travail n'est pas applicable aux conseillers prud'hommes mentionnés aux articles 5 et 6.

....

Contrat à durée déterminée/Contrat de mission

■ LOI 2020-734 DU 17 JUIN 2020

relative à diverses dispositions liées à la crise sanitaire, à d'autres mesures urgentes ainsi qu'au retrait du Royaume-Uni de l'Union européenne (JO 18).

....

Art. 5. – I. – À compter du 12 mars 2020 et pour une durée n'excédant pas six mois à compter de la fin de l'état d'urgence sanitaire déclaré en application de l'article 4 de la loi n° 2020-290 du 23 mars 2020 d'urgence pour faire face à l'épidémie de covid-19 et prorogé dans les conditions prévues à l'article L. 3131-14 du code de la santé publique, peuvent être conclus ou renouvelés pour une durée totale de trente-six mois :

1° Par dérogation au quatrième alinéa des articles L. 5132-5, L. 5132-11-1, L. 5132-15-1 du code du travail, et sans préjudice des dérogations et exceptions prévues aux mêmes articles L. 5132-5, L. 5132-11-1, L. 5132-15-1, les contrats à durée déterminée, conclus en application de l'article L. 1242-3 du même code ;

2° Par dérogation au dernier alinéa de l'article L. 5132-6 dudit code, les contrats de mission des entreprises de travail temporaire d'insertion ;

3° Par dérogation aux articles L. 5134-25-1, L. 5134-23, L. 5134-69-1 et L. 5134-67-1 du même code, et sans préjudice des durées supérieures à trente-six mois et des dérogations prévues aux mêmes articles L. 5134-25-1, L. 5134-23, L. 5134-69-1 et L. 5134-67-1, les contrats uniques d'insertion conclus en application de l'article L. 5134-19-1 du même code et le versement des aides à l'insertion professionnelle qui y sont associées ;

4° Par dérogation au 1 du I de l'article 78 de la loi n° 2018-771 du 5 septembre 2018 pour la liberté de choisir son avenir professionnel, les contrats conclus par les employeurs mentionnés à l'article L. 5213-13-1 du code du travail, sans que la durée du renouvellement n'excède le terme de l'expérimentation prévue à l'article 78 de la loi n° 2018-771 du 5 septembre 2018 précitée, soit le 31 décembre 2022.

II. – À compter du 12 mars 2020 et pour une durée n'excédant pas six mois à compter de la fin de l'état d'urgence sanitaire déclaré en application de l'article 4 de la loi n° 2020-290 du 23 mars 2020 d'urgence pour faire face à l'épidémie de covid-19 et prorogé dans les conditions prévues à l'article L. 3131-14 du code de la santé publique, pour la détermination de l'indemnité d'activité partielle mentionnée au II de l'article L. 5122-1 du code du travail au bénéfice des salariés des structures mentionnées au 3° de l'article L. 5132-4 du même code, les contrats de travail conclus en application du 3° de l'article L. 1242-2 dudit code sont réputés avoir été conclus en application de contrats de mise à disposition sur la base d'un volume horaire calculé de la façon suivante :

1° Pour les salariés nouvellement inscrits dans l'association intermédiaire en mars 2020, selon une estimation du nombre d'heures qui auraient dû être réalisées ;

2° Selon les prévisions contractuelles quand un volume horaire était prévu dans le contrat de travail ;

3° Selon le nombre d'heures déclarées comme réalisées du plus favorable des trois derniers mois clos avant le début de l'état d'urgence sanitaire.

....

Art. 41. – I. – Afin de faire face aux conséquences économiques, financières et sociales de l'épidémie de covid-19, jusqu'au 31 décembre 2020 et par dérogation aux articles L. 1242-8, L. 1243-13, L. 1244-3 et L. 1244-4 du code du travail, un accord collectif d'entreprise peut :

1° Fixer le nombre maximal de renouvellements possibles pour un contrat de travail à durée déterminée. Ce nombre ne peut avoir ni pour objet ni pour effet de pourvoir durablement un emploi lié à l'activité normale et permanente de l'entreprise. Le présent 1° n'est pas applicable aux contrats de travail à durée déterminée conclus en application de l'article L. 1242-3 du code du travail ;

2° Fixer les modalités de calcul du délai de carence entre deux contrats, prévu à l'article L. 1244-3 du même code ;

3° Prévoir les cas dans lesquels le délai de carence prévu au même article L. 1244-3 n'est pas applicable.

II. – Afin de faire face aux conséquences économiques, financières et sociales de l'épidémie de covid-19, jusqu'au 31 décembre 2020 et par dérogation aux articles L. 1251-6, L. 1251-12, L. 1251-35, L. 1251-36 et L. 1251-37 du code du travail, un accord collectif d'entreprise conclu au sein de l'entreprise utilisatrice mentionnée au 1° de l'article L. 1251-1 du même code peut :

1° Fixer le nombre maximal de renouvellements possibles pour un contrat de mission. Ce nombre ne peut avoir ni pour objet ni pour effet de pourvoir durablement un emploi lié à l'activité normale et permanente de l'entreprise utilisatrice ;

2° Fixer les modalités de calcul du délai de carence entre deux contrats, prévu à l'article L. 1251-36 dudit code ;

3° Prévoir les cas dans lesquels le délai de carence prévu au même article L. 1251-36 n'est pas applicable ;

4° Autoriser le recours à des salariés temporaires dans des cas non prévus à l'article L. 1251-6 du même code.

III. – Les stipulations de l'accord d'entreprise conclu en application des I et II du présent article sont applicables aux contrats de travail conclus jusqu'au 31 décembre 2020.

IV. – Par dérogation à l'article L. 2253-1 du code du travail, les stipulations de l'accord d'entreprise conclu en application des I ou II du présent article prévalent sur les stipulations éventuellement applicables d'une convention de branche ou d'un accord couvrant un champ territorial ou professionnel plus large ayant le même objet.

....

Transfert du contrat de travail

■ LOI 2020-734 DU 17 JUIN 2020

relative à diverses dispositions liées à la crise sanitaire, à d'autres mesures urgentes ainsi qu'au retrait du Royaume-Uni de l'Union européenne (JO 18).

....

Art. 40. – I. – Jusqu'au 31 décembre 2020, en cas de vente d'un fonds de commerce réalisée en application de l'article L. 642-19 du code de commerce, l'article L. 1224-1 du code du travail n'est pas applicable aux contrats de travail rompus en application de la décision ouvrant ou prononçant la liquidation.

II. – Le présent article est applicable aux procédures en cours à la date de publication de la présente loi.

III. – Le présent article est applicable dans les îles Wallis et Futuna.

....

CONVENTIONS ET ACCORDS COLLECTIFS DE TRAVAIL

■ ORDONNANCE 2020-306 DU 25 MARS 2020

relative à la prorogation des délais échus pendant la période d'urgence sanitaire et à l'adaptation des procédures pendant cette même période (JO 26) modifiée par ordonnances 2020-428 du 15 avril 2020 (JO 16) et 2020-737 du 17 juin 2020 (JO 18).

....

Art. 11 *bis*. – I. – Les dispositions du présent article sont applicables aux accords collectifs conclus jusqu'au 10 octobre 2020 inclus, et dont l'objet est exclusivement de faire face aux conséquences économiques, financières et sociales de la propagation de l'épidémie de covid-19 ainsi qu'aux conséquences des mesures prises pour limiter cette propagation.

II. – Pour la négociation et la conclusion des accords mentionnés au I :

1° Le délai de quinze jours mentionné au deuxième alinéa de l'article L. 2232-6 du code du travail est réduit à huit jours ;

2° Le délai d'un mois mentionné au deuxième alinéa de l'article L. 2232-12 du même code est réduit à huit jours ;

3° Le délai de huit jours mentionné au troisième alinéa de l'article L. 2232-12 du même code est réduit à cinq jours ;

(Abrogé par Ord. 2020-737 du 17 juin 2020, art. 1er, 2°, JO 18, entrée en vigueur le 11.08.2020)
« 4° Le délai minimum de quinze jours mentionné au deuxième alinéa de l'article L. 2232-21 du même code est réduit à cinq jours ; »

5° Le délai d'un mois mentionné au deuxième alinéa de l'article L. 2232-25-1 du même code est réduit à huit jours.

III. – Pour l'extension des accords mentionnés au I, le délai d'un mois mentionné au troisième alinéa de l'article L. 2261-19 du code du travail est réduit à huit jours. Un décret peut adapter les délais applicables à la procédure d'extension des accords mentionnés au I.

IV. – Les dispositions de l'article 2 de la présente ordonnance ne s'appliquent pas aux délais mentionnés au présent article.

V. – Les dispositions du présent article s'appliquent aux délais qui n'ont pas commencé à courir à la date d'entrée en vigueur de la présente ordonnance.

Les dispositions du 1° du II s'appliquent aux accords conclus à compter du 12 mars 2020 qui n'ont pas fait l'objet de la notification prévue à l'article L. 2232-6 du code du travail à la date d'entrée en vigueur de la présente ordonnance.

Les dispositions du III s'appliquent aux accords conclus à compter du 12 mars 2020 dont l'avis d'extension au *Journal officiel* de la République française n'a pas été publié à la date d'entrée en vigueur de la présente ordonnance.

....

■ DÉCRET 2020-441 DU 17 AVRIL 2020

relatif aux délais d'extension des accords de branche ayant pour objet de faire face aux conséquences économiques, financières et sociales de la propagation de l'épidémie de covid-19 (JO 18, entrée en vigueur le 18.04.2020) modifié par décret 2020-981 du 5 août 2020 (JO 6).

Art. 1er. – Pour l'extension des accords collectifs conclus jusqu'au 10 octobre 2020 inclus, et dont l'objet est exclusivement de faire face aux conséquences économiques, financières et sociales de la propagation de l'épidémie de covid-19 ainsi qu'aux conséquences des mesures prises pour limiter cette propagation :

1° Le délai de quinze jours mentionné au deuxième alinéa de l'article D. 2261-3 du code du travail est réduit à huit jours ;

2° Le délai d'un mois mentionné au premier alinéa de l'article D. 2261-4-3 du même code est réduit à huit jours.

Art. 2. – Les dispositions du présent décret s'appliquent aux accords conclus à compter du 12 mars 2020 dont l'avis d'extension au *Journal officiel* de la République française n'a pas été publié à la date d'entrée en vigueur du présent décret.

....

DISPOSITIONS GÉNÉRALES

■ LOI 2020-290 DU 23 MARS 2020

d'urgence pour faire face à l'épidémie de covid-19 (JO 24, entrée en vigueur le 24.03.2020).

....

Art. 11. – I. – Dans les conditions prévues à l'article 38 de la Constitution, le Gouvernement est autorisé à prendre par ordonnances, dans un délai de trois mois à compter de la publication de la présente loi, toute mesure, pouvant entrer en vigueur, si nécessaire, à compter du 12 mars 2020, relevant du domaine de la loi et, le cas échéant, à les étendre et à les adapter aux collectivités mentionnées à l'article 72-3 de la Constitution :

1° Afin de faire face aux conséquences économiques, financières et sociales de la propagation de l'épidémie de covid-19 et aux conséquences des mesures prises pour limiter cette propagation, et notamment afin de prévenir et limiter la cessation d'activité des personnes physiques et morales exerçant une activité économique et des associations ainsi que ses incidences sur l'emploi, en prenant toute mesure :

a) D'aide directe ou indirecte à ces personnes dont la viabilité est mise en cause, notamment par la mise en place de mesures de soutien à la trésorerie de ces personnes ainsi que d'un fonds dont le financement sera partagé avec les régions, les collectivités relevant de l'article 74 de la Constitution, la Nouvelle-Calédonie et toute autre collectivité territoriale ou établissement public volontaire ;

b) En matière de droit du travail, de droit de la sécurité sociale et de droit de la fonction publique ayant pour objet :

- de limiter les ruptures des contrats de travail et d'atténuer les effets de la baisse d'activité, en facilitant et en renforçant le recours à l'activité partielle pour toutes les entreprises quelle que soit leur taille, notamment en adaptant de manière temporaire le régime social applicable aux indemnités versées dans ce cadre, en l'étendant à de nouvelles catégories de bénéficiaires, en réduisant, pour les salariés, le reste à charge pour l'employeur et, pour les indépendants, la perte de revenus, en adaptant ses modalités de mise en œuvre, en favorisant une meilleure articulation avec la formation professionnelle et une meilleure prise en compte des salariés à temps partiel ;
- d'adapter les conditions et modalités d'attribution de l'indemnité complémentaire prévue à l'article L. 1226-1 du code du travail ;
- de permettre à un accord d'entreprise ou de branche d'autoriser l'employeur à imposer ou à modifier les dates de prise d'une partie des congés payés dans la limite de six jours ouvrables, en dérogeant aux délais de prévenance et aux modalités de prise de ces congés définis par les dispositions du livre Ier de la troisième partie du code du travail et par les conventions et accords collectifs applicables dans l'entreprise ;
- de permettre à tout employeur d'imposer ou de modifier unilatéralement les dates des jours de réduction du temps de travail, des jours de repos prévus par les conventions de forfait et des jours de repos affectés sur le compte épargne temps du salarié, en dérogeant aux délais de prévenance et aux modalités d'utilisation définis au livre Ier de la troisième partie du code du travail, par les conventions et accords collectifs ainsi que par le statut général de la fonction publique ;
- de permettre aux entreprises de secteurs particulièrement nécessaires à la sécurité de la Nation ou à la continuité de la vie économique et sociale de déroger aux règles d'ordre public et aux stipulations conventionnelles relatives à la durée du travail, au repos hebdomadaire et au repos dominical ;
- de modifier, à titre exceptionnel, les dates limites et les modalités de versement des sommes versées au titre de l'intéressement en application de l'article L. 3314-9 du code du travail et au titre de la participation en application de l'article L. 3324-12 du même code ;
- de modifier la date limite et les conditions de versement de la prime exceptionnelle de pouvoir d'achat mentionnée à l'article 7 de la loi n° 2019-1446 du 24 décembre 2019 de financement de la sécurité sociale pour 2020 ;

- d'adapter l'organisation de l'élection mentionnée à l'article L. 2122-10-1 du code du travail, en modifiant si nécessaire la définition du corps électoral, et, en conséquence, de proroger, à titre exceptionnel, la durée des mandats des conseillers prud'hommes et des membres des commissions paritaires régionales interprofessionnelles ;
- d'aménager les modalités de l'exercice par les services de santé au travail de leurs missions définies au titre II du livre VI de la quatrième partie du code du travail, notamment du suivi de l'état de santé des travailleurs, et de définir les règles selon lesquelles le suivi de l'état de santé est assuré pour les travailleurs qui n'ont pu, en raison de l'épidémie, bénéficier du suivi prévu par le même code ;
- de modifier les modalités d'information et de consultation des instances représentatives du personnel, notamment du comité social et économique, pour leur permettre d'émettre les avis requis dans les délais impartis, et de suspendre les processus électoraux des comités sociaux et économiques en cours ;
- d'aménager les dispositions de la sixième partie du code du travail, notamment afin de permettre aux employeurs, aux organismes de formation et aux opérateurs de satisfaire aux obligations légales en matière de qualité et d'enregistrement des certifications et habilitations ainsi que d'adapter les conditions de rémunérations et de versement des cotisations sociales des stagiaires de la formation professionnelle ;
- d'adapter, à titre exceptionnel, les modalités de détermination des durées d'attribution des revenus de remplacement mentionnés à l'article L. 5421-2 du code du travail ;

c) Modifiant, dans le respect des droits réciproques, les obligations des personnes morales de droit privé exerçant une activité économique à l'égard de leurs clients et fournisseurs ainsi que des coopératives à l'égard de leurs associés-coopérateurs, notamment en termes de délais de paiement et pénalités et de nature des contreparties, en particulier en ce qui concerne les contrats de vente de voyages et de séjours mentionnés aux II et III de l'article L. 211-14 du code du tourisme prenant effet à compter du 1er mars 2020 et les prestations relevant des séjours de mineurs à caractère éducatif organisés dans le cadre de l'article L. 227-4 du code de l'action sociale et des familles ;

d) Adaptant les dispositions du livre VI du code de commerce et celles du chapitre Ier du titre V du livre III du code rural et de la pêche maritime afin de prendre en compte les conséquences de la crise sanitaire pour les entreprises et les exploitations ;

e) Adaptant les dispositions de l'article L. 115-3 du code de l'action sociale et des familles, notamment pour prolonger, pour l'année 2020, le délai fixé au troisième alinéa du même article L. 115-3, et reportant la date de fin du sursis à toute mesure d'expulsion locative prévue à l'article L. 412-6 du code des procédures civiles d'exécution pour cette même année ;

f) Adaptant les règles de passation, de délais de paiement, d'exécution et de résiliation, notamment celles relatives aux pénalités contractuelles, prévues par le code de la commande publique ainsi que les stipulations des contrats publics ayant un tel objet ;

g) Permettant de reporter intégralement ou d'étaler le paiement des loyers, des factures d'eau, de gaz et d'électricité afférents aux locaux professionnels et commerciaux et de renoncer aux pénalités financières et aux suspensions, interruptions ou réductions de fournitures susceptibles d'être appliquées en cas de non-paiement de ces factures, au bénéfice des microentreprises, au sens du décret n° 2008-1354 du 18 décembre 2008 relatif aux critères permettant de déterminer la catégorie d'appartenance d'une entreprise pour les besoins de l'analyse statistique et économique, dont l'activité est affectée par la propagation de l'épidémie ;

h) Dérogeant aux dispositions de l'article 60 de la loi de finances pour 1963 (n° 63-156 du 23 février 1963) relatives à la responsabilité personnelle et pécuniaire des comptables publics ;

i) Permettant à l'Agence centrale des organismes de sécurité sociale de consentir des prêts et avances aux organismes gérant un régime complémentaire obligatoire de sécurité sociale ;

2° Afin de faire face aux conséquences, notamment de nature administrative ou juridictionnelle, de la propagation de l'épidémie de covid-19 et des mesures prises pour limiter cette propagation, toute mesure :

a) Adaptant les délais et procédures applicables au dépôt et au traitement des déclarations et demandes présentées aux autorités administratives, les délais et les modalités de consultation du public ou de toute instance ou autorité, préalables à la prise d'une décision par une autorité administrative et, le cas échéant, les délais dans lesquels cette décision peut ou doit être prise ou peut naître ainsi que les délais de réalisation par toute personne de contrôles, travaux et prescriptions de toute nature imposées par les lois et règlements, à moins que ceux-ci ne résultent d'une décision de justice ;

b) Adaptant, interrompant, suspendant ou reportant le terme des délais prévus à peine de nullité, caducité, forclusion, prescription, inopposabilité, déchéance d'un droit, fin d'un agrément ou d'une autorisation ou cessation d'une mesure, à l'exception des mesures privatives de liberté et des sanctions. Ces mesures sont rendues applicables à compter du 12 mars 2020 et ne peuvent excéder de plus de trois mois la fin des mesures de police administrative prises par le Gouvernement pour ralentir la propagation de l'épidémie de covid-19 ;

c) Adaptant, aux seules fins de limiter la propagation de l'épidémie de covid-19 parmi les personnes participant à la conduite et au déroulement des instances, les règles relatives à la compétence territoriale et aux formations de jugement des juridictions de l'ordre administratif et de l'ordre judiciaire ainsi que les règles relatives aux délais de procédure et de jugement, à la publicité des audiences et à leur tenue, au recours à la visioconférence devant ces juridictions et aux modalités de saisine de la juridiction et d'organisation du contradictoire devant les juridictions ;

d) Adaptant, aux seules fins de limiter la propagation de l'épidémie de covid-19 parmi les personnes participant à ces procédures, les règles relatives au déroulement des gardes à vue, pour permettre l'intervention à distance de l'avocat et la prolongation de ces mesures pour au plus la durée légalement prévue sans présentation de la personne devant le magistrat compétent, et les règles relatives au déroulement et à la durée des détentions provisoires et des assignations à résidence sous surveillance électronique, pour permettre l'allongement des délais au cours de l'instruction et en matière d'audiencement, pour une durée proportionnée à celle de droit commun et ne pouvant excéder trois mois en matière délictuelle et six mois en appel ou en matière criminelle, et la prolongation de ces mesures au vu des seules réquisitions écrites du parquet et des observations écrites de la personne et de son avocat ;

e) Aménageant aux seules fins de limiter la propagation de l'épidémie de covid-19 parmi les personnes participant ou impliquées dans ces procédures, d'une part, les règles relatives à l'exécution et l'application des peines privatives de liberté pour assouplir les modalités d'affectation des détenus dans les établissements pénitentiaires ainsi que les modalités d'exécution des fins de peine et, d'autre part, les règles relatives à l'exécution des mesures de placement et autres mesures éducatives prises en application de l'ordonnance n° 45-174 du 2 février 1945 relative à l'enfance délinquante ;

f) Simplifiant et adaptant les conditions dans lesquelles les assemblées et les organes dirigeants collégiaux des personnes morales de droit privé et autres entités se réunissent et délibèrent ainsi que les règles relatives aux assemblées générales ;

g) Simplifiant, précisant et adaptant les règles relatives à l'établissement, l'arrêté, l'audit, la revue, l'approbation et la publication des comptes et des autres documents que les personnes morales de droit privé et autres entités sont tenues de déposer ou de publier, notamment celles relatives aux délais, ainsi qu'adaptant les règles relatives à l'affectation des bénéfices et au paiement des dividendes ;

h) Adaptant les dispositions relatives à l'organisation de la Banque publique d'investissement créée par l'ordonnance n° 2005-722 du 29 juin 2005 relative à la Banque publique d'investissement afin de renforcer sa capacité à accorder des garanties ;

i) Simplifiant et adaptant le droit applicable au fonctionnement des établissements publics et des instances collégiales administratives, y compris les organes dirigeants des autorités administratives ou publiques indépendantes, notamment les règles relatives à la tenue des réunions dématérialisées ou le recours à la visioconférence ;

j) Adaptant le droit de la copropriété des immeubles bâtis pour tenir compte, notamment pour la désignation des syndics, de l'impossibilité ou des difficultés de réunion des assemblées générales de copropriétaires ;

k) Dérogeant aux dispositions du chapitre III du titre II du livre VII du code rural et de la pêche maritime afin de proroger, pour une période n'allant pas au delà du 31 décembre 2020, la durée des mandats des membres du conseil d'administration des caisses départementales de mutualité sociale agricole, des caisses pluridépartementales de mutualité sociale agricole et du conseil central d'administration de la mutualité sociale agricole ;

l) Permettant aux autorités compétentes pour la détermination des modalités d'accès aux formations de l'enseignement supérieur, des modalités de délivrance des diplômes de l'enseignement supérieur ou des modalités de déroulement des concours ou examens d'accès à la fonction publique d'apporter à ces modalités toutes les modifications nécessaires pour garantir la continuité de leur mise en œuvre, dans le respect du principe d'égalité de traitement des candidats ;

m) Permettant aux autorités compétentes de prendre toutes mesures relevant du code de la santé publique et du code de la recherche afin, dans le respect des meilleures pratiques médicales et de la sécurité des personnes, de simplifier et d'accélérer la recherche fondamentale et clinique visant à lutter contre l'épidémie de covid-19 ;

3° Afin de faire face aux conséquences, pour les établissements de santé mentionnés à l'article L. 6111-1 du code de la santé publique, de la propagation de l'épidémie de covid-19 et des charges découlant de la prise en charge des patients affectés par celui-ci, toute mesure dérogeant aux règles de financement de ces établissements ;

4° Afin de permettre aux parents dont l'activité professionnelle est maintenue sur leur lieu de travail de pouvoir faire garder leurs jeunes enfants dans le contexte de fermeture des structures d'accueil du jeune enfant visant à limiter la propagation de l'épidémie de covid-19, toute mesure :

a) Étendant à titre exceptionnel et temporaire le nombre d'enfants qu'un assistant maternel agréé au titre de l'article L. 421-4 du code de l'action sociale et des familles est autorisé à accueillir simultanément ;

b) Prévoyant les transmissions et échanges d'information nécessaires à la connaissance par les familles de l'offre d'accueil et de sa disponibilité afin de faciliter l'accessibilité des services aux familles en matière d'accueil du jeune enfant ;

5° Afin, face aux conséquences de l'épidémie de covid-19, d'assurer la continuité de l'accompagnement et la protection des personnes en situation de handicap et des personnes âgées vivant à domicile ou dans un établissement ou service social et médico-social, des mineurs et majeurs protégés et des personnes en situation de pauvreté, toute mesure :

a) Dérogeant aux dispositions de l'article L. 312-1 et du chapitre III du titre Ier du livre III du code de l'action sociale et des familles pour permettre aux établissements et services sociaux et médico-sociaux autorisés d'adapter les conditions d'organisation et de fonctionnement de l'établissement ou du service et de dispenser des prestations ou de prendre en charge des publics destinataires figurant en dehors de leur acte d'autorisation ;

b) Dérogeant aux dispositions du code de l'action sociale et des familles et du code de la sécurité sociale pour adapter les conditions d'ouverture ou de prolongation des droits ou de prestations aux personnes en situation de handicap, aux personnes en situation de pauvreté, notamment les bénéficiaires de minima sociaux et prestations sociales, et aux personnes âgées ;

6° Afin, face aux conséquences de l'épidémie de covid-19, d'assurer la continuité des droits des assurés sociaux et leur accès aux soins et aux droits, en prenant toute mesure dérogeant aux dispositions du code de la sécurité sociale, du code rural et de la pêche maritime, du code de la construction et de l'habitation et du code de l'action sociale et des familles pour adapter les conditions d'ouverture, de reconnaissance ou de durée des droits relatifs à la prise en charge des frais de santé et aux prestations en espèces des assurances sociales ainsi que des prestations familiales, des aides personnelles au logement, de la prime d'activité et des droits à la protection complémentaire en matière de santé ;

7° Afin, face aux conséquences de l'épidémie de covid-19, d'assurer la continuité de l'indemnisation des victimes, en prenant toute mesure dérogeant aux dispositions du code de la santé publique et de l'article 53 de la loi n° 2000-1257 du 23 décembre 2000 de financement de la sécurité sociale pour 2001 pour adapter les règles d'instruction des demandes et d'indemnisation des victimes par l'Office national d'indemnisation des victimes d'accidents médicaux, des affections iatrogènes et des infections nosocomiales et par le Fonds d'indemnisation des victimes de l'amiante ;

8° Afin, face aux conséquences de l'épidémie de covid-19, d'assurer la continuité du fonctionnement des institutions locales et de l'exercice de leurs compétences ainsi que la continuité budgétaire et financière des collectivités territoriales et des établissements publics locaux, de prendre toute mesure permettant de déroger :

a) Aux règles de fonctionnement des collectivités territoriales et de leurs établissements publics, s'agissant notamment de leurs assemblées délibérantes et de leurs organes exécutifs, y compris en autorisant toute forme de délibération collégiale à distance ;

b) Aux règles régissant les délégations que peuvent consentir ces assemblées délibérantes à leurs organes exécutifs ainsi que leurs modalités ;

c) Aux règles régissant l'exercice de leurs compétences par les collectivités territoriales ;

d) Aux règles d'adoption et d'exécution des documents budgétaires ainsi que de communication des informations indispensables à leur établissement prévues par le code général des collectivités territoriales ;

e) Aux dates limites d'adoption des délibérations relatives au taux, au tarif ou à l'assiette des impôts directs locaux ou à l'institution de redevances ;

f) Aux règles applicables en matière de consultations et de procédures d'enquête publique ou exigeant une consultation d'une commission consultative ou d'un organe délibérant d'une collectivité territoriale ou de ses établissements publics ;

g) Aux règles applicables à la durée des mandats des représentants des élus locaux dans les instances consultatives dont la composition est modifiée à l'occasion du renouvellement général des conseils municipaux.

II. – Les projets d'ordonnance pris sur le fondement du présent article sont dispensés de toute consultation obligatoire prévue par une disposition législative ou réglementaire.

III. – Un projet de loi de ratification est déposé devant le Parlement dans un délai de deux mois à compter de la publication de chaque ordonnance.

■ ORDONNANCE 2020-305 DU 25 MARS 2020

portant adaptation des règles applicables devant les juridictions de l'ordre administratif (JO 26) modifiée par ordonnance 2020-558 du 13 mai 2020 (JO 14) et loi 2020-760 du 22 juin 2020 (JO 23).

....

Art. 15. – I. – Les dispositions de l'article 2 de l'ordonnance n° 2020-306 du 25 mars 2020 susvisée relative à la prorogation des délais échus pendant la période d'urgence sanitaire et à l'adaptation des procédures pendant cette même période sont applicables aux procédures devant les juridictions de l'ordre administratif.

II. – Par dérogation au I :

1° Le point de départ du délai des demandes et recours suivants est reporté au 24 mai 2020 :

a) Recours prévus à l'article L. 512-1 du code de l'entrée et du séjour des étrangers et du droit d'asile, à l'exception de ceux prévus au premier alinéa du III de cet article ;

b) Recours prévus à l'article L. 731-2 du même code ;

c) Recours contre les décisions de transfert prévus à l'article L. 742-4 du même code, à l'exception de ceux prévus contre ces décisions au premier alinéa du II de cet article et à l'article L. 213-9 de ce code ;

d) Demande d'aide juridictionnelle prévue à l'article 9-4 de la loi [n° 91-647] susvisée du 10 juillet 1991 relative à l'aide juridique.

2° Les délais applicables aux procédures prévues à l'article L. 213-9, au premier alinéa du III de l'article L. 512-1 et au premier alinéa du II de l'article L. 742-4 du code de l'entrée et du séjour des étrangers et du droit d'asile ne font pas l'objet d'adaptations.

3° Les réclamations et les recours mentionnés à l'article R. 119 du code électoral peuvent être formés contre les opérations électorales du premier tour des élections municipales organisé le 15 mars 2020 au plus tard à dix-huit heures le cinquième jour qui suit la date de prise de fonction des conseillers municipaux et communautaires élus dès ce tour, fixée par décret au plus tard au mois de juin 2020 dans les conditions définies au premier alinéa du III de l'article 19 de la loi n° 2020-290 du 23 mars 2020 susvisée ou, par dérogation, aux dates prévues au deuxième ou troisième alinéa du même III du même article.

Art. 16. – I. – Les mesures d'instruction dont le terme vient à échéance entre le 12 mars 2020 et le 23 juin 2020 sont prorogées de plein droit jusqu'au 24 août 2020 inclus.

Toutefois, lorsque l'urgence ou l'état de l'affaire le justifie, le juge peut fixer un délai plus bref que celui résultant du report prévu à l'alinéa précédent. Il précise alors que celui-ci ne s'applique pas à la date ainsi fixée.

II. – Les mesures de clôture d'instruction dont le terme vient à échéance entre le 12 mars 2020 et le 23 mai 2020 inclus sont prorogées de plein droit jusqu'au 23 juin 2020 inclus, à moins que ce terme ne soit reporté par le juge.

Toutefois, le juge peut, lorsque l'urgence ou l'état de l'affaire le justifie, fixer une date de clôture d'instruction antérieure à la date résultant du report prévu à l'alinéa précédent. Son ordonnance mentionne alors que celui-ci ne s'applique pas à la date ainsi fixée.

Art. 17. – Lorsque les délais impartis au juge pour statuer courent ou ont couru en tout ou partie entre le 12 mars 2020 et le 23 mai 2020 inclus, leur point de départ est reporté au 1er juillet 2020.

Par dérogation à l'alinéa précédent :

1° Les délais pour statuer sur les recours prévus à l'article L. 213-9 et au III et au IV de l'article L. 512-1 du code de l'entrée et du séjour des étrangers et du droit d'asile ne font pas l'objet d'adaptation ;

2° Sous réserve de l'article L. 118-2 du code électoral, le délai imparti au tribunal administratif pour statuer sur les recours contre les résultats du renouvellement général des conseillers municipaux et communautaires ainsi que des conseillers de Paris expire :

a) En ce qui concerne l'élection des conseillers municipaux et communautaires mentionnés au premier alinéa du III de l'article 19 de la loi n° 2020-290 du 23 mars 2020 d'urgence pour faire face à l'épidémie de covid-19, le 30 septembre 2020 ;

b) En ce qui concerne l'élection des conseillers municipaux, des conseillers d'arrondissement et des conseillers de Paris mentionnés aux deuxième et dernier alinéas du même III, le 31 octobre 2020 ;

c) En ce qui concerne l'élection des conseillers municipaux et communautaires, des conseillers d'arrondissement et des conseillers de Paris élus au second tour organisé dans les conditions prévues au premier alinéa du I du même article 19, le 31 octobre 2020 ;

d) En ce qui concerne l'élection des conseillers municipaux et communautaires, des conseillers d'arrondissement et des conseillers de Paris élus dans les conditions prévues au 2° du II de l'article 17 de la loi n° 2020-760 du 22 juin 2020 tendant à sécuriser l'organisation du second tour des élections municipales et communautaires de juin 2020 et à reporter les élections consulaires, trois mois à compter de l'enregistrement de la réclamation au greffe.

Art. 18. – La présente ordonnance est applicable dans les îles Wallis et Futuna.

....

■ ORDONNANCE 2020-306 DU 25 MARS 2020

relative à la prorogation des délais échus pendant la période d'urgence sanitaire et à l'adaptation des procédures pendant cette même période (JO 26) modifiée par ordonnances 2020-427 du 15 avril 2020 (JO 16), 2020-428 du 15 avril 2020 (JO 16), 2020-560 du 13 mai 2020 (JO 14), 2020-595 du 20 mai 2020 (JO 21, entrée en vigueur le 21.05.2020) et 2020-666 du 3 juin 2020 (JO 4).

TITRE Ier – *Dispositions générales relatives à la prorogation des délais*

Art. 1er. – I. – Les dispositions du présent titre sont applicables aux délais et mesures qui ont expiré ou qui expirent entre le 12 mars 2020 et le 23 juin 2020 inclus.

II. – Les dispositions du présent titre ne sont pas applicables :

1° Aux délais et mesures résultant de l'application de règles de droit pénal et de procédure pénale, ou concernant les élections régies par le code électoral et les consultations auxquelles ce code est rendu applicable ;

2° Aux délais concernant l'édiction et la mise en œuvre de mesures privatives de liberté ;

3° Aux délais concernant les procédures d'inscription dans un établissement d'enseignement ou d'inscription à un examen conduisant à la délivrance d'un diplôme ;

3° *bis* Aux délais dont le respect conditionne l'accès aux corps, cadres d'emploi, emplois ou grades de la fonction publique ainsi que le bénéfice de mutations, détachements, mises à disposition ou autres affectations des agents publics ;

4° Aux obligations financières et garanties y afférentes mentionnées aux articles L. 211-36 et suivants du code monétaire et financier ;

4° *bis* Aux obligations qui résultent, pour les personnes mentionnées à l'article L. 561-2 du code monétaire et financier, de la section 4 du chapitre 1er ainsi que du chapitre II du titre VI du livre V du même code ;

4° *ter* Aux obligations de déclaration prévues par les articles L. 512-3 du code des assurances et L. 546-2 du code monétaire et financier, pour les personnes tenues de s'immatriculer au registre unique mentionné aux articles L. 512-1 du code des assurances et L. 546-1 du code monétaire et financier, ainsi que pour leurs mandants, les entreprises d'assurance auprès desquelles ils ont souscrit un contrat au titre de leur responsabilité civile professionnelle et les établissements de crédit ou les sociétés de financement auprès desquels ils ont souscrit une garantie financière ;

4° *quater* Aux obligations, notamment de déclaration et de notification imposées en application des livres II, IV, V et VI du code monétaire et financier aux entités, personnes, offres et opérations mentionnées à l'article L. 621-9 du même code ainsi qu'aux obligations imposées en application du I et II de l'article L. 233-7 du code de commerce ;

Toutefois, les dispositions du présent titre sont applicables à l'obligation mentionnée au dernier alinéa du I des articles L. 214-17-2 et L. 214-24-51 et à l'article L. 214-52 du code monétaire et financier. Elles sont également applicables à l'obligation de respecter, au plus tard lors de l'inventaire de clôture de l'exercice suivant celui au cours duquel le fonds de capital investissement a été constitué, les quotas d'investissement mentionnés au V de l'article L. 214-28, au dernier alinéa du I de l'article L. 214-30, au A du V de l'article L. 214-31 et au I de l'article L. 214-159 du même code, dès lors que cette obligation devait être remplie à une échéance fixée entre le 12 mars et le 30 juin 2020 inclus ;

4° *quinquies* Aux délais concernant les déclarations prévues aux articles L. 152-1, L. 721-2, L. 741-4, L. 751-4, L. 761-3 et L. 771-1 du code monétaire et financier ;

5° Aux délais et mesures ayant fait l'objet d'autres adaptations particulières par la loi du 23 mars 2020 d'urgence pour faire face à l'épidémie de covid-19 ou en application de celle-ci ;

6° Aux délais concernant les déclarations relatives aux produits chimiques et aux installations fabriquant, stockant, traitant ou consommant de tels produits, mentionnées aux articles L. 2342-8 à L. 2342-21 du code de la défense ;

7° Aux délais de demande de restitution de l'enfant déclaré pupille de l'État à titre provisoire, tels que définis au deuxième alinéa de l'article L. 224-6 du code de l'action sociale et des familles ;

8° Aux demandes d'aides ainsi qu'aux déclarations et formalités nécessaires pour bénéficier des différents régimes d'aides relevant de la politique agricole commune ;

9° Aux délais, régis par le code de l'environnement ou le code de la défense, concernant les déclarations d'accident ou d'incident nucléaire ainsi que toute autre procédure de déclaration, d'information ou d'alerte ou acte destiné à assurer la sécurité nucléaire et la protection des installations, des matières et des équipements nucléaires ainsi que celles du transport des substances radioactives et des matières nucléaires ;

10° Aux délais dans lesquels doivent être présentées les demandes d'attribution de logements destinés aux étudiants et gérés par les centres régionaux des œuvres universitaires et scolaires ;

11° Aux délais accordés par des procédures d'appels à projets aux personnes souhaitant concourir à la réalisation de politiques publiques et bénéficier à ce titre d'aides publiques ;

12° Aux délais pour l'établissement des actes de l'état civil relatant des événements survenus à compter du 24 mai 2020 ;

13° Aux délais de livraisons mentionnés dans les contrats portant sur le transfert de la propriété ou la livraison de marchandises d'origine agricole fongibles non périssables et sèches et des produits de leur première transformation, ainsi qu'aux délais mentionnés dans les contrats d'affrètement maritime et fluvial de ces marchandises et produits.

III. – Les dispositions du présent titre sont applicables aux mesures restrictives de liberté et aux autres mesures limitant un droit ou une liberté constitutionnellement garanti, sous réserve qu'elles n'entrainent pas une prorogation au-delà du 30 juin 2020.

Art. 2. – Tout acte, recours, action en justice, formalité, inscription, déclaration, notification ou publication prescrit par la loi ou le règlement à peine de nullité, sanction, caducité, forclusion, prescription, inopposabilité, irrecevabilité, péremption, désistement d'office, application d'un régime particulier, non avenu ou déchéance d'un droit quelconque et qui aurait dû être accompli pendant la période mentionnée à l'article 1er sera réputé avoir été fait à temps s'il a été effectué dans un délai qui ne peut excéder, à compter de la fin de cette période, le délai légalement imparti pour agir, dans la limite de deux mois.

Il en est de même de tout paiement prescrit par la loi ou le règlement en vue de l'acquisition ou de la conservation d'un droit.

Le présent article n'est pas applicable aux délais de réflexion, de rétractation ou de renonciation prévus par la loi ou le règlement, ni aux délais prévus pour le remboursement de sommes d'argent en cas d'exercice de ces droits.

Lorsque les dispositions du présent article s'appliquent à un délai d'opposition ou de contestation, elles n'ont pas pour effet de reporter la date avant laquelle l'acte subordonné à l'expiration de ce délai ne peut être légalement accompli ou produire ses effets ou avant laquelle le paiement ne peut être libératoire.

Art. 3. – Les mesures administratives ou juridictionnelles suivantes et dont le terme vient à échéance au cours de la période définie au I de l'article 1er sont prorogées de plein droit jusqu'à l'expiration d'un délai de trois mois suivant la fin de cette période :

1° Mesures conservatoires, d'enquête, d'instruction, de conciliation ou de médiation ;

2° Mesures d'interdiction ou de suspension qui n'ont pas été prononcées à titre de sanction ;

3° Autorisations, permis et agréments ;

4° Mesures d'aide, d'accompagnement ou de soutien aux personnes en difficulté sociale.

Les dispositions du présent article ne font pas obstacle à l'exercice, par le juge ou l'autorité compétente, de ses compétences pour modifier ces mesures ou y mettre fin, ou, lorsque les intérêts dont il a la charge le justifient, pour prescrire leur application ou en ordonner de nouvelles en fixant un délai qu'il détermine. Dans tous les cas, le juge ou l'autorité compétente tient compte, dans la détermination des prescriptions ou des délais à respecter, des contraintes liées à l'état d'urgence sanitaire.

Art. 4. – Les astreintes, les clauses pénales, les clauses résolutoires ainsi que les clauses prévoyant une déchéance, lorsqu'elles ont pour objet de sanctionner l'inexécution d'une obligation dans un délai déterminé, sont réputées n'avoir pas pris cours ou produit effet, si ce délai a expiré pendant la période définie au I de l'article 1er.

Si le débiteur n'a pas exécuté son obligation, la date à laquelle ces astreintes prennent cours et ces clauses produisent leurs effets est reportée d'une durée, calculée après la fin de cette période, égale au temps écoulé entre, d'une part, le 12 mars 2020 ou, si elle est plus tardive, la date à laquelle l'obligation est née et, d'autre part, la date à laquelle elle aurait dû être exécutée.

La date à laquelle ces astreintes prennent cours et ces clauses prennent effet, lorsqu'elles ont pour objet de sanctionner l'inexécution d'une obligation, autre que de sommes d'argent, dans un délai déterminé expirant après la période définie au I de l'article 1er, est reportée d'une durée égale au temps écoulé entre, d'une part, le 12 mars 2020 ou, si elle est plus tardive, la date à laquelle l'obligation est née et, d'autre part, la fin de cette période.

Le cours des astreintes et l'application des clauses pénales qui ont pris effet avant le 12 mars 2020 sont suspendus pendant la période définie au I de l'article 1er.

Art. 5. – Lorsqu'une convention ne peut être résiliée que durant une période déterminée ou qu'elle est renouvelée en l'absence de dénonciation dans un délai déterminé, cette période ou ce délai sont prolongés s'ils expirent durant la période définie au I de l'article 1er, de deux mois après la fin de cette période.

TITRE II – *Autres dispositions particulières aux délais et procédures en matière administrative*

Art. 6. – Le présent titre s'applique aux administrations de l'État, aux collectivités territoriales, à leurs établissements publics administratifs ainsi qu'aux organismes et personnes de droit public et de droit privé chargés d'une mission de service public administratif, y compris les organismes de sécurité sociale.

Art. 7. – Sous réserve des obligations qui découlent d'un engagement international ou du droit de l'Union européenne, les délais à l'issue desquels une décision, un accord ou un avis de l'un des organismes ou personnes mentionnés à l'article 6 peut ou doit intervenir ou est acquis implicitement et qui n'ont pas expiré avant le 12 mars 2020 sont, à cette date, suspendus jusqu'à la fin de la période mentionnée au I de l'article 1er.

Le point de départ des délais de même nature qui auraient dû commencer à courir pendant la période mentionnée au I de l'article 1er est reporté jusqu'à l'achèvement de celle-ci.

Les mêmes règles s'appliquent aux délais impartis aux mêmes organismes ou personnes pour vérifier le caractère complet d'un dossier ou pour solliciter des pièces complémentaires dans le cadre de l'instruction d'une demande ainsi qu'au délai de rétractation fixé au titre de la procédure de rupture conventionnelle dans la fonction publique prévue par l'article 72 de la loi n° 2019-828 du 6 août 2019 de transformation de la fonction publique.

Sous réserve des dispositions de l'article 12, les délais prévus pour la consultation ou la participation du public sont suspendus jusqu'au 30 mai 2020 inclus.

Art. 8. – Lorsqu'ils n'ont pas expiré avant le 12 mars 2020, les délais imposés par l'administration, conformément à la loi et au règlement, à toute personne pour réaliser des contrôles et des travaux ou pour se conformer à des prescriptions de toute nature sont, à cette date, suspendus jusqu'à la fin de la période mentionnée au I de l'article 1er, sauf lorsqu'ils résultent d'une décision de justice.

Le point de départ des délais de même nature qui auraient dû commencer à courir pendant la période mentionnée au I de l'article 1er est reporté jusqu'à l'achèvement de celle-ci.

Les dispositions du présent article ne font pas obstacle à l'exercice, par l'autorité administrative, de ses compétences pour modifier ces obligations ou y mettre fin, ou, lorsque les intérêts dont elle a la charge le justifie, pour prescrire leur application ou en ordonner de nouvelles, dans le délai qu'elle détermine. Dans tous les cas, l'autorité administrative tient compte, dans la détermination des obligations ou des délais à respecter, des contraintes liées à l'état d'urgence sanitaire.

Art. 9. – Par dérogation aux dispositions des articles 7 et 8, un décret détermine les catégories d'actes, de procédures et d'obligations pour lesquels, pour des motifs de protection des intérêts fondamentaux de la Nation, de sécurité, de protection de la santé, de la salubrité publique, de sauvegarde de l'emploi et de l'activité, de sécurisation des relations de travail et de la négociation collective, de préservation de l'environnement et de protection de l'enfance et de la jeunesse, le cours des délais reprend.

Pour les mêmes motifs, un décret peut, pour un acte, une procédure ou une obligation, fixer une date de reprise du délai, à condition d'en informer les personnes concernées.

Les décrets mentionnés aux premier et deuxième alinéas du présent article peuvent, le cas échéant, déroger aux règles fixées à l'article 4 sur le cours des astreintes.

Art. 10. – I. – Sont suspendus à compter du 12 mars 2020 et jusqu'au 23 août 2020 inclus et ne courent qu'à compter de cette dernière date, s'agissant de ceux qui auraient commencé à courir pendant la période précitée, les délais :

1° Accordés à l'administration pour réparer les omissions totales ou partielles constatées dans l'assiette de l'impôt, les insuffisances, les inexactitudes ou les erreurs d'imposition et appliquer les intérêts de retard et les sanctions en application des articles L. 168 à L. 189 du livre des procédures fiscales ou de l'article 354 du code des douanes lorsque la prescription est acquise au 31 décembre 2020 ;

2° Accordés à l'administration ou à toute personne ou entité et prévus par les dispositions du titre II des première, deuxième et troisième parties du livre des procédures fiscales, à l'exception des délais de prescription prévus par les articles L. 168 à L. 189 du même livre, par les dispositions de l'article L. 198 A du même livre en matière d'instruction sur place des demandes de remboursement de crédits de taxe sur la valeur ajoutée ainsi que par les dispositions de l'article 67 D du code des douanes ;

Toutefois, sont suspendus à compter du 12 mars 2020 et jusqu'au 23 juin 2020 inclus et ne courent qu'à compter de cette dernière date, s'agissant de ceux qui auraient commencé à courir pendant cette même période, les délais prévus aux articles L. 18, L. 64 B, L. 80 B, L. 80 C et L. 80 CB du livre des procédures fiscales et ceux prévus à l'article 345 *bis* du code des douanes ;

3° Prévus à l'article 32 de la loi [n° 2018-727] du 10 août 2018 susvisée.

II. – Les dispositions de l'article 2 de la présente ordonnance ne s'appliquent pas aux déclarations servant à l'imposition et à l'assiette, à la liquidation et au recouvrement des impôts, droits et taxes.

Art. 11. – S'agissant des créances dont le recouvrement incombe aux comptables publics, les délais en cours à la date du 12 mars 2020 ou commençant à courir au cours de la période définie au I de l'article 1er prévus à peine de nullité, caducité, forclusion, prescription, inopposabilité ou déchéance d'un droit ou d'une action sont suspendus jusqu'au terme d'un délai de deux mois suivant la fin de la période mentionnée au même I de l'article 1er.

Art. 11 *bis*. – Voir **Conventions et accords collectifs de travail**.

....

TITRE III – *Dispositions diverses et finales*

Art. 13. – Sous réserve des obligations résultant du droit international et du droit de l'Union européenne, les projets de texte réglementaire ayant directement pour objet de prévenir les conséquences de la propagation du covid-19 ou de répondre à des situations résultant de l'état d'urgence sanitaire sont dispensés de toute consultation préalable obligatoire prévue par une disposition législative ou réglementaire, à l'exception de celles du Conseil d'État et des autorités saisies pour avis conforme.

Art. 14. – La présente ordonnance, à l'exception de son article 10, est applicable dans les îles Wallis et Futuna dans sa rédaction résultant de l'ordonnance n° 2020-666 du 3 juin 2020.

La présente ordonnance, dans sa rédaction résultant de l'ordonnance n° 2020-666 du 3 juin 2020, est applicable en Nouvelle-Calédonie et en Polynésie française, à l'exception de ses articles 2 à 5 en tant qu'ils s'appliquent à des matières relevant de la compétence de ces collectivités et de ses articles 10 et 12. Les articles 7, 8 et 9 ne sont applicables qu'en ce qui concerne les administrations de l'État et ses établissements publics.

....

■ DÉCRET 2020-471 DU 24 AVRIL 2020

portant dérogation au principe de suspension des délais pendant la période d'état d'urgence sanitaire liée à l'épidémie de covid-19 dans le domaine du travail et de l'emploi (JO 25).

Art. 1er. – En application de l'article 9 de l'ordonnance [n° 2020-306] du 25 mars 2020 susvisée, l'annexe au présent décret fixe les catégories d'actes, de procédures et d'obligations, dont les délais, suspendus à la date du 12 mars 2020 en application des articles 7 et 8 de la même ordonnance, reprennent leur cours, pour des motifs de sécurité, de protection de la santé, de sauvegarde de l'emploi et de l'activité, et de sécurisation des relations de travail et de la négociation collective.

Art. 2. – Le cours des délais mentionnés à l'article 1er reprend à compter de l'entrée en vigueur du présent décret.

....

ANNEXE

CATÉGORIES D'ACTES, DE PROCÉDURES ET D'OBLIGATIONS MENTIONNÉES À L'ARTICLE 1ER

Actes, procédures et obligations	Textes applicables
Validation ou homologation par l'autorité administrative de l'accord collectif relatif au plan de sauvegarde de l'emploi	Article L. 1233-57-4 du code du travail
Validation ou homologation par l'autorité administrative du plan de sauvegarde de l'emploi pour les entreprises en redressement ou en liquidation judiciaire	Article L. 1233-58 du code du travail
Homologation de la rupture conventionnelle	Article L. 1237-14 du code du travail
Notification de la décision de validation par l'autorité administrative d'un accord collectif portant rupture conventionnelle collective	Article L. 1237-19-4 du code du travail
Instruction par l'autorité administrative de la demande de dérogation à la durée maximale hebdomadaire absolue du travail	Article L. 3121-21 du code du travail
Instruction par l'autorité administrative de la demande de dérogation à la durée maximale hebdomadaire moyenne du travail	Articles L. 3121-24 et R. 3121-15 du code du travail
Notification de la décision de l'inspecteur du travail d'autoriser le recours aux horaires individualisés	Article R. 3121-29 du code du travail
Décision de l'inspecteur du travail sur la demande d'autorisation de dépassement de la durée maximale quotidienne de travail	Article D. 3121-5 du code du travail
Décision de l'inspecteur du travail sur la demande de dérogation à la durée minimale de repos quotidien	Article L. 3131-3 du code du travail
Décision de l'inspecteur du travail sur la demande d'autorisation de dépassement de la durée maximale quotidienne de travail, en cas de recours aux équipes de suppléance	Article R. 3132-12 du code du travail
Dérogation accordée par l'inspecteur du travail pour autoriser l'organisation du travail de façon continue et l'attribution du repos hebdomadaire par roulement, à défaut de convention ou d'accord collectif de travail étendu ou de convention ou d'accord d'entreprise	Article L. 3132-14 du code du travail
Décision de l'inspecteur du travail pour autoriser le recours aux équipes de suppléance, à défaut de convention ou d'accord	Article L. 3132-18 du code du travail
Décision de l'inspecteur du travail pour autoriser le dépassement de la durée quotidienne du travail pour un travailleur de nuit, en cas de circonstances exceptionnelles	Article L. 3122-6 du code du travail
Décision prise par l'inspecteur du travail pour autoriser une période de travail de nuit différente de celle prévue, à défaut de stipulation conventionnelle définissant la période de travail de nuit	Article L. 3122-22 du code du travail
Décision prise par l'inspecteur du travail d'autoriser l'affectation à un poste de nuit, en cas de travail de nuit	Articles L. 3122-21 et R. 3122-9 du code du travail
Décision prise par l'inspecteur du travail d'autoriser une dérogation aux durées maximales quotidiennes et hebdomadaires du travail, s'agissant des jeunes travailleurs	Articles L. 3162-1 et R. 3162-1 du code du travail
Décision prise par l'inspecteur du travail d'autoriser le travail de nuit, s'agissant des jeunes travailleurs, dans certains secteurs	Articles L. 3163-2 et R. 3163-5 du code du travail
Possibilité pour l'administration d'émettre des observations à compter du dépôt d'un accord d'épargne salariale	Articles L. 3313-3 et L. 3345-2 du code du travail
Mise en demeure de l'employeur par le directeur régional des entreprises, de la concurrence, du travail et de l'emploi constatant que le travailleur est soumis à une situation dangereuse	Articles L. 4721-1 et L. 4721-2 du code du travail

Actes, procédures et obligations	Textes applicables
Mise en demeure de l'employeur par l'agent de contrôle de l'inspection du travail pour se conformer aux prescriptions des décrets mentionnés aux articles L. 4111-6 et L. 4321-4	Article L. 4721-4 du code du travail
Mise en demeure de l'employeur par l'agent de contrôle de l'inspection du travail constatant que le travailleur est exposé à un agent chimique cancérogène, mutagène ou toxique	Articles L. 4721-8 et R. 4721-6 du code du travail
Demande de procéder à la vérification de la conformité de l'aération et de l'assainissement des locaux de travail	Articles R. 4722-1 et R. 4722-2 du code du travail
Demande de procéder à la vérification de la conformité de l'éclairage des lieux de travail	Articles R. 4722-3 et R. 4722-4 du code du travail
Demande de procéder à la vérification des équipements de travail et moyens de protection	Articles R. 4722-5 à R. 4722-8 du code du travail
Demande de procéder à la vérification du respect des valeurs limites d'exposition professionnelle	Articles R. 4722-13 et R. 4722-14 du code du travail
Demande de procéder à un contrôle des niveaux d'empoussièrement en fibres d'amiante	Articles R. 4722-15 et R. 4722-16 du code du travail
Demande de procéder à la vérification du respect des obligations relatives à la prévention des risques d'exposition au bruit prévues	Articles R. 4722-17 et R. 4722-18 du code du travail
Demande de procéder à la vérification du respect des obligations relatives à la prévention des risques d'exposition aux vibrations mécaniques	Articles R. 4722-19 et R. 4722-20 du code du travail
Demande de procéder à la vérification du respect des dispositions relatives aux rayonnements ionisants	Articles R. 4722-20 et R. 4722-20-1 du code du travail
Demande de procéder à la vérification du respect des dispositions relatives aux rayonnements optiques artificiels	Articles R. 4722-21 et R. 4722-21-1 du code du travail
Demande de procéder au contrôle technique des valeurs limites d'exposition aux champs électromagnétiques	Articles R. 4722-21-2 et R. 4722-21-3 du code du travail
Demande de procéder à la vérification de la conformité de tout ou partie des installations électriques fixes ou temporaires	Articles R. 4722-26 et R. 4722-27 du code du travail
Demande d'analyses de l'agent de contrôle de l'inspection du travail	Article R. 4722-29 du code du travail
Décision d'autorisation de la reprise de travaux après mise à l'arrêt temporaire	Article R. 4731-5 du code du travail
Décision d'autorisation de la reprise de l'activité après mise à l'arrêt temporaire	Article R. 4731-12 du code du travail

DURÉE DU TRAVAIL

■ ORDONNANCE 2020-323 DU 25 MARS 2020

portant mesures d'urgence en matière de congés payés, de durée du travail et de jours de repos (JO 26, entrée en vigueur le 26.03.2020) modifiée par ordonnance 2020-389 du 1er avril 2020 (JO 2).

....

Art. 2. – Lorsque l'intérêt de l'entreprise le justifie eu égard aux difficultés économiques liées à la propagation du covid-19, et par dérogation à l'accord ou à la convention collective instituant un dispositif de réduction du temps de travail maintenu en vigueur en application de la loi [n° 2008-789] du 20 août 2008 susvisée ou un dispositif de jours de repos conventionnels mis en place dans le cadre des dispositions prévues aux articles L. 3121-41 à L. 3121-47 du code du travail, l'employeur peut, sous réserve de respecter un délai de prévenance d'au moins un jour franc :

1° Imposer la prise, à des dates déterminées par lui, de jours de repos au choix du salarié acquis par ce dernier ;

2° Modifier unilatéralement les dates de prise de jours de repos.

La période de prise des jours de repos imposée ou modifiée en application du présent article ne peut s'étendre audelà du 31 décembre 2020.

Art. 3. – Lorsque l'intérêt de l'entreprise le justifie eu égard aux difficultés économiques liées à la propagation du covid-19, et par dérogation à la section 5 du chapitre Ier du titre II du livre Ier de la troisième partie du code du travail, notamment son article L. 3121-64, et aux stipulations conventionnelles applicables au salarié dans l'entreprise, l'établissement ou la branche, l'employeur peut, sous réserve de respecter un délai de prévenance d'au moins un jour franc :

1° Décider de la prise, à des dates déterminées par lui, de jours de repos prévus par une convention de forfait ;

2° Modifier unilatéralement les dates de prise de jours de repos prévus par une convention de forfait.

La période de prise des jours de repos imposée ou modifiée en application du présent article ne peut s'étendre audelà du 31 décembre 2020.

Art. 4. – Lorsque l'intérêt de l'entreprise le justifie eu égard aux difficultés économiques liées à la propagation du covid-19, et par dérogation au titre V du livre Ier de la troisième partie du code du travail, notamment ses articles L. 3151-3 et L. 3152-2, et aux stipulations conventionnelles applicables dans l'entreprise, l'établissement ou la branche, l'employeur peut imposer que les droits affectés sur le compte épargne-temps du salarié soient utilisés par la prise de jours de repos, dont il détermine les dates en respectant un délai de prévenance d'au moins un jour franc.

La période de prise de jours de repos imposée en application du présent article ne peut s'étendre au-delà du 31 décembre 2020.

Art. 5. – Le nombre total de jours de repos dont l'employeur peut imposer au salarié la prise ou dont il peut modifier la date en application des articles 2 à 4 de la présente ordonnance ne peut être supérieur à dix.

L'employeur qui use de la faculté offerte aux articles 2, 3 ou 4 de la présente ordonnance en informe le comité social et économique sans délai et par tout moyen. L'avis du comité est rendu dans le délai d'un mois à compter de cette information. Il peut intervenir après que l'employeur a fait usage de cette faculté.

Art. 6. – Dans les entreprises relevant de secteurs d'activités particulièrement nécessaires à la sécurité de la Nation et à la continuité de la vie économique et sociale, déterminés par décret et, le cas échéant, par dérogation aux stipulations conventionnelles applicables :

1° La durée quotidienne maximale de travail fixée à l'article L. 3121-18 du code du travail peut être portée jusqu'à douze heures ;

2° La durée quotidienne maximale de travail accomplie par un travailleur de nuit fixée à l'article L. 3122-6 du code du travail peut être portée jusqu'à douze heures, sous réserve de l'attribution d'un repos compensateur égal au dépassement de la durée prévue à ce même article ;

3° La durée du repos quotidien fixée à l'article L. 3131-1 du code du travail peut être réduite jusqu'à neuf heures consécutives, sous réserve de l'attribution d'un repos compensateur égal à la durée du repos dont le salarié n'a pu bénéficier ;

4° La durée hebdomadaire maximale fixée à l'article L. 3121-20 du code du travail peut être portée jusqu'à soixante heures ;

5° La durée hebdomadaire de travail calculée sur une période quelconque de douze semaines consécutives fixée à l'article L. 3121-22 du code du travail ou sur une période de douze mois pour les exploitations, entreprises, établissements et employeurs mentionnés aux 1° à 4° de l'article L. 722-1 et aux 2°, 3° et 6° de l'article L. 722-20 du code rural et de la pêche maritime et ayant une activité de production agricole, peut être portée jusqu'à quarante-huit heures ;

6° La durée hebdomadaire de travail du travailleur de nuit calculée sur une période de douze semaines consécutives fixée à l'article L. 3122-7 du code du travail peut être portée jusqu'à quarante-quatre heures.

Pour chacun des secteurs d'activité mentionnés au premier alinéa, un décret précise, dans le respect de l'objectif de protection de la santé des travailleurs, les catégories de dérogations admises parmi celles mentionnées aux 1° à 6° du présent article et, dans le respect des limites prévues par ces mêmes dispositions, la durée maximale de travail ou la durée minimale de repos qui peut être fixée par l'employeur.

L'employeur qui use d'au moins une de ces dérogations en informe sans délai et par tout moyen le comité social et économique ainsi que le directeur régional des entreprises, de la concurrence, de la consommation, du travail et de l'emploi. L'avis du comité est rendu dans le délai d'un mois à compter de cette information. Il peut intervenir après que l'employeur a fait usage de l'une des dérogations.

Les dérogations mises en œuvre sur le fondement de cet article cessent de produire leurs effets au 31 décembre 2020.

……………………………………………………………………………………………………

EMPLOI-CHÔMAGE

Activité partielle

■ CODE DU TRAVAIL

CINQUIÈME PARTIE

....

LIVRE Ier

....

TITRE II

....

CHAPITRE II – *Aide aux salariés placés en activité partielle*

Art. L. 5122-1. ***(L. 2009-1437 du 24 nov. 2009, art. 19, JO 25) (L. 2013-504 du 14 juin 2013, art. 16, III, JO 16)*** « I. – » Les salariés sont placés en position ***(L. 2013-504 du 14 juin 2013, art. 16, III, JO 16)*** « d'activité partielle, après autorisation expresse ou implicite de l'autorité administrative, » s'ils subissent une perte de ***(L. 2013-504 du 14 juin 2013, art. 16, III, JO 16)*** « rémunération » imputable :

- soit à la fermeture temporaire de leur établissement ou partie d'établissement ;
- soit à la réduction de l'horaire de travail pratiqué dans l'établissement ou partie d'établissement en deçà de la durée légale de travail.

(L. 2013-504 du 14 juin 2013, art. 16, III, JO 16) « En cas de réduction collective de l'horaire de travail, les salariés peuvent être placés en position d'activité partielle individuellement et alternativement. »

(L. 2013-504 du 14 juin 2013, art. 16, III, JO 16) « II. – Les salariés reçoivent une indemnité horaire, versée par leur employeur, correspondant à une part de leur rémunération antérieure dont le pourcentage est fixé par décret en Conseil d'État. L'employeur perçoit une allocation financée conjointement par l'État et l'organisme gestionnaire du régime d'assurance chômage. Une convention conclue entre l'État et cet organisme détermine les modalités de financement de cette allocation.

Le contrat de travail des salariés placés en activité partielle est suspendu pendant les périodes où ils ne sont pas en activité.

III. – L'autorité administrative peut définir des engagements spécifiquement souscrits par l'employeur en contrepartie de l'allocation qui lui est versée, en tenant compte des stipulations de l'accord collectif d'entreprise relatif à l'activité partielle, lorsqu'un tel accord existe. Un décret en Conseil d'État fixe les modalités selon lesquelles sont souscrits ces engagements. »

(L. 2018-1317 du 28 déc. 2018, art. 272, I, 1°, JO 30) « IV. – Sont prescrites, au profit de l'État et de l'organisme gestionnaire de l'assurance chômage, les créances constituées au titre de l'allocation mentionnée au II pour lesquelles l'employeur n'a pas déposé de demande de versement auprès de l'autorité administrative dans un délai d'un an à compter du terme de la période couverte par l'autorisation de recours à l'activité partielle. »

Art. R. 5122-1. ***(D. 2012-1271 du 19 nov. 2012, JO 21)*** « L'employeur peut placer ses salariés en position ***(D. 2013-551 du 26 juin 2013, art. 1er, JO 28)*** « d'activité partielle » lorsque l'entreprise est contrainte de réduire ou de suspendre temporairement son activité pour l'un des motifs suivants : »

1° La conjoncture économique ;
2° Des difficultés d'approvisionnement en matières premières ou en énergie ;
3° Un sinistre ou des intempéries de caractère exceptionnel ;
4° La transformation, restructuration ou modernisation de l'entreprise ;
5° Toute autre circonstance de caractère exceptionnel.

Art. R. 5122-2. ***(D. 2013-551 du 26 juin 2013, art. 4, JO 28)*** L'employeur adresse au préfet du département où est implanté l'établissement concerné une demande préalable d'autorisation d'activité partielle.

La demande précise :

1° Les motifs justifiant le recours à l'activité partielle ;

2° La période prévisible de sous-activité ;

3° Le nombre de salariés concernés.

(D. 2020-794 du 26 juin 2020, JO 28) « Elle est accompagnée, lorsque l'entreprise compte au moins cinquante salariés, de l'avis rendu préalablement par le comité social et économique en application de l'article L. 2312-8. » ***(D. 2020-325 du 25 mars 2020, JO 26)*** « Par dérogation, dans les cas prévus au 3° ou au 5° de l'article R. 5122-1, cet avis peut être recueilli postérieurement à la demande mentionnée au premier alinéa, et transmis dans un délai d'au plus deux mois à compter de cette demande. »

Lorsque la demande s'effectue sur le fondement du II de l'article R. 5122-9, elle mentionne les engagements que l'employeur propose de souscrire.

La demande d'autorisation est adressée par voie dématérialisée ***(D. 2014-740 du 30 juin 2014, JO 1er juil.)*** « dans les conditions fixées par l'article R. 5122-26 ».

Art. R. 5122-3. ***(D. 2020-325 du 25 mars 2020, JO 26)*** Par dérogation à l'article R. 5122-2, l'employeur dispose d'un délai de trente jours à compter du placement des salariés en activité partielle pour adresser sa demande par tout moyen donnant date certaine à sa réception :

1° En cas de suspension d'activité due à un sinistre ou à des intempéries prévues au 3° de l'article R. 5122-1 ;

2° En cas de circonstance de caractère exceptionnel prévue au 5° de l'article R. 5122-1.

Art. R. 5122-4. ***(D. 2012-1271 du 19 nov. 2012, JO 21)*** La décision d' ***(D. 2013-551 du 26 juin 2013, art. 6, JO 28)*** « autorisation » ou de refus ***(D. 2014-740 du 30 juin 2014, JO 1er juil.)*** « , signée par le préfet, » est notifiée à l'employeur dans un délai de quinze jours à compter de la date de réception de la demande d'autorisation.

(D. 2014-740 du 30 juin 2014, JO 1er juil.) « La décision d'autorisation précise notamment les coordonnées bancaires de l'employeur. »

L'absence de décision dans un délai de quinze jours vaut acceptation implicite de la demande.

La décision de refus est motivée.

(D. 2013-551 du 26 juin 2013, art. 6, JO 28) « La décision du préfet est notifiée par voie dématérialisée à l'employeur. Celui-ci en informe le ***(D. 2017-1819 du 29 déc. 2017, art. 3, 28°, JO 30, entrée en vigueur le 01.01.2018)*** « comité social et économique ». »

Art. R. 5122-5. ***(D. 2013-551 du 26 juin 2013, art. 7, JO 28)*** En cas de décision d'autorisation expresse ou tacite prévue à l'article R. 5122-4, l'employeur peut adresser à l'Agence de services et de paiement une demande d'indemnisation au titre de l'allocation d'activité partielle prévue à l'article L. 5122-1.

Cette demande comporte :

1° Des informations relatives à l'identité de l'employeur ;

2° La liste nominative des salariés concernés ainsi que le numéro d'inscription au répertoire national d'identification des personnes physiques ;

3° Les états nominatifs précisant notamment le nombre d'heures chômées par salarié.

Pour les établissements appliquant un accord d'aménagement du temps de travail sur une période supérieure à la semaine et inférieure à l'année, l'employeur y joint, dans le cas où il ne souhaite pas un remboursement à la fin de la période, une demande de remboursement mensuel.

La demande est adressée par voie dématérialisée ***(D. 2014-740 du 30 juin 2014, JO 1er juil.)*** « à l'Agence de services et de paiement qui se charge d'en assurer la conservation selon des modalités garantissant l'intégrité des informations reçues ».

Après vérification, l'Agence de services et de paiement liquide l'allocation d'activité partielle selon les modalités fixées aux articles R. 5122-14 à R. 5122-17.

Art. R. 5122-6. L'allocation ***(D. 2013-551 du 26 juin 2013, art. 8, JO 28)*** « d'activité partielle » est attribuée dans la limite d'un contingent annuel d'heures indemnisables fixé, en tenant compte de la situation économique, par arrêté du ministre chargé de l'emploi.

Cette limite ne peut être dépassée que dans des cas exceptionnels résultant de la situation particulière de l'entreprise, sur décision conjointe des ministres chargés de l'emploi et du budget.

Art. R. 5122-7. Au sein du contingent annuel d'heures indemnisables, l'arrêté du ministre chargé de l'emploi fixe le nombre d'heures pouvant être indemnisées en cas ***(D. 2020-325 du 25 mars 2020, JO 26)*** « d'activité partielle justifiée par l'un des motifs prévus au 4° de l'article R. 5122-1 ».

Cette limite ne peut être dépassée que dans des cas exceptionnels résultant de la situation particulière de l'entreprise, sur décision conjointe du préfet ***(D. 2013-551 du 26 juin 2013, art. 9, JO 28)*** « de département et du directeur départemental des finances publiques ».

Art. R. 5122-8. ***(D. 2020-325 du 25 mars 2020, JO 26)*** Ne peuvent bénéficier de l'allocation et de l'indemnité d'activité partielle les employeurs et leurs salariés quand la réduction ou la suspension de l'activité est provoquée par un différend collectif de travail intéressant l'établissement dans lequel ces salariés sont employés. Toutefois, dans le cas d'une fermeture de l'entreprise ou d'un service décidée par l'employeur suite à une grève, le versement des allocations et des indemnités peut être autorisé par décision du ministre chargé de l'emploi, si la fermeture se prolonge plus de trois jours.

Art. R. 5122-9. ***(D. 2013-551 du 26 juin 2013, art. 11, JO 28)*** I. – Une autorisation d'activité partielle peut être accordée pour une durée maximum de ***(D. 2020-325 du 25 mars 2020, JO 26)*** « douze mois ». Elle peut être renouvelée dans les conditions fixées au II.

II. – Lorsque l'employeur a, préalablement à sa demande, déjà placé ses salariés en activité partielle au cours des trente-six mois précédant la date de dépôt de la demande d'autorisation, celle-ci mentionne les engagements souscrits par l'employeur.

Ces engagements peuvent notamment porter sur :

1° Le maintien dans l'emploi des salariés pendant une durée pouvant atteindre le double de la période d'autorisation ;

2° Des actions spécifiques de formation pour les salariés placés en activité partielle ;

3° Des actions en matière de gestion prévisionnelle des emplois et des compétences ;

4° Des actions visant à rétablir la situation économique de l'entreprise.

L'autorité administrative fixe ces engagements en tenant compte de la situation de l'entreprise, d'un éventuel accord collectif sur les conditions du recours à l'activité partielle ou, à défaut, des propositions figurant dans la demande d'autorisation ainsi que de la récurrence du recours à l'activité partielle dans l'établissement.

III. – Les engagements sont notifiés dans la décision d'autorisation.

IV. – L'autorité administrative s'assure du respect des engagements souscrits par l'employeur.

Art. R. 5122-10. ***(D. 2013-551 du 26 juin 2013, art. 12, JO 28) (D. 2020-794 du 26 juin 2020, JO 28)*** « L'autorité administrative demande à l'employeur le remboursement à l'Agence de service et de paiement, dans un délai ne pouvant être inférieur à trente jours, des sommes versées au titre de l'allocation d'activité partielle en cas de trop perçu ou en cas de non-respect par l'entreprise, sans motif légitime, des engagements mentionnés au II de l'article R. 5122-9 ».

Le remboursement peut ne pas être exigé s'il est incompatible avec la situation économique et financière de l'entreprise.

Art. R. 5122-11. ***(D. 2013-551 du 26 juin 2013, art. 13, JO 28)*** Les heures non travaillées au titre de l'activité partielle font l'objet du versement de l'allocation dans la limite de la durée légale ou, lorsqu'elle est inférieure, la durée collective du travail ou la durée stipulée au contrat sur la période considérée. Au-delà de la durée légale ou, lorsqu'elle est inférieure, la durée collective du travail ou la durée stipulée au contrat sur la période considérée, les heures non travaillées au titre de l'activité partielle sont considérées comme chômées mais n'ouvrent pas droit au versement par l'État à l'employeur de l'allocation d'activité partielle et au versement par l'employeur au salarié de l'indemnité prévues à l'article L. 5122-1.

La totalité des heures chômées est prise en compte pour le calcul de l'acquisition des droits à congés payés. Elle est également prise en compte pour la répartition de la participation et de l'intéressement lorsque cette répartition est proportionnelle à la durée de présence du salarié. Lorsque cette répartition est proportionnelle au salaire, les salaires à prendre en compte sont ceux qu'aurait perçus le salarié s'il n'avait pas été placé en activité partielle.

Art. R. 5122-12. ***(D. 2020-325 du 25 mars 2020, JO 26)*** Le taux horaire de l'allocation d'activité partielle versée à l'employeur correspond, pour chaque salarié autorisé à être placé en activité partielle, à un pourcentage de la rémunération horaire antérieure brute calculée dans les conditions du II de l'article L. 3141-24 et du premier alinéa de l'article R. 5122-18. Un décret détermine ce pourcentage, ainsi que le minimum de ce taux horaire et la rémunération maximale prise en compte pour le calcul de l'allocation.

Art. D. 5122-13. ***(D. 2020-325 du 25 mars 2020, JO 26)*** Le taux horaire de l'allocation d'activité partielle est égal pour chaque salarié concerné à 70 % de la rémunération horaire brute telle que calculée à l'article R. 5122-12, limitée à 4,5 fois le taux horaire du salaire minimum interprofessionnel de croissance.

Ce taux horaire ne peut être inférieur à 8,03 euros. Ce minimum n'est pas applicable dans les cas mentionnés au troisième alinéa de l'article R. 5122-18.

Art. R. 5122-14. ***(D. 2013-551 du 26 juin 2013, art. 16, JO 28)*** L'allocation d'activité partielle est liquidée mensuellement par l'Agence de services et de paiement pour le compte de l'État et de l'organisme gestionnaire du régime d'assurance chômage.

Les indemnités mentionnées au II de l'article L. 5122-1 sont versées aux salariés à la date normale de paie par l'employeur.

Art. R. 5122-16. En cas de procédure de sauvegarde ou de redressement ou de liquidation judiciaire, ou de difficultés financières de l'employeur, le préfet, ou sur délégation ***(D. 2009-1377 du 10 nov. 2009, JO 13 ; D. 2010-687 du 24 juin 2010, JO 25 ; voir D. 2010-1582 du 17 déc. 2010, JO 18, pour outre-mer)*** « le directeur régional des entreprises, de la concurrence, de la consommation, du travail et de l'emploi », peut faire procéder ***(D. 2020-794 du 26 juin 2020, JO 28)*** « au paiement de l'allocation d'activité partielle par l'Agence de services et de paiement :

1° Soit directement aux salariés ;

2° Soit, le cas échéant, au mandataire judiciaire chargé du versement des indemnités aux salariés ou à l'association mentionnée à l'article L. 3253-14 lorsque cette dernière assure le versement des indemnités au mandataire judiciaire. »

La procédure de paiement direct ***(D. 2013-551 du 26 juin 2013, art. 17, JO 28)*** « par l'Agence de services et de paiement » de l'allocation aux salariés peut également être employée pour assurer, sous le contrôle des services de l'emploi, l'indemnisation des travailleurs à domicile habituellement employés par plusieurs employeurs.

(D. 2020-794 du 26 juin 2020, JO 28) « Dans les cas mentionnés au premier alinéa, l'allocation d'activité partielle peut, sur décision de l'autorité administrative, être liquidée par l'Agence de services et de paiement avant l'échéance du mois, lorsque l'entreprise est dans l'impossibilité d'assurer le paiement mensuel des indemnités d'activité partielle aux salariés. »

Art. R. 5122-17. ***(D. 2020-325 du 25 mars 2020, JO 26)*** Dans les cas prévus à l'article R. 5122-16, un document comportant les mentions prévues au 16° de l'article R. 3243-1 est remis au salarié par l'Agence de services et de paiement.

Art. R. 5122-18. ***(D. 2013-551 du 26 juin 2013, art. 19, JO 28)*** Le salarié placé en activité partielle reçoit une indemnité horaire, versée par son employeur, correspondant à 70 % de sa rémunération brute servant d'assiette de l'indemnité de congés payés telle que prévue au II de l'article ***(D. 2016-1551 du 18 nov. 2016, art. 6, V, 21°, JO 19, entrée en vigueur le 01.01.2017)*** « L. 3141-24 » ramenée à un montant horaire sur la base de la durée légale du travail applicable dans l'entreprise ou, lorsqu'elle est inférieure, la durée collective du travail ou la durée stipulée au contrat de travail.

Pendant les actions de formation mentionnées à l'article L. 5122-2 mises en œuvre pendant les heures chômées, cette indemnité horaire est portée à 100 % de la rémunération nette antérieure du salarié.

Pour les salariés en contrat d'apprentissage ou de professionnalisation, l'allocation mentionnée à l'article L. 5122-1 ne peut être supérieure au montant de l'indemnité horaire due par l'employeur.

Art. R. 5122-19. ***(D. 2013-551 du 26 juin 2013, art. 20, JO 28)*** Le nombre d'heures pouvant justifier de l'attribution de l'allocation d'activité partielle correspond à la différence entre la durée légale du travail sur la période considérée ou, lorsqu'elle est inférieure, la durée collective du travail ou la durée stipulée au contrat, et le nombre d'heures travaillées sur ladite période.

Lorsque la durée du travail du salarié est fixée par forfait en heures ou en jours sur l'année, en application des articles ***(D. 2016-1551 du 18 nov. 2016, art. 6, V, 22°, JO 19, entrée en vigueur le 01.01.2017)*** « L. 3121-56 et L. 3121-58 », est prise en compte la durée légale correspondant aux jours de fermeture de l'établissement ***(D. 2020-325 du 25 mars 2020, JO 26)*** « ou aux jours de réduction de l'horaire de travail pratiquée dans l'établissement, à due proportion de cette réduction ».

Lorsque le salarié est employé dans le cadre d'un régime d'équivalence tel que prévu ***(D. 2016-1551 du 18 nov. 2016, art. 6, V, 22°, JO 19, entrée en vigueur le 01.01.2017)*** « aux articles L. 3121-13 à L. 3121-15 », est déduit de la durée légale mentionnée au premier alinéa le nombre d'heures rémunérées sur la période considérée.

Pour l'application du présent article, la durée légale du travail et la durée stipulée au contrat sont définies sur la période considérée en tenant compte du nombre de mois entiers, du nombre de semaines entières et du nombre de jours ouvrés.

Art. R. 5122-20. ***(D. 2014-740 du 30 juin 2014, JO 1er juil.)*** L'Agence de services et de paiement est autorisée à mettre en œuvre un traitement automatisé des données à caractère personnel contenues dans les demandes préalables d'autorisation de placement en position d'activité partielle et les demandes d'indemnisation en application des articles R. 5122-2 et R. 5122-5.

Le traitement automatisé a pour finalité :

1° La gestion, le contrôle et le suivi des demandes préalables d'autorisation de placement en position d'activité partielle de salariés et des demandes d'indemnisation ;

2° Le calcul et le paiement de l'allocation d'activité partielle versée à l'établissement ou au salarié en cas de paiement direct selon les modalités prévues à l'article R. 5122-16 ;

3° L'élaboration de données statistiques et financières anonymisées.

Art. R. 5122-21. ***(D. 2014-740 du 30 juin 2014, JO 1er juil.)*** Les catégories de données à caractère personnel enregistrées sont les suivantes :

1° En cas de paiement de l'allocation de l'activité partielle à l'établissement ***(D. 2020-794 du 26 juin 2020, JO 28)*** « , au mandataire judiciaire ou à l'association mentionnée à l'article L. 3253-14 » :

a) Les identifiants de connexion ;

b) Le nom d'usage et le prénom des salariés ;

c) Le numéro d'inscription au répertoire national d'identification des personnes physiques ;

d) La catégorie socioprofessionnelle ;

e) Les coordonnées bancaires de l'établissement ***(D. 2020-794 du 26 juin 2020, JO 28)*** « , du mandataire judiciaire ou de l'association mentionnée à l'article L. 3253-14 » ;

f) Le mode d'aménagement du temps de travail de chaque salarié, le nombre d'heures chômées et celles ouvrant droit à indemnisation sur la période considérée, dans les conditions prévues à l'article R. 5122-11 ;

(D. 2020-325 du 25 mars 2020, JO 26) « *g)* Les données inscrites dans le bulletin de paie mentionnées aux 4° à 7°, 10° à 12° ainsi qu'aux 14° et 16° de l'article R. 3243-1. »

2° En cas de paiement direct aux salariés de l'allocation d'activité partielle dans le cadre des articles R. 5122-16 et R. 5122-17 :

a) Les identifiants de connexion ;

b) Les nom d'usage, nom de famille, prénom, civilité, date de naissance, commune de naissance, code INSEE de la commune de naissance des salariés ;

c) Le numéro d'inscription au répertoire national d'identification des personnes physiques ;

d) L'adresse des salariés, le code postal et la commune ;

e) Les coordonnées bancaires des salariés ;

f) Le mode d'aménagement du temps de travail de chaque salarié, le nombre d'heures chômées et celles ouvrant droit à indemnisation sur la période considérée, dans les conditions prévues à l'article R. 5122-11 ;

(D. 2020-325 du 25 mars 2020, JO 26) « *g)* Les données inscrites dans le bulletin de paie mentionnées aux 4° à 7°, 10° à 12° ainsi qu'aux 14° et 16° de l'article R. 3243-1. »

Art. R. 5122-22. ***(D. 2014-740 du 30 juin 2014, JO 1er juil.)*** À l'exception du numéro d'inscription au répertoire national d'identification des personnes physiques, sont destinataires des données du traitement pour les nécessités liées aux seules finalités mentionnées aux 1°, 2° et 3° de l'article R. 5122-20, les agents des administrations et organismes mentionnés ci-après, désignés et habilités par l'autorité responsable de ces administrations et organismes :

1° La délégation générale à l'emploi et à la formation professionnelle ;

2° L'organisme gestionnaire du régime d'assurance chômage ;

3° Les services déconcentrés du ministère chargé de l'emploi.

Art. R. 5122-23. ***(D. 2014-740 du 30 juin 2014, JO 1er juil.)*** Les agents des services statistiques du ministère chargé de l'emploi désignés et habilités par l'autorité responsable de ces services sont destinataires des données, à l'exception du nom de famille et, le cas échéant, du nom d'usage, ainsi que du numéro d'inscription au répertoire national d'identification des personnes physiques, pour les nécessités liées à la seule finalité mentionnée au 3° de l'article R. 5122-20.

Art. R. 5122-24. ***(D. 2014-740 du 30 juin 2014, JO 1er juil.)*** Les données à caractère personnel ne peuvent être conservées au-delà de cinq ans. Toutefois, en cas de contentieux relatif à une demande d'indemnisation, les données correspondantes sont conservées jusqu'au règlement définitif de l'affaire.

L'enregistrement, l'utilisation, la conservation et la transmission de ces données sont réalisés selon des modalités propres à garantir leur confidentialité.

Art. R. 5122-25. ***(D. 2014-740 du 30 juin 2014, JO 1er juil.)*** Les droits d'accès et de rectification prévus aux articles 39 et 40 de la loi n° 78-17 du 6 janvier 1978 relative à l'informatique, aux fichiers et aux libertés s'exercent auprès de l'Agence de services et de paiement.

Art. R. 5122-26. ***(D. 2014-740 du 30 juin 2014, JO 1er juil.)*** I. – La demande d'autorisation mentionnée à l'article R. 5122-2 adressée par voie dématérialisée est établie sur un site accessible en ligne, par l'intermédiaire du réseau internet, offrant les fonctionnalités nécessaires à la dématérialisation des échanges d'information entre l'employeur et le préfet de manière sécurisée et confidentielle.

Les conditions générales d'utilisation de ce site précisent notamment les règles relatives à l'identification de l'auteur de la demande d'autorisation, à l'intégrité, à la lisibilité et à la fiabilité de la transmission, à sa date et à son heure, à l'assurance de sa réception ainsi qu'à sa conservation.

Pour adhérer à ces conditions générales d'utilisation, l'employeur fournit les informations nécessaires à son identification ainsi que le nom de la personne physique, dûment habilitée, chargée de procéder à la demande d'autorisation et une adresse électronique, afin que puissent lui être communiquées les informations permettant d'authentifier l'auteur de la demande d'autorisation.

L'adhésion par l'employeur donne lieu à la délivrance d'un récépissé électronique établi dans des conditions de nature à permettre sa conservation garantissant son intégrité sur la durée.

Cette adhésion lui ouvre l'accès au dépôt de sa demande dématérialisée d'activité partielle.

II. – La demande d'autorisation, qui comporte notamment les coordonnées bancaires du compte sur lequel sera payée l'allocation mentionnée à l'article L. 5122-1, donne lieu à la délivrance d'un récépissé électronique de dépôt établi dans des conditions de nature à permettre sa conservation garantissant son intégrité sur la durée. Ce récépissé récapitule notamment les informations relatives à l'identification de l'auteur de la demande, la date et l'heure de la réception de celle-ci et le délai au terme duquel l'absence de décision vaut acceptation implicite de la demande d'autorisation.

La transmission de ce récépissé est assurée de manière sécurisée.

Art. L. 5122-2. ***(L. 2013-504 du 14 juin 2013, art. 16, IV, JO 16)*** Les salariés placés en activité partielle peuvent bénéficier, pendant les périodes où ils ne sont pas en activité, de l'ensemble des actions et de la formation mentionnées aux articles L. 6313-1 et L. 6314-1 réalisées notamment dans le cadre du plan de formation.

Dans ce cas, le pourcentage mentionné au II de l'article L. 5122-1 est majoré dans des conditions prévues par décret en Conseil d'État.

Art. L. 5122-4. Le régime social et fiscal applicable aux contributions mentionnées à l'article L. 5422-10 est applicable ***(L. 2013-504 du 14 juin 2013, art. 16, VI, JO 16)*** « à l'indemnité versée au salarié ».

(L. 2013-504 du 14 juin 2013, art. 16, VI, JO 16) « Cette indemnité est cessible et saisissable dans les mêmes conditions et limites que les salaires. »

Art. L. 5122-5. Un décret en Conseil d'État détermine les autres conditions d'application du présent chapitre.

....

LIVRE V

....

TITRE II

....

CHAPITRE II – *Dispositifs en faveur de l'emploi*

....

SECTION 3 (réglementaire). Dispositions relatives à Mayotte

....

Sous-section 2. Aide aux salariés placés en activité partielle

....

Art. D. 5522-87. ***(D. 2020-1071 du 18 août 2020, JO 20, applicabilité à compter du 01.09.2020)*** Pour l'application à Mayotte des dispositions de l'article D. 5122-13, le taux horaire de l'allocation d'activité partielle ne peut être inférieur à 7,05 euros.

Si le salarié perçoit une rémunération déterminée en pourcentage du salaire minimum interprofessionnel de croissance applicable à Mayotte et qu'une convention collective ou qu'un accord de branche ou d'entreprise ne s'applique pas, le taux horaire de l'allocation d'activité partielle est plafonné à la rémunération horaire brute du salarié.

....

■ ORDONNANCE 2020-346 DU 27 MARS 2020

portant mesures d'urgence en matière d'activité partielle (JO 28, entrée en vigueur le 28.03.2020) modifiée par ordonnances 2020-428 du 15 avril 2020 (JO 16) et 2020-460 du 22 avril 2020 (JO 23).

Art. 1er. – Pour les salariés dont le temps de travail est décompté selon le régime d'équivalence prévu à l'article L. 3121-13 du code du travail, il est tenu compte des heures d'équivalence rémunérées pour le calcul de l'indemnité et de l'allocation d'activité partielle. Pour l'application du troisième alinéa du I de l'article L. 5122-1 du même code, la durée considérée comme équivalente est prise en compte en lieu et place de la durée légale du travail.

Art. 1er *bis*. – Pour les salariés ayant conclu, avant la date d'entrée en vigueur de l'ordonnance n° 2020-460 du 22 avril 2020, une convention individuelle de forfait en heures au sens des articles L. 3121-56 et L. 3121-57 du code du travail incluant des heures supplémentaires et pour les salariés dont la durée de travail est supérieure à la durée légale en application d'une convention ou d'un accord collectif de travail conclu avant cette même date :

1° La durée stipulée au contrat pour les conventions individuelles de forfait ou la durée collective du travail conventionnellement prévue est prise en compte en lieu et place de la durée légale du travail pour l'application du troisième alinéa du I de l'article L. 5122-1 du même code ;

2° Il est tenu compte des heures supplémentaires prévues par la convention individuelle de forfait en heures ou par la convention ou l'accord collectif mentionnés au premier alinéa pour la détermination du nombre d'heures non travaillées indemnisées.

Art. 2. – Les salariés de droit privé des employeurs mentionnés aux 3° à 7° de l'article L. 5424-1 du code du travail, des établissements publics à caractère industriel et commercial de l'État, des groupements d'intérêt public et des sociétés publiques locales peuvent être placés en activité partielle dans les conditions prévues au chapitre II du titre II du livre Ier de la cinquième partie du même code et par la présente ordonnance dès lors que ces employeurs exercent à titre principal une activité industrielle et commerciale dont le produit constitue la part majoritaire de leurs ressources. Dans ce cas, ces employeurs bénéficient d'une allocation d'activité partielle selon les modalités prévues par ces mêmes dispositions.

Par dérogation au II de l'article L. 5122-1 du même code, les sommes mises à la charge de l'organisme gestionnaire du régime d'assurance chômage au titre du personnel mentionné au premier alinéa lui sont remboursées dans des conditions définies par décret, par les employeurs mentionnés au premier alinéa qui n'ont pas adhéré au régime d'assurance selon la faculté qui leur est reconnue par l'article L. 5424-2 du code du travail.

Art. 3. – Le taux horaire de l'indemnité d'activité partielle versée aux salariés mentionnés à l'article L. 3123-1 du code du travail ne peut être inférieur au taux horaire du salaire minimum interprofessionnel de croissance, sous réserve des dispositions du second alinéa.

Lorsque le taux horaire de rémunération d'un salarié mentionné à l'article L. 3123-1 du code du travail est inférieur au taux horaire du salaire minimum interprofessionnel de croissance, le taux horaire de l'indemnité d'activité partielle qui lui est versée est égal à son taux horaire de rémunération.

Art. 4. – Les salariés en contrat d'apprentissage ou de professionnalisation dont la rémunération est inférieure au salaire minimum interprofessionnel de croissance reçoivent une indemnité horaire d'activité partielle, versée par leur employeur, d'un montant égal au pourcentage du salaire minimum interprofessionnel de croissance qui leur est applicable au titre des dispositions du code du travail et, s'il y a lieu, des dispositions conventionnelles applicables à l'entreprise.

L'indemnité horaire d'activité partielle versée par l'employeur aux salariés mentionnés à l'alinéa précédent dont la rémunération est supérieure ou égale au salaire minimum interprofessionnel de croissance, correspond à 70 % de la rémunération horaire brute antérieure du salarié, telle que déterminée en application des dispositions réglementaires applicables à l'activité partielle, lorsque le résultat de ce calcul est supérieur à 8,03 euros.

Lorsque ce résultat est inférieur ou égal à 8,03 euros, l'indemnité horaire d'activité partielle est égale à 8,03 euros.

Art. 5. – Le deuxième alinéa de l'article L. 5122-2 du code du travail n'est pas applicable au titre des formations ayant donné lieu à un accord de l'employeur postérieurement à la publication de la présente ordonnance.

Art. 6. – L'activité partielle s'impose au salarié protégé au sens des dispositions du livre IV de la deuxième partie du code du travail, sans que l'employeur n'ait à recueillir son accord, dès lors qu'elle affecte, dans la même mesure, tous les salariés de l'entreprise, de l'établissement, du service ou de l'atelier auquel est affecté ou rattaché l'intéressé.

Art. 7. – I. – Lorsqu'ils subissent une perte de rémunération du fait d'une cessation temporaire de leur activité professionnelle consécutive à l'épidémie de covid-19, les salariés employés à domicile mentionnés à l'article L. 7221-1 du code du travail et les assistants maternels mentionnés aux articles L. 421-1 et L. 424-1 du code de l'action sociale et des familles sont placés en position d'activité partielle auprès du particulier qui les emploie.

Les dispositions du chapitre II du titre II du livre Ier de la cinquième partie du code du travail sont applicables, sous réserve des dispositions du présent article.

II. – Les particuliers employeurs sont dispensés de l'obligation de disposer d'une autorisation expresse ou implicite de l'autorité administrative.

II *bis*. – Les heures non travaillées au titre de l'activité partielle font l'objet du versement d'une indemnité dans la limite de la durée fixée par les conventions collectives nationales des salariés du particulier employeur et des assistants maternels dès lors que ces conventions sont applicables.

III. – L'indemnité horaire versée par l'employeur est égale à 80 % de la rémunération nette correspondant à la rémunération prévue au contrat sans pouvoir être :

1° Ni inférieure au montant net correspondant, pour les employés à domicile, au salaire minimum prévu par la convention collective nationale des salariés du particulier employeur et, pour les assistants maternels, au montant minimal de rémunération fixé en application de l'article L. 423-19 du code de l'action sociale et des familles ;

2° Ni supérieure aux plafonds fixés par les dispositions règlementaires du chapitre II du titre II du livre Ier de la cinquième partie du code du travail.

Un décret détermine les modalités d'application du présent III.

IV. – Les indemnités d'activité partielle dues par les particuliers employeurs en application du I font l'objet d'un remboursement intégral effectué, pour le compte de l'État et de l'organisme gestionnaire du régime d'assurance chômage, par les organismes chargés du recouvrement des cotisations du régime général, par les caisses de mutualité sociale agricole, par la caisse de sécurité sociale de Mayotte et par la caisse de prévoyance sociale de Saint-Pierre-et-Miquelon. L'État en assure la compensation selon des modalités fixées par arrêté des ministres chargés de la sécurité sociale, du budget et de l'emploi et de l'agriculture. Une convention conclue entre l'État et l'organisme gestionnaire du régime d'assurance chômage détermine les modalités de financement des sommes versées aux particuliers employeurs au titre du remboursement des indemnités mentionnées au III.

Les particuliers employeurs tiennent à la disposition des unions mentionnées à l'alinéa précédent, aux fins de contrôle, une attestation sur l'honneur, établie par leur salarié, certifiant que les heures donnant lieu à indemnité n'ont pas été travaillées.

Les organismes chargés du recouvrement mentionnés au premier alinéa du présent IV procèdent, le cas échéant, à une compensation entre le montant des cotisations et contributions sociales restant dues par le particulier employeur au titre des périodes antérieures au 12 mars 2020 et le remboursement effectué au titre de l'indemnité d'activité partielle.

V. – Les indemnités mentionnées au présent article sont exclues de l'assiette de la contribution prévue à l'article L. 136-1 du code de la sécurité sociale et de l'assiette de la cotisation prévue au 2° du I de l'article L. 242-13 du même code et au 2° de l'article L. 761-5 du code rural et de la pêche maritime.

Art. 8. – Pour l'employeur de salariés dont la durée du travail est décomptée en jours, la détermination du nombre d'heures prises en compte pour l'indemnité d'activité partielle et l'allocation d'activité partielle est effectuée en convertissant en heures un nombre de jours ou demi-journées. Les modalités de cette conversion sont déterminées par décret.

Pour l'employeur de salariés qui ne sont pas soumis aux dispositions légales ou conventionnelles relatives à la durée du travail, les modalités de calcul de l'indemnité et de l'allocation sont déterminées par décret.

Pour les cadres dirigeants mentionnés à l'article L. 3111-2 du code du travail, le placement en activité partielle ne peut intervenir que dans le cas prévu au deuxième alinéa du I de l'article L. 5122-1 du même code.

Art. 8 *bis*. – Par dérogation au II de l'article L. 1254-21 du code du travail, les salariés portés titulaires d'un contrat à durée indéterminée peuvent également être placés en activité partielle au cours des périodes sans prestation à une entreprise cliente. Les modalités de calcul de leur indemnité d'activité partielle au titre de ces périodes sont définies par décret.

Art. 8 *ter*. – Les salariés des entreprises de travail temporaire bénéficient de l'allocation complémentaire mentionnée au premier alinéa de l'article L. 3232-5 du code du travail.

Art. 9. – Les salariés mentionnés à l'article L. 243-1-2 du code de la sécurité sociale qui sont employés par une entreprise ne comportant pas d'établissement en France peuvent être placés en position d'activité partielle et bénéficier à ce titre de l'indemnité horaire prévue à l'article L. 5122-1 du code du travail, lorsque l'employeur est soumis, pour ces salariés, aux contributions et cotisations sociales d'origine légale ou conventionnelle et aux obligations d'assurance contre le risque de privation d'emploi au titre de la législation française.

Art. 10. – Les salariés employés par les régies dotées de la seule autonomie financière qui gèrent un service public à caractère industriel et commercial de remontées mécaniques ou de pistes de ski remplissant les conditions mentionnées à l'article L. 2221-1 et au 2° de l'article L. 2221-4 du code général des collectivités territoriales peuvent être placés en activité partielle dans les conditions prévues par chapitre II du titre II du livre Ier de la cinquième partie du code du travail, dès lors qu'ils sont soumis aux dispositions du code du travail et que leur employeur a adhéré au régime d'assurance chômage en application du 1° de l'article L. 5424-2 du même code. Dans ce cas, ces employeurs bénéficient d'une allocation d'activité partielle selon les modalités prévues par ces mêmes dispositions.

Art. 10 *bis*. – La rémunération horaire prise en compte pour le calcul de l'indemnité d'activité partielle des marins rémunérés à la part au sens de l'article L. 5544-35 du code des transports ainsi que de l'allocation perçue par leur employeur est définie par décret.

Art. 10 *ter*. – I. – Par dérogation au I de l'article L. 5122-1 du code du travail, l'employeur peut, soit en cas d'accord d'entreprise ou d'établissement ou, à défaut, de convention ou d'accord de branche, soit après avis favorable du comité social et économique ou du conseil d'entreprise, placer une partie seulement des salariés de l'entreprise, d'un établissement, d'un service ou d'un atelier, y compris ceux relevant de la même catégorie professionnelle, en position d'activité partielle ou appliquer à ces salariés une répartition différente des heures travaillées et non travaillées, lorsque cette individualisation est nécessaire pour assurer le maintien ou la reprise d'activité.

L'accord ou le document soumis à l'avis du comité social et économique ou du conseil d'entreprise détermine notamment :

1° Les compétences identifiées comme nécessaires au maintien ou à la reprise de l'activité de l'entreprise, de l'établissement, du service ou de l'atelier ;

2° Les critères objectifs, liés aux postes, aux fonctions occupées ou aux qualifications et compétences professionnelles, justifiant la désignation des salariés maintenus ou placés en activité partielle ou faisant l'objet d'une répartition différente des heures travaillées et non travaillées ;

3° Les modalités et la périodicité, qui ne peut être inférieure à trois mois, selon lesquelles il est procédé à un réexamen périodique des critères mentionnés au 2° afin de tenir compte de l'évolution du volume et des conditions d'activité de l'entreprise en vue, le cas échéant, d'une modification de l'accord ou du document ;

4° Les modalités particulières selon lesquelles sont conciliées la vie professionnelle et la vie personnelle et familiale des salariés concernés ;

5° Les modalités d'information des salariés de l'entreprise sur l'application de l'accord pendant toute sa durée.

II. – Les accords conclus et les décisions unilatérales prises sur le fondement du présent article cessent de produire leurs effets à la date fixée en application de l'article 12 de la présente ordonnance.

Art. 11. – Par dérogation aux dispositions du premier alinéa du 4° du II de l'article L. 136-1-2 et du III de l'article L. 136-8 du code de la sécurité sociale, les indemnités d'activité partielle versées aux salariés autres que ceux mentionnés à l'article 7 de la présente ordonnance, ainsi que les indemnités complémentaires versées par l'employeur en application d'un accord collectif ou d'une décision unilatérale de l'employeur sont assujetties à la contribution prévue à l'article L. 136-1 du code de la sécurité sociale au taux mentionné au 1° du II de l'article L. 136-8 du même code.

Par dérogation à l'alinéa précédent, lorsque la somme de l'indemnité légale d'activité partielle et de l'indemnité complémentaire versée par l'employeur en application d'un accord collectif ou d'une décision unilatérale est supérieure à 3,15 fois la valeur horaire du salaire minimum de croissance, la part de l'indemnité complémentaire versée au-delà de ce montant est assujettie aux contributions et cotisations sociales applicables aux revenus d'activité dans les conditions définies aux articles L. 136-1-1 et L. 242-1 du code de la sécurité sociale.

Art. 12. – Les dispositions de la présente ordonnance sont applicables à compter du 12 mars 2020 jusqu'à une date fixée par décret, et au plus tard jusqu'au 31 décembre 2020.

■ DÉCRET 2020-435 DU 16 AVRIL 2020

portant mesures d'urgence en matière d'activité partielle (JO 17, entrée en vigueur le 17.04.2020) modifié par décret 2020-522 du 5 mai 2020 (JO 6, entrée en vigueur le 06.05.2020).

Art. 1er. – I. – Pour l'application des articles 8, 8 *bis* et 10 *bis* de l'ordonnance [n° 2020-346] du 27 mars 2020 susvisée, les modalités de calcul de l'indemnité et de l'allocation sont déterminées selon les règles suivantes :

1° Pour les salariés dont la durée du travail est fixée par une convention de forfait en heures ou en jours sur l'année, l'indemnité et l'allocation d'activité partielle sont déterminées en tenant compte du nombre d'heures ou de jours ou de demi-journées le cas échéant ouvrés non travaillés par le salarié au titre de la période considérée pour l'un des cas prévus au I de l'article L. 5122-1 du code du travail convertis en heures selon les modalités suivantes :
- une demi-journée non travaillée correspond à 3 h 30 non travaillées ;
- un jour non travaillé correspond à 7 heures non travaillées ;
- une semaine non travaillée correspond à 35 heures non travaillées.

Les jours de congés payés et de repos pris au cours de la période prévue au premier alinéa, ainsi que les jours fériés non travaillés qui correspondent à des jours ouvrés sont, le cas échéant, convertis en heures selon les modalités prévues au premier alinéa. Les heures issues de cette conversion sont déduites du nombre d'heures non travaillées calculées en application du premier alinéa.

2° Pour le personnel navigant des entreprises dont l'organisation de la durée du travail est fondée sous la forme d'alternance de jours d'activité et de jours d'inactivité en application des dispositions de l'article D. 422-5-2 et des sections 2 et 3 du chapitre II du titre II du livre IV de la partie réglementaire du code de l'aviation civile ou des dispositions relatives à la durée du travail applicables au personnel navigant technique des exploitants d'hélicoptères en application de l'arrêté du 8 septembre 1997 modifié portant extension de la convention collective nationale du personnel navigant technique des exploitants d'hélicoptères du 13 novembre 1996, le nombre d'heures donnant lieu au versement de l'indemnité et de l'allocation d'activité partielle est déterminé en tenant compte de la différence entre le nombre de jours d'inactivité constatés et le nombre de jours d'inactivité garantis au titre de la période considérée. Le nombre de jours d'inactivité est converti en heures selon la règle suivante :
- chaque jour d'inactivité au-delà du nombre de jours d'inactivité garantis correspond à 8,75 heures chômées, dans la limite de la durée légale du temps de travail mentionnée à l'article L. 3121-27 du code du travail sur la période considérée.

3° Pour les salariés mentionnés au titre Ier du livre III de la septième partie du code du travail et qui ne relèvent pas d'un aménagement du temps de travail applicable dans l'entreprise, l'indemnité et l'allocation d'activité partielle sont calculées selon les modalités suivantes :
- la rémunération mensuelle de référence servant au calcul de l'indemnité et de l'allocation d'activité partielle correspond à la moyenne des rémunérations brutes perçues au cours des douze derniers mois civils, ou le cas échéant de la totalité des mois civils travaillés si le salarié a travaillé moins de douze mois, précédant le premier jour de placement en activité partielle de l'entreprise ou de l'établissement, à l'exclusion des frais professionnels et des éléments de salaire prévus à l'article 3 ;
- le montant horaire servant au calcul de l'indemnité et de l'allocation prévues aux articles D. 5122-13 et R. 5122-18 du code du travail est déterminé en rapportant le montant de la rémunération mensuelle de référence prévue à l'alinéa précédent à la durée légale du temps de travail ;
- la perte de rémunération mentionnée à l'article L. 5122-1 du code du travail correspond à la différence entre la rémunération mensuelle de référence prévue au deuxième alinéa du présent 3° et la rémunération mensuelle effectivement perçue au cours de la même période ;
- le nombre d'heures non travaillées indemnisables correspond, dans la limite de la durée légale du travail, à la différence de rémunération obtenue en application de l'alinéa précédent rapportée au montant horaire prévu au troisième alinéa.

4° Pour les salariés mentionnés à l'article L. 7412-1 du code du travail, les modalités de calcul de l'indemnité et de l'allocation d'activité partielle sont les suivantes :
- la rémunération mensuelle de référence servant au calcul de l'indemnité et de l'allocation d'activité partielle correspond à la moyenne des rémunérations brutes perçues au cours des douze derniers mois civils ou le cas échéant, de la totalité des mois civils travaillés si la première fourniture de travail au salarié est intervenue il y a moins de douze mois, précédant le premier jour de placement en activité partielle de

l'entreprise ou de l'établissement, à l'exclusion des frais d'atelier, des frais accessoires mentionnés à l'article L. 7422-11 du code du travail, des heures supplémentaires prévues à l'article L. 7422-9 du même code et des éléments de salaire mentionnés à l'article 3 ;

- le montant horaire servant au calcul de l'indemnité et de l'allocation prévues aux articles D. 5122-13 et R. 5122-18 du code du travail correspond au taux mentionné aux articles L. 7422-6 à L. 7422-8 du code du travail ou, s'il est plus favorable, le taux appliqué par l'employeur ;

- la perte de rémunération mentionnée à l'article L. 5122-1 du code du travail correspond à la différence entre la rémunération mensuelle de référence prévue au deuxième alinéa du présent 4° et la rémunération mensuelle effectivement perçue au cours de la même période ;

- le nombre d'heures non travaillées indemnisables correspond, dans la limite de la durée légale du travail ou, lorsqu'elle est inférieure, la durée stipulée au contrat de travail, à la différence de rémunération obtenue en application de l'alinéa précédent rapportée au montant horaire prévu au troisième alinéa.

Le bénéfice de ces dispositions n'est pas cumulable avec l'aide prévue à l'article R. 3232-8 du code du travail.

5° Pour les journalistes pigistes en collaboration régulière entrant dans le champ d'application de l'article L. 7112-1 du code du travail, qui ne sont pas soumis aux dispositions légales ou conventionnelles relatives à la durée du travail et qui ont bénéficié au minimum de trois bulletins mensuels de pige sur les douze mois civils précédant la date du placement en activité partielle, dont deux dans les quatre mois précédant cette même date, ou qui ont collaboré à la dernière parution dans le cas d'une publication trimestrielle, les modalités de calcul de l'indemnité et de l'allocation d'activité partielle sont les suivantes :

- la rémunération mensuelle de référence servant au calcul de l'indemnité et de l'allocation d'activité partielle correspond à la moyenne des rémunérations brutes perçues au titre des piges réalisées au cours des douze mois civils, ou le cas échéant de la totalité des mois civils travaillés si le salarié a travaillé moins de douze mois, précédant le premier jour de placement en activité partielle de l'entreprise ou de l'établissement, à l'exclusion des frais professionnels et des éléments de salaire mentionnés à l'article 3 ;

- un coefficient de référence est déterminé en rapportant le montant de la rémunération mensuelle de référence prévue à l'alinéa précédent au salaire minimum mensuel de rédacteur du barème applicable dans l'entreprise concernée ou, à défaut, dans la forme de presse considérée au titre de la même période de référence ou, à défaut, par le salaire minimum interprofessionnel de croissance fixé en application des articles L. 3231-2 à L. 3231-12 du code du travail. Ce coefficient de référence ne peut être supérieur à 1 ;

- le montant horaire servant au calcul de l'indemnité et de l'allocation prévues aux articles R. 5122-18 et D. 5122-13 du code du travail, est déterminé en rapportant le montant de la rémunération mensuelle de référence prévue au deuxième alinéa du présent 5° à la durée légale du temps de travail à laquelle est appliquée, s'il y a lieu, le coefficient de référence ;

- la perte de rémunération mentionnée à l'article L. 5122-1 du code du travail correspond à la différence entre la rémunération mensuelle de référence prévue au deuxième alinéa du présent 5° et la rémunération mensuelle effectivement perçue au cours de la même période ;

- le nombre d'heures non travaillées indemnisables correspond, dans la limite de la durée légale du travail après application, s'il y a lieu, du coefficient de référence, à la différence de rémunération obtenue en application de l'alinéa précédent rapportée au montant horaire prévu au quatrième alinéa du présent 5°.

6° Pour les travailleurs mentionnés aux articles L. 7121-2 et suivants, L. 7123-2 à L. 7123-4 et L. 7123-6 et L. 5424-20 du code du travail, le nombre d'heures non travaillées retenu pour le calcul de l'indemnité et de l'allocation d'activité partielle correspond à 7 heures par cachet contractuellement programmé, mais non réalisé en raison d'une annulation liée à l'épidémie de covid-19.

7° Pour les cadres dirigeants mentionnés à l'article L. 3111-2 du code du travail, les modalités de calcul de l'indemnité et de l'allocation d'activité partielle sont les suivantes :

- la rémunération mensuelle de référence servant au calcul de l'indemnité et de l'allocation d'activité partielle correspond à la moyenne des rémunérations brutes perçues au cours des douze derniers mois civils, ou le cas échéant de la totalité des mois civils travaillés si le salarié a travaillé moins de douze mois, précédant le premier jour de placement en activité partielle de l'entreprise ou de l'établissement ;

- le montant horaire servant au calcul de l'indemnité et de l'allocation prévues aux articles D. 5122-13 et R. 5122-18 du code du travail est déterminé en rapportant le trentième du montant de la rémunération mensuelle de référence obtenue en application de l'alinéa précédent à sept heures ;

- le nombre d'heures non travaillées indemnisables, dans la limite de la durée légale du travail, est obtenu selon les modalités de conversion en heures mentionnées au 1°.

8° Pour les salariés mentionnés à l'article L. 1254-19 du code du travail, les périodes mentionnées au II de l'article L. 1254-21 du même code ouvrent droit à l'indemnité et à l'allocation d'activité partielle en raison de l'épidémie de covid-19 selon les modalités de calcul suivantes :

- le nombre d'heures indemnisables correspond, dans la limite de la durée légale du travail sur la période considérée, à la moyenne mensuelle des heures ou des jours travaillés au cours des douze mois civils, ou sur la totalité des mois travaillés si le salarié a travaillé moins de douze mois civils précédant le premier jour de placement en activité partielle de l'entreprise de portage. Un jour travaillé correspond à 7 heures travaillées ;

- la rémunération mensuelle de référence servant au calcul de l'indemnité et de l'allocation d'activité partielle correspond à 75 % de la valeur mensuelle du plafond de la sécurité sociale prévu à l'article L. 241-3 du code de la sécurité sociale pour une activité équivalant à un temps plein. Lorsque la moyenne mensuelle des heures travaillées est inférieure à une activité équivalant à un temps plein, la rémunération mensuelle de référence est corrigée à proportion de la moyenne mensuelle d'heures travaillées mentionnée au deuxième alinéa du présent 8° et rapportée à la durée légale du travail sur la période considérée ;

- le montant horaire servant au calcul de l'indemnité et de l'allocation prévues aux articles D. 5122-13 et R. 5122-18 du code du travail est déterminé en rapportant le montant de la rémunération mensuelle de référence obtenu en application de l'alinéa précédent à la moyenne mensuelle d'heures travaillées mentionnée au deuxième alinéa du présent 8°.

9° Pour les marins rémunérés à la part mentionnés à l'article 10 *bis* de l'ordonnance [n° 2020-346] du 27 mars 2020 susvisée, les modalités de calcul de l'indemnité et l'allocation d'activité partielle sont déterminées selon les règles suivantes :

- le montant horaire servant au calcul de l'indemnité et de l'allocation d'activité partielle est déterminé par arrêté conjoint des ministres chargés des gens de mer et du travail en fonction du salaire forfaitaire prévu à l'article L. 5553-5 du code des transports de la dernière catégorie de marin déclarée à l'Établissement national des invalides de la marine pour la fonction exercée à bord du navire et la pêcherie concernées par le placement en activité partielle ;
- le nombre d'heures indemnisables, dans la limite de la durée légale du travail, est déterminé en tenant compte du nombre de jours ou de demi-journées de travail à la pêche non travaillés au titre de la période considérée convertis en heures selon les modalités suivantes :
- une demi-journée de travail à la pêche non travaillée correspond à 3 h 30 non travaillées ;
- un jour de travail à la pêche non travaillé correspond à 7 heures non travaillées ;
- une semaine de travail à la pêche non travaillée correspond à 35 heures non travaillées.

II. – Pour l'application des dispositions du I, le nombre d'heures donnant lieu à versement de l'indemnité et de l'allocation d'activité partielle ne peut excéder la durée légale du temps de travail mentionnée à l'article L. 3121-27 du code du travail au titre de la période considérée.

Art. 2. – Pour les salariés qui bénéficient d'éléments de rémunération variables ou versés selon une périodicité non mensuelle, notamment ceux prévus à l'article 1er, le salaire de référence servant au calcul de l'indemnité et de l'allocation d'activité partielle tient compte également de la moyenne des éléments de rémunération variables, à l'exclusion des frais professionnels et des éléments mentionnés à l'article 3, perçus au cours des douze mois civils, ou sur la totalité des mois travaillés si le salarié a travaillé moins de douze mois civils, précédant le premier jour de placement en activité partielle de l'entreprise.

Art. 3. – Sont exclus de l'assiette de calcul de l'indemnité et de l'allocation d'activité partielle les sommes représentatives de frais professionnels et les éléments de rémunération qui, bien qu'ayant le caractère de salaire, ne sont pas la contrepartie du travail effectif ou ne sont pas affectés par la réduction ou l'absence d'activité et sont alloués pour l'année.

Lorsque la rémunération inclut une fraction de rémunération correspondant au paiement de l'indemnité de congés payés, cette fraction est déduite pour la détermination de l'assiette permettant le calcul de l'indemnité et de l'allocation d'activité partielle, sans préjudice du paiement par l'employeur de l'indemnité de congés payés.

Art. 4. – Les dispositions du présent décret sont applicables aux demandes d'indemnisation d'activité partielle adressées à l'Agence de services et de paiement en application de l'article R. 5122-5 du code du travail au titre du placement en position d'activité partielle de salariés depuis le 12 mars 2020 en raison de l'épidémie de covid-19 jusqu'au 31 décembre 2020.

....

■ DÉCRET 2020-794 DU 26 JUIN 2020

relatif à l'activité partielle (JO 28).

....

Art. 2. – Les articles 3 à 5 sont applicables au titre des salariés placés en activité partielle entre le 12 mars et le 31 décembre 2020.

Art. 3. – I. – Lorsque l'employeur procède à l'individualisation de l'activité partielle dans les conditions prévues à l'article 10 *ter* de l'ordonnance [n° 2020-346] du 27 mars 2020 susvisée, il transmet à l'autorité administrative, soit l'accord d'entreprise ou d'établissement, soit l'avis favorable du comité social et économique ou du conseil d'entreprise, prescrits par ce même article :

1° Lors du dépôt de la demande préalable d'autorisation d'activité partielle ;

2° Ou, si l'autorisation a déjà été délivrée, au titre des salariés en cause, à la date de signature de l'accord ou de remise de l'avis, dans un délai de trente jours suivant cette date.

II. – Si la demande d'autorisation préalable d'activité partielle a été déposée avant la date de publication du présent décret ou, dans le cas prévu au 2° du I, si l'accord a été signé ou l'avis remis avant cette date, l'employeur qui procède à l'individualisation de l'activité partielle transmet l'accord ou l'avis à l'autorité administrative dans les trente jours suivant cette publication.

Art. 4. – Par dérogation au premier alinéa de l'article R. 5122-2 du code du travail, lorsque la demande d'autorisation préalable d'activité partielle porte, pour le même motif et la même période, sur au moins cinquante établissements implantés dans plusieurs départements, l'employeur peut adresser une demande unique au titre de l'ensemble des établissements au préfet du département où est implanté l'un quelconque des établissements concernés.

Dans ce cas, le contrôle de la régularité des conditions de placement en activité partielle des salariés est confié au préfet de département où est implanté chacun des établissements concernés.

Art. 5. – Pour l'application des articles 1er et 1er *bis* de l'ordonnance [n° 2020-346] du 27 mars 2020 susvisée et par dérogation au premier alinéa de l'article R. 5122-18 du code du travail, le montant horaire servant au calcul de l'allocation et de l'indemnité prévues respectivement aux articles R. 5122-12 et R. 5122-18 du même code est égal au produit du pourcentage mentionné, pour l'allocation, à l'article D. 5122-13 et, pour l'indemnité, à l'article R. 5122-18 par la rémunération brute de référence, incluant la rémunération des heures d'équivalence mentionnées à l'article 1er de l'ordonnance [n° 2020-346] du 27 mars 2020 susvisée et des heures supplémentaires mentionnées au premier alinéa de l'article 1er *bis* de la même ordonnance, rapportée à la durée d'équivalence ou à la durée conventionnelle ou à la durée stipulée dans la convention individuelle de forfait en heures au sens des articles L. 3121-56 et L. 3121-57 du code du travail.

Art. 6. – À titre exceptionnel, les sommes indument perçues par les entreprises au titre du placement en position d'activité partielle de salariés pour les mois de mars et d'avril 2020, qui résultent de la prise en compte, dans la rémunération servant d'assiette à l'allocation d'activité partielle et aux indemnités versées aux salariés, des heures supplémentaires autres que celles mentionnées à l'article 1er *bis* de l'ordonnance [n° 2020-346] du 27 mars 2020 susvisée ne font pas l'objet d'une récupération, sauf en cas de fraude.

……………………………………………………………………………………………………

■ DÉCRET 2020-1059 DU 14 AOÛT 2020

fixant le terme du dispositif exceptionnel d'activité partielle pour les salariés employés à domicile et les assistants maternels (JO 15).

Art. 1er. – En application de l'article 12 de l'ordonnance [n° 2020-346] du 27 mars 2020 susvisée, les dispositions de l'article 7 de la même ordonnance s'appliquent jusqu'au 31 août 2020 inclus, à l'exception des départements de Guyane et de Mayotte où elles s'appliquent jusqu'au dernier jour inclus du mois au cours duquel prend fin l'état d'urgence sanitaire.

……………………………………………………………………………………………………

■ ORDONNANCE 2020-386 DU 1ER AVRIL 2020

adaptant les conditions d'exercice des missions des services de santé au travail à l'urgence sanitaire et modifiant le régime des demandes préalables d'autorisation d'activité partielle (JO 2).

……………………………………………………………………………………………………

Art. 6. – La suspension des délais implicites d'acceptation résultant de l'article 7 de l'ordonnance [n° 2020-346] du 25 mars 2020 susvisée ne s'applique pas aux demandes préalables d'autorisation d'activité partielle présentées, y compris avant la publication de la présente ordonnance, en application du I de l'article L. 5122-1 du code du travail.

……………………………………………………………………………………………………

■ ARRÊTÉ DU 31 MARS 2020

modifiant le contingent annuel d'heures indemnisables au titre de l'activité partielle pour l'année 2020 (JO 3 avril).

Art. 1er. – Par dérogation à l'article premier de l'arrêté du 26 août 2013 [JO 6 sept., texte n° 20] susvisé, le contingent annuel d'heures indemnisables au titre de l'allocation d'activité partielle mentionné à l'article R. 5122-6 du code du travail est fixé à 1 607 heures par salarié jusqu'au 31 décembre 2020.

……………………………………………………………………………………………………

■ LOI 2020-473 DU 25 AVRIL 2020

de finances rectificative pour 2020 (JO 26, entrée en vigueur le 26.04.2020).

……………………………………………………………………………………………………

Art. 20. – I. – Sont placés en position d'activité partielle les salariés de droit privé se trouvant dans l'impossibilité de continuer à travailler pour l'un des motifs suivants :

– le salarié est une personne vulnérable présentant un risque de développer une forme grave d'infection au virus SARS-CoV-2, selon des critères définis par voie réglementaire ;

– le salarié partage le même domicile qu'une personne vulnérable au sens du deuxième alinéa du présent I ;

– le salarié est parent d'un enfant de moins de seize ans ou d'une personne en situation de handicap faisant l'objet d'une mesure d'isolement, d'éviction ou de maintien à domicile.

II. – Les salariés mentionnés au I du présent article perçoivent à ce titre l'indemnité d'activité partielle mentionnée au II de l'article L. 5122-1 du code du travail, sans que les conditions prévues au I du même article L. 5122-1 soient requises. Cette indemnité d'activité partielle n'est pas cumulable avec l'indemnité journalière prévue aux articles L. 321-1 et L. 622-1 du code de la sécurité sociale ainsi qu'aux articles L. 732-4 et L. 742-3 du code rural et de la pêche maritime ou avec l'indemnité complémentaire prévue à l'article L. 1226-1 du code du travail.

L'employeur des salariés mentionnés au I du présent article bénéficie de l'allocation d'activité partielle prévue au II de l'article L. 5122-1 du code du travail.

III. – Le présent article s'applique à compter du 1er mai 2020, quelle que soit la date du début de l'arrêt de travail mentionné au premier alinéa du I du présent article.

Pour les salariés mentionnés aux deuxième et troisième alinéas du même I, celui-ci s'applique jusqu'à une date fixée par décret et au plus tard le 31 décembre 2020.

Pour les salariés mentionnés au dernier alinéa dudit I, celui-ci s'applique pour toute la durée de la mesure d'isolement, d'éviction ou de maintien à domicile concernant leur enfant.

Les modalités d'application du présent article sont définies par voie réglementaire.

....

■ DÉCRET 2020-1098 DU 29 AOÛT 2020

pris pour l'application de l'article 20 de la loi 2020-473 du 25 avril 2020 de finances rectificative pour 2020 (JO 30).

Art. 1er. – La date mentionnée au deuxième alinéa du III de l'article 20 de la loi [n° 2020-473] du 25 avril 2020 susvisée est fixée au 31 août 2020 pour les salariés mentionnés au troisième alinéa du I du même article, à l'exception des salariés exerçant leur activité dans les départements de Guyane et de Mayotte pour lesquels elle est fixée à la date à laquelle l'état d'urgence sanitaire y prend fin.

Art. 2. – Sont regardés comme vulnérables au sens du I de l'article 20 de la loi [n° 2020-473] du 25 avril 2020 susvisée les patients répondant à l'un des critères suivants et pour lesquels un médecin estime qu'ils présentent un risque de développer une forme grave d'infection au virus SARS-CoV-2 les plaçant dans l'impossibilité de continuer à travailler :

1° Être atteint de cancer évolutif sous traitement (hors hormonothérapie) ;

2° Être atteint d'une immunodépression congénitale ou acquise :
– médicamenteuse : chimiothérapie anticancéreuse, traitement immunosuppresseur, biothérapie et/ou corticothérapie à dose immunosuppressive ;
– infection à VIH non contrôlée ou avec des CD4 < 200/mm3 ;
– consécutive à une greffe d'organe solide ou de cellules souches hématopoïétiques ;
– liée à une hémopathie maligne en cours de traitement ;

3° Être âgé de 65 ans ou plus et avoir un diabète associé à une obésité ou des complications micro ou macrovasculaires ;

4° Être dialysé ou présenter une insuffisance rénale chronique sévère.

Art. 3. – Sont placés en position d'activité partielle les salariés mentionnés au deuxième alinéa du I de l'article 20 de la loi [n° 2020-473] du 25 avril 2020 susvisée sur présentation à leur employeur du certificat du médecin mentionné à l'article 2 du présent décret.

Art. 4. – I. – Le décret [n° 2020-521] du 5 mai 2020 susvisé est abrogé à compter du 1er septembre 2020. Toutefois, ses dispositions continuent à s'appliquer dans les départements de Guyane et de Mayotte jusqu'à la date à laquelle l'état d'urgence sanitaire y prend fin.

II. – Les dispositions des articles 2 et 3 du présent décret s'appliquent à compter du 1er septembre 2020.

Toutefois, elles ne s'appliquent dans les départements de Guyane et de Mayotte qu'à compter de la date à laquelle l'état d'urgence sanitaire y prend fin.

....

■ LOI 2020-734 DU 17 JUIN 2020

relative à diverses dispositions liées à la crise sanitaire, à d'autres mesures urgentes ainsi qu'au retrait du Royaume-Uni de l'Union européenne (JO 18).

....

Art. 5. – Voir **Contrat de travail**.

Art. 6. – I. – Par dérogation aux titres II et IV du livre Ier de la troisième partie du code du travail et aux stipulations conventionnelles applicables dans l'entreprise, l'établissement ou la branche, un accord d'entreprise ou de branche peut autoriser l'employeur à imposer aux salariés placés en activité partielle bénéficiant du maintien intégral de leur rémunération sur le fondement de stipulations conventionnelles d'affecter des jours de repos conventionnels ou une partie de leur congé annuel excédant vingt-quatre jours ouvrables à un fonds de solidarité pour être monétisés en vue de compenser tout ou partie de la diminution de rémunération subie, le cas échéant, par les autres salariés placés en activité partielle.

II. – Par dérogation aux titres II et IV du livre Ier de la troisième partie du code du travail et aux stipulations conventionnelles applicables dans l'entreprise, l'établissement ou la branche, un accord d'entreprise ou de branche peut autoriser la monétisation des jours de repos conventionnels ou d'une partie de leur congé annuel excédant vingt-quatre jours ouvrables, sur demande d'un salarié placé en activité partielle en vue de compenser tout ou partie de la diminution de rémunération qu'il a subie, le cas échéant.

III. – Les jours de repos conventionnels et de congé annuel mentionnés aux I et II du présent article susceptibles d'être monétisés sont les jours acquis et non pris, qu'ils aient ou non été affectés à un compte épargne-temps.

IV. – Les jours de repos conventionnels mentionnés aux I et II du présent article sont ceux prévus par un dispositif de réduction du temps de travail maintenu en vigueur en application de la loi n° 2008-789 du 20 août 2008 portant rénovation de la démocratie sociale et réforme du temps de travail, par un dispositif de jours de repos conventionnels mis en place dans le cadre des dispositions prévues aux articles L. 3121-41 à L. 3121-47 du code du travail et ceux prévus par une convention de forfait conclue sur le fondement de la section 5 du chapitre Ier du titre II du livre Ier de la troisième partie du même code.

V. – Le nombre total de jours de repos conventionnels et de congé annuel pouvant être monétisés en application des I et II du présent article ne peut excéder cinq jours par salarié.

VI. – Les I à IV s'appliquent à compter du 12 mars 2020 et jusqu'au 31 décembre 2020.

....

Art. 11. – I. – À titre exceptionnel, sont prises en considération en vue de l'ouverture du droit à pension, dans des conditions fixées par décret en Conseil d'État, les périodes comprises entre le 1er mars 2020 et le 31 décembre 2020 pendant lesquelles l'assuré perçoit l'indemnité horaire mentionnée au II de l'article L. 5122-1 du code du travail.

II. – Les dépenses résultant de l'application du I sont prises en charge par le fonds de solidarité vieillesse mentionné à l'article L. 135-1 du code de la sécurité sociale.

III. – Le I est applicable aux périodes de perception de l'indemnité horaire mentionnée au II de l'article L. 5122-1 du code du travail à compter du 1er mars 2020 pour les pensions de retraite prenant effet à compter du 12 mars 2020.

Art. 12. – I. – Les salariés et, le cas échéant, leurs ayants droit, garantis collectivement dans les conditions prévues à l'article L. 911-1 du code de la sécurité sociale contre le risque décès, les risques portant atteinte à l'intégrité physique de la personne ou liés à la maternité, les risques d'incapacité de travail ou d'invalidité, les risques d'inaptitude et le risque chômage, ou qui bénéficient d'avantages sous forme d'indemnités ou de primes de départ en retraite ou de fin de carrière, continuent de bénéficier de ces garanties lorsqu'ils sont placés en position d'activité partielle, indépendamment des stipulations contraires de l'acte instaurant les garanties dans les conditions prévues au même article L. 911-1 et des clauses du contrat collectif d'assurance souscrit par l'employeur ou du règlement auquel il a adhéré.

Le non-respect de ces dispositions prive les garanties mentionnées au premier alinéa du présent I de leur caractère collectif et obligatoire au sens de l'article L. 242-1 du code de la sécurité sociale.

II. – Sans préjudice de stipulations plus favorables, lorsque les garanties mentionnées au I du présent article sont financées, au moins pour partie, par des primes ou des cotisations assises sur les revenus d'activité des salariés soumis à cotisations sociales au sens de l'article L. 242-1 du code de la sécurité sociale ou à la contribution mentionnée à l'article L. 136-1 du même code et déterminées par référence à cette rémunération, l'assiette de calcul des primes et des cotisations au titre du financement des garanties des salariés placés en position d'activité partielle et celle servant à déterminer les prestations sont reconstituées selon le mode de calcul défini par l'acte instaurant les garanties dans les conditions prévues à l'article L. 911-1 dudit code et le contrat collectif d'assurance ou le règlement, en substituant aux revenus d'activité précités l'indemnité brute mensuelle due en application de l'article L. 5122-1 du code du travail pour les périodes pendant lesquelles cette dernière a été effectivement perçue.

La détermination d'assiettes de calcul des cotisations et des prestations supérieures à celles résultant du premier alinéa du présent II fait l'objet d'une convention collective, d'un accord collectif ou d'une décision unilatérale du chef d'entreprise et d'un avenant au contrat collectif d'assurance souscrit par l'employeur ou au règlement auquel il a adhéré.

La reconstitution d'assiette pour le calcul des cotisations et la détermination des prestations au titre des garanties mentionnées au premier alinéa du I ainsi que, le cas échéant, l'application d'une répartition du financement des garanties plus favorable aux salariés ne remettent pas en cause le caractère collectif et obligatoire de ces garanties au sens de l'article L. 242-1 du code de la sécurité sociale.

III. – À titre exceptionnel, compte tenu de l'état d'urgence sanitaire et de ses impacts économiques sur les entreprises, sont accordés sans frais ni pénalités par les organismes mentionnés à l'article 1er de la loi n° 89-1009 du 31 décembre 1989 renforçant les garanties offertes aux personnes assurées contre certains risques, sur demande des employeurs, des reports ou délais de paiement des primes et cotisations dues au titre du financement des garanties mentionnées au I du présent article au bénéfice des salariés placés en activité partielle.

Par dérogation aux articles L. 113-3 et L. 145-6 du code des assurances, à l'article L. 221-8 du code de la mutualité et à l'article L. 932-9 du code de la sécurité sociale et indépendamment des clauses du contrat collectif d'assurance souscrit par l'employeur ou du règlement auquel il a adhéré, si le débiteur de l'obligation de payer les primes ou cotisations pendant la période définie au IV du présent article n'a pas exécuté son obligation, les organismes assureurs ne peuvent pas suspendre les garanties ou résilier le contrat à ce titre. À compter de la fin de cette période, ces reports ou délais de paiement des primes ou cotisations ne peuvent avoir pour effet, pour les employeurs et, le cas échéant, les salariés, de payer ou précompter plus de deux échéances, au cours d'une période au titre de laquelle le contrat prévoit le versement d'une échéance, sous réserve que les primes ou cotisations dues au titre de la période définie au même IV soient versées au plus tard le 31 décembre 2020.

IV. – Le présent article est applicable à compter du 12 mars 2020 et jusqu'au 31 décembre 2020 s'agissant des I et II, et jusqu'au 15 juillet 2020 s'agissant du III.

....

Art. 53. – I. – Il est institué un dispositif spécifique d'activité partielle dénommé « activité réduite pour le maintien en emploi » destiné à assurer le maintien dans l'emploi dans les entreprises confrontées à une réduction d'activité durable qui n'est pas de nature à compromettre leur pérennité.

L'employeur peut bénéficier de ce dispositif sous réserve de la conclusion d'un accord collectif d'établissement, d'entreprise ou de groupe ou de la conclusion d'un accord collectif de branche étendu, définissant la durée d'application de l'accord, les activités et les salariés concernés par l'activité partielle spécifique, les réductions de l'horaire de travail pouvant donner lieu à indemnisation à ce titre et les engagements spécifiquement souscrits en contrepartie, notamment pour le maintien de l'emploi.

Un décret en Conseil d'État précise le contenu de l'accord.

II. – L'entreprise qui souhaite bénéficier du régime d'activité partielle spécifique en application d'un accord de branche mentionné au I élabore, après consultation du comité social et économique, lorsqu'il existe, un document conforme aux stipulations de l'accord de branche et définissant les engagements spécifiques en matière d'emploi.

Les conditions d'application et de renouvellement du document sont précisées par le décret mentionné au même I.

III. – L'accord collectif d'établissement, d'entreprise ou de groupe mentionné au I ou le document mentionné au II est transmis à l'autorité administrative pour validation de l'accord ou homologation du document.

L'accord de branche est étendu dans les conditions définies à l'article L. 2261-15 du code du travail.

IV. – L'autorité administrative valide l'accord collectif d'établissement, d'entreprise ou de groupe mentionné au I du présent article dès lors qu'elle s'est assurée :

1° Des conditions de validité et de la régularité de la procédure de négociation ;

2° De la présence dans l'accord de l'ensemble des dispositions mentionnées au même I.

La procédure de validation est renouvelée en cas de conclusion d'un avenant de révision.

V. – L'autorité administrative homologue le document élaboré par l'employeur en application d'un accord de branche, après avoir vérifié :

1° La régularité de la procédure d'information et de consultation du comité social et économique, lorsqu'il existe ;

2° La présence de l'ensemble des dispositions mentionnées au I ;

3° La conformité aux stipulations de l'accord de branche ;

4° La présence d'engagements spécifiques en matière d'emploi mentionnés au II.

La procédure d'homologation est renouvelée en cas de reconduction ou d'adaptation du document.

VI. – L'autorité administrative notifie à l'employeur la décision de validation dans un délai de quinz jours à compter de la réception de l'accord collectif mentionné au I et la décision d'homologation dans un délai de vingt et un jours à compter de la réception du document élaboré par l'employeur mentionné au II.

Elle la notifie, dans les mêmes délais, au comité social et économique lorsqu'il existe et, si elle porte sur un accord collectif, aux organisations syndicales représentatives signataires lorsqu'elles existent. La décision prise par l'autorité administrative est motivée.

Le silence gardé par l'autorité administrative pendant les délais prévus au premier alinéa du présent VI vaut décision d'acceptation de validation ou d'homologation. Dans ce cas, l'employeur transmet une copie de la demande de validation ou d'homologation, accompagnée de son accusé de réception par l'administration, au comité social et économique lorsqu'il existe et, si elle porte sur un accord collectif, aux organisations syndicales représentatives signataires lorsqu'elles existent.

La décision de validation ou d'homologation ou, à défaut, les documents précités et les voies et délais de recours sont portés à la connaissance des salariés par voie d'affichage sur leurs lieux de travail ou par tout autre moyen permettant de conférer date certaine à cette information.

VII. – Pour l'application du présent article, le pourcentage de l'indemnité et le montant de l'allocation peuvent être majorés dans des conditions et dans les cas déterminés par décret, notamment selon les caractéristiques de l'activité de l'entreprise.

VIII. – Ne sont pas applicables au régime d'activité partielle spécifique prévu au présent article :

1° Le second alinéa de l'article L. 5122-2 du code du travail ;

2° L'article 10 *ter* de l'ordonnance n° 2020-346 du 27 mars 2020 portant mesures d'urgence en matière d'activité partielle ;

3° Les stipulations conventionnelles relatives à l'activité partielle, conclues avant l'entrée en vigueur de la présente loi.

IX. – Le présent article est applicable aux accords collectifs et aux documents transmis à l'autorité administrative pour validation ou homologation, dans les conditions prévues au III, au plus tard le 30 juin 2022.

……………………………………………………………………………………………

■ DÉCRET 2020-926 DU 28 JUILLET 2020

relatif au dispositif spécifique d'activité partielle en cas de réduction d'activité durable (JO 30).

Art. 1er. – I. – L'accord collectif auquel est subordonné le bénéfice du dispositif spécifique d'activité partielle institué par l'article 53 de la loi [n° 2020-734] du 17 juin 2020 susvisée comporte un préambule présentant un diagnostic sur la situation économique et les perspectives d'activité de l'établissement, de l'entreprise, du groupe ou de la branche.

L'accord définit :

1° La date de début et la durée d'application du dispositif spécifique d'activité partielle ;

2° Les activités et salariés auxquels s'applique ce dispositif ;

3° La réduction maximale de l'horaire de travail en deçà de la durée légale ;

4° Les engagements en matière d'emploi et de formation professionnelle ;

5° Les modalités d'information des organisations syndicales de salariés signataires et des institutions représentatives du personnel sur la mise en œuvre de l'accord. Cette information a lieu au moins tous les trois mois.

II. – L'accord peut notamment prévoir :

1° Les conditions dans lesquelles les dirigeants salariés exerçant dans le périmètre de l'accord, les mandataires sociaux et les actionnaires, dans le respect des compétences des organes d'administration et de surveillance, fournissent des efforts proportionnés à ceux demandés aux salariés pendant la durée de recours au dispositif ;

2° Les conditions dans lesquelles les salariés prennent leurs congés payés et utilisent leur compte personnel de formation, avant ou pendant la mise en œuvre du dispositif ;

3° Les moyens de suivi de l'accord par les organisations syndicales.

III. – Le document élaboré par l'employeur en application du II de l'article 53 de la loi [n° 2020-734] du 17 juin 2020 susvisée précise les conditions de mise en œuvre, au niveau de l'entreprise ou de l'établissement, des stipulations de l'accord de branche étendu. Il comporte les éléments prévus au I et en particulier les engagements spécifiques souscrits par l'employeur en matière d'emploi. Il peut être renouvelé, dans le respect de la durée maximale d'application du dispositif fixée par l'accord de branche étendu.

IV. – Sauf stipulation contraire de l'accord collectif d'établissement, d'entreprise ou de groupe validé par l'autorité administrative ou de l'accord collectif de branche étendu, les engagements en matière de maintien de l'emploi portent sur l'intégralité des emplois de l'établissement ou de l'entreprise.

Art. 2. – L'employeur adresse à l'autorité administrative, avant l'échéance de chaque période d'autorisation d'activité partielle spécifique, un bilan portant sur le respect des engagements mentionnés aux 4° et 5° du I de l'article 1er. Ce bilan est accompagné d'un diagnostic actualisé de la situation économique et des perspectives d'activité de l'établissement, de l'entreprise ou du groupe, ainsi que du procès-verbal de la dernière réunion au cours de laquelle le comité social et économique, s'il existe, a été informé sur la mise en œuvre de l'activité partielle spécifique.

L'autorité administrative demande à l'employeur le remboursement à l'Agence de service et de paiement des sommes perçues pour chaque salarié placé en activité partielle spécifique et dont le contrat de travail est rompu, pendant la durée de recours au dispositif, pour l'une des causes énoncées à l'article L. 1233-3 du code du travail.

Lorsque la rupture du contrat de travail pour l'une des causes énoncées à l'article L. 1233-3 du code du travail concerne un salarié qui n'était pas placé en activité partielle spécifique mais que l'employeur s'était engagé à maintenir dans l'emploi, la somme à rembourser est égale, pour chaque rupture, au rapport entre le montant total des sommes versées à l'employeur au titre de l'allocation d'activité partielle spécifique et le nombre de salariés placés en activité partielle spécifique.

Le remboursement de tout ou partie des sommes dues par l'employeur peut ne pas être exigé s'il est incompatible avec la situation économique et financière de l'établissement, de l'entreprise ou du groupe.

L'autorité administrative peut interrompre le versement de l'allocation lorsqu'elle constate que les engagements mentionnés au 4° du I de l'article 1er ne sont pas respectés.

Art. 3. – La date à partir de laquelle est sollicité le bénéfice du dispositif spécifique d'activité partielle au titre d'un accord collectif ou d'un document unilatéral ne peut être antérieure au premier jour du mois civil au cours duquel la demande de validation ou d'homologation est transmise à l'autorité administrative.

Le bénéfice du dispositif est accordé dans la limite de vingt-quatre mois, consécutifs ou non, sur une période de référence de trente-six mois consécutifs.

Art. 4. – La réduction de l'horaire de travail mentionnée au 3° du I de l'article 1er ne peut être supérieure à 40 % de la durée légale. Cette réduction s'apprécie pour chaque salarié concerné sur la durée d'application du dispositif prévue par l'accord collectif ou le document unilatéral. Son application peut conduire à la suspension temporaire de l'activité.

La limite prévue à l'alinéa précédent ne peut être dépassée que dans des cas exceptionnels résultant de la situation particulière de l'entreprise, sur décision de l'autorité administrative et dans les conditions prévues par l'accord collectif, sans que la réduction de l'horaire de travail puisse être supérieure à 50 % de la durée légale.

Art. 5. – La demande de validation de l'accord collectif ou d'homologation du document élaboré par l'employeur est adressée à l'autorité administrative par voie dématérialisée dans les conditions fixées par l'article R. 5122-26 du code du travail. Elle est accompagnée de l'accord ou du document. La demande d'homologation est accompagnée de l'avis rendu par le comité social et économique, si ce comité existe.

La décision d'homologation ou de validation est notifiée par voie dématérialisée à l'employeur. Elle est également notifiée, par tout moyen, au comité social et économique, lorsqu'il existe, et, si elle porte sur un accord collectif, aux organisations syndicales signataires.

La décision d'homologation ou de validation vaut autorisation d'activité partielle spécifique pour une durée de six mois. L'autorisation est renouvelée par période de six mois, au vu du bilan mentionné à l'article 2.

Art. 6. – L'autorité administrative mentionnée aux articles 2, 3, 4 et 5 est le préfet du département où est implanté l'établissement concerné par l'accord ou le document.

Lorsque l'accord ou le document porte sur des établissements implantés dans plusieurs départements, le préfet compétent est celui, parmi ceux de ces départements, auquel l'employeur adresse sa demande de validation ou d'homologation. Dans ce cas, le contrôle de la régularité des conditions de placement des salariés en activité partielle spécifique est confié, pour chaque établissement, au préfet de département où est implanté l'établissement concerné.

Art. 7. – Le taux horaire de l'allocation versée à l'employeur est égal pour chaque salarié placé dans le dispositif spécifique d'activité partielle à :

1° 60 % de la rémunération horaire brute telle que calculée à l'article R. 5122-12 du code du travail, limitée à 4,5 fois le taux horaire du salaire minimum interprofessionnel de croissance, pour les accords transmis à l'autorité administrative avant le 1er octobre 2020 ;

2° 56 % de cette rémunération pour les accords transmis à l'autorité administrative à compter du 1er octobre 2020.

Ce taux horaire ne peut être inférieur à 7,23 euros. Ce minimum n'est pas applicable dans les cas mentionnés au troisième alinéa de l'article R. 5122-18 du même code.

Art. 8. – Le salarié placé en activité partielle spécifique reçoit une indemnité horaire, versée par son employeur, correspondant à 70 % de sa rémunération brute servant d'assiette de l'indemnité de congés payés telle que prévue au II de l'article L. 3141-24 du code du travail ramenée à un montant horaire sur la base de la durée légale du travail applicable dans l'entreprise ou, lorsqu'elle est inférieure, la durée collective du travail ou la durée stipulée au contrat de travail.

La rémunération maximale prise en compte pour le calcul de l'indemnité horaire est égale à 4,5 fois le taux horaire du salaire minimum interprofessionnel de croissance.

Art. 9. – I. – Le dispositif spécifique d'activité partielle institué par l'article 53 de la loi [n° 2020-734] du 17 juin 2020 susvisée ne peut être cumulé, sur une même période et pour un même salarié, avec le dispositif d'activité partielle prévu à l'article L. 5122-1 du code du travail.

Un employeur bénéficiant du dispositif spécifique d'activité partielle au titre d'une partie de ses salariés peut concomitamment bénéficier pour d'autres salariés du dispositif d'activité partielle prévu à l'article L. 5122-1 du code du travail, pour l'un des motifs prévus aux 2° à 5° de l'article R. 5122-1 du même code.

II. – Les dispositions du chapitre II du titre II du livre Ier de la cinquième partie de la partie réglementaire du code du travail sont applicables au dispositif spécifique d'activité partielle, à l'exception des articles R. 5122-1 à R. 5122-4, R. 5122-6, R. 5122-7, R. 5122-9, R. 5122-10, R. 5122-12, D. 5122-13 et des deux premiers alinéas de l'article R. 5122-18.

Pour l'application de l'article R. 5122-5 du code du travail au dispositif spécifique d'activité partielle, la référence à la décision d'autorisation expresse ou tacite prévue à l'article R. 5122-4 du même code s'entend comme la référence à l'autorisation d'activité partielle spécifique prévue à l'article 5 du présent décret.

III. – Les dispositions du décret [n° 2020-435] du 16 avril 2020 et de l'article 5 du décret [n° 2020-794] du 26 juin 2020 susvisés sont applicables, jusqu'au terme fixé pour leur application, au dispositif spécifique d'activité partielle.

Art. 10. – Les dispositions du présent décret s'appliquent aux accords collectifs et aux documents transmis à l'autorité administrative pour extension, validation ou homologation au plus tard le 30 juin 2022.

....

■ ORDONNANCE 2020-770 DU 24 JUIN 2020

relative à l'adaptation du taux horaire de l'allocation d'activité partielle (JO 25, entrée en vigueur le 25.06.2020).

Art. 1er. – I. – Par dérogation aux dispositions de l'article L. 5122-1 du code du travail, le taux horaire de l'allocation d'activité partielle peut être modulé en fonction des secteurs d'activité et des caractéristiques des entreprises compte tenu de l'impact économique de la crise sanitaire sur ces dernières, à compter du 1er juin 2020 et jusqu'à une date fixée par décret, et au plus tard le 31 décembre 2020, selon les modalités suivantes :

1° Le taux mentionné au premier alinéa est fixé par décret pour les employeurs qui ne relèvent pas du 2° ;

2° Le taux mentionné au 1° est majoré pour les employeurs qui exercent leur activité principale :

a) Soit dans ceux des secteurs relevant du tourisme, de l'hôtellerie, de la restauration, du sport, de la culture, du transport aérien et de l'évènementiel qui sont particulièrement affectés par les conséquences économiques et financières de la propagation de l'épidémie de covid-19 au regard de la réduction de leur activité en raison notamment de leur dépendance à l'accueil du public ;

b) Soit dans les secteurs dont l'activité dépend de celles des secteurs mentionnés à l'alinéa précédent et qui subissent une très forte baisse de chiffre d'affaires.

II. – La majoration du taux prévu au 2° du I peut également s'appliquer pour les employeurs dont l'activité principale relève d'autres secteurs que ceux mentionnés au même 2° du I, qui implique l'accueil du public et qui est interrompue du fait de la propagation de l'épidémie de covid-19, à l'exclusion des fermetures volontaires.

III. – Les conditions de la mise en œuvre du présent article, ainsi que la liste des secteurs d'activité, sont fixées par décret.

Art. 2. – Les dispositions de l'article 1er s'appliquent aux demandes d'indemnisation adressées à l'Agence de services et de paiement au titre du placement en position d'activité partielle de salariés à compter du 1er juin 2020, et jusqu'à une date fixée par décret et au plus tard le 31 décembre 2020.

....

■ LOI 2020-935 DU 30 JUILLET 2020

de finances rectificative pour 2020 (JO 31).

....

Art. 68. – La majoration du taux prévu au 2° du I de l'article 1er de l'ordonnance n° 2020-770 du 24 juin 2020 relative à l'adaptation du taux horaire de l'allocation d'activité partielle s'applique aux employeurs domiciliés en Guyane et à Mayotte jusqu'à la date de fin de l'état d'urgence sanitaire.

....

■ DÉCRET 2020-810 DU 29 JUIN 2020

portant modulation temporaire du taux horaire de l'allocation d'activité partielle (JO 30, entrée en vigueur le 30.06.2020) modifié par décret 2020-1123 du 10 septembre 2020 (JO 11).

Art. 1er. – I. – Par dérogation à l'article D. 5122-13 du code du travail, le taux horaire de l'allocation d'activité partielle est fixé à 60 % de la rémunération horaire brute telle que calculée à l'article R. 5122-12 du même code, limitée à 4,5 fois le taux horaire du salaire minimum interprofessionnel de croissance.

II. – Par dérogation au I, le taux horaire de l'allocation d'activité partielle est fixé à 70 % pour :

1° Les employeurs qui exercent leur activité principale dans les secteurs mentionnés à l'annexe 1 du présent décret ;

2° Les employeurs qui exercent leur activité principale dans les secteurs mentionnés à l'annexe 2 du présent décret lorsqu'ils ont subi une diminution de chiffre d'affaires d'au moins 80 % durant la période comprise entre le 15 mars et le 15 mai 2020. Cette diminution est appréciée :

- soit par rapport au chiffre d'affaires constaté au cours de la même période de l'année précédente ;

- soit, s'ils le souhaitent, par rapport au chiffre d'affaires mensuel moyen de l'année 2019 ramené sur deux mois.

Pour les employeurs des structures créées après le 15 mars 2019, la perte de chiffre d'affaires est appréciée par rapport au chiffre d'affaires mensuel moyen sur la période comprise entre la date de création de la structure et le 15 mars 2020 ramené sur deux mois ;

3° Les employeurs mentionnés au II de l'article 1er de l'ordonnance [n° 2020-770] du 24 juin 2020 susvisée pour la durée durant laquelle leur activité est interrompue du fait de la propagation de l'épidémie en application d'une obligation légale ou réglementaire ou d'une décision administrative.

Art. 2. – Les dispositions de l'article 1er s'appliquent aux demandes d'indemnisation adressées à l'Agence de services et de paiement au titre des heures chômées par les salariés depuis le 1er juin 2020 et jusqu'au 30 septembre 2020.

....

ANNEXES

ANNEXE 1

Téléphériques et remontées mécaniques
Hôtels et hébergement similaire
Hébergement touristique et autre hébergement de courte durée
Terrains de camping et parcs pour caravanes ou véhicules de loisirs
Restauration traditionnelle
Cafétérias et autres libres-services
Restauration de type rapide
Services de restauration collective sous contrat, de cantines et restaurants d'entreprise
Services des traiteurs
Débits de boissons
Projection de films cinématographiques et autres industries techniques du cinéma et de l'image animée
Post-production de films cinématographiques, de vidéo et de programmes de télévision
Distribution de films cinématographiques
Location et location-bail d'articles de loisirs et de sport
Activités des agences de voyage
Activités des voyagistes
Autres services de réservation et activités connexes
Organisation de foires, évènements publics ou privés, salons ou séminaires professionnels, congrès
Agences de mannequins
Entreprises de détaxe et bureaux de change (changeurs manuels)
Enseignement de disciplines sportives et d'activités de loisirs
Arts du spectacle vivant
Activités de soutien au spectacle vivant
Création artistique relevant des arts plastiques
Galeries d'art
Gestion de salles de spectacles et production de spectacles
Gestion des musées
Guides conférenciers
Gestion des sites et monuments historiques et des attractions touristiques similaires
Gestion des jardins botaniques et zoologiques et des réserves naturelles
Gestion d'installations sportives
Activités de clubs de sports
Activité des centres de culture physique
Autres activités liées au sport
Activités des parcs d'attractions et parcs à thèmes
Autres activités récréatives et de loisirs
Entretien corporel
Exploitations de casinos
Trains et chemins de fer touristiques
Transport transmanche
Transport aérien de passagers
Transport de passagers sur les fleuves, les canaux, les lacs, location de bateaux de plaisance
Cars et bus touristiques
Transport maritime et côtier de passagers
Production de films et de programmes pour la télévision
Production de films institutionnels et publicitaires
Production de films pour le cinéma
Activités photographiques
Enseignement culturel

ANNEXE 2

Culture de plantes à boissons
Culture de la vigne
Pêche en mer
Pêche en eau douce
Aquaculture en mer
Aquaculture en eau douce
Production de boissons alcooliques distillées
Fabrication de vins effervescents
Vinification
Fabrication de cidre et de vins de fruits
Production d'autres boissons fermentées non distillées
Fabrication de bière
Production de fromages sous appellation d'origine protégée ou indication géographique protégée
Fabrication de malt

Centrales d'achat alimentaires
Autres intermédiaires du commerce en denrées et boissons
Commerce de gros de fruits et légumes
Herboristerie/horticulture/commerce de gros de fleurs et plans
Commerce de gros de produits laitiers, œufs, huiles et matières grasses comestibles
Commerce de gros de boissons
Mareyage et commerce de gros de poissons, coquillages, crustacés
Commerce de gros alimentaire spécialisé divers
Commerce de gros de produits surgelés
Commerce de gros alimentaire
Commerce de gros non spécialisé
Commerce de gros textiles
Intermédiaires spécialisés dans le commerce d'autres produits spécifiques
Commerce de gros d'habillement et de chaussures
Commerce de gros d'autres biens domestiques
Commerce de gros de vaisselle, verrerie et produits d'entretien
Commerce de gros de fournitures et équipements divers pour le commerce et les services
Blanchisserie-teinturerie de gros
Stations-service
Enregistrement sonore et édition musicale
Editeurs de livres
Prestation/location de chapiteaux, tentes, structures, sonorisation, lumière et pyrotechnie
Services auxiliaires des transports aériens
Services auxiliaires de transport par eau
Transports de voyageurs par taxis et véhicules de tourisme avec chauffeur
Location de courte durée de voitures et de véhicules automobiles légers
Boutique des galeries marchandes et des aéroports
Traducteurs-interprètes
Magasins de souvenirs et de piété
Autres métiers d'art
Paris sportifs
Activités liées à la production de matrices sonores originales, sur bandes, cassettes, CD, la mise à disposition des enregistrements, leur promotion et leur distribution

....

Emploi

■ DÉCRET 2020-982 DU 5 AOÛT 2020

instituant une aide à l'embauche des jeunes de moins de 26 ans (JO 6, entrée en vigueur le 06.08.2020).

Art. 1er. – Les employeurs peuvent demander le bénéfice d'une aide pour l'embauche d'un salarié de moins de 26 ans dont la rémunération telle que prévue au contrat de travail est inférieure ou égale à deux fois le montant horaire du salaire minimum de croissance. Ces conditions s'apprécient à la date de conclusion du contrat.

Sont éligibles à l'aide les employeurs mentionnés à l'article L. 5134-66 du code du travail établis sur tout le territoire national, à l'exception des établissements publics administratifs, des établissements publics industriels et commerciaux et des sociétés d'économie mixte. Les particuliers employeurs ne sont pas éligibles à l'aide.

Cette aide est attribuée sous réserve que les conditions cumulatives suivantes soient remplies :

1° Le salarié est embauché en contrat de travail à durée indéterminée ou en contrat à durée déterminée d'une durée d'au moins trois mois ;

2° La date de conclusion du contrat est comprise entre le 1er août 2020 et le 31 janvier 2021 ;

3° L'employeur est à jour de ses obligations déclaratives et de paiement à l'égard de l'administration fiscale et des organismes de recouvrement des cotisations et des contributions de sécurité sociale ou d'assurance chômage, ou a souscrit et respecte un plan d'apurement des cotisations et contributions restant dues. Par dérogation, pour les cotisations et contributions restant dues au titre de la période antérieure au 30 juin 2020, le plan d'apurement peut être souscrit dans les conditions et selon les modalités définies à l'article 65 de la loi [n° 2020-935] du 30 juillet 2020 de finances rectificative pour 2020 susvisée ;

4° L'employeur ne bénéficie pas d'une autre aide de l'État à l'insertion, à l'accès ou au retour à l'emploi versée au titre du salarié concerné ;

5° L'employeur n'a pas procédé, depuis le 1er janvier 2020, à un licenciement pour motif économique sur le poste concerné par l'aide ;

6° Le salarié ne doit pas avoir appartenu aux effectifs de l'employeur à compter du 1er août 2020 au titre d'un contrat n'ayant pas ouvert droit au bénéfice de l'aide ;

7° Le salarié est maintenu dans les effectifs de l'employeur pendant au moins trois mois à compter du premier jour d'exécution du contrat.

Art. 2. – Le montant de l'aide est égal à 4 000 euros au maximum pour un même salarié.

L'aide de l'État est due à compter du premier jour d'exécution du contrat de travail. Elle est versée à terme échu, à un rythme trimestriel à raison de 1 000 euros au maximum par trimestre dans la limite d'un an.

Le montant de l'aide est proratisé en fonction de la quotité de temps de travail du salarié et de la durée effective du contrat de travail.

L'aide n'est pas due :

a) Pour les périodes d'absence du salarié qui n'ont pas donné lieu au maintien de la rémunération par l'employeur ;

b) Pour les périodes au cours desquelles le salarié est placé en position d'activité partielle au titre de l'article R. 5122-1 du code du travail ;

c) Pour les périodes au cours desquelles le salarié est placé en position d'activité réduite pour le maintien en emploi au titre de l'article 53 de la loi [n° 2020-734] du 17 juin 2020 susvisée au cours du trimestre considéré.

Art. 3. – Lorsque le salarié précédemment lié à l'employeur par un contrat à durée déterminée ayant ouvert droit à l'aide conclut, avant le 31 janvier 2021, un contrat de travail à durée indéterminée ou un contrat de travail à durée déterminée d'une durée d'au moins trois mois, l'employeur continue à bénéficier de l'aide, même si le salarié a dépassé l'âge défini à l'article 1er au cours du précédent contrat, dans la limite du montant maximal par salarié défini à l'article 2.

Art. 4. – L'aide est gérée par l'Agence de services et de paiement, avec laquelle l'État conclut une convention.

La demande tendant au bénéfice de l'aide est adressée par l'employeur par l'intermédiaire d'un téléservice auprès de l'Agence de services et de paiement dans un délai maximal de quatre mois suivant la date de début d'exécution du contrat. L'employeur atteste sur l'honneur remplir les conditions d'éligibilité mentionnées dans sa demande d'aide.

L'aide est versée sur la base d'une attestation de l'employeur justifiant la présence du salarié. Cette attestation, adressée par l'intermédiaire d'un téléservice, auprès de l'Agence de services et de paiement, est transmise avant les quatre mois suivant l'échéance de chaque trimestre d'exécution du contrat. Elle mentionne, le cas échéant, les périodes d'absence du salarié mentionnées aux ***a***, ***b*** et ***c*** de l'article 2.

Son défaut de production dans les délais requis entraîne le non-versement définitif de l'aide au titre de cette période.

Art. 5. – Le bénéficiaire de l'aide tient à la disposition de l'Agence de services et de paiement tout document permettant d'effectuer le contrôle de l'éligibilité de l'aide. Pour exercer ce contrôle, l'Agence de services et de paiement dispose également de l'accès à des données d'autres administrations publiques, notamment celles de l'Agence centrale des organismes de sécurité sociale et de la Caisse centrale de la mutualité sociale agricole.

L'Agence de services et de paiement est responsable des traitements de données, y compris personnelles, nécessaires à la mise en œuvre du dispositif.

Le versement de l'aide est suspendu lorsque l'employeur ne produit pas dans le délai d'un mois les documents demandés par l'Agence de services et de paiement et permettant de contrôler l'exactitude de ses déclarations.

L'employeur rembourse le cas échéant à l'État l'intégralité des sommes qui ont été perçues au titre de l'aide lorsque le recrutement d'un salarié au titre duquel l'employeur a bénéficié de l'aide à l'embauche a pour conséquence le licenciement d'un autre salarié.

En cas de constatation du caractère inexact des déclarations de l'employeur justifiant l'éligibilité [à] l'aide, la totalité des sommes perçues par l'employeur sont reversées à l'État.

En cas de constatation du caractère inexact des attestations de l'employeur justifiant la présence du salarié, les sommes indûment perçues par l'employeur au titre des trimestres considérés sont reversées à l'État.

L'Agence de services et de paiement assure la gestion des réclamations et des recours relatifs à l'aide.

Art. 6. – Les demandes d'aides mentionnées à l'article 4 sont adressées auprès de l'Agence de services et de paiement à compter du 1er octobre 2020.

....

Chômage

■ DÉCRET 2019-797 DU 26 JUILLET 2019

relatif au régime d'assurance chômage (JO 28) modifié par décrets 2019-1106 du 30 octobre 2019 (JO 31), 2020-361 du 27 mars 2020 (JO 29) et 2020-929 du 29 juillet 2020 (JO 30).

....

Art. 5. – I. – Les dispositions des articles 1er et 2, du premier alinéa de l'article 3 et de l'article 4 du présent décret entrent en vigueur le 1er novembre 2019, dans les conditions prévues aux III et IV du présent article.

II. – Les dispositions du second alinéa de l'article 3 du présent décret entrent en vigueur le 1er janvier 2020.

III. – Les dispositions de l'annexe A du présent décret sont applicables aux travailleurs privés d'emploi dont la fin de contrat de travail est intervenue à compter du 1er novembre 2019, sous réserve des dispositions suivantes :

1° Restent applicables aux salariés ayant fait l'objet d'une procédure de licenciement engagée avant le 1er novembre 2019 les dispositions de la convention d'assurance chômage relatives aux règles d'indemnisation en vigueur au jour de l'engagement de la procédure, à savoir, selon le cas, la date de l'entretien préalable mentionné aux articles L. 1232-2 et L. 1233-11 du code du travail ou la date de présentation de la lettre de convocation à la première réunion des instances représentatives du personnel mentionnée aux articles L. 1233-28 à L. 1233-30 de ce code ;

2° L'article 2 *bis* du règlement d'assurance chômage est applicable aux travailleurs privés d'emploi dont la fin du contrat de travail intervient à compter du 1er avril 2020.

Les travailleurs privés d'emploi mentionnés à l'article 2 *bis* précité dont la fin de contrat de travail intervient entre le 1er novembre 2019 et le 31 mars 2020 ou qui sont compris dans une procédure de licenciement engagée pendant cette période, et les employeurs relevant de ces mêmes dispositions, sont compris dans le champ d'application des chapitres 2 et 3 de l'annexe IX du règlement d'assurance chômage annexé au présent décret.

3° Les neuf premiers alinéas du paragraphe 1er et le paragraphe 2 de l'article 9, le paragraphe 1er de l'article 11, les paragraphes 1er, 3 et 4 de l'article 12, l'article 13 et le paragraphe 7 de l'article 65 du règlement d'assurance chômage ainsi que les dispositions correspondantes de l'annexe I, du chapitre 2 de l'annexe II, du chapitre 1er de l'annexe III, des annexes V et VI, des chapitres 1er et 4 de l'annexe IX et de l'annexe XI et les dispositions du chapitre 2 de l'annexe III sont applicables aux travailleurs privés d'emploi dont la fin de contrat de travail intervient à compter du 1er janvier 2021, à l'exception de ceux d'entre eux ayant fait l'objet d'une procédure de licenciement engagée avant cette date.

Pour les travailleurs privés d'emploi dont la fin de contrat de travail intervient entre le 1er novembre 2019 et le 31 décembre 2020 ou ayant fait l'objet d'une procédure de licenciement engagée dans cet intervalle, restent applicables :

- le premier alinéa du paragraphe 1er et le paragraphe 2 de l'article 9, le paragraphe 1er de l'article 11, les paragraphes 1er et 3 de l'article 12 et le premier alinéa de l'article 13 du règlement général annexé à la convention d'assurance chômage du 14 avril 2017 relative à l'assurance chômage ;
- le paragraphe 7 de l'accord d'application n° 1, les accords d'application n° 5 et n° 6, le paragraphe 2 de l'accord d'application n° 12 et le paragraphe 2 de l'accord d'application n° 18 annexés à ce règlement général ;
- les dispositions correspondantes de l'annexe I, du chapitre 2 de l'annexe II, des annexes III à VII, des chapitres 1er et 4 de l'annexe IX et de l'annexe XI de ce règlement général ;
- les deux premiers alinéas du paragraphe 2 de l'article 3 de l'annexe V de ce règlement général.

Pour les travailleurs privés d'emploi dont la fin de contrat de travail intervient à compter du 1er novembre 2019 jusqu'au 31 décembre 2020 ou ayant fait l'objet d'une procédure de licenciement engagée dans cet intervalle, le salaire journalier moyen de référence calculé en application du premier alinéa de l'article 13 du règlement général annexé à la convention d'assurance chômage du 14 avril 2017 relative à l'assurance chômage est affecté d'un coefficient, limité à 1, correspondant au quotient du nombre de jours travaillés sur la période de référence mentionnée à cet article par 88, lorsque le salarié justifie uniquement en heures de la condition d'affiliation mentionnée au paragraphe 1er de l'article 3 ou au paragraphe 1er de l'article 28 du même règlement général.

3° *bis*. – Le paragraphe 2 de l'article 17 *bis* du règlement d'assurance chômage est applicable aux travailleurs privés d'emploi accomplissant une action de formation, soit inscrite dans le projet personnalisé d'accès à l'emploi, soit non inscrite dans ce projet mais financée, en tout ou partie, par la mobilisation du compte personnel de formation, dont la prescription intervient à compter du 1er avril 2020.

L'accomplissement par les travailleurs privés d'emploi d'une action de formation, soit inscrite dans le projet personnalisé d'accès à l'emploi, soit non inscrite dans ce projet mais financée, en tout ou partie, par la mobilisation du compte personnel de formation, dont la prescription intervient du 1er novembre 2019 au 31 mars 2020, suspend, pour la durée correspondante, le délai de 182 jours mentionné au premier alinéa du paragraphe 1er de l'article 17 *bis* du règlement d'assurance chômage.

4° Les articles 21 et 23 du règlement d'assurance chômage et les dispositions correspondantes des annexes I à VI et des annexes IX et XI sont applicables aux travailleurs privés d'emploi dont la fin de contrat de travail intervient à compter du 1er janvier 2021, à l'exception de ceux d'entre eux ayant fait l'objet d'une procédure de licenciement engagée avant cette date.

Les dispositions des articles 21 et 23 du règlement général annexé à la convention d'assurance chômage du 14 avril 2017 relative à l'assurance chômage et les dispositions correspondantes des annexes I à VI et des annexes IX et XI de ce règlement général restent applicables aux travailleurs privés d'emploi dont la fin de contrat de travail intervient entre le 1er novembre 2019 et le 31 décembre 2020 ou ayant fait l'objet d'une procédure de licenciement engagée dans cet intervalle.

5° Le dernier alinéa du paragraphe 1er de l'article 26 du règlement d'assurance chômage ainsi que les dispositions correspondantes de ses annexes sont applicables, à compter du 1er janvier 2021, à l'ensemble des travailleurs privés d'emploi quelle que soit la convention relative à l'indemnisation du chômage dont ils relèvent.

6° Les dispositions du titre VII du règlement d'assurance chômage ainsi que les dispositions correspondantes de ses annexes sont applicables à compter du 1er novembre 2019, sous réserve des dispositions suivantes :

- les dispositions de la sous-section 2, à l'exception de ses articles 50-7 à 50-9 et 50-11, de la section 2 *bis* du chapitre I du titre VII et l'article 51 du règlement d'assurance chômage et, le cas échéant, des dispositions correspondantes de ses annexes sont applicables à compter du 1er janvier 2021 ;

- les quatre derniers alinéas de l'article 50-1 du règlement d'assurance chômage et les paragraphes 2 et 3, le deuxième alinéa du paragraphe 4 et le deuxième alinéa du paragraphe 5 de l'article 50 des annexes VIII et X de ce règlement sont applicables à compter du 1er janvier 2020.

7° Les dispositions de l'annexe VI du règlement général annexé à la convention du 14 avril 2017 relative à l'assurance chômage restent applicables, dans leur version en vigueur au 31 octobre 2019, aux anciens titulaires d'un contrat de travail à durée déterminée bénéficiaires d'un congé individuel de formation accordé avant le 1er janvier 2019.

IV. – Les dispositions de l'annexe B du présent décret sont applicables aux travailleurs privés d'emploi dont la fin du contrat de travail est intervenue à compter du 1er novembre 2019.

....

■ ORDONNANCE 2020-324 DU 25 MARS 2020

portant mesures d'urgence en matière de revenus de remplacement mentionnés à l'article L. 5421-2 du code du travail (JO 26, entrée en vigueur le 26.03.2020) modifiée par loi 2020-734 du 17 juin 2020 (JO 18).

Art. 1er. – Les demandeurs d'emploi qui épuisent leur droit à l'une des allocations mentionnées aux articles L. 5422-1, L. 5423-1, L. 5424-1 et L. 5424-21 du code du travail à compter du 1er mars 2020 bénéficient à titre exceptionnel d'une prolongation fixée par arrêté du ministre chargé de l'emploi et au plus tard jusqu'au 31 mai 2020 de la durée pendant laquelle l'allocation leur est versée.

La prolongation mentionnée au premier alinéa du présent article s'applique jusqu'à une date précisée par arrêté du ministre chargé de l'emploi et au plus tard jusqu'au 31 août 2021 pour les artistes et techniciens intermittents du spectacle mentionnés à l'article L. 5424-22 du code du travail.

La prolongation mentionnée au premier alinéa du présent article s'applique jusqu'à une date précisée par arrêté du ministre chargé de l'emploi et au plus tard jusqu'au 31 juillet 2020 pour les demandeurs d'emploi résidant à Mayotte.

Un décret en Conseil d'État précise les modalités d'application du présent article.

....

■ DÉCRET 2020-425 DU 14 AVRIL 2020

portant mesures d'urgence en matière de revenus de remplacement mentionnés à l'article L. 5421-2 du code du travail (JO 15) modifié par décrets 2020-928 et 2020-929 du 29 juillet 2020 (JO 30).

TITRE Ier – *Prolongation de la durée des droits aux revenus de remplacement mentionnés à l'article L. 5421-2 du code du travail*

Art. 1er. – Pour l'application de l'ordonnance n° 2020-324 du 25 mars 2020 susvisée, sont considérés comme épuisant leur droit à l'allocation d'assurance mentionnée à l'article L. 5422-1 du code du travail ou à l'allocation d'assurance mentionnée à l'article L. 5424-1 du même code les allocataires qui arrivent au terme de leur durée d'indemnisation telle qu'elle résulte des dispositions réglementaires applicables à leur situation conformément à l'article 5 du décret [n° 2019-797] du 26 juillet 2019 susvisé.

Les dispositions du premier alinéa s'appliquent que l'allocataire remplisse ou non, à la date à laquelle il arrive au terme de sa durée d'indemnisation, les conditions, selon sa situation, d'un rechargement de ses droits, d'une réadmission si sa situation est régie par le régime applicable à Mayotte ou d'une nouvelle période d'indemnisation s'il relève de l'annexe VIII ou X du règlement d'assurance chômage.

Art. 2. – Pour l'application de l'ordonnance n° 2020-324 du 25 mars 2020 susvisée, sont considérés comme épuisant leur droit à l'allocation de solidarité spécifique mentionnée à l'article L. 5423-1 du code du travail :

1° Les allocataires qui arrivent au terme de la période de six mois prévue au 1er alinéa de l'article R. 5423-8 du même code, qu'ils remplissent ou non, à l'issue de cette période, les conditions d'un renouvellement de l'allocation de solidarité spécifique ;

2° Les allocataires mentionnés à l'article L. 5423-3 du même code qui arrivent au terme de la période de 274 jours prévue au premier alinéa de l'article D. 5424-64 du même code ;

3° Les allocataires mentionnés à l'article L. 5546-2 du code des transports qui arrivent au terme de la période de 274 jours prévue à l'article R. 351-24 du code du travail.

Art. 3. – Pour l'application de l'ordonnance n° 2020-324 du 25 mars 2020 susvisée, sont considérés comme épuisant leur droit aux allocations mentionnées à l'article L. 5424-21 du code du travail :

1° Les allocataires mentionnés à l'article D. 5424-51 du même code qui arrivent au terme des durées maximales telles qu'elles sont prévues à l'article D. 5424-52 du même code ;

2° Les allocataires mentionnés à l'article D. 5424-53 du même code qui arrivent au terme des durées maximales telles qu'elles sont prévues à l'article D. 5424-59 du même code.

Art. 4. – (Abrogé).

TITRE II – *Allongement des périodes de référence au cours desquelles est recherchée la durée d'affiliation requise pour le bénéfice de l'allocation d'aide au retour à l'emploi, de l'allocation de professionnalisation et de solidarité et de l'allocation de fin de droits*

Art. 5. – I. – Pour les travailleurs privés d'emploi à compter de l'entrée en vigueur du présent décret, la période de référence au cours de laquelle est recherchée la durée d'affiliation requise pour l'ouverture d'un droit à l'allocation d'aide au retour à l'emploi mentionnée au paragraphe 1er de l'article 3 du règlement d'assurance chômage figurant à l'annexe A du décret [n° 2019-797] du 26 juillet 2019 susvisé et aux articles correspondants des annexes I et II, du chapitre 1er de l'annexe III, de l'annexe V et du chapitre 2 de l'annexe IX à ce règlement est prolongée du nombre de jours compris entre le 1er mars 2020 et une date fixée par arrêté du ministre chargé de l'emploi, et au plus tard le 31 juillet 2020.

II. – La période au cours de laquelle est recherchée la durée d'affiliation requise pour le rechargement d'un droit à l'allocation d'aide au retour à l'emploi est prolongée du nombre de jours compris entre le 1er mars 2020 et la date fixée par l'arrêté du ministre chargé de l'emploi mentionné au I.

Art. 6. – Sont prolongés du nombre de jours compris entre le 1er mars 2020 et une date fixée par arrêté du ministre chargé de l'emploi, et au plus tard le 31 juillet 2020 :

1° Le délai de douze mois défini au premier alinéa du paragraphe 1er de l'article 3 des annexes VIII et X du règlement d'assurance chômage figurant à l'annexe A du décret [n° 2019-797] du 26 juillet 2019 susvisé ;

2° Le délai de douze mois prévu au 2° du II de l'article D. 5424-51 du code du travail ;

3° Le délai de dix-huit mois prévu au III de l'article D. 5424-51 du même code.

Le présent article n'est pas applicable aux artistes et techniciens intermittents du spectacle bénéficiaires des dispositions du décret n° 2020-928 du 29 juillet 2020 portant mesures d'urgence en matière de revenus de remplacement des artistes et techniciens intermittents du spectacle.

TITRE III – *Dispositions diverses applicables aux bénéficiaires de l'allocation d'aide au retour à l'emploi et de l'allocation mentionnée à l'article L. 5424-1 du code du travail*

Art. 7. – I. – Pour les travailleurs privés d'emploi dont la fin de contrat de travail intervient à compter du 1er janvier 2021, à l'exception de ceux ayant fait l'objet d'une procédure de licenciement engagée avant cette date, le nombre de jours compris entre le 1er mars 2020 et la date fixée par l'arrêté du ministre chargé de l'emploi mentionné à l'article 5, à l'exception de ceux pendant lesquels l'intéressé bénéficie d'un contrat de travail, est déduit :

1° Du nombre de jours mentionné au premier alinéa du paragraphe 1er de l'article 9 du règlement d'assurance chômage figurant à l'annexe A du décret [n° 2019-797] du 26 juillet 2019 susvisé ;

2° Du nombre de jours mentionné au premier alinéa de l'article 13 du règlement d'assurance chômage figurant à l'annexe A au décret [n° 2019-797] du 26 juillet 2019 susvisé et au deuxième alinéa de l'article 13 du chapitre 1er de l'annexe IX à ce règlement.

II. – La période de douze mois mentionnée au paragraphe 1er de l'article 7 du règlement général annexé à la convention du 14 avril 2017 relative à l'assurance chômage, au paragraphe 1er de l'article 8 des annexes VIII et X à ce règlement, au paragraphe 1er de l'article 7 du règlement d'assurance chômage figurant à l'annexe A au décret [n° 2019-797] du 26 juillet 2019 susvisé et au paragraphe 1er de l'article 7 des annexes VIII et X à ce règlement est prolongée du nombre de jours mentionné au premier alinéa du I.

III. – Le délai de 182 jours à l'issue duquel l'allocation journalière est affectée d'un coefficient de dégressivité en application de l'article 17 *bis* du règlement d'assurance chômage figurant à l'annexe A au décret [n° 2019-797] du 26 juillet 2019 susvisé fait l'objet à compter du lendemain de la publication du présent décret d'une suspension selon les modalités suivantes :

1° Pour les allocataires ayant un droit en cours à l'allocation d'aide au retour à l'emploi ouvert avant le 1er mars 2020, la durée de la suspension est de 306 jours calendaires ;

2° Pour les allocataires ayant un droit en cours à l'allocation d'aide au retour à l'emploi ouvert après le 1er mars 2020 et pour ceux qui bénéficient d'une ouverture de droits à cette allocation à compter du lendemain de la publication du présent décret, la durée de la suspension est égale au nombre de jours calendaires compris entre le point de départ de l'indemnisation et le 31 décembre 2020.

Art. 7-1. – I. – Les dispositions du présent article sont applicables aux travailleurs privés d'emploi dont la fin de contrat de travail intervient entre le 1er août 2020 et le 31 décembre 2020.

II. – Par dérogation au I de l'article R. 5422-2 du code du travail, aux articles 3 et 28 et au paragraphe 3 de l'article 26 du règlement d'assurance chômage figurant à l'annexe A au décret [n° 2019-797] du 26 juillet 2019 susvisé et aux dispositions correspondantes des annexes I, II, du chapitre 1er de l'annexe III et de l'annexe V à ce règlement, la durée d'affiliation minimale requise, au cours de la période de référence prévue par ces dispositions et prolongée en application de l'article 5 du présent décret, pour l'ouverture et le rechargement d'un droit à l'allocation d'aide au retour à l'emploi ainsi que pour l'exercice du droit d'option au profit du salarié privé d'emploi ayant cessé de bénéficier du service des allocations alors que la période d'indemnisation précédemment ouverte n'était pas épuisée est de :

1° 88 jours travaillés ou 610 heures travaillées pour les travailleurs privés d'emploi relevant des dispositions du règlement d'assurance chômage ;

2° 88 jours travaillés pour les travailleurs privés d'emploi relevant des dispositions de l'annexe I au règlement d'assurance chômage ;

3° 122 jours d'embarquement administratif ou 840 heures travaillées pour les travailleurs privés d'emploi relevant des dispositions du chapitre 1er de l'annexe II au règlement d'assurance chômage ;

4° 122 jours d'embarquement administratif pour les travailleurs privés d'emploi relevant des dispositions du chapitre 2 de l'annexe II au règlement d'assurance chômage ;

5° 174 vacations pour les travailleurs privés d'emploi relevant des dispositions du chapitre 1er de l'annexe III au règlement d'assurance chômage ;

6° 610 heures travaillées pour les travailleurs privés d'emploi relevant des dispositions de l'annexe V au règlement d'assurance chômage ;

7° 88 jours travaillés ou 610 heures travaillées pour les travailleurs privés d'emploi relevant des dispositions des chapitres 1er ou 4 de l'annexe IX au règlement d'assurance chômage.

III. – Par dérogation à l'article R. 5422-1 du code du travail, au dixième alinéa du paragraphe 1er de l'article 9 du règlement d'assurance chômage figurant à l'annexe A du décret [n° 2019-797] du 26 juillet 2019 susvisé et aux dispositions correspondantes du chapitre 2 de l'annexe II à ce règlement, la durée d'indemnisation minimale donnant lieu au versement de l'allocation est de 122 jours calendaires.

IV. – Par dérogation au paragraphe 3 de l'article 21 du règlement d'assurance chômage figurant à l'annexe A du décret [n° 2019-797] du 26 juillet 2019 susvisé et aux dispositions correspondantes de l'annexe II à ce règlement, le différé applicable aux salariés bénéficiant d'un dispositif de capitalisation dans le cadre de conventions de congé conclues en application des articles R. 5111-2, R. 5123-2 et R. 5123-3 du code du travail est considéré d'office comme ayant atteint son terme lorsqu'au titre des activités accomplies postérieurement à la date de la rupture du contrat de travail consécutive à la demande de versement capitalisé, l'intéressé s'ouvre de nouveaux droits en justifiant, au cours de la période de référence mentionnée par ces dispositions du règlement d'assurance chômage et prolongée en application de l'article 5 du présent décret, d'au moins :

1° 88 jours travaillés ou 610 heures travaillées pour les travailleurs privés d'emploi relevant des dispositions du règlement d'assurance chômage ;

2° 88 jours travaillés pour les travailleurs privés d'emploi relevant des dispositions de l'annexe I au règlement d'assurance chômage ;

3° 122 jours d'embarquement administratif ou 840 heures travaillées pour les travailleurs privés d'emploi relevant des dispositions du chapitre 1er de l'annexe II au règlement d'assurance chômage ;

4° 122 jours d'embarquement administratif pour les travailleurs privés d'emploi relevant des dispositions du chapitre 2 de l'annexe II au règlement d'assurance chômage ;

5° 174 vacations pour les travailleurs privés d'emploi relevant des dispositions du chapitre 1er de l'annexe III au règlement d'assurance chômage ;

6° 610 heures travaillées pour les travailleurs privés d'emploi relevant des dispositions de l'annexe V au règlement d'assurance chômage ;

7° 88 jours travaillés ou 610 heures travaillées pour les travailleurs privés d'emploi relevant des dispositions des chapitres 1er ou 4 de l'annexe IX au règlement d'assurance chômage.

V. – Par dérogation au paragraphe 4 de l'article 65 du règlement d'assurance chômage figurant à l'annexe A du décret [n° 2019-797] du 26 juillet 2019 susvisé et aux dispositions correspondantes des annexes VIII et X à ce règlement :

1° La période d'indemnisation prévue par ces dispositions au bénéfice des travailleurs privés d'emploi ne pouvant prétendre ni à l'ouverture d'une période d'indemnisation ni au versement du reliquat d'une période d'indemnisation est de 122 jours calendaires ;

2° La durée d'affiliation minimale dont les intéressés doivent justifier pour bénéficier de cette période d'indemnisation est, compte tenu des règles d'équivalence mentionnées au paragraphe 8 de l'article 65 susmentionné, de 88 jours travaillés ou 610 heures travaillées au cours de la période de référence prévue par ces dispositions et prolongée en application de l'article 5 du présent décret.

Art. 8. – Par dérogation au premier alinéa du paragraphe 2 de l'article 3 des annexes VIII et X à l'annexe A du décret [n° 2019-797] du 26 juillet 2019 susvisé, les périodes de suspension du contrat de travail résultant du placement en activité partielle dans les conditions prévues à l'article L. 5122-1 du code du travail sont retenues au titre de l'affiliation à raison de sept heures de travail par journée de suspension ou par cachet jusqu'à une date fixée par arrêté du ministre chargé de l'emploi, et au plus tard jusqu'au 31 juillet 2020.

Art. 9. – I. – Sont assimilés à des salariés involontairement privés d'emploi au sens de l'article L. 5422-1 du code du travail les salariés dont la cessation du contrat de travail résulte de la rupture volontaire d'un contrat de travail avant le 17 mars 2020 en vue de reprendre une activité salariée à durée indéterminée ou une activité à durée déterminée d'une durée initiale d'au moins 3 mois ou 455 heures, dès lors que cette reprise d'activité :

1° Soit s'est concrétisée par une embauche effective à laquelle l'employeur met fin avant l'expiration d'un délai de 65 jours travaillés à compter du 1er mars 2020 ;

2° Soit n'a pu se concrétiser par une embauche effective, alors que celle-ci devait initialement intervenir à compter du 1er mars 2020. Dans ce cas, la personne concernée produit une promesse d'embauche, un contrat de travail ou, à défaut, une déclaration de l'employeur attestant qu'il a renoncé à cette embauche ou l'a reportée.

II. – Les dispositions du I sont applicables aux décisions de prise en charge intervenant à compter de la date d'entrée en vigueur du présent décret et jusqu'à une date fixée par arrêté du ministre chargé de l'emploi, et au plus tard jusqu'au 31 juillet 2020.

....

■ ARRÊTÉ DU 22 JUILLET 2020

portant mesures d'urgence en matière de revenus de remplacement mentionnés à l'article L. 5421-2 du code du travail (JO 26).

TITRE Ier – *Prolongation de la durée des droits aux revenus de remplacement mentionnés à l'article L. 5421-2 du code du travail*

Art. 1er. – Bénéficient de la prolongation de la durée des droits mentionnée au premier alinéa de l'article 1er de l'ordonnance n° 2020-324 du 25 mars 2020 susvisée :

1° les demandeurs d'emploi autres que ceux mentionnés aux 2° et 3° qui épuisent leur droit à l'une des allocations mentionnées à cet article entre le 1er mars 2020 et le 31 mai 2020 ;

2° les artistes et techniciens intermittents du spectacle mentionnés à l'article L. 5424-22 du code du travail qui épuisent leur droit à l'allocation mentionnée à l'article L. 5422-1 ou aux allocations mentionnées à l'article L. 5424-1 du même code entre le 1er mars 2020 et le 31 août 2021 ;

3° les demandeurs d'emploi résidant à Mayotte qui épuisent leur droit à l'une des allocations mentionnées à l'article 1er de l'ordonnance n° 2020-324 du 25 mars 2020 susvisée entre le 1er mars 2020 et le 30 juin 2020.

Art. 2. – Pour les allocataires mentionnés au 1° de l'article 1er, la durée de la prolongation est de :

1° 92 jours calendaires, desquels sont déduits les jours non indemnisables au titre des mois de mars, avril et mai 2020, pour les demandeurs d'emploi dont la date d'épuisement des droits à indemnisation après actualisation intervient entre le 1er mars 2020 et le 31 mars 2020 ;

2° 61 jours calendaires, desquels sont déduits les jours non indemnisables au titre des mois d'avril et mai 2020, pour les demandeurs d'emploi dont la date d'épuisement des droits à indemnisation après actualisation intervient entre le 1er avril 2020 et le 30 avril 2020 ;

3° 31 jours calendaires, desquels sont déduits les jours non indemnisables au titre du mois de mai 2020, pour les demandeurs d'emploi dont la date d'épuisement des droits à indemnisation après actualisation intervient entre le 1er mai 2020 et le 31 mai 2020.

Art. 3. – Pour les allocataires mentionnés au 2° de l'article 1er, la durée de la prolongation est égale au nombre de jours calendaires compris entre la date à laquelle le demandeur d'emploi atteint sa date anniversaire ou le lendemain de la date à laquelle il épuise ses droits et la date du 31 août 2021, desquels sont déduits les jours non indemnisables.

Art. 4. – Pour les allocataires mentionnés au 3° de l'article 1er, la durée de la prolongation est de :

1° 122 jours calendaires, desquels sont déduits les jours non indemnisables au titre des mois de mars à juin 2020, pour les demandeurs d'emploi dont la date d'épuisement des droits à indemnisation après actualisation intervient entre le 1er mars 2020 et le 31 mars 2020 ;

2° 91 jours calendaires, desquels sont déduits les jours non indemnisables au titre des mois d'avril à juin 2020, pour les demandeurs d'emploi dont la date d'épuisement des droits à indemnisation après actualisation intervient entre le 1er avril 2020 et le 30 avril 2020 ;

3° 61 jours calendaires, desquels sont déduits les jours non indemnisables au titre des mois de mai et juin 2020, pour les demandeurs d'emploi dont la date d'épuisement des droits à indemnisation après actualisation intervient entre le 1er mai 2020 et le 31 mai 2020 ;

4° 30 jours calendaires, desquels sont déduits les jours non indemnisables au titre du mois de juin 2020, pour les demandeurs d'emploi dont la date d'épuisement des droits à indemnisation après actualisation intervient entre le 1er juin 2020 et le 30 juin 2020.

TITRE II – *Allongement des périodes de référence au cours desquelles est recherchée la durée d'affiliation requise pour le bénéfice de l'allocation d'aide au retour à l'emploi*

Art. 5. – La date mentionnée au I de l'article 5 et au premier alinéa de l'article 6 du décret n° 2020-425 du 14 avril 2020 susvisé est fixée au 31 mai 2020.

TITRE III – *Dispositions diverses applicables aux bénéficiaires de l'allocation d'aide au retour à l'emploi*

Art. 6. – La date mentionnée à l'article 8 et au II de l'article 9 du décret n° 2020-425 du 14 avril 2020 susvisé est fixée au 31 mai 2020.

Art. 7. – L'arrêté du 16 avril 2020 portant mesure d'urgence en matière de revenus de remplacement mentionnés à l'article L. 5421-2 du code du travail est abrogé.

....

■ DÉCRET 2020-928 DU 29 JUILLET 2020

portant mesures d'urgence en matière de revenus de remplacement des artistes et techniciens intermittents du spectacle (JO 30).

Art. 1er. – Pour les artistes et techniciens intermittents du spectacle mentionnés à l'article L. 5424-22 du code du travail qui bénéficient de la prolongation prévue au premier et au deuxième alinéas de l'article 1er de l'ordonnance n° 2020-324 du 25 mars 2020 susvisée, la date anniversaire mentionnée au *c* du paragraphe 1er de l'article 9 des annexes VIII et X du règlement d'assurance chômage figurant à l'annexe A au décret [n° 2019-797] du 26 juillet 2019 susvisé est reportée à la date fixée par l'arrêté mentionné au deuxième alinéa de l'article 1er de cette ordonnance.

Art. 2. – I. – L'examen en vue d'une réadmission au titre des annexes VIII et X du règlement d'assurance chômage figurant à l'annexe A au décret [n° 2019-797] du 26 juillet 2019 susvisé s'effectue dans les conditions prévues à l'article 9 de ces annexes au lendemain de la date prévue à l'article 1er ou, lorsque l'allocataire exerce une activité située dans le champ de ces annexes à cette date, de la date de fin de la période d'emploi.

II. – Lorsque l'allocataire ne satisfait pas, dans le cas prévu au I, à la condition d'affiliation prévue à l'article 3 des annexes VIII et X du règlement d'assurance chômage figurant à l'annexe A au décret [n° 2019-797] du 26 juillet 2019 susvisé, par dérogation au *b* du paragraphe 1er de l'article 9 de ces annexes et avant application des dispositions du *e* de ce même paragraphe, la durée d'affiliation est recherchée au cours d'une période de référence allongée au-delà du 365e jour précédant la fin du contrat de travail prise en considération pour l'examen en vue de la réadmission.

Les heures de travail ainsi prises en compte sont retenues de la plus récente à la plus ancienne jusqu'à atteindre les 507 heures recherchées.

Seules sont retenues les heures de travail n'ayant pas déjà été prises en compte au titre d'une précédente ouverture de droits ou réadmission.

III. – Lorsque l'allocataire ne peut prétendre à une réadmission dans les conditions prévues au I et au II, il peut solliciter le bénéfice de la clause de rattrapage prévue au *e* du paragraphe 1er de l'article 9 des annexes VIII et X du règlement d'assurance chômage figurant à l'annexe A au décret [n° 2019-797] du 26 juillet 2019 susvisé.

Par dérogation, lorsque l'allocataire ne peut justifier de la durée d'affiliation de 338 heures prévue au *e* du paragraphe 1er de cet article, cette durée d'affiliation est recherchée au cours d'une période de référence allongée dans les conditions prévues au II, dans la limite de 338 heures.

IV. – Lorsque l'allocataire ne peut prétendre au bénéfice de la clause de rattrapage dans les conditions prévues au III, le droit aux allocations de solidarité mentionnées à l'article L. 5424-21 du code du travail est examiné dans les conditions prévues aux articles D. 5424-51 et D. 5424-53 du même code.

Par dérogation, lorsque l'allocataire ne peut justifier de la durée d'affiliation de 507 heures prévues par ces articles, cette durée d'affiliation est recherchée au cours d'une période de référence allongée dans les conditions prévues au II.

Peuvent être prises en compte les heures de travail retenues au titre d'une précédente ouverture de droits ou réadmission.

V. – Lorsqu'une admission ou une réadmission est examinée et prononcée sur la base d'une période de référence allongée en application du II ou du III :

1° Cette période est utilisée pour déterminer la réglementation applicable dans les conditions prévues au paragraphe 9 de l'article 65 du règlement d'assurance chômage figurant à l'annexe A au décret [n° 2019-797] du 26 juillet 2019 susvisé ainsi que pour les dispositions correspondantes des annexes VIII et X ;

2° Cette période ainsi que les salaires perçus au cours de cette période sont utilisés pour déterminer l'allocation journalière et les franchises afférentes au droit issu de la réadmission.

VI. – Les dispositions du présent article s'appliquent lors de l'examen en vue d'une réadmission à la suite de la prolongation mentionnée à l'article 1er.

Art. 3. – I. – Par dérogation à l'alinéa 7 du paragraphe 1er de l'article 3 de l'annexe VIII du règlement d'assurance chômage figurant à l'annexe A au décret [n° 2019-797] du 26 juillet 2019 susvisé, les heures d'enseignement dispensées par les ouvriers et techniciens en exécution d'un contrat de travail, ayant pris fin au cours de la période de référence retenue pour l'ouverture des droits ou la réadmission, conclu avec un établissement d'enseignement ou de formation figurant sur la liste fixée par l'arrêté prévu au IV de l'article D. 5424-51 du code du travail, sont retenues dans la limite de 140 heures pour la justification de la condition d'affiliation.

La limite de 140 heures est portée à 170 heures pour les ouvriers et techniciens âgés de 50 ans et plus à la date de fin du contrat de travail retenue pour l'ouverture des droits ou la réadmission.

II. – Par dérogation à l'alinéa 7 du paragraphe 1er de l'article 3 de l'annexe X du règlement d'assurance chômage figurant à l'annexe A au décret [n° 2019-797] du 26 juillet 2019 susvisé, les heures d'enseignement dispensées par les artistes en exécution d'un contrat de travail, y compris en cours d'exécution à la date anniversaire ou à la date de réexamen, conclu avec un établissement d'enseignement ou de formation figurant sur la liste fixée par arrêté mentionnée au I, sont retenues dans la limite de 140 heures pour la justification de la condition d'affiliation.

La limite de 140 heures est portée à 170 heures pour les artistes âgés de 50 ans et plus à la date de fin du contrat de travail retenue pour l'ouverture des droits ou la réadmission.

III. – Par dérogation au 3° du IV de l'article D. 5424-51 du code du travail, les heures d'enseignement dispensées dans des établissements d'enseignement ou de formation figurant sur la liste fixée par l'arrêté prévu au IV de cet article sont prises en compte dans la limite de 170 heures pour la recherche de la condition d'activité antérieure au titre des allocations de solidarité mentionnées à l'article L. 5424-21 du même code.

IV. – Les dispositions du présent article s'appliquent :

1° Lors de l'examen en vue d'une réadmission à la suite de la prolongation mentionnée à l'article 1er ;

2° Lors de l'examen en vue d'une ouverture de droits pour les travailleurs privés d'emploi dont la fin du contrat de travail prise en considération pour l'ouverture de droits intervient à compter de la date d'entrée en vigueur du présent décret et jusqu'à la date fixée par l'arrêté mentionné au deuxième alinéa de l'article 1er de l'ordonnance n° 2020-324 du 25 mars 2020 susvisée ;

3° Lors de l'examen en vue d'une réadmission anticipée prévue par le *d* du paragraphe 1er de l'article 9 des annexes VIII et X précitées pour les allocataires dont la fin du contrat de travail prise en considération pour la réadmission intervient à compter de la date d'entrée en vigueur du présent décret et jusqu'à la date fixée par l'arrêté mentionné au deuxième alinéa de l'article 1er de l'ordonnance n° 2020-324 du 25 mars 2020 susvisée.

....

FORMATION PROFESSIONNELLE

■ ORDONNANCE 2020-387 DU 1ER AVRIL 2020

portant mesures d'urgence en matière de formation professionnelle (JO 2, entrée en vigueur le 02.04.2020) modifiée par ordonnance 2020-428 du 15 avril 2020 (JO 16).

Art. 1er. – I. – Afin de faire face aux conséquences économiques, financières et sociales de la propagation du covid-19, la loi [n° 2018-771] du 5 septembre 2018 susvisée est ainsi modifiée :

1° Au III de l'article 6, l'année : « 2021 » est remplacée par l'année : « 2022 » ;

2° Le V de l'article 31 est remplacé par les dispositions suivantes :

« V. – Les certifications et habilitations recensées à l'inventaire spécifique mentionné au dixième alinéa du II de l'article L. 335-6 du code de l'éducation en vigueur jusqu'à l'intervention de la présente loi sont enregistrées de plein droit jusqu'au 31 décembre 2021 dans le répertoire spécifique mentionné à l'article L. 6113-6 du code du travail. »

II. – 1° Par dérogation au premier alinéa du II de l'article L. 6315-1 du code du travail, l'entretien professionnel faisant un état des lieux récapitulatif du parcours professionnel du salarié intervenant au cours de l'année 2020 en application de ces dispositions peut être reporté à l'initiative de l'employeur jusqu'au 31 décembre de la même année ;

2° À compter du 12 mars 2020 et jusqu'au 31 décembre 2020, le sixième alinéa du II du même article L. 6315-1 et le premier alinéa de l'article L. 6323-13 du même code ne sont pas applicables. À compter du 1er janvier 2021, pour l'application s'il y a lieu de ces dispositions, il est tenu compte de la date à laquelle l'employeur a procédé à l'entretien mentionné au II de l'article L. 6315-1 du même code compte tenu du report de délai reconnu au titre des dispositions du 1° du présent II.

Art. 2. – I. – Afin de faire face aux conséquences économiques, financières et sociales de la propagation du covid-19, sont autorisés à financer les dépenses afférentes à la validation des acquis de l'expérience incluant les frais de positionnement du bénéficiaire, l'accompagnement à la constitution des dossiers de recevabilité et la préparation au jury de validation des acquis de l'expérience, ainsi que les frais afférents à ces jurys :

1° Par dérogation à l'article L. 6332-14 du code du travail, les opérateurs de compétences mentionnés à l'article L. 6332-1 du même code, en recourant aux fonds issus des contributions supplémentaires mentionnées à l'article L. 6332-1-2 du même code, au profit des salariés des branches et entreprises concernées, et aux fonds mentionnés au 1° de l'article L. 6332-3 du même code ;

2° Par dérogation au premier alinéa de l'article L. 6323-17-6 du même code, les commissions paritaires interprofessionnelles régionales mentionnées à ce même article.

II. – La prise en charge des dépenses mentionnées au I est effectuée sur la base d'un montant forfaitaire, déterminé par chaque opérateur de compétences et chaque commission paritaire interprofessionnelle régionale, dans la limite de trois mille euros par dossier de validation des acquis de l'expérience.

III. – Les dispositions du présent article sont applicables jusqu'à une date fixée par décret, et au plus tard jusqu'au 31 décembre 2020.

Art. 3. – Afin de faire face aux conséquences économiques, financières et sociales de la propagation du covid-19 :

1° Les contrats d'apprentissage mentionnés à l'article L. 6221-1 du code du travail et les contrats de professionnalisation mentionnés à l'article L. 6325-1 du même code, dont la date de fin d'exécution survient entre le 12 mars et le 31 juillet 2020, sans que l'apprenti ou le bénéficiaire du contrat de professionnalisation ait achevé son cycle de formation en raison de reports ou d'annulations de sessions de formation ou d'examens, peuvent être prolongés par avenant au contrat initial jusqu'à la fin du cycle de formation poursuivi initialement ;

1° *bis* Ne sont pas applicables aux prolongations de contrats prévues au 1° :

a) Les dispositions des premier et deuxième alinéas de l'article L. 6222-7-1 et de l'article L. 6325-11 du code du travail relatives aux durées des contrats ;

b) Les dispositions des quatrième et cinquième alinéas de l'article L. 6211-2 et du deuxième alinéa de l'article L. 6325-13 du code du travail relatives aux durées de formation ;

c) Les dispositions du premier alinéa de l'article L. 6222-1 et du 1° de l'article L. 6325-1 du code du travail relatives à l'âge maximal de l'apprenti ou du bénéficiaire du contrat de professionnalisation ;

2° La durée de trois mois prévue au premier alinéa de l'article L. 6222-12-1 du code du travail est prolongée de trois mois supplémentaires pour les personnes dont le cycle de formation en apprentissage est en cours à la date du 12 mars 2020 ;

3° Ne sont pas applicables aux contrats d'apprentissage et aux contrats de professionnalisation en cours à la date du 12 mars 2020 dont la fin d'exécution est prévue avant le 1er septembre 2020, les dispositions des quatrième et cinquième alinéas de l'article L. 6211-2 et du deuxième alinéa de l'article L. 6325-13 du code du travail relatives aux durées de formation ;

4° Ne sont pas applicables aux contrats d'apprentissage et aux contrats de professionnalisation en cours à la date du 12 mars 2020 les dispositions des deuxième et troisième alinéas de l'article L. 6222-12 du code du travail.

....

■ ARRÊTÉ DU 3 AVRIL 2020

portant création d'un traitement de données à caractère personnel relatif à la réalisation d'un état des lieux des difficultés et des besoins des organismes de formation face aux conséquences de l'épidémie de covid-19 dénommé « COURRIERS ORGANISMES DE FORMATION » (JO 5).

Art. 1er. – Il est créé au ministère du travail un traitement de données à caractère personnel dénommé « COURRIERS ORGANISMES DE FORMATION », dont le responsable de traitement est le délégué général à l'emploi et à la formation professionnelle.

La finalité de ce traitement est l'envoi d'un courriel à destination de chaque organisme de formation et chaque centre de formation des apprentis (CFA) afin de les informer des mesures décidées par le Gouvernement pour soutenir la poursuite des actions de formation professionnelle dans le cadre de la crise sanitaire liée au covid-19 et de les interroger sur la situation actuelle de leur activité, sur leurs besoins non couverts ainsi que sur les solutions et ressources dont ils disposent pour assurer des formations à distance.

Art. 2. – Les catégories de données à caractère personnel et informations enregistrées dans le traitement sont définies en annexe du présent arrêté.

Art. 3. – Sont destinataires des informations et des données à caractère personnel strictement nécessaires à leur mission, à raison de leurs attributions respectives et dans la limite du besoin d'en connaître, les agents affectés à la délégation générale à l'emploi et à la formation professionnelle et leurs sous-traitants, chargés de l'envoi des courriers.

Art. 4. – Les données à caractère personnel et les informations enregistrées dans le traitement sont conservées jusqu'à un mois à compter de la date de cessation de l'état d'urgence sanitaire déclaré dans les conditions de l'article 4 de la loi n° 2020-290 du 23 mars 2020 d'urgence pour faire face à l'épidémie de covid-19.

Art. 5. – Toute opération relative au traitement créé par le présent arrêté fait l'objet d'un enregistrement comprenant l'identification de l'utilisateur, la date et la nature de l'intervention dans ledit traitement.

Art. 6. – Les droits d'accès, de rectification et d'opposition prévus aux articles 15, 16 et 21 du règlement (UE) 2016/679 du 27 avril 2016 susvisé s'exercent auprès de l'association du Réseau des Carif-Oref, sous-traitant de la délégation générale à l'emploi et à la formation professionnelle, à l'adresse suivante : rgpdcontact@ intercariforef.org ou 16, avenue Jean-Moulin, 75014 Paris.

Le droit à la limitation du traitement s'exerce dans les conditions définies à l'article 18 du règlement précité.

Le droit d'obtenir communication des règles définissant le traitement et les principales caractéristiques de sa mise en œuvre s'exerce selon les mêmes modalités que celles fixées au premier alinéa.

…………………………………………………………………………………………………

ANNEXE

LISTE DES DONNÉES À CARACTÈRE PERSONNEL ET DES INFORMATIONS ENREGISTRÉES DANS LE TRAITEMENT « COURRIERS ORGANISMES DE FORMATION »

Données relatives à l'identification des personnes :

1° Adresse de messagerie électronique professionnelle des contacts des organismes de formation et des centres de formation des apprentis (CFA) inscrits dans le système d'information du compte personnel de formation ;

■ LOI 2020-935 DU 30 JUILLET 2020

de finances rectificative pour 2020 (JO 31).

…………………………………………………………………………………………………

Art. 75. – I. – Par dérogation au premier alinéa de l'article L. 6222-12-1 du code du travail, toute personne âgée de seize à vingt-neuf ans révolus, ou ayant au moins quinze ans et justifiant avoir accompli la scolarité du premier cycle de l'enseignement secondaire, peut, à sa demande, si elle n'a pas été engagée par un employeur, débuter un cycle de formation en apprentissage dans la limite d'une durée de six mois. Cette disposition s'applique uniquement aux cycles de formation débutés entre le 1er août 2020 et le 31 décembre 2020.

Les modalités de prise en charge financière de cette période par les opérateurs de compétences sont précisées par décret.

Durant cette période, les personnes bénéficient du statut de stagiaire de la formation professionnelle et, à ce titre, de la protection sociale des personnes prise en charge par l'État.

…………………………………………………………………………………………………

Art. 76. – I. – Pour la première année de l'exécution des contrats d'apprentissage conclus entre le 1er juillet 2020 et le 28 février 2021, l'aide aux employeurs d'apprentis prévue à l'article L. 6243-1 du code du travail est versée pour la préparation d'un diplôme ou d'un titre à finalité professionnelle équivalant au plus au niveau 7 du cadre national des certifications professionnelles.

L'aide est également versée aux entreprises de 250 salariés et plus, dans les conditions suivantes :

1° Pour celles qui sont assujetties à la taxe d'apprentissage mentionnée à l'article L. 6241-1 du même code, elles doivent être exonérées de la contribution supplémentaire à l'apprentissage mentionnée à l'article 1609 *quinvicies* du code général des impôts au titre des rémunérations versées en 2021 en application des dispositions prévues aux cinquième à dernier alinéas du I du même article 1609 *quinvicies* ;

2° Pour celles qui ne sont pas assujetties à la taxe d'apprentissage susmentionnée, elles justifient d'un pourcentage minimal de salariés en contrat d'apprentissage ou en contrat de professionnalisation, dans leurs effectifs au 31 décembre 2021 dans les mêmes conditions que l'article 1609 *quinvicies* du code général des impôts.

Pour l'application du 1° du présent I, le ministre chargé de la formation professionnelle transmet à l'Agence de services et de paiement mentionnée à l'article L. 313-1 du code rural et de la pêche maritime, la liste nominative des entreprises qui sont redevables de la contribution supplémentaire à l'apprentissage au titre des rémunérations versées en 2021, à l'exclusion de toute information financière.

II. – Cette aide exceptionnelle est également versée aux employeurs de salariés en contrat de professionnalisation, dans des conditions et selon des modalités fixées par décret.

III. – Ces dispositions ne sont pas applicables au secteur public non industriel et commercial. Un décret fixe les modalités de mise en œuvre de cette aide exceptionnelle.

…………………………………………………………………………………………………

■ DÉCRET 2020-1086 DU 24 AOÛT 2020

relatif à la prise en charge financière de la période de formation en centre de formation d'apprentis des personnes en recherche de contrat d'apprentissage prévue à l'article 75 de la loi 2020-935 du 30 juillet 2020 de finances rectificative pour 2020 (JO 25).

Art. 1er. – La prise en charge financière de la période mentionnée à l'article 75 de la loi [n° 2020-935] du 30 juillet 2020 susvisée est assurée par l'opérateur de compétences désigné par arrêté du ministre chargé de la formation professionnelle, avec lequel l'État conclut une convention précisant les modalités de suivi, de mise en œuvre et de contrôle de cette prise en charge financière.

Art. 2. – Lorsque, en application de l'article 75 de la loi [n° 2020-935] du 30 juillet 2020 susvisée, un cycle de formation en centre de formation d'apprentis a débuté ou débute sans que la personne n'ait été engagée par un employeur, le centre de formation d'apprentis transmet à l'opérateur de compétences mentionné à l'article 1er dans les cinq jours suivant le début du cycle de formation les informations relatives au centre de formation et au bénéficiaire de la formation selon des modalités précisées par arrêté du ministre chargé de la formation professionnelle.

Art. 3. – En l'absence de conclusion d'un contrat d'apprentissage au cours des six mois suivant le début du cycle de formation, le centre de formation d'apprentis bénéficie, au titre de l'apprenti concerné, d'une prise en charge par l'opérateur de compétences mentionné à l'article 1er du présent décret d'un montant forfaitaire mensuel de 500 euros.

Chaque mois de formation débuté est dû.

À l'issue du troisième mois du cycle de formation, après réception de la facture relative à la prise en charge financière de la période adressée par le centre de formation d'apprentis, l'opérateur de compétences mentionné à l'article 1er du présent décret procède au versement des montants forfaitaires correspondant à cette période.

À l'issue du sixième mois, après réception de la facture relative à la prise en charge financière de la période adressée par le centre de formation d'apprentis, l'opérateur de compétences mentionné à l'article 1er du présent décret procède au versement du solde des sommes dues.

Le centre de formation d'apprentis bénéficie, le cas échéant, de la prise en charge des frais annexes mentionnés aux 1° et 2° [de l'article] D. 6332-83 du code du travail.

L'opérateur de compétences mentionné à l'article 1er du présent décret adresse au centre de formation d'apprentis, après chaque versement, une attestation récapitulant les sommes versées.

Art. 4. – Lorsqu'un contrat d'apprentissage est conclu pendant la période mentionnée au premier alinéa de l'article 75 de la loi [n° 2020-935] du 30 juillet 2020 susvisée, la prise en charge financière est assurée selon les modalités suivantes :

1° Lorsqu'un contrat d'apprentissage est conclu durant les trois premiers mois suivant le début du cycle de formation, le centre de formation d'apprentis informe l'opérateur de compétences mentionné à l'article 1er du présent décret de la conclusion du contrat et de sa date de début d'exécution. La prise en charge financière est assurée selon les modalités de financement prévues au troisième alinéa du VI de l'article R. 6332-25 du code du travail ;

2° Lorsqu'un contrat d'apprentissage est conclu entre le quatrième mois et la fin du sixième mois suivant le début du cycle de formation en apprentissage, l'opérateur de compétences de l'employeur verse au centre de formation d'apprentis un montant égal à la somme du niveau de prise en charge mentionné au 1° du I de l'article L. 6332-14 du code du travail et des frais annexes mentionnés au 3° du même I, selon les modalités suivantes :

a) Après le dépôt du contrat d'apprentissage selon les modalités prévues à l'article D. 6224-2 du code du travail et la réception de la facture relative à la prise en charge financière de la période incluant celle effectuée et celle courant jusqu'à la fin du sixième mois du cycle de formation, l'opérateur de compétences de l'employeur verse une avance correspondant à 50 % du niveau de prise en charge mentionné au 1° du I de l'article L. 6332-14 du code du travail, déduction faite du montant versé au centre de formation d'apprentis par l'opérateur de compétences mentionné à l'article 1er du présent décret au titre des trois premiers mois du cycle de formation, à l'exception de celui versé le cas échéant au titre des frais annexes ;

b) À l'issue du sixième mois suivant le début du cycle de formation et après réception de la facture relative à la prise en charge financière de la période postérieure au sixième mois du cycle de formation, l'opérateur de compétences de l'employeur verse un montant correspondant à la somme de 25 % du niveau de prise en charge mentionné au 1° du I de l'article L. 6332-14 du code du travail et du montant des frais annexes mentionnés au 3° du même I versés pour la période des six premiers mois du cycle de formation, déduction faite le cas échéant du montant versé au centre de formation d'apprentis par l'opérateur de compétences mentionné à l'article 1er du présent décret au titre des trois premiers mois des frais annexes.

L'attestation de versement délivrée par l'opérateur de compétences mentionné à l'article 1er du présent décret est transmise par le centre de formation d'apprentis avec chacune des factures.

Art. 5. – Les dispositions du présent décret sont applicables aux cycles de formation en apprentissage qui ont débuté ou qui débutent entre le 1er août 2020 et le 31 décembre 2020.

……………………………………………………………………………………………

■ DÉCRET 2020-1085 DU 24 AOÛT 2020

relatif à l'aide aux employeurs d'apprentis prévue à l'article 76 de la loi 2020-935 du 30 juillet 2020 de finances rectificative pour 2020 (JO 25).

Art. 1er. – I. – Pour l'application de l'article 76 de la loi [n° 2020-935] du 30 juillet 2020 susvisée, l'aide prévue à l'article L. 6243-1 du code du travail au titre de la première année d'exécution du contrat d'apprentissage est attribuée à hauteur de :

1° 5 000 euros maximum pour un apprenti de moins de dix-huit ans ;

2° 8 000 euros maximum pour un apprenti d'au moins dix-huit ans.

II. – Le montant prévu au 2° du I s'applique à compter du premier jour du mois suivant le jour où l'apprenti atteint dix-huit ans.

III. – L'aide est versée selon les modalités prévues aux III à V de l'article D. 6243-2 du code du travail.

IV. – La gestion de l'aide est assurée selon les modalités prévues à l'article D. 6243-4 du même code.

Art. 2. – I. – Le bénéfice de l'aide est subordonné aux conditions prévues à l'article D. 6243-3 du code du travail. Par dérogation à la dernière phrase du deuxième alinéa de cet article, pour les entreprises d'au moins 250 salariés, le bénéfice de l'aide est subordonné à l'engagement de l'employeur de respecter les conditions suivantes :

1° L'entreprise d'au moins 250 salariés mentionnée au 2° de l'article 76 de la loi [n° 2020-935] du 30 juillet 2020 susvisée justifiera d'un pourcentage minimal de salariés en contrat d'apprentissage ou en contrat de professionnalisation dans son effectif au 31 décembre 2021 apprécié selon les modalités suivantes :

a) Soit l'ensemble des effectifs suivants représentent au moins 5 % de l'effectif salarié au 31 décembre 2021 :

– les salariés en contrat d'apprentissage ou en contrat de professionnalisation et, pendant l'année suivant la date de fin du contrat de professionnalisation ou d'apprentissage, les salariés embauchés en contrat à durée indéterminée par l'entreprise à l'issue dudit contrat ;

– les volontaires accomplissant un volontariat international en entreprise mentionné à l'article L. 122-3 du code du service national et les salariés bénéficiant d'une convention industrielle de formation par la recherche.

Ce pourcentage est égal au rapport entre les effectifs relevant du présent *a* et l'effectif salarié total annuel de l'entreprise.

b) Soit, pour l'entreprise dont l'effectif salarié annuel relevant des catégories définies au deuxième alinéa du *a* du présent 1° est supérieur ou égal à 3 % de l'effectif salarié total annuel au 31 décembre 2021 et que :

– soit l'entreprise justifiera au 31 décembre 2021 d'une progression d'au moins 10 % par rapport à l'année 2020 de l'effectif salarié annuel relevant des catégories définies au *a* du présent 1° ;

– soit l'entreprise connaîtra une progression au 31 décembre 2021 de l'effectif salarié annuel relevant des catégories définies au deuxième alinéa du *a* du présent 1° et relève d'un accord de branche prévoyant au titre de l'année 2021 une progression d'au moins 10 % du nombre de salariés relevant des catégories définies au deuxième alinéa du *a* du présent 1° dans les entreprises d'au moins deux cent cinquante salariés et justifiant, par rapport à l'année 2020, que la progression est atteinte au sein de la branche dans les proportions prévues par l'accord.

II. – Pour les entreprises dont l'effectif est d'au moins 250 salariés à la date de conclusion du contrat d'apprentissage et est inférieur à 250 salariés au 31 décembre 2021, les règles applicables sont celles prévues pour les entreprises d'au moins 250 salariés au I du présent article.

III. – Pour les entreprises d'au moins 250 salariés mentionnées à l'article L. 1251-2 du code du travail qui ne sont pas redevables de la contribution supplémentaire à l'apprentissage en application du B du III de l'article 1609 *quinvicies* du code général des impôts, les règles applicables sont celles prévues pour les entreprises d'au moins 250 salariés au I du présent article.

IV. – L'entreprise d'au moins 250 salariés qui satisfait aux conditions du 1° de l'article 76 de la loi [n° 2020-935] du 30 juillet 2020 susvisée est réputée satisfaire la condition d'engagement prévue par le présent article.

V. – Pour bénéficier de l'aide, l'employeur d'au moins 250 salariés transmet l'engagement mentionné au premier alinéa du I, attestant sur l'honneur qu'il va respecter les obligations prévues par le présent article, dans un délai de huit mois à compter de la date de conclusion du contrat à l'Agence de services et de paiement. À défaut de transmission dans ce délai, l'aide n'est pas due.

Les modalités de cette transmission peuvent être mises en œuvre par l'Agence de services et de paiement par voie dématérialisée.

VI. – Au plus tard le 31 mai 2022, l'entreprise d'au moins 250 salariés qui a bénéficié de l'aide adresse à l'Agence de services et de paiement une déclaration sur l'honneur attestant du respect de l'engagement mentionné au présent article. À défaut, l'Agence de services et de paiement procède à la récupération des sommes versées au titre de l'aide.

Art. 3. – Pour l'application des seuils définis à l'article 2, l'effectif de l'entreprise est apprécié selon les modalités prévues à l'article L. 6243-1-1 du code du travail.

Art. 4. – Au terme de la première année d'exécution du contrat d'apprentissage, les entreprises de moins de 250 salariés qui bénéficient de l'aide prévue à l'article 1er du présent décret peuvent bénéficier, le cas échéant, de l'aide unique aux employeurs d'apprentis, pour la durée du contrat d'apprentissage restant à courir, dans les conditions prévues aux articles D. 6242-1 à D. 6243-4 du code du travail.

Art. 5. – Les dispositions du présent décret s'appliquent aux contrats d'apprentissage conclus entre le 1er juillet 2020 et le 28 février 2021.

....

■ DÉCRET 2020-1084 DU 24 AOÛT 2020

relatif à l'aide aux employeurs de salariés bénéficiaires d'un contrat de professionnalisation prévue à l'article 76 de la loi 2020-935 du 30 juillet 2020 de finances rectificative pour 2020 (JO 25).

Art. 1er. – I. – L'aide exceptionnelle mentionnée au II de l'article 76 de loi [n° 2020-935] du 30 juillet 2020 susvisée est attribuée aux employeurs de salariés en contrat de professionnalisation âgés de moins de trente ans à la date de conclusion du contrat, dans les conditions prévues au I du même article. Elle est également versée pour la préparation d'une qualification professionnelle prévue au 3° de l'article L. 6314-1 du code du travail, ainsi que pour les contrats conclus en application du VI de l'article 28 de la loi [n° 2018-771] du 5 septembre 2018 susvisée.

II. – L'aide exceptionnelle aux employeurs de salariés en contrat de professionnalisation est attribuée pour les contrats de professionnalisation conclus entre le 1er juillet 2020 et le 28 février 2021 et au titre de la première année d'exécution du contrat à hauteur de :

1° 5 000 euros maximum pour un salarié de moins de dix-huit ans ;

2° 8 000 euros maximum pour un salarié d'au moins dix-huit ans.

III. – Le montant prévu au 2° du II s'applique à compter du premier jour du mois suivant le jour où le salarié en contrat de professionnalisation atteint dix-huit ans.

IV. – L'aide est versée chaque mois avant le paiement de la rémunération par l'employeur. Chaque mois d'exécution du contrat, l'employeur transmet le bulletin de paie du salarié du mois concerné à l'Agence de services et de paiement. À défaut de transmission du bulletin de paie par l'employeur, le mois suivant, l'aide est suspendue.

V. – En cas de rupture anticipée du contrat de professionnalisation, l'aide n'est pas due à compter du mois suivant la date de fin du contrat.

En cas de suspension du contrat conduisant au non-versement de la rémunération par l'employeur au salarié bénéficiaire du contrat de professionnalisation, l'aide n'est pas due pour chaque mois considéré.

VI. – Les sommes indûment perçues sont remboursées à l'Agence de services et de paiement.

Art. 2. – I. – La gestion de l'aide est confiée à l'Agence de services et de paiement, avec laquelle le ministre chargé de la formation professionnelle conclut une convention à cet effet.

II. – L'Agence de services et de paiement assure le paiement de l'aide. À ce titre, elle est chargée :

1° De notifier la décision d'attribution de l'aide à l'employeur bénéficiaire et de l'informer des modalités de versement de l'aide, en particulier l'engagement prévu au II de l'article 3 ;

2° De verser mensuellement l'aide à l'employeur bénéficiaire ;

3° Le cas échéant, de recouvrer les sommes indûment perçues par l'employeur.

III. – L'Agence de services et de paiement traite les réclamations et recours relatifs à l'aide.

IV. – L'Agence de services et de paiement peut demander à l'employeur et à l'opérateur de compétences toute information et document complémentaires nécessaires au paiement et au contrôle du respect des conditions d'attribution de l'aide, y compris la transmission des bulletins de paie des salariés concernés.

V. – L'Agence de services et de paiement est responsable des traitements de données, y compris personnelles, nécessaires au versement de l'aide et à la gestion des réclamations et des recours.

VI. – Les informations collectées par l'Agence de services et de paiement pour gérer l'aide et assurer les paiements sont transmises aux services du ministère chargé de la formation professionnelle afin d'assurer le pilotage et l'évaluation de l'aide.

Art. 3. – I. – Le bénéfice de l'aide est subordonné au dépôt du contrat de professionnalisation par l'opérateur de compétences auprès de l'autorité administrative.

Le ministre chargé de la formation professionnelle adresse par le service dématérialisé les informations nécessaires au paiement de l'aide pour chaque contrat éligible à l'Agence de services et de paiement. Cette transmission vaut décision d'attribution de l'aide, à l'exception des entreprises d'au moins 250 salariés, pour lesquelles le bénéfice de l'aide est subordonné à l'engagement de l'employeur de respecter les conditions suivantes :

1° L'entreprise d'au moins 250 salariés mentionnée au 2° de l'article 76 de la loi [n° 2020-935] du 30 juillet 2020 susvisée justifiera d'un pourcentage minimal de salariés en contrat d'apprentissage ou en contrat de professionnalisation dans son effectif au 31 décembre 2021 apprécié selon les modalités suivantes :

a) Soit l'ensemble des effectifs suivants représentent au moins 5 % de l'effectif salarié au 31 décembre 2021 :

– les salariés en contrat d'apprentissage ou en contrat de professionnalisation et, pendant l'année suivant la date de fin du contrat de professionnalisation ou d'apprentissage, les salariés embauchés en contrat à durée indéterminée par l'entreprise à l'issue dudit contrat ;

– les volontaires accomplissant un volontariat international en entreprise mentionné à l'article L. 122-3 du code du service national et les salariés bénéficiant d'une convention industrielle de formation par la recherche.

Ce pourcentage est égal au rapport entre les effectifs relevant du présent *a* et l'effectif salarié total annuel de l'entreprise.

b) Soit, pour l'entreprise dont l'effectif salarié annuel relevant des catégories définies au deuxième alinéa du *a* du présent 1° est supérieur ou égal à 3 % de l'effectif salarié total annuel au 31 décembre 2021 et que :

– soit l'entreprise justifiera au 31 décembre 2021 d'une progression d'au moins 10 % par rapport à l'année 2020 de l'effectif salarié annuel relevant des catégories définies au deuxième alinéa du *a* du présent 1° ;

– soit l'entreprise connaîtra une progression au 31 décembre 2021 de l'effectif salarié annuel relevant des catégories définies au deuxième alinéa du *a* du présent 1° et relève d'un accord de branche prévoyant au titre de l'année 2021 une progression d'au moins 10 % du nombre de salariés relevant des catégories définies au deuxième alinéa du *a* du présent 1° dans les entreprises d'au moins deux cent cinquante salariés et justifiant, par rapport à l'année 2020, que la progression est atteinte au sein de la branche dans les proportions prévues par l'accord.

II. – Pour les entreprises dont l'effectif est d'au moins 250 salariés à la date de conclusion du contrat d'apprentissage et est inférieur à 250 salariés au 31 décembre 2021, les règles applicables sont celles prévues pour les entreprises d'au moins 250 salariés au I du présent article.

III. – Pour les entreprises d'au moins 250 salariés mentionnées à l'article L. 1251-2 du code du travail qui ne sont pas redevables de la contribution supplémentaire à l'apprentissage en application du B du III de l'article 1609 *quinvicies* du code général des impôts, les règles applicables sont celles prévues pour les entreprises d'au moins 250 salariés au I du présent article.

IV. – L'entreprise d'au moins 250 salariés qui satisfait aux conditions du 1° de l'article 76 de la loi [n° 2020-935] du 30 juillet 2020 susvisée est réputée satisfaire la condition d'engagement prévue par le présent article.

V. – Pour bénéficier de l'aide, l'employeur d'au moins 250 salariés transmet l'engagement mentionné au premier alinéa du I, attestant sur l'honneur qu'il va respecter les obligations prévues par le présent article, dans un délai de huit mois à compter de la date de conclusion du contrat à l'Agence de services et de paiement. À défaut de transmission dans ce délai, l'aide n'est pas due.

Les modalités de cette transmission peuvent être mises en œuvre par l'Agence de services et de paiement par voie dématérialisée.

VI. – Au plus tard le 31 mai 2022, l'entreprise d'au moins 250 salariés qui a bénéficié de l'aide adresse à l'Agence de services et de paiement une déclaration sur l'honneur attestant du respect de l'engagement mentionné au présent article. À défaut, l'Agence de services et de paiement procède à la récupération des sommes versées au titre de l'aide.

Art. 4. – Pour l'application des seuils définis à l'article 3, l'effectif salarié de l'entreprise est déterminé selon les modalités prévues à l'article L. 6243-1-1 du code du travail.

Art. 5. – Les dispositions du présent décret s'appliquent aux contrats de professionnalisation conclus entre le 1er juillet 2020 et le 28 février 2021.

....

MALADIE, ACCIDENT ET INAPTITUDE MÉDICALE

■ DÉCRET 2020-73 DU 31 JANVIER 2020

portant adoption de conditions adaptées pour le bénéfice des prestations en espèces pour les personnes exposées au coronavirus (JO 1er févr.) modifié par décrets 2020-227 du 9 mars 2020 (JO 10, entrée en vigueur le 10.03.2020), 2020-277 du 19 mars 2020 (JO 20, entrée en vigueur le 20.03.2020), 2020-459 du 21 avril 2020 (JO 23, entrée en vigueur le 23.04.2020, applicabilité aux arrêts de travail ayant débuté à compter du 12.03.2020), 2020-520 du 5 mai 2020 (JO 6), 2020-637 du 27 mai 2020 (JO 28), 2020-859 du 10 juillet 2020 (JO 11, entrée en vigueur le 11.07.2020) et 2020-952 du 31 juillet 2020 (JO 1er août, entrée en vigueur le 01.08.2020).

Art. 1er. – En application de l'article L. 16-10-1 du code de la sécurité sociale, afin de limiter la propagation de l'épidémie de 2019-n-Cov, les assurés qui font l'objet d'une mesure d'isolement, d'éviction ou de maintien à domicile et qui se trouvent, pour l'un de ces motifs, dans l'impossibilité de continuer à travailler peuvent bénéficier, au titre de cet arrêt de travail, des indemnités journalières prévues aux articles L. 321-1, L. 622-1 du même code et L. 732-4 et L. 742-3 du code rural et de la pêche maritime dans les conditions suivantes :

- les conditions d'ouverture de droit mentionnées aux articles L. 313-1 et L. 622-3 du code de la sécurité sociale et L. 732-4 du code rural et de la pêche maritime ne sont pas requises ;
- le délai mentionné au premier alinéa de l'article L. 323-1 du code de la sécurité sociale et au cinquième alinéa de l'article L. 732-4 du code rural et de la pêche maritime à l'expiration duquel les indemnités journalières sont accordées ne s'applique pas ;
- les indemnités journalières versées ne sont pas prises en compte dans le calcul des périodes prévues aux 1° et 2° de l'article L. 323-1 du code de la sécurité sociale ou de la durée d'indemnisation prévue à l'article L. 732-4 du code rural et de la pêche maritime.

Les dispositions du troisième et du quatrième alinéas ne s'appliquent pas aux arrêts liés à l'un des motifs mentionnés au I de l'article 20 de la loi [n° 2020-473] du 25 avril 2020 susvisée.

La durée maximale pendant laquelle chaque assuré exposé et faisant l'objet d'une mesure d'isolement, d'éviction et de maintien à domicile peut bénéficier des indemnités journalières versées dans ces conditions correspond à la durée de ladite mesure.

Par dérogation aux dispositions du 1er alinéa, les salariés de droit privé se trouvant dans l'impossibilité de continuer à travailler pour l'un des motifs mentionnés au I de l'article 20 de la loi [n° 2020-473] du 25 avril 2020 susvisée ne peuvent pas bénéficier des indemnités journalières mentionnées au même alinéa en cas d'arrêt de travail pour ce motif.

Art. 2. – Par dérogation aux dispositions de l'article L. 321-2 du code de la sécurité sociale, l'arrêt de travail des assurés mentionnés à l'article 1er peut être établi par la caisse d'assurance maladie dont ils dépendent ou, le cas échéant, par les médecins conseils de la caisse nationale d'assurance maladie et de la caisse centrale de mutualité sociale agricole qui le transmettent sans délai à l'employeur de l'assuré.

Art. 2 *bis*. – Pour les patients présentant les symptômes de l'infection ou reconnus atteints du covid-19, il peut être dérogé aux dispositions conventionnelles prises en application du 1° de l'article L. 162-14-1 du code de la sécurité sociale s'agissant :

1° Du respect du parcours de soins coordonné et de la connaissance préalable du patient nécessaire à la facturation des actes de téléconsultation lorsque le patient n'est pas en mesure de bénéficier d'une téléconsultation dans les conditions de droit commun ; dans ce cas, en application de la convention nationale organisant les rapports entre les médecins libéraux et l'assurance maladie prise en application du même article, la téléconsultation s'inscrit prioritairement dans le cadre d'organisations territoriales coordonnées ;

2° Du champ de prise en charge et de la limitation du nombre de téléexpertises annuel.

Art. 2 *ter*. – En application de l'article L. 16-10-1 du code de la sécurité sociale, les actes de télésoin réalisés par des infirmiers diplômés d'État sous la forme d'un télésuivi des patients dont le diagnostic d'infection à covid-19 a été posé cliniquement ou biologiquement pourront faire l'objet d'un remboursement par l'assurance maladie à un infirmier libéral ou une structure mentionnée au premier alinéa de l'article L. 162-1-7 du même code par dérogation aux dispositions conventionnelles prises en application du 1° de l'article L. 162-14-1 du code de la sécurité sociale s'agissant :

- de la connaissance préalable du patient nécessaire à la facturation des activités de télésoin lorsque le patient n'est pas en mesure de bénéficier d'une activité de télésoin dans les conditions de droit commun ;
- de l'obligation de vidéotransmission, lorsque le patient ne dispose pas du matériel nécessaire ; dans ce cas, l'activité de télésoin pourra être effectuée par téléphone.

Art. 2 *quater*. – Il peut être dérogé aux dispositions conventionnelles prises en application du 1° de l'article L. 162-14-1 du code de la sécurité sociale s'agissant du remboursement par l'assurance maladie des seuls actes de téléconsultation réalisés par vidéotransmission.

Cette dérogation s'applique aux patients n'ayant pas accès à une connexion internet à haut débit ou très haut débit. Elle s'applique également aux patients disposant d'un tel accès mais ne disposant pas d'un terminal permettant une vidéotransmission dans l'une des situations suivantes :

- patient présentant les symptômes de l'infection ou étant reconnu atteint du covid-19 ;
- patient âgé de plus de 70 ans ;
- patient reconnu atteint d'une affection grave mentionnée au 3° de l'article L. 160-14 du code de la sécurité sociale ;
- patiente enceinte.

Art. 2 *quinquies*. – La participation mentionnée au I de l'article L. 160-13 du code de la sécurité sociale est supprimée :

- pour les actes et prestations dispensés aux assurés dans les centres ambulatoires dédiés au covid-19 ;
- pour l'examen de détection du génome du SARS-CoV-2 par amplification génique inscrit à la nomenclature des actes de biologie médicale ;
- pour la réalisation d'un test sérologique pour la recherche des anticorps dirigés contre le SARS-CoV-2 inscrit à la nomenclature des actes de biologie médicale ;
- pour la consultation initiale d'information du patient et de mise en place d'une stratégie thérapeutique réalisée à la suite d'un dépistage positif au covid-19 ;
- pour la consultation réalisée par le médecin permettant de recenser et de contacter les personnes ayant été en contact avec un malade en dehors des personnes vivant à son domicile.

Art. 2 *sexies*. – En application de l'article L. 16-10-1 du code de la sécurité sociale, une consultation complexe réalisée en présence du patient par le médecin traitant, ou tout autre médecin impliqué dans la prise en charge du patient en l'absence de médecin traitant désigné, peut faire l'objet d'un remboursement par l'assurance maladie, par dérogation aux dispositions conventionnelles prises en application de l'article L. 162-1-7, pour les assurés vulnérables au sens du décret [n° 2020-521] du 5 mai 2020 susvisé et les assurés reconnus atteints d'une affectation de longue durée qui remplissent au moins un des critères suivants :

- ne pas avoir eu de consultation avec leur médecin traitant ou tout autre médecin impliqué dans la prise en charge du patient en l'absence de médecin traitant désigné pendant la période d'interdiction de tout déplacement de personne hors de son domicile ;
- avoir été adressé par un établissement de santé en sortie d'hospitalisation.

La participation de l'assuré mentionnée au I de l'article L. 160-13 du même code est supprimée pour cette consultation dont le tarif ne peut donner lieu à dépassement.

Art. 2 *septies*. – En application du 5° de l'article L. 16-10-1 du code de la sécurité sociale et par dérogation aux dispositions du I de l'article L. 162-1-7 du même code, le test sérologique pour la recherche des anticorps dirigés contre le SARS-CoV-2 réalisé dans le cadre d'un dépistage systématique des personnels en établissement de santé ou en établissement social ou médico-social ainsi que de ceux des services départementaux d'incendie et de secours, des services d'incendie et de secours en Corse, du service-départemental-métropolitain d'incendie et de secours, de la brigade de sapeurs-pompiers de Paris et du bataillon de marins-pompiers de Marseille peut faire l'objet d'un remboursement par l'assurance maladie obligatoire quelle que soit l'indication de réalisation du test. La participation de l'assuré mentionnée au I de l'article L. 160-13 du même code est supprimée pour les tests pris en charge en application du présent article.

Art. 3. – Les dispositions des articles 1er, 2, 2 *quinquies* et 2 *septies* peuvent être mises en œuvre jusqu'au terme d'une période de trois mois à compter de la fin de l'état d'urgence sanitaire.

Les dispositions des articles 2 *bis* et 2 *ter* peuvent être mises en œuvre jusqu'au 31 décembre 2020.

Les dispositions de l'article 2 *quater* peuvent être mises en œuvre jusqu'à la fin de l'état d'urgence sanitaire.

Les dispositions de l'articles 2 *sexies* peuvent être mises en œuvre jusqu'au 15 septembre 2020.

....

■ DÉCRET 2020-859 DU 10 JUILLET 2020

modifiant le décret 2020-73 du 31 janvier 2020 portant adoption de conditions adaptées pour le bénéfice des prestations en espèces pour les personnes exposées au coronavirus (JO 11, entrée en vigueur le 11.07.2020).

....

Art. 2. – Les dispositions de l'article 1er du décret [n° 2020-73] du 31 janvier 2020 susvisé dans sa rédaction issue du 1° de l'article 1er du présent décret ne sont pas applicables dans les circonscriptions territoriales où l'état d'urgence sanitaire est en vigueur. Elles leur sont applicables lorsque l'état d'urgence sanitaire cesse d'y être en vigueur.

....

■ LOI 2020-290 DU 23 MARS 2020

d'urgence pour faire face à l'épidémie de covid-19 (JO 24, entrée en vigueur le 24.03.2020).

....

Art. 8. – Les prestations en espèces d'assurance maladie d'un régime obligatoire de sécurité sociale et le maintien du traitement ou de la rémunération des périodes de congé pour raison de santé pour les assurés mentionnés à l'article L. 711-1 et au 1° de l'article L. 713-1 du code de la sécurité sociale dans des cas équivalents à ceux prévus à l'article L. 321-1 du même code sont versées ou garanties dès le premier jour d'arrêt ou de congé pour tous les arrêts de travail ou congés débutant à compter de la date de publication de la présente loi et jusqu'à la fin de l'état d'urgence sanitaire déclaré en application de l'article 4 de la présente loi.

....

■ ORDONNANCE 2020-322 DU 25 MARS 2020

adaptant temporairement les conditions et modalités d'attribution de l'indemnité complémentaire prévue à l'article L. 1226-1 du code du travail et modifiant, à titre exceptionnel, les dates limites et les modalités de versement des sommes versées au titre de l'intéressement et de la participation (JO 26, entrée en vigueur le 26.03.2020) modifiée par ordonnance 2020-428 du 15 avril 2020 (JO 16).

Art. 1er. – Afin de faire face aux conséquences économiques, financières et sociales de la propagation du covid-19, l'indemnité complémentaire mentionnée à l'article L. 1226-1 du code du travail est versée :

1° Aux salariés qui bénéficient d'un arrêt de travail en application des dispositions prises pour l'application de l'article L. 16-10-1 du code de la sécurité sociale, sans que la condition d'ancienneté prévue au premier alinéa de l'article L. 1226-1 du code du travail ni les conditions prévues aux 1° et 3° du même article ne soient requises et sans que l'exclusion des catégories de salariés mentionnées au cinquième alinéa du même article ne s'applique ;

2° Aux salariés en situation d'absence au travail justifiée par l'incapacité résultant de maladie ou d'accident mentionnés à l'article L. 1226-1 du code du travail, sans que la condition d'ancienneté prévue au premier alinéa de cet article ne soit requise et sans que l'exclusion des catégories de salariés mentionnées au cinquième alinéa du même article ne s'applique.

Un décret peut aménager les modalités de calcul de l'indemnité mentionnée au premier alinéa ainsi que les délais et modalités selon lesquels elle est versée aux salariés mentionnés aux 1° et 2°.

Les dispositions du présent article sont applicables aux arrêts de travail en cours au 12 mars 2020 ainsi qu'à ceux ayant commencé postérieurement à cette date, quelle que soit la date du premier jour de ces arrêts de travail, pour les indemnités complémentaires perçues par les salariés mentionnés aux 1° et 2° à compter de cette date. Elles cessent d'être applicables à une date, fixée par décret, qui ne pourra excéder le 31 décembre 2020.

....

■ DÉCRET 2020-434 DU 16 AVRIL 2020

relatif à l'adaptation temporaire des délais et modalités de versement de l'indemnité complémentaire prévue à l'article L. 1226-1 du code du travail (JO 17, entrée en vigueur le 17.04.2020).

Art. 1er. – L'indemnité complémentaire prévue à l'article L. 1226-1 du code du travail est versée aux salariés mentionnés à l'article 1er de l'ordonnance [n° 2020-322] du 25 mars 2020 susvisée pour les arrêts mentionnés au même article selon les modalités suivantes :

1° Par dérogation aux dispositions du second alinéa de l'article D. 1226-3 du même code, l'indemnité complémentaire est versée dès le premier jour d'absence, à l'exception des indemnités versées au titre des arrêts de travail des salariés mentionnés au 2° de l'article 1er de l'ordonnance susmentionnée ayant commencé entre le 12 et le 23 mars 2020 pour lesquels l'indemnité complémentaire est versée à compter du quatrième jour d'absence ;

2° Par dérogation aux dispositions de l'article D. 1226-4 du même code, ni les durées des indemnisations effectuées au cours des douze mois antérieurs à la date de début de l'arrêt de travail concerné ni les durées des indemnisations effectuées au cours de cette période ne sont prises en compte pour le calcul de la durée totale d'indemnisation au cours de douze mois.

Art. 2. – Par dérogation aux dispositions de l'article D. 1226-1 du code du travail, à compter du 12 mars et jusqu'au 30 avril 2020, quelle que soit la durée totale d'indemnisation, le montant de l'indemnité complémentaire visée à l'article L. 1226-1 du même code est égal, si le salarié bénéficie d'un arrêt de travail prévu à l'article 1er du décret [n° 2020-73] du 31 janvier 2020 susvisé, en tenant compte du montant des indemnités journalières de la sécurité sociale, à 90 % de la rémunération brute qu'il aurait perçue s'il avait continué à travailler.

Art. 3. – Les dispositions de l'article 1er du présent décret sont applicables aux indemnités complémentaires versées, quelle que soit la date du premier jour de l'arrêt de travail correspondant :

- pour les arrêts mentionnés à l'article 1er du décret [n° 2020-73] du 31 janvier 2020 susvisé, à compter du 12 mars et jusqu'à la date fixée à l'article 3 du même décret ;
- pour les absences au travail justifiées par l'incapacité résultant de la maladie ou de l'accident, mentionnée à l'article L. 1226-1 du code du travail et au 2° de l'article 1er de l'ordonnance [n° 2020-322] du 25 mars 2020 susvisée, à compter du 12 mars et jusqu'à la date de la fin de l'état d'urgence sanitaire déclaré en application des dispositions de l'article 4 de la loi [n° 2020-290] du 23 mars 2020 d'urgence pour faire face à l'épidémie de covid-19 susvisée.

Art. 4. – Le décret n° 2020-193 du 4 mars 2020 relatif au délai de carence applicable à l'indemnité complémentaire à l'allocation journalière pour les personnes exposées au coronavirus est abrogé.

....

■ CODE DU TRAVAIL

PREMIÈRE PARTIE

....

LIVRE II

....

TITRE II

....

CHAPITRE VI – *Maladie, accident et inaptitude médicale*

....

SECTION 3. Accident du travail ou maladie professionnelle

....

Sous-section 2. Suspension du contrat et protection contre la rupture

....

Art. L. 1226-9-1. ***(L. 2020-546 du 11 mai 2020, art. 6, JO 12, entrée en vigueur le 12.05.2020)*** Les dispositions de la présente sous-section s'appliquent en cas de mise en quarantaine au sens du 3° du I de l'article L. 3131-15 du code de la santé publique.

....

■ DÉCRET 2020-1131 DU 14 SEPTEMBRE 2020
relatif à la reconnaissance en maladies professionnelles des pathologies liées à une infection au SARS-CoV2 (JO 15).

Art. 1er. – Après le tableau n° 99 annexé au livre IV (partie réglementaire) du code de la sécurité sociale, il est inséré un tableau n° 100 ainsi rédigé :

Tableau n° 100

AFFECTIONS RESPIRATOIRES AIGUËS LIÉES À UNE INFECTION AU SARS-COV2

DÉSIGNATION DES MALADIES	DÉLAI de prise en charge	LISTE LIMITATIVE DES TRAVAUX susceptibles de provoquer ces maladies
Affections respiratoires aiguës causées par une infection au SARS-CoV2, confirmée par examen biologique ou scanner ou, à défaut, par une histoire clinique documentée (compte rendu d'hospitalisation, documents médicaux) et ayant nécessité une oxygénothérapie ou toute autre forme d'assistance ventilatoire, attestée par des comptes rendus médicaux, ou ayant entraîné le décès	14 jours	Tous travaux accomplis en présentiel par le personnel de soins et assimilé, de laboratoire, de service, d'entretien, administratif ou de services sociaux, en milieu d'hospitalisation à domicile ou au sein des établissements et services suivants : établissements hospitaliers, centres ambulatoires dédiés covid-19, centres de santé, maisons de santé pluriprofessionnelles, établissements d'hébergement pour personnes âgées dépendantes, services d'aide et d'accompagnement à domicile intervenant auprès de personnes vulnérables, services de soins infirmiers à domicile, services polyvalents d'aide et de soins à domicile, centres de lutte antituberculeuse, foyers d'accueil médicalisés, maisons d'accueil spécialisé, structures d'hébergement pour enfants handicapés, appartements de coordination thérapeutique, lits d'accueil médicalisé, lits halte soins santé, centres de soins, d'accompagnement et de prévention en addictologie avec hébergement, services de santé au travail, centres médicaux du service de santé des armées, unités sanitaires en milieu pénitentiaire, services médico-psychologiques régionaux, pharmacies d'officine, pharmacies mutualistes ou des sociétés de secours minières Activités de soins et de prévention auprès des élèves et étudiants des établissements d'enseignement Activités de transport et d'accompagnement des malades, dans des véhicules affectés à cet usage

Art. 2. – Après le tableau n° 59 de l'annexe II du livre VII du code rural et de la pêche maritime, il est inséré un tableau n° 60 ainsi rédigé :

Tableau n° 60

AFFECTIONS RESPIRATOIRES AIGUËS LIÉES À UNE INFECTION AU SARS-COV2

DÉSIGNATION DES MALADIES	DÉLAI de prise en charge	LISTE LIMITATIVE DES TRAVAUX susceptibles de provoquer ces maladies
Affections respiratoires aiguës causées par une infection au SARS-CoV2, confirmée par examen biologique ou scanner ou, à défaut, par une histoire clinique documentée (compte rendu d'hospitalisation, documents médicaux) et ayant nécessité une oxygénothérapie ou toute autre forme d'assistance ventilatoire, attestée par des comptes rendus médicaux, ou ayant entraîné le décès	14 jours	Tous travaux accomplis en présentiel par le personnel administratif, de soins et assimilé ou d'entretien, au sein des établissements et services suivants dépendant d'organismes ou d'institutions relevant du régime de protection sociale agricole : – les services de santé au travail ; – les structures d'hébergement et de services pour personnes âgées dépendantes ; – les structures d'hébergement pour adultes et enfants handicapés ; – les services d'aide et d'accompagnement à domicile intervenant auprès de personnes vulnérables.

Art. 3. – Par dérogation à l'article D. 461-26, aux six premiers alinéas de l'article D. 461-27 et à l'article D. 461-28 du code de la sécurité sociale, ainsi qu'aux articles D. 751-34, D. 751-35, D. 752-9 et D. 752-10 du code rural et de la pêche maritime, le directeur général de la Caisse nationale de l'assurance maladie peut, en application du 3° de l'article L. 221-3-1 du code de la sécurité sociale, confier à un comité régional de reconnaissance des maladies professionnelles l'instruction de l'ensemble des demandes de reconnaissance de maladie professionnelle liées à une contamination au SARS-CoV2 et comprenant :

1° Un médecin-conseil relevant du service du contrôle médical de la Caisse nationale de l'assurance maladie ou de la direction du contrôle médical et de l'organisation des soins de la caisse centrale de la mutualité sociale agricole ou d'une des caisses locales, ou un médecin-conseil retraité ;

2° Un professeur des universités-praticien hospitalier ou un praticien hospitalier particulièrement qualifié en matière de pathologie professionnelle, réanimation ou infectiologie, en activité ou retraité, ou un médecin du travail, en activité ou retraité, remplissant les conditions prévues à l'article L. 4623-1 du code du travail, nommé pour quatre ans et inscrit sur une liste établie par arrêté du directeur général de l'agence régionale de santé. Il perçoit une rémunération dans les conditions mentionnées au 3° de l'article D. 461-27 du code de la sécurité sociale.

....

PARTICIPATION, INTÉRESSEMENT, ÉPARGNE SALARIALE

■ CODE DU TRAVAIL

TROISIÈME PARTIE

....

LIVRE III

....

TITRE Ier

....

CHAPITRE II – *Mise en place de l'intéressement*

....

Art. L. 3312-5. ***(L. 2020-734 du 17 juin 2020, art. 18, 1°, JO 18)*** « I. – » Les accords d'intéressement sont conclus pour une durée de trois ans, selon l'une des modalités suivantes :

1° Par convention ou accord collectif de travail ;

2° Par accord entre l'employeur et les représentants d'organisations syndicales représentatives dans l'entreprise ;

3° Par accord conclu au sein du ***(Ord. 2017-1386 du 22 sept. 2017, art. 4, 20°, JO 23, entrée en vigueur au plus tard le 01.01.2018)*** « comité social et économique » ;

4° À la suite de la ratification, à la majorité des deux tiers du personnel, d'un projet d'accord proposé par l'employeur. Lorsqu'il existe dans l'entreprise une ou plusieurs organisations syndicales représentatives ou un ***(Ord. 2017-1386 du 22 sept. 2017, art. 4, 20°, JO 23, entrée en vigueur au plus tard le 01.01.2018)*** « comité social et économique », la ratification est demandée conjointement par l'employeur et une ou plusieurs de ces organisations ou ce comité.

(L. 2008-1258 du 3 déc. 2008, art. 8, JO 4) « Si aucune des parties habilitées à négocier ou à ratifier un accord d'intéressement dans les conditions prévues ***(L. 2015-990 du 6 août 2015, art. 166, JO 7)*** « au présent article » ne demande de renégociation dans les trois mois précédant la date d'échéance de l'accord, ce dernier est renouvelé par tacite reconduction ***(L. 2015-990 du 6 août 2015, art. 166, JO 7)*** « pour une durée de trois ans », si l'accord d'origine en prévoit la possibilité. »

(L. 2020-734 du 17 juin 2020, art. 18, 1°, JO 18) « II. – Par dérogation au I du présent article, l'employeur d'une entreprise de moins de onze salariés dépourvue de délégué syndical ou de membre élu de la délégation du personnel du comité social et économique peut également mettre en place, par décision unilatérale, un régime d'intéressement pour une durée comprise entre un et trois ans, à la condition qu'aucun accord d'intéressement ne soit applicable ni n'ait été conclu dans l'entreprise depuis au moins cinq ans avant la date d'effet de sa décision. Il en informe les salariés par tous moyens.

Le régime d'intéressement mis en place unilatéralement en application du présent II vaut accord d'intéressement au sens du I du présent article et au sens de l'article 81 du code général des impôts. Les dispositions du présent titre s'appliquent à ce régime, à l'exception des articles L. 3312-6 et L. 3314-7.

Au terme de la période de validité, le régime d'intéressement ne peut être reconduit dans l'entreprise concernée qu'en empruntant l'une des modalités prévues au I du présent article. »

....

CHAPITRE IV – *Calcul, répartition et distribution de l'intéressement*

....

SECTION 2. Répartition de l'intéressement

Art. L. 3314-5. La répartition de l'intéressement entre les bénéficiaires peut être uniforme, proportionnelle à la durée de présence dans l'entreprise au cours de l'exercice ou proportionnelle aux salaires. L'accord peut également retenir conjointement ces différents critères. Ces critères peuvent varier selon les établissements et les unités de travail. À cet effet, l'accord peut renvoyer à des accords d'établissement.

Sont assimilées à des périodes de présence :

1° Les périodes de congé de maternité prévu à l'article L. 1225-17, de congé d'adoption prévu à l'article L. 1225-37 ***(L. 2020-692 du 8 juin 2020, art. 1er, II, 1°, JO 9)*** « et de congé de deuil prévu à l'article L. 3142-1-1 » ;

2° Les périodes de suspension du contrat de travail consécutives à un accident du travail ou à une maladie professionnelle en application de l'article L. 1226-7 ;

(L. 2020-546 du 11 mai 2020, art. 6, JO 12, entrée en vigueur le 12.05.2020) « 3° Les périodes de mise en quarantaine au sens du 3° du I de l'article L. 3131-15 du code de la santé publique. »

....

TITRE II

....

CHAPITRE IV – *Calcul et gestion de la participation*

....

SECTION 2. Répartition de la réserve spéciale de participation

....

Art. L. 3324-6. Sont assimilées à des périodes de présence, quel que soit le mode de répartition retenu par l'accord :

1° Les périodes de congé de maternité prévu à l'article L. 1225-17, de congé d'adoption prévu à l'article L. 1225-37 ***(L. 2020-692 du 8 juin 2020, art. 1er, II, 2°, JO 9)*** « et de congé de deuil prévu à l'article L. 3142-1-1 » ;

2° Les périodes de suspension du contrat de travail consécutives à un accident du travail ou à une maladie professionnelle en application de l'article L. 1226-7 ;

(L. 2020-546 du 11 mai 2020, art. 6, JO 12, entrée en vigueur le 12.05.2020) « 3° Les périodes de mise en quarantaine au sens du 3° du I de l'article L. 3131-15 du code de la santé publique. »

....

TITRE IV

....

CHAPITRE VII – Intéressement *mis en place unilatéralement*

Art. L. 3347-1. ***(L. 2020-734 du 17 juin 2020, art. 18, 2°, JO 18)*** Les dispositions du présent titre en tant qu'elles concernent les accords d'intéressement s'appliquent aux régimes d'intéressement mis en place unilatéralement en application du II de l'article L. 3312-5, à l'exception de celles prévues aux sections 1 à 3 du chapitre Ier et aux articles L. 3344-2, L. 3344-3 et L. 3345-4.

....

■ ORDONNANCE 2020-322 DU 25 MARS 2020

adaptant temporairement les conditions et modalités d'attribution de l'indemnité complémentaire prévue à l'article L. 1226-1 du code du travail et modifiant, à titre exceptionnel, les dates limites et les modalités de versement des sommes versées au titre de l'intéressement et de la participation (JO 26, entrée en vigueur le 26.03.2020).

....

Art. 2. – Par dérogation aux dispositions du code du travail régissant le versement des sommes dues au titre de la participation ou de l'intéressement et aux stipulations conventionnelles applicables dans l'entreprise, la date limite de versement aux bénéficiaires ou d'affectation sur un plan d'épargne salariale ou un compte courant bloqué des sommes attribuées en 2020 au titre d'un régime d'intéressement ou de participation est reportée au 31 décembre 2020.

……………………………………………………………………………………………

PRÊT DE MAIN-D'ŒUVRE

■ LOI 2020-734 DU 17 JUIN 2020

relative à diverses dispositions liées à la crise sanitaire, à d'autres mesures urgentes ainsi qu'au retrait du Royaume-Uni de l'Union européenne (JO 18).

……………………………………………………………………………………………

Art. 52. – Jusqu'au 31 décembre 2020, les dispositions du titre IV du livre II de la huitième partie du code du travail sont applicables dans les conditions suivantes :

1° La convention mentionnée au 2° de l'article L. 8241-2 du même code peut porter sur la mise à disposition de plusieurs salariés ;

2° L'avenant au contrat de travail mentionné au 3° du même article L. 8241-2 peut ne pas comporter les horaires d'exécution du travail. Il précise dans ce cas le volume hebdomadaire des heures de travail durant lesquelles le salarié est mis à disposition. Les horaires de travail sont fixés par l'entreprise utilisatrice avec l'accord du salarié ;

3° L'information et la consultation préalables du comité social et économique mentionnées aux douzième et avant-dernier alinéas dudit article L. 8241-2 peuvent être remplacées par une consultation sur les différentes conventions signées, effectuée dans le délai maximal d'un mois à compter de la signature de la convention de mise à disposition ;

4° Lorsque l'intérêt de l'entreprise utilisatrice le justifie eu égard aux difficultés économiques liées à la propagation du covid-19 et qu'elle relève de secteurs d'activités particulièrement nécessaires à la sécurité de la Nation et à la continuité de la vie économique et sociale déterminés par décret, les opérations de prêt de main-d'œuvre n'ont pas de but lucratif au sens de l'article L. 8241-1 pour les entreprises utilisatrices, même lorsque le montant facturé par l'entreprise prêteuse à l'entreprise utilisatrice est inférieur aux salaires versés au salarié, aux charges sociales afférentes et aux frais professionnels remboursés à l'intéressé au titre de sa mise à disposition temporaire ou est égal à zéro.

……………………………………………………………………………………………

REPOS HEBDOMADAIRE

■ ORDONNANCE 2020-323 DU 25 MARS 2020

portant mesures d'urgence en matière de congés payés, de durée du travail et de jours de repos (JO 26, entrée en vigueur le 26.03.2020) modifiée par ordonnance 2020-389 du 1er avril 2020 (JO 2).

……………………………………………………………………………………………

Art. 7. – Sans préjudice des dispositions de l'article L. 3132-12 du code du travail, les entreprises relevant de secteurs d'activités particulièrement nécessaires à la sécurité de la Nation et à la continuité de la vie économique et sociale, déterminés par décret, peuvent déroger à la règle du repos dominical fixée à l'article L. 3132-3 du même code en attribuant le repos hebdomadaire par roulement.

Cette dérogation s'applique également aux entreprises qui assurent à celles mentionnées au premier alinéa des prestations nécessaires à l'accomplissement de leur activité principale.

Les dispositions du présent article s'appliquent dans les départements de la Moselle, du Bas-Rhin et du Haut-Rhin par dérogation aux dispositions des articles L. 3134-2 à L. 3134-12 du code du travail.

L'employeur qui use de la dérogation prévue au présent article en informe le comité social et économique sans délai et par tout moyen. L'avis du comité est rendu dans le délai d'un mois à compter de cette information. Il peut intervenir après que l'employeur a fait usage de cette faculté.

Les dérogations mises en œuvre sur le fondement de cet article cessent de produire leurs effets au 31 décembre 2020.

……………………………………………………………………………………………

■ DÉCRET 2020-573 DU 15 MAI 2020

relatif aux dérogations à la règle du repos dominical pour les activités d'identification, d'orientation et d'accompagnement et de surveillance épidémiologique dans le cadre de la lutte contre la propagation de l'épidémie de covid-19 (JO 16, entrée en vigueur le 16.05.2020).

Art. 1er. – Les personnes morales qui assurent les activités prévues à l'article 11 de la loi [n° 2020-546] du 11 mai 2020 susvisée, d'identification, d'orientation et d'accompagnement des personnes infectées ou présentant un risque d'infection au covid-19 et de surveillance épidémiologique aux niveaux national et local dans le cadre de la lutte contre la propagation de l'épidémie de covid-19, ainsi que ceux qui assurent des prestations nécessaires à l'accomplissement de ces activités, peuvent déroger à la règle du repos dominical fixée à l'article L. 3132-3 du [code du travail] en attribuant le repos hebdomadaire par roulement, en application [de] l'article 7 de l'ordonnance [n° 2020-323] du 25 mars 2020 susvisée et selon les modalités qui y sont prévues.

....

REPRÉSENTATION DU PERSONNEL

■ ORDONNANCE 2020-388 DU 1ER AVRIL 2020

relative au report du scrutin de mesure de l'audience syndicale auprès des salariés des entreprises de moins de onze salariés et à la prorogation des mandats des conseillers prud'hommes et membres des commissions paritaires régionales interprofessionnelles (JO 2) modifiée par loi 2020-734 du 17 juin 2020 (JO 18).

Art. 1er. – I. – Par dérogation à l'article L. 2122-10-1 du code du travail, les deux prochains scrutins visant à mesurer l'audience syndicale auprès des salariés des entreprises de moins de onze salariés sont respectivement organisés au premier semestre de l'année 2021 et au deuxième semestre de l'année 2024, au cours d'une période fixée par décret.

II. – Par dérogation à l'article L. 2122-10-2 du même code, sont électeurs au scrutin mentionné au I les salariés des entreprises qui emploient moins de onze salariés au 31 décembre 2019, titulaires d'un contrat de travail au cours de ce mois de décembre, âgés de seize ans révolus, et ne faisant l'objet d'aucune interdiction, déchéance ou incapacité relative à leurs droits civiques.

....

Art. 3. – Par dérogation à l'article L. 23-112-3 du code du travail, la date du prochain renouvellement des membres des commissions paritaires régionales interprofessionnelles mentionnées à l'article L. 23-111-1 du même code est fixée par arrêté du ministre chargé du travail, et au plus tard le 31 décembre 2021. Le mandat des membres de ces commissions en cours à la date d'entrée en vigueur de la présente ordonnance est prorogé jusqu'à cette date.

La durée du mandat des membres des commissions paritaires régionales interprofessionnelles désignés à l'occasion du renouvellement mentionné au premier alinéa du présent article est réduite de la durée de la prorogation du mandat prévue au même premier alinéa.

■ ARRÊTÉ DU 21 FÉVRIER 2020

relatif aux modalités de candidature à la mesure en 2020 de l'audience des organisations syndicales auprès des salariés des entreprises de moins de onze salariés (JO 25) modifié par arrêté du 24 avril 2020 (JO 2 mai).

Art. 1er. – I. – L'inscription par les organisations syndicales à l'édition 2020 du scrutin organisé auprès des salariés des entreprises de moins de onze salariés prévu à l'article L. 2122-10-1 du code du travail est réalisée sur un site internet dédié, créé par les services centraux du ministère chargé du travail. La période d'inscription est fixée du 2 mars 2020 à 0 heure (heure de Paris) au 17 mars 2020 à minuit (heure de Paris). Elle est effectuée par un mandataire préalablement désigné par l'organisation candidate auprès des services centraux du ministère chargé du travail.

II. – Pour chaque organisation syndicale candidate lors du scrutin organisé en 2016 auprès des salariés des entreprises de moins de onze salariés, les services du ministère chargé du travail créent préalablement sur le site internet mentionné au I un espace utilisateur dont les identifiants sont communiqués par courrier électronique adressé au mandataire mentionné au I. Les organisations syndicales complètent et valident les informations préremplies.

III. – Les organisations syndicales non-candidates lors du scrutin organisé en 2016 créent un espace utilisateur sur le site internet mentionné au I.

IV. – La demande d'inscription est accompagnée du télé-versement des pièces suivantes :

1° Un formulaire électronique, figurant en annexe II du présent arrêté, dans lequel le mandataire renseigne les informations qui le concernent ainsi que les informations relatives à l'organisation syndicale ;

2° La lettre de désignation du mandataire par son organisation syndicale ;

3° La carte nationale d'identité du mandataire.

Art. 2. – I. – La période de dépôt des candidatures prévue à l'article R. 2122-34 du code du travail est fixée du 2 mars 2020 à 0 heure (heure de Paris) au 27 avril 2020 à minuit (heure de Paris). Ce dépôt est réalisé par voie électronique sur le site internet mentionné au II de l'article 1er.

II. – Le dépôt de candidature ne peut être réalisé qu'après validation par l'administration de la demande d'inscription de l'organisation syndicale.

III. – Le mandataire de l'organisation syndicale dont l'inscription est validée renseigne un formulaire électronique figurant en annexe III du présent arrêté, dans lequel elle indique le périmètre de la candidature de cette organisation en termes de branche professionnelle, de région et de collège.

IV. – Ce formulaire est complété par le télé-versement des pièces suivantes :

1° Le logo de l'organisation syndicale en format : JPEG, 200 Ko maximum, 200 × 200 pixels, 300Dpi, sur fond blanc, avec encodage couleur CMJN ;

2° Une copie des statuts de l'organisation syndicale ;

3° Une copie du récépissé de dépôt de ces statuts ;

4° Les éléments et documents mentionnés au 4° de l'article R. 2122-36 du code du travail.

V. – Le mandataire atteste que l'organisation syndicale candidate satisfait aux exigences prévues à l'article L. 2122-10-6 du code du travail.

VI. – La liste des candidatures recevables est publiée le 12 mai 2020 au recueil des actes administratifs dans chaque région et sur le site internet du ministère du travail, conformément à l'article R. 2122-38 du code du travail.

....

ANNEXES

Liste des annexes :

Annexe I : Calendrier relatif au dépôt et à l'instruction des candidatures

Annexe II : Modèle de formulaire électronique d'inscription

Annexe III : Modèle de formulaire électronique de déclaration de candidature

ANNEXE I

CALENDRIER RELATIF AU DÉPÔT ET À L'INSTRUCTION DES CANDIDATURES

Calendrier	Opération
Du 2 mars 2020 au 17 mars 2020	Inscription des organisations syndicales
Du 2 mars 2020 au 27 avril 2020	Dépôt des candidatures par les organisations syndicales
Jusqu'au 11 mai 2020	Examen des candidatures
12 mai 2020	Publication des candidatures recevables

....

■ ARRÊTÉ DU 24 AVRIL 2020

portant modification de l'arrêté du 21 février 2020 relatif aux modalités de candidature à la mesure en 2020 de l'audience des organisations syndicales auprès des salariés des entreprises de moins de onze salariés (JO 2 mai).

....

Art. 3. – L'article 2 de l'ordonnance n° 2020-306 du 25 mars 2020 susvisée n'est pas applicable au délai prévu au I de l'article 2 de l'arrêté du 21 février 2020 [JO 25, texte n° 9] susvisé.

....

■ DÉCRET 2020-825 DU 29 JUIN 2020

relatif aux modalités d'établissement et de contestation de la liste électorale pour la mesure de l'audience des organisations syndicales dans les entreprises de moins de onze salariés (JO 1er juil.).

....

Art. 2. – Par dérogation à l'article R. 2122-9 du même code [du travail], pour le scrutin visant à mesurer l'audience syndicale auprès des salariés des entreprises de moins de onze salariés organisé au cours du 1er semestre 2021, l'activité principale du salarié est celle pour laquelle il a accompli le plus grand nombre d'heures au cours du mois de décembre 2019.

....

■ DÉCRET 2020-927 DU 29 JUILLET 2020

relatif à la mesure de l'audience syndicale dans les entreprises de moins de onze salariés et à la mesure de l'audience patronale en 2021 (JO 30).

Art. 1er. – Pour la mesure de l'audience des organisations d'employeurs mentionnée au 6° de l'article L. 2151-1 du code du travail effectuée en 2021 :

1° Par dérogation aux dispositions de l'article R. 2152-3 du même code, le nombre d'entreprises adhérentes est apprécié au 31 décembre 2019 ;

2° Par dérogation au 1° du II de l'article R. 2152-8 du code du travail et au 1° du II de l'article R. 2152-9 du même code, les entreprises adhérant à une organisation professionnelle d'employeurs non candidate ou à l'une de ses structures territoriales statutaires sont considérées comme adhérentes à une organisation d'employeurs candidate dès lors que l'organisation non candidate a rendu publique, par tout moyen, son adhésion à l'organisation candidate avant le 31 décembre 2019 ;

3° Par dérogation aux dispositions de l'article R. 2152-5 du code du travail, les entreprises adhérentes sont prises en compte dès lors qu'elles se sont acquittées de l'intégralité des cotisations dues au titre de l'année 2019 avant le 31 décembre 2020.

Art. 2. – En application des dispositions du I de l'article 1er de l'ordonnance [n° 2020-388] du 1er avril 2020 susvisée, la période durant laquelle est ouvert le scrutin mentionné à l'article L. 2122-10-1 du code du travail est fixée :

1° S'agissant du vote électronique, du lundi 25 janvier 2021 à 12 heures au dimanche 7 février 2021 à 12 heures, heure de Paris ;

2° S'agissant du vote par correspondance, du lundi 25 janvier 2021 au dimanche 7 février 2021 inclus pour l'envoi des bulletins de vote.

Les dispositions de cet article peuvent être modifiées par décret.

....

■ ARRÊTÉ DU 29 JUILLET 2020

relatif à la liste électorale et aux opérations électorales pour la mesure en 2021 de l'audience syndicale dans les entreprises de moins de onze salariés (JO 2 août).

Art. 1er. – Les dispositions du présent arrêté s'appliquent dans le cadre du scrutin visant à mesurer en 2021 l'audience des organisations syndicales dans les entreprises de moins de onze salariés.

Art. 2. – I. – L'extrait de la liste électorale mentionné au premier alinéa de l'article R. 2122-19 du code du travail peut être consulté à partir du 2 novembre 2020 dans les directions régionales des entreprises, de la concurrence, de la consommation, du travail et de l'emploi et leurs unités départementales ainsi que sur le site internet *election-tpe.travail.gouv.fr* selon les modalités prévues au présent article.

II. – Dans chaque direction régionale des entreprises, de la concurrence, de la consommation, du travail et de l'emploi et dans chacune de leurs unités départementales, les usagers peuvent :

1° Consulter la liste électorale établie pour la région sous format électronique ;

2° Accéder au site internet mentionné au I depuis un poste informatique mis à leur disposition.

III. – Sur le site internet mentionné au I, les utilisateurs peuvent :

1° Rechercher un électeur sur les listes électorales des régions en renseignant le nom de naissance ainsi que la date de naissance et la région d'inscription de celui-ci ;

2° Consulter, pour ce qui les concerne et après s'être identifiés, les données personnelles contenues dans leur compte d'électeur.

IV. – La liste des informations consultables dans les cas mentionnés aux II et III et le calendrier relatif à la publication des listes électorales figurent en annexe du présent arrêté.

Art. 3. – Le document mentionné au dernier alinéa de l'article R. 2122-19 du code du travail est envoyé à chaque électeur au plus tard le 29 octobre 2020. Ce document contient, notamment :

1° La date du scrutin et les modalités pour y participer ;

2° Le nom de naissance, le ou les prénoms, la branche professionnelle, le collège électoral, la région d'inscription, le département et le numéro d'ordre de l'électeur ;

3° Un identifiant de connexion et un mot de passe permettant à l'électeur de s'identifier sur le site internet *election-tpe.travail.gouv.fr* ;

4° La mention du droit pour l'électeur de s'opposer à la communication de son adresse aux organisations syndicales, prévu à l'article R. 2122-15-1 du code du travail ;

5° La mention du droit pour l'électeur de demander une rectification des informations qui le concernent auprès du directeur général du travail ainsi que le droit de contester sa qualité d'électeur en saisissant, lui-même ou par l'intermédiaire d'un représentant, le directeur général du travail par voie postale ou via le site internet *election-tpe.travail.gouv.fr*.

Art. 4. – I. – Toute demande d'inscription ou de radiation de la liste électorale ou de modification des informations personnelles mentionnées au 2° de l'article 3 fait l'objet d'un recours gracieux formé dans un délai de vingt et un jours à compter du 2 novembre 2020.

Les recours gracieux mentionnés au premier alinéa et les demandes de rectification d'une information personnelle autre que celles mentionnées au 2° de l'article 3 sont formés sur le site internet *election-tpe.travail.gouv.fr* ou par voie postale.

II. – À peine d'irrecevabilité, la demande comporte les informations suivantes :

1° L'objet de la demande et, le cas échéant, le motif de la demande de radiation de la liste électorale ;

2° Le nom de naissance, le ou les prénom(s), la date et le lieu de naissance et l'adresse postale de la personne concernée ;

3° Le département et la région dans lesquels est situé l'entreprise ou l'établissement au sein duquel la personne concernée a accompli le plus grand nombre d'heures au cours du mois de décembre 2019 ;

4° La branche professionnelle dont relève la personne concernée, mentionnée à l'article R. 2122-11 du code du travail ;

5° Le collège électoral concerné par la demande, mentionné à l'article R. 2122-10 du code du travail ;

6° La qualité du requérant : personne concernée par la demande ou son représentant.

III. – Lorsque la demande est formée sur le site internet *election-tpe.travail.gouv.fr* par la personne concernée, elle renseigne son adresse électronique à peine d'irrecevabilité de sa demande. Lorsque la demande est formée par un représentant de la personne concernée, ce représentant renseigne, à peine d'irrecevabilité de la demande son adresse électronique ou, lorsque la demande est formée par voie postale, son adresse postale.

IV. – La liste des pièces justificatives à joindre est annexée au présent arrêté en fonction de la qualité du requérant et de l'objet de la demande. Le calendrier relatif aux recours gracieux et contentieux formés contre la liste électorale figure en annexe du présent arrêté.

Art. 5. – I. – Le traitement « fichier des électeurs » prévu à l'article R. 2122-62 du code du travail a pour finalité de fournir à chaque électeur, à partir de la liste électorale, l'identifiant et le mot de passe nécessaires aux opérations de vote, de recenser les électeurs ayant voté par voie électronique et d'éditer une liste d'émargement.

Le traitement « fichier des électeurs » prévu à l'article R. 2122-81 du code du travail a pour finalité de recenser les électeurs ayant voté par correspondance et d'éditer une liste d'émargement.

Les catégories de données à caractère personnel utilisées pour ces traitements sont celles mentionnées au 1° de l'article R. 2122-12 du code du travail, à l'exception du numéro d'inscription au répertoire national d'identification des personnes physiques de l'électeur et de son numéro d'ordre sur la liste d'émargement.

II. – Le traitement « urne électronique » prévu à l'article R. 2122-62 du code du travail est destiné à recueillir les votes exprimés par vote électronique.

Le traitement « urne électronique » prévu à l'article R. 2122-81 du code du travail est destiné à recueillir les votes exprimés par correspondance.

III. – Le prestataire mentionné au 2° de l'article R. 2122-14 du code du travail procède aux opérations nécessaires aux traitements « fichier des électeurs » et « urne électronique » mentionnés aux I et II.

IV. – Le système de vote par voie électronique et le système de dépouillement automatisé du vote par correspondance prévu à l'article R. 2122-80 du code du travail sont localisés sur le territoire métropolitain. Ils comportent un dispositif de secours susceptible de prendre le relais en cas de panne du système principal et offrant les mêmes garanties et caractéristiques.

Art. 6. – La date limite de réception des plis de vote par correspondance mentionnée au second alinéa de l'article R. 2122-74 du code du travail est fixée au 15 février 2021.

Le calendrier relatif aux opérations électorales est annexé au présent arrêté.

....

ANNEXES

Liste des annexes :
Annexe I : calendrier relatif à la liste électorale et aux opérations électorales
Annexe II : liste des informations consultables de la liste électorale
Annexe III : liste des pièces justificatives à joindre aux recours gracieux et demandes de modification d'informations

ANNEXE I
CALENDRIER RELATIF À LA LISTE ÉLECTORALE ET AUX OPÉRATIONS ÉLECTORALES

Calendrier	Opération
29 octobre 2020	Date limite d'envoi du premier courrier aux électeurs avec les identifiants de connexion au site internet *election-tpe.travail.gouv.fr*
2 novembre 2020	Publication des listes électorales sur le site internet *election-tpe.travail.gouv.fr* dont un extrait est consultable en DI(R)ECCTE
Du 2 novembre 2020 au 23 novembre 2020	Période de recours gracieux contre les listes électorales sur le site internet *election-tpe.travail.gouv.fr* ou par voie postale
Du 2 novembre 2020 au 3 décembre 2020	Traitement des recours gracieux par les services centraux du Ministère du travail
Du 12 novembre 2020 au 14 décembre 2020	Période de recours contentieux contre les listes électorales devant le tribunal judiciaire
Du 12 novembre 2020 au 24 décembre 2020	Traitement des recours contentieux par le tribunal judiciaire
Janvier 2021	Envoi du second courrier aux électeurs avec le matériel de vote par correspondance et les informations permettant de voter par voie électronique sur le site internet *election-tpe.travail.gouv.fr*
Du 25 janvier 2021 au 7 février 2021	Période de vote
15 février 2021	Date limite de réception des votes par correspondance
Du 16 février 2021 au 19 février 2021	Dépouillement
19 février 2021	Proclamation des résultats

ANNEXE II
LISTE DES INFORMATIONS CONSULTABLES DE LA LISTE ÉLECTORALE

Modalités de consultation de la liste électorale	Informations consultables
Consultation en DI(R)ECCTE ou UD de la version numérique de la liste électorale régionale	Pour ce qui concerne uniquement les électeurs de la région : – Numéro d'ordre – Nom de naissance – Prénom(s) – Branche professionnelle – Collège électoral – Département et région d'inscription
Recherche d'électeur sur le site *election-tpe.travail.gouv.fr* sans identification	Pour ce qui concerne l'ensemble des électeurs, à condition de renseigner leur nom de naissance et leur date de naissance ainsi que leur région d'inscription : – Numéro d'ordre – Nom de naissance – Prénom(s) – Branche professionnelle – Collège électoral – Département et région d'inscription
Consultation des informations personnelles sur le site *election-tpe.travail.gouv.fr* après identification	Pour ce qui concerne uniquement l'électeur lui-même, à condition qu'il se soit préalablement identifié : – Numéro d'ordre – Nom de naissance et nom d'usage – Prénom(s) – Date et lieu de naissance – Adresse personnelle – Branche professionnelle – Collège électoral – Département et région d'inscription

ANNEXE III

LISTE DES PIÈCES JUSTIFICATIVES À JOINDRE AUX RECOURS GRACIEUX ET DEMANDES DE RECTIFICATION D'INFORMATIONS

Requérant	Objet de la demande	Pièces justificatives à déposer
Salarié non inscrit sur une liste électorale	Demande d'inscription sur la liste électorale	– Carte nationale d'identité du salarié ou titre équivalent – Bulletin de paie du salarié du mois de décembre 2019 – Justificatif de domicile du salarié
Électeur	Demande de modification des informations figurant sur la liste électorale : – Modification du/des prénoms de l'électeur – Modification du collège d'inscription de l'électeur – Modification de la branche d'inscription de l'électeur – Modification de la région et du département d'inscription de l'électeur Demande de rectification du nom d'usage, de la date de naissance, du lieu de naissance ou de l'adresse postale de l'électeur.	– Carte nationale d'identité de l'électeur ou titre équivalent – Bulletin de paie de l'électeur du mois de décembre 2019 – Justificatif de domicile de l'électeur
Électeur	Demande de radiation de la liste électorale	– Carte nationale d'identité de l'électeur ou titre équivalent – Tout document permettant d'établir la perte, par l'électeur, de la qualité de salarié d'une TPE au mois de décembre 2019
Représentant de l'électeur	Demande d'inscription d'un salarié sur la liste électorale	– Mandat signé du salarié concerné – Carte nationale d'identité du représentant ou titre équivalent – Carte nationale d'identité du salarié concerné ou titre équivalent – Bulletin de paie du mois de décembre 2019 du salarié concerné – Justificatif de domicile du salarié concerné
Représentant de l'électeur	Demande de modification des informations figurant sur la liste électorale concernant un électeur : – Modification du collège d'inscription de l'électeur – Modification de la branche d'inscription de l'électeur – Modification de la région et du département d'inscription de l'électeur	– Mandat signé de l'électeur concerné – Carte nationale d'identité du mandataire ou titre équivalent – Carte nationale d'identité de l'électeur concerné ou titre équivalent – Bulletin de paie du mois de décembre 2019 de l'électeur concerné – Justificatif de domicile de l'électeur concerné
Représentant de l'électeur	Demande de radiation de l'électeur	– Mandat signé de l'électeur concerné (hormis cas de décès de l'électeur) – Carte nationale d'identité du mandataire ou titre équivalent – Carte nationale d'identité de l'électeur concerné ou titre équivalent – Tout document permettant d'établir la perte, par l'électeur concerné, de la qualité de salarié d'une TPE

....

■ ORDONNANCE 2020-389 DU 1ER AVRIL 2020

portant mesures d'urgence relatives aux instances représentatives du personnel (JO 2) modifiée par ordonnances 2020-560 du 13 mai 2020 (JO 14) et 2020-737 du 17 juin 2020 (JO 18).

Art. 1er. – I. – Lorsque l'employeur a engagé la procédure définie à l'article L. 2314-4 du code du travail avant la date d'entrée en vigueur de la présente ordonnance, le processus électoral en cours est suspendu à compter du 12 mars 2020 et jusqu'au 31 août 2020 inclus. Toutefois, l'employeur peut décider que cette suspension prend fin à compter d'une date qu'il fixe librement entre le 3 juillet et le 31 août 2020. Il en informe alors les organisations syndicales mentionnées aux premier et deuxième alinéas de l'article L. 2314-

5 du code du travail, ainsi que l'autorité administrative lorsque celle-ci a été saisie en application des articles R. 2313-1, R. 2313-2, R. 2313-4, R. 2313-5 ou R. 2314-3 du même code, au moins quinze jours avant la date fixée pour la reprise du processus, par tout moyen donnant date certaine à la réception de cette information. Il en informe également, en respectant le même délai, les salariés par tout moyen.

Cette suspension affecte :

1° Les délais impartis à l'employeur par les articles L. 2314-4, L. 2314-5, L. 2314-8 et L. 2314-29 du code du travail ;

2° Les délais dans lesquels l'autorité administrative et le juge judiciaire doivent être saisis d'éventuelles contestations en application des articles R. 2313-1, R. 2313-2, R. 2313-4, R. 2313-5 et R. 2314-3 du même code ;

3° Les délais dont dispose l'autorité administrative pour se prononcer en application des articles R. 2313-2, R. 2313-5 et R. 2314-3 du même code.

Lorsque l'une des formalités mentionnées aux articles L. 2313-5, L. 2313-8, L. 2314-4, L. 2314-5, L. 2314-8 et L. 2314-10 du code du travail a été accomplie entre le 12 mars 2020 et la date d'entrée en vigueur de la présente ordonnance, la suspension du processus électoral prend effet à compter de la date la plus tardive à laquelle il a été fait application de l'une de ces dispositions.

Lorsque l'autorité administrative a été saisie après le 12 mars 2020, en application des articles R. 2313-1, R. 2313-2, R. 2313-4, R. 2313-5 et R. 2314-3 du code du travail, le délai dont elle dispose pour se prononcer commence à courir à la date de fin de la suspension du processus électoral mentionnée au premier alinéa.

Lorsque l'autorité administrative s'est prononcée après le 12 mars 2020, en application des articles R. 2313-1, R. 2313-2, R. 2313-4, R. 2313-5 et R. 2314-3 du code du travail, le délai de recours contre sa décision commence à courir à la date de fin de la suspension du processus électoral mentionnée au premier alinéa.

II. – Lorsqu'elle intervient entre la date du premier tour et la date du second tour des élections professionnelles, la suspension du processus électoral prévue au I n'a pas d'incidence sur la régularité du premier tour.

La suspension du processus électoral prévue au I n'a pas d'incidence sur la régularité du premier ou du second tour des élections professionnelles, lorsque ceux-ci se sont déroulés entre le 12 mars 2020 et la date d'entrée en vigueur de la présente ordonnance.

III. – Pour l'application de la sous-section 3 de la section 2 du chapitre IV du titre I du livre III de la deuxième partie du code du travail, les conditions d'électorat et d'éligibilité s'apprécient à la date d'organisation de chacun des tours du scrutin.

Art. 2. – La procédure définie à l'article L. 2314-4 du code du travail est engagée par l'employeur à une date qu'il fixe librement entre le 24 mai et le 31 août 2020 inclus, sans que cette date ne puisse être antérieure à la date à laquelle il lui est fait obligation d'engager cette procédure, dans les cas suivants :

1° Lorsque, entre la date d'entrée en vigueur de la présente ordonnance et le 31 août 2020 inclus, les dispositions des articles L. 2311-2, L. 2314-8 ou L. 2314-10 du code du travail lui imposaient une telle obligation ;

2° Lorsque, avant la date d'entrée en vigueur de la présente ordonnance, l'employeur n'a pas engagé le processus électoral alors que les dispositions des articles L. 2311-2, L. 2314-8 ou L. 2314-10 du code du travail lui imposaient une telle obligation.

Art. 3. – I. – Lorsque, en raison de la suspension ou du report du processus électoral dans les conditions prévues aux articles 1er et 2, les mandats en cours à la date du 12 mars 2020 des représentants élus des salariés n'ont pas été renouvelés, ces mandats sont prorogés jusqu'à la proclamation des résultats du premier ou, le cas échéant, du second tour des élections professionnelles.

II. – La protection contre les licenciements prévue au premier alinéa de l'article L. 2411-5 et à l'article L. 2411-10 du code du travail ainsi que la protection en cas de rupture d'un contrat de travail à durée déterminée prévue aux articles L. 2412-3 et L. 2412-5 de ce code et la protection en cas d'interruption ou de non-renouvellement d'une mission de travail temporaire prévue à l'article L. 2413-1 du même code sont applicables aux mandats mentionnés au I pour toute la durée de la prorogation.

La protection contre les licenciements prévue aux articles L. 2411-7 et L. 2411-10-1 du code du travail est prorogée jusqu'à la proclamation des résultats du premier ou, le cas échéant, du second tour des élections lorsque le délai de six mois prévu par ces dispositions a expiré avant la date du premier tour.

Art. 4. – Par dérogation à l'article L. 2314-10 du code du travail, lorsque le mandat des membres de la délégation du personnel du comité social et économique expire moins de six mois après la date de fin de la suspension du processus électoral mentionnée au premier alinéa de l'article 1er, il n'y a pas lieu à l'organisation d'élections partielles, que le processus électoral ait été engagé ou non avant ladite suspension.

Art. 5. – L'article 2 de l'ordonnance n° 2020-306 du 25 mars 2020 susvisée ne s'applique pas aux processus électoraux suspendus ou reportés en application des articles 1er, 2 et 4 de la présente ordonnance.

Art. 6. – I. – Par dérogation aux dispositions des articles L. 2315-4 et L. 2316-16 du code du travail, le recours à la visioconférence est autorisé pour l'ensemble des réunions du comité social et économique et du comité social et économique central, après que l'employeur en a informé leurs membres.

Le recours à la visioconférence est autorisé dans les mêmes conditions pour l'ensemble des réunions des autres instances représentatives du personnel régies par les dispositions du code du travail.

II. – Le recours à la conférence téléphonique est autorisé pour l'ensemble des réunions des instances représentatives du personnel régies par les dispositions du code du travail, après que l'employeur en a informé leurs membres.

Un décret fixe les conditions dans lesquelles les réunions tenues en conférence téléphonique se déroulent.

III. – Le recours à la messagerie instantanée est autorisé pour l'ensemble des réunions des instances représentatives du personnel régies par les dispositions du code du travail, après information de leurs membres, en cas d'impossibilité de recourir à la visioconférence ou à la conférence téléphonique ou lorsqu'un accord d'entreprise le prévoit.

Un décret fixe les conditions dans lesquelles les réunions tenues par messagerie instantanée se déroulent.

IV. – Les dispositions du présent article sont applicables aux réunions convoquées pendant la période de l'état d'urgence sanitaire déclaré par l'article 4 de la loi [n° 2020-290] du 23 mars 2020 susvisée.

La limite de trois réunions par année civile prévue par les articles L. 2315-4 et L. 2316-16 du code du travail ne trouve à s'appliquer qu'aux réunions organisées en dehors de la période de l'état d'urgence sanitaire.

....

■ DÉCRET 2020-419 DU 10 AVRIL 2020

relatif aux modalités de consultation des instances représentatives du personnel pendant la période de l'état d'urgence sanitaire (JO 11).

Art. 1er. – I. – Lorsque la réunion de l'instance représentative du personnel mentionnée à l'article 6 de l'ordonnance [n° 2020-389] du 1er avril 2020 susvisée est tenue en conférence téléphonique, le dispositif technique mis en œuvre garantit l'identification de ses membres, ainsi que leur participation effective en assurant la retransmission continue et simultanée du son des délibérations. Il ne fait pas obstacle à la tenue de suspensions de séance.

Lorsqu'il est procédé à un vote à bulletin secret, le dispositif de vote mis en œuvre répond aux conditions prévues au troisième alinéa de l'article D. 2315-1 du code du travail.

II. – Le président de l'instance informe ses membres de la tenue de la réunion en conférence téléphonique. Cette information suit les règles applicables à la convocation des réunions de l'instance.

La réunion se déroule conformément aux étapes prévues à l'article D. 2315-2 du code du travail.

Art. 2. – I. – Lorsque la réunion de l'instance représentative du personnel mentionnée à l'article 6 de l'ordonnance [n° 2020-389] du 1er avril 2020 susvisée est tenue par messagerie instantanée, le dispositif technique mis en œuvre garantit l'identification de ses membres, ainsi que leur participation effective en assurant la communication instantanée des messages écrits au cours des délibérations. Il ne fait pas obstacle à la tenue de suspensions de séance.

Lorsqu'il est procédé à un vote à bulletin secret, le dispositif de vote mis en œuvre répond aux conditions prévues au troisième alinéa de l'article D. 2315-1 du code du travail.

II. – Le président de l'instance informe ses membres de la tenue de la réunion par messagerie instantanée et précise la date et l'heure de son début ainsi que la date et l'heure à laquelle interviendra au plus tôt sa clôture. Cette information suit les règles applicables à la convocation des réunions de l'instance.

La réunion se déroule conformément aux étapes suivantes :

1° L'engagement des délibérations est subordonné à la vérification que l'ensemble des membres a accès à des moyens techniques satisfaisant aux conditions prévues aux premier et deuxième alinéas du présent article ;

2° Les débats sont clos par un message du président de l'instance, qui ne peut intervenir avant l'heure limite fixée pour la clôture de la délibération ;

3° Le vote a lieu de manière simultanée. À cette fin, les participants disposent d'une durée identique pour voter à compter de l'ouverture des opérations de vote indiquée par le président de l'instance ;

4° Au terme du délai fixé pour l'expression des votes, le président de l'instance en adresse les résultats à l'ensemble de ses membres.

Art. 3. – Les dispositions du présent décret sont applicables aux réunions convoquées pendant la période de l'état d'urgence sanitaire déclaré par l'article 4 de la loi [n° 2020-290] du 23 mars 2020 susvisée.

....

■ ORDONNANCE 2020-460 DU 22 AVRIL 2020

portant diverses mesures prises pour faire face à l'épidémie de covid-19 (JO 23) modifiée par ordonnance 2020-507 du 2 mai 2020 (JO 3, entrée en vigueur le 03.05.2020).

....

Art. 9. – I. – Par dérogation aux articles mentionnés aux 1° et 2° du présent I ainsi que, le cas échéant, aux stipulations conventionnelles en vigueur, les délais, exprimés en jours calendaires, applicables lorsque l'information ou la consultation du comité social et économique et du comité social et économique central porte sur les décisions de l'employeur qui ont pour objectif de faire face aux conséquences économiques, financières et sociales de la propagation de l'épidémie de covid-19 sont fixés ainsi qu'il suit :

1° Le délai mentionné à l'article L. 2315-30 du code du travail est fixé à deux jours au moins avant la réunion ;

2° Le délai mentionné à l'article L. 2316-17 du même code est fixé à trois jours au moins avant la réunion.

II. – Un décret en Conseil d'État définit, le cas échéant, par dérogation aux stipulations conventionnelles applicables, les délais relatifs :

1° À la consultation et à l'information du comité social et économique sur les décisions de l'employeur qui ont pour objectif de faire face aux conséquences économiques, financières et sociales de la propagation de l'épidémie de covid-19 ;

2° Au déroulement des expertises réalisées à la demande du comité social et économique lorsqu'il a été consulté ou informé dans le cas prévu au 1°.

III. – Les dispositions du présent article ne sont pas applicables aux informations et consultations menées dans le cadre de l'une ou l'autre des procédures suivantes :

1° Un licenciement de dix salariés ou plus dans une même période de trente jours, dans les conditions prévues à la section 4 du chapitre III du titre III du livre II de la première partie du code du travail ;

2° Un accord de performance collective mentionné à l'article L. 2254-2 du même code.

IV. – Les dispositions de l'article 2 de l'ordonnance n° 2020-306 du 25 mars 2020 susvisée ne s'appliquent pas aux délais mentionnés au présent article.

V. – Les dispositions du présent article sont applicables aux délais qui commencent à courir avant une date fixée par décret et, au plus tard, avant le 31 décembre 2020.

Pour les délais définis au I, les dispositions du présent article s'appliquent aux délais qui commencent à courir à compter de la publication de la présente ordonnance.

Pour les délais définis au II, les dispositions du présent article s'appliquent aux délais qui commencent à courir à compter de la date de publication du décret en Conseil d'État mentionné au même II. Toutefois, lorsque les délais qui ont commencé à courir antérieurement à cette date ne sont pas encore échus, l'employeur a la faculté d'interrompre la procédure en cours et d'engager, à compter de cette même date, une nouvelle procédure de consultation conformément aux règles prévues par la présente ordonnance.

....

■ DÉCRET 2020-508 DU 2 MAI 2020

adaptant temporairement les délais relatifs à la consultation et l'information du comité social et économique afin de faire face aux conséquences de la propagation de l'épidémie de covid-19 (JO 3, entrée en vigueur le 03.05.2020).

Art. 1er. – Par dérogation aux dispositions du code du travail mentionnées au présent article ainsi que, le cas échéant, aux stipulations conventionnelles en vigueur, les délais applicables lorsque l'information ou la consultation du comité social et économique et du comité social et économique central porte sur les décisions de l'employeur qui ont pour objectif de faire face aux conséquences économiques, financières et sociales de la propagation de l'épidémie de covid-19, sont fixés ainsi qu'il suit :

1° En ce qui concerne l'information et la consultation du comité :

Référence du code du travail	Objet du délai	Délai
Premier alinéa du I et première phrase du II de l'article R. 2312-6	Délai de consultation en l'absence d'intervention d'un expert	8 jours
Deuxième alinéa du I et première phrase du II de l'article R. 2312-6	Délai de consultation en cas d'intervention d'un expert	12 jours pour le comité central 11 jours pour les autres comités
Troisième alinéa du I et première phrase du II de l'article R. 2312-6	Délai de consultation en cas d'intervention d'une ou plusieurs expertises dans le cadre de consultation se déroulant à la fois au niveau du comité central et d'un ou plusieurs comités d'établissement	12 jours
Deuxième phrase du II de l'article R. 2312-6	Délai minimal entre la transmission de l'avis de chaque comité d'établissement au comité central et la date à laquelle ce dernier est réputé avoir été consulté et avoir rendu un avis négatif	1 jour

2° En ce qui concerne les modalités d'expertise :

Référence du code du travail	Objet du délai	Délai
Première phrase de l'article R. 2315-45	Délai dont dispose l'expert, à compter de sa désignation, pour demander à l'employeur toutes les informations complémentaires qu'il juge nécessaires à la réalisation de sa mission	24 heures
Seconde phrase de l'article R. 2315-45	Délai dont dispose l'employeur pour répondre à cette demande	24 heures
Article R. 2315-46	Délai dont dispose l'expert pour notifier à l'employeur le coût prévisionnel, l'étendue et la durée d'expertise	48 heures à compter de sa désignation ou, si une demande a été adressée à l'employeur, 24 heures à compter de la réponse apportée [par] ce dernier
Article R. 2315-49	Délai dont dispose l'employeur pour saisir le juge pour chacun des cas de recours prévus à l'article L. 2315-86	48 heures
Premier alinéa de l'article R. 2315-47	Délai minimal entre la remise du rapport par l'expert et l'expiration des délais de consultation du comité mentionnés aux second et troisième alinéas de l'article R. 2312-6	24 heures

Art. 2. – Les dispositions du présent décret ne sont pas applicables aux informations et consultations menées dans le cadre de l'une des procédures suivantes :

1° Un licenciement de dix salariés ou plus dans une même période de trente jours, dans les conditions prévues à la section 4 du chapitre III du titre III du livre II de la première partie du code du travail ;

2° Un accord de performance collective mentionné à l'article L. 2254-2 du même code ;

3° Les informations et consultations récurrentes mentionnées à l'article L. 2312-17 du même code.

Art. 3. – I. – Les dispositions du présent décret sont applicables aux délais qui commencent à courir entre la date de sa publication et le 23 août 2020.

II. – Les dispositions du I du présent article peuvent être modifiées par décret.

....

■ DÉCRET 2020-509 DU 2 MAI 2020

fixant les modalités d'application des dispositions du I de l'article 9 de l'ordonnance n° 2020-460 du 22 avril 2020 modifiée portant diverses mesures prises pour faire face à l'épidémie de covid-19 (JO 3, entrée en vigueur le 03.05.2020).

Art. 1er. – Les dispositions du I de l'article 9 de l'ordonnance [n° 2020-460] du 22 avril 2020 susvisée, dans sa rédaction issue de l'ordonnance [n° 2020-507] du 2 mai 2020 susvisée, sont applicables aux délais qui commencent à courir entre la date de la publication de l'ordonnance [n° 2020-507] du 2 mai 2020 susvisée et le 23 août 2020.

....

■ LOI 2020-734 DU 17 JUIN 2020

relative à diverses dispositions liées à la crise sanitaire, à d'autres mesures urgentes ainsi qu'au retrait du Royaume-Uni de l'Union européenne (JO 18).

....

Art. 3. – I. – A. – 1° Les dispositions du présent I sont applicables aux mandats suivants, lorsqu'ils sont arrivés à échéance entre le 12 mars 2020 et la date d'entrée en vigueur du présent I et qu'il n'a pas été pourvu à leur renouvellement ou à leur remplacement à cette date, ou lorsqu'ils arrivent à échéance entre la date d'entrée en vigueur du présent I et le 31 juillet 2020, sauf prorogation de ce délai jusqu'à une date fixée par décret et au plus tard le 30 novembre 2020 :

a) Mandats des représentants des salariés au sein des organes collégiaux d'administration, de surveillance ou de direction des personnes morales de droit privé, lorsque ces représentants sont élus par les salariés ;

b) Mandats des représentants des salariés actionnaires au sein desdits organes ;

2° Le présent article n'est pas applicable aux mandats faisant l'objet d'adaptations particulières par la loi n° 2020-290 du 23 mars 2020 d'urgence pour faire face à l'épidémie de covid-19 ou la présente loi ou en application de celles-ci.

B. – Les mandats mentionnés au A du présent I sont prorogés jusqu'à la date de leur renouvellement ou de l'entrée en fonction des nouveaux membres nommés en remplacement et au plus tard le 30 septembre 2020, sauf prorogation de ce délai jusqu'à une date fixée par décret et au plus tard le 31 décembre 2020.

C. – Lorsque le mandat est arrivé à échéance entre le 12 mars 2020 et la date d'entrée en vigueur du présent I, aucune nullité des délibérations n'est encourue du seul fait que le titulaire de ce mandat n'a pas été convoqué ou n'a pas pris part aux délibérations entre la date d'échéance du mandat et la date d'entrée en vigueur du présent I.

II. – Le B du I de l'article 184 de la loi n° 2019-486 du 22 mai 2019 relative à la croissance et la transformation des entreprises est ainsi rédigé :

« B. – Pour l'application du A, les modifications statutaires nécessaires à l'élection ou à la désignation des administrateurs et des membres du conseil de surveillance représentant les salariés ou les salariés actionnaires sont proposées lors de l'assemblée générale ordinaire organisée en 2020.

L'entrée en fonction de ces administrateurs et membres du conseil de surveillance intervient au plus tard :

1° Pour les administrateurs et membres du conseil de surveillance représentant les salariés qui sont élus par ces derniers, ainsi que pour les administrateurs et membres du conseil de surveillance représentant les salariés actionnaires, à la plus tardive des dates entre l'expiration d'un délai de six mois après l'assemblée générale portant les modifications statutaires nécessaires à leur désignation et le 30 septembre 2020, sauf report de cette dernière date jusqu'à une date fixée par décret et au plus tard le 31 décembre 2020 ;

2° Pour les administrateurs et membres du conseil de surveillance représentant les salariés autres que ceux mentionnés au 1° du présent B, six mois après l'assemblée générale portant les modifications statutaires nécessaires à leur désignation.

Les 1° et 2° du A du présent I entrent en vigueur à l'issue du mandat du représentant des salariés actionnaires en cours à la date de la publication de la présente loi. »

....

SALAIRE

■ LOI 2019-1446 DU 24 DÉCEMBRE 2019

de financement de la sécurité sociale pour 2020 (JO 27) modifiée par ordonnances 2020-385 du 1er avril 2020 (JO 2, entrée en vigueur le 02.04.2020), 2020-460 du 22 avril 2020 (JO 23) et loi 2020-935 du 30 juillet 2020 (JO 31).

....

Art. 7. - I. – A. - Bénéficie de l'exonération prévue au V la prime exceptionnelle de pouvoir d'achat attribuée dans les conditions prévues aux II et III à leurs salariés ou à leurs agents par les employeurs mentionnés à l'article L. 3311-1 du code du travail.

B. - Par dérogation à l'article L. 3312-5 du code du travail, les accords d'intéressement conclus entre le 1er janvier 2020 et le 31 août 2020 peuvent porter sur une durée comprise entre un et trois ans.

Par dérogation à l'article L. 3314-4 du même code, ces accords ouvrent droit aux exonérations prévues aux articles L. 3315-1 à L. 3315-3 du même code, y compris lorsqu'ils ont été conclus à compter du premier jour de la deuxième moitié de la période de calcul suivant la date de leur prise d'effet.

C. - La prime mentionnée au A du présent I peut être attribuée par l'employeur à l'ensemble des salariés et des agents qu'il emploie ou à ceux dont la rémunération est inférieure à un plafond.

D. - L'entreprise utilisatrice mentionnée au 1° de l'article L. 1251-1 du code du travail qui attribue à ses salariés la prime mentionnée au A du présent I en informe l'entreprise de travail temporaire dont relève le salarié mis à disposition. L'entreprise de travail temporaire verse la prime au salarié mis à disposition selon les conditions et les modalités fixées par l'accord ou la décision de l'entreprise utilisatrice mentionné au III. La prime ainsi versée bénéficie de l'exonération mentionnée au V lorsque les conditions mentionnées au A du présent I sont remplies par l'entreprise utilisatrice.

E. - Le A du présent I est applicable dans les conditions prévues au IV aux travailleurs handicapés bénéficiant d'un contrat de soutien et d'aide par le travail mentionné à l'article L. 311-4 du code de l'action sociale et des familles et relevant des établissements et services d'aide par le travail mentionnés à l'article L. 344-2 du même code.

F. - La condition relative à la mise en œuvre d'un accord d'intéressement prévue au VI n'est pas applicable aux associations et fondations mentionnées aux *a* et *b* du 1° de l'article 200 du code général des impôts et aux *a* et *b* du 1° de l'article 238 *bis* du même code.

II. – L'exonération prévue au V est applicable à la prime exceptionnelle de pouvoir d'achat bénéficiant aux personnes mentionnées au A du I lorsque cette prime satisfait aux conditions suivantes :

1° Elle bénéficie aux salariés liés à l'entreprise par un contrat de travail, aux intérimaires mis à disposition de l'entreprise utilisatrice ou aux agents publics relevant de l'établissement public à la date de versement de cette prime ou à la date de dépôt de l'accord mentionné au III du présent article auprès de l'autorité compétente ou de la signature de la décision unilatérale mentionnée au III du même article ;

2° Son montant peut être modulé selon les bénéficiaires en fonction de la rémunération, du niveau de classification, des conditions de travail liées à l'épidémie de covid-19, de la durée de présence effective pendant l'année écoulée ou la durée de travail prévue au contrat de travail mentionnée à la dernière phrase du deuxième alinéa du III de l'article L. 241-13 du code de la sécurité sociale. Les congés prévus au chapitre V du titre II du livre II de la première partie du code du travail sont assimilés à des périodes de présence effective ;

3° Elle est versée entre la date d'entrée en vigueur du présent article et le 31 décembre 2020 ;

4° Elle ne peut se substituer à aucun des éléments de rémunération, au sens de l'article L. 242-1 du code de la sécurité sociale, versés par l'employeur ou qui deviennent obligatoires en vertu de règles légales, contractuelles ou d'usage. Elle ne peut non plus se substituer à des augmentations de rémunération ni à des primes prévues par un accord salarial, le contrat de travail ou les usages en vigueur dans l'entreprise ou l'établissement public.

III. – Le montant de la prime ainsi que, le cas échéant, le plafond mentionné au C du I et la modulation de son niveau entre les bénéficiaires dans les conditions prévues au 2° du II font l'objet d'un accord d'entreprise ou de groupe conclu selon les modalités énumérées à l'article L. 3312-5 du code du travail ou d'une décision unilatérale de l'employeur. En cas de décision unilatérale, l'employeur en informe, avant le versement de la prime, le comité social et économique mentionné à l'article L. 2311-2 du même code.

IV. – Lorsqu'elle satisfait aux conditions mentionnées aux 2° à 4° du II et qu'elle bénéficie à l'ensemble des travailleurs handicapés liés à un établissement ou service d'aide par le travail mentionné à l'article L. 344-2 du code de l'action sociale et des familles par un contrat de soutien et d'aide par le travail mentionné à l'article L. 311-4 du même code, à la date de versement, la prime exceptionnelle de pouvoir d'achat bénéficie de l'exonération prévue au V.

V. – La prime attribuée dans les conditions prévues aux I à III aux salariés ou agents publics ayant perçu au cours des douze mois précédant son versement une rémunération inférieure à trois fois la valeur annuelle du salaire minimum de croissance correspondant à la durée de travail prévue au contrat mentionnée à la dernière phrase du deuxième alinéa du III de l'article L. 241-13 du code de la sécurité sociale est exonérée, dans la limite de 1 000 € par bénéficiaire, d'impôt sur le revenu, de toutes les cotisations et contributions sociales d'origine légale ou conventionnelle ainsi que des participations, taxes et contributions prévues à l'article 235 *bis* du code général des impôts et à l'article L. 6131-1 du code du travail dans leur rédaction en vigueur à la date de son versement.

Elle est exclue des ressources prises en compte pour le calcul de la prime d'activité mentionnée à l'article L. 841-1 du code de la sécurité sociale et pour l'attribution de l'allocation aux adultes handicapés mentionnée à l'article L. 821-1 du même code.

VI. – La limite de 1 000 euros mentionnée au V est portée à 2 000 euros pour les employeurs mettant en œuvre un accord d'intéressement, en application du chapitre II du titre Ier du livre III de la troisième partie du code du travail ou du B du I du présent article, à la date de versement de cette prime.

VII. – Pour l'application du présent article à Mayotte et à Saint-Pierre-et-Miquelon, les références au code de la sécurité sociale sont remplacées par les références aux dispositions applicables localement ayant le même objet.

....

■ DÉCRET 2020-706 DU 10 JUIN 2020

portant dérogation temporaire aux conditions d'utilisation des titres-restaurant dans les restaurants, hôtels-restaurants et débits de boissons assimilés afin de faire face aux conséquences des mesures prises pour limiter l'épidémie de covid-19 (JO 11).

Art. 1er. – Par dérogation aux dispositions de l'article R. 3262-8 du code du travail, les titres-restaurant, lorsqu'ils sont utilisés dans des restaurants, des hôtels-restaurants ou des débits de boissons assimilés à ceux-ci dans les conditions prévues à l'article R. 3262-27 du même code, sont utilisables les dimanches et jours fériés.

Art. 2. – Par dérogation aux dispositions de l'article R. 3262-10 du code du travail, lorsque les titres-restaurant sont utilisés dans des restaurants, des hôtels-restaurants ou des débits de boissons assimilés à ceux-ci dans les conditions prévues à l'article R. 3262-27 du même code, leur utilisation est limitée à un montant maximum de trente-huit euros par jour.

Art. 3. – Les dispositions du présent décret sont applicables jusqu'au 31 décembre 2020.

....

■ LOI 2020-938 DU 30 JUILLET 2020

permettant d'offrir des chèques-vacances aux personnels des secteurs sanitaire et médico-social en reconnaissance de leur action durant l'épidémie de covid-19 (JO 31).

Art. unique. – I. – Jusqu'au 31 octobre 2020, tout salarié peut décider de renoncer à sa rémunération au titre d'une ou plusieurs journées de travail afin de financer l'effort de solidarité nationale en reconnaissance de l'action des personnels mobilisés dans le cadre de la lutte contre l'épidémie de covid-19.

Dans ce cas, l'employeur retient la fraction de la rémunération nette du salarié correspondant aux journées de travail concernées.

Aux mêmes fins et jusqu'à la date mentionnée au premier alinéa du présent I, par dérogation à l'article L. 3121-59 du code du travail et aux stipulations conventionnelles applicables dans l'entreprise, l'établissement ou la branche concernés, tout salarié peut, à sa demande et en accord avec son employeur, renoncer sans contrepartie, dans une limite fixée par décret, à des jours de repos acquis et non pris, qu'ils aient été affectés ou non sur un compte épargne-temps. Ces jours de repos sont alors convertis en unités monétaires suivant des modalités déterminées par décret.

Les montants correspondant à la retenue prévue au deuxième alinéa du présent I et à la conversion prévue au troisième alinéa du présent I sont versés par l'employeur à l'Agence nationale pour les chèques-vacances mentionnée à l'article L. 411-13 du code du tourisme selon des modalités fixées par décret.

Un accord collectif d'entreprise peut prévoir un abondement de l'employeur en complément de ces versements.

L'Agence nationale pour les chèques-vacances gère les sommes recueillies en application du présent article sur un compte mis en place à cet effet.

Ce compte peut également être alimenté jusqu'au 31 octobre 2020 par des dons versés par toute personne physique ou morale. Ces dons n'ouvrent droit à aucune réduction d'impôt.

Un décret détermine les conditions d'application du présent article ainsi que les modalités d'application du dispositif aux agents publics.

II. – L'Agence nationale pour les chèques-vacances répartit les sommes réunies en application du I du présent article sous la forme de chèques-vacances entre les établissements et services sanitaires, médico-sociaux et d'aide et d'accompagnement à domicile, en tenant compte de leurs effectifs, selon des modalités déterminées par décret.

L'Agence nationale pour les chèques-vacances ne reçoit aucune commission liée à la cession des chèques-vacances distribués en application du présent II.

Les établissements et services mentionnés au premier alinéa du présent II sont chargés de la répartition des chèques-vacances entre leurs personnels, y compris vacataires et stagiaires, ayant travaillé entre le 12 mars 2020 et le 10 mai 2020 et dont la rémunération n'excède pas le triple du salaire minimum interprofessionnel de croissance, dans des conditions fixées par décret.

L'acquisition de chèques-vacances au titre du présent article est exonérée de l'impôt sur le revenu.

III. – Les sommes versées à l'Agence nationale pour les chèques-vacances en application du présent article qui n'ont pas été distribuées sous forme de chèques-vacances au 31 décembre 2020 sont reversées au Trésor public.

IV. – Le Gouvernement remet au Parlement, avant le 31 mars 2021, un rapport détaillant les sommes versées à l'Agence nationale pour les chèques-vacances ainsi que la répartition des montants distribués sous forme de chèques-vacances en application du présent article.

....

SANTÉ ET CONDITIONS DE TRAVAIL

Compte professionnel de prévention

■ ORDONNANCE 2020-460 DU 22 AVRIL 2020

portant diverses mesures prises pour faire face à l'épidémie de covid-19 (JO 23).

....

Art. 14. – Lorsqu'une demande d'utilisation de points mentionnée à l'article L. 4163-7 du code du travail ou une réclamation mentionnée à l'article L. 4163-18 du même code est, au 12 mars 2020, en cours d'instruction, selon le cas, par l'employeur ou par l'organisme gestionnaire mentionné à l'article L. 4163-14 du même code, ou lorsqu'une telle demande ou réclamation est adressée entre le 12 mars 2020 et une date fixée par arrêté du ministre du travail et ne pouvant excéder la date de cessation de l'état d'urgence sanitaire déclaré par l'article 4 de la loi [n° 2020-290] du 23 mars 2020 susvisée, le cas échéant prolongé dans les conditions prévues par cet article, les délais dans lesquels l'employeur ou l'organisme gestionnaire doivent se prononcer sur ces demandes et réclamations sont prorogés de trois mois.

Les dispositions de l'ordonnance n° 2020-306 du 25 mars 2020 susvisée ne s'appliquent pas aux délais prorogés en application du présent article.

....

Services de santé au travail

■ ORDONNANCE 2020-386 DU 1ER AVRIL 2020

adaptant les conditions d'exercice des missions des services de santé au travail à l'urgence sanitaire et modifiant le régime des demandes préalables d'autorisation d'activité partielle (JO 2).

Art. 1er. – Dans le cadre de leurs missions et prérogatives définies au titre II du livre VI de la quatrième partie du code du travail et à la section 1 du chapitre VII du titre Ier du livre VII du code rural et de la pêche maritime, les services de santé au travail participent à la lutte contre la propagation du covid-19, notamment par :

1° La diffusion, à l'attention des employeurs et des salariés, de messages de prévention contre le risque de contagion ;

2° L'appui aux entreprises dans la définition et la mise en œuvre des mesures de prévention adéquates contre ce risque ;

3° L'accompagnement des entreprises amenées, par l'effet de la crise sanitaire, à accroître ou adapter leur activité.

Art. 2. – I. – Par dérogation à l'article L. 321-1 du code de la sécurité sociale, le médecin du travail peut prescrire et, le cas échéant, renouveler un arrêt de travail en cas d'infection ou de suspicion d'infection au covid-19 ou au titre des mesures de prévention prises en application de l'article L. 16-10-1 du même code.

II. – Le médecin du travail peut procéder à des tests de dépistage du covid-19 selon un protocole défini par arrêté des ministres chargés de la santé et du travail.

III. – Un décret détermine les conditions d'application du présent article.

Art. 3. – Les visites médicales qui doivent être réalisées à compter du 12 mars 2020 dans le cadre du suivi individuel de l'état de santé en application des articles L. 4624-1, L. 4624-2 et L. 4624-2-1 et L. 4625-1-1 du code du travail et de l'article L. 717-2 du code rural et de la pêche maritime peuvent faire l'objet d'un report dans des conditions définies par décret en Conseil d'État, sauf lorsque le médecin du travail estime indispensable de maintenir la visite compte tenu notamment de l'état de santé du travailleur ou des caractéristiques de son poste de travail.

Le report de la visite ne fait pas obstacle, le cas échéant, à l'embauche ou à la reprise du travail.

Le décret en Conseil d'État prévu au premier alinéa détermine notamment les exceptions ou les conditions particulières applicables aux travailleurs faisant l'objet d'un suivi adapté ou régulier en application de l'article L. 4624-1 du code du travail ou d'un suivi individuel renforcé en application de l'article L. 4624-2 du même code.

Art. 4. – Les services de santé au travail peuvent reporter ou aménager leurs interventions dans ou auprès de l'entreprise autres que les visites mentionnées à l'article 3, notamment les actions en milieu de travail, lorsqu'elles ne sont pas en rapport avec l'épidémie de covid-19, sauf si le médecin du travail estime que l'urgence ou la gravité des risques pour la santé des travailleurs justifie une intervention sans délai.

Art. 5. – I. – Les dispositions des articles 1er à 4 de la présente ordonnance sont applicables jusqu'à une date fixée par décret, et au plus tard jusqu'au 31 août 2020.

II. – Les visites médicales ayant fait l'objet d'un report après cette date en application de l'article 3 de la présente ordonnance sont organisées par les services de santé au travail selon des modalités définies par décret en Conseil d'État et au plus tard avant le 31 décembre 2020.

....

■ DÉCRET 2020-410 DU 8 AVRIL 2020

adaptant temporairement les délais de réalisation des visites et examens médicaux par les services de santé au travail à l'urgence sanitaire (JO 9, entrée en vigueur le 09.04.2020).

Art. 1er. – La date limite de réalisation des visites et examens médicaux dont l'échéance résultant des textes réglementaires en vigueur est comprise entre le 12 mars et le 31 août 2020 est modifiée conformément aux dispositions suivantes.

Art. 2. – I. – Par dérogation aux délais définis par les articles mentionnés au présent I, le médecin du travail peut reporter, au plus tard jusqu'au 31 décembre 2020, la date des visites et examens médicaux dont la liste suit, sauf s'il porte une appréciation contraire dans les conditions prévues à l'article 4 du présent décret :

1° La visite d'information et de prévention initiale, prévue à l'article R. 4624-10 du code du travail et à l'article R. 717-13 du code rural et de la pêche maritime, à l'exception de celles des travailleurs mentionnés au 1° du II du présent article ;

2° Le renouvellement de la visite d'information et de prévention, prévu à l'article R. 4624-16 du code du travail et à l'article R. 717-14 du code rural et de la pêche maritime ;

3° Le renouvellement de l'examen d'aptitude et la visite intermédiaire, prévus à l'article R. 4624-28 du code du travail et à l'article R. 717-16-2 du code rural et de la pêche maritime, à l'exception de celui mentionné au 3° du II du présent article.

II. – Ne peuvent faire l'objet d'aucun report au-delà de l'échéance prévue en application des articles mentionnés au présent II, les visites et examens médicaux dont la liste suit :

1° La visite d'information et de prévention initiale, prévue à l'article R. 4624-10 du code du travail et à l'article R. 717-13 du code rural et de la pêche maritime concernant :

a) Les travailleurs handicapés ;

b) Les travailleurs âgés de moins de dix-huit ans ;

c) Les travailleurs qui déclarent être titulaires d'une pension d'invalidité ;

d) Les femmes enceintes, venant d'accoucher ou allaitantes ;

e) Les travailleurs de nuit ;

f) Les travailleurs exposés à des champs électromagnétiques affectés à des postes pour lesquels les valeurs limites d'exposition fixées à l'article R. 4453-3 du code du travail sont dépassées ;

2° L'examen médical d'aptitude initial, prévu à l'article R. 4624-24 du code du travail et à l'article R. 717-16-1 du code rural et de la pêche maritime ;

3° Le renouvellement de l'examen d'aptitude pour les travailleurs exposés à des rayons ionisants classés en catégorie A en application de l'article R. 4451-57 du code du travail, prévu à l'article R. 4451-82 du même code.

III. – Le médecin du travail n'est pas tenu d'organiser la visite de préreprise prévue à l'article R. 4624-29 du code du travail et à l'article R. 717-17 du code rural et de la pêche maritime lorsque la reprise du travail doit intervenir avant le 31 août 2020, sauf s'il porte une appréciation contraire dans les conditions prévues à l'article 4 du présent décret.

Art. 3. – Par dérogation à l'article R. 4624-31 du code du travail et à l'article R. 717-17-1 du code rural et de la pêche maritime, la date de l'examen médical de reprise du travail est fixée conformément aux dispositions suivantes :

1° Le médecin du travail organise l'examen avant la reprise effective du travail lorsqu'il concerne :

a) Les travailleurs handicapés ;

b) Les travailleurs âgés de moins de dix-huit ans ;

c) Les travailleurs qui déclarent être titulaires d'une pension d'invalidité ;

d) Les femmes enceintes, venant d'accoucher ou allaitantes ;

e) Les travailleurs de nuit ;

2° Pour les travailleurs autres que ceux mentionnés au 1°, le médecin du travail peut reporter l'examen, sans que ce report ne fasse obstacle à la reprise du travail, sauf s'il porte une appréciation contraire dans les conditions prévues à l'article 4 du présent décret :

a) Dans la limite d'un mois suivant la reprise du travail, pour les travailleurs faisant l'objet du suivi individuel renforcé prévu à l'article R. 4624-22 du code du travail et à l'article R. 717-16 du code rural et de la pêche maritime ;

b) Dans la limite de trois mois suivant la reprise du travail, pour les autres travailleurs.

Art. 4. – Aucune visite ni aucun examen ne peut faire l'objet d'un report en application du I de l'article 2 ou du 2° de l'article 3 du présent décret ou ne pas être organisé en application du III de l'article 2, lorsque le médecin du travail estime indispensable de respecter l'échéance résultant des textes réglementaires en vigueur, au regard des informations dont il dispose concernant l'état de santé du salarié, ainsi que les risques liés à son poste de travail ou à ses conditions de travail. Pour les travailleurs titulaires d'un contrat à durée déterminée, le médecin du travail tient compte des visites et examens dont l'intéressé a bénéficié le cas échéant au cours des douze derniers mois.

Pour fonder son appréciation, le médecin du travail recueille, en tant que de besoin, les informations utiles sur la base d'échanges réalisés par tout moyen entre le travailleur et un membre de l'équipe pluridisciplinaire.

Art. 5. – Lorsque la visite médicale est reportée en application du I de l'article 2 ou du 2° de l'article 3 du présent décret, le médecin du travail en informe l'employeur et le travailleur, en leur communiquant la date à laquelle la visite est reprogrammée. Dans le cas où le médecin du travail ne dispose pas des coordonnées du travailleur, il invite l'employeur à communiquer à ce dernier ces informations.

Lorsque la visite de préreprise n'est pas organisée en application du III de l'article 2 du présent décret, le médecin du travail en informe la personne qui l'a sollicitée.

....

■ DÉCRET 2020-549 DU 11 MAI 2020

fixant les conditions temporaires de prescription et de renouvellement des arrêts de travail par le médecin du travail (JO 12).

Art. 1er. – I. – Le médecin du travail peut délivrer les arrêts de travail mentionnés au I de l'article 2 de l'ordonnance [n° 2020-386] du 1er avril 2020 susvisée pour les salariés de droit privé des établissements dont il a la charge, atteints ou suspectés d'infection au covid-19, ou faisant l'objet de mesures d'isolement, d'éviction ou de maintien à domicile au titre des mesures prises en application de l'article L. 16-10-1 du code de la sécurité sociale à l'exclusion des salariés mentionnés au quatrième alinéa du I de l'article 20 de la loi [n° 2020-473] du 25 avril [2020] susvisée.

II. – 1° Le médecin du travail établit, le cas échéant, la lettre d'avis d'interruption de travail du salarié concerné selon le modèle mentionné à l'article L. 321-2 du code de la sécurité sociale. Il la transmet sans délai au salarié et à l'employeur concerné. Le salarié adresse cet avis, dans le délai prévu à l'article R. 321-2 du même code, à l'organisme d'assurance maladie dont il relève ;

2° Par dérogation aux dispositions du 1°, pour les salariés mentionnés aux deuxième et troisième alinéas du I de l'article 20 de la loi [n° 2020-473] du 25 avril 2020 susvisée, le médecin du travail établit une déclaration d'interruption de travail sur papier libre qui comporte les informations suivantes :

– l'identification du médecin ;

– l'identification du salarié ;

– l'identification de l'employeur ;

– l'information selon laquelle le salarié remplit les conditions prévues aux deuxième et troisième alinéas du I de l'article 20 de la loi n° 2020-473 du 25 avril 2020 de finances rectificative pour 2020.

Le médecin transmet la déclaration d'interruption de travail sans délai au salarié. Le salarié l'adresse sans délai à l'employeur aux fins de placement en activité partielle.

Art. 2. – Les dispositions du présent décret sont applicables aux arrêts de travail et aux déclarations d'interruption de travail délivrés à compter du lendemain de sa publication et jusqu'à la date fixée à l'article 3 du décret n° 2020-73 du 31 janvier 2020 susvisé.

....

TRAVAILLEURS ÉTRANGERS

■ LOI 2020-734 DU 17 JUIN 2020

relative à diverses dispositions liées à la crise sanitaire, à d'autres mesures urgentes ainsi qu'au retrait du Royaume-Uni de l'Union européenne (JO 18).

....

Art. 8. – Jusqu'à la date de reprise effective des cours dans les universités et les établissements d'enseignement supérieur, l'étranger présent en France à la date du 16 mars 2020 et titulaire de la carte de séjour temporaire portant la mention « étudiant » prévue à l'article L. 313-7 du code de l'entrée et du séjour des étrangers et du droit d'asile est autorisé, de manière dérogatoire, à exercer une activité professionnelle salariée dans la limite de 80 % de la durée de travail annuelle.

Art. 9. – Durant l'état d'urgence sanitaire déclaré par l'article 4 de la loi n° 2020-290 du 23 mars 2020 d'urgence pour faire face à l'épidémie de covid-19 et prorogé par l'article 1er de la loi n° 2020-546 du 11 mai 2020 prorogeant l'état d'urgence sanitaire et complétant ses dispositions, et dans les six mois à compter du terme de cet état d'urgence sanitaire, l'étranger présent en France à la date du 16 mars 2020 et titulaire de la carte de séjour pluriannuelle portant la mention « travailleur saisonnier » prévue à l'article L. 313-23 du code de l'entrée et du séjour des étrangers et du droit d'asile, est autorisé, de manière dérogatoire, à séjourner et à travailler en France pendant la ou les périodes fixées par cette carte et qui ne peuvent dépasser une durée cumulée de neuf mois par an.

....

Table alphabétique

Les numéros renvoient aux articles du code. Pour trouver rapidement les pages correspondantes du code, se reporter à la table de référence page LI.

Notes

Notes

Notes

Notes

Notes

Notes

Notes

Notes

Notes

Notes

Notes

Notes

Notes

Notes

Notes

Notes

Notes

Notes

Notes

Notes

Notes

Notes

Notes

Notes

Notes

Notes

Notes

Notes

Notes

Notes

Notes

Notes

Notes

Notes

Notes

Notes

Notes

Notes

Notes

Notes

Notes

Notes

Notes

Notes

Notes